Vittorio Ferretti

RADIOGRAFIE

DER

KOLLEKTIVEN GEWALTTÄTIGKEIT

Untersuchungen zu einem Fehl der Kultur

Radiografie der kollektiven Gewalttätigkeit

Untersuchungen zu einem Fehl der Kultur

1. Ausgabe, auf Deutsch als Paperback

1st Edition, in German, as paperback

All rights reserved © 2017 by Vittorio Ferretti

ISBN 978-3-00-050506-5

Cover illustration by Giovanna Valli
www.giovalli.de

Address for feedback:
vittorio.ferretti@t-online.de

Inhaltsverzeichnis

Vorwort *15*

1 Begriffliche Vorklärungen *17*

1.1 Die Begriffe der „Gewalt" und „Gewalttätigkeit" **17**

1.2 Der Begriff der „Kollektiven Gewalttätigkeit" **17**

1.3 Die Begriffe „Emergenz" und „Autopoiesis" **19**

1.4 Der Begriff „soziales Konstrukt" **20**

1.5 Die Begriffe „Kultur" und „Zivilisation" **20**

2 Gewalttätigkeit in der Natur *22*

3 Die individuelle Gewalttätigkeit des Menschen *24*

3.1 Die mehrschichtige Konditionierung menschlichen Verhaltens **24**
3.1.1 Die neurophysiologische Veranlagung 24
3.1.2 Die soziale Veranlagung 26
    3.1.2.1 Die empathische Veranlagung 26
    3.1.2.2 Weitere soziale Fähigkeiten des Individuums 28

3.2 Die sozialen Einwirkungen auf das Individuum **29**

3.3 Die kulturellen Einwirkungen auf das Individuum **29**

3.4 Die Erweiterungsfähigkeit der Empathiesphäre des Individuums **31**

3.5 Die Eindämmung der individuellen Gewalttätigkeit **33**

4 Die kollektive Gewalttätigkeit sozialer Konstrukte *35*

4.1 Die Entstehung sozialer Konstrukte **35**

4.2. Arten von Sozialkonstrukten **35**
4.2.1 Ideologische Sozialkonstrukte 36
4.2.2 Organisatorische Sozialkonstrukte 36
4.2.3 Soziale Organismen unterscheiden sich nur scheinbar von biologischen Organismen 37

4.3 Emergente Eigenschaften sozialer Konstrukte **39**

4.4 Die Monopolisierung der Gewalttätigkeit durch Sozialkonstrukte **42**
4.4.1 Normative Kollektive 42
4.4.2 Territorial-hegemonische Kollektive 42
4.4.3 Die Evolution und Hierarchisierung der territorial-hegemonischen Kollektive 45
4.4.4 Die höchste territoriale Hierarchiestufe: Hauptakteur bzw. Hauptverursacher kollektiver
Gewalttätigkeit 52

4.5 Konflikte zwischen territorial-hegemonischen Kollektiven **53**
4.5.1 Konflikte innerhalb von territorial-hegemonischen Kollektiven 53
4.5.2 Konflikte zwischen territorial-hegemonischen Kollektiven 54
4.5.3 Gewalttätige Austragung kollektiver Konflikte 54
4.5.4 Pioniere der Erkenntnis, dass Sozialkonstrukte für Kollektivgewalttätigkeit tonangebend sind 57
4.5.5 Folgen kollektiver Gewalttätigkeit 60
    4.5.5.1 Die verursachten Schäden 60
    4.5.5.2 Die verursachten Wandlungsprozesse 61
    4.5.5.3 Kollektivgewalttätigkeit als ansteckende Krankheit von Sozialkonstrukten 62
4.5.6 Kollektivpathologie, ein weißer Fleck der Soziologie 63
4.5.7 Die Prägung der Gegenwart durch die Kollektivgewalttätigkeit der Vergangenheit 64
4.5.8 Das gegenwärtige Potenzial und Aufwendungen für Kollektivgewalttätigkeit 69

4.5.9 Das gegenwärtige Ausmaß gewalttätiger Konflikte 70
4.5.10 Die gegenwärtige Anzahl von Opfern der Kollektivgewalttätigkeit 70

5 Typen der Motivation von Sozialkonstrukten zur Gewalttätigkeit 71

5.1 Die kausalen Ebenen kollektiver Gewalttätigkeit: Ursache, Motivation und Auslöser 71

5.2 Prädation und Retorsion 72
5.2.1 Prädation (Plünderung) 72
5.2.2 Retorsion (Vergeltung, Bestrafung) 73

5.3 Territoriale Herrschaft 75
5.3.1 Territoriale Okkupation (Landnahme; Etablierung einer Fremdherrschaft) 75
5.3.2 Territoriale Integration (Angliederung) 76
5.3.3 Territoriale Desintegration (Aufstand gegen Fremdherrschaft, Ausgliederung) 78

5.4 Hierarchie- bzw. Konstitutionskonflikte 79
5.4.1 Hierarchiekonflikte 80
5.4.2 Konstitutionskonflikte 81

5.5 Allophobische Kollektivgewalttätigkeit 83
5.5.1 Vorbemerkungen 83
5.5.2 Religiöse Allophobiegewalttätigkeit 86
5.5.3 Politische Allophobiegewalttätigkeit 88
5.5.4 Soziale Allophobiegewalttätigkeit 89
5.5.5 Ethnizistische Allophobiegewalttätigkeit 90
5.5.6 Biologische Allophobiegewalttätigkeit 94

5.6 Andere Motivationstypen kollektiver Gewalttätigkeit 95
5.6.1 Organisierte Gewaltverbrechen 95
5.6.2 Sind die Motivationen der „Neuen Kriege" neu? 95

5.7 Motivationen zur Beendigung kollektiver Gewalttätigkeit 97

6 Funktionsträger kollektiver Gewalttätigkeit 98

6.1. Militärische Streitkräfte 98

6.2 Zivilistische Streitkräfte 98

6.3 Private Militärfirmen 99

6.4 Staatliche Sicherheitsorgane und parastaatliche Organisationen 100

6.5 Terrororganisationen 101

6.6 Kindersoldaten 101

7 Ausführungsformen kollektiver Gewalttätigkeit 103

7.1 Kollektivgewalttätigkeit zwischen Militärpersonen 103
7.1.1 Zum Begriff des Krieges 103
7.1.2 Ausführungsereignisse von Kriegen 104

7.2 Kollektivgewalttätigkeit gegen Zivilbevölkerung 105
7.2.1 Gezielte Massentötung von Zivilpersonen 105
7.2.2 Terrorismus 105

7.3 Strukturelle Kollektivgewalttätigkeit 106

7.4 Kulturelle Kollektivgewalttätigkeit 109

7.5 Kollektivgewalttätigkeit gegen Kulturgüter (Kulturvandalismus) 109

7.6 Sind die Ausführungsformen der „Neuen Kriege" neu? 110

8 Statistische Daten zur Kollektivgewalttätigkeit der Vergangenheit..... 112

8.1 Weltbevölkerung 112

8.2 Militärbevölkerung 115

8.3 Militärausgaben 118

8.4 Kollektive Gewalttätigkeitsereignisse pro Jahrhundert in Relation zur Weltbevölkerung 121

8.5 Häufigkeit der Motivationstypen kollektiver Gewalttätigkeit 126

8.6 Todesopfer kollektiver Gewalttätigkeit 129
8.6.1 Begriffliche Vorklärung zum Thema Todesopfer von Kriegen 129
8.6.2 Verlustzahlen von quantitativ dokumentierter Landschlachten und Seeschlachten 130
8.6.3 Verlustzahlen von Belagerungen 132
8.6.4 Default-Werte zur Schätzung unbekannter Opferzahlen 132
8.6.5 Durch Kollektivgewalttätigkeit gestorbener Anteil der Weltbevölkerung 133

8.7 Erträglichkeits- und Erschöpfungsgrenzen kollektiver Gewalttätigkeit137

8.8 Andere Makroeinflussfaktoren auf die Kollektivgewalttätigkeit 139
8.8.1 Klimaschwankungen und Kollektivgewalttätigkeit 139
8.8.2 Begrenzte Lebensdauer territorial-hegemonischer Kollektive 140

9 Antriebe von Individuen zur Beteiligung an Kollektivgewalttätigkeit....... 143

9.1 Neurophysiologische Antriebe des Individuums vs Kollektivgewalttätigkeit 143

9.2 Soziale Antriebe von Individuen zur Teilnahme an Kollektivgewalttätigkeit 144

9.3 Kulturelle Antriebe von Individuen 146

9.4 Die Inkongruenz zwischen individuellen und kollektiven Antrieben . 146

10 Antriebe von Kollektiven zur Gewalttätigkeit 149

10.1 Materielle Antriebe von Kollektiven zur Gewalttätigkeit 149
10.1.1 Die territoriale Determinante 149
10.1.1.1 Territorien, das primäre Streitobjekt menschlicher Kollektive 149
10.1.1.2 Das territoriale Imperativ in der Tierwelt 150
10.1.1.3 Ursachen territorialer Gewalttätigkeit zwischen menschlichen Kollektiven 151
10.1.2 Die demografische Determinante 151
10.1.2.1 Die Bevölkerungszahl 151
10.1.2.2 Historische Formen der Begrenzung des Bevölkerungswachstums 153
10.1.3 Die ökonomischen Determinanten 155

10.2 Ideologische Antriebe von Kollektiven zur Gewalttätigkeit 157
10.2.1 Sprache und Kollektivgewalttätigkeit 158
10.2.2 Kopernikanische und ptolemäische Weltanschauungen 159
10.2.3 Religionen und Kollektivgewalttätigkeit 164
10.2.3.1 Die naturalistischen Religionen und Kollektivgewalttätigkeit 165
10.2.3.2 Die animistischen Polytheismen und kollektive Gewalttätigkeit 167
10.2.3.3 Die Religionen und Weisheitslehren Chinas und kollektive Gewalttätigkeit..... 169
10.2.3.4 Die animistischen Monotheismen und kollektive Gewalttätigkeit 172
10.2.3.5 Die anthropomorphen Polytheismen und kollektive Gewalttätigkeit 173

10.2.3.6 Die ditheistische Religion des Zoroastrismus und Kollektivgewalttätigkeit 179
10.2.3.7 Die anthropomorphen Monotheismen und kollektive Gewalttätigkeit............................180
10.2.3.8 Der Buddhismus und Kollektivgewalttätigkeit..203
10.2.4 Philosophische Weltanschauungen und Kollektivgewalttätigkeit.....................................204
10.2.4.1 Philosophische Theorien des Altertums und Kollektivgewalttätigkeit............................205
10.2.4.2 Philosophische Theorien des Mittelalters und Kollektivgewalttätigkeit 206
10.2.4.3 Philosophische Theorien der Neuzeit und Kollektivgewalttätigkeit 207
10.2.5 Wissenschaft, Technik und Kollektivgewalttätigkeit 209
10.2.5.1 Für Kollektivgewalttätigkeit angewandte Wissenschaft und Technik 209
10.2.5.2 Wissenschaftsgläubigkeit (Scientismus) und Kollektivgewalttätigkeit..........................210
10.2.6 Politische Weltanschauungen und Kollektivgewalttätigkeit..214
10.2.6.1 Der Merkantilismus..214
10.2.6.2 Der Illuminismus (Aufklärung)..214
10.2.6.3 Der Liberalismus 214
10.2.6.4 Konservativismus..215
10.2.6.5 Sozialismus 215
10.2.6.6 Nationalismus und Kollektivgewalttätigkeit...216
10.2.6.7 Marxismus (Kommunismus) und Kollektivgewalttätigkeit...220
10.2.6.8 Totalitäre politische Ideologien und Kollektivgewalttätigkeit 220
10.2.7 Kollektive Erinnerungskultur und Kollektivgewalttätigkeit..227
10.2.7.1 Kollektives Gedächtnis..227
10.2.7.2 Kollektive Mythen, Epen und Legenden...227
10.2.8 Kollektive Visionen...229
10.2.9 Kollektive Stereotype und politische Vorurteile 229
10.2.10 Kollektive Paradigmen..230
10.2.11 Kollektive Gerüchte (speziell politische Falschmeldungen)..231

10.3 Strukturelle Förderung kollektiver Gewalttätigkeit 231
10.3.1 Gewalttätigkeitspotenziale durch strukturelle Verquickung kollektiver mit individuellen
Handlungsdynamiken...232
10.3.2 Stammesbezogene Gesellschaftsform und Kollektivgewalttätigkeit..................................234
10.3.3 Autoritäre Gesellschaftsform und Kollektivgewalttätigkeit...235
10.3.4 Demokratische Gesellschaftsform und Kollektivgewalttätigkeit..236
10.3.4.1 Die idealtypische Definition von Demokratie...236
10.3.4.2 Demokratische Verfassung und Kollektivgewalttätigkeit 238
10.3.4.3 Die Demokratur..239
10.3.4.4 Die Wichtigkeit der Zivilgesellschaft 239
10.3.4.5 Parteien – wichtige Komponente der Zivilgesellschaft 240
10.3.5 Bürokratie und Kollektivgewalttätigkeit 241

11 Eindämmung kollektiver Gewalttätigkeit.................................... 244

11.1. Internationale Vereinbarungen: Kriegsrecht, Völkerrecht..................244
11.1.1 Versuche der Eindämmung und Humanisierung des Krieges in der Antike und im Mittelalter244
11.1.2 Die Friedensbewegungen der Neuzeit..245
11.1.2.1 Lobbyisten und Aktivisten der Friedensbewegung...245
11.1.2.2 Die Kriegsdienstverweigerung...246
11.1.2.3 Friedenspreise 246
11.1.2.4 Mahntage für Frieden und Menschenrechte...247
11.1.3 Übersicht der internationalen Abkommen der Neuzeit..248
11.1.3.1 Gründung des Internationalen Komitees vom Roten Kreuz 248
11.1.3.2 Der Lieber Code (1863) 248
11.1.3.3 Die 1. Genfer Konvention (22.8.1864) 248
11.1.3.4 Die Petersburger Konvention (11.12.1868) 248
11.1.3.5 Das Panamerikanisches Schiedsgerichtabkommen (1890) 249
11.1.3.6 Das Internationale Ständiges Friedensbüro (1891)...249
11.1.3.7 Die 1. Haager Friedenskonferenz (1899) 249
11.1.3.8 Das Permanente Schiedsgericht (1900) 250
11.1.3.9 Die Panamerikanische Konferenz (1901) 250
11.1.3.10 Die Überarbeitung der 1. Genfer Konferenz (1906)...250

11.1.3.11 Die 2. Haager Friedenskonferenz (1907)..251
11.1.3.12 Die Gründung des Völkerbunds (1919)..251
11.1.3.13 Die Konferenz zur Beschränkung der Rüstung („Flottenkonferenz") zu Washington (1921/1922) 252
11.1.3.14 Die Genfer Konferenz zur Überwachung des Internationalen Waffenhandels (1925)....252
11.1.3.15 Der Kellogg-Briand-Pakt (Paris-Pakt) (1928)...252
11.1.3.16 Die Diplomatische Konferenz zu Genf (1929) 252
11.1.3.17 Die Genfer Abrüstungskonferenz (1932 bis 1934).......................................252
11.1.3.18 Das Britisch-Deutsche U-Boot-Abkommen (1935) 253
11.1.3.19 Roehrich-Pakt zu Washington (1935)...253
11.1.3.20 Die Atlantik-Charta (1941) 253
11.1.3.21 Die Gründung der Vereinten Nationen (1945)..253
11.1.3.22 Die Charta der Vereinten Nationen (1945)...253
11.1.3.23 Die UN-Genozidkonvention (1948)..254
11.1.3.24 Die UN-Menschenrechtserklärung (1948)..255
11.1.3.25 Das Genfer Abkommen (1949)...255
11.1.3.26 Die Genfer Flüchtlingskonvention (1951)..256
11.1.3.27 Das Haager Abkommen zum Schutz von Kulturgut (1954 / 1999)...................256
11.1.3.28 Der UN-Zivilpakt (1966)..256
11.1.3.29 Der UN-Sozialpakt (1966)..256
11.1.3.30 Der Vertrag über die Nichtweiterverbreitung der Atomwaffen (1968)...............256
11.1.3.31 Die UN-Resolution 2391 (1968)...256
11.1.3.32 Die UN-Resolution 2444 (1968)...256
11.1.3.33 Das B-Waffen-Abkommen (BWC) (1971/1972)..257
11.1.3.34 Das UN-Abkommen über umweltverändernde Techniken (ENMOD) (1976).......257
11.1.3.35 Die Zusatzprotokolle zur Genfer Konvention (1977) 257
11.1.3.36 Das CCW-Abkommen (1980)...257
11.1.3.37 Die UN-Kinderrechtskonvention (1989)..257
11.1.3.38 Das Chemiewaffenabkommen (CWC) (1993)...257
11.1.3.39 Der Umfassende Teststoppvertrag (CTBC) (1996) 257
11.1.3.40 Das Landminenabkommen von Oslo / Ottawa (1997)..................................257
11.1.3.41 Das Rom-Statut für den Internationalen Gerichtshof (1998).........................257
11.1.3.42 Das UN-Fakultativprotokoll über Kinder in bewaffneten Konflikten (2000).......258
11.1.3.43 Das Zusatzprotokoll III zur Genfer Konvention (2005)...............................258
11.1.3.44 Der UN-Menschenrechtsrat (2006) 258
11.1.4 Bestandsaufnahme und Handlungsbedarf 258

11.2 Minderung des Potenzials kollektiver Gewalttätigkeit 261
11.2.1 Abrüstungsabkommen...261
11.2.2 Die volkswirtschaftliche Problematik der Abrüstung 265

11.3. Minderung der Auswirkung kollektiver Gewalttätigkeit auf die Kämpfenden... 266
11.3.1 Humane Behandlung der Verwundeten und Kranken......................................266
11.3.2 Humane Behandlung der Kriegsgefangenen 267

11.4 Schutz der Zivilbevölkerung vor kollektiver Gewalttätigkeit............. 269
11.4.1 Im Altertum...269
11.4.2 Im Mittelalter 269
11.4.3 In der Neuzeit...269
11.4.3.1 Generelle Bemühungen zum Schutz der Zivilbevölkerung 269
11.4.3.2 Schutz der Zivilbevölkerung vor Bombenangriffen 270
11.4.3.3 Schutz der Zivilbevölkerung vor Landminen..270
11.4.3.4 Schutz der Bevölkerung vor Kleinwaffen 271
11.4.3.5 Humane Behandlung „irregulärer Kämpfer"...271
11.4.3.6 Schlussbemerkung 271

11.5 Internationale Hilfsorganisationen 272
11.5.1 Das Internationale Komitee des Roten Kreuzes..272
11.5.2 Das UN-Flüchtlingskommissariat (UNHCR) 272

11.5.3 Medicins sans Frontieres (Ärzte ohne Grenzen) 272
11.5.4 Medica Mondiale 272
11.5.5 Kirchliche Hilfsorganisationen 273
    11.5.5.1 Caritas 273
    11.5.5.2 Diakonie 273
    11.5.5.3 Malteser International 273

11.6 Internationale Schlichtung und Schiedsgerichtsbarkeit 274
11.6.1 Instanzen der Vergangenheit 274
11.6.2 Der Internationale Gerichtshof (IGH) 274
11.6.3 Sonstige internationale Friedensvermittlung 274

11.7 Die Tradition der Impunität kollektiver Gewaltverbrechen 275
11.7.1 Ungesühnte Verletzung internationaler Abkommen..275
    11.7.1.1 Ungesühnte Aufrüstung 275
    11.7.1.2 Ungesühnte Einsätze von Gaswaffen 275
    11.7.1.3 Ungesühnter Einsatz bakteriologischer Waffen.....................................276
    11.7.1.4 Ungesühnte Flächenbombardierung von Städten 276
    11.7.1.5 Ungesühnte Versenkungen von Lazarettschiffen 276
    11.7.1.6 Ungesühnte Misshandlung von Kriegsgefangenen.................................276
11.7.2 Ungesühnte Einrichtungen von Konzentrationslagern...276
11.7.3 Ungesühnte Demozide 277
11.7.4 Ungesühnte Terroranschläge...278

11.8 Rechtsgrundsätze zur Pönalisierung kollektiver Gewalttätigkeit 279
11.8.1 Die Frage nach dem Rechtssubjekt 279
11.8.2 Die Frage nach dem Gesetzgebungsorgan für transnationale Gesetze 280
11.8.3 Pönalisierung aller Formen kollektiver Gewalttätigkeit......................................280
    11.8.3.1 Pönalisierung von Kriegen...280
    11.8.3.2 Pönalisierung aller Formen von Demoziden 281
    11.8.3.3 Endgültige Ausmerzung der Folter und ihrer semantischen Umbenennungen 281
    11.8.3.4 Pönalisierung kollektiver Vergewaltigungen 282
    11.8.3.5 Pönalisierung von Terror 282
    11.8.3.6 Die Frage der Zulässigkeit und Zweckmäßigkeit von Gegenterror........283
    11.8.3.7 Pönalisierung der Rechtsbrechung durch Geheimdienste......................283
11.8.4 Pönalisierung der gesamten Gewalttätigkeitskette..283
    11.8.4.1 Pönalisierung der Vorstadien kollektiver Gewalttätigkeit 283
    11.8.4.2 Pönalisierung der Befürwortung und des Schürens kollektiver Gewalttätigkeit 283
    11.8.4.3 Pönalisierung des Provozierens kollektiver Gewalttätigkeit...................284
    11.8.4.4 Pönalisierung des Befehlens kollektiver Gewalttätigkeit........................284
    11.8.4.5 Pönalisierung des Auslagerns von Menschenrechtsverletzungen...........285
11.8.5 Ausschluss semantischer und prozeduraler Manipulationen 285
11.8.6 Fragen des Strafmaßes für Individuen (Funktionsträger) 285
    11.8.6.1 Impunität durch Ketten von Nicht-Verantwortlichkeiten.......................285
    11.8.6.2 Verhältnis des Strafmaßes für individuelle und kollektive Verbrechen 285
    11.8.6.3 Befehlsnotstand und Befehlsverweigerungspflicht 285
    11.8.6.4 Die Frage der Todesstrafe...286
11.8.7 Fragen des Strafmaßes für Kollektive. 286
    11.8.7.1 Bestrafung territorial-hegemonischer Kollektive in der Vergangenheit......286
    11.8.7.2 Aspekte zu sinnvollen Strafmaßen für Kollektive. 286

11.9 Transnationale Denunziation von Kollektivgewalttätigkeit.................288
11.9.1 Denunziation durch Regierungsorganisationen 288
    11.9.1.1 Denunziation durch Staatsregierungen...288
    11.9.1.2 Die Denunziationsfunktion des Internationalen Komitees des Roten Kreuzes.................288
    11.9.1.3 Der UN-Menschenrechtsrat..289
11.9.2 Nicht-Regierungsorganisationen...289
    11.9.2.1 Das Russell-Tribunal 289
    11.9.2.2 Amnesty International..289
    11.9.2.3 Medicins sans Frontieres (Ärzte ohne Grenzen).....................................290

11.9.2.4 Human Rights Watch (HRW)..290
11.9.2.5 Reporters sans frontières (RSF)..290
11.9.2.6 International Physicians for the Prevention of Nuclear War (IPPNW)..............291

11.10 Transnationale Strafgerichtsbarkeit für kollektive Gewalttätigkeit 291
11.10.1 Strafgerichtsbarkeit gegen Individuen..291
11.10.1.1 Die Vorläufer internationaler Rechtsprechung gegen Individuen 291
11.10.1.2 Der Internationale Militärgerichtshof (IMG) von Nürnberg 291
11.10.1.3 Das Internationale Militärtribunal für den Fernen Osten (IMTFE)................292
11.10.1.4 Der Internationale Strafgerichtshof für das vormalige Jugoslawien (ICTY) 292
11.10.1.5 Der Internationale Strafgerichtshof für Ruanda (ICTR) 293
11.10.1.6 Der Internationale Strafgerichtshof (IStGH) 293
11.10.1.7 Transnationale Aufhebung nationaler Amnestien (der Präzedenzfall Pinochet)..........294
11.10.1.8 Hybride Strafgerichte..294
11.10.2 Strafgerichtsbarkeit gegen Kollektive 295
11.10.3 Ausblick..296

11.11 Transnationale (kosmopolitische) Rechtsdurchsetzung 296
11.11.1 Transnationale Friedenssicherung bei zwischenstaatlichen Konflikten..................296
11.11.2 Transnationale Friedenssicherung bei innerstaatlichen Konflikten......................297
11.11.3 Anlaufschwierigkeiten mit transnationalen Ordnungsmächten 299

11.12 Fragen des Rechts auf defensive Kollektivgewalttätigkeit 301

12 Strategien zur gewaltlosen Konfliktaustragung 302

12.1 Vorbemerkungen 302

12.2 Große Ideologen der Gewaltlosigkeit..302

12.3 Typen gewaltfreier Konfliktaustragung 302

12.4 Ergebnisse gewaltfreier Konfliktaustragung 303

12.5 Vorteile gewaltfreier Konfliktaustragung 304

12.6 Die Vernachlässigung der Bemühungen um Prävention und gewaltfreie Auflösung von Konflikten...304

13 Vermeidung von Konflikten bzw. derer gewalttätigen Eskalation......305

13.1 Konfliktvermeidung durch naturgemäße (empathische) Erziehung.. 306

13.2 Konfliktvermeidung durch demografische Stabilisierung 307

13.3 Innerstaatliche Harmonisierung zur Konfliktvermeidung 308
13.3.1 Konfliktvermeidung durch Konsensbildung..308
13.3.2. Friedensförderung durch (gewaltlose) Demokratisierung 309
13.3.3 Kurskorrekturen des demokratischen Modells...310
13.3.3.1 Die Frage der demokratischen Kontrolle der Außenpolitik...........................310
13.3.3.2 Die Frage des Mehrheitswahlrechts in jungen „multiethnischen" Staaten............311
13.3.3.3 Die Frage der Graduierung des Demokratisierungsprozesses 311
13.3.3.4 Die Frage der Medienfreiheit 311
12.3.3.5 Das Projekt der „komplexen Demokratie" 311
13.3.3.6 Die Selbstzerstörungsgefahr der Demokratie durch Polizeistaatlichkeit 312
13.3.4 Integration von Migranten, Abbau von Parallelgesellschaften..............................313
13.3.4.1 Die erzwungene Migration..314
13.3.4.2 Die Arbeitsmigration und Armutsmigration...314
13.3.4.3 Die Notwendigkeit des multiethnischen Zusammenlebens in multinationalen Staaten.315
13.3.4.4 Die Integration der Migranten...316
13.3.4.5 Die Frage des Einbürgerungsrechts..316
13.3.4.6 Ethnische Harmonisierung statt ethnischer Homogenisierung 317

13.3.4.7 Die Integration der Afroamerikaner und der Schutz von Ureinwohnern 317
13.3.4.8 Die Integration Israels u. Palästinas in einem multiethnischen Rechtsstaat................318
13.3.5 Ausgewogene Einkommensverteilung...318
13.3.6 Gleichberechtigung der Frauen..319
13.3.7 Gleichberechtigung der Homosexuellen...319

13.4 Zwischenstaatliche Harmonisierung zur Konfliktvermeidung 319
13.4.1 Politische und wirtschaftspolitische Harmonisierung 320
13.4.1.1 Überwindung der zwischenstaatlichen Anarchie und des Sicherheitsdilemmas.............320
13.4.1.2 Internationale Organisationen für kollektive Sicherheit und Zusammenarbeit 320
13.4.2 Ökonomische Harmonisierung zur Konfliktvermeidung 322
12.4.2.1 Über die friedensstiftende Wirkung des Handels...323
13.4.2.2 Die bestehende Armut und Einkommensverzerrung 323
13.4.2.3 Die Möglichkeiten und Gefahren der Globalisierung..323
12.4.2.4 Internationale Wirtschaftsorganisationen 324
13.4.2.5 Die bestehenden Handelsverzerrungen 324
13.4.2.6 Die Problematik der karitativen Programme..325
13.4.2.7 Bemühungen um die Harmonisierung des Welthandels 325
13.4.2.8 Bemühungen um regionale Freihandelszonen 326
13.4.2.9 Integrationsstrategien für Entwicklungs- u. Schwellenländer.............................326
13.4.2.10 Globalisierungskritiker und Kassandrarufe...326

13.5 Ideologische Harmonisierung zur Konfliktvermeidung.....................327
13.5.1 Kommunikationsfreiheit...327
13.5.2 Bildung einer Weltmeinung gegen Kollektivgewalttätigkeit....................................328
13.5.3 Kosmopolitische Begrifflichkeit über kollektiven Gewalttätigkeit 328
13.5.4 Abbau der symbolischen Gewalttätigkeit..329
13.5.5 Die Domestizierung der Religionen...329
13.5.5.1 Generelle Aspekte zur Entschärfung der abrahamitischen Religionen................330
13.5.5.2 Die Multi-ethnische Öffnung der Jüdischen Religion 331
13.5.5.3 Die Entschärfung des Islam 331
13.5.5.4 Die Entschärfung des Christentums...332
13.5.5.5 Die Harmonisierung aller Religionen 333
13.5.5.6 Gefahren der Areligiösität...333
13.5.6 Das Projekt einer transkulturellen Ethik und Verfassung 335
13.5.7 Ehrlichkeit im Umgang mit der Vergangenheit 335
13.5.7.1 Der immerwährende historiografische Revisionsbedarf 335
13.5.7.2 Der Revisionsbedarf bei der Verherrlichung von Gewaltmanagern u. -ideologen...........336
13.5.7.3 Beseitigung geschichtlicher Ausblendungen 336
13.5.7.4 Um-Schreiben der nationalen Geschichten zu einer Weltgeschichte...................337
13.5.7.5 Die Problematik der Schulbücher...338
13.5.7.6 Internationale Bemühungen zur Schaffung einer transnationalen Geschichte................340
13.5.8 Die Vision einer offenen kosmopolitischen Weltgemeinschaft................................341

13.6 Kommunikation im Dienste der Gewaltlosigkeit.................................342
13.6.1 Eindämmung kollektiver Gewalttätigkeit durch Medien 342
13.6.2 Beispiele des Einsatzes von Medien zur Eindämmung kollektiver Gewalttätigkeit................343
13.6.3 Beispiele des Missbrauchs von Medien für kollektiver Gewalttätigkeit 343
13.6.4 Das Postulat der Freiheit und Unabhängigkeit der Medien 343

13.7 Die Domestizierung der Sozialkonstrukte...344

13.8 Das Primat des menschlichen Individuums über die Sozialkonstrukte
(die ptolemäische Rückwendung)...345

14 Zusammenfassung und Schlussbemerkungen................................. 347

14.1 Rückblick auf die Vergangenheit 347

14.2 Betrachtung der Gegenwart 349

14.2.1 Der Palästinakonflikt 349
14.2.2 Die Erdölvorräte des Nahen Ostens..350
14.2.3 Die demografische Explosion und ideologische Implosion in der islamischen Welt. 351
14.2.4 Konfliktherde in Afrika. 351

14.3 Ausblick auf die Zukunft.. 352
Demografische Stabilisierung und ökonomischer Ausgleich......................352
Ptolemäische Rückwendung 352
Domestizierung der sozialen Organisationen...353
Chancen für eine friedlichere Zukunft...353
Gefahren für eine friedliche Zukunft...353

BIBLIOGRAFIE...*355*

VERZEICHNIS DER ABBILDUNGEN *367*

VERZEICHNIS DER TABELLEN......................................*367*

REGISTER...*368*

ANLAGEN...*400*

Anlage 1: Ptolemäische Meilensteine auf dem Wege zu den Menschenrechten
.... 400
Der Thronfolgeerlass des hethitischen Königs Telipinus (um -1500)...........400
Die Gesetzgebung des Solon (um -600). 400
Das römische Recht...400
Die Grabrede des Perikles (-430) 401
Die „Constitutio Antoniana de Civitate" des Caracalla (212)......................401
Die „Magna Carta" (1215) 402
Das Werk von Erasmus von Rotterdam (1466 bis 1536) 402
Das Werk von John Locke „The Second Treatise of Government" (1690).....402
Das Werk von Charles-Louis de Montesquieu „De l'esprit des lois" (1748)...402
Die Schrift „Dei Delitti e delle Pene" von Cesare Beccaria (1764) 402
Die Nordamerikanische Unabhängigkeitserklärung (4.7.1776) 402
Die „Erklärung der Menschen- und Bürgerrechte" vom 26. 8. 1789 im Rahmen der Französischen Revolution 403
Die Schrift „Zum ewigen Frieden" von Immanuel Kant (1795)...................404
Die Ansprache von Abraham Lincoln vom 19. 11. 1863 in Gettysburg 405
Die „Allgemeine Erklärung der Menschenrechte" der Vereinten Nationen ...405
Die Europäische Menschenrechtskonvention (3. 9. 1953).........................407
Die Rede des Martin Luther King jr. am 28. 8. 1963....................................409

Anlage 2: Theorien über die Ursachen kollektiver Gewalttätigkeit............ 410
A)   HISTORISCHE AUTOREN 410
B) ZEITGENÖSSISCHE AUTOREN 416

Anlage 3: Typologien kollektiver Gewalttätigkeit verschiedener Autoren 421
A ALLGEMEINE TYPOLOGIEN KRIEGERISCHER AUSEINANDERSETZUNGEN 421
  A.1   Typologie von Kriegen nach Wright, Q. (1942) 421
  A.2   Typologie zwischenstaatlicher Kriege nach Luard, E. (1968) 421
  A.3   Typologie zwischenstaatlicher Kriege nach Midlarsky, M. (1975) ...421
  A.4   Typologie innerstaatlicher Kriege nach Lasswell, H. und Kaplan, A. (1950)...421
  A.5   Typologie innerstaatlicher Kriege nach Rosenau, J.N. (1964) 421
  A.7   Typologie der Hamburger Arbeitsgemeinschaft Kriegsursachenforschung (AKUF)..422
  A.8   Typologie des Uppsala Conflict Data Program (UCDP)..................422
B TYPOLOGIEN NICHTMILITÄRISCHER MASSENTÖTUNGEN (DEMOZIDE) 422
  B.1   Typologie von R.J. Rummel 422
  B.2   Typologie von Dadrian...422
  B.3   Typologie von Smith, R.W. 422
  B.4   Typen von „Genozid" nach Fein, Helen 422

Anlage 4: Nicht-Beitrittsländer zu internationalen Abkommen (Stand Ende 2016) 424

Anlage 5: Gegen den Diskurs „Der Krieg ist der Vater aller Dinge".............425

Anlage 6: Gegen den Diskurs „Es gibt Schlimmeres als Kollektivgewalttätigkeit" 427

Anlage 7: Überwundene oder schwindende Formen kollektiver Gewalttätigkeit...429
    Kannibalismus 429
    Menschenopfer 429
    Ehefrauen- und Dienerbestattung 430
    Kindstötungen 430
    Sklaverei...431
    Blutrache und Sippenhaft 432
    Hexenverfolgungen 432
    Piraterie..433
    Ethnizistische Säuberungen 433
    Folter..433
    Unmenschliche Strafen...434
    Todesstrafe 434
    Verstümmelung der Genitalien...436

Anlage 8a: Verlustzahlen von Landschlachten 437

Anlage 8b: Verlustzahlen von Seeschlachten 444

Anlage 8c: Default-Werte zur Grobschätzung von Verlustzahlen.................451

Anlage 9: Lebensdauer von territorialen Hegemominen der Geschichte ...453

Anlage 10: Liste der von -2000 bis 2000 gewalttätig ausgetragenen Konflikte (mit Motivationstyp, Ausführungsereignissen und Grobschätzung der Todesopfer) 457

Vorwort

In diesem Buch der Friedens- und Konfliktforschung werden Kriege und Demozide als Ausführungsformen „kollektiver Gewalttätigkeit" einer zusammenhängenden Betrachtung unterzogen.

Die vorherrschende Meinung geht davon aus, dass die gewalttätige Austragung von kollektiven Konflikten auf eine menschliche Veranlagung („das Böse im Menschen") zurückzuführen sei; weswegen man sich wohl damit abfinden müsse, dass es immer Kriege und Demodize geben werde. Diese Einschätzung basiert offensichtlich auf der Ansicht, dass die Initiatoren und Ausführenden der Gewalttätigkeit menschliche Individuen seien. Mit diesem Argument könnte man indes auch die Elementarteilchen für die Kriege und Demozide verantwortlich machen, da sie ebenfalls immer daran beteiligt sind. Zielführender ist es wohl, bei einem Ursachengemenge die treibende Kraft in der höchsten der jeweils beteiligten Evolutionsstufen zu suchen.

In meinem Buch *Back to Ptolemaism - To Protect the Human Individual from Abuses of Social Constructs* (2012) habe ich die Sichtweise vorgeschlagen, dass sich die Evolution seit dem Urknall in Richtung steigender Unterordnung der jeweils unteren Evolutionsstufe unter die höhere entwickelt habe: so seien Elementarteilchen zu Atomen verkoppelt worden, Atome zu Molekülen, Moleküle zu Zellen, Zellen zu biologischen Organismen und biologische Organismen zu sozialen Organismen. Daher werde die höchste Evolutionsstufe nicht mehr vom menschlichen Individuum eingenommen, sondern von den Organisationen und Ideen (den „sozialen Konstrukten"), die sich durch das menschliche Zusammenleben zu autonomen sozialen Organismen entwickelt haben und als die eigentlichen „Herren der Schöpfung" zu betrachten seien.

Das vorliegende Werk will die These statistisch untermauern, dass kollektive Gewalttätigkeit keine Vektorsumme des Verhaltens von Individuen ist, sondern aus inneren Antrieben von Sozialkonstrukten (vornehmlich von Staaten) entsteht, die bei ihrem Bestreben nach Selbstoptimierung das Leid und den Tod menschlicher Individuen als Operationsparameter einsetzen. Letztlich ist kollektive Gewalttätigkeit eine unzivilisierte (weil die Integrität des Individuums missachtende) Form, mit der die Staaten und die von ihnen eingesetzten Ideologien/Religionen auf demografischen Wandel reagieren. Es handle sich also aus der Sicht des Individuums um ein Fehlverhalten jener kulturellen Konstrukte, die eigentlich als Wohltäter der Menschheit enztstanden sind.

Die statistische Grundlage der im Buch vorgestellten Auswertung ist die in der Anlage 10 enthaltene Liste von weltweit über 5.400 Kriegen bzw. Demoziden plus ca. 10.000 Ausführungsereignissen jener Konflikte (Schlachten, Belagerungen), die weltweit bis zum Jahr 2000 stattgefunden haben. Diese vollständigste bisher veröffentlichte Aufstellung dieser Art enthält zudem eine Zuordnung der Konflikte zu der in diesem Buch vorgeschlagenen Kategorisierung der Hauptmotivationen. Einen Abriss der Ursachen, Abläufe und Folgen der über 5.400 Konflikte habe ich im Buch *Weltchronik der Kriege und Demozide* (2014) veröffentlicht.

Die hier vorgestellten Statistiken weisen zum einen eine starke Korrelation der Anzahl der Konflikte und deren Ausführungsereignisse (Schlachten, Belagerungen etc.) mit der Zunahme der Weltbevölkerung aus; und zum anderen eine starke Dominanz der Konflikte um Territorien. Daraus wird die These abgeleitet, dass die territorialen Sozialkonstrukte (Ethnien, dann Staaten) die neuralgischen Entzündungsherde kollektiver Gewalttätigkeit sind, indem sie im Spannungsfeld demografischer Veränderungen aus ihrer inneren Dynamik heraus gewalttätig reagieren und die Individuen, durch ideologische Sozialkonstrukte (Religionen und Ideologien) gestützt, in einen kollektiven Gewaltrausch einstimmen. In dieser brutalen Form der Bereinigung demografischer Veränderungen fügen die Kollektive den Individuen des gegnerischen Kollektivs, unter Inkaufnahme des kollateralen Verderbens von Individuen des eigenen Kollektivs, bewusst Leiden und Tod zu, um den Willen des gegnerischen Kollektivs durch Überschreiten einer im Buch näher eruierten Erträglichkeitsgrenze des Leids zu beugen.

Nach einem Überblick über die kulturellen Maßnahmen, an denen die Menschheit bisher gearbeitet hat, um die Auswirkungen kollektiver Gewalttätigkeit zu lindern, werden die wichtigsten Typen sozialer Strukturen und kollektiver Ideologien hinsichtlich ihrer friedensstiftenden oder gewaltträchtigen Resonanzen analysiert, allen voran die Religionen.

Schließlich werden die zivilisatorischen Maßnahmen besprochen, mit denen die gewaltträchtigen Resonanzen in sozialen Konstrukten und Individuen gedämpft werden können. Sie alle laufen auf die „ptolemäische" Grundeinstellung hinaus, dass das menschliche Individuum in das Zentrum der Optimierungsprozesse jeglichen sozialen Konstrukts gestellt werden muss und nicht die Sozialkonstrukte selbst.

Die bei anderen Formen kollektiver Gewalttätigkeit (Kindstötung, Menschenopfer, Kannibalismus, Sklaverei, Inquisition, Hexenverfolgungen, Folter, Todesstrafe, biologische Diskriminierungen aller Art) in unterschiedlichem Maße erzielten Erfolge berechtigen zur Hoffnung, dass in nicht allzu ferner Zukunft auch Kriege und Demozide als indiskutable Formen der Selbstjustiz von Kollektiven tabuisiert werden.

Das Buch ist so angelegt, dass man es auch in wahlloser Folge und nur abschnittsweise lesen kann. Es bietet erweiterte Begriffsbehälter und Interpretationsraster sowie eine Bestandsaufnahme von Fakten, Gesichtspunkten und Argumenten an, um eigene Meinungsbildungen zu erleichtern. Die vorgeschlagenen Auslegungen sind nicht als „absolute Wahrheit", sondern als Diskussionsvorschläge zu verstehen.

Bei der redaktionellen Gestaltung wurde ausführlicher Gebrauch von Auflistungen mit unnummerierten Aufzählungspunkten gemacht, um die Vielzahl der Fakten und Gesichtspunkte nicht mit floskelhaften Überleitungssätzen zu belasten und keine Rangfolge zu postulieren. Schlüsselbegriffe des Textes wurden durch Fettschrift hervorgehoben, um ein synoptisches Überfliegen des Textes zu ermöglichen. Begleitende Informationen befinden sich in Fußnoten auf der jeweiligen Seite, um mühsames Suchen im Anhang zu vermeiden.

Ich möchte meinen lieben Familienangehörigen, Freunden und ehemaligen Kollegen dafür danken, dass sie mich in all den vergangenen Jahrzehnten nicht offen für „ver-rückt" erklärt haben, wenn ich sie in Gesprächen immer wieder mit meinem Schwierigkeiten der Verdauung des gewalttätigen Aspekts der Geschichte ‚belästigt' habe. Mein Sohn Victor Andrés war mir seit den ersten Entwürfen vor über zehn Jahren ein stets anregender und aufmunternder Gesprächspartner, mein Schwiegersohn Jan hat mir unterwegs über etliche IT-Stolpersteine hinweggeholfen.

Die bildende Künstlerin Giovanna Valli hat mir die Illustration des Titelbilds zur Verfügung gestellt, welche den Kerngedanken dieses Buches trefflich versinnbildlicht.

Ein besonderer Dank gilt Herrn Wolfgang Szymik, der mit Scharfblick eine gründliche Korrekturlesung durchgeführt und weit darüber hinaus etliche Sachinformationen korrigiert bzw. aktualisiert hat.

Schließlich gebührt mein Dank und Respekt allen Buchautoren und den vielen anonymen Beitragenden der Internet-Plattformen, auf deren Vorarbeit und Gedanken ich aufsetzen konnte.

München, im Mai 2017

1 Begriffliche Vorklärungen

Ich hatte neue Ideen: deshalb musste ich neue Wörter finden
oder alten Wörtern neue Bedeutungen geben.

(Charles de Montesquieu, 1689 bis 1755)

In diesem Kapitel wird erläutert, wie einige Schlüsselbegriffe in diesem Buch zu verstehen sind, deren Bedeutungen im Allgemeinen Sprachgebrauch nicht einheitlich, für die Thematik des Buches jedoch wesentlich sind.

1.1 Die Begriffe der „Gewalt" und „Gewalttätigkeit"

Das neuhochdeutsche Wort „Gewalt" leitet sich über das althochdeutsche „giwalt" vom althochdeutschen Wort „waltan" ab, das „Gewalt haben, herrschen, in Gewalt haben, besitzen, sorgen, pflegen, tun, bewirken" bedeutete. Auch die neuhochdeutsche Wörter „walten" (herrschen, Macht und Verfügung haben) und „verwalten" stammen davon ab. Die Wurzel WAL findet sich auch in anderen indoeuropäischen Sprachen mit einer ähnlichen Bedeutung, so im lateinischen Wort „valere„ (stark, kräftig sein). [1]

Im Neuhochdeutschen hat das Wort „Gewalt" zwei Konnotationen. [2]

- Die ursprüngliche und heute noch primäre Bedeutung von „Gewalt" ist „die Macht, Befugnis, das Recht und die Mittel zu haben, um über jemanden oder über etwas zu bestimmen, zu herrschen", [3] das heißt letztlich, sich für seinen Willen Gehorsam zu verschaffen. Die Konnotation dieser Grundbedeutung ist eher positiv, ja sogar ehrfurchtserregend, wie zum Beispielen in den Begriffen „hausväterliche Gewalt", „Gottesgewalt", „kirchliche Gewalt", „Amtsgewalt", „Staatsgewalt", „Fürstengewalt", „Verfügungsgewalt", „richterliche Gewalt", „Befehlsgewalt", „Gewaltmonopol" „Gewaltenteilung", „gewaltig", „Verwaltung".
- Die zweite, erst in der Neuzeit hinzugekommene Bedeutung von „Gewalt" ist „unrechtmäßiges Vorgehen, wodurch jemand unter Androhung oder Zufügung von Körperschmerz, bis hin zur Tötung, zu etwas gezwungen wird". Die stark negative Konnotation dieser zweiten Bedeutung von „Gewalt" (die man auch „Tötungsgewalt" nennen könnte), findet sich in zusammengesetzten Wörtern wie „gewaltsam", „gewaltlos", „gewalttätig", „Gewaltverbrecher", „Gewaltverherrlichung", „Gewaltanwendung", „Vergewaltigung". Gleichbedeutend ist das Wort „Gewalttätigkeit", mit dem das „seinen Willen rücksichtslos und mit roher Gewalt durchsetzen" gemeint ist. [4]

Das im Zusammenhang mit Kriegen und Demoziden vorzugsweise gebrauchte Wort „Gewalt" übt wegen der ersten Konnotation des Wortes auf den Diskurs eine verharmlosende Wirkung aus und präjudiziert damit seinen Verlauf. [5] Dafür wird im Folgenden der Eindeutigkeit halber das Synonym der zweiten Konnotation, nämlich **„Gewalttätigkeit"** verwendet.

1.2 Der Begriff der „Kollektiven Gewalttätigkeit"

Krieg ist die kollektive Tötung für einen gemeinsamen Zweck.

(John Keegan, 1998)

Krieg wird nicht aus persönlichen Gründen geführt.

(Mihran Dabag, 2000)

Kollektive Gewalttätigkeit ist die gewaltsame Durchsetzung kollektiver Egoismen. Ihre materiellen Ausführenden und die Opfer sind zwar menschliche Individuen, aber Motivationen wie „Zerstörung eines benachbarten Reichs", „Unterwerfung eines benachbarten Gebiets"; „Bombardierung einer Stadt"; „Versenkung einer Flotte" überschreiten bei weitem die Tragweite, die ein vermeintlich „Böses im Menschen" (das ja üblicherweise als Urgrund angenommen wird) überhaupt haben kann. Dies ist schon allein daraus plausibel, wenn man den mit Kollektivgewalttätigkeit verbundenen Aufwand betrachtet, der bereits in der Vorbereitungsphase (Rüstung) die Möglichkeiten von Individuen um Größenordnungen übertrifft.

---

1 Pfeifer u.a. (1989): Etymologisches Wörterbuch des Deutschen, 1989).
2 Für Hannah Arendt (1970) sind diese zwei Bedeutungsinhalte des deutschen Worts „Gewalt" sogar zueinander gegensätzlich, ohne quantitative oder qualitative Übergänge.
3 Duden – Deutsches Universalwörterbuch, 3. Aufl., Mannheim, 1996.
4 Duden, ebd.
5 Ähnlich verhält es sich mit der verharmlosenden Übersetzung von „crime against humanity"als „Verbrechen gegen die Menschlichkeit", die häufiger gebraucht wird als die korrekte Übersetzung „Verbrechen gegen die Menschheit".

Das vorliegende Buch fokussiert die Gewalttätigkeit von sozialen Konstrukten (die unter 1.4 näher definiert werden) und es wird dafür stets das Attribut „kollektiv" verwendet. Das ergibt den Terminus „kollektive Gewalttätigkeit"oder „Kollektivgewalttätigkeit". Damit soll unmissverständlich die negative Beibedeutung des gewalttätigen Durchsetzens der Zielsetzung eines Sozialkonstrukts wiedergegeben werden. Die weiter unten dargelegten Statistiken sollen die These plausibilisieren, dass Kriege und Demozide darin bestehen, dass Sozialkonstrukte das Leiden und Verderben von Individuen als Spielvariable zur Erreichung ihrer Ziele einsetzen.

Wie unter Punkt 4.5.3 weiter ausgeführt wird, ist nach der treffenden Definition von John Ladd „Gewalttätigkeit dann kollektiv, wenn sie von einer Gruppe auf eine andere ausgeübt wird und wenn dabei Individuen, als Ausführende oder Opfer, lediglich aufgrund ihrer (empfundenen) Gruppenzugehörigkeit betroffen sind".

In der aktuellen Umgangssprache und Fachsprache werden für „kollektive Gewalttätigkeit" oder „Kollektivgewalttätigkeit" auch folgende Synonyme bzw. Quasisynonyme benutzt:

- „Kollektive Gewalt" oder „Kollektivgewalt:[6] Diese Begriffe haben den Nachteil der oben besprochenen Zweideutigkeit des Wortes „Gewalt".
- „Kollektive Gewaltsamkeit": Dieser Begriff hat eine verharmlosende Nebenbedeutung, denn das Suffix „-samkeit" wird mehr für positives menschliches Verhalten, denn für negatives, angewandt (zum Beispiel in: Aufmerksamkeit, Behutsamkeit, Sorgsamkeit, Folgsamkeit, Gemeinsamkeit, Zweisamkeit, Genügsamkeit).
- „Kollektive Gewaltanwendung": Ein verharmlosend klingender Begriff im Sinne einer kollektiven Anwendung einer Methode.
- „Politische Gewalt", „politische Gewalttätigkeit", „politische Gewaltausübung", „politische Gewaltsamkeit". Die Verharmlosung des Kernworts „Gewalt" wird durch die Konsonanz mit den stehenden Begriffen „elterliche Gewalt, „kirchliche Gewalt" und „richterliche Gewalt" verstärkt.
- „Organisierte Gewalt", „organisierte Gewalttätigkeit"[7] „organisierte Gewaltausübung", „organisierte Gewaltsamkeit": Die Verharmlosung des Kernworts „Gewalt" wird durch das Attribut „organisiert" verstärkt, das eine durchweg positive Bedeutung hat.
- „Öffentliche Gewalt", „öffentliche Gewalttätigkeit", „öffentliche Gewaltausübung", „politische Gewaltsamkeit".[8] Diese Begriffe lenken von der Zielbedeutung ab, denn das Attribut „öffentlich" bedeutet lediglich „nicht geheim". Demozide sind jedoch keine „öffentlich" begangenen Verbrechen. Außerdem sagt der Begriff nichts über die Akteure aus (auch eine individuelle Gewalttätigkeit kann in aller Öffentlichkeit begangen werden).
- „Bewaffneter Konflikt": Dieser in den Genfer Konventionen verwendete Begriff schließt Demozide nicht ein.

Im Englischen (und ebenso in den romanischen Sprachen) gibt es für die zwei Konnotationen des neuhochdeutschen Wortes „Gewalt" unterschiedliche Wörter: Für die primäre Konnotation (Macht) ist es das Wort **„power"**, vom lateinischen „potens" („mächtig, vermögend sein, etwas durchzusetzen") oder „force" vom lateinischen „fortis" („physisch stark"); im Lateinischen ist der Terminus dafür „potestas". Für die zweite Konnotation (Gewalttätigkeit) gibt es das Wort **„violence"**, vom lateinischen „violare", das heißt „mit Gewalt (**vis**") absichtlich verletzen"; die lateinischen Termini dazu sind „violentia" oder „vis". [9]

Für die hier vorgeschlagene Bezeichnung „kollektive Gewalttätigkeit" sind im Englischen folgende Termini gebräuchlich:

- Der Begriff „collective violence" ist die treffendste Entsprechung. Er kommt im Werk „On Violence" von Hannah Arendt (1970) bereits zweimal vor,[10] und wird unter anderem von der Weltgesundheitsorganisation verwendet. Auch John Ladd hat diesen Begriff in seinem Beitrag zu Brady / Garver (1991) verwendet.
- Der Begriff „political violence" hat den Nachteil, dass man damit die allophobische Gewalttätigkeit schwerlich mit assoziieren kann.
- Die Begriffe „organized violence" (Luard 1986, Kaldor 1999), „organized violent struggle", „organized killing" (Shaw, 2003) haben den Nachteil der positiven Nebenbedeutung des „organized".

---

6   Zum Beispiel bei Hans Joas (2000).
7   Zum Beispiel in Preuß (2002).
8   Vorgeschlagen von Bernhard Waldenfels in Dabag u.a. (2000).
9   Im römischen Recht hatte „vis" die Bedeutung von „Gewalttätigkeit" und war, als unerlaubte Selbsthilfe, ein Verbrechen („crimen"). Die „Lex Plautia de vi" pönalisierte das Verbrechen der „vis publica" (Anwendung von Gewalttätigkeit in öffentlichen Belangen), die „Lex Julia de vi privata" kriminalisierte die Gewalttätigkeit gegenüber Privatpersonen (Lexikon der Alten Welt).
10   Hannah Arendts Werk „On Violence" (1970) wurde ins Deutsche mit „Macht und Gewalt" übersetzt; bei der Lektüre der deutschen Übersetzung ist man bei vielen deutschen Textstellen, in denen das Wort „Gewalt" vorkommt, im Zweifel, ob die Autorin jeweils „Macht" oder „Gewalttätigkeit" gemeint hat, d. h. ob im englischen Originaltext „power" oder „violence" steht.

- Der Begriff „international violence" ist nur für zwischenstaatliche Kriege anwendbar und schließt innerstaatliche Konflikte und Demozide nicht mit ein.
- Der Begriff „use of force between nations" (Ausübung von Gewalt zwischen Staaten) wird von UN-Organisationen verwendet und schließt innerstaatliche Konflikte und Demozide nicht mit ein.
- Die Begriffe „deadly quarrels" und „fatal quarrels" wurden von Richardson und Wright (1960) verwendet. Sie sind zu generisch, denn sie könnten sich genau so auf personenindividuelle Auseinandersetzungen beziehe.
- S. Pinker (2011) verwendet den Begriff „socially sanctioned violence" für kopernikanistische Exzesse wie Sklavei, Folter und dergleichen.

1.3 Die Begriffe „Emergenz" und „Autopoiesis"

Im Buch „Back to Ptolemaism" habe ich die Sichtweise vorgeschlagen, dass jede Art von kausaler Schlussfolgerung, Erkenntnis oder Theorie einen Versuch darstellt, Komplexitätsveränderungen des Universums in einem winzigen Teil davon (menschliches Gehirn, Rechner) zu emulieren, was demzufolge nur teilweise gelingen kann. Selbst die „exakte" Wissenschaft der Physik vermag es nicht, ihre „Gesetze" durch lückenlose Kausalketten zu erläutern, z.B. gelingt es nicht, mit den physikalischen Theorien der Elementarteilchen und Atome die Eigenschaften der chemischen Gebilde zu erläutern. Ebenso wenig gelingt es, die Biologie mit chemischen „Gesetzen" zu erläutern, noch die Funktionsweise der Organismen aus biologischen „Gesetzen" lückenlos abzuleiten.

Auch gelingt es nicht, das Verhalten von Organisationen (z.B. Staaten) durch eine lückenlose Kausalkette auf physiologischen Eigenschaften (und deren statistischen Streuung) der in ihnen lebenden Individuen zurückzuführen. Der Grund ist nicht nur eine quantitative Überforderung der menschlichen Erkenntnismittel, sondern die Tatsache, dass in Gebilden, in denen viele verschiedenartige Wechselwirkungen einer immensen Anzahl von Elemente stattfinden, Eigenschaften zutage treten („emergieren"), die aus den Eigenschaften der Elemente (im Fallbeispiel der Individuen) nicht ableitbar sind. Aus dem Zusammenleben sehr vieler Individuen entstehen Verhaltensweisen von Kollektiven (z.B. von Staaten), die aus den Eigenschaften der aktuell lebenden Individuen durch keine Kausalkette ableitbar sind; man müsste nämlich u.a. die Taten der bereits Verstorbenen mit einbeziehen.

Da also unser Kausalbegriff nur einen begrenzten Nachbildungsbereich hat, wurde der nützliche Begriff der „**Emergenz**" gebildet (nicht zu verwechseln mit der in romanischen Sprachen vorher bereits bestehenden gleichlautenden Bezeichnung für „Notstand"). Darunter versteht man ein regelmäßiges Makroverhalten eines aus einer Unzahl interagierender Elemente bestehenden Systems, das aus dem Verhalten seiner Elemente nicht kausal ableitbar ist. Man könnte eine emergente Eigenschaft als eine Regelmäßigkeit eines Systems beschreiben, die aus der Verdichtung von infinitesimalen Neigungen der Elemente entsteht, die über Gesetze großer Zahlen stattfindet.

Beispiele emergenter Eigenschaften

> - *Die physikalischen Parameter „Temperatur, Helligkeit, Turbulenz etc." sind an einzelnen Atomen nicht feststellbar, sie beziehen sich auf Eigenschaften von Körpern, die aus 100.000.000.000.000.000.000.000 und mehr Atomen bestehen.*
> - *Das Verhalten eines Insektenvolkes ist emergent, es kann nicht auf die Eigenschaften der einzelnen Insekten kausal reduziert werden.*
> - *Für das statistische Phänomen, dass sich diffuse Tendenzen bei der Betrachtung großer Kollektive zu Regelmäßigkeiten verdichten („Gesetz der großen Zahlen"), liefert das (ebenso makabre) Beispiel der tödlichen Verkehrsunfälle ein anschauliches Beispiel. Jeder davon ist ein singuläres Ereignis, welches durch eine Konstellation verschiedener Einflussfaktoren zustandekommt: die Fahrzeuggeschwindigkeit, der Zustand des Fahrers, der Fahrbahn, der Sichtverhältnisse, die aufprallmindernden Eigenschaften des Fahrzeugs, das räumlich-zeitliche Zusammentreffen mit den Konstellationen der Einflussfaktoren anderer Verkehrsteilnehmer. All diese Faktoren haben nicht den Charakter einer Unweigerlichkeit, sondern eines „Neigt-dazu". Es ist undenkbar, einen tödlichen Verkehrunfall deterministisch vorauszusagen. Trotzdem kann man die Anzahl der Verkehrstoten eines großen Kollektivs (z.B. der Bundesrepublik Deutschland) mit weniger als 10 % Ungenauigkeit für das Folgejahr voraussagen, indem man einfach die Zahl des Vorjahres wiederholt. Die Vielzahl der tendenziell wirkenden Parameter und die Anzahl der Verkehrsteilnehmer verändert sich von einem Jahr zum anderen kaum und daher kann man damit rechnen, dass sich die Tendenzen zu einer fast gleichen Absolutzahl verdichten werden.*

Das bedeutendste „emergente" Verhalten von Systemen aus einer Unmenge interagierender Elemente ist das Bestreben, die betreffende Systemkonfiguration zu erhalten und zu reproduzieren. Dafür haben 1980 die Biologen Humberto Maturana und Francisco Varela den Begriff der „**Autopoiesis**" vorgeschlagen, der im Griechischen „Selbsterschaffung" bedeutet. Ein deutsches Synonym ist „Selbsterneuerung".

Beispiele autopoietischer Systeme

> - *Der „geschlossener Regelkreis" mechanischer Systeme bewirkt einen Prototyp autopoietischen Verhaltens: Bei Änderung der Betriebsparameter des Systems wird der ursprüngliche Zustand wieder hergestellt.*

> ➢ *Die wesentliche Eigenschaft der DNA genannten Molekülketten ist die Fähigkeit, „Kopien" der Segmente der eigenen Molekülketten herzustellen.*
> ➢ *Biologische Zellen bestehen aus interagierenden DNA-Molekülketten und sie verfügen über die autopoietische Fähigkeit, Kopien ihrerMolekülkonfiguration herzustellen.*
> ➢ *Die biologischen Organismen bestehen aus bestimmten Konfigurationen biologischer Zellen. Sie verfügen über die auto-poietische Fähigkeit, ihre Konfigurationen zu „Kopien"ihrer speziellen Konfigurationen herzustellen.*
> ➢ *Zu bemerken ist, dass autopoietischen Systeme der biologischen Welt nicht nur die Fähigkeit der Reproduktion haben, sondern einen ausgesprochenen Drang dazu aufweisen.*

1.4 Der Begriff „soziales Konstrukt"

Unter „sozialem Konstrukt" oder „Sozialkonstrukt" wird in diesem Buch jede Form repetitiver menschlicher Wechselwirkung verstanden, die nach dem Austausch eines Teils oder aller Teilnehmer weiterbesteht. Dies kann sowohl eine persistente Organisationsform sein („organisatorisches Sozialkonstrukt"), als auch ein persistentes System mentaler und emotionaler Abläufe („ideologisches Sozialkonstrukt").Einzelheiten zu dieser angewandten Begrifflichkeit sind in Kapitel 4 erläutert.

Das Wort „Konstrukt" soll die Interaktion vieler Elemente eines Systems zu einem persistenten Verhalten des Systems bedeuten, nicht jedoch eine willentliche Erzeugung. Es kann zwar in Einzelfällen der Fall sein, dass ein Individuum ein Sozialkonstrukt (eine Idee, eine Organisation) durch seine willentliche Entscheidung ins Leben ruft, überleben kann das Konstrukt jedoch nur dann, wenn seine Eigendynamik die Voraussetzungen einer Persistenz erfüllt.

1.5 Die Begriffe „Kultur" und „Zivilisation"

DER MENSCHHEIT FEHLT ES WEIT MEHR AN ZIVILISATION, DENN AN KULTUR.

Für die im Untertitel des Buches und im folgenden Punkt ausgeführte Aussage, dass Kollektivgewalttätigkeit ein kulturelles Fehl darstelle, ist eine Klarstellung der hier angewandten Bedeutung von „Kultur" und „Zivilisation" erforderlich, die nämlich nur zum Teil deckungsgleich sind.

Das Wort **„Kultur"** stammt vom lateinischen Wort „colere", das heißt „Land bebauen" ab. Die Kernbedeutung bezieht sich also auf tradiertes und angelerntes Wissen und Verhalten zur Einwirkung auf die Umwelt, um diese im eigenen Sinne zu gestalten. Im Neuhochdeutschen versteht man unter Kultur „die Gesamtheit der geistigen, künstlerischen, gestaltenden Leistungen einer Gemeinschaft als Ausdruck menschlicher Höherentwicklung"[11]. Fast alle (aber leider nicht alle) Errungenschaften einer Kultur dienen dem Zusammenleben in Gemeinschaften und der Verbesserung und Verlängerung des Lebens der Individuen:

- durch Ersatz fehlender physischer Eigenschaften (z.B. dient das Kulturgut „Kleidung" dem Überleben außerhalb des ursprünglichen Habitats, der afrikanischen Savannen; „Bauwesen" dient dem Schutz vor Niederschlägen und Extremtemperaturen)
- durch Gewährleistung einer von Witterung, Jahreszeiten und Notjahren unabhängigen Ernährung (Landwirtschaft und Viehzucht)
- durch Erhöhung der physischen Überlebenschancen (Fürsorge, Medizin).

Der Begriff „Zivilisation" stammt vom lateinischen Wort „civis", das heißt „Gemeindegenosse, Mitbürger" ab. Die Kernbedeutung bezieht sich also auf die **Fähigkeit des friedlichen Zusammenlebens** mit anderen Menschen. Eminente zivilisatorische Errungenschaften sind die Ethik, das Rechtswesen und die Rechtstaatlichkeit. Die Zivilisation ist sozusagen jener Teil der Kultur, der ein gewaltfreies Zusammenleben erwirkt. In letzter Instanz ist Zivilisation jener Teil der Kultur, der die Würde und Unversehrtheit des Individuums allen andern Errungenschaften der Umweltbeherrschung voransetzt.[12]

- Durch Eindämmung animalischer Instinkte, die das Zusammenleben erschweren würden (zwei Beispiele: die Institution der Ehe dient der Eindämmung der Promiskuität zwecks Minderung der Konflikte zwischen Männchen und zur Absicherung des Nachwuchses; die Gesetze regeln die gewaltlose Befriedigung von Konflikten zwischen Individuen).

Der feine Unterschied der zwei Begriffe soll an folgenden Beispielen beleuchtet werden:

- Der Cro-Magnon-Mensch hatte bereits eine Kultur (Steinwerkzeuge, Feuererzeugung, Höhlenmalerei, Megalithbauten u.a. m.), jedoch nur Ansätze einer Zivilisation (Familie).

---

11   Duden, ebd.

12   In der in „Back to Ptolemaism" (Ferretti, 2012) vorgeschlagenen Begrifflichkeit ist also „Zivilisation" die ptolemäische Ausrichtung der Kultur.

- Die Hochleistungen der Griechen waren überwiegend kultureller Art, die der Römer überwiegend zivilisatorischer Art.
- Die Horden Tschingis Khans verfügten über einige damals weltweit führende kulturelle Errungenschaften (in Militärtechnik und Kommunikationswesen), doch über wenig Zivilisation.
- Die „Kriegskunst" ist eine kulturelle Errungenschaft (wenn auch zum Schaden der Menschheit), aber keine zivilisatorische.
- Für das Netz von nicht territorial-hegemonisch definierten Subkollektiven, welche (neben dem Gewalttätigkeitsmonopol des Staates) das gewalttätigkeitsfreie Zusammenleben gewährleisten, hat sich der Name „Zivilgesellschaft" eingebürgert und nicht „Kulturgesellschaft".
- Kulturelle Errungenschaften sind auch effizientere Methoden der Massentötung (Waffen).

Die in diesem Werk angewandte Differenzierung des Begriffspaares Kultur und Zivilisation deckt sich mit dem Verständnis vieler Autoren.

- **Immanuel Kant** sah Kunst und Wissenschaft als Kern der Kultur an und „gesellschaftliche Artigkeit und Anständigkeit" als den der Zivilisation.[13]
- Der argentinische Staatsrechtler **Juan Bautista Alberd**i (1895) verfasste einige prägnante Formulierung zur Gegenüberstellung der zwei Begriffe. Die moderne Zivilisation sei eine Halbzivilisation, denn sie habe Tausende von Problemen gelöst, außer dem der internationalen Gerechtigkeit. Die so genannten zivilisierten Staaten seien in ihren zwischenstaatlichen Beziehungen nach wie vor unzivilisiert. Der moderne Mensch habe zwei Gesichter: In seiner Heimat sei er ein zivilisiertes Wesen, außerhalb deren Grenzen aber ein Wilder der Wildnis.- Bis sich dies nicht ändere, werde die Welt nur in Details zivilisiert sein, insgesamt aber unzivilisiert bleiben. Juan Bautista Alberdi hat zudem bemerkt, dass ein Volk vergleichbar mehr Bildung („Kultur des Wissens") haben kann als andere, trotzdem aber über weniger Zivilisation („Kultur des Gemüts").
- **Norbert Elias** (1939) widmete in seiner Monografie über den Prozess der Zivilisation viele Seiten der Ausleuchtung der zwei Begriffsinhalte. Im Deutschen verstehe man unter „Kultur" bestimmte menschliche Produkte und Leistungen des Menschen und es sei ausgrenzend, wenn man sich auf die Produkte und Leistungen eines bestimmten Kollektivs bezieht. Unter „Zivilisation" verstehe man auch im Deutschen eine gesellschaftliche Qualität. Im Französischen und Englischen schließe der Begriff „Zivilisation" die Aspekte der „Kultur mit ein".[14]
- Die „düstere Diagnose", die **Wolfgang Sofsky** in seinem „Traktat über die Gewalt" (1996) durchgeführt hat, dass nämlich die Gewalt ein Erzeugnis menschlicher Kultur und das Schicksal der menschlichen Gattung sei, setzt voraus, dass die „ptolemäischen Gegenkräfte" der „Zivilisation" niemals die Oberhand gewinnen.

Aussagen zur Erläuterung der begrifflichen Unterscheidung von Kultur und Zivilisation

> *Kollektivgewalttätigkeit ist ein kulturelles Fehl, da sie Errungenschaften der Kultur (soziale Entwicklungen wie Staatenbildungen, Technik etc., deren eigentliche Urbestimmung das Wohl von Menschen ist) dafür einsetzt, um durch das Leid und Verderben menschlicher Individuen die Selbstoptimierung bestimmter Sozialkonstrukte zu erwirken. Es handelt sich also um eine Zweckentfremdung von Teilen der Kultur.*
> *Die Tabuisierung der Kollektivgewalttätigkeit ist ein zivilisatorischer Fortschritt.*
> *Ein gewalttätiges Kollektiv kann reich an kulturellen und arm an zivilisatorischen Errungenschaften sein.*

---

13   In „Ideen zu einer allgemeinen Geschichte in weltbürgerlicher Absicht" (1784).
14   Elias (1939) aphorisierte den Unterschied der Begriffe in den drei Sprachen mit dem Satz, dass der Deutsche stolz auf seine „Kultur" sei, der Franzose und Engländer hingegen auf ihre „Zivilisation".

2 Gewalttätigkeit in der Natur

DAS ORGANISCHE LEBEN BASIERT AUF GEWALTTÄTIGKEIT,
DAS ZIVILISIERTE LEBEN AUF DEM AUSSCHLUSS VON GEWALTTÄTIGKEIT.

Auch wenn „Gewalttätigkeit" ein Begriff ist, der ein Verhalten der Tier- und Menschenwelt beschreibt, soll dieses Kapitel darstellen, dass es sich um systemische Vorgänge handelt, die auch in den untergeordneten Evolutionsstufen stattfinden. Letztlich handelt es sich um synergetische Reduktionen von Komplexität.

Wenn Atome zu einem Molekül gekoppelt werden und dadurch ihre Bewegungsgsfreiheit verlieren, kann man dies fürwahr nicht als gewalttätigen Eingriff der Moleküle in die Existenz jener Atome auslegen. Die Koppelung findet statt, weil das daraus entstehende Gebilde „Molekül" eine Minimierung der potentiellen Energie ergibt, das deswegen auch sehr änderungsresistent ist, weil das Universum einer Energieminimierung zustrebt. Bei der Fortsetzung der Unterordnungskette (Moleküle verkoppeln sich zu Zellen, Zellen zu biologischen Organismen) nähern wir uns jedoch immer mehr der Anwendbarkeit dieser Denkkategorie der „Gewalttätigkeit", die aus der Evolutionsebene des menschlichen Individuums stammen. In den höheren Evolutionsebenen geht nämlich die Initiative zur Verkopplung immer stärker von der obersten der beteiligten Evolutionsebenen aus.

In der biologischen Evolutionsebene sind es höher strukturierte chemische Gebilde, die in die raumzeitliche Bestimmung (zum Beispiel Organismen) niedriger strukturierter Gebilde (zum Beispiel Zellen) proaktiv eingreifen, um sie in den Dienst der eigenen Existenz, Vervielfachung bzw. Fortpflanzung zu stellen. Letztlich handelt es sich um eine Optimierung des eigenen Systems zu Lasten der untergeordneten Elemente, so wie es bei der individuellen und der kollektiven Gewalttätigkeit der Fall ist. Dies ist bereits für **Einzeller** der Fall, das sind chemische Gebilde mit der Fähigkeit, „freie" Atome und Moleküle ihrer Umwelt zu „beschlagnahmen", um sie in chemische Gebilde ihrer eigenen Machart zu integrieren. Bereits Einzeller enthalten als „**Gene**" bezeichnete spezielle Molekülketten, welche den „gewaltsamen" Integrierungsprozess der Fremdatome und Fremdmoleküle in der Weise steuern, dass Kopien von Einzellern entstehen, welche wiederum dieselbe Art Molekülketten (Gene) enthalten. Einzeller sind gewissermaßen „**egoistische Überlebens- und Fortpflanzungsmaschinen**", die ihren Egoismus „gewalttätig" ausleben (Dawkins, 1976).

Die in der Evolutionsgeschichte entstandenen **Vielzeller** verfügen nicht nur über die Fähigkeit, „freie" Atome und Moleküle zu „beschlagnahmen", sondern auch ganzer Fremdzellen, die dann in Zellen der eigenen Machart umgewandelt werden. Diese „mehrzelligen egoistischen und gewaltsamen Überlebens- und Fortpflanzungsmaschinen" können also andere Vielzeller zerstören und deren Reste in Teilen (zellenweise) für das eigene Leben verwerten. Dabei ersparen sie sich eigene Assimilierungsarbeit, indem sie höhere chemische Substanzen vom „verspeisten" Vielzeller „vorverarbeitet" übernehmen und in das eigene Vielzellensystem einarbeiten.

Das Leben der im Laufe der Evolution entstandenen Vielzellergebilde, die man „Organismen" nennt, beruht auf demselben Prinzip. Die „**Pflanzen**" ernähren sich durch „gewaltsame" Assimilierung anorganischer chemischer Elemente oder von organischen Molekülen verwester Organismen. Die „**Tiere**" haben durch ihre Fähigkeit der Fortbewegung ihre Fähigkeit der „gewaltsamen" Beschlagnahme gesteigert. Sie sind jedoch nicht mehr in der Lage, die gesamte Assimilierungskette vom anorganischen Element zum Vielzellensystem zu vollziehen, sondern sind auf die Ernährung mit organischen Substanzen angewiesen. Dabei beschränken sie sich nicht auf die Assimilierung verwester Organismen, sondern zerstören gewaltsam (töten) pflanzliche Organismen („Pflanzenfresser") oder tierische Organismen („Tierfresser"). Die Spezies Mensch, die sowohl Pflanzen als auch Tiere „beschlagnahmt", tötet und deren Reste assimiliert, hat die Spitze dieser „**Ernährungspyramide**" errungen.

Der Überlebensegoismus der Einzeller, Vielzeller, Pflanzen und Tiere ist mittels ihrer Gene chemisch fest programmiert. Mit aufsteigender Evolutionsstufe ist indes eine tendenzielle Abnahme der Gewalttätigkeit zu verzeichnen:

- Viele der größten Tiere sind reine Pflanzenfresser.
- Ungehemmte Tötung über den unmittelbaren Ernährungsbedarf hinaus ist in der Tierwelt eine Seltenheit, weniger beim Menschen, der aus der Tötung von Tieren (z.B. Sportangeln, Sportjagen) oder der provozierten gegenseitigen Tötung von Tieren (z.B. Hahnenkämpfe) zum Teil eine Freizeitunterhaltung macht.
- Tiere töten sehr wohl Artverwandte (z.B. die Löwen die Leoparden, die Wölfe die Kojoten), haben jedoch eine instinktive Hemmung zur Tötung Artgleicher (intraspezifische Tötung), vor allem wenn sich das Opfer durch „Demutsgebärden" als geschlagen erklärt. Noch seltener ist in der Natur die Verspeisung Artgleicher (Kannibalismus). Nur bei einigen wenigen Tiergattungen (Löwe, Gorilla) gibt er zur Tötung Artgleicher ausgeprägte Instinkte, die evolutionär gesehen darauf abzielen, im Rudel die Erbanlagen der durchsetzungsfähigsten (gewalttätigsten) Individuen bevorzugt zu erhalten (der im Kampf um ein Weibchen Siegreiche tötet die Kinder des Unterlegenen, um sie durch eigene zu ersetzen).

- Innerhalb der Tiergattungen, in denen die Tötungshemmung für Artverwandte in allen Lebenslagen wirksam ist, gibt es diesbezüglich so gut wie keine „kriminellen" Regelverletzer.

Die Kollektivgewalttätigkeit menschlicher sozialer Konstrukte ist ebenfalls als Teilaspekt der Gewalttätigkeit der Natur zu sehen. Wie weiter unten argumentiert wird, handelt es sich um eine „rücksichtslose" Unterordnung des Wohlergehens von systemisch ihnen untergeordneten Entitäten (menschlicher Individuen) unter das Selbstoptimierungsbestreben von Sozialkonstrukten (i.a. von Staaten).

Wir können zusammenfassend feststellen, dass eine Gewalttätigkeit gegen Artgleiche, wie sie beim Homo sapiens sapiens in Kriegen und Demoziden stattfindet, in der Tierwelt so gut wie nicht vorkommt. Daraus können wir erstmal schließen, dass die kollektive Tötung Artgleicher nicht auf einen animalischen Urtrieb zurückgeführt werden kann, sondern auf einem über-animalischen Verhalten, der erst mit der Sozialisierung des Homo sapiens entstanden ist. Wenn menschliche Individuen gegen den Trend der Evolution die individuelle bzw. kollektive Gewalttätigkeit gegen Pflanzen, Tiere und Mitmenschen zum Teil in unsäglicher Weise gesteigert hat, so ist dies auf eine Überstimmung der Instinkte des Individuums durch Sozialkonstrukte zurückzuführen, wie ebenfalls weiter unten argumentiert wird.

3 Die individuelle Gewalttätigkeit des Menschen

Dieses Kapitel enthält Einwände gegen die Argumentation, dass Kollektive Gewalttätigkeit auf das „angeborene Böse im menschlichen Individuum" zurückzuführen und damit unvermeidbar sei. Die angeführten Informationen weisen dem gegenüber auf eine empathische Grundveranlagung des menschlichen Individuums hin, die unter anderem die Bildung sozialer Konstrukte ermöglicht, deren Selbstentfaltung sich allerdings der Kontrolle durch das Individuum entzieht, wie im anschließenden Kapitel argumentiert wird.

3.1 Die mehrschichtige Konditionierung menschlichen Verhaltens

DER MENSCH IST EIN BIO-PSYCHO-SOZIAL-WESEN.

(Dirk Rellecke, 2003)

*Das Verhalten menschlicher Individuen wird durch ein unergründbares Zusammenwirken **aus vielen Motivationsebenen** und deren Wechselwirken gesteuert. Primär sind dies genetisch bedingte Veranlagungen und die Nachprägungen durch die soziale Umwelt.*

3.1.1 Die neurophysiologische Veranlagung

Nach einer von Darwin geäußerten These ist es die Schutzlosigkeit des gejagten Menschen gewesen, welche die genetische Entwicklung der Spezies Homo sapiens gestaltet hat und ihn zu einem geselligen Wesen gemacht hat. Die Spezies Homo sapiens hat vermutlich etwa 99,6 % seiner etwa zwei Millionen Jahre langen Evolution in der ständigen Angst vor Raubtieren und vor dem Unbill der Natur gelebt. Der Beginn der Entwicklung der Hominiden war vermutlich von einem Traumatisierungssprung begleitet, als diese die schutzreiche Umgebung des Urwalds verließen und ihren Lebensraum in die schutzlose Savanne verlegten. Dies hat den Menschen vermutlich mit den oben dargelegten Veranlagungen genetisch geprägt, unter anderem durch eine starke Ausprägung der Spiegelneuronen (siehe weiter unten). Und diese Prägung kann in Vorzeiten nur eine anderen Mitmenschen gegenüber kooperative gewesen sein.

Hinzu kommt, dass kaum eine andere Säugetierart so lange nach seiner Geburt (ca. ein Viertel seines Lebens) völlig wehrlos auf andere angewiesen ist, wie der Mensch. Die Wechselwirkung mit einer (in der Terminologie von Elias) „Überlebenseinheit" ist für den Menschen von seiner Geburt an ein Muss.

Die Gene bestimmen allerdings nur die Grundfunktionalitäten des menschlichen Körpers, die ihn mit der Umwelt interagieren lassen, die Umwelt wirkt mit zusätzlichen Steuerungsgrößen auf den Menschen ein.

- Die Gene des menschlichen Organismus programmieren das menschliche Verhalten nicht in deterministischer Weise in der Art eines Drehbuchs, sondern im statistischen Sinne (Dawkins, 1976). Sie bilden im menschlichen Körper neurophysiologische Tendenzen aus, welche es ihm ermöglichen, mit der Umwelt derart zu interagieren, dass ein hinreichend großer statistischer Anteil der Individuen hinreichend lange und gut überlebt, um die Arterhaltung zu gewährleisten. Dazu gehört natürlich eine positive Interaktion mit Artgleichen, das heißt das soziale Verhalten, welches allein schon für die Fortpflanzung unerlässlich ist.

- Nach einer Theorie („Epigenetik") können Umwelterfahrungen des Individuums Gene deswegen verändern, weil sie mit einer Art fliegender Verdrahtung, den so genannten **„Schaltermolekülen"** ausgestattet sind, die je nach externer Anregung situationskonform bestimmte Gen-Funktionen aktivieren oder stilllegen.

- Zu den genetisch bedingten Bausteinen, die für das Funktionieren und Verhalten des Menschen wesentlich sind, zählen die **Neuronen** (Nervenzellen), eine Art Mikroprozessoren, die jeweils eine bestimmte Art von Funktionsabläufen steuern. So gibt es Neuronen, die Reize und Berührungen melden, Neuronen die Empfindungssequenzen speichern, Neuronen zur Wahrnehmung der Eigenempfindlichkeit („Propriozeptoren"), Neuronen, die spezifische Muskelbewegungen steuern (Bewegungsneuronen) und Neuronen, die zielgerichtete Bewegungssequenzen steuern (Handlungsneuronen). Neuronen funktionieren in der Regel im Zusammenspiel mit anderen mit ihnen vernetzten Neuronen.[15] Dadurch können externe Wahrnehmungen und Handlungsabläufe mit einem Eigengefühl verknüpft (emotiv bewertet) werden. Die Interaktionsfähigkeit des Menschen wird durch die im nächsten Punkt ausführlich besprochenen **Spiegelneuronen** bestimmt.

- Wenn Handlungsneuronen aktiv werden, kommt es nicht unbedingt zur Ausführung einer Handlung, sondern es kann lediglich zur Ausführung eines Handlungegedankens kommen. Bei erwachsenen und gesunden Menschen kommt es zur Handlung erst nach Überwindung einer Hemmung durch intuitive oder analytische Vorgänge („Motivationen"). Ein wesentlicher Teil der menschlichen Erziehung ist die Bildung von adäquaten Handlunghemmungen.

---

15 Eine wichtige Verknüpfungsfunktion übt das „optische Aufbereitungs- und Interpretationszentrum" aus.

Generell reichen die Motivationen des Individuums von über Neuronen vorprogrammierten Instinkten/Trieben (die den rein körperlichen Bedürfnissen wie der Nahrungsaufnahme und der Fortpflanzung gelten) bis hin zum Bedürfnis sozialer Anerkennung.

- **Instinkte** sind neuronal vererbte Verhaltensmuster. Sie sind die am stärksten genetisch bedingten (neuronal fest programmierten) Verhaltensweisen. Die auf rein körperliche Bedürfnisse bezogenen Instinkte nennt man Triebe. Es kann beim Menschen kein Instinkt zum Töten festgestellt werden, schon gar nicht von Mitmenschen. Dies wird durch den Umstand bekräftigt, dass (entgegen der landläufigen Meinung) als „geistig behindert" eingestufte Personen (deren neurophysiologische Funktionen in der Regel intakt sind) weniger aggressiv und gewalttätig sind als „normale".

- **Affekte** (gefühlsbedingte Überreaktionen), Aggressionen (affektbedingte Angriffsbedürfnisse zur Verbesserung der eigenen Machtposition) führen beim Individuum in der Regel nur dann zur Gewalttätigkeit gegen sich selbst (psychosomatische Störung, Selbstmord) oder gegen andere, wenn sie nicht durch Bewusstseinsmachung oder gewaltlose Konfrontation ausgelebt werden können.

In dem Drei-Instanzen-Modell von Sigmund Freud bilden die Triebe, Bedürfnisse und Affekte das „**Es**" des Individuums, welches vom Lustprinzip gesteuert wird. In der Terminologie Max Webers motivieren die genetischen Veranlagungen das „**affektive Handeln**", das für ihn eines der vier Grundtypen sozialen Handelns darstellt. Vilfredo Pareto prägte hierfür den Begriff der „**Residuen**" (Überbleibsel) und stellte die These auf, dass diese das soziale Handeln überwiegend beeinflussten.

Beim Menschen wird ein bedeutender Teil der **Verhaltensmuster** (Handlungssequenzen und begleitendes Eigenbefinden) nicht genetisch vererbt, sondern durch Erfahrung geprägt. Dies erfolgt auf zwei Wegen:

- Verhaltensmuster können im Menschen auch nach der Geburt neuronal fixiert werden, vornehmlich in den ersten Lebensjahren durch Kontakt mit Bezugspersonen, am wirksamsten durch die Mutter. Dadurch wird im wesentlichen ein angemessener Umgang mit den Selbstgefühlbewertungen (Emotionen) gelernt. Man kann dies als „**emotive Intelligenz**" bezeichnen, im Unterschied zur „rationalen Intelligenz". Der Vorgang wird als „emotive Erziehung" bezeichnet. Diese wird im Regelfall positiv (im Sinne eines Ausgleichs mit den Mitmenschen) geprägt, kann indes auch im negativen Sinnen erfolgen. Im Erwachsenenalter ist der Mensch nur noch beschränkt emotiv prägbar, am ehesten im negativen Sinnen, so durch Extremsituationen, zum Beispiel durch eine persönlich erlittene Gewalttätigkeit oder durch Kriegserlebnisse.[16]

- Eine weitere neurophysiologische Eigenschaft, die in dem von den Genen gesteuerten Bauplan des menschlichen Körpers enthalten ist, besteht in der Fähigkeit der Erinnerung an komplizierte Zusammenhänge, die das „**Gedächtnis**" ausmacht.[17] Das „Gedächtnis" ermöglicht eine Bibliothek möglicher Zusammenhänge und die Folgen von Handlungen (die analytische Vernunft, Kausalitätswissen, gegenständliches Wissen) zu Rate zu ziehen, bevor eine Handlung oder ein Handlungsgedanke ausgeführt wird. Dies ist eine Besonderheit des menschlichen Gehirns, die bei Tieren nur ansatzweise (bei den Primaten) vorhanden ist. Diese zukunftorientierte Fähigkeit wird unter dem Begriff der „**Vernunft**" oder „**rationale Intelligenz**" subsumiert.[18] Demzufolge ist der Mensch auch ein „**animal rationale**" (**Vernunftwesen**).

- Auch die vernunftbezogenen Steuerungsgrößen haben eine überwiegend Gewalt mindernde Wirkung auf das individuelle Verhalten. Diese kann aber in Extremsituationen durch Aggressionsinstinkte überstimmt werden. Auch hierzu gibt es Schwellenwerte der Überstimmung, die personenindividuell streuen.

- Ein Teil des militärischen Trainings (dessen Zweck die Ertüchtigung von Individuen zur Ausführung kollektiv motivierter Tötungen andere Individuen ist) hat seit jeher darauf abgezielt, beim Soldaten die (residuale instinktive oder die angelernte) Hemmung zum Töten von Menschen zu beseitigen. Die von Grossman (1996) zusammengetragenen neueren Forschungsergebnisse zeigen jedoch, dass trotz des militärischen Drills, nur ca. 20 % der in den zwei Weltkriegen beteiligten Kampfsoldaten von ihrer Waffe zielgerichteten Gebrauch gemacht haben; die anderen haben zum Teil nicht oder absichtlich daneben geschossen. Dem Anliegen, die Tötungshemmung von Individuen zu überwinden, ist der Einsatz von Fernwaffen entgegen gekommen, worauf Nikolaus Tinbergen (zitiert in Arendt, 1970) hingewiesen hat. In jüngster Vergangenheit sind es die bewaffneten Drohnen, die diesem Anliegen in fast vollkommener Weise entgegenkommen.

---

16 Die Aussage eines überlebenden KZ-Häftlings bestätigt diesen Effekt in tragischer Weise: „Das Schlimmste, was und die Nazis angetan haben ist, dass sie uns für den Rest unseres Lebens den Hass eingeprägt und die Fähigkeit zu lieben geraubt haben".

17 Das Denken kann als eine Ersatzhandlung betrachten, die von einem unbefriedigenden Ausgangszustand ausgelöst wird und bei der Gedächtnisinhalte nach gespeicherten Handlungsabläufen (logischen Regeln) miteinander verknüpft werden, um einen erwünschten Zielzustand zu erreichen. Erinnerung, Spiegelung und Emotionen (Verknüpfungen mit dem Selbstgefühl) spielen dabei also eine wesentliche Rolle. Dass *Denken ein Ersatzhandeln* ist, wird durch den Umstand bekräftigt, dass sehr viele abstrakte Begriffe von Wörtern für körperliche Handlungen abstammen, z.B. das Wort „Begriff".

18 Hierzu passt die Definition von Wittgenstein „Die Arbeit des Philosophen ist ein Zusammentragen von Erinnerungen zu einem bestimmten Zweck." Zitiert von David Wood in Dabag u.a. (2000).

Die weiteren genetisch bedingten Verhaltensweisen sind bereits deutlich durch das soziokulturelle Umfeld mit konditioniert. Es sind dies die Schaltstellen, mit denen Sozialkonstrukte das Verhalten der Individuen beeinflussen und sie zu Ausführenden ihrer Selbstoptimierung machen können.

- Die **Gefühle** (seelische Stimmungslagen, welche die Einstellung zur Umwelt mitbestimmen) werden stark durch das soziokulturelle Umfeld konditioniert. Dazu gehören Angstgefühle (des Bedrohtseins) mit den Ausprägungen Furcht (situationsbedingtes Angstgefühl, in vielen Fällen in Bezug auf andere Individuen oder auf Sozialkonstrukte wie die Figur des Teufels) und Eifersucht. Weitere Arten sind Rachegefühle (Bedürfnis nach Genugtuung für real oder vermeintlich erlittenes Unrecht, Schmerz oder Schaden); Abneigungen (Gefühle des Unbehagens mit bestimmten Individuen oder Kollektiven, was stark soziokulturell bedingt sein kann) mit der Steigerungsform Antipathie. Die Situationen, die Gefühle auslösen, sind stark soziokulturell bedingt.
- Bei den **Bedürfnissen** (physiologisch bedingte oder eingebildete Gefühle, etwas nötig zu haben) ist die soziokulturellen Konditionierung offensichtlich.
- **Komplexe** sind verdrängte negative seelische Einstellungen in Bezug auf sich selbst. allerdings stets im Vergleich zu anderen. Sowohl Minderwertigkeitskomplexe als auch Überlegenheitskomplexe (beide sehr stark soziokulturell bedingt) können zu aggressivem Verhalten und zu Gewaltbereitschaft führen. Die Identifikation eines Individuums mit sozialen Konstrukten (z.B. mit einer Religion, einer Organisation) kann so weit gehen, dass es seine Komplexe in den Dienst der Selbstoptimierung jener Konstrukte stellt.
- **Hassgefühle** (affektive Abneigung) weisen den kürzesten Abstand zur Gewalttätigkeit auf, und zwar nicht so sehr die Neidgefühle, sondern die allein auf dem Umstand einer realen oder vermeintlichen Andersartigkeit beruhende Allophobie, darunter der Fremdenhass (Xenophobie). Letztere ist eine instinktive Abwehrreaktion, die auch in der Tierwelt vorhanden ist, die aber durch Sozialkonstrukte potenziert werden kann.

3.1.2 Die soziale Veranlagung

DAS INDIVIDUUM WIRD NICHT ALS MITGLIED DER GESELLSCHAFT GEBOREN,
JEDOCH MIT EINER SOZIALEN VERANLAGUNG.

(Peter Berger und Thomas Luckmann, 1967)

3.1.2.1 Die empathische Veranlagung

Neurophysiologische Forschungen an der Universität von Parma (eines Teams unter Professor Giacomo Rizzolatti) führten zur Entdeckung eines Typs von Handlungsneuronen, der so genannten „**Spiegelneuronen**". Diese haben die Fähigkeit, bei der Wahrnehmung eines externen Vorgangs (z.B. einer lächelnden Miene) dieselben inneren neurophysiologischen Reaktionen auszulösen (z.B. Fröhlichkeit), als ob der eigene Körper jenen Vorgang selbst erleide (z.B. sich selbst in einer erfreulichen Situation befinde) bzw. ihn ausführe (z.B. selber lächle).

- Man kann sich Spiegelneuronen als Schaltelemente vorstellen, die über die Funktionszentren des Gehirns verteilt, erfahrungsprogrammierte Durchverbindungen zu denselben Neuronennetzen des Eigenempfindens bewirken, unabhängig davon, ob die auslösende Empfindung von einer inneren oder eine äußeren Wahrnehmung stammt. **Spiegelneuronen bewirken, dass jede Handlung oder Vorstellung von Gefühlen begleitet wird**. Da alle Menschen nach einer Minimierung von Schmerz und einer Maximierung angenehmer Empfindungen (und des eigenen Lebens) trachten, bewirkt die von den Spiegelneuronen hergestellte **Gleichschaltung von Innen- und Außenwelt** tendenziell eine zunehmend harmonische Koexistenz.

Es reicht sogar nur die Wahrnehmung eines Teils eines einmal abgespeicherten Handlungsablaufs oder die Vorstellung davon aus, um die gesamte Sequenz und deren emotive Bewertung abzurufen (intuitives Verständnis). Diese neurobiologische Resonanzfähigkeit zwischen Innenwelt und Außenwelt stattet den Menschen mit einer Reihe von Eigenschaften aus.[19]

- Vorgänge, die andern Menschen schaden, werden als negativ bewertet (**Mitgefühl**).
- Es kommen Handlungsimpulse auf, das Unheil von den anderen abzuwenden .[20]
- Das Wohlergehen und Überleben anderer wird in den eigenen Überlebensegoismus einbezogen (Selbstlosigkeit, Altruismus).[21] Für die eigentlich der sozialen Ebene zugehörigen kulturellen Begriffe der Gerechtigkeit und des Ge-

---

19 Die Implikationen der Entdeckung der Spiegelneuronen und weiterer darauf aufbauender Forschungen sind in leicht verständlicher aber gleichzeitig präziser Weise von Joachim Bauer (2005) dargestellt worden.

20 Nietzsche erkannte mit seinem Scharfsinn diese menschliche Neigung, bewertete sie aber als „Verdoppelung des Wehs" negativ, als entkleidete Selbstliebe, als Basis der „Sklavenmoral", als Basis des Christentums.

21 Nach einer umstrittenen Theorie des britischen Verhaltensforschers Vero C. Wynne-Edwards ist der auch bei Tieren feststellbare Altruismus ein Beleg dafür, dass der Selektionsprozess der Evolution nicht nur Individuen betrifft, sondern auch Kollektive: Die kooperativen Kollektive überleben besser.

meinschaftssinns gibt es also eine neurophysiologische Grundlage (in die Umgangssprache ist dies mit dem Begriff „Gerechtigkeitssinn" eingegangen).

- Die an anderen beobachteten Erlebnisse werden in den eigenen Erfahrungsschatz integriert (Erweiterung des Lernprozesses auf nicht direkt selbst Erlebtes; auch durch den Schaden anderer klug werden).
- Da die anderen überwiegend Handlungen ausführen, die deren Wohlbefinden erhöhen, werden diese als positiv kopiert; es häuft sich die Speicherung ähnlicher Handlungssequenzen in unterschiedlichen Individuen (soziale Gleichschaltung des Verhaltens).
- Die empathische Empfindung ist für jene Personen größer, die ebenfalls empathisch reagieren (Sympathie).
- Von anderen auf die eigene Person einwirkende Eindrücke oder ausgerichtete Handlungen, die das eigene Wohlbefinden erhöhen (z.B. ein Lächeln), erzeugen das Bedürfnis der Kontaktwiederholung mit jener Person (Zuneigung, Liebe).[22].
- Es wird eine positive neurobiologische Resonanz zwischen Innenwelt und Außenwelt hergestellt, die des sich Einfühlens (**Empathie**).
- Dadurch, dass die Spiegelneuronen in allen menschlichen Lebewesen gleichermaßen reagieren, stellen sie einen „**gemeinsamen intersubjektiven Handlungs- und Bedeutungsraum**" (Vittorio Gallese, 2005) her.[23] Dies ermöglicht die **Kommunikation** und **soziales Handeln**.

Die Spiegelneuronen sind außerdem die neurophysiologische Grundlage für das traditionelle Erklärungsproblem der abendländischen Philosophie, wie es sein könne, dass trotz der postulierten ontologischen Dichotomie zwischen der Sinneswahrnehmung und der Realität die einzelnen „Ichs" miteinander kommunizieren können und dabei sogar offensichtlich zu gleichen, auch fehlerhaften, Abbildungen kommen (Details dazu in Ferretti, 2012).

- Völlig im Einklang mit den entdeckten Eigenschaften der Spiegelneuronen steht die Theorie des russischen Anthropologen Prjotr Alexejewitsch **Kropotkin** (1902), wonach sowohl in der Tier- als auch in der Menschenwelt der Geselligkeitsinstinkt stärker sei als der Selbstbehauptungsinstinkt.
- Richard **Rorty** hat unabhängig von der Theorie der Spiegelneuronen eine These aufgestellt, welche sich mit den Aussagen dieses Paragraphen deckt: Die soziale Solidarität beruhe auf gemeinsamem Schmerzempfinden und Erfahrung von Grausamkeit; die Empathie der Menschen könne durch kulturelle Maßnahmen verstärkt werden.

Die Ausstattung des Menschen mit sozialträchtigen Spiegelneuronen macht ihn von sozialen Kontakten sogar abhängig: Ein sozialer Ausschluss beschleunigt in der Regel den Tod des Ausgeschlossenen.

Spiegelneuronen können allerdings durch Stresssituationen außer Kraft gesetzt werden. Außerdem kann durch wiederholte Beobachtung von schmerzerzeugenden Handlungen (z.B. Gewaltszenen) die von den Spiegelneuronen geprägte Hemmschwelle, derlei Handlungen selbst auszuführen, abgebaut werden.

Das nach den Bauplänen der Gene ausgebildete menschliche Gehirn hat also überwiegend ein biologisch vorgegebenes Streben nach Symmetrie zwischen dem Ich und den Anderen, es fördert ein positives soziales Verhalten: Das **menschliche Hirn ist tendenziell sozialgerecht veranlagt** („social brain").

Die Einwirkung der Spiegelneuronen ist von Geburt an nur in rudimentärer Form gegeben und **kann nur durch Einübung (Erfahrung) zur vollen Entfaltung gebrach**t werden. Die Einübung bedarf nämlich der Anleitung durch eine empathisch empfundene Bezugsperson (am effektivsten durch die Mutter), um innerhalb der wenigen Jahre der Prägungsfähigkeit (die ersten wenigen Lebensjahre) abgeschlossen werden zu können. Je häufiger und intensiver eine Wahrnehmung, desto stärker werden die Verknüpfungen („synaptische Verbindungen") physiologisch ausgeprägt. Durch Erfahrung werden nicht nur neue Inhalte der Neuronen (z.B. neue Handlungsabläufe) gespeichert und wieder abrufbar gemacht, sondern auch die Verknüpfung mit anderen Neuronen, das heißt unter anderem, die emotive Bewertung. Im Laufe sehr vieler Generation immer wieder eingeprägte Inhalte und Verknüpfungen von Neuronen können teilweise genetisch fixiert werden.

Zusammenfassung der aus der Theorie der Spiegelneuronen ableitbaren Grunderkenntnisse hinsichtlich der Gewalttätigkeit des Individuums

> ➤ *Die Entdeckung der Spiegelneuronen hat die Glaubwürdigkeit der Theorie verstärkt, dass die neurophysiologische Steuerung des menschlichen Verhaltens eine überwiegend Gewalttätigkeit mindernde Wirkung hat. Jede Bemühung, auch auf der rationalen, sozialen und kulturellen Steuerungsebene menschlichen Verhaltens eine Gewaltminderung herbeizuführen, kommt also der menschlichen Veranlagung für ein empathisches Verhältnis mit der Umwelt entgegen. In der Tat ha-*

---

22 Auch die Zuneigung zwischen Mensch und Tier beruht darauf.

23 In letzter Instanz kann man beispielsweise „Vernunft" als sozial standardisierte Reaktionsregelmäßigkeit betrachten, die für andere soziale Gruppen „unvernünftig" sein kann.

> *ben sich auch die sozialen Strukturen und kulturellen Inhalte (trotz aller Rückschritte) in Richtung steigender Gewalt-minderung entwickelt.*[24]
> ➤ *Die Kindererziehung und deren Inhalte prägen die Friedfertigkeit oder Aggressivität der Individuen in entscheidender Weise.*
> ➤ *Für die Friedfertigkeit eines Kollektivs ist eine positive emotive Erziehung der Individuen von größter Bedeutung.*
> ➤ *Die genetische und anerzogene Hemmschwelle des Individuums gegen Gewalttätigkeit kann durch traumatische Erfahrungen, Gewöhnung (z.B. durch Medien), Schulung (z.B. militärischer Drill) oder Beobachtungsentzug der Auswirkungen (z.B. Fernwaffen) herabgesetzt werden.*

3.1.2.2 Weitere soziale Fähigkeiten des Individuums

Berger und Luckmann haben 1967 (vor der Entdeckung der Spiegelneuronen) eine Reihe weitere Aspekte der Veranlagung des Menschen herausgearbeitet, die die kognitiven, kommunikativen und sozialen Fähigkeit des Menschen ausmachen. [25]

- **Erinnerungsvermögen:** Die Fähigkeit, die für das Individuum relevanten Auszüge aus dem von der Außenwelt erzeugten Strom von Eindrücken, die er mit seiner jeweiligen inneren Bewertung abspeichern und wieder aufrufen kann. Das rationale Denken ist ein Abgleich einer geplanten Handlung mit dem Gedächtnisinhalt; dies bedeutet, dass auch das rationale Demken steht mit einer emotionalen Bewertung verbunden ist. Dabei führt das Gehirn eine Reduktion der konzeptionellen Komplexität durch, indem es eine **Typifizierung** durchführt, das heißt den Gedächtnisinhalt mit einer begrenzten Anzahl von Kategorien bewertet (gut/böse, Freund/Feind etc.). Durch dieser Reduzierung der Komplexität wird das Finden „gemeinsamer Nenner" mit anderen Individuen erleichtert.
- **Objektivierung durch Externalisierung (Veräußerlichung):** Der Mensch neigt mehr als jedes andere Lebewesen dazu, sein inneres Befinden der Außenwelt kenntlich zu machen (er spricht, schreit, singt, weint, schreibt, gestikuliert etc.). Dadurch wird inneres Befinden von Individuen zu einem externen Objekt, das eine vom Individuum eigenständiges „Fortleben" haben kann. Das Sozialkonstrukt Sprache besteht z.B. aus „objektivierten Externalisierungen".
- **Konsolidierung der Objektivierung durch Nachahmung:** Die menschliche Neigung zum Nachahmen andere Individuen ist nicht nur ein starker sozialer Kitt (Sprache, Sitten, Berufe etc. beruhen im hohem Maße auf Nachahmung), sondern sie trägt ungemein zur Verselbständigung „objektivitierter Externalisierungen" zu eigenständigen Entitäten bei, indem sie durch Nachahmung wiederholt und dadurch sogar „legitimiert" werden.
- **Gewöhnung:** Der bekannte Umstand, dass der Mensch ein „Gewohnheitstier" ist, trägt ungemein zu seiner Soziabilität bei, vor allem weil sein Handeln von den Mitmenschen voraussagbarer wird.
- **Internalisierung (Verinnerlichung):** Eine menschliche Besonderheit sei es auch, dass das Individuum sich mit den von ihm oder anderen externalisierten Konstrukten identifiziert und sie (in der außerhalb von ihm verselbständigten Form) verinnerlicht. Dadurch entstehen von vielen Individuen ziemlich deckungsgleich angewandte „konzeptionelle Maschinen" und „Sinnweltstützen" (Mythen, Religionen, Wissenschaften).

Andere Autoren haben einige Aspekte des oben Dargelegten mit andern Worten zum Ausdruck gebracht:

- **Edmund Burke** erkannte, dass die Vernunfts- und Gefühlsfähigkeiten des menschlichen Individuums begrenzt und zudem von Mensch zu Mensch sehr unterschiedlich ausgeprägt sind. Sie bedürfen der Vervollkommnung durch das Sozialkonstrukt Staat, der durch natur- und gottgegebene Gesetzmäßigkeiten historisch gewachsen ist. Daraus leitete er allerdings einen Fatalismus ab, wonach kopernikanistische Exzesse von Sozialkonstrukten zu tolerieren seine, bis sie eines natürlichen Todes sterben, weswegen er als Vater des Konservativismus gilt.
- **Norbert Elias** (1939), ein bedeutender Theoretiker der Wechselwirkung zwischen Individuum und Gesellschaft, hat auf die im Laufe des zivilisatorischen Fortschritts stattgefundene Zunahme der Interdependenz der Individuen untereinander und mit den Kollektiven hingewiesen, die nach einem Zwang zur „Zurückhaltung von Affekten" sogar zu einem „gesellschaftlichen Zwang zum Selbstzwang" sowie eine **„Verinnerlichung von Fremdzwängen"** geführt habe. Dazu gehöre die Einschränkung des Rechts der Individuen auf Selbstjustiz und die Übertragung des Gewaltmonopols auf ein Kollektiv (heutzutage ist dies der Staat), was einen der größten zivilisatorischen Fortschritte der Menschheitsgeschichte darstelle. Elias postulierte außerdem, dass eine Sozialstruktur nichts anderes sei als eine „Figuration" vieler interdependenter Individuen, ähnlich wie ein Tanz, der von Tänzern ausgeführt wird. Die Figurationen befinden sich nach Elias, aus eigenen Eigengesetzmäßigkeiten heraus, in laufender Wandlung. Damit wandelt sich auch die Psyche der Individuen (der „Tänzer") in entsprechender Weise. Nach Elias sind „Individuum" und „Gesellschaft" zwar verschiedene, aber untrennbare Aspekte der gleichen Menschen; es gebe kein „Inneres des Menschen". [26]

---

24 Kants „kategorischer Imperativ" ist im Lichte der Spiegelneuronen eine Aufforderung zum veranlagungskonformen Verhalten.

25 Berger und Luckmann sind in ihrem Werk dem Konzept der Spiegelneuronen sehr nahe gekommen, indem sie u.a. folgende Vermutung aussprachen: „Es könnte in der psycho-physiologischen Veranlagung des Menschen ein angeborenes „Bedürfnis" der Kohäsion geben."

26 Elias hat zwar nach meiner Einschätzung völlig richtig erkannt, dass „Figurationen" (in meiner Terminologie „Sozialkonstrukte") eigenständige Entitäten sind; er hat aber die furchtbare Aussage gemacht, dass das Individuum auf die Verinnerlichung von Sozialkonstrukten reduziert werden könne, Allerdings nahm er dies in einem der

- **George Herbert Mead** (1934) hat mit seiner „**Sozialbehaviorismus**" genannten Theorie einen weiteren Aspekt herausgearbeitet, dass nämlich das Individuum durch soziale Interaktion lernt, sich mit den Augen der anderen zu sehen, wobei die sprachliche Symbolik und das Bemühen um deren gemeinsame Bedeutungsinhalte wesentlich sei.
- **Erich Fromm** betrachtete als eine wichtige Voraussetzung der seelischen Gesundheit des Individuums, dass es sich durch die soziale Interaktion als „Ich", d. h. als getrenntes Wesen zu seiner Umwelt sehe (Wikipedia deutsch, „Erich Fromm" 25.05.2015).
- Auch **Heinrich Popitz** (1986) wies darauf hin, dass das Selbstbewusstsein des Individuums externer, d. h. sozialer Validierung bedarf.

3.2 Die sozialen Einwirkungen auf das Individuum

Für die folgenden Betrachtungen sind einige soziologische Begriffe besonders bedeutsam, welche die Fremdbestimmung menschlichen Verhaltens angehen. Sie beziehen sich auf eine „**Entfremdung des Individuums**" bzw. „**Entäußerung des Individuums**", die darin besteht, dass es sein Verhalten auf „äußere" Egoismen ausrichtet.

- Eine „**soziale Norm**" ist ein ideologisches Sozialkonstrukt, eine in einem Kollektiv geltende Vorschrift für das Handeln der Individuen, deren Zuwiderhandeln mit Sanktionen bestraft wird. Es ist eine angelernte aber auch sanktionierte Verhaltensregelmäßigkeit. (Es gibt auch angeborene Verhaltensregelmäßigkeiten wie Instinkte und angelernte Verhaltensregelmäßigkeiten, die nicht sanktioniert werden, wie Gewohnheiten). Der Mensch neigt dazu, die im ersten Schritt während des Domestizierungsprozesses („Erziehung") aufgezwungenen sozialen Normen zu verinnerlichen („internalisieren") und sie ohne weitere Infragestellung zu akzeptieren. Außerdem neigt er dazu, ein „Wir-Gefühl" zu verinnerlichen, das sich seinem angeborenen „Ich-Gefühl" zur Seite stellt. Dadurch wird das Individuum jedoch zu einem im Interesse des Kollektivs „verstellten" Wesen.
- Eine „**soziale Rolle**" ist ebenfalls ein ideologisches Sozialkonstrukt, „ein aus speziellen Normen bestehendes Bündel von Verhaltenserwartungen, die von einer Bezugsgruppe (oder mehreren Bezugsgruppen) sozialer Positionen herangetragen werden".[27] Es handelt sich um Verhaltensweisen, welche in Bezug auf die betreffende soziale Gruppe angelernt werden und die Persönlichkeit des Rollenträgers verändern können. Bekanntlich stammt das Wort „Person"[28] aus dem Theaterwesen (hohl klingende Maske für eine bestimmte Theaterrolle).Jedes menschliche Individuum verstellt in einem Kollektiv situationsweise sein Verhalten, entsprechend den Handlungszwängen der von ihm gespielten sozialen Rolle.
- Nach Popitz (1986) wird das soziale Verhalten der Individuen stark durch ihr Bedürfnis an Selbstanerkennung geprägt, das wiederum auf externe soziale Anerkennungen angewiesen sei. Dabei sei es nicht nur wichtig, von wem die Anerkennung erfolgt, sondern als was man sozial anerkannt wird. Popitz nennt diese Rollenerwartung „**soziale Subjektivität**" und unterscheidet fünf Typen, die dieses Bedürfnis der Individuen befriedigen können: das reine Gruppenzugehörigkeitsgefühl (z.B. bei Sportfans), eine zugeschriebene Rolle (z.B. als „Mann"), eine erworbene Rolle (z.B. ein Beruf), eine öffentliche Rolle (z.B. als Vereinsfunktionär)und schließlich die eigene Individualität (z.B. das soziale Anerkennen und Tolerieren eines „Anders-Seins").
- Die Interaktion der vielen „personae", welche sich für ihre soziale Rolle verstellen und dabei „Normen" des Kollektivs befolgen, generiert neue Motivationen des Kollektivs, die wiederum weitere „**Rollenanpassungen**" der Individuen erfordern können. Diese soziale Rückkopplungsschleife erzeugt ein kollektives Verhalten, welches mit individualpsychologischen Kategorien allein nicht mehr erklärbar ist.

3.3 Die kulturellen Einwirkungen auf das Individuum

Das Gemenge der kulturellen Inhalte, die über Generationen tradiert, das individuelle Verhalten beeinflussen, ist von verschiedenen Autoren mit unterschiedlichen Begrifflichkeiten beschreiben worden:

- Für **Montesquieu** (1748) waren die „handlungsleitende Prinzipien" des Staatsbürgers die „Tugend" (darunter verstand er: Verantwortlichkeit für das Gemeinwesen, gegenseitiger Respekt, Unterordnung des Handelns, Bevorzugung des öffentlichen Interesses vor dem eigenen Interesse, Liebe zur Gleichheit der gemeinsam regierenden Bürger, Vaterlandsliebe), „Ehre" und „Furcht".
- In dem Drei-Instanzen-Modell von **Sigmund Freud** bilden die sozialen Prägungen das „**Über-Ich**". Dazu gehöre auch das Gewissen, das im Grunde eine „soziale Angst" sei.
- Nach **Max Weber** gibt es drei angelernte Motivationen sozialen Verhaltens, welche die angeborene Motivation ergänzen: „**zweckrationales Handeln**" (rein vernunftsbezogen), „**wertrationales Handeln**" (für irrational gesetzte Werte) sowie „**traditionales Handeln**" (auf „eingelebten Gewohnheiten" beruhend).

---

allerletzten Sätze seines Werkes zurück, wo er die brillante Schlussfolgerung zog, dass der Prozess der Zivilisation erst dann abgeschlossen sein werde, wenn das Individuum „ein dauerhaftes Gleichgewicht oder gar einen Einklang zwischen den gesamten Anforderungen seiner sozialen Existenz auf der einen Seite und seinen persönlichen Neigungen und Bedürfnissen auf der anderen Seite" gefunden habe.

27 Bahrdt (2003), S. 67.
28 Nach einer anderen Theorie handelt es sich um ein etruskisches Lehnwort.

- **Vilfredo Pareto** prägte für die kulturellen Motivationsfaktoren den Begriff „**Derivationen**" (Ableitungen), welche seiner Meinung nach weit mehr instinktbedingt denn vernunftsbezogen sind, als es gemeinhin den Anschein hat.

- Der US-amerikanischen Anthropologe **F.T. Cloak** schlug den Begriff „**Kulturteilchen**" („corpuscules of culture") vor, die sozusagen als Bedeutungspakete kommuniziert und den Nachfolgegenerationen tradiert werden.

- **Erich Fromm** hat darauf hingewiesen, dass es auch kulturell vorgeprägte Defekte gibt, an denen Individuen leiden können. Es sind dies Defekte die dadurch entstehen, dass ein Kollektiv bestimmte Grundbedürfnisse des Individuums (z.B. Identitätserlebnis) unterdrückt oder nicht befriedigt. Dadurch, dass die meisten Individuen des Kollektivs an diesen Defekten leiden, werden sie als Normalität hingenommen. Gelindert wird das Leiden meist mit über die Medien verabreichten „kulturellen Opiaten". Krankhafte Lebensweisen werden bereits mit der Kindererziehung als Normalität vermittelt. (Wikipedia „Erich Fromm" deutsch, 28.06.08). In der Terminologie von Fromm kann man sagen, dass selbst kollektive Gewalttätigkeit als kulturelles Opiat angeboten worden ist, ganz klar zu Beginn des 1. Weltkriegs. Auch der Faschismus und der Nationalsozialismus haben kollektive Gewalttätigkeit als kulturelles Opiat eingesetzt.

- Der britische Biologe **Richard Dawkins** (1974) baute den Begriff der „Kulturteilchen" zum Begriff „**Mem**" aus, als Gegenstück zur biologischen Vererbungseinheit „Gen". Darunter versteht er vorgefertigte Gedankenbausteine, die ähnlich reproduziert und „vererbt" werden wie die biologischen Baupläne des Körpers. Daraus folgt per Analogie das Gedankenmodell, dass sich Meme zu Mem-Zellen und diese zu Mem-Organen ausbilden können. [29] Bei jedem höheren Aggregationsgrad treten „emergente" Merkmale auf, die in keinem der Einzelbestandteile zu finden sind. Dieser Gedankenansatz unterstützt auch die Theorie, dass auch kollektive Ideologien emergente Ideen sind, die nicht auf die Ideen der Individuen vollkommen zurückfahrbar sind.

Einige Erlebnisinhalte und Verhaltensmuster werden von sozialen Gruppen (Kollektiven) bevorzugt oder sogar genormt und über die Grenzen einzelner Menschenleben hinweg tradiert. Es sind dies im Wesentlichen die Inhalte der Kultur und Zivilisation. Dazu gehören die Religion, Moral und die Ideologien. Es handelt sich im Prinzip um **Aggregationen sozialer Einwirkungen und Präferenzen vergangener Generationen.**

- **Tabus** sind angelernte Einschränkungen des Handlungsspielraums, als Selbstverständlichkeiten verinnerlichte Verbote. Sie tragen, wenn ethisch fundiert, stark zur Moderierung des menschlichen Verhaltens bei (das heißt auch zur Gewaltlosigkeit). Man kann sie, wie die meisten der nachfolgenden Positionen als Mem-Zellen betrachten.

- **Vorurteile** (Stereotype) sind Vereinfachungen der rationalen und emotionellen Einschätzung, die mühsame Differenzierungen des Verhaltens erübrigen. Aggressive Vorurteile (zum Beispiel „alle Asiaten sind falsch") sind besonders gewaltträchtig. Axiome (unbewiesene Grundannahmen über Sachverhalte) und Glaube (unbewiesene Gewissheiten) sind eine Sonderform von Vorurteilen.

- **Wissen** ist eine angelernte Fähigkeit, das Verhalten von Objekten nachvollziehen oder vorausbestimmen zu können. Wirtschaft, Wissenschaft und Technik sind wesentliche Errungenschaften des Menschen, um sein Überleben zu sichern. Im Grunde genommen sind sie die effektivste Form der Verhinderung von Gewalttätigkeit. Bekanntlich kann auch Wissen zur Gewalttätigkeit antreiben und zu deren Maximierung missbraucht werden. Zur Kategorie des Wissens gehört auch das Vermutungswissen (die Übergänge sind fließend). Ein Gerücht ist ein auf die emotionale Ebene ausgerichtetes Vermutungswissen. Gerüchte werden nicht nur von Individuen im persönlichen Interesse in Umlauf gebracht, sondern auch von Kollektiven und werden für kollektive Motivationen sehr häufig missbraucht.

- **Rituale** (Riten) sind zu feststehenden Anlässen feststehende Handlungsabläufe. Spezielle Formen sind Zeremonien und Bräuche.[30] Unter Sitte (1) versteht man die für einen bestimmten Lebensbereich einer Gesellschaft überlieferten Bräuche. Rituale wirken auf den Menschen stark ein: Sie nehmen ihm situationsbedingte Entscheidungen ab und haben, dank ihrer Einübung, oft einen spielerischen Unterhaltungswert. Außerdem tragen sie innerhalb eines Kollektivs zu Verhaltensregelmäßigkeiten der Individuen bei.[31]

- **Mythen** können sowohl entstellt überlieferte und überwiegend geglaubte Erzählungen über angebliche Vorfälle in einer fernen Vergangenheit sein (Theorie des Euhemerus von Messana im -4. Jh.) oder in konkrete Form gebrachte abstrakte kollektive Vorstellungen (Theorie des Giambattista Vico im 18. Jh.). Mythen setzen die menschliche Fähigkeit des Sprechens voraus und vielen Forschern zufolge auch Rituale, von denen sie ein gesprochener Abklatsch seinen. Sie dienen meist dazu, eine gewollte Gleichschaltung des gegenwärtiges Denkens und Handelns zu erwirken.

---

29 Magnus Enzensberger hat dazu, bezogen auf die Mathematik, das anschauliche Bild einer „Kathedrale von Begriffen" geprägt.

30 Èmile Durkheim hat die Rolle der Riten und speziell der religiösen für die Kollektive herausgearbeitet: Riten seien periodische gemeinsame Handlungen, durch die sich eine Gesellschaft ihrer selbst bewusst werde. (Hinweis in Burkert, 1972).

31 Die wohl ausführlichste Studie über Mythen und Rituale in der altgriechischen, vorchristlichen Religion ist im Werk „Homo necans" von Walter Burkert (1972) enthalten. Dort hat er mehrfach auf den kollektiven Charakter der Mythen und Rituale hingewiesen. Speziell ist er auf die Opferrituale eingegangen, die aus einer im Neolithikum entstandenen praktischen Notwendigkeit des Tötens der Jäger entstanden seien, in denen „durch den Schauer des Tötens ganz bestimmte Gefühle geweckt und eingeübt worden sind und zwar eben solche der Bedenklichkeit und Schuld, der „Ehrfurcht vor dem Leben". Dies mache einen Bestandteil unserer Kultur aus.

Für Religionen sind die Mythen über die Entstehung der Welt, der Götter, der Menschen u. s. f. von besonderer Bedeutung.[32]

- **Wertesysteme** sind Systeme von positiv bewerteten und gegeneinander priorisierten Wunschzielen. Man kann sie wie die folgenden Positionen als Mem-Organe betrachten, die mit emergenten Zusatzeigenschaften aus Mem-Zellen entstehen und sich fortpflanzen.

- **Normen** sind in einem Kollektiv als allgemein verbindlich geltende Verhaltensregeln für das Zusammenleben. Sie beinhalten vorgegebene Eingrenzungen der individuellen Handlungsfreiheit und der Reaktion des Kollektivs auf Zuwiderhandlungen. Das System der in einem Kollektiv geltenden zwischenmenschlichen Verhaltensnormen nennt man Moral, auch Sitte (2) genannt.[33] Ein moralischen (sittlichen) Normen konformes Verhalten eines Individuums nennt man Tugend. Zu den im Zusammenhang mit kollektiver Gewalttätigkeit bzw. Friedfertigkeit relevanten Tugenden gehören Gerechtigkeit, Tapferkeit, Gehorsamkeit. Ein System moralischer (sittlicher) Normen nennt man Ethik. Die in einem territorial-hegemonischen System geltenden Normen nennt man Gesetze; diese bilden ein Rechtssystem.

- **Religionen** sind Systeme von Vorurteilen, Ritualen, Wertesystemen und ethischen Normen, die unter Einbindung von Sprache und Vernunft aufeinander abgestimmt sind.[34] Man kann sie als „Mem-Organismen" betrachten, die aus mehreren wechselwirkenden Mem-Organen bestehen.

Alle kulturellen Motivationsfaktoren stellen grundsätzlich eine wichtige Form der Moderierung von Instinkten und damit der „**Domestizierung des Individuums**" dar, was auch „**Sozialisierung des Menschen**" genannt wird. Sie sind außerdem ein wichtiges Element der Kohäsion von Kollektiven. Es gibt aber auch kulturelle Motivationsfaktoren, die gewalttätigkeitsfördernd sind.

Alle kulturellen Steuerungen des individuellen Verhaltens können sowohl durch neurophysiologische Motivationen (instinktive oder vernunftbezogene) überstimmt werden, als auch durch aktuelle soziale Einwirkungen. Dies kann sowohl im Gewalt mindernden, als auch im gewaltfördernden Sinne erfolgen. Auch hierfür gibt es individuell und sogar kollektiv streuende Schwellenwerte der Überstimmung.

Aus dieser **Mehrschichtigkeit der Steuerung menschlichen Verhaltens** geht hervor, dass in allen vier Steuerungsebenen menschlichen Verhaltens die Gewalt mindernde Wirkung die vorherrschende ist. Konstitutionelle Exemplarstreuungen, temporäre Rückfälle oder externe Einwirkungen können allerdings, wie bereits gesagt, in allen vier Ebenen zu einer Überstimmung der Gewalt mindernden Steuerungen durch gewaltfördernde Reaktionen führen. Dies sind jedoch Ausnahmen, wie im Folgenden gezeigt wird, die es weiter einzudämmen gilt.

Die These, dass der Mensch (als Resultante von Veranlagung und sozialer Einwirkung) von Natur aus friedfertig ist, wurde von vielen Autoren vertreten, darunter von einem der Väter des Völkerrechts, Hugo Grotius (um 1615).

3.4 Die Erweiterungsfähigkeit der Empathiesphäre des Individuums

Auf das Individuum bezogen lässt sich folglich schließen, dass sein instinktives (biologisch bedingtes) Verhalten durch **verinnerlichte ideologische Sozialkonstrukte** (soziale Normen und Rollen) überlagert wird. Da die biologische Veranlagung den Menschen zur positiven Resonanz und einem harmonischen Ausgleich mit dem Menschen befähigt, ja ihn sogar dazu vorzugsweise motiviert, sind menschliche Kollektive vorzugsweise auf einen gewalttätigkeitsfreien Ausgleich der individuellen Interessen ausgerichtet. Demzufolge verstärken die Einwirkungen der Kollektive auf die Individuen vorzugsweise deren Friedfertigkeit.[35]

Die Mutter-Kind-Beziehung stellt die erste Stufe der sozialen Prägung des Individuums dar. Der Kreis der Personen, mit denen das Individuum in Wechselwirkung tritt, erweitert sich im Laufe seines Lebens und damit erweitert sich auch die **Empathiesphäre** des Individuums. Aus der generischen emotiven Intelligenz bildet sich eine „**soziale Intelligenz**" (auch „**Soziabilität**"). Diese besteht im Wesentlichen in der Prägung eines **ausgewogenen Interaktionsinventars** (positiv gespiegelt, sowohl angeboren als auch

---

32   Herfried Münkler hat in seiner Monographie „Die Deutschen und ihre Mythen" (rororo; 2010) auf die besondere Rolle diverser Mythen bei der Bildung des kollektiven Gedächtnisses / Identitätsbewusstseins der Deutschen hingewiesen; auch darauf, wie dieselben Mythen je nach politischer Opportunität umfunktioniert werden (so war Arminius dem expansionistischen NS-Regime als Befreier von einer Fremdherrschaft nicht mehr genehm).

33   Nach Meinung einiger Forscher haben auch Schimpansen ein moralisches Verhaltens, allerdings in einer Vorform.

34   Die von den Religionsgemeinschaften seit jeher geübte Praxis, Kinder durch Religionsunterricht exklusiv auf die eigene Glaubensrichtung zu fixieren, hat Richard Dawkins als eine Form mentalen Kindesmissbrauchs bezeichnet (Spiegel-Interview 10.09.07).

35   Bereits Aristoteles stellte in seiner Nikomachischen Ethik fest, dass die politische Gesellschaft mehr sei als nur eine Gemeinschaft, sie sei dafür geschaffen, gute Taten zu fördern.

angelernt) mit anderen Menschen, vor allem wenn diese in kollektiver Resonanz reagieren. Dazu gehören auch der ausgeglichene Umgang mit sozialen Zwängen und der **Aufbau von Schwellen zur Wahrung des Ichs**.

Im Laufe seines Lebens wird der Mensch in eine Reihe von sozialen Gruppen eingebunden, die sich zum Teil überlappen oder überlagern. Diese wirken auf ihn je nach Typus der Gruppe als „Sprachgemeinschaft", „Überlebensgemeinschaft", „Solidaritätsgemeinschaft", „Wahrheitsgemeinschaft", „Erinnerungsgemeinschaft", „Religionsgemeinschaft" oder anderes mehr ein und prägen damit seine Wahrnehmungs- und Empfindungswelt. All dies kann als eine Erweiterung der Empathiesphäre auf die jeweiligen sozialen Bereiche gesehen werden.

Aus dem neurophysiologisch bedingten Anerkennungsbedürfnis des Individuums (die letztlich der Selbstanerkennung dient) entstehen in wohl fast jedem Gemeinschaftserlebnis Autoritätsbeziehungen: Das Individuum richtet sein Verhalten auf die (meist nur vorgestellte) Anerkennung aus oder aus Furcht vor einem (vermeintlich möglichen) Anerkennungsentzug durch Autoritätspersonen. Wie Popitz (1986) trefflich dargestellt hat, kann die imaginäre Komponente sogar so weit gehen, dass sich das Verhalten von Individuen nach der erhofften Anerkennung durch Bilderbuch-Ideale, Filmstars, Helden und Sagenfiguren, ja sogar der Nachwelt, ausrichten kann. Die ins Höchste gesteigerte **Autoritätsbindung** sei zweifellos die Fügung unter die Autorität Gottes. Nach Popitz ist die Autoritätsbindung die am eindeutigsten zur Machtausübung disponierende soziale Bindung.

Die daraus entstehenden sozialen Steuerungsgrößen des menschlichen Verhaltens können sowohl eine Gewalt mindernde, als auch eine Gewalt fördernde (aggressive) Wirkung haben. Der überwiegende Teil der sozialen Systeme der Geschichte hat eine Gewalt mindernde Auswirkung auf das individuelle Verhalten ausgeübt. Norbert Elias (1939) hat den Aspekt herausgearbeitet, dass das Individuum mit fortschreitender Zivilisierung immer mehr gelernt hat, **Fremdzwang durch Selbstzwang zu ersetzen** oder Gewohnheiten anzunehmen, um die eigenen Affekte zurückzudrängen und sich zu beherrschen. Das **Bewusstsein sei weniger triebdurchlässig geworden**. Dadurch sei das Leben gefahrenloser aber auch affekt- und lustloser geworden. Auch sei es dadurch möglich geworden, das Verhalten von Menschen über immer weitere Räume abzustimmen. Darauf basiert seine Theorie, dass die gesellschaftliche Entwicklung mit einer psychischen Entwicklung der Menschen aufs Engste verbunden sei.

Die sozialen Steuerungen des individuellen Verhaltens können durch neurophysiologische Steuerungen (instinktive oder erfahrungsgeprägte) überstimmt werden, sowohl im Gewalt mindernden, als auch im gewalttätigen Sinne. Auch hierfür gibt es individuell streuende Schwellenwerte der Überstimmung.

Zwischen Individuen und sozialen Konstrukten finden enge Wechselwirkungen statt und grundsätzlich kann keine Kategorie ohne die andere existieren. Indes **hat jedes Individuum und jedes Sozialkonstrukt ein spezifisches Eigenleben**. Die Wechselwirkungen können daher am besten durch ein Auseinanderhalten der Ebene der Individuen und der Kollektive erkannt werden.

- P. Singer (1981) hat dargelegt, wie es im Laufe der Geschichte zu einer graduellen Erweiterung der Empathiesphäre der Menschen gekommen ist.
- S. Pinker (2011) vertritt die These, dass die Verbreitung der Lese- und Schreibfähigkeit und speziell die Romanliteratur wesentlich zur generellen Erweiterung des Empathiekreises beigetragen haben.[36]

---

36 In seinem Werk hat der Psychologe **S. Pinker** (2011) die geschichtliche Entwicklung der Gewalttätigkeit analysiert, ohne grundsätzlich zwischen individueller und kollektiver Gewalttätigkeit (der Begriff „collective violence" kommt im Register nicht vor) zu unterscheiden. Anhand unterschiedlichster statistischer Daten hat er den Schluss gezogen, dass seit der Vorgeschichte ein Zivilisierungs- und Pazifizierungsprozess stattgefunden hat und er nennt u.a. folgende Parameter („die besseren Engel unserer Natur" nach einer Metapher von Abraham Lincoln), die zur „humanitären Revolution" beigetragen haben, indem sie die „inneren Dämonen" der menschlichen Natur (Raublust, Herrschsucht, Rachegelüste, Sadismus, Gewaltideologien) in zunehmendem Maße unterdrückt haben. Die „besseren Engel" seien die Empathie (deren gewaltmindernde Wirkung er allerdings als „überschätzt" betrachtet), biologische Evolution des Menschen (mit Fragezeichen), Selbstkontrolle, Moral, Taboos, Vernunft (Zunahme des durchschnittlichen Intelligenzquotienten). Zu den gesellschaftlichen Vorgängen zweifelhaften Einflusses auf die Abnahme der Gewalttätigkeit zählt S. Pinker die Entwicklung der Waffentechnik, die Abrüstung und den Wohlstand. Zu den die Pazifizierung fördernden sozialen Entwicklungen zählt er: das staatliche Gewaltmonopol (der Leviathan), den Handel, die Frauenbewegung, die Erweiterung der Empathiekreise, die vernunftbasierte Verbreitung des humanistischen Wertesystems.

3.5 Die Eindämmung der individuellen Gewalttätigkeit

Die „artgleiche Tötungsrate" (dazu gehört auch der Selbstmord) ist beim Menschen deutlich größer ist als bei den Säugetieren. Dies liegt vermutlich daran, dass beim Menschen ein Großteil des bei Tieren durch Gene neurophysiologisch fest programmierten und vererbten Verhaltens (Instinkte) durch angelerntes Verhalten (emotionale Erziehung, persönliches Wissen, Kultur) ersetzt worden ist. Dabei ist vermutlich die instinktive Hemmung zur Tötung Artgleicher abgeschwächt worden. Hinzu kommt, dass unter den Sozialkonstrukten, die das menschliche Leben weit stärker beeinflussen als das der Tiere, es einige gibt, wie fundamentalistisch Religionen und Staaten, die den Tot von Individuen als Operationsparameter für ihre Selbstoptimierung einsetzen (vormals Menschenopfer, Tötung von Neugeborenen und nach wie vor auch Märtyrertod, Kriege).

Das Zusammenspiel der verschiedenen „Steuerungsebenen" des menschlichen Verhaltens hat hinsichtlich des Aspekts „Tötung Artgleicher" im Laufe von Millionen von Generationen dazu geführt, dass die abge-schwächte instinktive **Tötungshemmung** durch emotive, vernunftbezogene, soziale und kulturelle Hemmungen ersetzt worden ist.

Die Wirkung der neurophysiologisch bzw. sozial angeeigneten Hemmung zur Tötung von Mitmenschen durch menschliche Individuen ist indes nicht lückenlos. In Einzelfällen können andere Motivationen (z.B. die Eifersucht, Habgier) die Oberhand gewinnen und die Handlungsschwellen für Tötungsinstinkte her-absetzen.

Todesopfern individueller Gewalttätigkeit (vorsätzliche Tötungen) im Verhältnis zur Anzahl der Lebenden.

Jahr	Land / Ort	Morde/Totschläge pro 100.000 Einwohner und Jahr	Quelle
1300	W-Europa	20 bis 80	Pinker (2011)
1600	W-Europa	10 bis 50	Pinker (2011)
1900	USA	7	Pinker (2011)
1900	England	1	Pinker (2011)
2012	Honduras	90	UNODC 2014
2012	Venezuela	50 (Caracas 122)	UNODC 2014
2012	Guatemala, Salvador	40	UNODC 2014
2012	Brasilien, Südafrika	30	UNODC 2014
2012	Mexiko	20	UNODC 2014
2012	Zentralafrikanische Länder	10 bis 30	UNODC 2014
2012	Russland	10	UNODC 2014
2012	Zentralasiatische Länder	10	UNODC 2014
2012	USA, Argentinien, Baltikum	5	UNODC 2014
2012	Indien, Iran	4	UNODC 2014
2012	Nordafrikanische Länder	3 bis 1	UNODC 2014
2012	VR China	1	UNODC 2014
2012	W-Europa	1	UNODC 2014
2012	**Weltweiter Durch-schnitt**[37]	**6**	UNODC 2014

UNODC = United Nations Office on Drugs and Crime

Weltweit mittlerer Anteil der individuellen Gewalttätigkeit an den Todesursachen (WHO, 2005):

Gewalttätigkeit aus individuellem Antrieb mit Todesfolge	Häufigkeit pro 100 Todesfälle	Tote durch individuelle Gewalttätigkeit (Annahme: 70 Jahre mittlere Lebensdauer)
-gegen sich selbst (Selbstmord)	1,5	1 Toter pro 67 Leben / 4.700 Lebensjahre
-gegen andere Individuen (Mord und Totschlag)	1,0	1 Toter pro 100 Leben / 7.000 Lebensjahre
Summe	2,5	1 Toter pro 40 Leben / 2.800 Lebensjahre

---

37   Im Weltdurchschnitt 2012 waren ca. 80 % der Opfer männlichen Geschlechts bzw. ca. 50 % der Opfer im Altersbe-reich von 15 bis 29 Jahren.

Schlussfolgerungen zur individuellen Gewalttätigkeit

> ➤ *In Westeuropa ist die Anzahl der Todesopfer individueller Gewalttätigkeit seit dem Mittelalter grob gesagt um den Faktor 50 zurückgegangen*
> ➤ *Die indivuelle Gewalttätigkeit mit tödlichem Ausgang gegen sich selbst (Selbstmord) ist heute 50 % häufiger (aber in der selben Größenordnung) wie die gegen ein anderes Individuum.*
> ➤ *Die individuelle Gewalttätigkeit ist heute die Ursache von ca. 2 % der Todesfälle.*
> ➤ *Im statistischen Mittel müsste ein Mensch 4.700 Jahre lang leben, bis er seinem Leben selbst ein Ende setzte und 7.000 Jahre lang, bis ihn das Los einer gewaltsamen Tötung durch einen Mitmenschen träfe.*

Mangels statistischer Angaben über die Häufigkeit von Morden in vorgeschichtlicher Zeit und im Altertum ist es nicht möglich zu ermessen, in welchem Verhältnis die relative Häufigkeit individueller Gewalttätigkeit zu der unserer Tage gestanden hat. Abgesehen vom Problem der quantitaiven Bestimmung der Opferzahlen ist es bei den an Knochenfunden festgestellten Gewalteinwirkungen schwer auszumachen, inwieweit sie auf Raubtiere, Unfälle, kollektive Gewalttätigkeit (Menschenopfer, Todesurteile, Kriege) oder individuelle Gewalttätigkeit zurückzuführen sind.

Für das Mittelater liefern Chroniken konkreteres statistisches Material, das sich jedoch fast nur auf größere Städte bezieht, in denen damals wie heute die Mordrate deutlich über dem Landesdurchschnitt liegt.

Steven Pinker (2011) hat aus seinen Analysen den Schluss gezogen, dass der Zivilisationsprozess im Sinne von Norbert Elias sich auch als eine drastische Senkung der individuellen Gewalttätigkeit ausgewirkt hat, der vor allem auf die moderierende Wirkung der Staatsordnung zurückzuführen sei.

4 Die kollektive Gewalttätigkeit sozialer Konstrukte

Die Ausführungen dieses Kapitels wollen die These plausibilisieren, dass kollektive Gewalttätigkeit keine Auf-summierung der Gewalttätigkeit von Individuen darstellt, sondern völlig anderen Entstehungsmechanismen unterliegt. Es wird argumentiert, dass soziale Konstrukte als lebende Organismen zu betrachten sind, die Ei-gendynamiken entfalten, welche die Vektorsumme des Verhaltens der beteiligten Individuen quantitativ und qualitativ übersteigen. Kollektive Gewalttätigkeit wird als einer der vorkommenden Eigendynamiken sozialer Konstrukte dargestellt.

4.1 Die Entstehung sozialer Konstrukte

Durch die im Punkt 3.1.1 erwähnten neurophysiologischen Eigenschaften des Menschen externalisieren (veräußerlichen) Individuen Aspekte seines Innenlebens, worauf andere Individuen ansprechen, d. h. ih-rerseits Aspekte ihres Innenlebens externalisieren. Durch die weiteren menschlichen Veranlagungen wie Empathie, Erinnerungsvermögen, Nachahmung, Gewöhnung und Internalisierung (Verinnerlichung) ver-dichtet sich die Wahrscheinlichkeit, dass immer mehr Individuen ihre innere Einstellung und ihr Verhal-ten nach persistenten Arten und Abfolgen gleichschalten.

In der Soziologie spricht man, wenn mehrere Menschen interagieren und über eine gewisse Zeit gemein-same Ziele verfolgen, von einem „**sozialen Gebilde**" (auch „**sozialen System**", „Sozialsystem")." Es kann sich dabei um eine Organisationsform oder um einvernehmliche Gedanken- bzw. Gefühlsinhalte handeln.

Zur Verdichtung der immensen Vielfalt möglicher Externalisierungen, Handlungen und Internalisierun-gen der Individuen auf eine begrenzte und repetitive Anzahl sich wiederholender Muster (sozialer Syste-me) tragen neben der menschlichen Veranlagung auch die grundsätzlichen Bedingungen der menschli-chen Existenz („conditio humana") im Kampf ums Überleben bei. Denn obwohl das Individuum wie alle Lebewesen eine „egoistische Überlebens- und Fortpflanzungsmaschine" ist, hat es bereits in vorgeschicht-licher Zeit gelernt, dass das Interagieren mit anderen Individuen die Überlebenschancen und die Lebens-qualität erhöht. In der Tat macht es die Kooperation von Individuen (v.a. die Arbeitsteilung und Speziali-sierung) möglich, „emergente" Leistungsmerkmale zu produzieren, darunter neuartige materielle Ressour-cen (Techniken) und mentale Lebensräume (Sprachen, Organisationen, Ideologien, Religionen) zu er-schließen, zu denen isolierte menschliche Individuen nicht fähig wären.

Die repititiven Arten der Externalisierung, des Interagierens und der Internalisierung führen nicht nur zu emergenten Verhaltensweisen und Leistungen, die die Vektorsumme des Verhaltens und der Leistungen der Individuen übersteigen. Sie verfügen außerdem in der Regel über die „autopoietische" Eigenschaft, die momentanen Teilnehmer zu überleben und mit der Besetzung durch andere Teilnehmer weiter zu beste-hen. Ein soziales Gebilde mit Replikationsfähigkeit wird in diesem Buch in Anlehnung an die Ausarbei-tung von Berger und Luckmann (1966) „**Sozialkonstrukt**" genannt; Als eigenständige Entität kann es unabhängig von den gerade beteiligten Individuen und über deren Lebensdauer hinaus fortbestehen.

Das Wurzelwort „Konstrukt" in „Sozialkonstrukt" ist bereits im Werk von Berger und Luckmann in keins-ter Weise so zu verstehen, dass es sich generell um das „konstruierte" Produkt einer Absicht handle. Dies kann zwar bei spezifischen Sozialkonstrukten durchaus der Fall sein (ein Wirtschaftsunternehmen wird mit der Absicht gegründet, und zwar der eines Gewinns oder der Ausführung einer bestimmten Leistung), es ist aber grundsätzlich nicht Teil der allgemeinen Definition von „Sozialkonstrukt", die darunter eine emergentes´Entität versteht, das nicht unbedingt ein intentionales Gebilde sei. Eigentlich wäre die Be-zeichnung „soziales Emergenzprodukt" treffender, aber die zusammengefasste Form „Sozialemergenzpro-dukt" wäre wohl etwas zu sperrig. Eine alternativ mögliche Bezeichnung wäre „Sozialprodukt", die aber aufgrund des bestehenden Begriffs des „Bruttosozialprodukts" eine unerwünschte Assoziation mit wirt-schaftlichen Ergebnissen hervorrufen würde.

4.2. Arten von Sozialkonstrukten

Unter den Begriff des Sozialkonstrukt ist eine Form repetitiver menschlicher Wechselwirkung zu verste-hen, die nach dem Austausch eines Teils oder aller Teilnehmer weiterbesteht.

Beispiel eines Sozialkonstrukts der Tierwelt

> *➢ Ein Bienenstock besteht bis zu sechs Monate lang, obwohl das Leben einer Arbeiterbiene nur einen Monat beträgt.*

Menschliche soziale Konstrukte (in der Folge verstehen wir unter Sozialkonstrukten nur noch die menschlichen) kann man in zwei Kategorien einteilen, in ideologische und in organisatorische.

4.2.1 Ideologische Sozialkonstrukte

Repetitive Formen des Externalisierung und Verinnerlichung (d. h. u.a. des Denkens, Einschätzens und Fühlens) von Individuen, die mit anderen Individuen geteilt und nach ihrem Ableben von anderen Individuen übernommen wird, werden in diesem Buch „ideologische Sozialkonstrukte" genannt.

- Die **Sprache** ist das ideologische Sozialkonstrukt par excellence und nach der Ansicht von John Searle (2010) sogar der Kitt, der alle anderen Sozialkonstrukte zusammenhält. Jede Sprache ist ein komplizierter, in Jahrtausenden gewachsener Organismus, dessen Verinnerlichung einen großen Teil der schulischen Erziehung ausmacht. In jeder Sprache sind die Wörter, deren Flexion und Stellung in einem Satz emotional gefärbt und zum Teil sogar wertend. Individuen, die dieselbe Sprache sprechen, haben dadurch in einigen Aspekten (natürlich nicht in allen) einen rationalen wie emotionalen Grundkonsens, was die Kommunikation und das Zusammenleben wesentlich erleichtert.

- **Denknormen** (repetitive Denkformen) haben den Zweck, Sachverhalte in einer voraussagbaren und vor allem kollektiv gewünschten Weise einzuschätzen und zu verarbeiten. Dazu gehören Religionen, Ideologien, Techniken und Wissenschaften.

- Viele Forscher haben festgestellt, dass das menschliche Denken einen granularen Aufbau hat und dass es kleinste Denkeinheiten gib. Von den Bezeichnungsvorschlägen für diese „Gedankenatome", wie „absolute Metapher", „Kulturteilchen", Sozio-Gene", „Idene" hat sich das von Richard Dawkins (1976) vorgeschlagene **Mem** in Anlehnung an das physiologische Gen durchgesetzt. Es wurde außerdem festgestellt, dass Meme dazu tendieren, mit anderen Memen zu aggregieren; für diese „Gedankenmoleküle" hat Susan Blackmore (1999) den Begriff **Memplex** vorgeschlagen. Dabei hat jedes Mem (analog zu den Valenzen der Atome) Aggregationspräferenzen mit bestimmten anderen Memen, wodurch eine gegenseitige Verstärkung entstehen kann. Daraus ergibt sich das Gedankenmodell, dass die unterschiedlichen ideologischen Konstrukte wie Religionen und Ideologien aus einem beschränkten Satz von Memen und Memplexen in unterschiedlichen Mischungen zusammengesetzt sind, ähnlich wie die materiellen Gegenstände.[38]

- **Verhaltensnormen** sind aus Memen und Memplexen gebildete Gedankenkonstrukte mit dem Ziel, dass die Individuen nicht nur ähnlich denken, sondern sich auch in einer vorhersagbaren und vor allem gewünschten Weise verhalten. Dazu gehören Mentalitäten, Wertesysteme, Moral/Ethik, Tabus, Riten, Bräuche und Gesetze. Verhaltensnormen sind auch als „Gedanken- und Verhaltensmaschinen" bezeichnet worden.

Wie in weiteren Abschnitten dieses Buches dargelegt, können ideologische Konstrukte sowohl für die Vorbeugung, wie auch die Auslösung kollektiver Gewalttätigkeit relevant sein. Mit physikalischer Terminologie kann man also sagen, dass ideologische Konstrukte sowohl als Verstärkungspole wie auch als Dämpfungspole kollektiver Gewalttätigkeit wirken können.

4.2.2 Organisatorische Sozialkonstrukte

Eine persistente und repetitive Zuordnung von Rechten und Pflichten („soziale Rolle"), das heißt von Verhaltensregeln zwischen interagierenden Individuen, wird in diesem Buch als „organisatorisches Sozialkonstrukt" bezeichnet. Dieses besteht nach dem Ableben der Individuen fort, indem ihre soziale Rolle von anderen Individuen fortgeführt wird.

Im Kontext der Kollektivgewalttätigkeit wird im vorliegenden Buch für ein organisatorisches Sozialkonstrukt auch das Synonym „**Kollektiv**" verwendet, da es für die Bildung zusammengesetzter Wörter geeigneter ist (z.B. für „Kollektivgewalttätigkeit" statt „Gewalttätigkeit organisatorischer Sozialkonstrukte"). Wohl aus diesem Grunde hat sich das Grundwort „Kollektiv" für viele weitere Begriffe bereits als bevorzugtes Attributivum eingebürgert, wie z.B. in „Kollektivbewusstsein", „Kollektiveigentum", „Kollektivschuld", „kollektives Handeln".

Da Menschen für die verschiedensten Zwecke interagieren, haben sich im Laufe der Geschichte die verschiedensten Arten von Kollektiven entwickelt, für deren Klassifizierung ein **Schichtenmodell** nützlich ist (Henecka, 2006):

- **Mikro-Ebene**. Hierzu gehören Kleingruppen wie die Familie, der Freundeskreis, die Siedlergemeinschaft, der Sportverein. Der Hauptzweck dieser Ebene ist die Optimierung des täglichen Lebens.

- **Meso-Ebene**. Dazu gehören organisatorische Sozialkonstrukte wie wirtschaftliche Organisationen (Firmen), politische Organisationen (Parteien), religiöse Organisationen (Kirchen), Bildungsinstitutionen (Schulen, Universitäten). Diese Organisationsebene zielt auf die langfristige Sicherstellung der materiellen Subsistenz und auf die Aneignung der angelernter Verhaltensweisen ab, welche auf der Mikro-Ebene nicht übertragbar sind.

---

38 Es gibt beispielsweise Dogmen, die sich in vielen Religionen wiederholen. Dazu gehört das Dogma der Existenz einer Gottheit, die sich für die Menschheit opfert. Ein weiteres repetitives Dogma ist jenes des Vorhandenseins eines Jenseits. Auch das Dogma einer göttlichen Vielfaltigkeit findet sich in mehreren Religionen wieder.

- **Makro-Ebene**. Diese Ebene umfasst organisatorische Sozialkonstrukte, welche zum Ziel haben, die Interaktion aller menschlichen Individuen und aller menschlichen Kollektive zu regeln, die auf einem Territorium zusammenleben und eine „Gesellschaft" bilden. Es sind dies die normativen Kollektive.
- „**Meta-Ebene**. Diese ist im Schichtenmodell von Henecka die vierte Ebene. Damit sind keine organisatorischen Sozialkonstrukte gemeint, sondern ideologische Sozialkonstrukte, die „konstituierenden Ideen" der Makro-Ebene. Darauf wird im Kapitel 10.2 eingegangen, wo es um die „ideologischen Antriebe von Kollektiven zur Gewalttätigkeit geht.

In der Vorzeit gab es nur die Mikro-Ebene (Familie), Sie stellte gleichzeitig auch die Makro-Ebene dar, auch wenn diese noch ziemlich leer war. Erst im Laufe der Geschichte hat sich die Kompliziertheit bis zum heutigen Entwicklungsstand aufgefächert.[39]

4.2.3 Soziale Organismen unterscheiden sich nur scheinbar von biologischen Organismen

Auf den ersten Blick erscheint es als an den Haaren herbeigezogen, einen biologischen Organismus, wie zum Beispiel einen Menschen, mit einem abstrakten sozialen Gebilde, wie zum Beispiel einem Staat, einer Religion oder einem Wirtschaftsunternehmen, systemtheoretisch gleichzusetzen. Erstere nehmen unsere Sinne als Einheit wahr, letztere nehmen wir nur als gedankliche Abstraktion war. Dies hat aber seine Gründe.

Da das menschliche Auge auf elektromagnetische Wellen anspricht, deren Wellenlänge etwa **hundertmal größer** als der Wirkungsquerschnitt eines Atoms ist, nimmt es nicht einzelne Atome wahr, sondern nur „Atom-Paneele" aus einigen tausend Atomen, die als kompakte Oberflächen empfunden werden. Würde unser Auge auf tausendfach kürzere Wellenlängen (also kürzer als die Röntgenstrahlen) ansprechen, so würden wir Menschen uns nicht gegenseitig als wohlgeformte attraktive Körper mit seidenglatter Haut und wellendem Haar sehen, sondern als extrem dünne Wolken von Atomen, die im Abstand von ungefähr dem Hundertfachen ihres Durchmessers vor sich hin vibrirenderen.

Zufälligerweise beträgt der mittlere Abstand der Einwohner eines Staates wie die Bundesrepublik Deutschland ebenfalls ungefähr das Hundertfache des Leibesumfangs eines Bundesbürgers. Ein Sozialkonstrukt „Staat" ist also eine „Wolke" ähnlicher Dichte wie die „Wolke" des menschlichen Organismus.

Der nächste mögliche Einwand dazu könnte der sein, dass sich zwischen den Bundesbürgern jede Menge „**Fremdwolken**" wie Vegetation und Gebäude befinden. Dem kann man entgegnen, dass mit „Röntgenaugen" betrachtet, auch jeder Atemzug oder jede Nahrungsaufnahme als eine Vermischung der „Körperwolke"eines menschlichen Körpers mit einer „Fremdwolken" whrgenommen würde (''Stoffwechsel'').

Ein weiteres naheliegendes Gegenargument ist, ein **menschlicher Körper sei ein Gefüge konstanter Zusammensetzung**, während die Einwohner eines Nationalstaats oder einer Religionsgemeinschaft durch Generationswechsel der Individuen alle paar Dutzend Jahre ausgewechselt werden. In Wirklichkeit besteht auch hier kein fundamentaler Unterschied, denn die Atome eines menschlichen Körpers werden durch den laufenden Stoffwechsel im Laufe seines Lebens etwa sieben Mal ziemlich vollständig ausgewechselt (das heißt ca. alle 10 Jahre).

So wie biologische Organismen durch eine Staffel synergetischer Wechselwirkungskräften zu einer temporären Entität zusammengehalten werden (subnukleare Kräfte, nukleare Kräfte, atomare Kräfte, moleculare Kräfte, neuronale Kräfte, soziale Kräfte), werden auch die sozialen Konstrukte durch eine Vielzahl von synergetischen sozialen Kräften temporär zusammengehalten (Empathien, Gewohnheit/Tradition, Zwänge, wirtschaftliche Interessen und sonstige emergente Kohäsionskräfte). Beide Arten von Organismen stellen (temporär) **zerstörungsresistente und synergetische Zweckgemeinschaften** dar.

Soziale Organismen haben wie biologische Organismen eine **begrenzte Lebensdauer**, die jene der menschlichen Individuen um ein Mehrfaches übertreffen kann. Bezogen auf den Spezialfall „territoriale Sozialkonstrukte" ergibt die Statistik der Lebensdauer von 150 Reichen der Geschichte (siehe Auflistung in Anlage 9) einen Mittelwert von und eine Häufung bei 3 Jahrhunderten (siehe Abbildung 7 und weitere Details unter 8.8.2).

---

39   Antonio Gramsci (posthum 1948 bis 1951) hat für die Mikro-Ebene und Meso-Ebene den Sammelbegriff „Zivilgesellschaft geprägt (siehe 10.3.4.4).

Beispiel begrenzter Lebensdauer ideologischer Sozialkonstrukte

> ➢ Sprachen haben eine begrenzte Lebensdauer, sowohl hinsichtlich des Wortschatzes wie auch der Grammatik. So erfolgte beispielsweise die Entwicklung zum Neuhochdeutschen in jeweils drei Jahrhunderte langen Phasen: des Althochdeutschen (750 bis 1050), Mittelhochdeutschen (1050 bis 1350) und Frühneuhochdeutschen (1350 bis 1650).
>
> ➢ Die Sozialkonstrukte „Tieropfer" und „Menschopfer" sind nach einigen Jahrtausenden Blütezeit untergegangen.

4.3 Emergente Eigenschaften sozialer Konstrukte

AUS DER INTERDEPENDENZ DER MENSCHEN ERGIBT SICH EINE ORDNUNG
GANZ SPEZIFISCHER ART, DIE ZWINGENDER UND STÄRKER IST,
ALS DER WILLE UND VERNUNFT DER EINZELNEN MENSCHEN, DIE SIE BILDEN.

(Norbert Elias, 1939)

Sozialkonstrukte, sowohl organisatorischer wie ideologischer Art, weisen emergente Eigenschaften auf, die nicht die auf Denk-, Rede- und Verhaltensmuster der Individuen reduzierbar sind, die aktuell ihre Funktionsträger sind; ihr Verhalten wird auch durch das Umfeld (z.B. das Territorium, die Nachbarstaaten) mitbestimmt und nicht zuletzt durch die Vergangenheit. Dies sind zusätzliche Gründe, weswegen das Verhalten von Kollektiven faktisch nicht auf das Verhalten der gerade lebenden Individuen reduzierbar ist. Aus dieser Sicht kann man auch Kollektivgewalttätigkeit als ein emergentes Verhalten territorialhegemonischer Kollektive betrachten.

Die wichtigsten emergenten Leistungen sozialer Konstrukte sind folgende (ausführlicher in Ferretti, 2012):

- **Überlegene quantitative Leistung**: Eine Gruppe interagierender Individuen ist zu Leistungen fähig, die die Möglichkeiten von Individuen „haushoch" übertreffen. Dies gilt nicht nur für physische Leistungen, sondern auch für intellektuelle (z.B. das bekannte Beispiel der Gruppendynamik bezüglich der Schätzleistungen).

- **Qualitative Leistungssprünge**: Das Mikroverhalten von Individuen kann in Kollektiven großer Zahlen zu von keinem der Individuen angestrebten Auswirkungen führen (vor allem im negativen Sinne). So kann aus der Aggregation der passiven Fremdenfeindlichkeit von Millionen von Individuen eine allophobische Gewalttätigkeit ihres territorial-hegemonischen Kollektivs entstehen.

- **Einbeziehen der Vergangenheit**: das Verhalten von Sozialkonstrukten wird nicht nur durch emergentes Integrieren des Verhaltens der gegenwärtig teilnehmenden Individuen geprägt, sondern auch von dem längst verstorbener Individuen (man denke z.B. an Staatsgründer und Religionsgründer). Dies hat Auguste Comte (1798 bis 1857) zur Formulierung veranlasst: „L'humanité se compose de plus de morts que de vivants" (Die Menschheit besteht mehr aus Toten denn aus Lebenden).

- **Mehrschichtige Wechselwirkungen** zwischen diversen Individuen organisatorischen und ideologischen Sozialkonstrukten ergeben emergente Verhaltensweisen.

Sozialkonstrukte sind ebenso wie Einzeller, Vielzeller, Pflanzen, Tiere und menschliche Individuen „**egoistische Überlebens- und Fortpflanzungsmaschinen**". Sie agieren zielgerichtet, nach innen und nach außen, einer eigenen Logik und sogar „Emotivität" folgend, um ihren Bestand zu sichern und zu optimieren. Eine ihrer wesentlichen emergenten Eigenschaften ist also die autopoietische Fähigkeit und der Drang zur Selbsterhaltung und der Reproduktion.

- Der Egoismus eines menschlichen Kollektivs zielt einerseits auf den Erhalt seines „biologischen Bestandes" ab, vor allem seiner Organe (man nennt sie bezeichnenderweise Organismen) und seiner Elite. Kollektive, die sich in ihrem biologischen Fortbestand bedroht fühlen, tendieren zu Gewalttätigkeit.

- Andererseits zielt der Egoismus eines Kollektivs auch auf den Erhalt seines „ideologischen Bestandes". In der Terminologie von Talcott Parsons ist diese „Strukturerhaltung" (pattern maintenance) ein konstitutives Merkmal von Kollektiven. Es geht dabei um den Fortbestand der Kohäsionskräfte („Wir-gehören-zusammen-Gefühle", Abhängigkeiten), die ihrerseits stark auf Differenzierungsmerkmalen beruhen, welche ein „Wir-sind-anders-Gefühl" erzeugen. Vielfach sind es sonderliche Dogmen oder Bräuche, welche den größten Absonderungs- und Kohäsionseffekt bewirken.[40] Ein wesentlicher Teil der Vorgaben und Regeln eines Kollektivs zielt auf die Erhaltung seiner Eigenart ab. Ideologische Motivationskomponenten sind an fast jedem kollektiven Egoismus und somit an fast jeder kollektiven Gewalttätigkeit beteiligt. Sie sind bei einem reinen Plünderungszug am schwächsten und bei einem Religiozid am stärksten ausgeprägt. Kollektive, die sich in ihrem ideologischen Fortbestand bedroht fühlen, neigen zu besondere Gewaltbereitschaft. Dominant von ideologischen Komponenten getriebene kollektive Egoismen streben zu weitaus größerer Gewalttätigkeit, als durch biologische Notwendigkeiten motivierte.

Über den reinen Überlebens- und Fortpflanzungstrieb hinaus ist ein Kollektiv auch ein „**egozentrischer Nutzenoptimierer**". Der Nutzen, den es verfolgt, ist indes abstrakter Natur und hängt nur noch indirekt von den Bedürfnissen der Individuen ab.

Die Betrachtung der menschlichen Kollektive als emergente „**Metaorganismen mit Eigenleben**" hat eine lange Tradition:

---

40 Eine extreme Form von Differenzierungsmerkmalen ist das von der Sikh-Religion den Männern auferlegte Verbot, sich die Haare zu schneiden und sie zu zeigen; sie müssen daher meterlang mit meterlangen Stoffstreifen zu einem Turban gewickelt werden.

- Die wohl älteste historisch überlieferte Verwendung des Analogons zwischen einem menschlichen Organismus und einer menschlichen Gemeinschaft findet sich im Bericht des Livius über den Aufstand der Plebejer in Rom. Die hatten sich -494 auf den Aventin zurückgezogen und der Senator **Menenius Agrippa** habe sie mit einer Rede zur Beendigung der Revolte bewogen, in welcher er den sozialen Organismus mit einem menschlichen verglich, in dem jedes Organ für sich eine „beschränkte Funktion" erfülle und von allen anderen abhinge.

- Die Römer hatten darüber eine klare Vorstellung, dass ihr territorial-hegemonisches Kollektiv eine selbständige Entität war („res publica", d. h. „die öffentliche Sache"), die einen eigenen Egoismus besaß, den sie „commodum rei publicae"[41] (Staatsinteresse) nannten.

- Der Grundsatz des kanonischen Rechts „dignitas non moritur" (ein Amt stirbt nicht) drückt den Gedanken des von Individuen unabhängigen Lebens von Kollektiven aus.

- Dass Kollektive nach eigener Logik und ohne moralische Einschränkungen agieren, ist eine der Grundaussagen des politischen Werks von **Macchiavelli** (um 1515).

- **Thomas Hobbes** hat in seinem 1651 veröffentlichten Werk „Leviathan" das Gedankenmodell klar formuliert (und auf dem Titelbild seines Werks veranschaulicht), dass es sich beim Kollektiv „Staat" um einen „künstlichen Menschen" handle, den sich der Mensch aus schöpferischer Angst, Opfer individueller Gewalttätigkeit zu werden, zu seinem eigenen Schutz geschaffen habe. Er nannte ihn „Leviathan" nach einem biblischen Seeungeheuer. Dieses künstliches Lebewesen habe eine Seele (die Souveränität), Gliedmaße (die Magistrate), Nerven (die Beamten), Sehnen (die Belohnungen und Strafen), ein Gedächtnis (die Ratgeber), Verstand und Willen (die Gesetze und Gerechtigkeit); es könne ferner an Krankheiten leiden (durch Aufstände) oder sterben (durch Bürgerkrieg). Der Leviathan bestehe aus Individuen, welche durch einen Pakt auf einen großen Teil ihrer natürlichen Freiheiten verzichtet hätten, um den Gefahren des „Der Mensch ist des Menschen Wolf" zu entgehen. Dass man sich zur Vermeidung des „Kriegs aller gegen alle" einen „Krieg aller Leviathane gegen alle Leviathane" eingehandelt habe, sei das geringere Übel, denn Leviathane seien vernünftiger als Individuen (weil mehr ökonomisch kalkulierend). Die unter Punkt 8.6.5 besprochenen statistischen Werte geben Hobbes Recht, denn die Anzahl der Todesopfer des kollektiven Gewalttätigkeit ist deutlich niedriger als die der individuellen Gewalttätigkeit.

Abbildung 1: Hobbes Leviathan

- Das humanitäre Völkerrecht basiert mit seinem Anliegen der humanen Behandlung von Gefangenen und Zivilpersonen letztlich auf der These, dass die Individuen eines Kollektivs für die Taten ihres Kollektivs nicht verantwortlich sind. Diese These hat erstmals **Jean-Jacques Rousseau** in seinem 1762 veröffentlichten Werk „Contrat social" formuliert, in dem er die Eigenständigkeit und Eigenverantwortung der Entität „Staat" hervorhob, als er konstatierte: „Krieg ist keineswegs eine Beziehung von Mensch zu Mensch, sondern eine Beziehung von Staat zu Staat, wo die einzelnen Menschen nur als Zufall Feinde sind und zwar als Menschen oder Bürger, sondern als Soldaten und nicht als Angehörige des Vaterlandes, sondern als dessen Verteidiger".[42]

- **Herbert Spencer** hat in seinem 1860 veröffentlichten Werk „The Social Organism" erstmals die wissenschaftliche Theorie formuliert, dass soziale Gruppen eine Art „Überorganismus" darstellten, die sich, ebenso wie biologische Organismen, nach einer eigenen Dynamik entwickelten und dabei eine natürliche Evolution von einfachen zu komplizierteren Gebilden durchliefen. Spencers Gedankenmodell geriet in Verruf, weil er zusätzlich die „liberale" These vertrat, dass man der „Natur" freien Lauf lassen müsse, damit sich die stärkeren sozialen Organismen gegenüber den schwächeren behaupten könnten. Diese These wurde dann vom so genannten **„Sozialdarwinismus"** ausgebaut. Spencer hat sein wertvolles Gedankenmodell dadurch entwertet, dass er (analog zu Plato und seiner späteren Adepten) „evolutorisch Übergeordnetes" (die ontologische Komplexität stärker Reduzierendes) mit „Höherwertigem" gleichsetzte und damit auch jedem sozialen Gebilde einen höheren Stellenwert und ein prioritätisches Existenzrecht gegenüber dem menschlichen Individuum zugestand. Andererseits versuchte Spencer dem pessimistischen Bild der

---

41   Caesar: De bello gallico 1,35.
42   Rousseau (1762): Buch I, Kap.4.

Evolutionstheorie entgegen zu wirken, indem er postulierte, dass „Freundschaft" (kooperatives Verhalten) im gleichen Maße zur Evolution von Gruppen beitrage wie „Feindschaft" (gnadenloser Konkurrenzkampf).

- **Karl Marx** nannte die Gesamtheit der auf das Individuum einwirkenden Sozialkonstrukte den „**Überbau**".
- **Émile Durkheim** hat die These verfochten, dass soziales Handeln eine Wirklichkeit eigener Art darstelle, insofern Kollektive mehr als die Summe ihrer individuellen Mitglieder seien und soziale Vorgänge nicht auf individualpsychologische Phänomene reduziert werden könnten. Er bildete auch den Begriff des „kollektiven Gewissens".
- **Gustave Le Bon** hat mit seinem Werk „La psychologie des foules" (1895) darauf hingewiesen, dass Massen für politische Zwecke manipuliert werden können, dass das Individuum durch die bloße Zugehörigkeit zu einer organisierten Masse um mehrere Stufen der Leiter der Zivilisation zu einem Triebwesen herabsteige.
- **Elias Canetti** (1960) hat die temporäre Kollektivform „Menschenmasse" näher untersucht. Dabei stellte er fest, dass Massen Ziele haben (vornehmlich zu wachsen, ein geografisches Ziel zu erreichen) und von Affekten getragen werden können (zu zerstören; zu Tode hetzen; zu fliehen; ein Verbot zu durchbrechen; zu feiern; ein Ziel zu erreichen u.s.f.). Eine Menge von „Schafen" könne sich in eine Meute von „Reißwölfen" verwandeln.
- **Norbert Elias** (1939) hat den Zivilisationsprozess als ein „Kontinuum zunehmender funktionsteiliger Abhängigkeiten" dargestellt, „aus denen ständig wachsende Verhaltenszwänge hervorgehen". Die fortschreitende Funktionsteilung („**Ausweitung der Interdependenzketten**") und die „komplizierter werdenden Verflechtungsmechanismen" hätten zur „Etablierung größerer menschlicher Integrationseinheiten" geführt. Aus der Verflechtung von unzähligen individuellen (zum Teil entgegengesetzten) Interessen und Absichten entstehe aus einer inneren Zwangsläufigkeit und Beziehungsdynamik heraus etwas, was von keinem Einzelnen so geplant oder beabsichtigt worden sei.
- **Niklas Luhmann** (1993) unterscheidet zwischen sozialen Systemen (dies können auch Ideologien sein) und psychischen Systemen, welche interagieren („interpenetrieren" und „co-evoluieren"). Die Summe der Mitglieder eines sozialen Systems mache nicht das Ganze des Systems aus. Die Elemente eines sozialen Systems seien genau genommen nicht die Individuen, sondern die Kommunikationsereignisse zwischen ihnen; da diese flüchtig sind, seien soziale Systeme instabile Gebilde, die eine laufende Selbstwiederherstellung („Autopoiesis")[43] erfordern, indem eine Kommunikation eine weitere auslöst. Soziale Systeme würden auch dadurch charakterisiert, dass sie in der Lage seien, sich selbst von der Umwelt zu unterscheiden (sie sind „selbstreferentiell"); sie handelten zielgerichtet („mit Sinn"), wobei sich die Ziele nicht auf die Summe der Ziele der Mitglieder reduzieren ließen. Luhmann hat die wichtige Erkenntnis ausgebaut, dass sich soziale Systeme selbst reproduzieren und in den Diskurs die Relevanz des Umfelds eingebracht.
- **Hans Geser** bezeichnet soziale Gebilde (Kollektive) als „handelnde Gebilde überindividueller Art", „autonome Akteure" oder „sekundäre Akteure",[44] welche Verursacherinstanz von Handlungen sind, eine zielgerichtete Rationalität haben und ethische Verantwortung tragen können. Sie üben heute nicht nur auf die makroökonomischen, sondern auch makropolitischen Verhältnisse einen größeren Einfluss aus als die „primären Akteure" (die Individuen).
- Das Rechtswesen unterscheidet „**juristische Personen**" von „natürlichen Personen". Es gibt juristische Personen des Privatrechts (z.B. Aktiengesellschaften) und des öffentlichen Rechts (z.B. Gebietskörperschaften wie ein Staat). Juristische Personen müssen gesetzlich geregelte Voraussetzungen erfüllen (nicht alle Rechtsgebilde, zu denen Menschen sich zusammenschließen, sind juristische Personen, z.B. nicht die Kommanditgesellschaften). Das Rechtswesen definiert auch „unerlaubte" juristische Personen, denen jegliches Recht verweigert wird. Juristische Personen handeln zwar nur mittels „Organen", die aus einer oder mehreren natürlichen Personen bestehen, jedoch die Rechtsfolgen betreffen die juristische Person und nicht ihre ausführenden Organe. Die Mitglieder juristischer Personen können sowohl natürliche Personen sein als auch andere juristische Personen (letztere können darin jedoch keine „Organfunktion" ausüben). Natürliche Personen haften nicht für die Schulden der juristischen Personen, deren Mitglieder sie sind und umgekehrt. Juristische Personen haben ein rechtliches Eigenleben, welches den Tod natürlicher Personen überlebt. Sie sind Träger von Rechten und Pflichten, haben Persönlichkeitsrechte („wirtschaftliche Ehre"), haben geschützten Namen (es gibt dafür Namensregister wie z.B. die „Gemeinsame Körperschaftsdatei" in Deutschland), genießen verfassungsrechtliche Grundrechte (Gleichheit vor dem Gesetz, Unverletzlichkeit des Eigentums). Juristische Personen sind nicht nur rechtsfähig, sondern auch handlungsfähig (u.a. geschäfts- und deliktsfähig); sie können Besitz erwerben oder veräußern. Sie genießen weitgehend dieselben Rechte wie natürliche Personen mit einigen Ausnahmen (z.B. können sie zwar passiv erben aber nicht aktiv vererben).
- Ausdrücke wie „Staatsräson", „Staatsgewalt", „Staatswille", „Staatstrauer", „Staatsaufsicht", „nationale Interessen" gehen von Regungen des Metaorganismus „Staat" aus, die denen eines menschlichen Individuums entsprechen.
- Dass Kollektive nicht rein logisch und rational agieren, sondern auch emotional und irrational, belegt die Beobachtung, dass Nationalstaaten beispielsweise dazu tendieren, ähnlich reizbar und unbeherrscht zu reagieren, wie paranoide Menschen (siehe Vorabend des 1. Weltkriegs). Darauf hat **Ulrich Preuß** (2002) besonders klar hingewiesen: Es habe den Anschein, dass Staaten aus einer Eigendynamik heraus eine überzogene Sensibilität entwickeln, um feindselige Absichten zu erspüren und demzufolge zu „narzisstischen Kränkungen" mit gewalttätigen Reaktionen neigen. **David Wood** hat in seinem Beitrag „Die Philosophie der Gewalt" (in Dabag u.a., 2000) abstrahiert, dass man einen Großteil der kollektiven Gewalttätigkeit auf ein „**Bedürfnis nach Anerkennung**" zurückführen könne, welche Kollektiven genau so inhärent sei, wie Individuen.

---

43   Siehe Definition in Punkt 1.3.
44   Geser, H. (1990): Organisationen als soziale Akteure. Zeitschrift für Soziologie, 19, S. 401 bis 417.

- Der vielleicht wichtigste Grundsatz des demokratischen Gesellschaftsmodells lautet, dass der Rechtsstatus des menschlichen Individuums über den Rechtsstatus des Kollektivs „Staat" gestellt wird, dem in letzter Instanz sogar ein eigenständiger Rechtsstatus (z.B. eine „Staatsräson") verneint wird (siehe unter Punkt 10.3.4.2.)
- Wenn ein Staat eine politische Organisation verbietet (z.B. eine extremradikale Partei), dann verbietet er nicht die Existenz der Individuen, sondern die des Kollektivs.

4.4 Die Monopolisierung der Gewalttätigkeit durch Sozialkonstrukte

Sozialkonstrukte sind emergente Ergebnisse der Veranlagung und des Strebens von Individuen. Dies betrifft nicht nur das Streben nach Absicherung der materiellen und emotionalen Bedürfnissen, sondern auch das Bedürfnis nach Unversehrtheit gegen Gewalttätigkeit. Für einen Teil der Sozialkonstrukte ist die Eindämmung individueller Gewalttätigkeit ein Kernanliegen.

4.4.1 Normative Kollektive

Normative Kollektive, schaffen **gewalttätigkeitsfreie Räume**, indem sie den Gebrauch von Gewalt einschränken und sogar monopolisieren. Sie gestalten die Interaktion der Individuen durch Verhaltensregelmäßigkeiten (ideologische Sozialkonstrukte wie Gesetze, Bräuche, Tabus, Vorurteile), konfliktfreier; den verletzenden Individuen bringen sie Nachteile oder sogar Sanktionen ein. Die menschliche Kultur hat nicht zuletzt Formen des Zusammenlebens in Kollektiven mit dem Ziel entwickelt, die individuelle Gewalttätigkeit einzudämmen.

Man kann die normativen Kollektive der Makro-Ebene (siehe Punkt 4.2.1) grob in zwei Kategorien einteilen: in die Kategorie der Kollektive ohne zugestandener Berechtigung zur Ausübung physischer Gewalttätigkeit (zum Beispiel Religionsgemeinschaften) und in die Kategorie der **Kollektive mit zugestandener Berechtigung zur Zwangsausübung**.[45]

4.4.2 Territorial-hegemonische Kollektive

Die Entstehung und Entwicklung normativer **Kollektive mit Gewalttätigkeitsrechten** als ihr konstituierendes Element ist eng mit dem Aspekt der **Territorialität** verbunden.

Die Entwicklung des Ackerbaus und der Viehzucht hat die triebhafte Neigung des Menschen zur territorialen Fixierung, die er mit fast allen Tieren gemeinsam hat, zu einer ökonomischen Notwendigkeit gemacht. Die Notwendigkeit der einvernehmlichen Abgrenzung zu Nachbarn, der Vereinigung von Kräften zur Nutzbarmachung der territorialen Ressourcen und zur Verteidigung dieser Territorien und ihrer Ressourcen haben zur Ausbildung immer größerer territorialen Institutionen geführt, an die die Individuen als Gegenleistung immer mehr Freiheiten (zum Beispiel die der Selbstjustiz) abgetreten haben. Es bildete sich weltweit ein Typus relativ stabiler, territorial definierter Kollektive aus, der auf einem Territorium die politische Herrschaft ausübt, dort die Oberhoheit (das **Gewaltmonopol** und das **Sanktionsmonopol**) über alle anderen sozialen Gruppen (Kollektive) beansprucht und danach trachtet, „für gegebene Befehle in einem umfassenden Themenbereich mit großer Regelmäßigkeit Gehorsam zu finden" und als „**Friedensstifter**" zu fungieren.[46] Die territoriale Fixierung dieses Typus von Kollektiven ist weit größer als die der Individuen. Da das Territorium ihr Wesenelement ist, sind diese Kollektive manisch auf Territorialität fixiert. Der Besitz von Territorium verleiht ihnen eine überlegene Organisationsfähigkeit, die sie ständig reproduzieren können (Popitz, 1986).

Für diesen territorialen Typus der normativen Kollektive gibt es keine allgemein gebräuchliche Bezeichnung, sondern mehrere, nicht deckungsgleiche Begriffe:

- Das altchinesische Wort für „Staat" („kuo") stammt von der Wortbedeutung „Abtrennung, Markierung" (Franke / Trauzettel, 1968).
- In der griechischen Antike verwendete man den Begriff **„polis"**, das heißt (befestigte) Stadt bzw. davon abgeleitet „politeia".
- Der in der römischen Antike dafür gebrauchte Terminus war **„res publica"** (die öffentliche Angelegenheit). Erst durch die Französische Revolution wurde das Wort „Republik" für eine bestimmte demokratische Verfassungsform belegt. Vielfach, so auch bei Hobbes, wird das lateinische Wort **„civitas"** als die Entsprechung zum modernen Begriffs des Staats betrachtet; eigentlich bedeutet es mehr den Bestand an Rechten, die dem Individuum alle Hobbess-

---

45 Bereits die Römer kannten den Begriff der „coactio civitatis = staatlicher Zwang".
46 Bahrdt (2003), S. 176.

chen Rechtsabtretungen unantastbar verbleiben, bzw. die Gemeinschaft der Individuen, die einen derartigen Rechtsstand haben.

- In seiner Argumentation für die Rechte der Christen verwendete **Tertullianus** im 2. Jh. für die politische Ordnung / Verfassung den Terminus „**status**" um sie von der religiösen Ordnung auseinander zu halten. Im italienischen Mittelalter wurde dann das Wort „**stato**" verwendet, mit dem die Verfassungsform der Städte gemeint war. **Machiavelli** hat dann im 16. Jh. den Begriff „**stato**", mit einer auf die Territorialität und Bevölkerung erweiterten Bedeutung, in den politikwissenschaftlichen Diskurs eingebracht, der dann im Deutschen zum Begriff „**Staat**" geführt hat.

- **Thomas Hobbes** verwandte für das menschenähnliche Sozialkonstrukt (eine in einer Person vereinten Menschenmenge), dem die Individuen ihr „Selbstregierungsrecht" unter dem Pakt abtreten, dass es alle ausnahmslos tun, das „**Commonwealth**" (Gemeinwohl) und symbolisch einen **Leviathan**.

- **Max Weber** hat den Begriff der „Herrschaftsinstitution" geschaffen. Darunter verstand er primär die Organisationsstruktur und höchstens noch die herrschende Elite und die Funktionsträger. Der Begriff schließt jedoch weder die Untertanen ein (die durch ihr Agieren, ja sogar allein durch ihr Vorhandensein, das Verhalten des Kollektivs mit beeinflussen), noch die territorialen Gegebenheiten (welche das Verhalten des Kollektivs ebenfalls mit konditionieren). Eine Aussage wie „der 1. Weltkrieg wurde durch bestimmte Herrschaftsinstitutionen ausgelöst" würde hinken.

- Der Begriff „**Territorialmacht**" lässt zwar mehr verstehen als eine Institution und wäre somit brauchbar. Er ist jedoch mit der Bedeutung einer großen territorialen Ausdehnung belegt worden (einen Stadtstaat als Territorialmacht zu bezeichnen wäre problematisch).

- Mit Begriff „**Territorialherrschaft**"[47] assoziiert man eher die „Machtstruktur" und weniger die Elemente jener Macht (Territorium, Einwohner, Ressourcen).

- Der Terminus „**Herrschaftseinheit**"[48] lässt aufgrund seiner Abstraktheit zwar einen großen Inhalt zu, fokussiert aber leider nicht den wesentlichen territorialen Aspekt.

- Im Rechtswesen gibt es den Begriff der „**Gebietskörperschaft**", die definiert ist als eine „Körperschaft des öffentlichen Rechts, deren Gebietshoheit einen räumlich abgegrenzten Teil des Staatsgebiets sowie dessen Bewohner als gesetzliche Mitglieder ihrer Organisation erfasst".[49] Damit sind alle juristischen Personen gemeint, die auf einem Territorium eine staatsrechtlich geregelte Teilfunktion ausüben, also auch solche, die keine Befugnis zur Anwendung von Gewalt haben. So können mehrere Gebietskörperschaften auf demselben Teil eines Territorium zuständig sein, z.B. die Gemeinde, der Landkreis, das Bundesland und die Bundesrepublik. Der hier vorgeschlagene Begriff des „territorial-hegemonischen Kollektivs" entspricht also der ranghöchsten Gebietskörperschaft eines Gebiets.

- Unter „**Gemeinschaft**" (lat. „communitas", engl. „community") versteht man im Deutschen das „Zusammensein, Zusammenleben in gegenseitiger Verbundenheit".[50] Dieser Begriff hat die affektive Konnotation eines Zusammengehörigkeitsgefühls, welche im Lateinischen („communitas") und Englischen („community") kaum vorhanden ist. Die von einem der Väter der deutschen Soziologie, **Ferdinand Tönnies**, herausgearbeitete emotionale Konnotation des Begriffs „Gemeinschaft" („gemeinsam für einen höheren Zweck") wurde (gegen seine Intention) von den nationalsozialistischen Ideologen missbraucht (Überzeichnung des Begriffs „Volksgemeinschaft"). Für einige Begriffe ist „Gemeinschaft" das bevorzugte Attributivum oder Grundwort, z.B. „Gemeinschaftssinn", „Glaubensgemeinschaft", „Sprachgemeinschaft". Dieser Begriff hat allerdings keinerlei Konnotation einer Oberherrschaft über ein Territorium. Ein Begriff „gemeinschaftliche Gewalttätigkeit" wäre dissonant.

- Unter „**Gesellschaft**" (lat. „societas", engl. „society") versteht man eine „Gesamtheit der Menschen, die unter bestimmten politischen, wirtschaftlichen und sozialen Verhältnissen zusammen leben".[51] Dabei wird ein Zusammenleben aus überwiegend rationalen und opportunistischen Gründen impliziert. Die Kollektivform „Gesellschaft" ist umfassender und universalisierungsfähiger als „Gemeinschaft". Für einige Begriffe ist dies das bevorzugte Attributivum oder Grundwort, z.B. „Gesellschaftsordnung", „Konsumgesellschaft", „Vergesellschaftung". Mit diesem Begriff kann man eher ein Gewaltmonopol in einem Territorium assoziieren. Trotzdem wäre ein Begriff „gesellschaftliche Gewalttätigkeit" dissonant.

- Wie **Wolfgang Reinhard** (1999) vermerkt hat, kennt das angelsächsische politische Denken keine strikte Unterscheidung zwischen Gesellschaft und Staat und neigt dazu, den Staat als Produkt und Teil der Gesellschaft zu betrachten, als einen Gesellschaftsvertrag.

- **John Locke** verwendete die Begriffe „politische Gesellschaft" (political society) und „**Bürgergesellschaft**" (civil society), bezog sich dabei allein auf die entwickelteren Evolutionsstufen seiner Zeit.

- Unter „**Staat**" versteht man die „Gesamtheit der Institutionen, deren Zusammenwirken das dauerhafte und geordnete Zusammenleben der in einem bestimmten abgegrenzten Staatsgebiet lebenden Menschen gewährleisten soll".[52] Dieser Begriff umfasst sowohl die territorial-hegemonische Funktionen (Gebietskörperschaft), als auch die Vorsorgefunktionen (z.B. die Sozialversicherung). Der Terminus „**Staatswesen**" gibt mit dem Wurzelwort „Wesen" zusätzlich die Eigendynamik des Konstrukts wieder. Beide sind aber als Überbegriff der verschiedenen Evolutionsformen der territorial-hegemonischen Kollektive nicht geeignet, denn nicht alle waren „Staaten".

---

47   Verwendet von Elias (1939).
48   Verwendet von Elias (1939).
49   Duden, ebd.
50   Duden, ebd.
51   Duden, ebd.
52   Duden, ebd.

- Unter „**Gebietskörperschaft**" versteht man im Rechtswesen eine durch einen Hoheitsakt entstandene, mitgliedschaftlich verfasste, unabhängig vom Wechsel der Mitgliedern bestehende Organisation, die auf einem definierten Gebiet hoheitliche Rechte und Pflichten wahrnimmt. Der Begriff bezieht sich auf alle Körperschaften der verschiedenen Ebenen (Staat, Bundesland, Kreis, Gemeinde). Da Kollektivgewalttätigkeit in der Regel nur von der ranghöchsten Gebietskörperschaft der jeweiligen Epoche ausgegangen ist, müsste man im Diskurs über Kollektivgewalttätigkeit den Terminus „**hegemonische Gebietskörperschaft**" verwenden. Ähnlich verhält es sich mit den soziologischen Begriffen „**territorialer Herrschaftsverband**" oder „Gebietsherrschaftsverband", aus denen man für den Diskurs über Kollektivgewalttätigkeit die Begriffe „**hegemonisch-territorialer Herrschaftsverband**" bzw. „**hegemonischer Gebietsherrschaftsverband**" ableiten müsste.
- **Antony Giddens** hat moderne Nationalstaaten als „**umgrenzte Machtbehälter**" („bordered power containers") bezeichnet.

Da die vorher genannten deutschen Begriffe also spezifisch belegt sind oder nur Teilinhalte abdecken bzw. einer Spezifizierung bedürfen, wird im Folgenden für Kollektive, welche auf einem Territorium das Gewaltmonopol ausüben (die oberste Gebietshoheit besitzen), der Überbegriff „**territorial-hegemonisches Kollektiv**" [53]verwendet. Damit ist wohlgemerkt nicht nur der Machtapparat des Kollektivs gemeint, sondern auch die Gesamtheit der auf dem Territorium lebenden Individuen.

Im Englischen hat sich ebenso wenig ein Begriff für „territorial-hegemonische Kollektive" eingebürgert. Die angemessenste Übersetzung wäre wohl „territorial-hegemony collective"[54]. In Gebrauch sind einige Termini, die sich seinem Bedeutungsinhalt nähern, ihn jedoch nicht treffen:

- o force-backed social structure (gewaltgestützter Sozialkörper)
- o coerced collective (zwangsbasiertes Kollektiv)
- o territorial collective body (Gebietskörperschaft)
- o polity (Staatsverwaltung)
- o body politic (Staatskörper)
- o political society (politische Gesellschaft)
- o hierarchical system (Herrschaftssystem)
- o regime of power (Machtherrschaft)

Michel Foucault (2004) hat klar herausgearbeitet, dass eine Art und Weise des Regierens stets eine Art und Weise des Sich-Regieren-Lassens impliziert und hat dafür den Begriff der **Gouvernementalität** („gouvernementalité") geprägt. In der Tat gehören zur Wesentlichkeit eines territorial-hegemonischen Kollektivs nicht nur die Sozialkonstrukte der Machtausübung und das Subkollektiv der ausführenden Funktionsträger, sondern auch die Sozialkonstrukte „Subkollektiv der regierten Individuen" und „Reaktion der Regierten auf Regierungsakte" mit ihrer mehr oder minder überwiegenden Empathie.

Territorial-hegemonische Kollektive setzen im Luhmann'schen Sinne voraus, dass sie kontinuierlich über adäquate **Kommunikationsmittel** mit den Individuen und Subkollektiven des beherrschten Territoriums verfügen und über Mittel, den Gehorsam zu erzwingen, die Nichtbefolgung festzustellen und zu sanktionieren und die Gefahren für den Bestand der Herrschaft abzuwehren. Heinrich Popitz (1986) vermerkte, dass jede Macht räumlich begrenzt sei und postulierte sogar, dass Macht die Beschränkung der Bewegungsfreiheit der Untergebenen voraussetzt.

Wegen des wesentlichen Kommunikationsproblems war in jeder historischen Epoche die Größe des Territoriums (und damit die Bevölkerung der jeweiligen Gesellschaft) unter anderem auch durch die „**physische Erreichbarkeit**" bedingt, welche in der jeweiligen Epoche stabil aufrechterhalten werden konnte. Die physischen Erreichbarkeiten haben in der Vergangenheit die Sprachenlandkarte mit beeinflusst (je unerreichbarer, desto schneller und stärker entwickelten sich Dialekte auseinander).

- In der Vorgeschichte war die Erreichbarkeit in der Größenordnung eines „Tagesmarsches", in der Antike und im Mittelalter jene eines „Tagesrittes", in der Neuzeit einer „Tagesfahrt" per Schiff oder Eisenbahn. Konditionierungen durch vergangene Erreichbarkeiten haben zu allen Zeiten stark nachgewirkt. So ist die Größe der gegenwärtigen Nationalstaaten mehr durch die Faktenschaffung der Vergangenheit (also i.W. durch Tagesritt-Distanzen) konditioniert, denn durch die modernen Erreichbarkeiten („Tagesflug").
- Montesquieu (1748) stellte fest: „Eine Monarchie muss mittelgroß sein", damit das Eintreffen der Befehle und deren Ausführung nicht zu langsam sind. Das Reich Karls des Großen habe deswegen kurz nach der Gründung wieder aufgeteilt werden müssen (VIII/XVII). Auch wegen der Notwendigkeit einer schnellen Gegenwehr im Falle eines Angriffs müsse die Größe eines Staates an die jeweils mögliche Transportgeschwindigkeit angepasst sein (IX/VI).

---

53 Kein Google-Treffer am 29.06.2015 außer dem Ferretti, 2014 betreffenden.
54 Kein Google-Treffer am 29.06.2015.

- Beispielsweise kann man plakativ sagen, dass der Landkreis Landshut (ca. 20 km Radius) ein „Tagesmarsch-Kollektiv" ist, der Regierungsbezirk Niederbayern (ca. 60 km Radius) ein „Tagesritt-Kollektiv" und die Bundesrepublik Deutschland (Radius ca. 300 km) ein „Tages-Eisenbahnfahrt-Kollektiv", die EU ein „Tagesflug-Kollektiv".

Gerade weil die Möglichkeiten der kontinuierlichen Kommunikation (dazu gehört auch im weitesten Sinne der Warenaustausch) für ein territorial-hegemonisches Kollektiv von wesentlicher Bedeutung sind (viel mehr noch als für eine Religionsgemeinschaft), sind auch das spezifische Territorium an sich, seine Ressourcen sowie die darauf lebenden Individuen, wesensbestimmende Komponenten. Man verfügt über einen größeren Erklärungsrahmen, wenn man zu den Wesenselementen eines territorial-hegemonischen Kollektivs, nicht nur den Herrschaftsapparat und die Beherrschten, deren Kommunikationsmöglichkeit und die „ideologischen" Komponenten betrachtet, sondern auch die „physischen" Komponenten hinzuzählt. Zur letzteren gehören auch die physische Erreichbarkeit, die auf dem Territorium verfügbaren Ressourcen, die Grenzbedingungen und die Nachbarkollektive. Ein territorial-hegemonisches Kollektiv stellt also eine **spezifische Konstellation sowohl ideologischer als auch materieller Komponenten** dar. Ein territorial-hegemonisches Kollektiv ist demzufolge ein extrem kompliziertes ideel-materielles Gebilde, mit Eigendynamiken, die sich aus den Eigendynamiken der eigenen ideelen und materiellen Komponenten (zum Teil gewalttätig) einstellen sowie aus den (zum Teil gewalttätigen) Wechselwirkungen mit anderen territorial-hegemonischen Kollektiven.

Territorial-hegemonische Kollektive weisen als **komplizierte biologische Metasysteme** einige Ähnlichkeiten zu biologischen Mesosystemen und Mikrosystemen auf. So wie jene sind sie einerseits egoistische Eigennutzenoptimierer und Überlebensmaschinen und haben eine **begrenzte Lebensdauer**. Wie in 8.8.2 dargelegt wird, lag in der Vergangenheit die durchschnittliche Lebensdauer bei drei Jahrhunderten. Sowohl die „Geburt und das Aufwachsen" eines territorial-hegemonischen Kollektivs als auch sein „Greisenalter und Tod" waren in der Geschichte häufig mit Kollektivgewalttätigkeit verbunden.[55]

4.4.3 Die Evolution und Hierarchisierung der territorial-hegemonischen Kollektive

Die Entstehung und Stabilität territorial-hegemonischer Kollektive hat von Anfang im Spannungsfeld zwischen kollektiver Gewalttätigkeit und Konsensualität stattgefunden.[56] Es gelang zwar immer wieder einem Kollektiv, andere Kollektive gewalttätig zu unterwerfen und größere Territorien wirtschaftlich und ideologisch zu uniformieren, die Haltbarkeitsdauer dieses Zustands hing jedoch stets vom Grad der Konsensualität / Loyalität der Unterworfenen ab. In den ersten Evolutionsstufen wurde die Konsensualität durch das Vorhandensein familiärer Bande oder ethnisch affiner Kollektive erleichtert. Mit zunehmender Ausdehnung des Machtbereichs des territorial-hegemonischen Kollektivs (wozu es zu allen Zeiten einem wirtschaftlichen Druck gegeben hat) nahm jedoch die ethnische Diversifizierung der Bevölkerung zu und damit die Schwierigkeit der Herstellung einer Konsensualität. Anders ausgedrückt kann man sagen, dass die Modalität der Machtausübung eine Erweiterung des Empathiekreises der gesamten Bevölkerung ermöglichen musste.

- Eine der ersten Theorien zur Evolution der territorial-hegemonischen Institutionen hat der russische Anthropologe **Pjotr Kropotkin** (1902) formuliert. Seiner Ansicht nach behaupten sich in der Evolution, im Kampf um das Dasein, nicht die Stärksten, sondern die Gesellligsten (Gesellligkeitstrieb stärker als Selbsterhaltungstrieb). Die Geschichte sei dem zufolge eine Entwicklung zunehmender gegenseitiger Hilfe, wachsender Gesellligkeit und größerer Ausdifferenzierung der Institutionen. Die Evolutionsstufen seien gewesen: Clan (Horde), Dorfmark, Feudalherrschaft (ein Rückschritt), Gilde, Stadt, Städtebund, Staat. Die Familie betrachtet er als eine spätere Ausdifferenzierung des Clans. Die Entwicklung führe zur wachsenden Vergrößerung der Zusammenschlüsse (Maximierung der gegenseitigen Hilfe) bei gleichzeitiger Verringerung der Subsysteme.
- **Norbert Elias** (1939) hat dem gegenüber die These aufgestellt, dass sich in Systemen, in denen die Elemente um knappe Ressourcen im Wettbewerb stehen, aus einer inneren Logik heraus ein Monopolmechanismus bildet, welcher tendenziell dazu führt, dass die Größeren immer weniger aber desto größer und mächtiger werden, indem sie die

---

55 Vermutlich der erste Autor, der die begrenzte Lebensdauer territorial-hegemonischer Kollektive als eine Ursache kollektiver Gewalttätigkeit erkannt hat, war um 1377 der tunesische Schriftsteller Al Khaldoun. Die bekannte Untergangs-Theorie Oswald Spenglers bezieht sich nicht auf die begrenzte Lebensdauer von territorial-hegemonischen Kollektiven, sondern von Kulturepochen (z.B. die des Abendlandes).

56 Ein Abriss der Ursachen, Abläufe und Folgen von über 5.000 gewalttätig ausgetragenen Konflikte bis zum Jahr 2000 findet sich in Ferretti (2014), eine chronologische Liste jener Konflikte und ihrer ca. 10.000 Ausführungsereignisse (Schlachten, Belagerungen) findet sich in der Anlage 10 dieses Buches.

Kleinen unterordnen.[57] Ähnlich wie in der modernen Wirtschaftswelt sei dieser Mechanismus auch bei der territorialen Integration wirksam.[58]

- **Michel Foucault** (2004) hat der „Genealogie des Staates" eine Reihe von Vorlesungen, Vorträgen und Veröffentlichungen gewidmet und das Thema zu einer „Geschichte der **Gouvernementalität**" erweitert. Dabei hat er den Aspekt herausgearbeitet, dass nämlich ein territorial-hegemonisches Kollektiv auf der Wechselwirkung einer „Technologie des Herrschens" und einer „Technologie des Selbst" beruhe. Praktiken der Unterwerfung gehen mit Praktiken der Befreiung einher. Eine erfolgreiche Regierung setze sowohl auf Seiten der Regierenden, als auch der Regierten eine Fähigkeit zur Selbstbeherrschung voraus.[59]

Die Tabelle 1 fasst die historische Abfolge zunehmender territorialer Ausdehnung der territorial-hegemonischer Kollektive zusammen und die jeweiligen Hierachieformen und konsensuellen Kohäsionskräfte .

Tabelle 1: Aggregations-/Hierarchiestufen territorial-hegemonischer Kollektive

Stufe	Typ	Kohäsionskräfte		Historische Beispiele
	Historisch häufigste Verfassungsformen und Bevölkerungszusammensetzung [oligoethnisch = wenige leicht unterschiedliche Ethnien; polyethnisch = viele und stark unterschiedliche Ethnien]	ethnizistisch, persönlich, affektiv	politisch, juristisch, rational konsensuell	
1	**Familie, Hausgemeinschaft** matriarchalische oder patriarchalische Hierarchie monoethnische Bevölkerungszelle	+++++	0	*Seit der Vorzeit bestehend*: weltweit
2	**Familienverband (Sippe, Clan)** oligarchisch Hierrachie monoethnische Bevölkerung	+++++	0	*Altertum*: keltische Clans, römische Gentes *Im Mittelalter ausgestorbene Sozialform*
3	**Stamm, Stammesverband** oligarchische Hierarchie monoethnische Bevölkerung	+++++	0	*Altertum*: Stamm Juda; Dorer; Äduer *Mittelalter*: Ostgoten; Salische Franken; *In der Neuzeit ausgestorbene Sozialform.*
4	**Regionalstaat** *Altertum u. Mittelalter:* monoethnische Hierarchie, monoethnische Bevölkerung *Neuzeit:* demokratische Hierarchie, oligoethnische Bevölkerung	++++	+	*Altertum*: Königreich von Israel; Königreich von Sparta; *Mittelalter*: Personenverbandsstaaten (Kirchenstaat; Territorialfürstentümer; Herzogtum von Bayern; Herzogtum der Normandie; Königreich von Aragón) *Neuzeit*: Territorialstaaten *Entmachtete Residuen in der Neuzeit*: Länder der Bundesrepublik Deutschland, Regionen Italiens, Spaniens
5	**Dorf, Landgemeinde** *Altertum u. Mittelalter:* oligarchische Hierarchie, monoethnische Bevölkerung *Neuzeit*: demokratische Hierarchie, monoethnische Bevölkerung	++++	+	*Mittelalter*: Talschaften der Alpen; englische Parish (Kirchenspiele); ostfriesische Bauernschaften; schwedische Gauthing *Entmachtet Residuen in der Neuzeit*: Gemeinden
6	**Konsensueller Stadtstaat** *Altertum u. Mittelalter:* oligarchische Hierarchie, oligoethnische Bevölkerung *Neuzeit*: demokratische Verfassung,	+++	++	*Altertum*: Sumerischer Stadtstaat von Lagasch; Athen; Sparta *Mittelalter*: Republik Venedig; deutsche Reichsstädte; deutsche Landstädte; deutsche Hansestädte; London; Barcelona *Neuzeit*: Montecarlo; Singapur

---

57 Vom König von Frankreich in die Enge getrieben soll Karl der Kühne von Burgund gestöhnt haben: „Au lieu d'un roi, j'en voudrais six"! (Elias, 1939).

58 Interessanterweise hat Kropotkin mit einer statistischen Untersuchung zu widerlegen versucht, dass es ein generisches Entwicklungsgesetz zu immer größeren Wirtschaftseinheiten gebe, das heißt, dass es in Zukunft keine Kleinbetriebe mehr geben werde.

59 Von Thomas Lemke im Nachwort zu Foucault (1994) erarbeitet Synthese der Gedanken Foucaults.

	polyethnische Bevölkerung			*Entmachtete Residuen in der Neuzeit*: Landkreise Deutschlands, Privinzen Italiens, Spaniens, Départements Frankreichs.
7	**Konsensueller Städtebund, Stadtstaatenbund** *Antike und Mittelalter*: oligarchische Hierarchie, oligoethnische Bevölkerung	+++	++	*Altertum* Mesopotamisches Reich von Akkad; Pharaonenreich; Griechische Symmachien (z.B. Attischer Bund, Achäischer Bund); Latinischer Bund; *Mittelalter*: Lombardische Liga; deutsche Städtebünde u. Landfriedensbünde; Hanse; spanische „Hermandades". *Neuzeit*: Schweizer Eidgenossenschaften (bis 1848); Niederländische Generalstaaten
8	**Koerzitiver großregionaler Aggregationsstaat** *Antike* monoethnische Hierarchie, oligoethnische Bevölkerung, *Mittelalter und Neuzeit* monoethnische Hierarchie, oligoethnische Bevölkerung	+++	++	*Antike*: Römische Republik; Diadochenreiche *Mittelalter*: Langobardenreich in Italien; *Neuzeit*: Königreich von Frankreich; Königreich von England (bis 1707); Königreich von Spanien (1516 bis 1900); Kurfürstentum von Brandenburg (1134 bis 1701); Königreich von Bayern (bis 1871); *Entmachtete Residuen in der Neuzeit*: Bundesländer Deutschlands, Regionen Italiens bzw. Spaniens
9	**Koerzitives kontinentales bzw. interkontinentales Aggregationsimperium** (auch: Vielvölkerreich) *Altertum und Mittelalter*: monoethnische Hierarchie; polyethnische Bevölkerung *Neuzeit*: monoethnische Hierarchie; polyethnische Bevölkerung	++	+++	*Antike*: Chinesisches Reich; Assyrisches Reich; Persisches Reich; Makedonisches Reich; Karthagisches Reich; Römisches Reich; *Mittelalter*: Byzantinisches Reich; Merowingisches Reich; Heiliges Römisches Reich Deutscher Nation; *Neuzeit*: Osmanisches Reich; Zarenreich; Königreich von Spanien (16.-19. Jh.); British Empire; Napoleonisches Reich; Sowjetunion; Republik China;
10	**Koerzitiver Einheitsstaat** (auch: Nationalstaat) *Neuzeit*: monoethnische Hierarchie, polyethnische Bevölkerung	++++	+	*Neuzeit*: Königreich von Preußen (1701 bis 1871); 2. Deutsches Reich (1871 bis 1918); 3. Deutsches Reich; Königreich Italien (1922 bis 1943); Republik Spanien (1936 bis 1975); Republik Jugoslawien (1945 bis 1992)
11	**Konsensueller Einheitsstaat** (auch: Nationalitätenstaat) *Neuzeit*: demokratische Verfassung polyethnische Bevölkerung,	+	++++	*Neuzeit*: Schweizer Eidgenossenschaft (ab 1803); Republik Frankreich (ab 1789); Königreich Italien; Republik Italien; Königreich von Belgien; Republik Finnland; Bundesrepublik Deutschland; Vereinigtes Königreich von Großbritannien; Königreich von Spanien (ab 20. Jh.); Weimarer Republik; Vereinigte Staaten von Amerika;
12	**Verbund konsensueller Nationalitätenstaaten** *Neuzeit*: demokratische Verfassung, polyethnische Bevölkerung	0	+++++	*Neuzeit*: Europäische Gemeinschaft
13	**Internationale Institution** *Mittelater*: monokonfessionelle Hierarchie, polyethnische Bevölkerung *Neuzeit*: Oligarchie von Funktionsträgern laizistischer Zweckorganisationen	0	+++++	*Mittelalter*: Papsttum *Neuzeit*: Vereinte Nationen; Internationaler Gerichtshof; Weltbank; Welthandelsorganisation; Verteidigungsbündnisse (NATO)
14	**Supranationaler Weltstaat** *Hypothetische Zukunft* kosmopolitischer Parlamentarismus, Wahrung der Menschenrechte und der internationalen Vereinbarungen, Weltbevölkerung,	0	+++++	

47

Als Urform des territorial-hegemonischen Kollektivs kann die **Familie** betrachtet werden. Sie war vermutlich der Ausgangspunkt der Entwicklung zu Herrschaftsformen immer stärkerer Aggregation. In dem begrenzten Raum, in denen die Familienmitglieder zusammenlebten („in den eigenen Höhlenwänden"), besaß das Familienoberhaupt die Autorität sowie das Macht-, Sanktions- und Gewalttätigkeitsmonopol. Die Familie beschränkte sich nicht auf den eng verwandtschaftlichen Rahmen, sondern sie war eine Hausgemeinschaft, zu der auch Sklaven gehörten.[60] Bis in das Altertum hinein hatte das römische Familienoberhaupt („pater familias") die häusliche Richtergewalt und sogar das Recht, über Leben und Tod seiner Kinder („**patria potestas**"). Dies war auch bei den Kelten so.[61]

Die Kohäsionsnorm der Familie hat zwei grundsätzliche Ausprägungen;

- Das **Matriarchat**, bei dem die Mutter die Rolle des Familienoberhaupts einnimmt, dürfte die ältere Form sein, aus einer Epoche größerer Promiskuität, in der die Vaterschaften nicht klar auszumachen waren.
- Im **Patriarchat** steht dem Vater die Rolle des Familienoberhaupts zu.
- Die Kohäsionsnorm des Patriarchats (unbedingter Gehorsam gegenüber einer strengen und mit Gewalttätigkeitspotenzial versehenen Vaterfigur) wurde von der jüdischen Religion zur Bildung der Kollektivform „**Religionsgemeinschaft**" verwendet.

Die Gesellschaftsformen höherer Aggregation, denen sich die Familie im Laufe der geschichtlichen Entwicklung unterordnen musste (zuletzt der Staat), haben ihr schließlich fast alle Rechte der Ausübung physischer Gewalt (Kindstötung, Selbstjustiz) entzogen.

- Bei den Römern hatte jede Familie für bestimmte Vergehen noch das Recht, fallweise ein „Familiengericht" abzuhalten
- Bei den Germanen der Völkerinvasionszeit hatte jeder freie volljährige Mann das Recht, sich in der Öffentlichkeit bewaffnet zu bewegen, selbst bei Versammlungen. Zu den Reminiszenzen dieses germanischen Rechts gehört die heute noch bestehende Freizügigkeit des Waffentragens in den USA.
- Fehden wurden in Europa erst gegen Ende des Mittelalters verboten (1413 im Königreich von Frankreich, 1495 im Heiligen Römischen Reich Deutscher Nation durch den „Ewigen Landfrieden" des Reichstags zu Worms).
- Die letzte Gewaltbefugnis wurde der Familie in der westlichen Welt im vorigen Jahrhundert entzogen, als die körperlichen Strafen bei der Kindererziehung gesetzlich verboten wurden.
- Zu den Reminiszenzen der atavischen Gewaltbefugnisse des Familienoberhaupts gehören politische Wörter wie „Vaterland", „Patriotismus", „Vater Staat", „Landesvater", „Kirchenvater", „Domäne" sowie die deutschnationale Parole „heim ins Reich".
- Heute hat die Familie nur noch ihre Funktion als biologische und soziale Keimzelle der menschlichen Gesellschaft erhalten.
- Die ursprüngliche hegemoniale Dominanz der Familie ist von der jüdischen Religion und von den zwei anderen davon abgeleiteten abrahamitischen Religionen in metaphorischer Form fossiliert worden, welche den „Gottvater" als absolut höchste Autorität etabliert haben. Dabei nutzen sie emotive Konnotationen der leiblichen Vaterfigur.

Das Zusammenwirken mehrerer Familien in einem Familienverband (**Clan**[62]) erweiterte, durch die Macht der größeren Zahl von Individuen sowie dank gruppendynamischer Synergien die Grenzen des Machbaren. Dabei musste das Familienoberhaupt zwar Machtkompetenzen an das Clanoberhaupt abtreten, der befriedete Raum wurde dabei indes vergrößert.

Eine soziologische Zwischenstufe vom Clan zum Stamm war in der europäischen Entwicklung die informelle Institution der **Gefolgschaft**. Man könnte sie als eine Vorform der modernen Partei betrachten. Sie spielte im politischen Leben der frühen römischen Republik eine Rolle („Klientel"), am meisten jedoch bei den Kelten.[63]

Mit der höheren Bevölkerungsdichte, die in einem ersten Schritt durch die Viehzucht ermöglicht worden ist, erhöhte sich die gegenseitige Konfliktualität. Clans taten sich zusammen, um ihr Territorium durch Unterwerfung, Vertreibung oder Ausrottung anderer Clans zu sichern und zu mehren. Es entstanden immer großflächigere und daher stärker aggregierte Formen territorial-hegemonischer Kollektive: der **Stamm** und in der Folge der **Stammesverband**. Vor allem auf Viezucht fokussierten Ethnien haben sich daraus Fürstentümer, Herzogtümer und durch deren Zusammenschluss Königreiche entwickelt.

---

60 Nach einer Theorie stammt das Wort „familia" von „famulus" (Haussklave) ab.
61 Caesar: De bello gallico 6,19. („vitae necisque potestas").
62 Der urkeltische Clan war genau genommen eine mutterrechtlich definierte Sippe. Bei den Urkelten bis zu den mittelalterlichen Iren war es verbreitete Sitte, dass die Männer nicht den Namen des Vaters, sondern der Mutter übernahmen (Demand, 1998). In Portugiesisch sprechenden Ländern wird heute noch der Familienname der Mutter dem des Vaters vorangesetzt.
63 Einige politische Wörter des Deutschen stammen von dem Keltischen: „Amt" (von „ambactus", Gefolgsmann), „Vasall" (über das spätlat. „vassus", Gefolgsmann), „Eid" und „Geisel".

Mit der noch höheren Bevölkerungsdichte,[64] die der Ackerbau dann möglich gemacht hat, entstanden parallel dazu die Kollektivform der **Stadt**. Bewässerungsvorhaben und das Schutzbedürfnis gegen Plünderungsüberfälle induzierten großflächigere territorial-hegemonische Kollektive: der **Städtebund**, der **Stadtstaat**.

Weitere Stufen der territorialen Integration waren dann die Bildung von Imperien und in der Neuzeit von Nationalstaaten und Staatsverbänden.

Bei den meisten Evolutionsschritten zu territorial-hegemonischen Kollektiven stärkerer Aggregation ist es gelungen, die Kollektivgewalttätigkeit der Vorgängerstufen einzudämmen (diese mussten sich unterordnen oder sie wurden sogar aufgelöst) und so den „gewalttätigkeitsfreien Innenraum" zu vergrößern. Dieser Subordinationsprozess war allerdings meist mit Kollektivgewalttätigkeit verbunden (z.B. territoriale Integrationskonflikte).

Einige Vorgängerformen kollektiv-hegemonischer Kollektive konnten, selbst nach Abtretung ihre hegemonialen Befugnissen, andere hoheitliche Funktionen in den Dienst der höheren Hierarchiestufen stellen und fortbestehen (Familien, Gemeinden, Städte, Länder und Bundesstaaten gibt heute noch). Andere Vorformen verloren hingegen ihren Mehrwert, wurden aufgelöst und es gibt sie nicht mehr (z.B. Clans, Stämme, Stammesverbände, Städtebünde).

Man könnte zusammenfassend sagen, dass die hierarchische Schichtung unser heutigen Sozialstruktur die geschichtliche Evolution zu immer höheren Hierarchien territorial-hegemonischer Kollektive widerspiegelt. Die Analogie zu einer geologischen Schichtung oder einer Baumringstruktur liegt nahe.

- Die einzelnen Kulturepochen erreichten bestimmte Stufen höchster territorial-hegemonische Kollektivstufen, die zu überschreiten sie in der Regel nicht in der Lage waren. Die Grenzen hingen, wie oben bereits erwähnt, von mehreren Faktoren ab, darunter die Fähigkeit der Empathiekreiserweiterung, die physische Erreichbarkeit.
  - Die höchste Hierarchieebene der Neandertaler war vermutlich die Kleinfamilie.
  - Die höchste Hierarchieebene der Cro-Magnon war vermutlich der Familienverband.
  - Die geschichtliche Überlieferung setzt ein, als die Stufen 3 und höher bereits das Gewaltmonopol errungen hatten. Die vorgeschichtlichen Kämpfe zwischen Familienclans ist in der Mythologie und in Sagen überliefert.
  - Die Etrusker führten als Beinamen den Namen des Familienverbandes ein (statt des Vaternamens). Dies war ein wichtiger Schritt zur Identifizierung der Individuen mit einem abstrakteren Kollektiv als dem Familienkollektiv.
  - Die höchste Hierarchieebene der Kelten war der Stamm [65]. Die von Caesar beschrieben Stammesverbände unter der Leitung von zwei oder drei „Großmachtstämmen" waren nur labile, auf Geiselstellung beruhende Absprachen. Keltische Städte entstanden erst unter griechischem und römischen Einfluss im -2. Jh. [66]
  - Die höchste Hierarchieebene des **antiken Griechenland**s waren die Städte und Städtebünde (es gab etwa 700 Städte, 200 Stadtstaaten und ein halbes Dutzend Städtebünde). Die Kohäsionskriterien und die Empathiesphäre waren stark auf die eigenen Stadtmauern beschränkt.

Das **Römische Reich** muss zwar wegen des Sklaventums vom modernen Standpunkt aus als „koerzitives kontinentales Aggregationsimperium" (Stufe 9) eingestuft werden, es verwirklichte jedoch über die Grenzen der Stammesbezüge und Stadtmauern hinweg eine bis dahin unerreichte Integration der eroberten Gebiete und konnte mit relativ hoher innerer Konsensfähigkeit und geringer Konfliktualität über drei Jahrhunderte lang bestehen, was es in die Nähe der Stufe 11 brachte. Während dieser Zeit fiel die Kollektivgewalttätigkeit (bezogen auf die Weltbevölkerung) auf das bis 1945 tiefste Niveau der Geschichte.

Das **Urchristentum** entwickelte sich (trotz der apolitischen Einstellung Christi) zu einer Subversion gegen das territorial-hegemonische Kollektiv „Römisches Reich", indem es ihm in der Loyalitätspflicht des Individuums das Kollektiv „christliche Religionsgemeinschaft" überordnete. Nachdem es Staatsreligion geworden war, relativierte das Christentum diese Wertigkeit und Luther ebnete dann den Weg für die Bildung von „Staatskirchen" und für die Unterordnung des Kollektivs „christliche Religionsgemeinschaft"

---

64 Delbrück (1900) erwähnt, dass nach Beloch (Bevölkerung der griechisch-römischen Welt) die Griechen der Antike je nach Landschaft zwischen 30 und 40 Personen / km² aus eigener Landwirtschaft ernähren konnten. Dieser Wertebereich habe für Griechenland noch Ende des 19. Jh. gegolten. Der Wert für Deutschland habe 1898 (dank der Kartoffel) bei 75 Menschen / km² gelegen.

65 Nach Diodorus Siculus (Historische Bibliothek, 5,25) bestanden die keltischen Stämme im -1. Jh. jeweils aus 50.000 bis 200.000 Personen.

66 Die Kelten hatten kaum Städte (es gab dafür auch kein keltisches Wort), sondern nur befestigte Hauptorte, deren Namen in –briga und –dunum endeten und die von den Römern „oppida" („Einzäunungen") genannt wurden. Erst die Mitte des -2. Jh. aus Norditalien vertriebenen Kelten brachten eine Stadtkultur nördlich der Alpen mit. Zu Caesars Zeiten war das größte „oppidum" Galliens nur 1,4 km² groß, das größte rechtsrheinische Oppidum (Manching) war 3,8 km² groß, enthielt allerdings auch landwirtschaftlich genutzte Flächen.

unter dem territorial-hegemonischen Kollektiv „Nationalstaat"nach dem Motto „jedes Individuum muss der religionsgemeinschaft beitreten, zu der sich der sein territorialer Hegemon entscheidet".

Die östliche Hälfte des Römischen Reichs konnte als dynastisch und ethnizistisch dominierter Vielvölker-staat (**Byzantinisches Reich**, Stufe 8) zehn Jahrhunderte lang fortbestehen, erlitt aber Territorialeinbus-sen durch Konsensualitätsdefizite, was seine gewalttätige Ablösung durch das Territorialfürstentum eines nomadisierenden Stammesverbands (Osmanisches Reich der Türken) erleichterte.

- Die **Entwicklung zum Aggregationsstaat** ist in der Geschichte in der Regel über zwei alternative Zweige verlau-fen:

  o Bei überwiegend nomadisch und auf Viehzucht basierten Kollektiven (Meder, Perser, Kelten, Makedonier, Germanen, Türken, Mongolen) hat die Aggregation über den **Stammesbezug** (stammesbezogener Entwicklungspfad) stattgefunden.

  o Bei auf Ackerbau, Handwerk und Handel basierten Kollektiven (Chinesen, Mesopotamier, Ägypter, Griechen, Römer) verlief die Aggregation über den **urbanen Bezug** (urbaner Entwicklungspfad).

  o In der Regel haben stammesbezogenen Gebilde die urbanen Gebilde unterworfen und sich bei ihnen als Kriegerkaste etabliert. Das **Römische Reich ist eines der wenigen Imperien, das einen urbanen Ursprung gehabt hat**.

  o Die Dominanz des stammesbezogener Gebilde nomadisierenden Ursprungs hat sich bis in die Neuzeit ausgewirkt, da – wie Rein-hard (1999) dargestellt hat – **die Bildung des modernen europäischen Nationalstaats nicht über die Städtebünde und Stadtstaaten, sondern über Monarchien erfolgt** ist; diese waren bekanntlich aus den Territorialfürstentümern der germani-schen Kriegerkasten hervorgegangen, welche das westliche Römische Reich zertrümmert hatten.

Im Zuge jahrhundertelanger Kollektivgewalttätigkeit zwischen stammesbezogenen Regionalstaaten (Langobarden, Franken, Araber, Türken, Mongolen) bzw. zwischen stammesbezogenen Dynastien (Stau-fer, Welfen, Plantagenet, Orleans, Habsburger, Osmanen) konnten sich einige davon auf Kosten anderer territorial ausweiten und koerzitive (dynastisch-monoethnisch dominierte) regionale Aggregationsstaaten (Stufe 8) oder sogar koerzitive (dynastisch-monoethnisch dominierte) kontinentale Aggregationsimperien (Stufe 9) bilden.

- Es war vor allem der **durch das Schießpulver enorm gestiegene Finanzbedarf** (für Kanonen und Bastionen) und die Steigerungsmöglichkeit der Truppenstärke (weniger Ausrüstungsaufwand pro Kopf als für Ritter), der eine Art Rüstungswettlauf in Gang setzte. Bis zum Ende des 18. Jh. schafften es die Monarchen kaum, den Anteil der Staats-einnahmen / Staatsausgaben am Bruttosozialprodukt (die „Staatsquote") über das historische Niveau von etwa 10 % zu heben; absolut mehr Staatseinnahmen und Soldaten konnten (abgesehen von Anleihen) nur durch mehr Territo-rium erzielt werden. Bei diesem Prozess unterlagen die meisten bevölkerungs- und finanzschwachen Kleinstaaten (territoriale Integration). Erst im Laufe des 19. Jh. gelang es den Nationalstaaten mittels einer straff organisierten Bürokratie einen Erzwingungsapparat für die Ressourcenextraktion (Reinhard, 1999) aufzubauen. Es bildete sich ein selbstverstärkender Kreislauf, der den Staat immer stärker machte: Je mehr Aufwendungen er hatte (Beamte, Solda-ten), desto mehr Ressourcen (Steuern) konnte er erpressen, über je mehr Ressourcen er verfügte, desto mehr Auf-wand konnte er sich leisten. Der Entwicklungsstand, den wir dem Begriff „Staat" heute assoziieren, wurde erst in der jüngeren Neuzeit erreicht, mit einer Staatsquote von 30 % bis 50 %

- Die Entwicklung vom Regionalstaat (Stufe 4) zum Aggregationsstaat (Stufe 8) ist in der deutschsprachigen Fachlite-ratur am Beispiel Frankreichs von Elias (1939) besonders klar dargestellt worden (siehe Pkt. 3.4).

- Der 1. Weltkrieg beschleunigte die Auflösung der letzten koerzitiven **Aggregationsimperien**. Dieser Vorgang war im Sinne einer territorialen Integration ein Rückschritt, institutionell und zivilisatorisch jedoch ein Fortschritt. Denn fast alle koerzitiven Vielvölkerstaaten hatten es nicht geschafft, durch rechtzeitige Reformen (multiethnische und demokratische Öffnung) die koerzitiven Kohäsionskräfte (Fremdzwang) durch konsensuelle Kohäsionskräfte (Selbst-zwang, Erweiterung der Mpathiesphäre) zu ersetzen; zu sehr hatten sich die etablierten Eliten an ihre Privilegien festgeklammert.

- Der in der Literatur wohl am ausführlichsten untersuchte Entwicklungsschritt ist jener, der zur Entstehung der Nationalstaaten geführt hat: Anderson, B. (1983), Parker, G. (1988), Tilly, C. (1990), Gerstenberger, H. (1991), Dow-ning, B.M. (1992), Hobsbawm, E. (1990), Porter, B. (1994) und Reinhard (1999).

In der Geschichte ist es auch zu kuriosen Sonderformen territorial-hegemonischer Kollektiven gekommen.

> ➤ *Die Kreuzritterorden des Mittelalters waren gegründet worden als auf Zwangsfreiheit beruhende, nicht territorial defi-nierte Kollektive (Mönchsorden). Einigen wurde die Herrschaft und das Gewaltmonopol über (meist zu erobernde fremde) Territorien zugestanden. Der Malteser Orden genießt heute noch eine partielle Völkerrechtssouveränität.*
> ➤ *Ein weiteres historisches Kuriosum unter den territorial-hegemonischen Kollektiven sind die kolonialen Handelsgesell-schaften des 16. bis 18. Jh. (die Konzession der Welser in Venezuela, die Vereenigde Oostindische Compagnie, die engli-sche East India Company, die Compagnie des Indes Orientales, die Dänische Ostindiengesellschaft, die Niederländische Westhandelsgesellschaft). Es handelte sich um eine Art privatisierter Territorialmächte, denen von ihren territorial-hegemonischen Kollektiven die Vollmachten delegiert wurden, gegen jede nicht christliche Nation Krieg zu führen.*

Das Gewaltmonopol (das heißt das Verbot der Selbstjustiz) war in der Vergangenheit nicht so stark wie heute auf das jeweils ranghöchste territorial-hegemonische Kollektiv konzentriert. Es gab **partielle Selbstjustizrechte**, welche untergeordneten sozialen Organisationen (z.B. Blutrache von Familien) und Individuen (z.B. Duelle) aus Vorzeiten noch zugestanden wurden.

- Die Feststellung Max Webers, der moderne „**Anstaltsstaat**" habe sämtliche „Mitregierer" ausgeschaltet und sich sozusagen als absoluter Gewalttätigkeitsmonopolist etabliert, ist streng genommen nicht zutreffend. In der Bundesrepublik Deutschland ist beispielsweise das Gewalttätigkeitsmonopol auf zwei Ebenen verteilt: Das äußere Gewaltmonopol liegt beim Bund, das innere Gewaltmonopol (Polizei und Gerichtsbarkeit) bei den Ländern.

- Walter Benjamin (1965) hat in seiner 1921 verfassten Schrift „Zur Kritik der Gewalt" darauf hingewiesen, dass das **Streikrecht** ein Residuum kollektiver Gewalttätigkeit ist, das der Staat unterhalb seiner eigenen Machtvollkommenheit noch toleriert.

- Das in den USA heute noch ausgeprägte Recht zum **Tragen von Waffen durch Privatpersonen** und des großzügig gewährten Rechts der Selbstverteidigung auf privaten Grundstücken sind Residuen des urgermanischen Rechts auf das Tragen von Waffen, das bereits den römischen Geschichtsschreibern aufgefallen ist.

Der Prozess der Unterordnung der territorial-hegemonischen Kollektive unter die ranghöhere Hierarchiestufe war in der Vergangenheit überwiegend mit gewalttätig ausgetragenen Konflikten verbunden. **Die politische Geschichte ist im wesentlichen die Geschichte dieser Unterordnungskonflikte.**

- Nach der Theorie von **Franz Oppenheimer** (1907) war der Prozess der Unterordnung stets mit einer wirtschaftlichen Ausbeutung durch die jeweils neue herrschende Klasse verbunden. Den Staat könne man auffassen als die ökonomische Kollektivperson der herrschenden Klasse. Er fügte jedoch hinzu, dass jeder Unterwerfung eine Phase der Aussöhnung der Klassengegensätze gefolgt sei. Im Endzustand werde kein Staat mehr notwendig sein („Akratie") und in der künftigen „Wirtschaftsgesellschaft" werden dann die vertikalen Herrschaftsbeziehungen (zwischen Räubern und Beraubten) durch horizontale Sozialbeziehungen (zwischen ihre Arbeitserzeugnisse Austauschenden) ersetzt.

- **Wolfgang Reinhard** (1999), der sich mit der Entstehung des modernen Staates intensiv auseinandergesetzt hat, vermerkt wiederholt seine Schlussfolgerung, dass der moderne Staat ein „Kriegsstaat" sei, weil mit Gewalttätigkeit gebildet worden.

- **Martin Shaw** (2003) betrachtet den Staat als ein mit Gewalttätigkeit entstandenes soziales Gebilde, das „im Allgemeinen" mittels Gewalttätigkeit Bestand hat.

Aus der modernen soziologischen Sicht sind alle territorialen Kollektive oberhalb der Hierarchiestufe 2 (also vom Stamm aufwärts) „imaginäre, vorgestellte oder erfundene Konstrukte", denn die Individuen die sie bilden, kennen sich aufgrund der Größe nicht mehr persönlich. Es handelt sich um sozial hergestellte Realitäten. Sie sind so lange real wirksam, als sie durch Konsens eines hinreichenden Teils der Individuen oder Unterkollektive getragen werden (Anderson, 1983).[67]

Der sich geschichtlich vollzogene **Trend von einer „Personalität des Rechts"** (die Rechtsgeltung ist an Personengruppen, wie Stämme, gebunden) **zu einer „Territorialität des Rechts"** (die Rechtsgeltung ist an das Territorium des Geschehens gebunden) hat zur Machtkonsolidierung der territorial-hegemonischen Kollektive stark beigetragen.[68] In der Terminologie von Heinrich Popitz (1986) hat eine Entpersonalisierung der Macht und eine Positionalisierung der Herrschaft (Schaffung von Positionen in der Organisation, die von auswechselbaren Funktionsträgern im Generationswechsel eingenommen werden können) stattgefunden; in einer weiteren Phase seien dann Positionsgefüge der Herrschaft (Herrschaftsapparate) entstanden. Durch diese Entwicklung hätten sich die Chancen zur Integration in umfassenderer gesellschaftliche Ordnungen ergeben, bis hin zu den heutigen Herrschaftsverbänden (Gebietsherrschaften).

Mit steigendem Aggregationsgrad hat die „Subjektlosigkeit" oder „Entpersonalisierung der Machtverteilung" im territorialen Kollektiv zugenommen. Gleichzeitig hat sich die Solidarität der menschlichen Individuen von einem sozialen Nahbereich nach einen sozialen Fernbereich verschoben.

- **Émile Durkheim** sah die moderne Gesellschaft einer „Anomie" (Normenlosigkeit) zutreiben, in welcher der Mensch alle soziale Bindungen zu verlieren riskiere. Die nunmehr „mechanische Solidarität" der Individuen mit den konventionellen Kollektivformen (Familie aufwärts) müsse durch neue durch Medien zu gestaltende „organische Solidarität" ersetzt werden. Damit wurde er ungewollt zu einem unheilvollen Prediger der Eingriffe in soziale Belange und seine Ideen wurden vom Faschismus und Nationalsozialismus aufgegriffen.

- **Ferdinand Tönnies** (1887) hat wohl als erster festgestellt (und bedauert), dass die historische Entwicklung des Kollektivverständnisses von der „Gemeinschaft" (die im Mittelalter noch überwog) zur „Gesellschaft" (welche in der Neuzeit dominiert) verlaufen ist, von einer stark affektiven Identifikation des Individuums mit dem Kollektiv („organische Solidarität") zu einer mehr vernunftbezogenen („mechanischen Solidarität").

---

67 David Hume formulierte in einen Essay, dass sich die Regierenden nur durch eine positive Meinung der Regierten halten könnten. Michel Foucault schlug dafür den Begriff der Gouvernamentalität vor.

68 Das römische Recht hielt zwar die Trennung zwischen einem Inländerrecht und einem Ausländerrecht lange aufrecht, de facto hatte es aber wegen der „Homogenisierung des Inlands" bereits starke Ansätze von Territorialität gegeben. Vor allem die Franken und Langobarden führten mit ihrem Personalitätsrecht einen Rückschritt durch (Musset, 1965). Mit der Wiedergeburt der Städtekultur im 13. Jh. und der fortschreitenden Verwischung alter Stammeskategorien wurde der germanische Rückschritt zur Territorialität überwunden. Das Staatsbürgerrecht nach dem „ius sanguinis" ist ein Residuum des Personalitätsrechts.

- **Max Weber** (1922) hat für diesen Prozess das Begriffspaar „Vergemeinschaftung" (auf Zusammengehörigkeitsgefühl basierende soziale Beziehung) und „Vergesellschaftung" (auf rationaler Motivation beruhendes soziales System) geschaffen.
- **Niklas Luhmann** (1983) hat diese Evolution mit dem Begriff der „Legitimation durch Verfahren" beleuchtet
- **Jürgen Habermas** (1988) hat für die Steigerungsform den Begriff „Verrechtlichung" hinzugefügt.
- **Heide Gerstenberger** (2006) hat diese Entpersonalisierung besonders klar für den Übergang vom koerzitiven Nationalstaat zum konsensuellen Nationalstaat herausgearbeitet, einen Vorgang, den sie als „Enteignung personalen Herrschaftsbesitzes bezeichnet.

Anders ausgedrückt kann man sagen, dass ein Charakteristikum steigenden Aggregationsgrades territorialer Kollektive darin bestehe, dass bei jedem Evolutionsschritt die inneren **Kohäsionskräfte immer weniger „ethnizistisch"** (weniger auf „gemeinsame Abstammung", „DNA-Bezug" basierend) und **immer mehr „politisch-juristisch"** werden. Dies wurde versucht, in den mittleren Spalten der Tabelle 1 zum Ausdruck zu bringen.

In der Gegenwart befinden wir uns in einer Phase gradueller Souveränitätsübertragung der konsensuellen Nationalitätenstaaten (Stufe 11) an Verbunde konsensueller Nationalitätenstaaten (Stufe 12) und an die internationalen Organisationen (Stufe 13). B. Gill (2002) hat hierfür den Begriff der **„Supranationalisierung des Staates"** vorgeschlagen. Mit Souveränitätsverlust der Nationalstaaten „nach oben" scheint auch eine Funktionsübertragung „nach unten" einherzugehen:

- Viele Autoren und Politiker sehen mit dem eine Renaissance der Regionen voraus (z.B. das **„Europa der Regionen"**), also eine Rückverlagerung eines Teils der territorialen Hegemonie auf eine in der Vergangenheit entmachtete Aggregationsstufe.
- **Ernst-Otto Czempiel** (1999) vertritt die These, dass die Subkollektive der Staatenwelt Teilverantwortungen zurückholen müssen und sogar transnational (zumindest weltregional) direkt untereinander kooperieren sollten. Er verwendet für diese Subkollektive den Begriff **„Gesellschaftswelt"**, der sich in etwa mit dem von Antonio Gramsci neu belebten Begriff der „Zivilgesellschaft" deckt bzw. mit dem Begriff „bürgerliche Gesellschaft". In Gramscis Terminologie könnte man sagen, dass Czempiel für eine „transnationale Zivilgesellschaft der nationalen Zivilgesellschaften" plädiert.
- **Wolfgang Reinhard** (1999) geht sogar soweit, die **Entmachtung der modernen Staatsform** vorauszusagen, u.a. weil sie sich durch die Exzesse des 20. Jh. zum Absurdum geführt habe und weil sie ihrem Versorgungsanspruch faktisch nicht mehr nachkommen wird können.

Die Bildung der Europäischen Gemeinschaft und ähnliche wirtschaftliche und politische Integrationen in anderen Kontinenten lassen hoffen, dass sich die Entwicklung weiter in Richtung zur höchsten Aggregationsstufe territorial-hegemonischer Kollektive, nämlich die „kosmopolitischen Weltstaat Erde" bewege. Dadurch würde, ähnlich wie während der Pax Romana, die in der Vergangenheit dominierende kollektive Konfliktmotivation, nämlich die zwischenstaatlichen Territorialkonflikte, hinfällig. Es verblieben dann allerdings die „innerweltstaatlicher" Konflikte, für die eine gewalttätige Eskalation verhindert werden muss.

Eine vielfach vorgebrachte Befürchtung, ist, dass ein allmächtiger **Weltstaat** sich zu in einen ungezügelten Tyrannen verwandeln könnte. Bereits Kant hat sie geäußert und daher vorgeschlagen, dass man einen Staatenverbund als Endziel anstreben sollte und nicht einen Weltstaat.

4.4.4 Die höchste territoriale Hierarchiestufe: Hauptakteur bzw. Hauptverursacher kollektiver Gewalttätigkeit

Da das Gewaltmonopol und das Sanktionsmonopol im Laufe der Geschichte auf die jeweils höchste Aggregationsstufe übergegangen ist, haben **die meisten kollektiven Gewalttätigkeiten der Geschichte zwischen den höchsten Hierarchiestufen** der jeweiligen Epoche stattgefunden. Denn das mit dem Monopol verbunden Potenzial wurde nicht nur zur Unterbindung von Gewalttätigkeit der unteren Hierarchieebenen einschließlich der Individuen eingesetzt, sondern auch dafür, um seine Selbstoptimierung (z.T. durch Erobern zusätzlicher Territorien) zu betreiben. In der Geschichte machen die gewalttätig ausgetragenen Territorialkonflikte den Löwenanteil aus.

Die Entwicklung zu größerer territorialer Integration war in der Geschichte keinesfalls eine nur nach oben gerichtete Entwicklung, sondern mit vielen Rückentwicklungen verbunden. Der Hauptgrund von Rückfällen waren meist Zusammenbrüche der Kohäsionskräfte durch Verschleiß oder territoriale Überdehnung. In der Geschichte haben sich also die im vorigen Kapitel aufgelisteten Hierarchiestufen nicht in einer linearen Progression abgelöst. Es gab auch über lange Epochen hinweg die Koexistenz unterschiedlicher Stufen. Für die Neuzeit hat Reinhard (1999) den Integrationsprozess zum modernen Staat im Detail erläutert und dabei herausgestellt, dass eine Trendentwicklung mit gleichzeitiger Verschlingung unterschiedlicher Hierarchiestufen stattgefunden hat, die zur Evolutionsstufe „Staat" geführt haben.

4.5 Konflikte zwischen territorial-hegemonischen Kollektiven

4.5.1 Konflikte innerhalb von territorial-hegemonischen Kollektiven

In menschlichen Kollektiven interagieren Individuen, soziale Rollen und Subkollektive verschiedener Neigungen, Fähigkeiten und Interessen. Gegensätze sind dabei unvermeidlich, man nennt sie „**kollektive Konflikte**".

Die Möglichkeit von Individuen und Subkollektiven, in einem Kollektiv zu einem Thema den eigenen Willen <u>ohne </u>Gewalttätigkeit durchzusetzen nennt man „**soziale Macht**". Sie kann auf unterschiedlichen „Erfolgsfaktoren" beruhen: In Urzeiten lag sie vorrangig bei Individuen mit überlegenen physischen und psychischen Leistungsmerkmalen; dann verlagerte sie sich auf Subkollektive mit größerer Verfügungsgewalt über materielle Ressourcen (Territorium, Produktionsmittel, Menschen), darunter auch die über Informationen (Heilwissen, rationales Wissen).

Ist die Möglichkeit, seinen Willen (Egoismus) nicht nur auf ein spezielles Thema und eine bestimmte Situation durchzusetzen beschränkt, sondern erstreckt sie sich auf einen umfassenden Themenbereich und besteht sie mit großer Regelmäßigkeit und Dauerhaftigkeit, so spricht man von „**Herrschaft**" (auch „**Hegemonie**").[69] In Vorzeiten konnte eine Herrschaft mit physischen Gewaltmitteln über längere Zeit aufrechterhalten werden („**koerzitive Herrschaft**"). Sie brach indes zusammen, sobald die „physischen" Voraussetzungen der Gewaltmittel entfielen (zum Beispiel durch neue Waffen oder Bevölkerungsverschiebungen).

Die Interaktion zwischen Subkollektiven eines Kollektivs oder zwischen verschiedenen Kollektiven nennt man „**politisches Handeln**". Unter „**Politik**" versteht man ein situationsübergreifendes kollektives Handeln.

Der Gegenpol zu den verschiedenen Machtformen ist der **Konsens der Untergebenen**. Dieser hängt eng mit der unter Punkt 3.4 behandelten Erweiterung der Empathiesphäre der Individuen zusammen, die in analoger Form auch für Sozialkonstrukte gilt. Gelingt es der höchsten Hierarchiestufe nicht, durch angemessene Anerkennung und Beteilung der untergeordneten Hierarchiestufen bis hin zu den Individuen deren grundsätzliche **Akzeptanz (Loyalität)** zu gewinnen, treten Konflikte auf (bis hin zu Hierarchiekriegen, Bürgerkriegen, Sezessionskriegen etc.), die zum Auseinanderbrechen der höchsten Hierarchiestufe und Zerfall in territorial-hegemonische Kollektive der vorangegangenen (niedrigeren) Hierarchiestufe führen können. Letzte eklatante Beispiele von Desintegrationen höchster territorialer Hierarchiestufen waren die des KuK-Habsburgerreichs, des Zarenreichs, des Osmanischen Reichs, der Sowjetunion und Jugoslawiens.

Die jeweils erreichte Akzeptanz/Loyalität einer Herrschaft hängt von einem kaum entschlüsselbaren Ursachenkomplex ab, und zwar nicht nur von der staatrechtlichen Verfassung der obersten Hierarchiestufe (Verteilung von Pflichten und Rechten/Einkommen, Toleranz ethnischer/religiöser Diversität), sondern auch von der ideologischen Verfassung der untergeordneten Hierarchiestufen, besonders der Individuen (Befriedigung des Anerkennungsbedürfnisses und Gerechtigkeitsdrangs der Individuen, Bereitschaft zu Konzessionen bzw. Abstichen von der eigenen Einzigartigkeit).

- Burkhard **Conrad** (2002) hat Schlussfolgerungen der Arbeitsgemeinschaft für Kriegsursachenforschung (AKUF) der Universität Hamburg, wonach die Konstitutionskonflikte in Lateinamerika und Afrika zu den häufigsten Kriegsursachen der Nachkriegszeit gehören, damit erklärt, dass die emotionale Integration (Loyalitätsbindung) der Menschen in eine neue, übergeordnete „Überlebenseinheit" (vom Stammesverband in den Staat, dessen Grenzen von den Kolonialmächten ohne Rücksicht auf ethnische Grenzen gezogen wurden), der formalen Integration hinterherläuft. Aus dieser „Ungleichzeitigkeit" (sozusagen dem Nachhinken der Loyalität hinter der geografischen Grenzziehung) entstünden soziale Widersprüche, die gewalttätig ausufern können.
- Bertrand de **Jouvenel** (1947) hat die Meinung geäußert, dass sich keine Macht auf Dauer halten kann, wenn nicht ein hinreichend großer Anteil der Bevölkerung sich mit den herrschenden Verhältnissen zumindest abfindet.
- Michel **Foucault** (2004) hat diesen Aspekt mit dem Begriff der „**Gouvernementalität**", des sich Regieren lassen Wollens, erweitert (siehe Punkt 4.4.2).
- Da es kein völlig homogenes territorial-hegemonisches Kollektiv gibt und immer Ansätze zur Ausgrenzung von Minderheiten erfunden werden können, ist die **Toleranz** ein wichtiger Aspekt der Konsensbildung.[70]

---

69 Gramsci hat in plakativ-überzeichneter Form Herrschaft (Hegemonie) an die Fähigkeit geknüpft, die eigenen Interessen als Gemeininteressen durchzusetzen.

70 Der Begriff „Toleranz" ist an sich negativ konnotiert („tolerare" bedeutet „erdulden"). Ein Teil der Toleranzdiskussion befasst sich in der Tat mit der analgetischen (schmerzstillenden) Frage, wie man Andersartigkeit „ertragen"

- Das demokratische Modell bietet, zusätzlich zu weiteren Vorzügen, die besten Voraussetzungen für eine dauerhafte und größtmögliche Konsensbildung.

Auch wenn die Gründe von Konflikten innerhalb territorial-hegemonicher Kollektive bis zur Ebene der Individuen herunterreicht (Empathiesphäre) bilden sich die gewalttätigen Resonanzböden meist auf der Ebene der Subkollektiven (Dynastien, Kasten, Parteien, Ethnien, Religionsgemeinschaften).

4.5.2 Konflikte zwischen territorial-hegemonischen Kollektiven

Bei den Konflikten zwischen territorial-hegemonischen Kollektiven ist der mit dem Verhalten von Individuen herstellbare Kausalbezug noch aussichtsloser als bei den Konflikten innerhalb von territorial-hegemonischen Kollektiven. Ihre Hauptursachen sind Auseinandersetzungen um territoriale Herrschaft, die die Dimension eines Nachbarstreits zwischen Individuen quantitativ und qualitativ bei weitem überschreiten. Auch wenn Individuen (v.a. Monarchen) beim Entstehen und Ausfechten eines Territorialkonflikts mitwirken, wird deren Einfluss überschätzt.

4.5.3 Gewalttätige Austragung kollektiver Konflikte

SCHRECKLICH IST DER ZORN UND SCHWER ZU BESCHWICHTIGEN,
WENN KOLLEKTIVE GEGEN KOLLEKTIVE IN DEN KRIEG ZIEHEN.
(Euripides, -5. Jh.)

Werden kollektive Konflikte gewalttätig ausgetragen, so liegt „kollektive Gewalttätigkeit" vor. John Ladd hat dafür in seinem Beitrag zu Brady / Garver (1991) eine Definition abgegeben, deren Bündigkeit kaum zu übertreffen ist; frei übersetzt lautet sie [71]:

> ➢ *„Gewalttätigkeit ist dann kollektiv, wenn sie von einer Gruppe auf eine andere ausgeübt wird und wenn dabei Individuen, als Ausführende oder Opfer, lediglich aufgrund ihrer (empfundenen) Gruppenzugehörigkeit betroffen sind".*

Da kollektive Gewalttätigkeit eine „emergente Eigenschaft" der territorial-hegemonischen Kollektive ist, die also aus den „Eigenschaften der Teile des Systems" (Einflussfaktoren) nicht kausal abgeleitet werden kann, ist dafür kein lückenloses Erklärungsmodell möglich, mit dem man aus einem gegebenen Satz von Einflussfaktoren schlüssig ableiten könnte, ob und wie daraus kollektive Gewalttätigkeit resultiert. Allein das enorme Spektrum von Einflussfaktoren nimmt jede Aussicht auf eine „reduktionistische" Ableitung. Im Folgenden wird versucht, mit der aus der Physik entliehenen Begrifflichkeit der „Resonanz", des Mitschwingens, eine Gedankenstütze zu bieten, mit der man das Zustandekommen kollektiver Gewalttätigkeit plausibilisieren, wenn auch nicht bestimmen kann.

Für das Zustandekommen kollektiver Gewalttätigkeit müssen sich, meist durch einen äußeren Anstoß ausgelöst, in einem hinreichenden Anteil der Individuen und Sozialkonstrukte **Gewalttätigkeit fördernde Resonanzböden** gegenseitig aufschaukeln, damit schließlich bei den Individuen die angeborenen und anerzogenen Hemmschwellen überwunden und aufeinander abgestimmte Gewalttätigkeitsaktionen ausgelöst werden.

Kollektivgewalttätigkeit kann dann auftreten, wenn externe Anstöße (demografische Veränderung, Notsituationen, Auftreten von Gewaltpredigern) in sozialen Strukturen und Kulturinhalten dort vorhandene Gewalttätigkeit fördernde Resonanzen derart aufschwingen lassen, dass die natürlichen und zivilisatorischen Gewalttätigkeitshemmungen der Individuen überstimmt werden.

Beispiele Gewalttätigkeit fördernder Resonanzböden auf der Ebene des territorial-hegemonischen Kollektivs

> ➢ *Gewaltfördernde Verfassungsformen*
> ➢ *Auseinanderlaufen des Machtanspruchs der Elite und deren Machtmittel*
> ➢ *Autoritäre, rein auf Zwang basierende koerzitive Herrschaft*
> ➢ *Mangelnder konstitutioneller Zwang zum Kompromiss und Dialog*
> ➢ *Mangelnder konstitutioneller Zwang zum Austausch von Eliten*

---

könne oder solle; sie muss mit der Frage vertieft werden, wie Verhältnisse und Einstellungen geschaffen werden können, dass Andersartigkeit nicht mehr negativ perzipiert wird, so dass es keines Analgetikums mehr bedarf, um sie „zu ertragen". Das Werk von Rainer Frost (2003, 2007) befasst sich intensiv mit dem Themenkreis Gerechtigkeit, Toleranz und Demokratie.

71 Im originalen englischen Wortlaut wird der Begriff „collective violence" verwendet und definiert als „that kind of violence that is practised by one group on another and that pertains to individuals, as agents or as victims, only by virtue of their (perceived) association with a particular group".

> ➢ Missverhältnis zwischen der Verteilung der Macht und der Ressourcen
> ➢ Militärisierung der Staatsmacht
> ➢ Gewaltfördernde Kulturwerte
> ➢ Verherrlichung von Gewalttätigkeit, fanatisierende, selbstüberhöhende, intolerante Staatsideologie
> ➢ Missverhältnis zwischen territorialer Extension und Integration / Loyalitätsbindung der damit verbundenen ethnischen/religiösen Diversifizierung

Beispiele Gewalttätigkeit fördernder Resonanzböden auf der Ebene der Subkollektive

> ➢ Schwach ausgebildete Zivilgesellschaft
> ➢ Gewalttätigkeitfördernde organisatorische Sozialstrukturen
> ➢ Gewalttätigkeitsfördernde Sozialpraktiken (Gettobildungen)
> ➢ Defizite im Erziehungswesen v.a. hinsichtlich Empathiebildung
> ➢ Mangel an sozialen Austausch und Mitbestimmung
> ➢ Gewaltfördernde Kulturwerte (Bräuche, Mentalität)
> ➢ Gewalttätigkeitsfördernde ideologische Sozialkonstrukte (Religionen, Ideologien, Mythen, Stereotypen, Paradigmen, Ressentiments)

Beispiele Gewalttätigkeit fördernder Resonanzböden auf der Ebene des Individuums

> ➢ Unausweichliche Eingrenzung des freien Willens durch physiologische Zwänge (darunter wirtschaftliche Not) und soziale Zwänge (Militärdienstpflicht)
> ➢ Emotive Defizite durch mangelnde Förderung der Empathie
> ➢ Kulturell vorgeprägte Allophobien (aggressiver Umgang mit dem Fremden)
> ➢ Mängel in der emotiven und sozialen Erziehung durch Familie und Schule
> ➢ Verinnerlichung gewaltförderner Kulturwerte (diskriminierende Denkmuster, Fanatismus, Vorurteile)
> ➢ Mangelnde Befriedigung des Anerkennungsbedürfnisses und Gerechtigkeitsdrangs der Individuen
> ➢ Mangelnde Bereitschaft zu Konzessionen bzw. Abstichen von der eigenen Einzigartigkeit (beschränkte Empathiesphäre)
> ➢ Ein Teil der militärischen Ausbildung besteht seit jeher aus der Beseitigung der individuellen Hemmschwellen zur Tötung von Mitmenschen

Aus den im Kapitel 8 besprochene Statistiken, speziell aus der Abbildung 5 ergibt sich, dass zwei Drittel der Kriege der Vergangenheit der Verfügung über Territorien gegolten haben („Territorialkonflikte"). Dies kann schwerlich auf ein „böses Trachten im Menschen nach fremden Territorien" zurückgeführt werden.

- Im überwiegenden Teil der Fälle werden dazu weder die Eliten noch die Gewalt Ausführenden durch personenindividuelle „territoriale Ansprüche" bewegt. Alexander der Große hat nicht den Nahen und Mittleren Osten überfallen und erobert, Caesar hat nicht Gallien überfallen und erobert, Friedrich der Große hat nicht Schlesien überfallen und erobert, um sich dort persönlichen Landbesitz anzueignen; sie wurden von einem Bündel kollektiver Verbesserungserwartungen eines bedeutenden Teils ihres Kollektivs getragen, welche die Erweiterung des Herrschaftsgebiets des von ihnen geleiteten Staats mit sich bringen würde. Ein Teil der Motivation kam aus kulturellen Vorwänden (im Fall Alexanders die Vergeltung für angebliche kollektive Untaten, die im kollektiven Gedächtnis tradiert wurden).
- Es hat Grenzfälle gegeben (ca. ein Achtel aller kollektiver Gewalttätigkeiten), bei denen sowohl die Elite, als auch die Gewalttätigkeit Ausführenden ein direktes persönliches Interesse an der kollektiven Gewalttätigkeit hatten: Invasionen zum Zwecke der Plünderung („Prädation") oder der Landnahme („territoriale Okkupation"). Doch auch diese Form der Kollektivgewalttätigkeit konnte nur durch kollektive Resonanzen konzipiert und ausgeführt werden. Ein einzelnes Individuum kann weder auf die Idee kommen, in ein fremdes Land zu ziehen, um dort anderen Individuen ein Stück Land oder ein Wirtschaftsgut zu entreißen, noch kann ein Individuum so ein Vorhaben allein ausführen. Konzipierung und Ausführung können nur auf sozial gestützten kollektiven Resonanzen gründen und dazu zählen kulturell konstruierte Vorwände.
- Die Millionen Individuen, die in den zwei Weltkriegen (die beide durch territoriale Hegemonieansprüche ausgelöst wurden) der Wehrpflicht (einer kulturellen Einrichtung) ihres Staates (einem kulturellen Produkt) unterworfen wurden und den Befehl (ein sozialer Akt) erhielten, sich gegenseitig mit Maschinengewehren, Kanonen und Bomben (kulturelle Produkte) umzumähen, hatten mit den Individuen der Gegenseite (eine kulturell konstruierte Abgrenzung) absolut keinen persönlichen Streit und hegten ihnen gegenüber höchstens Vorurteile (ein kulturelles Produkt). Es waren die Angst vor Bestrafung für Fahnenflucht oder Befehlsverweigerung (kulturelle Motivationen), die Angst vor Tötung oder Gefangennahme der Gegenseite (kulturelle Akte) und andere kulturelle Werte wie Soldatenehre, Vaterlandsliebe, Kameradschaft, der Glauben an eine Belohnung im Jenseits, die sie – trotz fehlender Tötungsmotivation aus persönlichen Gründen – zur Ausführung des Tötungsauftrags motivierten.
- Im deutschen Wikipedia- Eintrag [https://de.wikipedia.org/wiki/Holocaust] (aufgerufen am 10.05.2017) findet sich im Abschnitt „Täter" folgende treffende Zusammenfassung:
  „Der Holocaust war kein Projekt einer Einzelbehörde und wurde nicht nur von bestimmten dazu beauftragten Tätern durchgeführt, sondern von vielen Institutionen aller deutschen Gesellschaftsbereiche ermöglicht, mit getragen, geplant, organisiert und vollzogen. Seit den Forschungen Raul Hilbergs werden dabei bürokratische Entscheidungsabläufe, Arbeitsteilung, Zuständigkeiten und ihr Zusammenwirken untersucht, aber auch gemeinsame Interessen, ideologischer Konsens und praktische Bündnisse zwischen alten und neuen Eliten, Führung und Bevölkerungen. Historiker gehen heute von bis zu 500.000 „an den Schreibtischen wie auf den Schauplätzen" an den Judenmorden beteiligten, meist männlichen, Deutschen und Österreichern sowie nochmals einigen Hunderttausend Kollaborateu-

ren aus den von Deutschland besetzten oder mit ihm verbündeten Staaten aus. Haupttäter waren Mitglieder aller Machtsäulen des NS-Staates:

o Hitler und der engere Führungszirkel des NS-Regimes, die die Leitlinien der Vernichtungspolitik bestimmten und in allgemeine Befehle und Verordnungen umsetzten,

o die Massenpartei NSDAP, die die Hetzpropaganda entfaltete, die den Holocaust vorbereitete und begleitete, deren Gauleiter und Ortsgruppenleiter die Entrechtung und Deportation der Juden und anderer Opfergruppen in ihrem Bereich vorantrieben, deren SA und Hitlerjugend direkt an Verfolgungs- und Mordaktionen in der Vorkriegszeit (zum Beispiel Judenboykotte 1933ff., Novemberpogrome 1938) und gegen Kriegsende (Endphaseverbrechen gegen KZ-Häftlinge auf Todesmärschen usw.) teilnahmen;

o die SS als dem „Führer" persönlich verpflichtete elitäre Terrororganisation, deren weitverzweigte Untergliederungen die rassische Bevölkerungs- und Vernichtungspolitik in den eroberten und eingegliederten Gebieten durchführten und dort das entsprechende Lager- und Ghettosystem organisierten. Hier wird nicht nur den Einsatzgruppen, sondern auch den Polizeibataillonen und ihren jeweiligen Vorgesetzten, den Höheren SS- und Polizeiführern sowie den SS-Hauptämtern – besonders dem Reichssicherheitshauptamt – eine Hauptverantwortung an den Massenmorden zugewiesen.

o die Gestapo, Ordnungs-, Sicherheits- und Kriminalpolizei: Sie sollten möglichst alle „Reichs- und Volksfeinde" aufspüren, überwachen und „ausschalten" und wirkten dabei mit der SS zusammen.

o die Wehrmacht: Deren Oberkommandos und Generäle trugen die Vernichtungsziele des Krieges gegen die Sowjetunion mit, setzten sie in völkerrechtswidrige Befehle um und halfen auf vielfältige Weise bei der Judenvernichtung, etwa indem sie Soldaten für Massenerschießungen bereitstellten, die Judenkennzeichnung in besetzten Gebieten erzwangen, jüdische Kriegsgefangene aussonderten und Juden als Partisanen ermorden ließen oder selbst ermordeten.

o viele Wirtschafts- und Industrieverbände und Unternehmen, die von der Arisierung, Zwangsarbeit und vom Aufbau der Vernichtungsindustrie in den Lagern profitierten und daran mitwirkten

o die zivilen und militärischen Besatzungsverwaltungen, besonders in Osteuropa, die die wirtschaftliche Ausbeutung und rassistische Bevölkerungspolitik in ihren Gebieten organisierten, durchführten, zum Teil in einen Wettlauf bei deren „Entjudung" eintraten und dazu Druck auf die Berliner Zentralbehörden ausübten

o das Personal vieler Staats- und Verwaltungsbehörden, die mit Gesetzen, Verordnungen, Verwaltungsakten und konkreten Maßnahmen an der Judenverfolgung, -ausgrenzung, -deportation und -vernichtung mitwirkten: „Es gab kaum eine Behörde, [...], die nicht ,von Amts wegen' für die ,Lösung' einer ,Judenangelegenheit' zuständig war."[101]

o Als indirekte, aber deswegen nicht weniger verantwortliche Tätergruppen werden erachtet:

o Wissenschaftsinstitute, Universitäten und Fakultäten, die – z. B. in der Medizin, Völkerkunde und Raumplanung – mit interessegeleiteter Forschung ideologische Gründe lieferten, Pläne erstellten, Aufträge vergaben und sich – etwa durch die Abnahme von Leichen für „anatomische Rassestudien" oder von lebenden Häftlingen für Menschenversuche – an Mordaktionen beteiligten.

o die Kirchen, die ihre Tauf- und Eheregister zur Erfassung der „Nichtarier" zur Verfügung stellten, selbst „Ariernachweise" erstellten und die ausführenden Täter überwiegend moralisch entlasteten.

o Bevölkerungsteile im Deutschen Reich und in den besetzten Gebieten, die die Judenverfolgung unterstützten."

Nun ist es keinesfalls so, dass die Konstitution des Menschen und der von ihm entwickelten Sozialkonstrukte so beschaffen sind, dass sie im Regelfall zwangsläufig zu Gewalttätigkeit führen. Dies ist bei der individuellen Gewalttätigkeit nicht der Fall und ebenso wenig bei der kollektiven. Um dies zu quantifizieren, muss man die Anzahl der gewalttätigen Konflikte mit der Gesamtzahl der Konflikte in Bezug setzen. Nachdem es keine Statistik der gewaltlos **beigelegten kollektiven Konflikte der Vergangenheit** gibt, kann man über deren Häufigkeit nur Umkehrschlüsse ziehen:

• Die Anlage 10 erfasst ca. 5.500 Konflikte, die während der letzten vier Jahrtausende weltweit gewalttätig ausgetragen worden sind. Beaufschlagt man diese Anzahl, um historisch nicht erfasster kleinerer Stammesfehden Rechnung zu tragen, so ist wohl die Größenordnung von 10.000 gewalttätig ausgetragenen Konflikten eine angemessenste Vermutung.

• Die Anzahl der gleichzeitig koexistierenden territorial-hegemonischen Kollektive lag im Durchschnitt der Geschichte in der Größenordnung von 1.000 (sie beträgt derzeit ca. 200).[72]

• Es hat im Durchschnitt also unter den 10.000 jeweils koexistierenden Kollektiven nur 2,5 gewalttätig ausgetragene Konflikte pro Jahr gegeben.

• Da in jedem Konflikt grundsätzlich mindestens zwei Kollektive verwickelt sind (Annahme: im Durchschnitt 2,5 Kollektive), waren von den koexistierenden 1.000 Kollektiven pro Jahr etwa 6,25 (6 %) in gewalttätig ausgetragenen Konflikten verwickelt.

• Im Verlauf der mittleren Lebensdauer von 300 Jahren der territorial-hegemonischen Kollektive (siehe 4.2.3) waren also 1.875 der 1.000 Kollektive in gewalttätig ausgetragenen Konflikten verwickelt, das heißt zwei mal im Verlauf der Lebensdauer eines Kollektivs bzw. alle 150 Jahre.

• Man muss jedoch berücksichtigen, dass die Konfliktbeteiligung unter den schätzungsweise über 10.000 Kollektiven, die sich in den letzten vier Jahrtausenden abgewechselt haben, nicht gleichmäßig verteilt waren, sondern aus diversen Gründen auf einen Bruchteil davon konzentriert haben.

• In dem 1864 von Odysse Barot veröffentlichten Werk „Lettres sur la Philosophie de l'Histoire" erwähnt der Autor,, 8.397 Staatsverträge (darunter auch Bündnisverträge) zwischen -1496 und 1861 gezählt zu haben. Für denselben

---

72   Ein Indiz für die Größenordnung „tausend" ist, dass weltweit etwa 5.000 Sprachen gesprochen werden, davon etwa 700 Papua-Sprachen.

Zeitraum sind in der Anlage 10 insgesamt 4.739 gewalttätig ausgetragene Konflikte erfasst. Dies deutet darauf hin, dass **nur jeder zweite Konflikt gewalttätig ausgetragen worden** ist.

Kollektive Gewalttätigkeit ist in der Geschichte eher die Ausnahme gewesen

> ➢ *Vermutlich wurde nur jeder zweite Konflikt gewalttätig ausgefochten.*
> ➢ *Im Durchschnitt ist jedes territorial-hegemonisches Kollektiv alle 150 Jahre in einen gewalttätig ausgetragenen Konflikt verwickelt worden.*

Um Kollektivgewalttätigkeit weiter einzudämmen ist es erforderlich, die verschiedenen auf allen drei Ebenen vorhandenen Resonanzböden „umzustimmen" und sie mit friedfertigen Inhalten zu füllen, damit sie auf externe Anstöße (die es ebenfalls abzuschwächen gilt) weniger aggressiv anschwingen.

4.5.4 Pioniere der Erkenntnis, dass Sozialkonstrukte für Kollektivgewalttätigkeit tonangebend sind

DIE STAATEN WERFEN SICH NACH INNEN ZU HÜTERN DER MORAL AUF,
UND HANDELN NACH AUßEN IN UNMORALISCHER WEISE.

(Sigmund Freud, 1915)

In der wechselseitigen Beeinflussung von Individuen, Kollektiven und kollektiven Ideen sind es die zwei letzteren, die **Sozialkonstrukte**, welche das Anschwingen von auch in Individuen latent vorhandenen Resonanzböden verursachen, die in kollektiver Gewalttätigkeit ausarten. Die Sozialkonstrukte sind dabei „tonangebend" und die Individuen „mitschwingend". **Kollektive Gewalttätigkeit ist demzufolge also primär ein Fehlverhalten von kulturellen Konstrukten,** insbesondere der territorial-hegemonischen Kollektive und der kollektiven Weltanschauungen. Es wird nur zu einem geringen Teil vom personenindividuellem Verhalten (als „Anstoßer" oder als „Rollenträger") bestimmt; und überwiegend durch die Eigendynamik der Kollektive und der Weltanschauungen gesteuert.

- **Thukydides** (-460 bis -397) sah in Expansionsstreben („auxesis") der Staaten die Hauptursache der Kriege.
- **Cato der Ältere** (-234 bis -149) hat erkannt, dass die Akteure der Geschichte und damit auch der Kollektivgewalttätigkeit nicht die Individuen, sondern die sozialen Konstrukte (z.B. der römische Staat) gewesen sind. **Polybios** (-201 bis -120) schloss sich dieser Ansicht an.
- Thomas **Hobbe**s hat um 1651 sehr anschaulich darauf hingewiesen, dass die menschlichen Individuen einen Teil ihrer Freiheit dem Sozialkonstrukt „Leviathan" abgetreten hätten, um den Krieg „Alle gegen Alle" zu vermeiden und dass sie sich dadurch den **„Krieg aller Leviathane gegen alle Leviathane"** eingehandelt haben, was aber weniger schlimm sei, da Leviathane vernünftiger (weil wirtschaftlicher denkend) seien als Individuen.
- Leo **Tolstoi** (1868/1869) hat sich eingehend mit den Konflikten der Napoleonischen Zeit auseinander gesetzt und ist zur Frage, welchen Einfluss Individuen auf den Ablauf der Ereignisse haben, zu einer extremen restriktiven Einstellung gelangt, die in folgenden Sätzen zum Ausdruck kommt:
  - ○ „All diese Menschen, die danach strebten persönliche Ziele zu erreichen, hat die Vorsehung gezwungen, zusammenzuwirken, um ein einziges großes Ergebnis zu erzeugen, von dem kein Mensch, weder Napoleon noch Alexander noch gar irgendein anderer Kriegsteilnehmer, die geringste Ahnung gehabt hat."
  - ○ „Auf die Frage, was die Ursache historischer Ereignisse sei, bietet sich eine andere Antwort dar: Der Gang der Weltgegebenheiten ist von oben her bestimmt und hängt von einem Zusammentreffen all jener willkürlichen Handlungen der Leute ab, die an den Ereignissen teilnehmen, so dass der Einfluss, den ein Napoleon auf den Gang dieser Ereignisse haben könnte, nur äußerlich und fiktiv sein kann."
  - ○ „Die Summe aller menschlichen Willensäußerungen war es, die sowohl die Revolution, als auch Napoleon geschaffen hat und nur die Summe dieser Willensäußerungen schuf und vernichtete dann beide."
  - ○ Tolstoi hat also den emergenten Charakter aller historischen Ereignisse und speziell der Kollektivgewalttätigkeit erkannt und sie mangels der Terminus „Emergenz" auf die Vorsehung zurückgeführt. Er fand die treffliche Analogie, wonach man durch Herauspflücken einzelner differentieller Elemente das Ergebnis einer Integralrechnung nicht erklären könne, sondern einem Trugschluss unterliege, wie jenem des Wettlaufs des Achilles mit der Schildkröte.
- Sigmund **Freud** und Erich **Fromm**, zwei große Forscher des menschlichen Innenlebens, waren beide der Meinung, dass Kriege wegen realer Interessenkonflikte ausgetragen werden und nicht auf einen angeborenen Trieb des Menschen zurückführbar seien. Fromm brachte das Argument, dass der Umstand, dass die primitiven Gesellschaften weniger Kriege geführt hätten als die zivilisierten, dagegen spreche, dass Krieg auf Triebe zurückzuführen sei.
- John **Ladd** hat für den verbreiteten Fehlschluss, jede kollektive Gewalttätigkeit könne man auf individuelle Gewalttätigkeit zurückführen, als **„Individualisierungsirrtum"** („individualization fallacy") bezeichnet (Brady / Garver, 1991).
- Die bekannte Theorie von **Clausewitz**, dass das Kriegswesen nichts anderes sei „als die fortgesetzte Staatspolitik mit anderen Mitteln" (nämlich mit Gewalttätigkeit), besagt letztlich auch, dass Kollektivgewalttätigkeit kein personenindividuelles Verhalten ist, sondern ein politisches, das heißt ein kollektives. Sie folgt laut Clausewitz zwar kollektiv-rationalen Grundgesetzen (politisches Handeln mit anderen Mitteln), kann durch kollektiv-emotionale Reaktionen vorübergehend umgelenkt werden, endet aber immer durch ein kollektiv-rationales „Einsehen" der Niederlage.

- Barbara **Ehrenreich** (1997) hat in Anlehnung an Robin Fox sehr plausibel dargelegt, dass Krieg nicht auf den Moment des Schlagens, Stechens oder Schießens auf ein Individuum des gegnerischen Kollektivs reduzierbar ist (Momente, in denen durchaus individualpsychologische Motivationen ausschlaggebend sein können), sondern **überwiegend aus kollektiv-rationalen vorbereitenden Handlungen besteht** (Rekrutierung, Ausbildung, Rüstung, Nachschub, Marschieren), „deren Träger nicht Einzelne sind, sondern Gebilde von der Größenordnung einer Nation oder einer Dynastie".[73]

- Während des 1. Weltkriegs fand ein symptomatischer Vorfall statt, bei dem die Überstimmung personenindividueller Friedfertigkeit durch kollektive Gewalttätigkeitswillen besonders krass zum Vorschein gekommen ist. Zu Weihnachten von 1914, nach zwei Monaten blutiger Schlachten, bei denen Hunderttausende gefallen waren, stellten die gegeneinander verschanzten Soldaten spontan an mehreren Stellen der Flandernfront die Kampfhandlungen ein. Sie gingen am Heiligen Abend mit angezündeten Lichtern aufeinander bis zum Stacheldraht zu, begrüßten sich und tauschten Zigaretten, Getränke und Süßigkeiten aus; am Zweiten Weihnachtstag spielten einige miteinander Fußball, andere jagten gemeinsam Hasen, andere bargen gemeinsam die zwischen den Linien noch liegenden Leichen. Die empörten Heeresleitungen erließen Befehle zur „Wiederherstellung der Disziplin"; und zur „Einstellung derart unkriegerischer Handlungen".[74]

- Eine interessante Bewusstseinsbildung der kulturellen Fixierung von Gewalttätigkeit bietet auch der Kriegsfilm „Hell in the Pacific".[75] Er schildert, wie zwei auf eine menschenleere Insel verschlagene Feinde zusammenarbeiten, um in die zivilisierte Welt zurückkehren zu können. Nachdem dies gelungen ist, flammt die Feindschaft wieder auf, als einer von ihnen eine Zeitschrift (ein kulturelles Produkt) entdeckt, in der propagandistisch (eine kulturelle Technik) über Gräueltaten von Truppen (eine kulturellen Einrichtung) der Gegenseite (eine kulturelle Abgrenzung) gegen eigene Kommilitonen (eine kulturelle Abgrenzung) berichtet wird.

Kollektive Gewalttätigkeit geht also von Sozialkonstrukten aus,[76] die sie zur Durchsetzung ihrer Ziele einsetzen. Dabei opfern sie auf dem Altar ihrer Selbstoptimierung das Leben von Individuen. Die Geringschätzung des menschlichen Lebens durch von Menschen geschaffene Sozialkonstrukte kann als eine kulturelle Fehlfunktion betrachtet werden; in meinem Buch „Back to Ptolemaism" habe ich dies als einen „kopernikanistischen Exzess" bezeichnet.

Die menschlichen Sozialkonstrukte derart zu gestalten, dass sie keine gewalttätigen Resonanzen gegen den Menschen erzeugen, ist eine kulturelle Herausforderung und ein zivilisatorisches Anliegen.

Die zu Gewalttätigkeit tendierende Eigendynamik territorial-hegemonischer Kollektiven und die Notwendigkeit sie auszumerzen, haben fast alle wichtigen Staatsrechtler und Friedensforscher seit dem Beginn der Neuzeit erkannt. Die meisten befassten sich mit der **Schaffung externer Erschwernisfaktoren**, das heißt den Umfeldbedingungen die herzustellen sind, damit Kollektive nicht gewalttätig werden. Die meisten dieser Vorschläge betreffen folgende Aspekte:

- Schaffung von Vertragsbindungen zur Einschränkung der Gewalthandlungsfreiheit (Waffenstillstand, Friedensvertrag, Bündnisvertrag)
- Unterwerfung von Konflikten unter Schiedsinstanzen [77]
- Schaffung eines staatlichen Überbaus (Föderation, Weltstaat) [78]
- Schaffung eines internationalen Strafrechts [79]
- Förderung des Welthandels als Pazifizierungsmittel [80]
- Abschreckung durch Superwaffen [81]

Weniger hat man sich bisher mit der Frage befasst, welche **strukturellen Eingriffe im Innern der Kollektive** vorzunehmen seien, um ihre Gewalttätigkeit zu verhindern.

- Eingriffe in die Verfassung im Sinne einer „Entmachtung der Herrscher" und „Republikanisierung" [82]
- Eingriffe in die Verfassung im Sinn eines Verbots von Staatsverschuldung für Kriegszwecke [83]
- Eingriffe in die Verfassung im Sinne des Rechts auf Kriegsdienstverweigerung [84]

---

73 Von Barbara Ehrenreich zitiert aus Robin Fox „Fatal Attraction: War and Human Nature" in The National Interest (Winter 1992/93), 11-20.

74 Die Begebenheit wurde 2005 von Christian Charon verfilmt in „Joyeux Noel" (Titel der deutschen Version: „Merry Christmas").

75 Deutscher Titel „Die Hölle sind wir", nach Handlung von Reuben Bercovitch, Regie: John Boorman (USA, 1968).

76 Dieser Sachverhalt kommt im bekannten Satz von Charles Tilly (1975) besonders bündig zum Ausdruck: „War made the state, and the state made war."

77 Vitoria (1540), Postel (1544), Lacroix (1623), Vasquez de Menchaca (1600), Grotius (1625), Saint-Pierre (1613).

78 Postel (1544), Taparelli d'Azeglio (1840), Sturzo (1928).

79 Sturzo (1928).

80 Lacroix (1623).

81 Muary (1767).

82 Vitoria (1549), Vasquez de Menchaca (1600), Saint-Pierre (1613), Kant (1795).

83 Kant (1795).

- Eingriffe in die Verfassung durch Festschreiben von Verboten für aggressive Handlungen (Einmischung, Intrigen) [85]
- Eingriffe in die Ausstattung (Rüstungsbeschränkung) [86]
- Nur wenige erkannten die Notwendigkeit der Entschärfung von gewaltfördernden Kulturinhalten
- Nur wenige plädierten für Eingriffe in die Ideologie im Sinne von Religionstoleranz.[87]

Ein exemplarischer Fall eines gezielten Eingriffes in die Struktur eines territorial-hegemonischen Kollektivs, um seine gewalttätigkeitsfördernde Resonanzfähigkeit zu minimieren, ist das Grundgesetz der Bundesrepublik Deutschland von 1949. Es wurden bewusst Verfassungsformen eingebaut, um die Schwachstellen der Reichsverfassung von 1919 zu beseitigen, welche die Machtergreifung des Nationalsozialismus erleichtert hatten. Ein wesentlicher Punkt war dabei, die Abschaffung der Möglichkeiten eines Regierens ohne Mehrheitskonsens; das verfassungemäße Instrumentarium der Notverordnungen (vor allem Artikel 48 der Verfassung) hatte während der Weimarer Republik den Zwang zum politischen Kompromiss abgeschafft, Raum für kollektive Verantwortungslosigkeit geschaffen[88] und den Ausnahmezustand zum Normalzustand werden lassen.

Was den Sozialkonstrukt „anerzogene Kulturinhalte" betrifft, hat Peter Brückner (1979) als einer der ersten auf seine möglichen gewaltfördernde Komponenten hingewiesen.

Nach einem historischen Rückblick und einer statistischen Auswertung der kollektiven Gewalttätigkeit der Vergangenheit wird ab Kapitel 9 auf die einzelnen „Resonanzböden" eingegangen, auf deren „Schwingungsformen" und den Möglichkeiten der „Resonanzdämpfung".

---

84   Vitoria (1540), Grotius (1625).
85   Kant (1795).
86   Saint-Pierre (1613), Kant (1795).
87   Postel (1544), Lacroix (1623).
88   Nach Heinrich August Winkler in einem Interview mit SpiegelOnline vom 10.4.2008 zum 75. Jahrestag des Ermächtigungsgesetzes vom 23.3.1933.

4.5.5 Folgen kollektiver Gewalttätigkeit

DER KRIEG IST FÜR JENE ATTRAKTIV, DIE IHN NICHT ERLEBEN

(Pindaros, -519 bis -444)

In der allgemeinen Perzeption werden die Gräuel und Auswirkungen kollektiver Gewalttätigkeit seit jeher gewaltig unterschätzt, wie auch der obige Aphorismen zum Ausdruck bringt. Zum natürlichen Effekt der Verschönerung der Vergangenheit in der Erinnerung kommt hinzu, dass nur ein Bruchteil der Bevölkerung Augenzeuge der gräulichsten Exzesse wird und schließlich der ebenfalls natürliche Optimismus des „diesmal wird es uns nicht treffen und wir werden großen Nutzen ziehen". Wie Heinrich Haferkamp festgestellt hat (in Knöbel, 2000), sind die Kriegsfolgen ein noch weniger erforschtes Gebiet als die Kriegsursachen. Die Folgen kollektiver Gewalttätigkeit haben zwei Aspekte: zum einen die Verluste an Menschenleben, materiellen und kulturellen Werten, zum anderen die Verrohung der Sozialkonstrukte.

4.5.5.1 Die verursachten Schäden

IM KRIEG WIRD VIEL GESÄT, ABER DIE ERNTE FÄLLT STETS MAGER AUS.

(Horaz, -65 bis 8)

INDIVIDUELLE SCHÄDEN

Kollektivgewalttätigkeit zerstört menschliches Leben

> ➢ *Von den schätzungsweise 44 Mrd. Menschen, die in den vergangenen 4.000 Jahren gelebt haben sind schätzungsweise 280 Mio. (0,6 %) durch kollektive Gewalttätigkeit umgekommen. Im 20 Jahrhundert waren es sogar 3 %.*
> ➢ *Auch wenn die Todesopfer der hochtechnologisierten (nichtnuklearer) Kriege drastisch zurückgehen, ist dies für die Anzahl der Verwundeten in weit geringerem Maße der Fall.[89] Auch hat sich die Anzahl der Amputationen auf 6 % der Verwundeten verdoppelt. Nach einer Schätzung von Linda Bilmes (Harvard University) sind pro Invaliden im Laufe seines restlichen Lebens mit Kosten von einer Mio. US $ zu rechnen.*

Kollektivgewalttätigkeit beeinträchtigt das Wohlbefinden von Individuen

> ➢ *Aufgrund der Anzahl der Todesopfer kann man grob schätzen, dass einige Prozent der Menschen den schmerzhaften Verlust von Söhnen oder anderer Familienangehörigen erleiden musste; dass einige Prozent der Menschen für einen Teil ihres Lebens die Folgen von Verstümmelung und Traumata erleiden mussten; viele Prozent der Menschen mussten die Entsagungen und Leiden einer Flucht, Deportation oder eines Freiheitsentzugs erleiden.*

Kollektivgewalttätigkeit beeinträchtigt den wirtschaftlichen Wohlstand von Individuen

> ➢ *Bis zur Schwelle der Gegenwart hat, mit Ausnahme der Eliten, fast die gesamte Menschheit am Existenzminimum gedarbt, weil der Produktionsüberschuss systematisch für kollektive Gewalttätigkeit ausgegeben worden ist.*

KOLLEKTIVE SCHÄDEN

Kollektivgewalttätigkeit stellt eine doppeltwirkende Vergeudung von Ressourcen dar

> ➢ *Es werden menschliche Arbeitsleistung und materielle Ressourcen verschwendet, um Zerstörungspotenzial aufzubauen. Mit diesem werden dann weitere Ressourcen verschwendet, indem Menschen getötet oder verstümmelt und Infrastruktur vernichtet werden.[90]*
> ➢ *In der Vergangenheit wurde etwa 2 % des Bruttosozialprodukts für den Aufbau und die Entfaltung kollektiven Gewalttätigkeitspotenzials ausgegeben.*
> ➢ *Die von kollektiver Gewalttätigkeit verursachten Schäden sind schwer abschätzbar. Im Wesentlichen handelt es sich um die Zerstörung von Gebäuden (und deren Einrichtungen) und anderen Infrastrukturen sowie die Zerstörung von landwirtschaftlichen Kulturen.*
> ➢ *Zur kollektiver Gewalttätigkeit zu greifen ist mit „russischem Roulette" vergleichbar: Die statistische Wahrscheinlichkeit, die meist bedeutend höheren Verluste des „Verlierers" zu erleiden und ausgeraubt, unterjocht oder vertrieben zu werden, liegt theoretisch bei 50 %. Würden die territorial-hegemonischen Kollektive derselben Pflicht unterliegen, Rückstellungen für Kriegskosten und Kriegsfolgekosten zu bilden, wie sie für Wirtschaftsunternehmungen gesetzlich vorgeschrieben ist,*

---

89 Im 3. Golfkrieg kamen auf jeden gefallenen US-Soldaten etwa 10 Verwundete.

90 Beispielsweise trägt ein Bürger der Bundesrepublik Deutschland heute noch weit mehr Folgekosten des 1. Weltkriegs und 2. Weltkriegs, als ihm in der Regel bewusst ist: außer dem Solidaritätszuschlag gibt es durch Steuerlast und Preisgefüge verdeckte Folgekosten (Reparationsleistungen, Kriegsrenten, anhaltende Baukosten zum Wiederaufbau von Berlin und Ostdeutschland). Nicht zuletzt ist auch der Umstand, dass Deutschland in der Rangliste der Eigenheimquote der Bevölkerung zumindest in Europa wohl einen der letzten Plätze einnimmt, als eine Folgelast besonders hoher erlittener Vermögensschäden durch vergangene kollektive Gewalt zu werten. Gegenteiliges für die Schweiz.

> *so würden viele von ihnen die kollektive Gewalttätigkeit als eine wirtschaftlich unrentable Operation aus ihrem Liefer-*
> *und Leistungsspektrum streichen.*

Die wirtschaftlichen Schäden sind in der Regel für den „Verlierer" wesentlich größer. Diese wirken sich jedoch indirekt auch auf den „Sieger" aus. Mit zunehmender Globalisierung wird diese Rückwirkung immer stärker. Beispielsweise verteuern sich unweigerlich die Waren und Leistungen die der Verlierer exportiert und tragen zur Anhebung der Welthandelspreise bei.[91]

DER GLOBALSCHADEN

Kollektivgewalttätigkeit bezweckt eine Partialoptimierung und bewirkt eine Globalpessimierung[92]. Sie hat das egoistische Anliegen, für das eigene System/Kollektiv eine Verbesserung zu Lasten eines anderen Systems/Kollektivs herbeizuführen. Bezogen auf das Gesamtsystem „Menschheit & Welt" führt sie in jedem Falle eine gravierende Verschlechterung herbei. In einer kosmopolitischen Bilanz, welche die Ausgaben und Einnahmen aller Konfliktparteien (das heißt der Menschheit) summiert, stellt jede Anwendung von kollektiver Gewalt eine Zerstörung von Leben und von Lebensqualität dar, eine Verschwendung von Ressourcen und somit einen kulturellen Rückschritt.

Mit wachsender Globalisierung, mit immer näher zusammenrückender Menschheit und wachsenden Interdependenzen, wirken sich kollektive Gewalttätigkeiten immer mehr aus.

ZIVILISATORISCHE SCHÄDEN

Kollektive Gewalttätigkeit **wirkt allen Instinkten und sozialen Errungenschaften entgegen**, welche das Individuum zum friedlichen Zusammenleben bewegen. Wie unter Pkt. 3.1 dargelegt, ist die biologische Veranlagung des Menschen überwiegend auf ein friedliches Verhältnis mit den Mitmenschen ausgerichtet. Auch die sozialen und kulturellen Errungenschaften der Menschheit zielen überwiegend auf ein friedliches, gewalttätigkeitsfreies Zusammenleben ab. In allen Ebenen, die auf das menschliche Verhalten einwirken, ist eine Gewalt mindernde Wirkung die vorherrschende.

- Kollektiven Gewalttätigkeit ist ein noch fehlender Zivilisationsschritt, ein Manko bei der Domestizierung der menschlichen Kollektive.
- Zwischenstaatliche Kollektivgewalttätigkeit zieht einen zivilisatorischen Rückschritt nach sich: Sie zersetzt die innere Rechtstaatlichkeit, steigert die innerstaatliche Gewaltbereitschaft und führt zu einer Entmenschlichung und Barbarisierung.[93]
- Es ist vor allem die allgemeine Senkung der zivilisatorischen Tabus gegen Gewalttätigkeit, welche in Nachkriegszeiten auch zu höherer individueller Gewaltkriminalität führt (Archer / Gartner, 1984), nicht zuletzt wegen der „Arbeitslosigkeit" der vormals kollektiv Gewalttätigen.[94]
- Kollektive, die nach außen gewalttätig sind, verlieren ihre Glaubwürdigkeit, ein Garant für innere Gewaltfreiheit zu sein.
- Kollektivgewalttätigkeit zerstört die Gegenwart, hinterlässt ein verstörtes Verhältnis zur Vergangenheit und beeinträchtigt die Zukunft.[95]

4.5.5.2 Die verursachten Wandlungsprozesse

Veränderung sozialer Strukturen
- Die unter Punkt 4.4.3 beschriebene Evolution der territorial-hegemonischen Kollektive, von der Familie zum Staat und die Unterordnung der jeweiligen Vorgängerstufen, ist wie bereits erwähnt, unter dem Einsatz kollektiver Gewalttätigkeit erfolgt. Die herrschende Rechtsetzung war die des Kampfsiegers. Die Ausgestaltung der territorial-hegemonischen Kollektive ist in wesentlichen Teilen mit der Absicht der Herstellung maximaler Gewaltfähigkeit erfolgt. Beispiele:
  - Der Feudalismus wurde zur Selbstfinanzierung der schwereren Kavallerie eingerichtet.

---

91 Hätte die deutsche Volkswirtschaft nicht die immense Ressourcenvernichtung zweier innerhalb von 31 Jahren verlorener Weltkriege erlitten, könnte die Weltwirtschaft heute die Waren des „Exportweltmeisters" sicherlich noch preisgünstiger erwerben. Die Folgekosten von Kriegen verteilen sich im Endeffekt auf die gesamte Menschheit und wirken sich also auch auf die Sieger der Gewaltkonflikte negativ aus.

92 Als einer der ersten hat Francisco de Vitoria um 1540 auf diesen Aspekt der gesamtschädlichen Selbstoptimierung hingewiesen.

93 Die Folgen der Brutalisierung der Politik nach dem 1. Weltkrieg in Deutschland und Italien werden für immer ein warnendes Beispiel dieses Effekts bleiben. Mussolini nannte die von ihm getätigte Demontage demokratischer Spielregeln zynisch aber treffend eine „trinceocrazia" (die „Herrschaft der Schützengräbern).

94 Kant formulierte diese Problematik wie folgt: „Der Krieg ist darin schlimm, dass er mehr böse Leute macht, als er deren wegnimmt."

95 Mahatma Gandhi formuliert: „Wenn Gewalttätigkeit Gutes zu bewirken scheint, so gilt dies nur vorübergehend; das Böse das sie bewirkt, ist aber dauerhaft."

- o Die Bürokratie des modernen Staates entstand zum Eintreiben von Steuern zur Deckung der steigenden Kriegskosten.
- o Die Gesellschaftsordnung territorial-hegemonischer Kollektive wurde vielmals durch Kriegsniederlagen geändert.
- o Die Einführung des Frauenwahlrechts wurde durch den 1. Weltkrieg beschleunigt.
- Die räumliche Verteilung der territorial-hegemonischen Kollektive wurde fast ausschließlich durch Kollektivgewalttätigkeit definiert, welche zu zwei Dritteln den territorialen Hegemoniekonflikten gegolten hat. Unter Punkt 4.5.7 sind einige Beispiele aus der gegenwärtigen politischen Landkarte aufgeführt, die mit Blut gezeichnet worden sind.

Veränderung kultureller Werte

- Kollektive Gewalttätigkeit hat auch die Gestaltung der kollektiven Ideologien beeinflusst:
  - o Die abrahamitischen Religionen sind in wesentlichen Teilen zur Stärkung der kollektiven Gewaltfähigkeit des Kollektivs gestaltet worden (Feindbildungen, Intoleranz gegen Kollektivfremde)
  - o Die polytheistischen Religionen der Indoeuropäer sind in wesentlichen Teilen eine Verbrämung einer gewalttätigen Eroberung, sie verherrlichen das Recht des Stärkeren.
  - o Einige philosophische Lehren sind eine Verbrämung gewalttätig hergestellter politischer Machtverhältnisse (z.B. der Idealismus von Hegel).
  - o Die meisten politischen Ideologien sind als Auswirkung von kollektiver Gewalttätigkeit entstanden. Die krassesten Beispiele sind der Bolschewismus, der Faschismus und der Nationalsozialismus.
- Die räumliche Verteilung kultureller Werte ist ebenfalls durch Kollektivgewalttätigkeit definiert worden. Beispiele:
  - o Die Verbreitung der Nationalsprachen (Amtssprachen) wurde anfänglich vor allem durch die allgemeine Wehrpflicht gefördert (erst später durch die Schulpflicht und die Medien).
  - o Die Sprachenlandkarte ist zum Teil mit Blut gezeichnet worden (siehe Punkt 4.5.7)
  - o Die Religionslandkarte ist zum Teil mit Blut gezeichnet worden (siehe Punkt 4.5.7)

4.5.5.3 Kollektivgewalttätigkeit als ansteckende Krankheit von Sozialkonstrukten

KRIEG GEBIERT KRIEG,
AUS EINEM SCHEINKRIEG WIRD EIN OFFENER KRIEG,
AUS EINEM KLEINEN KRIEG WIRD EIN GROSSER.

(Erasmus von Rotterdam, Adagia 1515)

DIE KRIEGE, DIE WIR FÜHREN, SIND GEERBTE KRIEGE,
WIR KÄMPFEN FÜR SACHEN, DIE MAN UNS EINGEBLÄUT HAT.

(John le Carré, Interview mit „Clarin" 2008)

Kollektivgewalttätigkeit bezweckt die beschleunigte Herbeiführung des Wunschzustandes eines Kollektivs, zu Lasten anderer Kollektive und zum Gesamtschaden der Menschheit. Sie bewirkt vielfach eine Beschleunigung des Gangs der Dinge auf Kosten des Leidens und Sterbens vieler Individuen.

In der Anlage 5 werden hierzu einige Gegenthesen aufgelistet, im Wesentlichen die, dass die Fortschritte, die dem Krieg zugeschrieben werden, nur beschleunigte Herbeiführung von Entwicklungen gewesen sind, die auch ohne Kollektivgewalttätigkeit stattgefunden hätten. Es wird die Frage aufgeworfen, ob das Leiden und der antizipierte Tod so vieler Individuen die Antizipation des Fortschritts wert ist.

Die Vorbereitung, die Ausführung und die Folgen kollektiver Gewalttätigkeit bewirken die Bildung materieller und ideologischer Strukturen, die zusätzliche Resonanzböden für neue Kollektivgewalttätigkeit darstellen.

In Geschichtsbüchern finden sich häufig Wendungen wie „...der Friedensschluss legte bereits den Keim des nächsten Krieges...". Es ist intuitiv sehr einleuchtend, dass das Stattfinden eines Krieges in der Regel die Wahrscheinlichkeit erhöht, dass ein Folgekrieg stattfinden wird.

Die These, dass Kriege ansteckend sind, sich wie Epidemien verbreiten können und dass somit „eine Ursachen des Krieges der Krieg ist" [96], wurde mehrfach postuliert. Sie ist mit dem hier vorgeschlagenen Resonanzmodell recht gut stützbar:

- Émeric de Lacroix (um 1623), Kant (um 1795) und Taparelli D'Azeglio (um 1840) haben besonders klar die höhere Neigung zur Kollektivgewalttätigkeit gesehen, die aus dem Umstand entsteht, dass dafür gerüstet ist.
- Bereitet sich ein Kollektiv auf Gewalttätigkeit vor (Rüstung), tendieren die sich bedroht fühlenden Kollektive dazu, ebensolches zu tun. Ein Rüsten eines Kollektivs erhöht seine gewalttätige Resonanzfähigkeit und steckt in den meisten Fällen andere Kollektive an, auch ihre gewalttätige Resonanzfähigkeit zu erhöhen.
- Schreitet ein Kollektiv gegen ein anderes zur Gewalttätigkeit, tendiert das angegriffene Kollektiv fast unweigerlich dazu, sich mit Gegengewalttätigkeit zu verteidigen: Auch hier liegt eine „Ansteckung" vor.

---

96 Begrifflichkeit von Henk Houweling, zitiert durch Barbara Ehrenreich (1991).

- Kollektivgewalttätigkeiten verursachen häufig die Entstehung gewaltträchtiger struktureller Sozialkonstrukte (Etablierung parasitärer Herrschaftskasten, Verelendung von Bevölkerungsschichten u. s. f.) und gewaltträchtiger ideologischer Soziostrukturen (Rachegefühle, Mythen, totalitäre Ideologien), welche in der Folge eine weitere Gewalttätigkeit auslösen können.

- Ein klassisches Fallbeispiel hierfür ist die Hilfestellung, welche das territorial-hegemonische Kollektiv „2. Deutsches Reich" geleistet hat, um das gegnerische Kollektiv „Zarentum von Russland" mit der Infizierung durch den Soziovirus „Kommunismus" zu schwächen; die panische Angst, selbst davon infiziert zu werden, hat die Weimarer Republik zu Fall gebracht und die Verbreitung des Soziovirus „Nationalsozialismus" gefördert, der eine neue Orgie kollektiver Gewalttätigkeit ausgelöst hat, den 2. Weltkrieg und die kollateralen Demozide.

Eine einmal ausgelöste Kollektivgewalttätigkeit tendiert in hohem Maße dazu, in mehreren Kollektiven neue gewaltträchtige Resonanzböden anzuregen und sich dadurch epidemisch auszubreiten.

Man kann, wie es beispielsweise Barbara Ehrenreich (1991) getan hat, kollektive Gewalttätigkeit als eine **ansteckende Krankheit** von Kollektiven bezeichnen.[97]

4.5.6 Kollektivpathologie, ein weißer Fleck der Soziologie

Die Strukturen der menschlichen Psyche,
die Strukturen der menschlichen Gesellschaft
und die Strukturen der menschlichen Geschichte,
sind Komplementärerscheinungen
und nur im Zusammenhang miteinander zu erforschen.

(Norbert Elias, 1939)

Die Kritik, dass die Soziologie das Thema „kollektive Gewalttätigkeit" in der Vergangenheit vernachlässigt habe, ist vielfältig und weit verbreitet. Schon Bräunlein und Lauser (1995) haben den sonderbaren Umstand vermerkt, dass Genozid kein wichtiges Arbeitsfeld der Soziologie geworden sei, obschon viele der Väter der Soziologie Zeitzeugen großer Genozide gewesen seinen. E. A. Tiryakian hat sogar die provokante Äußerung gemacht, dass Kollektivgewalttätigkeit eines der am wenigsten erforschten Gebiete der Soziologie sei (in Knöbl, 2000). Joas und Knöbl haben in ihrem Werk „Kriegsverdrängung" (2008), welches man als eine Art „Geschichte der Beschäftigung mit Krieg und Frieden in der Sozialtheorie" betrachten kann, einen ausführlichen Rückblick auf die stiefmütterliche Behandlung des Aspektes „Krieg" durch die Sozialtheoretiker der Neuzeit veröffentlicht.

Für die bis in die Gegenwart bestehenden Schwierigkeiten, sich mit den gewalttätigen Eigendynamiken von Kollektiven zu befassen, gibt es mehrere Thesen:

- Die Soziologie gerate allzu leicht in den Bann der Macht habenden Politiker: Gaston Bouthoul postulierte „die Politik ist der Feind der Soziologie".

- Die Soziologie habe sich in einer Legitimationsfunktion ihres jeweiligen Nationalstaats gesehen (Bräunlein / Lauser, 1995). In das Umfeld dieser These gehört die erwiesene emotive Unfähigkeit vieler Soziologen der Vergangenheit, sich von der Interessenlage ihres kollektiven Standorts (z.B. vom Stammesbezug) zu lösen (siehe die oben genannten Beispiele zum 1. Weltkrieg).

- **Hans Joas** (2000) hat diesen Aspekt am Beispiel deutscher Soziologen vertieft. Viele der großen Begründer der deutschen Soziologie, die den 1. Weltkrieg noch erlebt haben, haben sich schwer getan, jenes Menschen vernichtende Geschehen objektiv zu analysieren. Die meisten von ihnen sind patriotischen Gemeinplätzen verfallen, so Werner Sombart (der Krieg als epochaler Kampf des deutschen Heldentums gegen das englische Krämerwesen, „... so soll der Deutsche sich erhaben fühlen über alles Gevölk, das ihn umgibt und das er unter sich in grenzenloser Tiefe erblickt.."[98]), Max Weber (der Krieg als Notwendigkeit der kolonialen Expansion und kontinentalen Hegemonie des Deutschen Reichs), Georg Simmel (der Krieg als Bruch mit den tragischen Tendenzen der modernen Kultur und als Rückgewinnung echter Zeiterfahrung). Alle sie erlagen der Faszination des Fremdfedern-Schutz- und -Schmuck-Bedürfnisses. Als einer der deutschen Soziologen der am wenigsten patriotischen Gemeinplätzen verfiel, war Ferdinand Tönnies.[99]

---

97   Anklänge dieser Betrachtungsweise finden sich bereits bei Erasmus von Rotterdam (um 1540) und Émeric de Lacroix (um 1623).

98   Werner Sombart: „Händler und Helden". Patriotische Besinnungen, München, 1915.

99   Max Weber hat allerdings nachträglich mit seinem Buch „Parlament und Regierung im neugeordneten Deutschland" (1918) eine scharfsinnige Analyse des Geschehens nachgeliefert: Die politische Unreife Deutschlands habe dazu geführt, dass sich die Welt dagegen verbündet habe; diese sei wiederum die Folge der Politik Bismarcks gewesen, der sich nur mit technisch kompetenten Jasagern umgeben habe, eine enorme Bürokratie aufgebaut habe, keinen Einwand oder Widerspruch toleriert habe und das Land ohne ein Minimum an politischer Erziehung oder Willen hinterlassen habe. Der bürokratische Apparat habe in der Folge verhindert, die Unmäßigkeiten des Kaisers

- Der Krieg werde als Relikt der Vergangenheit betrachtet, das sowieso am Aussterben sei und somit ad acta gelegt werden könne. Dazu gehört die verbreitete Meinung, dass die moderne demokratische Industriegesellschaft per se friedlich sei und keiner „Vorsorgeuntersuchung" bezüglich Aggressivität bedürfe.
- Die hinderliche Arbeitsteilung zwischen Geschichtswissenschaft und Soziologie (Gill, 2002).
- Die Fokussierung der Soziologie auf die Mikro-Ebene und Meso-Ebene menschlicher Kollektive, bei Vernachlässigung der Makro-Ebene.
- Die Beschränkung der relativ wenigen Untersuchungen der Makro-Ebene auf den modernen westlichen Nationalstaat.
- Ein universelles „Darüber-spricht-man-nicht-Syndrom" über das Thema kollektive Gewalttätigkeit. Es gab z.B. bis vor kurzem in keiner Sprache eine Enzyklopädie der Kriege und Demozide, in der alle Ereignisse einigermaßen vollständig erfasst sind[100]. Dem gegenüber gibt es zu allen anderen Aspekten der Geschichte mehrbändige Enzyklopädien.

Im Zusammenhang mit dem Phänomen der kollektiven Gewalttätigkeit interessieren vor allem folgende Aspekte des Umgangs mit dem Kulturprodukt „menschliches Kollektiv":

- Die Interaktionsmechanismen zwischen Mensch und menschlichem Kollektiv, die in kollektive Gewalttätigkeit ausarten können.
  - Wie können sich Regelmäßigkeiten individuellen Verhaltens über Gesetze der großen Zahlen zu kollektiver Gewalttätigkeit aggregieren?
  - Wie lassen sich Individuen von Kollektiven in Rollen der Gewalttätigkeit zwingen oder affektiv mit ihnen identifizieren?
  - Wie können Maßregeln individuellen Verhaltens ein gewalttätiges kollektives Verhalten verhindern, zum Beispiel durch Ziehen von Grenzen der Rollentreue und der affektiven Identifizierung mit Kollektiven?
  - Ist die Pönalisierung von Individuen für kollektive Gewalttätigkeit gerechtfertigt und trägt sie zur Eindämmung kollektiver Gewalttätigkeit bei?
- Die Eigendynamiken menschliche Kollektive (vor allem die territorial-hegemonischen) die sie zur Gewalttätigkeit untereinander und gegen die Individuen bewegt.
  - Wie können Kollektive zur Gewaltlosigkeit und zum Verzicht auf gegenseitige Selbstjustiz domestiziert werden, analog zu den Individuen?
  - Welche konstitutionellen Normen muss die Menschheit den menschlichen Kollektiven auferlegen, damit sie im Dienste der Menschen bleiben und sich schon gar nicht gegen sie wenden?
  - Sind Kollektive „lernfähig"? Hierzu hat Karl Otto Hondrich (1992) die These aufgestellt, dass Kriege, obwohl für Individuen sinnlos, den Kollektiven in der Vergangenheit heilsame Lehren im Sinne des Zurücksteckens überzogener Ambitionen, Universalisierung zu egoistischer Werte und Akzeptanz der Dominanz überlegener Kollektive erteilt haben. Dahrendorf (2002) war demgegenüber recht skeptisch, indem er die These vertrat, dass die Menschheit nur aus Katastrophen lerne.
  - Ist ein „kollektives Strafrecht" sinnvoll und machbar und wie ist es mit dem individuellen Strafrecht in Verbindung zu bringen?

Das vorliegende Werk stellt gewissermaßen einen bescheidenen Beitrag für einen Teilaspekt einer „Kollektivologie" dar, nämlich für das Krankheitsbild „Kollektivgewalttätigkeit" innerhalb einer hypothetischen „**Kollektiv-Pathologie**".

4.5.7 Die Prägung der Gegenwart durch die Kollektivgewalttätigkeit der Vergangenheit

DIE VERGANGENHEIT IST NICHT TOT UND BEGRABEN.
IN WAHRHEIT IST SIE NICHT EINMAL VERGANGEN.

(William Faulkner, 1897 bis 1962)

SICHERLICH KANN DAS GETANE NICHT UNGETAN GEMACHT WERDEN.
ABER WAS NUN GETAN WERDEN KANN,
UM FÜR TATEN VON GESTERN ABHILFE ZU SCHAFFEN,
SOLLTE NICHT AUF MORGEN VERSCHOBEN WERDEN.

(Papst Johannes Paul II., am 29.11.1986 in Alice Springs)

---

zu zähmen. – Dies deckte sich mit den Betrachtungen einiger französischer Soziologen, welche letztlich auf das Problem der Verabsolutierung des Megakollektivs „Preußischer Staat" abzielten, so Henri Bergson (Kritik am „mechanischen" Charakter Preußens), Émile Durkheim (Kritik an der Verherrlichung des Kriegs als Quelle sittlicher Tugenden und an der Zerstörung der Errungenschaften der Aufklärung; Herausschälung des Doppelgesichtigkeit des Megakollektivs „Staat", pazifistisch nach innen, bellizistisch nach außen). Thorsten Veblen war mit seiner 1915 veröffentlichten These, das deutsche Missverhältnis zwischen industriellen Fortschritt und politisch-kultureller Rückständigkeit stelle eine Gefahr für den Weltfrieden dar, die wichtigste Stimme der US-amerikanischen Soziologen, welche auf die Notwendigkeit einer Demokratisierung Deutschlands hinwiesen.

100 Siehe Anlage 11.

Kollektive Gewalttätigkeit hat bei der Gestaltung unserer heutigen Welt eine weit größere Rolle gespielt als gemeinhin angenommen. Die Gegenwart ist ohne die Rolle der kollektiven Gewalt in der Vergangenheit nicht erklärbar. Wie im Buch „Weltchronik der Kriege und Demozide" (Ferretti, 2014) dargelegt wird, kann man die politische Weltgeschichte seit der Entwicklung des Ackerbaus und der Viehzucht weitgehend als eine Abfolge kollektiver Gewalttätigkeiten erklären.

Wie in der Folge belegt wird, hat es in der Vergangenheit an zivilisatorischen Instrumenten ermangelt, um die aus dem demografischen Wachstum entstehenden Anpassungsnotwendigkeiten ohne Kollektivgewalttätigkeit gütig zu vereinbaren. Demzufolge hat sich bis in die jüngsten Vergangenheit hinein mit jeder Verdoppelung der Weltbevölkerung die Häufigkeit von Ereignissen kollektiver Gewalttätigkeit verdoppelt, wie die in 8.4 vorgestellte Statistik belegt.

- Die **politische Landkarte** der Gegenwart wurde im Wesentlichen mit Blut gezeichnet. Die Vorfahren fast aller Völker haben sich des Territoriums, welches ihre Nachfahren heute bewohnen, durch gewaltsame Unterwerfung, Verdrängung oder sogar Vernichtung der Vorsiedler bemächtigt.
- Die **Sprachenlandkarte** ist in vielen Fällen nicht allein durch kulturelle Überlegenheit, sondern durch Kollektivgewalttätigkeit gezeichnet worden. Dies kommt auch in der pointierten Aussage eines Katalanen zum Ausdruck „Eine Sprache ist eine mit einem Heer ausgestatteter Dialekt mit Heer".

Beispiele der gewalttätigen Gestaltung der Sprachlandkarte

> *Die Ausbreitung der griechischen Sprache über Griechenland*
> *Die Ausbreitung der lateinischen Sprache über Mittelitalien hinaus (Frankreich, Spanien, Portugal, Rumänien)*
> *Die Ausbreitung der germanischen Sprachen über Skandinavien und NO-Deutschland hinaus*
> *Die heutige Dialektgrenze zwischen dem Mitteldeutschen (Fränkischen) und Oberdeutschen (Alemannischen) deckt sich in etwa mit der Vertreibungsgrenze des Feldzugs der Franken gegen die Alamannen von 496.*
> *Die Ausbreitung der arabischen Sprache über die Arabische Halbinsel hinaus*
> *Die angelsächsische Komponente der englischen Sprache (germanische Invasion Britanniens von 410 bis 700)*
> *Die französische Komponente der englischen Sprache (normannische Eroberung Englands von 1066)*

- Die **Religionslandkarte** ist vielfach durch gewaltvolle Eroberung und Übersiedelung entstanden.

Beispiele gewalttätiger Verbreitung von Religionen

> *Die Christianisierung der Gebiete östlich der Elbe (Sachsenkriege Karls des Großen, Ostkolonisation)*
> *Die Islamisierung Nordafrikas, Irans, Afghanistans, Pakistans*
> *Die Christianisierung Amerikas und Australiens*
> *Die religiöse Uniformierung vieler Länder wurde mit Gewalttätigkeit hergestellt (z.B. Japans, Frankreichs, Spaniens)*

- Die **politischen Grenzen** fast aller modernen Nationalstaaten und Regionalstaaten wurden mit Gewalt gegen die Nachbarstaaten durchgesetzt.

Beispielsweise gewalttätiger Ziehung politischer Grenzen

> *Baden-Württemberg und Nachbarregionen im Westen, Süden und Südosten (Besetzung des Ager Decumatis durch Alamannen und Burgunder im Jahre 286 und Feldzug des Diocletianus gegen die Alamannen von 289)*
> *Wales und England (mehrere Landnahmekriege bis zu den Expansionsfeldzügen der Angeln gegen Wales von 770 bis 790)*
> *Nordost-Tirol und Bayern (mehrere Kriege bis zum Bayrisch-Pfälzischem Erbfolgekrieg von 1503 bis 1504, Tiroler Volksaufstand von 1809)*
> *Frankreich und Spanien (mehrere Kriege bis zum Spanisch-Französischen Krieg von 1635 bis 1659)*
> *Frankreich und Deutschland (Kriege vom 17. Jh. bis zum 2. Weltkrieg)*
> *Italien und Schweiz (mehrere Kriege im 16. Jh.)*
> *Italien und Österreich (mehrere Kriege bis zum 1. Weltkrieg)*
> *Italien und Slowenien/Kroatien (2. Weltkrieg)*
> *Deutschland und Polen (mehrere Kriege bis zum 2. Weltkrieg)*
> *Deutschland und Dänemark (Österreichisch-Preußischer Krieg gegen Dänemark von 1864).*
> *Dänemark und Schweden (mehrere Kriege bis zum Dänisch-Schwedischen Krieg von 1657 bis 1660)*
> *Finnland und Russland (mehrere Kriege bis zum 2. Weltkrieg)*
> *Griechenland und Bulgarien (mehrere Kriege bis zum 2. Balkankrieg von 1913)*
> *USA und Kanada (mehrere Kriege bis zum Arostook-Krieg von 1839)*
> *USA und Mexiko (mehrere Kriege bis zum Krieg der USA gegen Mexiko von 1846 bis 1848)*
> *Brasilien und Argentinien (mehrere Kriege bis zum Argentinisch-Brasilianischen Krieg von 1825 bis 1828).*
> *Brasilien und Argentinien mit Paraguay (mehrere Kriege bis zum Krieg Paraguays gegen die Tripelallianz von 1864 bis 1870)*
> *Brasilien und Bolivien (Brasilianische Annexion Acres von 1903)*
> *Bolivien und Paraguay (Chaco-Krieg von 1932 bis 1935)*
> *Chile, Peru und Bolivien (Salpeter-Krieg von 1879 bis 1883)*
> *Peru und Ecuador (mehrere Kriege bis zum Grenzkonflikt von 1981)*
> *Saudi-Arabien und Jemen (Krieg Saudi-Arabiens gegen Jemen von 1934)*

> *Türkei und Iran (mehrere Kriege bis zum Persisch – Türkischen Krieg von 1821 bis 1823)*
> *Iran und Turkmenistan (viele Kriege bis zum Russisch-Persischen Krieg von 1825 bis 1828)*
> *Israel zu Ägypten (mehrere Kriege, zuletzt der Yom-Kippur-Krieg von 1973)*

- Soziale Strukturen und **Parallelgesellschaften** vieler Länder wurden durch vergangene Gewalttätigkeiten geschaffen.

Beispiele gewalttätig hergestellter sozialer und ethnischer Grenzen

> *Das Kastensystem Indiens (Invasion Nordindiens durch die Arya von -1500 und -1200)*
> *Die Relegation der Indianer Nordamerikas in Reservate (Indianerkriege der USA von 1790 bis 1891)*
> *Die Parallelgesellschaften der Afroamerikaner in Amerika (Verschleppung afrikanischer Sklaven nach Amerika von 1500 bis 1870)*
> *Die Diaspora der Juden (1. Jüdisch-Römischer Krieg von 66 bis 73 und 2. Jüdischer Krieg von 132 bis 135)*
> *Die Diaspora der Armenier (Türkischer Ethnozid an Armeniern von 1894 bis 1896, 1909, 1915 bis 1916, 1918 bis 1923)*

- Etwa ein Drittel der **Nationalfeiertage und Gedenktage** der Länder dieser Erde dienen der Erinnerung (meist der Verherrlichung, selten der Mahnung) an vergangene Gewalttätigkeiten (überwiegend eigener und siegreicher), an Gewaltmanager oder an Ereignisse, die zu einer Absonderung des Kollektivs gegen andere geführt haben. Sie sind Teil der Erinnerungskultur der jeweiligen territorial-hegemonischen Kollektive und dienen der periodischen Auffrischung des kollektiven Gedächtnisses.

Beispiele von Nationalfeiertagen oder Gedenktage die an gewalttätige Ereignisse erinnern

> *Ägypten: „Suez Day" (24.10.): Yom-Kippur-Krieg (1973); „Victory Day" (23.12.): 2. Israelisch - Arabischer Krieg (1956)*
> *Argentinien: „Dia de la Bandera" (Tag der Fahne, 20.6.): Schlacht von Cepeda (1820); „Dia de la Independencia" (Tag der Unabhängigkeit, 9.7.): Argentinische Unabhängigkeitskriege gegen Spanien (1810 bis 1821); „Dia de las Malvinas" (Tag der Malvinas), auch „Dia de la Soberanía Nacional" (Tag der nationalen Souveränität), (10.6.): Spanische Besetzung der Malvinas (1770); „Fundación del Primer Gobierno Nacional" (Gründung der ersten Nationalregierung, 25.5.): Argentinische Unabhängigkeitskriege gegen Spanien (1810 bis 1821); „Muerte del Gral. San Martin" (17.8.): Peruanischer Unabhängigkeitskrieg gegen Spanien (1814 bis 1824).*
> *Armenien: Einnahme von Shushi (1992): 9.5.*
> *Australien: „ANZAC Day" (25.4.): Schlacht von Ari Burun (1915); „Remembrance Day" (11.11.) Gedenktag der Toten des 1. Weltkriegs (1914 bis 1918)*
> *Bangladesh: „Tag des Sieges" (16.12.): Ostpakistanischer Unabhängigkeitskrieg (1971)*
> *Belgien: „Armistice" (Waffenstillstand, 11.11.): Ende des 1. Weltkrieg (1914 bis 1918)*
> *Brasilien: „Tiradentes" (21.4.): Verschwörung in Minas Gerais gegen die Portugiesen (1792)*
> *Chile: „Dia de la Independencia" (Unabhängigkeitstag, 18.9.): Chilenischer Unabhängigkeitskrieg gegen Spanien (1813 bis 1820); „Combate Naval de Iquique" auch „Dia de las Glorias Navales" (Tag des Ruhms der Flotte) (21.5.): Seegefecht von Iquique gegen Peru und Bolivien (1879); „Dia de la Liberación del Comunismo" (11.9.): Politizide der chilenischen Militärdiktatur (1973 bis 1989).*
> *Volksrepublik China: „Gründung der Kommunistischen Partei Chinas" (1.8.) während des Chinesischen Bürgerkriegs (1927 bis 1949).*
> *Deutschland: „Tag der Deutschen Einheit" (3.10.): Wiedervereinigung von 1990, nach der durch den 2. Weltkrieg (1939 bis 1945) verursachten Trennung.*
> *Ecuador: „Aniversario de la Batalla de Pichincha" (24.5.): Schlacht von Pichincha (1822)*
> *Estland: „Tag des Sieges" (23.6): Schlacht von Wenden (1919)*
> *Frankreich: 14. Juli: Erstürmung der Bastille (1789); „Victoire 1945" (8.5.): Ende des 2. Weltkrieg (1939 bis 1945)*
> *In den spanisch sprechenden Ländern Lateinamerikas: „ Dia de la Raza" (Tag der Rasse, 12.10.): Entdeckung Amerikas durch Kolumbus am 12.10.1492 d. h. Beginn der Europäische Eroberung Amerikas (1492 bis 1898)*
> *In einigen Ländern „Tag der Menschenrechte" (10.12.): 1. Israelisch-Arabischer Krieg (1948 bis 1949), der am 10.12.1948 die UN-Resolution 217 A („Universelle Menschrechtserklärung") auslöste.*
> *Großbritannien: „Remembrance Day" (11.11.) Gedenktag der Toten des 1. Weltkriegs (1914 bis 1918)*
> *Haiti: Gedenktag (1.1.) an den Sklavenaufstand in Saint Domingue (1791 bis 1804)*
> *Indonesien: „Tag der Helden" zum Gedenken an die Unabhängigkeitskämpfe gegen die britische Besatzung und der Belagerung von Surabaya (1945)*
> *Israel: „Yom Ha'atzmaut" (Unabhängigkeitstag, abhängig vom Mondkalender in April oder Mai): 1. Israelisch-Arabischer Krieg (1947 bis 1948); „Yom Hazikaron" (Tag der für die Unabhängigkeit Gefallenen) (abhängig vom Mondkalender im April oder Mai): Israelisch-Arabische Kriege (seit 1947); „Yom ha-Shoa" (abhängig vom Mondkalender im April oder Mai): Aufstand im Warschauer Getto gegen die reichsdeutsche Besatzung (19.4.1943); Yom-Yerushalayim (Jerusalem-Tag, abhängig vom Mondkalender im Mai oder Juni): Wiederherstellung der territorialen Herrschaft über Jerusalem nach 1900 Jahren im 3. Israelisch-Arabischen Krieg (1967); „17. Tammuz" (abhängig vom Mondkalender im Juni oder Juli): Zerstörung des Tempels von Jerusalem durch die Römer (-70); „Tisha B'Av"(abhängig vom Mondkalender im Juli oder August): Zerstörung des Tempels von Jerusalem durch die Neubabylonier (-586)*
> *Italien: „Anniversario della Liberazione" (Jahrestag der Befreiung, 25.4.): Alliierte Eroberung Norditaliens (1945); „Ferragosto" (von „feriae Augusti") (15.8.): Römischer Bürgerkrieg zwischen Octavianus und M. Antonius (-32 bis -30); „Fondazione della Repubblica" (Gründung der Republik, 2.6.): Alliierte Eroberung Norditaliens (1945)*
> *Kanada: „Remembrance Day" (11.11.) Gedenktag der Toten des 1. Weltkriegs (1914 bis 1918)*
> *Kolumbien: „Aniversario de la Batalla de Carabobo" (24.6.): 2. Schlacht von Carabobo gegen Spanien (1821)*
> *Kroatien: „Tag des Sieges und der heimatlichen Dankbarkeit" (5.8.): Eroberung von Knin (1995)*
> *Lettland: Nationalfeiertg (18.11.): Proklamation der 1. Republik im Jahre 1918 als Folge des 1. Weltkriegs (1914 bis 1918)*

> Malta: „Tag des Sieges" (8.9.): Belagerung von Malta (1565); Kriegsaustritt Italiens (1943)
> Mexiko: „Aniversario de la Costitución de 1857 y 1917" (5.2.): Mexikanischer Bürgerkrieg (1910 bis 1917); „Aniversario de la Revolución Mexicana" (20.11.): Mexikanischer Bürgerkrieg (1910 bis 1917); „Batalla de Puebla" (5.5): Schlacht von Puebla (1862); „Dia del Ejercito" (19.2.): Mexikanischer Bürgerkrieg (1910 bis 1917); „Natalicio de Benito Juarez" (Geburtstag des Benito Juarez, 21.3.): Mexikanischer Bürgerkrieg (1857 bis 1861); Europäische Intervention in Mexiko (1861 bis 1867)
> Mozambique: „Tag des Sieges" (7.9.): Unabhängigkeitskrieg Mozambiques (1963 bis 1975)
> Nicaragua: „Aniversario de la Batalla de San Jacinto" (14.9.): Schlacht von San Jacinto (1856)
> Nordirland: „Orangeman's Day" oder „Battle of the Boyne" (12.7.): Schlacht an der Boyne (1690)
> Paraguay: „Dia de los Heroes" (1.3.): Schlacht von Cerro Cora (1870); „Fiesta Nacional de la Independencia" (14.5.): Paraguayischer Unabhängigkeitskrieg gegen Argentinien (1811)
> Peru: „Batalla de Angamo" (8.10.): Schlacht von Angamos gegen Chile (1879)
> Schweiz: Glarner Feiertag mit „Näfelser Fahrt" (1. April-Donnerstag): Schlacht von Näfels (1388): Schweizer Feiertag (1.8.): Schlacht von Morgarten gegen die Habsburger (1315); in Genf: „Escalade" (11. und 12.12.): Savoyischer Überfalls auf Genf (1602).
> Portugal: Gedenktag (14.8.): Schlacht von Aljubarrota (1385).
> Russland: „Tag des Sieges" (9.5.): 2. Weltkrieg (1939 bis 1945)
> Spanien: „Dia de la Hispanidad" („Tag des Spaniertums", 12.10.): Europäische Eroberung Amerikas (1492 bis 1898); Gedenktag „Dia de Zamora" (9.7.): Schlacht von Zamora (901)
> Spanien / Katalonien: „Diada" (11.9.): Wiederbesetzung Barcelonas durch das Königreich von Spanien, mit großem Gemetzel der katalanischen Bevölkerung, im Jahre 1714.
> Tschechien: „Staatsfeiertag der Republik" (28.10.): Ende des 1. Weltkriegs (1914 bis 1918); „Tag der Befreiung vom Faschismus" (8.5.): Prager Aufstand gegen die reichsdeutsche Besatzung (1945)
> Türkei: „Eroberungsfest" (29.5): Eroberung von Konstantinopel (1453); Tag des Sieges (30.8.): Schlacht von Dumlupinar (1922)
> Uruguay: „Aniversarion de la Batalla de Las Piedras", 18.5.): Schlacht von Las Piedras (1811); „Aniversario de los Treinta y Tres" (19.4.): Uruguayischer Aufstand gegen Brasilien (1825); „Dia de la Independencia" (25.8.): Uruguayische Unabhängigkeitskriege gegen Spanien und Argentinien (1810 bis 1828)
> USA: „Indipendence Day" (Tag der Unabhängigkeit, 4.7.): Nordamerikanischer Unabhängigkeitskrieg gegen Großbritannien (1775 bis 1783); „Columbus Day (12.10.): Entdeckung Amerikas durch Kolumbus am 12.10.1492 d. h. Beginn der Europäische Eroberung Amerikas (1492 bis 1898); „Veterans Day" (Tag der Veteranen, 11.11.): Ende des 1. Weltkriegs (1914 bis 1918)
> Venezuela: „Firma del Acta Independencia" (5.7.): Venezolanische Unabhängigkeitskriege gegen Spanien (1810 bis 1821); „Dia de la Juventud/Tag der Jugend" (12.2.): Schlacht von La Victoria gegen Spanien (1814)
> Vietnam: „Tag des Sieges / der Wiedervereinigung / der Befreiung" (30.4.): Einnahme Saigons im Jahre 1975.
> Der in vielen Ländern (außer USA u. Kanada) als Tag der Arbeit gefeierte **1. Mai** wurde ursprünglich in Erinnerung an eine Arbeiterdemonstration zur Durchsetzung des Achtstunden-Arbeitstags angesetzt, die am 1.5.1886 in Chicago stattfand und in einen blutigen „Haymarket Riot" genannten Tumult ausartete.

Selbst ein Teil der religiösen Feiertage erinnert an Ereignisse kollektiver Gewalttätigkeit

> Jüdische Religionsfeiertage: „Purim-Fest" (abhängig vom Mondkalender meist im März): Pogrom gegen Judenfeinde im Perserreich (um -475); Passah-Fest (abhängig vom Mondkalender meist im April): Entlassung der Juden aus der ägyptischen Gefangenschaft (um -1263); Hanukkah (abhängig vom Mondkaler im November oder Dezember): Wiedereinweihung des Tempels von Jerusalem nach der siegreichen Beendigung der Kriege der Makkabäer im Jahre -142
> In islamischen Ländern: Gedenktag „Yawmad-dar" (Tag des Hausfriedensbruchs) (17.6.): Jahrestag der Ermordung des Kalifen Othman ibn Affan im Jahre 656, die die Trennung von Schiiten und Sunniten auslöste.

Erst einige der UN-Gedenktage dienen der mahnenden Erinnerung an Ereignisse im Zusammenhang vergangener kollektiver Gewalttätigkeit

> 27. Januar: Internationaler Tag des Gedenkens an die Opfer des Holocaust (UN-Resol. A/RES/60/7)
> 23.03.2007: Internationaler Tag zur Begehung des 200. Jahrestags der Abschaffung des transatlantischen Sklavenhandels (UN-Resol. A/RES/61/19).
> 8. und 9. Mai: Tag des Gedenkens und der Versöhnung für die Opfer des Zweiten Weltkrieges (UN-Resol. A/RES/59/26).
> 23. August: Internationaler Tag der Erinnerung an den Sklavenhandel und dessen Abschaffung (von UNESCO promulgiert).
> 24. Oktober: Tag der Vereinten Nationen (Inkrafttreten den UN-Charta in 1945) (UN-Resol. A/RES/2782(XXVI)).
> 29. November: Internationaler Tag der Solidarität mit dem palästinensischen Volk (UN-Resol. A/RES/61/23).

• Viele **Städtegründungen** sind in direktem Zusammenhang mit Ereignissen kollektiver Gewalttätigkeit erfolgt (indirekt stehen fast alle Städtegründungen mit kollektiven Gewalttätigkeitsakten wie Besetzung oder Landnahme in Verbindung).

Beispiele von Städtegründungen (darunter auch Neugründungen) im direkten Zusammenhang mit Kollektivgewalttätigkeitsereignissen

> Reggio Calabria: 1. Messenischer Krieg (-743 bis -724); Marsala: 1. Punischer Krieg des Dionysios (-398 bis -397); Taormina: 1. Punischer Krieg des Dionysios (-398 bis -397); Senigallia: Vernichtungsfeldzug der Römer gegen die Senonen (-283); Cremona, Piacenza: Keltisch-Römischer Krieg (-225 bis -222); Modena, Parma: Römisch-Keltischer Krieg in Oberitalien (-201 bis -193); Aquilea: Römisch-Keltischer Krieg in Oberitalien (-201 bis -192); Ivrea: Kriege Roms gegen die Salasser (-

143 bis -25); Mérida: Krieg der Römer gegen Kantabrer und Asturer (-29 bis -19); Zaragoza: Krieg der Römer gegen Kantabrer und Asturer (-29 bis -19); Bonn: Germanien-Feldzüge des Drusus (-12 bis -9); Mainz: Germanien-Feldzüge des Drusus (-12 bis -9); Utrecht: Germanien-Feldzüge des Drusus (-12 bis -9); Frankfurt a.M.: 1. Chatten-Feldzug Domitians (83 bis 84); Regensburg: 1. Markomannen-Krieg Mark Aurels (166 bis 175); Ravenna: 1. Westgoteneinfall in Italien (401 bis 403); Kairo: Eroberung Ägyptens durch die Fatimiden (969); Wiener-Neustadt: 3. Kreuzzug (1189 bis 1192); Frascati: 1. Italienfeldzug Heinrich VI. (1191); Thorn (Torún): Kreuzzüge des Deutschritterordens im Baltikum (1231 bis 1283); Düsseldorf: Schlacht von Wörringen (1288).; Lima: Eroberung Perus durch die Spanier (1531 bis 1533); Kalkutta: Seefeldzug der English East India Company gegen das Mogul-Reich (1686); Sankt Petersburg: 1. Nordischer Krieg (1700 bis 1721); Pittsburgh (Fort Duquesne): Französisch/Indianischer Krieg gegen Großbritannien (1754 bis 1763); Karachi: Britische Annektierung von Sindh (1843); etwa 150 Ortschaften in USA und Kanada, die mit „Fort" beginnen: Europäische Eroberung Amerikas (1492 bis 1898).

- Etwa ein Sechstel der **Namen von Straßen und Plätzen** der Großstädte sind nach Orten, Kalendertagen oder Protagonisten vergangener Ereignisse kollektiver Gewalttätigkeit benannt
- Viele **Baudenkmäler und Ruinen** sind im Zusammenhang mit vergangener kollektiver Gewalttätigkeit entstanden oder dadurch finanziert oder zerstört worden (Raubzüge, Sklavenhandel).

Beispiele

> ➤ *Hunderte von Wachtürmen an den Küsten des Mittelmeers erinnern an die Abwehr gegen sarazenische Raubzüge von 700 bis 1800*
> ➤ *Viele Bauten von Krakau, Prag, Venedig, Genua, Verdun, Lyon, Arles, Narbonne und Córdoba sind von einem Reichtum finanziert worden, der zum großen Teil aus Handel mit osteuropäischen Sklaven für die islamische und byzantinische Welt (von 700 bis 1800) gespeist wurde.*
> ➤ *Hunderte von Burgruinen im deutschen Sprachraum stammen von den Verwüstungen des Deutscher Bauernkriegs von 1524 bis 1526*
> ➤ *Die Ruine des Heidelberger Schlosses ist ein Teil der französischen Verwüstungen im Pfälzischen Erbfolgekrieg von 1688 bis 1697)*
> ➤ *Viele Kirchen und Klöster der christlichen Welt wurden von den Siegern kollektiver Gewaltereignisse gestiftet und einige aus ihrer Beute finanziert, darunter der Dom von Pisa (Mit der Beute der Eroberung von Palermo in 1067 finanziert) und der Dom von Köln (um den im 2. Italienfeldzug Friedrichs I. von 1158 bis 1162 in Mailand geraubten Reliquien der Heiligen Drei Könige eine „angemessene Bleibe" zu gewähren).*
> ➤ *Viele Moscheen auf dem Gebiet des vormaligen Osmanischen Reichs tragen den Namen von Sultanen. Die Osmanen hatten die kriegstreibende dynastische Tradition eingeführt, wonach ein Thronfolger nur dann zum Bau einer nach ihm benannten Moschee berechtigt war, wenn er für den Islam einen Sieg erringen, das heißt einen Gebietsgewinn erzielen konnte.*
> ➤ *Der Wohlstand einiger britischen Hafenstädte wie Liverpool und Bristol „ist zu nicht geringem Teil auf dem Schweiß und den Tränen der afrikanischen Sklaven gebaut" (Jürgen Zimmerer, FAZ 30.11.06).*

- Ein großer Teil der Bestände viele **Museen** Europas (z.B. Rom, London, Louvre, Venedig) sind Beutegüter vergangener Kriege.
- Viele ehrwürdige **Titel und Institutionen** sind im Zusammenhang mit vergangener kollektiver Gewalttätigkeit entstanden

> ➤ *Der englische Thronfolger heißt „Prinz von Wales" seitdem der englische König Erdward I. die Waliser in einem Krieg von 1277 bis 1284 unterworfen hatte und die Krone von Wales seinem Sohn, den späteren König Edward II. übergeben hatte.*
> ➤ *Die päpstliche Schweizer Garde geht auf Söldnerdienste im Krieg der Heiligen Liga gegen Frankreich (1510 bis 1514) zurück.*
> ➤ *Die Wall Street in New York blühte als Sklavenmarkt auf.*
> ➤ *Die Namen der zwei größten Parteien Uruguays gegen auf die Farbe der Uniformen im Uruguayischen Bürgerkrieg (1835 bis 1839) zurück; die Blancos (Weißen) und die Colorados (Roten).*

- Tausende **Soldatenfriedhöfe** erinnern an die Gefallenen des 20. Jahrhunderts.

> ➤ *Der Volksbund Deutscher Kriegsgräberfürsorge pflegt 1,9 Millionen Kriegsgräber in über 830 Kriegsgräberstätten in ca. 100 Ländern*
> ➤ *Die „Commonwealth War Graves Commission" (Britische Kriegsgräberfürsorge) verwaltet und pflegt weltweit 2.500 Soldatenfriedhöfe in 150 Ländern. Die hohe Anzahl ist auch darauf zurückzuführen, dass die britische Tradition es will, dass der Soldat dort zu bestatten sei, wo er gefallen ist. Insgesamt liegen weltweit 304.000 Gefallene des Commonwealth in 12.385 Grablageorten.*
> ➤ *Die „American Battle Monuments Commission" (US-amerikanische Kriegsgräberfürsorge) verwaltet 24 Soldatenfriedhöfe im Ausland, wo die Reste von 125.000 amerikanischen Gefallenen ruhen.*
> ➤ *In Frankreich gibt es insgesamt ca. 4.000 Begräbnisstätten (einschließlich der Gemeindefriedhöfe) mit ca. 2,3 Millionen auf französischem Boden Gefallenen (davon 730.000 Franzosen), die jährlich von 10 Millionen Personen besucht werden.*
> ➤ *In Italien gibt es über 20 große Soldatenfriedhöfe mit über 300.000 Gefallenen. Der größte ist der von Redipuglia (bei Gorizia) mit über 100.000 Gefallenen.*

- Einige **Wörter und Redewendungen** sind im Zusammenhang mit kollektiver Gewalttätigkeit der Vergangenheit entstanden.

Beispiele

> ➤ *„Wehe den Besiegten" rief der gallische Kriegskönig Brennus der Ältere nach seinem Überfall auf Rom (-390)*

> Der Ausdruck „Pyrrhussieg" bezieht sich auf den Ausgang der Schlacht von Heraklea (-280), als Pyrrhus das Feld nur mit immensen Verlusten behaupten konnte und sagte „Noch so ein Sieg und wir sind verloren!"
> „Hannibal ante portas" war der Warnruf der Römer, als Hannibal im Jahre -211 auf Rom zumarschierte. Cicero hat ihn mit dem besseren Nachhineinwissen evoziert, um damit eine unbegründete Panikmache zu branmarken.
> Die chinesische Redewendung „mit dem Fluss im Rücken kämpfen" geht auf die Schlacht am Jingxing-Pass (-204) zurück.
> Die Redewendung „Die Würfel sind gefallen" bezieht sich auf eine Aussage Caesars bei seiner Überschreitung des Grenzflusses Rubicon mit Truppen, mit der er den Bürgerkrieg gegen die Optimaten (Pompejaner) (-49 bis -45) provizierte.
> Die Redewendung „Kam, sah und siegte" bezieht sich auf Caesars Zusammenfassung seines Pontischen Kriegs (-48 bis -47).
> Das Wort „Vandalismus" bezieht sich auf den germanischen Stamm der Vandalen, die u.a. Nordafrika dauerhaft verwüsteten und Rom im Jahre 455 plünderten.
> Im Spanischen bedeutet „es una bicoca" soviel wie „es ist ein Kinderspiel", von der Leichtigkeit mit der die Feuerwaffen ausgerüsteten spanischen Truppen in der Schlacht von Bicocca (1522) die Schweizer Gewalthaufe niedermetzelten.
> Die russische Redeweise „Kasaner Waise" bezieht sich auf das Massaker an der Bevölkerung von Kasan nach der Eroberung der Stadt durch die Russen im Jahre 1552.
> Im Bayrischen Dialekt ist ein „Lackl" ein rücksichtsloser Kerl und bezieht sich nach einer THeorie auf den französischen General Lelac, der im Pfälzischer Erbfolgekrieg von (1688 bis 1697) die Pfalz verwüstete.
> Das Wort „Praline" stammt vermutlich vom Koch des französischen Marschalls du Plessis-Praslin (1598-1675).
> „Wie ein Schwede in Poltawa" wird im Russischen angewandt, um eine totale Hilflosigkeit zu bezeichnen (1709).
> „Nach uns die Sintflut!" soll die Marquise de Pompadour die Nachricht über die französische Niederlage bei Roßbach (1757) hin ausgerufen haben.
> „Mit solchem Gesindel muss ich mich rumschlagen!" rief Friedrich der Große aus, als ihm nach der Schlacht von Zorndorf (1758) einige zerlumpte Kosaken als Kriegsgefangene vorgeführt wurden.
> Mit „Krieg bis aufs Messer" antwortete der 1808 in Zaragoza belagerte spanische General Palafox auf die französische Aufforderung der Übergabe.
> „Lieber ein Ende mit Schrecken, als ein Schrecken ohne Ende" soll ein preußischer Freiheitskämpfer am 12.5.1809 ausgerufen haben
> Der Ausdruck „Uncle Sam" wurde im US-Amerikanisch-Britischen Krieg (1812 bis 1814) von den britischen Soldaten zur Verungimpflung der Abkürzung „U.S." verwendet.
> Das russische Wort „scharomyga" (Landstreicher) stammt vom französischen „cher ami", mit dem die nach dem katastrophalen Scheitern der Invasion Russlands durch Napoleon von 1812 umherschweifenden französischen Soldaten die Bauern um etwas Essbares anbettelten.
> Das französische Wort „bistro" stammt vom Feldzug gegen Frankreich von 1813/1814, als russische Soldaten in den französischen Wirtshäusern die Bedienungen mit dem Wort „bystro" (schnell) zu mehr Eile aufzufordern pflegten.
> Den Ausdruck „fünfte Kolonne" gebrauchte Francos General Emilio Mora als er 1938 mit vier Kolonnen auf Madrid zumarschierte (die fünfte waren die Sympathisanten in der Stadt).
> Im Englischen ist „den Langbogen spannen" die Redewendung für „angeben, aufschneiden"

4.5.8 Das gegenwärtige Potenzial und Aufwendungen für Kollektivgewalttätigkeit

Die gelagerte Explosivkraft

> Es lagern gegenwärtig (Ende 2016) **weltweit 14.900 Atomsprengköpfe**: Russland 7.000; USA 6.800; Frankreich 300; China 260; Großbritannien 215; Pakistan $^{120-^{\wedge}30}$ Indien 110-120; Israel 80; Nordkorea (?). [101]
> Die Explosivkraft der weltweit gelagerten Atomwaffen ist mit ca. 8.000 Megatonnen um mehr als den Faktor 1.000 größer als die während des 2. Weltkriegs zur Explosion gebrachten Geschosse und Bomben.
> Laut der Initiative „Cluster Munition Coalition" lagerten Ende 2011 in 69 Ländern **insgesamt 610.000 Streubomben** mit insgesamt mehr als 100 Mio. Einzelsprengköpfen.

Anteil der Militärausgaben am BSP

> Weltweit wurden 2014 ca. 1.800 Milliarden US $ Militärausgaben getätigt, das sind **2,3 % des Bruttosozialprodukts der Welt**, bzw. **245 US $ / Person**. Davon entfielen 35 % auf N-Amerika, 16 % auf W-/M-Europa, 5 % auf O-Europa. (SIPRI, 2015)
> Zum Vergleich: Die weltweit jährlich gewährte Entwicklungshilfe lag bei 56 Milliarden US $, das heißt bei 6 % der Militärausgaben bzw. 0,2 % des BSP der Welt.
> Die offiziellen Haushaltspläne der USA weisen im wesentlichen nur die laufenden Militärausgaben als Militärausgaben aus (673.000 Mrd. US $ für 2013, d. h. 4 % des BIP). Unter Hinzuzählung von militärischen Altlasten (Veteranenpensionen,

---

101 https://fas.org/issues/nuclear-weapons/status-world-nuclear-forces/

Zinsen) liegen die gesamten Militärausgaben im Plan 2016 bis 1.3000 Mrd US $ (45 % des Bundeshaushalts bzw. 7 % des BIP).[102]

➢ *Im Jahr 2013 vereinbarten die 28 NATO-Staaten das Ziel, **2 % des BIP für Militärausgaben** (liegt auf dem Niveau des weltgeschichtlichen Durchschnitts) auszugeben. Im Jahr 2014 haben nur 4 NATO-Länder das Ziel erfüllt: USA (4,4 % ausgewiesener Teil), UK (2,4 %), Griechenland (2,3 %), Estland (2,0 %); Deutschland lag bei 1,3 %.[103]*

➢ *Klammert man „Militärhilfen" aus, geben die USA nur 0,1 % des BSP für Entwicklungshilfe aus; dies ist sogar in Absolutzahlen weniger als z.B. Dänemark.*

➢ *Die Wehrausgaben der USA entsprachen von 1975 bis 1995 fast dem Haushaltsdefizit der US-Bundesregierung; in andern Worten: Der **Kalte Krieg wurde durch Pump finanziert**, den die kommenden Generationen zu begleichen haben.*

Militärbevölkerung

➢ *Die Weltmacht **USA** hielt Ende 2015 1,3 Mio. Soldaten unter Waffen (**0,4 % der Bevölkerung**, d. h. auf halbem Niveau des Römischen Reichs), die auf ca. 761 Basen in den USA und ca. 250 Basen in 100 Ländern verteilt waren.*

Internationaler Waffenhandel

➢ *Das Gesamtvolumen des des weltweiten Rüstungshandels betrug 2013 mindestens 76 Mrd.US $ (SIPRI, 2015).*

➢ *Die 5 permanenten Mitglieder des UN-Sicherheitsrates plus Deutschland liefern zusammen 78 % der weltweit beschafften Waffen: USA (29 %), Russland (27 %), VR China (6 %), Frankreich (5 %), UK (4 %).*

4.5.9 Das gegenwärtige Ausmaß gewalttätiger Konflikte

➢ *In der 2. Hälfte des 20. Jhs. wurden über 100 Konflikte mit 1.300 Gewalttätigkeitsereignissen ausgetragen; bezogen auf die Weltbevölkerung entspricht dies dem jährlichen Durchschnitt während des Römischen Reichs. Etwa 2/3 dieser Konflikte waren innerstaatlich (Punkt 8.5).*

➢ *Ende 2015 waren ca. 32 bewaffnete Konflikte im Gange (Afghanistan, Ägypten, Algerien, Armenien/Aserb., Irak, Jemen/Al-Qaida, Jemen/Huthi, Libyen, Russland/Nordkaukasus, Syrein, Tunesien, Türkei/Kurden, Burundi, Kongo-Kinshasa, Mali, Mosambik, Niegeria/Boko Haram, Somalia, Sudan/Darfur, Sudan/Kordofan, Südsudan, Zentralafrikanische Republik, Indien/Assam, Indien/Kaschmir, Indien/Naxaliten, Myanmar, Pakistan/Taliban, Philippinen/Mindanao, Philippinen/NPA, Thailand, Kolumbien, Ukraine)*

➢ *Zwischen 2005 und 2014 waren immer ca. 20 UN-Friedensmissionen im Einsatz, mit einem Einsatz von ca. 100.000 Personen (SIPRI, 2015)*

➢ *Die gegenwärtige Relation „innerstaatliche Konflikte: zwischenstaatliche Konflikte" (3:1) hat sich gegenüber dem historischen Durchschnitt (1:3) invertiert.*

4.5.10 Die gegenwärtige Anzahl von Opfern der Kollektivgewalttätigkeit

➢ *In der 2. Hälfte des 20. Jhs. kamen 27 Mio. Menschen durch kollektive Gewalttätigkeit um, entsprechend etwa 0,8 % der im Zeitraum Geborenen. Die ist ein etwa um den Faktor 10 höhere Todesquote als während des Römischen Reichs (siehe Punkt 5.5).*

➢ *In der 2. Hälfte des 20. Jhs. waren etwa 80 % der Todesopfer kollektiver Gewalttätigkeit Zivilpersonen.*

➢ *Weltweit starben im Jahre 2004 nach UNO-Schätzungen pro Jahr etwa 0,2 Millionen Menschen (ca. **0,3 % der Todesfälle) durch Kollektivgewalttätigkeit**, davon etwa 1.000 Menschen durch Terrorismus. (Durch Gewaltverbrechen von Einzelpersonen gab es etwa dreimal so viele Tote und durch Selbstmord fünfmal so viele Tote.)*

➢ *Etwa die Hälfte der Weltbevölkerung lebt in völliger Rechtlosigkeit und ist allen Formen kollektiver Gewalttätigkeit ausgesetzt. In 155 Ländern wurden laut Amnesty International im Jahre 2003 die Menschenrechte verletzt.*

➢ *In 28 Ländern der Welt werden jährlich insgesamt über 2 Millionen Mädchen die Geschlechtsteile beschnitten, die Sterberate liegt über 10 % und die Muttersterblichkeit ist dadurch in Afrika wesentlich höher als im Rest der Welt.*

➢ *Weltweit gibt es Anfang 2007 rund 40 Millionen **Flüchtlinge (0,6 % der Weltbevölkerung**, davon ca. 24 Millionen Binnenflüchtlinge) die aufgrund von kollektiver Gewalttätigkeit ihre Wohnsitze verlassen mussten (UNCHCR auf einen Blick, 03/2007).*

---

102   www.warresistance.org
103   Handelsblatt 25.02.2014.

5 Typen der Motivation von Sozialkonstrukten zur Gewalttätigkeit

WENN DU DEN FRIEDEN WILLST, ERKUNDE DEN KRIEG.

(Gaston Bouthoul, 1951)

In diesem Kapitel wird ein Katalog von Motivationen von Kollektiven zur Gewalttätigkeit vorgeschlagen, deren geschichtliche Häufigkeitsverteilung im Kapitel 8 vorgestellt wird. Es handelt sich allerdings (analog zu Eisbergspitzen) nur um die augenscheinlichste Ebene des Ursachengemenges der Kollektivgewalttätigkeit.

5.1 Die kausalen Ebenen kollektiver Gewalttätigkeit: Ursache, Motivation und Auslöser

Eine Analyse des sozialen Phänomens der kollektiven Gewalttätigkeit muss den Fragen nachgehen, wie häufig und warum es in der Vergangenheit dazu gekommen ist, um daraus Rückschlüsse auf tiefgründigere Ursachen und Vorbeugungsmöglichkeiten abzuleiten.

Bereits der griechische Geschichtsschreiber Polybios (-201 bis -120) hatte erkannt, dass die **Kausalität kollektiver Gewalttätigkeit vielschichtig** ist und dass man zwischen Vordergründigem und Hintergründigem unterscheiden müsse und hatte dafür drei kausale Ebenen vorgeschlagen. Dem wird hier mit einer modernen Begrifflichkeit gefolgt.[104]

- **Ursachen** kollektiver Gewalttätigkeit sind am hintergründigsten und daher am schwersten erfassbar. In der Praxis handelt es sich um Bündel von Ursachen, von denen eine Hauptursache genannt wird. Es ist dies die am schwersten ergründbare kausale Ebene. Man kann sie auch Agenzien, Beweggründe oder Antriebe nennen.
  - Polybios nannte diese kausale Ebene „Aitia" (Urgrund).
  - Beispiel: Die Hauptursache des 1. Weltkriegs war die (gegenüber der ethnizistischen Einengung der Empathiesphäre der Zentralmacht) territorial-ethnische Überdehnung des KuK-Imperiums und der daraus resultierende Mangel an interner Kohäsion/Konsensualität (Sezessionsbestrebungen).
  - Zur untergründigen Kausalitätsebene der „Ursachen" werden im Folgenden auch ideelle und organisatorische „Resonanzböden" gezählt
- **Motivationen** von Sozialkonstrukten zur kollektiver Gewalttätigkeit sind „die Gesamtheit der rationalen, emotiven und sogar unbewussten Beweggründe sowie der Einflüsse, die eine Entscheidung, Handlung oder Ähnliches beeinflussen" (Duden, 1996). Diese ursprünglich auf Individuen bezogene Definition kann auch auf Sozialkonstrukte angewandt werden. Gemeint ist die Absicht, eine bestimmte Zielsetzung bzw. Änderung der Sachlage gewaltsam herbeizuführen. In jedem konkreten Fall liegt meist ein Bündel von Motivationen vor, von denen die Hauptmotivation am ehesten erfasst werden kann. Die Motivationen einer kollektiven Gewalttätigkeit sind sozusagen die (am leichtesten erkennbare) Eisbergspitze eines Ursachengemenges. Polybios bezeichnete diese kausale Ebene „Anlass" (Aché).
  - Beispiel: Die Hauptmotivation der Kontrahenten des 1. Weltkriegs war, die Verteilung der territorialen Herrschaft in Europa zu verändern bzw. dies zu verhindern. Sezessionsbestrebungen balkanischer Ethnien, Rückeroberung von Elsass-Lothringen durch Frankreich, Einverleibung von Belgien durch das 2. Deutsche Reich, Eroberung italienischsprachiger Gebiete durch das Königreich Italien u.a.m. Aus zwei Konfliktfronten wurde dies durch die oben erwähnte territoriale/ethnische Überdehnung des KuK-Imperiums bzw. der Mangel an interner Kohäsion/Konsensualität (Sezessionsbestrebungen) induziert.
  - Die Motivation eines Plünderungsfeldzugs ist das Aneignen und/oder Zerstören von Gütern; die Ursache kann fallweise eine Notlage durch Überbevölkerung oder Naturkatastrophen sein; reine Habgier, oder ein Vergeltungsbedürfnis.
- **Auslöser** kollektiver Gewalttätigkeit sind punktuelle Ereignisse, „die das Fass zum Überlaufen bringen". Es können dies Naturkatastrophen sein oder Taten von Individuen, die auf der Gegenseite eine kollektive Reaktion auslösen. Die Auslöser der Konflikte haben angesichts ihres Zufallscharakters nur einen geringen Aussagewert. Polybios nannte diese kausale Ebene „Vorwand" (Próphasis).
  - Beispiel: Der Auslöser des 1. Weltkriegs war die Ermordung des Erzherzogs Ferdinand durch den serbischen Nationalisten Gavrilo Princip in Sarajevo am 28.6.1914. Er wurde dazu von Serbien motiviert und unterstützt.

Da es faktisch unmöglich ist, durchgängig für jeden Konflikt der Geschichte die Hauptursache zu eruieren,[105] verbleibt nur die Möglichkeit, die Konflikte der Geschichte nach der leichter zu eruierenden

---

104 Bei der individuellen Gewalttätigkeit verhält es sich ähnlich: Die Motivation „Raub" (Absicht der gewaltsamen Aneignung fremden Besitzes) kann als untergründige Ursache reine Habgier oder Not haben.

105 In der „Weltchronik der Kriege und Demozide" (Ferretti, 2014) konnten nur für größere Konflikte ‚Angaben zu ihren Ursachen gemacht werden, meist dank dem Umstand, dass es sich um die von der Geschichtsschreibung eingehender erforschten Konflikte handelt. In der Mehrzahl der Fälle konnten nur die Motivationen und/oder Anlässe genannt werden.

Hauptmotivation zu klassifizieren [106] und deren Statistik auszuwerten, um dann (mit einigem Vermutungswissen) in pauschaler Form auf die Häufigkeit der Ursachentypen Rückschlüsse ziehen zu können.

Die Anlage 3 gibt ein Dutzend der bisher vorgeschlagenen Typologisierungen für kollektiver Gewalttätigkeit wieder. Auch sie beziehen sich überwiegend auf die kausale Ebene der Motivationen. Allerdings berücksichtigen die jeweiligen Ansätze entweder nur die Kriege (und nicht die Demozide), oder nur die Demozide (und nicht die Kriege). In den folgenden Kapiteln wird dem gegenüber ein Katalog von Motivationstypen vorgeschlagen, der alle Formen kollektiver Gewalttätigkeit abdeckt.

5.2 Prädation und Retorsion

Definition

> „*Kollektiv A dringt ohne Absicht dauerhafter territorialer Besetzung in Gebiet von Kollektiv B ein, um es zu berauben, zu schädigen oder um sich für erlittene Prädationen oder andere Missetaten zu rächen. Dies ist in der Regel mit der Misshandlung, Tötung und Verschleppung von Personen verbunden.*"

Da Prädationen und Retorsionen vielfach Glieder einer Ursache-Folge-Kette sind, deren Anfangsglied nicht auszumachen ist, werden in den in diesem Buch vorgestellten Statistiken Prädationen und Retorsionen statistisch zusammengelegt. Trotzdem werden in den folgenden zwei Unterpunkten die zwei „Reinformen" getrennt besprochen und anhand von historischen Beispielen veranschaulicht.

> *Bei 16 % der gewalttätig ausgetragenen kollektiven Konflikte der Vergangenheit waren Prädation oder Retorsion die Hauptmotivation (siehe Punkt 8.5). Zwei Drittel hatten Prädation als Hauptmotivation und ein Drittel Retorsion.*

5.2.1 Prädation (Plünderung)

Definition

> „*Kollektiv A dringt, noch ohne Absicht dauerhafter territorialer Besetzung in Gebiet von Kollektiv B ein, um es zu berauben und zu schädigen.*"

Synonyme Bezeichnungen von Prädationskriegen

> *Einfall; Raubüberfall; Raubzug; Plünderungszug; Prädationskrieg; Plünderungskrieg*

Bemerkungen zu Prädationskriegen

> *Es ist dies vermutlich die älteste Form der interkollektiven Gewalttätigkeit.*
> *Zweck ist die gewaltsame Aneignung beweglicher Güter und/oder die Verschleppung von Menschen als Sklaven. Diesem Ziel „den Wohlstand des eigenen Kollektivs auf Kosten des anderen zu mehren", entspricht im Privatrecht das Delikt „Raub" (gewaltsame Aneignung fremden Eigentums).*
> *Die begehrtesten materiellen Raubgüter der Vergangenheit waren Metalle, welche in der Antike allesamt einen hohen Handelswert hatten.*
> *Zu den wichtigen Raubobjekten galten in der Vorzeit auch Personen. Anfänglich wurden vermutlich Personen weiblichen Geschlechts geraubt, da sie als Haussklaven und als Lustobjekte den größten Wert hatten. Einige an der Schwelle von der Vorgeschichte zur Geschichte tradierten Ereignisse (der Trojanische Krieg, der Raub der Sabinerinnen) erinnern daran. In geschichtlicher Zeit kamen Menschenraubzüge bis zur Völkerinvasionszeit vor und wurden in späteren Jahrhunderten durch den Sklavenhandel ersetzt. Letzte Ausläufer des Frauenraubs führten die (von den Weißen entwurzelten) Indianerbanden in Argentinien bis zum 19. Jh. durch.*
> *Vielfach wurde die materielle Motivation mit ideologischen (darunter religiösen) Rechtfertigungen verbrämt („Heiliger Krieg gegen Ungläubige").*
> *Eine spezielle Ausführungsform der Prädation ist die Piraterie.*
> *Aus einer Kette von Prädationen hat sich in der Vergangenheit in einigen Fällen eine territoriale Okkupation entwickelt (z.B. germanische Invasion Britanniens, Besetzung der Normandie durch Wikinger, Besetzung Siziliens durch die Sarazenen).*
> *Es gehört zum zivilisatorischen Fortschritt, dass diese Form kollektiver Gewalttätigkeit mittlerweile in der Weltmeinung derart tabuisiert und skandalisiert ist, dass Prädation nur noch unter stark ideologisch (v.a. religiös) verbrämtem Vorwand durchgeführt wird.*

Historische Beispiele von Prädationskriegen

> **Einfall der Kimmerier in Phrygien (-669)**
> (Herodot: „Dies war keine Unterwerfung der Städte, sondern nur ein räuberischer Überfall".
> Die **Plünderungseinfälle germanischen Stämme in der Völkerinvasionszeit (250 bis 500)** waren nur in der Anfangsphase Plünderungs- und Verwüstungszüge in Reinform. Die Vergeltungsaktionen der Römer trafen wie so oft in

---

106 Die Zuordnung der Konflikte zu Motivationstypen kann vielfach bereits aus der Bezeichnung des Konflikts abgeleitet werden (z.B: „Plünderungseinfall von ...." oder „Thronfolgekrieg in ...").

der Geschichte zum Teil unbeteiligte Zivilbevölkerung und nicht die Raubbanden, die die alleinigen Profiteure der vorangegangenen Plünderungseinfälle in das Reichsgebiet waren. Zudem verursachte die Abriegelungen der Reichsgrenze
durch die diversen Wälle bei der Bevölkerung beidseits davon Unannehmlichkeiten und wirtschaftliche Schäden, die den
folgenden Plünderungsüberfällen einen Retorsionscharakter gaben. Diese Überfälle brachten die Infrastruktur des Römischen Reichs schließlich zum Einsturz und es folgte eine Phase territorialer Okkupation (Landnahme) seitens der germanischen Stammverbände. Hinter der Motivation „Plünderung" steckte also die Ursache „Bevölkerungsüberschuss".

➢ **Sarazenische Raubzüge im Mittelmeerraum (700 bis 1500).**
Mehr als vier Dutzend groß angelegte Plünderungs- und Verwüstungszüge nach Italien, Spanien und Griechenland. Es
folgte eine Phase der territorialen Okkupation Siziliens und von Teilen Süditaliens, von wo aus die Raubzüge „objektnah"
fortgesetzt wurden. Hauptzweck war der Raub von Gütern (die zum Teil in Europa auf den Markt gebracht wurden) und
vor allem das Einfangen von Arbeits- und Lustsklaven.

➢ **Ungarneinfälle (899 bis 955).**
Über zwei Dutzend groß angelegter Plünderungs- und Verwüstungszüge nach Deutschland, Italien, Spanien und auf dem
Balkan.

➢ **Wikinger- Einfälle (793 bis 1066).**
Eine Fortsetzung der germanischen Plünderungszüge des Altertums. Viele Dutzend groß angelegter Plünderungs- und
Verwüstungszüge skandinavischer Stämme auf den Britischen Inseln, in Frankreich, Norddeutschland, Russland, Byzanz
und im Mittelmeer, in deren Verlauf über 350 Städte und Klöster geplündert und verwüstet wurden. Nur in wenigen Fällen folgte eine territoriale Okkupation zwecks Besiedlung (Normandie, Ostengland, Irland).

➢ **Plünderungszüge der Bandeirantes (1629 bis 1700).**
Portugiesische Siedler führten regelmäßig groß angelegte Plünderungszüge in das Hinterland ihrer brasilianischen Kolonie (v.a. in die „Jesuitische Provinz des Paraguay") durch, mit dem Ziel, sich zu bereichern und Indios als Arbeitssklaven
zu verschleppen.

➢ **Sudanesischer Raubzug gegen Äthiopien (1891 bis 1893).**
Von einer Hungersnot im Sudan getrieben, drangen sudanesische Beutezügler wiederholt in Eritrea ein. Vermutlich war
dies einer der letzten historischen Fälle einer reinen Prädation.

5.2.2 Retorsion (Vergeltung, Bestrafung)

Definition

➢ „Kollektiv A fügt Kollektiv B einen Schaden zu, als Vergeltung für ein real oder vermeintlich erlittenes Unrecht und/oder
um den Willen des Kollektivs B zu beugen (z.B. von einer Fortsetzung seiner Gewalttätigkeit abzuhalten)."

Synonyme und Unterbegriffe von Retorsionskriegen

➢ Retorsionskrieg; Vergeltungskrieg; Rachefeldzug; Straffeldzug ; Terroranschläge (tlw.)

Bemerkungen zu Retorsionskriegen

➢ Dies ist ebenfalls eine der ältesten Formen der interkollektiven Gewalttätigkeit. Die Vergeltung bestand in der Regel aus
einer Plünderung, nach dem Motto „jetzt holen wir uns das Geraubte zurück und zur Strafe noch mehr".

➢ Fast jede Form kollektiver Gewalttätigkeit birgt in ihrem Motivationsbündel eine retorsive Komponente („Auge um Auge,
Zahn um Zahn" bzw. „so etwas lassen wir uns nicht gefallen"). Als retorsive Kollektivgewalttätigkeit werden im Folgen-
den nur solche Fälle gewertet, in denen die Retorsion die Hauptmotivation war und nicht durch andere Motive wie
„Raub", „Landbesetzung", „Unabhängigkeit" überstrahlt worden ist.

➢ Die dominante Form des Terrorismus gegen Zivilbevölkerung ist als „Kollektivstrafe" beabsichtigt (z.B. Städtebombardierungen und andere Massentötungen von Zivilisten wie durch Terroranschläge) und somit als eine der Ausführungsformen der Retorsion zu betrachten.

➢ Mit den für Individuen angewandten ethischen Kriterien bewertet, waren alle Retorsionen der Vergangenheit eine kollektive Selbstjustiz, ein eigenmächtiger Strafvollzug.

➢ Totale U-Boot-Kriege, Städtebombardierungen und Misshandlung von Kriegsgefangenen erfolgen zwar in der Regel im
Rahmen von Territorialkonflikten, sie sind aber wie kontextuelle Demozide als Selbstläufer der Kollektivgewalttätigkeit
mit der spezifischen Motivation „Retorsion" zu bewerten.

➢ Für die in der Neuzeit stark aufgekommenen Ausführungsform [107] kollektiver Gewalttätigkeit „Terrorismus" ist die Retorsion nur eine der vorkommenden Motivation (z.B. beim Terror im Palästinakonflikt). Für einen Teil der Terroranschläge
war das Hauptmotiv die Intention, die Bevölkerung (öffentliche Meinung) im eigenen (meist politischen) Sinne zu beeinflussen (z.B. bei von parastaatlichen Organisationen induzierten Terroranschlägen zur Beeinflussung des Wählerverhal-
tens); derlei Fälle sind der Motivationskategorie „Hierarchie- und Konstitutionskonflikte" zuzuordnen.

➢ Es gehört zum erreichten zivilisatorischen Fortschritt, dass die Staatengemeinschaft grundsätzlich von gewalttätigen
Retorsionen absehen will und ersatzweise zu „Friedensmissionen" oder „wirtschaftlichen Sanktionen" greift.

---

107 Entgegen dem vom US-Präsidenten George W. Bush jr. eingeführten Sprachgebrauchs ist „Terrorismus" keine
Ideologie oder Organisation, sondern eine Form der Durchführung kollektiver Gewalttätigkeit. Sie wird von Kollektiven unterschiedlichster Art (extreme ideologische, religiöse oder nationalistische Faktionen sowie von kriminellen Organisationen) sowie von staatlichen oder parastaatlichen Organisationen,angewandt.

> ➤ *Prädations- und Retorsionskonflikte haben zusammengenommen ca. 16 % der Konflikte der Vergangenheit ausgemacht (Abb. 3d). Im 9. Jh. haben sie fast die Hälfte aller Ereignisse kollektiver Gewalttätigkeit ausgemacht und ab dem 18. Jh. sind sie kaum noch vorgekommen (Abb. 3b).*

Historische Beispiele von Retorsionskriegen

> ➤ **Ätolischer Bundesgenossenkrieg (-220 bis -217)**
> *Gegen die Ätoler, welche die Nachbarstaaten wiederholt geplündert hatten.*

> ➤ **Christliche Straffeldzüge gegen nordafrikanische Piratenhäfen**
> *Ein Dutzend Strafexpeditionen zwischen 820 und 1827 für erlittene Piraterieüberfälle.*

> ➤ **Boxeraufstand** *(1900 bis 1901)*
> *Gewaltakte eines chinesischen Geheimbundes als Vergeltung für das von den Kolonialmächten und Japan am Chinesischen Reich verübte Unrecht (Landraub, aufgezwungene Liberalisierung des Opiumhandels, durch Entschädigungszahlungen zugefügte wirtschaftliche Not). Es folgten Strafaktionen der Kolonialmächte einschließlich Japans. Von beiden Seiten also die Hauptmotivation der Vergeltung mit der Nebenmotivation der Kolonialmächte der Sicherung von Handelsplätzen und Handelsrechten.*

> ➤ **Totaler U-Boot-Krieg des Deutschen Reichs (1917 bis 1918)**
> *Versenkung von Handelsschiffen und Passagierschiffen ohne vorige Frachtüberprüfung oder Vorwarnung, um die britische Handelsflotte innerhalb von 6 Monaten zu zerstören und neutrale Schiffe abzuschrecken.*

> ➤ **Städtebombardierungen während des 2. Weltkriegs (1939 bis 1945)**
> *Anfänglich unbeabsichtigte Treffer auf Wohngebiete eskalierten zu einer Vergeltungsspirale mit beabsichtigter maximaler Zerstörung von Wohngebieten ohne jegliche Rücksicht auf die Zivilbevölkerung. Die retorsive Intention hat der US-Präsident Theodore Roosevelt am 19.8.1944 wie folgt zum Ausdruck gebracht „Wir müssen hart mit Deutschland umgehen und ich meine die Deutschen, nicht nur die Nazis. Entweder müssen wir das deutsche Volk kastrieren oder ihm so eine Behandlung verpassen, dass es nicht weiter Nachwuchs zeugen kann, der dann immer so weitermachen will wie in der Vergangenheit". In einem am 26.8.1944 an seinen Kriegsminister Henry L. Stimson gerichteten Brief äußerte Roosevelt „Man muß dem ganzen deutschen Volk klar vor Augen halten, daß die ganze Nation an einer unrechtmäßigen Verschwörung gegen die Sitten der modernen Zivilisation teilgenommen hat."[108]*

> ➤ **Internationaler Terrorismus der Palästinenser (1960 bis 1976)**
> *Gewaltakte der militärisch machtlosen Palästinenser, um die Weltöffentlichkeit gleichermaßen für ihre mangelnde Inschutznahme gegen die Landnahme der Israelis zu bestrafen und sie zum Handeln zu erpressen.*

> ➤ **Terrorismus der Roten Armee Fraktion (1968 bis 1998)**
> *Die Attentate galten wichtigen Persönlichkeiten der Wirtschaft und Politik, die man „für ihr kapitalistisches Fehlverhalten" mit dem Tod bestrafen wollte.*

> ➤ **Politizide der argentinischen Militärdiktatur (1976 bis 1983)**
> *Nachdem die linke Terrororganisation der „Montoneros" einige Offiziere durch Attentate umgebracht hatte, antwortete das Militär mit dem verfahrenslosen und spurlosen Beseitigen von Personen, die im Verdacht standen, der Terrororganisation anzugehören sowie deren Sympathisanten. Auch wenn die Überreaktion allophobische Züge hatte, war die Hauptintention eine Bestrafung bzw. vorbeugende Ausschaltung von Mitgliedern einer Terrororganisation. In zweiter Linie könnte man diesen Fall als Hierarchie- und Konstitutionskonflikt klassifizieren.*

> ➤ **1. Intifada-Krieg (1987 bis 1992)**
> *Auch wenn die Urmotivation des Palästinakonflikts beidseitig allophobischer Art ist (Ausschließen einer Koexistenz aufgrund von ethnizistischen Unterschieden) und auch wenn dieser Konflikt ein territorialer ist (Kampf um dasselbe Stück Land) war die Hauptmotivation der Palästinenser im 1. Intifada-Krieg die Vergeltungsaktionen für die aus ihrer Sicht systematische Unterdrückung und menschenunwürdige Lebensbedingungen, in die sie die israelische Landnahme und ihr eigener außerordentlich hoher Bevölkerungswachstum gebracht hatte. Es war weder eine territorialer Rückeroberungsversuch (der angesichts des militärischen Kräfteunterschieds jenseits des Denkbaren lag), noch ein allophobischer Anfall.*

> ➤ **Guerillakrieg der algerischen Fundamentalisten (1992 bis nach 2000)**
> *Bei den Wahlen im Januar 1992 hatte die Partei der algerischen Fundamentalisten, die FIS (Front Islamique de Salvation), die Mehrheit gewonnen. Die unter dem Einfluss des Militärs stehende Regierung hatte daraufhin die Wahlen annulliert. Die nachfolgenden Terroranschläge galten der „Bestrafung" der Regierung und ihrer Unterstützer.*

> ➤ **Terrorismus der al-Qaida (seit 1993)**
> *Vermeintliche Bestrafung der Bevölkerung der westlichen Welt für die „Untaten" der von den USA angeführten „Kreuzritter" und Israels, darunter die „Unterdrückung der Palästinenser", „Demütigungen der arabischen Welt", „Stützung der Regimes in Saudi-Arabien".*

> ➤ **Kosovo-Krieg der NATO gegen Jugoslawien (Serbien) (1999)**
> *Bombardierung serbischer Infrastruktur zur Bestrafung und Unterbindung der „Entalbanisierung" des Kosovo, d. h. der Menschenrechtverletzungen der Serben. Auch wenn der Krieg im Endeffekt territorial-hegemonische Auswirkungen gehabt hat (Sezession des Kosovo von Serbien) war er als solcher kein Territorialkonflikt.*

---

108 Zusammenfassung der damaligen Diskussion in der US-Regierung zur anzuwendenden Behandlung Deutschlands in http://www.spiegel.de/spiegel/print/d-46209553.html

5.3 Territoriale Herrschaft

Definition

> „Das Territorium A beherrschende Kollektiv bemächtigt sich auf gewalttätige Weise der Kontrolle eines Territoriums B und dessen Bevölkerung und Ressourcen. Oder umgekehrt: Kollektiv B will sich gewalttätig von der Herrschaft des Kollektivs befreien."

Bemerkungen zu territorialen Konflikten

> Ein territorialer Konflikt liegt vor, wenn zwei oder mehr territorial-hegemonische Kollektive um dasselbe Stück Land streiten.
> Territoriale Konflikte sind also solche, bei denen die territoriale Herrschaft eines Gebiets A auf ein Gebiet B ausgedehnt werden soll, um eine territoriale Integration herzustellen bzw. Konflikte, bei denen sich das Kollektiv B von der Herrschaft des Kollektivs A befreien will.
> Dies kann in einem breiten Spektrum von Ausführungsformen stattfinden: von der Vertreibung oder gar Vernichtung aller Individuen des Kollektivs B und deren Ersatz durch neue Siedler des Kollektivs A („Landnahme"), über lediglich den Tausch der Eliten durch Sturz der Oberschicht A und Ersatz durch eine eingewanderte Oberschicht B („z.B. als Kriegerkaste"), bis hin zur gewalttätigen Unterwerfung des Territoriums A und dessen Eingliederung in das Territorium B, ohne nennenswerte Bevölkerungsverschiebung. Zu diesem Typus gehören auch die gewalttätig ausgetragenen Konflikte zur Befreiung von einer bestehenden Herrschaft („Sezessionen").
> Da die Übergänge zwischen den diversen Formen gewalttätiger territorialer Konflikte gleitend sind, werden sie in den in diesem Buch vorgestellten Statistiken als „territoriale Gewalttätigkeit" statistisch zusammengelegt. Trotzdem werden in den folgenden zwei Unterpunkten zwei „Reinformen" getrennt besprochen und anhand von historischen Beispielen veranschaulicht.
> Bei 65 % der gewalttätig ausgetragenen kollektiven Konflikte der Vergangenheit waren territoriale Ansprüche die Hauptmotivation (Abb. 3d). Etwa 50 Prozentpunkte der 65 waren territoriale Integrationskonflikte und die anderen 10 Prozentpunkte waren territoriale Desintegrationskonflikte.

5.3.1 Territoriale Okkupation (Landnahme; Etablierung einer Fremdherrschaft)

Definition

> „Das Kollektiv A verdrängt (durch Vertreibung oder Vernichtung) das Kollektiv B aus dessen Territorium, teilweise (Oberschicht) oder gänzlich."

Synonyme von territorialen Okkupationskriegen

> Territorialer Okkupationskrieg; Landnahme (Euphemismus)

Bemerkungen zu territorialen Okkupationskriegen

> Dies ist eine primitive Form des kollektiven Egoismus, die durch den zivilisatorischen Fortschritt nunmehr als überwunden gelten kann.
> Vielfach liegt der Okkupation kein zentral organisierter Plan zugrunde, sondern ein Zusammenwirken vieler Initiativen kleiner gewaltbereiter „Migrationsunternehmer".
> Es handelt sich um die Eroberung eines Territoriums zum Zwecke der Besiedelung durch Mitglieder des eigenen Kollektivs A unter Vertreibung der Vorbewohner (Kollektiv B).
> Wenn der überwiegende Teil des Kollektivs B samt seiner Führungsschicht auf dem Territorium weiter besteht, sich aber durch kollektive Gewalttätigkeit den Direktiven des Kollektivs A beugen muss, ist der Vorgang als territoriale Integration (siehe Punkt 5.3.2) einzustufen.
> Territoriale Okkupationen sind heutigentags bereits so stark tabuisiert, dass sie von der Weltgemeinschaft nicht mehr ohne starke Gegenaktion hingenommen werden (siehe die internationale Reaktion im Jahre 1999 auf den serbischen Versuch der Entalbanisierung des Kosovo).
> Krieg zur territorialen Vergrößerung sind mittlerweile im internationalen Konsens derart tabuisiert, dass sie in Zukunft kaum noch vorkommen dürften. Die UN-Charta von 1945 (Art. 2, Abs. 4) hat Landnahmen völkerrechtlich verboten.

Historische Beispiele territorialer Okkupationskriege

> **Kriege zwischen Israeliten und Philistern (ca. -1000 bis ca. -750)**
> Es handelte sich um Kämpfe um dasselbe Stück Land (unter Ausschluss einer Koexistenz) zwischen den etwa zur selben Zeit in Palästina eingedrungenen Stammesverbänden der Philister und Israeliten, als erstere von der Küste zu den Hügelländern und letztere von den Hügelländern zur Küste expandierten. Allophobie (in diesem Fall Hass gegen Andersgläubige) war eine motivationale Zusatzkomponente, indes ging es hier primär um Landbesitz.
> **Keltische Invasionen Norditaliens (-600 und -396)**
> Aus dem heutigen Frankreich zugewanderter „Bevölkerungsüberschuss" besetzte mit Gewalttätigkeit Norditalien und verdrängte die Vorbevölkerung.
> **Germanische Invasionen Britanniens (410 bis 700)**
> Nach einer Phase von Überfällen, Plünderungen und Brandschatzungen, in der die organisatorische und wirtschaftliche Infrastruktur der Vorbewohner (romanisierte Kelten) zerstört wurde, besetzten Jüten, Angeln und Sachsen das Land, bevölkerten es mit eigenen Zuwanderern und vertrieben oder massakrierten die Vorbevölkerung. Die Begleitumstände stellten einen Fall von „ethnizistischem Demozid" dar, der unter den Beispielen des Pkts. 5.5.5 aufgeführt ist.

> **Deutsche Ostkolonisierung (829 bis 1410)**
> *Besetzung der Gebiete östlich der Elbe, durch deutsche Siedler mit überlegener Organisation und Technik, die das Land intensiver und für eine dichtere Bevölkerung nutzen konnten. Die Vorbewohner (slawische und baltische Ethnien) wurden z.T. massakriert (z.B. die baltischen Prussen), enteignet, unterjocht oder zwangsintegriert („Bekehrung oder Ausrottung").*
> **Englischer Thronfolgekrieg (Normannische Eroberung Englands) (1066)'**
> *Die gesamte angelsächsische Oberschicht (Adel) wurde durch normannische Einwanderer und deren Hilfstruppen ersetzt. Das Königreich von England wurde nicht in das Herzogtum der Normandie eingegliedert. Daher nicht als territoriale Integration, sondern als territoriale Okkupation durch eine Kriegerkaste zu werten.*
> **Indianerkrieg der USA (1790 bis 1890)**
> *Europäische Einwanderer besetzten das nur extensiv von den Vorbewohnern (Indianern) genutzte Land, um es intensiver und für eine dichtere Bevölkerung zu nutzen. Auf gewaltsame Reaktionen der Vorbewohner reagierten die Einwanderer empört mit unverhältnismäßigen Mitteln (Massaker und Zwangsumsiedlungen). Kein De-intentio-Genozid, sondern ein De-facto-Genozid.*
> **Feldzug Argentiniens gegen die Indianer (1833 bis 1834).**
> *Von den europäischen Siedlern entwurzelte Vorbewohner (Indianer) waren zu einer regelrechten Landplage von Raubzüglern verkommen. Sie wurden mit militärischen Mitteln massakriert und vertrieben.*
> **Vertreibung der Sudeten-Deutschen, Rumänien-Deutschen und Reichsdeutschen aus Polen (ab 1945)**
> *Deutsch sprechenden Mitbürgern wurde das Koexistenzrecht auf dem Territorium abgesprochen. Auch wenn es eine starke Retorsionskomponente gab (Vergeltung für von reichsdeutschen Besatzern verübte ethnizistische Verbrechen), war es de facto eine Form von Landnahme.*
> **Palästinensisch-Israelischer Konflikt (1948 bis 1967)**
> *Kampf zweier verwandter Ethnien um dasselbe Stück Land, um das ihre Urahnen bereits vor drei Jahrtausend lange gekämpft haben. Obwohl es ihre inkompatiblen Religionen (beide anthropomorphe Monotheismen) sind, die zur gegenseitigen Ausgrenzung missbraucht werden, um eine ethnische Verschmelzung zu verhindern und eine strikte ethnische Trennung aufrechtzuerhalten, ist dies kein religiöser Konflikt (keine Partei will der anderen ihre Religion aufzwingen oder sie ihrer Religion Willen vernichten), sondern ein territorialer Kampf um dasselbe Stück Land unter Ausschluss der Koexistenz. Die neueren Ausläufer des Konflikts sind als Retorsion zu bewerten („Spirale der Gewalt für erlittenes Unrecht").*

5.3.2 Territoriale Integration (Angliederung)

Definition

> *„Das territorial-hegemonische Kollektiv eines Territoriums A geht mit Gewalt gegen das territorial-hegemonische Kollektiv eines Territoriums B vor, um diesem die Hegemonie (Herrschaft) über Teile oder das gesamte von B beherrschte Territorium zu entreißen. Das Ziel kann sein, jenes Territorium untertan oder tributpflichtig zu machen, oder es sogar dem eigenen Territorium A einzuverleiben."*

Ausführungsformen territorialer Integrationskriege

> *Annexionskrieg*
> *Zwischenstaatlicher Hegemonialkrieg*
> *Territorialer Expansionskrieg*
> *Territorialer Integrationskrieg*
> *Staatsbildungskrieg[109]*
> *Territorialer Homogenisierungskrieg*
> *Territorialer Hegemonialkrieg*
> *Kolonialkrieg*
> *Einigungskrieg*
> *Zwischenstaatlicher Erbfolgekrieg*
> *Tributeintreibungsfeldzug*

Bemerkungen zu territorialen Integrationskriegen

> *Das Grundziel des territorialen Integrationskrieges ist die dauerhafte Kontrolle eines Territoriums, um sich dessen Ressourcen (Einwohner als Arbeitskräfte, Steuerzahler und Rekruten, Bodenschätze etc.) anzueignen. Es handelt sich um eine raffiniertere Ausprägung des kollektiven Egoismus als die territoriale Okkupation.*
> *Im Unterschied zur territorialen Okkupation geht es hier um die Anbindung eines Territoriums an ein anderes (territoriale Integration), um durch Volumen- und Synergieeffekte einen Machtzuwachs des territorial-hegemonischen Kollektivs zu erzielen.*
> *Seit der Neuzeit geht es letztlich um die Frage, wem Steuern zu zahlen sind und für wen die Rekruten Militärdienst zu leisten haben.*
> *Die Widerstandskämpfe des Kollektivs B, die während der Eroberungsphase stattfinden, sind diesem Typus ebenfalls zuzuordnen (und nicht dem Typus „Unabhängigkeitskrieg", der sich vielmehr auf die Bekämpfung einer bereits etablierten Fremdherrschaft bezieht).*

---

109 Johannes Burkhardt.

> ➤ *Die Annexion (gewaltsame Einverleibung) von Territorien ist durch die UN-Charta von 1945 (Art. 2, Abs. 4) völkerrechtlich verboten worden.*

Historische Beispiele territorialer Integrationskriege

➤ **Peloponnesischer Krieg (-431 bis -401)**
Kampf Spartas gegen den Versuch Athens, die Herrschaft über die griechischen Stadtstaaten zu vergrößern.

➤ **Feldzug Alexanders gegen das Persische Reich (-334 bis -326)**
Es handelte sich um einen reinen Aggressionskrieg mit dem Ziel der territorialen Expansion und der Bereicherung. Zur Verbrämung ließ sich der Makedone Alexander zum „Hegemon der Griechen zur Invasion Asiens" ausrufen, dessen Feldzug der Rache vergangener Untaten der Perser an den Griechen dienen sollte.

➤ **Expansionskriege und Grenzkriege der Römer (ca. -500 bis ca. 400)**
Es handelte sich um territoriale Hegemoniekriege mit denen schrittweise die Nachbarstädte, die Nachbarregionen, Sizilien, Spanien, Nordafrika, der gesamte Balkan bis zur Donau, Griechenland, Kleinasien, Gallien bis zum Rhein und Britannien dem Reichgebiet einverleibt wurden. Zu einem totalen Austausch der Führungsschicht durch eine römische oder zu einem totalen Austausch der Bevölkerung durch römische Einwanderer ist es dabei in der Regel nicht gekommen. Daher eher als territoriale Integration denn als territoriale Okkupation einzustufen.

➤ **Reconquista (722 bis 1492)**
Die christlichen Fürsten die sich im Norden der Iberischen Halbinsel der Unterwerfung durch die islamischen Invasoren hatten entziehen können, gingen bald dazu über, anfänglich wohl mehr aus Habsucht denn aus religiösem Eifer, die islamisch beherrschten Länder zu überfallen und auszuplündern. Während die christlichen Regionen durch Heiraten und Kriege zu immer größeren Reichsterritorien integrierten (die muslimische Bevölkerung wurde vorerst aus den eroberten Gebieten nicht vertrieben), zerfiel das muslimische Reich in Andalusien durch inneren Zwist in Teilstaaten, die schließlich unterlagen. Auch wenn das Feindbild durch Allophobie gestützt war, handelte es sich im Wesentlichen um einen territorialen Integrationskonflikt. Nach dem Abschluss der Reconquista folgten Vertreibungen und Religiozide der siegreichen Integratoren, die als allophobische Gewalttaten einzuordnen sind. In toto ergab sich aus der Reconquista und den nachfolgenden Religioziden und Massenvertreibungen eine territoriale Okkupation; der Einzelvorgang „Reconquista" ist primär als territoriale Integration zu klassifizieren.

➤ **Mongoleneinfälle unter Tschingis Khan und seinen Nachfolgern (1211 bis 1405)**
Das Endziel der Mongoleneinfälle war das Eintreiben von Steuern und die Bildung eines Weltreichs.

➤ **Kreuzzüge in das Heilige Land (1096 bis 1272)**
Durch Wirtschaftskrise verarmte Ritter und Bauern nahmen einen allophobischen Aufruf des Papstes zur Rückeroberung des „Heiligen Landes" mit einem Begeisterungssturm auf. Unbewusst erhofften sie, sich einen neuen Lebensraum erobern zu können. Daraus entwickelte sich (von Anbeginn an) ein Kampf um territoriale Herrschaft.

➤ **Hundertjähriger Krieg (1337 bis 1453)**
Die Hauptursache des Krieges war, dass die normannische Dynastie, welche den englischen Thron gewaltsam erobert hatte, weiterhin über ganz Frankreich zerstreute (eroberte oder angeheiratete) Territorien besaß. Die französische Krone verleibte die normannischen Besitztümer nach und nach ein, um das Französische Königreich zu vergrößern. Ein territorialer Integrationskonflikt par excellence.

➤ **Osmanische Eroberung der Balkanhalbinsel (1354 bis 1526)**
Die Länder wurden unterworfen, deren Führungsschicht und Bevölkerung wurden jedoch nicht durch massive türkische Einwanderung verdrängt.

➤ **Europäische Kolonialkriege in Amerika, Afrika, Asien und Ozeanien (16. bis 20. Jh.)**
Die Eroberung Amerikas war anfänglich ein territorialer Integrationskrieg („im Namen der spanischen Krone"), bei dem die Vorbewohner zwar unterdrückt und misshandelt, jedoch nicht vertrieben wurden. Sie artete in der Endphase zum Teil (USA, Argentinien, Australien) in eine territoriale Okkupation unter Verdrängung der Vorbewohner (gemäß 5.1.1) aus.

➤ **Dreißigjähriger Krieg (1618 bis 1648)**
Die Hauptmotive des Krieges waren territorial-hierarchischer Art: das Streben des habsburgischen Kaisers, die Reichshoheit zu erhalten oder sogar territorial auszudehnen; der Kampf der französischen Bourbonen gegen die territoriale Umklammerung der Habsburger; das territoriale Expansionsbestreben des schwedischen Königs. Hinzu kamen hierarchische Motive: das Streben des bayerischen Fürsten, die Kurfürstenwürde und eine Vormachtstellung im Deutschen Reich zu erreichen; das Streben des böhmischen Großgrundbesitzers Wallenstein zum Rang eines Fürsten aufzusteigen. Religiöse Motive waren zweitrangig und wurden instrumental ausgeschlachtet; so finanzierte das katholische Frankreich die protestantische Faktion gegen die katholischen Kaiserlichen.

➤ **Spanischer Erbfolgekrieg (1701 bis 1714)**
Nach dem Tode des kinderlosen spanischen Königs zwischen den europäischen Großmächten ausgebrochener Krieg, um die Vereinigung der spanischen Krone mit der französischen bzw. österreichischen zu verhindern. Trotz des Namens handelte sich im Wesentlichen um einen territorialen Hegemonialkrieg.

➤ **Irischer Krieg (1689 bis 1691)**
Gewaltsames Bestreben Großbritanniens, das irische Territorium einzuverleiben, die katholischen Einheimischen mit protestantischen Einwanderern zu übersiedeln und damit eine dauerhafte Kontrolle und schließlich Annexion des Territoriums zu erwirken.

➤ **Polnischer Thronfolgekrieg (1733 bis 1738)**
Der Thronfolgestreit in Polen wurde von Frankreich zum Anlass genommen, den Habsburgern Gebiete in Italien und am Rhein streitig zu machen.

➤ **Französische Revolutionskriege (1792 bis 1802)**
Der Auslöser der Kriege war zwar der Versuch der (monarchischen) europäischen Großmächte, in Frankreich zu intervenieren, um die soziale Revolution rückgängig zu machen (ausländischer Eingriff in einen innerstaatlichen Konstitutionskonflikt). Die (republikanische) französische Regierung ging zur Gegenoffensive über, um Nachbarterritorien zu besetzen um dort republikanische Regime zu etablieren. Insgesamt als territoriale Hegemonialkriege einzustufen.

> *Napoleonische Kriege (1803 bis 1815)*
> Die Napoleonischen Kriege sind als territoriale Integrationskriege in Reinform einzustufen. Sie waren ein gescheiterter Versuch, mit Gewalt einen kontinentaleuropäischen Einheitsstaat (unter französischer Dominanz) zu schaffen. Einige Teilkriege sind als territoriale Desintegrationskriege zu betrachten: Pyrenäenkrieg (1808 bis 1814), Tiroler Aufstand (1809), Deutscher Befreiungskrieg (1813 bis 1814)

> *Opiumkriege (1839 bis 1842, 1856 bis 1860)*
> Gewaltsame Durchsetzung der Wirtschaftsinteressen einer ausländischen Kolonialmacht (Verhinderung des Konsumverbots von Rauschgift, das aus der britischen Kolonie Indien importiert wurde) auf chinesischem Territorium.

> *Krimkrieg (1853 bis 1856)*
> Krieg (fast) aller europäischen Mächte gegen Russland, um dessen territoriale Expansion (zu Lasten des Osmanischen Reichs) Einhalt zu bieten und den Zuwachs territorialer Hegemonie des Zarenreichs zu verhindern.

> *Italienischer Einigungskrieg (1866)*
> Aggressionskrieg Piemonts zur Eingliederung der Lombardei.

> *Deutsch-Französischer Krieg (1870 bis 1871)*
> Kampf um die territoriale Hoheit über die Grenzgebiete Elsass und Lothringen, die der preußische Einheitsstaat dem Nationalstaat Frankreich entreißen wollte.

> *Burenkriege (1880 bis 1881, 1899 bis 1902)*
> Nachkommen niederländischer Landnehmer und Briten kämpften gegeneinander um die Herrschaft über das südafrikanische Territorium.

> *2. Balkankrieg (1912 bis 1913)*
> Kampf christlicher Balkanländer, die sich gemeinsam vom Osmanischen Reich freigekämpft hatten, um die gegenseitige Abgrenzung der Territorialherrschaft.

> *1. Weltkrieg (1914 bis 1918)*
> Kampf um territoriale Herrschaft in Europa (Zersetzungsbefürchtung des österreichisch-ungarischen Vielvölkerstaats); französische Ressentiments aus dem Krieg 1870/71 und aus dem Verlust Elsass-Lothringens) und in Übersee (deutscher Drang zur Seemacht und nach mehr Kolonien).

> *2. Weltkrieg (1939 bis 1945)*
> Kampf um territoriale Herrschaft in Europa bzw. im Pazifik. Der Krieg wurde durch eine gewaltsame territoriale Expansion des nationalsozialistischen Regimes Deutschlands bzw. Japans ausgelöst, dem ökonomische Interessen zugrunde lagen. Zwei Blöcke kämpften um die territoriale Beherrschung der Welt und um den Sturz der feindlichen Regime (mehr Territorium nach eigener Fasson und zu eigenem Nutzen beherrschen).

> *Koreakrieg (1950 bis 1953)*
> Gewaltsamer Versuch des Nordens Koreas (das im Rahmen des Kalten Krieges geteilt worden war) den Süden des Landes unter seine Herrschaft zu bringen.

> *Vietnamkrieg (1965 bis 1975)*
> Gewaltsamer Versuch des Nordens Vietnams (das im Rahmen des Kalten Krieges geteilt worden war) den Süden des Landes unter seine Herrschaft zu bringen.

> *1. Golfkrieg (1980 bis 1988)*
> Kampf zwischen Irak und Iran um die Herrschaft über erdölreiche Grenzgebiete.

> *2. Golfkrieg (1990 bis 1991)*
> Versuch Iraks, das erdölreiche Kuwait einzuverleiben, das die Kolonialmächte von der osmanischen Provinz Mesopotamien abgetrennt hatten.

5.3.3 Territoriale Desintegration (Aufstand gegen Fremdherrschaft, Ausgliederung)

Definition

> „Ein (geografisch definiertes) Subkollektiv will aus einem territorial-hegemonischen Kollektiv (Staat) austreten und davon unabhängig werden."

Ausführungsformen

> Aufstand gegen Fremdherrschaft
> Befreiungskrieg, Freiheitskrieg, Unabhängigkeitskrieg, Dekolonisationskrieg
> Bürgerkrieg separatistischer Art
> Autonomiekrieg
> Sezessionskrieg (Spaltungskrieg)

Bemerkungen

> *Territoriale Desintegrationskriege sind als intrakollektive (innerstaatliche) Konflikte zu werten, denn es geht um die Auflösung eines bestehenden Staatsverbandes.*
> *Ein Sezessionskrieg ist der klassische Fall einer territorialen Desintegration, in dem ein Landesteil A1 sich von einem Landesteil A2 trennen und unabhängig machen will, um einen eigenen Staat A1 zu konstituieren.*
> *Territoriale Desintegrationen sind gegenläufig zur makroökonomisch favorisierten historischen Tendenz einer immer größeren Integration des Territoriums. Es liegen meist gravierende Gründe vor, welche gegen diese historische Tendenz das Übergewicht gewinnen.*
> *Die Motivation eines Desintegrationskonflikts ist im Endeffekt ökonomischer Art; das Subkollektiv möchte die Ressourcen seines Territoriums nicht mit den Subkollektiven anderer Territorien teilen.*

> *Die ökonomische Motivation eines Desintegrationskonflikts wurde in der Vergangenheit durch allophobische Ideologien potenziert, um den Widerwillen der Bevölkerung eines Territoriums, mit der Bevölkerung eines anderen Territoriums weiterhin in einem Staatsverbund zu leben, zu verstärken. Die Allophobie kann auf ethnischen, religiösen oder kulturellen Aversionen fußen. Im Unterschied zur allophobischen Gewalttätigkeit ist bei territorialen Desintegrationskonflikten die Hegemonie über ein Territorium vordergründig und nicht der blinde Hass gegen Andersartige.*
> *Da das sezessionistische Subkollektiv dem herrschenden Kollektiv meist stark unterlegen war, sind die Desintegrationskriege der Vergangenheit (z.B. die Kolonialkriege) meist asymmetrischer Art (Guerillakrieg) verlaufen.*

Historische Beispiele territorialer Desintegrationskriege

> *Diadochenkriege (-321 bis -280)*
> Nach dem Tode Alexanders des Großen stritten seine Generäle zuerst um seine Nachfolge (Zentralmacht). Ursprünglich war es also ein Hierarchiekonflikt. Sehr bald gab die Mehrzahl der Diadochen die Ambition auf, die Zentralmacht zu erringen, sondern begnügte sich damit, die Unabhängigkeit ihres jeweiligen Regionalreichs zu verteidigen. Es kam somit zu einem Konflikt der territorialen Aufteilung des Reichs Alexanders.
> *Jüdisch-Römische Kriege (66 bis 73, 132 bis 135)*
> Die Gründe des Aufstandes waren zwar religiöser Art, doch letztlich kämpften die Aufständischen für die Vertreibung des Fremdherrschers, der ihre religiösen Bräuche nicht respektierte. Sie wurden vom Fremdherrscher dann nicht wegen ihrer religiösen Überzeugung bekämpft, sondern wegen ihrer Unabhängigkeitsbestrebung.
> *Aufstand des Civis (69)*
> Ziel war eine Unabhängigkeit der Bataver (Rheinmündung) von Rom.
> *Schweizer Unabhängigkeitskampf gegen die Habsburger (1314 bis 1388)*
> Gegen ihre damaligen Lokalfürsten, die Habsburger.
> *Schweizerkrieg (1499)*
> Zur Loslösung aus dem Heiligen Römischen Reich Deutscher Nation.
> *Unabhängigkeitskrieg der Niederlande (1568 bis 1648)*
> Zur Loslösung aus dem Habsburgerreich. Mit beidseitig starker religiöser Allophobiekomponente.
> *Nordamerikanischer Unabhängigkeitskrieg (1775 bis 1783)*
> Nachkommen der europäischen Kolonisatoren kämpften, um sich aus dem Vereinigten Königreich von Großbritannien loszulösen und einen unabhängigen (republikanischen) Staat herzustellen.
> *Tiroler Aufstand gegen die Bayern (1809)*
> Ein interessantes Beispiel territorialen Hegemonialkonflikts, wo ein Volksstamm gegen die Vorherrschaft eines eng verwandten Nachbarstamms (selbe Ethnie, Mundart und Religion) rebellierte, weil dieser die kleinen Abweichungen des Brauchtums gleichschalten und den Wehrdienst außerhalb Tirols durchsetzen wollte.
> *Lateinamerikanische Unabhängigkeitskriege (1810 bis 1830)*
> Zur Loslösung aus dem Spanischen Königreich.
> *Griechischer Unabhängigkeitskriege (1821 bis 1869)*
> Kämpfe der (christlichen) Bewohner Griechenlands (griechischer, slawischer und albanischer Ethnie) um die Unabhängigkeit vom (muslimischen) Osmanischen Reich. Allophobische Motive langen dem zwar zugrunde (v.a. religiöser Art), denn in Brauchtum und Kultur hatte eine starke Assimilierung der Griechen stattgefunden). Den Aufständischen ging es indes nicht darum, alle Andersgläubigen aus blindem Hass zu vernichten, sondern ihre Vorherrschaft abzuschütteln. Mithin als territorialer Hegemoniekampf einzustufen.
> *Italienischer Einigungskrieg (1848)*
> Aufstand zur Erlangung der Unabhängigkeit vom Habsburgerreich. Die nachfolgenden Einigungskriege waren primär territoriale Expansionskriege Piemonts.
> *Amerikanischer Sezessionskrieg (1861 bis 1865)*
> Die Bundesstaaten im Süden sagten sich von der Union los, als der Präsidentschaftskandidat der Nordstaaten, mit dem Versprechen der Abschaffung der Sklaverei, die Wahl gewann.
> *Kriege der Auflösung Jugoslawiens (1990 bis 1999)*
> Kämpfe der Regionen Slowenien, Kroatien, Bosnien, Kosovo, um sich aus dem von den Serben dominierten Bundesstaat herauszulösen. Allophobische Motivationen waren zwar das Leitmotiv und bei der Abgrenzung der Gebiete kam es zu ethnizistischer Gewalttätigkeit, aber im Wesentlichen ging es um territoriale Hegemonie und nur sekundär um Vernichtung „Andersartiger" ihrer Andersartigkeit wegen.
> *Terroranschläge der baskischen ETA (1959 bis dato)*
> Gezielte Terroranschläge gegen Amtsträger der Zentralverwaltung, mit dem Ziel, eine Unabhängigkeit zu erwirken.
> *Tschetschenische Unabhängigkeitskriege (1994 bis dato)*
> Kampf der einheimischen Bevölkerung (muslimischen Glaubens) gegen die russische Zentralverwaltung, um sich aus der Russischen Föderation herauszulösen und unabhängig zu werden.

5.4 Hierarchie- bzw. Konstitutionskonflikte

Definition

> *„Innerhalb eines territorial-hegemonischen Kollektivs A (z.B. Staat) kämpft Sub-Kollektiv A1 gegen Sub-Kollektiv A2 zur Durchsetzung des eigenen Anspruches auf die Leitung des Gesamtkollektivs A (Staatslenkung), mit dem Ziel, in den Genuss der entsprechenden sozio-ökonomischen Privilegien zu kommen und/oder seine Ideologie durchzusetzen."*

Bemerkungen zu Hierarchie- bzw. Konstitutionskriegen

> *Ein Hierarchie- bzw. Konstitutionskonflikt liegt vor, wenn zwei oder mehr Subkollektive eines territorial-hegemonischen Kollektivs darüber streiten, durch wen bzw. nach welchen Regeln regiert werden soll.*

> ➢ *Hierarchie- oder Konstitutionskonflikte sind also solche, bei denen es innerhalb eines vorher integrierten Territoriums A darum geht, welches Subkollektiv die Regierungsmacht auszuüben habe, bzw. nach welchen Regeln die Ressourcen und Lasten unter den Subkollektiven zu verteilen seien.*
> ➢ *Da die Übergänge zwischen Hierarchie-und Konstitutionskonflikten gleitend sind, werden sie in den in diesem Buch vorgestellten Statistiken statistisch zusammengelegt. Trotzdem werden in den folgenden zwei Unterpunkten die zwei „Reinformen" getrennt besprochen und anhand von historischen Beispielen veranschaulicht.*
> ➢ *Bei 15% der gewalttätig ausgetragenen kollektiven Konflikten der Vergangenheit waren Hierarchie- oder Konstitutionskonflikte die Hauptmotivation (siehe Punkt 8.5). Bei etwa der Hälfte davon stand die Hierarchiefrage im Vordergrund, bei der anderen Hälfte die Konstitutionsfrage.*

5.4.1 Hierarchiekonflikte

Definition

> ➢ *„Innerhalb eines territorial-hegemonischen Kollektivs A (z.B. Staat) kämpft Sub-Kollektiv A1 gegen Sub-Kollektiv A2 zur Durchsetzung des eigenen Anspruches auf die Leitung des Gesamtkollektivs A (Staatslenkung), mit dem Ziel, die Regierungs- und Verwaltungsposten mit Individuen des eigenen Subkollektivs A1 zu besetzen."*

Ausführungsformen von Hierarchiekriegen

> ➢ *Innerstaatlicher Konflikt*
> ➢ *Innerstaatlicher Thronfolgekrieg*
> ➢ *Bürgerkriege mit hierarchischer (nicht sozialer) Motivation*
> ➢ *Antiregime-Konflikt*

Bemerkungen zu Hierarchie

> ➢ *Die Grundmotivation des Hierarchiekriegs ist die Erringung oder Sicherung der Regierungsmacht innerhalb eines Kollektivs.*
> ➢ *Beide Konfliktparteien können aus einem Kollektiv von Einzelpersonen bestehen oder aus einer Koalition von Kollektiven, welche ein gemeinsames Interesse vereint.*
> ➢ *Unter die Kategorie der „Hierarchiekonflikte" fallen auch solche, die der Wahrung der bestehenden Hierarchieposten gelten.*
> ➢ *In diese Rubrik fallen jene Bürgerkriege, die nicht der Durchsetzung der Interessen einer spezifischen sozialen Schicht gegen andere gelten (jene werden als „Konstitutionskonflikt" eingestuft), sondern der Besetzung der Führungsrollen in einer gegebenen Ordnung.*
> ➢ *In der Terminologie von Foucault handelt es sich um Konflikte über „Herrschaftszustände", die dann entstehen, wenn es einem Individuum oder einer gesellschaftlichen Gruppe gelungen ist, das Feld der Machtbeziehungen zu blockieren und eine dauerhafte Asymmetrie zu etablieren.[110]*
> ➢ *Die Erbfolgekriege des 17. Jhs. gehören – trotz ihrer Benennung – nicht zu dieser Kategorie, da es sich um zwischenstaatliche Expansionskonflikte handelte, die mit dem Vorwand eines realen oder fiktiven Thronfolgeanspruchs ausgefochten wurden.*
> ➢ *Kollektive Gewalttätigkeit für staatsinterne Hierarchiekämpfe ist in der Neuzeit drastisch zurückgegangen, da die modernen Nachfolgeregelungen und Tabuisierungen kaum noch Raum für gewalttätige Streitigkeiten lassen.*
> ➢ *Als einer der großen zivilisatorischen Vorteile der Demokratie kann betrachtet werden, dass sie (durch den Wahlmechanismus) einen gewaltlosen Machtwechsel ungemein erleichtert und somit Hierarchiekonflikte vermeidet.*

Historische Beispiele von Hierarchiekonflikten

> ➢ **Römischer Bürgerkrieg Caesars gegen die Optimaten (Pompejaner) (-49 bis -45)**
> *Auch wenn unterschwellig Klasseninteressen eine Rolle spielten, nämlich des Ritterstands (Neureiche) gegen Optimaten (Altadel) nebst entsprechender Verfassungsfragen (Minderung der Macht des von den Optimaten beherrschten Senats), handelte es sich hauptsächlich um einen persönlichen Machtkampf zwischen Caesar und Pompeius.*
> ➢ **Thronfolgekriege und Usurpationen im Römischen Reich**
> *Bei den Thronfolgekriegen im Römischen Reich ging es regelmäßig darum, der Oberbefehlshaber welcher Armeegruppe die Nachfolge antreten solle. Es ging vordergründig um Personen und die Besoldung von Legionen und nur sehr hintergründig um die Interessen sozialer Schichten oder Ethnien.*
> ➢ **Rosenkriege (1455 bis 1487)**
> *Bei den 1455 ausgebrochenen Rosenkriegen handelte es sich um den Machtstreit zwischen den York und Lancaster, Zweige der Dynastie der Plantagenet, welche seit 300 Jahren in England den König stellte. Ein Hierarchiekonflikt schlechthin, bei dem es nicht darum ging, wie zu regieren sei, sondern wer regieren solle.*
> ➢ **Karlistenkriege in Spanien (zwischen 1833 und 1876)**
> *Der letzte Thronfolgekrieg in Europa, mit einer starken Komponente eines katalanischen Sezessionskriegs.*

---

110 Synthese der Gedanken Foucaults von Thomas Lemke im Nachwort zu Foucault (1994)

5.4.2 Konstitutionskonflikte

Definition

> „Innerhalb eines territorial-hegemonischen Kollektivs A (z.B. Staat) kämpft Subkollektiv A1 gegen Subkollektiv A2, um die Koexistenzregeln nach eigenen Interessen umzugestalten."

Ausführungsformen von Konstitutionskriegen

> Verfassungskrieg
> Politische Revolution (Umsturz), Bürgerkrieg mit politischer Motivation
> Sozialkonflikt, Soziale Revolution, Bürgerkrieg mit sozialer Motivation
> Sklavenaufstand
> Bauernaufstand

Bemerkungen zu Konstitutionskriegen

> Im Vordergrund des Konstitutionskonflikts steht nicht die Frage, wer regieren soll, sondern nach welchen Regeln regiert werden soll.
> Hintergründig geht es beim Konstitutionskonflikt um die Frage, wie die Ressourcen (Besitz, Einkommen) und Lasten (Steuern) auf die Subkollektive aufzuteilen sind („Distributionskonflikt/ Umverteilungskonflikt").
> Die antagonisierenden Kollektive können entweder sozial, ideologisch (religiös, politisch), geografisch (Regionen) oder ethnizistisch definiert sein. Sie können auch eine „Koalition" unterschiedlicher Subkollektive sein, welche im Widerstreit zu einer gegnerischen Koalition oder einem gegnerischen Kollektiv vorübergehend geeint werden.
> Unter diesen Typus fallen sowohl Gewalttätigkeiten zur Veränderung der Staatsordnung als auch solche zur deren Wahrung.
> Auch bei Konstitutionskonflikten spielen persönliche Interessen eine große Rolle, indes nur hintergründig. Weit mehr geht es um Strukturreformen angesichts veränderter sozio-ökonomischer Bedingungen.
> In der Terminologie von Foucault handelt es sich um Konflikte über „Regierungstechnologien", über Modalitäten der Lenkung und Einschränkung menschlichen Verhaltens, über Formen der Machtausübung.
> Innerstaatliche Konflikte, bei denen ein Subkollektiv die Koexistenz mit einem anderen Subkollektiv auf demselben Territorium ausschließt und folglich auf die Vertreibung oder Vernichtung des gesamten Opferkollektivs abzielt, sollte diesem Konflikttypus nicht zugeordnet werden, sondern den Allophobiekonflikten (siehe Punkt 5.5), weil darin die ideologische Komponente die Konflikte zu dramatischeren Konsequenzen potenziert wird.

Historische Beispiele von Konstitutionskriegen

> **Römischer (Marsischer) Bundesgenossenkrieg (-91 bis -88)**
> Der Konflikt spitzte sich ob der Forderung der italischen Bundesgenossen (welche die Hauptlast des Militärdienstes trugen) nach völliger Gleichstellung und dem Erhalt der römischen Staatsbürgerschaft zu.
> **Römischer Bürgerkrieg (-89 bis -82)**
> Es handelte sich um einen Machtkampf zwischen der herrschenden Oberschicht des grundbesitzenden Adels („Optimaten") und dem Geldadel (Ritterstand, „Populare"). Auslöser waren hauptsächlich Konflikte zur Landreform und der „italischen Frage". Obschon der Konflikt stark von persönlichen Feindschaften (Sulla gegen Cinna und Marius) und Machtstreben genährt wurde, ist er als Sozialkonflikt einzustufen, denn hintergründig ging es um die Wiederherstellung der Senats- und Nobilitätsherrschaft.
> **Deutsche Bauernkriege (1524 bis 1526)**
> Die Bauern forderten im Namen Gottes die Aufhebung der Leibeigenschaft, die Milderung der Frondienste, die Rückgabe der Allmende, die Beschränkung des Zehnten, Fischerei- und Jagdrechte sowie die freie Pfarrerwahl und gingen daran, dies mit Gewalt durchzusetzen. Mit moralischer Unterstützung des Klerus schlugen die Adligen den Aufstand nieder.
> **Schottische Bischofskriege (1639 bis 1641)**
> Aufstände der schottischen Bevölkerung gegen Maßnahmen des englischen Königs, die schottische presbyterianische Kirche in Ritus und Organisation der anglikanischen Kirche anzupassen.
> **Englischer Bürgerkrieg (1642 bis 1646)**
> Es handelte sich um einen Vormachtkampf in England zwischen den aufstrebenden bürgerlichen (protestantischen) Kräften und den konservativen adligen (überwiegend anglikanischen) Kräften.
> **Französische Revolution (1789 bis 1799)**
> Die sozioökonomische Entwicklung in Frankreich hatte Mitte des 18. Jhs. die konstitutionelle Ordnung überholt. Das Bürgertum erhob die Forderung nach mehr Mitbestimmung. Als dies vom Adel verweigert wurde, rebellierte die Pariser Bevölkerung und griff zu den Waffen. Das Hauptanliegen der Revolutionäre war anfänglich, die absolute Monarchie in eine konstitutionelle umzuwandeln, in dem die Vorrechte des Adels und der Kirche abgeschafft und demokratische Bürgerrechte eingeführt wurden. Die radikalen Kräfte setzten mit Terror darüber hinaus die Abschaffung der Monarchie durch.
> **Satsuma-Aufstand in Japan (1877)**
> Die Kriegerkaste der Samurai rebellierte gegen die Schmälerung ihrer Einkünfte.
> **Spanischer Bürgerkrieg (1936 bis 1939)**
> Eine mit knapper Wahlmehrheit an die Macht gekommene republikanische Mitte-links-Regierung (Sozialisten, Kommunisten, linke Republikaner, katalanische und baskische Nationalisten) erließ eine Reihe von Reformgesetzen: antiklerikale Gesetze, Militärreform, Agrarreform; Gewährung von Autonomien an Katalonien, Baskenland und Galicien. Die Verteidiger des „status quo ante" (vornehmlich dem Klerus und das Militär) rebellierten und stürzten die gewählte Regierung. Obwohl ausländische Kräfte massiv eingriffen, war dies im Wesentlichen kein territorialer Hegemonialkonflikt, sondern ein Kampf um die Staatsmacht und Staatsform zwischen sozialen und regionalen Gruppen in Spanien.

> **Nordirischer Bürgerkrieg (1968 bis nach 2000)**
> *Konflikt zwischen der protestantischen Mehrheit (überwiegend Nachkommen britischer Siedler) und der christlichen Minderheit (überwiegend Nachkommen irischer Ureinwohner) um die Macht im Staate und die Frage einer Wiedervereinigung mit der Irischen Republik.*

> **Terroranschläge ägyptischer Fundamentalisten (1974 bis nach 2000)**
> *Die Hauptmotivation war durch Töten von Schlüsselpersönlichkeiten und Abschrecken sittenverderbender Touristen einen Gottesstaat einzurichten.*

> **Libanesischer Bürgerkrieg (1975 bis 1989)**
> *Kampf zwischen islamischer Mehrheit und christlicher Minderheit um die Macht im Staate Libanon.*

5.5 Allophobische Kollektivgewalttätigkeit

DER ORT DER VERBANNUNG DERARTIGER UNRUHESTIFTER IST DAS NICHTS.
(Anweisung des Osmanischen Innenministeriums an die Präfektur Aleppo, 1.12.1915)

JEDER UNTERSCHIED WIRD ZUM LEBENSGEFÄHRLICHEN RISIKO
(Hans Magnus Enzensberger, 1996)

5.5.1 Vorbemerkungen

Wie die statistischen Auswertungen des Kapitels 8 zeigen, sind zwei Drittel der Konflikte der Vergangenheit auf interkollektive (zwischenstaatliche) Konflikte um die Beherrschung von Territorien und der darauf befindlichen Ressourcen zurückzuführen. Beim restlichen Drittel, den intrakollektiven (innerstaatlichen) Konflikten hat in der Neuzeit ein Typus stark zugenommen, der letztlich einen Auswuchs innerstaatlicher Konflikte um die (vermeintlich oder real knappen) innerstaatlichen Ressourcen darstellt. Einem Teil des Kollektivs, den „Gemeinschaftsfremden", wird aufgrund ideologischer Differenzierungsmerkmale das Koexistenzrecht auf demselben Territorium, im Extremfall sogar auf Erden, abgesprochen. Im weitesten Sinne handelt es sich also ebenfalls um einen „Territorialkonflikt". Da dies der Motivationstyp ist, der die meisten Todesopfer der Geschichte verursacht hat, muss darauf ausführlicher eingegangen werden.

Abstrakt betrachtet kann man den Kern aller allophobischen Konflikte im „kopernikanistischen" Streben von Sozialkonstrukten sehen, ihre innere Komplexität zu minimieren. Dabei kann es sich um sehr marginale Komplexitäten handeln (Hautfarbe, Religion, Ideologie), die es ontologisch zu beseitigen gilt. Hintergründig stehen meist handfeste ökonomischen Vorteile eines Teilkollektivs, die durch die physische Eliminierung eines anderen, aufgrund bestimmter (realer oder erfundener) Andersartigkeiten diskriminierten Teilkollektivs entstehen an, weil man (real oder vermutlich) knappen Ressourcen nicht mehr mit ihm teilen muss.

Auf der Suche nach einem abstrakten Begriff für „blinder Hass gegen Andersartiges" fiel meine Wahl auf das mit altgriechischen Elementen gebildete Kunstwort „Allophobie" (vom griech. „allos = andersartig" + „phobein = fürchten"). Es ist geeigneter als der bereits mit anderer Konnotation belegte Terminus „Xenophobie" („negative, feindliche Einstellung allem Fremden gegenüber"), der mehr eine „Ängstlichkeit vor Fremden" assoziieren lässt und der den proaktiven Hassaspekt unterbelichtete. Außerdem wendet sich allophobischer Hass nicht nur gegen Fremdes, sondern ebenso gegen wohlbekannt „Andersartiges". Das mitunter verwendete Wort „Heterophobie" ist weniger geeignet, denn „heteros" bedeutet im Altgriechischen „der andere von zweien" und gibt die Andersartigkeit nur in abgeschwächter Form wieder.

Der im Folgenden für den ideologisch blinden Hass gegen das Andersartige verwendete Begriff der „Allophobie" wurde vermutlich vom Schriftsteller und Psychologen Manes Sperber erstmals verwendet und zwar in seiner Aussage, wonach die von der jüdischen Religion angeordnete Absonderung, ja sogar Allophobie, maßgeblich am Aufkommen des Antisemitismus beteiligt sei.

Definition

> ➢ *„Innerhalb eines territorial-hegemonischen Kollektivs wendet Subkollektiv A Gewalt gegen Subkollektiv B an wegen andersartiger Religion, politischer Ideen, Kultur, Abstammung oder Rasse, mit dem Ziel es zu vertreiben oder zu vernichten, eine Koexistenz auf demselben Territorium ausschließend."*

Ausführungsformen allophobischer Gewalttätigkeit

> ➢ *Gleichbedeutend wird mitunter der Terminus **„ideologische Gewalttätigkeit** verwendet; er hat jedoch den Nachteil, dass er auch für Konflikte angewandt wird, die von einer Meinungsverschiedenheit ausgelöst werden, ohne von blindem, Hass für Anderes getrieben zu sein.*
> ➢ *Die Ausführung allophobischer Gewalttätigkeit kann drei Steigerungsformen haben:*
> ➢ ***Pogrom**: örtlich und zeitlich begrenzte Massentötung von Mitgliedern des angefeindeten Kollektivs;*
> ➢ ***Vertreibung**: die gewaltvolle Vertreibung oder Zwangsumsiedlung möglichst aller Mitglieder des angefeindeten Kollektivs;*
> ➢ ***Demozid**: organisierte Massentötung möglichst vieler Mitglieder des angefeindeten Kollektivs, auf möglichst dem gesamten vom Gewalt ausführenden Kollektiv beherrschten Gebiet.*
> ➢ *„**Politisch beabsichtigter Massenmord**" (Jahn, 2012) ist ein Synonym von „Demozid".*
> ➢ *Normalerweise enthält die obere Stufe auch die Gewaltformen der unteren Stufen, so sind Demozide üblicherweise mit Pogromen und Vertreibungen verbunden.*

Täter allophobischer Gewalttätigkeit

> ➤ Territorial-hegemonisches Kollektiv (Königreich, Kirche, Nationalstaat) bekämpft minoritäres Subkollektiv (Sekte, regionale Ethnie, politische Minderheit) zum Zwecke der Gleichschaltung;
>
> ➤ Minoritäres Subkollektiv (Sekte, regionale Ethnie, politische Minderheit) bekämpft territorial-hegemonisches Kollektiv um sich einer Gleichschaltung zu entziehen;
>
> ➤ Majoritäres Subkollektiv (Bevölkerungsmehrheit) bekämpft aus allophobischem Hass „andersartige" Minderheit (Pogrome von Mitgliedern anderer Ethnie, Religion, Konfession etc.).

Allgemeine Bemerkungen zur allophobischen Gewalttätigkeit

> ➤ Allophobiekonflikte beruhen auf einer ideologischen Allophobie und lösen eine Extremform „territorialer Homogenisierungskonflikte" aus. Da jedoch „Homogenisierung" eine positive Konnotation hat, wird für diese Konfliktart (welche vor allem in jüngster Vergangenheit Millionen von Menschenleben gekostet hat und der schrecklichste aller Konflikttypen ist) vorgeschlagen, den Terminus „Homogenisierung" nur als Terminus technicus, nicht aber als Schlagwort zu verwenden.
>
> ➤ Ideologische Allophobie ist eine Entartung und Radikalisierung der Ideologie eines Kollektivs. Dazu ist es in der Vergangenheit am häufigsten in ökonomischen Notsituation gekommen, wenn Kollektive für ideologische „Erlösungsvisionen" einer utopischen Wunschwelt" besonders anfällig waren, insbesondere jene Visionen, alle Existenzprobleme aus der Welt zu schaffen versprachen.
>
> ➤ Vor allem Kollektive, die durch andere Umstände in Krise geraten sind, fühlen sich in ihrer Stabilität oder in ihren Interessen durch ideologisch oder ethnisch Andersartige bedroht und bauen Hassgefühle auf.
>
> ➤ Ideologische Allophobie kann sowohl Konflikte zur Herstellung einer religiösen, politischen oder ethnizistischen Gleichschaltung (Beseitigung einer Andersartigkeit) betreffen, als auch Konflikte zur Abwehr einer Gleichschaltung und Erhaltung der Andersartigkeit.
>
> ➤ Die besondere Gefährlichkeit der ideologischen Allophobie besteht darin, dass sie den Kontakt zur Realität („Verlust der Bodenhaftung") verliert und einen völlig unkontrollierten, von Emotionen gelenkten Verlauf nehmen kann. Da Kriege und Revolutionen zu einer anhaltenden Verrohung der Gesellschaft führen, kann es besonders in Kriegs- und Nachkriegszeiten zu Extremformen allophobischer Gewalttätigkeit kommen.
>
> ➤ Von allophobischem Wahn getriebene Kollektive neigen dazu, keinen Kompromiss mit konträren kollektiven Egoismen hinzunehmen.
>
> ➤ Zur Schrecklichkeit allophobischer Konflikte trägt bei, dass die Allophobie auf beiden Seiten emotional wirkt und durch Aggressionen bilateral verstärkt wird. Ideologische Allophobiekonflikte sind daher viel schwieriger zu schlichten als politische Machtkonflikte.
>
> ➤ Allophobische Kollektive tendieren dazu, alles Andersartige, was ihrer Utopie im Wege steht, blind zu hassen. Sie vereinfachen sich ihr Weltbild dadurch, dass sie (durch pauschalisierte, gedankliche Kategorien definierte) Kollektive zum Feind hochstilisieren, den es guten Gewissens auszubeuten, zu vertreiben oder zu vernichten gilt. Es handelt sich vielfach um die Verfolgung von „Ersatzfeinden" für Missstände oder Bedrohung ganz anderer Natur.
>
> ➤ Während bei politischen Machtkonflikten das gegnerische Kollektiv „geografisch" definiert wird („die jenseits der Grenze Lebenden") richtet sich die ideologische Allophobiegewalttätigkeit gegen rein ideell definierte Kollektive, die innerhalb der eigenen geografischen Grenzen diffus verstreut sind: Individuen bestimmter Herkunft, Religion, Ideologie, sozialer Schicht. Darum ist ideologische Allophobie in höchstem Maße manipulierbar. Die über fünfzigtausend Frauen, die während der Hexenverfolgungen verbrannt wurden, hatten weder mit dem Teufel einen Bund geschlossen noch Geschlechtsverkehr mit ihm gehabt.
>
> ➤ Bei 4 % der gewalttätig ausgetragenen kollektiven Konflikte der Vergangenheit war Allophobie die Hauptmotivation (siehe Punkt 8.5, Abb. 3d).
>
> ➤ Das besonders Perfide an der ideologischen Allophobiegewalttätigkeit besteht darin, dass die Opfer kaum der ihnen aufgebürdeten ideologischen Kategorisierung entkommen können und dass sie im Prinzip der Tätergewalt wehrlos ausgeliefert sind. Die Opfer der kollektiven Kategorisierung können diese in der Regel ebenso wenig ablegen wie etwa ihre Hautfarbe. Die Opfer der ideologischen Allophobiegewalttätigkeit sind in der Regel „virtuelle" Kollektive, die über keine angemessene kollektive Abwehrgewalt verfügen wie ein territorial-hegemonisches Kollektiv, um der Staatsgewalt (die das Gewalttätigkeitsmonopol beansprucht) entgegentreten zu können. Die Opfer der ideologischen Kollektivgewalttätigkeit können in der Regel nur fliehen oder sich verstecken und sind bei Gefangennahme der Willkür der Aggressoren restlos ausgeliefert.
>
> ➤ Ideologische Allophobiegewalttätigkeit ist eine besonders menschenrechtsverletzende Form ideologischer Konflikte, denn sie spricht dem angefeindeten Kollektiv als solchen nicht nur elementare Menschenrechte,[111] sondern auch das Koexistenzrecht (auf dem selben Territorium) und sogar das Existenzrecht (das Koexistenzrecht auf dem Planten Erde) ab.
>
> ➤ Die menschliche Zivilisation beruht auf der kulturellen Errungenschaft der in den antiken Stadtkulturen entwickelten koexistenziellen Toleranz, dass nämlich alle menschlichen Kollektive das Recht darauf haben zu existieren, unabhängig von Hautfarbe, „Rasse", Kultur, Nationalität oder Religion. Der Kern allophobischer Verbrechen gegen die Menschheit besteht darin, anderen Kollektiven das Koexistenzrecht zu verweigern.
>
> ➤ Es ist wohl kein Zufall, dass – wie B. Barth (2006) festgestellt hat- einige der demozidären Ideologien, die zu den größten Verbrechen gegen die Menschheit geführt haben, eine starke antiurbane Komponente hatten (der reichsdeutsche Nationalsozialismus, der serbische Chauvinismus, der Nationalkommunismus der Roten Khmer). Dies hängt wohl damit

---

111 Einen krassen Fall des Entzugs des letzten Funkens einer Eigenmacht von Personen, denen aus allophobischer Motivation von einem Kollektiv die Freiheit entzogen wurde ist das von Popitz (1986) erwähnte Selbstmordverbot der Verwaltung des KZ Dachau von 1933, bei dem jedem Überlebenden mit schwerer und demütigender Strafe gedroht wurde.

zusammen, dass in den betreffenden Ländern der Übergang von der geschlossenen Stammesgesellschaft in die offene urbane Gesellschaftsform nicht vollständig vollzogen worden war. Deshalb konnte es in großer Krisensituation zu einem **Rückfall in archaisch-blinde Loyalitätseinstellungen** kommen, oder zu einer Verbrämung einer vergangenen „ruralen Reinheit" (Shaw, 2003) deren Konsequenzen apokalyptisch ausarteten, weil die Machtmittel der Moderne zur Verfügung standen, um Archaisches in die Gegenwart zu verpflanzen.

➢ Ideologische Allophobiegewalttätigkeit ist in der Regel die gewaltvolle Austragung eines „**asymmetrischen Konflikts**" (angelehnt an eine Begriffsbildung von Herbert Münkler) zwischen einer übermächtigen territorial etablierten Macht und einer unterlegenen „virtuellen" Macht. Wegen der „Asymmetrie" der zur Verfügung stehenden Machtmittel neigt in der Neuzeit die unterlegene Macht zur Gewaltform des **Terrorismus** zu greifen.

➢ Zum Unterschied zu der Pönalisierung von Kriegsverbrechen, die nach geltendem Völkerrecht ausschließlich den Nationalstaaten unterliegen, gibt es einen weltweiten Konsens darüber, dass „ideologische Allophobiegewalttätigkeit" Verbrechen gegen die Menschheit darstellen, folglich die nationalstaatliche Rechtshoheit überschreiten und dass die Staatengemeinschaft nicht nur das Recht, sondern sogar die Pflicht hat, dagegen einzuschreiten.

➢ Wie im Kapitel „Häufigkeitsverteilung kollektiver Gewalttätigkeit" näher ausgeführt wird, hat Allophobiegewalttätigkeit erst in jüngster Vergangenheit jene unbeschreiblich unmenschliche Relevanz erlangt.

➢ Die **Extremformen** der ideologischen Allophobiegewalttätigkeit (Vertreibung und Demozid) sind faktisch **nur durch** territorial-hegemonische Kollektive **(staatliche Organisationen) durchführbar**. Die meisten davon haben im letzten Jahrhundert stattgefunden, was Rudolph Rummel (1994) eindrucksvoll dargestellt hat.

Die Frage der Relevanz einer zentralen Intention

➢ Wegen der unter „Ethnizistische Allophobiegewalttätigkeit" besprochenen Diskussionen um den Begriff „Genozid" gibt es Meinungen, dass dieser Begriff nur in Fällen anzuwenden sei, in denen erwiesenermaßen ein zentraler Beschluss zur Massentötung (entsprechend den Begriffen „vorsätzliche Tötung" oder „mens rea" im Strafrecht) vorgelegen habe. Im Folgenden werden daher ein zentral beschlossener Demozid als „**De-intentio-Demozid**" bezeichnet.

➢ In der Geschichte hat es auch sehr viele **Fälle gegeben, bei denen eine zentrale Intention nicht vorgelegen hat oder nachweisbar ist,** in denen trotzdem durch eine Kette von Einzelfällen Millionen von Menschen umgekommen sind (z.B. die europäische Besiedelung Amerikas, Südafrikas, Ozeaniens). Dessen ungeachtet sind derart gelagerte Fälle als kollektive Gewalttätigkeit einzustufen, denn ein Kollektiv kann durch inhärente Ideologien und Emotionen auch ohne zentrale Befehle zielgerichtet agieren. Vom Standpunkt der Opfer aus gesehen gibt es keinen physischen Unterschied (Tötung ist Tötung), höchstens einen Unterschied des Schmerzempfindens durch mildere Begleitumstände. Im Folgenden wird dies als „**De-facto-Demozid**" bezeichnet (entsprechend den Begriffen „Totschlag" und „actus reus"). Das Hauptanliegen der Menschheit ist sicherlich, in Zukunft die Wiederholung von De-intentio-Demoziden absolut zu unterbinden. Aber es ist sicherlich ebenso anzustreben, auch De-facto-Demozide zu verhindern.

Historische Beispiele allophobischer Gewalttätigkeit

➢ Die ca. sechs Millionen Juden, die von den reichsdeutschen Nationalsozialisten als „verschwörerische und minderwertige Rasse" verfolgt und ermordet wurden, gehörten weder einer Rasse im genetischen Sinn an (sie waren eine Religionsgemeinschaft), noch hatten sie eine Verschwörung angezettelt. Obwohl die Absicht ein Genozid war, stellt der Holocaust de facto einen Religiozid dar.

➢ Die Hunderttausende von Sinti und Roma, die von den um die „Reinheit ihres arischen Blutes" bedachten reichsdeutschen Nationalsozialisten als „Artfremde" verfolgt und zum Großteil umgebracht wurden, waren in Wirklichkeit „arischer" als die Täter.

➢ Die drei Millionen sowjetischer Kriegsgefangener, die von den reichsdeutschen Nationalsozialisten wegen ihrer „minderwertigen Rasse" durch demozidale Behandlung umgebracht wurden, gehörten weder einer einheitlichen „Rasse" an (es gab darunter Russen, Weißrussen, Ukrainer, Balten, Volksdeutsche, Angehörige von Turkvölkern, Angehörige kaukasischer Stämme, Armenier) noch war ihre „Rasse" (was immer man darunter verstehen mag) minderwertiger als jede andere.

➢ Hunderttausende von Serben wurden von Kroaten wegen ihrer unterschiedlichen Ethnie umgebracht: dies, obwohl die Serben ein mit den Kroaten eng verwandter Stamm sind (beide im Frühen Mittelalter aus dem heutigen Polen ausgewandert), mit derselben Sprache (Serbokroatisch), die nur mit unterschiedlichen Schriftzeichen geschrieben werden (kyrillischen bzw. lateinischen). Ihr Hauptunterscheidungsmerkmal ist die Religion (der Katholizismus bzw. Orthodoxie, beides jedoch christliche Religionen, die sich nur durch Spitzfindigkeiten unterscheiden). Die Opfer wurden jedoch nicht ihrer Religion wegen umgebracht.

➢ In Ruanda und Burundi brachten im Laufe mehrerer Massaker Angehörige der Hutu etwa eine Million Angehörige der Tutsi um und einige Hunderttausend Hutu wurden von Tutsis umgebracht. Beide Kollektive sprechen dieselbe Sprache und sind vom Aussehen kaum zu unterscheiden. Auch gibt es keine grundsätzlichen Unterschied in der Religionszugehörigkeit. Sie waren primär durch den Umstand unterscheidbar, dass die belgische Kolonialverwaltung Personalausweise eingeführt hatte, in denen ein Feld „Stammeszugehörigkeit" ausgefüllt werden musste. Symptomatisch ist, dass dieser Demozid im Land mit der größten Bevölkerungsdichte Afrikas stattgefunden hat; er kann als willkürliches Abschlachten einer Überbevölkerung betrachtet werden-

5.5.2 Religiöse Allophobiegewalttätigkeit

RELIGION BLEIBT DER GEFÄHRLICHSTE EXPLOSIVSTOFF DER KULTUR.

(Gustav Seibt, 2004)

Die historischen Beispiele dieses und der folgenden Punkte werden nach der beabsichtigten Opferkategorie eingestuft (z.b. einen Ethnie) und nicht nach der tatsächlich getroffenen Opferkategorie (z.B. eine Religionsgemeinschaft).

Definition

> *„In einem territorial-hegemonischen Kollektiv wendet ein (meist majoritäres und regierendes) Subkollektiv A gegenüber einem (meist minoritärem) Subkollektiv B Gewalt an, ob dessen andersartige Religion oder Konfession. Dabei schließt es die Koexistenz aus."*

Ausführungsformen religiöser Allophobiegewalttätigkeit

> *Ein religiöses Pogrom ist die örtlich und zeitlich begrenzte spontane Massentötung von Mitgliedern des angefeindeten Kollektivs.*
> *Eine religiöse Vertreibung ist die gewaltvolle Vertreibung oder Umsiedlung möglichst aller Mitglieder des angefeindeten Kollektivs.*
> *Ein religiöser Demozid (Religiozid) ist eine zentral organisierte Massentötung möglichst vieler (im Prinzip aller) Mitglieder des angefeindeten Kollektivs auf möglichst dem gesamten vom Gewalt ausführenden Kollektiv beherrschten Gebiet.*

Bemerkungen zur religiösen Allophobiegewalttätigkeit

> *Das Unterscheidungsmerkmal der religiösen Allophobie zu den politisch motivierten Konflikten zwischen Subkollektiven unterschiedlicher Religion oder Konfession (Religionskrieg), welche der Kategorie „Innerstaatliche Redistributionskonflikte" zugeordnet sind, ist das Absprechen des Koexistenzrechts der angefeindeten Religion bzw. Konfession und der Entschluss, möglichst viele Mitglieder davon auf dem gesamten kontrollierten Territorium gewaltsam zu beseitigen.*
> *Das Gewalt anwendende Kollektiv A kann auch aus einer Gruppe von Kollektiven unterschiedlicher Religionen oder Konfessionen bestehen, die eine gemeinsame Allophobie gegen das Kollektiv B verbindet.*
> *Die Grenzen zwischen religiöser, sozialer und ethnizistischer Allophobie sind unscharf.*
> *Normalerweise enthält die obere Stufe auch die Gewaltformen der unteren Stufen, so sind Demozide üblicherweise mit Pogromen und Vertreibungen verbunden.*
> *Alle Formen von religiöser Allophobiegewalttätigkeit sind „De-intentio-Verbrechen", denn es ist nicht möglich, ohne Vorsatz einen Massenmord oder eine Deportation an einem religiös definiertem Kollektiv zu verüben.*
> *Das „größte Verbrechen aller Verbrechen der Menschheitsgeschichte", der Holocaust[112] an den Juden (die „Shoa"),[113] wurde aus verschiedenen Hasskomponenten sowie aus handfesten ökonomischen Interessen gespeist. Als die intentionale Hauptkomponente ist der „sozialdarwinistische Rassenwahn" betrachten werden. Daher sollte er in die Kategorie der „ethnizistischen Allophobiegewalttätigkeit (Ethnozid)" eingereiht werden, auch wenn es sich de facto um eine „religiöse Allophobiegewalttätigkeit (Religiozid)" gehandelt hat.*

Historische Beispiele religiöser Pogrome

> **Judenpogrome in Europa anlässlich der Kreuzzüge (1096 bis 1192)**
> *Die Motivation war immer ein allophobischer Hass eines anderen Glaubens wegen. Diesem fielen vor allem in Mitteleuropa Tausende zum Opfer.*
> **Pogrom an Assassinen in Damaskus (1129)**
> *Die Bevölkerung verübte ein Gemetzel gegen die Anhänger der assassinischen Sekte, welche in der Stadt die Macht an sich gerissen hatte.*
> **Pogrom gegen zwangskonvertierte Juden in Lissabon (1506)**
> *Mit Duldung der Behörden plünderte der christliche Mob das Viertel der „Marranos" und massakrierte etwa dreitausend Personen.*
> **Pogrome an Hugenotten in Frankreich (1572)**
> *Die in der Nacht zum Bartholomäustag in Paris als staatliche Justiz „gegen staatsfeindliche Rädelsführer" begonnene Aktion entfesselte ein Massenmorden, dem wahllos auch Kinder und Greise, insgesamt 3.000 Personen zum Opfer fielen. Das Morden breitete sich auf die Provinzen aus, wo 30.000 Hugenotten umgebracht wurden.*
> **Massaker der Kosaken an Juden (1640 bis 1651)**
> *In der Anfangsphase des Aufstandes der (orthodoxen) Kosaken gegen die Herrschaft der (katholischen) Polen wandten sie auch gegenüber der jüdischen Minderheit Gewalt an. Tausende kamen um und Tausende flohen vor allem in die Niederlande, wo sie als „Aschkhenazim", (das heißt „Deutsche", weil Jiddisch Sprechende) die aus Spanien eingewanderten „Sephardim" (welche „Latino" sprachen) in Minderheit brachten.*

---

112 Vom altgriechischen „holo+kauston" das heißt „alles+verbrannt"
113 Vom hebräischen Wort für „große Katastrophe"

> **Judenpogrom in Rumänien (1941)**
> *Nach der NS-Machtergreifung in Deutschland und mit zunehmender NS-Besetzung Europas waren ab 1933 etwa 20.000 Personen jüdischen Glaubens nach Rumänien geflohen. Die Regierung erließ diskriminierende Verordnungen (u.a. Pflicht des Tragens des Judensterns), was den Hass der Bevölkerung anheizte und derer Übergriffe erleichterte.*

> **Holocaust des 3. Reichs an Juden**
> *Die ca. sechs Millionen Juden, die von den reichsdeutschen Nationalsozialisten als „verschwörerische und minderwertige Rasse" verfolgt und ermordet wurden, gehörten weder einer Rasse im genetischen Sinn an (sie waren eine Religionsgemeinschaft), noch hatten sie eine Verschwörung angezettelt. Obwohl die Absicht ein Genozid war, stellt der Holocaust de facto einen Religiozid dar. Die Opfer wurden zum Großteil in Menschenvernichtungsstätten (Konzentrationslager, Vernichtungslager, Massenerschießungen) umgebracht, aber auch in Ghettos zu Tode schikaniert bzw. ausgehungert.*

Historische Beispiele religiöser Vertreibungen

> **Vertreibung der Juden aus der Bretagne (1239)**
> **Vertreibung der Juden aus Oberbayern (1276)**
> **Vertreibung der Juden aus England (1290)**
> **Vertreibung der Juden aus Frankreich (1306)**
> **Massenvertreibung von Muslimen aus Serbien (1877 bis 1878)**
> *Nach einem „ethnizistischen Säuberungsplan" der serbischen Regierung (einem ersten der Geschichte) wurde die muslimische Bevölkerung („Muhaxire") bei klirrender Kälte aus Hunderten von Dörfern des Moravatals verjagt. Über 100.000 islamische Flüchtlinge aus Serbien fanden in Mazedonien Zuflucht und 50.000 weitere im Kosovo.*

> **Judenverfolgungen im Zarenreich (1881 bis 1882, 1903 bis 1906)**
> *Das intolerante Zarenreich wies seinen jüdischen Untertanen (die aufgrund seiner Expansion zu Lasten Polens stark zugenommen hatten) Ansiedlungsgebiete („Tschum") zu, in die sie umsiedeln mussten. Gegen Ende des 19. Jhs. lebten dort fünf Millionen Juden. Nach der Ermordung des Zaren Alexander II. (1.3.1881) wurde der Judenhass mit dem Gerücht geschürt, dass es sich um einen Anschlag von Juden gehandelt hätte. Vom ukrainischen Elisabethgrad aus breitete sich eine Pogromwelle auf mehr als zweihundert Städte aus, in deren Verlauf etwa achthundert Personen jüdischen Glaubens umgebracht wurden. Die zaristische Regierung zwang weitere Juden (u.a. 20.000 aus Moskau) in die Judengebiete umzusiedeln. Ihnen wurde der Erwerb von Immobilien außerhalb der Judenregionen verboten. Die Verfolgungen lösten eine Auswanderungswelle in die USA aus. Als dann Anfang des 20. Jhs. im Zarenreich das Elend der Bauern und Arbeiter immer unerträglicher wurde, mussten u.a. die Juden als Sündenböcke wieder herhalten. Nach dem Ausbruch des Kriegs gegen Japan heizten die Behörden zur Ablenkung von den innenpolitischen Problemen den Judenhass weiter an. So breiteten sich die Pogrome auf über dreihundert Städte aus, wobei insgesamt ca. tausend Personen jüdischen Glaubens umgebracht wurden.*

Historische Beispiele religiöser Demozide (Religiozide)

> **Hinweis: Die Christenverfolgungen im Römischen Reich (64 bis 313) war kein religiöser Demozid**
> *Die Christenverfolgungen der Römer erfolgte zur Wahrung der Staatsordnung und nicht aus religiöser Intoleranz; mit dem Tode wurde nicht der andersartige Glaube an sich bestraft, sondern die Verweigerung einer rituellen Opferhandlung als Bekundung der politischen Unterwürfigkeit. Da aber andererseits sowohl die Intoleranz der römischen Behörden als auch die Todesbereitschaft der Christen allophobische Züge hatte, wird dieser Konflikt der allophobischen Kategorie von Konflikten zugeordnet.*

> **Religiozid des Persischen Reichs an Christen (341 bis 346)**
> *Christen wurden im Persischen Reichs allein aufgrund des Verdachts einer möglichen Kollaboration mit den Römern (gegen die ein Kriegszustand herrschte) landesweit verfolgt und zu Tausenden umgebracht.*

> **Religiozid der Christen an Heiden des Römischen Reichs (350 bis 392)**
> *Den Heiden wurden die bürgerlichen Rechte entzogen, worauf sie vom christlichen Pöbel und von Mönchen straflos einer Reihe pogromartiger Massaker unterworfen wurden: Ihre Tempel wurden geplündert, zerstört oder in christliche Kirchen verwandelt. Im Jahre 392 wurden die nicht christlichen Kulte verboten.*

> **Albigenser-Kriege (1181 bis 1243)**
> *Die Albigenser waren die südfranzösischen Anhänger der Sekte der Katharer, welche die kirchlichen Sakramente und Symbole sowie den Heiligenkult ablehnten. Ihre Anhänger stammten hauptsächlich aus dem Stadtproletariat, schlossen jedoch auch Teile des Bürgertums und Adels ein. Da sie damit die Institution der katholischen Kirche in Frage stellten, wurden sie durch gezielte „Kreuzzüge" vernichtet, zu denen die Kirche aufrief. An diesen beteiligten sich Beutegierige und die französische Krone benutzte den Konflikt zu einer territorialen Expansion. Es handelte sich also um Allophobiegewalttätigkeit, die der religiös-politischen Gleichschaltung galt, mit einer sekundären Komponente territorialer Integrationsgewalt.*

> **Religiozide der katholischen Inquisition (1184 bis 1870)**
> *Die katholische Kirche sprach Häretikern das Existenzrecht ab und beauftragte das Kirchengericht „Inquisition" mit deren Verfolgung. Diese delegierte die Ausführung der Strafen den weltlichen Gewaltträgern. Insgesamt dürften ca. 100.000 Personen von der Inquisition umgebracht worden sein (ca. eine Person alle 2 Tage über 686 Jahre hinweg). Darunter befanden sich viele soziale und politische Gegner des kirchlich-weltlichen Establishments, „scheinbekehrte" Juden und Mauren in Spanien (ca. 30.000 Personen), protestantische Aufständische in den Niederlanden und England (ca. 20.000 Personen). Nicht eingeschlossen sind dabei die etwa 200.000 Opfer der Hexenverfolgungen, die als eine frauenfeindliche Nebenform der Inquisition betrachtet werden können.*

> **Massaker, Zwangskonvertierungen und Vertreibung von Muslimen und Juden während der Reconquista (722 bis 1492)**
> *Die Hauptmotivation der iberischen Reconquista (722 bis 1492) war zwar territorialer Art (Landnahme); da aber in den eroberten Gebieten eine Koexistenz mit der muslimischen Bevölkerung letztlich ausgeschlossen wurde, hat sie als Nebenmotivation eine religiöse Allophobie. In den von christlichen Fürsten den islamischen Machthabern entrissenen Gebieten Spaniens wurde (entgegen anfänglichen Toleranzversprechen) vom kirchlichen Konzil zu Zamora 1391 die Zwangs-*

bekehrung aller Nichtchristen angeordnet. Abertausende nicht Taufwilliger wurden hingerichtet, massakriert oder versklavt. Hunderttausende flohen nach Nordafrika bzw. wurden dorthin deportiert.
- ➢ **Französische Religionskriege (Hugenottenkriege) (1562 bis 1598)**
  Es handelte sich um die kollektive Gewalttätigkeit (nicht nur Staatsgewalt) gegen eine (in Nuancen!) andersgläubige Minderheit, die weder regional noch sozial klar von der Bevölkerungsmehrheit differenziert waren. Sie wurde viel mehr aus religiösem Hass denn aus rational-ökonomischen Gründen ausgeübt und zielte letztlich (trotz temporärer Toleranzedikte) auf die Beseitigung der Hugenotten, sei es durch Zwangsbekehrung, Massakrierung oder Vertreibung.
- ➢ **Christenverfolgung in Japan (1612 bis 1638)**
  Verbot des Christentums aus Fremdenhass und zur Abschottung Japans vom Ausland. Christen wurden durch Folter zum Abschwören ihres Glaubens gezwungen und Tausende die sich weigerten, wurden massakriert. Das Christentum blieb bis 1871 in Japan verboten.
- ➢ **Kreuzzug gegen die piemontesischen Waldenser (1686 bis 1688)**
  Vom französischen König dem piemontesischen Vasallen aufgezwungener Vernichtungsfeldzug gegen eine sektiererische Enklave.
- ➢ **Persischer Religiozid an den Bahai (1849 bis 1850)**
  Massakrierung von 20.000 Mitgliedern einer neu gegründeten Sekte, die vom islamischen Staat als „Gotteslästerung" eingestuft wurde.
- ➢ **Türkischer Religiozid an nestorianischen Christen (1915)**
  Massakrierung von 50.000 nestorianischen Christen im strategisch sensiblen Grenzgebiet zu Persien durch Spezialeinheiten der jungtürkischen Regierung.

5.5.3 Politische Allophobiegewalttätigkeit

Definition

- ➢ *„In einem territorial-hegemonischen Kollektiv wendet ein (meist majoritäres und regierendes) Subkollektiv A gegenüber einem (meist minoritären) Subkollektiv B Gewalt an ob dessen andersartiger politischer Ideologie. Dabei schließt es die Koexistenz aus und ist zur Beseitigung der Andersartigkeit entschlossen."*

Bemerkungen zur politischen Allophobiegewalttätigkeit

- ➢ *Politische Allophobiegewalttätigkeit ist eine menschenrechtsverletzende Steigerungsform der Konstitutionskonflikte. Der wesentliche Unterschied ist dabei, dass eine Koexistenz der Konfliktparteien auf demselben Territorium ausgeschlossen und die Tötung einer größtmöglichen Anzahl von Mitgliedern des gegnerischen Kollektivs angestrebt wird.*
- ➢ *Normalerweise enthält die obere Stufe auch die Gewaltformen der unteren Stufen, so sind Politizide üblicherweise mit Pogromen und Vertreibungen verbunden.*
- ➢ *Alle Formen von politischer Allophobiegewalttätigkeit sind „De-intentio-Verbrechen", denn es ist nicht möglich ohne Vorsatz einen Massenmord oder eine Deportation an einem politisch definiertem Kollektiv zu verüben.*

Steigerungsformen politischer Allophobiegewalttätigkeit

- ➢ *Politische Vertreibung: die gewaltvolle Vertreibung oder Zwangsumsiedlung möglichst aller Mitglieder der angefeindeten Partei.*
- ➢ *Politischer Demozid (Politizid): organisierte Massentötung möglichst aller Mitglieder der angefeindeten Partei auf möglichst dem gesamten vom Gewalt ausführenden Kollektiv beherrschten Gebiet.*

Historische Beispiele politischer Pogrome

- ➢ *Spontane Massentötungen politischer Gegner durch eine Bevölkerung sind kaum vorgekommen. Der wesentliche Grund ist, dass die Opfer in der Bevölkerung schwerlich auszumachen ist. Ansätze politischer Pogrome waren die Gewalttaten faschistischer „Schwarzhemden" in Italien oder der SA während der Weimarer Republik.*

Historische Beispiele politischer Vertreibungen/Deportationen

- ➢ *Massendeportationen politischer Gegner hat es im Laufe der Geschichte kontinuierlich gegeben (Verbannung, Einsperren in Klöster). Die Internierungen der stalinistischen Sowjetdiktatur und der Nationalsozialisten sind triste Höhepunkte.*

Historische Beispiele politischer Demozide (Politizide)

- ➢ **„Großer Terror" Stalins (1934 bis 1939)**
  Ermordung von 4 Millionen Personen, die aufgrund ihrer sozialen Stellung im Verdacht standen, politischen Ansichten zu haben, die sie zu einem Verschwörungsplan gegen Stalin verleiten zu könnten. Ein „De-intentio-Politizid", der durchweg Unschuldige getroffen hat.
- ➢ **Italienisches Massaker an äthiopischen Geistlichen (1937)**
  Vom Gouverneur befohlene Massentötung aller 425 Geistlichen eines koptischen Klosters, um den politischen Widerstand der Einheimischen gegen die Kolonialverwaltung durch Eliminierung einer Elite zu schwächen.
- ➢ **Reichsdeutscher Politizid an spanische Republikanern (1940 bis 1945)**
  Internierung von 7.000 nach Frankreich geflüchteten Veteranen des Spanischen Bürgerkriegs im KZ Mauthausen als Strafe für ihre antifaschistischen Taten („Rotspanier"). Durch inhumane Behandlung oder Massentötungen kamen dabei 70 % um. Diese Opfer wurden nicht deswegen verfolgt, weil sie Spanier waren, oder einer bestimmten Sozialklasse angehörten, sondern weil sie gegen die faschistische Seite gekämpft hatten.

> ➤ *Politizide der kommunistischen Regierungen Chinas (1949 bis 1982)*
> ➤ *Politizid des Diktators Francisco Macias Nguema von Äquatorialguinea (1968 bis 1979)*
>   *Ermordung von 50.000 Personen (25 % der Bevölkerung) um seine Willkürherrschaft zu behaupten, 100.000 flohen.*
> ➤ *Politizid/Elitozid der nationalkommunistischen Roten Khmer an buddhistischen Mönchen (1975 bis 1979)*
>   *Ermordung fast aller 70.000 buddhistischen Mönche des Landes, weil sie der Verwirklichung des Ziels einer besitz- und klassenlosen, landwirtschaftlichen, vom Ausland abgekoppelten Khmer-Nation im Wege hätten stehen konnten. Von der Intention her ein Politizid, de facto ein Religiozid.*

5.5.4 Soziale Allophobiegewalttätigkeit

Definition

> ➤ *„In einem territorial-hegemonischen Kollektiv wendet ein (meist majoritäres und regierendes) Subkollektiv A gegenüber einer sozialen Schicht Gewalt an. Dabei schließt es die Koexistenz aus und ist zur Beseitigung der sozialen Schicht entschlossen."*

Steigerungsformen sozialer Allophobiegewalttätigkeit

> ➤ **Soziales Pogrom**: *örtlich und zeitlich begrenzte spontane Massentötung von Mitgliedern der angefeindeten Partei.*
> ➤ **Soziale Vertreibung**: *die gewaltvolle Vertreibung oder Zwangsumsiedlung möglichst aller Mitglieder der angefeindeten sozialen Schicht.*
> ➤ **Sozialer Demozid** *(Soziozid): organisierte Massentötung möglichst vieler (im Prinzip aller) Mitglieder der angefeindeten sozialen Schicht auf möglichst dem gesamten vom Gewalt ausführenden Kollektiv beherrschten Gebiet.*
> ➤ *„Klassenmord" (Jahn, 2012) ist ein Synonym von „sozialer Demozid"*

Bemerkungen zur sozialen Allophobiegewalttätigkeit

> ➤ *Das Absprechen des Existenzrechts der angefeindeten Klasse sowie der Entschluss, diese gewaltsam zu beseitigen, sind die Unterscheidungsmerkmale zu den Konflikten zwischen sozialen Klassen (Sklavenaufstände, Bauernaufstände, sozial bedingte Bürgerkriege), die politisch motiviert sind und der Kategorie „innerstaatliche Redistributionskonflikte" zuzuteilen sind.*
> ➤ *Soziale Vertreibungen und Demozide sind allerdings kaum durchführbar, weil normalerweise keine Gesellschaft ohne eine bestimmte Gesellschaftsschicht funktionieren kann.*
> ➤ *Normalerweise enthält die obere Steigerungsform auch die Gewaltformen der unteren, so sind Soziozide üblicherweise mit Pogromen und Vertreibungen verbunden.*
> ➤ *Alle Formen von sozialer Allophobiegewalttätigkeit sind „De-intentio-Verbrechen", denn es ist nicht möglich, ohne Vorsatz einen Massenmord oder eine Deportation an einem sozial definierten Kollektiv zu verüben.*

Historische Beispiele sozialer Pogrome

> ➤ **Pariser September-Massaker (1792)**
>   *Der von der republikanischen Revolutionsregierung (während eines Kriegszustandes mit schweren Rückschlägen) zur „Volksjustiz" angestachelte Pariser Pöbel brachte in einer fünftägigen Gewaltorgie 1.300 Personen um (300 Adlige und Priester sowie 1.000 normale, strafrechtliche Gefängnisinsassen, welche als Komplizen der Adligen und ausländischen Kriegsgegner deklariert wurden).*

Historische Beispiele sozialer Vertreibungen

> ➤ *Eines der wenigen Beispiele ist die stalinistische Zwangsumsiedlung ukrainischer Bauern, die im Rahmen des **Enteignungsterrors Stalins (1929 bis 1953)** stattfand (s. u.).*

Historische Beispiele sozialer Demozide (Soziozide)

> ➤ **Ausrottung des Templerordens (1307 bis 1314)**
>   *Staatlich beschlossene und kirchlich gedeckte gewaltsame Beseitigung des Templerordens in Frankreich durch Hinrichtung oder Freiheitsentzug der Ordensbrüder (2.000 Personen), aus politischen (Staat im Staate), ökonomischen (Ordensgüter) und ideologischen (freidenkerisches Gedankengut) Gründen.*
> ➤ **Enteignungsterror des Stalin-Regimes (1929 bis 1953)**
>   *Tötung von 11 Millionen Personen, überwiegend Großbauern der Ukraine („Kulaken") durch Exekutionen, schikanöse Umsiedlungen oder Zwangsarbeitslager, um die Abschaffung von Privatbesitz und die Kollektivierung der Landwirtschaft zu beschleunigen,*
> ➤ **Soziozid/Elitozid der Sowjetunion an der polnischen Elite (1940)**
>   *Massenmord an 4.400 polnischen Führungskräften (Offiziere des Heeres und der Polizei sowie alle höheren Beamten, die als mehrheitlich nationaltreu und konservativ galten), um eine widerstandslose Unterwerfung Polens vorzubereiten. Die Opfer wurden nicht umgebracht, weil sie Polen waren (daher kein „Ethnozid") sondern weil sie einer „reaktionären" Gesellschaftsschicht angehörten, die eine sowjetische Beherrschung Polens hätten verhindern können.*
> ➤ **Sowjetischer Soziozid an sowjetischen Kriegsheimkehren (1945)**
>   *Stalin ließ 1,8 Millionen sowjetische Kriegsgefangene, welche die demozidale reichsdeutsche Kriegsgefangenschaft überlebt hatten „als Verräter" zu demozidaler Zwangsarbeit nördlich des Polarkreises deportieren, wo der Großteil im Laufe weniger Jahre umkam.*

> *Soziozide/Elitozide des nationalkommunistischen Roten Khmer (1975 bis 1979)*
> *Massenmord an 1,4 Millionen Personen der politischen und kulturellen Oberschicht, weil sie der Verwirklichung des Ziels einer besitz- und klassenlosen, landwirtschaftlichen, vom Ausland abgekoppelten Khmer-Nation im Wege hätten stehen können. Zusätzlich wurden auch zwei Ethnozide (100.000 Chinesen, 20.000 Cham) und ein Religiozid (70.000 buddhistische Mönche) verübt (siehe dort).*

5.5.5 Ethnizistische Allophobiegewalttätigkeit

Definition

> *„In einem territorial-hegemonischen Kollektiv wendet ein (meist majoritäres und regierendes) Subkollektiv A gegenüber einem (meist minoritären) Subkollektiv B Gewalt an ob dessen andersartiger Abstammung und Kultur. Dabei schließt es die Koexistenz aus und ist zur Beseitigung der Andersartigkeit entschlossen."*

Bemerkungen zur ethnizistischen Allophobiegewalttätigkeit

> *Max Weber hat geäußert, dass der Begriff „Ethnie" im Sinne der Soziologie ein „für jede wirklich exakte Untersuchung ganz unbrauchbarer Sammelname"[114] sei. In der Tat handelt es sich um einen Sammelnamen für Kollektive, denen fallweise ein Sammelsurium von Gemeinsamkeitskriterien realer oder erdachter Art attribuiert wird. Die Begriffe (und die dahinterliegende Mentalität) von „Ethnizismus" und „Rassismus" sind eng benachbart (Hobsbawm, 1990). In vielen Fällen handelt es sich um mentale Etikettierungen, die indes zu handfesten Diskriminierungen führen können.*
> *Wie der Begriff „Volk" wird auch der Begriff „Ethnie" im Deutschen sehr stark im Sinne von „genetische Volksgemeinschaft" (DNA) verstanden. Daher wird im Folgenden, dem Vorschlag von Matthias Lantze (1998) folgend, anstelle von „ethnisch" das Adjektiv **ethnizistisch** verwendet, wenn (analog zu „rassistisch") die Vermeintlichkeit der Attribuierung betont werden soll.*

Beispiele ethnizistischer Unterscheidungsmerkmale

> *Andere Körpermerkmale.*
> *Beispiel: In Nordamerika werden die Afroamerikaner aufgrund ihrer Hautfarbe als eine „Ethnie" angesehen und fühlen sich als solche, auch wenn sie von verschiedenen Völkern Afrikas abstammen, verschiedenen Religionen angehören und sich in ihrer Kultur kaum von den weißfarbigen Mitbürgern unterscheiden.*
> *Andere Religion/Konfession.*
> *Beispiel 1: Die Juden werden aufgrund ihrer Religion als eine „Ethnie" mit gemeinsamer Abstammung angesehen und fühlen sich als solche, auch wenn unterschiedliche Sprachen sprechen und unterschiedlichen Kulturen angehören.*
> *Beispiel 2: Die „türkische Minderheit" in Deutschland wird hauptsächlich aufgrund der unterschiedlichen Religion und Staatsbürgerschaft als eine „Ethnie" betrachtet und sie fühlt sich in Deutschland auch als solche, obwohl die Mehrheit Kurden sind, welche mit den Turkvölkern nicht verwandt sind und eine Abtrennung vom ethnizistischen Nationalstaat Türkei anstreben.*
> *Andere Kultur.*
> *Beispiel: Die „chinesische Minderheiten" in Ostasien werden weniger aufgrund ihres andersartigen Aussehens (die dem der Japaner, Koreaner und Vietnamesen ähnelt), sondern überwiegend aufgrund ihrer andersartigen Kultur als „Ethnie" betrachtet. Sie fühlen sich als „Chinesen", obwohl sie von unterschiedlichen Volksstämmen abstammen, verschiedene Sprachen sprechen und verschiedenen Religionen angehören.*
> *Andere Sprache.*
> *Beispiel 1: Die lateinamerikanischen Einwanderer in Nordamerika werden als die „Ethnie der Latinos" (auch „Hispanics") betrachtet und sie fühlen sich als solche, da sie dieselbe „andersartige" Sprache sprechen, nämlich Spanisch. Dies, obschon sie von unterschiedlichen europäischen Einwanderern und Indianerstämmen abstammen, die sich in unterschiedlichem Maße vermischt haben.*
> *Beispiel 2: Die Basken, Katalanen, Galicier, Korsen, Quebecfranzosen kämpfen vornehmlich deshalb für eine Autonomie oder sogar Unabhängigkeit, um ihre Sprache zu erhalten sowie die von Sprache getragenen Kulturwerte.*
> *Behördliche Etikettierung.*
> *Das Fallbeispiel der der Hutu und Tutsi in Ruanda und Burundi wurde bereits im Punkt 5.5.1 angesprochen. Zur Erläuterung dieses symptomatischen Falles seien noch folgende Zusatzinformationen angefügt. Eingewanderte nilotische Viehzüchter (Watussi, die vermeintlichen Vorfahren der Tutsi) hatten bantusprachige Ackerbauern (die vermeintlichen Vorfahren der Hutu) unterjocht. Im Laufe von vier Jahrhunderten waren sie zu einem Mischvolk mit gleicher Sprache zusammengewachsen, in dem es eine elitäre soziale Klasse gab, die zwar überwiegend aus Nachfahren der Tutsi bestand, in die auch reiche Bantus aufgestiegen waren. Die belgische Kolonialverwaltung hatte die Differenzierung der zwei Ethnien dadurch wieder aufleben lassen, dass jeder Person auf den Personalausweisen eine Stammeszugehörigkeit zugewiesen wurde, auch wenn ihr diese nicht bewusst war; wer mehr als zehn Rinder besaß, wurde beispielsweise als Tutsi klassifiziert. Da sich von der Oberschicht aus Imagegründen ein höherer Prozentsatz als „Tutsi" definiert hatte, kann man sagen, dass eine soziale Differenz ethnisiert worden ist [Boris Barth, 2006]. Dies hat dazu geführt, dass sich die zwei getrennten „Ethnien" der Hutu und Tutsi gebildet haben, deren Mitglieder die Zuordnung daraufhin verinnerlicht haben, obwohl der genetische Bezug verloren gegangen war.*

---

114 Weber (1922): 2. Teil, III. § 3

> **Politische Diskriminierung**
> *Beispiel: Die amerikanischen Unabhängigkeitskriege wurden von den Nachfahren europäischer Kolonisatoren gegen die Stammländer (Spanien bzw. Großbritannien) geführt, da sie wirtschaftlich, sozial und politisch gegenüber im Stammland Geborenen benachteiligt waren und sich mit der aristokratischen Staatsverfassung nicht mehr identifizierten.*

Ausführungsformen „Ethnizistische Allophobie"

> **Ethnizistisches Pogrom**: *die örtlich und zeitlich begrenzte Massentötung von Mitgliedern des angefeindeten ethnisch definierten Kollektivs.*
> **Ethnizistische Vertreibung** *(„ethnische Säuberung"): die gewaltvolle Vertreibung oder Zwangsumsiedlung möglichst aller Mitglieder des angefeindeten Kollektivs. Sie bedeutet nicht unbedingt eine Massentötung der Vertriebenen.*
> **Ethnozid** *(Völkermord): die zentral organisierte Massentötung möglichst vieler (im Prinzip aller) Mitglieder des angefeindeten Kollektivs auf möglichst dem gesamten vom Gewalt ausführenden Kollektiv beherrschten Gebiet.*

Bemerkungen zur ethnizistischen Kollektivgewalttätigkeit

> Die **Bezeichnung „ethnische Säuberung"** hat zwei irreführende Konnotationen: zum einen induziert das Wort „ethnisch", genau so wie das deutsche Wort „Volk", eine objektive genetische Fixierung und zum anderen induziert das Wort „Säuberung" etwas Positives, nämlich „die Beseitigung von Schmutz". Obwohl dieses Schlagwort durch die Vorgänge auf dem Balkan in Mode gekommen ist (es ist kein Zufall, dass dieser Terminus durch die Übersetzung aus dem Serbokroatischen übernommen worden ist), wird vor dessen Gebrauch abgeraten und der Ersatz durch „ethnizistische Vertreibung" vorgeschlagen.
> Für **Ethnozid (Völkermord)** prägte im Jahre 1944 der polnisch-jüdische Jurist Raphael Lemkin die Bezeichnung „**Genozid**" vom griechischen „genos" („Stamm", „Volksstamm", „Menschengattung") und lateinischen „occidere" („töten"). Obwohl sich „Genozid" etymologisch gesehen allein auf die Gewaltform „Tötung eines Volkes" bezieht, ist der **Begriff durch die „UN-Genozidkonvention"** vom 9.12.1945 (siehe 11.1.3.23) **metaphorisch erweitert** worden, über seine Etymologie hinaus. Aus politischen Rücksichtnahmen ist diese Erweiterung jedoch asymmetrisch ausgefallen: zum einen musste beachtet werden, dass maßgebliche Nationalstaaten sich vor einer „genozidalen" Aufarbeitung ihrer Vergangenheit schützen wollten; zum anderen musste man jene Formen genozidaler Verbrechen aus der Resolution ausklammern, deren Strafverfolgung den Nationalstaaten weiterhin überlassen werden sollte.
> Außer der Gewaltform „Tötung" definiert die UN-Genozidkonvention auch folgende Gewaltformen, die eigentlich nicht unter das Bedeutungsfeld des Wortstamms „occidere" (bzw. des deutschen Wortstammes „Mord") fallen, als Genozid: „Erzeugen schweren körperlichen oder mentalen Schadens", „Auferlegen von Lebensbedingungen mit dem Vorsatz teilweiser oder totaler physischer Zerstörung", „Geburtenverhinderung", „gewaltsamer Kinderzug".
> Nicht explizit vom Begriff „Genozid" der UN-Genozidkonvention sind die Gewaltformen „Vertreibung" („ethnische Säuberung") oder „Zerstörung der Kultur", „Euthanasie-Morde".
> Außer der Kollektivart „Volk" definiert die UN-Genozidkonvention auch die Kollektivart „religiöse Gruppen" als vor Genozid zu schützende Kollektive, die eigentlich nicht unter das Bedeutungsfeld des Wortstammes „genos" (bzw. des deutschen Wortstammes „Volk") fallen.
> Andererseits breitet die UN-Genozidkonvention ihren Schutz nicht auf die sozial definierten Kollektive aus. Sie hat bewusst die Kollektivarten „politische Gruppe" und „Sozialschicht" ausgeklammert (auf Betreiben der Sowjetunion, welche eine genozidale Aufarbeitung der stalinistischen Verbrechen vermeiden wollte).
> „Genozid" liegt laut UN-Genozidkonvention (auf Betreiben der USA, welche eine genozidale Aufarbeitung der Indianer- und Rassenfrage vermeiden wollten) nur vor, wenn eine „Absicht der Zerstörung" besteht. Auf das für Personen geltende Strafrecht übertragen bedeutet dies, dass „Genozid" nur bei „vorsätzlicher Tötung" vorliegt, nicht bei „Totschlag", mit all den bekannten Schwierigkeiten, einen „Vorsatz" zu beweisen. Während „Totschlag" im nationalen Strafrecht ebenfalls bestraft wird, wird er vom entstehenden überstaatlichen Strafrecht nicht erfasst, sondern der nationalen Rechtshoheit überlassen.
> „Genozid" liegt laut UN-Genozidkonvention korrekterweise auch dann vor, wenn die „Absicht" nur auf eine „teilweise" Zerstörung des Kollektivs abzielt. Offen ist die Frage, ab welcher relativen oder absoluten Zahl „Genozid" beginnt und bis zu welcher Zahl es sich „nur" um „Einzelfälle" handelt.
> Aus diesen politischen Begriffs-Einschränkungen ergibt sich der sicher unbeabsichtigte Effekt, dass bei allen Diskussionen, ob die UN-Genozidkonvention anzuwenden sei, für Laien der Eindruck entsteht, dass alle Gewalttaten, die von ihr nicht erfasst sind, keine Verbrechen seinen seien.
> Nur staatsrechtlich Geschulte können den Genozid-Begriff der UN-Völkermordkonvention korrekt anwenden, aber selbst Experten sind sich in einigen Punkten nicht einig.
> Angesichts der Tatsache, dass das Wort „Genozid" durch das UN-Genozidabkommen aus politischen Gründen metaphorisch und „unlogisch" belegt ist, wird hier vorgeschlagen, ihn als „terminus technicus" des Internationalen Rechts zu belassen und für umgangssprachliche und analytische Zwecke den Oberbegriff „Demozid" (Massenmord, egal an welchen Typs von Kollektiv) zu verwenden bzw. die Unterbegriffe „Ethnozid" (Demozid an ethnisch definierten Kollektiven), „Religiozid" (an religiös definierten Kollektiven), „Politizid" (an politisch definierten Kollektiven) und Soziozid (an sozial definierten Kollektiven), um nicht mit den politisch bedingten Einschränkungen des UN-Begriffs in Konflikt zu kommen. Die Adjektivform „genozidal" kann wegen seiner Unbestimmtheit („genozidartig") als Synonym zu „demozidal" auch außerhalb des Kontextes der UN-Genozidkonvention verwendet werden.
> Der Terminus „Ethnozid" hat folgenden weiteren Vorteil: Eine Ethnie ist ein Kollektiv, das sich durch kulturelle Ausprägungen (Bräuche, Lebensgewohnheiten) und Religion von anderen Ethnien differenziert; Man assoziiert damit, dass diese Alleinstellungsmerkmale durch eine gemeinsame Abstammung und Geschichte entstanden sind. Somit vermeidet der Begriff den unbrauchbaren Begriff „Rasse" und schließt ihn gleichzeitig ein.
> Als einen Unterbegriff für „Ethnozid" hat Mary Kaldor den Begriff „**Elitozid**" vorgeschlagen, die gezielte Massentötung von Eliten des Opferkollektivs. Da dieser gezielte Massenmord verschiedene Typen von Kollektiven treffen kann (politi-

sche, religiöse, ethnische), wird vorgeschlagen, diesen spezifizierenden Begriff in den zutreffenden Fällen mit einem Schrägstrich hintan zu setzen („Politizid/Elitozid", „Religiozid/Elitozid", „Ethnozid/Elitozid").

➢ Trotz des Bestehens der UN-Genozidkonvention haben in der Folge vor den Augen der Weltöffentlichkeit und der UN noch eine Reihe von Genoziden stattgefunden: so in Vietnam, Bangladesh, Burundi, Kambodscha, Bosnien, Äthiopien, Guatemala, Irak, Argentinein, Bosnien, Ruanda und Dafur.

Historische Beispiele ethnizistischer Pogrome

➢ **Vesper von Ephesos (-88)**
Von Mithridates angeordneter Massenmord italischer Ausländer, unter Nutzung der Ressentiments gegen die finanzielle Ausbeutung der römischen Besatzung.

➢ **Pogrom an Protobulgaren in Bayern (631)**
Vom fränkisch-bayrischen Herzog angeordnete Ermordung von ca. 10.000 bulgarischen Flüchtlingen (in einer Nacht).

➢ **Pogrom an Dänen in England (1002)**
Durch königlichen Befehl sollten alle im Land lebenden Dänen (damals die chronischen Plünderer und Landräuber in England) an einem bestimmten Tag umgebracht werden. Der Befehl wurde nur in geringem Maße durchgeführt.

➢ **Sizilianische Vesper (1282)**
Spontaner Massenmord an französischen Besatzungssoldaten aus reinem Fremdenhass. Des Todes war, wer das sizialinische Wort «cìciri» (Kichererbse) nicht korrekt aussprechen konnte.

➢ **Ulster-Massaker (1641)**
An einem vorbestimmten Tag wurden etwa 5.000 von der englischen Besatzungsmacht ins Land gebrachte (protestantische) englische und schottische Neusiedler von (katholischen) einheimischen Iren umgebracht. Es ging primär um den Kampf um dasselbe Stück Land, daher als ethnizistisches Pogrom und nicht als religiöses zu werten.

➢ **Pogrom an den Chinesen in Batavia (1740)**
Von der niederländischen Kolonialmacht entfachter und unterstützter Massenmord an 10.000 der 80.000 in der Stadt lebenden Chinesen.

➢ **Pogrom an Haitianern in der Dominikanischen Republik (1937)**
Eine Polizeirazzia gegen die illegalen haitianischen Arbeiter artete in ein allgemeines Massaker aus, an dem die dominikanische Bevölkerung teilnahm. 15.000 Haitianer wurden dabei umgebracht. Des Todes war, wer das kastilianische Wort „perejil" (Petersilie) nicht korrekt aussprechen konnte.

➢ **Indonesische Pogrome gegen Chinesen (1965 bis 1966)**
Ein Pogrom putschender Militärs gegen Kommunisten entartete in ein allgemeines Pogrom der Bevölkerung gegen die chinesische Minderheit, bei denen eine halbe Million Menschen umgebracht wurde.

Historische Beispiele ethnizistischer Vertreibungen („ethnischer Säuberungen")

➢ **Assyrische Deportation von Einwohnern des Königreichs von Israel (-721)**
Die Gesamtheit der Bevölkerung (Zwanzigtausend) des (nördlichen) Königreichs von Israel wurden deportiert.

➢ **Neubabylonische Deportation von Einwohnern des Königreichs von Juda (-597)**
Die Gesamtheit der Bevölkerung (Zehntausend) des (südlichen) Königreichs von Juda wurden deportiert.

➢ **Vernichtungsfeldzug der Römer gegen die Senonen (-283)**
Rachefeldzug der Römer gegen einen halbnomadischen Stamm; nach einer Schlacht machten sie keine Gefangenen und vertrieben den gesamten Stamm aus Italien.

➢ **Fränkischer Feldzug gegen die Alamannen (496)**
Landnahme des heutigen Frankens durch rechtsrheinische Franken unter Vertreibung und Massakrierung der alamannischen Vorbewohner.

➢ **Sowjetische Deportation der Krimtataren (1941)**
Deportation einer Minorität, um einer denkbaren Kollaboration mit dem Feinde vorzubeugen (100.000 Tote auf dem Transport).

➢ **Sowjetrussische Deportation von Deutschstämmigen nach Zentralasien (1941)**
Deportation einer Minorität, um einer denkbaren Kollaboration mit dem Feinde vorzubeugen (50.000 Tote auf dem Transport).

➢ **Sowjetische Deportation der Krim- und Kaukasusgriechen (1944 bis 1949)**
Deportation einer Minorität (150.000 Personen), um einer denkbaren Kollaboration mit dem Feinde vorzubeugen (50.000 Tote auf dem Transport).

➢ **Vertreibung der Deutschen aus Polen (1945)**
Aus Rache, Eigennutz und Nationalismus („Einen Staat baut man nicht aus vielen Volksgruppen") wurden 6,3 Millionen deutsch Sprechende enteignet, schikanös zwischengelagert und hinter die Oder-Neiße-Grenze vertrieben. Es gab Schikanen jedoch keine zentral organisierten Massenmorde.

➢ **Vertreibung der Sudeten-Deutschen (1945)**
Aus Rache und Eigennutz wurden von der deutsch sprechenden Bevölkerung (2,9 Millionen) 90 % vertrieben, wobei über 20.000 Personen umkamen, zum Teil durch Pogrome.

➢ **Vertreibung der Rumänien-Deutschen (1945 bis 1950)**
Aus Rache und Eigennutz wurden 350.000 deutsch Sprechende vertrieben (100.000 kamen dabei um).

➢ **Jugoslawische Vertreibung der Italiener Istriens (1947 bis 1954)**
Vertreibung der 300.000 in Istrien lebenden Bewohner italienischer Sprache, von denen dabei 30.000 umgebracht wurden.

➢ **Serbische Entalbanisierung des Kosovo (1990 bis 1999)**
Vertreibung von einer Million Kosovo-Albanern und Tötung von etwa 150.000.

Historische Beispiele ethnischer Demozide (Ethnozide)

➢ **Genozid der Israeliten an den Midianiten (-1260)**
Die Israeliten bezichtigten die Midianiten, dass sie Frauen auf israelitische Männer angesetzt hatten, um sie zu verführen und zur Anbetung ihres Gottes Peor (ein Götze aus israelitischer Sicht) und zu ihren Gebräuchen zu verführen. Angeblich befahl der Gott der Israeliten (Jahwe) Moses, alle Israeliten, die dem Peor geopfert hatten, umzubringen und die Midianiten mit der Ausrottung zu bestrafen. Die Israeliten überfielen die Medianiten, brachten alle Kinder und männliche Erwachsenen um (laut Bibel insgesamt 150.000, was vermutlich um den Faktor 10 übertrieben ist). Die Mädchen wurden gynäkologisch untersucht und nur die Jungfrauen (32.000) wurden geschont und auf die israelitischen Männer aufgeteilt, mit Ausnahme von 32, die dem Jahwe geopfert wurden. Nach einer Theorie hatte Moses den Verdacht, dass die Medianiten Träger einer Geschlechtskrankheit waren, mit der sich nur die Jungfrauen noch nicht angesteckt hätten.

➢ **Ethnozide während der Germanischen Invasion Britanniens (410 bis 700)**
Landnahme von Angeln, Sachsen und Jüten mit extrem brutaler Gewaltanwendung; die einheimische keltoromanischen Bevölkerung wurde massakriert und durch Terror zur Massenflucht über See (v.a. nach den dann nach ihnen benannten „Bretagne" und „Galicien") bewogen. Laut Beda Venerabilis „überzogen sie das Land mit einem Leichentuch". Dadurch wurde die keltoromanische Bevölkerung, Kultur und Vergangenheit Britanniens ausgelöscht: Nur die Namen ganz weniger großer Flüsse und Städte (z.B. Londinium/London), jedoch keiner einzigen Kleinstadt, sind heute keltoromanischen Ursprungs; das Englische hat nur wenige Wörter keltoromanischen Ursprungs. All dies deutet auf Ausrottungen und vollständige Vertreibung der Überlebenden der keltoromanischen Vorbevölkerung hin.
Da die Vernichtung des Opferkollektivs nicht aufgrund einer zentralen Planung eines Täterkollektivs, sondern als Ergebnis der extremen Gewaltbereitschaft und Unzivilisiertheit der Land suchenden Angeln, Sachsen und Jüten entstanden ist, stellt dies ein eindeutiges Beispiel von „De-facto-Ethnozid" dar.

➢ **Versklavung, Ausrottung und Ausgrenzung der Indianer durch europäische Siedler (1500 bis 1992)**
Europäische Eroberer und Einwanderer beschlagnahmten nach und nach das gesamte Territorium („größter Landraub der Geschichte"). Über 15 Millionen Vorbewohner (Indianer) kamen durch Misshandlung, Versklavung, Kampfhandlungen, Massaker und Zwangsumsiedlungen um. Dies schaffte gewaltsam einen Lebensraum für Millionen von europäischen Einwanderern, welche die Ressourcen des Landes wesentlich rationeller und für ein Tausendfaches an Personen nutzen konnten. Diesem enormen Gewinn an Wohlstand wurde der Weg jedoch mit dem Verderb der Vorsiedler geebnet. Ein stellvertretendes Beispiel für den „De-facto-Genozid". Er war nicht das Ergebnis einer zentralen Vernichtungsabsicht der spanischen oder englischen Krone, sondern das Ergebnis eingeschleppter Seuchen und einer Vergeltungskette, die aufgrund der stärkeren Allophobie und überlegenen Kultur der Weißen, mit der Dezimierung und Marginalisierung der Indianer endete.

➢ **Türkischer Ethnozid an Armeniern (1894 bis 1896, 1909, 1915 bis 1916, 1918 bis 1923)**
Aus allophobischen Motiven wurde die armenische Minderheit zum Teil ermordet oder massenweise unter unmenschlichen Bedingungen deportiert, mit der Absicht, sie dabei umkommen zu lassen. Die Armenier hatten es durch Handel und Verwaltungslaufbahnen im Osmanischen Reich über Jahrhunderte hinweg zu relativem Wohlstand gebracht, was traditionelle Ressentiments der ärmeren islamischen Bevölkerung gegen sie aufgestaut hatte. Sie waren in der Terminologie von W.P. Zenner eine „middlemen minority" („Zwischenhändler-Minderheit"). Diese Ressentiments entluden sich wiederholt während innenpolitischer oder außenpolitischer Notsituationen, bei denen die Armenier zu Sündenböcken oder möglichen Kollaborateuren gestempelt wurden. Es gab mindestens 1,5 Mio. Tote.
Der Vorgang kann nicht als „Religiozid gegen Christen" eingestuft werden, da sich die genozidäre Verfolgung nicht auf alle Christen (z.B. die Griechen) richtete, sondern allein gegen die Armenier. Auch die Griechen wurden verfolgt, jedoch es gab keinen Beschluss zu ihrer Vernichtung, sondern „lediglich" zu ihrer Vertreibung. Außerdem waren die Ideatoren des Völkermordes (die politische Clique der „Jungtürken") keine religiösen Fanatiker, sondern fanatische Nationalisten. Ein „De-intentio-Ethnozid", der aus türkischer Sicht „wenn überhaupt" ein „De-facto-Genozid" gewesen ist.

➢ **Reichsdeutscher Ethnozid an den Herero (1904 bis 1906)**
Die in Deutsch-Südwestafrika einheimischen Herero-Nomaden wehrten sich gegen Landnahme durch weiße Farmer mit Gewalt (130 Tote) und wurden grausam bestraft: Sie wurden in Wüstenregionen getrieben, wo ihnen die Wasserquellen versperrt wurden, sodass von 70.000 nur 15.000 überlebten. Durch Erlass Kaiser Wilhelms II. vom 26.12.1905 wurden die überlebenden Herero enteignet.
Ein „De-facto-Ethnozid" (wenn auch mit starker Vorsätzlichkeit des Gouverneurs).

➢ **Sowjetischer Ethnozid an der kasachischen Bevölkerung (1931 bis 1933)**
Als sich die kasachische Bevölkerung der kollektiven Landwirtschaft widersetzte, wurde sie zur Sesshaftigkeit gezwungen. Dabei kam 40 % (ca. 1,5 Millionen) durch Hunger um.
Es war von der Intention her ein Politizid, de facto jedoch ein Ethnozid.

➢ **Türkischer Ethnozid an Griechen (1919 bis 1922)**
Im Rahmen von Pogromen und Zwangsumsiedlungen brachten die Türken über 250.000 kleinasiatische Griechen um.

➢ **Griechischer Ethnozid an Türken (1919 bis 1922)**
Im Rahmen von Pogromen und Zwangsumsiedlungen brachten die Griechen über 15.000 thrakische Türken um.

➢ **Sowjetischer Ethnozid an der ukrainischen Bevölkerung (1932 bis 1933)**
Etwa 5 Millionen Ukrainer wurden durch gezielte Maßnahmen einem Hungertod zugeführt, um Autonomiebestrebungen zu brechen, welche die politischen Pläne der Sowjetunion in Gefahr hätte bringen können. Es war von der Intention her ein Politizid, de facto ein Ethnozid.

➢ **Enteignungsterror Stalins (1939 bis 1945)**
Millionen von Bauern, vor allem Großbauern der Ukraine („Kulaken"), wurden durch provozierte Hungersnot, Massaker und inhumane Internierungsbedingungen umgebracht, um die Abschaffung des Privateigentums und die Kollektivierung der Landwirtschaft zu beschleunigen. Es war von der Intention her ein Politizid, de facto ein Ethnozid.

➢ **Reichsdeutscher Ethnozid an Sinti und Roma (1936 bis 1945)**
Internierung aller Sinti und Roma (sie galten als „asoziale Volksschädlinge") des Reichsgebiets und der besetzten Gebiete in Zwangslagern, dann KZs, wo 200.000 bis 500.000 durch inhumane Haftbedingungen oder industrielle Massentötung umkamen.
Ein eindeutiger Fall von „De-intentio-Ethnozid".

> **Reichsdeutscher Ethnozid an Juden („Holocaust/Shoa") (1938 bis 1945)**
> *Internierung aller im Reichsgebiet und in den besetzten Gebieten lebenden Personen „jüdischer Rasse", zum Zwecke zur Wahrung der eigenen „Rassenreinheit", Ausbeutung durch Zwangsarbeit und schließlich ihrer Tötung mittels inhumaner Haftbedingungen oder industrieller Massentötung. Dabei kamen ca. 6 Millionen Personen um. Nach Churchill war dies „wahrscheinlich das größte und schrecklichste einzelne Verbrechen der Geschichte".*
> *Der eindeutigste Fall von „De-intentio-Ethnozid". De facto handelte es sich um einen Religiozid. Zu den Abstrusitäten des* **Holocaust** *gehört nämlich, dass Millionen von Menschen für ein Differenzierungsmerkmal („Rasse") umgebracht worden sind, welches so gar nicht zutraf und von den Tätern aus blindem Hass und Habgier genauso aus der Luft gegriffen worden war, wie von den Anklägern der Hexenprozesse. Die osteuropäischen Kollektive jüdischen Glaubens waren nämlich vom genetischen Standpunkt aus nicht homogen definierbar. Im Frühen Mittelalter hatten einige heidnische slawische Stämme den jüdischen Glauben angenommen, wie andere den christlichen Glauben. Im 14. Jh. hatte eine große Flucht von Personen jüdischen Glaubens aus Süddeutschland nach Osteuropa stattgefunden. Die Opfer des Holocaust gehörten unterschiedlichen Kulturkreisen an, sprachen unterschiedliche Sprachen und konnten sich gar nicht über ihr Mikrokollektiv hinaus untereinander verständigen. Das Einzige was sie zu einem „virtuellen Kollektiv" machte, war ihre Religion.*
> **Reichsdeutscher Ethnozid an russischen Kriegsgefangenen (1941 bis 1945)**
> *Inhumane Behandlung der russischen Kriegsgefangenen mit der Absicht, deren Tod herbeizuführen (Lagern unter freiem Winterhimmel, absichtlicher Transport in offenen Viehwaggons selbst im tiefsten Winter), bzw. deren industrielle Massentötung. Dadurch kamen 60 % der über 5 Millionen sowjetischen Kriegsgefangenen ums Leben. Dies ist als ethnischer Genozid einzustufen, da es „cum ira et studio" aus Verachtung des „rassisch minderwertigen" Gegners geschehen ist. Ein Fall von „De-intentio-Ethnozid" an der Schwelle zu einem „De-facto-Ethnozid".*
> **Ethnozide der kroatischen Nationalfaschisten (1941 bis 1945)**
> *An die Staatsmacht gelangte kroatische Nationalisten („Ustascha") führten einen regelrechten Vernichtungsfeldzug gegen die ethnischen Minoritäten Kroatiens (Serben, Sinti und Juden) und brachten über 650.000 Personen um. Ein eindeutiger Fall von „De-intentio-Ethnozid".*
> **Chinesischer Ethnozid/Elitozid an den Tibetern (1950 bis 1990)**
> *Ermordung von einer Million Tibetern (v.a. Oberschicht und Landbevölkerung) um den Widerstand gegen eine Reintegration in den chinesischen Staat zu brechen resp. zu bestrafen. Es war von der Intention her ein Politizid, de facto ein Ethnozid.*
> **Ethnozide der Hutu an Tutsi in Ruanda (1959, 1994)**
> *Ruanda hat die höchste Bevölkerungsdichte Afrikas. Konflikt zwischen zwei Teilen der Bevölkerung, die sich tendenziell sozial differenzieren, jedoch in Physiognomie, Sprache und Religion kaum unterscheiden (siehe 5.5.5). Eine nachträgliche Rache an Nachkommen, die mehr durch behördliche Etikettierung, denn durch merkbare Differenzierung, ausgemacht wurden. Knapp eine Million Personen wurde umgebracht.*
> **Ethnozide der nationalkommunistischen Roten Khmer (1975 bis 1979)**
> *Massenmord an ethnischen Minderheiten (200.000 Chinesen, 100.000 Cham), welche der Verwirklichung des Ziels einer besitz- und klassenlosen, landwirtschaftlich, vom Ausland abgekoppelten Nation im Wege hätten stehen können. Zusätzlich wurden auch Sozioide begangen (siehe daselbst).*
> **Demozide des ugandischen Diktators Obote (1981 bis 1985)**
> *Obote ließ Hunderttausende von politischen Gegnern und Angehörigen des Stammes der Baganda (dem sein Vorgänger Idi Amin zugehörte, der ebenfalls ein Megamörder gewesen war) umbringen.*
> **Serbischer Ethnozid an bosnischen Moslems (1990 bis 1995)**
> *Durch geringere Geburtenrate in Minderheit geratene Serben beschlossen eine „ethnische Säuberung; Sie vertrieben eine Million Personen, brachten Tausende durch Massenhinrichtungen um, vergewaltigten 20.000 Frauen, „um die Rasse zu verbessern". Dies wurde vom UN-Sicherheitsrat als „Genozid" klassifiziert.*
> *Die Allophobie ging über reine religiöse Aspekte hinaus und ist daher eher als „ethnisch" zu betrachten, obwohl Bosnier als Stammverwandte betrachtet wurden, die jedoch „ mit den Türken kollaboriert hatten und sogar zu deren Religion übergetreten waren"*
> **Ethnozid Sudans an den Nuba (1993 bis 1995)**
> *Die islamisch-arabische Zentralregierung ließ von Reitermilizen 300.000 Personen des schwarzafrikanischen (überwiegend christlichen) Stammes der Nuba massakrieren. Frauen wurden massenweise vergewaltigt, „um ihre Rasse zu veredeln". Ein eindeutiger Fall von „De-intentio-Ethnozid".*

5.5.6 Biologische Allophobiegewalttätigkeit

Definition

> *„In einem territorial-hegemonischen Kollektiv wendet ein Subkollektiv (meist mehrheitlich und regierend) gegenüber Individuen einer „biologisch" definierten Kategorie Gewalt an, die Koexistenz ausschließend und zur Beseitigung der Andersartigkeit entschlossen."*

Bemerkungen zur biologischen Allophobiegewalttätigkeit

> *Das Attribut „biologisch" bezieht sich auf die Opferkategorie. Die Allophobie selbst ist genauso „ideologisch" (ein Gehirnkonstrukt) wie die anderen Allophobiearten.*

Historische Beispiele biologischer Kollektivgewalttätigkeit

> **Hexenverfolgungen in Europa (1360 bis 1793)**
> *Von beiden christlichen Konfessionen befürworteter und staatlich durchgeführter Justizmord an mindestens 50.000 un-*

schuldigen Personen (ca. 90 % Frauen, meist alte und arme) aufgrund des Vorwurfs eines „Bundes mit dem Teufel", nachdem sie unter Folterqualen gestanden hatten. Zum Teil wurden die Opfer in Zeiten großen Elends (Dreißigjähriger Krieg) zu Sündenböcken stigmatisiert. Ein hoher Anteil der Opfer waren Hebammen, die auch in der Empfängnisverhütung tätig waren und der demografischen Politik der Machthaber entgegenwirkten. Der unverhältnismäßig hohe Anteil der Fälle in Mitteleuropa lässt ein Nachwirken urgermanischer Rechtsformen (Wahrheitsproben) vermuten.

➤ **Reichsdeutsche Euthanasieanstalten (1940 bis 1944)**
Industrielle Massenvernichtung „lebensunwerten Lebens", das heißt aller geistig oder körperlich behinderten Kinder und Erwachsenen des Reichsgebiets (ca. 135.000 Personen).

➤ **Reichsdeutsche Verfolgung von Homosexuellen (1940 bis 1944)**
Internierung von ca. 50.000 reichsdeutscher Homosexueller des Reichsgebiets (davon 15.000 in Konzentrationslagern) um ihre „rassische Abartigkeit" zu heilen. Paradoxerweise war ein überdurchschnittlicher Prozentsatz der NS-Hierarchen homosexuell.

5.6 Andere Motivationstypen kollektiver Gewalttätigkeit

5.6.1 Organisierte Gewaltverbrechen

Organisierte Gewaltverbrechen krimineller Vereinigungen gehören genau genommen desgleichen zum Themenfeld „Kollektivgewalttätigkeit". Ihre Motivation und Absicht ist in einem höheren Maße auf ökonomische Ziele ausgerichtet und sie werden von begrenzten einem kleineren Personenkreis durchgeführt als politische Kollektivgewalttätigkeit.

Die Mafia, das paragdigmatische Beispiel organisierten Verbrechens

➤ Unter „Mafia versteht man eine Geheimorganisation, welche durch Drohung und Ausführung von Gewalttätigkeiten seinen Mitgliedern auf illegale Weise wirtschaftliche Vorteile verschafft. Im engeren Sinne ist Mafia eine sizilianische Form kollektiver Kriminalität. Nach einer Theorie ist sie um 1850 (in einer Zeit des Zerfalls des Bourbonen-Staats) als „parastaatliche" Schutzorganisation der Kleinbauern und Landarbeiter gegen die Großgrundbesitzer entstanden. Sie war bereits am Ausklingen, als die US-Truppen im 2. Weltkrieg sie mit Hilfe US-amerikanischer Cosa-Nostra-Bosse wieder aktivierten, um die Inselbewohner bei der Invasion auf die Seite der Alliierten zu bringen. Die wieder aktivierte Mafia ist im Laufe der Zeit zu einem kriminellen Geheimbund entartet, der schätzungsweise 5.000 aktive Mitglieder und mehr als zehn mal Mitläufer hat. Die sizilianische Mafia ist informell streng hierarchisch organisiert, mit verschiedenen Funktionsträgern. Kompetenzen und Einkommensverteilung folgen einem „Ehrencodex" und auf Verletzung der Schweigepflicht steht die Todesstrafe. Gesellschaften, die von Mafia befallen sind, weisen paradoxerweise eine geringere Mikrokriminalität auf, ähnlich wie unter einem totalitären Regime befindliche Gesellschaften. Wirtschaftliche Unterentwicklung oder Chancenlosigkeit (durch Überbevölkerung oder ethnizistischer Diskriminierung) ist die Hauptursache von Mafia, aber gleichzeitig auch einer der Hauptfolgen (Aushebeln der Marktgesetze, „Doppelbesteuerung" durch Staat und Mafia). Die Mafia Kalabriens heißt „'Ndrangheta", die Apuliens „Sacra Corona Unita" (Heilige und vereinigte Krone) und jene Kampaniens „Camorra".

➤ Es wird geschätzt, dass sich die Jahreseinnahmen der mafiösen Organisationen in Italien auf über 100 Mrd. (7,5 % des BSP) belaufen. Die Haupteinnahmequellen sind Drogenhandel (60 %), Manipulation von Ausschreibungen (17 %), Waffenschmuggel (12 %), Prostitution (5 %), Erpressung (5 %). Pro Jahr werden in Italien etwa 120 Personen von mafiösen Organisationen ermordet. Der Hauptschaden mafiöser Gewalttätigkeit ist also weniger die Vernichtung menschlichen Lebens, sondern deren Beeinträchtigung: Unterwanderung der Rechtstaatlichkeit, Zersetzung der Ethik, des sozialen Gewebes und schließlich die bereits erwähnte Beeinträchtigung der wirtschaftlichen Effizienz.

Schätzungsweise liegt der Gesamtumsatz der weltweiten Wirtschaftskriminalität bei 1.500 Mrd. US $ (5 % des weltweiten BSP). Etwa die Hälfte des Umsatzes wird auf dem US-amerikanischen Finanzmarkt investiert.

Ein weitere Kategorie kollektiver Gewalttäter sind Banden. Sie tendieren dazu, sich ethnizistisch oder ideologisch zu definieren und beanspruchen auf bestimmten Territorien das Gewaltmonopol, um dort maximale Erträge zu erpressen. Ausführungsformen solcher Banden sind Straßenbanden, Gefängnisbanden und Motorradbanden.

➤ Im Jahre 2011 gab es in den USA laut FBI-Angaben ca. 33.000 Straßenbanden, die für ca. due Hälfte aller Gewaltverbrechen verantwortlich waren (Hawdon, 2014)

5.6.2 Sind die Motivationen der „Neuen Kriege" neu?

Für die Konflikte der jüngsten Vergangenheit (nach 1945) und Gegenwart wird vielfach postuliert, dass die „alten Kriege", bei denen es primär um die Abgrenzung der territorialen Hegemonie zwischen Staaten gegangen sei, teilweise durch „Neue Krieg" ersetzt worden seien, bei denen es keine Feldschlachten zwischen Streitkräften mehr gäbe und bei denen die Akteure nicht mehr staatlich seien.

Einige Autoren (z.B. Mary Kaldor) richten dabei ihr Augenmerk auf die Frage, wie man „neue Kriege" vorbeugen bzw. schlichten könne. Andere (z.B. van Creveld) konzentrieren sich auf die Frage, wie man die „Neuen Kriege" gewinnen könne.

Bei diesem Diskurs werden in der Regel zwei Themenkreise vermischt: die Kontrahenten und ihre Motivation einerseits mit der Austragungsform der Kollektivgewalttätigkeit andererseits.

Die Frage nach der Neuartigkeit der in den „Neuen Kriegen" angewandten Ausführungs<u>formen</u> wird unter Punkt 7.6 erörtert (und verneint).

Die zu stellende Frage ist also, ob in den „Neuen Kriegen" tatsächlich neuartige Kontrahenten mit neuartigen Motivationen aufgetreten sind. Der Motivationskatalog der vorangegangenen Kapitel enthält nur Fälle, in denen mindestens eine der Konfliktparteien ein territorial-hegemonisches Kollektiv ist, oder bei dem es um den Machtumfang eines territorial-hegemonischen Kollektivs oder der Verfügung darüber geht. Es stellt sich also die Frage, ob in den „Neuen Kriegen" Motivationen am Werk sind, die keinen Bezug zu einer Territorialität mehr haben.

- Als wesentliches Merkmal der „Neuen Kriege" wird vielfach der unmittelbare **ökonomische Bereicherungsdrang individueller Gewaltakteure** angeführt, losgelöst von jeder sozialen und politischen Komponente. Vielfach werden als Beispiel von Konfliktparteien, die von den Institutionen des Staates abgekoppelt seien, die Warlords genannt. Dabei handle es sich um Privatpersonen, die (z.B. aus dem Erdölgeschäft und dem Drogenhandel) in astronomischen Geldbesitz kommen, sich aber „nicht den kulturellen Idealen der methodisch-rationalen Kapitalvermehrung verpflichtet fühlen" (Gill, 2002). Es ist zweifelhaft, ob es einer Einzelperson gelingen kann, ein Kollektiv zu einer Gewaltausführung zu motivieren, die lediglich der persönlichen Bereicherung jener Einzelperson dient. Ohne kollektive Nutzenerwartung ist kollektive Gewalttätigkeit kaum durchführbar, es muss sich davon zumindest ein Teilkollektiv einen Vorteil versprechen. Wenn dieser die Ergatterung von Plünderungsgut ist, so greift die Motivationskategorie „Prädation".
- Vielfach wird als Charakteristikum der „Neuen Kriegen" ein **Staatszerfall** angeführt. Ein Staatszerfall wird durch Motivationstypen ausgelöst, die man fallweise als Territorialkonflikt" bzw. „Hierarchie-/Konstitutionskonflikt" kategorisieren kann.
- Vielfach wird von den Verfechtern der These der „Neuen Kriege" der **kolumbianische Bürgerkrieg** herangezogen. Dort habe sich privat motivierte (kriminelle) Gewalttätigkeit mit politisch motivierter Gewalttätigkeit vermischt und zu einer neuartigen Mischform kollektiver Gewalttätigkeit geführt. Man kann jedoch den Fall Kolumbien als einen innerstaatlichen Konstitutionskonflikt betrachten, der mit privatem Gewinnstreben (Drogenhandel) und ausländischen strategischen Einmischungen vermengt ist. Derlei Verquickungen hat es in der Vergangenheit in faktisch jedem innerstaatlichen Konflikt gegeben. Die Hauptmotivation ist in Kolumbien die Verfügung über die Macht im Staat. Derartige Mischformen sind jedoch bereits in der Vergangenheit des Öfteren aufgetreten. England wurde 1066 von einem kleinen nordfranzösischen Regionalfürsten mit einem Heer erobert, das aus ganz Europa mit Landversprechungen im Erfolgsfall angeworben worden war.
- Vielfach werden die „**Terroranschläge der Al-Qaida**" als Prototyp „Neuer Krieg" herangezogen. Dieser kann als Retorsion eines Sektenführers gegen ein übermächtiges territorial-hegemonisches Kollektiv kategorisiert werden. Das ist an sich nichts „Neues". Bereits die Assassinen des Hochmittelalters haben mit derlei Motivation und Methoden agiert.
- **Mary Kaldor** (1999) hat den Krieg in Bosnien-Herzegowina auf seine Motivationskomponenten sorgfältig analysiert und stellte ihn als Prototyp „Neuer Kriege" dar. Die primäre Motivation der Kontrahenten war dabei eindeutig eine Sezession (territoriale Desintegration) bzw. deren Verhinderung. Die serbischen Bosnier widersetzten sich der Loslösung des Landes aus dem Bundesstaat Jugoslawien und betrieben, nachdem diese trotzdem erfolgt war, die Spaltung Bosnien-Herzegowinas mit genozidalen Mitteln. Diese Motivationen sind also kein Nuvum, sondern entsprechen denen herkömmlicher Territorialkonflikte.
- **Herfried Münkler** (2004) hat darauf hingewiesen, dass seit dem Ende des Kalten Krieges die Staaten nicht mehr die Hauptakteure der Kriege sind, sondern Warlords, und dass die Zivilbevölkerung (zu bis 80 %) die Hauptopfer seien. Der Konfliktgegenstand dieser „Neuen Kriege" sei nicht mehr ein Territorium als solches, sondern die Aneignung deren Ressourcen.

Neue Typen von Motivationen oder von Akteuren kollektiver Gewalttätigkeit sind in den „Neuen Kriegen" kaum feststellbar. Wohl aber findet eine Art optische Täuschung dadurch statt, dass aufgrund der Zerstörungskraft der modernen Waffen (nicht zuletzt der Atomwaffen) ab 1945 die Häufigkeit der zwischenstaatlichen Gewaltkonflikte um den Faktor 2 zurückgegangen ist, während die innerstaatlichen Gewaltkonflikte ihre Häufigkeit behalten haben (siehe Statistiken unter Punkt 8.5). Dadurch sind die an sich gleich bleibend häufig vorkommenden innerstaatlichen Konflikte in den Vordergrund gerückt, was die Wahrnehmung erzeugt hat, dass die Epoche „Neuer Kriege" angebrochen sei. Da außerdem bei innerstaatlichen Konflikten wie seit jeher „nichtstaatliche" Konfliktparteien häufiger auftreten als bei zwischenstaatlichen Konflikten, hat ihr prozentualer Anteil zugenommen, ohne dass deswegen ihre absolute Zahl zugenommen haben muss. Die Verfechter der These der „Neuen Kriege" sind sozusagen zwei **optischen Täuschungen** unterlegen.

Zum Aufkommen der Diskussion über „Neuen Kriege" hat außer den soeben besprochenen optischen Täuschungen auch der Umstand beigetragen, dass immer noch an den eng definierten Begriffen „Krieg" und „Staat" festgehalten wird. Seit jeher hat es auch Demozide gegeben, die in den Begriff „Krieg" schlecht einbezogen werden können. Zu den Gewaltakteuren gehören die „Staaten" erst seit der Neuzeit;

es gab sie vorher nicht oder nur in untergeordneten Formen und es wird sie in Zukunft weniger geben, bzw. in übergeordneten Formen.

Durch Verwendung einer Epoche übergreifenden Terminologie, wie sie hier vorgeschlagen wird, mit Begriffen wie „kollektiver Gewalttätigkeit" (statt nur „Krieg" oder „Demozid") bzw. „territorial-hegemonisches Kollektiv" (statt nur „Staat"), vermeidet man, von „Neuen Kriegen" sprechen zu müssen, nur weil die tradierten Begriffsbehälter zu eng geworden sind. Damit vermeidet man außerdem nutzlose Diskontinuitäten in der Diskussion ob der Ursachen und der Prävention kollektiver Gewalttätigkeit.

Volker Matthies (2004) hat in seinem wertvollen Übersichtsartikel zum Thema „Neue Kriege" darauf hingewiesen, dass die Diskussion um die „Neuen Kriege" den Blick auf die notwendigen Debatten über die Prävention kollektiver Gewalttätigkeit verstellt hat.

5.7 Motivationen zur Beendigung kollektiver Gewalttätigkeit

Die Kriege der Vergangenheit wurden beendet, wenn eine der beiden Kollektive nicht mehr in der Lage war, den Abtausch der Gewalttätigkeiten fortzusetzen, oder wenn eine Grenze der Erschöpfung erreicht worden war, die es bewog, die Nachteile eines Friedensabschlusses der Fortsetzung des Konflikts den Vorzug zu geben. Vielfach musste gleichzeitig der Fall eintreten, dass das gegnerische Kollektiv es vorzog, Abstriche an den eigenen Forderungen vorzuziehen, statt den Konflikt fortzusetzen.

Die im Kapitel 8 vorgestellten Statistiken deuten darauf hin, dass die **Erschöpfungsgrenze**, bei deren Überschreitung sich das unterlegene Kollektiv in der Regel dem Willen des siegreichen Kollektivs beugte, bei folgenden Werten gelegen ist:

Erschöpfungsgrenzen kollektiver Gewalttätigkeit (Zusammenfassung aus Punkt 8.7)

> ➢ *Überschreitung über einen langen Zeitraum des wirtschaftlichen Aufwands von ca. 10 %.*
> ➢ *Überschreitung über einen langen Zeitraum des unter Waffen gehaltenen Anteils der Bevölkerung:*
>   *im Altertum und Mittelalter: 2 % der Bevölkerung (ca. 10 % der männlichen Bevölkerung im wehrfähigen Alter)*
>   *in der Neuzeit: 10 % der Bevölkerung (ca. 40 % der männlichen Bevölkerung im wehrfähigen Alter).*
> ➢ *Überschreitung der im Konflikt erlittenen Todesopfer: 10 % der Bevölkerung.*

6 Funktionsträger kollektiver Gewalttätigkeit

Kollektive Gewalttätigkeit kann durch verschiedene Bevölkerungteile ausgeübt werden. Die daran beteiligten Individuen spielen dabei in einem soziologischen Sinne eine „soziale Rolle", das heißt, sie handeln nicht allein aus inneren Motivationen heraus, sondern zum großen Teil fremdgesteuert, um ein Bündel kollektiver Verhaltenserwartungen (z.B. Befehle) zu erfüllen, deren Nichterfüllung vom Kollektiv sanktioniert wird.

6.1. Militärische Streitkräfte

Gemeinhin assoziiert man mit der Ausführung kollektiver Gewalttätigkeit nur die militärischen Streitkräfte, deren Mitglieder „Soldaten" genannt werden. Bis zum Mittleren Altertum gab es kaum Berufssoldaten, im Wesentlichen kämpften Bürgerwehren gegeneinander, die für eine relativ kurze Einsatzdauer einberufen wurden (eine der wenigen Ausnahmen bildeten die Assyrer und Spartaner). Erst mit der Entstehung der Imperien (Makedonisches Reich, Römisches Reich) entstand der Berufssoldat.

Unter Punkt 8.2 sind statistische Daten zur Militärbevölkerung der Vergangenheit aufgelistet.

Statistische Werte zum unter Waffen gehaltenen Anteil der Bevölkerung

> ➢ Das Römische Reich kam vor den germanischen Invasionen mit einem Anteil der Soldaten an der Gesamtbevölkerung von 0,8 % aus.
> ➢ Im Späten Altertum und im Mittelalter hielten die ökonomischen Beschränkungen des Altertums an, so dass die territorial-hegemonischen Kollektive nur etwa 1 % ihrer Bevölkerung saisonweise unter Waffen halten konnten.
> ➢ Das Königreich von Preußen war der erste moderne Staat der sich der 5-Prozent-Marke genähert hat.
> ➢ Während intensiver Konflikte der Neuzeit (US-Amerikanischer Bürgerkrieg, Weltkriege) haben moderne Nationalstaaten dann über Jahre hinweg mehr als 10 % ihrer Bevölkerung für Militärdienste eingespannt.
> ➢ Die Staaten der Gegenwart halten zwischen 0,5 % und 1 % der Bevölkerung unter Waffen (Ausnahme Israel mit 11 %).

6.2 Zivilistische Streitkräfte

Die Ausführung kollektiver Gewalttätigkeit durch nicht reguläre Truppen hat eine lange Tradition. Die Grundmotivation war dabei meistens der Umstand, dass ein Kollektiv sich gegen die Misshandlung, Ausplünderung, Ausbeutung oder ethnizistischen Auswirkungen (kulturelle, sprachliche oder auch konfessionelle Gleichschaltung) einer Besatzung gewaltsam zur Wehr setzte, obwohl es über keine regulären Truppen verfügte. Mit der Entstehung der Nationalstaaten ist eine **„Nationalisierung der Kriege"** (im Sinne von Einbeziehung der gesamten Bevölkerung) einhergegangen. Die Besetzung einer Region hatte seit dem nicht nur steuerpolitische Auswirkungen wie in Vorzeiten (wie viel Steuer ist an welche Macht zu entrichten), sondern in der Regel auch eine ethnizistische Gleichschaltung. Dies führte im Kriegsfall zunehmend dazu, dass sich gegen eine Besatzungsmacht in den besetzten Gebieten ein bewaffneter Widerstand aus der Bevölkerung heraus entfachte, obwohl die Besatzungsmacht die militärische Auseinandersetzung siegreich beendet hatte. Zwischen Banditentum, irregulären Widerstandskämpfern und ad-hoc rekrutierten regulären Truppen hat es vielfach einen gleitenden Übergang gegeben.

Berühmte historische Beispiele „zivilistischer Streitkräfte"

> ➢ Die Kriege der Makkabäer (-167 bis -142), welche von jüdischen irregulären Truppen gegen die Besatzungsmacht der hellenistischen Seleukiden ausgefochten wurden, um sich gegen die erste systematische Religionsverfolgung der Geschichte zu wehren.
> ➢ Der Aufstand der Zeloten gegen die römische Besatzungsmacht der zum 1. Jüdisch-Römischen Krieg (66 bis 73) führte, wurde von irregulären Truppen durchgeführt.
> ➢ Der albanische Nationalheld Skanderbeg (Gjergj Kastrioti) führte einen Unabhängigkeitskrieg gegen die osmanische Besatzungsmacht (Mitte des 15. Jh.) mit irregulären Truppen.
> ➢ Friedrich II. setzte für seine Eroberungskriege in Schlesien **„Freibataillone"** auf, die er gleichzeitig als „Geschmeiß" verachtete.
> ➢ Im Nordamerikanischen Unabhängigkeitskrieg (1775 bis 1783) hatten irreguläre Truppen einen bedeutenden Anteil am Erfolg der Aufständischen.
> ➢ Während des Krieges auf der Pyrenäenhalbinsel (1808 bis 1814) gegen die napoleonische Besatzung leisteten die irregulären spanischen Truppen („**partidas de guerrilleros**") einen wesentlichen Beitrag zum Erfolg der regulären Truppen.
> ➢ Während des Russlandfeldzugs Napoleons (1812) leisteten die **kosakischen Freischärler** einen entscheidenden Beitrag zur Vernichtung des napoleonischen Invasionsheers.
> ➢ Im Tiroler Volksaufstand (1809) gegen die bayrisch-französische Besatzungspolitik (Abschaffung des Namens „Tirol", einiger bäuerlicher Feiertage und Prozessionen, Verbot der Mitternachtsmette, allgemeine Wehrpflicht auch außerhalb Tirols u.a.m.) wurde die reguläre Landwehr von irregulären Kämpfern gebildeten „Landsturm" unterstützt.
> ➢ Der durch ein königliches Dekret vom 21.4.1813 in Preußen gebildete **„Landsturm"** hatte die Aufgabe, im preußischen Befreiungskrieg gegen Napoleon („Vaterländischer Krieg") den französischen Invasionstruppen „auf jede erdenkliche Art Schaden zuzufügen". Clausewitz hatte 1810 in der preußischen Kadettenschule Vorlesungen über die Wirksamkeit eines

> *irregulären Krieges gegen die napoleonische Besatzungsmacht gehalten (siehe auch Kapitel XXVI seines Hauptwerkes „Vom Krieg"). Gneisenau gehören zu den ersten Theoretikern und Befürwortern des irregulären Krieges.*
> ➢ *Der Griechische Unabhängigkeitskrieg (1821 bis 1830) wurde im Wesentlichen mit irregulären Truppen gewonnen.*
> ➢ *In den Italienischen Einigungskriegen (1848 bis 1867) spielten die irregulären Truppen des Giuseppe Garibaldi eine entscheidende Rolle.*
> ➢ *Während des Nordamerikanischen Bürgerkrieges (1861 bis 1865) setzten vor allem die Südstaaten irreguläre Truppen ein. Indes auch die Heeresordnung („Lieber Code"), welche Präsident Lincoln im Jahre 1863 erließ, sah Sonderkommandos („**Partisanen**" genannt) vor.*
> ➢ *Im Deutsch-Französischen Krieg (1870 bis 1871) setzten nach der Niederlage der regulären Truppen irreguläre Kämpfer („**franc tireurs**", das heißt „Freischützen") den Kampf gegen die deutsche Besatzungsmacht fort.*
> ➢ *Im 1. Weltkrieg (1914 bis 1918) bekämpften belgische „**franc tireures**" die deutschen Invasoren von 1915.*
> ➢ *Im 2. Weltkrieg (1939 bis 1945) leisteten irreguläre Truppen („**Partisanen**"), besonders in der Sowjetunion, auf dem Balkan, in Frankreich und in Italien bewaffneten Widerstand gegen die reichsdeutschen Besatzungstruppen..*

Die Anführer der nicht regulären Kämpfer gegen eine Fremdherrschaft gehören in den jeweiligen Ländern zu den größten Volkshelden (z.B. Judas Makkabäus, Arminius/Herman, William Wallace, Gjergj Kastrioti, Robert Bruce, „Swamp Fox" Francis Marion, Andreas Hofer, Kapodistrias, Theodoros Kolokotronis, Georgios Karaiskakis, Demetrios Ypsilantis, Giuseppe Garibaldi). Der Städte und Dörfer Plätze dieser Welt sind voller Denkmäler für irreguläre Kämpfer. Von der Gegenseite wurden indes die „irreguläre Kämpfer" regelmäßig zu Verbrechern stigmatisiert und als solche behandelt. Ihnen wurde selten die minimale humane Behandlung von Kriegsgefangenen gewährt und Gefangene wurden in der Regel standrechtlich erschossen, was zu einer Verrohung der Konflikte und vor allem zu Massenmorden an der Zivilbevölkerung geführt.

Ein Beleg für diese widersprüchliche Einschätzung zivilistischer Widerstandskämpfer ist, dass das Wort „Volkssturm" eine positive Konnotation hat, das Wort „Partisan" hingegen eine negative.

Weder in der Haager Landkriegsordnung von 1907 noch in der Genfer Konvention von 1949 konnte eine zufriedenstellende Lösung für das Problem der zivilistischen Kämpfer gefunden werden. Die Grundproblematik lieg darin, dass die Verhandlungspartner des Völkerrechts die etablierten Regierungen sind, die natürlich sehr großes Interesse haben, die „Übersichtlichkeit" der konventionellen Kriegsführung nicht durch „irreguläre Kämpfer" verkomplizieren zu lassen (solange das eigene Land nicht invadiert wird).

Mit der in der zweiten Hälfte des 20. Jhs. vollzogenen Totalisierung des Krieges, die man als „**Entstaatlichung des Krieges**" (Barth, 2006) bezeichnen könnte, ist eine objektivere Behandlung des Problems noch dringlicher geworden. Dies hat letztlich dazu geführt, dass (wie Werner Ruf trefflich formuliert hat) staatliche Streitkräfte („das Militär") immer weniger in der Lage sind, dauerhaften Frieden zu stiften. Die „irreguläre" Art Krieg zu führen erzeugt indes einen derartigen Hass und dauerhafte Verletzungen, dass der Konflikt allein durch Waffengewalt nicht beendet werden kann.

Die modernen Vereinbarungen des Völkerrechts haben den zunehmenden Schwierigkeiten, die sich aus dem eingetreten fließenden Übergang vom Soldaten zum Zivilisten ergeben haben, dadurch Rechnung getragen, dass sie den Begriff des „**Kombattanten**" eingeführt haben. Ein Kombattant ist dabei jede Person, die in einen bewaffneten Konflikt „unmittelbar" an den Kampfhandlungen teilnimmt. Es kann also ein Soldat oder ein Zivilist sein. Ein Zivilist gilt nur für die Dauer seines „unmittelbaren Eingreifens in die Kampfhandlungen" als Kombattant, genießt vorher und danach die Schutzrechte eines Zivilisten. (Dies zum Unterschied zum Soldaten, der ohne Unterlass bekämpft werden darf).

Kombattanten genießen bestimmte Rechte, vor allem nach ihrer Gefangennahme. Die USA indes versuchen in ihrem „Krieg gegen den Terror" durchzusetzen, dass die dabei gemachten Gefangenen vom Schutz des Völkerrechts ausgeklammert werden, indem man auf sie den Begriff des „**unlawful combatant**" („**gesetzwidriger Kombattant**") anwendet. Dies ist ein weiteres Beispiel dafür, dass humanitäre Vereinbarungen immer wieder durch semantische Ausflüchte (neue Wortschöpfungen, Euphemismen) umgangen werden können.

6.3 Private Militärfirmen

Das Phänomen der „**Privatisierung der Gewalttätigkeit**" ist in der Geschichte periodisch immer wieder aufgekommen.

Viele Plünderungszüge wurden seit der Antike von **privaten Plünderungsgesellschaften** durchgeführt (u.a. viele germanischen Plünderungszüge bis hin zu den Wikingerüberfällen).

Söldner sind als private Militärfirmen zu betrachten, die im Dienst territorial-hegemonischer Herrschaften agierten. Bei Soldausfall oder Entlassung fielen sie vielfach in die Rolle privater Plünderungsgesellschaften zurück. Im Mittelalter wurde der Einsatz von Söldnern verstärkt und kam erst mit dem Ende des Dreißigjährigen Krieges zu einem vorläufigen Ende. Berühmte Beispiele sind: Die Katalanische Kompanie, die Armagnacs, die Barbanzones, die Genueser Armbrustschützen, die „Compagnie di Ventura" der Condottieri im Italien der Renaissance, die skandinavischen Waräger im Dienste der Byzantiner, die Normannen in Süditalien, die Schweizer Reisläufer, die deutschen Landsknechte, die Söldnerheere des Dreißigjährigen Kriegs (in dessen Verlauf etwa 1.500 Militärunternehmer aktiv geworden sind [115].

Mit dem Aufkommen der Nationalstaaten wurden Söldner immer mehr überflüssig, der Krieg wurde „verstaatlicht". Söldner wurden nur noch von Kolonialmächten in Übersee eingesetzt, wie zum Beispiel die hessischen Söldner im Amerikanischen Unabhängigkeitskrieg. Die Einführung der allgemeinen Wehrpflicht machte die Söldner schließlich völlig überflüssig.

Im Zuge der Neoliberalisierung sind jedoch selbst Staatsorganisationen unter den Druck der Gewinnoptimierung geraten (Personalabbau, Kostenreduzierung). Die Kommerzialisierung erfasst sämtliche Bereiche des öffentlichen Lebens. Selbst Kirchenorganisationen kaufen heutzutage Beraterdienste für die Rationalisierung ihrer Organisation ein. Mithin ist seit 1992, ausgehend von den USA, ein Trend zum **Fremdbezug von Militärdiensten** („Outsourcing") festzustellen. Im 3. Golfkrieg von 2003 betraf dies bereits folgende Tätigkeiten: Logistik, Sicherheitsdienste, Bergung von Verwundeten, Dolmetscherdienste und Gefangenenverhöre. Gegenwärtig werden weltweit schätzungsweise 100 Mrd. US $ Militärdienstleistungen an ca. 100 private Militärfirmen (aus USA, Südafrika, Großbritannien, Israel, Russland, Angola und Kolumbien) vergeben, 25 % davon durch die US-Streitkräfte. Es handelt sich um eine moderne Form des Söldnertums. Der Hauptantrieb dafür ist, wie angemerkt, die Kosteneinsparung.

Doch an der Dienstleistung „Gefangenenverhöre" erkennt man die Gefahr, dass durch die Privatisierung der Gewalt neue Handlungsfreiräume geschaffen werden, um internationale Konventionen und nationale Gesetze zu umschiffen.

Problemfelder der Privatisierung kollektiver Gewalttätigkeit

> ➢ *Die Entkopplung der Ausführung kollektiver Gewalttätigkeit vom Anwendungsbereich internationaler Vereinbarungen, z.B. der Genfer und Haager Konventionen (die Privatfirmen sind keine Subjekte des Völkerrechts).[116]*
> ➢ *Die Untergrabung der Rechtsstaatlichkeit durch Unterbrechung der Verantwortungskette.*
> ➢ *Die Gefahr von Kopplungen zwischen Entscheidungen der öffentlichen Hand und der Gewinnmaximierung der privaten Gewaltunternehmen (mögliche Interessenkonflikte der staatlichen Amtsträger).*
> ➢ *Zusätzlich zur Wehrindustrie stellen private Gewaltunternehmen eine weitere Verflechtung von Wirtschaft und Militär dar.*

Die langfristige Lösung für diese Problematik ist das Überflüssigmachen sowohl staatlicher als auch privatisierter kollektiver Gewalttätigkeit. Bis dahin wird eine Anpassung des internationalen Regelwerks notwendig sein, um aus einer gewinnorientierten Gewalttätigkeit nicht einen zivilisatorischen Rückschritt entstehen zu lassen.

6.4 Staatliche Sicherheitsorgane und parastaatliche Organisationen

Staatliche Sicherheitsorgane verfügen „im Interesse der Staatssicherheit" in allen Ländern über besondere Handlungsspielräume. Sie verwässern vielfach ihre Verantwortlichkeit durch die Gründung oder Förderung von „im Staatsinteresse agierenden Organisationen. In vielen Ländern bewegen sie sich dabei am Rande der Legalität. Manch ein staatlicher Sicherheitsdienst (oder seine Nebenorganisationen) sind an lukrativen kriminellen Tätigkeiten (v.a. Waffenhandel und Drogenhandel) beteiligt, um sich durch die Nebeneinkünfte von Etatmitteln unabhängig zu machen und der Rechenschaft den Staatsbehörden gegenüber entziehen zu können und ihren Handlungsspielraum genehmigungsfrei zu erweitern

Eine ehemals parastaatliche Organisation ist die italienische Mafia, die bekanntermaßen im 2. Weltkrieg von den USA für militärische Zwecke vitalisiert worden ist. Im Nachkriegs-Italien ist sie verschiedentlich als Ausführungstäterin parastaatlich beschlossener politischer Morde eingesetzt worden.

In jüngster Vergangenheit ist die Rolle parastaatlicher Organisationen bei vielen Terrororgansiationen bzw. Terrorakten unklar geblieben:

• Verwicklung des Geheimdienstes der Reichswehr mit der terroristischen „Organisation Consul" und seine Beteiligung bei der Ermordung Walter Rathenaus
• Beteiligung der SA beim Reichstagsbrand (1933)

---

115 Reinhard (1999), 347.
116 Ein symptomatischer Fall dieser Problematik war die Beteiligung von Privatfirmen an den Folterungen im Gefängnis von Abu Ghraib (Kaldor, 1999)

- Verwicklung der CIA mit der Terrororganisation „Gladio" und deren Beteiligung am Bombenterrorismus in Italien (1969 bis 1987)
- Interaktion der CIA mit der Terrororganisation „Brigate Rosse", vor allem bei der Entführung und Ermordung von Aldo Moro am 9.5.1978[117]
- Verwicklung des KGB bei Anschlägen auf Wohnblöcken in Moskau (1977)
- US-Geheimdienste beim Anschlag auf das Oklahoma Federal Building (1995)
- Nach einer „Verschwörungstheorie" könnte es eine Verwicklung von Geheimdiensten der USA und Israels bei den Anschlägen auf das World Trade Center und das Pentagon (2001) gegeben haben.

Seit dem Reichstagsbrand bestehen Verdachtsmomente, dass sich in vielen Geheimdiensten eine **„Strategie der Spannung"** verbreitet hat, die darin besteht, Terroristen aus „Schurkenkollektiven" durch eingeschleuste Hintermänner zur Ausführung ihres Terrorplans zu motivieren und/oder sie dabei (möglichst ohne deren Wissen) zu unterstützen, oder sogar die Auswirkung durch verdeckte Eigenbeiträge zu potenzieren. Wesentlicher Teil der Strategie ist die nachträgliche Spurenverwischung oder Spurenverfälschung, um den Verdacht der Justizbehörden und der öffentlichen Medinen auf das „Schurkenkollektiv" zu lenken. Zur Rezeptur gehört es auch, Individuen, die den Verdacht der Verwicklung parastaatlicher Organisationen äußern, als **„Verschwörungstheoretiker"** zu stigmatisieren.

Die Hauptabsichten der Strategie der Spannung sind dabei

> ➢ *Beeinflussung der Wählerschaft (meist gegen extreme Linksparteien)*
> ➢ *Die Bevölkerung zur Aufgabe eines Teils ihrer Rechte zu bewegen, im Austausch für größere Sicherheit*

6.5 Terrororganisationen

Terrororganisationen sind dem Namen nach Organisationen, welche Terrorismusakte zur Durchsetzung ihrer politischen Ziele ausführen. Der Begriff „Terrororganisation" sagt an sich nur etwas über die Ausführungsform der Gewalttätigkeit aus, jedoch nichts über die politische Motivation. Meist handelt es sich um den bewaffneten Arm eines politischer Kollektivs, welches im Rahmen einer „asymmetrischen" Konfrontation, seine Ziele mit Gewalttätigkeit durchzusetzen versucht, oder wie im vorigen Punkt erwähnt um parastaatliche Organisationen.

Die Motivationen von Terrororganisationen können je nach Sachlage jedem der vier Motivationskategorien des Kapitels 5 zugeordnet werden.

Beispiele der Motivation von Terrororganisationen

> ➢ *Terrorismus der Al-Qaida > Retorsion*
> ➢ *Terrorismus der ETA > Territorialer Konflikt*
> ➢ *Bombenterror in Italien > Konstitutionskonflikt*
> ➢ *Bombenattentate auf Moscheen und Kirchen > Allophobie*

6.6 Kindersoldaten

Da die Waffen des Altertums und Mittelaters ausschließlich durch Muskelkraft betätigt wurden, ist es sich zum Einsatz von Kindersoldaten gekommen. Da moderne Schusswaffen, insbesondere die Kleinwaffen, „kinderleicht" zu bedienen sind, ist der zivilisatorische Rückschritt des Einsatzes von Kindersoldaten erst in jüngster Vergangenheit zugespitzt.

- Im US-amerikanischen Bürgerkrieg wurden vereinzelt Kindersoldaten eingesetzt.
- Im 3. Reich wurden Kindersoldaten als „Luftwaffenhelfer" oder im „Volkssturm" eingesetzt.
- Eine große Ausweitung fand der Einsatz von Kindersoldaten in den Bürgerkriegen und territorialen Desintegrationskriegen der Nachkriegszeit in Afrika (Demokratische Republik Kongo, Liberia, Sierra Leone, Uganda), Asien (Indonesien, Myanmar/Burma, Nepal, Pakistan) und Lateinamerika (Kolumbien).
- Gegenwärtig schätzt man einige hunderttausend Kindersoldaten im Einsatz.

In Anlehnung an die UN-Kinderrechtskonvention könnte man als Kindersoldaten Personen unter 18 Jahren verstehen, die für militärische Zwecke (Spionieren, Hilfsdienste, Kämpfe, menschliche Schutzschilde) eingesetzt werden.

- Das Zusatzprotokoll I. vom 8.6.1977 zur Genfer Konvention forderte in Art. 77.2, dass alle Unterzeichnerstaaten „alle machbaren Maßnahmen" treffen sollten, den direkten Kampfeinsatz von Kindern unter 15 Jahren zu vermeiden.

---

117 Nach einer im Jahre 2008 gemachten Aussage eines vormaligen US-Agenten in Italien, Steve Pierczenik, hat der CIA die Brigate Rosse bei der Beseitigung Aldo Moros „instrumentalisiert".

- Im Ersten Golfkrieg (1980 bis 1988) rüsteten die Iraner für den sich eingestellten Stellungskrieg ihre regulären Streitkräfte mit 14- bis 18-jährigen „Freiwilligen" („Bsitschi") auf. Ihnen wurde ein Kunststoffschlüssel „zur Öffnung der Pforte zum Paradies" um den Hals gehängt, um sie bei Himmelfahrtskommandos einzusetzen, bei denen dann Zehntausende von ihnen umgekommen sind.

- In der am 20.11. 1989 verabschiedeten UN-Kinderrechtsresolution wurde unter Artikel 38 beschlossen, dass alle Unterzeichnerländer „alle machbaren Maßnahmen treffen sollten", dass Kinder unter 15 Jahren nicht direkt an Kampfhandlungen teilnehmen.

- Im Rom-Statut des Internationalen Gerichtshofs (1998) wird der Einsatz von Kindersoldaten unter 15 Jahren als Kriegsverbrechen qualifiziert.

- Da die Altersgrenze von nur 15 Jahren der UN-Kinderrechtsresolution auf weitverbreitete Kritik stieß, verabschiedete die UN am 25. 5. 2000 ein „UN-Fakultativprotokoll über Kinder in bewaffneten Konflikten". Es trat am 12. 2. 2002 in Kraft. In ihm wurde die Altersgrenze für Kampfeinsätze auf 18 angehoben. Auf Druck der Großmächte USA, Russland, Großbritannien[118] und China wurde zwischen Zwangsrekrutierung und freiwilligem Militärdienst für staatliche Streitkräfte unterschieden und für den zweiten Fall verpflichteten sich die Unterzeichnerländer zu einem Mindestalter von 16 Jahren.[119]

- Die Internationale Arbeiterorganisation (ILO) hat mit der Resolution 182 von 1999 den Einsatz von Kindersoldaten als extreme Form der ausbeuterischer Kinderarbeit definiert und die Mitgliedsstaaten aufgefordert, die erzwungene oder im Rahmen des Wehrdienstes obligatorische Rekrutierung von Kindersoldaten durch nationale Gesetze zu kriminalisieren.

- Mit der UN-Resolution 1612 vom 26.7.2005 setzte der UN-Sicherheitsrat Ausführungsbestimmungen gegen den Einsatz von Kindersoldaten in Kraft.

- Im Rahmen seiner ersten, am 10.01.2007 gefällten Urteile hat der Sondergerichtshof für Sierra Leone erstmals in der Geschichte Strafen für den Einsatz von Kindersoldaten verhängt, allerdings nur jenen durch drei Rebellenführer und nicht den durch das staatliche Militär.

Besonders Nichtregierungsorganisationen setzen sich für die Denunzierung, Pönalisierung des Einsatzes von Kindersoldaten ein (AMNESTY INTERNATIONAL, Human Rights Watch) und es wurde eine Koalition zur Unterbindung des Einsatzes von Kindersoldaten (Coalition to Stop the Use of Child Soldiers – CTSTUOCS) gegründet, welche regelmäßige Berichte über das Thema veröffentlicht.

---

118 Das Argument Großbritanniens, dass Kinder die mit 16 Jahren in die britischen Streitkräfte aufgenommen werden, dies völlig freiwillig täten, wird von Kritikern damit in Frage gestellt, dass ein Kind jenen Alters laut Gesetz noch nicht mündig ist. Nach Human Rights Watch haben in den USA zwar nur 2 Promille der Soldaten das Mindestalter von 17 Jahren, trotzdem war es die US-Delegation, die sich bei den Verhandlungen am stärksten gegen die Altersgrenze von 18 Jahren gestemmt hat.

119 Die Bundesrepublik Deutschland hat den Vertrag mit mehr als vier Jahren Verzug unterzeichnet und nimmt Freiwillige mit 17 Jahren in die Bundeswehr auf. Zudem akzeptiert sie die Flucht von Minderjährigen vor Zwangsrekrutierung nicht als Asylgrund.

7 Ausführungsformen kollektiver Gewalttätigkeit

Terrorismus ist der Krieg der Armen.
Und Krieg ist der Terrorismus der Reichen.
(Peter Ustinov, 1921 bis 2004)

7.1 Kollektivgewalttätigkeit zwischen Militärpersonen

7.1.1 Zum Begriff des Krieges

Der **Krieg** ist definiert als „mit Waffengewalt ausgetragener Konflikt zwischen Staaten, Völkern; größere militärische Auseinandersetzung, die sich über einen längeren Zeitraum erstreckt".[120] Noch treffender sind Definitionen, die die Inkaufnahme des Verderbs von Individuen einschließen, wie zum Beispiel: „...Krieg eine gesellschaftlich organisierte Form des länger anhaltenden politischen Kampfes unter Inkaufnahme des Todes vieler Kämpfer und Unbeteiligten ..." (Jahn, 2012)

Einige Autoren haben Mindestanforderungen aufgestellt, um den Begriff „Krieg" anzuwenden:

- Laut Hamburger Arbeitsgemeinschaft Kriegsursachenforschung (AKUF) sind drei Mindestkriterien gleichzeitig zu erfüllen: kontinuierlicher Kampf, mit regulären Streitkräften auf mindestens einer Seite, mit einem Mindestmaß an Organisation.
- Vielfach wird das Kriterium angewandt, dass mindestens 1.000 Tote durch Kampfhandlungen zu verzeichnen sind; bei weniger handle es sich um „bewaffnete Konflikte" (Jahn, 2012).

Auch wenn seit jeher in Kriegen die Zivilbevölkerung durch so genannte Kollateralschäden schwer getroffen wurde, war das kennzeichnende Moment eines „Krieges" die Absicht, das Militärpersonal (das heißt die Funktionsträger kollektiver Gewalttätigkeit) des gegnerischen Kollektivs außer Gefecht zu setzen, um dem Rest des gegnerischen Kollektivs (politische Funktionsträger und Zivilbevölkerung) seinen Willen aufzwingen zu können.

- Bei interkollektiver Gewalttätigkeit waren die Antagonisten fast ausschließlich territorial-hegemonische Kollektive.
- Bei intrakollektiver Gewalttätigkeit („Bürgerkriege" im weitesten Sinne) war mindestens einer der beiden Antagonisten kein territorial-hegemonisches Kollektiv, sondern ein Subkollektiv, welches sich mit Funktionsträgern kollektiver Gewalttätigkeit ausgestattet hatte. (Allophobische Gewalttätigkeit fällt nicht unter die obige Definition von Krieg, sondern ist der im folgenden Punkt behandelten Gewalttätigkeit gegen Zivilbevölkerung zuzuordnen).

Klammert man Prädationen, Retorsionen und allophobische Gewalttätigkeit aus, so ergibt die Auflistung der Anlage 10, dass etwa **80 % der gewalttätig ausgetragenen Konflikte der Vergangenheit „Kriege"** gewesen sind.

Die Zusammenfassung mehrerer in der Vergangenheit gewalttätig ausgefochtener Konflikte zu einem einzigen „Krieg" ist **vielfach ein gedankliches Konstrukt**, das erst im Nachhinein gebildet worden ist und dessen sich die Protagonisten vorher nicht bewusst gewesen waren.

Beispiele von im Nachhinein zu einem Krieg gedanklich zusammengefassten Konfliktegemengen

> ➤ *Der „Hundertjährige Krieg" (1337 bis 1369) war in Wirklichkeit eine Abfolge mehrerer Feldzüge, die jeweils mit Verträgen beendet wurden; einer dieser Friedensschlüsse hielt sogar neun Jahre an. Die Geschichtsschreibung hat aus dieser lockeren Sequenz eine Einheit gebildet.*
> ➤ *Die dynastischen Kriege die im 15. Jh. in England stattgefunden hatten und in mindesten vier Konfliktperioden stattgefunden haben, die durch mehrjährige Perioden relativer Kampfruhe getrennt waren, wurden erst vier Jahrhunderte später vom Romanschriftsteller Walter Scott mit dem Sammelbegriff „Rosenkrieg" (1455 bis 1487) versehen,*
> ➤ *Der „Dreißigjährige Krieg" (1618 bis 1648) bestand aus mehreren, nicht direkt zusammenhängenden Konflikten; erst nach den Westfälischen Friedensschlüssen (es gab deren zwei, an verschiedenen Verhandlungsorten), mit denen die Zeitgenossen der Plage jahrzehntelanger Gewalttaten ein (vorläufiges) Ende setzten, definierte man diese Epoche der Gewalttätigkeiten nachträglich als „Dreißigjährigen Krieg".*
> ➤ *Was wir heute unter „Napoleonische Kriege" (1803 bis 1815) zusammenfassen, waren etwa zehn verschiedene Konflikte mit stark wechselnden Allianzen.*
> ➤ *Gemeinhin datiert man den 2. Weltkrieg von 1939 bis 1945. Er bestand aus einem Konflikt in Europa (Hauptgegner: 3. Reich und Italien gegen USA, UK, SU, Frankreich) und einem Konflikt in Asien (Hauptgegner: Japan gegen USA und UK), die nicht miteinander verquickt waren (die Sowjetunion erklärte Japan erst nach der Kapitulation Deutschlands und zwar am 8.8.1945 den Krieg). Es gab indes noch einen dritten großen Konflikt (Aggression Japans gegen China) der bereits 1937 begann. Man könnte den 2. Weltkrieg also auch von 1937 bis 1945 datieren.*

---

120 Duden, ebd.

Herfried Münkler (2006) hat spezifisch dagegen argumentiert, dass man davon ausgehe, dass Kriege immer einen Anfang und ein Ende gehabt hätten; dies sei besonders bei Bürgerkriegen nicht der Fall gewesen. Berücksicht man auch die Zeiträume, in denen der Konflikt zwar bestand. aber nicht gewalttätig ausgetragen wurde, so können sich für die „Konflikte" wesentlich längere Zeiträume ergeben.

> ➢ *Als Beispiel für diese These kann der Konflikt des Königreichs von Frankreich mit dem Imperium der Habsburger, gegen die Umklammerung Frankreichs herangezogen werden, der von 1496 (Heirat der spanischen Thronerbin Juana la Loca mit dem habsburgischen Thronerben Philipp den Schönen) bis 1713 (Besetzung der spanischen Krone mit einem Bourbon durch den Frieden von Utrecht) angedauert hat und phasenweise in diversen Kriegen gewalttätig ausgefochten worden ist.*

Wenngleich in der Umgangssprache nach wie vor gebräuchlich, **verschwindet der Begriff „Krieg" allmählich aus dem modernen Völkerrecht.** Der Hauptgrund ist der semantische Trick, der seit dem 20. Jahrhundert damit getrieben wird, denn nachdem der Kellogg-Briand-Vertrag von 1928 den Krieg zur Lösung internationaler Konflikte verboten hatte, vermieden immer mehr Aggressorstaaten die Anwendung des Terminus „Krieg", um nicht unter die internationalen Sanktionen zu fallen. Überdies hatte sich im Völkerrecht das Absurdum eingestellt, dass der Tatbestand „Krieg" nur dann vorliege, wenn auch ein „Kriegswille" bestehe. Ein weiterer Grund besteht darin, dass nach der drastischen Abnahme des Krieges zwischen Großstaaten und die „asymmetrische" Formen kollektiver Gewalttätigkeit (die es seit jeher gegeben hat) an relativer Bedeutung gewonnen haben.

- In den Satzungen der UN kommt das Wort „Krieg" kaum noch vor und ist durch Umschreibungen wie „Ausübung von Gewalt zwischen Staaten" ersetzt worden, in den Genfer Konventionen durch die Bezeichnung „bewaffneter Konflikt".
- Es gibt weltweit fast keine „Kriegsminister" mehr, sondern überwiegend Verteidigungsminister".
- Eine Ausnahme von diesem Trend bildet noch der von der US-Regierung benutzte Slogan des „Kriegs gegen den Terrorismus"; hier wird das Wort „Krieg" deshalb so freimütig benutzt, weil für eine Aggression gegen den „Terrorismus" von keiner Seite Vorhalte zu befürchten sind.
- Beliebte euphemistische Synonyme sind „Ernstfall" (für „Krieg") und „Vorwärtsverteidigung" (für „Angriff") (Brückner, 1979).

7.1.2 Ausführungsereignisse von Kriegen

SCHLACHTEN SIND DIE SATZZEICHEN DER GESCHICHTE.

(Winston Churchill, um 1940)

Wie Clausewitz klar herausgearbeitet, fand bis zu seiner Epoche die Vernichtung der feindlichen Streitkräfte „hauptsächlich nur" in Gefechten statt, von denen nur große Gefechte zu großen Erfolgen führten, vor allem wenn sie zu einer großen Schlacht vereint wurden.[121] Diese Feststellung hat für die Vergangenheit bis zum Ende der vorliegenden Auswertung (Jahr 2000) gegolten. Schlachten waren „die Satzzeichen der Geschichte" (Churchill).

- In der frühen Antike genügte im Durchschnitt ein Zusammenprall, um den Willen der verlierenden Partei zu brechen.
- -5. bis 19. Jh. hatte jeder Krieg im Durchschnitt zwei bis drei Schlachten oder Belagerungen.
- Im 1. Weltkrieg waren ca. 250 Treffen erforderlich, im 2. Weltkrieg deren ca. 750. Löst man jedoch diese zwei „Klammerbegriffe" in „Teilkriege" auf, so waren es ca. fünf Ausführungsereignisse pro Teilkrieg.
- Das Abfallen auf ein Ausführungsereignis pro Krieg in der 2. Hälfte des 20. Jh. deutet darauf hin, dass die historische Definition der Schlacht als „Satzzeichen der Geschichte" in Zukunft nicht mehr anwendbar sein könnte.
- Zugenommen hat auch die Dauer der Schlachten. Bis zu Beginn des 1. Weltkriegs waren Schlachten, die sich über mehr als einen Tag hinzogen, eine große Seltenheit. Dem gegenüber haben in den beiden Weltkriegen Schlachten stattgefunden, die sich über Wochen und Monate hinzogen.
- Auch die räumliche Ausdehnung der Schlachten hat zugenommen. Bis zu Beginn der Neuzeit betrug die typische Länge der Schlachtfront wenige Kilometer; das Schlachtfeld war höchstens 10 km² groß. Dem gegenüber wurde die Schlacht von Stalingrad (1942/1943) auf einem Gebiet von etwa 2.000 km² Fläche ausgefochten.
- Die häufigsten Ausführungsformen militärischer Kollisionen waren bis zum Ende des 20. Jh.: Landschlacht; Seeschlacht; Luftschlacht; Belagerung militärischer Objekte; Bombardierung militärischer Objekte; Militärische Besatzung fremden Territoriums; Guerillaüberfall.

---

121 Clausewitz (1832), Viertes Buch, XI.

7.2 Kollektivgewalttätigkeit gegen Zivilbevölkerung

7.2.1 Gezielte Massentötung von Zivilpersonen

Eine ganzheitliche Betrachtung des Phänomens „kollektive Gewalttätigkeit" muss auch die Ausführungsformen einbeziehen, welche jene Teile eines Kollektivs treffen, die keine Funktionsträger kollektiver Gewalttätigkeit sind, das heißt die „Zivilbevölkerung". Unter dieser Kategorie von Gewalttätigkeit sind nicht die tatsächlich ungewollten „Kollateralschäden" gemeint, sondern die beabsichtigte Massentötung von Zivilisten, um den Willen des gegnerischen Kollektivs zu brechen oder dieses gar zu vernichten.

Die häufigsten Ausführungsformen kollektiver Gewalttätigkeit gegen Zivilpersonen

> *Vertreibung und Zwangsumsiedlung.*
> *Freiheitsentzug (Zwangsinternierung); dies wurde aus logistischen Gründen erst im 20. Jh. in großem Umfang praktiziert, zuletzt die KZs im 3. Reich und in der Sowjetunion.*
> *Versklavung (Zwangsarbeit): Dies wurde von der Antike bis in die Gegenwart praktiziert, zuletzt im großen Stil (über 10 Mio. Zwangsarbeiter in 20.000 Arbeitslagern) durch die Reichsdeutsche Zwangsarbeit (1942 bis 1945)*
> *Im Zusammenhang mit Konflikten ausgeübte kollektive Vergewaltigungen und Zwangsprostitution: dies wurde von der Antike bis in die Gegenwart praktiziert.*
> *Kinderentzug: dies wurde von der Antike bis in die Gegenwart praktiziert*
> *Massentötung durch Aushungern: dies wurde am häufigsten bei Belagerung von Städten angewandt; von der Antike bis in die Gegenwart praktiziert, zuletzt im großen Stil bei der Belagerung von Leningrad (1941 bis 1944), bei der über eine Mio. Zivilisten verhungerte.*
> *Massentötung durch Ermordung: dies wurde in der Antike und im Mittelalter meist nach der Einnahme belagerter Städte oder bei Pogromen angewandt; in der Neuzeit sogar im industriellen Stil (Vernichtungslager, Massenerschießungen).*
> *Massentötung durch Flächenbombardierungen: dies wurde technologisch bedingt erst ab dem 2. Weltkrieg in großem Stil praktiziert.*
> *Massentötung in Menschenvernichtungsstätten*

7.2.2 Terrorismus

DER AUSDRUCK „KRIEG GEGEN DEN TERRORISMUS" IST EINE METAPHER.

(Olivier Roy, 2006)

Unter Terrorismus versteht man die „systematische Verbreitung von Angst und Schrecken durch Gewaltaktionen, besonders zur Erreichung politischer Zeile" [122]. Dabei versteht sich implizit, dass Angst und Schrecken unter der Zivilbevölkerung verbreitet werden soll.

- Das Charakteristikum eines Terroraktes ist eine aufsehenerregende Tötung von möglichst vielen Zivilpersonen (meist unter Inkaufnahme der Tötung von Individuen des eigenen Kollektivs). Dabei werden die Medien als „die wichtigste Waffe des Terrorismus" missbraucht.
- Eine in der Gegenwart aufgekommene Art des Terrorismus ist die zwar nach wie vor indiskriminierte Tötung von Individuen, jedoch eines ideologischen Subkollektivs (z.B. Besucher einer christlichen Kirche oder einer schiitischen Moschee).
- Die wahllose Tötung anonymer Funktionsträger des gegnerischen Kollektivs (z.B. von Truppen) durch Anschläge, ist den Terrorakten nicht zuzuordnen, auch wenn sie mit denselben Techniken des Terrorismus (z.B. Autobomben) durchgeführt werden.
- Die gezielte Tötung prominenter Funktionsträger des gegnerischen Kollektivs durch Anschläge (wie z.B. von der schiitischen Sekte der Assassinen im Mittelalter, oder von der israelischen Regierung in der Gegenwart praktiziert), ist trotz analoger Technik (meist Explosion eines Fahrzeugs), nicht zu den terroristischen Akten zu zählen, sondern eher zum politischen Mord.
- Das Ziel, Angst und Schrecken einzutreiben, kann auch durch spektakuläre Sachschäden bezweckt werden (bei denen Personenschäden in Kauf genommen, aber nicht unbedingt primär angestrebt werden). Beispiel: Reichstagsbrand von 1933. Der technische Fortschritt (Großbauten, Großnetze) hat die Störanfälligkeit der materiellen Infrastruktur potenziert. Dies ist ein wesentliches Element des von Ulrich Beck formulierten Begriffs der „Weltrisikogesellschaft".
- Nach einer Theorie ist Terrorismus die Waffe stark unterlegener Kollektive (mit großer sozioökonomischer Unerlegenheit oder kultureller Entfernung)[123].
- Bei Individuen nimmt die Wahrscheinlichkeit, Opfer einer individuellen Gewalttätigkeit mit der Nähe zum Täter zu. Bei Kollektives ist sie desto größer, je sozial entfernter und geografisch näher das Täterkollektiv ist.

---

122 Duden, ebd.
123 D. Black (1998): The Social Structure of Right and Wrong; Academic.

Typische Absichten terroristischer Anschläge

> ➤ *Die Führung des gegnerischen Kollektivs dazu zu bewegen, das zu tun, was man bezweckt.*
> ➤ *Die Individuen des eigenen Kollektivs dahingehend zu emotionalisieren, dass sie persönliche Nachteile im vermeintlich kollektiven Interesse hinzunehmen. Beispiel: der Reichstagsbrand von 1933.*
> ➤ *Die Wahlbevölkerung des gegnerischen Kollektivs dazu zu bewegen, das zu tun, was man bezweckt. Beispiele: die Bombenattentate in Italien, mit denen die italienische Wählerschaft davon abgebracht werden sollte, den extremen Linksparteien ihre Stimmen zu geben.*
> ➤ *Das gesamte gegnerische Kollektiv zu bestrafen. Beispiel: die Flächenbombardierung von Städten während des 2. Weltkriegs: Diese können als terroristische Akte betrachtet werden.*
> ➤ *Auch wenn der Terrorismus primär eine propagandistische Ausrichtung hat, kommt er doch dem Genozid nahe (Shaw, 2003).*

Typische Täter terroristischer Akte

> ➤ *Territorial definierte Subkollektive. Beispiele: Terroranschläge baskischer Separatisten*
> ➤ *Ideologisch definierte Subkollektive (z.B. sunnitische Fundamentalisten)*
> ➤ *Sicherheitsorgane gegnerischer territorial-hegemonischer Kollektive (z.B. CIA)*
> ➤ *Sicherheitsorgane des eigenen territorial-hegemonischen Kollektivs (z.B. italienische Sicherheitsorgane in ihrem wahlpolitischen Terrorismus von 1968 bis 1987)*

Terrorismus ist also eine **Ausführungsform** kollektiver Gewalttätigkeit und keine politische Richtung. Der Slogan **„Krieg gegen den Terrorismus"** bedeutet also an sich „kollektive Gewalttätigkeit zur Bekämpfung einer bestimmten Form kollektiver Gewalttätigkeit"; ein Gegner ist damit nicht definiert. Der britische Innenminister David Miliband wies in einem Interview mit dem „Guardian" im Januar 2009 auf einen weiteren Schwachpunkt des Begriffs hin: Er setzt nämlich voraus, dass alle Konfliktparteien, die die Gewalttätigkeitsform „Terrorismus" anwenden, ein Kollektiv mit gemeinsamen Zielen darstellen. Wie im vorangehenden Kapitelpunkt bereits erwähnt wurde, bestehen Verdachtsmomente, dass sich mitunter auch staatliche Sicherheitsorgane oder parastaatliche Organisationen ebenfalls des Terrorismus bedienen. In diesem Fall wären auch diese als Terrororganisationen einzustufen und der „Krieg gegen den Terrorismus" müsste folglich auch ihnen gelten.

7.3 Strukturelle Kollektivgewalttätigkeit

Der Begriff „strukturelle Gewalt" im Sinne von blutloser Beeinträchtigung oder Verkürzung des Lebens, wurde 1969 durch Johan Galtung[124] geprägt. Im deutschen Sprachraum hat ihn Brückner 1975 verwendet. Darunter versteht man heute schwere Beeinträchtigungen der Lebensfähigkeit minoritärer Kollektive durch diskriminierende Leitkulturwerte, institutionelle Regeln oder Ressourcenverteilung, um die Interessen des eigenen Kollektivs zu Lasten anderer Kollektive durchzusetzen. Da strukturelle Gewalttätigkeit sehr häufig eine Vorstufe der physischen Gewalttätigkeit ist, verdient sie größtmögliche Demaskierung und Skandalisierung.

Die Tabelle 2 listet die verschiedenen von der Menschheit bisher praktizierten Formen struktureller Gewalttätigkeit in ihrer Steigerung von mental-verbaler Gewalttätigkeit in Richtung physischer Gewalttätigkeit auf. Die todbringende Fortsetzung der Tabelle 2 ist dann Gegenstand des Punktes 5.5 („Allophobiekonflikte").

Tabelle 2a: Steigerungsformen struktureller Gewalttätigkeit

Diskriminierungsform	Historische Beispiele
Diskriminierung in den Medien	
Diskriminierende Darstellung der Vergangenheit	o Tendenziöse Geschichtsbücher o Kollektivgewalttätigkeit heroisierende Literatur
Diskriminierung durch Unterhaltungsmedien	o Westernfilme mit einseitiger Darstellung der Indianer als Bösewichte o Filme mit überproportional vielen Dunkelhaarigen oder Dunkelfarbigen unter den Bösewichten
Diskriminierung durch Informationsmedien	o Verpönen „fremdrassiger internationaler jüdischer Einflüsse" in den Medien (Erlass des Landes Hessen von 1933) [1] o Überproportional viele kriminelle Ausländer unter den Beiträgen des Schweizer Fernsehens zur Verbrecherjagdsendung „Aktenzeichen X,Y, Ungelöst" o Überproportional viel TV-Berichterstattung von Missständen im Ausland im Vergleich zur Berichterstattung über Missstände im Inland
Diskriminierung beim Zugang zu den	o Verbot jüdischer Zeitungen (Reichsverordnung von Ende 1938) [1]

---

124   Galtung, J. (1969): Violence, peace and peace research. Journal of Peace Research 6 /3), 167-191.

Medien	o Verbot des Besitzes von Rundfunkempfängern für Juden (Reichserlass vom 20. 9. 1939)
Einschränkung kollektiver Identitäten	
Diskriminierung von Sprachen	o Zwang zur Annahme eines chinesischen Namens für Minoritäten (Edikt Kaiser T'ai Tsu von 1368) o Verbot des Sprechens nichtspanischer Sprachen (Königlich spanischer Erlass von 1567) o Verbot nichtitalienischer Sprachen im faschistischen Italien o Ersetzen arabischer Ortsnamen durch hebräische (Israel, nach 1949) o Ortsschilderstreit der FPÖ
Verbot von Brauchtum	o Verbot der Beschneidung im Römischen Reich (Edikt des Kaisers Hadrian von 135)
Verbote von Identitätsnamen	o Verbot des Stammesnamens „Pequot" (Britische Kolonialverwaltung in Nordamerika, 1637) o Am 5.9.1916 erließ die türkische Regierung einen Erlass, wonach alle armenischen Waisenkinder (Überlebende des damals stattfindenden türkischen Genozids an den Armeniern) mit einem türkischen Namen umbenannt werden sollten.
Verbote kollektiv-spezifischer Kleidung	o Verbot des Tragens „unspanischer Kleidung", darunter Schleier (Königlicher Erlass von 1567) o Kopftuchverbote in EU-Ländern[125]
Einschränkung der Kultfreiheit	o Verbot des jüdischen Kultes im Seleukidenreich (-168) o Verbot des Baus häretischer Kirchen innerhalb der Stadtmauern (im christlichen Römischen Reich) [3] o Islamisches Verbot der Errichtung neuer Gebetsstätten für Nichtgläubige (bis zu Gegenwart) [2] o Zwang zur Einholung behördlicher Genehmigung für Versammlungsorte der Hugenotten (Edikt von Saint-Germain von 1562) o Beschränkung des Kultes der Hugenotten in Paris auf Privathäuser (Edikt von Nantes vom 13. 5. 1598) o Verbot des christlichen Glaubens in Japan (1638 bis 1871) o Verbot der Religionsausübung für Hugenotten (Edikt von Fontainebleau vom 18. 10. 1685)
Einschränkung zwischenmenschlicher Beziehungen	
Erschwernis oder Verbot gemischt-religiöser oder –ethnischer Beziehungen	o Verbot des Geschlechtsverkehrs zwischen „Deutschblütigen" und Juden („Gesetz zum Schutz des deutschen Blutes und der deutschen Ehre" vom 15.9.1935) [1]
Erschwernis oder Verbot gemischt-religiöser oder –ethnischer Ehen	o Verbot der Eheschließung zwischen Römern und Barbaren im (christlichen) Römischen Reich (370) o Islamischer Verbot der Eheschließung von Ungläubigen mit muslimischen Frauen [2] o Verbot von Ehen innerhalb ethnischer Minderheiten (Edikt Kaiser T'ai Tsu von 1368) o Verbot der Ehe zwischen Juden und Nichtjuden („Gesetz zum Schutz des deutschen Blutes und der deutschen Ehre" vom 15. 9. 1935) [1]
Diskriminierung und Ausgrenzung aus dem territorial-hegemonischen Kollektiv	
Steuerliche Benachteiligungen	o Islamische Kopfsteuer („Djizya") für tolerierte Ungläubige („Dhimmi") [2] o Zwang zur Deklarierung von Vermögen über 5000 Reichsmark für Juden (Reichserlass vom 26.4.1938)
Einschränkung staatsbürgerlicher Rechte	o Verweigerung der Ausstellung von Reisepässen (Erlass der Stadt Düsseldorf von 1933) [1] o 25.11.1941: Deportierten Juden wurde die reichsdeutsche Staatsbürgerschaft aberkannt und ihr Besitz konfisziert. o Einschränkung der Staatsbürgerrechte der 60.000 US-Bürger japanischer Abstammung (Verordnung der US-Regierung vom 19.2.1942) o Entzug der Rechtsinstanzen für Juden (13. Verordnung zum Reichsbürgergesetz vom 1.7.1943) [1] o Höhere Einbürgerungsschwellen für „genetisch Fremde"
Stigmatisierungen	o Zwang der Kennzeichnung der Kleidung für Nichtgläubige (im Islam der Gründerzeit) [2]

---

125 Nur dann als Diskriminierung zu betrachten, wenn sich das Verbot auf Kopftücher beschränkt.

	o Einführung mit J versehener Personalausweise für Juden (Reichserlass vom 23.7.1938) [1]
	o Kennzeichnung von Juden in Reisepässen (Reichsverordnung vom 5.10.1938, auf Anregung der Schweizer Behörden) [1]
	o Zwang zum Tragen eines gelben Sterns nach dem 6. Lebensjahr für Juden (Reichsverordnung vom 1.9.1941) [1]
Diskriminierung bei der Nutzung der kollektiven Infrastruktur	o Ausschluss von Juden aus Seebädern im 19. u. 20. Jh. („Bäder-Antisemitismus")
	o Aufhebung der Geschwisterermäßigung beim Schulgeld für jüdischer Schüler (Erlass des Landes Thüringen vom 22.3.1933) [1]
	o Verbot der Benutzung städtischer Sportplätze (Erlass der Stadt Köln vom März 1933) [1]
	o Ausschluss jüdischer Boxer von Wettbewerben (Erlass des Deutschen Boxer-verbandes vom 4.4.1933) [1]
	o Aufnahmeverbot für Juden im Deutschen Automobil Club (ab September 1933) [1]
	o Mitgliedschaftsverbot für Juden bei Freiwilligen Feuerwehren (Staat Preußen vom Januar 1934) [1]
	o Verbot des Besuchs öffentlicher Schulen für jüdische Kinder ab 19138(Reichserlass vom 15.11.1938) [1]
	o Kennzeichnung von Parkbänken mit „Nur für Arier" ab 1938 (im 3. Reich) [1]
	o Ab 1938 Verbote der Nutzung städtischer Badeanstalten für Juden (im 3. Reich) [1]
	o Ab 1938 Tafeln „Juden sind hier unerwünscht" an Ortseingängen, Hotel. Restaurants, Geschäften (im 3. Reich) [1]
	o Verbot der Nutzung von Leihbüchereien für Juden (im 3. Reich) [1]
	o Verbot des Besitzes von Telefonen für Juden (Reichserlass vom 20. 9. 1939)
	o 18.9.1941: Einführung des Zwangs für Juden zur Einholung einer Erlaubnis für Fahrten in öffentlichen Verkehrsmitteln.
	o 12.11.1941: Verbot für Juden der Nutzung öffentlicher Telefone.
	o Beschränkung der Quote für Schüler jüdischer Abstammung auf 7% (Dekret des Vichy-Regimes von 1942)
Benachteiligungen im Wirtschaftsleben	o Am 21.2.1914 (drei Monate vor dem Beginn der Massentötungen) riefen die Jungtürken im Osmanischen Reich zum Boykott aller armenischen Geschäfte auf.
	o Befehl des türkischen Kriegsministers vom 13.6.1915, alle Haustiere der armenischen Minderheit zu beschlagnahmen.
	o Am 11.8.1915 entzog die die türkische Regierung allen mit Türken verheirateten Armenierinnen das Erbrecht.
	o Verbot von öffentlichen Aufträgen an jüdische Firmen (Erlass der Stadt Köln vom 27. 3. 1933) [1]
	o Landesweiter Boykott jüdischer Geschäfte (1.4.1933)
	o Zwang zur äußeren Kennzeichnung jüdischer Unternehmen (Reichserlass vom 14.6.1938) [1]
	o Verbot des Betreibens von Einzelhandelsgeschäften und Handwerksbetreiben für Juden („Verordnung zur Ausschaltung der Juden aus dem deutschen Wirtschaftsleben" vom 12. 11. 1938) [1].
	o 7.1.1941: Einführung einer Sondersteuer von 15 % für Juden.
	o Beschränkung der Einkaufsmöglichkeiten für Juden ab 1941 (im 3. Reich) [1]
Einschränkungen der Berufstätigkeit	o Verbot des Wehrberufs für Stammesfremde (Königreiche der Ostgoten, Langobarden)
	o Berufsverbote für Juden im Mittelalter
	o Entlassung aller jüdischen Wohlfahrtsärzte (Erlass der Reichshauptstadt Berlin vom 31. 3. 1933) [1]
	o Entlassung aller jüdischen Schulärzte (Erlass des Landes Bayern vom 31. 3. 1933) [1]
	o Beschränkung der Tätigkeit jüdischer Ärzte auf jüdische Patienten (Erlass der Stadt München vom 5. 5. 1933) [1]
	o Berufsverbot für Juden im öffentlichen Dienst (Gesetz zur Wiederherstellung des Berufsbeamtentums vom 7.4.1933) [1]
	o Ausschluss von Juden aus der Wehrmacht (28. 2. 1934) [1]
	o Ausschluss von Juden oder mit Jüdinnen Verheirateten von der Berufung zu Geistlichen oder Angestellten der Kirche (Erlass der Preußischen Union der Evangelischen Kirche vom 6.9.1933) [1]
	o Ausschluss von Juden aus Zeitungsredaktionen (Schriftleitergesetz vom 4.10.1933) [1]
	o Auftrittsverbot für jüdische Schauspieler (Erlass des Staates Preußen vom

	3.3.1934) [1]
	o Verbot von Juden als Herrenreiter oder Jockeys (Erlass des Staates Preußen von 1933) [1]
Diskriminierung bei der Nutzung der Ressourcen des Territoriums	
Einschränkung von Besitzrechten	o Verbote des Besitzes von landwirtschaftlich genutztem Land für Juden im Mittelalter
	o Einschränkung von Immobilienbesitz für Palästinenser und israelische Araber in Israel
	o Durch ein Gesetz vom 5.10.1916 konfiszierte die türkische Regierung sämtlichen Immobilienbesitz der armenischen Minderheit.
Entzug von Besitzrechten	o Enteignung von Einheimischen durch Kolonialmächte
Diskriminierung bei der Nutzung natürlicher Ressourcen (z.B. Wasser)	o Diskriminierung bei der Zuteilung der Wasserressourcen für Palästinenser und israelische Araber in Israel
Ausgrenzung in Wohngebäude	o Verbot des Zusammenlebens von Juden mit „Ariern" im gleichen Haus („Gesetz über Mietverhältnisse mit Juden" vom 30.5.1939) [1]
Ausgrenzung in Wohnviertel	o Warschauer Getto (1940 bis 1943); Krakauer Getto (1941 bis 1943)
Ausgrenzung in Gebiete	o Zwang für Juden zur Siedlung in 25 „Ansiedlungsrayons", dort nur in Dörfern und Städten (Verordnung Katharina der Großen von 1791)
Einschränkungen der Bewegungsfreiheit	o Verbot der Auswanderung für Hugenotten (Edikt von Fontainebleau vom 18. 10. 1685)
	o Verbot des Verlassens der Wohnung für Juden nach 21:00 (Reichserlass vom 1.9.1939) [1]
	o Verbot des Verlassens ihres Wohn- oder Aufenthaltsortes für Zigeuner und Zigeunermischlinge (Erlass des Reichssicherheitshauptamts vom 17.10.1939).
	o Beschränkung der Einkaufszeiten für Juden (im 3. Reich) [1]
	o Auswanderungsverbot für Juden (Erlass des Reichssicherheitshauptamts vom 23.10.1941) [1]
Einschränkung der Bewegungsmittel	o Verbot des Reitens von Pferden für Ungläubige in der islamischen Gründerzeit [2]
Ausweisung aus dem Territorium	o Vertreibung der Juden aus dem Königreich von England (1290)
	o Vertreibung der Juden aus Frankreich (1306)
	o Ausweisung aus Spanien aller Moriscos des Vizekönigreichs von Valencia (bis auf die 6 ältesten und christlichsten jeder Ansiedlung von über 100 Einwohnern) innerhalb von 3 Tagen (Dekret vom 22.9.1609)
	o Deportation der (geschätzt 30.000) Sinti und Roma aus dem Reichsgebiet nach Polen („Festschreibungserlass" vom 17.10.1939)
	o 14.10.1941: Befehl zur Deportation von Juden aus dem Reichsgebiet.

Quellen zur Tabelle 2a:
[1] Benz 2006
[2] Lewis 1995
[3] Musset 1965

7.4 Kulturelle Kollektivgewalttätigkeit

Unter diesem von Johan Galtung vorgeschlagenen Begriff versteht man jene Eigenschaften einer Kultur, welche die Anwendung von physischer oder struktureller Gewalt legitimieren.

Beispiele kultureller Kollektivgewalttätigkeit

> *Die Intoleranzen der monotheistischen Religionen (Judaismus, Christentum, Islam)*
> *Die auf Gewalttätigkeit gründenden totalitären politische Ideologien (Kommunismus, Faschismus, Nationalsozialismus)*
> *Diskriminierende Scientismen (Rassentheorien)*

In der Terminologie von Jan Assmann sind hier also „kulturelle Semantiken" gemeint, welche gewalttätige Elemente enthalten. In der Terminologie von Jim Keith könnte man dies eine „gewaltfördernde Bewusstseinskontrolle" nennen.

7.5 Kollektivgewalttätigkeit gegen Kulturgüter (Kulturvandalismus)

DORT WO MAN BÜCHER VERBRENNT, VERBRENNT MAN AUCH AM ENDE MENSCHEN.

(Heinrich Heine, 1823)

Als eine Begleitform kultureller kollektiver Gewalttätigkeit kann man die mutwilligen von real oder vermeintlich andersartigen Kulturgütern betrachten. Hierfür hat Alexander Demandt (1999) den Begriff

„Kulturvandalismus" geprägt. Auch wenn dadurch an sich keine Menschenleben verloren gehen, stellt der Kulturvandalismus einen Resonanzboden für kollektive Gewalttätigkeit gegen Menschen dar, denn vom Verneinen des Existenzrechts von „andersartigen" Kulturgütern ist der Schritt zum Verneinen des Existenzrechts von „andersartigen" Menschen nicht weit.

Einer der modernen Autoren, die den Motivationshintergrund von Bücherverbrennungen am trefflichsten ausgearbeitet haben ist Wolfgang Sofsky (1996). Attacken gegen das Geschriebene seien ein Werk von Propheten der Homogenität, die stellvertretend den Autor des verbrannten Buches hinrichten wollen.

Tabelle 2b: **Formen kollektiver Gewalttätigkeit gegen Kulturgüter**

Zerstörungsform	Historische Beispiele
Bücherverbrennungen	o -213: Verbrennung aller Bücher abweichender philosophischer Lehre durch Kaiser Cheng, zur ideologischen Homogenisierung des von ihm vereinten Chinesischen Reichs.
	o 391: Verbrennung der Bibliothek von Alexandreia auf Anordnung des Bischofs
	o 562: Verbrennung heidnischer Bücher in Konstantinopel auf Anordnung Kaiser Justinians.
	o 641: Verbrennung des Restbestandes von Schriftrollen (überwiegend griechischer Sprache) der Bibliothek von Alexandreia durch die arabischen Eroberer
	o 1242: Verbrennung von 12.000 in Frankreich konfiszierten Talmud-Exemplaren auf Anordnung des Papstes Gregor IX.
	o 1499: Verbrennung von 25.000 islamische Büchern auf einem Scheiterhaufen in Granada (Spanien), auf Anordnung des Großinquisitor Kardinal Jimenez de Cisneros.[126]
	o 10.5.1933: Bücherverbrennungen der deutschen Studentenschaft in 22 Universitätsstädten (u.a. Werke von Heinrich Heine, Franz Kafka, Bertolt Brecht) im Rahmen der „Aktion wider den deutschen Geist".
	o 1992: Zerstörung der Bibliothek und des Archivs des Orientalischen Instituts von Sarajevo (Bosnien) durch serbische Milizen.
Mutwillige Zerstörung von Bauwerken mit hohem kulturellen Symbolwert	o 1938: Zerstörung von Synagogen im 3. Deutschen Reich
	o März 2001: Zerstörung der 38 m bzw. 55 m hohen Buddha-Statuen von Bamiyan (Afghanistan) aus dem 6. Jh. durch fundamentalislamische (sunnitische) Taliban.
	o 2015: Zertrümmerung bedeutender antiker Kunstwerke durch die fundamentalislamische (sunnitische) Terrormiliz „Islamischer Staat" (IS): am 26.2. im Museum von Mossul und auf der Grabungsstätte Ninive (Irak); ab 29.5. in der antiken Ruinenstadt Palmyra (Syrien).

7.6 Sind die Ausführungsformen der „Neuen Kriege" neu?

Der israelische Militärhistoriker Martin van Creveld hat 1991 erstmals die These postuliert, dass eine neue Form von Kriegen aufgekommen sei (siehe Anlage 2). Einige Autoren haben dem zugestimmt, so Mary Kaldor (1999). Bei der Frage der „Neuheit" ist es zweckmäßig, den Aspekt der Motivation kollektiver Gewalttätigkeit von jenem der Ausführungsform zu unterscheiden.

Obwohl Clausewitz explizit darauf hingewiesen hat, dass einmal losgetretene Kriege sich in die unterschiedlichsten Formen wandeln können („Chamäleon Krieg") rütteln die Verfechter der Idee des „Neuen Kriegs" gerne an dessen These, dass Krieg „die Fortsetzung der Politik mit anderen Mitteln" sei, denn die Institution „Staat" sei am Verfallen, aber das Phänomen „Krieg" bestehe fort.

Die Frage, ob neue Motivationen kollektiver Gewalttätigkeit aufgekommen sind, wird unter Punkt 5.6.2 erörtert (und verneint). Hier soll noch erörtert werden, ob neue Ausführungsformen kollektiver Gewalttätigkeit zu verzeichnen sind.

Die Hauptproblematik des hierzu geführten Diskurses besteht darin, dass man im Diskurs über kollektive Gewalttätigkeit am tradierten, zu eng gefassten Terminus „Krieg" festhält, zu dessen Begriffsinhalt die vermeintlich neuen Ausführungsformen der kollektiven Gewalttätigkeit schwerlich passen.

• Van Creveld hat den Terminus **„Low Intensity War / Conflict"** vorgeschlagen. Damit sollen Ausführungsformen gemeint sein, in denen es keine durchgängigen Gewalttätigkeitsaktionen gibt, sondern nur intermittierende Gewaltspitzen (zum Beispiel Terroranschläge). Meist sei es die vermeintlich schwächere Seite, welche diese Ausführungs-

---

126 Die Tatsache, dass der Großinquisitor Kardinal Jimenez de Cisneros während seiner Amtszeit insgesamt 2.500 „Ketzer" auf dem Scheiterhaufen hat verbrennen lassen, bestätigt die Einschätzung Heinrich Heines, dass der Weg vom Verbrennen „andersartiger" Bücher zum Verbrennen „andersartiger" Individuen nicht weit ist.

form wähle, es könne aber auch die vermeintlich stärkere Seite sein. Allerdings hatten bereits viele Kriege der Vergangenheit einen intermittierenden Charakter. Im Dreißigjährigen Krieg haben während der ca. 3.500 Tagen seiner Dauer nur an ca. 100 Tagen (3 %) Schlachten stattgefunden.

- Ein häufig verwendeter Begriff zur Charakterisierung der „Neuen Kriege" ist **„asymmetrische Krieg"**. Als großes Beispiel für dieses angebliche Novum wird häufig der Vietnamkrieg angeführt, in dem eine reguläre Armee gegen eine Guerilla-Armee gekämpft hat. Es hat indes in der Geschichte bereits viele Konflikte gegeben, die „asymmetrisch" ausgefochten wurden, da eine der Konfliktparteien in einer offenen Feldschlacht hoffnungslos unterlegen gewesen wäre. Fast alle ideologischen Allophobiekonflikte sind „asymmetrisch", weil die Opfer in der Regel einer Macht wehrlos ausgeliefert sind. Sie stellen weder in der Motivation, noch in der Ausführungsart einen neuen Konflikttypus dar. Bekannte historische Beispiele sind: die Makkabäerkriege, die Widerstandskämpfe auf der Iberischen Halbinsel gegen die römische Besatzung.

- Hans Magnus Enzensberger (1994) hat den Begriff **„molekularer Bürgerkrieg"** geprägt. Er meint damit eine Art Gelegenheitsvandalismus aus der Masse der Verlierer der modernen Gesellschaft, die ohne Sichtbarkeit und Anerkennung dahinvegetieren. Obwohl Enzensberger damit nicht unbedingt eine von einem Kollektiv im soziologischen Sinne gesteuerte Gewalttätigkeit meint und auch nicht eine mit Tötungsabsicht, bleibt nur zu hoffen, dass dieser Begriff eines Tages nicht derartige Inhaltsfüllungen erhält.

- Martin Shaw (2003, 2005) sieht einen Trend westlicher Mächte zum **„Risiko-Verlagerungs-Krieg"** („risk transfer war"). Da die Akzeptanz der eigenen Verluste in der eigenen öffentlichen Meinung laufend abnehme, entwickle man Militärtechniken und Strategien, diese durch einen „overkill" auf ein Minimum zu reduzieren, das heißt auf Kosten unverhältnismäßig höherer Verluste und Schäden der Gegenseite. Die ist in der Tat in der Sache kein Novum, denn die Absicht, die eigenen Verluste kleinstmöglich zu halten, indem man dem Gegner die größtmöglichen zufügt, hat es wohl seit jeher gegeben. Neuartig sind nur die neuen militärtechnischen Möglichkeiten, dies herbeizuführen.

- Vielfach wird von den Verfechtern der These der „Neuen Kriege" der Aspekt herangezogen, dass sie besonders **„schmutzig, barbarisch und grausam"** seien. Um diese These zu untermauern, werden die „Alten Kriege" sozusagen zu edlen Ritterturnieren hochstilisiert, bei denen es im Großen und Ganzen rechtens zugegangen sei und die Verwundeten und Kriegsgefangenen mit Würde behandelt worden seien. Außerdem wird unterstellt, dass die beiden Weltkriege nicht besonders grausam gewesen seien. Diese Verschönung der „Alten Kriege" widerspricht den historischen Tatsachen. Es gibt wohl keine Perversion in der Form Mitmenschen zu töten, die nicht schon vor den „Neuen Kriegen" vorgekommen ist. Der absolute Höhepunkt wurde bekanntlich im 2. Weltkrieg erreicht. Einen extrem auf diese „Kehrseite der Menschheitsgeschichte" fokussierten Katalog hat Hans Dollinger (2004) zusammengestellt. Dabei konnte die barbarische Behandlung der Kriegsgefangenen nur gestreift werden, welche ihnen während der Napoleonischen Kriege, dem US-amerikanischen Bürgerkrieg und in den zwei Weltkriegen seitens der staatlichen Akteure zuteil wurde und die Todesquoten zur Folge hatten, die vorher kaum erreicht worden waren.

Als „neue" Ausführungsformen kollektiver Gewalttätigkeit kann man nur solche betrachten, die durch den „Fortschritt" der Technik möglich geworden sind. Aspekte wie „low intensity", „nichtstaatliche" Konfliktparteien, Asymmetrie und Grausamkeit stellen an sich kein Novum dar.

8 Statistische Daten zur Kollektivgewalttätigkeit der Vergangenheit

In diesem Kapitel werden Auswertungen der Liste der Anlage 10 vorgestellt, die möglichst alle von -2000 bis 2000 weltweit stattgefundenen Kriege, Demozide und deren Ausführungsereignisse enthält.

8.1 Weltbevölkerung

Die Schätzungen der Weltbevölkerungszahlen, die in der Literatur veröffentlicht worden sind, streuen verständlicherweise desto mehr, je weiter man in die Vergangenheit zurückgeht. John Durand (1974) hat den Streubereich verschiedener Quellen[127] gemäß Tabelle 3 zusammengefasst (auch enthalten in: Marcilio, 1974).

Tabelle 3: Schätzungen der Weltbevölkerungszahlen und deren Streubereich (in Mio.)

	-8.000	-2000	-1500	-1000	-500	0	1000	1500	1900	1970
China						70-90	50-80	100-150	400-450	750-850
Indischer Subkont,						50-100	50-100	75-150	285-295	660-685
SO-Asien						25-45	20-30	20-30	40-45	105-115
Japan						1-2	3-8	15-20	44-45	103
Restl. Asien ohne UdSSR						8-20	10-25	15-30	100-125	410-435
Europa ohne UdSSR						30-40	30-40	60-70	295-300	420-425
UdSSR						5-10	6-15	10-18	130-135	243-244
N-Afrika						10-15	5-10	6-12	53-55	71-74
Restl. Afrika						15-30	30-40	30-60	90-120	270-290
N-Amerika						1-2	2-3	2-3	82-83	228-229
M&S-Amer.						6-15	20-50	30-60	71-78	280-295
Ozeanien						1-2	1-2	1-2	6	6
Welt (Mio)	**7,5**	**120**	**150**	**190**	**230**	**300**	**310**	**500**	**1680**	**3630**
Streubereich Mio	± 2,5	± 20	± 20	± 25	± 30	± 30	± 35	± 40	± 30	± 20
%	± 33 %	± 17 %	± 13 %	± 13 %	± 13 %	± 10 %	± 11 %	± 8 %	± 2 %	± 0,5 %

Bemerkungen zur Tabelle 3

> ➤ *Die angegebenen Streubereiche für die mittlere Weltbevölkerung sind prozentual geringer als einer Aufsummierung der kontinentalen Extremwerte ergeben würde, da man mit statistischen Wahrscheinlichkeiten rechnet, dass sich nicht immer die Extremwerte aufsummieren sonder auch kompensieren können.*
> ➤ *Zwischen 0 und 1.000 stagnierte die Weltbevölkerung. Dies kann primär mit den Wirren erklärt werden, die in China und Europa nach der Zeitwende eintraten.*
> ➤ *Aus der Tabelle 3 und anderen Quellen wurden der zeitliche Verlauf gemäß Tabelle 4 schätzungsweise interpoliert. Darin sind Schätzungen sonstiger Quellen eingetragen. Zudem sind dort aus den Stichjahreswerten die mittleren Bevölkerungszahlen der Jahrhunderte interpoliert, und zwar jeweils als Mittelwert der zwei Eckwerte der Stichjahre.*

Tabelle 4: Geschätzte Weltbevölkerung (in Mio.)

Stichjahr	Jahr-hundert	Weltbev. (Mio)	Mittlere Weltbev. d.Jh. (Mio)	Quellen
-2000		120		Durand (1974); z.Vgl. McEvedy&Jones (1978): 27
	-20.		123	
-1900		125		+ 4,5 % /Jh.
	-19.		128	
-1800		131		+ 4,5 % /Jh.
	-18.		134	
-1700		137		+ 4,5 % /Jh.

---

127 Darunter: Carr-Saunders (1936); Willcox (1940); Putnam (1953); Bennett (1954); Cipolla (1962); Durand (1967); Clark (1968); Borrei (1970); UN (1973)

	-17.		140	
-1600		143		+ 4,5 % /Jh.
	-16.		147	
-1500		150		+ 4,5 % /Jh.
	-15.		154	
-1400		157		+ 4,5 % /Jh.
	-14.		160	
-1300		163		+ 4,5 % /Jh.
	-13.		167	
-1200		171		+ 4,5 % /Jh.
	-12		179	
-1100		186		+ 4,5 % /Jh.
	-11.		191	
-1000		195		+ 4,5 % /Jh.
	-10.		200	
-900		204		+ 4,5 % /Jh.
	-9.		209	
-800		213		+ 4,5 % /Jh.
	-8.		218	
-700		222		+ 4,5 % /Jh.
	-7.		227	
-600		232		+ 4,5 % /Jh.
	-6.		238	
-500		243		+ 4,5 % /Jh.
	-5.		244	
-400		244		+ 4,5 % /Jh.
	-4.		255	
-300		265		+ 4,5 % /Jh.
	-3.		271	
-200		277		+ 4,5 % /Jh.
	-2.		283	
-100		289		+ 4,5 % /Jh.
	-1.		295	
0		300		Durand (1974); z.Vgl. USCB (12.20139): 170 bis 400
	1.		300	
100		300		Durand + 0 %
	2.		260	
200		220		USCB (12.2013)
	3.		215	
300		210		Interpolation der USCB-Werte für 200 und 400
	4.		205	
400		200		USCB (12.2013)
	5.		200	
500		200		USCB (12.2013)
	6.		200	
600		200		USCB (12.2013)
	7.		205	
700		210		USCB (12.2013)

	8.		215	
800		220		USCB (12.2013)
	9.		225	
900		230		USCB (12.2013)
	10.		265	
1000		300		USCB (12.2013)
	11.		305	
1100		310		USCB (12.2013)
	12.		358	
1200		405		USCB (12.2013)
	13.		403	
1300		400		USCB (12.2013)
	14.		380	
1400		360		USCB (12.2013)
	15.		430	
1500		500		UN (1999); Durand (1974); z.Vgl- USCB (12.2013): 480
	16.		530	
1600		560		USCB (12.2013)
	17.		600	
1700		640		USCB (12.2013)
	18.		805	
1800		970		USCB (12.2013)
	19.		1310	
1900		1650		Durand (1974); USCB (12.2013)
	20.		3207	
	1.H. 20.		2104	
1950		2558		USCB (12.2013)
	2.H. 20.		4324	
2000		6090		USCB (12.2013)

Quellen zu Tabelle 3 und Tabelle 4:

Durand, J. (1974): Historical Estimates of World Population: An Evaluation; University of Pennsylvania; Population Center; Analytical and Technical Reports, Number 10.
Portugiesische Übersetzung in Marcilio (1977) (siehe Bibliographie).
McEvedy, C., Jones, R. (1978): Atlas of World Population History; Facts on File; NY.
USCB (12.2013): www.census.gov/population/international/data/worldpop/table-history.php
UN (1999): The Determinants and Consequences of Population Trends; Population Studies, No: 50.

8.2 Militärbevölkerung

Zur groben Abschätzung des Teils der Bevölkerung, welcher in der Vergangenheit von der normalen Produktionstätigkeit für die Ausübung kollektiver Gewalttätigkeit freigeschaltet wurde, sind in der Tabelle 5 stichprobenartig einige Werte aufgelistet, die aus der historischen Überlieferung rekonstruierbar sind.

Tabelle 5: Militärbevölkerungszahlen

Konflikt	Bevölk. (Mio.)	Truppen (Mio)	% der Bevölk.	% der männl. Bev. im Wehralter (j)	Bemerkungen
Königreich von Israel um -1.000	0,75 (w)	0,003 (w)	0,4	2	Kurzzeitig wurden 165.000 Mann unter Waffen gehalten (5 % der Bevölkerung), das stehende Heer war 3.000 Mann stark (0,4 % Bevölk.) (w)
Römische Republik um-400	4	0,02	0,5	2,5	Da die Hälfte der Bevölkerung Sklaven waren, entsprach dies einem Prozent der freien Bevölkerung. Für damalige Verhältnisse in Italien eine außerordentlich hohe Rekrutierung.
2. Punischer Krieg -218 bis -201 (Se. aller Konfliktparteien)	9 (a)	0,1	1	5	Bis zur Erschöpfungsgrenze ausgefochtener Konflikt.
Helvetier (kelt. Stamm) um-58	0,368 (n)	0,092 (n)	20	100	Nur für kurzen Einsatz (wenige Wochen)
Römisches Reich Mitte 1. Jh.	50	0,4	0,8	4	Pax Romana Expansionskriege
Römisches Reich Mitte 2. Jh.	65	0,5	0,8	4	Pax Romana Abwehr von Völkerinvasionen
Römisches Reich Mitte 3. Jh.	50	0,5	1	5	Pax Romana Stark zugenommene Völkerinvasionen
Ostgotenreich um 535	4,5 (o)	0,2 (b)	4,5	22,5	Während des Existenzkampfes gegen die Byzantiner
Langobardenreich 2. H. 6. Jh.			5 (o)	25	Kriegerkaste in einem besetzten Land
Chinesisches Reich um 960	60 (m)	0,378 (l)	0,6	3	Normaler Rüstungspegel der Epoche
Chinesisches Reich um 1041	60	1,259 (l)	2	10	Aufrüstung gegen zwei starke Nachbarn (Liao, Westliches Xia)
Byzantinisches Reich um 1000	15	0,15	1	5	Territorialherrschaft über Balkan, Anatolien und S-Italien
Republik Venedig um 1571	2	0,055 (w)	2,8	**14** **(w)**	Zuspitzung des osmanischen Angriffs auf Zypern
Königreich von Spanien um 1630	14 ®	0,3	2	10	Betrifft die Bevölkerung und Truppen in Europa: letztere konnten durch die Edelmetallzulieferungen Amerikas finanziert werden.
Königr. von England 1630	5	0,085	1,8	9	Die europäischen Gegner waren in gegenseitigen Konflikten verwickelt.
Königreich von Schweden 1630	3 (q)	0,18	6	30	Im 30-Jähr. Krieg an die Erschöpfungsgrenze gelangt, trotz Finanzhilfen aus Frankreich und brutalster Ausplünderung der besetzten Gebiete.
Königreich von Frankreich 1636	20	0,15	0,8	4	Nach von Richelieu erwirkten Verdoppelung der Truppen.
Nordischer Krieg 1700 bis 1721	26 (c)	0,3	1,1	5,5	Bis zur Erschöpfungsgrenze ausgefochtener Konflikt. Die Zahlen schließen alle Konflikt-

					parteien ein.
Königreich von Preußen 1705	1,7	0,067 (k)	4 (k)	20	Wehrbereitschaft im Großen Nordischen Krieg.
Königreich von Preußen 1740	2,24 (k)	0,1 (k)	4,4 (k)	22	Krieg zur Eroberung von Schlesien, durch „gut gefüllten Staatsschatz" finanziert
Königreich von Frankreich um 1750	25 (h)	0,28 (h)	1,1	5,5	Nach Verdoppelung der Truppen gegenüber Friedenszeiten, um gegen die britisch-preußische Allianz zu bestehen.
Königreich von Preußen um 1750	4,6 (h)	0,26 (h)	4,5	22,5	Expansionistischer Militärstaat, mit Finanzhilfen aus England.
Königreich von Spanien um 1750	10 (h)	0,06 (h)	0,6	3	Interkontinentaler Hegemonialstaat in Zeiten keiner größeren kriegerischen Verwicklung
Vereinigtes Königreich von Großbritannien um 1750	9 (h)	0,12 (h)	1,3	6,5	Interkontinentaler Hegemonialstaat in Zeiten keiner größeren kriegerischen Verwicklung.
Königreich von Preußen 1786	5	0,2 (s)	4	20	In Zeiten keiner größeren kriegerischen Verwicklung.
Königreich von Frankreich um 1789	25	0,17 (k)	0,7	3,5	In Zeiten keiner größeren kriegerischen Verwicklung, trotzdem großer Finanznot.
Französische Revolutionskriege u. Napoleonische Kriege 1792 bis 1815	150 (d)	1,1	1	5	Bis zur Erschöpfungsgrenze ausgefochtener Konflikt. Die Zahlen schließen alle Konfliktparteien ein.
Kaiserreich von Frankreich 1805	30	0,3	1 (u)	5	Während der Napoleonischen Kriege.
Nordamerikanischer Bürgerkrieg 1861 bis 1865	31 (e)	1,5 (t)	4,8	24	Bis zur Erschöpfungsgrenze ausgefochtener Konflikt. Die Zahlen schließen beide Konfliktparteien ein.
Großbritannien 1913	44	0,8	1,8	9	Welthegemoniemacht
1. Weltkrieg 1914 bis 1918	556 (f)	65	12 (i)	60	Bis zur Erschöpfungsgrenze ausgefochtener Konflikt. Die Zahlen schließen alle Konfliktparteien ein.
2. Weltkrieg 1939 bis 1945	1400 (g)	100	7,1	35	Bis zur Erschöpfungsgrenze ausgefochtener Konflikt. Die Zahlen schließen alle Konfliktparteien ein.
Weltdurchschnitt 1979			0,6 (h)	3	
USA 1990	249	2,1	0,8	4	Pax Americana Welthegemoniemacht
Israel 2004	5,4 (jüd.Bevölk. in Kernland u. besetzten Gebieten)	0,59 (inkl. 0,43 Reservist.)	11	55	Verteidigung der Landnahme.
USA 2013	316'	1,37 Mio.	0,4		Abrüstung nach dem Ende des Kalten Kriegs

Quellen zur Tabelle 5

(a) Schätzung der Bevölkerungszahl um -200 für Italien (4'), Iberische Halbinsel (4') und Nordafrika (1')

(b) Prokopios

(c) Schätzung der Bevölkerungszahl 1700 des Zarenreichs (20'), Schwedens (2'), Polens (2'), Dänemarks (1') und Sachsens (1').

(d) Schätzung der Bevölkerungszahl 1800 für Frankreich (30'), Benelux (4'), Italien (17'), Deutschland (23'), Österreich (13'), Zarenreich (40'), Großbritannien (12'), Iberische Halbinsel (10')

(e) Schätzung der Bevölkerungszahl 1860 für USA

(f) Schätzung der Bevölkerungszahl 1920 von Europa mit Zarenreich (430'), Osmanisches Reich (20'), Nordamerika (90'), Südafrika (10'), Ozeanien (6')

(g) Schätzung der Weltbevölkerungszahl 1940 (2000'), abzüglich Lateinamerika (100'), Schwarzafrika (100'), Indischer Subkontinent (400')

(h) Meyer (1983)

(i) Dieser Wert deckt sich mit dem von Meyer (1983) für Frankreich (1917 bis 1918) und Deutschland angegebenen.

(j) Mit der Faustformel abgeleitet „40 % der männl. Bevölkerung ist im wehrfähigen Alter, das heißt 20 % der Bevölkerung".

(k) Delbrück (1900)

(l) Franke/Trauzelle (1968)

(m) Clarck, zitiert in Marcilio (1977)

(n) Caesar: De bello Gallico

(o) Cammarosano, P.: Storia dell'Italia medievale; Laterza, 2001.

(p) Justin Gelito, http://users.wpi.edu

(q) Bevölkerung Schwedens, Finnlands und der besetzten baltischen Länder

(r) Schätzung der Bevölkerung von Spanien (8'), Portugal (2'), Belgien (1'), Lombardei (1'), Süditalien (2')

(s) Webber / Wildavsky (1986)

(t) Eingezogen wurden ca. 2,9 Mio. aber gleichzeitig im Dienst waren nur 1,5 Mio.

(u) Faustformel Napoleons I. „Maximale Truppenstärke = 1 % der Bevölkerung."

(v) Ploetz

(w) Herzog / Gichon

(x) L. Pezzolo: Stato, Guerra e Finanza nella Repubblica di Venezia (2004)

Schlussfolgerungen aus Tabelle 5

> ➢ *Die Menschheit hat bis zur Gegenwart ca.* **1 % der Bevölkerung (2 % der männlichen Bevölkerung; 5 % der männl. Bev. im wehrfähigen Alter) unter Waffen gehalten („Erträglichkeitsgrenze")**
>
> ➢ *Im Altertum und Mittelalter war man selbst in extremen Konfliktsituationen nicht in der Lage, die Erträglichkeitsgrenze über mehrere Monate hinweg zu überschreiten.*
>
> ➢ *Erst die Mittel der Staaten der Neuzeit (größere Überschussproduktion, systematische Erfassung der Rekruten, Logistik der Versorgung, Finanzierungsmächtigkeit durch Steuereintreibungen) erlaubten es, in extremen Konfliktzeiten den Prozentsatz auf 5 % der Bevölkerung (10 % der männlichen Bevölkerung bzw. 25 % der männlichen Bevölkerung im wehrfähigen Alter) über längere Zeit unter Waffen zu halten (erstmals Königreich von Preußen um 1750) („Erschöpfungsgrenze")*
>
> ➢ *Im 20. Jahrhundert (1. Weltkrieg) waren die Staaten sogar in der Lage, über 10 % der Bevölkerung (20 % der männlichen Bevölkerung bzw. 50 % der männlichen Bevölkerung im wehrfähigen Alter, entsprechend fünf jugendlichen Jahrgängen der männlichen Bevölkerung) über längere Zeit unter Waffen zu halten.*

8.3 Militärausgaben

ZUM KRIEGFÜHREN SIND DREIERLEI DINGE NOTWENDIG: GELD, GELD UND GELD.

(Gian Giacomo Trivulzio, 1436 bis 1518)

DEM KÖNIG FEHLT ES AN MITTELN, ALL DAS UMZUSETZEN, WOZU ER BEFUGT IST.

(Charles de Montesquieu, 1689 bis 1755)

Im **Altertum und Mittelalter** wurde das Bruttosozialprodukt (BSP) im wesentlichen mit Handarbeit erzeugt, es war daher direkt proportional zur Bevölkerungszahl. Geht man davon aus, dass im Altertum und Mittelalter aufgrund des Stands der Technik keine bedeutenden Überschüsse produziert werden konnten, und dass jeder Erwachsene im Schnitt für zwei Personen produzierte (u.zw. für Kinder und Greise, die die Hälfte der Bevölkerung ausmachten), so kostete jeder Prozent der für Militärdienst abgestellten Person in etwa zwei Prozent des BSP. Aus der Schätzungen des Pkts. 8.2 von 1 % Militärbevölkerung im Altertum und Mittelalter kann man folglich abschätzen, dass die Erträglichkeitsgrenze der Militärausgaben im **Altertum und Mittelalter bei 2 % des BSP** gelegen hat.

- Folgende punktuelle historische Information bestätigt die Richtigkeit der geschätzten Größenordnung für den Anteil der Militärausgaben am BSP in der Antike: Im japanischen Altertum musste jede männliche Person während der nominellen 40 Jahre erwachsenen Alters, alle drei bis vier Jahre 2 Monate Militärdienst oder insgesamt drei Jahre Grenzdienst leisten („Tenno-System"). Dies entspricht ca. 5 % der Arbeitsleistung der erwachsenen männlichen Bevölkerung, bzw. 1,25 % der Gesamtbevölkerung.

- Mit dem im 19. Jh. rasant wachsenden Einsatz von Maschinen („Industriezeitalter") wurde das Bruttosozialprodukt nicht nur von der Bevölkerungszahl, sondern auch von der Anzahl und der Produktivität der eingesetzten Maschinen abhängig. Daher ist die Abschätzung des für Kollektivgewalttätigkeit ausgegeben Anteils des Bruttosozialprodukts in der Neuzeit nicht mehr vom Prozentsatz der Militärbevölkerung direkt ableitbar. Außerdem konnte ein zunehmend großer Überschuss (über das für das nackte Leben Erforderliche hinaus) erzielt werden. Dieser wurde von den territorial-hegemonischen Kollektiven eingezogen, weswegen die Staatsquote drastisch anstieg. In der Neuzeit potenzierte sich außerdem die mögliche Verschuldung, mit der man die Militärausgaben temporär noch weiter steigern konnte.

In der Tabelle 6 sind einige in den Quellen gefundene Angaben zusammengeführt, die direkt oder indirekt eine quantitative Abschätzung des Prozentsatzes der Militärausgaben am BSP erlauben.

Tabelle 6: Militärausgaben einiger Staaten der Neuzeit

Staat (Epoche)	Staats-ausgaben p.a. in % BSP (Staatsquote)	Militär-ausgaben p.a. in % der Staats-ausgaben	Militär-ausgaben p.a. in % des BSP	Bemerkungen
Republik Venedig (um 1500 bis 1679)		ca. 50 (l, m)		Führende Kolonialmacht im Mittelmeer, im konstanten Kriegszustand mit dem Osmanischen Reich.
Königreich von Kastilien 16. Jh.	10 (?) (a)	20 – 40 (i)	2 – 4	Führende Weltmacht
Durchschnitt europäischer Monarchien Mitte 17. Jh.	10 (?) (a)	50 (i)	5	
Osmanisches Reich 1670	7 (?) (a)	65 (b)	5	In einer Friedenszeit. Die Besteuerung im Osmanischen Reich war geringer als im christlichen Abendland.
Königreich von Frankreich 1692	10 (?) (a)	86 (c)	9	Während des Pfälzischen Erbfolgekriegs. Frankreich musste 1697 aus Finanznöten Frieden schließen.
Königreich von Preußen 1750	10 (?) (a)	90 (e)	9	Verausgabung an der Grenze des Staatsbankrotts. 20 % durch externe Subvention (UK)
Vereinigtes Königreich von Großbritannien 18. Jh.		73 (h)		Durchschnitt des Jh. mit 54 % Militärausgaben plus 54 % des Schuldendienstes von 35 % der Gesamtausgaben.
Königr. von Frankreich 1726-1788	10 (?) (a)	44 (d)	4	Durchschnitt der Jahre
Vereinigtes Königreich von Großbritannien 1800	19 (i)			

USA 1.H. 19. Jh.		46 (h)		Durchschnitt der Jahre
Königr. von Preußen 1821	10 (?) (a)	55 (j)	6	
Königreich von Frankreich 1829 bis 1847	10 (?) (a)	30 ©	3	Friedenszeiten
Durchschnitt der heutigen OECD-Staaten 1870	11 (g)			
Republik Frankreich 1905-1913	9,5 (h)	32 (h)	3	Durchschnitt der Jahre
Vereinigtes Königreich von Großbritannien 1905-1913	7 (h)	41 (h)	3	Durchschnitt der Jahre
2. Deutsches Reich 1913	15 (i)			Forcierte Aufrüstung
USA 1905-1913	7 (h)	42 (h)	1	Durchschnitt der Jahre
Republik Frankreich 1914 – 1918	32 (h)	75 (h)	24	Durchschnitt der Kriegsjahre
Vereinigtes Königreich von Großbritannien 1914–1918	46 (h)	86 (h)	40	Durchschnitt der Kriegsjahre
USA 1917-1918	23 (h)	65 (h)	15	Durchschnitt der Kriegsjahre
Republik Frankreich 1920-1924	22 (h)	9 (h)	2	Durchschnitt der Jahre
Vereinigtes Königreich von Großbritannien 1920-1924	18 (h)	20 (h)	4	Durchschnitt der Jahre
USA 1920-1924	7 (h)	35 (h)	3	Durchschnitt der Jahre
Weimarer Republik 1924-1930	9 (h)			
3. Deutsches Reich 1935	33	24 (h)	8 (h)	Aufrüstung für Expansionskriege.
3. Deutsches Reich 1939 bis 1941			45 (h)	Durchschnitt der Kriegsjahre; zusätzlich gab es Leistungen durch Zwangsarbeit u. Ausbeutung eroberter Gebiete.
Vereinigtes Königreich von Großbritannien 1939-1945			54 (h)	Durchschnitt der Kriegsjahre
USA 1942-1945			38 (h)	Durchschnitt der Kriegsjahre
USA 1946-1960			9 (h)	Durchschnitt der Jahre, Kalter Krieg
Vereinigtes Königreich von Großbritannien 1958-1972	40 (h)	16 (h)	6 (h)	Durchschnitt der Jahre, Kalter Krieg
Republik Frankreich 1949-1956	30 (c)	27 (d)	8	Durchschnitt der Jahre, Kolonialkriege
Weltdurchschnitt 1960			5,6 (f)	
Weltdurchschnitt 1970			4,8 (f)	
Republik Frankreich 1978			3,5 (c)	
Bundesrepublik Deutschland 1978			3,4 (c)	Kalter Krieg
Königreich von Japan 1978	24 (c)		0,9 (c)	Land mit erklärter Waffenlosigkeit.
Indien 1978			10 (c)	Konfliktsituation extern (Pakistan, China) und intern (ind. Punjab)
Ägypten 1978			37 (c)	Fast-Kriegszustand mit Israel. Teil durch externe Subvention (USA) finanziert

Israel 1978		30 ©	Allseitiger Belagerungszustand nach territorialer Okkupation. Teil durch externe Subvention (USA) finanziert.
Weltdurchschnitt 1980		18 (k)	3,9 (f)	
USA 1980	31 ©		6 ©	
Sowjetunion 1980		15 ©	Dieses hohe Ausgabenniveau trug zum Zusammenbruch der SU bei.
Rep. Frankreich 1980	42 ©			
Vereinigtes Königreich von Großbritannien 1980	36 ©			
Weltdurchschnitt 1990			3,7 (f)	
USA Bundeshaushaltsplan 2016	16 (o)	45 (o)	7	

Quellen der Tabelle 6:
(a) Basierend auf dem seit dem Altertum bestehenden Richtwert „Zehntel".
(b) Lewis (1995)
(c) Meyer (1983)
(e) Del Negro (2001).
(f) Sivard (1996)
(g) Artikel „Staatsquote" in DIE WELT 02.11.05
(h) Webber / Wildavsky (1986)
(i) Reinhard (1999)
(j) Zorn, W. (1971-1976), zitiert in Reinhard (1999)
(k) Klein e.a. (1995)
(l) Lane (1973)
(m) L. Pezzolo: Stato, Guerra e Finanza nella Repubblica di Venezia (2004).
(o) www.warresisters.org zählt zu den offiziell als Militäraisgaben ausgewiesenen laufenden Militärausgaben die unter anderen Posten vorgesehenen Altlasten (Veteranenpensionen, Schuldendienst) hinzu.

Schlussfolgerungen aus Tabelle 6

> ➢ Die Menschheit hat bis zur Gegenwart ziemlich konstant **1 % bis 5 % des BSP** für Kollektivgewalttätigkeit ausgegeben. Dies kann man als die „**Erträglichkeitsgrenze**" betrachten.
> ➢ In Extremfällen wurden von kontrahierenden Kollektiven **bis zu 10 % des BSP** aufgewendet, was bis Ende des 19. Jh. als die „**Erschöpfungsgrenze**" angesehen werden kann. Mit den größeren Überschüssen, welche die moderne Volkswirtschaft und Technik ermöglicht, sowie mit der Effizienz der Ressourcenextraktion des modernen Staates, lag die „Erschöpfungsgrenze" im 20. Jh. im Bereich von **50 % des BSP**, also um den Faktor zehn über der Erträglichkeitsgrenze. Die korzitive Kohäsion der Sowjetunion ist unter der langjährigen wirtschaftlichen Last von Militärausgaben zusammengebrochen, die bei 15 % des BSP gelegen hat,

8.4 Kollektive Gewalttätigkeitsereignisse pro Jahrhundert in Relation zur Weltbevölkerung

In der **Anlage 10** sind ca. 15.400 Ereignisse kollektiver Gewalttätigkeit (**Gewalttätigkeitsereignisse**) für den Zeitraum von -2000 bis 2000 aufgelistet. Davon sind ca. 5.400 „**Gewaltkonflikte**" (gewalttätig ausgetragene Konflikte wie Kriege und Demozide) und ca. 10.000 „**Gewaltausführungsereignisse**" (Schlachten, Belagerungen, Bombardierungen), mit denen jene Konflikte ausgefochten wurden. Die Konflikte wurden in der Anlage 10 entsprechend der Typologie von Motivationen des Kapitels 5 klassifiziert. Die Summenwerte pro Jahrhundert sind in der Tabelle 7 zusammengefasst.

Tabelle 7: Summenwerte von Gewaltkonflikten und Gewaltausführungsereignissen pro Jahrhundert aus der Anlage 10

Jh.	Konflikte zwischen territ.-hegem. Kollektiven			Konflikte innerhalb territ.-hegem. Kollektive			Gewalt-konflikte (Kriege, Demoz.)	Gewalt-ausführ. ereignisse (Schlachten, Belagerungen)	Gewalt-tätigkeits-ereignisse
	Präd.& Retors.	Territ. Konfl.	Se.	Hier. & Konst.	Allo-phobie	Se.			
	a	b	c=a+b	d	e	f=d+e	g=c+f	h	i=g+h
-20.	3	15	18	3	1	4	22	18	40
-19.	2	14	16	0	0	0	16	16	32
-18.	0	27	27	1	0	1	28	55	83
-17.	2	18	20	0	0	0	20	18	38
-16.	2	28	30	1	0	1	31	52	83
-15.	2	40	42	0	0	0	42	24	66
-14.	7	30	37	3	0	3	40	55	95
-13.	7	44	51	1	1	2	53	65	118
-12.	6	37	43	0	0	0	43	70	113
-11.	6	35	41	4	1	5	46	54	100
-10.	3	21	24	0	0	0	24	52	76
-9.	5	98	103	8	0	8	111	242	353
-8.	8	131	139	3	0	3	142	137	279
-7.	19	153	173	4	1	5	177	169	346
-6.	4	89	93	6	1	7	100	154	254
-5.	1	86	87	8	1	9	96	192	288
-4.	9	120	129	5	0	5	134	297	431
-3.	4	102	106	10	1	11	117	319	436
-2.	19	69	88	11	2	13	101	188	289
-1.	15	60	75	22	1	23	98	216	314
1.	8	63	71	10	4	14	85	74	159
2.	16	32	40	5	1	6	54	75	129
3.	49	39	88	20	5	25	113	185	298
4.	43	75	118	23	3	26	144	121	265
5.	44	54	98	20	0	20	118	163	281
6.	15	82	97	20	0	20	117	152	269
7.	24	103	127	13	2	15	142	194	336
8.	34	85	119	25	0	25	144	168	312
9.	70	64	134	33	3	36	170	277	447
10.	50	104	154	14	0	14	168	208	376
11.	35	132	167	31	4	35	202	329	531

12.	12	105	117	34	6	40	157	282	439
13.	24	158	182	19	10	29	211	362	573
14.	31	154	185	46	9	55	240	307	547
15.	83	124	207	55	3	58	265	304	569
16.	77	153	230	51	16	67	297	543	840
17.	37	166	203	47	15	62	265	573	838
18.	12	170	182	44	11	55	237	630	867
19.	15	292	307	93	18	111	418	1.030	1.448
1.H 20.	27	94	94	40	70	110	231	1.560	1.791
2.H. 20.	18	93	111	65	30	95	206	1.188	394
20.	45	187	232	105	100	205	437	1748	2.185
Se.	848	3.559	4.407	798	220	1.018	5.425	10.118	15.543
%	16	65	81	15	4	19	100		

Bemerkungen zur Anlage und Tabelle 7

> Bis zum -10. Jh. sind die überlieferten Informationen zu Gewaltkonflikten lückenhafter (v.a. bezüglich des Indischen Subkontinents mit ca. ¼ der Weltbevölkerung), trotzdem ist es denkbar, dass die auf die Einwohnerzahl bezogene Häufigkeit von kollektiven Gewalttätigkeitsereignissen deswegen um eine Größenordnung geringer als der spätere Langzeittrend gewesen ist, weil der Ackerbau und die Viehzucht außerhalb des Nahen Ostens und Ägyptens noch nicht weit genug verbreitet waren, um territoriale Konflikte zu verursachen bzw. zu Plünderungseinfällen zu verleiten,
> Der Einbruch im -10. Jh. ist eindeutig auf Dokumentationsmängel zurückzuführen, denn die Wirren jener Zeit führten zum vorübergehenden Zerfall der Großmächte und ihrer Annalistik.

Um den zeitlichen Verlauf der Häufigkeit der kollektiven Gewalttätigkeit quantitativ zu bewerten, ist mehr die Anzahl der Ereignisse als die Anzahl der Todesopfer die relevante Größe, denn letztere Zahl hängt nicht nur von der Häufigkeit der Ereignisse ab, sondern auch vom epochalen Stand der Tötungs- und Schutztechniken. Für die Vergangenheit kommen also grundsätzlich zwei Maßgrößen für die Anzahl von Gewaltereignissen in Frage: die Anzahl der gewalttätig ausgetragenen Konflikte (Kriege, Demozide) oder die Anzahl der Gewaltausführungsereignisse (Schlachten, Belagerungen, Bombardierungen).

Zur Frage der geeignetsten Messgröße der Intensität kollektiver Gewalttätigkeit

> Nimmt man die Anzahl der gewalttätig ausgefochtenen Konflikte (Kriege, Demozide) als alleinige „Messgröße", weist man dem Dreißigjährigen Krieg das gleiche Gewicht zu wie dem dreiwöchigen Salzkrieg zwischen dem Fürstentum Bayern und dem Bistum Salzburg von 1611. Um diesen Effekt zu mildern, muss man die großen, meist weit später von den Geschichtsschreibern zu einer Einheit abstrahierten Großkonflikte in ihre Teilkonflikte zerlegen, im Falle des Dreißigjährigen Krieges sind es fünf Konflikte (siehe Anlage 10). Selbiges gilt für viele andere Großkonflikte, wie zuletzt die zwei Weltkriege, bei denen sich auf unterschiedlichen Fronten unterschiedlichen Kontrahenten mit unterschiedlichen Motivationen gegenüberstanden.
> Selbst bei Untergliederung der Großkonflikte in Teilkonflikte haftet einer Bewertung der Intensität kollektiver Gewalttätigkeit durch nur die Anzahl der Konflikte/Subkonflikte immer noch das Manko an, dass der besagte Salzkrieg von 1611 mit den Kämpfen an einer der Fronten der Weltkriege gleich bewertet würde. Am stärksten käme dieses Manko bei der Bewertung der 1. Hälfte des 20. Jahrhunderts zur Geltung, das mit den zwei Weltkriegen und den unsäglichen Demoziden der gewalttätigste Zeitraum der Geschichte gewesen ist: wie die Tabelle 7 zeigt, war die Anzahl der Konflikte der 1. Hälfte des 20. Jh. (109) in etwa gleich jener der 2. Hälfte des 20. Jh. (97). Man kommt also nicht umhin, in die Bemessung der Kollektivgewalttätigkeit die Anzahl der Ausführungsereignisse mit einzubeziehen.
> Clausewitz hat festgestellt: „Das Gefecht ist die einzige Wirksamkeit im Kriege ... (sie sind das, was die bare Zahlung für den Wechselhandel ist"). Man könnte auch sagen: „Die Anzahl der Gewaltausführungsereignisse (Schlachten, Belagerungen, Bombardierungen) ist der Maßstab zur Bewertung des Ausmaßes kollektiver Gewalttätigkeit". Für die Vergangenheit spiegelt daher die Anzahl der Gewaltausführungsereignisse die Intensität der Konflikte besser wieder. Auf die Zukunft bezogen, in der voraussichtlich die intrakollektiven, asymmetrischen Gewaltkonflikte überwiegen werden, mag dies nicht mehr so der Fall sein.
> Eine Intensitätsbewertung, die sich ausschließlich auf die Anzahl der Ausführungsereignisse bezöge hätte das Manko, dadurch jene Kriege nicht zu berücksichtigen, in denen es zu keiner ausgeprägten Feldschlacht oder Belagerung gekommen ist.
> Es wird daher vorgeschlagen, als Bewertungsparameter der Intensität die Summe der Gewaltkonflikte mit den Ausführungsereignissen heranzuziehen. Der Einwand, dass man dadurch „Äpfel mit Birnen vermische", kann dadurch entkräftet werden, dass das Hinzuaddieren des „Klammerbegriffs" Krieg als Stellvertreter für viele kleinere Gefechte, Plünderungen etc. betrachtet werden kann, die unter der Erfassungsschwelle der Ausführugsereignissen gelegen haben.

Abbildung 2a zeigt den zeitlichen Verlauf aller drei Optionen der Intensitätsbemessung (nur Kriege/Demozide; nur Ausführungsereignisse; Kriege/Demozide + Ausführungsereignisse) gemäß Tabelle 7 / Anlage 10 und stellt ihnen den Verlauf der Weltbevölkerung gemäß Tabelle 4 gegenüber.

Abbildung 2a
**Gewalttätigkeitsereignisse des Jahrhunderts
vs. Weltbevölkerungszahl (in Mio.)**
(im linearen Maßstab)

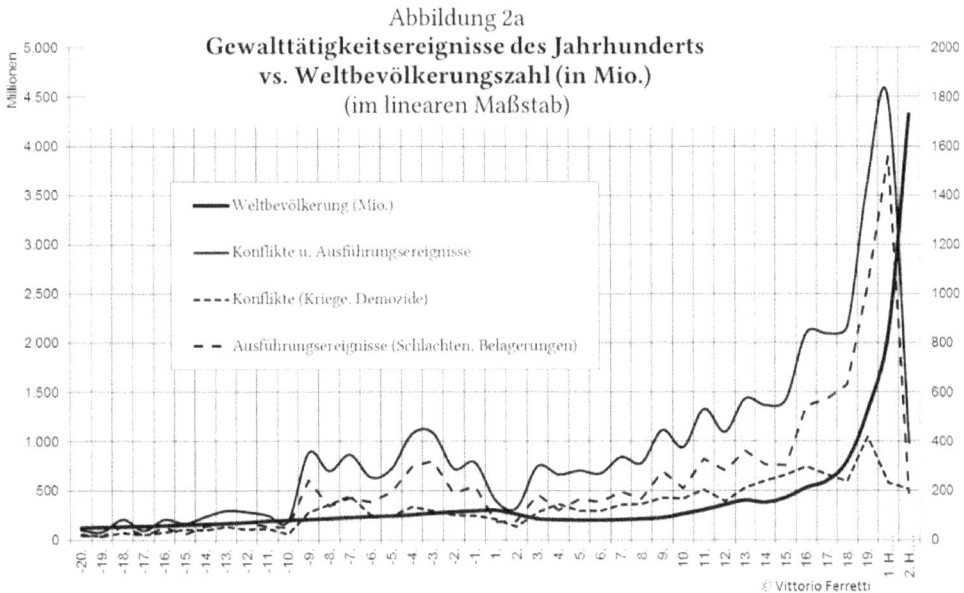

Die Abbildung 2a lässt erkennen, dass die Anzahl der Konflikte pro Jahrhundert vom -9. Jh. bis zur Hälfte des 20. Jh. „nur" in etwa um den Faktor 2 geschwankt hat, während die Anzahl der Ausführungsereignisse dem ab dem 11. Jh. einsetzenden exponentiellen Bevölkerungszuwachs gefolgt ist und sich gegenüber dem -9. Jh. in etwa versechsfacht hat. Die Menschheit hat also eine fast konstante Anzahl von Konflikten gewalttätig ausgefochten, hat aber dafür mit wachsender Bevölkerung mehr Schlachten/Belagerungen eingesetzt (d. h. mehr Menschen und Mittel).

Im linearen Maßstab werden die Kurven vor der Explosion des Bevölkerungswachstums ab dem 11. Jh. verflacht und kaum differenziert wiedergeben. Die Abbildung 2b zeigt dieselben Kurven der Abbildung 2a jedoch im logarithmischen Maßstab.

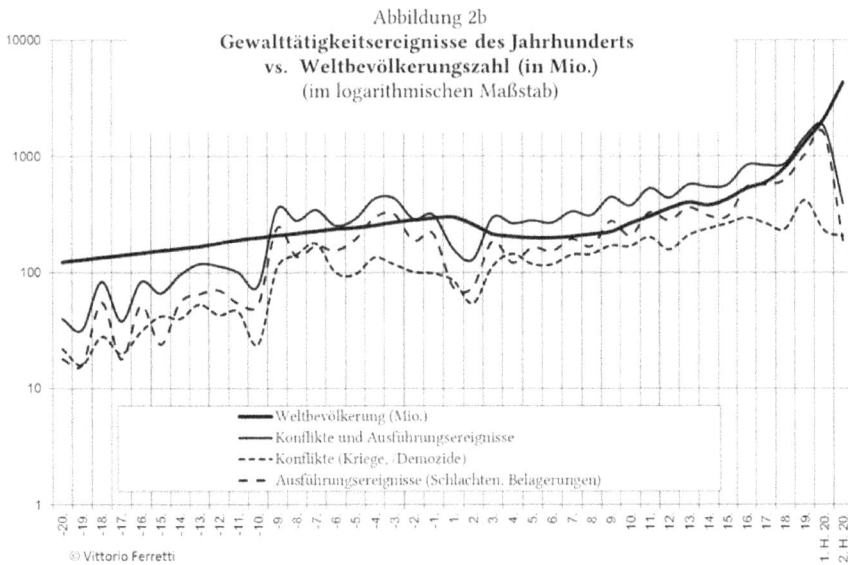

Abbildung 2b
**Gewalttätigkeitsereignisse des Jahrhunderts
vs. Weltbevölkerungszahl (in Mio.)**
(im logarithmischen Maßstab)

Man erkennt im logarithmischen Maßstab der Abbildung 2b klarer, wie die Entwicklung der Ausführungsereignisse besonders ab dem -9. Jh. dem Trend des Bevölkerungswachstums gefolgt ist.

Noch augenscheinlicher wird die Korrelation zwischen der Summenkurve der Gewaltkonflikte und den Ausführungsereignissen (Kriege/Demozide+Schlachten/Belagerungen) und der Weltbevölkerungsdichte, wenn man daraus einen Quotienten bildet (Abbildung 2c).

Abbildung 2c
Quotient zwischen der Gesamtzahl kollektiver Gewalttätigkeitsereignisse und der Weltbevölkerungszahl (in Mio.) des Jahrhunderts
(im logarithmischen Maßstab)

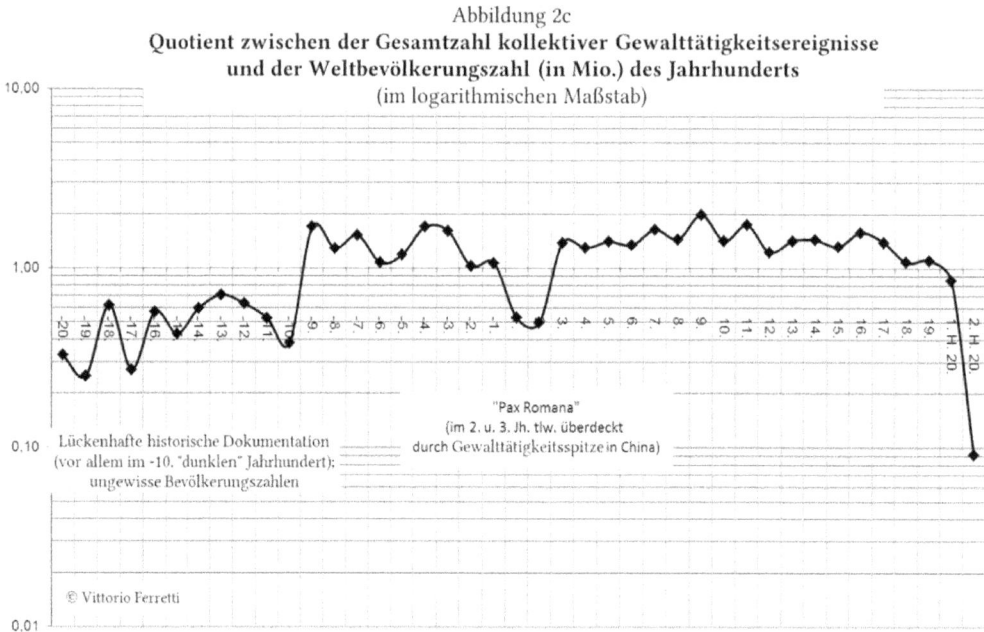

Lückenhafte historische Dokumentation
(vor allem im -10. "dunklen" Jahrhundert);
ungewisse Bevölkerungszahlen

"Pax Romana"
(im 2. u. 3. Jh. tlw. überdeckt
durch Gewalttätigkeitsspitze in China)

© Vittorio Ferretti

Schlussfolgerungen aus den Abbildungen 2a, 2b und 2c

➤ *Die Anzahl der kollektiven Gewaltereignisse ist vom -5. Jh. bis zur Mitte des 20. Jhs. im Gleichschritt mit der Zunahme der Weltbevölkerung gestiegen, und zwar im Verhältnis von*
1 Gewaltereignis (0,33 Kriege, Demozide + 0,67 Schlachten, Belagerungen) pro 1 Mio. Einwohner u. Jahrhundert

➤ *Zwischen dem -1. Jh. und dem 3. Jh., das heißt in der Epoche des Römischen Reichs, hat die Anzahl kollektiver Gewalttätigkeiten abgenommen und im 2. Jh. einen historischen Tiefststand erreicht, der um etwa den Faktor 3 unter dem Langzeittrend lag. Dieser Einbruch, für den sich der Begriff „Pax romana" (Römischer Frieden) eingebürgert hat, ist vor allem auf den drastischen Rückgang der territorialen Integrationskonflikte und der Hierarchiekonflikte zurückzuführen. Der Gewalttätigkeitsrückgang der Pax Romana käme in den Kurven noch stärker zum Ausdruck, wenn er im 2. und 3. Jh. nicht durch eine Gewalttätigkeitsspitze in China teilweise verdeckt würde.*

➤ *Die Bevölkerungsexplosion, die im 19. Jh. zur Überschreitung der Milliardengrenze geführt hat, wurde bis 1945 von einer Explosion kollektiver Gewalttätigkeit begleitet: Die über 1.000 Gewaltereignisse des 1. und 2. Weltkriegs, die in einem halben Jahrhundert stattgefunden haben, entsprechen der Gesamtzahl an Gewaltereignissen, die sich in den sechs Jahrhunderten von der Zeitwende bis zum Jahre 600 ereignet haben.*

➤ *In der zweiten Hälfte des 20. Jh. wird die historische Proportionalität der Häufigkeit kollektiver Gewalttätigkeit mit der Weltbevölkerung durchbrochen und der Langzeittrend um etwa den Faktor 15 unterboten. Selbst das Tiefstniveau der Pax Romana wurde um den Faktor 7 unterboten. **Damit befindet sich die Menschheit auf dem Weg zu einer starken Befriedung.**[128] · Seit dem Ende des 2. Weltkriegs ist die Anzahl der Gewaltereignisse, relativ zur Bevölkerungszahl, um mehr als den Faktor 10 gegenüber dem Niveau der vorangegangenen 15 Jahrhunderte gefallen und hat in der Gegenwart das Tiefstandsniveau der Pax Romana erreicht. Man könnte dies mit den Schlagwörtern „Pax Americana" oder „Pax Atomica"[129] benennen. Dies gilt wie gesagt für die mit der Weltbevölkerung in Bezug gesetzten Werte. Betrachtet man hingegen die Absolutzahl der Gewalttätigkeitsereignisse (Kriege, Demozide, Schlachten, Belagerungen), so befinden wir uns in der Gegenwart auf dem Niveau des Mittelalters und bei einem Drittel des 19. Jh.*

➤ *Bezogen auf die heutige Einwohnerzahl der EU (ca. 500 Mio.) entspräche die mittlere Häufigkeit von Kollektivgewalttätigkeit der Vergangenheit dem Niveau von (abgerundet) 1,7 Kriegen oder Demoziden + 3,4 Schlachten, Belagerungen,*

---

128 Diese positive Entwicklung steht in Übereinstimmung mit dem Werk von Yahya Sadowski (1998), in dem er den „Mythos des Globalen Chaos" entkräftigt, und dem Werk des Steven Pinker (2011), der die Abnahme der individuellen Gewalttätigkeit in die Betrachtung mit einbezieht.

129 Einer der Ersten, welche die kriegseindämmende Wirkung von Megatötungswaffen postulierten, ist der Abt Jean Maury gewesen, der um 1767 schrieb, dass nur eine furchtbare Waffe, welche die Menschheit mit deren Ausrottung bedrohe, vielleicht die Menschen vom Krieg abhalten könnte.

Bombardierungen oder Pogromen pro Jahr." Daraus erkennt man, welch friedensstiftende Wirkung die (konsensuelle) territoriale Integration Europas hat.

➢ *Das zivilisatorische Ziel einer künftigen „**Pax Ptolemaeica**" muss darin bestehen, dass es absolut verpönt sein werde, das Leben von Individuen dafür zu opfern, um Optimierungen sozialer Konstrukte zu erzielen. Soziale Konstrukte werden auch in Zukunft der Optimierung bedürfen, diese sollten aber mit anderen Mitteln erzielt werden, als das Opfern von Menschenleben .*

Erklärungsversuch für den Gleichschritt der Kollektivgewalttätigkeit mit dem Bevölkerungswachstum in der Vergangenheit

➢ *Die Tatsache, dass im Laufe von etwa 25 Jahrhunderten im Großen und Ganzen stets die gleiche Relation zwischen Gewaltereignissen und Weltbevölkerung eingetreten ist, beruht vermutlich auf dem Zusammenwirken zweier Mechanismen, die beide mit der Bevölkerungszahl zusammenhängen:*

➢ *Mit dem Bevölkerungswachstum zunehmende Konfliktualität. Die Konfliktualität der territorial-hegemonischen Kollektive wächst (durch den demografischen Druck, durch die Verkürzung der Entfernungen, durch die Zunahme der Reibungsflächen) proportional zur Besiedelungsdichte der Erde („mehr Kampf um dasselbe Stück Land durch zunehmend mehr Individuen"). Dieser Aspekt speist vor allem die Trendkurve der Gewaltkonflikte.*

➢ *Mit dem Bevölkerungswachstum zunehmende Mittel zur Ausführung von Gewalttätigkeiten („je mehr Personen, desto mehr Steuereinnahmen und Rekruten"). Dieser Aspekt speist vor allem die Trendkurve der Anzahl Ausführungsereignisse (i. W. Schlachten, Kriege).*

8.5 Häufigkeit der Motivationstypen kollektiver Gewalttätigkeit

Da, wie bereits unter Punkt 5.1 erwähnt, ist es Ding der Unmöglichkeit ist, die untergründigen Ursachen der Konflikte der Geschichte einigermaßen vollständig zu ermitteln, müssen wir uns mit einer Statistik der vordergründigen Motivationen der Konflikte begnügen, um daraus zumindest pauschale Rückschlüsse auf die Hauptursachen vergangener Kollektivgewalttätigkeit ziehen zu können.

Die **Abbildung 3a** veranschaulicht in einem Säulendiagramm den zeitlichen Verlauf der Anzahl der je Motivationstyp gemäß Kapitel 5 der in jedem Jahrhundert gewalttätig ausgetragenen Konflikte .

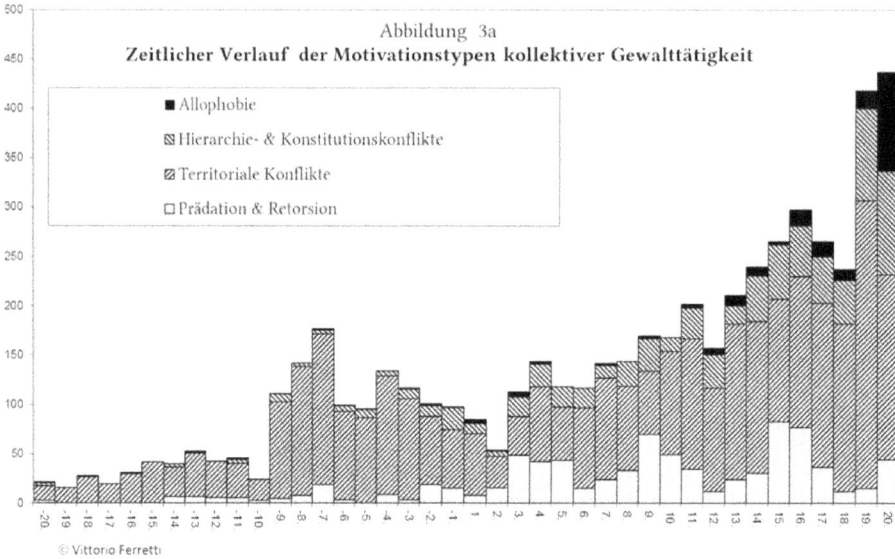

Abbildung 3a
Zeitlicher Verlauf der Motivationstypen kollektiver Gewalttätigkeit

- Allophobie
- Hierarchie- & Konstitutionskonflikte
- Territoriale Konflikte
- Prädation & Retorsion

© Vittorio Ferretti

Bezogen auf die jeweilige Weltbevölkerung hat sich das Verhältnis der Motivationstypen gemäß Abbildung 3 b entwickelt.

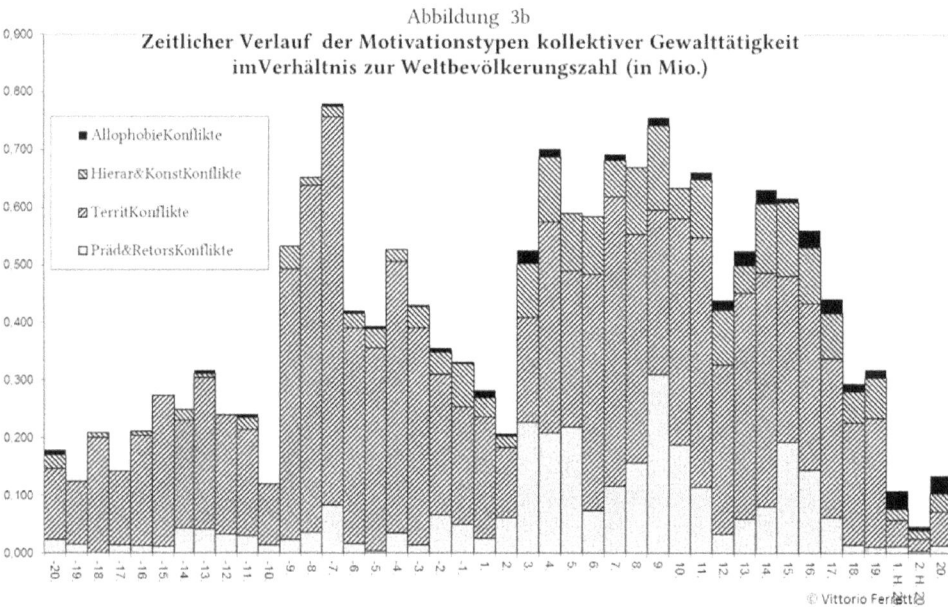

Abbildung 3b
Zeitlicher Verlauf der Motivationstypen kollektiver Gewalttätigkeit
im Verhältnis zur Weltbevölkerungszahl (in Mio.)

- AllophobieKonflikte
- Hierar&KonstKonflikte
- TerritKonflikte
- Präd&RetorsKonflikte

© Vittorio Ferretti

126

Der prozentuale Anteil der Motivationstypen an der Konfliktzahl des jeweiligen Jahrhunderts hat sich gemäß der Abbildung 3c entwickelt.

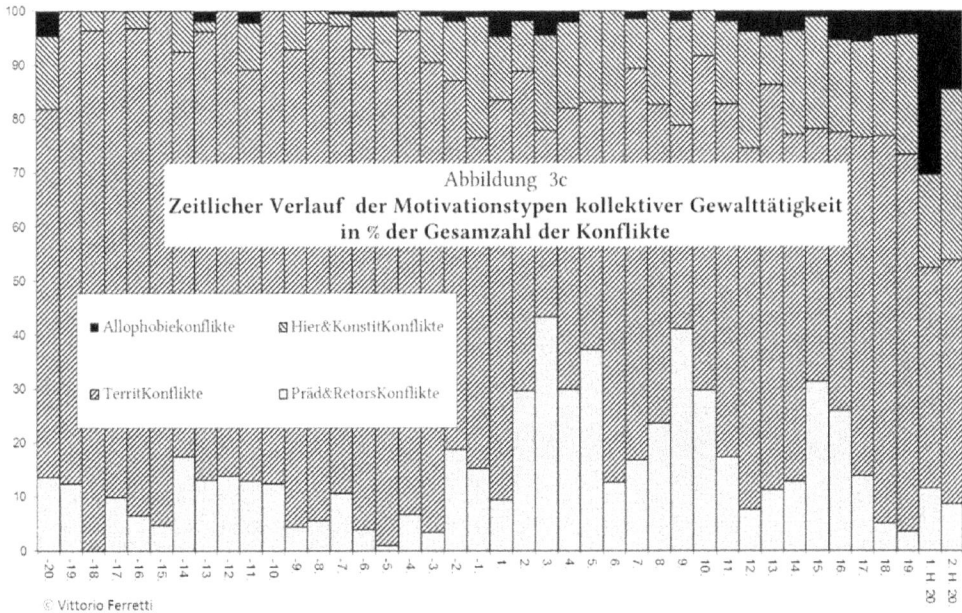

Abbildung 3c
Zeitlicher Verlauf der Motivationstypen kollektiver Gewalttätigkeit in % der Gesamzahl der Konflikte

■ Allophobiekonflikte   ▨ Hier&KonstitKonflikte

▨ TerritKonflikte   ▢ Präd&RetorsKonflikte

© Vittorio Ferretti

Summiert man die Motivationstypen über den gesamten Auswertezeitraum (-2000 bis 2000) so ergibt sich die Verteilung gemäß der Abbildung 3d:

Abbildung 3d
Relative Summenhäufigkeit der Motivationstypen kollektiver Gewalttätigkeit von - 2000 bis 2000

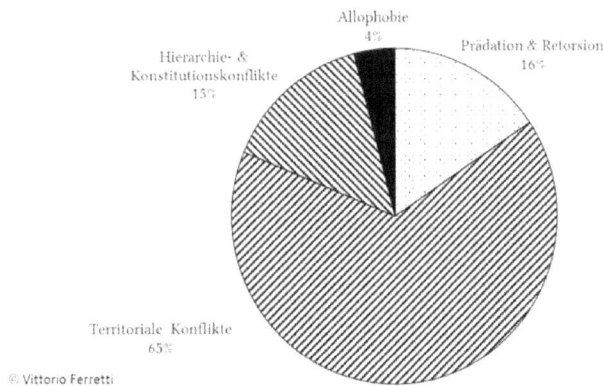

Allophobie
4%

Hierarchie- &
Konstitutionskonflikte
15%

Prädation & Retorsion
16%

Territoriale Konflikte
65%

© Vittorio Ferretti

Schlussfolgerungen und Bemerkungen zu den Abbildungen 3a, 3b, 3c und 3d

➢ *Zwei Drittel aller von -2000 bis 2000 gewalttätig ausgetragenen Konflikte waren territoriale Konflikte zwischen unterschiedlichen territorial-hegemonischen Kollektiven. Zählt man die Prädationen und Retorsionen dazu, so haben die interkollektiven (zwischenstaatlichen) Konflikte im Durchschnitt vier Fünftel (81 %) ausgemacht. Dies stützt die These, dass die Hauptakteure der kollektiven Gewalttätigkeit die sozialen Konstrukte sind und nicht Individuen.*

➢ *Etwa ein Drittel der vergangenen gewalttätig ausgetragenen Konflikte wurden innerhalb von territorial-hegemonischen Kollektiven (Stämme, Staaten) ausgetragen. Zählt man die Allophobiekonflikte dazu, in denen einem Subkollektiv das Koexistenzrecht auf dem Territorium abgesprochen wird, so haben die intrakollektiven (innerstaatlichem) Konflikte im Durchschnitt ein Fünftel (19 % ausgemacht).*

➢ *Prädationen und Retorsionen (letztere meist Vergeltungen für erlittene Prädationen) haben ein Sechstel aller Gewaltkonflikte ausgemacht. Sie erreichten Spitzen zwischen dem 3. Jh. und 5. Jh. (Völkerinvasionszeit), im 9. Jh. (Raubüberfälle von Wikingern und Sarazenen), im 10. Jh. (Ungarische Plünderungseinfälle) und im 13. bis 16. Jh. (v.a. Raubüberfälle* von Mongolen und Tataren). Im 3. Jh. waren sie sogar der dominierende Konflikttyp (Völkerinvasion) und vom 5. bis 11. Jh. fast gleich häufig wie Territorialkonflikte. In der Folgezeit ist dieser Typus fast ausgeklungen.

➢ Territoriale Integrationskonflikte dominierten bis zum 1. Jh., d. h. bis das Römische Reich seine maximale Ausdehnung erreichte. Daraufhin fielen sie im 2. Jh. auf den absoluten historischen Tiefstand. Nach dem Zusammenbruch des Römischen Reichs nahmen die territorialen Integrationskonflikte wieder ihre dominante Rolle ein (neue Reichsbildungen auf den Ruinen des Römischen Reichs) und behielten ihre Dominanz bis zur 1. Hälfte des 20. Jhs. (zuerst als Erbfolgekriege der germanischen Reiche, dann zur Entstehung der Nationalstaaten und schließlich als Expansionskriege der Nationalstaaten).

➢ Im 19. Jh. erreichte die Anzahl der innerstaatlichen Konflikte fast jene der zwischenstaatlichen Konflikte und hat sie im 20. Jh. sogar übertroffen. Zum Teil war dies auf die hohe Anzahl von territorialen Desintegrationskriegen (Unabhängigkeitskriege in Europa, Amerika, Asien und Afrika) zurückzuführen.

➢ Die Hierarchiekriege (i.W. Thronfolgekriege) waren im 1. Jh. (Entstehungsphase des Römischen Reichs) häufig, im 1. und 2. Jh. selten und kamen ab dem 3. Jh. wieder auf (Machtkämpfe der Soldatenkaiser), erreichten im 11. Jh. den absoluten Höhepunkt (Thronfolgestreite in den vielen von germanischen Kriegerkasten beherrschten Königreichen, die nach privatrechtlichen Kriterien vererbt und in Erbstreitigkeiten ausarteten) und sind im 20. Jh. fast verschwunden. Dazu hat das Verlassen der germanischen (privatrechtlich gestalteten) Thronfolgeregelungen und die Verbreitung der republikanischen Regierungsform beigetragen.

➢ Konstitutionskriege (über Verfassungsstreitigkeiten) sind erst ab dem 14. Jh. bedeutsam aufgetreten und im 19. und 20. Jh. in den Vordergrund getreten. Die Unterkategorie Redistributionskriege (sozio-ökonomische Umverteilungskonflikte, soziale Aufstände) sind in relativ wenigen Fällen gewalttätig ausgefochten worden. Die größte Anzahl fand im 16. Jh. statt (Bauernkriege).

➢ Die Allophobiegewalttätigkeit, die in den Jahrhunderten zuvor eine untergeordnete Rolle gespielt hatte, nahm ab dem 12. Jh. (Judenpogrome) zu und erreichten in der 1. Hälfte des 20. Jh. einen makabren Höhepunkt. Im Grunde genommen handelt es sich beim Großteil der Allophobiegewalttätigkeit ebenfalls um territoriale Konflikte, denn es wird einem Subkollektiv das Recht abgesprochen, auf demselben Territorium – im Extremfall auf der ganzen Erde – zu koexistieren. Der Anteil der Allophobiekonflikte hat in der Neuzeit zugenommen und in der 1. Hälfte des 20. Jh. fast ein Drittel aller Konflikte ausgemacht.

➢ Die vielfach für die jüngste Vergangenheit und Gegenwart vermerkte Ablösung der zwischenstaatlichen Kriege durch „Neue Kriege" ist, wie Abbildung 3c zeigt, eher darauf zurückzuführen, dass durch die drastische Abnahme (Halbierung) der zwischenstaatlichen Kriege (bezogen auf das Weltbevölkerungswachstum) der ungebrochene Zuwachs der innerstaatlichen Kriege (ebenfalls bezogen auf das Bevölkerungswachstum) als drastischer Zuwachs wahrgenommen wird.

➢ Der Rückgang der Kollektivgewalttätigkeit im 1. Jh. („Pax romana") ist vor allem auf den Rückgang intrakollektiver (innerstaatlicher) Konflikte zurückzuführen, sowie auf den Rückgang von Prädationen/Retorsionen.

➢ Betrachtet man Allophobiekonflikte und Hierarchie-/Konstitutionskonflikte als intrakollektive (innerstaatliche) Konflikte, so haben diese im Laufe der Jahrhunderte stetig zugenommen und in der 2. Hälfte des 20. Jh. fast die Hälfte aller Konflikte ausgemacht.

8.6 Todesopfer kollektiver Gewalttätigkeit

Betrachtet man Kollektivgewalttätigkeit als eine Selbstoptimierung sozialer Konstrukte unter Einsatz menschlichen Leids als Zwangsmittel, so stellt sich die Frage, welchen Anteil der Individuen es im Laufe der Geschichte getroffen hat, ihr Leben für derlei Optimierungskonflikte zu verlieren. In diesem Kapitel muss etwas weiter ausgeholt werden, um eine entsprechende Grobschätzung durchführen zu können.

8.6.1 Begriffliche Vorklärung zum Thema Todesopfer von Kriegen

Für die Bewertung der Auswirkungen der Kollektivgewalttätigkeit auf die Individuen ist das maßgebliche Kriterium die Gesamtzahl aus militärischen und zivilen Todesopfer. Diese ist aber nur grob abschätzbar. Zum einen gibt es überlieferte Zahlenangaben zu Truppen und Verlusten erst ab dem Einsetzen der Berichterstattung des Alten Testaments (auf die Israel betreffenden Konflikte ab dem -10. Jh. beschränkt) und dem der Berichterstattung der griechischen Historiker (ab dem -4. Jh, allerdings nur für Großschlachten). Jene frühen Quellen haben allerdings zum Teil weit übertriebene Zahlen überliefert. Bis zum Ende des Mittelalters beschränken sich die Quellenangaben auf Großereignisse. Eine einigermaßen durchgehende Quantifizierung der Truppen- und/oder Verlustzahlen ist erst ab dem 15. Jh. tradiert worden. Zum anderen sind die von den historischen Quellen berichteten Zahlen bis in die jüngste Vergangenheit hinein unvollständig und ungenau: vielfach werden sie nur für die unterlegenen Seite angegeben, manchmal wird die Anzahl der auf dem Schlachtfeld (weil tot oder schwer verwundet) Liegengebliebenen angegeben, andere Male werden Summenzahl von „Toten und Verwundeten" oder von (Toten, Verwundeten, Vermissten und in Gefangenschaft geratenen) angegeben. Die Anzahl der Zivilopfer, vor allem bei den vielen Belagerungen, ist in den Quellen meist ungenau oder überhaupt nicht quantifiziert.

Die Opfer kollektiver Gewalttätigkeit summieren sich wie folgt auf:

	Schlachtfeldtote (Gefechtstote) (engl. „military deaths in action", „killed in action", „KIA") Hiermit sind die auf dem Schlachtfeld vor der Bergung Gestorbenen gemeint. Man kann mit guter Näherung annehmen, dass bis zur Mitte des 19. Jh. alle Schwerverwundete welche sich aus eigenen Kräften nicht mehr fortbewegen konnten, in den folgenden Stunden und sogar Tagen auf dem Schlachtfeld ihren Verletzungen erlegen sind (im 2. WK waren dies 20 % bis 25 % der Verwundeten). Hierzu zählt man am zweckmäßigsten auch die während der Kampfhandlungen Vermissten, denn seit dem 1. WK nahm die Anzahl der durch Granaten und Bomben Zerfetzten dramatisch zu, von denen keine identifizierbaren Reste gefunden werden konnten (nach diesem Kriterium verfuhren die offiziellen Statistiker des 1. WK von Großbritannien, Frankreich und Russland). Hinzu kommt, dass die Heeresführungen dazu geneigt haben (laut Urlanis auch die Wehrmacht im 2. WK), einen Teil der Gefallenen als „Vermisste" zu buchen, um die eigenen Verlustzahlen zu schönen.
+	**Verwundungstote** (engl. „military deaths from wounds in action") Hiermit sind jene Todesfälle gemeint, die nach der Bergung vom Schlachtfeld eingetreten sind. Mit zunehmend intensivem Einsatz von Artilleriefeuer nahm die Gefahr zu, dass auf den Schlachtfeldern das Gras in Brand geriet, wobei ein Teil der Schwerverwundete erstickte oder verbrannte.
=	**Kampftote** (auch „Bluttote") (engl. „military combat deaths", „military battle deaths", „military killed and died of wounds", „hostile deaths"). Hiermit sind also alle Todesfälle durch Kampfeinwirkung gemeint.
+	**Militärische Nichtkampftote** (engl. „military non-battle deaths", „non-hostile in-theatre deaths"). Hiermit werden alle ohne Kampfeinwirkung Gestorbenen erfasst, zum Beispiel durch Seuchen oder Unfälle. Auch die in Kriegsgefangenschaft Gestorbenen zählen zu dieser Kategorie.
=	**Militärtote** (engl. „military deaths", „military casualties", „deaths in service")
+	**Ziviltote** (durch Kampfhandlungen, Internierung, Demozide, kriegsbedingte Hungersnöte und Seuchen Gestorbene)[130] (engl. „civil deaths")
=	**Gesamttote kollektiver Gewalttätigkeit** (Gesamtzahl der Todesopfer kollektiver Gewalttätigkeit) (engl. „total deaths toll")

---

130 Nicht berücksichtigt werden die Geburtenausfälle durch kriegsbedingte Abwesenheit, Behinderung oder Tod eines Teils der Bevölkerung.

Unter „**Verlusten**" („total combat military casualties", „casualties" „losses") versteht man im Allgemeinen die Anzahl von Soldaten, die für unmittelbar folgende Kampfeinsätze ausgefallen sind, das heißt die Summe der Schlachttoten, Verwundeten, Vermissten, Gefangenen.

Der Begriff der „**Gefallenen**" ist mit dem der Zahl „Militärtoten" deckungsgleich, denn ein „Gefallenen-friedhof" birgt die Reste von Militärpersonen, unabhängig von der Todesursache.

8.6.2 Verlustzahlen von quantitativ dokumentierter Landschlachten und Seeschlachten

Bis zum Einsetzen der zeitnahen Berichterstattung der griechischen Geschichtsschreiber im -5. Jh., die auf Einzelheiten von Schlachten und Belagerungen eingingen, können wir für die vorangegangenen Jahrhunderte die Anzahl der Todesopfer kollektiver Gewalttätigkeit nur aus der Anzahl jener Ausführungsereignisse größenordnungsmäßig schätzen, indem man die Anzahl der Landschlachten, Seeschlachten und Belagerungen mit den für das jeweilige Jahrhundert angenommenen geschätzten Teilnehmerzahl und Todesquoten bewertet. Bei den Belagerungen ist die Unsicherheit am größten.

In der **Anlage 8a** sind die Verlustzahlen von Landschlachten eingetragen und ausgewertet, für die es in den Quellen entsprechende quantitative Angaben gibt. Die **Anlage 8b** enthält selbiges für Seeschlachten.

Die Werte der Anlage 8a sind in der Abbildung 4a grafisch wiedergegeben.

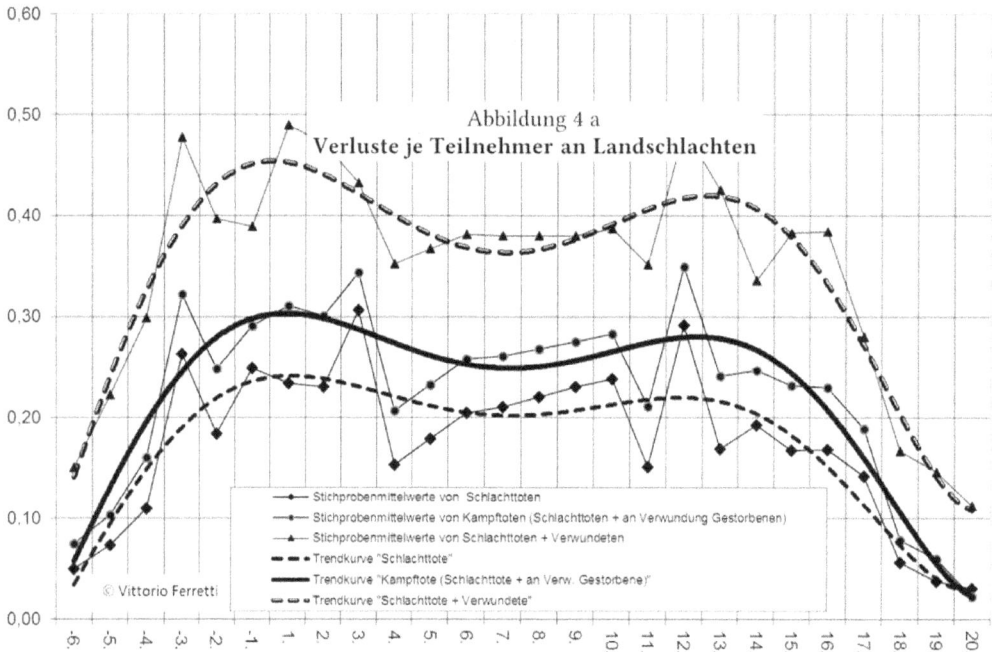

Abbildung 4 a
Verluste je Teilnehmer an Landschlachten

Stichprobenmittelwerte von Schlachttoten
Stichprobenmittelwerte von Kampftoten (Schlachttoten + an Verwundung Gestorbene)
Stichprobenmittelwerte von Schlachttoten + Verwundeten
Trendkurve "Schlachttote"
Trendkurve "Kampftote (Schlachttote + an Verw. Gestorbene)"
Trendkurve "Schlachttote + Verwundete"

© Vittorio Ferretti

Bemerkungen zur Anlage 8a und Abbildung 4a

> *In frühgeschichtlicher Zeit (vor dem -5. Jh.) wurden Schlachten vorwiegend als Fernkampf (mit Speeren, Pfeilen, Steinen) ausgefochten, in dem die Überlebenschancen mindestens doppelt so hoch waren als im Nahkampf.*
> *Das Altertum und Mittelalter waren Epochen des Nahkampfs: Während 15 Jahrhunderte verloren 20 % der Teilnehmer ihr Leben auf dem Schlachtfeld und weitere 10 % erlagen nachträglich ihren Verwundungen.*
> *Mit dem Aufkommen der Handfeuerwaffen (ab dem 16. Jh.) ging man erneut zum Fernkampf über, die Überlebenschancen der Teilnehmer nahm wieder um ein Vielfaches zu. (Da die Anzahl der Teilnehmer gegenüber dem Mittelalter um ein Vielfaches zunahm, kam es trotzdem zu einem starken Anstieg der Gesamtzahlen).*

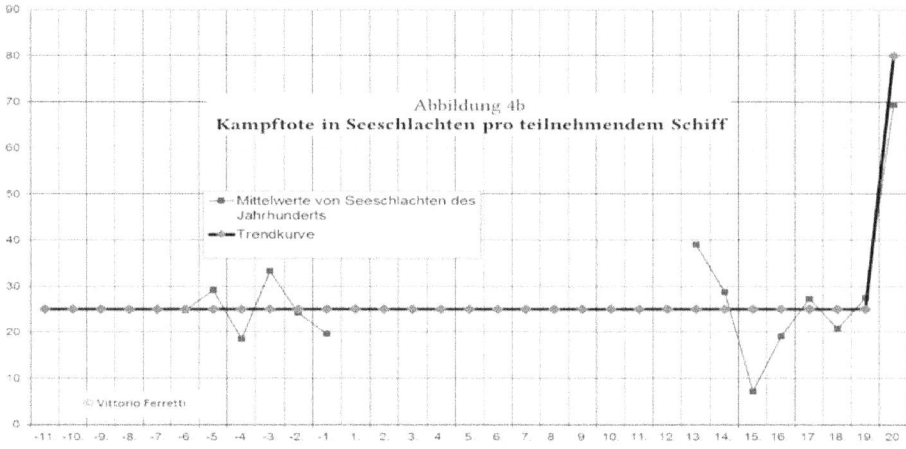

Abbildung 4b
Kampftote in Seeschlachten pro teilnehmendem Schiff

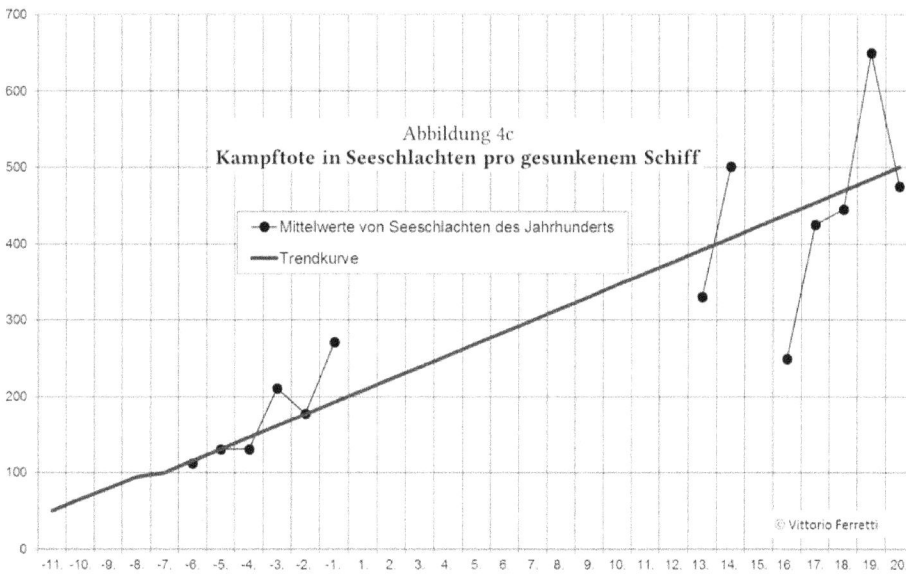

Abbildung 4c
Kampftote in Seeschlachten pro gesunkenem Schiff

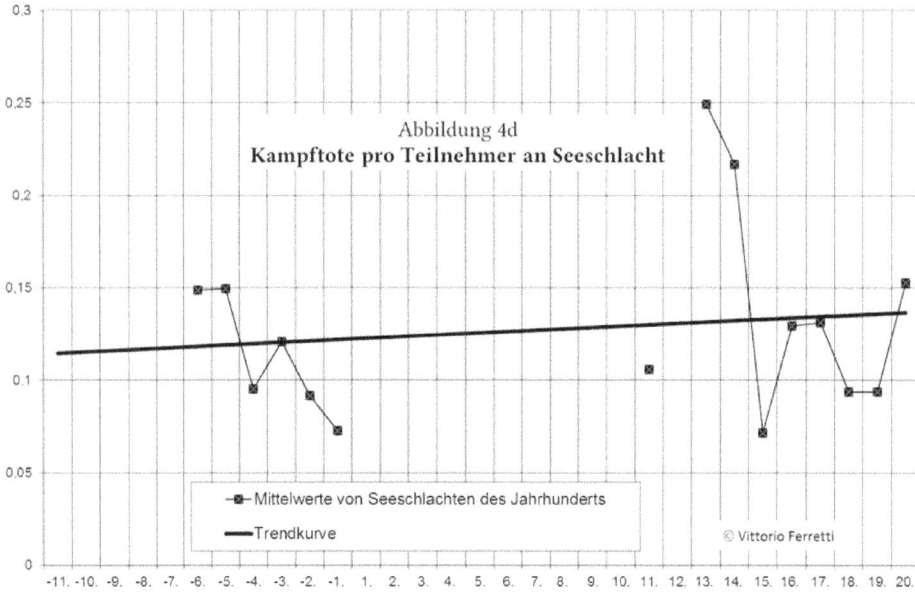

Abbildung 4d
Kampftote pro Teilnehmer an Seeschlacht

— ■ — Mittelwerte von Seeschlachten des Jahrhunderts
— Trendkurve

© Vittorio Ferretti

Bemerkung zu den Anlage 8b und Abbildungen 4b, 4c, 4d,

> *Nach der Schlacht von Actium (-31) bis zu den Wikingerüberfällen (ab dem 9. Jh.) waren Seeschlachten eine Seltenheit. Bis zum 12. Jh. handelte es sich um Zusammenstöße kleiner Anzahlen von kleinen Schiffen, deren Opferzahlen in den Quellen kaum quantifiziert worden sind. Größere und quantitativ dokumentierte Seeschlachten häuften sich erst ab dem 13. Jh.*
> *Fazit: Vom -6. Jh. bis zum 19. Jh. war für einen Teilnehmer an einer Seeschlacht die Wahrscheinlichkeit des Sterbens ungefähr gleich der des Teilnehmers an einer Landschlacht.*

8.6.3 Verlustzahlen von Belagerungen

Die Militärtoten und Ziviltoten von Belagerungen sind von den Geschichtsschreibern generell noch schlechter dokumentiert worden, als die von Schlachten. Dies liegt auch an der Natur der Sache, denn:

- Die Militäropfer waren räumlich und zeitlich verteilt, was einen „body count" erschwerte.
- Die Schwierigkeit der Erfassung gilt insbesondere für die militärischen Nicht-Kampftoten (durch Hunger und Seuchen).
- Auch die während einer mehrmonatigen durch Geschosse, Brände, Seuchen und Hunger angefallenen Zivilopfer waren schwer erfassbar, geschweige denn die bei einer Einnahme der Stadt von der Soldateska verübten Morde.

8.6.4 Default-Werte zur Schätzung unbekannter Opferzahlen

Für die Kriege, Landschlachten, Seeschlachten und Belagerungen der Geschichte, zu denen es in den Quellen keine bzw. nur partielle quantitative Angaben gibt, wurden die Standardannahmewerte (Default-Werte) der **Anlage 8c** eingesetzt, die aus den in den Geschichtsquellen tradierten Einzelfällen (Anlage 8a und Anlage 8c) als für das jeweilige Jahrhundert repräsentative Durchschnittswerte erachtet wurden. Gegenüber den historisch dokumentierten Einzelfällen wurden allerding Abstriche vorgenommen, denn jene Werte beziehen sich vorwiegend auf die am besten dokumentierten Schlachten, die in der Regel die größten Schlachten des jeweiligen Jahrhunderts sind. Demgegenüber handelt es sich bei den nicht oder nur partiell dokumentierten Schlachten tendenziell um solche mit kleineren Teilnehmer- und daher auch kleineren absoluten Opferzahlen.

Für jedes Jahrhundert wurden folgende Default-Werte definiert:

		Default-Werte
Für Landschlachten	(a)	Kampftote pro tradierter Anzahl (in Tsd.) Teilnehmer
	(b)	Kampftote pro tradierter Anzahl Schlachttote
	(c)	Kampftote pro tradierter Summe „Schlachttote plus Verwundete"
Für Seeschlachten	(d)	Kampftote pro tradierter Anzahl beteiligter Schiffe
	(e)	Kampftote pro tradierter Anzahl gesunkener Schiffe
Für Landschlachten, Seeschlachten	(f)	Kampftote pro Ereignis

oder Belagerungen, für die es in den Quellen keine quantitaiven Angaben zu Teilnehmern oder Verlusten gibt. Für Kriege, zu denen keine Schlachten oder Belagerungen tradiert sind (überwiegend Plünderungszüge des Altertums und Mittelalters) wurde derselbe Default-Wert eingesetzt.		
Pro Jahrhundert	(g)	Militärische Nichtkampftote / Militärische Kampftote

Die für jedes Jahrhundert eingesetzten Default-Werte (a) bis (g) sind in der Anlage 10 in der Summenleiste des jeweiligen Jahrhunderts von links nach rechts eingetragen.

In der Anlage 10 wurde mit Excel-Formeln zeilenweise (je Krieg, Landschlacht, Seeschlacht oder Belagerung) die jeweils in den Quellen tradierte Zahlenangabe (Anzahl der Teilnehmer, der beteiligten Schiffe, der Kampftoten, der Kampftoten plus Verwundeten mit dem Default-Wert jenes Jahrhunderts multipliziert, um die Anzahl der Kampftoten abzuschätzen. Bei Fehlen jeglicher tradierte Zahlenangabe wurde der Wert angesetzt.

In vereinzelten Fällen, für die in den Quellen qualitative Aussagen zur Anzahl der Teilnehmer oder Opfer vorliegen gemacht worden sind („fast alle", „sehr große Zahl" u.dgl.) wurden die per Default-Faktoren errechneten Werte manuell überschrieben. Auch die Rechenergebnisse aus offensichtlich maßlos übertriebenen Teilnehmer-oder Opferzahlen wurden manuell überschrieben.

Das hier angewandte Verfahren stellt zwangsläufig keine „Berechnung" der Opferzahlen dar, sondern lediglich eine „rechnergestützte Gröbstschätzung", deren Genauigkeit in Bereich einer dekadischen Größenordnung liegen dürfte. Wenn die Abschätzung beispielsweise einen Wert von „3.000 Schlachttote" ergibt, so könnte der reale Wert im Bereich einiger tausend Schlachttote liegen, mit an Sicherheit grenzender Wahrscheinlichkeit jedoch nicht bei „30 Schlachttoten" oder „300.000 Schlachttoten".

8.6.5 Durch Kollektivgewalttätigkeit gestorbener Anteil der Weltbevölkerung

Um den Anteil der Individuen abzuschätzen, der im jeweiligen Jahrhundert durch Kollektivgewalttätigkeit ums Leben gekommen ist, reicht der Wert der Weltbevölkerung allein nicht aus. Denn die Weltbevölkerungszahl gibt an, wie viele Individuen im Durchschnitt Jahr für Jahr „anwesend" waren. Um abzuschätzen, wie viele Individuen im Verlauf des Jahrhunderts gestorben (bzw. geboren) sind, muss man die mittlere Lebensdauer mit einbeziehen. Bei einer Weltbevölkerungszahl eines Jahrhunderts von beispielsweise 1 Mrd. und einer mittleren Lebensdauer von 50 Jahren, sind in jenem Jahrhundert 2 Mrd. Individuen gestorben (bzw. geboren). Die in jenem Jahrhundert an Kollektivgewalttätigkeit Gestorbenen sind also mit den 2 Mrd. Verstorbenen in Bezug zu setzen.

In der Tabelle 8 wird aus den Werten der mittleren Weltbevölkerungszahl der Tabelle 4 und der geschätzten mittleren Lebensdauer die Anzahl der im jeweiligen Jahrhundert Gestorbenen (Geborenen) ermittelt und mit den in der Anlage 10 geschätzten Anzahl von Militärtoten, Ziviltoten und Gesamttoten durch Kollektivgewalttätigkeit in Bezug gesetzt.

Tabelle 8: Grobschätzung des durch Kollektivgewalttätigkeit (KGT) gestorbenen Anteils der Weltbevölkerung

Jh.	Mittl. Weltbevöl. im Jh.	Mittl. Lebenserwart. im Jh.	Im Jh. Geboren bzw. Gestorben	KGT-Tote im Jh.			Prozentuale Anteile an den KGT-Toten des Jh.		Prozentuale Anteile an den Geburten des Jh.		
	(a)	(b)	(c)	(d)	(e)	(f)	(g)	(h)	(i)	(j)	(k)
				Militärtote	Ziviltote	Summe (KGT-Tote)	Militärtote	Ziviltote	Militärtote	Ziviltote	Summe (KGT-Tote)
	(Mio.)	(Jahre)	(Mio.)	(Tsd.)	(Tsd.)	(Tsd.)	%	%	%	%	%
-20.	123	22	557	20	10	30	67	33	0,00	0,00	0,01
-19.	128	22	582	13	0	25	57	0	0,00	0,00	0,00
-18.	134	22	609	39	0	39	100	0	0,01	0,00	0,01
-17.	140	22	636	7	0	7	100	0	0,00	0,00	0,00
-16.	147	22	666	15	5	20	75	25	0,00	0,00	0,00

-15.	154	22	698	23	10	33	69	31	0,00	0,00	0,00
-14.	160	22	727	24	5	29	83	17	0,00	0,00	0,00
-13.	167	22	759	52	5	57	91	9	0,01	0,00	0,01
-12.	179	22	811	70	15	85	82	18	0,01	0,00	0,01
-11.	191	22	866	62	25	87	71	29	0.01	0,00	0,01
-10.	200	22	907	52	18	70	74	26	0,01	0,00	0,01
-9.	209	24	869	417	121	537	78	22	0,05	0,01	0,06
-8.	218	26	837	309	56	365	85	15	0,04	0,01	0,04
-7.	227	27	841	676	4	680	99	1	0,08	0,00	0,08
-6.	238	28	848	888	5	893	99	1	0,10	0,00	0,11
-5.	244	28	870	3.187	107	3.294	97	3	0,37	0,01	0,38
-4.	255	28	909	10.310	0	10.310	100	0	1,13	0,00	1,13
-3.	271	28	968	24.889	258	25.147	99	1	2,57	0,03	2,60
-2.	283	28	1.011	15.606	306	15.912	98	2	1,54	0,03	1,57
-1.	295	28	1.052	16.929	161	17.090	99	1	1,61	0,02	1,62
1.	300	28	1.071	9.272	282	9.554	97	3	0,87	0,03	0,89
2.	260	28	929	6.235	320	6.555	95	5	0,67	0,03	0,71
3.	215	28	768	15.112	57	15.169	100	0	1,97	0,01	1,98
4.	205	28	732	14.179	56	14.235	100	0	1,94	0,01	1,94
5.	200	28	714	7.316	66	7.382	99	1	1,02	0,01	1,03
6.	200	28	714	7.102	553	7.655	93	7	0,99	0,08	1,07
7.	205	28	732	10.256	141	10.397	99	1	1,40	0,02	1,42
8.	215	28	768	3.671	100	3.771	97	3	0,48	0,01	0,49
9.	225	29	776	3.978	238	4.216	94	6	0,51	0,03	0,54
10.	265	30	883	4.043	56	4.099	99	1	0,46	0,01	0,46
11.	305	31	984	5.299	189	5.488	97	3	0,54	0,02	0,56
12.	358	31	1.153	5.478	449	5.927	92	8	0,48	0,04	0,51
13.	403	32	1.258	10.483	1.719	12.202	86	14	0,83	0,14	0,97
14.	380	32	1.188	6.062	633	6.695	91	9	0,51	0,05	0,56
15.	430	33	1.303	8.471	424	8.895	95	5	0,65	0,03	0,75
16.	530	33	1.6.6	18.234	6.065	24.299	75	25	1,14	0,38	1,51
17.	600	34	1.765	30.043	8.179	38.221	79	21	1,70	0,43	2,17
18.	806	35	2.300	13.815	6.632	20.448	68	32	0,60	0,29	0,89
19.	1310	45	2.911	15.169	25.593	40.762	37	63	0,52	0,88	1,40
20.	3207	57	5.516	88.583	131.964	220.547	40	60	1,61	2,39	4,00
1. H. 20.	2104	55	1.913	77.564	57.139	134.703	58	42	4,06	2,98	7,04
2. H. 20.	4324	60	3.603	11.019	74.825	85.844	14	87	0,31	2,08	2,38
Summe			44.092	356.388	184.826	541.225	66	34	0,81	0,42	1,23

Quellen zur Tabelle 8

(a) Aus Tabelle 4
(b) Aus vereinzelten historischen Anhaltspunkten inter- bzw. extrapoliert
(c) Berechnet mit Formel (a)/(b) x 100
(d), (e) Aus Anlage 10

Die Werte der Tabelle 8 sind in den Abbildungen 5a, 5b und 5c graphisch dargestellt.

Abbildung 5a
Tote durch Kollektivgewalttätigkeit (in Mio)
und Gesamttote der Weltbevölkerung (in Mio)

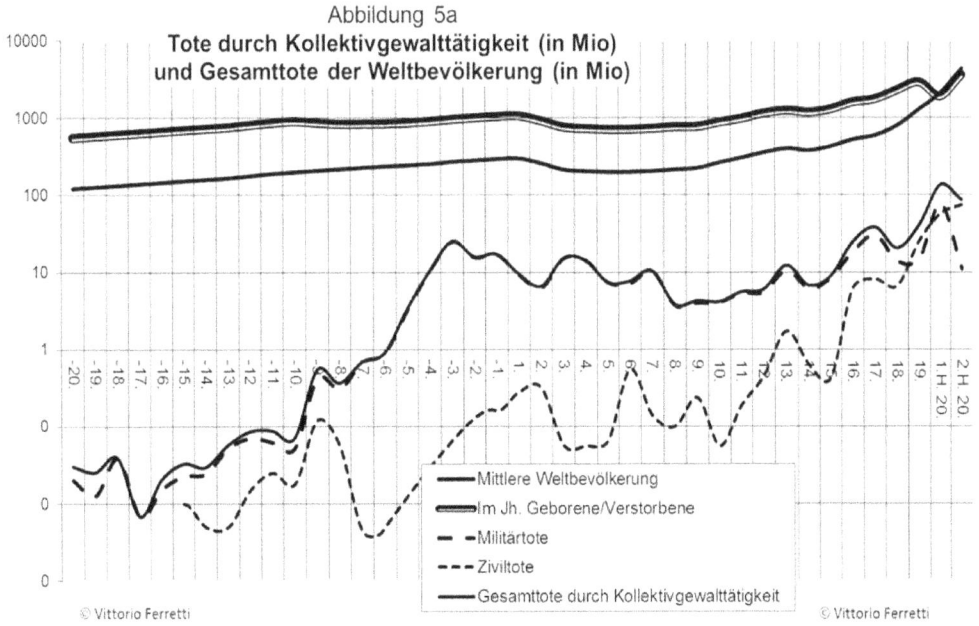

© Vittorio Ferretti

Legend:
— Mittlere Weltbevölkerung
— Im Jh. Geborene/Verstorbene
- - Militärtote
- - - Ziviltote
— Gesamttote durch Kollektivgewalttätigkeit

© Vittorio Ferretti

Abbildung 5b
Prozentsatz der im Jahrhundert Geborenen,
die durch Kollektivgewalttätigkeit gestorben sind

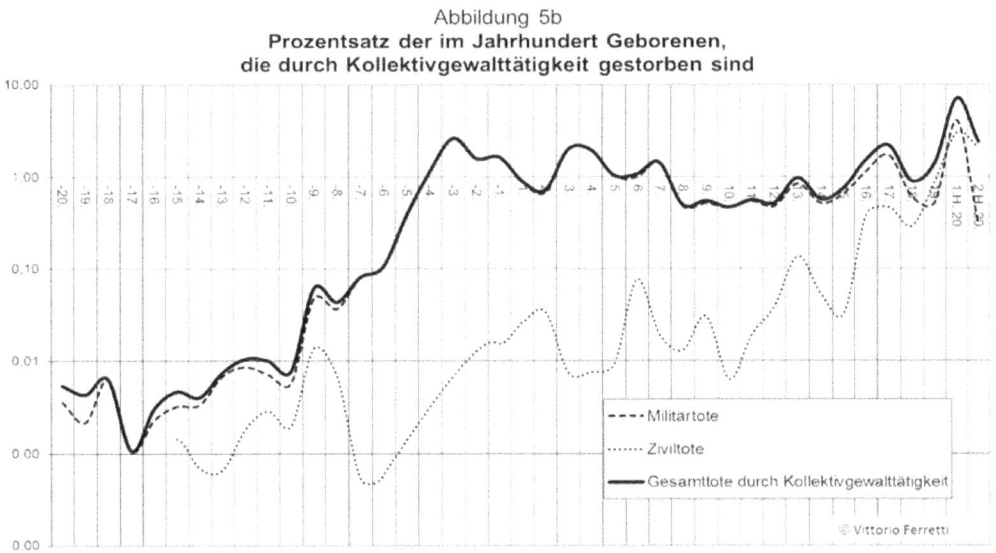

Legend:
- - - Militärtote
.... Ziviltote
— Gesamttote durch Kollektivgewalttätigkeit

© Vittorio Ferretti

Abbildung 5c
Anteile von Militärtoten und Ziviltoten
an der Gesamtzahl der Toten durch Kollektivgewalttätigkeit

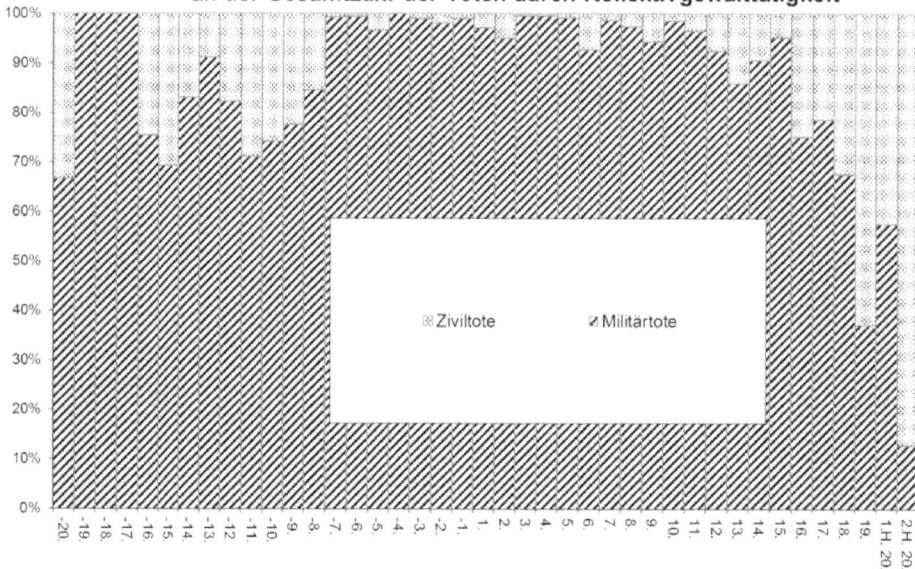

Schlussfolgerungen aus den Abbildungen 5a bis 5c

> ➢ *Schätzungsweise sind von den zwischen -2000 und 2000 Geborenen (geschäzt 44 Mrd.) ungefähr **1 % durch Kollektivgewalttätigkeit ums Leben gekommen** (geschätzt 0,5 Mrd.).*
>
> ➢ *Gemäß dem Jahresbericht 2004 der UN-Weltgesundheitsorganisation entfielen von den Todesfällen im Weltdurchschnitt 0,3 % auf Kriegseinwirkungen. Dies deckt sich ziemlich gut mit dem in der Abb. 5c ersichtlichen Abwärtstrend seit dem Höhepunkt in der 1. Hälfte des 20. Jh. Man kann grob sagen, dass der Prozentsatz der Todesfälle durch Kollektivgewalttätigkeit **einem Fünftel der Todesfälle durch individuelle Gewalttätigkeit** (Selbstmord und Mord) entspricht.*
>
> ➢ *Die Statistik bestätigt die um 1651 von Thomas Hobbes gemachte Aussage, dass der Umstand, dass sich die Individuen durch Abtretung eines Teils der individuellen Freiheit an territorial-hegemonische Kollektive (denen er den monströsen Namen „Leviathan" gab) um den „Krieg aller gegen alle" drastisch einzuschränken, den „Krieg aller Leviathane gegen alle Leviathane" nach sich gezogen habe, trotz allem gelohnt hat, da die Leviathane trotz allem vernünftiger seien als die Individuen. In der Tat liegt die Anzahl der Todesopfer kollektiver Gewalttätigkeit unter jenem eingeschränkten Niveau, auf den die individuelle Gewalttätigkeit durch den „Sozialpakt" gedrückt worden ist.*

8.7 Erträglichkeits- und Erschöpfungsgrenzen kollektiver Gewalttätigkeit

Da die Menschheit, Jahrhundert für Jahrhundert, ein fast konstantes Niveau an kollektiver Gewalttätigkeit aufrechterhalten hat, kann man vermuten, dass von den territorial-hegemonischen Sozialkonstrukten konstant eine „**Erträglichkeitsgrenze kollektiver Gewalttätigkeit**" ausgereizt worden ist: Sie haben, einem zur Verfügung stehenden „Spielgeld" gleichsam, einen prozentual konstanten Etat an ökonomischen und humanen Ressourcen zur vermeintlichen Optimierung ihrer räumlichen Verteilung und zu ihrer kollektiven Strukturierung ausgegeben, den man vom Bruttosozialprodukt bzw. der Bevölkerung dafür abzweigen konnte. Bei vorübergehender Überschreitung dieser Erträglichkeitsgrenzen wurden dann Regularien wirksam (kollektive Vernunft, Sichfügen oder Vernichtung einiger Kollektive, Ausschöpfung der Ressourcen etc.), welche das kollektive Gewalttätigkeitsniveau dann wieder auf den „Normalpegel" der Erträglichkeitsgrenze senkten.

Nachdem wir von einigen Kriegen wissen, dass sie bis an die Grenze der totalen Erschöpfung des unterlegenen Kollektivs oder beider Kollektive ausgetragen worden sind (bis zur „**Erschöpfungsgrenze kollektiver Gewalttätigkeit**") ergibt sich die Frage, wie groß der Abstand zwischen der mittleren Erträglichkeitsgrenze und der Erschöpfungsgrenze gewesen ist. Dazu wurden in Tabelle 9 die Eckdaten einiger Konflikte zusammengestellt, die bis zu einen solchen Extrembereich ausgefochten worden sind:

Tabelle 9: Intensität der Gewalttätigkeitsereignisse einiger bis zur Erschöpfungsgrenze ausgefochtenen Konflikte

Konflikt	Konflikt-dauer	Bevölk. der Konflikt-parteien	Eingesetzte Truppen		Ausführungs-ereignisse des Krieges	Ausführungs-ereignisse pro 100 Mio. Einw. und Jahr
	(Jahre) (a)	(Mio.)	(Mio.)	% der Bev.	(k)	
Peloponn. Krieg (-431 bis -404)	27	3,5 (b)	0,07	2	50	53
2. Punischer Krieg (-218 bis -201)	17	9 (c)	0,1	1	65	43
Byzantinisch-Ostgotischer Krieg (535 bis 553)	18	11 (d)	0,22	2	27	14
30-Jähriger Krieg (1618 bis 1648)	30	62 (e)			100	5
Nordischer Krieg (1700 bis 1721)	21	26 (f)	0,3	1,4	42	77
Französische Revolutionskriege u. Napoleonische Kriege (1792 bis 1815)	23	117 (g)	1,1	1	388	14
Nordamerikanischer Bürgerkrieg (1861 bis 1865)	4	31 (h)	2,7	8	80	64
1. Weltkrieg (1914 bis 1918)	3,5	556 (i)	65	12	260	13
2. Weltkrieg (1939 bis 1945)	5	1400 (j)	100	7,1	780	14

Quellen zur Tabelle 9:
(a) Unter Berücksichtigung späterer Kriegseintritte, z.B. von Italien u. USA im 1. WK.
(b) Schätzung der Bevölkerungszahl um -400 für Griechenland.
(c) Schätzung der Bevölkerungszahl um -200 für Italien (4'), Iberische Halbinsel (4') und Nordafrika (1').
(d) Schätzung der Bevölkerungszahl um 500 für Italien (4'), Griechenland (4') u. sonstiges byzantinisches Reichsgebiet (3').
(e) Schätzung der Bevölkerungszahl um 1620 für Deutschland (15'), Österreich (5'), Frankreich (20'), Benelux (10'), NW-Italien (3'), Iberische Halbinsel (8'), Schweden (1').
(f) Schätzung der Bevölkerungszahl um 1700 des Zarenreichs (20') und Schwedens (2'), Polens (2'), Dänemarks (1'), Sachsens (1')
(g) Schätzung der Bevölkerungszahl um 1800 für Frankreich (30'), Belgien (2'), Teile Italiens (10'), Teile Deutschlands (10'), Österreich. (13'), Zarenreich (30'), Großbritannien (12'), Iberische Halbinsel (10').
(h) Schätzung der Bevölkerungszahl um 1860 für USA.
(i) Schätzung der Bevölkerungszahl um 1920 von Europa mit Zarenreich (430'), Osmanisches Reich (20'), Nordamerika (90'), Südafrika (10'), Ozeanien (6').; ohne Indien und die französischen Kolonien mitzuzählen.

(j) Schätzung der Weltbevölkerungszahl um 1940 (2000'), abzüglich Lateinamerika (100'), Schwarzafrika (100'), Indischer Subkontinent (400').

(k) Anlage 10.

Schlussfolgerungen aus der Tabelle 9

> Aus der Tabelle 9 kann gefolgert werden, dass die Erschöpfungsgrenze bei ca. 50 Gewalttätigkeitsereignissen (Kriege, Schlachten, Belagerungen, Pogrome) pro 100 Mio. Weltbevölkerung und Jahr gelegen hat. Im Vergleich dazu lag die Erträglichkeitsgrenze bei 2,5. Unter diesem Aspekt lag die Erschöpfungsgrenze den Faktor 20 über der Erträglichkeitsgrenze.

> Aus der Tabelle 10 kann auch gefolgert werden, dass die Erschöpfungsgrenze der Militärbevölkerung im Altertum bei 2 % der Bevölkerung gelegen hat und in der Neuzeit bei 10 % liegt. Unter dem Aspekt des für die Ausführung von Kollektivgewalttätigkeit eingesetzten Teils der Bevölkerung liegt die Erschöpfungsgrenze den Faktor 10 über der Erträglichkeitsgrenze.

In der Tabelle 10 sind Todeszahlen von einigen Konflikten zusammengestellt, die bis zur Erschöpfungsgrenze mindestens eines der Kontrahenten ausgefochten worden sind.

Tabelle 10: Prozentsätze der Kriegstoten einiger bis zur Erschöpfungsgrenze ausgefochtener Konflikte

Konflikt	Dauer (Jahre)	Territorial- hegemon. Kollektiv	Bevölk. zu Beginn des Krieges	Mittlere Lebenserw. in Friedenszeiten	Natürl. Todesrate in Friedenszeiten	Kriegstote (Kampftote, Folgetote, Ziviltote)			Kriegs-todesrate / Gesamt-todesrate
			(Mio.)	(Jahre)	(% p.a.)	Mio.	% der Trup.	% der Bev.	% der Bev. p.a.	%
	a	b	c	d	e=1/d	f	h = f/c*100	i = h/a	j=i/e*100
Peloponnes. Krieg (-431 bis -404)	27	Attischer Bund (Athen u. Verbün.)	1	28	3,6	0,15		15	0,6	20
Dreißigjähriger Krieg (1618 bis 1648)	30	Hlg. Röm. Reich Deut. Nat.	16	33	3,0	5,2		17	0,6	20
Napoleonische Kriege (1803 bis 1815)	9,2	Kaiserreich von Frankreich u. Satelliten	50	45	2,2	1,2		2,4	0,3	10
Nordamerikan. Bürgerkrieg (1861 bis 1865)	3,9	Süd-Staaten	9,0	45	2,2	0,27		3	0,8	40
Krieg Paraguays gg. Tripelallianz (1864 bis 1870)	6	Republik Paraguay	0,44	50	2,0	0,22		50	8,3	420
1. Weltkrieg (1914 bis 1918)	4,3	2. Deut. Reich	62	50	2	2,6	22 (g)	4,2	1,0	50
1. Weltkrieg (1914 bis 1918)	4,3	Österr.-Ungarn	53	50	2	2,8	27 (g)	5,3	1,2	60
1. Weltkrieg (1914 bis 1918)	3,7	Zarentum Russland	110	50	2	3,7		3,4	0,9	40
1. Weltkrieg (1914 bis 1918)	4,3	Republik Frankr.	40	50	2	1,9	25 (g)	4,8	1,1	60
Spanischer Bürgerkrieg (1936 bis 1939)	2,8	Republik Spanien (o. Ausländ.)	37	60	1,7	0,37		1	0,4	30
2. Weltkrieg (1939 bis 1945)	5,7	3. Deut. Reich	70	60	1,7	7,5		11	1,9	110
2. Weltkrieg (1939 bis 1945)	8,1	Kaiserreich von Japan	73	60	1,7	2,6		3,6	0,44	30
2. Weltkrieg (1939 bis 1945)	4,9	UdSSR	170	60	1,7	22		13	2,7	160
Vietnamkrieg (1965 bis 1975)	10	Nord-vietnam	12	60	1,7	0,9		7,5	0,8	50

Quellen zur Tabelle 10

(f) Unveröffentlichte Datensammlung des Autors mit Eckdaten zu ca. 5.000 Kriege und Demozide sowie ca. 10.000 Ausführungsereignissen (Schlachten, Belagerungen, Bombardierungen, Menschenvernichtungsstätten)
(g) Meyer (1983)

Schlussfolgerung aus Tabelle 10

> *In der Vergangenheit hat es mehrere Konflikte gegeben, bei denen die Kampftätigkeit erst dann eingestellt wurde, als die normale Todesrate der Bevölkerung um mehr 30 % bis 100 % durch Kriegseinwirkung erhöht wurde (Extremfall Paraguay mit 420 %).*

Tabelle 11: Zusammenfassende Gegenüberstellung von Erträglichkeits- und Erschöpfungsgrenzen

Kriterium	Erträglichkeitsgrenze	Erschöpfungsgrenze	Faktor
Anteil der Militärbevölkerung an der Gesamtbevölkerung	1 %	2 % in Altertum u. Mittelalter 10 % in Neuzeit	10
Todesopfer durch Kollektivgewalttätigkeit in % der natürlichen Todesrate	0,5 % bis 19. Jh. 3 % in 20. Jh.	20 % bis 19. Jh. 100 % 20. Jh.	30
Ökonomische Ausgaben für Kollektivgewalttätigkeit in % BSP	2 % in Altertum und Mittelalter 10 % in Neuzeit	10 % bis Ende 19. Jh. 50 % im 20. Jh.	5

Schlussfolgerungen aus Tabelle 11

> *In der Vergangenheit ist gegenüber dem Hobbes'schen Grenzszenario „ohne Unterlass bis zur Erschöpfung alle gegen alle" ein Abstand Faktor 10 bis 100 bewahrt worden..*
> *Die territorialen Sozialkonstrukte haben bei ihrer Kollektivgewalttätigkeit gegenüber den Menschenverlusten eine um den Faktor 6 höhere Insensibilität an den Tag gelegt, als bei den ökonomischen Kosten.*

8.8 Andere Makroeinflussfaktoren auf die Kollektivgewalttätigkeit

Mit der Besiedelungsdichte der Erde wurde in Punkt 8.4 der Bevölkerungszuwachs als hauptsächlicher globaler Einflussfaktor ausgemacht, weil der Langzeittrend der Anzahl von Gewalttätigkeitsereignissen dem Langzeittrend der Weltbevölkerung folgt. Der Langzeitrendkurve ist jedoch eine Welligkeit überlagert, über deren mögliche Ursachen im vorliegenden Abschnitt diskutiert wird.

8.8.1 Klimaschwankungen und Kollektivgewalttätigkeit

Der Verdacht, dass kollektive Gewalttätigkeit durch Klimaschwankungen ausgelöst sein könnte, wurde in der Literatur vielfach geäußert. In der Abbildung 6 ist der Kurve der Kollektivgewalttätigkeitsereignisse (Kriege, Demozide, Schlachten, Belagerungen etc.) der Verlauf der mittleren Jahrestemperatur in den mittleren Breiten der nördlichen Halbkugel gegenübergestellt.

Abbildung 6

Kollektive Gewalttätigkeitsereignisse vs. Klimaschwankungen

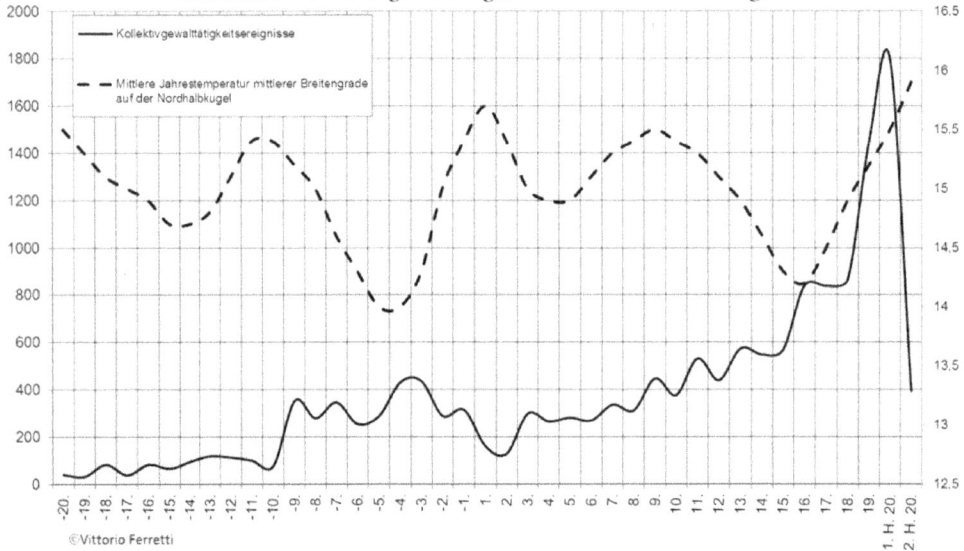

© Vittorio Ferretti

Schlussfolgerungen aus der Abbildung 6

> ➤ *Die Schwankungen der mittleren Jahrestemperatur weisen eine Periodizität von ca. 10 Jahrhunderten auf* (d.h. Maxima mit Minima haben sich alle ca. 5 Jh.abgewechselt), die bei der Kollektivgewalttätigkeit nicht erkennbar ist.
>
> ➤ Da auch die Entwicklung der Weltbevölkerungszahl keine derartige Periodizität aufweist, können Klimaschwankungen, wenn überhaupt, nicht über einen globalen Zuwachs der Bevölkerungen die Konfliktualität gesteigert haben, sondern über regionale demografische Spannungen oder regionale Verlagerungen des Bevölkerungswachstums, die jedoch **keine eindeutige Relation zu einer Klimaerwärmung oder Klimaabkühlung** haben; es hat Konfliktualitätszunahmen während Abkühlungsphasen als auch während Erwärmungsphasen gegeben.
>
> ➤ Die Gewalttätigkeitsspitze während der griechischen Antike und der republikanischen Periode Roms fand zwar während der **Abkühlungsphase** zwischen dem -9. Jh. und dem -2. Jh. statt, es ist aber kein ursächlicher Zusammenhang mit klimatischen Faktoren zu erkennen,
>
> ➤ Die von den Invasionen der germanischen Völker in das Römische Reich ausgelöste Anhebung des Konfliktniveaus ab dem 2. Jh. fiel mit einer **Abkühlungsphase** zusammen.
>
> ➤ Die arabische Expansion im 7. und 8. Jh. fand in einer **Erwärmungsphase** statt.
>
> ➤ Die Raubzüge der Wikinger, die im 9. Jh. ihren Höhepunkt fanden, wurden durch die **Erwärmungsphase** des 7. Jh. bis 11. Jh. in zweifacher Weise erleichtert: zum einen entstand während des Erwärmungsmaximums des 8. Jh. ein Bevölkerungsüberschuss, zum anderen hatte die Klimaerwärmung in der nördlichen Hemisphäre die Beschwerlichkeit und Risiken von Fernreisen zur See gemindert. In dieser Erwärmungsphase fanden auch die Expansionsfeldzüge der Westeuropäer zum Nahen Osten (Kreuzzüge) und die deutsche Ostexpansion statt,
>
> ➤ Die Konfliktualitätsspitze im Hochmittelalter durch die Invasionen der Mongolen und Turkvölker, die europäischen Einfälle in den Nahen Osten und die deutsche Osterweiterung fiel mit der **Abkühlungsphase** ab dem 10. Jh. zusammen. Das 13. Jh. war das Jahrhundert der mongolischen Eroberungszüge, die sich von Japan bis Polen erstreckten. Im 14. Jh. drangen Turkvölker Zentralasiens in die von den Mongolen destabilisierten Gebiete ein (Tamerlan). Das 15. Jh. war durch weitere Expansionskriege der Türken (die sich Anatolien als Weidefläche eroberten) sowie durch Einfälle von Mongolenstämme (Tataren, Oiraten) in China gekennzeichnet. Im 16. Jh. invadierten Europäer den amerikanischen Kontinent.

Die Welligkeit, die der Langzeittrendkurve der Konflikthäufigkeit überlagert ist, weist eine wesentlich kürzere Periodizität auf als die der Temperaturschwankungen und zwar zwischen 2 und 4 Jahrhunderten zwischen Maximas bzw. Minimas. Dies liegt im Bereich der Lebensdauerverteilung der territorial-hegemonischen Konflikte, die im folgenden Punkt besprochen wird.

8.8.2 Begrenzte Lebensdauer territorial-hegemonischer Kollektive

REICHE WACHSEN UND SCHWINDEN.
STAATEN KOMMEN UND VERGEHEN.

(Luo Guanzhong, um 1350)

In der Anlage 9 ist für 150 Reiche der Geschichte die jeweilige Lebensdauer aufgelistet. Es ergibt sich ein Mittelwert von 2,9 Jahrhunderten. Ordnet man die einzelnen Lebensdauern in Klassen von einem Jahrhundert Länge zu, so ergibt sich eine Häufigkeitsspitze im Bereich 2 bis 3 Jahrhunderten.

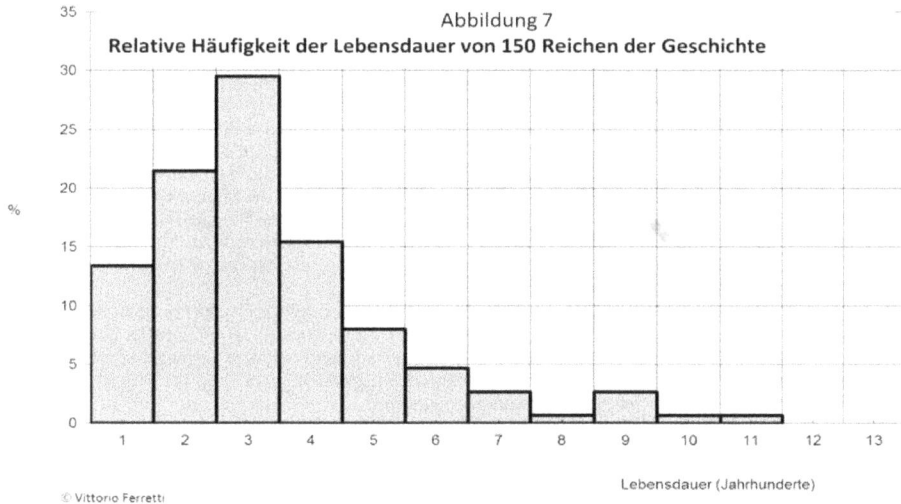

Abbildung 7
Relative Häufigkeit der Lebensdauer von 150 Reichen der Geschichte

© Vittorio Ferretti

Weitere Hinweise auf eine mittlere Lebensdauer von drei Jahrhunderten für territoriale Strukturen

➤ Die Ruinen von Megiddo weisen während der sich von -7000 bis -500 erstreckenden Besiedelung insgesamt 26 Kulturschichten auf; dies entspricht einem mittleren Abstand zwischen den Zerstörungen von 250 Jahren.

➤ Die Ausgrabungsschichten I bis VII von Troja decken den Zeitraum -3000 bis -950 ab: Dies entspricht einem mittleren Zeitabstand zwischen den Zerstörungen von ca. 300 Jahren.

➤ In den sumerischen Chroniken waren lange die „Generation" und nicht das „Jahr" der Zeitmaßstab: er entsprach 20 bis 30 Jahren[131]. Herodot nahm implizit an, dass der mittlere Abstand zwischen Generationen bei 33,3 Jahren lag. Diesen Wert kann man mit guter Näherung auf die gesamte Geschichte anwenden. Demnach entspricht die mittlere Lebensdauer von territorial-hegemonischen Kollektiven zehn Menschengenerationen.

Der Hauptgrund des periodischen Zerfalls territorial-hegemonischer Konflikte liegt vermutlich im **Auseinanderlaufen politischer Strukturen gegenüber den sozio-ökonomischen Bedingungen,** die sich durch kulturelle Entwicklungen (sowohl materielle als auch ideelle) und abschnittsweise auch durch die oben besprochenen klimatischen Veränderungen ergaben. Die Verteilung der Macht und der Ressourcen entsprach mit der Zeit nicht mehr jenen Bedingungen, die zum Zeitpunkt ihrer Etablierung gegolten hatten.

- In einigen Fällen war in der Vergangenheit das „Auseinanderlaufen" ein interner Vorgang im Kollektiv, der ein Schwinden der inneren Konsensualität (Kohäsion) zur Folge hatte.

Das Auseinanderlaufen kann **ethnizistische Gründe** gehabt haben, z.B. bei Aggregationsimperien, die trotz ihrer zunehmenden ethnizistischen Überdehnung von ihrer monoethnischen Hierarchie nicht abrücken wollten, bis die koerzitiven Mittel nicht mehr ausreichten (siehe Punkt 4.4.2). Die letzten Fallbeispiele waren der Zerfall des Habsburger Reiches und des Osmanischen Reiches.

Das Auseinanderlaufen kann auch **sozioökonomische Gründe** gehabt haben. Wenn sich nämlich die Oberschicht an ihre Privilegien geklammert hat, obwohl die untergeordneten sozialen Schichten durch den demografischen, technischen und ideologischen Fortschritt an Bedeutung zugenommen hatte und einen größeren Anteil an der Verteilung der Ressourcen und des Mitspracherechts einforderte. Die letzten Fallbeispiele für diesen Zerfallsmodus waren die Unabhängigkeitskriege in Amerika, die Französische Revolution und der Zerfall des Zarenreichs.

- In anderen Fällen war in der Vergangenheit das „Auseinanderlaufen" ein **externer Vorgang**, der in Bezug auf Nachbarregionen stattgefunden hat. Zum Beispiel, wenn sich ein zu großes Gefälle an Wohlstand und Bevölkerungsdichte zu Nachbarkollektiven aufgetan hatte. Typisches Beispiel: die Völkerinvasion der Spätantike und die europäische Landnahme in Amerika. Für die Entstehung derartiger „explosiver" Gefälle ist es fehl am Platze, nach „Verantwortungen" zu suchen. Die Indios Amerikas kann man nicht dafür „verantwortlich machen", dass ihre kulturelle Entwicklung gegenüber jener Europas um eineinhalb Jahrtausende in Rückstand geraten waren. Sie waren wedert in der Lage, noch dazu bereit, von ihrer extensiven Landnutzung abzurücken und sich den überlegenen Invasoren anzupassen. Auf der anderen Seite waren die weißen Siedler nicht in der Lage oder willens, mit den Einheimischen eine friedliche Koexistenz auszuhandeln: die Indianer wollten die Zeit aufhalten, die europäischen Siedler wollten sie raffen.

---

131 D.O. Edzard: Geschichte Mesopotamiens, Beck, München, 2004.

Andere Theorien über die Zerfallsgründe von Reichen

> ➤ *Der arabische Historiker **Al Khaldoun** war im 14. Jh. einer der Ersten, welcher nicht nur die zeitliche Begrenztheit politischer Machtstrukturen (aus einem Zerfall der Solidarität in urbanen Gesellschaften, die dann von solidarischeren ruralen Gesellschaften unterworfen werden) beobachtet hat, sondern darin eine Hauptursache kollektiver Gewalttätigkeit gesehen hat.*
>
> ➤ ***Gaston Bouthoul** (1951) hat auf die Periodizität von Kriegen hingewiesen, die nicht fest, sondern elastisch („periodomorph") sei. Er vermutete dahinter periodische selbstzerstörerische Entladungen, wie sie in der Natur bei einigen Tierarten vorkommen (periodisches Massensterben der Lemminge) oder im Wirtschaftsleben (die biblischen sieben Fetten und sieben mageren Jahre; die Wirtschaftskrisen im Abstand von sieben bis elf Jahren; die menschlichen Generationswechsel im Abstand von 30 bis 40 Jahren). Für die Neuzeit postulierte er das Vorhandensein zweier Periodizitäten: einer von 30 Jahren und eine andere von 100 Jahren. Bouthoul wies auch auf eine Häufung der Dauer von Vernichtungskriegen von 30 Jahren fest und brachte dies mit der Dauer einer Generation in Zusammenhang, die von kriegerischem Antrieb befallen, ihn bis zu ihrer Ablösung nicht mehr los werden können.*
>
> ➤ ***Walter Benjamin** (1965) hat in seiner 1921 verfassten Schrift „Zur Kritik der Gewalt" die Geschichte als Auf und Ab in der Gestaltung der Gewalt betrachtet, in denen rechtsetzende Gewalt von rechterhaltender Gewalt abgelöst wurde, weil sich jede rechtsetzende Gewalt (einer etablierten Macht) bei der Unterdrückung der feindlichen Gegengewalten indirekt selbst schwächt, so lange, bis neue oder die früher unterdrückten Gewalten siegen und neues Recht in ihrem Sinne setzen, das sie dann mit Gewalt erhalten, so einen neuen Rechtzyklus begründend.*
>
> ➤ *Eine der jüngsten Studien über die Sterblichkeit territorial-hegemonischer Kollektive (speziell von Weltmächten) hat **Paul Kennedy** (1987) für die Zeit nach 1500 bis zur Gegenwart durchgeführt. Er kam zu dem Ergebnis, dass politische und militärische Macht langfristig betrachtet immer auf ökonomischer Macht beruht hat. Großmächte wie das Habsburger Reich, die sie sich durch übermäßige militärische Ausgaben ökonomisch übernommen haben, seien daran zugrunde gegangen, als sie die ökonomische Grundlage ihre politischen und militärischen Macht verloren hätten.*

Die obigen Beispiele weisen eine wichtige Komponente der kollektiven Gewalttätigkeit der Vergangenheit als einen **gewaltsamen Ausgleich aufgestauter Rückstände** aus.

Eine andere Komponente kollektiver Gewalttätigkeit bestand aber auch in einem **gewaltsamen Vorgriff auf eine Zukunft** (der dann regelmäßig scheiterte, wenn das zugrunde liegende Zukunftsmodell nicht tragfähig war). Typische Beispiele finden sich bei gewaltsamen territorialen Integrationen, die zu ihrer Zeit verfrüht waren und daher (meist gewaltsam) gescheitert sind, sich in der ferneren Folge jedoch konkretisiert haben.

Beiden Fällen gemeinsam war der gewaltsame Eingriff in den natürlichen zeitlichen Ablauf der Dinge. Kollektivgewalttätigkeit ist in der Vergangenheit sozusagen von den Sozialkonstrukten für **Eingriffe in die Zeitskala** eingesetzt worden. Die Ergebnisse waren desto tragischer, je mehr sie dem Lauf der Dinge entgegengesetzt waren.

Verschiedene Autoren haben bereits eine Verbindung von Gewalttätigkeit und Zeit hergestellt

> ➤ *Die These von **Heraklit**, „der Konflikt ist der Vater aller Dinge" wurde von der Nachwelt in „der Krieg ist der Vater aller Dinge" uminterpretiert und hat in dieser umgedeuteten Form über die Jahrhunderte gewirkt.*
>
> ➤ *In der Neuzeit hat **Nietzsche** in seiner drastischen Art die Gewalt als **„Krankheit der Zeit"** (Chronopathologie) bezeichnet, als ein Mittel des Menschen, aus Frustration und Ressentiment über Vergangenes oder Versäumtes, „Rache gegen die Zeit und ihr ‹es war›", zu üben.[132]*
>
> ➤ ***Engels** sah den Zukunftsbezug der Gewalttätigkeit, indem er sie als eine „die gesetzmäßige ökonomische Entwicklung" beschleunigende Kraft (zitiert in Arendt, 1970) definierte.*
>
> ➤ *Die Aussage von Franz **Kafka** **„Die Hauptsünde ist die Ungeduld"**, hat aus dieser Sicht einen tiefen Sinn.*
>
> ➤ *Einer der modernen Soziologen, die den Charakter des Eingriffs der kollektiven Gewalttätigkeit in die Zeitskala am trefflichsten erkannt haben, ist **Wolfgang Sofsky** (1996). Er hat erkannt, dass sich ein gewalttätig hergestellter Wechsel gegen die Dauer der Zeit wendet und auf eine radikale Verzeitlichung hinzielt. Zerstörer hätten für einen allmählichen Umbau der Welt keine Zeit und wollten einen augenblicklichen Wechsel. Destruktion sei eine Aktion gegen die Geschichte.*

---

132 Nietzsche: Also sprach Zarathustra

9 Antriebe von Individuen zur Beteiligung an Kollektivgewalttätigkeit

Obwohl die Sozialkonstrukte die wahren Akteure der Kollektivgewalttätigkeit sind, lassen sich Individuen nicht nur zwangsweise als Ausführende dafür einspannen. In diesem Kapitel werden die diversen möglichen Antriebe dazu besprochen.

9.1 Neurophysiologische Antriebe des Individuums vs Kollektivgewalttätigkeit

INTELLIGENTE MENSCHEN KÖNNEN SEHR UNVERNÜNFTIG SEIN.

(Karl Popper, um 1945)

Der Mensch ist zu einem wesentlichen Teil eine „egoistische Überlebensmaschine". Sein Überleben hängt von der konstanten Befriedigung unmittelbarer physiologischer Bedürfnisse ab. Außer Luft zum Atmen verlangt der menschliche Organismus die tägliche Zufuhr einer Reihe von Substanzen. Bei einem 70 kg schweren Erwachsenen sind dies ungefähr: 2 Liter Wasser, 3.000 Kalorien (aus 350 g Kohlehydraten und 150 g Proteinen), Vitamine (1 mg A, 10 mg B, 30 mg C u.a. m.). Dabei sind Speicherungsmöglichkeiten des Menschen auf wenige Tage begrenzt, in denen die Nahrungszufuhr unterbrochen werden kann. Der Einzelmensch richtet sein Tun und Glauben primär nach dem aus, was ihm die Nahrungsaufnahme und sein Überleben sicherstellt. Er ist also originär ein materiell motivierter Nutzenoptimierer, der so genannte „**Homo oeconomicus**". Eigentlich müsste man „**Animal oconomicum**" sagen, denn diese Motivationsebene haben auch die Tiere, bei denen sie sogar vordergründiger ist, da der Mensch bekanntlich auch impulsiv, emotionell, mitunter unvernünftig, bis hin zu aufopfernd oder selbstzerstörerisch handelt und vor allem aus erlerntem Wissen und kulturellem Verhalten.

Diese primäre materielle Motivation der Individuen hat in der Geschichte nur Gewalttätigkeiten der primitiveren Art ausgelöst: individuellen Raub, Straßenplünderungen und Banditismus. Höhere Intensitätsstufen von Konflikten, wie soziale Aufstände und Kriege, wurden höchst selten durch die primäre materielle Motivation verursacht: denn aufständischen Bauern ging es meist mehr um soziostrukturelle Anliegen, als um unmittelbare Nahrungsaufnahme.

Die primäre materielle Motivation der Individuen kann indes sehr wohl **für die Beendigung kollektiver Gewalttätigkeiten relevant** sein. Kriege wurden vielfach deswegen beendet, weil die Ressourcen eines oder beider antagonistischen Kollektive erschöpft waren und die Truppen und / oder die Bevölkerung schlechtweg nichts mehr zum Essen hatten.

Eine sich hartnäckig haltende These über die Ursachen der kollektiven Gewalttätigkeit beruht darauf, dass im menschlichen Individuum ein „Aggressionstrieb" genetisch geprägt sei. Großen Auftrieb erhielt sie durch die Publikationen von Konrad Lorenz, welcher den Aggressionsinstinkt des Menschen nicht nur für die Kollektivgewalttätigkeit verantwortlich machte, sondern die Gemeinschaft schlechthin auf gemeinsame Aggression zurückführte. Diese These kann durch mehrere Argumente entkräftet werden:

- Nur ein geringer Anteil der Individuen ist aggressiv (wenige Prozent)
- Nur ein geringer Anteil der Kollektive ist aggressiv. Dies gilt sowohl für die vergangene und gegenwärtige Staatenwelt als auch die Naturvölker. Die Ethnographen haben eine Reihe von Stämmen beschrieben, in denen Kollektivgewalttätigkeit ein Tabu ist und faktisch nicht vorkommt.
- Kollektive Gewalttätigkeit hat fast ausschließlich zweckrationale Ziele, nämlich die Kontrolle über Territorien und deren Ressourcen.
- Kollektive Gewalttätigkeit besteht weit mehr aus kollektiv-rationalen Vorbereitungen (Rekrutieren, Rüsten, Exerzieren, Truppen verlegen, Nachschub) als aus individuell-emotiven Ausführungen (Schlagen, Stechen, Schießen auf Individuen)

Die neurophysiologische Ausstattung des Menschen prägt sich im individuellen Verhalten anders aus als im kollektiven. Die liegt unter anderem an den unterschiedlichen Hemmschwellen. Ein isoliertes Individuum hat beispielsweise weit stärkere Hemmschwellen für seine Aggressionsimpulse als in einer kollektiven Situation. Im ersten Fall ist die Furcht vor der Gegengewalt des Opfers und der Strafverfolgung weit größer. Dies ist einer der Gründe, weswegen – obwohl letztlich die Akteure immer Menschen sind - kollektives Verhalten andere Qualitäten und Quantitäten erreichen kann als individuelles Verhalten.

9.2 Soziale Antriebe von Individuen zur Teilnahme an Kollektivgewalttätigkeit

Da der Mensch nur in Kollektiven physisch überleben kann, unterliegt sein Verhalten weiteren „sekundären" Determinanten als nur den primären Motivationen der Nahrungssicherung und Arterhaltung; es sind dies die sozialen Motivationselemente.

Die neurophysiologisch bedingte Neigung des menschlichen Individuums zu empathischem Verhalten (siehe 3.1.2.1), motiviert das Individuum, mit anderen Individuen empathisch zu interagieren. Natürlich erfolgt dies in der Erwartung, dass die anderen sich ebenso kooperativ verhalten. Dadurch wird aus dem „Homo oeconomicus" ein **„Homo reciprocans"** („ich nehme individuelle Nachteile in Kauf, wenn andere es ebenfalls tun").

- Eine wichtige soziale Motivationsform von Individuen ist das Streben nach sozialer Anerkennung und Geborgenheit; Erich Fromm hat diese Motivationsform auf ein psychologisches Grundbedürfnis des Menschen, das Bedürfnis nach einem Identitätserleben zurückgeführt (Wikipedia „Erich Fromm" deutsch, 28.06.08). Soziale Anerkennung und sozialer Status haben einen starken relativen Charakter (zu anderen Individuen) und einen starken Wahrnehmungscharakter. Dies trägt dazu bei, dass sich bei den Auswirkungen der weiter unten besprochenen Thematik des Einkommens innerhalb eines Kollektivs, der Aufteilungsschlüssel stärker auswirkt als der Absolutwert des Einkommens.
- Erich Fromm hat darauf hingewiesen, dass das psychische Bedürfnis des Individuums nach Identitätserleben so essentiell sei, dass es manchmal in Form einer übertriebenen Konformität ausgelebt werde, in der ein Mensch sogar bereit sein kann, sein Leben zu opfern, nur um mit der Bezugsgruppe konform zu gehen und auf diese Weise ein Identitätsgefühl zu erlangen (Wikipedia „Erich Fromm" deutsch, 28.06.08).
- A. Kojève[133] hat darauf hingewiesen, dass Hegel bei seiner Herr-Knecht-Theorie die größte Motivation der rebellierenden Knechte im Streben nach Anerkennung gesehen habe. Die Französische Revolution sei die erste allgemeine Anerkennung eines jeden durch jeden gewesen.[134]
- Der „molekulare Bürgerkrieg" vor dem Hans Magnus Enzensberger (1996) warnte, sei ein fremd- und selbstzerstörerischer Protest einer wachsenden Zahl von „Überflüssigen", die durch Gewalttätigkeit primär die Anerkennung ihres Daseins erzwingen wollen. Er entstehe ohne zentrale Steuerung oder Ideologie als nadelstichartige vandalistische Handlungen, die sich durch Ansteckung zu einem Bürgerkrieg potenzieren können.
- Der Status des Individuums im Kollektiv ist stark davon abhängig, wie sehr er sich in den Dienst des kollektiven Egoismus stellt und Teile seines individuellen Egoismus aufgibt. Auch hierfür ist das Individuum bereit, individuelle Egoismen zurückzustellen. Dies es zum „Homo sociologicus" („ich nehme gegenwärtige ökonomische Nachteile in Kauf, wenn dadurch meine langfristige Rolle im Kollektiv optimiert wird")[135].
- Ein weiteres wichtiges Gemenge von Motivationen von Individuen entsteht aus sozialen Prägungen mit starker emotiver Verbindlichkeit.
- Bei einem Loyalitätszwang werden die emotiven Verbindlichkeiten überwiegend durch soziale Praxis eingeprägt, die von der Kohäsionsnorm des jeweiligen Kollektivs bedingt wird. Unterformen derartiger Verbindlichkeiten sind beispielsweise: Elternliebe, Patriotismus, Pflichtbewusstsein, Solidarität. Sie werden dem Individuum in der Regel während der Erziehung, der Kohäsionsnorm entsprechend, eingeprägt. Die emotive Prägung ist desto ausgeprägter, je stärker die jeweilige „Überlebenseinheit" als solche empfunden wird.
- Andere Ausprägungen emotiver Verbindlichkeiten haben eine starke spontan empathische Komponente: Sie werden mit Begriffen wie Kameradschaft, Brüderlichkeit Kollegialität und Teamgeist benannt.

Aristoteles fasste die Konditionierung des menschlichen Verhaltens durch soziale Motivationen in seiner berühmten Definition des **„zoon politikón"** (der Mensch als politisches Tier) zusammen, in lateinischer Terminologie wäre dies der **Homo politicus**.

Auch die sekundären Motivationen der Individuen sind für die **Durchführung** kollektiver Gewalttätigkeit relevant. Die Mitglieder der Elite, die Parteigänger, Söldner, Berufssoldaten, Geheimdienstler, Mitläu-

---

133 Alexandre Kojève: Introduction à la lecture de Hegel (Paris 1947); deutsche Übersetzung „Hegel: Eine Vergegenwärtigung seines Denkens", Suhrkamp, 5. Aufl. 1997.; zitiert in Enzensberger (1996).

134 G.W.F. Hegel mit seinem Werk „Phänomenologie des Geistes" (1806/7) in den politischen Diskurs die so genannte Herr-Knecht-Theorie eingebracht: In vorzivilisatorischen Zeiten habe ein Machtkampf stattgefunden zwischen Individuen, die bereit waren, ihr Leben aufs Spiel zu setzen, um ihren Egoismus durchzusetzen und Individuen, denen das eigene Leben mehr wert war als ein Durchsetzen gegen andere. Erstere seien zu Herren geworden, letztere zu Knechten. Dabei seien die Herren von der Arbeit der Knechte immer abhängiger geworden. Es komme zu Revolutionen, wenn den Knechten sich durch einen „qualitativen Sprung" im Bewusstsein ihre Überlegenheit bewusst würde. Die Frage, ob die Revolution eine inhärente Zwangsläufigkeit sei, oder eines externen Anstoßes bedürfe, wurde in der Folge kontrovers diskutiert. Karl Marx hat die fatale Theorie der Zwangsläufigkeit der Abfolge zweier siegreicher Revolutionen postuliert: des Bürgertums gegen die Aristokratie bzw. des Proletariats gegen das Bürgertum.

135 Laborversuche haben gezeigt, dass zwei Drittel der Individuen bei sie selbst betreffenden Verhaltensalternativen nicht die ökonomisch vorteilhafteste wählen.

fer und viele mehr, wirken an der Umsetzung des kollektiver Gewalttätigkeitsentscheidung mit, um zur Maximierung des materiellen Vorteils des Kollektivs beizutragen: dies nicht nur, um sich einen möglichst großen persönlichen Anteil am kollektiven materiellen Gewinn zu ergattern, sondern um sich in einem verstärkten Kollektiv besser geschützt und geborgen zu fühlen, um soziale Anerkennung für persönliche Erfolgsbeiträge zu erhaschen und sich mit Federn des kollektiven Ruhms auch persönlich schmücken zu können.

Die emotionelle Erwartung „der Erfolg des Kollektivs ist auch mein individueller Erfolg" stellt eine Komponente des oben bereits erwähnten Strebens nach sozialer Anerkennung sowie nach Geborgenheit durch „fremde Federn"; es enthält auch die Komponente, sich mit fremden Federn schmücken zu wollen, um dem individuellen Geltungsbedürfnis nachzuhelfen. Es ist also ein „**Fremdfedern-Schutz- und Schmuck-Bedürfnis**". [136] Es gehört zu den Sonderheiten der menschlichen Natur, dass sich das Individuum für das Durchsetzen des als „eigenes" empfundenen Kollektivs gegen „andere" Kollektive derart emotional hineinsteigern kann, dass es bei seinem Herbeisehnendes „Erfolges" die empathische Veranlagung, alle Regeln der Vernunft, alles angelernte Wissen und Verhalten über den Haufen werfen und persönliches sowie fremdes Leid, ja sogar den Tod bzw. das Töten, in Kauf nehmen kann obwohl dazu nur einen mikroskopischen Beitrag leisten kann, Das Fremdfedern-Schutz- und Schmuck-Bedürfnis ist eine wesentliche individuelle Motivation zur Solidarisierung mit so imaginären und oft sogar willkürlichen Sozialkonstrukten, wie das territorial-hegemonische Kollektiv „Nation". Es ist **vermutlich auch das stärkste Motivationselement bei der Beteiligung der Individuen an kollektiver Gewalttätigkeit** und damit die stärkste Resonanzstelle auf individueller Ebene beim kollektiven Aufschwingen kollektiver Gewalttätigkeit. Der Effekt, dass sich das Fremdfedern-Schutz- und -Schmuck-Bedürfnis in Individuen selbst gegen außerordentliche intellektuelle Fähigkeiten, zumindest vorübergehend, durchsetzen kann, ist so beunruhigend, dass hier nochmals einige paradigmatische Fälle der jüngeren Geschichte zusammengefasst werden:

- Zu Beginn des 1. Weltkriegs wurden, wenn auch zum Teil nur vorübergehend, unter anderem folgende Prominente des Kulturlebens und der Wissenschaft von der Kriegsbegeisterung erfasst: Werner Sombart, Max Weber, Georg Simmel, Sigmund Freud, Stefan Zweig, Rainer Maria Rilke, Mahatma Gandhi, der Bischof von London, Arnold Toynbee.
- Unter anderen begeisterten sich folgende Prominente des Kulturlebens und der Wissenschaft für den Nationalsozialismus: Martin Heidegger („der größte Philosoph der Neuzeit"), Konrad Lorenz, Herbert von Karajan.
- Unter anderen begeisterten sich folgende Prominente des Kulturlebens und der Wissenschaft für den italienischen Faschismus: Giovanni Gentile, Ezra Pound.
- Der Versuchung der totalen Hingabe für ein Kollektiv und des Herbeisehnens dessen Erfolges kann bei Individuen besonderes stark ausgeprägt sein, die nicht klar in die Kategorisierungen des von ihnen vergötterten Kollektivs passen oder von ihm sogar benachteiligt werden, in der Illusion, sich damit eine Vollintegration verdienen zu können.
- Hitler war ein Österreicher unbekannter, vermutlich inzestuöser, Großvaterschaft, ohne Schulabschluss, der sich vom Malen von Postkarten über Wasser gehalten hatte, dessen Jugend durch den 1. Weltkrieg dann völlig ruiniert worden war. Viele seiner Anhänger der ersten Stunde waren arbeitslose Soldaten, welche die Reichsarmee im Zuge der Versailler Verträge hatte entlassen müssen, oder Homosexuelle, Opfer starker Diskriminierung.
- Stalin stammte aus dem von Russland unterworfenen Georgien, er hatte eine Priesterausbildung abgebrochen.
- Der Nobelpreisträger für Chemie, Fritz Haber, entwickelte mit extremer Hingabe und gegen geltendes Völkerrecht für sein Vaterland „Deutsches Reich" (obwohl es Personen jüdischer Abstammung diskriminierte selbst wenn sie wie er zum Christentum konvertiert waren) die Giftgaswaffe und trieb seine Ehefrau Clara Immerwahr, die sein Handeln missbilligte, in den Selbstmord.
- Das Fremdfedern-Schutz- und -Schmuck-Bedürfnis ist ein häufiger Begleiter des Kopernikanismus. Deshalb tritt er für totalitäre Ideologien und Religionen besonders häufig und ausgeprägt auf: Je total vereinfachender das Sozialkonstrukt, desto stärker die Versuchung, sich in den Schutz deren erwarteten Erfolge zu stellen und sich mit deren Federn zu schmücken, da sie „überschaubar" sind und griffige Heilsbotschaften propagieren.
- Eine Hypothese, die hier nur als unbewiesene Vermutung in den Raum gestellt werden kann, ist, ob in der Vergangenheit die Bewohner von Gebieten an der Grenze zu ungemäßigten Klimazonen, aufgrund ihres im Lebenskampf größeren Bedarfes der sozialen Unterwerfung, nicht stärker zum Fremdfedern-Schutz- und -Schmuck-Bedürfnis und zu Kopernikanismen tendiert haben, als die Bewohner gemäßigter Klimazonen. Dies ist mit der Frage eng verwandt, ob stark kopernikanisierende Ideologien, wie der anthropomorphe Monotheismus oder totalitäre politische Ideologien, das Fremdfedern-Schutz- und -Schmuck-Bedürfnis besonders ansprechen.
- Die Motivationen von Anhängern sportlicher Mannschaften beruht zum großen Teil auf dem Fremdfedern-Schutz- und -Schmuck-Bedürfnis, nämlich auf der Illusion und Faszination, persönliche Anerkennung kollektiver Erfolge zu

---

136 Der US-Psychologe G.E. Partridge hat dafür in seinem Werk „The Psychology of Nations" (1919) die Begriffe „Rausch der Gemeinschaft", das Gefühl des Einzelnen, als kleines Teil in einem größeren Ganzen aufzugehen" und „Siegestrunkenheit" verwendet. Zitiert in Barbara Ehrenreich (1997).

erhaschen, an denen man aktiv gar nicht beteiligt ist; auf der Sehnsucht nach der Genugtuung des Prahlens „DEN ANDERN haben WIR es mal wieder gezeigt und ICH bin ein anerkanntes Mitglied der WIR".

- Sportwettbewerbe zwischen Nationen, darunter die Olympischen Spiele, verdanken ihren Publikumserfolg dem Fremdfedern-Schutz- und -Schmuck-Bedürfnis. Es ist fraglich, ob die „Nationalismus-Orgien" die damit verbunden sind (nationale Sportuniformen, „Einmarsch der Nationen", Abspielen von Nationalhymnen, Führen nationaler Medaillenspiegel etc.) lediglich ein heilsames Abreagieren des Fremdfedern-Schutz- und -Schmuck-Bedürfnis auf einem harmlosen Tätigkeitsfeld darstellen, oder ob sie eine gefährliche Ertüchtigung der gewaltträchtigsten Resonanzstelle in den Individuen darstellen.

9.3 Kulturelle Antriebe von Individuen

WEIL DER MENSCH VON NATUR AUS NICHT FESTGELEGT IST,
SIND SEINE GEWALTTÄTIGEN ANLAGEN KULTURELL FORMBAR.

(Wolfgang Sofsky, 1996)

Ein anderer Teil der Handlungsmotivationen des Menschen sind Regeln empathischen Verhaltens, welche vorangegangene Generationen entwickelt haben und durch Erziehung den nachfolgenden Generationen eingeprägt werden. Sie stellen eine Form **kollektiver Ideologie** dar. Durch Verinnerlichung derselben wird eine positive Verhaltensregelmäßigkeit der Individuen im Kollektiv hergestellt. Je nach Epoche, Ethnie und Kultur ist ein Teil der von Generation zu Generation übertragenen Kulturelemente (Vorurteile, Tabus, Mythen, Religionen etc.) gewalttätigkeitsfördernd. Externe Anstöße (demografische Veränderung, kollektive Notlagen, Instigatoren kollektiver Gewalttätigkeit) können die Gewaltbereitwilligkeit der Mitglieder des Kollektivs auch durch Beeinflussung der kulturellen Antriebe herbeigeführt führen. Dies kann auf mehrfache Weise erfolgen:

- Freilegung und Erregung angeborener („animalischer") Motivationsfaktoren durch Zerstörung jener zivilisatorischen Schutzschicht, welche durch angelerntes Verhalten (Erziehung, Kultur) angeborene Motivationsfaktoren aggressiver Art unterdrückt. So werden beispielsweise durch Manipulation von Demütigungs- oder Angstgefühlen, Aggressionstriebe stimuliert.
- Schüren der durch die kulturellen Defekte des jeweiligen Kollektivs erzeugten individuellen psychischen Leiden und Anbieten von Gewalttätigkeit als kulturelles Opiat.
- Zersetzung und Umwertung der kulturellen Motivationsfaktoren (z.B. durch eine radikale, allophobische Ideologie oder Parteiprogramm)
- Zerschneidung der emotiven Bande des Individuums mit der Familie und anderen sozialen Gruppen der Zivilgesellschaft mit dem Ziel einer „Atomisierung der Gesellschaft" (Arendt, 1970).

Die „Gewaltorgien" des 20. Jahrhunderts haben gezeigt, dass menschliche Kollektive durch Zersetzung der kulturellen Motivationsfaktoren (Zerstörung gewaltmindernder Meme), vom erreichten Domestizierungsstand (Zivilisation, Kulturniveau) bis unterhalb der Instinktsicherheit der Tiere abstürzen können. Am anfälligsten ist dabei die Zivilisationsschicht.

ZIVILISATION IST EIN ZAUN, DER JEDERZEIT EINBRECHEN KANN.

(Joachim Fest, 2006)

9.4 Die Inkongruenz zwischen individuellen und kollektiven Antrieben

Wie unter Punkt 4.5.3 bereits erwähnt, ist kollektive Gewalttätigkeit ein emergentes Kollektivverhalten, das faktisch nicht mit dem aggressiven Verhalten der beteiligten Individuen erklärbar ist, auch wenn letztlich die Akteure nur Individuen sind. Die Unzahl der Wechselwirkungen verhindert dies. Im Fall der kollektiven Gewalttätigkeit geht der Direktbezug aus vielerlei Gründen verloren, die hier nochmals zusammengefasst werden:

- Die persönlichen Antriebe eines Individuums erreichen in der Regel nicht die Abstraktionsebene der kollektiven Motivationen, sondern bewegen sich im Bereich der individualbezogenen Kategorien.
- Kein Individuum kann an einem „territorialen Expansionskrieg" in fernen Landen als solchem persönlich interessiert sein, wie es am Erwerb eines Nachbargrundstückes sein könnte. Es kann daran höchstens ein indirektes Interesse haben (zum Beispiel an einem sozialen Aufstieg).
- Der US-amerikanische Satiriker Joseph Heller hat in seinem Kriegsroman „Catch-22" die Divergenz zwischen individuellem Handeln und kollektiven Abläufen sehr plastisch herausgearbeitet. So stellt er das bizarre Motivationsspektrum der Mitglieder eines Bomberkommandos im 2. Weltkrieg dar: der Hauptdarsteller strebt danach, sein Le-

ben durch Drücken vor dem Militärdienst zu retten;[137] der General der Flugstaffel will über elegante Memoranda befördert werden; einem Leutnant kommt es primär darauf an, in einem Kriegsbericht-Magazin erwähnt zu werden; ein anderer Leutnant ist auf Paraden besessen und will durch besonders perfekte Ausführungen befördert werden; ein Kommilitone möchte einen Schwarzmarktring aufbauen und dadurch reich werden und ein anderer Kommilitone sieht in seinem Militäreinsatz die Möglichkeit, nackte Frauen fotografieren zu können, was seine dominierende Leidenschaft ist. Der Hass gegen den reichsdeutschen Kriegsgegner ist die geringste aller Motivationen der Romanfiguren.

- Die Individuen werden durch individuelle Motivationen in einen kollektiven Handlungsrahmen hineingezogen, wo sie der Eigenlogik des kollektiven Handelns unterworfen werden. Dabei sind sie sich der kollektiven Fremdsteuerung gar nicht bewusst, bilden das Geschehen auf der eigenen individuellen Motivationsebene ab und glauben dabei oft, das Gesamtgeschehen im Griff zu haben.

- Der Historiker Lothar Gall, der Geschichtsforschung auch auf der Ebene der Biografie maßgeblicher historischer Figuren betrieben hat (z.B. Bismarcks), ist zu folgendem Schluss gekommen: „Die wahre Geschichte vollzieht sich hinter dem Rücken der Handelnden".

- Der Umstand, dass selbst Individuen, welche bei kollektiven Handlung eine Führungsrolle ausüben, nicht durchschauen, dass sie ein Spielball der Eigenlogik des kollektiven Verhaltens sind, tritt in dem von Plutarch überlieferten Dialog zwischen Pyrrhos und seinem Botschafter Kyneas zutage. Als Kyneas von den Plänen seines Herrn erfuhr, in Italien zu intervenieren und gegen die gefürchteten Römer anzutreten, fragte er ihn über den Sinn solch riskanten Vorhabens. Auf die Antwort, damit könne man das reiche Festlanditalien unterwerfen, folgte die Frage „und was dann?" Dies wiederholte sich jeweils nach den Antworten bezüglich der weiteren Eroberungsziele Sizilien, Nordafrika mit Karthago, Makedonien und Griechenland. Auf die auch darauf gestellte Frage „und was dann?" antwortete Pyrrhos, dass man sich dann wieder nach Epiros zurückziehen und lange ausruhen könne, um jeden Tag bei einem Glas Wein eine angenehme Konversation unter Freunden zu betreiben. Auf die allerletzte Frage „aber wieso machen wir dies nicht sofort, da wir uns dies bereits jetzt leisten können und warum ersparen uns nicht und den Besiegten all das Leid?" fand Pyrrhos keine Antwort mehr, denn ihm war nicht bewusst, dass er nur ein Spielball der emergenten Vorgänge seines Kollektivs war; Tausende andere Mitglieder seines Kollektivs hatten ihr Handeln bereits auf eine Fortführung kollektiver Gewalttätigkeit eingestellt, Tausende Mitglieder der gegnerischen Kollektive taten dies ebenso, nahmen ihm Handlungsspielraum. Das ultimative Ziel seines und der anderer Kollektive war „territoriale Integration" bzw. deren Verhinderung, während sein ultimatives individuelles Ziel „unter Freunden zuhause ein Glas Wein trinken" war.

- Je stärker ein Sozialkonstrukt (eine soziale Organisation und seine Ideologie) den Wert des Kollektivs in „kopernikanistischer" Weise gegenüber dem Wert des Individuums zurückstellt (totalitäre politische Systeme, fundamentalistische Religionen), desto stärker gelingt es, das Verhalten des Individuums von seiner empathischen Veranlagung zu entfernen.

- Die Individuen verändern unter dem Einfluss ihres sozialen Umfelds ihr Verhalten. Es kann dabei zu schizophren unterschiedlichen Verhaltensmustern desselben Individuum kommen, je nachdem, in welcher Art Kollektiv er sich bewegt, zum Beispiel zu einem anderen Verhalten im Kollektiv „Staat" als jenem im Kollektiv „Familie".

- Ein moderner Biograf Tamerlans belegt mit mehreren Episoden, dass dieser eine Reihe sehr menschlicher Züge hatte: äußerst starke Anhänglichkeit allen Familienangehörigen gegenüber; Freundschaftstreue; tiefe Trauer bei Todesfällen von ihm geliebten oder bewunderten Personen; Takt; Großzügigkeit; Sensibilität gegenüber Armut.[138]

- In einem Werk, welches die menschlich-allzu-menschlichen Züge der Akteure der Stalinära beleuchtet, wird Stalin als fürsorglicher Ehemann und Vater dargestellt, der das Wohlwollen seiner Entourage durch Charme und Leutseligkeit gewann.[139]

- Über Adolf Hitler äußerte seine Sekretärin Traudl Junge, dass er ein sehr netter Mensch gewesen sei, ein verständnisvoller Chef, weswegen sie die Zusammenarbeit mit ihm genossen habe.[140]

- Heinrich Himmler stammte aus gutbürgerlicher Familie, in der er zeitlebens als fürsorglicher Vater gegolten hat. Er verließ zwar seine Frau wegen seiner Sekretärin, kümmerte sich aber liebevoll um seine Tochter aus seiner Ehe.

- Über Pol Pot, der Hunderttausende in den Tod geschickt hat, äußerte sein Privatfotograf Nhem Sal: „Er war kein schlechter Mann. Er hat sich immer um seine Genossen gekümmert."[141]

- Ganz im Sinne der Emergenztheorie, wonach sich in großen Gesamtheiten andere Qualitäten ausbilden können, die in ihren Teilen nicht präsent sind, können sich Verhaltensmuster, die auf der individuellen Ebene keine gewalttätige Ausprägung haben, oder selbst solche, die als harmlos oder sogar als positiv einzustufen sind, über das Gesetz der großen Zahlen zur Entstehung kollektiver Gewalttätigkeit führen.

- Das an sich harmlose Bedürfnis der europäischen Bevölkerung nach einem preisgünstigen Süßstoff (Zucker) hat einen massiven Aufbau von Zuckerrohrplantagen in Amerika induziert, der zum kollektiven Verbrechen der Ver-

---

137 Er versucht, wegen schrecklicher Angst als verrückt erklärt, ergo als fluguntauglich erklärt und nach Hause geschickt zu werden. Er scheitert am Argument des Truppenarztes, dass ein Mensch, der vor derartigen Risiken panische Angst habe, als völlig normal einzustufen sei.

138 Jean-Paul Roux: Tamerlan; Fayard, Paris, 1991.

139 Simon Sebag Montefiore: Stalin – The Court of the Red Tzar; London, 2004.

140 Traudl Junge und Melissa Müller: Bis zur letzten Stunde. Hitlers Sekretärin erzählt ihr Leben.; Claasen, 2002.

141 Der Spiegel 52/2006.

schleppung und Ausbeutung von Afrikanern nach Amerika geführt hat[142.] Später wurde der Vorgang für die Baumwolle fortgesetzt. Eine harmlose „Sinnesschwäche" konnte deswegen ein kollektives Megaverbrechen induzieren, weil die Gesellschaften damals zivilisatorisch noch nicht so fortgeschritten waren, dass eine Tabuisierung und Skandalisierung stattgefunden hätte, wie heutzutage bezüglich der Kinderarbeit.

- Vorurteile gegenüber Andersartigen, Unfähigkeiten im Umgang mit Fremdem können sich über das Gesetz der großen Zahlen zu einer kollektiven Allophobiegewalttätigkeit (z.B. zu einem Demozid) aggregieren.

- Am Individuum positiv bewertbare Eigenschaften (zum Beispiel Zuverlässigkeit, Loyalität, Heimatliebe, Frömmigkeit) können sich, falls sie andere Anforderungen des Lebens und Leben Lassens (z.B. Toleranz, Gewaltverzicht) unterdrücken, über das Gesetz der großen Zahlen zu einer negativen kollektiven Eigenschaft aggregieren (z.B. blinder Gehorsam bei der Ausführung eines kollektiven Verbrechens).

- Ein Fallbeispiel, wie die an sich positiv zu bewertenden Verhaltensmuster des Gehorsams, des Pflichtbewusstseins, der Ehrfurcht vor den Ahnen und der Vaterlandsliebe zu Kollketivgewalttätigkeit führen kann, ersieht man aus der Aussage eines japanischen Kriegsverbrechers, der im 2. Weltkrieg an der Folterung und anschließenden Tötung von chinesischen Gefangenen beteiligt gewesen war. Dieser erklärte, er habe dabei nicht die geringsten Skrupel gehabt. Seine Hauptmotivationen seien gewesen: Befehle der Vorgesetzten befolgen; zum Wohle des eigenen Landes beitragen und der Verpflichtung den eigenen Ahnen gegenüber nachkommen; Überzeugung der Überlegenheit der eigenen Rasse; Überzeugung der Minderwertigkeit der Gegner, denen man den Status von Menschen abgesprochen habe. All diese waren rein sozial konstruierte Mythen, Paradigmen und Ideologien.

---

142 Montesquieu (1748, XV/V): „Der Zucker wäre zu teuer, wenn man die produzierende Pflanze nicht durch Sklaven bearbeiten ließe".

10 Antriebe von Kollektiven zur Gewalttätigkeit

In diesem Kapitel werden die möglichen Antriebe/Agenzien besprochen, welche dazu führen können, dass die im Kapitel 5 besprochenen Motivationen von Sozialkonstrukten zur Kollektivgewalttätigkeit zutage treten. Davon haben einige den Charakter von Ursachen, andere sind eher mitschwingende Resonanzböden.

Ebenso wie die Einzeller, Vielzeller, Tiere und menschlichen Individuen sind auch Kollektive „egozentrische Überlebens- und Nutzenoptimierungsmaschinen". Wie Individuen werden auch Kollektive sowohl durch materielle als auch durch ideologische Motivationen getrieben.

- Die Biologie, Verhaltensforschung (Ethologie) und Anthropologie haben einige Determinanten und Verhaltensmuster festgestellt, die bereits in primitiven Organismen, bei tierischen Individuen, bei tierischen Kollektiven, bei menschlichen Individuen und bei menschlichen Kollektiven ähnlich wirken bzw. ablaufen. Dies bedeutet nicht, dass das Verhalten des übergeordneten Systems durch lineare Aufsummierung des untergeordneten Systems determiniert wird (zum Beispiel dass sich die Aggressivität eines menschlichen Kollektivs aus der Aufsummierung der Aggressivitäten seiner Individuen ergibt). Die Ähnlichkeit der Abläufe entsteht vielmehr dadurch, dass sich **selbstoptimierende Systeme**, die aus gekoppelten Elementen unter ähnlichen Randbedingungen (u.a. begrenzte Ressourcen) bestehen, über das Gesetz der großen Zahlen ähnlich verhalten können. Wenn also die Territorialität, wie unten dargestellt,sowohl für menschliche Individuen als auch für menschliche Kollektive eine wesentliche Verhaltensdeterminante ist, heißt es beispielsweise nicht, dass das 3. Reich den Expansionskrieg gegen Osteuropa geführt hat, weil eine hinreichend große Anzahl von Reichsdeutschen ihre Privatgründstücke vergrößern wollten. Es heißt lediglich, dass für menschliche Kollektive das Gut „Territorium" ebenso einen hohen Stellenwert einnimmt wie für Privatleute. Bei Tieren, Tierkollektiven und menschlichen Individuen und menschlichen Kollektiven wirken sich ähnliche Abläufe selbstoptimierender Systeme ab; Unterschiede gibt es indes beim Grad der „Selbst"-Komponente der Optimierung und bei den Bedürfnisparametern.
- Bei den menschlichen Individuen wird der Selbstbezug stark durch die neurophysiologische Veranlagung (Spiegelneuronen aus gewaltmindernden Genen), die kulturelle Einwirkungen (gewaltmindernde Meme) und soziale Einwirkungen (nicht zuletzt durch das Gewaltmonopol des Staats) eingeschränkt, unter Einbeziehung „altruistischer" Aspekte.
- Die territorial-hegemonischen Kollektive tendieren zu einem starken Selbstbezug bei ihrer Optimierung. Sie verfügen zwar über keine empathisch wirkenden Spiegelneuronen, unterliegen jedoch ebenso kulturellen Einwirkungen, aber wesentlich schwächerer übergeordneter Machtgebilde.
- Kollektive Gewalttätigkeit stellt im hohen Maße eine egoistische Selbstoptimierung zu Lasten des Gesamtkollektivs Menschheit dar. Diese Sicht hatten in der Vergangenheit bereits mehrere Denker. Einer der ersten, der dies deutlich herausgearbeitet hat war Francisco de Vitoria (um 1540). Es folgten ihm der Abt Jean Sifrein Maury (um 1767) und Juan Bautista Alberdi (gestorben 1884).

10.1 Materielle Antriebe von Kollektiven zur Gewalttätigkeit

Krieg ist die Fortsetzung der Volkswirtschaft mit unzivilisierten Mitteln.

Einige prominente Autoren haben bereits die These verfochten, dass die Hauptursachen kollektiver Gewalttätigkeit nicht ideologischer, sondern materieller Art sind. Einige Beispiele dafür sind:

> ➢ *Giovanni da Legnano nannte um 1360 die Unterschätzung der verursachten Schäden als eine der Hauptursachen der Kriege*
> ➢ *Jeremy Bantham (um 1789) hat als einer der ersten die ökonomischen Gründe als Hauptgründe der Kriege bezeichnet*
> ➢ *Franz Oppenheimer (1907), hat die These aufgestellt, dass der Urtypus aller internationalen Beziehungen der Krieg sei, mit dem Ziel der Bereicherung einer Nation auf Kosten der anderen*
> ➢ *Gaston Bouthoul (1951) kam zum Schluss, dass ökonomische Faktoren die Hauptursache aller Kriege sind.*

10.1.1 Die territoriale Determinante

Der Orden will nicht unsere Seelen für Gott,
sondern unsere Felder für sich selbst gewinnen.

(Hilfegesuch der baltischen Samogiten an den Großfürsten von Litauen, 1399)

10.1.1.1 Territorien, das primäre Streitobjekt menschlicher Kollektive

Für menschliche Individuen ist Territorialität eine wichtige Determinante seines Wohlbefindens und Handelns, aber so gut wie nie eine Motivation individueller Gewalttätigkeit mit Todesfolge. Daher wurde dieser Aspekt im vorangegangenen Punkt nicht weiter vertieft. Für menschliche Kollektive ist Territorialität hingegen das wichtigste Agens kollektiver Gewalttätigkeit.

Wie die statistischen Ergebnisse des Kapitels 8 belegen, ist in der Vergangenheit bei faktisch allen Gewaltkonflikten auf mindestens einer der beiden Seiten ein territorial-hegemonisches Kollektiv involviert gewesen, also soziale Gebilde, deren wichtigstes konstituierendes Element ein Territorium ist. In zwei Drittel der Fälle handelte es sich um Auseinandersetzungen zwischen Kollektiven um die Macht über Territorien. Im restlichen Drittel der Fälle ging es um die Macht- und Ressourcenverteilung innerhalb eines Territoriums und Kollektivs. Man kann also sagen, dass **Kollektivgewalttätigkeit fast ausschließlich für die Hegemonie über Territorien sowie deren Menschen und Ressourcen** angewandt worden ist.

- **Territorien** sind dieser statistischen Evidenz zufolge der territorial-hegemonischen Kollektive begehrtestes Wirtschaftsgut: Sie erlauben der Vielzahl von Individuen des Kollektivs die für das „nackte Leben" erforderliche Ressourcenextraktion und / oder die soziale Entfaltung.
- Für **Norbert Elias** (1939) sind Kriege Instrumente der Pazifizierung kleinerer Verbände zur Bildung eines größeren Verbandes. Damit werde das Gewaltmonopol auf immer größere Territorien ausgedehnt. Die Zivilisation (und Gewaltfreiheit) werde dann vollendet, wenn alle zwischenstaatlichen und innerstaatlichen Spannungen ausgetragen sein werden.

Das Streitobjekt innerhalb und zwischen territorial-hegemonischen Kollektiven ist in der Geschichte ist fast immer die Verfügung über ein Territorium und der darauf befindlichen Menschen und Ressourcen gewesen. Diese Aussage klingt trivial, man verliert sie indes leicht aus den Augen, wenn man die Ursachen beim individuellen Fehlverhalten (z.B. Hitler), oder bei bestimmten Weltanschauungen (z.B. Fundamentalismus) sucht.

10.1.1.2 Das territoriale Imperativ in der Tierwelt

Die Verhaltensforschung (Ethologie) hat an unterschiedlichen Tierarten festgestellt, dass die Fixierung auf ein Territorium eine der wichtigsten Determinanten animalischen Verhaltens ist. Robert Ardrey (1966) hat die verschiedenen Entdeckungen übersichtlich zusammengetragen und das Schlagwort eines „**territorialen Imperativs**" geprägt:

- Selbst primitive Tierorganismen wie der Plattwurm, die über kein ausgeprägten Nervensystem verfügen, bevorzugen bereits bekannte Orte.
- Insekten verfügen über einen Orientierungssinn, der es ihnen erlaubt, immer wieder zum Versammlungsort ihres Kollektivs zurückzukehren.
- Vögel verteidigen exklusive Teile der Erdoberfläche und des Luftraums gegen Artgenossen; auch ihr Navigationsvermögen ist verblüffend und noch nicht erklärt.
- Auch Warmblüter beanspruchen das Exklusivrecht über Territorien und verteidigen deren Grenzen gegen Artgenossen. Viele Arten verfügen über ein leistungsstarkes Navigationssystem, mit dem sie immer wieder zu ihrem Ursprungsort zurückkehren können.
- Einige Tierarten wie die Lemuren beanspruchen und verteidigen gegen andere Lemuren kollektive Territorien und bilden somit eine „biologische Nation mit territorialem Anspruch".

Für viele Verhaltensforscher ist der „territoriale Imperativ" stärker als der Sexualtrieb. Über die Bedürfnisse, aus denen heraus sich die Territorialität zu einer Determinante des tierischen Verhaltens entwickelt hat, oder die Funktionen, die dieser ausübt, gibt es verschiedene Theorien. Das Territorium habe eine Art Verbindungsfunktion zwischen dem Individuum und dem Kollektiv: Im Kern des Territoriums suche das Individuum **Schutz**; die Animositäten mit den Nachbarn und Invasoren verursachen eine **Stimulierung** (bis hin zur Begattung); das „Privatgrundstück" und die daraus resultierenden Animositäten schaffen **Identität**. Man hält die anderen Individuen genügend entfernt, um seine Identität zu wahren, aber genügend nahe, um sich mit ihnen kabbeln zu können und „auf Trapp" zu bleiben. Bei einigen Tierarten limitiert das nur begrenzt verfügbare Territorium die Anzahl der Brutplätze und damit die Geburtenrate (V.C. Wynne-Edwards).

Eine interessante Beobachtung der Tierforscher ist, dass der **Verteidiger seines Territoriums dem Angreifer tendenziell überlegen** ist; bei einigen Tierarten hat der Angreifer nur dann eine Chance, wenn er doppelt so stark ist. Dies wird auf eine Art „ethische Wertung" zurückgeführt, wodurch der Angreifer sozusagen ein „Unrechtbewusstsein" hat und den Verteidiger das Rechtbewusstsein beflügelt.[143]

Arthur Keith hat 1916 die These aufgestellt, dass die Fixierung der Tiere auf ihre Ursprungsterritorien dazu beigetragen hat, die Eigenarten der einzelnen Tierarten genetisch zu fixieren.

---

143 Robert Ardrey (1966) vermerkte, dass ein ähnlicher Effekt auch bei staatlichen Konflikten zur Wirkung gelangen kann und dass viele militärische Niederlagen (z.B. der USA im Vietnamkrieg) darauf zurückzuführen ist, dass das angegriffenen Kollektiv übermenschliche Energien mobilisiert hat, um sein Territorium zu verteidigen.

10.1.1.3 Ursachen territorialer Gewalttätigkeit zwischen menschlichen Kollektiven

Die Frage die sich nun stellt ist, warum sich in der Geschichte nicht alle Kollektive mit der existierenden territorialen Verteilung zufrieden gegeben haben, sondern immer wieder kollektive Gewalttätigkeit angewandt haben, um diese zu verändern? Die pauschale Antwort ist relativ einfach: weil sich die **geografische Verteilung der Menschen auf der Erdoberfläche und ihre soziale Strukturierung mit dem Gang der Geschichte laufend verändert** haben und weil die zivilisatorischen Mittel gefehlt haben, um neue Gleichgewichtszustände in allen Fällen gewaltfrei herzustellen.

Den Erklärungsschlüssel findet man, wenn man die Ursachen in den kollektiven Reaktionen auf die Veränderungen der Bevölkerungszahl sowie der Höhe und Verteilung des Einkommens betrachtet. Das kollektive Ansprechverhalten wird seinerseits von den sozialen Strukturen und den Gedankenkonstrukten (Meme, Mem-Organe, Mem-Organismen) mitbestimmt. Die folgenden Ausführungen erheben nicht den Anspruch, die Formel dieses Reaktionsverhaltens zu erschöpfend zu ergründen. Sie werden sich darauf beschränken müssen, jene Parameter nacheinander zu besprechen (obwohl sie sich in Wirklichkeit wechselseitig beeinflussen), welche in der Geschichte für die Induzierung oder Hemmung kollektiver Gewalttätigkeit am relevantesten gewesen zu sein scheinen (in der Physik würde man sagen die „**Verstärkungspole**" bzw. „**Dämpfungspole**" des kollektiven Reaktionsverhaltens).

10.1.2 Die demografische Determinante

10.1.2.1 Die Bevölkerungszahl

In der Geschichte sind, wie gesagt, Territorien das primäre Streitobjekt der Kollektive gewesen. Die Statistiken des Kapitels 8 zeigen, dass desto häufiger darum gestritten wurde, je größer die Weltbevölkerung wurde. Die Häufigkeit kollektiver Gewalttätigkeitsereignisse hat im Laufe der Geschichte im Gleichschritt mit der Weltbevölkerung zugenommen.

- Die **Bevölkerungszahl** ist also der Einflussfaktor, der territorial-hegemonische Kollektive am leichtesten zu gewalttätigen Resonanzen anstoßen kann.
- Kollektive reagieren auf Veränderungen der Bevölkerungszahl gewalttätiger, als auf alle anderen Einflüsse zusammengenommen, das heißt stärker als auf die gebündelte Einwirkung von rein ökonomischen Einflüssen (Hungersnöte), von Sozialformen (Gesellschaftsordnungen) oder von Weltanschauungen (Religionen, Ideologien). Wenn dem nicht so wäre, hätten diese anderen Faktoren diesen Gleichschritt überstimmt.[144]

Unter den ersten Autoren, welche auf demografische Veränderungen als eine der Hauptursachen kollektiver Gewalttätigkeit hingewiesen haben, waren Thomas More (1516) und Émeric de Lacroix (1623). Einer der ersten Autoren, die auf die das Konfliktpotenzial eines ungebremsten Bevölkerungswachstums hingewiesen haben, war Thomas Malthus (1798); seiner Ansicht nach entstehe dies durch die unweigerliche Schere zwischen dem exponentiellen Wachstum der Bevölkerung und dem nur linearen Wachstum des Bruttosozialprodukts. **Bouthoul** (1951) hat wohl als erster die These des „**Primats des demografischen Elements**" (primauté de l'élément démographique) bei den „kriegerischen Neigungen" („tendence belliqueuse") aufgestellt, obwohl ihm kein statistisches Material dafür vorlag. Die demografische Struktur sei „die einzige immer vorhandene Konstante"; sie sei bei internen oder externen kriegerischen Anstößen für die Reaktion des Kollektivs tonangebend. Sie sei es, welche das Aufkommen der entsprechenden Emotionen oder Vorurteile steure.

Es wäre ein Fehlschluss zu folgern, dass die Gewalttätigkeit jedes einzelnen territorial-hegemonischen Kollektivs direkt proportional mit seiner Bevölkerungszahl zu- oder abnehme. Die fallweise Auswirkung der Bevölkerungszahl hängt nämlich von weiteren Faktoren ab wie die Höhe und Verteilung des Einkommens im Kollektiv und die Fähigkeit desselben, ein Bevölkerungswachstum zivilisatorisch aufzufangen. Der in diesem Werk festgestellte Gleichschritt ist ein statistisches Mittel über eine große Anzahl unterschiedlicher Kollektive unter verschiedenen Lebensbedingungen und Zivilisationsstand.

Auf die Aussage hin, dass Kollektivgewalttätigkeit primär durch die demografische Struktur bedingt sei, ist man geneigt, darunter nur den Effekt „Überbevölkerung" zu verstehen. In Wirklichkeit können verschiedene Aspekte der Bevölkerungsstatistik die Neigung eines Kollektivs, Gewalttätigkeit zu fördern oder zu dämpfen, beeinflussen.

---

144 In genauerer, aber schwerer verständlicher, Form lautet die Aussage, dass sich über das Gesetz der großen Zahlen, der tendenziell bestehende demografische Einflussfaktor stärker zu einer Regelmäßigkeit verdichtet, als alle anderen tendenziellen Einflussfaktoren zusammengenommen.

- Es hat in der Geschichte Gewalttätigkeit fördernde oder hemmende Effekte gegeben, die mit der Absolutzahl der Bevölkerung zusammenhingen.

- Zum Beispiel: Napoleon I. strebte nach der territorialen Oberherrschaft über Kontinentaleuropa, weniger aus dem Grund einer zu großen Bevölkerungsdichte Frankreichs, sondern weil er sich diese aufgrund seiner Rekrutierungsmöglichkeit zutraute. Als er am 22.6.1812 in Russland einfiel, gab er auf die Frage, warum er dies tue, folgende Antwort: „Ich habe nicht weniger als 800.000 Soldaten und demjenigen, der solch ein Heer hat, muss Europa gehorchen.... „[145] Metternich gegenüber soll Napoleon eines Tages geprahlt haben, dass er sich den Verlust von 30.000 Soldaten pro Monat leisten könne.

- Unter Überbevölkerung versteht man im allgemeinen eine Relativzahl der Bevölkerung, das heißt eine relativ zu große Bevölkerung. Dieser Zustand kann real oder empfunden sein. Die Unverhältnismäßigkeit einer Bevölkerungszahl (zur territorialen Fläche oder zum Einkommen) hängt sehr stark von den kulturellen und zivilisatorischen Gegebenheiten ab. Wesentlich sind dabei das Anspruchsniveau der Bevölkerung und Beschäftigungsmöglichkeiten auf engem Raum. Ackerbauende oder industrielle Gesellschaften können weit mehr Personen eine angemessene Existenz bieten, als eine Vieh züchtende Landbevölkerung.

- Welche Rolle eine empfundene Überbevölkerung haben kann, obwohl sie real nicht vorhanden ist zeigt das Beispiel des Rufs nach „Lebensraum". im 3. Reich. In Wirklichkeit herrschte ein Männermangel und es wurdne schließlich ca. 10 Millionen Zwangsarbeiter in das angeblich übervölkerte Reichsgebiet verschleppt.

- Schließlich kann auch die Altersverteilung der Bevölkerung (die „Alterspyramide") gewalttätigkeitsrelevant sein. Seit jeher ist die individuelle und kollektive Gewalttätigkeit in einem Kollektiv stark davon abhängig, inwieweit es ihm gelingt, vor allem die männliche Jugend zu integrieren. Besonders in der Vergangenheit war für den Zufriedenheitsgrad das Erbrecht mitbestimmend.

- Bouthoul (1951) hat bereits darauf hingewiesen, dass ein unverhältnismäßig großer Anteil an Jugendlichen an der Gesamtbevölkerung („Jugendüberschuss") eine gewalttätigkeitsträchtige „Störkraft" („force perturbatrice") darstelle. Er zog das Beispiel der Französischen Revolution an, die einem starken Anstieg der Bevölkerung gefolgt sei. Auch wenn Bouthoul an jener Stelle nicht auf quantitative Details eingeht, bestätigt eine an anderer Stelle von ihm gezeigte Kurve des Bevölkerungswachstums Frankreichs, dass ab 1780 gegenüber der seit 1750 herrschenden Wachstumsrate ein steiler Anstieg erfolgt war, der innerhalb von zehn Jahren bis 1780 einen Überschuss von ca. 10 % hervorgebracht hatte (ca. 3 Mio. „überschüssige" Kinder). Für den Zeitraum 1875 bis 1925 beweist eine Bevölkerungskurve Frankreich aber das Gegenteil: Ab 1905 trat ein Bevölkerungsrückgang ein, demzufolge 1914 ca. 1,5 Mio. Kinder „fehlten" (ca. 4 % der Bevölkerung). Der 1. Weltkrieg brach also aus, obwohl es in Frankreich einen „Jugendunterschuss" gab. Allerdings weist die (von Bouthoul nicht herangezogene) Bevölkerungskurve des Deutschen Reichs einen Anstieg der Wachstumsrate ab 1887 auf, der 1914 einen „Jugendüberschuss" von 0,8 Mio. (ca. 12 %) hervorbrachte. Ein weiteres historisches Beispiel, das Bouthoul nur nennt, jedoch nicht ausführt oder belegt, sei der deutsch-sowjetische Krieg von 1941 bis 1945 gewesen.

- Das Beispiel der Aggressivität des 3. Deutschen Reichs zeigt, dass sich demografische Einflussfaktoren nicht unbedingt direkt und unmittelbar auf das Zeitgeschehen auswirken können, sondern auch indirekt und zeitverschoben. Es zeigt in diesem Fall, dass die Nachwirkung einer vergangenen demografischen Struktur zu ideologischen Deformationen führen kann, die eine Generation später gewalttätig ausbrechen und die dann herrschende, eher gewalthemmend wirkende, demografische Struktur überstimmen können. Bei der Machtergreifung der Nationalsozialisten (1933) hatten nämlich die letzten (geburtenstarken) Jahrgänge, die es vor dem Ausbruch des 1. Weltkriegs in Deutschland gegeben hatte (bis 1914), das Alter von 19 Jahren aufwärts erreicht, jene darunter waren stark ausgehöhlt, es herrschte also ein „Jünglingsmangel". Im Jahre 1941, als man beschloss, sich gewalttätig im Osten weiteren „Lebensraum" zu verschaffen, gab es im 3. Deutschen Reich einen starken „Männermangel", denn durch den Geburtenrückgang während des 1. Weltkriegs waren die Jahrgänge von 23 bis 27 Jahren stark ausgedünnt, sowie die Jahrgänge ab 45 Jahren, wegen der im 1. Weltkrieg Gefallenen. Die Aggressivität des 3. Deutschen Reichs muss man als Nachwirkung der 1914 bestehenden demografischen Spannung sehen, die durch den 1. Weltkrieg zu traumatischen kollektiven Wahnvorstellungen aushärteten, welche – trotz der umgeschlagenen demografischen Situation – vom NS-Regime zur Entfachung einer kollektiven Gewalttätigkeitsbereitschaft missbraucht werden konnte.

- Gary Fuller hat 1995 den Begriff „Jugendüberschuss"" („youth bulge") geprägt;[146] dieser werde besonders kritisch, wenn der Anteil der 15- bis 24-Jährigen 20 % der Bevölkerung ausmache.

- Gunnar Heinsohn (2006) hat die These aufgestellt, dass ein „reicher" Jugendüberschuss gewalttätiger werden kann, als ein „armer", denn „um Brot wird gebettet, getötet wird für Status und Macht". Er führt einige Fälle der Neuzeit an, darunter die „Secundones" Spaniens (durch Primogenitur von der Erbschaft Ausgeschlossene), welche sich nach der Entdeckung Amerikas auf jenen Kontinent gestürzt haben. Heinsohn prognostiziert, dass als Folge der Einkommensverbesserung der Dritten Welt paradoxerweise die Gewalttätigkeit ihrer Jugend (vor allem der islamischen) zunehmen werde.

- Angesichts des explosiven Bevölkerungszuwachses in den palästinensischen Flüchtligsgebieten liegt die Vermutung nahe, dass dort die Geburtenrate mit der Absicht maximiert wird, um die Bevölkerungszahl als **„demografische Waffe"** einsetzen zu können. Wenn dem so wäre, was schwer nachweisbar ist, handelte es sich um eine perfide neue Form kollektiver Gewalttätigkeit. In einem Umfeld des Elends bewusst mehr Kinder in die Welt zu setzen, damit sie

---

145 Während der napoleonischen Zeit kursierte folgende Faustformel, mit der Napoleon Bonaparte gern argumentierte: maximale aufstellbare Truppenstärke = 1 % der Einwohnerzahl

146 Die wörtliche Übersetzung ist „Jugendbauch" wegen der Ausbauchung in der Altersverteilungskurve.

durch ihre noch größere Not in Zukunft eine Änderung der Lebensbedingungen erzwingen, könnte man als kopernikanistisches Verbrechen jenen Kindern gegenüber ansehen: Individuen Leid zuführen, damit ein Kollektiv oder andere künftige Individuen Nutzen ziehen.

Schließlich muss man berücksichtigen, dass der Parameter **„Bevölkerungszahl"** nicht nur als **verursachender Faktor** wirkt (je mehr Menschen, desto mehr Konflikte), sondern **auch als ermöglichender Faktor** (je mehr Menschen, desto mehr Streitkräfte und die sie finanzierenden Steuerzahler). Diese Rückkopplungsschleife hat zumindest in der Vergangenheit die Dominanz des Parameters „Bevölkerungszahl" verstärkt.

Zusammenfassend kann man sagen, dass für die Vergangenheit ein vorherrschender Gleichlauf zwischen Weltbevölkerung und Gesamtvolumen der kollektiven Gewalttätigkeit statistisch belegt werden kann. Dies ist indes kein auf einzelne Kollektive anwendbares deterministisches Kausalgesetz, sondern eine über „Gesetze der großen Zahlen", zum Teil zeitversetzt, sich einstellende Regelmäßigkeit. Diffus bestehende Tendenzen kondensieren über Millionen von Menschen und Tausende von Tagen zu statistischer Regelmäßigkeit (siehe 1.3).

Demografische Veränderungen sind also der wichtigste Anstoßfaktor[147] kollektiver Gewalttätigkeit. Sie lösen in Kollektiven diffuse Ausgleichsvorgänge aus, die sich fallweise unterschiedlich (zuweilen gewalttätig) und mit unterschiedlichen Reaktionszeiten auswirken können. Dabei kann der Anstoß von absoluten oder von relativen Veränderungen der Bevölkerungszahl kommen, die wiederum real oder nur empfunden sein können. Bouthoul hat für Kollektivgewalttätigkeit die anschauliche Metapher gefunden, dass es sich um das Erscheinungsbild fiebriger Zustände handle, welche durch soziale Gleichgewichtsstörungen in Kollektiven ausgelöst werden. Dem kann man hinzufügen, dass die Art, wie stark und schnell sich diese Gleichgewichtsstörungen auswirken, von der inneren Konstitution des Kollektivs (seiner Mem-Ausstattung) und von den Umwelteinflüssen abhängt.

10.1.2.2 Historische Formen der Begrenzung des Bevölkerungswachstums

FESTSTELLEN HEISST NICHT RECHTFERTIGEN.

(Gaston Bouthoul, 1951)

Kollektive sind im Laufe der Geschichte in unterschiedlicher Weise mit ihrem Bevölkerungswachstum umgegangen, unterschiedlich waren ihre Umweltbedingungen und dementsprechend war ihr Gewalttätigkeitsniveau. Einige dieser Maßnahmen sind für den heute erreichten Zivilisationsstand indiskutabel, sie müssen jedoch trotzdem hier angeführt werden, ohne damit dafür plädieren zu wollen.

Begrenzung der Geburtenzahl durch Abtreibung und Kindstötung

- Archäologische Funde weisen darauf hin, dass der Homo sapiens sapiens bereits in der Vorgeschichte Kindstötungen durchführte.
- Einige antike Völker (Karthager) verbrämten Kindstötungen als Opfergaben für Götter.
- Die Ureinwohner Australiens und viele Nomadenvölker führten zur Bevölkerungsbegrenzung Abtreibungen durch.
- Das Alte Testament verbietet sowohl Abtreibung als auch die Tötung von Neugeborenen.
- Die Perser betrachteten Abtreibungen und Kindstötungen als Verbrechen, weil sie dem König Soldaten entzogen.
- Platon trat für eine behördliche Beschränkung der Eheschließungen ein und Aristoteles für Zwangsabtreibungen.[148]
- Bei den Römern hatte der Familienvater das Recht, ein neugeborenes Kind abzulehnen (der Tötung freizugeben) und war dazu sogar verpflichtet, wenn das neugeborene Kind eine Behinderung aufwies. Aus dem Gründungsmythos Roms erahnt man, dass es sich um einen Brauch handelt, der in die Vorgeschichte hineinreicht.
- Bei den Germanen waren nach Tacitus sowohl Abtreibung als auch Kindstötung verboten. Zusammen mit ihrem Ernährungsfortschritt durch gesteigerten Verzehr unverarbeiteter Mich (im Laufe der Jahrtausende genetisch erzielter Abbau der Laktoseintoleranz) hat dies den Bevölkerungszuwachs ermöglicht, der seinerseits (mangels geeigneter Sozialkonstrukte für eine Integration) in vielen (gewalttätigen) Auswanderungswellen gemündet ist.
- Bei den arabischen Stämmen waren Abtreibung und die Tötung von Neugeborenen üblich, bis sie der Prophet Mohammed mit dem Koran verbot (Abtreibung nur bis zum 4. Monat erlaubt).
- In Japan herrschte bis zu ihrem Verbot (1868) vor allem bei den Bauern Jahrhunderte lang die Sitte („mabiki") alle Neugeborenen zu töten, nachdem die Kinderzahl von 2 bis 3 erreicht worden war (Kiyoshi Inoue, 1963). Die Einwohnerzahl stieg daraufhin rasant an. Im Jahre 1891 kam in der japanischen Presse erstmals das Gerede auf, dass Japan überbevölkert sei; im Folgejahr rief der Vorsitzende der Liberalen Partei Japans auf: „Lasst uns schnell Kolonien

---

147 Bouthoul spricht von „force perturbatrice" (ruhestörende Kraft).
148 Aristoteles: Gesetze, 5 bzw. Politik 5.

schaffen, da Japan überbevölkert ist!" Im April 1893 begann die Vorbereitung des Krieges gegen China (Kiyoshi Inoue, 1963), auf den innerhalb von 50 Jahren neun weitere Aggressionskriege folgten.[149]

- In vielen afrikanischen Stämmen besteht der Brauch, neugeborene Zwillinge zu töten (Ardrey, 1966).

- Die in der Neuzeit propagierte freie Abtreibung kann man als eine Fortsetzung der Praxis der Kindstötung betrachten.

- In der Gegenwart werden vorzugsweise weibliche Kinder abgetrieben, nach der Geburt getötet oder zu Tode vernachlässigt, so dass in der Weltbevölkerungsstatistik gegenüber der natürlichen Relation (105 weiblich zu 100 männlich) 100 Millionen weibliche Personen fehlen. Demnach werden gegenwärtig mehr als 1,7 % der Embryonen oder Neugeborenen getötet (dies liegt in derselben Größenordnung wie die Opfer individueller bzw. kollektiver Gewalttätigkeit).

Abbau des Bevölkerungswachstums durch Auswanderung

- Viele griechischen Städte bauten ihren Bevölkerungsüberschuss durch behördlich organisierte und finanzierte Auswanderungsfahrten. Die dazu bestimmten Personen mussten zum Teil gezwungen werden; eine unmittelbare Rückkehr wurde ihnen verboten.

- Eine Form der Auswanderung war die bis zum Aufkommen der Nationalstaaten weit verbreiteten Söldnerdienste außerhalb des eigenen Kollektivs (besonders bei Kelten und Germanen).

- Die Landnahmen der Völkerinvasionszeit waren gewalttätige Formen des Bevölkerungsabbaus in den Ursprungsländern.

- Die Migrationsbewegungen des 19. und 20. Jahrhunderts waren friedliche Formen des Bevölkerungsabbaus.

Die Verkürzung des Lebens durch Kollektivgewalttätigkeit

- Wie unter 8.5.6 dargelegt, sind im Laufe der Geschichte etwa 1 % der Geborenen durch kollektive Gewalttätigkeit umgekommen. De facto haben also Krieg und Demozide eine Reduzierung der Bevölkerungszahl bewirkt. Bewusste Anzettelung von Kriegen, primär um die eigene Überbevölkerung abzubauen, sind historisch aber kaum belegt. Zahlreich sind jedoch die Fälle, in denen Kriege geführt worden sind, um von inneren Problemen abzulenken, die sehr wohl mit demografischen Veränderungen zu tun haben.

- Bouthoul (1951) hat die These formuliert, dass territorial-hegemonische Kollektive dazu tendieren können, einen Bevölkerungswachstum über einen langen Zeitraum hin zu absorbieren, um ihn dann (durch kollektive Gewalttätigkeit) plötzlich zu entladen; er nannte dies „rélaxation démographique" (demografische Entspannung). In seinem Werk zeigt eine Graphik die Bevölkerungsentwicklung Europas von 1800 bis 1945 aus der hervorgeht, dass die zwei Weltkriege Knicke nach unten verursacht haben. Dies hat dazu geführt, dass die Bevölkerungszahl von 1945 etwa 30 % unter dem Wert gelegen hat, der ohne die zwei Weltkriege erreicht worden wäre.

Die Begrenzung der Geburtenzahl durch soziale Hinderung der Fortpflanzung

- Die Sozialform der Sklaverei hatte die Nebenwirkung, dass man einem Teil der Bevölkerung einen normalen Fortpflanzungsprozess verbat oder zumindest ungemein erschwert hat.

- Mit dem Mönchstum des Buddhismus, Hinduismus und Christentums schloss man aufgrund des Zölibats einen Teil der Bevölkerung aus dem Fortpflanzungsprozess aus.

- Bouthoul (1951) wies auf das frappierendes Beispiel Tibet hin: Bis zum Ende des Mittelalters hatten Tibeter periodisch Nachbarvölker, v.a. China, überfallen. Mit der massiven Einführung des Mönchstums zu Beginn der Neuzeit, [150] ist die tibetanische Gewalttätigkeit geschwunden.

- Das seit dem Mittelalter von der katholischen Kirche vorgeschriebene Zölibat für Geistliche (in der orthodoxen Kirche nur für den oberen Klerus) und Ordensmitglieder wirkt de facto begrenzend auf die Geburtenzahlen ein; mit den heutigen geringen Zahlen ist dieser Effekt vernachlässigbar geworden.[151]

- Die vor allem im Osmanischen Reich praktizierte Kastrierung eines Teils der Bevölkerung hatte zwar primär andere Absichten (Vermeidung sexueller Versuchung bei Haremsbeamten, Vermeidung persönlichen Eigeninteresses mangels Ehefrauen und Nachkommen bei Ministern), de facto trug sie indes zu einer Begrenzung des Bevölkerungswachstums bei.[152]

- Beschränkung der Geburtenrate durch Förderungen und Sanktionen der Regierung.

---

149 Hier soll in keinster Weise insinuiert werden, dass mehr japanische Kindstötungen den Opfern von ca. zehn japanischen Expansionskriegen vorzuziehen gewesen wären. Dieses von Bouthoul (1951) hervorgehobene Fallbeispiel veranschaulicht indes, welche fatale Auswirkungen der leichtfertige Umgang mit dem Bevölkerungszuwachs hat, wenn man nämlich zu dessen Lösung nach dem Territorium anderer Kollektive ruft, statt sich um die sinnvolle Beschäftigung der Folgegenerationen im eigenen Territorium zu bemühen.

150 In der Gegenwart leben fast 2 % der Bevölkerung Tibets als Mönche bzw. Nonnen, vor vier Jahrzehnten waren es 10 % gewesen. In anderen mehrheitlich buddhistischen Ländern sind die Prozentsätze eine Größenordnung geringer: 0,8 % in Mynmar, 0,25 % in Thailand.

151 Weltweit gibt es ca. 400.000 katholische Priester und über 100.000 Mönche bzw. Nonnen, das sind nur 0,05 % der katholischen Weltbevölkerung.

152 Anfang des 19. Jh. gab es im Osmanischen Reich schätzungsweise eine Million Kastrierter (Bouthoul, 1951), dies entsprach fast 10 % der männlichen Bevölkerung.

- Diese Politik wird in der Gegenwart von einigen Staaten wie die Volksrepublik China betrieben.
- Einrichtungen wie Zölibat und Kastrierung hatten in der Vergangenheit nicht nur den Zweck der Begrenzung des Bevölkerungswachstums, sondern mitunter auch den, für bestimmte soziale Funktionen die Ausbildung von erblichen Kasten zu verhindern.

Die Begrenzung der Geburtenzahl durch Empfängnisverhütung

- Empfängnisverhütungsmittel waren wohl in allen Kulturen und Epochen bekannt, erlaubt und in Anwendung.
- Die katholische Kirche erlaubt nur eine „Empfängnisregelung" durch Nutzung der unfruchtbaren Tage der Frau.
- Im weitesten Sinne ist die Prostitution eine soziale Einrichtung, um durch „Spezialistinnen der Empfängnisverhütung" die Geburtenrate zu beschränken.

Soziale Integration des Bevölkerungswachstums

Es handelt sich zweifelsohne um die zivilisierteste und humanste aller Lösungen. Es geht darum, die Gesellschaftsordnung und Weltanschauung derart zu gestalten, dass eine Flexibilität zur friedlichen Aufnahme von Bevölkerungswachstum vorhanden ist.

Ägypten ist diesbezüglich über die Jahrhunderte hinweg vorbildlich vorgegangen. Die großen Bauvorhaben der Pharaonen hatten den (möglicherweise beabsichtigten) Effekt, den männlichen Bevölkerungsüberschuss im Lande zu beschäftigen, statt ihn als Soldaten auf Nachbarländer loszulassen. Sicherlich wurden sie dabei sklavenähnlichen Bedingungen unterworfen, diese hätten sie bei Militäreinsätzen indes ebenso getroffen.

Auf Viehzucht basierte Kollektive hatten in der Vergangenheit die größten Schwierigkeiten, die männliche Überbevölkerung zu beschäftigen. Die ist der Grund, weshalb seminomadische Völker wie die alten Germanen und Mongolen die kollektiv gewalttätigsten gewesen sind (auf die Bevölkerungszahl bezogen). Dem gegenüber ist es urbanen Gesellschaften seit jeher leichter gefallen, zusätzliche Arbeitsplätze bereitzustellen (Schaffung neuer Produkte und Dienstleistungen, Steigerung der Produktion).

10.1.3 Die ökonomischen Determinanten

Die Statistiken des Kapitels 8 belegen, dass in der Geschichte das primäre Streitobjekt die Territorien gewesen sind und dass die Häufigkeit der kollektiven Gewalttätigkeit proportional zum Wachstum der Weltbevölkerung zugenommen hat. Dass menschliche Kollektive desto mehr miteinander in Konflikt geraten sind, je zahlreicher sie wurden, lag primär an der Verknappung des „Wirtschaftsraumes" als der des reinen „Wohnraumes". Es waren also ökonomische Gründe spezieller kollektiv relevanter Art.

Kollektive können nur bestehen, wenn ihre Individuen das zum Überleben Notwendige von der Produktion einbehalten dürfen. Kollektive können also grundsätzlich nur über jenen Teil des Bruttosozialprodukts verfügen, der über das nackte Überleben hinausgeht, das heißt über den „Produktionsüberschuss".[153] Die Kollektivgewalttätigkeit hat in der Vergangenheit der Mehrung und der Verwendung des Produktionsüberschusses gegolten.

Prinzipiell gibt es drei große Posten der Verwendung der Überschussproduktion:

- A) Stärkung der kollektiven Kohäsion (Ausgabe für Riten, Kriegsertüchtigung oder Kriegsführung)
- B) Wirtschaftliche Zukunftssicherung (Reinvestieren in die Produktion)
- C) Verbesserung des Lebensstandards der Individuen

Im Altertum und Mittelalter, als das Bruttosozialprodukt im Wesentlichen nur durch Menschenkraft erwirtschaftet wurde, betrug der Produktionsüberschuss größenordnungsmäßig zehn Prozent. Dieses „Zehntel" wurde der Masse der Bevölkerung abgenommen, welche dann am Rand des Existenzminimums ums nackte Überleben kämpfen musste und es wurde ihr zur Zukunftssicherung nur die Aussaat belassen. Wie die statistischen Werte des Kapitels 8 zeigen, haben die territorial-hegemonischen Kollektive die Hälfte jenes „Zehntels" für Kriegsführung ausgegeben, das heißt etwa 5 % des BSP.

In der Neuzeit hat der Produktionsüberschuss dank des technischen Fortschritts (Maschinen) zugenommen, er liegt heute über 50 %. Die territorial-hegemonischen Kollektive haben ihren Anteil am BSP im Gleichschritt mit dem Produktionsüberschuss erhöht, auch wenn sie den Individuen etwas mehr als das Existenzminimum überlassen. Wie die statistischen Werte des Kapitels 8 zeigen, liegt die „Staatsquote" am BSP heute zwischen 30 % und 50 %, wovon ein Zehntel für Militärausgaben verbraucht wird, was wiederum die ca. 5 % des BSP ausmacht, die seit dem Altertum dafür verbraucht wurden.

---

153 Eine Tarifverhandlung ist letztlich eine Diskussion über die Verteilung des Überschusssaldos, das sich nach Abzug des Staatsanteil (A) ergibt, auf B oder C.

Aus den Tatsachen

- dass Territorien in der Vergangenheit das hauptsächliche Streitobjekt der Kollektive gewesen sind,
- dass die Kollektive den Individuen konstant faktisch die gesamte Überschussproduktion abgenommen und sie am Existenzminimum belassen haben,[154]
- dass 50 % (Altertum, Mittelalter, Konfliktzeiten der Neuzeit) der Überschussproduktion für Kriege ausgegeben wurden,

kann man folgern, dass die materiellen Motivationen der territorial-hegemonischen Kollektive bis in die jüngste Vergangenheit primär der langfristigen Sicherung des Bestands des Kollektivs als solchem gegolten hat (Ausgabeposten A) und weniger der Maximierung der unmittelbaren Existenzoptimierung seiner Individuen (Ausgabeposten C). Dafür ist das physische Überleben ihrer Elite, Ideologieträger und Parteigänger („Bienenköniginnen") weit wichtiger als das physische Überleben aller Individuen („Arbeitsbienen").[155]

Langfristig haben territorial-hegemonische Kollektive ihren physischen Fortbestand jedoch nur dann sichern können, wenn sie die Bevorzugung ihrer Eliten nicht zu weit getrieben haben. Dazu war es wesentlich, dass die Masse der Bevölkerung die Privilegien der Elite mit der Einsicht eines Mehrwerts verbinden konnten, welche diese in das Kollektiv einbrachte (Verwaltungsleistungen, Militärleistungen).

- Kollektive, welche die Masse der Individuen zu stark unter das Existenzminimum gedrückt haben, konnten nicht lange überleben. Dies ist allerdings relativ selten eingetreten, denn Armutsrevolten sind in der Geschichte relativ selten gewesen.
- Als die Französische Revolution ausbrach, war die absolute und relative Steuerlast der Masse der Bevölkerung seit Jahrzehnten geringer als in Großbritannien. In Frankreich hatte aber die absolute Monarchie den Hochadel aus machtpolitischen Gründen nach Paris verpflanzt, wo er ein rein parasitäres Leben führte. In Großbritannien führte hingegen der Hochadel anspruchsvolle Verwaltungsaufgaben durch und wurde nicht als parasitär wahrgenommen.
- Die Stärke der demokratischen Staatsformen besteht zum großen Teil darin, dass sie bei ihrer materiellen Nutzenoptimierung die materiellen Bedürfnisse aller Individuen des Kollektivs einbeziehen.

Gaston Bouthoul (1951) hat darauf hingewiesen, dass man aus der Feststellung, Kollektivgewalttätigkeit werde letztlich aus ökonomischen Gründen angewandt, den Fehlschluss vermeiden sollte, dass „je ärmer ein Kollektiv, desto gewalttätiger". Im Gegensatz dazu formulierte er das Schlagwort **„Man muss reich sein, um sich einen Krieg leisten zu können"**. Kollektivgewalttätigkeit könne nur zustande kommen, wenn ein Überschuss an Waren und Menschen vorhanden sei.

Verwandt mit der Frage, welche Rolle die materiellen Motivationen bei der kollektiven Gewalttätigkeit gespielt hat, ist auch die Frage nach der **Rolle materieller Ressourcen für den „Erfolg" bei der Anwendung kollektiver Gewalttätigkeit.**

- Der Historiker Kennedy, P. hat diesbezüglich die These aufgestellt, dass in den Kriegen zwischen Großmächten immer jene gesiegt haben, welche über die größten materiellen Ressourcen verfügten. Ein extremes Beispiel dazu sei der 2. Weltkrieg gewesen, wo das BSP, die Industriekapazität und die Waffenproduktion der Alliierten jene der Achsemächte um das Dreifache überstiegen und somit die Koalition mit dem „tiefsten Geldbeutel" obsiegt habe (Kennedy, 1986). Bereits im 1. Weltkrieg hatte es ein bedeutendes wirtschaftliches Übergewicht der siegreichen Koalition gegeben (etwa um den Faktor zwei).
- Der Biogeograf Jared Diamond vertritt die These, dass die geografischen und biologischen Vorteile Europas (also materielle Ressourcen) dazu geführt haben, dass die Europäer die Welt erobert haben (Diamond, 1998).

An dieser Stelle könnte man nun einwenden, dass, wenn ökonomische Motivationen die Hauptdeterminante kollektiver Gewalttätigkeit gewesen ist, sich die Beleuchtung der ideologischen Motivationskomponenten erübrige. Dem ist aber nicht so, denn:

- Ideologische Sozialkonstrukte beeinflussen das Reaktionsverhalten von Individuen und Kollektiven wesentlich.
- Kollektive kommen mit anderen Kollektiven nur deswegen in Konflikt, weil sie sich gegenseitig absondern, nach dem Motto „lasset uns zusammenhalten und für unser Kollektiv den Maximalnutzen auf Kosten der anderen Kollektive rausholen". Ideologische Motivationen werden also dazu missbraucht, um die knappen Ressourcen der Welt einem eingeschränktem Teilnehmerkreis (dem eigenen Kollektiv) zu sichern.

---

154 Der japanische Regent Ieyasu hat dies im 17. Jh., in folgende brutale Wörter gefasst: „Sie (die Bauern) sollen Abgaben machen, dass sie weder leben noch sterben können". Im 18. Jh. äußerte der japanische Finanzminister: „Mit den Bauern ist es wie mit dem Sesam. Je mehr man sie presst, desto mehr kommt heraus" (Kiyoshi Inoue, 1963).

155 In der Vergangenheit hat es mehrere Konflikte gegeben, bei denen ein Kollektiv die Kampftätigkeit erst dann eingestellt hat, als über 10 % seiner Individuen durch Kriegseinwirkung gestorben waren. Auch hat es Kollektive gegeben, die den Hungertod von Millionen ihrer Individuen bewusst in Kauf genommen bzw. herbeigeführt haben, um das physische Überleben ihres jeweiligen Regimes sicherzustellen (eklatante Beispiele: Demozide der totalitären Regime Stalins und Mao Tse Tungs).

- Die am häufigsten angewandten Absonderungskategorien sind ideologische Werte (Religionen, Ideologien). Selbst ungemein kleine Differenzen (z.B. die Form des Abendmahls im Christentum, ob mit Wein oder nur mit Hostie) oder sonderbare Differenzen (z.B. das Wesen der Dreifaltigkeit, die Rechtsnachfolge des Propheten) sind zur Absonderung und Anfeindung missbraucht worden.

- Die materiellen (ökonomischen) Interessen eines Kollektivs können nicht nur direkt, sondern auch „metaphorisch" verfolgt werden, zum Beispiel durch die Verteidigung nichtmaterieller (ideologischer) Ziele, welche die Kohäsion des Kollektivs gewährleisten und aus denen kollektive Ansprüche abgeleitet werden. Ein häufiges „metaphorisches Ziel" ist die Verteidigung von Differenzierungsmerkmalen.

- Ideologische Motivationen werden zur Verbrämung ökonomischer Motive benutzt: Die entsprechende Missbrauchbarkeit ist für den Diskurs äußerst relevant.[156]

- Ideologische Motivationen werden also von Kollektiven nicht nur zur Herstellung der inneren Kohäsion eingesetzt, sondern auch, um den materiellen Nutzen ideologisch differenzierter Teilkollektive zu maximieren.

10.2 Ideologische Antriebe von Kollektiven zur Gewalttätigkeit

Unter „**Weltanschauung**" versteht man einen **kollektiv standardisierten Satz von Bewertungsmustern**, Aufarbeitungsschemata und Erwartungsmustern. Religionen bestehen (neben Riten und Hierarchien) aus spezifischen religiösen Weltanschauungen. Es handelt sich um abgestimmte Systeme von „Mem-Organen" die sich gegenseitig stützen, sozusagen um „Mem-Organismen".

Die Ideatoren innovativer weltanschaulicher Ideen sind zwar in der Regel Individuen gewesen, wie Konfutse, Buddha, der Prophet Jesaja, Pythagoras, Jesus Christus und Mohammed, welche angesichts aufgelaufener Verwerfungen eine konsensfähige Neuabstimmung zwischen Bewertungsmuster, Aufarbeitungsschemata und Erwartungsmuster vorgeschlagen haben. Sie haben dabei allerdings auf kollektive Vorarbeiten, wie die Sprache und andere soziale Konstrukte aufgesetzt. Deren individuelle Ansichten und neue Ideen wurden dann von den Mitmenschen auf situationsbedingter Weise aufgenommen und der Nachwelt in einer kollektiv interpretierten Weise übermittelt. Diese Vorarbeiten und die tradierten Rezeptionen einer originären Idee sind kollektive Prozesse und deshalb sind Religionen, Philosophien und sogar Wissenschaften weniger als individuelle, denn als **kollektive Weltanschauungen** und damit als Sozialkonstrukte zu betrachten.

Für die Wechselbeziehung zwischen kollektiver Gewalttätigkeit und Weltanschauungen ist also nicht relevant, was die jeweiligen Individuen (Propheten, Religionsgründer, Philosophen) tatsächlich geäußert und gemeint haben, sondern wie ihre Äußerungen rezipiert und „kollektivisiert" worden sind. Im Folgenden geht es folglich nicht (wie zum Beispiel in einer Geschichte der Philosophie) um die intentionalen originären Aussagen, sondern um deren faktischen Auswirkungen.[157]

Die Hauptfunktion der Weltanschauungen ist die **Gleichschaltung der Individuen eines Kollektivs** zur Herstellung von Verhaltensgleichmäßigkeit, die Minimierung der Konflikte zwischen ihnen, die Maximierung ihrer Handlungsergebnisse sowie zur Identitätsstiftung. Sie haben also die Funktion von Integrationsideologien. Eine Nebenerscheinung und Kehrseite ist dabei die Abgrenzung des Kollektivs gegen Kollektive anderer Weltanschauungen, womit sie auch als Ungleichheitsideologien, Diskriminierungsideologien, Marginalisierungsideologien und Ausgrenzungsideologien missbraucht werden können.

Im Folgenden wird der Versuch gemacht, die Gewaltträchtigkeit bzw. Friedensstiftung von Weltanschauungen zu beleuchten.

---

156 Vielfach handelt es sich um eine Wechselwirkung von ideellen und ökonomischen Motiven, die sich dabei gegenseitig „die Flügel stutzen" und ihre jeweiligen Ziele etwas zurückstecken. Hierzu passt folgendes Lemma von Norman Paech: „Ein Narr, wer in der Wertegemeinschaft die Menschenrechte vom Erdöl trennt" (www.rosalux.de/index.php?id=4805).

157 Fachbücher der Religionswissenschaften und der Philosophie befassen sich dem gegenüber primär mit der Fage, was der jeweilige Religionsgründer oder Denker tatsächlich gemeint hat („Exegese").

10.2.1 Sprache und Kollektivgewalttätigkeit

UNWORTE BEREITEN UNTATEN DEN BODEN VOR

(Johannes Rau, 2000)

IN DER GESCHICHTE IST EINER TATGEWALT MEIST EINE SPRACHGEWALT VORANGEGANGEN

(Hubert Christian Ehalt, 2006)

Bevor auf die gewalttätigkeitsfördernde oder -mindernde Wirkung von Ideen eingegangen wird, muss das Sozialkonstrukt Sprache betrachtet werden. Man kann Sprache originär als ein lautes Nachdenken über Handlungen oder als eine **Ersatzhandlung** betrachten. Auch die sprachsteuernden Netzwerke sind mit der Fähigkeit von Spiegelneuronen durchsetzt, weswegen sie ähnliche Auswirkungen auslösen können, wie es das besprochene Objekt oder die besprochene Handlung auslösen würden (Bauer, 2005). Auch **Sprache stellt zwischen Menschen eine handlungsbezogene Konsonanz her.**[158] Die suggestive Wirkung von Sprache kann enorm sein.

Hinzu kommt, dass die Sprache kein „neutraler" Kommunikationsträger, sondern unweigerlich auch ein **Mitgestalter der kommunizierten Inhalte** ist. Sprache ist also nicht nur ein Behälter von Memen, sondern ein Mitgestalter. Dies ist auf emergente Effekte zurückzuführen: Beispielsweise geht der Bedeutungsinhalt eines Satzes über die Summe der Bedeutungsinhalte seiner Wörter hinaus. Indem man eine Problematik (das Spannungsfeld zwischen einem als unbefriedigend empfundenen Ist-Zustand mit einem erwünschten Soll-Zustand) sprachlich (als Ersatzhandlung) auslebt, verlagert man sie teilweise vom Bereich der genetisch oder erfahrungsbedingten Festprogrammierung, in den Bereich der analytischen Intelligenz. Dabei kann eine falsche Objektivität vorgetäuscht werden. Die Sprache kann also in vielerlei Hinsicht als „Komplize kollektiver Gewalttätigkeit" missbraucht werden:[159]

- Mit Sprache kann man Fakten und Faktenzusammenhänge formulieren und kommunizieren, die nie stattgefunden haben (Unwahrheit generieren).
- Die Sprache kann durch ihre spezifisch sprachlichen Verknüpfungsmechanismen auf zweifache Weise gewaltträchtige Gedankenschemata induzieren.
- Jede Weltanschauung basiert auf einen Satz spezifischer sprachlicher Begriffe, die unweigerlich bestimmte emotionale und assoziative Konnotationen haben. Durch den Gebrauch dieser Begriffe kann man Gewalttätigkeit induzieren („Sprachgewalt").
- Viele Begriffe induzieren die Verknüpfung zu anderen Begriffen, zum Beispiel eine Ablehnung. Damit behindern sie eine objektive oder personenindividuelle Bewertung.[160]
- Die Sprache kann durch sprachliche Ästhetik verführen. Mit einer ästhetisch und emotiv ansprechenden Sprache (z.B. Meisterwerken der Literatur, der Redekunst) kann man an sich negativ rezipierte Inhalte (z.B. Gewalttätigkeit) mit der positiven Rezeption einer sprachlichen Verkleidung übertünchen. Durch eine verführerische Verkleidung können gewalttätige Inhalte begehrenswert gemacht werden.
- Sprachlich formulierte kollektive Vereinbarungen zur Verhinderung von Gewalttätigkeit können durch sprachliche Manipulation umgangen werden (hauptsächlich durch die Verwendung von Synonymen und Attributen).

---

158 Wörter wie „schlagendes Argument", „wortgewaltig", „wie ein Schlag ins Gesicht" deuten intuitiv auf diesen Zusammenhang zwischen Handlungen und Sprache hin.

159 Nietzsche warf in seiner drastischen Art der Sprache vor, dass sie der Realität Gewalt antue, indem sie Nicht-Gleiches gleich setze und somit die Mannigfaltigkeit der Welt gewalttätig zerstöre.

160 Ein Beispiel ist der sich in agglutinierenden Sprachen einstellende Effekt, dass die Verschmelzung von zwei Wörtern durch fälschlichen Analogieschluss vielfach eine Bewertung impliziert. So sagt „ein Kind mit Problemen" lediglich aus, dass das Kind mit Problemen behaftet ist (z.B. Probleme des Elternhauses oder der Armut) und erregt eher Mitleid. Die Wortverschmelzung „Problemkind" wird hingegen tendenziell in dem einseitigen und negativen Sinne verstanden, dass das Kind (aus eigener Schuld) Probleme verursacht. Bezeichnet man also einen Bären, der das Problem hat, sich in eine vom Menschen exklusiv beanspruchte Gegend verirrt zu haben, als „Problembär", so würde dies ausreichen, um seinen Abschuss zu rechtfertigen.

10.2.2 Kopernikanische und ptolemäische Weltanschauungen

Der Mensch ist das Maß aller Dinge.

(Protagoras von Abdera, -5. Jh.)

Grandiose Ideen kosten zahllose Opfer.

(Wolfgang Sofsky, 1996.)

Für die folgenden Betrachtungen wird hier ein metaphorisches Begriffspaar vorgeschlagen, welches für die Beurteilung der Gewaltträchtigkeit von Weltanschauungen von Nutzen sein kann. Eine ausführlichere Darlegung dazu findet sich in meinem Buch „Back to Ptolemaism – To Protect the Human Individual from Abuses of Social Constructs" (2012).

Bekanntlich hat Nikolaus Kopernikus im 16. Jh. ein bereits in der Antike postuliertes astronomisches Modell mit den Erkenntnissen seiner Zeit aktualisiert, das zur Beschreibung der Bewegung der Planeten die Sonne als Nullpunkt des Koordinatensystems annimmt („heliozentrisches Modell").[161] Damit konnte man in der Folge die Bewegung der Himmelskörper des Sonnensystems einfacher und genauer beschreiben, als mit dem bis dahin gebräuchlichen Modell des Klaudios Ptolemaios aus dem 2. Jh., der in seinem Bewegungsmodell die Erde als Nullpunkt der Himmelbewegungen angesetzt hatte („geozentrisches Modell").

Das heliozentrische Modell ist für die Beschreibung der Umlaufbahn des Mondes nach wie vor umständlicher als das geozentrische und selbst für die Beschreibung der gegenseitigen Lageveränderungen zwischen der Erde und der Sonne ist es nicht „wahrer". Denn im Grunde drehen sich der Erdplanet Mond, die Sonnenplaneten und die Sterne weder um die Erde, noch um die Sonne, sondern allesamt verändern kontinuierlich ihre gegenseitige Lage. Mittels des mathematischen Verfahrens der „Koordinatentransformation" kann man Bewegungsgleichungen, die auf ein bestimmtes Koordinatensystem bezogen sind, in solche eines anderen Koordinatensystems überführen, ohne an Wahrheitsgehalt zu verlieren. Was man gewinnt, ist eine Einsparung an Rechenaufwand.

Das kopernikanische Modell hat sich bekanntlich (gegen anfänglichem Widerstand der katholischen Kirche) im Verständnis der Himmelskörperbewegungen durchgesetzt, nach dem Motto, „wenn vereinfachender, dann wahrer". Dem liegt die menschliche Tendenz zugrunde, die Gefühls- und Wahrnehmungswelt vereinfachende Gedankenkonstrukte als „wahrer" darzustellen. Luhmann nannte dies ein „Streben nach Reduktion von Komplexität". Diese „kopernikanistische Denkweise", ist wohl so alt wie die Menschheit.

- Der Mensch hat mit dem **Ackerbau und der Viehzucht** gelernt, dass er sich die Naturwelt zunutze machen kann, wenn er interessierende Aspekte fördert und störende unterdrückt. Die Züchtung von Nutzpflanzen; die Ausrottung von Wildtieren; die Züchtung, Domestizierung und Kastrierung von Haustieren; das Roden; die Begradigung von Flussläufen, die Umwandlung von Mischwäldern in Nutzholzwälder sind Beispiele „kopernikanistischer" Eingriffe des Menschen in die Natur für materielle Optimierungszwecke des Menschen. All dies erzielt der Mensch durch „vereinfachende" Eingriffe, um Aspekte der natürlichen Vielfalt im eigenen Interesse zu priorisieren und andere zurückzudrängen..

- Die Vorsokratiker haben das „kopernikanistische" Streben nach der „großen gedanklichen Vereinfachung" in die **Philosophie** eingeführt. Der Weg den die meisten griechischen Philosophen eingeschlagen haben, war der **Reduktionismus**, der Glaube, dass Systeme durch ihre Einzelbestandteile restlos erklärbar sind. Der Vorläufer war Thales von Milet (um -600) mit seiner Theorie „Alles ist Wasser". Die Weiterentwicklung dieses „Kopernikanismus von unten" hatte für die Wertschätzung des Individuums an sich keine negativen Auswirkungen, denn eine Vergöttlichung des Wassers ist nicht zustimmungsfähig. Weit gefährlicher war der Ansatz des **Holismus**, das heißt der Glaube, dass die Einzelteile eines Systems durch die Eigenschaften des Systems restlos erklärbar seien. Dieser „Kopernikanismus von oben"glaubt an übergeordnete Gesetzmäßigkeiten oder Entitäten, die u.a. das Individuum beherrschen. Der Begründer dieses Ansatzes war Anaximenes von Milet, ein Zeitgenosse und Mitbürger des Thales. Er vertrat die Idee, dass der Kosmos von einer substanzartig überall verbreiteten „ausgleichenden Gerechtigkeit" beherrscht werde. Der erste, der mit seiner Aussage „alles ist Musik" die Theorie vertrat, dass das kosmische Gesetz arithmetische Eigenschaften habe, war Pythagoras. Er legte damit richtungsweisende Weichen zu einer holistischen Kopernikanisierung der Philosophie, die über den Platonismus zu einer Vergöttlichung von Gedankenkonstrukten geführt hat, die das Individuum zu einem stümperhaften Plagiator degradierten.

- Parallel zur Reduktionismus/Holismus-Debatte, d. h. ob die vereinfachende Erklärung von oben oder von unten möglich ist, fand in der Wissenschaftstheorie die Debatte statt, ob die Naturgesetze dem Prinzip der Einfachheit oder

---

161 Die „heliozentrische" Theorie war bereits im Alten Indien (-8. Jh.) und dann in der griechischen Antike von Aristarchos von Samos (- 3. Jh.) und Seleukos von Seleukeia (-2. Jh.) vorgeschlagen worden, hatte sich aber gegen die „geozentrische" Theorie des Hipparchos von Nicäa (-2. Jh) und Klaudios Ptolomaios (2. Jh.) nicht durchsetzen können.

dem Prinzip der Vielfalt folgen. Bis in das Mittelalter hinein überwogen die Verfechter des Prinzips der Einfachheit (u.a. Wilhelm von Ockham mit seinem „Rasiermesser"). Unter den prominenten ´Verfechtern des Prinzips der Vielfalt waren in der Neuzeit Leibniz und Kant.

- Zu Beginn der Neuzeit war es Galileo Galilei, der mit einem „kopernikanistischen" Ansatz die **quantifizierende Naturwissenschaft** begründet hat. Er griff die Idee des Pythagoras auf, dass Verhältniszahlen das Regulativ der Natur seien und bewies anhand des Fallgesetzes erstmals, dass das Verhalten der Natur mit mathematischen Formeln beschrieben werden kann. Husserl (1969) nannte diesen Schritt als eine „mathematisierende Umdeutung der Natur". In Wirklichkeit hat Galilei das Verfahren eingeführt, einen Teilaspekt der Erfahrungswelt zu einer Reinform zu abstrahieren, die in der Natur nicht vorkommt: weder der ideale „freie Fall" kommt in der Natur vor, noch ist die Gravitationskonstante eine Konstante, noch gibt es einen luftleeren Raum. Galileo entdeckte also die Gesetzmäßigkeit einer idealisierten Natur, die desto mehr in Erscheinung tritt, je mehr man in die Natur eingreift, um „störende" Gesetzmäßigkeiten zu eliminieren. Die wissenschaftliche Forschung macht Teildeterminanten der Erscheinungswelt voraussagbar, die jedoch in der realen Welt niemals allein wirksam sind. Naturgesetze sind „idealisierte Kausalitäten" (Husserl, 1969). In diesem Sinne sind wissenschaftliche Laboreinrichtungen „kopernikanistische" Anlagen, in denen mit großem Aufwand die Natur punktuell „vereinfacht" wird, indem man so weit wie möglich „störende" Aspekte beseitigt, um den interessierenden Teilaspekt der Natur beobachten zu können. Sie stellen einen Zustand her, den es in der „freien" Natur meist gar nicht gibt.

- Auch die **Technik** besteht im Wesentlichen darin, die für ein menschliches Ziel (z.B. eine Rollbewegung für Transportzwecke) störenden Aspekte der natürlichen Welt (z.B. Unrundheit, Reibung) punktuell so weit wie möglich zu beseitigen und durch andere zu ersetzen (z.B. Glattheit, Rundheit, Anwesenheit von Schmierstoffen). Die Technik beruht auf punktuellen kopernikanistischen Eingriffen des Menschen in die Natur, um materielle Optimierungen zu erwirken. Durch größtmögliche Beseitigung von Reibung und Unrundheiten an einem Objekt „Rad" erzielt man eine Energie sparendere Fortbewegung. Keinesfalls beabsichtigt dabei die Technik, die punktuellen Störfaktoren als solche generell auszugrenzen oder sogar aus dem Universum zu verbannen.

All diese **kopernikanistischen Eingriffe des Menschen in die Natur** haben zweifelsohne zu einer Steigerung des Wohlbefindens geführt und der möglichen Besiedelungsdichte beigetragen. Sie sind wesentliche Elemente dessen, was man unter „materieller Kultur" versteht. Menschliche Individuen sind durch den auf die materielle Umwelt angewandten Kopernikanismus in ihrer Würde und in ihren Menschenrechten nicht verletzt worden. Die „Opfer" waren bisher die Tiere, Pflanzen und die Umwelt. Erst mit der Zuspitzung der Umweltbelastung beginnt die Kehrseite auf die Menschen zurückzuwirken, die entsteht, wenn man in die Natur zur Maximierung eines Teilaspekts, zu Lasten eines anderen, eingreift.

Die Erfolge bei den kopernikanistischen Eingriffen in die Natur haben zur kritiklosen Anwendung des Kopernikanismus auf auch zwischenmenschliche Belange geführt (auf Ideen und Gesellschaftsformen) und das Kriterium angewendet, „wahr und gut ist, was vereinfacht und gleichschaltet".

- Die anthropomorphen **Religionen** sind tendenziell einem „kopernikanistischen" Streben des Vereinfachens der Gefühls- und Gedankenwelt gefolgt. Mit einer Schöpfungsgeschichte und einem menschenähnlichen Gott lässt sich so manches einfacher erklären. Viele Religionen haben ihren Kopernikanismus dahingehend überzogen, dass sie das Individuum zu Sklaven „geknechteten Willens" gemacht haben, das ein Spielball transzendentaler Ziele, Normen und Willensbildungen ist.

- Die von Platon initiierte und schließlich von Hegel ins Extreme getriebene **Vergöttlichung des Staates** ist ein kopernikanistischer Exzess, der ein menschliches Sozialkonstrukt über den Menschen setzt.

- Die totalitären Ideologien wie **Marxismus** und **Nationalismus** sind ebenfalls kopernikanistische Exzesse, indem sie eine bestimmte Gesellschaftsschicht bzw. eine Nation zu „auserwählten" deklarieren und nur ihnen das Existenzrecht zusprechen. Dutzende von Millionen von Menschen haben im 20. Jh. als Kanonenfutter in Machtkämpfen zwischen Klassen und zwischen Nationen ihr Leben verloren.

- Die wissenschaftsgläubigen Scientismen wie **Rassismus, Eugenik und Sozialdarwinismus** sind Aufforderungen zu kopernikanistischen Eingriffen in die menschliche Gemeinschaft, welche die physische Eliminierung von Individuen zum Ziel haben, die realen oder vermeintlichen Eigenschaften einer realen oder vermeintlichen Majorität nicht entsprechen. Millionen von Menschen wurden im 20. Jh. in KZ's und Gulags unter unmenschlichen Bedingungen eingepfercht und zum Teil industriemäßig umgebracht.

Das, was die Anwendung des Kopernikanismus auf das Zwischenmenschliche zu einem menschlichen Konstrukt macht, der sich gegen den Menschen richtet, ist der Mechanismus, dass einem Teil der Menschheit die Gleichberechtigung und sogar das Koexistenzrecht verweigert wird, um einem anderen Teil der Menschheit die Mühe des Denkens, des Tolerierens, des Kompromisses und –last not least- des Teilens der Ressourcen zu ersparen. Die egoistische Zielrichtung ist dabei, ein bestimmtes Sozialkonstrukt (die auserwählte Nation, die auserwählte Rasse, die allein wahre Religion, die sexuelle Neigung der Mehrheit u.s.f.) zum einzig wahren und würdigen Idealzustand zu deklarieren.

- Wenn man das zur Anwendung des Kopernikanismus in der Technik erwähnte Beispiel der Herstellung von Reibungslosigkeit als Metapher verwendet, besteht die Ausdehnung des Kopernikanismus auf das Zwischenmenschliche darin, dass man allen „reibungsbehafteten" und „unrunden" Menschen eine Minderwertigkeit zuspricht oder ihnen sogar das Koexistenzrecht verweigert und sie in streng bewachte „Abfalllager" „entsorgt". Kein Wissenschaftler oder Techniker hat je behauptet, dass Reibung als solche schlecht und aus dem Universum zu bannen sei. Wohl aber sind Gewaltprediger aufgetreten, die beispielsweise behauptet haben, dass Personen bestimmter Religion, Ethnie, Gesellschaftsschicht oder sexueller Neigung schlecht seien und dass die Gesellschaft davon zu „säubern" sei.

- **Martin Heidegger** erklärte nach all den unsäglichen Megamorden des 3. Reichs im Jahre 1949, dass die Konzentrationslager mit mechanisiertem Ackerbau gleichzusetzen seien. Er erkannte dabei, dass es sich in beiden Fällen um kopernikanistische („vereinfachende") Eingriffe gehandelt hat. Sein ganz auf bequeme, große Vereinfachungen ausgerichteter philosophischer Geist hat aber nicht ausgereicht, um zu erkennen, dass man auf Zwischenmenschliches nicht dieselben Denkmuster anwenden kann und soll, wie auf den Kartoffelanbau.

- **Norbert Elias** (1939) hat sich mit der Extrapolation des Kopernikanismus von der Naturwissenschaft auf das Zwischenmenschliche auf eine andere Art befasst. Er hat beobachtet, dass das Verlassen des geozentrischen Weltbilds mit einer Veränderung in der Selbsterfahrung des Menschen einhergegangen ist. Der Mensch habe seine „unreflektierte Selbstzentriertheit" verlassen müssen, sich „im Denken von sich selbst distanzieren" müssen, sich eine „größere Selbstkontrolle sowie Affektkontrolle" und eine mehr „sachbezogene" als „selbstbezogene" Denkweise aneignen müssen, um ein Weltbild zu entwickeln, das mit den „beobachteten Tatsachen besser übereinstimmte". Aus dieser stärkeren „Selbstkontrolle", „Zurückhaltung des spontanen Gefühls" und „Distanzierung des Denkenden von den Objekten" sei ein „zivilisatorischen Schub" entstanden. Die Zivilisationsentwicklung sei ein weder rationaler noch irrationaler Vorgang; er werde blind in Gang gesetzt und durch Eigendynamik blind in Gang gehalten. Es ist ein tragisches Paradoxon, dass Norbert Elias aus seiner Theorie des Zivilisierungsprozesses die schrecklichen Rückfälle wie Demozide völlig ausgeklammert hat und dass dann in der Folge er selbst und seine Eltern Opfer der Entartung solcher Entfremdungsprozesse der Individuen geworden sind.[162] Die Idee, dass psychische und soziale Entwicklungen abgewendet werden müssen, welche sie sich gegen die Individuen wenden, war ihm fremd. Auch in seiner 64-seitigen Einleitung zur Neuauflage von 1968 hat er die schrecklichen Zivilisationseinbrüche nicht erwähnt, die seit der 1. Ausgabe stattgefunden hatten und er hat auch keine Notwendigkeit von Eingriffen in die Sozialkonstrukte erwähnt. Zu groß war seine Ehrfurcht vor der von ihm entdeckten „vereinfachenden" Gesetzmäßigkeit des Zivilisierungsprozesses, die er in kopernikanistischer Art zu einem absoluten Gesetz erhob, dem man fatalistisch freien Lauf lassen müsse.

- **Heinrich Popitz** (1986) nannte die Eingriffe des Menschen in die Objektwelt „technisches Handeln". Da die Grenzen der Effizienzsteigerungsmöglichkeiten offen seinen, sei auch die potenzielle Gefährlichkeit des Menschen für den Menschen prinzipiell offen. Dies gilt nicht nur für Zerstörungswaffen, sondern auch für soziale Konstrukte.

- Einer der modernen Denker, die den inhärenten Drang der Sozialkonstrukte (der hegemonischen Sozialstrukturen und der kulturellen Errungenschaften) zur Vereinheitlichung mit den sich daraus ergebenden gewalttätigen Implikationen sehr klar erkannt haben, ist **Wolfgang Sofsky** (1996).

Im „kopernikanistischen" Ansatz ist die „Vereinfachung" eines Sozialkonstrukts (einer Ideologie, einer Gesellschaftsform) wichtiger als der Mensch. In Abwandlung einer alttestamentarischen Redewendung kann man sagen, dass im Kopernikanismus der Mensch zum Götzendiener wird, der das Werk seines eigenen Geistes anbetet. Wie beim Baal-Kult führt dies dazu, dass Menschenleben für die Erwirkung erfundener Gedankenkonstrukte geopfert werden. Man könnte auch sagen, dass der auf die Lebenswelt ausgedehnte Kopernikanismus für die Optimierung eines Teilaspekts des Lebens eines Teils der Menschheit, die Zerstörung des gesamten Lebens eines anderen Teils der Menschheit in Kauf nimmt.

Für das menschliche Individuum sind „Vereinfachungen" der Wahrnehmungswelt kein Selbstzweck, sondern nur Teilzwecke. Der absolute Hauptzweck ist und bleibt, dass ausnahmslos allen Menschen ein bestmögliches und naturgemäßes irdisches Leben ermöglicht wird. Zum menschlichen Leben gehören bekanntlich auch:

- animalische Komponenten (die nicht „vereinfacht" werden können und sollen)
- „unvernünftige" Komponenten
- Freiräume des individuellen menschlichen Willens, um auch Handlungen durchzuführen, die nicht auf eine größtmögliche Vereinfachung der Außenwelt abzielen
- die Freiheit, aus den sozialen Zwängen situationsweise auszubrechen, um bedarfsweise das Bewusstsein des eigenen Ichs aufzufrischen

Als „**ptolemäische Denkweise**" oder „**Ptolemäismus**"[163] sei im Folgenden jede Denkweise bezeichnet, die das menschliche Individuum in den Mittelpunkt stellt, mit allen damit verbundenen Komplikationen und Imperfektionen. Als „wahr" und „gut" wird dabei nur das betrachtet, was für jedes Individuum das irdische Leben bestmöglich gestaltet. Seit der Antike hat es eine Reihe von „Ptolemäern" gegeben, welche

---

162 Die Mutter von Norbert Elias, Sophie Elias, ist in Auschwitz umgekommen, einer verbrecherisch „kopernikanischen" Einrichtung, die den Zweck hatte, durch Eliminierung von nicht majoritätischen Kollektiven die Bevölkerungsstruktur des 3. Deutschen Reichs zu „vereinfachen".

163 Eigentlich wäre „Protagoraismus" die korrektere Bezeichnung, denn es war Protagoras der im -5. Jh. als erster formulierte „Der Mensch ist das Maß aller Dinge", aber die Bezeichnung „Ptolemäismus" ist wegen des Gegensatzes zu „Kopernikanismus" plakativer.

für die Rückbesinnung auf den Einzelnen eingetreten sind. Hier nur einige Beispiele zur Veranschaulichung dieses Gedankens:

- Die Lehren von **Konfutse, Laotse und Buddha** sind im hohen Maße „ptolemäisch".
- Mit seiner These „Der Mensch ist das Maß aller Dinge"(„Homo-Mensura-Satz") war **Protagoras** (-5. Jh.) ein vorsokratischer „Ptolemäer" der versucht hat, dem ausufernden Kopernikanismus der Philosophen seiner Zeit entgegenzuwirken.
- Schon **Aristoteles** wies auf den Konflikt zwischen dem biologischen Leben des Einzelnen und seinem politischen Leben als Staatsbürger hin.
- Das **römische Recht** war in hohem Maße ptolemäisch, indem es die Rechte des Individuums vor Übergriffen des Kollektivs schützte.
- Die **christliche Religion** ist eine ptolemäische Aufweichung der jüdischen Religion. Sie hat indes wesentliche kopernikanistische Elemente der jüdischen Lehre und der griechischen Philosophie beibehalten.
- Der britische oder irische Mönch **Pelagius (Morgan)** (um 400) unterlag gegen den Heiligen Augstin im Lehrmeinungsstreit über den freien Willen: Er vertrat in ptolemäischer Weise die These (auf keltische Tradition fußend), dass der Mensch sich aus eigenen Kräften gegen das Böse durchzusetzen und die Gnade Gottes erringen könne.
- **Pico della Mirandola** hob in der 2. H. des 15. Jh. die Würde des Menschen hervor, die darin bestünde, dass Gott ihn in das Zentrum der Welt gestellt habe, ohne ihn festzulegen, wodurch er sein Sein, zwischen Tier und gottähnlichem Wesen, selber wählen könne. Das von seinem Neffen posthum veröffentlichte Werk hat den Titel: „De homini dignitate" (Von der Menschenwürde).
- **Erasmus von Rotterdam** plädierte für das Primat des realen Lebens (mit all seinen „Torheiten") vor den gedanklichen Konstrukten.
- Die Kulturbewegung des „Rinascimento" (italienisches Wort für „Wiedergeburt", im deutschen Sprachraum mehr unter der französischen Übersetzung „**Renaissance** bekannt) war eine ptolemäische Reaktion auf den theologischen Kopernikanismus des Mittelalters, der den Menschen auf die Befolgung strenger übermenschlicher Normen eingeengt hatte. Man wollte auf die Errungenschaften der Antike wieder aufsetzen, welche auf vernunftsbezogene Überzeugung statt auf mystischen Zwang setzten und die sinnlichen Freuden des Lebens bejahten. Hier entstand der Begriff des „**Humanismus**".
- **René Descartes** machte einen Anlauf für eine Ptolemäisierung der Philosophie, indem er den Ursprung des Koordinatensystems zur Bewertung der Erfahrungswelt von Gott in den Menschen verlagerte (sein „cogito ergo sum" bedeutet letztlich „allein das menschliche Ich ist das Zentrum jeder Sinngebung"). Bei seinen weiteren „Meditationen" hat er jedoch den Nullpunkt des Koordinatensystems wieder aus dem menschlichen Individuum ausgelagert, indem er die körperliche Komponente davon ausklammerte und das „Ego" mit der „reinen Seele" identifizierte, welche einer „metaphysisch transzendentierenden Erkenntnis" (Husserl, 1969) der Objektwelt fähig sei
- **Immanuel Kant** ist einer der wenigen „ptolemäischen" Philosophen der Neuzeit, welche das menschliche Individuum zum Maß aller Dinge gemacht haben. Für ihn war jeder Mensch ein Selbstzweck. Er blieb jedoch im Bann der ontologischen Dichotomie zwischen Verstand und Wirklichkeit, deren wahrheitsgetreue Wiedergabe man durch „Polieren am Spiegel Verstand" (Richard Rorty) perfektionieren könne.
- **Cesare Beccaria** trat für eine humanere Bestrafung selbst inhumaner Verbrecher ein. Damit stellte er das Empfinden jedes Individuums (auch keines Verbrechers) über das Anliegen von Kollektiven, eine verbrecherfreie Welt herzustellen bzw. für Verbrechen kollektive Rache zu verüben.
- **Edmund Husserl** war einer der größten „Ptolemäer" des 20. Jh. Er sprach von einer „Sinnkrise der Moderne", die darin bestehe, dass die Wissenschaft, durch die Eliminierung des Subjekts aus ihrem Bereich des Forschens, den Bezug zum Leben (die Lebensbedeutsamkeit) verloren und die Philosophie sozusagen enthauptet habe (Husserl, 1936).
- Ein großer „Ptolemäer" der zeitgenössischen Philosophie war der US-amerikanische Philosoph **Richard Rorty**. Er wandte sich gegen Manie, aus Mannigfaltigkeit Vereinfachungen herstellen zu wollen, statt Wahrheit solle man Freiheit anstreben, die auch darin bestehe, durch ironisches Hinterfragen sich der Kontingenz des eigenen Vokabulars bewusst zu machen.

Es gibt einige Begriffe, die mit dem hier vorgeschlagenen Begriff „Ptolemäismus" verwandt sind:

- Unter **Humanismus** versteht man eine Weltanschauung, die sich an den Interessen, den Werten und der Würde insbesondere des einzelnen Menschen orientiert (Wikipedia, deutsch, 28.08.08). Ptolemäismus ist ein Schlagwort und ein Kriterium, mit dem das humanistische Anliegen explizit dadurch sichergestellt werden soll, dass der „homo" vor Übergriffen der Sozialkonstrukte geschützt wird. **Ptolemäismus ist ein Humanismus, der die Komplexität und Vielfalt der Individuen vor den Vereinfachungsbestrebungen von Sozialkonstrukten schützt.**
- Unter **Individualismus** versteht man eine Weltanschauung, die das Individuum gegenüber den Kollektiven in den Vordergrund stellt (Wikipedia, deutsch, 28.08.08). Der Ptolemäismus ist ein Schlagwort und ein Kriterium das auch den Individualismus unterstützt. Egoistische Ausprägungen des Individualismus wie Unterordnen jeglichen kollektiven Zieles unter dem persönlichen Ziel bis hin zum Negieren des Wertes der Nächstenliebe, haben mit dem Ptolemäismus nichts gemein, dem es primär um das Gemeinwohl aller Menschen geht und die „Opferung" keines Individuums akzeptiert.
- Eine für das Individuum gefährliche Einstellung, die im Individualismus vielfach anklingt, ist die reduktionistische Aussage, dass Kollektive keine Entitäten sind, sondern nur die Summe der Individuen. Diese Einstellung verkennt die emergenten Eigenschaften der Kollektive, die sich gegen die Individuen wenden können und sogar zu Menschenopfer fordernden Molochen entarten können. Gerade davor hat der ptolemäische Ansatz ein besonders wachsames Auge.

- Zentrale Schlagwörter des **Existenzialismus** sind: „Die Existenz geht der Essenz voraus" und „Der Mensch ist nichts anderes als sein Leben". Der existentialistische Humanismus verstand das Individuum nicht in sich selbst eingeschlossen, sondern „in einem menschlichen Universum gegenwärtig" (Sartre). Dies deckt sich mit dem ptolemäischen Ansatz, der das Primat des irdischen Lebens jedes Individuums jeglichem Vereinfachungsstreben von Sozialkonstrukten voransetzt. Der Existenzialismus hat sich bald in ontologischen Fragestellung Heidegger'scher Prägung verlaufen, wie die nach dem Sein, Seienden, Für-Sich, An-Sich, Gegen-stand, Nichts, Absurdität, Marxismus und dergleichen.

Ptolemäismus und alle sinnverwandten Begriffe wie Humanismus und Menschenrechte priorisieren letztlich die Evolutionsstufe „Mensch" (die sich alle untergeordneten Evoltionsstufen wie die biliogischen Organismen als seine „Untertanen" wähnt) vor der übergeordneten Evolutionsstufe „Sozialkonstrukte". (Staat, Religionen etc.). Für diese der Evolutionsrichtung gegenläufige Wertung gibt es keine rationale Begründung, sie ist eine willkürliche Festlegung, die dem Erhalt der Wesenart einer bestimmten Spezies (Homo sapeines sapiens) einer bestimmten Evolutionsstufe gilt. Abstrakt betrachtete handelt es sich um Sozialkonstrukte, die das menschliche Individuum vor Exzessen anderer Sozialkontrukte schützen.

- **H. Joas** (2011) hat in einer Monographie dargelegt, dass die globale Etablierung Menschenrechte weder direkt aus der christlich-jüdischen Religion, noch aus der Aufklärung abgeleitet werden kann, sondern das Ergebnis eines langwierigen kulturellen Prozesses ist, den er „Sakralisierung der Person" nennt. In der Terminologie des vorliegenden Buches kann seine Aussage dahingehend formuliert werden, dass es sich bei den Menschenrechten um ein historisch gewachsenes Sozialkonstrukt handelt, dessen Quintessenz nicht auf rationale Elemente reduziert werden kann, sondern auf dem Postulat der Priorisierung des Individuums beruht.

10.2.3 Religionen und Kollektivgewalttätigkeit

GLAUBEN BEDEUTET, DIE DINGE SO ZU WOLLEN, WIE SIE NICHT SIND,
DIES STELLT EINE GEWALTTÄTIGKEIT DAR.

(Emanuele Severino, 1979)

GLAUBE BESCHEIDET SICH NICHT DAMIT, DIE WELT ZU ERKLÄREN,
ER WILL SIE NACH SEINEM BILDE UMFORMEN.

(Wolfgang Sofsky, 1996)

DIE RELIGION LIEFERT DANN ZUSÄTZLICHES ÖL FÜR EIN FEUER,
DESSEN AUSGANGSBRENNSTOFF NICHT VON IHR STAMMT.

(Gunnar Heinsohn, 2006)

Wie die obigen Aphorismen andeuten, gibt es zum Verhältnis der Religionen mit der Kollektivgewalttätigkeit gegensätzliche Meinungen. Dieses Kapitel soll plausibilisieren, dass dieses Verhältnis vielschichtig ist, dass viele Religionen zur Anfachung kollektiver Gewalttätigkeit missbraucht werden können, wenn andere (meist demografische) Ursachen wirksam sind.

Die Religion ist vermutlich die älteste Form von Weltanschauung. Als Systeme von Glauben, Vorurteilen, Ritualen, Werten und ethischer Normen, die unter Einbindung von Sprache und Vernunft aufeinander abgestimmt sind, bieten Religionen den Individuen einen vereinfachenden mentalen Erlebnisraum, eine Handlungssicherheit sowie kollektive Unterstützung und Beschützung. Im Kollektiv erzeugt die von einer Religion bewirkte Gleichschaltung der Werte, Erwartungsmuster und Handlungen der Individuen eine friedensstiftende Wirkung sowie eine Ausrichtung auf die Zwecke des Kollektivs. Jede Religion folgt im Grunde einem „kopernikanistischen" Ansatz.

Religionen wurden ab der 1. Hälfte des -1. Jh. zu einem fundamentalen Faktor der Definition und Kohäsion von Kollektiven gemacht, um diese im Inneren zu befrieden. Nach außen haben die Religionen Kollektive indes gegen andere abgegrenzt und die Konfliktualität erhöht. Die Religionen haben im Laufe der Geschichte also sowohl eine friedensstiftende als auch konfliktfördernde Auswirkung gehabt.

Im Folgenden werden die wichtigsten Religionen unter dem Aspekt betrachtet, in wieweit sie im „kopernikanistischen" Streben nach Gleichschaltung und bedingungsloser Unterwerfung unter das Kollektiv zur Motivation kollektiver Gewalttätigkeit missbrauchbar waren oder missbraucht worden sind.

Der im Kapitel 8 vorgestellte Gleichschritt der Häufigkeit kollektiver Gewalttätigkeit mit dem Bevölkerungswachstum, unabhängig von den diversen Religionen der sich in den Jahrhunderten ablösenden Hauptakteure, widerlegt an sich die verbreitete Ansicht, dass Religionen die Hauptursache der kollektiven Gewalttätigkeit seien. Mehr als Ursachen sind sie Mitwirkende der Kollektivgewalttätigkeit.

- Die jüdischen Kollektive sind nach ihrer gewaltsamen Landnahme, trotz der extremen Intoleranz ihrer Religion, so gut wie nie als proaktive Gewalttäter aufgetreten. Andere Kollektive mit im Prinzip weniger gewaltträchtiger Religion haben sich indes zu kollektiver Gewalttätigkeit gegen Subkollektive jüdischen Glaubens hinreißen lassen.
- Die Griechen und Römer hatten, wie unten beschrieben wird, keine zur kollektiven Gewalttätigkeit animierenden Religionen, trotzdem hat die Gewalttätigkeit bezogen auf die Einwohnerzahl im -4. und -3. Jh. das höchste Niveau der Geschichte erreicht. Es wurden augenscheinlich andere, nicht religiöse Motivationen herangezogen, um die aus einer Überbevölkerung entstandenen kollektiven Aggressionen zu entfalten, darunter ein überzogenes Selbstbewusstsein und ein Mangel an politischer Kompromissbereitschaft.
- Die germanischen Stämme der Völkerinvasionszeit haben den Großteil ihrer Aggressivität mit einer kaum zur kollektiven Gewalttätigkeit animierenden Religion ausgelebt; nach ihrer Konvertierung zum Christentum hat ihre territoriale Aggressivität kaum nachgelassen (Vandalen, Goten und Franken haben nach ihrer Konvertierung zum Christentum reichlich nachgelegt).
- Die großen kollektiven Verbrechen des Nationalsozialismus und des Kommunismus wurden von atheistischen Ideologien getragen. Daraus könnte man schließen, dass ein Mangel an Religiosität zu noch gewalttätigeren Folgen führen kann als jede noch so aggressive Religion.
- Die meisten Rollenträger des Nationalsozialismus waren christlicher Religion, was sie nicht von der Kollaboration an den Verbrechen abgehalten hat. Daraus könnte man schließen, dass in der Metapher von Jochim Fest die Religion „ein dünner Zaun ist, der jederzeit einbrechen kann".

Man könnte an dieser Stelle argumentieren, dass man sich das Eingehen auf mehr oder minder Gewalttätigkeit induzierende Aspekte der einzelnen Religionen sparen könne. Dem kann man indes entgegen halten, dass in allen Epochen die jeweiligen Religionen zur Abgrenzung der Kollektive, zum Ausbau der Feindbilder und zur ideologischen Rechtfertigung des eigenen Unrechts missbraucht worden sind. Selbst so harmlose Religionen wie der anthropomorphe Polytheismus der Griechen, Römer und Germanen oder das „Liebe Deinen Nächten wie Dich selbst" des Christentums, haben ihre Gläubigen nicht davon abgehalten, den „Anderen" (wobei die Religion eine starke Definitionskomponente der Andersartigkeit war) den eigenen kollektiven Egoismus gewalttätig aufzuzwingen.

Die potenzielle Nähe der Religionen zur Kollektivgewalttätigkeit besteht weniger im Inhalt ihrer Botschaften als in ihrer Missbrauchbarkeit für die intolerante Abgrenzung von Kollektiven. Mit wachsender Bevölkerungsdichte können die kategorisch trennenden Aspekte der Religionen und besonders ihre folkloristischen, die Absonderung zusätzlich betonenden Überwucherungen, immer mehr zu gewalttätigkeitsfördernden Resonanzböden („Brandbeschleuniger") werden.

Die folgenden Ausführungen sollen also dazu dienen, das Verhältnis verschiedener Religionsformen mit der kollektiven Gewalttätigkeit zu eruieren und vor allem zu untersuchen, inwieweit sie dazu Resonanzböden bieten, die es abzudämpfen gilt.

Aus seiner ausführlichen Analyse des Verhältnisses von Christentum, Judentum, Islam und Buddhismus zur Kollektivgewalttätigkeit hat J. W. Frost (2004) folgende Schlussfolgerung gezogen: „Die Religion, die im Verlauf der gesamten menschlichen Geschichte eine mächtige Kriegswaffe gewesen ist, kann im besten Fall auch eine Friedensresource einzigartiger Bedeutung sein."

10.2.3.1 Die naturalistischen Religionen und Kollektivgewalttätigkeit

A) Die Religionen der Vorgeschichte und Kollektivgewalttätigkeit

Es war vor allem die Furcht, die die Götter zur Welt gebracht hat.

(P. Papinius Statius, 1. Jh.)

Die untersten Substrate der Religionen stammen aus der Steinzeit. Aus jener Epoche stammen die überaus stark beleibten weiblichen Statuetten, die nach neuesten Theorien Beschwörungsriten der Fruchtbarkeit in der durch die einbrechende Eiszeit sich zuspitzende Ernährungsnotlage dienten. Es war auch eine Epoche, in welcher der Mensch in der ständigen Angst eines von Wildtieren Gejagten gelebt hat. Zu den ältesten religiösen Riten gehören deshalb die **Opferrituale,** welche nach Barbara Ehrenreich (1991) in vieler Hinsicht einen Raubtierüberfall nachbilden.

Welche Art von Opferritualen wann und mit welcher Absicht entstanden sind und wer die Opfer waren, ist äußerst ungewiss. Mehrere Motivationskomponenten haben dazu beigetragen, dass daraus kulturelle Meme entstanden sind, die in mutierter Form noch in der Gegenwart stark verbreitet sind:

- •Es ist denkbar, dass anfänglich die Opfer Menschen gewesen sind, als möglicherweise von Raubtieren eingekreiste Kollektive ein Individuum den Raubtieren zum Fraß vorgeworfen haben, um des Rest des Kollektivs zu retten. Die griechische Mythologie hat viele Menschenopfer, die einem Ungeheuer zum Fraß vorgeworfen werden, um es zu beschwichtigen (z.B. Minotauros, Kronos).

- Vermutlich erst in einer zweiten Phase kamen „apotropische" (d. h. vorsorglich zur Abwendung von Unheil dargebrachte) Opfer auf. Diese konnten periodisch eingeplant werden und wurden somit zu einem Ritus. Auch hier überliefern griechische Mythen und die Bibel von Menschenopfern oder solchen, wo das menschliche Opfer im letzten Moment durch ein tierisches ersetzt wurde. Die römische Geschichte berichtet von vereinzelten Menschenopfer in großen Notlagen, die letzte im Jahre -114, bis im Jahre -97 im gesamten Herrschaftsgebiet verboten wurden.

- Eine Opferform, die bis in die Neuzeit in Indien gepflegt worden ist, war die Tötung der Witwen eines Verstorbenen, oder in der chinesischen Antike auch von Ministern eines verstorbenen Kaisers. Die Ilias hat derartige Einzelfälle tradiert.

- Die Herrscherkaste und die Priesterkaste fanden bald heraus, dass man mit Opfern die Bevölkerung einschüchtern konnte. Damit wurde Opferrituale zum politischen Instrument.

- Die hohe Anzahl von **Kinderopfern** in einigen Kulturen wie bei den Karthagern, kann man damit deuten, dass man dazu übergegangen ist, die Ritualopfer für die Regelung des Bevölkerungswachstum einzusetzen. Eine humanistische Großtat einiger jüdischer Propheten war, die Kinderopfer zu verbieten. Nach einer Theorie stellt der Ritus der Beschneidung die Reduktion von Menschenopfern auf eine relativ harmlose Ersatzhandlung dar, mit der man die blutrünstige Gottheit begnügen konnte.

- **Tieropfer** kamen erst mit dem Aufkommen der Viehzucht auf, denn es gibt für keine Epoche oder Kultur Hinweise für das Opfern von wilden Tieren. Skandalisiert wurden sie erstmals durch den Buddhismus.

- Das weltweit in den Mythen, Sagen und Legenden überlieferte Schema, bei denen ein Held die Bevölkerung von der Menschenfresssucht eines Ungeheuers befreit, gehören vermutlich in die Endphase des Gejagten-Daseins der Menschen, als sie gegen die Raubtiere sozusagen den Befreiungskrieg führten, der sie auf die oberste Stufe der Nahrungskette gebracht hat. Das am häufigsten vorkommende Untier, das bei diesem Endkampf fast weltweit tradiert wurde, ist der Drache („Wurm" in der germanischen Welt), so zum Beispiel bei den Babyloniern, Kanaaniten, Ägyptern, Hethitern, Juden, Griechen, Chinesen, Japanern, bis hin zu den Kelten (Wappentier von Wales, Loch Ness), den Germanen (Siegfried) und den christlichen Heiligenlegenden (Heiliger-Georg-Legende).

Der Altphilologe Walter Burkert (1972) hat durch eingehendes Studium antiker Quellen festgestellt, dass ein gesellschaftlich sanktioniertes Gewaltspektakel, bei dem die Zuschauer durch viel Blutfließen beeindruckt wurden, eine Konstante der altgriechischen Kultur gewesen ist, die Opfertötung sei das „Grunderlebnis des Heiligen" gewesen. Eine zusätzliche Absicht sei dabei gewesen, Solidarität im Kollektiv durch ein heiliges gemeinsames Verbrechen zu schaffen. So sei der „Homo religiosus" anfänglich ein **„Homo necans"** gewesen.

René Girard (1972) hat alle Religionen auf eine **Sakralisierung der Gewalttätigkeit** zurückgeführt. Um innerhalb der Kollektive die Gewalttätigkeit zu vermeiden, werde rituelle Gewalttätigkeit gegen Ersatzopfer ausgeführt; die stellvertretende Opferung befriedige ein natürliches Bedürfnis der Individuen nach Gewalttätigkeit und stelle sozusagen dafür ein Überdruckventil dar. Für Girard beruht jede Religion und sogar jede Gesellschaft auf der Gewalttätigkeit gegen Außenseiter oder gegen einen „Sündenbock", mit der Absicht, eine Befriedung zwischen den „Innenseitern" zu bewirken.[164] Im Kern besagt die These Girards, dass Religionen Gewalttätigkeit, sozusagen homöopathisch, in beschränkter Form anwenden oder sublimiert darstellen, um die gewalttätige Austragung von Konflikten zu vermeiden, deren Ursachen außerhalb des religiösen Bereichs liegen.

Sowohl Burkert als auch Girard, führen das Entstehen der Opferrituale auf genetische Veranlagungen des Menschen zurück; auch wenn man dies als unwahrscheinlich erachtet kann man kann ihren sonstigen Thesen trotzdem zustimmen, indem man diese gewalttätigen Verhaltensmuster in Kollektiven nicht auf biologische Gene, sondern auf kulturelle Meme zurückführt.

Die aus der Steinzeit und aus den Anfängen des Ackerbaus und der Viehzucht stammenden Opferrituale haben sich aller späteren ideologischen Überbauten zum Trotz bis in die Gegenwart in immer sublimierterer Form als religiöses Substart erhalten. Heute gibt es keine Menschenopfer mehr und nur noch im Hinduismus blutige Tieropfer. Schlachtungen mit streng ritualisierten Blutungen gibt es indes noch im Judentum und dem Islam. Im Christentum gibt es das Sakrament der Eucharistie, in dem vom Fleisch und Blut des Leichnams des Sohnes Gottes gegessen beziehungsweise getrunken wird, der auf Anweisungen des Gottvaters für die Menschheit geopfert hat.

Das in geschichtlicher Zeit vordergründig gewordene religiöse Element der Beschäftigung mit dem Leben nach dem Tode, ist vermutlich bereits während der Steinzeit aufgekommen. Schon der Neandertaler scheint an ein Leben nach dem Tode geglaubt zu haben, denn er stattete die Toten wie für eine Reise in ein anderes Land aus. In den Vordergrund ist dieser religiöse Aspekt wohl erst mit der Entwicklung des Ackerbaus und der Viehzucht getreten.

Die Naturreligionen der Stein- und Bronzezeit (Schamanismus) lehrten den Glauben an vage definierte Naturkräfte, die gutartig oder bösartig sein konnten. Dies reichte vermutlich nicht aus, um Kollektive mit religiösen Kriterien gegen andere Kollektive abzugrenzen und zu Feinden zu erklären. Sehr wohl propagierten die Religionen der Steinzeit jedoch die kollektive Gewalttätigkeit gegen Tiere und Menschenopfer..

B) Die vorkolumbianischen Religionen Amerikas und kollektive Gewalttätigkeit

Bis zur Ankunft der spanischen Eroberer lebte die Bevölkerung Amerikas in einer spätsteinzeitalterlichen Kultur. Im überwiegenden Teil des Kontinents (in den Ebenen) lebte die Bevölkerung noch vom Jagen und Sammeln. Ihre Religion war schamanisch.

In den Hochlandregionen Mittel- und Südamerikas (mit geringer Infektionsgefahr) betrieb die Bevölkerung Ackerbau und Viehzucht und lebte in Stadtstaaten. Sie verehrten eine Vielzahl von Göttern, welche v.a. Naturkräfte symbolisierten, untereinander jedoch nicht in Beziehung standen. Als Ackerbauern trat für sie die Sonne unter den Gestirnen in den Vordergrund der Verehrung. Tonatiuh (die Sonne) wurde als Urquelle des Lebens betrachtet und war im Pantheon der Götter die Patronin der Krieger. Von diesen forderte sie Blutopfer ein. Da die Viehzucht in den Hochlandregionen nur schwach ausgeprägt war, verlegte man sich auf das Opfern von Menschen. Daraus resultierte der kam anderswo auf der Welt in der Geschichte aufgetretene Fall, dass **eine Naturgottheit zu einer der blutrünstigsten Götter der Geschichte** wurde. Es kam so weit, dass Nachbarstämme Schlachten vereinbarten, die den einzigen Zweck hatten, dass sich beide Seiten mit Gefangenen für Menschenopfer eindecken konnten („Blumenkriege"). Außerdem musste bei den Azteken der König gleich nach seiner Ernennung, als erste Amtshandlung,

---

164 Wendet man Girards Theorie auf die jüngste Vergangenheit an, so haben die Demozide des NS-Regimes an den ausgegrenzten Minderheiten des Dritten Reichs dazu gedient, den sozialen Frieden innerhalb der Mehrheitsbevölkerung sicherzustellen.

einen „Krönungskrieg" zu Ehren des Kriegsgottes Huitzilopochtli führen, um Gefangene für Menschopfer und Beute für das Krönungsfest zu machen. Das kollektive Abschlachten folge eindeutig einem kollektiven Anliegen „kopernikanistischer" Art, welches das Leben von Individuen (der Schlachtopfer) gegenüber den rituellen Anliegen des Kollektivs bedingungslos unterordnete.

Die Riten waren durch einen Kalender genau terminisiert und bestimmten den Jahresrhythmus der wirtschaftlichten Aktivitäten. Die Priester hatten nur rituelle und administrative Funktionen.

C) Die altaischen Religionen und kollektive Gewalttätigkeit

Die Religionen der Mongolen, Türken und anderer Völker Zentralasiens wiesen einige gemeinsame Züge auf. Man glaubte an eine Trennung zwischen der irdischen, überirdischen und unterirdischen Welt (Dreiweltentheorie). Der Herrscher des Himmels war Tengri, der ewige Himmelszyklus, der Spender der Energie, Hüter der ewigen Ordnung; er konnte sich in sekundären Kräften entfalten und den Tod bringen. Auf Erden sind Berge und Bäume dem Tengri zugewandt, mit der Erde verwurzelt, zum Himmel emporragend. Die Natur sei voller verborgener Kräfte, die gutmütig oder böswillig sein können. Die Schamanen (tungusisch „Verstörte") helfen den Menschen, in Harmonie mit dem Himmlischen zu leben. Er vertritt die Interessen des Clans bei der Verhandlung mit den geheimnisvollen Kräften, um Seuchen und Unglück fernzuhalten. Durch einen Trancezustand begibt er sich mitweilen sozusagen auf Dienstreise ins Übersinnliche, von wo er mit übernatürlichen Fähigkeiten ausgestattet zurückkehrte (der Heilung, der Wahrsagung, des Wettermachens).

Die Religion der Mongolen hatte einen monotheistischen Ansatz. Tschingis Khan fühlte sich als irdischer Beauftragter Tengris zur Herstellung einer Weltordnung. Er hatte aber keinerlei proselitistischen Anflug, die Menschheit zum Glauben an Tengris zwingen zu wollen. Die tradierte Religion wurde nicht zu einer Staatsreligion deklariert, auch gab es keine ausgesprochene Intoleranz den Religionen der Eroberten gegenüber.

Wenn die altaischen Völker zu den (relativ zu ihrer Bevölkerungszahl) gewalttätigsten der Geschichte gehört haben, so können sie dazu kaum durch ihre Religion motiviert worden sein. Man könnte eher die These vertreten, dass ihre Religion keine hinreichende domestizierende Wirkung gehabt hat.

D) Der Orphismus und kollektive Gewalttätigkeit

Der orphische Kult stammte von der Mystik des Steinzeitmenschen ab. Er war eine dem Schamanismus ähnliche Religion und blühte in der Transitionszeit vom Jäger- und Sammler-Dasein zum Ackerbau und Viehzucht. Der untere Donauraum (aus dem u.a. die griechischen Stämme auswanderten) war eine Hochburg des Orphismus. Er war besonders unter den Thrakern verbreitet. In seiner Essenz verehrte der Orphismus die Übermacht der Natur und trachtete, der vernunftmäßigen Regelung des Lebens zu entgehen und sich den Leidenschaften hinzugeben, sich fallen zu lassen. (Im Griechischen bedeutet „Theorie" ursprünglich „Beschauung Gottes" und das Wort „Enthusiasmus" bedeutet „göttliche Begeisterung").

Allerdings glaubten die Orphisten an die Seelenwanderung, wobei die Seele im nächsten Leben für das Verhalten im Vorleben bestraft oder belohnt würde (**Zweiweltentheorie** mit Bestrafung oder Vergütung im Jenseits). Das heißt, dass der Orphismus die Zukunftssicherungsmentalität der Landwirtschaft bereits aufgesogen hatte. Der Mensch befand sich aber im Mittelpunkt des Anliegens und nicht ein Kollektiv; insofern war der Orphismus noch ein „ptolemäischer" Ansatz.

10.2.3.2 Die animistischen Polytheismen und kollektive Gewalttätigkeit

Mit dem Aufkommen der Viehzucht wurden bevorzugt göttliche Tiere (sowie der ihren Lebenswandel stark beeinflussende Mond) verehrt. Mit der Viehzucht kam, wie oben erwähnt, auch der Ritus des Schlachtens von Opfertieren auf.

Mit dem Aufkommen des Ackerbaus kamen (neben dem Sonnengott) Fruchtbarkeitsgötter menschlicher Gestalt auf. Diese hatten anfänglich noch keine Persönlichkeit und keine moralischen Attribute (sie gaben den Menschen keine Direktiven) und riefen folglich auch nicht zu kollektiver Gewalttätigkeit auf. Vielfach waren sie Personifizierungen von Naturerscheinungen (animistischer Polytheismus). Erst als territorial-hegemonische Kollektive (Staaten) gebildet wurden, kam es zur Politisierung der Gottheiten, die dann auch für Zwecke der kollektiven Gewaltanwendung missbraucht werden konnten.

A) Die Religion der Sumerer und kollektive Gewalttätigkeit

Die Religion der Sumerer und später der Babylonier war noch stark auf das Diesseits bezogen und kaum auf das Jenseits. Die wichtigste Gottheit war die Erdenmutter. Im Laufe der Zeit entwickelten die Mesopotamier den Glauben an das Fortleben nach dem Tode, sofern man im Diesseits persönliche Egoismen zurückgestellt hätte (konditionierte **Unsterblichkeit der Seele**, **Vergütung im Jenseits**). Die Sumerer übertrugen dabei das **Konsumverzichts- und Zukunftssicherungsdenken** des landwirtschaftlichen Lebens auf die Religion. Dieser Ansatz wurde später von den monotheistischen anthropomorphen Religionen zu einem „kopernikanistisches" System überzeichnet, in dem das Individuum dem Jenseits total untergeordnet wurde.

B) Die Religion der Ägypter und kollektive Gewalttätigkeit

Religion beherrschte den gesamten Alltag der Ägypter, mit dem Ziel, den sozio-ökonomisch-politischen Status quo abzusichern. Die Ägypter verehrten viele Götter aus den unterschiedlichen Epochen und Regionen, in denen das Pharaonenreich entstanden war. Nach einer Theorie sind viele religiöse Ideen der Ägypter afrikanischen (weniger asiatischen) Ursprungs (Davidson, 1961). Die ägyptische Götterwelt bestand aus einer ungeheuren Vielfalt, die für Neuaufnahmen ständig offen war. Unter den ägyptischen Göttern befanden sich Wesen mit menschlichen Zügen, Tiere sowie Zwitter von Menschen mit Tieren. Die wichtigsten Götter waren zwar jene der Fruchtbarkeit, aber viele Götter waren auf das Jenseits bezogen.

Die Ägypter glaubten, dass die Seele nach dem Tode **im Jenseits für ihre Taten Rechenschaft ablegen** müsse, um dann zum Körper zurückzukehren (**Zweiweltentheorie** mit **Diesseits/Jenseits-Trennung**). Auch die Ägypter übertrugen also wie die Sumerer das Konsumverzichts- und Zukunftssicherungsdenken des landwirtschaftlichen Lebens auf die Religion und führten den Gedanken ein, dass es eine posthume **Pönalisierung irdischen Handelns im Jenseits** gebe.

Aus dem Pantheon der ägyptischen Götter wurde periodisch einem Gott eine Vorrangstellung sozusagen als Staatsgott gegeben, die anderen Götter wurden deswegen nicht verneint, sondern zu Nebengöttern degradiert. Einer der ersten davon war die thebanische Lokalgottheit **Month**, der als kämpfender Falke den Charakter eines Kriegsgottes hatte, vermutlich durch die 11. Dynastie (-2134 bis -1991) bevorzugt, die aus Theben stammte. Die 12. Dynastie (ab -1991 bis -1782) setzte den Gott **Amun** an seine Stelle (ein Schöpfergott der Luft) und bald bildete sich eine starke Amun-Priesterschaft, die bis zu ca -1500 ihre religiöse Macht zu einer weltlichen Macht ausbaute und über bis zur Hälfte des Territoriums verfügte (dies bedeutet eine Halbierung der Steuereinnahmen der weltlichen Macht). Zudem entriss die Amun-Priesterschaft den Pharaonen die **Prärogative des Kontakts zur Überwelt** (v.a. zum Hauptgott Amun), welche diesen ursprünglich zugestanden hatte.

Über den gescheiterten Versuch des Pharao Amenhotep V. (Echnaton) die Amun-Priesterschaft zu entmachten, indem er ihr das Kommunikationsmonopol mit dem Überirdischen wieder entzog, wird unter 10.2.3.4 eingegangen.

Auch in Ägypten wurde Religion als Herrschaftsinstrument verwendet und für ökonomische Zwecke missbraucht. Dies geschah „im Interesse" von Gottheiten, aber noch nicht auf deren Anweisung. Die heterogene Götterwelt der Ägypter war nicht dazu geeignet, die Menschen zu gezielten Feindbildern und Aktionen kollektiver Gewalttätigkeit anzustacheln. In der Tat hat sich die ägyptische Kultur in der Geschichte durch ein relativ geringes Maß an kollektiver Gewalttätigkeit ausgezeichnet.

C) Die urindischen (dravidischen) Religionen

Die Proto-Dravider praktizierten Tieropfer umd Ersehntes zu erbitten. Die von den Andhras überlieferte dravidische Religion kennt eine territoriale Schutzgöttin (Dorfgöttin „Durgamma") und eine Fruchtbarkeitsgöttin („Balamma").

D) Der Shintoismus Japans

Die Religion der japanischen Urzeit war animistischer Art, ähnlich dem Schamanismus Innerasiens oder Polynesiens. Man verehrte Teile der umgebenen Landschaft (Berge, Flüsse, Wasserfälle, Quellen) oder Gegenstände der Natur (Steine, Bäume). Eine davon wurde als Schutzgott des Dorfes verehrt. Daraus entwickelte sich in frühgeschichtlicher Zeit eine Vielzahl Gottheiten („Kami"), die teils Naturgottheiten, teils Ahnengottheiten waren, von denen viele in menschenähnlicher Form dargestellt wurden, andere in Form von Tieren oder Gegenständen. Kamis stellte man sich perfekter als Menschen vor, doch nicht als unfehlbar. Jeder Clan hatte seinen „Clan-Kami", das heißt eine Art Territorialgottheit. Der aus China in Japan verbreitete Buddhismus war mit dem Ur-Shintoismus derart affin, dass sich beide Religionen zu einem „buddhistischen Shintoismus" vermengten.

Der ursprüngliche Shintoismus weist einige bemerkenswerte „ptolemäische" Züge auf, die ihn zu einer moderierenden Religion machen:

- Das menschliche Individuum steht im Mittelpunkt, nicht ein ontologisches Gebilde.
- Das irdische Leben wird als eine Befriedigung bejaht und ist kein „leidvoll provisorisches" Leben im Hinblick auf ein „eigentlichen" Lebens im Jenseits.

- Der Mensch kann sein Glück in der Harmonie mit seiner Umwelt finden und ist davon von keiner transzendenten Offenbarung oder Gnade abhängig.
- Der Shintoismus ist eine naturfreundliche Religion. Die meisten Kulte für Naturgötter („Matsuri") werden in fröhlicher Stimmung gefeiert.

Dadurch, dass auch die Götter nicht unfehlbar waren, kam in der japanischen Religion kein kategorischer Moralismus auf. (Es gibt keinen schriftliche Verhaltenscodex im Stile der Zehn Gebote). Durch seinen Polytheismus war der ursprüngliche Shintonismus eine tolerante Religion.

Im Rahmen der Bildung des modernen Nationalstaats, in dem die Regierungsmacht in den Händen des Kaisers zentralisiert wurde (Meiji-Revolution von 1863 bis 1869) wurde eine Trennung des Shintoismus vom Buddhismus verordnet und gemeinsame Kulte verboten. Der „ent-buddhismuisierte" Shintoismus wurde zur Staatsreligion erklärt und für innenpolitische Zwecke instrumentalisiert. Ein vorher nebensächlicher Aspekt des Shintoismus, die Lehre des spirituellen Aufgehens des Einzelnen in ein Kollektiv „Kokutai", wurde im Staatsshintoismus zur Forderung der bedingungslosen Hingabe des Individuums für den Gott „Staat" bzw. „Kaiser" im Stile Hegels umgedeutet, das heißt in einen extremen Kopernikismus.

Die im 20. Jh. von den Japanern zutage gelegte Aggressivität und Brutalität im Umgang mit den Opfern ihrer Aggressionen können schwerlich ihrer Religion zugeschrieben werden. Dass diese durch eine Umdeutung innenpolitisch zur Einschwörung der Bevölkerung auf Selbstaufopferung für das japanische Kaiserhaus und den Staat missbraucht werden konnte, sowie zur Heiligsprechung der Aggressionskriege, ist ein weiteres Fallbeispiel dafür, dass selbst konziliante Religionen für Kollektivgewalttätigkeit missbraucht werden können.

Nach der Niederlage von 1945 musste der Kaiser seinen Anspruch auf Göttlichkeit ablegen, der Shintoismus verlor seinen Status als Staatsreligion und wird in seiner ursprünglichen Form weiter praktiziert.

10.2.3.3 Die Religionen und Weisheitslehren Chinas und kollektive Gewalttätigkeit

A) Die altchinesischen Religionen

In geschichtlicher Vorzeit entstand in China eine Art Polytheismus, der wohl aus einem Synkretismus verschiedener Kulte der unterschiedlichen Bevölkerungen entstand, die sich im Laufe der Vorgeschichte verschmolzen. Im Laufe der Jahrtausende entwickelten sich daraus Weisheitslehren oder Sozialphilosophien.

- Im -2 Jt. verehrte man in China eine Vielzahl von regionalen Naturgöttern, v.a. Fruchtbarkeitsgötter. Die Naturgötter (Fluss, Wetter, Ernte u. dgl.) hatten häufig die Form von Tieren. Mit der Zeit wurden verschiedene Götter zu Hybridgöttern zusammengelegt, die dann besonders beliebt waren.[165] Aus diesem Fundus der Naturgötter entstand der Taoismus.
- Die Naturgötter der chinesischen Vorgeschichte waren zum Teil recht blutrünstig und forderten Menschopfer, analog zu den vorkolumbianischen Göttern in Zentralamerika. Ein Teil der kollektiven Gewalttätigkeit jener Urzeit galt dem Einfangen von zu opfernden Menschen.[166]
- Die Shang-Dynastie (-2. Jt) führte den Kult eines Hauptgottes „Shang Ti" ein (ein befruchtender Erdgott, mit menschlichen Eigenschaften, Urahne der Menschheit), dem eine Erdgöttin zur Seite gestellt wurde (Eberhard, 1950). Mit der Zeit hatte jedes territorial-hegemonische Kollektiv (ob Landgemeinde, Fürstentum oder Reich) einen Erdgott (Territorialgott), von dem man durch Gaben den Schutz des Territoriums erbat (Franke/Trauzettel, 1968). Mit größer werdenden territorial-hegemonischen Einheiten wurde eine Beteiligung der Gesamtbevölkerung an den Kultfeiern des Territorialgottes unmöglich, sie wurden immer mehr zu abstrakten Staatszeremonien der Oberschicht und der Territorialgott wurde immer mehr zu einem dynastischen Schutzpatron. Aus dieser Entwicklung entstand dann der atheistische Konfuzianismus.

---

165 Genau genommen sind das, was die Chinesen seit Urzeiten verehren, keine transzendentalen Gottheiten, vielmehr eine Art Kobolde, die einem einen Schreck einjagen können, über die man sich aber auch lustig machen kann. Der chinesische Spruch „Ist das Fest vorbei, so ist es auch mit der Gottheit vorbei" ist dafür bezeichnend (Granet, 1934).

166 Zusätzlich zu den rituellen Kriegen der Herrscher gab es auf dem Lande zwei todbringende Bräuche, die eine Form kollektiver Gewalttätigkeit waren. Man fing im Frühling einen Angehörigen einer Nachbargemeinde, zerhackte ihn und verteilte die Stücke unter die Nachbarschaft, damit jeder auf seinem Felde ein Stück Menschenfleisch als Opfer seinem Erdgott eingraben könne. Der andere Brauch bestand darin, eine Flussfahrt mit überfüllten (speziell schmalen und langen) Booten zu organisieren, von denen eines zum Kentern gebracht werden musste, um die Ertrunkenen dem Flussgott zu opfern. Diese Bräuche haben sich in versteckter Form bis zum 11. Jh. gehalten, lange nachdem *Menschenopfer* verboten worden waren (Eberhard, 1950).

- Die Shang-Dynastie führte auch die Verehrung toter Könige und Minister ein, damit sie sich bei den Göttern als Mittler einsetzen.[167] Die Chinesen verehren demzufolge auch eine Art Heilige sowie Helden, die alle nicht transzendent sind. Die chinesische Mythologie ist eine Mythologie der Heroen (Granet, 1934).
- Die türkisch-tibetisch-stämmige Chou-Dynastie führte Ende des -2. Jt. den staatlichen Kult des Himmelgottes „T'ien" (Sonne und Gestirne) ein, dessen Kult der Kaiser persönlich übernahm, der sich als „Himmelssohn", als einzigen „Weltherrscher" („wang") bezeichnete. Die tradierten chinesischen Götter wurden nicht verbannt, sondern als eine Art Lehnsherren dem Himmelsgott untergeordnet. Die Priesterschaft wurde zu Hütern der Einhaltung der rituellen Regeln umfunktioniert, denn im Glauben der Chou war die Wechselwirkung zwischen Himmel und Erden zweiseitig: Fehler auf Erden konnten sich negativ auf den Himmel auswirken.[168] [169]
- Die Chou-Dynastie verbot die Menschenopfer.
- Die Chou-Dynastie führte auch die Lehre ein, dass der Mensch zwei Seelen habe, von denen eine (die „Lebens-Seele") mit dem Körper sterbe, die andere („Persönlichkeits-Seele") so lange fortlebe, wie man sie durch Erinnerung und Opfer am Leben erhalte.[170]
- Das chinesische Denken und religiöse Empfinden sehen den Kosmos als Einheit an, bei dem Geist und Stoff nicht unterschieden werden können (Granet, 1934). Dichotomien wie die existentielle Dichotomie (Diesseits/Jenseits) der abrahamitischen Religionen oder die ontologische Dichotomie (sinnliche/übersinnliche Welt) oder die moralische Dichotomie (Gut/Böse) des Zoroastrismus gibt es demzufolge im chinesischen Denken nicht.

Kein chinesischer Religionsgründer oder Philosoph hat im Sinne gehabt, eine Sittenlehre auf göttlichen Sanktionen zu begründen. Anzustreben sei ein gutes Einvernehmen der Menschen untereinander und mit der Natur. Dazu bedürfe es der Bereitschaft zur Versöhnung und einer elastischen (statt einer starren) Logik. Jede echte Autorität beruhe auf der Vernunft (Granet, 1934).

Im Laufe der langen Geschichte Chinas sind die altchinesischen Religionen im Konfuzianismus und Taoismus zu Weisheitslehren sublimiert worden. Vorwegnehmend kann hier vermerkt werden, dass die Religion und Philosophie der Chinesen stark auf das Individuum ausgerichtet sind, welches sich keinem Zwang und Dogma unterwerfen möchte, nicht Gesetze blind befolgen will, sondern Vorbildern, um sich so freiwillig in das gesellschaftliche Leben einzuordnen. Marcel Granet (1934) hat dafür die zusammenfassende Formel vorgeschlagen „**Weder Gott noch Gesetz**". Das chinesische Denken folgt demzufolge im Sinne des Pkts. 10.2.2 nicht einem „kopernikanistischen" Ansatz, sondern einem „ptolemäischen".

B) Der Konfuzianismús und kollektive Gewalttätigkeit

In China deutete **Konfuzius** (-551 bis -479) die traditionellen Riten für eine auf das Individuum bezogene Ethik um. Er hinterließ keine Schriften; es gibt indes fünf Bücher („Fünf Klassiker"), die als die Schrift des Konfuzianismus betrachtet werden. Seine Lehre fand erst zwei Jahrhunderte nach seinem Tode allgemeine Beachtung.

- Die Grundideen des Konfuzius fußten auf der Staatsreligion der Chou-Dynastie, die wie bereits erwähnt, von nördlichen Randstämmen der chinesischen Welt übernommen worden waren:
- Konfuzius deutete den von den Chou verehrten „Himmel" von einer „eigenwilligen Tyrannenfigur" in ein „Universalgesetz der Legalität" um.[171] Alles müsse seinen rechten Weg gehen. So wie sich die Himmelskörper dem Universalgesetz „Tao" folgend bewegen, soll auch der Mensch sein Handeln danach ausrichten. Als Vorbild stellte er den „sittlich Edlen" dar, der es unabhängig von seiner sozialen Zugehörigkeit sein könne. Der Königsweg des sittlichen Handelns bestehe in der strikten Befolgung der Riten. Er bekämpfte nicht die traditionelle Welt der Naturgötter und Helden; er ignorierte sie sozusagen und deutete ihre Riten im Sinne seiner rein irdisch basierten Ethik um.
- Für Konfuzius war die Familie die Keimzelle der Gesellschaft (Patriarchalismus). Das Zusammenleben werde darin durch rollenspezifische Rechte und Pflichten, geregelt. Die Gehorsampflicht sei jedoch einseitig gerichtet. Demzufolge war für ihn die Kardinaltugend die Pietät (Elternliebe). Der Staat sei ein Abbild der Familie. Die Herrschaft müsse indes nicht genetisch vererbt werden, sondern dem Edelsten anvertraut werden.
- Die höchsten Werte waren für Konfuzius Harmonie, Gleichmut und Gleichgewicht. Diese seien durch Achtung der Mitmenschen, moralische Integrität und Anpassung an die Welt erreichbar.

Im Vergleich mit den abrahamitischen Religionen ist der Konfuzianismus am besten durch eine Negativliste zu charakterisieren. Eine ausführliche Behandlung des Themas findet sich bei Max Weber (1920).

---

167 Der chinesische Ahnenkult geht vermutlich darauf zurück (Eberhard, 1950).

168 Nach Eberhard (1950) gingen die Figur des Himmelsgottes und dieZusammlegung der Rollen „Patriarch" und „Oberpriester" auf die türkische Komponente ihrer Ethnie zurück.

169 Die Parallelen mit der etwa vier Jahrhunderte vorher vom Pharao Echnaton durchgeführten Religionsreform, bei der er den Sonnengott über alle anderen Götter stellte und die Priesterschaft überflüssig machte, sind vermutlich zufällig..

170 Dies hat dem chinesischen Ahnenkult weitere Impulse gegeben.

171 Konfuzius entkleidete in gewissem Sinne den Staatskult der Chou seiner anthropomorphen Anflüge, er machte aus dem Personengott einen Funktionsgott.

- Kein Jenseitsbezug, keine Seelenwanderung. Der Konfuzianismus weist das Individuum darauf hin, dass das irdische Leben das einzige ist, welches ihm vergönnt ist und dass es eine Frage der Vernunft sei, miteinander in Frieden zu leben, um die beschränkte Lebenszeit so glücklich wie möglich gemeinschaftlich zu verbringen. Die Riten des Individuums waren im Wesentlichen eine auf das diesseitige Leben bezogene Fürbitte. Der Mensch habe danach zu streben, sich zu veredeln. Franke/Trauzettel (1968) haben dies wie folgt prägnant formuliert: „Seine Lehren sind diesseitig und bedürfen nicht der Sanktion durch einen Gott oder göttlicher Offenbarung".
- **Keine Heilslehre**, keine Diskriminierung von Menschen „geringeren Gnadenstandes". Der Konfuzianismus übertrifft die Botschaften der Gleichheit der Menschen des Christentums und des Islams bei Weitem.
- Im Konfuzianismus sind in der Folge **keine Propheten** aufgetreten, welche im Namen eines Gottes ethische oder politische Forderungen aufgestellt hätten.
- Es hat sich **keine konfuzianische Priesterschaft** herausgebildet: Die Kulte der großen Gottheiten des Himmels und der Erde waren der politischen Führung vorbehalten und nur die regionalen Formen von Zauberpriestertum wurden toleriert
- Außer dem Ahnenkult gibt es keine institutionalisierte Volksreligiosität.
- Konfuzius selbst hatte noch Rache für die Tötung von Eltern, Brüdern und Freunden gefordert; in der Folge hat sich der pazifistische Charakter des Konfuzianismus stetig gesteigert, selbst als er zur Staatsreligion wurde (Weber, 1920).

Der Konfuzianismus wurde zur Lebensmoral und zum Verhaltenscodex der chinesischen Oberschicht. Er hat während der letzten zwei Jahrtausende auf das private und öffentliche Leben in China eine starke moderierende Wirkung ausgeübt. Er kann mit dem (ebenfalls atheistischen) Buddhismus zu den friedenswirksamsten Religionen gezählt werden. Kenneth Scott Latourette hat die These vertreten, dass es in China im Laufe der Geschichte zu relativ wenigen inneren Konflikten gekommen sei und dass dies unter anderem auf den Konfuzianismus zurückzuführen sei.

C) Der Taoismus und kollektive Gewalttätigkeit

Man kann den Taoismus (auch Daoismus) als eine Gegenreaktion zum Konfuzianismus betrachten, dessen rein verstandesbezogene Lehre die mit atavistischem Aberglauben noch verwurzelten chinesischen Volksschichten nicht ansprach (Weber, 1920). Er entstand im -4. Jh. und als sein Gründer wird Laotse genannt, dessen Existenz jedoch historisch nicht belegt ist.

- Die Kernlehren dieser Religion sind:
- Das Grundanliegen des Taoismus ist dasselbe wie das des Konfuzius, nämlich das irdische Leben des menschlichen Individuums mit dem Universalgesetz des Universums („Tao") in Einklang zu bringen. Dabei setzte der Taoismus weniger auf eine vernunftsbezogene als auf eine gefühlsmäßige Vorangehensweise.
- Der Taoismus ist stark synkretistisch und hat neben buddhistischen Ideen (die Vorstellung von Paradies und Hölle) in folkloristischer Weise alte chinesische Traditionen (Kult der „Ewigen Mutter", schamanisches Streben nach Unsterblichkeit, lokale Gottheiten) aufgenommen, wodurch er vor allem bei den unteren Bevölkerungsschichten beliebt war.
- Der Taoismus geringschätzte die sozialen Bindungen (sogar die familiären waren kein absolutes Muss) und die Reglementierungen des Staates.
- Der „Weg" (Dao) zum Glück wird weniger durch Verstand und Willenskraft als auf mystische Weise erreicht. Der Mensch habe danach zu streben, eine Art Heiliger zu werden.
- Man muss sich der stets wandelnden Welt anpassen, ohne einzugreifen, die Ziele ohne Kraftaufwand verfolgend (Ähnlichkeit mit dem Stoizismus).
- Die taoistischen Götter sind Funktionsgötter.
- Auch der Taoismus lehrte Gewaltlosigkeit, ein militärischer Sieg sei eher ein Grund zur Trauer als zur Feier.
- Auf der Suche nach Mitteln für Unsterblichkeit widmeten sich die Taoisten stark der Alchimie und entwickelten dabei das Schießpulver sowie Drogen.
- Marcel Granet (1934) hat dargelegt, dass der Unterschied zwischen dem taoistischen Ideal der Heiligkeit und dem konfuzianischen Ideal der Veredelung ohne große Bedeutung sei und dass beide nach demselben Ideal des guten Einvernehmens mit den Mitmenschen und der Natur streben. Eberhard (1950) wies darauf hin, dass es in China durchaus möglich war, sowohl Konfuzianer zu sein (im Berufsleben) als auch Taoist (im Privatleben).[172]
- Der Taoismus ist eine eminent „ptolemäische" Religion: Sie verneint dem kulturellen Fortschritt den Vorrang gegenüber dem Natürlichen und Primitiven. Wenn etwas schöner, größer, raffinierter oder effizienter ist, ist es deswegen nicht besser. Ein Kollektiv ist nicht mehr wert als ein Individuum. Dieser Individualismus konnte politisch für autoritätsfeindliche, ja anarchische Motivationen missbraucht werden. Der Taoismus ist im Laufe der chinesischen Geschichte mehrmals die Ideologie gewalttätiger aufständischer Geheimbünde gewesen, was wohl weniger an seiner Lehre, als an der unteren sozialen Schichtung seiner Anhänger gelegen hat. Der wichtigste davon waren die in den Jahren 184 und 185 ausgebrochenen Aufstände der Tao-Sekten „T'ai-p'ing tao" („Der Weg des großen Friedens") und

---

172 Der chinesische Gelehrte Lin Yutang formulierte Anfang des 20. Jh. die Einschätzung, dass die alten Chinesen an der Oberfläche Konfuzianer, im Inneren Taoisten und im öffentlichen Leben Legalisten waren.

der Wu-tou-mi-Sekte („Fünf Scheffel Reis"), welche regelrechte Kirchenstaaten ausbauten und zusammen ein Heer von über 200.000 Mann aufstellten. Sie wurde zum leuchtenden Vorbild weiterer Sektenaufstände bis ins 19. Jh. hinein.

D) Die chinesischen Sekten des Mittelalters und der Neuzeit

Die „reinen Lehren" wurden in China kaum für politische Agitationen missbraucht. Es waren meist Sekten mit religiösen Mischlehren, welche in Zeiten großer sozio-ökonomischer Krisen wiederholt die ideologische Kohäsion für große Volksaufstände abgeliefert haben. In dem von ihnen erzeugten Gewalttätigkeits-Chaos setzte sich dann jeweils eine neue territorial-hegemonische Macht durch, welche die Streitmächte der aufständischen Sekten zerschlug. Danach sind diese Bewegungen als Geheimsekten untergetaucht und wurden oft nach Jahrhunderten wieder aktiv.

- Die bedeutendste chinesische Sekte war die im 12. Jh. gegründete Bewegung des „**Weißen Lotus**" (Bailanjiao). Sie entstand aus buddhistischen Betgemeinschaften, welche einige Lehren des Buddhismus exaltierten (strenger Vegetarismus, Verehrung des Buddha Amitabha) und mit Ideen des Taoismus (Kult der „Ewigen Mutter") sowie des Manichäismus vermengten. Im Laufe der Jahrhunderte langen Verfolgung durch die Machthaber entwickelte die Sekte immer mehr radikale Züge: Sie predigte Gütergemeinschaft, rechtfertigte Widerstand gegen die Obrigkeiten (Verweigerung von Steuerzahlungen und Frondiensten) und sagte die Ankunft eines Erlösers voraus. Damit hat die Bewegung des Weißen Lotus immer wieder starken Zulauf durch die ausgebeutete Unterschicht gefunden und mehreren gewaltsamen Aufständen als ideologisches Gerüst gedient:
- Die Aufständischen „**Gelben Turbane**" und „Reisbüschel" haben Ende des 2. Jhs. zum Sturz der Östlichen (Späteren) Han-Dynastie herbeigeführt. Ihre kommunistische Heilslehre fußte auf taoistischem Gedankengut.
- Die Aufstandsbewegung der „**Roten Turbane**" (1352 bis 1365) entwickelte sich aus der Geheimsekte der „Leuchtende Lehre", welche ein Ableger des „Weißen Lotus" war. Verschiedene Rebellenführer deklarierten sich als ein „Ming Wang" („brillanter Krieger"), einem Vorboten des Maitrya (buddhistischer Messias). Die Roten Turbane haben wesentlich zum Sturz der Mongolenherrschaft über China beigetragen; ihr letzter Anführer wurde zum ersten Kaiser einer neuen Dynastie, der er den Namen „Ming" gab.
- Auch fast alle Aufstände, welche die letzte chinesische Dynastie (Ch'ing) erschüttert haben, fußten auf dem Gedankengut des Weißen Lotus: der Wan-Lun-Aufstand (1774), die Weißer-Lotus-Aufstand (1796 bis 1804), der Nien-Aufstand (1842 bis 1868). Ansätze der Bewegung wirkten auch am Boxer-Aufstand (1900) mit.
- Die von einem psychopathischen, gescheiterten Beamtenkandidaten aus armer Familie gegründete „Gesellschaft der Gottesverehrer" (Pai Shang-ti hui) vermengte das hybride Gedankengut des Weißen Lotus mit judäo-christlichen Ansätzen (der Sektengründer deklarierte sich als jüngerer Bruder Jesu) sowie mit Fremdenhass. Externes Kohäsionsmerkmal war das Abschneiden des von den Mandschu vorgeschriebenen Haarzopfs. Der von dieser Sekte ausgelöste **Taiping-Aufstand** (1850 bis 1866) war mit über 20 Millionen Opfern der verlustreichste der Geschichte.

10.2.3.4 Die animistischen Monotheismen und kollektive Gewalttätigkeit

Wie so viele andere Götter hatten die Ägypter auch einen Sonnengott Re-Harachten ihren Pantheon aufgenommen, der in verschiedenen Aspekten verehrt wurde, darunter die Sonnenscheibe Aton mit lebensspendenden Strahlen, die in schützenden Hände endeten. Nach einer Theorie war die Sonnenanbetung afrikanischen Ursprungs und über Kusch nach Ägypten gelangt (Davidson, 1961).

Unter den ägyptischen Göttern hatten die Pharaonen der 12. Dynastie (-1991 bis -1782) den Regionalgott Amun zum Staatsgott erhoben und die Amun-Priesterschaft hatte bis zur Mitte des -2. Jt. den Pharaonen nicht nur das Kommunikationsmonopol mit dem Staatsgott entrissen, sondern durch ihren steuerfreien Grundbesitz die Einnahmen auf die Hälfte reduziert. Der um -1350 inthronisierte Pharao Amenhotep V. machte aus Aton eine eigenständige Gottheit und erhob ihn zum Hauptgott des ägyptischen Staatskults. Er übernahm den Namen „**Echnaton**" (Diener des Aton) und verlegte die Hauptstadt von Memphis nach Achet-Aton (el-Amarna). Er beanspruchte für sich das strikte Monopol der Kommunikation mit dem Sonnengott, unter Ausschaltung der etablierten Amon-Priesterkaste. In seiner erhaltenen „Hymne an Aton" heißt es: „ ... Keiner ist, der Dich kennt, außer Deinem Sohn Echnaton ... Du hast ihn Deinen Plan wissen lassen und ihm Deine Kraft geschenkt ...". Damit wollte er die Dominanz der Priesterschaft des Amun brechen.

Der Sonnengott Echnatons war kosmologischer Art („Ursprung des Lebens"). Die Willensartikulation und die Kommunikationsfähigkeit, die Echnaton seinem Sonnengott attribuierte, entsprachen mehr einer animistischen denn einer anthropomorphen Vorstellung über die Gottheit (**animistischer Monotheismus**). Nach einer Theorie war Echnatons Kult bereits ein „exklusiver Monotheismus" nach dem Motto, „Es gibt nur diesen einen Gott"; dafür sprechen die „Restaurationsstele" und die „Eje-Inschrift (Assmann, 2006). Für die Gegentheorie, dass der Monotheismus des Echnaton noch nicht „exklusiv" war, spricht, dass die Israeliten, die Echnaton vermutlich als Untertanen erlebt hatten, diesen anmaßenden Schritt zum „exklusiven" Monotheismus erst acht Jahrhunderte nach Echnaton vollzogen haben. Die Wahrheit könnte auch dazwischen liegen, nämlich dass der Monotheismus des Echnaton auf den Staatskult bezogen „exklusiv" war (es ging in der historischen Situation primär darum, den Amun-Kult zu unterbinden, um dessen Priesterschaft politisch und wirtschaftlich zu entmachten), dass er die tradierten Kulte des gemeinen Volkes unbehelligt ließ (Clayton, 1994).

Einiges spricht also dafür, dass dieser erste **monotheistische Ansatz** der Geschichte primär aus machtpolitischen und ökonomischen Motivationen entstanden ist und mit Aspekten späterer Ausprägung wie „Trennung Diesseits und Jenseits", „Befreiung von staatlicher Übermacht" oder „mehr Gottesnähe des Individuums" oder „Heilslehre" noch nichts zu tun hatte.

Der von Echnaton mit Staatskult der Sonnenscheibe dekretierte **Monotheismus** überdauerte nicht seine Regierungszeit. Seine ideologische Revolution wurde außerhalb Ägyptens weiterentwickelt:

- Die israelitischen Propheten waren die nächsten Ideologen, welche einen monotheistischen Ansatz entwickelt haben (siehe Pkt. 10.2.3.7). Sie erkannten unter anderem, dass der Monotheismus eine zentrale Kontrolle der Kommunikation mit dem Jenseits ungemein erleichterte, wodurch Religion besser politisiert werden konnte.
- Im Reich von Kusch lebte die monotheistische Idee des Sonnengottes fort. Dort nahm er die tierische Symbolfigur des Widders an, die ebenfalls afrikanischen Ursprungs war (sie findet sich in vielen Stammesreligionen Afrikas als Maske wieder). Demzufolge waren viele afrikanische Religionen schon vor der Ankunft des Christentums bzw. des Islams monotheistisch, wenn auch immer auf den Stammeskönig bezogen; dies hat die oberflächliche Christianisierung bzw. Islamisierung zwar erleichtert, die totale religiöse Gleichschaltung aber erschwert, denn der Stammesbezug der Religion bleib in Afrika lange erhalten (Davidson, 1961).
- Etwa drei Jahrhunderte nach Echnaton führte das türkisch-tibetische Mischvolk der Chou, welche China eroberte, einen Staatskult ein, bei dem der Himmel (Sonne und Sterne) die Hauptgottheit war und der Kaiser die Riten höchstpersönlich zelebrierte. Die Priesterschaft wurde von ihnen in Hüter der Ritentreue umfunktioniert (Prärogative der Kommunikation mit dem Jenseits beim chinesischen Kaiser).

Die gewalttätige Relevanz der animistischen Monotheismen beschränkte sich im Wesentlichen auf die intrakollektive Kohäsion, für interkollektive Gewalttätigkeit konnte sie schwerlich missbraucht werden. Auch für den animistischen Monotheismus galt noch die Beschränkung, dass **Gewalttätigkeit „im Interesse Gottes"** deklariert werden konnte, jedoch nicht „im Auftrage Gottes".

10.2.3.5 Die anthropomorphen Polytheismen und kollektive Gewalttätigkeit

Wenn die Ochsen malen könnten,
würden sie ochsenähnliche Göttergestalten malen.

(Xenophanes, um -500)

Die Indoeuropäer haben in die Religionswelt die Idee eingebracht, dass man mit **menschenähnlichen Gottgestalten einen größeren domestizierenden Effekt auf die Individuen** innerhalb eines Kollektivs erreichen kann als mit Naturkräften und Göttern in Tiergestalt. Dadurch ließ sich auch eine stärkere Kohäsion des Kollektivs zur Durchsetzung kollektiver Egoismen gegen andere Kollektive erzielen.

Die Götter der Indoeuropäer waren überwiegend siegreiche Räuberhäuptlinge, also menschenähnlich („anthropomorph"), hauptsächlich männlichen Geschlechts, regelrechte „Machos", welche Gewalttätigkeit fast als Selbstzweck auslebten und dabei Ehrfurcht und Bewunderung hervorriefen. Krieg wurde als unvermeidbar dargestellt und sogar verherrlicht. Die indoeuröpäische Götterwelt entstand als Elitereligion privilegierter Kriegerkasten, die mit Hereinnahme von (meist weiblichen) Göttern der Vorgängerkultur der jeweils unterworfenen Bevölkerung als „Staatsreligion" aufgezwungen worden ist. Die Religion der Indoeuropäer ist weniger eine Religion als eine Sammlung von Mythen, welche ihre gewalttätigen Eroberungszüge verherrlichen.

Bei vielen indoeuropäischen Völkern war ein Wettergott (mit der Fernwaffe „Blitz" ausgestattet) der Hauptgott. Dieser war auch der oberste Wächter der Sittlichkeit. Bei den Griechen nannte er sich Zeus (von „glänzend"), bei den Italikern Iupiter, bei den Germanen Tiu und in Indien Dyaus.

Die ersten indoeuropäischen Stämme führten außerdem eine dreiteilige soziale Ordnung ein, die sich anderen Sozialordnungen als überlegen erwies: Die landwirtschaftliche Schicht sorgte für den Unterhalt, die Priesterschaft war für die Ideologie, Riten und Gesetzgebung zuständig und die Kriegerschicht setzte die kollektiven Interessen mit Gewalt durch (Dumézil, 1995).

Neben den kulturellen Vorsprüngen, über die sie gegenüber anderen zeitgenössischen Kollektiven verfügten, sowohl in der Landwirtschaft (v.a. Pferdezucht), Metallurgie (v.a. Eisen), Sprache und sozialen Organisation, trug der anthropomorphe Polytheismus der Indoeuropäer, mit ihrer (gegenüber Naturgottheiten) größeren Eindringtiefe in Individuen, wesentlich zu ihrem gewalttätigen Siegeszug in Eurasien bei.

A) Der Hinduismus und kollektive Gewalttätigkeit

Der Hinduismus (Brahmanismus) geht auf die Religion der indoeuropäischen Eroberer zurück. Eine geschlossene Lehre ist dafür nie codifiziert worden. In der Mythologie der indoeuropäischen Kriegerkaste, welche Indien eroberte, war der ursprüngliche Hauptgott „Dyaus" (Zeus), der als „Gottvater, strahlender

Gott des Himmels" bezeichnet wurde. Es gab auch eine wichtige Erdgöttin „Prithivi" (Gottmutter). Beide wurden von neuen Hauptgöttern abgelöst, nämlich von Varuna („der umfassende Himmel", Herr des Universums und Hüter der Moral) sowie „Indra" (der Wettergott des Blitzes und Regens, mächtiger Kriegsgott). Zum Unterschied mit den Vorbewohnern, waren die Götter der indogermanischen Eroberer überwiegend männlichen Geschlechts. Es bestand indes eine Tendenz zu einem Monotheismus, denn die verschiedenen Götter wurden in den Lobliedern oft zu einer Person zusammengefasst. In der Terminologie von Assmann (2006) war dies ein **„inklusiver Monotheismus"**, im Sinne von „Alle Götter sind Eins", die indes nicht die Sprache der Gewalt des von den israelitischen Propheten ausgestalteten „exklusiven Monotheismus" sprachen.

Für die 1. Hälfte des -2. Jt. gibt es Hinweise auf Beutekriege mit dem Zweck, vom Unterlegenen einen einmaligen Tribut für ein großes Opferfest (z.B. „Rajasuya" oder „Aswamedha") einzutreiben, zu dem dann der Unterlegene eingeladen war, der durch seine Teilnahme die Oberhoheit des Siegers bekundete. Im Falle des Aswamedha-Opfers wurde jenes Territorium überfallen, in welches ein freigelassenes heiliges Pferd das Plünderungsheer führte. Religion wurde im Alten Indien also als eine Art Roulette zur Vorantreibung territorialer Integration missbraucht.

Wohl unter dem Einfluss der indischen Vorbewohner und der dortigen Rahmenbedingungen, wurde der Hinduismus im Verlauf der Jahrhunderte moderiert. Die ältesten religiösen und ethischen Schriften des Hinduismus (um -1500 verfasst) enthalten bereits einige Ansätze zur Gewaltlosigkeit:

* Zu den Grundprinzipien des Hinduismus gehören die „Ahimsa" (das tägliche Bemühen, Gewalt in Wort, Tat und Gedanken zu vermeiden) und das „Satyam" (das aktive Festhalten an Wahrheit). Auf dieser Dialektik der Gewalt ohne Gegengewalt über sich ergehen lassen, beim gleichzeitigen Festhalten an seinen Zielen, hat Mahatma Gandhi seine Taktik des gewaltlosen politischen Kampfes aufgebaut.
* Aus einer panspiritistischen Ader heraus, welche an die Einheit aller Lebewesen glaubt, wird Hass verpönt, da dies zugleich ein Selbsthass wäre (Isha Upanishad, Vers 6).
* Das ethische Grundbuch des Hinduismus fordert an mehreren Stellen dazu auf, Unrecht nicht mit Unrecht zu vergelten, z.B. „Man soll niemals Schlechtes für Schlechtes zurückgeben, sondern ehrenhaft gegen jene handeln, die einem Übles angetan haben (Mahabharata 3,2,106)

Der Hinduismus wurde in der Folge dazu missbraucht, die Einweisung der Vorbewohner des indischen Subkontinents (Draviden u.a.) in die starren Schranken der über 40.000 Kasten ideologisch zu verbrämen. So wie man in eine bestimmte Kaste hineingeboren wird, der man nicht entkommen kann und in die man nicht eintreten kann, so ist nur der Hindu, der als solcher geboren wurde. Er ist also die am meisten ethnizistische (stammesbezogene) Religion. Wie beim Judentum hat dies die positive Auswirkung, dass es im Hinduismus absolut keinen Proselitismus gibt, weswegen es niemals einen hinduistische Krieg zur Bekehrung von nicht Hinduisten gegeben hat. Zumindest konnte dies nicht als Vorwand genommen werden, wie es besonders im Islam und Christentum leicht der Fall gewesen ist.

In der Vergangenheit ist der indischen Subkontinent, ähnlich wie Ägypten, mehr Opfer als Täter kollektiver Gewalttätigkeit gewesen. Demzufolge muss man dem Hinduismus eine große moderierende Wirkung zusprechen.

B) Die Religion der Hethiter und kollektive Gewalttätigkeit

Die in Anatolien eingedrungenen (indoeuropäischen) Hethiter konnten sich nicht zuletzt deswegen als neue Herrenschicht behaupten, da sie eine ähnliche **religiöse Toleranz** praktizierten wie später die Römer. Die Götter der Urbevölkerung wurden in ihr Pantheon mit aufgenommen, wie z.B. der Wettergott Taru und die Sonnengöttin Wurusemu (mit Kultzentrum in Arinna). Man nennt deshalb die Hethiter auch das „Volk der tausend Götter". Ebenso behielten sie lange die Sprache der unterworfenen Hattier als Ritualsprache bei (wie die Römer die der Etrusker)

Die Hethiter wurden zu einer der ersten überregionalen Territorialmächte. Die Gewalttätigkeit, die sie dafür anwandten, war nicht religiös motiviert; die Stabilität ihres Reiches wurde durch ihre religiöse Toleranz erleichtert. Trotzdem brach ihr Reich nach vier Jahrhunderten zusammen, weil sie allzusehr auf koerzitive Kohäsion durch Verwüstung nicht voll tributwilliger oder tributfähiger Städte setzten sowie auf exemplarische Versklavungen oder Vertreibungen setzten (Ferretti, 2014).

C) Die Religion der Assyrer und kollektive Gewalttätigkeit

Die Assyrer verehrten eine Vielzahl von Göttern (Pantheon). Im Namen ihres Hauptgottes Achour verübten sie die brutalsten Verbrechen und ihre Könige legten sogar Wert darauf, ihre Brutalität durch Inschriften zu verewigen. Das Scheitern ihres Konzepts der Schaffung von Kohäsion durch brutale Unterdrückung trifft bei ihnen in noch stärkerem Maße zu als auf die Hethiter.

D) Die Religion der Griechen und kollektive Gewalttätigkeit

Die Griechen hatten eine zweischichtige religiöse Weltanschauung. Der Kult der Vorbevölkerung (Orphismus) war durch den Kult der indoeuropäischen Eroberer (einem anthropomorphen Polytheismus) überlagert worden. Von der nicht-indoeuropäischen Vorbevölkerung hatten sie Göttinnen (Athene, Demeter, Artemis) ihren männlichen Göttern beigestellt.[173]

Die altgriechischen **Götter** hatten menschliche Gestalt, sie waren zwar **mächtiger als Menschen, indes nicht allmächtig**. Sie waren wie Menschen geboren worden (mit dem Ursprung des Universums hatten sie nichts zu tun), alterten aber nicht weiter und waren unsterblich. Sie waren den Gesetzen des Universums und einer mysteriösen Macht „Schicksal" genauso hilflos ausgesetzt wie die Menschen. **Sie behaupten nicht, die Welt geschaffen, sondern nur erobert zu haben.**[174] Sie machten sich auch keine großen Sorgen um die Schaffung und Mehrung von Wohlstand, lebten von Rendite und genossen das Leben. Auch den Menschen gegenüber hatten sie eine wohlwollende Grundhaltung, sie waren jedoch zu sehr mit sich beschäftigt, als sich um die Menschen kümmern zu können; Nur gelegentlich nahmen sie an Kriegen der Menschen teil und zwar meist auf beiden Seiten. Auch **machten sie den Menschen keine moralischen Vorschriften.** Denn sie selbst **hatten menschliche, allzu menschliche Züge** und konnten kaum als moralische Vorbilder dienen: meist heiter, gütig, großzügig, aber auch neidisch, meineidig, unbeherrscht, geil, eifersüchtig, untreu, rabaukenhaft und mitunter sogar grausam. Anderen Göttern gegenüber, auch Neuankömmlingen, waren sie tolerant gesinnt, solange sie sich nicht in ihr Liebesleben einmischten. Dadurch, dass es gute und böse, vernünftige und unbeherrschte Götter gab, konnte man sowohl gute als auch schlechte Ereignisse den Göttern zuweisen, ohne bei den Menschen nach Schuldigen suchen zu müssen.

- Die tendenzielle Nichteinmischung der griechischen Götter in menschliche Angelegenheiten ist von der griechischen Philosophie (mit der Ausnahme Platons) übernommen worden, deren „ontologischer Gott" den Menschen keine ethischen Vorschriften machte, ihnen keine „existenzielle Minderwertigkeit" vorhielt und sie nicht für angebliche Untaten ihrer Vorfahren („Sündenfall") büßen ließ. Die Griechen waren keiner religiös begründeten Ethik unterworfen.
- Die Griechen hatten auch keine organisierte „Staatskirche"; ihre Priester waren Vollzugsbeamte eines Ritus, keine Ideologen oder Politiker. Bei ihnen gab es zwar die Institution der Orakel, die auf Befragungen prinzipiell immer nur sehr vage antworteten und direkte Parteinahmen vermieden. In der Regel scheinen die Orakelsprüche im Sinne der Investoren ausgelegt worden zu sein, die ihre Rücklagen im Tempelbezirk verwahrt hatten.
- Die Griechen kannten keinen Teufel und hatten auch vor ihm keine Angst.
- „Kein Volk war weniger geneigt als die Hellenen, vor irgendeiner Macht, sei sie menschlich, sei sie göttlich, zu kriechen" (Rose, 1928).

Die griechische Religionsauffassung ermöglichte die Koexistenz mehrerer Götter und begründete somit eine **religiöse Toleranz.** Überdies wurden die alten Griechen von ihren Göttern nicht terrorisiert. Ihre Religion entsprach letztlich einem „ptolemäischen" Ansatz, denn sie ließ die Götter Götter sein und die Menschen Menschen. Ebenso wenig konnten die Altgriechen durch Politiker und Agitatoren mit dem Vorwand der Religion zu Unmenschlichkeiten bewogen werden.

All dem oben Zusammengetragenen zufolge kann man die intensive kollektive Gewalttätigkeit der Altgriechen kaum auf religiöse Motivationen zurückführen. Der Umstand, dass die Griechen keine „moralisch bindende" (das Individuum knebelnde) Religion hatten, mag allerdings auch dazu beigetragen haben, dass ihre kollektive Kohäsionsfähigkeit über die kommunale Ebene nicht hinausgegangen ist und dass sie sich während ihrer gesamten Geschichte in „zwischenkommunalen" Konflikten zerfleischt haben und eine überregionale territoriale Integration und Befriedung nicht zuwege gebracht haben.

E) Die Religion der Kelten und kollektive Gewalttätigkeit

Da die Kelten bis zur Zeitwende überwiegend halbnomadisierende Viehzüchter geblieben waren, verehrten sie primär die Natur.[175] Ihre Kultstätten waren Wälder, Grotten, Seen, Quellen, Wasserläufe. Erst unter dem Einfluss der Griechen und Römer begannen sie in der 2. Hälfte des -1. Jh. auch personifizierten

---

173 Der Umstand, dass fast allen griechischen Göttern ein begleitendes Tier zugeordnet wurde, könnte zur Theorie verleiten, dass die Griechen in Vorzeiten heilige Tiere verehrt hatten (Rose, 1928). Es kann sich aber auch um einen Synkretismus ihrer menschlichen Götterwelt mit Göttern der Vorbevölkerung der von ihnen eroberten Gebiete handeln.

174 G. Murray zitiert von B. Russel (1945).

175 Unter den Pflanzen wurde die Eiche am meisten verehrt (sie lieferte die Hauptnahrung der Schweine); der Name Druide stammt ab von „drys" (Eiche).

Göttern zu huldigen, denen meist ein Tier zugeordnet wurde.[176] Über 400 Götternamen wurden überliefert, viele davon sind Variationen des Hauptgottes Mond. Die keltischen Götter waren genauso fehlbar, launenhaft wie Menschen. Die Kelten hatten kein Problem damit, fremden Göttern zu huldigen, wenn man mit ihren Schützlingen gut stand, doch hatten sie auch keine Hemmungen, sie zu bestrafen (ihre Tempelschätze zu plündern), wenn man ihre Schützlinge bekriegte. Die keltische Götterwelt war kein so homogener Pantheon wie die an sich schon inhomogenen Pantheone der Griechen und Römer und variierte zudem stark regional. Keltische Götter wurden häufig als Dreiheit[177] verehrt (drei Aspekte einer Gottheit), ähnlich wie die spätere Dreifaltigkeit des Christentums.

Die keltischen Götter forderten Menschenopfer, bei denen (nach Caesar) Verbrecher vorgezogen wurden. Abgeschlagene Menschenköpfe waren als Trophäe und Glücksbringer beliebt. Die Art in der Frauen der Siegesgöttin Andrate geopfert wurden, gehört zu den bestialischsten Opferriten der Antike. [178]

Die Kelten hatten eine dreischichtige **Priesterkaste**: Barden (Hymnensänger), Vates (Beobachter und Opferbringer der Natur) und Druiden (Sittenwächter). Diese erfüllte also, außer religiösen, auch weitere soziale Aufgaben wie Aufrechterhaltung der Stammesidentität, Schlichtung, Gerichtsbarkeit, Pflege der Riten und Gebräuche (Kalender), höhere Ausbildung. Die Druiden wählten aus ihren Reihen an einem heiligen zentralen Ort einen Ober-Druiden, ähnlich wie später die katholische Kirche.

Die ausgesprochene Gewaltbereitschaft und Tapferkeit der keltischen Stämme war nicht auf die (von der Priesterkaste ihren Göttern in den Mund gelegte) Aggressivität zurückzuführen. Es war vielmehr durch Erziehungsmaßnahmen eingedrillter **Glaube an eine Wiedergeburt**, der ihnen die Todesangst nahm.[179] Sie pflegten Initiationsriten, mit denen die Jünglinge im 18. Lebensjahr nicht nur im Gebrauch von Waffen unterwiesen, sondern einem regelrechten mentalen Training unterzogen wurden, um im Kampf zu außergewöhnlichen Leistungen und zur Selbstaufopferung bereit zu sein.

F) Die Religion der Germanen und kollektive Gewalttätigkeit

Die Religionswelt der Germanen war dreischichtig, was mit drei Phasen ihrer Ethnogenese zusammenhängen könnte.

- Das älteste Geschlecht der germanischen Götter waren **Riesen und Ungeheuer**, welche die Naturkatastrophen verursachten. Zu ihnen gehörten die Joten, die feindlichen Mächte der Welt; einer von ihnen hatte es geschafft, dem Odin ein Auge als Pfand abzunehmen, um ihm vom Brunnen der Weisheit trinken zu lassen.
- Das Göttergeschlecht der **Wanen** trat auf, um die Riesen und Ungeheuer im Zaum zu halten. Es waren erdgebundene Fruchtbarkeitsgötter und wohl von ackerbauenden Vorfahren der Proto-Germanen übernommen.
- Der Hauptgott unter den Wanen war „Tyr"; er schuf den Menschen. Er ist die germanische Entsprechung des indoeuropäischen Himmelsgottes. Bei den Germanen wurde er zu einem Kriegsgott degradiert und dann als „Thingsus"[180] zum Gott der rechtsetzenden Versammlung; ihm wurden Meenschenopfer dargebracht.[181]
- Weiterer Wanen war der Gewittergott „Donar"[182] (nordisch „Thor"), ursprünglich ein Bauerngott mit gewaltiger Kraft, dann auch der Gott der Krieger), Höd (Gott des Kampfes und des Streits), Vidar (Gott der Rache), Frigg (Odins Frau), Sif (Thors Frau), Idun.
- Die Nordseegermanen verehrten auch eine vorgermanische (vermutlich veneto-illyrische) Muttergöttin „Nerthus", welche einen Begatter „Ingwuz" hatte. Kinder von ihnen war das Geschwisterpaar „Freyr und Freya".[183]
- Nach einem großen Krieg, der mit Friedensschluss abgeschlossen wurde, übernahm das Göttergeschlecht der **Asen**[184] die Vorherrschaft. Sie galten als sehr tapfer, jedoch als wenig klug.
- Der Hauptgott der Asen war der Zauber-Gott „Wodan" (nordisch „Odin"[185]. Er war auch der Gott der Reiterkrieger, der Gefallenen und des Sieges. Auch er schuf die Menschheit und erfand zudem die Runen. Er war ursprünglich der Hauptgott der Westgermanen und verbreitete sich um die Zeitwende mit der (von den Kelten übernommenen) neu-

---

176 Diodorus Siculus (22,9) berichtet, dass es der keltische Heereskönig Brennus es bei seinem Raubzug durch Griechenland (um -279) für lustig fand, dass die Griechen meinten, die Götter hätten die Gestalt von Menschen.

177 Die Zahl Drei war für die Kelten ein Symbol der Kraft und Perfektion.

178 Demand (1998), mit Bezug auf Cassius Dio 62,7.

179 Vielleicht hängt der eigenartige Umstand, dass es abgesehen von den aufwendigen Fürstengräbern, sehr wenige Überreste keltischer Grabstätten für Normalsterbliche gibt, mit dem Glauben an die Wiedergeburt zusammen. Die Leichen wurden auf eine unbekannte Weise so entsorgt, dass davon kaum Spuren archäologisch fassbar sind (Verstreuung der Asche?, Zermahlen der Knochen?).

180 Dienstag = „Thingus-Tag".

181 Tacitus: Germania, 9 und 39.

182 Donnerstag = „Donars-Tag".

183 Freitag = „Freyja-Tag".

184 Vom germ. *ansuz = kultischer Pfosten, davon Os-lo (Asen-Lichtung).

185 Vom germ. „odr" = wild rasend.

en Gesellschaftsordnung unter erblichen Gaufürsten („kuning"). Erst in Skandinavien wurde er zum Hauptgott, der wichtigste Kultort war Uppsala, wo man ihm bis ins 11. Jh. Menschenopfer darbrachte, die man an heiligen Tannenbäumen aufhängte.

- Odin führte ein spezielles Totenreich für Gefallene („Walhall"). Dort wurden die bei der irdischen Gewalttätigkeit Erfolgreichen mit Trinkgelagen belohnt, bei denen es zu neuen Kämpfen kommen konnte; die Todesopfer im Walhall standen aber für neue Kämpfe über Nacht wieder auf.
- Weitere Asen waren Balder, Bragi und Heimdall.

Zusätzlich zu den Göttern glaubten die Germanen an Nornen (sie spinnen den Lebensfaden der Menschen), Folgegeister (die die Menschen begleiten) und Walküren (Sendboten Odins).

- Es gab bei den germanischen Stämmen des Altertums weder Kultgebäude[186] noch eine Priesterkaste.
- Eine Besonderheit der germanischen Mythologie ist der Glaube, dass es eine apokalyptische Endschlacht zwischen den Riesen und Ungeheuern gegen den Bund der Wanen und Asen geben werde, bei dem das Böse siegen und die Götter untergehen werden.

Die Götter der Germanen waren wie die der anderen Indoeuropäer überwiegend Negativvorbilder. Sie dienten der Rechtfertigung des Rechts des Stärkeren (des Eroberers). Jedoch ihr chaotischer Pantheon war auch wenig dazu geeignet, eine zielgerichtete Kollektivgewalttätigkeit zu motivieren. Dass germanische Stämme trotzdem, bezogen auf ihre Bevölkerungszahlen, zu den gewalttätigsten der Geschichte wurden, lag gewiss nicht an ihrer Religion.

G) Die Religionen der Etrusker und Kollektivgewalttätigkeit

Die Etrusker waren enge Verwandte der Proto-Indoeuropäer und hatten eine anthropomorph-polytheistische Religion. Der Name ihres Hauptgotts Tinia enthält die proto-indoeuropäische Wurzel „ti" für „Gott". Bei den Etruskern verfügte er über weniger Macht als der griechische Hauptgott Zeus oder der germanische Thor: er besaß nicht mal das Monopol des Blitzens und musste die Zustimmung des Götterrats einholen, wenn er einmal besonders gefährlich blitzen wollte. Verglichen mit dem israelitischen Jahwe war der etruskische Tinia also ein „Pantoffelheld".

Die Etrusker verehrten auch Naturgötter aus vorindoeuropäischer Zeit, die sie personifizierten; die Römer übernahmen einige davon unter folgenden Namen: Saturnus (Gott der Aussaat), Volcanus (Gott des zerstörenden Feuers), Volturnus (Flussgott), Iuturna (Quellgöttin).

Die Etrusker kannten wie die meisten der indoeuropäischen Stämme eine **Priesterkaste** („Auguren"), welche die Kommunikation mit den Göttern monopolisierte (der katholische Papst ist in dieser Hinsicht ein entfernter Nachfahre der Auguren); allerdings war diese Kommunikation nur summarisch (keine detaillierten Handlungsanweisungen). Ihre Hauptaufgabe beschränkte sich, wie bei den Griechen, auf das **Einholen von Ja/Nein-Meinungen der Götter in kritischen Situationen** (z.B. „Schlacht jetzt beginnen oder nicht?"). Dabei hantierten sie mit sonderbaren, streng formalisierten Riten (Beschau von Eingeweiden getöteter Opfertiere, Beobachtung der Flüge von Vögeln, Beobachtung des Essverhaltens von heiligen Hühnern, Herunterbeten von Zaubersprüchen). Dies hatte keinerlei „politische" und gewaltfördernde Auswirkungen. Im Gegenteil, die **rituelle Strenge** der Auguren (später „pontifikaler Rigorismus" genannt) ging als Grundmuster in das römische Recht ein. Auch die Rigorosität der römischen Rechtstaatlichkeit (und z.T. die des Ritus der katholischen Kirche) ist ein Erbe der kultischen Bräuche der etruskischen Auguren.

Besonders ausgeprägt war bei den Etruskern der Glaube an ein Leben nach dem Tode. Auch dies dürfte auf die Gewalttätigkeit moderierend gewirkt haben.

Die Religion der Etrusker konnte für Kollektivgewalttätigkeiten schwerlich missbraucht werden. Sie hat eher moderierend gewirkt. In der Tat nehmen die Etrusker in der Geschichte einen vorderen Rang unter den friedlichen Kulturvölkern ein.

H) Die Religion der Römer und kollektive Gewalttätigkeit

Die Römer hatten eine vielschichtige religiöse Weltanschauung. Gegenüber anderen indoeuropäischen Völkern hatten ihre Götter weniger menschliche Ausprägungen und waren eher funktionelle Gottheiten (Rose, 1928).

- Von der vorindoeuropäischen Kultur hatten die Römer die Verehrung von abstrakten **Funktionsgöttern** übernommen: die Redlichkeit Aequitas, die Kriegstüchtigkeit Bellona, die Eintracht Concordia, die Treue Fides, den Kriegsruhm Honos, die Jugendkraft Juventus, die Freiheit Libertas, die Geisteskraft Mens, die Elternliebe Pietas, die Ge-

---

186 Tacitus: Germania, 9.

sundheit Pietas, die Hoffnung Spes, das Glück Fortuna, das Siegesglück Victoria und die Tugend Virtus. Unter etruskischem Einfluss hatte später eine Vermenschlichung der funktionellen Gottheiten stattgefunden.

- Von ihren indoeuropäischen Ahnen hatten sie (oder ihre italischen Nachbarn) eine menschähnliche Götterwelt übernommen, wie z.B. Jupiter (Wettergott, Hauptgott der Römer), Mars (der Kriegsgott), Diana (die Frauen beschützende Mondgöttin), Venus (Göttin der Liebe), Vesta (Göttin des häuslichen Feuers),
- Von den etruskischen Eroberern (welche ihre Götterwelt vermutlich in ihrem Ursprungsland Kleinasien stark indoeuropäisiert hatten) übernahmen sie die die personifizierten Naturgötter Saturnus (Gott der Aussaat), Volcanus (Gott des zerstörenden Feuers), Volturnus (Flussgott), Iuturna (Quellgöttin).
- In den eroberten Provinzen tolerierten die Römer zusätzlich die Verehrung von Lokalgöttern. Auch die Verehrung orientalischer Götter wurde problemlos zugelassen.
- Die Römer hatten keinen Totengott; ebenso wenig hatten sie ursprünglich eine Liebesgöttin, die sie erst später der griechischen Götterwelt entlehnten.
- Ein relativ großer Anteil der römischen Götter hatte mit Krieg zu tun. Auf der anderen Seite gab es im römischen Pantheon auch relativ viele und einflussreiche Göttinnen und Funktionsgottheiten, welche moderierend einwirkten.

Bei den Römern war Religion weniger eine individuelle als eine kollektive Angelegenheit, sozusagen ein Staatsakt. Die römischen Priester bildeten keine Kaste, sondern waren Vollzugsbeamte des Kults. Zu ihren Aufgaben gehörte die rituelle Durchführung von indirekten Götterbefragungen (Eingeweide von Opfertieren, Interpretation von Vogelflügen, Fressverhalten heiliger Hühner). Trotz der sicherlich miserablen Trefferquote gehörten ihre Prognosen der Auguren zum kollektiven Zeremoniell, ähnlich wie moderne computergestützte Futurologien (z.B. Wetterprognosen, Marktprognosen).

Mit der Zeit driftete der anthropomorphe Polytheismus der Römer in Richtung eines „**funktionalen Monotheismus**". Dies hatte mehrere Gründe:

- Die seit alters her geläufige Figur eines Funktionsgottes.
- Die rituelle Strenge verbot es bei der Anrufung der Götter einen auszulassen. Man behalf sich mit einer Sammelanrufung („generalis invocatio").
- Die Einflüsse der griechischen Philosophie (vor allem des Platonismus), die auf einen ontologischen Gott hinausliefen.

Die Römer wurden durch ihre Götter ebenso wenig beherrscht wie die Griechen. Gegenüber der griechischen Götterwelt war die römische kein geschlossenes, vergangene Situationen widerspiegelndes Gremium, sondern ein offenes, das laufend neue Mitglieder aus anderen Ethnien aufnahm. Die Römer betrachteten die Götter der Feinde nicht als Feinde der eigenen Götter. Die bis heute kaum wieder erreichte **religiöse Toleranz der Römer war e**ines ihrer Erfolgsgeheimnisse beim Aufstieg zur einer integrierenden Weltmacht. Dank dem jeweils um die Götter der Unterworfenen erweiterten Pantheon konnte sich (fast) jede Ethnie mit dem Reich identifizieren. Allerdings verlangte der römische Staat, dass jeder römische Bürger, Beamte und Soldat, neben den Göttern seiner persönlichen Vorliebe, auch den Funktionsgöttern des römischen Staates, vor allem dem Funktionsgott „Kaiser", eine symbolisch-kultische Ehrerbietung darbringe. Die sich Weigernden (z.B. die Christen) wurden als Staatsverräter oder Wehrdienstverweigerer, nicht als Häretiker, verfolgt.

Obwohl der römische Staat (neben dem hethitischen Reich) zu den religiös und ethnisch tolerantesten Staaten der Geschichte zu zählen ist, haftet ihm ein von der christlichen Propaganda überzeichnetes Image eines grausamen Verfolgers der Christen an:

- Die Römer haben keinen einzigen Religionskrieg geführt (die zwei Kriege gegen die Juden waren aus Sicht der Juden zwar Religionskriege, aus Sicht der Römer jedoch nicht, denn sie galten nicht der Bekehrung von Andersgläubigen, sondern der Unterdrückung einer politischen Unabhängigkeitsbestrebung).
- Im Römischen Reich hat es so gut wie keine Kollektivgewalttätigkeit der heidnischen Bevölkerung gegen religiöse oder ethnische Minderheiten gegeben, es wurden kaum Kirchen zerstört oder Bücher verbrannt.
- Bei der Verfolgung der Christen durch diverse römische Kaiser handelte es sich um eine behördliche Bestrafungen von Unbotmäßigkeit, weil sich die christlichen römischen Bürger (Inländer) weigerten, die höchste Autorität des Kaisers durch Huldigung anzuerkennen. Die Juden hingegen, wurden als eine außeritalische Ethnie (!peregrini", d.h. Ausländer) anerkannt, für die das Fremdenrecht (ius gentium) galt; dadurch waren sie nicht der Huldigungspflicht unterworfen (Gibbon, Aufstieg und Untergang des Römischen Reichs, Kap.15). Der Umstand, dass die Christen nach der Erhebung des Christentums zur Staatsreligion kein Problem mehr gehabt haben, einem christlichen Kaiser zu huldigen deutet darauf hin, dass das hintergründige Motiv der Urchristen nicht die Huldigung des Funktionsträgers einer Staatsmacht gewesen ist, sondern die Akzeptanz der heidnischen Religion als Staatsreligion.
- Erst nachdem Kaiser Konstantin aus opportunistischen Gründen das Christentum zur Staatsreligion erhoben hatte (vermutlich ohne selbst dem christlichen Glauben beizutreten), kam im Römischen Reich eine religiöse Intoleranz auf: Von den Christen wurden Tempel verwüstet, Bücher verbrannt und bald setzten auch Pogrome gegen Juden ein.
- Nach neuesten Schätzungen wurden von den römischen Behörden im Laufe von drei Jahrhunderten etwa 3.000 christliche Personen wegen Staatsverrat hingerichtet (im Schnitt also etwa 10 Opfer pro Jahr). Dies ist ein Bruchteil der Todesstrafen, die von christliche Staaten gegen Menschen anderer Überzeugung vollstreckt wurden: Allein in den in den ersten Jahrzehnten, nachdem das Christentum zur Staatsreligion geworden war, wurden schätzungsweise

3.000 „Heiden" umgebracht. Im Mittelalter hat die Inquisition dann ca. 100.000 Personen „abweichender Glaubensrichtung" umgebracht und etwa 200.000 Personen (überwiegend Frauen) wurden Todesopfer der Hexenverfolgungen. Diese Beispiele allein entsprechen einer durchschnittlichen Anzahl von 400 Opfern pro Jahr, bei weniger als doppelt so großer Einwohnerzahl.

> ➤ *Selbst wenn man die Christenverfolgungen als religiös motivierte Gewalttätigkeit einstuft (was sie eigentlich nicht waren), hat demzufolge der heidnische römische Staat (pro Jahr und Bevölkerungszahl) eine um den Faktor 20 geringere religiös motivierte Gewalt angewandt als seine christlichen Nachfolgeorganisationen in Europa.*

Die Religiosität der heidnischen Römer klang während der ersten Jahrhunderte unserer Zeitrechnung aus. Kaum jemand glaubte schließlich noch an die Existenz der Götterpersonen. Der französische Romancier Gustave Flaubert hat 1927 auf Folgendes hingewiesen: „Als die Götter nicht mehr existierten und Christus noch nicht erschienen war, gab es zwischen Cicero und Mark Aurel einen einzigartigen Zeitraum, in dem es nur den Menschen gab". Dieses **gottlose Interregnum** fiel mit der **gewaltlosesten Epoche der Geschichte** zusammen.

Die römische Religion (besser gesagt Weltanschauung) folgte einem „ptolemäischen" Ansatz (Rechtsgrundsätze wie „in dubio pro reo" stellen in letzter Instanz das Individuum über das Kollektiv). Sie hatte indes auch eine „kopernikanistische" Komponente, die darin bestand, dem (eigenen) territorial-hegemonische Kollektiv einen gottähnlichen Rang zu verleihen. Opfer dieser „politischen Intoleranz" wurden alle anderen territorial-hegemonischen Kollektive, die Rom unterlagen sowie die jüdische Religionsgemeinschaft. Die römische Weltanschauung wurde schließlich durch die judäo-christliche Religion / Weltanschauung ersetzt, welche den „kopernikanistischen" Ansatz von der politischen Ebene auf die individuelle ausdehnte. Es ist der „ptolemäische" Fundus der römischen Weltanschauung (Wahrung der Rechte des Individuum vor den Regeln und Interessen des territorial-hegemonischen Kollektivs; Gleichberechtigung aller darin lebenden Individuen, unabhängig von ihrer Abstammung), der als Komponente in eine gewalttätigkeitsfreie Weltordnung eingehen kann, nicht der „kopernikanistische" Ansatz der Vergöttlichung des Staates.

I) Zusammenfassende Betrachtung zum indoeuropäischen Polytheismus

Der Polytheismus der Indoeuropäer folgte einem eminent ptolemäischer Ansatz: Das Übermenschliche behielt noch einen menschlichen Bezug, **der Mensch blieb der Maßstab sogar der Götter**. Die Götter versklavten nicht die Menschen, sondern stellten eine menschliche Unzulänglichkeit mehr dar, der man sich anpassen musste. Die Götter waren „Überaristokraten" der Menschheit, die in jedem Kollektiv mit anderen Namen belegt waren. Aber nur die Namen änderten sich von Volk zu Volk. „Es gab regelrechte Übersetzungslisten" für die Götternamen (Assmann, 2006)[187]. Somit war eine „**Kultur der gegenseitigen Anerkennung**" (Assmann, 2006)[188] vorhanden, die mit den abrahamitischen Religionen wieder abhanden gekommen ist.

Obwohl die Gewalttätigkeit der indoeuropäisch dominierten Kollektive der vorchristlichen Zeit überwogen hat, beruhte sie so gut wie nie auf religiösen Motivationen. Die ist ein starkes Indiz dafür, dass Religion an sich weder kollektive Gewalttätigkeit hervorruft, noch diese vermeidet.

An dieser Stelle sind zwei Bemerkung zur Relativierung der Verantwortung der Religionen für kollektive Gewalttätigkeit angebracht:

- Obwohl der anthropomorphe Polytheismus der Indoeuropäer zu den am wenigsten ideologische Feindbilder erzeugenden gehört (keine gezielte göttliche Kriegshetze), sind das -4. und -3. Jahrhundert die (bezogen auf die Weltbevölkerung) mit den meisten Gewalttätigkeitsereignissen gewesen. Dies deutet darauf hin, dass Religion kein direkter Verursachungs- oder Moderationsfaktor kollektiver Gewalttätigkeit ist.
- Andererseits barg der anthropomorphe Polytheismus der Indoeuropäer eine ausgeprägte strukturelle Gewalttätigkeit, indem er die Gewalttätigkeit zwischen Göttern zu einer hinzunehmenden Selbstverständlichkeit machte.

10.2.3.6 Die ditheistische Religion des Zoroastrismus und Kollektivgewalttätigkeit

In dem ebenfalls von Nachfahren einer indoeuropäischen Kriegerkaste beherrschten Iran verkündete im -6. Jh. der Religionsreformer **Zoroaster (Zarathustra)** seine Offenbarung, die sich von der indoeuropäischen Götterwelt in Richtung eines Monotheismus fortentwickelte. Die Vermutungen, wann Zoroaster gelebt hat streuen zwischen -2000 und -500, mit Schwerpunkt um -1.000. Die später „Avesta" genannte Sammlung der 21 heiligen zoroastrischen Schriften entstand im Laufe der Jahrhunderte, sie geht auf mündliche Überlieferung von Worten Zarathustras zurück und ist nur in Teilen erhalten geblieben.

---

187 Interview in Spiegel 52/2006
188 Interview in Spiegel 52/2006

Zarathustra lehrte, dass es nur einen Gott gebe, genannt „Ahura Mazda" („weiser Gott") und dieser habe, in Antagonismus mit dem Teufel „Ahriman", die Welt geschaffen, die sich aus dem kosmischen **Streit zwischen Gegensätzen** entwickle, zwischen der Wahrheit und der Lüge, zwischen der Helligkeit und der Dunkelheit, zwischen dem Guten und dem Bösen (**moralische Dichotomie**). Keiner dieser Antagonisten könne ohne seinen Gegenpart bestehen, er sei, im Gegenteil, durch ihn erst ontologisch definiert.

- Ahura Mazda überlässt es jedem Einzelnen, ob er in den Kampf der Antagonisten eingreifen möchte.
- Zarathustra predigte, der Mensch solle die sieben Tugenden des Ahura Mazda nachahmen, darunter: Wahrheitsliebe und Frömmigkeit. Überwiegt in seinem Leben jedoch das Gute, ist ihm der Weg in den Himmel geöffnet, während er sonst in die Hölle kommt (Verzichtsethik mit Vergütung im Jenseits).
- Der Zoroastrismus entwickelte tierschützerische Züge (Ablehnung der Tieropfer, Tierschutzgebote).
- Die Sassaniden bauten den Zoroastrismus zu einer Art Dreifaltigkeit aus, in der es eine viergestaltige Gottvaterfigur gab, deren Söhne Gott und der Teufel seien.

Die zoroastrische Religion wurde vor allem in der Sassanidenzeit betont nationalpersisch ausgeprägt, so dass sie nicht universalisierungsfähig war.

Der Zoroastrismus kollabierte fast widerstandslos nach der arabischen Eroberung des Irans und hat heute ein wenig mehr als 100.000 Gläubige, die meisten in Indien („Parsen", Nachfahren iranischer Flüchtlinge der arabischen Invasion).

Zarathustra wird zuweilen als der Vater der Ethik angesehen. Er hat mit Sicherheit keine Intoleranz und Gewalttätigkeit gepredigt. Einige seiner Ideen, die in den abrahamitischen Religionen fortleben, sind jedoch in menschenfeindlicher Art radikalisiert worden:

- Seine Idee der Vergütung im Jenseits für Entsagung im Diesseits wurde im „kopernikanistischen Sinne" missbraucht, um Jenseitswerte der Individuen (die meist verbrämte Diesseitswerte von Kollektiven sind) über das Diesseitsleben des Einzelnen zu stellen. Dieser Gedankenansatz ist allerdings älter als der Zoroastrismus, nämlich so alt wie der Ackerbau.
- Der originär zoroastrische Beitrag ist die Dialektik der Gegensätze. Diese wurde von der Nachwelt zu einer giftigen Ingredienz „kopernikanistischer Weltanschauung" weiterentwickelt, der darin besteht, sich die Urteilsbildung dadurch extrem zu vereinfachen, indem man die Welt in nur zwei Kategorien einteilt, in die des Guten und die des Bösen. Zum menschenvernichtenden Gift wurde diese bequeme Denke, als man sich selbst per definitionem mit dem Guten identifizierte und „die Anderen" mit dem Bösen, indem man die Dichotomisierung der Welt für eine Zweifrontenbildung missbrauchte.[189]

Das, was vom Zoroastrismus tradiert wurde, ist eminent „kopernikanistisch": Man könne die Wahrnehmung der komplexen Welt dadurch vereinfachen (bequemer machen), dass man sie in nur zwei Kategorien einteile (binär digitalisiere). Als tödliches Gift wirkt diese Vereinfachung, wenn sie dahingehend weitergetrieben wird, dass nur eine der zwei Seiten lebenswürdig sei und dass eine Koexistenz mit der Gegenseite unmöglich, ja sogar sündhaft sei.

10.2.3.7 Die anthropomorphen Monotheismen und kollektive Gewalttätigkeit

KEIN GOTT, DER ETWAS AUF SICH HÄLT, DULDET EINEN ANDEREN GOTT NEBEN SICH.

(Wolfgang Sofsky, 1996)

JEDE MONOTHEISTISCHE RELIGION BEHAUPTET, „WAHRER" ALS ANDERE ZU SEIN,
VOR ALLEM JENE, DEREN GOTT MENSCHENÄHNLICH, DAS HEISST AUCH EIFERSÜCHTIG IST.

Wie in 10.3.2.4 bereits erwähnt, hat der Pharao Amenhotep V. („Echnaton") Mitte des -14. Jhs. ersonnen, die Domestizierung und zentrale staatliche Lenkbarkeit der Individuen dadurch zu steigern, dass eine Naturgottheit (die Sonnenscheibe) zur obersten Gottheit erklärt wurde, mit der nur er, der weltliche Herrscher, (unter Ausschluss der Priesterkaste) kommunizieren konnte. Dieser monotheistische Ansatz musste in Ägypten zwar nach wenigen Jahrzehnten wieder fallen gelassen werden. Er wurde von den israelitischen Ideologen („Propheten") aufgegriffen und zu einem **exklusiven anthropomorphen Monotheismus** ausgebaut.

A) Die jüdische Religion und Kollektivgewalttätigkeit

Den für die Geschichte der kollektiven Gewalttätigkeit wohl einschneidendsten religiösen Einfluss hat die jüdische Religion ausgeübt. Mit Anregungen aus Ägypten, Babylonien, Assyrien und Persien haben die israelitischen Propheten im Laufe von Jahrhunderten eine totalitäre Theokratie entwickelt, welche zum

---

189 In seiner Schrift „Also sprach Zarathustra" lässt Nietzsche den Propheten seine Ansicht revidieren, um „jenseits von Gut und Böse" wieder zu einem naturgesetzlichen Weltverständnis zurückzukommen.

Modell anderer Religionsgründungen wurde. Es entstand ein „Sammelwerk, das in Hunderten von Jahren zu seiner Endgestalt herangewachsen ist" (Manfred Weippert).[190]

Die Dogmen der jüdischen Religion sind Jahrhunderte lang mündlich überliefert und erst später schriftlich in der „**Torah**" festgehalten worden. Die Torah im engeren Sinne ist das 5. Buch Mose und im weiteren Sinne ist sie in etwa deckungsgleich mit dem christlichen Begriff „Altes Testament". Zu den heiligen Schriften des Judentums gehört auch der „Talmud" („Belehrung", auch „mündliche Torah" genannt), eine Sammlung von überlieferten Interpretationen der Torah, die im 1. Jh. niedergeschrieben wurden. Die jüdische Religion diente als Vorlage zur Bildung der christlichen und islamischen Religionen. Alle diese drei Religionen werden als „**abrahamitische Religionen**" genannt, nicht weil Abraham sie begründet hat, sondern weil Abraham laut Bibel der letzte gemeinsame Urahne aller semitischen Stämme war.

Die Hauptmeilensteine dieser Entwicklung waren:

a) Polytheistische Ursprünge

- Bis Ende des -2. Jt. verehrten die Israeliten („die mit Gott Streitenden" 191) mehrere Götter. In den Berichten um David (Sam. 19,12) sowie Jakob und Rahel (Gen. 31,19) ist z.B. noch von Hausgöttern und Stammesgöttern die Rede. Einer der Stammesgötter, „Jahwe", wurde von den Propheten immer mehr zum Nationalgott, das heißt Kohäsionsgott für alle israelitischen Stämme, instituiert. Jahwe war ursprünglich ein Wettergott eines Stammes im Nordsinai, dessen Sinnbild ein Stier und dessen Gattin die Fruchtbarkeitsgöttin Aschera war, deren Kultbaum noch im -6. Jh. im Tempel von Jerusalem verehrt wurde.

b) Übergang zum anthropomorphen Monotheismus

- Während ihres 450-jährigen Aufenthalts in Ägypten hatten die Israeliten viel ägyptisches Kulturgut aufgenommen und höchstwahrscheinlich die monotheistische Reformation des Echnaton (-1350 bis -1334) in Ägypten miterlebt. Nach dem Tode Echnatons war in Ägypten der monotheistische Ansatz verpönt worden. Nach einer Theorie, die jedoch von Jan Assmann nicht geteilt wird, der sie für eine Legende hält, fand 60 bis 70 Jahre nach dem Tode Echnatons der (vermutlich fluchtartige) Auszug der Israeliten aus Ägypten statt, weil sie am Monotheismus festgehalten hatten.

- Das erste der Zehn Gebote des „Moses"[192] ist ein monotheistisches Manifest: Diese vermutlich vor der Deportation nach Babylonien (-598 bis -538) verfasste Formulierung des Deuteronomium (5,6) „Ich bin Jahwe, dein Gott, du sollst keine anderen Götter haben vor mir", wurde erst nach der Rückkehr aus der Deportation in die exklusivere Form gebracht „Du sollst keine anderen Götter neben mir haben" (Exodus 20,3). Damit war vorerst nur der Alleinigkeitsanspruch Jahwes innerhalb der israelitischen Stämme begründet. Es war dies noch kein absoluter Monotheismus. Dies kommt auch in Psalm 136 zum Ausdruck, wo es heißt: „Herr der Herren und Gott der Götter". Es wurde also noch nicht in Abrede gestellt, dass nicht auch die Götter der nichtisraelitischen Stämme ihre Existenzberechtigung hätten (relativer Monotheismus, Henotheismus, Monolatrie). Innerhalb des eigenen Kollektivs wurde fortan zwischen absolut wahrer und absolut falscher Religion unterschieden und es gab keinerlei Toleranz und Pardon für Andersgläubige mehr, die mit vernichtungswürdigen Attributen belegt wurden („Ketzer", „Götzenanbeter", „Gesetzlose", „Treulose").

- Zur Frage, ob der israelitische Monotheismus eine Weiterentwicklung des monotheistischen Ansatzes von Echnaton sei, oder sozusagen eine Neuerfindung, gibt es zwei gegensätzliche Thesen. Die eine besagt, dass der Monotheismus der Israeliten ohne kausale Beziehung zu Echnaton entwickelt worden sei. Eine andere These stellt einen Bezug mit Echnatons Idee her und führt einige Argumente an, die plausibel, aber nicht gesichert sind:

  o Die Ähnlichkeit des biblischen Psalms 104 mit der „Hymne an Aton" des Echnaton (Gegenargument: könnte auch nach der Landnahme in Palästina, durch kulturelle Kontakte mit ägyptischen Besatzungssoldaten, erfolgt sein).

  o Die Israeliten haben Echnaton als Untertanen in Ägypten erlebt, ihr Exodus sei vermutlich 71 Jahre nach seinem Tode erfolgt.

  o Die Wahrscheinlichkeit, dass Moses (sein Name ist ein ägyptisches Wort für „Kind") eine legendäre Appropriation einer ägyptischen historischen Figur sei, wofür es drei Thesen gibt: Moses sei Echnaton selbst; Moses sei der Echnaton-Nachfolger Tutanchaton, der sich in Tutanchamon umbenennen ließ und der Rückkehr zur alten Staatsreligion des Amun zustimmte (oder zustimmen musste), bevor er 17-jährig (vermutlich durch eine Kopfverletzung) starb und durch eine Dynastie von Militärdiktatoren abgelöst wurde; Moses sei ein ägyptischer Aton-Priester gewesen, der selbst verfolgt, die israelitischen Zwangsarbeiter aus Ägypten geführt habe (Sigmund Freud).

  o Die israelitischen Propheten setzten ähnlich wie die ägyptischen Amon-Priester den Anspruch durch, innerhalb des Kollektivs die alleinige Fähigkeit der Kommunikation mit Gott zu haben (Theokratie).

- Unzweifelhaft ist, dass die israelischen Propheten ihren Monotheismus mit einer Innovation versehen haben, indem sie Jahwe als **menschähnlichen Gott** dargestellt haben (anthropomorpher Monotheismus). Ob sie dabei Anleihen von Indoeuropäern nahmen, oder ob auch dies eine Neuerfindung war, ist fraglich. Die Kommunikationsmöglichkeit

---

190 Zitiert in Spiegel 52/2006, 114.

191 Der Name bezieht sich auf eine im Alten Testament (Gen. 32, 23) berichtete Überlieferung, dass der Erzvater Jakob gegen Gott gekämpft und gesiegt habe.

192 Nach der Zählung der christlichen Kirchen ist es das 1. Gebot, nach der der Thora das 2. Gebot.

mit Gott blieb zwar (wie bei Echnaton einseitig gerichtet, jedoch konnte der Wille Gottes in menschlichen Kategorien formuliert und sogar wortwörtlich zitiert werden.

- Indem man den menschenähnlichen Gott als Vater darstellte, erhielt sein Wort eine ähnliche Autorität[193] und Legitimationskraft, wie die eines Vaters über sein Kind. Nie zuvor war Religion in solchem Maße auf „Gottesfurcht" begründet worden. Die Direktiven der **Vaterfigur** Jahwe hatten auf die Individuen eine stärkere Eindringtiefe als die einer Sonnenscheibe, denn sie waren emotional gefärbt: Jahwe war gütig, treu, zuverlässig, immer für einen da, jedoch auch eifersüchtig, rachsüchtig, erbarmungslos, er ließ nichts ungestraft. Gegen Ende des -8. Jh. übertrugen die Israeliten, welche auch Zeitgenossen und Leidtragende des gerade untergegangenen Terrorregimes der Assyrer gewesen waren, auf Jahwe fast wortwörtlich die **Drohformeln der assyrischen Könige** für den Fall einer Verletzung der „Vasallitätsverpflichtung", das heißt für den Fall, dass anderen Göttern gehuldigt werde; dies belegt, dass es sich noch um einen „inklusiven Monotheismus" handelte, oder zumindest um einen „unreifen exklusiven", denn ein absoluter Einheitsgott verneint die Existenz jeglichen anderen Gottes und hat keine Nebenbuhler, auf die er eifersüchtig sein könnte (Assmann, 2004).

- Die israelitischen Propheten froren mit ihrem Konstrukt „alleinherrschender Gott-Vater" die **soziale Herrschaftsform des Patriarchats**, die Ideologie der Familie, der Urform territorial-hegemonialer Kollektive, zum obersten Gesetz eines „Metapatriarchats" ein. Dieses wurde über alle soziale Normen, sowohl nach oben als auch nach unten, gestellt.

- Nach oben wurde die metapatriarchalische Kohäsionsnorm über alle Kohäsionsnormen der komplexeren Formen territorial-hegemonialer Kollektive gestellt: „Du sollst Gott mehr gehorchen als den Menschen" (Apg. 5,29).

- Das Primat der Religion galt vor allem gegenüber den Imperien (der Ägypter, Assyrer, Perser, Makedonen und Römer), um eine Integration zu verhindern. „Der biblische Monotheismus war ursprünglich eine Widerstandsbewegung gegen die umliegenden Großmächte". (Assmann, 2006)[194] Diese vom Christentum übernommene Priorisierung der kollektiven Loyalität auf der metapatriarchalische Ebene war es, die dann auch zum Konflikt mit dem römischen Staat geführt hat. Der absolute Monotheismus der Juden entstand als eine Anti-Assimilierungsideologie.

- Nach unten erzwang der Monotheismus der jüdischen Religion die Priorität über alle persönlichen Bindungen (nach dem Motto „wenn es um die Treue zum Gottvater geht, musst Du auch über die Leiche Deines leiblichen Vaters gehen"); sie griff in das Privatleben der Menschen ein, wie keine Religion zuvor. Das Christentum hat diese Grundeinstellung mit übernommen. Neben dem von präpotenten irdischen imperialen Fremdmächten drangsalierten irdischen Dasein wurde eine höherwertige „zweite Heimat" postuliert: „Ein Fremdling bin ich im Lande." (Psalm 119, 19). Die Reform des „Moses" hat die Voraussetzungen für die weiter unten besprochene Zweiweltentheorie des Judaismus geschaffen.

- Eine weitere Implikation des Konstrukts „alleinherrschender Gott-Vater" war, dass sich dieser zum ersten Mal in der Religionsgeschichte per definitionem „hauptamtlich" mit den Menschen befasste und für sie verantwortlich war, wie ein Vater für seine Kinder. „Moral wird zur Chefsache Gottes gemacht" (Assmann, 2006).[195] Dadurch entstand die Möglichkeit einen angeblichen, auf menschliche Angelegenheiten bezogenen Willen Gottes, zu formulieren und Gewalt für dessen Durchsetzung zu legitimieren. Nach „Moses" kam eine neue Art von kollektiver Gewalttätigkeit hinzu: „die Gewalt im Namen Gottes" (Assmann, 2006). Für diese neue Möglichkeit ist Anthropomorphismus allein nicht ausreichend, sondern die zwei weiteren Ingredienzien „Vaterfigur" und „Einheitsgott". In der Tat war „Gewalt im Namen Gottes" mit den Göttern der Griechen und Römer schwerlich argumentierbar, denn es gab deren viele, die sogar untereinander stritten. Bei irdischen Konflikten intervenierten (wenn auch nur sporadisch) Götter auf beiden Seiten. Außerdem waren sie mit ihrem Eskapaden viel zu viel mit sich selbst beschäftigt. Man konnte ein Kollektiv nicht mit dem Argument zu einem Krieg bewegen: „die befolgen die Anweisungen unserer Götter nicht".

- Schließlich hatte die „Vaterreligion" (Assmann, 2006) den Vorteil einer **stets positiven Rückkopplungsschleife**. Denn der stets um seine Kinder besorgte Gottvater Jahwe griff mit konkreten, den Propheten mitgeteilten Anweisungen sogar in das politische Tagesgeschehen ein. Wenn sich dann ein Erfolg einstellte, steigerte dies das Vertrauen in Gott und in die Propheten. Kam es zu einem Rückschlag (der bei einem Eingottglauben keinem anderen Gott in die Schuhe geschoben werden konnte), wurde er als Bestrafung für Sünden (Nichtbefolgung von Gottesanweisungen) ausgelegt, was die Ehrfurcht vor Gott und seinen Propheten ebenfalls steigerte. All dies stärkte das Kollektiv für noch größere Erfolge. Mit dem anthropomorphen Polytheismus der Indoeuropäer war dies nicht möglich: Die Aussagen der Götter waren nicht so eindeutig artikuliert (man war z.B. auf die Beobachtungen des Vogelflugs oder dem Essverhalten heiliger Hühner angewiesen) und außerdem konnte jeder Misserfolg auf die Intervention eines der vielen Götter zurückgeführt werden.

c) Zentrale Kontrolle des Ritus

- Als in den Jahrhunderten nach der Landnahme in Palästina eine Aussöhnung der Israeliten mit den Nachbarn eintrat und sich unter den Juden kanaanäische Riten (Baalkult) breit machten, pochte hauptsächlich der Prophet Elia (um -850) auf den Alleinigkeitsanspruch Jahwes und dehnte dessen Wirkungsbereich auf andere Lebensbereiche aus (z.B. Wetter und Fruchtbarkeit). Ein Jahrhundert später bestand der Prophet Hosea auf der Abschaffung jeglicher rituellen Formen, die beim Jahwe-Kult aus dem Baal-Kult übernommen worden waren. Der Prophet des Buches Deuteronomium setzte sodann durch, dass es nur noch einen einzigen Jahwe-Tempel geben dürfe, nämlich den von Jerusa-

---

193 Popitz (1986) bezeichnet die Autorität des Familienoberhaupts als „generative Autorität".
194 Interview in Spiegel 52/2006
195 Interview in Spiegel 52/2006.

lem (Deut. 12). Damit sollte der Jahwe-Kult unter einer zentralen Kontrolle gehalten und eine rituelle Diversifizierung vermieden werden. Eine der Folgen der Zentralisierung des Kultes war, dass die rituellen Tieropfer (mit anschließendem Essgelage) ihren Sinn verloren und mit Ausnahme des Pessach-Fests aufgegeben wurden. Das Christentum hat in der Folge die Tieropfer zur Gänze aufgegeben und Opferung des Gottessohns für die Menschheit sublimiert.

d) Übergang zum exklusiven Monotheismus

Ich bin Jahwe, dein Gott, du sollst keine anderen Götter neben mir haben.

(Altes Testament, Exodus 20)

- Während der zweiten babylonischen Deportation hat der als Deuterojesaja bezeichnete Prophet den Herrschaftsanspruch des israelitischen Nationalgottes Jahwe auf die gesamte Welt formuliert („Vor mir wurde kein Gott gebildet, nach mir wird keiner sein") und den Israeliten ihre bevorstehende Rückkehr nach Jerusalem angekündigt, die Jahwe durchsetzen würde. Als dies im Jahre -539 dank der persischen Eroberung Babylons eintrat, legte der Prophet Jesaja dies als Beleg aus, dass Jahwe der universell alleinig wahre Gott sei (Deut. 6-7) und verneinte erstmals explizit die Existenz anderer Götter (Jes. 40-55) (absoluter, exklusiver, totalitärer Monotheismus): Jahwe habe die Welt geschaffen und sei der Herr über die Weltgeschichte, die er (wenn auch in verborgener Weise) lenke. Zu seinen Plänen gehöre, in unbestimmter Zukunft eine menschenähnliche himmlische Gestalt („Messias") zu entsenden, der die göttliche Heilslehre auf Erden abschließen werde.
- Nach neuesten Theorien waren es die Propheten der Zeit der zweiten babylonischen Deportation, welche die ägyptische Figur des Moses in einen israelitischen Propheten transfiguriert haben, der die Offenbarung des „alleinigen Gottes" sozusagen als israelitische Erfindung, zusammen mit anderen Normen (die Zehn Gebote) überbracht habe.
- Die israelitischen Propheten (allen voran als Moses bezeichnete) erklärten ihr Volk zum alleinigen von Jahwe auserwählten Volk: „Ich bin Euer Gott und Herr, der Euch von den anderen Völkern abgetrennt hat" (Lev. 20,24; Deut. 6,6) und Mischehen mit Nichtjuden wurden verboten (Ezra 9-10,5) (ethnische Bindung der Religion). Das Stammesdenken wurde ins Extreme ausgeprägt. Damit wurden die israelitischen Propheten zu den Erfindern einer neuen Form von Trennung und Hass unter den Kollektiven (Hass auf Andersgläubige) und Intoleranz sowie zu den Vorreitern der ethischen, ontologischen und metaphysischen Trennung der „Rassen", sprich des Rassismus (Onfray, 2005).
- Im Laufe der Zeit legten sich die Juden physische Alleinstellungsmerkmale zur Stützung ihrer Identitätsstiftung zu, um ihre Absonderung von den Nichtjuden stärker zu verinnerlichen und kenntlich zu machen (darunter die Beschneidung).

Die ethnizistische Ausrichtung der jüdischen Religion stellte eine Neuerung dar, die die Möglichkeit des Missbrauchs von Religion ungemein gesteigert hat. Dies ist im Fall der jüdischen Religion paradoxerweise mehr ein missbräuchliches Definieren von Opfern mittels religiöser Kriterien als ein missbräuchliches Motivieren von Tätern gewesen.

e) Vergütung bzw. Bestrafung im Jenseits

- Im Rahmen der Entwicklung der jüdischen Religion wurde die Idee ausgestaltet, dass es zwei Welten gebe, ein Diesseits und ein Jenseits, (Zweiweltentheorie).[196]
- Der Prophet Jesaja (2. Hälfte -8. Jh.) verkündete die Wiederauferstehung des Fleisches, was die Unsterblichkeit der Seele implizierte. Während der Makkabäerkriege im -2. Jh. wurde die Unsterblichkeitslehre zu einer Lehre der Vergütung im Jenseits weiterentwickelt. Damit konnte eine Art Genussverzicht im Diesseits erwirkt werden, der im Jenseits vergütet werde. Die dadurch bewirkte „Genügsamkeit" der Individuen erleichterte die Zurückstellung ihrer Interessen gegenüber den Interessen der anderen Mitglieder des Kollektivs bzw. den kollektiven Interessen oder sogar Selbstaufopferung (bis hin zum Märtyrertum). Die jüdische Religion hat diese Vorstellung, welche für Opfer im Diesseits Vergütung im Jenseits anbot, vom Zoroastrismus übernommen, der die Konstrukte des Himmels und der Hölle entwickelt hatte. Für die Individuen des Kollektivs bedeutete dies jedoch eine starke Einschränkung des Auslebens ihrer körperlichen Bedürfnisse (Sexualität als Sünde).
- Die jüdische Religion enthält auch die vernunftmäßig nicht nachvollziehbaren Figuren des Teufels sowie der Engel: menschenähnliche aber geschlechtslose und geflügelte Kreaturen, die über den Menschen standen. Sie hüteten den Eingang des Gartens Eden („Cherubine") oder leisteten dem Jahwe Assistenz- oder Botendienste („Serafine"). Es sind dies religiöse Figuren, die vermutlich ebenfalls vom Zoroastrismus übernommen wurden.
- Zur Diesseits-Jenseits-Perzeption des Judentums muss vermerkt werden, dass ihm eine „grundsätzliche existenzielle Sündhaftigkeit, Vergänglichkeit, Gottesferne" zugrunde lag, aus der eine permanente Forderung nach Reue, Sühne und Umkehr aus der Schuldbeladenheit des bisherigen Lebens entstand (Assmann, 2006).

---

196 Man könnte die Zweiweltentheorie der jüdischen Propheten als eine „existenzielle Dichotomie" bezeichnen, die das gegenwärtige Leben vom Leben nach dem Tode trennt: Sie kann leicht verwechselt werden mit der „ontologischen Dichotomie" der griechischen Philosophen, die das Sinnliche (Wahrnehmbare) vom Übersinnlichen (mit Gedanken Fassbare) trennt. Diese Verwechselbarkeit hat allerdings die Akzeptanz des Christentums in der vom griechischen Geist geprägten Antike gefördert.

- Die Zweiweltentheorie (die dann vom Christentum und Islam übernommen wurde) sagt, dass es zwei Welten gebe, von denen die nach dem Tode die wertvollere sei, weil dort die definitive Vergütung für Verzichte während des transitorischen Erdenlebens erfolgen werde. Sie hat sich auf die kollektive Gewalttätigkeit in zweifacher Weise ausgewirkt: Im Inneren der Kollektive hat sie zu einer Befriedung beigetragen, nach außen eher zu einer Radikalisierung. Dadurch, dass das jenseitige Leben absoluten Vorrang erhielt, wurde das Opfern des eigenen Lebens für das Leben im Jenseits (das Märtyrertum)[197] zu einer lohnenswerten Alternative. Von der Geringschätzung und Opferung des eigenen Lebens für die aus dem Jenseits diktierten Normen, zur Geringschätzung der Opferung des Lebens Anderer, ist der Schritt allerdings gering.

f) Die Doppelmoral gegenüber der Kollektivgewalttätigkeit

Die jüdische Religion hat sich, wie oben skizziert, während der Späten Bronzezeit und der Eisenzeit als ideologisches Sozialkonstrukt eines seminomadischen Kollektives entwickelt. Die Zielrichtung des Konstrukts war, die bedingungslose Wahrung genetischen Bestands des Kollektivs, um damit der Idiosynkrasie des Meme-Verbands zu unterstützen, und zwar durch Vermeiden der ethischen Verschmelzung mit anderen Kollektiven und der kulturellen Integration mit anderen ideologischen Sozialkonstrukten. Der Weg, den der Judaismus dabei eingeschlagen hat war, die Befriedung nach innen (wie keine Ideologie zuvor) zu stärken; dazu wurde allerdings (wie in keiner Ideologie zuvor) die Feindseligkeit nach außen zementiert. Diese Doppelmoral, die in der Terminologie von Herbert Spencer aus einem „Kodex der Freundschaft" nach innen und einem „Kodex der Feindschaft" nach außen besteht, wurde im Christentum durch die Paulus'sche Wendung (Aufhebung des Stammesbezugs der Religion) und auch im Islam etwas aufgeweicht. Aber der diskriminatorische Ansatz, dass Gott die Eigenen mehr liebt und unterstützt als die Anderen (die er verdammt), dass nur der eigene Gott existiert und alle Anderen nur Götzen verehren, blieb erhalten.

g) Befriedung nach innen

Die jüdische Lehre stärkte die innere Kohäsion durch das Gebot der Nächstenliebe. Dieses forderte eine Empathie und einen Altruismus ein, der über die familiären Bande hinausging und sich auf den abstrakteren[198] Bereich des Stammesverbandes erstreckte. Es war dies in der damaligen Zeit ein bedeutender zivilisatorischer und humanitärer Fortschritt.

- „An den Kindern Deines Volkes sollst Du Dich nicht rächen und ihnen nichts nachtragen. Du sollst Deinen Nächsten lieben wie Dich selbst. Ich bin der Herr." (Lev. 17,18).
- „Den Fremdling der bei Euch wohnt in eurem Land, sollt ihr nicht unterdrücken. Er soll wie ein Einheimischer unter euch wohnen und du sollst ihn lieben wie dich selbst, denn auch ihr ward Fremdlinge in Ägypten" (Lev. 19,33).
- „Hungert Dein Feind, so speise ihn mit Brot, dürstet ihn, so tränke ihn mit Wasser" (Spr. 25,21).
- „Lass ab vom Bösen und tue Gutes; suche Frieden und jage ihm nach" (Psalm 34,14).
- „Frieden kann nur Frucht des Friedens sein." (Isaias 32,17).

Unter dem „Nächsten" wird im Alten Testament im Allgemeinen ein zum alltäglichen Gesichtskreis gehörender Stammesgenosse gemeint („reah", was auch Verwandter, Nachbar, Freund, Geliebter, Anderer bedeuten kann). In der Fremdheitsskala gab es die Mitglieder eines anderen israelitischen Stammes („ger"), die mit dem eigenen Stamm das auserwählte Volk Israels ausmachen („adam", „ein nach Gottes Ebenbild Erschaffener"); dann gab es den ketzerischen Israeliten, den zum Judentum Bekehrten Nicht-Israeliten („gerim"), den unter Israeliten lebenden Heiden und schließlich den Heiden („gojim"). Der Überbegriff von Mensch war „iysch" oder „enowsh". Der Geltungsbereich von Leviatikus 17,18 ist von jüdischen Schriftgelehrten vielfach diskutiert worden: zum Teil ging es darum, ob die Samaritaner (Nachkommen der von den Assyrern nach der Deportation der Israeliten ins Land gebrachten Neusiedler) zum Kreis der Begünstigten gehören. Angesichts der im Folgenden skizzierten demozidalen Brutalität, die bei der Landnahme vom selben Gott eingefordert wurde, ist es äußerst unplausibel, dass die universelle Nächstenliebe zur Botschaft der jüdischen Lehre gehöre. In einer von Dawkins (2007) zitierten Studie ist John Hartung (1995) unter Berücksichtigung der Etymologie der biblischen Termini zum Schluss gelangt, dass der Anwendungsbereich der alttestamentarischen Nächstenliebe auf das Volk Israel beschränkt war. Dem ist

---

197 Das Märtyrertum hat in der Gegenwart für kollektive Gewalttätigkeit eine traurige Relevanz wiedergewonnen.
198 In vorgeschichtlicher Zeit, als bei den seminomadischen Clans die Konkubinate mit den Frauen der erschlagenen Männer feindlicher Kollektive Gang und Gäbe waren, stellten Stämme, geschweige denn Stammesverbände, keine genetisch homogene Einheiten dar, sondern ein territorial-hegemonisches Kollektiv mit gemeinsamen ideellen und strukturellen Sozialkonstrukten. Erst als die Ideologien wie der Judaismus, der Hellenismus u.a. die Absonderung zu anderen Kollektiven einforderten und „Fremdheiraten" verboten, wurden die betroffenen Stämme im Laufe der Zeit auch genetisch homogenisiert.

allerdings hinzuzufügen, dass die Thora die nichtjüdischen Randgruppen in ihren gruppeninternen Humanismus mit einbezogen hat.

h) Gewalttätigkeit nach außen

Ein wesentliches Komplement zur Erzielung des Friedens und der Kohäsion im Inneren des jüdischen Stammesverbandes war das Predigen von rücksichtsloser Gewalttätigkeit nach außen, gegen Nichtjuden. Die jüdische Religion hat die Individuen von Gewissensskrupeln zur gewaltvollen Durchsetzung der kollektiven Egoismen befreit. Die von den jüdischen Propheten erfundene Appropriierung (alleinige Inanspruchnahme) des Universalgottes brachte den immensen Vorteil, jegliche Gewalttätigkeit im Interesse des eigenen Kollektivs als einen von Gott gewollten Religionskrieg hinstellen zu können. Damit eröffneten sich neue Möglichkeiten der religiösen Verbrämung kollektiver Gewalttätigkeit, auch wenn diese rein materiellen Egoismen diente, wie die Eroberung eines Stück Landes.[199] (Die Kanaaniter und Philister hatten zu weichen, nicht nur weil sie schlechte oder minderwertige Menschen waren, sondern schon allein deswegen, weil Jahwe das gelobte Land den Juden zugesprochen hatte. Drei tausend Jahre später wird gleichermaßen argumentiert). Diese **Erfindung des Heiligen Kriegs** wurde von den zwei Weltreligionen, die sich aus der jüdischen Religion ableiteten, übernommen.

Das Alte Testament ist das **Urdokument des Fundamentalismus**. Es enthält Gewaltpredigten höchsten Grades, die mehr als reichen würden sie in jeglichem demokratischen Staat als verfassungswidrig zu verbieten, bzw. einen Staat als „terroristischen Schurkenstaat" abzustempeln, der sie zur seiner Staatsreligion erheben würde.

Die Idee des „Heiligen Krieges" ist im 5. Buch Mose und im Buch der Richter besonders ausgeprägt.

- Das „auserwählte Volk" darf und soll für jegliche Beleidigung, Bedrohung, Insubordination, Weigerung des Transits von Truppen etc. einen Aggressionskrieg führen; unrechtmäßig ist nur ein Bruderkrieg zwischen Stämmen des „auserwählten Volkes" oder Kriege, von denen Gott (über Propheten) abgeraten hat.

- „Jahwe ist ein Krieger" (Ex. 15,2), der als „Gott der Heere"sein Volk zu den „Kriegen des Herrn" teilweise selbst anführt. Dabei tobt er mitunter seinen Zorn, Rachsucht und Hass aus und berauscht sich am Blut der Feinde.

- Rituale der Kriegsvorbereitungen und die Kriegsführung werden im Detail von Jahwe vorgegeben und mittels der Propheten mitgeteilt. Dadurch ist das Alte Testament über weite Strecken eine Art Handbuch des Genozids.

- Bei Eroberung von Städten in den von Gott dem auserwählten Volk zugeteilten Gebieten sind alle Bewohner (Hittiter, Amoriten, Kanaaniten, Perizziten, Hiviten, Jebusiten), ob sie sich kampflos ergeben haben oder nicht und „alles was atmet," zu töten. In manchen Fällen sind nur die jungfräulichen weiblichen Feinde am Leben zu halten und für Genusszwecke auf die Sieger aufzuteilen (Numeri 31,18). Dies als Strafe für ihre abscheulichen Götzenverehrungen (Deut.- 20,10 ff; Josua 11,20; Samuel 15,3; Psalme 21,9 ff.). Zweck und Begründung der göttlich verordneten totalen Genozide („Herem") bei der Landnahme ist die Vermeidung der Verbreitung der ketzerischen Ideen der Besiegten unter dem „auserwählten Volk".

- Außerhalb der von Gott dem auserwählten Volk zugeteilten Gebiete, die nicht zur Besiedelung, sondern zur Ausbeutung erobert werden, sind die Einwohner zu versklaven, falls sie sich kampflos ergeben; ansonsten sind alle männlichen Einwohner zu töten und alle Frauen, Kinder und das Vieh „zum Genuss" auf die Sieger aufzuteilen (Deut. 20,10 ff; Josua 6,21).

- Jahwe lenkt aber auch die Geschicke der Kriege anderer Völker untereinander mit dem Zweck, sein „auserwähltes Volk" abzusichern. Im Prinzip sind von ihm alle Nationen (außer der „auserwählten") zur Massakrierung verurteilt. Erst nach dem Endsieg des Jahwe-Volkes und der Bekehrung der Ungläubigen werde es einen universellen Frieden geben und Krieg etwas Unbekanntes sein (Jesaja 2,4).

i) Schlussbemerkung

Mit einer neuen Qualität interner Kohäsion und externer Gewalttätigkeit konnte sich der Großteil der israelitischen Stämme unter schwierigsten Rahmenbedingungen am Rande der arabischen Wüste mit Gewalt gegen Vorsiedler, Nachbarn und Großmächte durchsetzen[200] und während der Auswanderung nach Ägypten sowie der Verschleppung nach Babylonien eine Assimilierung mit der Majoritätsbevölkerung vermeiden. Anfänglich kämpften die Juden primär für ihr ökonomisches Überleben (Kampf um Wei-

---

199 Gunnar Heinsohn (2006) hat für die religiöse Rechtfertigung von kollektiver Gewalttätigkeit, die an sich aus anderen Motivationen entsteht, folgende plastische Formulierung: „Die Religion liefert dann zusätzliches Öl für ein Feuer, dessen Ausgangsbrennstoff nicht von ihr stammt."

200 Die Kohäsionskraft der jüdischen Religion hat Judas Makkabäus im -2. Jh. sehr bündig formuliert: „Der Sieg kommt nicht von der Größe des Heeres, sondern von der Kraft, die vom Himmel kommt."

deland). Als ihre Ideologie sich als so erfolgreich herausstellte, wurde sie in der Folge auch ohne ökonomische Motivation mit extremem Fanatismus und Selbstaufopferung ihrer selbst wegen verteidigt.[201]

Allerdings muss klar herausgestellt werden, dass die **aggressive Seite des Judentums stets auf den „Streit um das gelobte Land" beschränkt** wurde. Dieser wurde etwa tausend Jahre vor Christi Geburt gegen die Vorbewohner Palästinas (**Kanaanäer**) und die etwa gleichzeitig mit den Juden dort eingedrungenen **Philister** ausgefochten. Und in der Neuzeit ist er für die Gründung des modernen Staates Israel gegen die Palästinenser (nach einer Theorie entfernte Nachfahren jener Philister) wieder aufgeflammt. Der Palästinakonflikt kann als archetypischer Fall kollektiver Gewalttätigkeit schlechthin angesehen werden: Angesichts realer oder befürchteter Ressourcenknappheit legt sich ein Kollektiv ein System von Absonderungsmerkmalen und Rechtfertigungsideologien zu, um sich als „privilegierte Gemeinschaft" mit maximaler Kohäsionskraft einen (territorialen oder sozialen) Raum gegen andere Kollektive gewaltsam zu sichern, eine Koexistenz auf demselben Territorium ausschließend. In der Quintessenz sind alle Kriege und Demozide auf eben diesen Grundmechanismus reduzierbar: **Einsatz ideologischer Werte zur gewaltsamen Sicherung materieller Werte.**

Das Judentum hat kaum Kollektivgewalttätigkeit gegen Andersgläubige angewandt, mit der Absicht, sie zu bekehren. Es sind kaum Fälle bekannt, in denen Juden Bücher anderer Religionen verbrannt haben, wohl aber eine Unzahl umgekehrter Fälle. Dies, obwohl die jüdische Religion implizit die Aussage enthält, dass kollektive Gewalttätigkeit nur durch eine ideologische Anpassung des Rests der Menschheit an die eigene (oder dessen Vernichtung) abgeschafft werden könne. Trotzdem hat das Judentum daraus niemals eine aggressive Verpflichtung abgeleitet, die Offenbarungen des Jahwe der ganzen Menschheit zu überbringen. Die Erklärung dafür ist wohl die extreme Stammesbezogenheit ihrer Religion. Assmann (2006) hat dies trefflich wie folgt formuliert: „Das Judentum lebt von der Differenz, es kapselt sich ab und kümmert sich nicht um die anderen Völker".[202]

Man will seinen Jahwe exklusiv für sich behalten, damit er exklusiv die Interessen der eigenen Abstammungsgemeinschaft verfechte. Man hat sich abgekapselt nach dem Motto „lasst die Heiden toben" und war sogar eher bestrebt, den **Verteilerkreis der Segnungen Gottes** möglichst klein zu halten, um sie nicht mit anderen Völkern teilen zu müssen.

- Christen und Muslime haben territoriale Interessen rücksichtsloser und gewaltsamer durchgesetzt als die Juden. Denn gegenüber den Juden haben sie auch einen gewaltsamen Proselytismus betrieben, indem sie entfernte Gebiete gewalttätig unterworfen haben und der andersgläubigen Bevölkerung ihre Religion mit kollektiver Gewalttätigkeit aufgezwungen haben. Unterschwellig spielte da (vor allem bei der islamischen Expansion) die kluge Erkenntnis mit: „je mehr assimilierte Steuerzahler und Rekruten, desto besser für uns". Das an sich tolerante Charakteristikum einer geringeren Stammesgebundenheit des Christentums und des Islams hat also zum negativen Aspekt einer größeren Gewalttätigkeit geführt.

Von den drei abrahamitischen Religionen ist die jüdische jene, die den stärksten Stammesbezug hat, denn sie hat die ethnizistische Bindung ihrer Heilslehre nie aufgegeben. Deshalb ist ein Proselitismus für die jüdische Religion irrelevant. Dies macht die jüdische Religion unter den drei abrahamitischen zum einen zur am wenigsten gewalttätigen und am meisten verfolgten, zu einer zum anderen zu jener mit der geringsten Universalisierungsfähigkeit.

B) Die christliche Religion und kollektive Gewalttätigkeit

ES BESTEHT DARIN EINE GROSSE TRAGIK,
DASS DIE KIRCHE IMMER DANN GEHÖRT WORDEN IST, WENN SIE ZUR GEWALTTÄTIGKEIT AUFGERUFEN HAT,
UND NIE GEHÖRT WORDEN IST, WENN SIE VON GEWALTTÄTIGKEIT ABGERATEN HAT.

(Georges Minois, 1994)

Im Folgenden werden wir also mit der analytischen Methodik fortfahren, die gewalttätigkeitsmindernden und gewalttätigkeitsfördernden Aspekte der christlichen Religion zu betrachten. Wie bei keiner anderen Religion werden wir dabei aber an die Grenzen dieses Ansatzes stoßen, denn bei keiner anderen Religion spielen die strukturellen Komponenten des Sozialkonstrukts in das Verhalten dermaßen mit hinein. Das Christentum ist zwar als rein ideologisches Sozialkonstrukt entstanden (sozusagen durch „Zellteilung" der jüdischen Religion), es wurde aber von Anbeginn von organisatorischen Sozialkonstrukten (die katholische Kirche, die evangelischen Landeskirchen etc.) verwaltet, die mit ihren politischen Eigendynamiken

---

201 Die jüdischen Rebellionen gegen die Antiochiden und die Römer haben (ausnahmsweise) kaum aus ökonomischen Gründen stattgefunden. Sie haben vielmehr der Verteidigung der Absonderungsmerkmale gegolten, der Vermeidung der Assimilierung durch die „Leitkultur" der Besatzungsmacht.

202 Interview in Spiegel 52/2006.

in eine starke Wechselwirkung mit den ideologischen Inhalten getreten ist. Das Verhältnis zwischen christlicher Religion und Kollektivgewalttätigkeit kann also nicht auf die im Alten und Neuen Testament tradierten Lehren reduziert werden, sondern es wurde und wird vom emergenten Verhalten des jeweiligen organisatorischen Kollektivs „Kirche" wesentlich mitbestimmt. Im Folgenden wird folglich nicht nur von Dogmen die Rede sein, sondern auch von Päpsten und Reformatoren, welche als Exponenten oder Opponenten der Kirchen ihrer Zeit zu betrachten sind.

a) Die „kopernikanistischen" Kernbotschaften des Urchristentums

Die erste der Niederschriften der überlieferten Botschaft Jesu Christi („**Evangelien**) wurde um das Jahr 60 von Markus verfasst, in einer Zeit also, als sich der gewaltsame Widerstand des jüdischen **Fundamentalismus** gegen die Römer zuspitzte. Im 4. Jh. erstellte Eusebius von Caesarea, im Auftrag Kaiser Konstantins, aus damals 25 kursierenden Versionen der Lehre Christi eine offizielle. Dies war aber nur eine der Entstehungskomponenten des ideologischen Sozialkonstrukts, der unter „christliche Religion" verstanden wird.

Die Kernbotschaft des Christentums ist eminent „kopernikanistisch", denn das Leben des Individuums wird einer großen vereinfachenden Idee unterworfen: Es gibt einen menschähnlichen Gott (er äußert sich in menschlicher Sprache und hat vaterähnliche Charaktereigenschaften), einzig, ewig und Schöpfer des Universums. Das menschliche Individuum soll sein irdisches Leben auf ein „eigentliches" Leben nach dem Tode ausrichten, wo es für all seine Verzichte und Opfer im irdischen Leben dann reichlich und auf ewig belohnt werde („**Vertröstung auf Vergütung im Jenseits**"). Am „Ende aller Tage" werde Gott die Seelen aller Toten mit ihren Körpern wieder zusammenführen, die Guten in den Himmel einzulassen und die Schlechten auf alle Ewigkeit in der Hölle zu quälen (**Vergütung im Jenseits** und **Bestrafung im Jenseits**). Das **Jenseits hat gegenüber dem Diesseits den absoluten Vorrang**.[203] Die Familie hat in der urchristlichen Botschaft eine untergeordnete Stellung im Wertesystem.[204]

Die von den Evangelien tradierte Lehre Christi trennt Religion von Staat, ethische Pflichten von politischen und gibt dem Religiösen den Vorrang:

- „Mein Reich ist nicht von dieser Welt" (Joh. 18,36). Dies ist „ein respektloser Hinweis auf die Grenzen aller politischen Herrschaft" (Wolfgang Huber, 1987) und stellt eine Hintertür zur politischen Unbotmäßigkeit dar. Eben dies war einer der Hauptvorwürfe der heidnischen Römer gegen die Urchristen und dies war der wesentliche Grund, weswegen einige Tausend Urchristen es vorzogen zu sterben, als den Paraphernalien der kaiserlichen Macht ihre formelle Ehrerbietung zu leisten.
- Der viel zitierte Satz „Gebt dem Kaiser, was des Kaisers ist und Gott, was Gottes ist" (Matth. 22,21; Markus 12,17) schließt nicht aus, dass im Konfliktfall der Einforderungen Gottes der Vorrang gegeben werden muss.
- Die Frage der Rechtmäßigkeit „kollektiver Gewalttätigkeit" (die Frage, ob ein Krieg rechtens sein kann) wird in der tradierten Lehre Christi ausgeklammert.

Der Apostel Paulus hat als erster die Symbiose von christlicher Religion und Staat propagiert, indem er in seinem Römerbrief (Kap. 13) lehrte:

- dass jedermann der Obrigkeit untertan sei, denn jede Obrigkeit sei von Gott gewollt;
- dass Kriegsdienst geleistet werden müsse, wenn von einer legitimen Gewalt angeordnet.

Vom jüdischen Glauben übernahm das Christentum den Kern des Monotheismus, den **Exklusivitätsanspruch des eigenen Gottes**. Dieser richtete in der Folge vor allem gegen die Juden, die als „Verweigerer des göttlichen Heilsplanes, als gottlos, amoralisch, verbrecherisch wahrgenommen und mit Heiden, Ketzern und Häretikern auf die gleiche Stufe gestellt wurden" (Benz, 2006). Diese Ausgrenzung Andersgläubiger wurde zur Vorstufe aller Judenverfolgungen bis in die jüngste Neuzeit.

---

203 Die Lehre der Wiederauferstehung des Fleisches ist in der katholischen und orthodoxen Lehre von fundamentaler Bedeutung. Sie wurde im Laufe der Jahrhunderte durch mehrere Dogmen zum Glaubensmuss zementiert (siehe Paragraph b). Einige protestantische Lehren haben die Idee der auch leiblichen Auferstehung durch die Lehre der „Verwandlung in ein höheres nicht-körperliches geistliches Wesen" ersetzt. Für die katholische und orthodoxe Lehre werden die Seelen gleich nach dem Tod in den Himmel (Orthodoxie) bzw. in das Fegefeuer (eine Art Zeitstrafe des Katholizismus, für Nicht-Totsünden) bzw. in die Hölle eingewiesen; im Jüngsten Gericht erfolgt dann die Zusammenführung der Seelen mit ihren Körpern. Für die Zeugen Jehovas erfolgt die Einweisung nicht unmittelbar nach dem Tode sondern erst nach dem Jüngsten Gericht. Gute Orthodoxe und Protestanten kommen also wesentlich früher in den Himmel als gute Katholiken und gute Zeugen Jehovas. Für einige protestantische Sekten wird vor dem Jüngsten Gericht noch eine letzte Schlacht zwischen den Streitkräften des Guten und denen des Bösen am Berg Armageddon bei Meghiddo (Tell Megiddo, Israel, 32° 35' N, 35° 11' O) stattfinden

204 Zum Beispiel in Lukas 14,26: „So jemand zu mir kommt und haßt nicht seinen Vater, Mutter, Weib, Kinder, Brüder, Schwestern, auch dazu sein eigen Leben, der kann nicht mein Jünger sein."

Der Umstand, dass sich die Lehre Christi von einer jüdischen Religion zu einer Weltreligion entwickelt hat, beruht auf der **Abkehr vom Stammesdenken**. Christus hat „Liebe Deinen Nächsten" gepredigt und nicht „Liebe Deinen Stammesbruder". Die Verkündung der **Gleichheit aller Menschen vor Gott** war vermutlich der größte Beitrag des Christentums zur Weiterentwicklung der Menschheit. Der Apostel Paulus von Tarsos hat dies dann dadurch verstärkt, dass er, obwohl selbst Jude, die christliche Sekte den Nichtjuden zugänglich gemacht hat.

Die Abkehr vom Stammesdenken des Christentums hat seine Missbrauchbarkeit für kollektive Gewalttätigkeit nicht gemindert, denn an die Stelle von „Gewalt im Namen Gottes" wurde die „**Gewalt im Namen der Wahrheit**" (Assmann, 2006) gesetzt.[205]

In Bezug auf Gewalttätigkeit ist die Lehre des Christus in den Evangelien stark auf Friedensstiftung ausgerichtet. In vielen Passagen predigt er den Gewaltverzicht und die Feindesliebe, zur Deeskalation von Konflikten und zum Abbau von Feindschaft. Beispiele:

- „Liebet eure Feinde, segnet die euch fluchen, tut wohl denen, die euch hassen und bittet für die, die euch beleidigen und verfolgen." (Matth. 5,7); „Liebet eure Feinde, tut Gutes jenen, die euch hassen." (Matth. 5,44); „Vielmehr liebet eure Feinde." (Lukas 6,32); „Wenn jemand eure rechte Wange schlägt, reichet ihm auch die linke." (Matth. 5,39)
- „Selig, die Frieden stiften, denn sie werden Gottes Kinder heißen." (Matth. 5,9); „Der Friede sei mit euch." (Joh. 20,21)
- „Liebet euren Nächsten wie euch selbst." (Matth. 19,19) [206]
- „Jene, die zum Schwert greifen, werden durch das Schwert umkommen." (Matth. 26,52)

Es ist fraglich, aber für die historische Wirkung des Christentums irrelevant, ob Jesus unter „Nächsten" nur ein Mitglied des jüdischen Stammes gemeint hat[207] oder der gesamten Menschheit. Durch die **von Paulus von Tarsos vollzogene Globalisierung der christlichen Botschaft** ist auch die Botschaft Christi der Nächstenliebe, der Feindesliebe und des Gewaltverzichts de facto globalisiert worden.

> ➢ *In der von Paulos von Tarsos globalisierten Form stellt die christliche Lehre eine der größten zivilisatorischen Leistungen des Menschen dar.*

In letzter Instanz hat Jesus mit seinen Lehren eine **Selbstaufgabe für Prinzipien** gefordert. Viele menschliche Individuen haben die von Christus geforderte Negation ihres Selbsterhaltungstriebes in die Tat umgesetzt (die Lebensgeschichten der katholischen Heiligen enthalten davon ungemein rührende Beispiele). Es ist jedoch kaum ein Fall bekannt, bei dem sich ein menschliches Kollektiv für diese Ideale aufgeopfert hat. Der hinduistische Ansatz „ertrage alle Gewalt ohne Gegengewalt, aber in einer proaktiven Weise, als Strategie, die zur Verwirklichung deiner Ziele führe", hat wohl weniger „Grandeur" als der christliche, ist indes für Kollektive wohl eher umsetzbar.

Es gibt auch vereinzelte Passagen, in denen Jesus intolerante Äußerungen macht und, in einer Art cholerischer Anfälle, sogar Gewaltanwendung predigt, die man als emotionale Ausrutscher betrachten kann, die keinerlei historische Auswirkung gehabt haben. Beispiele:

- „Wer nicht mit ihm ist, ist gegen ihn." (Lukas 11,23)
- „Es rettet sich nur wer glaubt, wer nicht glaubt wird verdammt." (Markus 16,16)
- „Ich bin nicht gekommen, um Frieden zu bringen, sondern das Schwert." (Matth. 10,34)
- „Wer kein Schwert hat, der verkaufe seinen Mantel und kaufe eines." (Lukas 22,36.)
- Die Episode der Vertreibung der Händler aus dem Tempel mit der Peitsche. (Joh. 2,15)

b) Griechische und römische Einflüsse, dogmatische Anbauten

Die Aufgabe des Stammesbezugs hat es möglich, die **Heilslehre** des Judentums mit anderen geistigen Errungenschaften der Antike aufzuweichen, welche im Wesentlichen die griechische Philosophie und die römische Rechtsstaatlichkeit waren. Außerdem wurden Elemente regionaler Religionen und Mythen aufgenommen und in so genannte **Dogmen** gefasst.

- Die Sakramente (aus biblischer Tradition und Zusätzen bis zum 13. Jh.) sind kirchliche Riten, die „durch sichtbare Handlungen auf die unsichtbare Wirklichkeit Gottes hinweisen sollen". Die katholische und orthodoxe Kirchen pflegen dieselben sieben Riten, der Protestantismus nur zwei (Taufe, Eucharistie) und bei einem dritten (Beichte) wird immer noch diskutiert, ob er dazugehört oder nicht; die evangelische Version der Firmung, „Konfirmation" genannt,

---

205 Interview in Spiegel 52/2006.

206 Enzensberger (1996) vermerkte: „Selbst das Christentum hat immer vom Nächsten und nicht vom Fernsten gesprochen."

207 Diese These vertritt sehr ausführlich der von R. Dawkins (2006) zitierte Anthropologe John Hartung (1995). Er zitiert u.a. Matthäus 15,24, wo Christus erklärt, er sei nur für die verlorenen Schafe des Hauses Israel gesendet worden.

dient zwar ebenfalls der Übertragung der sieben Gaben des Heiligen Geistes, wird aber nicht als Sakrament betrachtet.

- Die Heiligenverehrung (ab 2. Jh.) ist aus der Bibel nicht ableitbar, wohl aber das Märtyrertum, welches die christliche Lehre übernahm. Sie kam schon im Frühchristentum auf. Die Verehrungen galten anfänglich nur Märtyrern. Dann kamen andere verstorbene Personen hinzu, die sich durch Tugenden und gute Taten hervorgetan hatten und als Vorbild dienen sollten. Die Heiligsprechung stand den Bischöfen zu. Die erste offizielle Heiligsprechung durch einen Papst erfolgte im Jahre 993, die Reglementierung des Verfahrens erfolgte 1634. Für die Heiligsprechung sind mindestens zwei Wunder (Abweichungen vom Kausalgesetz) zu belegen. Inzwischen gibt es mehrere Tausend offizielle Heilige der katholischen Religion. Die Verehrung ist rein freiwillig.
- Das Religionssymbol „Kreuzigung" (312, Schlacht an der Milvinischen Brücke), das eine Vollstreckungsform einer Todesstarfe darstellt. Kaiser Constantinus I. stilisierte es zum Symbol der Religion, als er mit ihm in eine Schlacht gegen einen Mitstreiter auf dem Thron zog. In fast allen Kulturen und Religionen sind schockierende Bilder von Tötungen tabuisiert. Der Islam verneint die Kreuzigung.[208]
- Das Dogma der Dreifaltigkeit (325, Konzil von Nikaia und 675, Synode von Toledo) definierte eine höchst subtile Differenzierung zwischen Gottvater, einem Gottsohn und dem Heiligen Geist. Diese Konstellation ist aus der Bibel nicht konkret ableitbar, wohl aber die Figur des „Heiligen Geistes" (zweimal im Alten und etwa hundert Mal im Neuen Testament). Dieses Dogma wird von den Kirchen als das tiefste Geheimnis des christlichen Glaubens bezeichnet, das kein menschlicher Verstand ergründen könne. Die im Judentum vorhandene direkte Befehlslinie von Gottvater zum Individuum wurde im Christentum dadurch wieder aufgeweicht.[209] [210]
- Das Dogma Christi Himmelfahrt (325, Konzil von Nikaia) ist eine Ausprägung der Lehre der Wiederauferstehung des Fleisches. Es besagt, dass Christus nach seinem Tod mit Leib und Seele zu seinem Vater in den Himmel gefahren ist, sozusagen als erster Fall der Himmelfahrt eines irdischen Körpers (der zweite Fall wann dann die Himmelfahrt der Muttergottes Maria). Die orthodoxe und die protestantischen Lehren haben dieses frühchristliche Dogma übernommen.[211]
- Das Dogma der Erbsünde (418, Enzyklika „Epistola tractoria") ist inhaltlich weder im Alten noch im Neuen Testament klar zum Ausdruck gebracht. Es war Augustinus, der die Lehre durchsetzte, dass der Mensch wegen des Sündenfalls Adam und Evas mit einer Schuld (später in „Neigung zum Bösen" aufgeweicht) behaftet sei, weswegen er nur durch die Gnade Gottes davon befreit werden könne. Augustinus setzte sich in einer Polemik gegen Pelagius durch, der die vernunftsbezogene Ansicht vertrat, der Menschen habe durch freien Willen („libero arbitrio") die Möglichkeit, sich durch gute Taten das Himmelreich verdienen zu können. Durch das von Augustinus verfochtene Dogma der Erbsünde wurde der „Kopernikanismus" des Christentums verstärkt: Durch die „Gnade Gottes" wurde das menschliche Leben einer zusätzlichen Steuergröße unterworfen, auf die er absolut keinen Einfluss hatte, die Abhängigkeit vom Kollektiv „Religionsgemeinschaft" wurde verstärkt.
- Die orthodoxe Kirche hat im Laufe der Jahrhunderte die Erbsünde in eine Art „Fehl der physischen Sterblichkeit" aufgeweicht.
- Martin Luther hat in den Protestantismus gegenüber Augustinus eine weitere Verschärfung des Kopernikanismus (im Sinne einer Unterordnung des Individuums unter Überindividuelles) eingebracht, indem er lehrte, dass der Mensch einer Vorbestimmung unterliege, dass er selbst durch gute Taten die vor seiner Geburt von Gott für ihn gefällte Entscheidung modifizieren könne, er verfüge über keinen freien Willen sondern nur über einen „geknechteten Willen" (Schrift „De servo arbitrio").
- Der Calvinismus hat die Lehre des unfreien Willens zur Extremform gebracht, dass es unter den von Gott Auserwählten auch schlechte Menschen geben könne.[212]
- Das Dogma der jungfräulichen Geburt (649, Lateransynode): Jesus wurde aus einer Schwangerschaft der Jungfrau Maria geboren, an der kein menschlicher Vater beteiligt war. Luther und Calvin hielten an diesem Dogma fest.
- Das Lehre vom Fegefeuer hat keine biblische Grundlage, sondern eine heidnische.[213] Sie wurde von der Kirche in der Zeit zwischen 1170 und 1200 thematisiert (Jacques Le Goff[214]. Dadurch dehnte sie ihre Verwaltungshoheit auf

---

208 Der US-amerikanische Satiriker Lenny Bruce wies darauf hin, dass, wenn Christus in der Neuzeit verurteilt worden wäre, christliche Kinder heutzutage vermutlich kleine Nachbildungen eines elektrischen Stuhls an ihren Kettchen tragen würden. (Zitiert von Dawkins, 2006).

209 Bei den Kelten waren dreifältige Gottheiten sehr beliebt.

210 In den Westkirchen ist **Pfingsten** (das auf einem jüdischen Dankfeiertag beruht) das Fest des Heiligen Geistes und der Sonntag nach Pfingsten das Fest der Heiligen Dreifaltigkeit, in der orthodoxen Kirche gilt das Pfingstfest für beides.

211 **Christi Himmelfahrt** (39. Tag nach Ostersonntag) ist in einer Reihe von katholischen, orthodoxen und protestantischen Ländern gesetzlicher Feiertag, darunter: Deutschland, Österreich, Schweiz, Frankreich (Ascension), Belgien, Niederlande (Hemelvaartsdag), Dänemark, Schweden, Finnland, Norwegen. Interessanterweise auch in Indonesien (wohl aus der niederländischen Kolonialzeit) und nicht mehr in Italien, Spanien und Portugal.

212 Der Islam verneint die Erbsünde und lehrt im Gegenteil, Gott habe Adam und Eva aufgrund ihrer Reue verziehen.

213 In Platos *Politeia* (Der Staat) ist von einem Art Fegefeuer die Rede, in dem die Schlechten für tausend Jahre verweilen müssen, bevor ihr weiteres Schicksal ausgelost wird. Vergil (-70 bis -19) erwähnt in seinem Epos Aeneis (6, 1100-1105) drei Zielorte für die Toten: den Strafort der Unterwelt (Tartaros) für die Verdammten, die Elysischen Felder für die Guten und einen Bußort für die weniger Guten.

eine Grauzone des Jenseits aus und bot für die Unzahl der auf das Jüngste Gericht Wartenden eine vorzeitige Entlassung in den Himmel an, was in eine Art Lösegeld-Geschäft ausartete. Dante Alighieri war mit seinem zwischen 1307 und 1320 verfassten Werk „Die Göttliche Komödie" der große Divulgator der Fegefeuer-Idee. Luther lehnte die Lehre vom Fegefeuer (aus dem die Kirche ein Lösegeldgeschäft gemacht hatte) als „Teufelsgespinst" ab und sie war der Hauptgrund seines Protests. Das Konzil von Trient erklärte 1563 den Glauben an das Fegefeuer erst recht zum Dogma.

- Das Dogma der Transsubstantiation (1215, 4. Laterankonzil) bedeutet, dass man daran glauben muss, dass (basierend auf Matthäus 25,26) der Priester während der Gottesmesse Brot und Wein tatsächlich (nicht nur symbolisch) in Fleisch und Blut Gottes verwandelt.[215] Die Transsubstantiation ist eine weitere Zementierung der Lehre der Wiederauferstehung des Fleisches; sie wurden zur Abgrenzung gegenüber Andersgläubigen hochgespielt. Hostienschändungen wurden als Ermordung des leibhaftigen Christus definiert und Zehntausende wurden wegen angeblicher Hostienschändung ermordet[216] Die Hussitenkriege entfachten sich aus Meinungsverschiedenheiten zum Thema Transsubstantiation.

- Das Dogma der Unbefleckten Empfängnis (1854, Bulle „Ineffabilis Deus") bedeutet, dass die Jungfrau Maria vom Moment der Empfängnis ihrer Mutter an ohne den Makel der Erbsünde gewesen ist.[217] [218] Diese Lehre wird weder von der orthodoxen noch von den protestantischen Religionen akzeptiert, ebenso wenig von der anglikanischen Kirche.

- Das Dogma der Unfehlbarkeit des Papstes in Glaubenssachen (1870). Dieses stärkte den Anspruch des Papstes auf die zentrale Kontrolle der Kommunikation mit dem Jenseits.

- Das Dogma der Aufnahme Mariae in den Himmel / Mariae Himmelfahrt (1950, apostolische Konstitution „Munificentissimus Deus"). Der Glaube an eine direkte Aufnahme der Seele Mariae in den Himmel unmittelbar nach ihrem Tode war bereits bei den Urchristen verbreitet. Er gehört auch zu den Glaubensinhalten der orthodoxen Kirche und wird von der protestantischen und anglikanischen Lehre abgelehnt. Spezifisch katholisch ist der Glaube, dass Maria mit Leib und Seele im Himmel aufgenommen wurde. Paradoxerweise wurde dieses Dogma im Jahre 1950, nur elf Jahre vor der ersten Raumfahrt eines Menschen proklamiert.[219]

Die meisten von der Kirche im Laufe der Geschichte definierten Glaubensdogmen sind irrationaler Art, die eine rein vernunftbezogene Akzeptanz erschweren und haben eine „kopernikanistische" Zielsetzung. Von den Kirchen wird allergrößter Wert darauf gelegt, dass die Dogmen blind geglaubt werden. Es kommt sogar soweit, dass den Nichtgläubigen mit der Strafe der ewigen Hölle gedroht wird. Interessanterweise stellen einige von ihnen (Dreifaltigkeit, Jungfräuliche Geburt, Unbefleckte Empfängnis, Mariae Himmelfahrt) wie auch die Heiligenverehrung **polytheistische Aufweichungen des jüdischen Monotheismus** dar, die der Islam strikt abgelehnt hat und von denen sich auch der Protestantismus in einigen Fällen distanziert hat.

c) Ursprüngliche Subversion des Urchristentums gegen die weltliche Macht

Da die Christen vom Judentum und dem Stoizismus die Überzeugung übernahmen, dass die **Folgsamkeit gegenüber Gott** (also dem virtuellen Kollektiv „Religionsgemeinschaft") **Vorrang habe vor der Folgsamkeit gegenüber dem Staate** (also dem territorial-hegemonischen Kollektiv „Staat") und außerdem die Teilnahme am öffentlichen Leben des Staates ablehnten, weil dieser „andersgläubig" war, kamen sie

---

214 Jacques Le Goff: La Naissance du Purgatoire; Paris, 1982.

215 Nach der katholischen Lehre findet beim Abendmahl eine reale Umwandlung der Substanzen des Brotes und des Weines in Substanzen des Fleisches und Blutes Jesu statt. Luther hat dies zur Lehre abgewandelt, dass die Substanzen des Brotes und des Weines ihre ursprünglichen Wesen beibehalten und zusätzlich die Substanzialität des Fleisches und Blutes Jesu annehmen („Konsubstantiation").

216 Der aus Lüttich stammende Papst *Urban IV.* erhob 1264 ein seit 1246 in seiner Heimatstadt gefeiertes *Fronleichnamfest* zum Fest der Gesamtkirche (2. Donnerstag nach Pfingsten). Luther lehnte es als „schädlichstes aller Feste" ab. Es ist in einer Reihe von Ländern gesetzlicher Feiertag: Deutschland (in überwiegend katholischen Bundesländern), Österreich, Schweiz (in überwiegend katholischen Kantonen), Polen, Portugal; interessanterweise nicht mehr in Belgien (dem Ursprungsland des Festes) und in Italien. Besonders das Fronleichnamfest wurde in der Vergangenheit zur demonstrativen Herausstellung von Andersgläubigkeit, sogar als Ritus zur Verdichtung des Hasses auf Andersgläubige (unterschwellige Unterstellung der Gefahr eines Hostienfrevels) missbraucht.

217 Auch die Karthager verehrten eine Göttin Tanit, welche ohne männliche Beihilfe gebar, dies traf auch auf die Göttin Nyame der Arkan Ghanas zu (Davidson, 1961).

218 Das Dogma der Unbefleckten Empfängnis wird generell mit dem Dogma der Jungfräulichen Geburt verwechselt. Man kann davon ausgehen, dass fast alle Bürger der Länder, in denen es einen darauf bezogenen gesetzlichen Feiertag „*Mariae Empfängnis*" (8.12.) gibt (Italien, Österreich, katholische Länder Deutschlands, katholische Kantone der Schweiz, Spanien, Portugal), diesen mit der falschen Vorstellung feiern, dass es um die „nicht von männlichem Sperma befleckte" Schwangerschaft Mariae gehe.

219 Dem Dogma *Mariae Himmelfahrt* ist in einigen Ländern ein gesetzlicher Feiertag (15.8.) gewidmet, z.B.: Italien, Deutschland (in überwiegend katholischen Bundesländern), Österreich, der Schweiz (in überwiegend katholischen Kantonen), Belgien, Kroatien, Frankreich, Griechenland, Luxemburg, Polen, Spanien, Portugal, Slowenien.

mit den römischen Behörden in Konflikt.[220] Dies, obschon der **Apostel Paulus** von Tarsos ermahnt hatte „Jeder leiste der Obrigkeit, den Trägern der staatlichen Gewalt, den schuldigen Gehorsam. Denn es gibt keine Obrigkeit, die nicht von Gott stammt. Wo es eine Obrigkeit gibt, ist sie von Gott eingesetzt" (Römerbrief, 13,1). Viele der Märtyrer, die für ihren christlichen Glauben gestorben sind, waren Soldaten (Funktionsträger des territorial-hegemonischen Kollektivs „Römisches Reich") und sind keinesfalls wegen ihrer Religionszugehörigkeit, sondern wegen einer Kriegsdienstverweigerung hingerichtet worden.

d) Beginn der Verflechtung mit der weltlichen Macht und Scheitern der Entflechtung

Kaiser Constantinus I. (durch Usurpation an die Macht gelangt) erkannte die außerordentliche soziale Kohäsionskraft und individuelle Eindringtiefe der christlichen Lehre und beschloss, die christliche Lehre zur Staatsreligion des „Römisches Reich" zu machen. Er zog im Jahre 312 mit dem christlichen Symbol (dem Kreuz) in die Entscheidungsschlacht gegen seinen politischen Gegner, was zu seinem Sieg und Alleinherrschaft führte. Damit begann die **Verflechtung des Christentums mit der politischen Macht**. Konstantin konnte die christliche Religion als Staatsreligion nur schrittweise durchsetzen (er persönlich blieb vermutlich Heide). Im Jahre 313 wurde in den „Direktiven von Mediolanum" (Edikte von Mailand) das Christentum mit den anderen Religionen gleichgestellt. Eine weitere Maßnahme war im Jahre 321 sein Dekret, mit dem er den christlichen Feiertag, den Sonntag, zum gesetzlichen Ruhetag institutionalisierte. Den Endpunkt setzte im Jahre 416 Kaiser Theodosius II. mit seinem Dekret, wonach alle Reichssoldaten christlicher Religion sein mussten.

Nachdem das Christentum zur Staatsreligion avanciert war, musste seine Positionierung zu politischen Fragen, darunter zu jener des Krieges, erst erarbeitet werden.

- Die Christen, die sich in Vorzeiten märtyrerhaft geweigert hatten, dem jeweiligen (heidnischen) römischen Kaiser als Symbol der Staatsmacht zu huldigen hatten nach der Erhebung des Christentums zur Staatsreligion kein Problem, dem jeweiligen (christlichen) Kaiser zu huldigen, da auch jener dem gemeinsamen christlichen Gott huldigte. So gesehen war der tiefere Grund der Christenverfolgungen die Weigerung der Christen gewesen, das Heidentum als Staatsreligion zu akzeptieren.

- Die katholischen Kirchenväter, allen voran der Heilige **Augustinus** (er starb an den Entsagungen der Belagerung seiner Stadt durch die Vandalen), **legten den Pazifismus des Frühchristentums ab**. Speziell Augustinus führte die Bewertung kollektiver Gewalttätigkeit von der religiös-moralischen auf die politisch-juristische Ebene zurück. Augustinus formulierte die Slogans „justa bella ulciscuntur injurias" („gerechte Kriege strafen Unrecht") und „compellite intrare" („zwingt sie einzutreten"). Diese Strömung der Politisierung der Religion setzte sich durch; der proaktive Gebrauch von Gewalttätigkeit durch christliche territorial-hegemonische Kollektive „gerechter Krieg für einen guten Zweck" wurde von der kirchlichen Seite mitgetragen, wie zum Beispiel um eine gestörte Ordnung wiederherzustellen, die Gerechtigkeit zu verteidigen oder ideologische Konformität herzustellen.

- Die geistige Strömung der **Donatisten** (v.a. in Nordafrika) setzten sich gegen die Verstrickung der Religionsgemeinschaft mit der weltlichen Macht ein; sie wurden vom Römischen Reich und der Nachfolgemacht in Nordafrika, dem Vandalischen Reich, gewalttätig ausgeschaltet. Der Heilige Augustinus war der wichtigste Apologet und Instigator dieser Unterdrückung.

Mit dem Auseinanderfallen des Römischen Reichs wurde die Verflechtung des Christentums mit der politischen Macht vor allem in der Westhälfte des Reichs problematisch, weil sie in viele zerstrittene Königreiche der germanischen Eroberer zerfallen war. Historisch wurde das Dilemma in der Weise gelöst, dass dem Papst von einem Kleinstaat aus, der niemandem gefährlich werden konnte, eine möglichst neutrale politische Position des Klerus der verschiedenen Königreiche koordinierte.

e) Religiöse Verbrämung kollektiver Gewalt

Die christliche Religionsgemeinschaft war zwar gegenüber Andersgläubigen intolerant, aber die **Ideologie eines Heiligen Krieges** (einer aggressiven Bekehrung oder Vernichtung Andersgläubiger) war **der christlichen Religion von Anfang an nicht inhärent**, denn die These, dass es einen „gerechten Krieg" gebe, ist nie in die offizielle Lehre der Kirche eingegangen. Die christlichen Herrscher des Mittelalters haben keine eindeutigen Passagen des Neuen Testaments oder der Kirchenväter vorgefunden, die im Sinne eines unbegrenzten Krieges gegen die Ungläubigen (im Westen Heiden genannt) ausgelegt werden konnten. So wurden die Kriege der Byzantiner gegen die Perser und die Araber kaum unter einem religiösem Deckmantel geführt. Bis zum 10. Jh. wurden einige Expansionskriege gegen benachbarte heidnische

---

220 Der Loyalitätsvorbehalt der Christentums wurde auch vom japanischen Kaiser perzipiert, der im Jahre 1614 das Verbot der christlichen Religion in Japan so begründete: „... weil die christliche Religion es zulässt, dass die Gläubigen ihren geistigen Hirten mehr folgen als die Daimyo, die die Herren des Landes sind ..."

Völker zwar als Maßnahmen zur „Bekehrung zum wahren Glauben" verbrämt, sie erfolgten jedoch nicht aufgrund einer generellen Kriegserklärung der katholischen Kirche gegen diese oder jene andere Religion.

Nach dem Zerfall des Karolingischen Reichs der Franken in eine Myriade von Lokal- und Regionalfürsten, war im Laufe des 9. und 10. Jhs. in Westeuropa die Anarchie eines Dauerkriegs Jeder-gegen-Jeden eingetreten, in dem das einzige gültige Gesetz das des Stärkeren war. Die Kirche war als eine der größten Landbesitzer unter den Hauptleidtragenden. So engagierte sich die Kirche um die Jahrhundertwende besonders stark in der Frage der Wahrung des inneren Friedens. Es wurde um 1026 der „**Frieden Gottes**" ausgerufen, der u.a. jegliche Kampfhandlung an religiösen Feiertagen verbat. Er bestand als Idee bis zum Anfang des 15. Jhs.

Der Mönchsorden von **Cluny** entstand im 10. Jh. als reformierter Benediktinerorden und baute einen Verbund von über tausend Klöstern auf. Er wurde zum Zentrum des christlichen Fundamentalismus.[221] Er entwickelte die Strategie, den Frieden im Inneren durch eine Aggression nach außen zu stärken. So wurde das Kloster von Cluny zum größten Gewaltinstigator gegen die muslimische Welt. Es war eine zeitlang das „Pentagon des Heiligen Kriegs der Christen gegen den Islam" (Lange, 2004). Eine Medienkampagne verbreitete den Hass gegen den Islam. In Aberdutzenden von **romanischen Kirchen** Südfrankreichs und Nordspaniens, vor allem entlang der Pilgerstraßen durch Frankreich nach Santiago de Compostela, wurden an Kragsteinen (ein von den Muslimen übernommenes Bauelement) Tausende von Kleinskulpturen angebracht, die eine entmenschlichende, verspottende Darstellung von offensichtlich muslimischen Menschen sind (Lange, 2004). Auch die zur Unterhaltung und Erbauung der in den Klöstern entlang übernachtenden Pilger vorgetragenen „chanson de geste", deren berühmtester überlieferter Text das Rolandslied ist (um 1100 entstanden), strotzten vor Hass auf Andersgläubige (Lange, 2004).

Die diffuse Botschaft „Gott erlöse uns von diesen unmenschlichen Muslimen" mündete schließlich in „Heilige Kriege". Als heilig wurde ein Krieg erklärt, wenn er dem Schutz oder der Ausbreitung des „wahren" Glaubens oder dem Schutz Gläubiger diente, oder wenn er dem Schutz oder der Eroberung „heiliger Stätten" galt. Ein Heiliger Krieg war eine Pflicht der Gläubigen. Ihr Zweck war nicht die Wiederherstellung des Friedens, sondern Unterwerfung oder Vernichtung der Ungläubigen. Dazu wurde kollektiver Hass geschürt. In der Substanz waren auch im Mittelalter alle Heiligen Kriege verbrämte Raubzüge und territoriale Expansionskriege. Es waren dies vor allem:

- Die „Reconquista" („Rückeroberung") auf der Iberischen Halbinsel (722 bis 1492)
- Die „Deutsche Ostkolonisierung" (829 bis 1410). Papst Gregor IX. (Ugolino di Segni) sprach dem Deutschen Ritterorden alles das als rechtmäßiger Besitz zu, was dieser „in Zukunft bei der Verteidigung des Christentums von den Landen der Heiden erobern" werde. Dies artete in genozidale Vorgänge aus, die der Landnahme für Neusiedler.
- Die „Kreuzzüge" in den Nahen Osten (1096 bis 1271). Der erste Kreuzzug wurde von Papst Urban II. (Odo de Lagery, vormals Mönch zu Cluny) mit dem Kriegsruf „Deus lo vult!" („Gott will es!") ausgelöst.

Die Heere des Mittelalters zogen unter der Schirmherrschaft des Gottvaters, Gottessohns oder der Gottesmutter Maria ins Feld. Auch **Kriegerheilige** waren beliebt: der drachentötende Heilige Georg bei den Engländern (der Drachen war die Nationalfigur der Waliser), der Apostel Jakob als „Matamoros" (Maurentöter); in Italien zog die Geistlichkeit auf einem Altarkarren („**Carrocchio**") Messe betend (gegen andere Christen) mit in die Schlacht. Mitte des 8. Jhs. kam die christliche Perversion der **Weihung der Waffen** auf.

Die gegen Heiden angewandte **Gewalt** richtete sich bald auch **gegen Häretiker**. Die Gewalttaten der katholischen Kirche und der katholischen Herrscher gegen die christlichen Sekten (Arianer, Donatisten, Bogomilen, Albigenser, Waldenser, Hugenotten) waren noch unerbittlicher als die Kriege gegen die Heiden. Die dafür ermächtigte Kirchenjustiz (**Inquisition**) wandte Folter an und übergab die nicht Assimilierungsbereiten dem weltlichen Strafvollzug (Scheiterhaufen).[222]

Ende des 11. Jh. entstand als fundamentalistische Steigerung des Cluny-Klosterverbandes (der es in der Zwischenzeit zu großem Reichtum gebracht hatte, der **Orden der Zisterzienser** (vom Kloster von Citeaux aus zentral regiert), auch „Bernhardiner" genannt.[223] Die Ideologie des „kriegerischen Christentums" wurde vom zweiten Abt von Citeaux, **Bernhard von Clairvaux**, an der Wende zum 12. Jhs. zu

---

221 Das Allerheiligenfest wurde vom Orden von Cluny instituiert und später vom offiziellen katholischen Ritus übernommen.

222 Bouthoul (1951) hat auf das Paradoxon hingewiesen, dass die Kirche im Mittelalter das Foltern lebender Menschen zuließ, die Sezierung von Leichen für medizinische Zwecke jedoch verbat.

223 Die Zisterzienser lebten das Gebot „ora et labora" des Heiligen Benedikt neu auf und bestanden darauf, dass sich die Mönche durch eigene Arbeit ernähren sollten. Sie gründeten Musterbetriebe in Landwirtschaft, Handwerk, Bergbau und Bauwesen. Sie trugen zur Verbreitung der gotischen Kirchenarchitektur bei.

einem Extremismus fortentwickelt: der Himmel müsse mit Gewalt erobert werden; alle Ungläubigen, „schlimmer als Hunde und Schweine", seien nur eines grausamen Todes würdig; die Vernichtung der Heiden sei ein „gottgefälliges Werk"; „Tötet, tötet!...mit ruhigem Gewissen..." Obwohl Bernhard von Clairvaux einer der größten Apologetiker von Gewalttätigkeit gegen Andersgläubige gewesen ist, wurde er von der katholischen Kirche dessen ungeachtet zum Heiligen deklariert.

Thomas von Aquin stellte im 13. Jh. die These auf, dass ein „gerechter Krieg" folgende Bedingungen erfüllen müsse:

- Auctoritas principi: Die Anordnung muss durch eine legitime oberste Gewalt erfolgen (Untergebene haben kein Recht auf Gewalttätigkeit); hiermit wurde die Rechtmäßigkeit kollektiver Gewalttätigkeit auf die oberste Ebene der territorial-hegemonischen Kollektive beschränkt.
- Causa iusta: Der Grund muss gerecht sein (Schuldhaftigkeit des Angegriffenen, erlittenes Unrecht)
- Intentio recta: Der Angreifer muss die Absicht haben, Gutes zu bewirken (Wiederherstellung von Frieden, Gerechtigkeit und Ordnung) und Schaden zu verhindern.

Thomas von Aquin trat gegen die Militarisierung des Klerus auf („wer den Dienst am Altar versieht, darf nicht Blut vergießen") und forderte die Todesstrafe für Christen, die ihren Glauben ablegen.

Vermutlich vom islamischen Beispiel der Ribat angeregt, entstanden Anfang des 12. Jhs. die **Kreuzritterorden** von Mönchen, die mit der Waffe für die Verteidigung von Christen sowie der Heilslehre kämpften.

Nach dem Scheitern der Kreuzzüge konzentrierten sich die christlichen Würdenträger und Ideologen auf die Frage, wann ein Krieg zwischen Christen „gerecht" sei.

f) Das Schisma

Dadurch, dass das Christentum in Europa zur Staatsreligion geworden war, wurde es in die politischen Hegemoniekämpfe verwickelt. Der Bischof von Rom pochte auf ein Primat unter den christlichen Bischöfen, der Patriarch von Konstantinopel sah sich als Primus, denn das Oströmische Reich sei der unmittelbare Rechtsnachfolger des Römischen Reichs. Die immer wieder aufgeflammte Polemik führte 1054 Papst **Leo IX.** (Bruno von Egisheim-Dagsburg) zu einem Bruch, als er den Patriarchen von Konstantinopel exkommunizierte und damit das so genannte Schisma herbeiführte.

Die seitdem bestehende Trennung zwischen der katholischen und orthodoxen Kirche beruht im Wesentlichen nur auf drei politischen Divergenzen und nur einer dogmatischen:

- Das Primat des Bischofs von Rom (eine rein politische Streitfrage).
- Das Zölibat des unteren Klerus (nur zum Teil eine Streitfrage, denn für den oberen Klerus schreibt auch die Orthodoxie das Zölibat vor).
- Das Datum des Osterfestes und Pfingstfestes (letztlich eine Streitfrage über den „wahren" Mondkalender).
- Die einzige echt dogmatische Divergenz besteht im „Filioque-Streit", bei dem die katholische Kirche (mit stärkerer polytheistischer Ausweichung) glaubt, dass der Heilige Geist sowohl vom Vater als auch vom Sohn ausgeht, während die orthodoxe Kirche an eine nur vom Vater ausgehende Emanation glaubt.

Das Schisma war die erste große Trennung der christlichen Religion: Kleine ideologische Divergenzen wurden zu großen Abgrenzungen politischer Einflusssphären benutzt. Im Endeffekt hat es sich um eine politisch bedingte Eingrenzung der Empathiesphäre auf je eine Hälfte der christlichen Bevölkerung gehandelt.

- Die Entfremdung des Westens mit dem Osten war dadurch erleichtert worden, dass sich im Westen der politische und ökonomische Schwerpunkt nach Norden verlagert hatte (ins HRR); es ist wohl kein Zufall, dass Päpste aus dem deutschen Sprachraum das Schisma vollzogen haben.
- Durch das Schisma wurde die vormalige Grenze zwischen dem Weströmischen Reich und dem Oströmischen Reich zu einer Art Hassgrenze. Sie hat u.a. die gleichsprachigen slawischen Ethnien der Kroaten und Serben bis in die Gegenwart hinein gespalten und ist eine der Hauptursachen der Blutspur von Kriegen und Demoziden, die bis in die Gegenwart reicht.

g) Die Reformation

IN DER GESCHICHTE EUROPAS IST DIE REFORMATION NICHT GRUND ZUM FRIEDEN, SONDERN ANLASS ZUR ZWIETRACHT GEWESEN.

(Wolfgang Huber, 1987)

Je mehr sich die katholische Kirche von ihrer Nebenrolle als territorial-hegemonisches Kollektiv (Kirchenstaat) in die zwischenstaatliche Politik verwickelte, genauer gesagt in die politische Unterstützung des von den österreichischen Habsburgern dominierten Heiligen Römischen Reichs Deutscher Nation, desto mehr kam in deutschen Landen der Drang nach einer regionalen Zergliederung der christlichen Kirche auf. Ein Augustinermönch aus Wittenberg, Martin Luther wurde zum Sprachrohr dieser diffusen Auflösungsbestrebungen.

- Um die Autorität des Papstes und seiner Kirchenorganisation zu unterminieren, brachte Martin Luther das Argument hervor, dass für das Individuum **allein die Bibel** und speziell die Evangelien **maßgeblich** seien (daher „Evangelische" Kirche") und dass es in der Beziehung des Individuums zu Gott keinerlei Mittelsmänner oder Organisationen bedürfe. Auch wenn Luther einige kirchliche Dogmen das nachbiblischen Überbaus nicht in Frage gestellt hat[224], hat sein Slogan „nur das Wort Gottes gilt" eine starke propagandistische Wirkung und weitreichende Folgen gehabt. Im Geltungsbereich der Reformation wurde die **Kirchenorganisation auf residuale Minimalfunktionen der Ritenabwicklung reduziert** und in eine Reihe parastaatlicher „Landeskirchen" übergeführt.[225] Die ideologische Einheit der mittelalterlichen Christenheit wurde zerstört, neue Identitäten und Ausgrenzungen geschaffen.

- Trotz der christlichen Kernbotschaft der Nächstenliebe waren Luther und die anderen protestantischen Kirchenreformatoren Andersgläubigen gegenüber nicht minder intolerant wie die katholische Kirche.

- Luther selbst hat in seinen Schriften Hassparolen und Aufforderungen zur Gewalttätigkeit eingebracht. Er nannte den Krieg ein „Werkzeug Gottes", er war ein radikaler Antisemit („...dass man ihre Synagogen oder Schulen mit Feuer anstecke, ... dass man auch ihre Häuser desgleichen zerbreche und zerstöre...") und sparte nicht mit Aufforderung zur Gewalttätigkeit, wie z.B. die gegen die aufständischen Bauern („...man soll sie zerschmeißen, würgen, stechen, heimlich und öffentlich, wer da kann, wie man einen tollen Hund erschlagen muss..."). Da er im 19. Jh. zu einer Art Nationalheiligen des entstehenden preußischen Nationalstaats hochstilisiert wurde, sind die gewaltverherrlichenden Passagen seiner Schriften bis hin zu Hitler als Persilscheine für kollektive Gewalttätigkeit zitiert worden.

- Calvin erklärte beispielsweise, Krieg sei eine Pflicht der Herrscher, um ihre Territorien vor Aggression zu schützen. Wenn es sich um einen Heiligen Krieg handle, müsse der Häretiker ausgerottet, seine Städte zerstört und seine Erinnerung ausgelöscht werden.

- Die originäre Absicht Luthers, die christliche Religion auf ihre ideologischen Inhalte zurückzuführen und die Einwirkungen des organisatorischen Überbaus einer Kirchenorganisation zu beseitigen, ist in der Folge nur zum Teil verwirklicht worden: aus dem „weg von Rom" ist ein „von Kopf bis Fuß auf die eigene politische Landesregierung eingestellt" geworden. Verschiedene Fürsten erkannten nämlich sofort die Möglichkeit, die religiöse Insubordination Luthers auf die politische Ebene zu übertragen, um sich politischer Unabhängigkeiten zu verschaffen und sich Kirchengut anzueignen bzw. umzuverteilen. Der Protestantismus wurde im Endeffekt zur **Ideologie der gewaltsamen Desintegration des Heiligen Römischen Reichs Deutscher Nation**, dessen Kohäsionskraft stark auf der (katholischen) christlichen Religion und Kirchenorganisation basiert hatte. Die daraus entstandene militärische Pattsituation führte zum **Augsburger Religionsfrieden von 1555**. Darin einigte man sich auf den Leitsatz „**cuius regio, eius religio**", dass nämlich das Individuum jene Religion anzunehmen habe, die sein Landesfürst annehme.[226] Implizit erhielt dadurch der jeweilige territoriale Herrscher das verbriefte Recht, sein Territorium durch Zwangskonvertierung oder Vertreibung gewaltsam religiös zu homogenisieren. In der Tat hat sich der Protestantismus in Deutschland im Wesentlichen in jenen Ländern massiv verbreitet, in denen sich die Fürsten dafür entschieden haben und selbst dort hat sich der „Evangelisierungsprozess" der Bevölkerung erst allmählich vollzogen (Pirenne, 1936).

- In ihrem „Augsburger Bekenntnis" von 1530, eine Art Grundgesetz der evangelischen Kirchen, wurden alle Obrigkeit und alle Gesetze als von Gott geschaffen definiert.

- Der Augsburger Religionsfriede (1555) hat protestantischen Landesfürsten den Weg frei gemacht für den uneingeschränkten ideologischen Zugriff auf ihre Untertanen. Die Regierenden bekamen mehr freie Hand zur Optimierung ihrer territorial-hegemonischen Kollektive, ohne moderierende ethische Vorbehalte einer unabhängigen Kirchenorganisation. Aus der ursprünglich gewollten „Privatisierung" der Religion wurde im Endeffekt eine „Regionalisierung".

- Der Protestantismus förderte so den Untertanengeist und die Akzeptanz des Obrigkeitsstaates, besonders in deutschen Landen (W. Huber, 1987). Dies stellte eine Abkehr von dem Christus zugesprochenen Satz „mein Reich ist nicht von dieser Welt", von der Trennung zwischen Kirche und Staat, dar. Somit geriet auch die evangelische Religion in den Dienst „weltlicher Mächte", deren politischen Sachzwängen den ethischen Prinzipien bis 1945 fast durchgängig priorisiert wurden.

Die Reformation war die zweite große Trennung der christlichen Religion: Kleine ideologische Divergenzen wurden zu großen Abgrenzungen politischer Einflusssphären benutzt. Damit erbrachte die Reformation unter dem Strich einen Rückschritt beim Bestreben, die Empathiesphäre der Bevölkerung auf entfernte Länder Europas auszudehnen. Unterschwellig haben dabei ökonomische Gründe mitgewirkt, so der Geldabfluss durch Kirchenspenden.

---

224 Zu den Dogmen, an denen Luther festgehalten hat, obwohl sie keinen biblischen sondern nur einen kirchlichen Ursprung haben, gehören: die Dreifaltigkeit, die Erbsünde (in verstärkter Form), die Transsubstantiation (in der modifizierten Form der „Konsubstantiation"), Christi Himmelfahrt, die Sakramente der Taufe und der Euchiristie, das Religionssymbol des Kreuzes und das Dogma der jungfräulichen Geburt.

225 Der jeweilige „Landesvater" wurde auch zum obersten Bischof der jeweiligen evangelischen Landeskirche; dies galt bis 1918, selbst in Ländern wie Bayern und Sachsen, in denen das Oberhaupt katholisch war (W. Huber, 1987)

226 Paradoxerweise hat der Augsburger Religionsfried die These Luthers bewahrheitet, dass die Freiheit des Menschen nicht das Ergebnis eigener Handlungen und Leistungen sei, sondern eine Gnade.

h) Die Kirchen im Banne des Nationalismus, Tatenlosigkeit gegenüber den Exzessen

Die Formel des Augsburger Religionsfriedens von 1555 „cuius regio, eius religio" drückte nicht nur aus, dass das Individuum sich mit seiner Religionswahl der des Landesfürsten anzuschließen habe, sondern auch, dass sich die Religion den weltlichen Interessen des jeweiligen territorial-hegemonischen Kollektivs unterzuordnen habe. Der Protestantismus hatte den territorial-hegemonischen Kollektiven das Feld von „Bedenksteinen" der Religion freigeräumt. Der Ring ward frei für bedenkenlose Maximierung der Staatsmacht: nach außen, um ihr Territorium gegen andere zu maximieren und nach innen, um die interne Gleichschaltungen zu maximieren. Sie „verstaatlichten" nicht nur den protestantischen Klerus ihres Territoriums, sondern auch den katholischen. In einigen Fällen erfolgte dies sowohl de jure als auch de facto (England), in anderen nur de facto (Frankreich); und in einigen Fällen blieb der Klerus zwar de jure vom Monarchen unabhängig, kooperierte aber trotzdem de facto freiwillig ihm. Es entstanden die **nationalen Kirchen** (ob katholisch oder protestantisch) die ganz im Dienst ihrer jeweiligen Monarchen standen. Die **Religion** wurde in hohem Maße „**nationalisiert**".

Durch die **Nationalisierung der Kirchen** konnte nun kollektive Gewaltätigkeit (selbst innerhalb und zwischen christlichen Staaten) freimütiger gerechtfertigt, mit Kanzlerpredigten motiviert und mit Dankesmessen („Te Deum") honoriert werden. Hier einige krasse Beispiele:

- Portugiesische Bischöfe des Kongo streckten Jahrzehnt für Jahrzehnt am Kai von Luanda ihre gnadenvolle Hand zu (erzwungenen) Massetaufen der gefesselten Sklaven aus, bevor diese in den Schiffen verpfercht wurden, die sie zur Zwangsarbeit nach Amerika brachten (Davidson, 1961).
- Der spanische Klerus übte beim Aufstand gegen Napoleon eine eminent agitatorische Rolle aus.
- Vor allem die protestantischen Pastoren waren bei den Kriegen Preußens von 1813, 1870/71 und 1914/18 eminent agitatorisch, indem sie von den Kanzeln den Willen Gottes mit der „Sache Deutschlands" gleichsetzten, in seinem Namen Fahnen und Waffen segneten, zur Einzahlung in Kriegsanleihen aufforderten.
- Alle Kirchen (vom Papst bis zu den Staatskirchen Frankreichs und Großbritanniens) erklärten den Krimkrieg (gegen den christlichen Staat Russland und zum Schutze des islamischen Osmanischen Reichs) für gerecht und gottgewollt.
- Im Nordamerikanischen Sezessionskrieg erhob sich im Norden ein Chor kirchlicher Stimmen, die den Krieg als gottgewollt deklarierten, weniger weil die Sklaverei abzuschaffen sei, sondern um den Süden für das Verbrechen zu bestrafen, die Vereinigten Staaten von Amerika durch Abspaltung zu schwächen.
- Bei Ausbruch des 1. Weltkrieges ließen sich Würdenträger aller christlichen Konfessionen zu Proklamationen und Taten (Segnen von Kanonen) hinreißen, die eines Gottesmannes nicht würdig waren. Darunter der Bischof von London „..Tötet die Deutschen... die Guten und die Schlechten...").
- Sowohl katholische als auch protestantische Pfarrer erleichterten durch das Zur-Verfügung-Stellen der Kirchenbücher im 3. Reich die Identifizierung von Juden.
- Das US-amerikanische katholische Episkopat rechtfertigte den Vietnamkrieg.

Nicht nur die „Hirten" und „Schäfchen" der christlichen Religionsgemeinschaften hatten wegen ihrer unvermeidlichen Verquickung mit ökonomischen und kollektiven Interessen, Probleme, ihre religiöse Ideologie konsequent zu leben, sondern auch der „Oberhirte vom Amt". Am Beispiel der katholischen Kirche (der ältesten und größten christlichen Kirchenorganisation) wird im Folgenden veranschaulicht, wie schwierig der Umgang eines virtuellen Kollektivs „Religionsgemeinschaft" mit der Gewalttätigkeit der territorial-hegemonischen Kollektiven gewesen ist. Der „Kirchenstaat" entstand als Schutz gegen kollektive Gewalttätigkeit unter Anwendung kollektiver Gewalttätigkeit; er wandte zur Durchsetzung seiner Egoismen ebenso kollektive Gewalttätigkeit an wie jeder andere italienische Kleinstaat. Es bedurfte wiederum kollektiver Gewalttätigkeit, um den Papst an der Schwelle zum 20. Jh. zum Verzicht auf seinen Kirchenstaat zu bewegen.

- Im Jahre 1456 erließ Papst **Kalixtus III.** (Alonso de Borja) die Bulle „Romanus Pontifex", mit der er den portugiesischen König ermächtigte, die Muslime und Heiden zu bekämpfen und zu unterwerfen, die er auf seinen Entdeckungsreisen antreffe (man hat diese Dokument ironisch die „Charta des portugiesischen Imperialismus" genannt).
- Im Jahre 1493 teilte Papst **Alexander VI.** (Rodrigo de Borja) mit der Bulle „Inter cetera" die Überseegebiete unter den Königreichen von Portugal und Kastilien-Aragón auf, gab sie zur Ausbeutung frei und verband dies mit der Auflage, die unterworfenen Heiden zu Christen zu machen. Die Kirche lieferte damit eine religiöse Legitimation des gewalttätigen europäischen Kolonialismus.
- Papst **Gregor XIII.** (Ugo Buoncompagni) ließ auf die Nachricht der Bartholomäusnacht hin (3.000 Tote allein in Paris) zum Dank an Gott ein Te Deum singen (1572).
- Papst **Pius IX.** (Giovanni-Maria Mastai Ferretti) setzte sich bei seinem Amtsantritt (1846) für die liberalen Strömungen in Europa ein. Als ihm die politischen Implikationen klarer wurden (Schwächung der österreichisch-ungarischen Monarchie, dem weltlichen Bollwerk des Katholizismus in Europa, Verlust der weltlichen Macht des Kirchenstaats durch Einverleibung in den italienischen Nationalstaat), schlug er eine reaktionäre Politik ein und verbot schließlich den italienischen Katholiken die Teilnahme am politischen Leben.
- Unter den kirchlichen Würdenträgern der Neuzeit muss Papst **Leo XIII.** (Vincenzo Gioacchino Pecci, 1868 bis 1903) zu einem weitsichtigen Mahner vor kollektiver Gewalttätigkeit gezählt werden. Er erkannte und brandmarkte den

gewaltsamen Charakter der Nationalstaaten, die durch Egoismus, Eifersucht und Misstrauen getrieben, ein Wettrüsten ohne Grenzen betrieben; die schiefe Bahn, auf der sie sich bewegten, führe unweigerlich in den Abgrund. Sein Nachfolger **Pius X.** (Giuseppe Sarto) setzte die reaktionäre Politik Pius IX. fort.

- Im Ersten Weltkrieg wurden allerseits von der jeweiligen nationalen Kirche die Waffen geweiht. Österreich-Ungarn forderte bei Kriegsausbruch sogar von Papst **Benedikt XV.** (Giacomo della Chiesa) die Weihung seines Heeres. Dieser rief jedoch mit seiner Enzyklika Ubi primum zweiundvierzig Tage nach Kriegsausbruch die Kriegsparteien auf, das „grauenvolle Spektakel" zu beenden. In einer weiteren Enzyklika Ad beatissimi gab er zwei Erklärungen der Kriegsursachen von sich: Es handle sich um eine Strafe Gottes für den moralischen Zerfall, die Ausgrenzung der Kirche aus dem öffentlichen Leben u. dgl. m.; außerdem sei die Habgier vor allem der Armen schuld, die nicht einsehen wollten, dass Reichtum nicht alles sei. Im August 1916 schlug Benedikt XV. Schritte für einen Friedensschluss vor: Abrüstung; Abschaffung der allgemeinen Wehrpflicht; freie Schifffahrt; Räumung der besetzten Gebiete; Verhandlungslösungen für strittige Territorialfragen. Interessant ist, dass Papst Benedikt XV., bei all seinem reaktionären Denken, zwei Faktoren jener immensen kollektiven Gewalttätigkeit explizit benannte: ideologische Fehlentwicklungen in den „Nationalstaaten" und ökonomische Interessen.

- Nach dem 1. Weltkrieg mahnte der neue Papst **Pius XI.** (Achille Ratti) die Sieger zur Mäßigung. Er brandmarkte den „überzogenen Nationalismus" als Plage, als falschen Gott, der hinter einer heuchlerischen Maske eine maßlose Gier nach Macht verberge, als den Verursacher der grauenhaften Kriege. Die Gewinnsucht, Raffsucht, Genusssucht, die Herrschsucht treibe die Kollektive zum Kriegführen. Letztlich machte Papst Pius XI. kollektive Egoismen für die immense kollektive Gewalttätigkeit seiner Zeit verantwortlich. Nach der Machtergreifung der Nationalsozialisten stimmte er der Unterzeichnung des Reichskonkordats (20.6.1933) zu, in dem sich die Kirche verpflichtete, jegliche Einmischung in politische Fragen Deutschlands zu unterlassen. Im Jahre 1935 erlitt Papst Pius XI. einen schweren ideologischen Rückfall, als er dem Kolonialkrieg Italiens gegen Äthiopien (das Opfer war ein christliches Land!) das Attribut eines aggressiven Kolonialkrieges absprach und ihm sozusagen ein Rechtmäßigkeit zusprach. Am 14.3.1937 erließ er die Enzyklika „Mit brennender Sorge", in welcher er die Willkür und Ungerechtigkeit des NS-Regimes anprangerte. Beim Besuch Hitlers in Rom im Mai 1938 zog er sich allerdings nach Castel Gandolfo zurück und ließ die Vatikanischern Museen schließen.

- Als sich der weiterschwelende Konflikt zwischen den europäischen Nationen mit einem Konflikt zwischen politischen Weltanschauungen vermengte, die allesamt einen atheistischen Hintergrund hatten, wusste Papst **Pius XII.** (Eugenio Pacelli) nicht, ob die Katholische Kirche dem Teufel oder dem Belzebub oder beiden entgegentreten sollte.
  - Als General Franco seine Revolte gegen die gewählte demokratische Regierung Spaniens mit Hilfe des nationalsozialistischen Deutschlands und des faschistischen Italiens 1939 erfolgreich abschloss, beglückwünschte ihn Papst Pius XII. für den „heißersehnten Sieg".
  - Als Frankreich 1940 vom nationalsozialistischen Reichsdeutschland überrannt wurde, stellte dies Pius XII. als Folge der Laizisierung der öffentlichen und privaten Lebens in Frankreich dar.
  - Obwohl der Vatikan über alle Vorgänge in jedem Flecken Europas bestens und aktuell informiert war, lud Pius XII. die immense historische Mitschuld auf sich und auf die Katholische Kirche, den grauenhaften industriell betriebenen Genozid des Naziregimes nicht denunziert, geschweige denn zu verhindern versucht zu haben. Er brandmarkte diesen größten Massenmord aller Zeiten nicht vor aller Welt, machte von der Exkommunikation nicht gebührenden Gebrauch, er setzte nicht die medialen Möglichkeiten der katholischen Kirche ein, er führte keine diplomatische Kampagne dagegen. Weder Hitler noch Himmler noch ein anderer NS-Hierarch wurde vom Papst exkommuniziert; demgegenüber exkommunizierte er im Jahre 1949 pauschal alle Kommunisten der Welt. Hitlers „Mein Kampf" wurde niemals auf den „Index der Verbotenen Bücher" gestellt.
  - Auch während des Demozids der kroatischen Nationalisten, welche zwischen 1941 und 1945 über eine Million orthodoxe Serben, Juden und Sinti umbrachten, schritt Pius XII. nicht gegen die katholischen Bischöfe, Priester und Mönche ein, welche in den Vernichtungslagern leitend und aktiv mitwirkten und die Mörderbanden anführten. Ganz im Gegenteil: Es gab für die Verbrecher aufmunternde Worte und Beförderungen.

- Papst **Johannes XXIII.** hat in seiner Enzyklika „Pacem in Terris" (1963; 128.) verkündet, dass der Krieg im Atomzeitalter nicht mehr geeignet sei, verletzte Rechte wiederherzustellen.

- Papst **Johannes Paul II** (Carol Wojtyla) hat eine überwiegend pazifistische Ansicht vertreten. Der Krieg müsse einer tragischen Vergangenheit zugehören. Ein „Heiliger Krieg" sei mit der christlichen Lehre unvereinbar und selbst ein „gerechter Krieg" sei inakzeptabel. Kriegslüsternheit sein dort am größten, wo die Menschenrechte mit Füßen getreten werden. Im Jahre 2000 hat sich Johannes Paul II. mit einem „Mea Culpa" zur historischen Schuld der Christenheit bekannt, welche sie durch Kreuzzüge und Zwangstaufen auf sich geladen hat. Er ist aber einem schweren ideologischen Rückfall erlegen, als den kroatischen Erzbischof Aloysius Stepinac, der in Jugoslawien wegen Verbrechen gegen die Menschheit zu 20 Jahren Haft verurteilt worden war, im Jahre 1998 selig sprach.

- Mit Kardinal Joseph Ratzinger haben die Kardinäle im Jahre 2005 einen Konservativen zum neuen Papst gewählt, der den Namen Papst **Benedikt XVI.** angenommen hat. In seiner am 12.9.2006 in Regensburg gehaltenen Rede „Glaube, Vernunft und Universität" hat Papst Benedikt XVI. die christliche Lehre als im Vergleich zum Islam gewaltlos und vernunftbezogen dargestellt. Dabei hat er sich vermutlich nicht auf die gesamte Vergangenheit, sondern nur auf den erst in jüngster Vergangenheit schmerzvoll erarbeiteten Stand bezogen.

Wenn bei der obigen Zusammenfassung selbst in der Neuzeit im Wesentlichen nur von der katholischen Kirche die Rede ist, so liegt es zum einen daran, dass die protestantischen Kirchen nicht über ein derartiges zentrales Sprachorgan wie den Vatikan verfügen. Denn auch die protestantischen Kirchen haben eine ähnlich gelagerte Schuld des Schweigens oder sogar Befürwortens kollektiver Gewalttätigkeit auf sich geladen.

i) Die moderierende Funktion

Dem „Kollaborationismus" der christlichen Religionsgemeinschaften bei der kollektiven Gewalttätigkeit der Vergangenheit steht allerdings auch eine lange Tradition moderierender Wirkung gegenüber:

- Unter den Märtyrern des Frühchristentums waren viele Militärpersonen, die schließlich den Kriegsdienst verweigert haben.
- Im Mittelalter hat sich die Kirche für eine Einschränkung und Humanisierung kollektiver Gewalttätigkeit eingesetzt. Viele der Regeln zur Humanisierung des Kampfes waren religiös fundiert (Verbot des Kampfes an Feiertagen und bestimmten Wochentagen; Pflicht der nachträglichen Buße). Zu den großen, die Gewaltlosigkeit fördernden Institutionen der mittelalterlichen Kirche gehört das Mönchstum, wenn man vom Cluny-Orden absieht. Ein nicht unwesentlicher positiver Beitrag der mittelalterlichen Kirche war auch, dass es vorwiegend Mönche gewesen sind, welche die Untaten ihrer Zeit dokumentiert und damit zu einer Stigmatisierung der kollektiven Gewalttätigkeit beigetragen haben.
- Viele Mitglieder der christlichen Religionsgemeinschaften haben ihre religiös fundierte Humanität vor ihre persönlichen Unversehrtheit gesetzt. Einige herausragende Beispiele sind:
- Märtyrer wie der polnische Franziskanerpater Maximilian Kolbe, der sich im KZ Auschwitz an Stelle eines Mithäftlings, der Familienvater war, hinrichten ließ.
- Der „kirchenpolitische Referent" des Erzbistums von München und Freising, Johann Neuhäusler, der in das KZ Dachau interniert wurde, während sein Vorgesetzter, der Erzbischof Michael von Faulhaber, sich in wenigen Kilometern Entfernung mit den Nationalsozialisten ambivalent arrangierte.[227]
- Ein Beispiel für die Schwierigkeiten neuzeitlicher Christen, sich jenem „kopernikanistischen" Postulat zu entziehen, dass alles, was dem eigenen Kollektiv politisch nütze, auch ethisch gut sei, ist Clemens August Graf von Galen, Bischof von Münster. Auf der einen Seite verteidigte er mit hohem Risikio seines Lebens als einer der ganz wenigen Kirchenfürsten Deutschlands das Lebensrecht der Behinderten gegen das Euthanasieprogramm des NS-Regimes, auf der anderen Seite verteidigte er nicht all die anderen Opfer der nationalsozialistischen Verfolgung (darunter seinen Bruder), bejubelte Franco als „spanischen Befreier", befürwortete den Aggressionskrieg gegen die Sowjetunion („Pest des Bolschewismus") und setzte sich nach dem Krieg für NS-Kriegsverbrecher ein. Symptomatisch ist dabei, dass er trotzdem im Jahre 2005 von der katholischen Kirche selig gesprochen worden ist.
- Ein leuchtendes Beispiel unter den protestantischen Würdenträgern der NS-Zeit war Dietrich Bonhoeffer, der durch die Maximen der Bergpredigt motiviert wurde, in den aktiven Widerstand gegen das NS-Regime einzutreten.

j) Ptolemäischen Züge und kopernikanistische Extreme des Katholizismus

Die anthropomorph-monotheistischen Religionen, die sich auf eine übermenschliche Instanz berufen, denen sich das Individuum zu unterwerfen habe, sind im Kern „kopernikanistisch": Ihre große Wahrheit ist nämlich eine extrem vereinfachende Wahrheit, nämlich die, dass es einen einzigen Gott gibt, der alles erschaffen hat und kontrolliert. Das Leben des Individuums wird jener Wahrheit total untergeordnet.

In vielerlei Hinsicht ist die römisch-katholische Kirche jedoch ein Bastion des Ptolemäismus, vor allem wenn es darum geht, das menschliche Individuum vor Übergriffen der Durchrationalisierung des Lebens und vor Eigenlogiken organisatorischer Sozialkonstrukte zu schützen:

- Die Verehrung der Muttergottes ist eine Fortsetzung vorhistorischer Fruchtbarkeitskulte (Russel, 1945) und damit eine Aufweichung des exklusiven Monotheismus.
- Die Heiligenverehrung hat ptolemäische Züge in dem Sinne, dass der menschlichen Neigung zur Spiegelung mit positiven Leitbildern Genüge getan wird.
- Die bunte Ausschmückung der katholischen Kirchenhäuser gibt dem menschlichen Hang zum Schwelgen im Ästhetischen und Mystischen nach, was für andere Religionen „unsachlich", „vom Primärziel ablenkend" oder sogar eine Form von „Götzenanbetung" ist.
- Das Verbot der Abtreibungen ist insofern ptolemäisch, als es das menschliche Leben als absolut unantastbar erklärt, für dessen Schutz selbst Beeinträchtigungen der psychischen Gesundheit, sozialen Lage und sogar der Verlust des physischen Lebens der Mutter in Kauf genommen werden müssen.
- Das Verbot des Selbstmords und der Euthanasie ist ebenfalls ptolemäisch, da es das menschliche Leben als absolut unantastbar erklärt, über das auch die eigene Person nicht verfügen dürfe, selbst wenn sie unsäglich leide. Auch hierüber kann man durchaus anderer Meinung sein. Doch man kann es auch als eine übervorsichtige Vorbeugung dagegen werten, dass das Leben eines Menschen nicht vernichtet werde, um das Leben anderer Menschen zu optimieren.
- Den Anfang 2007 vom Augsburger Bischof Walter Mixa vorgebrachten Einwänden gegen eine „Verstaatlichung der Kindererziehung" und der „Degradierung der Mütter zu Gebärmaschinen", die möglichst schnell für die Wirtschaft wieder freigemacht werden sollen, liegt ebenfalls ein Fallbeispiel ptolemäischer Lebenseinstellung vor, dass nämlich

---

227 Schon nach dem ersten am 8.11.1939 gescheiterten Attentat auf Hitler zelebrierte Faulhaber ein Te Deum. Nach dem Attentat vom 20.7.1944, als erwiesenermaßen Millionen von Menschen durch direkte Mitschuld Hitlers starben, gratulierte er ihm für das lebend überstandene Attentat.

die natürliche Erziehung des Menschen (d. h. mit der Mutter als Bezugsperson der ersten Lebensjahre) unbedingte Priorität habe, vor jeglicher sozio-ökonomischen Optimierung des Lebens der Eltern oder des Kollektivs. (schnelle Rückkehr der Mutter in das Wirtschaftsleben).

- Papst Benedikt XVI. würdigte am 18.4.2008 den 60. Jahrestag der Verkündung der Menschenrechte durch eine Rede vor der UN-Vollversammlung, in der er erklärte, dass die römisch-katholische Kirche die „Natur des Menschen" verteidige.

Indes hat die katholische Lehre und Kirchenpolitik auch eminent **kopernikanistische Aspekte**:

- Das generelle Gebot des Zölibats für den Klerus und das Mönchtum ist eine kopernikanistische Einstellung, welche Grundbedürfnisse des Individuums (Sexualität, Elternschaft) für die Optimierung eines Soziokonstukts opfert.

- Die Diskriminierung der Homosexuellen ist ein Eingriff in die von der Natur genetisch bedingten statistischen Streuung der sexuellen Neigungen. Sie stellt einen Versuch dar, durch diskriminierende Behandlung von Individuen, die nicht in die Kategorie der Mehrheit fallen, einen erdachten Idealzustand herbeizuführen. Dies ist Kopernikanismus in Reinform.

- Das Verbot von Empfängnisverhütungsmitteln: Das Hauptargument ist dabei, dass der Mensch nur dann eine sexuelle Beziehung haben dürfe, wenn er bereit sei, ein Kind in die Welt zu setzen. Sexualität ohne Zeugungswille sei Sünde. Das menschliche Individuum wird also im Ausleben seiner physischen Bedürfnisse eingeschränkt, obwohl es damit keinem Mitmenschen schadet, nur um sein Verhalten mit einer übermenschlichen Norm gleichzuschalten.[228] Im Endeffekt trägt dieses Verbot dazu bei, dass in der katholischen Bevölkerung der Entwicklungs- und Schwellenländer aus Elend noch mehr Elend erzeugt wird.

- Die katholische Lehre und Kirchenpolitik hat sich nie dezidiert gegen die Todesstrafe gestellt. Der Vatikanstaat hat sie in seinem Herrschaftsbereich erst im Jahre 2001 abgeschafft (54 Jahre nach der Republik Italien). Dabei geht es doch darum, ob menschliches Leben ausgelöscht werden darf, um kollektiven Kriterien (der Abschreckung, der Bestrafung, der Rache, der Vorbeugung) nachzukommen.

Dadurch, dass die katholische Kirchenorganisation bei vielen Demoziden nicht mit ganzer Kraft gegen deren Verhinderung eingetreten ist, hat sie große Schuld auf sich geladen und epochale Gelegenheiten verpasst zu beweisen, dass der unkonditionierte Schutz jedes einzelnen Lebens ihr Kernanliegen ist. Leider scheint es eben nicht so zu sein, denn sie schwankt gleichsam zwischen Ptolemäismus und Kopernikanismus.

k) Befreiungsversuch des Protestantismus von seiner kopernikanistischer Staatshörigkeit

Insgesamt betrachtet weist der Protestantismus stärkere kopernikanistische Züge auf als der Katholizismus und ist deshalb dafür anfälliger, für Kollektivgewalttätigkeit missbraucht zu werden (womit noch nichts über Unterschiede der Konkretisierungshäufigkeit gesagt ist).

- In einigen Aspekten ist die protestantische Konfession zwar „ptolemäischer" als die katholische, indem sie die natürliche Veranlagung und Entfaltung des Individuums vor die Optimierungsbedürfnisse des Sozialkonstrukts Kirche setzt: Verneinung des Zölibats, mehr Gleichberechtigung der Geschlechter bei der Besetzung von Kirchenämtern, mehr Toleranz der Homosexualität gegenüber, mehr Akzeptanz der Empfängnisverhütungsmittel.

- Generell hat der Protestantismus indes einen **starken Schub der „Kopernikanisierung" des geistigen Lebens** bewirkt und damit die Gefahr erhöht, dass individuelles Leben für kollektive Optimierungen geopfert wird. Das Streben nach Vereinfachung der Erklärungsmodelle wurde verstärkt. Die Forma mentis „je rationaler, desto wahrer" erhielt neuen Auftrieb. Auch wurde die Priorisierung reiner Vernunftsaspekte gegenüber den „irrationalen" Komponenten des menschlichen Wesens verstärkt. Dies war eine Folge der Rückwendung zum reinen Monotheismus mit dem Ablegen vieler polytheistischer Aufweichungen und der kompromisslosen Einstellung, die man mit „kühle Logik ohne Rücksicht auf Verluste" beschreiben könnte. Ein überproportionaler Anteil der Philosophen des deutschen Idealismus, welche den Kopernikanismus (die absolute Unterordnung der Individuum unter kollektive Konstrukte) ins Extreme entwickelten, entstammten einem protestantischen Milieu.[229][230]

- Der konkreteste kopernikanistische Schwachpunkt des Protestantismus ist seine historisch gewachsene Staatshörigkeit. Der evangelische Theologe und Würdenträger **Wolfgang Huber** hat in seinem Essay „Protestantismus und Protest„ (1987) klar die Sackgasse dargestellt, in die der Protestantismus vor allem in deutschen Landen geraten ist. Dadurch werden allzuleicht ethische Grundprinzipien auf dem Altar des politischen Opportunismus geopfert. Huber

---

228 Vielfach wird der Verdacht geäußert, die katholische Kirche verbiete die Empfängnisverhütung auch deshalb, um einen möglichst großen demografischen Zuwachs der katholischen Weltbevölkerung sicherzustellen. Dies ist aber vermutlich eine Unterstellung, die der Vollständigkeit halber mit erwähnt werden muss.

229 Schelling war Sohn eines Pastors; in der Familie Hegels hatte es väterlicher- wie mütterlicherseits mehrere Pastoren gegeben; Fichte kam aus einer strenggläubigen protestantischen Familie; der Vater von Karl Marx entstammte zwar einer Rabbinerfamilie, sein Vater war aus Berufsgründen zum Protestantismus konvertiert.

230 Die stereotype Meinung, die Leo Tolstoi in „Krieg und Frieden" (1868/69) über die „Deutschen" (er meinte damit wohl primär "Preußen") äußerte, könnte mit dem postulierten „Kopernakiniesierungsschub" des Protestantismus zusammenhängen: „... weil nur die Deutschen ihr Selbstbewusstsein auf eine abstrakte Idee, auf die Wissenschaft, gründen, das hei3t also auf die vermeintliche Kenntnis der reinen Wahrheit".

plädiert für mehr zum Mut zum Protest bis hin zum zivilen Ungehorsam, wenn ethische Prinzipien zu verteidigen sind; zu weniger blinden Untertänigkeit und zu einer Trennung von Kirche und Staat; zu mehr Einsatz für Menschenrechte, Brüderlichkeit, soziale Gerechtigkeit und staatlichen Gewaltverzicht; zum Abschied von antiethischen Imperativen des technischen Zeitalters; zur Erklärung des Einsatzes von Kernwaffen und bereits dessen Drohung, zum Verbrechen gegen die Menschheit.

l) Fazit

Die christliche Religion hat also einerseits zur Moderierung der menschlichen Gewalttätigkeit beigetragen und wurde andererseits missbraucht, um Kollektive gegeneinander abzugrenzen und sie zur Gewalttätigkeit zu motivieren. Ein Saldo ist unmöglich zu bestimmen. Die eingangs dieses Punktes als Aphorismus zitierte Schlussfolgerung von Minois dürfte wohl (wenn auch überzeichnend) den Kern der Wahrheit treffen, dass nämlich die Auswirkungen schlechter gewesen sind als die Absichten.

C) Der Islam und kollektive Gewalttätigkeit

Ebenso wenig wie das Alte Testament oder das Neue Testament wurde der Koran („das Buch", „die Schrift") vom Religionsgründer **Mohammed** selbst verfasst. Es handelt sich um eine Sammlung von Niederschriften mündlicher Überlieferung; Ein Viertel Jahrhundert nach seinem Tode wurde davon eine offizielle Redaktion erstellt. Die zweite Quelle der islamischen Orthodoxie ist die im 9. Jh. verfasste „Hadit".

Die jüdische Religion war zu Zeiten des Propheten Mohammed auf der Arabischen Halbinsel stark verbreitet. Die Könige Südarabiens waren im 6. Jh. zum **Judentum** übergetreten, ebenso wie vereinzelte Stämme auf der gesamten Halbinsel. Hinzu kamen Nachkommen von aus Israel ausgewanderten oder vertriebenen Juden. Auch das christliche Gedankengut war auf der Arabischen Halbinsel damals bekannt: durch abessinische Besatzung, durch Kontakt mit arabischen Stämmen des Grenzgebiets, die zum Christentum übergetreten waren. Während der persischen Besatzung hatte die arabische Welt außerdem **zoroastrisches Gedankengut** aufgesogen, vor allem den radikalen Gegensatz zwischen Gut und Böse. Dies inspirierte den Propheten vermutlich zu einer stärkeren Aggression gegenüber Andersgläubigen, die für ihn nicht nur deswegen des Todes würdig seien, weil sie an den (die) falschen Gott (Götter) glaubten, sondern auch, weil sie auf der Seite des Bösen stünden: Allah macht die Ungläubigen zuschande (Sure 9,2), verheißt ihnen schmerzliche Strafe (Sure 9,3), schändende Strafe (Sure 4,151), die Götzendiener sind zu erschlagen, wo gefunden (Sure 9,5). Sozusagen als Funktionsgott des Bösen hat die islamische Religion die übermenschliche Figur des Teufels beibehalten.

Mit diesem intransigenten Hintergrund ist der Prophet Mohammed dem Techtelmechtel des Christentums mit altem polytheistischen Gedankengut (Dreifaltigkeit, Heiligenkult, kirchliche Würdenträger) frontal entgegengetreten und ist zum radikalen Monotheismus im Stile des Judentums zurückgekehrt: „Er ist der eine Gott, der ewige Gott. Er zeugt nicht und wird nicht gezeugt. Und keiner ist ihm ebenbürtig" (Sure 112). Der islamische Gott ist transzendentaler als der christliche, er ist an keine menschliche Kategorie wie die Vernunft gebunden. „**Allah tut, was er will**" (Sure 14, 27), er straft, wen er will und verzeiht, wem er will (Sure 4,40). Ausdruck dieses religiösen Absolutismus ist auch, dass der Koran als derart übernatürlich und unfehlbar angesehen wird, dass Übersetzungen aus dem Arabischen nicht erlaubt sind. Die über 150.000 Wörter des Koran wurden und werden von nichtarabischen Muslimen auf Arabisch auswendig gelernt, oft ohne deren Bedeutung zu verstehen.

Spiritueller und irdischer Kampf sind im Islam viel stärker verwoben als im Judentum und Christentum und mit dem Begriff „**Dschihad**" („Anstrengung auf dem Wege Gottes") sogar zu einer Einheit verschmolzen. Etwa 4 % der Suren des Korans enthalten Aufforderung zum Dschihad (Onfray, 2005), dem Heiligen Krieg des Islam.

Zum Teil hat sich der Prophet zwar für Gewaltlosigkeit eingesetzt:

- „Kein Zwang in Glaubenssachen" (Sure 2, 256)
- „Streitet mit den Schriftbesitzern (Juden, Christen) nie anders als auf möglichst gute Art" (Sure 29, 46)

An anderen Stellen erklärt der Prophet die Anwendung kollektiver Gewalttätigkeit als von Gott gewollt, um den alleinig wahren Glauben durchzusetzen.

- Jeder Rechtgläubige („Muslim") ist verpflichtet, im Rahmen seiner Möglichkeiten, sich für die Verbreitung des rechten Glaubens „anzustrengen", „in Allahs Weg zu eifern" (Sure 9,19).
- „Kämpfet wider die Ungläubigen an euren Grenzen und wahrlich lasset die Härte in euch verspüren. Und wisset dass Allah mit den Gottesfürchtigen ist" (Sure 9,123).
- Jede „Anstrengung" (Dschihad), um den Weg für die Verbreitung der Lehre Mohammeds zu ebnen, ist gerecht. Mit dem Dschihad sollte weniger eine Bekehrung durch Gewalt bezweckt werden, als Hindernisse zur Bekehrung beseitigt werden. Der Koran ließ dazu einen großen Auslegungsspielraum, der von den Pionieren der arabischen Expansionskriege, von den Osmanen bis hin zu modernen islamischen Terroristen, in dem Sinne ausgelegt wurde, dass gegen Ungläubige Gewalt beliebig angewandt werden könne.

- Als Opfer des Dschihad waren anfänglich die Juden und Christen als Gläubige von „Buchreligionen" ausgeschlossen. Im Laufe der Zeit wurde darauf keine Rücksicht genommen.
- Der Religionskrieg soll kein Angriffskrieg sein (Sure 2,190), doch ein desto gnadenloserer Vergeltungskrieg (Sure 2,193).
- Waffenstillstände mit den Ungläubigen sind auf je 10 Jahre zu beschränken.
- Die Ungläubigen sind so lange zu bekämpfen, „bis kein Bürgerkrieg mehr ist und bis alles an Allah glaubt" (Sure 8,39), „bis sie aus eigenen Händen Tribute zahlen und sich unterwerfen" (Sure 9,29). Der endgültige Friede wird nur dann eintreten, wenn die unbekehrte Welt „(„dar al-harb, „Gebiet des Krieges") zu einer bekehrten Welt („dar al-islam", „Gebiet des Friedens") geworden ist.
- **Vergütung im Jenseits**: Für Gott sterben wird mit Freuden im Paradies belohnt (Sure 3,169). „Diejenigen, welche gläubig wurden und auswanderten und in Allahs Weg eiferten mit Gut und Blut, nahmen die höchste Stufe bei Allah ein. Und sie sind die Glückseligen." (Sure 9,20). Das Märtyrertum wurde also vom Islam übernommen.
- Die im Jenseits in Aussicht gestellte Vergütung besteht neben tramhaften klimatischen Bedingungen ind üppigem Vorhandensein kühlen Wassers und Weines (der weder Kopfschmerzen verursacht, noch berauscht) und vor allem in einer grenzenlosen Befriedigung des männlichen Sexualtriebs.

Der Islam wurde, ebenso wie das Judentum, für die harten Lebensbedingungen in Randgebieten der Wüste konzipiert, wo die kategorische Befolgung rigoroser Kohäsions- und Folgsamkeitsregeln für das Überleben des Kollektivs unabdinglich ist. Mohammed hat sich in Arabien mit dem Schwert in der Hand durchgesetzt und dabei ganze Stämme ausgerottet, die sich der Uniformierung widersetzten. In der Folge zielte dann die islamische Expansion außerhalb der Arabischen Halbinsel nicht primär auf die Vernichtung oder Bekehrung der Andersgläubigen, sondern auf die gewaltsame Durchsetzung der politischen und sozio-ökonomischen Vorherrschaft der „Rechtgläubigkeit", vor allem der Tributpflichtigkeit der Andersgläubigen (Sure 9,29).

Die **religiöse Intoleranz** ist insgesamt im Islam stärker ausgeprägt als die Toleranz der Sure 2,256 „In der Religion gibt es keinen Zwang" erwarten lässt, die aber von anderslautenden Suren überstimmt wird.

- Unter den 99 Betitelungen Gottes enthält der Koran solche wie „Rächer" (3,4; 5,95), „Todbringer", „Ausrotter der Ungläubigen" (Sure 3,141).
- Juden und Christen werden als Bekenner von „Buchreligionen" am Leben gelassen, sie sind tolerierte Andersgläubige („Dhimmi"), sofern sie sich unterwerfen und eine religiöse Kopfssteuer („Djihizya") bezahlen.
- Heiden können nur zwischen Bekehrung und Tod wählen.
- Einen Rechtgläubigen zur Abtrünnigkeit zu verführen ist ein größeres Verbrechen als Totschlag (Sure 2,191).
- Der Übertritt eines Muslims zu einer anderen Religion (Apostasie) wird mit ewigen Höllenqualen (Sure 2,217) und mit dem Tode (Sure 4,89) bestraft.
- Eheschließungen mit Andersgläubigen werden verboten (Sure 2,221), Eheschließungen von Andersgläubigen mit muslimischen Frauen werden mit dem Tode bestraft.
- Freundschaften mit Juden und Christen sind verboten (Sure 5,51).
- In islamischen Gesellschaften wurde den Nichtgläubigen eine Einschränkung der Kleider und der Zwang zum Tragen von Kennzeichen auferlegt.
- In islamischen Gesellschaften durften tolerierte Nichtgläubige ihre Kirchen instandsetzen, aber keine neuen bauen.

Der Koran enthält indes auch eine Reihe von Auflagen, um Gewalt gegen Ungläubige zu humanisieren, welche eine Reihe von internationalen Konventionen des 19. und 20. Jh. vorweg nahmen (siehe Punkt 11.1.1).

> ➤ *Der Islam hat sich ähnlich wie das Christentum im Laufe der Jahrhunderte in eine „konservative" und eine „revisionistische" Glaubensrichtung gespalten, die sich wiederum jeweils, meist aus politischen Gründen, auseinander dividiert haben. Wie im Christentum wurden jeweils kleine ideologische Divergenzen zu großen Abgrenzungen politischer Einflusssphären benutzt.*

Die **Sunniten** waren anfänglich eine rein politische Faktion, welche für die Rechtsnachfolge des Propheten ein Wahlrecht innerhalb ihres Stammes postulierten und ein familienbezogenes Erbrecht verneinten. Bis zur Revolution der schiitischen Abbasiden (747) war die Sunna die Staatsreligion des Reiches, dessen höchste Ämter und Privilegien den blutsreinen Arabern vorbehalten war. Der bekannte kurdische Söldnerführer im Dienste der türkischen Seldschuken, Saladin, wird von der Sunniten weniger wegen seiner Vertreibung der Kreuzritter aus dem Nahen Osten, als für seinen Sturz der schiitischen Macht in Ägypten erinnert. Die Sunna wurde von den türkischen Dynastien (Seldschuken, dann Osmanen) als Staatsreligion adoptiert. Dazu mag beigetragen haben, dass sie Nichtarabern eher eine Berechtigung zur Nachfolge des Propheten gewährte als die auf Blutsverwandtschaft pochende Schia und dass sie „protestierenden" Glaubensauslegungen weniger Raum ließ als die Schia. Nach der ca. tausend Jahre langen türkischen Herrschaft über die islamischen Welt sind heute 85 % der Muslime Sunniten. Auf diese tausendjährige Funktion, als dem türkischen Gewaltmonopol dienende Staatsreligion, ist der größere Konservativismus der sunnitischen Konfession zurückzuführen sowie der Umstand, dass sich dort keine kirchliche Hierarchie gebildet hat.

- **Wahabiten**,: eine Splittergruppe der Sunniten, die aus einem Aufstand gegen das Osmanische Reich zur Staatskonfession von Saudi-Arabien wurde.
- Es gibt vier sunnitische Rechtsschulen („madhab"), nämlich die Malikiten, die Hanbaliten, die Schafiiten und die Hanafiten, die zum Teil sehr konträre Rechtsauffassungen haben.

Die Schia („Anhängerschaft") Alis entstand ebenfalls aus einer politischen Faktion, welche ein (sozusagen privatwirtschaftliches) Erbrecht für die Nachfolge des Propheten verfocht, die dem jeweils engsten männlichen Nachkommen des Propheten vorbehalten sei. Sie unterlagen in einer gewalttätigen Auseinandersetzung, gingen in den Untergrund und behielten seitdem die Forma Mentis einer Oppositionspartei bei. Die **Schiiten** erhielten im 8. Jh. im Iran starken Zulauf, als sie sich dort für die Einhaltung der im Koran vorgesehenen steuerlichen Gleichstellung der nichtarabischen Konvertiten einsetzten (seitdem ist der Iran überwiegend schiitisch). Mit dieser Anhängerschaft entrissen die schiitischen Abbasiden den sunnitischen Omaijaden die Macht und verlagerten den Regierungssitz näher zum Iran nach Bagdad. Nachdem ihr Versuch der Säkularisierung des Islam (Lehre des Mutazila) gescheitert war, traten die abbasidischen Kalifen opportunistisch zur sunnitischen Glaubensrichtung der Bevölkerungsmehrheit ihres Reiches über.

- Eine radikalislamische Abspaltung der Schiiten (Ismaeliten) errang im 10. Jh. von Arabien aus auch die Macht über Ägypen (Fatimiden). Auf dem Höhepunkt der schiitischen Macht wurden im 11. Jh. Iran, Nordafrika, Ägypten, Sizilien, Syrien und Westarabien von schiitischen Eliten regiert. Mit dem Aufstieg der türkischen Macht über die islamische Welt ging dann ein Rückgang der Macht und Anhängerschaft der Schiiten einher.
- Eine Abspaltung des Ismaelismus, die Assassinen (Hasan-i Sabbah), versuchten vergeblich die Entwicklung durch gezielte Ermordung sunnitischer Machtpersonen aufzuhalten. (der Aga Khan ist ihr Oberhaupt).

Zudem gibt es Glaubensrichtungen am Rande des Islam, die von diesem nicht als islamische anerkannt werden und daher nur heimlich praktiziert werden, wie zum Beispiel:

- **Nusraier** (auch **Alawiten** genannt), sind Nachkommen der vorchristlichen und vorislamischen Bevölkerung der Grenzregion zwischenWestsyrien und Osttürkei, die vor allem in den Bergregionen der Mittelmeerküste überdauerten. Unter den Osmanen die Kaste der Landarbeiter und Hausknechte. Da sie mehrheitlich arme Bauern waren, die sich im Osmanischen Reich vom Militärdienst nicht freikaufen konnten, ist ihr Anteil in der Armee traditionell überproportional groß. Heute schätzungsweise 4 Mio. Gläubige, von denen 2,7 Mio. Syrien, wo sie in der Regierung und im Militär die Macht monopolisieren. Ihre geheim gehaltene Lehre ist ein islamisierter Neoplatonismus, der Schia näher stehend, als der Sunna (allegorische Auslegung des Islam; Glauben an Seelenwanderung und an eine Art Dreifaltigkeit).
- **Drusen**, mit ca. einer Million Gläubigen im Nahen Osten (Syrien, Libanon). Eine regionale Mischform zwischen Islam schiitisch/ismaelitischer Ausprägung und Neoplatonismus: Glauben an Seelenwanderung, Verneinung einer absoluten Offenbarung und daher Ablehnung der Figur des Propheten Mohammed.

Ähnlich wie das Judentum hat der Islam **keine zentrale Kirchenorganisation**. Die einzelnen Konfessionen sind in sich weit weniger hierarchisiert und institutionalisiert als im Christentum.

- Der Koran lehnt kirchliche Würdenträger im Stile der Rabbiner und Mönche (Priester) ab, da sie als eine Art Nebengötter, Parasiten und Ketzer zu betrachten seien (Sure 9, 31 ff).
- Mit Ausnahme der fünf Jahrhunderte des Kalifats der Abbasiden (749 bis 1258) bestand in der islamischen Welt eine **Personalunion zwischen weltlicher und religiöser Macht** (ähnlich wie heute noch in Großbritannien). Der Islam (speziell in der mystisch-asketischen Ausprägung des Sufismus) diente den türkischen und mongolischen Dynastien und Kriegerkasten, welche den Nahen und Mittleren Osten ab dem 13. Jh. beherrschten, als wichtigster Konsolidierungsfaktor ihrer Macht (B. Lewis, 1995).
- Bei den Sunniten haben die Geistlichen keine geistliche Funktion, sondern sind reine Vorbeter. Die Sunniten halten außerdem an einer wortwörtlichen Auslegung des Korans fest.
- Bei den Schiiten hat sich gegen die reine Lehre im Laufe der Jahrhunderte ein Klerus entwickelt, der sogar politischen Einfluss geltend macht. Die Schiiten haben eine metaphorische Auslegung der Korantexte entwickelt.

Da hier die Aspekte der Religionen beleuchtet werden sollen, welche kollektive Gewalttätigkeit induzieren oder dazu missbraucht wurden bzw. jene die eine gewaltmindernde zivilisatorische Wirkung haben, muss zum Islam vermerkt werden, dass er als letzte der drei abrahamitischen Religionsgründungen gegenüber den Vorgängern einige deutliche **Humanisierungsvorsprünge** aufwies:

- Der Islam war bei seiner Entstehung die egalitärste der drei Religionen.
- Sklaven waren erstmals keine reine Sache mehr, sondern Sache und Mensch zugleich, mit anerkanntem rechtlichen und moralischen Status.
- Die Frauen erhielten Besitzrechte und Versorgungsrechte im Falle einer Scheidung, die in den christlichen Ländern erst Jahrhunderte später gewährt wurden.
- Religiöse Minderheiten (Nichtmuslime) erhielten einen rechtlichen Status (allerdings mit besonderer Besteuerung), der in den christlichen Ländern erst Jahrhunderte später gewährt wurden.
- Über viele Jahrhunderte war der Islam von allen religiösen Lehren die geeignetste, um in kargen Umgebungen regionsübergreifend zusammen zu leben und zu überleben.

Insgesamt ist die islamische Welt mit den sozialen, technischen und wissenschaftlichen Neuerungen der westlichen Welt schlecht zurecht gekommen. Dazu trug wesentlich bei, dass der Koran den Anspruch stellt, sämtliche Lebensbereiche für alle Zeiten zu regeln und so beispielsweise eine Rechtsreform äußerst erschwert wird. Als Reaktion hat sie sich in eine Fortschrittsfeindlichkeit und in Reformunwillen einge-kapselt. Daraus entstanden utopische Sehnsüchte zur Rückkehr in die vergangene islamische Idealwelt, die sich seit den 1920er Jahren zu einem **islamischer Fundamentalismus**) auch „Islamismus" genannt verdichtet haben.

- Der tunesisch-französische Schriftsteller **Abdel-Wahhab Meddeb** (1946 bis 2014) sah das zentrale Problem des modernen Islamismus darin, dass er sich mit der Diskrepanz zwischen ihrer stolzen Vergangenheit und der bitteren Realität der Gegenwart nicht abfinden könne und daraus blinde Ressentiments gegen den Westen ableite (H. Abdel-Samad, 2014)
- **E. Nolte** (2009) betrachtet den Islamismus als dritte radikale Widerstandsbewegung gegen die Modernen, analog zum Faschismus und dem Bolschewismus.

Einige radikalkonservative Kreise der islamischen Welt sind nicht bereit, ihre Lebensform und Weltan-schauung aufzugeben (und greifen als „Mujahidin" („Gotteskämpfer") zu kollektiver Gewalttätigkeit, um die westliche Welt für ihre Einmischung in die islamische Welt zu bestrafen. Nach Jahrhunderten Ruhe ist der Dschihad also wieder aufgelebt.

- Der ägyptisch-deutsche Religionswissenschaftler und Publizist **Hamed Abdel-Samad** (2014) hat ein pessimistisches Bild über die Reformierbarkeit des Islam gezeichnet. Es handle sich um eine politische Religion, die über einen unan-tastbare Schrift eine absolute Wahrheit predige, einen unbegründeten universellen Machtanspruch erhebe, die Menschheit in Freunde und Feinde spalte, die eigenen Gläubigen mit Hass vergifte und sie mit einem mutierenden Virus namens Dschihad infiziert habe, der jederzeit und überall in der islamischen Welt ausbrechen könne und eine ewige Anfeindung der Anderen zum Selbstzweck habe. Dieses „faschistoide" Gedankengut sei bereits in der Urge-schichte des Islam begründet und durch Reformatoren des 20. Jh. noch verschärft worden. Der Islamismus sei ebenso wie der Faschismus eine Krankheit verspäterer Nationen, eine Widerstandsbewegung gegen die Moderne, eine Mi-schung aus Ohnmacht und Allmachtsglaube. Die islamische Welt sein von „Diktatur-Zwiebeln" beherrscht, die das Individuum durch eine Klan-Diktatur, Militärdiktatur, Religionsdiktatur und Sozialdiktatur einsperre. udn vom Rest der Welt isoliere.

D) Segen und Fluch der anthropomorphen monotheistischen Religionen

Der anthropomorphe Monotheismus ist die erste große „kopernikanistische" Revolution im menschlichen Denken. Er stellte die Existenz des einzelnen Individuums hinter eine (von Menschen geschaffenen) „das Weltbild vereinfachende Ideologie", welche hintergründig durch „Vereinfachung" ein Kollektivinteresse maximieren wollte. Das Zentrum des Werteskala wurde vom Menschen auf das Kollektiv verlagert. Eben-so wie der Ackerbau verbesserte der anthropomorphe Monotheismus mit seiner Ideologie die Versor-gungssicherheit des Menschen, entzog ihm jedoch weitere Freiräume.

Der **Hauptvorteil** der von den israelitischen Propheten entwickelten Weltanschauung eines menschen-ähnlichen einzigen Gottvaters war die **Möglichkeit, die innere Kohäsion und den inneren Frieden von Kollektiven zu steigern**. Mit der Figur eines allgegenwärtigen, allmächtigen und strengen Gottva-ters konnten strengere Regeln des Zusammenlebens im Kollektiv aufgestellt und ihre Befolgung erleich-tert werden. Das überlieferte Wort des einzigen, allmächtigen und vollkommen Gottes liefert dem Kollek-tiv eine absolute Gewissheit.

Vor allem dank der Lehre eines Jenseits und der Unsterblichkeit der Seele konnte eine Art „Genussver-zicht" der Gläubigen im Diesseits erwirkt werden, denn dafür standen im Jenseits lohnenswerte Vergü-tungen in Aussicht. Die damit bewirkte „Genügsamkeit" der Individuen erleichterte die Zurückstellung ihrer Interessen gegenüber denen der anderen Mitglieder des Kollektivs bzw. dem kollektiven Interesse.

Der **Hauptnachteil** des anthropomorphen Monotheismus ist, dass die innere Kohäsion des Kollektivs auf Kosten der **externen Intoleranz** erkauft wurde. Der „exklusive Wahrheitsbegriff" (Assmann, 2006) ist eine Quelle kollektiver Gewalttätigkeit. Der eigene, einzige, allmächtige und vollkommene Gott liefert zudem die totale Gewissensruhe zur Durchsetzung seines Willens (des Eigeninteresses des Kollektivs) mit rücksichtsloser Gewalt.[231] Keine andere religiöse Weltanschauung hat ein derartiges Maß an Intoleranz hervorgebracht. Der anthropomorphe Monotheismus führte die Intoleranz gegenüber anderen Weltan-schauungen ein und sogar interventionistischer Art. Zum Unterschied zu den asiatischen Ideologien, wel-

---

231 In überspitzter Form brachte der japanischer Regent Hideyoshi die Missbrauchbarkeit der ideologischen Intole-ranz für materielle Zwecke im Jahre 1597 zum Ausdruck, als er in einem Brief an den spanischen Gouverneur von Manila folgendermaßen formulierte: „Habe erfahren, dass Euer Reich die Verbreitung der christlichen Lehre nur als Vorwand und Täuschung benutzt, um andere Reiche zu unterwerfen."

che eine kontemplative Grundhaltung wiederspiegeln, ist der anthropomorphe Monotheismus nämlich essentiell interventionistisch, mit dem Ziel, eine religiöse Uniformität gewaltsam herzustellen.

Der Intoleranzmechanismus des anthropomorphe Monotheismus hat eine dreistufige Wirkung:

- Stufe 1: Zu sagen „es gibt nur einen wahren Gott" bedeutet, alle jene zu Gotteslästerern oder Gottlosen zu erklären, die an mehrere Götter oder an keinen Gott glauben und ihnen sogar die Existenzberechtigung abzuerkennen.
- Daraus sind z.B. folgende Gewaltakte entstanden: die Christenverfolgungen; die Reconquista; die Kriege des Heiligen Römischen Reichs gegen heidnische Germanen und Slawen; ein Teil der Kriege der islamischen Expansion.
- Stufe 2: Zu sagen „der eine wahre Gott ist menschenähnlich" bedeutet, dass man mit ihm kommunizieren und Anweisungen von ihm erhalten kann.
- Dies öffnet dem Streit über folgende Frage Tür und Tor „Wie ist das Gedankengut dieser Einzel-Gott-Person und was will sie von den Menschen?"
- Aus dem „Wahre-Offenbarung-Streit" der abrahamitischen Religionen sind u.a. folgende Gewaltakte entstanden: gegenseitige Verfolgungen zwischen Katholizismus und Arianismus, zwischen dem Katholizismus und den Sekten des Mittelalters, die Kriege zwischen Christen und Muslimen (Reconquista, Kreuzzüge); die Judenverfolgungen (bis hin zur Shoa); ein Teil der Kriege der islamischen Expansion.
- Stufe 3: Zu behaupten, „Gott ist menschenähnlich und folglich kann man von ihm Anweisungen erhalten" eröffnet den Streit über den „wahren Stellvertreters Gottes auf Erden".

Aus „Stellvertreterstreite bzw. Prophetennachfolgestreite" innerhalb der abrahamitischen Religionen sind u.a. folgende Gewaltakte entstanden: Schisma zwischen der katholischen und der orthodoxen Kirche; Reformation; in der islamischen Welt die Streite zwischen Sunniten und Schiiten.

Alle drei abrahamitischen Weltreligionen enthalten in ihrer Heilslehre Komponenten, die mit einer friedlichen Koexistenz in einer kosmopolitischen Welt nicht vereinbar sind:

- Jeweilige Beanspruchung des Monopols der einzig wahren Heilslehre
- Diskriminierung der Frauen
- Verbot der Abtreibung
- Verbot der Heirat mit einem Angehörigen anderer Religion (im Islam sogar Verbot der Freundschaft mit Andersgläubigen)
- Verbot des Übertritts zu anderer Religion
- Diskriminierung der Homosexuellen
- Keine der drei Religionen verurteilt die Sklaverei

Streng genommen **verstoßen alle drei abrahamitischen Religionen mit der UN-Menschenrechtskonvention**, indem sie folgende Menschenrechte verneinen:

- Die in Artikel 1 deklarierte Gleichheit aller Menschen (alle von ihnen diskriminieren „Ungläubige")
- Die in Artikel 2 deklarierte Gleichberechtigung von Mann und Frau (der Katholizismus und der Islam lassen Frauen nicht zu kirchlichen Ämtern zu)
- Das in Artikel 16 deklarierte Recht auf Mischehen (alle von ihnen erschweren oder verbieten Mischehen bzw. die freie Religionswahl der daraus geborenen Kinder).

10.2.3.8 Der Buddhismus und Kollektivgewalttätigkeit

In dem hinduistischen Indien verkündete der atheistische Religionsreformer **Gautama Buddha** im späten -6. Jh. seine Heilslehre, wonach jeder Mensch durch eine Leidenschaftslosigkeit die Erlösung erreichen könne.

- Nächstenliebe, Entsagung und Gewaltlosigkeit stehen im Mittelpunkt der buddhistischen Religion. Einige der Nachfolger Buddhas stellten sogar das Mitleid in den Mittelpunkt. Von Anfang an kannte der Buddhismus keine Klassen- und Rassenunterschiede. Verbot von Tieropfern.
- Buddha predigte keinen allmächtigen Gott, er verstand sich nicht als Überbringer einer Gottesbotschaft. Regionale Ausprägungen haben Ersatzgötter kreiert (Geister, Personifizierungen von Aspekten Buddhas etc.).
- Der Buddhismus glaubt nicht an eine Seelenwanderung, sondern an eine Kontinuität des Geistesprozesses, der sich wie eine Flamme von Kerze zu Kerze fortpflanzt (Anklang der „Mem"-Theorie).
- Der Buddhismus hat keinen Ausschließlichkeitsanspruch.
- Das von Anbeginn an stark betriebene Mönchstum erfüllte eine pazifizierende Wirkung, indem es dem männlichen Bevölkerungsüberschuss und der homosexuellen Minderheit eine soziale Rolle zuwies.
- Einige der späteren Ausformungen des Buddhismus haben, meist im Zuge eines Synkretismus mit regionalen Religionen, die Verehrung von göttlich-geistigen Wesenseinheiten („Bodhisattva") eingeführt, welche bei der Verwirklichung der buddhistischen Lebensideale (z.B. Weisheit, universale Liebe) beistanden. Da sie in Menschengestalt ver-

ehrt werden, ist der Buddhismus in vielen seiner Ausprägungsformen de facto ein anthropomorpher Polytheismus geworden, bei dem es allerdings unter den Göttern nur Gute und keine Rabauken gibt. Die anthropomorphe Verehrung Buddhas kam erst um die Jahrtausendwende auf.[232]

- Der Umstand, dass einer der buddhistischen Bodhisattva, nämlich „Maitreya, eine Art Messiasfigur war, die in ferner Zukunft nach vagen Vorzeichen auf die Erde kommen würde, um bei der Herstellung der „vollkommenen Erleuchtung" förderlich zu sein, wurde im Laufe der Geschichte (vor allem in China) mehrmals von Rebellenführern dazu missbraucht, um sich als solcher oder als dessen Vorbote zu deklarieren und die Massen zu Gewalttätigkeiten zu motivieren.
- Der Egalitarismus und das Mönchstum des Buddhismus ermöglichten einen gewaltlosen Proselitismus.

Der Buddhismus fand in Indien unter unterdrückten Minderheiten starken Zulauf. Die hellenistische Kriegerkaste Baktriens und Vorderindiens förderte ihn, so wie deren Nachfolger, das Kushana-Reich, das die Verbreitung über Zentralasien und Ostasien (China, Japan) und Südostasien förderte. Durch Synkretismus mit lokalen Religionselementen sind verschiedene Varianten der Lehre entstanden. Im Ursprungsland Indien wurde er allerdings ab dem 6. Jh. wieder durch den Hinduismus bzw. durch Zwangsislamisierungen derart verdrängt, dass heute nur ca. 1 % der Inder Buddhisten sind.

Die buddhistische Ideologie gehört zu den „ptolemäischsten" Weltanschauungen, zu jenen, die am meisten das menschliche Individuum in den Mittelpunkt stellt. Der Buddhismus war und ist in vielen seiner Verbreitungsländer mit Politik verflochten. Sie ist indes unter den Weltreligionen jene, die sich am wenigsten zur Motivation kollektiver Gewalttätigkeit missbrauchen hat lassen. In diesem Sinne hat der argentinische Schriftsteller Jorge Luis Borges geäußert, dass der Buddhismus die **einzige Religion sei, die niemals Kriege verursacht habe**. Dies ist zwar nicht zutreffend, aber der Aussage, der Buddhismus habe unter den Weltreligionen die wenigsten Kriege herbeigeführt, ist hoher Wahrheitsgehalt beizumessen. Unter den relativ wenigen Fällen, in denen sich der Buddhismus im Laufe der Geschichte trotz seiner pazifistischen Grundlehre in kollektive Gewalttätigkeit verwickelt hat, sind folgende:

- In Japan haben sich im Mittelalter regelrechte Mönchsstaaten gebildet, die ihre Selbständigkeit gegen die Zentralgewalt militärisch verteidigt haben.
- In Japan haben sich die buddhistischen Tempel bei der Christenverfolgung des 18. Jhs. zu einer Gesinnungspolizei missbrauchen lassen, welche über die Bevölkerung Konfessionsregister führte, die (ähnlich wie die Register der christlichen Kirchen während des Nationalsozialismus) zur Identifizierung von Andersgläubigen bereitgestellt wurden.
- In Südvietnam hat es 1966 einen gewaltsamen Buddhistenaufstand gegeben.
- Buddhistische Mönche sind an Terroranschlägen gegen hinduistische Tamilen beteiligt.

10.2.4 Philosophische Weltanschauungen und Kollektivgewalttätigkeit

DIE PHILOSOPHIE DER GEWALT DARF DIE GEWALT DER PHILOSOPHIE NIEMALS VERGESSEN.

(David Wood, 2000)

Philosophien gelten gemeinhin als rein vernunftmäßig basierte Weltanschauungen. Daraus zieht man leicht den Fehlschluss, dass Philosophien von sich aus kaum zur kollektiver Intoleranz und zu kollektiver Gewalttätigkeit aufrufen oder dafür anfällig sein könnten. Selbst Aristoteles meinte, dass niemand der Philosophie wegen einen Krieg vom Zaun brechen würde.

Dem ist jedoch nicht so. Vermeintlich vernunftmäßig abgeleitete Ideologien haben zu noch größeren Auswüchsen kollektiver Gewalt geführt als jede Religion. Das liegt daran, dass Philosophien zwar mit rein vernunftmäßig basierten Ableitungen operieren, jedoch von imaginären Postulaten ausgehen. Außerdem haben einige Philosophen unredlich argumentiert. Philosophien können dabei eine noch größere Arroganz des vermeintlichen Allwissens generieren als Religionen. Totalitäre Philosophien können abstrakte Ersatzgötter scheinbar logisch ableiten, deren Dogmen dann von ignoranten, emotional unausgeglichenen oder verbrecherischen „Propheten" zu menschenverachtenden Ausführungsbestimmungen umgesetzt werden können. Lenin, Hitler und Stalin haben ihre todbringende, totalitäre Ideologie jeweils nicht auf Religion sondern auf Philosophien begründet.

Im Zusammenhang mit kollektiver Gewalttätigkeit muss also berücksichtigt werden, dass Philosophien ebenso zur Ausbildung von gewaltträchtigen Resonanzstellen fördern können wie Religionen.

---

232 Eine kuriose Folge der Heiligenverehrung des Buddhismus (Bronzestatuen) war, dass sie im 14. Jh. in China (wo bis dahin das Umlaufgeld aus Kupfermünzen bestanden hatte) zu einer Verknappung des Kupfers führte, was die damaligen mongolischen Herrscher bewog, das Metallgeld durch Papiergeld zu ersetzen.

10.2.4.1 Philosophische Theorien des Altertums und Kollektivgewalttätigkeit

Da die Griechen von ihren Göttern „an der lockeren Leine" gelassen wurden, waren sie die ersten, die anfingen, über „Gott und die Welt" frei zu denken. Sie suchten nach logisch ableitbaren Erklärungen der Natur und der menschlichen Belange, einschließlich der Moral. Dabei entwickelten sie Begrifflichkeiten und wissenschaftliche Kenntnisse, die zu den wichtigsten intellektuellen Fundamenten der modernen Wissenschaft gehören.

In der altgriechischen Welt begründete im -6. Jh. der Sektenführer **Pythagoras** aus der Mystik des Orphismus heraus die Naturwissenschaft. Wie unter Punkt 2.1 dargelegt, basierte der Orphismus auf einer Sehnsucht der Menschen, den Zwängen des sesshaften Lebens zu entgehen und sich in der Freiheit des Jäger- und Sammlerlebens gehen zu lassen. Pythagoras erklärte sinngemäß „alles ist Zahl". Damit meinte er, dass die Natur abstrakten Formeln folgt, so wie die Musik auf harmonischen Zahlenrelationen beruht. Gott wurde durch ihn zu einem „Geometer" reduziert, wie es Platon auf den Punkt gebracht hat (Russel, 1945). Pythagoras hat also die den Religionen inhärente existenzielle Dichotomie (zwischen Diesseits und Jenseits, zwischen Mensch und Gott), die Michel Onfray (2005) eine **„ontologische Wunde"** nennt, auf die vernunftsbezogenen Gedankenwelt der Philosophie und Wissenschaft übertragen und die **ontologische Dichotomie** (zwischen Erscheinungswelt und Gedankenwelt) begründet.

Der pythagoräische Ansatz ist ein auf das Menschliche angewandter „kopernikanistischer Ansatz", der einen die Erscheinungswelt angeblich vereinfachenden Gedanken über den Menschen stellte. Er barg von Anfang an die Gefahr in sich, aus dem „Geometer" (das heißt aus einer welterklärenden Idee) einen Tyrannen zu machen, dessen Diktat sich die Menschen zu unterwerfen hätten und dessen Offenbarung ohne Rücksicht auf Menschenleben zu befolgen sei. Pythagoras hat den Stein jener intellektuellen Arroganz ins Rollen gebracht, alles mit einer verabsolutierten, angeblich vernunftbezogenen Idee erklären und bewerten zu können. Nachfolger haben dies zur Aussage fortentwickelt, dass „die Idee absolut alles und das Individuum absolut nichts" sei und andere (als erster Platon) haben sich sogar berufen gefühlt, die Zukunft voraussagen zu können, auf die sich die Menschheit hinzubewegen habe. Im allerweitesten Sinne ist Pythagoras also auch der **Urahne des „Kopernikanismus"** (im Sinne der Darlegungen des Punktes 10.2.1) **und des politischen Totalitarismus** betrachtet werden, der in der Folge mehrfach politisch missbraucht wurde und im 20. Jh. zum schrecklichsten Generator kollektiver Gewalttätigkeit geworden ist. Sein Zeitgenosse Demokrit betitelte ihn als „Vater aller Betrüger" und Heraklit als „Anführer der Schwindler", womit sie „Vater aller falschen Propheten" gemeint haben könnten.

Heraklit (-5. Jh.) hat die „ewige Veränderung" zum Grundgesetz des Universums erhoben („alles fließt .... der Konflikt ist in allen Sachen immanent, die Gerechtigkeit besteht im Konflikt und alles geschieht als Ergebnis des Konflikts"), welches Gegensätze ineinander überführt („Das Gute und das Böse sind dasselbe"). Er kann als „Vater des Relativismus" betrachtet werden. Die Nachwelt hat seinen Satz „Der Konflikt ist der Vater aller Dinge" in den Satz „Der Krieg ist der Vater aller Dinge" umgedeutet[233,] das heißt in dem Sinne, dass kollektive Gewalttätigkeit das die Gerechtigkeit herstellende Regulativ sei. Diese überzeichnete Interpretation seiner Botschaft hat über Jahrhunderte nachgehallt und dazu beigetragen, kollektive Gewalttätigkeit als eine Art Naturgesetz hinzunehmen und sie damit zu bagatellisieren.

Protagoras (-5. Jh.) war der erste „Ptolemäer" der griechischen Philosophen, indem er mit seiner Theorie **„Der Mensch ist das Maß aller Dinge"** den so genannten Pragmatismus gründete. Demnach sind Ansichten nicht „wahrer" als andere, sondern in dem Sinnen besser, dass sie dem menschlichen Individuum zweckdienlicher sind.

In dem aus der Religion und der Mystik übernommene Bemühen, hinter der veränderlichen Erfahrungswelt eine Gesetzmäßigkeit zu finden, ging **Parmenides** (-5. Jh.) in das entgegensetzte Extrem und behauptete sinngemäß, dass nichts fließe, sondern alles unveränderlich sei. Die Erscheinungswelt sei ein trügerisches Abbild des „Einen", welches unveränderlich allem immanent sei, also keiner „Diktatur der Zeit" unterliege. Demzufolge existiere auch all das, was denkbar sei (Russel, 1945). Parmenides entwickelte damit den griechischen Ansatz eines Monotheismus (der besser gesagt ein **„Mono-Ontologismus"** war) weiter und machte aus dem „Gott-Geometer" ein „Gott-Sein", ohne ihm jedoch menschenähnliche Züge zu verleihen, ohne moralische Wertungen. Auch dies war jedoch ein „kopernikanistischer" Ansatz, der etwas Übermenschliches über den Menschen stellte, weil es angeblich die Erklärung der Erscheinungswelt vereinfachte.

Platon hat die „kopernikanistischen" Ansätze des Pythagoras, Heraklit und Parmenides in folgenschwerer Weise verquickt.

---

233 Das altgriechische Wort „polemos" bedeutet sowohl „Krieg" als auch „Streit".

- Mit Pythagoras stimmte Platon darin überein, dass es außerhalb von Raum und Zeit von den Sinnen nicht wahrnehmbare „Regularien" geben, denen die wahrnehmbare Welt unterliege. Er nannte sie „Ideen" (auch „Formen" oder „Modelle"). Diese Dualität zwischen Geist und Materie, zwischen einem Begriff (z.B. „Hund") und einem materiellen Abbild dieses Begriffs, zwischen Idee und sinnlicher Wahrnehmung, zwischen geistigem und körperlichem Genuss, ist das zentrale Themenspektrum der Gedankenwelt Platons. Dabei ordnete er die materielle Seite der geistigen unter und stilisierte die ideologische Seite zum Gottersatz hoch. Er postulierte, sozusagen als Gottersatz, ein rein vernunftbestimmtes „höchstes Wesen", das den Menschen zwar moralische Richtlinien auferlege, in ihr Leben jedoch nicht eingreife.

- Von Heraklit übernahm Platon die Theorie, dass die Welt einem kosmischen Wandlungsgesetz unterliege. Von Parmenides übernahm er den pantheistischen Ansatz, dass es hinter allem etwas gebe, das bei aller Variabilität seiner Erscheinungen, unzerstörbar sei.

- Platon gehörte der oligarchischen Oberschicht Athens an (Nachkommen der Aristokratie aus „guten alten Zeiten", in denen auch Athen die „ideale" Gesellschaftsform einer Stammesorganisation gehabt hatte), deren Privilegien und Macht sich durch die Verstädterung Griechenlands und der daraus folgenden Machtübernahme der demokratischen Partei im Schwinden befand. Er leitete aus dem pythagoräischen und dem heraklitischen Ansatz eine Ideologie ab, welche eine gewaltsame Rückkehr zu den idealeren alten Verhältnissen rechtfertigen sollte. Platon erklärte demzufolge, dass der „ewige Wandel" nicht wie bei Heraklit wertneutral sei, sondern zu fortschreitendem Verfall eines reinen Ursprungszustandes führe. Die zu Urzeiten von den Ideen geschaffenen irdischen Kopien seien einer laufenden Degenerierung unterworfen (sofern man dagegen nichts unternehme). Platon maßte sich damit als erster Philosoph die Fähigkeit an, die Sinngebung der Geschichte erkannt zu haben und die Maßnahmen zu kennen, mit denen in den Lauf der Dinge einzugreifen sei. Er ist damit der Vater des „Historizismus", der „politischen Heilslehren", des „social engineering". Seinem Beispiel sind (vor allem in der Neuzeit) weitere angeblich rein vernunftbezogene Zukunftspropheten gefolgt, deren „Optimierungsideen" Millionen von Individuen das Leben gekostet hat.

- Platon hat ein politisches Konzept ausgearbeitet, mit dem man die Entwicklung der Menschheit zum Schlechteren hin abwenden und die Rückkehr zu besseren alten Zuständen bewirken könne. Er nahm dabei den spartanischen Staat zum Vorbild, der sich am wenigsten von den „guten alten Zuständen" fortbewegt hatte. (Dieser beruhte auf der institutionalisierten Terrorisierung und Ausbeutung der versklavten Vorbevölkerung durch die spartanischen Einwanderer, welche sich dadurch eine Kriegerkaste leisten konnte, deren einzige Beschäftigung in der Einübung und Ausführung kollektiver Gewalttätigkeit bestand. Zur Institutionalisierung dieses Zustands hatten sich die Spartaner eine totalitäre Verfassung zugelegt.) Platon ist der erste politische Ideologe (und utopische Sozialtechniker) gewesen, der einen totalitären Staat gepredigt hat; der in auserwählten Klassen und Rassen gedacht hat; der einen Kasten- und Sklavenstaat als die Idealform dargestellt hat, in dem sich das Individuum bedingungslos dem Staatsinteresse unterzuordnen habe; der all das zum Recht erhoben hat, was dem Staat nütze; der Rassenreinheit der Herrenklasse durch Eugenik und Kindsmord gepredigt hat; der Inquisition und Konzentrationslager vorgeschlagen hat (nach Popper, 1946).

Platon kann also als ein Ahne des „Kopernikanismus" (im Sinne der Darlegungen des Punktes 10.2.2) und des politischen Totalitarismus betrachtet werden, der in der Folge mehrfach politisch missbraucht wurde und im 20. Jh. zum schrecklichsten Generator kollektiver Gewalttätigkeit geworden ist.

Die Suche nach einer rein vernunftbezogenen alles erklärenden und beherrschenden Idee (sozusagen eines Gottersatzes) wurde in der Antike bis zum Durchsetzen der christlichen Religion fortgeführt. Bereits die Theorien der vorchristlichen Philosophen, wonach es eine alles beherrschende Entität gäbe, bargen die Gefahr in sich, dass sich „Propheten" mit der Behauptung auftaten, die wahren irdischen Ausführungsbestimmungen jener Entität in Erfahrung gebracht zu haben. Doch gegenüber dem anthropomorphen Monotheismus fehlte ihnen die „furchterregende, strafende" Komponente des „höchsten Wesens mit menschlicher Kommunikationsfähigkeit". Daher ist es zu einem gewaltvollen Missbrauch der Philosophie in der Antike noch nicht gekommen. Es hat es in der Antike keine philosophisch argumentierte kollektive Gewalttätigkeit gegeben. Zu stark waren die realistischeren und skeptischen Gegentheorien wie die des Aristoteles und zu stark war dann später der Rechtsstaatlichkeitsgedanke des Römischen Reichs.

10.2.4.2 Philosophische Theorien des Mittelalters und Kollektivgewalttätigkeit

Im Mittelalter wurde die Philosophie zum argumentativen Hilfswerkzeug der dominierenden christlichen Religion. Die Scholastiker verausgabten sich, um die irrationalen Elemente der Religion mit wissenschaftlicher Genauigkeit (das heißt rational) zu beweisen. Mehr zufälligerweise deckte sich der „**ontologische Dualismus**" des Pythagoras und Plato (zwischen scheinbarem wahrnehmbaren Sein und wirklichem transzendenten Sein) mit der dichotomen Trennung zwischen Diesseits und Jenseits des abrahamitischen Monotheismus. Die absolute Dominanz der Religion erlaubte es ihnen nicht, andere Denkkategorien als Gott über den Menschen zu stellen.

Bei der ideologischen Anstiftung und Rechtfertigung von Verbrechen kollektiver Gewalttätigkeit waren die Philosophen des Mittelalters nicht Protagonisten, sondern wenn überhaupt nur Mitläufer der alles beherrschenden Theologen und kirchlichen Würdenträger.

10.2.4.3 Philosophische Theorien der Neuzeit und Kollektivgewalttätigkeit

Erst nachdem die totalitäre Vorherrschaft der Religion gebrochen worden war (u.a. durch soziale Umwälzungen, wissenschaftlichen Fortschritt, Emanzipation des Individuums durch Reformation, Aufklärung, Horizonterweiterungen durch Entdeckungen), traten die Philosophen mit ihren vermeintlich rein vernunftbezogenen Argumentationen wieder in den ideologischen Vordergrund.

Kant entwickelte eine fortschrittliche Theorie, wonach es der Mensch selbst sei, der sich Anschauungsformen (wie Raum und Zeit) zur Erfahrung und Beschreibung der Natur zurechtlege, die er Naturgesetze nenne. Ebenso sei der Mensch der Gesetzgeber seiner Moral. Er verstand dies im Sinne eines „transzendentalen Idealismus", der von jenen missverstanden wurde, die ihn zum Begründer des „Deutschen Idealismus" ernannt haben (Popper, 1946).

Kant hat der Philosophie eine ptolemäische Wende zu geben versucht. An der Schraube „kollektive Gewalttätigkeit zum Schutze der Reinheit von ideologischen Begriffen" hat er in keinster Weise gedreht. Nichts lag ihm ferner, als zu behaupten, dass gewisse Menschen mehr Menschen seien als andere. Er lehrte, der Mensch solle Freiheit wagen und die Freiheit anderer wahren. Seine 1795 veröffentlichte Schrift „Zum ewigen Frieden" enthält eine Reihe von Ansätzen, die heute noch wegweisend sind (Zusammenfassung in Anlage 1).

Während der **Französischen Revolution** wurden die humanitären Grundsätze von „Freiheit, Gleichheit und Brüderlichkeit" von Politikern sozusagen zum Supplement der christlichen Dreifaltigkeit erhoben. Im ihrem Namen wurden Zehntausende hingerichtet, bis Napoleon dem Terrorregime ein Ende setzte und den Versuch unternahm, die neue Ideologie in gemäßigter Form in ganz Europa mit Gewalt durchzusetzen. Es wurde aber keine philosophische Ideologie zurechtgelegt, um eine „ewige Diktatur der Revolutionsprinzipien" aufzustellen, welche die Herabsetzung des Individuums unter einen totalitären Staat gerechtfertigt hätte. Im Gegenteil, mit dem von ihm betriebenen und zum Teil mit verfassten **„Code Civile"** hat **Napoleon**, neben der Blutspur die er als eminenter Gewaltmanager hinterlassen hat, einen bedeutenden Beitrag zur Festigung einer humanitären und rechtstaatlichen Gesellschaftsordnung geleistet.

Es war die politische Reaktion auf die Französischen Revolution, welche Philosophen unter Sold genommen hat, die dann (angeblich rein vernunftbezogen) eine totalitäre und menschenverachtende Gesellschaftsordnung untermauerten. Diese bauten auf dem totalitären Ansatz Platons auf und nutzen zu seiner Glaubhaftmachung die Assonanz mit dem religiösen totalitären Anspruch der christlichen Religion aus.

Nachdem sich der preußische Staat nicht nur von den napoleonischen Heeren, sondern auch vom republikanischen Gedankengut hatte befreien können und sein reaktionäres aristokratisches Regime wieder restauriert hatte, trat der deutsche Philosoph **Hegel** auf, um den preußischen Absolutismus philosophisch zu untermauern. Im Stile seiner Auftraggeber verfasste er eine Philosophie, die nicht argumentierte, sondern gedankliche Verordnungen erließ (Popper, 1946).

- Hegel lebte die Vergöttlichung des Staates, die Platon erdacht hatte, wieder auf („...Man muss daher den Staat wie ein Irdisch-Göttliches verehren ... er ist der Gang Gottes in der Welt...ist um seiner selbst willen...das wirklich sittliche Leben.."). Individuen hätten sich dem Kollektivnutzen ohne weiteres zu unterwerfen. Hegel hat die „Lebenslüge des Obrigkeitsstaates" (Gustav Radbruch) formuliert, auf die ganze (vor allem deutsche) Generationen reingefallen sind. Die Überdosis an Totalitarismus, die er dabei entwickelte, diente der Legitimierung eines autoritären, nicht mehr zeitgemäßen Staates. Hegel war der erste offizielle Philosoph des Preußentums, der Apologet des preußischen Absolutismus (Popper, 1946), der Prophet des Ersatzgottes „auserwählte Nation".

- **Hegel** stimmte mit Platon darin überein, dass die Ideen vor den veränderlichen Dingen standen; im Unterschied zu ihm behauptet er jedoch, dass sich die veränderlichen Dinge zum Besseren entwickelten, in Richtung eines Idealzustandes; dies sei aber nicht ein geradliniger Prozess, sondern ein dialektischen Kampf, bei dem nur der Erfolg zähle und ein Existenzrecht gewähre. Auf Staaten übertragen bedeute dies, dass sich jede Nation durch Kampf die Weltherrschaft erringen müsse. Zwischenstaatliche Konflikte seien nur durch Krieg lösbar. Der Staat sei ein auf sich gestelltes Individuum, das sich gegen andere Staaten und vor der Geschichte durch Gewalt behaupten müsse. („...Zustand des Krieges ... zeigt die Substanz des Staates ..."). Hegel sah nicht die Möglichkeit, dass eine überstaatliche Schlichtungsinstanz entstehen könnte („...es ist kein Prätor vorhanden, der da schlichtet..."). Der Plan der Vorsehung sei, die historische Entwicklung vom orientalische Despotismus, über die griechisch-römischen Demokratien, zur germanischen absoluten Monarchie zu vollenden.

- Mit dieser Theorie machte sich Hegel zum Vater des modernen Historizismus („Orakelphilosophie"). Darauf basierte er seine Ethik, dass alles Wirkliche (damit auch jede bestehende Ordnung) vernünftig und rechtens sei (sonst hätte es sich nicht behauptet) und dass Macht Recht sei, dass der Staat der Inhaber der objektiven Wahrheit sei. Damit ist Hegel auch der geistige Vater des modernen Totalitarismus (Popper, 1946).

Friedrich Nietzsche gab der modernen Philosophie eine ptolemäische Wende, indem er das Individuum in das Zentrum der Welt rückte. Allerdings nur den asozialen Macho-Typ von Menschen, der sich ohne Rücksicht auf andere, mit Gewalttätigkeit und mit einer unnachahmlichen Wortgewaltigkeit, das Zentrum einer Wagner-artigen Szene erobert und alles Vergangene zerschlägt. Die Scherben wurden von Ideologen des gesamten politischen Spektrum aufgegriffen und als Waffe verwendet. De facto wurde Nietzsche zu einem selbstgefälligen und verantwortungslosen Apostel der kollektiven Gewalttätigkeit und zum Propheten zivilisatorischer Rückfälle.

In Antithese zu Hegels Vergöttlichung des Staates hat **Max Weber** den Staat als „notwendiges Übel" bezeichnet, das – einem Anstaltsbetrieb gleich – die menschliche Freiheit einschränke.

- **Edmund Husserl** hat versucht, der westlichen Philosophie eine neuen ptolemäische Wende zu geben, nach der fatalen kopernikanistischen Entgleisung Hegels. Er sprach von einer Krise der europäischen Wissenschaften (1969), welche den Bezug zur Lebenswelt des Menschen verloren haben, indem sie sich auf die Voraussagbarkeit der Objektwelt konzentriert und die subjektive Welt ausgeschaltet haben. Dies habe Entdeckungen ermöglicht und Verdeckungen nach sich gezogen. Husserl war somit ein großer „Ptolemäer", der das subjektive Leben und zwar „dieses" Leben wieder in den Mittelpunkt der Betrachtung und der Bewertung bringen wollte, ohne den Wert der Objektbetrachtungen zu verneinen. Diesem die Subjekt- mit der Objektwelt integrierenden Ansatz nannte er „transzendentale Phänomenologie".[234]

- **Martin Heidegger** hat (vor allem in seinen frühen Schriften) die Tradition der „kopernikanistischen" Philosophie fortgesetzt. Er stellte das „Sein" gewissermaßen als eigenständige Entität über den Menschen. Er rechtfertigte „Gewalttätigkeit" als wesensprägende Eigenschaft des Menschen, um das „Überwältigende" (zum Beispiel die für ihn wohl schwer erträgliche „Last der Tradition") schöpferisch zu überwinden und den Sinn wieder aufzudecken, dass wir einen Ursprung haben. Die Möglichkeit eines Unheils beim Hantieren mit dieser „instituierenden Stiftungsgewalt" sei dabei eine permanente Möglichkeit, die man als „ontologische Unausweichlichkeit" in Kauf nehmen müsse. „Der Anfang ist das Unheimlichste und Gewalttätigste. Was nachkommt, ist nicht Entwicklung, sondern Verflachung als bloße Vorbereitung ...".[235] Derart versuchte Heidegger mit eigenwilliger Terminologie und Wortspielereien,[236] eine Plausibilität zu konstruieren, um auch die NS-Diktatur (und nachträglich auch die NS-Verbrechen) ontologisch zu verbrämen. Das NS-Regime betrachtete er als mangelhaft, denn das wahrhaftige stehe noch bevor.[237] Nach all den unsäglichen Massenmorden erklärte Heidegger 1949, dass die Konzentrationslager „im Wesen dasselbe" gewesen seien wie moderner, mechanisierter Ackerbau und der Holocaust das gleiche wie die Vertreibung der Deutschen aus den Ostgebieten.[238] Er erkannte zwar, dass es sich in beiden Fällen um „kopernikanistische" menschliche Eingriffe handelte, aber nicht, dass der „Kopernikanismus", auf das Menschliche angewandt, zu einem oxymoralen menschlichen Konstrukt werden kann, der der Vernichtung des Menschen dient. Trotz seiner ausgeprägten Abstraktionsintelligenz hat Heidegger niemals erkannt oder es als Problem empfunden, dass durch Verabsolutierung von erfundenen Gedankenkonstrukten wie den seinen, die Menschheit dazu verführt werden kann, das Leben zu verachten.

---

234 Tragischerweise wurde Husserl ein Opfer des NS-Regimes, einer Extremform des Kopernikanismus: Er wurde 1933 beurlaubt, erhielt 1936 ein Lehrverbot und wurde 1937 von seiner Wohnung in Freiburg i.B. auf die Straße gesetzt, ohne dass sein Schüler und Nachfolger Heidegger sich für ihn einsetzte.

235 Heidegger: Einführung in die Metaphysik.

236 Heidegger frönte auch einem sprachlichen Rassismus: Er behauptete, die Deutschen seien dank ihrer Sprache „das auserwählte Volk", um das seinsgeschichtliche Erbe der Griechen anzutreten, denn den Sprechern anderer Sprachen, wie der romanischen (vor allem der französischen), seien wesentliche Einsichten unmöglich.

237 Heidegger war von 1933 bis 1945 Mitglied der NSDAP.

238 Interview mit „Der Spiegel" vom 1.12.1949.

10.2.5 Wissenschaft, Technik und Kollektivgewalttätigkeit

10.2.5.1 Für Kollektivgewalttätigkeit angewandte Wissenschaft und Technik

Es gibt wohl keine naturwissenschaftliche Entdeckung oder technische Erfindung, die nicht auch für Gewalttätigkeiten eingesetzt worden ist.

In diesem Teilabschnitt wird nur kurz auf den Einfluss eingegangen, den die Forschungsergebnisse der Physiker, Chemiker und andere Naturwissenschaftler auf die kollektive Gewalttätigkeit gehabt haben sowie die Entwicklungen der Techniker. Ihre Rolle ist nämlich mit der von Handlangern vergleichbar, die einem gewalttätigen Kollektiv bei der Maximierung der Tötung gegnerischer Kollektive helfen. Diese Problematik gehört zum Themenkomplex „Minderung der Auswirkungen kollektiver Gewalttätigkeit".

Einige der wichtigsten Errungenschaften der Wissenschaft und Technik, die zur Maximierung der Tötungskapazität eingesetzt wurden, sind folgende:

- Erfindung der Metallgewinnung und –verarbeitung.
  In Vorderasien wurde Anfang des -3. Jt. die Herstellung der Bronzelegierung entwickelt, die Herstellung von harten Gegenständen und somit auch von Waffen ermöglichte. In Kleinasien eingedrungene indoeuropäische Invasoren (Hethiter) nutzten die Hochtemperaturtechnologie der einheimischen Töpfer, um Eisenerze zum Schmelzen zu bringen. Damit konnten sie Anfang des -2. Jt. Eisenwaffen herstellen, die robuster und billiger zugleich waren als Bronzewaffen. Zusammen mit der militärischen Verwendung des Pferdes stellte dies den technischen Vorsprung dar, mit dem sie ein Reich gründeten. Obwohl die Hethiter ihre Technik geheim hielten, ging sie im Laufe des Jahrtausends auf andere indoeuropäische Völker über (dorische Griechen, Kelten), die damit ebenfalls expandieren konnten.
- Das Griechische Feuer
  Der byzantinische Chemiker Kallinikos von Heliopolis (Baalbek, Libanon) entwickelte im 8. Jh. ein Brandgemisch, das auf Entfernung gesprüht werden konnte und durch Wasser nicht löschbar war („griechisches Feuer"). Es war eine Vorform des Napalms.
- Erfindung des Schießpulvers
  Schießpulver wurde erstmals in China eingesetzt. Von dort aus brachten es mongolische und arabische Heere nach Europa, wo es Anfang des 14. Jhs. zu ersten Einsätzen kam. Durch eine Reihe technischer Verbesserungen wurde die Transportierfähigkeit und Schussgenauigkeit (und bei Kanonen die Zerstörungskraft) der Schießpulverwaffen erhöht.
- Entwicklung von Dynamit und Ballistit
  Der schwedische Chemiker Alfred Nobel entwickelte 1867 ein Verfahren, mit dem der vom italienischen Chemiker Ascanio Sobrero entwickelte Sprengstoff Nitroglyzerin transport- und lagerfähig gemacht wurde und nannte es „Dynamit". Eine weitere Entwicklung von ihm, das „Ballistit", erhöhte durch weitgehende Rauchvermeidung die Übersichtlichkeit auf dem Schlachtfeld. Der kommerzielle Erfolg begründet sich in den großen Bergwerk- und Eisenbahnvorhaben seiner Zeit. Im Deutsch-Französischer Krieg wurde Dynamit erstmals militärisch eingesetzt. Aus schlechtem Gewissen über die von seinen Entwicklungen ermöglichte Erhöhung der menschlichen Tötungsmacht stattete Alfred Nobel eine nach ihm benannte Stiftung mit 32 Millionen Kronen aus, aus deren Zinserträge heute noch die nach ihm benannten Preise finanziert werden.
- Entwicklung künstlicher Rohstoffe für Schießpulver und Sprengstoff
  Der deutsche Chemiker Fritz Haber entwickelte die künstlichen Ammoniaksynthese, damit trotz der britischen Seeblockade (der Importe von Salpeter) der enorme Bedarf an Schießpulver und Sprengstoff, den die Grabenkämpfe des 1. Weltkriegs verschlangen, gedeckt würde. Fritz Haber erhielt dafür 1918 den Nobelpreis für Chemie, weil die Erfindung auch für die Kunstdüngerproduktion eingesetzt werden konnte.
- Entwicklung von Bombern
  Am 18. Dezember 1903 gelang den Gebrüdern Wright der erste motorangetriebene Flug. Acht Jahre später (im November 1911) kam es bereits zum ersten militärischen Einsatz von Flugzeugen, als ein italienisches Flugzeug über Taguira und Ainzara (Libyen) Bomben abwarf.
- Entwicklung von Gaswaffen
  Der deutsche Chemiker Fritz Haber schlug die Verwendung von Chlorgas vor. Mit Gaswaffen könne, nach seinen damaligen Worten, der Krieg „von einem Damenspiel in ein Schachspiel" verwandelt werden. Bei seinen Arbeiten zur Entwicklung von Gaswaffen wurde er u.a. von den Wissenschaftlern Otto Hahn (Nobelpreisträger für Chemie 1944) und Gustav Hertz unterstützt. Er überwachte persönlich den ersten Einsatz von Gaswaffen bei Ypern am 22.4.1915. Fritz Haber widmete sich in der Folge der Entwicklung von Schädlingsbekämpfungsmitteln und entwickelte dazu das „Zyklon B". Es gehört zu den tragischen Absurditäten der Geschichte, dass die NS-Verbrecher in der Folge dieses Schädlingsbekämpfungsmittel in den KZs nicht nur zur Entlausung, sondern auch zur Vergasung von Personen einsetzten, darunter mehrerer Familienangehöriger Fritz Habers.
- Entwicklung der Atombombe
  Für die wissenschaftlichen Entdeckungen, welche die Entwicklung der Atombombe ermöglicht haben, bevor sie für die friedliche Nutzung von Kernenergie angewandt wurden, sind mehrere Nobelpreise der Physik verliehen worden: Niels Bohr (1922), Werner Heisenberg (1932), Enrico Fermi (1938), Otto Stern (1943) sowie ein Nobelpreis für Chemie an Otto Hahn (1944). Für seinen Einsatz zur Beendigung von Atomwaffentests erhielt der US-amerikanische Atomphysiker Linus Pauling 1962 den Friedensnobelpreis.

- Entwicklung der Wasserstoffbombe
  Besonders tat sich der Physiker Edward Teller hervor. Er befürwortete Programme zur Aufrüstung für einen „Krieg der Sterne".

- Die Techniker und Wissenschaftler, die an diesen „technischen Waffenfortschritten" beteiligt waren, können als Handlanger für die Maximierung der Auswirkungen kollektiver Gewalttätigkeit, aber nicht als Instigatoren kollektiver Gewalttätigkeit betrachtet werden.

10.2.5.2 Wissenschaftsgläubigkeit (Scientismus) und Kollektivgewalttätigkeit

WISSENSCHAFT IST IDEOLOGISCH FÜR VERBRECHEN AN DIE MENSCHHEIT
GENAUSO MISSBRAUCHT WORDEN WIE RELIGIONEN UND PHILOSOPHIEN.

In diesem Teilabschnitt geht es um Wissenschaft, die zur Motivation und Rechtfertigung kollektiver Gewalttätigkeit missbraucht worden ist. Es handelt sich dabei um Fälle von **Wissenschaftsgläubigkeit** („**Scientismus**" oder „**Scientizismus**" genannt), die in dem Sinne überzogen sind, dass sie mit einem Fortschrittsfetischismus die Verwirklichung (realer oder vermeintlicher) wissenschaftlicher Welterschließungen über das menschliche Individuum stellen. Scientismus besteht letztlich im Willen, der Entfaltung postulierter Naturgesetze durch gewaltsame Eingriffe nachhelfen zu müssen und das Leben von Individuen dieser Entfaltung unterzuordnen. Der Scientismus ist ebenso eine kollektive Ideologie wie die politischen „Ismen" und genauso menschenverachtend. Scientismus ist ein auf menschliche Belange angewandter kopernikanistischer Ansatz, mit dem Ziel, die menschliche Gedanken- und Erfahrungswelt zu vereinfachen und die Effizienz sozialer Metaorganismen zu maximieren und zwar ohne Rücksicht auf menschliche Verluste.[239]

Die von Husserl (1969) so klar herausgestellte Loslösung der Wissenschaft vom Menschenbezug und die „Mathematisierung der Natur" ist an sich nicht gewalttätigkeitsfördernd gewesen, abgesehen von ihrer Instrumentalisierung zur Erhöhung des Gewalttätigkeitspotentials. Fatale Auswirkungen hatte und hat die Anwendung des „kopernikanistischen" Ansatzes der Wissenschaft („nur was die Erklärung und Effizienz der Einwirkung auf die Erfahrungswelt vereinfacht, darf sein") auf die Belange des zwischenmenschlichen Lebens.

A. Evolutionstheorien

Als Urgroßvater der Evolutionstheorien gilt der französische Biologe Jean-Baptiste de **Lamarck** (1744 bis 1829). Er erkannte, dass man die Lebewesen nicht nach dem äußeren Erscheinungsbild, sondern nach deren Organfunktionen klassifizieren müsse. Außerdem stellte er die Theorie auf, dass die Umwelt Eigenschaften der Gattungen hervorrufe und dass dazu erworbene Eigenschaften vererbt werden. In derselben Form würde der entfallende Gebrauch von Fähigkeiten zu deren vererbten Verkümmerung führen.

Der englische Biologe Charles **Darwin** (1809 bis 1882) verfocht die Idee eines mehr zufallsgesteuerten Selektionsprozess: Die Individuen und Arten, welche bestimmte Eigenschaften haben, überleben in größerer Anzahl und pflanzen sich entsprechend mehr fort. Bereits Darwin stellte fest, dass einige kulturelle Errungenschaften dem Gesetz des Aussterbens des Schwächeren und der „natürlichen Selektion" entgegenwirkten (indem sie nicht nur dem „Tüchtigsten" das Überleben ermöglichtem) und damit zu einer Verschlechterung der Erbsubstanz der Menschheit führten.

Darwins Theorie wurde in der Folge zu Schlussfolgerungen uminterpretiert, die nicht von ihm stammen:

- Dass sie Natur eine Kampfarena sei, in der es nach den Gesetzen des Dschungels nur einen gnadenlosen Kampf ums Überleben gebe.[240] Dies wurde in zweifacher Weise zur Legitimierung von Gewalttätigkeit ausgelegt:
- Dass es eine den Gesetzen der Evolution entsprechend eine Zweiklasseneinteilung der Menschheit gebe, in eine Kategorie von „Tüchtigen weil Stärkeren" und von „Untüchtigen weil Unterlegenen"
- Dass die vom „Tüchtigen weil Stärkeren" eingesetzte Gewalttätigkeit den Evolutionsgesetzen entspreche.

Darwin hat einen Stein ins Rollen gebracht, dem im 20. Jahrhundert Millionen von Menschen zum Opfer gefallen sind. Er machte ungewollt die Menschheitsgeschichte zu einer Art sportlichen Wettbewerb, bei dem es darum ging, unter den „Tüchtigsten" zu sein, das heißt unter den „Überlebenden". In diesem gnadenlosen Wettbewerb galt bald nur noch das Recht des Stärkeren und es ging bald gewissermaßen nur noch um Platzierungen und nicht mehr um Menschlichkeit. Es waren Nachfolger Darwins, die den

---

239 Paxton (2004) hat darauf hingewiesen, dass der Drang, die Gesellschaft „zu säubern", im protestantischen Nordeuropa sehr viel stärker wurde als im katholischen Süden des Kontinents, wobei sich selbst liberale Staaten wie die USA und Schweden mitreißen ließen. In Italien sei der Begriff „razza" mehr kulturhistorisch interpretiert worden.

240 Herbert Spencer versuchte dem entgegenzuwirken indem er postulierte, dass „Freundschaft" genau so viel zur Evolution beitrage wie „Feindschaft". Er fand aber bis in die Gegenwart kaum Gehör.

„Handlungsbedarf" immer mehr radikalisierten, um die Welt zu einer „schwächlingefreien Zone" zu machen.

B. Genetischer Rassismus

Alle Formen von Rassismus sind ein unzivilisierter Umgang mit der Andersartigkeit.

(Unbekannter Autor)

Rassismus im Sinne der Missachtung und Misshandlung von Personen aufgrund ihrer biologischen Abstammung hat es in der Antike und im Mittelalter kaum gegeben; die Missachtung und Misshandlung Andersartiger wurde im Allgemeinen religiös motiviert.[241]

Das Wort „Rasse" stammt vermutlich (über das Spanische, Französische und Italienische) vom arabischen „haraz" („Gestüt") ab. Ursprünglich bezeichnete man damit nur Tierrassen. Erst im 19. Jahrhundert setzte sich der Begriff „Menschenrasse" in der Umgangssprache durch.

Unter **Rassismus** versteht man die Kategorisierung der Menschheit nach realen oder vermeintlichen genetischen oder kulturellen Merkmalen, bei der die eigene „Rasse" als überlegen und alle anderen mehr oder weniger minderwertig definiert werden und eine Koexistenz oder Vermischung ausgeschlossen wird. Man unterscheidet also zwischen „genetischem" („biologischem") Rassismus und „kulturellem" Rassismus.

Mit der Entdeckung Amerikas und der Eröffnung des Seewegs nach Afrika und Asien war in Europa ein stärkeres Interesse an der Typisierung von Menschen nach deren Hautfarbe entstanden. Francois **Bernier** (1620 bis 1688) übertrug den Rassebegriff als erster auf Menschen. Johann Friedrich von **Blumenbach** veröffentlichte um 1775 eine Hierarchisierung der Menschenrassen nach ästhetischen Gesichtspunkten, wobei er die europäische Rasse an die erste Stelle setzte. In den europäischen Überseekolonien wurde die Kategorisierung der Menschheit nach Rassen als willkommene Rechtfertigung der Ausbeutung der Sklaven und des kolonialen Regimes aufgenommen. Es entstand der Rassismus.

Edward **Long** wurde mit seiner 1774 veröffentlichten „History of Jamaica" mit seiner Theorie einer uneinheitlichen Schöpfung des Menschen zum ersten Ideologen des Rassismus. Der französische Diplomat und Schriftsteller Arthur de **Gobineau** (1816 bis 1882) wurde zum Vorreiter der modernen Rassentrennungspolitik, indem er mit seinem vierbändigen Werk „Essai sur l'inegalité des races humaines" (Die Ungleichheit der Menschenrassen) die Überlegenheit der „arischen Rasse" postulierte und vor einer Degeneration durch Rassenmischung warnte, so wie sie durch die großen Reichsbildungen der Vergangenheit verursacht worden sei.

Bereits der zentrale Begriff des genetischen Rassismus, die **Rasse, ist ein wissenschaftlich nicht definierbarer Begriff**. Beim Menschen gibt es nämlich genetisch gesehen keine Rassen wie bei den Hunden. Alle „Rassen" sind Kollektive, die aus einem bunten Völkergemisch verschiedenen Ursprungs entstanden sind (in Italien z.B. Nachfahren von vor-indoeuropäischen Cro-Magnon, Italikern, Etruskern, Griechen, Kelten, Germanen, in Deutschland z.B. Nachfahren von vor-indoeuropäischen Cro-magnon, Rätern, Norikern, Kelten, Germanen, Slawen etc.).

Die vermeintliche **Überlegenheit einer Rasse** gegenüber anderen ist kaum definierbar, da man inkommensurable Aspekte (physische, rationale, künstlerische) statistisch gegeneinander aufwiegen müsste.

Genetischer Rassismus rechtfertigt sich selbst mit verschiedenen perfiden Argumenten:

- Die angebliche Notwendigkeit, dem entgegen wirken zu müssen, dass sich rassisch Minderwertige stärker vermehren als rassisch Höherwertige (pessimistisches Weltbild).
- Die angebliche Unabwendbarkeit des Gangs der Geschichte in Richtung auf die Behauptung der „rassisch Mehrwertigen", dem das Recht des Stärkeren zustehe (optimistisches Weltbild)
- Das Angeborensein rassistischen Verhaltens, das somit sozusagen ein Naturgesetz sei.

Rassismus ist eine eminent kopernikanistische Geisteshaltung: Große Vereinfachungen des Weltverständnisses werden über das Leben all jener Individuen gestellt, die aus dem Rahmen der Vereinfachung fallen.

---

241 Eine der wenigen Ausnahmen waren die antisemitischen Gesetze des Westgotenreichs im 7. Jh., welche auch zum Christentum konvertierte Juden diskriminierten.

C. Eugenik

GLAUBT DER MENSCH, DASS ER BESSER SEI ALS ANDERE,
SO IST ER ZU DEN GRÄULICHSTEN TATEN ZU BEWEGEN.

(Andrzej Szcypiorski, 1999)

Gegen Ende des 18. Jhs. entwickelte der englische Statistiker Francis J. Galton (1822 bis 1911) eine von ihm „Eugenics" genannte Theorie. Er ging dabei davon aus, dass die von seinem Vetter Charles Darwin postulierte „natürliche" Auslese nicht ausreiche, um eine Überwucherung der überlegenen Rasse durch minderwertiger zu verhindern und dass Gegenmaßnahmen notwendig seien, für die er den Begriff „Eugenics" prägte. Vorerst beschränkte sich die Betrachtung auf eine staatlich gelenkte Heiratspolitik („positive Eugenik"). Im Jahre 1913 wurde eine „Eugenics Research Association" gegründet, die sich für die Durchsetzung von Zwangssterilisation einsetzte.

Der US-amerikanische Zoologe Charles Benedict **Davenport** (1866 bis 1944) von der Universität Harvard schlug auf der Basis seiner „Forschungsergebnisse", die auf eine Vererbung auch asozialen Verhaltens hinwiesen, stärkere eugenische Eingriffe vor („negative Eugenik"): Rassentrennung, Zwangssterilisation und notfalls auch Euthanasie des unerwünschten Teils der US-amerikanischen Bevölkerung. Diese Vorschläge fanden bei der angelsächsische Elite der USA großen Anhang. Das Fach „Eugenik" wurde in die Studienpläne der Universitäten Harvard, Yale und Princeton aufgenommen. Es flossen Stiftungsgelder für eugenische Forschung, so vom Eisenbahnmillionär Edward H. Harriman, von der Carnegie Institution und der Rockefeller Foundation (diese finanzierte bis 1939 sogar Forschungsprogramme des Kaiser-Wilhelm-Instituts für Anthropologie in Berlin). Die „Reinheit der nordischen Rassen" war auch in den USA ein Propagandawort. Die Zeitschrift „Eugenical News" lobte noch während des Krieges die Judenverfolgung des NS-Regimes. Zu den Befürwortern der Eugenik gehörte auch der spätere US-Präsident Woodrow Wilson. Die Hälfte der Bundesstaaten erließ in den späten Zwanziger Jahren Gesetze zur Durchsetzung eugenischer Maßnahmen. Zehntausende von Kriminellen oder als minderwertig Eingestuften wurden bis in die Vierziger Jahre zwangssterilisiert und Zehntausende wurden interniert.

Zu den Verfechtern der Zwangssterilisation gehörte paradoxerweise auch die Schwedin Alva Myrdal; sie erhielt 1982 für ihre Verdienste für die Abrüstung trotzdem den Friedensnobelpreis.

In Deutschland schrieb im Jahre 1900 der Industriemagnat Friedrich Alfred Krupp ein Preisausschreiben zum Thema „Was lernen wir aus den Prinzipien der Deszendenztheorie in Beziehung auf die innenpolitische Entwicklung und Gesetzgebung des Staates?" aus. Preisgekrönt wurde die 1903 veröffentlichte Schrift „Vererbung und Auslese im Lebenslauf der Völker" des deutschen Arztes Wilhelm **Schallmayer,** die in der Folge zum Meisterwerk der deutschen Rassenhygiene deklariert wurde. Schallmayer erklärte, dass die an sich segensreiche Medizin der natürlichen Auslese (der „menschliche Zuchtwahl") entgegenwirke, indem sie der Auslesefunktion der Krankheit entgegenwirke und zu einer „Entartung der Kulturmenschheit" führe. Bei den von ihm vorgeschlagenen Gegenmaßnahmen beschränkte er sich auf das Eheverbot erbkranker Menschen, lehnte aber Euthanasiemaßnahmen ab. Sein Rassismus galt der Verbesserung des Erbguts, weniger der Verhinderung einer Rassenmischung. Trotz seiner relativ gemäßigten Position, hat er eine Gedankenlawine losgetreten, die ihn zum „Urgroßvater der deutschen Rassentheorie (Popper, 1946)" gemacht hat. So wie Schallmayer standen weitere wichtige Vorreiter des Rassismus in Deutschland dem Sozialismus nahe, so Alfred Ploetz, der eine Radikalisierung einbrachte (Tötung von unerlaubt gezeugten, schwächlichen oder missgebildeten Neugeborenen), vorübergehend eine „Verbesserung der Rasse durch Vermischung mit den Juden" vorschlug und nach der Machtergreifung Hitlers sich dem Nationalsozialismus anschloss. Auch der dritte Nestor des „deutschen Rassenhygiene" Alfred **Grotjahn** war ein Sozialist. Ein Mitstreiter Hitlers, der Verleger Julius Lehmann, gab deutsche Übersetzungen US-amerikanischer Eugenik-Schriften heraus sowie im Jahre 1921 ein Werk von Erwin Bauer, Eugen Fischer und Fritz Lenz „Menschliche Erblichkeitslehre und Rassenhygiene", das er Adolf Hitler im Jahre 1924 in die Haftanstalt schickte, wo jener sich bei der Redaktion des „Mein Kampf" stark daran anlehnte (Mueller-Hill, 1984).

Die ungeheuren Verbrechen gegen die Menschheit, welche der Nationalsozialismus durch das Umsetzen der eugenischen Lehre verübt hat, haben die Eugenik-Bewegung auch im angelsächsischen Sprachraum zum Schweigen gebracht. Unterschwellig besteht in den USA eugenisches Gedankengut fort, gespeist von der Besorgnis über die Feststellung, dass „Personen mit geringerer Intelligenz und größerer Asozialität" sich stärker fortpflanzten („Bell-Curve-Polemik").

Die moderne „Humangenetik" befasst sich primär mit Erbkrankheiten und Vaterschaftstests.

Einen sehr guten Überblick zum Thema Eugenik bietet Edwin Black (2003).

D. Sozialdarwinismus

*Der Sozialdarwinismus setzt vermeintliche Gesetze der Natur
über die tradierten Gesetze der Menschen.*

Vor allem im angelsächsischen Raum wurde der biologische Evolutionsgedanke Darwins bald auch auf Gesellschaftsstrukturen angewandt. Es gebe Gesellschaftsstrukturen, die überlegen und erfolgreicher seien als andere und daher das Primat verdienten, während die anderen „nicht überlebenswürdig" seien. Diese Sozialdarwinismus genannte Theorie wurde zur Rechtfertigung der Ausbeutung sozialer Klassen (Kapitalismus) und Ethnien (Kolonialismus, Rassismus) verwendet.

Der deutsche Zoologe Ernst **Haeckel** (1834 bis 1919) zog aus seinen Forschungsergebnissen der Meeresbiologie philosophische Schlussfolgerungen. Dabei verfocht er in seinem 1868 erschienen Werk „Natürliche Schöpfungsgeschichte" die These, dass sich alle Vorgänge und Phänomene der Welt auf ein einziges Grundprinzip zurückführen ließen. Wie Darwin zog auch Haeckel noch keine programmatischen Gegenmaßnahmen aus der Erkenntnis, dass die Kultur die degenerativen Tendenzen der menschlichen Gesellschaften fördere. Dadurch, dass er diese sozialen Thesen mit der jenen der Eugenik vermengte, wurde er zu einem Wegbereiter der deutschen Rassenhygiene, zumal er ein großer Chauvinist war („Ein einziger feingebildeter deutscher Krieger ... hat einen höheren intellektuellen und moralischen Lebenswert als Hunderte von rohen Naturmenschen, welche England, Frankreich, Russland und Italien ihnen gegenüberstellen"). Wegen seines Freidenkertums und Materialismus wurde Haeckel sowohl von der deutschen Rechten als auch von der Linken gefeiert.

Vom Postulat, dass manche menschliche Kollektive anderen überlegen seien ist es zum Postulat, dass es ein naturgegebenes „Recht des Stärkeren" gebe, ist es ein kurzer Schritt, den der Sozialdarwinismus vollzogen hat. Damit rechtfertigte er auch Gewalttätigkeiten des Stärkeren gegen den Schwächeren (Gewalt als durch Naturgesetze legitimiertes Mittel). Diese Entwicklung folgt der inneren Logik des „Kopernikanismus", die der Vereinfachung der Erklärungs- und Erlebniswelt vergöttert und dem alle sonstigen Werte geopfert werden, vor allem, wenn aus der „Säuberung" ein Vorteil für das eigene Kollektiv entsteht.

Die nationalsozialistische Ideologie stellt eine Extremform des Sozialdarwinismus dar.

Wolfgang Benz (2006) weist mit seinen Fallbeispielen auf den Zusammenhang hin, der zwischen erzwungenen „Modernisierungen" politischer, sozialer oder ökonomischer Verhältnisse und dem Genozid besteht, was auch dadurch belegt sei, dass viele Völkermorde geplant und kaltblütig ausgeführt worden sind.

E. Kultureller Rassismus

Kultureller Rassismus liegt vor, wenn bestimmte kulturelle Lebensgewohnheiten als negativ abweichend dargestellt werden. Dabei wird angelerntes Verhalten als unveränderbar unterstellt und eine Vermischung oder Koexistenz ausgeschlossen.

Die in UNESCO-Deklarationen verwendete Definition von **„Rassismus"** (Hierarchisieren von Menschen nach unabänderlichen physischen und kulturellen Merkmalen und als den Ausschluss eines Zusammenleben jener Kategorien) hat auch den kulturellen Rassismus klar im Visier, dessen Bedeutung als Ausgrenzungs- und Diskriminierungsideologie zugenommen hat.

Im Grunde genommen stellt der Exklusivitätsanspruch und die Intoleranz der drei monotheistischen anthropomorphen Religionen eine Form von **kulturellen Rassismus** dar.

F. Technologischer Scientismus

Andrew Bacevich (2005) hat die These aufgestellt, dass eine wichtige Komponente des neuen US-Militarismus ein Scientismus sei, indem man glaube, mit Wissenschaft und Technik präzise „klinische" Eingriffe im Feindesland vornehmen zu können, um feindliche Kollektive in freundliche zu verwandeln und zwar fast ohne (eigene) Verluste, ferngesteuert. Ein Krieg werde dadurch zum Spektakel eines gleichsam hochtechnologischen chirurgischen Eingriffs. Ein darüber hinaus gefährlicher Aspekt ist dabei, dass aus dem Stolz über die eigenen militärtechnologischen Errungenschaften ein ideologischer und politischer Hegemonieanspruch abgeleitet wird.

10.2.6 Politische Weltanschauungen und Kollektivgewalttätigkeit

Politische Weltanschauungen stellen ein kollektives Gedankengut dar, wie das Attribut „politisch" bereits sagt. In diesem Abschnitt werden die politischen Weltanschauungen bezüglich ihrer Beiträge zum friedlichen Zusammenleben bzw. ihrer Gewalttätigkeit besprochen.

10.2.6.1 Der Merkantilismus

Unter Merkantilismus versteht man eine wirtschaftspolitische Denkrichtung, die die Entstehung der Nationalstaaten in der Neuzeit vom 16. bis zum 18. Jh. begleitet hat. Sie war eine eminent „kopernikanistische" Theorie, der es um die Maximierung des Reichtums des eigenen territorial-hegemonischen Kollektivs ging, ohne Rücksicht auf die anderen Kollektive oder die eigenen Individuen. Speziell versteiften sich die Merkantilisten auf die Maximierung der Goldvorräte, durch möglichst viele Exporte und möglichst wenig Importe. Das Welthandelsvolumen wurde dabei als eine Konstante angesehen, sodass man das eigene Exportvolumen nur dadurch steigern könne, dass man es anderen Exportländern wegnehme. Protektionistische Maßnahmen (auch gewalttätige) waren das Hauptwerkzeug merkantilistischer Politik.

Der Merkantilismus war eine Vorform von Wissenschaftsgläubigkeit. Viele Kriege des 17. und 18. Jh. wurden merkantilistisch inspiriert. Am krassesten kam dies in den englisch-niederländischen Seekriegen zutage, in denen England den Niederlanden jene Handelsfreiheit verwehrte, die sie (ebenfalls mit Kriegen) von den Spaniern einklagte. Auch die europäische Eroberung und Ausbeutung der Kolonien wurde mit merkantilistisch argumentierten Selbstverständlichkeiten motiviert und gerechtfertigt.

10.2.6.2 Der Illuminismus (Aufklärung)

Der Illuminismus war eine im 18. Jh. aufgekommene Geistesströmung, welche auf der Renaissance aufbauend, Glauben durch Verständnis ersetzen wollte. Damit war sie mehr als eine politische Theorie. Die Illuministen (Aufklärer), darunter Kant, Herder, Lessing, Locke, Hume, Voltaire, Rousseau, Montesquieu, Beccaria setzten sich intensiv mit dem Verhältnis zwischen Individuum und Gesellschaft auseinander sowie mit der Frage nach der optimalen Organisation der Gesellschaft.

Nach David Wood (Dabag u.a., 2000) hat die Aufklärung durch ihre „hysterischen" Ressentiments gegenüber der Vergangenheit dem totalitären Staat den Weg geebnet. Demnach hat sie trotz ihres ptolemäischen Ansatzes auch kopernikanistische Auswirkungen gehabt.

10.2.6.3 Der Liberalismus

DER ECHTE SCHUTZ DER INDIVIDUEN
BESTEHT NICHT SOSEHR IN DER SOUVERÄNITÄT DES VOLKES ALS IN DEREN BESCHRÄNKUNG.

(Guido de Ruggiero, 1924)

Unter Liberalismus versteht man eine Geistesströmung, die als Gegenreaktion auf die wachsende allseitige Eingrenzung der individuellen und kollektiven Freiheiten durch die immer mehr einnehmende Staatsgewalt im 18. Jh. in Europa aufkam.[242] In der Antike und im Mittelalter hatte es stets Freiräume für Individuen gegeben, wenn auch nur für privilegierte Klassen.[243] Der moderne Staat drohte nun selbst die Privilegierten auf ein „**nacktes Leben**" (Giorgio Agamben) in mehr oder minder edlen Käfigen zu reduzieren. Die Gestalter und Wortführer des liberalen Gedankens hatten zum Teil nur die Interessen ihrer eigenen Sozialschicht im Sinne, zum Teil verfochten sie aber einen gesamtgesellschaftlichen Liberalismus. Allen gemeinsam war der „ptolemäische" Ansatz, die Freiheit des Menschen vor den Übergriffen seiner Soziokonstrukte, der Gesellschaft und des Staates, zu schützen.

In Großbritannien setzten sich mehrere Autoren (v.a. Jeremy Bentham und James Mill) für die Freiheiten des Unternehmertums ein sowie für die freie Entfaltung der Gesetze des Marktes, trotz aller bedauerlichen Nebenwirkungen; Daraus entwuchs die „Radikalismus" genannte Bewegung, der die „Ökonomisten" Malthus und Ricardo nahe standen.

Vom rein institutionellen und ökonomischen (das heißt politischen) Diskurs des 18. Jh. fokussierte man sich im 19. Jh. auf die Kernfrage der Beziehung zwischen Individuum und Gesellschaft (das heißt auf den

---

242 Das Standardwerk über die Geschichte des liberalen Gedankens hat Guido de Ruggiero verfasst (1925). Viele der hier dargelegten Gedanken fußen darauf.

243 In diesem Sinne ist der Satz von Montesquieu zu verstehen „In Frankreich ist die Freiheit alt, der Despotismus neu".

sozialen Diskurs). Dabei behandelten britische Autoren vorzugsweise die „**Freiheit im Plural**" (spezifische errungene Freiheiten einzelner Sozialschichten) und die französischen die „**Freiheit im Singular**" (die dem Menschen als solchen zustehende Freiheit, unabhängig von seiner sozialen Zugehörigkeit). Der europäische Freiheitsbegriff ist aus der Dialektik und Konvergenz dieser zwei Ansätze entstanden (De Ruggiero, 1925). Dabei blieb das britische Konzept tonangebend mit seiner Grundauffassung, dass man nicht frei geboren wird, sondern erst durch das soziale Leben (von Familie bis Staat) befreit wird.

- John **Stuart Mill** stellte in seinen Mitte des 19. Jh. veröffentlichten Werken die nach unten nivellierende Wirkung der Demokratie fest, die auf eine Art sozialer Sklaverei hinauslaufe; einen unberührbaren Ich-Bereich könne man nur durch moralische Freiheit retten.
- Thomas **Hill Green** brachte in der 2. Hälfte des 19. Jh. in die britische Debatte eine Fortentwicklung des Begriffs der Freiheit ein, indem postulierte, dass Freiheit nicht nur aus der Abwesenheit von Zwang bestehe, sondern auf sozialen Bezügen beruhe, die es dem Individuum ermöglichten, sich zu entfalten; die Hegelsche These, dass sich Freiheit nur im Staate verwirkliche, sei nur dann zutreffend, wenn damit die Freiheit des Individuums gemeint sei.
- Francis Charles **Montague** bestritt in seinem 1885 veröffentlichten Buch „The limits of individual liberty", dass das Darwinsche Prinzip auch auf das soziale Leben anwendbar sei, denn je unbedarfter ein Individuum, desto weniger Antrieb habe es zur Verbesserung seiner Lebensbedingungen; die Gesellschaft müsse mit einer sanften Mischung von Zwang und Freiheit nachhelfen.
- Der bedeutendste französische Liberale des 19. Jh. war wohl **Alexis de Tocqueville** (1835), der sich intensiv mit der Frage auseinander setzte, wie man das demokratische Modell vor seinen zwei drohenden Extremen retten könne, die beide zu Unfreiheit führen. Der Tyrannei der Industriemagnaten über eine zu Handlangern für Produktionseinzelschritte atrophierte Arbeiterschaft und der Nivellierung nach unten durch die Arbeitermassen, welche dank ihrer Überzahl letztendlich die Oberhand gewinnen würden. Als Gegenmaßnahme plädierte er für eine Stärkung der Zivilgesellschaft, wie man heute sagen würde, ein Vorgang, der in der amerikanischen Demokratie bereits fortgeschritten sei. In diesem Sinne sei nicht sosehr der Mechanismus der Gesetze maßgeblich, sondern der Geist mit dem sie angewandt werden.
- Leroy **Beaulieu** warnte 1890 eindringlich davor, dass eine Demokratie ohne Freiheitsräume zu den ignorantesten und brutalsten Formen des Despotismus führen kann, denn die Welt je erlebt hat: die Tyrannis der Massen oder die des Staates.
- Isaiah **Berlin** hat klar herausgearbeitet, dass sich der Liberalismus bis Stuart Mill auf die „negative Freiheit" (Freiheit von) konzentriert und die „positive Freiheit" (Freiheit zu) vernachlässigt habe.[244]

10.2.6.4 Konservativismus

Der Konservativismus war die Ideologie der etablierten sozialen Oberschicht, vor allem der von Besitz und Verwaltung Lebenden. Anfänglich verfochten sie eine dem Liberalismus nahestehende Stellung. Der Staat solle im Wesentlichen die Funktion eines „Nachtwächters" ausüben, der dafür sorgt, dass keine Delikte gegen das Eigentum und gegen die öffentliche Ordnung stattfinden. Mit zunehmendem Selbstbewusstsein der Individuen wurde die Angst vor sozialer Integration zu ihrem Hauptthema. Ein prominenter Konservativer, Thomas Carlyle, verfocht die These, dass ein militarisierter Wohlfahrtsstaat die beste Regierungsform sei, um die Besitzstände zu sichern. Die Nationalsozialisten betrachteten ihn in der Folge als einen Vorreiter ihrer Ideologie. Als Vater des Konservatitivismus gilt Edmund Burke (siehe 3.1.2.2)

10.2.6.5 Sozialismus

Freiheit und Leben kann man uns nehmen, die Ehre nicht.

(SPD-Chef Otto Wels, am 23.03.1933)

Der Sozialismus ist die demokratische Ausrichtung des Marxismus und damit eine Variante des demokratischen Gesellschaftsmodells. Er hat die Verbesserung der Lebensbedingungen, vor allem der ökonomischen, der unprivilegierten Bevölkerungsschichten zum Ziel. Dies soll jedoch ohne Gewalttätigkeit, mit rein demokratischen Mitteln erreicht werden. Dadurch unterscheidet er sich grundlegend vom Marxismus (Kommunismus), der einen gewalttätigen Klassenkampf propagiert.

Da der Begriff „Sozialismus" gelegentlich auch als Synonym von „Marxismus" angewandt wird und dabei den Marxismus -Kommunismus mit einschließt, hat sich für die in diesem Punkt behandelte gewalttätigkeitslose Form der Begriff „Sozialdemokratie"eingebürgert.

- Ein mustergültiges Fallbeispiel des Bekenntnisses des sozialistischer Ideologie zur Rechtstaatlichkeit und Gewaltlosigkeit hat die deutsche Sozialdemokratie geliefert, als sie am 23.03.1933 mit ihren 93 Stimmen als einzige Partei gegen das das Ermächtigungsgesetz stimmten, welches Adolf Hitler zunächst für vier Jahre die uneingeschränkte Macht verlieh. Die Kommunistische Partei Deutschlands hätte mit ihren 81 gewählten Abgeordneten, die wegen Ge-

---

244 Berlin, I. (1969): Four Essays on Liberty. Oxford University Press,.

fangennahme oder Flucht davor nicht anwesend sein konnten, zwar auch dagegen gestimmt, aber sie war durch ihre Gewaltpredigten und –taten für die entstandene Situation mit verantwortlich gewesen. Die anderen bürgerlichen Parteien (darunter die Deutsche Staatspartei mit ihrem Abgeordneten Theodor Heuss) hatten mit ihrer Ja-Stimme letztlich dafür gewählt, dass potentielle Gewalttätigkeit durch noch größere aktuelle Gewalttätigkeit zu bekämpfen sei.[245]

Der Sozialismus hat eine eminent friedensstiftende Wirkung: Er setzt sich für den Abbau explosiver sozio-ökonomischer Gefälle und Spannungen ein und zudem mit friedlichen Mitteln.

10.2.6.6 Nationalismus und Kollektivgewalttätigkeit

NATIONALISMUS IST JA NICHTS ANDERES
ALS JENE VERKEHRUNG DER WELTORDNUNG, DIE DARIN BESTEHT,
DIE NATION ALLEN HIMMLISCHEN UND IRDISCHEN DINGEN ÜBERZUORDNEN.

(Ernst Robert Curtius, 1924)

A) Zu den Begriffen „Nation", „Nationalismus", „Nationalstaat", „Nationalitätenstaat"

Das Wort „**Nation**" (vom lateinischen „natio" = Geburt, Abstammung) war schon bei den Römern in Gebrauch, die auch eine Göttin „Natio" (Geburtsgöttin) verehrten. Dies war aber mehr ein umgangssprachlich gebrauchter Begriff im Sinne von „Abstammung". Im politischen Diskurs wird der Begriff „Nation" erst seit etwa zwei Jahrhunderten verwendet und zwar für „das" territorial-hegemonische Kollektiv der Neuzeit. Er begleitete die Entstehung von möglichst großen und homogenen Staatsgebilden, unter Abbau der nunmehr wirtschaftlich untragbaren Kleinstaaterei. Da die zu integrierenden Wirtschaftsräume dabei die homogenen ethnischen, geschichtlichen, kulturellen und sprachlichen Grenzen vielfach überschritten, mussten entsprechende Gemeinsamkeitsgefühle vielfach „erfunden" werden, um eine ideologische Rechtfertigung für diese neuen geo-ethnischen Konstrukte, sowie ein Identifikationsgefühl der davon erfassten Bevölkerung zu schaffen.[246] Ideologen wie Johann Gottlieb Fichte haben über die zweckdienliche Künstlichkeit des Konstrukts „Nation" hinweggesehen und die Nation als eine von Gott geschaffene, seit jeher und in alle Ewigkeit bestehende ontologische Einheit verbrämt, ja sogar einen Ersatzgott daraus gemacht.

Heute ist das Wort mit zwei nicht deckungsgleichen Bedeutungen in Gebrauch:

- **Nation (1):** „große, meist geschlossen siedelnde Gemeinschaft von Menschen mit gleicher Abstammung, Geschichte, Sprache, Kultur, die ein politisches Staatswesen bilden".[247] Dies ist eine idealisierende und ungenaue Definition. Jede Nation hat ihre eigene Mischung von Gemeinsamkeiten, einige der üblich aufgeführten Gemeinsamkeiten können dabei sogar gänzlich fehlen. Jeder Nationsbegriff, der ethnische, kulturelle, sprachliche oder religiöse Wesenselemente enthält, ist ein ausgrenzender Begriff gegenüber allen, die obwohl in der Nation lebend, jenen Kriterien nicht entsprechen. So basieren die Nationen Schweiz und Indien primär auf einer gemeinsamen Territorialität und Geschichte, trotz unterschiedlicher Sprachen, Religionen und Kulturen. Man könnte weniger verfänglich definieren: „eine Gemeinschaft von auf einem Territorium siedelnden Menschen, deren Affinität und Kohäsion ausreicht, um ein gemeinsames politisches Staatswesen zu bilden." Im „Webster's New World Dictionary" findet man sogar die kleinstmögliche Gemeinsamkeit beanspruchende Definition „Die in einem Territorium unter einer gemeinsamen Regierung vereinten Menschen".

- **Nation (2):** „Gemeinschaft von Menschen mit gleicher Abstammung, Geschichte, Sprache, Kultur, die sich dessen bewusst sind". Dies ist ein allgemeinerer Begriff. Die Nation (2) kann auf einem gemeinsamen Territorium ein Staatswesen bilden oder auch nicht. Beispiele für letzteren Fall sind: die Parser, die Kurden, die Palästinenser, die Armenier. Die Juden waren von 135 bis 1948 eine Nation (2) ohne Territorium.

Das Wort „**Nationalismus**" ist erst im 18. Jh. aufgekommen (Reinhard, 1999). Auch es hat zwei Bedeutungen, was oft zu Missverständnissen führt:

- **Nationalismus (1):** Nationalbewusstsein oder politische Ideologie mit dem Ziel der Bildung oder Erhaltung eines Staates. Die Bedeutung ist fast synonym zu „Patriotismus".

- **Nationalismus (2):** übersteigertes Nationalbewusstsein oder fanatische politische Ideologie, die eigene Nation rücksichtslos bis zur Vergöttlichung überhöhend, gegenüber den Individuen und anderen Nationen. Auch „integraler Nationalismus" oder treffender „totalitärer Nationalismus" bzw. „Ethnonationalismus" genannt.

Seit den Exzessen in der 1. Hälfte des 20. Jh. wird das Wort überwiegend im Sinne des Nationalismus (2) verwendet, zum Beispiel in den oben zitierten Aphorismen. Deshalb wird im Folgenden der Eindeutigkeit halber der Begriff Nationalismus mit dem Index (1) versehen, wenn dieser „gemäßigte" Form gemeint ist.

---

245 Nach Heinrich August Winkler (Interview mit SpiegelOnline vom 10.04.2008 zum 75. Jahrestag des Ermächtigungsgesetzes.)

246 Ulrich Preuß formulierte dies als „Solidaritätszusammenhang durch Behauptung einer vorpolitischen Homogenität".

247 Duden, ebd.

Unter **Nationalstaat** versteht man einen Staat, dessen Bürger gleicher Abstammung, Geschichte, Sprache, Kultur sind, also nur einer Nation (2) angehören. **Genau genommen gibt es den Nationenstaat nicht.**

Unter **Nationalitätenstaat** versteht man außerdem einen Staat dem mehreren Nationen (2) angehören. Beispiele von Nationalitätenstaaten sind: Schweiz, Indien, Großbritannien, Frankreich.

B) Die ökonomischen Triebkräfte der territorialen Integration in Mittelalter und Neuzeit

Unter den Anstürmen der Völkerinvasionszeit war das Römische Reich in eine Vielzahl von Königreichen und Fürstentümern zerfallen, die in der Regel von siegreichen germanischen Kriegerkasten dominiert wurden. Diese behandelten Gebietsherrschaften wie Privateigentum, das beim Tode des Herrschers unter Nachkommen aufgeteilt oder als Mitgift geschenkt werden konnte. Die daraus entstandene Fragmentierung des Territorium war im Mittelalter nicht nur ein Generator kollektiver Gewalttätigkeit gewesen (Erbfolgestreitigkeiten), sondern hatte sich auch zu einem ökonomischen Hemmschuh sondergleichen entwickelt. Der Fernhandel war durch vielfache Zölle, Umwege und Wegelagerer extrem hohen Kosten und Risiken ausgesetzt, sodass er sich auf wenige hochwertige Güter beschränkte, deren hohe Margen die Risiken deckten. Dies erzeugte einen starken ökonomischen Druck zur Schaffung homogener Wirtschaftsräume. Bei all den Zufälligkeiten und Willkürakten der gewaltsamen Erbfolgestreitigkeiten wurden jene Fürsten tendenziell favorisiert und unterstützt, welche durch Expansion ihres Herrschaftsgebiet die Homogenisierung des Territorium am besten vorantrieben. Mit jedem Erfolg wuchsen die Gewaltmittel jener Fürsten zur Durchführung weiterer Unterwerfungen. So war es gegen Ende des Mittelalters in England, Frankreich und Spanien zur Bildung von Königreichen, den ersten Nationalstaaten, gekommen. Sie wurden jedoch nach wie vor als von Gott gewährtes Privateigentum des Monarchen betrachtet. Die Monarchien des Altertums und Mittelalters hatten keiner stammesbezogener Ideologien bedurft, um sich zu legitimieren und Konsens zu erzeugen, denn sie hatten diese aus der Religion bezogen und mit der koerzitiven Macht der Oberschicht durchgesetzt. Der Apologet des **herrscherbezogenen (monarchischen) Nationalstaats** war Jean **Bodin**, der den Monarchen zum absoluten Inhaber der Macht erklärte, dessen primäre Aufgabe nicht Gerechtigkeit, sondern die Sicherung der öffentlichen Ordnung sei; die Hauptpflicht des Untertanen sei Gehorsam.

C) Der Nationalismus (1) als Ideologie territorialer Integration

Der wirtschaftliche Fortschritt, das Entstehen und der Machtzuwachs des Bürgertums (der Mittelschicht), die Öffnung der Horizonte durch die fortschreitende Entdeckung der Welt sowie neue wissenschaftliche Erkenntnisse höhlten die Macht der Religion und die Machtmittel der absoluten Monarchie aus und führten das Ende der herrscherbezogenen Nationalstaaten herbei. Das Aufkommen des Buchdrucks ermöglichte eine „**Demokratisierung der Kommunikation**", eine Regionalisierung der Sprachen, die Entstehung von Schriftsprachen.

Ein wichtiger Ideologe dieser „Erleuchtung" (Illuminismus) wurde Jean-Jacques Rousseau mit seiner Theorie „Nicht der Fürst, sondern das **Volk** soll regieren". Damit hob er den **Nationalismus (1)** aus der Taufe, der zur Ideologie des **bevölkerungsbezogenen** (demokratischen, **nicht stammesbezogenen**) Nationalstaats wurde.

Mit der Amerikanischen Unabhängigkeitserklärung und der Französischen Revolution wurde das Rousseau'sche Postulat in die Tat umgesetzt. Das Volk wurde aber nicht als Ethnie (Abstammungsgemeinschaft) verstanden, sondern als das Kollektiv der in den Staatsgrenzen lebenden Bürger. Herder stellte das Postulat auf, dass „natürliche Grenzen" das Gebiet eines Nationalstaats bestimmen sollten. Der Nationalismus (1) wurde im 19. Jh. die Ideologie der territorialen Machtkämpfe zwischen den sich gegenseitig abgrenzenden Nationalstaaten.

Die Nationalstaaten haben nach ihrer Formierung eine kulturelle Nivellierung und die Bildung eines Nationalbewusstseins bewirkt:

- durch die nationale Hochsprache
- durch die Schulpflicht (Erlernen der Hochsprache, Indoktrinierung durch Geschichtsunterricht)
- durch national ausgerichtete Druckmedien
- durch die größere Mobilität der Bevölkerung nach dem Fallen der territorialen Schranken
- durch den Wehrdienst
- durch nationalen Riten (Nationalfeiertage, Wahlen)
- durch nationale Symbole (Nationalfahne, Nationalhymne, Nationalhelden)
- durch nationale Mythen, v.a. aus gemeinsam erlittenen Katastrophen (Kriege)

In vielen Fällen wurde zusätzlich zu Maßnahmen der Zwangshomogenisierung gegriffen, unter Anwendung von kollektiver Gewalttätigkeit (vor allem strukturelle Gewalttätigkeit).

Die bereits von Tocqueville beobachtete **Fähigkeit des Nationalismus (1) der emotionalen Mobilisierung der gesamten Bevölkerung** kann vielleicht auch damit erklärt werden, dass jene Aggregations-/Hierarchiestufe des territorial-hegemonischen Kollektivs, die mit dem modernen Staat erreicht wurde, mit einem Kahlschlag älterer Loyalitätsbindungen der Individuen verbunden war, wie Religion und Korporativismus; Es wurde eine direkte emotionale Brücke (eine Assonanz ohne Zwischenpuffer) zwischen der Urform „Familie" und der Neuform „Staat" hergestellt. Es ist vermutlich kein Zufall, dass das Wort „Patriotismus" der familären Ebene entlehnt ist. Das **mit der Industrialisierung sozial bezugsarm und wehrlos gewordene Individuum** floh in eine vermeintliche soziale Geborgenheit, wie sie ihm die Familie in der Kindheit gewährt hatte. Zu einem **alternativen Fluchtweg** wurde vorübergehend der Marxismus (Kommunismus). Es ist wohl ebenso kein Zufall, dass die Landbevölkerung die letzte gewesen ist, die sich durch „Ismen" hat begeistern lassen. Den politischen Kampf während der Weimarer Republik könnte man als eine gewalttätige Auseinandersetzung über die Frage des besten einzuschlagenden Fluchtweges aus der individuellen Schutzlosigkeit betrachten. Beide Fluchtwege haben dann zu einer zivilisatorischen Absturzstelle geführt.

Der Nationalismus (1) hat als Katalysator und Beschleuniger des jeweiligen territorialen Integrationsprozesses zwar viel kollektive Gewalttätigkeit verursacht, diese ist nach dem Erreichen des Ziels abgeebbt.

D) Der Nationalismus (2) als Ideologie gewalttätiger ethnischer Uniformierung

WIR MÜSSEN SIE HINAUSWERFEN, DENN EINEN STAAT BAUT MAN AUS EINER NATION,
UND NICHT AUS VIELEN VOLKSGRUPPEN.

(Wladyslaw Gomulka, 1945)

In den Regionen, in denen der territoriale Integrationsprozess „mit Verspätung" in Gang kam, entstand (vor allem in Deutschland und Italien) die überzeichnete Form des Nationalismus, sozusagen als beschleunigende Überdosis zur Erzeugung von Nationalbewusstsein. Diese Ausprägung ist jene, mit der man heutzutage überwiegend das Wort Nationalismus verwendet. Charles **Maurras** hat hierfür im Jahre 1900 den Begriff **„integraler Nationalismus (2)"** geprägt. Da er ein Rechtsextremer war, war die positive Konnotation des Adjektivs „integral" wohl so beabsichtigt. Von einer Weiterverwendung ist daher abzuraten. Eine Alternative könnte **„totalitärer Nationalismus (2)"** sein.

Der preußische Staat nahm nach der Niederlage Napoleons im Rennen um die vorderen Plätze im „Theater der Nationen"eine Aufholjagd auf. Der Philosoph Johann Gottlieb Fichte wurde zum Ideologen des preußischen Staates. Er entwickelte die Theorie, dass die Nation eine von Gott geschaffene, in alle Ewigkeit bestehende **ontologische Entität** sei, die lediglich einer Artikulation bedürfe und sich im Kampf gegen andere Nationen bewähren müsse. Er forderte, dass die **Sprachgrenzen die Staatsgrenzen** sein sollten und begründete damit den „**Ethnonationalimus**". Der Bewahrheitung des Mythus der ethnischen Homogenität half man in der Praxis durch das Verbot von Minderheitssprachen nach.

Nationalsozialismus und Faschismus haben dem Nationalismus (2) einigen bereits im Nationalismus (1) vorhandenen Symbolen eine noch stärkere emotionale Färbung gegeben und ihn zu „Zivilreligion" gemacht. Ähnlich wie eine Religion hat der Nationalismus (2) einen oder mehrere Götter (die Nation, das Volk[248]), eigene Feiertage, eigene Helden, eigene Symbole (Fahnenkult), eigene Lieder, für die eine nationalreligiöse Huldigung eingefordert wird.

Der Nationalismus (2) hatte die manchen politischen Kreisen willkommene Nebenwirkung, dass sich damit soziale Konflikte übertünchen ließen; er wurde zum **Antidot gegen den Kommunismus** eingesetzt. Der Nationalismus (2) wurde zu einer tragenden ideologischen Säule des Faschismus und Nationalsozialismus.

Die Höhepunkte der vom Nationalismus (2) verursachten Gewalttätigkeit, sein Opus maximus, waren der 1. Weltkrieg und der 2. Weltkrieg. In seinem zusammenfassenden Werk (Conquest, 1999) stellte er den Nationalismus (2) (neben dem Marxismus) als eine der zwei politischen Ideologien dar, die im 20. Jh. genozidale Auswirkungen gehabt haben, weil man ihnen den Staus absoluter Wahrheiten zugeteilt hat.

Erst nach den Exzessen der Nationalismen (2), vor allem der „verspäteten Nationen" (Helmuth Plessner) Deutschland, Italien und Indonesien,[249] erhoben sich kritische Stimmen, welche die Willkürlichkeit des Konstrukts „Nation" anprangerten (Gellner, 1983). Es war Benedict **Anderson** der mit seinem ebenfalls 1983 erschienen Buch „Imagined Communities" die soziologische Erkenntnis auf das Konstrukt Nation

---

248 Hitlers Slogan „Du bist nichts, dein Volk ist alles" brachte die Vergöttlichung des Kollektivs krass zum Ausdruck.
249 Man könnte sie auch „Schnellsiedenationen" nennen.

angewandt hat, wonach es „nicht erfundene" Gemeinschaften gar nicht gibt und dass andererseits in der Vorstellung exitierende Konventionen reale Konstrukte schaffen könnten.

Heute dürfte Einstimmigkeit darüber herrschen, dass jedem Begriff „Nation" ein Mythos, eine Mischung von Dichtung und Wahrheit über Gemeinsamkeiten zugrunde liegt.

E) Vom Nationalstaat zum Nationalitätenstaat

JEDES VOLK BESTEHT IM INNEREN AUS MEHREREN VÖLKERN.

(Rafael Altamira, 1976)

THEORETISCH GIBT ES ZWAR NUR NATIONALSTAATEN,
PRAKTISCH ABER FAST NUR MULTINATIONALE STAATEN.

(Wolfgang Reinhard, 1999)

Der monoethnische Ansatz eines Nationalstaats hat sich in den meisten Fällen, nach schmerzvollen Erfahrungen, als eine Fehlentwicklung des Nationalismus (2) herausgestellt, denn er strebt danach, zwischen ethnischen Grenzen und staatlichen Grenzen gewaltsam eine Übereinstimmung herzustellen und lehnt damit implizit ein gleichberechtigtes Zusammenleben verschiedener Ethnien in einem Staat ab.

Viele ethnizistische Nationalstaaten haben in der Vergangenheit großes Unrecht an ethnischen, sprachlichen, kulturellen und religiösen Minoritäten verübt. Mit fortschreitender Zivilisierung kann dies nicht mehr hingenommen werden. Homogenisierung muss sich von selbst ergeben und nicht mit Gewalt erzwungen werden. Die UN-Menschenrechtskonvention verbietet die Anwendung kollektiver Gewalttätigkeit zur internen Homogenisierung von Staaten.

Auf dem Weg zum kosmopolitischen Weltstaat erscheint es erforderlich, die bestehenden Nationalstaaten in Nationalitätenstaaten überzuführen. Der Nationalismus (2) ist hierbei zu verpönen und der Nationalismus (1) ist in einen Multinationalismus überzuführen und schließlich zu einem Kosmopolitismus weiter zu entwickeln.

Ein schwieriges Problem bei der Herstellung eines Nationalitätenstaates besteht in der Findung des rechten Mittelweges zwischen den zwei Extremen der kulturellen Zwangsgleichschaltung (was für viele zu einer Neuauflage der NS-Diktatur oder zu einem „Kulturimperialismus" führen könnte) und der totalen Liberalität für Ausnahmegenehmigungen für jegliche ethnizistisch-kulturell-religiöse Besonderheit (was für viele andere den Staat in ein Konglomerat voneinander abgeschotteter Parallelgesellschaften verwandeln würde). Vielfach wird eine völlige Gleichberechtigung verschiedener Wertesystem in einem Staat als „Multikulturalismus" bezeichnet. Die Fragen, die sich erheben, sind: sollte ein kleinster gemeinsamer Nenner dessen definiert werden, was in einem Staat für jeden Staatsbürger bedingungslos verbindlich sein sollte und welchen Inhalt sollte dieser haben.[250]

Der vom deutschen Politologen Bassam Tibi 1998 vorgeschlagene Begriff **„Leitkultur"**[251] floss in der Bundesrepublik Deutschland in die Debatte über die Reform des Einbürgerungsrechts ein. Er verstand darunter einen Wertekonsens auf der Basis von Demokratie, Laizismus, Aufklärung, Menschenrechte und Zivilgesellschaft. Konservative Kreise leiteten daraus für die innerdeutsche Debatte den Begriff einer „deutschen Leitkultur" ab, mit den Zusatzingredenzien „gemeinsame kulturelle Wurzeln, gemeinsame Geschichte und gemeinsame religiöse Tradition". Von der gesamten Linken und den Vertretern der Minderheiten wurde dieser Begriff als „Steilvorlage für einen Neonationalismus" abgelehnt.

In der Tat ist ein Bezug auf Vergangenes für eine Integration von Zuwanderern nicht tragfähig, denn bis zur jüngsten Vergangenheit wurden viele dieser vermeintlichen Leitkulturkomponenten selbst im „Leitkulturland" mit den Füßen getreten. Außerdem stimmen die geografischen Grenzen Deutschlands mit der ethnischen, sprachlichen oder religiösen Landkarte bei weitem nicht überein. Und je mehr man geschichtlich den „Wurzeln" nachgeht, desto weiter klaffen diese auseinander und desto mehr liegen diese Wurzeln auf dem Territorium von Nachbarstaaten.

Nicht die Egoismen und Konflikte der Vergangenheit sind tragfähig, sondern die gegenwärtigen Ergebnisse davon. Und diese sind sehr jungen Datums, kaum älter als ein halbes Jahrhundert. Und sie haben kaum etwas spezifisch Deutsches. Es sind dies vor allem:

• Das Primat der Menschenwürde und der Menschenrechte.

---

250 Kanada hat sich als einziger Großstaat für den Multikulturalismus entschieden.

251 Es hat sich noch keine englische Übersetzung von „Leitkultur" durchgesetzt; möglicherweise wird sich das Wort im Englischen und in anderen Sprachen in die Liste der deutschen Lehnwörter einreihen, so wie „Leitmotiv".

- Die demokratische Gesellschaftsordnung (die auf dem Vorrecht des Individuums gegenüber dem Kollektiv beruht).
- Die Trennung von Religion und Politik.

Wenn das Projekt der Bildung einer kosmopolitischen Gesellschaft vorangetrieben werden soll, so ist selbst der Begriff „europäische Leitkultur" fragwürdig und es sind Begriffe wie „freiheitlich-demokratisches Wertesystem" vorzuziehen.

10.2.6.7 Marxismus (Kommunismus) und Kollektivgewalttätigkeit

Der Marxismus ist die gewalttätige Form des sozialistischen Anliegens. Karl Marx war vom Elend der Industriearbeiter tief betroffen, das durch die Exzesse des schrankenlosen Frühkapitalismus („Manchester-Kapitalismus") erzeugt worden war und suchte nach einem wissenschaftlich begründeten Weg, um das Los jenes Industrieproletariats zu verbessern.

Als Schüler Hegels blieb Marx im totalitären Ansatz seines Lehrer verfangen, ersetzte indes den Ersatzgott „Nation" durch den **Ersatzgott „auserwählte Klasse"** und zwar die der Industriearbeiter". Dabei wurde er zum Propheten einer Irrlehre, die trotz der humanitären Absicht Millionen von Menschen das Leben gekostet hat.

Die Hauptirrtümer, auf denen Marx seine verführerische Ideologie aufgebaut hat, waren:

- Der ungerechte Anspruch, dass die Interessen eines Teilkollektivs die alleinig berechtigten seien, ohne Rücksicht auf die Interessen anderer Teilkollektive. Ihm ging es salopp gefasst nicht um das Wohl aller Menschen, sondern nur um das der Industriearbeiter.
- Der unmenschliche Ansatz, dass die Rechte von Individuen gegenüber den Interessen des Kollektivs „proletarische Klasse" absolut unterzuordnen seien (**„Diktatur des Proletariats"**). Marx war im Sinne des Punktes 10.2.2 ein „Kopernikaner".
- Dass **Kollektivgewalttätigkeit zur Durchsetzung des Interesses des Kollektivs** „proletarische Klasse" **notwendig und legitim** sei. Er rief dazu auf, die Welt mit Gewalt zu verändern. Alle anderen Klassen seien nicht verbesserungsfähig und müssten gewaltsam eliminiert werden.
- Mit seiner Lehre, dass Ideen und Ethik nichts anders seien, als eine Verbrämung handfester materieller Interessen, versuchte Marx alle zivilisatorischen Errungenschaften eines Rechtsstaats zu zerstören. Mit seinem „historischen Materialismus", von dem er das Dogma ableitete „Ideen hängen von ökonomischen Bedingungen ab" übersah er, dass zum Teil auch das Gegenteil zutrifft.
- Die Anmaßung, in der Lage zu sein, die zukünftige Entwicklung der Menschheit voraussagen zu können.
- Marx hat bei seiner pseudowissenschaftlichen Ableitung der Zukunft aus der Gegenwart (Karl Popper hat dies als „orakelnden Irrationalismus" oder „Wunschdenken" bezeichnet) die Zukunft als zweifelsfreies Dogma eingefroren. Dieser absolute Mangel an Möglichkeit von Kritik, von Meinungsabgleich und Lernen aus den Fehlern, war einer der Hauptgründe, weswegen es bei der Umsetzung seiner Ideen zu derart unmenschlichen Verbrechen und ökonomischen Katastrophen gekommen ist.

Der Begriff „Kommunismus" ist im Kern deckungsgleich mit dem Begriff „Marxismus". Nach dem 2. Weltkrieg haben die meisten kommunistischen Parteien in der westlichen Welt zwar von der gewalttätigen Umsetzung ihrer Ziele abgeschworen, behielten aber im Kern ihren kopernikanistischen Dogmatismus bei, mit impliziter Verneinung des Existenzrechts anderer politischer Gesellschaftsformen als die Diktatur des Proletariats. Daran hat im Wesentlichen die Ausformung von über einem Dutzend Sonderformen des Kommnismus nicht geändert.

Lenin wurde sodann zum inhumanen Umsetzer der marxistischen Lehre und Stalin zum Henker von Millionen von Menschen, die im Verdacht standen, der Versuchung einer Opposition irgendwann verfallen zu können.

Das Lebenswerk des britischen Historikers Robert Conquest besteht in der Aufklärung der Genozide des Sowjetkommunismus. Dabei skandalisierte er auch deren Deckung durch die westeuropäische Linke. In seinem zusammenfassenden Werk (Conquest, 1999) stellte er den Marxismus (neben dem Nationalismus) als eine der zwei politischen Ideologien dar, die im 20. Jh. genozidale Auswirkungen gehabt haben, weil man ihnen den Staus absoluter Wahrheiten zugeteilt hat.

10.2.6.8 Totalitäre politische Ideologien und Kollektivgewalttätigkeit

MONOLITHISCHE SOZIALE ZIELE KÖNNEN DEN TOD DER FREIHEIT BEDEUTEN.

(Karl Popper, um 1945)

DER MODERNE TOTALITARISMUS PROPAGIERT DIE UMFASSENDE SOZIALE ODER RASSISTISCHE GLEICHARTIGKEIT UND ENDET ZWANGSLÄUFIG IN DER VERNICHTUNG DES MENSCHEN.
DER TRAUM VOM ABSOLUTEN GEBIERT ABSOLUTE GEWALT.

(Wolfgang Sofsky 1996)

Unter totalitärer politischer Ideologie sei im Folgenden eine Ideologie verstanden, mit der ein Staat alle Phasen und Bereiche des Lebens der Bürger in den Dienst einer Idee stellt. Dabei stellt der Staat einen totalen Anspruch auf Loyalität und konformes Verhalten, keine anderen tradierten Loyalitäten duldend.

Der 1. Weltkrieg hatte in Europa vorübergehend große Teile des zivilisatorischen Netzwerkes (Zivilgesellschaft) zerstört, vorwiegend jene Teile, welche die Toleranz und die Rechtstaatlichkeit trugen. Das unbeschreibliche Massaker auf den Schlachtfeldern hatte zu einer Verrohung Europas geführt, an eine Gewöhnung an Gewaltanwendung und Tötung. Der Zusammenbruch der koerzitiven Monarchien in Russland, Deutschland, Österreich-Ungarn und der Türkei hatte dann zur Umwertung vieler politischer Werte geführt. Auf diesen Trümmerfeldern traten große Vereinfacher hervor, welche mit einer gewalttätigen Gleichschaltung versprachen, das Paradies auf Erden zu realisieren. Man kann den Totalitarismus als eine Wachstumsstörung spät geborener Demokratien betrachten. Nach Ernst Nolte ist der gemeinsame Nenner totalitärer Ideologien wie Kommunismus und Nationalismus (2), dass sie „**Ideokratien**" waren, das heißt Staaten, die auf einer Ideologie gründeten.

A) Der sowjetische Marxismus (Bolschewismus)

Der Versuch, ein irdisches Utopia zu schaffen,
stellte die Rechtfertigung für einige der schlimmsten Verbrechen dar, die es jemals gab.

(Boris Barth, 2006)

Der 1. Weltkrieg hatte in Russland nicht nur an der Front, sondern auch an der „Heimatfront" immenses Leid erzeugt. Dies hatte zu sozialen Revolten und zum Sturz der Monarchie geführt. Russland hatte weniger aus militärischen denn aus innenpolitischen Gründen die Waffen gestreckt. Das 2. Deutsche Reich hatte daraufhin im Frieden von Brest-Litowsk Friedensbedingungen diktiert, deren Härte mit der späteren Versailler Verträge vergleichbar war. In dem folgenden Chaos und Elend setzte der marxistische Ideologe und Agitator Lenin mit seinen Gefolgsleuten seine extrem gewalttätige Version des Marxismus („**Bolschewismus**") gewaltsam durch. Dabei leistete das 2. Deutsche Reich entscheidende logistische Unterstützung mit der Absicht, den Gegner Russland innerlich zu schwächen.

Ebenso wie die nationalsozialistischen Ideologen spekulierten auch die bolschewistischen Ideologen mit der Erweckung einer Erlösungserwartung, hier durch eine Diktatur des Proletariats, welche alle Existenzprobleme für immer lösen würde.

Viele kommunistischen Machthaber, angefangen bei **Lenin** über **Stalin** bis **Pol Pot**, hatten die messianische Anmaßung, in der Lage zu sein und die Sendung dafür zu haben, die endgültige Glückseligkeit der Menschheit herbeizuführen. Dies nahmen sie als Rechtfertigung, mit uneingeschränkter Massengewalt das Leben beliebig vieler Menschen zu opfern, welche ihrer irdischen Utopia im Wege standen. Schlimmer noch: Aufgrund willkürlicher ideologischer Typisierungen wurden Millionen von Menschen liquidiert, welche im Verdacht standen, möglicherweise in die Versuchung kommen zu können, sich mit antikommunistischem Gedankengut infizieren zu lassen.

Der totalitäre Kommunismus hat mit der gewalttätigen Umsetzung seiner utopischen Fortschrittsziele den betroffen Teil der Menschheit in einen realen Abgrund menschlichen Zusammenlebens zurückgeworfen. Er hat sich nämlich über alle im Laufe der Geschichte mühselig errungenen Normen der Zivilisation hinweggesetzt. Dadurch, dass er zur Umsetzung seiner Wahnvorstellungen die Machtmittel eines modernen Staates einsetzen konnte, wurde das Ausmaß des erzeugten Leids enorm.

Der totalitäre Kommunismus war, trotz des humanitären Vorsatzes „nur Gutes für die gesamte Menschheit zu wollen", aus zwei Gründen nicht perpetuierbar: Er basierte auf Gewaltanwendung und er stritt das Existenzrecht und die Koexistenzmöglichkeit mit Andersdenkenden bzw. „**Andersklassigen**" aus. Er war jedoch universalisierungsfähiger als der Nationalismus, da er nicht spezifische Ethnien anfeindete, sondern Sozialschichten und hat somit in vielen Ländern sein Unwesen treiben können. Deswegen hat der totalitäre Kommunismus die meisten Demozidopfer der Geschichte verschuldet.

- **E. Nolte** (2009) betrachtet den Bolschewismus radikale Widerstandsbewegung gegen die Moderne, so wie den Faschismus und Islamismus.

B) Der italienische Faschismus und Kollektivgewalttätigkeit

Der Faschismus war eher eine Bauch- als eine Kopfangelegenheit.

(Robert O. Paxton, 2004)

Unter **Faschismus** versteht man primär die im Jahre 1919 von Mussolini begründete Ideologie, die mit einem Satz kaum definierbar ist. Man könnte ihn als eine weniger radikale Untermenge des deutschen Nationalsozialismus betrachten. Da aber dem italienischen Faschismus einige der Ausprägungen gefehlt haben, welche die Gräuel des Nationalsozialismus ausgemacht haben (vor allem der antisemitische und antislawische Rassismus, kombiniert zu einem „Hass auf jüdischen Bolschewismus"), ist es nach Meinung von Ian Kershaw (1958) zweckmäßig, den Nationalsozialismus nicht als eine Variante des Faschismus zu betrachten, sondern als eine übersteigerte Form davon.[252] Den Nationalsozialismus als „Faschismus" zu bezeichnen, lenke von essenziellen Ingredienzen ab, die seine Abscheulichkeit ausgemacht haben.

Die faschistische Ideologie speiste sich **aus mehreren Komponenten**. Nach Paxton (2004) wäre es falsch, nach einem Stammbaum von Ideologien zu suchen, die geradlinig zum Faschismus geführt haben; vielmehr hätten die faschistischen Ideologen Fragmente verschiedenster Herkunft zusammengefügt.

Der Faschismus beruhte weniger auf einem spezifischen ideologischen Programm als auf einer gewalttätigen politischen Stimmungslage, auf einer „emotionalen Lava" mit der ein „Spektrum von Leidenschaften" mobilisiert wurde.[253]

- Die Institutionen und Parteien der „Schnellsiedenation" Italien hatten es nicht verhindern können, dass das Königshaus ohne parlamentarische Abstimmung den Eintritt Italiens in den 1. Weltkrieg vollzog. Das Gemetzel des 1. Weltkrieges hatte auch in Italien zu einer Verrohung der Politik geführt. Das wesentlichste Element der Ideologie des Faschismus war die Bejahung, sogar Vergötterung, der Gewaltanwendung. Mussolini durchbrach die Regeln der Rechtsstaatlichkeit und wandte gewalttätige Methoden an, die „eines zivilen Landes" unwürdig waren, wie es damals der vormalige Ministerpräsident Giolitti ausdrückte. Benedetto Croce vermerkte sarkastisch, Mussolini habe zusätzlich zu den drei aristotelischen Regierungsformen eine vierte geschaffen, die „Onagrokratie" (Rammbockherrschaft).

- Die italienische Linke hatte sich am Vorabend des 1. Weltkriegs gespalten: Die nationalen Syndikalisten (darunter Mussolini) hatten sich für den Kriegseintritt eingesetzt, in der Erwartung, durch das Kriegschaos Vorteile für die Arbeiterschaft zu erzielen. Die parlamentarischen Syndikalisten und Sozialisten hatten sich gegen den Kriegseintritt ausgesprochen. Mussolini baute das Feindbild gegen die Sozialisten aus. (Paxton, 2004). Einige Komponenten des Programms waren radikal-syndikalistisch (Forderungen nach Frauenwahlrecht, Acht-Stunden-Arbeitstag, Wahlrecht mit 18 Jahren) und antikapitalistisch (Arbeiter-Mitbestimmung, progressive Kapitalsteuer, Enteignung von Kirchenbesitz, Verachtung des Establishments).[254]

- Mussolini spielte auch die nationalistische Taste der „nationalen Demütigung", indem die Ressentiments des jungen „Nationalstaats" aufbauschte, gegen die mangelnde Anerkennung (seitens der anderen Siegermächte) der territorialen Ansprüche Italiens im Grenzstreit mit Jugoslawien, „trotz des Blutopfers von 460.000 Toten". Er betrieb ersatzweise eine aggressive Expansionspolitik im Mittelmeer und vor allem in Libyen und Ostafrika mit der Torschlusspanik einer nachzüglerischen Kolonialmacht, wie Italien es war („Italien hat endlich sein Imperium".).

- In Italien gab es eine breite (untere) Mittelschicht korporativer Stände (die Handwerkerzünfte, der Stand der Kleinhändler, der Stand der Staatsbeamten) die ihre wirtschaftliche und soziale Existenz sowohl durch den Kommunismus als auch durch den Kapitalismus bedrängt sahen. Paxton nannte sie „Modernisierungsverlierer" (2004). Ihnen war eine Angst vor sozialer Desintegration gemeinsam. Zum Teil waren sie Opfer der ersten Globalisierungskrise, die Ende des 19. Jh. stattfand.

- Sowohl die Faschisten Italiens als auch die Nationalsozialisten in Deutschland kamen mit Stimmenanteilen, die weit unter der absoluten Mehrheit lagen, trotzdem an die Macht, weil die Eliten (das obere Bürgertum, die Militärkaste, die Industriemagnate) sich von der kommunistischen Arbeiterbewegung bedroht sahen und ihnen überhastet die Regierungsmacht übergaben, aus panischer Angst vor einer Machtergreifung der Kommunisten.

- Mussolini verbündete sich anfänglich auch mit Anhängern des **Futurismus**. Es war dies eine 1909 von einem italienischen Millionärssohn Filippo Tommaso Marinetti mit seinem „Futuristischen Manifest" gegründete geistige Strömung, welche angesichts „der vielstimmigen Flut von Revolutionen der modernen Metropolen" Schönheit nur noch im Kampf" sah und den Krieg als „einzige Hygiene der Welt" verherrlichten.[255] Die Futuristen, die man heute als fortschrittsgläubige Techno-Anarchisten einordnen würde, lehnten das kulturelle Erbe ab. Im Nationalsozialismus wurde die Techno-Komponente zu einer tragenden Säule der Bewegung.

---

252 Ernst Nolte löste mit einem Artikel in der FAZ vom 6.6.1986 den so genannten Historikerstreit dadurch aus, dass er die kommunistische Definition von „Faschismus" übernahm, zu deren Wesensmerkmale der Rassismus und der Antisemitismus nicht gehörten. Der Nationalsozialismus sei eine radikale Variante des Faschismus gewesen (ein „Radikalfaschismus") dessen Wesensmerkmal der Antikommunismus gewesen sei. Der Rassenmord der Nationalsozialisten sei eine Überreaktion auf den vorangegangenen Klassenmord der Bolschewisten gewesen, bzw. eine Vorsichtsmaßnahme, um sich des Bolschewismus zu erwehren.

253 Paxton (2004) zitiert einen faschistischen Aktivisten: „Die Faust ist die Synthese unserer Theorie."

254 Paxton (2004) stellte fest, dass die faschistische Bewegung nach ihrer Machtergreifung in der Regel ihren Antikapitalismus (der sowieso sehr selektiv war und mehr der internationalen Hochfinanz galt) fallen gelassen habe. Sie haben die Kapitalisten nie in die Tasche gegriffen. Sie wollten weniger eine sozioökonomische Revolution als eine Stärkung der Nation.

255 Kurz vor seinem 1944 eingetretenen Tod schrieb Marinetti, nachdem er die Gräuel des 1. und 2. Weltkriegs am eigenen Leib erlebt hatte „Der Krieg ist schön, weil er neue Architekturen, wie die der großen Tanks, der geometrischen Fliegergeschwader, der Rauchspiralen aus brennenden Dörfern und vieles andere schafft".

Zusammenfassend kann man sagen, dass der Faschismus nach außen ein Ultranationalismus war und innen ein Versprechen der Besitzstandsverbesserung an alle, mit Ausnahme der Industriearbeiter, Intellektuellen, Klerikern und Minoritäten.[256]

Nach Paxton (2004) trat zwischen den zwei Weltkriegen eine dem Faschismus ähnliche intellektuelle Strömung oder Aktivistenbewegung in fast allen Nationen auf.

Der italienische Faschismus enthielt jedoch **einige jener Komponenten nicht** oder nur in geringem Maße, die den reichsdeutschen Nationalsozialismus zivilisatorisch wesentlich tiefer haben absinken lassen, zudem fehlten in Italien einige Erschwernisfaktoren und es waren einige Immunkräfte wirksamer:

- Es gab kaum eine sozialdarwinistische oder rassistische Komponente (u.a. kein Antisemitismus).[257]
- Im Nationalsozialismus war das (rassisch definierte) „Volk" der höchste Wert, dessen Sprachrohr die Partei war; im italienischen Faschismus war der „Staat" der höchste Wert, dem sich die Partei unterzuordnen hatte.
- Es gab eine resistentere „Zivilgesellschaft" vor allem durch die konservativ-religiöse und die stärkere Bindung des Individuums an Familie und urbane Umgebung.
- Die wirtschaftliche Not sank nicht so tief (keine Hyperinflation). Unter anderem weil zu den Kriegsfolgekosten keine Reparationszahlungen dazukamen.
- Es war eine etwas größere demokratische Reife vorhanden. Italien hatte bis 1918 bereits fünf Jahrzehnte Parlamentarismus üben können.
- Es kam keine Wohlfühldiktatur zustande. Die Kolonien verschlangen mehr Geld als sie einbrachten, es gab keine Konfiszierungen und keine Zwangsarbeit. Dadurch gab es einen geringeren Loyalitätsgrad zum totalen Staat.
- Vor der Machtergreifung war der italienische Faschismus relativ gewalttätiger gewesen (etwa dreitausend Tote aller Konfliktparteien) als der Nationalsozialismus, aber nach ihr war die Regierung eher eine konservativ-autoritären Herrschaft (nur neun politische Todesurteile bis 1940).
- Im italienischen Faschismus wurde die eigene Partei in eine sekundäre Rolle angedrängt. Die Macht lag in den Händen des Staatsapparates. Altgediente Bürokraten wurden vielfach in ihren Ämtern „weiterverwendet" und wandelten sich in anerkennender Weise in loyale Diener des Regimes.
- Der italienische Polizeiapparat und der Justizapparat blieben unter der Leitung der Zivilbeamten, verhielten sich relativ apolitisch und entglitten nicht ins Verbrecherische. In Deutschland verdrängte die Partei nach ihrer Machtergreifung den Staat und die Zivilgesellschaft in Form einer totalitären „Polykratie", die von Robert Koehl als „neofeudales Imperium" charakterisiert wurde. In Deutschland übernahm außerdem die Gestapo die Polizeifunktion und der Justizapparat setzte seine juristische Ausbildung zur Rechtfertigung von Unrecht ein.
- Das Denunziantentum war in Italien nicht so ausgeprägt wie in Deutschland.
- **E. Nolte** (2009) betrachtet den Faschismus als radikale Widerstandsbewegung gegen die Moderne, so wie den Bolschewismus und Islamismus.

C) Der reichsdeutsche Nationalsozialismus und Kollektivgewalttätigkeit

NATIONALSOZIALISMUS IST NICHTS ANDERES ALS ANGEWANDTE BIOLOGIE.

(Rudolf Heß, um 1940)

GLAUBT DER MENSCH, DASS ER BESSER ALS ANDERE SEI,
SO IST ER ZU DEN GRÄULICHSTEN TATEN ZU BEWEGEN.

(Andrzej Szczypiorski, 1999)

Die ungeheuerlichen Verbrechen gegen die Menschheit, welche das nationalsozialistische Regime verübt hat, stellen den bisher absoluten Tiefpunkt der menschlichen Zivilisation dar. Seine Exzesse sind mit der Fehlkonstruktion „Faschismus" oder „Totalitarismus" allein nicht zu erklären. In Italien ist ein totalitärer Faschismus an die Macht gekommen, ohne dass es zu auch nicht annähernd zu derartigen Exzessen unmenschlicher kollektiver Gewalttätigkeit gekommen ist. Das Besondere an der NS-Ideologie war ein, man kann sagen, teuflisches Gemisch von vielen Faktoren. Keine dieser Komponenten ist einzig im Nationalsozialismus aufgetreten; die Einmaligkeit und Schrecklichkeit der Auswirkungen beruht aber auf deren Zusammenwirken. Im Folgenden wird etwas näher auf diese Komponenten eingegangen, da sie eine paradigmatische Auflistung von gewaltträchtigen Resonanzstellen in sozialen Systemen und kollektiven Weltanschauungen ergeben, die es zu vermeiden gilt.

---

256 Der erste, der eine Brücke zwischen Nationalismus und Sozialismus geschlagen hatte, war Georges Sorel gewesen, der propagiert hatte, dass eine allmächtige Gewerkschaft die Massen dazu motivieren könne, durch übermenschliche Arbeitsleistung die vom Ballast des Humanismus befreite Nation zur Entfaltung zu bringen. Mussolini verehrte Sorel, der 1922 starb.

257 Mussolini, selbst ein totalitärer Diktator, hielt Hitler für einen „an rassistischem und antisemitischem Wahn Erkrankten".

- Äußere Anstöße, die gewalttätigkeitsfördernde Resonanzen angeregt haben.
- Der überwältigende Anstoß kam von der Gewaltorgie des 1. Weltkriegs.
- Wirtschaftliche Not der Bevölkerung. Der 1. Weltkrieg hatte Deutschland den Gegenwert von ca. 50.000 t Feingold gekostet. Die in den Versailler Verträgen auferlegten Reparationskosten hatten die Gesamtkosten dann verdoppelt. Daraus entstand eine extreme Verarmung der Bevölkerung.
- Brutalisierung der Bevölkerung durch den 1. Weltkrieg. Mehr als in den „alten Nationalstaaten" Frankreich und Großbritannien, hatte der 1. Weltkrieg in den „neuen Nationalstaaten" Deutschland und Italien eine zivilisationszerstörende und brutalisierende Wirkung gehabt: Er hatte die Gewaltbereitschaft und die Indifferenz gegenüber den Folgen von Gewalt erhöht. Es kam sogar eine Verherrlichung von Gewalt, Krieg und Tod als „Veredelungsmaßnahmen" auf. Dieser Effekt war bei den „Schreibtischkriegern" der Oberschicht am stärksten.
- Soziale Störungen aus Kriegsfolgen. Die Bestimmung der Versailler Verträge, wonach das Heer ab 1.1.1921 auf 100.000 Mann reduziert werden sollte, verschlimmerte paradoxerweise das Gewaltklima in Deutschland, da Hunderttausende bis dahin von der Weimarer Regierung zur Repression eingesetzten Freikorps in die Arbeitslosigkeit entlassen wurden und zum Teil die Reihen der paraparteilichen Schlägertruppen wie der nationalistische Geheimorganisation Consul (8.000 Mitglieder, ermordete u.a. Walther Rathenau und Matthias Erzberger[258]), die staatliche „Technische Nothilfe" (zur Bekämpfung von Streiks in lebenswichtigen Betrieben) oder die rechtsradikale SA füllten.
- Panische Angst vor dem Kommunismus. Im Zuge des 1. Weltkriegs hatte das 2. Deutsche Reich dem kommunistischen Aktivisten Lenin entscheidende logistische Hilfe zukommen lassen (finanzielle Zuwendungen, Transport vom Exil nach Russland), mit der Absicht, den Gegner intern zu schwächen. Nachdem dies gelungen war und die radikalen politischen Folgen eines totalitären Marxismus in Russland ans Tageslicht kamen, lebte ein Teil der Bevölkerung der Weimarer Republik in der panischen Angst, dass es auch in Deutschland zu einer „Diktatur des Proletariats" kommen könne. Diese Angst wurde von deutschen Kommunisten mit ihren Slogans, ihren radikalen Forderungen und ihrer Gewaltbereitschaft kräftig geschürt. Die Nationalsozialisten entwickelten das Geschäftsmodell, eine Gegengewalt gegen die kommunistische Gefahr feilzubieten mit der Gegenleistung der totalen Macht im Staate.
- Eine mit taktischer Absicht vom territorial-hegemonischen Kollektiv „2. Deutsches Reich" vollzogenen Hilfestellung, um das territorial-hegemonische Kollektiv „Zarentum von Russland" mit dem Soziovirus „Kommunismus" zu schwächen, schlug in der Folge auf das territorial-hegemonische Konflikt „Weimarer Republik" zurück: Die panische Angst, ebenfalls vom Soziovirus „Kommunismus" infiziert zu werden, löste dort eine Radikalisierung der Innen- und Außenpolitik aus, die eine neue Orgie der kollektiven Gewalttätigkeit, den 2. Weltkrieg und die kollateralen Demozide zur Folge hatte.

Gewaltträchtige kollektive Stereotypen wurden durch die externen Anstöße angefacht, darunter folgende:

- Aufgrund des verspäteten territorialen Intergrationsprozesses hatte der preußische Staat, der sich als Integrator durchgesetzt hatte, der heterogenen Bevölkerung man eine Überdosis an „nationalem Zusammengehörigkeitsgefühl" eingebläut, um dem Mangel an organischem Zusammenwachsen zu kompensieren. Durch geschickte Propaganda konnte so das eigene Beurteilungsvermögen eines Großteils der Bevölkerung ausgeschaltet werden. Dabei traf man in Deutschland auf besonders fruchtbaren Boden, weil sich dort der Übergang von Stammesgesellschaften zu Bürgergesellschaften nur teilweise vollzogen hatte. Im Mittelmeerraum war dieser Schritt, durch die Verbreitung der städtischen Bevölkerung, bereits im -6. Jh. vollzogen worden und zwar zuerst von den Griechen, welche als erste den Schritt von einer Stammesmoral zu einer Menschheitsmoral, von einer geschlossenen (genetisch gebundenen) Stammesgesellschaft zu einer offen (abstrakten) Bürgergesellschaft vollzogen hatten (Popper, 1946). Der Mythos von Blut und Boden war also der Stammesverbände halber also noch in stärkerem Maße fort als im vormaligen Gebiet des Römischen Reichs, wo es zu einer politischen Gleichberechtigung aller freien Bürger gekommen war und wo ein Drittel der Kaiser „nicht-italischen Blutes" gewesen war, ohne dass dies als Problem empfunden worden war.
- Ein damals im deutschen Sprachraum relativ stark ausgeprägter Hang zur nationalen Selbstüberhebung. In Verbindung mit dem Gefühl der eigenen Höherwertigkeit (Stereotype wie „deutsche Tugenden", „Land der Dichter und Denker...") entstand daraus sogar eine Überzeugung des Rechts auf Unterwerfung und Verdrängung anderer Völker.
- Ein seit der Zeit Bismarcks und Wilhelms II. bestehender „durchgängiger Konsens, dass eine deutsche Expansion erforderlich sei" (Kershaw, 1985).
- Ein Überzogenes nationales Demütigungs- und Racheempfinden aufgrund des Ausgangs des 1. Weltkriegs. Diese auch vom italienischen Nationalismus aufgebauschte Komponente kam in Deutschland noch mehr zur Wirkung, denn als Verlierermacht kam zur kollektiven Demütigung die kollektive Bestrafung durch die Versailler Verträge von 1919 hinzu. Um die Einsicht zu fördern, daß es ein großes Maß an Eigenverschulden am 1. Weltkrieg gegeben hatte, wurden Propagandalügen wie die „Dolchstoßlegende" in Umlauf gebracht, wonach das Unglück allein dem Umstand zuzuschreiben sei, dass man den Krieg wegen eines kommunistischen Verrats an der Heimatfront verloren habe.
- Mit der Klugheit des Im Nachhinein liegt heute die Vermutung nahe, dass die deutsche Bevölkerung durch Meinungsbildner in eine überzogene Opferrolle hineingesteigert wurde, wobei ihr gleichzeitig der Blick über den eigenen Zaun hinaus versperrt wurde. Folgende Fakten wurden unterschlagen, die eine Einstellung wie „die Anderen haben fast genauso viel abbekommen" erlaubt hätten:
  o Das 2. Deutsche Reich hatte erst 15 Monate vor Versailles dem geschlagenen Russland Friedensbedingungen aufgebürdet, die im Verhältnis nicht minder hart gewesen waren.

---

258 Unterzeichner der Kapitulation von 1918.

- o Der Todeszoll des Krieges war bei den anderen Kriegsteilnehmern relativ höher gewesen (jene erlitten 82 % der ca. 15 Millionen Tote).
- o Die Gesamtkosten aller Kriegsteilnehmer hatten schätzungsweise einem damaligen Wert von 500.000 t Feingold entsprochen; die in den Versailler Verträgen Deutschland auferlegten Reparationen entsprachen 10 % davon.
- o Deutschland hatte den Krieg auf fremdem Boden austragen können. Frankreich hatte beispielsweise Folgeschäden zu tragen, wie sie Deutschland nicht hatte: 289.000 Häuser waren zerstört worden, 3 Mio. ha Land waren unbrauchbar gemacht worden, 1,5 Mio. Personen hatten in andere Gebiete umsiedeln müssen.

- **Mangelnde demokratische Reife der Institutionen und der Bevölkerung**
  Bis 1918 hatte es auf dem „Reichsgebiet" nur feudale bzw. autoritäre Verfassungen gegeben. Die Reichsverfassung von 1919 und viele demokratischen Institutionen waren noch keine zwei Jahrzehnte alt, als Hitler sie angriff. Sie waren noch nicht hinreichend gereift und immun gegen Qualifikationsmängel oder Fehlverhalten der Funktionsträger.

  - o Eine lange Tradition unterdrückter Reformbewegungen in Deutschland (man könnte sagen von „revolutiones interruptae") hatte die Bürger und Institutionen in politischer Rückständigkeit belassen: die mit Luthers Verwicklung verhinderte Agrarreform und Entmachtung des Adels; die verhinderten innenpolitischen Reformen nach dem 30-Jährigen Krieg; die unterdrückte republikanische Reformbewegung nach dem preußischen Sieg über Napoleon, die Aufwertung der Aristokratie und der Militärkaste durch die Erfolge in Königgrätz und im Krieg 1870/71.
  - o Der Nationalstaat „Deutschland" war erst 1868 vom preußischen Militärstaat (der noch während des Wiener Kongresses 1815 als „slawischer Staat" eingestuft worden war) mit Gewalt in einer Art „Schnellsiedeprozess" gebildet worden. Thomas Mann formulierte „... dass Deutschland nie eine Revolution gehabt und gelernt hatte, den Begriff der Nation mit dem der Freiheit zu vereinen...".[259]
  - o Die Reichsverfassung von 1919 war die erste demokratische Verfassung im deutschsprachigen Raum (mit Ausnahme der Schweiz). Sie hatte indes einige Schwachstellen, die ihre Außerkrafttretung und Ersatz durch eine gewalttätige Verfassung möglich machten. Es war dies im Wesentlichen die Möglichkeit, ohne parlamentarische Mehrheit per Notverordnungen zu regieren. Dieser „Mangel an Zwang zum Kompromiss" schürte sozusagen eine „kollektive Verantwortungslosigkeit".[260]
  - o Mangel an demokratisch staatslenkender Elite. Es ist schwer vorstellbar, dass in den „alten Nationalstaaten" Großbritannien (Bildung im 14. Jh.) oder Frankreich (Bildung im 14. Jh.) ein Berufsagitator von so niedrigem provinziellem geistigen Niveau (ohne Volksschulabschluss) und mit so großer Ignoranz über die Machtverhältnisse in der Welt, wie Adolf Hitler es war, an die Regierungsmacht gekommen wäre. Nur in Italien ist dies ebenfalls möglich gewesen, wo ein Gewalt predigender Volksschullehrer an die Spitze des Staates gelangen konnte. Dies war eben deswegen möglich gewesen, weil auch Italien eine „Schnellsiedenation" war, die von der Savoyischen Dynastie, gegen den Willen der Mehrheit der Bevölkerung, im Jahre 1858 mit Gewalt zusammengeschmiedet und dann in den 1. Weltkrieg verwickelt worden war, ohne das Parlament oder die Regierung in die Entscheidung einzubeziehen.

- **Ein verhängnisvolles Geflecht von Ideologien**
  In jenen Umbruchzeiten war die deutsche „forma mentis" für große „vereinfachende Würfe" (d. h. „kopernikanistischer" Art) besonders anfällig, welche eine möglichst totale Optimierung des Kollektivs (durch Maximierung von Uniformität und Minimierung von Beeinträchtigungen) herstellen würde, auch wenn auf Kosten von Individuen und Minderheiten, welche dieser Vereinfachung im Wege standen.

  - o Der von Fichte propagierte totale Polizeistaat und die von Hegel gepredigte Apotheose der Nation, die das Individuum zu einer ontologische Null schrumpfte.
  - o Der Nationalsozialismus kann als Extremfall von erbarmungslosem Sozialdarwinismus betrachtet werden. Besonderen Hass schürten die Nationalsozialisten gegen Juden und Slawen. Beim Judenhass (Antisemitismus) spielte wohl ein Minderwertigkeitskomplex hinein, denn die in stereotyper Weise den Juden zugesprochenen Eigenschaften lagen den vermeintlichen „deutschen Tugenden" zum Teil diametral gegenüber. Bei den Slawen handelte es sich um eine ungerechtfertigte Verachtung relativ friedfertiger Agrarvölker (die von allen Indoeuropäern die geringste Blutspur in der Geschichte hinterlassen haben). Hetzworte wie „jüdischer Bolschewismus" und „Horden asiatischer Untermenschen" wurden zur Dämonisierung verwendet.
  - o Die NS-Ideologen schlachteten (obwohl sie im Kern antichristlich und noch mehr antisemitisch waren) in perfider Weise alttestamentarische Schlagwörter aus, um aus der weitverbreiteten unterschwelligen Überheblichkeit eine Art Glaubensbekenntnis zu machen. Sie kreierten den Slogan der „auserwählten Rasse" und das Gebot der Bewahrung der „Reinheit des deutschen Blutes" (Anlehnung an biblische Reinheitsfixierungen). Ein bewusster Anklang an das Alte Testament war auch die Losung „Gott mit uns" auf den Wehrmachtsschnallen; sie lehnte sich an das biblische „Gott marschiert mit uns mit" (Deut. 20,4) an. Das Predigen einer Heilsgeschichte, in Form des Erweckens einer außerordentlichen starken Erlösungserwartung der deutschen Bevölkerung an ihren Nationalstaat, mit dem hohlen Versprechen eines „tausendjährigen Reiches", welches alle Existenzprobleme für immer lösen würde (Paul Nolte). Auch die Vertreibung (später Ausrottung) der Juden des Reichsgebiets lehnte sich an die Episode der Vertreibung der Händler aus dem Tempel durch Christus an (explizites Zitat in „Mein Kampf").
  - o Bei ihrer Heilslehre, welche eine Rückkehr zu idyllischen Idealzuständen der Vergangenheit versprach (die es nie gegeben hatte), griff die NS-Ideologie auf die träumerisch-verzerrte Welt der deutschen Romantik zurück.[261] Diese hatte in der Erinnerung an"gute alte Zeiten" geschwelgt, die es nie gegeben hatte. Eine der Ausprägungen davon war der Mythos einer homogenen Abstammung des deutschen Volkes (Abstammungsmythos) gewesen, die es noch weniger gegeben hatte. Die verführerische Wirkung der NS-

---

259 Mann, Thomas: Deutschland und die Deutschen (1945).

260 Schlagworte von Heinrich August Winkler (Interview mit SpiegelOnline vom 10.04.2008 zum 75. Jahrestag des Ermächtigungsgesetzes von 1933).

261 Ein Wesenselement der Romantik besteht in der Verschmelzung von Realität und Wunsch zu einer Vision (Novalis: „Indem ich dem Gemeinen einen hohen Sinn, dem Gewöhnlichen ein geheimnisvolles Ansehen, dem Bekannten die Würde des Unbekannten, dem Endlichen einen unendlichen Schein gebe, so romantisiere ich es.") und im Schwelgen in der Sehnsucht nach der Rückkehr zu der Vision.

Bilderwelt kann kaum unterschätzt werden. Die Bilder der aufblühenden Frühlingswiesen und bei Schönwetter Glück genießenden Menschen (alle jung, schön, blond, gesund aussehend, Mitglieder einer harmonischen Verwandtschaft) überboten den Illusionismus der modernen Werbung bei weitem.

- **Politisch-ökonomischer Opportunismus der großen Mehrheit der deutschen Bevölkerung**
  Aus verschiedenen Bevölkerungsschichten wurde den Nationalsozialisten aus handfesten kollektiven Egoismen heraus eine starke Unterstützung zuteil. Aly Götz hat dies eine **„Wohlfühldiktatur"** [262] genannt und Frank Bajohr (2006) eine „Zustimmungsdiktatur". Mit seinem ideologisch-ökonomischen Programm konnte Hitler Millionen von Anhängern gewinnen:
  - o Unterstützung durch die deutsche Wirtschaft (v.a. Großindustrie und Großbanken), welche bei einem Linksrutsch Streiks und Enteignungen befürchtete. Zutreffender als der irreführende Name „Nationalsozialismus" wäre die Bezeichnung „Nationalkapitalismus".
  - o Unterstützung durch die deutsche Aristokratie und Militärkaste, welche bei einem Linksrutsch den Verlust ihrer Privilegien befürchteten und daher den preußischen Obrigkeitsstaat aufrechterhalten wollten.
  - o Duldung und teilweise sogar Unterstützung durch die katholische und protestantische Kirche, denen eine „religiöse Säuberung" Deutschlands willkommen war. Hitler köderte die Kirchen außerdem mit Scheinheiligkeiten, wie z.B. der Verordnung, dass der Schultag mit einem Gebet an das Jesuskind zu beginnen habe. (Nur Minoritäten wie die Zeugen Jehovas ließen sich als einzige christliche Gemeinde vom NS-Regime nicht korrumpieren und gingen den heldenhaften Weg in die KZ-Internierung und den Tod).
  - o Das NS-Regime richtete nach seiner Machtergreifung eine stark ausgeprägte „Wohlfühldiktatur" ein. Diese beruhte auf einem mit extremer staatlicher Verschuldung finanzierten wirtschaftlichen Aufschwung (Autobahnbau, Rüstungskonjunktur), zu dem dann die Vermögensübertragungen aus der Enteignung der Juden kamen. Die Steuerzahler wurden von finanziellen Beiträgen zum Tragen der Kriegskosten entlastet: Es wurden keine Kriegssteuern erhoben; an die Familien der Eingezogenen wurde 85 % des Nettoverdienstes weiterbezahlt. Dies war dadurch möglich, dass zwei Drittel der Kriegskosten mit Konfiszierungen, Tributen, Zusatzbesteuerungen im eroberten „Lebensraum" finanziert wurden sowie mit der Sklavenarbeit von 10 Millionen Zwangsarbeitern (Minoritäten des Reichsgebiets, Kriegsgefangene, Zivilbevölkerung der besetzten Gebiete). „Politische Loyalität ging durch den wohlgefüllten Magen, auf Kosten des Existenzrechts von Millionen als minderwertig qualifizierten Menschen." [263]

Viele Hunderttausend haben sich als sprichwörtliche Handlanger für die Masseninternierungen und den Mord an Millionen Menschen hergegeben, darunter auch kulturelle Koryphäen:

- Außerordentlich viele Mediziner brachen den „Hippokratischen Schwur" und betrieben proaktiv grausame Menschenversuche unter Inkaufnahme der Todesfolge, um sich mit Forschungsarbeiten hervorzutun und ihren Rassenwahn wissenschaftlich zu untermauern; oder standen an der Ankunftsrampe der KZ's, um mit „klinischem Auge" durch Fingerzeig von den Ankömmlingen die nicht „Lebenswürdigen" auszusondern.
- Hoch qualifizierte Juristen gaben sich dazu her, Verstöße gegen die Rechtstaatlichkeit mit formalrechtlicher Verpackung zu legitimieren.
- Namhafte Philosophen, darunter Martin Heidegger, begeisterten sich für die menschenverachtende NS-Ideologie (bei einer Feier in Freiburg am 26.5.1933, bei der Heidegger die Ansprache hielt, sang die Menge unmittelbar vor seiner Ansprache mit zum Hitlergruß erhobenen rechten Arm das NS-Lied „...wenn das Judenblut vom Messer spritzt, dann gehts noch mal so gut ..."). Einen Monat später sagte er „ ...ein scharfer Kampf im nationalsozialistischen Geiste, der nicht ersticken darf durch humanisierende, christliche Vorstellungen...". [264]
- Namhafte Wissenschaftler erlagen der ideologischen Entartung des Nationalsozialismus und traten freiwillig in die NSDAP ein. Darunter: Konrad Lorenz (Nobelpreis 1973 für Physiologie oder Medizin).

Mit dieser **Mischung inhumaner Weltanschauungen mit Wohlfühldiktatur** gelang es dem NS-Regime, das zivilisatorische Netz wie Salzsäure zu zersetzen und einen großen Teil der Bevölkerung auf einen vorhistorischen zivilisatorischen Stand zurückfallen zu lassen.

Hans Mommsen hat den kollektiven Charakter und die Eigendynamik des NS-Regimes treffend wie folgt zusammengefasst: „... dass der Diktator nur extremer Exponent einer durch den Wegfall aller institutionellen, rechtlichen und moralischen Barrieren freigesetzten antihumanitären Impulskette war, die einmal in Gang gebracht, sich potenzierend fortsetzte". [265]

Der Nationalsozialismus war, ebenso wie der Marxismus, **eine nicht universalisierungsfähige Ideologie**. Sein utopisches und verbrecherisches Fernziel vom „Glück eines Volkes auf Kosten der Ausbeutung oder Ausrottung Artfremder oder minderwertiger Rassen", war ebenso wenig global konsensfähig wie das „Glück der Arbeiterklasse aller Länder auf Kosten der anderen Klassen" des Marxismus.

Abschließend eine **Bemerkung zum Namen „Nationalsozialismus"**. Das gesamtpolitische Programm des NS-Herrschaft wäre treffender als „Nationalkapitalismus" zu bezeichnen. Wie John Hartung (1995) treffend bemerkt hat, drückt die Wortpaarung „National" mit „Sozial" plakativ die alttestamentarische

---

262 Götz Aly, in Spiegel Special 2/2005
263 Götz Aly, in Spiegel Special 2/2005
264 Rede Heideggers in der Universität von Heidelberg vom 30.6.1933, in Victor Farias „Heidegger und der Nationalsozialismus", Fischer, Frankfurt a.M., 1989.
265 Zitiert in Kershaw (1958).

Dichotomie wieder, zwischen einer rücksichtslosen Durchsetzung der Kollektivinteressen nach außen und der Herstellung eines möglichst konfliktfreien Kollektivs im Inneren (im Fall der NS-Herrschaft durch eine als Sozialismus getarnte Wohlfühldiktatur für die Mehrheit, bei gleichzeitiger Beseitigung der Mehrheitsfremden).

D) Der Nationalkommunismus der Roten Khmer und kollektive Gewalttätigkeit

Während des Vietnamkriegs (1965 bis 1975) wurde auch der Nachbarstaat Kambodscha mit Gewalt überzogen. Die Nordvietnamesen verlegten ihre Nachschubwege auf kambodschanisches Gebiet und die US-Amerikaner pflügten zwischen 1969 und 1973 mit 500.000 t Bomben ganze Landstriche um mit dem Ziel, diese Nachschubwege zu unterbrechen. Nach dem Abzug der US-Streitkräfte und der Besetzung Südvietnams durch die nordvietnamesischen Streitkräfte war in Kambodscha ein innenpolitisches Machtvakuum entstanden, in dem eine Clique kommunistischer Intellektueller 1974 die Macht übernahm und ein Regime einführte, das man **Nationalkommunismus** nennen kann. Die utopischen politischen Ziele der Clique um Pol Pot waren ein tödliches Gemisch ideologischer Allophobien zur Herstellung einer autarken, monoethnischen, klassenlosen Urgesellschaft:

- Rassenhass (Schaffung eines reinen Khmer-Staates durch Eliminierung der ethnischen Minderheiten).
- Klassenhass gegen die (stark von anderen Ethnien bevölkerten) elitären Schichten
- Fremdenhass (Schaffung eines vom Ausland autarken Agrarstaats, Auflösung der vom westlichen Imperialismus korrumpierten Stadtkultur, Ausrottung jeglichen ausländischen Einflusses)

Zur Durchsetzung dieses ideologischen Allophobiegemischs schreckten die Roten Khmer vor keinem Verbrechen gegen die Menschheit zurück. Durch eine Reihe von Massakern, Deportationen und in regelrechten **Menschenvernichtungsstätten** brachten sie vor allem die urbane Mittelschicht und die Oberschicht, die kulturelle Oberschicht (v.a. die buddhistischen Mönche) sowie ethnische Minderheiten (die chinesische Minderheit und ein Drittel des Volksstammes der Cham) um. Insgesamt wurden 1,7 Millionen Personen ermordet (20 % der Bevölkerung).[266]

Das erschreckende Beispiel des Nationalkommunismus der Roten Khmer beweist, dass ideologische Allophobien beliebiger Art in beliebigen Kombinationen amalgamiert werden können.

10.2.7 Kollektive Erinnerungskultur und Kollektivgewalttätigkeit

10.2.7.1 Kollektives Gedächtnis

Der französische Soziologe Maurice Halbwachs (1925) hat als erster darauf hingewiesen, dass das Gedächtnis grundsätzlich sozial geprägt, das heißt eine „memoire collective" (Kollektivgedächtnis) ist.[267] Damit wird die Vergangenheit interpretiert, um die Gegenwart im Hinblick auf eine angestrebte Zukunft zu gestalten. Hauptzweck ist dabei die Herstellung einer kollektiven Identität zur Steigerung der Kohäsion. Da die Kehrseite der inneren Kohäsion eines Kollektivs die externe Aggression ist, stellen Teile des kollektiven Gedächtnisses Resonanzböden kollektiver Gewalttätigkeit dar. Kenneth Boulding führte 1950 in diesem Zusammenhang den Unterbegriff des (kollektiven) **psychischen Kapitals** ein, welches sowohl in seiner positiven Ausprägung (Erfolgserinnerungen) als auch in seiner negativen (Leidenserinnerungen), zu kollektiven Motivationen beiträgt.

Die unter Punkt 4.5.7 angeführten Nationalfeiertage und religiösen Feiertage dienen der periodischen Auffrischung des kollektiven Gedächtnisses.

Jan Assmann (2006) hat in diesem Zusammenhang den Begriff **„kulturelle Semantik"** vorgeschlagen, worunter er die großen Erzählungen, Mythen, Symbole, Bilder, literarische Texte und Leitunterscheidungen versteht, mit denen sich Gesellschaften in der Welt und in der Zeit orientieren.

10.2.7.2 Kollektive Mythen, Epen und Legenden

Zu den gewaltträchtigen Resonanzstellen von Sozialkonstrukten gehören die kollektiven (meist politischen) **Mythen**. Darunter werden hier, in Anlehnung an die Definition des Pkt. 3.3, tendenziöse und selektive Wiedergaben vergangener Vorfälle verstanden, welche ein Kollektiv betreffen. Es handelt sich um

---

266 Der extreme Zynismus der Megamörder drückte sich in der Regel 4 eines ihrer Folter- und Vernichtungszentren aus: „Es ist verboten, während der Auspeitschungen oder Elektroschocks zu schreien."

267 Maurice Halbwachs konnte sein Werk nicht publizieren: er wurde am 23.6.1944 von der Gestapo als „Sozialist" verhaftet und starb am 16.3.1945 im KZ Buchenwald, „durch Arbeit vernichtet". Die Erinnerung an ihn ist in das kollektive Gedächtnis der globalen Zivilgesellschaft eingegangen.

Geschichten „die erzählt werden, um eine Gegenwart vom Ursprung her zu erhellen" (Assmann, 1992) und zwar aus der Sicht eines bestimmten Kollektivs.[268] Sarkastisch ausgedrückt kann man sagen, dass es sich um „nachträgliche Verfälschungen der Realität" (Keil / Kellerhoff; 2002) handelt, beziehungsweise um einseitige Hervorhebungen vergangener Ereignisse mit kollektiven Absichten. Man kann sie auch als „Propagandalügen" bezeichnen. Mythen sind meist stark affektbeladen und durch vernunftsbezogene Argumente schwer auslöschbar.

Die hier verwendete Definition des Mythos ist weiter gefasst als jene, welche darunter nur eine Geschichte aus Vorzeiten versteht, die keinerlei Anspruch an Plausibilität oder Ästhetik hat. Die **Mythen im engeren Sinne** hat Barbara Heidenreich (1999) die älteste Form der „Geschichtsschreibung" genannt. Die **Epen** sind literarische Ausschmückungen vorgeschichtlicher Erzählungen; sie haben einen höheren Anspruch an vernunftsbezogener Nachvollziehbarkeit und kommen deshalb historischen Fakten näher, wie Barbara Heidenreich vermerkte. **Legenden** sind Biografien mit starker Komponente von Vermutungswissen, Übertreibung oder Phantasie von (meist religiösen) beispielhafter Personen eines Kollektivs.

Durch externe Ereignisse (Notstände), individuelle oder kollektive Agitatoren können Mythen zum Aufschaukeln von Aggressionen beitragen.

A) Mythen zur Idealisierung der Vergangenheit und Rechtfertigung einer Zukunftsvision

- Abstammungsmythen sind seit Menschengedenken zur Stärkung des „Wirgefühls" verwendet worden. Zu den ältesten Abstammungsmythen gehört die Äneis von Virgil, der damit den Römern einen größtenteils erfundenen Abstammungsmythos verleihen wollte.
- Die „Romantik" kann man als einen Mythos über eine Vergangenheit betrachten, die es nie gegeben hat. Es wurden damit die glückseligeren wirtschaftlichen, ökonomischen und zwischenmenschlichen Zustände eines Gestern als wahr dargestellt, die es in Wirklichkeit nie gegeben hatte. Jene Zustände wurden mit einer konservativen sozialpolitischen Ordnung in Bezug gesetzt. Jedes Zukunftsprogramm musste sich mit diesem fiktiven Gestern messen und war indiskutabel, wenn es daran nicht heranreichte.

B) Mythen zur Ausblendung oder Umdeutung begangenen Unrechts

- Das Alte Testament ist, von einem nicht religiösen Standpunkt aus betrachtet, zu einem bedeutenden Teil eine Rechtfertigung vergangener Aggressionen und Massenmorde und zwar mit dem Argument, dass man im Auftrage Gottes gehandelt habe.
- Homers „Ilias" ist zwar ein Meisterwerk der Weltliteratur, inhaltlich stellt sie jedoch einen politischen Mythos dar. Eine vom eigenen (griechischen) Kollektiv im -12.Jh. begangene Aggression wurde in ein erlittenes Unrecht verdreht. Dieser politische Mythos wurde (auch dank seiner dichterischen Vollendung) zum Bestandteil der Allgemeinbildung der griechischen Kulturwelt. Noch acht Jahrhunderte später diente sie dem Alexander von Makedonien als Vorwand für eine weitere (vom Zaun gebrochene) Aggression: er ließ sich -336 zum „Hegemon der Griechen zur Invasion Asiens" proklamieren und unter anderem mit der Rächung des angeblich im Trojanischen Kriegs erlittenen Unrechts beauftragen.
- Die Isländersagas sind in Teilen eine literarisch wertvolle Verherrlichung der gewaltsamen „Landnahme" Islands um die erste Jahrtausendwende.
- Das 1572 von Luis de Camoes veröffentlichte Nationalepos Portugals „Os Lusiadas" ist eine künstlerisch zwar höchst wertvolle, jedoch inhaltlich extrem tendenziöse Verklärung der Raubzüge Portugals im Indischen Ozean. Das eminent materielle Motiv der Habsucht wird verschwiegen und stattdessen „Wissensdurst" und „religiöser Eifer" vorgeschoben. Auch wird der regelrechte Grausamkeitsterrorismus unterschlagen und die „Bösartigkeit der Muslime" wiederholt hervorgehoben. Diese einseitige Hasspredigt wurde viele Generationen lang in Portugal allen Schülern eingebläut.
- Die zwischen 1905 und 1913 veröffentlichten Kolonialromane der Freifrau von Liliencron negierten den Genozid an den Herero durch Schuldumkehr und Bagatellisierung. Sie bereiteten den Weg zur Akzeptanz der genozidalen NS-Politik vor (Benz, 2006).
- In den angelsächsischen Ländern hält sich hartnäckig der Mythos einer „sauberen britischen Kolonialarmee" und der durchweg positiven Rolle des britischen Imperialismus.
- Die von Deutschnationalen in Umlauf gebrachte „Dolchstoßlegende" besagte, dass das Deutsche Reich den 1. Weltkrieg nicht auf dem Schlachtfeld, sondern durch Verrat von Sozialdemokraten und anderen demokratischen Politikern in der Heimat verloren habe. Damit wurde eine Rollenumkehr erwirkt, vom Hauptverursacher eines Millionensterbens, zum Opfer eines „niederträchtigen Komplotts". Dieser Mythos hat dadurch immensen Schaden angerichtet, dass er den Weg für das nachfolgende Millionensterben geebnet hat.

C) Mythen über erlittenes Unrecht

Die Komplementärform der kollektiven Erinnerung ist das kollektive Vergessen. Territorial-hegemonische Kollektive sind also nicht nur Erinnerungsgemeinschaften, sondern auch Vergessensgemeinschaften. Eine wichtige Rolle spielen bei einigen Kollektiven Vertreibungsmythen, mit denen eine Auswanderung ausschließlich auf erlittenes Unrecht zurückgeführt wird.

- Der älteste Vertreibungsmythus ist jener der Vertreibung der Israeliten aus Ägypten. Dabei wird unterschlagen, dass die Israeliten im Schlepptau jener Hyksos (eines Zweckverbandes mehrer Völkerschaften des Nahen Ostens) nach Ägypten gezogen waren, welche das Land 150 Jahre lang unterjocht und ausgebeutet hatten.

- Ein vom israelischen Nationaldichter Chajim Nachman Bialik verfasstes Gedicht mit dem Vers „Solch' eine Rache, die Rache für das Blut eines kleinen Kindes, hat nicht mal der Teufel erfunden" wird von jedem israelischen Kind auswendig gelernt, zur Bildung der kollektiven Wahrnehmung der israelischen Geschichte als Verfolgungsgeschichte und zur Rechtfertigung für jede bewaffnete israelische Aktion als „Gegengewalt". (Moshe Zimmermann in Dabag u.a., 2000).

- In Großbritannien wurde ein Vorfall, der sich 1623 in Amboyna (Insel der Molukken, Indonesien) ereignet hatte (der niederländische Gouverneur hatte zehn Briten grausam hinrichten lassen unter der Anschuldigung, eine Vertreibung der Niederländer vorbereitet zu haben) zu einem kollektiv erlittenen Unrecht hochstoílisiert. Der Dichter John Dryden schrieb darüber eine Tragödie und das „massacre of Amboyna" diente bis zu den Burenkriegen (fast 300 Jahre später) wiederholt als anti-niederländische Hetzpropaganda (Reinhard, 1983).

- Der Tod von 123 Briten, die 1757 vom bengalischen Fürsten Suraja Dowla in einen engen Gefängniskeller, später „Black Hole" genannt, eingepfercht worden waren, wurde in der Folge von der britischen Kolonialverwaltung für eine anti-indische Propaganda wach gehalten. (Suraja Dowla hatte zu verhindern versucht, dass die Briten ihren Stützpunkt Kalkutta zu einer Festung ausbauten.)

D) Verleumdungsmythen

Da die Portugiesen des 16 Jh. in ihrer Habgier in Ostasien auch Kinderhandel betrieben hatten, kam in China die Mär auf, dass die Europäer Kinder verspeisten. Diese wurde Jahrhunderte lang für antieuropäische Propaganda verwendet.

10.2.8 Kollektive Visionen

So wie Individuen, haben auch Kollektive Visionen, das heißt Vorstellungen über einen zu erreichenden Zustand. Kollektive Visionen stammen in der Regel von der Vision eines Individuums ab (z.B. eines Propheten); wenn sie ein kollektives Interesse ansprechen, werden sie durch Interaktionen zu einer kollektiven Vision ausgestaltet.

- Die älteste historisch tradierte Vision ist die des „gelobten Landes" der Israeliten.

- Die Heilslehren der Religionen, mit Vertröstung auf eine Vergütung im Jenseits, sind im Grunde ebenfalls kollektive Visionen.

- Besonders gewalttätigkeitsträchtig sind Visionen einer utopischen Erlösungswelt, für die Kollektive besonders in ökonomischen Notsituationen besonders empfänglich sind.

- Die von Karl Marx in Aussicht gestellte „Diktatur des Proletariats" wurde zur kollektiven Vision des Bolschewismus, das Millionen von Menschen das Leben gekostet hat, welche der Verwirklichung der Utopie im Wege standen oder im Verdacht dazu.

- Das von Adolf Hitler und seinen Mittätern in Aussicht gestellte „tausendjährige Reich" der arischen Herrscherklasse war eine Vision, die Millionen von Menschen das Leben gekostet hat, vor allem solchen, die der Verwirklichung der Utopie im Wege standen.

10.2.9 Kollektive Stereotype und politische Vorurteile

NATIONALE VORURTEILE BERUHEN ÜBLICHERWEISE AUF VORKOMMNISSEN,
DIE NICHT MITTELS STATISTISCHER STICHPROBEN,
SONDERN MIT STOLZ UND HASS AUSGESUCHT WERDEN.

(Lewis F. Richardson, 1953)

Obwohl Stereotype primär zur individualpsychologischen Sphäre gehören (siehe Pkt. 3.3) gibt es auch kollektive Stereotype (kollektive Vorurteile), die sogar eine wesentliche Identitätskomponente des Kollektivs darstellen. Höchst sensible, intelligente und vernünftige Individuen können in vereinfachende Bewertungsraster ihres Kollektivs zurückfallen.

Es gibt unterschiedliche Arten kollektiver Stereotype:

- Selbstüberhebungs-Stereotype: Hervorhebung eigener Tugenden, mit implizierter Unterschätzung anderer Kollektive
- Verdrängungs-Stereotype
- Aggressive Stereotype: „alle Mitglieder des Kollektivs X haben die schlechte Eigenschaft x"
- Erwartungsmuster-Stereotype: „von allen Mitgliedern des Kollektivs Y muss man das Verhalten y erwarten"

- Feindbild: Mit diesem nur wenige Jahrzehnte altem Wort bezeichnet man die Vorstellung, die man sich von einem realen und angedachten Feind macht, nebst der daraus resultierenden Bewertung. Es handelt sich also um ein ideologisches Sozialkonstrukt, das durch Anreicherung mit anderen Stereotypen eine Kollektivgewalttätigkeit fürdernde Wirkung haben kann. In Weller (2001) wird die Problematik und der Nutzen der Feindbildforschung erörtert,

Kollektive Stereotype können zu wesentlichen Bestandteilen politischer Weltanschauungen werden. Außerdem können sie die Anfälligkeit von Kollektiven für kollektive Gerüchte fördern.[269]

10.2.10 Kollektive Paradigmen

Unter kollektiven Paradigmen versteht man die Gesamtkonstellation von Mythen, Stereotypen, Wertmaßstäben, Erwartungsmustern und Reaktionsweisen. Paradigmen sind sozusagen Meta-Mems, die hintergründig wirken und meist eine epochale Lebensdauer haben und in einem Kulturkreis weit verbreitet sind.

Da Paradigmen eine Gleichschaltung des Fühlens und Denkens bewirken und da ihr Geltungsbereich im Allgemeinen regionale und politische Grenzen überschreitet, haben sie eine überwiegend friedensstiftende Wirkung.

Paradigmen können als Mega-Mems die emergente Eigenschaft haben, nicht nur auf ihre Erhaltung hinzuwirken, sondern auch auf die territoriale Expansion ihres Gültigkeitsbereichs. Dadurch können Paradigmen auch Resonanzstellen kollektiver Gewalttätigkeit darstellen und zur Konstruktion eines Rechts auf Krieg (ius ad bellum) missbraucht werden.

In der Vergangenheit haben sich in der westlichen Welt einige politisch-kulturelle Paradigmen als Rechtfertigung kollektiver Gewalttätigkeit abgelöst:[270]

- Bei den Griechen der Antike bestand das Paradigma der Zweiteilung der Welt in „Hellen" auf der einen Seite, einer Gemeinschaft ähnlich sprechender, denkender, fühlender und lebender Stämme, die den Schutz derselben Götter genoss und dem „barbarischen" Rest der Welt. Es war das (für die Griechen „halbbarbarische") makedonische Reich unter Alexander den Großen, welches die Ausbreitung des Hellenismus auf die ganze Welt („Hellenisierung") zum kategorischer Imperativ zuspitzte und darauf ein Recht auf Krieg (ius ad bellum) gründete, um den ökonomisch motivierten Aggressionskrieg gegen das Persische Reich zu verbrämen.
- Im Mittelalter bestand in Europa das Paradigma einer Zweiteilung der Welt, in „Christen" auf der einen Seite, einer Gemeinschaft von Staaten gleicher Religion und Kultur, die den einzig wahren Gott anerkannten und den Direktiven seines Stellvertreters auf Erden befolgten und dem „ungläubigen" Rest der Welt. Die Eroberung der Iberischen Halbinsel (Reconquista), Norddeutschlands (Sachsenkriege), die Kreuzzüge, die Eroberung Amerikas, die alle handfeste ökonomische Motivationen hatten, wurden mit Paradigma legitimiert, dass die gesamt Welt eine Schöpfung und Eigentum des christlichen Gottes sei, dessen Verwaltung allein sein Stellvertreter auf Erden, mittels „Bulle" genannten Dokumenten, an christliche Fürsten delegieren könne. Die Ausbreitung der christlichen Religion auf die ganze Welt („Christianisierung") wurde paradigmatisch als ein kategorischer Imperativ angesehen und dafür postulierte man ein Recht auf Krieg (ius ad bellum).
- In der Neuzeit bestand in Europa das Paradigma der Zweiteilung der Welt, in einer europäischen „Zivilisationsgemeinschaft" und dem von „Wilden besessenen, herrenlosen, unzivilisierten" Rest der Welt. Die Ausbreitung dieser Kultur auf die ganze Welt („Kolonisation") wurde paradigmatisch als ein kategorischer Imperativ angesehen und dafür postulierte man ein Recht auf Krieg (ius ad bellum).[271]

In all den genannten Fällen kann man den hintergründigen Paradigmen einen zivilisatorischen Fortschrittswert zusprechen, ihr Aufzwingen mit gewalttätigen Mitteln war allerdings jeweils ein zivilisatorischer Rückschritt.

Es fällt einem Humanisten und „Ptolemäer" schwer, die aktuelle Menschenrechtsbewegung als ein Paradigma zu bezeichnen, denn sie bildet die ultimative und universalisierbare Grundlage für ein globales friedliches Zusammenleben aller Individuen und Kollektive. In der Aktualität besteht die schwierige

---

269 Eine paradigmatische Studie des Fallbeispiels der Motivation von Wehrmachtssoldaten im 2. Weltkrieg hat Sven Oliver Müller durchgeführt („Nationalismus an Front und Heimatfront im Zweiten Weltkrieg"; S. Fischer Verlag, Frankfurt a.M. 2007). Durch Auswertung alltagsgeschichtlicher Quellen ermittelte er, dass sich ein kollektives Gefühl der eigenen Höherwertigkeit besonders in der Zeit nach der Jahrhundertwende bereits zu einer Bereitschaft zu Gewalttätigkeit verdichtet hatte, längst bevor Hitler publikumswirksam wurde und diese legitimiert und radikalisiert hat.

270 Aufbauend auf die Betrachtungen von Norman Paech „Menschenrechte und Krieg im Zeichen des europäischen Wertekanons" von 2001/04 (www.rosalux.de/index.php?id=4805).

271 Viele Völkerrechtler argumentierten bis in den Anfang des 20. Jhs. hinein für ein Recht auf Krieg (ius ad bellum) der zivilisierter Staaten gegenüber dem „unzivilisierten" Rest der Welt, darunter: Thomas Morus, Johann Caspar Bluntschli, Friedrich v. Holtzendorff.

Streitfrage, ob der Schutz und die Verbreitung der Menschenrechte ein Recht auf Krieg (ius ad bellum) begründen.

10.2.11 Kollektive Gerüchte (speziell politische Falschmeldungen)

Unter „Gerücht" versteht man „etwas was weitererzählt wird, ohne das bekannt ist, ob es auch wirklich zutrifft".[272] Mit dem Begriff **politisches Gerücht** sind im Folgenden nach Keil / Kellerhoff (2006) „sachlich falsche Nachrichten über politische Zusammenhänge gleich welchen Ursprungs" gemeint, die während eines laufenden Prozesses umlaufen. Auch wenn es Individuen sind, die sie in Umlauf bringen und rezipieren, handelt es sich um einen kollektiven Vorgang. Jean-Noel Kapferer hat Gerüchte „das älteste Massenmedium der Welt" genannt. Gerüchte tragen zur Gestaltung der Wirklichkeit bei.

Die Entstehung und Verbreitung von politischen Gerüchten wurde mit der von Viren verglichen: sie befallen die Bevölkerung desto mehr, je „gerüchteanfälliger" diese durch Unsicherheit und Mangel an Grundwissen sowie Informationen ist. Deshalb sind besonders die Bevölkerung von Diktaturen oder Kollektive mit eingeschränktem Informationszugang (Militär) für politische Gerüchte empfänglich, oder wenn sie Stereotypen bestätigen. Wenn die Anfälligkeitsbedingungen zum Gerücht passen, verbreitete es sich mit unkontrollierbarer Eigendynamik, ähnlich wie ein losgelassenes Torpedo.[273] Es kann aber genauso plötzlich aufhören, sobald mindestens eine der Anfälligkeitsbedingungen entfällt. Ein markanter Unterschied zu den Viren ist, dass sie Todesopfer nicht unter den Infizierten sondern unter den Subkollektiven verursachen können, welche die Zielscheibe der politischen Gerüchte sind.

Für die Stärke von Gerüchten wurden Faustformeln entwickelt, zuletzt die von A. Chorus

$$R = (i \times a) / c$$

wobei:

i = Brisanz des Inhalts
a = Unsicherheit oder Mehrdeutigkeit der Situation
c = Kritikfähigkeit des das Gerücht verbreitenden Kollektivs

Bereits im Alten Rom gab es Funktionäre („delatores"). welche den Auftrag hatten, durch Herumhorchen unter dem Volk Gerüchte aufzunehmen und mit Gegengerüchten zu bekämpfen. Modernen Staaten beschäftigen seit dem 2. Weltkrieg „Desinformationsspezialisten".

Einige **Beispiele** verhängnisvoller politischer Gerüchte und ihrer Folgen (Keil / Kellerhoff, 2006):

- Christenverfolgung Neros (64): Als eine Feuersbrunst zwei Drittel Roms zerstörte, kursierte unter der Bevölkerung das Gerücht, Nero habe es legen lassen, um sich Platz für seine neue Residenz zu schaffen. Um den Verdacht von sich abzulenken, bezichtigte Nero die Sekte der Christen und ließ etwa 5.000 hinrichten.
- Deutsche Kriegsverbrechen in Belgien (1914): Ein (falsches) Gerücht (und Erwartungshaltung), belgische Zivilisten hätten auf deutsche Invasionstruppen (in „niederträchtiger und feiger Weise sogar aus dem Hinterhalt") geschossen, ähnlich wie die französischen „franc tireurs" im Krieg 1871/72, kostete 6.000 belgischen Zivilisten das Leben.
- Versenkung der Lusitania (1915): Aufgrund eines (falschen) Gerüchts, dass das britische Passagierschiff bewaffnet sei und Waffen transportiere, wurde es von einem deutschen U-Boot versenkt, wobei u.a. 128 US-Bürger umkamen. Dieses Gerücht löste mittelbar den Kriegseintritt der USA aus.

10.3 Strukturelle Förderung kollektiver Gewalttätigkeit

Im Laufe der Geschichte haben sich immer kompliziertere Formen sozialer Organisationen entwickelt. Ihre Leistungsfähigkeit hat dabei zugenommen und ausgeprägter wurde ihr „Eigenleben". Eine der Formen dieses Eigenlebens ist die Kollektivgewalttätigkeit und wie wir wissen, kann diese zum Tod von Millionen von Individuen führen. Man könnte von einem „Zauberlehrlings-Effekt" sprechen, bei dem vom Menschen geschaffene Sozialkonstrukte „soziale Systeme" seiner Kontrolle entgleiten können und sich mit ihrer Eigendynamik gegen ihn wenden. Dies macht es erforderlich, jene strukturellen Eigenschaften sozialer Systeme (Kollektive) ausfindig zu machen, welche die Anwendung kollektiver Gewalttätigkeit fördern, sowie jene, welche die Kollektivgewalttätigkeit eindämmen.

Gaston Bouthoul (1951) hat die These aufgestellt, dass die kollektive Gewalttätigkeit von der Verfassungsform der Staaten unabhängig sei. Der bevölkerungsproportionale Zuwachs der Kollektivgewalttätigkeitsereignisse während drei Jahrtausenden spricht dafür, die Unterschreitung jener Proportionalität während der Pax Romana und seit 1945 sprechen jedoch dagegen.

---

272 Duden, ebd.
273 R. Knapp (1944) zitiert in Keil / Kellerhoff (2006)

Im Folgenden wird der Versuch unternommen, die im Laufe der Geschichte entstandenen sozialen Systeme nach ihrer Gewaltträchtigkeit zu beleuchten.

10.3.1 Gewalttätigkeitspotenziale durch strukturelle Verquickung kollektiver mit individuellen Handlungsdynamiken

Die Grundidee des vorliegenden Punktes besteht in der Beobachtung, dass sich spezielle Gewalttätigkeitspotenziale entwickeln, wenn die Handlungsdynamiken territorialer Kollektive mit den Handlungsdynamiken der individuellen Ebene der obersten Funktionsträger verknüpft werden. Damit sei nicht der Beitrag individuellen Handelns zu den kollektiven Abläufen gemeint, sondern die systematische Verkoppelung verschiedener Ebenen.

Der folgenschwerste Fall dieser Art ist die privatrechtliche Verfügung über Territorialherrschaften durch die germanischen Kriegerkasten, welche im Frühmittelalter in ganz Europa (mit Ausnahme des Balkans) die territoriale Herrschaft eroberten.

Während die germanischen Reichsgründer der ersten Invasionswelle (z.B. die Goten und Burgunder) in Teilbereichen noch römisches Recht gelten ließen, darunter auch Prinzipien des Staatsrechts, wandten jene der zweiten und dauerhafteren Invasion (v.a. die Franken) nur noch rein germanisches Recht an und jenes kannte nur ein Privatrecht.[274] Das ganze Mittelalter war dann eine Epoche der exklusiven Anwendung von Privatrecht (abgesehen vom Kirchenrecht)[275] auf kollektive Belange. Es gab kein eigenständiges öffentliches Recht; die entsprechenden politischen Problematiken wurden mit den privatrechtlichen Kategorien des Eigentums, der Vererbung, der Schenkung, des Vertrages des jeweiligen Stammes behandelt.[276] Auch in staatsrechtlichen Fragen galt der Grundsatz der **Personalität des Rechts**; So wurde auch ein Fürstentum oder ein Königreich als persönliches Eigentum des jeweiligen Herrschers angesehen, der es unter seine Nachkommen[277] aufteilen oder auch gegen Geld veräußern konnte, wie ein Privatmann einen Landbesitz. Das Schicksal der territorial-hegemonischen Kollektive und der darauf lebenden Bevölkerung wurde somit mit dem physischen und privaten Leben der Machthaber verquickt. Das römische Prinzip der **Territorialität des Rechts** lebte hingegen nur in der Kirchenorganisation weiter.

Privatrechtliche Verfügung über Territorialherrschaften waren in der Geschichte bis dahin eine Ausnahme gewesen

> ➤ *In allen Epochen und Kulturen ist die menschliche Tendenz zur Geltung gekommen, eigene Errungenschaften an seine körperlichen Nachkommen zu übertragen, so auch eine politische Herrschaft. Thronfolgestreite sind eine Konstante der Geschichte. Aber eine Aufteilung der Territorialherrschaft unter der Nachkommenschaft und in der Generationenfolge sogar in kaskadierter Form (Aufteilung der Aufteilung), wie sie die germanischen Eroberer Westeuropas während des Mittelalters und der frühen Neuzeit praktiziert haben, ist zu anderen Zeiten und anderswo, nicht in solchem Maße zu einer regulären, selbstverständlichen Praxis geworden.*
>
> ➤ *Nach ihrer Machtergreifung ordnete die Han-Dynastie im -2.Jh. an, dass die Territorien der Titularfürsten unter sämtlichen Söhnen aufzuteilen seien. Dies entstammte aber nicht einer selbstverständlichen Praxis, sondern stellte eine Zwangsmaßnahme der Zentralregierung dar, um die Macht der Territorialherren zu brechen, ebenso wie die parallel dazu erteilte Anordnung, dass die reichen Familien zwangsweise in Hofnähe umsiedeln mussten.*
>
> ➤ *Die alten Reiche des Nahen Ostens sahen in der Regel vor, dass die Herrschaft auf einen Sohn überging; es war aber niemals vorgesehen, das Reich unter mehreren Söhnen wie eine private Erbschaft aufzuteilen.*

---

274 De Ruggiero (1925) hat auf folgenden Aspekt der germanischen Beschränkung auf das Privatrecht hingewiesen, der für die Entwicklung der Freiheit in Europa eine positive Auswirkung gehabt habe: Da Herrschaft letztlich nur durch Besitz legitimiert wurde, waren der Landesfürst und der Adel prinzipiell gleichberechtigt und die Unterschiede waren eher quantitativer als qualitativer Art. Dadurch sei ein dauernder Konflikt zwischen Fürst und Adel vorprogrammiert gewesen, die zur Heranbildung der politischen Freiheiten beigetragen hätten.

275 Dementsprechend sah das germanische Recht nur Geldstrafen zur Entschädigung der Opfer vor.

276 Wie Montesquieu (1748, XXVIII) ausführlich dargelegt hat, galt beispielsweise für den fränkischen Ehemann ein anderes Recht als für seine burgundische Ehefrau; teilweise konnte man sich aber sein Recht aussuchen. Selbst innerhalb des jeweiligen germanischen Rechts wurden die Strafen nach Stammeszugehörigkeit der Täter und Opfer abgestuft; so büßte ein Franke für die Tötung oder Beraubung eines Franken nur halb so viel als wenn der Täter ein Römer war. Dies führte nach Montesquieu dazu, dass sich im Besatzungsgebiet der Franken auch die kelto-romanische Vorbevölkerung für das fränkische Recht optierte, um an der bevorzugten Behandlung der Franken teilzuhaben. Das westgotische Recht und das langobardische Recht enthielten keine rechtliche Privilegierung der germanischen Eroberer, weswegen das römische Recht in Südfrankreich und Norditalien fortbestanden habe.

277 Bei den Franken galt das „salische" Recht, wonach nur die männlichen Nachkommen erbberechtigt waren. Montesquieu (1748, XVIII) hat dies damit erklärt, dass bei den Germanen nur das Grundstück um das Wohnhaus („sal") Privatbesitz sein konnte. Da die weiblichen Nachkommen in das Haus ihres jeweiligen Ehemanns zogen, sei es logisch gewesen, dass sich nur die männlichen Nachkommen den Hausbesitz aufteilten.

> Bei den Kelten wurden die Könige gewählt. In Irland wurde der Nachfolger eines Königs zwar aus der Familie des Verstorbenen gewählt, es war aber nicht zwangsweise ein Sohn von ihm.
> Das makedonische Reich Alexanders wurde nach seinem Tode in Teilreiche unter seine Generäle aufgeteilt, aber nicht unter seine Sippschaft.
> Die durch die Verwaltungsreform des Jahres 284 durch Kaiser Diokletian eingeleitete Aufteilung des Römischen Reichs in zwei, dann vier Verwaltungseinheiten, aus der sich schließlich die Zweiteilung in ein Weströmisches Reich und in ein Oströmisches Reich entwickelte, erfolgte nicht aus einer Absicht, zwei bzw. vier Personen seiner Nachkommenschaft zu versorgen. „Er wählte seine Mitkaiser nicht nach Blutsbanden, sondern nach Maßgabe ihrer Loyalität und Eignung aus" (Scarpe, 1995).
> Das Byzantinische Reich wurde nie unter mehreren Kaisersöhnen aufgeteilt.
> Die arabischen Reiche wurden nie unter den Kalifensöhnen aufgeteilt.
> Das Osmanische Reich wurde nie unter den Söhnen des Sultans aufgeteilt.[278] Dies hatte allerdings die makabre Konsequenz, dass der erbberechtigte Erstgeborene in der Regel nach seinem Amtsantritt alle seine Brüder und Stiefbrüder beseitigen ließ.
> Lediglich das Mongolenreich des Tschingis Khan wurde von ihm unter seinen Söhnen aufgeteilt. Hier liegt die vielleicht einzige Parallelität mit den germanischen Reichen vor.
> Die russischen Fürstentümer hatten bis Anfang des 18. Jhs. zwar ein eigenartiges Erbfolgerecht (der jüngere Bruder des Verstorbenen hatte Vorrecht vor dessen Söhnen), aber eine Erbteilung von Gebieten war die Ausnahme.
> Das Absurdum der privatrechtlichen Verfügung germanischer Herrscherkasten über die von ihnen eroberten Territorien ist am **Beispiel der Franken besonders krass** darstellbar, welche sie in höchstem Maße betrieben haben (Pirenne, 1936). Nachdem sie durch eine Vielzahl von Kriegen, die sich über drei Jahrhunderte erstreckten und durch Karl den Großen abgeschlossen wurden, eine territoriale Integration über ganz Kontinentalwesteuropa hergestellt hatten, teilte bereits der Sohn und Nachfolger Karls des Großen das Frankenreich in drei Teile auf, um seine drei Söhne zu versorgen. Diese zerstritten sich bald gewalttätig und teilten ihrerseits ihre Teilreiche weiter auf. Im Jahre 842 kehrte man zu Verdun auf eine Dreiteilung zurück, indem man das Reich in bewusster Form vertikal in drei Scheiben trennte, damit jede sowohl nördliche, als auch südliche Vegetationsgebiete enthalte (Dion, 1947).

Personenindividuelle Ereignisse wie Heirat, Primogenitur, Kinderlosigkeit, Verwandtschaft und Tod führten also im Europa des Mittelalters bis in die mittlere Neuzeit hinein häufig zu einer Erbteilung oder zu einem mit kollektiver Gewalttätigkeit ausgefochtenen Erbstreit.[279][280] Dadurch wurde in den **territorialen Strukturierungsprozess** sozusagen eine Vielzahl von **physiologisch getriggerten dynastischen Zufallsgeneratoren eingebracht**, die immer wieder zu neu zusammengewürfelten hegemonischen Zuordnungen von Territorien geführt haben; zum Teil liefen diese gegen den sozio-ökonomischen Entwicklungstrend und konnten nur mit viel kollektiver Gewalttätigkeit wieder rückgängig gemacht werden. In einer Anfangsphase lösten diese Zufallsgeneratoren eine wachsende Fragmentierung des Territoriums aus; als diese ökonomisch untragbar geworden war, wurden sie (mit zum Teil an den Haaren herbeigezogenen Erbansprüchen) zur Rechtfertigung einer gewalttätigen territorialen Integration genutzt.[281]

Der Limburger Erbfolgestreit (1283 bis 1288), ein paradigmatisches Beispiel der Verfügung über Territorialherrschaft

> Konfuse Rechtslage: Nach dem Tod der kinderlosen Alleinerbin des Herzogtums von Limburg konnten etwa zehn Prätendenten dem Gatten der Verstorbenen die Nachfolge streitig machen (bei eindeutiger Rechtslage hätte es nur einen Erbberechtigten geben können)
> Veräußerung der (im Grunde fiktiven) Erbrechte: Zwei Prätendenten veräußerten gegen Geld ihr angebliches Nachfolgerecht .
> Einmischung zweier regionaler Großmächte (Kurerzbistum Köln und Herzogtum Brabant), um auf die Erbfolge zu eigenem Vorteil Einfluss zu nehmen.
> Ausnutzen des Erbfolgestreits durch regionale Kleinmächte, um sich unabhängig zu machen (Stadt Köln, mehrere Grafschaften)
> Durch Kollektivgewalttätigkeit (Schlacht von Worringen, 1287) wurde eine neue Faktenlage hergestellt.

---

278 Weniger um eine Reichsteilung zu vermeiden, als um Nachfolgekämpfe und Intrigen zu vermeiden, bestand im Osmanischen Reich die grausame Tradition, beim Tod des Sultans alle männlichen Brüder jeglichen Alters des Thronfolgers umzubringen und in der Gruft des Verstorbenen zu bestatten.

279 In zutreffender Weise spricht man für diese europäische Epoche mehr von „Erb-folgekriegen" als von „Thronfolgekriegen".

280 Einer der ersten, der die Verquickung von Privatrecht mit Staatsrecht als eine der Hauptursachen der Kriege seiner Zeit erkannt hat, war um 1660 Blaise Pascal.

281 Der Spanische Erbfolgekrieg (1701 bis 1714) wurde beispielsweise durch den Tod (vermutlich Giftmord) eines 6-jährigen bayrischen Kurprinzen ausgelöst, der vom schwer erkrankten kinderlosen spanischen König zum Nachfolger ernannt worden war, da jener als Enkel einer Schwester sein Nächstverwandter war. Mit dem Spanischen Erfolgekrieg setzte der französische König schließlich durch, dass der (zu Kriegsbeginn 17-jährige) Enkel einer anderen Schwester des (mittlerweile verstorbenen) spanischen Königs die Thronfolge antrat, wozu er aber Teile des spanischen Reichsterritoriums abtreten musste. Um diese zurückzugewinnen begann jener in der Folge einen weiteren Krieg ...

> ➢ *Das Ergebnis war zum Teil eine territoriale Desintegration (Zerfall des Kurerzbistums Köln) und zum Teil eine territoriale Integration (Angliederung von Limburg an Brabant).*

Die Verkoppelung des Innen- und Außenverhältnisses territorial-hegemonischer Kollektive mit dem Privatleben einzelner Individuen der Machtelite wurde in den Nachfolgestaaten der germanischen Völkerinvasionen erst nach mehr als sieben Jahrhunderten abgestellt:

- In einem der Teilreiche, in die das Karolingerreich zerfallen war, jenem in Nordfrankreich, wurde das Kernland von der Erbteilung um 1228 ausgeschlossen (Elias, 1997). Diese zumindest teilweise Abschaltung des „dynastischen Zufallsgenerators" brachte der Dynastie der Kapetinger eine relativ stärkere Richtwirkung zu höherer territorialer Integration ein, welche dann zur Bildung des Königreichs von **Frankreich** führte. Dieser Konzentrationsprozess wurde zwar immer wieder durch Apanagierung jedes einzelnen Prinzen stark gebremst. Andererseits breitete diese wiederholte Erbteilung über Frankreich ein Netz von Apanagierten derselben Dynastie („princes des fleurs de lis") aus, sodass durch den Tod kinderloser Fürsten (zufällige Umstände) immer wieder Länder auf das Kernterritorium zurückfielen. Außerdem wurden Eheschließungen der großen Feudalherren tendenziell aus dem Gesichtspunkt der Territorialvergrößerung vollzogen (man trachtete sich „groß zu heiraten"). In der Dialektik der zentripetalen und zentrifugalen Kräfte gewannen erstere durch den Lauf der Dinge immer mehr an Kraft, denn je größer das Territorium eines Kontrahenten war, desto größer sein Kriegspotenzial und seine Attraktivität als Heiratspartie, das heißt desto größer seine Chancen, sein Territorium noch größer zu machen.[282]
- In **England** wurden Reichsteilungen und Thronfolgestreite durch die 1377 eingeführte Primogenitur zur Seltenheit gemacht. Die daraus resultierende dynastische Kontinuität beschleunigte die territoriale Integration der Insel.
- Erbteilungen wurden in **deutschen Landen** erst im Laufe der Neuzeit abgeschafft: Württemberg (1495), Bayern (1506), Brandenburg (1603) (Reinhard, 1999).
- Die **österreichischen Länder** wurden erst 1713 für unteilbar erklärt. Trotzdem konnte noch 1854 der österreichische Monarch dem Königreich Bayern die Gebirgsregion um die Zugspitze als Geschenk übereignen, anlässlich seiner Hochzeit mit der bayrischen Prinzessin Elisabeth („Sissi").[283]
- Kant hat in seiner Schrift „Zum ewigen Frieden" (1795) im Preliminärartikel 2 vorgeschlagen, dass bestehende Staaten kein Gegenstand von „Erbung, Tausch, Kauf oder Schenkung" sein dürfe (siehe Anlage 1).

Die **„germanische" Idee**, dass die Basis und Legitimation aller politischen Macht letztlich auf Grundbesitz beruhe und **dass somit jedes Recht auf das Privatrecht zurückzuführen sei**, ist im deutschsprachigen Raum bis in die Neuzeit hinein stark verwurzelt geblieben. So basierte beispielsweise das zwischen 1816 und 1834 vom Schweizer Karl Ludwig von Haller verfasste sechsbändige Werk „Restauration der Staatswissenschaften" auf derartigen Postulaten: der Staat beruhe auf grundbesitzenden Familien, deren Willen sich „naturgemäß" in einer Monarchie zur Staatsmacht verdichte.

Rückblickend kann man wohl sagen, dass die privatrechtliche Handhabung territorial-hegemonischer Kollektive dem territorialen Intergrationsprozess Europas einen erratischen Verlauf mit eine erhöhten Gewalttätigkeit verliehen hat, was anderseits zur überlegenen militärtechnischen Ertüchtigung, aber auch zur demokratischen Gesellschaftsordnung geführt hat, die Europa eine Vormachtstellung und einen institutionellen Vorsprung erbracht haben.

10.3.2 Stammesbezogene Gesellschaftsform und Kollektivgewalttätigkeit

Die Kohäsionskraft stammesbezogener Gesellschaften ist die gemeinsame „Volkszugehörigkeit". Diese ist aber nur solange tragfähig, als im jeweiligen Siedlungsgebiet eine ethnische Homogenität besteht. Je inhomogener die Bevölkerung eines Staates ist (durch Migration oder durch Integration von Nachbargebieten), desto mehr wird die Stammesbezogenheit zu einem gewalttätigkeitsfördernden Konzept. Vom Gesichtspunkt der Ausgeschlossenen („Volksfremden") betrachtet, identifizieren sich diese nicht mit dem Staat, werden diskriminiert (wenn nicht gar verfolgt), diskriminieren sich zusätzlich selbst, laufen anfänglich nur mit und streben im Extremfall nach einer Loslösung aus dem Staatsverband. Vom Gesichtspunkt der „Ausschließenden" betrachtet, neigen diese dazu, die „Volksfremden" sozial und sogar territorial auszugrenzen, im Extremfall zu eliminieren.

Im Laufe der Geschichte haben sich daher die menschlichen Kollektive von Stammesgesellschaften in Richtung offener Gesellschaften entwickelt oder sie sind auseinandergefallen, wenn sie diese Entwicklung versäumt haben.

---

282 Ein bedeutender Teil des Werkes „Über den Prozes der Zivilisation" von Norbert Elias besteht aus einer detaillierten Beschreibung der territorialen Integration Frankreichs.

283 Im Römischen Reich löste im Jahre -32 ein derartiger Vorfall (die Übereignung durch Antonius eines Landstreifens am Toten Meer als „persönlichen Besitz" an seine Gemahlin Kleopatra, der Herrscherin des römischen Vasallenstaats Ägypten) einen Bürgerkrieg aus, der mit der Seeschlacht von Actium und dem Selbstmord des Paares endete.

> ➤ *Ein positives Beispiel der Entwicklung zu einer offenen Gesellschaft ist das Römische Reich, dessen Erfolgsrezept der* **Ersatz ethnischer Bindungen** *durch juristische gewesen ist.*

Der reaktionäre Versuch von territorialen Kollektiven, den Zerfallsprozess aufzuhalten, der durch ihre mangelnde multiethnische Öffnung verursacht wurde, hat im Laufe der Geschichte zu Exzessen kollektiver Gewalttätigkeit und zu schweren Zivilisationsrückschritten geführt. Historische Beispiele dafür sind:

- Die Trennung Portugals von Spanien im Jahre 1640 wurde durch die mangelnde kulturelle Rücksichtnahme der spanischen Regierung verursacht, die Portugal „kastilianisieren" wollte.
- Die Angliederung Tirols an Bayern scheiterte trotz der großen kulturellen Affinität (man könnte die Bayern im Spaß als „Flachlandtiroler" bezeichnen) zweimal (1703 und 1809) daran, dass die bayrische Regierung den Tirolern ihre (an sich marginalen) Brauchtumsunterschiede verbieten wollte.
- Eine der Hauptursachen des 1. Weltkriegs war der Widerspruch der mono-ethnizistischen Führung eines multiethnischen Staats („Österreichisch-Ungarische Monarchie").
- Die Genozidverbrechen der Nationalsozialisten im 2. Weltkriegs sind zum großen Teil darauf zurückzuführen, dass eine territoriale Expansion mit einer ideologischen Implosion betrieben wurde: Je mehr das 3. Reich sein Territorium erweiterte, desto ethnisch inhomogener wurde es, desto mehr versagte ihre stammesbezogene Ideologie. Dieser Widerspruch verursachte letztlich das wohl größte kollektive Verbrechen der Geschichte, indem man versuchte, die ethnische Homogenität durch eine industrielle Vernichtung der ethnischen Minderheiten und Massenumsiedlungen herzustellen.
- Ein Teil der Konfliktualität des Nahostkonflikts beruht auch darauf, dass der jüdische Staat letztlich ein gleichberechtigtes Zusammenleben mit Individuen ablehnt, die nicht zum „vom einzig wahren Gott, Jahwe, auserlesenen Volk" gehören. Die jüdische Religion ist letztlich in seiner Stammesbezogenheit gefangen.
- Der Zerfall der Tschechoslowakei und Jugoslawiens wurde dadurch verursacht, dass die jeweilige „Leit-Ethnie" (die Tschechen bzw. die Serben) sich nicht darin mäßigen konnten, ihre Machtposition zu Lasten der Minderheits-Ethnien zu missbrauchen.

Stammesbezogene Gesellschaftsformen sind in der modernen Zeit der Massenmigrationen zu gefährlichen Formen struktureller Gewalt geworden. Der bereits von Cicero vermerkten zusätzlichen Identifikationen und Loyalitäten von Individuen mit verschiedenen Kollektiven, welche sich der Herkunftsidentität überlagern, ohne sie zerstören zu wollen, kommt im Zeitalter zunehmender Migration eine große Bedeutung zu (Thadden u.a., 2007).

10.3.3 Autoritäre Gesellschaftsform und Kollektivgewalttätigkeit

MACHT FÜHRT ZUR KORRUPTION UND ABSOLUTE MACHT ZUR ABSOLUTEN KORRUPTION

(Lord Acton, 1834 bis 1902)

Autoritäre Gesellschaftsformen:Autoritäre sind solche, in denen nicht die Bevölkerung die Staatsgewalt innehat, sondern eine Bevölkerungsschicht (eine aristokratische Elite, eine ökonomische Elite, eine ideologische Partei). Diese setzt ihren Willen durch „Autorität" durch, indem sie die Rechte der anderen Subkollektive (Bevölkerungsschichten, Minderheiten) einschränkt. Der Extremfall der autoritären Gesellschaftsform ist die totalitäre. Beispiele autoritärer Gesellschaftsform sind: Diktatur, Theokratie, absolute Monarchie, Plutokratie, Oligarchie, Militärdiktatur, totalitärer Staat.

Da autoritäre Gesellschaftsformen die Egoismen nur eines Teils des Kollektivs privilegieren, ist der Konsensus auf diesen Teil beschränkt. Innerstaatlich bedürfen sie daher eines hohen Maßes an repressiver Kollektivgewalttätigkeit, um sich an der Macht zu halten. Das Fehlen jeglicher Kontrolle und Rechenschaftspflicht öffnet den übelsten Exzessen Tür und Tor.

- Erich Fromm hat darauf hingewiesen, dass eine Gesellschaft nicht nur „aus Angst vor physischer Gewalt und den physischen Zwangsmittel" funktionieren könne. (Wikipedia „Erich Fromm", deutsch, 25.5.2015).

Auch zwischenstaatlich neigen autoritäre Staaten mehr zur Aggression als demokratische. Sie neigen besonders dazu, externe Feindschaften anzuheizen, um von internen Problemen abzulenken, d. h. Kollektivgewalttätigkeit als kulturelles Opiat einzusetzen.

Autoritäre Gesellschaftsformen stellen mithin eine gefährliche Form struktureller Gewalttätigkeit dar.

10.3.4 Demokratische Gesellschaftsform und Kollektivgewalttätigkeit

DER GEIST DER MONARCHIE IST DER KRIEG UND DIE VERGRÖSSERUNG,
DER GEIST DER REPUBLIK IST DER FRIEDE UND DAS MASSHALTEN.
(Charles de Montesquieu, 1748)[284]

10.3.4.1 Die idealtypische Definition von Demokratie

Unter **Demokratie** sei hier eine im Laufe der Geschichte herausgebildete Idealvorstellung verstanden, nämlich eine Gesellschaftsform, die man „demokratischen Verfassungsstaat" nennen kann und in dem folgende Regeln gelten:

- Die Souveränität liegt beim Kollektiv aller Einwohner des Staates („beim Volke") und nicht bei einer Göttlichkeit, einer Person, Personengruppe oder Ideologie (Prinzip der Volkssouveränität).
- Die Volksgemeinschaft ist geografisch definiert und nicht ethnizistisch oder sexistisch.
- Es gelten demokratisch beschlossene Grundsätze gesellschaftlichen Zusammenlebens („Verfassung") und darauf abgestimmte Rechtssätze („Gesetze"), die bedingungslos gelten (Prinzip der Rechtsstaatlichkeit) und welche die individuellen Grundrechte schützen.
- Jeder im Staat Lebende hat das individuelle Grundrecht zur freien Meinungsäußerung sowohl im privaten Bereich (Meinungsfreiheit) als auch in der Öffentlichkeit (Pressefreiheit).[285]
- Jeder im Staat Lebende hat das individuelle Grundrecht, sich mit Gleichgesinnten zu treffen (Versammlungsfreiheit) oder zu gruppieren (Vereinigungsfreiheit).
- Jeder im Staat Lebende hat das politische Partizipationsrecht, sich gleichberechtigt, direkt oder über von ihm gewählte Vertreter an der Gesetzgebung und an der Staatslenkung zu beteiligen (Prinzip des Wahlrechts).
- Jeder hat die Pflicht, zumindest durch seine Wahlstimme am öffentlichen Leben teilzunehmen (Prinzip der Wahlpflicht).
- Alle Stimmen sind gleichwertig und bei unterschiedlichen Meinungen gilt die mehrheitliche (arithmetisches Mehrheitsprinzip).
- Die Lenkung der Staatsgeschäfte ist auf unabhängige Herrschaftsträger verteilt (Prinzip der Gewaltenteilung).
- Die Volksvertreter und Regierenden werden nur für die Dauer von Wahlperioden ermächtigt (Prinzip der Rotation der Eliten). (Für Karl Popper ist „die Absetzbarkeit der Regierung ohne Blutvergießen" sogar das wichtigste Differenzierungsmerkmal der Demokratie von allen anderen Staatsformen.)
- Jeder hat die Pflicht, Ungerechtigkeit von anderen abzuwenden (bereits von Cicero eingebrachte Eingreifpflicht).

Hintergründig beruht die demokratische Verfassung auf folgenden Grundsätzen:

- Der Rechtsstatus des menschlichen Individuums steht über dem des Staates (Primat des Individuums über das Kollektiv).
- Dem Staat wird ein eigenständiger Rechtsstatus verneint (rechtliches Primat des Individuums).
- Die demokratische Verfassung verneint folglich in letzter Instanz die „Staatsräson" (Handlungseinschränkung des Kollektivs).
- Der Handelsspielraum der Volksvertreter und der Regierenden wird durch Gesetze bedingungslos eingegrenzt, ein Brechen des Gesetzes ist in keinem Fall erlaubt (Verhaltensgebot für Rollenträger des Kollektivs).
- Kollektive Konflikte sind gewaltlos auszutragen (Handlungseinschränkung des Kollektivs).

Das demokratische Modell unterwirft also dem territorial-hegemonischen Kollektiv und seinen individuellen Rollenträgern strukturelle Auflagen, welche das **„ptolemäische Primat"** des Individuums über die von ihm geschaffenen Kollektive sicherstellen soll.

Die realfaktisch implementierten Demokratien haben sich erst im Laufe des letzten Jahrhunderts der oben skizzierten Idealvorstellung genähert und weichen von ihr noch teilweise ab. Es sind dies im Wesentlichen **Einschränkungen des Partizipationsrechts**.

Die „**Volkssouveränität**" wurde in Wirklichkeit nur graduell auf das gesamte Volk ausgedehnt:

- In der Antike waren Sklaven, Frauen und Minderbemittelte (über 90 % der erwachsenen Bevölkerung) vom Wahlrecht ausgeschlossen. Berücksichtigt man, dass aufgrund der kurzen mittleren Lebenserwartung etwa 40 % der Bevölkerung minderjährig war, so lag der Anteil der Bevölkerung mit Stimmrecht bei 5 %.

---

284 De l'esprit des lois (1748), IX/II.

285 Rosa Luxemburg, die man als eine demokratische (weil für gewaltlosen politischen Kampf eintretende) Kommunistin bezeichnen und als Vordenkerin Antonio Gramscis betrachten kann, drückte mit folgendem 1917 formulierten Satz die Idee der Meinungsfreiheit besonders plakativ aus: „Freiheit ist immer die Freiheit der Andersdenkenden".

- In der Neuzeit stieg aufgrund der längeren mittleren Lebenserwartung der Anteil der Erwachsenen auf etwa 80 %. Trotzdem blieb, selbst nach dem Demokratisierungsschub der amerikanischen und französischen Revolutionen, die Wahlberechtigung bis zum 1. Weltkrieg weit darunter: 0 % bis 10 % im Jahre 1830, 2 % bis 26 % in 1870 und 6 % bis 45 % in 1910 (Reinhard, 1999).

- Das Frauenwahlrecht (Pionier war weltweit 1869 der US-Bundesstaat Wyoming)[286] kam erst nach dem 1. Weltkrieg auf, in gewisser Weise als Folge davon, womit die Wahlbevölkerung sich dem theoretischen Maximum von 80 % näherte. In der Schweizer Eidgenossenschaft wurde das Frauenwahlrecht erst 1971 eingeführt und im Fürstentum Liechtenstein 1984..

- Ethnischen Minderheiten wurde (vor allem in angelsächsischen Kolonien) erst schrittweise das politische Partizipationsrecht gewährt (in den USA z.B. erst mit dem Bürgerrechtsgesetz von 1866).

- Viele Demokratien haben noch eine starke Stammesbezogenheit, besonders jene, in denen das „ius sanguinis" noch gilt: Im Lande Lebende, die formal nicht die „Staatsbürgerschaft" besitzen, sind vom Wahlrecht gänzlich oder teilweise ausgeschlossen. Der typische Anteil der nicht wahlberechtigten Ausländer liegt in den modernen westlichen Demokratien bei 10 % der Bevölkerung.

- Eine Gefahr für die moderne Demokratie sind niedrige Wahlbeteiligungen (sie liegen um 50 % in der Leitdemokratie USA), welche dazu führen, dass nur ein Drittel der Bevölkerung effektiv wählt.

Die Demokratien der Antike, die allesamt **„Abstimmungsdemokratien"** waren, bei denen fast alle Sachentscheidungen in der Volksversammlung durch (oft demagogisch manipulierte) Abstimmung entschieden wurden, haben alle Auswüchse der „Demokratur" durchgelebt, welche dieser Urform der Demokratie inhärent sind. Die ablehnenden Haltungen von Platon und Aristoteles sind darauf zurückzuführen. Auch Rousseau warnte vor der „Tyrannis der Mehrheit" gegenüber Minderheiten.[287]

- Thomas Hobbes hat früh die Vorzüge einer „indirekten Regierung" erkannt. Der Marquis d'Argenson (Außenminister Ludwigs XV.) hat als einer der ersten die These aufgestellt, dass wahre Demokratie nur in indirekter Form, das heißt über gewählte Abgeordnete, möglich sei, also ohne Sachentscheidungen des wählenden Volkes (Keane, 2004). Die **„Repräsentationsdemokratie"** war ein wesentlicher Schritt zur Überwindung der Hauptschwäche des demokratischen Modells. Es war mehr die logistische Notwendigkeit denn die Einsicht, welche die Menschheit zu dieser Korrektur des demokratischen Modells bewog: Mit der Vergrößerung der territorial-hegemonischen Kollektive jenseits der Grenze einer Tagesreise machte die Beteiligung aller Wähler an Abstimmungen unmöglich. In den meisten modernen Demokratien ist der Normalbürger in der Tat nur an Personalentscheidungen beteiligt (Wahl von Abgeordneten) und nicht an Sachentscheidungen (die den Gewählten vorbehalten sind), dies selbst bei so einschneidenden Entscheidungen wie Kriegseintritt. Angesichts der Gefahr einer demagogischen Manipulation der öffentlichen Meinung ist die Notwendigkeit und Zweckmäßigkeit von plebiszitär getroffenen Sachentscheidungen indes höchst umstritten. Heute hat die repräsentative Demokratie verschiedene Ausformungen:
  - Die Schweizer Eidgenossenschaft führt als eine der wenigen repräsentativen Demokratien noch plebiszitäre Entscheidungen in nennenswertem Maße durch.
  - Zu den indirektesten Demokratieformen gehört wohl die englische. Es gibt dort keine durchstrukturierte Verfassung, sondern nur eine Anhäufung geschriebener und ungeschriebener Gesetze, die vom Parlament jederzeit durch einfache Mehrheit geändert werden können. Volksabstimmungen sind so gut wie ausgeschlossen. Die belegt, dass Demokratie durch weit mehr als Schriftdokumente gewährleistet wird.
  - In den „parlamentarischen Monarchien" ist das Recht des Zugangs zu bestimmten hohen Ämtern eingeschränkt und dem Adel und der Herrscherdynastie vorbehalten. Dies ist im Grunde das einzige Differenzierungsmerkmal zur „republikanischen Verfassung", welche vererbbare Sonderrechte ablehnt.
  - In einigen Demokratien (z.B. in den USA, wenn auch unter Zwischenschaltung von „Wahlmännern" die jedoch rein logistischer Art ist) wird das Regierungsoberhaupt direkt vom Volk gewählt (präsidentielle Regierungsform). Am ausgeprägtesten ist die Machtvollkommenheit in der Verfassung der USA. Man kann dies so interpretieren, dass **die erste republikanische Verfassung der Neuzeit auch die ist, welche das monarchische Prinzip am wenigsten abgelegt hat**.
  - In anderen (z.B. in Deutschland, Italien) wird das Regierungsoberhaupt von den vom Volk gewählten Parlamentariern gewählt, dem in vielen Ländern ein ebenfalls vom Parlament gewählter Staatspräsident für Repräsentationsaufgaben und Notsituationen zur Seite gestellt wird (parlamentarische Regierungsform), in anderen Demokratien (z.B. in Frankreich) wird einem direkt vom Volk gewähltem Präsidenten ein von den Parlamentariern gewählter Ministerpräsident zur Seite gestellt (semipräsidentielles Regierungssystem).
  - In einigen Demokratien gibt es ein Oberhaus (Senat), das entgegen dem Rotationsprinzip zum Teil aus lebenslänglich, durch Adelstand oder Ernennung definierten Mitgliedern besteht.
  - In fast allen Demokratien wird die politische Meinungsbildung außerparlamentarisch durch Parteien polarisiert (Parteiendemokratie). Gramsci bezeichnete Parteien trefflich als „kollektive Intellektuelle".

---

286 Reinhard (1999)

287 Wovor Rousseau nicht gewarnt hat, ist die Tyranei des Kollektivs gegenüber dem Individuum. De Ruggiero (1925) vermerkte, dass Rousseau die Grenzen der staatlichen Souveränität gegenüber der individuellen Freiheit nicht erkannt hat und dass es deshalb zum Hilfesteller der furchtbarsten aller Despotismen geworden sei. Rousseau hat die *Staatssouveränität dem germanischen Privatrecht entrissen und dem abstrakten Kollektiv „Volk" übergeben hat*.

Aus der inneren Logik der repräsentativen Demokratie entwickelten sich fast notwendigerweise Prozeduren, welche die Stabilität und Gewaltlosigkeit des Modells weiter steigerten:

- Die Begrenzung der Mandatszeiten der Abgeordneten und der Regierung auf eine vordefinierte Amtsperiode (gewaltlose Rotation der Eliten, Wettbewerb unter Kandidaten, Rechenschaftspflicht gegenüber den Nachfolgern).
- Geheime Abstimmung (Lockerung externen Meinungsdrucks).
- Die größere Fluktuation der Mandatsträger machte eine schriftliche Festlegung der Handlungsabläufe notwendig (Verfassung, Wahlgesetze, Verwaltungsrecht).

Das Prinzip der **Gewaltenteilung** wurde erstmals von Locke (1690) am englischen Staatssystem erkannt, als Zweiteilung (Exekutive, Legislative). Montesquieu (1748, XI/VI) erweiterte sie um eine dritte Gewalt (Legislative). Die Dreiteilung wurde 1787 zum ersten Mal in eine Verfassung (die US-amerikanische) eingebaut. Sie stand im Widerspruch mit der monolithischen Idee der Volkssouveränität von Rousseau. Die Gewaltenteilung hat sich in der Praxis dahingehend entwickelt, dass die Exekutive (Regierung) klar das Übergewicht über die Legislative (Parlament) gewonnen hat, indem sie auch bei der Gesetzgebung die Aktivrolle an sich gerissen hat, so dass das Parlament in seiner Befugnis stark zurückgedrängt worden ist. In vielen Ländern haben die Parlamente nicht mal in der Frage über Krieg oder Frieden das Sagen (siehe 13.3.3.1). Wie bereits Max Weber feststellte, drohen Parlamentarier in die Rolle eines „Stimmviehs" zurückzufallen. Giorgio Agamben (2003) erklärt diesen Trend damit, dass in den Demokratien der Ausnahmezustand immer mehr zum Normalzustand wird, in dem die Parlamente zu Ratifizierern von Ausnahmeregelungen degradiert werden, die von den Verwaltungsapparaten beschlossen werden.

10.3.4.2 Demokratische Verfassung und Kollektivgewalttätigkeit

Die demokratische Gesellschaftsform kann als natürliche Verlängerung des genetisch vorgegebenen menschlichen Bestrebens nach sozialer Ausgewogenheit (siehe 3.1.2.1), auf den menschlichen Konstrukt der territorial-hegemonischen Kollektive betrachtet werden. Wie die kulturellen Moderierungen des personenindividuellen Verhaltens, verhindert auch die demokratische Gesellschaftsform die Gewalttätigkeit nicht absolut, schränkt sie jedoch mehr als alle anderen Gesellschaftsformen ein („**Pax democratica**"). Dies trifft nicht nur für die kollektive Gewalttätigkeit innerhalb der Kollektive zu, sondern auch zwischen den Kollektiven.

- Das demokratische Modell beruht auf der Bereitschaft des Individuums, die Motivationen der anderen Individuen in seine Handlungsmotivation einzubeziehen, sei es durch das Eingehen eines Kompromisses oder durch die Übernahme anderer Motivationen, wenn diese mehrheitlich sind. Dieses Modell gewährleistet in höchstem Maße eine konsensuelle Kohäsion der Kollektive.
- Aufgrund des gruppendynamischen Gesetzes, wonach ein Kollektiv von Individuen eine realitätskonformere Urteilsfindung hat als jedes der Individuen allein, ist von einer demokratischen Gesellschaftsform das beste Ergebnis zu erwarten, denn der Meinungsaustausch ist in ihr am größten.
- In demokratisch regierten Ländern ist eine Verankerung des staatlichen Verhaltens mit den Prinzipien der Ethik, Moral, Kultur und Zivilisation viel stärker gewährleistet als in elitären oder totalitär regierten.
- Den Selbstläufer „Staatsräson", der sich im Namen eines vermeintlichen Interesses des Staates gegen die Menschen richten kann, kommt in einer demokratischen Verfassung viel schwerer auf. Diesen Sachverhalt haben bereits mehrere Politologen der Vergangenheit erkannt, so der Abt von Saint-Pierre (1613) und Montesquieu (1748).
- Das Rotationsprinzip und die Rechenschaftspflicht [288] reduzieren die Gefahr von Gewalttätigkeit durch Machtmissbrauch, Eliteküngelei oder Demagogie sowie die Gefahr von Gewalttätigkeit beim Austausch von Eliten.
- R. Rummel hat in jüngster Vergangenheit statistisch belegt, dass Staaten mit demokratischer Verfassung in weit geringerem Maße Demozide verüben als solche mit autoritärer Verfassung („Democratic-Peace-Theorie").
- Auch im Außenverhältnis mit anderen Staaten verhindern demokratische Verfassungen zwar an sich keine Kollektivgewalttätigkeit, machen sie indes unwahrscheinlicher. In der Tat hat es in der Neuzeit kaum einen Krieg zwischen zwei demokratischen Staaten gegeben.
- Wie Azar Gat (2006) ausführlich ausgearbeitet hat, besteht bei der Verifizierung der „Pax-democratica-Theorie" die Schwierigkeit in der Attribuierung „demokratisch". Sind beispielsweise folgende Konfliktparteien als demokratisch zu betrachten: USA vor dem Sezessionskrieg (Sklaverei); Frankreich während der Revolutionskriege und der Napoleonischen Kriege (Diktatur); das heutige Pakistan, das heutige Indien?
- Zu berücksichtigen ist, dass in vielen Demokratien der Vergangenheit und Gegenwart, das Regierungsoberhaupt (oder der Monarch) allein über Krieg oder Frieden entscheiden kann (es entscheidet also nicht ein demokratisches Kollektiv).
- Der wesentliche Vorteil der von John Keane (2004) festgestellten Entwicklung zu einer 3. Generation des demokratischen Modells, die er „komplexe Demokratie" nennt, ist die Eindämmung der Tendenz zu externer Gewalttätigkeit,

---

288 Altbundeskanzler Helmut Schmidt sah die wirksamste moderierende Funktion weniger in der Rechenschaftspflicht gegenüber den Wählern, als gegenüber dem eigenen Gewissen (Rede in Tübingen am 15. 9. 2007).

welche den zwei Vorgängergenerationen (Abstimmungsdemokratie bzw. Repräsentationsdemokratie) noch inhärent waren.

Es gibt durchaus auch skeptische Stimmen zum demokratischen Modell, welche dazu dienen können, Fehlentwicklungen zu vermeiden:

- Der politische Philosoph Leo Strauss verfocht unter dem Trauma des Schicksals der Weimarer Republik die These, dass die Demokratie lernen müsse, sich auch gewalttätig zu verteidigen. Auch in der Politik müsse man mit Werturteilen operieren und gegen „Böse" vorgehen.
- Giorgio Agamben vertritt in seinen Werken (1995, 2003) die These, dass auch der demokratische Staat latent-immanent die Tendenz enthalte, das Individuum auf das „nackte Leben" zu reduzieren, um über ihn verfügen zu können. Dies komme bei der Leichtigkeit zutage, mit der Ausnahmezustände in Normalzustände verwandelt werden, um Teile der Bevölkerung in den Status eines „homo sacer" zu versetzten, das heißt dem Schutz der Rechtsstaatlichkeit zu entziehen.
- Daniel Ross (2005) hat das demokratische Modell in den Vorwurf der Gewalttätigkeit mit einbezogen und die Theorie aufgestellt, dass auch die Demokratie im Ursprung und Wesen gewalttätig sei.

10.3.4.3 Die Demokratur

Das demokratische Modell ist grundsätzlich ein „ptolemäischer" Ansatz, bei dem das Individuum in der Wertigkeit und in letzter Instanz über dem Kollektiv steht. Es gibt auch „kopernikanistische" Verzerrungen des demokratischen Modells, welche das demokratische Kollektiv über das Individuum stellen. An der kopernikanischen Wende trennen sich die Wege des Liberalismus. Für die kopernikanistische Extremform der Demokratie hat Dahrendorf (2001) das Schachtelwort **„Demokratur"**[289] in den soziologischen Diskurs eingeführt. Eine Demokratur hat es wohl nur während der Französischen Revolution gegeben. Jede Demokratie birgt jedoch die Gefahr demokraturischer Auswüchse in sich, so dass der Begriff „Demokratur" für die Skandalisierung und Tabuisierung dieser Auswüchse sehr nützlich ist.

Das demokratische Modell kann auf verschiedenen Weisen kopernikanistisch entarten:

- Aufhebung der demokratischen und rechtsstaatlicher Prinzipien im Interesse des Kollektivs oder eines Teilkollektivs. Hierunter fallen die von Giorgio Agamben (1995, 2003) besprochenen Thematiken „Homo sacer" und des Missbrauchs des Ausnahmezustands. Gemeinsam ist diesen Fällen die Opferung der Menschenrechte von Individuen auf dem Altar des eigenen Kollektivs.
- Jegliche gewalttätige Durchsetzung „demokratischer" Prinzipien.
- Jegliche demagogische Manipulation der Wählerstimmen

10.3.4.4 Die Wichtigkeit der Zivilgesellschaft

Antonio **Gramsci** (posthum 1948 bis 1951) arbeitete das Gedankenmodell heraus, dass der „Staat" eigentlich aus zwei Ebenen bestehe: aus der auf Zwang basierten „politischen Gesellschaft" (die politischen Institutionen) und auf der auf Konsens basierten „zivilen Gesellschaft, **Zivilgesellschaft**" (die private, nicht-staatliche Sphäre, er schloss hier die Wirtschaft mit ein). Im Englischen ist für den zweiten Begriff „civil society"[290] gebräuchlich. Im Deutschen werden die Übersetzungen „Zivilgesellschaft" und „Bürgergesellschaft" verwendet. Gemeint sind damit alle sozialen Vernetzungen der Individuen, die sie in der zivilisierten Interaktion mit den Mitmenschen üben: Kirchengemeinden, Elternbeiräte, Vereine aller Art, Interessenverbände wie Parteien und Gewerkschaften, Religionsgemeinschaften, Medien. In derartigen Kollektiven üben die Individuen den gewaltlosen Interessenausgleich sowie die gewaltlose Verteidigung zivilisatorischer Werte. Es handelt sich also um eine soziale Zwischenschicht zwischen Individuum und dem territorial-hegemonischen Kollektiv (Staat). Habermas hat dafür den Begriff **vorpolitische Quellen des Staates"** gebraucht. Im Konzept der Gewaltenteilung kann man die Zivilgesellschaft als vierte Macht im Staate betrachten.

Gramsci stellte darüber hinaus die These auf, dass der an sich gewaltlose Kampf um **„kulturelle Hegemonie"**, der in der Zivilgesellschaft regelmäßig stattfindet, die Voraussetzungen schaffe, um in der politischen Gesellschaft die „politische Hegemonie" zu erringen. Demnach kann sich das demokratische Modell nur dann politisch behaupten, wenn es durch Überzeugungsarbeit im Dickicht des sozialen Netzes den Konsens der Zivilgesellschaft erringen kann. Hegemonie in einem Staat beruhe also auf einer kulturellen Hegemonie. Gramsci hat einen wichtigen intellektuellen Beitrag zur Zivilisierung (Gewaltlosigkeit) des

---

289 Das entsprechende englische Wort ist „democratorship" („democratorial" als Adjektiv).

290 Der schottische Gelehrte Adam Ferguson veröffentlichte 1767 eine Schrift „An Essay on the History of Civil Society". Darunter verstand er einen generischen Begriff, für den er auch das Synonym „human society" verwendete. Die spezifische Begrifflichkeit Gramscis war damit nicht gemeint.

politischen Lebens geleistet, indem er die Irrigkeit der marxistisch-leninistischen Konzeption des Klassenkampfes hervorhob (die ihn als gewalttätigen Frontalzusammenstoß der Arbeiterklasse mit die Kapitalisten betrachtet) und indem er die Notwendigkeit eines viel subtileren, gewaltfreien „Kulturkampfes" sah, in dem die Intellektuellen die Hauptakteure sein sollten und nicht Gewalttäter der Partei.

- Gramscis Zuordnung der Parteien zur Zivilgesellschaft ist von einigen Autoren (z.B. Gerhard Leibholz) in Frage gestellt worden.
- Auch Gramscis Zuordnung der Wirtschaft zur Zivilgesellschaft wird von einigen Autoren in Frage gestellt.
- Ein großer und oft übersehener Begleitschaden kollektiver Gewalttätigkeit ist, dass sie besonders stark das soziale Gewebe der Zivilgesellschaft angreift, während gewaltfreie Konfliktaustragungen dieses Gewebe sogar stärken (Gene Sharp, 2005).
- Es gibt in der EU Bestrebungen, Verbände aus der Zivilgesellschaft stärker in den Regierungsprozess („governance") einzubeziehen, zumindest um Meinungen einzuholen.

Zivilisierungsfortschritte können nur dann abgesichert werden, wenn sie durch die Zivilgesellschaft gewaltfrei erarbeitet und gelebt werden, sozusagen zur selbstverständlichen Gewohnheit gemacht werden, ihre Verletzung tabuisiert und skandalisiert wird.

Gramscis hat mit seinem Ansatz drei enorm wichtige Säulen des zivilisatorischen Fortschritts gestützt:

- Seine These, dass Konsens in sozialen Systemen mehr bewirke als Zwang, fügt sich in die neue (auf die Entdeckung der Spiegelneuronen basierte) Theorie ein, dass der Mensch von seiner neurophysiologischen Veranlagung her auf ein empathisches Verhältnis ausgerichtet sei.
- Seine Entdeckung der Wichtigkeit der sozialen Zwischenschicht der Zivilgesellschaft.
- Seine nicht nur emotiv sondern auch rational begründete These, dass Gewaltlosigkeit zielführender sei als Gewalttätigkeit.
- Die „Neogramscianer" haben seinen Ansatz auf den zwischenstaatlichen Bereich angewandt (siehe Anlage 2).
- Gramsci verdient, obwohl Kommunist, einen Platz im Pantheon der Ptolemäer.

10.3.4.5 Parteien – wichtige Komponente der Zivilgesellschaft

Die Umsetzung der Volkssouveränität bedeutet die schier aussichtslos erscheinende Aufgabe zu lösen, aus dem Willen von Millionen Individuen zu konkreten Handlungen zu gelangen, welche sowohl das Allgemeinwohl als auch den inneren Frieden sicherstellen. Dieser Bildungsprozess kollektiver Meinung muss im Alltag und im Vorfeld des institutionellen öffentlichen Lebens erfolgen. Diese Funktion übernehmen heute die Parteien.

- Bereits in der Antike gab es Vorformen politischer Handlungseinheiten zur Polarisierung und Agglutinierung kollektiven Willens. Die primitivsten Formen waren die Gefolgschaften, bei denen sich Gefolgsleute („heteriai" bei den Griechen, „clientes"[291] bei den Römern, „ambacti"[292] bei den Kelten) einem Reichen oder Einflussreichen anschlossen.
- Mit fortschreitender Größe der Stadtstaaten bildete sich überwiegend eine sozial definierte Parteibildung heraus: In der römischen Republik waren es die Parteien der Optimaten (Landadel), Ritter (Geldadel) und die Plebejer (Proletariat).
- Während des Mittelalters machte die ideologische Gleichschaltung eine Parteienbildung problematisch, da doch alle denselben Willen Gottes zu verfolgen hatten.
- Eine der wenigen Ausnahmen einer überregionalen verbreiteten (aber nur kommunalpolitisch wirksamen) Parteibildung im Mittelalter waren in Italien die Guelfen (Anhänger des Papstes) und die Ghibellinen (Anhänger des Deutschen Kaisers). Beide waren im Grunde republikanisch, sie unterschieden sich durch die externe Macht, von der sie Unterstützung erhofften.
- Die Schule der modernen Parteien waren die protestantischen Sekten (De Ruggiero, 1925), da sie die Kunst der Darstellung und Rechtfertigung singulärer Ansichten über allgemeine Themen vervollkommneten.[293]

---

291 Im römischen Recht wurden Verletzungen des „patronus" gegenüber seinen „clientes" mit dem Ausschluss aus der Rechtsgemeinschaft bestraft: Er wurde zum „homen sacer" erklärt, der Willkür der Götter überlassen, die auch darin bestehen konnte, dass ihn jemand töte, wofür jener nicht strafbar war (das heißt er wurde für vogelfrei erklärt).

292 Hiervon stammt das deutsche Wort „Amt" ab.

293 De Ruggiero (1925) erklärt hiermit die Schwierigkeiten, welche katholische Länder im Umgang mit dem Parteiensystem haben.

10.3.5 Bürokratie und Kollektivgewalttätigkeit

INSTITUTIONELLE REGELN STEIGERN DIE GEWALT BETRÄCHTLICH

(Wolfgang Sofsy, 1996)

MACHET EUCH DIE BÜROKRATIEN UNTERTAN!

(überzeichnende Aktualisierung des Bibelspruchs)

Mit zunehmender Zivilisation und Wohlstand haben die menschlichen Kollektive im Laufe der Geschichte immer mehr Personen für Tätigkeiten freistellen können, die nicht unmittelbar mit der Nahrungsbeschaffung zusammenhingen: Priester, Krieger, Handwerker, Lehrer, Forscher und Verwalter. Bürokratien sind vom Menschen (bzw. von den von ihm geschaffenen Kollektiven) gebildete Subkollektive, um Verwaltungsaufgaben zu erfüllen. Viele Bürokratien stehen im direkten Dienst des Wohlergehens von menschlichen Individuen und gewähren (in der Vergangenheit unbekannte) Annehmlichkeiten. Andere Bürokratien stehen primär im Dienst der Interessen eines Kollektivs und nur mittelbar im Dienst menschlicher Individuen.

Auch die Subkollektive „Bürokratien" handeln nach einer inneren Logik. Die Vielzahl der Beteiligten und Prozessschritte fördern das Enstehen „emergenter" Ergebnisse, die als solche von keinem der Beteiligten oder in keinem der Prozessschritte so intendiert waren. Bürokratien können sich der Kontrolle der Funktionsträger entziehen und Handlungen ausführen, die jenseits der Summe der Intentionalitäten der mitwirkenden Individuen liegen. Bürokratien können sich sogar – sozusagen wie Moloche – massiv gegen Menschen richten. Wie bei allen kulturellen Errungenschaften, besteht auch bei der Bürokratie die Gefahr eines Missbrauchs zum Schaden der Menschen. Hannah Arendt (1970) hat die moderne Bürokratie eine **„Niemandsherrschaft"** genannt, die eine **„Tyrannis ohne Tyrannen"** sei, weil man niemanden verantwortlich machen könne.

Der Zuwachs der modernen Bürokratien

> *Das Römische Reich (mit 50 Mio. Einwohnern) wurde durch nur etwa 10.000 Planstellen verwaltet, entsprechend 0,02 % der Bevölkerung.*
> *Die Ming-Dynastie hatte im 16. Jh. bis Mitte des 18. Jh. 10.000 bis 15.000 Beamte, für eine Bevölkerung von ca. 100 Mio. Einwohnern, entsprechend 0,01 % (Gernet, 1972).*
> *In Deutschland gab es 2011 81,8 Mio. Einwohner und 4,6 Mio. Beamte (5,6 % der Bevölkerung), davon waren 2,3 Mio im Länderbereich, , 1,4 Mio, im Bereich der Kommunen, 0,5 Mio. im Bundesbereich, 0,4 Mio. im Sozialversicherungsbereich beschäftigt.*

Die Macht der modernen Bürokratien

> *Bürokratien sind äußerst effiziente Organisationen, die eine engmaschige Kontrolle über die Personen und Güter ihres Verwaltungsbereichs ausüben können. In diesem Zusammenhang fällt oft das Schlagwort „Funktionärsherrschaft".*
> *Karl Marx verwies auf die Tendenz der Bürokraten, „Bürozwecke" zu „Staatszwecken" zu machen.[294]*
> *Beamte sind am politischen Leben überproportional beteiligt, beispielsweise sind fast ein Drittel der Bundestagsabgeordneten Beamte.*
> *Das 20. Jahrhundert konnte deswegen zum mörderischsten der Geschichte werden, weil es eine moderne Bürokratie gab, welche die verbrecherischen ideologischen Fehlentwicklungen effizient in die Tat umzusetzen gestattete.*
> *Die Nürnberger Rassengesetze des 3. Reichs hätten, ohne die lückenlosen Personenregister der Neuzeit, niemals in dieser Lückenlosigkeit und Schnelligkeit umgesetzt werden können.*
> *Zur Erleichterung der Identifizierung von Personen jüdischen Glaubens haben viele Kirchenämter ihre Register den NS-Schreibtischtätern und Schergen zur Verfügung gestellt (bis in das 19. Jh. hatte es im Wesentlichen nur kirchliche Registrierungen von Taufe, Hochzeit und Tod gegeben).*

Die Gefahr der Außerkraftsetzung individualpsychologischer Gewalthemmungen und Anfälligkeit des sozialisierten Individuums zu blindem Gehorsam

> *Experimente von Stanley Milgram haben ergeben, dass bei zwei Dritteln der Erwachsenen die Gehorsamsbereitschaft gegenüber Autorität soweit geht, dass sie erhaltene Richtlinien zum Quälen und zum Verhängen von Maximalstrafen (im Experiment die Bestrafung mit lebensgefährlichen 450 V) ausführen; dies sei primär die Folge der im Rahmen der Sozialisation des Individuums anerzogenen Unterordnung unter Autoritäten [Milgram (1974)].*

Der Verlust des Bezugs der Handlung zur Auswirkung.

> *Der Verwaltungsbeamte löst von seinem Schreibtisch Vorgänge aus, deren Auswirkungen er nicht unmittelbar wahrnimmt. Menschliches Handeln wird von menschlichen Gefühlen entkoppelt. Das liegt in der Natur der Sache. Max Weber*

---

294   Zitiert von Lüdtke / Wildt (2008).

*sprach in diesem Zusammenhang von einer „Tendenz der Bürokratie zur Zurückdrängung des menschlichen Elements".
Bezogen auf Kollektivgewalttätigkeit birgt dies die große Gefahr in sich, dass das Fehlen emotionaler Rückkopplungs-
schleifen (z.B. des Mitleidgefühls) das Aufschaukeln größter Unmenschlichkeiten ermöglicht („bürokratisch organisierte
Menschenverachtung"). In totalitären Regimen haben im letzten Jahrhundert „Schreibtischtäter" mit Federstrichen Millionen von Menschen aussortiert, um sie aus ihrem normalen Leben reißen, in Konzentrationslagern einsperren und industriell töten lassen.* [295]

Der Verlust des Bezugs zwischen Handlung und persönlichen Auswirkung bei den Eliten der modernen Staaten

➢ *Obwohl kollektive Gewalttätigkeit letztlich aus kollektiven Motivationen entsteht, können individualpsychologische
Hemmungen der Funktionsträger zu dessen Eindämmung beitragen. Dies gilt insbesondere für die höchsten Funktionsträger territorial-hegemonischer Kollektive. Das Risiko, dass sie selbst oder ihre Familienangehörige Opfer der von ihnen
mitgetragenen Entscheidungen zum Einsatz kollektiver Gewalttätigkeit werden, ist in der Gegenwart weit geringer als in
der Vergangenheit:*

➢ *Bei den Griechen und Römern waren die Regierungschefs (die Konsuln) gleichzeitig persönlich für die Leitung der Truppen verantwortlich. Sie mussten dabei die Strapazen und Gefahren des Feldeinsatzes auf sich nehmen und sie erlebten
das Grauen des Krieges mit eigenen Augen. Auch viele römischen Kaiser waren gleichzeitig Oberbefehlshaber. Nicht wenige römische Konsuln und Kaiser haben ihre Kriegsentscheidung mit dem eigenen Leben, der Gefangenschaft oder dem
Verlust eines Sohnes bezahlt.*

➢ *Auch die germanischen Könige haben bis zum Ende des Mittelalters die Strapazen und Gefahren des Feldeinsatzes auf
sich genommen, das Grauen des Krieges persönlich erlebt und nicht wenige von ihnen haben ihre Kriegsentscheidung mit
dem Leben oder der Gefangenschaft der eigenen Person oder eines Familienmitglieds bezahlt.* [296]

➢ *Fast alle Monarchen der Neuzeit haben selbst für größte Fehlentscheidungen, die Millionen von Menschen das Leben
gekostet haben, als „Höchststrafe" nur ein komfortables Exil erleiden müssen: so Napoleon I., Wilhelm II. und Vittorio
Emanuele III..*

➢ *In den modernen Republiken ist es weitverbreitete Praxis, dass die Elite für sich und ihre Söhne einen höheren Prozentsatz
der Freistellung vom Militärdienst erwirkt. Der US-amerikanische Pazifist Colman McCarthy stellte beispielsweise heraus, dass während des Vietnamkrigs nur ein einziges Mitglied des US-Kongresses (von 535) einen Sohn hatte, der in
Kämpfen eingesetzt worden ist.* [297]

Die Frage, um die es hier geht, ist beileibe nicht die Rückkehr zu atavistischen Kampfeinsätzen der Regierenden. Es geht (abgesehen von Frage der Gleichbehandlung aller Bürger) um den Aspekt, dass sich ein
Regierender oder Parlamentarier eine Kriegsentscheidung wohl reiflicher überlegen würde, wenn er sich
dabei auch um das Wohl und Leben seiner Söhne und Brüder Sorgen machen müsste. Simone Weil hat
bereits 1934 diese Problematik mit dem Satz formuliert: „Alle Entscheidungen, die Menschenleben einsetzen, werden von jenen getroffen, die dabei nichts riskieren."

Zunehmende Segmentierung der individuellen Verantwortung bei zunehmend komplizierteren Kollektiven

➢ *Die komplizierte Arbeitsteilung sowie die Entkopplung der Einzeltätigkeit von ihrer Auswirkung bringen es mit sich, dass
viele „legale" oder „bedenkenlose" Verwaltungs- und Vollzugsschritte zu Massenverbrechen aggregiert werden können,
ohne dass die Ausführenden in Gewissenskonflikte geraten oder nachträglich zur Rechenschaft gezogen werden können.*

➢ *Im Zusammenhang mit den Verbrechen des 3. Reichs wurde für diesen Effekt der Begriff der „Kette von Nicht-
Verantwortlichkeiten" geprägt.*

➢ *In 30.000 Ermittlungsverfahren, die nach der Wende gegen ehemalige Mitarbeiter der Staatssicherheit („Stasi") der DDR
geführt wurden, konnte es nur in weniger als 30 Fällen zu einer Verurteilung kommen.*

Kollektive Verbrechen aus einer inneren Logik der Kollektive

➢ *In der Sowjetunion und im 3. Reich sind die organisatorischen Mittel des modernes Nationalstaats zur Umsetzung unmenschlicher Wahnvorstellungen missbraucht worden.
Besonders die tragische Erfahrung im 3. Reich hat gezeigt, dass Bürokratien, wenn durch entsprechend ideologisierte
Funktionsträger besetzt, selbst vage Zielvorgaben in Vernichtungsprogramme selbstständig umsetzen können. Eine Bürokratie kann (wie jedes Kollektiv) aus ihrer internen Logik heraus Handlungsmotivationen entwickeln, die sich der Kontrolle der einzelnen Funktionsträger entziehen und sogar verbrecherisch sein können.*

➢ *Während der Schreckensherrschaft des 3. Reichs beschwerten sich Finanzämter bei der Regierung in Berlin über die Säu-
migkeit, mit welcher die Gestapo die Rassengesetze umsetzte, was den Einnahmeneingang aus den Enteignungen der Juden verzögere.*

---

295 Der US-amerikanische Satiriker Joseph Heller hat in seinem historischen Roman „Catch-22" sehr plastisch kolpor-
tiert, wie die Mitglieder einer US-Bomberstaffel im 2. Weltkrieg letztlich die eigene Militärbürokratie viel mehr
fürchten als den Kriegsgegner.

296 Ludwig IV. der Bayer war 1322 einer der ersten deutschen Kaiser, die am Kampfgeschehen einer Schlacht nicht
persönlich teilgenommen haben; George II. war 1743 der letzte englische König, der eine Schlacht persönlich an-
führte.

297 Nimmt man im Durchschnitt 1,5 Söhne / Mitglied an, so kamen 0,1 % der Söhne zu einem Kampfeinsatz. Von den
ca. 40 Millionen Wehrfähigen der USA kamen ca. 0,5 Mio., das heißt ca. 1 % in Vietnam zum Kampfeinsatz. Die
Bevorzugung lag also bei einem Faktor 10.

> ➢ *Ein erschreckendes Beispiel dafür, wie eine bürokratisch korrekte Abwicklung in extreme Menschenverachtung ausarten kann, war die Verrechnung der Hinrichtungskosten, die im 3. Reich den Angehörigen nachträglich in Rechnung gestellt wurden. Sie bestand typischerweise aus folgenden Positionen: 1,5 RM pro Hafttag, 300 RM für die Hinrichtung, davon 65 bis 125 RM Honorar für den Henker, 0,12 RM Porto.*

Größte Aufmerksamkeit muss daher darauf gerichtet werden, dass die Verwaltungsprozesse der Öffentlichen Hand zum einen nicht emergent entarten und zum anderen nicht für bürokratisch organisierte Verbrechen oder Einschränkungen der Menschenrechte missbraucht werden können. Die in vielen Ländern aktiven Bemühungen zur Gewährleistung des Datenschutzes und die Widerstände gegen eine allzu lückenlose Erfassung personenbezogener Daten (z.B. die in einigen Ländern bestehende Allergie gegen Pläne, Fingerabdrücke in die Personalausweise aufzunehmen, oder gegen eine Anmeldepflicht), entstehen aus dem historisch nachvollziehbaren Schutzbedürfnis der Individuen vor eventuellen „Schreibtischtätern" innerhalb ihres territorial-hegemonischen Kollektivs.

Man kann die Thematik der Bürokratie aber auch im positiven Sinne betrachten: so wie eine an Normen der Individual-Ethik gebundene Bürokratie als Menschenvernichtungsmaschine missbraucht werden kann, so kann eine zum Schutz der Individuen institutionalisierte Bürokratie zu einem zivilisatorischen Bollwerk werden.

11 Eindämmung kollektiver Gewalttätigkeit

In den folgenden Unterkapiteln werden die Möglichkeiten der Eindämmung kollektiver Gewalttätigkeit von der Peripherie zum Kern behandelt, nämlich vom Kurieren der Auswirkungen von Gewalttätigkeiten, zur Behebung von Entstehungsursachen. Dies ist im Grunde die Vorgehensrichtung, die von der Menschheit bisher eingeschlagen worden ist.

11.1. Internationale Vereinbarungen: Kriegsrecht, Völkerrecht

Begriffliche Klarstellung *(nach Gasser, 1995 und Werle, 2003)*

> ➢ Unter „Völkerrecht" (oder „internationales Recht)", versteht man die Regeln für das Zusammenleben der Staaten oder anderer „Völkerrechtssubjekte". Es regelt u.a. die Frage, unter welchen Umständen ein Staat gewalttätig werden darf („ius ad bellum"). Das Grundgesetz des Völkerrechts ist die Charta der Vereinten Nationen vom 24.10.1945. Rechtssubjekte sind ausschließlich territorial-hegemonische Kollektive.
>
> ➢ Ein Teilgebiet des Völkerrechts ist das vormals „Kriegsrecht (latein. „ius in bello") genannte, für welches heute die Bezeichnungen „humanitäres Völkerrecht" oder „Recht der bewaffneten Konflikte" gebräuchlich sind. Es enthält die Regeln der Gewaltanwendung, unabhängig von der Frage der Rechtmäßigkeit des bewaffneten Konflikts.
>
> ➢ Genau genommen sind weder das Völkerrecht, noch das Kriegsrecht ein „Recht", denn es gibt dafür keinen universell anerkannten Gesetzgeber, keine Gerichtsbarkeit und keine Vollstreckungsgewalt.
>
> ➢ Das „Völkerstrafrecht" umfasst die Normen des Völkerrechts, die unmittelbar die Strafbarkeit von Individuen begründen (Werle, 2003)
>
> ➢ Das „Völker-Deliktsrecht" umfasst die Normen des Völkerrechts, die unmittelbar die Strafbarkeit von Staaten begründen (Werle, 2003)

11.1.1 Versuche der Eindämmung und Humanisierung des Krieges in der Antike und im Mittelalter

In der chinesischen Antike gab es eine regelrechte Kultur interstaatlicher Konferenzen, an denen meist die Fürsten mehrerer Staaten teilnehmen, die in der Regel mit dem Abschluss eines Vertrags endeten. Allein für den Zeitraum -722 bis -479 erwähnt die (vermutlich von Konfuzius überarbeitete) „Chronik des Frühlings und Herbstes" über hundert solcher Vertragsabschlüsse.

In der griechisch-römischen Antike bildete sich in der Kriegsführung eine Art Gewohnheitsrecht aus, das eingehalten werden musste, damit ein Krieg „gerecht" sei.

- Eine Kriegserklärung war in der Antike fast eine religiöse Verpflichtung. Bei den alten Griechen einigte man sich vielfach sogar über Datum und Ort einer Schlacht. Daraufhin planierte man mitunter das eigene Schlachtgelände, ohne vom Gegner dabei gestört zu werden.
- Bei den Griechen musste nach einer Kampfhandlung der Sieger dem Verlierer die Versorgung der Verwundeten und die Bestattung der Gefallenen ermöglichen, denn nur durch ein Begräbnis wurden die Toten formal der Unterwelt überantwortet. Dies trug zu einer Limitierung der Todeszahlen bei, da diese Begräbnispflicht längere Verfolgungen der Besiegten verhinderten.
- Für die Römer war eine weitere Voraussetzung für die Rechtmäßigkeit eines Kriegs, dass bei seiner Erklärung der Kriegsgrund genannt wurde, um dem Gegner zu ermöglichen, durch Eingehen auf die Forderung den Krieg zu vermieden. Im Allgemeinen gingen einem Krieg lange interne Debatten und wiederholte Gesandtschaften voraus. Für sie lag ein „gerechter" Krieg nur in bestimmten Fällen vor, unter anderem in den folgenden:
  - o Verletzung eines Territorialrechts
  - o Bruch eines Bündnisses oder Vertrags
  - o Angriff auf einen Verbündeten oder auf eine neutrale Partei
  - o Weigerung der Auslieferung eines römischen Deserteurs, Kriminellen oder „politischen Verbrechers"
  - o Schändung eines heiligen Orts.
- Unter den arabischen Stämmen der vorislamischen Zeit gab es vier Monate im Jahr, in denen alle Fehden zu ruhen hatten.
- Von den drei abrahamitischen Religionen enthält der Islam die konkretesten Vorschriften zur Humanisierung (wenn man so sagen darf) der kollektiven Gewalttätigkeit. Der Koran macht eine Reihe von Auflagen, um Gewalttätigkeit zu humanisieren (die wie bereits gesagt, eine Reihe von internationalen Konventionen des 19. und 20. Jhs. vorwegnahmen):
  - o Gewaltanwendung ist grundsätzlich nur gegen Ungläubige, Apostaten, Rebellen und Banditen erlaubt, nicht gegen Rechtgläubige. (Islamische Herrscher haben allerdings im Laufe der Geschichte das Verbot des Kämpfens gegen Rechtgläubige dadurch umgangen, dass sie Söldnersoldaten einsetzten.)
  - o Der Heilige Krieg (Dschihad) darf nur in Notsituationen ausgerufen werden.
  - o Feindseligkeiten müssen angekündigt werden.
  - o Nur wirklich kämpfende Soldaten dürfen getötet werden.

○ Männliche Zivilisten, Frauen und Kinder dürfen nicht getötet werden (es sei denn, sie haben an den Kampfhandlungen teilgenommen).

○ Gefangene dürfen nicht gefoltert oder verstümmelt, geschweige denn getötet werden.

○ Allerdings erlaubt der Koran seinen Siegern die volle Verfügbarkeit über die Besiegten als Sklaven.

Im europäischen **Mittelalter** entstand ein Kriegsrecht, das teils auf germanischem Brauchtum, teils auf christlicher Ethik beruhte. Neben speziellen **Ritterregeln** („Ritterlichkeit"), die weiter unter den einzelnen Rubriken angeführt werden, gab es auch einige allgemein ritualisierender Art, mit denen man versuchte, den Krieg in eine Art großes Ritterturnier zu verwandeln.

- Ritual für Kriegserklärung, Waffenstillstände und Friedensschluss.
- Verbot der Kampfhandlungen an Feiertagen und gewissen Wochentagen.
- Rituale der Kampfführung (der Feldherr musste persönlich am Kampf teilnehmen; die Ritter durften nicht zu Fuß kämpfen; abgeworfene Ritter durften nicht in den Kampf wieder eingreifen; der Sieger musste drei Tage auf dem Schlachtfeld verweilen).
- Pflicht der Belagerter sich zu ergeben, wenn Verstärkungen nicht termingerecht eintrafen.
- Pflicht der Krieger, nachträglich Buße zu tun für jede Tötung (für Armbrust- und Bogenschützen, die die Anzahl der Treffer nicht feststellen konnten, gab es Pauschalbußen).

Als im Hochmittelalter in Europa durch das Fehlen einer Zentralmacht und ein permanenter Zustand der Gewalttätigkeit eintrat, engagierte sich die Kirche (sie war als einer der größten Landbesitzer auch einer der Hauptleidtragenden) in der Frage der Wahrung des inneren Friedens. So wurde beispielsweise in Frankreich im Jahre 1027 der „**Frieden Gottes**" ausgerufen, der jegliche Kampfhandlung nicht nur an Sonntagen und religiösen Feiertagen, sondern auch von Mittwoch bis Montag verbot. „Friedensmilizen" aus der Bevölkerung wachten über die Einhaltung. Die Idee bestand bis zum Anfang des 15. Jhs. fort und trug vor allem in Frankreich zur Emanzipierung der nicht adligen Bevölkerungsschichten bei. Das **Konzil von Narbonne** (1045) unternahm den Versuch, Nichtkombattanten (kirchliche Personen, Frauen, Bauern, Kaufleute) und einen Teil der zivilen Infrastruktur (kirchliche Gebäude und Landbesitz, Herden, Nutztiere, Ölbäume, Agrargeräte) vor Kriegseinwirkungen zu schützen.

Die Völker **Indiens und Afrikas** haben im Mittelalter eine Kriegführung eingeführt, welche bestrebt war, die Menschenverluste zu minimieren.

- Man vermied, den Feind zu umzingeln, um ihm eine Fluchtmöglichkeit zu lassen und ihn nicht zu einem Kampf „bis aufs Messer" zu motivieren.
- Der Kampfbeginn wurde traditionell auf 16 Uhr angesetzt, um durch den Einbruch der Dunkelheit (18 Uhr) die Beendigung des Kampfes zu erzwingen und den Unterlegenen die Flucht zu erleichtern.
- Natürlich wurden auch diese Regeln häufig verletzt. Die Portugiesen machten dieser humanen Art der Kriegsführung ein Ende, indem sie die damalige europäische Art der Kriegführung einführten (Davidson, 1961).

11.1.2 Die Friedensbewegungen der Neuzeit

Unter Friedensbewegungen seien hier soziale Gruppen verstanden, die sich gewaltfrei grundsätzlich gegen Kollektivgewalttätigkeit einsetzen oder gegen bestimmte Waffen oder Formen der Kriegsführung. Sie sind ein besonders wichtiger Teil der internationalen Zivilgesellschaft für die zivilisatorische Evolution zur Gewaltlosigkeit. Sie verdienen es an erster Stelle des Kapitels gestellt zu werden, denn sie haben vielfach durch ihre zivilisatorische Arbeit der Skandalisierung kollektiver Gewalttätigkeit die Funktionsträger zum Eingehen internationaler Vereinbarungen bewogen.

11.1.2.1 Lobbyisten und Aktivisten der Friedensbewegung

Die Vorgänger der modernen Friedensbewegung bildeten sich Anfang des 19. Jhs.

- American Peace Society; 1815 in New York gegründet.
- London Peace Society; 1816 von der protestantischen Sekte der Quäker gegründet.
- Genfer Friedensgesellschaft; 1830 in Genf gegründet.
- Interparlamentarische Union
  Im Jahre 1889 wurde eine Friedensunion von Parlamentariern, die „Interparlamentarische Union für internationale Schiedsgerichtsbarkeit" (Union Interparlamentaire – UIP) mit dem Ziel gegründet, durch direkten Kontakt der Parlamentarier eine gewaltfreie Lösung von Konflikten zu ermöglichen. Auf seiner 3. Konferenz zum Rom gründete die Union 1891 das „Internationale Ständige Friedensbüro". Ein weiterer Erfolg war der wesentliche Beitrag, der zum

Zustandekommen der 1. Haager Friedenskonferenz 1899 führte.[298].
Seit 1905 führt die Organisation den verkürzten Namen „Interparlamentarische Union" und hat seinen Sitz in Genf. Delegierte seiner 148 Mitgliedsländer treffen sich zweimal jährlich.

- **Deutsche Friedensgesellschaft** – Vereinigte KriegsdienstgegnerInnen.
  Im Jahre 1892 von der Friedensnobelpreisträgerin 1905, Bertha von Suttner, gegründet.[299]
  www.dfg-vk.de/index.htm

- Die **Internationale Frauenliga für Frieden und Freiheit** (IFFF)
  Im Jahre 1915 gründeten 1.136 weibliche Delegierte aus den Konfliktländern des 1. Weltkriegs in den Haag eine Bewegung, um die Einstellung der Kampfhandlungen zu erwirken. Sie wurde 1919 „Women's International League for Peace and Freedom (WILPF)" benannt. Die Organisation hat derzeit 43 nationale Vertretungen mit 40.000 Mitgliedern. Die deutsche Filiale trägt den Namen „Internationale Frauenliga für Frieden und Freiheit. Ein großer historischer Erfolg der Organisation war die Durchführung der Diplomatischen Konferenz von 1932.[300]

Als Reaktion auf die zwei Weltkriege und darauf folgenden Kriege, vor allem auf die immens gestiegene Tötungskapazität der Atomwaffen, formierten sich weltweit viele Hunderte von Initiativen, die sich grundsätzlich gegen Kriege und für Menschenrechte einsetzten oder für die Bannung tötungsintensiver Waffen. Einige dieser Organisationen sind in der Anlage 4 aufgelistet.

11.1.2.2 Die Kriegsdienstverweigerung

Einer der Väter des Völkerrechts, Hugo Grotius, postulierte um 1625 ein Recht auf Kriegsdienstverweigerung aus Gewissensgründen.

Pioniere der Kriegsdienstverweigerung waren in der Neuzeit christlich-reformatorische Sekten, vor allem die Verfechter der Erwachsenentaufe (u.a. die Mennoniten) und die Quäker. Die staatliche Verfolgung bewog viele von ihnen zur Auswanderung nach Amerika.

- Im 20. Jh. erweiterte die Religionsgemeinschaft der Zeugen Jehovas den Kreis der Kriegsdienstverweigerer. Während der NS-Diktatur wurde die Religionsgemeinschaft der Zeugen Jehovas wegen der Verweigerung des Hitlergrußes und des Wehrdienstes grausam verfolgt. Mindestens 1.500 erlitten die Todesstrafe oder wurden in den KZ's zu Tode schikaniert.

Der 1. Weltkrieg löste die Bildung von auch laizistischen Organisationen der Kriegsdienstverweigerung aus.[301]

- **War Resisters´ International** (WRI)
  Die 1921 in Bilthoven (Niederlande) gegründete Organisation ist heute der Dachverband von 90 Organisationen aus 40 Ländern und hat ihren Sitz in London.[302] Sie setzt sich nach dem Motto „Krieg ist ein Verbrechen gegen die Menschheit" für Gewaltfreiheit und für das Recht ein, das Töten zu verweigern. Ein Teil der Aktivität gilt der Demaskierung der staatlichen Militärausgaben und der Denunziation von Kriegsprofiteuren.
  www.wri-irg.org/

- Das Grundgesetz der Bundesrepublik Deutschland verankerte als erste weltweit das Recht zur Verweigerung des „Dienstes an der Waffe" verfassungsmäßig.

11.1.2.3 Friedenspreise

Die Stiftungen und Institutionen, welche regelmäßig Auszeichnungen an Personen oder Organisationen verleihen, die für die Vermeidung oder Beilegung gewalttätiger kollektiver Konflikte besonders große Leistungen vollbracht haben, gehören in weitesten Sinne ebenfalls zur Friedensbewegung. Die folgende Liste ist bei weitem nicht vollständig.

- **Friedensnobelprei**s
  Er zeichnet nach dem testamentarischen Willen von Alfred Nobel besondere Verdienste aus, die für die Verbrüderung der Völker, Abbau oder Abschaffung stehender Heere oder die Durchführung von Friedenskongressen erworben wurden. Wird seit 1901 jährlich von einem fünfköpfigen norwegischen Komitee vergeben und am 10. Dezember

---

298 Der Ideator der Union, Frédéric Passy, wurde 1901 mit dem Friedensnobelpreis ausgezeichnet. Ebenso wurden drei Gründungsmitglieder geehrt: 1902 Elie Ducommun, 1902 Charles Albert Gobat1903 William Randal Cremer.

299 Weitere drei DFG-Mitglieder erhielten diese Ehrung: 1911 Alfred Hermann Fried, 1927 Ludwig Quidde, 1935 Carl von Ossietzky.

300 Zwei Personen der Organisation wurden mit dem Friedensnobelpreis ausgezeichnet: 1931 die erste Präsidentin Jane Addams und 1946 ihre Nachfolgerin, Emily Greene Balch.

301 Rosa Luxemburg war in Deutschland bereits am Vorabend des 1. Weltkriegs eine Verfechterin der Kriegsdienstverweigerung und büßte allein dafür mit einem Jahr Gefängnis..

302 Die deutsche Filiale der WRI ist die **Deutsche Friedensgesellschaft – Vereinigte KriegsdienstgegnerInnen** (siehe oben), die US-Filiale die „War Resiters League – WRL".

(Todestag des Stifters) im Rathaus von Oslo überreicht.[303]
http://nobelprize.org/peace/

- **Friedenspreis des Deutschen Buchhandels**
  Seit 1950 vom Börsenverein des deutschen Buchhandels (der Berufsorganisation der Verlage und des Buchhandels) jährlich verliehener Preis. Es werden damit Personen vornehmlich aus Wissenschaft, Literatur und Kunst geehrt, die zur Verwirklichung des Friedensgedankens beigetragen haben.
- **Gandhi Peace Award**
  Die pazifistische NGO „Promoting Enduring Peace" verleiht seit 1960 jährlich die Auszeichnung „Gandhi Peace Award" an Personen, die sich für den internationalen Frieden und guten Willen besonders verdient gemacht haben.
- **UNESCO-Preis für Friedenserziehung**
  Die UNESCO verleiht seit 1981 jährlich einen UNESCO-Preis für Friedenserziehung.
- **Aachener Friedenspreis**
  Wird vom Verein „Aachener Friedenspreis e.V. – Bürgerinitiative aus der Aachener Friedensbewegung" seit 1988 am 1. September (dem Antikriegstag) übergeben. Ausgezeichnet werden Frauen, Männer oder Gruppen, die sich „von unten her" für den Frieden einsetzen. Die Preissumme wird von 46 Einzelpersonen gestiftet.
- **Martin Ennals Award for Human Rights Defenders** (MEA)
  Zeichnet mutigen und innovativen Einsatz zur Verteidigung von Menschenrechten aus. Wird seit 1993 jährlich von einer Jury vergeben, die von Amnesty International und weiteren zehn auf Menschenrechte fokussierten NGO's besteht.[304]
- **Cinema for Peace Award**
  Im Rahmen der Berliner Festspiele wird seit 2002 jährlich der Filmpreis „Cinema for Peace" verliehen, um das Engagement des Mediums Film für Frieden und Toleranz zu fördern.

11.1.2.4 Mahntage für Frieden und Menschenrechte

Zusätzlich zu den unter Punkt 4.5.7 erwähnten Gedenktagen für historische Ereignisse, die für den Fortschritt der Zivilisation von einschneidender Bedeutung gewesen sind, wurden „**internationale Tage**" definiert, an denen bestimmte zivilisatorische Ziele periodisch ins Bewusstsein der Weltbevölkerung gerufen werden sollen und eine Eindämmung kollektive Gewalttätigkeit bezwecken.[305]

- 12. Februar: Internationaler Tag gegen den Einsatz von Kindersoldaten
- 8. März: Tag der Vereinten Nationen für die Rechte der Frau und den Weltfrieden (A/RES/32/147)
- 21. März: Internationaler Tag zur Beseitigung der Rassendiskriminierung und Beginn der Woche der Solidarität mit gegen den Rassismus und Rassendiskriminierung kämpfenden Völkern (A/RES/2142/XXI bzw. A/RES/34/24)
- 4. April: Internationaler Tag zur Aufklärung über die Minengefahr und zur Unterstützung des Antiminenprogramms (A/RES/60/97)
- 3. Mai: Welttag der Pressefreiheit (A/RES/48/432)
- 13. Mai: Internationaler Tag der Kriegsdienstverweigerung
- 25. Mai: Beginn der Woche der Solidarität mit den Völkern aller kolonialen Gebiete, die für die Freiheit, Unabhängigkeit und Menschenrechte kämpfen (A/RES/54/91)
- 29. Mai: Internationaler Tag der Friedenssicherungskräfte der Vereinten Nationen (A/RES/57/129)
- 4. Juni: Internationaler Tag der Kinder, die unschuldig zu Aggressionsopfern geworden sind (A/RES/ES-7/8)
- 20. Juni: Weltflüchtlingstag (A/RES/55/76).
- 26. Juni: Internationaler Tag der Vereinten Nationen zur Unterstützung der Opfer der Folter (A/RES/52/149).
- 9. August: Internationaler Tag der indigenen Bevölkerung der Welt (A/RES/59/174).
- 1. September: Antikriegstag
- 21. September: Internationaler Friedenstag (A/RES/55/282).
- 2. Oktober: Internationaler Tag der Gewaltlosigkeit (von UN promulgiert, ohne Angabe einer Resolution)
- 10. Oktober: Internationaler Tag gegen die Todesstrafe
- 24. bis 30. Oktober: Abrüstungswoche (A/RES/50/72B).
- 6. November: Internationaler Tag für die Verhütung der Ausbeutung der Umwelt in Kriegen und bewaffneten Konflikten (A/RES/56/4).
- 16. November: Internationaler Tag der Toleranz (A/RES/51/95).
- 25. November: Internationaler Tag der Beseitigung von Gewalt gegen Frauen (A/RES/54/134).

---

303 Eine ziemlich vollständige Liste der Friedensnobelpreisträger findet sich im Registe mit einem Seitenhinweis zu ihrem Wirken.
304 Martin Ennals war der erste Generalsekretär von Amnesty International.
305 Die mit „A/RES/" angeführten Dokumente beziehen sich auf Resolutionen der UN-Generalversammlung, in denen die jeweilige Einführung empfohlen wurde..

- 2. Dezember: Internationaler Tag für die Abschaffung der Sklaverei (A/RES/317(IV)).
- 10. Dezember: Tag der Menschenrechte (A/RES/423(VI)).
- 18. Dezember: Internationaler Tag der Migranten (A/RES/55/93).
- 20. Dezember: Internationaler Tag der menschlichen Solidarität (A/RES/60/209).

11.1.3 Übersicht der internationalen Abkommen der Neuzeit

Im 19. Jahrhundert verstärkte sich aus mehreren Gründen die Bereitwilligkeit, internationale Regeln zur Eindämmung der Auswirkungen militärischer Auseinandersetzungen zu vereinbaren: Es waren dies vor allem das drastisch gestiegene Tötungspotenzial der modernen Waffen und der von den Druckmedien aufgebaute, zunehmend humanitär gesinnte Meinungsdruck. Unter dem Augenschein großer Kriegskatastrophen vollzog sich dabei eine graduelle Entwicklung zu einer völkerrechtlich verankerten Ächtung des Krieges durch völkerrechtliche Verträge, die zu einem Korpus des Völkerrechts gewachsen sind. Im Folgenden wird ein Rückblick auf diese Bewegung gegeben, die noch nicht abgeschlossen ist.

11.1.3.1 Gründung des Internationalen Komitees vom Roten Kreuz

Auf Initiative von Henri Dunant und anderer Philanthropen am 9.2.1863 als „Internationales Komitee der Hilfsgesellschaften für die Verwundetenpflege" gegründet, 1876 in „Internationales Komitee vom Roten Kreuz (IKRK)" umbenannt.

11.1.3.2 Der Lieber Code (1863)

Während des Nordamerikanischen Bürgerkriegs beauftrage US-Präsident Lincoln den Juristen Francis Lieber mit der Aufstellung von Regeln für die Kampfführung, die 1863 als „Instructions for the Government of Armies of the United States in the Field (General Orders No. 100)" veröffentlicht wurden und heute als „Lieber Code" bezeichnet werden. Es handelte sich zwar nur um ein nationales Militärgesetz, es setzte jedoch auch internationale Maßstäbe.

11.1.3.3 Die 1. Genfer Konvention (22.8.1864)

Angesichts der humanitären Katastrophen des Krimkriegs (1853 bis 1856) fand auf eine Initiative des Zaren Alexander II. hin eine Diplomatische Konferenz zu Genf statt (9. bis 22.8.1864), an der 15 europäische Mächte teilnahmen, um die Regeln des Landkriegs neu zu ordnen. Sie lehnten sich an den Lieber Code an. Auf eine britische Forderung hin wurde der Seekrieg ausgeklammert.

Die Konferenz verabschiedete am **22.8.1864 die 1. Genfer Konvention** („Rot-Kreuz-Konvention") „betreffend die Linderung des Loses der im Felddienst verwundeten Militärpersonen".[306] Darin wurden unter anderem die Verbandplätze und Feldlazarette mit dem Sanitätspersonal als neutral definiert und ihnen Schonung und Schutz gewährt. Als Schutzzeichen wurde das rote Kreuz auf weißem Untergrund vereinbart. Außerdem wurde die Verpflichtung festgeschrieben, dass Verwundete ohne Unterscheidung der Konfliktpartei aufzunehmen seien.

Diese Konvention blieb formell bis 1966 in Kraft, bis das letzte Unterzeichnerland das Nachfolgeabkommen von 1949 unterzeichnet hatte.[307]

11.1.3.4 Die Petersburger Konvention (11.12.1868)

Im Jahre 1868 kam auf Einladung des Zaren Alexander II. eine Konferenz zu Skt. Petersburg zustande, welche zu einer **Petersburger Konvention** (11.12.1868) führte. Diese verbot Explosivgeschosse mit weniger als 400 g Gewicht (das heißt für Handfeuerwaffen), um zu vermeiden, dass praktisch jede Schussverletzung tödlich sei. Damit wurde erstmals die Führung eines **totalen Krieges** verboten, denn Ziel eines Krieges sei die größtmögliche Anzahl von Gegnern kampfunfähig zu machen, nicht jedoch die größtmögliche Anzahl von Gegnern zu töten.

---

306 Der Fokus der „Genfer Konventionen" war seit Anbeginn die humanitäre Behandlung der verwundeten Kriegsteilnehmer und in der Folge der Gefangenen. Der Fokus der „Haager Konventionen" war seit Anbeginn die Begrenzung der Menge und Auswirkung des Waffeneinsatzes.

307 Die USA traten dem Abkommen erst 1882 bei.

11.1.3.5 Das Panamerikanisches Schiedsgerichtsabkommen (1890)

1890 unterzeichneten die USA und zehn weitere amerikanische Staaten ein Panamerikanisches Schiedsgerichtsabkommen.

11.1.3.6 Das Internationale Ständiges Friedensbüro (1891)

1891 gründete eine Interparlamentarische Konferenz der Interparlamentarischen Union zu Rom ein **Internationales Ständiges Friedensbüro** (Bureau International Permanent de la Paix, International Peace Bureau)-IPB, mit Sitz in Bern, um künftige Friedenskonferenzen vorzubereiten. An das Bureau wurden große Erwartungen gesetzt. Es erhielt 1910 den Friedensnobelpreis und mehrere seiner Begründer und Präsidenten wurden ebenfalls damit geehrt.[308]

Derzeit (Ende 2016) sind in 70 Ländern 300 Unterorganisationen tätig.

Die Prinzipiendes IPB waren richtungsweisend:

- Die Staaten haben der Moral der Individuen zu unterliegen.
- Auch Staaten haben kein Recht auf Selbstjustiz.
- Alle zwischenstaatlichen Konflikte sind auf dem Rechtsweg zu lösen.
- Recht der Staaten auf Selbstverteidigung.
- Eroberung begründet kein Recht.
- Selbstbestimmungsrecht der Völker und Nationen.

Gegen die Gewalttätigkeitsorgien der zwei Weltkriege war die Organisation jedoch absolut machtlos. Sie stellte ihre Arbeiten 1950 ein und wurde 1964 von der Schweizer Regierung mit demselben Namen in Genf neu instituiert. Der aktuelle Schwerpunkt der Aktivitäten liegt in der Abrüstung.

11.1.3.7 Die 1. Haager Friedenskonferenz (1899)

Auf Initiative des Zaren Nikolaus II. und mit starker Lobby der Interparlamentarischen Union fand die 1. Haager Friedenskonferenz (19.5. bis 29.7.1899) statt. Der Zar hatte als einziger Machthaber der Zeit die Schlussfolgerungen des polnischen Kriegswissenschaftlers Ivan Bloch (1898) ernst genommen, wonach die modernen Waffen Infanterieangriffe unmöglich machten, was zu gewaltigen Stellungskriegen zwischen verschanzten Gegnern führen würden, welche mit Millionen von Soldaten und totaler volkswirtschaftlicher Hingabe geführt werden müssten, sodass der Krieg zu einem Ermattungskampf zwischen Industriemächten würde. Der Zar war folglich über den Nachteil Russlands bei solch einem Industriekrieg und Wettrüsten besorgt.[309]

Es nahmen 108 Vertreter aus 29 Ländern (einschließlich der USA, Chinas, Japans und Persiens) teil. Auf Betreiben des Königreichs Italien durfte der Heilige Stuhl keinen Vertreter entsenden.

Am 29.7.1899 wurden von den Delegierten von 26 Staaten drei Konventionen verabschiedet:

- **Haager Konvention I**, „betreffend die friedlichen Beilegung von Konflikten"
- **Haager Konvention II** „betreffend die Gesetze und Bräuche des Landkriegs", mit einer Anlage „**Haager Landkriegsordnung**" (60 Artikel).
  - Auf Betreiben des Leiters der zaristischen Delegation, des Völkerrechtlers estnisch-deutscher Abstammung Friedrich Fromhold Martens, wurde in die Präambel die später nach ihm benannte **Martens'sche Klausel** aufgenommen, wonach für alle vom internationalen Recht nicht behandelten Kriegssituationen die üblichen Gebräuche, die Grundsätze der Menschlichkeit und die Forderungen des öffentlichen Gewissens das Handeln bestimmen sollten.
  - Der Teilnehmerkreis für die Gesetze, Rechte und Pflichten wurde auf offen Waffen Tragende, mit erkennbarem Abzeichen versehene und unter der Leitung eines Verantwortlich stehende beschränkt (Art. 1).
  - Es wurde eine „Allbeteiligungsklausel" („clausula si omnes") eingefügt, wonach die Konvention nur für solche Konflikte rechtswirksam sei, in denen alle Kriegsbeteiligten auch Unterzeichnerländer waren (Artikel 2).[310]

---

308 Elie Ducommun (1902), Charles Albert Gobat (1902), Fredrik Bajer (1908), Henri La Fontaine (1913). Im Jahre 1974 erhielt ihr Vorsitzender Seán MacBride den Friedensnobelpreis für seinen erfolgreichen Vorsitz der UN-Kommission für Namibia.

309 An den Vorbereitungen nahm die Pazifistin Bertha von Suttner teil. Sie wurde 1905 für viele Friedensinitiativen mit dem Friedensnobelpreis geehrt, zu denen auch ihre Anregung an Alfred Nobel gehört hatte, diesen Preis einzurichten, in dessen fünfter Runde sie selbst damit bedacht wurde.

310 Mit der Allbeteiligungsklausel wollte man verhindern, dass in einem Konflikt zweierlei Maßstäbe gelten. Da bis dahin die Anzahl der Konfliktparteien begrenzt gewesen war, sah man noch nicht die im 1. Weltkrieg eingetretene Situation voraus, wo die Teilnahme des einzigen und zudem kleinen Nichtunterzeichner-Landes Montenegro den

Im Zuge des von Martens eingebrachten Prinzips der Menschlichkeit wurden erstmals Vereinbarungen zur **Behandlung von Kriegsgefangenen** getroffen:

- Gegnerische Soldaten, die sich ergeben, dürfen weder verwundet, noch getötet werden (Art. 23).
- Kriegsgefangene sind menschlich zu behandeln (Art. 4).
- Kriegsgefangene dürfen zur Arbeit herangezogen werden, „ihrem Rang und Fähigkeiten entsprechend"; „ohne übermäßige Arbeitsbelastung"; nicht für militärische Operationen; gegen Bezahlung wie ein eigener Soldat, falls für die öffentliche Hand, ansonsten unter „zu vereinbarenden" Bedingungen (Art. 6).
- Die gefangen nehmende Partei muss für den Unterhalt der Kriegsgefangenen sorgen, deren Verpflegung, Kleidung und Unterkunft wie die der eigenen Soldaten sein muss (Art. 7).
- Kriegsgefangene dürfen für Fluchtversuche disziplinarisch bestraft werden (Art. 8).
- Jede Konfliktpartei muss ein Informationszentrum einrichten, das über den Verbleib der Kriegsgefangenen Auskunft geben muss (Art. 14).
- Recht auf porto- und abgabenfreie Zustellung von Paketen und Geldüberweisungen (Art. 17).
- Kriegsgefangene müssen nach dem Friedensabschluss „binnen kürzester Zeit" frei gelassen werden (Art. 20).

Der Haager Konvention II („Haager Landkriegsordnung traten 49 Staaten bei (darunter Japan). Die Haager Konvention II („Haager Landkriegsordnung") und die Martens'sche Klausel werden mittlerweile als internationales Gewohnheitsrecht betrachtet, dem auch Nichtunterzeichnerländer unterworfen sind. **Friedrich Fromhold Martens** wurde damit zu einem wichtigen Vorreiter des humanitären Völkerrechts.

- **Haager Konvention III** „betreffend die Anwendung der Genfer Konvention vom 22.8.1864 auf den Seekrieg" (Großbritannien hatte sich bis dahin geweigert).
  Mit drei **Deklarationen** wurde das Verbot von dreierlei Waffengattungen empfohlen:
  - 1. Deklaration zum Verbot des Abwerfens von Geschossen aus Ballonen oder durch „ähnliche neue Methoden".
  - 2. Deklaration zum Verbot von Geschossen, deren einziger Zweck in der Verbreitung von erstickenden oder schädlichen Gasen bestand (erstes Verbot von Gaswaffen).
  - 3. Deklaration zum Verbot von Geschossen, die sich im menschlichen Körper ausbreiten [311].
  - Die Bemühungen über die Limitierung der Waffen scheiterten zum damaligen Zeitpunkt hauptsächlich am Widerstand Deutschlands, ebenso die zur Einrichtung eines permanenten Tribunals.

11.1.3.8 Das Permanente Schiedsgericht (1900)

Im Jahre 1900 trafen sich Delegierte der damaligen Großmächte (außer dem Osmanischen Reich), um ein „Permanentes Schiedsgericht" (Permanent Court of Arbitration – PCA) zu etablieren. Es nahm zwei Jahre später in Den Haag (Niederlande) seine Arbeit auf. Es ist bis dato als Infrastruktur für Schiedsgerichte internationaler Streitfälle, sei es privater wie staatlicher Art tätig. Bis 2016 sind 121 Staaten dem Abkommen beigetreten. Jede Streitpartei kann aus der Liste von fast 300 eingeschriebenen Richtern ein Drittel des Schiedsgerichts auswählen, welche ihrerseits das dritte Drittel wählen. Zuletzt behandelte staatliche Streitfälle war 2002 der Grenzstreit zwischen Äthiopien und Eritrea und 2016 die strittigen Hoheitsansprüche im Südchinesischen Meer zwischen den Philippinen und der VR China.

11.1.3.9 Die Panamerikanische Konferenz (1901)

1901 schlossen sich die Delegierten der Panamerikanischen Konferenz den drei Konventionen der 1. Haager Konferenz an. Einige amerikanische Regierungen (nicht die USA) verpflichteten sich sogar zur obligatorischen Anrufung eines Schiedsgerichts.

11.1.3.10 Die Überarbeitung der 1. Genfer Konferenz (1906)

Eine „Konferenz zur Revision der Genfer Konvention von 1864" (11.6. bis 6.7.1906) verabschiedete eine „Überarbeitung der 1. Genfer Konvention" (6.7.1906).

Bei der Überarbeitung von 1906 wurde eine **„Allbeteiligungsklausel"** („clausula si omnes") eingefügt, wie sie bereits in der Haager Landkriegsordnung von 1899 eingefügt worden war, wonach die Konvention nur für solche Konflikte rechtswirksam sei, in denen alle Kriegsbeteiligten auch Unterzeichnerländer waren.

Konflikt zwischen den meisten Großmächten der Zeit rein formell der Gültigkeit der internationalen Konventionen entzog.

311 Dieses Verbot von Geschossen, die nach dem Aufprall platzen („Dum-Dum-Geschosse"), wurde mit den Gegenstimmen von USA und UK verabschiedet. Es wurde in der Folge von verschiedenen Seiten durch Geschosse umgangen, deren Schwerpunkt soweit nach hinten verlagert war, dass sie sich nach dem Aufprall quer stellten.

11.1.3.11 Die 2. Haager Friedenskonferenz (1907)

An der 2. Haager Friedenskonferenz (15.6. bis 18.10.1907), die auf Initiative von Theodore Roosevelt zustande gekommen war, **dessen Hauptanliegen die Rüstungsbegrenzung und die Abrüstung waren,** nahmen die Delegierten von 44 Staaten teil. Der Vorschlag Frankreichs, ein obligatorisch anzurufendes „Weltgericht" zu etablieren, scheiterte an der Opposition Deutschlands. Ebenso gelang es nicht, zu einer Einigung über die Beschränkung des Wettrüstens (v.a. des Flottenausbaus) zu kommen.

- In der **„Haager Konvention X"** (18.10.1907) wurde die Genfer Konvention von 1906 auch auf den Seekrieg angewandt. Sie betrifft die Regeln der Kriegserklärung, die Rechte und Pflichten neutraler Staaten, feindliche Handelsschiffe, die Verwandlung von Handels- in Kriegsschiffe, das Verlegen von Seeminen, die Beschießung durch Seestreitkräfte, die Seekriegsordnung, wie auch Einschränkungen des Kaperns im Seekrieg.

- In der **„Haager Konvention IV"** (18.10.1907) (mit eine Überarbeitung der Haager Landkriegsordnung in 56 Artikeln als Anlage) wurden neue Regeln zur Behandlung von Kriegsgefangenen und Zivilisten vereinbart. Darin flossen Bestimmungen des Lieber Codes und der Petersburger Konvention mit ein. Einige Formen kollektiver Gewalttätigkeit wie Demozide und Vertreibungen wurden nicht behandelt.

  o In die Präambel wurde wieder die „Martens'sche Klausel" aufgenommen, wonach bei Fehlen spezifischer Rechtsregeln die Grundgesetze des Völkergewohnheitsrechts, der Menschlichkeit die Forderungen des öffentlichen Gewissens anzuwenden seien.

  o In Artikel 22 der Überarbeitung der Haager Landkriegsordnung wurde bestimmt, dass kein unbeschränktes Recht in der Wahl der Mittel zur Schädigung des Feindes bestehe (Verhältnismäßigkeitsprinzip).

  o In Artikel 46 und 56 wurde die Wegnahme von Kulturgütern verboten.

Beide Abkommen traten am 26.01.1910 in Kraft. Beide wurden 1949 durch Nachfolgeabkommen abgelöst; es gab zuletzt 35 Vertragsstaaten. Rein formell blieben sie bis 1970 in Kraft, als auch das letzte der Unterzeichnerländer den Genfer Nachfolgeabkommen von 1949 beigetreten war.

Die Bestimmungen der 2. Haager Konferenz wurden im 1. Weltkrieg als allgemein verbindlich angesehen, obwohl die „Allbeteiligungsklausel" (die Regeln des Abkommens gelten nur, wenn alle Konfliktparteien Unterzeichner des Abkommens sind) sie rein formell außer Kraft gesetzt hatte, denn Montenegro hatte sie nicht unterzeichnet. Kein Kriegsteilnehmer hat sich im 1. Weltkrieg allerdings auf diesen Umstand berufen.

Als Korrelat für den Seekrieg fand eine **Londoner Seerechtskonferenz (4.12.1908 bis 26.2.1909)** statt, die zur Veröffentlichung einer „**Londoner Seekriegsdeklaration (1909)**" führte, die jedoch nie in Kraft trat, weil sie das britische Parlament nicht unterzeichnete.

11.1.3.12 Die Gründung des Völkerbunds (1919)

Im Rahmen der Pariser Friedenskonferenz von Paris, die nach dem Ende des 1. Weltkriegs stattfand, wurde die Verfassung des „Völkerbunds" (28.4.1919) verabschiedet, welche vom US-Präsidenten Woodrow Wilson zur Sicherung des Weltfriedens angeregt worden war.[312] Die vier Hauptanliegen des Völkerbundes waren: Rüstungsbegrenzung, friedliche Beilegung von Konflikten, Garantie existierender Grenzen, Beilegung internationaler Konflikte vor deren Zuspitzung. Im September 1921 richtete der Völkerbund in Den Haag einen „**Ständigen Gerichtshof für Internationale Justiz**" ein.

Konzeptionsmängel des Völkerbundes waren, dass jedes Mitglied das Recht hatte, nach einer Vorlaufzeit auszutreten und dass es keine Sanktionen gab.

- Nach heftigen Kritiken (wenn auch ohne Sanktionen) des Völkerbundes für seine Invasion der Mandschurei trat Japan 1933 aus dem Völkerbund aus.

- Nach einer Volksabstimmung (mit 95 % Ja-Stimmen) erklärte Hitler am 14.10.1933 den Austritt Deutschlands aus dem Völkerbund, den er eine „Kontrollinstanz zur Knechtung Deutschlands" benannte. Im Jahre 1934 wurde die Sowjetunion in den Völkerbund aufgenommen.

- Im Jahre 1935 trat Paraguay aus dem Völkerbund aus, dem es vorwarf, sich im Chaco-Konflikt parteiisch (für Bolivien) zu verhalten.

- Nach seiner Invasion in Albanien trat Italien 1939 aus dem Völkerbund aus.

- Aufgrund der Aggression der Sowjetunion gegen Finnland wurde sie 1939 vom Völkerbund ausgeschlossen.

---

312 W. Wilson wurde 1919 mit dem Friedensnobelpreis geehrt; der Umstand, dass im US-Senat keine Zwei-Drittel-Mehrheit zur Ratifizierung des Abkommens zustande kam, soll ihm angeblich das Herz gebrochen haben; er starb am 3.2.1924. Der erste Präsident des Völkerbundes Léon Victor Bourgeois wurde 1920 mit dem Friedensnobelpreis geehrt. Der schwedische Delegierte Karl Hjalmar Branting wurde 1921 mit dem Friedensnobelpreis geehrt.

11.1.3.13 Die Konferenz zur Beschränkung der Rüstung („Flottenkonferenz") zu Washington (1921/1922)

Auf der vom 12.11. 1921 bis zum 6.2.1922 währenden Konferenz kam es zu einer Vereinbarung der Großmächte über eine Begrenzung ihrer Kriegsflotten: die USA und Großbritannien einigten sich auf dieselbe Flottengröße, Japan durfte 60 % davon haben, Italien und Frankreich 33 %.

11.1.3.14 Die Genfer Konferenz zur Überwachung des Internationalen Waffenhandels (1925)

Die 42 Länder teilnehmenden Länder einigten sich auf konkretere Verbote chemischer und bakteriologischer Kriegsführung und verabschiedeten das **„Genfer Gaskriegsprotokoll" (17.6.1925).** Es war dies eine Bestätigung des Verbots von Gaswaffen. Die Konvention ist seit dem 8.2.1928 in Kraft und bis dato von 65 Ländern ohne Vorbehalte ratifiziert worden, 75 Länder haben entweder nur unterzeichnet und nocht nicht ratifiziert oder (wie die USA) nur mit Vorbehalten ratifiziert.

11.1.3.15 Der Kellogg-Briand-Pakt (Paris-Pakt) (1928)

Ein epochaler Fortschritt zu einer völkerrechtlichen Bannes des Krieges erfolgte auf Betreiben des US-Staatssekretärs Frank Billings Kellogg, der mit dem französischen Regierungschef Aristide Briand das Abkommen von Paris aushandelte, der „Kellogg-Briand-Pakt" oder „Paris-Pakt" (26. 9. 1928) genannt wird. Als Bündnisvertrag zwischen den USA und Frankreich angedacht, wurde er in der Folge zu einem multilateralen Pakt des Kriegsverzichts. Den Unterzeichnerstaaten USA, Frankreich, Deutschland, Belgien, Italien, Japan, Polen, Tschechoslowakei, Großbritannien, Kanada, Australien, Neuseeland, Südafrika, Irland und Indien schlossen sich später weitere 48 Staaten an. Kellogg wurde 1929 mit dem Friedensnobelpreis geehrt, Briand war damit 1926 für seinen Beitrag zum Vertrag von Locarno mit dem Friedensnobelpreis ausgezeichnet worden.

- Die drei lapidaren Artikel des Abkommens enthalten ein **Verbot von Waffengewalt zur Lösung zwischenstaatlicher Konflikte** („Kriegsverbot"). Es war dies das erste Dokument des Völkerrechts, das ein „Kriegsverbot" aussprach. Daher wird es auch „Kriegsächtungspakt" genannt. Hiermit endete (leider vorläufig) die Ära des „ius ad bellum").
- Der Kellogg-Briand-Vertrag ist heute noch rechtskräftig.
- Die NS-Kriegsverbrecher wurden in Nürnberg vornehmlich wegen eines verschwörerischen Angriffskriegs in Verletzung dieses Abkommens verurteilt.
- Eine unbeabsichtigte Nebenauswirkung des Kellogg-Briand-Vertrages war es, dass in der Folge Aggressoren die Anwendbarkeit des Begriffes „Krieg" auf von ihnen ausgelöste Kampfhandlungen verneinten (so zum Beispiel Japan für seinen Aggressionskrieg gegen China von 1937 bis 1945), um nicht unter die Sanktionen des Kellogg-Briand-Vertrages zu fallen. Dies hat letztlich dazu beigetragen, dass der Terminus „Krieg" in der Folge in Dokumenten des Völkerrechts durch andere Termini ersetzt wurde.

11.1.3.16 Die Diplomatische Konferenz zu Genf (1929)

Auf der vom 1.7. bis zum 27.7.1929 währenden Tagung, die von einem internationalen Kongress, der 1929 von der „Internationalen Frauenliga für Frieden und Freiheit" gefordert worden war, verabschiedeten die Teilnehmer:

- Die Überarbeitung der 1. Genfer Konvention (27.7.1929)
- Die 1906 eingefügte Allbeteiligungsklausel wurde wieder gestrichen. Erstmals wurde der Einsatz bakteriologischer Waffen verboten.
- Die **2. Genfer Konvention** (27.7.1929) „über die Behandlung von Kriegsgefangenen".
- Beide Dokumente sind seit dem 19.6.1931 in Kraft. Bis dato (Ende 2016) gibt es 60 bzw. 53 Vertragsstaaten.

11.1.3.17 Die Genfer Abrüstungskonferenz (1932 bis 1934)

Vom 2.2.**1932** bis zum 11.6.1934 (mit Unterbrechungen) fand in **Genf** eine vom Völkerbund einberufene **Abrüstungskonferenz** statt, an der fast 4.000 Personen aus 62 Staaten (darunter die Nicht-Völkerbundmitglieder USA, Brasilien, Costa Rica, Ägypten, Saudi-Arabien) teilnahmen. Die Sowjetunion schlug eine starke Reduktion der Offensivwaffen vor, Deutschland forderte, dass alle Staaten zu dem Maße abrüsten sollten, zu dem es selbst durch die Versailler Verträge gezwungen worden war. Frankreich schlug vor, dass alle Offensivwaffen einer vom Völkerbund kontrollierten internationalen Streitmacht übergeben werden sollten. Großbritannien empfahl, die Truppenstärken von Frankreich, Deutschland, Italien und Polen auf je 200.000 Mann zu beschränken (plus Überseequoten für Frankreich und Italien) und die der Sowjetunion auf 500.000 Mann sowie die Luftflotten auf je 500 Maschinen zu limitieren.

11.1.3.18 Das Britisch-Deutsche U-Boot-Abkommen (1935)

Ein deutsch-britischen Abkommen von 1935 erlaubte Deutschland wieder U-Boote zu bauen.

11.1.3.19 Roehrich-Pakt zu Washington (1935)

Zum Schutz künstlerischer und wissenschaftlicher Einrichtungen und historischer Dokumente.

11.1.3.20 Die Atlantik-Charta (1941)

Unter dem Eindruck des Überfalls des 3. Reichs auf die Sowjetunion trafen sich der US-Präsident Roosevelt und der britische Premierminister Churchill auf dem britischen Schlachtschiff „HMS Prince of Wales" in der Placentia Bay vor Neufundland und verabschiedeten am 14.8.1941 die „Atlantic Charter", in welche eine Art angelsächsische Nachkriegsordnung definiert wurde. Auch wenn die meisten Artikel kollektive Verhaltensregeln (Verzicht auf territoriale oder sonstige Bereicherung, Postulat freien Handels, Einsicht der Notwendigkeit, dass sich die Staaten „aus ethischen und praktischen Gründen" zu einem Verzicht auf Gewaltanwendung hinentwickeln) und kollektive Ziele („Eigenverwaltung und Souvrinität", „Wohlergehen der Völker") betrafen, wurde hintergründig auch das Wohlergenen der Individuen (Freiheit der Meinungsäußerung, Freiheit der Religion, Freiheit vor Not, Freiheit vor Furcht), unabhängig von ihrer kollektiven Zugehörigkeit, behandelt. Somit war die Atlantik-Charta ein weiterer Meilenstein auf dem Weg zum Codifizierung des Gewaltverzichts und der Menschenrechte.

11.1.3.21 Die Gründung der Vereinten Nationen (1945)

Die Siegermächte USA, UdSSR und Großbritannien einigten sich in der Konferenz von Jalta (4. bis 11.2.1945) auf die Gründung einer Nachfolgeorganisation des Völkerbundes, genannt „**Vereinte Nationen**" (United Nations Organization, **UNO**, oder United Nations, UN). Derzeit hat die UNO 193 Teilnehmerstaaten. (die Schweiz trat 2002 bei und Montenegro 2006). Zusätzlich sind zwei Staaten als Beobachter zugelassen: der Vatikanstaat und Palästina.

Die Hauptorgane sind: die Generalversammlung (die Empfehlungen aussprechen kann, die aber nicht bindend sind), der Sicherheitsrat aus 15 Mitgliedern (davon sind China, Frankreich, Großbritannien, Russland und USA ständige) mit der Hauptverantwortung für die Wahrung des Weltfriedens und der internationalen Sicherheit, ein Treuhandrat, der Internationale Gerichtshof IHG, das Sekretariat.

Die wichtigsten Aufgaben sind:

- Sicherung des Weltfriedens
- Einhaltung des Völkerrechts
- Schutz der Menschenrechte
- Förderung der internationalen Zusammenarbeit.

Die UN-Nebenorgane widmen sich entwicklungspolitischen Aufgaben, humanitären Aufgaben sowie der Ausbildung und Forschung. Für das Thema dieses Werkes sind folgende die relevantesten:

- UN-Abrüstungskonferenz (UNCD); bietet seit 1979 eine multilaterale Plattform für Abrüstungsfragen. Delegierte von 65 Teilnehmerländern tagen jährlich von Januar bis September.
- UN-Welthandels- und Entwicklungskonferenz (UNCTAD mit dem Ziel, den Welthandel zu fördern und einen Nord-/Süd-Ausgleich zu schaffen.),
- UN-Bevölkerungsfond (UNFPA). Schwerpunkte sind die Förderung der Familienplanung und der Schutz von Frauen und Kindern vor Gewalttätigkeit.

Die UN-Sonderorganisationen sind autonome internationale Organisationen, die mit der UNO durch Abkommen verbunden sind. Für das Thema dieses Werkes sind die relevantesten die folgenden:

- Organisationen der Vereinten Nationen für Erziehung, Wissenschaft und Kultur (UNESCO). Da politische und wirtschaftliche Vereinbarungen zwischen Staaten als nicht ausreichend betrachtet werden, steht in der Präambel das Motto „Da Kriege im Geist der Menschen entstehen, muss auch der Frieden im Geist der Menschen verankert werden." Schwerpunkte der Aktivitäten sind Erziehung (Grunderziehung, Präventionen), Wissenschaft (Förderung der internationalen Zusammenarbeit in der Umweltforschung), Kultur (Schutz von Kulturgütern), Medienpolitik (Freiheit der Presse und des Informationszugangs).
- Die Internationale Atomenergieorganisation (IAEO): siehe Punkt 11.2.2.2.
- Auf einer mehr informellen Ebene steht die Kooperation mit dem Internationalen Strafgerichtshof in Den Haag..

11.1.3.22 Die Charta der Vereinten Nationen (1945)

Die Katastrophe des 2. Weltkriegs hat zu einer **zivilgesellschaftlichen Skandalisierung** der zwischenstaatlichen Kriege geführt. Die erste Generalversammlung der Vereinten Nationen verabschiedete am 26.

6. 1945 einstimmig eine „**Charta der Vereinten Nationen**", kurz „UN-Charta" genannt, die am 24.10.1945 in Kraft trat. Diese:

- Definiert als Hauptzielrichtung die Abschaffung der „Geißel des Krieges", ohne Erwähnung der Demozide (Präambel);
- Untersagt den Mitgliedstaaten „in ihren internationalen Beziehungen jede gegen die territoriale Unversehrtheit oder die politische Unabhängigkeit oder sonst mit den Zielen der Vereinten Nationen unvereinbare Androhung oder Anwendung von Gewalt" (Kap. I, Art. 2, Abs. 4);
- Untersagt die gewaltsame Einverleibung von Gebieten (Kap. I, Art. 2, Abs. 4);
- Erklärt ein „naturgegebenes" individuelles und kollektives Selbstverteidigungsrecht, indes nur als Antwort auf „bewaffnete Angriffe (Kap. VII, Art. 51); die Antwort muss „unmittelbar" erfolgen und darf keine bewaffnete Repressalie sein; sie muss „verhältnismäßig" sein; mit Anzeigepflicht der Maßnahmen an den UN-Sicherheitsrat; das Selbstverteidigungsrecht endet, sobald der UN-Sicherheitsrat Maßnahmen zur Friedenssicherung getroffen hat).
- Sieht verschiedene Möglichkeiten friedlicher Streitbeilegung vor (diplomatische Instrumente, regionale Abmachungen, Internationaler Gerichtshof), mit dem Sicherheitsrat als Eskalierungsinstanz (Kap. VI, Art. 37);
- Räumt dem UN-Sicherheitsrat die Befugnisse ein festzustellen, „ob eine Bedrohung oder ein Bruch des Friedens oder eine Angriffshandlung vorliegt" und die Maßnahmen zur Wahrung und Wiederherstellung des Weltfriedens und der internationalen Sicherheit zu empfehlen oder beschließen (Kap. VII, Art. 39);
- Räumt dem UN-Sicherheitsrat die Befugnis ein, kollektive Zwangsmaßnahmen ohne Waffengewalt zu treffen, um seinen Beschlüssen Wirksamkeit zu verleihen (Kap. VII, Art. 41);
- Räumt dem UN-Sicherheitsrat die Befugnis ein, kollektive Zwangsmaßnahmen mit Waffengewalt zu treffen, falls die gewaltlosen Zwangsmaßnahmen für „die Wahrung oder Wiederherstellung des Weltfriedens und der internationalen Sicherheit" „unzulänglich" sind (Kap. VII, Art. 42);
- Erteilt, abgesehen von den gewaltlosen und gewaltsamen Zwangsmaßnahmen, den Vereinten Nationen keine Befugnis zum Eingreifen in die inneren Angelegenheiten eines Staates (Kap. I, Art. 2, Abs. 7);
- Erteilt ein Vetorecht für die fünf ständigen Mitgliedern des UN-Sicherheitsrates (Kap. V, Art. 27).

11.1.3.23 Die UN-Genozidkonvention (1948)

Mit der UN-Resolution 260 A (9.12.1948) verabschiedeten die Vereinten Nationen die „**Konvention zur Verhütung und Bestrafung des Genozidverbrechens**".

Diese „UN-Genozidkonvention" alias „UN-Völkermordkonvention" definierte in Artikel II Genozid als folgende an einer nationalen, ethnischen, rassischen oder religiösen Gruppe getätigte Handlungen:

- Tötung von Mitgliedern der Gruppe;
- Verursachung von schwerem körperlichem oder seelischem Schaden an Mitgliedern der Gruppe;
- vorsätzliche Auferlegung von Lebensbedingungen für die Gruppe, die geeignet sind, ihre körperliche Zerstörung ganz oder teilweise herbeizuführen;
- Verhängung von Maßnahmen, die auf die Geburtenverhinderung innerhalb der Gruppe gerichtet sind;
- gewaltsame Überführung von Kindern der Gruppe in eine andere Gruppe.

Den Mitgliedsländern wurde auferlegt, Strafgesetzgebung entsprechen anzupassen und die Strafverfolgung der genozidalen Verbrechen durchzuführen.

Einige Länder mit genozidaler Vergangenheitsbelastung erzwangen passende Ausklammerungen aus der Genozidkonvention :

- Auf Betreiben der Sowjetunion (die eine Aufarbeitung der stalinistischen Politizide ausschließen wollte) wurde die Ermordung politischer oder kultureller Kollektive ausgenommen.
- Auf Betreiben der USA (die eine genozidale Aufarbeitung der Indianer- und Afroamerikanerfrage ausschließen wollten) wurde die „Absicht der Zerstörung" als Grundvoraussetzung für die Anwendbarkeit des Genozid-Begriffs eingebracht.
- Um, die Aufarbeitung vergangener eugenetischer Verbrechen (darunter die die Euthanasieverbrechen im 3. Reich, aber nicht nur dort) wurden die „biologischen" Genozide ausgeklammwert.
- Als Täter wurden nur Individuen (keine Kollektive) ins Auge gefasst, für diel in Auslieferungsfragen eine politische Immunität ausgeschlossen wurde. Alternativ wurde auch ein von den Mitgliedsstaaten anerkanntes internationales Gericht als zuständig erklärt.
- Den Vereinten Nationen und seinen Organen wurde keine Pflicht der Verfolgung genozidaler Verbrechen zugeteilt, die Mitgliedstaaten können aber solche Fälle vorlegen, damit diese nach ihrem Gutdünken entscheiden, ob Schritte zur Vermeidung und Verhinderung im Rahmen der UN-Charta zu unternehmen sind.

Siehe weitere Betrachtungen zur Beeinträchtigung der Anwendbarkeit der UN-Genozidkonvention unter Punkt 5.5.5)

Bis dato (Ende 2016) haben 147 Staaten die Konvention ratifiziert. Die ständigen Mitglieder des UN-Sicherheitsrates ratifizierten das Abkommen mit großer Verzögerung: Sowjetunion 1954, Großbritannien

1970 und die USA erst 1988. [313] Dadurch war vor Anfang der 90er-Jahre, kaum an eine Intervention des UN-Sicherheitsrates gegen Genozide zu denken.

Erst im Abschlussdokument des „2005 World Summit" wurde unter Punkt 139 klargestellt, dass die UN *bereit* ist, durch den UN-Sicherheitsrat fallweise gemäß Kap. VII der UN-Charta (d. h. auch mit militärischen Mitteln) gegen Genozide vorzugehen, wenn friedliche Mittel sie nicht verhindern oder die nationale Regierung ihrer Pflicht nicht nachkommt, die Bevölkerung davor zu schützen.

Mit der Resolution 1674 (28.04.2006) wies die UN unter Punkt 26 darauf hin, dass im Rahmen von bewaffneten Konflikten durchgeführtes willkürliches Abzielen auf die Zivilbevölkerung und systematische breit angelegte Menschenrechtsverletzungen eine Bedrohung des internationalen Friedens und Sicherheit darstellen *können* und wiederholte die *Bereitschaft, solche Situationen in Augenschein zu nehmen*, um geeignete Schritte zu unternehmen.

11.1.3.24 Die UN-Menschenrechtserklärung (1948)

Am 10.12.1948 wurde in Paris (Palais de Chaillot) per UN-Resolution 217 A (III) mit 48 Ja-Stimmen und 8 Enthaltungen (Ukraine, Weißrussland, Polen, CSSR, Jugoslawien, Saudi-Arabien, Südafrika) eine „Allgemeine Erklärung der Menschenrechte verabschiedet" (siehe Zusammenfassung in Anlage 1). Sie wird auch „UN-Menschenrechtskonvention" genannt. (Siehe Text in Anlage 1). Das Dokument setzte für Kollektive (nicht zuletzt für die territorial-hegemonischen) neuen Maßstäbe für ihren Umgang mit menschlichen Individuen. Am Zustandekommen hatte die Witwe des 1945 verstorbenen 32. US-Präsidenten Franklin Delano Roosevelt und Nichte des 26. US-Präsidenten Theodore Roosevelt, Eleanor Roosevelt, wesentlichen Anteil, welche vom nachfolgenden 33. US-Präsidenten Truman zur US-Delegierten bei den Vereinten Nationen ernannt worden war.

In der Folge wurde eine UN-Menschenrechtskommission instituiert, die einmal pro Jahr (in Genf) tagen sollte.

11.1.3.25 Das Genfer Abkommen (1949)

Eine **„Diplomatische Konferenz"** zu Genf (21.4. bis 12.8.1949), zu der die Schweizer Regierung eingeladen hatte, wurde ausgerichtet, um die Vorkommnisse des 2. Weltkriegs in die internationale Gesetzgebung einzuarbeiten. Diese wurde in vier Artikeln auf weitere Aspekte ausgedehnt (Schlögel, 1988):

- Verstöße gegen Gesetze (Art. 2),
- Verstöße gegen Gebräuche des Krieges (Art. 3),
- Völkermord (Art. 4) und Verbrechen gegen die Menschheit[314] (Art. 5).

In vier verabschiedeten Abkommen wurden auch humanitäre Regeln auf der Basis der Vorkommnisse des 2. Weltkriegs überarbeitet:

- **Genfer Abkommen I** (12.8.1949) zur Verbesserung des Loses von Verwundeten und Kranken in Landstreitkräften (Neufassung der 1. Genfer Konvention). Angriffe auf Lazarette und Krankenhäuser mit dem Schutzzeichen des Roten Kreuzes wurden strengstens verboten. Erstmals wurden freiwillige Hilfsorganisationen einbezogen:
- **Genfer Abkommen II** (12.8.1949) für Verwundete oder Kranke in Seestreitkräften (Übernahme der Haager Konvention IV). Angriffe auf Hospitalschiffe mit dem Schutzzeichen des Roten Kreuzes wurden strengstens verboten.
- **Genfer Abkommen III** (12.8.1949) über die Behandlung von Kriegsgefangenen (Neufassung der 2. Genfer Konvention).
- **Genfer Abkommen IV** (12.8.1949) zum Schutz von Zivilpersonen in Kriegszeiten, v.a. gegen Flächenbombardierungen von Städten.

---

313 Ronald Reagan hatte dies zu einem Wahlkampfthema gemacht. Dies Ratifizierung durch den US-Kongress erfolgte allerdings nur an eine Auslegungserklärung der US-Regierung gebunden, in der festgehalten wurde, dass eine „spezifische Absicht" für den Tatbestand eines Genozids erforderlich sei (damit sollte eine genozidale Aufarbeitung des US-amerikanischen Vergangenheit ausgeschlossen werden, wie die Verdrängung der Indianer, Sklaverei und Rassenpolitik); außerdem wurde die Bedingung gestellt, dass ohne Zustimmung der US-Regierung der Internationale Gerichtshof nicht eingeschaltet werden dürfe.

314 Das englische Wort „humanity" hat neben der Bedeutung von „Menschlichkeit" auch jene von „Menschheit". Die Genfer Konventionen und die UN-Resolutionen meinen damit immer die zweite. Die im deutschen Sprachgebrauch vorherrschende Übersetzung von „crimes against humanity" mit „Verbrechen gegen die Menschlichkeit" ist falsch und sogar verharmlosend, denn sie klingt wie ein „Verbrechen gegen das Menschenwürdige und die Toleranz" statt wie ein „Verbrechen, das aufgrund seiner Art und vor allem seines Ausmaßes, die ganze Menschheit verletzt".

Die Grundforderung aller vier Abkommen ist die der Menschlichkeit in der Behandlung, unabhängig von Rasse, Farbe, Religion, Glauben, Geschlecht, Geburt, Vermögen. Erstmalig wurde der Schutz von Zivilisten zum Gegenstand eines Völkerrechtsabkommens gemacht.

Alle Abkommen sind freiwillige Selbstverpflichtungen und sie enthalten keine Sanktionen für Verletzungen. Sie sind am 21.10.1950 in Kraft getreten; bis dato (Ende 2016) gibt es 196 Vertragsparteien. Als einziges Kontrollorgan sehen die Abkommen das Internationale Komitee des Roten Kreuzes (IKRK) mit Sitz in Genf vor (1863 als „Internationales Komitee der Hilfsgesellschaften für die Verwundetenpflege" gegründet, 1876 in den heutigen Namen umbenannt).

[www.admin.ch]

11.1.3.26 Die Genfer Flüchtlingskonvention (1951)

Am 28.7.1951 wurde die Genfer Flüchtlingskonvention unterzeichnet. Als Flüchtling gilt danach, wer „aus begründeter Furcht vor Verfolgung aus Gründen der Rasse, Religion, Nationalität, Zugehörigkeit zu einer bestimmten sozialen Gruppe oder wegen seiner politischen Überzeugung" sich außerhalb des Landes seiner Staatenbürgerschaft befindet.

11.1.3.27 Das Haager Abkommen zum Schutz von Kulturgut (1954 / 1999)

Das „Haager Abkommen zum Schutz von Kulturgut bei bewaffneten Konflikten" (14.5.1954) wurde am 26.3.1999 novelliert (48 Vertragsparteien). Die UNESCO wurde mit der Überwachung beauftragt.

11.1.3.28 Der UN-Zivilpakt (1966)

Die UN-Vollversammlung verabschiedete am 16.12.1966 den „Internationalen Pakt über bürgerliche und politische Rechte"S oder kurz „UN-Zivilpakt" (International Covenant on Civil und Political Rights , ICCPR), der am 23.3.1976 in Kraft getreten ist. Bis Ende 2016 wurde er durch 168 Länder ratifiziert. Darin werden grundlegende Menschenrechte garantiert: Recht auf Leben, Sicherheit, persönliche Freiheit, Gedankenfreiheit, Religionsfreiheit, freie und geheime Wahlen, Verbot der Sklaverei, Verbot der Zwangsarbeit, Gleichstellung von Mann und Frau, Verbot der Diskriminierung von Minderheiten. Die Länder sind zur periodischen Berichterstattung an einen UN-Menschenrechtsausschuss verpflichtet, eines Quasi-Justizorgans, der eigens dafür eingerichtet wurde.

11.1.3.29 Der UN-Sozialpakt (1966)

Ebenfalls am 16.12.1966 verabschiedete die UN-Vollversammlung den „Internationaler Pakt über wirtschaftliche, soziale und kulturelle Rechte" oder kurz: „UN-Sozialpakt,") („UN-Sozialpakt (International Covenant on Economic, Social and Cultural Rights, ICESCR), der 1976 in Kraft getreten ist. Er wurde bis Ende 2016 von 164 Staaten ratifiziert. Darin werden Individualrechte definiert; auf Arbeit, Berufsfreiheit, Mindestlohn, Lohngerechtigkeit, Gewerkschaftsbildung, Streik, soziale Sicherheit, Mutterschutz, medizinische Versorgung, Bildung, Unentgeltlichkeit des Studiums, Forschungsfreiheit sowie Verbot von Zwangsehen. Die Überwachung wurde dem UN-Ausschuss für Wirtschaftliche, Soziale und Kulturelle Rechte überantwortet.

11.1.3.30 Der Vertrag über die Nichtweiterverbreitung der Atomwaffen (1968)

Siehe Punkt 11.2.1.

11.1.3.31 Die UN-Resolution 2391 (1968)

Am 26.11.1968 von der UN-Vollversammlung verabschiedet „über die Nichtanwendbarkeit der Verjährungsfrist auf Kriegsverbrechen gegen die Menschheit".

11.1.3.32 Die UN-Resolution 2444 (1968)

Unter den Eindrücken der Vorkommnisse des Vietnamkriegs, des Biafrakriegs, der israelisch-arabischen Kriege und der afrikanischen Unabhängigkeitskriege verabschiedete die UN-Generalversammlung die UN-Resolution 2444 (XXIII) „Respect for Human Rights in Armed Conflicts" (19. 12. 1968), in der drei Grundrechte des humanitären Völkerrechts festgesetzt wurden:

- Pflicht zur Wahl der Kriegsmittel,
- Verbot von Angriffen auf Zivilbevölkerung,
- Pflicht zur Differenzierung von Kombattanten und Zivilbevölkerung.

11.1.3.33 Das B-Waffen-Abkommen (BWC) (1971/1972)

Siehe 11.2.1.

11.1.3.34 Das UN-Abkommen über umweltverändernde Techniken (ENMOD) (1976)

Siehe 11.2.1

11.1.3.35 Die Zusatzprotokolle zur Genfer Konvention (1977)

In Ausführung der Beschlüsse der Resolution 2444 verabschiedete eine von der UN einberufene Diplomatische Konferenz (20.2.1974 bis 10.6.1977) zwei Zusatzprotokolle zur Genfer Konvention von 1949. Dabei wurden erstmals Gesichtspunkte und Anliegen von außerhalb der westlichen Welt einbezogen und der Schutz von Wehrlosen wurde verstärkt.

- **Zusatzprotokoll I** (8.6.1977) über den Schutz der Opfer internationaler bewaffneter Konflikte. Hier wurde der Begriff der „Kombattanten" benutzt, im Gegensatz zu Zivilpersonen, die beide unter den Schutz des Völkerrechts und „feststehenden Bräuchen der Menschlichkeit" gestellt wurden. Das Genfer Recht, das sich bis dahin auf den Beistand der Opfer beschränkte, wurde hiermit mit dem Haager Recht zusammengelegt und die Eingrenzung militärischer Aktionen wurde mit einbezogen. Außerdem wurde vereinbart, dass „alle machbaren Maßnahmen" getroffen werden sollen, um den Einsatz von Kindern unter 15 Jahren zu vermeiden.
- **Zusatzprotokoll II** (8.6.1977) über den Schutz der Opfer nicht internationaler bewaffneter Konflikte (mittlerweile von 159 Ländern unterzeichnet). Darin wurde unter anderem die Bestimmung von 1907 bekräftigt, dass kein unbeschränktes Recht in der Wahl der Mittel zur Schädigung des Feindes bestehe (Verhältnismäßigkeitsprinzip). Artikel 51 definiert Flächenbombardierungen von Städten als „Kriegsverbrechen".

Beide Protokolle sind seit 7.12.1978 in Kraft; bis dato (Ende 2016) gibt es 174 Vertragsparteien für I bzw. 168 für II. (Die Bundesrepublik Deutschland hat die Zusatzprotokolle erst 1991 ratifiziert).

11.1.3.36 Das CCW-Abkommen (1980)

Siehe Punkt 11.2.2.1

11.1.3.37 Die UN-Kinderrechtskonvention (1989)

In der am 20. 11. 1989 verabschiedeten Resolution wurde unter Artikel 38 beschlossen, dass alle Unterzeichnerländer „alle machbaren Maßnahmen treffen sollten", dass Kinder unter 15 Jahren nicht direkt an Kampfhandlungen teilnehmen.

11.1.3.38 Das Chemiewaffenabkommen (CWC) (1993)

Siehe 11.2.1.

11.1.3.39 Der Umfassende Teststoppvertrag (CTBC) (1996)

Siehe 11.2.1.

11.1.3.40 Das Landminenabkommen von Oslo / Ottawa (1997)

Da die etablierten Gremien in Genf bzw. Den Haag kein Abkommen zur Einschränkung von Landminen zuwege bringen konnten, fand auf Initiative der NGO „Internationale Landminenkampagne eine Konferenz zu Oslo mit Delegierten von 89 Staaten statt, die am 16.9.1997 eine „Konvention über das Verbot des Gebrauchs, der Lagerung, Herstellung und Weitergabe von Antipersonenminen und über ihre Zerstörung" verabschiedet. Sie wurde am 4.12.1997 zu Ottawa feierlich unterzeichnet und bis Ende 2016 von 162 Ländern ratifiziert.

Mehr Details zum Landminen-Bann unter 11.4.3.3.

11.1.3.41 Das Rom-Statut für den Internationalen Gerichtshof (1998)

Eine Diplomatische Konferenz zu Rom (15.7. bis 17.7.1998) verabschiedete das „Rom-Statut für den Internationalen Gerichtshof" (17.7.1998).

Das Statut ist seit dem 1.7.2002 in Kraft. Bis Ende 2016 haben 139 Länder unterzeichnet und 124 ratifiziert. Die Nicht-Beitrittsländer sind in Anlage 4 vermerkt.

Mehr Details zum IstGH unter 11.10.1.5.

11.1.3.42 Das UN-Fakultativprotokoll über Kinder in bewaffneten Konflikten (2000)

Mit dem Zusatzprotokoll „UN-Fakultativprotokoll über Kinder in bewaffneten Konflikten" vom 25.5.2000 zur UN-Kinderrechtskonvention (20.11.1989) wurde die Zwangsrekrutierung von Kindersoldaten unter 18 Jahren verboten.

11.1.3.43 Das Zusatzprotokoll III zur Genfer Konvention (2005)

Eine Diplomatische Konferenz zu Genf (5. bis 7.12.2005) verabschiedete ein **Zusatzprotokoll III** (8.12.2005) zu den Genfer Abkommen vom 12.8.1949, in dem ein zusätzliches Schutzzeichen („**Roter Kristall**") beschlossen wurde, mit Gegenstimmen einiger islamischen Länder. Dies ist ein zukunftweisender Durchbruch zu einer transnationalen Kooperation. Er war aufgrund des Umstands notwendig geworden, dass sowohl islamische Länder als auch Israel zunehmend das Kreuz als Symbol ablehnten, da ein christliches. Erstere hatten die parallelen Organisationen des „**Roten Halbmondes**" bzw. des „**Roten Löwen**" (Iran) gegründet und Israel hatte auf die Verwendung ihres eigenen Religionssymbols, des **Roten Davidsterns**, bestanden.

11.1.3.44 Der UN-Menschenrechtsrat (2006)

Angesichts der Kritiken an die UN-Menschenrechtskommission, sie habe keinen wirksamen Schutz gegen Menschenrechtsverletzungen dargestellt, da sie es den rechtsverletzenden Staaten ermöglicht habe, sich gegenseitig zu schützen, wurde sie auf Vorschlag des UN-Generalsekretärs Kofi Annan (mit Gegenstimmen der USA, Israels, der Marshallinseln und Palaus) am 15.3.2006 durch den UN-Menschenrechtsrat abgelöst. Der neue Rat besteht aus 47 Mitgliedern (13 Afrika, 13 Asien, 6 Osteuropa, 8 Lateinamerika, 7 westliche Staaten).

11.1.4 Bestandsaufnahme und Handlungsbedarf

Insgesamt ist der in 140 Jahren erreichte Stand der Bemühungen um „Humanisierung der kollektiven Gewalttätigkeit" und „völkerrechtlichen Friedenssicherung" noch unbefriedigend. Die evidentesten Schwachstellen sind:

- **Mangel an universeller Verbindlichkeit.** Die meisten Abkommen beruhen auf völliger Freiwilligkeit der Abkommen. Einige Länder (vor allem in Krisenregionen) unterzeichnen einfach nicht, andere unterzeichnen zwar, ratifizieren dann aber nicht (siehe Liste von Nicht-Beitrittsländern in der Anlage 4).
- Die **Unzulänglichkeit der Kontrollinstanzen** (siehe das totale Versagen der Kommission des Internationalen Roten Kreuzes angesichts der Höhepunkte an Inhumanität im 2. Weltkrieg), sogar hinsichtlich ihres ureigensten Auftrags, des Schutzes von Verwundeten und Kriegsgefangenen.
- **Mangel an übernationaler Strafgesetzgebung**, Gerichtsbarkeit und Urteilsvollstreckung. Alle völkerrechtlichen Abkommen wie die Haager Landkriegsordnung enthielten weder ein Strafmaß für Verstöße noch eine überparteiliche Instanz der Rechtsdurchsetzung. In der Regel enthielten sie eine Klausel, in denen die Unterzeichnerländer sich verpflichteten, die Verstöße im jeweiligen nationalen Recht zu pönalisieren. Man übertrug den verstoßenden Kollektiven die Aufgabe, Individuen des eigenen Kollektivs für Vergehen des Kollektivs zu bestrafen.
  - Ein paradigmatischer Fall der Schwierigkeit der Selbstbestrafung ist die Verfolgung von Kriegsverbrechen, die im 1. Weltkrieg im Namen des Deutschen Reichs begangen worden sind. Aufgrund eines gemäß den Versailler Verträgen 1919 verabschiedeten „Gesetzes zur Verfolgung von Kriegsverbrechern und Kriegsvergehen" wurden vor dem Reichsgericht in Leipzig 1.500 Ermittlungsverfahren aufgenommen. Es kam zu nur 17 Gerichtsverfahren, von denen nur 10 mit einer Verurteilung endeten, von denen die höchste 5 Jahre betrug (wegen Plünderung); eine Erschießung französischer Kriegsgefangener wurde als fahrlässige Tötung mit nur 2 Jahren bestraft. Der Ersteinsatz von Giftgas,die Versenkung von Passagierschiffen und Lazarettschiffen, die Misshandlung von Kriegsgefangenen u.a.m. blieben ungesühnt. Auf der Siegerseite kam es dem entsprechend zu faktisch keiner Verurteilung wegen Verstöße der eigenen Seite.
- Die **Unübersichtlichkeit der parallelen Gremien.** Es bedarf profunder Kenntnisse des Völkerrechts, um zu wissen, ob für einen bestimmten Themenkreis ein „Haager Abkommen" oder ein „Genfer Abkommen" oder ein „Zusatzprotokoll" anwendbar ist. Zusätzlich zu den etablierten Gremien „Den Haag" und „Genf", mussten weitere geschaffen werden („UNO", „Paris", „Rom"), weil die jeweiligen Themen für erstere zu kontrovers waren.
- Die **Unübersichtlichkeit der Überlappung von alten und neuen Ausgabeständen**, bei denen die alten noch gültig sind, weil bei der Ratifizierung der neuen Ausgabestände ein Quorum noch nicht erreicht wurde.
- Die „**Allbeteiligungsklausel**", wonach ein Abkommen auf einen Konflikt nicht anwendbar ist, wenn nur ein einziger der am Konflikt Beteiligten kein Unterzeichnerland ist. Während des 1. Weltkriegs waren alle Genfer und Haager Abkommen nicht anwendbar, weil das Nicht-Unterzeichnerland Montenegro daran beteiligt war.
- **Schlupflöcher in den Begrifflichkeiten.** Bisherige Abkommen enthielten zu viele Schlupflöcher, durch die man sie mit wohlfeilen semantischen Ausflüchten umgehe konnte. Beispiele:
  - Bereits im 1. Weltkrieg, aber vor allem im 2. Weltkrieg (v.a. von reichsdeutscher Seite) wurde die Auslegung des Internationalen Rechts praktiziert, dass alle „nicht rechtmäßig Uniformierte", die von Waffen Gebrauch machten (um gegen Besatzer des eigenen Landes anzukämpfen), Rechtlose seien und standrechtlich erschossen werden könnten. Die Debatte der Nachkriegszeit über den rechtlichen Status der Partisanen hat zu keinem Konsens geführt.

- o Die Rechtmäßigkeit der (v.a. von reichsdeutschen Truppen angewandten) „Zehn-zu-Eins-Vergeltung" für jeden eigenen Soldaten, der durch nicht uniformierten Gegner getötet wurde, ist nie eindeutig geklärt worden.
- o Der Begriff der „Verhältnismäßigkeit" einer Kampfmaßnahme ist gänzlich unbrauchbar, denn man kann inkommensurable Größen (z.B. Zivilopfer gegenüber Zerstörung feindlichen Angriffspotenzials, eigene Verluste gegen gegnerische Verluste) nicht ins Verhältnis setzen. [315]
- o Der Begriff des „Kombattanten" sollte durch keinerlei Zusatzattribuierung (z.B. „illegaler Kombattant") außer Kraft gesetzt werden dürfen.
- o Der Begriff der „Kollateralschäden", der militärtechnisch die ungewollten Begleitschäden einer militärischen Zerstörungsaktion bedeutet, wird von Pressesprechern offensiver Kriegsteilnehmer und von den ihnen wohlgesinnten Medien zur Beschönigung von mutwillig in Kauf genommmen Zerstörung von zivilen Personen und Einrichtungen verwendet, bzw. um die Verletzung der Volkesrechtsbestimmungen zu vertuschen.
- o Ein eklatanter Fall von „Gummiparagraphen" ist der Artikel 77.2 des Zusatzprotokolls I. vom 8.6.1977 der Genfer Konventionen. Darin wird hinsichtlich des Einsatzes von Kindersoldaten formuliert, dass alle „machbaren" Maßnahmen getroffen werden sollen, damit Kinder unter 15 Jahren nicht „direkt" an Kampfhandlungen teilnehmen (d. h. sie dürften an der Zulieferung der Munition für ein Geschütz teilnehmen, nur nicht den Schuss abfeuern) und dass Kinder unter 18 Jahren nicht für die Streitkräfte „rekrutiert" werden (d. h. sie dürfen sich aber „freiwillig" melden).
- o Eine Art semantischer Täuschung stellt auch die für das CCW-Abkommen von 1980 aufgestellte Regelung dar, dass eine Land sich als „**Unterzeichnerland**" bezeichnen darf, wenn es nur zwei der fünf Vereinbarungen unterzeichnet.

- Die **Beschränkung der Gültigkeit auf den Sozialkonstrukt „Nationalstaat".** Die innerhalb der Nationalstaaten agierenden Konfliktparteien (z.B. ethnische Minderheiten) sind von vielen der vereinbarten Humanisierungsvereinbarungen (z.B. Gefangene) ausgeklammert. Ein Nationalstaat A (z.B. Bundesrepublik) kann dadurch einen Nationalstaat B (z.B. Türkei) mit Waffen zur Massentötung eines innenpolitischen Gegners (z.B. Autonomisten) beliefern, weil dieser gar keine schutzwürdige Entität darstellt. Die Haager und Genfer Abkommen sind nicht auf eine innenpolitische Auseinandersetzung oder Unabhängigkeitskonflikte anwendbar, da politische, religiöse oder ethnische Minderheiten nicht Unterzeichner der Abkommen sind und sein können.
- Die **Fokussierung der Genfer Abkommen auf die konventionelle Form kollektiver Gewalttätigkeit, die Kriege** (das Aufeinanderschießen von Uniformierten) und das Ausklammern der noch schrecklicheren Formen kollektiver Gewalttätigkeit (Widerstand gegen Besatzungsmächte, Unabhängigkeitskrieg, Demozide). Die Aussage „steht nicht unter dem Schutz der Haager oder Genfer Abkommen" oder die Bezeichnung „irregulärer Kämpfer" wurde vermehrt zur Stigmatisierung missbraucht.
- Das **Ausklammern der Bürgerkriege aus den Bestimmungen der UN-Charta.** Diese behandelt lediglich die zwischenstaatlichen Kriege.
- Die **Blockierbarkeit des UN-Sicherheitsrates durch das Vetorecht.** Die UN-Charta hat dem UN-Sicherheitsrat eine wesentliche Rolle bei der Friedenssicherung zugewiesen. Bisher wurde dieser jedoch allzu oft durch das Vetorecht seiner Mitglieder handlungsunfähig gemacht. Das im innerstaatlichen Bereich bewährte demokratische Mehrheitsprinzip (relative Mehrheit für „Tagesfragen", absolute Mehrheit für Grundsatzfragen) kommt im Sicherheitsrat der Vereinten Nationen nicht zur Anwendung. Dort ist eine „totale" Mehrheit (keine einzige Gegenstimme) erforderlich. Letztlich ist dies eine völkerrechtliche Statuierung des Rechts des Stärkeren und eine Beschränkung der Übertragung von Hoheitsrechten der fünf Weltmächte an eine transnationale Institution. Es ist zumindest diskussionswürdig, ob das **Vetorecht** nicht einer Einschränkung bedarf. Ein Beispiel der Handlungsunfähigkeit des UN-Sicherheitsrats wegen angekündigtem oder vollzogenem Vetorecht:
  - o Die Intervention im Kosovo von 1999, um eine „ethnische Säuberung" großen Umfangs zu unterbinden, musste auf NATO-Ebene durchgeführt werden, da China und Russland ihr Veto für eine UN-Resolution angekündigt hatten.
  - o Angesichts der beschränkten Handlungsunfähigkeit des UN-Sicherheitsrates, welche vom Vetorecht herrührt, wurde verschiedentlich vorgeschlagen, nach dem Beispiel „Kosovo" Regionalorganisationen (sozusagen als „Lückenbüßer") in jenen Fällen einwirken zu lassen, in denen der UN-Sicherheitsrat handlungsunfähig oder handlungsunwillig ist. Zu den in Frage kommenden Regionalorganisationen gehören: die NATO; die Europäische Union; die Organisation Amerikanischer Staaten (OAS); die African Union.
- Ein deutlicher Rückschritt gegenüber dem Altertum und dem Mittelalter ist die in der Neuzeit kritiklos hingenommene **Praxis des Überfalls ohne Kriegserklärung.** Beispiele:
  - o Fast alle Kriege Friedrichs II. von Preußen wurden von ihm ohne Kriegserklärung eröffnet.

---

315 Ein besonders krasser Fall der Unverhältnismäßigkeit fand im Jahre 2006 statt und zeigt besonders klar die Problematik des Begriffs „Verhältnismäßigkeit" als Vergeltung für die Tötung von acht und Gefangennahme von zwei Soldaten bei einem Grenzzwischenfall, bombardierte die israelische Luftwaffe während 25 Tage Objekte ziviler Infrastruktur in Libanon und warf 100.000 Splitterbomben ab. Dabei kamen 1.200 Zivilisten ums Leben. Als Gegenvergeltung schossen die Hisbollah 100 Katjuscha-Raketen auf israelisches Gebiet ab, welche 150 Zivilisten töteten und 50 km² Wald in Brand setzten. Durch die Bombardierung eines E-Werkes in Libanon liefen ca. 20.000 t Erdöl aus und erzeugten eine der größten Umweltkatastrophen im Mittelmeer. Die Waffengang verursachte einen Preisanstieg der internationalen Erdölpreise, welche den Konsumenten weltweit entsprechende Mehrausgaben verursachte und allerdings den (überwiegend islamischen) Erdölproduzenten zusätzliche Einnahmen sicherte. Der Waffengang kostete Israel schätzungsweise 4 Mrd. Euro. Die in Libanon verursachten Schäden wurden auf bis zu 20 Mrd. Euro geschätzt. Die Rächung jedes einzelnen der zehn israelischen Soldaten verursachte demzufolge einen weltwirtschaftlichen Schaden von mehreren Milliarden Euro.

- o Fast alle Kriege und Feldzüge des 3. Deutschen Reichs (das in der Partisanenfrage so großen Wert auf „Regularität" gelegt hat) wurden ohne Kriegserklärung eröffnet (dies wurde allerdings durch den Nürnberger bzw. den Tokioter Prozess geahndet).
- o Gegen die Bestimmungen der US-Verfassung (Art. 1, Abs. 8), wonach das Land nur vom Kongress erklärte Kriege führen dürfe, hat der US-Kongress keinen der letzten Kriege der USA deklariert (Koreakrieg, Vietnamkrieg, 2. Golfkrieg, 3. Golfkrieg).
- o Der Koreakrieg wurde von Nordkorea ohne Kriegserklärung eröffnet.

- Die **Konzessionsauslassungen zugunsten von Großmächten**. In der UN-Völkermordkonvention wurden zwei schreckliche Formen des Demozids („Ethnozid" und „Politizid") außer Acht gelassen, weil zwei Großmächte ihre Vergangenheit daran nicht gemessen sehen wollten.

- **Zu große Ermessenspielräume im Gewalttätigkeitsverbot der UN-Charta**. Da es Praxis geworden ist, das Gewaltverbot nicht in Frage zu stellen, sondern die eigene Gewalttätigkeit unter den zulässigen Ausnahmen einzuordnen, besteht Streit über die Definition von Ausnahmetatbeständen. Eine Reihe von Aspekten des Selbstverteidigungsrechts sind unklar:
  - o Tatbestand des „bewaffneten Angriffs": Nach der UN-Resolution 3314 (14.12.1974) liegt der Tatbestand bei Beschießungen, Bombardierung, Blockaden des eigenen Territoriums. Doch wie groß muss ein Grenzzwischenfall sein, um darunter zu fallen?
  - o Begrenzung auf staatliche Handlungen: Nach den Terroranschlägen des 11. September 2001 musste eine spezielle UN-Resolutionen die Handlung als „Bedrohung der internationalen Sicherheit" erklären und die USA das Selbstverteidigungsrecht einräumen. Ab welcher Größe wird ein Terroranschlag zu einem „bewaffneten Angriff"?
  - o Haben auch ethnische Kollektive (die Völkerrechtssubjekte sind) ein Selbstverteidigungsrecht?
  - o Wann liegt „Verhältnismäßigkeit" der Selbstverteidigung vor?
  - o Welcher Zeitverzug ist zwischen „bewaffnetem Angriff" und „Selbstverteidigungsakt" zulässig, um der Forderung „Unmittelbarkeit" gerecht zu werden?
  - o Ist eine „antizipatorische" Selbstverteidigung zulässig, um einer „bewaffneten Aggression" zuvorzukommen?
  - o Ist eine „präemptive" Selbstverteidigung zulässig, um das Entstehen der Voraussetzungen für eine „bewaffnete Aggression" zu verhindern?
  - o Humanitäre Interventionen in Drittländern, um Verbrechen gegen die Menschheit zu unterbinden, verstoßen nach UN-Charta gegen das Völkerrecht. Andererseits ist der UN-Sicherheitsrat in solchen Fällen zur Intervention verpflichtet..

11.2 Minderung des Potenzials kollektiver Gewalttätigkeit

Der größte Feind der Abrüstungsbemühungen liegt in jener Einstellung, die hinter dem altrömischen Spruch steht „**si vis pacem, para bellum**" („Wenn Du den Frieden willst, rüste für den Krieg"). Papst Paul VI. rief den Gegenslogan aus „**si vis pacem, para pacem**" („Wenn Du Frieden willst, so bereite Frieden vor").

11.2.1 Abrüstungsabkommen

JEDE KANONE, DIE HERGESTELLT WIRD, JEDES KRIEGSSCHIFF, DAS VON STAPEL LÄUFT,
JEDE RAKETE, DIE ABGESCHOSSEN WIRD,
STELLT IM ENDEFFEKT EINEN DIEBSTAHL DAR AN JENEN,
DIE HUNGER LEIDEN UND NICHT ERNÄHRT WERDEN,
AN JENEN, DIE FRIEREN UND NICHT BEKLEIDET WERDEN.

(Dwight David Eisenhower, nach 1945)

ICH HABE KEINE AHNUNG, WELCHE WAFFEN IM 3. WELTKRIEG EINGESETZT WERDEN,
ABER DER VIERTE WIRD SICHERLICH MIT STÖCKEN UND STEINEN AUSGEFOCHTEN WERDEN.

(Albert Einstein, 1879 bis 1955)

WIR KÖNNEN NICHT DER WELT FÜHRENDER VERFECHTER DER FREIHEIT,
UND GLEICHZEITIG DER WELT FÜHRENDER WAFFENLIEFERANT SEIN.

(Jimmy Carter, 1976)

WOZU DIESE STOLZE MILITÄRMACHT,
VON DER SIE (GENERAL COLIN POWELL) IMMER REDEN,
WENN WIR SIE NICHT EINSETZEN KÖNNEN?

(Madeleine Albright, 1993)

IM NÄCHSTEN (NUKLEAREN) KRIEG WERDEN DIE ÜBERLEBENDEN DIE TOTEN BENEIDEN.

(Nikita Chruschtschow, 1894 bis 1971)

In der Geschichte sind Beispiele einer gegenseitig abgesprochenen Limitierung des Gewaltpotenzials selten. Weit häufiger waren die Fälle der einseitigen Auferlegung einer Begrenzung durch eine Siegermacht. Derlei Begrenzung waren fast ausschließlich quantitativer Art.

- Die Römer legten den von ihnen besiegten Mächten in der Regel eine Begrenzung der Streitmächte und Flotten auf, oder die Verpflichtung, bestimmte Kontingente ihrer wehrkräftigen Männer zum Militärdienst in römischen Reihen zur Verfügung zu stellen.

Im Altertum waren die waffentechnischen Möglichkeiten begrenzt, so dass sich das Problem der Tabuisierung bestimmter Waffengattungen kaum gestellt hat.

Überlieferte Einzelfälle der Tabuisierung von Waffengattungen:

> *Im Lelantischen Krieg (ca. -700 bis -650) einigte man sich darauf, keine Wurfgeschosse einzusetzen.*
> *Die indischen Gesetze von Manu (ca. -500) sahen das Verbot vergifteter Pfeile vor.*
> *Im Mittelalter stellte sich erstmals die Frage des Verbots der neuartigen Fernschusswaffen mit bis dahin unbekannter Durchschlagskraft: die Armbrust und dann der englische Langbogen. Die Gegner dieser Fernwaffen waren die Ritter (aristokratische schwere Reiter), welche es als sündhaft brandmarkten, dass plebejische Schützen aus der Ferne einen edlen Ritter töten konnten, ohne ihm in einem Zweikampf Mann gegen Mann entgegengetreten zu sein. Die Argumente waren also mehr ständischer als humaner Art. Konzilien befassten sich mit dem Thema und Päpste wurden zur Dekretierung von Verboten bewogen. Im 2. Lateran-Konzil (1139) wurden sodann die Armbrust und der Langbogen als „mörderische und unchristliche Waffe" im Kampf von Christen gegen Christen verboten, sowie das Griechische Feuer, weil „zu mörderisch". Gegen Nichtchristen konnten diese Waffen allerdings eingesetzt werden. Es war vergebens. Keiner der Kontrahenten ließ sich vom Einsatz der Armbrust bzw. des Langbogens abhalten. Die Durchschlagskraft der Pfeile zwang die Ritter dazu, ihre Rüstung zu verstärken, was ihre Unbeweglichkeit zur Unbeholfenheit steigerte. Die noch durchschlagskräftigen Projektile der Feuerwaffen vollendeten schließlich den Untergang der Kriegerkaste der Ritter.*

Der rasante waffentechnische „Fortschritt" im 20. Jahrhundert führte zu einem verstärkten Bemühen der Einschränkung dessen Tötungspotenzials nicht nur bezüglich der Menge von Waffen, sodern auch der Beschränkung bzw, des Verbots besonders tötungsintensiver Waffen.

- 1868: Die **Konferenz zu Skt. Petersburg** kam zustande, um „besonders grausamer Waffen" zu bannen. Es wurden Explosivgeschosse mit weniger als 400 g Gewicht (das heißt für Handfeuerwaffen) verboten, um zu vermeiden dass praktisch jede Schussverletzung tödlich sei.
- 1899: Die „**1. Haager Konferenz**" verbot den Beschuss oder die Bombardierung aus der Luft, den Einsatz von Gaswaffen sowie den Einsatz von Geschossen, „die sich leicht im menschlichen Körper ausdehnen oder platt drücken".

Dessen ungeachtet kam es im 1. Weltkrieg zum Einsatz von Gaswaffen. Unter den Opfern befand sich der Gefreite Adolf Hitler und seinem traumatischen Erlebnis ist es wohl zu verdanken, dass es im 2. Weltkrieg nicht mehr zum Einsatz von Gaswaffen gekommen ist.

- Nach dem 1. Weltkrieg musste Deutschland sein Heer auf 100.000 Mann und seine Flotte auf 36 Schiffe reduzieren (die Größe der Schiffe wurde auf 10.000 t begrenzt und es durften keine U-Boote gebaut oder gehalten werden).

- 6. 2. 1922: Der Washington-Vertrag, mit dem die USA, Großbritannien, Japan, Frankreich und Italien vereinbarten, die Größe von Schlachtschiffen auf 35.000 BRT zu limitieren und den Bau für 10 Jahre auszusetzen, war das erste Rüstungsbegrenzungsabkommen der Die Gesamtgröße der Flotten wurde im Verhältnis 5:5:3:1,75:1,75 limitiert. Symptomatisch für die Schwierigkeit von Abrüstungsvereinbarungen sind die Ausflüchte, mit denen diese Abkommen in der Folge hintergangen wurden:

  o Es wurden keinerlei Maßnahmen zur Kontrolle der Einhaltung des Abkommens vereinbart.

  o Da der Bau von Flugzeugträgern nicht spezifisch limitiert worden war, wandelten die USA, Großbritannien und Japan Schlachtschiffe in Flugzeugträger um.

  o Da der Bau von Torpedos nicht limitiert worden war, rüstete vor allem Japan seine Schiffe mit Torpedos auf.

  o Einige Regierungen genehmigten im Geheimen die Überschreitung der 35.000-t-Grenze.

- 17.6.1925; Das „**Genfer Gaskriegsprotokoll**") konkretisierte das Verbot erstickender, giftiger und sonstiger Gase, sowie von bakteriologischen Waffen. Es wurde u.a. von den USA und Japan nie ratifiziert. Außerdem wurde nur der „Gebrauch" verboten, nicht die Produktion und Lagerung.

- 26.6.1945: Die UN-Charta definierte als eine der Hauptaufgaben des UN-Sicherheitsrats darin, dass er den Weltfrieden und die internationale Sicherheit so zu fördern habe, dass möglichst wenig der menschlichen und wirtschaftlichen Ressourcen der Welt für Rüstungszwecke abgezweigt werden (Art. 26).

Nach den zwei Atombombenabwürfen über Hiroshima und Nagasaki im August 1945, welche etwa 150.000 Personen unmittelbar töteten, war der Weltöffentlichkeit klar, dass ein Nuklearkrieg zum Untergang der Menschheit führen könnte. Die USA hatten ein Monopol für Nuklearwaffen bis 1949, als die Sowjetunion es als erste durchbrach.

- 29.7.1957: Gründung der Internationalen Atomenergieorganisation (IAEO) englisch International Atomic Energy Agency (IAEA) mit Hauptsitz in Wien. Sie ist mit den Vereinten Nationen durch ein Sonderabkommen verbunden. Ihre Mission ist die friedliche Nutzung der Kernenergie zu fördern und deren militärische Nutzung und Proliferation zu verhindern. Seit März 1970 ist die IAEO auch für die Überwachung des Atomsperrvertrages zuständig.[316]

- 1958: Beginn der Entwicklung durch die USA von „**Neutronenbomben**" (engl. „Neutron Bomb" oder „Enhanced Radiation Weapon" - WRW d. h. „Waffe mit verstärkter Strahlung"), die 80 % ihrer Energie in Form von Strahlung freisetzen (die starke Materialschichten durchdringen können) und nur 20 % als Druck und Hitze, wodurch sie „materialschonend" Menschen hinter starker Panzerung oder unter tiefen Erdschichten töten können.

- 1.12.1959: **Antarktis-Abkommen**, zur Bannung von Atomwaffen in der Antarktis.

- 1962: Erste erfolgreiche Tests der USA von Neutronenbomben.

- 5.8.1963: **Moskauer Abkommen** zum partiellen Atomteststopp (Partial Test Ban Treaty –PTBT) zwischen USA, UdSSR und Großbritannien, zum Verbot von Nuklearwaffenerprobungen in der Luft, im Weltraum und zu Wasser (nur noch unterirdisch).

- 27.1.1967: Vereinbarung zum Verbot des Einsatzes atomarer Waffen im Weltall.

- Januar 1967: Appelle des US-Präsidenten Johnson an die Sowjetunion, einer Begrenzung der Atomwaffen zuzustimmen, eröffnet enztsprechende Verhandlungen (Strategic Armaments Limitation Talks" (SALT) ein.

  o 26.5.1972: SALT-I-Abkommen und ABM-Abkommen (zu Moskau) zur Begrenzung der Offensivwaffen und der Raketenabwehrsysteme.

  o 26.5.1972: ABM-Abkommen zwischen USA und UdSSR zur Begrenzung der Trägerabwehrraketen (Anti-Ballistic Missile Systems).

  o 19.6.1979: SALT-II-Abkommen zwischen USA und UdSSR zur Begrenzung der Offensivkraft.

- 14.2.1967: **Tlatelolco-Abkommen** zur Schaffung einer nuklearwaffenfreien Zone in Lateinamerika und in der Karibik (Brasilien und Argentinien haben in der Folge ihre Atomwaffenprogramme aufgegeben).

- 1.7.1968: **Nichtverbreitungsvertrag (NVV)** auch Atomwaffensperrvertrag genannt (Treaty on the Non-Proliferation – TNT, oder Nuclear Non-Proliferation Treaty – NPT), Kundgabe der „Entschlossenheit der Vertragsparteien (USA, Großbritannien, Sowjetunion), darauf hinzuwirken, dass alle Versuchsexplosionen von Kernwaffen für alle Zeiten eingestellt werden, Er trat am 5.3.1970 in Kraft .Die weiteren mit einbezogenen Unterzeichnerländer (bis Endw 2016 waren es 190, nicht unterzeichnet haben Indien, Israel, Pakistan, Nordkorea, Süd-Sudan) verpflichteten sich, keine Atomwaffen zu entwickeln und sich den Kontrollen der Internationalen Atomenergiebehörde (International Atomic Energy Agency – IAEA) zu unterwerfen. Jedes Unterzeicherland kann mit drei Monaten Kündigungsfrist aus dem Vertrag austreten. Über die bis damals etablierten fünf Atommächte (USA, UdSSR, China, Großbritannien, Frankreich) hinaus entwickelten in der Folge Indien (1974), Israel , Pakistan und Nordkorea ebenfalls Atombomben.

- Als in den 1970er Jahren Pläne der US-Regierung bekannt wurden, Neutronenbomben" in Europa auf Lance-Raketen zu stationieren, welche nur menschliches Leben vernichten, die Materialschäden aber in engen Grenzen halten wür-

---

316   Im Jahre 2005 erhielten die IAEO und deren Generalsekretär Mohammed el-Baradei den Friedensnobelpreis.

den, wogten die Emotionen gegen eine solche perverse Entwicklung sehr hoch und gaben der Antiatomwaffen-Bewegung neue Antriebe. Demonstrationen von vielen Hunderttausend wurden die Regel.

- 1971: Das **B-Waffen-Abkommen** (BWC)
  Eine von der UN-Vollversammlung ausgearbeitete Konvention „über die das Verbot der Entwicklung, Herstellung und Lagerung biologischer Waffen und Toxinwaffen sowie über die Vernichtung solcher Waffen" wurde am 16.12.1971 verabschiedet und am 10.4.1972 unterzeichnet **B-Waffen-Abkommens** (Biological Weapons Convention – **BWC**). Mit der Ratifizierung der drei Depositarstaaten USA, UdSSR und Großbritannien am 26. 3. 1975 trat das B-Waffen-Abkommen in Kraft. Bis dato sind 144 Länder dem Abkommen beigetreten; Länder die bis dato nicht unterzeichnet oder ratifiziert haben, sind in Anlage 4 aufgelistet. Die Vertragsstaaten verpflichten sich, mikrobiologische (Bakterien, Viren) oder andere biologische Agenzien, biotische Toxine[317] oder Waffen, die diese verwenden, niemals und unter keinen Umständen zu entwickeln, herzustellen, zu lagern, erwerben oder behalten.
  - o Es wurden indes weder Kontrollmechanismen noch ein Kontrollorgan für die Umsetzung des Abkommens vereinbart. Dies, weil oder obwohl die Produktion oder Lagerung von biologischen Waffen wesentlich schwieriger ist als die von Chemiewaffen. Zum einen reichen viel geringere Mengen aus, zum anderen werden die Ingredienzen auch für friedliche Zwecke produziert. Außerdem können in einer Produktionsanlage die Spuren innerhalb von Stunden beseitigt werden. Das hat die Verletzung des Abkommens möglich gemacht.
  - o Die Anzahl der Länder, die biologische Waffen lagern, ist von fünf auf etwa zwölf angestiegen, darunter Unterzeichnerländer.
  - o Im September 1994 riefen Unterzeichnerländer eine „Ad-hoc-Gruppe" zur Aushandlung eines Kontrollmechanismus aus. Im Juli 2001 lehnten die USA den Protokoll-Entwurf der Ad-hoc-Gruppe ab, da er unwirksame Maßnahmen enthalte und für die Interessen der USA schädlich sei. Im September 2002 gaben die USA bekannt, dass sie jede weitere Diskussion bis 2006 verweigerten.

- 1974 und 1976: Testschwellenverträge zwischen USA und UdSSR zur Begrenzung von Atomtestexplosionen auf 150 Kilotonnen TNT.

- 10.12.1976: Das **ENMOD-Abkommen** verbot den Einsatz von Umweltveränderungstechniken (Environmental Modification Techniques – EMT) für militärische Zwecke.

- 12.12.1979: **Doppelbeschluss der NATO**. d. h. Ankündigung der NATO atomarer Aufrüstung in Westeuropa (Aufstellung neuer mit Atomsprengköpfen bestückter Raketen und Marschflugkörper) und Forderung bilateraler Verhandlungen der Supermächte zur Begrenzung ihrer atomaren Mittelstreckenraketen mit einer Reichweite zwischen 1000 und 5500 km) in Europa, d. h. unter implizierter Ausklammerung der französischen und eines Teils der britischen Atomraketen.

- 10.10.1980: Das **CCW-Abkommen** zu Genf schränkte den Gebrauch von „bestimmten konventionellen Waffen" (Certain Conventional Weapons – CCW) mit exzessiver oder unkontrollierter Tötungswirkung. Es wurde als Zusatzprotokolle zur Genfer Konventionen von 1949 formuliert
  Am 2. 12.1983 wurden die nötigen 20 Ratifikationen erreicht, um offiziell in Kraft zu treten. Die Vertragsstaaten unterliegen einer jährlichen Berichtspflicht, in regelmäßigen Abständen werden Konferenzen und Expertentreffen zu Aspekten des Abkommens durchgeführt. Am 21.12.2001 erfolgte eine Novellierung, mit der die Anwendbarkeit von zwischenstaatlichen Kriegen auf innerstaatliche Kriege bzw. nicht internationale bewaffnete Konflikte ausgedehnt wurde. Die USA haben nur die Mindestanzahl „zwei" der fünf Zusatzprotokolle unterzeichnet (I und II), die dazu reicht, um den Status eines „Unterzeichnerlandes der CCW-Abkommens" zu haben. •Bis Februar 2013 haben 115 Länder mindestens zwei der Zusatzprotokolle unterzeichnet, knapp die Hälfte (darunter Deutschland) alle vier Zusatzprotokolle. Am 21.12.2001 wurde das Abkommen dahingehend novelliert, dass es nicht nur für zwischenstaatliche sondern auch für innerstaatliche Konflikte anzuwenden ist. •Bis Ende 2016 haben 123 Staaten das Abkommen ratifiziert. Die Länder, die bislang nicht beigetreten sind, finden sich vor allem im Nahen und Mittleren Osten sowie Nordafrika (u.a. Algerien, Jemen, Libyen, Syrien, Iran), in Afrika südlich der Sahara (u.a. Angola, Äthiopien, Ghana, Kenia) sowie in Südostasien (u.a. Indonesien, Malaysia, Singapur, Thailand).
  Die fünf Zusatzprotokollen enthalten folgende Einschränkungen bzw. Verbote:
  - o •Zusatzprotokoll I verbietet den Gebrauch von Geschossen, die im Körper nicht per Röntgenstrahlen festgestellt werden können. Dazu zählen die „Glasminen", die im 2. WK v.a. von der Wehrmacht eingesetzt worden sind.
  - o •Zusatzprotokoll II schränkt den Gebrauch von Landminein (so dürfen Sprengfallen nicht an Kinderspielzeug, Leichen, Nahrung, Kultgegenständen angebracht werden; dürfen nicht auf das Magnetfeld von Suchgeräten reagieren), ohne ihn generell zu verbieten. Dies führte dazu, dass Nicht-Regierungs-Organisationen die Initiative erfolgreich an sich rissen, Landminen zu verbieten (Ottawa-Ankommen).
  - o •Zusatzprotokoll III schränkt den Gebrauch von Brandwaffen (darunter Flammenwerfer und Napalm)-Bomben ein (z.B. dürfen sie nicht gegen Zivilisten eingesetzt werden), ohne sie generell zu verbieten.
  - o •Zusatzprotokoll IV (nachträglich am 13.10.1995 verabschiedet) verbietet den Einsatz (nicht die Entwicklung und Lagerung) von Blendungs-Laser-Waffen (Blinding Laser Weapons).
  - o •Zusatzprotokoll V (nachträglich am 28.11.2003 verabschiedet) definiert Pflichten und Vorgehensweisen zur Beseitigung von explosivem Kriegsabfall (Explosive Remnants of War – ERW).
  - o Für ein Zusatzprotokoll VI zum Verbot bzw. Einschränkung des Gebrauchs von Streumunition konnte keine Einigung erzielt werden, sodass die Befürworter in einem getrennten Gremium am 23. 2. 2007 zu Oslo dafür ein erstes diesbezügliche Vereinbarung trafen (siehe unten).

- 1980: Erste erfolgreiche Tests Frankreichs und der Sowjetunion mit Neutronenbomben.

---

317 Biotische Toxine sind keine biologischen Agenzien: Da sie aus lebenden Organismen stammen werden sie trotzdem den biologischen Waffen zugeordnet und unterliegen nicht der Chemiewaffenkonvention.

- 1981: Aufnahme von Neutronenbomben in das US-Arsenal
- 3.11.1981: Beginn der Genfer Verhandlungen zur Abrüstung der Nuklearraketen in Westeuropa.
- 22.11.1983: Nach dem Scheitern der Genfer Verhandlungen im November 1982 lehnten Bevölkerungsmehrheiten mehrerer NATO-Staaten die geplante Aufstellung trotzdem ab (in der BRD und den Niederlanden ca. 2/3 der Bevölkerung). Eine Abgeordnetenmehrheit des Deutschen Bundestages stimmte ihr am 22.11.1983 trotzdem zu. Ab Dezember 1983 wurden die neuen Atomraketen aufgestellt.
- 6.9.1985: **Rarotonga-Abkommen** zur Schaffung einer nuklearwaffenfreien Zone im Südpazifik.
- 9.12.1986: **INF-Abkommen** zwischen USA und UdSSR zur Abschaffung der Mittel- und Kurzstreckenraketen: Zerstörung von 846 Raketen durch die USA und von 1.846 Raketen durch die Sowjetunion.
- 19.11.1990: **KSE-Vertrag** zwischen 22 NATO-Ländern und dem damaligen Warschauer Pakt zur Begrenzung der konventionellen Streitkräfte in Europa.
- Januar 1991: Regierung der UdSSR rief einseitiges Testmoratorium aus (bis dahin über 700 Kernwaffenversuche).
- Mitte 1991: Die Regierung Frankreichs rief ein auf 5 Jahre begrenztes einseitiges Testmoratorium aus (man hatte bis dahin über 200 Kernwaffenversuche durchgeführt).
- 31.7.1991: **START-I – Abkommen** zwischen USA und UdSSR zur Begrenzung auf je 6.000 strategische Atomwaffen (Strategic Arms Reduction Treaty – START).
- Oktober 1992: Der US-Kongress verfügte ein anfänglich auf 9 Monate angesetztes Testmoratorium, das dann von der US-Regierung auf 4 Jahre ausgedehnt wurde (man hatte bis dahin über 1030 Kernwaffenversuche durchgeführt).
- 3.4.1992: **Warschau-Richtlinien** zur Weitergabe von zweifach (friedlich und militärisch) verwendbaren nukleartechnischen Materialien und Gerätschaften.
- 23.5.1992: **Lissabon-Protokoll** zum Beitritt von Weißrussland, Kasachstan, der Russischen Föderation und der Ukraine zum START-I-Abkommen.
- 3.1.1993: **START-II – Abkomme**n zwischen USA und UdSSR zur Begrenzung auf je 3.500 strategische Atomwaffen (Strategic Arms Reduction Treaty – START).
- 13.1.1993: Das **Chemiewaffenabkommen** (13.1.1993) (Chemical Weapons Convention – CWC), daher auch **CWC-Abkommen** genannt, verbot die Entwicklung, die Herstellung, den Erwerb und die Verwendung chemischer Waffen. Jedes Ratifizierungsland verpflichtete sich, alle im eigenen Machtbereich vorhandenen Bestände bis 2006 zu vernichten. Es trat am 29.4.1997 in Kraft, 180 Tage nach der Ratifizierung durch das 65. Unterzeichnerland. Bis dato (Ende 2016) sind 178 Länder der Konvention beigetreten; Länder, die nicht unterzeichnet oder ratifiziert haben, sind in der Anlage 4 aufgelistet. Die CWC verbietet die Entwicklung, die Herstellung, den Erwerb und die Verwendung chemischer Waffen. Jedes Ratifizierungsland verpflichtete sich, alle im eigenen Machtbereich vorhandenen Bestände bis Ende April 2007 zu vernichten. Ein Exekutivkomitee „Organisation zum Verbot chemischer Waffen (OPCW)" mit Sitz in Den Haag überwacht die Durchführung der Vereinbarungen.
  - o Die Ächtung chemischer Waffen hatte bereits 1918 einen ersten schweren Rückschlag erhalten, als Fritz Haber unter Missachtung der Tatsache, dass er der proaktive „Vater des Gaskriegs" gewesen war, für andere Entwicklungen mit dem Nobelpreis der Chemie geehrt worden war.
  - o Einen weiteren Tiefschlag hatte die Bewegung während des 1. Golfkriegs (1980 bis 1988) erlitten, als die US-Regierung den Einsatz von Gaswaffen durch den Irak gegen Iran und die Kurden nicht nur tolerierte, sondern sogar technisch unterstützte.
  - o Die Zerstörung der Chemiewaffen (zum Beispiel Nervengas) ist mit Rücksicht auf die Umweltverschmutzung ein ungemein aufwendiges Unterfangen und erfordert spezielle Entsorgungsanlagen.
  - o Allein in der Russischen Föderation sind sieben Entsorgungsanlagen notwendig, um die 39.000 t Chemiekampfstoffe zu vernichten. Sie werden von spezifischen Beiträgen der acht reichsten Nationen der Welt („G8-Staaten") mitfinanziert. Bisher sind erst zwei Entsorgungsanlagen in Betrieb gegangen und nur 3 % des Arsenals entsorgt worden.
  - o Auch die USA sind gegenüber dem vertraglich vereinbarten Terminplan in Verzug (bis dato 36 % des Arsenals entsorgt). Die OPCW besteht nun auf Einhaltung eines neuen Termins „2012".
  [ww.cwc.gov./trety], [www.opcw.org]
- 1995: Die Wiederaufnahme französischer Versuchsexplosionen (6) löste weltweiten Protest aus.
- 15.12.1995: **Bangkok-Abkommen** zur Schaffung einer nuklearwaffenfreien Zone in Südostasien.
- 11.4.1996: **Pelindaba-Abkommen** von 54 afrikanischen Staaten (davon haben 40 bis Ende 2016 ratifiziert) zur Schaffung einer nuklearwaffenfreien Zone Afrika (Südafrika hat in der Folge als erste Atommacht seine Atomwaffen vollständig vernichtet).
- Juli 1996: Urteil des Internationalen Gerichtshofs in Den Haag „Die Drohung und der Einsatz von Atomwaffen stehen generell im Widerspruch zu den Regeln des Kriegsvölkerrechts und insbesondere zu den Prinzipien und Regeln der Menscherechte".
- 10. 9. 1996: Ein **„Umfassender Teststoppvertrag"** () (Comprehensive Test Ban Treaty – CTBT) wurde zwar unterzeichnet, ist bis dato (Ende 2016) noch nicht rechtswirksam in Kraft getreten, da zwar 183 Staaten unterschrieben und 166 ratifiziert haben, aber 8 Länder mit erwiesener oder vermuteter Nuklearkapazität noch nicht unterschreiben (Indien, Pakistan, Nordkorea) oder unterschrieben aber nicht ratifiziert ratifiziert haben (China, USA, Israel, Ägypten, Indonesien, Iran).
  - o Ein Provisorisches Technisches Sekretariat in Wien (Jahresetat ca. 100 Mio. US $) hat mit fast 300 Mitarbeitern (aus 68 Staaten) in 89 Ländern über 300 Beobachtungsposten aufgebaut, mit denen der gesamte Erdball lückenlos überwacht werden kann.
  - o Obwohl Präsident Clinton am 24.9.1996 er als erster Staatsmann den Vertrag, den er als „als gigantischen Schritt vorwärts" bezeichnete, unterschrieben hat, verweigern die USA die Ratifizierung des CTBT. Sie arbeiten nämlich im Rahmen ihres „Stockpile Stewardship Program" an der Entwicklung von „Miniatur-Atombomben" (Etat von ca. 10 Mrd. US $ pro Jahr); diese können Bun-

ker in bis 250 m Tiefe zerstören („Mini-Nukes") und werden vermutlich demnächst in der Wüste von Nevada (Mercury/Nye, 100 km NO von Las Vegas) erprobt werden, dessen Testgelände für 25 Mio. US $ modernisiert wird. In Los Alamos entsteht bereits eine Fabrik für Plutoniumsprengköpfe. Die USA verweigern deshalb auch ihren Beitrag zur Finanzierung von Vor-Ort-Inspektionen weltweit und haben ihren Zuschuss für die Kontrollorganisation gekürzt.

- Im Januar 2001 gründeten der US-Milliardär Ted Turner und der vormalige US-Senator Sam Nunn die Organisation **Nuclear Threat Initiative (NTI)** mit dem Ziel, durch Lobby- und Divulgationsaktivitäten das Risiko eines Einsatzes nuklearer, biologischer und chemischer Waffen zu verringern. [www.nti.org]
- Nach einer am 16.10.2006 vom Chef der IAEO El-Baradei geäußerten Aussage sind weltweit 30 Staaten in der Lage, in den Besitz der Technologie zum Bau von Atomwaffen zu kommen.
- 23. 2. 2007: Nach einer Vorklärung in einer Konferenz vom 30.5.2005 zu Dublin (Dublin Konvention 2008) verabschiedeten zu Oslo 46 der 49 Teilnehmerstaaten ein Verbot von **Streubomben** (auch **Streumunition, Splitterbomben**), dessen Ausführungsbestimmungen bis 2008 auszuarbeiten seien. An der Konferenz nahmen die USA, Israel, Russland und China nicht teil, von den Teilnehmerstaaten unterzeichneten Japan, Polen und Rumänien nicht das Abkommen. Am 3.12 2008 unterzeichneten über 100 Staaten in Oslo eine Neufassung des Verbotsabkommens (Convention on Cluster Munitions); unter den Nicht-Unterzeichnerländern waren die größten Produzenten von Streubomben: USA, Russland, China, Indien, Pakistan, Israel.
  - ○ Streubomben sind faktisch ausschließlich gegen die Zivilbevölkerung gerichtet. Sie verstreuen viele kleine Sprengkörper („bomblets") über das gegnerische Territorium, von denen ein absichtlich hoher Prozentsatz beim Abwurf nicht zündet, um als opfergesteuerte Landminen das Territorium zu verseuchen. Ähnlich wie Landminen verursachen sie Tod oder Verstümmelung, lange Zeit nachdem ein Krieg vorbei ist; wie bei den Landminen sind die meisten Opfer (80 %) Zivilpersonen, vor allem Kinder.

> ➤ *Die diversen Abkommen atomarer Abrüstung haben bewirkt, dass der weltweite Bestand von Atomsprengköpfen vom Höchstwert von ca. 70.000 im Jahre 1985 auf ca. 7.000 im Jahre 2015 dezimiert worden ist.*
> *https://fas.org/issues/nuclear-weapons/status-world-nuclear-forces/*

11.2.2 Die volkswirtschaftliche Problematik der Abrüstung

Die gegenwärtige volkswirtschaftliche Relevanz des „Industriezweigs Kollektivgewalttätigkeit" ist beträchtlich. Zum einen gibt es die Militärbevölkerung:

- Weltweit standen 1994 etwa 24 Millionen Menschen weltweit unter Waffen, das heißt ca. 0,5 % der Weltbevölkerung (R. L. Sivard, 1996). Dies ist übrigens in etwa derselbe Prozentsatz des Römischen Reichs.
- In den USA waren 1988 etwa 3 Mio. Personen (ca. 1 % der Bevölkerung) in der Wehrindustrie beschäftigt (einschließlich Forschung und Entwicklung). Da die USA etwa 50 % der weltweiten Waffenproduktion leisten (R. L. Sivard, 1996), liegt die Anzahl der weltweit in der Wehrindustrie Beschäftigten bei 6 Mio. Personen (0,1 % der Weltbevölkerung).
- Insgesamt leben also ca. 0, 6 % der Haushalte weltweit von der Vorbereitung, Bereithaltung oder Durchführung von kollektiver Gewalttätigkeit, das entspricht 1 bis 2 % Prozent der Weltbevölkerung.

Wegen seiner überdurchschnittlichen Lukrativität ist der Anteil des **Rüstungsumsatzes** noch größer:

- Im Jahre 2013 wurden weltweit ca. 1.700 Milliarden US $ Militärausgaben getätigt[318] (**4 % des BSP der Welt**).

Eine drastische Reduzierung der Rüstungsausgaben macht also eine gewaltige Umschichtung der Volkswirtschaften der Industrieländer notwendig. Angesichts der äußerst großen **Konzentration des Rüstungsgeschäfts** würden sehr einflussreiche Länder und Wirtschaftsimperien betroffen sein und dort „Arbeitsplätze gefährden", wovor Politiker aller Couleur gerne warnen.

- Im Zeitraum 1987 und 1991 stammten 86 % der Waffenexporte von den fünf Staaten, die die ständigen Mitglieder des Weltsicherheitsrats waren (GUS 42 %, USA 22 %, Frankreich 8 % China 7 % UK 7 %) (Arms Reduction, UN University Press, 1995).
- 50 % des Wehretats der USA entfielen 1988 auf 25 Firmen und 66 % auf 10 Bundesstaaten. Schon General Eisenhower warnte nach seinem Abtreten 1961 vor der Gefahr einer zu starken Verflechtung von Wirtschaft und Militär durch die Entstehung eines, wie er es nannte, „militärindustriellen Komplexes", das heißt der Wehrindustrie.

Es gibt einen internationalen Spezialistenkreis, der sich in Modellstudien mit dem Thema der „globalen Entmilitarisierung" auseinandersetzt wie:

- Ökonomische und soziale Folgen einer Abrüstung,
- Globale Auswirkungen von Reduktionen der Rüstungsausgaben,
- Politische Ökonomie und tragbare Reduktion der Rüstungsausgaben.

Die meisten Modellstudien zum Thema Abrüstung führen zu Schlüssen, die intuitiv einleuchtend sind (L.R. Klein u.a., 1995):

> ➤ *Die großen Übergangschwierigkeiten sind vor allem: umstellen von Forschungsanstalten und Betrieben von Rüstungsgütern auf Konsum- und Investitionsgüter); umweltfreundliches Entsorgen von Waffen und Standorten; Entmachtung der*

---

318 Siehe 4.5.8.

Militäreliten; Schaffung regionaler Sicherheitsnetze zur Demotivation von Rüstungsausgaben; wirtschaftlicher Ansporn für Abrüstung.

➤ *Nach einer Übergangsperiode (ca. einer halben Dekade) anfänglicher Einbußen an Bruttosozialprodukt und Übergangs-schwierigkeiten kämen im Laufe der Dekade die positiven Auswirkungen („Friedensdividende") zur Geltung.*

➤ *Übergangssubventionen für die betroffenen Rüstungsindustrie tendierten dazu, gegenteilige Auswirkung zu haben (sie fördern die Erhaltung des Status quo); Subventionen des Umfelds hätten tendenziell eine bessere Auswirkung (sie förder-ten die Aufnahmefähigkeit für Berufsumsteiger der Rüstungsindustrie).*

➤ *Die Entlastung der Staatshaushalte (kollektive Gewaltbereitschaft wird seit jeher auf Pump bewerkstelligt) würde zu einer Zinssenkung führen, was die privaten Investitionen ankurbelte.*

Eine oft angewandte Abrüstungsmaßnahme ist die Konditionierung von Finanzierungen und Entwick-lungshilfen an Begrenzungen des Rüstungsetats und vor allem am Abbau überzogener Rüstungsausgaben („**security overspending**"). Bezüglich der Transparenz über Rüstungsausgaben und Rüstungsexporte be-steht noch großer Handlungsbedarf.

Es ist damit zu rechnen, dass die mächtige Lobby der Lieferanten von Zerstörungsmitteln auf die Regie-rungen der großen Waffenproduktionsländer (das heißt der Länder, die die ständigen Sitze im Weltsicher-heitsrat innehaben) für die Erhaltung des Status quo einwirken werden, was durch die Lobby der Liefe-ranten für den Wiederaufbau von Kriegszerstörungen noch verstärkt wird.

Eine weitere große Gefahr, die sich bei der Abrüstung einstellen kann ist, dass die Rüstungsindustrie an-gesichts rückläufiger Inlandsumsätze wohl verstärkt im Ausland akquirieren werde, was kollektive Ge-walttätigkeit in den Abnehmerländern fördern würde.

11.3. Minderung der Auswirkung kollektiver Gewalttätigkeit auf die Kämpfenden

Die Bemühungen der Menschheit, kollektive Gewalttätigkeit zu verhindern, waren zu allen Zeiten be-scheiden; weitaus reicher ist die Tradition, die Auswirkungen der Gewaltanwendung durch Konventionen zu begrenzen.

Das zentrale Anliegen des humanitären Völkerrechts ist die humane Behandlung von Opfern des Krieges: der Verwundeten, der Gefangenen und der Zivilpersonen. Es basiert letztlich auf der erstmals von Rousseau 1762 formulierten These, dass die Individuen eines Kollektivs für die Taten des Kollektivs nicht verantwortlich sind und dass man sie deshalb human behandeln solle.

Die Abfolge der internationalen Abkommen der Neuzeit zur „Humanisierung des Krieges" ist unter Pkt. 11.1.3 aufgelistet. Im Folgenden wird auf ihre Spezifika zum jeweiligen Thema des Kapitels näher einge-gangen.

11.3.1 Humane Behandlung der Verwundeten und Kranken

Fast alle territorial-hegemonischen Kollektive der Vergangenheit haben Individuen in Schlachten ge-schickt, um sich zur Durchsetzung kollektiver Interessen die schlimmsten, möglichst tödlichen, Verlet-zungen zuzufügen und haben dabei keinerlei Maßnahmen getroffen, um den nicht tödlich Getroffenen beizustehen, nicht mal denen der eigenen Seite. Dies ist an sich ein vielleicht noch größerer Skandal als die Anwendung kollektiver Gewalttätigkeit an sich.

In der Antike wurde die medizinische Behandlung der Verwundeten vernachlässigt. Ein regulärer militä-rischen Sanitätsdienst wurde erstmals unter Kaiser Augustus eingerichtet, mit einem halben Dutzend Militärärzte je Legion, dessen ranghöchster „medicus ordinarius" hieß und einigen Dutzend Sanitätern; außerdem wurden Lazarette („valetudinarium") eingerichtet. In der Völkerinvasionszeit lebte die Tradition nur im Byzantinischen Reich fort.

Zu fast allen Zeiten wurde das Los der Verwundeten auf dem Schlachtfeld dadurch verschlimmert, dass die Sieger oder die Bevölkerung über sie herfielen, um sie der Kleider, der Ringe oder der Ausrüstung zu berauben.

Während des Österreichischen Erbfolgekrieges wurde ein bemerkenswerter Anlauf unternommen, um das Los der Verwundeten zu lindern. Anlässlich der Schlacht von Dettingen vereinbarten die Konfliktpar-teien (Großbritannien, Österreich und Hannover auf der einen Seite, Frankreich auf der anderen) eine gegenseitige Versorgung der Verwundeten und Kranken (ohne Gegenverrechnung), die nicht als Kriegs-gefangene zu gelten hätten, das Recht eigene Ärzte und Pflegepersonal beizustellen sowie die Anerken-nung der Ärzte und Seelsorger als neutrale Personen. Diese „**Vereinbarung von Dettingen (1743)**" ge-riet zwar bald wieder in Vergessenheit, stellt aber eine Vorform der Genfer Konvention dar.

Die Missstände der Verwundetenversorgung zogen sich über die Mitte des 19. Jh. hinaus.

- Der französische Arzt Dominique Larrey führte zwei Fortschritte in der Verwundetenversorgung ein: er führte die Praxis eine Amputationen möglichst innerhalb von vier Stunden nach der Verletzung durchzuführen. Dazu führte er den Sanitäterdienst mit Tragbahren und Karren ein, die bereits während der Schlacht die Verwundeten bergen sollten; er stieß dabei auf den Widerstand Napoleons I..
- Während des Krimkriegs (1853 bis 1856) mobilisierte der Berichterstatter der Times, William Howard Russell, die öffentliche Meinung Großbritanniens gegen die skandalösen Verhältnisse bei der Versorgung der Verwundeten und Kranken.
- Noch in der Schlacht von Solferino (24.6.1859), die immerhin zwischen führenden Kulturnationen Europas gefochten wurde, spielten sich haarsträubende Vorgänge unterlassener Hilfestellung ab, die den philanthropischen Genfer Geschäftsmann Henry Dunant, der Augenzeuge war, bewogen am 17. 2. 1863 zusammen mit dem General Guillaume-Henri Dufour sowie den Ärzten L.-P. Appia und Th. Maunior das „Internationale Komitee der Hilfsgesellschaften für die Verwundetenpflege" zu gründen. Dunant wurde 1901 mit dem (ersten) Friedensnobelpreis ausgezeichnet.
- Auf Betreiben des Genfer Komitees unter der Leitung des Genfer Juristen Gustave Mynier wurde am 22.8.1864 mit der 1. **Genfer Konvention** „betreffend die Linderung des Loses der im Felddienst verwundeten Militärpersonen" durch 12 Staaten unterzeichnet, denen bis zur **Überarbeitung von 1906** weitere 45 Länder folgten (USA 1882). Aufgrund der schrecklichen Erfahrungen des 1. Weltkriegs wurde die **Genfer Konventionen 1929** erneut revidiert.
- Mit dem intensiven Einsatz von Artillerie nahm im 1. Weltkrieg die Anzahl der entstellenden Verwundungen zu. Besonders französische Ärzte entwickelten neue Techniken der plastischen Chirurgie (mit Verpflanzung eigener Hautsegmente), um die Entstellungen zu mindern.
- Ein großer Fortschritt bei der medizinischen Behandlung von Verwundeten gelang während des Spanischen Bürgerkrieges den Ärzten der Republikaner (allen voran der katalanische Arzt Josep Trueta): Sie entwickelten eine neuartige Behandlungsmethode für Verwundete die darauf fußte, eine prophylaktischer Erstversorgung (Reinigung der Wunden) bereits an der Front vorzunehmen (unter entsprechend hohem Risiko für die Ärzte). Dadurch konnte die Amputationsrate von angeschossenen Gliedern von 20 % auf 2 % reduziert werden.
- Aus der Überarbeitung der Konventionen von 1929 und Ergänzung mit zwei zusätzlichen Abkommen entstand die „Genfer Konvention" vom 12.9.1949 (für Verwundete oder Kranke in Landstreitkräften, für Verwundete oder Kranke in Seestreitkräften, für Kriegsgefangene, für Zivilpersonen in Kriegszeiten). Es waren die ersten großen zwischenstaatlichen Abkommen im Sinne eines humanitären Völkerrechts. Es wurden darin Regeln für den Schutz von Personen vereinbart, die an Kampfhandlungen nicht (mehr) direkt beteiligt sind. Sie brachten eine Verbesserung des Loses der Verwundeten und Kriegsgefangenen der Land- und Seestreitkräfte sowie des Schutzes von Zivilpersonen. Mit der Kontrolle der Abkommen wurde das **Internationale Komitee des Roten Kreuzes (IKRK)** mit Sitz in Genf beauftragt (1863 als „Internationales Komitee der Hilfsgesellschaften für die Verwundetenpflege" gegründet, 1876 in den heutigen Namen umbenannt).

11.3.2 Humane Behandlung der Kriegsgefangenen

In der Antike waren Kriegsgefangene völlig rechtlos: Sie wurden in der Regel versklavt oder im Rahmen von Rache-oder Terrormaßnahmen zum Teil auch umgebracht. Unter den wenigen Ausnahmen ist die bereits erwähnte informelle, jedoch weitgehend eingehaltene Konvention unter den Griechen, keine Griechen zu versklaven.

Im Jahre 541 erließ das Konzil zu Orleans das Verbot, den besiegten Feind zu töten. Dies blieb eine der „Regeln ritterlichen Kämpfens" im Mittelalter, wonach ein Gegner, der sich ergeben hatte, nicht getötet werden durfte. Eine weitere Regel sah vor, dass während der Schlacht Gefangene nicht mehr in den Kampf eingreifen konnten. Trotzdem ist die Tötung von Gefangenen, ob heidnischer oder christlicher, während des ganzen Mittelalters häufig vorgekommen. Die im Altertum selbstverständliche Versklavung der Gefangen klang Ende des 1. Jahrtausends aus, mit Ausnahme heidnischer Gefangener. Eine Hochkonjunktur erfuhr im Mittelalter (wo die Kämpfer überwiegend der wohlhabenden Ritterklasse angehörten) die Erpressung hoher Lösegelder für prominente Gefangene, was als Zivilisierungsfortschritt betrachtet werden kann.

In Epochen, in denen Söldner eingesetzt wurden, konnten diese im Allgemeinen mit einer relativ guten Behandlung rechnen, wenn sie in Gefangenschaft gerieten; denn man beabsichtigte in der Regel, sie für eigene Zwecke wieder einzusetzen. Mit dem Aufkommen der Wehrpflichtheere trat eine deutliche Verrohung ein. Während der Napoleonischen Kriege wurden Kriegsgefangene unmenschlich behandelt. Sie wurden oft in Verließe, Schiffe oder auf Felseninseln eingepfercht wie Vieh und man ließ sie oft ohne jegliche Versorgung verenden. Einer der Gründe, weswegen viele Offiziere der Heere der napoleonischen Zeit einer Freimaurerloge angehörten war, dass sie sich im Falle einer Kriegsgefangenschaft von den Freimaurern der Gegenseite eine kulantere Behandlung versprachen.

- Im 1. Weltkrieg lag die Sterblichkeitsquote der Kriegsgefangenen bei 5 %; dies entspricht bei einer mittleren Internierungszeit von zwei Jahren einer Sterberate von 2,5 % pro Jahr.
- Bei den italienischen Kriegsgefangenen des 1. Weltkriegs in Österreich-Ungarn und Deutschland waren es, durch rachebedingt besonders schlechte Behandlung, 17 %. Dies entspricht bei der mittleren Internierungszeit von 1,5 Jahren einer Sterberate von 11 % pro Jahr. An dieser Sterberate war die italienische Regierung mit verantwortlich, da sie

gezielt die Zusendung von Pflegepaketen boykottierte, um die Gefangenen für das sich vermeintlich zu leichte Gefangen-Nehmen-Lassen nachträglich bestrafen wollte.

Als Folge der massiven humanitären Missstände bei der Behandlung von Kriegsgefangenen des 1. Weltkriegs wurde **1929 ein 2. Genfer Abkommen** („Genfer Kriegsgefangenenkonvention „über die Behandlung von Kriegsgefangenen" abgeschlossen, welche die Bestimmungen der Haager Landkriegsordnung ergänzte (humane Bestrafung, Verbot von Repressalien, Schaffung einer zentralen internationalen Auskunftsstelle). Dies galt aber nur für die Unterzeichnerländer. Für Nicht-Unterzeicher (z.B. die Sowjetunion) galt die Haager Landkriegsordnung.

Trotzdem nahm im 2. Weltkrieg die Misshandlung der Kriegsgefangenen vor allem seitens der Achsemächte zu.

- 3,3 Mio. (60 %) der sowjetischen Soldaten in reichsdeutscher Kriegsgefangenschaft kamen um, dies entspricht bei der mittleren Internierungszeit von 3 Jahren einer Sterberate von 19 % pro Jahr
- Etwa 30 % der in japanische Kriegsgefangenschaft Geratenen kamen an der unmenschlichen Behandlung um (63-Stunden-Woche Zwangsarbeit, 600 Kal/Tag, willkürliche Exekutionen) um; dies entspricht bei der mittleren Internierungsdauer von 2 Jahren einer Sterberate von 15 % pro Jahr.
- 45.000 (7,5 %) italienische Kriegsgefangene im Deutschen Reich kamen durch eine rachebedingt („Badoglio-Verräter") besonders schlechte Behandlung (72-Stunden-Woche Zwangsarbeit, Unterernährung durch „Leistungsernährung") um. Dies entspricht bei einer mittleren Internierung von 1,5 Jahren einer Sterberate von 5 % proJahr.
- 1,1 Mio (35 %) der reichsdeutschen Soldaten in sowjetischer Gefangenschaft kamen um, dies entspricht bei der mittleren Internierungszeit von 12 Jahren einer Sterberate von 3 % pro Jahr.

Mit der **„Genfer Abkommen III" (12.8.1949)** (eines von vier Abkommen, siehe vorangehendes Kapitel) wurden erstmals internationale Regeln „zur Verbesserung des Loses der Verwundeten und Kriegsgefangenen der Land- und Seestreitkräfte" vereinbart.

- Als Kriegsgefangene wurden auch bewaffnete Widerstandstruppen oder Widerstand leistende Einwohner definiert, sofern sie „ihre Waffen offen tragen" und „sich nach den Regeln des Kriegsrechts verhalten".
- Widerstandstruppen müssen durch ein von weitem erkennbares Kennzeichen identifizierbar sein.
- Kriegsgefangene sind unter Bedingungen unterzubringen, die mit denen der eigenen Truppen vergleichbar sind.
- Kriegsgefangene unteren Grades dürfen zur Arbeit herangezogen werden, die nicht militärischen Nutzens sein kann, unter Bedingungen, die mit jenen der Zivilbevölkerung vergleichbar ist und angemessen zu entlohnen ist.
- Kollektivstrafen und körperliche Züchtigungen sind verboten.
- Kriegsgefangene sind unmittelbar nach dem Ende der Kampfhandlungen zu entlassen.

Die auch im 2. Weltkrieg von allen Seiten geübte Praxis „Nach dem was sich der Gegner geleistet hat, machen wir keine Gefangenen mehr", wurde in seltenen Fällen verpönt, geschweige denn geahndet.

Da allein Staaten Mitglieder der Genfer Konventionen sein können, haben die Delegierten der verschiedenen Konferenzen sich primär mit dem humanitären Schutz der „staatlichen" Kombattanten befasst. Demzufolge fallen nicht uniformierte und inoffizielle Kombattanten nicht unter den Schutz jener Abkommen.

Von der Regierung der USA werden des Terrorismus Verdächtige als „ungesetzliche Kämpfer" („unlawful combattants") bezeichnet, die ihrer Auffassung nach nicht unter den Schutz des Genfer Abkommens III (Kriegsgefangene) fallen; dem wird entgegengehalten, dass die Gefangenen ein Recht auf Einzelfallprüfung durch ein Tribunal haben und selbst im negativen Fall das Recht auf den Schutz des Genfer Abkommens IV (Zivilpersonen) haben.

11.4 Schutz der Zivilbevölkerung vor kollektiver Gewalttätigkeit

Gemäß der Abschätzung in der Anlage 10 sind im Verlauf der Geschichte zwei Drittel der Todesopfer kollektiver Gewalttätigkeit Zivilisten gewesen. Im Altertum und Mittelalter waren „nur" ein Drittel der Opfer Zivilisten.

11.4.1 Im Altertum

In der Antike war die zivile Bevölkerung des gegnerischen Landes genauso völlig rechtlos wie Kriegsgefangene: Sie wurden ohne Rücksicht auf Alter und Geschlecht entweder (oft grausam) umgebracht oder versklavt. Mäßigend wirkte bis zum Mittelter die relativ zu heute beschränkte Möglichkeit der Massentötung, da sie nur mit Nahkampfwaffen möglich war.

11.4.2 Im Mittelalter

Während des Frühen Mittelalters (der „Völkerwanderungszeit") waren die Heere der Invasoren relativ klein,so dass sic ihre Blutspur in Grenzen hielt, wenn sie durch die Lande zogen. Zu größeren Massakern der Zivilbevölkerung ist es nur vereinzelt gekommen (um so brutaler dann durch die Mongolen im 13. Jh. und durch Pogrome). Es herrschte aber ein flächendeckender Dauerzustand von Misshandlungen der unteren Bevölkerungsschicht durch die Oberschicht und deren Handlanger.

Die Kirche bemühte sich im Mittelalter, die Brutalität der Kriegsführung einzudämmen. Bezogen auf die Schonung der Zivilbevölkerung erließ im Jahre 585 ein Konzil zu Macon das Verbot der Plünderung nach einem Sieg. Im 11. Jh. wurde in Frankreich das kirchliche Verbot von Kampfhandlungen auch an bestimmten Wochentagen ausgesprochen.

11.4.3 In der Neuzeit

11.4.3.1 Generelle Bemühungen zum Schutz der Zivilbevölkerung

Während des Dreißigjährigen Krieges (1618 bis 1648) erreichte das Leiden der Zivilbevölkerung einen Höhepunkt. Das Aufkommen der (finanziell aufwendigen) Feuerwaffen und der (finanziell aufwendigen) Festungsbauten) hatte zum Durchsetzen immer größerer Staatsgebilde geführt, die sich derartigen Aufwand leisten konnten. Diese waren damals aber noch nicht in der Lage, eine reguläre Versorgung und Besoldung der Soldateska sicherzustellen, wodurch diese als plündernde und mordende Landplage außer Kontrolle geriet.

Wohl aufgrund des abschreckenden Beispiels des Dreißigjährigen Krieges wurde während der so genannten „Kabinettskriege" des 19. Jhs. und sogar während der Französischen Revolutionskriege und Napoleonischen Kriege die Zivilbevölkerung in relativ großem Maße geschont. Ihr Hauptleiden bestand darin, dass sich die Armeen der Zeit vom besetzten Land ernährten, wodurch die Bevölkerung bis an den Rand des Verhungerns ausgeraubt wurde. Zumindest theoretisch hatten die geschädigten Zivilpersonen das Recht auf Entschädigung durch ihren Staat.

Die Bemühungen des 19. Jhs. zur Schonung der Zivilbevölkerung während der Kriege fanden zur Wende des 19. zum 20. Jhs. ihre Krönung in der Formulierung entsprechender internationaler Abkommen. Die Abfolge der internationalen Abkommen der Neuzeit zur „Humanisierung des Krieges" ist unter Pkt. 11.1.3 aufgelistet. Im Folgenden wird auf Spezifika zum Thema „Zivilbevölkerung" näher eingegangen.

- Bereits die Erklärung von Sankt Petersburg (1868) untersagte in seiner Präambel Angriffe auf die Zivilbevölkerung.
- Die 1. Haager Konferenz (1899) befasste sich intensiv mit dem Schutz der Zivilbevölkerung. Im Artikel 23 verabschiedete sie das Verbot der „meuchlerischen Tötung oder Verwundung von Angehörigen des feindlichen Volkes oder Heeres" und im Artikel 5 das Verbot, „unverteidigte Städte, Dörfer, Wohnstätten oder Gebäude, mit welchen Mitteln es auch sei, anzugreifen oder zu beschießen".
- Die 2. Haager Konferenz (1906) überarbeitete die Bestimmungen der Haager Landkriegsordnung von 1899 und ergänzte sie mit Bestimmungen des Seekriegs (u.a. über die Beschießung durch Seestreitkräfte).
- Die „Genfer Konvention" (mit vier Abkommen) von 12.8.1949 enthielt in einem der vier Abkommen auch Vereinbarungen zum Schutz der Zivilbevölkerung. Vom Schutz ausgenommen waren aber Personen, die unter dem Verdacht standen, „feindselige Akte", Spionage oder Sabotage" betrieben zu haben.
- In der Genfer Flüchtlingskonvention von 1951 wurde der internationale rechtliche Status von internationalen Flüchtlingen (u.a. Asylrecht) vereinbart.
- Die Diplomatische Konferenz (20. 2. 1974 bis 10. 6. 1977) bekräftigte im Zusatzprotokoll I (8. 6. 1977) das Verbot von Angriffen auf die Zivilbevölkerung.

- Ein **1983** in Kraft getretenes internationales Abkommen über konventionelle Waffen enthielt das **Verbot des Einsatzes von Brandbomben** (z.B. Phosphorbomben) gegen Zivilisten sowie gegen militärische Ziele, wenn diese in unmittelbarer Nähe ziviler Einrichtungen liegen.

11.4.3.2 Schutz der Zivilbevölkerung vor Bombenangriffen

Mit dem Aufkommen der ersten Luftschiffe, die gegenüber den Fesselballons lenkbar waren und weit höhere Lasten tragen konnten, wurde sogleich die sich hieraus für die Zivilbevölkerung anbahnende Gefahr erkannt.

- Die **1. Haager Konferenz** (1899) beinhaltete die **erste luftkriegsrechtliche Vereinbarung der Geschichte**. Der „1. Deklaration" genannte Anhang, der von allen Teilnehmerstaaten außer Großbritannien angenommen und auf fünf Jahre befristet wurde, enthielt ein Verbot „Geschosse und Sprengstoffe aus Luftschiffen oder auf ähnlichem Wege abzuwerfen."
- Auf der **2. Haager Friedenskonferenz (1906)** beschloss eine kleine Mehrheit (gegen die Stimmen der wichtigsten Militärstaaten) die Erneuerung des Bombenverbots von 1899 bis zu einer abzuhaltenden 3. Haager Friedenskonferenz, die ob des 1. Weltkriegs nicht stattfand. Dies geschah vor allem wegen eines Einwands der französischen Delegation, für welche das Verbot des Artikel 25 der 1. Konvention, „unverteidigte Städte, Dörfer, Wohnstätten oder Gebäude, mit welchen Mitteln es auch sei, anzugreifen oder zu beschießen", vorerst ausreichend war. (Am 6. 9. 1914 führten die Deutschen auf Lüttich den ersten Bombenangriff der Geschichte durch.) Die 9. Konvention der 2. Haager Konferenz enthielt auch ein Verbot „unverteidigte Häfen, Städte" etc. von See aus zu beschießen. Der Artikel 26 der 1. Konvention forderte „soviel wie möglich" den Schutz „nicht militärisch genutzter Gebäude, die der Krankenpflege, Wohlfahrt, Kunst, Wissenschaft, Religion und Kultur gewidmet sind".
- Das Attribut „unverteidigt" hob in der Folge de facto den Schutz der Zivilbevölkerung auf: Denn nach den Bestimmungen galt eine Stadt oder Hafen als „verteidigt", nicht nur wenn sich darin Truppen bzw. Kriegsschiffe aufhielten, sondern lediglich Führungsstäbe. Ferner konnten eine Flakabwehr oder stationierte Jagdflugzeuge als „Verteidigung" ausgelegt werden.
- Auf der Abrüstungskonferenz von Washington (11.11.1922 bis 6.2.1923) kam es zu keiner Einigung über Luftkriegsregeln. Dies wurde an eine Juristenkommission delegiert, welche am 6. 2. 1923 eine Entscheidungsvorlage („Haager Luftkriegsregeln") verabschiedete, die jedoch nie ratifiziert worden ist.
- Eine Resolution der Versammlung und des Rates des Völkerbunds (ohne die USA, welche dem Völkerbund nie beigetreten waren) und des Völkerbundrates von 1938 verurteilte „militärisch unnötige" Bombardierungen der Zivilbevölkerung als völkerrechtswidrig und forderte Regelungen des Luftkriegsrechts.
- Unter dem Eindruck der Städtebombardierungen des 2. Weltkriegs wurde die Frage im Genfer Abkommen von 1949 novelliert (Konvention IV „über den Schutz von Zivilpersonen in Kriegszeiten") sowie durch den Artikel 51 („Schutz der Zivilbevölkerung") im Zusatzprotokoll des Abkommens von 1977. Dadurch wurden Flächenbombardements als Kriegsverbrechen definiert.

11.4.3.3 Schutz der Zivilbevölkerung vor Landminen

LANDMINEN KÖNNEN BIS IN DIE EWIGKEIT HINEIN OPFER VERURSACHEN.

(Jody Williams, Friedensnobelpreisträgerin 1997)

Landminen wurden in großem Maßstab seit dem 2. Weltkrieg verlegt. Anfänglich sollten sie die Räumung von Panzerminen verhindern. Dann wurden sie immer mehr dazu perfektioniert, Personen zu verstümmeln. Landminen haben einige Eigenschaften, die sie zu einer höchst perfiden Waffe machen:

- Sie treffen jede Person, ob Militär oder Zivilist, Freund oder Feind, Mann oder Frau, alt oder jung.
- Die häufigste Verletzungsform ist Verlust von Gliedmaßen oder Erblindung
- Landminen kennen keine Waffenstillstände oder Friedensschlüsse, ihre Offensivkraft währt bis zu ihrer Entfernung
- Landminen werden heute überwiegend als Terrorwaffe gegen die Zivilbevölkerung eingesetzt.
- Moderne Landminen kosten nur wenige US $ und können somit in großen Stückzahlen eingesetzt werden
- Moderne Landminen sind äußerst schwierig zu orten, sie sind aus Kunststoff und enthalten weniger als ein Gramm Metall; die Räumungskosten liegen bei tausend US $ pro Mine

Im Laufe der 70er-Jahre verbreitete sich die Anwendung von Tretminen ungemein. Hauptanwender waren Bürgerkriegsparteien und ihre internationalen Sponsoren.

- Im Jahre 1980 hatte man sich im Zusatzprotokoll II („Minenprotokoll") der von der UN vermittelten Konvention über Konventionellen Waffen (Convention on Conventional Weapons – CCW) nur auf Einschränkungen, nicht aber auf ein grundsätzliches Verbot von Landminen einigen können. Diese Einschränkungen waren unwirksam. Im Jahre 1995 lagen 300 Mio. Landminen über 66 Länder verstreut, welche jährlich 10.000 Personen töteten (davon über 2.000 in Afghanistan) und 100.000 verstümmelten (damals ein Drittel Zivilisten, davon die Hälfte Kinder) und 10 bis 30 Mio. wurden jährlich zusätzlich verlegt. In Kambodscha sind 0,4 % der Einwohner durch Landminen amputiert worden. Dieser Missstand rief weltweit Friedensaktivisten auf den Plan, welche die Bannung dieser unmenschlichen Waffe forderten.
- Die von der US-amerikanische Menschenrechtlerin Jody Williams (die 1997 mit dem Friedensnobelpreis1995 gewürdigt wurde) ins Leben gerufene Kampagne **„International Campaign to Ban Landmines"** (ICBL) engagierte über

tausend Nichtregierungsorganisationen weltweit, um ihre Regierungen (122) zur Unterzeichnung eines Landminen-Abkommens (4.12.1996 zu Ottawa) zu bewegen. In der Folge ist das Abkommen von 162 Ländern ratifiziert worden. (Liste der Nicht-Unterzeichnerländer in Anlage 4).

- Das Landminen-Abkommen verbietet den Unterzeichnerländern die Verlegung von Antipersonenminen (Antipanzerminen wurden gegen die Absicht der Nicht-Regierungsorganisationen vom Verbot ausgeschlossen) und verpflichtet sie zur Zerstörung der Vorräte (innerhalb von 4 Jahren) und der Beseitigung der in ihrem Territorium verlegten (innerhalb von 10 Jahren).
- Die USA behinderten das Zustandekommen des Landminenabkommens, vor allem, weil ihnen als Weltmacht das Agieren der von ihnen schwer zu kontrollierbaren Nicht-Regierungs-Organisationen zuwider war. Außerdem wollte man nicht in den Zugzwang kommen, die Grenze in Korea zu entminen. Um sich von diesem Manko reinzuwaschen, genehmigte die Regierung der USA einen Etat von 100 Mio. US $ für Minenräumprojekte bis 2020 („Demining 2020 Program").
- In einer 1996 erfolgten Neufassung des Protokolls II der Konvention über Konventionelle Waffen wurde das Verbot auf alle Konflikte zwar ausgeweitet, indes so formuliert, dass „Minen mit Zeitbegrenzung" zulässig blieben. [www.icbl.org]

11.4.3.4 Schutz der Bevölkerung vor Kleinwaffen

Unter Kleinwaffen versteht man im Wesentlichen Handfeuerwaffen. Schätzungsweise sind über eine halbe Milliarde Kleinwaffen weltweit im Umlauf, die Hälfte davon im Privatbesitz von US-Bürgern. Wegen der geringen Anschaffungskosten und leichten Handhabung können schnell große Mengen an Personen damit ausgestattet werden. Damit eröffnen sie der Landesverteidigung (Bürgermilizen), der asymmetrischen kollektiven Gewalttätigkeit (Aufständischen) und Verbrecherbanden neue Möglichkeit. Die wichtigsten Opfer von Kleinwaffen sind Zivilpersonen. Die etwa 0,3 Mio. Kindersoldaten der Welt sind im Wesentlichen mit Kleinwaffen ausgerüstet. Der weltweite Handel von Kleinwaffen liegt bei 7,5 Mrd. US $, davon ist ca. eine Mrd. US $ pro Jahr illegal. Die wichtigsten Exportländer von Kleinwaffen sind: USA, Russland, Deutschland, Israel, Argentinien, Brasilien, Indien, Südafrika.

11.4.3.5 Humane Behandlung „irregulärer Kämpfer"

Mit der Problematik der Zivilisten ist jene der irregulären Truppen eng verbunden. Siehe dazu die Ausführungen in Kapitel 6

11.4.3.6 Schlussbemerkung

Jegliche Bemühung eines Durchsetzens der kulturellen Errungenschaft „Schonung der Zivilbevölkerung" gegen die kulturelle Fehlbildung „Kollektivgewalttätigkeit" hat etwas Don-Quijoteskes an sich. Es ist löblich wie hoffnungslos zugleich. Denn wenn es zu „kollektiver Gewalttätigkeit" kommt, das heißt zum Durchsetzen des Interesses des eigenen Kollektivs mit physischer Gewalt, unter Inkaufnahme der physischen Vernichtung des gegnerischen Kollektivs, so ist bei einem derartigen irrationalen Massenverhalten nur schwerlich mit „Schonung" von Nichtuniformierten zu rechnen.

- Durch Treffen der Zivilbevölkerung schafft sich der Gegner die Genugtuung, jene Zivilbevölkerung dafür zu strafen, dass sie eine Ideologie (Hass und Hetze gegen „die Anderen") getragen hat und trägt oder zumindest nicht bekämpft, dass sie ihre Regierung gewählt oder toleriert hat.
- Durch Treffen der Zivilbevölkerung glaubt der Angreifer, die Produktionskraft des Gegners zu schwächen (Waffen und Versorgungsmittel werden von Zivilisten produziert).
- Durch Treffen der Zivilbevölkerung glaubt der Angreifer, auch die gegnerischen Streitkräfte zu demoralisieren.
- Durch Treffen der Zivilbevölkerung glaubt der Angreifer, sie für die Kooperation mit den gegnerischen Streitkräften zu bestrafen (dies droht v.a. im Guerillakrieg)
- Vor allem asymmetrisch unterlegene Konfliktpartner neigen dazu, sich durch Unterschlupf unter der Zivilbevölkerung den Angriffen zu entziehen oder dem Gegner Hemmnisse zu dessen Gewaltentfaltung aufzuerlegen.

Es mag zynisch anmuten, indes besteht die wirkungsvollste Maßnahme, wie sich Zivilbevölkerung vor kollektiver Gewalttätigkeit schützen kann, darin, die Anwendung von Gewalttätigkeit durch das eigene Kollektiv zu vermeiden.

11.5 Internationale Hilfsorganisationen

11.5.1 Das Internationale Komitee des Roten Kreuzes

Das Internationale Komitee des Roten Kreuzes (IKRK) ist die älteste internationale humanitäre Organisation (am 17.2.1863 als „Internationales Komitee der Hilfsgesellschaften für die Verwundetenpflege" gegründet, seit 1876 unter dem heutigen Namen). Sie entstand aus dem Anliegen heraus, das Leiden der Verwundeten und Gefangenen der Kriege zu lindern. Rein juristisch gesehen handelt es sich um einen auf Schweizer Zivilrecht beruhenden Verein mit dem Status eines Völkerrechtssubjekts.

- Die Primäraufgabe des IKRK ist die humane Behandlung von Kriegsverwundeten und Kriegsgefangenen.
- Neben seiner humanitären Hilfsaufgaben, hat die IKRK auch die Aufgabe, die Einhaltung der humanitären Aspekte der Genfer Konventionen zu überwachen. Erst mit dem Zusatzprotokoll I von 1977 erweiterte das IKRK seinen Horizont auf das Eingrenzen des Ausmaßes der Feindseligkeiten [Gasser, 1995)].
- Das IKRK bekennt sich in den Statuten zur Unparteilichkeit (Beistand ohne Unterscheidung der Nationalität, Rasse, Religion, mit alleiniger Dringlichkeit als Priorität) und Neutralität (keine Teilnahme an Feindseligkeiten und politischen, rassischen, religiösen und ideologischen Auseinandersetzungen). Offensichtlich hat das IKRK seinerzeit den Holocaust als eine „rassische Auseinandersetzung" betrachtet und deshalb nicht interveniert.
- 1917, 1944 und 1963 wurde dem IKRK der Friedensnobelpreis verliehen.

[www.icr.org]

11.5.2 Das UN-Flüchtlingskommissariat (UNHCR)

Im Jahre 1950 beschloss die UN-Vollversammlung die Bildung eines UN-Flüchtlingskommissariats, mit der Aufgabe der Leitung und Koordinierung internationaler Aktionen zum Schutz von zwischenstaatlichen Flüchtlingen und zur Lösung von Flüchtlingsproblemen weltweit. Primäre Aufgabe ist die Sicherstellung der Rechte (u.a. Asylrecht) und des Wohlergehens der Flüchtlinge. Im Laufe von mehr als fünf Jahrzehnten hat die UNHCR mehr als 50 Millionen Personen geholfen, ein neues Leben aufzubauen. 2015 war sie mit 9.300 Mitarbeitern in 125 Ländern tätig, um 20,8 Millionen Personen beizustehen. Obwohl das UN-HCR statutmäßig nicht für Binnenflüchtlinge zuständig ist, nimmt es sich zunehmend auch dieser an (derzeit machen sie 6,6 Mio. der o. g. 20,8 Mio. aus), da innerstaatliche Konflikte derzeit die größte Flüchtlingsnot verursachen.

- Das UNHCR ist nicht für Migranten (legale und illegale Einwanderer) zuständig, deren Zahl 2015 weltweit auf 225 Millionen angewachsen ist. Trotzdem wird es zunehmend in die Problematik der Migration involviert, da die Gegenmaßnahmen der Staaten gegen die Migranten auch die Rechte der Flüchtlinge und Asylsuchenden beschneidet.
- Bereits zweimal (1954, 1981) wurde dem UNHCR der Friedensnobelpreis verliehen.
- [www.unhcr.org]

11.5.3 Medicins sans Frontieres (Ärzte ohne Grenzen)

ÄRZTE OHNE GRENZEN ist einen private medizinische Nothilfeorganisation, die Opfern von natürlich verursachten oder von Menschen geschaffenen Katastrophen sowie von bewaffneten Konflikten hilft. Sie wurde 1971 von einer Gruppe französischer Mediziner gegründet. Heute verfügt die Organisation in 29 Ländern über Sektionen.

Zu den Aufgaben von ÄRZTE OHNE GRENZEN gehört es, allen Opfern Hilfe zu gewähren, ungeachtet ihrer ethnischen Herkunft oder ihrer politischen und religiösen Überzeugungen. ÄRZTE OHNE GRENZEN ist neutral und unparteiisch und arbeitet frei von bürokratischen Zwängen. Um diese Unabhängigkeit zu bewahren, finanziert sich ÄRZTE OHNE GRENZEN mindestens zur Hälfte aus privaten Spenden.

Auch ÄRZTE OHNE GRENZEN ist eine zukunftsweisende transnationale, kosmopolitische Organisation für einen humanen Zweck. Sie erhielt 1999 als Organisation den Friedensnobelpreis.

[www.aerzte-ohne-grenzen.de]

11.5.4 Medica Mondiale

Ziel der Medica Mondiale ist die Denunziation und das gerichtliche Vorgehen gegen Menschenrechtsverletzungen an Frauen. Die Organisation unterstützt auch traumatisierte Frauen und Mädchen in Kriegs- und Krisengebieten. Ihre Gründerin, die Kölner Frauenärztin Monika Hauser, erhielt 2008 den Alternativen Nobelpreis.

[www.medicamondiale.org/rechte/]

11.5.5 Kirchliche Hilfsorganisationen

11.5.5.1 Caritas

Den Namen Caritas tragen in 165 Ländern die sozialen Hilfeorganisationen der katholischen Kirche. Ihre Hauptziele sind der Schutz der Menschwürde und die Solidarität mit Menschen in Not.

- Allein in Deutschland hat die Caritas eine halbe Million hauptamtliche Mitarbeiter und ebenso viele ehrenamtliche; diese wirken in 25.000 Einrichtungen mit 1,5 Mio. Betreuungsplätzen. Die Organisation unterliegt in Deutschland nicht dem Arbeitsrecht, sondern dem Kirchenrecht.

  [www.caritas.de, www.caritas.at, www.caritas.ch]

- Die Caritas International ist das Hilfswerk der deutschen Caritas. Ihre Mission ist es, Menschen in Not, unabhängig von Religion, ethnischer Zugehörigkeit und Nationalität zu helfen. Der Schwerpunkt liegt dabei auf „Hilfe zur Selbsthilfe".

11.5.5.2 Diakonie

Die Diakonie ist die soziale Arbeit der evangelischen Kirchen, die Menschen in Not hilft. In Deutschland wirken 0,45 Mio. hauptamtliche und 0,7 Mio. ehrenamtliche Mitarbeiter in 27.000 Einrichtungen mit 1 Mio. Betreuungsplätzen.

[www.diakonie.de]

Die Diakonie Katastrophenhilfe gewährt internationale Katastrophenhilfe.

11.5.5.3 Malteser International

Malteser International ist der Dachverband von über 40 nationalen Hilfsorganisationen des katholischen Malteser-Ordens. Der Orden ist eine der ältesten humanitären Organisationen, die aus einer amalfitanischen Krankenhausstiftung des 10. Jhs. in Jerusalem entstanden ist. Diese wurde während der Kreuzzüge in eine Hilfsorganisation für christliche Pilger umgewandelt („Johanniter"). Nach der Zerstörung der Kreuzritterstaaten verlegte der Orden seinen Sitz nach Rhodos („Rhodiser") und dann Malta („Malteser") verlegte, bis er 1798 von Napoleon auch von dort vertrieben wurde. Juristisch gesehen genießt der Malteserorden eine partielle Völkerrechtssouveränität, obwohl er über kein Hoheitsgebiet verfügt. Der Orden ist in über 90 Ländern karitativ tätig und hat in über 40 Ländern nationale Hilfsorganisationen.

- Ordine Ospedaliero di San Giovanni di Gerusalemme detto di Rodi detto di Malta, Via dei Condotti 68, ROMA

  [www.orderofmalta.org]

- Malteser International

  [www.malteser-international.org]

11.6 Internationale Schlichtung und Schiedsgerichtsbarkeit

Eine der kulturellen Errungenschaften zur Vermeidung der kulturellen Fehlentwicklung „Kollektivgewalttätigkeit" ist seit jeher der Versuch, einen Konflikt durch eine Schlichtung oder einen Schiedsspruch zu bereinigen. Konfliktparteien einigen sich in der Regel auf solch einen Schritt, wenn es mangels eines verbindlichen Rechtswesens keinen Rechtsweg gibt, sondern lediglich ein gemeinsames Rechtsempfinden. Dies setzt jedoch voraus, dass beide Konfliktparteien die Autorität und Unparteilichkeit der Schiedsinstanz anerkennen, was in der Vergangenheit nicht oft der Fall gewesen ist.

11.6.1 Instanzen der Vergangenheit

- In der griechischen Antike übten die Orakel, vor allem das von Delphi, indirekt eine Schlichtungsfunktion aus, indem sie auf Anfragen der Konfliktparteien meist eine zur Vorsicht mahnende Antwort gaben. Bei Konflikten zwischen lokalen und regionalen Institutionen wurden in der Antike vielfach Bundgenossenschaften (z.B. der Achäische Bund) oder Großmächte (z.B. der römische Senat) um Schlichtung gebeten. Bei Konflikten zwischen Großmächten indes gab es in der Antike keine transnationale Schlichtungsinstanz.

- Im Mittelalter hat in der christlichen Welt der Papst anfänglich eine Autorität „supra partes" ausgeübt. Je mehr er sich mit seinem Kirchenstaat als parteiliche weltliche Macht gebärdete, desto mehr schwand seine Aura der Unparteilichkeit, die er ab dem 16. Jh. gänzlich verlor.

- Im Jahre 1890 unterzeichneten die USA und zehn weitere amerikanische Staaten ein Panamerikanisches Schiedsgerichtsabkommen.

- Im Jahre 1900 trafen sich Delegierte der damaligen Großmächte (außer dem Osmanischen Reich) um ein „Permanentes Schiedsgericht für Internationales Recht" zu etablieren, das ab 1922 in den Haag seinen Betrieb aufnahm.

- 1901 schlossen sich die Delegierten einer Panamerikanischen Konferenz den drei Konventionen der 1. Haager Konferenz an. Einige amerikanische Regierungen (nicht die USA) verpflichteten sich sogar zur obligatorischen Anrufung eines Schiedsgerichts.

- Im 20. Jh. ist der Papst in Einzelfällen als Schiedsrichter wieder angerufen worden (z.B. im Grenzkonflikt Chiles mit Argentinien).

- Seit dem Ende des 2. Weltkriegs üben die Vereinten Nationen durch ihre Resolutionen fallweise eine Schiedsfunktion bei internationalen Konflikten aus. Die Hauptschwierigkeit der Organisation der Vereinten Nationen besteht dabei darin, dass sie keine supranationale (über die Nationen stehende) Institution ist, sondern eine internationale, die im Dunstkreis der nationalen Interessen gefangen ist und dass in deren Zusammenwirken nicht die „demokratischen Kriterien" gelten nämlich die einer relativen oder absoluten Mehrheit. In wichtigen Fragen ist nämlich eine „totalen Mehrheit" erforderlich: eine einzige Gegenstimme einer Großmacht reicht aus, um selbst eine von der überwiegenden Mehrheit für richtig befundene Entscheidung zu verhindern (Vetorecht).

11.6.2 Der Internationale Gerichtshof (IGH)

Mit der Gründung der Vereinten Nationen wurde 1945 ein „Internationaler Gerichtshof (IGH)" mit Sitz in Den Haag gegründet, der zu den sechs Hauptorganen der Vereinten Nationen gehört. Er ist „nicht Rechtsnachfolger, aber Funktionsnachfolger" des Ständigen Internationalen Gerichtshofs. Er führt keine Rechtsprechung aus, sondern Schlichtungsdienste, die jedoch nur VON Staaten in Anspruch genommen werden können, die das IGH-Statut anerkennen. Beide Konfliktparteien müssen die Rechtsprechungskompetenz des Gerichts für den betreffenden Streitfall anerkennen. Das Gericht stellt auch (ausschließlich) Gutachten für die UN und seine Organe aus. Seit 1946 hat der Gerichtshof 92 Urteile gefällt. Es besteht aus 15 Richtern unterschiedlicher Nationen (von der UN-Vollversammlung und dem UN-Sicherheitsrat gewählt, maximal einer pro Nation), mit einer Amtszeit von 9 Jahren.

[www.icj-cij.org]

11.6.3 Sonstige internationale Friedensvermittlung

Laut einer Auswertung der AKAF-Statistik durch Gantzel / Schwinghammer (1995) wurden 40,5 % der zwischen 1945 und 1992 ausgebrochenen Kriege durch Vermittlung der UN beendet und weitere 26,2 % durch internationale Organisationen und Konferenzen.

11.7 Die Tradition der Impunität kollektiver Gewaltverbrechen

DIE ZIVILISATION HAT TAUSENDE VON PROBLEMEN GELÖST,
AUSSER DEM DER INTERNATIONALEN GERECHTIGKEIT.

(Juan Bautista Alberdi, um 1860)

Auch wenn es fraglich ist, ob kollektive Gewalttätigkeit als solche und in jedem Fall als Verbrechen gegen die Menschheit betrachtet werden kann, so sind wohl kaum Zweifel angebracht, wenn durch Kollektivgewalttätigkeit nationales oder internationales Recht verletzt wird. In der Vergangenheit wurden selbst die ungeheuerlichsten solcher Rechtsbrechungen vielfach überhaupt nicht geahndet bzw. in weit geringerem Maße als individuelle Gewaltverbrechen.

Mangels einer internationalen Gerichtsbarkeit und Strafvollzugs wurde in den Vergangenheit bei Friedenverträgen und anderen Kollektivverbrechen aufZUarbeitenden internationalen Abschlüssen diese Verantwortung der nationalen Gerichtsbarkeit jenes Staates übertragen, deren Organisationen oder Individuen sich durch Kollektivverbrechen der Rechtsverletzung schuldig gemacht hatte. Wie Claudia Moisel (2004) am Beispiel der Strafverfolgung der NS-Kriegsverbrechen in Frankreich besonders klar herausgearbeitet hat, ist diese daran gescheitert, dass im Interesse eines Kollektivs (3. Reich) begangene Verbrechen durch kollektive Abwehrmaßnahmen des Nachfolgekollektivs (BRD) vor einer Pönalisierung abgeschirmt wOrden sind. Bei einer gerichtlichen Aufarbeitung „im eigenen Lande" nehmen Öffentliche Meinung und Politik auf die Justiz Einfluss, deren Funktionsträger mit den kollektiven Resonanzen mitschwingen. Das Paradoxe daran ist, dass dabei vielfach auch die Opferseite bzw. deren Nachfahren an der Vertuschung Anteil haBEN, weil man sich die arrangierte Gegenwart und Zukunft nicht durch Auswirkungen der Vergangenheit beinträchtigen lassen will.

Um diese Problematik zu beleuchten und die gleichsam imperative Notwendigkeit einer transnationalen Rechtsordnung zu unterstreichen, welche die Wirksamkeit von der Gesetzgebung bis zum Strafvollzug sicherstellt, seien hier einige eklatante Beispiele zusammengeführt.

11.7.1 Ungesühnte Verletzung internationaler Abkommen

11.7.1.1 Ungesühnte Aufrüstung

Deutschland begann 1920 insgeheim mit einer Aufrüstung über die in den Versailler Verträgen festgelegten Limits. Obwohl der französische und der britische Geheimdienst davon erfuhren, gab es keine Sanktion seitens des Völkerbundes. Wie man weiß, waren die Folgen desolat. Eine indirekte Pönalisierung fand erst nach vollbrachtem Schaden statt.

11.7.1.2 Ungesühnte Einsätze von Gaswaffen

Seit 1899 („2. Haager Konvention") war der Einsatz von Gaswaffen international verboten. Trotzdem kam es zu mehreren massiven Einsätzen, ohne dass diese signifikant gebrandmarkt, geschweige denn bestraft worden wäre.

- Das Heer des Deutschen Kaiserreichs setzte als erste Kriegspartei im 1. Weltkrieg Gaswaffen ein, die der Chemiker Fritz Haber vorgeschlagen und entwickelt hatte (Chlorgas). Großbritannien und Frankreich folgten darauf dem Beispiel. An die 100.000 Soldaten verendeten daran, noch mehr wurden zu blinden oder röchelnden Invaliden. Diese Taten blieben ungesühnt. Statt als Kriegsverbrecher belangt zu werden, erhielt Fritz Haber 1918 den Nobelpreis für Chemie für seine Entdeckung der künstlichen Ammoniaksynthese, die für die Herstellung von Dünger wertvoll war, aber auch von Sprengstoff (ohne diese Erfindung hätte der 1. Weltkrieg wesentlich früher eingestellt werden müssen). N.B. Der Nobelpreis wird seit jeher durch die Stiftung des Sprengstoffindustriellen Alfred Nobel finanziert.
- Im Rif-Krieg (1921 bis 1926) setzten die französischen Truppen unter dem damaligen Volkshelden Petain Giftgas (Yprit) gegen die Bevölkerung ein. Diese Tat blieb ungesühnt.
- Obwohl im „Genfer Gaskriegsprotokoll" von 1925 das Verbot chemischer und bakteriologischer Kriegsführung konkreter formuliert worden war, setzten die Italiener in ihrem 2. Eroberungskrieg gegen Äthiopien (1935 bis 1941) Gaswaffen ein. Diese Tat blieb ungesühnt.[319]
- Die Japaner (die zwar das Genfer Gaskriegsprotokoll von 1925 nicht ratifiziert hatten, wohl aber die 1. Haager Konvention von 1899 setzten bei ihrer Invasion Chinas (1936 bis 1945) Gaswaffen ein. In über 375 Fällen, so in der Schlacht von Wuhan (1938), lag ein spezifischer Befehl des Kaisers Hirohito vor. Diese Tat blieb ungesühnt.

---

319 Im Rahmen einer polemischen Auseinandersetzung mit dem Thema gestand der italienische Verteidigungsminister im Jahre 1996 jenen Einsatz von Gaswaffen ein.

- Bei ihrer langen Intervention in Afghanistan (1969 bis 1989) setzte die Sowjetunion Gaswaffen ein. Diese Tat blieb ungesühnt

- Der Irak setzte im 1. Golfkrieg gegen Iran (1980 bis 1988), sowie bei ihrem Rachefeldzug gegen die Kurden (1988) Gaswaffen ein. Unter anderem wegen dieseR Taten wurden Saddam Hussein und einige seiner Mitarbeiter im Rahmen des 3. Golfkriegs belangt und hingerichtet.

11.7.1.3 Ungesühnter Einsatz bakteriologischer Waffen

Obwohl der Einsatz bakteriologischer Waffen seit dem Genfer Protokoll von 1925 explizit verboten wurde, ist es im 2. Weltkrieg zum ersten Einsatz bakteriologischen Waffen der Neuzeit gekommen.

- Der namhafte Insektenforscher und Leiter des Hamburger Tropeninstituts Prof. Erich Martini (Mitglied der NS-Partei) reiste im Herbst 1943 in Rom an, um die Operationen zur Verseuchung der Pontinischen Sümpfe mit der Stechmücke vom Typ „Anopheles Labranchiae" zu leiten (Trägerin des Malariafiebers), wodurch man den Vormarsch der Alliierten an jenem Abschnitt der „Gotischen Linie" verhindern wollte. Dazu wurden die Entwässerungsanlagen gesprengt und Entwässerungspumpen nach Deutschland abtransportiert. Außerdem wurden 9 t Chinin beschlagnahmt und vernichtet. All dies verfehlte die beabsichtigte militärische Auswirkung, da die Alliierten ihr Personal seit der Landung in Afrika vor Tropenkrankheiten schützen und das Sumpfgebiet rasch überwanden. Es brachte jedoch viel Leid unter die Bevölkerung der Region, bei welcher die Anzahl der an Malaria Erkrankten von 1.216 auf ca. 100.000 Personen zunahm. (Snowden, 2006). Erich Martini starb als gefeierter Spezialist und Fachbuchautor im Jahre 1960, ohne jemals für seine Untat auch nur getadelt worden zu sein.

- Die Japaner setzten in China Bakterien der Beulenpest, Cholera, Anthrax u.a. m. ein, was den Tod von schätzungsweise 200.000 Chinesen verursachte (Wikipedia Englisch „Japanese War Crimes" [22.07.08]. Diese Tat blieb ungesühnt.

11.7.1.4 Ungesühnte Flächenbombardierung von Städten

MAN KANN VERBRECHEN NICHT GEGENEINANDER AUFRECHNEN.
EIN VERBRECHEN BLEIBT EIN VERBRECHEN.
CHURCHILL UND HARRIS WAREN KRIEGSVERBRECHER.

(Peter Möller, 2006)

Obwohl die im 2. Weltkrieg allseits durchgeführten Flächenbombardierung von Städten (und damit von Wohngebieten) völkerrechtlich betrachtet Verbrechen waren, ist niemand dafür behelligt worden. Dies gilt sowohl für die reichsdeutsche Seite, die mit den „Baedeker-Bombardierung" die offiziell gerechtfertigte Bombardierung ziviler Stadtteile einleitete, als auch für die alliierte Seite, welche mit ihrer vielfachen Luftüberlegenheit das Ausmaß der Verletzung der Konventionen vervielfachten.

11.7.1.5 Ungesühnte Versenkungen von Lazarettschiffen

Im Zuge des von der Reichregierung beschlossenen totalen U-Boot-Kriegs versenkten deutsche U-Boote allein im Jahre 1918 drei britische Lazarettschiffe, die den Haager Abkommen gemäß nachts hell erleuchtet und mit großen roten Kreuzen gekennzeichnet, ohne Begleitschutz und eigener Bewaffnung navigierten. Obwohl von den Versailler Verträgen zur gerichtlichen Belangung verpflichtet, konnten die deutschen Behörden die entsprechenden U-Bootkommandanten nicht ausfindig machen und belangen.

11.7.1.6 Ungesühnte Misshandlung von Kriegsgefangenen

Die groben Verstöße gegen die Haager Kriegsordnung bzw. die Genfer Gefangenenkonvention im 1. Weltkriegs (bis zu 17 % umgekommene Kriegsgefangene) und im 2. Weltkrieg (bis zu 60 % umgekommene Kriegsgefangene) blieben im Wesentlichen ungesühnt.

11.7.2 Ungesühnte Einrichtungen von Konzentrationslagern

Im 20. Jahrhundert wurden Millionen von Menschen ihrer Freiheit beraubt und unter fast ausnahmslos unmenschlichen Bedingungen in Konzentrationslagern interniert und zum Teil systematisch in industriellem Maßstab umgebracht („Vernichtungslager"). Das 20. Jahrhundert kann deshalb als das „Jahrhundert der Lager" bezeichnet werden (Kotek e. a., 2000). Trotzdem sind die dadurch begangenen Verbrechen im Wesentlichen ungesühnt geblieben.

Die Kontrollbesuche des Internationalen Roten Kreuzes der reichsdeutschen Konzentrationslager führten nicht zur Aufdeckung und Verpönung dieses bis dahin wohl größten Verbrechens gegen die Menschheit.

11.7.3 Ungesühnte Demozide

Die im Interesse von Kollektiven verübten Morde sind in der Vergangenheit de facto entweder ungesühnt geblieben oder mit dem Bruchteil der Strafe belegt worden, die im individuellen Strafrecht gelten. Fast alle Demozide sind faktisch ungesühnt geblieben.

- Die vier türkischen Ethnozide zwischen 1894 und 1923 an den Armeniern (Ermordung von ca. 1,2 Millionen Personen) blieb im Wesentlichen gerichtlich ungesühnt. Symptomatisch ist der Fall des 3. Ethnozid (1915 bis 1916) mit 900.000 Opfern: Nach dem Ende des 1. Weltkriegs kam ein internationales Gericht auf französischen Einspruch hin nicht zustande. Die verantwortlichen jungtürkischen Spitzenpolitiker Enver Pascha (Kriegsminister), Talat Pascha und Kemal Pascha mussten sich somit nur vor türkischen Gerichten verantworten, konnten sich rechtzeitig ins Ausland absetzen und wurden in Abwesenheit verurteilt. Von insgesamt 16 Todesurteilen wurden nur 3 vollstreckt. Von den nur 1.000 Tätern, die in der Türkei angeklagt wurden, kamen 1921 alle in den Genuss einer Amnestie. Dies führte nicht nur dazu, dass die Tatsache bis dato von der türkischen Regierung verneint wird. Schlimmer war, dass Hitler darin einen Präzedenzfall dafür gesehen hat, dass Völkermord zu keinen internationalen Sanktionen führte.[320]

> ➤ *Mittleres Strafmaß für Anführer: Höchsstrafe (Todesstrafe) pro 300.000 Morde*

- Die während der Okkupation Chinas und des Pazifikrieges verübten **japanischen Kriegsverbrechen** (ca. 30 Mio. Personen, davon ca. 20 Mio. Chinesen) blieben ungesühnt.
- Von den schätzungsweise 400.000 Personen, die an den **nationalsozialistischen Verbrechen** direkt beteiligt waren (Ermordung von ca. 4 Millionen Personen) wurden nur ca. 6.500 (2,2 %) nach Kriegsende verurteilt, davon nur 1.200 wegen Mord und Totschlag. Die wenigen die verurteilt wurden, erhielten unverhältnismäßig milde Haftstrafen.
  - ○ Im **Nürnberger Kriegsverbrecherprozess** wurden nur 24 Spitzenpolitiker und Befehlshaber des NS-Regimes als „Hauptkriegsverbrecher" gerichtlich belangt, von denen 12 zum Tode verurteilt wurden.
  - ○ Im „**OKW-Prozess**" wurden stellvertretend für die Straftäter des Oberkommando Wehrmacht nur 14 Generäle gerichtlich belangt und im Schnitt zu 10 Jahren Freiheitsstrafe verurteilt.
  - ○ Im „**Auschwitz-Prozess**" von 1963 wurden nur 20 Personen der Lagermannschaft für den Tod von über 1 Mio. Personen gerichtlich belangt, von denen nur 6 zu lebenslanger Haftstrafe verurteilt wurden (fast nur Ausführende und fast keine Befehlende der Megamorde).
  - ○ Die Tötung von ca. 130.000 Behinderten und Geisteskranken plus 30.000 KZ-Häftlingen in den reichsdeutschen **Euthanasieanstalten** plus ca. 30.000 verdeckter Einzelfälle in reichsdeutschen Krankenhäusern und Sanatorien, blieb im Wesentlichen ungesühnt.[321]
  - ○ Das Beispiele der **NS-Verbrechen in Frankreich** wurde umfassend von Claudia Moisel (2004) beleuchtet, darunter der Oradour-Prozess von 1953. Bernhard Brunner (2004) hat speziell die Strafverfolgung der 65 Kommandanten der Sicherheitspolizei und des SD verfolgt (darunter Carl Oberg und Helmut Knochen, die dann anlässlich des deutsch-französischen Freundschaftsvertrages 1962 begnadigt wurden), welche während der Besetzung Frankreichs den Abtransport von 162.000 Personen (davon 75.000 Juden) in Konzentrationslägern sowie die Tötung von mehreren zehntausend „Sühnepersonen" oder „Bandenmitglieder" geleitet hatten. Wegen der Verschleppung von Verfahren, sei es in der BRD, wo ehemaliger NS-Funktionäre wieder Machtpositionen erklommen hatten, als auch in Frankreich, wo man an einer Aufarbeitung dieses Kapitels wenig Interesse hatte, kam es schließlich erst im Jahre 1980 zu nur drei weiteren Verurteilung zu langjährigen Haftstrafen.

Das mittlere Strafmaß für nationalsozialistische Verbrechen dürfte in folgender Größenordnung liefen:

> ➤ *Mittleres Strafmaß für Ideatoren: 1 Todesstrafe pro 300.000 direkt Ermordete.*
> ➤ *Mittleres Strafmaß für Befehlshabende: 0,5 Stunden Haft pro direkt Ermordeten*
> ➤ *Mittleres Strafmaß für Ausführende: 1 Stunde Haft pro direkt Ermordeten.*

- Die **Massenmorde,** welche das **sowjetische Regime unter Stalin** verübte, blieben völlig straflos.
- Die schweren Menschenrechtsverletzungen die während des Kalten Krieges von **Militärdiktaturen in Lateinamerika** verübt wurden blieben weitgehend straflos, weil die Nachfolgeregierungen aus diuversen Gründen Amnestiegesetze erließen.
- Die **Massenmorde der kroatischen Nationalfaschisten**, bei denen zwischen 1941 und 1945 über eine Million Personen ethnischer (nicht katholischer) Minderheiten Kroatiens (v.a. Serben, Sinti und Juden) in Konzentrationslägern umgebracht oder zum Verenden gebracht oder in ihren Dörfern und Städten massakriert wurden, blieben weitgehend ungesühnt. Bei den Prozessen in Jugoslawien und in Kroatien gab es nur zwei Todesurteile und Gefängnisstrafen von ca. 50 Mann-Jahren. Einer der verurteilten Verbrecher (der Kardinal von Zagreb) wurde von der katholischen Kirche für andere Verdienste nichtsdestotrotz selig gesprochen.

---

320 In der Ansprache Hitlers die er am 22.8.1939 vor den militärischen Befehlshabern auf dem Obersalzberg zur Vorbereitung des Polenfeldzugs gehalten hat, deren Ziel „die Beseitigung der lebenden Kräfte" Polens sei, war der Satz enthalten „Wer redet heute noch von der Vernichtung der Armenier?" (Benz, 2006).

321 Ein typisches Negativbeispiel ist das des österreichischen Gerichtspsychologen Heinrich Gross: er war während der NS-Zeit in der Euthanasieklinik „Kinderheim am Spiegelgrund" an mindestens 200 Totschlägen beteiligt (er führte qualvolle und meist tödlich endende Resozialisierungsexperimente an „asozialen" Kindern durch). Er konnte nach dem Krieg seinen Beruf weiterführen. Als seine vergangenen Verbrechen schließlich angeprangert wurden, schützte ihn der österreichische Staat, da die Gefahr bestand, 12.000 Strafgerichtsurteile revidieren zu müssen, an denen er als Gutachter zwischenzeitlich mitgewirkt hatte.

> ➤ *Mittleres Strafmaß für Ideatoren und Befehlshaber: 1 Todesstrafe pro 500.000 Ermordete plus 0,5 Stunden Haft pro Ermordeten.*

- Bis Dezember 2006 war keiner der für die Demozide der nationalkommunistischen Roten Khmer (1,7 Millionen Morde) verantwortlichen Führungskräfte bestraft worden: Der Anführer Pol Pot starb 1998 unter Hausarrest, nur zwei Führungskräfte jenes Regimes sitzen in Untersuchungshaft, die übrigen leben unbehelligt auf freiem Fuß. Als Truppen Vietnams die Roten Khmers Ende 1978 stürzten und ihrem Morden ein Ende setzten, unterstützten die Westmächte die Roten Khmers in ihrem Guerillakrieg und hielten ihren UN-Sitz bis 1991 aufrecht. Das 2003 von der UN mit der kambodschanischen Regierung vereinbarte gemischte Gerichtsverfahren zur Aufarbeitung des Genozids trat erst Ende 2006 zusammen, weil niemand für die dafür angesetzten Verfahrenskosten von 15 Mio. US $ aufkommen wollte.

> ➤ *Mittleres Strafmaß für Anführer: 1 Hausarrest/Untersuchungshaft pro 560.000 Ermordete.*

Schlussbemerkungen zur weitgehenden Straflosigkeit an Demoziden beteiligter Individuen

> ➤ *Es ist ein makabrer Zufall, dass das mittlere Strafmaß für die Ideatoren der türkischen, nationalsozialistischen und kroatischen Demozidverbrechen des 20 Jhs., alle in derselben Größenordnung von **einer Maximalstrafe (Todesstrafe oder lebenslange Haft) pro 0,5 Millionen Ermordeten** gelegen hat.*
> ➤ *Die kommunistisch inspirierten Demozidverbrechen sind im Wesentlichen sogar ungesühnt geblieben.*
> ➤ *Individuen, welche als Funktionsträger an kollektiven Morden mitgewirkt haben, sind bisher mindestens **um den Faktor 100.000 milder geurteilt** worden (wenn überhaupt) als das Strafrecht für Morde aus persönlichen Gründen vorsieht.*
> ➤ *Berücksichtigt man, dass Kollektivgewalttätigkeit ein Verbrechen von Sozialkonstrukten ist,. muss sich der Skandal ob solcher individueller Strafmilde leider in Grenzen halten.*

11.7.4 Ungesühnte Terroranschläge

Viele Terroranschläge bleiben ungesühnt, weil weder die Auftraggeber noch die Täter ermittelt werden können. Bei den Fällen, die zu einer Verurteilung führten, wurde mitunter aus politischen Gründen Milde walten gelassen.

Beispiele:

- Der Gründer und Leiter der (vermutlich von der Reichswehr unterstützten) terroristischen Organisation Consul, Hermann Erhardt, der mit mehreren politischen Morden (u.a. den von Walter Rathenau) einen wesentlichen Beitrag zur Destabilisierung der Weimarer Republik und zur Machtergreifung der Nationalsozialisten geleistet hat, zog sich nach dem Röhm-Putsch (1936) nach Österreich zurück, wo er 1971 starb, ohne jemals für seine Untaten zur Rechenschaft gezogen worden zu sein.
- Die Ausführenden des Bombenattentats auf den Bahnhof von Bologna vom 2.9.1980, bei dem 85 Personen umkamen und 200 verletzt wurden, wurden frühzeitig entlassen. Die Auftraggeber wurden bis dato (07/2015) nicht aufgedeckt.

> ➤ *Mittleres Strafmaß: 2 Monate Haft pro Todesopfer*

11.8 Rechtsgrundsätze zur Pönalisierung kollektiver Gewalttätigkeit

Kriege sind eine Art Duelle zwischen Staaten,
zu denen es mangels internationaler Rechtsprechung kommt.

(Blaise Pascal, 1660)

Nur eine Sache kann die Menschen zusammenhalten,
eine gemeinsame Rechtstreue.

(Woodrow Wilson, um 1918)

Eine Pönalisierung kollektiver Gewalttätigkeit
setzte erst mit der Völkerbundsatzung nach dem 1. Weltkrieg ein

(O. Kimminich, 1990).

Einer der ersten, die nicht nur nach einer transnationalen Schlichtungsinstanz, sondern auch nach einem internationalen Strafrecht gerufen haben war 1544 Guillaume Postel (siehe Anlage 2). Die Umsetzung dieses Plans wurde erst im 20. Jh. angegangen.

Genau so, wie es im nationalen Strafrecht grundsätzlich ein Strafrecht gegen physische Personen (Individuen) und ein Strafrecht gegen juristische Personen (Kollektive) gibt, muss eine transnationale Gesetzgebung sowohl auf Individuen ausgerichtet sein („Völkerstrafrecht") als auch auf Kollektive („Völker-Deliktsrecht").

Die Rechtsquellen des Völkerstrafrechts und des Völker-Deliktsrechts sind die völkerrechtlichen Verträge (darunter das IStGH-Statut), das Völkergewohnheitsrecht (die Staatenpraxis, darunter Entscheidungen staatlicher Gerichte) und die Prinzipien der Rechtsgrundsätze der großen Rechtssysteme (allen voran des römischen Rechts)

Im Folgenden werden zuerst einige generelle Aspekte betrachtet, die sowohl das Strafrecht für Individuen betreffen, die an kollektiver Gewalttätigkeit betreffen, als auch das Strafrecht für Kollektive; anschließend wird auf Spezifika jedes der zwei Aspekte eingegangen.

11.8.1 Die Frage nach dem Rechtssubjekt

Dass die Sozialkonstrukte, vor allem territorial-hegemonische Kollektive, die verantwortlichen Akteure der kollektiven Gewalttätigkeit sind, wird im Völkerrecht implizit dadurch anerkannt, dass dessen Rechtssubjekte aussschließlich territorial-hegemonische Kollektive (Staaten) sind. Im Widerspruch dazu sind bei der Bestrafung für die Verletzung völkerrechtlicher Delikte (für verbotener Formen kollektiver Gewalttätigkeit) in allen bisherigen internationalen Gerichtsverfahren nur Individuen explizit zur Rechenschaft gezogen worden. In dem „Volkerstrafrecht", das sich dabei herausgebildet hat, ist in der Tat das einzige Rechtssubjekt das Individuum (Werle, 2003).

Implizit hat jedoch fast jeder Friedensverhandlung der Geschichte eine Bestrafung des unterlegenen Kollektivs dargestellt (Gebietsabtretungen, Reparationszahlungen etc.), ohne dass diese als Strafgerichtsverhandlung wahrgenommen worden ist.

Dass Individuen überhaupt für kollektive Gewalttätigkeit zur Rechenschaft gezogen werden widerspricht dem Standpunkt von Jean-Jacques Rousseau, der die alleinige Verantwortung jeder kollektiven Gewalttätigkeit den Staaten zugewiesen und für eine Immunität der Funktionsträger plädiert hatte (siehe 4.3). Dennoch ist es vertretbar, dass neben den Hauptverantwortlichen kollektiver Gewalttätigkeit, den jeweiligen Sozialkonstrukten, auch Individuen zur Rechenschaft gezogen werden, die sich als Funktionsträger, bei der Durchführung proaktiv hervorgetan haben. Denn für die Menschheit ist eine Doppelmoral nicht nachhaltig. Wir können nicht umhin, als das Verhalten von Kollektiven und deren Funktionsträgern denselben ethischen Ansprüchen zu unterwerfen, die für Individuen gelten. Die ist die Quintessenz des Ptolämeismus.

Bei der Pönalisierung kollektiver Gewalttätigkeit (z.B. bei der Art der Strafen) müssen also als Rechtssubjekt sowohl Kollektive, als auch Individuen als Rechtssubjekte berücksichtigt werden, mit ihrer Wesenart entsprechenden Normen der Strafbarkeit und Strafen. Für die Bestrafung von Normen des Völkerrechts durch Kollektive ist der Begriff „Völker-Deliktsrecht" vorgeschlagen worden (Werle, 2003).

11.8.2 Die Frage nach dem Gesetzgebungsorgan für transnationale Gesetze

Das klassische Völkerrecht ist als freiwillige Vereinbarung zwischen souveränen Staaten konzipiert worden und nicht als ein von einem übergeordneten Gesetzgebungsorgan aufoktroyiertes Recht.

Die Verhandlungspartner des Völkerrechts waren bisher Staaten, die sich zwar teilweise und zeitweise untereinander spinnefeind waren, sich aber implizit immer völlig einig darüber gewesen waren, dass die absolute Souveränität des Sozialkonstrukts „Staat" unantastbar sei. Es wurde also die Einrichtung eines übergeordneten gesetzgebenden Organs tunlichst vermieden; gängigerweise haben sich die Unterzeichnerländer solcher Vereinbarungen dazu verpflichtet, nationale Gesetze zu schaffen, welche die Einhaltung des Versprochenen rechtlich durchsetzen sollten. Beispielsweise verpflichteten sich alle Unterzeichnerländer der Genfer Abkommen I, II, III und IV von 1949, geeignete nationale Gesetze zu schaffen, um „schwerwiegende" Verstöße gegen das humanitäre Völkerrecht unter Strafe zu stellen. Es lag also ein Bock-als-Gärtner-Problem vor.

Mit der Institutionalisierung der Vereinten Nationen wurde ein transnationales Gremium geschaffen, welches die zu schützenden Werte international verbindlich festschreiben und Verletzungen ahnden soll.

Bis zur Etablierung eines explizit dazu konstituierten gesetzgebenden Organs für transnationale Gesetze (eines „Weltgesetzgebers") ist es aber noch ein langer Weg. Es gibt noch starke Strömungen, vor allem seitens der Weltmacht USA, welche jeglichen Verlust gesetzgeberischer Kompetenz seitens der Nationalstaaten vermeiden möchten.

Die Schaffung des internationalen Gesetzgebungsorgans für physische Personen wird weit einfacher sein als jenes für Kollektive, denn im ersteren Falle geht es im Wesentlichen nur um die Transponierung nationaler Gesetzgebungen auf den transnationalen Bereich. Ein internationales Gesetzgebungsorgan für Kollektive ist ein weitaus schwierigeres Vorhaben.

11.8.3 Pönalisierung aller Formen kollektiver Gewalttätigkeit

11.8.3.1 Pönalisierung von Kriegen

Die strafrechtliche Behandlung der kollektiven Gewalt zwischen Kollektiven (Kriege) ist die relativ entwickeltste, denn das Völkerrecht hatte bisher diese und nur diese Modalität zum Gegenstand. Nichtsdestotrotz gibt es selbst hierzu einen Entwicklungsbedarf, denn eine Reihe von Fragen werden noch sehr kontrovers diskutiert.

a) Die Frage der Zulässigkeit eines Krieges

Die UN-Charta enthält ein allgemeines Kriegsverbot, mit Ausnahme der Selbstverteidigung. Eine in diesem Zusammenhang debattierte Frage ist, ob Selbstverteidigung auch außerhalb der eigenen Grenzen ausgeübt werden darf.

b) Die Frage des Interventionsrechts der transnationalen Ordnungsmacht

Derzeit besteht ein Konflikt zwischen dem Völkerrecht (Gewaltverbot des Artikels 2, Ziffer 4 der UN-Charta, das Interventionen in anderen Ländern verbietet) und dem Menschenrecht (das Interventionen in anderen Ländern gebieten kann).

Damit hängt die Frage des Vorrangs zwischen der Souveränität eines Staates oder der Verteidigung der von diesem Staat verletzten Menschenrechte (das „Kosovo-Dilemma") zusammen.

c) Die Frage der Interventionspflicht bei Menschenrechtsverletzungen

Das Menschenrecht gebietet das Eingreifen in Staaten, in denen Menschenrechtsverletzungen stattfinden. In diesem Zusammenhang erheben sich Fragen wie:

- o Dürfen „befreundete" Regime, die Menschenrechte verletzen, von humanitären Interventionen ausgeklammert werden?
- o Dürfen legitimierte Interventionen auf „rentable" (Erdöl, Mineralien) oder „strategisch wichtige" Länder beschränkt werden?

d) Die Frage der Legitimation von Regimen und Verfassungen

In den letzten hundert Jahren sind fast alle großen internationalen Aggressionen innerhalb der westlichen Welt (bei denen die Expansion des Kernterritorium im Vordergrund stand) von undemokratischen Regimen ausgegangen (die Monarchien Deutschlands, Österreichs, Italiens, das Dritte Reich, die kommunistischen Regime etc.). Dies gilt allerdings nicht für die kolonialen Aggressionen gegen Kollektive andere Kulturkreise, bei denen Ausplünderung und Prestige im Vordergrund gestanden sind. Auch alle großen Demozide der Neuzeit sind von den oben genannten undemokratischen Regimen durchgeführt worden.

Im Sinne einer Vorbeugung kollektiver Gewalttätigkeit ist folglich die Frage nach der demokratischen Legitimierung eines Staates von Relevanz. Im Sinne der Eindämmung kollektiver Gewalttätigkeit wäre also anzustreben, dass sich in Zukunft ein Regime seine demokratische Legitimität nicht nur innenpolitisch sondern auch transnational einholen muss. Von einer praktischen Realisierbarkeit sind wir aber noch weit entfernt, weil opportunistische Aspekte all zu weit im Vordergrund stehen.

○ Ein krasses Beispiel sind die konstitutionellen Menschenrechtsverletzungen (v.a. der Frauenrechte), die in einigen Fällen zur Rechtfertigung militärische Eingriffe herangezogen werden (z.B. in Afghanistan) während genau dieselben konstitutionellen Menschenrechtsverletzungen in andern nicht minder fundamentalistischen Ländern beanstandungslos akzeptiert werden, weil man sie als als Gut-Freund zu haltende militärische Bündnispartner oder Rohstofflieferanten betrachtet.

○ Ein Hohn gegen die Legitimationsforderung von Regimen war die Aufrechterhaltung des UN-Sitzes von 1979 bis 1991 für das gestürzte Regime der Roten Khmer, nachdem es 1,7 Mio. Personen umgebracht hatte. Der Grund war, dass es von den antiwestlichen Vietnamesen gestürzt worden war (nach dem Motto „der Feind meines Feindes ist mein Freund").

11.8.3.2 Pönalisierung aller Formen von Demoziden

Bislang gibt es keine weltweit akzeptierte Definition von Verbrechen gegen die Menschheit. Das Genozidabkommen der UN lässt einige schwerwiegende Verbrechensformen aus, weil man dafür noch keine politische Mehrheit finden konnte, nämlich Politizide und Euthanasie.

11.8.3.3 Endgültige Ausmerzung der Folter und ihrer semantischen Umbenennungen

Obwohl die Folter durch die UN-Konvention gegen Folter (1984) und das Strafrecht der meisten Länder gebannt worden ist (siehe Anlage 7) kann dieser Fehl der Zivilisation noch lange nicht als völlig beseitigt gelten.

• Amnesty International hat für das Jahr 2004 in 104 Ländern Folter und Misshandlung durch Sicherheitskräfte festgestellt, im Jahre 2014 stieg die Zahl auf 141 Länder..

• Die Geheimdienste und die Militärorganisation der USA haben mit Zustimmung des US-Präsidenten Bush nach den Terroranschlägen vom September 2001 in großem Maßstab Gefangene „verschärften Verhörmethoden" („Enhanced Interrogation Techniques") unterworfen. Die grausamste davon wurde von den Roten Khmer übernommen und besteht darin, den Verhörten so lange unter Wasser zu kippen oder unter einem Wasserstahl im Mund-Nasen-Bereich zu halten, bis ihn die Ertrinkungspanik zu einer Aussage bewegt („Water Boarding"). Dies hat in eigenen Geheimgefängnissen (Folterkellern) der CIA stattgefunden oder wurde ins Ausland delegiert (u.a. nach Afghanistan, Ägypten, Rumänien und Syrien), um sich der Anwendung der US-Gesetze zu entziehen. Der Oberste Gerichtshof der USA und der US-Senat haben im Jahre 2006, in Folge einer Kampagne des US-Senators John McCain, der US-Regierung die „gesteigerten Verhörmethoden" sowie die Aburteilung in Geheimprozessen, untersagt.

• Die Argumente der modernen Befürworter von Folter:

○ Das „Zeitbombenargument": Folter muss erlaubt sein, wenn durch das Erpressen von Geständnissen noch größeres Unheil vermieden werden kann und Menschenleben dadurch gerettet werden können.

○ Personen, die unmenschliche Verbrechen vollbracht haben, haben sich dadurch den Schutz der Menschenrechte verwirkt und verdienen eine inhumane Behandlung.

• Die Argumente gegen Folter

○ Die unter Folter erpressten Aussagen sind wertlos, da die Gefolterten vielfach Aussagen erfinden, um die Qual abzustellen. Der durch die Irreführung verursachte Verlust an Zeit und Aufwand kompensiere nicht den Zeitgewinn bei der Gewinnung der Aussage, den man mit Foltermethoden gegenüber folterlosen Verhörmethoden erziele. Zu derlei Schlussfolgerung gelangte eine Abteilung des US-Verteidigungsministeriums im Jahre 2002.[322]

○ Unter Folter sagen die Opfer je nach Willensstärke und Fanatismus alles Mögliche aus, von der Wahrheit bis zur totalen Lüge. Die Folter verhindert die Unterscheidungsmöglichkeit zwischen Wahrheit und Lüge. Ihr Nutzwert ist minimal im Vergleich zu ihrer immensen kulturellen und moralischen Zersetzungswirkung.

○ Kollektive (z.B. Religionsgemeinschaften, Staaten), die Folter anwenden, um Individuen gefügig zu machen oder um sich vor Angriffen anderer Kollektive (z.B. Religionssekten, Parteien) zu schützen, sind in ihrer Quintessenz totalitäre Staaten.

○ Menschen zu Unmenschen zu erklären, um sie foltern zu dürfen, bedeutet auch, diese Menschen ihrer Verantwortung für ihre Taten zu entledigen.

○ Demokratische Kollektive, die Folter anwenden, entziehen ihrer Ideologie die Wertschätzung, eine bessere Form menschlichen Zusammenlebens darzustellen.

○ Demokratische Kollektive, die Folter anwenden, zerstören den ideologischen Kern ihrer Verfassung. Ein Kollektiv kann die eigenen Ideale nicht dadurch schützen, indem es dagegen verstößt. In diesem Sinne hat das Oberste Gericht in Israel die Anwendung von Folter untersagt, selbst im Falle einer „tickenden Bombe", denn „der Kampf gegen den Terrorismus rechtfertigt nicht die Außerachtlassung der grundlegenden Rechtsprinzipien. Gerade dadurch unterscheiden wir uns von den Terroristen".

Ein weiteres Mittel zur Ausmerzung der kulturellen Entartung „Folter" besteht darin, in den nationalen Gesetzgebungen unter Folter erpresste Aussagen als gerichtliche Beweismittel auszuschließen.

---

322 Bericht von Britta Sandberg in Spiegel Online vom 28.4.2009.

11.8.3.4 Pönalisierung kollektiver Vergewaltigungen

Eine der Formen der kollektiven Gewalttätigkeit, die in der Vergangenheit großzügig, gleichsam Kavaliersdelikte, übergangen worden sind und erst in jüngerer Vergangenheit in den Brennpunkt der Diskussion geraten ist, ist jene der kollektiven Vergewaltigungen.

Aus der Antike und dem Mittelalter sind Massenvergewaltigungen nur spärlich dokumentiert. Dies mag zum Teil daran liegen, dass die Chronisten dies nicht der Berichterstattung würdig befunden haben; zum Teil scheint die Soldateska diesbezüglich stärkeren Tabus unterlegen gewesen zu sein.

- Die Berichte über Massenvergewaltigungen nahmen in der Neuzeit zu: während der Plünderung Roms 1526, des Massakers von Antwerpen 1568, des Dreißigjährigen Krieges (1618 bis 1648).
- Der „Lieber Code" der USA war 1863 eines der ersten Militärgesetze, die Vergewaltigungen durch Streitkräfte als Kapitalverbrechen einstufte.
- Im Rahmen des 2. Weltkriegs ist es zu Massenvergewaltigungen und Zwangsprostitutionen großen Ausmaßes gekommen. So zwang die japanische Armee etwa 200.000 Frauen (vor allem aus China und Korea) zur Zwangsprostitution („Trostfrauen") für ihre Truppen. Traurige Berühmtheit erlangten die Massenvergewaltigungen der marokkanischen Truppen in Italien 1944 (ca. 3.000) und 1945 die Massenvergewaltigungen in Deutschland durch die Truppen der Siegermächte (schätzungsweise 0,5 Mio. durch sowjetischen Truppen und 0,2 Mio. durch Truppen der Westmächte)[323].

> ➢ *Für die Unzahl der Verbrechen der Zwangsprostitution und Massenvergewaltigung des 2. Weltkriegs ist es nur in Einzelfällen zu einer Verurteilung gekommen.*

- Das Genfer Abkommen IV von 1949 über den Schutz der Zivilbevölkerung verpflichtete die Unterzeichnerländer, den Frauen besonderen Schutz vor Vergewaltigungen und Zwangsprostitution zu gewähren.
- Während des Ostpakistanischen Sezessionskriegs (1971) soll eine Viertel Million ostpakistanischer Frauen vergewaltigt worden sein.
- Während der gewaltvollen Entalbanisierung des Kosovo durch Serbien (1990 bis 1999) wurden albanische Frauen massenweise vergewaltigt.
- Während der Gewaltakte zur ethnischen Säuberung der „serbischen Gebiete Bosniens", deren Opfer muslimische Bosnier waren (1990 bis 1995) wurden schätzungsweise 20.000 bosnische Frauen vergewaltigt. Im Rahmen des „Celebici-Prozesses" hat das „Internationaler Strafgerichtshof für das ehemalige Jugoslawien" (International Criminal Tribunal for the former Yugoslavia, ICTY) im Jahre 1998 eine erste Bestrafung von Massenvergewaltigungen ausgesprochen und diesen Strafbestand in die Genfer Konventionen von 1949 eingeschlossen.

Die Statuten von Rom schließen Massenvergewaltigungen und Zwangsprostitution in der Liste der Verbrechen ein. Ein weiterer wichtiger Schritt zur Skandalisierung der Gewalttätigkeit gegen Frauen ist die Verleihung des Alternativen Nobelpreises von 2008 an die humanitäre Aktivistin Monika Hauser, Gründerin der Frauenrechtsorganisation „Medica Mondiale", die sich für traumatisierte Frauen und Mädchen in Krisen- und Kriegsgebieten einsetzt.

Die katholische Kirche lehnt die Abtreibung auch nach Vergewaltigungen ab.

11.8.3.5 Pönalisierung von Terror

Ein umfassendes internationales Abkommen zur Pönalisierung von Terrorismus gibt es bis dato nicht. Terrorismus ist jedoch zu einer schrecklichen Ausführungsform kollektiver Gewalttätigkeit geworden. Die Schwierigkeiten beginnen mit der Definition von Terrorismus und der Fälle, in denen Terrorismus als militärischer Akt zu betrachten sei.

- Die Islamische Konferenz führt die Faktion an, welche vertritt, dass in einem bewaffneten Konflikt, zum Beispiele gegen eine fremde Besetzung, die Handlungen der Konfliktparteien (auch terroristische) dem humanitären Kriegsrecht unterliegen und nicht einer eventuellen Terrorismuskonvention.
- Schwierigkeiten bereitet die Pönalisierung von Terrorismus durch Geheimdienste und paramilitärischen Organisationen („Staatsterrorismus").
- Die Flächenbombardierung von Wohngebieten kann als eine Vorform des Terrorismus angesehen werden. [War die Flächenbombardierung von Städten des 3. Reichs, ihrer Verbündeten und besetzten Gebieten ein „Terrorismus für einen guten Zweck" oder ein „Verbrechen gegen die Menschheit?"]

Es gibt vorerst ein Dutzend völkerrechtlicher Verträge zur Eindämmung des Terrorismus in der Luftfahrt, Seeschifffahrt, gegen Geiselnahmen, gegen die terroristische Verwendung von Kernmaterial, zur Bekämpfung der Finanzierung von Terrorismus. Viele Länder sind aus verschiedenen Gründen diesen Verträgen nicht beigetreten.

---

323 Miriam Gebhard „Als die Soldaten kamen - Die Vergewaltigung deutscher Frauen am Ende des Zweiten Weltkriegs"; DVA; 2015.

11.8.3.6 Die Frage der Zulässigkeit und Zweckmäßigkeit von Gegenterror

Paradigmatisch ist der Fall „München 1972". Eine palästinensische Untergrundorganisation nahm 11 israelische Sportler als Geiseln fest, um die Freilassung von 232 palästinensischen Gefangenen aus israelischen Gefängnissen zu erpressen. Dabei kamen alle Geiseln ums Leben. Die israelische Regierung beauftragte ein Sonderkommando ihres Geheimdienstes, die Drahtzieher des Anschlages weltweit zu verfolgen und zu töten. Dies gelang teilweise, unter Inkaufnahme der Tötung Unbeteiligter. Über die Frage der Zulässigkeit und/oder Zweckmäßigkeit eines derartigen Gegenterrors besteht kein Konsens. Der Filmemacher Steven Spielberg hat die Debatte im Jahre 2005 wieder aufflammen lassen.

Es wird erforderlich sein, dass die internationale Staatengemeinschaft das kompromisslose Prinzip sakramentiert, dass die grundlegenden Prinzipien der Menschenrechte absolut unabhängig von den Prinzipien und Praktiken der Brecher des internationalen Rechts zu respektieren sind, gerade um sich davon zu unterscheiden, selbst unter Inkaufnahme von Nachteilen.

11.8.3.7 Pönalisierung der Rechtsbrechung durch Geheimdienste

Eng verwandt mit der Frage der Zulässigkeit von Gegenterror ist die des zulässigen Handlungsrahmens für Geheimdienste. Es ist eine Tendenz zu verzeichnen, dass selbst demokratische Staaten im Interesse der Staatsräson ihren Geheimdiensten rechtlose Freiräume gewähren. Erschwerend kommt hinzu, dass sich einige Geheimdienste in der Handelskette des Rauschgiftschmuggels etabliert haben, wodurch sie über immense illegale Einkommen verfügen, was sie von Etatzuweisungen und damit von der parlamentarischen Kontrolle noch unabhängiger macht. Bei vielen Terroranschlägen der letzten Jahrzehnte besteht der Verdacht einer Mittäterschaft oder Förderung der Tat durch Geheimdienste, was man dann als „Staatsterrorismus" bezeichnen könnte.

Es erhebt sich die Frage, ob es für den Prozess der Zivilisierung des Umgangs der Nationen untereinander nicht förderlich wäre, wenn die UN den nationalen Geheimdiensten einen normativen Rahmen vorgeben würde. [324]

11.8.4 Pönalisierung der gesamten Gewalttätigkeitskette

Das transnationale Strafrecht muss alle Untaten einer kollektiven Gewaltkette strafrechtlich lückenlos erfassen. Es dürfen also nicht nur die Befehlshaber und Vollstrecker kollektiver Gewalttätigkeit belangt werden können, sondern auch die Ideatoren, Instigatoren und Vollzugsgehilfen. Es muss also sowohl die Absicht, als auch die Konsequenz pönalisiert werden.

11.8.4.1 Pönalisierung der Vorstadien kollektiver Gewalttätigkeit

Nicht nur die Anwendung von kollektiver Gewalttätigkeit muss pönalisiert werden, sondern auch alle ihre Vorstadien, d.h. Aktionen, welche den Frieden stören und gewalttätigkeitträchtige Resonanzböden in Sozialkonstrukten und Individuen anstoßen, mit der Absicht, Gewalttätigkeiten herbeizuführen.

Beispiele bewussten Herbeiführens von gewaltfördernden Konfliktsituationen.

> ➤ *Die „feindliche" Bevölkerungsverlagerung Cromwells von protestantischen Siedlern nach Irland ist die Ursache des bis heute bestehenden Nordirlandkonflikts.*
> ➤ *Das Siedlungsbauprogramm des damaligen israelischen Wohnungsbauministers Ariel Sharon von 1990 bis 1992 in den Autonomiegebieten (gegen die Abmachungen von Camp David und gegen Art. 49 der Genfer Konventionen), welches (nebst seiner Provokation auf dem Tempelberg) zur Auslösung des 2. Intifadakriegs wesentlich beigetragen hat. (Ariel Sharon muss allerdings angerechnet werden, dass er nachträglich seine Untat teilweise wieder rückgängig gemacht hat).*

Zugegebenermaßen grenzt das Ziel, die internationale Pönalisierung auf das „Vorfeld der Gewalttätigkeit" auszuweiten, an das Utopische. Aber eine Gesetzgebung hat per se auch dann eine moderierende Wirkung, auch wenn sie schwerlich in eine Strafverfolgung umgesetzt werden kann.

11.8.4.2 Pönalisierung der Befürwortung und des Schürens kollektiver Gewalttätigkeit

Funktionsträger oder Subkollektive, welche die Anwendung kollektiver Gewalttätigkeit beschlossen haben, benötigen die Duldung oder Mitwirkung der Mehrheit des Kollektivs. Feindbilder wurden in der Vergangenheit bis in die Gegenwart hinein benutzt, um Gemeinschaften durch Hass enger zusammen zu schweißen, zu Opfern zu bewegen, unpopuläre Maßnahmen durchzusetzen, Missstände zu übertünchen

---

324 Bezeichnenderweise hat Kant in seiner Schrift „Zum ewigen Frieden" (1795) die destabilisierende Wirkung krimineller Geheimdiensttätigkeit unter die Hauptursachen kollektiver Gewalttätigkeit aufgenommen (siehe Anlage 1).

und die Ausführung der Gewalttätigkeit gegen die Opfer zu dulden, die Akzeptanz von Masseninternierungen und sogar Massenmorden zu erhöhen und an ihrer Ausführung mitzuwirken.

Das Grundprinzip der **emotionalen Feindbildgenerierung** besteht darin, das Opfer derart mit negativen emotionalen Attributen zu behaften und als bestrafungswürdig darzustellen (zu „dämonisieren"), dass eine Allophobie erzeugt wird.

Krasse Beispiele von Stigmatisierungen sind:

- Die Dämonisierung des Islams (vor allem durch den Mönchsorden von Cluny) zur Motivierung der Reconquista und der Kreuzzüge
- Die Hetzkampagnen der Zeitschrift „Der Stürmer" im 3. Reich
- Der Rundfunksender „Radio Mille Collines" in Ruanda.

In einem anzustrebenden „Transnationalen Strafgesetzbuch" sollte jede Form der Gewalttätigkeitsbefürwortung und der Stigmatisierung von Gegnern zum Zwecke der Auslösung kollektiver Gewalttätigkeit bestraft werden. Kritiklose mediale Verbreitung solcher Stigmatisierung oder sogar von Hassparolen sollte ebenfalls geahndet werden.

- Viele nationale Gesetzgebungen wie die der Bundesrepublik Deutschland (Artikel 131 und 140 des Strafgesetzbuches) bestrafen die Befürwortung von Gewalttätigkeit bzw. deren Verbreitung.

11.8.4.3 Pönalisierung des Provozierens kollektiver Gewalttätigkeit

Die modernen Medien ermöglichen es, faktisch alle Mitglieder einer Zielgruppe (z.B. einer Nation) zeitnah zu erreichen. Daher sind in der Neuzeit Falschmeldungen in weit höherem Maße dazu verwendet worden, um das vorher präparierte Feindbild zu einem emotionalen Hass und Tatendrang der Massen zu verwenden.

Eine Reihe von Kriegen sind durch bewusste Falschmeldungen ausgelöst worden. Beispiele aus der jüngeren Neuzeit sind:

- Mit der Manipulation der „Emser Depesche" hat Bismarck den deutsch-französischen Krieg von 1870/71 losgetreten.
- Nach einer Theorie hat die vom k. u. k. Außenminister Berchtold überbrachte Falschmeldung eines von den Serben provozierten Grenzzwischenfalls im Jahre 1914 den Kaiser Franz Joseph umgestimmt und zur Unterzeichnung der Kriegserklärung motiviert, die den 1. Weltkrieg ausgelöst hat.
- Am 1.9.1939 ließ Hitler durch in polnische Uniform gekleidete SS-Männer den deutschen Sender Gleiwitz in Oberschlesien überfallen, um einen Vorwand für den geplanten Einmarsch in Polen zu haben. Auch der 2. Weltkrieg wurde also durch eine konstruierte Falschmeldung ausgelöst hat.
- Im August 1964 wurden nordvietnamesische Torpedoboote bewusst provoziert, im Golf von Tonking Schüsse auf zwei US-Zerstörer abzufeuern; die durch die konstruierte Falschmeldung aufgebauschte Empörung der öffentlichen Meinung in den USA ermöglichte es dem US-Präsidenten Johnson, vom US-Kongress den Vollmachten zu Kampfhandlungen in der Region genehmigt zu bekommen, die den Vietnamkrieg auslösten.
- Mit der Falschmeldung von Massenvernichtungswaffen hat der US-Präsident Bush (mit der Komplizenschaft des britischen Premiers) im Jahre 2003 den erforderlichen Konsens für einen Angriffskrieg gegen den Irak hergestellt.

Aufhetzende Falschmeldungen sind bis heute nie verfolgt oder bestraft worden. Fast im Gegenteil: Bismarck wird beispielsweise in der Geschichtsschreibung für diese Tat vielfach sozusagen als Pfiffikus bewundert und die Untat des Herrn Berchtold ist nur in historischen Fachkreisen bekannt.

In einem anzustrebenden „Internationales Strafgesetzbuch" sollten Kollektive für die Erzeugung und Verbreitung von Falschmeldungen zum Zwecke der Auslösung kollektiver Gewalttätigkeit (Kriegserklärungen) sanktioniert und die verantwortlichen Funktionsträger zur Rechenschaft gezogen werden. Auch die bewusste mediale Verbreitung derartiger Falschmeldungen sollte geahndet werden.

11.8.4.4 Pönalisierung des Befehlens kollektiver Gewalttätigkeit

KRIEGE WERDEN SELTENER, WENN JENE, DIE SIE BETREIBEN,
FÜR DIE FOLGEN ZUR RECHENSCHAFT GEZOGEN WERDEN.

(Juan Bautista Alberdi, um 1860)

MÄCHTIG IST, WER SICH SEINER STRAFLOSIGKEIT SICHER SEIN KANN.

(Alfredo Yabran, 1946 bis 1998)

Die Häufigkeit der Gewaltanwendung würde drastisch zurückgehen, wenn sich jeder Staatsmann dessen gewahr wäre, dass er trotz seiner inländischen Macht und Immunität bei Verbrechen gegen die Menschheit von transnationalen Instanzen zur Rechenschaft gezogen würde.

11.8.4.5 Pönalisierung des Auslagerns von Menschenrechtsverletzungen

Der in jüngster Vergangenheit aufgekommene Trend zum Einsatz privater Militär- und Sicherheitsfirmen hat nicht nur ökonomische Gründe. Man sieht darin einen Weg, sich von rechtlichen Verantwortungen zu entkoppeln. Eine besonders perfide Form des Auslagerns kollektiver Gewalttätigkeit ist die Auslagerung von Folter, inhumaner Haft oder sogar Tötung an Dritte sei es, weil ihr Land außerhalb der Gültigkeit der eigenen Rechtsstaatlichkeit liegt oder weil jenes Land an bestimmte internationale Abkommen nicht gebunden ist, oder weil dort ein undemokratisches Regime ein höheres Maß an Rechtsbrechung, Inhumanität und Geheimhaltung ermöglicht. Die transnationale Rechtsordnung sollte in Zukunft darauf abzielen, derlei Umgehung der Rechtstaatlichkeit lückenlos zu verbieten und zu ahnden. Analog zu den Bestimmungen des innerstaatlichen Rechts muss auch im zwischenstaatlichen Recht jeder „Auftraggeber kollektiver Gewalttätigkeit" für die Handlungen seiner „Unterauftragnehmer kollektiver Gewalttätigkeit" strafbar und haftbar sein.

11.8.5 Ausschluss semantischer und prozeduraler Manipulationen

Bis in die jüngste Vergangenheit genügten selbst einfachere Umbenennungen, um Verletzungen internationalen Rechts straflos zu umgehen. Hier einige Beispiele:

- Dem nationalsozialistischen Regime gelang es, seine illegalen und unmenschlichen Freiheitsberaubungen durch das Wort „Schutzhaft" euphemistisch zu verbrämen.
- Die US-Regierung entzieht den im „Kampf gegen den Terrorismus" Gefangenen den Schutz der Genfer und der UN-Konventionen durch drei Arten von Manipulation:
- Sie werden in einen „rechtlosen Raum" außerhalb der USA gebracht (u.a. nach Guantanamo), womit ihnen der Schutz der US-amerikanischen Verfassung entzogen wird.
- Sie werden einer ausländischen Regierung übergeben, welche im Auftrag die Folterung durchführt.
- Sie werden als „Internierte" („captives") oder „feindliche Kämpfer" („enemy combatants") statt als „Kriegsgefangene" („prisoners of war") etikettiert. Kritiken dazu wurden von hohen US-Regierungsbeamten mit dem Hinweis entgegnet, die Genfer Konventionen seien „veraltet".
- Um die Problematik des in der UN-Charta verbotenen Angriffskrieges, darunter der Präventivkrieg, aus dem Wege zu gehen, verwendet die US-Regierung für ihren „Krieg gegen den Terrorismus" neue Namen: „Preemptive war" („zuvorkommender Krieg"), Antizipationskrieg und „prophylactic war" (vorbeugender Krieg)

Die transnationale Gesetzgebung sollte in Zukunft bei der Ausformulierung semantischen Manipulationen explizit zuvorkommen. Eine der Maßnahmen könnte sein, die Begriffe mit abstrakten Definitionen zu untermauern, mit allen erdenklichen Synonymen abzusichern und stets explizit darauf hinweisen, dass semantische Umbenennungen, Auslagerungen und Delegierungen die Pönalisierung nicht außer Kraft setzen.

11.8.6 Fragen des Strafmaßes für Individuen (Funktionsträger)

11.8.6.1 Impunität durch Ketten von Nicht-Verantwortlichkeiten

Die zunehmende Segmentierung der Verantwortungen und Arbeitsteilungen in den zunehmend komplizierten Kollektiven bringt es mit sich, dass die Einzeltätigkeit von der Endwirkung zunehmend entkoppelt wird. Aus vielen „legalen" oder „bedenkenlosen" Verwaltungs- und Vollzugsschritten können sogar Massenverbrechen vollbracht werden, ohne dass die Ausführenden in Gewissenskonflikte geraten oder nachträglich zur Rechenschaft gezogen werden können. Im Zusammenhang mit den Verbrechen des 3. Reichs wurde für diesen Effekt der Begriff der „Kette von Nicht-Verantwortlichkeiten" geprägt.

- In 30.000 Ermittlungsverfahren, die nach der Wende gegen ehemalige Mitarbeiter der Staatssicherheit („Stasi") der DDR geführt wurden, ist es in nur in weniger als 30 Fällen zu einer Verurteilung gekommen.

11.8.6.2 Verhältnis des Strafmaßes für individuelle und kollektive Verbrechen

Wie unter Punkt 11.7.3 dargelegt, lag die Strafe für die Megaverbrecher des 20. Jh., welche als Funktionsträger an kollektiven Morden mitgewirkt hatten, um mindestens den Faktor 100.000 milder, als vom Strafrecht für aus persönlichen Gründen ausgeübte Morde vorgesehen.

Die Frage ist: sollen kollektive Morde milder bestraft werden als kollektive begangene und um welchen Faktor?

11.8.6.3 Befehlsnotstand und Befehlsverweigerungspflicht

Das Internationale Militärtribunal (IMG) von Nürnberg wagte nicht den Schritt, die Mitglieder einer als verbrecherisch verurteilten Organisation ohne weiteres für schuldig zu befinden. Es wurde das Kriterium eingeführt, dass nur „freiwillige" und „in Kenntnis der verbrecherischen Absichten" vollzogene Mitgliedschaft zu bestrafen sei.

Die Frage ist: soll Mitgliedschaft in einer verbrecherischen Organisation straffrei bleiben?

11.8.6.4 Die Frage der Todesstrafe

In der Anlage 7 wird dargelegt, dass die Todesstrafe selbst im individuellen Strafrecht in immer mehr Ländern abgeschafft wird. Will man kollektive Gewalttätigkeit bedingungslos verpönen und durch transnationales Recht verbieten, so wäre es absurd, für Beugungen dieses Rechts die Todesstrafe anzuwenden, die ja selbst eine Form kollektiver Gewalttätigkeit ist, selbst wenn sie rechtlich vorgesehen ist.

11.8.7 Fragen des Strafmaßes für Kollektive

11.8.7.1 Bestrafung territorial-hegemonischer Kollektive in der Vergangenheit

In der Vergangenheit wurden im Rahmen der Selbstjustiz, welche Kriege waren, die unterlegenen territorial-hegemonischen Kollektive in folgenden Formen „bestraft":

- Abtrennung eines Teils des Territoriums (dies entspricht im individuellen Strafrecht einer Körperamputation)
- Vermögensstrafen zur Einschränkung der Handlungsfähigkeit (dies entspricht im individuellen Strafrecht einer Geldstrafe) in Form von Kriegsentschädigungen und/oder jährlichen Tributen
- Einschränkung der Handlungsfreiheit des Kollektivs (entspricht im individuellen Strafrecht einer Freiheitsstrafe), darunter
- Beschränkung des kollektiven Gewalttätigkeitspotenzials (Abrüstung)
- Zwang zu interkollektiver Handlungskonformität (erzwungener Bündnisbeitritt)
- Verbot von interkollektiver Gewalttätigkeit (externe Kriegführung)
- Einschränkung der Handlungsfreiheit durch Erpressbarkeit (Stellung von Geiseln)
- Auferlegung kollektivstruktureller Veränderungen (entspricht im individuellen Strafrecht einer Zwangskonvertierung, einer Umerziehungsmaßnahme) durch Änderung der Verfassung des Kollektivs und/oder durch den Austausch der Führungsschicht des Kollektivs
- Höchststrafe: Auflösung des Kollektivs (entspricht im individuellen Strafrecht der Todesstrafe)

11.8.7.2 Aspekte zu sinnvollen Strafmaßen für Kollektive

WER STRAFT, MACHT DEN BESTRAFTEN NOCH SCHLECHTER,
DIES KANN NICHT DAS ZIEL DES GERECHTEN SEIN.

(Platon, sinngemäß dem Sokrates in den Mund gelegt)[325]

Alle „Kollektivstrafen" der Vergangenheit wurden – wie gesagt – von Siegern als Selbstjustiz diktiert. Für eine transnationale Strafgerichtsbarkeit, die nicht Rache oder Bereicherung zum Ziele hat, sondern die Vermeidung von kollektiver Gewalttätigkeit, müssen alle in der Vergangenheit angewandten Formen der Bestrafung von Kollektiven überdacht werden.

a) Können Kollektive durch Strafen lernen?

Nach moderner Rechtsauffassung soll eine Strafe keine Rache darstellen, sondern den Bestraften umerziehen, damit er die Straftat nicht wiederhole. Das Umerziehen soll durch eine als unangenehm empfundene Einschränkung der Lebensqualität (Freiheitsentzug) erwirkt werden, doch auch durch innere Einsicht. **Die Strafe zielt letztlich auf einen Lernprozess hin**. Nur in Fällen, in denen das Verbrechen so schrecklich war, dass der Erfolg des Lernprozesses als aussichtslos gilt, ist die so genannte Höchststrafe vorgesehen.

Entscheidend ist also die Frage, ob Kollektive per se genügend Lernfähigkeit haben, um aus Schaden ihr Verhalten zu verändern.

- Hobbes schätzte Kollektive für vernünftiger ein als Individuen.
- Hondrich (1992) hat in seinem Werk „Lehrmeister Krieg" die These aufgestellt, dass Kriege, obwohl für Individuen sinnlos, den Kollektiven in der Vergangenheit heilsame Lehren im Sinne des Zurücksteckens überzogener Ambitionen, Universalisierung zu egoistischer Werte und Akzeptanz der Dominanz überlegener Kollektive erteilt haben.
- Dahrendorf hat dazu in einem Fernsehinterview die pessimistische Aussage getroffen, dass die Menschheit (also Kollektive) nur durch Katastrophen lerne.

---

325 Politeia (Der Staat), Buch 1, 9.

Wie dem auch sei, scheint es am sinnvollsten zu sein, den Schwerpunkt der „Bestrafung" von Kollektiven auf eine Änderung der Verfassung zu legen.

b) Ökonomische Entschädigung von Individuen als Opfer

In der Antike hatten nur die Sieger ein Anrecht auf Entschädigung. Das gesamte private und öffentliche Eigentum und alle Personen des besiegten Kollektivs gingen in den Besitz des Siegers über. In dem noch während des 2. Weltkriegs geltenden Völkerrecht hatten nur Staaten, aber keine Personen, Anspruch auf Reparationen wegen Kriegsverbrechen. Millionen von Opfern kollektiver Gewalttätigkeit (die Angehörigen von Gefallenen und Umgebrachten, Überlebende) haben demzufolge keinerlei Entschädigung erhalten.

Der Gedanke, dass ein Opfer kollektiver Gewalttätigkeit, egal ob auf der Sieger- oder Verliererseite, ein Anrecht auf Entschädigung haben könnte, ist erst in allerjüngster Vergangenheit aufgekommen. Im afrikanischen Rechtsempfinden hat dem gegenüber, wie bereits erwähnt, die Entschädigung der Opfer Vorrang vor der Bestrafung der Täter. Geht man davon aus, dass der übergroße Teil der Menschen letztlich ökonomisch agiert und dass er nur durch spürbaren Schaden von einer Wiederholungstat abgehalten werden kann, muss man einer internationalen Institutionalisierung eines ökonomischen Entschädigungsrechts für Opfer kollektiver Gewalttätigkeit größte Bedeutung zumessen.

- Als sich die Fälle häuften, in denen ehemalige Zwangsarbeiter bei verschiedenen nationalen Gerichten eine Entschädigung vom Rechtsfolgestaat Bundesrepublik Deutschland oder von renommierten deutschen Großfirmen einklagten, wurde eine Bundesstiftung „Erinnerung, Verantwortung und Zukunft" gegründet, die zwischen Mitte 2001 und Mitte 2007 1,7 Mio. Überlebenden insgesamt 4,4 Mrd. Euro Entschädigungspauschalen überwies (Mindestwert 2.500 Euro, maximal 7.500 Euro, im Mittel 2.600 Euro). Der Fond wurde hälftig von der Bundesregierung und von deutschen Industriefirmen bezahlt.[326]

Zu vielen Fragen muss jedoch erst noch ein internationaler Konsens gefunden werden und in ein noch zu schaffendes **„Internationales Entschädigungsgesetz von Opfern kollektiver Gewalttätigkeit"** eingebracht werden:

- o Hätten die zivilen Opfer von Flächenbombardierungen des 2. Weltkriegs ein Anrecht auf Entschädigung? Auch wenn sie auf der „Aggressorseite" waren?
- o Hätten die aus ihren Wohnsitzen Vertriebenen ein Anrecht auf Entschädigung und sogar Rückkehr? Auch wenn sie auf der „Aggressorseite" waren?
- o Wer müsste die zivilen Opfer entschädigen, welche sich als Gefangene oder Zwangsarbeiter in dem angegriffenen Gebiet befanden?
- o Wie lange bestünde die Entschädigungspflicht (bis zur wie vielten Generation?), zum Beispiel auch für die Nachfahren der von den europäischen Einwanderern ruinierten Ureinwohner Amerikas?
- o Wäre in allen Fällen die Partei entschädigungspflichtig, welche die spezifischen kollektiven Gewalttätigkeitsakte ausgeführt hat, welche das Opfer geschädigt haben, oder sollte man auch eine international eingeführte Entschädigungspflicht des Nachfolgestaates jenes Staates in Betracht ziehen, dem das Opfer angehörte?
- o Eines der Ziele von Amnesty International ist das Einklagen von finanziellen Entschädigungen für Opfer von Folterungen.
- o Sollten Entschädigungen aus einem noch zu schaffenden **„Internationalen Entschädigungsfond für Opfer kollektiver Gewalt"** gespeist werden?

c) Ökonomische Entschädigung von Kollektiven

Bei der Entschädigung des gesamten gegnerischen Kollektivs, das durch eine ungesetzmäßige Kollektivgewalttätigkeit geschädigt worden ist, geht es im Allgemeinen um weit höhere Summen als bei der Entschädigung individueller Opfer. In der Vergangenheit nannte man dies „Reparationszahlungen". Die Erfahrung nach dem 1. Weltkrieg hat gezeigt, dass Reparationszahlungen, unabhängig von der Frage, ob sie eine angemessene kollektive Strafe sind oder nicht, neue Gewalttätigkeit auslösen können. Dies kann nämlich dann eintreten, wenn im bestraften Kollektiv durch wirtschaftliche Not auch die Zivilgesellschaft zusammenbricht. Die Frage der Bemessung ökonomischer Kollektivstrafen bedarf daher einer sorgfältigen Abwägung.

---

326 Ausgenommen wurden westeuropäische Zwangsarbeiter (außer denen aus Österreich).

11.9 Transnationale Denunziation von Kollektivgewalttätigkeit

KOLLEKTIVE GEWALTTÄTIGKEIT KANN DURCH TABUISIERUNG NOCH WIRKSAMER VERMIEDEN WERDEN,
ALS DURCH PÖNALISIERUNG.

(sinngemäß Evan Luard, 1986)

In der innerstaatlichen Rechtspflege ist die wichtigste Funktion der Staatsanwälte jene der Denunziation und Anklageerhebung bei Rechtsverletzungen. Eine analoge Funktion ist auch gegen Kollektivgewalttätigkeit erforderlich.

11.9.1 Denunziation durch Regierungsorganisationen

11.9.1.1 Denunziation durch Staatsregierungen

Regierungsorgane neigen dazu, der „Staatsräson" zuliebe auf Fälle kollektiver Gewalttätigkeit mit größter Zurückhaltung zu reagieren. Selbst wenn es zur Unterzeichnung internationaler Abkommen zur Eindämmung kollektiver Gewalttätigkeit kommt, wo die Unterzeichnerländer häufig in die Pflicht genommen werden, entsprechende Bestimmungen in ihr Strafrecht aufzunehmen, kann die Umsetzung durch mehrere Faktoren behindert oder verzögert werden:

- Einige Länder lassen sich viele Jahre zur Ratifizierung Zeit. Dies sind in der Regel Großmächte oder Nachbarländer in Krisenherden, die sich gegenseitig am Beitreten zu Abkommen hindern. Das mag die Erklärung dafür sein, dass Länder von Krisengebieten (Naher Osten, indischer Subkontinent) so oft auf der Liste von Nicht-Unterzeicher-Länder erscheinen (siehe Anlage 4).
- Bedeutende ökonomische Interessen können die Handlungsfreiheit der Regierungsorganisationen einschränken (unter den Nicht-Unterzeichnern des Landminen-Abkommens befinden sich bedeutende Exportländer davon z.B. Singapur)
- Bei vielen Verstößen ist der Täter die Staatsmacht selbst.
- In anderen Fällen ist der Täter eine „befreundete Nation".
- Viele Verstöße werden von der Mehrheit der Staatsbevölkerung befürwortet.

11.9.1.2 Die Denunziationsfunktion des Internationalen Komitees des Roten Kreuzes

Das Internationale Komitee des Roten Kreuzes (IKRK) wird durch Vertreter der Regierungen der Mitgliedsländer gewählt und ist somit im weitesten Sinne als Regierungsorganisation zu betrachten. Neben seiner humanitären Hilfsaufgaben hat die IKRK auch die Bestimmung, die Einhaltung der humanitären Aspekte der Genfer Konventionen zu überwachen. Als internationale (von Nationen getragene) Organisation ist das IKRK in seinem Handlungsspielraum jedoch stark eingeschränkt. Stellt das IKRK Verstöße fest, muss es erst versuchen, das rechtsbrechende Land vertraulich darauf hinzuweisen und zur Unterlassung aufzufordern. Nur in Fällen, in denen dies nichts fruchtete oder in denen der Rechtsbrecher selbst mit tendenziösen Informationen an die Öffentlichkeit tritt, wendet sich das IKRK an die Weltöffentlichkeit. Deshalb ist die Wirksamkeit der Denunziationsfunktion des IKRK nur schwer zu beurteilen.

Was die Vergangenheit betrifft, kann man nicht umhin, die laxe Vorgehensweise des IKRK den NS-Verbrechen gegenüber als Versagen zu kritisieren. Inspektoren der IKRK führten nur vereinzelte Inspektionen der nationalsozialistischen Konzentrationslager durch, die allesamt zu keiner Anprangerung geführt haben.

- Einer Delegation des Internationalen Roten Kreuzes, welches im Jahre 1944 das **KZ Theresienstadt** besuchte, konnten die Nationalsozialisten die Tatsache verstecken, dass es sich um ein dafür präpariertes „Vorzeige-Getto" handelte; durch Anstreichen der Baracken mit frischer Farbe und Schmückung mit Blumen sowie durch eigens inszenierte kulturelle Vorführungen, konnte ein besonders harmloser Eindruck erweckt werden.
- Am 29.9.1944 (1.200 Tage nach Inbetriebnahme des KZ Auschwitz) stattete erstmals ein Delegierter des IKRK, Maurice Rossel, dem **KZ-Auschwitz** einen Besuch ab. Ihm ging es primär darum festzustellen, ob die Häftlingen zugesandten Pakete diese auch erreichten. Auf der Fahrt zur Kommandantur ist er mit Gewissheit an gestreift gekleideten und skelettartig abgemagerten, von SS bewachten Arbeitskolonnen vorbeigefahren. Nachdem ihm der Lagerkommandant SS-Sturmbannführer Baer versichert hatte, dass alle vom IKRK abgesandten Pakete den Empfänger erreichten und dass Diebstahl schwer bestraft würde, fuhr er wieder ab und verfasste einen beruhigenden Bericht. An jenem Tag wurden in Auschwitz 2.499 Personen vergast. Als ihm Jahre später die Frage gestellt wurde, ob er denn nicht den Geruch verbrannten Fleisches gerochen habe, verneinte dies Rossel mit dem Hinweis, dass der Wind den Rauch wohl in eine andere Richtung geblasen habe.

Befremdend ist gegenwärtig der Umstand, dass es lange Zeit keine lautstarken Proteste des IKRK gegen die eklatanten Verletzungen der Menschenrechte in **Guantanamo** gegeben hat, obwohl sie lange Zeit die einzige Organisation war, denen die USA erlaubte, dem Gefangenenlager Besuche abzustatten

11.9.1.3 Der UN-Menschenrechtsrat

Im Jahre 1946 wurde die „UN-Menschenrechtskommission" (United Nations Commission on Human Rights) gegründet, „zur Förderung und zum Schutz der völkerrechtlich verbindlichen Menschenrechte". Sie sollte Menschenrechtsverletzungen feststellen und öffentlich verurteilen. Ihr gehörten 53 Regierungsvertreter an, die einmal jährlich tagten. Auch diese Organisation ist im weiteren Sinne als Regierungsorganisation zu betrachten.

In der Praxis ist die UN-Menschenrechtsorganisation ihrer Mission nicht gerecht geworden. Es wurde vielfach darüber gestritten, in welche Länder Sonderberichterstatter (zum Zwecke der Denunziation) entsandt werden sollten, bzw. ob es dazu keinen Anlass gebe. De facto ermöglicht sie es den rechtsverletzenden Staaten, sich gegenseitig zu schützen. Es kam sogar zum Absurdum, dass dem genozidalen sudanesischen Regime der Vorsitz gewährt wurde.

Angesichts der zugespitzten Kritiken an der UN-Menschenrechtskommission, sie habe keinen wirksamen Schutz gegen Menschenrechtsverletzungen dargestellt, wurde sie auf Betreiben des UN-Generalsekretärs Kofi Annan (und mit den Gegenstimmen der USA, Israels, der Marshallinseln und Palaus) von der UN-Generalversammlung im März 2006 durch den „UN-Menschenrechtsrat" (Council on Human Rights) abgelöst. Die 47 Sitze werden anhand regionaler Quoten in geheimer Wahl von der UN-Vollversammlung gewählt, mit Mandatszeiten von 3 Jahren. Dadurch hat die Institution notwendigerweise etwas an direktem Zugriff durch die Staaten verloren.

Wie obige Beispiele zeigen, ist die Detonationsfähigkeit von Regierungsorganisationen sehr beschränkt. Letztlich wegen des sprichwörtlichen „Bock-Gärtner-Problems".

11.9.2 Nicht-Regierungsorganisationen

Da Regierungsorganisationen häufig nicht gegen kollektive Gewalttätigkeit vorgehen können oder wollen, kommt den transnationalen Nicht-Regierungs-Organisationen (Non-Governemental Organisations – NGOs) eine extrem wichtige Rolle zu. Man kann sie als juristische Personen betrachten, deren Zielsetzung die Humanität ist. Sie sind zu einem essenziellen Element der transnationalen Zivilgesellschaft geworden,

In der Tat haben Nicht-Regierungsorganisationen in jüngster Vergangenheit extrem wichtige Fortschritte bei der Eindämmung kollektiver Gewalttätigkeit und Menschenrechtsverletzungen erzielt. Hier vorab und zusammenfassend einige Beispiele:

- Am Zustandekommen des Atomwaffentest-Stopps von 1996 waren langjährige Proteste von NGO's wie IPPNW (International Physicians for the Prevention of Nuclear War) maßgeblich beteiligt.
- Das Landminen-Abkommen von 1997 ist auf dem Meinungsdruck der NGOs „International Campaign to Ban Landmines" und „Human Rights Watch" zustande gekommen.
- NGOs sind die treibenden Kräfte bei der Bannung des Einsatzes von Kindersoldaten.
- NGOs sind die treibenden Kräfte bei der Bannung des Einsatzes von Folter.
- NGOs sind die treibenden Kräfte bei der Bannung genitaler Verstümmelung von Frauen.
- NGOs gehören zu den treibenden Kräften bei der Denunzierung von Kriegsverbrechern.

11.9.2.1 Das Russell-Tribunal

Die erste nichtstaatliche Organisation, welche eine Denunziationsfunktion gegen Kollektivgewalttätigkeit ausübte, war das vom britischen Philosophen und Pazifisten Bertrand Russell im November **1966** ins Leben gerufene „Tribunal". Zwei Dutzend prominente Intellektuelle und Künstler (darunter Jean-Paul Sartre, Simone de Beauvoir, Isaac Deutscher) befanden über die US-amerikanische Kriegsführung in Vietnam und erklärten einstimmig, dass ein Genozidverbrechen vorliege, mit einer Mittäterschaft der Regierungen von Australien, Neuseeland, Südkorea, Philippinen, Indonesien, Japan. Zwischen 1973 und 1975 befasste sich ein zweites Russell-Tribunal mit Menschenrechtsverletzungen in Lateinamerika und sprach gegen Brasilien einen Genozidvorwurf aus.

11.9.2.2 Amnesty International

AMNESTY INTERNATIONAL ist einen weltweite, von Regierungen, politischen Parteien, Ideologien, Wirtschaftsinteressen und Religionen unabhängige Mitgliederorganisation. Auf der Grundlage der Allgemeinen Erklärung der Menschenrechte wendet sie sich gegen schwerwiegende Verletzungen der Rechte eines jeden Menschen auf Meinungsfreiheit, auf Freiheit von Diskriminierung sowie auf körperliche und geistige Unversehrtheit. Die AMNESTY INTERNATIONAL wurde im Jahre **1961** durch den Londoner Rechtsanwalt Peter Benenson gegründet. Sein zentrales Anliegen war der Schutz von Menschen vor Inhaftierung, Folterung oder sogar Ermordung, aufgrund ihrer Gesinnung. Weitere Anliegen der AMNESTY

INTERNATIONAL sind menschenwürdige Haftbedingungen, faire Gerichtsverfahren, Abschaffung der Todesstrafe, die Freilassung gewaltloser politischer Gefangener, die Bekämpfung der Straffreiheit bei Menschenrechtverstößen, Bekämpfung der Gewalt gegen Frauen, Abschaffung des unkontrollierten Handels mit Kleinwaffen. Bei bewaffneten Konflikten nimmt AMNESTY INTERNATIONAL nicht Stellung. Wohl aber interveniert sie gegen den Einsatz von Kindersoldaten, für die Rechte der Kriegsdienstverweigerer, für den Schutz von Zivilisten, u.a. gegen Anschläge. Im August 2002 forderte Amnesty International dazu auf, keine bilateralen Abkommen mit den USA zu unterzeichnen, in denen man sich gegenseitig zum Nicht-Ausliefern von Bürgern an den Internationalen Strafgerichtshof in Den Haag verpflichtet, um keine Straffreiheit für Kriegsverbrechen, Verbrechen gegen die Menschheit und Völkermord zu garantieren.

Heute engagieren sich 7 Millionen Menschen in mehr als 150 Ländern für AMNESTY INTERNATIONAL. Die Organisation basiert nicht auf behördlichen Abmachungen zwischen Nationen, sondern auf einem weltweiten Beziehungsnetz, das stark auf den transnationalen Meinungsdruck abhebt. Ihr Leitmotto ist „Hinsehen & Handeln." Eine sehr wirksame Interventionsform von AMNESTY INTERNATIONAL sind die „Eilaktionen" („Urgent Actions"), welche aufgrund eingehender Hinweise über Menschenrechtsverletzungen binnen weniger Stunden initiiert werden: Etwa 65.000 weltweit bereitstehende AI-Aktivisten senden eine Flut von Appellbriefen, Faxen und Emails an die jeweils einen Verstoß begehende Regierung, Behörde, Vollzugsbeamten oder bewaffnete politische Gruppe sowie an die Medien, wodurch die Menschenrechtsverletzer in das Rampenlicht der Weltöffentlichkeit gebracht werden. Die Erfolgsrate liegt heute bei ca. 50 %.

AMNESTY INTERNATIONAL ist eine zukunftsweisende transnationale, kosmopolitische Organisation für einen humanen Zweck. Sie erhielt 1977 als Organisation den Friedensnobelpreis.

www.amnesty.org

www.amnesty.de

11.9.2.3 Medicins sans Frontieres (Ärzte ohne Grenzen)

ÄRZTE OHNE GRENZEN wurde **1971** von einer Gruppe französischer Ärzte als Reaktion auf den Biafra-Krieg gegründet. Es ist primär eine humanitäre Hilfsorganisation und fühlt sich den humanitären Prinzipien der Neutralität, Unparteilichkeit und Unabhängigkeit verpflichtet". In Ausnahmesituationen „hebt sie jedoch ihre neutrale Position auf, bezieht Stellung und wird zum Sprachrohr für Menschen in Not". Wenn Mitarbeiter von ÄRZTE OHNE GRENZEN Verstöße gegen Menschenrechte oder gegen das humanitäre Völkerrecht feststellen (z.B. Einsatz von Hunger als Waffe, Brutalitäten, Vertreibungen), nimmt ÄRZTE OHNE GRENZEN direkte Gespräche mit den „Tätern" auf. Falls dies nicht fruchtet, greift die Organisation auch zum „denunziatorischen" Mittel und informiert über die Medien die Weltöffentlichkeit, um öffentlichen Druck zu erzeugen.

www.msf.org

11.9.2.4 Human Rights Watch (HRW)

Eine **1978** in Helsinki entstandene, unabhängige und nichtstaatliche Organisation zur weltweiten Verteidigung der Menschenrechte (darunter politische Freiheiten, Freiheit der Meinung und der Lehre, Recht der Frauen und Kinder) und zur Unterstützung der Opfer und Aktivisten, um Fällen von Menschenrechtsverletzungen nachzugehen und Rechtsbrecher anzuklagen. Staatliche Hilfen werden weder direkt noch indirekt akzeptiert. Ein Stab von 150 Fachleuten agiert in ca. 60 Ländern mit Unterstützung von Freiwilligen und in Zusammenarbeit mit anderen Menschenrechtsorganisationen.

Zu den großen Erfolgen von HWR zählen: internationale Strafverfolgung von Slobodan Milosevic und Augusto Pinochet; Pönalisierung des Einsatzes von Kindersoldaten; Verbot von Landminen. [www.hrw.org]

11.9.2.5 Reporters sans frontières (RSF)

Diese **1985** mit Sitz in Paris gegründete internationale Menschenrechtsorganisation „Reporter ohne Grenzen" ist streng genommen keine NGO, denn sie wird zum Teil von der Stiftung „National Endowment for Democracy (NED)" finanziert, die dem US-Außenministerium untersteht. Ihr Hauptanliegen ist die Wahrung der durch den Artikel 19 der UN-Menschenrechtserklärung deklarierten Rechte der Meinungsfreiheit. Ihr Motto ist „Keine Freiheit ohne Pressefreiheit". 130 Korrespondenten berichten weltweit über Verletzungen der Medienfreiheit. Jährlich veröffentlicht die Organisation einen „Media Freedom Index", eine Länderrangliste zur Medienfreiheit. Außerdem verleiht die RSF jährlich zum Tag der Menschenrechte (10. Dezember) einen Menschenrechtspreis.

[www.rsf.org/]

11.9.2.6 International Physicians for the Prevention of Nuclear War (IPPNW)

Diese 1980 vom sowjetischen Kardiologen Jewgeni Tschasow und seinem US-amerikanischen Kollegen Bernard Lown zu Genf gegründete Organisation zur Verhütung von Nuklearkriegen ist heute ein internationaler Zusammenschluss (auf deutsch „rInternationale Ärzte für die Verhütung des Atomkrieges") von Human-, Tier- und Zahnärzten, die sich vor allem für die nukleare Abrüstung einsetzt.

1985 wurde die IPPNW mit dem Friedensnobelpreis geehrt.

[http://www.ippnw.org/]

11.10 Transnationale Strafgerichtsbarkeit für kollektive Gewalttätigkeit

STRAFLOSIGKEIT KANN NICHT TOLERIERT WERDEN UND WIRD ES NICHT WERDEN.
IN EINER FREIEN WELT MÜSSEN DIE REGELN DES GESETZES VORHERRSCHEN.

(Kofi Annan, 1996)

11.10.1 Strafgerichtsbarkeit gegen Individuen

Da Kollektivgewalttätigkeit ein emergentes Verhalten von Kollektiven ist, das über das individuelle Verhalten transzendiert, kann von einer Strafgerichtsbarkeit gegen die beteiligten Individuen nicht dieselbe abschreckende Wirkung erwartet werden wie bei der individuellen Gewalttätigkeit. Trotzdem haben sich alle bisherigen internationalen Bemühungen, kollektive Gewalttätigkeit durch eine Strafgerichtsbarkeit einzudämmen, auf die Bestrafung der beteiligten Individuen konzentriert, weil die die Abkommen anschließenden Stataen sich ungern selbst auf der Anklagebank sehen wollen.

Zu berücksichtigen ist allerdings, dass die Verbrechen, für die Individuen primär sanktioniert werden können jene sind, die Verletzungen des humanitären Völkerrechts betreffen, deren ultimatives Ziel der Schutz des Individuums vor Exzessen territorial-hegemonischer Kollektive ist.

11.10.1.1 Die Vorläufer internationaler Rechtsprechung gegen Individuen

Ein erster Ansatz für eine internationale **Strafgerichtsbarkeit** gegen Individuen fand im Rahmen der Pariser Vorortsverträge nach dem Ende des 1. Weltkriegs.

- Im Friedensvertrag von Versailles (28.6.1919) wurde eine öffentliche Anklage gegen Kaiser Wilhelm II. durch die Alliierten erhoben, „wegen schwerster Verletzungen des internationale Sittengesetzes und der Heiligkeit der Verträge". Dazu sollte ein von den Siegermächten besetzter internationaler Gerichtshof eingerichtet werden und die deutsche Regierung angeklagte Kriegsverbrecher ausliefern. Keine der zwei maßnahmen wurde umgesetzt. Die ersatzweise vor einem Reichsgericht in Leipzig durchgeführte Scheinprozesse waren kein ernsthafter Versuch, Kriegsverbrechen zu ahnden. Im Ergebnis fand eine Verfolgung der während des 1. Weltkriegs begangenen deutschen Verstöße gegen das Völkerrecht nicht statt (Wehrle, 2003).
- Nach dem Ende des 1. Weltkriegs verhinderte Frankreich die Bildung eines internationalen Strafgerichts zur Pönalisierung des vierten osmanischen Ethnozids an Armeniern (1920 bis 1923). Auf internationalem Druck musste die türkische Justiz die Genozidtäter belangen. Die jungtürkischen Spitzenpolitiker Talat Pascha, Enver Pascha (seinerzeit Kriegsminister), Kemal Pascha, Dr. Nazim und konnten rechtzeitig im Ausland untertauchen. Am 5.7.1919 wurden sie wegen des Genozids in Abwesenheit zum Tode verurteilt. Insgesamt wurden 1.000 Täter prozessiert, 17 Todesurteile ausgesprochen und nur 3 vollstreckt; bis 1921 wurden aber alle Verurteilten und Angeklagten amnestiert. Fünf der beteiligten jungtürkischen Spitzenpolitiker fielen bis 1922 der Selbstjustiz der armenischen Vergeltungsaktion „Operation Nemesis" zum Opfer.

Die gescheiterten Versailler Strafgerichtsbarkeiten hinterließen trotzdem den Gedanken, dass Individuen für Verstöße gegen das Völkerrecht strafrechtlich belangt werden können.

11.10.1.2 Der Internationale Militärgerichtshof (IMG) von Nürnberg

Das nach dem 2. Weltkrieg von den vier Siegerstaaten per Internationalem Militärgerichtshof (IMG) von Nürnberg durchgeführte Gerichtsverfahren gegen die in Gefangenschaft geratenen Führungskräfte der nationalstaatlichen Regierung und der Wehrmacht war der erste Vorgang in der Geschichte, bei dem die Besiegten nicht nur abgesetzt, eingekerkert oder umgebracht wurden, sondern gerichtlich belangt wurden. Dies wird als die Geburtsstunde des Völkerstrafrechts betrachtet (Werle, 2003).

Freilich hafteten dem Verfahren einige juristische Makel an.

- Es gab es kein lückenloses internationales Kriegsrecht, auf den es sich berufen konnte, weshalb es mit rückwirkenden Bestrafungen gegen den Grundsatz der Normbindung („nulla poena sine lege" alias „nullum crimen sine lege)" verstieß. So musste in einer Konvention zu London (am 8.8.1945, nach den begangenen Verbrechen) ein derartiges Recht erst geschaffen werden. Zum Teil musste sich das Tribunal auf eine gewohnheitsrechtliche Wirksamkeit von

Haager Konventionen berufen, die aber rein formell verfallen waren. Bereits 1944 hatten die Briten und US-Amerikaner in ihrem Militärrecht die Klausel, wonach Befehlsempfänger nicht für die von ihnen begangenen Kriegsverbrechen belangt werden konnten, hastig geändert.

- In Einzelfällen wurden Kriegsverbrechen nicht geahndet, wenn Zeugen der Aliierten aussagten, dass sie auch auf ihrer Seite praktiziert worden waren.
- Eine der richtenden Mächte (die Sowjetunion) hatte sich des Hauptanklagepunktes (Aggressionskrieg) selbst schuldig gemacht, indem es Polen, Finnland sowie die Baltischen Staaten überfallen hatte; Sie hatte zudem große Kriegsverbrechen begangen (z.B. der Massenmord von Katyn), die sie sogar den Angeklagten mit in die Schuhe zu schieben suchte.

Trotzdem muss anerkannt werden, dass vor allem durch die Rechtschaffenheit des US-Hauptanklägers Robert H. Jackson ein einigermaßen rechtsstaatlicher und fairer Prozess zustande kam. Es gab sogar Freisprüche, die als Justizirrtum zum Vorteil der Angeklagten angesehen werden können, die einen solchen beileibe nicht verdient hatten.

Die Nürnberger Prozesse stellen einen immens wertvollen Präzedenzfall für die Bestrafung kollektiver Verbrechen dar. Jackson äußerte damals „Die juristischen Kriterien, nach denen wir gegen die Deutschen verhandeln, haben Allgemeincharakter". Trotzdem gelang es noch nicht, über den Schatten einiger Paradigmen zu springen:

- Als nach dem Völkerrecht belangbare Subjekte wurden grundsätzlich nur Individuen in Betracht gezogen (in der Urteilsverkündung vom 1.10.1946 hieß es: „Verbrechen gegen das Völkerrecht werden von Menschen und nicht von abstrakten Wesen begangen und nur durch Bestrafung jener Einzelpersonen, die solche Verbrechen begehen, kann den Bestimmungen des Völkerrechts Geltung verschafft werden. „Es wurdenprimär Individuen (19) wegen der Teilnahme an kollektiven Verbrechen verurteilt. Zusätzlich wurden vier Kollektive zu verbrecherischen Organisationen erklärt (Leitung und Stäbe der NSDAP, Gestapo, SD und Waffen-SS).
- Auch wenn das IMG-Statut die drei Tatbestände „Verbrechen gegen den Frieden" (Angriffskrieg), „Kriegsverbrechen" und „Verbrechen gegen die Menschlichkeit" umfasste wurde die Teilnahme an konventionellen Kriegsverbrechen fokussiert. Es fehlten die Denkkategorien (angefangen von der Terminologie) zur juristischen Einordnung der Ungeheuerlichkeit des neuzeitlichen Genozids. Weder im Statut, noch im Urteil des IMG kam das Wort „Völkermord" vor. So kam es, dass der Holocaust (die Schoa) nur ein Prozent der Urteilsbegründung einnahm.

Das in Nürnberg durchgeführte Verfahren hatte den „Hauptkriegsverbrechern" gegolten, deren Straftaten nicht auf ein einzelnes Staatsgebiet zugeordnet werden konnten. Die auf einem bestimmtes Staatsgebiet zuordnbaren Verbrechen sollten von alliierten Besatzungsgerichten der jeweiligen Gebiete geahndet werden. Für das Gebiet des vormaligen 3. Reichs fanden 12 **„Nürnberger Nachfolgeprozesse"** für je eine spezifische Tätergruppe statt (Ärzte-Prozess, Juristen-Prozess, Flick-Prozess, IG-Farben-Prozess, Prozess gegen die KZ-Verwaltung der SS, Geiselmord-Prozess, Prozess gegen die Mitarbeiter des Rasse- und Siedlungshauptamtes, Einsatzgruppen-Prozess, Krupp-Prozess, Wilhemstraße-Prozess, OKW-Prozess).

11.10.1.3 Das Internationale Militärtribunal für den Fernen Osten (IMTFE)

Analog zum Internationalen Gerichtshof in Nürnberg richteten die USA in Tokio ein „Internationales Militärtribunal für den Fernen Osten (IMTFE)" zur Bestrafung der aggressiven Kriegspolitik Japans ein. Aburteilung von 28. Der Kreis der Angeklagten wurde unterteilt in 28 politische und militärische Hauptverantwortliche (Angeklagte der „Klasse A", aus opportunistischen Gründen wurde von einer Anklage des japanischen Kaisers abgesehen) und die Anklagepunkte betrafen „Verschwörung gegen den Weltfrieden", „Mord" und „Kriegsverbrechen und Verbrechen gegen die Menschheit". Das Gericht tagte von Mai 1946 bis November 1948 (**„Tokioter Prozesse"**). Es wurden 7 Todesurteile gefällt (am 23.12.1948 in Tokyo vollstreckt) und Haftstrafen (6xlebenslang, 1x20 Jahre, 1x7 Jahre), von denen im Schnitt ca. 6 Jahre abgesessen wurden.

Von der Liste mehrerer Hunderttausend Angeklagter von Kriegsverbrechen der „Klasse B" und „Klasse C" kamen ca. 5.600 vor Gericht, davon wurden ca. 4.000 verurteilt, davon ca. 900 hingerichtet. Im Jahre 1948 wurde die Strafverfolgung von der US-Regierung eingestellt und vier Jahre später wurden alle Häftlinge amnestiert.

Während des Kalten Krieges spaltete sich die internationale Staatengemeinschaft in drei Lager so dass auch die internationale Gerichtsbarkeit für mehr als drei Jahrzehnte zum Erliegen kam.

11.10.1.4 Der Internationale Strafgerichtshof für das vormalige Jugoslawien (ICTY)

Mit der Resolution Nr. 827 beschloss der UN-Sicherheitsrat am 25.5.1993 die Einrichtung eines „Internationalen Kriegsverbrechertribunals für das Ehemalige Jugoslawien" (International Criminal Tribunal for the Former Yugoslavia – ICTY) mit Sitz in Den Haag. Dabei berief man sich auf das supranationale Recht für friedenssichernde Maßnahmen, gemäß Art. 41,42 der UN-Charta. Die anfängliche Mission war, die ab 1991 auf dem Gebiet Ex-Jugoslawiens stattgefundenen Verbrechen gegen die vier Artikel der Genfer Konvention von 1949 zu bestrafen. Erstmals waren es nicht die Siegermächte eines Konflikts, die zur Ahndung von Völkerrechtsverletzungen einen spezifischen Gerichtshof einrichteten, sondern die UN (die internationale Staatengemeinschaft).

Der Gerichtshof nahm am 17.11.1994 in den Haag seine Arbeit auf. Er wurde mit einer Anklagebehörde („Office of the Prosecutor"), einem Gerichtsorgan („Chambers") und einer Kanzlei („Registry", auch für die Untersuchungshaft zuständig) ausgestattet. Verfahren in Abwesenheit des Angeklagten sind indes ausgeschlossen. Der Strafvollzug (lebenslängliche Haft ist die Höchststrafe) wird fallweise einem Unterzeichnerland übertragen.

Der ICTY ist nach dem Internationalen Gerichtshof von Nürnberg der zweite (temporäre) transnationale Gerichtshof („Ad-hoc-Strafgerichtshof") der Geschichte. Alle Mitgliedsstaaten der UN sind zur Kooperation mit dem ICTY verpflichtet.

Von den über 150 vom Gericht erhobenen Anklagen führten ca. 50 zu Verurteilungen. Die im Jahre 1999 gegen Milosevic erfolgte Anklage durch das ICTY führte nicht zu einem Urteil, weil die Anklägerin alle in Kosovo, Bosnien und Kroatien von Serben verübten Verbrechen gegen die Menschheit in einem einzigen Strafverfahren abarbeiten wollte. In einer Verhandlungspause, welche wegen gesundheitlicher Probleme des Angeklagten gewährt wurde, verstarb dieser im März 2006.

Die bleibende Neuerung des ICTY-Verfahrens besteht darin, dass die Anwenbdung von Völkerrecht auch auf innterstattliche Konflikte zur Selbstständigkeit gemacht worden ist. Zudem hat es zur Präzisierung diverser Tatbestände beigetragen (Werle, 2003).

[www.un.org/icty/]

11.10.1.5 Der Internationale Strafgerichtshof für Ruanda (ICTR)

Die UN war 1994 ihrer Pflicht des Eingreifens zur Verhinderung des Völkermords von über 800.000 Personen nicht nachgekommen. Nachträglich stufte der UN-Sicherheitsrat per Resolution 935 am 1.7.1994 das Geschehen (erstmals in der UN-Geschichte) als Genozid ein und setzte eine Untersuchungskommission ein. Per Resolution 955 vom 8.11.1994 instituierte die UN ein Internationales Tribunal für Ruanda (International Criminal Tribunal for Rwanda – ICTR). Es war dies der zweite von den UN eingerichtete Ad-hoc-Straggerichtshof.

Der ICTR mit Sitz in Arusha (Tansania) wurde mit 25 Richtern, ca. 1.000 Mitarbeiter aus ca. 80 Staaten und einen Jahresetat von ca. 100 Mio. US $ ausgestattet. Es wurden ca. 100 Personen angeklagt, von denen ca. ein Drittel verurteilt worden sind, darunter Jean Paul Akayesu, der erste von einem internationalen Gericht wegen Völkermord Verurteilte.

[www.ictr.org]

11.10.1.6 Der Internationale Strafgerichtshof (IStGH)

Erste Bemühungen zur Schaffung eines ständigen internationalen Strafgerichtshof hatten 1937 Terroroakten gegolten, waren aber in den Wirren des 2. Weltkriegs untergegangen. Die Etablierung des Internationalen Gerichtshofs (1945) und die Verabschiedung der UN-Genozidkonvention (1948) gaben dem Vorhaben einen neuen Auftrieb. Als Ergänzung zum Internationalen Gerichtshofs (IGH), welcher im Grunde ein Schiedsgericht für zwischenstaatliche Konflikte ist, sollte ein ständiges internationales Strafgericht für Kriegsverbrechen und Verbrechen gegen die Menschheit eingerichtet werden. Am 17.7.1998 stimmten 120 Nationen in Rom für die Gründungsakte (Convencion Pénale Internationale) eines „Internationalen Strafgerichtshofs" (IStGH), englisch „International Criminal Court" (ICC) genannt. Nur 7 Staaten stimmten dagegen (USA, VR China, Israel, Irak, Libyen, Jemen, Katar). Bis Ende 2016 hatten 121 Länder den Vertrag ratifiziert, weitere 27 hatten unterzeichnet aber noch nicht ratifiziert. Vier Länder haben die vorher erfolgte Unterzeichnung zurückgezogen und angekündigt, dass sie nicht retifizieren werden (Israel, Russland, Sudan, USA), drei Länder haben ihre Ratifizierung annulliert (Südafrika, Burundi, Gambia).

Das „Statut von Rom" definierte als Hauptaufgabe des IStGH die Sanktionierung von Kernverbrechen gegen das Völkerrecht durch Individuen: Völkermord, Verbrechen gegen die Menschheit (einschließlich ethnischer Säuberungen und Entrechtung von Minderheiten), Kriegsverbrechen und Angriffskriege, sei es innerhalb von Staaten als auch zwischen Staaten. Oberstes Ziel ist, die höchsten Güter der Völkergemeinschaft (Frieden, Sicherheit und Wohl) zu schützen.

Die Rechtshoheit des IStGH sollte ab dem Inkrafttreten wirksam (nicht rückwirkend) sien und sich auf die Ratifizierungsländer beschränken. Am 1.7.2002 hatten bereits 64 Nationen ihren Beschluss ratifiziert, wodurch der Gerichtshof gemäß Gründungsakte (Mindestquote 60) in Kraft trat.

Der IStGH ist **das erste permanente transnationale Strafgerichtshof der Geschichte**. Mit Sitz in Den Haag, verfügt er über 380 Mitarbeiter, davon 18 Richter und einem Jahresetat von fast 100 Millionen US $.

Ende 2016 war 10 Fälle anhängig:

Da die Gründungsmitglieder des IStGH Staaten sind, die jeder auf seine Art auf die Untastbarkeit ihrer Immunität bedacht waren und sind. musste der Handlungsspielraum des IStGH eingeschränkt werden, um überhaupt einen Minimalkonsens zu erreichen.

- Die anklagbaren und strafbaren Rechtssubjekte sind ausschließlich Individuen: „Die Bestimmungen dieses Status betreffend die individuelle strafrechtliche Verantwortlichkeit berühren nicht die Verantwortung der Staateb nach Völkerrecht" (Art. 25)
- Die Zuständigkeit beschränkt sich auf „Kernverbrechen": Völkermord, Verbrechen gegen die Menschheit (einschließlich ethnischer Säuberungen und Entrechtung von Minderheiten), Kriegsverbrechen und Angriffskriege beschränkt. Obwohl Angriffskriege zu den Kernverbrechen zählen, sind diese so lange ausgeklammert, bis eine Einigkeit über ihre Definition erzielt worden ist.
- „Sonstige internationale Verbrechen" wie Folter, terroristische Straftaten, Straftaten gegen den Luftverkehr oder die Schiffahrt, Rauschgifthandel gelten nicht als Kernverbrechen und fallen somit nicht unter die Zuständigkeit des IStGH
- Der Einsatz von Atomwaffen, Landminen, biologischen Waffen und Terrorismus ist vorläufig nicht strafbar.
- Der IStGH kann die Mitgliedstaaten nicht dazu verpflichten, Bestimmungen des Völkerstrafrechts in ihre Gesetzgebung aufzunehmen.
- Völkerrechtsverbrechen auf dem Gebiet von Nicht-Vertragsstaaten oder solche, die von Nicht-Vertragsstaaten verübt weden, können nur geahndet werden, wenn vom UN-Sicherheitsrat so beschlossen oder wenn sich der Tatortstaat sich der Gerichtsbarkeit unterwirft.
- Der IStGH darf laut Statut nur aktiv werden, wenn das Tatortsland oder das Täterland ein Beitrittsland sind („Allbeteiligungsklausel"). Dies verhindert stark weitere Beitritte. Einige Nationen haben bei der Gründungsversammlung in Rom gegen das Statut gestimmt (u.a. Ägypten, VR China, Indien, Katar, Türkei. Irak) und 21 haben sich der Stimme enthalten (u.a. Pakistan, Russland).
- US-Präsident George Bush verweigerte die Ratifizierung der Beitrittserklärung seines Vorgängers Bill Clinton mit der Aussage „Unsere Soldaten riskieren, angeklagt zu werden und der US-Präsident könnte unter Anklage geraten". Ein US-Sondergesetz (spöttisch als „Hague Invasion Act" bezeichnet) erlaubt es dem US-Präsidenten sogar, Häftlinge per Militärüberfall aus den Händen des IStGH zu befreien. Die US-Regierung erwirkte im Jahre 2002 im UN-Sicherheitsrat eine explizite Erklärung der Immunität für alle US-Bürger vor dem Internationalen Strafgerichtshof, die im Jahre 2003 um ein Jahr verlängert wurde. Die USA haben Beitrittsländern mit wirtschaftlichen Sanktionen gedroht, falls sie nicht mit einer eigenen Klausel ausdrücklich darauf verzichten, US-amerikanische Staatsbürger wegen Handlungen auf ihrem Territorium vor dem IStGH anzuklagen [Ronald Dworkin, SZ 29.12.03]. Außerdem begann die US-Regierung mit möglichst vielen Einzelstaaten Abkommen abzuschließen, welche eine gegenseitige Nicht-Auslieferung von Bürgern an den IStGH beinhalten. Im August 2002 forderte – wie bereits erwähnt – Amnesty International dazu auf, keine derartigen Abkommen zu unterzeichnen, um keine Straffreiheit für Kriegsverbrechen, Verbrechen gegen die Menschheit und Völkermord zu garantieren. Bisher haben 38 Länder, darunter Rumänien, Israel, Osttimor und Tadschikistan, derartige Abkommen mit den USA unterzeichnet. [www.icc-cpi.int]

11.10.1.7 Transnationale Aufhebung nationaler Amnestien (der Präzedenzfall Pinochet)

Ein Meilenstein auf dem Wege zu einer transnationalen Strafverfolgung stellt der „Fall Pinochet" dar. Bekanntlich hatte der chilenische General Augusto Pinochet im Jahre 1973 den rechtmäßigen Staatspräsidenten Salvador Allende gestürzt. Bei der anschließenden Verfolgung der Gegner seiner Militärdiktatur hatte er verbrecherische Mittel anwenden lassen (illegaler Freiheitsentzug, Folter, Mord). In Chile hatten Nachfolgeregierungen die Untaten durch Amnestien einer Strafverfolgung entzogen. In Spanien setzte sich der Staatsanwalt Carlos Castresana dafür ein, Pinochet vor ein spanisches Gericht zu bringen und veranlasste einen internationalen Haftbefehl. Als Pinochet im Jahre 1998 London besuchte, wurde er verhaftet. Das House of Lords entzog Pinochet die Immunität. Nach 503 Tagen Untersuchungshaft beschloss der britische Premier Tony Blair die Freilassung Pinochets „aus Gesundheitsgründen". In der Folge entzog ihm auch die chilenische Justiz die Immunität.

11.10.1.8 Hybride Strafgerichte

Aus diversen Gründen haben Länder, in denen Verstöße gegen das Völkerrecht stattgefunden haben, darauf bestanden, deren Aufarbeitung durch die eigene Strafjustiz vornehmen zu lassen und internationale Richter in einem beschränkten Maße einzubeziehen (hybride, d.h. gemischt national-internationale Strafgerichte). Diese Entwicklung kann man je nach Sichtweise als eine „Nationalisierung des Völkerstrafrechts" oder als eine „Internationalisierung des nationalen Strafrechts" betrachten (frei nach Werle, 2003).

Der Sondergerichtshof für Sierra Leone

Am 16.2.2002 vereinbarten die Regierung von Sierra Leone und die UN die Einrichtung eines „Sonderge-richtshofs für Sierra Leone" zur Ahndung der Verbrechen, die während des Bürgerkriegs von 1991 bis 2002 verübt worden waren, bei dem ungefähr 100.000 Personen umgebracht und 100.000 verstümmelt worden waren. Dieses Sondergericht führte zwei Neuerungen in die transnationale Rechtsprechung ein: Es wurden erstmalig vom selben Gericht sowohl die Vergehen gegen das internationale Recht, als auch die gegen das nationale Recht behandelt; mit dem Urteil vom 20.07.2007 wurde erstmalig in der Rechtsge-schichte der Einsatz von Kindersoldaten geahndet.

Der hybride Strafgerichtshof für Kambodscha

Ende 1978 wurde das genozidale Regime der Roten Khmer „Demokratische Republik Kamputschea" durch vietnamesische Interventionstruppen gestürzt, welche dem Abschlachten von 1,7 Mio. Personen ein Ende setzte. Bis 1991 unterstützten die westlichen Leitmächte die Megamörder der Roten Khmer und reservier-ten ihnen den UN-Sitz. Dann setzten zehn Jahre lange Verhandlungen der UN mit der neuen kambod-schanischen Regierung ein, bis man sich 2003 auf einen national/UN-gemischten Gerichtshof „ECCC" zur Aufarbeitung der Demozide einigte, bei dem aber nur die Spitzen der Roten Khmer zur Rechenschaft ge-zogen werden durften. Erst 2006 nahm der Gerichtshof die Arbeiten auf, nachdem seine Finanzierung gesichert worden war.

Sondergerichtshof für den Libanon

Nach dem Abschluss der per UN-Resolution 1595 (7.4.2005) eingesetzten Kommission zur Ermittlung der Verantwortlichen der Ermordung des libanesischen Premierministers Rafiq Hariri (14.2.2005) instituierte die UN-Resolution 1757 (30.5.2007) ein gemischtes Sondertribunal.

11.10.2 Strafgerichtsbarkeit gegen Kollektive

In der Vergangenheit hat es internationale Tribunale zur Bestrafung von territorial-hegemonischen Kollektiven bereits mehrfach gegeben. Es waren aber keine transnational institutionalisierte Gremien der Strafgerichtsbarkeit gegen Kollektive, sondern eine Art Standgerichte für die Ausübung von Selbstjustiz durch die Siegermächte.

- Ein herausragendes Beispiel hierfür war der „Wiener Kongress", der vom November 1814 bis zum Juni 1815 tagte, um für den von Napoleon I. geleiteten Staat Frankreich die Bestrafung (Territorialabtrennungen, Reparationszahlun-gen, Verfassungsänderung etc.) festzusetzen.

In der Gegenwart gibt es Ansätze für die Bildung stationärer überstaatlicher Gerichtsinstanzen zur Be-langung territorial-hegemonischer Kollektive

- Bereits die 1. Friedenskonferenz zu Den Haag (1899) hatte die Einrichtung eines „Internationalen Schiedsgerichts-hofs" (International Arbitration Court) vereinbart, der als Schiedsgericht zur friedlichen Lösung zwischenstaatlicher Konflikte dienen sollte. Die 2. Haager Friedenskonferenz (1907) beschloss, daraus eine ständige Institution zu ma-chen und nannte sie in „Ständiger Internationaler Gerichtshof" um. Er bestand aus von den Regierungen entsandten Experten des Völkerrechts und war berechtigt, rechtsverbindliche Urteile zu fällen. So wie sein Vorgänger konnte er im Laufe der Jahre ein Reihe kleiner Grenzstreitigkeiten friedlich beilegen, in denen es meistens um kleine Zipfel Landes ging, indes nicht den Ausbruch des 1. Weltkriegs verhindern.
- Nach der Katastrophe des 1. Weltkriegs gründete der neu geschaffene Völkerbund den **„Internationalen Gerichts-hof des Völkerbundes"**, der 1921 die Nachfolge des Ständigen Internationalen Gerichtshofs antrat. Dieser wirkte parallel zu dem weiter bestehenden Ständigen Internationalen Gerichtshof und wurde zusammen mit dem Völker-bund 1946 aufgelöst.
- Seit seiner Gründung (1946) übt der **Sicherheitsrat der Vereinten Nationen** die Funktion einer Strafgerichtsbar-keit gegen Staaten für Verletzungen des Völkerrechts mit UN-Resolutionen aus, die von rein verbalen Verurteilun-gen bis hin zu internationalen Sanktionen reichen.
- Der **Internationaler Gerichtshof (IGH)** mit Sitz in Den Haag übt nur eine Gutachter- oder Schiedsgerichtsfunkti-on aus.
- Der **Europäische Gerichtshof für Menschenrechte** (European Court of Human Rights – ECtHR) wurde 1959 geschaffen und tagt seit 1998 ständig mit Sitz in Straßburg,[327]
  - Er überwacht die Rechtstreue der Mitgliedstaaten der Europäischen Menschenrechtskonvention und spricht bei Verletzungen Ur-teile gegen die rechtsverletzenden Staaten aus. Auch urteilt er bei Klagen von Individuen, die sich als Opfer von Konventionsver-letzungen fühlen (Individualbeschwerde) oder bei entsprechenden Klagen von Staaten (Staatenbeschwerde)

---

327 Im Jahre 1968 wurde der Präsident des Gerichtshofs, René Cassin, mit dem Friedensnobelpreis ausgezeichnet.

○ Den Unterzeichnerländern wurde die Umsetzung der Konvention ihrem Ermessen überlassen. Einige Staaten (z.B. die Niederlande) verliehen ihr den höchsten Rang und setzten sie über die eigene Verfassung und Gesetze. Andere (z.B. Deutschland) stuften sie an unterster Stelle ein, sodass im Fall eines Widerspruchs das nationale Gesetz den Vorrang behielt. Wenn die Anpassung der nationalen Gesetze nicht erfolgt war, kam es zu Konventionsverletzungen: bis Juli 2006 wurde Deutschland 62 mal deshalb verurteilt, in der Hälfte der Fälle allerdings wegen des Artikels 6 des Grunddokuments („in angemessener Zeit"). (Quelle: Prof. Dr. Gertrude Lübbe-Wolff in HFR 2006, Beitrag 12).
[www.coe.int]

11.10.3 Ausblick

Von der Etablierung eines internationalen Strafgerichtshofs zur Sanktionierung jeder Form kollektiver Gewattätigkeit, deren Rechtssubjekte Kollektive (Staaten) sind, ist noch ein langer Weg.

Es muss als großer zivilgesellschaftlicher Fortschritt angesehen werden, dass im modernen Völkerrecht die gerichtliche Aufarbeitung von Ereignissen kollektiver Gewalttätigkeit als ein wesentlicher Bestandteil der Friedenssicherung betrachtet wird. Die bisherigen Nachwirkungen internationaler Rechtsprechung haben gezeigt, dass sie

- eine wirksame internationale Ächtung der Täter bewirken;
- die Verdrängung gewaltvoller Vergangenheit vermeiden;
- zu deren Aufarbeitung zwingen;
- zur Sprengung von Rache-Gegenrache-Ketten beitragen.

Die wichtigste Weltmacht der Gegenwart, die USA, distanziert sich bisher dezidiert von der Vorstellung, internationales Recht könne die Welt regieren (Ronald Dworkin, Artikel in SZ 29.12.03) und bekämpft die Entstehung einer **Weltjustiz**. Sie wird dabei auch von einigen Staaten unterstützt, die an Spitzenplätzen der Liste jener der Länder aufscheinen, in denen Menschenrechtsverletzungen und Folter stattfinden.

Generell betrachtet ist die Frage weitgehend offen, welche Teile des Rechtssprechungsmonopols der Nationalstaaten auf eine transnationale („weltstaatliche") Instanz übertragen werden.

11.11 Transnationale (kosmopolitische) Rechtsdurchsetzung

Aus dem iniversellen Anspruch des Völkerrechts, das Individuum und die Menschheit als solche zu schützen leitet sich die grundsätzliche Befugnis (nicht die Pflicht) der Menschheit ab, Verstöße gegen das Völkerrecht zu pönalisieren, unabhängig von der Nationalität der Täter und Opfer bzw. vom Tatort. Aus politischen Gründen sind dem allerdings noch Grenzen gesetzt worden. (Werle, 2003)

Grundsätzlich ist der Staat des Tatorts zur Bestrafung verpflichtet, was in vielen Fällen bedeutet, dass der Täter als eigener Richter fungieren soll. Dies erklärt den Umstand, dass staatliche Gerichte bisher nur in wenigen Ausnahmefällen Völkerrechtsverbrchen verfolft haben, Daraus ergibt sich die Frage der Strafpflicht von Drittstaaten (Werle, 2003).

11.11.1 Transnationale Friedenssicherung bei zwischenstaatlichen Konflikten

Der Fokus der UN-Charta von 1945 sind die zwischenstaatlichen (interkollektiven) Konflikte. Die Verfasser des Dokuments und die beschlussfassende Generalversammlung standen 1945 unter dem schockierenden Eindruck der zwei Weltkriege, die zwischenstaatliche Kriege gewesen waren und die Präambel beginnt mit dem Satz „Wir, die Völker der Vereinten Nationen – fest entschlossen, künftige Geschlechter vor der Geißel des Krieges zu bewahren, die zweimal zu unseren Lebenszeiten unsagbares Leid über die Menschheit gebracht hat,...". Dem zufolge sind die Klauseln der UN-Charta auf die „Wahrung des Weltfriedens und der internationalen Sicherheit. Den Mitgliedsstaaten ist, abgesehen vom Recht auf Selbstverteidigung gegen einen bewaffneten Angriff, jegliche Androhung oder Einsatz von Gewalt gegen einen anderen Staat untersagt. Die UN-Charta sieht in Kapitel VII vor, dass der UN-Sicherheitsrat zu Zwangsmitteln (Boykottmaßnahmen) greifen darf und sogar den Einsatz von Luft-, See- oder Landstreitkräften zur Wahrung oder Wiederherstellung des Weltfriedens beschließen darf, wenn er der Ansicht ist, dass die angewandten gewaltlosen Mittel unzulänglich sind (Art. 42). Somit definiert die UN-Charta, auf zwischenstaatliche Kollektive bezogen, ein Gewaltmonopol der Vereinten Nationen.

Alle UN-Mitglieder sind laut UN-Charta verpflichtet, mit der Gestellung von Truppen zur Umsetzung beizutragen (Art. 43) und Kontingente ihrer Luftstreitkräfte zum sofortigen Einsatz bereit zu halten (Art. 45).

Es haben sich in der Praxis drei Typen von transnationalen militärischen Interventionen bei zwischenstaatlichen Konflikten eingestellt, die fast ausschließlich von der UN durchgeführt worden sind:

- **Transnationale Beobachtermission bei zwischenstaatlichen Konflikten:**
Entsendung (mit Zustimmung der Konfliktparteien) von unbewaffneten militärischen Beobachtern zur Faktensammlung.
Beispiele:
  o UN-Beobachtermission UNIFIL im Libanon (1978 bis 2004) aus UN-Res. 425 u. 426 (ab 2006 wurde die Mission auf Friedenserzwingung umgestellt)
  o UN-Beobachtermission UNTSO (1979 bis dato Ende 2016) aus UN-Res. 50, zur Überwachung des Waffenstillstandes im 1. Israelisch-Arabischen Krieg und folgender Konflikte..
- **Transnationale Friedensmission bei zwischenstaatlichen Konflikten:**
Entsendung (mit Zustimmung der Konfliktparteien) von nur zur Selbstverteidigung bewaffneten Militärpersonen, um die Einhaltung von Friedensbedingungen zu überwachen, zwischen Konfliktparteien zu vermitteln oder sie durch Pufferzonen auseinander zu halten.
Beispiele:
  o UN-Friedensmission UNTSO (1948 bis 1979) aus UN-Res. 50, zur Überwachung des Waffenstillstandes im 1. Israelisch-Arabischen Krieg und folgender Konflikte..
  o UN-Friedensmisson UNSF in West-Neuguinea (1962 bis 1963) aus UN-Res. 1752, zur Überleitung der Verwaltung von den Niederlanden auf Indonesien.
  o UN-Friedensmission UNFICYP auf Zypern (seit 1964) aus UN-Res. 186, zur Stabilisierung der durch die Intervention der Türkei geschaffene Teilung der Insel.
- **Transnationale Friedenserzwingung bei zwischenstaatlichen Konflikten:**
Entsendung (gegen den Willen mindestens einer der Konfliktparteien) von bewaffneten Truppen zur gewalttätigen Erzwingung der vom UN-Sicherheitsrat beschlossenen Maßnahmen der Wiederherstellung und Sicherung des Friedens.
Beispiele:
  o UN-Intervention im Koreakrieg (1950 bis 1953) aus UN-Res. 85
  o UN-Intervention im 2. Golfkrieg (1990 bis 1991) aus UN-Res. 660
  o UN-Friedenserzwingung UNIFIL (ab 2006) aus UN-Res. 1701, im Konflikt zwischen Hisbollah und Israel im Süden Libanons (die im Libanon stationierten UN-Truppen hatten bis dahin eine Beobachtungsmission).

Die UN hat somit seit ihrer Gründung nur in den drei oben erwähnten Fällen von ihrem militärischen Eingriffsrecht in zwischenstaatlichen Konflikten zur Wahrung und Wiederherstellung des Weltfriedens Gebrauch gemacht. In allen anderen Fällen (z.B.: Vietnamkrieg, 1. Golfkrieg, 3. Golfkrieg) hat sie sich, durch das Vetorecht gelähmt, auf den Erlass von ermahnenden Resolutionen beschränkt.

11.11.2 Transnationale Friedenssicherung bei innerstaatlichen Konflikten

Die UN-Charta von 1945 schließt „eine Befugnis der Vereinten Nationen zum Eingreifen in Angelegenheiten, die ihrem Wesen nach zur inneren Zuständigkeit eines Staates gehören, oder eine Verpflichtung der Mitglieder, solche Angelegenheiten einer Regelung auf Grund dieser Charta zu unterwerfen" aus (Kap.I, Art. 2, Pkt. 7).

Bei UN-Beobachtermissionen und UN-Friedensmissionen in einen Mitgliedstaat stellte dies keinen formellen Hiderungsgrund dar, da diese fast ausnahmslos auf ein Ansuchen der offiziellen Regierung jenes Landes erfolgte.

Bei Menschenrechtsverletzungen bis hin zum Genozid gehörten die Täter in der Regel der offiziellen Regierung an oder standen ihr nahe, so dass ein Hilferuf in der Regel ausblieb. Mit der UN-Genozid-Konvention von 1948 trat zwar auch die Vorbeugung und Verhinderung von Genoziden in den Fokus der Vereinten Nationen, sie wurde aber vom letzten ständigen Mitglied des Sicherheitsrates (den USA) erst 1988 ratifiziert. Aber erst die UN-Vollversammlung von 2005 bevollmächtigte den UN-Sicherheitsrat, bei drohendem oder stattfindendem Genozid gemäß Kap. VII der UN-Charta mit Militärgewalt in einem Staat zu intervenieren, wenn dieser seiner Pflicht nicht nachkam, seine Bevölkerung davor zu schützen. Die Möglichkeiten der Vereinten Nationen des militärischen Eingriffs gegen Demozide und andere Verbrechen gegen die Menschheit waren bis dahin also äußerst eingeschränkt gewesen. Zu den statutarischen Begrenzungen der Friedenserzwingung innerhalb eines Mitgliedstaates kam zum anderen das Vetorecht im UN-Sicherheitsrat hinzu, welches in der Regel eine einstimmige Beschlussfassung verhinderte (die demozidalen Täter hatten in der Regel aus ethnizistischen, religiösen oder ideologischen Gründen einen Sympathiesanten unter den fünf ständigen Mitgliedern des Sicherheitsrats). In diese bis dahin bestehende Lücke sind zum Teil die USA und die NATO eingesprungen.

Daher ergibt sich folgendes Bild:

- **Transnationale Beobachtermission bei innerstaatlichen Konflikten**

Entsendung (mit Zustimmung der Konfliktparteien) von unbewaffneten militärischen Beobachtern zur Faktensammlung. Häufigster Anlass: Wahlbeobachtung.
Beispiele:

- o UN-Beobachtungsmission UNOMSA bei den Wahlen von 1994 in Südafrika
- o UN-Beobachtermission UNOMSIL (1998 bis 1999) im Bürgerkrieg von Sierra Leone

- **Transnationale Friedensmissionen bei innerstaatlichen Konflikten**

Entsendung (mit Zustimmung der Konfliktparteien) von nur zur Selbstverteidigung bewaffneten Militär-personen, um die Einhaltung von Friedensbedingungen zu überwachen, Waffenlieferungen zu unterbin-den, Entwaffnen der Konfliktparteien, Sicherung der Transportwege für humanitäre Hilfe, Rückführung der Flüchtlinge, Überwachung von Wahlen, polizeiartige Aufgaben zur Durchsetzung von Rechtsnormen, Einschließlich der Verhaftung von Rechtsbrechern, zwischen Konfliktparteien vermitteln oder ihre be-waffneten Verbände durch Pufferzonen auseinander halten.
Beispiele:

- o UN-Friedensmission ONUC (1960 bis 1964) aus UN-Res. 143 zur Unterstützung der Zentralregierung gegen die Sezessionisten von Katanga (dabei wurden die Blauhelme ohne derarige Mission zeitweise in Kampfhandlungen verwickelt).
- o UN-Friedensmission UNISOM I (1992 bis 1993) aus UN-Res. 751, zur Überwachung des Waffenstillstandes im Bürgerkrieg von So-malia und zur Absicherung der Verteilung der humanitären Hilfe
- o UN-Friedensmission UNMOZ (1992 bis 1994) zur Umsetzung der Friedensbedingungen nach dem Bürgerkrieg von Mozambik
- o UN-Friedensmission UNAMIR (1993 bis 1996) aus UN-Res. 872, zur Überwachung des Waffenstillstandes im Bürgerkrieg von Ru-anda.
- o UN-Friedensmission ONMUC (alias ONUC) (1999 bis dato Ende 2016) aus UN-Res. 1279 (30. 11.1999), 1291 (24.2.2000), 1493 (28.7.2003), 1592 (30.3.2005), 1635 (31.10.2005), 2098 (28.3.2013), zur Befriedung des 1998 neu aufgeflammten Bürgerkriegs, 2003 verstärkt durch EUFOR-Mission ARTEMIS und 2006 durch EUFOR RD CONGO.
- o UN-Friedensmission UNAMSIL (1999 bis 2005) im Bürgerkrieg von Sierra Leone
- o UN-Mission MINURCAT / EUFOR-Mission TSCHAD (seit 2007) aus UN-Res. 1778, zur Schlichtung des Bürgerkriegs

Nach der Einschätzung von Mary Kaldor (1999) hatte der Schwachpunkt vieler Friedensmissionen der bis dahin erfolgten Missionen in der Polizeiarbeit gelegen; die unzufriedenen Ergebnisse könnten vor allem daran gelegen haben, dass das entsandte militärische Personal dafür nicht qualifiziert war.

Die Überforderung der UN-Friedensmission ONMU in der Demokratischen Republik Kongo durch den Iturbi-Aufstand bewogen im Mai 2003 den UN-Generalsekretär, beim französischen Präsidenten inoffiziel-le um Unterstützung anzusuchen. Nachdem bis dahin EU-Eingreiftruppen nur im Auftrag der NATO zum Einsatz gekommen waren (in Bosnien-Herzegovina und Mazedonien) , führte dies zu ihrem Einsatz im UN-Auftrag (EUFOR Artmemis).

Die EU hat bis dato (Ende 2016) ca. 30 Friedensmissionen außerhalb ihres Machtbereichs durchgeführt, darunter.

- o EUFOR-Mission CONCORDIA (31.3.2003 bis 15.12.2003), aus UN-Res. 1371, zur Überwachung des Abkommens von Ochrid.
- o EUFOR-Mission ARTEMIS (1.5.2003 bis 1.9.2003) in der Dem.Rep.Kongo, aus UN-Res. 1484, zur Schlichtung von Unruhen.
- o EUFOR-Mission BOSNIEN-HERZEGOWINA (2004 bis dato Ende 2016), aus UN-Res. 1575), Fortsetzung der Überwachung der Um-setzung des Daytona-Abkommens
- o EUFOR-Mission EUJUST THEMIS in Georgien (16.7.2004 bis 14.7.2005)
- o EUFOR-Mission EUFOR RD CONGO (25.4.2006 bis 30.7.2006) in der Dem.Rep.Kongo, aus UN-Res.
- o EULEX KOSOVO (9.12.2008 bis dato Ende 2016), zur Unterstützung der per UN-Resol. 1244.eingesetzten provisorischen Zivilver-waltung
- o EUTM Mali (European Union Training Mission in Mali) (von 2013 bis dato Ende 2016), im Auftrag der EU, zur Schulung der Streitkräfte von Mali.

- **Transnationale Friedenserzwingung bei innerstaatlichen Konflikten**

Entsendung (gegen den Willen mindestens einer der Konfliktparteien) von bewaffneten Truppen zur ge-walttätigen Erzwingung der vom UN-Sicherheitsrat beschlossenen Maßnahmen der Wiederherstellung und Sicherung des Friedens. Die internationale konsensfähigste Rechtfertigung eines gewalttätigen Ein-griffs in einen innerstaatlichen Konlikt sind demozidale Verletzungen der Menschenrechte. Hierfür ist der Begriff „humanitäre Intervention" im Gebrauch.
Beispiele:

- o US-Intervention UNITAF (1992 bis 1993) mit UN-Beauftragung aus UN-Res. 794, zur Erzwingung der öffentlichen Ordnung in So-malia, im Sinne des Kap. VII der UN-Charta, nach dem Scheitern der UN-Friedensmission UNISOM I.
- o UN-Friedenserzwingung UNISOM II (1993 bis 1995) aus UN-Res. 814, zur Erzwingung der öffentlichen Ordnung in Somalia, im Sinne des Kap. VII der UN-Charta, nach dem Abbruch der US-Intervention UNITAF.
- o NATO-Krieg in Serbien. Während der Kosovo-Krise kam es 1999 zu einer militärischen Intervention der NATO gegen Serbien, da die UNO durch die UN-Charta und das Vetorecht Russlands im UN-Sicherheitsrat blockiert war. Die NATO durchbrach damit erstmals das in der UN-Charta stipulierte Gewaltmonopol der Vereinten Nationen, indem sie ohne UN-Mandat gegen einen Staat gewalttätig wurde. In der nachfolgenden Diskussion über die Rechtmäßigkeit der humanitären Intervention subsummierte der Auswärtige Ausschuss des britischen Unterhauses das Ergebnis mit der Aussage „völkerrechtswidrig aber moralisch gerechtfer-

tigt".[328] Der UN-Generalsekretär Kofi Annan erklärte am Tag des Beginns der Bombardierungen „Es ist tragisch, dass Diplomatie veragt hat, aber es gibt Zeiten, in denen die Anwendung von Gewälttätigkeit für für die Bemühungen um den Frieden legitim sein könnte".[329]

Die Diskussion über die Rechtmäßigkeit des gewalttätigen Eingriffs in „innere Angelegenheiten eines Staats" ist alt.

- Francisco de Vitoria, einer der Väter des Völkerrechts, hat sich 1540 für ein Interventionsrecht aus humanitären Gründen ausgesprochen.
- Kant (1795) sprach sich gegen jegliche Intervention aus (Zum ewigen Frieden, Präl.Art. 2). Er kannte allerdings nicht die demozidale Ausartung staatsinterner Konflikte des 20. Jahrhunderts.
- Mary Kaldor (1999) vertritt die These, dass eine Erzwingung des humanitären Völkerrechts unumgänglich ist. Im Gegensatz zu konventionellen Kriegen, wo es um die Vernichtung einer größtmöglichen Anzahl von Gegnern gehe, müsse bei den bürgerkriegsähnlichen Konflikten der Gegenwart nur eine dosierte Gewalt eingesetzt werden, um die Verluste auf beiden Seiten auf ein Minimum zu beschränken und so die Zivilbevölkerung nicht gegen die Interventionstruppen aufzubringen. Bei der Opferarithmetik dürfe man nicht mehr von einer höheren Wertigkeit der eigenen Truppen ausgehen.
- In seiner Rede am 19.4.2008 vor der UN-Vollversammlung zum 60. Jahrestag der UN-Charta der Menschenrechte hat Papst Benedikt XVI. der Relativierung der Souveränität von Staaten und der These der Erzwingung von Menschenrechten einen Anschub gegeben: Wenn in einem Staat schwere Verletzungen der Menschenrechte stattfinden dürfe die Staatengemeinschaft nicht nur einschreiten, sie müsse es.
- **Transnationale Unterstützung beim Wiederaufbau friedlichen Zusammenlebens**

Mary Kaldor (1999) hat klar herausgearbeitet, dass eine wesentliche Maßnahme bei transnationalen Interventionen zur Wiederherstellung und Sicherung des Friedens darin bestehen muss, das intervenierte Land, in heilendem und vorbeugendem Sinne, zu einem möglichst normalen Wirtschafts- und Gesellschaftsleben zu verhelfen. Babei müsse man aus Fehlern der jüngsten Vergangenheit lernen:

- Eine indiskriminierte Überschwemmung des Landes mit humanitären Hilfsleistungen könne der lokalen Wirtschaft den letzten Schlag geben (Negativbeispiel Somalia: Die Landwirtschaft wurde durch Hilfslieferungen nach 1992 ruiniert).
- Überzogene Auflagen transnationaler Kreditinstitute könne die Ausführung der Befriedungsmaßnahmen verhindern. (Negativbeispiel El Salvador: Die Regierung musste wegen der IWF-Auflagen Anfang der 90er Jahre die Polizeikräfte unterdimensionieren und konnte das Programm „Land für Waffen" nicht ausführen).
- Eine totale Auflösung der etablierten Ordnungskräfte eines besiegten Regimes kann zu einer totalen Anarchie führen. (Negativbeispiel Irak).
- Die traditionelle Konditionierung „erst Reformen, dann Wirtschaftshilfe" hat den zivilisatorischen Heilungsprozess vielfach verhindert oder zumindest stark verzögert.

11.11.3 Anlaufschwierigkeiten mit transnationalen Ordnungsmächten

WÄHREND DER SOLDAT ALS LEGITIMER WAFFENTRÄGER BEREIT SEIN MUSSTE, FÜR SEIN VATERLAND ZU STERBEN, RISKIERT DER INTERNATIONALE POLIZEI-SOLDAT SEIN LEBEN FÜR DIE MENSCHHEIT.

(Mary Kaldor, 1999)

Neben der Frage der Rechtmäßigkeit transnationaler Gewaltanwendung stellt die Aufstellung einer transnationalen Ordnungsmacht den problematischsten Teil einer kosmopolitischen Rechtsdurchsetzung dar. Überträgt man die Verhältnisse des innerstaatlichen Strafvollzugs auf den transnationalen Bereich, müsste eine transnationale („weltstaatliche", überstaatliche) Ordnungsmacht (eine **„transnationale Polizei"**) die Einhaltung des „internationalen Rechts" durch die Abschreckung ihres Gewaltpotenzials erwirken und auch in der Lage sein, eine gewaltsame Durchsetzung des transnationalen Rechts (UN-Resolutionen, Urteile des Internationalen Gerichtshofs) zu erzwingen.

Die UN-Charta sieht in Kapitel VII, Artikel 43 vor, dass der UN-Sicherheitsrat den Einsatz von Luft-, Seeoder Landstreitkräften zur Wahrung oder Wiederherstellung des Weltfriedens beschließen darf, wenn er der Ansicht ist, dass die angewandten gewaltlosen Mittel unzulänglich sind (Art. 42). Alle UN-Mitglieder sind verpflichtet, mit der Gestellung von Truppen zur Umsetzung beizutragen (Art. 43) und Kontingente ihrer Luftstreitkräfte zum sofortigen Einsatz bereit zu halten (Art. 45).

---

328 The Guardian 7.6.2000 „MPs says Kosovo bombing was illegal but necessary" (zitiert von Norman Paech in www.rosalux.de/index.php?id=4805).

329 Wikipedia, deutsch „Kosovokrieg" [25.07.08]

UN-Friedenstruppen haben bereits in vielen Krisengebieten durch ihre Anwesenheit die Gewaltanwendung durch die Konfliktparteien unterbunden. Im Jahre 1988 wurden sie dafür mit dem Friedensnobelpreis ausgezeichnet.

Es hat aber beim Einsatz von UN-Friedenstruppen zum Teil auch entmutigende Ergebnisse gegeben:

- Der 1. Einsatz von UN-Truppen in Somalia (1992 bis 1993) endete in einem Fiasko, als sich die Kommandanten zerstritten und ihre Truppen wieder abgezogen wurden.
- Die UN-Truppen konnten nicht den Demozid in Ruanda von 1994 verhindern, bei dem über 800.000 Personen abgeschlachtet wurden. Als kurz zuvor der UN-Kommandant von Massenmordübungen berichtete und 5.000 Mann Verstärkung anforderte, wurden die UN-Truppen bis auf 270 Mann abgezogen.
- UN-Truppen konnten die Genozide in Bosnien nicht verhindern; es kam beim Massaker von Srebrenica (1995) sogar zur absurden Situation, dass sie den serbischen Schergen Hilfestellung bei der Verkehrslenkung und der Abtrennung der 7.000 zu ermordenden muslimischen Männer von ihren Familien leisteten.
- Bei einigen UN-Einsätzen wurden Truppen aus europäischen Ländern eingesetzt, die vormals die Kolonialmacht des Einsatzlandes gewesen waren.
- Im Fall Ruanda hat der Umstand, dass das drittgrößte Kontingent aus 440 belgischen Soldaten bestand, wodurch die UN-Friedenstruppen von vielen Einheimischen als Kolonialtruppen angesehen wurden, wesentlich zum katastrophalen Scheitern der UN-Friedensmission UNAMIR (1993 bis 1996) beigetragen. Als nach der Ermordung von 10 belgischen Blauhelmen Belgien sein Kontingent abzog, folgten andere Länder dem Beispiel, just als der Genozid von über einer halben Million Personen einsetzte.
- Frankreich ist als ehemalige Kolonialmacht des Tschad seit 1976 mit etwa 1.000 Truppen vor Ort, die die Regierung gegen die Aufständischen militärisch unterstützen; gleichzeitig stellt Frankreich den Großteil der EUFOR-Truppen, die im UN-Auftrag seit 2007 vor Ort zwischen der Regierung und den Rebellen schlichten sollen.
- Es gab lange Zeit kein ausreichend ausgerüstetes UN-Hauptquartier (2.000 waren es nur wenige Dutzend Militärexperten zur Steuerung der etwa 30.000 weltweit im Einsatz befindlichen Blauhelme).
- Die UN ist dazu übergegangen, Teile der Friedensmissionsaufgaben an Unterauftragnehmer (Privatfirmen, Staaten) en bloc zu vergeben.
- Ausländische Truppen ohne Familienanhang führen an den Stationierungsorten naturgegeben zu einem starken Anwachsen der Prostitutionsnachfrage. Diese wird erst recht in Ländern gestörter öffentlicher Ordnung durch Zwangsprostitution und andere kriminelle Akte bedient. Bei mehreren Einsätzen wurden UN-Friedenstruppen sogar der Komplizenschaft bei der Verletzung von Menschenrechten (Vergewaltigungen, Kinderprostitution, Mord) bezichtigt: so in Kambodscha, Bosnien-Herzegowina, Somalia, Mosambik (Kandor, 1999). Zu den getroffenen Gegenmaßnahmen gehören Besuchsverbote für definierte Listen von Etablissements, die den UN-Interventionstruppen auferlegt werden.

Es hat sich gezeigt, dass sich Truppen unterschiedlicher Nationalitäten in Krisensituationen leicht die Solidarität verweigern und dass ihre Durchsetzungskraft durch Streitereien der aufeinander eifersüchtigen Kommandanten der unterschiedlichen Nationalitäten zu häufig unterminiert wird. In einem Report der „Internationalen Krisengruppe" wurde gefolgert „Die Erfahrung lehrt, dass der erfolgreiche Einsatz von Gewalt eine einheitliche militärische Struktur voraussetzt." Zu den getroffenen Gegenmaßnahmen gehört nun die Strategie, die UN-Interventionstruppen jeweils aus möglichst wenig Mitgliedstaaten zusammen zu setzen.

Angesichts des Scheiterns der UN-Friedenstruppen, genozidale Gewalttätigkeit in Bosnien-Herzegowina zu verhindern, beschlossen die USA zur Durchsetzung des Abkommens von Daytona (welches im November 1995 die Kampfhandlungen in Bosnien-Herzegowina beendet hatte) eine NATO-Eingreiftruppe „Implementation Force" (IFOR) einzusetzen; sie wurde im Dezember 2004 durch eine spezifische „European Union Force-EUFOR" abgelöst, was im Wesentlichen nur ein Kommandowechsel bedeutete. Im Jahre 2003 wurden EUFOR-Truppen auch in der Demokratischen Republik Kongo zur Unterstützung einer UN-Mission eingesetzt.

Im Jahre 1999 beschlossen die Regierungen der EU in einem Treffen zu Helsinki die Aufstellung einer 50.000 bis 60.000 Personen starken „EU-Eingreiftruppe", welche das Provisorium EUFOR ablösen sollte. Bis dato (Ende 2016) ist die EU-Eingreifgruppe nicht vorhanden, geschweige denn einsatzbereit.

Aufgrund des Vorschlages von Mary Kaldor zur Einrichtung einer „kosmopolitischen Interventionsstreitmacht" berief den EU-Außenbeauftragten Javier Solana eine Arbeitsgruppe „Human Security Doctrine for Europe" ein (an der Mary Kaldor teilnahm): Diese Gruppe empfahl im September 2004 die Aufstellung einer 15.000 Personen starken **„Human Security Response Force (HSRF)**. Dabei flossen die Thesen Mary Kaldors ein, dass neben den militärischen und polizeilichen Aufgaben auch die humanitäre Unterstützung zum Wiederaufbau wahrzunehmen sei: Daher wurde die Truppe aus 10.000 Personen für Sicherheitsaufgaben und 5.000 für zivile Aufbaumaßnahmen zusammengestellt.

11.12 Fragen des Rechts auf defensive Kollektivgewalttätigkeit

Kein anderer als der Defensivkrieg ist rechtmäßig!

(Wilhelm Friedrich Ernst zu Schaumburg-Lippe, 1724 bis 1777)

Zum Recht auf Selbstverteidigung besteht mindestens seit dem römischen Recht (vim vi repellere licet = Gewalttätigkeit darf gewalttätig zurückgewiesen werden) ein weitgehender Konsens. Mit anderen Worten wird dem Recht zugestanden, dass es vor dem Unrecht nicht zurückzuweichen brauche („Rechtsbewahrungsprinzip"). Die Anwendung des Selbstverteidigungsrechts ist jedoch sowohl auf Individuen bezogen (Strafrecht), wie auch auf Staaten (Völkerrecht) bezogen, recht problematisch. In beiden Fällen ist die schwierigste Frage, inwieweit eine rechtswidriger Angriff tatsächlich „gegenwärtig" bzw. „unmittelbar bevorsteht".

Auf das Völkerrecht bezogen ist der Artikel 51 der UN-Charta maßgeblich, der ein „naturgegebenes Recht zur individuellen oder kollektiven Selbstverteidigung" stipuliert. Unter „individueller Selbstverteidigung" wird die des einzelnen „angegriffenen" Staats verstanden; unter „kollektiver Selbstverteidigung" die Hilfestellung durch andere Staaten. Das Selbstverteidigungsrecht besteht nur im Fall einer „konkreten, unmittelbar drohenden Gefahr" (Klausel der Präemption = des notwendigen Zuvorkommens). Der Artikel 39 der UN-Charta behält dem Sicherheitsrat der Vereinten Nationen das Recht vor festzustellen, ob eine Bedrohung, ein Friedensbruch oder eine Angriffshandlung tatsächlich vorliegt. Ein gewalttätiges Vorgehen gegen eine mittelbare Bedrohung (Prävention = vorsorgliches Zuvorkommen") ist völkerrechtlich unzulässig.

12 Strategien zur gewaltlosen Konfliktaustragung

GEWALTLOSIGKEIT IST DIE GRÖSSTE KRAFT, DIE DER MENSCHHEIT ZUR VERFÜGUNG STEHT,
MÄCHTIGER ALS JEDE ZERSTÖRUNGSWAFFE.

(Mahatma Gandhi, 1869 bis 1948)

12.1 Vorbemerkungen

Der wirksamsten aller Maßnahmen zur Vermeidung kollektiver Gewalttätigkeit, nämlich der Vermeidung der Entstehung und der Zuspitzung kollektiver Konflikte (Kapitel 10), ist das gewalttätigkeitsfreie Austragen von Konflikten vorgelagert. In der Vergangenheit hat es dafür eine Reihe erfolgreicher Beispiele gegeben.

Gene Sharp (2005) hat darauf hingewiesen, dass unterschieden werden müsse zwischen der „grundsatzbedingten Gewaltlosigkeit" („principled nonviolence"), die eine Ideologie des „Alles-über-sich-ergehen-lassens" ist und der „gewaltloser Konfliktaustragung" („nonviolent struggle"), die eine Strategie des „Für-die-eigenen-Rechte-Kämpfens" ist. In diesem Kapitel geht es um die zweite Strategie.

Alle Strategien der gewaltlosen Konfliktaustragung basieren auf der Erkenntnis, dass politische Macht auf Gefolgsamkeit beruht, die mittels Gewalt nur vorübergehend erzwungen werden kann und dauerhaft nur qua Überzeugung. Sie zielen darauf ab, die Macht des gegnerischen Kollektivs nicht (wie in Kriegen) durch Vernichtung seiner Streitkräfte zu brechen, sondern durch Unterminierung seiner Macht, indem man die Loyalität der untergeordneten Subkollektive oder Ressourcen zerstört, auf denen diese Macht beruht.

12.2 Große Ideologen der Gewaltlosigkeit

- Die Gewaltlosigkeit stand im Mittelpunkt der Lehre **Buddhas** (spätes -6. Jh.). Der indische Herrscher Ashoka hat sie sogar zu seinem Regierungsprogramm gemacht.
- **Jesus Christus** hat eine gewaltlose Konfliktaustragung gepredigt. Die Lehre „Wenn Dir jemand die rechte Wange schlägt, so reiche ihm auch die linke" (Matth. 5,38) kann man als eine Aufforderung verstehen, sich nicht demütigen zu lassen. Auch andere Passagen lassen sich in diesem Sinne auslegen: „Leiste keinen gewaltsamen Widerstand, aber lasse Dich nicht demütigen, sondern versuche den Demütiger in Verlegenheit zu bringen".
- **Gandhi** lehrte, dass einer der Grundprinzipien der gewaltfreien Konfliktaustragung darin bestehe, all dem, was erniedrigend ist, die Kooperation zu verweigern. Winston Churchill äußerte einst im britischen Parlament, er werde es als Minister Seiner Majestät nicht zulassen, dass ein British Commonwealth einem „nackten Fakir" unterläge. Er, der Adolf Hitler besiegte, unterlag jedoch der sanften Gewalt Gandhis.
- Baruch de **Espinosa** war der erste „abendländische" Philosoph, der sich bemüht hat, gewalttätigkeitsloses Verhalten als das am meisten naturkonforme und folglich das rationellste sei, zu belegen.
- **Antonio Gramsci** war, obwohl aktiver Kommunist, ein Verfechter gewaltlosen Klassenkampfes, der nur durch ideologische (das heißt gewaltlose) Überzeugungsarbeit innerhalb der Zivilgesellschaft zu gewinnen sei.
- **Der 14. Dalai Lama (Tenzin Gyatso)** wurde 1989 mit dem Friedensnobelpreis dafür ausgezeichnet, dass er sich für einen gewaltlosen Kampf zur Wahrung des historischen und kulturellen Erbes Tibets einsetzte.

12.3 Typen gewaltfreier Konfliktaustragung

WIR MÜSSEN DIE KULTUR DES STREITENS LERNEN UND DIE KULTUR DER KONFLIKTAUSTRAGUNG.

(Rudi Pahnke, 1991)

Sharp (2005) listet 198 Varianten gewaltfreier Konfliktaustragung auf, die er in drei Kategorien einteilt:

A. Gewaltloser Protest und Überzeugungsaktionen

- o Protestversammlungen, Öffentliche Reden
- o Petitionen, offene Briefe, Unterschriftensammlungen
- o Ein erfolgreiches Beispiele derartiger Aktionen sind die unter Pkt. 11.9.2.2 erwähnten „Eilaktionen" („Urgent Actions") von AMNESTY INTERNATIONAL
- o Verunglimpfungen
- o Protestmärsche, Umzüge
- o Mahnwachen
- o Verteilung von Flugzetteln

Gewaltlose Proteste haben die begrenzte Wirkung von Nadelstichen. Sie können jedoch zur Unterminierung der Autorität beitragen. Wesentlich ist, dass die Teilnehmer an den Protestaktionen eine strenge Disziplin wahren und sich nicht zu Gewalttätigkeiten hinreißen lassen.

B. Nichtkooperation

B.1 Soziale Nichtkooperation

B.2 Ökonomische Nichtkooperation

B.2.1   Boykotts

- Verbraucherboykotts
- Abheben von Bankguthaben
- Sozialer Boykott (Missachtung sozialer Regeln, Boykott sozialer Anlässe)

B.2.2   Streiks

B.3 Politische Nichtkooperation

- Nichtteilnahme an Wahlen
- Nicht-Kandidierung für politische oder öffentliche Stellen
- Dienst nach Vorschrift
- Verweigerung der Kooperation mit der Justiz
- Kriegsdienstverweigerung
- Befehlsverweigerung

Nichtkooperationen zielen auf das Untergraben der Machtmittel. Sie erfordern eine hohe Teilnehmerzahl, um wirksam zu sein.

C. Gewaltlose Intervention

- Sitzstreik
- Gewaltlose Blockaden
- Gewaltlose Geländebesetzung
- Überlastung von Einrichtungen (auch von Gefängnissen)

Gewaltlose Interventionen können mit unterschiedlicher Teilnehmerzahl durchgeführt werden. Sie können eine gewaltsame Repression provozieren und deshalb zu relativ hohen Verlusten führen. Sie haben nur eine Aussicht auf Erfolg, wenn ein starker Wille zum Erleiden der Gegenrepression vorherrscht. Auch bei diesem Typ Aktionen ist wesentlich, dass die Teilnehmer an den Protestaktionen eine strenge Disziplin wahren und sich nicht zu Gewalttätigkeiten hinreißen lassen.

Eine gewaltfreie Konfliktaustragung vermeidet zwar keine Gewaltopfer, verringert ihre Häufigkeit jedoch erheblich im Vergleich zu einer gewalttätigen Austragung.

Eine wichtige Strategie der gewaltlosen Konfliktaustragung ist die so genannte Ju-Jitsu-Technik: Man verleitet das repressive Kollektiv, eine fragwürdige Vorgehensweise noch zu verstärken, um es in Misskredit zu bringen.

Die oben beschriebenen Typen gewaltfreier politischer Aktionen wurden auch von Kollektiven angewandt, die sich sonst die Gewalttätigkeit als Mittel zur Durchsetzung ihrer Ziele auf ihre Fahnen geschrieben hatten. Als Beispiele werden von Sharp (wenn es auch sich um solche für den falschen Zweck handelt) die ökonomischen Boykotts der Nationalsozialisten gegen jüdische Geschäfte genannt sowie die Verweigerung des Benzintankens für Zivilrechtler in der Südstaaten.

12.4 Ergebnisse gewaltfreier Konfliktaustragung

Revolutionen müssen durch kritische Debatten stattfinden, und nicht durch Gewalt und Krieg.

(Karl Popper, um 1961)

Gene Sharp (2005) teilt die erzielbaren Ergebnisse in vier Kategorien ein, die auch in Kombinationen auftreten können.

A. Einlenkung

Das repressive Kollektiv geht auf die Forderungen des gewaltlos konfliktierenden Subkollektivs ein. Dieser Fall kommt selten vor.

B. Schlichtung

Beide Konfliktparteien einigen sich auf eine Kompromisslösung; die Forderungen des gewaltlos konfliktierenden Subkollektivs werden teilweise erfüllt.

C. Gewaltloser Zwang

Das repressive Kollektiv wird durch Unterminierung seiner Machtmittel gegen seinen Willen gezwungen, auf die Forderungen des gewaltlos konfliktierenden Subkollektivs einzugehen.

Klassisches Beispiel:

○ Der Große Oktoberstreik von 1905, der den Zaren zwang, eine parlamentarische Demokratie einzurichten.

D. Desintegration

Das repressive Kollektiv wird durch Subversion zur Selbstauflösung gezwungen. Zum Beispiel:

○ Die Februarrevolution 1917, welche den Zaren zur Abdankung zwang. Die Menschenverluste waren dabei sehr gering.

12.5 Vorteile gewaltfreier Konfliktaustragung

AUGE UM AUGE MACHT DIE WELT BLIND.

(Mahatma Gandhi, 1869 bis 1948)

Zusätzlich zur ethischen Höherwertigkeit einer Gewaltfreiheit bestehen nach Gene Sharp (2005) weitere große Vorteile:

○ Geringerer Verlust an Menschenopfern.
○ Schonung der Institutionen der Zivilgesellschaft, die von gewalttätigen Niederschlagungen von Aufständen normalerweise zerstört werden und eine Wiederaufnahme demokratischen Gesellschaftslebens erschweren.
○ Stärkung der Institutionen der Zivilgesellschaft durch die koordinierte Beteiligung über mehrere Bevölkerungsschichten hinweg.
○ Die durch gewaltfreie Konfliktaustragung errungenen Erfolge sind relativ langlebig und bedürfen keiner Gewalttätigkeit zu ihrer Verteidigung.

12.6 Die Vernachlässigung der Bemühungen um Prävention und gewaltfreie Auflösung von Konflikten

Wie Volker Matthies (2004) in einem Artikel übersichtlich zusammengetragen hat, stellen sich der Konflikt- und Friedensforschung und Umsetzung ihrer Erkenntnisse verschiedene Schwierigkeiten entgegen:

• Frieden werde vielfach als ein „statistisches Nichtereignis" betrachtet, als „Negativ eines Konflikt-Weltbildes". Der Mensch interessiert sich spontan mehr dafür, warum es Krieg gibt, als warum es keinen gibt. Außerdem lassen sich Ereignisse besser statistisch erfassen als Nichtereignisse.

• Es herrscht eine pessimistische Sicht der internationalen Beziehungen vor, die überall Chaos und Anarchie sieht, bei der jede Mühe nutzlos sei. Yahya Sadowski (1998) hat dies zu entkräftigen versucht.

• Die Verfechter der Theorie der „Neuen Kriege" haben mit ihrer Hervorhebung fast mysteriöser neuer Sicherheitsrisiken die Aufmerksamkeit auf sich gezogen und den Diskurs von der friedenspolitischen Evolution auf einen sicherheitspolitischen Interventionismus eingeengt. Diese Art Kriegsforschung versteht sich nicht als Friedensforschung.

• Die Gründe, weswegen trotz allem sowohl räumlich als auch zeitlich die friedliche Koexistenz vorgeherrscht hat, sind noch weniger erforscht worden, wie die Gründe der gewalttätigen Ausnahmen. Die Friedensursachenforschung ist noch weniger entwickelt als die Kriegsursachenforschung.

• Zu den Vernachlässigungen der Friedensbemühungen gehören die selektive Unterstützung

13 Vermeidung von Konflikten bzw. derer gewalttätigen Eskalation

Hass wird über Erwiderung von Hass vermehrt und kann andererseits von Liebe getilgt werden.

(Baruch Spinoza, 1632 bis 1677)

Frieden ist nicht die Abwesenheit von Krieg, es ist eine Tugend,
eine Geisteshaltung für Wohlwollen, Vertrauen, Gerechtigkeit.

(Baruch Spinoza, 1632 bis 1677)

Wir müssen uns stellen, für die Sache des Friedens die gleichen Opfer bringen,
die wir widerstandslos für die Sache des Krieges gebracht haben.

(Albert Einstein, ca. 1920)

Alles was den zivilisatorischen Fortschritt fördert, arbeitet gegen den Krieg.

(Sigmund Freud, 1932)

Peace making is more than stopping war.

(The Carter Center, 2005)

Die Erfahrung zeigt, dass Gewalttätigkeit, Konflikte und Terrorismus
von der Angst, dem Misstrauen und der Verzweiflung gespeist werden,
die aus Armut und Frustration entstehen.

(Papst Franziskus I. in Nairobi am 25.11.2015)

Die Erkenntnis, dass kollektive Gewalttätigkeit nicht direkt von neurophysiologischen Instinkten oder Egoismen des menschlichen Individuums abhängt, sondern ein emergentes Verhalten menschlicher Kollektive (siehe Kapitel 1.3) und zwar der territorial-hegemonischen, könnte zur fatalistischen Schlussfolgerung verleiten, dass es erst recht ein Ding der Unmöglichkeit sei, etwas dagegen zu unternehmen. Glücklicherweise ist das Unterfangen nicht so aussichtslos, wie es auf ersten Anblick den Anschein hat.

- Emergente Ergebnisse können durch Eingriffe in die Eigenschaften der beteiligten Elemente und Umweltbedingungen beeinflusst werden. Man betrachte das Beispiel der Verkehrsunfallstatistik. Die Anzahl der jährlichen Verkehrstote eines großen Kollektivs wie zum Beispiel der BRD (80 Mio. Fußgänger, 50 Mio. Kraftfahrzeuge mit ca. 700 Mrd. Fahrzeug-Kilometer pro Jahr) kann als ein emergentes Ergebnis betrachtet werden. Sie schwankt nicht hektisch von Jahr zu Jahr, sondern folgt einer glatten Kurve, deren Werte mit anderen Ländern vergleichbar sind. Trotz dieser statistischen Regelmäßigkeit und trotz einer Zunahme von 20 % der Fahrleistung konnten z.B. in der BRD die Anzahl der jährlichen Verkehrstoten in den letzten zehn Jahren halbiert werden.[330]
- Auch wenn es bei emergentem Verhalten keinen digitalen AUS-Schalter gibt, mit dem man es einfach abstellen kann, sind aus der Naturwissenschaft emergente Eigenschaften bekannt, bei denen relativ kleine Anstöße oder Parameterveränderungen unverhältnismäßig große Änderungen hervorrufen.
- Kleine friedensfördernde Schritte von Millionen von Menschen können auf emergenter Weise zur Konfliktvermeidung und zum Gewaltverzicht der Kollektive beitragen. Einer dieser emergenten Effekte ist die „ptolemäische Rückwendung", die bereits mehrere Formen kollektiver Gewalttätigkeit, die genauso emergenter Natur waren wie es Kriege und Demozide sind, ausgemerzt hat, darunter Menschenopfer, Kannibalismus, Kindstötung, Sklaverei und Hexenverfolgung.
- Eingriffe in ideologische und strukturelle Sozialkonstrukte sind, wenn diese Menschenrechte verletzen (d. h. sich gegen die Unversehrtheit und Würde jedweden Individuums richten) oder gewaltträchtige Resonanzstellen darstellen, unter Einhaltung völkerrechtlicher Regeln, vertretbar.
- Da Kollektive in stärkerem Maße rational agieren als menschliche Individuen (deren Dimension die weite Brücke vom Animalischen bis zum Erhaben-Abstrakten überspannt), kann man erwarten, dass kollektive Gewalttätigkeit durch strukturelle Eingriffe in Kollektiven in weit höherem Maße gebannt werden kann als individuelle Gewalttätigkeit.

Gewalttätigkeit vermeidende strukturelle Eingriffe in Kollektiven müssen mit vielfacher Zielrichtung erfolgen. Primär muss das Entstehen von Konfliktsituationen so weit wie möglich vermieden werden, auch wenn dies nur teilweise gelingen kann, denn Konfliktsituationen sind in einer freiheitlich-pluralistischen Welt faktisch nicht zu vermeiden. Dann muss darauf eingewirkt werden, dass Konflikte nicht zu einer gewalttätigen Auflösung eskalieren. Nur ein vorzeitiger, gütlicher und gerechter Interes-

---

330 Pressemitteilung vom Dezember 2004 der Bundesanstalt für Straßenwesen.

senausgleich kann das Aufkommen von Krisen minimieren und deren gewalttätige Eskalation vermeiden.[331][332]

Im Grunde geht es um folgende Problemschwerpunkte, die in den folgenden Kapiteln weiter besprochen werden.

- Die sozialen Strukturen müssen hinsichtlich ihrer friedensfördernden Wirkung ausgebaut werden.
- Da die Welt bekanntlich nie stillsteht, erzeugen die technischen, wirtschaftlichen und ideologischen Entwicklungen laufend Veränderung im Zusammenleben der Menschen und deren Gemeinschaften. Dies wird die Menschheit als „Naturgesetz" begleiten, das „Rad der Geschichte" wird nie stillstehen, solange es Menschen gibt. Bei jeder Veränderung ist es unvermeidlich, dass einige Menschen, einige Teile der Gesellschaft bzw. der Staatengemeinschaft vorerst bevorteilt und andere benachteiligt werden, oder zumindest dies so empfinden. In der Vergangenheit sind derartige Störungen des Gleichgewichts vielfach nicht behandelt worden, sie haben sich zugespitzt und die Konfliktparteien haben ihre Interessen schließlich durch Anwendung kollektiver Gewalttätigkeit durchzusetzen versucht: durch Plünderungszüge, durch Landnahmen, durch Aggressionskrieg, durch Demozide.
- Die sozialen Resonanzen der Individuen und die Strukturen der sozialen Einrichtungen müssen dynamisch auf alle Entwicklungen ausgleichend eingehen. Dazu gehört es, das Zementieren ungleicher ökonomischer Lebenschancen (eine der Formen „strukturierter Gewalt") zu vermeiden.
- Der von den menschlichen Gesellschaften im Laufe der Geschichte herangebildete ideologische Überbau (religiöse, philosophische und politische Weltanschauungen) müssen ihrer gewaltfördernden Elementen entledigt werden.
- Letztlich geht es darum, den Menschen vor gewalttätigen Übergriffen der (vom Menschen geschaffenen) Kollektive zu schützen.

Carl-Friedrich von Weizsäcker hat die zentrale Aufgabe der Friedenssicherung sinngemäß wie folgt in die Sprache der Physik gefasst: Ungleichheit ist der natürliche Zustand, **Gleichheit** ist ein künstlicher Zustand, der nur durch dauernde Anstrengung aufrecht erhalten werden kann.

Das Bemühen der internationalen Staatengemeinschaft, einen **Mechanismus für gewaltlose Veränderungen** zu schaffen, der auf einem gerechten internationalen Interessenausgleich basiert, müssen stetig fortgesetzt werden. Dabei muss danach getrachtet werden, transnationale Prozesse und Institutionen zu schaffen, die über den Eigennutz von Einzelstaaten stehen.

Der Umstand, dass sich der Begriff „Frieden" heute nicht mehr auf den Zustand „Abwesenheit von Krieg" beschränkt, sondern auch die „Abwesenheit von sozio-ökonomischen und ethnizistischen Verwerfungen" erfasst, ist als großer zivilisatorischer Fortschritt der zweiten Hälfte des 20. Jhs. anzusehen.

13.1 Konfliktvermeidung durch naturgemäße (empathische) Erziehung

Wie unter Punkt 3.1.1 dargelegt, hat die moderne neurologische Forschung festgestellt, dass der Mensch von seiner Veranlagung her (vor allem Dank der Spiegelneuronen) auf ein empathisches Verhältnis mit seinen Mitmenschen ausgelegt ist. Angeboren ist jedoch nicht die Empathie als solche, sondern lediglich die Fähigkeit und Vorzugstendenz dazu. Die angeborene Neigung zur Empathie muss durch Erziehung mit positiven Inhalten geprägt werden. Wiederholte Erfahrung von Handlungsabläufen führt zu einer Verstärkung der entsprechenden neuronalen Verknüpfungen oder zu deren Absterben im entgegengesetzten Fall. So entsteht im Menschen ein gespeicherter Vorrat von Vorstellungsmustern und Handlungsabläufen.

Große Verfechter der These, dass man der kollektiven Gewalttätigkeit den Nährboden durch eine weitere Verbesserung der Erziehung und Bildung entziehen kann, waren der Abt von Saint-Pierre (1728) und Juan Bautista Alberdi (gest. 1884).

Familiäre Erziehung

Die Grundprägung des Menschen erfolgt in seinen ersten Lebensjahren. Dies ist fast ausschließlich nur durch „Spiegelung" mit einer vom Kind als vertrauenswürdig akzeptierten Bezugsperson möglich, am wirksamsten durch die Mutter. Ein soziales System, der es der Mutter erlaubt, zumindest in den ersten zwei Lebensjahren das Kind zu erziehen, hat eine eminent Gewalt bannende Auswirkung, denn sie dämmt nicht nur die individuelle Gewalttätigkeit ein, sondern auch die kollektive. Ausgeglichene und selbstsiche-

---

331 Die Aufschrift am Sitz der Internationalen Arbeitsorganisation in Genf „Si vis pacem, cole justitiam" (Wenn Du Frieden willst, pflege die Gerechtigkeit) trifft den Zusammenhang zwischen Gerechtigkeit und Gewaltfreiheit im Kern.

332 Diesen Gedanken fasst der Satz Simud Freuds trefflich zusammen: „Alles was den zivilisatorischen Fortschritt fördert, arbeitet gegen den Krieg."

re Menschen neigen deutlich weniger zu Gewalttätigkeit und sind gegenüber Gewaltpredigern wesentlich immuner.[333]

Schulische Erziehung

Auf der in der Kindererziehung ausgebildeten emotiven Kompetenz muss die schulische Erziehung nicht nur die rationale Kompetenz und das Gegenstandswissen erweitern, sondern auch die soziale Kompetenz.[334] Auf der anderen Seite muss bei der Ausbildung und der Auswahl des Lehrpersonals mehr auf die empathischen Fähigkeiten als auf das Sachwissen Wert gelegt werden, denn die besten Lernerfolge werden in einer positiven zwischenmenschlichen Beziehung erzielt (Bauer, 2005).

13.2 Konfliktvermeidung durch demografische Stabilisierung

Der Umstand dass die Anzahl der Gewaltereignisse seit dem griechischen Altertum im Gleichschritt mit der Weltbevölkerung gewachsen ist, belegt den engen Zusammenhang der Bevölkerungsdichte mit der Anzahl von Konflikten. Metaphorisch kann man sagen, dass je enger es in einem Hühnerstall wird, desto mehr die Hühner aufeinander einhacken. Demzufolge ist die wichtigste Maßnahme der Begrenzung von Konflikten die Geburtenkontrolle.

Es leben derzeit (Ende 2016) etwa 7,4 Mrd. Menschen auf der Erde. Geht man davon aus, dass pro Weltenbürger bei einem bescheidenen Lebensstil 2,5 ha Festlandoberfläche erforderlich sind (in Europa sind es derzeit 3,5 ha), so haben auf der Erde maximal 4 Mrd. Menschen Platz. Dies heißt, dass **die Erde heute schon überbevölkert** ist. So absurd es auch klingen mag, die Überbevölkerung wird die Welt dann einem Zusammenbruch des ökologischen Gleichgewichts näher bringen, wenn die Einwohner der Dritten Welt ihren Energiebedarf, ihren Stahlverbrauch und ihren Wasserverbrauch auf das zehnmal höhere Niveau der Industrieländer bringen werden, wozu sie ja dasselbe Recht haben.

Nach einer Studie der UN wird die Weltbevölkerung bis 2025 auf 8 Mrd. anwachsen. Dieser Zuwachs wird überwiegend in den „Entwicklungs- und Schwellenländern" stattfinden, das heißt der Anteil der Armen wird steigen. (Die Kinderzahlen pro Frau von ca. 5, so wie sie in Afrika und Indien liegen, führen zu einer Verdoppelung der Bevölkerung alle ca. 30 Jahre, während in den entwickelteren Ländern die Verdoppelung alle 100 Jahre eintritt).

Der Aspekt „Bevölkerungszahl" ist im Zusammenhang mit kollektiver Gewalttätigkeit einer der wichtigsten Parameter. Daraus lassen sich indes keine direkte Folgen direkt ableiten. Es handelt sich um einen tendenziellen Einflussfaktoren, der im Gesetz der Großen Zahlen wirksam ist, aber nicht im Einzelfall unmittelbar wirksam sein muss.

- Der 2. Weltkrieg, das bisher größte Massaker der Geschichte, wurde 1939 vom 3. Reich ausgelöst, obwohl es wegen der Gefallenen und Frontaufenthalte des 1. Weltkriegs einen Mangel an 21- bis 25-Jährigen, sowie an über 39-Jährigen gab. Er war jedoch eine indirekte Nachwirkung des vor dem 1. Weltkriegs vorhandenen demografischen Drucks.

- Diskriminierte Minderheiten neigen dazu, selbst unter sub-humanen Lebensbedingungen, eine maximal mögliche Geburtenrate herbeiführen, mit dem Ziel, ihre politische Macht durch Bevölkerungszunahme zu erhöhen. Dies wird beispielsweise von der Bibel vom ägyptischen Aufenthalt berichtet: „Aber je mehr sie das Volk bedrückten, desto stärker vermehrte es sich und breitete sich aus „ (Ex. 1,12). Die Palästinenser verhalten sich in der Gegenwart ähnlich. Die Frage, die sich hier stellt, ist, ob der Einsatz der „demografischen Waffe" von der Völkergemeinschaft sanktioniert werden soll, zum Beispiel durch Konditionierung von Wirtschaftshilfen. Solange sich die katholische Kirche der Empfängnisverhütung widersetzt, würde eine solche Konditionierung allerdings einer mehr als diskutablen Forderung nach sexueller Enthaltsamkeit gleichkommen.

- Man kann wohl annehmen, dass der Hauptgrund der hohen Geburtenraten in Entwicklungs- und Schwellenländern in der Armut liegt, denn eine möglichst hohe Kindanzahl sichert die Altersversorgung ab, wenn möglichst viele zwar arme Kinder einen wenn auch kleinen Beitrag dazu leisten. Da kann nur Wohlstandswachstum Abhilfe schaffen.

- In neuester Zeit werden Kassandrarufe über den sich vor allem in islamischen Ländern anbahnenden Jugendüberschuss häufiger und lauter. Wie unter Punkt 10.1.2.1 besprochen, gilt dafür kein deterministisches Naturgesetz, sondern tendenzielle Wahrscheinlichkeiten. Die Jugend der ganzen Welt ist sympathisch eingestellt. Es kommt darauf

---

333 Die ungeheure Wichtigkeit der emotiven Erziehung wird im allgemeinen übersehen. Die Debatten über das Erziehenswesen fokussieren in der Regel die rationale Erziehung und gerade noch die körperliche Erziehung.

334 Wie wichtig die emotive Erziehung ist, merkt man beispielsweise, wenn man im Berufsleben auf Personen trifft, deren rationale Intelligenz und technische Kompetenz hoch ausgeprägt ist, aber mangels emotiver Erziehung vergeudet wird; zum Beispiel indem sie aus unbedeutenden Anlässen Feindbilder aufbauen und Kriegsschauplätze eröffnen, oder sich durch fehlendes Einfühlungsvermögen Antipathien schaffen; dies zwingt sie dann, ihre Intelligenz zur Ausfechtung der von ihnen kreierten Rivalitäten oder Aversionen zu vergeuden.

an, ihr eine lebenswerte Zukunft zu schaffen, damit sie ein noch kräftigeres Feuer der Zivilisation ihrer Nachfolge überreichen können.

- Sofern die für die Vergangenheit feststellbare Korrelation zwischen Weltbevölkerung und kollektiver Gewalttätigkeit auch in Zukunft eintreten wird (was wahrscheinlich aber nicht gewiss ist), würde man durch eine Halbierung der Weltbevölkerung die absolute Anzahl der Kriege, Demozide und Toten halbieren. Pro Kopf würde sich aber noch nichts ändern. Der demografische Parameter ist also nicht ausreichend, um für jeden Menschen die Wahrscheinlichkeit zu verringern, dass er durch Kriege oder Demozide ums Leben kommt.

13.3 Innerstaatliche Harmonisierung zur Konfliktvermeidung

ECHTER FRIEDEN IST NICHT NUR DIE ABWESENHEIT VON SPANNUNGEN:
ER BESTEHT IN DER ANWESENHEIT VON GERECHTIGKEIT.

(Martin Luther King jr., 1929 bis 1968)

Einige Autoren, vor allem Konflikt- und Friedensforscher, haben auf die Gefahren hingewiesen, die für den Friedensprozess daraus entstehen, dass Gesellschaften und ihre Institutionen einen Teil der Bevölkerung schwerwiegend benachteiligen: durch ideologische Aussonderung, durch Benachteiligungen bei der Verteilung der Ressourcen, bei den Bildungschancen, bei den Berufschancen, bei der Teilnahme am öffentlichen Leben. Dafür hat der norwegische Friedensforscher Johan Galtung den Begriff der „**strukturellen Gewalt**" geprägt. Mir scheint, dass für dieses Themenfeld der Terminus „**gewaltfördernde Gesellschaftsstrukturen**" treffender ist; Denn es handelt sich zum Teil um Zustände, die ungewollt oder durch bewusstes Laisser-faire entstanden sind, oder um Zustände, an deren Zustandekommen die Opferseite mit verantwortlich ist. Ausgrenzungen haben sehr oft eine Selbstausgrenzungskomponente. Das Problem ist so alt wie die Menschheit, neu ist, dass die Menschheit beginnt, sich darüber bewusst zu werden. Eine der Hauptaufgaben der Konflikt- und Friedensforschung besteht in der Freilegung der gewaltfördernder Strukturen, um sie durch Lösungsvorschläge und Bewusstmachung abzubauen.

Folgende Aspekte sind in diesem Zusammenhang relevant:

- Jeder Staat ist tendenziell eine „Abgrenzungsmaschine". Er schließt Grenzen, kontrolliert oder verweigert sogar den Zutritt, diskriminiert Ausländer gegenüber Inländern. Dies mag alles seine Gründe und Meriten haben, wir müssen jedoch berücksichtigen, dass sich ein „Abgrenzungsapparat" bei den anstehenden Integrationsproblemen in einer „Welt ohne Grenzen" äußerst schwer tut.
- Zentralistische Staatsverfassungen können mit ethnischen Minderheiten schlechter umgehen als föderalistische Verfassungen
- Bei der Betrachtung des Aspekts „gewaltfördernde Gewaltstrukturen" kann man davon ausgehen, dass die westeuropäischen Gesellschaften das virtuelle Kollektiv „heterosexuelle Personen, männlichen Geschlechts, aus der Oberschicht, der dominierenden Ethnie und Religion", privilegieren und alle anderen benachteiligen. In den USA ist diese privilegierte Oberschicht die der „WASP" (White Anglo-Saxon Protestant).
- Gewaltfördernden Gesellschaftsstrukturen können auch durch Schulsysteme erzeugt werden, welche Kinder aus minderbemittelten Sozialschichten noch mehr benachteiligen als sie außerhalb der Schule schon sind. Zur Frage des Schulsystems gehört nicht nur der Lehrplan und das Benotungssystem, sondern vor allem die soziale und ethnische Durchmischung der Lehranstalten (Negativbeispiel „Gettoschule").

13.3.1 Konfliktvermeidung durch Konsensbildung

DER GRUND JEDER REVOLUTION IST DIE UNZUFRIEDENHEIT MIT DER ZUFRIEDENHEIT ANDERER.

(Sigmund Graff, 1898 bis 1969)

In der geschichtlichen Vergangenheit waren 18 % der gewalttätig ausgetragenen Konflikte innerstaatliche Konflikte um die Machtverteilung, die Regeln des Zusammenlebens und die Verteilung der Ressourcen. Dazu kamen 6 % Allophobiekonflikte (Gewalttätigkeit zur territorialen Homogenisierung), in denen einer Minderheit das Koexistenzrecht abgesprochen wurde sowie 9 % Desintegrationskonflikte, in denen sich ein Teil aus einem Staatsverband loslösen wollte. **Ein Drittel aller Konflikte ist also durch gravierende innerstaatliche Konsensmängel verursacht worden**.

In der Vergangenheit haben Staatsgebilde den Mangel an Konsens (Selbstzwang) durch Koerzitivkräfte (Fremdzwänge wie Autarkie, Polizeistaat, Staatsterror) kompensiert. Sobald diese an Wirksamkeit verloren, sind die Staatsgebilde (meist mit viel Gewalttätigkeit) kollabiert. Einige Beispiele:

- Das Römische Reich hatte die Koexistenzfrage aller Freien optimal gelöst, jedoch auf Kosten der Sklaven (die Kollaboration der Sklaven mit den eindringenden Germanen hat in vielen Konfliktsituationen zum Erfolg der Invasoren beigetragen).
- Das von einer türkischen Kriegerkaste dominierte Osmanische Reich favorisierte die islamische Bevölkerung, speziell deren Oberschicht (Ausfall der Koerzitivkräfte nach der Militärniederlage im 1. Weltkrieg).

- Die Habsburgmonarchie privilegierte die deutsch-/ungarischsprachige Oberschicht (Ausfall der Koerzitivkräfte nach der Militärniederlage im 1. Weltkrieg).
- Das Zarenreich privilegierte die russische Oberschicht (Ausfall Koerzitivkräfte nach der Militärniederlage im 1. Weltkrieg).
- Die auf der „Diktatur des Proletariats" gebildeten Staaten wie die Sowjetunion privilegierten Parteianhänger (Ausfall der Koerzitivkräfte nach dem Zusammenbruch des politisch-ökonomischen Modells des Bolschewismus).
- Die auf „dem Grünen Tisch" gebildeten Pufferstaaten wie Pakistan, Jugoslawien und Tschechoslowakei privilegierten die dominante Ethnie und kollabierten durch Gewalt oder Demokratisierung,

Um eine dauerhafte innerstaatliche Kohäsion herzustellen, müssen Staaten den realen Gegebenheiten Rechnung tragen und sich um den Konsens möglichst aller auf einem Staatsgebiet Lebenden bemühen. Dieser ist auf Dauer nur durch gerechten Interessenausgleich und durch gerechte Ressourcenverteilung möglich.

Mit drei grundlegenden Menschenrechtsabkommen haben die Vereinten Nationen im Sinne einer innerstaatlichen Harmonisierung und Konfliktvermeidung einen großen zivilisatorischen Fortschritt geleistet. Diese sind:

- Die „Allgemeine Erklärung der Menschenrechte" von 1948.
- Der Internationale Pakt über Bürgerrechte und Politische Rechte („UN-Zivilpakt") von 1966.
- Der Internationalen Pakt über wirtschaftliche, soziale und kulturelle Reformen („UN-Sozialpakt") von 1966

Die im Folgenden besprochenen Aspekte dienen im Wesentlichen der Herstellung und Wahrung des Konsenses.

13.3.2. Friedensförderung durch (gewaltlose) Demokratisierung

Si vis pacem, para libertatem et iustitiam
(Wenn Du Frieden haben willst, sorge für Freiheit und Gerechtigkeit)

(Motto der Ligue Internacionale de la Paix et de la Liberté, gegründet 1867)

Wer zugunsten der Demokratisierung die Welt mit Krieg überzieht, erzeugt Diktatur.

(Ernst-Otto Czempiel, 2005)

Das moderne demokratische Modell ist das einzige, welches von seiner Grundkonzeption für eine gewaltlose Austragung von Konflikten einsteht. Diese primär für das Innenleben von territorial-hegemonischen Kollektiven postulierte Prinzip wirkt sich auch auf ihre Außenverhältnisse aus. Eine Verbreitung des demokratischen Modells trägt zur Befriedung der Welt bei.

Immanuel Kant hat als einer der ersten Denker der Moderne die Relation erkannt, die zwischen der inneren Verfassungsform der Staaten und ihrer externen Gewalttätigkeit besteht. Das erste Postulat seiner Schrift „Zum Ewigen Frieden" (siehe Anlage 2) lautet deshalb „Die bürgerliche Verfassung in jedem Staate soll republikanisch sein" (unter „republikanische Verfassung" verstand er eine Konstitutionalisierung der Monarchie, in der also das Handeln des Regenten Rechtsnormen unterworfen ist).

- Als Gegenargument gegen die Kant'sche These werden gerne die französischen Revolutionskriege und die Napoleonischen Kriege genannt. Abgesehen vom Aspekt, dass dabei Frankreich zu einem bedeutenden Teil mehr Opfer der Aggressor gewesen ist, was wesentlich dazu beitrug, dass die junge französische Demokratie vorübergehend zu einer Demokratur wurde, kann man entgegenhalten, dass die demokratische Empfehlung nicht deterministisch gemeint ist („Demokratie bedeutet absolute Gewaltlosigkeit"), sondern probabilistisch („Demokratie neigt zu geringerer Gewalttätigkeit").
- Es ist wohl unbestritten, dass autoritäre Regierungsformen stärker zu kollektiver Gewalttätigkeit neigen als demokratische (siehe auch Punkt 10.3.3). Dies gilt sowohl für die externe Konfliktualität (Kriege), als auch für die interne allophobische Gewalttätigkeit (Demozide).
- Nach dem von John Keane formulierten „Arkadischen Gesetz"[335] nimmt die Lebensfähigkeit jeder Demokratie umgekehrt proportional zur Anzahl seiner äußeren Feinde zu. In demselben Sinn hat Ernst-Otto Czempiel in seinen Veröffentlichungen gut herausgearbeitet, dass die Förderung der Demokratisierung nur auf friedlichem Wege erfolgreich sein könne, denn die Senkung der zwischenstaatlichen Spannungen sei die Voraussetzung des demokratischen

---

335 Der -371 auf dem Peloponnes gegründete Arkadische Bund war das erste demokratisch territorial-hegemonisch Kollektiv regionaler Größe, das aber mangels eines koordinierenden Zentrums durch innere Zwiste und eine Vielzahl äußerer Feinde unterging. Darauf bezieht sich das von John Keane (2004) formulierte „Arkadische Gesetz", welches lautet: „Die Lebensfähigkeit jeder Demokratie ist umgekehrt proportional zur Anzahl seiner äußeren Feinde".

Modells, „militärischer Druck von außen ist das Manna der Diktatoren". Je größer der Außendruck auf einem Staat sei, desto weniger Freiheit gebe es im Innern. Diese Gedankengänge geben Anlass zur Hoffnung, dass mit laufender territorialer Integration der Welt die Überlebensfähigkeit des demokratischen Modells zunehmen wird.

Die Demokratisierung aller Staaten ist das von fast allen Friedensforschern empfohlene Hauptrezept zur Sicherung des Weltfriedens. Die Menschheit ist auf gutem Wege dahin: Einer Auswertung des Forschungsinstituts Freedom House zufolge leben heute 2/3 der Weltbevölkerung (in 122 von 192 Ländern) mit einer Verfassung, die allgemeines Wahlrecht vorsieht und wiederum 2/3 davon leben unter rechtsstaatlichen Verhältnissen.[336] Noch vor zwei Jahrhunderten lagen diese Prozentsätze nahe Null.

13.3.3 Kurskorrekturen des demokratischen Modells

DEMOKRATIE IST WIE SCHWIMMEN:
ENTWEDER DU BETREIBST ES IMMERFORT, ODER DU VERSINKST.
(Daniel C. Maguire, 2005)

Wie unter Punkt 10.3.4 dargelegt, ist das demokratische Modell das mit der geringsten Neigung, Kollektivgewalttätigkeit zu verursachen und anzuwenden. Das demokratische Modell beruht auf einigen wenigen Grundsätzen, die in unterschiedliche Ausführungsformen umgesetzt worden sind, welche sich dem Ideal je nach Konditionanten mehr oder weniger nähern. Einige Korrekturen an den erreichten Approximationsmodellen können das demokratische Modell noch mehr friedensstiftend machen, als es als solches bereits ist. Die noch bestehenden Schwächen des demokratischen Modells sind nach Meinung von Franz Oppenheimer oligarchische Reste aus vordemokratischer Zeit.

13.3.3.1 Die Frage der demokratischen Kontrolle der Außenpolitik

John Keane (2004) hat klar darauf hingewiesen, dass die demokratische Gesellschaftsform als solche die nach außen gerichtete Gewalttätigkeit nicht unterbindet. Dies habe sowohl für die Urform des Modells (Abstimmungsdemokratie) gegolten (Negativbeispiel: der Imperialismus Athens) als auch für die moderne Form der repräsentativen Demokratie (Negativbeispiele: die 1. Französische Republik, das British Commonwealth, die Gegenwartspolitik der USA). Daniel Ross (2005) ist sogar soweit gegangen, das demokratische Modell von seinem Ursprung und Kern her als gewalttätig zu bezichtigen.

In der Tat haben die demokratischen Systeme der Gegenwart hinsichtlich der Vermeidung kollektiver Gewalttätigkeit noch einen gravierenden Schwachpunkt, den sie aus der monarchischen Autarkie übernommen haben und den es auszumerzen gilt: In fast allen westlichen Staaten **unterliegt die Außenpolitik einer nur schwachen parlamentarischen Kontrolle**. Dies gilt vor allem für die **Entscheidungsbefugnis über einen Kriegseintritt**. In den meisten demokratischen Ländern erfordern demgegenüber weit belanglosere Entscheidungen als die über Krieg oder Frieden (Leben und Tod) eine parlamentarische Abstimmung und oder sogar eine Volksabstimmungen[337.] Hier einige Beispiele zur Andeutung dieses Missstandes:

- Die (ungeschriebene) Verfassung **Großbritannien**s ermächtigt sowohl den englischen Monarchen als auch den Premierminister, ohne parlamentarische Zustimmung Kriege zu erklären. Allerdings müssen beide sich die erforderlichen Mittel vom Unterhaus genehmigen lassen, was aber unter dem Zwang der vollendeten Tatsachen stattfindet.

- Gemäß der Verfassung der **USA** liegt die Befugnis der Kriegserklärung zwar alleinig beim Kongress (Senat und Abgeordnetenhaus). In keiner anderen demokratischen Verfassung hat aber der Präsident derartige Befugnisse und Charisma wie in der ersten republikanischen Verfassung der Neuzeit, nämlich den USA. Die kann man im Sinne Oppenheimers als ein „vordemokratisches Relikt" betrachten, weswegen der Präsident Teile der vormals den Königen vorbehaltenen Machtvollkommenheit beibehalten hat. So konnte es geschehen, dass die 13 militärischen Interventionen der USA seit 1798 ohne parlamentarische Genehmigung erfolgt sind, darunter der Korakrieg, der Vietnamkrieg und zwei Irakkriege. Durch den „War Powers Act" von 1973 wurde versucht, diese Praxis zu legalisieren, indem man den Präsidenten der USA ermächtigte, ohne Zustimmung des Kongresses im Ausland militärisch zu intervenieren, sofern dies ohne Kriegserklärung erfolgt. Erst nach 60 Tagen muss er sich für eine Verlängerung der Intervention die parlamentarische Zustimmung holen oder diese vom Kongress mit einer Kriegerklärung versehen lassen. Auch diese Regelung wurde jedoch bereits unterlaufen. Die Diskussion hat sich in den USA mittlerweile von der Frage der Kriegserklärung auf die der „Genehmigung zur Anwendung militärischer Gewalt" reduziert.

---

336 „Freedom in the World 2006 – Selected Data from Freedom House's Annual Global Survey of Political Rights and Civil Liberties" www.freedomhouse.org/uploads

337 Francisco da Vitoria, einer der Väter des Völkerrechts, hat bereits um 1540 darauf hingewiesen, dass die Folgen eines Krieges viel zu schrecklich und weitreichend seien, um die Entscheidung einer Kriegserklärung dem Fürsten allein zu überlassen.

- Obwohl **Italien** eine parlamentarische Monarchie war, konnte der Eintritt in den **1. Weltkrieg** vom König eigenmächtig beschlossen werden, unter Umgehung des Parlaments, des Ministerpräsidenten und des Kabinetts. Der König betrachtete dies als sein atavistisches Recht, für seine Dynastie einen Gebietszuwachs gewaltsam zu erreichen. Immerhin ging es um eine Entscheidung, die dann einer halben Million Menschen das Leben gekostet hat.
- Die Regierungen **Spaniens, Italiens, Polens und Japans** beschlossen 1991 die Teilnahme an der US-amerikanisch/britischen Besetzung des Iraks zwar mit Dekung durch UN-Resolutionen jedoch ohne jeweilige parlamentarische Genehmigung und gegen den Widerstand der Bevölkerung.
- In der Bundesrepublik **Deutschland** hat die Bundeskanzlerin am 13. 9. 2006 die Entsendung von deutschen Marineeinheiten vor die Küste Libanons verkündet und dies als „historische Wende" bezeichnet, bevor darüber eine Abstimmung im Bundestag stattgefunden hatte.

Ernst-Otto Czempiel (1999) hat die Mankos der modernen Außenpolitik in einem einschlägigen Werk klar herausgearbeitet (er hat u.a. den Umstand angeprangert, dass in keinem andern Ministerium die Qualifikation des Ministers eine derart geringe Rolle spiele wie in den Außenministerien der Welt).

13.3.3.2 Die Frage des Mehrheitswahlrechts in jungen „multiethnischen" Staaten

Seit 1945 sind 90 % der gewaltsam ausgetragenen Konflikte innerstaatliche Konflikte gewesen. Ein Großteil davon wurde dadurch verursacht, dass sich eine der Konfliktparteien nicht mit den politisch-ökonomischen Machtverhältnissen abfand, die sich aus dem arithmetischen Mehrheitsbezug des demokratischen Wahlrechts ergeben hatte. In der westlichen Welt hat man dies bereits durch indirekte Wahlsysteme abzuschwächen versucht (z.B. in den USA, wo man der Entität „Bundesstaat" eine eigene Wichtung zugesteht).

- Besonders krass tritt dieses Problem in Schwarzafrika zutage. Die europäischen Kolonialmächte haben dort überwiegend willkürliche Staatsgrenzen hinterlassen, innerhalb derer verschiedene traditionell verfeindete „Ethnien" zusammenleben. Zum Teil haben die Kolonialverwalter mit ihrer damals wütenden Manie, die Menschheit in Rassen einteilen und klassifizieren zu müssen, sogar soziale Gruppen in abstammungsbezogenen Gruppen umgetauft (obligatorischer Stammeszuordnung auf Personalausweisen), so geschehen in Burundi und Ruanda.
- Das demokratische Mehrheitswahlrecht verleiht in den jungen multiethnischen Staaten grundsätzlich der bevölkerungsstärksten Ethnie eine überproportionale Regierungsmacht.

Eine friedensstiftende Maßnahme wäre also die Einführung von Wahlsystemen, die noch mehr als die indirekten Wahlsysteme der westlichen Welt, von der reinen Mehrheitsarithmetik abweichen und den (noch) bestehenden ethnischen Kollektiven eine zusätzliche Wichtung zugesteht (ähnlich wie in den USA den Bundesstaaten).

13.3.3.3 Die Frage der Graduierung des Demokratisierungsprozesses

In Anlehnung an den von Konflikt- und Friedensforschern formulierten Vorschlag, den Ländern der Dritten Welt eine „**selektive wirtschaftliche Autarkie auf Zeit**" zuzugestehen, müsste man in Erwägung ziehen, diesen Ländern auch eine „**selektive Un-Demokratie auf Zeit**" einzuräumen. Dabei sollten die demokratischen Puristen folgendes mit berücksichtigen:

- Viele europäischen Länder, darunter Deutschland und Italien, blicken auf weniger als 100 Jahre demokratischen (parlamentarischen) politischen Lebens zurück
- Bei vielen engsten „Verbündeten" der Westlichen Welt herrscht ein rein diktatorisches Regime
- Die Wahlstimmen von wirtschaftlich oder sozial Ausgegrenzten, von in Elend und Unwissen Lebenden, sind extrem leicht manipulierbar.

13.3.3.4 Die Frage der Medienfreiheit

Die demokratischen Verfassungen einiger Länder (z.B. Italiens) berücksichtigen bei ihrer Bemühung zur Wahrung der Gewaltenteilung noch nicht hinreichend die Medien als fünfte Gewalt. So konnte es im 21. Jh. noch geschehen, dass ein Medienmagnat zum Ministerpräsidenten gewählt wurde und über Jahre die Kontrolle über faktisch die gesamte Medienlandschaft ausüben konnte. Hier gibt es bei der Aktualisierung der demokratischen Gesetzgebung noch starken normativen Bedarf. Es muss verhindert werden, dass Demokratie zur „Telekratie" degeneriert.

12.3.3.5 Das Projekt der „komplexen Demokratie"

John Keane (2004) hat den Prozess der Entstehung einer dritten Generation des demokratischen Modells festgestellt, die er „komplexe Demokratie" nennt. Sie stelle eine wesentliche stärkere Immunität gegenüber der Tendenz zu externer Gewalttätigkeit her, welche den Vorgängerformen (Abstimmungsdemokratie bzw. Repräsentationsdemokratie) noch anhafteten. Dies werde dadurch erreicht, dass das öffentliche Leben nicht mehr der Abwicklung durch die Mandatsträger und staatliche Institutionen überlassen werde.

Eine Reihe von „Erfindungen" stellen ein kompliziertes Netz von Überwachungen der Öffentlichen Hand und Eingriffsmöglichkeiten her, wie zum Beispiel Friedensbewegungen, Abrüstungsinitiativen, Kriegstribunale, Menschenrechtsbewegungen, Nicht-Regierungs-Organisationen. Völlig neue Möglichkeiten dazu eröffnen natürlich die modernen Kommunikationsmöglichkeiten einschließlich der Medien („E-Demokratie").

13.3.3.6 Die Selbstzerstörungsgefahr der Demokratie durch Polizeistaatlichkeit

MAN KANN FREIHEIT NICHT DADURCH SCHÜTZEN, DASS MAN SIE ABSCHAFFT.

(Guido Westerwelle, 2007)

MAN MUSS DIE NACHTEILE DER DEMOKRATIE HINNEHMEN, DAMIT SIE WEITERHIN EINE DEMOKRATIE SEI.

(John le Carré, Interview mit „Clarin" 2008)

DER STAAT MUSS DEN BÜRGER NICHT NUR VOR TERROR SCHÜTZEN,
SONDERN AUCH VOR AUSFORSCHUNG, REGISTRIERUNG, MANIPULATION UND MISSBRAUCH.

(Peter Schaar, Bundesdatenschützer, 2007)

Das demokratische Modell schützt, im Vergleich zu anderen Gesellschaftsmodellen, die Freiheit und Privatsphäre des Individuums besser vor kollektiven Angriffen (z.B. davor, unrechtmäßig eingesperrt zu werden), jedoch schlechter vor individuell ausgeführten Angriffen (persönlichen Verbrechen, Terrorakten). Dadurch besteht bei den Funktionsträgern demokratischer Kollektive die natürliche Neigung, diese Schwachstelle des Modells durch Einschränkung der individuellen Rechte zu beseitigen. Dazu sollen die Passbilder, Fingerabdrücke und weitere biometrische Daten aller Individuen digital erfasst und vernetzt zur Verfügung stehen. Die von Überwachungskameras aufgenommen Bilder sollen nach den Passbildern abgefragt werden, um eine Datei über die Bewegungen der Personen zu führen. Darin sollen auch die Daten der anderer Erfassungssysteme, wie die der LKW-Maut, einfließen. Andere Vorschläge sehen vor, dass die Festplatten aller Internetnutzer nach bestimmten Inhalten und Suchverhalten konstant abgefragt werden.

Es ist sehr schwierig, ein ausgewogenes Verhältnis zwischen Freiheit und Sicherheit zu finden. In einem Extremfall, wenn die individuelle Unsicherheit überhand nimmt, kommt es zum Ruf nach autoritären Regimen (der „**Weimarer-Republik-Fall**"), im anderen Extrem, wenn es keinen Unterschied mehr zum Überwachungsstaat totalitärer Systeme gibt, hat sich die Demokratie selbst zerstört.[338]

Im Zusammenhang mit der Frage über die **Grenzlinie zwischen Freiheit und Sicherheit** läuft das demokratische Modell Gefahr, sich selbst aufzulösen, wenn es dem Drang nach immer mehr kollektiver Sicherheit nachgibt, indem es die menschliche Freiheit durch immer mehr Bestimmungen einschränkt. Der „Krieg gegen den Terror" droht für die demokratischen Gesellschaften weit gefährlicher zu werden als der Terror selbst, wie vielfach vermerkt wurde.

- Da ist zum einen die Gefahr, das Individuum immer mehr auf sein „nacktes Leben" zu reduzieren und über ihn als Sache zu verfügen. In die Diskussion über das Spannungsfeld zwischen Individuum und Staat hat der italienische Philosoph Giorgio Agamben mit einem 1995 veröffentlichten Werk die römische Rechtsfigur des „homo sacer" eingebracht. Es handelt sich um eine im römischen Recht vorgesehene Strafe für schwere politische Verbrechen[339]. Der Bestrafte wurde außerhalb des Rechtsschutzes gestellt und der Verfügungsgewalt der Götter überlassen. Diese Relegationsform übertraf die der Ächtung oder der mittelalterlichen „Vogelfreiheit", da die Tötung des Ausgegrenzten sogar als Ausführung des Willens der Götter aufgefasst wurde und deren Wohlwollen einbringen konnte. Das Individuum läuft Gefahr, immer mehr zu einer rechtlosen, dauerüberwachten „Biomasse" degradiert zu werden und auf die Restfunktion beim Anliefern von Funktionsträgern und Konsumenten.

- Der zweite Problemschwerpunkt besteht in der Gefahr, dass das demokratische Regime für kollektive Optimierungen die Freiheiten der Individuen außer Kraft setzt, den „Ausnahmezustands"[340] erklärt. In einem Nachfolgewerk (2003) geht Agamben auf dieses Konstrukt ausführlich ein und vertritt die These, dass selbst die demokratische Ver-

---

338 Hierzu gibt es sehr pessimistische Stimmen wie die von Giorgio Agamben und Richard Rotry, der von der Gefahr eines „Neofeudalismus" spricht.

339 Zum Beispiel das Imstichlassen eines Klienten (Parteigängers) durch einen Schutzherren (Faktionsführer), oder das Versetzen von Grenzsteinen.

340 Walter Benjamin (1965) hat den Begriff des Ausnahmezustands in seinen „Geschichtsphilosophischen Thesen", die er im Jahre 1940 verfasste, in den Diskurs über die Conditio Humana eingebracht. Eine tragische Fügung wollte es, dass er sich wenige Monate später im westspanischen Grenzort Port Bou auf der Flucht nach den USA den Tod gab, um nicht von den spanischen Behörden den französischen Behörden und damit der Gestapo ausgeliefert zu werden.

fassung den Ausnahmezustand zur Außerkraftsetzung der Rechtstaatlichkeit zum Regelzustand mache und damit den Unterschied zum totalitären Regime verwische.

Für die Frage, ob sich **Einschränkungen der Lebensqualität** (über die Zeit verteilte Teilschäden) lohnen, spielen mehrere Wahrscheinlichkeiten eine Rolle. Diese Frage ist im Kern die Grundfrage der Zweckmäßigkeit jeder Versicherung, nämlich der Inkaufnahme von über die Zeit verteilten Teilschäden, um einen Totalschaden auszuschließen. Auch wenn die nachfolgend genannten Wahrscheinlichkeiten nicht quantifiziert werden können, stellt deren Herausarbeitung eine nützliche Klärung der Gedanken dar.

- Um wie viel reduziert sich das Risiko (die Wahrscheinlichkeit), durch Terroranschläge verletzt oder getötet zu werden, wenn die Überwachungsmöglichkeiten der Polizei durch Speicherung und Vernetzung biometrischer Daten, durch On-line-Überwachung von Festplatteninhalten sowie durch Aufhebung der Unschuldsvermutung, effizienter und flächendeckender werden? Das heißt, um wie viel reduziert sich die Wahrscheinlichkeit terroristischer Gewalttaten?
- Um wie viel erhöht sich die Wahrscheinlichkeit, dass die zusätzlichen Überwachungsdaten dafür missbraucht werden, die Lebensqualität noch weiter einzuschränken?
- Wie hoch ist die Wahrscheinlichkeit, dass der Missbrauch das Ausmaß von Massendiskriminierungen, Masseninternierungen und sogar Massenmorden erreicht?

Die erste Grundsatzfrage ist, bis zu welchem Maße **Einschränkungen der Freiheit** in Kauf genommen werden müssen, um das statistische Gesamtrisiko im Kollektiv zu verringern.

- Ein von Befürwortern der maximalen Sicherheit gern gebrauchtes Argument ist, dass wer nichts verbreche, nichts zu befürchten habe. Man kann dem entgegnen, dass das unbescholtene Individuum sehr wohl einiges davon zu befürchten habe:
  - Die Degradierung seines Lebensgefühls zu dem eines unter Dauerverdacht und Dauerüberwachung stehenden Subjekts. Das Gefühl laufend und überall beobachtet zu werden und jederzeit in Untersuchungshaft landen zu können, weil man z.B. seinen Ausweis zu Hause vergessen hat, kann im Individuum ein ähnliches Gefühl der Unsicherheit erzeugen wie die Gefahr von Terrorakten.
  - Die Gefahr des Missbrauchs der Daten. Alle großen Demozide des 20. Jh. wurden durch eine Auswertung bürokratisch erfasster Personendaten ermöglicht (Kirchenregister, Personalausweisdaten). Je lückenloser und flächendeckender die Erfassung und Überwachung der Individuen ist, desto schrecklicher kann ein Missbrauch ausfallen.
  - Durch eine konstante Abtastung der Umwelt und willkürliche Rasterfahndungen steigt das Risiko der Erpressbarkeit mit Informationen über das Privatleben und das Risiko, unschuldig einer demütigende Visitation oder sogar Untersuchungshaft unterworfen zu werden.
  - Das Risiko neuer Auswertungszwecke. In der BRD wurde die Form der Datenerfassung für die LKW-Maut mit der Zusicherung genehmigt, dass es nie einen anderen Auswertungszweck dafür geben werde. Die Nachfolgeregierung plädierte dafür, die Daten auch für Überwachungen der inneren Sicherheit zu verwenden; das Versprechen, die Auswertung der LKW-Mautdaten nicht anderweitig zu nutzen, sei von ihr nie gemacht worden.
  - Man könnte genauso das Argument verwenden, dass ein Kollektiv, das keinem anderen Kollektiv gegenüber „etwas zuschulden kommen lasse", ebenfalls nichts zu befürchten habe.
- Die Totalisierung der Prävention und Repression kann zu einer Eskalation der Gewalttätigkeit führen, indem die terroristischen Organisationen ihre Vorgehensweise radikalisieren.
- Eine bedeutende Motivationskomponente der Terrororganisation „Rote Armee Fraktion" (RFA) waren Rachegefühle gegen die „unangemessenen Mittel" der Exekutive des „Notstandsstaates" Bundesrepublik Deutschland (Brückner, 1979)
- Je mehr terroristische Organisationen feststellen, dass Präventionsmaßnahmen gegen Terrorakte die Lebensqualität im angefeindeten Staat zerstören, desto mehr Antrieb werden sie haben, durch neue Terrorakte die Spirale der Präventionsmaßnahmen weiter zu drehen.
- Terroristische Akte können nicht zur Gänze verhindert werden, vor allem nicht die durch Selbstmordanschläge verübten.

13.3.4 Integration von Migranten, Abbau von Parallelgesellschaften

Eine Nation ohne Assimilierungsvermögen wäre wie ein menschlicher Körper
dessen Fleisch das Heilungsvermögen verloren hat und an dem jede Wunde offen bliebt;
in einer Nation würde jeder Einwanderungsschub als „Fremdkörper" fortbestehen.

(Arthur Keith, 1949)

Unter Migrant sei eine Person verstanden, die außerhalb ihres Geburtslandes lebt und deren Nachkommen, solange diese in ihrem Aufenthaltsland nicht integriert worden sind. Derzeit sind weltweit über 200 Millionen Menschen (3 % der Weltbevölkerung) Migranten. Bevor auf die möglichen Abhilfemaßnahmen eingegangen wird, ist es zweckmäßig, die verschiedenen Quellen der Migration zu betrachten.

Myron Weiner veröffentlichte 1996 hierzu eine Monografie mit dem Titel „**Die globale Migrationskrise**".

13.3.4.1 Die erzwungene Migration

ES GIBT ZU VIELE FLÜCHTLINGE, SAGEN DIE MENSCHEN.
ES GIBT ZU WENIG MENSCHEN, SAGEN DIE FLÜCHTLINGE.

(Ernst Ferstl, 2006)

Durch kollektive Gewalttätigkeit sind in der Geschichte immer wieder Bevölkerungen oder Teile davon aus ihren Wohngebieten vertrieben oder zur Flucht bewogen worden.

Beispiele solcher erzwungener Bevölkerungsverschiebungen sind:

- Die verschiedenen Diasporas der Juden
- Die Verschleppung schwarzafrikanischer Sklaven nach Amerika: Es waren mindestens 10 Millionen Menschen, deren Nachkommen heute über 100 Millionen sind, die 13 % der Bevölkerung des Kontinents ausmachen.
- Die Bevölkerungsverschiebungen im Zuge der zwei Weltkriege.

Diese schreckliche Ausprägung hat auch in der Gegenwart gewaltige Dimensionen. Sie wird aus verschiedenen, meist innerstaatlichen Konflikttypen gespeist, zum Teil auch aus territorialen Hegemoniekriegen der Industrieländer

- Nach Schätzung der UNHCR gibt es derzeit (Ende 2016) weltweit ca. **65 Mio. Flüchtlinge**, davon sind gut die Hälfte Binnenvertriebene (Flüchtlinge, die innerhalb ihrer Staatsgrenzen Zuflucht gesucht haben). Etwa die Hälfte der Flüchtlinge wird durch die UNHCR betreut, wofür ein Jahresbudget von 7,2 Mrd. US $ zur Verfügung steht (ca. 50 US $ pro betreute Person und Jahr).
- Etwa 11 Mio. Personen haben im Zuge ihrer Verfolgung, Vertreibung oder Flucht ihre Staatsbürgerschaft verloren und sind „Staatenlose".
- Etwa eine Million Flüchtlinge hat die Hoffnung auf Rückkehr in ihr Ursprungsland aufgegeben und in einem anderen Land das Bleiberecht beantragt („Asylanten").
- Die Rückkehrrate liegt bei ca. 1 Mio. Personen pro Jahr. Nur etwa 0,1 Mio. finden pro Jahr definitive Neuansiedlung in einem Aufnahmeland.

13.3.4.2 Die Arbeitsmigration und Armutsmigration

Nach dem 2. Weltkrieg hat eine Form von Migrationsbewegungen zugenommen, die es in der Geschichte nur sporadisch gegeben hat: Arbeitskräfte („Arbeitsmigration") aus Entwicklungs- und Schwellenländern wandern in Industrieländer ein. Die migratorische Kraft dieser „modernen Völkerwanderung" speist sich aus zwei synergetischen Kräften.

- **In den Industrieländern** entwickelt sich das steigende Anspruchsniveau der Bevölkerung (Minimierung der Ausgaben, Reduzierung der Arbeitszeit, Maximierung der Umsatzzahlen und Profite) gegenläufig zu ihrer sinkenden Geburtenrate. Dies führt zur sinkenden Verfügbarkeit von Arbeitspersonal vor allem für schlecht bezahlte oder minderwertig betrachtete Dienste (Krankenpflege, Gaststättengewerbe, Müllabfuhr; schwere Bauarbeit u.dgl.). Diese Schere erzeugt einen **Einwanderungssog**.
- In einigen Ländern wie in der Bundesrepublik Deutschland wurde der resultierende Einwanderungsfluss durch regelrechte Anwerbungsaktionen beschleunigt. Die begleitenden Regierungsabkommen gingen von der Illusion aus, dass die Einwanderung temporärer Natur sei und dass die „Gastarbeiter" nach getaner Arbeit in ihre Heimat zurückkehren würden. Sie übersahen dabei, dass sie und vor allem ihre Kinder, in der Zwischenzeit örtliche Wurzeln schlagen würden und im Ursprungsland der Eltern „Fremde" wären.
- In der Bundesrepublik Deutschland führte eine großzügige Verfassungsklausel zum Schutze politisch Verfolgter zu einer Welle von Asylsuchenden, die Anfang der 90-er Jahre die Halbe-Million-Grenze pro Jahr streifte. Dies zwang zur Änderung der Klausel.
- In der Bundesrepublik Deutschland wird der Zuwanderungsstrom durch die Anerkennung der Staatsbürgerschaft und durch Einwanderungshilfen für „Volksdeutsche" erhöht.
- In anderen Ländern wie Großbritannien und Frankreich wurde der Einwanderungsfluss durch postkoloniale Verpflichtungen verstärkt (Kriegsveteranen, koloniale Kollaborateure u.a. m.).
- In der Gegenwart gibt es kaum noch behördliche Anwerbungen von Arbeitsmigranten. Den Einwanderungssog erzeugt mittlerweile die Schattenwirtschaft, die Arbeitskräfte illegal einsetzt, um Steuern und Lohnnebenkosten zu umgehen (Hauspersonal, Landwirtschaft, Bauwesen). Man schätzt, dass der „schwarze" Anteil am BSP in Italien, Spanien und Griechenland zwischen 25 % und 30 % liegt, in Deutschland, Frankreich, Schweden, Kanada zwischen 15 % und 20 % und Österreich und USA unter 10 %.
- **In den Ländern der „Dritten Welt"** tut sich eine entgegengesetzte Schere auf. Dort nimmt die Bevölkerung (dank des nun auch dort verfügbaren medizinischen Fortschritts) enorm zu. Auf der anderen Seite bremst die „schiefe" Globalisierung der Weltwirtschaft die Schaffung lokaler Arbeitsplätze in der Landwirtschaft und Industrie und die globale Medienwelt hebt die Ansprüche auf das Niveau der Industriestaaten. Dies erzeugt einen **Auswanderungsdruck** von „Wirtschaftsflüchtlingen", eine „Armutsmigration".

Als Folge dieser rückkopplungsverstärkten Entwicklung sind von den etwa 200 Mio. Migranten weltweit über **100 Millionen nicht eingebürgerte Ausländer** (80 Millionen in der EU), die de jure nur als Geduldete, de facto aber permanent und definitiv **in den westlichen Industrieländern** leben. Sie machen dort etwa 10 % der Bevölkerung aus.

13.3.4.3 Die Notwendigkeit des multiethnischen Zusammenlebens in multinationalen Staaten

Theoretisch gibt es zwar nur Nationalstaaten,
praktisch aber fast nur multinationale Staaten.
Allerdings bekennt sich kaum einer davon
zu seinem multinationalen Charakter.

(Wolfgang Reinhard, 1999)

Die Entstehung der Nationalstaaten hat das Problem der ethnischen Koexistenz dadurch verschärft, dass einerseits größere Gebiete integriert und dadurch immer mehr unterschiedliche „Ethnien" im neuen Staatsgebilde zusammengefasst wurden. Andererseits privilegierten die meisten Nationalstaaten eine der Ethnien und agierten, um die anderen Ethnien zu assimilieren. Es hat gewissermaßen eine territoriale Expansion mit einer ethnizistischen Implosion stattgefunden. Die ethnizistische Gleichschaltung ist in vielen Fällen mit viel Gewalttätigkeit verbunden gewesen. Zum einen war es **Gleichschaltungsgewalt**, Vertreibungsgewalt, Vernichtungsgewalt (die Extremform war der Holocaust), zum anderen **Reaktionsgewalt**, denn wie Reinhard (1999) feststellte, „je mehr eine Gruppe einen Staat zu ihrem Nationalstaat macht, umso mehr Gegen-Nationalismen der übrigen Gruppen löst sie aus".[341]

Die unterschiedlichen Bevölkerungsbewegungen haben aber gegenläufig zu den Gleichschaltungsbemühungen der Nationalstaaten dazu geführt, dass weniger als 10 % der etwa 200 Staaten dieser Welt als „mono-ethnisch" klassifiziert werden können und dass **über 90 % der Staaten multiethnisch** sind (Connor, 1994). Da es mehr als 2.000 Ethnien gibt, leben also im Durchschnitt in jedem Staat mehr als 10 verschiedene Ethnien.

Beispiele multiethnischer Staaten

- USA: 13 % Afroamerikaner, 12 % Lateinamerikaner, 4 % Asiaten, 1 % Indianer etc.; ca. 4 % illegal im Lande lebende Ausländer (überwiegend Lateinamerikaner).
- China: über 50 nationale Minderheiten, darunter Mongolen, Tibeter, Uiguren, vor allem in strategisch wichtigen Grenzgebieten.
- Russland: über 100 nationale Minderheiten, darunter Tschetschenen und andere Kaukasusstämme, 4 % Tataren, 3 % Ukrainer.
- Indien: 400 Sprachen; 83 % Hindus, 11 % Muslime, 2 % Sikhs, 2 % Christen, 1 % Buddhisten.
- Großbritannien: 9 % Schotten, 3 % Waliser, 3 % Iren, 5 % Asiaten. Nach Religionszugehörigkeit betrachtet sind über 56 % katholisch (47 % anglikanisch-katholisch, 9 % römisch-katholisch), 41 % evangelischer Konfessionen, 3 % Muslime. Nach einer Umfrage von 2006 definieren sich 80 % der Briten primär durch Religion und erst in zweiter Linie durch Nationalität. Für London ist der Scherzname „Londistan" aufgekommen.
- Frankreich: 6 % Nordafrikaner, 2 % Deutschsprachige, 1 % Korsen, 1 % Bretonen.
- Spanien: 17 % Katalanen, 6 % Galizier, 2 % Basken.
- Syrien: 6 % Kurden. Nach Religionszugehörigkeit betrachtet sind ca. 75 % islamische Sunniten, über 15 % sonstige Muslime, über 10 % Christen.
- Deutschland: Nach Religionszugehörigkeit betrachtet sind je ein Drittel Katholiken und Protestanten, fast 30 % „Sonstige", darunter aus steuerlichen Gründen aus den Kirchen Ausgetretene und 2 % Muslime. Über 7 Millionen sind Ausländer (das heißt 8 % der Bevölkerung), davon 2,1 Millionen (2 % der Bevölkerung) Türken/Kurden, von denen nur ein Drittel integriert ist, die Mehrheit (1,4 Millionen) überwiegend in Gettos mit ihren archaischen Familiengesetzen: ohne Gleichberechtigung von Mann und Frau, ohne individuelle Freiheiten, als Parallelgesellschaften, die sich immer mehr abkapseln.
- Italien: 2 % Sarden, 0,7 % deutsch sprechende Südtiroler, französisch sprechende Aostataler.
- Schweiz: 65 % alemannisch/deutsch Sprechende, 18 % französisch Sprechende, 10 % italienisch sprechende Tessiner, 1 % rätoromanisch Sprechende. Nach Religionszugehörigkeit betrachtet sind über 45 % Katholiken, 40 % Protestanten und 2 % Muslime.
- Österreich: 6 % Kroaten, Slowenen und Ungarn.
- Bosnien-Herzegowina: 40 % muslimische Bosnier, 32 % orthodoxe Serben, 18 % katholische Kroaten.
- Malaysia ist ebenfalls ein multiethnischer Staat: neben den ca. 50 % Malaien sind ca. 30 % der Einwohner chinesischer und viele indischer Abstammung. Nach Religionszugehörigkeit betrachtet sind über 50 % Muslime: vor allem Sunniten, fast 20 % Buddhisten, über 10 % chinesischer Religionen und über 5 % Christen.

---

341 Reinhard (1999), 452.

- Türkei: 20 % Kurden[342], 10 % Araber und sonstige.
- Ukraine: Ukrainer ukrainischer Sprache (66 %); Ukrainer russischer Sprache (12 %), Russen ukrainischer Sprache (1 %); Russen russischer Sprache (16 %); Weißrussen (0,6 %); Krimtataren (0,5 %); Moldawier (0,5 %). D. h. grob gesagt 2/3 ukrainischer Sprache und 1/3 russischer Sprache..
- Vereinigte Arabische Emirate: 60 % Asiaten, über 10 % eingewanderte Araber.
- Von der Gesamtbevölkerung des Gebiets Israel & Palästina sind 49 % Palästinenser, 48 % Juden und 3 % andere Minderheiten.

13.3.4.4 Die Integration der Migranten

UBI BENE, IBI PATRIA.
(HEIMAT IST, WO MAN SEIN AUSKOMMEN HAT)

(Römisches Sprichwort)

ES GIBT KEIN PROVISORISCHES LEBEN.

(Papst Johannes Paul II., 2005)

Von den über 200 Millionen Menschen, die heute außerhalb ihres Geburtslandes leben, sind weit über 100 Millionen nicht eingebürgerte Ausländer (80 Millionen in der EU), die de facto permanent und definitiv in den westlichen Industrieländern leben. Sie machen dort etwa 10 % der Bevölkerung aus.

Das Gedankenmodell der europäischen Politiker der Nachkriegsjahre, man könne Millionen von Menschen befristet ins Land holen und sie nach einigen Jahren wieder in ihr Ursprungsland zurückschicken zu können, war unrealistisch, wenn nicht sogar unredlich (**„Rückkehrlüge"**). Der arbeitende Mensch ist nämlich auch ein lebender Mensch, der ein Bedürfnis hat, die Familie nachziehen oder eine solche zu bilden und Kinder zu haben. Kinder die in einem „Gastland" aufwachsen, werden in so vielen Aspekten von diesem geprägt, dass sie im Ursprungsland der Eltern kaum noch anpassungsfähig sind. Der Großteil der Attribute eines „Deutschen", „Italieners" oder „Türken" ist nicht vererbt, sondern anerzogen (nicht nur durch die Familie, sondern auch von der Schule und sonstige außerfamiliäre Umwelteinflüsse). Wenn ein in Deutschland aufgewachsener „Türke" nicht integriert und eingebürgert wird, ist er trotz all seines DNA und seiner islamischen Religion weder ein „Deutscher" noch ein „Türke", sondern ein „ethnischer Zwitter". Die Rückkehrlüge hat dazu geführt, dass Maßnahmen zur Integration von Migranten vor allem in Europa über Jahrzehnte systematisch vernachlässigt worden sind. Besonders schwer wirkte sich dies bei Migranten nicht christlicher Religion aus, bei denen die Religion einen zusätzlichen Erschwernisfaktor zur Integration bildet (Problematik der **Mischehen**). Als Folge davon leben heute die Europäer, wie Ulrich Beck (2004) trefflich formuliert hat, mit Muslimen nunmehr wie Partner einer schlechten Ehe zusammen, in einem unbegriffenem Nebeneinander, ohne Aussicht auf Scheidung.

13.3.4.5 Die Frage des Einbürgerungsrechts

DER MENSCH KANN NICHT DEFINITIV ARBEITEN UND DABEI NUR PROVISORISCH LEBEN.

Für die Vermeidung von Parallelgesellschaften und die Integration der Migranten ist die Frage des Einbürgerungsrechts von fundamentaler Bedeutung.

Das von fast allen europäischen Nationalstaaten und heute noch geltende stammesbezogene **Staatsbürgerschaftsrecht** des „ius sanguinis" („Blutrecht" nach dem Motto „Deine Staatsbürgerschaft ist die Deines Vaters") ist – wenn auch indirekt und unbeabsichtigt – für die Entstehung und den Fortbestand gewaltfördernder Gesellschaftsstrukturen verantwortlich (Hobsbawm, 1990).[343]

Steigerungsformen des „ius sanguinis" sind **erschwerende Einbürgerungsbedingungen**, vor allem jene ein Mindestalter (z.B. 18 Jahre) vorsehen. Dabei übersieht der Gesetzgeber den emotionale Effekt, dass ein „junger Ausländer" bis zum Erreichen des Mindestalters derart vielen Diskriminierungen ausgesetzt wird, dass die dadurch aufgestauten Ressentiments den Einbürgerungswillen überwinden können.

Die Länder Amerikas wenden allesamt das Staatsbürgerschaftsrecht des **„ius soli"** an („Bodenrecht" nach dem Motto „Deine Staatsbürgerschaft ist die Deines Geburtsortes"). Es hat sich dort sehr bewährt und es ermöglicht, dass Integrationen gewaltlos vonstatten gegangen sind, soweit sie nicht durch Unterschiede

---

342 Der Schriftsteller Ismail Besikci wurde in der Türkei ab 1971 in der Aufrechnung mehrerer Gerichtverfahren zu über 100 Jahren Freiheitsstrafe verurteilt, weil er mehrfach publiziert hat, es gäbe ein kurdisches Volks und eine kurdische Sprache und der türkische Staat verübe an den Kurden ein Verbrechen gegen die Menschheit.

343 Im „25-Punkte-Programm der NSDAP" vom 24.2.1920 stand u.a.: „Staatsbürger kann nur sein, wer Volksgenosse ist. Volksgenosse kann nur sein, wer deutschen Blutes ist, ohne Rücksicht auf Konfession."

der Hautfarbe eingeschränkt wurden. Allerdings kann auch das Ius soli zu kopernikanistischen Exzessen führen, wenn es radikal, ohne Rücksicht auf die Auswirkungen auf den Menschen, angewandt wird.

- In den USA werden derzeit Tausende von illegalen Einwanderern des Landes verwiesen, ohne dass sie dabei ihre in den USA geborenen Kinder mitnehmen dürfen, da jene US-amerikanische Staatsbürger seien: die Kinder der Ausgewiesenen (jeden Alters) werden interniert und dann zur Adoption freigegeben.

Auf der Agenda der friedensstiftenden Maßnahmen muss also auch die Reform des Staatsbürgerrechts stehen, vor allem um den Stammesbezug aufzuheben.

13.3.4.6 Ethnische Harmonisierung statt ethnischer Homogenisierung

Die stammensbezogenen Nationalstaaten haben in der Vergangenheit vielfach versucht, die auf ihrem Territorium bestehende ethnische Heterogenität durch Zwangsmaßnahmen der Homogenisierung zu beseitigen: es waren dies Sprachverbote, Religionsverbote, Brauchtumsverbote, Übersetzung von Personennamen, Übersetzung von Ortsnamen, Verweigerung von zweisprachigen Ortsschildern, Umsiedlungen. Auch wenn dies in vielen Fällen nicht zu kollektiver Gewalttätigkeit geführt hat, ist damit sehr viel Unrecht und Leid erzeugt worden.

Der zivilisierte Weg ist die ethnische Pluralität als eine Bereicherung der Gesellschaft zu betrachten und auf ein friedliches Zusammenleben, eine ethnische Harmonisierung, hinzuwirken. Ethnische Differenzierungen muss man ohne Zwänge ausklingen lassen, denn ein zu hoher Assimilationsdruck erzeugt den gegenteiligen Effekt.

Bei Eskalierungen ethnizistischer Konflikte müssen diese durch gerechten Ausgleich deeskaliert werden. Wenn Ethnizität zur Konfliktgenerierung missbraucht wird, muss sie als Abgrenzungsideologie enttarnt werden, ähnlich wie Rassismus:

- Ethnizität muss als ein historisch gewachsenes Konstrukt relativiert und entmythologisiert werden.
- Ethnizität muss als ideologischer Filter enttarnt werden, der zur Diskriminierung von Menschen bei der Verteilung von politischen, ökonomischen oder sozialen Ressourcen missbraucht werden kann.
- Ethnonationalismus muss als ein Durchsetzen einer nur „geglaubten" Abstammungsgemeinschaft demaskiert werden, die zur Wahrung von Exklusivitäten und Privilegien vorgeschoben wird.
- Multi-ethnische und transethnische Identitäten müssen gestärkt werden.

13.3.4.7 Die Integration der Afroamerikaner und der Schutz von Ureinwohnern

Religion und Hautfarbe sind Differenzierungsmerkmale von Kollektiven, die besonders schwer zu überwinden sind. Die Integration von Minderheiten mit derartigen Merkmalen erfordern besondere Aufmerksamkeit und guten Willen.

- Die Deportation von Millionen von Afrikanern nach Amerika war ein aus reiner Gewinnsucht begangenes Verbrechen der europäischen Kolonisatoren. Wir als Erben jener Generationen haben die Pflicht, die heute noch bestehenden Folgen zu bereinigen. Die Nachfahren jener Sklaven leiden heute noch an Diskriminierung und sozialem Elend. Sie leben als Parallelgesellschaften in Gettos und gehen in öffentliche Schulen, in die die Weißen ihre Kinder nicht hinschicken. Die strukturelle Gewalt, der sie unterliegen, treibt sie zu überdurchschnittlich hoher individueller Gewalt.
- In den **USA** leben 38 Millionen Afroamerikaner (13 % der Bevölkerung). Ein Drittel der etwa 50 jährlich in den USA Hingerichteten sind Afroamerikaner (prozentual das Dreifache der Weißen). Von den 2,3 Millionen Gefängnisinsassen sind ca. die Hälfte Afroamerikaner (3 % aller Afroamerikaner sitzen im Gefängnis, das sind fast 10 % der männlichen Jugendlichen und Erwachsenen). Dies trägt dazu bei, dass in den USA der Anteil der Bevölkerung der im Gefängnis sitzt (Gefängnisbevölkerung), mit 0,7 % der weltweit größte ist (jeder vierte Gefängnisinsasse der Welt sitzt in einem US-amerikanischen Gefängnis).[344][345]
- Das Land mit der zweitgrößten Anzahl von Afroamerikanern außerhalb von Afrika ist **Brasilien**, mit ca. 11 Millionen, entsprechend 6 % der Bevölkerung. Auch sie leben in Elendsvierteln („Favelas") in bitterer Armut. Mit 23 Morden pro 100.000 Einwohnern und Jahr liegt Brasilien weltweit an der Spitze (etwa 4 mal so viel als in den USA und 6 mal soviel als in Westeuropa); in Brasilien leben weniger als 3 % der Weltbevölkerung aber über 10 % der weltweiten Morde finden dort statt. Von der Urbevölkerung gibt es noch ca. 200.000 Personen, die auf etwa 200 Ethnien verteilt in ihnen zugewiesenen Reservaten leben; diese werden jedoch von weißen Siedlern und Goldsuchern laufend unterwandert. Derzeit wehren sich die Indios gegen Zusammenlegungen in neu definierte (reduzierte) Reservate.

---

344 Die Gefängnissituation in den USA steht in extremen Kontrast zum Römischen Reich und im Byzantinischen Reich, in denen es keine Strafgefängnisse gab. Diese Bestrafungsfunktion nahm dort allerdings zum Teil die Versklavung ein.

345 Nach einer Theorie beruht die hohe Häftlingsquote nicht so sehr auf häufigeren als auf längeren Haftstrafen.

- In **Australien** leben 400.000 Nachkommen der Ureinwohner („Aborigines"), das sind 2 % der Bevölkerung, unter benachteiligenden Verhältnissen: Die Lebenserwartung ist um 20 Jahre geringer, 22 % sind arbeitslos, 1,6 % sitzen im Gefängnis (ca. 5 % der männlichen Jugendlichen und Erwachsenen).

13.3.4.8 Die Integration Israels u. Palästinas in einem multiethnischen Rechtsstaat

Das „Sicherheitsdilemma" macht für zehn Millionen von Juden und Palästinensern das Leben zur Hölle. Im „Kernland" Israels sind ca. 20 % der Bevölkerung „Nicht-Juden". Exklusiv jüdisch besiedelte Enklaven durchlöchern die „Besetzten Gebiete" wie ein Nudelsieb, welche zudem durch exklusive Straßen verbunden sind, die den Palästinensern die Bewegungsfreiheit einschränken. Im Westjordanland wurden die Palästinenser auf zwei voneinander getrennten Schrumpfterritorien zusammengedrängt, die durch eine Trennmauer umzingelt wurden. Sie leben seit Jahrzehnten in Flüchtlingslagern.

Die Fakten, welche in der Region durch Gewalttätigkeit geschaffen wurden, können durch keine Macht der Welt mehr rückgängig gemacht werden. Eine gewalttätige Lösung ist weder im einseitigen Sinne des jüdischen, noch des arabischen Kollektivs möglich. Der einzige Ausweg besteht darin, das Sicherheitsdilemma durch die Integration der zwei Ethnien in einen multiethnischen Rechtsstaat. Dieser müsste zwei gleichberechtigte Sprachen haben, zwei Schulsysteme mit der anderen Sprache als Pflichtfach, Zweisprachigen im öffentlichen Dienst bevorzugen etc. Viele der in Südtirol praktizierten Lösungen könnte zur Anwendung kommen.

Die internationale Gemeinschaft ist aufgefordert, für den Wiederaufbau (und den Abbau der Mauer) Wirtschaftshilfen zu leisten: für die Umstellungskosten des Militärs und der Rüstungsindustrie; für die Sanierung der Flüchtlingslager; für die Herstellung der Zweisprachigkeit u. s. f. Hier könnten die Erfahrungen beim Wiederaufbau der Ostgebiete Deutschland von Nutzen sein. Darunter vielleicht auch die europaweite temporäre Einführung eines Solidaritätszuschlags, oder sogar eine Assoziation oder Integration in die EU.

Ein vereinter und befriedeter jüdisch-palästinensischer Staat könnte wertvollste Zivilisationsbeiträge leisten in der gegenseitigen Mäßigung und im Brückenschlagen zwischen Judentum, Islam und Christentum.

13.3.5 Ausgewogene Einkommensverteilung

WENN EINE FREIE GESELLSCHAFT IHRE VIELEN ARMEN NICHT SCHÜTZEN KANN,
WIRD SIE AUCH NICHT IHRE WENIGEN REICHEN RETTEN KÖNNEN.
(Kennedy, J.F., 1917 bis 1963)

DIE DEMOKRATIE HAT DIE HERAUSFORDERUNG DES HISTORISCHEN KOMMUNISMUS ÜBERWUNDEN,
ABER MIT WELCHEN MITTELN UND IDEALEN WIRD SIE JENE PROBLEME ANGEHEN,
AUS DENEN DIE KOMMUNISTISCHE HERAUSFORDERUNG ENTSTANDEN IST?
(Norberto Bobbio, um 1989)

Es handelt sich hier bekanntermaßen um ein extrem schwieriges Thema. Aus Sicht der Problematik „kollektive Gewalttätigkeit" sind folgende Aspekte relevant:

Kollektivgewalttätigkeit hat in letzter Instanz immer eine ökonomische Komponente. Sozialer Friede hängt nicht nur, doch in starkem Maße, von regelmäßig gefüllten Mägen und empfundener wirtschaftlicher Gerechtigkeit ab.

- Es waren die Exzesse des liberalistischen Frühkapitalismus, welche Marx und Engels „humanitär" motiviert haben, eine Diktatur des Proletariats zu fordern.
- Es waren die totalen Verweigerungen des Zarenregimes, sozio-ökonomische Reformen durchzuführen, welche es den Bolschewiken möglich gemacht haben, eine „Diktatur des Proletariats" zu implementieren, die Millionen von Menschen das Leben gekostet hat.
- Es war die Angst vor dem „Teufel Kommunismus" und vor deren radikalen Umschichtungsforderungen, welche die reichsdeutschen Eliten (Großindustrie, Aristokratie, Kirchen, Militär) bewogen hat, den „Beelzebub Nationalsozialismus" herbeizurufen, der dann Millionen von Menschen das Leben genommen hat.
- Gesellschaften, die nur **„Zweidrittelgesellschaften"** (Peter Glotz)[346] sind, die also ein Drittel der Bevölkerung von den Vorteilen ihres „sozialen Paktes" ausschließen, laufen Gefahr, dass sich in ihnen aus Konsensmangelerscheinungen Gewalttätigkeit entwickelt.

---

346 Zitiert von Franziska Augstein in „Bis zum letzten Tropfen" (SZ 07.11.06).

Einen bedeutenden zivilisatorischen Beitrag zur „Formulierung und Durchsetzung internationaler Arbeits- und Sozialnormen, insbesondere der Kernarbeitsnormen, die soziale und faire Gestaltung der Globalisierung, sowie die Schaffung von menschenwürdiger Arbeit" leistet die 1919 gegründete **Internationale Arbeitsorganisation** (International Labour Organization – ILO). Sie hat den Status einer Sonderorganisation der Vereinten Nationen. Im Jahre 1969 wurde die ILO für ihre seit 1919 erfolgreiche Arbeit zur Verbesserung der Arbeitsbedingungen mit dem Friedensnobelpreis ausgezeichnet.

Die 179 Mitgliedsstaaten sind dreifach vertreten; durch Repräsentanten der Regierung, der Arbeitgeber und der Arbeitnehmer.

Nobelpreisträger für Wirtschaftswissenschaften Amartya Sen (1999) hat klar herausgearbeitet, dass Armut nicht nur eine Frage der Mittelknappheit ist, sondern auch der Befähigung der Menschen zur Selbstentfaltung (**„aktive Freiheit"**) und dass die konventionellen rein quantitativen Parameter zur Bewertung von Armut und Wohlstand, durch qualitative Parameter ergänzt werden müssen.

13.3.6 Gleichberechtigung der Frauen

DIE LIEBENSWÜRDIGKEIT UND MÄßIGUNG DER FRAUEN KÖNNEN ZU EINER ABGEKLÄRTEN STAATSLENKUNG MEHR BEITRAGEN, ALS SCHROFFHEIT UND WILDHEIT.

(sinngemäß Charles de Montesquieu, 1689 bis 1755)

Wenn es wahr wäre, dass Gewalttätigkeit eine unvermeidbare menschliche Eigenschaft ist („anthropogene" Theorie), dann müsste man spezifizieren, dass es sich um eine unvermeidbare männliche Eigenschaft handelt („androgene" Theorie), denn weltweit sind 90 % der Gewalttäter männlichen Geschlechts. Auch wenn dieses Verhältnis sicherlich durch soziale Strukturen und kulturelle Werte bedingt ist[347], können Frauen durch ihren natürlichen pragmatischeren Bezug auf das irdische Leben, sicherlich auf die männliche Aggression für „Machtziele" moderierend einwirken. Daher ist von weiteren Fortschritten in der Gleichberechtigung der Frauen ein starker Beitrag zum Abbau der kollektiven Gewalttätigkeit zu erwarten.

Die Schweiz (1971) und Liechtenstein (1984) waren die letzten europäischen Staaten, welcher das allgemeine Frauenwahlrecht einführte.

13.3.7 Gleichberechtigung der Homosexuellen

Die Genforschung hat mittlerweile plausibel gemacht, dass homosexuelle Neigungen ein Produkt genetischer Statistik sind. Bei Individuen männlichen Geschlechts liegt der Anteil bei 15 % und bei Individuen weiblichen Geschlechts liegt er bei der Hälfte davon, dass heißt bei etwa 7 %. Personen, denen die Statistik eine derartige Veranlagung zugewiesen hat, können genauso wenig etwas dafür, wie jene denen die mehrheitliche Statistik zugefallen ist und deshalb als „normal" bezeichnet werden. Die Diskriminierung von Homosexuellen fügt ihnen sehr viel Demütigung und Leid zu. Sie stellte eine Form struktureller Gewalt unserer Gesellschaft dar.

Es ist beispielsweise überhaupt nicht zu rechtfertigen, Homosexuelle von bestimmten sozialen Funktionen auszuschließen, zum Beispiel vom Priesteramt mit dem Argument, sie seien dadurch der Versuchung, sexuelle Tabus zu überschreiten, ausgesetzt. Auch die Heterosexuellen sind allerlei sexuellen Versuchungen ausgesetzt und die Gesellschaft fordert von ihnen genau so eine Selbstbeherrschung, die allerdings auch den Heterosexuellen nicht zur Gänze gelingt (siehe die Statistiken der Vergewaltigungen und der Prostitution).

13.4 Zwischenstaatliche Harmonisierung zur Konfliktvermeidung

Unter territorialer Homogenisierung soll die Herbeiführung eines Zustands gemeint sein, in dem innerhalb der Metakollektive „Staaten" bzw. des Definitvkollektivs „Welt" ein politischer Konsens zwischen aller darauf lebenden Individuen hergestellt wird. Um kollektive Gewalttätigkeit zu vermeiden, darf territoriale Homogenisierung nicht aufgezwungen werden, sondern muss auf einem Konsens aller Betroffenen basieren. Dabei muss auf regionale, ethnische, sprachliche und kulturelle Eigenarten Rücksicht genommen werden. Dies ist nicht ganz so schwierig, wie die Quadratur des Kreises, denn dem Römischen Reich

---

347 Es gibt interessante Untersuchungen, wie zum Beispiel die Umgangssprachen die Gewalttätigkeit von Männern gegen Frauen in den Bereich des Selbstverständlichen rücken.

ist es vor zwei Jahrtausenden bereits in großem Umfang gelungen. Das Erfolgsgeheimnis war dabei, mit viel Toleranz und Pragmatismus die bestehenden Identitätsgefühle intakt zu lassen und ein Meta-Identitätsgefühl auf einer abstrakteren überlagerten Ebene herzustellen.

13.4.1 Politische und wirtschaftspolitische Harmonisierung

WIR BRAUCHEN EIN EUROPÄISCHES GESETZ,
EINEN EUROPÄISCHEN OBERSTEN GERICHTSHOF,
EINE EINHEITSWÄHRUNG, EIN EINHEITLICHES MAßSYSTEM,
WIR BRAUCHEN GLEICHE GESETZE FÜR GANZ EUROPA.

(Napoleon Bonaparte, um 1812)

13.4.1.1 Überwindung der zwischenstaatlichen Anarchie und des Sicherheitsdilemmas

DIE STAATEN WERDEN VON IHREN SICHERHEITSINTERESSEN
ZU EINEM VERHALTEN VERANLASST,
DAS IM ENDEFFEKT DIESE SICHERHEIT GEFÄHRDET.

(Ernst-Otto Czempiel, 2005)

Im Gegensatz zum innerstaatlichen Leben herrschte während der gesamten Geschichte zwischen den Staaten eine „zwischenstaatliche Anarchie", im Sinne von „Fehlen einer Archie (Herrschaftsordnung). Jeder Staat verhielt sich nach außen wie es ein absoluter Monarch nach innen tut und hatte keine Skrupel, Nachbarstaaten zu überfallen, wenn er sich hinreichend überlegen wähnte (Recht des Stärkeren). Angesichts solcher Gefahr wurde und wird immer noch präventiv gerüstet. Dies hat wiederum andere Staaten bewogen und tut es immer noch ebenso und noch mehr zu rüsten (Wettrüsten).

- Schon Montesquieu (1748, XIII/XVII) stellte fest „Eine neue Krankheit hat sich über Europa verbreitet.. notwendigerweise ansteckend geworden: denn, sobald ein Staat seine Truppen erhöht, machen die anderen schlagartig dasselbe"
- Kant hatte in seiner Schrift „Zum ewigen Frieden" im Jahre 1795 auf das Rüstungsdilemma hingewiesen.
- Luigi Taparelli D'Azeglio postulierte im 19. Jh. die Notwendigkeit einer globalen Ordnungsmacht („Henarchie").
- Der US-amerikanische Politikwissenschaftler John H. Herz prägte im Jahre 1950 den Begriff „Sicherheitsdilemma" (security dilemma).

Die wirksamste Maßnahme, um das Sicherheitsdilemma abzubauen, ist die Schaffung **kollektiver Sicherheit**. Diese kann in einem ersten Schritt durch Verteidigungsbündnisse erfolgen oder durch Internationale Organisationen der Sicherheit und Zusammenarbeit. Noch größere kollektive Sicherheit bietet die Einbindung in Wirtschaftsgemeinschaften und Staatengemeinschaften. Die größte Sicherheitsstufe wird mit der Schaffung des Globalen Staatenverbandes erreicht werden.

13.4.1.2 Internationale Organisationen für kollektive Sicherheit und Zusammenarbeit

A. Verteidigungsbündnisse

Die Verteidigungsbündnisse der Vergangenheit (Heilige Allianzen, Koalitionen, Pakte u. dgl.) waren zum großen Teil offensiv ausgerichtet und haben wohl mehr zur Steigerung der kollektiven Gewalttätigkeit beigetragen als sie sie verhindert haben. Im Zeitalter der modernen Massenvernichtungswaffen haben sie eine eminent abschreckende Funktion eingenommen. Der 1949 von den Westmächten gegründete **Nordatlantikpakt (NATO)** und der 1955 von der Sowjetunion gegründete **Warschauer Pakt** haben hinreichend Abschreckungsgefahr erzeugt, dass es während des Kalten Kriegs „nur" zu Stellvertreterkriegen gekommen ist.

Bereits im Jahre 1967 schlug der Warschauer Pakt eine Sicherheitskonferenz für Europa vor und bot die Auflösung der bestehenden Verteidigungsbündnisse vor. Damit wollte man die USA aus der Europapolitik herausdrängen. Erst 1972 kam die erste „**Konferenz für Sicherheit und Zusammenarbeit- KSZE**" in Helsinki zustande. Teilnehmer waren die Länder der NATO und des Warschauer Paktes. Auch wenn selbst Folgekonferenzen nicht viel weiter führten als zu Prinzipienkatalogen, Grundsätzen der Zusammenarbeit und Menschenrechterklärungen, so hat die KSZE zur Entspannung des Ost-West-Verhältnisses beigetragen und durch die (wenn auch mäßigen) Liberalisierungseffekte in den Ländern des Warschauer Paktes zum Zusammenbruch der Sowjetunion beigetragen. 1994 wurde die Organisation in „**Organisation für Sicherheit und Zusammenarbeit – OSZE**" umbenannt.

Der Warschauer Pakt ist 1991 kollabiert, nachdem das Sowjetimperium durch das Wettrüsten und den Afghanistankrieg bankrottgegangen war. Damit hatten die zwei Verteidigungsallianzen eigentlich ihren

Dienst getan. Die US-Regierung ist sichtlich bestrebt, den Fortbestand der NATO zu sichern und ihr die Funktion einer Eingreiftruppe für die Weltsicherheit zu verschaffen.

Im Jahre 1994 wurde die „**Partnerschaft für den Frieden (PfP)**" gegründet, welche eine weitgehend informelle militärische Kooperation zwischen NATO und Nicht-NATO-Ländern ermöglicht (Anlehnung an NATO-Standards für Ausrüstung, gemeinsame Manöver, Teilnahme an Friedensmissionen der NATO). Zu den Unterzeichnerländern gehören auch Russland und viele ehemalige Länder des Ostblocks sowie Finnland, Österreich und Irland. Zehn davon sind inzwischen Mitglieder der NATO geworden („Osterweiterung der NATO").

Nach Ansicht von Czempiel (1999) stellt die 1997 begonnene „Osterweiterung der NATO" einen weltpolitischen Rückschritt dar, weil man der territorialen Machtpolitik den Vorzug gegenüber der ökonomischen Kooperation gegeben habe.

Um dem durch die Osterweiterung der NATO verzeichneten Misstrauensschub entgegenzuwirken, förderten die USA 1997 die Gründung des „**Euro-Atlantischen Partnerschaftsrats (EAPR/EAPC)**", mit dem Zweck, die Rüstungskontrolle und Friedensmissionen mit Nicht-NATO-Verbündeten zu koordinieren.

B. Bildung von Wirtschaftsgemeinschaften und Staatengemeinschaften

Wir dürfen nie vergessen, dass wir aus Krieg Frieden geschaffen haben,
aus Hass Achtung, aus Teilung Einigung,
aus Diktatur und Unterdrückung lebendige und stabile Demokratie,
aus Armut Wohlstand

(Bertie Ahern zur Feier der Erweiterung der EU am 1.5.2004)

WER AN DER EUROPÄISCHEN UNION ZWEIFELT, DER SOLLTE EINEN SOLDATENFRIEDHOF BESUCHEN.

(Jean-Claude Juncker, um 2000)

Die **Bildung von Nationalstaaten** ist in der Regel mit viel kollektiver Gewalttätigkeit verbunden gewesen. Die dabei geschaffene größere territoriale Integration hat die Anzahl der zwischenstaatlichen Konflikte reduziert. Aber diese wenigeren Konflikte sind, wegen der geballteren Ressourcen, desto gewaltintensiver ausgefallen (Höhepunkt in den zwei Weltkriegen). Im Endergebnis (Anzahl der Gewaltereignisse pro Weltbürger und Jahr, bzw. Relation Gewalttote zu Weltbevölkerung) ist durch die Bildung von Nationalstaaten die Kollektivgewalttätigkeit nicht abgebaut worden. Die territoriale Integration durch Bildung von Nationalstaaten ist ein gewaltträchtiger Zwischenschritt gewesen.

Der Weg der territorialen Integration muss daher möglichst zügig bis zur Erreichung einer globalen politischen Harmonisierung abgeschlossen werden, denn die Konflikte werden zwar seltener, sie können indes desto gewaltiger ausfallen.

Der erste Schritt in dieser Richtung ist die Einbindung von Nationalstaaten in Staatengemeinschaften.

Eine Reihe von Vordenkern hat die übernationale Integration als eine der am stärksten friedensstiftenden Maßnahmen gesehen (mehr Details in Anlage 2):

- Antonius Marini (1464): Vorschlag eines europäischen Staatenbundes mit Gerichtshof
- Guillaume Postel (1544): Vorschlag einer politischen Vereinigung mit kosmopolitischem Recht
- Tommaso Campanella (1600): Einteilung der Welt in Nationen „des Teufels Werk", durch eine Weltherrschaft abzulösen
- Hugo Grotius (1625): Vorschlag eines internationalen Gremiums der christlichen Mächte
- Gottfried Wilhelm Leibniz (1679): Vorschlag einer europäischen Föderation
- William Penn (1693): Vorschlag eines europäischen Parlaments
- Abt von Saint-Pierre (1728): Vorschlag einer „Societé Permanente" mit eigenem Heer, Anrüstung der nationalen Heere
- Jeremy Bantham (1789): Vorschlag eines Schlichtungsgerichts
- Immanuel Kant (1795): Vorschlag einer Föderation freier Staaten
- Taparelli D'Azeglio (1840): Vorschlag der Entmachtung der Nationalstaaten und der Bildung einer Gemeinschaft der Menschen (Henarchie), einer Art Völkerbund
- Juan Bautista Alberdi (1884): Vorschlag der „Vereinigten Staaten der Welt"
- Luigi Sturzo (1928): Vorschlag der Einschränkung der Souveränität der Nationalstaaten und Bildung einer übernationalen Instanz

In der Praxis sind die „**Vereinigten Staaten von Amerika**" mit gutem Beispiel vorangegangen. Seit ihrer Gründung hat es auf dem Nordamerikanischen Kontinent zwar einen großen Sezessionskrieg gegeben, als sich die Südstaaten (zur Aufrechterhaltung der Sklaverei) von den Nordstaaten trennen wollten. Die wenigen Grenzkriege waren jedoch um Größenordnungen weniger intensiv als die Gewaltorgien, die sich die europäischen Staaten leisteten.

Nachdem sich die Nationalstaaten Europas in zwei Weltkriegen im wahrsten Sinne des Wortes zerfleischt hatten, wurden sie nach dem Ende des 2. Weltkrieg (zwei Jahrhunderte später als die USA) einsichtig und bildeten die **„Europäische Union"**, in die sie große Teile ihrer nationalen Souveränität überführt haben. Die EU ist als Wirtschaftsunion entstanden, hat sich bis heute zu einer innenpolitischen Union weiterentwickelt und ist auf dem Wege auch eine außenpolitische Union herzustellen. Auch der Kontinent Europa hat damit die besten Voraussetzungen, von der Plage der territorialen Konflikte befreit zu sein.

Der weitere Integrationsweg wird sehr mühsam sein. Mögliche Etappen dazu könnten sein: EU-Integration der Türkei, dadurch mentale Öffnung zur islamischen Welt; mit türkischer Hilfe Integration mit der islamischen Welt, darunter die Turkstaaten Zentralasiens; Integration Nordafrikas und des Nahen Ostens einschließlich Israels; Integration der GUS; Integration des indischen Subkontinents. Auf dem amerikanischen Kontinent könnte eine Integration Lateinamerikas und Kanadas mit den USA erfolgen. Von Südafrika aus könnte Schwarzafrika vereint werden und zu Wohlstand gebracht werden. Über die UN-Organisationen könnte schließlich eine virtuelle Union der vor allem wirtschaftlich integrierten Welt („McWorld") vollzogen werden.

Der (utopisch klingende) Idealzustand wird erreicht werden, wenn es nur noch einen Staat auf Erden geben wird, die „Globale Staatengemeinschaft". Dann werden endlich die Konfliktkategorien „Zwischenstaatliche Prädationen" und „Zwischenstaatliche territoriale Hegemoniekonflikte und Integrationskonflikte (zwischenstaatliche Machtkämpfe)" entfallen, die in der Geschichte zwei Drittel der Gewaltereignisse verursacht haben.

Beim Integrationsprozess werden sicherlich die UN und ihre Spezialorganisationen eine wichtige Rolle spielen. Möglicherweise wird z.B. die UNESCO eines Tages das Ministerium für Erziehung, Forschung und Kultur von „McWorld" werden.

Da es in vielen Fällen nicht mehr möglich sein wird, die von den Nationalstaaten (zum Teil mit Gewalt. eingeprägte und in der Regel willkürliche) Identifizierungsebene (z.B. „Italiener") abzubauen, wird es notwendig sein, sie mit weiteren Identifizierungsebenen zu überlagern (z.B. die eines „EU-lers" und eines „McWorld-lers").

Im Römische Reich wurde bereits ein Zwei-Ebenen-Prinzip erfolgreich praktiziert. Wie Cicero vermerkte, hatte jeder Bewohner Italiens zwei Vaterstädte: seinen Heimatort (patria naturae) und Rom (patria iuris).

Mary Kaldor (1999) ist unter den Befürwortern der Entwicklung zu einer kosmopolitischen Regierungsform, in der transnationale Organisationen die nationalen Staaten in die kosmopolitische Rechtsdurchsetzung aktiv und passiv einbeziehen. (Sie zieht das anschauliche Analogon heran, dass sich heutzutage keiner mehr daran stoße, wenn der Staat in die Verhältnisse einer Familie eingreife, wenn dort Rechtsnormen verletzt werden). Sie weist darauf hin, dass wir eigentlich schon auf dem Weg dahin sein.

Ein unbeirrter Verfechter der Wichtigkeit der Vereinten Nationen ist Paul Kennedy (2006).

13.4.2 Ökonomische Harmonisierung zur Konfliktvermeidung

AEQUALITAS HAUD PARIT BELLUM
(GLEICHHEIT BRINGT KEINEN KRIEG).

(RÖMISCHES SPRICHWORT)

BEGGARS FEAR NO REBELLION.
(BETTLER HABEN VOR AUFSTÄNDEN KEINE ANGST.)

(Englisches Sprichwort)

WER NICHTS HAT, FÜRCHTET SICH VOR NICHTS.

(Evo Morales, 2002)

PROFIT KANN NICHT DIE EINZIGE RICHTSCHNUR
FÜR WIRTSCHAFTLICHES UND GESELLSCHAFTLICHES HANDELN SEIN
SONDERN EIN GEMEININTERESSE DER MENSCHEN.

(Werner Ruf, 2005)

Dieses Kapitel bezieht sich nicht auf die Wirtschaftsgemeinschaften, die bereits oben, zusammen mit der Bildung von Staatengemeinschaften, besprochen worden sind, sondern auf die darüber hinaus gehende Maßnahmen zur Schaffung einer möglichst gerechten und uniformen Einkommensverteilung. Es handelt sich also um die wegbereitenden ökonomischen Maßnahmen zur Bildung von Wirtschaftsunionen und schließlich der „McWorld".

12.4.2.1 Über die friedensstiftende Wirkung des Handels

Eine der Theorien, wie Frieden am besten gesichert werden könne, setzt auf die pazifizierenden Kräfte des Handels. Einer der Begründer dieser Gedankenrichtung war der britische Ökonom Adam Smith.

Allerdings ist der Handel als solcher kein absoluter Garant des Friedens. Er ist es gewiss nicht, wenn er einen stark einseitigen Vorteil bringt oder gar ausbeuterisch ist.

Ein geschichtliches Beispiel, in dem der Handel kollektive Gewalttätigkeit nicht verhindern konnte, ist der 1. Weltkrieg:

- Vor dem 1. Weltkrieg florierte ein Welthandel wie nie zuvor. Aber die Nationalstaaten bildeten keine „metasoziale Gruppe" sondern waren ein Konglomerat von egoistischen Kollektiven. Sie hatten sich in ihrer Arroganz und Habgier in ein Netz von rein militärisch ausgerichteten Allianzen verstrickt. Un dies, obwohl die Monarchen jener Zerit eng miteinander verwandt waren. Jeder Staat trachtete exklusiv nach seinem Vorteil und das Hauptziel lag damals noch in der Mehrung der eigenen kolonialen Ausbeutung zu Lasten anderer Staaten. So wurde der Handel zwischen feindlich gesinnten Partnern abgewickelt, ohne dass er Frieden stiften konnte.
- Jene Großunternehmen, welche am Ausbruch des 1. Weltkriegs proaktiv mitgewirkt hatten (in Italien allen voran die F.I.A.T.. die sich energisch für den Kriegseintritt eingesetzt hatte) und dann die Machtergreifung des Faschismus in Italien und des Nationalsozialismus (korrekter wäre „Nationalkapitalismus") in Deutschland favorisierten, handelten aus rein national ausgerichteten ökonomischen Egoismen. Bei einer stärkeren internationalen Verflechtung der Großunternehmen wäre die Favorisierung der Aggression einer Nation gegen eine andere unwahrscheinlicher gewesen. Denn sie wäre stark durch die Erwägung gedämpft worden, dass die Kriegsgewinne auf einer Seite der Front durch Kriegsverluste auf der anderen Seite aufgefressen würden und unter dem Strich nicht soviel Gewinn zu erwarten war.

Der Handel wird erst dann zum Friedensstifter, wenn die ihn treibenden Kollektive eine friedlich gesinnte transnationale Gruppe (ein Metakollektiv) bilden, mit transnationalen Fairnessgrundsätzen und Reziprozitätsverhalten. Ein fair abgewickelter Handel wirkt stark friedensstiftend, denn er bringt allen Partnern einen Vorteil an Verdienst und Lebensqualität. Die Handelspartner geraten dabei in eine derart nützliche Abhängigkeit, dass die Konfliktschwelle sehr hoch zum Liegen kommt.

Die Bedeutung der Konzerne (in mehreren Staaten tätige juristischen Personen mit wirtschaftlichem Gewinnstreben) ist im modernen Wirtschaftsleben ungemein gestiegen. Gemäß dem World Investment Report 1994 der **UNCTAD** (UN Conference of Trade and Development) sind weltweit 37.000 Muttergesellschaften mit 200.000 Tochtergesellschaften in anderen Ländern tätig. Bis zum Jahre 2010 haben sich jene Zahlen mehr als verdreifacht. Letztlich geht es darum, auch diesen Typus juristischer Personen im Sinne der Konfliktvermeidung zu reglementieren.

13.4.2.2 Die bestehende Armut und Einkommensverzerrung

Reichtum und Not sind auf der Welt heutzutage extrem ungleich verteilt. Hier einige statistische Daten:

- Mehr als ein Drittel der Weltbevölkerung lebt in bitterster Armut.
- Die Hälfte der Weltbevölkerung muss mit weniger als 2 US $ pro Tag auskommen (weniger als 700 US $ pro Jahr).
- Die 20 % reichsten Menschen der Welt verfügen über 80 % des weltweiten BSP, während die 20 % ärmsten mit 1 % auskommen müssen.
- Die 5 % Reichsten dieser Welt verfügen über ein mehr als hundertfaches Einkommen als die 5 % Ärmsten [UNDP Human Development Report 2002].
- Die 8 reichsten Männer der Welt (Bill Gates, Warren Buffett, Carlos Slim, Jeff Bezos, Mark Zuckerberg, Amancio Ortega, Larry Ellison, Michael Bloomberg) besitzen mit insgesamt 426 Mrd. US $ mehr, als 3,6 Mrd. Menschen, die die ärmere Hälfte der Menschheit ausmachen (Oxfam).

Die Berichterstattung der modernen Medien erweckt bei den Armen ein weit größeres Bewusstsein und Ressentiments als in der Vergangenheit.

13.4.2.3 Die Möglichkeiten und Gefahren der Globalisierung

Mit dem Wort „Globalisierung" wird im Grunde ein Prozess der weltweiten Homogenisierung der Ökonomie und Ideologie gemeint. Im Vordergrund des Bestrebens stehen die Beseitigung von Handelsbarrieren und eine größere Integration der Nationalökonomien zu einer globalen Wirtschaft. Dies ist ein Balanceakt zwischen zwei Extremen: zum einen kann dies die Behauptung des Starken gegenüber dem Schwachen bedeuten (die Unterordnung der wirtschaftlich Unterlegenen und die Auslöschung deren Kultur), zum anderen kann dies eine Ausdehnung des Wohlstands auf die ganze Welt und vor allem auf die Armen bedeuten, somit die zwischenstaatlichen Konflikte derart entschärfen, dass sie ohne weiteres gewaltlos beigelegt werden können.

12.4.2.4 Internationale Wirtschaftsorganisationen

Der Globalisierungsprozess wird durch eine Reihe internationaler Wirtschaftsinstitutionen gesteuert, die von den Industrieländern (angeführt von den USA, die über spezielle Vetorechte verfügen) in ihrem Interesse gesteuert werden. Die Führungspositionen werden überwiegend mit „Neoliberalen" besetzt.

Die **Weltbank** gibt oder organisiert Kredite für Entwicklungs- und Schwellenländer

[www.worldbank.org]

Der **Internationale Währungsfond (IWF)** ist eine Schwesterinstitution der Weltbank. Sie „hilft" den Entwicklungs- und Schwellenländern in finanziellen Nöten. Dabei knüpft sie die Kreditvergabe an globalisierungsfördende Maßnahmen.

[www.imf.org]

Die **Organisation für Wirtschaftliche Zusammenarbeit und Entwicklung** (Organization for Economic Cooperation and Development **OECD**)

Die OECD entwickelte 1960 sich aus einem 1948 gegründeten Vorgängergremium OEEC, mit dem die USA die europäischen Empfänger des Marshallplans [348] in den Verteilungsprozess einbeziehen wollten. Heute ist die OECD ein organisatorischer Rahmen für permanente Abstimmungsgespräche zwischen 30 Mitgliedsländern, die fast alle als Industrieländer eingestuft werden können. 40.000 Beauftragte der Mitgliedsländer beteiligen sich an den Arbeiten von 200 Arbeitsgruppen, über Fragen der Wirtschaft, des Handels, der Finanzen und der Beschäftigungspolitik.

13.4.2.5 Die bestehenden Handelsverzerrungen

Die derzeitige Weltwirtschaftsordnung ist als ungerecht zu betrachten. Der Wohlstand sowie die innenpolitischen Stabilisierungen der westlichen Welt beruhen zum Teil mit **Handelsverzerrungen** (auf asymmetrischen Handelsbeziehungen) zu Lasten anderer Regionen der Welt.

An erster Stelle sind dies die **Agrarsubventionen der Industrieländer**, die sich auf 230 Milliarden US $ pro Jahr belaufen (allen voran die USA, die Europäische Gemeinschaft mit 50 Milliarden pro Jahr) zu nennen:

- Die OECD hat geschätzt, dass Verzerrungen auf dem Weltmarkt den ärmeren Ländern jährlich mindestens 25 Milliarden Dollar an möglichen Einnahmen vorenthalten.
- Besonders schädlich sind jene Agrarsubventionen der Industrieländer (im Falle der EU sind es ca. 3 Mrd. Euro pro Jahr), mit denen eine Überschussproduktion gefördert wird, die dann zu Preisen unter den Herstellkosten exportiert wird. Zu einem Teil stellen diese subventionierten Exporte für die Entwicklungs- und Schwellenländer auf Drittmärkten eine wettbewerbsverzerrende Konkurrenz dar; zum anderen Teil werden sie sogar in die Entwicklungs- und Schwellenländer selbst gedrückt, wo sie der lokalen Agrarwirtschaft zusätzlich Einkommen und Beschäftigung entziehen.
- Jede Kuh in Europa wird im Schnitt mit 600 US $/ Jahr subventioniert, was über dem Jahreseinkommen der meisten Afrikaner und Asiaten liegt („Jede europäische Kuh hat mehr Einkommen als ein Afrikaner").
- Darüber hinaus benachteiligen die Agrarsubventionen der Industrieländer die Entwicklungs- und Schwellenländer dadurch, dass sie die aus Industrieländern importierten Industriewaren verteuern: die Exportsubventionen der Agrarprodukte in den Herstellerländern werden nämlich durch höhere Binnensteuern finanziert.

An zweiter Stelle sind es die **Handelsbarrieren für Agrarimporte der Industrieländer** (allen voran die USA und die EG), mit welchen Exporte der Entwicklungs- und Schwellenländer gewaltsam gedrosselt werden. Diese Barrieren werden durch Setzung von **Importquoten** errichtet, welche die Gültigkeit einigermaßen welthandelsgerechter Zollsätze (z.B. 20 % auf Fleisch) auf ein bestimmtes Jahreskontingent limitieren (z.B. 6.000 t Geflügelfleisch aus Brasilien in die EU).

- Für die über das Jahreskontingent hinausgehenden Importe werden anachronistische Schutzzölle (euphemistisch „Meistbegünstigungszollsatz" genannt) von ca. 100 % angewandt. Sie erinnern an die Zollbelastung, die im Mittelalter auf der Handelsstrecke zwischen Europa und China, der „Seidenstraße", auflieten. De facto drosseln die Industrieländer die Agrarimporte aus Entwicklungs- und Schwellenländern typischerweise mit Zollsätzen von 50 bis 100 %, während sie für die Exporte ihrer Industrieprodukte Nahezu-Null-Prozent- Zollsätze durchsetzen.

Als Rechtfertigung für ihre **asymmetrische Welthandelspolitik** werden von den Industrieländern folgende Argumente in die Diskussion mit eingebracht:

---

348 Der vom US-Außenminister George C. Marshall ausgeführte Plan hatte drei Ziele: humanitäre Hilfe im kriegszerstörten Westeuropa, dadurch Eindämmung des Kommunismus, Schaffung eines Absatzmarktes für US-amerikanische Überproduktion. Marshall wurde dafür 1953 mit dem Friedensnobelpreis ausgezeichnet.

- Die Notwendigkeit der Stabilisierung der Innen- und Außenpolitik der Industrieländer durch wirtschaftliche Stützung der konservativen Landbevölkerung. Dies geschehe auch im Interesse der Entwicklungs- und Schwellenländer. Man geht dabei offensichtlich davon aus, dass Elend und Destabilisierungen in Entwicklungs- und Schwellenländern nicht so schlimme Konsequenzen hätten.

- Die Notwendigkeit der Pflege der Kulturlandschaften der Industrieländer durch subventionierte Landwirte. Man geht dabei offensichtlich davon aus, dass das nackte Überleben in Entwicklungs- und Schwellenländern geringere Priorität verdiene als Landschaftspflege in Industrieländern.

13.4.2.6 Die Problematik der karitativen Programme

Bekanntlich brechen immer wieder Katastrophen über einzelne Regionen dieser Erde herein: Naturkatastrophen, Seuchen, durch Kriege und Genozide verursachtes Elend. Die humanitäre Hilfsbereitschaft hat in der Gegenwart einen wirklich löblichen Umfang erreicht, sei es mittels Spenden von Privatpersonen und Firmen oder aus Mitteln von Staaten und Hilfsorganisationen (UN-Welternährungsprogramm, kirchliche Verbände wie Caritas, Deutsche Welthungerhilfe u. a. m). Es wurde aber die paradoxe Erfahrung gemacht, dass derlei Hilfsaktionen in „Schädigungsaktionen" umschlagen, wenn sie in einer Region zur Dauerinstitution werden. Der Hauptgrund ist, dass die Menschen dadurch ihre traditionellen Überlebensstrategien verlieren können. Hier einige Beispiele zur Verdeutlichung (Stand 2005).

- Die Einfuhr von subventionierten Agrarprodukten der Industrieländer ruiniert tendenziell die Agrarbevölkerung der Entwicklungs- und Schwellenländer, welche in die Elendsviertel der Großstädte abwandern.

- Die Nomaden Kenias schlachten ihre Rinder nur noch in kleinerem Umfang; sie ziehen es vielfach vor, um die Austeilungsorte des UN-Welternährungsfonds herumzulungern und auf die nächste Austeilung zu warten. Die Überzahl an Rindern verursacht gleichzeitig durch Kahlfressen der Umgebung riesige ökologische Schäden.

- Die kostenlosen Lebensmittellieferungen (z.B. Mais aus den USA oder Butter aus der EU) ruinieren in vielen Ländern die lokale Landwirtschaft und Viehzucht.

- In Bolivien haben fortdauernde Altkleiderschenkungen (ca. 5.000 t pro Jahr) einer Schätzung nach 50.000 einheimische Arbeitsplätze in der Kleidungsindustrie vernichtet.

Was die Dritte Welt braucht, sind nicht Schenkungen von Nahrungsmitteln und Bekleidung (von der Hilfe zur Überbrückung punktueller Katastrophen abgesehen), sondern:

- Dieselbe Zollfreiheit in den Industrieländern für ihre Agrarprodukte, wie jene für ihre Industrieprodukte in den Entwicklungs- und Schwellenländern erwirkt haben.

- Die Unterlassung der Überschwemmung der Entwicklungs- und Schwellenländer mit subventionierter Agrarproduktion der Industrieländer.

- Die Unterstützung bei der Ausbildung der Menschen und bei der Schaffung von lokalen Arbeitsplätzen, damit die Menschen eine Chance haben, in ihrer Heimat ein menschenwürdiges Leben zu führen.

- Die Unterlassung der Bestechung korrupter Eliten der Entwicklungs- und Schwellenländer mit „Entwicklungshilfegeldern" seitens der Weltmächte.

Der ehemalige Weltbank-Ökonom William Easterly gehört zu den schärfsten Kritikern der westlichen Entwicklungshilfe, indem er behauptet, dass „586 Mrd. Dollar Hilfe in 42 Jahren kein Wirtschaftswachstum und keine Entwicklung geschaffen" haben.[349]

13.4.2.7 Bemühungen um die Harmonisierung des Welthandels

Im Jahre 1947 wurde das erste internationale Freihandelsabkommen (**General Agreement on Tariffs and Trade, GATT**) unterzeichnet. Das Ziel war, den Freihandel zu fördern, durch Regelung und Senkung der Zollschranken sowie durch Schiedsspruchmechanismen.

Im Jahre 1995 wurde die Zielsetzung des GATT durch einen stabile Organisation, die **Welthandelsorganisation (World Trade Organization, WTO)** verstärkt. Ihr sind bis dato 149 Mitgliedsstaaten beigetreten, davon ¾ Entwicklungs- und Schwellenländer. Ihre Mission ist, Regeln für einen ungehinderten, fairen und kalkulierbaren Welthandel zu gewährleisten, „um den Wohlstand der Bevölkerung der Mitgliedstaaten zu fördern". Bisher wurde im Wesentlichen nur erreicht, dass die Schutzzölle, mit denen die Entwicklungs- und Schwellenländer ihre Industrie vormals schützten, wesentlich drastischer gesenkt wurden, als die Schutzzölle (und Subventionen) mit denen die Industrieländer ihre Landwirtschaft schützen.

- Positiv ist zu bemerken, dass die WTO jährlich etwa 100 technische Kooperationsmissionen in Entwicklungs- und Schwellenländern finanziert. Was den Kern der Mission der WTO betrifft, muss vermerkt werden, dass die Industrieländer (allen voran die USA und die EU) bisher bei den internationalen GATT- und dann WTO-Verhandlungen mit einer Doppelzüngigkeit vorgegangen sind. Bei den Industrieprodukten haben sie die Annäherung eines des 0 % Zoll-

---

349 Businessnews, 05.07.2007.

tarifniveaus durchgesetzt. Bei den Agrarprodukten wurden fadenscheinigste Argumente vorgebracht, um die eigenen Zollschranken, Handelsbarrieren und Subventionen zu rechtfertigen:

- Im Jahre 2001 einigten sich die WTO-Mitglieder in Doha (Katar) zu einer so genannten **Doha-Entwicklungsrunde**. Auf dem Gipfeltreffen der WTO in Hongkong von 2005 sagten die Industriestaaten zu, einen Teil ihrer Agrarsubventionen bis 2013 abzuschaffen. Im Juli 2006 scheiterte eine Verhandlungsrunde in Genf zum globalen Abbau von Handelsschranken, da sich die USA und die EU weigerten, ihre Agrarsubventionen abzubauen. Die EU-Vertreter wiesen die Schuld den USA zu, diese machten die EU und einige große Schwellenländer wie Brasilien dafür verantwortlich.

13.4.2.8 Bemühungen um regionale Freihandelszonen

Angesichts der schleppenden Fortschritte in Richtung einer für Industrie- und Agrarprodukte symmetrischen Welthandelsordnung wachsen die Bemühungen für regionale Handelsliberalisierungen.

13.4.2.9 Integrationsstrategien für Entwicklungs- u. Schwellenländer

Speziell zum Thema des Abbaus des Wohlstandsunterschiedes zwischen Industrieländern und den Ländern „der Dritten Welt" ist die Grundsatzfrage von bescheidener Bedeutung, ob dies der Dynamik der Marktwirtschaft überlassen werden oder ob regulativ eingegriffen werden soll.

Die Industrie der Drittländer hat gegen jene der Industrieländer selbst auf ihren eigenen Märkten keine Wettbewerbschance und ist in einem offenen Weltmarkt zum Ruin verurteilt. Es ist vielfach festgestellt worden, dass die Länder der Dritten Welt einer protektionistischen Phase „selektiver Abkopplung" (Dissoziation) bedürften, um lokale Ressourcen zur autarken Versorgung ihrer Bevölkerung aufzubauen. Dieter Senghaas (1977) hat diesen Vorschlag Ende der 70-er wieder aufleben lassen und klargestellt, dass die „Dissoziationsthese" lediglich eine „selektive Autarkie auf Zeit" befürworte.

13.4.2.10 Globalisierungskritiker und Kassandrarufe

IHR RISKIERT, MORGEN DURCH EINE MASSE VON AFRIKANERN ÜBERFLUTET ZU WERDEN,
DIE VOM ELEND GESCHOBEN, IN EURE LÄNDER EINBRECHEN WERDEN.
EURE EINWANDERUNGSGESETZTE WERDEN NUTZLOS SEIN,
DENN AUCH EINE MEERESFLUT KANN MAN NICHT MIT DEN ARMEN AUFHALTEN.

(Abdou Diouf, 1991)[350]

Kritische Stimmen

- Eine der größten Kritiken die an der Vorgehensweise der internationalen Wirtschaftsinstitutionen geübt wird ist, dass sie ihr Handeln nach einem Statistik-Fetischismus orientieren, ohne auf das Schicksal der Menschen einzugehen. Man weise Wirtschaftswachstumszahlen als Erfolg aus, auch wenn davon nur multinationale Unternehmen und korrupte nationale Eliten profitierten, das Land noch weiter in den Ruin betrieben werde und die Mehrheit der Bevölkerung in Wirklichkeit ärmer werde.

- Eine weitere Kritik ist, dass man Länder zur Liberalisierung und Privatisierung zwinge, bevor die örtlichen Voraussetzungen dafür geschaffen worden seien.

- Ein krasses Beispiel von Missmanagements des Internationalen Währungsfonds (IWF) sei die systematisch betriebene Politik, kreditnehmenden Länder sogar zur Privatisierung der Wasserversorgung zu zwingen (Philippinen, Indonesien, Vietnam, Jemen, Senegal, Niger, Elfenbeinküste, Ghana, Kamerun, Ruanda, Tansania, Kenia, Mosambik, Südafrika, Honduras, Ecuador, Bolivien und Argentinien). Dabei sei es zu Exzessen gekommen, wie zum Beispiel den, dass in Bolivien die Wassertarife ein Viertel eines normalen Arbeitslohnes ausmachten. In Südafrika brach im Jahre 2000 eine Choleraepidemie aus, weil die Armen begannen Wasser aus Bächen und Flüssen zu trinken. Dies hat eine **weltweite Bewegung gegen die Privatisierung des Wassers** in Gang gesetzt, die unter anderem eine UN-Charta des Rechts auf Wasserversorgung fordert.

- Der US-amerikanische Wirtschaftswissenschaftler und Nobelpreisträger Joseph E. **Stiglitz** (2002) gehört zu den großen Kritikern des IWF, nachdem er drei Jahre dort den Posten eines „Chefökonomen" und Vizepräsidenten innegehabt hatte. Er wirft dem IWF Dogmatismus, Intransparenz bis hin zur Aktenfälschung, Insensibilität gegenüber Fragen der Menschenrechte, Demokratie und soziale Gerechtigkeit vor sowie schlichte Inkompetenz.

- Einige Länder haben durch anderswie finanzierte vorzeitige Rückzahlungen die Verbindungen zum IWF abgebrochen.

Internationale Organisationen mit der Globalisierungskritik als ihr Hauptziel

> ➢ *Ausgehend von einem Vorschlag des US-amerikanischen Wirtschaftswissenschaftlers und Nobelpreisträgers 1981, James Tobin, den internationalen Devisenhandel mit einer Steuer von 0,5 % bis 1 % zu belegen („Tobinsteuer"), um den Einfluss*

---

350 Interview mit „Figaro" vom 3.6.1991: «Vous risquez d'être envahis demain d'une multitude d'Africains qui, poussés par la misère, déferleront par vagues sur les pays du Nord. Et vous aurez beau faire des législations contre l'émigration, vous ne pourrez pas arrêter ce flot car on n'arrête pas la mer avec ses bras»

*kurzfristiger spekulativer Erwartungen einzudämmen und langfristige Erwartungen in den Vordergrund zu rücken, wurde 1998 in Frankreich die **Attac** (Association pour une Taxation des Transactions financières pour l'Aide aux Citoyens) gegründet. Sie verfügt über ein Netzwerk in 50 Ländern mit 90.000 Mitgliedern. Ihre Zielsetzungen sind über die Tobinsteuer hinaus auf andere Ziele der Humanisierung und Moralisierung der Weltwirtschaft erweitert worden: demokratische Kontrolle der Finanzmärkte, internationale Steuern für internationale Förderungsmaßnahmen, Abschaffung der Steueroasen, Aufbrechen der Sachzwänge der wirtschaftlichen Globalisierung, Bekämpfung der negativen Auswirkungen der Globalisierung auf die Ökologie und den Frieden, Kritik an der Konsumwirtschaft, Argumentation gegen den „Neoliberalismus" der die Reichen reicher und die Armen ärmer macht.*

➢ *WEED (Weltwirtschaft, Ökologie & Entwicklung) wurde 1990 in Deutschland gegründet, um „mehr Bewusstsein für die Ursachen der weltweiten Armuts- und Umweltprobleme zu schaffen. Die sozialen und ökologischen Auswirkungen der Globalisierung verlangen nach einer Wende in der Finanz-, Wirtschafts- und Umweltpolitik hin zu mehr sozialer Gerechtigkeit und ökologischer Tragfähigkeit". WEED ist u.a. aktives Mitglied bei Attac.*

Die Bürger der Wohlfahrtsstaaten der „industrialisierten Welt" werden noch mehr spürbare Einschnitte in ihrem Lebensstandard in Kauf nehmen müssen, um den Armen der „Entwicklungs- und Schwellenländer" einen Teil des Kuchens dieser Welt abzutreten. Sonst werden sie unweigerlich die Folgen des Elends ihrer Nachbarvölker nicht nur in den Medien beobachten.

Der Migrationsdruck der Elenden wird nicht aufzuhalten sein. Auch wird die Ausbreitung von Seuchen, die zum Großteil aus Elend entstehen, vor den Grenzen der Industrieländer nicht Halt machen. Vieles deutet darauf hin, dass die größte Gefahr für den Frieden im 21. Jh. aus dem Elend der Dritten Welt entstehen wird, wenn das bestehende ökonomische Ungleichgewicht nicht abgebaut wird.

13.5 Ideologische Harmonisierung zur Konfliktvermeidung

Da Kriege in den Köpfen von Menschen beginnen,
muss in den Köpfen der Menschen Vorsorge für den Frieden getroffen werden.
(Präambel der UNESCO-Konvention)

Wenn zwei Gruppen von Menschen
zwei unvereinbare Arten von Welt schaffen wollen,
sehe ich keinen anderen Ausweg als Gewalttätigkeit
(Oliver Wendell Holmes)

Wenn man davon ausgeht, dass kollektive Gewalttätigkeit überwiegend durch ökonomische Interessen ausgelöst wird, die sich durch intolerante Werte von anderen Kollektiven abgesondert haben, so besteht der zweite große Themenkomplex der Friedenssicherung in dem Abbau feindlicher ideologischer Abgrenzungen.

13.5.1 Kommunikationsfreiheit

Die drei transatlantischen Kabel
sind eine stillschweigende Aufhebung der Monroe-Doktrin.
(Juan Bautista Alberdi, um 1860)

Kollektive Gewalt kann vor allem durch Konsens vermieden werden. Eine Übereinstimmung von Meinungen basiert nicht zuletzt auf einem gleichen Wissensstand. Folglich sind alle Maßnahmen als Gewalt mindernd anzusehen, welche einen unbeschränkten Zugriff aller Menschen auf alles verfügbare Wissen sicherstellen.

Der **Buchdruck** hat den Beginn der Neuzeit genau so markiert, wie die Horizonterweiterung durch die Entdeckung Amerikas. Er hat zur Bildung größerer konfliktfreier Innenräume (den Nationalstaaten) genau so beigetragen, wie die Feuerwaffen. Die im 20. Jahrhundert explosionsartig fortgeschrittenen Kommunikationsmöglichkeiten (Telefon, Tonrundfunk, Fernsehrundfunk, Internet) sind nun dabei, zur Bildung kontinentaler konfliktfreier Räume beizutragen und die konfliktbehafteten Grenzen der Nationalstaaten zu sprengen und zur weltweiten Durchsetzung der Menschenrechte beizutragen. Weltweit bildet sich die Spezies des „**Homo Internet**", der hoffentlich in ferner Zukunft zum „Homo sapiens pacificus" unbenannt werden kann.

- Ralf Dahrendorf hat auf Gefahren der grenzenlosen Kommunikation hingewiesen, die unbeabsichtigt zu kollektiven Konflikten führen könnten.
  Die Globalisierung führe zu einer Konfrontation des Menschen mit völlig Andersartigem. Dies wecke in vielen instinktiv den Wunsch nach stärkerer Homogenität in ihrer Alltagsumgebung. Ein derartiger „regionalistischer Romantizismus" wolle regional homogene Räume schaffen, womit dann vielfach auf ethnisch homogene Gemeinschaften abgezielt werde, in Regionen, die längst nicht mehr ethnisch homogen sind oder sogar nie gewesen sind. Derartige Regionalismen könnten zur Allophobie, zur Abweisung des Andersartigen neigen, das heißt zur Intoleranz nach in-

nen und Aggression nach außen. Dies werde sehr leicht durch skrupellose Führer für ihr persönliches Machtstreben missbraucht.

- Die globalen Informationsmedien könnten auch dazu führen, dass die Berichterstattung über eskalierte Konflikte eine Vorbildfunktion für andere Kollektive haben kann.

Zur Steigerung des Wohles der Menschheit erfundene technische Innovationen sind seit jeher auch zu deren Schaden eingesetzt worden. So gibt es auch Beispiele des **Missbrauchs der Neuerungen der Informationstechnologie**:

- Der Internet-Suchmaschinenanbieter Yahoo kooperiert mit den chinesischen Behörden, um durch Filtersoftware den Zugang der chinesischen Bevölkerung zu der Regierung nicht genehmen internationalen Informationen zu verwehren. Außerdem soll Yahoo den Behörden Informationen zur Identifizierung von Regimegegnern geliefert haben, die zu deren Verhaftung geführt haben.

- Das Management des Internet-Suchmaschinenanbieters Google wurde auf der Hauptversammlung von Mai 2006 von Amnesty International heftigst dafür kritisiert, dass es mit den chinesischen Behörden bei der Zensurierung von Internet-Suchergebnissen mitarbeite.

13.5.2 Bildung einer Weltmeinung gegen Kollektivgewalttätigkeit

DIE ÖFFENTLICHE MEINUNG IST EINE KRAFT, DER NICHTS WIDERSTEHEN KANN.

(Napoleon Bonaparte, 1769 bis 1821)

ALLES, WAS DAS BÖSE BENÖTIGT, UM ZU TRIUMPHIEREN, IST DAS SCHWEIGEN DER MEHRHEIT.

(Kofi Annan, 2005)

Die Menschheit wird die Plage der kollektiven Gewalttätigkeit vermutlich nur dann überwinden, wenn die Weltmeinung alle Formen der kollektiven Gewalttätigkeit unkonditioniert und ausnahmslos verurteilt, genauso wie sie es nun mit den Unterkategorien „Sklaverei", „Piraterie" und „Hexenprozesse" tut. R. Dawkins (2006) sieht einen „moralischen Zeitgeist" am Werk, der sich weltweit und kulturübergreifend fortentwickelt, unabhängig von religiösen Moralvorstellungen.[351]

- Nehmen wir das Beispiel der Hexenprozesse. Vom 14. bis 18. Jahrhundert wurden in Europa etwa 200.000 Frauen hingerichtet, nachdem man sie unter Folter zur Aussage gebracht hatte, mit dem Teufel einen Händel gehabt zu haben. Dass heute keine Frauen mehr gefoltert werden, um sie zu derartigen Geständnissen zu zwingen und um sie dann öffentlich zu verbrennen, liegt weniger an der verschärften Gesetzeslage, als an der Aufgeklärtheit der übergroßen Mehrheit aller Bürger auf Erden, die so ein Handeln als schlechtweg abartig verurteilen. Die Menschheit ist die Plage der Hexenprozesse auch deswegen losgeworden, weil die Weltmeinung dafür keinerlei Konditionierung und Relativierungen mehr akzeptiert. Niemand vertritt mehr, dass es „konstruktive Hexenprozesse", „destruktive Hexenprozesse" oder „ungesetzmäßige, nicht schutzwürdig Hexen" gäbe. Die Meinung, dass Hexenprozesse eine unter allen Umständen und ausnahmslos indiskutable Praxis sei, ist zu einem universell akzeptierten Bestandteil des menschlichen Denkens geworden, genau so wie die Konvention, dass eins plus eins gleich zwei ist.

In derselben Weise muss ein universeller Konsens („moralischer Zeitgeist") darüber heranreifen, dass „kollektive Gewalttätigkeit" eine unter allen Umständen und ausnahmslos indiskutable Praxis sei. Jede Zuwiderhandlung muss eine weltweite Skandalisierung hervorrufen.

13.5.3 Kosmopolitische Begrifflichkeit über kollektiven Gewalttätigkeit

WE DID NOT IMMEDIATELY CALL THESE CRIMES BY THEIR RIGHTFUL NAME: GENOCIDE.
(WIR HABEN DIESE VERBRECHEN NICHT SOFORT MIT DEM RICHTIGEN NAMEN BENANNT, NÄMLICH GENOZID)

(Bill Clinton, 1998)

Der erste Schritt zur Demaskierung und Tabuisierung kollektiver Gewalttätigkeit besteht im korrekten Beim-Namen-Nennen. Die Terminologie zur Katalogisierung kollektiver Gewaltakte ist noch lückenhaft vorhanden und in Gebrauch.

Bis heute gibt es keinen allgemein gebräuchlichen Oberbegriff für alle Formen der Tötung von Massen von Personen. So haben die Bezeichnungen für einige jener Gräueltaten der jüngsten Vergangenheit, denen über 50.000.000 Personen zum Opfer fielen, bis heute nicht Eingang in die Wörterbüchern aller Weltsprachen gefunden. In der Umgangssprache und noch weniger in Standardlexikas der deutschen Sprache

---

351 R. Dawkins geht nicht auf die Frage ein, wie eine derartige Konzertation der Änderungen des sozialen Bewusstseins und des moralischen Klimas weltweit zustandekommen kann. Er vermutet so etwas wie eine Änderung der Häufigkeitsverteilung im „Meme-Pool".

fehlten noch im Jahre 2006 die Einträge für „Demozid" (Massenmord von Teilen oder der Gesamtheit einer Bevölkerung, aus welchem Grund auch immer), „Ethnozid" (eines ethnisch definierten Kollektivs) „Religiozid" (eines religiös definierten Kollektivs), „Soziozid" (eines sozial definierten Kollektivs) und „Politizid" (eines politisch definierten Kollektivs).

Den zum Teil euphemistischen Benennungen vergangener kollektiver Gewaltakte muss in allen Sprachen entgegengewirkt werden. Beispiele:

Wörter wie „Völkerwanderung" (mit ähnlicher Konnotation wie „Sonntagsspaziergang" oder „Maiausflug"), „Landnahme", „Wikingerfahrten", „Reconquista", „Ostkolonisierung", „Kreuzzüge" und „Way West" verharmlosen die tatsächlich stattgefundenen gewaltsamen Vorgänge.

13.5.4 Abbau der symbolischen Gewalttätigkeit

Der Soziologe Pierre Bourdieu hat eine „sanfte" und subtile Form der Gewalttätigkeit bloßgelegt, die er „symbolische Gewalttätigkeit" nannte. Sie besteht darin, dass Macht habende soziale Gruppen (informale wie die „Männerwelt" oder formale bis hin zum Staat) den beherrschten sozialen Gruppen eine einseitige Darstellung kultureller Wertigkeiten als absolut wahr aufoktroyieren, ohne dies zu relativieren (Bourdieu, 1970). Damit werden die beherrschten sozialen Gruppen in ihrer Entfaltungsmöglichkeit eingeschränkt, zum Vorteil der beherrschenden Gruppe. Die eklatantesten Beispiele für verbreitete symbolische Gewalttätigkeit waren für Bourdieu die Sprache (auch wenn er den Ausspruch von Roland Barthes für überzogen hielt, dass jede Sprache im Grunde faschistisch sei), das Erziehungswesen („pädagogische Gewalttätigkeit") und die Unterdrückung der Frauen.

Symbolische Gewalttätigkeit wurde in der Vergangenheit vielfach eingesetzt, um sozio-ökonomische Hierarchien zu zementieren oder um eine kulturelle Gleichschaltung zu erzwingen (z.B. Verbote von Minoritätensprachen, Minoritätsreligionen, Minoritätsbräuchen u.a.m.). Der soziale Abdruck symbolischer Gewalttätigkeit ist die „strukturelle Gewalttätigkeit".

Symbolische Gewalttätigkeit sind also alle Formen religiöser Intoleranz, mit denen die eigene Religion in einer kategorischen Form als die einzig selig machende dargestellt wird.

Symbolische Gewalttätigkeit gibt es auch im kulturellen Bereich, wenn beispielsweise ein „Pantheon" der hervorragendsten Dichter, Musiker, Philosophen, Erfinder etc. der Geschichte eingerichtet wird, mit einer überproportionalen oder gar einseitigen Belegung durch Persönlichkeiten des eigenen Kollektivs. Ein krasses Beispiel ist das der Erfindung des Telefons, die eine Reihe von Ländern für einen ihrer Landsleute beansprucht. So werden anmaßende Überlegenheitsgefühle aufgebaut, die stark auf Unwissen „der Anderen" beruhen.

Es gibt auch symbolische Gewalttätigkeit auf zwischenstaatlicher Ebene, die es abzubauen gilt. Kulturverfeindungstheorien, bei denen die eigene Kultur letztlich als normativ postuliert wird, stellen eine Art interkultureller symbolischer Gewalttätigkeit dar.

Selbst auf dem Gebiet der internationalen Sportwettbewerbe ist symbolische Gewalttätigkeit weit verbreitet, wenn nämlich aus Gründen der Umsatzmaximierung oder des Prestigeinteresses einzelner Staaten, die Sportarten entsprechend selektiert, Auslosungen gelenkt werden u. dgl. mehr.

Die symbolische Gewalttätigkeit ist eine Form von Gewalttätigkeit, welche den Rahmen dieses Buches sprengt, welches die Formen physischer Gewalttätigkeit fokussiert. Sie wird hier aber insofern aufgeführt, als dass sie Konflikte aufbaut, welche in physische Gewalttätigkeit ausarten können.

13.5.5 Die Domestizierung der Religionen

> Während die Politik immer demokratischer wird,
> wird die Religion immer autokratischer.
>
> (Peter Ustinov, 2003)

> Machet euch die Religionen untertan!
>
> (überzeichnende Abwandlung des Bibelspruchs)

Die Religionen sind kollektive Wertesysteme, die unter anderem mit dem Zweck gebildet wurden, das friedliche Zusammenleben innerhalb der Religionsgemeinschaft sicherzustellen. Dieser Vorteil wurde indes mit zwei Nachteilen erkauft: der Einschränkung der Entfaltung des Individuums und der Steigerung der Konfliktualität mit Kollektiven anderer Religionen. Je größer die Pluralität der Religionen in den immer größeren territorial-hegemonischen Kollektiven und je mehr das friedliche Zusammenleben durch andere zivilisatorische Fortschritte gewährleistet wird als durch Religionen, desto mehr erregen die negativen Aspekte der Religionen Anstoß. Aufrufe zu einem Atheismus, zur Abschaffung der Religionen, häufen sich: zum Beispiel durch Onfray (2005), Harris (2005), Dawkins (2006) und Hitchens (2007).

Angesichts der „animalischen" Komponente der menschlichen Natur ist es unrealistisch zu glauben, dass jemals der Zustand erreicht werden wird, in dem die menschlichen Individuen und Kollektive rein vernunftsbezogen handeln. Ein realistischer Ansatz ist wohl der, die Religionen durch vernunftsbezogenen Argumente zu entschärfen und sie zu „ptolemäisieren", damit sie sich um das menschliche Individuum drehen und nicht umgekehrt.

13.5.5.1 Generelle Aspekte zur Entschärfung der abrahamitischen Religionen

WIR MÜSSEN VON DER VORSTELLUNG LOSKOMMEN, IM BESITZ EINER ABSOLUTEN,
IN GEOFFENBARTEN SCHRIFTEN NIEDERGELEGTEN WAHRHEIT ZU SEIN.

(Jan Assmann; 2004)

Bei enger zusammenwachsender Weltbevölkerung und größer werdender territorialer Einheiten kann die Intoleranz der abrahamitischen Religionen immer mehr zum Problem werden. Der französische Philosoph Michel Onfray hat daher in seinem „Traktat der Atheologie" (2005) die krasse Forderung einer „Demontage der drei Monotheismen" aufgestellt. In gemäßigter Form kann man dies als Anliegen formulieren, dass die arroganten und aggressiven Dogmen und Abgrenzungsmerkmale dieser Religionen abgebaut werden.

Die drei abrahamitischen Weltreligionen wurden für Lebensbedingungen geschaffen, die vor vielen Jahrhunderten galten. Die Leitreligion, das Judentum, ist im Grunde für das Überleben in der Wüste bzw. in der Deportation entstanden. Dafür entwickelten israelitische Propheten im vorchristlichen Jahrtausend den anthropomorphen Monotheismus. Mit einem furchtbaren, weil menschenähnlichen Gott konnte mit tyrannischen Anweisungen eine straffere Lenkung des Kollektivs hergestellt werden als mit einer Sonnenscheibe oder einem Heiligen Kalb. Mit einer solcher Religion war das Kollektiv in der Lage, unter schwersten Umständen die innere Kohäsion des Kollektivs zu erhalten und sich nach außen gegen andere Kollektive durchzusetzen.

Die moderne Welt stellt mittlerweile andere Anforderung als die Wüste. Es wäre angebracht, die Dogmen und Riten der Religionen anzupassen. Die Annäherung der Menschen würde erleichtert, wenn die Religionen den Ballast ihre jeweilige Absurditäten abwerfen würden, die in der modernen Welt überflüssig geworden sind und nur noch unnötige Abgrenzungsmerkmale zu Mitbürgern dieser Welt darstellen.

- Es wäre wünschenswert, wenn keine Religion mehr behauptete, dass ihr Gott der einzig wahre und selig machende sei; um eine Aggression den anderen Religionen und den Atheisten gegenüber zu vermeiden und zu vermeiden, dass eine unüberwindbare Intoleranz fortbestehe.
- Es wäre wünschenswert, wenn keine Religion mehr behauptete, dass ihr Oberhaupt der einzige wahre Stellvertreter Gottes auf Erden sei und in Religionsfragen unfehlbar zudem.
- Es wäre wünschenswert, wenn keine Religion mehr den Übertritt zu einer anderen Religion behinderte, geschweige denn bestrafte, um eine derartige Einschränkung der Menschenrechte zu vermeiden.
- Es ist zu hoffen, dass in ferner Zukunft ein kosmopolitischer Weltkirchenrat entsteht, in dem alle Religionen vertreten sein werden.
- Es ist zu hoffen, dass die Religionen in Zukunft mehr ihre Gemeinsamkeiten herausarbeiten und pflegen werden, statt ihre oft längst überholten Gegensätze.
- Es ist zu hoffen, dass die drei abrahamitischen Religionen ihre inhärente Ansicht ablegen werden, dass der Sklave, das Kind, die Frau und der Ungläubige in wesentlichen Punkten minderwertig seien (Lewis, 1995).
- Es ist zu hoffen, dass die drei abrahamitischen Religionen ihre inhärente Ansicht ablegen werden, dass der „Nichtrechtgläubige" seinen „unrechten" Glauben freiwillig gewählt habe und an den erlittenen Anfeindungen selber schuld sei (Lewis, 1995).
- Es ist zu hoffen, dass sich alle drei abrahamitischen Religionen vom Missbrauch der (meist kulturell bedingten) Amputationen von Geschlechtsorganen als religiöse Absonderungsmaßnahme distanzieren.
- Es ist zu hoffen, dass alle drei abrahamitischen Religionen von sinnlosen Dogmen (z.B. das katholische Dogma, dass Maria mit Leib und Seele in den Himmel gefahren sei) distanzieren.
- Es ist zu hoffen, dass sich die christlichen Religionen von aggressiven Symbolen trennen (die Selbstaufopferung Christi kann ein Vorbild für jeden Menschen sein, aber das Zurschaustellen seiner grausamen Hinrichtung ist ein unnötiges Abgrenzungsmerkmal und eine latente Schuldzuweisung an Nichtchristen)
- Es ist zu hoffen, dass sich alle drei abrahamitischen Religionen die Gleichberechtigung von Mann und Frau sowohl innerhalb als auch außerhalb des Ritus, verwirklichen.
- Es ist zu hoffen, dass sich alle drei abrahamitischen Religionen die Gleichberechtigung von Homosexuellen und Heterosexuellen sowohl innerhalb als auch außerhalb des Ritus verwirklichen
- Es ist zu hoffen, dass sich alle drei abrahamitischen Religionen das Zölibat als eine widernatürliche Einrichtung und unnötiges Alleinstellungsmerkmal aufgeben.

- Es ist zu hoffen, dass die drei abrahamitischen Religionen ihre abgrenzenden Symbole (Kreuz, Halbmond, Judenstern) durch ein übergeordnetes Symbol ersetzen.
- Es ist zu hoffen, dass es in Zukunft nur einen einheitlichen Religions-/Ethik-Unterricht geben wird, in dem die einzelnen Religionen erläutert (und relativiert) werden.
- Es ist zu hoffen, dass alle Kirchengebäude in Zukunft „kosmopolitisch" sein werden, wo nach einem Zeitplan alle Einheitsriten in den Variationen verschiedener Ursprungsregionen oder Sprachen, oder mit unterschiedlichen Reminiszenzen der Ursprungsreligionen, abgehalten werden.
- Es ist zu hoffen, dass alle für das Zivilleben relevanten Riten in Zukunft, unter Bewahrung der nicht konfliktiven Eigenarten der Ursprungsreligionen und Regionen, harmonisiert werden. So sollte es in Zukunft bei der Ehe zwischen einer Frau aus der Region/Ursprungsreligion A mit einem Mann aus der Region/Ursprungsreligion B keine Probleme mehr geben wie „in welcher Kirche?" oder „in welcher Religion werden die Kinder erzogen?"[352]

Jan Assmann (2004) hat die Problematik der abrahamitischen Religionen wie folgt formuliert: „Das semantische Dynamit, das in den heiligen Texten der monotheistischen Religionen steckt, zündet in den Händen nicht der Gläubigen, sondern der Fundamentalisten, denen es um politische Macht geht und die sich religiösen Grundmotive bedienen, um die Massen hinter sich zu bringen."

13.5.5.2 Die Multi-ethnische Öffnung der Jüdischen Religion

Die jüdische Glaubenslehre gehört zu den ausgeklügeltsten Sozialkonstrukten, die zur Domestizierung menschlicher Kollektive entstanden sind. Dabei wurden Elemente vieler großer Kulturen der Antike mit strengsten Überlebensregeln vermengt. Es gelang ein auf der Aggregationsstufe „Stammesverband" basiertes Erfolgsrezept, das im 1. Jahrtausend von Christus zum Überleben eines semi-nomadischen Volkes ausgerichtet war. Es ermöglichte das Überleben des Großteils des Stammesverbandes in Ägypten (als Teil der Hyksos-Besatzungsmacht) und in Mesopotamien (als Deportierte). Als dieses Erfolgsrezept dem multi-ethnischen Öffnungsdruck von territorialen Sozialkonstrukten größeren Aggregationsgrades (hellenistisches Seleukidenreich bzw. Römisches Reich) ausgesetzt wurde, hat es die „Verunreinigung des Glaubens" bis an der Rand der Vernichtung letztlich erfolgreich abgewehrt. Dabei wurde die ethnische Bindung noch stärker zementiert. Die allophobischen Anfeindungen, welche die jüdischen Gemeinden in Ost- und Mitteleuropa erlitten haben und die daraus resultierende Landnahme in Palästina, haben den DNA-Bezug gesteigert.

Die jüdische Religion leidet an obsoleter Stammesbezogenheit wie die Nationen mit dem „is sanguinis". Mitglied der jüdischen Religionsgemeinschaft ist, wer eine jüdische Mutter hat (DANN-Bezug der Religionszugehörigkeit); Bei Fehlen dieser genetischen Voraussetzung ist für eine Aufnahme in die jüdische Religionsgemeinschaft eine Prozedur „Gijur" zu durchlaufen, zu der bei Personen männlichen Geschlechts eine partielle Amputation des Geschlechtsorgans („Brit Mila") gehört.

Die Frage die sich erhebt ist, ob der jüdische Glaube in Zukunft die Entwicklung zu einer kosmopolitischen Weltgemeinschaft mit vollziehen kann, indem es sich multi-ethnisch öffnet und sich den modernen Prinzipien der Menschenrechte anpasst. Die Hauptproblematik könnte dabei in folgenden Aspekten liegen:

- Kann die Stammesbindung (ethnische Bindung) und speziell der Anspruch des „von Gott auserwählten Volkes" aufgegeben werden?
- Können die Wertmaßstäbe, die aus dem 1. Jahrtausend vor Christus stammen und im 1. Jh. zu Heiligen Schriften eingefroren wurden, auf den heutigen Stand (Menschenrechte) aktualisiert werden?

13.5.5.3 Die Entschärfung des Islam

Auch der Islam ist auf seine „Heiligen Bücher" absolut fixiert, von denen er kein Komma abweichen kann. Demzufolge verfügt diese Weltreligion über keine anerkannte Institutionen, die eine „Änderung ihrer Verfassung" durchführen könnte. Das Absurdum besteht dabei darin, dass diese unabänderlichen „Heiligen Bücher" weder von Gott noch von den Propheten verfasst worden sind, sondern dass es sich um Rekompilierungen handelt, die Jahrzehnte und teilweise Jahrhunderte nach dem Tod Mohammeds verfasst worden sind.

Einige dem Islam zugesprochene „Rückständigkeiten und Reformunfähigkeiten" sind allerdings weniger eine Folge der islamischen Lehre als der Geschichte der Länder. Der Islam wird sich davon im Laufe der Zeit distanzieren müssen, um ein friedliches Zusammenleben und Zusammenwachsen der menschlichen

---

352 Einen ersten Schritt in diese Richtung haben im Mai 2007 die christlichen Religionen (mit Ausnahme der Sekten, welche die Kindertaufe verneinen) getan, indem sie das Sakrament der Taufe vereinheitlicht haben, so dass er gegenseitig anerkannt wird.

Weltgemeinschaft zu unterstützen. Vordringlich ist einen Anpassung an die modernen Maßstäbe der Menschenrechte:

- Das Gebot der Beschneidung ist nicht Teil der islamischen Lehre, sondern uralter semitischer Brauchtum (der auch bei den Juden erhalten ist).
- Die den islamischen Ländern vorgeworfenen „Rückständigkeit und Reformunwillen" sind eher Folgen ihrer geopolitischen Lage als ihrer Religion: Mangel an Mineralen, Brennstoff und Wasser erschwerten eine Industrialisierung und ermöglichten letztlich ihre Kolonialisierung durch das Osmanische Reich; als dann das Erdöl entdeckt wurde, verhinderten die immensen Erdöleinnahmen die Demokratisierung „von unten", die in Europa durch ökonomischen Sachzwängen gefördert wurde; die Eröffnung der Seewege brachte die Region ins Abseits (B. Lewis, 1995).
- Die Todesstrafe für den Religionsaustritt.
- Unmenschliche Körperstrafen wie Amputierungen.

Ähnlich wie die christliche Religion (wenn auch nicht in solch großem Maße) ist der Islam in mehrere Sekten aufgeteilt. Eine zentral beschlossene Reformation ist ähnlich kaum möglich, wie in der protestantischen Welt. Ein wichtiges Forum zur Reformierung der islamischen Ideologie ist die **„Organisation für Islamische Zusammenarbeit"** (engl. „Organization of Islamic Cooperation -ICO", franz. „Organisation de Coopération Islamique – OIC"), welche 56 Mitgliederstaaten hat. Sie wurde 1964 instituiert und tagt alle 3 Jahre.

Die **Islamische Weltliga** ist eine 1962 in Mekka gegründete, von Saudi-Arabien (mit aufgerechnet ca. 90 Mrd. US $) finanzierte und gesteuerte Organisation, die sich als kulturelle und religiöse Vertretung der islamischen Völker und als Wächterin über den rechten Glauben postuliert, der a priori salafistischer Ausrichtung ist.

13.5.5.4 Die Entschärfung des Christentums

Auf der Welt gibt es gegenwärtig in 100 Ländern 2,3 Milliarden Christen (30 % der Weltbevölkerung), die in mehr als 42.000 Konfessionen aufgeteilt sind, die sich auf Christus beziehen, die man in mehr als 340 Konfessionsgruppierungen einteilen kann.

Die **Katholische Kirche** ist die größte christliche Kirche. Sie verfügt über eine mit für Glaubensfragen permanente zuständige Bürokratie („Glaubenskongregation") sowie über ein Diskussionsforum („Konzil"); außerdem ist ihr Oberhaupt der Papst als „unfehlbarer Vertreter Gottes auf Erden" berechtigt, per Rundschreiben („Enzyklika") Dogmen zu modifizieren oder zu ergänzen. Dem zufolge dürfte sich die Katholische Kirche, rein prozedural gesehen, am leichtesten tun, sich in Richtung einer kosmopolitischen Gesellschaft zu reformieren. Von allen Weltreligionen hat die katholische Kirche in Laufe der Irrungen und Wirrungen in 20 Jahrhunderten sich multiethnisch am meisten geöffnet.

Das Haupthindernis zur Harmonisierung mit den anderen christlichen Kirchen ist der „totalitäre" Anspruch des Papstes der „Stellvertreter Christi auf Erden" zu sein. Mit Papst Franziskus I.[353] zeichnet sich bereits eine Aufweichung zur Rolle eines „primus inter pares" ab, die für ein Zusammengehen mit der Orthodoxen Kirche dürfte, schon weniger mit der Anglikanischen und noch nicht mit den Reformationskirchen. Anzustreben ist wohl ein Rotationsprinzip.

Etwas schwieriger, aber sicherlich lösbar, ist die prozedurale Problematik bei den **Protestantischen Kirchen.** Diesen ist bekanntlich die Einstellung gemeinsam, die „Heiligen Bücher" kategorisch auf den Redaktionsstand der Kompilierungen in den Jahrzehnten nach Christi Geburt festzuschreiben (zu den Abweichungen davon siehe Punkt 10.2.3.7.B.g). Dogmatische Aufweichungen dieses biblischen und frühchristlichen Geisteshorizonts stoßen auf ähnlich Schwierigkeiten, wie eine Rechtschreibreform der deutschen Sprache (Kollektiv aus divergierenden Teilen, unklare Kompetenzen). Das Haupthindernis zur Harmonisierung mit der katholischen Kirche ist die an Xenophobie grenzende Aversion gegen den Papst, obwohl diese Funktion nur noch ausnahmweise von Italienern ausgeübt wird.

Der **Ökumenische Rat der Kirchen** („Weltkirchenrat") wurde im Jahre 1948 durch Vertreter von 146 christlichen Kirchen zu Amsterdam offiziell gegründet und hat seinen Sitz in Genf (Jahresetat ca. 50 Mio. sFr). Die Katholische Kirche ist „aus strukturellen Gründen" nicht Mitglied und „unterhält reguläre Beziehungen" zum ORK. Auf der 2006 abgehaltenen 9. Vollversammlung wurden von katholischer Seite die gegenseitige Anerkennung der Taufe (viele Konfessionen lehnen die Kindertaufe ab) und eine gemeinsame Terminisierung für das Osterfest als Nahziel vorgeschlagen. Der Vorsitzende des Zentralausschusses

---

353 Papst Franziskus I. kann als ein „Ptolemäer auf dem Thron Petri" angesegen werden, denn er stützt seine Botschaften an die Weltgemeinschaft kaum auf chrsitliche/katholische Dogmen, sonden auf Menschrechte und Vernunft, was jene ungemein universalisierungsfähig macht.

des ÖRK, der Katholikos Aram I. von Kilikien stimmte dem zu und wies außerdem auf die Notwendigkeit hin, die Ziele „Gemeinschaft der Kirchen", „Anwaltschaft für Schwache" und „Überwindung der Gewalt" weiter zu verfolgen.

[wcc-coe.org/wcc/who/index-g.html]

13.5.5.5 Die Harmonisierung aller Religionen

STATT DIE EINZIGE WAHRHEIT ZU SUCHEN, DIE NUR MIT GEWALT HERSTELLBAR WÄRE,
MUSS RELIGIÖSE TOLERANZ GEÜBT WERDEN.

(Emeric de Lacroix „Crucé", 1623)

Bereits 1544 hat Guillaume **Postel** postuliert, dass eine der drei Bedingungen zur Abschaffung der Kriege die sei, dass die Religionen auf gemeinsame Grundwerte zurückgeführt werden.

Im Jahre 1958 veröffentlichte Denise Masson eine ausführliche Studie zur Herausarbeitung der Gemeinsamkeiten der drei abrahamitischen Religionen. Diese bestünden im Wesentlichen in der Botschaft, dass alles von Gott komme und wieder zu ihm zurückkehre (also im Jenseitsbezug) (Masson, 1958).

Als großer Durchbruch in diese Richtung kann angesehen werden, dass im Jahre 1970 zu Kyoto die „**1. Weltkonferenz der Religionen für den Frieden**" (World Conference of Religions for Peace – WCRP) stattgefunden hat. In der Abschlusserklärung wurden folgende Gemeinsamkeiten herausgestellt, auf die man sich geeinigt hatte:

- Die Überzeugung der Familie als Grundeinheit menschlichen Zusammenlebens.
- Die Gleichheit und Würde aller Menschen.
- Das Gefühl der Unantastbarkeit des Individuums und seines Gewissens.
- Das Gefühl des Werts der menschlichen Gemeinschaft.
- Die Bewusstseinsbildung, dass menschliche Macht allein mit Recht nicht identisch ist, dass menschliche Macht kein Selbstzweck sein kann und nicht absolut ist.
- Der Glaube dass die Liebe, das Mitleid, die Selbstlosigkeit, die Geisteskraft stärker sind als Hass, Feindschaft und Egoismus.
- Ein Bewusstsein unserer Pflicht, auf der Seite der Armen und Unterdrückten zu sein, gegen die Reichen und die Unterdrücker.
- Eine tiefe Hoffnung, dass der gute Wille schlussendlich siegen werde.

[www.wcrp.org]

Positiv ist bei der obigen Liste, das alle Punkte völlig unabhängig von einem Gottesglauben mitgetragen werden können. Vielversprechend ist auch der Appell, den der ehemalige Präsident der Republik Iran und der Islamischen Weltkonferenz, Mohammed Khatami, im Jahre 2005 auf einer Islamkonferenz in Wien formuliert hat: „Pluralismus kann nur hergestellt werden, wenn die Weltreligionen ihren gemeinsamen Ursprung bekennen und ihre Vielfalt akzeptieren".

Einer weiteren Untersuchung wert ist der Umstand, dass viele Japaner mehreren Religionen angehören.

13.5.5.6 Gefahren der Areligiösität

WENN GOTT NICHT EXISTIERTE, WÄRE ALLES ERLAUBT.

(Fjodor Michailowitsch Dostojewski, 1866)

Im Kapitel 10.2.3 wurden die Religionen auch hinsichtlich ihrer Gewalt mindernden oder fördernden Wirkung betrachtet. Auch wenn dabei einige aggressive Aspekte gefunden wurden, ist die Schlussfolgerung in keinster Weise die, dass Religionen als solche abzuschaffen seien, sondern nur, dass bei einigen Religionen einige Relativierungen nötig sind, damit sie für Kollektivgewalttätigkeit nicht missbraucht werden können oder diese sogar induzieren.

Die Religionen haben bis zum heutigen Tag, zumindest innerhalb ihrer Gläubigerkollektive, eine starke sozialisierende und Gewalt mindernde Funktion ausgeübt und sind eine wesentliche Komponente der Zivilisationsschicht. Religionen befriedigen das menschliche Bedürfnis „kopernikanistischer" Art nach einer allumfassenden vereinfachenden Erklärung. Dieses erstreckt sich auf viele Aspekte, die alle mit der Überbrückung der Hilflosigkeit der Individuen zusammenhängen:

- Verstehen der Erfahrungswelt, über die vernunftsmäßig verstandenen Bereiche hinaus (Offenbarungslehre)
- Hilfestellung in bedrohlichen oder leidvollen Lebenslagen („Placebo-Effekt")
- Abbau der Todesangst (Sinngebung eines Lebens nach dem Tod)
- Abbau von Entscheidungsnöten (Wertesystem als Verhaltensrichtschnur)

- Schaffung eines Geborgenheitsgefühls (Gemeinschaft mit Glaubensbrüdern und –schwestern)
- Befriedigung ästhetischer Bedürfnisse (Riten und Symbole)

Der „Versorgungsbereich" der Religionen ist im Laufe der Geschichte geschrumpft. Für einige Ängste, Nöte und Zweifel, für die in Vorzeiten religiöse Hilfe gesucht wurde, benötigt der moderne Mensch diese nicht mehr, so zum Beispiel:

- Die atavistische Angst von Blitzen (vormals als Erzürnung eines Gottes ausgelegt) wird heute durch Blitzableiter genommen.
- Der Bedarf an persönlichem Schutz holt man sich heute kaum noch bei Schutzheiligen, sondern deckt ihn durch Versicherungen ab oder wendet sich an die Polizei.
- Der Bedarf nach rein geglaubten Heilmitteln („Placebo-Mittel") ist dank der Fortschritte der Medizin, der Pharmakologie und des kollektiven Gesundheitswesens stark zurückgedrängt.
- Rat bei wichtigen Entscheidungen (vormals ließ man durch Auguren die Eingeweide von Schlachtopfern analysieren) holt man sich heute bei rechnergestützten Trendanalysen.
- Das ästhetische Angebot ist dank Medien und Tourismus wesentlich höher als in Vorzeiten.
- Die Schöpfungsgeschichte ist durch die Evolutionstheorie bis auf die Frage eines „Urknalls" und dessen Auslösers mittlerweile rein vernunftsbezogen erklärt worden und die Geschichte von Adam und Eva ist mittlerweile als Mythos erkannt.

Allerdings sind nicht alle Versorgungsbereiche der Religionen mittlerweile anderwertig abgedeckt worden. Beispiele:

- Eine religionsunabhängige Ethik ist noch nicht gebildet worden. Ohne religiöse Wertsysteme ist es nach wie vor schwer zu argumentieren, wieso nicht „alles gilt", solange man dabei nicht erwischt wird.
- Die einschüchternde Autorität eines menschenähnlichen Gottvaters ist durch zivilgesellschaftliche informale Strukturen schwer zu ersetzen.
- Das rationale Wissen, mit dem vormaliger Religionsglauben ersetzt worden ist, ist schwerer anzueignen als ein Glaubenssatz. Die Metaphern der Religionen sind zum Teil ansprechender und einprägsamer als wissenschaftliche Lehrsätze.
- Einige Religionen sind das wesentliche Kohäsionsmittel eines Kollektivs und können nicht abgeschafft werden, ohne die abgekapselte Sozialstruktur zu öffnen.

Solange die heute von den Religionen noch abgedeckten Versorgungsbereiche nicht durch andere Sozialkonstrukte befriedigend abgedeckt werden können, bestünde bei Abschaffung der Religionen (was eine rein gedankliche Hypothese ist) die Gefahr, dass sich Ersatzkonstrukte breit machen, die einen gewalttätigeren Ansatz haben als jede bisherige Religion. Es wäre folglich ein zivilisatorischer Rückschritt, wenn Religionen ohne äquivalenten Ersatz zurückgedrängt würden und damit ein Anstieg der intrakollektiven Gewalttätigkeit verbunden wäre. Ein atheistischer Religionsersatz, der Gott und die Kirche verneint und eine intolerante Ideologie und politische Autorität an seine Stelle setzt, ist weit gefährlicher als jede Religion. Denn in jeder Religion steckt wesentlich mehr Kultur und Zivilisation, als in jeder vermeintlich rein rational begründeten Ideologie. Dies haben die tragischen Beispiele des Marxismus und Nationalsozialismus gezeigt.

- Die Exzesse der Politizide und Soziozide der sowjetischen Diktatur waren nur möglich, weil die moderierende Wirkung der orthodoxen Kirche ausgeschaltet worden war.
- Die Verbrechen des NS-Regimes sind neben der Loslösung von der Rechtstaatlichkeit zum großen Teil auch auf eine Loslösung von der christlichen Moral zurückzuführen. Wenn Hitler zu seiner Vision über nationalsozialistische Volkserziehung vermerkte „So merze ich die Tausende von Jahren menschlicher Domestikation aus", so meinte er hauptsächlich die Religion.[354] Leider ist auch hier eine moderierende Wirkung seitens der christlichen Religionen ausgefallen.
- Bei den Terroristen der RAF war das Verhältnis von Protestanten zu Katholiken 2,5:1, obwohl es im Bevölkerungsdurchschnitt bei 1:1 liegt. Der Soziologe Gerhard Schmidtchen hat dies darauf zurückgeführt, dass die „religiöse Desozialisation" im Protestantismus stärker fortgeschritten sei als im Katholizismus. „Ein religiös inhaltsleer gewordener Protestantismus ist das formale Erziehungsgefäß für Ideologien und politische Überzeugungstäter".[355] Dies lässt sich auf alle Religionen übertragen.

---

354 Einer der stärksten Eindrücke, die Mussolini von seinem am 18.6.1940 stattgefundenen Treffen mit Hitler in München mitbrachte war, dass ihm dieser erklärt hatte, er sei ein Heide. Auf der Rückreise fragte Mussolini wiederholt Personen seiner Entourage „Wie macht der das, ein Heide zu sein?". Es ist nicht auszuschließen, dass beim Dolmetschen ein Missverständnis aufgetreten ist und dass sich als Hitler „Atheist" erklärt hatte. Hitler verachtete die christliche Religion weil sie sich gegen das evolutionäre Recht des Stärkeren stemme und lehnte kirchliche Organisationen ab, weil sie ihre Funktion dem Staat abzutreten hätten.

355 Zitiert von Wolfgang Kraushaar in „Erosion der Normen", SZ 27.1.2005.

Moral, Ethik, Humanismus, Gewaltlosigkeit können rational begründet werden. Da der Mensch aber nicht auf Rationalität rückführbar ist und nicht nur vernunftgesteuert handelt, muss eine Weltanschauung auch die unbewussten Motivationsebenen ansprechen und dazu reichen vernunftsbezogene nicht aus. Zum Ptolemäismus gehört auch, die irrationalen, instinktiven ja sogar animalischen Komponenten der „conditio humana" zu akzeptieren und ausleben zu lassen. Religionen sind nach wie vor die bestmöglichen kollektiven Konstrukte, die allen Ebenen des Menschen gerecht werden.

Vom Standpunkt der Minimierung zwischenmenschlicher Gewalttätigkeit aus betrachtet, sollte das anzustrebende Ziel also nicht die Abschaffung der Religionen sein, sondern deren Entschärfung, d. h. deren Entledigung von allen Ausprägungen, die Abgrenzung und Intoleranz fördern und das Individuum durch abstrakte Ideen knechten.

13.5.6 Das Projekt einer transkulturellen Ethik und Verfassung

Wir brauchen eine Ethik, die Erfolg und Belohnung überhaupt ablehnt.

(Karl Popper, um 1945)

Die „Allgemeine Erklärung der Menschenrechte" der Vereinten Nationen durch die UN-Resolution 217 A (III) vom 11.12.1948 (siehe Anlage 1), ist ein wichtiger Schritt zur Etablierung einer transkulturellen Ethik, mit der sich jeder Weltenbürger, welch Religion und Ideologie auch immer, identifizieren kann.

Das Projekt „Weltethos" des Schweizer Theologen Hans Küng ist eine weiterer Ansatz. Er versucht dabei, die Ethik der Weltreligionen auf einen gemeinsamen Nenner zu bringen. Zu den von ihm herausgearbeiteten gemeinsamen Grundprinzipien gehört auch die „Feindesliebe"; strittig ist dabei allerdings, ob sie im Sinne der Lehre Jesu Christi bis zur Selbstaufgabe betrieben werden soll.

Menschliche Kollektive (vor allem die territorial-hegemonischen) müssen derselben Ethik unterworfen werden, die für menschliche Individuen gilt.

13.5.7 Ehrlichkeit im Umgang mit der Vergangenheit

Die Globalisierung wird vor liebgewonnenen Geschichtsbildern nicht haltmachen.

(Jürgen Zimmerer, 2006)

13.5.7.1 Der immerwährende historiografische Revisionsbedarf

Die Vergangenheit hängt zum Teil von der Gegenwart ab.

(Jacques Le Goff)

Die Ursächlichkeiten, Abläufe und Folgen der Ereignisse der Vergangenheit können nur mit der Brille und Sprache der jeweiligen Gegenwart formuliert werden.[356] Dabei wird die Geschichtsschreibung unweigerlich durch die Intentionalität der jeweiligen Gegenwart geprägt. Da sich das Rad der Geschichte immerwährend weiterdreht, besteht ein immerwährender historiografischer Revisionsbedarf.

Die Geschichtswerke der jüngeren Vergangenheit sind noch überwiegend mit dem Gedanken- und Gefühlswelt der Gründerzeit der koerzitiven Nationalstaaten geschrieben worden, das heißt mit einer ethnozentristischen Brille. Reinhard (1999) hat dies treffend so formuliert, dass der Geschichtswissenschaft von ihren Ursprüngen her ein subtil-nationalistischer Charakter anhaftet. Der nationalistische Ansatz ist heute nicht mehr zeitgemäß, denn wir leben in einer Zeit, in der Migrationen immer mehr die reale oder vermeintliche ethnische Homogenität der Nationen auflockern und Nationen immer mehr zu multiethnischen Staatsgemeinschaften zusammenwachsen. Eine moderne Geschichtsschreibung über kollektive Gewalttätigkeit der Vergangenheit kann deshalb nicht mehr mit einer monadisch-nationalstaatlicher Brille geschrieben werden. Einige unserer gegenwärtigen Konflikte wären leichter lösbar, wenn die Konfliktparteien in schonungsloser Ehrlichkeit mit der Vergangenheit umgingen.

Die zwei Hauptformen eines unehrlichen Umgangs mit der Vergangenheit bestehen, plakativ gesagt, in der Wiedergabe von Unwahrheiten und im Auslassen von Wahrheiten.

---

356 Jan Assmann (1992) hat dies in folgenden plakativen Satz gefasst: „Jede Geschichtsschreibung ist ihrer Zeit und den Interessen ihrer Schreiber oder deren Auftraggeber verhaftet".

13.5.7.2 Der Revisionsbedarf bei der Verherrlichung von Gewaltmanagern u. - ideologen

DAS VERBRECHEN DES KRIEGES WIRD IMMER EIN VERBRECHEN BLEIBEN,
AUCH WENN DIE PROTAGONISTEN CAESAR, NAPOLEON I. ODER WILHELM I. HEIßEN.

(Juan Bautista Alberdi, um 1860)

Die römische Maxime „De mortuis nil nisi bene" (Über Tote soll man nur Gutes sagen) ist für Gewaltmanager oder Gewaltideologen der Vergangenheit nicht anwendbar. Sie waren in der Geschichte an todbringenden Eingriffen in das Leben vieler Individuen beteiligt, deren Auswirkungen bis in die Gegenwart reichen. Weder Rache noch Mitleid sind angebracht, wohl aber Klarstellungen, welche dazu dienen sollen, dass sich die Auswirkung ihrer Taten künftig nicht noch weiteren Schaden anrichten.

Die häufigste Form der Verbreitung historischer Unwahrheiten ist die Darstellung von Individuen als ethische Vorbilder, auch wenn sie unter individualethischen Aspekten in Wirklichkeit Verbrecher gewesen sind. Es muss klarer getrennt werden zwischen einer individualethischen Bewertung einer historischen Person und seiner Effizienz als Funktionsträger eines Kollektivs bei der gewalttätigen Durchsetzung der Verfolgung der kollektiven Interessen.

- Ein starker Revisionsbedarf für ein modernes Geschichtsverständnis besteht also bei der Verherrlichung von Gewalttätern der Vergangenheit. Viele der „**Nationalhelden**" waren in Wirklichkeit brutale Gewalttätigkeitsmanager, die sich über ethische und religiöse Werte hinweggesetzt haben. In chronologischer Reihenfolge seien einige als Beispiele genannt: Philipp II. von Makedonien „der Große", Alexander III. von Makedonien „der Große", Hannibal „der Große", Julius Caesar; Konstantin I. „der Große", Theoderich I. der Ostgoten „der Große", Karl I. der Franken „der Große", Otto I. von Deutschland „der Große", Cid Campeador, Richard I. „Löwenherz"; Tschingis Khan,[357] Pedro Alvares Cabral; Vasco da Gama, Süleyman II. „der Große", Gustav Adolf von Schweden, Maximilian I. Kurfürst von Bayern, Cromwell; Peter I. von Russland „der Große", Karl XII. von Schweden „der Große", Friedrich II. von Preußen „der Große", Katharina II. von Russland „die Große", Napoleon I. Bonaparte; Giuseppe Garibaldi; Vittorio Emanuele I. von Piemont, Otto Fürst von Bismarck. Wie man sieht, befinden sich darunter sehr viele „Große", deren „Größe"einer weiteren Spezifizierung bedarf.

- Zum Themenkreis „Revisionsbedarf gewalttätiger Vorbilder" gehören auch einige „**Heilige und Selige**", die Apologeten oder Ausführende kollektiver Gewalttätigkeit gewesen sind. Dies hat im 18. Jh. bereits der französische Denker Claude-Adrién Helvetius festgestellt, wenn auch er wohl maßlos übertrieb, als er von „Tausenden" sprach. Hier nur einige extreme Beispiele: König Edwin von Northumbria, Bernhard von Clairvaux, Alojzije Stepinac Erzbischof von Zagreb (1998 selig gesprochen).

- Revidiert werden muss auch die Einschätzung des Beitrags zur Entstehung von kollektiver Gewalttätigkeit, die einige **Ideologen** abgeliefert haben. Auch hierzu einige Beispiele in chronologischer Reihenfolge: Platon, Hegel, Karl Schmitt, Heidegger.

Zu der im Folgenden angesprochenen Notwendigkeit der Umschreibung der Geschichte gehört also zumindest die Relativierung des Verehrungsprofils für viele der Leitfiguren der Vergangenheit.

13.5.7.3 Beseitigung geschichtlicher Ausblendungen

ÖFFENTLICHE ERINNERUNG IST TEIL DER POLITISCHEN KULTUR ZIVILISIERTER GESELLSCHAFTEN.
DAZU GEHÖRT ABER AUCH DAS ERINNERN AN UNSELIGE EREIGNISSE,
DAZU GEHÖRT DAS EINGESTEHEN HISTORISCHER SCHULD.

(Wolfgang Benz, 2006)

DAS AUSBLENDEN VERGANGENER EREIGNISSE
IST DIE FOLGENSCHWERSTE FORM DES UNEHRLICHEN UMGANGS MIT DER GESCHICHTE.

Die nationalen Geschichtsschreibungen des vergangenen Jahrhunderts bediente sich in der Regel einer verzerrenden nationalen Brille. Man wollte für die jeweiligen Nationalstaaten die angestrebte ethnische und ideologische Homogenität als ein logisches Erbe der Vergangenheit darstellen. Dem entsprechend wurden, je nach Nützlichkeit für die „Gemeinsames-Schicksal-Theorie", einige Epochen und Ereignisse aus entfernter Vergangenheit national interpretiert, andere Epochen oder Ereignisse jedoch mit einem Tuch des Schweigens zugedeckt. Zur Verwendung verzerrter historischer Optiken gehört auch das Auf-

---

357 Am 22.8.1939, zehn Tage vor dem Angriff auf Polen, erklärte Hitler in einer Rede vor seinem Generalstab, den er zum einem genozidalen Vorgehen in Polen aufforderte, dass sie dabei mit dem Wohlwollen der Geschichtsschreibung rechnen könnten, denn „Tschingis Khan hat Millionen Frauen und Kinder in den Tod gejagt, bewusst und fröhlichen Herzens. Die Geschichte sieht in ihm nur den großen Staatsgründer." (Winfried Baumgart: Zur Ansprache Hitlers vor den Führern der Wehrmacht am 22.8.1939, Vierteljahreshefte für Zeitgeschichte, 16/1968.)

bauschen von Großtaten oder erlittenen Unrechts der (realen oder vermeintlichen) eigenen Vorfahren und das Verschweigen, Rechtfertigen oder Bagatellisieren deren Missetaten und Aggressionen.

Beispiele national verzerrter Sichten auf die Vergangenheit (in alphabetischer Reihenfolge)

> ➤ *In **Australien** gab es bis 1988 keine Denkmäler, welche den Aborigines galten, die während der gewaltsamen Landnahme der europäischen Einwanderer ihr Leben verloren haben, obwohl Australien die meisten Kriegsdenkmäler pro Kopf aufweist (Grassby Hill, 1988).*
>
> ➤ *In **Deutschland** wird die keltische Vorgeschichte nicht als eine „eigene" Geschichte dargestellt. Die Kelten werden in etwa vielfach als exotische Vormieter des urdeutschen Grund und Bodens dargestellt. Dabei wird aus den Augen verloren, dass die heutige Bevölkerung zu einem bedeutenden Anteil keltische Vorfahren hat. Die These, dass die Vorbevölkerung zwischen Unterlauf der Rheins und Loire weder Kelten noch Germanen waren, wird diskussionslos ignoriert. Des weiteren wird die slawische und baltische Vorgeschichte der Gebiete östlich der Regnitz und Elbe ausgeblendet. Die Epoche der „Ostkolonisierung" wird nur marginal erwähnt; dass etwa 15 % der „deutschen" Familiennamen slawischen oder baltischen Ursprungs sind, passt demzufolge überhaupt nicht in die „deutsche" Landschaft und wird vielfach auf „polnische Gastarbeiter" zurückgeführt. Dabei beruht doch die kulturelle Vielfalt Deutschlands auf einer reichen nicht nur germanischen ethnischen Vielfalt.*
>
> ➤ *In **England** wird der De-facto-Genozid verdrängt, den die angelsächsischen Einwanderer des frühen Mittelalters an der keltischen Vorbevölkerung verübt haben. Man überbetont immer wieder mit Detailreichtum die „Schuld" der römischen Zentralregierung, Truppen abgezogen zu haben und dass dann die angelsächsischen Invasoren dafür „einspringen" mussten. Dass hinter dem Vorgang der „dark ages" ein von den Chroniken recht gut dokumentierter Genozid stattgefunden hat, der sich über mehrere Jahrhunderte erstreckt hat, wird verharmlost, überflogen oder sogar verschwiegen.*
>
> ➤ *In **Griechenland** wird von der „Leitkultur" die Mär aufrechterhalten, die Bevölkerung bestehe im Wesentlichen aus Nachfahren der „alten Griechen". Dadurch würdigt man nicht die Beiträge der slawischen und albanischen Einwanderer des Mittelalters. Große Proteste der orthodoxen Kirche rief ein neues Geschichtsschulbuch der griechischen Regierung hervor, das im Sinne einer Aussöhnung mit den Türken traditionelle Version nicht fortsetzte, wonach der Griechischunterricht während der Türkenzeit nicht erlaubt gewesen sei (das Symbol dieser Legende ist ein Bild eines alten Mönches, der bei Kerzenlicht einem Mädchen Griechisch lehrt)..*
>
> ➤ *In **Lateinamerika** werden die Gräueltaten der „conquistadores" verharmlost, überflogen oder sogar verschwiegen. Dafür wird jährlich der Tag der Entdeckung des Kontinents Amerika als „Tag der (spanischen) Rasse" gefeiert, ein Hohn allen Mitbürgern gegenüber, die sich als Nachfahren der Ureinwohner fühlen.*
>
> ➤ *In **Nordafrika** wird die vorarabische Geschichte traditionell verschwiegen und heute noch unterbelichtet. So blendet man die Hälfte der Geschichte aus dem Bewusstsein aus (nur die Hälfte der letzten drei Jahrtausende in der Region hat mit arabischer Beteiligung stattgefunden).*
>
> ➤ *In der **Türkei** wird die vortürkische Geschichte unterbelichtet. Dadurch würdigt man nicht die Beiträge der vielen kleinasiatischen Völker zur menschlichen Kultur, einschließlich jener griechischer Abstammung. So blendet man fünf Sechstel der Geschichte aus dem Bewusstsein aus (nur das letzte Sechstel der letzten drei Jahrtausende haben in der Region mit türkischer Beteiligung stattgefunden).*
>
> ➤ *Der **Genozid an den Sinti und Roma** wird hartnäckig aus verschiedenen Motivationen heraus immer noch heruntergespielt oder sogar verneint.*[358]

13.5.7.4 Um-Schreiben der nationalen Geschichten zu einer Weltgeschichte

Keine Nation kann wirklich erwachsen werden, wenn sie nicht reif genug ist,
sich ihrer Vergangenheit zu stellen,
um die Gegenwart zu verstehen und die Zukunft zu planen.

(Al Grassby u. Marji Hill, 1988)

Nur die Vergeschichtlichung kann vermeiden, dass die Erinnerung den Hass verewige.

(Aurelio Lepre, 2003)

Das Rad der Geschichte kann nicht zurückgedreht werden. Gegenüber vergangener kollektiver Gewalttätigkeit gibt es keine andere humane und zivile Alternative als des Verzeihens und Akzeptierens des Status quo durch die Nachfahren der Opfer. Dazu gehört der allseitig ehrliche Umgang mit der Vergangenheit, bis hin zum Eingestehen vergangener kollektiver Verbrechen der jenes Teils der Vorfahren, mit dem man sich aus anderen Gründen mehr identifiziet. Nichtsdestoweniger ist die Bewusstmachung der vergangenen Gewalttätigkeiten notwendig, denn dies hat eine starke zivilisatorische Wirkung, im Sinne einer Tabuisierung der Wiederholung:

- Die Nachkommen und Nachfolgestaaten müssen vergangenes Unrecht eingestehen. Eine Untat sollte nicht deswegen keine sein, nur dass man sich als Nachfahre oder Nachfolger der Täter wähnt. Hohe Würdenträger wie Päpste

---

358 Der US-amerikanische Politologe Guenter Lewy zweifelt mit dem im Jahre 2000 veröffentlichten Buch „The Nazi Persecution of Gypsies" (Oxford. Univ. Press) [deutsche Ausgabe „Die Verfolgung der Zigeuner im Dritten Reich"; München 2001] sogar an, dass es sich um Völkermord gehandelt habe, ohne auf die mögliche Anzahl der Opfer näher einzugehen.

oder Staatspräsidenten sind dabei in jüngster Vergangenheit bereits mit gutem Beispiel vorausgegangen. Durch Verschweigen oder Verneinen legitimiert man Wiederholungstaten.

- Falsches „Mit dem Finger Zeigen" (unangebrachte Arroganz) muss durch Information lächerlich gemacht werden. Denn es gibt schwerlich ein Kollektiv, dessen Vorfahren ihre kollektiven Egoismen nicht gewalttätig zu Lasten anderer Kollektive durchgesetzt haben. Wenn beispielsweise ein Westeuropäer sagt „Die Balkanvölker haben sich seit jeher gegenseitig umgebracht" übersieht er, dass die westeuropäischen Völker ein Vielfaches von Kriegen und Gewaltopfern verursacht haben als alle anderen Völker zusammengenommen. Aus den Zuständen der letzten fünf Jahrzehnte (1 % der tradierten Geschichte) können keine differenzierenden ontologischen Pauschalurteile über Kollektive abgeleitet werden. Wer heute in „geordneten" Zuständen lebt, kann Vorfahren haben, die vor Jahrzehnten auf den Tiefpunkt der Zivilisation gefallen sind, oder vor Jahrhunderten brutale Plünderer waren. Die „Ordnung" kann auch dadurch zustande gekommen sein, dass die eigenen Vorfahren eine genozidale Gleichschaltung der Ethnien und Ideologien betrieben haben.
- Die bedauernswerten Zustände in fremden Ländern sind vielfach von den Vorfahren jener verursacht worden, welche heute die negativen Werturteile von sich geben. Beispiel Afrika:
- Ein hoher Anteil der Schwarzafrikaner wurde nach Amerika verschleppt, um den Tee oder Kaffee der Europäer preisgünstiger zu versüßen. Man kann sich kaum Vorstellungen darüber machen, wie fünf Jahrhunderte Sklavenhandel das ethische, soziale und zivilisatorische Gefüge der afrikanischen Stämme zerstört haben.
- Viele der afrikanischen Konflikte der jüngsten Vergangenheit wurden durch den Umstand verursacht, dass bei den Grenzziehungen der dekolonisieren Länder den strategischen Interessen der westlichen Welt eine höhere Priorität zugemessen wurde als der ethnischen Landschaft.

Es sollte auf einer transnationalen und transethnischen Basis eine kosmopolitische Sicht der Vergangenheit gebildet werden, für eine „globale Erinnerungskultur" (Jürgen Zimmermann). Ein kosmopolitisches Geschichtsverständnis, das jeder vernünftige Weltenbürger als objektiv akzeptieren kann, mit dem sich jedes Kollektiv identifizieren kann, kann zur Friedenssicherung einen starken Beitrag leisten. Die Ereignisse und Akteure der Vergangenheit sollten nicht mehr aus der Sicht der Nationalstaaten geschrieben werden, sondern aus der Sicht der Menschheit als ganze. Oswald Spengler hat bemängelt, dass die traditionelle Geschichtsschreibung lokalpatriotisch sei und ein kosmopolitischer Ansatz erforderlich sei. Nur eine kosmopolitische Geschichtsschreibung kann unter den Nachfahren der Sieger und Besiegten, der Unterdrücker und Unterdrückten, ein kosmopolitisches Zusammengehörigkeitsgefühl entstehen lassen.

Eine kosmopolitische Geschichtsschreibung sollte daher:

- Den Standpunkt sowohl des Aggressors als auch des Opfers objektiv wiedergeben, sowohl den des Siegers als auch den des Verlierers berücksichtigen.
- Auch nicht dem Axiom folgen, dass der Sieger in einer gewalttätigen Auseinandersetzung per se das Recht oder den höheren zivilisatorischen Wert auf seiner Seite hatte.
- Die auf animalischen Instinkten wurzelnde Bewunderung für jene Individuen und Kollektive ablegen, welche das größte und erfolgreichste Maß an Gewalttätigkeit ausgeübt haben. Zu bewundern sind eher jene Kollektive, die sich durch friedliche Mühe und Fleiß auf ihrem Territorium redlich ernährt haben als jene, die es vorzogen, andere Kollektive auszuplündern oder ihren Bevölkerungsüberschuss gewalttätig auf andere Kollektive loszulassen.
- Megamörder wie Tschingis Khan, Tamerlan, Lenin, Stalin, Hitler, Mao Tse Tung mit gebührend wertenden Attributen versehen, welche den Millionen ihrer Opfer proportional sind (Massenmörder, Megatöter).
- Berühmte Staatsmänner wie „Alexander der Große", „Caesar; „Theoderich der Große" und „Friedrich den Großße","Napoleon" von den Sockeln der Bewunderung stoßen. Es muss klarer herausgestellt werden, dass sie regelrechte Aggressionskriege vom Zaun gebrochen hat, um ihren Staat und dessen Finanzierungs- und Rekrutierungsmasse auf Kosten anderer Kollektive und von Menschenleben des eigenen Kollektivs, zu vergrößern und so für weitere Aggressionen zu maximieren.
- Allen auf einem Territorium lebenden Minoritäten die eigene Vergangenheit zurückgeben, auch wenn ihre Vorfahren von der Mehrheitsbevölkerung gewalttätig unterdrückt worden sind und auch wenn der Nationalstaat, in dem sie leben, eine ethnische Uniformität vorspielen will.

Einen Beitrag für die Etablierung einer kosmopolitischen Geschichtsschreibung hat der Autor dieses Buchers mit seiner „Weltchronik der Kriege und Demozide . Ein Abriss der Ursachen, Abläufe und Folgen von über 5.000 gewalttätig ausgetragenen Konflikten bis zum Jahr 2000" geliefert (Ferretti, V., 2014).

13.5.7.5 Die Problematik der Schulbücher

UNSERE SCHULBÜCHER VERHERRLICHEN DEN KRIEG UND UNTERSCHLAGEN SEINE GRÄUEL.

(Albert Einstein, ca. 1920)

DIE FRAGE DES UNTERRICHTSWESENS IST EINE MACHTFRAGE:
WER UNTERRICHTET HERRSCHT.

(Antonio Gil de Zárate, 1995)

Geschichtsschulbücher wirken auf eine Generation in einer entscheidenden Lebensphase ein und in der Regel ein Leben lang nach; Gewaltfördernde Inhalte haben eine besonders verheerende Langzeitwirkung gegen die Völkerverständigung.

Vor dem Aufkommen der Nationalstaaten gab es vielerorts in Eliteschulen einen Unterricht über die Geschichte der Stadt, der Herzogtums, Königreichs oder des Imperiums. Geschichte als Schulfach wurde von den Nationalstaaten im 19. Jh. eingeführt, als gezielte Maßnahme zur Bildung von Nationalbewusstsein und eines „kollektiven Gedächtnisses". Geschichte wurde als Nationalgeschichte gelehrt. Dabei wurden vielfach Themen der Gegenwart und Erwartungen für die Zukunft in die Vergangenheit rückprojiziert. Die Zukunftsvision eines national homogenisierten Territoriums erhielt so seine historische Weihe. Für die **„Nationalisierung der Vergangenheit"** (Juan Sisinio Pérez Garzón) wurde in der Regel das Vorurteil gezüchtet, dass die eigene Nation etwas ganz Besonderes sei und dass andere Nationen minderwertig seien (Brückner, 1979). Impliziert wurde dabei auch, dass die Nation der Endzustand der Geschichte sei (Ute Frevert).

Nach dem 1. Weltkrieg gerieten bei der Suche nach den Ursachen des Hasses zwischen europäischen Nationen auch die Schulbücher ins Blickfeld. Die Revision der Schulbücher wurde zu einer der Forderungen des Völkerbundes. Nach dem 2. Weltkrieg setzte sich Georg Eckert, der Vorsitzende der Deutschen UNESCO-Kommission, für bilaterale Schulbuchrevisionen zwischen Deutschland und Frankreich, Polen und Israel ein. Sein Lebenswerk wird vom Georg-Eckert-Institut für Internationale Schulbuchforschung (GEI) in Braunschweig fortgesetzt.

Beispiele nationaler Verzerrungen in Geschichtsschulbüchern

> *In **Australien** wurde die Landesgeschichte den Schulkindern (zumindest bis vor einem Jahrzehnt) so dargestellt, dass Kapitän Cook ein Niemandsland unter die Herrschaft der britischen Krone gebracht habe. Der hundertjährige Kampf der Aborigines wurde aus dem Geschichtsunterricht ausgeblendet (Grassby, A. und Hill, M., 1988).*

> *In **Bulgarien** wurde in den Schulbüchern bis zum Ausgabestand 1992 der griechische bzw. byzantinische politische, religiöse und kulturelle Einfluss als durchweg negativ eingestellt. Die Bulgaren seien bei ihrem Bemühen um ihr Territorium ausschließlich Opfer der Nachbarn und des Unglücks gewesen.[359]*

> *In der Volksrepublik **China** hat man die kommunistische Interpretation der eigenen Geschichte zwar ausgeklammert, ohne sie durch andere zu ersetzen. Die Absicht sei, dass sich die Jugend mehr der Zukunft als der Vergangenheit zuwende.[360]*

> *In den Schulbüchern **Frankreichs** wird erst seit 1999 der Algerienkrieg (1954 bis 1962) nicht mehr „Accidents d'Algerie" sondern „Guerre d'Algerie" genannt. Noch im Jahre 2005 setzte die französische Regierungspartei UMP ein Gesetz (Nr. 258 vom 23.2.2005) durch, dass im Schulunterricht die positive Rolle der französischen Präsenz in Übersee und vor allem in Nordafrika herausgestellt werde.*

> *In **Israel** wurden auf ausdrücklichen Regierungsanweisungen hin, seit 1967 die 1949 vereinbarten Staatsgrenzen des Kernlands Israel („Grüne Linie") aus allen Landkarten und Schulbüchern entfernt. Auch die in Oslo vereinbarten Grenzen der palästinensischen Autonomiegebiete wurden in keiner Karte vermerkt. Das Westjordanland wurde mit den biblischen Namen Judäa und Samaria als Bestandteil Israels dargestellt ebenso wie der Gazastreifen. So wuchsen Generationen auf, ohne die eigenen Staatsgrenzen zu kennen.*

> *Die Geschichtsbücher **Italiens** sind nach Ansicht des Prof. Salakh Ramadan der Al-Azhar-Universität in Kairo „durch Antiislamismus beeinflusst".[361]*

> *In **Japan** wurde die Herausgabe von Geschichtsschulbüchern durch die US-amerikanische Besatzungsmacht 1947 zwar privatisiert, in der Folge wurde jedoch das Freigabeverfahren verschärft. Zu den Auflagen gehörten spezifische Ausblendungen. Die Folge ist, dass die Schulbücher die Invasion Chinas von 1936 bis 1945 als „Vorrücken" und das 1937 in Nanking verübte Massaker (200.000 Tote) als „Vorfall" bezeichnen. Verbrechen der japanischen Armee wie die Zwangsprostitution von etwa 200.000 „Trostfrauen", die Zehntausende von Opfer der Erprobungen und Anwendungen von chemischen und biologischen Waffen werden in japanischen Geschichtsbüchern kaum und in Schulbüchern überhaupt nicht erwähnt. Selbst Kriegsverbrecher werden heroisiert.*

> *In **Libanon** endet die Geschichte in den Schulbüchern im Jahre 1975. Dies ist zwar angesichts des seitdem brodelnden Bürgerkrieges verständlich, führt aber dazu, dass sich durch mündliche Überlieferung die Hassmechanismen der jüngsten Vergangenheit reproduzieren. Für die ferne Vergangenheit hat jede Faktion ihre eigenen Versionen: für einen Teil davon war das Osmanische Reich eine positive Oberherrschaft, für einen anderen eine Misswirtschaft und Fremdherrschaft. Für die christliche Faktion beginnt die Geschichte mit den Phöniziern, für die islamische mit der arabischen Eroberung. In einer multilateralen Kommission wird seit 1989 um eine faktionsübergreifende Sicht der Vergangenheit kontrovers diskutiert.[362]*

---

359 Sofia Vouri in Höpgen (Hrsg.): Oil on Fire? Hannover 1996.
360 Joseph Kahn in New York Times 31.04.2006.
361 Evgenii Novikov in Terrorism Monitor der The Jamestown Foundation, 06.05.2005.
362 Hassan M. Fattah in International Herald Tribune 10.01.2007.

> ➢ Die Schulbücher **Palästinas** erwähnen nicht den Holocaust und deren Landkarten stellen Israel nicht dar, sondern nur „Palästina". Als die Bildungsministerin von **Israel**, Juli Tamir, im Jahre 2006 die Anordnung erließ, die „Grüne Linie" in allen Schulbüchern darzustellen, löste sie eine Welle der Empörung aus; sie habe „Gott und Israel den Krieg erklärt".[363]
> ➢ In **Spanien** ist ein heftiger Streit über die Inhalte des Geschichtsunterrichts im Gange. Eine im Jahre 2000 durchgeführte Untersuchung der Real Academia de Historia hat in 2/3 der 389 Geschichtsschulbücher Fehler oder bewusste Auslassungen bemängelt. Beispiele: Im Baskenland wird den Schülern die Existenz eines Landes „Euskal Herria" gelehrt, welches das Baskenland, Navarra und baskische Gebiete in Frankreich umfasse, in die Geschichte werden Legenden eingewoben, der baskische Terrorismus wird nicht erwähnt. In Katalonien sind Geschichtsbücher mit Legenden verwoben, die Geburtsorte des Seneca (Córdoba) und des Kolumbus (Genua) werden unterschlagen, der Bürgerkrieg von 1936 wird als reiner Unterdrückungskrieg gegen Katalonien dargestellt, ohne zu erwähnen, dass 45.000 Katalanen auf Francos Seite gekämpft haben. In Galizien verherrlicht man ausführlich das Suebenreich und übergeht z.B. den Spanischen Bürgerkrieg (Franco war bekanntlich ein Galizier und Verfechter eines gleichschaltenden Zentralstaats).
> ➢ Schulbücher in der **Türkei** raffen die Geschichte Kleinasiens vor der türkischen Landnahme, erwähnen nicht den an den Armeniern verübten Genozid (eine Million Tote). Auf Betreiben des türkischen Generalkonsulats hatte das Bundesland Brandenburg die Erwähnung des Völkermords an den Armeniern aus den Schulbüchern streichen lassen (auf Proteste hin wurde dies im Jahre 2005 rückgängig gemacht).
> ➢ In den Schulbüchern vieler arabischsprachigen Länder wird den Überfällen der Kreuzritter unverhältnismäßig mehr Raum eingeräumt, als denen der Mongolen (die sich später zum Islam konvertierten. Nach dem Terroranschlag vom 11.09.2001 wurden einige arabische Staaten von westlichen Ländern unter Druck gesetzt, Hassparolen gegen den Westen aus den Schulbüchern zu entfernen. Trotzdem fanden sich 2006 noch Sätze wie folgender aus einem Schulbuch für die 4. Klasse „Der wahre Glaube bedeutet, dass du die Ungläubigen und die Polytheisten hasst und ihnen mit Härte begegnest". (Abdel-Samad, 2014).

Im Frühjahr 2005 kam es wohl zum ersten Mal in der Geschichte zu internationalen Protesten (in China und Südkorea) und diplomatischen Zwischenfällen wegen des Inhalts von (japanischen) Geschichtsschulbüchern. Dies kann als eine zivilisatorisch wertvolle Rückkopplung betrachtet werden.

Das Ziel sollte sein, im schulischen Geschichtsunterricht die nationalen Abgrenzungen zwar nicht zu ignorieren, jedoch zu relativieren und die Nationen übergreifenden Bewegungen (Migrationen, ökonomische Entwicklungen und kulturelle Strömungen) sowie die allseitigen Schäden der Kriege mit zu beleuchten.[364]

13.5.7.6 Internationale Bemühungen zur Schaffung einer transnationalen Geschichte

Das im Jahre 1926 gegründete **Internationale Komitee für Geschichtswissenschaften** (Comité International des Sciences Historiques, **CISH** / International Committee of Historical Sciences, **ICHS**) hat das Ziel „die Geschichtswissenschaften durch internationale Kooperation zu fördern".[365] Derzeit sind 58 Länder Mitglied der ICHS. Sie erhält eine finanzielle Förderung durch die UNESCO. Das Ziel der ICHS wird u. a umgesetzt durch einen im 5-Jahres-Rhythmus abgehaltenen Weltkongress, an dem neuerdings zwischen zwei und drei Tausend Geschichtswissenschaftler teilnehmen.

Die **Internationale Kommission für Militärgeschichte** (International Committee of Military History, ICMH, Commission International d' Histoire Militaire /**CIHM**) wurde im Jahre 1938 als Arbeitsgruppe der ICHS gegründet und erhielt 1962 den Status einer „angegliederten internationalen Organisation". Die Hauptziele der CIHM sind die Förderung und Koordination militärisch-historischer Forschung über die Landesgrenzen hinaus. Zugleich dient sie als Plattform für den Gedankenaustausch von Militärhistorikern. Diese Ziele werden u.a. umgesetzt durch:

- einen jährlichen Kongress
- die Herausgabe einer Zeitschrift „Revue Internationale d' Histoire Militaire / International Review of Military History" (seit 1939 83 Ausgaben).
- die Führung einer „International Bibliography of Military History"

Die Mitglieder sind ausschließlich die offiziellen Delegierten der nationalen militärgeschichtlichen Institute, die wiederum den Verteidigungsministerien nahe stehen. Auch wenn dadurch die Zielrichtung stark auf internationale Amtshilfe bei der Selbstdarstellung des Militärs in den Nationalstaaten polarisiert ist, trägt so ein Gremium sicherlich zur allmählichen Kosmopolitisierung der Interpretation der Weltgeschichte bei.

---

363 Igal Avidan: „Kampf um die Grüne Linie", SZ 27.12.2006.

364 Die größten Widerstände kommen in der Regel weniger von der Gilde der Historiker denn von Politikern (Kultusminister), welche aus eigener Überzeugung und / oder auf Wahlstimmenfang an der Glorifizierung des Nationalstaats festhalten.

365 Zu den Gründungsmitgliedern gehörte der große belgische Mediävist Henri Pirenne.

13.5.8 Die Vision einer offenen kosmopolitischen Weltgemeinschaft

Eine Gesellschaft mag noch so kultiviert und technisch hochentwickelt sein,
zivilisiert wird sie jedoch nur durch Loslösung von der Stammesbezogenheit
und durch ihre Öffnung für alle die „hier und jetzt" in ihr leben.

Der Begriff einer „**offenen Gesellschaft**" ist kaum mehr als zwei Jahrhunderte alt, das Bemühen darum ist jedoch mehr als zwei Jahrtausende alt. Der deutsche Dichter **Heinrich Heine** war vermutlich der erste, der diesen Begriff formulierte. Die großen Ausformulierer dieser Begrifflichkeit waren in der Folge Henri Bergson (um 1930), der die religiösen Konditionanten hervorhob und Karl Popper (um 1945), der vernunftbezogene Unterscheidungsmerkmale hervorhob.

Unter einer offenen kosmopolitischen Gesellschaft sei hier eine solche verstanden, die alle Mitmenschen als völlig gleichberechtigt ansieht, einzig und allein aufgrund des Umstands, dass sie zur selben Zeit auf diesem selben Planet Erde leben. Das Mitglied einer offenen Gesellschaft bedarf keiner Abkapselung in einem teilnehmerbegrenzten Kollektiv, keiner Schutzmauern gegenüber Mitgliedern anderer Kollektive. Die ganze Menschheit erkennt es nämlich als vollwertigen Mitmenschen an.

In der offenen kosmopolitischen Weltgemeinschaft wird es keine Ideologen mehr geben, die dem Individuum Absonderungsmerkmale aufbürden und Schutzmauern um ihn errichten, damit er sich einem Subkollektiv zugehörig fühle, sich nicht mit Mitgliedern anderer Kollektive mische oder deren Ideologien und Bräuchen annehme. In der offenen kosmopolitischen Gesellschaft wird jeder den Ideen und Riten frönen können mit derselben Freiheit, mit der Zeitgenossen ihre Lieblingslektüre, ihre Freizeitbeschäftigung und die Fußballmannschaft ihrer Vorliebe frei wählen können, ohne in ihrer Partnerwahl und Kindererziehung dadurch konditioniert zu werden.

Bisher ist die Menschheit den Weg von den „geschlossenen" Gesellschaften der Familienclans und Stämme der Nomaden, Ackerbauer und Viehzüchter zu den offeneren Gesellschaften der Stadtkulturen gegangen. In einer Stadt (vor allem in einer Hafenstadt, wie es die meisten Mittelmeerstädte der Antike waren) ist die Exklusivität eines Stammes nicht aufrechthaltbar. Tüchtigen Zuwanderern und Spezialisten musste zwangsweise eine Gleichberechtigung gewährt werden. In den meisten Stadtstaaten des Mittelmeerraums ist dieser Übergang um die Mitte des 1. Jahrtausends vor Christus erfolgt. Die im Jahre -431 von Perikles gehaltene Grabrede für athenische Gefallenen ist ein Manifest der altgriechischen offenen Gesellschaft. Die „Offenheit" der Gesellschaft förderte den Dialog, den Gedankenaustausch, den sozialen Aufstieg. Das Wort „Zivilisation" ist eng mit dem **Verstädterungsprozess** verbunden, welcher die Gesellschaft gegenüber den Stammesgesellschaften öffnete; es stammt vom lateinischen Wort „civis" („Gemeindegenosse") ab.

Der größte Ideologe der Reaktion auf diese Entwicklung war Platon, der zur Wiederherstellung der nicht mehr lebbaren Stammesordnung die erste menschenverachtende totalitäre politische Theorie entwickelte.

Die Römer haben das Kriterium „Staatsbürgerschaft zählt, nicht Stammeszugehörigkeit" weiterentwickelt. Ihr größter Beitrag zur Entwicklung der Menschheit, die Rechtstaatlichkeit, basierte auf einem wesentlichen Merkmal der Offenheit, dass nämlich vor dem Gesetz alle gleich seien. Den Höhepunkt erreichte diese Entwicklung im Jahre 212, als Kaiser Caracalla die „**Constitutio Antoniana**" erließ, mit dem allen freien Bürgern des Reichs das Recht römischer Vollbürger erteilt wurde. Die „Offenheit" des Römischen Reichs ist auch daran erkennbar, dass mehr als ein Viertel aller 126 römischen Kaiser (bis 466) nicht italischen (überwiegend balkanischen) Ursprungs gewesen sind. Die Zeit des Römischen Reichs war nicht zuletzt dank seiner „Offenheit" die bisher gewaltloseste der Geschichte.[366]

Das Christentum hat den dem römischen System fehlenden großen Schritt zur „für Jedermann offenen Gesellschaft" vollzogen. Die christliche Losung lautete nämlich „Liebe Deinen Nächsten" und nicht „Liebe Deinen Stammesbruder" oder „Liebe Deinen Mitbürger". Die Verkündung der Gleichheit aller Menschen vor Gott war vermutlich der größte Beitrag des Christentums zur Entwicklung der Menschheit. Der Apostel Paulus hat verhindert, dass daraus doch ein „Liebe Deine jüdischen Mitmenschen" wurde, indem er, obwohl selbst Jude, die christliche Sekte den Nichtjuden geöffnet hat.

---

366 Wenn man hier einwendet, dass in der Antike die Sklaven von der „Offenheit der Gesellschaft" ausgeschlossen waren, so ist dies zutreffend. Aber es ist auch zu berücksichtigen, dass die Universalisierung der Freiheit erst im 20. Jh. erreicht worden ist. Denn beispielsweise wurden die nordamerikanischen Sklaven von den Freiheitsidealen der nordamerikanischen Unabhängigkeitserklärung (1776) bis 1865 ausgeschlossen und die Sklaven Haitis von den Freiheitsidealen der Französischen Revolution (1789) bis 1848.

Nachdem das Römische Reich zusammengebrochen war, löste es sich in eine Vielzahl germanischer Stammeskönigreiche auf. Dies bedeutete einen generellen Rückfall in stammesbezogene Gesellschaften (Feudalismus). In einem Jahrhunderte langen Gewaltkarussell setzten sich einige Stammesfürsten gegenüber andern durch und bildeten Königreiche, aus denen in der Neuzeit Nationalstaaten entstanden. Obwohl die europäischen Nationalstaaten durchweg Gebilde waren, die aus verschiedenen Stämmen zusammengesetzt waren, wandten viele (vor allem die germanischen Ursprungs) geschlossene Gesellschaftsformen an, indem sie den Begriff „Stamm" durch den neuen Kunstbegriff „Nation" ersetzten.[367]

In der offenen kosmopolitischen Gesellschaft

- wird es vermutlich keine Ausländer und Volksfremde mehr geben. Hautfarbe und Gene werden lediglich medizinische Daten für Krankheitsfälle sein, aber keine Voraussetzung für Religions- oder Staatsangehörigkeit.
- wird vermutlich die einzige Form von „Mischehe" die zwischen Mann und Frau sein. Hautfarbe, geografische Abstammung und Religion werden ebenso irrelevant sein, wie es heutzutage ist, wenn ein Ehepartner Fan des FC Schalke und der andere des von Borussia Dortmund ist.
- werden Frauen nicht mehr diskriminiert werden.
- werden Homosexuelle nicht mehr diskriminiert werden. Es wird dieses schreiende Unrecht nicht mehr geben, dass jemand wegen seiner statistisch selteneren Genstruktur schlecht behandelt wird. Dies heißt nicht, dass ihnen nicht ähnliche Einschränkungen des Auslebens der Sexualität auferlegt werden wie den Heterosexuellen.
- werden Informationen frei zirkulieren; jeder wird sich seinen Meinung bilden können und sie äußern.
- werden Waren frei zirkulieren können, ohne Importzölle oder Importquoten für anderswo Lebende.
- werden Konflikte nicht mit Gewalt sondern mit Argumenten ausgefochten werden.
- wird es keine Staatsgrenzen mehr geben, folglich keine zwischenstaatlichen Kriege.
- wird es keine Revolutionen geben, sondern nur noch Evolutionen.

13.6 Kommunikation im Dienste der Gewaltlosigkeit

13.6.1 Eindämmung kollektiver Gewalttätigkeit durch Medien

Unter **Medien** sei hier die Konstellation von Personen, Organisationen und ihrer technischen Mittel verstanden, welche Informationen generieren und/oder verbreiten. Dazu gehören also Intellektuelle, Historiker, Autoren von Geschichtslehrbüchern, Publizisten, Filmemacher, Produzenten und Gestalter von TV-Programmen, Medienverantwortliche, Kirchenmänner und Politiker. Alle sie nehmen eine extrem wichtige Rolle bei der Meinungsbildung ein und demzufolge sind sie auch ein Schlüsselelement für gewaltlose Konfliktlösung.

Medien sind Sozialkonstrukte mit einem aus innerer Logik und Emotivität gesteuerten zielgerichteten Handeln, welches über das Handeln der mitwirkenden Individuen hinausgeht und ihrer Kontrolle entgehen kann. Wie Ideologie, Religion, Wissenschaft und Technik sind Medien eine kulturelle Errungenschaft zum Wohle der Menschheit, die aber in Einzelfällen auch zum Schaden der Menschheit eingesetzt werden können.

Die von den Medien verbreiteten Informationen haben in der Regel eine Reihe positiver Auswirkungen.

- Sie tragen zur Bildung der öffentlichen Meinung gegen kollektive Gewalttätigkeit bei (Verpönungsfunktion).
- Sie tragen zur Ausgewogenheit der öffentlichen Meinungen bei, durch Übermittlung der Standpunkte der gegnerischen Seite (Verständigungsfunktion).
- Sie veranschaulichen die entsetzlichen Auswirkungen kollektiver Gewalttätigkeit (Abschreckungsfunktion).
- Sie machen die Weltöffentlichkeit und mitunter die Behörden auf Missstände oder auf sich anbahnende Gewalttätigkeiten aufmerksam (Denunziationsfunktion) und mobilisieren Gegenmaßnahmen (Mobilisierungsfunktion).

Eine objektive Berichterstattung ist indes extrem schwierig:

- Die Regeln des Patriotismus induzieren eine Bevorzugung des Standpunktes des eigenen Kollektivs sowie ein Verständnis für Zensuren oder Manipulationen der Information seitens der eigenen Behörden.

---

367 Die Bundesrepublik Deutschland ist ein anschauliches Beispiel persistenter stammesbezogener Verschlossenheit: Nachkommen von vor 15 Generationen ausgewanderten „Stammesgenossen" genießen (auch wenn sie der deutschen Sprache längst nicht mehr mächtig sind) weit mehr Rechte als die Nachfahren von vor zwei Generationen eingewanderten „Gastarbeitern" (auch wenn diese in Deutschland aufgewachsen und ausgebildet, das heißt der deutschen Sprache mächtig sind). Die Kritik gilt in keinster Weise der „Offenheit" den „Rücksiedlern" gegenüber, sondern der „Verschlossenheit" den hier Lebenden und Arbeitenden" gegenüber, aus Gründen der „Volkszugehörigkeit". Eine der wenigen diesbezüglichen Kritiken der deutschen Fachliteratur kann man in Reinhard (1999) finden

- Das Einkommen der Berichterstatter hängt stark vom Wohlwollen des adressierten Publikums ab, dessen Mehrheit ja die eigene Regierung gewählt hat.
- Der eigene Staat bietet im Allgemeinen den Berichterstattern die logistische Unterstützung und den persönlichen Schutz, bevorzugt für die ihm genehmen Sichten der Ereignisse. Ein besonders eklatantes Beispiel ist die Berichterstattung über die US-amerikanisch/britische Invasion des Irak: Etwa 95 % der US-amerikanischen Berichterstatter sind in einem komfortablen Medienzentrum tätig, das die US-amerikanische Regierung in Saudi-Arabien für sie eingerichtet hat.
- Die Medien geben in der Berichterstattung den „endverpackten" Agenturberichten den Vorzug. Deren scheinbare Qualität ist bei dem Konfliktpartner am höchsten, der sich den größten Aufwand dafür leisten kann.

Trotz aller Schwierigkeiten gelingt einem Großteil der Medien, weltweit ihrer Verantwortung gerecht zu werden, wobei viele Rollenträger persönliche Nachteile in Kauf nehmen oder sogar ihr Leben opfern.

13.6.2 Beispiele des Einsatzes von Medien zur Eindämmung kollektiver Gewalttätigkeit

Die friedensstiftende Wirkung von Medien ist so weit gefächert, dass man sie als Selbstverständlichkeit kaum als solche wahrnimmt:

- Die Werke der Literatur sind überwiegend friedensstiftend, vor allem jene, welche die Grauen des Krieges darstellen, in denen Individuen unter die Räder eines kollektiven Wahns geraten.
- Fast alle Spielfilme, deren Handlung sich in einem Kriege entwickelt, stellen diesen als ein Negativum dar.
- Die Medien der aktuellen Berichterstattung sind das wichtigste Werkzeug der Mobilisierung der öffentlichen Meinung.

13.6.3 Beispiele des Missbrauchs von Medien für kollektiver Gewalttätigkeit

Aus der Vergangenheit sind hier einige exemplarische Fälle angeführt, welche die Möglichkeiten und Folgen des Missbrauchs von Medien veranschaulichen:

- Aus dem Mittelalter sei hier nochmals die (unter 10.2.3.7.B.e bereits erwähnte) antiislamische Hetzpropaganda des Mönchsordens von Cluny genannt sowie jene der „chanson de geste" (Rolandslied).
- Bereits wenige Jahre nach der Erfindung der Buchdruckerkunst wurde sie auch für kriegerische Zweck eingesetzt: So druckte Johannes Gutenberg während des Badisch-Pfälzischen Krieges (1461 bis 1462) für seinen Freund Diether von Isenburg (der sich der päpstlichen Nominierung seines Gegners zum Erzbischof von Mainz gewaltsam widersetzte) Flugblätter und Plakate.
- Die aggressive Expansionspolitik Japans wurde von der japanischen Presse mit geschürt: Im Jahre 1891 postulierte die „Tokioter Tageszeitung", dass es in Japan ein Übervölkerungsproblem gebe", zwei Jahre später forderte das „Tokioter Wirtschaftsjournal" zum Krieg gegen Korea auf (Kiyoshi Inoue, 1963).
- Die antijüdischen Pogrome in Bessarabien von 1903 wurden durch die Hetze der Zeitung „Bessarabetz" angefacht.
- Der US-amerikanische Pressemagnat William Hearst trug durch tendenziöse Presseberichte zur Aufheizung der öffentlichen Meinung der USA bei, was 1898 mit der US-amerikanischen Invasion der spanischen Kolonien Kuba und Philippinen endete.
- Die Auswirkungen der perfiden Fehlinformationen und Hasspredigten der von Goebbels geleiteten NS-Propaganda haben eine traurige Berühmtheit erlangt.
- Als Papst Johannes Paul II. den Golfkrieg von 1991 mit der christlichen Lehre als unvereinbar erklärte, wie jeder „Heilige Krieg" es auch wäre, wurden seine Äußerungen von den US-Behörden in der Medienwelt der USA zensuriert.

Medien werden (nach Erich Fromm) als „Verabreicher kulturelle Opiate" gegen die Leiden der Individuen aus „kulturell vorgeprägten Defekten" missbraucht. Dadurch ergäbe sich mehr Abhängigkeit als Heilung. (Wikipedia „Erich Fromm" deutsch, 28.06.08).

13.6.4 Das Postulat der Freiheit und Unabhängigkeit der Medien

Die Sicherung der Freiheit und Unabhängigkeit der Medien ist eine der Grundvoraussetzungen der Demokratie, Menschenrechte und gewaltlosen Konfliktbewältigung. Wenn ein zu großer Teil der Medienlandschaft im Dienste einer einseitigen Ideologie, Interessengruppe oder des Staates gerät, ist die **Gefahr des Missbrauchs**, in Sonderheit für kollektive Gewalttätigkeit, zweifacher Art:

- zum einen können die Medien zur Anstachelung kollektiver Gewalttätigkeit missbraucht werden,
- zum anderen können der Öffentlichkeit Informationen vorenthalten werden, um deren Duldung von Gewalttätigkeiten zu erreichen.

Ein krasses Negativbeispiel gegen das Prinzip der Medienfreiheit war die Regierungszeit des italienischen Ministerpräsidenten Silvio Berlusconi. Als Medienmagnat, der die wichtigsten privaten Fernsehanstalten und den größten Verlagshäuser Italiens kontrolliert, gewann er dank seiner politischen Funktion auch die Kontrolle über die staatlichen Fernsehanstalten, deren Leitung er umbesetzte, welche dann das Programm in seinem Sinne umgestalteten (Entlassung kritischer Moderatoren und Kommentatoren, Zensur der Programminhalte). Zum Glück geschah dies mehr zur Deckung seines Geschäftsgebaren am Rande der Legalität, mit dem er sein Wirtschaftsimperium aufgebaut hatte, als im Dienste einer Gewaltideologie. Dass diese Zusammenführung sowohl der politischen Macht als auch aller wichtigsten Medien in eine Person überhaupt zustande kommen konnte, zeigt die Anfälligkeit der italienischen Staatsverfassung aber auch den Mangel einschlägiger EU-Normen.

13.7 Die Domestizierung der Sozialkonstrukte

DIE ZEIT, IN DER MAN ETHISCHE FRAGEN UNTER VERWEIS AUF DIE EIGENGESETZLICHKEIT
VON TECHNIK UND ÖKONOMIE SUSPENDIEREN KÖNNE, IST VORBEI.
(Wolfgang Huber, 1987)

Der Mensch ist nur in Kollektiven überlebensfähig. Durch Schaffung immer komplizierterer Kollektivformen konnten immer mehr Menschen immer besser zusammenleben. Sie haben sich immer größeren nach innen befriedeten Kollektiven strukturiert. Doch ist es den Menschen bis heute nicht gelungen, die Gewalttätigkeit zwischen den von ihnen geschaffenen territorial-hegemonischen Kollektiven zu unterbinden. Noch gravierender ist der Umstand, dass das 20. Jahrhundert erwiesen hat, dass menschliche Kollektive der Kontrolle des Menschen völlig entgleiten und sich massiv gegen ihn richten können. Die Domestizierungsbemühungen müssen daher über die natürlichen Personen hinaus auf die juristischen Personen erweitert werden („Domestizierung der Kollektive"). Wie bei der Domestizierung der Individuen sind Maßnahmen auf verschiedenen Ebenen erforderlich. Die hier angesprochene Thematik ist ein Teilaspekt der von **Habermas** herausgestellten Verselbstständigung des „Systems" (Staatsbürokratie und Wirtschaft), welches, von Entropiemaximierungen getrieben, eine eigene Handlungslogik entwickelt, die sich von den tradierten kulturellen Werten und Normen („Lebenswelt") immer mehr entferne, diese immer mehr unterminiere. Dies stellt für ihn die Hauptproblematik der gesellschaftlichen Entwicklung dar und er setzt sich dafür ein, dass das Soziale nicht in den Begriffen der Nutzenmaximierung und der rein rationalen Wahl aufgehe[368]. Ein eminent „ptolemäischer" Ansatz!

- Eine kontrovers diskutierte Frage ist, ob Makrokollektive wie Staat und Wirtschaft, ihrer schleichenden Erodierung sozialer Sinngehalte aus ihrer Eigendynamik heraus Einhalt gebieten können, oder ob sie externen Normen unterworfen werden müssen.
  - Für Habermas reichen zur Kurskorrektur die tradierten Werte der „Lebenswelt" (u.a. dank der Assoziationsfelder der Sprache) aus; für christliche Denker wie Papst Benedikt XVI. (Joseph Ratzinger) können es nur die christlich fundierten Werte sein, unter Einbezug der Werte anderer Religionen und Kulturen.
- Man kann diese Frage auch so formulieren, ob eine Ethik für Kollektive (ideologische Normativität) entwickelt werden kann. H. **Geser** hat dafür die Bezeichnung „**Organisationsethik**" vorgeschlagen. Eine solche muss die ethischen Normen respektieren, denen sich menschliche Individuen unterlegen. Kollektive müssen ethische Verantwortung tragen und bei Zuwiderhandlungen pönalisiert werden wie Individuen.[369]
- Die nächste Frage ist, ob auf der **Kollektiv-Ethik** basierend, normativ darauf eingewirkt werden kann, dass die **Ideologien und Strukturen der Kollektive** (vor allem die der territorial-hegemonischen) gewalttätigkeitsfrei und friedensbringend sind.
- Das demokratische Modell muss in der Form perfektioniert werden, dass es als Universalwert akzeptiert wird.
- Eine wesentliche Bedeutung für die Gewährleistung der Gewalttätigkeitsfreiheit von Kollektiven ist die **Stärkung der so genannten „Zivilgesellschaft"**, das heißt all jener Kollektive, die mit der territorialen Hegemonie nicht befasst sind und koerzitivfrei, auf rein konsensueller Basis funktionieren. Sie bilden das soziale Gewebe, das unter der Haut der staatlichen Organisation den Schutz der Individuen vor antizivilisatorischen Angriffen abwehrt.
- Eine Legislative der territorial-hegemonischen Kollektive sollte den Fokus der **Gesetzgebung** stärker von den physischen Personen (Individuen) **auf die juristischen Personen (Kollektive) ausweiten**.
  - Die in den modernen Rechtsstaaten gültigen Grundrechte (Teilgebiet des Staats- und Verfassungsrechts im Öffentlichen Recht) dienen bereits dem Schutz der Individuen vor staatlichen Eingriffen.
  - Das Völkerrecht und Kriegsrecht (Teilgebiete des Öffentlichen Rechts) stellen die älteste Gesetzgebung für die Beziehungen zwischen territorial-hegemonischen Kollektiven dar. Der Aspekt der Pönalisierung (Strafgesetzgebung) wurde mangels Aussichtslosigkeit einer Strafverfolgung ausgeklammert und der Selbstjustiz der Kollektive überlassen.

---

368 Jürgen Habermas, Dankesrede zur Verleihung des Friedenspreises des deutschen Buchhandels, 2001.

369 Der von Unternehmen hervorgehobene Satzungspunkt „An equal opportunity employer" spiegelt beispielhaft eine Form ethischer Normativität für Kollektive wieder.

o   Auch die Gesetze zum Verbot krimineller Vereinigungen (Teilgebiet des Strafrechts im Verwaltungsrecht des Öffentlichen Rechts) sind ein Beispiel für derartige Gesetzgebung. In vielen Ländern ist diese noch rudimentär und wird in der Praxis zur Kriminalisierung Andersdenkender missbraucht und schlimmer noch, zur einseitigen Kriminalisierung Andersdenkender einer bestimmten Richtung (Beispiel: in der BRD über 1.000 Ermittlungsverfahren gegen Linksgruppen zwischen 1990 und 1996 und nur 23 gegen rechte Gruppen).[370] Ein wichtiger Sonderfall des Verbots krimineller Vereinbarungen sind Anti-Mafia-Gesetze.

o   Die auszubauende Gesetzgebung für Kollektive sollte Handlungsnormen (Pflichten und Verbote) enthalten, welche die Verfassung und die Handlungen von Kollektiven im Sinne der Gewaltlosigkeit und Friedensstiftung konditionieren.

• Ein offenes Thema ist die Frage des **angemessenen Strafmaßes für Individuen**, die als Funktionsträger an Verbrechen von Kollektiven beteiligt sind. Wie unter Punkt 11.7.3 dargelegt, ist bei den Genozidverbrechen des 20. Jahrhunderts das Strafmaß für Mord de facto um den Faktor 100.000 unter dem üblichen Strafmaß des individuellen Strafrechts gelegen. Ist für kollektive Tötungen ein derartiger „Mengenrabatt" überhaupt zu rechtfertigen?

• Eine weitere der offenen Fragen ist, ob bei den nicht territoral-hegemonischen Kollektiven, das heißt bei den Kollektiven der Zivilgesellschaft, eine **institutionelle Zwangsausübung** zulässig sein soll oder nicht. Diese Frage betrifft nicht nur sektarische Organisationen wie Scientology, sondern auch alle drei abrahamitischen Religionen.

• Auch die Judikative und die Zivilgesellschaft müssen ihren Fokus (**Gerichtsbarkeit** bzw. Denunziation und Skandalisierung) stärker von den physischen Personen (Individuen) **auf die juristischen Personen (Kollektive) ausweiten.**

o   Die Befugnisse der internationalen Gerichtshöfe müssen von der Strafverfolgung von Individuen auf die Strafverfolgung von Kollektiven ausgeweitet werden.

o   Die Nicht-Regierungs-Organisationen fokussieren bereits in diesem Sinne ihre Denunziationen auf die Rechtsbrechung durch Kollektive, mehr als auf die Denunziation individueller Missetäter.

o   Die von John Keane (2004) postulierte Notwendigkeit „die kollektive Gewalttätigkeit zu demokratisieren", das heißt die mit zur Ausführung von Gewalt befugten Institutionen (Polizei, Militär, Geheimdienste, private Sicherheitsfirmen) der Öffentlichkeit gegenüber rechenschaftspflichtig zu machen, stellt einen Schritt in diese Richtung dar („Demokratisierung der kollektiven Gewalttätigkeit").

o   Schließlich müssen auch die Exekutive und die Zivilgesellschaft ihren Fokus (Strafverfolgung bzw. Boykottmaßnahmen) stärker von den physischen Personen auf die juristischer Personen (Kollektive) ausweiten.

o   Internationale Boykott- und Embargo-Maßnahmen gegen Länder stellen im Prinzip eine kollektive Strafverfolgung dar.

13.8 Das Primat des menschlichen Individuums über die Sozialkonstrukte (die ptolemäische Rückwendung)

MACHET EUCH DIE SOZIAKONSTRUKTE UNTERTAN!

(überzeichnende Umsetzung des Bibelspruchs)

Für den Menschen, dem nur einige Jahrzehnte Leben gegönnt sind, ist das menschliche Leben das höchste zu schützende Gut („**primum vivere**"). Der Mensch ist das Maß aller Dinge und nicht die von ihm geschaffenen Konstrukte. Ihm haben sich die von ihm geschaffenen sozialen Organismen (Kollektive) und Weltanschauungen zu unterordnen.

Die „kopernikanische Wende" hat die Fähigkeit des Menschen fortentwickelt, durch Eingriffe in die Natur diese für seine Zwecke besser zu nutzen. Auf menschliche Belange angewandt, hat sie zum Umgang mit Menschen wie mit Sachen und Tieren geführt. Auf zwischenmenschliche Belange angewandt, hat der kopernikanische Ansatz bekanntlich zu fatalen (im wahrsten Sinne des Wortes todsäenden) Ergebnissen geführt. Beispiele solcher **verhängnisvollen „kopernikanistischen" Applikationen auf das soziale Belange** sind:

• Das Postulat des anthropomorphen **Monotheismus**, dass es einen einzigen wahren Gott gebe, dessen Anweisungen sich die Individuen sowie alle andersgläubige Kollektive absolut zu unterwerfen hätten (siehe Pkt. 10.2.37)

• **Platons Theorie der Ideen**, dass die wahrnehmbare Welt nur ein schlechtes Abbild übersinnlicher „Ideen" sei, das sich laufend verschlechtere und dass man etwas dagegen unternehmen müsse, begründete den politischen Totalitarismus (siehe Pkt. 10.2.4.1).

• Die **Vergöttlichung des Staates durch Hegel** und die Forderung, dass sich das Individuum dem Kollektivnutzen bedingungslos zu unterwerfen habe, begründete den modernen Totalitarismus (siehe Pkt. 10.2.4.3).

• Die Forderung der pseudowissenschaftlichen „**Eugenik**", durch Eingriffe („Rassentrennung", Zwangssterilisation, Euthanasie) die „Überwucherung der überlegenen Rasse durch minderwertiges Erbgut" zu vermeiden (siehe Pkt. 10.2.5.2).

• Das Postulat des **Marxismus**, dass Rechte von Individuen den Interessen der „proletarischen Klasse" absolut unterzuordnen seien (siehe Pkt. 10.2.6.7).

---

370   In [de.wikipedia.org/wiki/Krimenelle_Vereinigung] zitiertes Ergebnis einer 1996 von der Bundestagsfraktion „Bündnis 90/Die Grünen" gestellten kleinen Anfrage.

- Das Postulat des **Faschismus und Nationalsozialismus,** dass die Rechte der Individuen und anderer Nationen den Interessen der eigenen Partei und Nation absolut unterzuordnen seien (siehe Punkt 10.2.6.8).
- Die Opfer von Demoziden sind die „Abfallprodukte" vermeintlicher" Optimierungseingriffe", welche Kollektive aus verselbständigter innerer Logik vornehmen. Dabei sollen kollektive Parameter (Maximierung des Produktions- und Gewalttätigkeitspotenzials; gewaltsame Herstellung absoluter innere Konfliktfreiheit durch ideologische, ethnizistische oder soziale Uniformierung) zu Lasten individueller Lebensschicksale optimiert werden. Der tragische Höhepunkt derartiger „vereinfachenden Teilsystemoptimierung" war der **Holocaust** (die Shoa) (siehe Punkt. 10.2.6.8.C).

Für das menschliche Zusammenleben ist **der kopernikanistische Ansatz nicht anzuwenden.** Die höchste Rangstufe in der Hierarchie der Werte darf nicht das einnehmen, was die Komplexität reduziert, die Effizienz von Metaorganismen maximiert, kalkulatorische Gesamtergebnisse maximiert oder die menschliche Gedanken- und Erfahrungswelt vereinfacht. Absolute Priorität muss der Schutz jedes einzelnen Lebens sein, unter Wahrung all seiner Aspekte, nicht nur der vernunftsbezogenen. Für die zwischenmenschlichen Belange ist eine **„ptolemäische Rückwendung"** erforderlich. Im Menschlichen muss auf immer der „geozentrische", besser gesagt der „homozentrische", sozusagen „ptolemäische" Ansatz gelten, wonach sich das Außermenschliche und der soziale Überbau um jeden einzelnen Menschen auf der Erde drehen müssen und nicht umgekehrt.

So wie sich **der Mensch** gegen die Angriffe der toten Natur und anderer Lebewesen (z.B. Bakterien, Raubtiere) schützt, **muss** er **sich** auch gegen mögliche Angriffe von Kollektiven und kollektiven Ideologien schützen.

Die Menschheit ist auf gutem Wege dahin, das menschliche Individuum (und zwar jedes Individuum und nicht nur das „normalere" oder „bessere") **vor Übergriffen von menschlichen Kollektiven und kollektiven Ideologien zu schützen:**

- Die **demokratische Gesellschaftsordnung** folgt dem homozentrischen „ptolemäischen" Geist, denn sie basiert auf dem Primat des Individuums über die Gesellschaft (siehe Pkt. 10.3.4).
- Die **Nordamerikanische Unabhängigkeitserklärung von 1776** mit dem Postulat der Freiheit und Gleichheit aller Individuen, die unveräußerliche Rechte besitzen (siehe Anlage 1)
- Die **Erklärung der Menschen- und Bürgerrechte der Französischen Revolution von 1789** mit dem Schlüsselsatz „Zweck jeder politischen Vereinigung ist die Erhaltung der natürlichen und unantastbaren Menschenrechte" (siehe Anlage 1).
- Die **UN-Menschenrechtserklärung von 1948**, u.a. mit einer langen Liste unauslöschbarer Rechte jedes Individuums und dem Schlüsselsatz „Keine Bestimmung dieser Erklärung darf dahin ausgelegt werden, dass sie für einen Staat, eine Gruppe oder eine Person irgend ein Recht begründet, eine Tätigkeit auszuüben oder eine Handlung zu begehen, welche die Beseitigung der in dieser Erklärung verkündeten Rechte und Freiheiten zum Ziel hat" (siehe Anlage 1).
- Initiativen wie das **Human Security Centre** in Vancouver fokussieren mit Publikationen (in diesem Fall der jährlich erscheinende Human Security Report) die **„menschliche Sicherheit"** (human security) als Erweiterung der „nationalen Sicherheit", angesichts der Tatsache, dass in den letzten hundert Jahren mehr Menschen von ihrer eigenen Regierung umgebracht wurden als durch fremde Armeen.

Man kann davon ausgehen, dass es nicht ausreicht, die menschlichen Individuen von der Beteiligung an kollektiver Gewalttätigkeit abzubringen. Es wird wohl erforderlich sein, in die Struktur und Eigendynamik der territorial-hegemonischen Kollektive normativ einzugreifen und diese rechtlich für ihre Handlungen belangen zu können (nicht nur ihre Rollenträger), um zu vermeiden, dass menschliche Individuen Opfer von Kollektivoptimierungen werden.

14 Zusammenfassung und Schlussbemerkungen

Die Menschheit muss sich dessen bewusst sein,
dass Frieden kein Geschenk Gottes für seine Geschöpfe ist,
er ist ein Geschenk, das wir uns gegenseitig machen müssen.

(Elie Wiesel, Friedensnobelpreisrede 1986)

Die überraschendsten Ergebnisse der Statistiken des Kapitels 8 sind, dass zum einen die Anzahl der Ereignisse kollektiver Gewalttätigkeit im Laufe der Geschichte im Gleichschritt mit der Weltbevölkerung zugenommen hat; eine Unterschreitung des bevölkerungsproportionalen Zuwachses hat nur während des Römischen Reichs (Rechtsstaat mit außergewöhnlicher ethnischer und religiöser Toleranz) und nach 1945 (Siegeszug der Menschenrechte und des demokratischen Modells sowie das atomare Drohszenarium) stattgefunden.

Zum anderen ergibt die Auswertung, dass zwei Drittel aller Konflikte die Beherrschung der Ressourcen und/oder Bevölkerung eines Territoriums zum Gegenstand hatten. Dies lässt den Schluss zu, dass die Hauptursache der Kollektivgewalttätigkeit im unzivilisierten Umgang mit dem demografischen Wachstum (im „Streit um dasselbe Stück Land") gelegen hat, nämlich in der Unfähigkeit, die erforderlichen territorialer Umorganisationen (territoriale Integration zur Schaffung ergonomischer und multiethnischer Wirtschaftsräume) mit konsensuellen Herrschaftsformen durchzuführen.

Der Umstand, dass der bevölkerungsproportionale Zuwachs der Gewalttätigkeit unabhängig von den epochal dominierenden Religionen stattgefunden hat lässt außerdem den Schluss zu, dass die Religionen aller Epochen die multiethnische Koexistenz erschwert haben, indem sie die antagonistischen Abkapselung von Kollektiven ideologisch und organisatorisch gefördert haben, die dann die gewalttätige Durchsetzung ihrer egoistischen Besitzansprüche religiös verbrämt haben.

Die Gegenbeispiele des Römischen Reichs und der Gegenwart zeigen aber auch, dass bestimmte Ideologien und Herrschaftsformen (wie die multiethnische Toleranz, das demokratische Modell und die Menschenrechtsbewegung) eine genügend starke moderierende Wirkung haben können, um demografische Veränderungen und territoriale Umorganisationen ohne Kollektivgewalttätigkeit auf rein konsensueller Basis zu begleiten.

14.1 Rückblick auf die Vergangenheit

Der Mensch, der während 99,5 % seiner Evolutionsgeschichte ein von Raubtieren Gejagter gewesen ist, hat seine neurophysiologischen Veranlagung entwickelt, die seinen Mitmenschen gegenüber eine empathische Einstellung bewirkt (Spiegelneuronen): Er sucht den sozialen Kontakt, der für ihn nicht nur Sinn gebend, sondern sogar überlebensnotwendig ist. Diese auf Ausgleich und Kooperation ausgelegte Veranlagung hat der Mensch auch den von ihm entwickelten sozialen Strukturen und kulturellen Werten aufgeprägt. Auch die meisten menschlichen Konstrukte fördern eine allseitige Respektierung der physischen und psychischen Unversehrtheit, das heißt die Unterlassung von Gewalttätigkeit.

Im Laufe der Geschichte ist es der Menschheit gelungen, durch kulturelle Hemmnisse (angelernte Verhaltensweisen, Tabus und Normen für einen Verzicht auf Selbstjustiz, gestützt durch Weltanschauungen) und entsprechende Ausgestaltung und Fortentwicklung der Sozialkonstrukte der verschiedenen Ebenen (von der Familie bis zum modernen Staat), immer mehr Individuen in immer umfassenderen sozialen Verflechtungen ein immer besseres Leben zu ermöglichen und dabei die individuelle Gewalttätigkeit einzudämmen. Im Weltdurchschnitt wird größenordnungsmäßig „nur" einem von zehntausend Menschenlebensjahren (das sind Millionen von Lebensstunden) durch **individuelle Gewaltakte** ein Ende gesetzt.

Vieles deutet darauf hin, dass es kollektive Gewalttätigkeit erst seit etwa 5.000 Jahren gibt, das sind ca. 0,5 % der menschlichen Evolution, erst seitdem die territorialen Sozialkonstrukte entstanden waren. Seitdem kann man ganz grob schätzen, dass fast ebenso viele Menschenleben durch kollektive Gewaltakte beendet worden wie durch individuelle Gewaltakte. Der Grund liegt paradoxerweise darin, dass gerade jene Sozialkonstrukte, welche der Mensch für sein Wohl und vor allem für die Eindämmung individueller Gewalttätigkeit entwickelt hat (die territorial-hegemonischen Kollektive, von Thomas Hobbes „Leviathane" genannt), sozusagen als Kehrseite der Medaille, für die Maximierung ihrer kollektiven Werte einen „Krieg aller Leviathane gegen alle Leviathane" geführt haben, in dem sie das Leben von Individuen als Spielvariable eingesetzt haben.

Die Motivationen zur Kollektivgewalttätigkeit waren in der Vergangenheit wie folgt verteilt:

* Zwei Drittel der Kollektivgewalttätigkeit hat der Verteilung des eigenen Territoriums bzw. der Eroberung eines fremden Territoriums (und natürlich deren Ressourcen) gegolten. Die brutalste Ausprägung dieser so genannten

Territorialkonflikte ist im 20. Jh. aufgekommen, nämlich die Allophobiekonflikte, bei denen einem Sub-Kollektiv das Koexistenzrecht verweigert wird, auf dem Territorium (Vertreibung) oder sogar auf dem Planeten Erde zu koexistieren (Vernichtung), letztlich um die (real oder vermutet) knappen Ressourcen mit ihm nicht teilen zu müssen.

- Ein Drittel der gewalttätig ausgetragenen Konflikte der Geschichte betraf die Frage, welches Subkollektiv innerhalb eines territorial-hegemonischen Kollektivs die Leitung habe (Hierarchiekonflikte) oder wie die Ressourcen des Kollektivs (die Überschussproduktion) zu verteilen seien (Distributionskonflikte).

- Es wurde desto häufiger um Territorien gestritten, je größer die Weltbevölkerung wurde. Dies lag auch daran, dass mit zunehmender Bevölkerungszahl die menschlichen und ökonomischen Ressourcen für eine intensivere Gewalttätigkeit zunahmen. Die Häufigkeit kollektiver Gewalttätigkeitsereignisse hat im Laufe der Geschichte im Gleichschritt mit der Weltbevölkerung zugenommen.

Von einer globalen Warte aus betrachtet, ist Kollektivgewalttätigkeit eine unmenschliche Antwort der vom Menschen geschaffenen Sozialkonstrukte (der sozialen Systeme und der kulturellen Werte), auf Veränderungen in der geografischen Verteilung der Weltbevölkerung und des daraus entstehenden Bedarfs territorialer Umstrukturierung. Kollektivgewalttätigkeit ist aus menschlicher Sicht die Folge eines „Konstruktionsfehlers" bestimmter Sozialkonstrukte, der zur Unfähigkeit führt, die erforderlichen territorialer Umorganisationen (territoriale Integration zur Schaffung ergonomischer und multiethnischer Wirtschaftsräume) mit konsensuellen Herrschaftsformen durchzuführen. Bei den ideologischen Sozialkonstrukten „Religionen" liegt der Konstruktionsfehler darin, dass sie eine antagonistischen Abkapselung von Kollektiven ideologisch und organisatorisch fördern und damit die multiethnische bzw. multikulturelle Koexistenz erschweren und dass sie dafür missbrauchbar sind, die gewalttätige Durchsetzung kollektiver Egoismen zu rechtfertigen.

Aus einer noch abstrakteren Sicht kann man Kollektivgewalttätigkeit als einen „kopernikanistischen Exzess" von Sozialkonstrukten betrachten, da sie einen komplexitätsreduzierenden Eingriff ohne Rücksicht auf die menschlichen Individuen darstellt. Die Absichten solcher Eingriffe sind:

- in der räumlichen Ebene eine geografische Uniformierung menschlicher Belange herzustellen, indem anderen die eigene Ordnung der Dinge; Ansichten und Interessen aufgezwungen wird;

- in die Zeitachse einzugreifen, entweder um eine Vergangenheit in die Gegenwart zu postizipieren oder um eine erwünschte Zukunft in der Gegenwart zu antizipieren.

Je stärker aber diese gewalttätigen Eingriffe mit dem natürlichen Zustand beziehungsweise mit dem Lauf der Dinge im Widerspruch stehen, desto tragischer sind die Auswirkungen für die menschlichen Individuen.

Die gewalttätigen Akteure sind in der Vergangenheit die territorial-hegemonischen Kollektive gewesen, welche ihre interne Strukturierung gewaltsam veränderten, beziehungsweise ihre gegenseitige Abgrenzung auf der Erdoberfläche. Sie wandten ihre interne Machtvollkommenheit auch nach außen an. Man kann somit die Kollektivgewalttätigkeit der Vergangenheit auch als Nebenerscheinung des Wachstumsprozesses der territorial-hegemonischen Kollektive und ihrer Verteilung über die Erdoberfläche betrachten.

Kollektive Gewalttätigkeit ist auf das Verhalten von Individuen faktisch ebenso wenig zurückführbar, wie biologisches Verhalten mit dem Verhalten der beteiligten Atome erklärbar ist. Sie entsteht aus einer äußerst komplizierten, situationsübergreifenden Interaktion zwischen sozialen Organisationen, kulturellen Inhalten und Individuen. Sie breitet sich in der Regel von der obersten Ebene der Sozialkonstrukte nach unten, zur individuellen Ebene, aus.

- Das **territorial-hegemonische Kollektiv** hat auf einem Territorium das Gewaltmonopol und verwaltet die Überschussproduktion des Kollektivs (die über das nackte Leben hinausgehende Produktion). Sein höchster Werte ist das Territorium (mit den darauf befindlichen Ressourcen) und in zweiter Linie all jene kulturellen Konstrukte (v.a. Religion, Ideologie), welche seine Kohäsion sicherstellen. Aus einer Art Selbsterhaltungstrieb reagiert es als erstes auf Veränderungen der Umwelt, welche ihr Territorium gefährden oder eine Gelegenheit bieten, es zu mehren. Aus der Vergangenheit kann man folgendes feststellen:

- Das Verhältnis zwischen Gewalttätigkeitsereignissen und Weltbevölkerung ist im Verlauf der Geschichte ziemlich konstant geblieben, das heißt, bei doppelter Weltbevölkerung hat es doppelt so viele kollektive Gewaltakte gegeben, unabhängig von der Art und Anzahl der Religionen oder Ideologien. Die am stärksten Gewalttätigkeit aktivierenden Umweltveränderungen sind folglich die demografischen Veränderungen gewesen (z.B. absolute Zunahme der Bevölkerung, relative Zunahme der Bevölkerung zur Größe des Territoriums, Veränderung der Altersstruktur der Bevölkerung, Veränderung der ethnischen Zusammensetzung der Bevölkerung). Die demografischen Veränderungen haben sich aber nicht unmittelbar in der Art eines physikalischen Gesetzes ausgewirkt, sondern mitunter stark zeitverschoben und in Abhängigkeit der Konstellation anderer Umweltfaktoren (gewalttätige Neigung der Sozialkonstrukte und Individuen des Kollektivs).

- Besonders gewaltträchtig ist ein Auseinanderlaufen des Bevölkerungswachstums mit den eigenen kulturellen Möglichkeiten oder Bereitwilligkeiten sozio-ökonomischer Integration gewesen. Dies war der Hauptgrund der besonders ausgeprägten Aggressivität der Nomaden und Viehzüchter (Germanen, Mongolen, Türken).

- Konflikte über die Verteilung der Macht eskalierten in der Vergangenheit oft zur Gewalttätigkeit, wenn ein zu starkes Auseinanderlaufen der Macht einer Elite und deren Machtmittel bzw. Akzeptanz entstanden war.
- Konflikte über die Verteilung der Überschussproduktion haben ebenfalls gewaltträchtige Resonanzstellen von Kollektiven dargestellt, wenn auch in untergeordnetem Maße.
- Die dem territorial-hegemonischen Kollektiv **untergeordneten sozialen Strukturen** können ebenfalls gewaltträchtige Resonanzstellen aufweisen, mit denen sie in die aggressiven Vorgaben des territorial-hegemonischen Kollektivs einstimmen. Je weniger diese zivilisiert sind (das heißt eine „Zivilgesellschaft" bilden), desto mehr tragen sie die gewalttätigen Dispositionen des territorial-hegemonischen Kollektivs mit.
- Die **kollektiven Ideologien** (Religion, Philosophie, Ideologie, Stereotype) waren in der Vergangenheit nur selten die direkten Ursachen kollektiver Gewalttätigkeit, indes häufig die indirekten.
- Sie beeinflussten maßgeblich die kollektive Perzeption einer Umweltveränderung.
- Sie schafften durch Intoleranzen Abgrenzungen zwischen Kollektiven und damit kollektive Egoismen; die monotheistischen Religionen haben den Intoleranzgrad verstärkt.
- Sie lieferten überirdische Rechtfertigungen für kollektive Gewalttätigkeit
- Auch ein wichtiger Teil der Philosophien (jener der das Gedankenkonstrukt „Sein" über das reale Leben stellte) verbrämten die Kollektivgewalttätigkeit als eine ontologische Notwendigkeit.
- Die **Individuen** stimmen auf gewaltträchtige Resonanzen der Sozialkonstrukte ein, zum Teil auf der Basis des Zwanges. Mängel im emotiven und sozialen Erziehung der ersten Lebensjahre können die **Individuen** für gewaltträchtige Impulse der Sozialkonstrukte empfänglicher machen und die resonante Überwindung der angeborenen und anerzogenen Gewalthemmungsschwellen erleichtern. Dabei spielt ein Fremdfordern-Bedürfnis eine größere Rolle als Aggressionstriebe oder das vielfach postulierte „Böse im Menschen".

Die **Hemmnisse gegen kollektive Gewalttätigkeit** waren bis in die Gegenwart nur mangelhaft ausgeprägt und kaum wirksam, um die gewaltträchtigen Resonanzstellen zu dämpfen und ihr Anschwingen zu verhindern. Sie galten mehr den Wirkungen und Symptomen als den Ursachen.

- Im Inneren der territorial-hegemonischen Kollektive wurde Konsens primär auf Zwang aufgebaut. Er brach unter Gewaltanwendung periodisch zusammen, wenn die Zwangsmittel ihre Wirkung verloren hatten.
- Zwischen den territorial-hegemonischen Kollektiven hat es in der Vergangenheit keine verbindlichen kulturelle Restriktionen gegeben, um gegenseitige Gewalttätigkeit zu verhindern: es galt das Recht des Stärkeren.
- Das stärkste Regulativ zur Begrenzung kollektiver Gewalttätigkeit waren in der Vergangenheit die militärischen Ausgaben, die erlittenen Menschenverluste und Materialschäden, bis diese ein Niveau erreicht hatten, welches die Verliererseite oder beide Konfliktparteien zur Einstellung der Gewalttätigkeit bewogen. So hat sich im Laufe der Geschichte ein ressourcen- und verlustgesteuertes Erträglichkeitsniveau kollektiver Gewalttätigkeit eingependelt, welches um den Faktor 10 bis 100 unter der Erschöpfungsgrenze eines Hobbes'schen Grenzszenarios („alle ohne Unterlass gegen alle") lag und zwar:
  - Ein Gewalttätigkeitsereignis (Krieg, Demozid, Schlacht) pro 100 Millionen Einwohner und Jahr
  - 0,6 % der Todesfälle durch Kollektivgewalttätigkeit
  - 5 % des Bruttosozialproduktes für Kollektivgewalttätigkeit
  - 5 % der Weltbevölkerung für Vorbereitung oder Ausübung kollektiver Gewalttätigkeit
- Zehnmal mehr Sensibilität der Kollektive für ökonomische Verluste als für Menschenverluste

14.2 Betrachtung der Gegenwart

Der statistische Horizont dieses Werkes endet mit dem Jahr 2000, weil die statistischen Auswertungen auf eine Segmentierung der Zeit in Jahrhunderten beruhen. An dieser Stelle werden trotzdem einige Bemerkungen zum aktuellen Zeitgeschehen (Stand Ende 2016) eingefügt, um die Brauchbarkeit der Begrifflichkeit und Erklärungsmodelle zu prüfen.

Der größte Konfliktherd liegt in der Gegenwart bekanntlich im **Nahen und Mittleren Osten und in Afrika**. Dort verhindern in tragischer Weise mehrere, zum Teil außerregionale, Einflussfaktoren eine ausgewogene demografische und politische Entwicklung:

14.2.1 Der Palästinakonflikt

Die vergangene Unfähigkeit einiger europäischen Nationalstaaten (vor allem Russlands, Deutschlands und Österreichs) der multiethnischen Realität ihrer Bevölkerung gerecht zu werden und ihr kopernikanistisches Fehlverhalten, eine ethnizistische Homogenität gewalttätig erzwingen zu wollen, stieß vor allem bei ihren Minoritäten jüdischer Religion auf starkem Widerstand, die ihre ethnizistische Heterogenität betont erhalten wollten. Dieser Konflikt artete in Pogromen und in Deutschland sogar in ein Genozid aus. Die Juden, die rechtzeitig fliehen konnten bzw. überlebten, wanderten in Massen vor allem nach Amerika und in das bereits überbevölkerte Palästina aus. Aus eine Kette israelischer Kollektivgewalttätigkeit (zur gezielten territorialer Okkupation) und palästinensischer Gegengewalttätigkeit entstand der Staat Israel, mit der Flucht oder Vertreibung von Hunderttausenden von Palästinensern, die in über die Nachbarstaaten verstreute Flüchtlingsläger unter inhumanen, d. h gewaltfördernden, Bedingungen, vegetieren.

- Die entwurzelten Palästinenser trugen terroristische Gewalttätigkeit ins Ausland, um auf ihre Notlage hinzuweisen und sich für die Duldung bzw. Unterstützung der jüdischen Landnahme zu rächen. Der Palästinakonflikt wurde zur Schule des internationalen Terrorismus.

- Die arabische Welt hat von Anfang an die Augen vor dem neuen Faktum „Staat Israel", verschlossen, geht von der utopischen Annahme aus, dass das Rad der Geschichte zurückgedreht werden könne. Die arabischen Staaten bringen (außer Tolerierung von Gettos und deren Notversorgung) keine echten wirtschaftlichen und politischen Opfer zur Einbürgerung der palästinensischen Flüchtlinge.

- Die westliche Welt befürwortet und stützt die Existenz des Staates Israel, ohne für die Integration der palästinensischen Flüchtlinge echte wirtschaftliche Opfer zu bringen (von karitativer Notversorgung abgesehen).

- Der Staat Israel besteht auf eine religiöse Homogenität der Bevölkerung seines Territoriums und ist nicht bereit, sich zu einem multi-ethnischen Staat zu öffnen und eine Reintegration der vertriebenen/geflohenen Palästinenser zu ermöglichen. Dies wird durch den Umstand faktisch unmöglich gemacht, dass die Palästinenser ihr Los dadurch verschlimmert haben, dass sie sich durch eine der höchsten Geburtenraten der Welt (bis zu 50 Geburten pro 1000 Einwohner und Jahr, mit 47 % der Bevölkerung unter 15 Jahren) seit der Vertreibung in den Palästinensergebieten mehr als verfünffacht haben.

- Der demografische Schwebezustand der Palästinenser stellt den größten Eiterherd der Weltpolitik dar, der allseits zur Rechtfertigung von Gewalttätigkeit missbraucht wird.

14.2.2 Die Erdölvorräte des Nahen Ostens

Der Nahe Osten birgt etwa 40 % der ausgebeuteten oder noch ausbeutbaren Vorräte der Erde.

- Der Irak entglitt 1958 der westlichen Kontrolle, als die von Großbritannien 1921 eingesetzte Monarchie durch einen nationalarabischen Militärputsch gestürzt wurde.

- Im Iran stürzte 1978 eine islamisch-fundamentalistische Revolution die prowestliche monarchische Elite. Dadurch geriet ein weiterer wichtiger Teil der Erdölgebiete des Nahen Ostens außerhalb des Einflussbereichs des Westens.

- In Saudi-Arabien gelang es der Dynastie der Saudis, [371] jegliche antimonarchische und demokratische Bewegung zu unterdrücken. Es sicherte sich das politische Wohlwollen und den Schutz durch die USA mittels starker Reinvestition der Öleinnahmen (v.a. in der US-Rüstungsindustrie und durch großzügige Beraterverträge für vormalige oder sogar noch aktive US-Regierungsbeamte. Um die wachsende interne Opposition der saudi-arabischen Bevölkerung im Zaune zu halten, trat das Regime der Saudi die Flucht nach vorne an, indem sie die fundamentalistischen Kreise des Wahabismus großzügig mit Finanzmitteln versah, um auch im Ausland für die Verteidigung des Islams (v.a. wahabitischer Prägung) zu kämpfen. Die geschah u.a. in Afghanistan (gegen das von den Russen unterstützte Regime, mit Unterstützung der CIA), in Palästina und auf dem Balkan.

- Teile der von Saudi-Arabien finanzierten fundamentalistischen Aktivisten entglitten indes ihrer Kontrolle, so die Organisation Al-Qaida unter Bin Laden, die mit den USA in Afghanistan eng zusammengearbeitet hatte. Sie begann nun Terroranschläge vor allem gegen Einrichtungen der USA auszuführen, um sie für die Unterstützung der saudi-arabischen Elite, sowie für die koloniale Entehrung des saudi-arabischen Bodens zu bestrafen. Den Höhepunkt bildeten die mit Verkehrsflugzeugen durchgeführten Anschläge vom 11. September 2001 auf die Zwillingstürme des World Trade Center in New York und auf das Pentagon.

- Die Anschläge des 11. Septembers 2001 aktivierten gewaltträchtige Resonanzstellen in den US-amerikanischen sozialen Strukturen. Da nun auch die Fragwürdigkeit der Kontrolle über Saudi-Arabien offensichtlich wurde, drängte man zu Rundumschlägen, um als Kompensation die Kontrolle über andere Länder der Region (und deren Erdölressourcen) zu verstärken. Die Resonanzen wurden an mehreren Stellen angeregt:
  - im energetischen Bereich (der um seine Einnahmen und Investitionen besorgt war);
  - im militärindustriellen Bereich (der neue Absatzmöglichkeiten witterte);
  - in der Allgemeinheit, welche ihren energieverschwenderischen Lebensstand in Gefahr sah, der durch das arabische Erdöl möglich gemacht wird;
  - in der Bevölkerungsschicht der Migranten aus Lateinamerika, die sich durch Söldnerdienste Einkommen und sozio-ökonomischen Aufstieg erhofften;
  - in der Agrarbevölkerung des Mittleren Westens der USA (der „schweigenden Mehrheit"), die um den Fortbestand der etablierten internationalen Ordnung (zu der subventionierte Agrarexporte aus Industrieländern gehören) besorgt war;
  - der ideologische Überbau (globaler Hegemonieanspruch, die Unerträglichkeit einer Aggression aus indiskutabel minderwertiger Provenienz; die biblische Bigotterie vieler Sekten).

- Mangels eines definierten bzw. explizit Gegners wurde ein metaphorischer „Krieg gegen den Terrorismus" erklärt, der sich gegen „Schurkenstaaten" richtete, die im Verdacht standen, die Terrororganisation Al-Qaida unter Bin Laden zu unterstützen. Aus einem Retorsionskrieg gegen Afghanistan und Irak, hat sich ein territorialer Integrations-

---

371 Der Dynastiegründer Ibn Saud hatte im 20. Jh. unter dem Banner der fundamentalistischen Sekte der Wahabi die Unabhängigkeit vom Osmanischen Reichs errungen. 1933 war schließlich ganz Saudi-Arabien unter die Herrschaft der Dynastie gebracht worden, zu der heute etwa 10.000 Prinzen zählen.

krieg entwickelt, dessen Zweck die Etablierung prowestlicher Eliten sowie eine weitestmögliche kulturellen Homogenisierung ist. Außerdem soll der Einflussbereich des „gefährlichen Staats" Iran eingegrenzt werden. Verbrämt wird der Krieg als „Kampf für die Freiheit", der am Hindukusch zu beginnen habe.

- Einige Erdölländer vor dem Hindukusch, in denen es mit der Freiheit eigentlich schlechter bestellt ist, werden wohlwollend übersehen, da sich deren Eliten wirtschaftspolitisch prowestlich verhalten. Dies beweist, dass der Krieg primär nicht der Sicherung von Menschenrechten gilt, sondern der Hegemonie über strategisch wichtige Territorien.[372]

14.2.3 Die demografische Explosion und ideologische Implosion in der islamischen Welt.

Der Nahe Osten und Nordafrika erfahren dank des kulturellen Fortschritts eine demografische Explosion, ohne die Fähigkeit zu besitzen, den Jugendüberschuss sozio-ökonomisch zu integrieren. Dies liegt zum Teil an der Starrheit des islamischen Glaubens, der durch ethnizistische Traditionen noch bewegungsunfähiger gemacht wird. Die islamische Jugend sucht vielfach in fundamentalistischen Ideen eine Sinngebung und Existenzgrundlage. Noch nie hat es in der Geschichte so viele Aktivisten gegeben, die ihr Leben in Gewalttätigkeitsaktionen direkt einbringen (Selbstmordattentäter).

In einigen islamischen Ländern hat die sunnitische Bevölkerung einen größeren demografischen Zuwachs, so dass sich die politischen Mehrheitsverhältnisse immer stärker zu ihren Gunsten verschieben. Da sie zudem von fundamentalistischen Heilspredigern beherrscht werden, agieren alle anderen Glaubensrichtungen gegen eine nach den demokratischen Regeln rechtmäßige Machtübernahme der sunnitischen Bevölkerungsmehrheit, von der man als „Nicht Rechtgläubige schlimmtes befürchtet. (In Ägypten wurde der rechtmäßig gewählte Führer der Muslimbruderschaft verfassungswidrig gestürzt. In Syrien verhindert eine Koalition aller nichtsunnitischen Faktionen unter Führung der Alawiten die Machtübernahme der zur Mehrheit gewachsenen sunnitischen Bevölkerung. Im Irak hält die shiitische Faktion die sunnitische von der Macht fern). Im immer mehr überbevölkerten Nahen Osten werden geringste konfessionelle Unterschiede zum Vorwand genommen, um Teile der Bevölkerung als Mitbewerber um die um die knapper werdenden territorialen Ressourcen zu eliminieren.

Der Nahe Osten benötigt dringend eine entschärfende Modernisierung der islamischen Konfessionen und eine demografische Entspannung durch Schaffung neuer Arbeitsplätze und breitere Streuung der regionalen Ressourcen.

14.2.4 Konfliktherde in Afrika.

Die Jahrhunderte lange europäische Kolonialpolitik und der Sklavenhandel (an dem sich arabische Mächte beteiligten) haben den sozialen Strukturen Afrikas dauerhafte Schäden zugefügt. Nach ihrem Abzug haben die europäischen Kolonialmächte politische Grenzen gezeichnet, die den makroethnischen Gegebenheiten nicht Rechnung trugen.

Die laufenden Kriege Afrikas sind im Wesentlichen intrakollektive Distributionskonflikte, bei denen es, innerhalb der von den Kolonialmächten definierten künstlichen Territorialgrenzen, um die Machtverteilung zwischen Stammesverbänden geht. Diese arten teilweise in territoriale Desintegrationskriege und Ethnozide aus, wie es sie vor nicht allzu langer Zeit auch in Europa gegeben hat. Mehr als Entwicklungshilfe, benötigt Afrika die Unterstützung und Duldung für die Anpassung einiger politischer und wirtschaftlicher Modelle.

Die in der westlichen Welt praktizierte Ausprägung des Wahlrechts (absolute Macht ab einer 50,1-%-Mehrheit) trägt der sozialen Struktur Afrikas nicht Rechnung, in welcher der Stammesverband noch wichtige territorial-hegemonische Funktionen ausübt. Die Demokratur der Ethniegruppe, die bei demokratischen Wahlen die 50,1-%-Mehrheit hat in vielen Staaten blutige Bürgerkriege und Genozide verursacht. Afrika braucht eine Verfeinerung der demoratischen Wahl- und Machtregeln.

Außerden benötigt Afrika eine temporäre Abkopplung vom globalisierten Weltmarkt, um hinter beschränkten Zollschranken ein Minimum lokaler industrieller Beschäftigung schaffen zu können.

---

372 In seinen 2007 erschienenen Memoiren „The Age of Turbulence"vermerkte der langjährige Präsident der US-Notenbank, Alan Greenspan, dass es bei der Irak-Invasion der USA und seiner Vasallen von 2003 „weitgehend um Öl" gegangen sei.

14.3 Ausblick auf die Zukunft

ALL JENE BEZIEHUNGEN IN EINEM SOZIALEN SYSTEM WERDEN BESTAND HABEN,
DIE ETWAS VON JENEM GEISTE MENSCHLICHER SYMPATHIE INNEHABEN,
DER LEBEN UNSTERBLICH MACHEN KANN.

(George William Russell, 1867 bis 1935)

Eine Ergebnisse dieser Radiografie reichen bei weitem nicht dafür aus, um ein Rezept zur Verbesserung der Welt bzw. Vorhersage der künftigen Entwicklungen machen zu können. Sie liefert jedoch Hinweise darauf, dass man den seit Mitte des 20. Jh. Abwärtstrend der Häufigkeit kollektiver Gewalttätigkeit vermutlich durch Einwirken auf die folgenden Makroparameter erwirken kann.

Demografische Stabilisierung und ökonomischer Ausgleich

Auch wenn kollektive Gewalttätigkeit ein emergentes Verhalten von Sozialkonstrukten ist, können deren gewaltträchtige Resonanböden durch demografischen Druck angeregt werden. Mit einer Metapher Orwell'scher Art kan dies wie folgt ausgedrückt werden: „Wenn es im Hühnerstall zu eng und die Nahrung zu knapp wird, fangen die Hühner an aufeinander einzuhacken. Dafür nehmen sie willkürliche Vorwände, wählen willkürliche Opferkategorien und brechen die geltende Hackordnung."

Beschränkung des Bevölkerungswachstums und gerechtere Verteilung der Überschussproduktion sind zwei wechselwirkende Maßnahmen, um demografische Auslösungen von Kollektivgewalttätigkeit zu vermeiden.

- Die gerechte und gewaltfreie Verteilung der Ressourcen der Welt auf die Weltbevölkerung ist eine Hauptbedingung der menschlichen Zivilisation. Dazu gehört, dass jeder Mensch auf Erden seine Würde und Einkommen hat und nicht von wirtschaftlicher Not oder durch kulturelle Zwänge dazu getrieben wird, sein Umfeld zu verlassen oder mehr Kinder zu zeugen, als er menschenwürdig erziehen kann.
- Dafür ist in der Weltwirtschaft eine möglichst gerechte Verteilung der Arbeit und deren Vergütung herzustellen. Das bestehende Ungleichgewicht in der Liberalisierung des Welthandels, zwischen Industrieprodukten die überall hin zollfrei importiert werden sollen, und den Agrarprodukten, die nicht in die Industrieländer exportiert werden dürfen, ist tendenziell Gewalttätigkeit fördernd.
- Solange die Armen der Entwicklungsländer so arm bleiben, dass ihre einzige Altersversorgung aus den Zuwendungen möglichst vieler Kinder bestehen kann, wird die Explosion der armen Weltbevölkerung vermutlich anhalten. Ein Aufheben des Verbots der katholischen Kirche der Empfängnisverhütung wäre freilich ein wertvoller christlicher Beitrag zur Vermeidung von gewaltfördernden Verarmungen.
- Für diejenigen, welche trotz allem migrieren müssen oder wollen, sollte eine volle Integration im Aufnahmeland gewährleistet werden, um zu vermeiden, dass ihre Kinder mit dem Komplex und den Ressentiments eines Diskriminierten aufwachsen, der im Erwachsenenalter schwerlich überwunden werden kann.

Ptolemäische Rückwendung

Einige der maßgeblichen Weltanschauungen, vor allem der westlichen Welt, sind durch kopernikanistische Überzeichnung („einzig wahr ist, was die Welt auf vereinfachende Nenner bringt") der Kontrolle des Menschen entglitten. Mit wachsendem Zusammenrücken der Menschheit (durch die Bevölkerungszunahme und die technische Verkürzung der Entfernungen) besteht die Gefahr, dass Weltanschauungen noch mehr als in der Vergangenheit dazu missbraucht werden können, um ausgegrenzte Subkollektive im Kampf um knappe Ressourcen zu eliminieren.

- **Die drei monotheistischen Religionen** sollten, um des Erdensfriedens willen, ihre kopernikanistische Ausschließlichkeitsansprüche und Intoleranzen („alleiniger Gott, einzig auserwähltes Volk, einig wahrer Glaube, alleiniger Stellvertreter Gottes auf Erden..."), entschärfen, damit ein echtes Zusammenleben mit Mischehen ermöglicht wird. Sie sind auf vergangene Lebensbedingungen bezogen, die heute nicht mehr gegeben sind. Die Prioritäten, die vor zwei Jahrtausenden im Grenzgebiet der Wüste einer maximalen internen Kohäsion galten, sind im Umfeld der Neuzeit überholt, wo nicht mehr feindliche Konfrontation mit Andersartigen, sondern Akzeptanz und Integrationsfähigkeit gefragt sind. Zum Entkopernikanisierungs- bzw. Ptolemäisierungsbedarf gehört, dass auch sie das Primat jedes Individuums vor jedem ideologischen und sozialen Konstrukt akzeptieren, das heißt die Menschenrechte. Die globale Zivilgesellschaft muss die Menschenrechte nicht nur bei den territorial-hegemonischen Kollektiven, sondern auch bei den religiösen Kollektiven einklagen.
- Alle Philosophien, Ideologien und Pseudowissenschaften, die kopernikanistische Exzesse betreiben, sind als gewaltträchtig zu demaskieren und tabuisieren. Wer eine Welt anstrebt, in der es nur fehlerlose, schöne, gesunde, heterosexuelle, erfolgreiche, computergerechte Menschen gibt, ebnet den Weg für den Ruf nach Aussonderung aller Menschen, die diesen Maßstäben nicht gerecht werden können oder wollen und die Leistungsfähigkeit des Kollektivs mindern.

Domestizierung der sozialen Organisationen

Weiteres Verbesserungspotenzial liegt in der **Minimierung der gewaltträchtigen Resonanzstellen in den sozialen Organisationen**, speziell in den territorial-hegemonischen Kollektiven. Einige vom Menschen geschaffene Kollektivformen sind in jüngster Vergangenheit seiner Kontrolle entglitten sind und haben sich mit emergenten Eigenschaften gegen ihn gewandt. Dem kann durch institutionelle Eingriffe in die Statuten der Kollektive begegnet werden.

- Multilaterale Abkommen und ein **transnationales Rechtswesen** können die gewalttätige Schwingneigung von territorial-hegemonischen Kollektiven stark dämpfen.
- Die **Kollektive** (insbesondere die territorial-hegemonischen und die ökonomischen) müssen **der individualpersönlichen Ethik unterworfen** werden. Es müssen ihnen strukturelle Auflagen gemacht werden, um die Ausbildung von menschenverachtenden und gewaltträchtigen Resonanzböden zu verhindern. Sie müssen einer analogen Pönalisierung unterliegen, wie Individuen, mit der Maximalstrafe einer Auflösung. Dazu gehört, dass das individualpersönliche Strafmaß für in kollektivem Interesse ausgeführte Gewalttätigkeit dem für aus persönlicher Motivation geltenden angeglichen wird. (Bis dato konnte man de facto 100.000 Mal mehr Menschen in kollektivem Auftrag töten, um dieselbe Strafe zu erleiden, wie ein Mörder aus individuellem Antrieb, dies war ein zivilisatorisch untragbarer Zustand).

Chancen für eine friedlichere Zukunft

Mehrere Ansätze berechtigen uns zu einem Optimismus.

- Es gibt keinen Grund zur Annahme, dass das System „territorial-hegemonisches Kollektiv" einen durch irgendwelche Evolutionsgesetze fest programmierten Optimierungsalgorithmus enthalte, der unweigerlich gewalttätige Lösungen priorisiere. Im Gegenteil, vieles deutet darauf hin, dass die Staaten zunehmend durch einen **globalen Optimierungskalkül** gesteuert werden, in dem zunehmend gewaltlose Varianten bevorzugt werden. Die zunehmende Globalisierung der Wirtschaft, der Kultur, der Ökologie, ja selbst des Sports, wird immer mehr auch zu einer Globalisierung des Optimierungskalküls der kollektiv-hegemonischen führen.
- Eine **egoistische Teiloptimierung** eines Kollektivs zu Lasten des Rests der Menschheit wird vermutlich immer weniger akzeptiert werden, wie im Bereich der Umweltbelastungen. Mit fortschreitendem Zusammenrücken der Menschheit (durch Bevölkerungszunahme sowie technische Verkürzung der Entfernung) und ihrer wechselseitigen Abgängigkeit (durch Globalisierung) wird sich jede Gewalttätigkeit immer mehr auf die gesamte Menschheit auswirken.
- **Friedliche territoriale Integrationsvorgänge,** wie die europäische Integration, sind dabei, territoriale Hegemoniekonflikte drastisch zu reduzieren, die in der Vergangenheit den größten aller Konfliktstoffe geliefert haben.
- Die **zivilisatorische Tabuisierung und Skandalisierung der kollektiven Gewalttätigkeit** wird vermutlich fortschreiten, weil die Gewaltfreiheit der menschlichen Veranlagung am besten entspricht. Viele Formen kollektiver Gewalttätigkeit der Vergangenheit sind durch den Fortschritt der Zivilisation bereits tabuisiert worden. Sie sind verschwunden, nicht so sehr wegen spezifischer Verbote und Strafverfolgung, sondern weil sie im Konsens der Menschheit einfach indiskutabel geworden sind. Dazu gehören der Kannibalismus, die Menschenopfer, die Blutrache, die Kindstötungen, die Hexenverbrennungen, die Sklaverei, die Polygamie. Andere Formen sind dabei, ebenfalls tabuisiert zu werden: die Folter, die Todesstrafe, die Genitalverstümmelung.
- Die **„Ptolemäisierung" der Sozialkonstrukte** wird vermutlich fortschreiten, weil auch dies der menschlichen Veranlagung am besten entspricht. Es konsolidiert sich ein internationaler Konsens darüber, dass nicht die Erfahrungswelt „vereinfachende" Konstrukte, sondern das komplexe Leben der menschlichen Individuen „hic et nunc" und zwar jedes einzelnen, das höchste zu schützende Gut ist und dass es vor Übergriffen sozialer Konstrukte zu schützen ist.
- Epochale Statuten wie die Nordamerikanische Unabhängigkeitserklärung, die Erklärung der Menschen- und Bürgerrechte der Französischen Revolution und die UN-Menschenrechtskonvention postulieren das Primat des Individuums über die Gesellschaft.
- Die demokratische Gesellschaftsform schützt das Individuum am besten vor Übergriffen des territorial-hegemonischen Kollektivs. Sie ist die am wenigsten gewaltträchtige.

Gefahren für eine friedliche Zukunft

Große Gefahren kollektiver Gewalttätigkeit könnten in Zukunft aus folgenden Faktoren entstehen:

- Aus Versäumnissen der reichen Länder, die Weltwirtschaft zu harmonisieren und das sozio-ökonomische Gefälle abzubauen, welches enorme Migrationsströme generiert.
- Aus Versäumnissen der betreffenden Länder, den Bevölkerungswachstum den sozio-ökonomischen Entfaltungsmöglichkeiten anzupassen.
- Aus Versäumnissen der betreffenden Länder und der Weltwirtschaft, den jeweils folgenden Generationen einen akzeptablen sozio-ökonomischen Platz in der Gesellschaft zu schaffen, so dass „Jugendüberschuss" zum Unwort wird.

- Aus den Versäumnissen der Sozialkonstrukte (Ideologien, Religionen, Staaten), jeglichen Stammesbezug abzulegen und sich multiethnisch und multikulturell zu öffnen, um bei enger zusammenrückender Weltbevölkerung eine chancengleiche Integration zu ermöglichen und keinen für Sekundärattribute zu benachteiligen, für die er nichts kann. Dazu gehört neben der Entschärfung der drei monotheistischen Religionen auch die Aufgabe des Stammesbezugs als rechtstiftendes und kohäsionsbildendes Kriterium. Sollte dies versäumt werden, kann die bereits bestehende Konfliktualität durch die Migrationsthematik noch enorm potenziert werden und die „molekularen Bürgerkriege", vor denen Enzensberger gewarnt hat, könnten an Relevanz gewinnen.

Wenn die pessimistische Einschätzung Ralf Dahrendorfs nicht widerlegt wird, dass die Menschheit nur aus Katastrophen lernt, droht ein Szenario, in dem die bestehende soziale Ordnung durch Armutsmigrationen zerstört wird, durch Repressionsgewalt und Gegengewalt. In der Vergangenheit haben sich dann neue Eliten gewalttätig mit neuen Rechtsetzungen etabliert, welche der veränderten Demografie etwas besser Rechnung trugen, wenn auch auf Kosten eines kulturellen und zivilisatorischen Rückschritts.

Da die menschliche Veranlagung empathisch ist und die vom Menschen geschaffenen Konstrukte tendenziell diese Prägung haben, besteht berechtigte Hoffnung darauf, dass sich der „Lauf der Dinge" in einer nicht allzu fernen Zukunft auch ohne humane Katastrophen auf jenen stabilen Zustand der Gewaltlosigkeit der territorial-hegemonischen Kollektive, den „ewigen Frieden" hin bewegt.

BIBLIOGRAFIE

Die Quellen, die bei der Zusammenstellung der über 5.000 Konflikte der Anlage 10 benutzt wurden, finden sich in Ferretti, V. (2014).

Abdel-Samad, Hamed (2014): *Der islamische Faschismus – Eine Analyse*; Droemer.

Acsadi, G., Nemeskeri, J. (1960): *History of Human Life Span and Mortality*. Akademiai Kiado; Budapest.

Agamben G. (2003): *Stato di eccezione*; Bollati Boringhieri, Torino.. [Deut. Übers.: *Ausnahmezustand*; Suhrkamp; Frankfurt a.M., 2004].

Agamben, G. (1995): *Homo Sacer- Il potere sovrano e la nuda vita*; Einaudi, Torino. [Deut. Übers.: Homo Sacer: *Die souveräne Macht und das nackte Leben*; Surkamp; Frankfurt a.M., 2002].

Alberdi, J. B. (1895): *El crimen de la guerra*. Librería Histórica; Buenos Aires; 2003.

Andersen, C.; Erbese; H., Gigon, O.; e.a. (Hrsg.) (1965): *Lexikon der Alten Welt*; 3 Bde.; Artemis; Zürich, München, 1990.

Anderson, B. (1983): *Imagined Communities: Reflections on the Origin and Spread of Nationalism*. [Deut. Übers. *Die Erfindung der Nation - Zur Karriere eines folgenreichen Konzepts*; Campus; Frankfurt a.M. / New York.; 2005].

Arbuckle, G. A. (2004): *Violence, Society, and the Church – A Cultural Approach*; Liturgical Press, Collegeville, Minnesota.

Archer, D.; Gartner, R. (1984): *Violence and Crime in a Cross-national Perspective*; New Haven CN.

Ardrey, R. (1966): *The Territorial Imperative: A Personal Enquiry into the Animal Origins of Property and Nations*; Atheneum.

Arendt, H. (1951): *The origins of totalitarianisms*. [Deut. Übers.: *Elemente und Ursprünge totaler Herrschaft – Antisemitismus, Imperialismus, Totale Herrschaft*; München; 2003].

Arendt, H. (1970): *On violence*. [Dt. Übers.: Macht und Gewalt; Piper, München, 2006].

Assmann, J. (1992): *Das kulturelle Gedächtnis – Schrift, Erinnerung und politische Identität in frühen Hochkulturen*; Beck (5. Aufl- 2005).

Assmann, J. (2006): *Monotheismus und die Sprache der Gewalt*; (ein Vortrag vom 17.11.2004); Picus Verlag; Wien.

Bacevich, A. (2005): T*he new American Militarism;* Oxford Univ. Press, USA

Bade, K. J. (Hrsg.) (1996): *Migration – Ethnizität – Konflikt: Systemfragen und Fallstudien*. Osnabrück.

Bajohr, F. / Pohl, D. (2006): *Der Holocaust als offenes Geheimnis. Die Deutschen, die NS-Führung und die Alliierten*. Beck; München.

Barth, B.(2006): *Genozid, Völkermord im 20. Jahrhundert, Geschichte – Theorien – Kontroversen*. Beck; München.

Barth, H. P. (2003): *Schlüsselbegriffe der Soziologie*; C.H. Beck; München.

Bauer, J. (2005): *Warum ich fühle, was du fühlst – Intuitive Kommunikation und das Geheimnis der Spiegelneuronen*; Heyne; München.

Beccaria, C. (1764): *Dei delitti e delle pene.* [Deut. Übers.: Von den Verbrechen und von den Strafen; Bwv; 2005].

Beck, U. (2004): *Der kosmopolitische Blick, oder: Krieg ist Frieden. Suhrkamp; Frankfurt a.M.*

Beloch, J. (1886): *Die Bevölkerung der griechisch-römischen Welt.* [Nachdruck durch Ayer Co. Publ.; Salem, NH; 1980.]

Benjamin, W. (1965): *Zur Kritik der Gewalt und andere Aufsätz*e – Mit einem Nachwort versehen von Herbert Marcuse; Suhrkamp; Frankfurt a.M., 1965.

Benz, W. (2006): *Ausgrenzung, Vertreibung, Völkermord. Genozid im 20. Jahrhundert*; dtv, München.

Berger, P., Luckmann, Th. (1966): *The Social Construction of Reality*; Anchor Books; NY. [Deut. Übers. (M. Plessner: *Die gesellschaftliche Konstruktion der Wirklichkeit – Eine Theorie der Wissenssoziologie*; 20. Aufl.,Fischer, Frankfurt a.M., 2004]-

Berman, P. (1973): *Terror and Liberalism*. New York.

Bernhard, R. (Hrsg.) (1992-2000): *Encyclopaedia of Public International Law*; Amsterdam.

Black, E. (2003.): *War against the Weak - Eugenics and America's Campaign to Create a Master Race*. New York / London.

Blainey, G. (1966): *The Causes of Wars*. London.

Bloch, I. S. (1898): *La guerre future;* Paris. [Engl. Übers.: Is War Now Impossible ?; Gregg Revivals; 1992].

Bock, K. (2005): *Der Preis des Krieges*. Dokumentarfilm ORF.

Bodart, G. (1908): *Militär-Historisches Kriegs*-Lexikon (1618-1905). C.W. Stern; Wien.

Bonacker, Th.; Weller, Chr. (2006): *Konflikte der Weltgesellschaft. Akteure – Strukturen – Dynamiken*. Campus Verlag; Frankfurt a.M. / New York.

Boulding, K.(1978): *Stable Peace*; Univ. of Texas.

Bourdieu, P. ; Passeron, J.-C. (1970): *La reproduction;* Minuit. [Deut. Übers.: *Grundlagen einer Theorie der symbolischen Gewalt, Kulturelle Reproduktion und Soziale Reproduktion*; Suhrkamp; Frankfurt a.M.; 1973]

Bouthoul, G. (1951): *Traité de polémologie: Sociologie des guerres*; Payot, Paris.

Brady, J. B.; Newton, G. (1991): *Justice, Law and Violence*; Temple Univ. Press, Philadelphia.

Bräunlein, P. J., Lauser, A. (1995): *Krieg und Frieden – Ethnologische Perspektiven*; kea edition, Bremen.

Brückner, P. (1979): *Über die Gewalt – Sechs Aufsätze zur Rolle der Gewalt in der Entstehung und Zerstörung sozialer Systeme;* Wagenbach Verlag, Berlin.

Brunner, B. (2004): *Der Frankreich-Komplex: Die nationalsozialistischen Verbrechen in Frankreich und die Justiz der Bundesrepublik Deutschland;* Wallstein Verlag, Göttingen.

Brunner, O.; Conze, W.; Koselleck, R. (Hrsg.) (1992): *Geschichtliche Grundbegriffe*; Stuttgart.

Bulst, N., Schuster, P. (Hrsg.) (2004): *Gewalt – Ausprägung, Wahrnehmung und Regulierung von Gewalt in der Vormoderne*. Paderborn.

Bundeskriminalamt (BKA) (Hrsg.) (1986): *Was ist Gewalt? Auseinandersetzungen mit einem Begriff. Wiesbaden.*

Burkert, W. (1972): *Homo Necans – Interpretationen altgriechischer Opferriten und Mythen*; de Gruyter, Berlin; 2. Auflage 1997.

Burton, J. W. (1996): *Conflict Resolution: Its Language and Processes*; Scarecrow Press.

Caglar, G. (2002): *Der Mythos des Kampfs der Zivilisationen*. Münster.

Calder, N. (1968): *Unless Peace Comes*. [Deut. Übers.: Eskalation der neuen Waffen; München, 1969].

Canetti, E. (1960): *Masse und Macht*; Frankfurt a.M.; 1980.

Carr-Saunders, A. M. (1936): *World Population: Past Growth and Present Trends*. Oxford; 1971.

Cavalli-Sforza, L., Cavalli-Sforza, F. (1993): *Chi siamo – La storia della diversitá umana*. [Deut. Übers.: *Verschieden und doch gleich. Ein Genetiker entzieht dem Rassismus die Grundlage*; Droemer Knaur, 1996].

Chailand, G., Rageau, J.P. (1995): *The Penguin Atlas of Diasporas*; Penguin Books, New York.

Choucri, N. (1974): *Population Dynamics and International Violence*. Lexington Books; Lexington MA.

Choucri, N., North, R. C. (1975): *Nations in Conflict: National Growth and International Violence*. Freeman; San Francisco.

Ciment, J., Hill, K. e.a. (1998): *Encyclopedia of Conflicts since World War II*; 2. Aufl.; Sharpe; 2007.

Cipolla, C. M. (1982): *Wirtschaftsgeschichte und Weltbevölkerung*. dtv; München.

Cipolla, C. M., Borchart, K. (Hrsg.) (1966-1986): *The Fontana Economic History of Europe*; 5 Bde. Stuttgart / New York.

Clark, C. (1968): *Population Growth and Land Use*. New York.

Clausewitz, C. von (1832): *Vom Kriege*. Reclam; Stuttgart.

Clayton, P. A. (1994): *Chronicle of the Pharaohs*; [Deut. Übers.: *Die Welt der Pharaonen*; Econ; Düsseldorf; 1995]

Clodfelder, M. (2002): *Warfare and Armed Conflicts: A Statistical Reference to Casuality and Other Figures, 1500-2000;* 2. Aufl. McFarland & Co.; Jefferson, NC.

Cohen, M. A. (1977): *The Food Crisis in Prehistory. Overpopulation and the Origins of Agriculture*; Yale.

Connor, W. (1994): *Ethnonationalism: the quest for understanding*; Priceton.

Conquest, R. (1999): *Reflections on a Ravaged Century*; Murray; London.

Conti, P. (2003): *Storia delle migrazioni internazionali*. Laterza; Bari.

Corvisier, A. (Hrsg.) (1988): *Dictionnaire d'Art et d'Histoire Militaires*. Presses Universitaires de France; Paris.

Courtois, S., Werth, N., Panné, J.-L., Paczkowski, N., Bartosek, K., Margolin, J.-L. (1997): *Le livre noir du communisme*. Laffont; Paris.

Cox, R. W. (1987): *Production, Power and World Order – Social Forces in Making of History*; Columbia Univ. Press, New York.

Cranna, M. (Hrsg.) (1994): *The True Cost of Conflict. Seven Recent Wars and their Effects on Society*. New York.

Creveld, M van. (1991): *The Transformation of War*. [Deut. Übers.: *Die Zukunft des Krieges*. München,1998.]

Crucé, alias Émeric de la Croix (1623): *Le Nouveau Cynée ou Discours des Occasions des occasions et moyens d'établir une paix générale et la liberté du commerce par tout le monde*. [Auszüge zitiert in Livet, G. (1972)].

Czempiel, E.-O. (1998): *Friedensstrategien*; 2. Aufl.; Wiesbaden.

Czempiel, E.-O. (1999): *Kluge Macht. Außenpolitik für das 21. Jahrhundert*; Beck; München.

Dabag, M., Kapust, A., Waldenfels, B. (Hrsg.) (2000): *Gewalt – Strukturen, Formen, Repräsentationen*. Fink; Hamburg.

Dahrendorf, R. (1961): *Gesellschaft und Freiheit*; Piper. München.

Dahrendorf, R. (2002): *Die Krisen der Demokratie – Ein Gespräch mit Antonio Polito*; 2. Aufl. München.

Daniel, U. (Hrsg.) (2006): *Augenzeugen - Kriegsberichterstattung vom 18. zum 21. Jahrhundert*; Vanderhoeck & Ruprecht; Göttingen.

Davenport, R. (2004): *The Encyclopedia of War Movies – The Authoritative Guide to Movies about Wars of the 20th Century*; Checkmark Books; New York.

Dawkins, R. (1976): *The Selfish Gene*; Oxford Univ. Press.[Deut. Übers.: *Der egoistische Gen*; Spektrum Akad. Verlag (2006)].

Dawkins, R. (2005): *The God Delusion*; Hougton Mifflin. [Deut. Ausg. (Übers. S. Vogel): *Der Gotteswahn*; Propyläen, 2007.]

De Felice, R. G. (2000): *Breve Storia del Fascismo*; Milano.

De Ruggerio, G. (1925): *Storia del liberalismo europeo*. [Deut. Ausg.: *Geschichte des Liberalismus in Europa*; Scientia Verlag, München, 1964].

Del Boca, A. (2007): *I gas di Mussolini- Il fascismo e la guerra d'Etiopia*; Editori Riuniti.

Der Koran. [Deut. Übers. (Henning): Reclam. Stuttgart, 1991].

Devaldes, M. (1933): *Croitre et multiplier: C'est la guerre*; Mignolet et Storz.

Diamond, J. (1998): *Gun, Germs and Steel*; Vintage. [Deut. Übers.: *Arm und Reich – Die Schicksale menschlicher Gesellschaft*; Fischer; 2000].

Die Bibel. Einheitsübersetzung. Altes und Neues Testament. Herder, Freiburg; 1999.

Dion, R. (1947): *Les frontières de France*; Hachette,

Dollinger, H. (2004): *Schwarzbuch der Weltgeschichte – 5000 Jahre der Mensch des Menschen Feind*; area, Erfstadt.

Downing, B. M. (1992): *The Military Revolution and Political Change: Origins of Democracy and Autocracy in Early Modern Europe*; Priceton.

Dumas, S.; Vedel-Petersen, K.O. (1923): *Losses of Life caused by war*; Clarendon Press; Oxford.

Dumézil, G. (1995): *Mythe et épopée*; 3 Bde.; Gallimard; Paris.

Dupuy, T. N. (1970): *The Harpers Encyclopedia of Military History;* 4. Aufl. Harper Collins; New York; 1993.

Durand, J. (1974): *Historical Estimates of World Population: An Evaluation*; Univ. Pennsylv., Population Center; Analytical and Technical Reports; Number 10, Table 2.

Eberhard, W. (1959): *A History of China*; Univ. of Calif. Press, Berkley.
[3. erw. Aufl. im Rahmen des „The Project Gutenberg EBook" im www verfügbar].

Eckhardt, W. (1992): *Civilizations, Empires and Wars: A Quantitative History of War*; McFarland,

Eggenberger, D. (1985): *An Encyclopedia of Battles*. Dover Publ.; New York.

Ehrenreich, B. (1997): *Blood Rites – Origins and History of the Passion of War*; Owl Books. [Dt. Übers. (W. Heuss): Blutrituale – Ursprung und Geschichte der Lust am Krieg; Rowohlt, 1999.]

Eiber, L., Sigel, R. (Hrsg.) (2007): *Dachauer Prozesse - NS-Verbrechen vor amerikanischen Militärgerichten in Dachau 1945-1948 - Verfahren, Ergebnisse, Nachwirkungen*; Wallstein; Göttingen.

Einstein, A., Freud, S. (1933): *Warum Krieg?*; Zürich.

Elias, N. (1939): *Über den Prozess der Zivilisation – Soziogenetische und psychogenetische Untersuchungen*;. Suhrkamp; Frankfurt a.M.; 2001.

Eller, J. D. (2005); *Violence and Culture – A Cross-Cultural and Interdisciplinary Approach*; Wadsworth.

Entman, R. M. (2003): *Projections of Power: Framing News, Public Opinion, and U.S. Foreign Policy*; University of Chicago Press; Chicago.

Enzensberger, H. M. (1994): *Aussichten auf den Bürgerkrieg*; Suhrkamp, Frankfurt; 2. Aufl. 1996.

Evera, S. v. (1999): *Causes of War: Power and the roots of conflict*; Cornell Univ. Press.

Feld, M. D. (1966): *The Structure of Violence - Armed Forces as Social Systems*. Bevery Hills / London.

Ferguson, N. (2006): *The War of the World*; Penguin. [Deut. Übers. von K.-D. Schmiddt, K. Blinder: *Krieg der Welt*; Propyläen, Berlin, 2006]

Ferretti, V. (2012): *Back to Ptolemaism – To Protect the Human Individual from Abuses of Social Constructs*; Kindle Edition.

Ferretti, V. (2014): *Weltchronik der Kriege und Demozide – Ein Abriss der Ursachen, Abläufe und Folgen von über 5.000 gewalttätig ausgetragenen Konflikte bis zum Jahr 2000*. Amazon/CreateSpace.
[Die vollständigste bisher veröffentlichte Zusammenstellung der Kriege und Demozide der Geschichte].

Ferrill, A. (1985): *The Origins of War*. New York.

Filip, J. (1976): *Celtic Civilization and its Heritage*; Publ. House Czech. Acad. Of Science.

Fleck, D. (Hrsg.) (1994): *Handbuch des humanitären Völkerrechts*; München.

Foucault, M. (2004): *Sécurité, Territoire et Population*; Hrsg. M. Sennelart; Editions Gallimard / Editions du Seuil, Paris, 2004: Deut. Übers. C. Brede-Konersmann, J. Schröder: *Sicherheit, Territorium, Bevölkerung – Geschichte der Gouvernementalität*"; Vorlesungen am Collège de France 1977-1978; Suhrkamp, 2006.

Franke, H., Trauzettel, R. (1968): *Das Chinesische Kaiserreich*; Fischer Weltgeschichte Band 19; Fischer Taschenbuch Verlag; 12. Aufl.; Frankfurt a. M.; 1999.

Frei, N. (Hrsg.) (2006): *Transnationale Vergangenheitspolitik - Der Umgang mit deutschen Kriegsverbrechen in Europa nach dem Zweiten Weltkrieg*; Wallstein Verlag; Göttingen.

Freydank, H.; Reineke, W.F.; Schetelich, M.; Thilo, T. (1985): *Erklärendes Wörterbuch zur Kultur des ALTEN ORIENTS – Ägypten, Vorderasien, Indien, Ostasien*; Dausien, Hanau.

Frost, J. W. (2004): *A History of Christian, Jewish, Hindu, Buddhist, and Muslim Perspectives on War and Peace: A Century of Wars (Studies in Religion and Society)*; Edwin Mellen Pr.

Frost, R. (2003): *Toleranz im Konflikt. Geschichte, Gehalt und Gegenwart eines umstrittenen Begriffs*; Suhrkamp.

Frost, R. (2007): *Das Recht auf Rechtfertigung. Elemente einer konstruktivistischen Theorie der Gerechtigkeit*; Suhrkamp, Frankfurt a.M.

Fuller, J. F. C. (1956): *A Military History of the Western World*; 2 Bde. New York.

Galtung, J. (1975): *Strukturelle Gewalt- Beiträge zur Friedens- und Konfliktforschung*; Rowohlt; Reinbek.

Gantzel, K. J.; Schwinghammer, T. (1995): *Die Kriege nach dem Zweiten Weltkrieg bis 1992. Daten und Tendenzen*; Lit-Verlag; Hamburg - Münster

Gasser, H.-P. (1995): *Einführung in das humanitäre Völkerrecht*; Haupt; Bern / Stuttgart / Wien.

Gat, A. (2006): *War in Human Civilization*; Oxford Univ. Press

Gay, P. (1993): *The cultivation of hartred*. [Deut. Übers.: Kult der Gewalt – Aggression im bürgerlichen Zeitalter. München; 1993].

Geller, D.S., Singer, J.D. (1998): *Nations at war: A Scientific Study of International Conflict*. Cambridge University Press; C, ambridge.

Gerstenberger, H. (1991): *Die subjektlose Gewalt – Theorie der Entstehung bürgerlicher Staatsgewalt*; 2. Aufl.; Westfälisches Dampfboot; 2006.

Gibbon, E. (1776 bis 1789): *Historische Übersicht des Römischen Rechts* (Deut. Übers. eines Auszugs aus: *The history of the decline and fall of the Roman Empire*); Wallstein Verlag; 1996.

Giddens, A. (1985): *The Nation-State and Violence*; Cambridge.

Giddens, A. (1986): *The Constitution of Society: Outline of the Theory of Structuration*; University of California Press.

Gill, B. (2002): Organisierte Gewalt als „dunkle Seite" der Modernisierung: Vom nationalen Krieg zum transnationalen Terrorismus. Soziale Welt 53, 2002, 49-65.

Girard, R. (1972): *La violence et le sacré*; Grasset & Fasquelle, Paris. [Deut. Übers. (E. Mainberger-Ruh): *Das Heilige und die Gewalt*; Patmos, 2006].

Goldstein, E. (1992): *Wars and Peace Treaties 1816 – Present*; Routledge.

Gramsci, A. (posthum 1948 bis 1951): *Quaderni del carcere*. [Deut. Übers.: *Gefängnishefte*; 10 Bde.; Argument; Hamburg; 1991 bis 2002].

Granet, M. (1934): *La Pensée Chinoise*; [Deut. Übers.: *Das chinesische Denken*; Piper; München; 1963].

Grassby, A.; Hill, M. (1988): *Six Australian Battlefields*; Allen & Unwin; St. Leonards NSW.

Gregory, D. (2004): *The Colonial Presence: Afghanistan; Palestine, Iraq.* Malden MA.

Grive-Santini, C. (1999): *Guide des Cimetières Militaires en France*; Le cerche Midi Editeur, Paris.

Grossman, D. (1996): *On Killing: The Psychological Cost of Learning to Kill in War and Society;* Back Bay Books.

Grotius, H. (1624): *De iure belli ac pacis libri tres.* [Engl. Übers. (R. Truck): The Rights of War and Peace. Liberty Fund; 2005].

Gurr, T. R. (1993): *Minorities at Risk: A Global View of Ethnopolitical Conflicts.* Washington D.C.

Habermas, J. (1988): *Theorie des kommunikativen Handelns*; Suhrkamp; 1997.

Halbwachs, M. (1925): *Les cadres sociaux de la mémoire*; Neuaufl. Albin Michel, 1994. [Deut. Ausg.: *Das Gedächtnis und seine soziale Bedingungen*; Suhrkamp, Frankfurt a.M., 2006].

Halbwachs, M. (1939): *La mémoire collectice*; Neuaufl. Albin Michel, 1997. [Deut. Ausg.: *Das kollektive Gedächtnis*; Fischer, Frankfurt a.M., 1985].

Hambly, G. (1966): *Zentralasien*; Fischer Weltgeschichte Band 16; Fischer Taschenbuchverlag; Frankfurt a. M.; 1966.

Harris, S. (2005): *The End of Faith: Religion, Terror, and the Future of Reason*; W.W. Norton.

Hartung, J (1995): *Love Thy Neighbor"* in SKEPTIC 3:4 S 86-99 (1995); Text unter http://strugglesforexistence.com/?p=article_p&id=13.

Hassner, P. (1997): *Violence and Peace: From the Atomic Bomb to Ethnic Cleansing; Central Europea*n University Press.

Haug, H. (1995): *Menschlichkeit für alle - Die Weltbewegung des Roten Kreuzes und des Roten Halbmondes*; Haupt, Bern.

Hawdown, J., Ryan, J., Lucht, M. (Hrsg.) (2014): *The Causes and Consequences of Group Violence – From Bullies to Terrorism*; Lexington Books.

Heather, P. (2005): *The Fall of the Roman Empire – A New History of Rome and the Barbarians*; Oxford Univerity Pres, New York, 2006.

Heinsohn, G. (1998): *Lexikon der Völkermorde*. Rohwolt; Reinbek.

Heinsohn, G. (2006): *Söhne und Weltmacht: Terror im Aufstieg und Fall der Nationen*; Orell Füssli.

Heitmeyer, W.; Hagan, J. (2002): *Internationales Handbuch der Gewaltforschung.* Wiesbaden.

Held, D. (1995): *Democracy and the Global Order: From the Modern State to Cosmopolitan Governance*; Polity; Cambridge.

Heller, J. (1961): *Catch-22.* [Deut. Übers.:Catch-22; Fischer, 1994]

Henecka, H. P. (2006): *Grundkurs Soziologie.* 8. Aufl.; UVK; Konstanz.

Herberg-Rothe, A. (2003): *Der Krieg – Geschichte und Gegenwart* – Campus Einführungen; Campus.

Herzog, Ch., Gichon, M. (1978): *Battles of the Bible*; Greenhill, London. [Deut. Übers.: *Mit Gottes Hilfe – Die biblischen Kriege*; Langen Müller, 1998].

Hidemi Suganami (1996): *On the Causes of War*; Clarendon Press, Oxford.

Hildebrandt, M., Manfred Brocker, M. (Hrsg.) (2005): *Unfriedliche Religionen?: Das politische Gewalt- und Konfliktpotenzial von Religionen*; VS Verlag.

Hitchens, Ch. (2007): *God Is Not Great: How Religion Poisons Everything*; Twelve Books, 2007.

Hobbes, Th. (1651): L*eviathan* [Deut. Übers.: Leviathan. Rowohlt; Reinbek, 1986].

Hobsbawm, E. (1990): *Nations and Nationalism since 1780: Programme, Myth and Reality.* Cambridge. [Deut. Ausg.: *Nationen und Nationalismus – Mythos und Realität seit 1780*; Campus, 2005].

Hoffmann, B. (1996): *Terrorismus – Der unerklärte Krieg.* Fischer, Frankfurt a.M.

Holsti, K. J. (1996): *The State, War, and the State of War.* Cambridge.

Hondrich, K. O. (1992): *Lehrmeister Krieg*; Rowohlt; Reinbek.

Howard, M. (1966): *War in European History*; Oxford. [Deut. Übers. (1981): *Der Krieg in der europäischen Geschichte. Vom Ritterheer zur Atomstreitmacht.* München].

Huber, W. (1987): *Protestantismus und Protest*; rororo.

Hume, M. A. S. (1898): *Spain: Its greatness and decay (1479-1788)*; London.

Huntington, S. P. (1996): *The Clash of Civilizations and the Remaking of World Order*; London, 2002. [Deut. Übers. (H. Fließbach): *Kampf der Kulturen – Die Neugestaltung der Weltpolitik im 21. Jahrhundert*. München; 2002].

Husserl, E. (1936): *Die Krise der europäischen Wissenschaft und die transzendentale Phänomenologie – Eine Einleitung in die phänomenologische Philosophie*. [Gekürzte Ausgabe: Felix Meiner Verlag, Hamburg, 1996].

Ibn Khaldoun (1377): *Muqaddima*. [Deut. Übers. (A. Giese,;W. Heinrichs): *Die Muqqadima – Betrachtungen zur Weltgeschichte*; Beck; 2011]; [Franz. Übers. durch Jamel-Eddine Bencheikh einer Auswahl durch Georges Labica, Hachette-Algier; 1965].

Ipsen, K. (2004): *Völkerrecht*; München.

Jahn, E. (2012): *Frieden und Konflikt*; VS Verlag für Sozialwissenschaften.

Joas, H. (2002): *Kriege und Werte – Studien zur Gewaltgeschichte des 20. Jahrhunderts*; Velbrück; Weilerswist.

Joas, H., Knöbl, W. (2008): *Kriegsverdrängung: Ein Problem in der Geschichte der Sozialtheorie*; Suhrkamp, Frankfurt a.M.

Joas, H. (2011): *Die Sakralität der Person – Eine neue Genealogie der Menschenrechte*; Suhrkamp.

Johnson, J. T. (1987): *The Quest for Peace. Three Moral Traditions in Western Cultural History*. Princeton.

Jouvenel, B. de (1945): *Du Pouvoir – Histoire naturelle de sa croissance*; Hachette. [Engl. Übers.: Power: *Its Nature and History of its Growth*. Boston, 1966].

Jung, D.; Schlichte, K./ Siegelberg, J. (2003): *Kriege in der Weltgesellschaft – Strukturgeschichtliche Entwicklung kriegerischer Gewalt 1945-2002*; Wiesbaden.

Kaldor, M. (1999): *New and old wars: organized violence in a global era*. Cambridge. [Deut. Übers.: *Neue und alte Kriege. Organisierte Gewalt im Zeitalter der Globalisierung*; Suhrkamp; Frankfurt a.M.; 2000].

Kant, I. (1795): *Zum ewigen Frieden*. Reclam; Stuttgart.

Keane, J. (1991): *The Media and Democracy;* Polity Press.

Keane, J. (1996): *Reflections on Violence*; Verso, London.

Keane, L. (2004): *Violence and Democracy (Contemporary Political Theory)*; Cambridge University Press.

Keegan, J. (1994): *A History of Warfare*. New York.

Kehrl, H. (1973): *Krisenmanager im 3. Reich*; Düsseldorf.

Keil, S. F., Keil, L. B. (2002): *Deutsche Legenden. Vom «Dolchstoß» und anderen Mythen der Geschichte*; Links; Berlin.

Keil, S. F., Kellerhoff, S. F. (2006): *Gerüchte machen Geschichte -Folgenreiche Falschmeldungen im 20. Jh.*; Links; Berlin.

Keith, A. (1947): *A New Theory of Human Evolution*; Philosophical Library, New York.

Kende, I. (1982): *Kriege nach 1945 – Eine empirische Untersuchung*; Frankfurt a.M.

Kennedy, P. (1987): *The Rise and Fall of Great Powers: Economic Change and Military Conflict from 1500 to 2000.* [Deut. Übers.: *Aufstieg und Fall der großen Mächte. Ökonomischer Wandel und militärischer Konflikt von 1500 bis 2000.* Fischer; Frankfurt a.M.; 2000]

Kennedy, P. (2006): *The Parliament of Man: The Past, Present, and Future of the United Nations*; Random House. [Dt. Übers. (K. Kochmann, A. Nohl): *Parlament der Menschheit – Die Vereinten Nationen und der Weg zur Weltregierung*; Beck, München, 2007].

Keohane, R. O. (1989): *International Institutions and State Power: Essays in International Relations Theory*; Westview.

Kershaw, I. (1985): *The Nazi Dictatorship: Problems and Perspectives of Interpretation*; London. [Deut. Übers. (J.P. Krause): *Der NS-Staat – Geschichtsinterpretationen und Kontroversen im Überblick*; Hamburg; 1999].

Kimminich, O. (1990): *Einführung in das Völkerrecht*; München.

Kindermann, G.-K. (1981): *Grundelemente der Weltpolitik*; Piper, München.

Kiyoshi Inoue, (1963): *Geschichte Japans*; Campus; 2002.

Klein, L. R., Fu-chen lo, McKibbin, W. J. (Hrsg.) (1995): *Arms Reduction: Economic implications in the post-Cold War era*; United Nations University Press; Tokyo / New York / Paris.

Knöbl, W., Schmidt, G. (Hrsg.) (2000): *Die Gegenwart des Krieges – Staatliche Gewalt in der Moderne*. Frankfurt a.M.

Koch, H. W. (1985): *History of Warfare*. Ramboro Books; London.

Kohl, J. (1985): *Staatsausgaben in Westeuropa*; Frankfurt.

Kotek, J.; Rigoulot, P. (2000): *Le siècle des camps.* JC Lattes; Paris. [Deut. Übers.: *Das Jahrhundert der Lager*, Propyläen; 2001].

Krell, G. (2003): *Weltbilder und Weltordnung. Einführung in die Theorie der internationalen Beziehungen*; Nomos, Baden-Baden.

Krippendorff, E. (1985): *Staat und Krieg. Die historische Logik politischer Unvernunft*; Frankfurt a.M.

Kropotkin, P. A. (1902): *Mutual Aid – A Factor of Evolution*; London. [Dt. Übers.: *Gegenseitige Hilfe in der Tier- und Menschenwelt*; 2. Aufl., Grafenau, 1993].

Krysmanski, H. J. (1993): *Soziologie und Frieden*; Westdeutscher Verlag; Opladen.

Kühne, Th.; Ziemann, B. (2000): *Was ist Kriegsgeschichte?* Paderborn.

Küng, H. (1990): *Projekt Weltethos*; München.

Kurtzs, L. (Hrsg.) (1999): *Encyclopedia of Violence, Peace and Conflict* (3 Bde.); Academic Press, San Diego CA.

Lahmeyer, J. J.: *Population Statistics: historical demography of all countries, their divisions and towns.* www.library.uu.nl/wesp/populstat/info

Lange, C. (2004): *Der nackte Feind - Anti-Islam in der romanischen Kunst - Ein Foto-Text-Band*; Parthas.

Lantze, M. (1998): *Ethnizität in der Konfliktforschung - Eine Untersuchung zur theoretischen Fundierung und praktischen Anwendung des Begriffs „ethnischer Konflikt*; Arbeitspapier Nr. 1/1998 der Universität Hamburg – IPW, Forschungsstelle Kriege, Rüstung und Entwicklung.

Lasswell, H., Kaplan, A. (1950): *Power and Society: a Framework for Political Inquiry*; Yale University Press; New Haven.

Leger: siehe Sivard

Lehmann, H. (Hrsg.) (2006): *Koexistenz und Konflikt von Religionen im vereinten Europa*; Wallstein Verlag, Göttingen.

Levy, J. S. (1983): *War in the Modern Great Power System, 1495-1965.* Lexington KY.

Lewis, B. (1995): *The Middle East – 2000 Years of History from the Rise of Chritianity to the Present Day.* London [Deut. Übers. (B. Rullkötter.): *Stern, Kreuz und Halbmond – 2000 Jahre Geschichte des Nahen Ostens.* Piper; München; 1997].

Lindenberger, Th., Lüdtke, A. (1995): *Physische Gewalt – Studien zur Geschichte der Neuzeit*; Suhrkamp, Frankfurt a.M.

Livet, G. (1972): *Guerre et paix de Machiavel à Hobbes*; Armand Colin; Paris; 2000.

Locke, J. (1690): *The Second Treatise of Government.* [Deut. Übers. (D. Tidow): *Über die Regierung*; Reclam; Stuttgart].

Lorenz, K. (1963): *Das so genannte Böse – Zur Naturgeschichte der Aggression*; Wien.

Luard, E. (1968): *Conflict and Peace in the Modern International System*; 2. Aufl.; Sate University New York; 1988.

Luard, E. (1986): *War in International Society.* Taurus&Co.; London.

Lüdtke, A., Wildt, M. (Hrsg.): *Staats-Gewalt: Ausnahmezustand und Sicherheitsregimes – Historische Perspektiven*; Wallstein Verlag, Göttingen, 2008.

Lüdtke, A., Weisbrod, B. (Hrsg.) (2006): *No Man's Land of Violence – Extreme Wars in the 20th Century*; Wallstein Verlag, Göttingen.

Luedtke R.-M., Strutynski P. (Hrsg.) (1999): *Pazifismus, Politik und Widerstand. Analysen und Strategien der Friedensbewegung*; Kassel.

Luhmann, N. (1968): *Legitimation durch Verfahren*; Suhrkamp; 2001.

Luhmann, N. (1993): *Soziale Systeme - Grundriss einer allgemeinen Theorie*; Frankfurt a.M.

Machiavelli, N. (1515): *Il Principe.* [Deut. Übers. (P. Rippel.): *Der Fürst.* Reclam. Stuttgart].

Machiavelli, N. (1521): *Arte della Guerra.* [Engl. Übers. (Ch. Lynch): *Art of War.* Chicago, 2003].

Malthus, Th. (1798): *An Essay on the Principle of Population.*

Mann, M. (1986): *The Sources of Social Power*, (2 Bde.) Cambridge. [Deut. Übers.: *Geschichte der Macht*; 2 Bde.; Frankfurt a.M.; 1990].

Mann, M. (2001): *The colonial darkside of democracy.* www.theglobalsite.ac.ik/press103mann.htm

Marcilio, M. L. (1977): *Demographia Historica*; Novos Umbrais; Sao Paulo. Dort Bezugnahmen u.a. auf Durand, J. (1974).

Martens, F. F. (1882, russisch): *Völkerrecht. Das internationale Recht der civilisierten Nationen*; 2 Bde.; [Deut. Übers. (C. Bergbohm): Weidmann Verlag Berlin 1886].

Masson, D. (1958): *Le Coran et la révélation judéo-chrétienne*; Adrien-Maisonneuve; Paris.

Matt, R. (1999): *Genome: The Autobiography of a Species in 23 Chapters*; Fourth Estate Ltd.. [Deut. Übers.: *Alphabet des Lebens. Die Geschichte des menschlichen Genoms*; Claassen; 2000].

Matthies, V. (2004): *Eine Welt voller neuer Kriege? – Der vernachlässigte Blick auf den Frieden*. In:*Der Bürger im Staat*, 54. Jhg. H.4, 2004.

Matz, K.-J. (1980): *Wer regierte wann?*; dtv; 4. Aufl. 1994.

Mausfeld, R. (2009): *Folter für das Vaterland – Über die Beiträge der Psychologie zur Entwicklung der Techniken der „weißen Folter"*. Im Internet abgerufenes PDF am 01.02.2015.

Mead, G. H. (1934): *Mind, Self and Society*; /von Ch.W. Morris herausgegebene Sammlung von Vorlesungsinhalten); deutsche Ausgabe: *Geist, Identität und Gesellschaft*; Suhrkamp. 1968.

Mearsheimer, J. J. (2001): *The Tragedy of Great Power Politics*; Norton, New York.

Menelson, S. (2002): *The Power and Limits of NGOs*; Columbia University Press.

Mercer, D.; Mungham, G.; Williams, K. (1987): *The Fog of War: The Media on the Battlefield*; Heinemann; London.

Meyer, J. (1983): *Le poids de l'Etat*; Presses Universitaires de France; Paris.

Midlarsky, M. (1975): *On War: Political Violence in the International System*. Free Press; 1975.

Milgram, S. (1974): *Obedience to Authority*. [Deut. Übers.: *Das Milgram-Experiment. Zur Gehorsamkeitsbereitschaft gegenüber Autorität*; Rowohlt; Reinbek, 1997].

Minois, G. (1994): *L'Eglise et la guerre - De la Bible à l'ére atomique* ; Paris.

Moisel, C. (2004): *Frankreich und die deutschen Kriegsverbrecher - Politik und Praxis der Strafverfolgung nach dem Zeiten Weltkrieg*; Wallstein; Göttingen.

Montesquieu, C.-L. (1748): *De l'esprit des lois*; Neuauflage (2 Bd.) mit Einleitung von V. Goldschmidt; GF Flammarion, Paris. [Auswahl, deut. Übers., Einl.: Weigand, K.: *Vom Geist der Gesetze*; Reclam, Stuttgart].

Morgenthau, H. J.; Thompson, K.W.; Clinton, W.D. (1948): *Politics among Nations. The Struggle for Power and Peace*. McGraw Hill, New York; 2005.

Morus, Th. (1516): *De optimo rei publicae statu deque nova insula Utopia*. [Deut. Übers. (G. Ritter): Utopia. Reclam; Stuttgart, 2003].

Mosse, G.L. (1990): *Geschichte des Rassismus in Europa*; Frankfurt a.M.

Müller, H. (1998): *Das Zusammenleben der Kulturen – Ein Gegenentwurf zu Huntington*, Frankfurt a.M.

Müller-Hill, B. (1984): *Tödliche Wissenschaft*; Rowohlt; Reinbek.

Münkler, H. (2004): *Die neuen Kriege;* roro.

Münkler, H. (2006): *Der Wandel des Krieges – Von der Symmetrie zur Asymmetrie*; Velbrück.

Musset, L. (1965): *Les invasions: les vages germaniques*; Presses Univ. de France.

Musulin, J. v. (Hrsg.) (1959): *Proklamationen der Freiheit. Dokumente von der Magna Charta bis zum Ungarischen Volksaufstand*. Fischer; Frankfurt a.M.

Neckel, S., Schwab-Trapp, M. (Hrsg.) (1999): *Ordnungen der Gewalt – Beiträge zu einer politischen Soziologie der Gewalt und des Krieges*. Westdeutscher Verlag; Opladen.

Nolte, E. (2009): *Die dritte radikale Widerstandsbewegung: der Islamismus*; Berlin.

Nef, J. U. (1950): *War and Human Progress: An Essay on the Rise of Industrial Civilization*. Cambridge, MA.

Nicolai, G. F. (1917): *Die Biologie des Krieges – Betrachtungen eines Naturforschers den Deutschen zur Besinnung*; Orell Füssli. Letzte Neuauflage in 2 Bänden: Darmstädter Blätter, 1983.

Nitz, S. (2010): *Theorien des Friedens und des Krieges* – Kommentierte Bibliographie zur Theriegeschichte; Band 1: Altertum bis 1830; Nomos.

O'Connel, R. L. (1989): *Of Arms and Men – A History of War, Weapons and Aggression*. Oxford.

Onfray, M. (2005): *Traité d'athéologie*; Paris.

Oppenheimer, F. (1907): *Der Staat*; Frankfurt a.M. [Engl. Übers.: *The State*; Fox&Wilkers, 1997].

Parker, G. (1988): *The Military Revolution – Military Innovation and the Rise of the West, 1500-1800*. Cambridge. [Deut. Übers.: *Die militärische Revolution. Die Kriegskunst und der Aufstieg des Westens 1500-1800*. Frankfurt a. M.; 1990].

Parker, G. (Hrsg.) (1995): *The Cambridge Illustrated History of Warfare – The Triumph of the West*. Cambridge.

Pascal, B. (1660): *Pensées*. [Deut. Übers.: *Gedanken*. Reclam; Stuttgart; 1997].

Paxton, R. O. (2004): *The Anatomy of Fashism*. [Deut. Übers. (D. Zimmer): *Anatomie des Faschismus*. DVA, München, 2006].

Pemsel, H. (1985): *Seeherrschaft*; 2 Bde.; Bernard & Gaefe; Koblenz. Lizenzausgabe der 3. Aufl.; Weltbild; Augsburg; 1995.

Perrault, G. (Hrsg.) (1998): *Le livre noir du capitalisme*. Paris.

Perrett, B. (1992): *The Battle Book; Arms and Armour*; London.

Philipps, Ch.; AxelrodA., (2005): *Encyclopedia of Wars. Facts on File;* New York.

Pinker, S. (2011): *The Better Angels of Our Nature – Why Violence Has Declined;* Penguin Books.

Pirenne, H. (1936): *Histoire de l'Europe des invasions au XVIe siecle*; Paris-Bruxelles. [Deut. Übers. (W. Hirsch): *Geschichte Europas von der Völkerwanderung bis zur Reformation*; Fischer; 1982].

Pirenne, H. (1937): *Mahomet et Charlemagne*; Paris-Bruxelles. [Deut. Übers.: *Mohamed und Karl der Große*; Fischer; 1963].

Plötz, K. (1965-1966): *Raum und Bevölkerung in der Weltgeschichte* [„Bevölkerungs-Plötz"]; 4 Bde.; 3. Aufl.

Popitz, H. (1986): *Phänomene der Macht*; 2. Aufl.; Mohr, Tübingen, 1992.

Popper, K. R. (1945): *The Open Society and Its Enemies*; Routledge; London. [Deut. Übers.: *Die offene Gesellschaft und ihre Feinde*: Band 1: *Der Zauber Platons*; Band 2: *Falsche Propheten: Hegel, Marx und die Folgen*; 8. Aufl.; Mohr Siebeck; Tübingen; 2003].

Porter, B. (1994): *War and the Rise of the State - The Military Foundations of Modern Politics*. New York.

Preston, R. A.; Wise, S.F. (1956): *Men in Arms*; New York.

Preuß, U. K. (2002): *Krieg, Verbrechen, Blasphemie- Zum Wandel bewaffneter Gewalt*. Berlin.

Rabb, T. K. (1988): *The Origins and Prevention of Major War*s. Cambridge.

Reinhard, M. R.; Armengaud, A.: *Histoire générale de la population mondiale*; Editions Montchrestien, Paris, 1961.

Reinhard, W. (1983): *Geschichte der europäischen Expansion*. Kohlhammer; Stuttgart.

Reinhard, W. (1999): *Geschichte der Staatsgewalt – Eine vergleichende Verfassungsgeschichte Europas von den Anfängen bis zur Gegenwart*; 3. Aufl.; Beck, München; 2002.

Richardson, L. F.; Wright, Q. (1960): *Statistics of Deadly Quarrels*. Boxwood.

Rizzolatti, G., Sinigaglia, C. (2006): *So quel che fai. Il cervello che agisce e i neuroni specchio*; Raffaello Cortina Editore.

Rose, H. J. (1928): *A Handbook of Greek Mythology*. [Deut. Übers. (Anna Elisabeth Berve-Glauning): *Griechische Mythologie – Ein Handbuch*; 3. Aufl. Beck, München; 1969

Rosenau, J. N. (1964): *International Aspects of Civil Strife*; Princeton University Press.

Ross, D. (2005): *Violent Democracy*; Melbourne.

Rotberg, R., Rabb, T. (Hrsg.) (1989): *The Origins and Prevention of Major Wars;* Cambridge Univ. Press.

Rousseau, J. J. (1762): *Du Contrat social ou Principes du Droit Politiques*. [Deut. Übers. (H. Brockard e.a.): Vom *Gesellschaftsvertrag oder Die Grundsätze des Staatsrechts*. Reclam.; Stuttgart; 1986].

Ruf, W. (2003): *Zur politischen Ökonomie der Gewalt*; Wiesbaden.

Rummel, R. (1997): *Death by Government*. Transaction Publishers; New Brunswick, NJ. [Dt. Übersetzung: *Demozid – der befohlene Tod. Massenmorde im 20. Jahrhundert*; 2. Auflage, LIT Verlag, Münster, 2006]

Rummel, R. (1997): *Statistics of Democide – Genocide and Mass Murder since 1900; Center on National Security and Law, University of Virginia, 1997*; Nachdruck 1998 durch LIT Verlag, Münster].

Rummel, R. (2002): *Power Kills – Democracy as a Method of Nonviolence*; New Brunswick; NJ.

Russel, B. (1945): *A History of Westen Philosophy and Its Connection with Political and Social Circumstances from the Earliest Times to the Present Day*; Simon and Schuster; New York. [Deut. Übers. (E. Fischer-Wernecke, R. Gillischewski): *Philosphie des Abendlandes – Ihr Zusammenhang mit der politischen und der sozialen Entwicklung.*; 1. Auflage; Europa Verlag Zürich; 2007].

Sadowski, Y. (1998): *The Myth of Global Chaos*; Brookings.

Saint-Pierre, Abt von (1613): *Projet pour rendre la paix perpétuelle en Europe*. Paris, 1981. [Zitate in Minois,G. (1994)].

Scarre, C. (1995): *Chronicle of the Roman Emperors*; Thames&Hudson, London. [Deut. Übers. (N. Getter): *Die Römischen Kaiser*; Econ, 1996].

Schindler, D., Toman, J. (Hrsg.) (1988): *The laws of armed conflicts: a collection of conventions, resolutions, and other documents*; 3. Aufl.; Brill.

Schlögel, A. (Hrsg.), 1988): *Die Genfer Rotkreuz-Abkommen vom 12.August 1949 und die beiden Zusatzprotokolle vom 8. Juni 1977 sowie das Abkommen betreffend die Gesetze und Gebräuche des Landkrieges vom 18. Oktober 1907 und Anlage (Haager Landkriegsordnung)*; 8. Aufl., Bonn.

Schmid, J. (1966): *Einführung in die Bevölkerungssoziologie*. Rowohlt; Reinbek.

Schneider, M. (2015): *Die Geschichte der Sklaverei: Von den Anfängen bis zur Gegenwart*; Marix.

Schössler, D. (1980): *Militärsoziologie*; Königstein.

Schwarzschild, L. (1954): *Der rote Preuße*; Stuttgart.

Seidl-Hohenveldern, I. (2000): *Völkerrecht*; Hamburg.

Sen, A. (1999): *Development and Freedom*. [Deut. Übers. *Ökonomie für den Menschen. Wege zur Gerechtigkeit und Solidarität in der Marktwirtschaft*; Dtv; München; 1999].

Senghaas, D. (1971): *Aggressivität und Kollektive Gewalt*. Stuttgart.

Senghaas, D. (1977): *Weltwirtschaftsordnung und Entwicklungspolitik – Plädoyer für Dissoziation*; Frankfurt a.M.

Senghaas, D. (1997): *Frieden machen*; Frankfurt a.M.

Senghaas, D. (2004): *Zum irdischen Frieden.*; Frankfurt a.M.

Sharp, G. (2005): *Waging Nonviolent Struggle – 20th Century Practice and 21st Century Potential*; Boston.

Shaw, M. (1996): *Civil Society and Media in Global Crises*; Pinter; London.

Shaw, M. (2003): *War and Genocide: Organized Killing in Modern Society*. Polity Press; Cambridge.

Shaw, M. (2005): *The New Western Way of War*; Polity Press.

Shelton, D. L. (Hrsg.) (2005): *Encyclopedia of Genocide and Crimes against Humanity*; 3 Bde. MacMillan; Detroit / New York.

Siegelberg, J. (1994): *Kapitalismus und Krieg - Eine Theorie des Krieges in der Weltgesellschaft*; Münster / Hamburg.

Singer, P. (1981): *The expanding circle: Ethics ans Sociobiology*; Farrar, Straus and Giroux, New York

SIPRI Yearbook 2015: *Armaments, Disarmament and International Security*; Oxford University Press.

Sivard, R. L. (1996): *World Military and Social Expenditures*; World Priorities; Washington, DC.

Small, M.; Singer, D. (1982): *Resort to Arms: International and Civil Wars, 1816-1980*; Sage Publ.

Smallman-Raynor, M. R., Cliff, A. D. (2004): *War epidemics: an historical geography of infectious diseases in military conflict and civil strife*, 1850-2000; Oxford University Press.

Snowden, F. (2006): *The Conquest of Malaria: Italy, 1900-1962*; Yale Univ. Press.

Soeffner, H.-G., Miller, M. (1996): M*odernität und Barbarei. Soziologische Zeitdiagnose am Ende des 20. Jahrhunderts*; Frankfurt a.M.

Sofsky, W. (1996): *Traktat über die Gewalt*. 3. Aufl. Frankfurt a.M. 2003.

Sombart, W. (1913): *Krieg und Kapitalismus*; München / Leipzig.

Sorel, G. (1906): *Réflexions sur la violence*. [Deut. Übers.: Über die Gewalt. Frankfurt a.M., 1981].

Sorokin, P. (1937): *Social and Cultural Dynamics, Vol. III: Fluctuations of social relationship, war and revolutions*; American Book; New York.

Spinoza, Baruch de (1677): *Opera posthuma*; Vom Latein. ins Deutsche übersetzt durch W. Bartuschat: *Ethik in geometrischer Ordnung dargestellt*; F. Meiner Verlag, Hamburg, 1999.

Stassen, G. (Hrsg.) (1998): *Just Peacemaking: Ten Practices for Abolishing War*; The Pilgrim Press; Cleveland.

Steinmetz, R. (1929): *Soziologie des Krieges*.

Steinweg, R. (Hrsg.) (1986): *Kriegsursachen*. Frankfurt a.M.

Stephan, C. (1998): *Das Handwerk des Krieges. Männer zwischen Mäßigung und Leidenschaft*. Rowohlt, Berlin.

Stiglitz, J. E. (2002): *Globalization and its Discontents*; New York. [Deut. Übers.: *Die Schatten der Globalisierung*; Berlin; 2002].

Stockholm International Peace Research Institute > SIPRI

Sturzo, L. (1928): *La comunitá internazionale ed il diritto di guerra*. [Engl. Übers.: *The international community and the right of war*. London, 1929].

Stüwe, K., Weber, G. (Hrsg.) (2004): *Antike und moderne Demokratie – Ausgewählte Texte*. Reclam; Stuttgart].

Suganami: siehe Hidemi Suganami

Sweetman, J. (2004): *A Dictionary of European Land Battles: From the earliest to 1945*; Spellmount.

Tallet, F. (1992): *War and Society in Early Modern Europe, 1495-1615*. London / New York.

Taparelli D'Azeglio, L. (1840-1843): *Saggio teoretico di diritto naturale*. [Zitate in Minois. G. (1994)].

Tausend, K. (1992): *Amphyktionie und Symmarchie – Formen zwischenstaatlicher Beziehungen im archaischen Griechenland*; Franz Steiner Verlag, Stuttgart.

Thadden, R. v., Kaudelka, S., Serrier, Th. (2007): *Europa der Zugehörigkeiten*; Wallstein Verlag, Göttingen.

Thayer, B. A. (2004): *Darwin and International Relations: On the evolutionary origins of war and ethnic conflict*.Univ. Press Kentucky.

Tibi, B. (1998): *Europa ohne Identität? Die Krise der multikulturellen Gesellschaft*.

Tilly, C. (1975): *The Formation of National States in Western Europe*; Princeton.

Tilly, C. (1990): *Coercion, Capital, and European States, AD 990-1990*; Cambridge.

Tocqueville, A. de (1835): *De la démocratie en Amérique*. [Deut. Übers. (Auswahl): *Über die Demokratie in Amerika*; Reclam, 1985].

Tolstoi, L. N. (1868/1869): *Vojná y mir*. [Deutsche Übers. von Marianne Kegel: *Krieg und Frieden*; Patmos / Albatros, Düsseldorf 2002.]

Tönnies, F. (1887): *Gemeinschaft und Gesellschaft*; Wissenschaftliche Buchgesellschaft; 2005.

UCDP/PRIO (2006): Armed Conflict Dataset Codebook [http://new.prio.no/CSCW-Datasets].

Urlanis, B. (1960): *Wars and the Population of Europe*; Gov.Pub.House; Moscow.; Nachdruck durch University Press and the Pacific; 2003.

US Arms Control and Disarmement Agency (ACDA): *World Military Expenditures and Arms Transfers*.

Vagts, A. (1936): *A History of Militarism: Civilian and Military*. New York.

van Creveld: siehe Creveld, M. van

Vasquez, J. A. (1993): *The War Puzzle*. Cambridge University Press; Cambridge.

Vasquez, J. A. (Hrsg.) (2000): *What do we know about war?* Lanham, MD.

Verdross, A.; Simma, B. (1984): *Universelles Völkerrecht*; Berlin; 2004.

Villiers, J. (1965): *Südostasien vor der Kolonialzeit*; Fischer Weltgeschichte Band 18; Fischer Taschenbuchverlag; Frankfurt a. M.; 1965.

Vitoria, (Victoria), F. de (1540): *Relectiones theologicae*. [Zitate in Minois,G. (1994)].

Wachtler, G. (Hrsg.) (1983): *Militär, Krieg, Gesellschaft*; Texte zur Militärsoziologie; Frankfurt / New York.

Walter, E. V. (1969): *Terror and Resistance: A Study of Political Violence*. New York.

Waltz, K. (1959): *Man, the State and War*; Columbia Univ. Press; New York.

Walzer, M. (1977): *Just and Unjust Wars*; Basic Books.

Ward-Perkins, B. (2005): *The Fall of Rome and the End of Civilization*; Oxford Univ. Press.. [Deut. Ausg.: *Der Untergang des römischen Reichs und das Ende der Zivilisation*; Theiss].

Webber, C., Wildavsky, A. (1986): *A History of Taxation and Expenditure of the Western World*; Simon and Schuster; New York.

Weber, M. (1920): *Gesammelte Werke zur Religionssoziologie*; 5. Aufl.; Mohr; Tübingen; 1963.

Weber, M. (1922): *Wirtschaft und Gesellschaft*; Paderborn. 2006.

Webster, D. (1998): *Aftermath – The Remnants of War: From Landmines to Chemical Warfare – The Devastating Effects of Modern Combat*; Vintage.

Wegner, B. (Hrsg.) (2002): *Wie Kriege enden – Wege zum Frieden von der Antike bis zur Gegenwart*. Paderborn.

Wegner, B. (Hrsg.) (2003): *Wie Kriege entstehen – Zum historischen Hintergrund von Staatskonflikten*. Paderborn.

Weiner, M. (1995): *Global Migration Crisis – Challenge to States and Human Rights*; New York.

Weiner, M.; Teitelbaum, M. (2001): *Political Demography, Demographic Engineering*; Berghan; Oxford / New York.

Weller, Ch. (1991): *Feindbilder – Ansätze und Probleme ihrer Erforschung*; Institut für Interkulturelle und Internationale Studien, Universität Bremen.

Werle, G. (2003): *Völkerstrafrecht*; Mohr Siebeck, 2. Aufl. 2007.

Whitney Hall, J.(1967): *Das Japanische Kaiserreich*; Fischer Weltgeschichte Band 20; Fischer Taschenbuchverlag; Frankfurt a. M.

Wilkinson, D. (1980): *Deadly Quarrels: Lewis, F. Richardson, and the Statistical Study of War*; University of California Press; Berkeley, Los Angeles, London.

Winter, J. (2003): *America and the Armenian Genocide 1915* (Studies in the Social and Cultural History of Modern Warfare). Cambridge University Press; Cambridge.

World Health Organization (2002): *World report on violence and health.*

World Health Organizatiom (2005): *The World Health Report 2005.*

Wright, Q. (1942): *A Study of War.* 2. Ausgabe (1965); University of Chicago Press; Chicago, 1965. Um die Fußnoten und Anlagen gekürzte Ausgabe: A Study of War – Second Edition – Abridged by Louise Leonard Wright; Midway Reprint, 1983.

www.unric/org/index.php?option=com_content&task=view&id=1097&Itemid=232: UN-Übereinkommen, -Erklärungen und andere Rechtsinstrumente in deutscher Übersetzung.

Zorn, W. (1971-1976): *Handbuch der deutschen Wirtschafts- und Sozialgeschichte* (2. Bde.); Stuttgart.

Zumach, A. (2005): *Die kommenden Kriege.* Köln.

Zwahlen, S., Lienemann, W. (Hrsg.) (2006): *Kollektive Gewalt. Kulturhistorische Vorlesungen* Bd. 104 der Universität Bern; Bern.

VERZEICHNIS DER ABBILDUNGEN

Abbildung		Punkt
1	Hobbes' Leviathan	4.3
2a	Kollektive Gewalttätigkeitsereignisse des Jahrhunderts vs. Weltbevölkerung (in Mio.) (in linearem Maßstab)	8.4
2b	Kollektive Gewalttätigkeitsereignisse des Jahrhunderts vs. Weltbevölkerung (in Mio.) (in logarithmischem Maßstab)	8.4
2c	Quotient zwischen Gesamtzahl kollektiver Gewalttätigkeitsereignisse und Weltbevölkerungszahl des Jahrhunderts (in logarithmischem Maßstab)	8.4
3a	Zeitlicher Verlauf der Motivationstypen kollektiver Gewalttätigkeit	8.5
3b	Zeitlicher Verlauf der Motivationstypen kollektiver Gewalttätigkeit im Verhältnis zur Weltbevölkerungszahl (in Mio.)	8.5
3c	Zeitlicher Verlauf der Motivationstypen kollektiver Gewalttätigkeit in % der Gesamtzahl der Konflikte	8.5
3d	Prozentuale Summenhäufigkeit der Motivationstypen kollektiver Gewalttätigkeit von -2000 bis 2000	8.5
4a	Verluste je Teilnehmer an Landschlachten	8.6.2
4b	Kampftote in Seeschlachten pro teilnehmendem Schiff	8.6.2
4c	Kampftote in Seeschlachten pro gesunkenem Schiff	8.6.2
4d	Kampftote pro Teilnehmer an Seeschlacht	8.6.2
5a	Quotient zwischen den Gesamttoten kollektiver Gewalttätigkeit (in Mio.) und der Weltbevölkerungszahl (in Mio.)	8.6.5
5b	Prozentsatz der im Jahrhundert Geborenen, die durch Kollektivgewalttätigkeit gestorben sind	8.6.5
5c	Anteile der Militärtoten und Ziviltoten an der Gesamtzahl der Toten durch Kollektivgewalttätigkeit	8.6.5
6	Kollektive Gewalttätigkeitsereignisse vs. Klimaschwankungen	8,8,1
7	Relative Häufigkeit der Lebensdauer von 150 Reichen der Geschichte	8.8.2

VERZEICHNIS DER TABELLEN

Tabelle		Punkt
1	Aggregations-/Hierarchiestufen territorial-hegemonischer Kollektive	4.4.3
2a	Steigerungsformen struktureller Gewalttätigkeit	7.3
2b	Formen kollektiver Gewalttätigkeit gegen Kulturgüter	7.5
3	Schätzungen der Weltbevölkerungszahlen und deren Streubereich (in Mio.)	8.1
4	Geschätzte Weltbevölkerung (in Mio.)	8.1
5	Militärbevölkerungszahlen	8.2
6	Militärausgaben einiger Staaten der Neuzeit	8.3
7	Summenwerte von Gewaltkonflikten und Gewaltausführungsereignissen pro Jahrhundert aus der Anlage 10	8.4
8	Grobschätzung des durch Kollektivgewalttätigkeit gestorbenen Anteils der Weltbevölkerung	8.6.5
9	Intensität der Gewalttätigkeitsereignisse einiger bis zur Erschöpfungsgrenze ausgefochtener Konflikte	8.7
10	Prozentsätze der Kriegstoten einiger bis zur Erschöpfungsgrenze ausgefochtener Konflikte	8.7
11	Zusammenfassende Gegenüberstellung von Erträglichkeits- und Erschöpfungsgrenzen	8.7

REGISTER

„

„Allah tut, was er will" 199

„Alle Entscheidungen, die Menschenleben einsetzen, werden von jenen getroffen, die dabei nichts riskieren." 242

„Alles was den zivilisatorischen Fortschritt fördert, arbeitet gegen den Krieg." 306

„Au lieu d̀un roi, j'en voudrais six"! 46

„compellite intrare" 191

„Da Kriege im Geist der Menschen entstehen, muss auch der Frieden im Geist der Menschen verankert werden." 253

„Das semantische Dynamit, das in den heiligen Texten der monotheistischen Religionen steckt, zündet in den Händen nicht der Gläubigen, sondern der Fundamentalisten, denen es um politische Macht geht und die sich religiöser Grundmotive bedienen, um die Massen hinter sich zu bringen." 331

„Der Friede sei mit euch." 188

„Der Krieg ist darin schlimm, dass er mehr böse Leute macht, als er deren wegnimmt./ (Kant)" 61

„Der. Sieg kommt nicht von der Größe des Heeres, sondern von der Kraft, die vom Himmel kommt." 185

„Deus lo vult!" 192

„Die Faust ist die Synthese unserer Theorie." 222

„Die Religion liefert dann zusätzliches Öl für ein Feuer, dessen Ausgangsbrennstoff nicht von ihr stammt." 185

„Die wahre Geschichte vollzieht sich hinter dem Rücken der Handelnden" 147

„Du bist nichts, dein Volk ist alles" 218

„Eine Sprache ist ein Dialekt mit Heer" 65

„Es ist verboten, während der Auspeitschungen oder Elektroschocks zu schreien." 227

„ex inuria ius non oritur" 400

„Freiheit ist immer die Freiheit der Andersdenkenden". 236

„Frieden kann nur Frucht des Friedens sein." 184

„Gott marschiert mit uns mit" 225

„Gott mit uns" 225

„Habe erfahren, dass Euer Reich die Verbreitung der christlichen Lehre nur als Vorwand und Täuschung benutzt, um andere Reiche zu unterwerfen." 202

„Ich bin Euer Gott und Herr, der Euch von den anderen Völkern abgetrennt hat" 183

„in dubio pro reo" 400

„Italien hat endlich sein Imperium". 222

„Jene, die zum Schwert greifen, werden durch das Schwert umkommen." 188

„justa bella ulciscuntur injurias" 191

„Krieg ist ein Verbrechen gegen die Menschheit" 246

„Lasst uns schnell Kolonien schaffen, da Japan überbevölkert ist!" Im 154

„Man muss reich sein, um sich einen Krieg leisten zu können" 156

„Mit den Bauern ist es wie mit dem Sesam. Je mehr man sie presst, desto mehr kommt heraus" 156

„nulla poena sine lege" 400

„nullum crimen sine lege" 400

„Politische Loyalität ging durch den wohlgefüllten Magen, auf Kosten des Existenzrechts von Millionen als minderwertig qualifizierten Menschen." 226

„Si vis pacem, cole justitiam" 306

„Sie (die Bauern) sollen Abgaben machen, dass sie weder leben noch sterben können" 156

„Staatsbürger kann nur sein, wer Volksgenosse ist. Volksgenosse kann nur sein, wer deutschen Blutes ist, ohne Rücksicht auf Konfession." 316

„Tschingis Khan hat Millionen Frauen und Kinder in den Tod gejagt, bewusst und fröhlichen Herzens. Die Geschichte sieht in ihm nur den großen Staatsgründer." 336

„Um Brot wird gebettelt, getötet wird für Status und Macht" 152

„War made the state, and the state made war." 58

„Weder Gott noch Gesetz". 170

„Wenn es im Hühnerstall zu eng und die Nahrung zu knapp wird, fangen die Hühner an aufeinander einzuhacken. Dafür nehmen sie willkürliche Vorwände, wählen willkürliche Opferkategorien und brechen die geltende Hackordnung." 352

„Wenn Gewalttätigkeit Gutes zu bewirken scheint, so gilt dies nur vorübergehend; das Böse das sie bewirkt, ist aber dauerhaft. (Gandhi)" 61

„Wer redet heute noch von der Vernichtung der Armenier?" 277

1

1. Genfer Konvention (1864) 248

1. Genfer Konvention, Überarbeitung 1906 250

1. Haager Friedenskonferenz (1899) 249

2

2. Genfer Konvention (1929) 252

2. Haager Friedenskonferenz (1907) 251

20. Jh.
  das Jahrhundert der Lager 276

A

Aachener Friedenspreis 247

abrahamitische Religionen
  Definition 181

Abrüstungsabkommen 261

Abstimmungsdemokratie 237

Adam von Bremen 430

Agamben, Giorgio 239
  sieht Gefahr der Entmachtung der Parlamente
    durch permanente Ausnahmezustände 238

Aggregationsimperien
  Entwicklungsform territorail-hegemonischer
    Kollektive 50

Aggregationsstaat
  eine Entwicklungsform territorial-
    hegemonischen Kollektivs 50

Agrarsubventionen der Industrieländer 324

Akratie
  von F. Oppenheimer eingefürter Begriff 51

aktive Freiheit 319

AKUF
  Arbeitsgemeinschaft für
    Kriegsursachenforschung 53
  Theorie zu Ursachen und Eskaltion von
    Kollektivgewalttätigkeit 420

Al Khaldoun
  erkannte zeitliche Begrenztheit territorialer
    Macht als eine Hauptursache kollektiver
    Gewalttätigkeit 142

Al Qaida 350

Alawitismus
  eine zum Teil islamisierte neoplatonische
    Religion 201

Alberdi, Juan Bautista 284
  differenzierte zwischen Kultur und
    Zivilisation 21
  seine zukunftsweisenden Thesen zur
    Kollektivgewalttätigkeit 415

Allbeteiligungsklausel
  Aufhebung 1929 252
  entzog den 1. WK der Anwendbarkeitder 1.
    Genfer Konvention 250
  sollte zweierlei Maßstäbe verhindern 249

Alleinstellungsmerkmale
  physische, Bedeutung im Judentum 183

Allgemeine Erklärung der Menschenrechte
  (1948)
  Verabschiedung 255

Allophobie
  Definition 83
  ein Motivationstyp kollektiver
    Gewalttätigkeit 83

Allophobiegewalttätigkeit
  Definition, Unterkategorien und Beispiele **83**

Allophobiegewalttätigkeit, biologische
  Definition, Beispiele *94*

Allophobiegewalttätigkeit, politische
  Definition, Ausführungsformen und Beispiele
    88

Allophobiegewalttätigkeit, religiöse
  Definition, Ausführungsformen und Beispiele
    86

Allophobiegewalttätigkeit,ethnizistische
  Definition, Ausführungsformen und Beispiele
    90

Allophobiekonflikt
  siehe Allophobiegewalttätigkeit 83

Altamira, Rafael 219

Alterspyramide 152

Altersverteilung der Bevölkerung 152

Altruismus 26

AMNESTY INTERNATIONAL
  eine NGO 289
  Friedensnobelpreis 1977 290

Amtssprachen 62

Anarchie
  zwischenstaatliche 320

Anderson, Benedict
  alle Gemeinschaften sind anfänglich erfunden
    218
  schrieb über die Entstehung der
    Nationalstaaten 50
  territorial-hegemonische Kollektive bestehen
    nur durch hinreichenden Konsens 51

Animal oconomicum
  Definition 143

Animal rationale 25

animistischer Monotheismus
  fördert eher eine intrakollektive denn
    interkollektive Gewalttätigkeit 173
  lässt Gewalttätigkeit im Interesse Gottes zu
    173

Annan, Kofi 258, 289

Anomie 51

Anstaltsstaat 50

Antarktis-Abkommen 262

anthropomorphe Monotheismen 180

anthropomorpher Polytheismus
  siehe Polytheismus, anthropomorpher 173

Antisemitismus
  allophobische Wurzeln in der von der
    jüdischen Religion angeordneten
    Abkapselung 83
  nationalsozialistischer 225

antiurbane Komponente vieler Demozide 83

Antizipationskrieg 285, 417

Appia, L.-P.
  Mitbegründer des Roten Kreuzes 267

Archer / Gartner 61

Ardrey, Robert
  territorialer Imperativ in der Tierwelt 150

Arendt, Hannah 142, 146
  Bürokratie ist eine Niemandsherrschaft 241
  zur Bedeutung des deutschen Worts Gewalt
    17

Argenson, Marquis de
  Demokratie ist nur in indirekter Form
    möglich 237

Aristoteles 431
  befürwortete behördliche Beschränkung des
    Bevölkerungswachstums 153
  erkannte den Konflikt zwischen biologischem
    und politischem Leben des Menschen 162
  erkannte die soziale Motivationen des
    Menschen 144
  lehnte das demokratische Modell ab 237
  postulierte, dass Philosophie kein
    Kriegsgrund sein könne 204

arithmetisches Mehrheitsprinzip
  Wesenskomponente der Demokratie 236

Arkadisches Gesetz
  Demokratie desto lebensfähiger, je weniger
    äußere Feinde sie hat 309

Armbrust
  vergebliches Verbot 261

Ärzte ohne Grenzen
  eine NGO 272

ÄRZTE OHNE GRENZEN
  eine NGO 290

Assassinen
  radikale Abspaltung der Ismaeliten 201

Assmann, Jan
  ein Einheitsgott duldet keine Nebenbuhler
    182
  führte den Begriff der kulturellen Semantik
    ein 227

asymmetrische Welthandelspolitik 324

asymmetrischer Krieg
  Definition 111

Atlantik-Charta (1941) 253

Atombombe
  eine kulturelle Errungeschaft als
    zivilisatorischer Rückschritt 209

Atomisierung der Gesellschaft 146

Atomwaffensperrvertrag 262

Attac
  eine NGO 327

auctoritas principi
  nur der Herrscher hat ein Recht auf
    Kollektivgewalttätigkeit 193

Augsburger Religionsfrieden
  Zwang zur Konfession des Landesherren 194

Augustinus
  legte den Pazifismus ab 191
  verfocht Dogma der Erbsünde gegen Pelagius
    189
  war für die Verstrickung der
    Religionsgemeinschaft mit der weltlichen
    Macht 191

Auschwitz-Prozess (1963) 277

auserwählte Klasse
  Ersatzgott des Marxismus 220

Ausführungsereignisse von Kriegen 104

Ausgrenzungsideologien 157

Autopoiesis
  Definition 19
  sozialer Syteme 41

autoritäre Gesellschaftsform und kollektive
  Gewalttätigkeit 235

Autoritätsbindung
  Grundlage der Machtausübung 32

Axiome
  Definition 30

Ayala, Baltasar de
  Kriege dürfen nur von Fürsten geführt
    werden 411

B

Bajohr, Frank
  prägte den Begriff der Zustimmungsdiktatur
    226

bakteriologische Waffen
  erstmaliges Verbot 1906 252

bakteriologischen Waffen
  Fall eines ungesühnten Einsatzes 276

Bangkog-Abkommen (1995) 264

Bantham, Jeremy
  Wirtschaftsrivalitäten sind die Hauptursache
    aller Kriege 414
Barth, Boris
  stellte einen Trend zur Entstaatlichung der
    Kriege fest 99
  stellte in vielen Demoziden eine antiurbane
    Komponente fest 83
  verfasste ein Kompendium über die Demozide
    des 20. Jh. 83
Beaulieu, Keroy
  sah Demokratie durch eine Tyrannis der
    Massen oder des Staats gefährdet 215
Beccaria, Cesare
  Empfinden des Individuums an erste Stelle
    162
  plädierte als erster für die Abschaffung der
    Folter 433
  plädierte als erster für die Abschaffung der
    Todesstrafe 435
  setzte sich für eine Humanisierung der
    Strafen ein 402
Begleitschäden 259
Bell-Curve-Polemik 212
Benenson, Peter
  gründete 1961 Amnesty International 289
Benjamin, Walter
  postulierte zyklische Ablösung von Macht
    142
  prägte den Begriff des Ausnahmezustands
    312
  Streikrecht als Residuum nicht
    monopolisierter Gewalttätigkeit 51
Benz, Wolfgang
  wies auf den kurzen Weg von sozio-
    ökonomischen Eingriffen zu Demoziden
    hin 213
Beobachtermissionen, transnationale 297
Berger und Luckmann
  soziale Fähigkeiten des Menschen 28
  Theoretiker der gesellschaftlichen
    Konstruktion der Wirklichkeit 35
Bergson, Henri
  formulierte den Begriff der offenen
    Gesellschaft aus 341
  kritisierte den mechanischen Charakter des
    preußischen Staats 64
Berlusconi, Silvio
  Medienmagnat und Ministerpräsident
    zugleich 343
Bernhard von Clairvaux
  Apologetiker der Gewalttätigkeit gegen
    Andersgläubige 192
Bernier, Francois
  übertrug den Rassenbegriff auf Menschen
    211

Bestrafung im Jenseits
  im Orphismus 167
Bevölkerungswachstum
  historische Formen der Begrenzung 153
bewaffneter Konflikt 18
Bin Laden
  saudi-arabischer Fundamentalist 350
biotische Toxine
  unterliegen dem B-Waffenabkommen 263
Bloch, Ivan
  sah die M 249
Blumenkriege
  abgesprochenes Einfangen von
    Menschenopfern 166
Blutrache und Sippenhaft
  überwundene Form der
    Kollektivgewalttätigkeit 432
Bluttote
  Definition 129
Bodin, Jean
  predigte einen monarchischen Nationalstaat
    217
Bolschewismus
  Definition 221
Boulding, Kenneth
  führte den Begriff des psychischen Kapitals
    ein 227
Bourdieu, Pierre
  prägte den Begriff der symbolischen
    Gewalttätigkeit 329
Bouthoul, Gaston 63, 153, 154
  entwarf die erste demografische Erklärung
    der Kollektivgewalttätigkeit 416
  negierte Zusammenhang zwischen
    Verfassungsform und
    Kollektivgewalttätigkeit 231
  nur die Reichen können sich einen Krieg
    leisten 156
  ökonomische Faktoren als Hauptursache aller
    Kriege 149
  sah in demografische Veränderungen eine der
    Hauptursachen kollektiver Gewalttätigkeit
    151
  sah Jugendüberschuss als
    gewalttätigkeitsträchtigend an 152
  unterstellte territorial-hegemonischen
    Kollektiven, dass sie
    Bevölkerungswachstum durch
    Kollektivgewalttätigkeit periodisch
    entladen 154
  wies auf Periodizität von Kriegen hin 142
Bräunlein, Peter und Lauser, Andrea
  hinterfrugen, warum Genozid kein wichtiges
    Thema der Soziologie sei 63

Brigate Rosse
angeblich vom CIA zur Ermordung Aldo
Moros instrumentalisiert 101

Brückner, Peter 59, 313
führte den Begriff der strukturellen
Gewalttätigkeit ein 106
wies auf Euphemismen wie Ernstfall und
Vorwärtsverteidigung hin 104

Buddha, Gautama
ein atheistischer Religionsreformer 203

Buddha, Guatama
ein Ideologe der Gewaltlosigkeit 302

Buddhismus
kaum für Kollektivgewalttätigkeit
missbraucht 204

Bureau International Permanent de la Paix
siehe Internationales Ständiges
Friedensbureau 249

Bürgergesellschaft *Siehe: Zivilgesellschaft*
von John Locke verwendeter Begriff 43

Burke, Edmund
die meschlichen Vernunfts- und Gefühlsmittel
bedürfen der Vervollkommnung durch den
Staat 28
Vater des Konsevativismus 28

Burkert, Walter
Tieropfer waren gemeinsame heilige
Verbrechen 166

Bürokratisierung und kollektive Gewalttätigkeit
241

B-Waffen-Abkommen (1972) 263

C

Calvin
rechtfertigte heilige Kriege 194

Calvinismus
Lehre des unfreien Willens in Extremform
189

Campanella, Tommaso
die Teilung der Welt in Nationen ist ein Werk
des Teufels 411

Canetti, Elias
wies auf die autonomen Zielsetzungen von
Menschenmassen hin 41

captives
semantische Umgehung der
Kriegsfeangenenrechte 285

Caracalla
schaffte ethnizistische Bindungen der
Staatsbürgerschaft ab 341

Caritas
eine NGO 273

Carlyle, Thomas
predigte einen militarisierten Wohlfahrtsstaat
215

Castel, Charles-Iréné
Angst isolierter Staaten fördert Kriege 413

Cato der Ältere
sah die Staaten als die Kriegsverursacher 57

causa iusta
der Kriegsgrund muss gerecht sein 193

CCW-Abkommen (1980) 263

Chamäleon Krieg
von Clausewitz benutzter Begriff für die
Wandlung eines Krieges 414

Charta der Vereinten Nationen (1945) 254

Chemiewaffenabkommen (1993) 264

Christentum *Siehe: christliche Religion*

christliche Religion
eine polytheistische Aufweichungen des
jüdischen Monotheismus 190
Verhältnis zur kollektiven Gewalttätigkeit
187
Verkündung der Gleichheit aller Menschen
341

Christus
ein Ideologe der Gewaltlosigkeit 302

Churchill. Winston
besiegte Hitler und unterlag Gandhi 302

Cicero
bemerkte die zweischichtige Loyalität 322
postulierte Eingreifpflicht zum Abwenden
von Ungerechtigkeiten 236

Cinema for Peace
ein Friedenspreis 247

civitas
lateinisches Quasisynonym zu territorial-
hegemonisches Kollektiv 42

Clan
bei den Kelten ein matriarchalischer
Familienverband 48
Synonym von Familienverband 48

Clausewitz, Carl von
das Gefecht ist die einzige Wirksamkeit im
Kriege 122
Krieg ist Staatspolitik mit anderen Mitteln 57
lehrte die Wirksamkeit des irregulären Kriegs
98
Schlachten sind das Hauptmittel zur
Vernichtung der feindlichen Streitkräfte
104
Zusammenfassung seiner Theorie zum Wesen
des Krieges 414

clausula si omnes
siehe Allbeteiligungsklausel 249

Cloak, F.T.
prägte den Begriff Kulturteilchen 30

Cluny
    das Pentagon des Mittelalters 192
    fundamentalistischer Mönchsorden 192

coactio civitatis
    römischer Begriff für Staatsräson 42

Coalition to Stop the Use of Child Soldiers –
    CTSTUOCS 102

Code Civile
    ein zivilisatorischer Fortschritt 207

cogito ergo sum
    eine ptolemäische Rückwendung 162

collective violence 18

commodum rei publicae
    römischer Begriff für Staatsinteresse 40

Commonwealth
    Synonym von Hobbes für territorial-
    hegemonisches Kollektiv 43

Constantinus I.
    erhob Christentum zur Staatsreligion 191

Constitutio Antoniana 341
    löste die ethnizistische Bindungen der
    Staatsbürgerschaft auf 401

Consul, nationalistische Geheimorganisation
    224

Cox, Robert W.
    dehnte Gramscis Konzept auf
    zwischenstaatliche Beziehungen aus 417

Creveld, Martin van
    fokussiert die optimale Form der
    Kriegsführung 418
    postulierte das Vorhandensein Neuer Kriege
    110

Croce, Benedetto
    prägte den Begriff der Onagokratie 222

Crucé, Emeric de la Croix
    kollektive Gewalttätigkeit ensteht aus
    kollektiven Egoismen 412

cuius regio, eius religio
    Slogan für die Verlagerung der
    Religionsfreiheit vom Individuum auf den
    Staat 194

CWC-Abkommen (1993) 264

Czempiel, Ernst-Otto
    analysierte die Mankos moderner
    Außenpolitik 311
    führte den Begriff der Gesellschaftswelt ein
    52
    zwischenstaatliche Spannungen sind das
    Manna der Diktatoren 309

D

Dahrendorf, Ralf
    die Menschheit lernt nur aus Katastrophen
    64, 286

prägte den Begriff der Demokratur 239
warnte vor Gefahren der grenzenlosen
    Kommunikation 327

Dalai Lama
    ein Ideologe der Gewaltlosigkeit 302

Dante Alighieri
    divulgierte das Fegefeuer 190

Daoismus
    siehe Taoismus 171

Darwin, Charles
    verfocht die These einer zufallsgesteuerten
    Evolution 210

Davenport, Charles Benedict
    befürwortete genetische Eingriffe 212

Dawkins, Richard
    prägte den Begriff des Mem 30

De Ruggiero, Guido
    betrachtete die protestantischen Sekten als
    die Schule der modernen Parteien 240
    Rousseau übersah die individuelle Freiheit
    237
    sah positive Auswirkung der
    privatrechtlichen Verfügung der
    germanischen Reichsgründer über
    Territorialherrschaften 232
    verfasste das Standardwerk zur Geschichte
    des Liberalismus 214

defensiver Realismus 416

Delbrück, Hans 49

Democratic-Peace-Theory 238

demografische Einflussfaktoren 151

demografische Waffe 152

demografisches Element, Primat 151

Demokratie
    Definitionen 236

Demokratie, komplexe
    Begriff von John Keane 238
    das öffentliche Leben wird nicht nur den
    Mandatsträgern und Institutionen
    überlassen 311

Demokratisierung der kollektiven
    Gewalttätigkeit
    Herstellung einer Rechenschaftspflicht 345

Demokratisierung der Kommunikation 217

Demokratur
    Auswüchse in der Antike 237
    Begriff von Dahrendorf 239

Demoratisierungsprozess
    Notwendigkeit dessen Graduierung 311

Demozid
    Definition und Beispiele 83

Demozid, de facto
    Definition und Beispiele 85

Demozid, de intentio
Definition und Beispiele 85

Demozid, ethnizistischer
siehe Ethnozid 91

Demozid, politischer
Definition und Beispiele 88

Demozid, religiöser
Definition, Ausführungsformen und Beispiele 86

Demozid, sozialer
Definition und Beispiele 89

Demozide
häufig mit antiurbaner Komponente 83
ungesühnte 277

Denken, ein Ersatzhandeln 25

Derivationen
Begriff von Pareto 30

Descartes, René
setzte anfänglich das Individuum in das Zentrum und lagerte es wieder aus 162

Desintegrationskonflikt 79

Dettingen, Vereinbarung von (1743) 266

Deutsche Friedensgesellschaft 246

Diakonie
eine NGO 273

Diamond, Jared
Europa hat die Welt erobert weil mit den meisten materiellen Ressourcen ausgestattet 156

Dichotomie
existenzielle bzw. ontologische 205
existenzielle vs. ontologische 183
moralische 180

Dichotomien
dem chinesischen Denken fremd 170

Diesseits/Jenseits-Trennung *Siehe Zweiweltentheorie*

dignitas non moritur 40

Diktatur des Proletariats 220

Diskriminierungsideologien 157

Dogmen
Definition 188

Dolchstoßlegende 224

Dollinger, Hans 111

Domestizierung
der Kollektive 344
des Menschen 31

Donatisten
gegen die Verstrickung der Religion mit weltlichen Mächten 191

Dostojewski, Fjodor Michailowitsch
wies auf die Gefahren des Atheismus hin 333

Downing, B.M.
schrieb über die Entstehung der Nationalstaaten 50

Dreifaltigkeit
im Zoroastrismus 180
Vorform bei den Kelten 176

Dreiweltentheorie
in altaischen Religionen 167

Drohnen
umgehen die menschliche Tötungshemmung 25

Dschihad 199
der Heilige Krieg des Islam 199

Dublin Konvention 2008 265

Dufour, Guillaume-Henri
Mitbegründer des Roten Kreuzes 267

Dunant, Henry
Gründer des Roten Kreuzes 267

Durkheim, Émile
kritisierte die Verherrlichung des Krieges 64
sah für die moderne Gesellschaft die Gefahr einer Normenlosigkeit 51
soziales Handeln als überindividuelle Wirklichkeit 41

Dworkin, Ronald
bekämpft die Entstehung einer Weltjustiz 296

E

Echnaton
ein Pionier des Monotheismus 172

Eckert, Georg
setzte sich für bilaterale Schulbuchrevisionen ein 339

E-Demokratie
IT-gestützte Demokratie 312

egoistische Überlebens- und Fortpflanzungsmaschinen 22, 39

Ehefrauen- und Dienerbestattung
überwundene Form der Kollektivgewalttätigkeit 430

Ehrenreich, Barbara
betrachtet Kollektivgewalttätigkeit als selbstreproduzierbares Mem 419
Krieg setzt kollektiv-rationale Vorbereitungen voraus 58
zu Opferritualen 165

Einbürgerungsrecht
zur Vermeidung von Parallelgesellschaften 316

Gerechtigkeit 31

Eingreifpflicht
Wesenskomponente des demokratischen Modells 236

Eisenhower, Dwight
warnte vor zu starker Verflechtung von
Wirtschaft und Militär 265

Elias, Norbert 50
Kriege erwirken territoriale Integration 150
stellte eine kopernikanistischen Prägung des
Denkens fest 161
Zivilisation aus Zunahme von
Interdipendenzen der Individuen 28
Zivilisation ist der Ersatz von Fremdzwang
durch Selbstzwang 32
Zivilisationsprozess als Ausweitung von
Interdipendenzketten 41

Elitozid
Unterbegriff von Ethnozid 91

Empathie
Definition 27

Empathiesphäre
Definition 31

enemy combatants
semantische Umgehung der
Kriegsgefangenenrechte 285

englischer Langbogen
vergebliches Verbot 261

ENMOD-Abkommen (1976) 263

Entschädigung von Opfern kollektiver
Gewalttätigkeit 287

Enzensberger, Hans Magnus
zum molekularen Bürgerkrieg 111

Erasmus von Rotterdam
Krieg ist ein ansteckendes Übel 411
postulierte das Primat des realen Lebens
gegenüber den gedanklichen Konstrukten
162
setzte sich für den Vorrang des realen Lebens
der Individuen ein 402

Erbsünde, christliches Dogma 189

Erklärung der Menschen- und Bürgerrechte der
Französichen Revolution (1789)
Text 403

Ernährungspyramide
beruht auf Gewalttätigkeit 22

Ernstfall
Euphemismus für Krieg 104

Ersatzgott
bei Hegel die auserwählte Nation 207
bei Marx die auserwählte Klasse 220

Erschöpfungsgrenze
der Militärausgaben 120
der Militärbevölkerung 117
kollektiver Gewalttätigkeit, Definition 137

Erträglichkeitsgrenze
Definition 137
der Militärausgaben 120
der Militärbevölkerung 117

Erzwingungsapparat für die
Ressourcenextraktion 50

Espinosa, Baruch de 302
ein Ideologe der Gewaltlosigkeit 302

Ethik 31

Ethnie
Definition 91
hat in der deutschen Sprache eine genetische
Konnotation 90

ethnische Säuberung
Definition und Beispiele 91
problematisches Synonym von Vertreibung,
ethnizistischef 91

ethnizistisch
Definition 90

ethnizistische Unterscheidungsmerkmale 90

Ethnonationalimus 218

Ethnozid
Definition., Ausführungsformen und Beispiele
91

EU-Eingreiftruppe 300

EUFOR 300

Euro-Atlantischen Partnerschaftsrats
(EAPR/EAPC) 321

Europäische Menschenrechtskonvention (1953)
Inhaltsverzeichnis 407

Europäische Union 322

Europäischer Gerichtshof für Menschenrechte
295

Evangelische Kirche
Definition 194

Existenzialismus
vs. Ptolemäismus 163

existenzielle Dichotomie 183

F

Familie
Urform territorial-hegemonischer Kollektive
48

Familienverband
Urform territorial-hegemonischer Kollektive
48

Faschismus
Entstehungskomponenten 221

Fegefeuer, Grauzone im Jenseits 189

Fichte, Johann Gottlieb
Ideologe des preußischen Staats und des
Ethnonationalismus 218
propagierte den totalen Polizeistaat 225

Figuration
Bezeichnung von Elias für Sozialkonstrukte
28

Flaubert, Gustave
  sah ein gottloses Interregnum 179
Flugzeug
  erster militärischer Einsatz 1911 209
Flugzeugträger, keine Limitierung 1922 262
Folter
  Bannung in der Neuzeit 434
  in der Geschichte 433
Foucault, Michel
  Form des Regierens impliziert Form des Sich-
    Regieren-Lassens 44
  wies auf Wechselwirkung zwischen der
    Technologie des Herrschans und der
    Technologie des Ichs hin 46
Franc tireurs
  irreguläre Streitkräfte 99
Frauenwahlrecht
  weltweit erstmalig 1869 in Wyoming 237
Freiheit, an Hunger sterben zu dürfen 404
Freischützen
  irreguläre Streitkräfte 99
Fremdfedern-Schutz- und Schmuck-Bedürfnis
  145
Fremdzwang
  Begriff von N. Elias 32
Freud, Sigmund
  sein Drei-Instanzen-Modell 29
Frieden Gottes
  Ausrufung von 1026 192
Friedenserzwingung, transnationale **298**
Friedensmissionen, transnationale 298
Friedensnobelpreis 246
Friedenspreis des Deutschen Buchhandels 247
Fromm, Erich
  erkannte das menschliche Streben nach
    sozialer Anerkennung 144
  Medien sind Verabreicher von Opiaten 343
  seine Begriffe der kulturell vorgeprägten
    Defekte und kulturellen Opiate 30
Frost, J. W.
  Religion war bedeutende Kriegswaffe, kann
    auch bedeutende Friedensresource sein
    165
Fuller, Gary
  prägte den Begriff des Jugendüberschusses
    152
Fundamentalismus
  christlicher 192
  islamischer 202
  jüdischer 185
Funktionärsherrschaft 241
Futurismus
  verheerlichte den Krieg 222

Futuristen
  fortschrittsgläubige Techno-Anarchisten 222

G

Galilei, Galileo
  kopernikanisierte die moderne
    Naturwissenschaft 160
Galton, Francis J.
  Gründer der Eugenik 212
Galtung, Johann
  führte den Begriff der kulturellen
    Gewalttätigkeit ein 109
  prägte den Begriff der strukturellen Gewalt
    308
Gandhi Peace Award 247
Gandhi, Mahatma
  ein Ideologe der Gewaltlosigkeit 302
Gaswaffen
  erstes Verbot 1899 250
  ungesühnte Einsätze 275
  Verbot 1925 252
Gat, Azar
  Kriege als Optimierungsprozesse 420
Gebietskörperschaft
  Definition 44
  Unterbegriff von territorial-hegemonisches
    Kollektiv 43
Gefallene
  Definition 130
Gefängnisbevölkerung
  in den USA 317
Gefechtstote
  Definition 129
Gefolgschaft
  Zwischenstufe von Familienverband zu
    Stamm 48
Geheimdienste
  Frage des zulässigen Handlungsrahmens 283
Gehorsamkeit, eine Verhaltensregelmäßigkeit
  31
Gemeinschaft
  Definition 43
Gemeinschaftsfremde 83
Genealogie des Staates 46
General Agreement on Tariffs and Trade, GATT
  325
Genfer Abkommen I (1949) 255
Genfer Abkommen II (1949) 255
Genfer Abkommen III (1949) 255
Genfer Abkommen IV (1949) 255
Genfer Flüchtlingskonvention (1951) 256
Genfer Gaskriegsprotokoll (1925) 252, 262

Genfer Konvention, Zusatzprotokoll I (1977) 257

Genfer Konvention, Zusatzprotokoll II (1977) 257

Genfer Konvention, Zusatzprotokoll III (2005) 258

Genfer Kriegsgefangenenkonvention (1929) 268

Genozid
Ausklammerungen der UN-Genozidkonvention 254
ein unscharf gebrauchter Begriff 91
göttlich verordneter (Herem) 185
Sprachgebrauch der UN-Genozidkonvention 91

Genussverzicht im Diesseits 183

gerechter Krieg
nie Teil der christlichen Lehre 191

Gerechtigkeitssinn, neurophysiologische Basis 27

Gerstenberger, Heide
konsensueller Nationalstaat aus Enteignung personalen Herrschaftsbesitzes 52
schrieb über die Entstehung der Nationalstaaten 50

Gerücht 30
Definition 231
politisches 231

Geschichtsschulbücher
vielfach nationalistisch verzerrt 339

Gesellschaft
Definition 43

Gesellschaftsformen
stammesbezogene 235

Gesellschaftswelt, ein Begriff von E.O. Czempiel 52

Geser, Hans
soziale Gebilde als autonome überindividuelle Gebilde 41
warf die Frage der Ethik für Kollektive auf 344

Gesetze
sollen Verhaltensregelmäßigkeit erzwingen 31

Gewaltausführungsereignisse
Definition 121

Gewaltenteilung
Locke stellte eine Zweiteilung fest 238
Medien als fünfte Gewalt 311
Montesquieu stellte eine dritte Gewalt fest 238
Wesenskomponente der Demokratie 238
Zivilgesellschaft als vierte Gewalt 239

gewaltfördernde Gesellschaftsstrukturen 308

Gewaltkonflikte
Definition 121

gewaltlose Konfliktaustragung 302

Gewaltlosigkeit, grundsatzsbedingte 302

Gewaltmonopol 42, 50, 52

Gewalttätigkeit
allophobische Siehe Allophobiegewalttätigkeit
ihre Privatisierung erleichtert die Umschiffung internationaler Konventionen 100
pädagogische 329
symbolische 329

Gewalttätigkeitsereignisse
ihre historische Häufigkeit 121

Gewaltträchtigkeit
sozialer Systeme 232
von Weltanschauungen 157

Gewissen
laut Freud eine "soziale Angst" 29

gezielte Tötung prominenter Funktionsträger 105

Giddens, Antony
Nationalstaaten als umgrenzte Machtbehälter 44

Giftgas
erster militärischer Einsatz 1915 209

Gill, Bernhard
sah eine hinderliche Arbeitsteilung zwischen Historikern und Soziologen 64
zum Thema Warlords 96

Giovanni da Legnano
Grundmotivationen kollektiver Gewalttätigkeit sind ökonomischer Art 410

Girard, René
Religionen befrieden durch homöopathische Dosen sakralisierter Kollektivgewalttätigkeit 166

Glaube
Definition 30

Glaube an eine Wiedergeburt 176

Gleichberechtigung der Frauen 319

Gleichberechtigung der Homosexuellen 319

Gleichheit, ein künstlicher Zustand 306

Gleichschaltungsgewalt 315

Globalisierungskrise
erste 222

Globalisierungskritik 326

Glotz, Peter
prägte den Begriff der Zweidrittelgesellschaft 318

Gneisenau, August von
befürwortete den Einsatz irregulärer Streitkräfte 99

Gobineau, Arthur de
    Vorreiter der Rassentrennungspolitik 211

Google, Zensurapplikation in China 328

Götz, Aly
    prägte den Begriff der Wohlfüldiktatur 226

Gouvernementalität 53
    von Foucoult geprägter Begriff für die Art des
        Sich-Regieren-Lassens 44

Gouvernementalität, Geschichte der 46

Grammatik des Krieges
    ein Eskalationsschema der
        Kollektivgewalttätigkeit 420

Gramsci, Antonio 239, 417
    ein Ideologe der Gewaltlosigkeit 302
    Staat besteht aus zwei Ebenen 239

Granet, Marcel 169, 170
    dem chinesischen Denken sind Dichotomien
        fremd 170
    nicht Gesetze und Götter leiten das
        chinesische Individuum, sondern Vorbilder
        170

griechisches Feuer
    Vorform des Napalms 209

Grotius, Hugo
    legte die Grundlagen des modernen
        Völkerrechts 412
    postulierte ein Recht auf
        Kriegsdienstverweigerung 246

Grotjahn, Alfred
    ein Nestor der deutschen Rassenhygiene 212

Grundsatz der Normbindung
    im römischen Recht 400

Guantanamo
    extraterritoriale Menschenrechtsverletzungen
        285

H

Haager Abkommen zum Schutz von Kulturgut
    bei bewaffneten Konflikten (1954) 256

Haager Konvention I 249

Haager Konvention II 249

Haager Konvention III 250

Haager Konvention IV 251

Haager Konvention X (1907) 251

Haager Landkriegsordnung (1899) 249

Haber, Fritz
    entwickelte einen Grundstoff für Sprengstoff
        und Dünger sowie Giftgas 209
    erhielt trotz Kriegsverbrechen einen
        Nobelpreis 275
    Verwandte von ihm wurden später mit dem
        von ihm entwickelten Zyklon B vergast
        209

Habermas, Jürgen
    prägte den Begriff der Verrechtlichung 52
    wies auf die schleichende Erodierung sozialer
        Sinngehalte durch Nutzenoptimierung hin
        344

Haeckel, Ernst
    Begründer der deutschen Rassenhygiene 213

Haferkamp, Heinrich
    Kriegsfolgen sind noch weniger erforscht las
        Kriegsursachen 60

Halbwachs, Maurice
    machte auf das Phänomen des kollektiven
        Gedächtnisses aufmerksam 227

Haller, Karl Ludwig von
    Staatsmacht beruht auf Grundbesitz 234

Handeln, affektives
    Begriff von Max Weber 25

Handeln, traditionales
    Begriff von Max Weber 29

Handeln, wertrationales
    Begriff von Max Weber 29

Handeln, zweckrationales
    Begriff von Max Weber 29

Handelsbarrieren für Agrarimporte der
    Industrieländer 324

Handelsverzerrungen
    dienen derzeit der innenpolitischen
        Stabilisierung der westlichen Welt 324

Hass
    auf Andersgläubige 183

Hauser, Monika
    gründete Medica Mondiale 282

Hegel, Georg Wilhelm Friedrich 345
    predigte eine Apotheose des Ersatzgottes
        Nation 225
    reduzierte das Individuum zur ontologischen
        Null 225
    stellte eine Herr-Knecht-Theorie auf 144
    untermauerte philosophisch den preußischen
        Absolutismus 207

Hegemonie 53
    kulturelle 239
    politische 239

Hegemoniezyklentheorie 417

Heidegger, Martin 208
    ein kritikloser Kopernikanist 161
    warnte von humanisierenden christlichen
        Vorstellungen 226

Heidelberger Institut für Internationale
    Konfliktforschung e.V. 421

Heidenreich, Barbara
    Mythen sind die älteste Form der
        Geschichtsschreibung 228

Heiliger Krieg
    im Islam 199
    im Judentum 185

Heilslehre
    buddhistische 203
    jüdische 183

Heine, Heinrich
    prägte den Begriff der offenen Gesellschaft
    341

Heinsohn, Gunnar
    betrachtet wohlhabenden Jugendüberschuss
    als gewalttätigkeitsträchtiger 152

Hell in the Pacific
    Kriegsfilm über Feindschaft als soziales
    Konstrukt 58

Heller, Joseph
    kolportierte die Divergenz individueller
    Motivationen von Kriegsteilnehmern 146

Henarchie
    Synonym von D'Azeglio für globale
    Ordnungsmacht 320

Henecka, Hans Peter
    entwarf ein Schichtenmodell sozialer
    Konstrukte 36

Heraklit
    der Konflikt ist der Vater der Dinge 142
    die Nachwelt hat seine Botschaft zur
    Bagatellisierung des Krieges umgedeutet
    205

Herder, Johann Gottfried
    plädierte für natürliche Grenzen eines
    Nationalstaats 217

Herrschaft *Siehe Hegemonie*
    Positionalisierung der Herrschaft
        von H. Popitz vorgeschlagener Begriff 51

Herrschaftseinheit
    Synonym von territorial-hegemonisches
    Kollektiv 43

Herrschaftsinstitution
    Begriff Max Webers für territorial-
    hegemonisches Kollektiv 43

Herz, John H.
    prägte den Begriff Sicherheitsdilemma
        von J.H. Herz geprägter Begriff 320

Heterophobie
    Synonym von Allophobie 83

Hexenbulle (1484) 432

Hexenverfolgungen
    überwundene Form der
    Kollektivgewalttätigkeit 432

Hierarchiekonflikt
    Definition und Beispiele 80

Hill Green,Thomas
    Freiheit besteht nicht nur aus der
    Abwesenheit von Zwang 215

Hinduismus
    die Religion der indoeuropäischen Eroberer
    173

Historikerstreit 222

Hitler, Adolf
    einer der größten Megamörder der Geschichte
    338
    gelangte ohne Volkschulabschluss an die
    Spitze eines der mächtigsten Staaten 225
    gründete seine Ideologie nicht auf Religion,
    sondern auf Philosopie und Scientismen
    204
    netter Mensch und verständnisvoller Chef
    147
    sein Werk "Mein Kampf" wurde nie auf den
    Index gestellt 196
    vertiefte sich 1924 in die Rassenhygiene 212
    wollte Tausende von Jahren menschlicher
    Domestikation ausmerzen 334
    wurde nie exkommuniziert 196

Hobbes, Thomas
    befürwortete die indirekte Regierung 237
    Kriege sind das geringere Übel 412
    sah den Krieg zwischen den Leviathanen als
    das geringere Übel 57
    schätzte Kollektive für vernünftiger ein als
    Individuen 286
    Staat als künstlicher Mensch 40
    Theoretiker des territorial-hegemonischen
    Kollektivs 43

Hobsbawm, Eric
    Ethnizismus und Rassismus sind benachbart
    90
    schrieb über die Entstehung der
    Nationalstaaten 50

Holismus
    eine Frühform des Szientismus 159

Holocaust
    de facto ein Religiozid 86
    de intentio ein Genozid 86
    durch ideologische Implosion mit territorialer
    Expansion potenziert 235
    machte nur einen Prozent der
    Urteilbegründungen des IMG aus 292
    Vergleich Heideggers mit Vertreibung der
    Deutschen aus Ostgebieten 208

Homo Internet 327

Homo necans
    Begriff von Walter Burkert 30
    Definition 166

Homo oeconomicus
    Definition 143

Homo politicus
    Definition 144

Homo reciprocans
  Definition 144

Homo sacer 239

Homo sapiens pacificus 327

Homo sociologicus
  Definition 144

Hondrich, Karl Otto
  Krieg als Lehrmeister der Kollektive 64, 286

horizontale Sozialbeziehungen
  von F. Oppenheimer eingeführter Begriff 51

Human Rights Watch (HRW)
  eine NGO 290

Human Security Response Force (HSRF)
  eine EU-Friedenstruppe 300

Humanisierung des Krieges 266

Humanismus
  Entstehung 162
  priorisiert Werte und Würde des Individuums
  162

humanitäre Intervention
  durch Menschenrechtsverletzung
    gerechtfertigter Eingriff in innerstaatlichen
    Konflikt 298
  von UN-Charta eigentlich verboten 260

Husserl, Edmund
  beklagte den Verlust des Bezugs der
    Wissenschaften zur menschlichen
    Lebenswelt 208
  beklagte die Ignorierung des Subjekts durch
    die Wissenschaft 162
  betrachtete Naturgesetze als idealisierte
    Kausalitäten 160
  sah die moderne Wissenschaft als
    mathematisierende Umdeutung der Natur
    160

I

Ibn Khaldoun
  der zeitlich begrenzte Zusammenhalt
    städtischer Machtstrukturen ist der
    Hauptgrund von Kriegen 410

ICTR
  der 2. transnationale Ad-hoc-Strafgerichtshof
    der UN 293
  Internationaler Strafgerichtshof für Ruanda
    293

ICTY
  der 1. transnationale Ad-hoc-Strafgerichtshof
    der UN 293
  Internationales Kriegsverbrechertribunal für
    das Ehemalige Jugoslawien 292

Ideokratie, Definition 221

ideologische Allophobie *Siehe*
  Allophobiegewalttätigkeit

ideologische Gewalttätigkeit
  Quasisynonym von allophobischer
    Gewalttätigkeit 83

IFOR
  eine NATO-Eingreiftruppe 300

Illuminismus
  Definition 214

IMG
  belangte primär nur Individuen *292*
  die erste gerichtliche Belangung von
    Besiegten 291
  fokussierte konventionelle Kriegsverbrechen
    292
  Internationaler Militärgerichtshof von
    Nürnberg 291
  nur eine freiwillige Mitgliedschaft an
    verbrecherischer Organisation ist strafbar
    285

IMTFE
  Internationales Militärtribunal für den Fernen
    Osten 292

Individualisierungsirrtum
  ein von John Ladd benutzter Begriff 57

Individualismus
  vs. Ptolemäismus 162

Individuum
  Entäußerung 29
  Entfremdung 29
  Primat über Kollektiv 236
  Schutzlosigkeit durch Industrialisierung 218

Industrialisierung
  verursacht individuelle Schutzlosigkeit 218

INF-Abkommen (1986) 264

Inquisition
  sprach Andersgläubigen das Existenzrecht ab
    86, 192

Instinkte
  Definition 25

Integrationsideologien 157

intentio recta
  der Angreifer mus Gutes wollen 193

Interdependenzketten
  erklären nach N. Elias den
    Zivilisationsprozess 41

International Peace Bureau (IPB)
  siehe Internationales Ständiges Friedensbüro
    249

Internationale Arbeitsorganisation (ILO)
  (Friedensnobelpreis 1969) 319

Internationale Atomenergiekommission
  Friedensnobelpreis 2005) 262

Internationale Frauenliga für Frieden und
  Freiheit (IFFF) 246

Internationale Pakt über Bürgerrechte und
    Politische Rechte (1966) 256

internationale Tage
    zur Divulgierung zivilisatorischer Ziele 247

Internationalen Atomenergieorganisation
    (IAEO)
    Gründung 262

Internationalen Pakt über wirtschaftliche,
    soziale und kulturelle Reformen (1966) 256

Internationaler Gerichtshof (IGH)
    Gründung 1945 274
    übt nur Gutachter- und
        Schiedsgerichtfunktionen aus 295

Internationaler Gerichtshof des Völkerbundes
    295

Internationaler Militärgerichtshof von Nürnberg
    siehe IMG 291

Internationaler Schiedsgerichtshof 295

Internationaler Strafgerichtshof
    siehe IStGH 293

Internationaler Strafgerichtshof für Ruanda
    siehe ICTR 293

Internationaler Währungsfond (IWF) 324

Internationales Komitee des Roten Kreuzes
    (IKRK) 272
    Denunziationsdefizite 288
    Friedensnobelpreise 1917, 1944, 1963 272
    Inspektion des KZ Auschwitz ohne
        Beanstandung 288
    Kontrollorgan der Genfer Abkommen 256

Internationales Komitee für
    Geschichtswissenschaften 340

Internationales Kriegsverbrechertribunal für das
    Ehemalige Jugoslawien
    siehe ICTY 292

internationales Recht
    Definition 244

Internationales Ständiges Friedensbüro (1891 bis
    1950) 245, 249

Interparlamentarische Union 245, 246

Intoleranz
    im Christentum 191
    im Islam 200
    im Judentum 183

Islam
    im Ansatz mit einigen
        Humanisierungsvorsprüngen 201
    Kriegshumanisierungsvorschriften 244
    Überwiegen der religiösen Intoleranz 200
    Verhältnis zur kollektiven Gewalttätigkeit
        199

Ismaeliten
    eine radikalislamische Splittergruppe der
        Schiiten 201

IStGH
    der 1. permanente transnationale
        Strafgerichtshof der Geschichte 293
    der erste permanente transnationae
        Strafgerichtshof 294
    Einschränkungen des Handlungsspielraums
        294
    Internationaler Strafgerichtshof 293

ius ad bellum
    Definition 244
    epochale Veränderungen 230
    vorläufiges Ende der Epoche des 252

ius in bello 244

ius sanguinis
    Definition 316
    ein Residuum des Personalitätsrechts 51

ius soli
    Definition 316

J

Jahwe
    Entwicklung vom Stammesgott zum
        Kohäsionsgott eines Stammensverbandes
        und schließlich zum alleinigen Gott 181

Jesaja
    predigte Genozid 185
    propagierte die Wiederauferstehung des
        Fleisches 183

Jesus siehe Christus

Joas, Hans
    kritisierte das analytische Versagen der
        Soziologen beim Ausbruch des 1. WK 63
    Menschenrechte basieren auf Sakralisierung
        des Individuums 163

Johannes Paul II. (Carol Wojtyla) 64

Josua
    predigte Genozid 185

Judentum Siehe jüdische Religion

jüdische Religion
    als Anti-Assimilierungsideologie. 182
    Entstehungskomponenten 181
    ethnische Bindung 183
    meta-patriarchalische Loyalität 182
    Stammesbezogenheit 186
    Verhältnis zur kollektiven Gewalttätigkeit
        180

Jugendüberschuss, reicher 152

Jüngstes Gericht 187

juristische Personen
    in Rechtsystemen eigenverantwortliche
        Subjekte 41

K

Kafka, Franz
die Ungeduld als Hauptsünde 142

Kaldor, Mary 299
prägte den Begriff Elitozid 91

Kampftote
Definition 129

Kannibalismus
überwundene Form der
Kollektivgewalttätigkeit 429

Kant, Immanuel
ein ptolemäischer Philosoph 162
erkannte den Zusammenhang zwischen
Verfassung und externer Gewalttätigkeit
309
erkannte die Notwendigkeit, die zur Gewalt
neigende Eigendynamik der Staaten durch
institutionelle Normen einzudämmen 404
forderte eine Föderalismus freier Staaten umd
Kriege zu vermeiden 414
forderte Verbot von Staatsverschuldung für
Militärausgaben 414
gegen privatrechtliche Handhabung von
Staaten 234
postulierte den Menschen als das Maß aller
Dinge 207
wies auf das Rüstungsdilemma hin 320

Kapferer, Jean-Noel
Gerüchte sind das älteste Massenmedium der
Welt 231

karitative Programme
ihre Problematik 325

kategorischer Imperativ
Postulat von Kant 28

Keane, John
Demokratie hat einen gewalttätigen Ursprung
310
formulierte das Arkadische Gesetz 309
plädiert für eine Rechenschaftspflicht der
Gewaltinstitutionen 345
sieht eine 3. Generation des demokratischen
Modells 238

Keegan, John
Kriege unterliegen keiner Zweckrationalität
419

Keil / Kellerhoff
Mythen als Geschichtskittung 228

Kellogg-Briand-Pakt (1928) 252

Kennedy, Paul
gesiegt haben stets die reichsten Großmächte
156
postulierte, dass politische Macht sich immer
auf ökonomischer Macht gründet 142
verficht die Wichtigkeit der Vereinten
Nationen 322

Keohane, Robert O.
erweiterte den Erklärungsrahmen
internationalen Handelns 417

Kershaw, Ian
Nationalsozialismus war eine übersteigerte
Form des Faschismus 222

Kette von Nicht-Verantwortlichkeiten 242

Kindermann, Gottfried-Karl
analysierte Determinanten internationalen
Handelns 417

Kinderopfer
eine gewalttätige Bremsung des
Bevölkerungswachstums 165

Kindersoldaten 102
Bannung durch UN-Konvention (2000) 258
ein zivilisatorischer Rückschritt der jüngsten
Vergangenheit 101
UN-Altersgrenze von 15 Jahren wurde nur
nach Protesten auf 18 Jahre angehoben 101

Kindstötungen
überwundene Form der
Kollektivgewalttätigkeit 430

Klassenmord
Synonym von sozialer Demozid 89

klassischer Realismus 416

Kleinwaffen
Definition 271

Koehl, Robert
prägte den Begriff des neofeudalen Imperiums
223

koerzitive Herrschaft 53

Koexistenzrecht
Verweigerung durch
Allophobiegewalttätigkeit 83

Kollateralschäden
euphemistische semantische Manipulation
259

Kollektiv
Definition 36

Kollektive
als Erinnerungsgemeinschaften 228
als Vergessensgemeinschaften 228
Bestrafung von 287
Frage der Lernfähigkeit von 286

kollektive Aggressivität 416

kollektive Erinnerung 228

kollektive Gewalt 18

kollektive Gewaltanwendung 18

kollektive Gewaltsamkeit 18

kollektive Gewalttätigkeit 18, 54
als ansteckende Krankheit von Kollektiven 63
als kulturelles Opiat 30
als Selbstoptimierung zu Lasten der
Menschheit 149

Auslöser 71
Definition von John Ladd 54
Eindämmung 244
eine lange Tradition der Impunität 275
Erträglichkeitsgrenze 137
gegen Kulturgüter 110
gegen Zivilbevölkerung 105
im Auftrag der Wahrheit 188
im Auftrag Gottes (anthropomorpher
    Monotheismus) 182
Individuen spielen bei der Ausführung eine
    soziale Rolle 98
Motivationen 71
Motivationen der Beendigung 97
Pönalisierung *Siehe* Pönalisierung kollektiver
    Gewalttätigkeit
strukturelle 106
Ursachen 71
Verbot für Staaten durch UN-Charta 254
vs. Klimaschwankungen 139
vs. Religionen 164
zur Frage der geeignetsten Messgröße ihrer
    Intensität 122
kollektive Ideologie 146
kollektive Konflikte 53
Vermeidung 305
kollektive Mythen 227
kollektive Paradigmen
Definition 230
kollektive Sicherheit 320
kollektive Stereotype
vereinfachende Bewertungsraster eines
    Kollektivs 229
kollektive Visionen 229
kollektive Vorurteile
vereinfachende Bewertungsraster eines
    Kollektivs 229
kollektive Zwangsmaßnahmen, Einräumung
    durch UN-Charta 254
kollektiver Gewalttätigkeit
kollektive Vergewaltigungen 282
kollektives Vergessen 228
Kollektiv-Ethik 344
Kollektivgedächtnis
Definition 227
Kollektivgewalttätigkeit siehe kollektive
    Gewalttätigkeit
koloniale Handelsgesellschaften 50
Kombattanten
Definition 99
Kombattanten, gesetzwidrige
Bezeichnung zur semantischen Umgehung
    des humanitären Schutzes von
    Kombattanten 99

Kommunikation
durch Spiegelneuronen ermöglicht 27
Kommunikation mit dem Jenseits
zentrale Kontrolle im Judentum 183
zentrale Kontrolle im Katholizismus 190
Kommunikationsmittel als Voraussetzung
    territorial-hegemonischer Kollektive 44
Kommunismus
Definition 220
Kommunitarismus 417
Konferenz für Sicherheit und Zusammenarbeit-
    KSZE 320
Konflikt- und Friedensforschung
muss gewaltfördernde Strukturen freilegen
    308
Schwierigkeiten 304
Konfuzius 171
entwarf eine rein irdisch basierte Ethik 170
Konsens der Untergebenen 53
Konstitutionskonflikt
Definition und Beispiele 81
Konsumverzichts- und
    Zukunftssicherungsdenken 168
Konzentrationslager
Vergleich Heideggers mit mechanisiertem
    Ackerbau 208
Konzil
2. Lateran (1139) 261
von Macon (585)
    Verbot der Plünderung nach einem Sieg
    269
von Nikaia (325) 189
von Orleans (541)
    Berbot, besiegte Feinde zu töten 267
von Zamora (1391) 87
kopernikanistische Denkweise
priorisiert die Reduktion der konzeptionellen
    Komplexität 159
Kopernikus, Nikolaus
brachte das heliozentrische Modell wieder in
    den Vordergrund 159
Koran
erhebt den Anspruch, sämtliche
    Lebensbereiche für alle Zeiten zu regeln
    202
vom Religionsgründer nicht selbst verfasste
    heilige Schrift des Islam 199
Kosovo-Dilemma
Souveränität vs. Verteidigung von
    Menschenrechten 280
Krankheit der Zeit 142
Kreuzritterorden 50

Krieg
    asymmetrischer 111
    Definitionen 103
    Entstaatlichung 99
    gerechter 191
    Humanisierung 266
    Nationalisierung 98

Krieg aller gegen alle 40

Krieg aller Leviathane gegen alle Leviathane 57, 412

Krieg der Sterne 210

Krieg gegen den Terrorismus
    ein Slogan 106

Kriegsächtungspakt (1928) 252

Kriegsdienstverweigerung, Bewegungen der
    Neuzeit 246

Kriegserklärung
    Beispiele von Kriegen ohne vorherige 259
    unterliegt nur schwacher parlamentarischer
        Kontrolle auf 310

Kriegsgefangene
    in der Antike völlig rechtlos 267

Kriegsprofiteure 246

Kriegsrecht
    Definition 244

Kriegssoziologie 416

Kriegsstaat
    Begriff von W. Reinhardt 51

Kropotkin, Pjotr Alexejewitsch
    Geselligkeitsinstinkt stärker als
        Selbstbehauptungsinstinkt 27
    in der Evolution behaupten sich nicht die
        Stärksten, sondern die Geselligsten 45

KSE-Vertrag (1990) 264

Kultur 20, 109

kulturell vorgeprägte Defekte
    Begriff von Erich Fromm 30

kulturelle Gewalttätigkeit
    Definition und Beispiele 109

kulturelle Hegemonie ist Vorbedingung der
    politischen Hegemonie 239

kulturelle Opiate 30

kulturelle Semantik 227

Kulturimperialismus 219

Kulturteilchen
    Begriff von F.T. Cloack 30

Kulturvandalismus
    Definition und Beispiele 110

Küng, Hans
    fordert von der katholischen Kirche die
        Aufgabe ihrer kopernikanistischen Exzesse
        418
    Weltethos zur Zusammenführung der Ethiken
        der Weltreligionen 335
    wies auf die Notwendigkeit von
        Religionsreformen zur Friedenssicherung
        hin 418

L

Ladd, John
    lieferte eine gute Definition kollektiver
        Gewalttätigkeit 54
    wies auf den Individualisierungsirrtum hin
        57

Lafayette, Marquis de
    veranlasste die Erklärung der Menschen- und
        Bürgerrechte 403

Lamarck, Jean-Baptiste
    Urgroßvater der Evolutionstheorie 210

Landminen
    eine perfide Waffe 270
    Einschränkung des Gebrauchs (1980) 263
    Verbot 1996 271

Landminen-Abkommen (1997) 271

Landsturm 98

Laotse
    Gründer des Taoismus 171

Larrey, Dominique
    Pionier der Verwundetenversorgung 267

Le Bon, Gustave
    wies auf die Manipulierbarkeit von
        Individuen durch Massen hin 41

Le Goff, Jacques
    die Vergangenheit hängt zum Teil von der
        Gegenwart ab 335

Lebensdauer territorial-hegemonischer
    Kollektive 140

Legitimation durch Verfahren
    ein Begriff von Niklas Luhmann 52

Leibholz, Gerhard
    betrachtet Parteien nicht als Teil der
        Zivilgesellschaft 240

Leibniz, Gottfried Wilhelm
    schlug die Bildung einer europäischen
        Föderation vor 413

Leitkultur
    von Bassam Tibi mit Bezug auf Europa
        geprägter Begriff 219

Lemkin, Rafael
    prägte 1944 den Begriff Genozid 91

Leviathan 412
    Spitzname von Hobbes für territorial-
        hegemonisches Kollektiv 43
    von Hobbes eingeführte Bezeichnung des
        Staats 40

Lex Plautia de vi
pönalisierte Gewalttätigkeit in öffentlichen
Belangen 18

libero arbitrio, de 189

Lieber Code 99, 248
stufte Vergewaltigung als Kapitalverbrechen
ein 282

Lieber, Francis
verfasste Regeln für die Kriegsführung 248

Lincoln, Abraham 248
postulierte das Primat des Wohlergehens des
Individuums 405

Locke, John
tabuisierte Eingriffe des Staats in die
Privarsphäre 402

Londoner Seekriegsdeklaration (1909) 251

Londoner Seerechtskonferenz (1908/1909) 251

Long, Edward
erster Ideologe des Rassismus 211

Lorenz, Konrad
postulierte einen Aggressionstrieb im
Menschen 143

Low Intensity Conflict (War) 418
Definition 110

Loyalitätszwang
sozial eingeprägte emotive Verbindlichkeit
144

Luard, Evan
setzte auf Sanktionierung durch Tabuisierung
417

Luhmann, Niklas
Co-Evolution von sozialen Systemen und
psychischen 41
wies auf das Streben nach Reduktion von
konzeptionellen Komplexität hin 159
zur Legitimation durch Verfahren 52

Luther, Martin
aus seinem weg von Rom wurde eine hin zur
Landesregierung 194
befürwortete die Todesstrafe für
Schadenszauber d.h. u.a. Hexerei 433
der Mensch unterliegt einer Vorbestimmung
189
hielt an einigen nicht auf den Evangelien
basierenden Dogmen und Riten fest 194
Konsubstantiation statt Transsubstantiation
190
lehnte das Fegefeuer ab 190
lehnte das Fronleichnamfest ab 190
trug zur Verhinderung von Sozialreformen bei
225

Luxemburg, Rosa
Vordenkerin Antonio Gramscis 236

M

Machiavelli, Niccoló
erkannte die eigenen Logiken und
Motivationen von Staaten 410
schloss in den Begriff des Staats die
Bevölkerung mit ein 43

Macht
Entpersonalisierung von 51

Machtverteilung
Entpersonalisierung 51

Mafia
eine Ausführungsform kollektiver
Gewalttätigkeit 95

Magna Carta (1215)
ein erster Schritt zur Gewaltenteilung 402

Makro-Ebene
Definition 37

Malteser International
eine NGO 273

Malthus, Thomas
wies auf die Gefahren ungebremsten
Bevölkerungswachstums hin 151

Mann, Thomas
zur deutschen Geschichte 225

Marginalisierungsideologien 157

Marini, Antonius
schlug 1464 einen europäischen Staatenbund
vor 410

Marshall, George C. (Friedensnobelpreis 1953)
324

Marshallplan 324

Martens, Friedrich Fromhold
ein Vorreiter des humanitären Völkerrechts
250

Martens'sche Klausel 249, 251
erste Anwendung 249

Martin Ennals Award for Human Rights
Defenders
ein Friedenspreis 247

Martin Luther King jr.
setzte sich für die vollständige Umsetzung der
US-Unabhängigkeitserklärung ein 409

Martini, Erich
setze Malaria-Stechmücken als Kriegsmittel
ein 276

Märtyrertum
im Christentum 189
im Islam 200
im Judentum 183

Marx, Karl
predigte eine gewalttätige Form des
sozialistischen Anliegens 220

Marxismus
  als Fluchtweg sozialer Bezugsarmut 218
  Definition 220
  Hauptirrtümer 220

Massenvernichtungsstätten
  des 3. Reichs 86

Masson, Denise
  analysierte die Gemeinsamkeiten der drei
    abrahamitischen Religionen 333

Matriarchat
  Unterform der Kohäsionsnorm der Familie 48

Matthies, Volker
  zum Thema Neue Kriege 97

Maunior, Th.
  Mitbegründer des Roten Kreuzes 267

Maurras, Charles
  prägte den Begriff des integralen
    Nationalismus 218

Maury, Jean-Sifrein
  Kollektivgewalttätigkeit ist eine kulturelle
    Entartung 413

McCain, John
  setzte sich gegen verkappte Formen der Folter
    ein 281

McCarthy, Colman
  entlarvte Kriegsdienstvermeidung der US-
    Kongressmitglieder 242

Mead, George Herbert
  begründete den Sozialbehaviorismus 29

Mearsheimer, John J.
  das Hegemoniestreben der Staaten verhindert
    eine globale Hegemoniemacht 419

Medica Mondiale
  eine NGO zum Schutz der Frauen 272

Medien
  als fünfte Gewalt im Staate 311
  Definition 342
  sind Sozialkonstrukte 342
  sind Verabreicher kultureller Opiate 343

Medienfreiheit
  Wesenskomponente der Demokratie 311

Meinungsfreiheit
  Wesenskomponente der Demokratie 236

Mem
  von Dawkins geprägter Begriff für
    Gedankenbausteine 30

Menchaca, Fernando Vasquez de
  absolute Macht verleitet zu
    Kollektivgewalttätigkeit 412

Menenius Agrippa
  verglich sozialen Organismus mit
    menschlichen 40

Mensch als egozentrischer Nutzenoptimierer 39

Menschenopfer
  im Alten China 169
  überwundene Form der
    Kollektivgewalttätigkeit 429

Menschenrechte
  Erzwingung 299

Menschenvernichtungsstätten
  der Roten Khmer 227
  zur Massentötung im industriellen Maßstab
    105

Merkantilismus
  Definition 214

Meso-Ebene
  Definition 36

Meta-Ebene
  Definition 37

Migrationen
  Arbeitsmigration 314
  Armutsmigration 314
  Auswanderungsdruck 314
  Einwanderungssog 314

Mikro-Ebene
  Definition 36

Militärausgaben
  Tabelle mit historischen Schätzwerten 118

Militärbevölkerung
  Tabelle mit historischen Schätzwerten 115

militärindustrieller Komplex
  Begriff von D. Eisenhower 265

militärische Streitkräfte, 98

Militärtote
  Definition 129
  Schätzwerte pro Jahrhundert 133

Minenprotokoll (1980) 270

Mischehen
  durch Religionen erschwert 316

Mitgefühl
  Synonym von Empathie 26

Modernisierungsverlierer
  Begriff von Robert Paxton 222

Mohammed
  Religionsgründer 199

molekularer Bürgerkrieg
  Definition 111

Mommsen, Hans
  analysierte den zivilisatorischen Zerfall im 3.
    Reich 226

Monopolmechanismus
  von Elias befürchtetes Evolutionsgesetz 45

Monotheismus
  animistischer 172
  anthropomorpher 180
  erleichterte Monopolisierung der
    Kommunikation mit dem Jenseits 173

funktionaler 178
inklusiver 174, 182
relativer 181
totalitärer, absoluter, exklusiver, radikaler 183

Montague, Francis Charles
das Darwinsche Prinzip ist auf das soziale
Leben nicht anwendbar 215

Montesquieu, Charles Louis
gab historische Erklärung zum salischen
Recht 232
verteidigte den residualen Freiheitsraum des
Individuums vor dem zunehmenden
Zugriff des Staats 402

Moral, eine Verhaltensnorm 31

More, Thomas
Kriege werden aus ökonomischen und
demografischen Gründen geführt 410

Morgenthau, Hans
ideologisierte eine kurzsichtige Machtpolitik
einer Weltmacht 416

Moses
propagierte die Idee des auserwählten Volkes
183

Motivationen
von Individuen 24
von Sozialkonstrukten zur Gewalttätigkeit 71

Motivationselemente von Individuen
kulturelle 146
neurophysiologische 143
soziale 144

Motivationselemente von Kollektiven zur
Gewalttätigkeit
territoriale 150

Motivationstypen kollektiver Gewalttätigkeit
ihre historische Häufigkeit 126

Münkler, Herfried
Kriege haben nicht immer klar definierbaren
Anfang bzw. Ende 104

Musset, Lucien
sah das germanische Personalitätsrecht als
Rückschritt an 51

Mussolini, Benito 221, 222
postulierte nach dem 1. WK die Herrschaft
der Schützengräben 61

Myrdal, Alva (Friedensnobelpreis 1982) 212

Mythen
Abstammungsmythen 228
Definition 30
die älteste Form der Geschichtsschreibung
228
Verleumdungsmythen 229
Vertreibungsmythen 229
zur Erinnerung an erlittenes Unrecht 228
zur Umdeutung begangenen Unrechts 228

N

nacktes Leben
Schlagwort von G. Agamben 214

Namen von Straßen und Plätzen der Großstädte,
gewalttätigkeitsbezogene 68

Napoleon, Bonaparte
lieferte einen Beitrag zum zivilisatorischen
Fortschritt 207

Nation
als ontologische Entität 218
zwei Bedeutungen 216

nationale Kirchen 195

nationale Selbstüberhebung 224

Nationalfeiertage, gewalttätigkeitsbezogene 66

Nationalisierung der Kirchen 195

Nationalisierung der Kriege 98

Nationalisierung der Vergangenheit 339

Nationalismus
als Antidot gegen Kommunismus 218
zwei Bedeutungen 216

Nationalismus (1)
als Fluchtweg sozialer Bezugsarmut 218
Nationalbewusstsein 216

Nationalismus (2)
integraler 218
totalitärer 218
übersteigertes Nationalbewusstsein 216

Nationalitätenstaat
Definition 217, 219

Nationalkapitalismus
der eigentlich treffendere Name des
Nationalsozialismus 226

Nationalkommunismus
der Roten Khmer 227

Nationalsozialismus
Entstehungskomponenten 223

Nationalsprachen
durch allgemeine Wehrpflicht gefördert 62

Nationalstaat
Definition 217
Nivellierung von Unterschieden 217

neofeudales Imperium
Begriff von Robert Koehl 223

Neogramscianismus 417

Neoliberalimus 417

Neorealismus der Münchner Schule 417

Neue Kriege
von van Creveld postulierte These 110

neurobiologische Resonanzfähigkeit 26

Neutronenbomben 262

Nichtkampftote
  Definition 129

Nicht-Regierungs-Organisationen 289

nichttrinitäre Konflikte 418

Nichtverbreitungsvertrag (NVV) 262

Niemandsherrschaft
  von Hannah Arendt geprägter Begriff 241

Nietzsche, Friedrich
  Gewalt als Krankheit der Zeit 142
  lehnte Altruismus ab 26
  rückte den asozialen Macho in das Zentrum 207
  Sprache zerstört Mannigfaltigkeit 158

Nobel, Alfred
  machte Dynamit lager- und transportfähig 209

Nolte, Ernst
  löste den Historikerstreit aus 222
  prägte den Begriff der Ideokratie 221

Nolte, Paul
  die NS-Ideologen predigten eine Heilsgeschichte zur Lösung aller Existenzprobleme 225

Nordatlantikpakt (NATO) 320

normative Kollektive
  Definition 42

Normen, Definition 31

O

OECD 324

offene Gesellschaft 341

offensiver struktureller Realismus 419

öffentliche Gewalt 18

ökonomischer Realismus 416

OKW-Prozess 277

Onagrokratie
  Begriff von Benedetto Croce 222

Onfray, Michel 205
  forderte die Demontage der drei Monotheismen 330

ontologische Dichotomie
  Begründung durch Pythagoras 205

ontologische Wunde 205

Opferrituale
  eine Urform kollektiver Gewalttätigkeit 165

Oppenheimer, Franz
  kollektive Unterodnung stets mit wirtschaftlicher Ausbeutung verbunden 51
  Krieg als Urtypus internationaler Beziehungen 149
  oligarchische Residuen sind der Schwachpunkt der Demokratien 310

Oradour-Prozess (1953) 277

Organisation für Sicherheit und Zusammenarbeit – OSZE 320

Organisationsethik
  ein von H. Geser geprägter Begriff 344

organisierte Gewalt 18

organisierte Gewaltausübung 18

organisierte Gewalttätigkeit 18

organisierte Gewaltverbrechen
  eine Motivationstyp kollektiver Gewalttätigkeit 95

Orphismus 167

Osterweiterung der NATO 321

Ottawa-Ankommen 263

Outsourcing, Fremdbezug von Militärdiensten 100

P

Papst
  Franziskus I. 332
  Paul VI. (Giovanni Battista Montini) 261
  Urban IV. (Jaques Pantaléon) 190

Parallelgesellschaften
  Beispiel Deutschland 315
  Beispiele von Residuen vergangener Gewalttätigkeit 66

Pareto, Vilfredo 25
  bezeichnete kulturelle Motivationsfaktoren als Derivationen 30

Paris-Pakt (1928) 252

Parker, G.
  schrieb über die Entstehung der Nationalstaaten 50

Parmenides
  stellte das Übermenschliche über das Menschliche 205

Parsons, Talcott
  prägte den Begriff der Strukturerhaltung 39

Parteien
  als kollektive Intellektuelle 237
  dienen der Bildung kollektiver Meinungen 240

Parteiendemokratie 237

Partisanen
  irreguläre Streitkräfte 99

Partnerschaft für den Frieden (PfP) 321

Pascal, Blaise
  Kriege sind Duelle zwischen Staaten in einem rechtfreien Raum 413

patria iuris 322

patria naturae 322

patria potestas 48

Patriarchat
  Übertragung der Herrschaftsform auf den
    religiösen Bereich 182
  Unterform der Kohäsionsnorm der Familie 48

Patriotismus 144

Pauling, Linus
  setzte sich für den Bann der Atomwaffen ein
    209

Paulus von Tarsos
  postulierte göttlichen Willen hinter jeder
    Obrigkeit 191
  vollzog Abkehr vom Stammesdenken 188

Pax americana
  Definition und statistischer Beleg 124

Pax atomica
  Definition und statistischer Beleg 124

Pax democratica 238
  Definition 124

Pax Ptolemaeica
  Definition 124

Pax romana
  Definition und statistischer Beleg 124

Paxton, Robert O. 222

Pelagius
  Gegner des Dogmas der Erbsünde 189

Penn, William
  schlug die Einrichtung eines europäischen
    Parlaments vor 413

Perikles
  seine Grabrede ist eines der ersten Manifeste
    einer offenen Gesellschaft 401

Periodizität von Kriegen 142

Permanent Court of Arbitration 250

Personalität des Rechts 51, 232

Pharao Amenhotep V. *Siehe: Echnaton*

philosophische Weltanschauungen und
  kollektive Gewalttätigkeit 204

physische Erreichbarkeit
  als begrenzender Faktor der Größe territorial-
    hegemonischer Kollektive 44

Pico della Mirandola
  postulierte die von Gott gewollte Würde des
    Menschent 162

Platon 431
  befürwortete behördliche Beschränkung des
    Bevölkerungswachstums 153
  lehnte das demokratische Modell ab 237
  schlug Eugenik, Kindstötung, Inquisition und
    Konzentrationlager vor 206
  verschärfte die Unterordnung des
    Menschlichen unter das Übermenschliche
    205

Plessner, Helmut
  prägte den Begriff der verspäteten Nationen
    218

Ploetz, Alfred
  befürwortete Rassenhygiene 212

Pogrom
  Definition und Beispiele 83

Pogrom, ethnizistisches
  Definition und Beispiele 91

Pogrom, religiöses
  Definition, Ausführungsformen und Beispiele
    86

Pogrom, soziales
  Definition und Beispiele 89

Polemologie 416

polis
  griechischer Begriff für territorial-
    hegemonisches Kollektiv 42

Politik
  Definition 53

Politisch beabsichtigter Massenmord
  Synonym von Demozid 83

politische Gesellschaft
  von John Locke verwendeter Begriff 43

politische Gewalt 18

politische Landkarte
  im Wsentlichen mit Blut gezeichnet 65

politischen Grenzen 65

politischer Realismus 416

politisches Handeln
  Interaktionen in und zwischen Kollektiven 53

Politizid
  siehe Demozid, politischer 88

Polybios
  sah die Staaten als die Kriegsverursacher 57

Polykratie
  Definition 223

Polytheismus
  animistischer 167
  anthropomorpher, seine größere Eindringtiefe
    in Individuen 173

Polytheismus der Indoeuropäer
  das Übermenschliche behielt menschlichen
    Bezug 179

Pönalisierung irdischen Handelns im Jenseits
  bei den Ägyptern 168

Pönalisierung kollektiver Gewalttätigkeit
  der gesamten Gewaltkette 283
  der Mitgliedschaft in verbrecherischen
    Organisationen 286
  des Auslagerns von
    Menschrechtsverletzungen 285
  des Befehlens 284

des Befürwortens und Schürens 283
des Provozierens 284
von kollektiven Vergewaltigungen 282
von Kriegen 280
von Terrorismus 282
Popitz, Heinrich
Effizienzsteigerung birgt Gefahren 161
Popper, Karl
deckte die fatalen Folgen der Lehre Platons
auf 206
Porter, B.V.
schreib über die Entstehung der
Natiopnalstaaten 50
Postel, Guillaume
forderte die Rückführung der Religionen auf
gemeinsame Grundwerte 333
Friedenssicherung durch religiöse
Homogenisierung und territoriale
Integration 411
Pot, Pol
einer der größten Megamörder der Geschichte
227
Prädation
ein Motivationstyp kollektiver
Gewalttätigkeit 72
Agamben, Giorgio 214
Prärogative des Kontakts zur Überwelt
bei den Ägyptern 168
Präventivkrieg
Euphemismus von Angriffskrieg 285
preemptive war 417
Euphemismus für Angriffskrieg 285
Pressefreiheit 236
Preuß, Ulrich
wies auf irrationale Komponenten des
Verhaltens von Nationalstaaten hin 41
preventive war
Euphemismus für Angriffskrieg 417
private Militärfirmen 100
Privatisierung der Gewalttätigkeit 99
privatrechtliche Verfügung über
Territorialherrschaften 232
Prophet
Deuterojesaja 183
Elia 182
Ezra. 183
Hosea 182
Jesaja 183
Mohammed 199
Moses 182, 183
prophylactic war
Euphemismus für Angriffskrieg 285

Protagoras
stemmte sich gegen die kopernikanistische
Orientierung der Philosophie 162
prozedurale Manipulation
Beispiele 285
psychisches Kapital
Definition 227
Ptolemaios
perfektionierte das heliozentrische Modell
159
ptolemäische Denkweise
Definition 161
ptolemäische Rückwendung 346
Ptolemäismus
Definition 161
Pyrrhos-Kyneas-Dialog 147
Pythagoras
begründete die ontologische Dichotomie 205
Vorreiter der Kopernikanisierung der
Philosophie 159

R

Radikalfaschismus
Definition 222
Radikalismus
eine wirtschaftstheoretische Strömung 214
Rarotonga-Abkommen 264
Rasse, auserwählte 225
Rassismus
Definition 211
genetischer, biologischer 211
jüdische Vorform 183
kultureller 211
kultureller, der abrahamitischen Religionen
213
sprachlicher, Beispiel Heidegger 208
UNESCO-Definition 213
rationale Intelligenz 25
Realismus Siehe klassischer R. offensiver R.,
Neorealismus
Recht der bewaffneten Konflikte
Definition 244
Rechtsbewahrungsprinzip
das Recht zur Selbstverteidigung 301
Rechtsstaatlichkeit 236
römische Erfindung 400
Reduktionismus
reduziert konzeptionelle Komplexität 159
Reformation 194
Regeln ritterlichen Kämpfens 267
Regierungsprozess („governance") 240

Reinhard, Wolfgang
  moderner Staat ist ein Kriegsstaat 51
  prognostiziert eine Entmachtung der
    modernen Staatsform 52
  schrieb über die Entstehung der
    Nationalstaaten 50
  wies auf Beitrag der Bürokratie zur Bildung
    des Nationalstaats hin 50
  wies auf den subtil-nationalistischen
    Charakter der Geschichtswissenschaften
    hin 335

Religion
  der Indoeuropäer, eine Sammlung von
    Mythen zur Verherrlichung ihrere
    Eroberungszüge 173

Religionen
  Definition 31
  Nationalisierung 195
  vs. kollektive Gewalttätigkeit 164

Religionskrieg Siehe: Heiliger Krieg

Religionslandkarte
  in vielen Fällen mit Blut gezeichnet 65

religiöse Desozialisation 334

religiöse Toleranz
  der Griechen 175
  der Hethiter 174
  der Römer 178

Religiozid
  Synonym von religiöser Demozid 86

Rellecke, Dirk
  Mensch als Bio-Sozial-Wesen 24

Reparationszahlungen 287

Reporters sans frontières (RSF)
  ein NGO 290

Repräsentationsdemokratie
  überwindet Hauptschwäche des
    demokratischen Modells 237

res publica
  römischer Begriff für territorial-
    hegemonisches Kollektiv 42

Residuen
  Begriff von Pareto 25

Resolution 217 A (III) (1948) 335

Retorsion
  ein Motivationstyp kollektiver
    Gewalttätigkeit 72

revolutiones interruptae 225

Risiko-Verlagerungs-Krieg
  Definition 111

Risorgimento
  eine ptolemäische Reaktion auf den
    theologischen Kopernikanismus 162

Ritter
  Untergang durch Fernschusswaffen 261

Ritterregeln 245

Rituale, Definition 30

Rizzolatti, Giacomo
  Entdecker der Spiegelneuronen 26

Rollenanpassungen 29

Romantik
  ihre träumerisch-verzerrte Welt floss in die
    NS-Ideologie ein 225
  Mythos einer Vergangenheit die es nie
    gegeben hat 228

römische Recht
  führte den Schutz des Individuums vor
    Sozialkonstrukten ein 400

Römisches Reich
  eines der wenigen Imperien urbanen
    Ursprungs 50
  ersetzte ethnischer Bindungen durch
    juristische 235
  erzielte eine Stammes- und Stadtgrenzen
    überschreitende konsensuelle Kohäsion 49
  Offenheit der Gesellschaft 341

Rom-Statut für den Internationalen Gerichtshof
  257

Roosevelt, Eleanor
  Patin der UN-Menschenrechtserklärung 255

Rorty, Richard
  gegen die Manie, Mannigfaltigkeiten zu
    vereinfachen 162
  soziale Solidarität durch gemeinsames
    Schmerzempfinden 27

Ross, Daniel 310
  auch Demokratien neigen zur
    Kollektivgewalttätigkeit 239

Rossel, Maurice
  übersah als IKRK-Inspektor den Holocaust
    288

Rotation der Eliten
  Wesenskomponente des demokratischen
    Modells 236

Rote Khmer 227

Roter Davidstern 258

Roter Halbmond 258

Roter Kristall 258

Roter Löwe 258

Rot-Kreuz-Konvention (1864) 248

Rousseau, Jean-Jacques 237
  erkannte ein Kollektiv als eigenständige
    Entität 40
  Individuen eines Kollektivs sind für Taten des
    Kollektivs nicht verantwortlich 266
  nicht der Fürst sondern das Volk soll regieren
    217
  warnte vor der Tyrannis der Mehrheit 237

Ruf, Werner
    stellte wachsende Unfähigkeit der
        Friedensstiftung durch Militär fest 99
Rummel, Rudolph
    Demokratien neigen weniger zu Demoziden
        238
    prangerte Staaten als Megamörder an 85
Russel, Bertrand 205
Russell-Tribunal
    die erste NGO 289
Rüstungsausgaben
    Beschränkung 266
Rüstungsbegrenzungsabkommen
    erstes der Neuzeit 262

S

Saint-Pierre, Abt von
    siehe Castel, Charles-Iréné 413
Sanktionierung der Kollektivgewalttätigkeit
    durch Tabuisierung 418
Sanktionsmonopol 42, 52
Schallmayer, Wilhelm
    Theoretiker der Rassenhygiene 212
Schichtenmodell 36
Schießpulver 209
Schiiten
    entstanden aus der Forderung steuerlicher
        Gleichstellung nichtarabischer Konvertiten
        201
Schisma 193
Schlachtfeldtote
    Definition 129
Schlupflöcher in den Begrifflichkeiten
    internationaler Abkommen 258
Schmidtchen, Gerhard
    beobachtete stärkere religiöse Inhaltsleere im
        Protestantismus 334
Schnellsiedenation
    Synonym für 218
Schreibtischtäter 242
Schutzhaft
    Beispiel semantischer Manipulation 285
Scientismus
    siehe Wissenschaftsgläubigkeit 210
    technologischer, des US-Militarismus) 213
Selbstjustiz 28, 50
Selbstzwang
    Begriff von N. Elias 32
semantische Ausflüchte
    zur Umgehung internationaler Abkommen
        258

semantische Manipulationen
    Beispiele 285
Sen, Amartza
    Armut ist nicht nur eine Frage der
        Mittelknappheit 319
servo arbitrio, de
    Slogan von Martin Luther 189
Sharp, Gene
    ein Analyst der gewaltfreien
        Konfliktaustragung 302
Shaw, Martin
    Pionier in der gemeinsamen Betrachtung von
        Kriegen und Demoziden 419
    Staat ensteht und besteht mit Gewalttätigkeit
        51
    stellte in vielen Demoziden eine antirbane
        Komponente fest 83
    Terrorismus kommt einem Genozid sehr nahe
        106
    zum Risiko-Verlagerungs-Krieg 111
Shintoismus
    setzt das Individuum in den Mittelpunkt 168
Shoa 346
    Synonym von Holocaust 86
si vis pacem, para bellum 261
si vis pacem, para pacem 261
Sicherheit
    menschliche 346
    nationale 346
Sicherheitsdilemma
    von J.H. Herz geprägter Begriff 320
Simmel, Georg
    glorifizierte den 1. WK als Bruch mit
        tragischen Tendenzen 63
Sinnkrise der Moderne
    ein Begriff Husserls 162
Sitte (1), Bräuche eines Lebensbereichs 30
Sitte (2), eine Verhaltensnorm 31
Sklaverei
    doch nicht überwunden? 432
    in der Geschichte 431
    überwundene Form der
        Kollektivgewalttätigkeit 431
Smith, Adam
    postulierte die friedensstifende Wirkung des
        Handels 323
Sofsky, Walter
    zum Thema Bücherverbrennungen 110
Sofsky, Wolfgang 161
    Gewalt als Erzeugnis der menschlichen Kultur
        und Schicksals 21
    Gewalt zielt auf radikale Verzeitlichung 142
    Kollektivgewalttätigkeit ist anthropologisch
        und sozial verankert 419

Soldatenfriedhöfe
    tausende davon erinnern an die Gefallenen
        des 20. Jh. 68
Solidarität 144
    mechanische 51
    organische 51
    Verlagerung von sozialem Nahbereich nach
        Fernbereich 51
Solon
    von der Abstammungs- zur Einkommenselite
        400
Sombart, Werner
    glorifizierte den 1. WK als Kampf des
        deutschen Heldentums 63
Sondergerichtshofs für Sierra Leone 295
sonstige internationale Verbrechen
    Definition 294
Sorel, Georges
    schlug eine Brücke zwischen Nationalismus
        und Sozialismus 223
Soziabilität 31
Sozialbehaviorismus 29
Sozialdarwinismus
    Definition 213
    erachtet evolutorisch Übergeordnetes als
        höherwertig 40
soziale Anerkennung und Geborgenheit, Streben
    nach 144
soziale Intelligenz 31
soziale Macht, Definition 53
soziale Norm, Definition 29
soziale Prägungen mit emotiver Verbindlichkeit
    144
soziale Rolle, Definition 29
soziale Rückkopplungsschleife 29
soziale Subjektivität
    Bezeichnung von Popitz für Rollenerwartung
        29
soziale Vernetzung 239
soziales Gebilde, Definition 35
soziales Handeln
    durch Spiegelneuronen ermöglicht 27
soziales System 52
soziales System, Definition 35
Sozialisierung des Menschen 31
Sozialismus, Definition 215
Sozialkonstrukt
    Definition 35
    Sprachen als 158
Sozialkonstrukte
    neuralgische Punkte kollektiver
        Gewalttätigkeit 57

soziale Organisationsformen als 231
    Weltanschauungen als 157
Sozialsystem, Definition 35
Soziozid
    siehe Demozid, sozialer 89
Spencer, Herbert
    Freundschaft trägt zur Evolution genauso viel
        bei wie Feindschaft 210
    soziale Gruppen als Überorganismus 40
Spengler, Oswald
    die traditionelle Geschichtsschreibung ist
        lokalpatriotisch 338
Sperber, Manes
    verwendete erstmals den Begriff Allophobie
        83
Spiegelneuronen
    befähigen den Menschen zum Mitgefühl 26
    stellen auch die handlungsbezogene
        Konsonanz der Sprache her 158
Sprache
    als Komplize kollektiver Gewalttätigkeit 158
    ein lautes Nachdenken über Handlungen 158
    Mitgestalter der kommunizierten Inhalte 158
Sprachenlandkarte
    in vielen Fällen mit Blut gezeichnet 65
Sprachgewalt, Vorläuferin der Tatgewalt 158
Sprachgrenzen als Staatsgrenzen 218
Staat
    als Abgrenzungsmaschine 308
    die moderne Definition 43
    modernes Synonym für territorial-
        hegemonisches Kollektiv 43
Staatsbürgerschaftsrecht
    fundamentale Bedeutung für die
        innerstaatliche Harmonisierung 316
Staatsinteresse
    erste Formulierung durch Platon 206
Staatsquote, definition 50
Staatsräson
    deren Primat wir in der demokratischen
        Verfassung verneint 236
    vom demokratischen Modell in Fraeg gestellt
        42
Stadt
    Entwicklungsstufe eines territorial-
        hegemonischen Kollektivs 49
Städtebund
    Entwicklungsstufe eines territorial-
        hegemonischen Kollektivs 49
Städtegründungen
    im Zusammenhang mit Kriegen 67
Stadtstaat
    Entwicklungsstufe eines territorial-
        hegemonischen Kollektivs 49

Stalin
fürsorglicher Ehemann und Vater 147
inhumaner Umsetzer der marxistischen Lehre
220

Stamm
Entwicklungsstufe eines territorial-
hegemonischen Kollektivs 48

stammesbezogene Gesellschaftsform und
kollektive Gewattätigkeit 234

stammesbezogener Entwicklungspfad 50

Stammesdenken
Abkehr im Christentum 188
Extremierung im Judentum 183

Stammesverband
Entwicklungsstufe eines territorial-
hegemonischen Kollektivs 48

Ständiger Gerichtshof für Internationale Justiz,
Gründung 1921 251

Ständiger Internationaler Gerichtshof (1921 bis
1946) 295

START-I – Abkommen (1991) 264

START-II – Abkommen (1993) 264

stato
Quasisynonym des italienischen Mittelalters
für territorial-hegemonisches Kollektiv 43

status
von Tertullianus geprägte Bezeichnung für
territorial-hegemonisches Kollektiv 43

Stephan, Cora
Krieg als unausweichliches, transkulturelles,
Gemeinschaft stiftendes Opferritual 419

Stereotype, Definition 30

Stiglitz, Joseph E.
kritisiert heftig den IWF 326

Stimmvieh, drohende Rolle von Parlamentariern
238

Strafgerichtsbarkeit gegen Kollektive 295

Strafgerichtshof für Kambodscha 295

Strategie der Spannung
eine gewalttätige Einflussnahme auf die
öffentliche Meinung 101

Strauss, Leo
Demokratie muss sich notfalls gewalttätig
verteidigen 239

Streikrecht
als Residuum nicht monopolisierter
Gewalttätigkeit 51

Streubomben
Bestand 69
Verbot 265

strukturelle Gewalt
ein von Johan Galtung geprägter Begriff 308

strukturelle Gewalttätigkeit
Definition 106

struktureller Realismus 416

Strukturerhaltung
Begriff von Talcott Parsons für Egoismen von
Kollektiven 39

Stuart Mill, John
Demokratie nivelliert nach unten 215

Sturzo, Luigi
Krieg ist keinen schicksalhafte Erbschaft der
Menschheit 416

Subjektlosigkeit der Machtverteilung 51

Sunniten, entstanden aus der Forderung
stammes und nicht familienbezogenen
Wahlrechts für die Nachfolge des Propheten
200

Supranationalisierung des Staates
Begriff von B.Gill 52

Suttner, Bertha von (Friedensnobelpreis 1905)
249

Sympathie 27

synoptischer Realismus 417

T

Tabus, Definition 30

Talmud
Sammlung überlieferter Torah-
Interpretationen 181

Taoismus
eine ptolemäische Religion 171
einen Gegenreaktion zum Konfuzianismus
171

Taparelli D'Azeglio, Luigi
nur die Entmachtung der Staaten und ein
Weltstaat kann die Gewaltspirale brechen.
415

Tapferkeit, eine Verhaltensregelmäßigkeit 31

Telekratie
wenn die Medien zur herrschenden
Staatsmacht werden 311

Telepinus-Thronfolgerlass 400

Teller, Edward
befürwortete einen Krieg der Sterne 210

territoriale Annexion, Verbot durch UN-Charta
254

territoriale Herrschaft
ein Motivationstyp kollektiver
Gewalttätigkeit 75

territoriale Integration
Triebkräfte in Mittelalter u. Neuzeit 217

territorialer Desintegrationskonflikt
Definition und Beispiele 78

territoriales Imperativ
eine der wichtigsten Determinanten der
Tierwelt 150

territorial-hegemonische Kollektive
Aggregations-/Hierarchiestufen 46
Definition 44
der Prozess ihrer Unterordnung verlief mit
kollektiver Gewalttätigkeit 51

territorial-hegemonisches Kollektiv
als selbstoptimierendes System 149

Territorialherrschaft
Synonym von territorial-hegemonisches
Kollektiv 43

Territorialität
des Rechts 51

Territorialmacht
Synonym von territorial-hegemonisches
Kollektiv 43

Territorium
begehrtestes Wirtschaftsgut der territorial-
hegemonischen Kollektive 150

Terror
Frage der Zulässigkeit von Gegenterror 283

Terroranschläge
bisher weitgehend ungesühnt 278

Terrorismus
Definition 105
Waffe stark unterlegener Kollektive 105

Terrororganisationen
Definition und Beispiele 101

Tertullianus
prägte den Begriff des Staats 43

Thayer, Bradley
Kriege als Überlebenskämpfe von Kollektiven
420

Thomas von Aquin
Bedingungen für einen gerechten Krieg 193

Thukydides
sah die Staaten als die Kriegsverursacher 57

Tibi, Bassam
führte den Begriff der Leitkultur ein 219

Tieropfer
Ablehnung im Buddhismus 203
Ablehnung im Zoroastrismus 180
Aufkommen mit der Viehzucht 165
heute noch im Hinduismus 166
im Judentum nur noch zum Pessach-Fest 183
Sublimierung im Christentum 183

Tilly, C.
schrieb über die Entstehung der
Nationalstaaten 50
Symbiose von Krieg und Staat 58

Tinbergen, Niklaas
wies auf Tötungsenthemmung durch
Fernwaffen hin 25

Tiryakian, Edward A.
brandmarkte den Mangel an
Kriegsursachenforschung 63

Tocqueville, Alexis de
sah Demokratie durch zwei Extreme
gefährdet 215
stellte die emotionale Mobilisierungsfähigkeit
des Nationalismus fest 218

Todesopfer kollektiver Gewalttätigkeit
Definition und statistische Zahlen 129

Todesstrafe
eine Form kollektiver Gewalttätigkeit 286

Tokioter Prozesse
siehe IMTFE 292

Tolstoi, Leo
betrachtete den Einfluss der Individuen auf
Konflikte als sehr gering 57

Tönnies, Ferdinand
erkannte di emotionale Konnotation des
Begriffs Gemeinschaft 43
sah und bedauerte die Entwicklung von
emotionaler zu rationaler Solidarität 51
verfiel im 1. WK unter den deutschen
Soziologen am wenigsten patriotischen
Gemeinplätzen 63

Torah
Sammlung der jüdischen Dogmen 181

Torpedos, keine Limitierung 1922 262

totaler Krieg, erstes Verbot (1868) 248

Totalitarismus
Vaterschaft Hegels 207

Tote durch Kollektivgewalttätigkeit
Schätzwerte pro Jahrhundert 133

Tötungshemmung
beim Menschen ist die instinktive durch
andere ersetzut worden 33

Transnationale Aufhebung nationaler
Amnestien
Präzedenzfall Pinochet 294

transnationale Denunziation kollektiver
Gewalttätigkeit 288

transnationale Ordnungsmacht 299

transnationale Strafgerichtsbarkeit für kollektive
Gewalttätigkeit 291

trinceocrazia
von Mussolini geprägter Begriff 61

trinitäre Konflikte
Begriff von van Creveld 418

Trueta, Josep
Pionier der prophylaktischen Eerstversorgung
von Verwundeten 267

Tugend, eine Verhaltensregelmäßigkeit 31

Tyrannis der Massen 215

Tyrannis der Mehrheit 237

Tyrannis ohne Tyrannen 241

U

Überbau
Begriff von Karl Marx 41

Überbevölkerung
Definition 152

Überfall ohne Kriegserklärung
Beispiele 259

Über-Ich
Überbegriff von Freud für die sozialen
Prägungen 29

Überlebenseinheit
Begriff von Elias 24

Überschussproduktion Siehe
Produktionsüberschuss

UIP 245

Umfassender Teststoppvertrag (CTBT) (1996)
264

UN 253

Unabhängigkeitserklärung der USA
erweiterte den Parlamentarismus mit einem
Egalitarismus 402

UN-Abrüstungskonferenz 253

UN-Bevölkerungsfond 253

UNCD 253

UN-Charta (1945)
Ermessensspielräume 260
wesentliche Inhalte 254

UNCTAD 253, 323

UNESCO, Ziele 253

UNESCO-Preis für Friedenserziehung 247

UN-Fakultativprotokoll über Kinder in
bewaffneten Konflikten (2000) 258, 408

Unfehlbarkeit des Papstes in Glaubenssachen
190

UN-Flüchtlingskommissariat (UNHCR)
Friedensnobelpreis 1954, 1981 272
Gründung 1950 272

UNFPA 253

UN-Friedenstruppen
Friedensnobelpreis 1988 300
Misserfolge 300

UN-Gedenktage 67

UN-Genozidkonvention (1948) 254
asymmetrische Verwendung des Begriffs
Genozid 91

Ungleichheitsideologien 157

United Nations Organization 253

universalisierungsunfähige Ideologie 226

UN-Kinderrechtskonvention (1989) 408
die UN-Konvention mit den meisten
Unterzeichnerländern 408

unlawful combatant
Bezeichnung zur semantischen Umgehung
des humanitären Schutzes von
Kombattanten 99
Umbenennung zwecks Umgehung des Genfer
Abkommens III 268

UN-Menschenrechtsausschuss 256

UN-Menschenrechtskommission 289
Auflösung 2006 258
Gründung 1948 255

UN-Menschenrechtskonvention
Verletzungen durch abrahamitische
Religionen 203

UN-Menschenrechtskonvention (1948) 255
Text 405

UN-Menschenrechtsrat 258, 289

UNO, Gründung 1945 253

UN-Resolution 1612 (2005)
Bannung des Einsatzes von Kindersoldaten
102

UN-Resolution 2444 (1968) 256

UN-Resolution 260 A (1948) 254

UN-Resolution 3314 (1974) 260

UN-Sozialpakt (1966) 256

Unsterblichkeit der Seele 167

Unsterblichkeitslehre
bei Sumerern nur für die Guten 167
im Judentum zur Vergütung im Jenseits
ausgebaut 183

Unterzeichnerland
problematische Anwendung des Begriffs 259

UN-Völkermordkonvention
siehe UN-Genozidkonvention 254

UN-Welthandels- und Entwicklungskonferenz
253

UN-Zivilpakt (1966) 256

use of force between nations
UN-Begriff für Kriege 19

V

Vattel, Emer de
der Herrscher und nur er ist befugt, einen
Krieg zu erklären 413

Veblen, Thorsten
sah ein deutsches Missverhältnis zwischen
industriellem und politisch-kulturellem
Fortschritt 64

Verbrechen gegen die Menschheit 17

Verbrechen gegen die Menschlichkeit 17, 255

Vereinigungsfreiheit
Wesenskomponente der Demokratie 236

Vereinte Nationen
Gründung 1945 253

Vergemeinschaftung
basiert laut M. Weber auf
Zusammengehörigkeitsgefühl 52

Weber, Max 52

Vergesellschaftun
hat laut M. Weber eine rationale Motivation
52

Vergütung im Jenseits
bei den Sumerern 167
im Islam 200
im Judentum 183
im Orphismus 167
im Zoroastrismus 180

Verhaltensmuster 25

Verhältnismäßigkeit
ein unbrauchbarer Begriff 259

Verhältnismäßigkeitsprinzip 251
Bekräftigung 1977 257

Verinnerlichung von Fremdzwängen 28

Verluste
Definition 130

Vermutungswissen 30

Vernunft 25

Vernunftwesen 25

Verrechtlichung
ein Begriff von Jürgen Habermas 52

Versammlungsfreiheit
Wesenskomponente der Demokratie 236

Verstümmelung der Genitalien 436

Verteidigungsbündnisse
waren in der Vergangenheit meist offensiv
320

vertikale Herrschaftsbeziehungen
von F. Oppenheimer eingeführter Begriff 51

Vertreibung
Definition und Beispiele 83

Vertreibung, ethnizistische
Definition und Beispiele 91

Vertreibung, politische
Definition und Beispiele 88

Vertreibung, religiöse
Definition, Ausführungsformen und Beispiele
86

Vertreibung, soziale
Definition und Beispiele 89

Vertröstung auf Vergütung im Jenseits Siehe
Vergütung im Jenseits

Verwundungstote
Definition 129

Verzichtsethik Siehe Vergütung im Jenseits

Vetorecht
undemokratisches UN-Prinzip 259

Vico, Giambattista
seine Theorie der Mythen 30

vis 18

Vitoria, Francisco de
Vater des humanitären Völkerrechts 411

Volk
von Rousseau zum Souveränen ernannt 217

Völkerbund
95 % der Deutschen stimmten 1933 für den
Austritt 251
Gründung 1919 251

Völker-Deliktsrech
Definition 279

Völkermord
siehe Ethnozid 91

Völkerrecht
Definition 244
genau genommen kein Recht 244

Völkerstrafrecht
Definition 244
IMG als die Geburtsstunde 291

Volksfremde 234

Volkssouveränität 236
historischer Erweiterungsprozess 236

vorpolitische Quellen des Staates
Synonym von Zivilgesellschaft 239

Vorsorgefunktionen 43

Vorurteile, Definition 30

Vorwärtsverteidigung
Euphemismus für Angriff 104

W

Wahabiten
eine radikalislamische Splittergruppe der
Sunniten 201

Wahlpflicht
Wesenskomponente der Demokratie 236

Waltz, Kenneth
Staaten sind rationale Akteure in einem
anarchischen Umfeld 416

Walzer, Michael
nur Antizipationskrieg, Sezessionskrieg,
nationaler Befreiungskrieg,
Gegenintervention, humanitäre
Intervention sind zulässig 417

War Resisters League 246

Warschauer Pakt 320

Washington-Vertrag (1922) 262

Weber, Max 431
    angelernte Motivationen ergänzen die
      angeborenen 29
    Anstaltstaat als Gewalttätigkeitsmonopolist
      50
    betrachtete Ethnie als unbrauchbaren
      Sammelnamen 90
    Bürokratien tendieren zur Zurückdrängung
      des menschlichen Elements 241
    führte den Begriff Herrschaftsinstitution ein
      43
    revidierte seine Ansichten zum 1. WK 63
    sah den Ausbruch des 1. WK als
      Notwendigkeit für das Deutsche Reich 63
    sah die Gefahr der Parlamentarier als
      Stimmvieh 238
    Staat als notwendiges Übel 208
    verglich ausführlich abrahamitische
      Religionen und Konfuzianismus 170

WEED
    eine NGO 327

Weihung der Waffen
    ab dem 8. Jh. 192

Weil, Simone
    Alle Entscheidungen, die Menschenleben
      einsetzen, werden von jenen getroffen, die
      dabei nichts riskieren. 242

Weizsäcker, Carl-Friedrich von
    Gleichheit ist ein dauernd zu erringender
      künstlicher Zustand 306

Weltanschauung
    Definition 157
    kollektiver Charakter 157

Weltbank 324

Weltbevölkerungszahlen
    Tabelle mit Schätzwerten 112

Weltethos (Projekt) 335

Weltgesetzgeber
    Problematik der Etablierung 280

Welthandelsorganisation (World Trade
    Organization, WTO) 325

Weltjustiz 296

Weltkirchenrat 332

Weltrisikogesellschaft
    Definition 105

Weltstaat
    von Kant eingeführter Begriff 52

Wertesysteme
    Definition 31

Wahlrecht 236

Widerstandstruppen, Forderung nach
    Erkennbarkeit 268

Reinhard, Wolfgang 50

Reinhard, Wolfgang 43

Williams, Jody
    setzte sich für die Bannung von Landminen
      ein 270

Wilson, Woodrow 251
    befürwortete die Eugenik 212

Winkler, Heinrich August
    wies auf die Gefahren eines fehlenden
      Zwangs zum Kompromiss hin 225

Wirtschaftsgesellschaft 51

Wissenschaft und Technik
    im Dienste kollektiver Gewalttätigkeit 209

Wissenschaftsgläubigkeit
    für Verbrechen an die Menschheit
      missbrauchbar 210

Wittgenstein, Ludwig
    Philosophie als Zusammentragen von
      Erinnerungen 25

Wohlfühldiktatur des 3. Reichs 226

Women's International League for Peace and
    Freedom (WILPF) 246

Wood, David
    die Aufklärung hat dem totalitären Staat den
      Weg geebnet 214
    wies auf das Anerkennungsbedürfnis von
      Kollektiven hin 41

WRL 246

Y

Yahoo, Zensurapplikation in China 328

Z

Zar
    Alexander II., setzte sich für die Begrenzung
      der Tötungswirkung von Handfeuerwaffen
      ein: 248
    Nikolaus II., bemühte sich im eigenen
      Interesse um eine Rüstungsbegrenzung
      249

Zarathustra
    führte moralische Dichotomie ein 179
    predigte eine Verzichtsethik für eine
      Vergütung im Jenseits 180
    vollzog Schritt zum Monotheismus 179

Zehn-zu-Eins-Vergeltung
    Frage der Legitimität 259

Zeitgeist, moralischer 328

Zeugen Jehovas
    heldenhafter NS-Widerstand 226

Verweigerung des Hitlergrußes 246
Verweigerung des Kriegsdienstes 246

Zimmermann, Jürgen
plädiert für eine globale Erinnerungskultur 338

Zisterzienser, fundamentalistischer
Mönchsorden 192

Zivilbevölkerung
Schutz vor kollektiver Gewalttätigkeit 269

Zivilgesellschaft
Definition 239
für A. de Tocqueville ein Korrektivum der Demokratie 215
vierte Gewalt im Staate 239

Zivilisation
Definition 20
enge Beziehung mit Verstädterungsprozess 341

Zivilisten
beabsichtigte Massentötung von 105

zivilistische Streitkräfte
Definition und Beispiele 98

Ziviltote
Definition 129
Schätzwerte pro Jahrhundert 133

zoon politikón
Definition 144

Zusatzprotokoll II (1980) 270

Zustimmungsdiktatur des 3. Reichs 226

Zweidrittelgesellschaft
von Peter Glotz geprägter Begriff 318

Zweiweltentheorie
bei den Ägyptern 168
im Judentum mit negativer Bewertung des Diesseits 184
im Orphismus 167
im Zoroastrismus 180

ANLAGEN

Anlage 1: Ptolemäische Meilensteine auf dem Wege zu den Menschenrechten

Der Thronfolgeerlass des hethitischen Königs Telipinus (um -1500)

Auch wenn der Erlass der Regelung der Thronfolgestreitigkeiten galt (Verbot der Blutrache und der Sippenhaftung) übte sein Abrücken vom „Auge-um-Auge-Prinzip" eine Signalwirkung auf die gesamte Gesellschaft aus.

Die Gesetzgebung des Solon (um -600).

Solon hat in seiner Reform der Gesetze Athens den Schritt von der Abstammungs-Elite zur Einkommens-Elite vonnzogen, was von vielen als die .Geburtsstunde der „Staatsbürgerschaft" betrachtet wird.

* Einteilung der Bürger nicht nach Stämmen sondern nach Einkommensklassen (Ernteerträgen).
* Übertragung der politischen und administrativen Befugnisse an ein gewähltes Gremium.
* Einführung einer Volksgerichtsbarkeit. Aus dem Volk ausgeloste Richterversammlungen fällten durch geheime Abstimmung Urteile.
* Partielle Öffnung der Gesellschaft Fremden gegenüber; Staatsbürgerschaft für fremde Fachkräfte und Geschäftsleute.

Das römische Recht

Das römische Recht ist der originärste Beitrag des Alten Roms zum zivilisatorischen Fortschritt der Menschheit. Es entstand aus einem Gewohnheitsrecht, das von religiösen Ritualen eine total tabuisierte Befolgung prozeduraler Abläufe und extreme semantische Strenge übernahm (eine falsche Wortbenutzung konnte eine Prozessniederlage bedeuten). Die erste Niederschrift des damaligen gültigen **Zivilrechts („ius civile"**), das **„Zwölftafelgesetz"** (lex duodecim tabularum), erfolgte um das Jahr -450 im staatlichen Auftrag durch Kommissionen. Auslöser waren soziale Spannungen zwischen der Oberschicht (Patrizier) und der Unterschicht (Plebejer) gewesen. Der Expansion des römischen Staates und der zunehmenden internationale Verkehr seiner Bürger wurde durch die Bildung eines **kommerziellen Völkerrechts (ius gentium)** Rechnung getragen, sowie durch die Schaffung eines speziellen Richters (praetor peregrinus). Mit den in den Jahren um -90 verabschiedeten Gesetzen „Lex Iulia", „Lex Plautia Papiria" und „Lex Pompeia" wurde allen in Italien lebenden freien Bürgern (also mit Ausnahme der Sklaven) das römische Bürgerrecht gewährt. Die Rechtsprechungspraxis der Prätoren wurde in der Regel von den Nachfolgern als Grundsatzurteil übernommen, sodass sich im Laufe der Jahrhunderte ein aktualisiertes Gewohnheitsrecht bildete (**„ius praetorium"**) dass mit dem „ius civile" zum „corpus iuris civilis" verschmolz. Im Codex Theodosianus von 438 wurden die Rechtssprechung ab 313 zusammengefasst. Der Codex Iustinianus von 529 brachte eine Aktualisierung, bei der die Rechtssprechung ab dem Jahr 117 erfasst wurde.

Das römische Recht lebt heute vor allem im Zivilrecht vieler westeuropäischen Staaten fort. Einige seiner Grundprinzipien sind zu Säulen der Rechtstaatlichkeit geworden, darunter:

* Erfindung der **Rechtsstaatlichkeit** durch kompromisslose prozedurale und semantische Strenge und Pflege der Rechtswissenschaft
* Der Grundsatz der Normbindung alias das Rückwirkungsverbot : Keine Strafe ohne Gesetz": „nulla poena sine lege", „nullum crimen sine lege"
* Die Unschuldsvermutung: „Im Zweifel für den Angeklagten": „in dubio pro reo"
* „Auf Unrecht kann kein Recht begründet werden": „ex inuria ius non oritur"
* Die Unterscheidung von öffentlichem und privatem Recht
* Loslösung des Rechts und der kollektiven Kohäsion vom Stammesbezug

Im Sinne des Ausführungen des Punkt. 10.2.2 kann der zivilisatorische Beitrag des römischen Rechts als Meilenstein auf dem Wege zur Durchsetzung des „ptolemäischen Ansatzes" betrachtet werden, um das Individuum vor Übergriffen nicht nur anderer Individuen, sondern auch der Kollektive zu schützen.

Die Grabrede des Perikles (-430)

Im Winter -431/-430 hielt der athenische Politiker Perikles anlässlich des Staatsbegräbnisses für die im vorangegangenen Feldzug gefallenen Athener eine Grabrede („Logos Epitaphios"), die eine der ersten Manifeste einer nicht stammesbezogenen, sondern „offenen" Gesellschaft darstellt.[373]

- Gleichberechtigung der Bürger, Demokratische Verfassung, Bejahung des Dialogs
  - ...vor dem Gesetze sind bei persönlichen Rechtsstreitigkeiten alle Bürger gleich...
  - ... das Ansehen richtet sich bezüglich des Gemeinwesens weniger nach seiner Volksklassenzugehörigkeit, sondern nach seinen persönlichen Leistungen ...
  - ... auch dem Armen ist der Weg wegen seines Standes nicht versperrt, wenn er für den Staat etwas leisten kann ...
  - ... seine eigene Armut zuzugeben, bedeutet für uns keine Schande; wir halten es aber für schändlich, sich nicht durch Arbeit ihr entziehen zu wollen...
  - ... unsere Staatsverfassung beruht nicht auf einer Minderheit, sondern auf der Mehrheit, weshalb sie Demokratie genannt wird...
  - ...wir halten die Diskussion nicht für einen Stein des Anstoßes auf dem Weg der politischen Aktion, sondern für eine unentbehrliche Vorbereitung zum weisen Handeln...
  - ... dass es vielmehr ein Fehler ist, wenn man sich nicht durch Worte belehren und informieren lässt, bevor man, falls erforderlich, zur Tat schreitet ...
  - ... sich jeder einzelne Mann... zu einer unabhängigen Persönlichkeit ausbildet ...
  - ... wir sind die einzigen, die anderen Vorteile gewähren, nicht aus berechnetem Eigennutz, sondern im Vertrauen darauf, dass uneigennütziger Edelsinn Früchte trägt...
- Rechtsstaatlichkeit
  - ...wir gehorchen den zuständigen Behörden und den Gesetzen, vor allem jenen, welche die ungerecht Behandelten schützen ...
  - ...wir befolgen auch jene ungeschriebenen Gesetze, deren Übertretung allgemeine Verachtung nach sich zieht ...
- Loslösung vom Stammesdenken, kosmopolitische Sicht
  - ...unsere Stadt steht jedermann offen; wir weisen keine Fremden aus....
  - ... die stärksten Seelen sind bei denen zu finden, die alles kennen ...
  - ... das Grab ruhmvoller Männer, das heißt der Raum, in dem ihrer gedacht wird ... ist die ganze Welt ... in jedem Menschen ein ungeschriebenes Gedächtnis ...
- Bemerkungen:
  - Sklaven waren von den Vorzügen des Systems ausgeschlossen.
  - Noch keine Gleichberechtigung der Frauen („ ... ihr höchster Ruhm, wenn unter Männern möglichst wenig – weder im Guten, noch im Schlechten – über sie gesprochen wird ...)
  - Das Wort Religion kommt im ganzen Diskurs nicht vor.
  - In derselben Rede postulierte Perikles die Notwendigkeit, das demokratische Modell notfalls mit Gewalttätigkeit zu verbreiten.

Die „Constitutio Antoniana de Civitate" des Caracalla (212).

Im Jahr 212 erließ der römische Kaiser Caracalla folgenden Erlass („Constitutio Antoniana"): „Ich verleihe allen Fremden, die sich auf dem Erdkreis (gemeint ist: im Gebiet des römischen Reiches) aufhalten, das römische Bürgerrecht mit Ausnahme der Dediticii (gemeint sind damit die Sklaven, die im Reichsgebiet angesiedelten Barbaren, die bestraften Freigelassenen). Der Fortbestand der örtlichen Rechtsordnungen soll hiervon nicht beeinträchtigt sein..."

- Totale Loslösung vom Stammesdenken
  - Allen freien Bürgern des Reichs, welcher Ethnie auch immer, wurde das Recht römischer Vollbürger erteilt.
  - Die Bewohner aller Provinzen des Reichs wurden mit denen Italiens gleichberechtigt.
- Religiöse Toleranz
  - Die Juden wurden aus der Verpflichtung, den römischen Funktionsgöttern opfern zu müssen, entlassen, da sie als einer anderen Ethnie zugehörig betrachtet wurden, deren Religion man respektiere.

Bemerkungen:

- Die Begünstigten waren vor allem Landbewohner der Provinzen, denn die Stadtbevölkerung hatte schon zu großem Teil das römische Staatsbürgerrecht.
- Die volle Staatenbürgerschaft brachte nicht nur Rechte, sondern auch Pflichten (v.a. die der Entrichtung der Erbschaftssteuer).
- Legionssoldaten und Hilfstruppen wurden in der Armee gleichgestellt.
- Das Christentum wurde nicht als ethnische Religion betrachtet und folglich unterlagen nun alle freien Christen der Verpflichtung, den römischen Funktionsgöttern zu opfern; Weigerung galt als Majestätsbeleidigung.

---

373 Sinngemäße Wiedergabe aus: Thykidides: Der Peloponnesische Krieg.

Die „Magna Carta" (1215)

Eine von englischen Baronen angeführte Revolte rang dem König mit der Urkunde „Magna Carta" nicht nur alte Feudalrechte der Barone ab, sondern schaffte auch Freiräume für den Klerus und das Stadtbürgertum. Der epochale Schritt bestand in der Einschränkung des Herrschers durch Teilung der Staatsgewalten.

- Wegen dieser weitreichenden Wirkung gilt die Carta als Geburtsstunde des englischen Parlaments und des europäischen Parlamentarismus.
- In der Folge wurde die Macht des Monarchen durch weitere Gesetze (v.a. durch das „Habeas Corpus" von 1679 und das **„Bill of Rights"** von 1689) weiter zugunsten einer „Herrschaft des Rechts" (rule of law) eingeschränkt.

Das Werk von Erasmus von Rotterdam (1466 bis 1536)

Erasmus von Rotterdam setzte sich dafür ein, dass das Leben des Menschen vor religiösen Lehren den Vorrang habe. Er ist damit einer der großen „Ptolemäer" der Geschichte. Seine 1509 veröffentlichte Schrift „Encomium moriae" (Lob der Torheit) ist ein eminentes Plädoyer für die Priorität des Menschlichen über das Intellektuelle. Außerdem verneinte er, dass Krieg mit der christlichen Lehre und Menschlichkeit vereinbar sei.

Das Werk von John Locke „The Second Treatise of Government" (1690)

Mit seinem Werk „The Second Treatise of Government" (1690) hat der britische Staatswissenschaftler John Locke zur Tabuisierung jeglichen Angriffs des Staates auf die Privatsphäre der Individuen ungemein beigetragen. Für das Außenverhältnis der Staaten hat er allerdings inkonsequenterweise einen gesetzlosen Naturzustand hingenommen, das heißt, dass der Staat über das Leben von Individuen für seine außenpolitischen Interessen verfügen dürfe.

Dies war also innenpolitisch ein „ptolemäischer" Ansatz, außenpolitisch ein „kopernikanistischer".

Das Werk von Charles-Louis de Montesquieu „De l'esprit des lois" (1748)

Mit seinem Werk „De l'esprit des lois" (1748) hat der französische Staatswissenschaftler Charles-Louis de Montesquieu zur Tabuisierung jeglichen Angriffs des Staates auf die Privatsphäre der Individuen ungemein beigetragen. Seine Forschung galt dem Anliegen, den (residualen) Freiheitsraum des Individuums gegenüber dem einnehmenden Zugriffen des Staates zu verteidigen und sah die Gewaltenteilung als das probateste Mittel.

Die Schrift „Dei Delitti e delle Pene" von Cesare Beccaria (1764)

Der italienische Jurist Cesare Beccaria setzte sich mit seiner Schrift „Dei Delitti e delle Pene" (1764) für eine Humanisierung der Strafen ein (Abschaffung von Folter und Todesstrafe). Er forderte außerdem eine klassenfreie Justiz sowie eine angemessen Bestrafung, die die größtmögliche Vorbeugung mit möglichst geringem Leid der Verbrecher vereine. Letztlich sprach er damit den territorial-hegemonischen Kollektiven das Recht ab, Rache zu üben und forderte, dass sie sich stattdessen in den Dienst der Individuen stellen sollten, um durch Umerziehungen weitere Missetaten zu verhindern.

Dies war ein eminent wichtiger Beitrag zur „Ptolemäisierung" der sozialen Regeln.

Die Nordamerikanische Unabhängigkeitserklärung (4.7.1776)

Im Rahmen der Unabhängigkeitserklärung der Vereinigten Staaten von Amerika wurden die Errungenschaften der britische Parlamentarismus mit der Forderung nach Freiheit und Gleichheit aller Menschen („all men are born free and equal") erweitert.

- „Folgende Wahrheiten erachten wir als selbstverständlich, dass alle Menschen gleich geschaffen sind, dass sie von ihrem Schöpfer mit gewissen unveräußerlichen Rechten ausgestattet sind; dass dazu Leben, Freiheit und Streben nach Glück gehören; dass zur Sicherung dieser Rechte Regierungen unter den Menschen eingesetzt werden, die ihre rechtmäßige Macht aus der Zustimmung der Regierten herleiten; dass, wenn immer irgendeine Regierungsform sich all diesen Zielen abträglich erweist, es Recht des Volkes ist, sie zu ändern oder abzuschaffen und eine neue Regierung einzusetzen und diese auf solchen Grundsätzen aufzubauen und ihre Gewalten in der Form zu organisieren, wie es ihm zur Gewährleistung seiner Sicherheit und seines Glücks geboten zu sein scheint".[374]

- Durch weitere Dokumente (Konföderationsartikel von 1777 und Verfassung von 1787) wurden individuelle Grundrechte erstmals verfassungsmäßig garantiert. Diese Errungenschaft wurde anfänglich nur der Minorität der männlichen, wohlhabenden, weißen und angelsächsischen Einwanderer vorbehalten. Obwohl unmittelbar nach der Unabhängigkeitserklärung spontan 10.000 Sklaven freigelassen wurden, sollte es noch ein Jahrhundert dauern, bis die Sklaverei in den USA zur Gänze abgeschafft wurde. Aber der Zündfunke schlug im Laufe der folgenden Jahrzehnte weltweit über.

- Im Sinne der Ausführungen der Punkte 10.2.2 und 13.8 kann die Nordamerikanische Unabhängigkeitserklärung als Meilenstein auf dem Wege zur Durchsetzung des „ptolemäischen Ansatzes" betrachtet werden, mit dem das Kollektiv in den Dienst des Wohlergehens des Individuums gestellt und das Individuum vor Übergriffen des Kollektivs geschützt wird.

Die „Erklärung der Menschen- und Bürgerrechte" vom 26. 8. 1789 im Rahmen der Französischen Revolution

Nach dem Vorbild der Nordamerikanischen Unabhängigkeitserklärung verfasste der Marquis de Lafayette (Mitglied einer Freimaurerloge) für die französische Nationalversammlung eine „Erklärung der Menschen- und Bürgerrechte".[375]

- „Präambel
- Die Vertreter des französischen Volkes, die als Nationalversammlung konstituiert sind, haben in der Erwägung, dass die Unkenntnis, das Vergessen oder die Missachtung der Menschenrechte die alleinigen Ursachen für die öffentlichen Missstände und die Verderbtheit der Regierungen sind, beschlossen, in einer feierlichen Erklärung die natürlichen, unveräußerlichen und geheiligten Rechte des Menschen niederzulegen, damit diese Erklärung allen Mitgliedern der Gesellschaft stets gegenwärtig ist und sie unablässig an ihre Rechte und Pflichten erinnert werden; damit die Handlungen der gesetzgebenden wie der vollziehenden Gewalt jederzeit mit dem Zweck einer jeden politischen Einrichtung verglichen werden können und dadurch mehr geachtet werden; damit die Beschwerden der Bürger, von nun an auf einfache und unbestreitbare Grundsätze gegründet, jederzeit der Bewahrung der Verfassung und dem Wohle aller dienen.
- Demzufolge anerkennt und verkündet die Nationalversammlung in Gegenwart und unter dem Schutze des allerhöchsten Wesens die folgenden Menschen- und Bürgerrechte:
  - Artikel 1: Die Menschen werden frei und gleich an Rechten geboren und bleiben es. Gesellschaftliche Unterschiede dürfen nur im Allgemeinen Nutzen begründet sein.
  - Artikel 2: Der Zweck jeder politischen Vereinigung ist die Erhaltung der natürlichen und unantastbaren Menschenrechte. Diese sind das Recht auf Freiheit, das Recht auf Eigentum, das Recht auf Sicherheit und das Recht auf Widerstand gegen Unterdrückung.
  - Artikel 3: Der Ursprung jeder Souveränität liegt ihrem Wesen nach beim Volke. Keine Körperschaft und kein einzelner kann eine Gewalt ausüben, die nicht ausdrücklich von ihm ausgeht.
  - Artikel 4: Die Freiheit besteht darin, alles tun zu dürfen, was einem anderen nicht schadet: Die Ausübung der natürlichen Rechte eines jeden Menschen hat also nur die Grenzen, die den anderen Mitgliedern der Gesellschaft den Genuss eben dieser Rechte sichern. Diese Grenzen können nur durch das Gesetz bestimmt werden.
  - Artikel 5: Das Gesetz darf nur solche Handlungen verbieten, die der Gesellschaft schaden. Alles, was durch das Gesetz nicht verboten ist, darf nicht verhindert werden und niemand kann genötigt werden zu tun, was es nicht befiehlt.
  - Artikel 6: Das Gesetz ist der Ausdruck des allgemeinen Willens. Alle Bürger haben das Recht, persönlich oder durch ihre Vertreter an seiner Gestaltung mitzuwirken. Es muss für alle gleich sein, mag es beschützen oder bestrafen. Da alle Bürger vor ihm gleich sind, sind sie alle gleichermaßen entsprechend und ohne einen anderen Unterschied als den ihrer Eigenschaften und Begabungen, zu allen öffentlichen Würden, Ämtern und Stellungen zugelassen.
  - Artikel 7: Niemand darf angeklagt, verhaftet oder gefangen gehalten werden, es sei denn in den durch das Gesetz bestimmten Fällen und nur in den von ihm vorgeschriebenen Formen. Wer willkürliche Anordnungen verlangt, erlässt, ausführt oder ausführen lässt, muss bestraft werden; aber jeder Bürger, der kraft Gesetzes vorgeladen oder festgenommen wird, muss sofort gehorchen; durch Widerstand macht er sich strafbar.
  - Artikel 8: Das Gesetz soll nur Strafen festsetzen, die unbedingt und offenbar notwendig sind und niemand darf anders als aufgrund eines Gesetzes bestraft werden, das vor Begehung der Straftat beschlossen, verkündet und rechtmäßig angewandt wurde.
  - Artikel 9: Da jeder solange als unschuldig anzusehen ist, bis er für schuldig befunden wurde, muss, sollte seine Verhaftung für unumgänglich gehalten werden, jede Härte, die nicht für die Sicherstellung seiner Person notwendig ist, vom Gesetz streng unterbunden werden.
  - Artikel 10: Niemand soll wegen seiner Anschauungen, selbst religiöser Art, belangt werden, solange deren Äußerung nicht die durch das Gesetz begründete öffentliche Ordnung stört.
  - Artikel 11: Die freie Äußerung von Meinungen und Gedanken ist eines der kostbarsten Menschenrechte; jeder Bürger kann also frei reden, schreiben und drucken, vorbehaltlich seiner Verantwortlichkeit für den Missbrauch dieser Freiheit in den durch das Gesetz bestimmten Fällen.

---

374 Musulin (Hrsg.) (1959).
375 Quelle: www.elysee.fr/elysee/elysee.fr/allemand [31.07.2007].

- o Artikel 12: Die Gewährleistung der Menschen- und Bürgerrechte erfordert eine öffentliche Gewalt; diese Gewalt ist also zum Vorteil aller eingesetzt und nicht zum besonderen Nutzen derer, denen sie anvertraut ist.
- o Artikel 13: Für die Unterhaltung der öffentlichen Gewalt und für die Verwaltungsausgaben ist eine allgemeine Abgabe unerlässlich; sie muss auf alle Bürger, nach Maßgabe ihrer Möglichkeiten, gleichmäßig verteilt werden.
- o Artikel 14: Alle Bürger haben das Recht, selbst oder durch ihre Vertreter die Notwendigkeit der öffentlichen Abgabe festzustellen, diese frei zu bewilligen, ihre Verwendung zu überwachen und ihre Höhe, Veranlagung, Eintreibung und Dauer zu bestimmen.
- o Artikel 15: Die Gesellschaft hat das Recht, von jedem Staatsbeamten Rechenschaft über seine Amtsführung zu verlangen.
- o Artikel 16: Eine Gesellschaft, in der die Gewährleistung der Rechte nicht gesichert und die Gewaltenteilung nicht festgelegt ist, hat keine Verfassung.
- o Artikel 17. Da das Eigentum ein unverletzliches und geheiligt Recht ist, kann es niemandem genommen werden, es sei denn, dass die gesetzlich festgestellte öffentliche Notwendigkeit dies eindeutig erfordert und vorher eine gerechte Entschädigung festgelegt wird."

Das Dokument enthält im Prinzip drei Revolutionen (nach De Ruggiero, 1925):

- o Eine liberale Revolution strictu sensu: Es proklamiert primär die universellen Rechte des Menschen als solchen gegenüber seiner Kreatur, dem Staat.
- o Eine demokratische Revolution: Es definiert die Rechte der Bürger des spezifischen Kollektivs „Französische Republik".
- o Eine soziale Revolution: Es postuliert nicht nur abstrakte Rechte der Gleichheit vor dem Gesetz (der „Freiheit, an Hunger sterben zu dürfen"), sondern auch das Recht zu einer anteiligen Nutznießung der wirtschaftlichen und moralischen Güter der Gesellschaft.

Im Sinne der Ausführungen der Punkte 10.2.2 und 3.8 kann die „Erklärung der Menschen- und Bürgerrechte" als weiterer Meilenstein auf dem Wege zur Durchsetzung des „ptolemäischen Ansatzes" betrachtet werden, das Kollektiv in den Dienst des Wohlergehens des Individuums zu stellen und das Individuum vor Übergriffen des Kollektivs zu schützen.

Die Schrift „Zum ewigen Frieden" von Immanuel Kant (1795)

Immanuel Kant verfasste 1795 eine wegweisende Schrift „Zum ewigen Frieden".[376] Der große Beitrag liegt in der Erkenntnis, dass territorial-hegemonische Kollektive durch ihre Eigendynamik zu Gewalttätigkeit neigen und dass diese Dynamik durch institutionelle Normen eingedämmt werden muss

- Präliminarartikel
  - o 1. „Es soll kein Friedensschluss für einen solchen gelten, der mit dem geheimen Vorbehalt des Stoffs zu einem künftigen Krieg gemacht worden ist." Kant trat also für eine linguistische Ehrlichkeit ein, indem man zwischenstaatlichen Verträgen das Attribut „Frieden" absprechen sollte, die nur dem Aufschub oder der Optimierung bereits geplanter neuer Feindseligkeiten dienten.
  - o 2. „Es soll kein für sich bestehender Staat (klein oder groß, das gilt hier gleichviel, von einem anderen Staate durch Erbung, Tausch, Kauf oder Schenkung erworben werden können." Hier setzte sich Kant dafür ein, das von den Germanen der Völkerinvasionszeit in das Staatswesen eingeführte Privatrecht aufzuheben.
  - o 3. „Stehende Heere (miles perpetuus) sollen mit der Zeit aufhören ....denn sie bedrohen andere Staaten unaufhörlich mit Krieg ... reizen diese an, sich einander in Menge der Gerüsteten, die keine Grenzen kennt, zu übertreffen)." Kant hat also den Teufelskreis erkannt, den die modernen Friedensforscher „Sicherheitsdilemma" nennen.
  - o 4. „Es sollen keine Staatsschulden in Beziehung auf äußere Staatshändel gemacht werden." Kant legte hier einen Mechanismus frei, der bis heute unterbelichtet ist, nämlich dass manch ein Krieg nur deswegen von der Öffentlichkeit toleriert wird, weil dessen Kosten durch Staatsverschuldung auf die Nachfolgegenerationen geschoben werden.
  - o 5. „Kein Staat soll sich in die Verfassung und Regierung eines anderen Staates gewalttätig einmischen."
  - o 6. „Es soll sich kein Staat im Kriege mit einem anderen solche Feindseligkeiten erlauben, welche das wechselseitige Zutrauen im künftigen Frieden unmöglich machen müssen: als da sind, Anstellung der Meuchelmörder (percussores), Giftmischer (venefici), Brechung der Kapitulation, Anstifung des Verraths (perduellio) in dem bekriegten Staat etc." Hier wies Kant auf die destabilisierende Wirkung krimineller Geheimdienstaktivitäten hin, ein Thema, das bis dato unterbelichtet ist.
- Definitivartikel
  - o 1. „Die bürgerliche Verfassung in jedem Staate soll republikanisch seyn." Darunter verstand Kant die Trennung der Gesetzgebenden Gewalt von der Regierungsgewalt. Er meinet damit also nicht die Abschaffung der Monarchie, sondern deren Verrechtlichung zu einer konstitutionellen Monarchie. Kant war also einer der ersten Denker, die eine Relation zwischen innerer Verfassung und externer Gewaltbereitschaft von Staaten erkannte.
  - o 2. „Das Völkerrecht soll auf einem Föderalismus freier Staaten gegründet seyn." Kant hebt hervor, dass die Staaten auf ihre „tolle" Freiheit so bedacht sind wie die Wilden Amerikas und dass im Umgang miteinander der Krieg der einzige Rechtsgang sei. Die Vernunft gebiete, aus diesem gesetzlosen Zustand herauszukommen, ihre „wilde (gesetzlose)" Freiheit aufgeben und sich „öffentlichen Zwangsgesetzen" unterwerfen, um schließlich einen „Völkerstaat" (eine „Weltrepublik") zu bilden. Auf dem Wege dazu sei die Minimalform „Friedensbund" anzustreben, welche den Krieg auf immer banne.
  - o 3. „Das Weltbürgerrecht soll auf Bedingungen der allgemeinen Hospitalität eingeschränkt seyn." Nach dem „Recht des gemeinschaftlichen Besitzes der Erdoberfläche" und dem Grundsatz, dass „ursprünglich aber niemand an einem Orte der Erde zu seyn, mehr Recht hat, als Andere", propagiert Kant ein allgemeines Besuchsrecht und eine Reisefreiheit, damit „entfernte Erdtheile mit einander friedlich in Verhältnisse kommen". Außerdem soll dadurch ein „Weltbürgerrecht" gefördert werden, auf dass eine „Rechtsverletzung an einem Platz der Erde an allen gefühlt wird."

---

376 Kant (1795).

- 1. Zusatz: „Von der Garantie des ewigen Friedens". Kant meint, dass mehr als moralische Besserung der Menschen, „die Natur" (er meint damit den Gange der Dinge) die größte Gewähr dafür leiste, dass das zwischenstaatliche Zusammenleben auf einen dauerhaften Friedenszustand zustrebe. Dieser stelle letztlich den größtmöglichen wechselseitigen Eigennutz dar.

- 2. Zusatz: „Geheimer Artikel zum ewigen Frieden". „Die Maximen der Philosophen über die Bedingungen der Möglichkeit des öffentlichen Friedens sollen von den zum Kriege gerüsteten Staaten zu Rathe gezogen werden." Kant will weder Könige zu Philosophen machen, noch Philosophen zu Königen; er plädiert lediglich dafür, auch die Philosophen zu Wort kommen zu lassen.

- Anhang I. „Über die Mishelligkeit zwischen der Moral und der Politik, in Absicht auf den ewigen Frieden". Angesichts des Konflikts zwischen Politik und Moral postuliert Kant „Das Recht dem Menschen muss heilig gehalten werden ... Man kann hier nicht halbieren, sondern alle Politik muss ihre Knie vor dem ersteren beugen."

- Anhand II. „Von der Einhelligkeit der Politik mit der Moral nach dem transzendentalem Begriffe des öffentlichen Rechts". Kant vertritt den Standpunkt, dass jede Maxime die nicht publik gemacht werden könne, unrecht sei.

.

Die Ansprache von Abraham Lincoln vom 19. 11. 1863 in Gettysburg

Bei der Beerdigungsfeier der 7.000 in der Schlacht von Gettysburg Gefallenen hielt der damalige Präsident der Nordstaaten Abraham Lincoln am 19.11.1863 eine Ansprache („Gettysburg Address") , in der er das US-amerikanische Grundverständnis der Demokratie zusammenfasste. Die Kernaussagen darin sind:

- Der Staat der USA ist in Freiheit gebildet worden, nach dem Grundsatz, dass alle Menschen gleich geschaffen sind
- Wir führen einen Bürgerkrieg um den Bestand dieser Prinzipien zu sichern
- Die Erinnerung an die, die ihr Leben dafür hergaben ist zu heiligen und wird von der ganzen Welt nie vergessen werden
- Wir müssen und der Sache hingeben, dass die Herrschaft des Volkes durch das Volk und für das Volk nicht von dieser Erde verschwinde.

Im Kern postulierte Lincoln das Primat des Wohlergehens des Individuums (jedes Individuums).

Die „Allgemeine Erklärung der Menschenrechte" der Vereinten Nationen

UN-Resolution 217 A (III) vom 10. 12. 1948.[377] („UN-Menschenrechtskonvention")

- „Präambel
  o Da die Anerkennung der angeborenen Würde und der gleichen und unveräußerlichen Rechte aller Mitglieder der Gemeinschaft der Menschen die Grundlage von Freiheit, Gerechtigkeit und Frieden in der Welt bildet,
  o da die Nichtanerkennung und Verachtung der Menschenrechte zu Akten der Barbarei geführt haben, die das Gewissen der Menschheit mit Empörung erfüllen und da verkündet worden ist, dass einer Welt, in der die Menschen Rede- und Glaubensfreiheit und Freiheit von Furcht und Not genießen, das höchste Streben des Menschen gilt,
  o da es notwendig ist, die Menschenrechte durch die Herrschaft des Rechtes zu schützen, damit der Mensch nicht gezwungen wird, als letztes Mittel zum Aufstand gegen Tyrannei und Unterdrückung zu greifen,
  o da es notwendig ist, die Entwicklung freundschaftlicher Beziehungen zwischen den Nationen zu fördern,
  o da die Völker der Vereinten Nationen in der Charta ihren Glauben an die grundlegenden Menschenrechte, an die Würde und den Wert der menschlichen Person und an die Gleichberechtigung von Mann und Frau erneut bekräftigt und beschlossen haben, den sozialen Fortschritt und bessere Lebensbedingungen in größerer Freiheit zu fördern,
  o da die Mitgliedstaaten sich verpflichtet haben, in Zusammenarbeit mit den Vereinten Nationen auf die allgemeine Achtung und Einhaltung der Menschenrechte und Grundfreiheiten hinzuwirken,
  o da ein gemeinsames Verständnis dieser Rechte und Freiheiten von größter Wichtigkeit für die volle Erfüllung dieser Verpflichtung ist,

- verkündet die Generalversammlung diese Allgemeine Erklärung der Menschenrechte als das von allen Völkern und Nationen zu erreichende gemeinsame Ideal, damit jeder einzelne und alle Organe der Gesellschaft sich diese Erklärung stets gegenwärtig halten und sich bemühen, durch Unterricht und Erziehung die Achtung vor diesen Rechten und Freiheiten zu fördern und durch fortschreitende nationale und internationale Maßnahmen ihre allgemeine und tatsächliche Anerkennung und Einhaltung durch die Bevölkerung der Mitgliedstaaten selbst wie auch durch die Bevölkerung der ihrer Hoheitsgewalt unterstehenden Gebiete zu gewährleisten.

- Artikel 1: Alle Menschen sind frei und gleich an Würde und Rechten geboren. Sie sind mit Vernunft und Gewissen begabt und sollen einander im Geist der Brüderlichkeit begegnen.

- Artikel 2: Jeder hat Anspruch auf die in dieser Erklärung verkündeten Rechte und Freiheiten ohne irgendeinen Unterschied, etwa nach Rasse, Hautfarbe, Geschlecht, Sprache, Religion, politischer oder sonstiger Überzeugung, nationaler oder sozialer Herkunft, Vermögen, Geburt oder sonstigem Stand. Des weiteren darf kein Unterschied gemacht werden

---

377 The Office of the High Commissioner for Human Rights, www.unhchr.ch

auf Grund der politischen, rechtlichen oder internationalen Stellung des Landes oder Gebiets, dem eine Person angehört, gleichgültig ob dieses unabhängig ist, unter Treuhandschaft steht, keine Selbstregierung besitzt oder sonst in seiner Souveränität eingeschränkt ist.

- Artikel 3: Jeder hat das Recht auf Leben, Freiheit und Sicherheit der Person.
- Artikel 4: Niemand darf in Sklaverei oder Leibeigenschaft gehalten werden; Sklaverei und Sklavenhandel sind in allen ihren Formen verboten.
- Artikel 5: Niemand darf der Folter oder grausamer, unmenschlicher oder erniedrigender Behandlung oder Strafe unterworfen werden.
- Artikel 6: Jeder hat das Recht, überall als rechtsfähig anerkannt zu werden.
- Artikel 7: Alle Menschen sind vor dem Gesetz gleich und haben ohne Unterschied Anspruch auf gleichen Schutz durch das Gesetz. Alle haben Anspruch auf gleichen Schutz gegen jede Diskriminierung, die gegen diese Erklärung verstößt und gegen jede Aufhetzung zu einer derartigen Diskriminierung.
- Artikel 8: Jeder hat Anspruch auf einen wirksamen Rechtsbehelf bei den zuständigen innerstaatlichen Gerichten gegen Handlungen, durch die seine ihm nach der Verfassung oder nach dem Gesetz zustehenden Grundrechte verletzt werden.
- Artikel 9: Niemand darf willkürlich festgenommen, in Haft gehalten oder des Landes verwiesen werden.
- Artikel 10: Jeder hat bei der Feststellung seiner Rechte und Pflichten sowie bei einer gegen ihn erhobenen strafrechtlichen Beschuldigung in voller Gleichheit Anspruch auf ein gerechtes und öffentliches Verfahren vor einem unabhängigen und unparteiischen Gericht.
- Artikel 11: Jeder, der wegen einer strafbaren Handlung beschuldigt wird, hat das Recht, als unschuldig zu gelten, solange seine Schuld nicht in einem öffentlichen Verfahren, in dem er alle für seine Verteidigung notwendigen Garantien gehabt hat, gemäß dem Gesetz nachgewiesen ist.
- Niemand darf wegen einer Handlung oder Unterlassung verurteilt werden, die zur Zeit ihrer Begehung nach innerstaatlichem oder internationalem Recht nicht strafbar war. Ebenso darf keine schwerere Strafe als die zum Zeitpunkt der Begehung der strafbaren Handlung angedrohte Strafe verhängt werden.
- Artikel 12: Niemand darf willkürlichen Eingriffen in sein Privatleben, seine Familie, seine Wohnung und seinen Schriftverkehr oder Beeinträchtigungen seiner Ehre und seines Rufes ausgesetzt werden. Jeder hat Anspruch auf rechtlichen Schutz gegen solche Eingriffe oder Beeinträchtigungen.
- Artikel 13: Jeder hat das Recht, sich innerhalb eines Staates frei zu bewegen und seinen Aufenthaltsort frei zu wählen. Jeder hat das Recht, jedes Land, einschließlich seines eigenen, zu verlassen und in sein Land zurückzukehren.
- Artikel 14: Jeder hat das Recht, in anderen Ländern vor Verfolgung Asyl zu suchen und zu genießen. Dieses Recht kann nicht in Anspruch genommen werden im Falle einer Strafverfolgung, die tatsächlich auf Grund von Verbrechen nichtpolitischer Art oder auf Grund von Handlungen erfolgt, die gegen die Ziele und Grundsätze der Vereinten Nationen verstoßen.
- Artikel 15: Jeder hat das Recht auf eine Staatsangehörigkeit. Niemandem darf seine Staatsangehörigkeit willkürlich entzogen noch das Recht versagt werden, seine Staatsangehörigkeit zu wechseln.
- Artikel 16: Heiratsfähige Frauen und Männer haben ohne Beschränkung auf Grund der Rasse, der Staatsangehörigkeit oder der Religion das Recht zu heiraten und eine Familie zu gründen. Sie haben bei der Eheschließung, während der Ehe und bei deren Auflösung gleiche Rechte. Eine Ehe darf nur bei freier und uneingeschränkter Willenseinigung der künftigen Ehegatten geschlossen werden. Die Familie ist die natürliche Grundeinheit der Gesellschaft und hat Anspruch auf Schutz durch Gesellschaft und Staat.
- Artikel 17: Jeder hat das Recht, sowohl allein als auch in Gemeinschaft mit anderen Eigentum innezuhaben. Niemand darf willkürlich seines Eigentums beraubt werden.
- Artikel 18: Jeder hat das Recht auf Gedanken-, Gewissens- und Religionsfreiheit; dieses Recht schließt die Freiheit ein, seine Religion oder Überzeugung zu wechseln, sowie die Freiheit, seine Religion oder Weltanschauung allein oder in Gemeinschaft mit anderen, öffentlich oder privat durch Lehre, Ausübung, Gottesdienst und Kulthandlungen zu bekennen.
- Artikel 19: Jeder hat das Recht auf Meinungsfreiheit und freie Meinungsäußerung; dieses Recht schließt die Freiheit ein, Meinungen ungehindert anzuhängen sowie über Medien jeder Art und ohne Rücksicht auf Grenzen Informationen und Gedankengut zu suchen, zu empfangen und zu verbreiten.
- Artikel 20: Alle Menschen haben das Recht, sich friedlich zu versammeln und zu Vereinigungen zusammenzuschließen. Niemand darf gezwungen werden, einer Vereinigung anzugehören.
- Artikel 21: Jeder hat das Recht, an der Gestaltung der öffentlichen Angelegenheiten seines Landes unmittelbar oder durch frei gewählte Vertreter mitzuwirken. Jeder hat das Recht auf gleichen Zugang zu öffentlichen Ämtern in seinem Lande. Der Wille des Volkes bildet die Grundlage für die Autorität der öffentlichen Gewalt; dieser Wille muss durch regelmäßige, unverfälschte, allgemeine und gleiche Wahlen mit geheimer Stimmabgabe oder in einem gleichwertigen freien Wahlverfahren zum Ausdruck kommen.
- Artikel 22: Jeder hat als Mitglied der Gesellschaft das Recht auf soziale Sicherheit und Anspruch darauf, durch innerstaatliche Maßnahmen und internationale Zusammenarbeit sowie unter Berücksichtigung der Organisation und der Mittel jedes Staates in den Genuss der wirtschaftlichen, sozialen und kulturellen Rechte zu gelangen, die für seine Würde und die freie Entwicklung seiner Persönlichkeit unentbehrlich sind.
- Artikel 23: Jeder hat das Recht auf Arbeit, auf freie Berufswahl, auf gerechte und befriedigende Arbeitsbedingungen sowie auf Schutz vor Arbeitslosigkeit. Jeder, ohne Unterschied, hat das Recht auf gleichen Lohn für gleiche Arbeit. Je-

der, der arbeitet, hat das Recht auf gerechte und befriedigende Entlohnung, die ihm und seiner Familie eine der menschlichen Würde entsprechende Existenz sichert, gegebenenfalls ergänzt durch andere soziale Schutzmaßnahmen. Jeder hat das Recht, zum Schutz seiner Interessen Gewerkschaften zu bilden und solchen beizutreten.

- Artikel 24: Jeder hat das Recht auf Erholung und Freizeit und insbesondere auf eine vernünftige Begrenzung der Arbeitszeit und regelmäßigen bezahlten Urlaub.

- Artikel 25: Jeder hat das Recht auf einen Lebensstandard, der seine und seiner Familie Gesundheit und Wohl gewährleistet, einschließlich Nahrung, Kleidung, Wohnung, ärztliche Versorgung und notwendige soziale Leistungen gewährleistet sowie das Recht auf Sicherheit im Falle von Arbeitslosigkeit, Krankheit, Invalidität oder Verwitwung, im Alter sowie bei anderweitigem Verlust seiner Unterhaltsmittel durch unverschuldete Umstände. Mütter und Kinder haben Anspruch auf besondere Fürsorge und Unterstützung. Alle Kinder, eheliche wie außereheliche, genießen den gleichen sozialen Schutz.

- Artikel 26: Jeder hat das Recht auf Bildung. Die Bildung ist unentgeltlich, zum mindesten der Grundschulunterricht und die grundlegende Bildung. Der Grundschulunterricht ist obligatorisch. Fach- und Berufsschulunterricht müssen allgemein verfügbar gemacht werden und der Hochschulunterricht muss allen gleichermaßen entsprechend ihren Fähigkeiten offen stehen. Die Bildung muss auf die volle Entfaltung der menschlichen Persönlichkeit und auf die Stärkung der Achtung vor den Menschenrechten und Grundfreiheiten gerichtet sein. Sie muss zu Verständnis, Toleranz und Freundschaft zwischen allen Nationen und allen rassischen oder religiösen Gruppen beitragen und der Tätigkeit der Vereinten Nationen für die Wahrung des Friedens förderlich sein. Die Eltern haben ein vorrangiges Recht, die Art der Bildung zu wählen, die ihren Kindern zuteil werden soll.

- Artikel 27: Jeder hat das Recht, am kulturellen Leben der Gemeinschaft frei teilzunehmen, sich an den Künsten zu erfreuen und am wissenschaftlichen Fortschritt und dessen Errungenschaften teilzuhaben. Jeder hat das Recht auf Schutz der geistigen und materiellen Interessen, die ihm als Urheber von Werken der Wissenschaft, Literatur oder Kunst erwachsen.

- Artikel 28: Jeder hat Anspruch auf eine soziale und internationale Ordnung, in der die in dieser Erklärung verkündeten Rechte und Freiheiten voll verwirklicht werden können.

- Artikel 29: Jeder hat Pflichten gegenüber der Gemeinschaft, in der allein die freie und volle Entfaltung seiner Persönlichkeit möglich ist. Jeder ist bei der Ausübung seiner Rechte und Freiheiten nur den Beschränkungen unterworfen, die das Gesetz ausschließlich zu dem Zweck vorsieht, die Anerkennung und Achtung der Rechte und Freiheiten anderer zu sichern und den gerechten Anforderungen der Moral, der öffentlichen Ordnung und des allgemeinen Wohles in einer demokratischen Gesellschaft zu genügen. Diese Rechte und Freiheiten dürfen in keinem Fall im Widerspruch zu den Zielen und Grundsätzen der Vereinten Nationen ausgeübt werden.

- Artikel 30: Keine Bestimmung dieser Erklärung darf dahin ausgelegt werden, dass sie für einen Staat, eine Gruppe oder eine Person irgendein Recht begründet, eine Tätigkeit auszuüben oder eine Handlung zu begehen, welche die Beseitigung der in dieser Erklärung verkündeten Rechte und Freiheiten zum Ziel hat."

Der Tag der Verabschiedung der UN-Menschenrechtsresolution (10. Dezember) wird weltweit als Tag der Menschenrechte gefeiert.

Im Sinne der Ausführungen der Punkte. 7.2.2 und 10.8 kann die UN-Menschenrechtserklärung als weiterer Meilenstein auf dem Wege zur Durchsetzung des „ptolemäischen Ansatzes" betrachtet werden, das Kollektiv in den Dienst des Wohlergehens des Individuums zu stellen und das Individuum vor Übergriffen des Kollektivs zu schützen.

Die Europäische Menschenrechtskonvention (3. 9. 1953)

Auf Initiative des Europarats wurde am 4. 11. 1950 in Rom eine Konvention („Europäische Menschenrechtskonvention") unterzeichnet (sie trat im September 1953 in Kraft), um die Bestimmungen der Allgemeinen Menschenrechte der Vereinten Nationen von 1948 in Europa kollektiv durchzusetzen. Es wurde mittlerweile von allen 47 Mitgliedsstaaten des Europarats (also auch von Russland und der Türkei) ratifiziert..

- Das **Grunddokument** schreibt folgende Rechte und Freiheiten für alle Personen fest, unabhängig von deren Geschlecht, Rasse, Hautfarbe, Sprache, Religion, politischen und sonstigen Anschauung, nationaler oder sozialer Herkunft, Zugehörigkeit zu einer nationalen Minderheit, vom Vermögens, der Geburt oder sonstigen Status (Art. 14):
  - Artikel 1: Verpflichtung zur Achtung der Menschenrechte
  - Artikel 2: Recht auf Leben. Außer durch gerichtliche Todesstrafe oder für unbedingt erforderliche Gewaltanwendungen (Verhinderung einer Gewaltanwendung, Verhaftung einer ordnungsgemäß festgehaltenen Person, gesetzmäßige Verhinderung von Aufruhr oder Aufstand) darf keinem Menschen das Leben genommen werden.
  - Artikel: 3 Verbot der Folter, unmenschlicher oder erniedrigender Behandlung
  - Artikel: 4 Verbot der Sklaverei, Leibeigenschaft und Zwangsarbeit
  - Artikel: 5 Recht auf Freiheit und Sicherheit
  - Artikel: 6 Recht auf ein faires und öffentliches Verfahren, Recht in angemessener Frist
  - Artikel: 7 Keine Strafe ohne Gesetz
  - Artikel: 8 Recht auf Privatleben, Familienleben, Wohnung und Briefverkehr (Einschränkungen nur aufgrund demokratischer Schutzmaßnahmen)
  - Artikel: 9 Gedanken-, Gewissens- und Religionsfreiheit, einzeln oder in Gemeinschaft

- o Artikel: 10 Freiheit der Meinungsäußerung
- o Artikel: 11 Versammlungs- und Vereinigungsfreiheit
- o Artikel: 12 Recht auf Eheschließung
- o Artikel: 13 Recht auf wirksame Beschwerde
- o Artikel: 14 Diskriminierungsverbot
- o Artikel: 15 – Abweichen im Notstandsfall
- Zusatzprotokoll Nr. 1
  - o Artikel: 1 Schutz des Eigentums
  - o Artikel: 2 Recht auf Bildung
  - o Artikel: 3 Recht auf freie Wahlen
- Zusatzprotokoll Nr. 4
  - o Artikel: 1 Verbot der Freiheitsentziehung wegen Schulden
  - o Artikel: 2 Freizügigkeit
  - o Artikel: 3 Verbot der Ausweisung eigener Staatsangehöriger
  - o Artikel: 4 Verbot der Kollektivausweisung von Ausländern
- Zusatzprotokoll Nr. 6
  - o Artikel: 1 Abschaffung der Todesstrafe in Friedenszeiten (bis dato Ende 2016 von Russland nicht ratifiziert)
- Zusatzprotokoll Nr. 7
  - o Artikel: 1 Verfahrensrechtliche Schutzvorschriften bei Ausweisung von Ausländern
  - o Artikel: 2 Rechtsmittel in Strafsachen
  - o Artikel: 3 Recht auf Entschädigung bei Fehlurteilen
  - o Artikel: 4 Recht, wegen derselben Strafsache nicht zweimal vor Gericht gestellt oder bestraft zu werden
  - o Artikel: 5 Gleichberechtigung der Ehegatten
- Zusatzprotokoll Nr. 12
  - o Artikel 1: Allgemeines Verbot der Benachteiligung
- Zusatzprotokoll Nr. 13
  - o Artikel 1: Generelle Abschaffung der Todesstrafe

Im Sinne des Ausführungen der Punkte 10.2.2 und 13.8 kann die Europäische Menschenrechtskonvention als weiterer Meilenstein auf dem Wege zur Durchsetzung des „ptolemäischen Ansatzes" betrachtet werden, das Kollektiv in den Dienst des Wohlergehens des Individuums zu stellen und das Individuum vor Übergriffen des Kollektivs zu schützen.

Die UN-Kinderrechtskonvention vom 20. 11. 1989.

In der UN-Kinderrechtskonvention vom 20.11.1989 werden Kinder als Menschen unter 18 Jahren definiert. In 40 Artikeln werden im Wesentlichen zehn Grundrechte definiert und zwar:

- Recht auf Gleichbehandlung unabhängig von Geschlecht, Herkunft und Religion
- Recht auf Namen und Staatsangehörigkeit
- Recht auf Gesundheit
- Recht auf Ausbildung und Bildung
- Recht auf Freizeit und Erholung
- Recht auf Information, Gehörtwerden und Versammlung
- Recht auf Privatsphäre
- Recht auf Soforthilfe in Notlagen und Schutz vor Vernachlässigung, Verfolgung, Grausamkeiten und Ausbeutung
- Recht auf Familie und elterliche Fürsorge
- Recht auf Betreuung bei Behinderung
- Verbot von Todesstrafe unter 18 Jahren

Bis zum 6. 12. 2006 haben 193 Länder die Konvention ratifiziert, womit sie die weltweit am meisten akzeptierte UN-Konvention ist. Wegen der Klausel der Todesstrafe wurde die Konvention von den USA bis dato (Ende 2016) nicht ratifiziert. Unter den europäischen Ländern haben die Schweiz und Österreich nur mit Vorbehalt ratifiziert..

In einem Zusatzprotokoll „UN-Fakultativprotokoll über Kinder in bewaffneten Konflikten" vom 25. 5. 2000 wurde die Zwangsrekrutierung von Kindersoldaten verboten.

Die Rede des Martin Luther King jr. am 28. 8. 1963

Der baptistische Geistliche Martin Luther King jr. wurde 1964 für seinen Einsatz für die Emanzipierung der Afroamerikaner mit dem Friedensnobelpreis geehrt. Auf den Stufen des Lincoln-Denkmals heilt er am 28. 8. 1963 eine flammende Rede[378] zur friedlichen Durchsetzung der Prinzipien der US-amerikanischen Unabhängigkeitserklärung. Daraus werden hier sinngemäß die Kernsätze wiedergegeben.

- Hundert Jahre danach ist der Neger immer noch nicht frei...er lebt auf einer einsamen Insel der Armut, mitten in einem Ozean des Wohlstands...ein Exilant im eigenen Lande.

- Die Architekten der Verfassung haben einen Eigenwechsel gezogen, der allen Menschen, weißen so wie schwarzen, die unveräußerlichen Rechte des Lebens, der Freiheit und des Strebens nach Glück versprach. Dieser Wechsel konnte „mangels Deckung" nicht eingelöst werden, aber wir weigern uns zu glauben, dass die Bank der Gerechtigkeit bankrott ist. Wie sind gekommen, um diesen Wechsel einzulösen.

- Wir müssen unseren Kampf auf der hohen Ebene der Würde und Disziplin führen. Wir dürfen nicht zulassen, dass unser schöpferischer Protest in physische Gewalt ausartet.

- Wir werden uns niemals zufrieden geben, solange der Neger das Opfer unsagbaren Schreckens polizeilicher Gewalt ist ... solange der Neger in Mississippi nicht wählen darf und in New York glaubt, nichts zu haben für das er wählen könne ... solange man uns den Zugang zu Hotels verwehrt. Viele von Euch sind gerade aus engen Gefängniszellen gekommen. Arbeitet weiter mit dem Glauben, dass unverdientes Leiden erlösend ist. Gehet zurück in Eure Slums und Gettos im Wissen, dass diese Situation wie auch immer verändert werden kann und wird. Lasset uns nicht im Tal der Verzweiflung schwelgen.

- Ich sage Euch...noch immer habe ich einen Traum („I have a dream"), dass eines Tages diese Nation und nach der echten Bedeutung der Worte leben wird, dass nämlich alle Menschen in Gleichheit geboren werden.... dass eines Tages die Söhne der ehemaligen Sklaven mit den Söhnen der ehemaligen Sklavenbesitzer am Tische der Bruderschaft zusammen sitzen werden...dass meine vier kleinen Kinder eines Tages in einer Nation leben werden, in der sie nicht nach Hautfarbe, sondern nach ihrem Charakterineren beurteilt werden.

- Wenn all dies eintreten wird, wenn wir die Freiheitsglocken läuten lassen in jedem Dorf, Stadt oder Bundesstaat, dann werden wir dem Tag entgeneilen, in dem alle Kinder Gottes, Schwarze, Weiße, Juden und Heiden, Protestanten und Katholiken, sich die Hände geben werden und die Worte des Negro Spirituals einstimmen werden „Endlich frei! Endlich! Dank Gott dem Allmächtigen, wir sind endlich alle frei!"

---

378 www.usconstitution.net/dream.html (vom Autor auf Deutsch zusammengefasst).

Anlage 2: Theorien über die Ursachen kollektiver Gewalttätigkeit

Fast alle historischen Autoren, die sich mit der Frage der Ursachen kollektiver Gewalttätigkeit beschäftigt haben, haben sich nur mit einer Teilmenge der Problematik beschäftigt, nämlich mit der Kollektivform „Staaten" und der Ausführungsform „zwischenstaatliche Kriege". Einen ausführlichen Überblick über diesbezügliche bis 1830 publizierte Werke gibt Nitz (2010).

A)   HISTORISCHE AUTOREN

Giovanni da Legnano stellte in seinem 1360 veröffentlichten Werk *De bello, de represaliis et de duello* (Vom Kriege, den Repressalien und vom Duell) die These auf, dass menschliche Konflikte sechs Hauptursachen haben:

- Straflosigkeit der Untaten
- Fülle der irdischen Güter
- Faulheit des Menschen zur Bekämpfung des Dämonen
- Unterschätzung der von Kriegen verursachten Schäden
- Fehlende Einschätzung der Ungewissheit des Ausgangs
- Fehlende Respektierung der Gottesbefehle

In der Terminologie des vorliegenden Werks formuliert, postulierte Giovanni da Legnano, dass die Grundmotivation kollektiver Gewalttätigkeit ökonomischer Art sei, ihre Anwendung auf falschem ökonomischen Kalkül basiere.

Ibn Khaldoun war mit seinem 1377 veröffentlichten Werk „Muqaddima" (Einführung in die Weltgeschichte) ein Vorläufer der modernen Soziologie und Geschichtsphilosophie.

- Haupt<u>gründe</u> für Kriege seien seiner Ansicht nach die begrenzte Lebensdauer der städtischen Machtstrukturen, da ihr Zusammenhalt („asabiyya") mit der Zeit verschleiße, worauf sie Beute von Nomadenstämmen werden, welche dank ihrer Lebensweise ihren Zusammenhalt stets aufrechterhalten
- Der Haupt<u>auslöser</u> von Kriegen sei die Rachelust für erlittene Beleidigungen

Antonius Marini, ein französischer Diplomat in böhmischen Diensten, schlug um 1464 als erster einen europäischen Staatenbund vor, mit einem Gerichtshof zur Schlichtung innereuropäischer Konflikte. Ein starkes Movens war dabei noch eine Frontenbildung gegen die Türken.

In der Terminologie des vorliegenden Werkes erkannte Marini, dass territoriale Intergrationskonflikte die Hauptursache kollektiver Gewalttätigkeit seien und dass man durch politische territoriale Integration (Staatenbund) die Häufigkeit der gewalttätigen Integration verringern würde.

Niccoló Machiavelli beobachtete mit Schmerz, dass sich die Fürsten und Gemeinden der italienischen Halbinsel gegenseitig zerfleischten und dadurch Opfer der Fremdherrschaft wurden. Seine 1515 bzw. 1521 veröffentlichten Werke *Il Principe* (Der Fürst) und *Arte della Guerra* (Kriegskunst) unterscheiden zum ersten Mal zwischen dem „was ist" und dem „was sein soll". Sie sind als gute Ratschläge für einen Fürsten gedacht, der auf der Italienischen Halbinsel ein starkes und unabhängiges Staatsgebilde bilden soll:

- Staaten (Fürsten) agieren außerhalb der ethischen Normen
- Staaten werden mit Krieg gewonnen, verteidigt oder verloren
- Staaten können nur durch Kriege bestehen, in denen sie die Kräfte aller Untertanen einsetzen.

Machiavelli erkannte die Wesenseigenheit territorial-hegemonischer Kollektive und stellte fest, dass sie sich nach eigenen Logiken und Motivationen verhalten, die a priori den individualethnischen Normen nicht unterliegen.

Thomas More „Morus" hat in seinem 1516 veröffentlichten Werk *De optimo rei publicae statu deque nova insula Utopia* (Von der besten Staatsverfassung und von der neuen Insel Utopia) unter dem Deckmantel einer utopischen Insel dem England seiner Zeit einen Spiegel vorgesetzt, wie es ist und wie es sein sollte. Bezogen auf kollektive Gewalttätigkeit sind folgende Thesen bemerkenswert:

- Kriege werden überwiegend aus ökonomischen Gründen geführt.
- Der rechtmäßigste und zweckmäßigste Krieg ist jener, der gegen einen Staat geführt wird, der über große Territorien verfügt, die er nicht optimal nutzt und insbesondere wenn er die neue Siedler hindert, sich dem unauslöschbaren Naturrecht gemäß dort niederzulassen.

In der Terminologie des vorliegenden Werks formuliert, postulierte Thomas More: Die Grundmotivation kollektiver Gewalttätigkeit sind ökonomischer Art; mit Gewalttätigkeit setzen sich Kollektive durch, welche eine Maximierung der Bevölkerungsdichte bewirken.

In seinen vielen Werken entwickelte **Erasmus von Rotterdam** um 1540 einige interessante Betrachtungsweisen der kollektiven Gewalttätigkeit:

- Krieg ist ein ansteckendes Übel: aus einem kleinen kann ein großer entstehen, aus einem zwei.
- Krieg ist durch nichts zu rechtfertigen. Selbst der gerechteste aller Kriege könnte die immensen Gräuel nicht rechtfertigen.
- Ein Krieg ist legitim, wenn sich das gesamte Volk dafür ausspricht.

In der Terminologie des vorliegenden Werks formuliert, ist Erasmus einer der ersten gewesen, der bei der kollektiven Gewalttätigkeit das Charakteristikum einer ansteckenden Krankheit erkannt hat.

Francisco de Vitoria (Victoria) befasste sich in seinen Vorlesungen, die 1540 als *Relectiones theologicae* (Theologie-Vorlesungen) veröffentlicht wurden, mit moralischen Grundsatzfragen und speziell mit der Frage der korrekten Behandlung der Eingeborenen Amerikas (sich in seinem im Kapitel *De jure belli* (Vom Kriegsrecht) mit der Frage des Krieges. Seine Hauptthesen dazu waren:

- Der Krieg ist ein Problem, das die gesamte Menschheit betrifft, die religiösen Konflikte überragt, ein Thema des Naturrechts und nicht des Kirchenrechts.
- Kriege dürfen, wenn überhaupt, nur „unabhängige Gemeinwesen" führen.
- Für die Beurteilung eines Krieges ist seine Auswirkung (Kosten) auf die internationale Staatengemeinschaft maßgeblich und nicht der Vorteil eines Staates.
- Da es keine internationale Schiedsinstanz für zwischenstaatliche Konflikte gibt, ist der Krieg noch ein notwendiges Übel, um diese mittels Gewalt zu lösen.
- Ein Krieg ist nur rechtmäßig, wenn die Aufwendungen, Opfer und Leiden in einer Verhältnismäßigkeit zum Gewinn an Gemeinwohl stehen.
- Kriege zum „Ruhme des Fürsten", zur „Vergrößerung des Territoriums" und wegen „religiöser Unterschiede" sind grundsätzlich nicht rechtmäßig.
- Angesichts der Risikos des Todes einer Unzahl von Menschen und einer Niederlage darf die Entscheidung, einen Krieg zu führen, nicht dem Fürsten allein zugestanden werden.
- Humanitäre Gründe (Verteidigung von Menschenrechten, des Völkerrechts) können einen Interventionskrieg rechtfertigen.
- Untertanen haben das Recht und sogar die Pflicht, den Dienst in einem ungerechten Krieg zu verweigern.
- Vitoria wird mitunter als der **Vater des humanitären Völkerrechts** betrachtet.

In der Terminologie des vorliegenden Werks erkannte Vitoria als einer der Ersten, dass Kollektivgewalttätigkeit ist egoistische Teiloptimierung eines Kollektivs, zu Lasten der Weltgemeinschaft sei; dass es eine Behelfslösung bleibe, solange es keine internationale Gerichtsbarkeit gebe; dass sie als kosmopolitisches Problem nur durch eine transnationale Konfliktbereinigung abgeschafft werden könne.

Baltasar de Ayala vertrat in seinem 1582 veröffentlichten Werk *De iure et officiis bellicis et disciplina militari* die These, dass Kriege nur von „Fürsten" geführt werden dürfen und nicht von untergeordneten Kollektiven (wie damals z.B. die Niederländer), so gerecht ihr Grund auch sei. Dies entsprach der Bedingung „auctoritas principi", die im 13. Jh. Thomas von Aquin für einen gerechten Krieg aufgestellt hatte (siehe Punkt 10.2.3.B.e).

In der Terminologie des vorliegenden Werks formuliert, wollte Ayala den territorialen Desintegrationskriegen die Rechtmäßigkeit absprechen.

Guillaume Postel vertrat in seinem Werk *De urbis terrae concordia* (Vom Weltfrieden) 1544 die Thesen, dass der Friede nur dann erreicht werden kann, wenn:

- die Religionen auf gemeinsame Grundartikel zusammengeführt werden
- die Welt politisch vereint werde
- es ein kosmopolitisches Recht gebe

In der Terminologie des vorliegenden Werks formuliert, postulierte Postel einige der Maßnahmen zur Vermeidung von Konflikten: die Homogenisierung des Territoriums und der Religionen sowie eine transnationale Gesetzgebung.

Tommaso Campanella vertrat in seinem 1600 erschienenen Werk *De monarchia hispanica discursus* (Diskurs über die spanische Monarchie) die These

- dass die Teilung der Menschheit in Nationen ein Werk des Teufels sei,
- dass eine universelle Herrschaft notwendig sei.

Denkt man an die Millionen von Toten des 1. und 2. Weltkriegs, verliert diese These jeden Schein an Lächerlichkeit. In der Terminologie des vorliegenden Werks postulierte Campanella dass sich das Konstrukt der nationalen Kollektive und mehr noch das der nationalen Ideologien, als extrem gewalttätig erwiesen habe und baldmöglichst durch eine kosmopolitische Ordnung und Ideologie abzulösen sei.

Um 1600 trug **Fernando Vasquez de Menchaca** mit seinem Werk *Illustrium controversarium* einige innovativen Thesen vor:

- Staaten sind menschliche Konstrukte, die sich zeitlich verändern.
- Die Autorität und Legitimität der Herrscher beruht ausschließlich auf der freiwilligen Unterwerfung der Untertanen, die ihm Macht verleihen, damit er ihr Wohl mehre (es ist keine De-jure- sondern eine De-facto-Legitimation).
- Verleiht man Herrschern totale Macht, werden sie sich immer automatisch im Recht wähnen und Gewalt anwenden.
- Meinungsverschiedenheiten müssen vernünftig durch Schiedssprüche bereinigt werden.

Menchaca erkannte bereits die Staaten als in Wandlung befindliche soziale Gebilde und sah voraus, dass absolute Macht zu kollektiver Gewalttätigkeit führt, was sich durch die Verbrechen der totalitären Staaten des 20. Jhs. bewahrheitet hat.

Emeric de Lacroix (Crucé) arbeitete in seinem 1623 publizierten Werk *Le Nouveau Cynée ou Discours des occasions et moyens d'établir une paix générale et la liberté du commerce par tout le monde* (Der neue Cynée oder Diskurs der Gelegenheiten und Mittel um einen allgemeinen Frieden sowie die Handelsfreiheit weltweit herzustellen) folgende Kriegsgründe heraus, von denen keiner zu rechtfertigen sei:

- Falsches Ehrgefühl (vor allem, wenn es mit Blut erkauft werden muss).
- Profitgier („die Monarchien sind auf Massaker und Gemetzel gegründet").
- Suche nach Genugtuung für erlittenes Unrecht.
- Die Notwendigkeit, die Heere aktiv zu halten.
- Die Not (vor allem in der Vergangenheit, „als Stämme ausziehen mussten, um sich eine neue Bleibe zu suchen").
- Religion („meist nur ein Vorwand").
- Natürliche Feindschaft („ein Scheingrund").

Bezüglich der Maßnahmen zur Wahrung des Friedens schlug Crucé vor:

- Ankurbelung des Welthandels.
- Schaffung eines internationalen Rats mit Schiedsfunktionen.
- Statt die einzige Wahrheit zu suchen (die nur mit Gewalt herstellbar wäre), religiöse Toleranz üben.

In der Terminologie des vorliegenden Werks formuliert, postulierte Crucé, dass kollektive Gewalttätigkeit durch kollektive Egoismen (vornehmlich ökonomischer Art) ausgelöst wird, durch ein transnationales Recht eingedämmt und durch Vermeidung kollektiver Egoismen ausgemerzt werden kann; dass Religionen sich tolerieren müssen (wozu eine Relativierung ihres Alleinigkeitsanspruchs notwendig ist); dass die Welt ökonomisch homogenisiert werden muss.

Hugo Grotius vertrat vor dem Hintergrund des aufflammenden Dreißigjahrigen Krieges (auf den Thesen von Francisco de Vitoria, Menchaca und Ayala aufbauend) in seinem 1625 veröffentlichten Werk *De iure belli ac pacis* (Vom Recht im Kriege und Frieden) folgende Thesen:

- Der Mensch ist von Natur aus friedliebend und gesellig.
- Das Völkerrecht ist ein Teil des Naturrechts und beruht auf „gesundem Menschenverstand", welcher den Respekt der Rechte der anderen gebietet.
- Kriege dürfen nur von souveränen Staaten geführt werden.
- Ein Krieg kann rechtens sein, wenn er stattfindet, um Eigentum und Anrechte zu verteidigen oder um Verbrechen zu bestrafen.
- Die Problematik besteht im Einzelfall in der Frage, ob der Eigentumsanspruch, das Anrecht oder das Verbrechen tatsächlich bestehen
- Um gerecht zu sein, muss der Fürst die Kriegsregeln einhalten.
- Untertanen haben das Recht der Kriegsdienstverweigerung, wenn sie überzeugt sind, dass ein Krieg unrecht ist.
- Einzige Lösung, die aber erst „in drei Jahrhunderten" erzielbar ist, besteht in der Schaffung eines internationalen Gremiums der christlichen Mächte, in deren Versammlung Unbeteiligte mit allen Mitteln einen vernünftige Konfliktlösung herbeizuführen versuchen.

Für viele Rechtswissenschaftler legte Hugo Grotius mit seinem Werk die Grundlagen des modernen Völkerrechts. In seiner Gedankenwelt war Krieg (wenn „gerecht") allerdings ein zulässiges Instrument der Gerechtigkeit, der als geordnetes Rechtsgeschäft abzuwickeln sei, das heißt nach Regeln, die aus dem Zusammenleben der Individuen abgeleitet sind.

Thomas Hobbes stellte in seinem 1651 veröffentlichten Werk *Leviathan* die These auf, dass die Menschheit aus Furcht vor dem Kriege aller gegen alle dem Staat (ein übermenschliches Wesen wie der biblische Leviathan) mit Vollmachten ausgestattet und dabei Teile der eigenen Freiheit aufgegeben hat. Dass dadurch aber ein Problem des „Kriegs aller Leviathane gegen alle Leviathane" geschaffen worden sei, erachtet Hobbes als ein in Kauf zu nehmender Nachteil, denn letztlich seien die Leviathane vernünftiger als die Menschen. Außerdem werde in den Kriegen der Leviathane nur ein Bruchteil der Individuen involviert.

Blaise Pascal äußerte in seinem 1669 veröffentlichten Hauptwerk *Pensées* (Gedanken) folgende Thesen:

- Kriege sind eine Art Duelle zwischen Staaten, die mangels internationaler Rechtsprechung stattfinden.
- Die Rechte, Bedürfnisse und Pflichten der Staaten sind ein dynamischer Prozess, da die politische, ökonomische und soziale Entwicklung laufend das Gleichgewicht verändert.
- Es ist fragwürdig sich auf „Naturrecht" zu beziehen: Nichts ist zum Beispiel fragwürdiger als der Begriff „natürliche Grenze".
- Jeder der sich auf ein Naturrecht beruft, kann einen Präventivkrieg zur Verteidigung seiner Interessen rechtfertigen.
- Die Monarchien vermischen in unverantwortlicher Weise öffentliches Recht mit dynastischem (privaten) Recht.
- Von vorsokratischer Plakativität ist die Aussage Pascals, alles Unheil komme daher, dass die Menschen nicht fähig seien, allein auf ihren Zimmern zu bleiben.

Gottfried Wilhelm Leibniz schlug anlässlich des Friedens von Nimwegen (1679) die Bildung einer europäischen Föderation vor.

William Penn schlug 1693 die Einrichtung eines europäischen Parlaments vor.

Charles-Irénée Castel, **Abt von Saint-Pierre** veröffentlichte 1728 ein Werk *Projet pour rendre la paix perpétuelle en Europe* (Projekt um den Frieden in Europa dauerhaft zu gestalten). Seine Hauptgedanken waren:

- Krieg und Frieden sind Handlungen der Regierungen.
- Die Wechselwirkungen der Regierungen sind mit denen zwischen Personen vergleichbar.
- Republikanische Regierungen sind friedlicher, da die Bürgerlichen mehr auf die ökonomischen Konsequenzen achten.
- Frieden ist das höchste Gut.
- Nur durch einen internationalen Organismus („Société Permanente") könne der Frieden in Europa gesichert werden. Die Union müsse in einem „Friedensterritorium" seinen Sitz haben, wo jedes der 24 Unterzeichnerländer der Friedensverträge von Utrecht und Rastatt durch einen Botschafter vertreten sei; im Gegenzug würde in jedem Regionalstaat ein Entsandter der Union residieren, um darauf zu achten, dass nicht gerüstet würde.
- Alle Nationalheere müssten auf 12.000 Mann limitiert werden und die Union hätte ein internationales Heer zur Verfügung.
- Die Staatsgrenzen des Status quo müssten respektiert werden.
- Gewaltvolle Einflüsse von Individuen auf Institutionen müsste durch besondere Anstrengungen zur Erziehung und Bildung eingedämmt werden.

In der Terminologie des vorliegenden Werks formuliert, postulierte der Abt von Saint-Pierre, dass kollektive Gewalttätigkeit die Folge der Angst der isolierten Staaten sei; zur Eindämmung müssen die Staaten entmachtet und abgerüstet werden, um durch eine überstaatliche Macht eine kollektive Sicherheit zu schaffen, welche die gewaltsame Lösung von Konflikten notfalls gewaltsam verhindert.

Der Schweizer Völkerrechtler **Emer de Vattel** vertrat in seinem 1758 veröffentlichten Werk *Droit des Gens ou Principles de la Loi Naturelle Appliques a la conduite et aux Affairs des Nations et des Souverains* (Das Völkerrecht oder Grundsätze des Naturrechts angewandt auf die Staatsgeschäfte) folgende Thesen:

- Krieg ist einzig zur Verteidigung der Rechte eines Staates rechtens.
- Einzig der Herrscher sei befugt, darüber zu befinden, ob die Rechte seines Staates verletzt würden, das heißt, ob ein rechter Grund zu einem Krieg vorliege, der auch ein Angriffskrieg sein könne, der erst dann erklärt werden müsse, wenn die Truppen die Grenze erreicht haben.
- Dort wo der Herrscher das Recht zum Töten habe, stehe ihm auch das Recht zur Versklavung zu.

Vattel rechtfertigte den Krieg als ein reguläres Mittel der Politik. Er setzte dabei auf den Ansichten Machaivellis auf und war ein Vorläufer des Diskurses von Clausewitz.

Der **Abt Jean-Sifrein Maury** entwickelte in einem 1767 veröffentlichten Discours *sur les avantages de la paix* (Diskurs über die Vorteile des Friedens) einige interessanten Gedanken:

- Der Krieg ist eine Entartung der Menschheit.
- Der Krieg setzt die natürliche Ordnung auf den Kopf, er legitimiert alle sonst verurteilten Laster.
- Jeder Krieg ist mindestens auf einer Seite ungerecht, je gerechter auf einer Seite, desto ungerechter auf der anderen.
- Der Krieg ist ein Mittel, um das Recht des Stärkeren durchzusetzen, was neue Ungerechtigkeiten und Konflikte verursacht.
- Die Verteidigung eines Vaterlands rechtfertigt keinen Krieg, denn die Menschheit ist des Menschen Vaterland.
- Nur eine furchtbare Waffe, welche die Menschheit mit deren Ausrottung bedrohe, könnte vielleicht die Menschen vom Krieg abhalten.

In der Terminologie des vorliegenden Werks formuliert, postulierte der Abt Jean Maury: Dass Kollektivgewalttätigkeit eine kulturelle Entartung sei; Die Notwendigkeit eines kosmopolitischen Ansatzes; Die vielleicht positive Auswirkung eines Gleichgewichts des Schreckens.

Jeremy Bantham betrachtete in seinen um 1789 veröffentlichten Schriften die Wirtschaftsrivalitäten als die Hauptursache aller Kriege. Er forderte die europäischen Länder auf, ihre Kolonien aufzugeben und abzurüsten. Er plädierte für einen Friedenskongress, die Einrichtung eines Schlichtungsgerichts und die Bannung der Geheimhaltung aus der diplomatischen Welt.

Der preußische Philosoph **Karl Immanuel Kant** trug mit seinem Postulat, dass der Mensch der Gesetzgeber seiner Moral sei, zur theoretischen Begründung der Gleichheit und Freiheit ungemein bei. Er lehrte, der Mensch solle Freiheit wagen und die Freiheit anderer beschützen. Und er verlangte einen „Föderalismus freier Staaten", um Kollektivgewalttätigkeit zu verhindern. Bis in die Gegenwart wirkt seine 1795 veröffentlichte Schrift *Zum ewigen Frieden* nach, mit der er die These vertrat, dass dieser durch eine Föderation freier Staaten hergestellt werden könne.

- „Es soll kein Friedensschluss für einen solchen gelten, der mit dem geheimen Vorbehalt des Stoffs zu einem künftigen Kriege gemacht worden. ist"
- „Es soll kein für sich bestehender Staat (klein oder groß, das gilt hier gleichviel) von einem anderen Staate durch Erbung, Tausch, Kauf oder Schenkung, erworben werden können."
- „Stehende Heere (miles perpetuus) sollen mit der Zeit ganz aufhören."
- „Es sollen keine Staatsschulden in Beziehung auf äußere Staatshändel gemacht werden."
- „Kein Staat soll sich in die Verfassung und Regierung eines anderen Staates gewaltthätig einmischen."
- „Es soll sich kein Staat im Kriege mit einem anderen solche Feindseligkeit erlauben, welche das wechselseitige Zutrauen im künftigen Frieden unmöglich machen müssen: als da sind, Anstellung der Meuchelmörder (percussores), Giftmischer (venefici), Brechung der Kapitulation, Anstiftung des Verraths (perduellio) in dem bekriegten Staat etc."

Kant ist dabei seiner und sogar unserer Zeit mit den Forderungen im voraus, Staatsverschuldungen für Militärausgaben zu verbieten sowie gewalttätige und subversive Geheimdiensttätigkeiten.

Der preußische Militärtheoretiker **Carl von Clausewitz** hat sich in seinem, auf eigenen Wunsch erst nach seinem Tode, im Jahre 1832 veröffentlichten Werk *Vom Kriege* primär mit der Frage der optimalen Taktik und Strategie in der Führung interkollektiver (zwischenstaatlicher) Kriege befasst. Zusätzlich hat er über das Wesen des Krieges reflektiert und die bis heute zitierten Aussagen beziehen sich auf diesen Teilaspekt seines Werkes. Die Betrachtungen von Clausewitz umfassen nicht die intrakollektiven (innerstaatlichen) Bürgerkriege, geschweige denn die allophobische Gewalttätigkeit (Demozide).

- Das Kriegswesen müsse sich der Politik unterordnen, den er sei „nichts anderes als die fortgesetzte Staatspolitik mit anderen Mitteln" und zwar mit gewalttätigen Mitteln. „Ein Akt ... der Gewalt, um den Gegner zur Erfüllung unseres Willens zu zwingen ... ein Akt des menschlichen Verkehrs (ein sozialer Vorgang) ...ein Konflikt großer Interessen, der sich blutig löst, ... ein Akt gegenseitiger Vernichtung" ... „Politik ist die Intelligenz, Krieg das Mittel".
- Der Hauptzweck der Kriegsführung: seinen Willen, die feindliche Macht zu besiegen, aufzureiben, wehrlos zu machen, ihren Willen zu brechen, durch: Vernichtung der gegnerischen Streitkräfte, Besetzung des feindlichen Landes und durch das Gewinnen der öffentliche Meinung
- Im Krieg seinen emotionale Motivationen („Gemütstätigkeit") immer involviert. Die Hauptmotivation des Krieges seien „feindselige Absicht" und „feindselige Gefühle" (z.B. Nationalhass). Auch wenn anfangs eine bestimmte Emotionalität fehle, entstehe sie sofort im Laufe des Kampfes in Form von Rachegefühlen für erlittene Gewalt. Gefühle wie „Ehrgeiz, Herrschsucht, Begeisterung" seien von sekundärer Bedeutung.
- Einmal losgetretene Kriege können sich in die unterschiedlichsten Formen wandeln („Chamäleon Krieg").
- Der Krieg habe in der Anwendung der Gewalt keine Grenzen und könne zum Äußersten führen (innere Tendenz zur Eskalation). Je großartiger und mächtiger die Politik, desto größer und mächtiger sei der Krieg, „der sich zu seiner absoluten Gestalt (zum totalen Krieg) steigern kann". Aber nicht in jedem Krieg komme es soweit, denn die Größe der Aufopferungen (Umfang, Dauer) werde auch durch den Wert des angestrebten politischen Zwecks konditioniert.
- Der Volkskrieg sei eine Erscheinung des 19. Jhs. ... „eine Erweiterung und Verstärkung des ganzen Gärungsprozesses, den wir Krieg nennen".
- Ein Krieg müsse beendet werden, wenn die Bedingungen für seine Fortsetzung schwerer zu ertragen seinen als die Friedensbedingungen.

In der Terminologie des vorliegenden Werks formuliert, postulierte Clausewitz, dass Kollektivgewalttätigkeit eine Ausdrucksform kollektiver Egoismen ist, das primär einen ökonomischen Vorteil zum Zweck hat. Kollektive Gewalttätigkeit wachse proportional zur Größe der Kollektive (derer Egoismen). Auf den Spuren Machiavellis hat Clausewitz versucht, das Phänomen Krieg als einen rational erklärbaren und abwickelbaren Vorgang darzustellen, als ein ins Kalkül der politischen Mächte einbezogenes Mittel zum Erreichen ihrer angeblich rational begründbaren politischen Ziele.

Die Clausewitz'sche Theorie ist in der Folge vielfach dazu missbraucht worden, den Krieg als eine Selbstverständlichkeit darzustellen. Man kann sie aber auch in dem Sinne auslegen, dass er angesichts des wachsenden Zusammenrückens der Menschheit und der wachsenden Vernichtungsfähigkeit der Waffen die Anwendung kollektiver Gewalt in unserer Zeit als unvernünftiges Mittel der Politik (als „zu schwer zu ertragen") ausgeschlossen hätte.

Zwischen 1840 und 1843 veröffentlichte der italienische Jesuit **Luigi Taparelli D'Azeglio** ein vierbändiges Werk *Saggio teoretico di diritto naturale (Theoretische Abhandlung über das Naturrecht),* in dem er die Thesen Vitorias aufgriff und weiterentwickelte.

- Es kommt zu kollektiver Gewalttätigkeit, weil die einzelnen Staaten völlig souverän sind und über eine absolute Macht verfügen.
- In einem Konzert unabhängiger Staaten ist eine Spirale des Wettrüstens unvermeidlich. Sie wurde mit der Einführung der allgemeinen Wehrpflicht durch die französische Revolutionsregierung angeheizt.
- Nur die Entmachtung der Staaten und eine Gemeinschaft aller Menschen („Henarchie") kann die Gewaltspirale brechen.
- Unabhängigkeit von Fremdherrschaft kann auch ohne Bildung eines Nationalstaats erreicht werden.
- Die menschlichen Kollektive müssen die Entwicklung von der Stadt über den Staat zur Staatengemeinschaft fortführen und eine universelle Autorität einrichten, die eine Schiedsfunktion ausübt.
- Taparelli D'Azeglio entwickelte also die **Idee eines Völkerbundes** fort.

Im Jahre 1860 schrieb die „Internationale und Dauerhafte Liga für den Frieden" einen Preis von 5.000 Franken für die beste Arbeit über „das Verbrechen des Krieges" aus. Der damals in Paris im Exil lebende argentinische Staatsrechtler **Juan Bautista Alberdi** verfasste dafür ein Werk *El Crimen de la Guerra* (Das Verbrechen des Krieges), das er aber bis zu seinem 1884 eingetretenen Tod nicht vollenden konnte. Das Manuskript wurde unter seinem Nachlass zwischen 1895 und 1901 veröffentlicht und ist bis dato in keine andere Sprache übersetzt worden. Seine Sicht des Phänomens Kollektivgewalttätigkeit war seiner und selbst unserer Zeit weit voraus. Seine Kernbotschaften sind:

- Das Wort „Gerechter Krieg" ist ein Widerspruch. **Krieg ist eine kriminell ausgeführte Selbstjustiz.** Der Krieg ist ein Verbrechen gegen die Menschheit. Krieg ist ein vorübergehendes Verlieren des Verstandes. Krieg ist eine Art Verhängung der Todesstrafe zwischen Nationen und kann genau so abgeschafft werden wie die Todesstrafe im Strafrecht.
- Die Staatslenker Krieg führender Nationen müssen, sofern ihr Krieg als ungerecht befunden wird, wie Mörder, Brandstifter, Diebe, Räuber deklariert werden.
- Das Schlimme am Krieg ist, dass die befangene Partei sich das Recht nimmt, Gewalt anzuwenden. Das Recht zur Verteidigung ist legitim, birgt aber das Problem, dass es von einem Recht zum Angriff nicht auseinander gehalten werden kann.
- Krieg ist der Versuch, die Frage über Recht und Unrecht dem Zufall zu überlassen und gleicht mehr einem Glücksspiel als einer Rechtsverhandlung.
- Der Frieden lebt nicht von Abkommen oder internationalen Gesetzen, sondern in der moralischen Verfassung der Individuen. Die zunehmende Zivilisierung des Menschen, ihre Verbesserung wird den Krieg immer mehr zur Seltenheit machen
- Die Kriege unserer Zeit werden meist einem menschlichen Instinkt folgend geführt, soviel Menschen, Länder, Reichtümer, Macht und Autorität seinem Willen zu unterwerfen, wie nur möglich.
- Die moderne Zivilisation ist eine Halbzivilisation. Sie hat Tausende von Problemen gelöst, außer dem der internationalen Gerechtigkeit. Die so genannten zivilisierten Staaten sind in ihren zwischenstaatlichen Beziehungen nach wie vor unzivilisiert. Der moderne Mensch hat zwei Gesichter: In seiner Heimat ist er ein zivilisiertes Wesen, außerhalb deren Grenzen ist er ein Wilder der Wildnis. Bis sich dies nicht ändert, wird die Welt in Details zivilisiert, insgesamt aber unzivilisiert sein.
- Nicht jenes Land ist das zivilisierteste, dass die besten Zerstörungswaffen produziert, sondern jenes, das die Kunst am besten beherrscht, das zu produzieren, was für die Menschheit nützlich, gut, schön und gesund ist.
- Trotz mehr Bildung (der Kultur des Wissens) kann ein Volk weniger zivilisiert sein als ein anderes mit mehr Erziehung (der Kultur des Gemüts).
- Das Verfügen über die besten Streitkräfte und Waffen gibt nicht das Recht, sie einzusetzen.
- Kriege mögen ein Gewinn an Territorien einbringen, auf jeden Fall verursachen sie den Verlust eines Teils an innerer Freiheit. Der Krieg bildet neben Heeren auch Heerscharen von Saboteuren, Falschmeldern, Bestechern, Spionen. Nach dem Ende eines Krieges richten sie in der Heimat noch größeren Schaden an, als vorher im Feindesland.
- Krieg ist eine Verschwendung öffentlicher Gelder, die der Erziehung, dem Gewerbe, der Zivilisation und der Freiheit entzogen werden. Auch nach dem Ende eines Krieges müssen unzählige Folgegenerationen mit dem Geld aus ihren Taschen und auf Kosten von Brot für die Familien dafür bezahlen. **Den Krieg abschaffen bedeutet auch mehr Brot für die gesamt Welt.**
- Der Handel ist der große Friedensstifter der Erde. Jeder Zolltarif, jedes Importverbot und jede Einreisebeschränkung sind für den Friedensstifter eine Fußfessel, ein Grundstein zu einem Krieg.
- Nichts treibt die Vereinigung der Welt mehr voran als die Freiheit der Völker.
- Wir brauchen eine internationale Regierung, die die gesamte Menschheit erfasse, eine Art „**Vereinigte Staaten der Welt**"

B) ZEITGENÖSSISCHE AUTOREN

Auf der Suche nach einer Erklärung für die Grauen des 1. Weltkriegs entwickelte der italienische Priester **Luigi Sturzo** in seinem 1928 veröffentlichten Werk *La comunitá internazionale ed il diritto di guerra* (Die internationale Gemeinschaft und das Kriegsrecht) die Thesen von Vitoria und Taparelli fort:

* Der Frieden kann nur gesichert werden, wenn die Souveränität der Nationalstaaten eingeschränkt und teilweise einer überstaatlichen Instanz übertragen wird.
* Auch wenn der Krieg als Tatsache nicht total abgeschafft werden kann, so kann ihm die Rechtmäßigkeit entzogen werden, um als illegal verfolgt und bestraft zu werden, ähnlich wie mit der individuellen Kriminalität verfahren wird.
* Krieg ist keine schicksalhafte Erbschaft der Menschheit, sondern kann überwunden werden, so wie zum Beispiel in der christlichen Welt die Sklaverei, die Polygamie und die Blutrache ausgemerzt worden sind.

Hans Morgenthau begründete mit seinem Werk *Politics among Nations: The Struggle for Power and Global Governance since 1850* (1948) die **Realismus** genannte Denkschule der Politikwissenschaft. Aufgrund der späteren Variationen durch andere Autoren nennt man seinen originären Ansatz „klassischer Realismus" oder „politischer Realismus".

* Der Mensch hat einen autonomen Machttrieb, er basiert sein Handeln nicht auf Vertrauen, sondern auf Kontrolle. Von Angst getrieben strebt der Mensch nach Sicherheit durch Erwerb von Macht.
* Der Movens der Staaten ist das Streben nach Macht, die Verfolgung des „nationalen Interesses".
* Die Macht ist nicht ein Mittel zur Sicherung von Ressourcen, sondern Ressourcen sind ein Mittel um Macht zu sichern.
* Ein Mächtegleichgewicht ist das effizienteste Mittel, um Konflikte zu begrenzen, total verhinderbar sind sie nicht, die Anwendung von Gewalt ist fallweise notwendig.
* Krieg entstehen aus mangelndem Verständnis der Sachzwänge (wirtschaftliche, ideologische) des Gegners sowie aus übersteigerter Definition und Ideologisierung der nationalen Interessen.
* In der Gegenwart breitet sich der „nationalistische Universalismus" aus, der Wille, anderen Nationen die Werte der Eigenen Nation aufzuzwingen.

Hans Morgenthau führte das Verhalten von Staaten auf das Verhalten von Individuen zurück. Er widersprach sich aber, indem er postulierte, dass Staaten nicht der individualpersönlichen Moral unterliegen. Ein weiterer eklatanter Schwachpunkt vor allem des klassischen Realismus ist, das außenpolitische Verhalten ohne Berücksichtigung des innenpolitischen Lebens eines Staates zu betrachten. Letztlich handelt es sich beim Realismus um die Ideologisierung einer kurzsichtigen Machtpolitik einer Weltmacht.

Gaston Bouthoul hat in seinem Werk „Traité de polémologie – Sociologie des guerres" (1951) als einer der ersten Autoren eine rein soziologische Erklärung der „kollektiven Aggressivität" ausgearbeitet. Er prägte für das Fachgebiet den Namen „**Polemologie**" bzw. „Kriegssoziologie". Er beschränkt sich dabei allerdings auf die konventionellen Kriege („zwischen organisierten Gruppen"), ohne auf die schrecklichen Demozide einzugehen, auch deren Zeitzeuge er gewesen ist.

* Kollektive Aggressivität ist ein Phänomen der menschlichen Gruppen (in der Tierwelt tritt sie nur bei einigen Insekten auf) und zwar der zivilisierten, denn in der Vorzeit hat es sie nicht gegeben.
* Krieg setzt einen Überschuss an Ressourcen und Menschen voraus („Man muss reich sein, um Krieg zu führen").
* Ökonomische Faktoren sind der Hauptgrund aller Kriege; ökonomische Ungleichgewichte tendieren dazu, Gewalttätigkeit anzufachen. Sie können dem Raub, der Schaffung von Auswanderungsländern oder von Absatzmärkten dienen. Auch die Mehrung und die Kontrolle über die Überschussproduktion sind wichtige Motivationskomponenten.
* Der demografische Faktor ist der einzige immer wirksame ökonomische Faktor.
* Bevölkerungsüberschüsse (vor allem an männlichen Jugendlichen) können im Staat zu gewaltträchtigem kollektiven Verhalten führen, die sich in Kriegen entladen können, bei denen der Überschuss stoßartig abgebaut wird („demografische Entspannung").
* Jeder Krieg zerstört ein Gleichgewicht und schafft ein neues.
* Kriege treten mit einer Periodizität auf, ähnlich wie biologische Phänomene, Vernichtungskrieg dauern etwa 30 Jahre (bis die von kriegerischem Wahn befallene Generation ablebt).
* Ideologische Inhalte (Religion, Ideologien etc.) können die Auswirkung demografischer Ungleichgewichte modulieren.
* Kriege sind eine Art Erscheinungsbild einer fiebrigen Erkrankung aufgrund bestimmter sozialer Ungleichgewichte.
* Die Auswirkungen der sozialen Ungleichgewichte sind nicht deterministisch sondern tendenziell und statistisch.
* Eine entfachte kollektive Aggressivität gerät (als kollektiver Impuls, Delirium, Paranoia) leicht außer Kontrolle, das durch kein Jammern und kein Beten mehr aufgehalten werden kann; deshalb sei es nicht eine (rational kontrollierte) Politik mit anderen Mitteln, eher ein Zweck, der sich als Mittel verkleidet.
* Das Problem des Friedens bestehe in der Suche nach dem Gleichgewicht zwischen Bevölkerungszahl und Ressourcen. Von einer „demografischen Abrüstung" könne man dabei die größten Erfolge erwarten.

Kenneth Waltz begründete mit seinem Werk *Man, the State and War* (1959) den **strukturellen Realismus** (ökonomischen Realismus, **defensiven Realismus**). Er ging von einem Vergleich der drei grundsätzlichen Möglichkeiten aus, die Wurzeln des Phänomens Krieg zu analysieren: das Individuum, der Staat als geschlossenes System, die Staatenwelt und entschied sich für die zweite.

- Verhaltensmaßgebend sind nicht die mitwirkenden Individuen, sondern die sozialen Strukturen (Staaten).
- Die Staaten sind rationale Akteure in einem anarchischen Umfeld (ohne übergeordnete Instanz)[379], wo jeder sich selbst der wahre Freund ist und sich selbst verteidigen muss (Selbsthilfeprinzip, Nutzlosigkeit von Bündnissen) Allein maßgeblich sind die (v.a. wirtschaftlichen) Machtverhältnisse

Michael Walzer warf als politischer Moralist in seinem 1977 veröffentlichten Werk *„Just and Unjust Wars"* die Frage des „gerechten Krieges" neu auf. Dabei trennte er die moralischen Regeln der Kriegsentscheidung (ius ad bellum) von denen der Kriegsführung (ius in bello). Er unterscheidet zwischen

- Aggressionskrieg: in jedem Fall ungerecht, der Angegriffene hat das Verteidigungsrecht und Dritte ein Interventionsrecht. Dazu gehören auch Präventivkriege („preventive war"), die einer anlasslosen Vorbeugung eines Angriffs dienen.
- Interventionskrieg: ist als Antizipationskrieg („preemptive war") gerechtfertigt, wenn eine Angriffsabsicht erkennbar ist, oder als Sezessionskriege, nationale Befreiungskriege, Gegeninterventionen oder humanitäre Intervention gegen drohende oder laufende (nicht für vergangene) Demozide.

Die Anwendung der zwei Begriffe „Präventivkrieg" und „Antizipationskrieg" läuft auf eine Ermessensfrage hinaus: so hat Walzer den Sechstagekrieg Israels von 1967 der zweiten Kategorie zugewiesen und den 3. Golfkrieg der USA von 2003 der ersten.

Walzer verficht die Ansicht, dass Moral und Gerechtigkeit nur bezogen auf einen Kulturkreis definiert werden kann und dass ein abstraktes universalistisches Recht nicht ableitbar sei. Er wird daher als einer der Wortführer des „**Kommunitarismus**" bezeichnet.

Gottfried-Karl Kindermann erweiterte mit seinem Werk *Grundelemente der Weltpolitik* (1981) den Ansatz seines Lehrers Morgenthau durch Einbeziehung weiterer Kodeterminanten, welche in jeweiliger Konstellation das internationale Handeln bestimmen (Innenpolitik, Wahrnehmung, Normen, Sachzwänge) und begründete den **Neorealismus der Münchner Schule (synoptischer Realismus)**.

Robert W. Cox dehnte mit seinen ab Anfang der 80-er Jahre veröffentlichten Aufsätzen die Grundidee Antonio Gramscis, dass nämlich Hegemonie nicht auf Zwang, sondern auf Überzeugung basiere, vom binnenstaatlichen auf den zwischenstaatlichen Bereich aus und gründete den so genannten **Neogramscianismus** (Cox, 1987).

Anfang der 80-er Jahre gewannen, als Reaktion auf den Realismus, liberale Theorien über die zwischenstaatlichen Beziehungen an Bedeutung, die unter dem Namen „**Neoliberalimus**" subsummiert werden können. Für verschieden Ausprägungen gibt es differenzierte Namen, allen voran der „neoliberale Institutionalismus", dessen Pionier **Robert O. Keohane** ist (Keohane, 1989). Gegenüber dem Realismus ist der Erklärungsrahmen wesentlich vielseitiger. Für die Erklärung des Verhaltens der Staaten müssen situationsweise unterschiedliche Aspekte herangezogen werden:

- Nicht nur die Staaten, sondern auch die sozialen Gruppen in ihrem Inneren sind aktionsrelevant.
- Soziale Gebilde agieren rational.
- Die Interdependenzen werden immer handlungsbestimmender.
- Die internationalen Institutionen agieren nach einer zwischenstaatlichen Eigendynamik.
- Der Konfliktgegenstand kann sich ändern und beeinflusst das Verhalten; wichtig sei auch, ob er nur exklusiv oder mehr-oder-weniger-als-andere besessen werden kann.
- Das Verhalten der Institutionen hängt von ihrem „Design" ab, das entsprechend zu optimieren sei.

Evan Luard forschte in seinem Werk *War in International Society – A Study in International Sociology* (1986) nach den Ursachen von Krieg von einem soziologischen Standpunkt aus. Dabei beschränkte er seine Betrachtung auf Konflikte zwischen „organisierten" Parteien und schloss Aufstände „unorganisierten Pöbels" aus, ebenso „unorganisierte" Massaker, Terrorakte. Die Fallstudien beschränkte er auf den Zeitraum ab 1400. Trotz all dieser Eingrenzungen trug Evan Luard eine Reihe interessanter Ansichten vor, die dem Neoliberalismus nahestehen:

- Das einzige empirische Material zum Studium der Kriegsursachen liefert die Geschichte.
- Konflikte entstehen aus dem Wettstreit um Werte (Reichtum, Ruhm, Ideologie) und diese werden vom Kollektiv vorgegeben.

---

379 Die *Hegemoniezyklentheorie* verneint die Annahme der „strukturellen Realisten", dass sich die Staaten in einem anarchischen Umfeld bewegen, sondern vertritt die Ansicht, dass es in der Geschichte immer Hegemoniemächte gegeben hat, welche (in ihrem Sinne) ordnend eingewirkt haben.

379 Wenn Moral und Gerechtigkeit nur als kulturkreisspezifische Systeme möglich sind, tendieren sie dazu, der Seite **des „eigenen Kulturkreises" Recht zu geben und damit ungerecht zu sein.**

- Die Werte des Kollektivs können die Konfliktualität steigern, wenn sie subtraktiv sind wie Reichtum und Rang (je mehr sie einige haben, desto weniger bleibt für die anderen übrig), oder sie können sie reduzieren, wenn sie additiv sind, wie Menschenfreundlichkeit.
- Die Art des Erringens der Werte, wie sie das Kollektiv als mustergültig lehrt, kann konflikträchtig sein (Wettstreit) oder konfliktvermeidend (Kooperation).
- Die Art der Konfliktlösung ist ebenfalls mehr sozial induziert als genetisch vorgegeben (Kompromisslosigkeit oder Kompromissbereitschaft)
- Die Werte, um die sich die Staaten streiten, haben im Laufe der Geschichte gewechselt (Handelsrechte, Überleben einer Dynastie, einer Religion, eines Staats, einer Ideologie)
- Die Staaten verhalten sich untereinander eher wie Individuen in primitiven Gesellschaften denn wie Individuen in modernen Gesellschaften. Die komplizierten Formen einer Sanktionierungsgewalt gegen Gewalttätigkeit, wie sie die Staaten in ihrem Inneren entwickelt haben, wird man wohl kaum für eine internationale Rechtsmacht realisieren können. Evan Luard setzt hier auf **Sanktionierung durch Tabuisierung**.
- Für die Tabuisierung von Krieg durch ein internationales Recht gibt es bereits Ansätze (Bannung von Aggressionskriegen, von territorialen Eroberungen), einige Lücken sind noch zu füllen bzw. zu klären (Interventionsrecht, Recht auf Gewalttätigkeit für Selbstbestimmung, Rechtmäßigkeit kolonialer Grenzen).
- Die größte Herausforderung besteht in der Vermeidung von Bürgerkriegen, die heute die Mehrheit bilden. Dazu sind alternative Formen des sozialen Wechsels erforderlich, wobei die demokratische Ordnung die erfolgversprechendste ist (fast kein Bürgerkrieg hat in Demokratien stattgefunden).
- Da Konflikte aus den Gesellschaften entspringen, können sie nur durch Wechsel in den Gesellschaften (nationalen und internationalen) eingeschränkt werden.

Der katholische Theologe **Hans Küng** hat in seinem Werk *Projekt Weltethos* (1990) auf die Notwendigkeit hingewiesen, die Religionen für eine Friedenssicherung zu reformieren.

- Die Religionen waren und sind unter den Hauptursachen der Kriege, sie müssen durch Eingehen auf Kompromissen eine Hauptrolle bei der Friedenssicherung einnehmen.
- Die Religionen müssen mehr das hervorheben, was sie vereint als das, was sie trennt.
- Die Menschheit wird es immer weniger ertragen, dass Religionen trennen statt zu vereinen, sich dem Fanatismus hingeben statt der Versöhnung, seine Überlegenheit hervorheben statt den Dialog zu eröffnen.
- Die moralischen Normen der Religionen sind in vergangenen Jahrhunderten ausgearbeitet worden und sind der Gegenwart nicht immer angepasst.
- Krieg ist nicht Teil der menschlichen Natur, er kann genau so überwunden werden, wie es mit dem Kannibalismus und der Sklaverei gelungen ist.

Bezogen auf die Katholische Kirche stellte er folgende Forderungen auf: Verzicht des Papst auf seinen Anspruch auf Unfehlbarkeit; Aufgabe des Zölibats; Aufgabe des Verbots der Empfängnisverhütung; Zulassung der Frauen zu Kirchenämtern. Daraufhin wurde ihm vom Vatikan das Recht zur Lehre entzogen.

Die Werke von Martin **van Creveld** gelten weniger der Frage über die Gründe des Krieges und seiner Vermeidung. In seiner Sorge um die Sicherheitslage Israels[380] befasst er sich primär mit der Frage nach der optimalen Form der Durchführung von Kriegen. Am nächsten kommt den Erklärungsfragen des Krieges sein erstmals 1991 erschienenes Werk *The transformations of war*.

- Der Krieg ist ursprünglich nicht ein Mittel, sondern ein Selbstzweck, der nicht unbedingt rationaler Gründe bedarf. Er beruht auf dem Willen von männlichen Individuen zu kämpfen und dabei ihr Leben zu riskieren und dem Wohlgefallen, den sie dadurch bei weiblichen Individuen finden. Krieg könne „unendlich faszinierend"[381] sein. Es sei nicht notwendig, irgendwelche tiefer liegenden Ziele zu postulieren, um das Vorkommen des Kriegs zu erklären. Menschen machen sich oft Ziele nur zu eigen, um kämpfen zu können.
- Die „trinitäre" Situation der Epoche (mit nur drei Akteuren: Bevölkerung, Heer, Regierung), in der Clausewitz schrieb, wo ein Staat mit dem Heer für ein Volk und rationale Interessen kämpft, sei nicht mehr gegeben. Die heutigen „nichttrinitären" Konflikte verfolgen nichtpolitische Ziele: Recht, Religion und Existenz.
- Die überwiegende Ausführungsform des trinitären Krieges ist der „Low Intensity Conflict (War)".
- Die nichttrinitären Kriege sind bereits in der Geschichte die vorherrschende Form gewesen.
- In Kriegen, in denen nur eine Seite um ihre Existenz kämpfe und damit jede Kosten-Nutzen-Rechnung aufgebe, gehe diese als siegreiche hervor.
- Alle militärtechnischen Maßnahmen zum risikolosen Töten erodieren den Kampfwillen (die Bereitschaft zum Märtyrertum) und führen zur Niederlage.

---

380 In einem am 21. 9. 2003 im Guardian veröffentlichten Interview erklärte er: „Wir verfügen über mehrere hundert Atomsprengköpfe und Raketen und können sie auf Ziele in allen Richtungen abschießen, vielleicht auch auf Rom. Die meisten Hauptstädte Europas sind Ziele für unsere Luftwaffe... Wir haben die Fähigkeit, die Welt mit uns runterzureißen. Und ich versichere Euch, dass dies geschehen wird, bevor Israel untergeht."

381 Bereits Stefan Zweig schrieb von der „unheimlichen Faszination des Krieges".

John Keegan kam aufgrund seiner ausführlichen Studien der Militärgeschichte in seinem Werk *A History of Warfare* (1993) zum Schluss, dass Kriegführung älter als die Zivilisation sei, dass es aber trotzdem nicht auf ein angeborenes Verhaltensmuster zurückgeführt werden könne. Spätestens seit dem 1. Weltkrieg müsse man davon ausgehen, dass Kriege nicht mit Zweckrationalität erklärbar seien. Politik werde es auch in Zukunft geben, Krieg nicht mehr.

Wolfgang Sofsky betrachtet in seinen Werken *Traktat über die Gewalt* (1996), *Zeiten des Schreckens. Amok, Terror, Krieg* (2002) die Kollektivgewalttätigkeit als so tief anthropologisch und sozial verankert, dass sie dauerhaft und verlässlich nicht ausmerzbar sei.

- Der Mensch habe in vorgeschichtliche Zeit in grenzenloser Angst gelebt und das Leben sei wegen der Gewalttätigkeit der in totaler Freiheit lebenden Menschen kurz gewesen,
- Der laut Hobbes aus Angst vor Gewalt und dem Tod gegründete Pakt habe der Herstellung von „Ordnung" gegolten. Den Pakt habe es als solchen nie gegeben, denn das Gewaltmonopol sei stets durch Tränen und Blut etabliert worden, Staatsgründungen seien stets durch massive Gewalt und Unterwerfung erfolgt.
- Herrschaft zur Herstellung von Ordnung beruhe auf der Angst vor Gewalt und habe neue Angst und Gewalt hervorgerufen.
- Ordnung sei auf Konformität und Homogenität ausgerichtet. Gesetze definieren nicht, was man tun darf, sondern was man zu tun wollen soll.
- Gewalt sei auch kulturstiftend in dem Sinne, dass die Angst vor gegenseitiger Gewalt zur Bildung kultureller Konstrukte führe. Herrschaft sei auch Zuchtmeisterin der Kultur, sie strebe nach einer homogenen Vorstellungswelt.
- Die Ordnung trage die Mission in sich, alles Andere auszutilgen. Dadurch stifte sie ihrerseits Gewalt. Die Ordnung sei nichts anderes als die Systematisierung von Gewalt.
- Die Feldzüge der Staaten werden nicht nur von Beutegier geleitet, sondern auch von der Mission des Universalismus (der universellen Gleichschaltung).

Die US-amerikanische Publizistin **Barbara Ehrenreich** fand in ihrem 1997 publizierten Werk „*Blutrituale*" neue Ansätze, um die Ursachen des Phänomens Krieg zu ergründen.

- Sie argumentiert gegen die vorherrschende „Jägertheorie" die „Opfertheorie", wonach viele Neigungen des Individuums und der Kollektive durch die lange Epoche geprägt seien, in denen die Primaten mehr Opfer der Raubtiere waren als Jäger, wobei sie aber als Aasfresser von den Jagderfolgen der Raubtiere abhängig gewesen sein. Darauf seien die Rituale der Tieropfer und Menschenopfer zurückzuführen, aus denen die Religionen entstanden seien, bei denen Raubtiere und Jäger eine große Rolle spielten.
- Sie übernimmt das Gedankenmodell von Richard Dawkins der kulturellen sich selbst reproduzierenden Einheiten („Meme" genannt) und betrachtet Krieg als ein Mem, das mit anderen Memen interagiert und das Verhalten eines Parasiten entfaltet, wodurch die Erde zu einem kriegsverseuchten Planeten geworden sei. Zu bemerken sei allerdings, dass einige der Formen „organisierter und gesellschaftlich sanktionierter Gewalt", wie die Menschenopfer und Blutrache, durch den Zivilisationsprozess ausgemerzt werden konnten.

Die deutsche Publizistin Cora Stephan betrachtet in ihrem Buch *Das Handwerk des Krieges Männer zwischen Mäßigung und Leidenschaft* (1998) den Krieg als ein unausweichliches, transkulturelles, Gemeinschaft stiftendes Opferritual, mit Zügen eines religiösen Aktes. Obschon die Ausführenden Männer seien, die in Männerbünden der doppelten Faszination der Aggression und der Selbstaufopferungsbereitschaft erliegen, sei Krieg nicht (wie es der Untertitel induziert) ein geschlechtsspezifisches Phänomen.

Die Verfechter des „**offensiven strukturellen Realismus**" gehen einen Schritt weiter als der klassische Realismus, indem sie die Notwendigkeit eines offensiven Machtstrebens postulieren, der Unterwerfung Anderer, um sich selbst zu behaupten. **John J. Mearsheimer** ist mit seinem Werk *The Tragedy of Great Power Politics* (2001) ein führender Vertreter dieser Schule:

- Der Machthunger der Staaten treibt diese zur Erringung einer Hegemonie durch immer mehr Machtzuwachs,
- Das Hegemoniestreben der Staaten verhindert die Entstehung einer globalen Hegemoniemacht und lasse höchstens eine regionale Hegemoniemacht zu.

Martin Shaw hat mit seinem Werk *War & Genocide* (2003) als einer der ersten Autoren das Thema der kollektiven Gewalttätigkeit als Einheit behandelt. Er betrachtet Genozid als eine Sonderform moderner Kriegführung und zwar eine entartete Form.

- o Menschen sind in der Tierwelt in dem großen Ausmaß, in dem sie Artgenossen umbringen, einzigartig.
- Kriege und Genozide sind keine direkten Derivate aggressiver Instinkte, sie sind sozial definierte Formen der Massentötung, sie sind vorsätzliche, institutionalisierte soziale Akte.
- Kriege und Genozide dienen dazu, den Willen des Gegners zu beugen. Als Gegner ist zunehmend die Gesamtbevölkerung gesehen worden.
- Der Unterschied zwischen Außenkonflikt und Binnenkonflikt ist fließend und nicht grundsätzlicher Natur.
- Die innere Logik der genozidalen Massentötung tendiert zu einer Ausweitung der Feinddefinition auf zum Teil erfundenen Kollektivdefinitionen.

- Staaten („umgrenzte Machtbehälter") sind die Massentöter par excellence, ihre Entstehung beruht auf Gewalttätigkeit und ihr Bestand ebenso.
- Kollektive Gewalttätigkeit ist immer vorbedacht und braucht eine Rechtfertigung; die Ideale, für die Menschen leben, sind auch jene, für die sie töten.
- Nationalismus ist für die modernen Massenabschlachtungen verantwortlich (auch die kommunistischen).
- Massenmedien sind die hauptsächliche Rekrutierungsform der Gesellschaft für Tötungen.
- Genozide sind politische Vorgänge, keine spontanen Ausbrüche einer Massenhysterie.

Martin Shaw sieht die ernüchternde Wahrscheinlichkeit, dass weitere Massentötungskatastrophen eintreten werden, bevor die Eliten die Notwendigkeit einsehen werden, weitreichende sozio-ökonomische und weltpolitische Reformen durchzuführen und den Krieg abzuschaffen.

Bradley Thayer hat mit seinem Werk *Darwin and International Relations: On the evolutionary origin of war and ethnic conflict* (2004) die Theorie des **Evolutionismus** in die kollektive Konfliktualität eingebracht.

- Kriege sind eine der Erscheinungsformen des Überlegenskampfs von Kollektiven, bei denen sich die Tüchtigsten durchsetzen.
- Die menschlichen Gene fixieren ein Kosten-Ertrag-Kalkül, wonach bei sozialer Zusammenarbeit die Gewinne beim Schutz der Angehörigen und der Ressourcen die Aufwendungen übersteigen.

Azar Gat fokussiert in seinem Buch *War in Human Civilization* (2006) die konventionellen Kriege und den „unkonventionellen Terror". Demozide und Genozide streift er nur (sie erscheinen nicht im Sachregister, ebenso wenig wie der Holocaust). Er ist von der Richtigkeit der Kernaussagen der „Evolutionisten" überzeugt.

- Die Handlungen der Menschen und der von ihm geschaffenen Kulturprodukte (darunter der Krieg) sind zielgerichtet. Die Zielsetzung kann man als von Gott gewollt oder als eine Optimierung betrachten, die jedem selbsterneuerbaren System inhärent sei.
- Das Streben und der Streit um knappe Ressourcen ist (genauso wie in der Tierwelt) der primäre Grund jeder menschlichen Handlung. Dies gilt auch für die Politik und den Krieg.
- Gewalttätige Konflikte hat es in der ganzen menschlichen Vorgeschichte gegeben, die 99,5 % der menschlichen Evolutionszeit ausmacht. Etwa 25 % der Steinzeitmenschen sind durch Gewalttätigkeit umgekommen (dafür zitiert Azar Gat keine Quelle). Krieg ist also kein neues Kulturprodukt, sondern ein uraltes. Der kulturelle Fortschritt hat lediglich die Maßstäbe und Techniken des Kriegs geändert.
- Die von den „Realisten" deklarierte Hauptmotivation von Kriegen, „Machtstreben", ist nur ein Mittel im Streben nach knappen Ressourcen.
- Ebenso ist das Streben nach Sicherheit ein Folgeeffekt des Streits um knappe Ressourcen, denn die Unsicherheit kann nur entstehen, wenn man mit jemanden im Streit steht.
- Es gibt eine lange „Wäscheliste" („laundry list") ergänzender Gründe, die ebenfalls Gewalttätigkeit auslösen können, darunter Religionen (v.a. Christentum und Islam, welche es nicht geschafft haben, die „hausinternen" Zwiste zu dämpfen), weltliche Ideologien, Angst, Misstrauen, Unsicherheitsgefühl, Status in der Gruppe, Rache.
- Der Fortpflanzungsinstinkt ist für die Gewalttätigkeit der menschlichen Kollektive nur indirekt relevant: Sie streiten allerdings um Ressourcen, deren Besitz auch die Fortpflanzungsbedingungen verbessern.
- Azar Gat geht an vielen Stellen des Buches auf die Wichtigkeit der ethnischen Bindungen bei der Kohäsion der menschlichen Gruppen („kin-based identities") ein.
- Es ist falsch, die Hauptwurzel des Phänomens Krieg in der Natur des Individuums, des Staats oder des internationalen Systems zu suchen.
- Für die Wohlstandsstaaten ist im Streit um knappe Ressourcen eine Abnahme der Option „Gewalttätigkeit" zugunsten friedlicher Mittel festzustellen, durch Verschiebungen im evolutionär eingespielten Kosten-Nutzen-Kalkül. Eine sorgfältige Kontrolle der Spontanreaktionen kann helfen, situationsadäquater zu reagieren.
- Der Kampf um knappe Ressourcen wird weitergehen. Für jene, die noch nicht in den Genuss technologischen Fortschritt gelangt sind, kann die gewalttätige Option fortbestehen.

Diverse **Mitarbeiter der Hamburger Arbeitsgemeinschaft Kriegsursachenforschung** (AKUF) haben jahrzentelang die weltweit vorhandenen Konflikte nach 1945 analysiert und daraus einige allgemeinen Gesetzmäßigkeiten abgeleitet.(Jung e.a., 2003).

Zum Einen seinen drei unterschiedliche Analyseebenen zu berücksichtigen: „internationales System", „Staat/Gesellschaft" und „Individuum".

Zum Anderen wird ein vierstufigen Eskalationsskala („Grammatik des Krieges"):

- Stufe 1: Ein Gegensatz innerhalb einer Gesellschaft oder zwischen Staaten („Widersdpruch")
- Stufe 2: Vermischung des Widerspruchs mit diversen ethnischen, religiösen oder ideologischen Weltbildern, Umschlagen von Objektivitäten in Subjektivitäten („Krise")
- Stufe 3: Umschlagen der konfliktiven Verhältnisse in konfliktives Verhalten, wie in Protesten, Auseinandersetzungen und gewalttätigen Zusammenstößen („Konflikt")
- Stufe 4: Verselbständigung der Gewalttätigkeit nach inhärenten Gesetzmäßigkeiten, Bildung von Gewalt-Gegengewaltt-Ketten („Krieg").

Anlage 3: Typologien kollektiver Gewalttätigkeit verschiedener Autoren

A ALLGEMEINE TYPOLOGIEN KRIEGERISCHER AUSEINANDERSETZUNGEN

A.1 Typologie von Kriegen nach Wright, Q. (1942)

1. Bürgerkriege

2. Innerstaatliche Hierarchiekriege

3. Verteidigungskriege gegen fremde Zivilisationen

4. Imperialistische Kriege zwischen Zivilisationen

A.2 Typologie zwischenstaatlicher Kriege nach Luard, E. (1968)

1. Expansionskriege

2. Irredentistische Kriege (zur Annexion von Gebieten mit Bevölkerung verwandter Abstammung)

3. Strategische Kriege (zur Verbesserung der eigenen Position angesichts einer realen oder imaginären Bedrohung)

4. Koerzitive Kriege (zur Einschränkung der Handlungsfähigkeit eines feindlichen Staates)

A.3 Typologie zwischenstaatlicher Kriege nach Midlarsky, M. (1975)

1. Territorialkriege (zur Beherrschung eines Territoriums), z.B. Chaco-Krieg.

2. Regionale Kriege (zur Beherrschung eines Territoriums und der Veränderung der Machtverhältnisse in einer Region), z.B. die Balkankriege.

3. Koerzitive Kriege (zur Beherrschung eines Territoriums und der Veränderung der Machtverhältnisse in einer Region, sowie der innerstaatlichen und zwischenstaatlichen politischen Ordnung), z.B. Deutsch-Französischer Krieg 1870/71.

4. Normative Kriege (zur Beherrschung eines Territoriums und der Veränderung der Machtverhältnisse in einer Region, sowie der innerstaatlichen und zwischenstaatlichen politischen Ordnung, sowie der Veränderung einer herrschenden normativen Ordnung); z.B. Dreißigjähriger Krieg, Napoleonische Kriege, 1. Weltkrieg, 2. Weltkrieg.

Bemerkung: Diese Typologie vermengt stark Ursachen und Wirkungen.

A.4 Typologie innerstaatlicher Kriege nach Lasswell, H. und Kaplan, A. (1950)

1. Palastrevolutionen

2. Politische Revolutionen

3. Soziale Revolutionen

A.5 Typologie innerstaatlicher Kriege nach Rosenau, J.N. (1964)

1. Personelle Kriege (welche Person die oberste Staatsgewalt ausübt); z.B. Staatsstreiche in Lateinamerika.

2. Autoritäts-Kriege (welche Bevölkerungsgruppen die Staatsmacht ausüben darf)

3. Struktur-Kriege (welche sozio-ökonomische Ordnung gelten soll), z.B. Französische Revolution, Spanischer Bürgerkrieg

A.6 Typologie von Konflikten des Heidelberger Institut für Internationale Konfliktforschung e.V.

Typen von Konflikten (Interessengegensätze um nationale Werte)

1. Nicht gewaltsame Konflikte

2. Gewaltsame Konflikte

2.1 Krise: Spannungszustand mit vereinzelter Gewaltanwendung

2.2 Ernste Krise: wiederholte Anwendung organisierter Gewalt

2.3 Krieg: kontinuierliche, systematische Gewaltanwendung Konfliktgegenstände: Territorium; Sezession; Dekolonisation; Autonomie; System, Ideologie; Nationale Macht; Regionale Vorherrschaft; Internationale Macht; Ressourcen; Sonstiges

A.7   Typologie der Hamburger Arbeitsgemeinschaft Kriegsursachenforschung (AKUF)

Definition von **„Krieg"** in Anlehnung an Kende (1982): Wenn drei Mindestkriterien gleichzeitig erfüllt werden:

* mit einem Mindestmaß an Kontinuität (kontinuierlicher Kampf),
* mit regulären Streitkräften auf mindestens einer Seite,
* mit einem Mindestmaß an Organisation

Definition von **„Bewaffneter Konflikt"**: Wenn mindestens eines der drei Mindestkriterien fehlt.

Typen von Kriegen (Jung e.a., 2003):

1 Antiregime-Kriege: Sturz der Regierung, Veränderung/Erhalt des politischen Systems oder der Gesellschaftsordnung

2 Autonomie- und Sezessionskriege: größere regionale Autonomie im oder Sezession vom Staatsverband

3 Zwischenstaatliche Kriege: zwischen Streitkräften etablierter Regierungen

4 Dekolonisationskriege: Befreiung von Kolonialherrschaft

5 Sonstige innerstaatliche Kriege

6 Mischtypen

A.8   Typologie des Uppsala Conflict Data Program (UCDP)

1.   Staatlicher Konflikt (State-based conflict): mindestens eine Partei ist ein Staat

2.   Nicht staatlicher Konflikt (No state conflict): keine Partei ist ein Staat

3.   Einseitige Gewalttätigkeit (One-sided violence): Staat oder fomal organisiertes Kollektiv gegen Zivilbevölkerung

B TYPOLOGIEN NICHTMILITÄRISCHER MASSENTÖTUNGEN (DEMOZIDE)

B.1   Typologie von R.J. Rummel

Demozid als Überbegriff von

* Genozid (Massentötung von Personen eines unauslöschbaren Attributs wie Rasse, Ethnizität, Religion, Sprache)
* Politizid (Massentötung von Personen einer politischen Meinung oder Massentötung aus politischen Gründen)
* Massenmord (Massentötung von beliebigen Personen)

B.2   Typologie von Dadrian

* Kultureller Genozid
* Latenter Genozid
* Vergeltungs-Genozid (retributive genocide)
* Nützlichkeits-Genozid (utilitarian genocide)
* Optimal-Genozid (optimal genocide)

B.3   Typologie von Smith, R.W.

* Vergeltungs-Genozid (retributive genocide)
* Institutioneller Genozid (institutional genocide)
* Nützlichkeits-Genozid (utilitarian genocide)
* Monopolistischer Genozid
* Ideologischer Genozid

B.4   Typen von „Genozid" nach Fein, Helen

* Ideologischer Genozid (ideologic genocide): zur Durchsetzung einer Ideologie
* Vergeltungs-Genozid (retributive genocide): Reaktion auf Bedrohung seiner Dominanz

- Entwicklungs-Genozid (development genocide): zum Zweck kolonialer Ausbeutung
- Despotischer Genozid (despotic genocide): um die Opposition gegen seine Herrschaft zu brechen

Anlage 4: Nicht-Beitrittsländer zu internationalen Abkommen (Stand Ende 2016)

	UN-Genozid-Abkom. 9.12.1948	UN-Kinder-rechts-Abkom. 20.11.1989	Internat. Gerichtshof (ICC) 17.7.1998	Nuklear-Teststopp-Vertrag 10.9.1996	B-Waffen-Abkom. 10.4.1972	Chemie-Waffen-Abkom. 13.1.1993	Landminen-Abkom. 4.12.1997	Streubomben-Abkom. 23.02.2007
USA	(1)	n.r.	(3)	n.r.			n.u.	n.t.
Israel			(3)	n.r.	n.u.	n.r.	n.u.	n.t.
Ägypt.			n.r.	n.r.	n.r.	n.u.	n.u.	
VR China			n.u.	n.r.			n.u.	n.t.
Russ-Föder.			(3)				n.u.	n.t.
Indien			n.u.	n.u.			n.u.	
Pakist.			n.u.	n.u.			n.u.	
N-Kor.				n.u.		n.u.	n.u.	
Syrien					n.r.		n.u.	
Vietn.				n.r.			n.u.	
Iran				n.r.			n.u.	
Irak								
Liban.							n.u.	
Marok.							n.u.	
Kolum.				n.r.				
Indon.				n.r.				
S-Kor.							n.u.	
Mong.							n.u.	
Nepal							n.u.	
Myanm							n.u.	
Libyen							n.u.	
SauArab							n.u.	
V.A.Em.							n.u.	
Polen								n.u.
Rumä.								n.u.
Uzbek.							n.u.	
Türkei			n.u.					
Katar			n.u.					

n.t. = an Verhandlungen nicht teilgenommen
n.u. = nicht unterzeichnet
n.r. = nicht ratifiziert
(1) Die Unterzeichnung erfolgte mit Konditionierungen: Es muss „nachweisbar spezifische Absicht" nachgewiesen werden; Der ICC darf nur mit Zustimmung der USA eingeschaltet werden.
(2) Auf Verlangen der USA wurde ein bilaterales Abkommen abgeschlossen, dass keine Staatsangehörige der zwei Länder an den ICC ausgeliefert werden.
(3) Die Unterzeichnung wurde zurückgezogen.

Anlage 5: Gegen den Diskurs „Der Krieg ist der Vater aller Dinge"

Das Argumente der Krieg=Vater-Doktrin

Diskurse gegen kollektive Gewalttätigkeit und vor allem gegen den Krieg, werden gerne mit dem Argument heruntergespielt, Kriege seien ein für den Fortschritt notwendiges Übel.

Häufig angeführte Beispiele für den Krieg als Vater aller Dinge:

> *Die Fortentwicklung des Schießpulvers zum Dynamit hat dem Tiefbau (v.a. dem Tunnelbau) neue Techniken eröffnet, die den Ausbau der modernen Verkehrswege und Wasserkraftwerke erst möglich gemacht haben.*
> *Die Wirtschaftsleistungen der Frauen im 1. Weltkrieg, als Ersatz der kriegsdienenden Männer, hat deren Gleichberechtigung starke Impulse gegeben.*
> *Der 2. Weltkrieg hat die Flugzeugtechnik auf den Stand gebracht, dessen Reduktion der Reisezeiten und Reisekosten das moderne Wirtschaftsleben ermöglicht haben.*
> *Der 2. Weltkrieg hat die Entwicklung der Elektronik vorangetrieben, die zur modernen Informationstechnologie geführt haben*
> *Die gewaltsame Besetzung Amerikas und Australiens durch die Europäer hat es möglich gemacht, dort statt 10 Millionen Personen eine Milliarde Personen leben zu lassen.*
> *Die mit kollektiver Gewalttätigkeit erzwungene territoriale Homogenisierung zu Nationalstaaten hat die moderne Wirtschaft ermöglicht*

Gegenargument 1:

Alle technischen Fortschritte der These wären früher oder später auch ohne Kriege eingetreten.

Gegenargument 2:

Die Nachteile des Krieges überwiegen die Vorteile, er ist in erster Linie der „Vater allen Elends".

Beispiele für die These des Kriegs als Vaters allen Elends

> *Kollektive Gewalttätigkeit hat in der Geschichte über 200 Millionen Menschen das Leben gekostet und einem Vielfachen das Leben ruiniert.*
> *Krieg hat mindestens ein Prozent all dessen, was die Menschheit produziert hat, zerstört.*
> *Viele Seuchen und Laster sind durch Krieg entstanden und verbreitet worden.*
> *Die Verbreitung des Drogenkonsums (der aufgrund der Überforderung des modernen Menschen durch die Ansprüche der Sozialkonstrukte vermutlich später sowieso entstanden wäre) ist ursächlich mit den zwei Opiumkriegen (1839 und 1860) sowie dem Vietnamkrieg (1965 bis 1975) verbunden.*
> *Die Atomwaffen sind Produkte des 2. Weltkrieges (allerdings gilt auch hier, dass die Entwicklung ohnehin, halt später erfolgt wäre).*
> *Die kulturelle und ökonomische Verelendung Schwarzafrikas und das sozio-ökonomische Elend der Afroamerikaner wurde durch den Jahrhunderte langen Sklavenhandel verursacht (dem allerdings andersartige Gründe zugrundelagen).*
> *Die gewalttätigen Landnahmen der Vergangenheit haben zwar in der Regel einer größeren Bevölkerung eine bessere Existenzgrundlage verschaffen, das Elend der Vernichtung oder Versklavung der unterlegenen Minderheitsbevölkerung, deren Nachfahren vielfach heute noch geknechtete Fremde im eigenen Lande sind, wird von der Geschichtsschreibung generell mit wenigen Worten unter den Tisch gefegt.*
> *Die Beschleunigung der Entstehung der Nationalstaaten durch Kollektivgewalttätigkeit hat allein im 20. Jh. mehr als 100 Millionen Personen in den Tot getrieben.*
> *Kollektivgewalttätigkeit hat in der Vergangenheit kaum neue Ressourcen geschaffen, sondern lediglich durch Zerstörung von Menschenleben und Ressourcen großes Elend und eine Verknappung der Ressourcen verursacht sowie deren Umverteilung an den demografisch Stärkeren erzwungen.*

Gegenargument 3:

Es ist ein Irrtum zu Glauben, dass alle mit Kollektivgewalttätigkeit erzwungenen Entwicklungen auch Fortschritte gewesen seinen.

> *Alle Invasionen Ägyptens haben dem Land nur marginale kulturelle Fortschritte erbracht, wohl aber schwerwiegende Ausbeutungen durch neue Kriegerkasten.*
> *Die Völkerinvasionen haben Westeuropa zivilisatorisch um Jahrhunderte zurückgeworfen. (Bouthoul, 1951, Ward-Perkins, 2005).*

Die Akzeptanz des Diskurses, dass der Krieg „Vater aller Dinge" sei, läuft letztlich auf die Frage hinaus, ob Kollektivgewalttätigkeit trotz all der Gräueltaten, Qualen, Leiden und Opfer die sie verursacht, wegen seiner **„Fortschritt beschleunigenden Funktion"** stoisch hinzunehmen sei. Dem kann entgegengesetzt werden, dass man den jeweiligen Fortschritt wesentlich ökonomischer und humaner erreicht haben könnte, wenn man die durch Kriege zerstörten Mittel direkt auf den zivilen Fortschritt und eine Umverteilung abgesetzt hätte.

Schlussfolgerung:

> ➢ *Der Krieg ist nicht der Vater aller Dinge, sondern der Vater allen Elends,*
> *auf dessen beschleunigende Wirkung in Zukunft besser verzichtet werden sollte.*

Anlage 6: Gegen den Diskurs „Es gibt Schlimmeres als Kollektivgewalttätigkeit"

Diskurse gegen kollektive Gewalttätigkeit und vor allem den Krieg werden gerne mit dem Argument heruntergespielt, es gäbe ja Schlimmeres, denn in der Geschichte seien weit mehr Menschen an Hunger und Seuchen gestorben als durch Waffengewalt. Aus der jüngsten Vergangenheit wird dann gerne noch der Hinweis gebracht, im Vietnamkrieg seien mehr US-Soldaten durch Unfälle und Krankheiten gestorben als durch Kampfhandlungen.

Bei einem derartigen Diskurs wird übersehen, dass in sehr vielen Fällen das „Schlimmere" ursächlich auf Kollektivgewalttätigkeit zurückzuführen ist, denn eine ganzheitliche Betrachtung der Folgen von Kollektivgewalttätigkeit darf sich nicht auf die Erfassung der Schlachtfeld-Toten beschränken, sondern muss alle von dem kollektiven Gewaltereignis ausgelösten Nebenwirkungen betrachten. Dazu gehören vor allem Seuchen und Hungersnöte. Die größten Seuchen und Hungersnöte der Geschichte wurden durch kollektive Gewalttätigkeit ausgelöst. Hier einige Beispiele:

- Die bis dahin größte den Griechen bekannte **Seuche**, jene die Athen **von −430 bis −416** heimsuchte (eine Lungen-Pest), brach während des Peloponnesischen Krieges in Piräus aus, wenige Tage nachdem die Spartaner das Umland verwüstet und – nach Aussage der Athener – die Ziehbrunnen verseucht hatten. Ein Viertel der Stadtbevölkerung Athens kam dabei um (darunter Perikles).
- Die erste große **Pestepidemie**, die das Römischen Reich **zwischen 166 und 190** heimsuchte (unklar ob Pocken, Typhus oder Beulenpest), kam während der römischen Belagerung von Seleukeia auf und wurde von heimkehrenden römischen Truppen über das Reich verbreitet. Sie entvölkerte ganze Landstriche und in Großstädten wie Rom ganze Stadtviertel. Prominentes Opfer war Kaisers Marcus Aurelius.
- Auch die zweite große **Pestepidemie**, die **zwischen 250 und 265** das Römische Reich befiel, trat in einer von gotischen Plünderungs- und Verwüstungsüberfällen, von Partherkriegen und von Bürgerkriegen geplagten Zeit auf.
- Die schwere **Seuche**, die im Jahre **539** in Norditalien ausbrach, war wegen der prekären Versorgungslage ausgebrochen, die durch die Plünderungsüberfälle des Byzantinisch-Ostgotischen Krieges entstanden war.
- Die **Beulenpest,** die sich ab dem Jahre **542** von Marseille aus über Europa ausbreitete, wurde durch eine seit Jahren anhaltende Hungersnot gefördert, welche von den Barbareneinfällen verursacht worden war.
- Während der Belagerung Neapels durch französische Truppen im Jahre **1495** brach eine neuartige **Seuche** (Syphilis) aus, die sich von dort aus auf ganz Europa verbreitete.
- Die große **Beulenpes**t welche **zwischen 1345 und 1352** Europa heimsuchte, brach im Jahre 1345 während der Belagerung von Kaffa unter den Mongolen aus, welche dann Pestleichen in die Stadt schleudern, um die belagerten Genuesen anzustecken. Mit genuesischen Schiffen gelangte die Pest ab 1346 in Häfen des Mittelmeers und breitete sich von da aus über ganz Europa aus, wo sie zwischen 1348 bis 1352 ihren Höhepunkt erreichte. Der Notstand zwang zu einer siebenjährigen Unterbrechung des Hundertjährigen Krieges zwischen den Königen von England und von Frankreich. Insgesamt verursachte die Beulenpest damals in Europa den Tod von schätzungsweise 20 Millionen Menschen (die Bevölkerungszahl ging von 80 Millionen auf 60 Millionen zurück), mehr als alle Kriege bis dahin in der Geschichte verursacht hatten. In Europa machte sich unter anderen Erklärungen der Pestursache die Behauptung breit, dass die Pest von den Juden durch Brunnenvergiftungen ausgelöst worden sei. Die Juden (in Europa damals etwa 300.000 Personen) wurden in vielen Gebieten Europas (vornehmlich im Deutschen Reich, Frankreich und Spanien) sowohl behördlich verfolgt (Hinrichtungen bei Verweigerung der Zwangskonvertierung) als auch vom Mob massakriert. Hunderte von jüdischen Gemeinden wurden ausgerottet. Insgesamt kamen dabei mindestens 150.000 Juden um, mehr als durch die gleichzeitig wütende Pest. Eine weitere traurige Konsequenz dieser durch Kriegsereignisse verursachten Pest war, dass die europäischen Machthaber ab 1360 zunehmend jegliche Art von Geburtenkontrolle verfolgten. Die Zielgruppe waren dabei Hebammen und Frauen, die nebenberuflich Abtreibungen durchführten. Dies artete schließlich in die Hexenverfolgungen aus, in deren Verlauf bis 1693 insgesamt 200.000 unschuldige Personen (50 % im deutschen Sprachraum, 90 % Frauen) gefoltert und verbrannt wurden.
- Die **Pestwelle,** die im Jahre **1628** vor allem in Norditalien wütete, in vielen Städten ein bis sogar zwei Drittel der Bevölkerung hinraffte (insgesamt mehrere hunderttausend Menschen), wurde von Landsknechten eingeschleppt, die im Rahmen des Dreißigjährigen Krieges dort zum Einsatz kamen. Sie wütete dann bis 1631 in anderen Teilen Europas.
- Im deutsch-französischen Krieg von **1870/71** brach sowohl unter den französischen, als auch unter den deutschen Truppen, eine schwere **Pockenepidemie** aus.
- Das moderne Paradebeispiel der Kriegsrelativierung ist die berühmt-berüchtigte **Spanische Grippe**, die zwischen **1918 und 1920** weltweit 25 bis 50 Millionen Menschen hingerafft hat, mehr als die 15 Millionen Toten des 1. Weltkriegs. In Wirklichkeit waren es die Truppenkonzentrationen des 1. Weltkriegs gewesen, welche dazu geführt haben, dass aus einer Epidemie eine Pandemie wurde. Die ersten Toten mit den ungewöhnlich schweren Grippesymptomen waren Ende Januar 1918 in Haskell County (Kansas, USA) festgestellt worden. Drei für den Krieg in Europa eingezogenen Rekruten aus Haskell brachten den Virus in das Ausbildungslager Camp Funston ein (38 Tote u. 1.100 Schwerkranke binnen 3 Wochen). Die Seuche griff dann vor allem auf die Militärbasen Fort Riley und Fort Dix über, von wo aus die US-Soldaten den Virus nach Frankreich brachten. Die Besonderheit dieser Pandemie war, dass dieses mutierte Vogelgrippe-Virus vor allem 15- bis 35-jährige Menschen befiel. Die Todesrate war 25-mal höher als die einer normalen Grippe. 44.000 US-Soldaten erlagen der Spanischen Grippe, fast genau so viel wie die 60.000 Gefallenen. Die Seuche erfasste dann alle anderen Truppen sowie die Zivilbevölkerung weltweit. Die kriegsbedingte Not der zentraleuro-

päischen Bevölkerung förderte deren Anfälligkeit. Jene Grippe wurde übrigens „Spanisch" genannt, nicht weil sie in Spanien aufkam oder dort die meisten Todesfälle erzeugte, sondern weil die Behörden Spaniens, einem der wenigen europäischen Länder, die am Krieg nicht beteiligt waren, am frühesten und offensten über die Schwere der Grippe kommunizierten.

Eine ausführliche Analyse der kriegsbedingten Seuchen der Vergangenheit haben Smallman-Raynor, M.R. / Cliff, A.D. (2004) durchgeführt.

Auch die größten Finanzkrisen der Vergangenheit sind auf Staatsverschuldungen zurückzuführen, die zum Zwecke der Kriegsführung eingegangen worden waren bzw. auf die Vernichtung von Menschenleben und Gütern durch Kriegsereignisse.

- Ein krasses Fallbeispiel ist die Weltwirtschaftskrise von 1929 bis 1938 und speziell deren extreme Ausprägung in Deutschland. Vielfach wird argumentiert, jene Krise habe letlich das NS-Regime und den 2. Weltkrieg verursacht. Dabei wird jedoch übersehen, dass jene Wirtschaftskrise durch den 1. Weltkrieg verursacht worden ist, in dem vier Jahre lang alle großen Volkswirtschaften Tag und Nacht sich beschossen, dabei 14 Millionen Menschen getötet, Millionen zu Krüppeln gemacht, Millionen zu mittellosen Witwen und Waisen gemacht und Güter vernichtet haben, dessen Gesamtwert sich auf schätzungsweise 230 Tonnen Gold belief. Eine radikalere Form, die Weltwirtschaft zu ruinieren, ist kaum vorstellbar.

Anlage 7: Überwundene oder schwindende Formen kollektiver Gewalttätigkeit

Einige Formen der kollektiven Gewalttätigkeit konnten bereits ausgemerzt oder zumindest derart tabuisiert werden, dass ihr Aufflackern eine weltweite Gegenreaktion der menschlichen Gemeinschaft auslöst. R. Dawkins (2006) führt dies auf die Wirkung des sich laufend fortentwickelnden „moralen Zeitgeistes", der sich weilweit und kulturübergreifend laufend fortentwickelt. Einer der rrsten, welche den Krieg in die Kategorie der gewalttätigen Missbildungen der Kultur eingereiht hat, die ausgemerzt werden kann, so wie es bei vielen Formen bereits gelungen ist, war Luigi Sturzo (1928).

Kannibalismus

Kannibalismus, der Verzehr von Artgenossen, ist in der Tierwelt verbreitet, insgesamt aber relativ selten, vor allem in der aktiven Ausprägung (gezieltes Töten mit dem Zweck der Verspeisung). Ausnahmen finden sich zum Beispiel bei Fischen und Reptilien. Die bei unseren Artvettern, den Schimpansen, beobachteten Fälle von Kannibalismus konzentrieren sich auf Situationen, in denen Gruppen männlicher Schimpansen kollektiv gegen Individuen von Nachbarclans vorgehen; die Weibchen nahmen am Verzehr der getöteten Gegner nicht teil. Nach einer Theorie ist der Kannibalismus eine soziale Überprägung angeborener Verhaltensweisen.

Beim Menschen ist Kannibalismus den sozial geprägten Verhaltensweisen zuzuordnen. Prähistorische Funde deuten weltweit darauf hin, dass unsere Vorfahren das Gehirn und das Knochenmark getöteter Artgenossen verzehrten. Die Neandertaler scheinen brutal aggressive Menschenfresser gewesen zu sein und nach einer Theorie hat eine dadurch verursachte Infizierung mit Prionen zu deren Aussterben geführt. Mit der Verbreitung des Ackerbaus und der Viehzucht verschwand der Kannibalismus. Bei den alten Griechen war Kannibalismus bereits eine unglaublich exotische Praxis entfernter Völker oder eines der unglaublichen Verbrechen ihrer rabaukenhaften Götter. In Amerika hielt sich Kannibalismus bis zur Eroberung durch die Europäer. In Europa kam es nur in extremsten Situationen (Belagerungen, Schiffsbrücke, Flugzeugabstürze) zu Fällen von Kannibalismus. Der letzte bekannte Fall kollektiven Kannibalismus betrifft japanische Streitkräfte im Pazifikkrieg, welche in einer Situation mäßiger Verknappung der Lebensmittelversorgung (ihre Kriegsgefangenen waren längst nicht alle an Hunger gestorben) regelmäßig Kriegesgefangenen töteten, um sie zu verzehren.[382] Heute ist Kannibalismus in allen Ländern der Welt absolut tabuisiert und nur noch auf kriminelle Einzelfälle beschränkt.

Wäre man der Argumentation „Gewalt ist dem Menschen genauso angeboren wie den Tieren und die Menschheit müsse sich damit für immer abfinden" gefolgt, hätte man glauben müssen, dass der Kannibalismus ebenfalls ein unüberwindbarer animalischer Instinkt des Menschen sei. Trotzdem konnte sich die Menschheit der kulturellen Entartungsform „Kannibalismus" gänzlich entledigen, nicht sosehr durch Gesetze und Strafverfolgung, sondern durch von universeller Zivilisation getragener rationaler Einsicht und humanem Mitleid (durch „internationalen Konsens").

Menschenopfer

Im chinesischen Altertum gehörten Menschenopfer zum religiösen Ritus und Brauchtum (v.a. zur Befriedigung von Erdgöttern oder Flussgöttern). Sie wurden während der Shang-Dynastie (-2. Jt.) zwar offiziell verboten, in versteckter Form wurden sie jedoch bis ins 11. Jh. praktiziert.

Die im Alten Testament überlieferte verhinderte Opferung Isaaks durch Abraham trug zur Tabuisierung von Menschenopfern in der jüdischen Welt schon im -1. Jt. ungemein bei.

Sowohl im griechischen als auch im römischen Altertum wurden die in Vorzeiten üblichen Menschopfer als regelmäßige rituelle Handlungen bereits in vorgeschichtlicher Zeit tabuisiert und es blieb die Tradition von Ersatzopfern (Tiere, Puppen). In einigen wenigen überlieferten Extremsituationen brach die vormalige Sitte der rituellen Opferung einzelner Personen wieder durch. In historischer Zeit war dies in Rom in den Jahren -226, -216 und schließlich zum letzten Mal im Jahre -114 der Fall. Im Jahre -97 erließ der römische Senat ein generelles Verbot der Menschenopfer im gesamten Herrschaftsgebiet.

Bei den Kelten waren Menschenopfer bis zur Unterwerfung durch die Römer (in Britannien bis ins 1. Jh.[383]) eine verbreitete Sitte[384]. Es gab einen regelrechten Kult mit Menschköpfen.

---

382 Wikipedia English „Japanese war crimes" [27.07.08].
383 Plinius d.Ä. 30,13.

Auch bei den Germanen gab es regelmäßige rituelle Menschenopfer. In Skandinavien waren sie bis ins 11. Jh. gebräuchlich,[385] bis sie auch dort (mit einem Verzug von tausend Jahren gegenüber der Mittelmeerwelt) abgeschafft wurden.

Während des 14. und 15. Jahrhunderts brachten die vom Norden Amerikas in Mexiko eingedrungenen Azteken im Schnitt jährlich schätzungsweise 5.000 Einheimische als Menschenopfer um. Die verbreitetste Tötungsart war Erstechen auf einem Steinaltar, worauf das Herz herausgeschnitten wurde. In rituellen religiösen Schlachtfesten wurden jeweils bis zu 15.000 Opfer abgeschlachtet, gegart und verspeist.

Eine Art von Menschenopfer war auch die Sitte, dass beim Tode eines Vornehmen seine Frau und das Gesinde mit ins Grab mussten. Sie war vor allem im antiken China üblich, wo auch engste Mitarbeiter (Minister) den Verstorbenen ins Jenseits begleiten mussten. Außerdem bei den Kelten der in der 1. Hälfte des -1. Jt.

Die Menschheit hat sich der kulturellen Entartungsform „Menschenopfer" nicht sosehr durch Gesetze und Strafverfolgung entledigt, sondern durch von universeller Zivilisation getragener rationaler Einsicht und humanem Mitleid (durch „internationalen Konsens").

Ehefrauen- und Dienerbestattung

In der Vorgeschichte entwickelte sich der Brauch, beim Tod eines Würdenträgers dessen Ehefrau(en) und Dienerschaft zu töten und mit zu bestatten. Die Tabuisierung begann bereits zu Beginn der historisch belegten Zeit. In Mesopotamien war es der sumerische König Mes-kalam von Ur, der um -2500 diesen Brauch tabuisierte.

Kindstötungen

Es gehört zu dem Instinkt vieler Tiere, Neugeborene zu töten oder sterben zu lassen, wenn sie Geburtsfehler haben, wenn es zu einem Nachwuchsüberschuss kommt oder wenn aus dem Kampf unter den Männchen eines Rudels neue Machtverhältnisse ergeben. Löwen töten besonders die Junglöwen anderer Vaterschaft, um bei den Weibchen den Zeugungswillen für eigenen Nachwuchs zu verstärken.

Bei den Steinzeitmenschen dürfte Kindstötung selten gewesen sein, denn der Mangel an Nahrungsbevorratung zwang die Mütter die Stillzeit auf ca. drei Jahre auszudehnen, während der sie weitgehend unfruchtbar waren.

Im Altertum war es in vielen Regionen der Welt selbstverständlicher Brauch, Neugeborene zu töten, vor allem wenn sie Geburtsfehler hatten, Mädchen waren und insbesondere in Notsituationen. Bei den Germanen waren Kindstötungen verboten.

Im Judentum gab es rein formell ab dem Auszug aus Ägypten (-13. Jh.) bis zur babylonischen Gefangenschaft (-6. Jh.) ein Gebot des Opferns der Erstgeborenen; es ist aber unklar, in welchem Umfang dieses Gebot ausgeführt worden ist oder durch die Ersatzopferung von Kleinvieh ersetzt wurde; in Ezekiel 20,25-26 nahm Jahwe das Gebot mit einer Entschuldigung zurück. Das Christentum hat Kindstötung geächtet, sodass es im Jahre 374 im Römischen Reich zum Kapitalverbrechen erklärt wurde. In germanischen Ländern wurde das Tötungsrecht des Familienoberhaupts gegen Ende des Mittelalters endgültig außer Kraft gesetzt. Heutzutage ist Kindstötung in allen Ländern der Erde geahndet und nur noch in versteckter Form (nur durch absichtliche Nichtversorgung von Mädchen ist erklärbar, dass in einigen Regionen Indiens die Relation von Mädchen:Buben unter 80:100 liegt).

Wäre man der Argumentation „Gewalt ist dem Menschen genauso angeboren wie den Tieren und die Menschheit müsse sich damit für immer abfinden" gefolgt, hätte man glauben müssen, dass der Kindstötung ebenfalls ein unüberwindbarer animalischer Instinkt des Menschen sei. Trotzdem konnte sich die Menschheit der kulturellen Entartungsform „Kindstötung" fast gänzlich entledigen, nicht sosehr durch Gesetze und Strafverfolgung, sondern durch von universeller Zivilisation getragener rationaler Einsicht und humanem Mitleid (durch „internationalen Konsens").

---

384 Die Opfer des Esus wurden an heiligen Bäumen erhängt, die des Teutates wurden ertränkt, die des Taranis verbrannt. Einige Opfer wurden auch erschlagen, aus ihren Zuckungen lasen die Druiden Prognosen ab.

385 Adam von Bremen berichtet, dass noch zu seinen Zeiten während der am Kultort bei Uppsala stattfindenden Wintersonnenwendfeier Menschenopfer an (heiligen) Tannenbäumen erhängt wurden.

Sklaverei

In der Antike wurden Kriegsgefangene in der Regel versklavt. Auch Zahlungsunfähige konnten zur Ableistung ihrer Schuld versklavt werden (in Athen wurde Schuldsklaverei um -600 abgeschafft). Platon und Aristoteles sahen Sklaverei gleichsam als Naturgesetz an. Der spartanische Staat basierte auf der Ausbeutung der versklavten Vorbevölkerung.

- Um -300 machten Sklaven in Attika ein Drittel der Bevölkerung aus.
- Im Alten Rom wurde die Schuldsklaverei durch Kriegsgefangenensklaverei abgelöst, als die Expansion sich über Italien hinaus ausdehnte. Es kam auch zu einer Scheinsklaverei, um dem Elend und dem Militärdienst zu entgehen. Um -100 machten die Sklaven („servi") ein Drittel der Bevölkerung der römischen Republik aus. In kaiserlicher Zeit trat eine Humanisierung der Behandlung ein, die Anzahl der Freilassungen nahm stark zu.
- Nach der Machtergreifung des Christentums wurde die von der Religion nicht explizit verbotenen Sklaverei allmählich humanisiert und auf den ländlichen Bereich beschränkt („colonii" bis hin zu den „Leibeigenen" der Neuzeit).
- Während der Han-Dynastie waren 1 bis 2 % der Bevölkerung Staatssklaven oder Privatsklaven (Franke/Trauzettel, 1968).

Das **Verbot der Versklavung durch die islamische Religion** wurde durch Zukauf aus dem Ausland **umgangen**. Alle islamischen Gesellschaften haben bis in die jüngste Vergangenheit Sklaven gehalten, einige noch heute. Das islamische Verbot, gegen Glaubensgenossen zu kämpfen, umging man mit aus dem Ausland bezogenen Kriegssklaven. Im Mittelalter entstand ein blühender Handel mit slawischen Sklaven in die islamischen Länder (ein Teil des Glanzes von Kiew, Krakau, Prag, Regensburg, Mainz, Verduns, Lyon, Venedigs und Genuas wurde damit finanziert). Gleichzeitig wurden ca. 10 Millionen Schwarzafrikaner in die islamische Welt verkauft. Aus Italien und anderen Mittelmeerländern verschleppten Seeräuber aus Nordafrika im Laufe von 11 Jahrhunderten ca. ein Dutzend Millionen Menschen in die Sklaverei.

Die **Leibeigenschaft** kann als die **mittelalterliche und neuzeitliche Form der Sklaverei** angesehen werden. Sie knüpfte an die spätrömische Landsklaverei (colonii) an und blühte mit dem Feudalismus im 9. Jh. auf. Wenn es auch regionale Variationen gab, sind einige Grundbedingungen feststellbar. Die Leibeigenen waren ein Besitz der Grundherren (welche in einigen Regionen die Gerichtsbarkeit über ihre Leibeigenen hatten), sie konnten mit ihm veräußert werden und sie durften „ihre Scholle" nicht verlassen. Sie hatten eingeschränkte Besitzrechte, u.zw. nur auf mobile Güter oder Geld. Leibeigene mussten Abgaben und Fronarbeiten leisten, die sie an der Armutsgrenze hielten; im Todesfall mussten sie zusätzlich ca. 1, 5 % ihres Vermögens abliefern („Todfallabgabe"). Sie unterlagen Heiratsbeschränkungen (Verbot der Ehe außerhalb des Gutsbesitzes) und ihre Kinder gingen automatisch in die Leibeigenschaft über. In einigen Regionen konnte sie sich freikaufen. Vielfach werden diese Zustände von modernen Autoren mit der Aussage relativiert, dass die Grundherren im Gegenzug Schutz- und Vorsorgepflichten hatten; dies gilt aber ebenso für die Sklaverei der Antike.

- Auf der Iberischen Halbinsel hat es kaum Leibeigenschaft gegeben, da die christliche Landnahme erst nach der Hochblüte des Feudalismus erfolgt ist.
- In Italien wurde die Leibeigenschaft nach der Emanzipation vom Heiligen Römischen Reich Deutscher Nation im 13. Jh. aufgehoben. In Venedig wurde der Sklavenhandel 1366 verboten.
- Eine der Forderungen der Aufständischen im Deutschen Bauernkrieg (1524 bis 1526) war die Aufhebung der Leibeigenschaft.
- In England verschwand die Leibeigenschaft im 17. Jh.
- Im Jahre 1807 wurde der Sklavenhandel in Großbritannien verboten („Abolitions Act of Slavery"), die britische Flotte begann den Sklavenhandel international zu unterbinden.
- In Frankreich wurde die „servage" erst mit der Französischen Revolution abgeschafft, deren Errungenschaft allerdings erst fünf Jahre später (1794) auch auf die Sklaven Haitis ausgedehnt wurde, nachdem dort ein Sklavenaufstand ausgebrochen war. In den französischen Kolonien wurde die Sklaverei de facto erst 1848 abgeschafft.
- Mit der Niederschlagung der Bauernaufstände während der Reformationszeit (die sich im Wesentlichen gegen die Leibeigenschaft gerichtet hatten) wurde die Leibeigenschaft in deutschen Landen in die Neuzeit verlängert. Der erste deutsche Staat der sie abschaffte war Baden (1783); die anderen folgten nach der Französischen Revolution: Bayern 1808, Preußen 1810 (noch während der napoleonischen Kriege wurde das Gros der preußischen Armee aus leibeigenen Bauern rekrutiert), Württemberg 1817, Hannover 1831, Sachsen 1832, in den Habsburger Ländern 1848. In altösterreichischen und altbayrischen Landen hatte sich die Leibeigenschaft nie stark verbreitet, wohl weil sich dort die Landnahme vor der Hochblüte des Feudalismus stabilisiert hatte. Generell wurde die Leibeigenschaft (und ihre latifundistische Entsprechung der „Gutsherrschaft") in den ursprünglich slawischen Ländern am stärksten und längsten aufrechterhalten: so in Böhmen, Mähren, Lausitz, Pommern. Die preußische Abschaffung von 1810 blieb in den ostelbischen Gebieten fast ein Jahrhundert lang nur auf dem Papier bestehen; noch 1892 bezeichnete Max Weber den Status ostelbischer Bauern als „untermenschlich".
- Im Zarenreich wurde die Leibeigenschaft zu Beginn des 17. Jh. verschärft, de jure 1861 abgeschafft (damals 50 Mio. Personen), de facto erst mit der Revolution von 1917 angeschafft, zu deren Auslöser sie gehört hatte.

- Nach der Entdeckung Amerikas wurden während dreieinhalb Jahrhunderte über 10 Millionen Schwarzafrikaner (manche Schätzungen reichen sogar bis 30 Millionen) in die Sklaverei nach Amerika verschleppt (4 Millionen nach Brasilien, 1,5 Millionen in die spanischen Kolonien).

- In Amerika war Argentinien Vorreiter in der Abschaffung der Sklaverei, was durch den Umstand begünstigt wurde, dass dort für die damaligen Massenausbeutungen von Menschen (Bergbau bzw. Plantagen) die schlechtesten Voraussetzungen bestanden. Eine Revolutionsregierung stipulierte, dass alle ab dem 31.1.1813 im Lande Geborenen frei waren, eine generelle Freiheitserklärung wurde von der Lobby der inländischen Sklavenhändler und -besitzer noch verhindert und auf die lange Bank geschoben, das generelle und bedingungslose Verbot der Sklaverei wurde nach weiteren kleineren Schritten erst 1853 verfassungsrechtlich dekretiert. Ein Analyst dieser Entwicklung, Juan Carlos Chiaramonte ist für den Fall Argentinien zu einer Schlussfolgerung gekommen, die weltweit symptomatisch sein dürfte, dass nämlich die Sklaverei nicht durch Verbote abgeschafft worden ist, sondern eines natürlichen Todes verschieden ist [386]. Die Nachzügler der Abschaffung der Sklaverei waren dann auf dem Kontinent die USA (1865), die spanische Kolonie Kuba (1880) und Brasilien (1889).

Nach Abschaffung der Sklaverei und Leibeigenschaft traten **verdeckte Formen** auf.

- Eine davon waren die Haltung von „Verdingkindern" (Findlinge, Waisen) welche in Mitteleuropa (Schweiz, Österreich) vor allen von Bauern offiziell vereinnahmt und oft als Hofknechte ausgebeutet wurden.

- Weitere heute noch bestehender Formen verdeckter Sklaverei sind die Zwangsprostitution, die Kindersoldaten, die Ausbeutung illegaler Einwanderer.

- Einen tragischen Rückfall erreichte die Sklaverei im 20. Jh., als das nationalsozialistische Regime 10 bis 14 Million deportierte Zivilisten und Kriegsgefangene durch Zwangsarbeit unter inhumanen Lebensverhältnissen in 20.000 Arbeitslagern ausbeutete.

- Auch die Kolchosenwirtschaft der Sowjetunion hatte viele Züge der Leibeigenschaft, die erst 1974 (Regierungserlass Nr. 667) beseitigt wurden.

> ➢ *Von der Antike bis zum Ende des 19. Jahrhunderts wurden grob geschätzt insgesamt 90 Mio. Personen versklavt, das entspricht jährlich 30.000 Personen, bzw. 0,3 % der in jenem Zeitraum Geborenen.*

Heutzutage ist Sklaverei in allen Ländern der Welt verboten und in fast allen auch de facto abgeschafft. Artikel 4 der UN-Menschenrechtserklärung von 1948 verbietet Sklaverei und Leibeigenschaft (leider fehlt ein Hinweis auf Zwangsarbeit). Die Menschheit hat sich der kulturellen Entartungsform „Sklaverei" nicht so sehr durch Gesetze und Strafverfolgung weitgehend entledigt, sondern durch von universeller Zivilisation getragener rationaler Einsicht und humanem Mitleid (durch „internationalen Konsens").
Nach einer Theorie (Schneider, 2015) sind ca. 30 Mio. Personen von modernen Formen der Sklaverei betroffen.

Blutrache und Sippenhaft

Der hethitische König Telipinu deklarierte in seinem epochalen „Thronfolgererlass" von ca. -1500 die Sippenhaft und Blutrache als abgeschafft. Bei den alten Griechen war Blutrache ein Topos der Mythologie und kam nur noch gelegentlich vor. Bei den Römern war bis zum Ende des -3. Jhs. die Ahndung nichtpolitischer Delikte dem Geschädigten überlassen. Mit der Einführung des so genannten Zwölftafelgesetzes hatte der Geschädigte zwar weiterhin das Recht, die Strafe (deren Schwere dem Auge-um-Auge-Prinzip folgte) zu vollstrecken, aber nur nach einem formellen Urteil. In Deutschland kam Blutrache bis im Mittelalter vereinzelt noch vor. Heutzutage kommt sie nur noch in wenigen entlegenen Regionen einiger Länder vor (u.a. in Türkei, Griechenland, Albanien und Sardinien). Sie ist mittlerweile in allen Ländern der Welt verboten.

Die Menschheit hat sich der kulturellen Entartungsform „Blutrache" nicht sosehr durch Gesetze und Strafverfolgung entledigt, sondern durch von universeller Zivilisation getragener rationaler Einsicht und humanem Mitleid (durch „internationalen Konsens").

Hexenverfolgungen

Die von 1338 bis 1352 in Europa wütende Pest hatte die Bevölkerungszahl von 80 Millionen auf unter 60 Millionen Personen gesenkt. Angesichts des Bevölkerungsmangels ergriffen die europäischen Machthaber Maßnahmen gegen jegliche Art von Geburtenkontrolle. Die traditionsgemäß nicht nur für Geburtshilfe sondern auch für Geburtenkontrolle zuständigen Hebammen (meist nebenberuflich tätig) wurden ab 1360 zunehmend verfolgt. Mit der von den zwei deutschen Dominikanern Jakob Sprenger (Rektor der Universität Köln) und Heinrich Kramer (Abt zu Köln) verfassten und von Papst **Innozenz VIII.** (Giovanni Battista Cibo) am 5. 12. 1484 erlassenen „Hexenbulle" („Malleus Maleficus"), einem der niederträchtigsten Dokumente der Geschichte, legte die Katholische Kirche die sieben Hauptverbrechen wider die menschliche Fortpflanzung fest, die mit dem Tod zu bestrafen seien (Lust ohne Reue u. Nachwuchs; Männer impotent

---

386 https://www.clarin.com/ideas/asamblea-xiii-esclavitud-no-abolio-1813_0_rJ_vWXjovml.html

machen; Sterilisation; Homosexualität; Empfängnisverhütung; Abtreibung; Kindstötung); außerdem wurden mit sadistischen Details die anzuwendenden Verfahren der Ermittlung, Folterung und Hinrichtung festgelegt. Wegen des damals (vor allem vom Klerus) nur in prekärer Weise kommunizierten Themas der menschlichen Fortpflanzung entwickelte sich daraus eine verbrecherische und perverse Verfolgung von überwiegend weiblichen Opfern. Eine besondere Obstination entwickelten die Folterknechte im Herausfinden schmerzunempfindliche Körperstellen, denn diese waren ein Beleg von Teufelkontakten.

Die Reformation brachte diesbezüglich keinerlei Besserung. Luther befürwortete die Todesstrafe für „Schadenszauber": „ Also sollen sie getötet werden, nicht allein weil sie schaden, sondern auch, weil sie Umgang mit dem Satan haben."

Die Hexenprozesse fanden vor Gericht statt, meist aufgrund von Anklagen durch Nachbarn oder Verwandte („Besagungen"), die bei Verhören unter Folter („peinliche Befragungen") sie bezichtigt hatten. Während der Notzeiten des Dreißigjährigen Krieges nahm die Zahl der Prozesse gegen Hexen zu, da man sie im Bund mit dem Teufel für die Katastrophen verantwortlich machte. Viele Opfer wurden der Hexerei und des Erwürgens von Kindern bezichtigt. Man folterte sie, um sie zu Geständnissen ihres Bundes mit dem Teufel zu bewegen. Man unterzog sie, auf barbarische Gerichtspraktiken der Germanen zurückfallend, den absurdesten Wahrheitsproben, denen sie qualvoll erlagen. Viele der Opfer wurden rein aus persönlicher Rache oder Habsucht angezeigt und hatten dann so gut wie keine Chance. Eine nicht unwesentliche Komponente der Hexenprozesse war die Befriedigung voyeuristischer und sadomasochistischer Triebe der Juroren und des Publikums. Die letzten Hinrichtungen fanden wenige Jahre vor Ausbruch der Französischen Revolution in Süddeutschland und der Schweiz statt. Die Schätzungen über die Gesamtzahl der Prozessierten schwanken zwischen 0,3 und 12 Millionen, die der Todesopfer zwischen 40.000 und einer Million, davon 80 % Frauen, vor allem der oberen Altersschicht und der sozialen Unterschicht zugehörend. Zur Bevölkerung überproportional viele Opfer waren im Gebiet des Heiligen Römischen Reichs Deutscher Nation (ca. 50 %), in der Schweiz (ca. 15 %). Skandinavien und England. Vielfach wird der Einfluss der katholischen Inquisition für die Hexenprozesse verantwortlich gemacht, aber dem widerspricht, dass es in Italien nur im Alpen- und Voralpenland zu Hexenprozessen in größerem Umfang gekommen ist (insgesamt ca. 2.000 Opfer).

Die Menschheit hat sich der kulturellen Entartungsform „Hexenprozesse" nicht so sehr durch Gesetze und Strafverfolgung entledigt, sondern durch von universeller Zivilisation getragener rationaler Einsicht und humanem Mitleid (durch „internationalen Konsens").

Piraterie

Mit der Deklaration von Paris (16.4.1856) wurde die Piraterie international für illegal erklärt. Sie lebt in den Gewässern vor Somalia und Südostasien fort.

Ethnizistische Säuberungen

Die Menschheit wird sich der kulturellen Entartungsform „ethnizistische Säuberungen" nicht sosehr durch Gesetze und Strafverfolgung entledigen, sondern durch von universeller Zivilisation getragener rationaler Einsicht und humanem Mitleid (durch „internationalen Konsens").

Folter

Die Folter besteht in der Zufügung untragbaren physischen Schmerzes, Erniedrigung oder in der Provozierung von Überlebenspanik (z.B. Angst vor Ertrinken oder Ersticken), um die psychische Integrität eines Menschen zu zerstören und ihn dadurch für die eigenen Zwecke (z.B. Herausgabe einer Information, Abschwörung von einer abweichenden Ideologie) gefügig zu machen. Wenn dies im Auftrag oder Interesse eines Kollektivs geschieht, handelt es sich um eine weitere Form kollektiver Gewalttätigkeit.

- Im Römischen Reich war das Foltern teilweise verboten: Römische Staatsbürger durften grundsätzlich nicht gefoltert werden. Für Ausländer und Sklaven gab es diese Einschränkung allerdings nicht. In der späteren Kaiserzeit wurde die Folterung von römischen Staatsbürgern für Fälle, welche die Staatssicherheit betrafen, legalisiert.

- Im Mittelater trat ab dem 14. Jh. vor allem im Heiligen Römischen Reich Deutscher Nation eine Verrohung der Verhörmethoden ein, indem man die Folter zur regulären Verhörmethode erhob (in Augsburg ab 1321). Da es dazu keine gesetzliche Regelungen gab, waren dem Missbrauch Tür und Tor geöffnet. Im Jahre 1532 wurde mit moderierender Absicht die auf Deutsch verfasste „Peinliche Gerichtsordnung Kaiser Karls V." erlassen, von der aber Hexenprozessen ausgeklammert wurden. Besonders grausam und pervers waren demzufolge die beim Verhör von „Hexen" angewandten Foltermethoden.

- Eine Vielzahl von Intellektuellen und Theologen argumentierte ab Anfang des 16. Jhs. eineinhalb Jahrhunderte lang gegen die Folter. Um 1700 wurde die Folter in Großbritannien abgeschafft. Preußen war der erste deutsche Staat, der 1740 die Folter teilweise abschaffte (nicht für Hochverrat und schwerwiegende Mordfälle), Coburg-Gotha war dann 1828 der letzte. Cesare Beccaria (1764) plädierte als erster für die totale Abschaffung.

- Die „Allgemeine Menschenrechtserklärung der Vereinten Nationen" von 1948 enthält in Artikel 5 das Verbot der Folter.
- Die Europäische Menschenrechtskonvention (1950) verbietet sowohl Folter als auch „unmenschliche oder erniedrigende Behandlung"; Opfer können beim Gerichtshof der Menschenrechtskonvention Anzeige erstatten.
- Das Genfer Abkommen IV von 1949 verbietet das Foltern von „geschützten Personen" „zum Zweck der Erlangung von Informationen", das heißt, dass die Konvention die Folter nicht bedingungslos verbietet. Geschützte Personen dürfen wie Kriegsgefangene interniert werden, jedoch getrennt davon.
- Der „Internationale Pakt über Bürgerliche und Politische Rechte" von 1966 verbietet in seinem Artikel 6 die Folter.
- Am 10.12. 1984 wurde eine „UN-Konvention gegen Folter" (auch „UN-Antifolterkonvention" genannt) verabschiedet. Darin wird Folter als „Handlung, die starke körperliche oder geistige Schmerzen oder Leiden verursacht..., um eine Aussage oder ein Geständnis zu erzwingen ..." definiert und sanktioniert, dass „keinerlei Umstände als Rechtfertigung für Folter dienen" können. Zu den Fortschritten der UN-Antifolterkonvention gehören auch:
  - •Das Verbot der Auslieferung von Personen an Länder, in denen der berechtigte Verdacht besteht, dass die Person dort Foltern unterworfen werden könne.
  - •Die Pflicht der Auslieferung von Personen (auch Ausländer, selbst wenn Inländer nicht betroffen sind), die der Folterung überführt worden sind.
- Die UN-Antifolterkonvention enthält allerdings viele Hintertüren, welche Teilbereiche aus der Bannung ausklammern:
  - •Etwa 40 Länder haben ihre Ratifizierung mit Ausklammerungen, Wenn und Aber versehen, am meisten die USA mit einer über 700 Worte langen Liste von „Ja-aber-doch-nicht-Bemerkungen".
  - •Der Umstand, dass von Großbritannien das Abkommen erst im Jahre 1988 ratifiziert worden ist, diente im März 1999 einem Londoner Gericht als Begründung dafür, dass der chilenische Diktator Augusto Pinochet nicht in England gerichtlich belangt werden dürfe.
  - •Die Konvention ist ausdrücklich nur auf Funktionsträger von Staaten („Angehörige eines öffentlichen Dienstes", „amtlich handelnde Personen" anwendbar, also nicht auf Funktionsträger völkerrechtlich nicht anerkannter Subkollektive (z.B. eine gegen die Regierung rebellierende Bürgerkriegspartei).
  - •Die Konvention schließt aus der Definition der verbotenen Folterung Schmerzen und Leiden aus, welche aus „gesetzlich zulässigen Sanktionen" entstehen; das heißt, dass die in vielen Ländern noch gesetzlich vorgesehene Strafe der Auspeitschung oder Steinigung für die UN-Antifolterkonvention nicht als Folter gelten.
- Die UN-Antifolterkonvention wurde bis Ende 2016 von 160 Ländern ratifiziert.

Die Folter wird heutzutage durch die Verfassungen und Gesetzte fast aller Länder verboten. Unrühliche Nachzügler bei der Umsetzung sind Österreich und Italien.

Obwohl die Folter durch die UN-Konvention gegen Folter (1984) und das Strafrecht der meisten Länder gebannt worden ist (siehe Anlage 7) kann dieser Fehl der Zivilisation noch lange nicht als völlig beseitigt gelten.

Trotzdem führen selbst Organisationen demokratischer Staaten immer noch Folterungen durch und weichen der Skandalisierung mit diversen Mittel aus: Durch semantische Umbenennung von Foltermethoden, „weiße" Foltermethoden (ohne Hinterlassung von Spuren), Verlagerung des Folterortes außerhalb des Rechtsschutzterritoriums (z.B. nach Guantanamo), Übertragung an Dritte (z.B. an totalitäre Staaten).

Die Menschheit ist dabei, sich der kulturellen Entartungsform „Folter" immer mehr zu entledigen und zwar nicht sosehr durch Gesetze und Strafverfolgung, sondern durch von universeller Zivilisation getragener rationaler Einsicht und humanem Mitleid (durch „internationalen Konsens").

Unmenschliche Strafen

Die UN-Menschenrechtserklärung von 1948 verbietet in Artikel 5 neben Folter auch „grausame, unmenschliche oder erniedrigende Strafe".

Die Menschheit hat der kulturellen Entartungsform „unmenschlicher Strafen" nicht sosehr durch Gesetze und Strafverfolgung entledigt, sondern durch von universeller Zivilisation getragener rationaler Einsicht und humanem Mitleid (durch „internationalen Konsens").

Todesstrafe

Die Todesstrafe war weltweit bis zum 18. Jh. die Regel. Einige der Religionen wie die jüdische (Gen. 9, Vers 6, 2. Mose 21-23) und der Islam befürworteten sie. Im Römischen Reich wurde die Todesstrafe ab dem -1. Jh. nur noch selten angewandt (z.B. Kreuzigung von Sklaven, wenn sie zu Waffen gegriffen hatten); für die Oberschicht wurde sie durch die Verbannungsstrafe ersetzt, für die Unterschicht durch Einweisung in Gladiatorenkasernen, Zwangsarbeit oder öffentliche Dienstleistungen.

Mit der Machtergreifung des Christentums nahmen die Todesstrafen vor allem im Weströmischen Reich wieder zu. Im Byzantinischen Reich wurden Todesstrafen selten verhängt (i. W. für Hochverrat oder Überlaufen zum Feind); dafür wurden schwere Vergehen mit Mutilationen bestraft. Im Spätmittelalter und in der

Neuzeit nahm in Westeuropa Anzahl und Grausamkeit der Todesstrafen zu. Hinrichtungen waren bis mindestens der Mitte des 19. Jh. in einigen Ländern ein Spektakel, die mancherorts sogar schulfrei waren.

- Um 1700 fand in den USA ca. eine Hinrichtung pro 100.000 Einwohner und Jahr statt, davon nur jede dritte wegen Tötungsdelikte.
- Der große Vorreiter der Abschaffung der Todesstrafe war **Cesare Beccaria** (1764) mit seinem Werk „Dei delitti e delle pene" („Von den Verbrechen und von den Strafen").
- **Als erster Staat der Welt schaffte im Jahre 1786 das Großherzogtum Toskana die Todesstrafe ab.** Die Französische Revolution erbrachte humanere Strafen aber mehr Todesstrafen. Weitere Pioniere der Abschaffung der Todesstrafe waren dann Venezuela (1863), San Marino (1865), Costa Rica (1877), Island (1928).
- In **Deutschland** wurde der erste Schritt zur Abschaffung der Todesstrafe 1849 mit der Paulskirchenverfassung (dem ersten deutschen Grundrechtekatalog) vollzogen, die aber vorerst nicht umgesetzt wurde. Während des 3. Reichs erlebte die Todesstrafe einen letzten Höhepunkt, als der Opferkreis von Kriminellen auf politisch Andersdenkende erweitert wurde: in 22 Jahren sind (abgesehen von den millionenfachen Morden an ethnisch, biologisch, religiös oder politisch Verfolgten, Kriegsgefangenen und Zwangsarbeitern) über 15.000 Zivilpersonen (darunter die Mitglieder der Weißen Rose, weil in der Universität München regimefeindliche Flugblätter verteilt hatten) und 20.000 Militärpersonen hingerichtet worden (ca. 3 pro Tag). Nach dem 2. Weltkrieg erfolgte in der BRD die letzte Hinrichtung eines kriminellen Straftäters 1949, bis im selben Jahr das Grundgesetzt die Todesstrafe bedingungslos abschaffte. In der DDR wurde bis 1981 hingerichtet (zuletzt nur noch politische Straftäter) und die Todesstrafe 1987 bedingungslos abgeschafft.

Nach dem 2. Weltkrieg setzte sich weltweit ein starker Trend zur Abschaffung der Todesstrafe durch.

- Der **Vatikanstaat** hat die Todesstrafe erst 1969 bedingungslos abgeschafft und dies 2001 in der Verfassung festgeschrieben.
- Weitere bedingungslose Abschaffungen der Todesstrafe: Frankreich (1971), Großbritannien (1998), Kanada (1998).
- In den **USA** wurde die Todesstrafe 1967 suspendiert, als der Oberste Gericht verfassungsrechtliche Bedenken erhob. Nach dessen Aufhebung wurde sie an Anfang der 70er Jahre in 38 der 50 Bundesstaaten wieder eingeführt. In 12 Bundesstaaten ist sie heute noch abgeschafft, in drei davon (Michigan, Minnesota, Wisconsin) seit über hundert Jahren. Die ersten Todesurteile wurden nach der Wiedereinführung Anfang der 80er Jahre vollstreckt, insgesamt etwa 1.425 bis Ende 2015 (davon 530 in Texas, 111 in Virginia, 110 in Oklahoma und nur 13 in Kalifornien). In 5 der 38 Bundesstaaten mit wieder eingeführter Todesstrafe wurde diese seit mindestens 1963 nie verhängt bzw. vollstreckt. Die Justizirrtümer liegen bei einigen Prozent. Die Bundesregierung der USA hat als einziger UN-Staat die UN-Kinderrechtskonvention vom 20.11.1989 nicht ratifiziert hat, weil diese die Verhängung der Todesstrafe an noch nicht Achtzehnjährigen verbietet (Art. 37), die in 19 US-Bundesstaaten noch zulässig ist.

Derzeit (April 2017) ist folgender Stand der Abschaffung der Todesstrafe erreicht worden[387]

- Bedingungslose Abschaffung in 104 Staaten
- Todesstrafe nur in Sonderstrafverfahren (z. B. Kriegsrecht) in 7 Staaten
- Hinrichtungsstopp in 30 Staaten
- Todesstrafe auch im gewöhnlichen Strafrecht vorgesehen in 57 Staaten
- Die Zahl der jährlich außerhalb der Volksrepublik China (die keine diesbezüglichen Zahlen bekannt gibt, die jährlich auf einigen Tausend geschätzt werden) weltweit zum Tode Verurteilten ist rückläufig, ebenso wie die der vollstreckten Todesstrafen. Derzeit (Stand Ende 2026) werden außerhalb der VR China 2.000 Personen pro Jahr zum Tode verurteilt und ca. 1.000 davon hingerichtet.
- Weltweit harren weltweit (zusätzlich zur unbekannten Anzahl in der VR China) ca. 20.000 Verurteilte ihrer Hinrichtung.

In einigen Ländern werden heute noch auch Nichtigkeiten mit der Todesstrafe belegt: in China reicht dazu ein Gemüsediebstahl; im Iran reicht (aber nur für Frauen) ein einvernehmlicher außerehelicher Geschlechtsverkehr

Die praktizierten **Hinrichtungsformen** sind vielfältig und zum Teil mittelalterlich:

- Steinigung (in Iran,[388] Afghanistan, Saudi-Arabien, Nigeria, Irak), die auf eine besonders langwierige und schmerzhafte Tötung abzielt;
- Erdolchung (Somalia);
- Elektrischer Stuhl (USA);
- Todesspritze (USA, China, Guatemala, Thailand);
- Erhängung (Ägypten, Japan, Iran, Pakistan)

---

387 Eine Länderliste mit dem jeweiligen Stand findet sich in https://de.wikipedia.org/wiki/Todesstrafe.
388 Im Iran wird das Opfer bis zu den Knien eingegraben und die geworfenen Steine dürfen nicht größer als die Hand sein, um die Tötung zu verlangsamen; es bestehen aber Bemühungen, dies durch andere Hinrichtungsformen zu ersetzen.

- Erschießung (China, Taiwan, Weißrussland, Vietnam).

Nicht durch die Statistiken erfasst ist die in einigen Ländern der Welt noch praktizierte **Lynchjustiz,** die teilweise von den Behörden toleriert wird (z.B. im kurdischen Nordirak, wo jährlich Hunderte von Frauen wegen „Entehrung der Familie" gesteinigt werden).

Auch wenn die Todesstrafe nicht direkt zum Thema „gewaltsame Konfliktlösung zwischen Kollektiven" gehört, konditioniert sie es indirekter Weise. Denn solange die Tötung im Konflikt des Kollektivs (Staats) mit Individuen zulässig ist, kann die Gewaltanwendung mit Tötungsabsicht bei der Lösung von Konflikten mit anderen Kollektiven nicht tabuisiert werden. Statistische Daten weisen darauf hin, dass die Todesstrafe eher zu Verrohung der Gesellschaft führt als der Abschreckung dient. Die Existenz der Todesstrafe gefährdet die Rechtstaatlichkeit.

Die UN-Menschenrechtskonvention hat sich die weltweite Abschaffung der Todesstrafe zum Ziel gesetzt. Artikel 3 fordert „Jeder Mensch hat das Recht auf Leben, Freiheit und Sicherheit der Person".

Amnesty International setzt sich besonders für eine weltweite Abschaffung der Todesstrafe ein.

Die Menschheit wird sich der kulturellen Entartungsform „Todesstrafen" nicht sosehr durch Gesetze und Strafverfolgung entledigen, denn durch von universeller Zivilisation getragener rationaler Einsicht und humanem Mitleid (durch „internationalen Konsens").

Verstümmelung der Genitalien

Die Verstümmelung von Genitalien gehört im Grunde auch zum Komplex der kollektiven Gewalttätigkeit. Sie wird vornehmlich an wehrlosen Kleinkindern vorgenommen. Sie befindet sich erst am Anfang einer Ausmerzung.

Die partielle oder totale Verstümmelung oder Vernähung der weiblichen Genitalien ist seit dem Alten Ägypten bekannt. In der Antike war sie bei Sklavenmädchen üblich, um deren Handelswert zu erhöhen. In Europa war sie vereinzelt bis Anfang des 20. Jhs. üblich, um „sündige" Masturbationen zu unterbinden. Mitte des 19. Jhs. wurde dazu vom britischen Arzt Isak Baker Brown die Amputation der Klitoris propagiert. In etwa 30 Ländern Afrikas, Irak, Indonesien, Malaysia ist die Amputation weiblicher Genitalien heute noch üblich, überwiegend unter der muslimischen, aber auch in der jüdischen und christlichen Minderheit. Insgesamt sind weltweit etwa 130 Mio. Frauen (4 %) amputiert, jedes Jahr kommen 3 Mio. Opfer dazu. Die Qualen der an kleinen Mädchen (in der Regel unter primitivsten Bedingungen) vorgenommenen Operation sind enorm; die Todesrate liegt bei 10 %. Es gibt seitens der UN-Organe eine starke Bewegung gegen diese kulturelle Entartung. Auch die islamische Geistlichkeit wendet sich zunehmend dagegen.

Das männliche Äquivalent ist die Kastration bzw. die (bei weitem nicht so schmerzhafte und riskante) Amputation der Vorhaut des Penis („Beschneidung"). Im Mittelalter wurden v.a slawische Sklaven in regelrechten Kastrationszentren (u.a. Prag, Verdun) kastriert, um vor allem in islamischen Regionen verkauft zu werden. Puritanische Kreise befürworteten im 19. Jh. die Beschneidung von Jungen, um die Masturbationsneigung zu reduzieren. In den USA liegt der Prozentsatz heute noch über 50 %, während sie in Großbritannien von 50 % auf unter 1 % gefallen ist, als die Krankenkassen die Zahlung des Eingriffs einstellten (ähnliches fand auch in Kanada statt).

Weibliche wie männliche Verstümmelung der Genitalien sind bleibende körperliche Eingriffe an Kindern, ohne deren Willen und sind als zusammenhängendes Thema zu sehen: Es ist schwerer gegen die weibliche Form zu argumentieren, solange die männliche für gut befunden wird. Im Jahre 2001 hat Schweden als erstes Land der Welt auch die männliche Beschneidung ohne medizinischen Grund verboten.

Die Menschheit wird sich der kulturellen Entartungsform „Genitalverstümmelung" nicht sosehr durch Gesetze und Strafverfolgung entledigen, sondern durch von universeller Zivilisation getragener rationaler Einsicht und humanem Mitleid (durch „internationalen Konsens").

Anlage 8a: Verlustzahlen von Landschlachten

(SI = Sieger; VL =Verlierer)

Jh.		Teilnehmer (Tsd)			Schlachttote (Tsd)				Verwundete (Tsd)				Gefangene (Tsd)				Schlachttote u. Verwundete (Tsd)				Schlacht-Tote pro Se. (SchTo & Verw)		Verwundete pro Se. (SchTo&Verw)		Sterbequote Verw.	Kampftote	
		SI	VL	Se.	SI	VL	Se.	pro Tln.	SI	VL	Se.	pro Tln.	SI	VL	Se.	pro Tln.	SI	VL	Se.	pro Tln.	ohne Massaker	Ø	ohne Massaker	Ø		Anz.	pro Tln.
-6.Jh								**0,05**				**0,10**				**0,00**				**0,15**					**0,25**		**0,08**
	-432 Potideia	3	4	7	0,15	0,3	0,45	0,06	0,3	0,6	0,9	0,10	0	0	0	0,00	0,45	0,91	1,36	0,19							
	-424 Delion	18	18	36	0,5	1,5	2	0,06	1,0	3,0	4,0	0,10	0	0	0	0,00	1,5	4,5	6,0	0,17							
	-418 Mantineia	6	8	14	0,3	1,1	1,4	0,10	0,6	2,2	2,8	0,10	0	0	0	0,00	0,9	3,3	4,2	0,30							
-5.Jh				19			3,8	**0,07**				**0,10**				**0,00**				**0,22**	0,33	0,42	0,67	0,58	**0,30**		**0,10**
	-395 Paktolos	15	60	75	0,6	6	6,6	0,09	1,2	12,2	13,4	0,18	0	0	0	0,00	1,8	18,2	20	0,27							
	-394 Nemea	20	25	45	1,1	2,8	3,9	0,09	2,2	5,7	7,9	0,18	0	0	0	0,00	3,3	8,5	11,8	0,26							
	-371 Leuktra	6	11	17	0,4	1	1,4	0,08	0,8	2,0	2,8	0,17	0	0	0	0,00	1,2	3,0	4,2	0,25							
	-351 Krokusfeld	20	20,5	40,5	0,5	6	7	0,17	1,0	6	7,0	0,17	0	0	3	0,07	1,5	12	13,5	0,35							
	-339 Krimisos	8	60	68	0,5	10	10,5	0,15	1,0	20,3	21,3	0,31	0	15	15	0,22	1,5	30,3	31,8	0,47							
	-334 Granikos	18	15	33	0,2	4	4,2	0,13	0,4	8	8,4	0,25	0	2	2	0,06	0,60	14	12,6	0,38		0,33		0,67		6,7	0,20
	-317 Paraetakene	38,6	41	78,6	3,7	0,5	4,2	0,05	4	1	5	0,06	0	0	0	0,00	7,7	1,5	9,2	0,12		0,46		0,54		5,7	0,12
-4.Jh				51,0			5,4	**0,11**				**0,19**				**0,05**				**0,30**	0,33	0,40	0,67	0,60	**0,30**		**0,16**
	-295 Sentium	40	50	90	8,7	25	33,7	0,37	15	15	30	0,33	0	8	8	0,09	23,7	40	63,700	0,71		0,53		0,47			
	-279 Ausculum	50	40	90	3,5	6	9,5	0,11	7,1	12,2	19,3	0,21	0	0	0	0,00	10,6	18,2	28,8	0,32		0,33		0,67			
	-255 Tunis	16	15,5	31,5	1	12,5	13,5	0,43	2,0	2,5	4,5	0,14	0	500	500	0,02	3,0	15	18,0	0,57		0,75		0,25			
	-240 Bragadas	10	25	35	1	6	7	0,20	2,0	7	9,0	0,26	0	2	2	0,06	3,0	13	16,0	0,46		0,44		0,56			
	-225 Telamon	50	70	120	2	40	42	0,35	4,1	10	14,1	0,12	0	10	10	0,08	6,1	50	56,1	0,47		0,75		0,25			
	-218 Trebia	28	36	74	5	10	15	0,20	10,2	20	30,2	0,41	0	0	0	0,00	15,	30	45,2	0,61		0,33		0,67			

	C1	C2	C3	C4	C5	C6	C7	C8	C9	C10	C11	C12	C13	C14	C15	C16	C17	C18	C19	C20	C21	C22	C23	C24	C25
-217 Trasimenischer See	30	25	55	2,5	15	17,5	0,32	5,1	4	9,1	0,17	0	6	6	0,11	7,6	19	26,6	0,48		0,66		0,34		
-217 Raphia	75	70	145	2	10	12	0,08	4,1	10	14,1	0,10	0	4	4	0,03	6,1	20	26,1	0,18		0,46		0,54		
-216 Cannae	50	87	137	6	47,7	53,7	0,39	12,2	5	17,2	0,13	0	17	17	0,12	18,2	52,7	70,9	0,52		0,76		0,24		
-207 Metaurus	40	30	70	5	15	12	0,17	10,2	5	15,2	0,22	0	5	5,4	0,08	15,2	25	40,2	0,57		0,30		0,38		
-202 Zama	36	45	81	1,5	20	21,5	0,27	3,05	5	8,05	0,10	0	20	20	0,25	4,6	25	29,6	0,36		0,73		0,27		
-3. Jh			84,4			21,6	0,26				0,20				0,08				0,48	0,33	0,55	0,67	0,42	0,30	0,32
-197 Kynoskephalae	26	23	49	0,7	8	8,7	0,18	1,4	10	11,4	0,23	0	5	5	0,10	2,1	18	20,1	0,41		0,43		0,57		
-190 Magnesia	30	72	102	0,4	20	20,4	0,20	0,7	30	30,7	0,30	0	3	3	0,03	1,1	50	51,1	0,50		0,40		0,60		
-171 Larisa / Kallinikos	12	12	24	0,1	2,2	2,3	0,10	0,2	4,5	4,7	0,19	0	0,6	600	0,03	0,3	6,7	7,0	0,29		0,33		0,67		
-168 Pydna	38	43	81	0,1	20	20,1	0,25	0,2	10	10,2	0,13	0	11	11	0,14	0,3	30	30,3	0,37		0,66		0,34		
-164 Bet Zur	10	20	30	0,5	5	5,5	0,18	1,0	10,2	11,2	0,37	0	0	0	0	1,5	15,2	16,7	0,56		0,33		0,67		
-147 Tribola	10	10	20		4	4	0,20	0	1	1	0,05	0	0	0	0	0	5	5	0,25		0,80		0,20		
-2. Jh			51			10,1	0,18				0,21				0,05				0,40	0,33	0,49	0,67	0,51	0,30	0,25
-90 Acerrae	10	10	20	0,5	6	6,5	0,33	1,0	3	4,0	0,20	0	0	0	0,00	1,5	9	10,5	0,53		0,62		0,38		
-71 Silarus	30	60	90	1	30	31	0,34	2,0	12	14,0	0,16	0	6	6	0,07	3,0	42	45,0	0,50		0,69		0,31		
-69 Tiganocerta	10	150	160	0,1	25	25,1	0,16	0,2	25	25,2	0,16	0	0	0	0,00	0,3	50	50,3	0,31		0,50		0,50		
-53 Carrhae	11	35	46	0	20	20	0,43	0	5	5	0,11	0	0	0	0,00	0	25	25	0,54		0,80		0,20		
-48 Pharsalos	22	45	67	1	5	6	0,09	2,0	10	12	0,16	0	24	24	0,36	3,0	15,2	18,2	0,27		0,33		0,61		
-45 Munda	40	50	90	1	30	31	0,34	2,0	5	7	0,08	0	0	0	0,00	3,0	35	38,0	0,42		0,82		0,29		
-41 Philippi 1	98	80	165	5,3	2,6	7,9	0,05	10,7	5,4	16,1	0,1	0	0	0	0,00	16	8	24	0,15		0,63		0,38	9,3	0,14
-1. Jh			51,0			18,2	0,25				0,14				0,06				0,39	0,33	0,48	0,67	0,52	0,30	0,29
86 Mons Graupius	17	30	47	1	10	11	0,23	2,0	10	12,0	0,26	0	0	0	0,00	3,0	20	23,0	0,49		0,70		0,30		
1. Jh			47				0,23				0,26				0,00				0,49	0,33	0,48	0,67	0,52	0,30	0,31
101 Tapae			20			4	0,20												0,47						
194 Issos	50	35	85	5	20	25	0,29	10,1	5	15,2	0,18	0	0	0	0,00	15,2	25	40,2	0,47						
2. Jh			52,500			25	0,25				0,18				0,00				0,47	0,33	0,58	0,67	0,42	0,30	0,30
251 Abrittus	40	20	60	2	19	21	0,35	4,1	1	5,1	0,08	0	0	0	0,00	6,1	20	26,1	0,43		0,81		0,19		
268 Naissus	30	50	80	1,5	20	21,5	0,26	3,1	10	13,1	0,16	0	5	5	0,06	4,5	30	34,5	0,43		0,61		0,38		
3. Jh			70				0,31				0,12				0,03				0,43	0,33	0,71	0,67	0,29	0,30	0,34
351 Mursa Esseg	80	36	116	9,9	7,9	17,8	0,15	20,1	12	32,1	0,28	0	0	0	0,00	30	24	54	0,47		0,33		0,59		
357 Argentoratae	13	10	23	0,5	3	3,5	0,15	1	1	2	0,09	0	0	0	0,00	1,5	4	5,5	0,24		0,64		0,36		
4. Jh			69,5				0,15				0,18				0,00				0,35	0,33	0,48	0,67	0,48	0,30	0,21
5. Jh							0,18				0,16				0,00				0,37	0,33		0,67		0,30	0,23
530 Dara	25	40	65	2	10	12	0,18	4	20	24	0,37	0	0	0	0,00	6	30	36	0,55		0,33		0,67		
533 Tricamarum	5	50	55	0,1	0,8	0,9	0,02	0,1	1,5	1,6	0,03	0	0	0	0,00	0,2	2,3	2,5	0,04		0,35		0,65		

ANLAGE 8A: VERLUSTZAHLEN VON LANDSCHLACHTEN

	20	15	35	1	6	7	0,20	2	5	7	0,20	0	0	0,00	3	11	14	0,40	0,33	0,50	0,67	0,50	0,30	0,26
552 Tedinae	20	15	35	1	6	7	0,20	2	5	7	0,20	0	0	0,00	3	11	14	0,40	0,33	0,50	0,67	0,50	0,30	0,26
553 Casilinus	18	30	48	0,1	20	20,1	0,42	0,2	5	5,2	0,11	0	0	0,00	0,3	25	25,3	0,53	0,33	0,79	0,67	0,21		0,26
6. Jh			50,7			10	**0,20**				**0,18**			**0,00**				**0,38**	0,33	0,49	0,67	0,51	0,30	0,27
7. Jh							**0,21**				**0,17**			**0,00**				**0,38**	0,33	0,55	0,67	0,45	0,30	0,28
8. Jh							**0,22**				**0,16**			**0,00**				**0,38**	0,33	0,58	0,67	0,42	0,30	
9. Jh							**0,23**				**0,15**			**0,00**				**0,38**	0,33	0,61	0,67	0,39	0,30	0,28
955 Lechfeld	8	50	58	1	20	21	0,36	2	10	12	0,21	1		0,00	3	30	33	0,57		0,64		0,36		
970 Arkadiopolis	12	30	42	0,6	3,5	4,1	0,10	1,1	5	6,1	0,15	0		0,00	1,7	8,5	10,2	0,24		0,40		0,60		
972 Dorostolon, 2.	30	30	60	0,3	15	15,3	0,26	0,7	5	5,7	0,10	0		0,00	1,1	20	21,1	0,35		0,73		0,27		
10. Jh			53,3			13,5	**0,24**				**0,15**			**0,04**				**0,39**	0,33	0,59	0,67	0,41	0,30	0,28
1066 Stamford Bridge	4	5	9	0,1	2	2,1	0,23	0,3	1,5	1,8	0,20	1		0,11	0,4	3,5	3,9	0,43		0,54		0,46		2,6
1066 Hastings	7	7	15	0,5	1	1,5	0,10	1	2	3	0,20	0		0,00	1,5	3	4,5	0,30		0,33		0,67		0,29
1071 Mantzikert	30	20	50	2	4	6	0,12	4	6	10	0,20	0		0,00	6	10	16	0,32		0,38		0,63		
11. Jh			24,7			3,8	**0,15**				**0,20**			**0,04**				**0,35**	0,33	0,42	0,67	0,58	0,30	0,21
1173 Forham	0,3	10	10,3	0	3	3	0,29	0	2	2	0,19	0		0,00	0	5	5	0,49		0,60		0,40		
12. Jh			10,3			3	**0,29**				**0,19**			**0,00**				**0,49**	0,33	0,60	0,67	0,40	0,30	0,35
1214 Bouvines	8	8	16	0,8	1,2	2	0,13	1,6	2,4	4	0,25	0		0,00	2,4	3,6	6	0,38		0,33		0,67		
1264 Lewes	5	10	15	0,7	2	2,7	0,18	1,4	4,1	5,5	0,37	0		0,00	2,1	6,1	8,2	0,55		0,33		0,67		
1265 Evesham	8	6	14	0,7	4	4,7	0,33	1,3	0,5	1,8	0,13	0		0,00	2	4,5	6,5	0,46		0,72		0,28		
1288 Worringen			10			1	0,10															0,67		1,8
1298 Falkirk	15	7	22	0,6	1,7	2,3	0,11	1,3	3,4	4,7	0,21	0		0,00	2	5	7	0,32		0,33		0,67		0,18
13. Jh			15,4			2,5	**0,17**				**0,24**			**0,00**				**0,43**	0,33	0,43	0,67	0,57	0,30	0,24
1314 Morgarten	4	11	15	0	2	2	0,13	0	1	1	0,07	0		0,00	0	3	3	0,20		0,67		0,33		
1346 Blanchetaque	5	3,5	8,5	0,2	1,3	1,5	0,18	0,3	1,4	1,7	0,20	0		0,00	0,5	2	2,5	0,29		0,60		0,67		
1346 Crecy	10	30	40	0,2	11,5	11,7	0,29	0,4	10	10,4	0,26	0		0,00	0,6	21,5	22,1	0,55		0,53		0,47		
1356 Maupertius	7	15	22	1	2,5	3,5	0,16	1	2	3	0,14	0		0,12	2	4,5	6,5	0,30		0,54		0,46		
1386 Sempach	1,6	4	5,6	0,1	0,6	0,7	0,13	0,4	1	1,4	0,25	0		0,00	600	1,600	2,200	0,39		0,33		0,64		
1388 Näfels	0,65	6	6,65	0,05	1,7	1,750	0,26	0,1	1	1,1	0,17	0		0,00	0,15	1,7	1,85	0,28		0,94		0,59		
14. Jh			16,3			3,5	**0,19**				**0,18**			**0,02**				**0,34**	0,33	0,60	0,67	0,53	0,30	0,25
1402 Ankara	200	150	350	15	25	40	0,11	30,5	50,8	81,3	0,23	0		0,00	45,5	75,8	121,3	0,35		0,33		0,67		
1403 Shrewsbury	15	10	25	1	1	2	0,08	2	2	4	0,16	0		0,00	3	3	6	0,24		0,33		0,67		
1415 Azincourt	6	25	31	0,5	5	5,5	0,18	1,0	10,2	11,2	0,36	0	1	0,03	1,5	15,2	16,7	0,54		0,33		0,67		
1444 Sankt Jakob a.d.B.	30	1,6	31,6	3	1,6	4,6	0,15	6	0	6		2,6	2,6	0,00	9	1,6	10,6	0,34		0,43		0,57		
1450 Formigny	3	4	7	1	2,3	3,3	0,47	1	0,5	1,5	0,21	0	1,7	0,24	2	2,8	4,8	0,69		0,69		0,31		
1459 Blore Heath	5	10	15	0,5	2	2,5	0,17	1	2	3	0,20	0		0,00	1,5	4	5,5	0,37		0,45		0,55		

1460 Wakefield	10	8	18	0,2	1	1,2	0,06	0,3	1,9	2,2	0,13			0,00	0,5	2,9	3,4	0,19	0,33	0,33	0,67	0,67		
1495 Fornovo	12,5	12,5	25	1	2	3	0,12	2,0	4,1	6,1	0,24	0		0,00	3,0	6,1	9,1	0,36	0,33	0,67	0,67	0,60	0,30	0,23
14. Jh			**62,8**			**7,8**	**0,17**				**0,22**			**0,03**				**0,38**	**0,33**	**0,40**	**0,67**	**0,60**	**0,30**	**0,23**
1503 Cerignola	9,2	9,5	18,7	0	3	3	0,16	0	0	0	0,00			0,00	0	3	3	0,16		1,00		0,00		
1509 Agnadello	37	18	55	2	4	6	0,11	4	4	8	0,15			0,00	6	8	14	0,25		0,43		0,57		
1512 Ravenna	23	16	39	3	8	11	0,28	5	4	9	0,23			0,00	8	12	20	0,51		0,55		0,45		
1513 Flodden	14	35	49	1,5	10	11,5	0,23	2,5	3	5,5	0,06			0,00	4	13	14,5	0,30		0,79		0,21		
1514 Orscha	30	40	70	1,5	7,5	9	0,13	3	10	13	0,14			0,00	4,5	17,5	19	0,27		0,47		0,53		
1515 Marignano	35	20	55	1,7	3,3	5	0,09	3,3	6,7	10,0	0,12			0,00	5	10	15	0,27		0,33		0,45		
1522 Bicocca	20	32	52	1	3	4	0,08	2	3	5	0,06			0,00	3	6	9	0,17		0,44		0,33		
1525 Pavia	25	30	55	2	5	5,5	0,10	4	7	7,5	0,14			0,00	6	12	18	0,33		0,31		0,39	7,7	0,14
1526 Panipat 1.	25	40	65	2,5	20	20	0,31	5	10	15	0,23			0,00	7,5	30	37,5	0,58		0,53		0,40		
1526 Mohacs	50	25	75	5	15	200	0,27	10	5	15	0,20			0,00	15	20	35	0,47		0,57		0,43		
1544 Ceresole	15	13	28	0,7	1,6	2,3	0,08	1,3	3,4	4,7	0,17		3,2	0,11	2	5	7	0,25		0,33		0,67		
1547 Huarina	0,5	1	1,5	0,1	0,35	0,45	0,30	0,2	0,4	0,6	0,41		1,5	0,00	0,3	0,8	1,1	0,71		0,43		0,57		
1547 Pinkie	15	22	37	0,5	5	5,5	0,15	1	10	11	0,30			0,04	1,5	15	16,5	0,45		0,33		0,67		
1553 Sievershausen			33,5			4	0,12		8	8	0,24			0,00		12	12	0,36		0,33		0,67	6,0	0,19
1557 San Quentin	10	25	35	0,5	4	4,5	0,13	1	8	9	0,26		6	0,17	1,5	12	13,5	0,39		0,33		0,67		
1584 Nagakute	10	9	19	600	2,5	3,1	0,16	1,2	5	6,2	0,33			0,00	1,8	15	9,3	0,49		0,33		0,67		
1587 Coutras	6	6	12	100	2	2	0,17	0,2	4	4,2	0,35			0,00	0,3	6	6,2	0,52		0,32		0,68		
1590 Ivry	11	16	27	500	4	4,5	0,17	1	4	5	0,19			0,00	1,5	8	9,5	0,35		0,47		0,53		
1597 Turnhout	7	6	13	0,1	2	2,1	0,16	0,2	4	4,2	0,32		0,5	0,04	0,3	6	6,3	0,48		0,33		0,67		
15. Jh			**38,9**			**6,5**	**0,17**				**0,20**			**0,02**				**0,38**	**0,33**	**0,46**	**0,67**	**0,50**	**0,30**	**0,23**
1631 Breitenfeld 1.	41	36	77	5,5	7,5	13	0,17	6	10	16	0,21	0	7	0,09	11,5	17,5	29	0,38		0,45		0,55		
1632 Lützen	19	19	38	1,5	3	4,5	0,12	4,5	4	8,5	0,22	0	7	0,00	6	7	13	0,34		0,35		0,65	7,0	0,19
1634 Nördlingen	33	25	58	2	12	14	0,24	3,5	5	8,5	0,15	0	4	0,07	5,5	17	22,5	0,39		0,62		0,38		
1643 Rocroy	22	26	48	2	8	7	0,15	2	3	5	0,10	0	7	0,15	4	11	12	0,25		0,58		0,42		
1644 Marston Moore	28	14	42	2	3	5	0,12							0,00										
1645 Naseby	13	9	22	1	2	3	0,14	2	3	5	0,23	0	1	0,05	3	5	8	0,36		0,38		0,63		
1664 Sankt Gotthard	25	50	75	1	12,5	13,5	0,18					0	0,6	0,00										
1674 Sinsheim	11	9	20	1,2	2	3,2	0,16					0,6		0,03										
1674 Seneffe	44	65	109									0,6	5,4	5,4										
1674 Enzheim	22	38	60	1,2	1	2,2	0,04	2,3	2,0	4,3	0,07			0,00	10	8,6	18,6	0,17					8,5	0,18
1683 Kahlenberg	75	80	155	2	15	17	0,11							0,00	3,5	3	6,5	0,11						
1685 Sedgemore	3	4	7	0,3	1	1,3	0,19					0	0,5	0,07									4,5	0,20
1690 Boyne	35	20	55	0,8	1,5	2,3	0,04							0,00										
1690 Staffarda	17	19	36	0,8	4	4,8	0,13	1,7	1,5	3,2	0,09	0	1,2	0,03	2,5	5,5	8	0,22						

ANLAGE 8A: VERLUSTZAHLEN VON LANDSCHLACHTEN

Schlacht																										
1691 Slankamen	34	60	94	9	12	21	0,16	1,6	15	16,6	0,13				0,00	8,5	18	26,5	0,28	0,33	0,47	0,67	0,53	0,30		0,19
1693 Neerwinden	80	50	130			25	0,19						2			4	12	16	0,23							0,14
1693 Marsaglia	35	36	71			25	0,19									5,9	40	45,9	0,35							0,00
1697 Zenta	50	80	130	4,3	25		0,14																			
16. Jh			**68,167**			**9,100**	**0,14**				**0,15**				**0,03**				**0,28**	**0,33**	**0,47**	**0,67**	**0,53**	**0,30**		**0,19**
1704 Höchstädt	53	53	106	4,6	5,5	10,1	0,10	7,7	7	14,7	0,14				0,11	12,3	12,5	24,8	0,23		0,41	0,59			14,5	0,14
1705 Cassano	30	25	55	1,1	5	6,1	0,05	3,3	8	11,3	0,09				0,00	0	4	4	0,07		0,00	0,00			0	0,00
1706 Ramillies	60	60	120	1	2	3	0,06	2	1	3	0,06		7		0,06	4,4	13	17,4	0,15		0,35	0,65			3,9	0,08
1706 Turin	30	17	47	2	4	6	0,04	5	9	14	0,09		1		0,13	8	3	11	0,23		0,27	0,27			10,2	0,06
1708 Oudenaarde	80	80	160	6,5	4,5	11	0,06	14	8	22	0,13				0,06	20,5	12,5	33	0,21		0,30	0,70			17,6	0,10
1709 Malplaquet	93	80	173	0,6	0,9	1,5	0,02	22		4,8	0,13		9		0,00	2,6	3,7	6,3	0,19		0,33	0,67			2,9	0,05
1743 Dettingen	35	28	63	0	0,3	0,3	0,07	2	2,8	4,8	0,08				0,00	0,1	0,8	0,9	0,18		0,24	0,76			0,5	0,10
1745 Prestonpans	2,5	2,3	4,8	0,6	0,3	10,9	0,14	0,1	0,4	0,5	0,11	1,5			0,30	11	18	29	0,39			0,61				
1758 Zorndorf	36	44	80	3,7	7,2	11	0,09	10,9	10,8	22,6	0,23					15	18,7	33,7	0,28		0,38	0,62			17,8	0,15
1759 Kunersdorf	71	49	120	5	6,1	7	0,07	10	12,6	15	0,19	26			0,22			22	0,23		0,33	0,67			11,5	0,12
1760 Torgau			97			1,8	0,05	15			0,10	7			0,07			5,7	0,15		0,32	0,68			23,0	0,08
1796 Arcole			38,5			3	0,04	3,9			0,14	4			0,10			13	0,19		0,32	0,68			6,6	0,09
1799 Trebbia			70			0,9	0,02	10			0,05				0,00			3,6	0,07		0,23	0,77			1,7	0,03
1799 Ostrach			54			0,9	0,01	2,7			0,05				0,00			4,9	0,06		0,25	0,75			2,1	0,03
1799 Stockach			84			2,4	0,03	4			0,14	6			0,07			12,1	0,17		0,18	0,82			5,3	0,08
1799 Novi			70			2,2	0,05	9,7			0,07				0,00			5,5	0,12		0,20	0,80			3,2	0,07
1799 Bergen 1			45			4,3	0,05	3,3			0,11	2			0,04			10	0,20		0,40	0,60			6	0,12
1799 Zürich 3			50			0,8	0,09	5,7			0,05	2			0,04			2,4	0,07		0,43	0,57			1,3	0,04
1799 Castricum			35				0,02	1,6			0,05	0,2			0,01				0,33		0,33	0,67				
17. Jh			**77,5**			**4,6**	**0,11**				**0,11**				**0,07**				**0,17**	**0,33**	**0,31**	**0,67**	**0,69**	**0,30**		**0,08**
1800 Messkirch			100			1	0,01	2			0,02	16			0,16			3	0,03	0,33	0,33	0,67	0,67	0,20	1,4	0,01
1800 Marengo			57			2	0,04	9,1			0,16	3			0,05			11,1	0,19		0,18	0,82		0,20	3,8	0,07
1805 Haslach			21			0,7	0,03	1,8			0,09	3			0,14			2,5	0,12		0,40	0,60		0,20		
1805 Austerlitz	65	86,5	151,5	1,3					7			0,5	20	20,5	0,14	8,3	16	24,3	0,16		0,21	0,79		0,20		
1806 Jena-Auerstädt			242	24			0,10	41			0,17	18			0,07			65	0,27	0,37	0,21	0,63	0,73	0,20	32,2	0,13
1807 Heilsberg			118	4,2			0,04	15,5			0,13	0,85			0,01			19,7	0,17	0,21	0,21	0,79		0,20	7,3	0,06
1809 Landshut			50	3			0,06	4,5			0,09	4			0,08			7,5	0,15	0,40	0,40	0,60		0,20	3,9	0,08
1809 Aspern			124	8			0,06	30			0,24				0,00			38	0,31	0,21	0,21	0,79		0,20	14	0,11
1809 Raab			67	1,8			0,03	4,8			0,07				0,00			6,6	0,10	0,27	0,27	0,73		0,20	2,8	0,04
1809 Wagram			282	12,6			0,04	41			0,15	55			0,20			53,6	0,19	0,24	0,24	0,76		0,20	20,8	0,07
1811 Barrosa			18,7	0,5			0,02	2,7			0,14				0,00			3,12	0,17	0,14	0,14	0,86		0,20	1,0	0,05
1811 Fuentes de O.			85,4	0,6			0,01	3,6			0,04				0,00			4,2	0,05	0,14	0,14	0,86		0,20	1,3	0,02

Schlacht (Jahr)																	
1811 Albuera	59,8			4,8	0,08			7,1	0,12	0,00	4	11,9	0,20	0,40	0,60	0,20	6,2 / 0,10
1812 Salamanca / Arapiles	102	104	43	2,9	0,03			11,7	0,11	0,04	2	14,6	0,14	0,20	0,80	0,20	5,2 / 0,05
1812 Borodino	207	103	6,6 / 18	24,6	0,12	21.400	28	46,4	0,22	0,01	0,2	71	0,34	0,35	0,65	0,20	34 / 0,16
1812 Malojaroslavec	48		25	5	0,10			4,5	0,09	0,00		9,5	0,20	0,53	0,47	0,20	5,9 / 0,12
1813 Vitoria	135			1,6	0,01			8	0,06	0,00	1,4	9,6	0,07	0,17	0,83	0,20	3,2 / 0,02
1814 Orthez	80			0,9	0,01			3,9	0,05	0,02		4,8	0,06	0,19	0,81	0,20	1,7 / 0,02
1815 Waterloo	174			11,8	0,07			35,2	0,20	0,05	8	47	0,27	0,25	0,75	0,20	18,8 / 0,11
1824 Ayacucho	15,5			1,7	0,11			4,2	0,27	0,23	3,5	5,9	0,38	0,29	0,71		2,5 / 0,16
1827 Ituzaingo	17,5			0,4	0,02			0,5	0,03	0,00		0,9	0,05	0,41	0,59		0,5 / 0,03
1845 Ferozeshair	65			1,7	0,03			6,5	0,10	0,00		8,2	0,13	0,21	0,79		3 / 0,05
1847 Buena Vista	20,5			0,85	0,04			1,5	0,07	0,00	1,2	2,3	0,11	0,37	0,63		1,1 / 0,06
1847 Chapultepec	22			0,8	0,04			1,8	0,08	0,05	1,2	2,6	0,12	0,31	0,69		11,2 / 0,05
1848 Curtatone-Mont.	21,8			265	0,01			1,1	0,05	0,06	5,3	1,3	0,06	0,20	0,80		0,5 / 0,02
1849 Novara	91,5			1,1	0,01			3,8	0,04	0,06	5,2	4,8	0,05	0,21	0,79		1,8 / 0,03
1859 Magenta	103			2,1	0,02			7,7	0,07	0,05	10,3	9,8	0,09	0,21	0,79		3,6 / 0,05
1859 Solferino	220			5,5	0,03			23,3	0,11	0,05	5	28,8	0,13	0,19	0,81		10,2 / 0,07
1862 Siloh	103			3,5	0,03			16	0,16	0,05	2	20	0,19	0,18	0,82		6,7 / 0,05
1862 Atientam Creek	132			2,7	0,02			17,3	0,13	0,02	2	20	0,15				6,2 / 0,07
1862 Corinth 2	45			0,8	0,02			3,8	0,09	0,04		4,7	0,10	0,18	0,82		1,6 / 0,04
1862 Perryville	74			1,5	0,02			5,6	0,08	0,00		7,1	0,10	0,21	0,79		2,6 / 0,04
1862 Fredericksburg	190			1,9	0,01			14	0,07	0,00	2,6	15,6	0,08	0,12	0,88		4,6 / 0,02
1862 Stones River	82			3	0,04			16	0,19	0,00	8	19	0,23	0,16	0,84		6,2 / 0,08
1863 Champions Hill	55			0,8	0,01			2,9	0,05	0,05	10	3,7	0,07	0,21	0,79		1,4 / 0,02
1863 Chancellorsville	195			3,3	0,02			19	0,10	0,04	4	22,	0,11	0,15	0,85		7,1 / 0,04
1863 Gettysburg	170			7	0,04			34	0,20	0,06	4,4	41	0,24	0,17	0,83		13,8 / 0,08
1863 Chickamauga Creek	127			4	0,03			25	0,19	0,03	2	28	0,22	0,14	0,86		8,9 / 0,07
1863 Chattanooga	100			1,1	0,01			6,8	0,07	0,04	1,1	7,9	0,08	0,14	0,86		2,5 / 0,02
1864 Spotsylvania	150			4	0,03			19,2	0,13	0,01	1,2	23,2	0,15	0,17	0,83		7,8 / 0,05
1864 Franklin	70			1,9	0,03			4,8	0,07	0,02	10	6,7	0,10	0,29	0,71		2,9 / 0,04
1865 Yatay	13,2			1,8	0,14			1,4	0,11	0,09		3,2	0,25	0,56	0,44		2,1 / 0,16
1866 Custoza	155			1,9	0,01			6,6	0,04	0,06		8,5	0,05	0,22	0,78		3,2 / 0,02
1866 Königgrätz	435			7,5	0,02			14,6	0,03	0,05	22	22,1	0,05	0,34	0,66		10,4 / 0,02
1870 Gravelotte-Saint Priv.	300			6,3	0,02			21,1	0,07	0,02	5,5	27,4	0,09	0,23	0,77		10,5 / 0,04
18. Jh	**108,6**			**4**	**0,04**				**0,11**	**0,05**			**0,15**	**0,30**	**0,70**	**0,20**	**0,06**
1915 Suezkanal (2 T)	50			2,15	0,04					0,00		25	0,11			0,05	0,05
1915 1. Isonzo (15 T)	220									0,00						0,05	0,05

1942 El Alamein (13 T)	300	6,5	0,02		24,3	0,08		34	0,11		30,8	0,10		0,21		0,79	0,05	7,7	0,03
1943 Kursk (11 T)	2.3	55	0,02		115	0,05		51,5	0,02		170	0,07		0,32		0,68	0,05	61	0,03
1944 Arnhem (9 T)	30	2,3	0,08		5,2	0,17		3,5	0,12		7,5	0,25		0,31		0,69	0,05	2,6	0,09
1. H. 20.			**0,04**			**0,10**			**0,05**			**0,14**		**0,28**		**0,72**	**0,05**		**0,05**
2. H. 20.			0,02			0,07						0,09	0,20	0,28	0,80	0,72	0,02		
20.			0,03			0,09					0,00	0,11	0,24		0,76		0,04		0,02

Anlage 8b: Verlustzahlen von Seeschlachten

Jh.	Besatz. pro Schiff	Truppen pro Schiff	Se. Mann pro Schiff	Teilnehmer gesamt	Schiffe gesamt	Schiffe gesunken oder verbrannt	Schiffe gesunken/ gesamt	Schlachttote (ca. = Kampftote) Anzahl	pro Schiff	pro gesunkenes oder verbranntes Schiff	pro Tln.
-1184 Trojanischer Krieg	60			12.000	200						
-539 Alalia			167		180	40	0,22				
- 6. Jh			**167**		**180**	**40**	**0,22**		**25**	**112**	**0,15**
-499 Sardeis		15									
-480 Salamis			197		810	240	0,30				
-440 Agathonisi					114						
-434 Kap Leukimne		27			155	15	0,10				
-433 Sibota					260	100	0,38				
-413 1. Syrakus					140	13	0,09				
-413 2. Syrakus					155	9	0,06				
-413 3. Syrakus					162	27	0,17				
-413 4. Syrakus					186	70	0,38				
-406 Arginusen				52.650	270	85	0,31	13.500	50	159	0,26
-5. Jh	**180**	**15**	**195**		**250**		**0,22**		**29**	**131**	**0,15**
-376 Naxos					148	42	0,28				
-322 Abydos					410	0	0,00				
-305 Bel. v. Rhodos			200								

444

-4. Jh	180	15	195			21	0,14		19	131	0,10
-207 Utica					170	4	0,02				
-260 Mylae				75.291	273	24	0,09	6.000	22	250	0,08
-256 Eknomos			349	150.000	430	54	0,13				
-255 Hermäisches Vorgeb			333	100.000	300						
-241 Ägatische Inseln			300	111.000	370	62	0,17	18.000	49	290	0,16
-217 Ebro					75	4	0,05				
-201 Chios			121	50.000	121	43	0,36	6.000	50	140	0,12
-3. Jh			**276**	**68.948**	**250**	**37**	**0,16**		**33**	**211**	**0,12**
-191 Korykos					145	11	0,08				
-190 Myonnesos			265	45.000	170	32	0,19				
-2. Jh			**265**	**45.000**	**158**	**22**	**0,14**		**24**	**178**	**0,09**
-47 Alexandreia					61	3	0,05				
-36 Naulochos			283	170.000	600	31	0,05				
-31 Actium			256	110.000	430	50	0,12	8.000	19	160	0,07
-1. Jh			**270**	**140.000**	**364**	**28**	**0,07**		**20**	**271**	**0,07**
1. Jh											
2. Jh											
3. Jh											
4. Jh											
410 bis 499 Angelsächs. Invasion			30								
468 Promont. Mercurii			83	100.000	1.200						
5. Jh			57								
6. Jh											
655 Attaleia				800							

7. Jh											
716 bis 718 Arab. Belag. von Konstant.			100	80.000	800						
8. Jh											
846 Saraz. Belag. von Rom	200	200	400								
857 Vik. Überf. auf Utrecht		33	30	1.000							
885 Belagerung von Paris			57								
897 Pool Harbour											
9. Jh											
974 Hjörungavag					160						
10. Jh											
1062 Nissa			100	38000	380	60	0,16	6.000	16	100	
1087 Chr. Überfall auf Mahdia			100	30.000	300						
11. Jh						*0,16*		*16*	*100*	*0,11*	
12. Jh											
1217 Sandwich					116	20	0,17				
1258 Akkon				16.200	108	25	0,23	1.700	16	68	0,10
1263 Settepozzi					70						
1274 Mong. Invasion Japans		55									
1284 Meloria			200	34.500	230	7	0,03	5.000	22	714	0,14
1287 Tonkin											
1298 Curzola			160	28.160	176	67	0,38	14.000	80	209	0,50

446

ANLAGE 8B: VERLUSTZAHLEN VON SEESCHLACHTEN

Jh / Schlacht											
13. Jh			**150**				**0,20**		**39**	**330**	**0,25**
1304 Zerikzee				11.359	84			1.000			0,09
1340 Sluis	45	46	91	40.000	440	0	0,00	24.000	55		0,60
1350 Winchelsea				12.711	94	8	0,09	2.700	29	338	0,21
1352 Bosporus			150	40.500	270			2.700	10		0,07
1353 Loiera / Alghero			150	18.300	122	3	0,02	2.000	16	667	0,11
1354 Sapienza			150	11.100	74	5	0,07	2.500	34	500	0,23
1368 Kopenhagen		54									
14. Jh		50	**135**		**180**				**29**	**501**	**0,22**
1403 Raz de Saint Mahe				7000	70			500	7		0,07
1410 Meloria					20	2	0,10				
15. Jh			**100**				**0,10**		**7**		**0,07**
1509 Finisterre											
1515 Pantelleria					19	3	0,16				
1538 Preveza			278	80.000	288	20	0,07	500	2	25	0,01
1564 Öland					50	1	0,02				
1565 Wismar					25	0	0,00				
1565 Rügen					83	5	0,06				
1571 Famagusta					28	3	0,11				
1571 Lepanto	168	110	278	136.000	488	63	0,13	32.000	66	508	0,24
1572 Kap Matapan				100.000	382	0	0,00	500	1		0,01
1588 Ärmelkanal / Gravelines			166	45.000	271	5	0,00	2.000	7	400	0,04
1598 Noryang			55	35.600	650	200	0,31	12.700	20	64	0,36

ANLAGEN

16. Jh	168	110	194	79.320	228	30	0,09	9.540	19	249	0,13
1601 Kinsale		136									
1607 Gibraltar			170	8771	47	5	0,11	4.000	85	240	0,46
1631 Abrolhos				7.800	46	1	0,04	1.200	26		0,15
1639 Dünkirchen					24			1.500	63	1.500	
1639 Downs			119	23.000	194	30	0,15				
1642 Barcelona					97	3	0,03				
1644 Laaland					59	15	0,25	1.300	22	87	
1652 Dover					65	2	0,03				
1652 Pertuis					65	3	0,05				
1652 Dungeness					110	9	0,08				
1653 Gabbard			120	28.080	234	25	0,11	1.800	8	72	0,06
1653 Scheveningen			150	30.000	200	15	0,08	2.300	12	153	0,08
1658 Sund			160	12.480	78	10	0,13	2.500	32	250	0,20
1665 Lowesoft			203	43.000	212	8	0,04	2.500	12	313	0,06
1666 Vier Tage			255	42.000	165	14	0,08	3.500	21	250	0,08
1666 North Foreland			250	44.250	177	3	0,02	1.100	6	367	0,02
1676 Öland					73	4	0,05	3.000	41	750	
1676 Palermo					87	8	0,09	1.000	11	125	
1677 Kjögebucht			254	15.500	61	1	0,02	1.000	16	1.000	
1690 Beachy Head					135	6	0,04				0,06
1692 Kap Barfleur					136	2	0,01				
17. Jh			187	25488	113	9	0,07	2.054	27	426	0,13
1715 Rügen					42			400	10		
1718 Matapan 2					62			3.600	58		

ANLAGE 8B: VERLUSTZAHLEN VON SEESCHLACHTEN

1718 Capo Passero			45	3	0,07				
1744 Toulon			57	1		450	8		
1759 Quiberon	504	28.200	56	7	0,13	2.850	51	407	0,10
1778 Ouessant			57			1.200	21		
1779 Grenada		22.769	46		0,00	2.000	43		0,09
1782 Sadras			21	0		62	3		
1782 Dominica 2			67	2		1.500	22		
1788 Hogland			46		0,04	1.000	22	500	
1782 Providien			23	0		276	12		
1782 Negapatam		3.000	22			489	22		0,16
1782 Trinkomali			26			133	5		
1783 Kondalur			33			200	6		
1789 Svensk Sund 1			135	10	0,07	1.000	7	100	
1790 Svensk Sund 2	82	26.500	323			3.800	12		0,14
1794 Nordatlantik		18.300	49	1	0,02	1.500	31	1.500	
1795 Genua	654	18.300	28	0	0,00				
1795 Groix		18.300							
1797 Kamperduin		24.254	49	10	0,20	740	15	74	0,03
1798 Abukir	741	20.000	27	8	0,30	720	27	90	0,04
18. Jh	**495**	**20.165**	**61**	**4**	**0,09**	**1.218**	**21**	**445**	**0,09**
1801 Anegar	441	15.000	34	18	0,53	1.000	29	56	0,07
1801 Algeciras	417	9.600	23	1	0,04	427	19	427	0,04
1805 Trafalgar	641	50.000	78	1	0,01	3.680	47	3.680	0,07
1810 Grand Port			10	2	0,20	500	50	250	
1811 Lissa	179	2.500	14	1	0,07	350	25	350	0,14

1827 Navarino			89	35	0,39	1.200	13	34	0,05
1833 Cabo Sao Vicente			16			230	14		
1866 Lissa		14.000	60	3	0,05	650	11	217	
1894 Yalu			24	5	0,21	940	39	188	
19. Jh	**420**		**39**	**8**	**0,19**		**28**	**650**	**0,07**
1905 Tsushima	469	38.000	81	21	0,26	4.500	56	214	0,12
1914 Helgoland			86	4	0,05	750	9	188	
1914 Coronel			10	2	0,20	1.650	165	825	
1914 Falkland	454	5.900	13	4	0,31	1.900	146	475	0,32
1915 Doggerbank	183	13.000	71	1	0,01	1.000	14	1.000	0,08
1916 Skagerrak	425	105.000	247	25	0,10	9.800	40	392	0,09
1941 Matapan			40	5	0,13	2.400	60	480	
1942 Java			35	10	0,29	2.300	66	230	
20. Jh	**383**		**73**	**9**	**0,17**	**3.038**	**69**	**475**	**0,15**

Anlage 8c: Default-Werte zur Grobschätzung von Verlustzahlen

Legende: Jh = Jahrhundert; Tln = Teilnehmer; LS = Landschlacht; Schi = Schiff; SS = Seeschlacht; KTote = Kampftote; STote = Schlachttote; gesSch = gesunkenes Schiff; tlnSchi = teilnehmendes Schiff;BL = Belagerung; NKTote = Nichtkampf-Tote; MilTote = Militärtote

Jh	Tln/LS	Schi/SS	KTote/Tln (LS)	KTote/STote (LS)	KTote/STo-te&Verw (LS)	KTote/tln Schi	KTote/ges-Schi	KTote / LS, SS, BL, Klein-Feldzug (Tsd)	NKTote/KTote	MilTote/LS	ZivTote/BL
-20.	3		0,06	1,5	0,5			0,2	0,2	0,2	0,5
-19.	3		0,06	1,5	0,5			0,2	0,2	0,2	0,5
-18.	3		0,06	1,5	0,5			0,2	0,2	0,2	0,5
-17.	3		0,06	1,5	0,5			0,2	0,2	0,2	0,5
-16.	3		0,06	1,5	0,5			0,2	0,2	0,2	0,5
-15.	4		0,06	1,5	0,5			0,2	0,2	0,3	0,5
-14.	4		0,06	1,5	0,5			0,2	0,2	0,3	0,5
-13.	5		0,06	1,5	0,5			0,3	0,2	0,4	0,5
-12.	7		0,06	1,5	0,5			0,4	0,2	0,5	0,5
-11.	8		0,06	1,51	0,50	0,03	0,05	0,5	0,2	0,6	0,5
-10.	9		0,06	1,51	0,50	0,03	0,06	0,5	0,2	0,6	0,5
-9.	11		0,06	1,51	0,50	0,03	0,08	0,7	0,2	0,8	0,5
-8.	12		0,06	1,51	0,50	0,03	0,09	0,7	0,2	0,9	0,5
-7.	13		0,08	1,51	0,50	0,03	0,10	1,0	0,2	1,2	0,5
-6.	15	200	0,10	1,61	0,53	0,03	0,12	1,5	0,2	1,8	0,5
-5.	17	200	0,12	1,61	0,53	0,03	0,13	2,0	0,2	2,4	0,5
-4.	20	200	0,20	1,61	0,53	0,03	0,15	4,0	0,2	4,8	0,5
-3.	20	200	0,26	1,61	0,53	0,03	0,16	5,2	0,2	6,2	0,5
-2.	20	200	0,29	1,61	0,53	0,03	0,18	5,8	0,2	7,0	0,5
-1.	20	200	0,32	1,61	0,53	0,03	0,19	6,4	0,2	7,7	0,5
1.	20	200	0,32	1,61	0,53	0,03	0,21	6,4	0,2	7,7	0,5
2.	20	200	0,32	1,61	0,53	0,03	0,22	6,4	0,2	7,7	0,5
3.	20	200	0,30	1,61	0,53	0,03	0,24	6,0	0,2	7,2	0,5
4.	20	200	0,29	1,61	0,53	0,03	0,25	5,8	0,2	7,0	0,5
5.	15	200	0,28	1,61	0,53	0,03	0,27	4,2	0,2	5,0	0,5
6.	15	200	0,27	1,61	0,53	0,03	0,28	4,1	0,2	4,9	0,5
7.	15	200	0,26	1,61	0,53	0,03	0,30	3,9	0,2	4,7	0,5
8.	10	200	0,26	1,61	0,53	0,03	0,32	2,6	0,2	3,1	0,5
9.	10	200	0,27	1,61	0,53	0,03	0,33	2,7	0,2	3,2	0,5

ANLAGEN

10.	10	200	0,28	1,61	0,53	0,03	0,35	2,8	0,2	3,4	0,5
11.	10	200	0,29	1,61	0,53	0,03	0,36	2,9	0,2	3,5	0,5
12.	10	200	0,30	1,61	0,53	0,03	0,38	3,0	0,2	3,6	0,5
13.	10	200	0,30	1,61	0,53	0,03	0,39	3,0	0,2	3,6	0,5
14.	13	200	0,29	1,61	0,53	0,03	0,41	2,9	0,2	3,5	0,5
15.	20	200	0,27	1,61	0,53	0,03	0,42	3,5	0,2	4,2	0,5
16.	25	100	0,24	1,55	0,51	0,03	0,44	4,8	0,3	6,2	0,5
17.	30		0,20	1,50	0,50	0,03	0,45	7,0	0,4	7,0	0,5
18.	40		0,14	1,59	0,53	0,03	0,47	4,2	0,4	5,9	0,5
19.	50		0,08	1,47	0,44	0,08	0,48	3,2	0,4	4,5	0,5
20.	50		0,03	1,30	0,33	0,00	0,50	1,5	0,2	1,8	0,5
1. H. 20.	50		0,05	1,15	0,29	0,00	0,00	2,3	0,3	2,9	0,5
2. H. 20.			0,02	1,07	0,27	0,00	0	1,1	0,1	1,2	0,5

Anlage 9: Lebensdauer von territorialen Hegemominen der Geschichte

		Von	Bis	Lebensdauer (Jahrhunderte)
1	Ägyptisches Altes Reich	-2686	-2181	5,1
2	Mesopotamisches Reich Lagas	-2540	-2141	4,0
3	Mesopotamisches Reich Akkad	-2277	-2135	1,4
4	Mesopotamisches Reich Ur III	-2113	-2007	1,1
5	Xia/Hsia-Dynastie	-2205	-1766	4,4
6	Ägytisches Mittleres Reich	-2181	-1570	6,1
7	Gutäische Herrschaft über Mesopotamien	-2135	-2050	0,9
8	3. Dynastie von Ur	-2047	-1936	1,1
9	Mesopotamisches Reich von Isin	-2017	-1795	2,2
10	Mesopotamisches Reich Larsa	-2005	-1764	2,4
11	Isin-Larsa-Periode	-1959	-1900	0,6
12	Altbabylonisches Reich, 1. Dynastie	-1830	-1531	3,0
13	Shang/Yin-Dynastie	-1766	-1044	7,2
14	Altassyrisches Reich	-1745	-1451	2,9
15	Fremdherrschaft der Hyksos in Ägypten	-1730	-1550	1,8
16	Altes Hethitisches Reich	-1720	-1421	3,0
17	Altbabylonische 2. Dynastie	-1595	-1197	4,0
18	Ägyptisches neues Reich	-1570	-1070	5,0
19	Mitanni-Reich	-1550	-1251	3,0
20	Kassitische Dynastie von Babylon	-1505	-1155	3,5
21	Neues Hethitisches Großreich	-1390	-1178	2,1
22	Mittelassyrisches Reich	-1363	-1076	2,9
23	Altbabylonisches Reich, 3. Dynastie	-1195	-1158	0,4
24	2. Reich von Isin	-1156	-1029	1,3
25	Altbabylonisches Reich, 4. Dynastie	-1157	-1026	1,3
26	Altbabylonisches Reich, 5. Dynastie	-1126	-1005	1,2
27	Ägyptische Dritte Zwischenzeit	-1070	-712	3,6
28	Westliche Zhou/Chou-Dynastie	-1044	-771	2,7
29	Altbabylonisches Reich, 6. Dynastie	-1005	-985	0,2
30	Altbabylonisches Reich, 7. Dynastie	-985	-979	0,1
31	Assyrische Vorherrschaft über Babylonien	-979	-636	3,4
32	Königreich von Israel	-926	-723	2,0
33	Königreich von Juda	-926	-587	3,4
34	Neuassyrisches Reich	-906	-605	3,0
35	Urartu-Reich	-835	-620	2,2
36	Östliche Zhou/Chou-Dynastie	-771	-221	5,5
37	Altbabylonisches Reich, 8. Dynastie	-729	-626	1,0
38	Medisches Reich	-715	-550	1,7
39	Ägyptische Spätzeit	-712	-525	1,9
40	Lydisches Reich	-685	-544	1,4
41	Altbabylonisches Reich, 4. Dynastie (Neubabyl.Reich)	-626	-539	0,9

42	Königreich von Sparta	-560	-190	3,7
43	Persisches Reich	-550	-330	2,2
44	Persische Fremdherrschaft über Babylonien	-539	-334	2,1
45	Persische Fremdherrschaft über Ägypten	-525	-332	1,9
46	Römische Republik	-470	-30	4,4
47	Ptolemäerreich	-323	-30	2,9
48	Seleukidenreich	-321	64	3,9
49	Maurya-Reich (Maghada-Dynastie)	-320	-185	1,4
50	Pergamenisches Reich:	-283	-133	1,5
51	Griechisch-Baktrisches Reich	-250	-141	1,1
52	Partherreich	-250	227	4,8
53	Qin/Ch'in-Dynastie	-221	220	4,4
54	Han-Dynastie	-202	9	2,1
55	Makkabäerreich	-141	-37	1,0
56	Römisches Kaiserreich	-30	476	5,1
57	Chin. Reichszersplitterung	220	581	3,6
58	Sasanidenreich	227	674	4,5
59	Westliche Jin/Chin-Dynastie	280	316	0,4
60	Soga-Dynastie	250	645	4,0
61	Östliche Jin/Chin-Dynastie	317	420	1,0
62	Gupta-Reich	319	450	1,3
63	Westgotenreich	395	711	3,2
64	Byzantinisches Reich bis Kreuzritter	395	1204	8,1
65	Vandalenreich in Afrika	429	534	1,1
66	Burgunderreich	443	534	0,9
67	Ostgotenreich in Italien	489	568	0,8
68	Frankenreich (Merowinger, Karolinger)	481	887	4,1
69	Angelsächsische Herrschaft über England	500	1066	5,7
70	Reich der Gök-Türken	552	774	2,2
71	Awarisches Reich	558	804	2,5
72	Langobardenreich in Italien	568	774	2,1
73	Sui-Dynastie	581	618	0,4
74	Tibetisches Kaiserreich	608	842	2,3
75	Tang-Dynastie	618	906	2,9
76	Omayadenreich in Bagdad	660	749	0,9
77	1. Bulgarisches Reich	681	971	2,9
78	Königreich Asturien	718	910	1,9
79	Abbassiden	740	1258	5,2
80	Kirchenstaat	774	1870	11,0
81	Omayadenreich in Spanien (Emirat/Kalifat von Cordoba)	755	1037	2,8
82	Helan-Zeit in Japan	794	1185	3,9
83	Khmer-Reich	802	1351	5,5
84	Angelsächsisches Königreich	802	1066	2,6
85	Republik Venedig	811	1797	9,9
86	Großmährisches Reich	830	907	0,8

87	Arabische Kolonie Sizilien	831	1071	2,4
88	Vormacht Kiews über die Oststlawen	882	1169	2,9
89	Königreich von Navarra	905	1512	6,1
90	Fatimiden	910	1169	2,6
91	Königreich von Leon	910	1230	3,2
92	Liao-Reich der Kitan	937	1218	2,8
93	Reichseinheit unter der Nördlichen Sung-Dynastie	960	1126	1,7
94	Heiliges Römisches Reich	962	1806	8,4
95	Königreich von Frankreich	987	1789	8,0
96	Haus Savoyen	1003	1860	8,6
97	Königreich von Schottland	1005	1625	6,2
98	Songhai-Reich	1010	1591	5,8
99	Königreich von Aragón	1035	1516	4,8
100	Königreich von Kastilien	1035	1516	4,8
101	Seldschukisches Reich	1037	1308	2,7
102	Herrschaft der Almoraviden	1054	1147	0,9
103	Normannisches Königreich von England	1066	1154	0,9
104	Rum-Seldschuken-Reich	1078	1308	2,3
105	Kreuzritterstaaten im Nahen Osten	1096	1310	2,1
106	Südliche Song/Sung-Dynastie	1127	1279	1,5
107	Fremdherrschaft in China (Dschurdschen u. Mongolen)	1126	1368	2,4
108	Herrrschaft der Almohaden	1147	1244	1,0
109	Serbisches Großreich	1166	1458	2,9
110	Vormacht von Wladimir über die Ostslawen	1169	1328	1,6
111	Ayyubiden	1169	1250	0,8
112	Mali-Reich in Westafrika	1175	1390	2,2
113	Kamakura-Zeit in Japan	1185	1333	1,5
114	2. Bulgarisches Reich	1186	1396	2,1
115	Mongolen-Reich Tschingis Khans und seiner Nachfolger	1190	1360	1,7
116	Lateinisches Kaiserreich	1204	1261	0,6
117	Kreuzritterstaat des Deutschordens	1209	1618	4,1
118	Herrschaft der Meriniden	1244	1420	1,8
119	Goldene Horde	1241	1395	1,5
120	Großfürstentum Litauen	1243	1572	3,3
121	Herrschaft der Mamelucken in Ägypten	1250	1517	2,7
122	Byzantinisches Reich nach Kreuzrittern	1261	1453	1,9
123	Yuan-Dynasti der Mongolen	1274	1367	0,9
124	Osmanisches Reich	1300	1923	6,2
125	Vormacht Moskaus über die Ostslawen	1328	1533	2,1
126	Ashikaga-Zeit in Japan	1333	1573	2,4
127	Ming-Dynastie	1368	1644	2,8
128	Reich Tamerlans	1370	1410	0,4
129	Herzogtum Mantua	1382	1745	3,6
130	Herzogtum Mailand	1395	1447	0,5
131	Kalmarer Union Dänemark mit Schweden	1397	1521	1,2

132	Kalmarer Union Dänemark mit Norwegen	1397	1814	4,2
133	Herzogtum Mailand	1450	1796	3,5
134	Herzogtum Modena	1450	1860	4,1
135	Spanische Kolonialherrschaft in Lateinamerika	1492	1800	3,1
136	Portugiesische Kolonialherrschaft in Brasilien	1500	1822	3,2
137	Mogul-Reich in Indien	1526	1858	3,3
138	Zarentum von Russland	1533	1918	3,9
139	Herzogtum Parma und Piacenza	1545	1802	2,6
140	Shogun-Herrschaft in Japan	1568	1868	3,0
141	Großherzogtum Toskana	1569	1799	2,3
142	Polnisch-Litauische Union	1569	1791	2,2
143	Niederländische Kolonien in Indonesien	1602	1949	3,5
144	Edo/Tokugawa-Zeit in Japan	1603	1868	2,7
145	Britische Kolonialherrschaft in Nordamerika	1606	1783	1,8
146	Mandschu-Fremdherrschaft in China	1644	1912	2,7
147	England, parlamentarische Monarchie	1660	2015	3,6
148	Britische Kolonialherrschaft in Indien	1757	1945	1,9
149	Kaiserreich von Japan	1868	2015	1,5
150	Sowjetunion	1922	1991	0,7
	Mittelwert			2,9

Die graphische Darstellung dieser Statistik findet sich in Abbildung 7 (Punkt 8.9.)

Anlage 10: Liste der von -2000 bis 2000 gewalttätig ausgetragenen Konflikte (mit Motivationstyp, Ausführungsereignissen und Grobschätzung der Todesopfer)

Präd &Retor	Terr Konfl	Hier& Kons	Alloph Konfl	Se. Konfl	Jahr	bis	Jahr	Konflikt	Ausführungsereignisse (Schlachten, Belagerungen)	Tln. (Tsd.)	Land Schl. Tote (Tsd.)	Schl. Tote & Verw. (Tsd.)	See Schiffe	Schiffe gesunk.	Kampf-Tote (Tsd.) Zw. Ablage	Kampf-Tote (Tsd.)	Mil. Nicht-KampfTote (Tsd.) Zw. Ablage	Mil. Nicht-Kampf-Tote (Tsd.)	MilTote (Tsd.) Zw. Ablage	Mil. Tote (Tsd.)	Ziv. Tote (Tsd.) Zw. Ablage	Ziv. Tote (Tsd.)	SeTote (Tsd.)
1	1			1	-5040			Massaker von Tallheim															
1	1			1	-5000			Massaker von Schletz															
1				1	-3700			Krieg Sudas gegen eine Zehnerallianz															
1	1			1	-3500			Feldzug Uruks gegen Tell Amukar	Belagerung von Tell Hamukar (-3500)														
1	1			0	-3100			Unterwerfung Niederägyptens durch Oberägypten															
1	1			1	-3025			Ostfeldzug des Den															
1	1			1	-2800			Unterwerfung Mesopotamiens durch Messkiaggascher von Uruk															
1	1			1	-2800			Feldzug des Ninetjer gegen Shem-Re															
1	1			1	-2680			Krieg des Chasechumui gegen unterägyptische Rebellen															
1				0	-2680				Schlacht von Nechieb (-2680)														
1				1	-2650			Feldzug des Sechemchet auf dem Sinai															
1	1			1	-2600			Feldzüge Snofrus in den Libanon															
1	1			1	-2600			Feldzüge Snofrus auf den Sinai															
1	1			1	-2600			Krieg von Kisch gegen die Elamiter															
1	1			1	-2580			Feldzüge des Chufu (Cheops) auf den Sinai															
1				0	-2500			Verdrängung der Hmong (Miao) aus Nordchina															
1				0	-2500				Schlacht von Banquan (-2500)														
1				0	-2500				Schlacht von Zhuolu (-2500)														
1	1			1	-2450			Krieg von Lagasch gegen Umma															
1	1			1	-2440			Krieg von Lagasch gegen Elam															
1	1			1	-2430			Krieg von Lagasch gegen Kisch, Ur, Larsa und Akschak															
1	1			1	-2400			Kriege zwischen Mari und Ebla															
1	1			1	-2375			Krieg von Lagasch gegen Ur mit Umma															
1	1			0	-2280			Feldzug von Umma gegen Lagasch	Belagerung von Lagasch (-2280)														
1				0	-2280				Belagerung von Girsu (-2280)														
1	1			1	-2280			Feldzug von Umma gegen Uruk															
1	1			1	-2280			Feldzug von Umma gegen Uruk															
1	1			1	-2280			Feldzug von Umma gegen Adab															
1	1			1	-2280			Feldzug von Umma gegen Eridu															
1	1			1	-2277			Unterwerfung des Südens Mesopotamiens durch Sargon															
1	1			1	-2271			Unterwerfung von Uruk durch Akkad	Belagerung von Uruk (-2271)														
1	1			0	-2268			1. Feldzug Sargons zur Eroberung des Westens von Mesopot.															
1				0	-2268				Belagerung von Tuttul (-2268)														
1				0	-2268				1. Zerstörung von Mari (-2268)														
1	1			0	-2260			2. Feldzug Sargons zur Eroberung des Westens von Mesopot.	Belagerung von Ebla (-2260)														
1				0	-2260				Belagerung von Jarmuti (-2260)														
1	1			1	-2240			Unterwerfung des Zentrums von Mesopotamien durch Sargon	Belagerung von Kazallu (-2240)														
1				0																			

ANLAGE 10

Cnt	Präd &Retor	Terr Konfl	Hier& Kons	Alloph Konfl	Se. Konfl	Jahr	bis	Jahr	Konflikt	Ausführungsereignisse (Schlachten, Belagerungen)	Tln. (Tsd.)	Land Schl Tote (Tsd.)	Land Schl. Tote & Verw. (Tsd.)	See Schiffe	See Schiffe gesunk.	Kampf-Tote (Tsd.) Zw. Ablage	Kampf-Tote (Tsd.)	Mil. Nicht-KampfTote (Tsd.) Zw. Ablage	Mil. Nicht-Kampf-Tote (Tsd.)	MilTote (Tsd.) Zw. Ablage	Mil. Tote (Tsd.)	Ziv. Tote (Tsd.) Zw. Ablage	Ziv. Tote (Tsd.)	SeTote (Tsd.)
1	1	1			1	-2230			Unterwerfung des Nordens von Mesopotamien durch Sargon															
1					0					Belagerung von Hahhu (-2230)														
1		1			1	-2225			1. Aufstand gegen Sargon von Akkad	Belagerung von Agade (-2225)														
1		1			1	-2220			Angriff von Subartu auf Akkad															
1		1			1	-2215			2. Aufstand gegen Sargon von Akkad															
1		1			1	-2212			Aufstand gegen Rimusch von Akkad															
1					0					Belagerung von Adab (-2212)														
1	1				1	-2210			Feldzug des Rimusch gegen Parahschum, Zahara und Elam															
1					0					1. Schlacht in Parahschum (-2210)														
1					0					2. Schlacht in Parahschum (-2210)														
1					0					Belagerung von Parahschum (-2210)														
1		1			1	-2205			Feldzug des Manischtuschu gegen Anshan															
1		1			1	-2205			Feldzug des Manischtuschu gegen Sherihum															
1		1			1	-2205			Feldzug des Manischtuschu am Persischen Golf															
32	4	15	0	0	19	-23. Jahrhundert				Default-Werte														
1	1	1			1	-2200			Ägyptischer Feldzug gegen Palästina															
1	1	1			1	-2200	bis	-1715	Besetzung Zentralanatoliens durch die Hethiter															
1		1			1	-2192			Chinesischer Feldzug gegen Yeou-tseng															
1	1	1			1	-2190	bis	-2153	Großer Aufstand gegen Naramsin von Akkad															
1					0					Belagerung von Kisch (-2190 bis -2153)														
1					0					Belagerung von Uruk (-2180)														
1					0					Belagerung von Mari (-2180)														
1					0					Belagerung von Arman (-2180)														
1					0					Belagerung von Elba (-2180)														
1					0					Belagerung von Apisal (-2175)														
1					0					Belagerung von Magan (-2175)														
1	1	1			1	-2170			Feldzug des Naramsin gegen die Hurriter	Schlacht im Basar-Gebirge (-2170)														
1		1			0	-2170			Invasion von Asiaten in Niederägypten															
1		1			1	-2160			Feldzug des Naramsin gegen Lullubi															
1	1				1	-2153	bis	-2129	Aufstände gegen Sarkalisharri von Akkad	Schlacht im Basar-Gebirge (-2140)														
1		1			0	-2135			Angriff von Elam auf Akkad	Schlacht von Akszak (-2135)														
1		1			1	-2135			Invasion des Reiches von Akkad durch die Gutäer															
1					0	-2135				Belagerung von Akkad (-2135)														
1	1	1			1	-2113			Unterwerfung von Kisurra durch Ur															
22	4	7	0	0	11	-22. Jahrhundert				Default-Werte														
1	1	1			1	-2100			Invasion Nordgriechenlands durch die Achäer															
1		1			0	-2083			Eroberung Akkads durch die Gutäer															
1		1			1	-2078			Krieg zwischen Kisurra und Sabum	Belagerung von Akkad (-2083)														

ANLAGE 10

	Präd &Retor	Terr Konfl	Hier& Kons	Alloph Konfl	Se. Konfl	Jahr	bis	Jahr	Konflikt	Ausführungsereignisse (Schlachten, Belagerungen)	Tln. (Tsd.)	Land Schl. Tote (Tsd.)	Schl. Tote & Verw. (Tsd.)	See Schiffe	See Schiffe gesunk.	Kampf-Tote (Tsd.) Zw. Ablage	Kampf-Tote (Tsd.)	Mil. Nicht-KampfTote (Tsd.) Zw. Ablage	Mil. Nicht-Kampf-Tote (Tsd.)	MilTote (Tsd.) Zw. Ablage	Mil. Tote (Tsd.)	Ziv. Tote (Tsd.) Zw. Ablage	Ziv. Tote (Tsd.)	SeTote (Tsd.)
1					1	-2075			Krieg zwischen Kisurra und Alumbiumu															
1		1			1	-2075			Krieg von Lagasch gegen Anschan und Elam															
1					1	-2070			Chinesischer Feldzug gegen die Jung, Thsao und Wei															
1					1	-2067			Krieg zwischen Kisurra und Eannisza															
1		1			1	-2060	bis	-2022	Wiederver. Ägyptens durch Mentuhotep I. (-2060 bis -2022)															
1					0					Aufstand in Abydos (-2047)															
1		1			1	-2055			Krieg zwischen Lagasch und Uruk															
1			1		1	-2050			Aufstand von Uruk gegen die Gutäer															
1					1	-2046			Krieg von Ur gegen die Lagash															
1		1			1	-2040			Feldzug von Ur gegen Anshan															
1		1			1	-2030	bis	-1980	Plünderungseinfälle der Martu-Nomaden in Sumer															
1					1	-2029			Feldzug von Ur gegen Simurrum	Belagerung von Simurrum (-2029)														
1		1			0	-2020			Feldzug von Ur gegen Karahar															
1		1			1	-2020			Nubien-Feldzug des Mentuhotep I.															
1		1			1	-2010	bis	-1983	Feldzüge des Schulgi von Ur															
1					0					Belagerung von Der (-2009)														
1					0					Belagerung von Karhar (-2006 bis -1985)														
1					0					Belag. von Simurrum (-2004 bis -1985)														
1					0					Belagerung von Harszi (-2000 bis -1983)														
1					0					Belagerung von Anschan (-1995)														
1					0					Belagerung von Szaszrum (-1988)														
1					0					Belagerung von Urbilum (-1985)														
1					0					Belagerung von Kimasz (-1983)														
1		1			1	-2008			Chinesischer Feldzug gegen die Yeou-miao															
29	4	13	1	0	18			-21. Jahrhundert																
										Default-Werte														
1	1	1			1	-1992			Wadi-Expedition des Mentuhotep III.															
1		1			1	-1981	bis	-1973	Feldzüge des Amar-Sin von Ur															
1					0					Belagerung von Urbilum (zw. -1981 u. -1973)						0.2	0.2						0.0	
1					0					Belagerung von Sashrum (zw. -1981 u. -1973)						1.1	1.1						0.0	
1					0					Belagerung von Suruthum (zw. -1981 u. -1973)						0.2	0.2						0.0	
1					0					Belagerung von Bitum-Rabium (zw. -1981 u. -1973)						0.2	0.2						0.0	
1					0					Belagerung von Jabru (zw. -1981 u. -1973)						0.2	0.2						0.0	
1					0					Belagerung von Huhnuri (zw. -1981 u. -1973)						0.2	0.2						0.0	
1		1			1	-1982			Ausrottung der Fang-Foung durch China							0.2	0.2						10.0	
1		1			1	-1977			Chinesisches Feldzug gegen Yeou-hou							0.2	0.2						0.0	
1		1			1	-1970	bis	-1966	Feldzüge des Shi-sin in das Zagrosgebirge							1.0	1.0						0.0	
1		1			1	-1968	bis	-1958	Nubien-Feldzüge des Senwosret I.							1.0	1.0							
1	1	1			1	-1967			Feldzug Amenemhets I. u. Senwosrets I. gegen die Sandbewohner							0.2	0.2						0.0	
1		1			1	-1964			Aufstand in Si-ho							0.2	0.2							
1		1		1	1	-1963			Invasion Sumers durch Elam							1.0	1.0							
1		1			1	-1961			Feldzug von Ur gegen Simurrum							0.2	0.2							
1		1			1	-1959			Invasion Sumers durch Amoriter							1.0	1.0							
1		1			1	-1959			Krieg zwischen Larsa und Isin							0.2	0.2							

	Präd &Rector	Terr Konfl	Hier& Kons	Alloph Konfl	Se. Konfl	Jahr	bis	Jahr	Konflikt	Ausführungsereignisse (Schlachten, Belagerungen)	Tin. (Tsd.)	Land Schl Tote (Tsd.)	Schl. Tote & Verw. (Tsd.)	See Schiffe	Schiffe gesunk.	Kampf-Tote (Tsd.) Zw. Ablage	Kampf-Tote (Tsd.)	Mil. Nicht-KampfTote (Tsd.) Zw. Ablage	Mil. Nicht-Kampf-Tote (Tsd.)	MilTote (Tsd.) Zw. Ablage	Mil. Tote (Tsd.)	Ziv. Tote (Tsd.) Zw. Ablage	Ziv. Tote (Tsd.)	SeTote (Tsd.)
1					0					Belagerung von Isin (-1959)						0,2							0,0	
1		1			1	-1948			Chinesischer Feldzug gegen Hu und Ho							0,2	0,2						0,0	
1		1			1	-1945			Invasion Sumers durch die Elamiter							1,0	1,0							
1					0					Belagerung von Ur (-1945)						0,2							0,0	
1		1			1	-1943			Chinesischer Feldzug gegen Hoai							1,0	1,0						0,0	
1		1			1	-1942			Chinesischer Feldzug gegen Hoang							1,0	1,0						0,0	
1		1			1	-1938			Vertreibung der Elamiter aus Sumer							1,0	1,0						0,0	
1					0					Belagerung von Ur (-1938)						0,2								
1		1	1		1	-1936	bis	-1876	Usurpation des Han-tso							0,7	0,7						0,0	
1					0	-1924				Belagerung von Ko (-1924)						0,2							0,0	
1					0	-1924				Belagerung von Tchin-kouan (-1918)						0,2								
1					0					Schlacht an der Wei (-1917)						0,2								
1					0					Belagerung von Ko (-1876)						0,2							0,0	
1		1	1		1	-1924			Bürgerkrieg im Reich von Histanapura	Schlacht von Bharata (-1924)	50					3,0	3,0							
1					0	-1924				(-1924)						3,0	0,2							
1		1			1	-1920			Feldzug Amenemhets II. nach Südpalästina							1,0	1,0						0,0	
1					0					Bel. einer Festungsstadt in Palästina (-1920)						0,2							0,0	
1					0					Bel. einer Festungsstadt in Palästina (-1920)						1,0	1,0							
1		1			1	-1910	bis	-1890	Expansionskriege Iddin-Dahans von Isin							0,2							0,0	
1					0					Belagerung von Sippar (zw. -1910 u. -1890)						0,2							0,0	
1					0					Belagerung von Kisch (zw. -1910 u. -1890)						0,2								
40	**3**	**15**	**3**	**1**	**22**	-20. Jahrhundert				Default-Werte	0,06	1,50	0,50	0,00	0,00	0,18	16		4 0,22		20 0,50		10,0 0,0	30
1	1	1			1	-1880			Assyrischer Plünderungseinfall in Sumer							0,2	0,2						0,0	
1		1			1	-1870			1. Nubien-Feldzug des Senwosret III							0,2	0,2							
1		1			1	-1868			2. Nubien-Feldzug des Senwosret III							0,2	0,2							
1		1			1	-1862			3. Nubien-Feldzug des Senwosret III							0,2	0,2							
1		1			1	-1859			4. Nubien-Feldzug des Senwosret III							0,2	0,2							
1		1			1	-1860			Krieg zwischen Larsa und Isin							0,2	0,2							
1	1	1			1	-1850			Syrien-Feldzug des Senwosret III							0,2	0,2							
1		1			1	-1833			Krieg zwischen Larsa und Isin							0,2	0,2							
1		1			1	-1828			Feldzug Babylons gegen Elip							0,2	0,2							
1		1			1	-1827	bis	-1802	Feldzüge des Sumuel von Larsa							1,6	1,6							
1					0					Belagerung von Akusuam (-1827)						0,2							0,0	
1					0					Schlacht in Sumer (-1827)						0,2								
1					0					Schlacht in Sumer (-1826)						0,2								
1					0					Belagerung von Pinaratum (-1823)						0,2							0,0	
1					0					Belagerung von Sabum (-1821)						0,2								
1					0					Schlacht in Sumer (-1820)						0,2								
1					0					Belagerung von Nanna-isza (-1817)						0,2							0,0	
1					0					Schlacht in Sumer (-1816)						0,2								
1					0					Belagerung von Umma (-1802)						0,2							0,0	
1		1			1	-1818	bis	-1798	Feldzüge Babylons gegen Kazallu							0,2	0,2						0,0	
1					0					Belagerung von Kazallu (-1818 bis -1798)						0,2	0,2							
1		1			1	-1818			Krieg zwischen Young und Foung-y							0,7	0,7							
1		1			1	-1810	bis	-1803	Expansionsfeldzüge des Jahdun-Lim am Mittleren Euphrat							0,7	0,7						0,0	
1					0					Belagerung von Zalpah (-1810)						0,2								
1					0					Schlacht von Abaitum (-1809)						0,2								

Präd &Rektor	Terr Konfl	Hierat& Kons	Alloph Konfl	Se. Konfl	Jahr	bis	Jahr	Konflikt	Ausführungsereignisse (Schlachten, Belagerungen)	Thr. (Tsd.)	Land Schl Tote (Tsd.)	Schl Tote & Verw. (Tsd.)	See Schiffe	Schiffe gesunk.	Kampf-Tote (Tsd.) Zw. Ablage	Kampf-Tote (Tsd.)	Mil. Nicht-KampfTote (Tsd.) Zw. Ablage	Mil. Nicht-Kampf-Tote (Tsd.)	MilTote (Tsd.) Zw. Ablage	Mil. Tote (Tsd.)	Ziv. Tote (Tsd.) Zw. Ablage	Ziv. Tote (Tsd.)	SeTote (Tsd.)
1				0					Schlacht von Terqa (-1808)						0.2								
1				0					Belagerung von Tuttul (-1803)						0.2	0.2						0.0	
1	1			1	-1805			Feldzug Babylons gegen Kisch	Belagerung von Kisch (-1805)						0.2	0.2						0.0	
1	1			1	-1801			Feldzug von Isin gegen Kisurra	Belagerung von Isin gegen Kisurra						0.2	0.2							
1	1			1	-1801			Feldzug von Mari gegen Ekallatum	Belagerung von Mari gegen Ekallatum						0.2	0.2							
1				0					Schlacht von Nagar (-1801)						0.2								25
32	2	14	0	0	16		-19. Jahrhundert	Default-Werte		0.06	1.50	0.50	0.00	0.00	0.18	13		13		25		0.0	
																0.20		0.22		0.50		0.0	
1	1			1	-1800			Feldzug des Jahdun-Lim von Mari zum Libanon							1.0	1.0							
1	1			1	-1800			Feldzug von Isin, Eshnunna, Kazallu und Emutbal gegen Uruk							1.0	1.0							
1	1			1	-1791			Feldzug von Larsa gegen Maschkan-schapir							1.0	1.0							
1				0	-1785			Expansionsfeldzug von Eshnunna	Belagerung von Maschkan-schapir (-1791)						0.2							0.0	
1				0					Belagerung von Rapiqum (-1785)						1.0	0.2						0.0	
1	1			1	-1782			Krieg zwischen Babylon und Larsa							0.2	1.0							
1	1			1	-1781			Krieg von Assur gegen die Turukkäer							1.0	1.0							
1	1			1	-1781			Feldzug Larsas gegen Malgium							1.0	1.0							
1				0					Belagerung von Malgium (-1781)						0.2							0.0	
1	1			1	-1775			Feldzug Babylons gegen Larsa	Feldzug Babylons gegen Larsa (-1775)						1.0	0.2							
1	1			1	-1770			Feldzug Babylons gegen Kazallu	Belagerung von Kazallu (-1770)						1.0	1.0						0.0	
1				0	-1766			Chinesischer Hierarchiekrieg	Schlacht von Ming Tiao (-1766)						0.2	0.2							
1	1	1		1	-1765			Feldzug von Ekallatum gegen Simaliten							0.2	1.0							
1	1			1	-1757	bis	-1747	Expansionsfeldzüge des Naram-Sin von Eshnunna							0.7	0.7							
1				0					Belagerung von Ekallatum (-1754)						0.2							0.0	
1				0					Bel. von Kakullatum (zw. -1754 u. -1747)						0.2							0.0	
1				0					Belagerung von Tarnib (zw. -1754 u. -1747)						0.2							0.0	
1				0					Bel. von Ashnakkum (zw. -1754 bu. -1747)						0.2							0.0	
1	1			1	-1747	bis	-1712	Expansionsfeldzüge des Shamshi-Adad I. von Ekallatum/Assur							0.7	0.7							
1				0					Belagerung von Ekallatum (-1747)						0.2							0.0	
1				0					Belagerung von Shehna (-1747)						0.2							0.0	
1				0					Belagerung von Assur (-1744)						0.2							0.0	
1				0					Belagerung von Mari (-1728)						0.2							0.0	
1	1			1	-1745			Krieg zwischen Larsa und der Uruk-Allianz							1.0	1.0							
1	1			1	-1744	bis	-1729	Expansionsfeldzüge des Rim-sin von Larsa							2.2	2.2							
1				0					Belagerung von Pi-naratim (-1744)						0.2							0.0	
1				0					Belagerung von Nazarum (-1744)						0.2							0.0	
1				0					Belagerung von Imgur-gibil (-1742)						0.2							0.0	
1				0					Belagerung von Zibnatum (-1742)						0.2							0.0	
1				0					Belagerung von Bit-sou-sin (-1741)						0.2							0.0	
1				0					Belagerung von Urzarbara (-1741)						0.2							0.0	
1				0					Belagerung von Kisurra (-1739)						0.2							0.0	
1				0					Belagerung von Der (-1739)						0.2							0.0	
1				0					Belagerung von Uruk (-1738)						0.2							0.0	

Präd &Retor Konfl	Terr Konfl	Hier& Kons Kons	Alloph Konfl	Se. Konfl	Jahr	bis	Jahr	Konflikt	Ausführungsereignisse (Schlachten, Belagerungen)	Tln. (Tsd.)	Land Schl. Tote (Tsd.)	Schl. Tote & Verw. (Tsd.)	See Schiffe	Schiffe gesunk.	Kampf-Tote (Tsd.) Zw. Ablage	Kampf-Tote (Tsd.)	Mil. Nicht-KampfTote (Tsd.) Zw. Ablage	Mil. Nicht-Kampf-Tote (Tsd.)	MilTote (Tsd.) Zw. Ablage	Mil. Tote (Tsd.)	Ziv. Tote (Tsd.) Zw. Ablage	Ziv. Tote (Tsd.)	SeTote (Tsd.)
1				0					Belagerung von Damiq-ilissu (-1734)						0,2							0,0	
1				0					Belagerung von Dumnum (-1730)						0,2							0,0	
1				0					Belagerung von Isin (-1729)						0,2							0,0	
1	1			1	-1740	bis	-1735	Expansionsfeldzüge von Mari							0,9	0,9							
1				0					Belagerung von Terqa (-1740)						0,2							0,0	
1				0					Belagerung von Tuttul (-1740)						0,2							0,0	
1				0					Belagerung von Ekallatum (-1740)						0,2							0,0	
1				0					Belagerung von Nagar (-1735)						0,2							0,0	
1				0					Belagerung von Isin (-1730)						0,2							0,0	
1	1			1	-1736			Krieg zwischen Babylon und Larsa							1,0	1,0							
1	1			1	-1730			Machtergreifung der Hyksos in Ägypten							10,0	10,0							
1				0					Belagerung von Memphis (-1720)						0,2							0,0	
1	1			1	-1725			Expansionsfeldzüge Pithanas von Kussara/Kuschara							1,0	1,0							
1				0					Belagerung von Nesa/Kanish (-1725)						0,2							0,0	
1	1			1	-1722			Feldzug Hammurapis gegen Uruk und Isin							1,0	1,0							
1	1			1	-1721			Feldzug Hammurapis nach Emutbal							1,0	1,0							
1	1			1	-1720	bis	-1700	Expansionsfeldzüge Anittas von Kussara und Nesa							1,3	1,3							
1				0					Belagerung von Ullama (zw. -1720 u. -1700)						0,2							0,0	
1				0					Belagerung von Harkiuna (zw. -1720 u. -1700)						0,2							0,0	
1				0					Belagerung von Zalpuwa (zw. -1720 u. -1700)						0,2							0,0	
1									Belagerung von Hattuscha (zw. -1720 u. -1700)						0,2								
1				0					Belagerung von Tenenda (zw. -1720 u. -1700)						0,2							0,0	
1									Belagerung von Salatiwara (zw. -1720 u. -1700)						0,2								
1									Belagerung von Purusanda (zw. -1720 u. -1700)						0,2								
1	1			1	-1719			Feldzüge Hammurapis gegen Vasallen von Eshnunna							0,5	0,5							
1				0					Belagerung von Malgium (-1719)						0,2							0,0	
1				0					Belagerung von Rapiqum (-1718)						0,2							0,0	
1				0					Belagerung von Shalibi (-1718)						0,2							0,0	
1	1			1	-1715			Feldzug von Yi und Ho gegen die Yeou-y							0,2	0,2							
1	1			1	-1714	bis	-1711	Krieg von Eshnunna gegen Ahazum							1,3	1,3							
1				0					Belagerung von Tutarra (-1714)						0,2							0,0	
1				0					Belagerung von Harkum (-1714)						0,2							0,0	
1				0					Belagerung von Hurara (-1714)						0,2							0,0	
1				0					Belagerung von Kirhum (-1714)						0,2							0,0	
1				0					Belagerung von Qabara (-1714)						0,2							0,0	
1				0					Belagerung von Malgium (-1714)						0,2							0,0	
1				0					Schlacht von Ikkallum (-1713)						0,2							0,0	
1	1			1	-1711			Krieg von Eshnunna und Halep gegen Mari							0,2	0,2							
1	1			1	-1706	bis	-1695	Expansionsfeldzüge des Zimri-Lim von Mari							0,7	0,7							
1				0					Belagerung von Kahat (-1706)						0,2							0,0	
1				0					Schlacht von Sarggaratum (-1703)						0,2							0,0	
1				0					Belagerung von Miszlan (-1701)						0,2							0,0	
1				0					Belagerung von Samanum (-1701)						0,2							0,0	
1	1			1	-1701			Unterwerfung von Eshnunna durch Elam, Mari und Babylon							0,4	0,4							
1				0					Belagerung von Eshnunna (-1701)						0,2							0,0	
1				0					Belagerung von Sheknua (-1701)						0,2							0,0	

Präd &Retor	Terr Konfl	Hier& Kons	Alloph Konfl	Se. Konfl	Jahr	bis	Jahr	Konflikt	Ausführungsereignisse (Schlachten, Belagerungen)	Tln. (Tsd.)	Land Schl Tote (Tsd.)	Schl Tote & Verw. (Tsd.)	See Schiffe	See Schiffe gesunk.	Kampf-Tote (Tsd.) Zw. Ablage	Kampf-Tote (Tsd.)	Mil. Nicht-KampfTote (Tsd.) Zw. Ablage	Mil. Nicht-Kampf-Tote (Tsd.)	MilTote (Tsd.) Zw. Ablage	Mil. Tote (Tsd.)	Ziv. Tote (Tsd.) Zw. Ablage	Ziv. Tote (Tsd.)	SeTote (Tsd.)
83	27	1	0	28			-18. Jahrhundert																39
0									Default-Werte	0,06	1,5	0,5	0	0	0,18	32		0,216	0,5	39		0,0	
								Expansionsfeldzüge Anittas von Kussara und Nesa (Forts.)															
	1			0					Belagerung von Hattuscha (-1700)						0,5	0,5						0,0	
	1			0					Schlacht bei Salatiwara (-1700)						0,2							0,0	
	1			0					Belagerung von Purusanda (-1700)						0,2	0,5						0,0	
				0				*Feldzüge des Zimri-Lim von Mari (Forts.)*							0,5									
				0					Belagerung von Aszlakka (-1700)						0,5							0,0	
				0					Schlacht von Eluhut (-1700)						0,2								
	1			1	-1700				Belagerung von Andarig (-1695)						0,2	0,2						0,0	
	1			0				Feldzug Elams und Verbündeter gegen Babylon	Belagerung von Hiritum (-1700)						0,2	0,2						0,0	
	1			1	-1699			Feldzug Elams gegen Larsa							0,2	0,2							
	1			1	-1698			Feldzug Hammurapis gegen Emutbal							0,5	0,5							
	1			0	-1698			Unterwerfung von Larsa durch Babylon	Belagerung von Ur (1998)						0,2							0,0	
	1			0					Belagerung von Maschkanschapir (-1998)						0,2							0,0	
	1			0					Belagerung von Larsa (1698)						0,2							0,0	
	1			1	-1697			Chinesischer Feldzug gegen die Kieou-youen							0,2	0,2							
	1			1	-1697			Feldzug Hammurapis gegen Subartu, Eshnunna und Gutäer							0,2	0,2							
	1			1	-1696			Unterwerfung von Mari und Malgium durch Hammurapi							0,2	0,2						0,0	
	1			0					Schlacht in NW-Mesopotamia (-1996)						0,2							0,0	
	1			1	-1694			Straffeldzug Hammurapis gegen Mari und Malgium							0,4	0,4						0,0	
	1			0					2. Zerstörung von Mari (-1694)						0,2							0,0	
	1			0	-1692			Belagerung von Malgium (-1694)							0,2	0,2							
	1			1	-1690			Feldzug Hammurapis gegen Assyrien							0,2	0,2							
				0				Feldzug Hammurapis gegen Assyrien	Belagerung von Kutha (-1690)						0,2							0,0	
	1			1	-1678			Plünderungseinfall von Kassiten in Nordmesopotamien, Irak							0,2	0,2						0,0	
	1			1	-1677	bis	-1673	Sumerischer Aufstand gegen Babylon							0,7	0,7						0,0	
				0					Belagerung von Larsa (-1676)						0,2								
				0					Schlacht in Sumer (-1675)						0,2								
				0					Belagerung von Kisurra (-1674)						0,2							0,0	
				0					Belagerung von Sabum (-1674)						0,2							0,0	
	1			1	-1667			Feldzug von Samsu-iluna gegen Eshnunna							0,2	0,2							
	1			1	-1664			Feldzug von Samsu-iluna gegen Apum							0,2	0,2							
	1			1	-1660			Feldzug von Samsu-iluna gegen Terqa und Muthursana							0,2								
	1			1	-1659			Feldzug von Samsu-iluna gegen Iadihabum und Muthurszan							0,2	0,2							
	1			1	-1651			Feldzug von Samsu-iluna gegen Amurriter							0,2	0,2							
	1			1	-1648			Chinesischer Feldzug gegen die Pi							0,2	0,2							
	1			1	-1632			Feldzug von Abi-eszuh gegen Eshnunna							0,2	0,2							
	1			1	-1625			Feldzug von Abi-eszuh gegen die Seeländer							0,2	0							

Präd &Retor	Terr Konfl	Hierk &Kons	Alloph Konfl	Se. Konfl	Jahr	bis	Jahr	Konflikt	Ausführungsereignisse (Schlachten, Belagerungen)	Tln (Tsd.)	Land Schl Tote (Tsd.)	Schl Tote & Verw. (Tsd.)	See Schiffe	Schiffe gesunk.	Kampf Tote (Tsd.) Zw. Ablage	Kampf Tote (Tsd.)	Mil. Nicht-KampfT ote (Tsd.) Zw. Ablage	Mil. Nicht-Kampf Tote (Tsd.)	MilTote (Tsd.) Zw. Ablage	Mil. Tote (Tsd.)	Ziv. Tote (Tsd.) Zw. Ablage	Ziv. Tote (Tsd.)	SeTote (Tsd.)
2	18	0	0	20	-17. Jahrhundert				Default-Werte	0,06	1,50	0,50	0,00	0,00	0,18	6		1		7		0,0	7
38																							
1	1			1	-1600			Invasion Griechenlands durch die Achäer							0,2	0,2						0,0	
1	1			1	-1600	bis	-1586	Expansionsfeldzüge Labarnas von Kussara/Kuschara							1,3	1,3		0,22				5,0	
1				0					Belag. von Hubisna (zw -1600 u. -1565)						0,2							0,0	
1				0					Belag. von Tuwanuwa (zw -1600 u. -1565)						0,2							0,0	
1				0					Belag. von Nenassa (zw -1600 u. -1565)						0,2							0,0	
1				0					Belag. von Landa (zw -1600 u. -1565)						0,2							0,0	
1				0					Belag. von Zallara (zw -1600 u. -1565)						0,2							0,0	
1				0					Belag. von Purruschanda (zw -1600 u. -1565)						0,2							0,0	
1				0					Belag. von Lusna (zw -1600 u. -1565)						0,2							0,0	
1	1			1	-1600			Krieg zwischen Shang und Xia							0,2								
1				0					Schlacht von Mingtiao (-1600)						0,2	0,2						0,0	
1	1			1	-1587			Invasion der Guo in Qi/Ch'i/Khi							0,2								
1	1			1	-1585	bis	-1555	Expansionsfeldzüge des Hattusili I.							2,9	2,9							
1				0					1. Belagerung von Sanawitta/Sahwitta (-1585)						0,2	0,2						0,0	
1				0					Belagerung von Zalpa (-1585)						0,2							0,0	
1				0					Belagerung von Alalah (-1584)						0,2							0,0	
1				0					Belagerung von Warsuwa/Ursu (-1584)						0,2							0,0	
1				0					Belagerung von Ikakali (-1584)						0,2							0,0	
1				0					Belagerung von Tashiniya (-1584)						0,2							0,0	
1				0					Belagerung von Nenassa (-1583)						0,2							0,0	
1				0					Belagerung von Ulma/Illumma (-1583)						0,2							0,0	
1				0					2. Belagerung von Sanawitta/Sahwitta (-1582)						0,2							0,0	
1				0					Belagerung von Alalah (-1582)						0,2							0,0	
1				0					Belagerung von Parmanna (-1582)						0,2							0,0	
1				0					Belagerung von Zaruna/Zarunti (-1582)						0,2							0,0	
1				0					Belagerung von Hassu(wa) (-1581)						0,2							0,0	
1				0					Belagerung von Tawanaga (-1581)						0,2							0,0	
1				0					Belagerung von Zipassna (-1581)						0,2							0,0	
1				0					Belagerung von Hahhu (-1581)						0,2							0,0	
1	1			1				Feldzug Hattusilis I. gegen Arzawa/Assuwa (zw -1580 u. -1555)							0,2	0,2						0,0	
1	1			1				Feldzug Hattusilis I. gegen Halep (zw -1580 u. 1555)	Belagerung von Wilusa (zw -1580 und -1555)						0,2	0,5							
1				0					Schlacht an der Adahur (zw -1580 u. -1555)						0,2							0,0	
1				0					Belagerung von Halap (zw -1580 u. -1555)						0,2							0,0	
1				0					2. Zerstörung von Ebla (zw -1580 u. -1555)						0,2								
1				1	-1579			Aufstand der Yeou-min							0,2	0,2							
1	1			1	-1576			Chinesischer Feldzug gegen Min-chan							0,2	0,2							
1	1			1	-1571			Feldzug des Kamose gegen Kush							0,4	0,4							
1	1			0	-1570			Feldzug des Kamose gegen die Hyksos							0,2	0,2							
1									Zerstörung der Bahariya Oasis (-1570)						0,2							0,0	
1	1			1	-1569			Chinesischer Feldzug gegen die Yeou-io	Schlacht von Theben (-1570)						0,2	0,2							
1	1			1	-1564			Chinesischer Feldzug gegen Wen							0,2	0,2							
1	1			1	-1562			Chinesischer Feldzug gegen Wei							0,2	0,2							
1	1			1	-1561			Chinesischer Feldzug gegen Kou							0,2	0,2							

Präd &Relor	Terr Konfl	Hierk Kons	Alloph Konfl	Se. Konfl	Jahr	bis	Jahr	Konflikt	Ausführungsereignisse (Schlachten, Belagerungen)	Tht. (Tsd.)	Land Schl Tote (Tsd.)	Schl Tote & Verw. (Tsd.)	See Schiffe	Schiffe gesunk.	Kampf-Tote (Tsd.) Zw. Ablage	Kampf-Tote (Tsd.)	Mil. Nicht-KampfTote (Tsd.) Zw. Ablage	Mil. Nicht-Kampf-Tote (Tsd.)	MilTote (Tsd.) Zw. Ablage	Mil. Tote (Tsd.)	Ziv. Tote (Tsd.) Zw. Ablage	Ziv. Tote (Tsd.)	SeTote (Tsd.)
1	1			1	-1560		-1560	Chinesischer Feldzug gegen Gaon-ou																
1	1			1	-1560	bis	-1550	Vertreibung der Hyksos durch Ahmose I.							0,2	0,2							
				0					Belagerung von Auaris (-1560)						2,2	2,2						0,0	
				0					Belagerung von Neferusi (-1560)						0,2							0,0	
				0					Belagerung von Perschak (-1560)						0,2							0,0	
				0					Belagerung von Perdjetjgen (-1560)						0,2							0,0	
				0					Belagerung von Initentichenet (-1560)						0,2							0,0	
				0					Belagerung von Heliopolis (-1560)						0,2							0,0	
				0					Schlacht von Theben (-1560)						0,2								
				0					1. Schlacht in Niederägypten (-1553)						0,2								
				0					2. Schlacht in Niederägypten (-1553)						0,2								
				0					3. Schlacht in Niederägypten (-1553)						0,2								
				0					Belagerung von Auaris (-1553)						0,2							0,0	
				1					Belagerung von Sharuhen (-1552 bis -1550)						0,2							0,0	
1	1			1			-1559	Chinesischer Feldzug gegen Hia							0,2	0,2							
				0			-1559		Schlacht von Ming-tiao (-1559)														
1	1			1			-1559	Chinesischer Feldzug gegen San-tsoung							0,2	0,2							
				0					Schlacht von Tching (-1559)						0,2	0,2							
	1			1			-1550	Feldzug des Ahmose I. gegen Syrien							0,2	0,2							
	1			1			-1550	Feldzug des Ahmose I. gegen Nubien							0,2	0,2							
	1			1			-1540	Feldzug des Amenhotep I. gegen Nubien							0,2	0,2							
	1			1			-1532	Feldzug des Mursili I. gegen Mitanni							0,2	0,2							
1	1			1			-1531	Feldzug des Mursili I. gegen Yamhad (NW-Syrien)							0,2								
				0					Belagerung von Halap (-1531)						0,2	0,2						0,0	
1				1			-1531	Plünderungsüberfall des Mursili I. auf Babylon							0,2								
				0					Belagerung von Babylon (-1531)						0,9	0,9						0,0	
	1			1			-1525	bis -1495 Feldzüge des Hantili I.							0,9								
				0					Belagerung von Astata (zw -1526 u. -1496)						0,2	0,2						0,0	
				0					Belagerung von Suksiya (zw -1526 u. -1496)						0,2	0,2						0,0	
				0					Belagerung von Hurpana (zw -1526 u. -1496)						0,2	0,2						0,0	
				0					Belag. von Kargamis (zw -1526 u. -1496)						0,2							0,0	
				0					Schlacht bei Tagarama (zw -1526 u. -1496)						0,2								
1				1			-1525	Chinesischer Hegemoniekrieg							0,2	0,2							
				0					Schlacht von Ming Chiao (-1525)						0,2	0,2							
	1			1			-1521	Feldzug des Thutmosis I. gegen Mitanni							0,2	0,2							
	1			1			-1520	Feldzug des Thutmosis I. gegen die Nubier							0,2	0,2							
	1			1			-1510	Syrien-Feldzug des Thutmosis II.							0,2	0,2							
	1			1			-1510	Nubien-Feldzug des Thutmosis II.							0,2	0,2							
83	2	28	1	0	31		-16. Jahrhundert		Default-Werte	0,06	1,50	0,50	0,00	0,00	0,18	0,20		0,22		15		5,0	20
																13		3	10				
1	1			1			-1500	Mahabharata-Krieg		100					6,0	6,0				0,50		0,0	
1	1			0			-1500		Schlacht von Kurukshetra (-1500)	100					6,0	6,0		10		10,0		0,0	
1				1			-1490	Plünderungseinfall von Alalakh in Kizzuwattna															
1				1			-1485	bis -1465 *Feldzüge des Ammuna*							0,2	0,2							
1				1				Feldzug des Ammuna gegen Matila (zw -1485 u. -1465)							0,2	0,2							
				1					Belagerung von Matila (zw -1485 u. -1465)						0,2							0,0	

466

ANLAGE 10

Präd &Retor	Terr Konfl	Hierr& Kons	Alloph Konfl	Se. Konfl	Jahr	bis	Jahr	Konflikt	Ausführungsereignisse (Schlachten, Belagerungen)	Tln. (Tsd.)	Land Schl. Tote (Tsd.)	Schl. Tote & Verw. (Tsd.)	See Schiffe	Schiffe gesunk.	Kampf-Tote (Tsd.) Zw. Ablage	Kampf-Tote (Tsd.)	Mil. Nicht-KampfTote (Tsd.) Zw. Ablage	Mil. Nicht-Kampf-Tote (Tsd.)	MilTote (Tsd.) Zw. Ablage	Mil. Tote (Tsd.)	Ziv. Tote (Tsd.) Zw. Ablage	Ziv. Tote (Tsd.)	SeTote (Tsd.)
1	1			1				Feldzug des Ammuna gegen Galmiya (zw. -1485 u. 1465)															
1	1								Belagerung von Galmiya (zw. -1485 u. 1465)						0,2	0,2						0,0	
1	1			1				Feldzug des Ammuna gegen Adan (zw. -1485 u. 1465)															
1	1								Belagerung von Adan (zw. -1485 u. 1465)						0,2	0,2						0,0	
1	1			1				Feldzug des Ammuna gegen Arzawiya (zw. -1485 u. -1465)															
1	1								Belagerung von Arzawiya (zw. -1485 u. 1465)						0,2	0,2						0,0	
1	1			1				Feldzug des Ammuna gegen Sallapa (zw. -1485 u. 1465)															
1	1								Belagerung von Sallapa (zw. -1485 u. 1465)						0,2	0,2						0,0	
1	1			1				Feldzug des Ammuna gegen Parduwata (zw. -1485 u. -1465)															
1	1								Belag. von Parduwata (zw. -1485 u. 1465)						0,2	0,2						0,0	
1	1			1				Feldzug des Ammuna gegen Ahhulla (zw. -1485 u. 1465)															
1	1								Belagerung von Ahhulla (zw. -1485 u. 1465)						0,2	0,2						0,0	
1	1				-1482	bis	-1450	*Feldzüge des Tuthmosis III.*																
1	1			1				1. Syrien-Feldzug des Thutmosis III (-1482)						0,7	0,7						0,0	
1				0					Belagerung von Gaza (-1482)						0,2								
1				0					Schlacht von Megiddo (-1482)						0,2								
1				0					Belagerung von Megiddo (-1482)						0,2							0,0	
1	1			1				2. Syrien-Feldzug des Thutmosis III (-1481)						0,2	0,2							
1	1			1				3. Syrien-Feldzug des Thutmosis III (-1480)						0,2	0,2							
1	1			1				4. Syrien-Feldzug des Thutmosis III (-1479)						0,2	0,2							
1	1			1				5. Syrien-Feldzug des Thutmosis III (-1478)						0,2	0,2							
1	1			0				6. Syrien-Feldzug des Thutmosis III (-1477)						0,5	0,5							
1				0					Belagerung von Ullaza (-1477)						0,2								
1									Belagerung von Ardata (-1477)						0,2							0,0	
1	1			1				7. Syrien-Feldzug des Thutmosis III (-1476)						0,5	0,5						0,0	
1				0					Belagerung von Kadesh (-1476)						0,2								
1									Belagerung von Sumur (-1476)						0,2							0,0	
1	1			1				8. Syrien-Feldzug des Thutmosis III (-1472)						0,2	0,2						0,0	
1				0					Schlacht von Kadesh (-1472)						0,2								
1	1			1				9. Syrien-Feldzug des Thutmosis III (-1471)						0,2	0,2							
1	1			0				10. Syrien-Feldzug des Thutmosis III (-1470)						0,5	0,5							
1				0					Belagerung von Jaffa (-1470)						0,2								
1									Schlacht von Arana (-1470)						0,2								
1	1			1				11. Syrien-Feldzug des Thutmosis III (-1469)						0,2	0,2							
1	1			1				12. Syrien-Feldzug des Thutmosis III (-1468)						0,2	0,2							
1				0					Belagerung von Gezer (-1468)						0,2							0,0	
1	1			1				13. Syrien-Feldzug des Thutmosis III (-1467)						0,2	0,2							
1	1			1				14. Syrien-Feldzug des Thutmosis III (-1466)						0,2	0,2							
1	1			1				15. Syrien-Feldzug des Thutmosis III (-1465)						0,2	0,2							
1	1			1				16. Syrien-Feldzug des Thutmosis III (-1464)						0,5	0,5							
1	1			1				17. Syrien-Feldzug des Thutmosis III (-1463)						0,2	0,2							
1	1								Belagerung von Irqata (-1463)						0,5	0,5						0,0	
1	1			0					Belagerung von Tunip (-1463)						0,2	0,2						0,0	

#	Präd &Rctor	Terr Konfl	Hier& Kons	Alloph Konfl	Se. Konfl	Jahr	bis	Jahr	Konflikt	Ausführungsereignisse (Schlachten, Belagerungen)	Tln. (Tsd.)	Land Schl Tote (Tsd.)	Schl Tote & Verw. (Tsd.)	See Schiffe	See Schiffe gesunk.	Kampf-Tote (Tsd.) Zw. Ablage	Kampf-Tote (Tsd.)	Mil. Nicht-KampfTote (Tsd.) Zw. Ablage	Mil. Nicht-Kampf-Tote (Tsd.)	MilTote (Tsd.) Zw. Ablage	Mil. Tote (Tsd.)	Ziv. Tote (Tsd.) Zw. Ablage	Ziv. Tote (Tsd.)	SeTote (Tsd.)
1	1	1			1				Feldzug des Thutmosis III. gegen Mitanni (-1450)							0,2	0,2							
1	1	1			1	-1461	bis	-1441	*Feldzüge des Telipinus*																
1	1	1			1				Feldzug des Telipinus gegen Hassuwa (zw. -1461 u. -1441)	Belagerung von Hassuwa (zw. -1461 u.-1441)						0,2	0,2						0,0	
1	1	1			1				Feldzug des Telipinus gegen Zizzilippa (zw. -1461 u.-1441)	Schlacht von Zizzilippa (zw.-1461 u.-1441)						0,2	0,2							
1	1	1			1				Feldzug des Telipinus nach Kizzuwatna (zw. -1461 u. -1441)							0,2	0,2							
1	1	1			1				Feldzug des Telipinus nach Luthia (zw. -1461 u. -1441)							0,2	0,2							
1		1			1	-1452			1. Palästina-Feldzug des Amenhotep II.							0,2	0,2							
1		1			1	-1451			Nubien-Feldzug des Amenhotep II.							0,2	0,2							
1		1			1	-1447			2. Palästina-Feldzug des Amenhotep II.							0,2	0,2							
1	1	1			1	-1430			Feldzug des Hantili II. gegen die Kaskäer							0,5	0,5							
1					0					Belagerung von Nerik (-1430 ca.)						0,2							0,0	
1					0					Belagerung von Tiliura (-1430 ca.)						0,2	0,2						0,0	
1		1			1	-1430			Eroberung des Seelandes durch Babylon							0,2	0,2							
1		1			1	-1425			Aufstand des Seelandes gegen Babylon	Belagerung von Dur-Enlil (-1425)						0,2	0,2						0,0	
1		1			1	-1425	bis	-1210	Achäische (Mykenische) Expansion in der Ägäis							0,2	0,2						5,0	
1		1			1	-1425			Achäische (Mykenische) Eroberung Kretas							0,2	0,2						5,0	
1		1			1	-1420	bis	-1400	Feldzug von Assuwa gegen Madduwatta							0,2	0,2							
1		1			1	-1413			Nubien-Feldzug des Thutmosis IV.							0,2	0,2							
66	2	40	0	0	42		-15. Jahrhundert			Default-Werte	0,06	1,50	0,50	0,00	0,00	0,24	18	5	0,29	23	0,50	10,0	0,0	33
1		1			1	-1400			Palästina-Feldzug des Thutmosis IV.							0,2	0,2							
1		1			0					Belagerung von Gezer (-1400)						0,2	0,2							
1		1			1	-1400	bis	-1385	Achäische Invasion von Alasiya (Zypern)							0,2	0,2						0,0	
1		1			1	-1391	bis	-1379	Aufstand der Pei							0,2	0,2						0,0	
1		1			1	-1391	bis	-1377	Aufstand der Sen							0,2	0,2						0,0	
1		1			0	-1390			Krieg zwischen Elam und Babylon	Belagerung von Susu (1390)						0,2	0,2						0,0	
1		1	1		1	-1390			Hethitischer Thronfolgekrieg							0,2	0,2							
1		1			1	-1390			Besetzung Lykiens durch Achäer							0,2	0,2						5,0	
1		1			0	-1390	bis	-1370	*Feldzüge des Tuthalija I. gegen die Kaskäer*							0,2	0,2							
1		1			1				1. Feldzug des Tuthalija I. gegen Assuwa (zw. 1390 und -1379)							0,2	0,2							
1	1	1			1				2. Feldzug des Tuthalija I. gegen Assuwa (zw. 1390 und -1379)							0,2	0,2							
1		1			1				3. Feldzug des Tuthalija I. gegen Assuwa (zw. 1390 und -1379)							0,2	0,2							
1		1			0	-1385			Feldzug des Kadashman-harbe I. gegen die Sutäer	Bedag. von Salawassa (zw -1390 u. 1370)		0,4				0,2	0,2						0,0	
1		1			1	-1382			Nubien-Feldzug des Amenhotep III.							0,2	0,2							
1		1		1	1	-1380			Assyrische Intervention in Babylonien							0,2	0,2							

ANLAGE 10

	Präd &Rctor	Terr Konfl	Hier& Kons	Alloph Konfl	Se. Konfl	Jahr	bis	Jahr	Konflikt	Ausführungsereignisse (Schlachten, Belagerungen)	Tln. (Tsd.)	Schl. Tote (Tsd.) [Land]	Schl. Tote & Verw. (Tsd.)	Schiffe [See]	Schiffe gesunk.	Kampf-Tote (Tsd.) Zw. Ablage	Kampf-Tote (Tsd.)	Mil. Nicht-KampfTote (Tsd.) Zw. Ablage	Mil. Nicht-Kampf-Tote (Tsd.)	MilTote (Tsd.) Zw. Ablage	Mil. Tote (Tsd.)	Ziv. Tote (Tsd.) Zw. Ablage	Ziv. Tote (Tsd.)	SeTote (Tsd.)
1	1				1	-1378			Chinesischer Feldzug gegen die Lan																
1	1				1	-1370	bis	-1360	Plünderungseinfälle von Kaskäern in das hethitische Reich							0.2	0.2						0.0	
1		1			1	-1360	bis	-1325	Hethitisch-Hurritischer Krieg							0.5	0.5							
1					0					Belagerung von Qatna (-1340)						0.2							0.0	
1					0					Belagerung von Karkemish (-1325)						0.2							0.0	
1		1			1	-1355			Hurritischer Thronfolgekrieg							0.2	0.2							
1	1				1	-1355	bis	-1341	Amurritische Integrationsfeldzüge							0.7	0.7							
1					0					Belagerung von Gubla (zw.-1355 u.-1341)						0.2							0.0	
1					0					Belagerung von Tunip (zw.-1355 u.-1341)						0.2							0.0	
1					0					Belagerung von Sumur (zw.-1355 u.-1341)						0.2							0.0	
1	1				1	-1353	bis	-1380	Plünderungseinfälle von Kaskäern in das hethitische Reich							1.4	1.4							
1					0					Belag. von Tabigga/Masat Hüyük (-1353)						0.2							0.0	
1					0					Belagerung von Hattusa (-1353)						0.2							0.0	
1					0					Belagerung von Washaniya (-1353)						0.2							0.0	
1					0					Belagerung von Samuha (-1353)						0.2							0.0	
1					0					Belagerung von Katariya (-1353)						0.2							0.0	
1					0					Belagerung von Gazzapa (-1353)						0.2							0.0	
1		1			1	-1352			Hethitischer Feldzug gegen Azzi-Hajasa							0.2	0.2							
1		1			1	-1350			Antihethitische Aufstände in Isuwa							0.2	0.2							
1		1			1	-1344			Feldzug Suppiluliumas I gegen Arzawa/Assuwa							0.5	0.5							
1					0					Belagerung von Nahhurriya (-1344)						0.2							0.0	
1					0					Belagerung von Sapparanda (-1344)						0.2							0.0	
1		1			1	-1343	bis	-1320	Feldzüge Suppiluliumas I gegen die Kaskäer							1.7	1.7							
1					0					Belagerung von Pargalla (-1343)						0.2							0.0	
1					0					Belagerung von Hattina (-1343)						0.2							0.0	
1					0					Belagerung von Kasipaha (-1325)						0.2							0.0	
1					0					Belagerung von Palhuissanna (-1325)						0.2							0.0	
1					0					Belagerung von Kammama (-1323)						0.2							0.0	
1					0					Belagerung von Iwatallissa (-1323)						0.2							0.0	
1					0					Belagerung von Sappiduwa (-1323)						0.2							0.0	
1		1			1	-1342			1. Syrischer Feldzug Suppiluliumas I							0.2	0.2							
1		1			1	-1340			2. (Großer) Syrischer Feldzug Suppiluliumas I							1.4	1.4							
1					0					Belagerung von Washshukanni (-1340)						0.2							0.0	
1					0					Belagerung von Halep (-1340)						0.2							0.0	
1					0					Belagerung von Alalah (-1340)						0.2							0.0	
1					0					Belagerung von Qatna (-1340)						0.2							0.0	
1					0					Schlacht von Apa (-1340)						0.2								
1					0					Belagerung von Arzaya (-1340)						0.2	0.2						0.0	
1	1	1			1	-1330			Nubien-Feldzug des Tutanchamun							0.2	0.2							
1	1	1			1	-1330			Syrien-Feldzug des Tutanchamun							0.2	0.2							
1	1	1			1	-1327	bis	-1325	3. Syrischer Feldzug Suppiluliumas I							0.7	0.7							
1					0					Belagerung von Murmuriga (-1327)						0.2							0.0	
1					0					Schlacht von Kadesh (-1326)						0.2								
1					0					Belagerung von Karkemish (-1325)						0.7	0.7						0.0	
1	1	1			1	-1321	bis	-1295	Feldzüge Mursilis II gegen die Kaskäer							1.4	1.4							
1					0					Belagerung von Halila (-1321)						0.2							0.0	

ANLAGE 10

Präd &Retor	Terr Konfl	Hier& Kons	Alloph Konfl	Se. Konfl	Jahr	bis	Jahr	Konflikt	Ausführungsereignisse (Schlachten, Belagerungen)	Land Thn (Tsd.)	Land Schl Tote (Tsd.)	Land Schl Tote & Verw. (Tsd.)	See Schiffe	See Schiffe gesunk.	Kampf-Tote (Tsd.) Zw. Ablage	Kampf-Tote (Tsd.)	Mil. Nicht-KampfTote (Tsd.) Zw. Ablage	Mil. Nicht-Kampf-Tote (Tsd.)	MilTote (Tsd.) Zw. Ablage	Mil. Tote (Tsd.)	Ziv. Tote (Tsd.) Zw. Ablage	Ziv. Tote (Tsd.)	SeTote (Tsd.)
1				0					Belagerung von Dudduska (-1321)						0.2							0.0	
1				0					Belagerung von Kathaidwa (-1320)						0.2							0.0	
1				0					Belagerung von Pahhwissa (-1320)						0.2							0.0	
1				0					Belagerung von Kurastarina (-1319)						0.2							0.0	
1				0					Belagerung von Istitina (-1315)						0.2							0.0	
	1			1	-1320			Krieg zwischen Sialkot und Jammu							0.2	0.2							
	1			1	-1320			Babylonisch-Elamitischer Krieg							0.2	0.2						0.0	
	1			0	-1319	bis	-1318	Krieg Mursilis II gegen Arzawa/Assuwa	Belagerung von Susu (-1320)						1.2	1.2							
	1			0					Schlacht an der Astarpa (-1319)						0.2								
	1			0					Belagerung von Apasa (-1319)						0.2							0.0	
	1			0					Belagerung von Arimanda (-1319)						0.2							0.0	
	1			0					1. Belagerung von Puranda (-1319)						0.2							0.0	
	1			0					2. Belagerung von Puranda (-1318)						0.2							0.0	
1				0	-1315			Babylonisch-Assyrischer Krieg	Schlacht von Sugagi (-1315)						0.2	0.2							
1				1	-1314			Hethitische Intervention in Pala							0.2								
1				1	-1314		-1311	Hethitischer Krieg gegen die Azzi	Belagerung von Wasumana (-1314)						0.2	0.2						0.0	
	1			0					Belagerung von Ura (-1314)						1.2	1.2							
	1			0					Belagerung von Kannuwara (-1314)						0.2							0.0	
	1			0					Belagerung von Istitina (-1314)						0.2							0.0	
	1			0					Belagerung von Aripsa (-1312)						0.2							0.0	
	1			0					Belagerung von Duskamma (-1312)						0.2							0.0	
1				1	-1313	bis	-1295	Syrien-Feldzüge des Mursili II.	Belagerung von Yahressa (-1313)						0.7	0.7							
	1			0					Belagerung von Astata (-1313)						0.2							0.0	
	1			0					Belagerung von Kadesch (-1313)						0.2							0.0	
	1			1	-1306			1. Feldzug des Arik-den-ili gegen Iasubakula							0.2	0.2							
	1			1	-1304			2. Feldzug des Arik-den-ili gegen Iasubakula							0.2	0.2							
1				1	-1302			Feldzug des Arik-den-ili gegen Guti und Namabhithi							0.2	0.2							
7	30	3	0	40	-14. Jahrhundert				Default-Werte	0.06	1.50	0.50	0.00	0.00	0.24	19		5		24		5.0	29
1				1	-1300			Feldzug des Arik-den-ili gegen Halahi							0.3	0.3		0.29		0.50		0.0	
1	1			1	-1300			Assyrisch-Hethitischer Krieg							0.3	0.3							
	1			1	-1298			Feldzug des Arik-den-ili gegen Iasubakula und Quumuh														
1	1			0	-1295	bis	-1276	Hethitische Feldzüge gegen die Kaskäer							0.6	0.6							
				0					Schlacht bei Hahha (-1295 ca.)						0.3								
				0					Schlacht bei Wistawanda (-1276 ca.)						0.3								
	1			1	-1291			1. Syrien-Feldzug des Setoy I							0.3	0.3							
	1			1	-1285			2. Syrien-Feldzug des Setoy I							0.3	0.3							
				0	-1280			Kretisch-Sikanischer Krieg	Belagerung von Kamikos (-1280)						0.3	0.3						0.0	
	1			1	-1276			1. Syrien-Feldzug des Ramses II							0.3	0.3							
	1			1	-1275			2. Syrien-Feldzug des Ramses II							0.3	0.3							
	1			0	-1275			Krieg Assurs gegen Mitanni	Schlacht von Kadesh (-1275)						0.3	0.3							
1				1	-1274			Libyen-Feldzug des Ramses II							0.3	0.3							

Präd &Rrctor	Terr Konfl	Hier& Kons	Alloph Konfl	Sc. Konfl	Jahr	bis	Jahr	Konflikt	Ausführungsereignisse (Schlachten, Belagerungen)	Kampf-Tote (Tsd.) Zw. Ablage	Kampf-Tote (Tsd.)	Ziv. Tote (Tsd.)
	1			1	-1273			3. Syrien-Feldzug des Ramses II.		0,3	0,3	
	1			1	-1272			4. Syrien-Feldzug des Ramses II.		0,3	0,3	0,0
				0					Belagerung von Dharpur (-1272)	0,3	0,3	
	1			0	-1270			5. Syrien-Feldzug des Ramses II.		0,3	0,3	
	1			0	-1270			Babylonisch-Assyrischer Krieg		0,3		
									Schlacht von Kar-Ishtar von Akarsallu (-1270)			
1	1			1	-1267			Unterwerfung Mitannis (Hanilgabat) durch Assyrien		2,7	2,7	
				0					Belagerung von Taidu (-1267)	0,3		0,0
				0					Belagerung von Washshukanmu (-1267)	0,3		0,0
				0					Belagerung von Amasakku (-1267)	0,3		0,0
				0					Belagerung von Kahat (-1267)	0,3		0,0
				0					Belagerung von Shuru (-1267)	0,3		0,0
				0					Belagerung von Nabula (-1267)	0,3		0,0
				0					Belagerung von Hurra (-1267)	0,3		0,0
				0					Belagerung von Shuduhu (-1267)	0,3		0,0
				0					Belagerung von Irridu (-1267)	0,3		0,0
	1			1	-1267			Hethitischer Hierachiekrieg		0,3	0,3	
		1		1	-1267	ab		Achäische Expansion in Lukka		0,3	0,3	5,0
				1	-1267	bis	-1237	Plünderungseinfälle von Kaskäern in das hethitische Reich		0,3	0,3	0,0
1	1			1	-1263	bis	-1234	Feldzüge Salmanassars I. gegen die Arimi (Aramäer)		1,8	1,8	
				0					Belagerung von Arina (-1263)	0,3		0,0
				0					Belagerung von Pauza (-1255)	0,3		0,0
				0					Belagerung von Nabula (-1253)	0,3		0,0
				0					Belagerung von Shirauna (-1252)	0,3		0,0
				0					Belagerung von Lishutishi (-1234)	0,3		0,0
				0					Belagerung von Sangiriti (-1233)	0,3		0,0
	1			1	-1263	bis	-1250	Auszug der Israeliten aus Ägypten u. Landnahme in Transjordanien		1,5	1,5	
				0					Schlacht bei Rephidim (-1263)	0,3		
				0					Schlacht an der Arnon (-1262)	0,3		
				0					Schlacht von Jahaz (-1262)	0,3		
				0					Belagerung von Medeba (-1262)	0,3		0,0
				0					Schlacht an der Jabbok (-1262)	0,3		
1		1		1	-1250	bis	-1220	Genozid der Israeliten an den Midianiten (-1260)	0,3	0,3	0,0
				0				Israelische Eroberung Cis-Jordaniens		1,2	1,2	
				0					Schlacht von Jahaz (-1250)	0,3		
				0					Belagerung von Jericho (-1230)	0,3		0,0
				0					Belagerung von Ai (-1225)	0,3		0,0
				0					Schlacht am Meromm-Wasser (-1220)			
1	1			1	-1262			Straffeldzug Salmanassars I. gegen Mitannis (Hanilgabat)		0,9	0,9	0,0
				0					Belagerung von Taidu (1262)	0,3		
				0					Belagerung von Irridu (-1262)	0,3		0,0
				0					Belagerung von Kahat (-1262)	0,3		0,0
	1			1	-1257	bis		Feldzüge Salmanassars I. gegen Bir		0,3	0,3	
	1			1	-1256	bis	-1251	Feldzüge Salmanassars I. gegen Musri		0,3	0,3	

Präd &Retor	Terr Konfl	Hier& Kons	Alloph Konfl	Se. Konfl	Jahr	bis	Jahr	Konflikt	Ausführungsereignisse (Schlachten, Belagerungen)	Land Thn. (Tsd.)	Land Schl. Tote (Tsd.)	Land Schl. Tote & Verw. (Tsd.)	See Schiffe	See Schiffe gesunk.	Kampf-Tote (Tsd.) Zw. Ablage	Kampf-Tote (Tsd.)	Mil. Nicht-KampfTote (Tsd.) Zw. Ablage	Mil. Nicht-Kampf-Tote (Tsd.)	MilTote (Tsd.) Zw. Ablage	Mil. Tote (Tsd.)	Ziv. Tote (Tsd.) Zw. Ablage	Ziv. Tote (Tsd.)	SeTote (Tsd.)
	1			1	-1250			Besetzung Ostsiziliens durch die Sikuler															
	1			1	-1250			Bronzezeitlicher Konflikt in Nordost-Deutschland	Schlacht an der Tollensee (-1250)						0,3	0,3							
	1			1	-1242			Feldzug Salmanassars I. gegen Khanirabbat							0,3	0,6							
				0					Belagerung von Shungira (-1242)						0,6							0,0	
				0					Belagerung von Iq Geshka (-1242)						0,3	0,3						0,0	
	1			0	-1243			Feldzug Salmanassars I. gegen Kirchu							0,3								
				0					Belagerung von Isi (-1243)						0,3							0,0	
	1			1	-1243			Chinesischer Feldzug gegen die Guirong/Guifang/Guoi							0,3	0,3						0,0	
				0	-1240			Feldzug Salmanassars I. gegen Ruri							0,3	0,3							
	1			0	-1238			Feldzug Salmanassars I. gegen Makhirami	Belagerung von Murari (-1240)						0,3	0,3						0,0	
	1			0	-1236			Nubien-Feldzug des Ramses II	Belagerung von Kaitan/Kaitan (-1238)						0,3	0,3						0,0	
	1			1	-1235			Feldzug Salmanassars I. gegen Kushi							0,3	0,3							
				1					Schlacht von Galpurisi (-1235)						0,3								
	1			0	-1233			Feldzug von Tukulti-Ninurta I. gegen die Gutäer							0,3	0,3							
				1	-1232			Feldzug von Tukulti-Ninurta I. gegen die Kudmukhi							0,3	0,3							
				1	-1232			Chinesischer Feldzug gegen die Ta-peng							0,3	0,3							
				0	-1231			Feldzug von Tukulti-Ninurta I. gegen Alzi							0,3	0,3							
				1	-1290			Hethitischer Feldzug gegen Zypern							0,3									
				0	-1290			Assyrisch-Hethitischer Krieg	Belagerung von Enkomi (-1290)						0,3	0,3						0,0	
				0	-1225			Chinesischer Feldzug gegen Chi-wei	Schlacht von Nihriya (-1290)						0,3	0,3							
				1	-1225			Feldzug von Tukulti-Ninurta I. gegen Babylon							0,3	0,3							
				1	-1225	bis	-1223	Assyrisch-Babylonischer Krieg	Belagerung von Babylon (-1225)						0,3	0,3						0,0	
				0					Belagerung von Babylon (-1223)						0,6	0,6						0,0	
	1			0	-1224			Plünderungseinfall Elams in Babylonien	Belagerung von Sippar (-1223)						0,3							0,0	
				1					Belagerung von Der (-1224)						0,6	0,6						0,0	
				0	-1223			Feldzug von Tukulti-Ninurta I. gegen Enlil-Nadin-Schumi	Belagerung von Nippur (-1224)						0,3							0,0	
1	1			1	-1220			Plünderungseinfall Elams in Babylonien							0,3	0,3							
				0	-1220			Feldzug von Tukulti-Ninurta I. gegen Nairi	Belagerung von Isin (-1220)						0,6	0,6						0,0	
1				0	-1220			Hethitischer Feldzug in die Lukka-Länder (Lykien)	Belagerung von Marad (-1220)						0,3							0,0	
				1											0,3	0,3							
				0					Belagerung von Auwarna (-1220)						1,2	1,2						0,0	
				0					Belagerung von Pinata (-1220)						0,3							0,0	
				0					Belagerung von Pinala (-1220)						0,3							0,0	
	1			1	-1220	ab		Invasion Nordgriechenlands durch die Dorer	Belagerung von Wijanawanda (-1220)						0,6	0,6						0,0	
				0					Belagerung von Theben (-1220)						0,3							0,0	

ANLAGE 10

	Präd &Retor Konfl	Terr Konfl	Hier& Kons	Alloph Konfl	Se. Konfl	Jahr	bis	Jahr	Konflikt	Ausführungsereignisse (Schlachten, Belagerungen)	Thn. (Tsd.)	Land Schl. Tote (Tsd.)	Schl. Tote & Verw. (Tsd.)	See Schiffe	Schiffe gesunk.	Kampf-Tote (Tsd.) Zw. Ablage	Kampf-Tote (Tsd.)	Mil. Nicht-KampfTote (Tsd.) Zw. Ablage	Mil. Nicht-Kampf-Tote (Tsd.)	MilTote (Tsd.) Zw. Ablage	Mil. Tote (Tsd.)	Ziv. Tote (Tsd.) Zw. Ablage	Ziv. Tote (Tsd.)	SeTote (Tsd.)
1					0					Belagerung von Mykene (-1200)						0,3							0,0	
1		1			1	-1215			Feldzug von Tukulti-Ninurta I. zum mittleren Euphrat							1,2	1,2							
1					0					Belagerung von Rapiqu (-1215)						0,3							0,0	
1					0					Belagerung von Mari (-1215)						0,3								
1					0					Belagerung von Terqa (-1215)						0,3							0,0	
1					0					Belagerung von Khana (-1215)						0,3							0,0	
1		1			1	-1210			Feldzug von Tukulti-Ninurta I. gegen Akhlamu und Arrapkha						0,3	0,3							
1		1			1	-1210	ca.		Antiägyptischer Aufstand in Kanaan						1,2	1,2							
1					0					Belagerung von Ashkalon (-1210)						0,3							0,0	
1					0					Belagerung von Ghaza (-1210)						0,3								
1					0					Belagerung von Gezer (-1210)						0,3							0,0	
1					0					Belagerung von Yanoam (-1210)						0,3							0,0	
1		1			1	-1207			Pfünderungseinfall von Libyern und Seevölkern in Upper Egypt						10,5	10,5							
1					0					Schlacht von Sais (-1207)		7,0				10,5								
1		1			1	-1207			Antiägyptischer Aufstand in Nubien						0,3	0,3						0,0	
118	7	44	1	1	53	-13. Jahrhundert						7,0					38		14		52		5,0	57
										Default-Werte	0,06	1,50	0,50	0,00	0,00	0,30			0,36		0,50			
1		1			1	-1200			Invasion Kleinasiens durch Thessalier u. Eolier						0,4	0,4						5,0	
1		1			1	-1200			Invasion Kleinasiens durch Ionier						0,4	0,4						5,0	
1	1			1		-1200	bis	-1178	Plünderungseinfälle von Kaskäern in das hethitische Reich						0,8	0,8							
1					0					Belagerung von Luwasanda (-1185)						0,4							0,0	
1					0					Belagerung von Hattuscha (-1178)						0,4							0,0	
1	1	1			1	-1200	bis	-1190	Einfälle von Seevölkern im Ostmittelmeerraum u. Nordmesopot.						7,6	7,6							
1					0					Seeschlacht bei Zypern (-1192)						0,4								
1					0					Belagerung von Asdod (-1192)						0,4							0,0	
1					0					Belagerung von Ugarit (-1192)						0,4							0,0	
1					0					Belagerung von Sinda (-1190)						0,4							0,0	
1					0					Belagerung von Pitru (-1190)						0,4							0,0	
1					0					Belagerung von Lachis (-1190)						0,4							0,0	
1					0					Belagerung von Gaza (-1190)						0,4							0,0	
1					0					Belagerung von Askalon (-1190)						0,4							0,0	
1					0					Belagerung von Akko (-1190)						0,4							0,0	
1					0					Belagerung von Jaffa (-1190)						0,4							0,0	
1					0					Belagerung von Hazor (-1190)						0,4							0,0	
1					0					Belagerung von Bethel (-1190)						0,4							0,0	
1					0					Belagerung von Beith Shemesh (-1190)						0,4							0,0	
1					0					Belagerung von Eglon (-1190)						0,4							0,0	
1					0					Belagerung von Debir (-1190)						0,4							0,0	
1					0					Belagerung von Norsumepe (-1190)						0,4							0,0	
1					0					Belagerung von Karkemisch (-1190)						0,4							0,0	
1					0					Belagerung von Emar (-1178)						0,4							0,0	
1		1			1	-1190			Invasion Kleinasiens durch Thraker	Belagerung von Karaoglan (-1190)						0,4	0,4						0,0	
1		1			1	-1183			Assyrisch-Babylonischer Krieg							0,4	0,4							

ANLAGE 10

Präd &Retor	Terr Konfl	Hier& Kons	Alloph Konfl	Se. Konfl	Jahr	bis	Jahr	Konflikt	Ausführungsereignisse (Schlachten, Belagerungen)	Tln. (Tsd.)	Land Schl. Tote (Tsd.)	Schl. Tote & Verw. (Tsd.)	See Schiffe	Schiffe gesunk.	Kampf-Tote (Tsd.) Zw. Ablage	Kampf-Tote (Tsd.)	Mil. Nicht-KampfTote (Tsd.) Zw. Ablage	Mil. Nicht-Kampf-Tote (Tsd.)	MilTote (Tsd.) Zw. Ablage	Mil. Tote (Tsd.)	Ziv. Tote (Tsd.) Zw. Ablage	Ziv. Tote (Tsd.)	SeTote (Tsd.)
1				1	-1180	bis	-1170	Trojanischer Krieg	Belagerung von Troja (-1180 bis -1170)	15					0,4	0,4							
1				0	-1178			Plünderungseinfall von Libyern in Ägypten							0,4	0,4							
1				1	-1175			Einfall von Seevölkern in Ägypten							1,3	1,3							
1				0					Schlacht von Pelusion (-1175)						0,4								
1				0					Seeschlacht am Nildelta (-1175)						0,4								
1				0					Belagerung von Ismaros (-1174)						0,4							0,0	
1				1	-1172			Einfall von Libyern und Seevölkern in Ägypten		4					0,4	0,4							5,0	
1				1	-1170			Plünderungseinfall von Elamitern in Babylon							0,4	0,4							
1				0	-1160	bis	-1130	Expansionsfeldzüge Assur-dans I							4,6	4,6							
1									Belagerung von Zaban (zw.-1160 u.-1130)						0,4							0,0	
1									Belagerung von Irriya (zw.-1160 u.-1130)						0,4							0,0	
1									Belagerung von Ugarsallu (zw.-1160 u.-1130)						0,4							0,0	
1									Belagerung von Madktu (zw.-1160 u.-1130)						0,4							0,0	
1									Belagerung von Sudrium (zw.-1160 u.-1130)						0,4							0,0	
1									Belag. von Ubrm Chu.u (zw.-1160 u.-1130)						0,4							0,0	
1									Belagerung von Saka (zw.-1160 u.-1130)						0,4							0,0	
1									Belagerung von Sakama (zw.-1160 u.-1130)						0,4							0,0	
1									Belagerung von Shuria (zw.-1160 u.-1130)						0,4							0,0	
1									Belagerung von Chirishtu (zw.-1160 u.-1130)						0,4							0,0	
1									Belagerung von Andaria (zw.-1160 u.-1130)						0,4							0,0	
1				1	-1160	bis	-1130	Feldzug Assu-dans I nach Adaush							0,4	0,4							
1				1	-1158			Assyrisch-Babylonischer Krieg							0,4	0,4							
1				1	-1159	bis	-1155	Unterwerfung Babylons durch die Elamiter							2,1	2,1							
1				0					Belagerung von Byblyon (-1158)						0,4							0,0	
1				0					Belagerung von Eshnunna (-1158)						0,4							0,0	
1				0					Belagerung von Sippar (-1158)						0,4							0,0	
1				0					Belagerung von Dur-Kurigalzu (-1158)						0,4							0,0	
1				0					Belagerung von Opis (-1158)						0,4							0,0	
1				1	-1145	bis	-1125	Plünderungseinfälle von Seevölkern auf Zypern							0,8	0,8							0,0	
1				0					Belagerung von Sinda (-1145)						0,4								
1				0					Belagerung von Enkomi (-1125)						0,4							0,0	
1				0	-1136			Feldzug von Zhou/Chou gegen die Tching	Schlacht von Pi (-1136)						0,4	0,4							
1				1	-1132			Expansionsfeldzug Elams gegen Assyrien							0,8	0,8							0,0	
1				0					Belagerung von Sinda (-1145)						0,4							0,0	
1									Belagerung von Arrapka (-1132)						0,4							0,0	
1				1	-1130			Feldzug von Zhou/Chou gegen die Y-khiu							0,4	0,4							
1				1	-1130	bis	-1116	Krieg Babylons gegen Elam							0,4	0,4							
1	1			1	-1130	bis	-1116	Feldzug Assur-resh-ishis I gegen Aramäer							0,4	0,4							
1	1			1	-1130	bis	-1116	Feldzug Assur-resh-ishis I gegen Mushki							0,4	0,4							
1	1			1	-1130	bis	-1116	Feldzug Assur-resh-ishis I gegen Lulamu							0,4	0,4							
1	1			1	-1130	bis	-1116	Feldzug Assur-resh-ishis I gegen Guti							0,4	0,4							
1				1	-1125	bis		Assyrisch-Babylonischer Krieg							0,4	0,4							
1				1	-1125			Feldzug der Kanaaniten Galiläas gegen die Israeliten							1,2	1,2							
1				0					Schlacht von Thaanach (-1125)	20					1,2	1,2							

474

ANLAGE 10

Präd &Rhetor	Terr Konfl	Hierk& Kons	Alloph Konfl	Se. Konfl	Jahr	bis	Jahr	Konflikt	Ausführungsereignisse (Schlachten, Belagerungen)	Tln. (Tsd.)	Land Schl. Tote (Tsd.)	Schl. Tote & Verw. (Tsd.)	See Schiffe	Schiffe gesunk.	Kampf-Tote (Tsd.) Zw. Ablage	Kampf-Tote (Tsd.)	Mil. Nicht-KampfTote (Tsd.) Zw. Ablage	Mil. Nicht-Kampf-Tote (Tsd.)	MilTote (Tsd.) Zw. Ablage	Mil. Tote (Tsd.)	Ziv. Tote (Tsd.) Zw. Ablage	Ziv. Tote (Tsd.)	SeTote (Tsd.)
1				1	-1125			Plünderungseinfall von Seevölkern auf Zypern								0.8							
				0					Belagerung von Enkomi (-1125)						0.8							0.0	
1	1			1	zw.-1125	und	-1115	Assyrisch-Babylonischer Krieg							0.8	0.8							
				0					Belagerung von Zanqi (zw.-1125 u.-1115)						0.4							0.0	
				0					Belagerung von Idi (zw.-1125 u.-1115)						0.4							0.0	
1				1	-1125			Feldzug von Zhou/Chou gegen die Guirong/Guifang/Guoi							0.4	0.4							
1	1			1	-1123			Feldzug von Zhou/Chou gg. Xianyunt/Xunyu/Jung von Yenking							0.4	0.4							
1	1			1	-1121			Feldzug von Zhou/Chou gegen die Yu-wou							0.4	0.4							
	1			1	-1120			Invasion Nordgriechenlands durch Thessalier							0.4	0.4							
	1			1	-1115			Feldzug Tiglat Pilesers I gegen die Muschki							1.3	1.3							
				0					Schlacht an der Kaschiari (-1115)						0.4								
				0					Belagerung von Serese (-1115)						0.4							0.0	
				0					Schlacht bei Urrayinash (-1115)						0.4								
1	1			1	-1114			Feldzug Tiglat Pilesers I. in die Kommagene (Subartu)							2.1	2.1							
				0					Schlacht an der Azu (-1114)						0.4								
				0					Schlacht an der Aruma (-1114)						0.4								
				0					Schlacht an der Ishua (-1114)						0.4								
				0					Schlacht an der Dara (-1114)						0.4								
				0					Schlacht an der Khiriku (-1114)						0.4								
1				1	-1114			Feldzug von Zhou/Chou gegen die Y-tou							0.4	0.4							
1				1	-1113			Feldzug Tiglat Pilesers I. gegen Kharia							0.4	0.4							
1				1	-1113			Feldzug Tiglat Pilesers I zum Unteren Zab							0.4	0.4							
1				1	-1113			Feldzug Tiglat Pilesers I gegen Sugi							0.4	0.4							
1	1			1	-1112			Feldzug Tiglat Pilesers I gegen die Nairi-Länder							0.8	0.8							
				0					Schlacht in der Malazgirt-Ebene (-1113)						0.4								
				0					Belagerung von Meliä (-1113)						0.4							0.0	
1	1			1	-1111			Feldzug Tiglat Pilesers I gegen die Aramäer Nordsyriens							3.8	3.8							
				0					Belagerung von Komana (-1111)						0.4							0.0	
				0					Belagerung von Hunusa (-1111)						0.4							0.0	
				0					Belagerung von Pethor (-1111)						0.4							0.0	
				0					Belagerung von 6 Städten am Bishri (-1111)						2.5							0.0	
1	1			1	-1111	bis	-1110	Babylonischer Befreiungskrieg gegen Elam							0.8	0.8							
				0					Schlacht am Ulai (-1110)		1.0				0.4								
				0					Belagerung von Susa (-1110)						0.4							0.0	
1	1			1	-1110			Feldzug Tiglat Pilesers I gegen Musri und Qamani							1.7	1.7							
				0					Schlacht an der Tala (-1110)						0.4								
				0					Schlacht an der Kharusa (-1110)						0.4								
				0					Belagerung von Jarusa (-1110)						0.4							0.0	
				0					Belagerung von Kibshuba (-1110)						0.4							0.0	
1				1	-1109			Plünderungseinfall der Hoüen in So-fang							0.4	0.4							0.0	
113	**6**	**37**	**0**	**0**	**43**	-12. Jahrhundert					1,50	0,50	0,00	0,00	0,42	47	0,50	23	0,50	70	0,0	15,0	85
Default-Werte										0,06	1,50	0,50	0,00	0,00	0,42		0,50		0,50				

Präd &Rector	Terr Konfl	Hier& Kons	Alloph Konfl	Se. Konfl	Jahr	bis	Jahr	Konflikt	Ausführungsereignisse (Schlachten, Belagerungen)	Tln. (Tsd.)	Land Schl Tote (Tsd.)	Schl Tote & Verw. (Tsd.)	See Schiffe	Schiffe gesunk.	Kampf-Tote (Tsd.) Zw. Ablage	Kampf-Tote (Tsd.)	Mil. Nicht-KampfTote (Tsd.) Zw. Ablage	Mil. Nicht-Kampf-Tote (Tsd.)	MilTote (Tsd.) Zw. Ablage	Mil. Tote (Tsd.)	Ziv. Tote (Tsd.) Zw. Ablage	Ziv. Tote (Tsd.)	SeTote (Tsd.)
1	1			1	-1100			Feldzug Tiglat Piesers I. gegen Katmuhi															
1	1			1	-1100			Invasion des Peloponnes durch die Dorer							0,5	0,5			1	0,5		5,0	
1	1			1	-1100			Babylonische Besetzung von Ekallatum							0,5	0,5							
1				1	-1100				Belagerung von Ekallatum (-1100)						0,5				1	0,5		0,0	
1	1			0	-1100			Assyrische Unterwerfung von Humusa							0,5	0,5							
1				1	-1100				Belagerung von Humusa (-1100)						0,5				1	0,5		5,0	
1			1	0				Plünderungseinfall von Medianiten in Galiläa							0,5								
1				1					Schlacht an der Harod Wells (-1100)						0,5	0,5			1	0,5			
1	1			1	-1100	bis	-200	Phönizisch-Karthagische Kolonisierung am Mittelmeer							0,5	0,5						5,0	
1	1			1	-1100			Verdrängung der Tai aus Zentralchina (Yangtse-Tai)							0,5	0,5						5,0	
1	1			1	-1090			1. Feldzug Krieg Tiglath-Piesers gegen Babylon							1,9	1,9							
1				0					Schlacht von Ahizuhina (-1090)						0,5				1	0,5		0,0	
1				0					Belagerung von Turshan (-1090)						0,5				1	0,5		0,0	
1				0					Belagerung von Arman (-1090)						0,5				1	0,5		0,0	
1				0					Belagerung von Lubdu (-1090)						0,5				1	0,5			
1	1			1	-1089			2. Feldzug Krieg Tiglath-Piesers gegen Babylon							2,9	2,9							
1				0					Schlacht von Gurmarritu (-1089)						0,5				1	0,5		0,0	
1				0					Belagerung von Dur-Kurigalzu (-1089)						0,5				1	0,5		0,0	
1				0					Belagerung von Sippar-sa-Samas (-1089)						0,5				1	0,5		0,0	
1				0					Belagerung von Sippar-sa-Anunitu (-1089)						0,5				1	0,5		0,0	
1				0					Belagerung von Babylon (-1089)						0,5				1	0,5		0,0	
1				1					Belagerung von Upu (-1089)						0,5				1	0,5			
1	1			1	-1088			Chinesischer Feldzug gegen die Yeou-sou							0,5	0,5			1	0,5		0,0	
1	1			1	-1083			Plünderungseinfall von Aramäern in Babylonien							0,5	0,5			1	0,5			
1	1			1	-1080			Chinesischer Feldzug gegen Di/Ti							0,5	0,5			1	0,5			
1	1			1	-1080			Ägyptischer Sezessionskrieg							0,5	0,5							
1	1			1	-1080			Unterwerfung Israels durch die Philister							0,5	0,5							
1				0					Schlacht von Eben-Ezer (-1080)						0,5				1	0,5			
1	1			1	-1074			Feldzug von Assur-bel-kalas gegen die Muski							0,5	0,5							
1				0					Belagerung einer Stadt der Muski (-1074)						0,5							0,0	
1	1			1	-1073			Feldzug von Assur-bel-kalas gegen die Aramäer am Habur							0,5	0,5							
1	1			1	-1072			Feldzug von Assur-bel-kalas gegen die Aramäer in Sasiri							0,5	0,5							
1	1			1	-1072			Feldzug von Assur-bel-kalas gegen Aramäer							0,5	0,5							
1	1			1	-1071			Feldzug von Assur-bel-kalas gegen Musri							0,5	0,5							
1				0					Belagerung von Tu-ur-[mit?] (-1071)						0,5							0,0	
1	1			1	-1071			Feldzug von Assur-bel-kalas gegen Babylonien							1,0	1,0							
1				0					Belagerung von X-indisula (-1071)						0,5							0,0	
1				0					Belagerung von X-sande (-1071)						0,5							0,0	
1	1			1	-1070			Feldzug von Assur-bel-kala gegen Aramäer							3,4	3,4							
1				0					Schlacht bei [...]-tibura (-1070)						0,5								
1				0					Schlacht bei Lisur-sala-Assur (-1070)						0,5								
1				0					Su-u-[...] (-1070)						0,5								

Präd &Rcktor	Terr Konfl	Hier& Kons	Alloph Konfl	Se. Konfl	Jahr	bis	Jahr	Konflikt	Ausführungsereignisse (Schlachten, Belagerungen)	Tln. (Tsd.)	Land Schl. Tote (Tsd.)	Schl. Tote & Verw. (Tsd.)	See Schiffe	Schiffe gesunk.	Kampf-Tote (Tsd.) Zw. Ablage	Kampf-Tote (Tsd.)	Mil. Nicht-KampfTote (Tsd.) Zw. Ablage	Mil. Nicht-KampfTote (Tsd.)	MilTote (Tsd.) Zw. Ablage	Mil. Tote (Tsd.)	Ziv. Tote (Tsd.) Zw. Ablage	Ziv. Tote (Tsd.)	SeTote (Tsd.)
1				0					Belagerung von Hulza (-1070)						0,5							0,0	
1				0					Belagerung von Erisu (-1070)						0,5							0,0	
1				0					Schlacht bei Murarir (-1070)						0,5								
1		1		0					Plünderung von Harran (-1070)						0,5	0,5						0,0	
1	1	1		1	-1070	bis	-1039	Aufstand in Südägypten							1,9	1,9						0,0	
1	1			1	-1069			Feldzug von Assur-bel-kala gegen Aramäer							0,5							0,0	
1				0					Plünderung von Dur-Katlimu (-1069)						0,5							0,0	
1				0					Plünderung von Sangartie (-1069)						0,5							0,0	
1				0					Plünderung von Gulpuli (-1069)						0,5							0,0	
1				0					Plünderung von Hani (-1069)						0,5	0,5						0,0	
1	1			1	-1065	bis	-1060	Invasion von Mi in Youen							0,5	0,5						0,0	
1	1			1	-1063			Feldzug von Zhou/Chou gegen Qi/Chi/Khi und Yu							0,5								
1	1			1	-1068			Feldzug von Assur-bel-kala gegen Aramäer							0,5	0,5							
1	1			1	-1068			Angriff der Dorer auf Attika							0,5	0,5							
1				1	zw. -1068	u.	-1046	Plünderungseinfall von Aramäern in Babylonien							3,4	3,4							
1				0					Belagerung von Sippar (zw. -1068 u. -1046)						0,5							0,0	
1				0					Belagerung von Nippur (zw. -1068 u. -1046)						0,5							0,0	
1				0					Belagerung von Uruk (zw. -1068 u. -1046)						0,5							0,0	
1				0					Belagerung von Akkad (zw. -1068 u. -1046)						0,5							0,0	
1				0					Belagerung von Der (zw. -1068 u. -1046)						0,5							0,0	
1				0					Belagerung von Dur-Anki (zw. -1068 u. -1046)						0,5							0,0	
1				0					Belag. von Dur-Kurigalzu (zw. -1068 u. -1046)						0,5	0,5							
1	1			1	-1061			Feldzug von Zhou/Chou gegen die Guon							2,4	2,4							
1	1			1	-1060			Unabhängigkeitskrieg Israels gegen die Philister							0,5								
1				0					Schlacht von Mizpa (-1060)						0,5							0,0	
1				0					Belagerung von Ekron (-1060)						0,5							0,0	
1				0					Belagerung von Gat (-1060)						0,5							0,0	
1				0					Belagerung von Jabesch (-1049)						0,5							0,0	
1				0					Schlacht von Michmasch (-1047)						0,5	0,5							
1	1			1	-1053			Feldzug von Zhou/Chou gegen Li/Qi							0,9	0,9							
1		1		1	-1045	bis	-1044	Krieg von Zhou/Chou gegen die Yn/Yin/Shang-Dynasten							0,9								
1				0					Schlacht von Mu Yu (1044)	15					0,5	0,5						0,0	
1		1		1	-1042	bis	-1040	Aufstand der Yn/Yin/Shang-Dynasten							0,5								
1		1		1	-1041	bis		Aufstand in Pou-kou, Yen, Yin/Yin/Shang, Siu und Huai							0,5								
1				0					Belagerung von Pou-kou (-1040)						0,5							0,0	
1	1			1	-1040			Feldzug Assurnasirpals I. in das Kasangebirge							2,4	2,4							
1				0					Belagerung von Amlattu (-1040)						0,5							0,0	
1				0					Belagerung von Saburam (-1040)						0,5							0,0	
1				0					Belagerung von Ruzidak (-1040)						0,5							0,0	
1				0					Belagerung von Bugu (-1040)						0,5							0,0	
1				0					Belagerung von Ustu (-1040)						0,5							0,0	
1	1			1	-1040			Feldzug Sauls gegen Moab							0,5	0,5							
1	1			1	-1035			Chinesische Unterwerfung von Thang							0,5	0,5							
1	1			1	-1035			Feldzug Sauls gegen die Ammoniter							0,5	0,5							
1	1			1	-1030	bis	-1029	Chinesischer Feldzug gegen die Xirong/Jung			1,0				0,5	0,5							

	Präd &Retor	Terr Konfl	Hier& Kons	Alloph Konfl	Se. Konfl	Jahr	bis	Jahr	Konflikt	Ausführungsereignisse (Schlachten, Belagerungen)	Th. (Tsd.)	Land Schl Tote (Tsd.)	Land Schl Tote & Verw. (Tsd.)	See Schiffe	See Schiffe gesunk.	Kampf-Tote (Tsd.) Zw. Ablage	Kampf-Tote (Tsd.)	Mil. Nicht-KampfTote (Tsd.) Zw. Ablage	Mil. Nicht-Kampf-Tote (Tsd.)	MilTote (Tsd.) Zw. Ablage	Mil. Tote (Tsd.)	Ziv. Tote (Tsd.) Zw. Ablage	Ziv. Tote (Tsd.)	SeTote (Tsd.)
1	1				0	-1030				Belagerung von Khuo-tching (-1029)						0,5	0,5						0,0	
1		1			1	-1025			Feldzug Sauls gegen Edomiter							0,5	0,5							
1		1			1	-1025			Feldzüge Salmanu-asareds II. gegen die Akhlamu							0,5	0,5							
1		1			1	-1025			Feldzug Sauls gegen Zoba							0,5	0,5							
1		1			1	-1013	bis	-972	Feldzüge Ashur-rabis II. gegen die Aramäer							1,0	1,0							
1	1				0					Belagerung von Pethor (-1013)						0,5	0,5						0,0	
1	1				0					Belagerung von Mutkinu (-1013)						0,5	0,5						0,0	
1			1		1	-1007	bis	-1004	1. Genozid der Israeliten an den Amalekitern							0,5	0,5						5,0	
1		1			0	-1005			Plünderungseinfall der Amalekiter							0,5	0,5							
1		1			1	-1005			Feldzug Sauls gegen die Philister	Belagerung von Ziklag (-1005)						1,0	1,0						0,0	
1					0	-1005				Schlacht im Ela-Tal (-1005)		1,0				0,5	0,5							
1					0	-1004				Schlacht von Ain in Jesreel (-1004)		1,0				0,5								
100	6	35	4	1	46	-11. Jahrhundert				Default-Werte	0,06	1,51	0,50	0,03	0,05	0,48	39		23 0,58		62 0,50		25,0	87
1		1			1	-1000			Israelischer Expansionskrieg gegen Zoba (-1000)		3					0,2	0,2						0,0	
1		1			0	-997			Feldzug Davids gegen die Jebusiter	Schlacht von Zoba (-1000)						0,2								
1		1			0	-997				Belagerung von Jerusalem (-997)						0,5	0,5						0,0	
1		1			1	-995	bis	-985	Krieg Davids gegen die Philister							2,2	2,2							
1					0					Schlacht von Baal Perazim (-995)						0,5								
1					0					Schlacht in der Refaim-Ebene (-994)						0,5								
1					0					Schlacht von Metheg-Amma (-990)						0,5								
1					0					Belagerung von Tell Qasile (-985)						0,5	0,5						0,0	
1		1			1	-984			Unterwerfungsfeldzug Davids gegen die Moabiter							0,5	0,5							
1		1			0	-982			Unterwerfungsfeldzug Davids gegen die Zoba und Damaskus							0,5	0,5							
1		1			1	-980			Unterwerfungsfeldzug Davids gegen die Edomiter							0,5	0,5							
1					0	-980				Schlacht von Salztal (-980)						0,5	0,5							
1		1			1	-979			Feldzug von Zhou/Chou gegen die Guirong/Guifang/Guoi							0,5	0,5							
1		1			1	-970			Unterwerfungsfeldzug Davids gegen Ammoniter und Aramäer							1,6	1,6							
1					0				Schlacht von Ribbah (-970)							0,5								
1					0				Schlacht von Medeba (-970)							0,5								
1					0				Schlacht von Helam (-970)							0,5								
1		1			1	-970			Feldzug Siamuns gegen die Philister							1,1	1,1							
1					0					Belagerung von Gezer (-970)						0,5	0,5						0,0	
1					0					Belagerung von Ashdod (-970)						0,5	0,5						0,0	
1		1			1	zw. -967	und	-935	Feldzüge Tiglath-Pileser II. gegen Nairi							0,5	0,5							
1		1			1	zw. -967	und	-935	Feldzüge Tiglath-Pileser II. gegen die Aramäer							0,5	0,5							
1		1			1	-960			Chinesischer Feldzug gegen Chu							0,5	0,5							
1		1			0	-957			Chinesischer Feldzug gegen Chu	Desaster auf den Fluss Han (-957)						0,5								

Präd &Retor	Terr Konfl	Hier& Kons	Alloph Konfl	Se. Konfl	Jahr	bis	Jahr	Konflikt	Ausführungsereignisse (Schlachten, Belagerungen)	Tln. (Tsd.)	Land Schl. Tote (Tsd.)	Schl. Tote & Verw. (Tsd.)	See Schiffe	Schiffe gesunk.	Kampf Tote (Tsd.) Zw. Ablage	Kampf Tote (Tsd.)	Mil. Nicht-KampfTote (Tsd.) Zw. Ablage	Mil. Nicht-Kampf-Tote (Tsd.)	MilTote (Tsd.) Zw. Ablage	Mil. Tote (Tsd.)	Ziv. Tote (Tsd.) Zw. Ablage	Ziv. Tote (Tsd.)	SeTote (Tsd.)
1				1	-945			Plünderungseinfall der Quanrong	Belagerung von Chengzhou (-945)						0,5	0,5						0,0	
1				0	-945			Plünderungseinfall der Xurong und Dongyi							0,5	0,5							
1				1					Schlacht von Yulin (-944)						0,5								
1	1			1	zw.-935	und	-912	Feldzüge Assur-dans II. gegen die Kaimuhi							0,5	0,5							
1	1			1	zw.-935	und	-912	Feldzüge Assur-dans II. gegen die Aramäer							0,5	0,5							
1	1			1	-925			Feldzug des Scheschongs I. nach Palästina							12,4	12,4							
				0					Belagerung von Jerusalem (-925)						0,5	0,5						0,0	
				0					Belagerung von Gaza (-925)						0,5	0,5						0,0	
				0					Belagerung von Pnuel (-925)						0,5	0,5						0,0	
				0					Belagerung von Tirza (-925)						0,5	0,5						0,0	
				0					Belagerung von Sukkot (-925)						0,5	0,5						0,0	
				0					Belagerung von Megiddo (-925)						0,5	0,5						0,0	
				0					Belagerung von Taanach (-925)						0,5	0,5						0,0	
				0					Belagerung von Sheechem (-925)						0,5	0,5						0,0	
				0					Belagerung von Gibeon (-925)						0,5	0,5						0,0	
				0					Belagerung von Beth Horon (-925)						0,5	0,5						0,0	
				0					Belagerung von Shunem (-925)						0,5	0,5						0,0	
				0					Belagerung von Aruna (-925)						0,5	0,5						0,0	
				0					Belagerung von Kemwer (-925)						0,5	0,5						0,0	
				0					Belagerung von Ajalon (-925)						0,5	0,5						0,0	
				0					Belagerung von Timnah (-925)						0,5	0,5						0,0	
				0					Belagerung von Gezer (-925)						0,5	0,5						0,0	
				0					Belagerung von Tell el-Mazar (-925)						0,5	0,5						0,0	
				0					Belagerung von Tell el-Hama (-925)						0,5	0,5						0,0	
				0					Belagerung von Tell el-Sa'idiyeh (-925)						0,5	0,5						0,0	
				0					Belagerung von Tell Abu Hawam (-925)						0,5	0,5						0,0	
				0					Belagerung von Tel Mevorakh (-925)						0,5	0,5						0,0	
				0					Belagerung von Tell Michal (-925)						0,5	0,5						0,0	
				0					Belagerung von Tell Qasile (-925)						0,5	0,5						0,0	
				0					Brandsch. von 130 Siedlungen Paläst. (-925)						0,5	0,5						18,0	
1				1	-922			Plünderungseinfall von King in Siu	Schlacht bei Tsi (-922)						0,5	0,5							
				1	-920			Chinesischer Feldzug nach Youe							0,5	0,5							
	1			1	zw.-912	u.	-905	Expansionsfeldzüge Adad-Ninarris II. gegen Babylon	Schlacht an der Yalman (zw.-912 u.-905)						3,2	3,2						0,0	
				0					Belagerung von Idu (zw.-912 u.-905)						0,5	0,5						0,0	
				0					Belagerung von Zanqu (zw.-912 u.-905)						0,5	0,5						0,0	
				0					Belagerung von Arrapka(zw.-912 u.-905)						0,5	0,5						0,0	
				0					Belagerung von Lubda (zw.-912 u.-905)						0,5	0,5						0,0	
				1					Belagerung von LDer (zw.-912 u.-905)						0,5	0,5						0,0	
	1			0	-912			Chinesischer Feldzug gegen Di/Ti	Belagerung von Mi (-912)						0,5	0,5							
	1			1	-905	bis	-900	Feldzüge Adad-Ninarris II. gegen Nairi	Belagerung von Nahur (zw.-905 u.-900)						1,1	1,1						0,0	
				0					Belagerung von Ashnaku (zw.-905 u.-900)						0,5	0,5						0,0	

Präd &Retor	Terr Konfl	Hier& Kons	Alloph Konfl	Se. Konfl	Jahr	bis	Jahr	Konflikt	Ausführungsereignisse (Schlachten, Belagerungen)	Tln. (Tsd.)	Land Schl Tote (Tsd.)	Schl Tote & Verw. (Tsd.)	See Schiffe	Schiffe gesunk.	Kampf-Tote (Tsd.) Zw. Ablage	Kampf-Tote (Tsd.)	Mil. Nicht-KampFTote (Tsd.) Zw. Ablage	Mil. Nicht-Kampf-Tote (Tsd.)	MilTote (Tsd.) Zw. Ablage	Mil. Tote (Tsd.)	Ziv. Tote (Tsd.) Zw. Ablage	Ziv. Tote (Tsd.)	SeTote (Tsd.)
1	1			1	-901	bis	-894	Feldzüge Adad-Nirarîs II. gegen aramäische Fürstentümer															
1				0					Schlacht bei Pauza (-901)						0,5	0,5							
1	1			1	-907			Krieg zwischen Juda u. Israel							0,5	0,5							
1				0					Schlacht am Zemarajim (-907)						0,5	32		20		52		18,0	70
76 / 3	21	0	0	24	-10. Jahrhundert			Default-Faktoren		0,06	1,51	0,50	0,03	0,06	0,54		0,65		0,50				
1				0				*Feldzüge Adad-Nirarîs II. gg aramä. Fürstentümer (Forts. -9. Jh.)*															
1	1			1				Feldzug Adad-Nirarîs II gg aramäische Fürstentümer (-900)							1,3	1,3							
1	0			0					Schlacht von Nasipina (-900)						0,7								
1	0			1					Belagerung von Iaredu (-900)						0,7	0,7						0,0	
1	0			0				Feldzug Adad-Nirarîs II gg aramäische Fürstentümer (-899)							0,7								
1	1			1					Belagerung von Huzirina (-899)						0,7	0,7						0,0	
1	0			0				Feldzug Adad-Nirarîs II gg aramäische Fürstentümer (-898)							0,7								
1	0			1					Belagerung von Gidara (-898)						0,7	0,7						0,0	
1	1			1				Feldzug Adad-Nirarîs II gg aramäische Fürstentümer (-896)							2,0	2,0							
1	0			0					Belagerung von Nasipina (-896)						0,7							0,0	
1	0			0					Belagerung von Sikkur (-896)						0,7							0,0	
1	0			0					Belagerung von Saparru (-896)						0,7							0,0	
1	1			1				Feldzug Adad-Nirarîs II gg aramäische Fürstentümer (-894)							3,3	3,3							
1	0			0					Belagerung von Satkarru (-894)						0,7							0,0	
1	0			0					Belagerung von Iasaddu (-894)						0,7							0,0	
1	0			0					Belagerung von Kunnu (-894)						0,7							0,0	
1	0			0					Belagerung von Tabsia (-894)						0,7							0,0	
1	1			1					Belagerung von Gozan (-894)						0,7							0,0	
1	1			1	-893	u.	-890	Invasion der Xianyun/Xunyu/Jung in Hao															
1					zw. -890	u.	-884	*Feldzüge Tukulti-Ninurtas II. gegen aramäische Fürstentümer*															
1	1			1					Unterwerfung von Harran (zw. -890 u. -884)						0,7	0,7						0,0	
1	1			1					Unterwerfung von Shuhi (zw. -890 u. -884)						0,7	0,7						0,0	
1				0					Unterwerfung von Mambtu (zw. -890 u. -884)						0,7	0,7							
1	1			1					Belagerung von Gidara (zw. -890 u. -884)						0,7							0,0	
1	0			0	zw. -890	u.	-884	Feldzug Tukulti-Ninurtas II. gegen Babylonien							1,3	1,3							
1				0					Belagerung von Arrapka (zw. -890 u. -884)						0,7							0,0	
1	1			1					Belagerung von Labda (zw. -890 u. -884)						0,7							0,0	
1	1			1	zw. -890	u.	-884	Feldzug Tukulti-Ninurtas II. gegen Nairu/Urartu							0,7	0,7							
1	1			1	-887			Invasion von Di/Ti in Qi/Ch/Khi							0,7	0,7							
1	1			1	-884			Feldzug Assurnasirpals II. gegen Nimme							3,3	3,3							
1	0			0					Belagerung von Libî (-884)						0,7	0,7						0,0	
1	1			0					Belagerung von Surra (-884)						0,7							0,0	
1	1			0					Belagerung von Abuku (-884)						0,7							0,0	
1	1			0					Belagerung von Arura (-884)						0,7							0,0	

ANLAGE 10

Präd&Retor	Terr Konfl	Hier&Kons	Alloph Konfl	Se Konfl	Jahr	bis	Jahr	Konflikt	Ausführungsereignisse (Schlachten, Belagerungen)	Thn. (Tsd.)	Land Schl. Tote (Tsd.)	Schl. Tote & Verw. (Tsd.)	See Schiffe	Schiffe gesunk.	Kampf-Tote (Tsd.) Zw. Ablage	Kampf-Tote (Tsd.)	Mil. Nicht-KampfTote (Tsd.) Zw. Ablage	Mil. Nicht-Kampf-Tote (Tsd.)	MilTote (Tsd.) Zw. Ablage	Mil. Tote (Tsd.)	Ziv. Tote (Tsd.) Zw. Ablage	Ziv. Tote (Tsd.)	SeTote (Tsd.)
1				0					Belagerung von Arabi (-884)						0,7							0,0	0,0
1	1			0	-884			Feldzug Assurnasirpals II. gegen Qurkh	Belagerung von Khatu (-884)						6,6	6,6						0,0	
1				0					Belagerung von Khataru (-884)						0,7							0,0	
1				0					Belagerung von Nistun (-884)						0,7							0,0	
1				0					Belagerung von Irbidi (-884)						0,7							0,0	
1				0					Belagerung von Midkia (-884)						0,7							0,0	
1				0					Belagerung von Arzania (-884)						0,7							0,0	
1				0					Belagerung von Tila (-884)						0,7							0,0	
1				0					Belagerung von Nishtun (-884)						0,7							0,0	
1				0					Belagerung von Khalua (-884)						0,7							0,0	
1				0					Schlacht am Berg vor Nishtun (-884)						0,7								
1	1			0	-883			Feldzug Assurnasirpals II. in das Nibur-/Pazate-Gebirge	Belagerung von Atkun (-883)						2,6	2,6						0,0	
1				0					Belagerung von Uskhu (-883)						0,7							0,0	
1				0					Belagerung von Pilazi (-883)						0,7							0,0	
1				0					Brandsch. von 20 Siedlungen in Nibur (-883)						0,7							0,0	
1		1		0	-883			Feldzug Assurnasirpals II. gegen Kummukhi / Aramäischer Aufstand in Bit Khaluppi	Belagerung von Suru (-883)						0,7	0,7						0,0	
1		1		0	-883			Aufstand in Khalzi-lukha	Belagerung von Damdammusa (-883)						9,3	9,3						0,0	
1				0					Belagerung von Kinabu (-883)		4,0				6,0							0,0	
1				0					Belagerung von Martru (-883)						0,7							0,0	
1				0					Schlacht in Nirbi (-883)						0,7								
1				0					Belagerung von Tela (-883)						0,7							0,0	
1				0					Belagerung von Tuskha (-883)						0,7							0,0	
1		1		0	-883			Antiassyrischer Aufstand in Nirbi	Belagerung von Isphilibria (-883)						2,0	2,0						0,0	
1				0					Belagerung von Buliyani (-883)						0,7							0,0	
1				0					Brandsch. von 9 Siedlungen in Nirbi (-883)						0,7								
1	1			0	-882	bis	-881	Feldzüge Assurnasirpals II. gg Tributverweigerer in Dagara u. Zamua	Belagerung von Adlilia (-882)						21,8	21,8						0,0	
1				0					Schlacht bei Babite (-882)		2,0				0,7							0,0	
1				0					Belagerung von Uze (-882)						3,0							0,0	
1				0					Belagerung von Birutu (-882)						0,7							0,0	
1				0					Belagerung von Lagalaga (-882)						0,7							0,0	
1				0					Brandsch. von 100 Siedl. in Nizur/Nizir (-882)						0,7							0,0	
1				0					Belagerung von Bara (-882)		0,5				0,8							0,0	
1				0					Belagerung von Bunasi (-882)						0,7							0,0	
1				0					Belagerung von Larbusa (-881)						0,7							0,0	
1				0					Belagerung von Ammali (-881)		1,0				1,5							0,0	
1				0					Belagerung von Kizirtu (-881)						0,7							0,0	
1				0					Belagerung von Khadun (-881)						0,7							0,0	
1				0					Belagerung von Dura (-881)						0,7							0,0	
1				0					Belagerung von Bunisa (-881)						0,7							0,0	
1				0					Belagerung von Kirtiara (-881)						0,7							0,0	
1				0					Belagerung von Zamru (-881)						0,7							0,0	

Präd &Refor	Terr Konfl	Hier& Kons	Alloph Konfl	Se. Konfl	Jahr	bis	Jahr	Konflikt	Ausführungsereignisse (Schlachten, Belagerungen)	Tln. (Tsd.)	Land Schl. Tote (Tsd.)	Land Schl. Tote & Verw. (Tsd.)	See Schiffe	See Schiffe gesunk.	Kampf-Tote (Tsd.) Zw. Ablage	Kampf-Tote (Tsd.)	Mil. Nicht-KampfTote (Tsd.) Zw. Ablage	Mil. Nicht-Kampf-Tote (Tsd.)	MilTote (Tsd.) Zw. Ablage	Mil. Tote (Tsd.)	Ziv. Tote (Tsd.) Zw. Ablage	Ziv. Tote (Tsd.)	SeTote (Tsd.)
1				0					Belagerung von Arzizu (-881)						0,7	0,7						0,0	0,0
1				0					Belagerung von Arsindu (-881)						0,7	0,7						0,0	0,0
1				0					Belagerung von Ammaru (-881)						0,7	0,7						0,0	0,0
1				0					Belagerung von Pasindu (-881)						0,7	0,7						0,0	0,0
1				0					Belagerung von Irrutu (-881)						0,7	0,7						0,0	0,0
1				0					Schlacht bei Misu (-881)						0,7	0,7							
1				0					Belagerung von Suritu (-881)						0,7	0,7						0,0	0,0
1				0					Belagerung von Babitu (-881)						0,7	0,7						0,0	0,0
1				0					Belagerung von Sinabu (-881)						0,7	0,7						0,0	0,0
1				0					Belagerung von Tidu (-881)						0,7	0,7						0,0	0,0
1				0					Belagerung von Khudun (-881)						0,7	0,7						0,0	0,0
1				0					Belagerung von Kizurta (-881)						9,6	9,6						0,0	0,0
1	1			1	-880			Feldzug Assurnasirpals II. gg Tributverweigerer im Kaschiari-Gebirge							9,6	9,6							
1				0					Belagerung von Matyaute (-880)						0,7	0,7						0,0	0,0
1				0					Belagerung von Kabranisa (-880)						0,7	0,7						0,0	0,0
1				0					Belagerung von Irsia (-880)						0,7	0,7						0,0	0,0
1				0					Belagerung von Madaranzu (-880)						0,7	0,7						0,0	0,0
1				0					Belagerung von Madara (-880)						0,7	0,7						0,0	0,0
1				0					Belagerung von Pitura (-880)						0,7	0,7						0,0	0,0
1				0					Schlacht bei Kukunu (-880)		1,0				1,5	1,5							
1				0					Brandsch. von 50 Siedlungen in Dirra (-880)						0,7	0,7						0,0	
1				0					Schlacht an der Madtni (-880)		1,0				1,5	1,5							
1				0					Belagerung von Liya (-880)						0,7	0,7						0,0	
1				0					Belagerung von Salambia (-880)						0,7	0,7							0,0
1				0					Brandsch. von 250 Siedlungen in Nairi (-880)						0,7							25,0	
1				1	-879			Feldzug Assurnasirpals II. gegen Sunhu	Belagerung von Suru (-879)						0,7	0,7						0,0	
1				1	-879			Feldzug Assurnasirpals II. gegen die Kaldu							0,7	0,7							
1				1	-878			Feldz. Assurnasirpals II. gg Laqi, Khindanu, Shuhi u. Bit Khalupe			8,0				17,6	17,6						0,0	
1				0					Belagerung von Sibatu (-878)						0,7	0,7							
1				0					Schlacht bei Kharidu (-878)						12,1								
1				0					Schlacht bei Kipina (-878)		1,5				2,3								
1				0					Schlacht an der Bisuru (-878)						0,7	0,7							
1				0					Belagerung von Dummut (-878)						0,7	0,7						0,0	
1				0					Belagerung von Azmu (-878)						0,7	0,7						0,0	
1				0					Belagerung von Khentiel (-878)						0,7	0,7						0,0	
1	1			1	-877			Feldzug Assurnasirpals II gegen Bit Adini	Belagerung von Kar-rabi (-877)		1,0				1,5	1,5						0,0	
1				0	-876	bis	-875	Feldzug Assurnasirpals II. zum Orontes							0,7	0,7							
1				1	-872			Chinesischer Feldzug gegen die Xianyun/Xunyu/Jung / 1. Invasion der Aramäer in Israel							0,7	0,7							
1				0	-870				Belagerung von Samaria (-870)	8	0,5				0,5	0,5						0,0	
1				1	-867			Feldz. Assurnasirpals II. gg die nordwestlichen Grenzprovinzen			5,5				5,5	5,5							
1				0					Belagerung von Umalia (-867)						0,7	0,7						0,0	
1				0					Belagerung von Khiramu (-867)						0,7	0,7						0,0	
1				0					Brandsch. von 150 Siedlungen in Adini (-867)						0,7							15,0	

Präd &Relor	Terr Konfl	Hierk& Kons	Alloph Konfl	Sc. Konfl	Jahr	bis	Jahr	Konflikt	Ausführungsereignisse (Schlachten, Belagerungen)	Tln. (Tsd.)	Land Schl Tote (Tsd.)	Schl Tote & Verw. (Tsd.)	See Schiffe	Schiffe gesunk.	Kampf-Tote (Tsd.) Zw. Ablage	Kampf-Tote (Tsd.)	Mil. Nicht-KampfTote (Tsd.) Zw. Ablage	Mil. Nicht-Kampf-Tote (Tsd.)	MilTote (Tsd.) Zw. Ablage	Mil. Tote (Tsd.)	Ziv. Tote (Tsd.) Zw. Ablage	Ziv. Tote (Tsd.)	SeTote (Tsd.)
1				0					Belagerung von Karania (-867)						0,7							0,0	
1				0					Belagerung von Damdammusa (-867)		1,0				1,5							0,0	
1				0					Belagerung von Amedi (-867)						0,7							0,0	
1				0					Belagerung von Uda (-867)						0,7	0,7						0,0	
1		1		1	-863			Aufstand des Herzogs von Qi/Chi/Khi							0,7	0,7							
1	1			1	-859			1. Feldzug Salmanassars III. gegen Nairi (Urartu)							0,7	0,7							
1				0					Belagerung von Ninni (-859)						0,7							0,0	
1	1			1	-859			1. Feldzug Salmanassars III. gegen Bit Adini							7,4	7,4							
1				0					Belagerung von Lalaati (-859)						0,7							0,0	
1				0					Belagerung von Bur Marana (-859)						0,7							0,0	
1				0					Belagerung von Pakarrukhbuni (-859)						0,7							0,0	
1				0					Schlacht bei Lutibu (-859)						0,7								
1				0					Belagerung von Alimush (-859)		1,0				1,5							0,0	
1				0					Belagerung von Burmanie (-859)						0,7							0,0	
1				0					Belagerung von Taia (-859)						0,7							0,0	
1				0					Belagerung von Hazazu (-859)						0,7							0,0	
1				0					Belagerung von Nulia (-859)						0,7							0,0	
1				0					Belagerung von Butanu (-859)						0,7							0,0	
1	1			1	-859			Chin. Feldzug gegen die Xianyun/Xunyu/Jung von Taiyuan							0,7	0,7							
1	1			1	-859			Chin. Feldzug gegen die Xianyun/Xunyu/Jung von Sse-tchouen							0,7	0,7							
1	1			1	-858			2. Feldzug Salmanassars III. gegen Bit Adini							4,6	4,6							
1				0					1. Belagerung von Til Barsip (-858 bis -857)						0,7							0,0	
1				0					Belagerung von Tagi (-858)						0,7							0,0	
1				0					Belagerung von Surunu (-858)						0,7							0,0	
1				0					Belagerung von Paripa (-858)						0,7							0,0	
1				0					Belagerung von Tilbashere (-858)						0,7							0,0	
1				0					Belagerung von Dabigu						0,7							0,0	
1				0					Brandsch. von 200 Siedlungen in Bit Adini						0,7							20,0	
1	1			1	-858			2. Feldzug Salmanassars III. gegen Nairi (Urartu)							1,3	1,3							
1				0					Belagerung von Sugunia (-858)						0,7							0,0	
1				0					Belagerung von Khilava (-858)						0,7							0,0	
1	1			1	-857			3. Feldzug Salmanassars III. gegen Nairi (Urartu)							9,3	9,3							
1				0					Belagerung von Arzashku (-857)						0,7							0,0	
1				0					Schlacht an der Berg Adduri (-857)		4,0				6,0								
1				0					Belagerung von Uashtal (-857)						0,7							0,0	
1				0					Belagerung von Gilzane (-857)						0,7							0,0	
1				0					Belagerung von Hubuskia (-857)						0,7							0,0	
1				0					Belagerung von Shilaia (-857)						0,7							0,0	
1	1			1	-857			3. Feldzug Salmanassars III. gegen Bit Adini							4,0	4,0							
1				0					Belagerung von Lalate (-857)						0,7							0,0	
1				0					2. Belagerung von Til Barsip (857)						0,7							0,0	
1				0					Belagerung von Perbor (-857)						0,7							0,0	
1				0					Belagerung von Mutkinu (-857)						0,7							0,0	
1				0					Belagerung von Nappig (-857)						0,7							0,0	
1				0					Belagerung von Shitamrat (-857)						0,7							0,0	

Präd & Retor	Terr Konfl	Hier & Kons	Alloph Konfl	Se. Konfl	Jahr	bis	Jahr	Konflikt	Ausführungsereignisse (Schlachten, Belagerungen)	Tln. (Tsd.)	Land Schl Tote (Tsd.)	Land Schl Tote & Verw. (Tsd.)	See Schiffe	See Schiffe gesunk.	Kampf-Tote (Tsd.) Zw. Ablage	Kampf-Tote (Tsd.)	Mil. Nicht-KampfTote (Tsd.) Zw. Ablage	Mil. Nicht-Kampf-Tote (Tsd.)	MilTote (Tsd.) Zw. Ablage	Mil. Tote (Tsd.)	Ziv. Tote (Tsd.) Zw. Ablage	Ziv. Tote (Tsd.)	SeTote (Tsd.)
	1			1			-856	Feldzug Salmanassars III. gegen Zamua	Belagerung von Nikdime (-856)						1,3	1,3						0,0	
				0					Belagerung von Nikdiara (-856)						0,7							0,0	
	1			1			-855	Feldzug Salmanassars III. ins Kascchiari-Gebirge	Belagerung der Hauptstadt der Seruri (-855)						0,7	0,7						0,0	
	1			0			-855	Präventivkrieg Israels gegen 2. Invasion der Aramäer	Schlacht an der Afek-Kamm (-855)						0,7	1,3							
				1					Belagerung von Afek (-855)						0,7							0,0	
	1			1			-854	1. Feldzug Salmanassars III. gegen Nordwestsyrien und Palästina	Belagerung von Kithala (-854)						13,0	13,0						0,0	
				0					Belagerung von Tilsamar (-854)						0,7							0,0	
				0					Belagerung von Argana (-854)						0,7							0,0	
				0					Belagerung von Parpa (-854)						0,7							0,0	
				0					Belagerung von Adar (-854)						0,7							0,0	
				0					Belagerung von Qarqar (-854)						8,4							0,0	
				0					Schlacht von Qarqar (-854)	140					0,7								
	1			1			-853	Feldzug Salmanassars III. gegen Khabini	Schlacht von Ramot in Gilead (-853)						0,7								
				0					Belagerung von Tel-Abni (-853)						0,7	0,7						0,0	
		1		1	-851	bis	-852	Babyl. Hegemoniekrieg und Intervention von Salmanassar III.	Belagerung von Me-Turnat (-852)						2,6	2,6						0,0	
				0					Belagerung von Lakhiru (-851)						0,7							0,0	
				0					Belagerung von Gana-nate (-851)						0,7							0,0	
				1					Belagerung von Armann (-851)						0,7							0,0	
	1			0			-851	Feldzug Salmanassars III. gegen Chaldaia	Belagerung von Bakani (-851)						0,7	0,7							
1							-851	Plünderungseinfall von Xianyun/Xunyun/Jung in Lo							2,7	2,7							
				0					Belagerung von Jingshi (-840)						0,7							0,0	
				0					Schlacht von Xun (-840)		0,2				0,7								
				0					Schlacht von Qi (-840)		0,1				0,3								
				0					Schlacht von Gong (-840)						0,2								
				0					Schlacht von Shi (-840)						0,7								
				0					Schlacht von Yanzhong (-840)		0,2				0,3								
	1			1			-852	1. Israelischer Feldzug zur Rückeroberung von Gilead	Schlacht von Ramot in Gilead (-852)						0,7	0,7							
	1			0	-843	bis	-851	Krieg Judas gegen Edom							0,7	0,7							
	1			1			-850	Feldzug Salmanassars III. gegen Nairi (Urartu)	Belagerung von Arne (-850)						0,7	0,7							
	1			0			-849	2. Feldzug Salmanassars III. gegen Nordwestsyrien und Palästina	Brandsch. von 97 Siedlungen in Sangara (-849)						10,8	10,8						9,7	
				0					Brandsch. von 100 Siedlungen in Arame (-849)						0,7							10,0	
				0					Belagerung von Astamaku (-849)						0,7								
				0					Schlacht in Südsyrien (-849)		5,0				7,5								

484

Präd &Retor	Terr Konfl	Hier& Kons	Alloph Konfl	Se. Konfl	Jahr	bis	Jahr	Konflikt	Ausführungsereignisse (Schlachten, &Belagerungen)	Land Schl Tote (Tsd.)	Kampf-Tote (Tsd.) Zw. Ablage	Kampf-Tote (Tsd.)	Ziv. Tote (Tsd.)
1				0					Belagerung von Aparzau (-849)		0,7		0,0
1				0					Brandsch. von 89 Siedl. in Hamath (-849)		0,7		8,9
1	1			1	-848			Feldzug Salmanassars III. gegen Pakarhubuna			0,7	0,7
1	1			1	-846			3. Feldzug Salmanassars III. gegen Nordwestsyrien und Palästina			0,7	0,7
1				0					Schlacht von Hamath (-846)		0,7		
1	1			1	-846			Unabhängigkeitskrieg Moabs gegen Israel			2,6	2,6
1				0					Belagerung von Ataroth (-849)		0,7		7,0
1				0					Belagerung von Jahaz (-849)		0,7		0,0
1				0					Belagerung von Horonaim (-849)		0,7		0,0
1				0					Belagerung von Qerihoh/Kir-Haraset (-849)		0,7		0,0
1	1			1	-845			2. Israelitischer Feldzug zur Rückeroberung Moabs			0,7	0,7
		1		1	-845			Pfünderungseinfall von Xianyun/Xunyu/Jung in Shaanxi/Shensi			0,7	
1				0					Belagerung von Thai-khieou (-845)		0,7		0,0
1	1			1	-844			Feldzug Salmanassars III. gegen Manri			0,7	0,7
		1		1	-842			Aufstand im chinesischen Reich			0,7	0,7
1	1			1	-842			4. Feldzug Salmanassars III. gegen Nordwestsyrien und Palästina			9,7	9,7
1				0					Schlacht von Saniru (-842)	6,0	9,0		
1	1			1	-840			Rachefeldzug von Damaskus gegen Israel	Belagerung von Damaskus (-842)		2,0	2,0
1				0					Schlacht (-840)		0,7		
1				0					Schlacht (-840)		0,7		
1				0					Schlacht (-840)		0,7		
		1		1	-840	bis	-825	Ägyptischer Bürgerkrieg			0,7	0,7
1				1	-840			Pfünderungseinfall von Xianyun/Xunyu/Jung in Zhou/Chou			0,7	0,7
1	1			1	-840			Pfünderungseinfall von Jingnuan/Ch'ignuan/Kingnuan in Zhou/Chou			0,7	0,7
1	1			1	-840			Feldzug Salmanassars III. gegen Kaue (Kilikien)			0,7	0,7
1	1			1	-839			5. Feldzug Salmanassars III. gegen Nordwestsyrien und Palästina			1,3	1,3
1				0					Belagerung von Damaskus (-839)		0,7		0,0
1				0					Belagerung von Malaha (-839)		0,7		0,0
1	1			1	-838			Feldzug Salmanassars III. gegen Tabalu (Kilikien)			0,7	0,7
1	1			1	-837			1. Feldzug Salmanassars III. gegen Militdu (Kilikien)			0,7	0,7
1				0					Belagerung von Uetas (-837)		0,7		0,0
1	1			1	-837			6. Feldzug Salmanassars III. gegen Nordwestsyrien und Palästina			0,7	0,7
1				0					Belagerung von Danabu (-837)		0,7		0,0
1	1			1	-836			Feldzug Salmanassars III. gegen die Zimri			2,6	2,6
1				0					Belagerung von Sikhisatakh (-836)		0,7		0,0
1				0					Belagerung von Bit-Tamul (-836)		0,7		0,0
1				0					Belagerung von Bit-Sacci (-836)		0,7		0,0
1				0					Belagerung von Bit-Sedi (-835)		0,7		0,0

Präd &Rctor	Terr Konfl	Hier& Kons	Alloph Konfl	Se Konfl	Jahr	bis	Jahr	Konflikt	Ausführungsereignisse (Schlachten, Belagerungen)	Land Tln. (Tsd.)	Schl. Tote (Tsd.)	Schl. Tote & Verw. (Tsd.)	See Schiffe	Schiffe gesunk	Kampf-Tote (Tsd.) Zw. Ablage	Kampf-Tote (Tsd.)	Mil. Nicht-KampfTote (Tsd.) Zw. Ablage	Mil. Nicht-Kampf-Tote (Tsd.)	MilTote (Tsd.) Zw. Ablage	Mil. Tote (Tsd.)	Ziv. Tote (Tsd.) Zw. Ablage	Ziv. Tote (Tsd.)	SeTote (Tsd.)
1	1			1	-835			Feldzug Salmanassars III. gegen Parsua							2,6	2,6							
1				0					Belagerung von Kuakinda (-835)						0,7							0,0	
1				0					Belagerung von Tarzanabi (-835)						0,7							0,0	
1				0					Belagerung von Esamul (-835)						0,7							0,0	
1				0					Belagerung von Kinabhla (-835)						0,7							0,0	
1	1			1	-835			2. Feldzug Salmanassars III. gegen Miliḫu (Kilikien)							1,3	1,3							
1				0					Belagerung von Timur (-835)						0,7							0,0	
1				0					Belagerung von Muru (-835)						0,7							0,0	
1	1			1	-834			Feldzug Salmanassars III. gegen die Kahunier							0,7								
1				1					Belagerung von Tanakin (-834)						0,7	0,7						0,0	
1	1			1	-833			Assyrischer Feldzug gegen Nairi (Urartu)							0,7	0,7							
1				0					Schlacht in der Ebene von Ammash (-833)						0,7	0,7							
1	1			1	-832			Assyrische Intervention in Hattia							0,7	0,7							
1	1			1	-831			Assyrischer Feldzug gegen dei Kirhi							0,7	0,7							
1	1			1	-830			Feldzug Salmanassars III. gegen Mannea/Mannai							1,3	1,3							
1				0					Belagerung von Zirta (-830)						0,7							0,0	
1				0					Belagerung von Masashuru (-830)						0,7							0,0	
1	1			1	-830			Feldzug Salmanassars III. gegen die Kharkhanier							1,3	1,3							
1				0					Belagerung von Perria (-830)						0,7							0,0	
1				0					Belagerung von Sitivarya (-830)						0,7							0,0	
1	1			1	-830			Assyrischer Feldzug gegen die Parsua							2,0	2,0							
1				0					Belagerung von Bustu (-830)						0,7							0,0	
1				0					Belagerung von Sala-khamanu (-830)						0,7							0,0	
1				0					Belagerung von Cmi-khamanu (-830)						0,7							0,0	
1	1			1	-830			Assyrischer Feldzug gegen die Zimri/Namri							0,7	0,7							
1	1			1	-829			Assyrischer Feldzug gegen Mussair							1,3	1,3							
1				0					Belagerung von Sapparia (-829)						0,7							0,0	
1				0					Brandsch. von 46 Städten in Musasir (-829)						0,7							0,0	
1	1			1	-829			Assyrischer Feldzug gegen Tabalu (Kilikien)							2,0	2,0							
1				0					Belagerung von Perria (-829)						0,7							0,0	
1				0					Belagerung von Shittuaria (-829)						0,7							0,0	
1				0					Brandsch. von 22 Städten in Tabalu (-829)						0,7							0,0	
1	1			1	-829			Assyrischer Feldzug gegen Parsua							2,6	2,6							
1				0					Belagerung von Bushtu (-829)						0,7							0,0	
1				0					Belagerung von Shalahamanu (-829)						0,7							0,0	
1				0					Belagerung von Kinihamanu (-829)						0,7							0,0	
1				0					Brandsch. von 23 Städten in Parsua (-829)						0,7							0,0	
1	1			1	-829			Assyrischer Feldzug gegen Matri							0,7	0,7							
1				0					Brandsch. von 250 Siedlungen von Matri (-829)						0,7							25,0	
1	1			1	-829			Assyrische Unterwerfung von Mannea/Mannai							0,7	0,7							
1				0					Belagerung von Zirta (-829)						0,7							0,0	
1		1		1	-827	bis	-822	Assyrischer Bürgerkrieg							0,7	0,7							
1	1			1	-825	bis	-822	Krieg mit Zhou und Qin/Ch'in/Ts'in gg. die Xianyun/Xunyu/Jung							0,7	0,7							
1				0					Schlacht bei Tuyu (-823)						0,7								

Präd &Rætor	Terr Konfl	Hier& Kons	Alloph Konfl	Se. Konfl	Jahr	bis	Jahr	Konflikt	Ausführungsereignisse (Schlachten, Belagerungen)	Tln. (Tsd.)	Land Schl. Tote (Tsd.)	Schl. Tote & Verw. (Tsd.)	See Schiffe	Schiffe gesunk.	Kampf-Tote (Tsd.) Zw. Ablage	Kampf-Tote (Tsd.)	Mil. Nicht-KampfTote (Tsd.) Zw. Ablage	Mil. Nicht-Kampf-Tote (Tsd.)	MilTote (Tsd.) Zw. Ablage	Mil. Tote (Tsd.)	Ziv. Tote (Tsd.) Zw. Ablage	Ziv. Tote (Tsd.)	SeTote (Tsd.)
1	1			1	-822			Assyrischer Feldzug gegen Nairi (Urartu)							0,7	0,7							
1	1			1	-820			Assyrischer Feldzug gegen Mannea/Mannai							1,3	1,3							
1				0					Belagerung von Sibara (-820)							0,7							0,0	
1				0					Zerstörung von 500 Siedlungen in Mannea (-820)							0,7							0,0	
1	1			1	-818	bis	-725	Sezessionen in Niederägypten							0,7	0,7							
1	1			1	-818	bis	-816	1. Feldzug Samsi-Adads V. gegen Nairi	Belagerung von Tille (-818 bis -816)						0,7	0,7						0,0	
1	1			0	-817			2. Feldzug Samsi-Adads V. gegen Nairi							0,7								
1	1			1	-816			Invasion von Xianyun im Luo-Tal							1,4	1,4							
1				0					Schlacht an der Luo (-816)		0,5					0,8								
1				0					Schlacht bei Gaoyin (816)							0,7								
1	1			1	-816			3. Feldzug Samsi-Adads V. gegen Nairi							0,7	0,7							
1	1			1	-815			Feldzug von Urartu gegen Persien und Mannea/Mannai							1,3	1,3							
1				0					Belagerung von Mesta (-815)							0,7							0,0	
1				0					Belagerung von Teppe Hasanlu (-815)							0,7							0,0	
1	1			1	-814			1. Feldzug Samsi-Adads V. gegen Babylonien	Belagerung von Der (-814)						4,6	4,6							
1				0					Belagerung von Me-Turan (-814)							0,7							0,0	
1				0					Belagerung von Qarne (-814)							0,7							0,0	
1				0					Belagerung von Dibina (-814)							0,7							0,0	
1				0					Belagerung von Datebir und Izdujat (-814)							0,7							0,0	
1				0					Belagerung von Qiribti-alani (-814)							0,7							0,0	
1				0					Schlacht von Dur-Papsukkal (-814)							0,7								
1	1			1	-813			2. Feldzug Samsi-Adads V. gegen Babylonien	Belagerung von Gana-nate (-813)						2,6	2,6						0,0	
1				0					Belagerung von Padnu (-813)							0,7							0,0	
1				0					Belagerung von Makurrite (-813)							0,7							0,0	
1				0					Belagerung von Gana-nate (-813)							0,7							0,0	
1	1			1	-813			Assyrischer Feldzug gegen Manni							0,7	0,7							
1	1			1	-812			Assyrischer Feldzug gegen Medien							0,7	0,7							
1	1			1	-812			3. Feldzug Samsi-Adads V. gegen Babylonien	Belagerung von Ni-Bu-[x] (-812)						4,6	4,6						0,0	
1				0					Belagerung von Der (-812)							0,7							0,0	
1				0					Belagerung von Lahiru (-812)							0,7							0,0	
1				0					Belagerung von Gana-nate (-812)							0,7							0,0	
1				0					Schlacht von Dur-Papsukkal (-812)							0,7							0,0	
1				0					Belagerung von Bit-Riduti (-812)							0,7							0,0	
1				0					Belagerung von Me-Turan (-812)							0,7							0,0	
1	1			1	-811			Assyrischer Feldzug gegen Perser							0,7	0,7							
1	1			1	-811			Feldzug Adadniraris III. gegen Chaldaia							0,7	0,7							
1	1			1	-809			1. Feldzug Adadniraris III. gegen Medien							0,7	0,7							
1	1			1	-808			Feldzug Adadniraris III. gegen Bit-Bahiani							0,7	0,7							
1				0					Belagerung von Gozan (-808)							0,7							0,0	
1	1			1	-807			Feldzug Adadniraris III. gegen Manni							0,7	0,7							
1	1			1	-806			Feldzug Adadniraris III. gegen Manni							0,7	0,7							
1	1			0	-806			1. Feldzug Adadniraris III. gegen Syrien	Belagerung von Arpad (-806)						0,7	0,7						0,0	
1	1			1	-806			Assyrischer Feldzug gegen Damaskus							0,7	0,7							

Σ	Präd &Retor	Terr Konfl	Hier& Kons	Alloph Konfl	Se. Konfl	Jahr	bis	Jahr	Se. Konfl	Konflikt	Ausführungsereignisse (Schlachten, Belagerungen)	Tln. (Tsd.)	Land Schl. Tote (Tsd.)	Land Schl. Tote & Verw. (Tsd.)	See Schiffe gesunk.	See Schiffe gesunk.	Kampf-Tote (Tsd.) Zw. Ablage	Kampf-Tote (Tsd.)	Mil. Nicht-KampfTote (Tsd.) Zw. Ablage	Mil. Nicht-Kampf-Tote (Tsd.)	MilTote (Tsd.) Zw. Ablage	Mil. Tote (Tsd.)	Ziv. Tote (Tsd.) Zw. Ablage	Ziv. Tote (Tsd.)	SeTote (Tsd.)
1					0				0		Belagerung von Damaskus (-806)						0.7							0,0	
1		1			1			-805	1	2. Feldzug Adadniraris III. gegen Syrien							0.7	0.7							
1					0				0	3. Feldzug Adadniraris III. gegen Medien							0.7	0.7							
1		1			1			-804	1	3. Feldzug Adadniraris III. gegen Syrien (Phönizien)	Belagerung von Hazazu (-804)						0.7	0.7							
1					0				0	Feldzug Adadniraris III. gegen die Chaldäer des Meerlandes							0.7							0,0	
1		1			1			-803	1	4. Feldzug Adadniraris III. gegen Syrien (Phönizien)							0.7	0.7							
1		1			1			-802	1	1. Feldzug Adadniraris III. gegen Hubuskia (Nairi (Urartu))							0.7	0.7							
353	5	98	8	0	111			-801		-9. Jahrhundert		0.06	1,51	0,50	0,03	0,08	0,66	232		184		417		120,6	537
											Default-Werte						0.7	0.7		0,79		0,50		0,0	
1		1			1			-800	1	2. Feldzug Adadniraris III. gegen Medien							0.7	0.7							
1		1			1			-799	1	3. Feldzug Adadniraris III. gegen Medien							0.7	0.7							
1		1			1			-798	1	Feldzug Adadniraris III. gegen Lusia	Belagerung von Lusia (-798)						0.7	0.7						0,0	
1		1			0			-797	0	Feldzug Adadniraris III. gegen Namri							0.7	0.7							
1		1			1			-797	1	Feldzug Adadniraris III. gegen Haram							0.7	0.7							
1					0			-797	0	1. Feldzug Israels gegen Damaskus zur Rückeroberung von Gilead	Belagerung von Damaskus (-797)						0.7							0,0	
1		1			1			-796	1	Feldzug Adadniraris III. gegen Babylon	Belagerung von Karnajim (-797)						0.7	0.7						0,0	
1		1			1			-796	1	Chinesischer Feldzug gegen gegen Lu							0.7	0.7							
1		1			1			-796	1	2. Feldzug Israels gegen Damaskus zur Rückeroberung von Gilead							0.7								
1					0			-795	0	3. Feldzug Israels gegen Damaskus zur Rückeroberung von Gilead	Belagerung von Lo-Dabar (-796)						0.7	0.7						0,0	
1		1			1			-795	1	1. Feldzug Adadniraris III. gegen Der (Babylonien)	Schlacht bei Afek (-795)						0.7							0,0	
1		1			1			-795	1	Chinesischer Feldzug gegen die Xianyun/Xirong/Jung von Taiyuan							0.7	0.7							
1		1			1			-794	1	2. Feldzug Adadniraris III. gegen Der (Babylonien)							0.7	0.7							
1		1			1			-793	1	4. Feldzug Adadniraris III. gegen Medien							0.7	0.7							
1		1			1			-792	1	5. Feldzug Adadniraris III. gegen Medien							0.7	0.7							
1		1			1			-792	1	Chinesischer Feldzug gegen die Tia Rong und Ben Rong							0.7	0.7							
1		1			1			-791	1	2. Feldzug Adadniraris III. gegen Hubuskia (Nairi (Urartu))							0.7	0.7							
1		1			1			-790	1	Feldzug von Urartu gegen Mannea/Mannai							0.7	0.7							
1		1			1			-790	1	1. Feldzug Adadniraris III. gegen die Itu							0.7	0.7							
1		1			0	-789	bis	-788	0	Chinesischer Feldzug gegen die Khiang	Belagerung von Kiang (-788)						0.7							0,0	
1		1			0			-787	0	Chinesischer Feldzug gegen Jin/Chin/Tsin	Schlacht in Chin (-787)						0.7								

Präd &Refor	Terr Konfl	Hier& Kons	Alloph Konfl	Se. Konfl	Jahr	bis	Jahr	Konflikt	Ausführungsereignisse (Schlachten, Belagerungen)	Tln. (Tsd.)	Schl Tote (Tsd.)	Schl Tote & Verw. (Tsd.)	Schiffe	Schiffe gesunk	Kampf Tote (Tsd.) Zw. Ablage	Kampf Tote (Tsd.)	Mil. Nicht-KampfTote (Tsd.) Zw. Ablage	Mil. Nicht-Kampf-Tote (Tsd.)	MilTote (Tsd.) Zw. Ablage	Mil. Tote (Tsd.)	Ziv. Tote (Tsd.) Zw. Ablage	Ziv. Tote (Tsd.)	SeTote (Tsd.)
1	1			1	-789			6. Feldzug Adadniraris III. gegen Medien							0,7	0,7							
1	1			1	-788			7. Feldzug Adadniraris III. gegen Medien							0,7	0,7							
1	1			1	-787			8. Feldzug Adadniraris III. gegen Medien							0,7	0,7							
1	1			1	-786			Feldzug Adadniraris III. gegen Kisku (Syrien)							0,7	0,7							
1	1			1	-786			Chinesischer Feldzug gegen die Xianyun/Xirong/Jung	Schlacht von Gonggu (-786)						0,7	0,7							
1	1			0	-785			Israelitische Unterwerfung von Edom	Schlacht im Salztal (-785)						1,5	1,5							
1	1			0	-785			Krieg zwischen Juda u. Israel	Schlacht von Bet-Schemesch (-785)	25					1,5	1,5							
1	1			1	-785			3. Feldzug Adadniraris III. gegen Hubuskia (Nairi/Urartu)							0,7	0,7							
1	1			1	-784			4. Feldzug Adadniraris III. gegen Hubuskia (Nairi/Urartu)							0,7	0,7							
1	1			1	-783			2. Feldzug Adadniraris III. gegen die Itu							0,7	0,7							
1	1			1	-782			1. Feldzug des Salmanassar IV. gegen Itu							0,7	0,7							
1	1			1	-781			1. Feldzug Salmanassars IV. gegen Urartu							0,7	0,7							
1	1			1	-780			2. Feldzug Salmanassars IV. gegen Urartu							0,7	0,7							
1	1			1	-780			Feldzug von Jin/Chin/Tsin gegen Zeng/Tseng							0,7	0,7							
1	1			1	-779			Feldzug von Zheng/Cheng gegen Kuai							0,7	0,7							
1	1			1	-779			3. Feldzug Salmanassars IV. gegen Urartu							0,7	0,7							
1	1			1	-778			4. Feldzug Salmanassars IV. gegen Urartu							0,7	0,7							
1	1			1	-777			2. Feldzug Salmanassars IV. gegen Itu							0,7	0,7							
1	1			1	-776			5. Feldzug Salmanassars IV. gegen Urartu							0,7	0,7							
1	1			1	-776			Chinesische Offensive gegen die Xirong (Westlicher Rong)							0,7	0,7							
1	1			1	-776			Invasion Westlicher Rong in Shanxi/Shansi							0,7	0,7							
1	1			1	-775			6. Feldzug Salmanassars IV. gegen Urartu							0,7	0,7							
1	1			1	-775			Annektierung von Jiao/Tsiao durch Westliches Guo							0,7	0,7							
1	1			1	-775			Feldzug des Salmanassar IV. gegen den Libanon							0,7	0,7							
1	1			1	-774			7. Feldzug Salmanassars IV. gegen Urartu							0,7	0,7							
1	1			1	-774			Feldzug des Salmanassar IV. gegen Namri							0,7	0,7							
1	1			1	-773			Feldzug des Salmanassar IV. gegen Damaskus							0,7	0,7							
1	1			1	-772			Feldzug des Salmanassar IV. gegen Hatarikka							0,7	0,7							
1	1			1	-771			Feldzug des Assurdans III. gegen Gananati							0,7	0,7							
1	1			1	-771			Sturz des Reichs der W. Zhou/Chou, Landnahme der Quarong							3,6	3,6							
1				0					Belagerung von Haojing (-771)							0,7						0,0	
1				0					Schlacht am Berg Lishan (-771)														
1				0					Belagerung von Laoyi (-771)							0,7						0,0	
1				0					Belagerung von Feng (-771)							0,7						0,0	
1				0					Belagerung von Qiyi (-771)							0,7						0,0	
1	1			1	-770			Feldzug des Assurdans III. gegen Marad	Belagerung von Marad (-770)							0,7						0,0	
1	1			1	-769			Feldzug des Assurdans III. gegen Itu								0,7							
1	1			1	-769			Annektierung von Kuai durch Zheng/Cheng								0,7							

Präd &Retor	Terr Konfl	Hier& Kons	Alloph Konfl	Se. Konfl	Jahr	bis	Jahr	Konflikt	Ausführungsereignisse (Schlachten, Belagerungen)	Thn (Tsd.)	Schl Tote (Tsd.)	Schl Tote & Verw. (Tsd.)	Schiffe	Schiffe gesunk.	Kampf-Tote (Tsd.) Zw. Ablage	Kampf-Tote (Tsd.)	Mil. Nicht-KampfTote (Tsd.) Zw. Ablage	Mil. Nicht-Kampf-Tote (Tsd.)	MilTote (Tsd.) Zw. Ablage	Mil. Tote (Tsd.)	Ziv. Tote (Tsd.) Zw. Ablage	Ziv. Tote (Tsd.)	SeTote (Tsd.)
1	1			1	-767			Annektierung von Östliches Guo durch Zheng/Cheng															
1	1			1	-767			Feldzug des Assurdans III gegen Gananati							0,7	0,7							
1	1			1	-766			Feldzug des Assurdans III gegen Medien							0,7	0,7							
1	1			1	-766			Krieg von Qin/Ch'in/Ts'in gg die Quanrong/Xirong/Westliche Rong							0,7	0,7							
1	1			0	-765			1. Feldzug des Assurdans III gegen Hatarikka	Belagerung von Hatarikka (-765)						0,7	0,7						0,0	
1	1			0	-765	bis	-757	Konflikt mit aram. Landnehmern um Babylon und Borsippa							1,4	1,4						0,0	
1				0					Belagerung von Ezida (-757)						0,7							0,0	
1				0					Belagerung von Borsippa (-757)						0,7							0,0	
1	1			1	-763			Feldzug von Qin/Ch'in/Ts'in gg die Quanrong/Xirong/W. Rong		1					0,1	0,1							
1	1	1		1	-763	bis	-758	Assyrischer Bürgerkrieg							2,2	2,2							
1				0					Belagerung von Assur (-763 bis -762)						0,7							0,0	
1				0					Belagerung von Arrapka (-761 bis -760)						0,7							0,0	
1				0					Belagerung von Gozan (-759 bis -758)						0,7							0,0	
1	1			1	-758			Unterwerfung des Fürstentums Han durch Tsin/Chin/Jin							0,7	0,7							
1	1			1	-755			1. Feldzug des Assurdans III gegen Hatarikka							0,7	0,7							
1				0					Belagerung von Hatarikka (-755)						0,7							0,0	
1	1			1	-754			Feldzug des Assurdans III gegen Arpad							0,7	0,7							
1	1			1	-753			Krieg zwischen Urartu und Assyrien							0,7	0,7							
1	1			1	-750			Feldzug von Qin/Ch'in/Ts'in gegen die Quanrong/Xirong/W. Rong							0,7	0,7							
1				0					Schlacht von Qishan (-750)						0,7								
1	1			1	-750			Expansionskrieg Judas gegen die Philister							2,2	2,2							
1				0					Belagerung von Gat (-750)						0,7							0,0	
1				0					Belagerung von Jabne (-750)						0,7							0,0	
1				0					Belagerung von Asdod (-750)						0,7							0,0	
1	1			1	-745			Feldzug Judas gegen die Araber von Gur-Baal							0,7	0,7							
1	1			1	-745			Feldzug Judas gegen die Maoniter/Meuniter							0,7								
1	1			1	-750	bis	-580	Griechische Kolonisierung im zentralen u. westlichen Mittelmeer							0,7	0,7							
1	1			1	-750			Krieg von Qin/Ch'in/Ts'in gegen die Quanrong/Xirong/W. Rong							0,7	0,7							
1	1			1	-750	bis	-748	1. Krieg zwischen Kolchis u. Urartu							0,7	0,7							
1	1			1	-750			Feldzug von Sarduri II gegen Kummuh	Belagerung von Ulta (-750)						2,2	2,2						0,0	
1				0					Belagerung von Halpa (-750)						0,7							0,0	
1				0					Belagerung von Parala (-750)						0,7							0,0	
1	1			1	-749			1. Feldzug Assurniraris V. gegen Namri							0,7	0,7							
1	1			1	-748			2. Feldzug Assurniraris V. gegen Namri							0,7	0,7							
1		1		1	-746			Aufstand in Kalhu							0,7	0,7							
1	1			1	-745			Intervention Tiglat-Pileser III gegen in Babylonien	Belagerung von Hamranu (-745)						2,9	2,9						0,0	
1				0					Belagerung von Rabbilu (-745)						0,7							0,0	
1				0					Belagerung von Serrabanu (-745)						0,7							0,0	

Präd &Rctor	Terr Konfl	Hier& Kons	Alloph Konfl	Se. Konfl	Jahr	bis	Jahr	Konflikt	Ausführungsereignisse (Schlachten, Belagerungen)	Tln. (Tsd.)	Schl. Tote (Tsd.)	Schl. Tote & Verw. (Tsd.)	Schiffe	Schiffe gesunk.	Kampf-Tote (Tsd.) Zw. Ablage	Kampf-Tote (Tsd.)	Mil. Nicht-KampfTote (Tsd.) Zw. Ablage	Mil. Nicht-KampfKampf-Tote (Tsd.)	MilTote (Tsd.) Zw. Ablage	Mil. Tote (Tsd.)	Ziv. Tote (Tsd.) Zw. Ablage	Ziv. Tote (Tsd.)	SeTote (Tsd.)
1				0					Belagerung von Tarbasu (-745)						0.7							0.0	
1				0					Belagerung von Jaballu (-745)						0.7							0.0	
	1			1	-744			Feldzug Tiglat-Pilesers III gegen Namri							0.7	0.7							
	1			1	-744	bis		2. Krieg zwischen Kolchis u. Urartu							0.7	0.7							
	1			1	-743	bis	-724	1. Messenischer Krieg							0.7	0.7							
1				0					Belagerung von Amphea (-743)						0.7							0.0	
	1			1	-743			Feldzug Tiglat-Pilesers II gegen Urartu							1.4	1.4							
1				0					Schlacht von Samosata (-743)						0.7								
1				0					Belagerung von Van (-743)						0.7							0.0	
	1			1	-742	bis	-740	Feldzug Tiglat-Pilesers II gegen Syrien und Palästina	Belagerung von Arpad (-743 bis -740)						1.4	1.4							
1				0					Schlacht in Syrien (-743)						0.7								
	1			1	-738			Feldzug Tiglat-Pilesers II gegen Pattina	Belagerung von Kullania (-738)						0.7	0.7						0.0	
	1			1	-734	bis	-733	Syrisch-Ephraimitischer Krieg und assyrische Intervention	Belagerung von Jerusalem (-734)						5.8	5.8							
1				0					Belagerung von Damaskus (-733 bis -712)						0.7								
1				0					Belagerung von Hazor (-733)						0.7							0.0	
1				0					Belagerung von Bit Hadara (-733)						0.7							0.0	
1				0					Belagerung von Kurussa (-733)						0.7							0.0	
1				0					Belagerung von Sama (-733)						0.7							0.0	
1				0					Belagerung von Metuna (-733)						0.7							0.0	
1				0					Brandsch. von > 500 Siedl. um Damaskus						0.7							0.0	
	1			1	-739			Krieg von Chin gegen Huan-shu							0.7	0.7							
	1			1	-739			Feldzug von Chu/Ch'u gegen Jin/Chin/Tsin							1.4	1.4							
	1			1	-737			Feldzug Tiglat-Pilesers III. östlich des Tigris							0.7								
1				0					Belagerung von Silhazi (-737)						0.7							0.0	
1				0					Belagerung von Niqqu (-737)						0.7							0.0	
	1			1	-736			Feldzug Tiglat-Pilesers II gegen die Meder							0.7	0.7							
	1			1	-735			Feldzug Tiglat-Pilesers II gegen Urartu							0.7	0.7							
1				0					Belagerung von Tushpa (-735)						0.7							0.0	
1				0					Aufstand assyrischer Siedler in Tabal						0.7								
	1			1	-732	bis	-731	Babylonischer Hierarchiekrieg und assyrische Intervention							2.9	2.9							
1				0					Belagerung von Sapiya (-731)						0.7							0.0	
1				0					Belagerung von Bit-Silani (-731)						0.7							0.0	
1				0					Belagerung von Bit-Amukkani (-731)						0.7							0.0	
1				0					Belagerung von Bit-Saalli (-731)						0.7							0.0	
			1	1	-730	bis	-720	Plünderungseinfall von Di/Ti in Y							0.7	0.7							
			1	1	-730			Plünderungseinfälle der Kimmerer in Kolchis							0.7	0.7							
	1			1	-729			Unterwerfung Babylons durch Tiglat-Pileser III.							2.2	2.2							
1				0					Belagerung von Bit-Amukkani (-729)						0.7								
1				0					Belagerung von Dur-Illataju (-729)						0.7							0.0	
1				0					Belagerung von Amlilatu (-729)						0.7							0.0	
	1			1	-727			Wiedervereinigung Ägyptens	Schlacht von Herakleopolis (-725)						2.2	2.2							
1				0					Belagerung von Hermopolis (-727)						0.7							0.0	

	ANLAGE 10									Tln. (Tsd.)	Land Schl Tote (Tsd.)	Schl Tote & Verw. (Tsd.)	See Schiffe	Schiffe gesunk.	Kampf-Tote (Tsd.) Zw. Ablage	Kampf-Tote (Tsd.)	Mil. Nicht-KampfTote (Tsd.) Zw. Ablage	Mil. Nicht-Kampf-Tote (Tsd.)	MilTote (Tsd.) Zw. Ablage	Mil. Tote (Tsd.)	Ziv. Tote (Tsd.) Zw. Ablage	Ziv. Tote (Tsd.)	SeTote (Tsd.)
Präd &Retor	Terr Konfl	Hierk Kons	Alloph Konfl	Se. Konfl	Jahr	bis	Jahr	Konflikt	Ausführungsereignisse (Schlachten, Belagerungen)														
				0				Feldzug Salmanassars V. gegen Israel	Belagerung von Memphis (-727)						0.7							0.0	
	1			1	-723				Belagerung von Shabaraim (-723)						2.2	2.2						0.0	
				0	-723				Schlacht bei Samaria (-723)						0.7								
				0					Belagerung von Samaria (-723 bis -720)						0.7							0.0	
	1			1	-722			Krieg von Lu gegen Song/Sung	Schlacht von Huang (-722)						0.7								
	1			1	-722			Krieg von Ji gegen Yi							0.7	0.7							
	1			1	-721			Eroberung von Ji durch Lu							0.7	0.7							
	1			1	-721			Krieg von Ju gegen Qu/Ch'i/Khi							1.4	1.4							
				0					Belagerung von Mou (-719)						0.7							0.0	
				0					Belagerung von Lou (-719)						0.7							0.0	
	1			1	-720			Feldzug Sargons II. gegen Babylonien und Elam	Schlacht an der (-720)						0.7	0.7							
	1			1	-720			Feldzug Sargons II. gegen Syrien und Palästina							5.0	5.0						0.0	
				0					Belagerung von Arpad (-720)						0.7								
				0					Schlacht bei Qaqar (-720)						0.7								
				0					Schlacht von Hamat (-720)						0.7							0.0	
				0					Belagerung von Damaskus (-720)						0.7							0.0	
				0					Belagerung von Samaria (-720)						0.7							0.0	
				0					Belagerung von Gaza (-720)						0.7								
	1			1	-719			Feldzug Sargons II. gegen Mannea/Mannai	Schlacht von Raphia (-720)						5.0	5.0						0.0	
				0					Belagerung von Shuandakhul (-719)						0.7							0.0	
				0					Belagerung von Durdukka (-719)						0.7							0.0	
				0					Belagerung von Sukia (-719)						0.7							0.0	
				0					Belagerung von Bala (-719)						0.7							0.0	
				0					Belagerung von Abitikna (-719)						0.7							0.0	
	1			1	-719	bis	-717	Krieg zwischen Song/Sung u. Zheng/Cheng	Belagerung von Papa (-719)						1.4	1.4							
				0					Belagerung von Lallukna (-719)						0.7								
	1			1	-718			Krieg zwischen Chin u. Yi	Schlacht von Dongmen (-719)						0.7	0.7							
	1			1	-718			Feldzug Sargons II. gegen Shimukhtu	Schlacht von Changge (-718 bis -717)						0.7	0.7							
				1	-717			Feldzug Sargons II. gegen Karkemish							0.7								
				0	-717			Invasion Chinas durch europäische Völker	Belagerung von Karkemisch (-717)						0.7	0.7						0.0	
1				1	-717			Plünderungseinfall von südlichen Yan in Zheng	Belagerung von Hao (-717)						0.7	0.7						0.0	
				0	-716			Feldzug Sargons II. gegen Mannea/Mannai							0.7	0.7							
	1			1	-716			Krieg von Lu gegen Zhu	Belagerung von Izirtu (-717)						0.7	0.7						0.0	
	1			1	-715			Feldzug Sargons II. gegen Arabien							0.7	0.7							
1				0	-715			Plünderungseinfall von Kimmerern in Urartu	Schlacht in Urartu (-715)						0.7	0.7							

492

Präd &Rctor	Terr Konfl	Hier& Kons	Alloph Konfl	Se. Konfl	Jahr	bis	Jahr	Konflikt	Ausführungsereignisse (Schlachten, Belagerungen)	Tln (Tsd.)	Land Schl Tote (Tsd.)	Schl Tote & Verw. (Tsd.)	See Schiffe	Schiffe gesunk.	Kampf-Tote (Tsd.) Zw. Ablage	Kampf-Tote (Tsd.)	Mil. Nicht-KampfTote (Tsd.) Zw. Ablage	Mil. Nicht-Kampf-Tote (Tsd.)	MilTote (Tsd.) Zw. Ablage	Mil. Tote (Tsd.)	Ziv. Tote (Tsd.) Zw. Ablage	Ziv. Tote (Tsd.)	SeTote (Tsd.)
1	1			1				8. Feldzug Sargons II. gegen Urartu															
1				1	-714				Schlacht im Uaush-Tal (-714)						2,3	2,3							
1				0					Belagerung von Tuschpa (-714)						0,7							0,0	
1				0					Brandschatzung von Musasir (-713)	2					0,7							0,0	
1				0					Brandsch. von 450 Siedl. (-714 bis -713)						0,7							43,0	
1	1			1	-714			Feldzug Sargons II. zur Absicherung der ägyptischen Grenze							0,7	0,7							
1				0					Schlacht von El-Arisch (-714)						0,7								
1					-714			Plünderungseinfall von Shanrong/Beirong in Zheng							0,7	0,7							
1				0					2. Schlacht von Zhie (-714)						0,7								
1	1			1	-713	bis	-711	Antiassyrischer Aufstand in Tabalu (Kilikien)							0,7	0,7						0,0	
1				1	-713			Annektierung von Bo-Quanrong durch Qin/Chin/Ts'in	Belagerung von Gurgum (-711)						0,7								
1				1	-713	bis	-712	Krieg von Lu, Qi/Ch'i/Khi u. Zheng gg Song, Wey u. Cai							2,9	2,9							
1				0					Schlacht von Jian (-713)						0,7								
1				0					Belagerung von Gao (-713)						0,7							0,0	
1				0					Belagerung von Fang (-713)						0,7							0,0	
1				0					Belagerung von Xu (-712)						1,4								
1	1			1	-712			Feldzug Sargons II. gegen Meliddu	Belagerung von Melid (-712)						0,7	1,4						0,0	
1				0					Belagerung von Tulgarimme (-712)						0,7							0,0	
1	1			1	-712	bis	-711	Feldzug Sargons II. nach Palästina	Belagerung von Asdod (-712)						2,9	2,9							
1				0					Belagerung von Gath (-712)						0,7							0,0	
1				0					Belagerung von Ekron (-712)						0,7							0,0	
1				0					Belagerung von Aseka (-712)						0,7							0,0	
1	1			1	-711			Feldzug Sargons II. gegen Maras	Belagerung von Gugrum (-712)						0,7	0,7						0,0	
1		1		0	-710			Bürgerkrieg im Reich von Chin							0,7								
1	1			1	-710			Assyrischer Feldzug gegen Elam							0,7	0,7							
1	1			1	-710			Feldzug Sargons II. gegen Babylonien							2,9	2,9							
1				0					Belagerung von Babylon (-710)						0,7							0,0	
1				0					Schlacht von Ukmu (710)						0,7								
1				0					Belagerung von Dur-Abihara (-709)						0,7							0,0	
1				0					Belagerung von Dur-Jakin (-709)						0,7							0,0	
1	1			1	-709			Unterwerfung Zyperns durch Sargon II							0,7	0,7							
1				1	-709			Straffeldzug von Zhou/Chou gegen Zheng/Cheng							0,7	0,7							
1	1			1	-708			Antiassyrischer Aufstand in Kummukh							0,7	0,7							
1				0	-708			Intervention Sargons II. in Ellipi							0,7	0,7							
1				0					Belagerung von Marubishti (-708)						0,7							0,0	
1	1			1	-707			Krieg von Westliches Guo, Lu, Cai, Wey und Chen gegen Zheng							0,7	0,7							
1	1			0	-706			Pfünderungseinfall von Shanrong/Beirong in Qi/Ch'i/Ts'i (Hebei)	Schlacht von Ruge (-707)						0,7	0,7							
1	1			1	-705			Feldzug Sargons II. gegen die Kimmerer							0,7	0,7							

Präd &Rktor	Terr Konfl	Hier& Kons	Alloph Konfl	Se. Konfl	Jahr	bis	Jahr	Konflikt	Ausführungsereignisse (Schlachten, Belagerungen)	Thn (Tsd.)	Land Schl Tote (Tsd.)	Schl Tote & Verw. (Tsd.)	See Schiffe	Schiffe gesunk.	Kampf Tote (Tsd.) Zw. Ablage	Kampf Tote (Tsd.)	Mil. Nicht-KampfT ote (Tsd.) Zw. Ablage	Mil. Nicht-Kampf Tote (Tsd.)	MilTote (Tsd.) Zw. Ablage	Mil. Tote (Tsd.)	Ziv. Tote (Tsd.) Zw. Ablage	Ziv. Tote (Tsd.)	SeTote (Tsd.)
1	1			1	-704			Krieg von Lu gegen Zhu								0.7							
1	1			1	-705			Feldzug von Urartu gegen Mannea/Mannai							0.7	0.7							
1	1			1	-703			Antiassyrischer Aufstand in Babylonien (2. Feldzug Sanheribs)							5.0	5.0							
1				0					Schlacht bei Kutha (-703)						0.7	0.7							
1				0					Belagerung von Kutha (-703)						0.7							0.0	
1				0					Belagerung von Bit-Dakkuri (-703)						0.7							0.0	
1				0					Belagerung von Bit-Saalli (-703)						0.7							0.0	
1				0					Belagerung von Bit-Amukkani (-703)						0.7							0.0	
1				0					Belagerung von Bit-Yakui (-703)						0.7							0.0	
1				0					Brands, 84 Städt. +820 Dörf. in Chaldaia (-703)						0.7							8.4	
1	1			1	-702			Feldzug Sanheribs gegen Medien							0.7	0.7							
1	1			1	-702			Feldzug Sanheribs gegen Ellipi							0.7								
1	1			1	-702			Krieg von Qi/Ch'i/Khi, Wey/Wei u. Zheng/Cheng gegen Lu	Belagerung von Marubishti (-702)						0.7	0.7						0.0	
1				0					Schlacht von Lang (-702)						0.7	0.7							
1	1			1	-701			Krieg zwischen Chu/Ch'u u. Yun	Schlacht von Fusao (-701)						0.7	0.7							
1	1			1	-701			Krieg von Song/Sung gegen Zheng/Cheng	Belagerung von Jizhong (-701)						0.7	0.7							
1	1			1	-701			Feldzug Sanheribs gegen Palästina	Belagerung von Askalon (-701)						19.2	19.2						0.0	
1				0					Belagerung von Beth-Dagon (-701)						0.7							0.0	
1				0					Belagerung von Jaffa (-701)						0.7							0.0	
1				0					Belagerung von Banai-Barqa (-701)						0.7							0.0	
1				0					Belagerung von Azuru (-701)						0.7							0.0	
1				0					Belagerung von Ekron (-701)						0.7							0.0	
1				0					Schlacht von Elteke (-701)						0.7								
1				0					Belagerung von Marescha (-701)						0.7							0.0	
1				0					Belagerung von Jerusalem (-701)						0.7							0.0	
1				0					Belagerung von Lachis (-701)						2.0							0.0	
1				0					Erob. von 46 Festungsstädten in Judäa (-701)						0.7							4.6	
1				0					Epidemie in Pelusion (-701)						10.0							0.0	
279	8	131	3	0	142				Default-Werte	0.06	1.51	0.50	0.03	0.09	0.72	166		143	0.86	309	0.50	56.0	365
					-8. Jahrhundert											1.0							
1	1			1	-700	bis	-650	Lelantischer Krieg							1.0	1.0							
1	1			1	-700			Antiassyrischer Aufstand in Babylonien							1.0	1.0							
1		1		1	-700			2. Israelitischer Genozid an den Amalekitern							1.0	1.0							
1	1			1	-700			Antiassyrischer Aufstand in Babylonien							1.0	1.0							
1	1			1	-700	bis	-699	Krieg von Lu gegen Song/Sung, Qi/Ch'i/Khi, Wey/Wei u. Yan							2.1	2.1							
1				0					Schlacht in Song/Sung (-700)						1.0							0.0	
1				0					Schlacht (-699)						1.0								
1	1			1	-699			Feldzug Senheribs gegen Kilikien und Kappadokien	Belagerung von Illubru (-699)						1.0	1.0						0.0	
1	1			0	-699			Krieg zwischen Chu/Ch'u u. Song/Sung	Schlacht von Ji (-699)						1.0	1.0							

ANLAGE 10

Präd &Retor	Terr Konfl	Hier& Koms	Alloph Konfl	Se. Konfl	Jahr	bis	Jahr	Konflikt	Ausführungsereignisse (Schlachten, Belagerungen)	Tln. (Tsd.)	Land Schl Tote (Tsd.)	Land Schl Tote & Verw. (Tsd.)	See Schiffe	See Schiffe gesunk.	Kampf-Tote (Tsd.) Zw. Ablage	Kampf-Tote (Tsd.)	Mil. Nicht-KampfT ote (Tsd.) Zw. Ablage	Mil. Nicht-Kampf-Tote (Tsd.)	MilTote (Tsd.) Zw. Ablage	Mil. Tote (Tsd.)	Ziv. Tote (Tsd.) Zw. Ablage	Ziv. Tote (Tsd.)	Se Tote (Tsd.)
1	1			1			-698	Krieg von Song, Qi, Cai, Wey u. Ch'en gegen Zheng							1,0	1,0							
				0			-698		Schlacht von Niushou (-698)						1,0	1,0							
	1			1			-697	Feldzug von Qin gegen die Quanrong/Xirong/W. Rong von Pengxi							1,0	1,0							
	1			1			-696	Krieg von Lu gegen Zheng/Cheng							1,0	1,0							
	1			1			-696	Feldzug Sanheribs gegen Nipur und Dayi							1,0	1,0							
				0			-696		Belagerung von Ukku (-696)						1,0	1,0						0,0	
1				1	-696	bis	-695	Plünderungseinfall von Kimmerern in Phrygien							1,0	1,0							
				0					Belagerung von Gordion (-696)						1,0	1,0						0,0	
	1			1			-695	Feldzug Sennacheribs gegen Til Garimme							1,0	1,0							
	1			1			-695	Krieg zwischen Lu u. Xi							1,0	1,0							
				0			-695		Schlacht von Xi (-695)						1,0	1,0							
	1			1			-695	Krieg von Lu gegen Zhu							10,4	10,4							
1	1			1			-694	Assyrischer Feldzug gegen babylonische Aufständische und Elam							10,4	10,4							
				0					Schlacht an der Ulai-Fluss (-694)						1,0								
				0					Belagerung von Nagitum (-694)						1,0						0,0		
				0					Belagerung von Naitu-dibbina (-694)						1,0						0,0		
				0					Belagerung von Hilmu (-694)						1,0						0,0		
				0					Belagerung von Pillatu (-694)						1,0						0,0		
				0					Belagerung von Khuppapanu (-694)						1,0						0,0		
				0					Belagerung von Sippar (-694)						1,0						0,0		
				0					Belagerung von Nippur (-693)						1,0						0,0		
				0					Belagerung von Uruk (-693)						1,0						0,0		
				0					Schlacht bei Nippur (-693)						1,0	1,0						0,0	
1				1			-692	Umsturz in Elam							1,0	1,0							
1	1	1		0			-692	Assyrischer Feldzug gegen Elam							1,0	1,0							
									Brandsch. von 34 Städten in Elam (-692)						1,0							4,4	
	1			1			-693	Krieg zwischen Qi/Ch'i /Khi und Ji-Quanrong							1,0	1,0							
	1			1			-692	Krieg von Lu gegen Yuyuqiu							1,0	1,0							
1	1			1			-691	Krieg von Jini/Chin/Tsin (mit Yan) gegen Qi/Ch'i/Khi (mit Wey/Wei)							1,0	1,0							
1	1			1			-691	Assyrischer Feldzug gegen babylonische Aufständische und Elam							1,0	1,0							
				0					Schlacht bei Halule (-691)						1,0	1,0							
1				1			-690	Feldzug der Assyrer gegen die arabischen Kedariter							1,0	1,0							
				0					Schlacht von Duma (-690)						1,0	1,0							
	1			1			-690	Plünderungseinfall von Chu/Ch'u in Sui							1,0	1,0							
1	1			0			-689	Assyrischer Feldzug gegen Babylon							1,0	1,0							
									Belagerung von Babylon (-689)						1,0	1,0						0,0	
1	1			1	-689	bis	-688	Krieg von Qi/Ch'i/Khi, Song/Sung, Ch'en u. Cai/Ts'ai gegen Wei							1,0	1,0							
	1			1			-688	Annektierung von Gui-Quanrong und Yi-Quanrong durch Qin							1,0	1,0							
	1			1			-688	Feldzug der Assyrer gegen Tabal							1,0	1,0							
	1			1			-687	Annektierung von Cheng-Guo durch Qin/Ch'in/Ts'in							1,0	1,0							

Präd &Retor	Terr Konfl	Hier& Kons	Alloph Konfl	Se. Konfl	Jahr	bis	Jahr	Konflikt	Ausführungsereignisse (Schlachten, Belagerungen)	Land Tln (Tsd.)	Land Schl Tote (Tsd.)	Land Schl Tote & Verw. (Tsd.)	See Schiffe	See Schiffe gesunk.	Kampf-Tote (Tsd.) Zw. Ablage	Kampf-Tote (Tsd.)	Mil. Nicht-KampfTote (Tsd.) Zw. Ablage	Mil. Nicht-Kampf-Tote (Tsd.)	MilTote (Tsd.) Zw. Ablage	Mil. Tote (Tsd.)	Ziv. Tote (Tsd.) Zw. Ablage	Ziv. Tote (Tsd.)	SeTote (Tsd.)
1	1			1	-686			Unterwerfung von Geng, Huo u. Wey durch Qi/Chi/Khi															
1	1			1	-686			Krieg von Qi/Chi/Khi u. Lu gegen Zheng/Cheng							1,0	1,0							
1	1			1					Belagerung von Zheng/Cheng (-686)						1,0	1,0						0,0	
1	1			1	-685	bis	-681	Krieg von Qi/Chi /Khi u. Song/Sung gegen Lu u. Kai							6,2	6,2							
				0					Schlacht von Qianshu (-685)						1,0								
				0					Schlacht von Chang Shuo (-684)						1,0								
				0					Schlacht von Cheng Qiu (-684)						1,0								
				0					Schlacht von Xin (-684)						1,0								
				0					Belagerung von Tan (-684)						1,0							0,0	
				0					Schlacht von Zi (-683)						1,0								
1	1			1	-685	bis	-668	2. Messenischer Krieg							3,1	3,1							
				0					Schlacht von Derae (-685)						1,0								
				0					Schlacht von Eber-Grab (-684)						1,0								
				0					Graben-Schlacht (-682)						1,0								
		1		1	-681	bis	-680	Assyrischer Thronfolgekrieg							1,0	1,0							
				1					Schlacht von Janirabbat (-680)						1,0								
	1			1	-681	bis	-680	Aufstand in Chaldäa							1,0	1,0							
	1			1	-680			Krieg von Qi/Chi/Khi, Zhen/Chen u. Cao gegen Song/Sung							1,0	1,0							
	1			1	-680			Krieg von Jing gegen Kai							1,0	1,0							
			1	1	-679			Feldzug der Assyrer gegen die Westlichen Kimmerer							1,0	1,0							
				0					Schlacht von Hubuschna (-679)						1,0	1,0							
	1			1	-679			Krieg von Song/Sung, Qi/Chi/Khi u. Zhu gegen Ni							1,0	1,0							
	1			1	-679			Krieg zwischen Chu/Chu u. Pa							1,0	1,0							
	1			0	-679	bis	-677	Krieg Asarhaddons gegen Sidon und Kundu-Sizu							2,1	2,1							
				1					Belagerung von Sidon (-676 bis -677)						1,0							0,0	
				0					Belagerung von Arzani (-676)						1,0							0,0	
	1			1	-678			Krieg von Song/Sung, Qi/Chi/Khi u. Zhu gegen Zheng/Cheng							1,0	1,0							
	1			1	-678			Annektierung von Deng durch Chu/Chu							1,0	1,0							
1	1			1	-675			Krieg von Song/Sung, Qi/Chi/Khi u. Chen gegen Lu							1,0	1,0							
				0	-675			Feldzug Asarhaddons gegen Melid							1,0	1,0							
1				1					Belagerung von Melid (-675)						1,0							0,0	
1				1	-675			Plünderungseinfall von Medern in Kisesim							3,1	3,1							
				1					Belagerung von Kisasa (-675)						1,0							0,0	
				0					Belagerung von Sissirtu (-675)						1,0							0,0	
1				0					Belagerung von Bit Kari (-675)						1,0							0,0	
1				0	-674			Plünderungseinfall Elams in Babylonien							1,0	1,0							
				1					Belagerung von Sippar (-674)						1,0							0,0	
	1			0	-674			1. Feldzug Asarhaddons nach Ägypten							1,0								
1				1					Schlacht von Askalon (-674)						1,0	1,0							

Präd &Retor	Terr Konfl	Hier& Kons Konfl	Alloph Konfl	Se. Konfl	Jahr	bis	Jahr	Konflikt	Ausführungsereignisse (Schlachten, Belagerungen)	Thn. (Tsd.)	Land Schl Tote (Tsd.)	Schl Tote & Verw. (Tsd.)	See Schiffe	Schiffe gesunk.	Kampf-Tote (Tsd.) Zw. Ablage	Kampf-Tote (Tsd.)	Mil. Nicht-KampfTote (Tsd.) Zw. Ablage	Mil. Nicht-Kampf-Tote (Tsd.)	MilTote (Tsd.) Zw. Ablage	Mil. Tote (Tsd.)	Ziv. Tote (Tsd.) Zw. Ablage	Ziv. Tote (Tsd.)	SeTote (Tsd.)
1	1			1	-674			Feldzug Asarhaddons gegen Mehukhkha, Aribi und Baza							1,0	1,0							
	1			1	-674			Plünderungseinfall von Rong in Zhou							1,0	1,0							
	1			1	-673			Feldzug Asarhaddons gegen Urartu							1,0	1,0							
1	1			1	-672			Krieg zwischen Chin u. Qin/Ch'in/Ts'in							1,0	1,0							
	1			0	-672			Feldzug von Jin/Chin/Tsin gegen die Li-Rong	Schlacht von Heyang (-672)						1,0	1,0							
1	1			0	-671			Eroberung Ägyptens durch die Assyrer							4,2	4,2							
				0					Schlacht von Iskhupri (-671)						1,0								
				0					2. Schlacht in Ägypten (-671)						1,0								
				0					3. Schlacht in Ägypten (-671)						1,0								
				0					Belagerung von Memphis (-671)						1,0							0,0	
	1			1	-670	bis	-668	Antiassyrischer Aufstand in Ägypten							1,0	1,0							
	1			1	-670			Krieg zwischen Chin u. Guo-guo							1,0	1,0							
1	1			1	-669			Plünderungseinfall von Jung in Zhao/Chao							1,0	1,0							
	1			1	-668			Krieg von Lu, Song u. Qi gegen Xu/Xurong/Xuyi/Xufang							1,0	1,0							
	1			1	-668			Krieg von Lu gegen Rong							1,0	1,0							
	1			0	-668			Krieg zwischen Argos und Sparta	Schlacht von Hysiai (-668)						1,0	1,0							
	1			1	-667			Feldzug Assurbanipals gegen Arvad							1,0	1,0							
	1			1	-667			1. Assyrischer Feldzug gegen Ägypten der Regierung Assurbanipal							5,2	5,2							
				0					Schlacht von Karbaniti (-667)						1,0							0,0	
				0					Belagerung von Memphis (-667)						1,0							0,0	
				0					Belagerung von Sais (-667)						1,0							0,0	
				0					Belagerung von Bintiti (-667)						1,0							0,0	
				0					Belagerung von Samu (-667)						1,0								
	1			1	-666			Unterwerfung von Wei (Kiai-tcheou) durch Jin/Chin/Tsin							1,0	1,0							
	1			1	-666			Angriff von Jin/Chin/Tsin auf Zheng/Cheng							1,0	1,0							
1	1			1	-665			Plünderungseinfall von Zheng/Cheng in Xu/Xurong/Xuyi/Xufang							1,0	1,0							
1	1			0	-665			Plünderungseinfall von Tchi-Ti in Honan							1,0	1,0							
	1			1	-664			Feldzug von Yen u. Qu/Ch'i/Khi gegen die Shan-Rong/Bei-Rong	Schlacht an der Young-See (-665)						1,0	1,0							
	1			1	-663			2. Assyr. Feldzug gegen Ägypten der Regierung Assurbanipal							1,0	1,0							
	1			0	-663			Unterwerfung von Guo durch Jin/Chin/Tsin	Belagerung von Theben (-663)						2,1							0,0	
	1			0	-663				Belagerung von Hia-yang (-663)						1,0							0,0	
	1			1	-662			Assyrischer Feldzug gegen Tyros	Belagerung von Tyros (-662)						1,0							0,0	
	1			1	-662			Expansion der Di/Ti in Nordchina							1,0	1,0							
	1			1	-662	bis	-605	Invasion der Di/Ti in Wei/Liang (-662 bis -660)							2,1	2,1							
	1			0					Schlacht von Yong (-661)						1,0	1,0							
	1			0				Invasion der Di/Ti in Wey/Wei (-647)	Schlacht von Yingze (-660)						1,0								
	1			1				Invasion der Di/Ti in Wey/Wei (-639)	Schlacht von Louzi (-641)						1,0	1,0							

ANLAGE 10

Präd &Retor	Terr Konfl	Hier& Kons	Alloph Konfl	Se. Konfl	Jahr	bis	Jahr	Konflikt	Ausführungsereignisse (Schlachten, Belagerungen)	Land Th. (Tsd.)	Land Schl Tote (Tsd.)	Land Schl Tote & Verw. (Tsd.)	See Schiffe	See Schiffe gesunk.	Kampf Tote (Tsd.) Zw. Ablage	Kampf Tote (Tsd.)	Mil. Nicht-KampfTote (Tsd.) Zw. Ablage	Mil. Nicht-Kampf-Tote (Tsd.)	MilTote (Tsd.) Zw. Ablage	Mil. Tote (Tsd.)	Ziv. Tote (Tsd.) Zw. Ablage	Ziv. Tote (Tsd.)	SeTote (Tsd.)
	1			1				Invasion der Di/Ti in Zheng/Cheng (-636)							1,0	1,0							
	1			1				Invasion der Di/Ti in Chi (-630)							1,0	1,0							
	1			1				Invasion der Di/Ti in Wey/Wei (-629 bis -628)							1,0	1,0							
	1			0					Belagerung von Wey/Wei (-629)							1,0						0.0	
	1			1				Invasion der Di/Ti in Ji (-627)							1,0	1,0							
	1			0					Schlacht von Ji (-627)							1,0							
	1			1				Invasion der Di/Ti in Qin/Chin/Ts'in (-623)							1,0	1,0							
	1			1				Invasion der Di/Ti in Chi (-618)							1,0	1,0							
	1			1				Invasionder Di/Ti in Song/Sung (-617)							1,0	1,0							
	1			1				Invasion der Di/Ti in Xian (-617)							1,0	1,0							
	1			1				Invasion der Di/Ti in Qi/Ch'i/Khi (-616)							1,0	1,0							
	1			1				Invasion der Roten Di/Ti in Qi/Ch'i/Khi (-606)							1,0	1,0							
	1			1				Invasion der Roten Di/Ti in Qi/Ch'i/Khi (-605)							1,0	1,0							
	1			1		-660		Feldzug von Jinn gegen die Dongstan-Chidi							1,0	1,0							
	1			1		-660		Feldzug von Westliches Guo gegen die Quanrong/Xirong/W. Rong							1,0	1,0							
	1			1		-660		Assyrischer Feldzug gegen Mannea/Mannai	Belagerung von Izirtu (-650)							1,0	1,0						0.0	
	1			0		-660		Assyrischer Feldzug gegen Kirbit							1,0	1,0							
	1			0		-659	bis	-638	Krieg zwischen Lu u. Zhu							3,1	3,1							
				0					Schlacht von Yan (-659)							1,0							
				0					Schlacht von Li (-659)							1,0							
				0					Schlacht von Shenqxing (-638)							1,0							
	1			1		-658		Rückeroberung von Wei/Liang durch Qin/Chin/Ts'in							1,0	1,0							
	1			1		-658		Feldzug von Jin/Chin/Tsin und Yu gegen Westliches Guo							1,0	1,0							
	1			1		-658		Krieg von Chu/Ch'u gegen Zheng/Cheng							1,0	1,0							
1				1		-656		Straffeldzug von Qi/Ch'i/Khi gegen Kai und Chu/Ch'u							1,0	1,0							
	1			1		-656		Assyrischer Feldzug gegen Mannea/Mannai							10,4	10,4							
				0					Belagerung von Izirtu (-656)							1,0							0.0	
				0					Belagerung von Urmuigati (-656)							1,0							0.0	
				0					Belagerung von Ushbia (-656)							1,0							0.0	
				0					Belagerung von Paddiri (-656)							1,0							0.0	
				0					Belagerung von Arisyanish (-656)							1,0							0.0	
				0					Belagerung von Frisityana (-656)							1,0							0.0	
				0					Belagerung von Birrua (-656)							1,0							0.0	
				0					Belagerung von Sarruiklin (-656)							1,0							0.0	
				0					Belagerung von Gusune (-656)							1,0							0.0	
				0					Belagerung von Biruti (-656)							1,0							0.0	
	1			0		-656		Assyrischer Feldzug gegen Meder							1,0	1,0							
	1			1		-655		Annektierung von Westliches Guo u. Yu durch Qi/Ch'i/Khi							1,0	1,0							
				0					Belagerung von Shangyang (-655)							1,0							0.0	
1	1			1		-654		Krieg von Qi/Ch'i/Khi, Lu, Song, Ch'en, Wey u. Cao gegen Zheng							1,0	1,0							
				0					Belagerung von Xincheng (-654)							1,0							0.0	
	1			1		-653		Krieg von Qi/Ch'i/Khi gegen Zheng/Cheng							1,0	1,0							

498

ANLAGE 10

Präd &Retor	Terr Konfl	Hier& Kons	Alloph Konfl	Se. Konfl	Jahr	bis	Jahr	Konflikt	Ausführungsereignisse (Schlachten, Belagerungen)	Thn. (Tsd.)	Land Schl. Tote (Tsd.)	Schl. Tote & Verw. (Tsd.)	See Schiffe	Schiffe gesunk.	Kampf-Tote (Tsd.) Zw. Ablage	Kampf-Tote (Tsd.)	Mil. Nicht-KampfTote (Tsd.) Zw. Ablage	Mil. Nicht-Kampf Tote (Tsd.)	MilTote (Tsd.) Zw. Ablage	Mil. Tote (Tsd.)	Ziv. Tote (Tsd.) Zw. Ablage	Ziv. Tote (Tsd.)	SeTote (Tsd.)
	1			1	-653			Krieg Elams gegen Assyrien	Schlacht bei Tulliz (-653)						1,0	1,0							
				0	-653										1,0	1,0							
	1			1	-653			Ägyptischer Unabhängigkeitskrieg gegen die Assyrer							1,0								
	1			1	-652			Antiassyrischer Aufstand in Gambulu							2,1	2,1							
				0	-652				Schlacht von Hiritu (-652)						1,0								
				0	-652				Belagerung von Shapi-Bel (-652)						1,0							0,0	
1				1	-652			2. Plünderungseinfall von Kimmerern in Lydien							1,0	1,0							
				0	-652				Belagerung von Sardeis (-652)						1,0							0,0	
	1			1	-652	bis	-648	Unabhängigkeitskrieg, Babylons gegen Assyrien							3,1	3,1							
				0					Belagerung von Kutha (-652)						1,0							0,0	
				0					Belagerung von Borsippa (-650 bis -648)						1,0							0,0	
				0					Belagerung von Babylon (-650 bis -648)						1,0							0,0	
	1			1	-651			Krieg von Qi/Ch'i/Khi gegen die Baima-Di							1,0	1,0							
	1			1	-650			Krieg von Qi/Ch'i/Khi gegen die Shannong/Beirong							1,0	1,0							
	1			1	-650	bis	-621	Feldzug Ägyptens zur Rückeroberung Palästinas u. Syriens							1,0								
				0					Belagerung von Ashdod (-650 bis -621)						1,0	1,0							
	1			1	-650	bis	-500	Griech. Kolonis an der Thrakischen u. Schwarzmeer-Küste							1,0	1,0							
	1			1	-650	bis	-620	3. Messenischer Krieg							1,0	1,0							
	1			1	-649	bis	-648	Unterwerfung von Huang durch Chu/Ch'u							1,0	1,0							
				0	-647			Assyrischer Feldzug gegen Elam	Belagerung von Susa (-647)						1,0							0,0	
1				1	-645			3. Plünderungseinfall von Kimmerern in Lydien							2,1	2,1							
				0					Belagerung von Sardeis (-645)						1,0							0,0	
				0					Belagerung von Magnesia a. Mäander (-645)						1,0							0,0	
1				1	-645			Feldzug der Assyrer gegen die arabischen Kedariter							1,0	1,0							
				0					Schlacht in der Arabischen Wüste (-645)						1,0								
				0	-645			Feldzug von Qin/Ch'in gegen Jin/Chin/Tsin	Schlacht in der Ebene von Han-Yuan (-645)						1,0							0,0	
	1			1	-645			Krieg Chu/Ch'u gegen Xu/Xurong/Xuyi/Xufang	Schlacht von Laolin (-645)						1,0	1,0							
	1			0	-643			Krieg von Qi/Ch'i/Khi u. Xu/Xurong/Xuyi/Xufang gegen Yinshi							1,0	1,0							
	1			1	-642			Krieg von Song/Sung gegen Qi/Ch'i/Khi	Schlacht von Yan (-642)						1,0	1,0							
				0	-642	bis	-614	Raubzüge der Skythen im Nahen Osten	Schlacht in Medien (-642)						2,1	2,1							
				0	-641				Belagerung von Askalon (-632)						1,0							0,0	
	1			1	-641			Krieg von Song gegen Cao	Belagerung von Cao (-641)						1,0	1,0							
				0	-641			Krieg von Chun gegen Sui							1,0	1,0							0,0	

Präd &Retor	Terr Konfl	Hier& Kons	Alloph Konfl	Se. Konfl	Jahr	bis	Jahr	Konflikt	Ausführungsereignisse (Schlachten, Belagerungen)	Thn. (Tsd.)	Land Schl. Tote (Tsd.)	Schl. Tote & Verw. (Tsd.)	See Schiffe	Schiffe gesunk.	Kampf-Tote (Tsd.) Zw. Ablage	Kampf-Tote (Tsd.)	Mil. Nicht-KampfTote (Tsd.) Zw. Ablage	Mil. Nicht-Kampf-Tote (Tsd.)	MilTote (Tsd.) Zw. Ablage	Mil. Tote (Tsd.)	Ziv. Tote (Tsd.) Zw. Ablage	Ziv. Tote (Tsd.)	SeTote (Tsd.)
1	1			1	-640			Assyrischer Feldzug gegen die Kimmerer Kilikiens							1,0	1,0							
1	1			1	-640			Krieg zwischen Naxos u. Paros	Seeschlacht von Kykladen (-640)						1,0	1,0							
1	1			0	-638			Krieg von Song/Sung, Wei, Wu u. Teng gegen Zheng/Cheng							1,0	1,0							
1	1			1	-638	bis	-637	Unterwerfung von Song/Sung durch Chu/Ch'u							1,0	1,0							
1	1			0	-638			Krieg von Lu gegen Zhu	Schlacht von Hongshui (-638)						1,0	1,0							
1	1			1	-637			Intervention von Qin/Chin/Khi in Jin/Chin/Tsin							3,1	3,1							
									Belagerung von Ling-hou (-637)						1,0							0,0	
									Belagerung von Sang-tshisouen (-637)						1,0							0,0	
									Belagerung von Kieou-ngai (-637)						1,0							0,0	
1	1			1	-637	bis	-635	Krieg von Chu/Ch'u gegen Ch'en							1,0	1,0							
1	1			1	-637			Krieg von Qi und Xu/Xurong/Xuyi/Xufang gegen Song							1,0	1,0							
									Belagerung von Min (-637)						1,0							0,0	
1	1			0	-635			Unterwerfung von Yuan durch Jin/Chin/Tsin							1,0	1,0							
1	1			1	-635			Unterwerfung von Xing durch Wei							1,0	1,0							
1	1			1	-635			Krieg zwischen Chu/Ch'u u. Qin/Chin/Ts'in	Schlacht von Ruo (-635)						1,0	1,0							
1	1			0	-634	bis	-633	Krieg von Qi und Song gegen Lu, Chu, Cai/Ts'ai und Zheng/Cheng							3,1	3,1							
									Belagerung von Min (-634)						1,0							0,0	
									Belagerung von Gu (-634)						1,0							0,0	
									Belagerung von Shangpui(-633)						1,0							0,0	
1	1			1	-632	bis	-630	Krieg von Chu, Cao, Wey und Xu gegen Jin, Qi Song, Qin und Lu							9,5	9,5							
									Belagerung von Shangqiu (-632)						1,0							0,0	
									Belagerung von Shancai (-632)						1,0							0,0	
									Schlacht von Chengpu (-632)	80					6,4								
									Belagerung von Xu (-631 bis -630)						1,0							0,0	
1		1		1	-631	bis		Assyrischer Thronfolgekrieg							1,0	1,0							
1	1			1	-630			Krieg von Jin/Chin/Tsin u. Qin/Ch'in/Ts'in gegen Zheng/Cheng	Belagerung von Zheng (-630)						1,0	1,0						0,0	
1	1			0	-629	bis		Invasion von Di/Ti in Wei/Liang							1,0	1,0							
1	1			1	-629	bis		Assyrischer Feldzüge gegen Palästina							1,0	1,0							
1	1			1	-628	bis		Annektierung von Hua durch Qin/Chin/Tsin							1,0	1,0							
1	1			1	-627	bis	-615	Krieg zwischen Jin/Chin/Tsin u. Qin/Chin/Ts'in							13,5	13,5							
									Schlacht von Xiaoshan (-627)						1,0	1,0							
									Belagerung von Zilou (-627)						1,0	1,0							
									Schlacht von Zhishui (-627)						1,0	1,0							
									Schlacht von Pengya (-625)						1,0	1,0							
									Schlacht von Wangguan (-624)						1,0	1,0							
									Schlacht von Yao (-627)						1,0	1,0							
									Belagerung von Xincheng (-624)						1,0	1,0						0,0	

Präd&Relev	Terr Konfl	Hier&Kons	Alloph Konfl	Se.Konfl	Jahr	bis	Jahr	Konflikt	Ausführungsereignisse (Schlachten, Belagerungen)	Tln. (Tsd.)	Land Schl. Tote (Tsd.)	Schl. Tote & Verw. (Tsd.)	See Schiffe	Schiffe gesunk.	Kampf-Tote (Tsd.) Zw. Ablage	Kampf-Tote (Tsd.)	Mil. Nicht-KampfTote (Tsd.) Zw. Ablage	Mil. Nicht-Kampf-Tote (Tsd.)	MilTote (Tsd.) Zw. Ablage	Mil. Tote (Tsd.)	Ziv. Tote (Tsd.) Zw. Ablage	Ziv. Tote (Tsd.)	SeTote (Tsd.)
1				0					Schlacht von Xirong/Jung (-623)						1,0	1,0							
1				0					Schlacht von Linghu (-620)						1,0	1,0							
1				0					Belagerung von Wucheng (-619)						1,0							0,0	
1				0					Belagerung von Shaoliang (-617)						1,0							0,0	
1				0					Belagerung von Jima (-615)						1,0							0,0	
1				0					Schlacht von Hequ (-615)						1,0	1,0							
1	1			1	-626			Krieg zwischen Chin u. Wey/Wei							1,0	1,0							
1				0					Schlacht von Qi (-626)						1,0	1,0							
1	1			1	-626	bis	-621	Babylonischer Unabhängigkeitskrieg							6,2	6,2							
1				0					Belagerung von Nippur (-626)						6,2							0,0	
1				0					Belagerung von Raqmat (-625)						1,0							0,0	
1				0					Schlacht an der Banttu Channel (-624)						1,0								
1				0					Belagerung von Uruk (-624)						1,0							0,0	
1				0					Belagerung von Der (-623)						1,0							0,0	
1				0					Belagerung von Nippur (-621)						1,0							0,0	
1	1	1		1	-624	bis	-614	Plünderungseinfall von Skythen in Ägypten							1,0	1,0							
1	1			1	-624			Krieg von Lu, Chin, Song/Sung, Ch'en, Wey/Wei u. Zheng/Cheng gegen Ch'en							1,0	1,0							
1	1			1	-624	bis	-623	Krieg von Qin/Ch'in/Ts'in gegen Chin							1,0	1,0							
1	1			1	-623			Assyrischer Bürgerkrieg							1,0	1,0							
1	1			1	-623			Unterwerfung von Jiang durch Chu/Ch'u							1,0	1,0							
1				0					Belagerung von Jiang (-624 bis -623)						1,0	1,0						0,0	
1	1			1	-623			Unterwerfung von Xirong/Jung durch Qin/Ch'in/Ts'in							1,0	1,0							
1	1			1	-622			Eroberung von Liu u. Lioao durch Qin/Ch'in/Ts'in							1,0	1,0							
1	1			1	-622			Krieg von Qin/Ch'in/Ts'in gegen Ruo							1,0	1,0							
1	1			1	-616			Krieg von Chu/Ch'u gegen Zheng/Cheng und Zhao/Chao							1,0	1,0							
1	1			1	-616			Krieg zwischen Lu u. Souman							1,0	1,0							
1				0					Schlacht von Xian (-616)						1,0	1,0							
1	1			1	-616			Invasion der Di/Ti in Song/Sung							1,0	1,0							
1	1			1	-616	bis	-609	Medisch-Neubabylonischer Krieg gegen Assyrien							16,6	16,6							
1				0					Schlacht von Kablinu (-616)						1,0	1,0							
1				0					Belagerung von Mane (-616)						1,0							0,0	
1				0					Belagerung von Sahiri (-616)						1,0							0,0	
1				0					Belagerung von Bali-hu (-616)						1,0							0,0	
1				0					Schlacht von Madanu (-616)						1,0	1,0							
1				0					Belagerung von Assur (-615)						1,0							0,0	
1				0					Schlacht von Takritain (-615)						1,0	1,0							
1				0					Belagerung von Tarbisu (-614)						1,0							0,0	
1				0					Belagerung von Assur (-614)						1,0							0,0	
1				0					Belagerung von Ninive (-612)						1,0							0,0	
1				0					Belagerung von Nimrud (-612)						1,0							0,0	
1				0					Belagerung von Sulacuna (-611)						1,0							0,0	
1				0					Belagerung von Ruggulitu (-611)						1,0							0,0	
1				0					Belagerung von Haran (-611)						1,0							0,0	
1				0					Schlacht von Megiddo (-609)						1,0	1,0							
1				0					Belagerung von Haran (-609)						1,0							0,0	

ANLAGE 10

Präd & Retor Konfl	Terr Konfl	Hierk Kons	Alloph Konfl	Se. Konfl	Jahr	bis	Jahr	Konflikt	Ausführungsereignisse (Schlachten, Belagerungen)	Tln. (Tsd.)	Land Schl Tote (Tsd.)	Schl Tote & Verw. (Tsd.)	See Schlacht	Schiffe	Schiffe gesunk.	Kampf-Tote (Tsd.) Zw. Ablage	Kampf-Tote (Tsd.)	Mil. Nicht-KampfTote (Tsd.) Zw. Ablage	Mil. Nicht-Kampf-Tote (Tsd.)	MilTote (Tsd.) Zw. Ablage	Mil. Tote (Tsd.)	Ziv. Tote (Tsd.) Zw. Ablage	Ziv. Tote (Tsd.)	SeTote (Tsd.)
1	1			1	-613			Antibabylonischer Aufstand in Sunhu																
				0					Belagerung von Rahi-ilu (-613)							2,1	2,1						0,0	
				0					Belagerung von Anati (-613)							1,0							0,0	
	1			1	-612	bis	-610	Krieg von Qi/Chi/Khi gegen Lu und Cao								1,0	1,0							
	1			1	-611			Eroberung von Yong durch Chu/Ch'u								1,0	1,0							
	1			1	-610	bis	-607	Krieg zwischen Jin, Wei, Chen und Zheng gegen Song								1,0	1,0							
	1			1	-610	bis	-600	Krieg Lydiens gegen Milet								2,1	2,1							
				0					Schlacht von Limencion (-609)							1,0								
				0					Schlacht in der Maiander-Ebene (-607)							1,0								
1	1			1	-608			Feldzug Nabopolassars gegen Urartu								2,1	2,1							
	1			1	-608	bis	-606	Krieg von Chu, Cao u. Zheng gegen Chen, Song, Jin u. Wei								2,1	2,1							
1				0					Schlacht von Daji (-607)							1,0							0,0	
1				0					Belagerung von Taoqui (-606)							1,0								
	1			1	-608	bis	-597	Krieg zwischen Chu/Ch'u u. Jin/Chin/Tsin (Teil -7.Jh.)								1,0	1,0							
				0					Schlacht von Bellin (-608)							1,0	1,0							
				0			-601	Feldzug von -601								1,0	1,0							
	1			1	-607			Feldzug Nebuchadnezars in den Norden Assyriens								1,0	1,0							
				0					Belagerung von Biranati (-607)							1,0							0,0	
	1			1	-606			Feldzug Nebuchadnezars in den Norden Assyriens								4,2	4,2							
				0					Belagerung von Kimuhu (-606)							1,0	1,0						0,0	
				0					Belagerung von Sunadiri (-606)							1,0	1,0						0,0	
				0					Belagerung von Elammu (-606)							1,0	1,0						0,0	
				0					Belagerung von Dahammu (-606)							1,0	1,0						0,0	
1	1			1	-606	bis	-597	Krieg von Chu/Ch'u gegen Zheng/Cheng								1,0	1,0							
	1			1	-606			Feldzug von Chu/Ch'u gegen die Luhung-Rong								1,0	1,0							
	1			1	-606			Feldzug Neubabyloniens gegen Urartu								1,0	1,0							
	1			1	-606	bis	-605	Invasion der Roten Di/Ti in Qi/Chi/Khi								1,0	1,0							
1				1	-605			Straffeldzug von Chu/Ch'u gegen Zheng/Cheng								1,0	1,0							
	1			1	-605			1. Feldzug Nebuchadnezars gegen N- und W-Syrien (Hamath)								1,0	1,0							
				0					Schlacht von Karkemish (-605)							1,0	1,0						0,0	
				0	-600	bis	-597	Krieg von Chu gegen Zheng und Jin (Teil -7.Jh.)								1,0	1,0							
	1			1	-605			Aufstand in Ju und Tan								1,0	1,0							
	1			1	-604			2. Feldzug Nebukadnezars II. gegen Nord- und Westsyrien (Hatti)								1,0	1,0							
				0					Belagerung von Ashklon (-604)							1,0	1,0						0,0	
1	1			1	-603			3. Feldzug Nebukadnezars II. gegen Nord- und Westsyrien (Hatti)								3,1	3,1							
				0					Belagerung von Gaza (-603)							1,0	1,0						0,0	
				0					Belagerung von Asdod (-603)							1,0							0,0	
				0					Belagerung von Ekron (-603)							1,0							0,0	

ANLAGE 10

Präd &Retor	Terr Konfl	Hier& Kons	Alloph Konfl	Se. Konfl	Jahr	bis	Jahr	Konflikt	Ausführungsereignisse (Schlachten, Belagerungen)	Tln. (Tsd.)	Land Schl Tote (Tsd.)	Land Schl Tote & Verw. (Tsd.)	See Schiffe	See Schiffe gesunk.	Kampf-Tote (Tsd.) Zw. Ablage	Kampf-Tote (Tsd.)	Mil. Nicht-KampfTote (Tsd.) Zw. Ablage	Mil. Nicht-Kampf Tote (Tsd.)	MilTote (Tsd.) Zw. Ablage	Mil. Tote (Tsd.)	Ziv. Tote (Tsd.) Zw. Ablage	Ziv. Tote (Tsd.)	SeTote (Tsd.)
1				1	-603			Krieg von Jin/Chin/Tsin und Wey/Wei gegen Chen							1,0	1,0							
1				1	-602			4. Feldzug Nebukadnezars II. gegen Nord- und Westsyrien (Hatti)							1,0	1,0							
	1			1	-602			Krieg von Lu u. Qi/Ch'i/Khi gegen Lai							1,0	1,0							
1				1	-601			5. Feldzug Nebukadnezars II. gegen Nord- und Westsyrien (Hatti)							1,0	1,0							
				0	-601			Annektierung von Shuliao durch Chu	Schlacht in Palästina (-601)						1,0	1,0							
1				1	-601			Krieg von Jin/Chin/Tsin u. Weiße Di/Ti gegen Qin/Ch'in/Ts'in							1,0	1,0							
346	19	153	4		177		-7. Jahrhundert								1,04	301		375	1,25	676	0,50	4,4	680
									Default-Werte	0,08	1,51	0,50	0,03	0,10									
1				1	-600			4. Plünderungseinfall von Kimmerern in Lydien							1,5	1,5			1	0,5		0,0	
1				1	-600			1. Keltische Invasion Norditaliens	Schlacht an der Ticinus (-600)						1,5	1,5			1	0,5		0,0	
1				0	-600	bis	-597	Krieg von Chu gegen Zheng und Jin (Teil -6. Jh.)	Schlacht von Yingbei (-599)						1,5	1,5			1	0,5			
				0				Feldzug in -600							4,5	4,5			1	0,5			
				0					Schlacht von Bi (-597)						1,5	1,5			1	0,5			
				0	-599				Belagerung von Xinsheng (-597)						1,5	1,5			1	0,5		0,0	
1				1	-598			6. Feldzug Nebukadnezars II. gegen Hatti-Land							1,5	1,5			1	0,5			
1				0	-598			1. Feldzug Nebukadnezars II. gegen Juda	Belagerung von Jerusalem (-597)						1,5	1,5			1	0,5		0,0	
	1			1	-596	bis	595	Krieg von Chu/Ch'u gegen Song/Sung	Belagerung von Shangqiu (-595)						1,5	1,5			1	0,5		0,0	
	1			1	-595			Krieg von Chu/Ch'u gegen Qi/Ch'i/Khi	Schlacht von Bi (-595)						3,0	3,0			1	0,5			
				0					Schlacht von Yanling (-575)						1,5	1,5			1	0,5			
1				1	-594	bis	-590	1. Heiliger Krieg							3,0	3,0			1	0,5		0,0	
				0	-594				Belagerung von Krisa (-590)						1,5	1,5			1	0,5		0,0	
		1		0				Vernichtungsfeldzug von Qin/Ch'in gegen die Roten Di/Ti	Belagerung von Kyrrha (-590)						1,5	1,5			1	0,5			
	1			1	-594			Krieg von Jin/Chin/Tsin gegen Qin/Ch'in	Schlacht von Fushu (-594)						1,5	1,5			1	0,5			
			1	0	-592			Feldzug Psammetichs II. gegen Nubien							1,5	1,5			1	0,5			
1				1	-591			Unterwerfung Urartus durch die Meder							1,5	1,5			1	0,5			
	1			1	-591	bis	-585	Krieg der Meder gegen die Lyder	Belagerung von Rabbat-Ammon (-590)						3,0	3,0			1	0,5		0,0	
				0					Schlacht an der Halys (-585)						1,5	1,5			1	0,5			
1				1	-591	bis	-589	Krieg von Qi/Ch'i/Khi gegen Jin/Chin/Tsin, Lu, Wey/Wei und Cao	Schlacht von Long (-589)						5,0	5,0			1	0,5			
				0					Schlacht von Xinzhu (-589)						1,5				1	0,5			
				0					Schlacht von An (-589)	20					2,0				1	0,5			

Präd &Retor	Terr Konfl	Hier& Kons	Alloph Konfl	Se. Konfl	Jahr	bis	Jahr	Konflikt	Ausführungsereignisse (Schlachten, Belagerungen)	Tln. (Tsd.)	Land Schl Tote (Tsd.)	Schl Tote & Verw. (Tsd.)	See Schiffe	Schiffe gesunk.	Kampf-Tote (Tsd.) Zw. Ablage	Kampf-Tote (Tsd.)	Mil. Nicht-KampfTote (Tsd.) Zw. Ablage	Mil. Nicht-Kampf-Tote (Tsd.)	MilTote (Tsd.) Zw. Ablage	Mil. Tote (Tsd.)	Ziv. Tote (Tsd.) Zw. Ablage	Ziv. Tote (Tsd.)	SeTote (Tsd.)
1	1			1	-588	bis	-586	2. Feldzug Nebukadnezars II. gegen Juda	Belagerung von Jerusalem (-588 bis -586)						4,5	4,5							
1				0					Belagerung von Lachis (-587)						1,5				1	0,5		0,0	
1				0					Belagerung von Tyros (-585 bis -573)						1,5				1	0,5		0,0	
1	1			1	-588			Krieg zw. Lu, Jin/Chin/Tsin, Song/Sung, Wey/Wei u. Cao gg Zheng/Cheng	Schlacht von Ji (-588)						3,0	3,0							
1				0					Schlacht von Qiuyu (-588)						1,5				1	0,5			
1	1			1	-588	bis	-577	Krieg zwischen Zheng/Cheng u. Xu/Xurong/Xuyi/Xufang	Belagerung von Tancheng (-582)						1,5				1	0,5		0,0	
1	1			0	-585	bis	-584	Krieg von Chu/Ch'u gegen Zheng/Cheng und Jin/Chin/Tsin							1,5	1,5			1	0,5			
1	1			0	-582			Krieg zwischen Chu/Ch'u u. Ju	Schlacht von Ququan (-582)						1,5	1,5			1	0,5			
1	1			1	-581			Krieg von Wey/Wei u. Cao gegen Zheng/Cheng	Schlacht von Wey/Wei u. Cao gegen Zheng/Cheng						1,5	1,5			1	0,5			
1	1			1	-580			Krieg Segestas gegen Selinous							1,5	1,5							
1	1			1	-579			Krieg zwischen Jin/Chin/Tsin u. Di/Ti							1,5	1,5			1	0,5			
1	1			0	-578	bis	-574	Krieg von Jin, Qi, Lu, Song, Wey, Zheng, Cao, Chu, Teng gg Qin	Schlacht von Jiaogang (-579)						1,5	1,5							
1	1			1	-575	bis	-572	Krieg von Jin, Yin, Lu, Shan, Song, Wei, Cao gg Chu, Zheng	Schlacht von Mazhui (-578)						9,0	9,0			1	0,5			
1				0					Schlacht von Janling (-575)						1,5				1	0,5			
1				0					Schlacht von Shaoling (-575)						1,5				1	0,5			
1				0					Schlacht von Yingshang (-575)						1,5				1	0,5			
1				0					Schlacht von Gaoshi (-574)						1,5				1	0,5			
1				0					Schlacht von Pengcheng (-573)						1,5				1	0,5			
1				0					Schlacht von Weishang (-572)						1,5				1	0,5			
1	1			1	-574			Annektierung von Shuyong durch Chu/Ch'u							2,0	2,0							
1				0	-570			Krieg von Chu/Ch'u gegen Wu	Schlacht von Zhensui (-570)	20					2,0	2,0			1	0,5			
1	1			1	-570			Ägyptischer Feldzug gegen Kyrene							1,5	1,5			1	0,5			
1	1			0	-570			Dorisch-Ionischer Krieg auf dem Peloponnes	Belagerung von Pisa (-570)						1,5	1,5			1	0,5		0,0	
1	1			1	-570	bis	-550	Krieg der griech. Siedler Libyens gg Einheimische u. Ägypten							2,5	2,5			1	0,5			
1				0					Schlacht von Irasa (-570)	10					1,5				1	0,5			
1				0					Schlacht von Leukon (-550)						1,0				1	0,5			
1		1		1	-570			Ägyptischer Bürgerkrieg	Schlacht von Kyrene (-570)	11					2,6	2,6			1	0,5			
1				0					Schlacht von Monemphis (-569)						1,1				1	0,5			
1	1			1	-568	bis	-566	Krieg von Chu/Ch'u gegen Ch'en	Belagerung von Ying (-566)						1,5	1,5			1	0,5		0,0	
1	1			1	-568			Feldzug Nebukadnezars II. gegen Ägypten							1,5	1,5			1	0,5			
1	1			1	-567			Invasion Palästinas durch Ägypten							1,5				1	0,5			
1	1			1	-567			Unterwerfung von Lai durch Qi/Ch'i/Khi							1,5				1	0,5			

Präd &Retor	Terr Konfl	Hier& Kons	Alloph Konfl	Se. Konfl	Jahr	bis	Jahr	Konflikt	Ausführungsereignisse (Schlachten, Belagerungen)	Tln. (Tsd.)	Land Schl. Tote (Tsd.)	Schl. Tote & Verw. (Tsd.)	See Schiffe	See Schiffe gesunk.	Kampf-Tote (Tsd.) Zw. Ablage	Kampf-Tote (Tsd.)	Mil. Nicht-KampfTote (Tsd.) Zw. Ablage	Mil. Nicht-Kampf Tote (Tsd.)	MilTote (Tsd.) Zw. Ablage	Mil. Tote (Tsd.)	Ziv. Tote (Tsd.) Zw. Ablage	Ziv. Tote (Tsd.)	SeTote (Tsd.)
1	1			1	-565	bis	-560	Lydischer Krieg zur Unterwerfung ionischer Städte							3,0	3,0							
1				0					Belagerung von Smyrna (-565)						1,5				1	0,5		0,0	
1				0					Belagerung von Ephesos (-560)						1,5				1	0,5		0,0	
1	1			1	-564	bis	-546	Krieg zwischen Jin, Lu, Song Wey, Cao, u.a. gg Qin, Zheng, Chu						25,5	25,5								
1				0					Schlacht von Yinkou (-564)						1,5				1	0,5			
1				0					Belagerung von Biyang (-563)						1,5				1	0,5		0,0	
1				0					Schlacht von Xiao (-563)						1,5				1	0,5			
1				0					Schlacht von Li (-562)						1,5				1	0,5			
1				0					Schlacht von Yongfu (-562)						1,5				1	0,5			
1				0					Schlacht von Yulin (-559)						1,5				1	0,5			
1				0					Belagerung von Xinzheng (-558)						1,5				1	0,5		0,0	
1				0					Einfall von Chun (-557)						1,5				1	0,5			
1				0					Belagerung von Xinzheng (-557)						1,5				1	0,5		0,0	
1				0					Belagerung von Tao (-556)						1,5				1	0,5		0,0	
1				0					Belagerung von Fang (-556)						1,5				1	0,5		0,0	
1				0					Schlacht von Pingyin (-555)						1,5				1	0,5			
1				0					Belagerung von Yongqiu (-555)						1,5				1	0,5		0,0	
1				0					Schlacht von Lingting (-550)						1,5				1	0,5			
1				0					Schlacht von Jinze (-549)						1,5				1	0,5			
1				0					Schlacht von Gaotang (-548)						1,5				1	0,5			
1				0					Schlacht von Shujiu (-548)						1,5				1	0,5			
1	1			1	-557			Feldzug Neriglissars gegen Pirindu (Kilikien)		10					3,5	3,5							
1				0					Belagerung von Ura (-557)		10				1,0				1	0,5		0,0	
1				0					Belagerung von Kirsi (-557)						1,0				1	0,5		0,0	
1				0					Belagerung von Pitusu (-557)						1,5				1	0,5		0,0	
1	1			1	-555			Feldzug des Nabonidus gegen Hume (Kilikien)						1,5	1,5								
1	1			1	-553			Feldzug des Nabonidus gegen Edom						1,5	1,5								
1		1		1	-553			Krieg von Syrakus gegen Kamarina						1,5	1,5								
1				0					Belagerung von Kamarina (-553)						1,5				1	0,5		0,0	
1	1			1	-550			Persischer Aufstand gegen die Meder						3,0	3,0								
1				0					Belagerung von Ekbatana (-550)						1,5				1	0,5		0,0	
1				0					Schlacht von Pasargade (-550)						1,5				1	0,5			
1	1			1	-550			Krieg Kayrenes gegen die Libyer		5,0				8,0								
1				0					Schlacht von Leukon (-550)						1,5				1	0,5			
1	1			1	-550			Expansionskrieg Spartas auf dem Peloponnes						1,5	1,5								
1				0					Schlacht von Thyrea (-550)		*				1,5				1	0,5		0,0	
1	1			1	-550			1. Siritischer Krieg						1,5	1,5								
1				0					Belagerung von Siris (-550)						1,5				1	0,5		0,0	
1	1			1	-550			Krieg von Magadha gegen Anga						1,5	1,5								
1				0					Belagerung von Champa (-550)						1,5				1	0,5		0,0	
1	1			0	-549	bis		Krieg zwischen Chu/Chou u. Zheng/Cheng						1,5	1,5								
1	1			1	-548			Krieg zwischen Zheng/Cheng und Chen						1,5	1,5								
1			1		-547			Krieg von Jin (mit Yan) gegen Qi (mit Wei/Liang)						4,5	4,5								
1				0					Schlacht von Maoshi (-547)						1,5				1	0,5			
1				0					Belagerung von A (-547)						1,5				1	0,5			
1				0					Belagerung von Bin (-547)						1,5				1	0,5		0,0	
1	1			1	-547	bis	-544	Unterwerfung Lydiens durch die Perser		50				19,5	19,5								
1				0					Schlacht von Pteria (-546)						5,0				3	3,0			

Präd &Rector	Terr Konfl	Hier& Kons	Alloph Konfl	Se. Konfl	Jahr	bis	Jahr	Konflikt	Ausführungsereignisse (Schlachten, Belagerungen)	Land Tn. (Tsd.)	Land Schl. Tote (Tsd.)	Land Schl. Tote & Verw. (Tsd.)	See Schiffe	See Schiffe gesunk	Kampf-Tote (Tsd.) Zw. Ablage	Kampf-Tote (Tsd.)	Mil. Nicht-KampfTote (Tsd.) Zw. Ablage	Mil. Nicht-Kampf-Tote (Tsd.)	MilTote (Tsd.) Zw. Ablage	Mil. Tote (Tsd.)	Ziv. Tote (Tsd.) Zw. Ablage	Ziv. Tote (Tsd.)	SeTote (Tsd.)
1				0					Schlacht von Sardeis / Thymbra (-546)	50					5.0				3	3.0			
1				0					Belagerung von Sardeis (-546)	50					5.0				3	3.0		0.0	
1				0					Belagerung von Phokaia (-545)						1.5				1	0.5		0.0	
1				0					Belagerung von Teos (-545)						1.5				1	0.5		0.0	
1				0					Belagerung von Xanthos (-544)						1.5				1	0.5		0.0	
1	1			0			-546	Krieg von Jin/Chin/Tsin gegen Lu	Belagerung von Gaouyu (-546)						1.5	1.5			1	0.5			
1	1			1			-545	1. Karthagische Eroberungsfeldzug gegen Sardinien	Seeschlacht von Alalia (-545)						1.5	1.5							
1	1			0			-545	Persischer Eroberung von Parthien							1.5	1.5			1	0.5			
1	1			1			-543	Persischer Eroberung von Sogdanien							1.5	1.5			1	0.5			
1	1			1			-541	Persischer Eroberung von Baktrien							1.5	1.5							
1	1			1			-541	Krieg von Jin/Chin/Tsin und Lu gegen Di/Ti	Schlacht von Taiyuan (-541)						1.5				1	0.5			
1	1			0			-540	Unterwerfung von Anga durch Magadha							1.5	1.5			1	0.5			
1	1	1		1			-540	Athenischer Bürgerkrieg	Schlacht von Pallene (-540)						1.5	1.5							
1	1			0			-540	Krieg zwischen Kroton u. Lokris	Schlacht von Sagra (-540)	50					5.0	5.0			1	0.5			
1	1			1			-539	Persische Eroberung von Arachosien	Schlacht von Opis (-539)						1.5	1.5			1	0.5			
1	1			1	-538	bis	-539	Persische Eroberung von Chaldäa	Belagerung von Babylon (-539 bis -538)						3.0	3.0							
1	1			0			-539	Krieg gegen lydische Siedler Korsikas	Seeschlacht von Alalia (-539)					40	4.6	4.6			1	0.5		0.0	
1	1			1			-539	1. Feldzug der Perser gegen den Punjab	Belagerung von Kapisa (-535)						1.5	1.5			1	0.5			
1	1			1	-504	bis	-538	Krieg von Chu/Chu'Ch'u gegen Wu	Schlacht von Zhufang (-538)						31,5	31,5			1	0.5			
1				0					Schlacht von Quean (-537)						1.5	1.5			1	0.5			
1				0					Schlacht von Fangzhong (-536)						1.5	1.5			1	0.5			
1				0					Schlacht von Changan (-535)						1.5	1.5			1	0.5			
1				0					Schlacht von Yuzhang (-530)						1.5	1.5			1	0.5			
1				0					Belagerung von Xu (-529)						1.5	1.5			1	0.5			
1				0					Schlacht von Changan (-525)						1.5	1.5			1	0.5			
1				0					Schlacht von Jifu (-519)						1.5	1.5			1	0.5			
1				0					Schlacht von Qian (-515)						1.5	1.5			1	0.5			
1				0					Schlacht von Yuzhang (-508)						1.5	1.5			1	0.5		0.0	
1				0					Belagerung von Shangcai (-506)						1.5	1.5			1	0.5			
1				0					Schlacht von Boju (-506)						1.5	1.5			1	0.5			
1				0					Schlacht von Zhunxiang (-506)						1.5	1.5			1	0.5			
1				0					1. Schlacht von Yungshi (-506)						1.5	1.5			1	0.5			
1				0					Belagerung von Ying (-506)						1.5	1.5			1	0.5			
1				0					2. Schlacht von Yungshi (-506)						1.5	1.5			1	0.5		0.0	
1				0					Schlacht von Qi (-505)						1.5	1.5			1	0.5			
1				0					Schlacht von Ying (-505)						1.5	1.5			1	0.5			
1				0					Schlacht von Zhun (-505)						1.5	1.5			1	0.5			
1				0					Schlacht von Zhangan (-505)						1.5	1.5			1	0.5			
1				0					Schlacht von Junxiang (-504)						1.5	1.5			1	0.5			

Präd &Aktor	Terr Konfl	Hierk Kons	Alloph Konfl	Se. Konfl	Jahr	bis	Jahr	Konflikt	Ausführungsereignisse (Schlachten, Belagerungen)	Tln. (Tsd.)	Land Schl. Tote (Tsd.)	Land Schl. Tote & Verw. (Tsd.)	See Schiffe	See Schiffe gesunk.	Kampf-Tote (Tsd.) Zw. Ablage	Kampf-Tote (Tsd.)	Mil. Nicht-KampfTote (Tsd.) Zw. Ablage	Mil. Nicht-Kampf-Tote (Tsd.)	MilTote (Tsd.) Zw. Ablage	Mil. Tote (Tsd.)	Ziv. Tote (Tsd.) Zw. Ablage	Ziv. Tote (Tsd.)	SeTote (Tsd.)
1	1			1	-537			Krieg zwischen Lu u. Ju							1,5	1,5							
1				0	-537				Schlacht von Fenquan (-537)						1,5	1,5			1	0,5			
1				1	-534			Annektierung von Chen durch Chu/Ch'u							1,5	1,5			1	0,5			
1				1	-531			Annektierung von Cai/Ts'ai durch Chu/Ch'u							1,5	1,5			1	0,5			
1				1	-530			Unterwerfung von Vriji durch Magadha							1,5	1,5			1	0,5			
1	1			0	-529			Feldzug der Perser gegen die Massageten							1,5	1,5							
1				0	-529				Schlacht an der Araxes (-529)						1,5	1,5			1	0,5			
1	1			1	-529			Feldzug der Spartaner gegen Samos							1,5	1,5			1	0,5		0,0	
1				0	-529				Belagerung von Samos (-529)						1,5	1,5			1	0,5			
1		1		1	-525	bis	-404	Hegemoniekonflikt in Chu/Ch'u / 1. Persische Besetzung von Ägypten							3,0	3,0			1	0,5			
1				0	-525				Schlacht von Pelusion (-525)						1,5				1	0,5			
1				0	-525				Belagerung von Memphis (-525)						1,5				1	0,5			
1			1	0	-525			Feldzug des Kymbyses gegen Äthiopien							1,5	1,5			1	0,5			
1			1	1	-525			Feldzug der Perser gegen die Ammonier							5,0	5,0							
1			1	1	-524			Feldzug der Etrusker u. Italiker gegen Kymiae							5,0	5,0			3	3,0			
1				0	-522			Usurpation des Gaumata	Belagerung von Kymiae (-524)	50					5,0								
1		1		0	-522			1. Aufstand Elams gegen die Perser							1,5	1,5			1	0,5			
1				0	-522	bis	-521	Aufstand in Arachosien gegen die Perser	Belagerung von Sikayauvatis (522)						1,5	1,5			1	0,5		0,0	
1	1			1	-522	bis			Belagerung von Kapisa-kanis (-522)						4,5	4,5			1	0,5			
1				0	-521				Schlacht bei Gandutava (521)						1,5				1	0,5		0,0	
1				0	-521	bis	-520	2. Aufstand Elams gegen die Perser / Aufstand der Armenier gegen die Perser	Belagerung von Arsada (521)						1,5	1,5			1	0,5		0,0	
1				0	-521				Schlacht bei Zuzza (521)						7,5	7,5							
1				0	-521				Schlacht bei Tigra (-521)						1,5				1	0,5			
1				0	-521				Schlacht bei Uyama (521)						1,5				1	0,5			
1				0	-521				Schlacht bei Izala (521)						1,5				1	0,5			
1				0	-520				Schlacht bei Autiyara (-520)						1,5				1	0,5			
1				0	-521	bis	-521	2. Aufstand der Babylonier gegen die Perser	Belagerung von Babylon (-521)						1,5	1,5			1	0,5		0,0	
1				0	-522	bis	-521	Aufstand der Meder gegen die Perser	Schlacht bei Marus (521)						3,0	3,0			1	0,5			
1				0	-521				Schlacht bei Kudurush (-521)						1,5				1	0,5			
1	1			1	-520	bis	-520	Aufstand der Parther und Hykarner gegen die Perser	Schlacht bei Vispauzatis (521)						3,0	3,0			1	0,5			
1				0	-521				Schlacht bei Patigrabana (-521)						1,5				1	0,5			
1	1			1	-521	bis		Aufstand der Margianer gegen die Perser	Schlacht bei Rakha (521)						1,5	1,5			1	0,5			
1				0	-521	bis		Usurpation des Vahyazdata	Schlacht bei Parga (521)						3,0	3,0			1	0,5			
1				0	-520	bis	-519	Feldzug des Dareios I. gegen die Skythen							1,5	1,5			1	0,5		0,0	
1	1			1	-520			Krieg zwischen Boiotiern u. Thessaliern	Schlacht von Keressos (520)						1,5	1,5			1	0,5			
1				0	-520			Straffeldzug der Perser gegen Barke	Belagerung von Barke (-520)						1,5	1,5			1	0,5		0,0	

ANLAGE 10

	Präd &Rhetor	Terr Konfl	Hierk Kons	Alloph Konfl	Se. Konfl	Jahr	bis	Jahr	Se. Konfl	Konflikt	Ausführungsereignisse (Schlachten, Belagerungen)	Th. (Tsd.)	Schl. Tote (Tsd.)	Schl. Tote & Verw. (Tsd.)	Schiffe	Schiffe gesunk	Kampf-Tote (Tsd.) Zw. Ablage	Kampf-Tote (Tsd.)	Mil. Nicht-KampfTote (Tsd.) Zw. Ablage	Mil. Nicht-Kampf-Tote (Tsd.)	MilTote (Tsd.) Zw. Ablage	Mil. Tote (Tsd.)	Ziv. Tote (Tsd.) Zw. Ablage	Ziv. Tote (Tsd.)	SeTote (Tsd.)
1	1				1	-520			1	Unterwerfung von Avanti (Malwa) durch Magadha															
1		1			1	-519	bis	507	1	Krieg zwischen Athen u. Theben							1,5	1,5			1	0,5	0,5		
1		1			1	-518			1	Annektierung von Chao durch Wu							1,5	1,5			1	0,5	0,5		
1		1			1	-517			1	Bürgerkrieg in Lu							1,5	1,5			1	0,5	0,5		
1		1			1	-515			1	2. Feldzug der Perser gegen den Punjab							1,5	1,5			1	0,5	0,5	5,0	
1		1			1	-512			1	1. Feldzug der Perser gegen Europa							1,5	1,5			1	0,5	0,5		
1		1			1	-512			1	Annektierung von Xu durch Wu							1,5	1,5			1	0,5	0,5		
1		1			1	-511	bis	-510	1	Krieg zwischen Kroton u. Sybaris							15,5	15,5				15,5			
1									0		Schlacht an der Traesis (-511)	140						14,0				8	8,0		0,0	
1									0		Belagerung von Sybaris (-510)							1,5	1,5			1	0,5	0,5	0,0	
1		1			1	-510			1	Karthagische Feldzug gegen Tartessos							1,5	1,5			1	0,5	0,5		
1									0		Belagerung von Tartessos (-510)							1,5	1,5			1	0,5	0,5	0,0	
1		1			1	-509			1	Aufstand Roms gegen die Etrusker							1,5	1,5			1	0,5	0,5		
1		1			1	-507			1	Krieg zwischen Wu und Yue							1,5	1,5			1	0,5	0,5		
1									0		Schlacht an der Berg Kuniji (-507)															
1		1			1	-507	bis	-506	1	Krieg der Etrusker zur Unterwerfung Roms u. des Latiums							3,0	3,0							
1									0		Belagerung von Rom (-507 bis -506)							1,5				1	0,5	0,5		
1									0		Schlacht von Aricia (-506)							1,5				1	0,5	0,5	0,0	
1		1			1	-506			1	2. Karthagische Eroberungsfeldzug gegen Sardinien							1,5	1,5			1	0,5	0,5		
1		1			1	-506			1	Annektierung von Shen durch Cai							1,5	1,5			1	0,5	0,5		
1		1			1	-506			1	Krieg der Spartas gegen Athen							3,0	3,0							
1									0		Schlacht in Böotien (-506)							1,5				1	0,5	0,5		
1									0		Schlacht bei Chalkis (-506)							1,5				1	0,5			
1		1			1	-505	bis	-504	1	Krieg von Jin/Chin/Tsin gegen die Tocharer (Ch'uan-jung)							1,5	1,5			1	0,5	0,5	0,0	
1									0		Belag. der Hauptstadt der Tocharer (-504)							1,5				1	0,5	0,5		
1		1			1	-505			1	Krieg von Chu/Ch'u gegen Xia							1,5	1,5			1	0,5	0,5		
1									0		Schlacht von Ying (-505)							1,5				1	0,5	0,5		
1		1			1	-504			1	Annektierung von Xu durch Zheng							1,5	1,5			1	0,5	0,5		
1		1		1	1	-503	bis	-498	1	Hegemoniekrieg in Lu							1,5	1,5			1	0,5	0,5		
1		1			1	-502			1	Krieg Roms gegen die Aurunci							1,5	1,5			1	0,5	0,5		
1									0		Belagerung von Pometia (-502)							6,0	6,0			1	0,5		0,0	
1		1			1	-502	bis	-500	1	Krieg von Jin/Chin/Tsin (mit Lu) gegen Qi/Ch'i/Khi und Wey/Wei							1,5	1,5			1	0,5	0,5		
1		1			1				0		Schlacht von Hui (-502)							1,5				1	0,5	0,5		
1		1			1				0		Schlacht von Zhongxi (-501)							1,5				1	0,5	0,5		
1		1			0				0		Belagerung von Wey/Wei (-500)							1,5				1	0,5	0,5	0,0	
1		1			0				0		Belagerung von Hou (-500)							1,5				1	0,5	0,5	0,0	
254	4	89	6	1	100	**-6. Jahrhundert**			100		Default-Werte	0,10	1,61	0,53	0,03	0,12	1,50	317	1,80	571	888	0,50			893
1		1			1	-500		-500	1	Zerstörung des Lausitz-Reichs durch die Skythen							2,0	2,0			1	0,5		5,0	
1		1			1	-500	bis	-400	1	Kriege zwischen Magadha u. Kosala							2,0	2,0			1	0,5		5,0	
1		1			1	-500	bis	-400	1	Karthagische Expansion auf der Iberischen Halbinsel							4,1				1	0,5			
1		1			0				0		Belagerung von Hemeroskopion (-490)							2,0				1	0,5		0,0	

Präd &Retor	Terr Konfl	Hierk Kons	Alloph Konfl	Se. Konfl	Jahr	bis	Jahr	Konflikt	Ausführungsereignisse (Schlachten, Belagerungen)	Tln. (Tsd.)	Land Schl. Tote (Tsd.)	Schl. Tote & Verw. (Tsd.)	See Schiffe	Schiffe gesunk.	Kampf-Tote (Tsd.) Zw. Ablage	Kampf-Tote (Tsd.)	Mil. Nicht-KampfTote (Tsd.) Zw. Ablage	Mil. Nicht-Kampf Tote (Tsd.)	MilTote (Tsd.) Zw. Ablage	Mil. Tote (Tsd.)	Ziv. Tote (Tsd.) Zw. Ablage	Ziv. Tote (Tsd.)	SeTote (Tsd.)
1				0	-499	bis	-493	Ionischer Aufstand gegen die Perser	Seeschlacht von Hemeroskopeion (-490)						2,0								
1	1			1					Belagerung von Naxos (-499)	5					50,1	50,1						0,0	
1				0					Belagerung von Sardeis (-498)						0,6							0,0	
1				0					Schlacht von Ephesos (-498)						2,0								
1				0					Schlacht von Salamis (-497)						2,0								
1				0					Seeschlacht von Salamis (-497)						2,0								
1				0					Schlacht an der Marsyas (-497)		12,0				19,3								
1				0					Seeschlacht von Lade (-494)	150					18,0							0,0	
1				0					Belagerung von Milet (-494)						2,0								
1				0					Schlacht von Malene (-493)						2,0								
1	1			1	-498			Annektierung von Hou durch Lu							2,0	2,0							
1	1			1	-498			Annektierung von Fei durch Lu							2,0	2,0							
1		1		1	-497	bis	-491	Bürgerkrieg in Jin/Chin/Tsin							2,0	2,0						0,0	
1	1			1	-496			Annektierung von Dun durch Lu							2,0	2,0							
1	1			1	-496			Krieg Roms gegen die Latiner							2,0	2,0							
1				0					Schlacht an der Regillus-See (-496)			30			15,9	15,9							
1				0					Schlacht von Aricia (-495)						2,0								
1	1			1	-496	bis	-494	Krieg von Wu gegen Yüeh/Yuyue							4,1	4,1							
1				0					Schlacht von Zuili (-496)						2,0								
1				0					Schlacht von Fujiao (-494)						2,0								
1	1			1	-495			Annektierung von Hu durch Chu/Ch'u							2,0	2,0							
1	1			1	-494			Argeischer Krieg		6,0				9,7	9,7							
1				0					Schlacht von Sepeia (-494)						9,7								
1				1	-494			Krieg von Chu, Chen, Sui und Xu/Xurong/Xuyi/Xulang gegen Cai/Ts'ai						2,0	2,0							
1				0	-493	bis	-491	Belagerung von Xincai (-494)						2,0	2,0						0,0	
1	1			1				Krieg von Jin/Chin/Tsin gegen Zheng/Cheng	Schlacht von Tie (-493)						6,1	6,1							
1				0					Belagerung von Caoge (-492)						2,0							0,0	
1				0					Belagerung von Handan (-491)						2,0							0,0	
1	1			1	-492			Krieg zwischen Syrakus u. Gela	Schlacht von Heloros (-492)						4,1	4,1							
1				0					Belagerung von Kamarina (-492)						2,0								
1	1			0	-492			2. Feldzug der Perser gegen Europa	Schiffbruch der pers. Flotte am Athos (-492)						2,0	2,0						0,0	
1	1			0	-491			Krieg von Qi/Ch'i/Khi gegen Jin/Chin/Tsin							2,0	2,0						0,0	
1				0	-491	bis	-461	Expansionskriege Magadhas unter Ajatashatru							6,1	6,1							
1	1			1					Unterwerfung von Kosala						2,0							0,0	
1	1			1					Unterwerfung von Kashi						2,0							0,0	
1	1			1					Feldzug gg die Vriji-Konföderation (Licchavi)						2,0							0,0	
1				1	-490			3. Feldzug der Perser Europa							6,1	6,1							
1				0					Belagerung von Naxos (-490)						2,0							0,0	
1				0					Belagerung von Eretria (-490)						2,0							0,0	
1				0					Schlacht von Marathon (-490)						2,0								
1	1	1		1	-490			Krieg von Jin/Chin/Tsin gegen Wei							2,0	2,0							
1	1			1	-490			Hegemoniekonflikt in Qi/Ch'i/Khi							2,0	2,0							
1				0	-489			Feldzug Athens gegen Paros	Belagerung von Paros (-489)						2,0							0,0	

ANLAGE 10

Präd &Retor	Terr Konfl	Hierk& Kons	Alloph Konfl	Se. Konfl	Jahr	bis	Jahr	Konflikt	Ausführungsereignisse (Schlachten, Belagerungen)	Th. (Tsd.)	Land Schl. Tote (Tsd.)	Land Schl. Tote & Verw. (Tsd.)	See Schiffe	See Schiffe gesunk.	Kampf-Tote (Tsd.) Zw. Ablage	Kampf-Tote (Tsd.)	Mil. Nicht-KampfTote (Tsd.) Zw. Ablage	Mil. Nicht-KampfTote (Tsd.)	MilTote (Tsd.) Zw. Ablage	Mil. Tote (Tsd.)	Ziv. Tote (Tsd.) Zw. Ablage	Ziv. Tote (Tsd.)	SeTote (Tsd.)
1	1			1	-488	bis	-489	Krieg Athens gegen Aigina	Seeschlacht von Kekryphaleia (-487)						2,0	2,0							
1				0	-488	bis	-487	Annektierung von Cao durch Song/Sung							2,0	2,0							
1	1			1	-488	bis	-483	Krieg von Song/Sung gegen Zheng/Cheng	Belagerung von Taoqiu (-488 bis -487)						2,0	2,0						0,0	
1				0					Schlacht von Yongqiu (-486)						4,1	4,1							
1				0					Schlacht von Xiyan (-483)						2,0								
1	1			1	-486	bis	-484	Krieg von Wu und Lu gegen Qi/Ch'i/Khi	Schlacht von Jiqu (-484)						4,1	4,1							
1				0					Schlacht von Ailing (-484)						2,0								
1	1			0	-485			Invasion der Thessalier in Phokien	Schlacht an der Parnassos (-485)		5,0				10,1	10,1							
1				0					Schlacht von Hyampolis (-485)						8,0								
1				1	-484	bis	-474	Feldzug des Xerxes I. nach Ägypten															
1	1			1	-483	bis		1. Krieg Roms gegen Vei	Schlacht von Vei (-480)						2,0	2,0							
1				0					Schlacht von Cremera (-477)						6,9	6,9							
1				0					Schlacht bei Porta Collina (-477)		0,5				0,8								
1				0					Belagerung von Vei (-475)						2,0								
1	1			1	-483			Syrakusanischer Feldzug gegen Megara Hyblea							2,0	2,0						0,0	
1				0					Belagerung von Megara (Hyblaea) (-483)						2,0								
1	1			1	-482	bis	-418	Kriege Roms gegen die Volsker, Äquer u. Labici	Schlacht von Antium (-482)						22,4	22,4	3,4	55				0,0	
1				0					Schlacht von Longula (-482)						2,0								
1				0					Schlacht von Antium (-468)						2,0								
1				0					Schlacht an der Mons Algidus (-465)						2,0								
1				0					Belagerung von Mons Algidus (-458)						2,0								
1				0					Schlacht von Mons Algidus (-455)						2,0								
1				0					Schlacht von Antium (-455)						2,0								
1				0					Schlacht an der Mons Algidus (-449)						2,0								
1				0					Schlacht an der Mons Algidus (-431)						2,0								
1				0					Schlacht an der Mons Algidus (-418)						2,0								
1				0					Schlacht an der Mons Algidus (-418)						2,0								
1	1			1	-482	bis	-473	Krieg von Yueh/Yuyue (mit Chu, Qi, Lu) gegen Wu							6,1	6,1							
1				0					Schlacht von Gusu (-482)						2,0								
1				0					Schlacht von Lize (-478)						2,0								
1				0	-481	bis	-480	Feldzug von Tsin/Chin/Jin gegen Wei	Belagerung von Gusu (-475 bis -473)						2,0								
1	1			1	-480	bis	-479	Babylonischer Aufstand gegen die Perser	Belagerung von Babylon (-480 bis -479)						2,0	2,0						0,0	
1	1			0	-480			1. Karthagische Invasion Siziliens	Belagerung von Himera (-480)		50,0				80,5	80,5							
1				0											80,5								
1	1			1	-480	bis	-475	4. Feldzug der Perser gegen Europa	Seeschlacht von Artemision (-480)		20,0				235,5	235,5							
1				0					Schlacht an der Thermopylen (-480)		20,0				32,2								
1				0					Belagerung von Athens (-480)						2,0							0,0	
1				0					Seeschlacht von Salamis (-480)		58,0				93,3								

510

Präd &Retor Konfl	Terr Konfl	Hier& Kons	Alloph Konfl	Sc. Konfl	Jahr	bis	Jahr	Konflikt	Ausführungsereignisse (Schlachten, Belagerungen)	Tln. (Tsd.)	Land Schl. Tote (Tsd.)	Schl. Tote & Verw. (Tsd.)	See Schiffe	See Schiffe gesunk.	Kampf-Tote (Tsd.) Zw. Ablage	Kampf-Tote (Tsd.)	Mil. Nicht-KampfT ote (Tsd.) Zw. Ablage	Mil. Nicht-Kampf Tote (Tsd.)	MilTote (Tsd.) Zw. Ablage	Mil. Tote (Tsd.)	Ziv. Tote (Tsd.) Zw. Ablage	Ziv. Tote (Tsd.)	SeTote (Tsd.)
1				0					Belagerung von Poteidaia (-480)						2,0							0,0	
1				0					Schlacht von Plataa (-479)		41,0				66,0								
1				0					Schlacht von Mykale (-479)		1,0				1,6								
1				0					Belagerung von Sestos (-479 bis -478)						2,0							0,0	
1				0					Belagerung von Eion (-476 bis -475)						2,0							0,0	
1				0					Belagerung von Doriskos (-475)						2,0							0,0	
1	1			1	-478			Annektierung von Chen durch Chu/Ch'u							2,0	2,0							
1	1			1	-475	bis	-473	Unterwerfung von Wu durch Yüeh/Yuyue							2,0	2,0							
1	1			1	-475	bis	-432	Hegemoniekrieg des 1. Attischen Seebundes unter Athen (Delischen)							87,1	87,1							
1				0					Belagerung von Karystos (-475)						2,0							0,0	
1				0					Belagerung von Skyros (-474 bis -473)						2,0							0,0	
1				0					Belagerung von Naxos (-470)						2,0							0,0	
1				0					Seeschl. u. Schlacht von Eurymedon (-469)		20,0				32,2								
1				0					Seeschlacht von Syedra (-469)		8,0				12,9								
1				0					Seeschlacht von Thasos (-465)						2,0								
1				0					Belagerung von Thasos (-465 bis -463)	20					2,0							0,0	
1				0					Schlacht von Drabeskos (-465)						2,4								
1				0					Seeschlacht von Kekryphaleia (-459)						2,0								
1				0					Seeschlacht von Aegina (-458)						2,0								
1				0					Belagerung von Aegina (-458 bis -456)						2,0							0,0	
1				0					Schlacht von Megara (Niseaia) (-458)						2,0								
1				0					Schlacht von Tanagra (-457)	20					2,4								
1				0					Schlacht von Halieis (-459)						2,0								
1				0					Seeschlacht von Oinophyta (-457)						2,0								
1				0					Schlacht von Sikion (-453)						2,0								
1				0					Belagerung von Sikion (-453)						2,0							0,0	
1				0					Seeschlacht von Charronea (-447)						0,2								
1				0					Seeschlacht von Agathonisi (-440)					114	2,9								
1				0					Belagerung von Poteidaia (-432)		0,5				0,8								
1				0					Belagerung von Poteidaia (-432 bis -429)						2,0							0,0	
1				0					Belagerung von Samos (-439)	40					4,8							0,5	
1			1	1	-475			Pogrom an Judengegnern im Persischen Reich							0,0	0,0						75,0	
1	1			1	-474			Krieg der Etrusker gegen Kymae u. Syrakus		Seeschlacht von Kymae (-474)					2,0	2,0							
1	1			0	-473			Krieg zwischen Tarent u. den Messapiern		Schlacht in Süditalien (-473)					2,0	2,0							
1	1			1	-473			Krieg zwischen Sparta u. Tegea		Schlacht von Tegea (-473)		1,0				3,6	3,6							
1				0					Schlacht von Dipaea (-471)						1,6								
1	1			0	-472			Krieg zwischen Syrakus un. Akragas		Schlacht von Akragas (-472)		6,0				9,7	9,7							
1	1			1	-472			Krieg von Jin/Chin/Tsin (mit Lu) gegen Qi/Ch'i/Khi		Belagerung von Linqui (-472)						6,1	6,1							
1				0	-470			Dao-Zhi-Bauernaufstand							2,0							0,0	
1	1	1		1	-469			Feldzug von Thsi und Tching gegen Ouei							2,0	2,0							
1	1			0	-468			Krieg zwischen Mykene u. Argos		Belagerung von Mykerne (-468)						2,0	2,0						0,0	

Präd &Rktor	Terr Konfl	Hierk Kons	Alloph Konfl	Se. Konfl	Jahr	bis	Jahr	Konflikt	Ausführungsereignisse (Schlachten, Belagerungen)	Tln. (Tsd.)	Land Schl. Tote (Tsd.)	Land Schl. Tote & Verw. (Tsd.)	See Schiffe	See Schiffe gesunk.	Kampf-Tote (Tsd.) Zw. Ablage	Kampf-Tote (Tsd.)	Mil. Nicht-KampfTote (Tsd.) Zw. Ablage	Mil. Nicht-Kampf-Tote (Tsd.)	MilTote (Tsd.) Zw. Ablage	Mil. Tote (Tsd.)	Ziv. Tote (Tsd.) Zw. Ablage	Ziv. Tote (Tsd.)	SeTote (Tsd.)
1	1			1	-464	bis	-458	4. Messenischer Krieg	Schlacht von Stenykleros (-464)	1					4,2	4,2							
1				0					Schlacht von Isthmos (-464)						0,1								
1				0					Belagerung von Ithome (-464 bis -459)						2,0							0,0	
1				0	-461			Unterwerfung der Dali-Rong durch Qin/Chin/Ts'in		40					2,0								
1	1			1	-459	bis	-454	Agy. Aufstand des Inaros u. Athenische Interv. in Ägypten							8,6	8,6						0,0	
1				0					Schlacht von Nildelta (-459)						2,0								
1				0					Belagerung von Memphis (-459)						2,0								
1				0					Belagerung von Prosopitis (-455 bis -454)						2,0								
1				0					Seeschlacht von Nildelta (-454)				100		2,5								
1	1			1	-457			Krieg von Jin/Chin/Tsin gegen Zhongshan							2,0	2,0							
1	1			1	-455	bis	-453	Auflösung der Zhi-Teildynastie von Jin/Chin/Tsin							2,0								
1				0	-451			Krieg von Qin/Chin/Ts'in gegen Chu/Ch'u							2,0	2,0						0,0	
1				0					Belagerung von Nariheng (-451)						2,0	2,0							
1	1			0	-451			Krieg der Sikeller gegen Akragas u. Syrakus						4,1	4,1							
1				0					Schlacht von Motye (-451)						2,0								
1				0					Schlacht von Nomae (-451)						2,0								
1	1			1	-451	bis	-449	Großer Perserkrieg Athens	Belagerung von Kition (-451 bis -449)	30					19,7	19,7							
1				0					Seeschl. u. Landschlacht von Salamis (-449)		10,0				3,6							0,0	
1				0											16,1								
1		1		1	-450			Keltische Invasion Spaniens							2,0	2,0							
1		1		1	-449	bis	-446	2. Heiliger Krieg							2,0	2,0							
1		1		1	-446			Krieg Himeras gegen Syrakus							2,0	2,0							
1				0					Schlacht von Himera (-446)						2,0								
1	1			1	-446			Annektierung von Cai/Ts'ai durch Chu/Ch'u							2,0	2,0							
1				0	-445			Annektierung von Qi/Ch'i/Khi durch Chu/Ch'u							2,0	2,0						0,0	
1				1	-444			Feldzug der Qin/Chin/Ts'in gegen die Yiqu Rong							2,0	2,0							
1	1			1	-438	bis	-426	2. Krieg Roms gegen Vei							8,2	8,2							
1				0					Schlacht von Fidenae (-437)						2,0								
1				0					Schlacht von Nomentum (-435)						2,0								
1				0					Belagerung von Fidenae (-435)						2,0							0,0	
1				0					Belagerung von Fidenae (-426)						2,0							0,0	
1	1			1	-435	bis	-432	Krieg zwischen Korkyra u. Korinth			20,0				7,8	7,8							
1				0					Belagerung von Epidamnos (-435)						1,0							0,0	
1				0					Seeschlacht im Ambrakischen Golf (-435)						1,0								
1				0					Seeschlacht an der Cape Leukimme (-434)		3,0				4,8								
1				0					Seeschlacht an der Sibota Islands (-433)						1,0								
1	1			1	-432			2. Sritischer Krieg							2,0	2,0							
1	1			1	-431			Annektierung von Kiu durch Chu/Ch'u							2,0	2,0							
1	1			0	-431	bis	-404	*PELOPONNESISCHER KRIEG*							132								
1				0					Archidamischer Krieg (-431 bis -421)					67	31,2	31,2							
1				0					Seeschlacht in der Kalydonischen Bucht (-429)						1,7								
1				0					Schlacht in Lykien (-430)		1,0				2,0								
1				0					Schlacht von Spartolos (-429)						1,6								

ANLAGE 10

Präd & Rhetor	Terr Konfl	Hier & Kons	Alloph Konfl	Se. Konfl	Jahr bis	Jahr	Konflikt	Ausführungsereignisse (Schlachten, Belagerungen)	Thn. (Tsd.)	Land Schl. Tote (Tsd.)	Schl. Tote & Verw. (Tsd.)	See Schiffe	Schiffe gesunk.	Kampf-Tote (Tsd.) Zw. Ablage	Kampf-Tote (Tsd.)	Mil. Nicht-KampfTote (Tsd.) Zw. Ablage	Mil. Nicht-Kampf-Tote (Tsd.)	MilTote (Tsd.) Zw. Ablage	Mil. Tote (Tsd.)	Ziv. Tote (Tsd.) Zw. Ablage	Ziv. Tote (Tsd.)	SeTote (Tsd.)
1				0				Belagerung von Plataia (-429 bis -427)		1,0				1,6							0,0	
1				0				Seeschlacht von Naupaktos (-429)		4,0				6,4							0,0	
1		1		0				Belagerung von Mytilene (-428 bis -427)	8					1,0								
1				0				Schlacht von Tanagra (-426)						2,0								
1				0				Schlacht von Aigition (-426)						2,0								
1				0				Schlacht von Olpae (-426)						2,0								
1				0				Schlacht von Pylos (-425)						2,0								
1				0				Schlacht von Solygea (-425)		0,3				0,4								
1				0				Schlacht von Delion (-424)		2,0				3,2							0,0	
1				0				Belagerung von Amphipolis (-424)						2,0								
1				0				Schlacht von Amphipolis (-422)		0,6				1,0								
1				0				Schlacht von Torone (-422)						2,0								
1				1			Bürgerkrieg auf Korkyra (-427 bis -425)							2,0	2,0							
1				1			1. Sizilische Expedition Athens (-427 bis -424)							1,0	1,0							
1				0				Seeschlacht von Mylae (-426)				40		1,0								
1				1			Sezession des Argivischen Bundes (-418 bis -416)						4,5	4,5							
1				0				Schlacht von Mantineia (-418)		1,5				2,4								
1				0				Belagerung von Hysiai (-417 bis -416)						2,0								
1				1			Feldzug Athens gegen Melos (-416)	Belagerung von Melos (-416)	5	1,0				2,2	2,2						0,5	
1				1			2. Sizilische Expedition Athens (-415 bis -413)	Belagerung von Mykalessos (-415)	2	0,3				26,9	26,9						2,0	
1				0				Schlacht von Syrakus (-415)						0,5								
1				0				Belagerung von Syrakus (-414)		2,0				0,0							0,0	
1				0				1. Seeschlacht von Syrakus (-413)						3,2								
1				0				2. Seeschlacht von Syrakus (-413)						2,4								
1				0				Schlacht von Syrakus (-413)		1,5				1,0								
1				0				3. Seeschlacht von Syrakus (-413)						2,4								
1				0				4. Seeschlacht von Syrakus (-413)		10,0				16,1								
1				0				Schlacht von Assinaros (-413)						1,0								
1				1			Dekeleischer Krieg (-413 bis -404)						64,6	64,6							
1				0				Seeschlacht von Erineos (-413)		1,5				1,0								
1				0				Schlacht von Chios (-412)						1,6								
1				0				Seeschlacht von Milet (-412)						1,0								
1				0				Seeschlacht von Syme (-411)		1,0				1,6								
1				0				Seeschlacht von Eretria (-411)		4,0				6,4								
1				0				Seeschlacht von Abydos (-411)		6,0		150		9,7								
1				0				Seeschlacht von Kynossema (-411)		6,0				3,8								
1				0				Seeschlacht von Kyzikos (-410)						9,7								
1				0				Schlacht von Kerata (-409)		0,5				1,0								
1				0				Belagerung von Ephesos (-409)						0,8								
1				0				Belagerung von Kalchedon (-408)						1,0							0,0	
1				0				Belagerung von Byzantion (-408)						1,0							0,0	
1				0				Belagerung von Andros (-407)						1,0							0,0	
1				0				Seeschlacht von Notion (-406)						1,0								
1				0				Seeschlacht von Mytilene (-406)				40		5,2								
1				0				Seeschlacht von Arginusen (-406)						14,0								
1				0				Seeschlacht von Aigospotamoi (-405)					40	4,0								
1	1			1	-430	bis -429	Feldzug der Odrysen gegen die Makedoner							2,0	2,0							

Präd &Retor	Terr Konfl	Hier& Kons	Alloph Konfl	Se. Konfl	Jahr	bis	Jahr	Konflikt	Ausführungsereignisse (Schlachten, Belagerungen)	Land Tln. (Tsd.)	Land Schl Tote (Tsd.)	Land Schl Tote & Verw. (Tsd.)	See Schiffe	See Schiffe gesunk.	Kampf Tote (Tsd.) Zw. Ablage	Kampf Tote (Tsd.)	Mil. Nicht-KampfTote (Tsd.) Zw. Ablage	Mil. Nicht-Kampf-Tote (Tsd.)	MilTote (Tsd.) Zw. Ablage	Mil. Tote (Tsd.)	Ziv. Tote (Tsd.) Zw. Ablage	Ziv. Tote (Tsd.)	SeTote (Tsd.)
1				1	-430			Pländerungseinfall von Yiqu-Rong in Jin/Chin/Tsin															
	1			1	-425			Angriff Messanas auf Naxos							2,0	2,0							
1				0	-424			Krieg der Thraker gegen die Triballier	Schlacht von Naxos (-425)						2,0	2,0							
1				1	-424	bis	-389	Krieg von Qiu/Ch'in/Ts'in gegen Wei (Teil -5 Jh.)	Krieg der Thraker gegen die Triballier		14,3				14,3	14,3							
				0					Schlacht von Shaoliang (-419)						2,0								
				0					Belagerung von Huangcheng (-413)						2,0						0,0		
				0					Belagerung von Yangbu (-413)						2,0						0,0		
				0					Schlacht von Zhengxia (-413)						2,0								
				0					Belagerung von Fangpang (-413)						2,0						0,0		
				0					Schlacht von Fangpang (-412)						2,0								
				0					Schlacht von Hexi (-408)						2,0								
	1			0	-423			Grenzkrieg zwischen Mantinea u. Tegea	Schlacht von Laodokion (-423)						2,0								
	1			1	-421			Feldzug der Samniten gegen Cumae	Belagerung von Cumae (-421)						2,0	2,0						0,0	
	1			0	-414			Unterwerfung von Teng durch Yüeh/Yuyue							2,0	2,0							
	1			1	-413			Unterwerfung von Tan durch Yüeh/Yuyue							2,0	2,0							
	1			1	-410			Feldzug von Qi/Ch'i/Ts'i gegen Han-tan/Chao							2,0								
	1			0	-409			2. Karthagische Invasion Siziliens	Schlacht von Ping-y (-110)						10,9	10,9							
				0					Belagerung von Selinous (-409)						2,0						16,0		
				0					Belagerung von Himera (-409)		3,0				4,8						3,0		
				0					Belagerung von Motye (-409)						2,0						0,0		
				0					Belagerung von Panormos (-409)						2,0						0,0		
	1			1	-408	bis		Krieg von Hann/Han gegen Zheng	Belagerung von Fushu (-408)						2,0	2,0						0,0	
	1			1	-408		-406	Eroberung von Zhongshan durch Wei/Liang							2,0	2,0							
	1			1	-406		-396	3. Krieg Roms gegen Vei							2,0	2,0							
	1			0	-406	bis		3. Karthagische Invasion Siziliens	Belagerung von Vei (-405 bis -396)						16,5	16,5						0,0	
				0					Seeschlacht von Eryx (-406)		2,0				3,2								
				0					Belagerung von Akragas (-406)		7,0				11,3						0,0		
				0					Belagerung von Gela (-405)						2,0	2,0						0,0	
1				1	-405			Feldzug von Jin/Chin/Tsin gegen Qi/Ch'i/Khi							4,1	4,1							
		1		1	-405			Aufstand von Linqiu (Qi) und Intervention der Drei Jin	Belagerung von Linqiu (-405)						2,0								
				0					Schlacht an der Dragon Lake (-405)						2,0						0,0		
		1		0	-404			Diktatur der Dreißig							2,0	2,0							
		1		1	-404	bis		Attischer Bürgerkrieg							0,2	0,2							
	1			0	-403			Expansionsfeldzug des Dionysios auf Sizilien	Schlacht von Munichia (-403)		0,1				6,1	6,1							
				0					Belagerung von Syrakus (-403)						2,0						0,0		
				0					Belagerung von Katana (-403)						2,0						0,0		
				0					Belagerung von Naxos (-403)						2,0						0,0		
	1			1	-402	bis		Krieg Spartas gegen Elis							2,0	2,0							
				0					Belagerung von Thraistos (-402)						2,0						0,0		

Präd &Refor	Terr Konfl	Hier& Kons	Alloph Konfl	Se. Konfl	Jahr	bis	Jahr	Konflikt	Ausführungsereignisse (Schlachten, Belagerungen)	Th. (Tsd.)	Land Schl. Tote (Tsd.)	Land Schl. Tote & Verw. (Tsd.)	See Schiffe	See Schiffe gesunk.	Kampf-Tote (Tsd.) Zw. Ablage	Kampf-Tote (Tsd.)	Mil. Nicht-KampfTote (Tsd.) Zw. Ablage	Mil. Nicht-Kampf Tote (Tsd.)	MilTote (Tsd.) Zw. Ablage	Mil. Tote (Tsd.)	Ziv. Tote (Tsd.) Zw. Ablage	Ziv. Tote (Tsd.)	SeTote (Tsd.)
1				1	-402	bis	-401	Persischer Thronfolgestreit (Anabasis)															
				1					Schlacht von Kunaxa (-401)	40					4,8	4,8							
				0					Anabasis (-402 bis -401)						0,0								
288	86	8	1	96												924		2263		3187		107,0	3.294
									Default-Werte	0,12	1,61	0,53	0,03	0,13	2,04	21,3		2,45		0,50		0,0	
					-5. Jahrhundert																		
1	1			1	-400	bis	-386	Krieg Spartas gegen Persien							21,3	21,3							
				0					Belagerung von Atarnaeus (-398 bis -397)	1	1,0				1,6							0,0	
				0					Schlacht von Daskyleion (-395)						0,2								
				0					Schlacht an der Paktolos (-395)		6,0				9,7								
				0					Schlacht von Kaue (-395)						2,0								
				0					Schlacht von Daskuleion (-395)	10	2,0				3,2								
				0					Seeschlacht von Knidos (-394)				185		4,6	4,0							
1	1			0	-400	bis	394	3. Krieg Roms gegen Vei (Forts.)								4,0						0,0	
				0					Belagerung von Capena (-395)						4,0							0,0	
				0					Belagerung von Falerii (-394)						0,0								
1	1			1	-400			Krieg von Zheng gegen Hann/Han							4,0	4,0						0,0	
				0					Belagerung von Yangdi (-400)						4,0	4,0							
1	1			1	-398	bis	-397	1. Punischer Krieg des Dionysios							28,5	28,5						0,0	
				0					Belagerung von Motye (-398)	40					28,5							0,0	
				0					Belagerung von Messana (-397)						8,0								
				0					Seeschlacht von Katana (-397)				500		4,0								
				0					Belagerung von Syrakus (-397)						12,5								
1	1			1	-398			Krieg von Chu/Ch'u gegen Zheng/Cheng							4,0	4,0						0,0	
				0					Belagerung von Xinzheng (-398)						4,0	4,0							
1	1			1	-396			2. Keltische Invasion Norditaliens							4,0	4,0						0,0	
				0					Belagerung von Melpum (-396)						4,0	4,0							
1	1			1	-396			Keltische Invasion Kleinasiens.							4,0	4,0							
				0					Schlacht an der Paktolos (-396)						4,0	4,0							
1	1			1	-395	bis	-387	Korinthischer Krieg							19,3	19,3							
				0					Schlacht von Haliartos (-395)		1,2				1,9								
				0					Schlacht von Naryx (-395)		1,5				2,4								
				0					Schlacht am Nemea-Bach (-394)		4,0				6,4								
				0					Schlacht von Chaironeia (-394)		1,0				1,6								
				0					Schlacht an der Korinth. Mauer (-392 bis -390)		1,0				1,6								
				0					Schlacht von Lechaion (-390)		0,3				0,5								
				0					Belagerung von Methymna (-389)						4,0							0,0	
				0					Schlacht von Krennastie (-388)	2	0,5				0,8								
1	1			1	-393	bis	-392	2. Punischer Krieg des Dionysios							3,2	3,2						0,0	
				0					Belagerung von Tauromenion (-393)		1,0				1,6								
				0					Schlacht von Abakaene (-392)		1,0				1,6								
				0	-419	bis	-389	Krieg von Qin/Ch'in/Ts'in gegen Wei (Teil -4. Jh.)							4,0	4,0							
				0					Schlacht von Wang (-393)						0,0								
				0					Schlacht von Xihe (-389)						0,0								
				0					Belagerung von Nanzheng (-388)						4,0	4,0							
1	1			1	-392			Feldzug von Qin/Ch'in gegen die Yiqi							23,3	23,3							
				0							15,0				23,3	23,3							
1	1			1	-391	bis	-390	1. Italischer Krieg des Dionysios							4,0							0,0	
				0					Belagerung von Rhegion (-391)						4,0								
				0					Seeschlacht von Rhegion (-391)		2,0				3,2								
				0					Schlacht von Laus (-390)		10,0				16,1								

Präd & Rhetor	Terr Konfl	Hierk Kons	Alloph Konfl	Se. Konfl	Jahr	bis	Jahr	Konflikt	Ausführungsereignisse (Schlachten, Belagerungen)	Tln. (Tsd.)	Land Schl Tote (Tsd.)	Schl Tote & Verw. (Tsd.)	See Schiffe	Schiffe gesunk.	Kampf-Tote (Tsd.) Zw. Ablage	Kampf-Tote (Tsd.)	Mil. Nicht-KampfTote (Tsd.) Zw. Ablage	Mil. Nicht-Kampf-Tote (Tsd.)	MilTote (Tsd.) Zw. Ablage	Mil. Tote (Tsd.)	Ziv. Tote (Tsd.) Zw. Ablage	Ziv. Tote (Tsd.)	SeTote (Tsd.)
1	1			1	-391	bis	-384	1. Keltische Invasion Mittelitaliens	Belagerung von Clusium (-391)	40	20,0				16,0	16,0							
1				0					Schlacht an der Allia (-390)		5,0				8,0							0,0	
1				0					Belagerung von Rom (-390)						0,0							0,0	
1				0					Schlacht in Etruria (-384)						0,0								
1	1			1	-391	bis	-377	Krieg Roms gegen die Volsker u. Äquer	Schlacht von Gurasium (-391)		20,0				38,0	38,0							
1				0					Schlacht von Lanuvium (-389)						4,0								
1				0					Schlacht von Campus Martius (-389)						0,0								
1				0					Schlacht von Bola (-389)						4,0								
1				0					Belagerung von Satricum (-386)		5,0				8,0							0,0	
1				0					Schlacht von Velitrae (-382)						4,0								
1				0					Schlacht von Satricum (-381)	30					6,0								
1				0					Schlacht von Allia (-380)						4,0								
1				0					Schlacht von Satricum (-377)						4,0								
1	1			1	-391	bis	-389	Krieg v. Jin/Chin/Tsin(Han, Zhao/Chao u. Wei) gg Chu/Ch'u und Qin/Ch'in	Schlacht von Dailiang (-391)						12,0	12,0							
1				0					Schlacht an der Yu-Pass (-391)						4,0								
1				0					Schlacht von Wucheng (-390)						4,0								
1	1			1	-389	bis	-387	2. Italischer Krieg des Dionysios	Schlacht von Helleporos (-389)		10,0				28,0	28,0							
1				0					Schlacht von Kaulonia (-389)		5,0				8,0							0,0	
1				0					Belagerung von Hipponion (-388)						4,0							0,0	
1				0					Belagerung von Rhegion (-387)						4,0							0,0	
1				0					Belagerung von Lissos (-387)						4,0							0,0	
1				0					Belagerung von Hatria (-387)						4,0							0,0	
1	1			1	-387		-387	Krieg zwischen Shu und Qin/Ch'in	Belagerung von Nanzheng (-387)						4,0	4,0						0,0	
1	1			0	-386	bis	-385	Feldzug Spartas gegen Mantineia	Belagerung von Mantineia (-386 bis -385)		1,0				1,6	1,6						0,0	
1	1			1	-386		-386	Syrakusanischer Raubüberfall auf Pyrgoi	Belagerung von Pyrgoi (-386)						4,0	4,0						0,0	
1	1			1	-385			Persischer Straffeldzug gegen Ägypten			2,0				3,2	3,2						0,0	
1	1			1	-385			Krieg von Han gegen Song/Sung							4,0	4,0							
1	1			0	-385			Krieg von Zhao /Chao gegen Qi/Ch'i/Khi	Belagerung von Pengcheng (-385)						4,0	4,0						0,0	
1				0					Schlacht von Lingqiu (-385)						4,0								
1	1			1	-383	bis	-378	3. Punitischer Krieg des Dionysios	Schlacht von Kabala (-379)						8,0	8,0							
1				0					Schlacht von Kronion (-379)						4,0								
1	1			0	-383	bis	-381	Krieg von Zhao/Chao u. Chu/Ch'u gegen Wey/Wei und Wei/Liang	Schlacht von Tutai (-383)		12,0				12,0	12,0						0,0	
1				0					Belagerung von Jipu (-383)						4,0								
1				0					Belagerung von Ganping (-382)						4,0								
1	1			1	-382	bis	-379	1. Olynthischer Krieg	Schlacht von Olynthos (-381)		2,0				3,2	3,2							
1	1			1	-381		-381	Aufstand Zyperns gegen Persien	Seeschlacht von Kition (-381)						4,0	4,0						0,0	
1	1			0	-380	bis	-378	Krieg von Qi/Ch'i gegen Hann/Han							4,0	4,0							

Präd &Retor	Terr Konfl	Hierar& Kons	Alloph Konfl	Se. Konfl	Jahr	bis	Jahr	Konflikt	Ausführungsereignisse (Schlachten, Belagerungen)	Tln. (Tsd.)	Land Schl. Tote (Tsd.)	Schl. Tote & Verw. (Tsd.)	See Schiffe	Schiffe gesunk.	Kampf-Tote (Tsd.) Zw. Ablage	Kampf-Tote (Tsd.)	Mil. Nicht-KampfTote (Tsd.) Zw. Ablage	Mil. Nicht-Kampf-Tote (Tsd.)	MilTote (Tsd.) Zw. Ablage	Mil. Tote (Tsd.)	Ziv. Tote (Tsd.) Zw. Ablage	Ziv. Tote (Tsd.)	SeTote (Tsd.)
1				0	-379				Schlacht von Sangqiu (-380)						4.0								
1	1			1	-379	bis	-371	Antispartanischer Befreiungskrieg	Seeschlacht von Naxos (-376)						15.1	15.1							
1				0					Seeschlacht an der Echinaden (-375)				115		4.0								
1				0					Schlacht von Tegyra (-375)	1					2.9								
1				0					Belagerung von Kerkyra (-374 bis -373)						0.2							0.0	
1				0					Belagerung von Kroton (-379)						4.0							0.0	
1	1			1	-379			Krieg von Zhao/Chao gegen Wei	Belagerung von Huangcheng (-379)						4.0	4.0					0.0		
1	1			1	-378			Krieg von Shu gegen Chu/Ch'u	Belagerung von Zifang (-378)						4.0	4.0						0.0	
1			1	1	-378			Pländerungseinfall von Di/Ti in Wei/Liang	Schlacht an der Hui (-378)						4.0	4.0							
1			1	0	-378			Persischer Straffeldzug gegen Ägypten	Schlacht von Mendes (-378)						4.0	4.0							
1	1			1	-377	bis	-376	Invasion von Zhao/Chao in Zhongshan	Schlacht von Fangzi (-377)						8.0	8.0							
1				0					Schlacht von Zhongren (-376)						4.0								
1	1			1	-375			Annektierung von Zheng/Cheng durch Hann/Han							4.0	4.0							
1	1			1	-375			Illyrischer Salzkrieg							4.0	4.0							
1	1			0	-374			Feldzug von Qin/Chin/Ts'in gegen Han			2.0				4.0	4.0							
1			1	1	-373			Persischer Straffeldzug gegen Ägypten	Schlacht an der Soen (-374)		2.0				3.2	3.2							
1	1			1	-373			Krieg von Lan, Lu u. Wei/Liang gegen Qi/Ch'i/Khi							4.0	4.0							
1	1			0	-372			Krieg von Zhao/Chao gegen Wei	Schlacht von Linying (-373)						4.0	4.0							
1	1			0	-371	bis	-362	Spartanisch-Thebanischer Krieg	Schlacht von Beilin (-372)						4.0								
1				0					Schlacht von Leuktra (-371)	6.5	1.5				2.4	9.7							
1				0					Schlacht von Orchomenos (-370)	30					1.3								
1				0					Schlacht von Korinth (-369)						6.0								
1				0					Tränenlose Schlacht (-368)		0.0				0.0								
1				0				4. Thebanische Invasion des Peloponnes (-362)	Schlacht von Mantineia (-362)	55					11.0	11.0							
1	1			0	-371			Krieg von Wei/Liang gegen Chu/Ch'u							11.0	4.0							
1	1			1	-371			Krieg von Qin/Chin/Ts'in gegen Zhao/Chao	Schlacht von Gao'an (-371)						4.0	4.0							
1				0	-370	bis	-369	Krieg von Zhao/Chao und Hann/Han gegen Wei/Liang	Schlacht von Pingyang (-370)						16.0	16.0							
1				0					Schlacht von Huai (-370)						4.0								
1				0					Schlacht von Zhouze (-369)						4.0								
1				0					Belagerung von Anyi (-369)						4.0							0.0	
1	1			1	-368			4. Punischer Krieg des Dionysios	Belagerung von Lilyhaion (-368)		10.0				8.0	8.0							
1				0					Seeschlacht von Drepanon (-368)						4.0								
1	1			1	-367			2. Keltische Invasion Mittelitaliens			2.0				4.0	4.0							

Präd & Retor	Terr Konfl	Hier & Kons	Alloph Konfl	Se. Konfl	Jahr	bis	Jahr	Konflikt	Ausführungsereignisse (Schlachten, Belagerungen)	Thn. (Tsd.)	Land Schl Tote (Tsd.)	Schl Tote & Verw. (Tsd.)	See Schiffe	See Schiffe gesunk.	Kampf Tote (Tsd.) Zw. Ablage	Kampf Tote (Tsd.)	Mil. Nicht-KampfTote (Tsd.) Zw. Ablage	Mil. Nicht-Kampf-Tote (Tsd.)	MilTote (Tsd.) Zw. Ablage	Mil. Tote (Tsd.)	Ziv. Tote (Tsd.) Zw. Ablage	Ziv. Tote (Tsd.)	SeTote (Tsd.)
1				0			-367	Annektierung von Zhou/Chou durch Zhao/Chao und Hann/Han	Schlacht von Alba (-367)						4,0								
1	1			1			-367								4,0	4,0							
1	1			1			-367	Krieg von Wei/Liang gegen Han, Song/Sung u. Zhao/Chao							4,0	4,0							
1	1			0		bis	-366	Krieg von Hann/Han und Wei/Liang gegen Qin/Ch'in	Schlacht von Yangcheng (-365)						4,0								
1							-364		Schlacht bei Louyang (-366)						100,5	100,5							
1				0					Schlacht von Shimen (-364)						4,0								
1				0							60,0				96,5								
1	1			0			-365	Athenische Intervention auf Samos	Belagerung von Samos (-365)						4,0	4,0						0,0	
1	1			1		bis	-365	Eleatisch-Arkadischer Grenzkrieg	Schlacht von Lasion (-365)		3,0				12,0	12,0							
1				0					Schlacht von Kronnos (-365)						4,0								
1				0					Schlacht von Olympia (-364)						4,0								
1		1		1			-364	Feldzug Thebens gegen Orchomenos	Belagerung von Orchomenos (-364)						4,0	4,0						0,0	
1				1			-364	Feldzug Thebens gegen Pherai							4,0								
1				0					Schlacht von Kynoskephalae (-364)						6,4	6,4							
1				1		bis	-362	Krieg Roms gegen die Herniker	Schlacht von Signia (-362)		4,0				6,4								
1				0					Schlacht von Signia (-362)						8,0	8,0							
1	1			1			-362	Krieg von Wei/Liang gegen Hann/Han und Zhao/Chao	Schlacht an der Hui (-362)						8,0	8,0							
1				0					Belagerung von Pilao (-362)						4,0								
1	1			0		bis	-362	Krieg von Qin/Ch'in gegen Wei/Liang	Schlacht von Shaoliang (-362)						4,0								
1				0					Belagerung von Pangcheng (-362)						12,0	12,0						0,0	
1				0					Belagerung von Shaan (-361)						4,0	4,0						0,0	
1				1			-361	Feldzug Athens gegen Pherai	Schlacht von Peparethos (-361)						4,0	4,0							
1			1	1			-361	Ägyptischer Hierarchiekonflikt	Belagerung einer Stadt in Ägypten (-361)	30					4,0	4,0							
1	1			1		bis	-361	3. Keltische Invasion Mittelitaliens	Schlacht an der Anius (-361)						4,0	4,0							
1				0					Schlacht bei Porta Collina (-360)						4,0	4,0							
1	1			1		bis	-360	Makedonisch-Illyrischer Krieg	Große IllyrerSchlacht (-359)		5,0				25,3	25,3							
1				0					Paionier-Schlacht (-358)						8,0								
1				0					Illyrier-Schlacht (-358)		7,0				6,0								
1	1			1			-358	Keltische Invasion in Illyrien							11,3							0,0	
1	1			0			-358	4. Keltische Invasion Mittelitaliens	Schlacht von Pedum (-358)						4,0	4,0							
1				0					Schlacht von Privernum (-357)						8,0	8,0							
1	1			1		bis	-358	Krieg von Hann/Han gegen Wei/Liang und Qin/Ch'in	Belagerung von Turtlhu (-358)						24,0	24,0						0,0	
1				0					Belagerung von Zhangzi (-358)						4,0							0,0	
1				0											4,0								

518

Präd &Retor	Terr Konfl	Hier& Kons	Alloph Konfl	Se. Konfl	Jahr	bis	Jahr	Konflikt	Ausführungsereignisse (Schlachten, Belagerungen)	Tln. (Tsd.)	Land Schl. Tote (Tsd.)	Schl. Tote & Verw. (Tsd.)	See Schiffe	Schiffe gesunk.	Kampf-Tote (Tsd.) Zw. Ablage	Kampf-Tote (Tsd.)	Mil. Nicht-KampfTote (Tsd.) Zw. Ablage	Mil. Nicht-Kampf-Tote (Tsd.)	MilTote (Tsd.) Zw. Ablage	Mil. Tote (Tsd.)	Ziv. Tote (Tsd.) Zw. Ablage	Ziv. Tote (Tsd.)	SeTote (Tsd.)
1									Belagerung von Nie (-358)						4,0							0,0	
1									Schlacht an der westlichen Hügeln (-358)						4,0								
1									Belagerung von Zhu (-357)						4,0							0,0	
1									Belagerung von Zhaiyang (-357)						4,0	4,0							
1	1			1	-357			Krieg von Song/Sung gegen Hann/Han	Belagerung von Huangchi (-357)						4,0							0,0	
1				1	-357	bis	-355	Attischer Bundesgenossenkrieg	Seeschlacht von Chios (-357)		5,0				12,0	12,0							
1									Seeschlacht von Embaton (-356)				160		8,0								
1		1			-357	bis	-344	Syrakusanischer Hierarchiekrieg							4,0	4,0							
1					-356			Makedonisch-Illyrischer Krieg	IllyrerSchlacht (-356)		3,0				4,8	4,8							
1				1	-356	bis	-346	3. Heiliger Krieg (Makedonische Unterw. Mittelgriechenlands)			40,0				71,9	71,9							
1									Schlacht an der Phaidriaden (-356)	10					2,0								
1									Schlacht von Neon (-354)	20					4,0								
1									Schlacht in Thessalien (-353)	14					2,8								
1									Schlacht in Thessalien (-353)	35					7,0								
1									Schlacht in Thessalien (-353)						4,0								
1									Schlacht von Chaironeia (-353)						4,0								
1									Schlacht von Krokosfeld (-351)		7,0				11,3								
1									Schlacht von Orchomenos (-351)						4,0								
1									Schlacht von Kefisos (-351)		0,5				0,8								
1									Schlacht von Chaironeia (-351)						4,0								
1									Schlacht von Abai (-351)						4,0								
1									Schlacht von Naryx (-351)						4,0								
1									Schlacht von Chaironeia (-351)						4,0								
1									Schlacht von Chaironeia (-347)						4,0								
1									Belagerung von Parapotamioi (-346)						4,0							0,0	
1									Belagerung von Panopeus (-346)						4,0							0,0	
1									Belagerung von Hyampolis (-346)						4,0							0,0	
1				1	-356	bis	-354	Maked. Unterw. der Küstenstädte des Therm. Golfs (-356 bis -354)	Belagerung von Poteidaia (-356)						8,0	8,0						0,0	
1									Belagerung von Methone (-354)						4,0	4,0						0,0	
1				1	-354			Krieg von Qi/Chi/Achi gegen Yen	Schlacht an der Ju (-354)						4,0								
1				1	-354	bis	-351	Krieg von Zhao, Qin, Qi gegen Wei/Liang (mit Hann/Han)	Belagerung von Handan (-354 bis-353)	100	7,0				51,3	51,3						0,0	
1									Schlacht von Yuanli (-353)						20,0								
1									Belagerung von Shaoliang (-353)						11,3							0,0	
1									Belagerung von Xianling (-353)						4,0							0,0	
1									Belagerung von Guiling (-352)						4,0								
1									Belagerung von Anyi (-352)						4,0							0,0	
1									Belagerung von Guyang (-351)						4,0							0,0	
1				1	-352	bis	-342	Makedonische Unterwerfung Thrakiens			1,0				1,6	1,6						0,0	
1				1	-351	bis	-349	Römisch - Etruskischer Krieg			1,0				1,6	1,6						0,0	
1				1	-351			Krieg Spartas gegen Magalopolis			2,0				8,0	8,0						0,0	
1									Schlacht von Orneai (-351)						4,0								

Präd &Retor	Terr Konfl	Hier& Kons	Alloph Konfl	Se. Konfl	Jahr	bis	Jahr	Konflikt	Ausführungsereignisse (Schlachten, Belagerungen)	Tln. (Tsd.)	Land Schl Tote (Tsd.)	Schl Tote & Verw. (Tsd.)	See Schiffe	See Schiffe gesunk.	Kampf-Tote (Tsd.) Zw. Ablage	Kampf-Tote (Tsd.)	Mil. Nicht-KampfTote (Tsd.) Zw. Ablage	Mil. Nicht-Kampf-Tote (Tsd.)	MilTote (Tsd.) Zw. Ablage	Mil. Tote (Tsd.)	Ziv. Tote (Tsd.) Zw. Ablage	Ziv. Tote (Tsd.)	SeTote (Tsd.)
1				0	-351	bis	-348	2. Olynthischer Krieg (Makedonische Eroberung der Chalkidike)	Schlacht von Thelpusa (-351)						4,0								
1	1			1					Belagerung von Siagrtos (-349)		2,0				8,0	8,0							
1				0					Belagerung von Olynthos (-348)						4,0							0,0	
1	1			0	-350	bis	-349	5. Keltische Invasion Mittelitaliens	Schlacht bei Porta Capena (-350)		2,0				4,0	4,0						0,0	
1				1	-350			Persischer Feldzug nach Ägypten							4,0	4,0							
1	1			1	-348			Aufstand Euboias gegen Athen			1,0				4,0	4,0							
1	1			0	-346			Feldzug Roms gegen die Volsker	Schlacht von Tamyrnai (-348)						4,0								
1	1			1					Schlacht von Satricum (-346)		1,0				1,6	1,6							
1	1			1	-346			Krieg von Wei/Liang u. Hann/Han gegen Chu/Ch'u							1,6	4,0							
1				0	-345				Belagerung von Shangcai (-346)						4,0							0,0	
1	1			1				Persischer Feldzug gegen das Ausländische Sidon							4,0								
1				0	-344				Belagerung von Sidon (-345)						4,0	4,0						0,0	
1	1			1				Krieg von Zhao/Chao gegen Qi/Ch'i/Lhu u. Wei/Liang							4,0								
1				0	-344	bis	-338		Belagerung von Gaotang (-344)						9,6	9,6						0,0	
1	1			1	-343			Timoleons Unterwerfung Ostsiziliens	Schlacht von Hadranum (-344)		5,0				0,8								
1				0					Belagerung von Syrakus (-343)		0,5				4,0							0,0	
1				0					Schlacht an der Damurias (-338)		1,0				1,6								
1				0	-343				Schlacht an der Abolos (-338)		2,0				3,2	4,0							
1	1			1	-343	bis	-341	Samnitischer Feldzug gegen Kampanien							4,0								
1	1			1					Belagerung von Capua (-343)		5,0				53,3	53,3						0,0	
1				0				1. Samnitenkrieg	Schlacht an der Mons Gaurus (-343)						1,0								
1				0					Schlacht von Saticula (-343)		30,0				48,3								
1				0	-343	bis	-332		Schlacht von Suessula (-343)		5,0				4,0								
1	1			0	-342	bis	-338	2. Persische Besetzung Ägyptens	Belagerung von Pelusion (-343)	30					6,0	6,0						0,0	
1	1			1	-342	bis	-340	1. Spartanische Intervention in Süditalien	Schlacht von Mandonion (-338)		2,0				4,0	4,0							
1	1			1	-341			Krieg zwischen Wei/Liang u. Zhao/Chao							4,0	4,0							
1				0				Krieg von Wei/Liang gegen Hann/Han (mit Qi/Ch'i/Khi)	Belagerung von Handan (-342 bis -341)						4,0							0,0	
1	1			1					Schlacht von Liang (-341)						12,0	12,0							
1				0	-340	bis	-335		Schlacht von He (-341)						4,0								
1				0					Schlacht von Maling (-341)	20					4,0								
1	1			1	-340	bis	-338	Krieg von Qin/Ch'in gegen Wei/Liang (mit Hann/Han)	Schlacht von Hexi (-340)						8,0	8,0							
1				0					Schlacht von Armen (-338)						4,0								
1				1				Hellenischer Krieg	Belagerung von Perinthos (-340)						40,2	40,2						0,0	
1				0					Belagerung von Byzantion (-340)						4,0							0,0	

Präd &Retor	Terr Konfl	Hier& Kons	Alloph Konfl	Se. Konfl	Jahr	bis	Jahr	Konflikt	Ausführungsereignisse (Schlachten, Belagerungen)	Tln. (Tsd.)	Land Schl. Tote (Tsd.)	Schl. Tote & Verw. (Tsd.)	See Schiffe	Schiffe gesunk.	Kampf-Tote (Tsd.) Zw. Ablage	Kampf-Tote (Tsd.)	Mil. Nicht-KampfTote (Tsd.) Zw. Ablage	Mil. Nicht-Kampf-Tote (Tsd.)	MilTote (Tsd.) Zw. Ablage	Mil. Tote (Tsd.)	Ziv. Tote (Tsd.) Zw. Ablage	Ziv. Tote (Tsd.)	SeTote (Tsd.)
1				0					Schlacht von Chaironeia (-338)		20,0				32,2								
1	1			1	-340	bis	-329	Lattiner-Krieg	Schlacht an der Vesuv (-340)		10,0				36,0	36,0							
1				0					Schlacht in der Fenectanischen Ebene (-339)						4,0								
1				0					Schlacht von Sinuessa (-338)						4,0								
1				0					Belagerung von Antium (-338)						4,0							0,0	
1				0					Belagerung von Velitrae (-338)						4,0							0,0	
1				0					Schlacht von Pedum (-338)						4,0								
1				0					Belagerung von Pedum (-338)						4,0							0,0	
1				0					Schlacht an der Astura (-338)						4,0								
1				0					Belagerung von Privernum (-329)						4,0							0,0	
1	1			1	-339			Feldzug Philipps II gegen die Skythen			5,0				8,0	8,0							
1	1			0	-339			Karthagische Offensive in Sizilien	Schlacht von Krimisos (-339)		11,0				17,7	17,7							
1	1			1	-339	bis	-338	4. Heiliger Krieg	Belagerung von Amphissa (-338)		2,0				4,0	4,0							
1	1			1	-335			Feldzug Alexanders gegen Thrakien u. Illyrien							11,8	11,8							
1				0					Schlacht an der Haemos (-335)	10					2,0								
1				0					Schlacht an der Lyginos (-335)		3,0				4,8								
1				0					Schlacht von Ister (-335)	15					3,0								
1				1					Schlacht von PeIion (-335)	10					2,0								
1	1			0	-335			2. Feldzug Alexanders gegen Griechenland	Belagerung von Theben (-335)						6,5	6,5							
1	1			1	-334	bis	-331	Intervention Alexanders des Molossers in Süditalien							8,0	8,0							
1				0					Schlacht an der Sele-Mündung (-332)						4,0								
1				0					Schlacht von Pandosia (-331)						4,0								
1	1			1	-334	bis	-326	Feldzug Alexanders gegen das Persische Reich							122,3	122,3							
1				0					Schlacht an der Granikos (-334)		4,0				6,4								
1				0					Belagerung von Milet (-334)	10					2,0							0,0	
1				0					Belagerung von Halikarnass (-334)	10					2,0							0,0	
1				0					Schlacht von Issos (-333)		10,0				16,1								
1				0					Belagerung von Tyros (-332)		9,0				14,5							0,0	
1				0					Belagerung von Gaza (-332)		11,0				17,7							0,0	
1				0					Schlacht von GaugameIa (-331)		10,0				16,1								
1				0					Schlacht an der Persischen Toren (-330)		20,0				32,2								
1				0					Schlacht am Jaxartes (-328)	5		22			11,7								
1				0					Belagerung von Kyrupolis (-328)	5					1,0							0,0	
1				0					Belagerung von Marakanda (-328)						1,0							0,0	
1				0					Schlacht von Alexandreia Eschate (-328)		1,0				1,6								
1	1			1	-333			Krieg von Qi/Ch'i/Khi gegen Chu/Ch'u	Schlacht von Xuzhou (-333)						4,0	4,0							
1	1			1	-333	bis	-331	Spartanischer Aufstand gegen Makedonien	Schlacht von Megalopolis (-331)		7,0				11,3	11,3							
1	1			1	-331			Feldzug von Qin/Ch'in gegen die Yiqu-Rong	Schlacht von Diaoyin (-330)						16,0	16,0							
1	1			0	-330	bis	-327	Krieg von Qin/Ch'in gegen Wei/Liang	Schlacht von Hedong (-330)						16,0	16,0							
1				0											4,0								

ANLAGE 10

Präd &Rktor	Terr Konfl	Hier& Kons	Alloph Konfl	Se. Konfl	Jahr	bis	Jahr	Konflikt	Ausführungsereignisse (Schlachten, Belagerungen)	Tln. (Tsd.)	Land Schl Tote (Tsd.)	Schl Tote & Verw. (Tsd.)	See Schiffe	Schiffe gesunk.	Kampf-Tote (Tsd.) Zw. Ablage	Kampf-Tote (Tsd.)	Mil. Nicht-KampfT. (Tsd.) Zw. Ablage	Mil. Nicht-Kampf-Tote (Tsd.)	MilTote (Tsd.) Zw. Ablage	Mil. Tote (Tsd.)	Ziv. Tote (Tsd.) Zw. Ablage	Ziv. Tote (Tsd.)	SeTote (Tsd.)
1				0					Belagerung von Quwo (-336)						4,0							0,0	
1				0					Belagerung von Liao (-329)						4,0							0,0	
1	1			1	-326	bis	-325	Indienfeldzug Alexanders des Großen	Schlacht an der Hydaspes (-326)	50	20,0				14,0	14,0							
1				0					Belagerung von Sangala (-325)						4,0							0,0	
1	1			1	-326	bis	-304	2. Samniterkrieg	Belagerung von Neapolis (-326)		100,0				120,3	120,3							
1				0					Schlacht von Imbrinium (-325)						4,0							0,0	
1				0					Schlacht an der Kaudinischen Passen (-321)		20,0				32,2								
1				0					Belagerung von Luceria (-316)						4,0								
1				0					Belagerung von Saticula (-316 bis -315)						4,0								
1				0					Schlacht von Saticula (316)						4,0							0,0	
1				0					Schlacht von Saticula (316)						4,0							0,0	
1				0					Schlacht von Lautulae (-315)						4,0								
1				0					Schlacht von Terracina (-315)		10,0				16,1								
1				0					Schlacht von Ciuna (-315)						4,0								
1				0					Schlacht von Caudium (-314)						4,0								
1				0					Schlacht am Vademonischen See (-310)						4,0								
1				0					Schlacht von Talium (-310)						4,0								
1				0					Schlacht von Perusia (-308)						4,0								
1				0					Schlacht von Mevania (-308)						4,0								
1				0					Schlacht von Allifae (-307)						4,0								
1				0					Schlacht von Silvium (-306)						4,0								
1				0					Schlacht von Tifernum (-305)						4,0								
1				0					Schlacht von Bovianum (-305)						4,0								
1				0					Schlacht an der Mons Tifernus (-305)						4,0								
1	1			1	-313	bis		Thrakischer Aufstand gegen die Makedonen			5,0				8,0	8,0						0,0	
1	1			1	-325			Krieg von Qi/Chi/Khi gegen Zhao/Chao							4,0	4,0							
1				1	-325				Schlacht von Pingyi (-325)						4,0								
1	1			1	-323			Krieg von Chu/Ch'u gegen Wei/Liang	Schlacht von Xiangling (-323)						4,0	4,0							
1	1			1	-323	bis	-322	Lamischer Krieg gegen die Makedoner	Schlacht von Platäa (-323)						47,2	47,2							
1				0					Seeschlacht von Abydos (-322)				410		4,0								
1				0					Belagerung von Lamia (-323 bis -322)						10,3								
1				0					Schlacht an der Thermopylen (-323)	23					4,6								
1				0					Schlacht von Rhamnos (-322)						0,0								
1				0					Schlacht in Thessalien (-322)	47					4,0								
1				0					Seeschlacht von Lichaden (-322)				150		9,4								
1				0					Seeschlacht von Amorgos (-322)				410		3,8							0,0	
1				0					Schlacht von Krannon (-322)						10,3								
1		1		1	-322			Ablösung der Nanda durch die Maurya-Dynastie im Magadha-Reich			0,6				1,0								
1				0					Belagerung von Kusumapura		1,0				4,0	4,0							
1				0	-321	bis	-280	*DIADOCHENKRIEGE*							170,3								
1	1			1	-321	bis	-320	1. Diadochenkrieg			15,0				25,4	25,4							
1				0					Schlacht von Memphis (-321)	50					10,0								
1				0					Schlacht an der Hellespont (-321)	47					9,4								
1				0					Schlacht in Kappadokien (-320)	30					6,0								

ANLAGE 10

Präd &Rdor Konfl	Terr Konfl	Hierk& Kons	Alloph Konfl	Se. Konfl	Jahr	bis	Jahr	Se. Konfl	Konflikt	Ausführungsereignisse (Schlachten, Belagerungen)	Tln. (Tsd.)	Land Schl Tote (Tsd.)	Land Schl Tote & Verw. (Tsd.)	See Schiffe	See Schiffe gesunk.	Kampf-Tote (Tsd.) Zw. Ablage	Kampf-Tote (Tsd.)	Mil. Nicht-KampfTote (Tsd.) Zw. Ablage	Mil. Nicht-Kampf Tote (Tsd.)	MilTote (Tsd.) Zw. Ablage	Mil. Tote (Tsd.)	Ziv. Tote (Tsd.) Zw. Ablage	Ziv. Tote (Tsd.)	SeTote (Tsd.)
1				1	-320	bis	-310	1	Erob. der maked. Satr Nordindiens durch das Maghada-Reich															
	1			1	-320			1	Feldzug von Qin/Ch'in gegen die Yiqu-Rong							4,0	4,0							
	1			1	-319	bis	-316	1	2. Diadochenkrieg							4,0	46,0							
								0		Schlacht von Kretopolis (-319)	65	30,0				46,0								
								0		Seeschlacht an der Bosporus (-318)						13,0								
								0		Seeschlacht u. Seeschlacht am Bosporus (-318)						4,0								
								0		Schlacht am Kopratos (-317)	15					3,0								
								0		Schlacht von Paraetakene (-317)						7,2								
								0		Schlacht von Gabiene (-316)	74	4,5				14,8								
1				1	-318	bis	-317	1	Krieg der Großen Allianz gegen Qin/Ch'in/Ts'in							8,0	8,0							
								0		Schlacht an der Hung-Pass (-317)						4,0								
								0		Schlacht von Xuyu (-317)						4,0								
	1			1	-316	bis	-315	1	Annektierung von Paßa durch Qin/Ch'in/Ts'in		10,0				16,1	16,1						0,0	
	1			1	-316	bis	-314	1	Annektierung von Shu durch Qin/Ch'in/Ts'in							0,0							
1				1	-315	bis	-305	1	3. Diadochenkrieg		50,0				28,0	28,0							
								0		Schlacht von Aphrodisias (-315)						4,0								
								0		Schlacht von Gaza (-312)	42					8,4								
								0		Belagerung u. Schlacht von Eurymenai (-312)						4,0								
								0		Schlacht von Apollonia (-312)						4,0								
								0		Schlacht von Salamis (-306)						1,6								
								0		Seeschlacht von Salamis (-306)		1,0		240		6,0							0,0	
1				1	-306			1	Feldzug des Antigonos gegen Ägypten (-306)						12,0	12,0							
								0		Schlacht von Elateia (-305)						4,0								
								0		Belagerung von Rhodos (-305)	40					8,0							0,0	
	1			1	-314			1	Krieg von Qi/Ch'i/Khi gegen Yen						4,0								
1				1	-312	bis	-300	1	Karthagisch-Syrakusanischer Krieg							45,5							
								0		Seeschlacht von Eknomos (-312)		30,0				45,5								
								0		Schlacht von Eknomos (-311)		7,5				1,0							0,0	
								0		Belagerung von Syrakus (-311 bis -307)						12,1								
								0		Schlacht an der südlichen Himera (-310)						4,0								
								0		Belagerung von Kerkouane (-310)						4,0								
								0		Schlacht von Tunis (-310)	54					10,8							0,0	
								0		Belagerung von Karthago (-310 bis -307)						4,0								
								0		Seeschlacht von Tunis (-309)						4,0								
								0		Seeschlacht von Syrakus (-307)		1,0				1,6								
	1			1	-312	bis	-311	1	Krieg von Qin/Ch'in gegen Chu/Ch'u						8,0	8,0							
								0		Schlacht von Danyang (-312)						4,0								
								0		Schlacht von Shuding (-311)						4,0								
1				1	-310			1	Keltischer Raubzug in Illyrien						4,0								
					-311	bis	-309	1	Nachölgestreit im Bosporanischen Reich		1,0				1,6	1,6							
	1	1		1	-311	bis	-308	1	Römisch - Etruskischer Krieg		15,0				34,6	34,6						0,0	
								0		Schlacht von Sutrium (-311)						4,0								
								0		Schlacht von Sutrium (-310)						4,0								
								0		Schlacht von Perusia (-310)			50			26,6								
	1			1	-308			1	Krieg von Qin/Ch'in/Ts'in (mit Wei/Liang) gegen Hann						4,0	4,0							
								0		Schlacht von Yiyang (-308)						4,0								

Präd &Rhetor	Terr Konfl	Hier& Kons	Alloph Konfl	Se. Konfl	Jahr	bis	Jahr	Konflikt	Ausführungsereignisse (Schlachten, Belagerungen)	Thn. (Tsd.)	Land Schl Tote (Tsd.)	Schl Tote & Verw. (Tsd.)	See Schiffe	Schiffe gesunk.	Kampf-Tote (Tsd.) Zw. Ablage	Kampf-Tote (Tsd.)	Mil. Nicht-KampfTote (Tsd.) Zw. Ablage	Mil. Nicht-Kampf-Tote (Tsd.)	MilTote (Tsd.) Zw. Ablage	Mil. Tote (Tsd.)	Ziv. Tote (Tsd.) Zw. Ablage	Ziv. Tote (Tsd.)	SeTote (Tsd.)
1				1	-307			Syrakusanischer Feldzug gegen Akragas	Schlacht von Akragas (-307)		1.0				1.0	1.0							
1	1			1	-306			Unterwerfung von Yüeh/Yuyue durch Chu/Ch'u							0.0	0.0							
1		1		1	-306			Krieg von Chu/Ch'u gegen Han/Han								4.0							
				0					Belagerung von Yongshi (-306)		3.0				4.0								
1				1	-305			Syrakusanischer Bürgerkrieg		34						6.8							
				0					Schlacht von Torgion (-305)						6.8							0.0	
1	1			1	-305			Feldzug des Seleukos I. zum Indus-Tal			2.0				3.2	3.2							
1	1			1	-303	bis	-302	2. Spartanische Intervention in Süditalien			2.0				3.2	3.2							
1	1			1	-302	bis	-280	Römisch-Etruskischer Krieg							4.0	4.0							
1	1			1	-302			Intervention der Syrakusaner in Süditalien			1.0				4.0	4.0							
				0					Schlacht von Thuriae (-302)						4.0								
1				1	-302	bis	-294	4. Diadochenkrieg (teil -5. Jh.)							32.0	32.0							
				0					Schlacht von Ipsos (-301)	160					32.0								
1	1			1	-301	bis	-298	Krieg von Qin/Ch'in (mit Wei, Hann, Qi) gegen Chu/Ch'u							16.0	16.0							
				0					Schlacht von Chuisha (-301)						4.0								
				0					Belagerung von Xinshi (-299)						4.0							0.0	
				0					Belagerung von Fengcheng (-299)						4.0							0.0	
				0					Schlacht von Xi (-298)						4.0								
								Default-Werte		0.20	1.61	0.53	0.03	0.15	4.00		4.80		0.50				
9	120	5	0	134			-4. Jahrhundert			431					1.778	1.778		8.532		10.310	0.0	0.0	10.310
1				1	-300			Syrakusanischer Feldzug gegen Kerkyra							5.2	5.2				0.50		0.0	
				0					Seeschlacht von Kerkyra (-300)						5.2								
				0				4. Diadochenkrieg (Forts. im -3. Jh.)							20.4	20.4							
				0					Belagerung von Kolophon (-299)						5.2							0.0	
				0					Belagerung von Athens (-295 bis -294)		3.0				4.8							0.0	
				0					Schlacht von Mantineia (-294)						5.2								
				1					Schlacht von Sparta (-294)						5.2	5.2							
1	1			1	-300			Krieg von Yan gegen die Donghu							183.7	183.7							
1	1			1	-298	bis	-290	3. Samnitenkrieg		12					5.2	5.2							
				0					Schlacht von Camerinum (-298)						5.2								
				0					Schlacht von Bovianum (-298)						5.2								
				0					Schlacht von Volaterrae (-298)						5.2								
				0					Belagerung von Rusellae (-298)		5.0				8.0								
				0					Schlacht von Tifernum (-297)		4.0				6.4								
				0					Schlacht von Maleventum (-297)		3.0				4.8								
				0					Schlacht an der Volturnus (-296)		8.0				12.9								
				0					Schlacht von Camars (-295)		6.0				9.7								
				0					Schlacht von Sentium (-295)		34.0				54.7							0.0	
				0					Schlacht von Tifernum (-295)			19			3.1								
				0					Schlacht von Caiatia (-295)						10.1								
				0					Schlacht von Lucertia (-294)		13.0				20.9								
				0					Schlacht von Aquilonia (-293)		20.0				32.2								
				0					Schlacht von Herculaneum (-293)						5.2							0.0	
1	1			1	-298			Keltischer Raubzug gegen Thrakien							5.2	5.2							
1	1			1	-298	bis	-295	Eroberung von Zhongshan durch Zhao/Chao							5.2	5.2							
1				0	-298	bis	-272	Krieg des Maurya-Reichs im -3. Jh.	Expansionskriege des Bindusara (-298 bis -272)														

Präd &Retor	Terr Konfl	Hier& Kons	Alloph Konfl	Se. Konfl	Jahr	bis	Jahr	Konflikt	Ausführungsereignisse (Schlachten, Belagerungen)	Tba. (Tsd.)	Land Schl. Tote (Tsd.)	Schl. Tote & Verw. (Tsd.)	See Schlacht	Schiffe gesunk.	Kampf-Tote (Tsd.) Zw. Ablage	Kampf-Tote (Tsd.)	Mil. Nicht-KampfTote (Tsd.) Zw. Ablage	Mil. Nicht-Kampf-Tote (Tsd.)	MilTote (Tsd.) Zw. Ablage	Mil. Tote (Tsd.)	Ziv. Tote (Tsd.) Zw. Ablage	Ziv. Tote (Tsd.)	SeTote (Tsd.)
1	1			1				Krieg gegen Staat 1 (zw. -298 und -272)							5,2	5,2							
1	1			1				Krieg gegen Staat 2 (zw. -298 und -272)							5,2	5,2							
1	1			1				Krieg gegen Staat 3 (zw. -298 und -272)							5,2	5,2							
1	1			1				Krieg gegen Staat 4 (zw. -298 und -272)							5,2	5,2							
1	1			1				Krieg gegen Staat 5 (zw. -298 und -272)							5,2	5,2							
1	1			1				Krieg gegen Staat 6 (zw. -298 und -272)							5,2	5,2							
1	1			1				Krieg gegen Staat 7 (zw. -298 und -272)							5,2	5,2							
1	1			1				Krieg gegen Staat 8 (zw. -298 und -272)							5,2	5,2							
1	1			1				Krieg gegen Staat 9 (zw. -298 und -272)							5,2	5,2							
1	1			1				Krieg gegen Staat 10 (zw. -298 und -272)							5,2	5,2							
1	1			1				Krieg gegen Staat 11 (zw. -298 und -272)							5,2	5,2							
1	1			1				Krieg gegen Staat 12 (zw. -298 und -272)							5,2	5,2							
1	1			1				Krieg gegen Staat 13 (zw. -298 und -272)							5,2	5,2							
1	1			1				Krieg gegen Staat 14 (zw. -298 und -272)							5,2	5,2							
1	1			1				Krieg gegen Staat 15 (zw. -298 und -272)							5,2	5,2							
1	1			1				Krieg gegen Staat 16 (zw. -298 und -272)							5,2	5,2							
1	1			1				1. Aufstand in Taxila gegen Maurya (-270)							5,2	5,2						0,0	
1		1		1				Thronfolgekrieg im Maurya-Reich (-268)							5,2	5,2							
1	1			0				2. Aufstand in Taxila gegen Maurya (-268)	Belagerung von Pataliputra (-268)						5,2	5,2						0,0	
1	1			1				Annexionskrieg Asokas gegen Kalinga (-265)							8,0	8,0						100,0	
1	1			0					Schlacht von Kalinga (-265)		5,0				8,0	8,0							
1	1			1	-296			Krieg von Qi/Ch'i /Khi (mit Hann/Han, Wei/Liang, Zhao) gg Qin/Ch'in							5,2	5,2							
1	1			1	-294	bis	-288	Krieg von Qin/Ch'in/Ts'in (mit Qi) gegen Hann/Han (mit Wei/Liang)							31,2	31,2							
1				0					Belagerung von Wushi (-294)						5,2							0,0	
1				0					Belagerung von Xinzheng (-294)						5,2							0,0	
1				0					Schlacht von Yique (-293)						5,2								
1				0					Belagerung von Yuan (-289)						5,2							0,0	
1				0					Belagerung von Heyong (-289)						5,2							0,0	
1				0					Belagerung von Jueqiao (-289)						5,2							0,0	
1	1			1	-288	bis	-264	Mamertinischer Krieg							15,6	15,6							
1				0					Schlacht an der Cyamosorus (-274)						5,2								
1				0					Schlacht von Longanus (-265)						5,2								
1				0					Belagerung von Messana (-265 bis -264)						5,2							0,0	
1	1			1	-288	bis	-286	5. Diadochenkrieg							10,4	10,4							
1				0					Schlacht von Amphipolis (-287)						10,4								
1				0					Schlacht von Edessa (-286)						5,2								
1	1			1	-288	bis	-284	Krieg von Qin/Ch'in (mit Yan, Chu) gegen Qi/Ch'i/Khi							5,2	5,2							
1	1			1	-286	bis	-282	Eroberung von Song/Sung durch Qi/Ch'i/Khi	Schlacht von Arretium (-285)	20	10,0				5,2	5,2							
1	1			1	-285	bis		Keltenkriege Roms	Vernichtungsfeldzug gg die Senonen (-283)						18,8	18,8							
1				0					Schlacht am Vadimonischen See (-283)		4,0				6,4							10,0	
1				0					Schlacht von Populonia (-282)						2,0								
1	1			1	-283	bis	-279	Krieg von Qin, Hann, Qi gegen Wei/Wem Zhao, Chu, Yan							15,6	15,6							
1				0					Belagerung von Ancheng (-283)						5,2							0,0	

525

Präd &Refor	Terr Konfl	Hier& Kons	Alloph Konfl	Se. Konfl	Jahr	bis	Jahr	Konflikt	Ausführungsereignisse (Schlachten, Belagerungen)	Th. (Tsd.)	Land Schl Tote (Tsd.)	Schl Tote & Verw. (Tsd.)	See Schiffe	See Schiffe gesunk	Kampf-Tote (Tsd.) Zw. Ablage	Kampf-Tote (Tsd.)	Mil. Nicht-KampfTote (Tsd.) Zw. Ablage	Mil. Nicht-Kampf-Tote (Tsd.)	MilTote (Tsd.) Zw. Ablage	Mil. Tote (Tsd.)	Ziv. Tote (Tsd.) Zw. Ablage	Ziv. Tote (Tsd.)	SeTote (Tsd.)
1				0					Belagerung von Gihu (-283)						5.2							0.0	
1				0					Belagerung von Jimo (-283 bis -279)						5.2							0.0	
1				1	-282	bis	-272	Krieg Roms gegen Tarent u. Pyrrhos	Schlacht von Thurii (-282)						63.7	63.7							
1				0					Seeschlacht von Tarentium (-282)					4	5.2								
1				0					Belagerung von Gela (-282)						0.6								
1				0					Schlacht von Heraklea (-280)		11.0				5.2							0.0	
1				0					Schlacht von Ausculum (-279)		10.0				17.7								
1				0					Seeschlacht im Ionischen Meer (-276)						16.1								
1				0					Belagerung von Lokroi (-275)	20					3.0							0.0	
1				0					Schlacht von Malewentum (-275)		6.0				5.2							0.0	
1				0					Belagerung von Tarent (-275 bis -272)						9.7								
1		1		0	-282	bis	-280	6. Diadochenkrieg	Schlacht von Kurupedion (-281)		5.0				1.0	8.0							
1				1	-280	bis	-279	Syrischer Erbfolgekrieg	Schlacht von Hyblaeos (-280)						8.0	5.2							
1				1	-280			Krieg zwischen Syrakus und Akragas	Schlacht von Terias (-280)						10.4	10.4							
1				0					Schlacht von Quanzhong (-280)						5.2								
1				1	-280	bis	-276	Krieg von Qin/Ch'in/Ts'in gegen Chu/Ch'u	Belagerung von Ying (-278)						10.4	10.4							0.0	
1				0											5.2								
1		1		1	-279	bis	-279	Krieg von Qi/Qi/Ch'i/Khi gegen Yan/Yen							5.2	5.2							0.0	
1		1		1	-279	bis	-212	Invasion Thrakiens durch Kelten							0.0	0.0							0.0	
1				1	-279	bis	-275	Invasion Griechenlands u. Kleinasiens durch Kelten							18.8	18.8								
1				0					Schlacht von Kallipolis (-279)						5.2								
1				0					Schlacht von Thermopylen (-279)		2.0				3.2								
1				0					Belagerung von Delphi (-279)						5.2								
1				0					Schlacht von Lysimacheia (-277)						5.2								
1				1	-278	bis	-276	Intervention des Pyrrhos auf Sizilien	Belagerung von Syrakus (-278)		5.0				10.4	10.4							0.0	
1				0					Schlacht in Westsizilien (-277)						5.2								0.0	
1		1		1	-276			Makedonische Annexion Poteidaia	Belagerung von Poteidaia (-276)		1.0				5.2	5.2							0.0	
1	1			1	-276	bis	-241	Krieg von Qin/Ch'in gegen die Drei Jin (Wei, Hann, Zhao) und Chu	Belagerung von Huayang (-273)						366.2	366.2							0.0	
1				0					Belagerung von Juan (-273)						5.2							0.0	
1				0					Belagerung von Caiyang (-273)						5.2							0.0	
1				0					Belagerung von Changshe (-273)						5.2							0.0	
1				0					Schlacht an der Gelben Fluss (-273)		100.0				160.9							0.0	
1				0					Belagerung von Guanjin (-273)						5.2							0.0	
1				0					Belagerung von Handan (-270)						5.2							0.0	
1				0					Belagerung von Fyu (-270)						5.2							0.0	
1				0					Schlacht von Yanyu (-269)						5.2							0.0	
1				0					Belagerung von Shaoqu (-265)						5.2							0.0	
1				0					Belagerung von Gaoling (-265)						5.2							0.0	
1				0					Schlacht von Changping (-260)		40.0				64.4								
1				0					Belagerung von Handan (-259 bis -257)		10.0				16.1							50.0	
1				0					Belagerung von Zheng (-257)						5.2							0.0	

ANLAGE 10

Präd &Rhetor Konfl	Terr Konfl	Hier& Kons	Alloph Konfl	Se. Konfl	Jahr	bis	Jahr	Konflikt	Ausführungsereignisse (Schlachten, Belagerungen)	Tln. (Tsd.)	Land Schl Tote (Tsd.)	Land Schl Tote & Verw. (Tsd.)	See Schiffe	See Schiffe gesunk	Kampf-Tote (Tsd.) Zw. Ablage	Kampf-Tote (Tsd.)	Mil. Nicht-KampfTote (Tsd.) Zw. Ablage	Mil. Nicht-Kampf-Tote (Tsd.)	MilTote (Tsd.) Zw. Ablage	Mil. Tote (Tsd.)	Ziv. Tote (Tsd.) Zw. Ablage	Ziv. Tote (Tsd.)	SeTote (Tsd.)
1				0					Belagerung von Fengcheng (-257)						5,2							0,0	
1				0					Belagerung von Anyang (-257)						5,2							0,0	
1				0					Belagerung von Yangcheng (-256)						5,2							0,0	
1				0					Belagerung von Fumai (-256)						5,2							0,0	
1				0					Belagerung von Wucheng (-254)						5,2							0,0	
1				0					Belagerung von Changgao (-249)						5,2							0,0	
1				0					Belagerung von Xingyang (-249)						5,2							0,0	
1				0					Schlacht von Hewai (-247)						5,2								
1				0					Schlacht von Zui (-241)						5,2								
1				0					Schlacht von Chaoge (-241)						5,2							0,0	
1				0					Belagerung von Long (-240)						5,2							0,0	
1				0					Belagerung von Gu (-240)						5,2								
1				0					Belagerung von Qingdu (-240)						5,2							0,0	
1	1			1	-274	bis	-271	1. Syrischer Krieg							5,2	5,2							
1	1			1	-272			Intervention des Pyrrhos auf dem Peloponnes		25					11,7	11,7							
1				0					Belagerung von Sparta (-272)						6,5							0,0	
1				0					Belagerung von Argos (-272)						5,2	5,2							
1	1			1	-272	bis	-270	Römische Intervention in Rhegion			1,0				5,2							0,0	
1				0					Belagerung von Rhegion (-272 bis -270)						5,2								
1	1			1	-272			Feldzug von Qin/Ch'in gegen die Yiqu-Rong						5,2	5,2						0,0	
1	1			1	-270			Meuterei gallischer Söldner in Ägypten						5,2	5,2							
1	1			1	-267	bis	-261	Chremonideischer Krieg			5,0				15,6	15,6						0,0	
1				0					Belagerung von Athens (-266 bis -262)						5,2								
1				0					Schlacht von Korinth (-265)						5,2								
1				0					Seeschlacht von Kos (-261)						5,2								
1	1			1	-267			Krieg Roms gegen die Salentiner						5,2	5,2							
1				1	-265				Belagerung von Brindisi (-267)						5,2							0,0	
1	1			0	-265	bis	-264	Römische Intervention in Volsinii			1,0				5,2	5,2						0,0	
1		1		1					Belagerung von Volsinii (-265 bis -264)						5,2	5,2							
1	1			1	-264			Krieg von Jin/Chin/Tsin gegen Zhou/Chou						5,2								
1				1	-264	bis	-241	1. Punischer Krieg							194,1	194,1							
1				0					Belagerung von Messana (-264)						5,2							0,0	
1				0					Schlacht von Messana (-264)						5,2								
1				0					Schlacht von Messana (-264)						5,2								
1				0					Schlacht im Nordosten von Sizilien (-263)						5,2								
1				0					Belagerung von Syrakus (-263)	20					5,2								
1				0					Belagerung von Akragas (-262 bis -261)						5,2								
1				0					Schlacht von Akragas (-261)		4,0				6,4								
1				0					Seeschlacht an den Lipar. Inseln (-260)				37		0,9								
1				0					Seeschl an der S-Spitze Festlandital. (-260)					25	4,0							0,0	
1				0					1. Seeschlacht von Mylae (-260)						5,2							0,0	
1				0					Schlacht von Thermae Himerienses (-260)						5,2								
1				0					Belagerung von Aleria (-259)						5,2								
1				0					Seeschlacht an den Liparischen Inseln (-258)				50		1,3								
1				0					Schlacht von Sulci (-258)				225		5,6							0,0	
1				0					Schlacht von Kamarina (-258)						5,2							0,0	
1				0					2. Seeschlacht bei Mylae (-257)					17	2,7								
1				0					Seeschlacht bei Eknomos (-256)						5,2							0,0	
1				0					Schlacht von Adys (-256)						7,8								
1				0					Schlacht von Tunis (-255)	30	13,0				20,9								

Präd &Rector	Terr Konfl	Hier& Kons	Alloph Konfl	Se. Konfl	Jahr	bis	Jahr	Konflikt	Jahr	Ausführungsereignisse (Schlachten, Belagerungen)	Tln. (Tsd.)	Land Schl Tote (Tsd.)	Schl Tote & Verw. (Tsd.)	See Schiffe	Schiffe gesunk.	Kampf-Tote (Tsd.) Zw. Ablage	Kampf-Tote (Tsd.)	Mil. Nicht-KampfTote (Tsd.) Zw. Ablage	Mil. Nicht-Kampf-Tote (Tsd.)	MilTote (Tsd.) Zw. Ablage	Mil. Tote (Tsd.)	Ziv. Tote (Tsd.) Zw. Ablage	Ziv. Tote (Tsd.)	SeTote (Tsd.)
1				0						Seeschl. am Hermäischen Vorgebirge (-255)						5,2								
1				0						Belagerung von Akragas (-255)						5,2							0,0	
1				0						Belagerung von Panormos (-254 bis -243)						5,2							0,0	
1				0						Röm. Angriff auf die N-Afr. Küste (-253)						5,2								
1				0						Seeschlacht an den Liparischen Inseln (-252)						5,2								
1				0						Schlacht von Panormos (-250)	20					5,2								
1				0						Belagerung von Lilybaeum (-250 bis -241)	30					7,8							0,0	
1				0						Seeschlacht von Drepanon (-249)						5,2								
1				0						Belagerung von Phintias (-249)						5,2								
1				0						Belagerung von Eryx (-249)						5,2							0,0	
1				0						Belagerung von Eryx (-243 bis -241)						27,4							0,0	
1	1			1	-263			Krieg von Megalopolis gegen Sparta		Seeschlacht an der Ägadischen Inseln (-241)		17,0				5,2	5,2							
1	1			1	-262			Secession Pergamons vom Seleukidischen Reich		Schlacht von Megalopolis (-263)						5,2	5,2							
1	1			0	-260	bis	-253	2. Syrischer Krieg		Schlacht von Sardeis (-262)						5,2	5,2							
1	1			0						Seeschlacht von Ephesos (-259)		5,0				10,4	10,4							
1	1			0						Seeschlacht von Kos (-258)						5,2								
1	1			1	-256			Unterwerfung von West-Zhou/Chou durch Zhao/Chao								5,2	5,2							
1	1			1	-256			Unterwerfung von Lu durch Chu								5,2	5,2							
1	1			0	-251			Krieg von Yan gegen Zhao/Chao		Schlacht von Dai (-251)						5,2	5,2							
1	1			1	-246			Invasion Parthiens durch die Parner				5,0				8,0	8,0							
1	1			1	-246	bis	-241	3. Syrischer Krieg				5,0				15,6	15,6						0,0	
1				0						Seeschlacht von Andros (-246)						5,2	5,2							
1				0						Seeschlacht von Ephesos (-246)						5,2								
1				0						Seeschlacht von Kos (-246)						5,2								
1	1			0	-245			Krieg des Aitolischen Bundes gegen die Boiotier		Schlacht von Chairroneia (-245)						5,2	5,2							
1	1			1	-243			Aufstand des Achäischen Bundes gegen Makedonien								5,2	5,2							
1	1			0	-241			Krieg Roms gegen die Falisker		Belagerung von Akrokorinth (-243)						5,2							0,0	
1				0						Belagerung von Falerii (-241)						5,2	5,2						0,0	
1	1	1		1	-240	bis	-238	Karthagische Söldneraufstand			20					86,5	86,5						0,0	
1				0						Belagerung von Utica (-240)						5,2							0,0	
1				0						Schlacht an der Bagradas (-240)		6,0				9,7								
1				0						Belag. von Hippon Diarrhitos (-240 bis -239)		10,0				16,1								
1				0						Belagerung von Karthago (-239)						5,2							0,0	
1				0						Schlacht von Prion (-239)						40,0							0,0	
1				0						Belagerung von Tunis (-238)						5,2							0,0	
1	1			1	-240			Griechisch-Illyrischer Krieg		Schlacht von Leptis Minor (-238)						5,2	5,2						0,0	
1	1			1	-239	bis	-228	Unterwerfung von Zhao/Chao durch Qin/Ch'in/Ts'in								52,0	52,0							
1				0						Belagerung von Shangdang (-239)						5,2							0,0	

ANLAGE 10

Se. Konfl	Jahr	bis	Jahr	Konflikt	Ausführungsereignisse (Schlachten, Belagerungen)	Tln. (Tsd.)	Land Schl. Tote (Tsd.)	See Schiffe	Kampf-Tote (Tsd.) Zw. Ablage	Kampf-Tote (Tsd.)	Ziv. Tote (Tsd.)
0					Schlacht von Hejian (-236)				5,2		
0					Belagerung von Je (-236)				5,2		0,0
0					Belagerung von Anyang (-236)				5,2		0,0
0					Belagerung von Yian (-233)				5,2		0,0
0					Schlacht von Pingyang (-234)				5,2		
0					Schlacht von Fei (-233)				5,2		
0					Schlacht von Panwu (-232)				5,2		0,0
0					Belagerung von Jingxiang (-229)				5,2		0,0
0					Belagerung von Handan (-229 bis -228)				5,2		
1	-239	bis	-229	Demetrios-Krieg	Schlacht von Phylakia (-236)		3,0		15,2	15,2	
0					Belagerung von Medeon (-231)				4,8		
0					Belagerung von Phoinikie (-230)				5,2		
1	-238	bis	-236	Angriff der Boier auf Ariminum	Belagerung von Ariminum (-238 bis -236)		1,0		1,6	1,6	0,0
0	-237	bis	-219	Karthagische Unterwerfung Südspaniens					31,2	31,2	
0					Schlacht von Elche (229)				5,2		
0					Belagerung von Altea (-221)				5,2		0,0
0					Belagerung von Elmantix (-221)				5,2		0,0
0					Belagerung von Arbacala (-221)				5,2		0,0
0					Schlacht an der Tagos (-220)				5,2		
0					Belagerung von Saguntum (-219)				5,2	8,4	0,0
0	-236		-236	Thronfolgekrieg im Selekidischen Reich	Schlacht von Ancyra (-236)				5,2	8,4	
1	-235		-235	Feldzüge des Aratos von Sikyon gegen Tyrannen					8,4	8,4	
0					Schlacht von Chares (235)				5,2		
0					Schlacht von Kleonai (-235)		2,0		3,2		
1	-231	bis	-228	Epirotischer Bürgerkrieg					5,2	5,2	
0	-231	bis	-228	Feldzug des Seleukos II. gegen die Parther					5,2	5,2	
1	-230	bis	-228	Unterwerfung von Hann/Han durch Qin/Ch'in/Ts'in	Schlacht an der Kaikos (-230)				5,2	5,2	
1	-230			Krieg zwischen Kelten u. Pergamon	Schlacht bei Pergamon (-230)	30			7,8	7,8	
0	-229	bis	-228	1. Römisch-Illyrischer Krieg	Seeschlacht von Paxos (-229)		3,0	20	4,8	4,8	
1	-229	bis	-222	Krieg des Attalos I. gegen Antiochos Hierax	Schlacht von Pallantion (228)				4,8	4,8	
1	-228	bis	-222	Kleomenischer Krieg	Belagerung von Methydrion (-228)				44,2	44,2	0,0
0					Schlacht von Lykaion (-227)				5,2		
0					Belagerung von Ladokeia (-227)				5,2		
0					Schlacht von Dyme (225)				5,2		
0					Belagerung von Megalopolis (-222)				5,2		0,0
0					Schlacht von Sellasia (222)	50			13,0		
1	-227	bis	-222	Unterwerfung von Yen durch Qin/Ch'in/Ts'in	Schlacht an der Yi (-227)				10,4	10,4	
0	-225	bis	-222	Keltisch-Römischer Krieg	Belagerung von Liadong (-222)				5,2		
1									107,3	107,3	0,0

ANLAGE 10

	Präd &Retor	Terr Konfl	Hier& Kons	Alloph Konfl	Se. Konfl	Jahr	bis	Jahr	Konflikt	Ausführungsereignisse (Schlachten, Belagerungen)	Tln. (Tsd.)	Land Schl. Tote (Tsd.)	Schl. Tote & Verw. (Tsd.)	See Schiffe	Schiffe gesunk.	Kampf-Tote (Tsd.) Zw. Ablage	Kampf-Tote (Tsd.)	Mil. Nicht-KampfTote (Tsd.) Zw. Ablage	Mil. Nicht-Kampf-Tote (Tsd.)	MilTote (Tsd.) Zw. Ablage	Mil. Tote (Tsd.)	Ziv. Tote (Tsd.) Zw. Ablage	Ziv. Tote (Tsd.)	SeTote (Tsd.)
1					0					Schlacht von Faesulae (-225)		7,0				11,3								
1					0					Schlacht von Telamon (-225)		40,0				64,4								
1					0					Schlacht von Bedriacum (-223)		10,0				16,1								
1					0					Belagerung von Acerrae (-222)						5,2							0,0	
1					0					Belagerung von Clastidium (-222)						5,2								
1					0					Belagerung von Mediolanum (-222)						5,2								
1		1			0	-225	bis	-223	Unterwerfung von Chu/Ch'u durch Qin/Ch'in/Ts'in							10,4	10,4						0,0	
1					0					Schlacht von Chengfu (-225)						5,2								
1					0					Schlacht an der Yangzi (-224)						5,2								
1		1			1	-225	bis	-221	Unterwerfung von Wei/Liang durch Qin/Ch'in/Ts'in							5,2	5,2							
1					0					Belagerung von Daliang (-221)						5,2								
1		1			0	-222			Unterwerfung von Dai durch Qin/Ch'in/Ts'in							5,2	5,2							
1					0					Schlacht von Dai (-222)						5,2								
1		1			1	-221			Unterwerfung von Qi/Ch'i/Khi durch Qin/Ch'in/Ts'in							5,2	5,2							
1					1											5,2								
1		1			1	-221	bis	-219	Lyttischer Krieg			1,0				1,6	1,6							
1		1			1	-221	bis	-217	4. Syrischer Krieg							29,7	29,7							
1					0					Belagerung von Seleukeia (-219)						5,2							0,0	
1					0					Belagerung von Rabbatamana (-218)						5,2							0,0	
1					0					Schlacht von Raphia (-217)		12,0				19,3								
1			1		0	-221	bis	-220	Usurpation des Molon im Seleukidischen Reich		1,0				5,2	5,2							
1					0					Schlacht von Apollonia (-220)						5,2								
1	1				1	-220	bis	-217	Ätolischer Bundesgenossenkrieg	5	2,0				22,1	22,1							
1					0					Schlacht von Kaphyae (-220)						1,3								
1					0					Belagerung von Egira (-219)						5,2								
1					0					Schlacht von Stymphalia (-219)						5,2								
1					0					Belagerung von Thermon (-218)						5,2								
1					0					Belagerung von Thebe (-217)						5,2								
1					1	-220			Krieg von Rhodos gegen Byzantion						5,2								
1		1			1	-220	bis	-214	Unterwerfung von Guangdong durch Qin/Ch'in/Ts'in	200					52,0	52,0						50,0	
1		1			1	-219			2. Römisch-Illyrischer Krieg						3,2	3,2							
1					0					Belagerung von Dimalle (-219)		1,0				1,6							2,0	
1					0					Belagerung von Pharos (-219)	6	1,0				1,6							1,0	
1					1	-218			Keltischer Aufstand in Norditalien						5,2	5,2							
1					0					Belagerung von Mutina (-218)		20,0				5,2							0,0	
1		1			1	-218			Karthagische Unterwerfung Nordspaniens						32,2	32,2						5,0	
1		1			1	-218	bis	-201	2. Punischer Krieg		(450)				722,7	722,7							
1					0					Schlacht von Cesse (-218)		6,0				9,7								
1					0					Belagerung von Taurasia (-218)						5,2								
1					0					Schlacht von Ticinus (-218)	50		35			13,0								
1					0					Schlacht an der Trebbia (-218)						18,6								
1					0					Seeschlacht an der Ebro-Mündung (-217)					75	1,9								
1					0					Schlacht an der Lake Trasimeno (-217)		18,0				29,0								
1					0					Schlacht von Callicula (-217)						5,2							0,0	
1					0					Schlacht von Calene (-217)						17,7								
1					0					Schlacht von Gerunium (-217)		11,0				5,2								

Präd &Rel or Konfl	Terr Konfl	Hier& Kons Konfl	Alloph Konfl	Se. Konfl	Jahr	bis	Jahr	Konflikt	Ausführungsereignisse (Schlachten, Belagerungen)	Tln. (Tsd.)	Land Schl Tote (Tsd.)	Schl Tote & Verw. (Tsd.)	See Schiffe	Schiffe gesunk.	Kampf-Tote (Tsd.) Zw. Ablage	Kampf-Tote (Tsd.)	Mil. Nicht-KampfT ote (Tsd.) Zw. Ablage	Mil. Nicht-Kampf-Tote (Tsd.)	MilTote (Tsd.) Zw. Ablage	Mil. Tote (Tsd.)	Ziv. Tote (Tsd.) Zw. Ablage	Ziv. Tote (Tsd.)	Se Tote (Tsd.)
1				0					Schlacht von Cannae (-216)		50,0				80,5								
1				0					Schlacht von Litana (-216)						5,2								
1				0					1. Belagerung Hannibals von Nola (-216)						5,2								
1				0					Schlacht von Hibera (-215)						5,2								
1				0					Belagerung von Iliturgi (-215)		15,0				24,1								
1				0					Belagerung von Intibili (-215)						5,2							0,0	
1				0					Schlacht von Grumentium (-215)		2,0				3,2								
1				0					2. Belagerung Hannibals von Nola (-215)						5,2							0,0	
1				0					Schlacht von Caralis (-215)		12,0				19,3								
1				0					Belagerung von Syrakus (-215 bis -212)	38					5,2							0,0	
1				0					Schlacht von Beneventum (-214)						9,9							0,0	
1				0					3. Belagerung Hannibals von Nola (-214)						5,2							0,0	
1				0					Belagerung von Enna (-214)		5,0				8,0							0,0	
1				0					Belagerung von Iliturgi (-213)		12,0				19,3								
1				0					Schlacht von Munda (-213)						5,2								
1				0					Schlacht von Auringis (-213)						5,2								
1				0					Belagerung von Capua (-212 bis -211)						5,2							0,0	
1				0					Belagerung von Tarentum (-212)						5,2							0,0	
1				0					Belagerung von Capua (-212)						5,2							0,0	
1				0					Schlacht von Silarus (-212)			18			9,6								
1				0					Schlacht von Herdonia (-212)			19			10,1								
1				0					Belagerung von Castulum (-212)						5,2								
1				0					Belagerung von Canusium (-211)						5,2								
1				0					Schlacht von Capua (-211)	130					33,8								
1				0					Hannibal's Marsch auf Rom (-211)		3,0				5,2								
1				0					Schlacht von Himera (-211)						4,8								
1				0					Seeschlacht von Sapriportis (-211)						5,2								
1				0					Seeschlacht von Tarentum (-211)						5,2								
1				0					Schlacht von Herdonia (-210)	30					7,8								
1				0					Schlacht von Numistro (-210)						5,2								
1				0					Belagerung von Akragas (-210)						5,2								
1				0					Belagerung von Carthago Nova (-209)						5,2							0,0	
1				0					Belagerung von Tarentum (-209)						5,2							0,0	
1				0					Schlacht von Canusium (-209)		4,0				6,4								
1				0					Schlacht von Petelia (-208)		3,0				4,8								
1				0					Belagerung von Lokroi (-208 bis -205)						5,2							0,0	
1				0					Schlacht von Ascculum Picenum (-208)						5,2								
1				0					Schlacht von Baecula (-208)		10,0				16,1								
1				0					Seeschlacht von Clupea (-208)				180		4,5								
1				0					Seeschlacht im Golf von Utica (-207)						4,8								
1				0					Schlacht von Grumentium (-207)	70	3,0				18,2								
1				0					Schlacht von Venusia (-207)						5,2								
1				0					Schlacht an der Metaurus (-207)		12,0				19,3								
1				0					Belagerung von Caeliberia, in (-207)						5,2								
1				0					Belagerung von Auringis (-207)						5,2								
1				0					Schlacht von Ilipa (-206)	120					31,2								
1				0					Belagerung von Iliturgi (-206)						5,2							0,0	
1				0					Belagerung von Astapa (-206)						5,2							0,0	
1				0					Belagerung von Castulum (-206)						5,2							0,0	
1				0					Karthag. Invasion von Ligurien (-205 bis -203)	20					5,2								

Präd &Rhetor	Terr Konfl	Hier& Kons Konfl	Alloph Konfl	Se. Konfl	Jahr	bis	Jahr	Konflikt	Ausführungsereignisse (Schlachten, Belagerungen)	Tln. (Tsd.)	Land Schl Tote (Tsd.)	Schl Tote & Verw. (Tsd.)	See Schiffe	Schiffe gesunk.	Kampf-Tote (Tsd.) Zw. Ablage	Kampf-Tote (Tsd.)	Mil. Nicht-KampfTote (Tsd.) Zw. Ablage	Mil. Nicht-Kampf-Tote (Tsd.)	MilTote (Tsd.) Zw. Ablage	Mil. Tote (Tsd.)	Ziv. Tote (Tsd.) Zw. Ablage	Ziv. Tote (Tsd.)	SeTote (Tsd.)
1				0					Schlacht von Crotonia (-204)		2,0				3,2								
1				0					Schlacht von Crotonia (-204)		10,0				16,1								
1				0					Schlacht von Salaeca (-204)		4,0				6,4								
1				0					Schlacht von Utica (-203)		30,0				48,3								
1				0					Schlacht in den Campi Magni (-203)	45					11,7								
1				0					Schlacht von Cirta (-203)						5,2								
1				0					Schlacht von Zama (-202)		21,5				34,6								
1									Verwüstung von 400 Ortschaften in Süditalien												40,0		
1		1		1	-216			Bithynischer Feldzug gegen die Egosagi	Schlacht von Arisba (-216)		20,0				5,2	5,2						0,0	
1				0	-216	bis	-214	Aufstand des Achaiós gegen das Seleukidische Reich	Belagerung von Sardeis (-216 bis -214)		5,0				5,2	5,2							
1	1			1	-215	bis	-205	1. Römisch-Makedonischer Krieg	Belagerung von Lissos (-215)						15,6	15,6						0,0	
1				0					Belagerung von Kyllene (-208)						5,2								
1			1	0					Schlacht von Mantineia (-207)						5,2							0,0	
1	1			1	-214			Chinesische Eroberung der Inneren Mongolei							5,2	5,2							
1	1			1	-213			Chinesische Eroberung von Ost-Guangxi							5,2	5,2							
1				1	-212			Massaker an Konfuzianern durch Qin							5,2	5,2						0,0	
1	1			1	-212			1. Ostfeldzug des Antiochos III			2,0				3,2	3,2						0,0	
1	1			1	-210	bis	-206	2. Ostfeldzug des Antiochos III			5,0				21,3	21,3						0,0	
1				0					Schlacht an der Labos (-209)						5,2								
1				0					Belagerung von Sirinx (-209)						5,2								
1				0					Schlacht am Arios (-208)	22					5,7								
1				0					Belagerung von Bactra (-208 bis -206)						5,2							0,0	
1		1		1	-209	bis	-206	Aufstände gegen die Qin/Ch'in/Ts'in-Dynastie	Belagerung von Chen (-209)						353,0	353,0							
1				0					Belagerung von Xingyang (-209)						5,2							0,0	
1				0					Belagerung von Pei (-209)						5,2							0,0	
1				0					Belagerung von Feng (-209)						5,2							0,0	
1				0					Schlacht von Dingtao (-208)						5,2							0,0	
1				0					Schlacht von Julu (-207)		100,0				160,9								
1				0					Belagerung von Hsien-yang (-207)						5,2								
1				0					Massaker von Xin'an (-207)		100,0				160,9							0,0	
1	1			1	-209			Krieg zwischen Achäischem Bund u. Elis	Schlacht an der Larisos (-209)		2,0				5,2	5,2							
1	1			1	-208			Krieg zwischen Makedonien u. dem Aitolischen Bund	Schlacht von Lamia (-208)		2,0				5,2	5,2							
1	1			1	-208			Krieg der Xiongnu/Hsiung-nu gegen die Donghu							5,2								
1	1			1	-206	bis	-190	Feldzug des Antiochos III. zum Indus-Tal							5,2	5,2							
1	1			0	-206	bis		Expansionskriege der Helleno-Baktrier in Zentralasien							5,2	5,2							
1		1		1	-206	bis	-202	Aufstände gegen die Reichsordnung des Xiang Yu	Belagerung von Hsien-yang (-206)						78,0	78,0							
1				0					Schlacht von Chengyang (-205)						5,2							0,0	
1				0					Schlacht von Pengcheng (-205)	80					20,8								

Präd &Retor	Terr Konfl	Hier& Kons	Alloph Konfl	Se. Konfl	Jahr	bis	Jahr	Konflikt	Ausführungsereignisse (Schlachten, Belagerungen)	Tln. (Tsd.)	Land Schl Tote (Tsd.)	Schl Tote & Verw. (Tsd.)	See Schiffe	Schiffe gesunk.	Kampf-Tote (Tsd.) Zw. Ablage	Kampf-Tote (Tsd.)	Mil. Nicht-KampfTote (Tsd.) Zw. Ablage	Mil. Nicht-KampfTote (Tsd.)	MilTote (Tsd.) Zw. Ablage	Mil. Tote (Tsd.)	Ziv. Tote (Tsd.) Zw. Ablage	Ziv. Tote (Tsd.)	SeTote (Tsd.)
1				0					Belagerung von Yingyang (-204)						5,2							0,0	
1				0					Schlacht an der Jingxing-Pass (-204)						5,2								
1				0					Belagerung von Chenggao (-204)						5,2							0,0	
1				0					Schlacht von Liang (204)						5,2								
1				0					Belagerung von Aocang (-204)						5,2							0,0	
1				0					Schlacht von Chenggao (-203)						5,2								
1				0					Schlacht an der Wei (-203)						5,2								
1				0					Schlacht von Guiling (-202)						5,2								
1				0					Schlacht von Gaixa (202)						5,2								
1	1			1	-205	bis	-201	Kretischer Krieg	Seeschlacht von Chios (-201)		12,0				24,9	24,9							
1				0					Seeschlacht von Lade (-201)		9,0				14,5								
1				0					Belagerung von Abydos (-201)						5,2							0,0	
1	1			1	-203			Secession des Südlichen Yue							5,2	5,2							
1	1			1	-202			Feldzug von Han gegen Yan	Schlacht von Yi (202)						5,2	5,2							
1	1			1	-202	bis	-195	5. Syrischer Krieg	Schlacht von Panefon (-200)						5,2	5,2							
1	1			1	-202	bis	-201	Krieg Spartas gegen den Achäischen Bund	Belagerung von Messene (-202)						8,4	8,4						0,0	
1				0					Schlacht von Skotitas (201)		2,0				3,2								
1				0											5,2								
1	1			1	-201	bis	-192	Römisch-Keltischer Krieg in Oberitalien	Schlacht von Mutilum (-201)		8,0				275,9	275,9							
1				0					Schlacht von Placentia (-200)	40					12,9							0,0	
1				0					Schlacht von Cremona (-200)		37,0				10,4								
1				0					Schlacht in der Lombardei (-199)		7,0				59,5								
1				0					Schlacht an der Mincius (-197)		35,0				11,3								
1				0					Schlacht von Comum (-196)		12,0				56,3								
1				0					Schlacht von Litana (-195)		10,0				19,3								
1				0					Schlacht von Mediolanum, (-194)		12,0				16,1								
1				0					Schlacht in der Region von Mutina (-194)		15,0				19,3								
1				0					Schlacht in der Region von Mutina (-193)		19,0				24,1								
1				0					Schlacht bei Bononia (-192)		10,0				30,6								
1				0											16,1								
1	1			1	-201			Unterwerfung der Kirgisen durch die Xiongmu/Hsiung-nu							5,2	5,2							
436	**4**																						
	4	102	10	1	117			Default-Werte		0,26	1,61	0,53	0,03	0,16	5,20	3,438		6,24	21,452		24,889	0,50	258,0	0,0	25,147

Präd &Retor	Terr Konfl	Hier& Kons	Alloph Konfl	Se. Konfl	Jahr	bis	Jahr	Konflikt	Ausführungsereignisse	Tln.	Land Schl Tote	Schl Tote & Verw.	See Schiffe	Schiffe gesunk.	Kampf-Tote Zw. Ablage	Kampf-Tote	Mil. Nicht-KampfTote Zw. Ablage	Mil. Nicht-KampfTote	MilTote Zw. Ablage	Mil. Tote	Ziv. Tote Zw. Ablage	Ziv. Tote	SeTote
1	1			1	-200	bis	-197	2. Römisch-Makedonischer Krieg	Schlacht von Athakos (-200)						19,8	19,8							
1				0					Schlacht von Ottolobum (-200)		1,0				1,6								
1				0					Belagerung von Chalkis (199)		1,0				1,6								
1				0					Schlacht an den Aoos-Pässen (-198)		1,0	2			1,1								
1				0					Schlacht an der Nemea-Bach (-197)			2			1,1								
1				0					Schlacht von Kynoskephalae (-197)						12,9								
1	1			1	-200	bis	-198	Krieg Chinas gg die Xiongmu, Hann Xin u. die Zhao-Aufständischen			8,0				53,4	53,4						0,0	
1				0					Belagerung von Mayi (200)						5,8								
1				0					Belagerung von Shuaren (-200)			35			18,6								
1				0					Belagerung von Wuquan (-200)						5,8								
1				0					Schlacht von Tongdi (200)						5,8								

ANLAGE 10

Präd &Retor	Terr Konfl	Hier& Kons	Alloph Konfl	Se. Konfl	Jahr	bis	Jahr	Konflikt	Ausführungsereignisse (Schlachten, Belagerungen)	Thr (Tsd.)	Land Schl Tote (Tsd.)	Land Schl Tote & Verw. (Tsd.)	See Schiffe	See Schiffe gesunk.	Kampf Tote (Tsd.) Zw. Ablage	Kampf Tote (Tsd.)	Mil. Nicht-KampfTote (Tsd.) Zw. Ablage	Mil. Nicht-Kampf-Tote (Tsd.)	MilTote (Tsd.) Zw. Ablage	Mil. Tote (Tsd.)	Ziv. Tote (Tsd.) Zw. Ablage	Ziv. Tote (Tsd.)	SeTote (Tsd.)
1				0					Schlacht von Junyang (-200)						5,8								
1				0					Schlacht von Lishi (-199)						5,8								
1				0					Belagerung von Datting (-199)						5,8								
1		1		1	-199			Kriegs Chinas gegen die Aufständischen in Zhao und Dai							11,6	11,6							
1				0					Belagerung von Dongyan (-199)						5,8								
1				0					Belagerung von Dongyan (-196)						5,8								
1	1			1	-197	bis	-183	Antiromische Aufstände u. Invasionen auf der Iberischen Halbinsel			85,0				118,3	118,3							
1				0					Schlacht in Spanien (-197)	20					5,8								
1				0					Belagerung von Indika (-195)		1,0				1,6							0,0	
1				0					Schlacht von Ilturgi (-195)		14,0				22,5								
1				0					Schlacht von Turda (-195)		14,0				22,5								
1				0					Schlacht von Emporiae (-195)		3,0				4,8								
1				0					Belagerung von Iacca (-194)		1,0				1,6							0,0	
1				0					Schlacht von Ilipa (-194)		1,0				1,6								
1				0					Schlacht von Toletum (-193)		2,0				3,2								
1				0					Schlacht von Lyko (-190)			8			4,2								
1				0					Schlacht von Calagurris (-187)		14,0				22,5								
1				0					Schlacht von Hasta Regia (-186)		7,0				11,3								
1				0					Belagerung von Hasta Regia (-186)		1,0				1,6							0,0	
1				0					Schlacht von Toletum (-185)		6,0				9,7								
1				0					Schlacht am Tajo (-184)			10			5,3								
1	1			1	-196			Krieg Chinas gegen Qin/Ying Bu							23,2	23,2							
1				0					Schlacht von Geizhu/Qixi (-196)						5,8								
1				0					Schlacht von Mayi (-194)						5,8								
1				0					Schlacht von Loufan (-194)						5,8								
1				0					Schlacht von Lingqui (-194)						5,8								
1				1	-196	bis	-195	Besetzung der thrakischen Küste durch Antiochos III.			2,0				3,2	3,2							
1				1	-195			Besetzung Palästinas durch Antiochos III.			2,0				3,2	3,2							
1	1			1	-195	bis	-192	Krieg des Achäischen Bundes gegen Sparta			5,0				6,4	6,4							
1				0					Belagerung von Sparta (-195)		1,0				1,6								
1				0					Schlacht von Gytheion (-194)		1,0				1,6								
1				0					Schlacht von Pleiae (-192)		1,0				1,6								
1				0					Schlacht am Pyrrhos-Lager (-192)		1,0				1,6								
1	1			1	-194			Krieg Chinas gegen Lu Wan							23,2	23,2							
1				0					Schlacht von Ji (-194)						5,8								
1				0					Belagerung von Hundu (-194)						5,8								
1				0					Belagerung von Shangjian (-194)						5,8								
1				0					Schlacht von Juyang (-194)						5,8								
1	1			1	-192	bis	-172	Kriege Roms gegen die Ligurer			50,0				103,3	103,3						0,0	
1				0					Schlacht von Pisae (-192)		10,0				16,1								
1				0					Schlacht im Magra-Tal (-186)						5,8								
1				0					Römischer Feldzug von -183		5,0				8,0								
1				0					Schlacht von Montallegro (-179)		17,0				27,4								
1				0					Schlacht von Sculterma (-177)		6,0				9,7								
1				0					Schlacht von Campi Macri (-176)		13,0				20,9								
1				0					Schlacht von Carystus (-173)														

ANLAGE 10

Präd &Retor	Terr Konfl	Hier& Kons	Alloph Konfl	Se. Konfl	Jahr	bis	Jahr	Konflikt	Ausführungsereignisse (Schlachten, Belagerungen)	Tln. (Tsd.)	Land Schl. Tote (Tsd.)	Schl. Tote & Verw. (Tsd.)	See Schiffe	See Schiffe gesunk.	Kampf-Tote (Tsd.) Zw. Ablage	Kampf-Tote (Tsd.)	Mil. Nicht-KampfTote (Tsd.) Zw. Ablage	Mil. Nicht-Kampf Tote (Tsd.)	MilTote (Tsd.) Zw. Ablage	Mil. Tote (Tsd.)	Ziv. Tote (Tsd.) Zw. Ablage	Ziv. Tote (Tsd.)	SeTote (Tsd.)
1				0					Römischer Feldzug von -172		6,0				9,7								
1	1			1	-192	bis	-188	Krieg Roms gegen Antiochos III			44,0				44,6	44,6							
1				1					Schlacht an den Thermopylen (-191)		5,0				8,0								
1				0					Seeschlacht von Korykos (-191)					11	1,9								
1				0					Belagerung von Proerna (-191)		1,0				1,6								
1				0					Schlacht von Magnesia am Sipylos (-190)			50			26,6								
1				0					Seeschlacht von Panionion (-190)					10	1,8						0,0		
1				0					Seeschlacht von Side (-190)				83		2,1								
1				0					Seeschlacht von Myonnesos (-190)					15	2,7								
1	1			1	-191	bis	-189	Krieg Roms gegen den Ätolischen Bund			1,0				1,6								
1				0					Schlacht von Ambrakia (-189)		1,0				1,6	1,6						0,0	
1	1			1	-190	bis	-188	Krieg des Achäischen Bundes gegen Sparta		2,0				3,2	3,2							
1	1			1	-189			Feldzug der Römer gegen die Galater						20,3	20,3							
1				0					Schlacht von Olymp (-189)		2,0				3,2								
1				0					Schlacht von Ancyra (-189)		1,0				1,6								
1				0					Schlacht von Magaba (-189)		6,0				9,7								
1	1			1	-188	bis	-186	Feldzug Roms gegen die Thraker	Schlacht von Kypsela (-188)	20					5,8	5,8							
1	1			1	-186	bis	-185	Expansion der Karnier in Nordost-Italien							5,8	5,8					0,0		
1			1	1	-185	bis	-151	Buddhisten-Verfolgung im Sunga-Reich							1,6	1,6							
1	1			1	-184	bis	-182	Achäisch-Messenischer Krieg			1,0				1,6	1,6							
1	1			1	-181	bis	-179	1. Keltiberischer Krieg Roms			94,0				157,7	157,7							
1				0					Schlacht von Ebura (-181)		28,0				45,1								
1				0					Schlacht von Contrebia (-180)		14,0				22,5								
1				0					Schlacht von Saltus Manlianus (-181)		22,0				35,4								
1				0					Schlacht von Alce (-179)		10,0				16,1								
1				0					Schlacht von Mons Chaunus (-179)		24,0				38,6								
1	1			1	-180	bis	-175	Eroberung Vorderindiens durch Hellano-Baktrier			4,0				17,4								
1				0					Belagerung von Panchala (-180)						5,8								
1				0					Belagerung von Saketa (-180)						5,8								
1				0					Eroberung von Madhyamika (-180)						5,8						0,0		
1				1	-178	bis	-177	Eroberung Histriens durch Rom			6,4				6,4	6,4							
1				0					Schlacht am Timavus (178)		3,0				4,8								
1				0					Belagerung von Nesactium (-177)		1,0				1,6						0,0		
				0	-178	bis	-133	*Plünderungseinfälle der Xiongnu/Hsiung-nu (Xiongnu/Hsiung-nu) in China*															
1	1			1				Plünderungseinfall von Xiongnu in Yunzhong (-178)							5,8	5,8							
1	1			1				Plünderungseinfall von Xiongnu/Hsiung-nu in Beidi (-167)							5,8	5,8							
1	1			1				Plünderungseinfall von Xiongnu/Hsiung-nu bis Shaanxi (-166)							5,8	5,8							
1	1			1				Plünderungseinf. von Xiongnu in Dai, Yunzhong u. Liaodong (-165)							5,8	5,8							
1	1			1				Plünderungseinfall von Xiongnu/Hsiung-nu in das King-Tal (-164)							5,8	5,8							
1	1			1				Plünderungseinfall von Xiongnu in Shang und Yunzhong (-158)							5,8	5,8							
1	1			1				Plünderungseinfall von Xiongnu/Hsiung-nu in Dai (-156)							5,8	5,8							

ANLAGE 10

	Präd &Retor	Terr Konfl	Hier& Kons	Alloph Konfl	Se. Konfl	Jahr	bis	Jahr	Konflikt	Ausführungsereignisse (Schlachten, Belagerungen)	Th. (Tsd.)	Land Schl Tote (Tsd.)	Schl Tote & Verw. (Tsd.)	See Schiffe	Schiffe gesunk.	Kampf-Tote (Tsd.) Zw. Ablage	Kampf-Tote (Tsd.)	Mil. Nicht-KampfTote (Tsd.) Zw. Ablage	Mil. Nicht-Kampf-Tote (Tsd.)	MilTote (Tsd.) Zw. Ablage	Mil. Tote (Tsd.)	Ziv. Tote (Tsd.) Zw. Ablage	Ziv. Tote (Tsd.)	SeTote (Tsd.)
1	1				1				Plünderungseinfall von Xiongnu/Hsiung-nu in Yan (-149 bis -148)							5,8	5,8							
1	1				1				Plünderungseinfall von Xiongnu/Hsiung-nu in Shang (-144)							5,8	5,8							
1	1				1				Plünderungseinfall von Xiongnu/Hsiung-nu (-142)							5,8	5,8							
1	1				1	-177	bis	-163	Unterwerfung der Yuezhi/Jüe-tschi durch die Xiongnu/Hsiung-nu			10,0				16,1	16,1						10,0	
1			1		1	-177			Aufstand des Königs von Jibei								0,0							
1			1		1	-176			Aufstand des Königs von Huai-nan			10,0				16,1	16,1						10,0	
1		1			1	-171	bis	-168	3. Römisch-Makedonischer Krieg			2,0				63,7	63,7						0,0	
1					0					Schlacht von Larisa (-171)		4,0				6,4								
1					0					Schlacht von Phalanna (-171)		1,0				1,6								
1					0					Belagerung von Haliartos (-171)		1,0				1,6							0,0	
1					0					Belagerung von Chaironeia (-171)		1,0				1,6							0,0	
1					0					Schlacht von Uscana (-170)		5,0				8,0								
1					0					Belagerung von Abdera (-170)		1,0				1,6							0,0	
1					0					Belagerung von Herakleion (-169)		2,0				3,2							0,0	
1					0					Belagerung von Scodra (-168)		1,0				1,6							0,0	
1					0					Schlacht von Python (-168)						5,8								
1					0					Schlacht von Pydna (-168)	20	20,0				32,2								
1		1			1	-170	bis	-145	Krieg zwischen Helleno-Baktrien u. Helleno-Indien							5,8	5,8							
1					0					Belagerung von Eukratideia (-170)		1,0				5,8								
1		1			1	-170	bis	-160	Krieg zwischen Helleno-Baktrien und Parthien							5,8	5,8							
1					0					Belagerung von Herat (-170)		1,0				5,8								
1		1			1	-170	bis	-168	6. Syrischer Krieg							3,2	3,2							
1					0					Schlacht von Pelusion (-170)		2,0				3,2								
1		1			1	-167			Aufstand Perseas gegen Rhodos							5,8	5,8							
1					0					Schlacht von Orthosia (-167)		1,0				5,8								
1		1			1	-167	bis	-142	Kriege der Makkabäer							60,4	60,4							
1					0					Schlacht von Nahal el-Haramia (-166)		2,0				3,2								
1					0					Schlacht von Bet-Horon-Pass (-166)		1,0				1,6								
1					0					Schlacht von Emmaus (-165)		3,0				4,8								
1					0					Schlacht von Jehud (-165)		1,0				1,6								
1					0					Schlacht von Bet Zur (-164)		6,0				9,7								
1					0					Schlacht von Bet-Zacharia (-162)		1,0				1,6								
1					0					Schlacht von Kafar-Salama (-161)		6,0				9,7								
1					0					Schlacht von Adasa (-161)		1,0				1,6								
1					0					Schlacht von Elasa (-160)	25					7,3								
1					0					Schlacht von Ashdod (-147)		10,0				16,1	16,1						8,0	
1					0					Belagerung von Jaffa (-144)		2,0				3,2	3,2						0,0	
1				1	1	-162			Thronfolgestreit im Seleukidischen Reich			2,0				3,2	3,2							
1	1				1	-161			Vertreib der Yuezhi aus der Dsungarei u. dem Ili-Tal durch Wusun							5,8	5,8							
1		1			1	-156			Krieg Prusias II. gegen Attalos II.							5,8	5,8							
1		1			1	-156	bis	-155	Unterwerfung der Dalmater durch Rom			1,0				5,8	5,8						0,0	
1					0					Belagerung von Delminium (-155)						5,8								

Präd &Retor	Terr Konfl	Hier& Kons	Alloph Konfl	Se. Konfl	Jahr	bis	Jahr	Konflikt	Ausführungsereignisse (Schlachten, Belagerungen)	Tln. (Tsd.)	Land Schl. Tote (Tsd.)	Schl. Tote & Verw. (Tsd.)	See Schiffe	Schiffe gesunk.	Kampf-Tote (Tsd.) Zw. Ablage	Kampf-Tote (Tsd.)	Mil. Nicht-Kampf Tote (Tsd.) Zw. Ablage	Mil. Nicht-Kampf Tote (Tsd.)	MilTote (Tsd.) Zw. Ablage	Mil Tote (Tsd.)	Ziv. Tote (Tsd.) Zw. Ablage	Ziv. Tote (Tsd.)	SeTote (Tsd.)
1	1			1	-155	bis	-138	Lustanischer Krieg Roms	Schlacht in Südspanien (-155)		1,0				8,0	8,0							
1				0					Schlacht in Südspanien (-154)		1,0				1,6								
1				0					Belagerung von Conistorgis (-153)		1,0				1,6							0,0	
1				0					Schlacht von Nertobriga (-152)		1,0				1,6								
1				0					Schlacht von Osthrakai (-152)		1,0				1,6								
1				0					Römisches Massaker an Lusitanern (-150)						0,0							10,0	
1	1			1				Krieg des Viriathus (-147 bis -139)	Schlacht von Tribola (-147)		5,0				8,0	37,7							
1				0					Belagerung von Segobriga (-146)		1,0				1,6							0,0	
1				0					Schlacht in Karpetanien (-146)		1,0				1,6								
1				0					Schlacht von Erisana (-141)		1,0				1,6								
1				0					Schlacht von Tucci (-141)		1,0				1,6								
1		1		1	-154			Aufstand von Wu, Chu, Zhao und von vier Qi-Staaten			1,0				23,2	23,2						0,0	
1				0					Belagerung von Linzi (-154)						5,8								
1				0					Belagerung von Suiyang (-154)						5,8								
1				0					Belagerung von Changyi (-154)						5,8								
1				0					Belagerung von Handan (-154)						5,8								
1	1			1	-153	bis	-151	2. Keltiberischer Krieg Roms	Schlacht von Numantia (-153)		12,0				27,4	27,4							
1				0					Schlacht in Nordspanien (-153)		5,0				8,0								
1				0					Schlacht von Cauca (-151)		7,0				11,3							5,0	
1				0					Belagerung von Intercatia (-151)		2,0				3,2							30,0	
1	1			1	-150	bis	-146	Römisches Massaker an Lusitanern			2,0				3,2	0,0							
1	1			1	-150	bis	-130	Antiromischer Aufstand in Makedonien							5,8	3,2							
1	1			1	-149			Expansionskriege Helleno-Indiens unter Menander I.	Belagerung von Pataliputra						5,8	5,8						0,0	
1				0	-149	bis	-148	Aufstand in Bithynien							5,8	5,8							
1	1			1	-149	bis	-146	Plünderungseinfall von Xiongnu/Hsiung-nu in Yan			5,0				5,8	5,8							
1	1			1	-146			3. Punischer Krieg	Schlacht von Nepheris (-149)		10,0				47,7	47,7							
1				0					Belagerung von Karthago (-149 bis -146)		1,0				16,1							20,0	
1				0					Seeschlacht von Karthago (-147)						30,0								
1		1		1	-146			Krieg des Achäischen Bundes gegen Rom	Schlacht von Sparta (-148)		15,0				24,1	24,1							
1				0					Schlacht an der Alpheos (-146)		1,0				1,6								
1				0					Schlacht von Skarpheia (-146)		1,0				1,6								
1				0					Schlacht von Chaironeia (-146)		1,0				1,6								
1				0					Schlacht an der Isthmus von Korinth (-146)		1,0				1,6								
1				0					Belagerung von Korinth (-146)		10,0				16,1							40,0	
1	1			1	-145	bis	-130	Invasion Baktriens durch die Yüezhi/Jüe-tschi			15,0				24,1	24,1							
1	1			1	-143	bis	-25	Kriege Roms gegen die Salasser (im -2 Jh.)			2,0				24,1	24,1						0,0	
1				0					Schlacht in Piemont (-140)		5,0				8,0								
1				0					Schlacht an der Po (-143)		10,0				16,1								
1	1			1	-143	bis	-133	Numantinischer Krieg Roms	Schlacht von Termantia (-141)		7,0				7,2	7,2							
1				0					Belagerung von Numantia (-134 bis -133)		2,0				3,2							0,0	

Präd &Retor Konfl	Terr Konfl	Hier& Kons Konfl	Alleph Konfl	Se. Konfl	Jahr	bis	Jahr	Konflikt	Ausführungsereignisse (Schlachten, Belagerungen)	Th. (Tsd.)	Land Schl. Tote (Tsd.)	Schl. Tote & Verw. (Tsd.)	See Schiffe	Schiffe gesunk.	Kampf-Tote (Tsd.) Zw. Ablage	Kampf-Tote (Tsd.)	Mil. Nicht-KampfTote (Tsd.) Zw. Ablage	Mil. Nicht-KampfTote (Tsd.)	MilTote (Tsd.) Zw. Ablage	Mil. Tote (Tsd.)	Ziv. Tote (Tsd.) Zw. Ablage	Ziv. Tote (Tsd.)	SeTote (Tsd.)
1				1	-142	bis	-138	Thronfolgestreit im Seleukidischen Reich	Schlacht von Apameia (-138)		2,0				5,8	5,8							
1		1		0	-141		-139	Seleukidisch-Parthischer Krieg			5,0				5,8	8,0							
1	1			1	-140		-140	Seleukidischer Feldzug gegen Beirut	Belagerung von Beirut (-140)		2,0				8,0	3,2						0,0	
1				0	-140		-124	Skythische Invasion Parthiens			20,0				3,2	3,2							
1	1			1	-138			Krieg von Minyue gegen Dongyue	Belagerung von Eukratideia (-140)		2,0				3,2								
1	1			1	-140			Krieg von Minyue gegen Südliches Yue							5,8	5,8							
1		1		1	-136	bis	-132	1. (Sizilischer) Sklavenkrieg							5,8	18,0							
1				0	-134		-133	Griechischer Sklavenaufstand	Belagerung von Enna (-134 bis -132)						18,0	18,0						0,0	
1				0	-134	bis	-103	Kriege Chinas gegen die Xiongnu (ostasiat. Hunnen) (Teil -2. Jh.)	Belagerung von Tauromenion (-132)		4,0				5,8								2,0	
									Misslungener chinesischer Hinterhalt (-134)						6,4								
1				0					Schlacht von Mayi (-134)						5,8	5,8							
1				0				Chinesischer Angriff auf die Xiongnu/Hsiung-nu (-129 bis -128)							5,8	5,8							
1	1			1					Schlacht von Longcheng (-129)						17,4	17,4							
1				0					Schlacht von Yuyang (-128)						5,8								
1				0					Schlacht von Yanmen (-128)						5,8								
1				1				Xiongnu/Hsiung-nu-Plünderungseinfall in Liaoxi (-127)							5,8	5,8						0,0	
1	1			1				Chinesische Eroberung der Ordos-Schleife (-127)							11,6	11,6							
1				0					Schlacht von Puni (-127)						5,8	5,8							
1				0					Schlacht von Fruli (-127)						5,8	5,8							
1				1				Xiongnu-Plünderungseinfall in Dai, Dingxiang und Shang (-126)	Schlacht von Hesi (-121)						5,8	5,8						0,0	
1				1				Chinesischer Vergelungseinfall in die Mongolei (-124 bis -123)							11,6	11,6							
1				0					Schlacht von Shuofang (-124)						5,8								
1				0					Schlacht von Dingxiang (-123)						5,8								
1				1				Xiongnu/Hsiung-nu-Plünderungseinfall in Shanggu (-122)							5,8	5,8						0,0	
1	1			1				Chinesische Eroberung des Hexi-/Gansu-Korridors (-121)							5,8	5,8							
1				0				Xiongnu/Hsiung-nu-Plünderungseinfall in Yan (-120)							5,8	5,8						0,0	
1	1			1				Chinesischer Vorstoß zur Wüste Gobi (-119 bis -118)	Schlacht von Mobei (-119)						30,0	30,0							
1				1					Schlacht (112)						11,6	11,6							
1				0											5,8								
1	1			0				Xiongnu-Plünderungseinfall in Gobi (-103)							5,8								
1				1					Belagerung von Shouxiangcheng (-103)						11,6	11,6						0,0	
1				0					Schlacht von Junjishan (-103)						5,8							0,0	
1				1				Xiongnu-Plünd.Einf. in Dingxiang, Yunkhong und Gansu-Korridor (-101)							5,8	5,8						0,0	

ANLAGE 10

Präd &Retor	Terr Konfl	Hier& Kons	Alloph Konfl	Se. Konfl	Jahr	bis	Jahr	Se. Konfl	Konflikt	Ausführungsereignisse (Schlachten, Belagerungen)	Tln. (Tsd.)	Land Schl. Tote (Tsd.)	Schl. Tote & Verw. (Tsd.)	See Schiffe	See Schiffe gesunk.	Kampf-Tote (Tsd.) Zw. Ablage	Kampf-Tote (Tsd.)	Mil. Nicht-KampfTote (Tsd.) Zw. Ablage	Mil. Nicht-Kampf-Tote (Tsd.)	MilTote (Tsd.) Zw. Ablage	Mil. Tote (Tsd.)	Ziv. Tote (Tsd.) Zw. Ablage	Ziv. Tote (Tsd.)	SeTote (Tsd.)
1	1			1	-133	bis	-129	1	Antirömischer Aufstand des Aristonikos in Pergamon			1,0				11,6	11,6						0,0	
								0		Schlacht von Leucae (-130)						5,8								
								0		Schlacht von Stratonikea (-130)						5,8								
	1			1	-130	bis	-127	1	Seleukidisch-Parthischer Krieg			2,0				3,2	3,2							
								0		Schlacht von Ekbatana (-129)			2,0				3,2								
1				1	-129			1	3. Römisch-Illyrischer Krieg			10,0				16,1	16,1							
1				1	-129			1	Antirömischer Aufstand auf Sardinien			2,0				3,2	3,2						0,0	
	1			1	-128			1	Chinesischer Feldzug gegen die Donghu							5,8	5,8							
1				1	-125			1	Antirömischer Aufstand in Frigellae			1,0				5,8	5,8						1,0	
								0		Belagerung von Fregellae (-125)							5,8								
1				1	-125	bis	-121	1	Erob. der Gallia Narbonensis (Provence u. Languedoc) durch Rom			123,0				124,8	124,8							
								0		Belagerung von Entremont (-123)			2,0				3,2							0,0	
								0		Schlacht von Vindalium (-121)			1,0				1,6								
	1			1	-124	bis	-121	1	Schlacht an der Isere (-121)			120,0				120,0								
	1			1	-120	bis	-88	0	Eroberung der Balearen durch Rom			1,0				1,6	1,6						0,0	
								0		Römische Unterwerfung der Skordisker			1,0				5,8	5,8							
1				1	-118			1	Schlacht von Argos (-118)							13,1								
1				1	-113	bis	-101	0	4. Römisch-Illyrischer Krieg			5,0				13,1	13,1							
1				1				1	Invasion der Kimbern u. Teutonen	Schlacht in Pannonien (-114)	45					333,0	333,0							
								0		Schlacht von Noreia (-113)			5,0				8,0								
								0		Schlacht von Lugdunum (-109)			2,0				3,2								
								0		Schlacht von Agninum (-107)			50,0				80,5								
								0		Schlacht von Arausio (-105)							80,0							40,0	
								0		Schlacht in Nordspanien (-104)			5,0				8,0								
								0		Schlacht von Aquae Sextiae (-102)			50,0				80,5							50,0	
								0		Schlacht an der Etsch (-102)			2,0				3,2								
								0		Schlacht von Vercellae (-101)	240						69,6							60,0	
1				1	-112			1	Numidischer Bürgerkrieg	Schlacht von Cirta (-112)			1,0				3,2	3,2							
								0		Schlacht von Cirta (-112)			1,0				1,6							0,0	
	1			1	-112			0	Belagerung von Cirta (-112)							1,6								
	1			1	-111	bis	-110	1	Chinesischer Vorstoß in den Osten Tibets							5,8	5,8							
								0	Chinesische Unterwerfung des Südlichen Yue (Nanyue)	Belagerung von Fanyu/Panyu (-110)			10,0				5,8	5,8						10,0	
1				1	-110	bis	-109	1	Chinesische Unterwerfung des Östlichen Yue (Dongyue)							17,4	17,4							
								0		Belagerung von Beishia (-110)							5,8								
								0		Belagerung von Wulin (-110)							5,8								
								0		Belagerung von Meiling (-110)							5,8								
1				1	-111	bis	-105	1	Jugurthinischer Krieg	Schlacht von Suthul (-109)			15,0				22,5	22,5							
								0		Schlacht von Muthul (-109)			1,0				1,6								
								0		Belagerung von Zama Regia (-109)			1,0				1,6								
								0		Belagerung von Vaga (-108)			1,0				1,6							0,0	
								0		Belagerung von Thala (-108)			1,0				1,6								
								0		Belagerung von Capsa (-107)			1,0				1,6							0,0	
								0		Belagerung von Mulucca (-106)			1,0				1,6							0,0	

Präd &Retor	Terr Konfl	Hier& Kons	Alloph Konfl	Se. Konfl	Jahr	bis	Jahr	Konflikt	Ausführungsereignisse (Schlachten, Belagerungen)	Tin. (Tsd.)	Land Schl Tote (Tsd.)	Schl Tote & Verw. (Tsd.)	See Schiffe	Schiffe gesunk.	Kampf-Tote (Tsd.) Zw. Ablage	Kampf-Tote (Tsd.)	Mil. Nicht-KampfTote (Tsd.) Zw. Ablage	Mil. Nicht-Kampf-Tote (Tsd.)	MilTote (Tsd.) Zw. Ablage	Mil. Tote (Tsd.)	Ziv. Tote (Tsd.) Zw. Ablage	Ziv. Tote (Tsd.)	SeTote (Tsd.)
				0					Schlacht in Westnumidien (-106)		5,0				8,0								
				0					Schlacht von Cirta (-106)		2,0				3,2	3,2							
1				1	-108	bis	-94	Pfünderungseinfälle der Lusitaner in die Hispania Ulterior			2,0				3,2	3,2							
				1	-109			Chinesische Unterwerfung von Yunnan							5,8	5,8							
	1			1	-108			Chinesische Unterwerfung von Choson/Chaohsien (Nordkorea)			1,0				1,6	1,6							
	1			0	-108			Chinesische Unterwerfung von Luoan							5,8	5,8							
				0					Belagerung von Louluan (-108)							5,8							
	1			1	-105	bis	-101	Chinesische Unterwerfung der Ferghanatals							23,2	23,2							
				0					Belagerung von Yuchen (-103)							5,8							
				0					Belagerung von Luntou (-102)							5,8							
				0					Belagerung von Ershi (-102)							5,8							
				0					Belagerung von Yucheng (-102)							5,8							
		1		1	-104	bis	-100	2. (Sizilischer) Sklavenkrieg			12,0				20,0	20,0						10,0	
				0					Schlacht von Scirthaea (-103)							20,0							
		1		1	-104	bis	-102	Griechischer Sklavenaufstand							20,0	2,0						0,0	
	1			1	-101			Pfünderungseinfall der Xiongmu in Dingxiang, Yunkhong und Gantsu							2,0							0,0	
															5,8	5,8							
								Default-Faktoren		0,29	1,61	0,53	0,03	0,18	5,80	0,0		6,96		0,50		0,0	
289	69	11	2	101												1.960		13.645		15.606		306,0	15.912
19				1	-99	bis	94	Keltiberischer Aufstand gegen Rom	Belagerung von Colenda (-94)						0,0	0,0						0,0	
	1			0				Kriege Chinas gegen die Xiongmu/Hsiung-nu (Teil 1.-Jh.)							0,0								
				0				Chinesische Offensive gegen die Xiongmu/Hsiung-nu (-99)	Schlacht von Tianshan (-99)						0,0	0,0							
	1			1				Chinesische Offensive gegen die Xiongmu/Hsiung-nu (-97)	Schlacht von Yuwushui (-97)						0,0	0,0							
				0				Xiongmu/Hsiung-nu-Pfünderungseinfall (-90)	Schlacht von Yanranshan (-90)						0,0	0,0							
1				1				Xiongmu/Hsiung-nu-Pfünderungseinfall (-87)							0,0	0,0							
1				1				Chinesische Offensive gegen die Xiongmu und Wuhuan (-78)	Schlacht von Outuo (-79)						0,0	0,0							
				0				Schlacht von Zhangye (-78)							0,0	0,0							
	1			1				Chinesische Offensive gegen die Xiongmu/Hsiung-nu (-72 bis -70)							0,0	0,0							
				0				Chinesische Offensive im Turpan-Becken (-68 bis 67)	Schlacht (-71)						1,0	1,0							
	1			1					Schlacht von Jushi (-67)						1,0	1,0							
				0				Xiongmu/Hsiung-nu-Angriff auf Jushi (-65)							0,0	0,0							
	1			1				Chinesische Offensive (-10)							0,0	0,0							
1				0	-95			Jüdischer Feldzug gegen Gaza	Belagerung von Gaza (-95)		1,0				0,0	0,0						0,0	
1	1			1	-94			Brandschatzung von Comum durch die Räter							0,0	0,0						0,0	
1			1	1	-91	bis	-88	Marsischer (Bundesgenossen-) Krieg			70,0				113	112,6							

540

ANLAGE 10

Präd &Rätor	Terr Konfl	Alloph Konfl	Hier& Kons	Jahr	bis	Jahr	Se. Konfl	Jahr	bis	Konflikt	Ausführungsereignisse (Schlachten, Belagerungen)	Thn. (Tsd.)	Land Schl. Tote (Tsd.)	Schl. Tote & Verw. (Tsd.)	See Schiffe	Schiffe gesunk.	Kampf-Tote (Tsd.) Zw. Ablage	Kampf-Tote (Tsd.)	Mil. Nicht-KampfTote (Tsd.) Zw. Ablage	Mil. Nicht-Kampf-Tote (Tsd.)	MilTTote (Tsd.) Zw. Ablage	Mil. Tote (Tsd.)	Ziv. Tote (Tsd.) Zw. Ablage	Ziv. Tote (Tsd.)	SeTote (Tsd.)
1							0				Schlacht in Mittelitalien (-91)		3,0				4,8								
1							0				Belagerung von Aesernia (-91)		1,0				1,6							0,0	
1							0				Belagerung von Aesernia (-90)	10	2,0				6,4							0,0	
1							0				Schlacht von Grumentum (-90)		1,0				1,6								
1							0				Schlacht von Acerrae (-90)		7,0				11,3								
1							0				Schlacht an der Tolenus (-90)		16,0				25,7								
1							0				Schlacht von Teanum Sidicinum (-90)		7,0				11,3								
1							0				Schlacht an der Mons Falernus (-90)		1,0				1,6								
1							0				Schlacht von Asculum Picenum (-89)		1,0				1,6								
1							0				Schlacht an der Fuciner See (-89)		1,0				1,6								
1							0				Schlacht von Nola (-89)		25,0				40,2							0,0	
1							0				Belagerung von Corfinium (-89)		1,0				1,6								
1							0				Schlacht von Canusium (-88)		1,0				1,6								
1							0				Schlacht am Teanus (-88)		1,0				1,6							0,0	
1			1	-90			1			Jüdischer Bürgerkrieg	Schlacht von Sichem (-90)	26	3,0				8,3	8,3							
1			1	-89	bis	-82	1			1. Römischer Bürgerkrieg							123,4	123,4							
1							0				Schlacht von Forum Esquilinum (-88)		2,0				3,2								
1							0				Schlacht von Capua (-83)		7,0				11,3								
1							0				Schlacht von Aesis (-82)		2,0				3,2								
1							0				Schlacht von Sacriportus (-82)		2,0				3,2								
1							0				Belagerung von Praeneste (-82)		4,0				6,4							0,0	
1							0				Schlacht an der Clanis (-82)		1,0				1,0								
1							0				Schlacht von Clusium (-82)						1,6								
1							0				Schlacht von Spoletium (-82)	10	1,0				3,2								
1							0				Schlacht von Faventia (-82)		2,0				3,2								
1							0				Schlacht von Fidentia (-82)		1,0				1,6								
1							0				Schlacht von Clusium (-82)		20,0				32,2								
1							0				Schlacht an der Porta Collina (-82)						50,0								
1							0				Schlacht auf Sardinien (-82)		2,0				3,2								
1	1			-88			1			Römischer Feldzug gegen die Skordisker			1,0				1,6	1,6							
1	1	1		-88			1			Vesper von Ephesos							0,0	0,0						80,0	
1	1			-88	bis	-84	1			1. Mithradatischer Krieg							189,7	189,7							
1							0				Schlacht an der Amnias (-88)		5,0				8,0								
1							0				Schlacht von Protopachion (-88)		10,0				16,1								
1							0				Schlacht an der Sangarios (-88)		1,0				1,6								
1							0				Schlacht von Chaironeia (-87)		1,0				1,6								
1							0				Belagerung von Piräus (-87 bis -86)		2,0				3,2								
1							0				Belagerung von Athens (-87 bis -86)		2,0				3,2							10,0	
1							0				Schlacht von Piräus (-87)		1,0				1,6								
1							0				Schlacht von Chaironeia (-86)		70,0				112,6								
1							0				Schlacht von Orchomenos (-86)	120					38,4								
1							0				Seeschlacht von Tenedos (-85)		2,0				3,2								
1	1			-85			0			Seleukidischer Feldzug gegen die Nabatäer	Schlacht von Cana (85)	20					6,4	6,4							
1	1			-84	bis	-83	1			Armenische Besetzung des Seleukidenreiches							6,4	6,4						0,0	
1	1			-83	bis	-81	1			2. Mithradatischer Krieg	Belagerung von Soleis (-84)		2,0				6,4								
1	1			-82	bis	-72	1			Sertorianischer Krieg							0,0	0,0							
1							0										96,0	96,0							
1							0				Schlacht an der Pyrenäen (-81)	11	41,0				3,5								

541

Präd &Prätor	Terr Konfl	Hier& Kons	Alloph Konfl	Se. Konfl	Jahr	bis	Jahr	Konflikt	Ausführungsereignisse (Schlachten, Belagerungen)	Tln. (Tsd.)	Land Schl. Tote (Tsd.)	Schl. Tote & Verw. (Tsd.)	See Schiffe	See Schiffe gesunk.	Kampf-Tote (Tsd.) Zw. Ablage	Kampf-Tote (Tsd.)	Mil. Nicht-KampfTote (Tsd.) Zw. Ablage	Mil. Nicht-Kampf-Tote (Tsd.)	MilTote (Tsd.) Zw. Ablage	Mil. Tote (Tsd.)	Ziv. Tote (Tsd.) Zw. Ablage	Ziv. Tote (Tsd.)	SeTote (Tsd.)
1				0					Schlacht an der Betis (-80)		3,0				4,8								
1				0					Schlacht von Contsabura (-79)		1,0				1,6								
1				0					Schlacht von Spanien, in (-79)	10					3,2								
1				0					Schlacht von Ilerda (-79)		2,0				3,2								
1				0					Schlacht von Segovia (-78)		1,0				1,6								
1				0					Schlacht in Aquitanien (-78)		1,0				1,6								
1				0					Schlacht von Lauro (-76)	20					6,4								
1				0					Schlacht von Italica (-76)	40	2,0				16,0								
1				0					Schlacht von Segobriga (-75)		1,0				1,6								
1				0					Schlacht von Valentia (-75)	20	1,0				8,0								
1				0					Schlacht am Sucro (-75)			20			10,6								
1				0					Schlacht von Turia (-75)		1,0				1,6								
1				0					Schlacht von Saguntum (-75)		14,0				22,5								
1				0					Schlacht von Calagurris (-74)		4,0				6,4								
1				0					Belagerung von Calagurris (-72)		1,0				1,6							0,0	
1				0					Belagerung von Uxama Argaela (-72)		1,0				1,6							0,0	
1	1			1	-81			Feldzug des Pompeius nach Africa (Tunesien)		2,0				3,2	3,2							
1				1					Schlacht von Utica (-81)		2,0				3,2								
1	1			1	-80	bis	-40	Hegemonie von Skythen und Parther in Indien						10,0	10,0						5,0	
1				0	-80			Römischer Straffeldzug gegen Mytilene	Belagerung von Pataliputra (-50 ca.)						3,2	3,2						0,0	
1				1					Belagerung von Mytilene (-80)		2,0				3,2							30,0	
1				1	-78	bis	-76	1. Feldzug Roms gegen Seeräuber							8,0	8,0						0,0	
1				0	-77			Aufstand des Lepidus	Schlacht an der Milvinischen Brücke (-77)		5,0				4,8	4,8							
1				0					Schlacht von Cosa (-77)		3,0				1,6								
1				0					Schlacht on Sardinien (-77)		1,0				1,6								
1	1			1	-77			Antirömischer Aufstand in der Gallia Transalpina			1,0		100		1,6	1,6						0,0	
1	1			1	-76	bis	-75	Unterwerfung der Isaurier durch Rom	Belagerung von Isauria Nea (-76)						6,4	6,4							
1				0	-74	bis	-68	3. Mithradatischer Krieg							98,9	98,9							
1				0					Belagerung von Kalchedon (-74)		3,0				4,8								
1				0					Schlacht von Prusa (-74)		1,0				1,6								
1				0					Belagerung u. Schlacht von Kyzikos (-74)		5,0				8,0								
1				0					Schlacht von Rhyndakos (-74)	60					19,2								
1				0					Schlacht von Aesepos (-74)	40					12,8								
1				0					Seeschlacht von Lemnos (-73)		5,0				10,5								
1				0					Schlacht von Tigranocerta (-69)		1,0				1,6								
1				0					Schlacht von Kydonia (-69)		5,0				5,0								
1				0					Schlacht von Delos (-69)		1,0				1,6								
1				0					Schlacht am Lykos (-72)	80	1,0				25,6							0,0	
1				0					Schlacht von Kabira (-71)		1,0				1,6								
1				0					Schlacht von Artaxata (-68)		2,0				3,2								
1				0					Schlacht von Comana Pontica (-68)		2,0				3,2							0,0	
1				1	-74	bis	-71	2. Feldzug Roms gegen Seeräuber			2,0				3,2	3,2							
1				1	-73			1. Invasion von Xiongnu/Hsiung-nu in Turkestan			10,0				16,1	16,1						5,0	
1				1	-73	bis	-71	3. Sklavenaufstand			75,0				120,6	120,6							

ANLAGE 10

Präd &Rstor	Terr Konfl	Hier& Kons	Alloph Konfl	Se. Konfl	Jahr	bis	Jahr	Konflikt	Ausführungsereignisse (Schlachten, Belagerungen)	Tln. (Tsd.)	Land Schl. Tote (Tsd.)	Schl. Tote & Verw. (Tsd.)	See Schiffe	See Schiffe gesunk.	Kampf-Tote (Tsd.) Zw. Ablage	Kampf-Tote (Tsd.)	Mil. Nicht-KampfTote (Tsd.) Zw. Ablage	Mil. Nicht-Kampf-Tote (Tsd.)	MilTote (Tsd.) Zw. Ablage	Mil. Tote (Tsd.)	Ziv. Tote (Tsd.) Zw. Ablage	Ziv. Tote (Tsd.)	SeTote (Tsd.)
1									Schlacht an der Vesus (-73)	5					1,6								
1									Schlacht im Garganusgebirge (-72)		20,0				32,2								
1									Schlacht in Apennin (-72)		1,0				1,6								
1									Schlacht von Mutina (-72)	40					12,8								
1									Schlacht von Eburum (-72)		2,0				3,2								
1									Schlacht von Camalatrum (-71)		2,0				3,2								
1									Schlacht von Cantenna (-71)		6,0				9,7								
1									Schlacht von Petelia (-71)		1,0				1,6								
1									Schlacht am Silarus (-71)		34,0				54,7								
1	1				-72			Krieg Roms gegen Besser u. Dardaner			1,0				1,6	1,6							
1	1			1	-69			Invasion von Roxolanen in Mösien		18					5,8	5,8							
1	1			1	-67			3. Feldzug Roms gegen Seeräuber							6,4	6,4						3,0	
1				1					Seeschlacht an der Korakesion (-67)						6,4								
1		1		1	-67	bis	-63	Thronfolgestreit u. römische Intervention in Judäa	Belagerung von Jerusalem (-63)		4,0				8,0	8,0						4,0	
1				1	-67	bis	-63	4. Mithridatischer Krieg							8,0	62,6							
1									Schlacht von Zela (-67)						62,6								
1									Schlacht an der Lykos (-66)		8,0				12,9								
1									Schlacht an der Cyrus (-66)		10,0				16,1								
1									Schlacht an der Abas (-65)	80	4,0				25,6								
1									Belagerung von Apollonia (-63)		1,0				6,4							2,0	
1				1	-65			Aufstand und chinesischen Rückeroberung von Sochu			4,0				6,4	6,4							
1		1			-63	bis	-62	Aufstand des Catilina	Schlacht von Pistoriae (-62)		4,0				6,4	6,4							
1			1		-62	bis	-61	Antirömischer Aufstand der Allobroger	Schlacht von Solonium (-61)		1,0				1,6	1,6							
1				1	-61	bis	-60	Feldzug Caesars gegen die Lusitaner			2,0				3,2	3,2							
1				1	-61			Chinesischer Feldzug gegen die Qiang							6,4	6,4							
1					-60			Krieg der Daker gegen die Boier							8,0	8,0							
1									Schlacht westlich des Platterisees (-60)		5,0				8,0	8,0							
1				1	-60			Krieg der Sueben gegen die Sequaner	Schlacht von Magetobriga (-60)		5,0				8,0	8,0							
1			1		-60	bis	-53	Bürgerkrieg der Xiongnu/Hsiung-nu	Schlacht von Guqie (-58)						0,0	0,0						0,0	
1	1				-58	bis	-51	Eroberung Galliens durch Caesar	Schlacht von Arar (-58)	120					38,4	392,3							
1									Schlacht von Bibractae (-58)	110					35,2							0,0	
1									Schlacht von Mühlhausen (-58)	60					19,2							0,0	
1									Schlacht von Nervier-Schlacht (-57)		50,0				80,5								
1									Belagerung der Atuatucer-Stadt (-57)		5,0				8,0							0,0	
1									Belagerung von Octodurus (-57)		12,0				19,3							0,0	
1									Uneller-Schlacht (-56)	30					9,6								
1									Veneter-Seeschlacht (-56)	50					16,0								
1									Belagerung von Sotiater-Stadt (-56)		1,0				1,6							0,0	
1									Aquitanier- u. Cantabrier-Schlacht (-56)			35			18,6								
1									Tenkterer- u. Usipeter-Schlacht (-55)						1,6								
1									Schlacht von Aduatuca (-54)	5	8,0				12,9								
1									Belag. des röm. Lagers im Nervier-Geb. (-54)		2,0				3,2								

ANLAGE 10

Präd &Rhetor	Terr Konfl	Hier& Kons	Alloph Konfl	Se. Konfl	Jahr	bis	Jahr	Konflikt	Ausführungsereignisse (Schlachten, Belagerungen)	Tln. (Tsd.)	Land Schl. Tote (Tsd.)	Schl. Tote & Verw. (Tsd.)	See Schiffe	Schiffe gesunk.	Kampf-Tote (Tsd.) Zw. Ablage	Kampf-Tote (Tsd.)	Mil. Nicht-KampfTote (Tsd.) Zw. Ablage	Mil. Nicht-Kampf-Tote (Tsd.)	MilTote (Tsd.) Zw. Ablage	Mil. Tote (Tsd.)	Ziv. Tote (Tsd.) Zw. Ablage	Ziv. Tote (Tsd.)	SeTote (Tsd.)
1				0					Belagerung von Cenabum (-53)		1,0				1,6							0,0	
1				0					Treverer-Schlacht (-53)	20					6,4								
1				0					Schlacht von Aduatuca (-53)		2,0				3,2								
1				0					Belagerung von Avaricum (-52)		30,0				48,3							9,0	
1				0					Belagerung von Gergovia (-52)		2,0				3,2								
1				0					Schlacht bei Lutecia (52)	24					7,7								
1				0					Belagerung von Alesia (-52)		25,0				40,2							0,0	
1				0					Bellovacer-Schlacht (-51)						16,0								
1				0					Belagerung von Uxellodunum (-51)	50	1,0				1,6							2,0	
1		1		1	-51	bis		Straßenterror des Clodius in Rom							0,0	0,0							
1		1		1	-57	bis	-55	Thronfolgestreit u. römische Intervention in Judä			16,0				25,7	25,7							
1				0					Schlacht von Jerusalem (-57)		4,0				6,4								
1				0					Schlacht an der Tabor (-55)		12,0				19,3								
1		1		1	-57			Thronfolgestreit im Partherreich		1,0				1,6	1,6							
1				1	-55			2. Invasion von Xiongnu/Hsiung-nu in Turkestan		10,0				16,1	16,1						2,0	
1	1			1	-55	bis		1. Feldzug Caesars gegen Britannien		1,0				1,6	1,6							
1	1			1	-54	bis		2. Feldzug Caesars gegen Britannien		1,0				6,4	6,4							
1				0					Schlacht an der Themse (-54)	20					6,4								
1	1			1	-54	bis	-51	1. Römisch-Parthischer Krieg (Crassus)						38,6	38,6							
1				0					Schlacht von Carrhae (53)		20,0				32,2								
1				0					Schlacht von Antigonea (51)		2,0				3,2								
1				0					Schlacht in den Amanus-Bergen (-51)		2,0				3,2								
1				1	-50			Chinesischer Feldzug gegen die Xiongnu/Hsiung-nu		10,0				16,1							0,0	
1				0	-49	bis	-45	*Bürgerkrieg Caesars gegen die Optimaten (Pompejaner)*														
								Italischer Feldzug Caesars (-49)		2,0				1,6	1,6							
1				0					Belagerung von Corfinium (-49)		0,0				0,0								
1				0					Belagerung von Brundisium (-49 bis -49)		1,0				1,6								
1		1		1				*1. Spanien-Feldzug Caesars (-49)*		9,0				30,8	30,8						5,0	
1				0					Belagerung von Massilia (-49)		5,0				8,0								
1				0					Schlacht von Ilerda (-49)		1,0				1,6								
1				0					Seeschlacht von Massilia (-49)					4	0,8								
1				0					Seeschlacht von Massilia (-49)					6	1,2								
1				0					Schlacht von Sicoris (-49)	60					19,2								
1		1		1				*Illyrisch-Griechischer Krieg Caesars (-49 bis -47)*		14,0				32,1	32,1						2,0	
1				0					Schlacht von Curicta (-49)	20	1,0				8,0								
1				0					Belagerung von Salonae (-49 bis -48)		2,0				3,2								
1				0					Seeschlacht von Oricum (-48)		1,0				1,6								
1				0					1. Schlacht von Dyrrhachion (-48)		2,0				3,2								
1				0					2. Schlacht von Dyrrhachion (-48)		1,0				1,6								
1				0					Belagerung von Gomphoi (-48)		1,0				1,6								
1				0					Schlacht von Pharsalos (-48)		5,0				8,0								
1				0					Schlacht bei Salonae (-47)		2,0				3,2								
1				0					Seeschlacht von Tauris (-47)		1,0				1,6								
1				1				*Africanischer Krieg Caesars (-49 bis -46)*		21,0				64,1	64,1						0,0	
1				0					Schlacht von Utica (-49)		1,0				1,6								

ANLAGE 10

Präd &Retor &Kons	Terr Konfl	Hier& Kons	Alloph Konfl	Se. Konfl	Jahr	bis	Jahr	Konflikt	Ausführungsereignisse (Schlachten, Belagerungen)	Tln. (Tsd.)	Land Schl Tote (Tsd.)	Schl Tote & Verw. (Tsd.)	See Schiffe	Schiffe gesunk.	Kampf-Tote (Tsd.) Zw. Ablage	Kampf-Tote (Tsd.)
1				0			-49		Schlacht am Bagradas (-49)	10					3,2	
1				0					Schlacht von Ruspina (-47)	70					22,4	
1				0					Schlacht von Uzita (-47)	50	1,0				17,6	
1				0					Schlacht von Tegea (-47)		1,0				1,6	
1				0					Schlacht von Thapsos (-46)		10,0				16,1	
1				0					Schlacht von Hippo Regius (-46)		1,0				1,6	
1	1			1	-48	bis	-47	Pontischer Krieg Caesars	Schlacht von Nikopolis (-48)		3,0				16,0	16,0
1				0					Schlacht von Zela (-47)	20					6,4	
1				0						30					9,6	
1	1			1	-48	bis	-47	Alexandrinischer Krieg Caesars	Belagerung von Alexandreia (-48 bis -47)						21,0	21,0
1				0					Seeschlacht am Pharos (-47)		8,0				3,2	
1				0					Landung auf der Insel Pharos		2,0				1,0	
1				0					Schlacht am Eunostos-Hafen (-47)		0,5				0,8	
1				0					Seeschlacht von Canopus (-47)		1,0				1,6	
1				0					Schlacht am Nil (-47 bis -47)		1,0				1,6	
1				1						40					12,8	
1		1		1	-46	bis	-45	2. Spanien-Feldzug Caesars							68,0	68,0
1				0					Belagerung von Ulia (-46)						1,9	
1				0					Belagerung von Ategua (-46)	6					1,9	
1				0					1. Belagerung von Corduba (-46 bis -45)	6					1,9	
1				0					Schlacht von Soritia (-45)						0,5	
1				0					Schlacht von Munda (-45)						31,0	
1				0					2. Belagerung von Corduba (-45)						25,0	
1				0					Seeschlacht von Carteia (-45)		2,0		100		5,7	
1	1	1		1	-44	bis	-43	Mutinensischer Krieg							6,4	6,4
1				0					Belagerung von Mutina (-44 bis -43)		1,0				1,6	
1				0					1. Schlacht von Forum Gallorum (-43)		1,0				1,6	
1				0					2. Schlacht von Forum Gallorum (-43)		1,0				1,6	
1				0					Schlacht von Mutina (-43)		1,0				1,6	
1		1		1	-43	bis	-42	Römischer Bürgerkrieg des 2. Triumvirats							60,7	60,7
1				0					1. Seeschlacht von Laodikeia (-42)		38,0				60,7	
1				0					2. Seeschlacht von Laodikeia (-42)		2,0				3,2	
1				0					Seeschlacht u. Belagerung von Rhodos (-42)		2,0				3,2	
1				0					Seeschlacht von Myndus (-42)					6	1,2	
1				0					Seeschl. in der Meerenge von Messana (-42)		1,0				1,6	
1				0					1. Schlacht von Philippi (-42)		15,0				24,1	
1				0					2. Schlacht von Philippi (-42)		15,0				24,1	
1		1		0	-41	bis	-40	Perusianischer Krieg	Belagerung von Perusia (-40)		1,0				1,6	1,6
1	1			0	-40			Keltische Invasion auf dem Balkan	Schlacht an der Unteren Donau (-40)		2,0				3,2	3,2
1				1	-40	bis	-34	2. Römisch-Parthischer Krieg (M. Antonius)	Schlacht an der Kilikischen Pforte (-39)		3,0				55,5	55,5
1				0					Schlacht an der Amanischen Pforte (-39)		1,0				1,6	
1				0					Schlacht an der Gindarus (-38)			30			15,9	
1				0								20			10,6	
1	1			1	-36			1. Armenien-Feldzug des M. Antonius (-36)	Schlacht von Gazaka (-36)		10,0				16,1	
1				1					Schlacht von Phraaspa (-36)	30					9,6	
1				0					Schlacht von Sogdiana (-36)		1,0				1,6	
1	1			1	-34			2. Armenien-Feldzug des M. Antonius (-34)							6,4	6,4

545

ANLAGE 10

Präd &Retor	Terr Konfl	Hier& Kons	Alloph Konfl	Sc. Konfl	Jahr	bis	Jahr	Konflikt	Jahr	Ausführungsereignisse (Schlachten, Belagerungen)	Thn. (Tsd.)	Land Schl. Tote (Tsd.)	Schl. Tote & Verw. (Tsd.)	See Schiffe	See Schiffe gesunk.	Kampf-Tote (Tsd.) Zw. Ablage	Kampf-Tote (Tsd.)	Mil. Nicht-KampfTote (Tsd.) Zw. Ablage	Mil. Nicht-Kampf-Tote (Tsd.)	MilTote (Tsd.) Zw. Ablage	Mil. Tote (Tsd.)	Ziv. Tote (Tsd.) Zw. Ablage	Ziv. Tote (Tsd.)	SeTote (Tsd.)
1				1	-40	bis	-38	Vietnamesischer Aufstand gegen das Chinesische Reich				2,0				3,2	3,2						2,0	
1	1			1	-39			Plünderungseinfall von Illyrern in Makedonien								6,4	6,4							
1		1		1	-38	bis	-36	Krieg des Octavianus gegen Sextus Pompeius		Seeschlacht von Cumae (-38)		13,0				30,6	30,6							
				0						Seeschlacht von Scylletium (-38)		1,0			400	1,6								
				0						Seeschlacht von Mylae (-36)		1,0			15	10,0								
				0						Seeschlacht von Tauromenion (-36)		2,0				6,1								
				0						Seeschlacht von Naulochos (-36)		7,0				11,3								
1	1			1	-36			Vernichtung des Reichs der Westlichen Xiongnu durch China								6,4	6,4						0,0	
				0						Belagerung der Zhizhi-Festung (-36)						6,4							0,0	
1				0	-35			Feldzüge Roms gegen die Salasser				1,0				1,6	1,6							
1	1			1	-35	bis		Illyrischer Krieg des Octavianus		Schlacht von Terpo (-35)		4,0				6,4	6,4							
				0						Belagerung von Metulum (-35)		1,0				1,6								
				0						Belagerung von Sisca (-35)		1,0				1,6							0,0	
				0						Belagerung von Promona (-34)		1,0				1,6							0,0	
1		1		1	-32	bis	-30	Römischer Bürgerkrieg zwischen Octavianus u. Marcus Antonius				9,0				14,5	14,5							
				0						Seeschlacht von Actium (-31)		8,0				12,9								
				0						Belagerung von Alexandreia (-30)		1,0				1,6							0,0	
1			1	1	-31			Arabischer Raubzug gegen Palästina								19,3	19,3							
				0						Schlacht von Philadelphia (-31)		5,0				8,0								
				0						2. Schlacht (-31)		7,0				11,3								
1	1			1	-29	bis		Krieg Roms gegen Kantabrer u. Asturer	-19	Belagerung des Medelus (-22)		1,0				6,4	6,4						0,0	
1	1			1	-29	bis		Römischer Feldzug gegen Bastarner und Geten	-28		5	1,0				1,6	1,6						0,0	
1	1			1	-25	bis		Römischer Feldzug gegen Araben	-24							1,6	1,6							
1	1			1	-25			Feldzug Roms gegen die Salasser				5,0				8,0	8,0							
1	1			1	-25			1. Krieg Nubiens gegen Rom								14,5	14,5							
				0						Belagerung von Syene (-25)		0,5				0,5							0,0	
				0						Belagerung von Elephantine (-25)		0,5				0,5							0,0	
				0						Belagerung von Philae (-25)		0,5				0,5							0,0	
				0						Belagerung von Sselchis (-25)		3,0				3,0							0,0	
				0						Belagerung von Premnis (-25)		5,0				5,0							0,0	
				0						Belagerung von Napata (-25)		5,0				5,0							0,0	
1	1			1	-22			2. Krieg Nubiens gegen Rom								0,0	0,0							
1	1			1	-16			Plünderungseinfall der Usipeter, Tenkterer u. Sugambrer in Gallien								1,6	1,6							
				0						Schlacht von Bona (-16)		1,0				1,6								
1				1	-15			Feldzug des Drusus u. Tiberius nach Räien u. Noricum								1,6	1,6							
				0						Seeschlacht auf dem Bodensee (-15)		1,0				1,6								
1	1			1	-15			Feldzug des S. Quirinus gegen die Marmariden u. Garamanten				1,0				6,4	6,4							
	1			0	-14			Aufstand des Wei-Clans		Schlacht von Shanyang (-14)						6,4							0,0	

ANLAGE 10

Präd &Rctor	Terr Konfl	Hier& Kons	Alloph Konfl	Se. Konfl	Jahr	bis	Jahr	Konflikt	Ausführungsereignisse (Schlachten, Belagerungen)	Tln. (Tsd.)	Land Schl Tote (Tsd.)	Schl. Tote & Verw. (Tsd.)	See Schiffe	Schiffe gesunk.	Kampf-Tote (Tsd.) Zw. Ablage	Kampf-Tote (Tsd.)	Mil. Nicht-KampfTote (Tsd.) Zw. Ablage	Mil. Nicht-Kampf Tote (Tsd.)	MilTote (Tsd.) Zw. Ablage	Mil. Tote (Tsd.)	Ziv. Tote (Tsd.) Zw. Ablage	Ziv. Tote (Tsd.)	SeTote (Tsd.)
1	1			1	-13	bis		Aufstand der Bessen gegen die Odrysen			1,0				1,6	1,6							
1	1			1	-12	bis		Antirömischer Aufstand der Homonadenser			2,0				3,2	3,2						0,0	
1	1			1	-12			Aufstand der Südwestlichen Ji							6,4	6,4							
1	1			1	-12			Pannonien-Feldzug des Tiberius			1,0				1,6	1,6						0,0	
1	1			1	-12			1. Germanien-Feldzug des Drusus			1,0				1,6	1,6						0,0	
1				0					Flussschlacht auf der Ems (-12)							1,6								
1	1			1	-11			2. Germanien-Feldzug des Drusus			1,0				1,6	1,6							
1				0					Schlacht bei Arbalo (-11)							1,6								
1	1			1	-10			3. Germanien-Feldzug des Drusus			1,0				1,6	1,6							
1	1			1	-9			4. Germanien-Feldzug des Drusus			1,0				1,6	1,6							
1	1			1	-4			Jüdischer Aufstand in Sepphoris							6,4	6,4							
1	1			1	-3			1. Germanien-Feldzug des Ahenobarbus							6,4	6,4							
1	1			1	-2			2. Germanien-Feldzug des Ahenobarbus							6,4	6,4							
1	1			1	-1	bis		3. Germanien-Feldzug des Ahenobarbus							6,4	6,4							
314	60	22	1	98												1950		14978	7,68	16929	0,50	161,0	17.090
									Default-Werte	0,32	1,61	0,53	0,03	0,19	6,40							0,0	

-1. Jahrhundert

Präd &Rctor	Terr Konfl	Hier& Kons	Alloph Konfl	Se. Konfl	Jahr	bis	Jahr	Konflikt	Ausführungsereignisse (Schlachten, Belagerungen)	Tln. (Tsd.)	Land Schl Tote (Tsd.)	Schl. Tote & Verw. (Tsd.)	See Schiffe	Schiffe gesunk.	Kampf-Tote (Tsd.) Zw. Ablage	Kampf-Tote (Tsd.)	Mil. Nicht-KampfTote (Tsd.) Zw. Ablage	Mil. Nicht-Kampf Tote (Tsd.)	MilTote (Tsd.) Zw. Ablage	Mil. Tote (Tsd.)	Ziv. Tote (Tsd.) Zw. Ablage	Ziv. Tote (Tsd.)	SeTote (Tsd.)
1	1			1	0			Landnahme der Tungri/Germani westl. des Niederrheins							6,4	6,4						1,0	
1	1			1	2	bis		Germanien-Feldzug des Ahenobarbus							6,4	6,4							
1	1			1	3			Antirömischer Aufstand in Armenien							6,4	6,4						1,0	
1				0					Belagerung von Artagira (3)							6,4	6,4							
1	1			1	4			1. Germanien-Feldzug des Tiberius			1,0				1,6	1,6							
1	1			1	5			2. Germanien-Feldzug des Tiberius			1,0				1,6	1,6							
1	1			1	6			3. Germanien-Feldzug des Tiberius			1,0				1,6	1,6							
1	1			1	6	bis		Aufstand der Pannonier u. Dalmater in Illyrien gegen Rom	100						32,0	32,0						5,0	
1	1			1	7			Feldzug der Xiongnu gegen die Wuhuan							6,4	6,4							
1	1			1	9			Aufstand der Cherusker							20,0	20,0							
1				0					Schlacht im Teutoburger Wald (9)							20,0								
1	1			1	10			Vergeltungseinfall der Xiongnu in Turfan							6,4	6,4							
1	1			1	15	bis		Zwei Germanien-Feldzüge des Germanicus			10,0				40,0	40,0							
1				0	16				Schlacht von Idistaviso (16)	100						32,0								
1				0					Schlacht an der Steinhuder Meer (16)			5,0				8,0								
1	1			1	16			*Chinesischer Eroberungsfeldzug gegen Karashahr*							6,4	6,4							
								Aufstände während der Xin/Hsin Dynastie															
1	1			1	17	bis	25	Lülin-Aufstand (17 bis 25)							196,2	196,2						10,0	
1				0					Schlacht von Yunshue (17)							6,4	6,4							
1				0					Schlacht von Yundu (21)							8,0	8,0							
1				0					Schlacht von Wancheng (22)							6,4	6,4							
1				0					Schlacht in Henan (23)							8,0	8,0							
1				0					Belagerung von Kunyang (23)							160,9	160,9							
1				0					Schlacht von Hedong (25)							6,4	6,4							
1	1	1		1				Aufstand der Mama Lü (17 bis 22)							6,4	6,4							
1	1	1		1				Aufstand der Roten Augenbrauen (Chi Mei) (18 bis 27)							32,0	32,0							
1				0					Belagerung von Wuyan (22)							6,4	6,4							
1				0					Schlacht von Chengchang (22)							6,4	6,4							
1				0					Schlacht bei Hongnong (25)							6,4	6,4							
1				0					Belagerung von Changan (25)							6,4	6,4							

ANLAGE 10

Präd &Retor	Terr Konfl	Hierk& Kons	Alloph Konfl	Sc. Konfl	Jahr	bis	Jahr	Konflikt	Ausführungsereignisse (Schlachten, Belagerungen)	Th. (Tsd.)	Land Schl Tote (Tsd.)	Schl Tote & Verw. (Tsd.)	See Schiffe	Schiffe gesunk.	Kampf-Tote (Tsd.) Zw. Ablage	Kampf-Tote (Tsd.)	Mil. Nicht-KampfTote (Tsd.) Zw. Ablage	Mil. Nicht-Kampf-Tote (Tsd.)	MilTote (Tsd.) Zw. Ablage	Mil. Tote (Tsd.)	Ziv. Tote (Tsd.) Zw. Ablage	Ziv. Tote (Tsd.)	SeTote (Tsd.)
1				0					Schlacht von Huayang (27)						6,4								
1				0					Schlacht von Yaodi (27)						6,4								
1		1		1			24	Aufstand der Tian-Rong (24)							0,0	0,0							
1	1			1	17	bis	24	Aufstand des Tacfarinas (der Musulamier) gegen Rom			5,0				6,4	6,4							
1				0					Schlacht von Auzia (24)	20					6,4							1,0	
1	1			1	17	bis	19	Krieg der Cherusker gegen die Markomannen			1,0				6,4	6,4							
1	1			0	21			Antirömischer Aufstand in Gallien			2,0				3,2	3,2							
1	1			1	25	bis	50	Unterwerfung Afghanistans durch das Kushana-Reich			5,0				8,0	8,0						1,0	
1	1				26	bis	42	Kriege des Östlichen/Späteren Han gegen die Kriegsherren							6,4	6,4						2,0	
1	1			1				Krieg des Östlichen/Späteren Han gegen Liu Yong (26 bis 29)							6,4	6,4							
1	1			1				Krieg des Östlichen/Späteren Han gegen Peng Chong (28)							6,4	6,4							
1	1			1				Krieg des Östlichen/Späteren Han gegen Dou Rong (29)							6,4	6,4							
1	1			1				Krieg des Östlichen/Späteren Han gegen Zhang Bu (29)							6,4	6,4							
1	1			1				Krieg des Östlichen/Späteren Han gegen Long (30 bis 34)							25,6	25,6							
1				0					Schlacht von Longdi (30)						6,4								
1				0					Schlacht von Anding (31)						6,4								
1				0					Schlacht von Laeyang (32)						6,4								
1				0					Schlacht von Luomen (34)						6,4								
1	1			1				Krieg des Östlichen/Späteren Han gegen Gongsun (36 bis 42)							12,8	12,8							
1				0					Schlacht von Chengdu (36)						6,4								
1				0					Belagerung von Chengdu (42)						6,4								
1	1			1	26			Aufstand der Bessen gegen die Römer			2,0				3,2	3,2						1,0	
1	1			1	28			Aufstand der Friesen gegen die Römer			1,0				1,6	1,6							
1	1			1	35			Feldzug gegen die Xianling Quan							6,4	6,4							
1				1	38			Antirömischer Aufstand der Juden Alexandrias							0,0	0,0							
1				0					Massaker von Alexandreia (38)						0,0							2,0	
1	1			1	39			Nordgermanien-Feldzug des Caligula			1,0				1,6	1,6							
1	1			1	39			Chinesischer Feldzug gegen die Xiongnu/Hsiungnu							0,0	0,0							
1	1			1	40	bis	41	Konflikt zw. jüdischer u. hellenistischer Bevölkerung Alexandreias							0,0	0,0							
1			1	1	40	bis	41	Chatten-Feldzug unter Caligula							3,2	3,2						1,0	
1	1			1	40	bis	43	Antichinesischer Aufstand in Yünnan, Annam und Tonking			2,0				8,0	8,0							
1	1			1	40			Aufstand der Trung-Schwestern in Nanyue (42)			5,0				0,0	0,0						2,0	
1	1			1	43	bis	50	Besetzung Süd- u. Mittelbritanniens durch Rom			4,0				22,4	22,4							
1				0					Schlacht an der Medway (43)	50					16,0								

ANLAGE 10

Präd &Retor	Terr Konfl	Hier& Kons	Alloph Konfl	Se. Konfl	Jahr	bis	Jahr	Konflikt	Ausführungsereignisse (Schlachten, Belagerungen)	Tln. (Tsd.)	Land Schl. Tote (Tsd.)	Schl. Tote & Verw. (Tsd.)	See Schiffe	Schiffe gesunk.	Kampf-Tote (Tsd.) Zw. Ablage	Kampf-Tote (Tsd.)	Mil. Nicht-KampfTote (Tsd.) Zw. Ablage	Mil. Nicht-Kampf-Tote (Tsd.)	MilTote (Tsd.) Zw. Ablage	Mil. Tote (Tsd.)	Ziv. Tote (Tsd.) Zw. Ablage	Ziv. Tote (Tsd.)	Se Tote (Tsd.)
1				0					Schlacht von Caer Caradock (50)	20					6,4	6,4							
1				1	44	bis	45	Plünderungseinfall von Xiongnu, Wuhuan und Xianbi in Nordchina							6,4	6,4							
	1			1	46			Aufstand in Shanshan und Kucha gegen Yarkand							6,4	6,4							
1				1	46	bis	47	Unterwerfung der Nordseeküste durch Rom			1,0				1,6	1,6							
1				1	47			Plünderungseinfall von Chauken an der gallischen Küste							6,4	6,4							
	1			1	47			Chinesische Unterwerfung der Wuling							6,4	6,4							
	1			1	48			Sezessionskrieg der südl. Xiongnu/Hsiung-nu von den nördl. (westl.)							6,4	6,4							
			1	1	49			Massaker der Xianbei/Hsien-pei an den Nördlichen Xiongnu/Hsiung-nu			20,0				32,2	32,2							
				1	50			Krieg zwischen Hermunduren und Quaden			1,0				1,6	1,6							
				1	50	bis	78	Unterwerfung des Punjab u. W-Indiens durch das Kushana-Reich			5,0				8,0	8,0						2,0	
				1	55	bis		3. Römisch-Parthischer Krieg (Nero)			2,0				3,2	3,2							
				0	58			Krieg der Hermunduren gegen die Chatten	Salzschlacht (58)						6,4	6,4							
				1	60	bis		Aufstand in Khotan und Besetzung durch die Nördlichen Xiongnu							6,4	6,4							
				1	61			Römische Besetzung der Kanalinseln			1,0				1,6	1,6							
				0					Schlacht an der Menai-Kanal (61)						1,6	1,6							
1				1	61			Aufstand der Boudicca in Britanien gegen Rom		10					67,6	67,6						100,0	
				0					Schlacht von Camulodunum (61)						3,2								
				0					Belagerung von Camulodunum (61)						6,4								
				0					Belagerung von Londinium (61)						6,4								
				0					Belagerung von Calleva Atrebatum (61)						6,4								
				0					Belagerung von Verulanium (61)						6,4								
				0					Schlacht von Atherstone (61)			40,0				64,4								
				1	62	bis		4. Römisch-Parthischer Krieg (Nero)	Schlacht von Rhandeia (62)			4,0				3,2	3,2							
				0								2,0				3,2								
				1	64			Christenverfolgung des Nero								0,0	0,0						5,0	
			1	1	66	bis		1. Jüdisch-Römischer Krieg			50,0				82,0	82,0							
				0					Belagerung von Jaffa (-67)			15,0				24,1								
				0					Belagerung von Tarichee (67)			8,0				12,9								
				0					Belagerung von Gamala (69)			4,0				6,4							5,0	
				0					Belagerung von Jerusalem (70)			20,0				32,2							70,0	
				0					Belagerung von Masada (71 bis 73)							6,4							1,0	
		1		1	66			Aufstand der Juden Alexandrias gegen die Römer							0,0	0,0						50,0	
				0					Belagerung von Alexandreia (66)							0,0								
		1		1	68	bis		Aufstand des Vindex gegen Nero							8,0	8,0							
				0					Schlacht von Vesontio (68)			5,0				8,0								
		1		1	69	bis		Römischer Bürgerkrieg zwischen Vitellius u. Otho			7,0				11,3	11,3							
				0					1. Schlacht von Cremona (69)			2,0				3,2								
				0					2. Schlacht von Cremona (69)			5,0				8,0								

Präd &Rctor	Terr Konfl	Hier& Kons	Alloph Konfl	Se. Konfl	Jahr	bis	Jahr	Konflikt	Ausführungsereignisse (Schlachten, Belagerungen)	Tln. (Tsd.)	Land Schl. Tote (Tsd.)	Land Schl. Tote & Verw. (Tsd.)	See Schiffe Schiffe gesunk.	See Schiffe gesunk.	Kampf-Tote (Tsd.) Zw. Ablage	Kampf-Tote (Tsd.)	Mil. Nicht-KampfT ote (Tsd.) Zw. Ablage	Mil. Nicht-Kampf-Tote (Tsd.)	MilTote (Tsd.) Zw. Ablage	Mil. Tote (Tsd.)	Ziv. Tote (Tsd.) Zw. Ablage	Ziv. Tote (Tsd.)	SeTote (Tsd.)
1		1		1	69	bis	69	Römischer Bürgerkrieg zwischen Vespasianus u. Vitellius															
				0					3. Schlacht von Cremona (69)		10,0				16,1	16,1							
				0					Belagerung von Cremona (69)		5,0				8,0								
				1	69				Belagerung von Cremona (69)		5,0				8,0								
1	1			1	69		69	Plünderungseinfall der Roxolanen in Mösien		10,0				16,1	16,1						10,0	
1	1			1	69	bis	70	Antirömischer Aufstand der Bataver unter Civilis						42,3	42,3							
				0					Schlacht von Arnheim (69)		2,0				5,0								
				0					Schlacht von Marcodurum (69)						6,4	6,4							
				0					Schlacht von Batavodurum / Nimwegen (70)		2,0				5,0								
				0					Belagerung von Vetera / Xanten (69 bis 70)		5,0				5,0								
				0					Schlacht von Gelduba / Krefeld (69)		5,0				3,2								
				0					Schlacht von Bingen (70)		2,0				8,0								
				0					Schlacht von Rigodulum (70)		5,0				3,2								
				0					Schlacht von Arenacium (70)		2,0				3,2								
				0					Schlacht von Grinnes (70)		2,0				3,2								
				0					Schlacht von Vada (70)		2,0				6,4	6,4							
1				1	70			Römischer Feldzug nach Sudan														
1	1			1	71	bis		1. Römischer Krieg zur Unterwerfung der Briganten		10,0				16,1	16,1							
1	1			1	73	bis		Krieg Chinas gegen die Nördlichen Xiongnu im Tarim-Becken		5,0				12,9	12,9							12
				0	74	bis			Schlacht von Yiwulu (73)		8,0				12,9							2,0	10!
1				1	74	bis	77	Römischer Feldzug gegen die Silures		8,0				8,0	8,0							
1	1			1	75	bis	76	Plünderungseinfall von Alanen in Armenien u. Medien		1,0				1,6	1,6						1,0	
1				1	75	bis		Antichinesische Aufstände im Tarim-Becken						12,8	12,8							
				0					Belagerung von Qiuci (75)						6,4								
				0					Belagerung von Turfan (75)						6,4								
1				1	77			Chin Feldzug gegen Stämme des Lintao- u. Wangxian-Tales						0,0	0,0							
1				1	78	bis	88	Chinesische Rückeroberung des Tarim-Beckens (Süd-Xinjian)						25,6	25,6							
				0					Belagerung von Gumoshi (78)						6,4								
				0					Belagerung von Turfan (78)						6,4								
				0					Belagerung von Qiuci (80 ca.)						6,4								
				0					Belagerung von Yanqi (80 ca.)						6,4								
				0					Belagerung von Yarkand (88)						6,4								
1	1			1	78		78	Römischer Feldzug gegen die Ordovices		2,0				3,2	3,2						4,0	
1	1			1	81			2. Römischer Krieg zur Unterwerfung der Briganten		1,0				1,6	1,6							
1	1			1	83	bis	84	1. Chatten-Feldzug Domitians zur Besetzung der Agri Decumanes		1,0				1,6	1,6							
1	1			1	85	bis	92	Plünderungseinfälle der Daker u. Feldzüge des Domitianus gegen sie		2,0				10,0	10,0							
				0					1. Schlacht von Tapae (87)		5,0				5,0								
				0					2. Schlacht von Tapae (88)		1,0				1,0								
				0					1. Schlacht von Adamclisi (92)		4,0				4,0								
1				1	86			Röm. Vergeltungsfeldzug gg die Caledonen (Unterw. Schottlands)		11,0				17,7	17,7							

ANLAGE 10

Präd &Retor	Terr Konfl	Hier& Kons	Alloph Konfl	Se. Konfl	Jahr	bis	Jahr	Konflikt	Ausführungsereignisse (Schlachten, Belagerungen)	Tn. (Tsd.)	Land Schl. Tote (Tsd.)	Schl. Tote & Verw. (Tsd.)	See Schiffe	See Schiffe gesunk.	Kampf-Tote (Tsd.) Zw. Ablage	Kampf-Tote (Tsd.)	Mil. Nicht-KampfTote (Tsd.) Zw. Ablage	Mil. Nicht-Kampf-Tote (Tsd.)	MilTote (Tsd.) Zw. Ablage	Mil. Tote (Tsd.)	Ziv. Tote (Tsd.) Zw. Ablage	Ziv. Tote (Tsd.)	SeTote (Tsd.)
1				0				Römischer Feldzug nach Sudan	Schlacht am Mons Graupius (86)		11,0				17,7								
1	1			1	86	bis	93	Krieg der Xianbei/Hsien-pei gegen die Xiongnu/Hsiung-nu							6,4	6,4							
1		1		1	87	bis	89	Aufstand des Saturninus gegen Domitianus	Schlacht von Castiellum (89)		2,0				6,4	6,4							
1			1	1	88	bis	89	Vernichtungskrieg Chinas gegen die Nördlichen Xiongnu/Hsiung-nu			2,0				3,2	3,2							
1				0	89	bis	91		Schlacht an der Berg Jiluo (89)		10,0				44,9	44,9							
1				0					Schlacht von Yiwu (90)						6,4								
1				0					Schlacht bei Jinhui (91)		10,0				6,4								
1	1			1	89			2. Chatten-Feldzug Domitians zur Besetzung der Agri Decumanes							16,1								
1	1			1	90			Invasion des Tarim-Beckens durch das Kushana-Reich			2,0				3,2	3,2							
1				0				Belagerung von Kashgar (90)							6,4	6,4							
1	1			1	92			Römische Unterstützung der Lugier gegen Angriffe der Sueben							6,4	6,4							
1	1			1	92			Aufstand der Wuling gegen China							0,0	0,0							
1	1			0				Plünd.Einf. der Markom., Jazygen, Quaden / Feldzug Dommitiians							4,0	4,0						5,0	
1	1			1	94			Aufstand und chinesische Intervention in Kharashar							6,4	6,4							
1	1			1	96			Aufstand und chinesische Intervention in Qiushi							6,4	6,4							
1	1			1	97			Plünderungseinfall von Xianbei/Hsien-pei in Liaodong							6,4	6,4							
159	8	63	10	4	85	**Default-Werte**				0,32	1,61	0,53	0,03	0,21	6,40	1,068	8,204	7,68	9,272	0,50	282,0	0,0	9.554

1. Jahrhundert

Präd &Retor	Terr Konfl	Hier& Kons	Alloph Konfl	Se. Konfl	Jahr	bis	Jahr	Konflikt	Ausführungsereignisse (Schlachten, Belagerungen)	Tn. (Tsd.)	Land Schl. Tote (Tsd.)	Schl. Tote & Verw. (Tsd.)	See Schiffe	See Schiffe gesunk.	Kampf-Tote (Tsd.) Zw. Ablage	Kampf-Tote (Tsd.)	Mil. Nicht-KampfTote Zw. Ablage	Mil. Nicht-Kampf-Tote	MilTote Zw. Ablage	Mil. Tote	Ziv. Tote Zw. Ablage	Ziv. Tote (Tsd.)	SeTote (Tsd.)
1	1			1	101	bis	102	1. Dakien-Feldzug Trajans	3. Schlacht von Tapae (101)		2,0				23,2	23,2							
1	1			0					2. Schlacht von Adamclisi (101)		2,0				3,2								
1	1			0	101			Aufstand der Mi Tang gegen das Chinesische Reich							20,0								
1	1			1	101				Schlacht von Chongzhou (101)		5,0				0,0	0,0							
1	1			0	105	bis	106	2. Dakien-Feldzug Trajans							0,0								
1	1			1	106			Römische Unterwerfung der Nabatäer			1,0				8,0	8,0						2,0	
1	1			1	106	bis	107	Antichinesischer Aufstand in Kashgar und Kucha							1,6	1,6							
1	1			1	109	bis	110	Aufstand der Südlichen Xiongnu/Hsiung-nu Krieg Chinas gegen die Xianbing							6,4	6,4							
1	1			0	111										6,4	6,4							
1	1			1	113	bis	119	5. Römisch-Parthischer Krieg (Trajan)	Schlacht an der Berg Yangtou (111)		20,0				32,2	32,2							
1				0					Belagerung von Hatra (117)		3,0				32,2								0,0	
1				0					Belagerung von Ktesiphon (115)		1,0				4,8	4,8						0,0	
1	1			1	114	bis	116	Aufstand der Ch'iang gegen das Han-Reich			2,0				1,6								
1	1			1	117			Plünderungseinfall von Xianbei/Hsien-pei in China		10					3,2							10,0	
1	1			1	118			Plünderungseinfall von Xianbei/Hsien-pei in China		10					25,6	25,6							
				1											3,2	3,2							

Präd & Retor Konfl	Terr Konfl	Hier & Kons	Alloph Konfl	Se. Konfl	Jahr	bis	Jahr	Konflikt	Ausführungsereignisse (Schlachten, Belagerungen)	Tln. (Tsd.)	Land Schl Tote (Tsd.)	Schl Tote & Verw. (Tsd.)	See Schiffe	Schiffe gesunk.	Kampf-Tote (Tsd.) Zw. Ablage	Kampf-Tote (Tsd.)	Mil. Nicht-KampfTote (Tsd.) Zw. Ablage	Mil. Nicht-Kampf-Tote (Tsd.)	MilTote (Tsd.) Zw. Ablage	Mil. Tote (Tsd.)	Ziv. Tote (Tsd.) Zw. Ablage	Ziv. Tote (Tsd.)	SeTote (Tsd.)
1				1	119	bis	120	Plünderungseinfall von Nördlichen Xsiongnu in Gansu		10													
1				0					Belagerung von Hami (120)						6.4	6.4						0.0	
1				1	121			Plünderungseinfall von Xianbei/Hsien-pei in China							3.2	3.2							
1				0					Angriff auf den Juyong-Pass (121)	10													
1	1			1	123	bis		Plünderungseinfall von Südlichen Xiong-nu		10					3.2	3.2							
1				1	123		127	Rückeroberung von Xinjiang durch China							0.0	0.0							
1				0					Rückeroberung von Qiuci (123)						0.0								
1				0					Rückeroberung von Gumo (123)						0.0								
1				0					Rückeroberung von Karashar (127)						6.4								
1				1	132	bis	135	2. Jüdisch-Römischer Krieg (Aufstand des Bar-Kochba)							58.3	58.3							
1				0					Belagerung von Jerusalem (132 bis 134)		25.0				40.2							100.0	
1				0					Schlacht von Bethar (135)		5.0				8.0								
1				0					Brandsch. von aufständischen Siedlungen						10.0							100.0	
1				1	134	bis	135	Plünderungseinfall von Nördlichen Xsiongnu im Nördlichen Gushi							6.4	6.4							
	1			1	139	bis	142	3. Römischer Feldzug gegen die Brigantes			1.0				1.6	1.6						0.0	
	1			1	140			Aufstand der Südlichen Xiongnu/Hsiung-nu							6.4	6.4							
	1			1	141			1. Römisch-Mauretanischer Krieg			1.0				1.6	1.6							
	1			1	141	bis	144	Chinesisch-Tibetischer Krieg			5.0				8.0	8.0						0.0	
1				1	142			Plünderungseinfall von Briganten in Britannien			1.0				1.6	1.6							
	1			1	145			2. Römisch-Mauretanischer Krieg			1.0				1.6	1.6						0.0	
				1	150			Krieg zwischen Burgundern u. Gepiden							16.1	16.1							
	1			0	150			Krieg zwischen Goten u. Gepiden															
				1					Schlacht im heutigen Polen (150)		5.0				8.0								
				1					Schlacht von Galtis (150)		5.0				8.0								
1				1	151			Plünderungseinfall von Nördlichen Xsiongnu in Gushi							6.4	6.4							
	1			1	153			Aufstand der Südlichen Xiongnu/Hsiung-nu							6.4	6.4							
	1			1	158			Aufstand der Südlichen Xiongnu/Hsiung-nu							6.4	6.4							
	1			1	161	bis	166	6. Römisch-Parthischer Krieg (Mark Aurel)							9.7	9.7							
				0					Schlacht von Elegeia (162)		5.0				1.6								
				0					Belagerung von Artaxata (162)		2.0				3.2								
				0					Schlacht von Dura Europos (163)		1.0				1.6							0.0	
				0					Belagerung von Seleukeia (166)		1.0				1.6							0.0	
				0					Belagerung von Ktesiphon (166)		1.0				1.6							0.0	
1				1	161	bis	180	Wiederholte Plünderungseinfälle germ. Plr. auf Küstenreg. Britanniens							6.4	6.4							
1	1			1	162			Chatten-Plünderungseinfall in Obergermanien und Rätien			1.0				1.6	1.6							
	1			1	166	bis	175	1. Markomannen-Krieg Mark Aurels			3.0				4.8	4.8						0.0	
				0					Belagerung von Aquileia (167)		1.0				1.6								
				0					Schlacht auf dem Marchfeld (172)		2.0				3.2								
1	1			1	166	bis	175	Unterwerfung von Fuyu durch die Xianbei/Hsien-pei							6.4	6.4							
1	1			1	166	bis	175	Unterwerfung von Dingling durch die Xianbei/Hsien-pei							6.4	6.4							

ANLAGE 10

Präd &Retor	Terr Konfl	Hier& Kons	Alloph Konfl	Se. Konfl	Jahr	bis	Jahr	Konflikt	Ausführungsereignisse (Schlachten, Belagerungen)	Th. (Tsd.)	Land Schl Tote (Tsd.)	Schl Tote & Verw. (Tsd.)	See Schiffe	Schiffe gesunk.	Kampf-Tote (Tsd.) Zw. Ablage	Kampf-Tote (Tsd.)	Mil. Nicht-KampfTote (Tsd.) Zw. Ablage	Mil. Nicht-Kampf-Tote (Tsd.)	MilTote (Tsd.) Zw. Ablage	Mil. Tote (Tsd.)	Ziv. Tote (Tsd.) Zw. Ablage	Ziv. Tote (Tsd.)	SeTote (Tsd.)
1	1			1	166	bis	175	Verdrängung der N-Xiungnu aus der Dsungarei durch die Xianbei							6,4	6,4							
1				1	169			Plünderungseinfall in von Chatten Obergermanien							1,0	1,0						0,0	
1				1	170			Plünderungseinfall von Kostokoken in Griechenland			1,0				1,6	1,6						0,0	
1				1	175			Plünderungseinfall von Sarmaten an der Unteren Donau			2,0				3,2	3,2							
1					177			Krieg Chinas gegen die Xianbei und Südlichen Xiongnu/Hsiung-nu				20			10,6	10,6							
1				1	177	bis	180	Pfünd Einf. von Markom. in Pann. (2. Markom.-Krieg M.Aurels)			5,0				8,0	8,0						0,0	
1				1	181	bis	184	Plünderungseinfall von Kaledoniern in Britannien			3,0				4,8	4,8						0,0	
1				1	182	bis	183	Römischer Feldzug gegen die Buri (Lugier in Böhmen)							6,4	6,4							
				0	184	bis	280	Kriege der Epoche der Drei Reiche							6,4	6,4						100,0	
		1		1	184	bis	205	Chinesischer Bauernaufstand (Gelbe Turbane)							83,2	83,2						0,0	
				0					Belagerung von Wan (184)						6,4								
				0					Schlacht von Yingchuan (184)						6,4								
				0					Belagerung von Jingshan (184)						6,4							0,0	
				0					Belagerung von Kuang-tsung (184)						6,4							0,0	
				0					Schlacht von Xihua (184)						6,4								
				0					Schlacht von Meiyang (186)						6,4								
				0					Belagerung von Longxi (186)						6,4								
				0					Belagerung von Chengcang (188)						6,4							0,0	
				0					Schlacht von Xuzhou (191)						6,4							0,0	
				0					Belagerung von Dongguang (191)						6,4								
				0					Schlacht von Puyang (191)						6,4								
				0					Schlacht von Wuyang (192)						6,4								
				0					Schlacht von Yanzhou (192)						6,4								
1		1		1	188			1. Bagaudenaufstand im Römischen Reich			1,0				1,6	1,6							
			1	1	189			Pogrom der Eunuchen am chinesischen Hof							0,0	0,0							
1				1	190			Plünderungseinfall von Chatten u. Chauken in die Gallia Belgica			2,0				3,2	3,2						3,0	
		1		1	190	bis	191	Aufstand der Kriegsherren gegen Dong Zhuo (190 bis 191)							40,0	40,0							
				0					Schlacht von Xingyang (190)			5,0			6,4								
				0					Schlacht von Luoyang (190)						8,0								
				0					Schlacht von Liang (191)						6,4								
				0					Schlacht von Yangren (191)						6,4								
				0					Schlacht an der Kaisergräbern (191)						6,4								
				0					Schlacht von Luoyang (191)						6,4								
1	1			1	191	bis	202	Eroberung von Yi durch Yuan Shao/Chao (Teil 2. Jh.)							48,1	48,1							
				0					Schlacht von Yangcheng (191)						6,4								
				0					Schlacht von Xianyang (191)						6,4								
				0					Schlacht von Jieqiao (192)			1,0			1,6								
				0					Schlacht der Ma-Gewässer (192)						6,4								
				0					Schlacht von Longzou (192)			5,0			8,0								

Präd &Rektor	Terr Konfl	Hier& Kons	Alleph Konfl	Se. Konfl	Jahr	bis	Jahr	Konflikt	Ausführungsereignisse (Schlachten, Belagerungen)	Tln. (Tsd.)	Land Schl. Tote (Tsd.)	Land Schl. Tote & Verw. (Tsd.)	See Schiffe Tote &	See Schiffe gesunk.	Kampf-Tote (Tsd.) Zw. Ablage	Kampf-Tote (Tsd.)	Mil. Nicht-KampfTote (Tsd.) Zw. Ablage	Mil. Nicht-Kampf-Tote (Tsd.)	MilTote (Tsd.) Zw. Ablage	Mil. Tote (Tsd.)	Ziv. Tote (Tsd.) Zw. Ablage	Ziv. Tote (Tsd.)	SeTote (Tsd.)
				0					Schlacht von Youzhou (193)						6,4								
				0					Schlacht von Dongjun (195)						6,4								
				0					Belagerung von Yijing (198 bis 199)						6,4							0,0	
	1			1	193	bis	220	Gründung von Cao Wei durch Cao Cao (Teil 2. Jh.)							57,6	57,6							
				0					Schlacht von Fengqiu (193)						6,4								
				0					Belagerung von Pencheng (193)						6,4							0,0	
				0					Schlacht von Dintao (195)						6,4								
				0					Schlacht von Liang (196)						6,4								
				0					Schlacht an der Yu-Gewässern (197)						6,4								
				0					Schlacht von Huyang (197)						6,4								
				0					Schlacht von Xiang (198)						6,4							0,0	
				0					Belagerung von Changan (198)						6,4								
				0					Schlacht von Shequan (199)						6,4								
		1		1	193	bis	197	Römischer Thronfolgekrieg		60,0				90,0	90,0							
				0					Schlacht von Kyzikos (194)		5,0				8,0								
				0					Belagerung von Byzantion (194 bis 196)		10,0				16,1							5,0	
				0					Schlacht von Nikaia (194)		5,0				8,0								
				0					Schlacht von Issos (194)						25,6								
				0					Schlacht von Timurtium (197)	80	15,0				24,1								
	1			1	194	bis	221	Gründung von O Wu durch Sun Ce u. Sun Quan (Teil 2. Jh.)						38,4	38,4							
				0					Schlacht von Lujiang (194)						6,4								
				0					Schlacht von Qu'e (195)						6,4								
				0					Schlacht von Shenting (195)						6,4								
				0					Schlacht von Kuaiji (196)						6,4								
				0					Schlacht von Wan (199)						6,4								
				0					Schlacht von Shanxian (199)						6,4								
	1			1	195	bis	199	7. Römisch-Parthischer Krieg (Septimus Severus)		3,0				4,8	4,8							0,0	
		1		1	197	bis	199	Reichsfehde gegen Yuan Shu						12,8	12,8								
				0					Schlacht von Jinyang (197)						6,4								
				0					Schlacht von Xiapi (198)						6,4								
	1			1	197	bis	199	8. Römisch-Parthischer Krieg (Septimus Severus)		2,0				3,2	3,2								
				0					Belagerung von Ktesiphon (197 bis 198)		1,0				1,6							0,0	
				0					Belagerung von Hatra (198)		1,0				1,6							0,0	
16	32	5	1	54												718		5516		6235	320,0		6.555
129								Default-Werte		0,32	1,61	0,53	0,03	0,22	6,40	279,0		7,68		0,50	0,0		
						2. Jahrhundert																	
				0	200	bis	220	*Gründung von Cao Wei durch Cao Cao (Teil 3. Jh.)*							279,0	279,0							
				0					Schlacht von Baima (200)						6,0								
				0					Schlacht von Guandu (200)		50,0				80,5								
				0					Schlacht von Yingchuan (200)						6,0								
				0					Schlacht von Xuzhou (200)						6,0								
				0					Schlacht von Bowang (202)						6,0								
				0					Schlacht von Cangting (202)						6,0								
				0					Schlacht von Liyang (203)						6,0								
				0					Schlacht von Ye (204)						6,0								

Präd &Reb/or	Terr Konfl	Hier& Kons	Alloph Konfl	Se. Konfl	Jahr	bis	Jahr	Konflikt	Ausführungsereignisse (Schlachten, Belagerungen)	Tln. (Tsd.)	Land Schl. Tote (Tsd.)	Schl. Tote & Verw. (Tsd.)	See Schiffe	Schiffe gesunk.	Kampf-Tote (Tsd.) Zw. Ablage	Kampf-Tote (Tsd.)	Mil. Nicht-KampfTote (Tsd.) Zw. Ablage	Mil. Nicht-Kampf-Tote (Tsd.)	MilTote (Tsd.) Zw. Ablage	Mil. Tote (Tsd.)	Ziv. Tote (Tsd.) Zw. Ablage	Ziv. Tote (Tsd.)	SeTote (Tsd.)
				0					Schlacht von Nanpi (204)						6,0								
				0					Feldzug von Cao gegen die Wuhuan (207)						6,0								
				0					Schlacht von Bailang (207)						6,0								
				0					Flussschlacht auf dem Yangtse (208)		50,0				80,5								
				0					Schlacht bei Wulin (208)						6,0								
				0					Belagerung von Yiling (208)						6,0								
				0					Belagerung von Jangling (208 bis 209)						6,0						0,0		
				0					Flussschlacht von Xiakou (209)						6,0						0,0		
				0					Flussschlacht on dem Han (209)						6,0								
				0					Schlacht an der Tong-Pass (211)		10,0				16,1								
				0					Schlacht an der Hechi (215)						6,0								
				0					Schlacht an der Yangping-Pass (215)						6,0								
				0	200	bis	211	*Gründung von O Wu durch Sun Ce u. Sun Quan (Teil 3 Jh.)*							89,0	89,0							
				0					Schlacht von Wan (200)						6,0								
				0					Schlacht von Xiakou (203)						6,0								
				0					Schlacht von Jiangxia (207)						6,0								
				0					1. Belagerung von Hefei (208 bis 209)						6,0						0,0		
				0					1. Schlacht von Ruxu (213)						6,0								
				0					Schlacht von Wan (214)						6,0								
				0					Belagerung von Huancheng (214)						6,0								
				0					2. Belagerung von Hefei (215 bis 217)	130					39,0						0,0		
				0					2. Schlacht von Ruxu (217)						0,0								
				0					Belagerung von Facheng (219)		5,0				8,0						0,0		
1				1	208	bis	211	Krieg des Septimus Severus gegen Kaledonier u. Maeeter		5,0				8,0	8,0							
	1			1	208	bis	219	Gründung von Shu Han durch Liu Bei						36,0	36,0							
				0					Schlacht von Changban/Dangyang (208)						6,0								
				0					Belagerung von Baxi (208)						6,0								
				0					Erob. von Yizhou durch Liu Bei (212 bis 214)						6,0						0,0		
				0					Belagerung von Chengdu (214)						6,0						0,0		
				0					Erob. von Hanzhong d. Liu Bei (215 bis 219)						6,0								
				0					Schlacht von Yuangpang (219)						6,0								
1			1	1	211	bis	212	Pogrom Caracallas gegen Anhänger Getas						6,0	6,0						20,0	
1				1	212			Plünderungseinfall von Alamannen in Obergermanien und Raeten		1,0				1,6	1,6						2,0	
1				1	213			Strafeldzug Caracallas gegen die Alamannen		5,0				6,0	6,0							
				0					Schlacht an der Main (213)		1,0				1,6	1,6							
1				1	214			Strafeldzug Caracallas gegen die Karpen						6,0	6,0							
1			1	1	216			Alexandreia-Massaker Caracallas		11,0				17,7	17,7						5,0	
1				1	216	bis	217	9. Römisch-Parthischer Krieg (Caracalla)		10,0				16,1								
				0					Schlacht von Nisibis (217)		1,0				1,6								
				0					Schlacht von Antiocheia (218)						6,0								
				0	221			Feldzug von Cao Wei gegen die Xianbei						6,0								
				0					Schlacht von Xierinei (221)						6,0								
	1			1	222			Kriege zwischen Wu und Shu Han		20,0				32,2	32,2							
				0					Schlacht von Yiling/Xiaoting (222)		20,0				32,2								
				0					Schlacht an der Ma'an-Hügel (222)						0,0								
	1			1	222	bis	246	Kriege zwischen Östliches Wu und Cao Wei						60,0	60,0							
				0					Schlacht von Dongkui (222)						6,0								

Präd &Retor	Terr Konfl	Hierk Kons	Alloph Konfl	Se. Konfl	Jahr	bis	Jahr	Konflikt	Ausführungsereignisse (Schlachten, Belagerungen)	Tln. (Tsd.)	Land Schl Tote (Tsd.)	Schl Tote & Verw. (Tsd.)	See Schiffe	See Schiffe gesunk.	Kampf-Tote (Tsd.) Zw. Ablage	Kampf-Tote (Tsd.)	Mil. Nicht-KampfTote (Tsd.) Zw. Ablage	Mil. Nicht-Kampf-Tote (Tsd.)	MilTote (Tsd.) Zw. Ablage	Mil. Tote (Tsd.)	Ziv. Tote (Tsd.) Zw. Ablage	Ziv. Tote (Tsd.)	SeTote (Tsd.)
1				0					Schlacht von Ruxu (223)						6,0								
1				0					Schlacht von Jiangling (223)						6,0								
1				0					Schlacht von Chengsan (232)						6,0								
1				0					Schlacht von Lujiang (232)						6,0								
1				0					Schlacht von Xincheng (233)						6,0								
1				0					Belagerung von Hefei (234)						6,0							0,0	
1				0					Schlacht von Fancheng (241)						6,0								
1				0					Schlacht von Gouling (241)						6,0								
1				0					Schlacht von Juzhong (246)						6,0								
1		1		1	223	bis	226	Nationalpersischer Aufstand der Sasaniden gegen die Parther	Schlacht von Hormezdagan (224)		2,0				6,0	6,0							
	1			0	228	bis	234	Krieg zwischen Shu Han und Cao Wei	Schlacht von Jieting (228)						12,0	12,0							
				0					Belagerung von Chencang (228)						6,0							0,0	
	1			1	230	bis	231	Flottenexpedition von Östliches Wu gegen Yizhou			4,0				6,4	6,4							
1				1	230	bis	232	1. Sasanidisch-Römischer Krieg (Alexander Severus)			10,0				16,1	16,1							
1				1	233			Plünderungseinfall von Alamannen in Obergermanien und Rätien			2,0				3,2	3,2						2,0	
1				1	234	bis	235	Straffeldzug des Alexander Severus gegen die Alamannen			1,0				1,6	1,6							
1				1	235			Alamannen-Feldzug des Maximinus Thrax			2,0				3,2	3,2							
1				1	236	bis	237	Straffeldzug des Maximinus Thrax gegen die Sarmaten u. Daker			1,0				1,6	1,6							
	1			1	237	bis	238	Unterwerfung von Liaoning durch Cao Wei							6,0	6,0							
		1		1	238			Thysdrus-Aufstand	Belagerung von Xiangping (238)		2,0				6,0							0,0	
				0					Schlacht von Karthago (238)		1,0				3,2	3,2							
				0					Belagerung von Aquileia (238)		1,0				1,6							0,0	
1				1	238			Erster Plünderungseinfall von Goten in das Römische Reich	Belagerung von Histria (238)						6,0	6,0						0,0	
		1		0	240			Aufstand des Asinius Sabinianus							6,0	6,0							
1				1	240			Plünderungseinfall von Alamannen in Rätien							6,0	6,0							
1				1	240	bis	245	Plünderungseinfälle von Berbern in Mauretanien							6,0	6,0							
	1			0	240	bis	245	Krieg zwischen Cao Wei und Koguryo							12,0	12,0							
				0					Belagerung von Xiangping (240)						6,0							0,0	
				0					Belagerung von Hwandosong (244)						6,0							0,0	
1				1	242	bis	244	2. Sasanidisch-Römischer Krieg (Gordianus III)			9,0				14,5	14,5							
				0					Schlacht von Resaena (243)		2,0				3,2								
				0					Belagerung von Carrhae (243)		1,0				1,6							0,0	
				0					Belagerung von Nisibis (243)		1,0				1,6							0,0	
				0					Schlacht in Mesopotamia (244)		5,0				8,0								
1				1	244	bis	247	Plünderungseinfall von Karpen in Moesien			1,0				6,0	6,0							
1				1	245			Plünderungseinfall von Alamannen in Obergermanien u. Rätien			1,0				1,6	1,6						2,0	

ANLAGE 10

Präd &Refor	Terr Konfl	Hier& Kons	Alloph Konfl	Sc. Konfl	Jahr	bis	Jahr	Se. Konfl	Konflikt	Ausführungsereignisse (Schlachten, Belagerungen)	Tln. (Tsd.)	Land Schl. Tote (Tsd.)	Schl. Tote & Verw. (Tsd.)	See Schiffe	Schiffe gesunk.	Kampf-Tote (Tsd.) Zw. Ablage	Kampf-Tote (Tsd.)	Mil. Nicht-KampfTote (Tsd.) Zw. Ablage	Mil. Nicht-Kampf-Tote (Tsd.)	MilTote (Tsd.) Zw. Ablage	Mil. Tote (Tsd.)	Ziv. Tote (Tsd.) Zw. Ablage	Ziv. Tote (Tsd.)	SeTote (Tsd.)
1	1				247	bis	263	1	Krieg zwischen Shu Han und Cao Wei	Schlacht von Taoxi (247)						70,1	70,1							
1								0		Schlacht von Qucheng (249)						6,0								
1								0		Schlacht von Xiping (249)						6,0								
1								0		Schlacht von Didao/Limao (253)						6,0								
1								0		Schlacht von Didao/Limao (254)						6,0								
1								0		Schlacht von Dipath (255)						6,0								
1								0		Schlacht von Didao/Limao (255)						6,0								
1								0		Schlacht von Duangu (256)						6,0								
1								0		Schlacht an der Mang (257)						6,0								
1								0		Schlacht von Tuoyoyang (262)		10,0				16,1								
1		1			248	bis	249	1	Usurpation des Iotapianus			2,0				3,2	3,2							
1		1			248	bis	254	1	Usurpation des Uranius Antoninus			5,0				8,0	8,0							
1		1			248			1	Usurpation des Silbannacus			1,0				1,6	1,6							
1					248	bis	249	1	Usurpation des Pacatianus			1,0				1,6	1,6							
1	1				248	bis	249	1	Plünderungseinfall von Goten in die Moesia Inferior							6,0	6,0							
1								1		Belagerung von Marcianopolis (248)						6,0	6,0						0,0	
1	1				248			0	Plünderungseinfall von Linyi in Annam							6,0								
1		1			249			1	Schlacht von Badon (248)							6,0	6,0							
1					249	bis	251	0	Usurpation des Decius			2,0				3,2	3,2							
1					250	bis	251	1		Schlacht von Verona (249)						0,0	0,0						1,0	
1			1					1	Christenverfolgung des Decius															
1								1	Pfd und Einfall von Goten, Vandalen, Karpen u.a. in den Balkan		30,0				64,8	64,8							
1								0		Belagerung von Philippopolis (250 bis 251)						3,2								
1								0		Belagerung von Nikopolis (250)		2,0				1,6							0,0	
1								0		Schlacht von Veria (250)	100	1,0				30,0							0,0	
1					250	bis	250	0		Schlacht von Abrittus (251)	100					30,0								
1	1				250	bis	263	1	Krieg Persiens gegen das Kuschana-Reich		10,0				16,1	16,1							
1	1							1	Krieg von Ostliches Wu gegen Cao Wei						99,0	99,0							
1								0		Schlacht von Jiangling (250)						6,0								
1								0		Schlacht von Dongxing (252)						6,0								
1								0		Schlacht von Hefei (253)	290					87,0								
1					251	bis	253	1	Pfünderungseinfall von Alamannen in Rätien		10,0				6,0	6,0						1,0	
1	1				252	bis	260	1	3. Sasanidisch-Römischer Krieg (Valerianus)						16,1	16,1							
1								0		Schlacht von Barbalissus (252)		2,0				3,2								
1								0		Belagerung von Dura Europos (256)		2,0				3,2							0,0	
1								0		Belagerung von Antiocheia (257)		1,0				1,6							1,0	
1								0		Schlacht in Syrien (257)		2,0				3,2								
1								0		Belagerung von Edessa (260)		1,0				1,6							0,0	
1								0		Schlacht von Korykos (260)		2,0				3,2								
1	1				253			1	Römisch-Gotischer Krieg		2,0				3,2	3,2							
1	1				253			1	Römischer Thronfolgekrieg		1,0				6,0	6,0							
1								0		Schlacht bei Interamna (253)						6,0								
1					253	bis	262	1	Plünderungseinfälle von Berbern in Mauretanien						6,0	6,0							
1					254			1	Plünderungseinfall von Franken u. Alamannen in Gallien		2,0				3,2	3,2						1,0	

| | | | | | | | | | ANLAGE 10 | | Land | | See | | | | | | | | | | |
Präd &Retor	Terr Konfl	Hier& Kons	Alloph Konfl	Se. Konfl	Jahr	bis	Jahr	Konflikt	Ausführungsereignisse (Schlachten, Belagerungen)	Thn. (Tsd.)	Schl. Tote (Tsd.)	Schl. Tote & Verw. (Tsd.)	Schiffe	Schiffe gesunk.	Kampf-Tote (Tsd.) Zw. Ablage	Kampf-Tote (Tsd.)	Mil. Nicht-KampfTote (Tsd.) Zw. Ablage	Mil. Nicht-Kampf-Tote (Tsd.)	MilTote (Tsd.) Zw. Ablage	Mil. Tote (Tsd.)	Ziv. Tote (Tsd.) Zw. Ablage	Ziv. Tote (Tsd.)	SeTote (Tsd.)
1				1	256	bis	257	Pfünd Einf. von Franken in N-Gallien / Feldzug des Gallienus							6,0	6,0							
1				1	256	bis	258	Plünderungseinfälle von Goten u. Herulern in Kleinasien u. Thrakien			5,0				11,3	11,3							
				0					Belagerung von Pityus (256 bis 257)		1,0				1,6							0,0	
				0					Belagerung von Trapezunt (257)		1,0				1,6							0,0	
				0					Belagerung von Kalchedon (256)		1,0				1,6							0,0	
				0					Belagerung von Nikomedia (256)		1,0				1,6							0,0	
				0					Belagerung von Apamea Myrlea (256)		1,0				1,6							0,0	
				0					Belagerung von Prusa (257 bis 258)		1,0				1,6							0,0	
				0					Belagerung von Anchialos (258)		1,0				1,6							0,0	
1		1		1	257	bis	258	Christenverfolgung des Valerianus							0,0	0,0							
1			1	0	258	bis	260	Usurpation des Ingenuus							1,6	1,6							
				1			260		Schlacht von Mursa Maior (260)		1,0				1,6	1,6							
	1			0			259	Usurpation des Regalianus			1,0				1,6	1,6							
	1			1	259	bis	269	Sezession des Postumus			2,0				3,2	3,2							
				0					Belagerung von Colonia Agrippina (261)		1,0				1,6							0,0	
				0					Belagerung von Mogontiacum (269)		1,0				1,6							0,0	
1				1	259	bis	260	Fränkische Besetzung des westlichen Mittelrheinufers			7,0				11,3	11,3						0,0	
1				1	259	bis	260	Plünderungseinfall von Alamannen in Helvetien und Südgallien							24,0	24,0							
				0					Belagerung von Aventicum (260)						6,0							0,0	
				0					Belagerung von Augusta Raurica (260)						6,0							0,0	
				0					Belagerung von Lousanna (260)						6,0							0,0	
				0					Belagerung von Glanum (260)						6,0							0,0	
1				1	259	bis	260	Pfünd Einfall von Juthungen in Rätien, Norikum, Pann., Norditalien							11,3	11,3							
				0					Schlacht von Mediolanum (259)		5,0				8,0	8,0							
				1			260		Schlacht von Augusta Vindelicum (260)		2,0				3,2	3,2							
1				1	259	bis	260	Fränkische Landnahme am westlichen Mittelrheinufer							6,0	6,0							
1				1	259	bis	260	Fränkischer Plünderungseinfall in Nordspanien							3,2	3,2							
				0					Belagerung von Tarragona (260)		2,0				3,2							0,0	
1				1	260	bis	261	Usurpation der Macrianer							3,2	3,2							
		1		0					Belagerung von Emessa (261)		1,0				1,6							0,0	
				0					Schlacht in Illyrien (261)		1,0				1,6								
1				1	262	bis	264	Krieg zwischen Palmyra u. Persien			5,0				8,0	8,0							
1				1			262	Pfünderungseinfall von Franken in Spanien und Mauretanien							1,6	1,6						2,0	
				0					Schlacht von Tarraco (262)		1,0				1,6	1,6						0,0	
1	1			1			263	Unterwerfung von Han Shu durch Cao Wei							18,0	18,0							
				0					Schlacht von Jiange (263)		18,0				6,0								
				0					Schlacht von Jiangyou (263)		6,0				6,0								
				0					Belagerung von Chengdu (263)		6,0				6,0								
1				1	266	bis	269	Pfünderungszüge von Ostgoten u. Herulern durch Griech. u. Kleinasien			50,0				78,8	78,8							
				0					Belagerung von Philippopolis (266)		1,0				1,6							0,0	
				0					Belagerung von Athens (267)		1,0				1,6							0,0	

Präd &Retor	Terr Konfl	Hier& Kons	Alloph Konfl	Se. Konfl	Jahr	bis	Jahr	Konflikt	Ausführungsereignisse (Schlachten, Belagerungen)	Tln. (Tsd.)	Land Schl. Tote (Tsd.)	Land Schl. Tote & Verw. (Tsd.)	See Schiffe	See Schiffe gesunk.	Kampf-Tote (Tsd.) Zw. Ablage	Kampf-Tote (Tsd.)	Mil. Nicht-KampfTote (Tsd.) Zw. Ablage	Mil. Nicht-Kampf-Tote (Tsd.)	MilTote (Tsd.) Zw. Ablage	Mil. Tote (Tsd.)	Ziv. Tote (Tsd.) Zw. Ablage	Ziv. Tote (Tsd.)	SeTote (Tsd.)
1				0					Schlacht von Lemnos (267)		1.0				1.6							0,0	
1				0					Schlacht von Naissus (268)		40,0				64,4							0,0	
1				0					Belagerung von Side (269)		1.0				1.6								
1				0					Belagerung von Marcianopolis (269)		5.0				8.0								
1				1	268	bis	282	Piratenüberfälle der Sachsen auf die Küsten Galliens			1.0				1.6	1.6						5,0	
1		1		1	268	bis	268	Aufstand des Aureolus							9.2	9.2							
1				0					Schlacht von Pons Aureoli (268)		2.0				6.0								
1				0					Belagerung von Mediolanum (268)						3.2								
1	1			1	268	bis		2. Plünderungseinfall von Alamannen in Italien			2.0				32.2	32.2						0,0	
1				0					Schlacht an der Benacus-See (268)			20,0			32.2								
1	1			1	268	bis	279	Krieg zwischen Westliches Jin/Chin/Tsin u. Östliches Wu							60.0	60.0							
1				0					Schlacht von Juanxia (268)						6.0								
1				0					Schlacht von Xiangyang (268)						6.0								
1				0					Schlacht von Goukou (270)						6.0								
1				0					Schlacht in den Blauen Bergen (271)						6.0								
1				0					Schlacht von Jiaozhi (271)						6.0								
1				0					Schlacht von Xiling (272)						6.0								
1				0					Schlacht von Zhili (274)						6.0								
1				0					Schlacht von Jiangxia (274)						6.0								
1				0					Schlacht von Jiangxia (277)						6.0								
1				0					Schlacht von Wancheng (278)						6.0								
1	1			1	270	bis	286	Krieg zwischen Westliches Jin/Chin/Tsin und Xianbei/Hsien-pei							36.0	36.0							
1				0					Schlacht von Wanthudui (270)						6.0								
1				0					Schlacht von Wuwei (278)						6.0								
1				0					Schlacht von Xiping (280)						6.0								
1				0					Schlacht von Changli (282)						6.0								
1				0					Schlacht von Feiru (285)						6.0								
1				0					Schlacht von Liaodong (286)						6.0								
1	1			1	271			Krieg zwischen Westliches Jin/Chin/Tsin und Hu							6.0	6.0							
1				0					Schlacht von Qingshan (271)						6.0								
1	1			1	271			Krieg zwischen Westliches Jin/Chin/Tsin und Xiongnu/Hsiung-nu							6.0	6.0							
1				0					Schlacht von Bingzhou (271)						6.0								
1	1			1	271			Plünderungseinfall von Vandalen in Pannonien			2.0				3.2	3.2						1,0	
1	1			1	271			3. Plünderungseinfall von Alamannen in Italien				10,0			14.5	14.5						1,0	
1				0					Schlacht von Placentia (271)		2.0				3.2								
1				0					Schlacht am Metaurus (271)		2.0				3.2								
1				0					Schlacht von Ticinum (271)		5.0				8.0								
1		1		1	271			Aufstand der Münzpräger Roms			1.0				1.6	1.6							
1	1			1	272			Besetzung der Dacia Superior durch die Tervinger (Westgoten)							1.6	1.6							
1				0					Schlacht in Dakien (272)		1.0				1.6								
1	1			1	272	bis	273	Feldzug Aurelians gegen Palmyra		23,0				50.9	50.9							

ANLAGE 10

Präd &Retor	Terr Konfl	Hier& Kons	Alloph Konfl	Se. Konfl	Jahr	bis	Jahr	Konflikt	Ausführungsereignisse (Schlachten, Belagerungen)	Tln. (Tsd.)	Land Schl Tote (Tsd.)	Schl Tote & Verw. (Tsd.)	See Schiffe	Schiffe gesunk.	KampfTote (Tsd.) Zw. Ablage	KampfTote (Tsd.)	Mil. Nicht-KampfTote (Tsd.) Zw. Ablage	Mil. Nicht-KampfTote (Tsd.)	MilTote (Tsd.) Zw. Ablage	Mil. Tote (Tsd.)	Ziv. Tote (Tsd.) Zw. Ablage	Ziv. Tote (Tsd.)	SeTote (Tsd.)
1				0					Schlacht von Immae (272)	100	10,0				16,1								
1				0					Schlacht von Emessa (272)						30,0								
1				0					Belagerung von Palmyra (272)		2,0				3,2							0,0	
1				0					Belagerung von Palmyra (273)		1,0				1,6							0,0	
1	1			1			274	Feldzug Aurelians gegen das Gallische Sonderreich	Schlacht von Chalons-sur-Marne (274)		2,0				3,2	3,2							
1	1			0			274	Krieg zwischen Westliches Jin/Chin/Tsin und Qiang															
1	1			1					Schlacht von Jingcheng (274)		6,0				6,0	6,0							
1	1			1	275	bis	278	Plünd.Einfäll. von Franken, Heruli, Goten, Vand. in Gallien u. Rätien			20,0				32,2	32,2						2,0	
1	1			1	276			Straffeldzug des Probus gegen die Marmeridae							6,0	6,0							
1	1			1	276			Aufstand des Aradio in der Provinz Africa							6,0	6,0							
1	1			1	277			Feldzug des Probus nach Ägypten gg die antiröm. Faktion							6,0	6,0							
1	1			1	277	bis	278	Feldzug des Probus gg germ. Plünd.Einfälle in Gallien und Raetien							32,2	32,2							
1				0					Schlacht an der Maintmündung (278)		10,0				16,1								
1				0					Schlacht an der Lech (278)		10,0				16,1								
1	1			1	275	bis	276	Plünderungseinfälle von Goten u. Herulern in Kleinasien			10,0				16,1	16,1							
1	1			1	275	bis	278	Besetzung Armeniens durch chinesische Söldner der Perser			1,0				1,6	1,6							
1		1		1	276			Römischer Thronfolgekrieg			5,0				8,0	8,0							
1				1	276			Plünderungseinfall von Frank., Burg., Alaman, u. Vand. in Spanien			2,0				3,2	3,2							
1				1	279			Feldzug des Probus gegen kleinasiatische Räuberbanden							6,0	6,0							
1				0					Belagerung von Kremna (279)						6,0							0,0	
1	1			1	279	bis	280	Unterwerfung von Östliches Wu durch Westliches Jin/Chin/Tsin							75,2	75,2						2,0	
1				0					Belagerung von Danyang (280)						6,0							0,0	
1				0					Belagerung von Xiling (280)						6,0							0,0	
1				0					Belagerung von Jingmen (280)						6,0							0,0	
1				0					Belagerung von Yidao (280)						6,0							0,0	
1				0					Belagerung von Lexiang (280)						6,0							0,0	
1				0					Belagerung von Jianping (280)						6,0							0,0	
1				0					Belagerung von Jiangling (280)						6,0							0,0	
1				0					Belagerung von Lingling (280)						6,0							0,0	
1				0					Belagerung von Hengyan (280)						6,0							0,0	
1				0					Belagerung von Xiakou (280)						6,0							0,0	
1				0					Belagerung von Wuchang (280)						6,0							0,0	
1				0					Belagerung von Baqiu (280)						3,2							0,0	
1				0					Belagerung von Jianye (280)						6,0							0,0	
1	1			1			280	Plünderungseinfall von Linyi in Annam							6,0	6,0							
1	1			1			280	Plünderungseinfall von Xianbei in Buyeo/Puyo/Fuju (N-Korea)							6,0	6,0							
1		1		1			281	Usurpation des Bonosus und Proculus							3,2	3,2							

ANLAGE 10

Präd &Rctor	Terr Konfl	Hier& Kons	Alloph Konfl	Se. Konfl	Jahr	bis	Jahr	Konflikt	Ausführungsereignisse (Schlachten, Belagerungen)	Tln. (Tsd.)	Land Schl. Tote (Tsd.)	Schl. Tote & Verw. (Tsd.)	See Schiffe	See Schiffe gesenkt.	Kampf-Tote (Tsd.) Zw. Ablage	Kampf-Tote (Tsd.)	Mil. Nicht-KampfTote (Tsd.) Zw. Ablage	Mil. Nicht-Kampf Tote (Tsd.)	MilTote (Tsd.) Zw. Ablage	Mil. Tote (Tsd.)	Ziv. Tote (Tsd.) Zw. Ablage	Ziv. Tote (Tsd.)	SeTote (Tsd.)
1				0					Schlacht von Colonia Agrippina (281)		2,0				3,2								
1				1	282	bis		Usurpation des Carus								0,0							
1	1			1	282	bis	283	Plünderungseinfall von Sarmaten u. Quaden in Pannonien			10,0				16,1	16,1						2,0	
1				1	282	bis	284	4. Sasanidisch-Römischer Krieg (Carus, Numerianus)			2,0				3,2	3,2							
1				1	283	bis	285	Usurpation des Iulianus gegen Carinus	Schlacht von Verona (285)		2,0				3,2	3,2							
1				0	284	bis	285	Usurpation des Diocletianus gegen Carinus	Schlacht an der Margus (285)		1,0				1,6	1,6							
1		1		0	286			1. Bagauden-Aufstand in Gallien / Bekämpfung durch Maximianus							32,2	32,2						5,0	
1				0	286	bis	296	Britannische Secession des Carausius	Massaker von Augunum (288)		20,0				32,2	4,8							
1				0					Belagerung von Gesoriacum (293)		3,0				4,8							0,0	
1				0					Schlacht von Farnham (296)		1,0				1,6								
1											2,0				3,2								
1	1			1	286			Besetzung des Ager Decumatis durch Alamannen und Burgunder							6,0	6,0						0,0	
1	1			1	288			Besetzung Bataviens durch die Franken							1,6	1,6						0,0	
1				1	288			Plünderungseinfall von Berbern in Mauretanien			1,0				6,0	6,0							
1				1	289			Plünderungseinfall von Herulern u. Kabionen in Gallien			1,0				1,6	1,6							
1				1	289			Landnahme von Alamannen in den Agri Decum., trotz Bek d. Dioclet.			1,0				1,6	1,6						0,0	
1				1	290			Straffeldzug des Diocletianus gegen die Sarazenen			1,0				1,6	1,6							
1		1		1	291	bis	307	Machtkämpfe der Sima-Sippe in Westl. Jin (Krieg der 8 Prinzen)			1,0				18,0	18,0							
				0					Schlacht von Changdan (304)						6,0								
				0					Schlacht von Dangyin (304)						6,0								
				0					Schlacht von] Pingji (304)						6,0								
1				1	294			Straffeldzug des Constantius I. gegen Chamaven							6,0	6,0							
1				1	295			Pfünd Einf von Franken u. Chauken in Gallien u. Britannien			1,0				1,6	1,6							
1				1	296	bis	298	Ägyptischer Secession unter Domitius Domitianus	Schlacht von Alexandreia (297 bis 298)		2,0				3,2	3,2							
1				0	296			Aufstand der Di/Ti gegen Westliches Jin/Chin/Tsin	Schlacht von Zhongting (296)						6,0	6,0							
1				0	296	bis	298	5. Sasanidisch-Römischer Krieg (Galerius, Diocletianus)			3,0				4,8	4,8							
				1					Schlacht in Nordmesopotamia (297)		1,0				1,6							0,0	
				0					Schlacht bei Satala (297)		2,0				3,2								
1	1			0	297			Plünderungseinf von Karpen in Moesien			1,0				1,6	1,6							
1	1			1	297	bis		Plünderungseinf von Berbern in Mauretanien			1,0				1,6	1,6							
1			1	1	297	bis	298	Christenverfolgungen des Diocletianus							1,6	1,6						0,0	
1	1			1	298		311	Plünderungseinfall von Alamannen in Gallien			1,0				0,0	0,0						2,0	
											62,0				99,8	99,8							

561

ANLAGE 10

	Präd &Retor	Terr Konfl	Hier& Kons	Alloph Konfl	Se. Konfl	Jahr	bis	Jahr	Konflikt	Ausführungsereignisse (Schlachten, Belagerungen)	Tln. (Tsd.)	Land Schl. Tote (Tsd.)	Schl. Tote & Verw. (Tsd.)	See Schiffe	See Schiffe gesamk.	Kampf-Tote (Tsd.) Zw. Ablage	Kampf-Tote (Tsd.)	Mil. Nicht-KampfTote (Tsd.) Zw. Ablage	Mil. Nicht-Kampf-Tote (Tsd.)	MilTote (Tsd.) Zw. Ablage	Mil. Tote (Tsd.)	Ziv. Tote (Tsd.) Zw. Ablage	Ziv. Tote (Tsd.)	SeTote (Tsd.)
	1				0					Belagerung von Andematunnum (298)	1,0	1,0				1,6								
	1				0					Schlacht von Lingones (298)	60,0	60,0				96,5								
	1				0					Schlacht von Vindonissa (298)	1,0	1,0				1,6								
	1				1			299	Plünderungseinfall von Markomannen u. Sarmaten	2,0	2,0				3,2	3,2						0,0	
298	49	39	20	5	113												1,843		13.269		15.112		57,0	15.169
										Default-Werte	0,30	1,61	0,53	0,03	0,24	6,00	5,8		7,20		0,50		0,0	
	1	1			1	300	bis	310	Vertreibung der Chinesen aus Nordchina						5,8	5,8						10,0	10
		1			1	301	bis	303	Aufstand der Flüchtlinge unter Li Te in Sichuan						34,8	34,8						10,0	
					0					Schlacht von Chengdu (301)						5,8								
					0					Schlacht von Mianzhu (301)						5,8								
					0					Schlacht von Guanghan (301)						5,8								
					0					Schlacht von Alt-Chengdou (303)						5,8								
					0					Schlacht von Alt-Chengdou (303)						5,8								
					0					Schlacht von Picheng (303)						5,8								
					0	300	bis	399	*Kriege des Gupta-Reichs (240 bis 550, Teil 4. Jh.)*															
					0				*Kriege Chandraguptas (319 bis 335)*															
		1			1					Chandraguptas Eroberungen in Magadha (zw. 3219 und 335)						5,8	5,8							
		1			1					Chandraguptas Eroberungen in Prayaga (zw. 3219 und 335)						5,8	5,8							
		1			1					Chandraguptas Eroberungen in Saketa (zw. 3219 und 335)						5,8	5,8							
					0				*Kriege Samudraguptas (335 bis 380)*															
		1			1					Samudraguptas Eroberung von Shichchhatra (zw. 335 und 380)						5,8	5,8							
		1			1					Samudraguptas Eroberung von Kota (zw. 335 und 380)						5,8	5,8							
		1			1					Samudraguptas Submission der Malvas (zw. 335 und 380)						5,8	5,8							
		1			1					Samudraguptas Submission der Yaudheyas (zw. 335 und 380)						5,8	5,8							
		1			1					Samudraguptas Submission der Arjunayanas (zw. 335 und 380)						5,8	5,8							
		1			1					Samudraguptas Submission der Maduras (zw. 335 und 380)						5,8	5,8							
		1			1					Samudraguptas Submission der Abhiras (zw. 335 und 380)						5,8	5,8							
					0				*Kriege Ramaguptas (380)*															
		1			1					Ramaguptas Krieg gg Kshatrapas (380)						5,8	5,8							
					0				*Kriege des Chandragupta II. (381 bis 413)*															
		1			1					Chandragupta II. Unterwerfung von Malwa (zw. 381 und 413)						5,8	5,8							
		1			1					Chandragupta II. Unterwerfung von Gujarat (zw. 381 und 413)						5,8	5,8							
		1			1					Chandragupta II. Unterwerfung von Vanga (zw. 381 und 413)						5,8	5,8							
1	1				1			302		Plünderungseinfall von Alamannen in Rätien						5,8	5,8						0,0	

Präd &Retor Konfl	Terr Konfl	Hierk& Kons	Alloph Konfl	Se. Konfl	Jahr	bis	Jahr	Konflikt	Ausführungsereignisse (Schlachten, Belagerungen)	Tln. (Tsd.)	Land Schl Tote (Tsd.)	Land Schl Tote & Verw. (Tsd.)	See Schiffe	See Schiffe gesunk.	Kampf-Tote (Tsd.) Zw. Ablage	Kampf-Tote (Tsd.)	Mil. Nicht-KampfTote (Tsd.) Zw. Ablage	Mil. Nicht-Kampf-Tote (Tsd.)	MilTote (Tsd.) Zw. Ablage	Mil. Tote (Tsd.)	Ziv. Tote (Tsd.) Zw. Ablage	Ziv. Tote (Tsd.)	SeTote (Tsd.)
1				1	305			Straffeldzug des Constantius I. Chlorus gegen die Pikten			5,0				8,0	8,0						0,0	
1		1		1	305	bis	312	Thronfolgekrieg im Weströmischen Reich			75,0				87,0	87,0							
1			0						Schlacht von Augusta Taurinorum (312)	100					29,0								
1			0						Schlacht von Verona (312)	100					29,0								
1			0						Schlacht an der Milvinischen Brücke (312)	100					29,0								
1				1	305			Pfünd.Einfälle der Brukterer / Straffeldzug des Constantinus (später I.)							5,8	5,8						0,0	
1				1	306			Fränkischer Plünderungseinfall westlich des Rheins							5,8	5,8						0,0	
	1			1	306			Aufstand der Wuhui							0,0	0,0							
	1			1	307	bis	316	Krieg zwischen Han und Westliches Jin			75,4				75,4	75,4							
			0						Schlacht von Wei (307)						5,8								
			0						Schlacht von Luoyang (309)						5,8								
			0						Schlacht von Youzhou (309)						5,8								
			0						Schlacht von Huai (310)						5,8								
			0						Schlacht von Ningping (311)						5,8								
			0						Belagerung von Luoyang (311)						5,8							0,0	
			0						Belagerung von Changan (311)						5,8							0,0	
			0						Schlacht von Langu (312)						5,8								
			0						Schlacht von Jinyang (312)						5,8								
			0						Belagerung von Xiangguo (312)						5,8							0,0	
			0						Belagerung von Xiangguo (313)						5,8							0,0	
			0						Schlacht von Jinyang (316)						5,8								
			0						Belagerung von Changan (316)						5,8							0,0	
1				1	308	bis	310	Ägyptische Secession des Domitius Alexander			2,0				3,2	3,2							
1				1	308			Pfünd.Einfälle der Brukterer / Straffeldzug des Constantinus I.							5,8	5,8						0,0	
1				1	310			Krieg zwischen den Königreichen von Axum und Kusch							5,8	5,8							
1				1	310			Plünderungseinfall von Franken in Gallien			1,0				1,6	1,6						0,0	
1				1	312			Plünderungseinfall von Chamaven in Gallien							5,8	5,8						0,0	
1				1	313			Straffeldzug Constantinus I. gegen die Chamaven			.				5,8	5,8							
1	1	1		0	313			1. Licinischer Krieg		100													
			0						Schlacht an der Tzirallum (313)						32,2	32,2							
1			1						Belagerung von Tarsos (313)			2,0			29,0								
	1			1	313			Eroberung Nordkoreas durch Koguryo							3,2	3,2						1,0	
			1						Belagerung von Lelang (313)						5,8	5,8							
1		1		1	316	bis	317	2. Licinischer Krieg			2,0				46,4	46,4							
			0						Schlacht von Cibellae (316)						29,0							0,0	
			1						Schlacht von Adrianopel (317)	60					17,4								
1				1	317			Plünderungseinfälle von Xianbei/Hsien-pei in Chin							5,8	5,8						0,0	
	1			1	317	bis	329	Expansionskriege des Späteren Zhao gegen Östliches Jin							5,8	5,8							
			0						Schlacht von Shuofang (319)						5,8								
			1						Schlacht von Xinyang (317)						5,8							0,0	
			0						Shi Le's Eroberung der Provinz Bing (317)						5,8								
			0						Schlacht von Xiaoping (318)						5,8								

Präd &Rector	Terr Konfl	Hier& Kons	Alloph Konfl	Se. Konfl	Jahr	bis	Jahr	Konflikt	Ausführungsereignisse (Schlachten, Belagerungen)	Tln. (Tsd.)	Land Schl Tote (Tsd.)	Schl. Tote & Verw. (Tsd.)	See Schiffe	Schiffe gesunk.	Kampf-Tote (Tsd.) Zw. Ablage	Kampf-Tote (Tsd.)	Mil. Nicht-KampfTote (Tsd.) Zw. Ablage	Mil. Nicht-Kampf-Tote (Tsd.)	MilTote (Tsd.) Zw. Ablage	Mil. Tote (Tsd.)	Ziv. Tote (Tsd.) Zw. Ablage	Ziv. Tote (Tsd.)	SeTote (Tsd.)
1				0				Shi Le's Eroberung der Provinz You (319)															
1				0				Shi Le's Eroberungen zwischen Roten Fluss u. Huai (321)							5,8	5,8							
1				0					Schlacht von Yanci (321)						5,8								
1				0				Shi Le's Eroberung der Provinz Shandong (323)							23,2	23,2							
1				0					Belagerung von Guanggu (323)						23,2							0,0	
1				0					Schlacht von Japi (324)						5,8								
1				0					Schlacht an der Tao (327)						5,8								
1				0					Schlacht von Souchoun (328)						5,8								
1				1	320			Pflünderungseinfall von Arabern in Persien			1,0				1,6	1,6						1,0	
		1		1	322	bis	324	3. Licinischer Krieg							144,7	144,7							
				0					Schlacht von Adrianopel (324)		30,0				48,3								
				0					Belagerung von Byzantion (324)		1,0				1,6							0,0	
				0					Seeschlacht im Hellespont (324)						60,0								
				0					Schlacht von Chrysopolis (324)	120					34,8								
1				1	324	bis	329	Unterwerf. von Han Zhao durch Späteres Zhao							45,1	45,1							
				0					Schlacht von Xin'an (324)						5,8								
				0					Schlacht von Hebin (325)						5,8								
				0					Schlacht von Luoyang (325)						5,8								
				0					Schlacht von Luoyang (328)		10,0				16,1								
				0					Belagerung von Changan (329)						5,8								
				0					Belagerung von Shanggui (329)						5,8							0,0	
1				1	326	bis	331	Pfund.Einfälle von Alam. u. Franken / Straffeldzüge des Constantinus II.			2,0				3,2	3,2							
		1		1	328			Aufstand des Su Jun im östlichen Jin/Chin/Tsin							8,0	8,0							
				0					Verwüstung der Hauptstadt (328)						8,0							0,0	
1				0	328			Straffeldzug der Perser gegen Arabien			1,0				1,6							0,0	
1				1	332			Plünderungseinfall von Goten			2,0				3,2							0,0	
1				1	333			Plünderungseinfall von Sarmaten			2,0				3,2							0,0	
1			1	1	333	bis	334	Aufstand im Späteren Zhao/Chao							5,8	5,8							
1	1			1	334	bis	338	Krieg in Han/Früheres Zhao/Chao gegen die Duan (Xianbei)							29,0	29,0							
				0					Überfall auf Pingguo (336)						5,8								
				0					Schlacht an der Berg Madou (336)						5,8								
				0					Schlacht von Lingzhi (338)						5,8								
				0					Schlacht von Jiecheng (338)						5,8								
				0					Schlacht am Berg Miyun (338)		2,0				11,3	11,3							
1	1			1	337	bis	350	Persisch-Römischer Krieg															
				0					Belagerung von Nisibis (337 bis 349)		2,0				3,2							0,0	
				0					Schlacht von Singara (346)		5,0				8,0								
1	1			0	339			Krieg des Späten Zhao/Chao gegen Östliches Jin/Chin/Tsin							5,8	5,8							
				0					Belagerung von Zhucheng (339)						5,8							0,0	
1	1			1	340	bis	349	Expansionskrieg von Linyi (Champa) in Annam							5,8	5,8						0,0	
1	1			1	340			Feldzug des Constantinus II. gegen Constans I.		1,0				1,6	1,6							

Präd &Retor	Terr Konfl	Hier& Kons	Alloph Konfl	Se. Konfl	Jahr	bis	Jahr	Konflikt	Ausführungsereignisse (Schlachten, Belagerungen)	Tln. (Tsd.)	Land Schl. Tote (Tsd.)	Schl. Tote & Verw. (Tsd.)	See Schiffe	Schiffe gesunk.	Kampf-Tote (Tsd.) Zw. Ablage	Kampf-Tote (Tsd.)	Mil. Nicht-KampfT ote (Tsd.) Zw. Ablage	Mil. Nicht-Kampf-Tote (Tsd.)	MilTote (Tsd.) Zw. Ablage	Mil. Tote (Tsd.)	Ziv. Tote (Tsd.) Zw. Ablage	Ziv. Tote (Tsd.)	SeTote (Tsd.)
1			1	1	341	bis	346	Religiozid des Persischen Reichs an Christen							5,8	5,8						5,0	
1				1	341	bis	342	Plünderungseinfall von Franken			2,0				3,2	3,2						0,0	
1				1	342			Plünderungseinfall des Früheren Yan in Koguryo	Belagerung von Wandu (342)						5,8	5,8						0,0	
1				0	343			Plünderungseinfall von Kaledoniern			1,0				5,8	1,6							
1	1			1	346			Krieg von Östliches Jin (Liaodong) gegen Buyeo/Puyo							5,8	5,8						0,0	
1				0	346				Belagerung von Buyeo (346)						5,8								
1	1			1	346	bis	347	Krieg des Späten Zhao/Chao gegen Östliches/Früheres Liang							5,8	5,8							
1				0	347				Schlacht von Fuhan (347)						5,8								
1	1			1	347			Eroberung von Cheng-Han durch Östliches Jin/Chin/Tsin							5,8	5,8							
1				0	349	bis	350	Thronfolgestreit im Späteren Zhao/Chao	Schlacht von Chengdu (349)						5,8	5,8							
1				0					Schlacht von Ping (349)						5,8								
1		1		1	350	bis	352	Regime des Ran/Shi Min im Späteren Zhao/Chao (Wei Ran)							25,4	25,4							
1				0					Pogrom von Yecheng (350)						5,8								
1				0					Schlacht von Handan (350)						5,8								
1				0					Belagerung von Xiangguo (351 bis 352)						5,8								
1				0					Schlacht in Hebei (352)		5,0				8,0								
1				1	350	bis	357	Plünderungseinfälle von Skythen in Nordpersien							0,0	0,0						0,0	
1		1		1	350	bis	353	Usurpation des Magnentius							67,6	67,6							
1				0					Schlacht von Atrans (351)		5,0				8,0								
1				0					Schlacht von Mursa-Esseg (351)		27,0				43,4								
1				0					Schlacht von Ticinum (351)		5,0				8,0								
1				0					Schlacht an der Mons Seleuci (353)	40	5,0				8,0								
1		1		1	350	bis	350	Usurpation des Vetranio			1,0				1,6	1,6							
1		1		1	350			Usurpation des Nepotianus			1,0				1,6	1,6							
1			1	1	350	bis	357	Pfund-Einfälle von Alamannen in Gallien, Bekriegung durch Iulianus							39,0	39,0						0,0	
1				0					Schlacht von Augst (354)		2,0				3,2								
1				0					Schlacht an der Lacus Venetus (355)		2,0				3,2								
1				0					Schlacht von Augst (357)						11,6							0,0	
1				0					Schlacht von Argentorate (357)		13,0				20,9								
1	1			1	350			Unterwerfung der Heruler durch die Ostgoten		2,0				3,2	3,2							
1	1			1	350			Unterwerfung des Reichs von Meroe durch das Reich von Aksum		1,0				1,6	1,6						0,0	
1			1	1	350	bis	392	Religiozid der Christen an Heiden des Römischen Reichs							5,8	5,8						2,0	
1	1			1	350			Krieg der Gupta gegen die Pallava		2,0				3,2	3,2						0,0	
1	1			1	351			Grenzkrieg zwischen Cham u. China		2,0				3,2	3,2						0,0	
1	1			1	351	bis	352	Antirömischer Aufstand unter Patricius in Galiläa							5,8	5,8							
1	1			1	352	bis	355	Landnahme von Franken und Alamannen in Gallien							5,8	5,8						0,0	

Präd &Retor	Terr Konfl	Hier& Kons	Alloph Konfl	Se. Konfl	Jahr	bis	Jahr	Konflikt	Ausführungsereignisse (Schlachten, Belagerungen)	Tln. (Tsd.)	Schl. Tote (Tsd.)	Schl. Tote & Verw. (Tsd.)	Schiffe	Schiffe gesunk.	Kampf-Tote (Tsd.) Zw. Ablage	Kampf-Tote (Tsd.)	Mil. Nicht-KampfTote (Tsd.) Zw. Ablage	Mil. Nicht-Kampf-Tote (Tsd.)	MilTote (Tsd.) Zw. Ablage	Mil. Tote (Tsd.)	Ziv. Tote (Tsd.) Zw. Ablage	Ziv. Tote (Tsd.)	SeTote (Tsd.)
							Land				Land	Land	See	See							Zw. Ablage		
1				1	352			Krieg der Murong gegen die Südlichen Xiongnu/Hsiung-nu							5,8	5,8							
	1			1	352			Aufstand im Späteren Zhao/Chao							5,8	5,8							
	1			1	354			Krieg des Östlichen Chin gegen Früheres Qin/Ch'in/Ts'in							5,8	5,8							
	1			1	355			Krieg des Frühen Yan gegen Herzogtum von Qü/Ch'i/Khi			1,0				1,6	1,6							
				0					Belagerung von Guangxu (356)		1,0				1,6							0,0	
	1			1	356			Krieg des Östlichen Chin gegen Yao Xiang							5,8	5,8							
	1			1	357			Krieg des Früheren Qin/Ch'in/Ts'in gegen Yao Xiang							5,8	5,8							
	1			1	357	bis	358	Pfünd Einfall von Franken in Niedergerm., Landnahme in Toxandrien			2,0				3,2	3,2						0,0	
	1			1	358			Pfünd.Einf. und Landnahme von Alamannen (Juthungen) in Rätien			5,0				8,0	8,0						0,0	
	1			1	359			Krieg des Früheren Qin/Ch'in/Ts'in gegen Früheres Yen							5,8	5,8							
	1			1	359			Grenzkrieg zwischen Cham u. China			2,0				3,2	3,2						1,0	
	1			1	359	bis	363	7. Sasanidisch-Römischer Krieg (Constantinus II., Julianus)			3,0				4,8	4,8							
				0					Belagerung von Amida (359)		1,0				1,6								
				0					Schlacht von Ktesiphon (363)		2,0				3,2								
1				1	360			Plünderungseinfälle von Skoten u. Pikten in Nordbritannien			2,0				3,2	3,2						0,0	
1				1	360			Plünderungseinfall von Alamannen in die Agri Decumani			2,0				5,8	5,8						0,0	
1				0	361			Straffeldzug Julians gegen die Alamannen	Schlacht von Sanctio (360)						5,8	5,8							
1				1	365	bis	368	Pfünd Einfall von Alam. in Gallien / Bekriegung durch Valentinianus I.			6,0				12,9	12,9						0,0	
				0					Schlacht von Chalons-sur-Marne (366)		7,0				11,3								
				0					Schlacht von Solicinum (368)		1,0				1,6								
1				1	366			Usurpation des Procopius			1,0				1,6	1,6							
				0					Schlacht von Nakoleia (366)		1,0				5,8								
1				1	365			Krieg des Früheren Yen gegen Östliches Jin/Chin/Tsin							5,8	5,8							
				0					Belagerung von Louyang (365)							1,6								
		1		1	365			Aufstand im Früheren Qin/Ch'in/Ts'in	Schlacht (365)		1,0				5,8	5,8							
		1		0											5,8							0,0	
1				1	367	bis	369	Westgotisch-Römischer Krieg							1,6	1,6							
1				1	367	bis	368	Fränk. Plünderungseinfälle an der Kanalküste Galliens			1,0				5,8	5,8							
1				1	367	bis	369	Plünderungseinfälle von Atekoten u. Sachsen in Britannien			2,0				3,2	3,2						0,0	
				0					Seeschlacht in der Nordsee (368)		2,0				3,2								
			1	1	368			Aufstand der vier Herzöge im Früheren Qin/Ch'in/Ts'in							0,0	0,0							
1	1			1	369	bis	371	Unterwerfung von Früheres Yan durch Früheres Qin/Ch'in/Ts'in							29,0	29,0							
				0					Schlacht von Fangtou (369)						5,8								

	Präd & Retor	Terr Konfl	Hier & Kons	Alloph Konfl	Se. Konfl	Jahr	bis	Jahr	Konflikt	Ausführungsereignisse (Schlachten, Belagerungen)	Land Tln (Tsd.)	Land Schl. Tote (Tsd.)	Land Schl. Tote & Verw. (Tsd.)	See Schiffe	See Schiffe gesunk.	Kampf-Tote (Tsd.) Zw. Ablage	Kampf-Tote (Tsd.)	Mil. Nicht-Kampf Tote (Tsd.) Zw. Ablage	Mil. Nicht-Kampf Tote (Tsd.)	Mil Tote (Tsd.) Zw. Ablage	Mil. Tote (Tsd.)	Ziv. Tote (Tsd.) Zw. Ablage	Ziv. Tote (Tsd.)	SeTote (Tsd.)
1	1				0					Schlacht an der Hu-Pass (370)						5,8								
1	1				0					Schlacht an der Lui (370)						5,8								
1	1		1		0					Belagerung von Jinyang (370)						5,8							0,0	
1	1				0					Belagerung von Shouchun (370 bis 371)						5,8							0,0	
1	1	1			1	370			Krieg der Burgunder u. Roms gegen die Alamannen (Bucinobanten)			2,0				3,2	3,2						0,0	
1	1	1			1	371			Feldzug der Hunnen gegen die Alanen			5,0				8,0	8,0							
1					0					Schlacht von Tanais (371)		5,0				8,0							0,0	
1		1			1	372	bis	374	Usurpation des Firmus		2,0				3,2	3,2							
1		1			1	373	bis	377	8. Sasanidisch-Römischer Krieg (Valens)		5,0				8,0	8,0							
1	1	1			1	373			Unterwerfung der W-Gebiete von Östliches Jin durch Früheres Qin						5,8	5,8							
1	1	1			1	374	bis	378	Pfünd.Einf. u. Landn. der Sarm. in Moesien / Bek. durch Theodosius		2,0				3,2	3,2							
1					0					Schlacht an der Donau (378)		2,0				3,2							0,0	
1	1	1			1	374	bis	375	Feldzug der Ostgoten gegen die Anten		1,0				1,6	1,6						2,0	
1	1				1	375			Pfünd.Einf. der Quaden / Bekämpfung durch Valentinianus I.		5,0				8,0	8,0							
1	1				1	375			Feldzug der Schwarzen Hunnen gegen die Alanen u. Ostgoten		5,0				8,0	8,0						10,0	
1	1				1	375			Plünderungseinfall von Franken in Gallien		2,0				5,8	5,8						0,0	
1					0					Schlacht von Deusone (375)						5,8								
1	1	1			1	376			Unterwerfung von Früheres Liang durch Früheres Qin/Ch'in/Ts'in						5,8	5,8							
1	1	1			1	376			Unterwerfung von Dai durch Früheres Qin/Ch'in/Ts'in						5,8	5,8							
1	1	1			1	377	bis	383	Antiröm. Aufstand der Westgoten in Dacia, Pfünd.Einf. im Balkan						78,8	78,8						0,0	
1					0					Schlacht bei den Weiden (377)		2,0				3,2								
1					0					Schlacht von Marcianopolis (377)		2,0				3,2								
1					0					Schlacht von Hebrus (378)		5,0				8,0								
1					0					Schlacht von Adrianopel (378)		40,0				64,4								
1	1	1			1	378	bis	379	Krieg des Früheren Qin/Ch'in gegen Östliches Jin/Chin/Tsin						17,4	17,4							
1					0					Belagerung von Xiangyang (378 bis 379)						5,8								
1					0					Belagerung von Weixing (379)						5,8								
1					0					Schlacht von Pengcheng (379)						5,8								
1	1				1	378			Pfünderungseinfall von Alamannen in Gallien		35,0				56,3	56,3						0,0	
1	1				0	378			Pfünderungseinfall von Alamannen in Rätien	Schlacht von Argentovaria (378)	35,0				56,3	5,8						0,0	
1	1				1	378			Expansionsfeldzug der Awaren zur Nordgrenze Chinas	Schlacht an der Chinesischen Mauer (378)	10,0				5,8	5,8						2,0	
1	1				0	379	bis	382	Pfünderungseinfall von Goten, Alanen und Hunnen u	Belagerung von Strido Dalmatiae (379)	10,0				5,8	5,8						2,0	
1	1				1	380			Krieg Ramaguptas gegen die Kshatrapas						5,8	5,8							
1	1				1	382	bis	414	Chandraguptas II. Unterwerfung von Malwa						5,8	5,8							
1	1				1	383	bis	415	Chandraguptas II. Unterwerfung von Gujarat						5,8	5,8							
1	1	1			1	383	bis	388	Usurpation des Magnus Maximus		7,0				11,3	11,3							

	Präd &Retor Konfl	Terr Konfl	Hier& Kons Konfl	Alloph Konfl	Se. Konfl	Jahr	bis	Jahr	Konflikt	Ausführungsereignisse (Schlachten, Belagerungen)	Tln. (Tsd.)	Land Schl Tote (Tsd.)	Schl Tote & Verw. (Tsd.)	See Schiffe	See Schiffe gesunk.	Kampf-Tote (Tsd.) Zw. Ablage	Kampf-Tote (Tsd.)	Mil. Nicht-KampfTote (Tsd.) Zw. Ablage	Mil. Nicht-Kampf-Tote (Tsd.)	MilTote (Tsd.) Zw. Ablage	Mil. Tote (Tsd.)	Ziv. Tote (Tsd.) Zw. Ablage	Ziv. Tote (Tsd.)	SeTote (Tsd.)
1					0					Schlacht von Sisca (388)		2,0				3,2								
1	1				0					Schlacht von Poetovio (388)		5,0				8,0								
1					1	383			Plünderungseinfall von Alamannen (Juthungen) in Rätien			2,0				3,2	3,2							
1		1			1	383			Krieg von Früheres Qin/Chin/Tsin gegen Östliches Jin/Chin/Tsin							166,7	166,7							
1					0					Belagerung von Shouyang (383)						5,8								
1					0					Schlacht am Fei (Feishui) (383)		100,0				160,9							0,0	
1		1			1	383	bis	390	Unterwerfungsfeldzüge des Früheren Qin in Xiyu (Xinjiang)							0,0	0,0							
1		1			1	384	bis	385	Sezession im Früheren Qin/Chin/Tsin			3,0				17,4	17,4							
1					0					Belagerung von Yecheng (384 bis 385)						5,8							0,0	
1					0					Belagerung von Xingping (384 bis 385)						5,8							0,0	
1					0					Schlacht in den Wujiang Bergen (385)						5,8								
1		1			1	384			Krieg von Östliches Jin/Chin/Tsin gegen Früheres Qin/Chin/Tsin						5,8	5,8							
1					1	384			Plünderungseinfälle der Pikten und Skoten		1,0				1,6	1,6							
1		1			1	386			Krieg des Westlichen Yan gegen Früheres Qin/Chin/Tsin						5,8	5,8							
1		1			1	386	bis	440	Eroberung Nordchinas durch die Toba		10,0				16,1	16,1							
1		1			1	386	bis	389	Krieg des Früheren Qin/Chin/Tsin gegen Späteres Qin/Chin/Tsin						5,8	5,8							
1					0					Belagerung von Dajie (389)						5,8								
1		1			1	387			Plünderungseinfall von Ostgoten in Mösien						16,1	16,1							
1					0	387			Schlacht von am Unterlauf der Donau (387)		10,0				16,1								
1		1			1	387			Expansionskrieg des Späteren Yen gg Ö Jin am Gelben Fluss						5,8	5,8							
1		1			1	388			Plünderungseinfall von Franken in die Germania Inferior						16,1	16,1						0,0	
1					0					Schlacht von Carbonaria (388)		5,0				8,0								
1					0					Schlacht an einem rechtsrheinischen Ort (388)						5,8								
1		1			1					Plünderungseinfälle von Picti (aus Schottland) und Scoti (aus Irland)						5,8	5,8							
1		1			1	389			Plünderungseinfall von Franken in die Germania II (Unterrhein)						5,8	5,8							
1		1			1	390			Aufstand in Thessaloniki						5,8								
1		1			1	391	bis	562	1. Japanische Besetzung Koreas		50,0				80,5	80,5						10,0	
1		1			1	391			Plünderungseinfall von Westgoten in Thrakien		1,0				1,6	1,6						0,0	
1		1			1	392	bis	393	Präventivfeldzug des Arbogast gegen Brukterer und Chamaven						5,8	5,8							
1		1			1	392	bis	394	Aufstand des Arbogast u. Usurpation des Eugenius		20,0				24,1	24,1						0,0	
1					0					Schlacht an der Frigidus (394)		15,0				24,1								
1		1			1	394			Unterwerfung des Westlichen Yen durch das Spätere Yen						5,8	5,8							
1		1			1	394			Unterw. des Früh. Qin/Chin/Tsin durch das Spät Qin/Chin/Tsin						5,8	5,8							
1					0					Schlacht an der Mawei (394)						5,8								

ANLAGE 10

	Präd &Rektor	Terr Konfl	Hierk Kons	Alloph Konfl	Se. Konfl	Jahr	bis	Jahr	Konflikt	Ausführungsereignisse (Schlachten, Belagerungen)	Tln. (Tsd.)	Land Schl Tote (Tsd.)	Land Schl Tote & Verw. (Tsd.)	See Schiffe	See Schiffe gesunk.	Kampf-Tote (Tsd.) Zw. Ablage	Kampf-Tote (Tsd.)	Mil. Nicht-KampfTote (Tsd.) Zw. Ablage	Mil. Nicht-KampfTote (Tsd.)	MilTote (Tsd.) Zw. Ablage	Mil. Tote (Tsd.)	Ziv. Tote (Tsd.) Zw. Ablage	Ziv. Tote (Tsd.)	SeTote (Tsd.)
1	1				1	395	bis	398	Pfünderungseinfall von Westgoten in Thrakien u. Griechenland			2,0				3,2	3,2							
1					0	395				Belagerung von Korinth (395)		1,0				1,6							0,0	
1					0	395				Belagerung von Athens (395)		1,0				1,6							0,0	
1	1	1			1	395		395	Pfünd.Einfall u. Landn. von Markomannen in Pannonien u. Noricum			1,0				1,6	1,6							
1	1	1			1	395	bis	397	Krieg von Späteres Yen gegen Nördliches Wei			5,0				5,8	5,8							
1					0					Schlacht an der Canhe-Böschung (395)						5,8							0,0	
1	1				1	396			Römischer Straffeldzug gegen die Pikten u. Skoten			1,0				1,6	1,6							
1					1	398			Maurischer Sezessionskrieg							3,2	3,2							
1					0	398	bis	405	Aufstand im Östlichen Jin/Chin/Tsin			2,0				5,8	5,8							
1		1			1	399			Krieg des Späteren Qin/Ch'in/Ts'in gegen Östliches Jin/Chin/Tsin							5,8	5,8							
1					0	399	bis		Belagerung von Luoyang (399)							5,8	5,8						0,0	
1			1		1	399	bis	404	Usurpation des Huan Xuan im Östlichen Chin							5,8	5,8							
1			1		1	399	bis	401	Taoistischer Aufstand im Östlichen Jin/Chin/Tsin							5,8	5,8							
265	43	75	23	3	144	4. Jahrhundert				Default-Werte	0,29	1,61	0,53	0,03	0,25	5,80	1,781		12.398		14.179		56,0	14.235
1	1	1			1	400			Krieg von Späteres Qin gegen Westliches Qin/Ch'in/Ts'in							0,0	0,0		6,96		0,50		0,0	
1					0					Schlacht (400)						4,2								
1			1		0	401	bis	403	Unterwerfung des Späteren Qin durch das Spätere Liang							4,2	4,2							
1					0	401				Belagerung von Guzang (401)						4,2	4,2						0,0	
1	1				1	401			Pfünderungseinfall von Vandalen und Alanen in Rätien							4,2	4,2						0,0	
1	1				1	401	bis	403	1. Pfünderungseinfall von Westgoten in Italien			15,0				22,5	22,5						0,0	
1					0					Belagerung von Aquileia (401)			2,0				3,2							0,0	
1					0					Belagerung von Mediolanum (402)			1,0				1,6							0,0	
1					0					Schlacht an der Adda (402)			2,0				3,2								
1					0					Schlacht bei Pollentia (402)			7,0				11,3								
1					0					Schlacht im Fischtal (402)			2,0				3,2								
1	1	1			1	402	bis	407	Krieg von Späteres Qin/Ch'in/Ts'in gegen Nördliches Wei							4,2	4,2							
1					0					Belagerung von Chaibi (402)						4,2	4,2						0,0	
1	1				1	402			Fränkische Landnahme an der belgischen Küste							4,2	4,2						0,0	
1	1				1	404			Aufstand in Östlichem Chin gegen Huan Xuan							4,2	4,2							
1					0	405				Schlacht von Jiangling (404)						4,2	4,2							
1	1	1			1	405	bis		Besetzung Pannoniens durch Hunnen							20,0	20,0							
1					0					Plünderungseinfall von Alan, Ostgot., Sueb., Vand. u. Burg. in Italien							20,0	20,0						0,0	
1	1				1	406				Belagerung von Faesulae (405 bis 408)							20,0							0,0	
1					1	406			Pfund.Einfall von Alan, Ostgot., Suchen, Vand., Burg. in Germanien							4,2	4,2						0,0	

Präd &Rletor	Terr Konfl	Hier& Kons	Allgph Konfl	Se. Konfl	Jahr	bis	Jahr	Konflikt	Ausführungsereignisse (Schlachten, Belagerungen)	Tln. (Tsd.)	Land Schl. Tote (Tsd.)	Schl. Tote & Verw. (Tsd.)	See Schiffe	Schiffe gesunk.	Kampf-Tote (Tsd.) Zw. Ablage	Kampf-Tote (Tsd.)	Mil. Nicht-KampfTote (Tsd.) Zw. Ablage	Mil. Nicht-Kampf-Tote (Tsd.)	MilTote (Tsd.) Zw. Ablage	Mil. Tote (Tsd.)	Ziv. Tote (Tsd.) Zw. Ablage	Ziv. Tote (Tsd.)	SeTote (Tsd.)
1				0	406	bis	409	Pfund Einfall von Alan., Osgot., Suchen, Vand., Burg. in Gallien	Schlacht nördlich von Mainz (406)						4,2							0,0	
1											4,0				29,4	29,4							
1				0					Brandschatzung von Mainz (407)						4,2							0,0	
1				0					Brandschatzung von Trier (407)						4,2							0,0	
1				0					Brandschatzung von Metz (407)						4,2							0,0	
1				0					Brandschatzung von Amiens (407)						4,2							0,0	
1				0					Brandschatzung von Arras (407)						4,2							0,0	
1				0					Brandschatzung von Boulogne (407)						4,2							0,0	
1				1					Brandschatzung von Tournai (407)						4,2	4,2						0,0	
1				1				Westgotischer Plünderungseinfall in Epiros			2,0				1,6	1,6						0,0	
1				0				Plünderungseinfall von Herulern in Gallien (409)			1,0				1,6	1,6						0,0	
1		1		1	407	bis	411	Usurpation des Constantinus "III." und des Maximus	Belagerung von Borbetomagus (409)		6,0				9,7	9,7							
				0					Schlacht von Vienne (410)		4,0				6,4								
1	1			0	407	bis	418	Aufstand von Xia gegen Späteres Qin	Belagerung von Arelate (410 bis 411)		2,0				3,2	4,2						0,0	
				0					Belagerung von Changan (418)						4,2	4,2							
1	1			0	407	bis	409	Krieg von Späteres Qin/Chin/Ts'in gegen Südliches Liang			5,0				4,2	4,2							
1				1	407	bis	417	Pfund Einfall u. Landn. von Vand., Sueb., Alan, auf der Iber. Halbins.							8,0	8,0							
		1		1				1. Bagauden-Aufstand in Nordspanien			2,0				4,2	4,2							
		1		0	408			Antigermanischer Aufruhr in Italien			2,0				3,2	3,2							
1				0					Schlacht von Ticinum (408)		2,0				4,2	4,2							
1				0	408			2. Plünderungseinfall von Westgoten in Italien							4,2	4,2							
1				0					Schlacht an der Timavus (408)						7,4	7,4							
				0					Belagerung von Rom (408)		1,0				4,2							5,0	
				0					Belagerung von Ravenna (408)		1,0				1,6							10,0	
1				1	409	bis	410	3. Plünderungseinfall von Westgoten in Italien			1,0				1,6	1,6						0,0	
1				0					Plünderung von Rom (410)		1,0				1,6	1,6						0,0	
1				1	409			Raubzug des Südlichen Yen (Hsiung-jen) gegen (Östliches) Chin							4,2	4,2						5,0	
1				0				Belagerung von Suyu (409)							4,2	4,2						0,0	
1		1		1	409	bis	411	Unterwerfung von Südliches Yen durch Östliches Jin/Chin/Tsin							11,6	11,6							
				0					Schlacht von Linqu (409)		0,0				0,0								
				0					Belagerung von Guangzu (409 bis 410))		2,0				3,2								
				0					Seeschlacht von Dalei (411)						4,2								
1	1			1	410			Krieg von Späteres Qin/Chin/Ts'in gegen Östliches Jin/Chin/Tsin	Belagerung von Panyu (411)						4,2	4,2							
				0	410	bis	499	Pfund.Einfälle/Landn. von Angeln, Sachsen, Jüten in Brit. (Teil 5. Jh.)			2,0				4,2								
1				1				Plünderungseinfall von Sachsen, Pikten u. Skoten (429)							3,2	3,2						5,0	

	Präd &Retor Konfl	Terr Konfl	Hier& Kons	Alloph Konfl	Sec Konfl	Jahr	bis	Jahr	Konflikt	Ausführungsereignisse (Schlachten, Belagerungen)	Tln. (Tsd.)	Land Schl Tote (Tsd.)	Schl Tote & Verw. (Tsd.)	See Schiffe	Schiffe gesunk.	Kampf-Tote (Tsd.) Zw. Ablage	Kampf-Tote (Tsd.)	Mil. Nicht-KampFTote (Tsd.) Zw. Ablage	Mil. Nicht-Kampf-Tote (Tsd.)	MilTote (Tsd.) Zw. Ablage	Mil. Tote (Tsd.)	Ziv. Tote (Tsd.) Zw. Ablage	Ziv. Tote (Tsd.)	Se Tote (Tsd.)
1					0				Jütisch/Anglische Landnahme in Britannien/Kent (ab 447)	Halleluja-Schlacht (429)		2,0				3,2								
1		1			1							20,0				24,1	24,1						10,0	
1					0					Schlacht von Aiglaesthrep (455)		2,0				3,2								
1					0					Schlacht von Crayford (457)		5,0				8,0								
1					0					Schlacht von Wippedesfleot (465)		4,0				6,4								
1					0					Schlacht in Südengland (473)		4,0				6,4								
1	1				1				Plünderungseinfall von Sachsen in Gallien (469)							0,0	0,0						0,0	
1					0					Belagerung von Angers (469)														
1		1			1				Sächsische Landnahme in Wessex			4,0				7,0	7,0						10,0	
1					0					Schlacht von Cymenshore (477)		1,0				1,9								
1					0					Schlacht von Llongboth (480)		2,0				3,2								
1					0					Schlacht von Cerdices Ora (495)		1,0				1,9								
1		1			1				Sächsische Landnahme in Sussex			1,0				1,6	1,6						10,0	
1					0					Belagerung von Andred (490)		1,0				1,6								
1		1			1				Sächsische Landnahme in Lincolnshire			6,5				10,5	10,5						10,0	
1					0					Schlacht von Glein/Glen (490)		0,5				0,8								
1					0					1. Schlacht von Dubglas (490)		0,5				0,8								
1					0					2. Schlacht von Dubglas (490)		0,5				0,8								
1					0					3. Schlacht von Dubglas (490)		0,5				0,8								
1					0					4. Schlacht von Dubglas (490)		0,5				0,8								
1					0					Schlacht am Bassas (491)		0,5				0,8								
1					0					Schlacht im Wald von Celidon (491)		0,5				0,8								
1					0					Schlacht von Guinnion (492)		0,5				0,8								
1					0					Schlacht bei der Legionsstadt (494)		0,5				0,8								
1					0					Schlacht am Tribruit (495)		0,5				0,8								
1					0					Schlacht auf dem Agned (495)		0,5				0,8								
1					0					Schlacht am Mons Badonicus (495)		1,0				1,6								
1			1		1	412		412	Aufstand des Lu Xun							4,2	4,2							
1		1			1	412		412	Rückeroberung des Westlichen Zhou durch Östliches Jin							4,2	4,2							
1	1				1	413		413	Fränkischer Plünderungseinfall in die Belgica Prima							4,2	4,2						0,0	
1					0	413	bis	413		Belagerung von Trier (413)		1,0				4,2							0,0	
1		1			1	413	bis	425	Westgotische Plünderungseinfälle und Landnahme in S-Gallien							4,2	4,2						0,0	
1					0					Belagerung von Arelate (425)							4,2								
1		1			1	413			Westgot. Plünderungseinfall iu. Landnahme auf der Ib. Halbinsel							4,2	4,2						0,0	
1		1			1	416	bis	418	Feldzug der Wesig. gegen Vand., Alan. u. Sueb. auf der Ib.Halbinsel			10,0				16,1	16,1						0,0	
1		1			1	416	bis	417	Unterwerfung des Spateren Qin durch Östliches Jin			10,0				16,4	16,4						0,0	
1					0					Belagerung von Luoyang (416)							4,2								
1					0					Schlacht von Qingu (416)		5,0				8,0								
1					0					Seeschlacht von Changan (417)							4,2								
1		1			1	418			Krieg zwischen Hasdingischen Vandalen und Sueben							4,2	4,2						0,0	
1					0	420	bis	539	*Kriege der Staatlichen Zerrissenheit Chinas*															

Präd &Retor	Terr Konfl	Hier& Kons	Alloph Konfl	Se. Konfl	Jahr	bis	Jahr	Konflikt	Ausführungsereignisse (Schlachten, Belagerungen)	Th. (Tsd.)	Land Schl. Tote (Tsd.)	Schl. Tote & Verw. (Tsd.)	See Schiffe	See Schiffe gesunk.	Kampf-Tote (Tsd.) Zw. Ablage	Kampf-Tote (Tsd.)	Mil. Nicht-KampfTote (Tsd.) Zw. Ablage	Mil. Nicht-Kampf-Tote (Tsd.)	MilTote (Tsd.) Zw. Ablage	Mil. Tote (Tsd.)	Ziv. Tote (Tsd.) Zw. Ablage	Ziv. Tote (Tsd.)	SeTote (Tsd.)
1	1			1	422	bis	423	Expansionskrieg des Nördlichen Wei gegen Früheres Song/Sung															
1				0					Belagerung von Huatai (422)						4,2	4,2						0,0	
1			1	1	422			Usurpation des Maximus							4,2								
1				0					Schlacht von Bracara Augusta (422)		2,0				3,2	3,2							
1		1		1	423	bis	425	Weströmischer Thronfolgekrieg	Belagerung von Ravenna (425)		1,0				4,2	4,2							
1	1			1	423			Expansionskrieg des Nördlichen Wei gegen Späteres Qin							4,2								
1				0					Belagerung von Luoyang (423)						4,2	4,2							
1	1			1	425	bis	450	Unterwerfung der Chionien Baktriens durch die Weiße Hunnen							4,2								
1	1			1	427			Feldzug des Nördlichen Wei gegen Xia/Hsia							4,2	4,2							
1	1			0					Schlacht bei Tongwan (427)						4,2	4,2							
1	1			1	428			Weströmischer Feldzug des Aetius gegen die Franken							4,2	4,2							
1	1			1	429			Feldzug der Vandalen gegen die Sueben	Schlacht von Emerita (429)		2,0				4,2	4,2							
1				0	429	bis	439	Eroberung Nordafrikas durch die Vandalen			3,0				3,2	3,2							
1				0					Belagerung von Hippo Regius (430 bis 431)		1,0				1,6							0,0	
1				1					Belagerung von Karthago (439)		1,0				1,6							0,0	
1				1	430			Krieg zwischen Hunnen und Burgundern							4,2	4,2							
1				1	432			Plünderungseinfall von Alamannen (Juthungen) in Rätien			2,0				3,2	3,2						0,0	
1		1		1	432			Unterwerfung des Hia durch das Nördliche/Toba/Spätere Wei							4,2	4,2							
1				0	432	bis	433	Weströmischer Bürgerkrieg	Schlacht von Ravenna (432)		3,0				3,2	3,2							
1					434			1. Plünderungseinfall von Hunnen in das Oströmische Reich			2,0				11,6	11,6							
1				1	435	bis	438	Plünderungsfeldzüge der Linyi in Annam							3,2							0,0	
1		1		1	435	bis	437	2. Bagauden-Aufstand in Gallien	Belagerung von Merida (440)		2,0				4,2							0,0	
1				0	435	bis	455	Plünd.- und Expansionsfeldzüge der Sueben auf der Iber. Halbinsel	Belagerung von Hispalis (441)						3,2							0,0	
1				1	435			Plünderungseinfall von Burgundern in Belgien	Schlacht an der Singillis (438)		2,0				11,6							0,0	
1				0					Brandschatzung von Trier (435)						3,2							0,0	
1				0					Schlacht in der Belgica Prima (435)						4,2							0,0	
1		1		1	436			Hunnischer Rachefeldzug gegen Burgunder							8,4	8,4							
1				0					Schlacht von Borbetomagus (436)		20,0				32,2	32,2						0,0	
1			1	1	436	bis	475	Westgotischer Expansionskrieg in Südfrankreich			45,0				44,2	44,2							
1				0					Schlacht von Narbonne (436)		1,0				1,6								
1				0					Schlacht von Toulouse (439)		2,0				3,2								
1				0					Schlacht von Arelate (458)		1,0				1,6								
1				0					Schlacht von Aurelianum (463)		10,0				16,1								
1				0					Schlacht von Deols (469)	20	2,0				8,8								

ANLAGE 10

Präd & Retor	Terr Konfl	Hier & Kons	Alloph Konfl	Se. Konfl	Jahr	bis	Jahr	Konflikt	Ausführungsereignisse (Schlachten, Belagerungen)	Tln. (Tsd.)	Land Schl. Tote (Tsd.)	Schl. Tote & Verw. (Tsd.)	See Schiffe	See Schiffe gesunk.	Kampf-Tote (Tsd.) Zw. Ablage	Kampf-Tote (Tsd.)	Mil. Nicht-KampfTote (Tsd.) Zw. Ablage	Mil. Nicht-Kampf-Tote (Tsd.)	MilTote (Tsd.) Zw. Ablage	Mil. Tote (Tsd.)	Ziv. Tote (Tsd.) Zw. Ablage	Ziv. Tote (Tsd.)	SeTote (Tsd.)
1				0					Schlacht bei Arelate (471)		2.0				3.2	3.2							
				0					Belagerung von Arvernum (471 bis 475)		1.0				1.6							0.0	
				0			474		Schlacht am Westufer der Rhone (474)		5.0				8.0							0.0	
1				1	437	bis		Plünderungseinfälle von Vandalen in Peloponnes, Süditalien, Spanien							4.2	4.2							
1				1	439			Unterwerfung des Nördlichen Yan durch das Nördliche Wei (Toba)							4.2	4.2							
1				1	439	bis	440	Besetzung des Tarim-Beckens durch das Nördliche Liang							4.2	4.2							
				0					Belagerung von Shanshan (439)						4.2							0.0	
				0					Belagerung von Gaochang (440)						3.2							0.0	
	1			1	440	bis	446		Eroberung Siziliens durch die Vandalen (443)		2.0				12.6	3.2						0.0	
		1		1	440	bis	454	2. Bagauden-Aufstand in Nordspanien			1.0				12.6	12.6							
				0					Belagerung von Aracelli (443)						4.2								
				0					Belagerung von Tarazona (449)						4.2								
				0					Belagerung von Lerida (449)						4.2								
1				1	441	bis	443	2. Plünderungseinfall von Hunnen in das Oströmische Reich		10.0				16.1	16.1						0.0	
				0					Schlacht on dem Chersonnes (443)		5.0				8.0								
				0					Schlacht von Asemus (443)		5.0				8.0								
1				1	441			Krieg zwischen Nördliches Wei und Früheres Chouchi						0.0	0.0							
1				1	446			Raubzug des Früh. Song/Sung (Liu-Song) gg Linyi (Cham)		5.0				8.0	8.0							
				0					Belagerung von Champapura (446)		5.0				8.0	8.0						0.0	
1				1	447			3. Plünderungseinfall von Hunnen in das Oströmische Reich						25.1	25.1							
				0					Belagerung von Naissos (447)		2.0				3.2	3.2						0.0	
				0					Belagerung von Viminacio (447)		2.0				3.2	3.2						0.0	
				0					Belagerung von Singidunum (447)		2.0				3.2	3.2						0.0	
				0					Belagerung von Sirmium (447)		2.0				3.2	3.2						0.0	
				0					Schlacht an der Utus (447)		5.0				8.0	8.0							
				0					Belagerung von Serdica (447)						4.2	4.2						0.0	
	1			1	447	bis		Fränkische Landnahme der Artois						4.2	4.2							
				0					Brandschatzung von Cambrai (447)		2.0				3.2	3.2						0.0	
		1		1	448			3. Bagauden-Aufstand in Gallien						3.2	3.2						0.0	
		1		1	449			2. Bagauden-Aufstand in Nordspanien						0.0	0.0							
1				1	449	bis	452	Krieg des Früh. Song zur Rückerob. vom N Wei besetzer Gebiete						16.1	16.1							
				0					Belagerung von Xuanhu (449)						0.0							0.0	
				0					Belagerung von Huatai (449)						0.0							0.0	
				0					Schlacht an der Tong-Pass (450)						0.0								
				0					Schlacht von Qiao'ao (452)		10.0				16.1								
1				1	449	bis	451	Aufstand Armeniens und des christlichen Kaukasus gegen Persien						90.3	90.3							
				0					Schlacht von Avarayr (451)			170			90.3								
				0			550	*Hunnen-Invasionen in Indien (Teil 5. Jh.)*														
1				1	450	bis	550		Plünderungseinfall in Punjab (455)						0.0	0.0							
1				1					Plünderungseinfall in Kaschmir (455)						16.1	16.1						0.0	
1				0					Schlacht in Indien (457)		10.0				16.1	16.1							

ANLAGE 10

Präd & Retor Konfl	Terr Konfl	Hierk & Kons	Alloph Konfl	Se. Konfl	Jahr	bis	Konflikt	Ausführungsereignisse (Schlachten, Belagerungen)	Th. (Tsd.)	Land Schl Tote (Tsd.)	Schl Tote & Verw. (Tsd.)	See Schiffe	Schiffe gesunk.	Kampf-Tote (Tsd.) Zw. Ablage	Kampf-Tote (Tsd.)	Mil. Nicht-KampfTote (Tsd.) Zw. Ablage	Mil. Nicht-Kampf-Tote (Tsd.)	MilTote (Tsd.) Zw. Ablage	Mil. Tote (Tsd.)	Ziv. Tote (Tsd.) Zw. Ablage	Ziv. Tote (Tsd.)	SeTote (Tsd.)
1				1	451		Plünderungseinfall von Hunnen in Gallien	Belagerung von Divodurum (451)		100,0				154,5	154,5							
				0				Belagerung von Aduatuca (451)		2,0				3,2							0,0	
				0				Belagerung von Aureliana (451)		2,0				3,2							0,0	
				0				Schlacht von Troyes (451)		60,0				96,5							0,0	
				0				Schlacht auf den Katalaunischen Feldern (451)		30,0				48,3								
1				1	452		Plünderungseinfall von Hunnen in Norditalien	Belagerung von Aquileia (452)		16,0				25,7	25,7							
				0				Belagerung von Patavium (452)		2,0				3,2							0,0	
				0				Belagerung von Mantua (452)		2,0				3,2							0,0	
				0				Belagerung von Vicetia (452)		2,0				3,2							0,0	
				0				Belagerung von Verona (452)		2,0				3,2							0,0	
				0				Belagerung von Brixia (452)		2,0				3,2							0,0	
				0				Belagerung von Bergomum (452)		2,0				3,2							0,0	
				0				Belagerung von Mediolanum (452)		1,0				1,6							0,0	
				0				Belagerung von Ticinum (452)		1,0				1,6							0,0	
	1			1	454		Aufstand der Gepiden u.a. Germanen gegen die Hunnen			30,0				48,3	48,3							
				0				Schlacht an der Nedao (454)		30,0				48,3								
1				1	454		Fränkischer Plünderungseinfall in Gallien / Bekämpft durch Avitus							4,2	4,2						0,0	
	1			1	455		Eroberung Sardiniens u. Korsikas durch die Vandalen			2,0				3,2	3,2						0,0	
1				1	455		Raubzug der Vandalen gegen Rom			1,0				1,6	1,6						0,0	
1				1	456		Plünderungseinfall von Herulern in Nordspanien							4,2	4,2						0,0	
	1			1	456		Weströmischer Seekrieg gegen die Vandalen							4,2								
				0				Seeschlacht bei Korsika (456)						13,9	13,9							
	1			1	456	460	Westgotischer Feldzug gegen die Sueben	Schlacht an der Orbigo (456)		6,0				13,9								
				0				Belagerung von Braga (456)		5,0				8,0								
				0				Schlacht von Lucus (460)		1,0				1,6							0,0	
1				1	456		1. Usurpation des Ricimer	Schlacht von Placentia (456)		1,0				4,2	4,2							
1				1	456		Plünderungseinfall von Alamannen in die Schweiz	Schlacht von Campi Canini (456)		2,0				3,2	3,2						0,0	
	1			0	458		Römischer Feldzug gegen die Burgunder			2,0				3,2	4,2							
1				1	459	475	Besetzung des linken Ufers des Mittelrheins durch die Franken	Belagerung von Lugdunum (458)		1,0				4,2	21,0						0,0	
				0				Belagerung von Köln (459)						4,2							0,0	
				0				Belagerung von Mainz (459)						4,2							0,0	
				0				Belagerung von Metz (459)						4,2							0,0	
				0				Belagerung von Toul (475)						4,2							0,0	
				0				Brandschatzung von Trier (475)						4,2							0,0	
1				1	459	460	Römischer Feldzug gegen die vandalischer Piraten	Schlacht an der Garigliano (459)		8,5				8,5	8,5							
1				0				Schlacht an der Garigliano (459)						1,0								

ANLAGE 10

Präd &Retor	Terr Konfl	Hier& Kons	Alloph Konfl	Se. Konfl	Jahr	bis	Jahr	Konflikt	Ausführungsereignisse (Schlachten, Belagerungen)	Tln. (Tsd.)	Land Schl. Tote (Tsd.)	Schl. Tote & Verw. (Tsd.)	See Schiffe	See Schiffe gesunk.	Kampf-Tote (Tsd.) Zw. Ablage	Kampf-Tote (Tsd.)	Mil. Nicht-KampfTote (Tsd.) Zw. Ablage	Mil. Nicht-Kampf-Tote (Tsd.)	MilTote (Tsd.) Zw. Ablage	Mil. Tote (Tsd.)	Ziv. Tote (Tsd.) Zw. Ablage	Ziv. Tote (Tsd.)	SeTote (Tsd.)
1				0					Seeschlacht von Lucentum (660)				300		7,5								
1				1	459			Plünderungseinfall von Herulern in Südspanien			1.0				1,6	1,6						0,0	
1	1			1	460			Unterw. des Spät. Nördl. Liang durch die Rouran/Juanjuan (Avaren)							4,2	4,2							
1				1	464			Ostgotischer Racheüberfall auf Sueben	Schlacht von Plattensee (464)		2.0				4,2	4,2						0,0	
1				0	465			Plünderungseinfall von Alanen in Norditalien	Schlacht von Bergomum (465)		2.0				4,2	4,2							
1		1		1	466			Bürgerkrieg im Früheren Song/Sung (Liu Song/Sung)							4,2	4,2							
1	1			0	466			Krieg der Skiren gegen die Ostgoten	Schlacht in der Pannonien (466)		10.0				0,0	0,0							
1	1			1	467			Feldzug Ostroms gegen Hunnen	Schlacht von Serdica (467)		2.0 / 2.0				3,2	3,2							
1				0	467			Plünderungseinfall von Vandalen in den Peloponnes							0,0	0,0						0,0	
1				1	468			Straffeldzug Ost- u. Westroms gegen die Vandalen	Seeschlacht am Promontorium Mercurii (468)		20.0 / 20.0				32,2	32,2						0,0	
1				0	469			Sächsischer Raubzug gegen Angers							0,0	0,0							
1	1			1	469			Germanischer Aufstand gegen die Ostgoten	Schlacht an der Bolia (469)		10.0 / 10.0				16,1	16,1							
1				1	472	bis	472	2. Usurpation des Ricimer	Belagerung von Rom (472)						4,2	4,2							
1				1	472	bis	489	Plünderungseinfälle von Ostgoten in die Balkanhalbinsel			10.0				16,1	16,1						0,0	
1	1			1	475	bis		Krieg von Koguryo gegen Baekje/Paekche	Belagerung von Kwangju (475)						4,2	4,2						0,0	
1				0	476			Usurpation des Odoaker	Belagerung von Ticinum (476 bis 476)		2.0				3,2	3,2						0,0	
1				0	476				Schlacht von Classe (476)		1.0				1,6								
1	1			1	479			Aufstand im Früheren Song/Sung							4,2	4,2							
1				1	479			Ostgotischer Raubzug durch Makedonien und Epiros							4,2	4,2						0,0	
1	1			0	482	bis	484	Persische Invasion in Kartli (Georgien)	Schlacht von Charmana (482)						4,2	4,2							
1				1	483			Ostgotischer Raubzug durch die Dacia Ripensis								0,0						0,0	
1	1			1	484			Krieg der Hephtalitischen Hunnen gegen Persien							4,2	4,2							
1	1			1	486	bis	532	Besetzung Nordfrankreichs durch die Salfranken	Schlacht von Soissons (486)		5.0 / 5.0				12,2	12,2						1,0	
1				0	486				Belagerung von Paris (486 bis 496)						8,0 / 4,2								
1		1		0	486			Usurpation des Illus			1.0				1,6	1,6						0,0	
1	1			1	486	bis	487	Krieg Odoakers gegen die Rugier	1. Schlacht im Noricum (487)		2.0				6,4	6,4							
1				0					2. Schlacht im Noricum (488)		2.0				3,2								
1				1	487			Ostgotischer Raubzug durch Thrakien							3,2	0,0						0,0	

Präd &Retor	Terr Konfl	Hier& Kons	Alloph Konfl	Se. Konfl	Jahr	bis	Jahr	Konflikt	Ausführungsereignisse (Schlachten, Belagerungen)	Tln. (Tsd.)	Land Schl Tote (Tsd.)	Schl Tote & Verw. (Tsd.)	See Schiffe	Schiffe gesunk.	Kampf-Tote (Tsd.) Zw. Ablage	Kampf-Tote (Tsd.)	Mil. Nicht-KampfTote (Tsd.) Zw. Ablage	Mil. Nicht-Kampf-Tote (Tsd.)	MilTote (Tsd.) Zw. Ablage	Mil. Tote (Tsd.)	Ziv. Tote (Tsd.) Zw. Ablage	Ziv. Tote (Tsd.)	SeTote (Tsd.)
1	1			1	489	bis	493	Eroberung Italiens durch die Ostgoten	Schlacht von Sirmium (489)		70,0				101,4	101,4							
									Schlacht am Isonzo (489)		20,0				32,2								
									Schlacht von Verona (489)		15,0				24,1								
											10,0				16,1								
									Belagerung von Ravenna (489 bis 490)		1,0				1,6							0,0	
									Belagerung von Ticinum (490)		5,0				8,0							0,0	
									Schlacht an der Adda (490)		5,0				8,0								
									Belagerung von Ravenna (490 bis 493)		2,0				3,2							0,0	
									Schlacht im Eisethal (492)		2,0				3,2								
									Schlacht an der Candiano-Brücke (492)		2,0				3,2								
									Belagerung von Ariminum (492)		1,0				1,6							0,0	
1				1	490			Plünderungseinfälle von Burgundern in Norditalien			1,0				1,6	1,6						0,0	
	1			1	491			1. Fränkischer Feldzug gegen das Thüringerreich			1,0				1,6	1,6						0,0	
		1		1	491	bis	498	Aufstand der Isaurier	Schlacht von Cotyaeum (491)						4,2	4,2							
	1			1	495			Krieg von Nördlichem Wei gegen Südliches Qi/Chi							3,2	3,2							
				0					Schlacht (495)		1,0				1,6								
				1					Schlacht (495)		1,0				1,6								
	1			1	496			Fränkischer Feldzug gegen die Alamannen	Schlacht von Zülpich (496)		5,0				8,0	8,0							
	1			1	497			Krieg von Nördlichem Wei gegen Südliches Qi/Chi							4,2	4,2							
				0					Belagerung von Wancheng (497)						4,2							0,0	
281	44	20	0	118		5. Jahrhundert										1,211		6,105		7,316		66,0	7,382
								Default-Werte		0,28	1,61	0,53	0,03	0,27	4,20			5,04		0,50		0,0	
				0	500	bis	599	*Hunnische Expansionskriege in Indien (Teil 6. Jh.)*															
	1			1					Eroberung von Malwa (510)						4,1	4,1							
	1			1					Eroberung von Gujarat (510)						4,1	4,1							
	1			1					Eroberung von Thanesar (510)						4,1	4,1							
	1			1	500			Fränkische Intervention in Burgund	Schlacht von Dijon (500)		5,0				9,7	9,7							
				0					Belagerung von Vienne (500)		1,0				8,0	8,0							
															1,6								
1				0	500	bis	599	*Landnahme von Angeln, Sachsen, Jüten in Britannien (Teil 6. Jh.)*	Sächsische Landnahme in Hampshire														
	1			1					Schlacht von Portsmouth (501)		5,0				25,7	25,7						1,0	
				0					Schlacht von Netley (508)		5,0				8,0								
				0					Belagerung von Venta Belgarum (516)		1,0				1,6							5,0	
				0					Schlacht von Carisbrooke (530)		5,0				8,0								
1				1				Sächsische Landnahme in Wessex	Schlacht von Cerdices Ora (514)		2,0				9,7	9,7						10,0	
				0					Schlacht von Charford (519)		2,0				3,2								
				0					Schlacht von Cerdices Ford (527)		2,0				3,2								
1		1		1				Hieracchiekampf in keltorömischem Reich von Camelot	Schlacht von Camlann (517)		2,0				3,2	3,2						10,0	
				0					Schlacht von Camlann (517)		2,0				3,2								

ANLAGE 10

Präd &Retor	Terr Konfl	Hier& Kons	Alloph Konfl	Se. Konfl	Jahr	bis	Jahr	Konflikt	Ausführungsereignisse (Schlachten, Belagerungen)	Tln. (Tsd.)	Land Schl. Tote (Tsd.)	Schl. Tote & Verw. (Tsd.)	See Schiffe	Schiffe gesunk.	Kampf-Tote (Tsd.) Zw. Ablage	Kampf-Tote (Tsd.)	Mil. Nicht-KampfTote (Tsd.) Zw. Ablage	Mil. Nicht-Kampf-Tote (Tsd.)	MilTote (Tsd.) Zw. Ablage	Mil. Tote (Tsd.)	Ziv. Tote (Tsd.) Zw. Ablage	Ziv. Tote (Tsd.)	SeTote (Tsd.)
	1			1				Sächsische Landnahme in Wiltshire	Belagerung von Sarum (552)		4.0				6.4	6.4						10.0	
				0					Schlacht von Beranburg (556)		2.0				3.2								
				0					Schlacht von Wanborough (591)		2.0				3.2								
	1			0				Territorialstreit zwischen Wessex (Sachsen) und Kent (Angeln)	Schlacht von Wibbandun (568)		5.0				8.0								
	1			0				Anglische Landnahme in Middlesex (ab 571 ca.)	Schlacht von Bedford (571)		2.0				3.2	3.2						5.0	
	1			1				Anglische Landnahme in Northumberland (ab 550 ca.)			2.0				3.2	3.2							
	1			1				Westerpansion von Wessex (556 bis 584)	Schlacht von Dyrham (577)		5.0				16.1	16.1						5.0	
				0					Schlacht von Fethanleag (584)		5.0				8.0								
	1			0				Expansionskrieg der Angeln (Bernicia) gegen Schottland			2.0				3.2								
	1			1	500			Fränkische Intervention in Burgund	Schlacht von Circinn (596)		6.0				8.0	8.0						1.0	
				0							5.0				8.0								
	1	1		1	501	bis	502	Bürgerkrieg im Südlichen Qi/Ch'i	Belagerung von Nanking (501)						4.1	4.1						80.0	
	1			1	502	bis	506	Byzantinisch-Persischer Krieg	Belagerung von Amida (503)		4.0				7.3	7.3						0.0	
				0					Belagerung von Edessa (503)						0.0							0.0	
				0					Belagerung von Amida (503)		2.0				4.1							0.0	
1				1	502			Plünderungseinfall von Protobulgaren in Mösien							3.2							0.0	
	1			1	503	bis	510	Krieg von Nördliches Wei gegen Südliches Liang	Belagerung von Yiyang (504)		10.0				16.1	16.1							
				0					Belagerung von Zhongli (507)						8.1	8.1							
				0											4.1								
	1			1	507			Fränkischer Feldzug gegen das Westgotenreich in Südfrankreich	Schlacht auf dem Vokladischen Feldern (507)		11.0				17.7	17.7							
				0					Belagerung von Carcasso (507 bis 508)		10.0				16.1	16.1						0.0	
				0							1.0				1.6								
	1			0	508			Ostgotische Intervention in der Provence u. Septimanien	Schlacht von Arles (508)		2.0				3.2	3.2							
	1			1	508			Krieg der Heruler gegen die Langobarden	Schlacht on dem Marchfeld (508)		10.0				16.1	16.1							
	1			1	508			Grenzkrieg zwischen Ostgoten u. Oströmern	Schlacht an der Margus (508)		10.0				16.1	16.1							
				0							2.0				3.2								
	1			1	511			Ostgotische Intervention im spanischen Westgotenreich	Schlacht bei Barcelona (511)		2.0				4.1	4.1							
				0											4.1								
	1			1	515			Grenzkrieg zwischen Mauren u. Vandalen							3.2	3.2							
	1			0	517	bis	570	Äthiopische Besetzung Jemens	Schlacht von in der Gegend von Tripolis (515)		2.0				3.2	3.2						0.0	
1	1			1	521			Raubzug der Geat gegen Friesland			5.0				8.0	8.0						0.0	

ANLAGE 10

Präd &Retor	Terr Konfl	Hier& Kons	Alloph Konfl	Se Konfl	Jahr	bis	Jahr	Konflikt	Ausführungsereignisse (Schlachten, Belagerungen)	Tln. (Tsd.)	Land Schl. Tote (Tsd.)	Schl. Tote & Verw. (Tsd.)	See Schiffe	Schiffe gesunk.	Kampf-Tote (Tsd.) Zw. Ablage	Kampf-Tote (Tsd.)	Mil. Nicht-KampfTote (Tsd.) Zw. Ablage	Mil. Nicht-Kampf Tote (Tsd.)	MilTote (Tsd.) Zw. Ablage	Mil. Tote (Tsd.)	Ziv. Tote (Tsd.) Zw. Ablage	Ziv. Tote (Tsd.)	SeTote (Tsd.)
1		1		1	523			Aufstand der Sectis Garnisonen im Nördlichen Wei															
				0					Belagerung von Yecheng (528)		12,0				4,1	4,1						0,0	
	1			1	524	bis	532	1. Persischer Krieg Justinians															
				0					Besetzung von Tiran (525)						23,4	23,4							
				0					Schlacht von Nicephorium Callinicum (531)		2,0				4,1	4,1							
				0					Schlacht von Dara (530)		10,0				3,2								
1				1	524			Aufstand der Burgunder gegen die Franken															
				0					Schlacht von Visorontia (524)		2,0				3,2								
1				1	525			Oströmischer Straffeldzug gegen die Heruler															
				0					Schlacht an der Mittleren Donau (525)		10,0				16,1	16,1							
1				1	527			Krieg zwischen den Ghassaniden u. Lakhmiden (Hira)		1,0				1,6	1,6							
				1	529	bis	534	Bürgerkrieg im Westlichen Wei															
									Pogrom von Heyin (527)		50,0				8,1	8,1						10,0	
				0					Belagerung von Louyang (530)						4,1							2,0	
				0					Schlacht an der Berg Hanling (532)						4,1							0,0	
1				1	529			Intervention des Südlichen Liang im Nördlichen/Toba/Späteren Wei															
				0					Belagerung von Louyang (529)						4,1	4,1							
1				1	530			Aufstand gegen die Hunnen in Indien															
				0					Schlacht von Eran (530)		5,0				8,0	8,0							
1				1	530			2. Fränkischer Feldzug gegen das Thüringerreich		10,0				16,1	16,1						5,0	
				0					Schlacht an der Unstrut (531)		10,0				16,1	16,1							
1				1	531			Fränkischer Feldzug gegen die Westgoten		5,0				8,0	8,0							
				0					Schlacht von Narbonne (531)		5,0				8,0	8,0							
1				1	532			Fränkischer Feldzug gegen das Burgunderreich															
				0					Schlacht von Autun (532)		5,0				8,0	8,0							
1				1	532			Nika-Aufstand						4,1	4,1						30,0	
1				1	532			Vertreibung der japanischen Besatzung aus Baekje/Paekche		5,0				8,0	8,0							
	1			1	533	bis	534	Byzantinisch-Vandalischer Krieg		4,0				6,4	6,4						0,0	
				0					Schlacht von Decimum (533)		2,0				3,2								
				0					Schlacht von Tricamarum (533)		1,0				1,6								
				0					Belagerung von Medeus (533 bis 534)		1,0				1,6								
1				1	534	bis	539	Byzantinischer Soldatenaufstand in Nordafrika		3,0				7,3	7,3						0,0	
				0					Schlacht an der Bagradas (535)	15					4,1								
				0					Schlacht von Scalae Veteres (536)		2,0				3,2								
	1			1	535	bis	553	Byzantinisch-Ostgotischer Krieg		90,0				114,3	114,3						5,0	
				0					Schlacht von Salonae (535)		2,0				3,2								
				0					Belagerung von Neapel (536)	10					2,7								
				0					Schlacht von Perusia (537)		8,0				12,9								
				0					Belagerung von Rom (537 bis 538)		10,0	30			32,0							0,0	
				0					Belagerung von Arminum (538)		2,0				3,2							0,0	
				0					Schlacht von Ticinum (538)	2					0,5								
				0					Belagerung von Mediolanum (538 bis 539)		1,0				1,6							300,0	
				0					Belagerung von Auximum (539)	10					2,7							0,0	

ANLAGE 10

	Präd &Retor	Terr Konfl	Hier& Kons	Alloph Konfl	Se. Konfl	Jahr	bis	Jahr	Konflikt	Ausführungsereignisse (Schlachten, Belagerungen)	Tln. (Tsd.)	Land Schl. Tote (Tsd.)	Schl. Tote & Verw. (Tsd.)	See Schiffe	Schiffe gesunk.	Kampf-Tote (Tsd.) Zw. Ablage	Kampf-Tote (Tsd.)	Mil. Nicht-KampfT (Tsd.) Zw. Ablage	Mil. Nicht-Kampf Tote (Tsd.)	MilTote (Tsd.) Zw. Ablage	Mil. Tote (Tsd.)	Ziv. Tote (Tsd.) Zw. Ablage	Ziv. Tote (Tsd.)	SeTote (Tsd.)
1					0					Belagerung von Ravenna (539)		1,0				1,6							3,0	
1					0					Schlacht von Tarvisium (540)		1,0				1,6								
1					0					Schlacht von Verona (541)	17					4,6								
1					0					Schlacht von Faventia (541)		1,0				1,6								
1					0					Schlacht von Mucella (541)		2,0				3,2								
1					0					Belagerung von Neapel (542 bis 543)	4	1,0				2,7							5,0	
1					0					Belagerung von Aletrium (543)						4,1							0,0	
1					0					Belagerung von Rom (545 bis 546)		2,0				3,2							20,0	
1					0					Belagerung von Placentia (546)		2,0				3,2							10,0	
1					0					Belagerung von Rom (547 bis 550)		2,0				3,2							0,0	
1					0					Belagerung von Ancona (551)		1,0				1,6							0,0	
1					0					Seeschlacht von Sena Gallica (551)				90		2,3								
1					0					Belagerung von Kerkyra (551)		1,0				1,6							0,0	
1					0					Schlacht von Tediuae (552)		7,0				11,3								
1					0					Belagerung von Rom (552)		1,0				1,6							0,0	
1					0					Schlacht am Mons Lactarius (552)		2,0				3,2								
1					0					Belagerung von Cumae (552)		1,0				1,6							0,0	
1					0					Belagerung von Luca (552)		1,0				1,6							0,0	
1					0					Belagerung von Campsae (553 bis 554)		1,0				1,6							0,0	
1	1				1	535			Plünderungseinfall von Protobulgaren in Thrakien		2,0				3,2	3,2						5,0	
1		1			1	536	bis	549	Kriege zwischen Östlichem Wei und Westlichem Wei						17,8	17,8							
1					0					Schlacht von Shayuan (537)		6,0				9,7								
1					0					Belagerung von Yubi (546)						4,1								
1					0					Belagerung von Yingchang (548 bis 549)						4,1								
1	1				1	539	bis		1. Italienfeldzug der Franken						3,2	3,2							
1					0					Belagerung von Ticinum (539)		2,0				3,2							0,0	
1	1				1	539			Plünderungseinfall von Protobulgaren in Illyrien		1,0				1,6	1,6						0,0	
1		1			1	539	bis	562	2. Persischer Krieg Justinians		7,0				13,2	13,2							
1					0					Belagerung von Antiocheia (539)		1,0				1,6							0,0	
1					0					Belagerung von Sergiopolis (540)		1,0				1,6							0,0	
1					0					Belagerung von Edessa (544)						4,1							0,0	
1					0					Belagerung von Petra (549 bis 551)		2,0				2,7							0,0	
1					0					Schlacht von Phasis (555)	10					3,2								
1	1	1			1	541	bis	544	Aufstand in Jiao gegen Südliches Liang		10,0				16,1	16,1						0,0	
1		1			1	542			Fränkischer Feldzug gegen das Westgoterreich in Spanien		1,0				1,6	1,6							
1					0					Belagerung von Zaragoza (542)		1,0				1,6								
1	1		1		1	543			Plünderungseinfall von Rouran/Juanjuan in Westchina		5,0				8,0	8,0						0,0	
1	1				1	545			Plünderungseinfall von Slawen in Illyrien		1,0				1,6	1,6							
1		1	1		1	546	bis		Aufstand der Göktürken/Tujue gegen die Rouran/Juanjuan		10,0				4,1	4,1						0,0	
1					0					Schlacht von Huaihuang (552)		2,0				4,1								
1		1			1	548	bis	552	Usurpation des Hou Jing im Südlichen Liang						8,1	8,1							
1					0					Belagerung von Jiankang (548)						4,1								
1					0					Belagerung von Baling (551)						4,1							10,0	

Präd &Retor	Terr Konfl	Hier& Kons	Alloph Konfl	Se. Konfl	Jahr	bis	Jahr	Konflikt	Ausführungsereignisse (Schlachten, Belagerungen)	Tln. (Tsd.)	Land Schl Tote (Tsd.)	Schl Tote & Verw. (Tsd.)	See Schiffe	Schiffe gesunk.	Kampf-Tote (Tsd.) Zw. Ablage	Kampf-Tote (Tsd.)	Mil. Nicht-KampfTote (Tsd.) Zw. Ablage	Mil. Nicht-Kampf-Tote (Tsd.)	MilTote (Tsd.) Zw. Ablage	Mil. Tote (Tsd.)	Ziv. Tote (Tsd.) Zw. Ablage	Ziv. Tote (Tsd.)	SeTote (Tsd.)
1	1			1	548			Westgotisch-Oströmischer Krieg um Nordafrika							1,6	1,6							
1				0					Ceuta (548)		1,0				1,6	1,6							
1				0	549	bis	551	Plünderungseinfall von Slawen in den Balkan			2,0				7,3	7,3							
1				0					Schlacht von Adrianopel (550)		2,0				3,2								
1				0					Belagerung von Onchesmos (551)						4,1								
1	1			0	549			Feldzug der Uturgurischen gegen die Tetraxitischen Hunnen			10,0				16,1	16,1							
1				0					Schlacht N des Azowschen Meeres (549)		10,0				16,1								
1	1			1	550			Angelsächsische Landnahme in Northumberland							4,1	4,1							
1	1			1	550			Antigotischer Aufstand in Corduba							3,2	3,2							
1				0	550				Belagerung von Corduba (550)		2,0				16,1								
1	1			1	550	bis		Bajuwarische Landnahme in Tirol							16,1	16,1							
1				0	551			Krieg von Baekje/Paekche und Silla gegen Koguryo	Schlacht in Ungarn (551)		10,0				4,1	4,1						0,0	
1	1			1	552	bis	555	2. Italienfeldzug der Franken (mit Alamannen)			25,0				38,6	38,6						0,0	
1				0					Belagerung von Parma (552)		1,0				1,6								
1				0					Schlacht von Ariminum (553)		1,0				1,6								
1				0					Schlacht von Capua (553)		1,0				1,6								
1				0					Schlacht von Pisaurum (553)						1,6								
1				0					Schlacht von Casilinus (553)	6	20,0				32,2								
1	1			1	552	bis	556	Intervention des Westlichen Wei in Südliches Liang							8,1	8,1							
1				0					Belagerung von Nanheng (552)						4,1							0,0	
1				0					Belagerung von Jiangling (554)						4,1							0,0	
1				1	553			Westgotischer Bürgerkrieg							1,6	1,6							
1				0					Schlacht von Hispalis (553)		1,0				1,6								
1				1	554			Krieg der Ghassaniden gegen die Lakhmiden							1,6	1,6							
1				0					Schlacht von Halima (554)		1,0				1,6								
1	1			1	554			Krieg zwischen Silla und Baekje/Paekche							4,1	4,1							
1				0					Schlacht von Kwansan (554)		1,0				4,1								
1	1	1		1	555			Aufstand der Sachsen gegen die Franken							1,6	1,6							
1				0	555			Intervention des Nördlichen Qi/Ch'i/Khi im Südlichen Liang							4,1	4,1							
1				1	555	bis	559	Usurpation des Chen Baxian im Südlichen Liang							4,1	4,1							
1	1			1	555	bis	584	Expansionskriege des 1. Khaganats der Göktürken							8,1	8,1							
1				0					Belagerung von Chersonesos (581)						4,1							0,0	
1	1			1				Krieg des Nördlichen Zhou/Chou gegen die Göktürken (Tujue/Tuyuhun) (581 bis 584)							8,1	8,1							
1				0					Schlacht von Baidao (583)						4,1								
1				0					Schlacht von Herat (583)						4,1								
1		1		1	556			Byzantinischer Feldzug gegen die Heruler			5,0				8,0	8,0							
1	1			1	557			Persisch-türkischer Feldzug gegen die Hephthaliten			10,0				16,1	16,1						0,0	
1				0					Schlacht in Baktrien (557)		10,0				16,1								

ANLAGE 10

Präd &Retor	Terr Konfl	Alloph Konfl	Hier& Kons	Se. Konfl	Jahr	bis	Jahr	Konflikt	Ausführungsereignisse (Schlachten, Belagerungen)	Th. (Tsd.)	Land Schl Tote (Tsd.)	Schl Tote & Verw. (Tsd.)	See Schiffe	Schiffe gesunk.	Kampf-Tote (Tsd.) Zw. Ablage	Kampf-Tote (Tsd.)	Kampf-Tote (Tsd.)	Mil. Nicht-KampfT ote (Tsd.) Zw. Ablage	Mil. Nicht-Kampf-Tote (Tsd.)	MilTote (Tsd.) Zw. Ablage	Mil. Tote (Tsd.)	Ziv. Tote (Tsd.) Zw. Ablage	Ziv. Tote (Tsd.)	SeTote (Tsd.)
1				1	559			Awarischer Angriff auf Konstantinopel							3.2	3.2								
1				0					Schlacht bei Konstantinopel (559)		2.0				3.2									
1			1	1	560	bis	561	Intervention des Nördlichem Zhou/Chou im Südlichen Liang							0.0	0.0								
1			1	1	561			Irischer Bürgerkrieg							1.6	1.6								
1				0					Schlacht von Cul Dreibene (561)		1.0				1.6									
	1			0	562			Vertreibung der japanischen Besatzungsmacht aus Mimana			5.0				8.0	8.0								
1	1			1	562			Pfünderungseinfall von Awaren in Thüringen			5.0				8.0	8.0							0.0	
				0					Schlacht in Thüringen (562)		5.0				8.0									
	1			1	562	bis	577	Unterwerfung des Nördlichen Qi durch das Nördliche Zhou							0.0	0.0								
	1			1	565			Feldzug der Franken gegen die Dänen			1.0				1.6	1.6								
				0					Seeschlacht an der Friesischen Küste (565)															
1				1	566			Awarischer Plünderungseinfall in Austrasien							4.1	4.1								
				1	567			Feldzug der Langobarden u. Awaren gegen die Gepiden			60.0				96.5	96.5							5.0	
				0	567				Schlacht in Ungarn (567)		60.0				96.5									
	1			1	568	bis	584	Eroberung Italiens durch Langobarden							14.5	14.5								
				0					Schlacht an der Adda (568)		5.0				8.0									
				0					Belagerung von Ticinum (569 bis 572)		2.0				3.2								0.0	
				0					Belagerung von Populonia (570)		2.0				3.2								0.0	
1				1	569	bis	575	Langobardisch-sächsische Plünderungseinfälle in die Provence							8.1	8.1							0.0	
				0					Schlacht von Mustiae Calmes (572)						4.1									
				0					Schlacht von Villa Stablo (572)						4.1									
	1			1	570	bis	572	Eroberung Südspaniens durch Westgoten							37.7	37.7								
	1			1	572	bis	591	Byzantinisch-Persischer Krieg			20.0				37.7									
				0					Belagerung von Daras (574)		2.0				3.2									
				0					Schlacht von Melitene (576)		1.0				1.6									
				0					Schlacht von Solachon (586)		5.0				8.0									
				0					Schlacht von Martyropolis (589)		1.0				1.6									
				0					Schlacht von Araxes (589)		1.0				1.6									
				0					Schlacht von Zab (591)	80					21.6									
1				1	573			Wallisischer Hegemoniekrieg			1.0				1.6	1.6								
			1	0					Schlacht von Arthuret (573)						1.6									
1				1	573	bis	576	Krieg der Sueben gegen die Westgoten in Nordspanien							4.1	4.1							0.0	
	1			1	574			Westgotische Unterwerfung Kantabriens			2.0				4.1	4.1								
			1	1	574			Piktisch-Skotischer Hegemoniekrieg			2.0				3.2	3.2								
				0					Schlacht von Cantyre (574)		1.0				1.6									
				0					Schlacht von Manau (578)		1.0				1.6									
	1			1	575			Persische Besetzung Jemens			2.0				3.2	3.2							0.0	
1				1	579	bis	582	Awarisch-slawischer Krieg gegen Ostrom			3.0				4.8	4.8								
				0					Belagerung von Sirmium (579 bis 582)		2.0				3.2								1.0	
				0					Belagerung von Vimmacium (584)		1.0				1.6									
			1	1	579	bis	585	Katholischer Aufstand in der Baetica			1.0				1.6	1.6							0.0	
				0					Belagerung von Sevilla (582)		1.0				1.6									
1			1	1	580			Irischer Hegemoniekrieg			1.0				1.6	1.6							1.0	
1				0					Seeschlacht von Rosnaree (580)		1.0				1.6									

ANLAGE 10

Präd &Retor	Terr Konfl	Hierk Kons	Alloph Konfl	Se. Konfl	Jahr	bis	Jahr	Konflikt	Ausführungsereignisse (Schlachten, Belagerungen)	Th. (Tsd.)	Land Schl Tote (Tsd.)	Schl Tote & Verw. (Tsd.)	See Schiffe / gesunk.	Kampf-Tote (Tsd.) Zw. Ablage	Kampf-Tote (Tsd.)	Mil Tote (Tsd.)	Ziv. Tote (Tsd.) Zw. Ablage	Ziv. Tote (Tsd.)	SeTote (Tsd.)
1				1	580	bis	581	Aufstand der drei Grenzgouverneure im Nördlichen Zhou/Chou		100	10,0			27,0	27,0				
1				0					Schlacht an der Qin-shui (580)						27,0	27,0			0,0	
1		1		1	581			Westgotischer Feldzug gegen die Basken						4,1	4,1				
1		1		1	581	bis	584	Krieg von Sui gegen die Göktürken/Tujue						4,1	4,1				
1		1		0	581	bis	587	1. Invasion von Slawen in Griechenland						4,1	4,1			10,0	
1	1			1	583			Chinesischer Straffeldzug gegen die Tuyuhun/Azha (583)	Belagerung von Thessaloniki (586)					4,1	4,1			0,0	
1				0					Schlacht an der Erhan (583)						4,1	4,1				
1	1			1	585			Westgotische Intervention im Suebischen Reich			2,0			4,1	4,1				
1				0	585			Seeschlacht im Golf von Biscaya (585)			1,0			1,6	1,6				
1	1			1	585			3. Italienfeldzug der Franken (mit Alamannen)						4,1	4,1				
1	1			1	586			Fränkischer Angriff auf das westgotische Septimanien						1,6	1,6				
1		1		1	587			Japanischer Bürgerkrieg in Sachen Buddhismus			1,0			4,1	4,1			0,0	
1	1			1	587			Baskischer Rachefeldzug gegen die Westgoten	Schlacht im Hyrkanischen Gebirge (588)					11,3	11,3				
1	1			0	588	bis	589	1. Göktürkisch-Persischer Krieg	Belagerung von Balkh (589)		2,0			3,2				0,0	
1	1			0					Belagerung von Herat (589)					4,1				0,0	
1	1			1	588			4. Italienfeldzug der Franken			5,0			8,0	8,0				
1	1			1	588			5. Italienfeldzug der Franken			2,0			3,2	3,2				
1	1			0	588	bis	589	Eroberung des Südlichen Ch'en durch Sui	Belagerung von Jiankang (588)		10,0			4,1	4,1				
1	1			1	590			Aufstand im vormaligen Südlichen Ch'en gegen Sui			5,0			8,0	8,0			0,0	
1	1			1	589			Fränkische Intervention in Septimanien	Schlacht an der Aude (589)		6,0			9,7	9,7			0,0	
1	1			0	590			Feldzug der Franken gegen die Bretonen	Schlacht von Vannes (590)		6,0			9,7	3,2				
1	1			0	590			6. Italienfeldzug der Franken			2,0			3,2					
1	1			1	592	bis	602	Krieg Ostroms gegen Awaren u. Slawen	Schlacht von Viminiacium (601)		10,0			16,1	16,1			2,0	
1	1			0							10,0			3,2	3,2			2,0	
1	1			1	592	bis	610	Grenzkonflikte zwischen Bajuwaren u. Slawen			2,0			6,4	6,4				
1				0					Schlacht im Pustertal (595)		3,0			4,8					
1				0					Schlacht von Viktorbüchl (610)		1,0			1,6					
1	1			1	594			Langobardische Angriff auf Rom	Belagerung von Rom (594)					4,1	4,1			0,0	
1		1		1	595	bis	614	Innerfränkische Hegemoniekriege im 6. Jh.			20,0			24,0	24,0				
1				0					Schlacht von Droizy (595)	30				15,9					
1				0					Schlacht von Latofao (596)		5,0			8,0	8,0				
1	1			1	595			Japanischer Feldzug zur Rückeroberung Koreas			5,0			8,0	8,0				
1	1			1	598			1. Feldzug der Sui-Dynastie gegen Kokuryo (Nordkorea)			100,0			160,9	160,9				

582

Präd &Retor	Terr Konfl	Hier& Kons	Alloph Konfl	Se. Konfl	Jahr	bis	Jahr	Konflikt	Ausführungsereignisse (Schlachten, Belagerungen)	Thr (Tsd.)	Land Schl Tote (Tsd.)	Land Schl Tote & Verw. (Tsd.)	See Schiffe	See Schiffe gesunk.	Kampf-Tote (Tsd.) Zw. Ablage	Kampf-Tote (Tsd.)	Mil. Nicht-KampfTote (Tsd.) Zw. Ablage	Mil. Nicht-Kampf-Tote (Tsd.)	MilTote (Tsd.) Zw. Ablage	Mil. Tote (Tsd.)	Ziv. Tote (Tsd.) Zw. Ablage	Ziv. Tote (Tsd.)	SeTote (Tsd.)
1	1	1		1	599			Chinesischer Feldzug gegen die Östlichen Göktürken							4,1	4,1							
1				0					Schlacht an der Dali-Festung (599)						4,1	4,1							
269	82	20	0	117	600	bis	699		Default-Werte	0,27	1,61	0,53	0,03	0,28	4,05	1,212	5,890	4,86	7,102	0,50		553,0	7,655
15	1			1	600	bis	699	*Angelsächsische Hegemoniekriege im 7. Jh.*														0,0	0,0
	1			1				Sachsen gegen Schotten	Schlacht von Degsastan (603)		5,0				8,0	8,0							
	1			1				Northumbria gegen Wales	Schlacht von Chester (607)		5,0				8,0	8,0							
	1			1				Wessex gegen Keltoromanen	Schlacht von Bampton (614)		3,0				4,8	4,8							
	1			1				Northumbria gegen Keltoromanen	Schlacht von Chester (616)	2	2,0				0,5	0,5							
	1			1				Eastanglia gegen Northumbria	Schlacht an der Idle (617)		1,0				1,6	1,6							
	1			1				Wessex gegen Northumbria	Schlacht in England (626)		3,0				4,8	4,8							
	1			1				Mercia gegen Wessex	Schlacht von Cirencester (628)						3,9	3,9							
	1			1				Northumbria gegen Wales	Schlacht von Heathfelth (632)		2,0				3,2	3,2							
	1			0					Schlacht von Heavenfield (634)		1,0				1,6	1,6							
	1			1				Tara gegen Dal Riata	Schlacht von Mag Rath (634)		1,0				1,6	1,6							
	1			1				Dumbarton gegen Dal Riata	Schlacht an der Carron (642)		1,0				1,6	1,6							
	1			1				Mercia u. Wales gegen Northumbria	Schlacht von Maserfelth (642)		1,0				1,6	1,6							
	1			0				Wessex	Schlacht von Bradford (652)		1,0				1,6	1,6							
	1			1				Bernicia gegen Mercia	Schlacht von Winwaed (655)		1,0				1,6	1,6							
	1			1				Wessex gegen Keltoromanen	Schlacht von Pen (658)		1,0				1,6	1,6							
	1			1				Wessex gegen Mercia	Schlacht von Pontesbury (661)		1,0				3,2	3,2							
	1			0					Schlacht von Bedwyn (675)		1,0				3,9								
	1			1				Mercia gegen Northumbria	Schlacht von Trent (678)		1,0				1,6	1,6							
	1			1				Pikten gegen Northumbria	Schlacht von Dunnichen Mere (685)		1,0				1,6	1,6							
	1			1	600	bis		Unterwerfung der Gaut durch die Svea			5,0				8,0	8,0							
	1			1	600	bis	699	*Innerfränkische Hegemoniekriege im 7. Jh.*	Schlacht von Dormelles (600)		20,0				33,8	33,8						0,0	
				0					Schlacht von Etampes (604)		3,0				4,8								
				0					Schlacht von Toul (612)		5,0				8,0								
				0					Schlacht von Zülpich (612)		1,0				1,6								
				0					Schlacht von Tertry (687)		10,0				16,1								
											2,0				3,2								

ANLAGE 10

Präd &Retor	Terr Konfl	Hier& Kons	Alloph Konfl	Se. Konfl	Jahr	bis	Jahr	Konflikt	Ausführungsereignisse (Schlachten, Belagerungen)	Tln. (Tsd.)	Land Schl Tote (Tsd.)	Schl Tote & Verw. (Tsd.)	See Schiffe	See Schiffe gesunk.	Kampf-Tote (Tsd.) Zw. Ablage	Kampf-Tote (Tsd.)	Mil. Nicht-KampfTote (Tsd.) Zw. Ablage	Mil. Nicht-Kampf-Tote (Tsd.)	MilTote (Tsd.) Zw. Ablage	Mil. Tote (Tsd.)	Ziv. Tote (Tsd.) Zw. Ablage	Ziv. Tote (Tsd.)	SeTote (Tsd.)
1	1			1	600	bis	602	Japanischer Feldzug zur Rückeroberung von Mimana (S-Korea)			2,0				3,2	3,2							
1	1			1	602			Fränkische Unterwerfung des Baskerlandes			2,0				3,2	3,2						0,0	
1	1			1	602	bis	604	Langobardischer Expansionskrieg in Norditalien			3,0				4,8	4,8							
1				0					Belagerung von Patavium (602)		1,0				1,6							0,0	
1				0					Belagerung von Cremona (604)		1,0				1,6							0,0	
1				0					Belagerung von Mantua (604)		1,0				1,6							0,0	
1				1	602			Chinesischer Feldzug gegen Vietnam			5,0				8,0	8,0						0,0	
1				1	602			Feldzug der Awaren gegen die Anten			10,0				16,1	16,1						30,0	
1	1			1	604	bis	628	Persisch-Byzantinischer Krieg			35,0				108,9	108,9							
1				0					Belagerung von Daras (605)		1,0				1,6							1,0	
1				0					Schlacht von Antiocheia (613)		5,0				8,0								
1				0					Belagerung von Jerusalem (614)		2,0				3,2							0,0	
1				0					Schlacht von Issos (622)	120					31,2								
1				0					Schlacht an der Halys (623)		5,0				8,0								
1				0					Belagerung von Ganzag (623)		1,0				1,6							0,0	
1				0					Schlacht von Sarus (625)		2,0				3,2								
1				0					Belagerung von Konstantinopel (626)	100					26,0							0,0	
1				0					Schlacht von Ninive (627)	100					26,0								
1	1			1	605			Chinesischer Raubzug gegen Cham			2,0				3,2							0,0	
1				1	607	bis	609	Chinesischer Feldzug gegen die Tölös			2,0				3,2	3,2						0,0	
1				1	607	bis	610	Chinesischer Feldzug gegen die Yünnan			2,0				3,2	3,2						0,0	
1				0	608			Raubzug der Tölös/Tiele/Chüe gegen die Tuyühun/Azha							3,9	3,9						0,0	
1				1	610			Arabischer Raubzug gegen Mesopotamien							1,6	1,6							
1				0					Schlacht von Dhu Qar (610)		1,0				1,6							1,0	
1				0	610			Eroberung der Schweiz durch Alamannen			5,0				8,0	8,0						50,0	
1				0					Schlacht von Wangas (610)		5,0				8,0								
1				0	610			Slawisch-Bayuwarischer Grenzkrieg			1,0				1,6	1,6							
1				0					Schlacht von Aguntum (610)							1,6								
1				1	610			Chinesischer Feldzug gegen Formosa			5,0				8,0	8,0						5,0	
1				1	610			Thronfolgekrieg in Chalukya							7,8	7,8							
1				0					Schlacht von Elapattu Simbige (610)							3,9								
1				0					Schlacht an der Bhima (620)							3,9								
1		1		1	610	bis	642	*Kriege des Pulakesi II. von Chalukya*							3,9								
1				1				Unterwerfung der Kadambas (zw. 610 und 642)							3,9	3,9						0,0	
1				1				Unterwerfung der Gangas (zw. 610 und 642)							3,9	3,9						0,0	
1				1				Unterwerfung der Alupas (zw. 610 und 642)							3,9	3,9						0,0	
1				0					Unterwerfung der Mauryas (zw. 610 und 642)	Seeschlacht von Puri (?)						3,9	3,9						0,0	
1				1				Unterwerfung der Puri (zw. 610 und 642)							3,9	3,9						0,0	
1				1				Unterwerfung der Latas (zw. 610 und 642)							3,9	3,9						0,0	
1				1				Unterwerfung der Gurjaras (zw. 610 und 642)							3,9	3,9						0,0	
1				1				Unterwerfung der Malawas (zw. 610 und 642)							3,9	3,9						0,0	
1				1				Unterwerfung von Kosala (zw. 610 und 642)							3,9	3,9						0,0	
1				1				Unterwerfung der Östlichen Gangas (zw. 610 und 642)							3,9	3,9						0,0	
				0					Einnahme von Pishtapura (?)							3,9							

Präd &Rretor	Terr Konfl	Hierk& Kons	Alloph Konfl	Se. Konfl	Jahr	bis	Jahr	Konflikt	Ausführungsereignisse (Schlachten, Belagerungen)	Tln. (Tsd.)	Land Schl Tote (Tsd.)	Schl Tote & Verw. (Tsd.)	See Schiffe	Schiffe gesunk.	Kampf-Tote (Tsd.) Zw. Ablage	Kampf-Tote (Tsd.)	Mil. Nicht-KampfTote (Tsd.) Zw. Ablage	Mil. Nicht-Kampf Tote (Tsd.)	MilTote (Tsd.) Zw. Ablage	Mil. Tote (Tsd.)	Ziv. Tote (Tsd.) Zw. Ablage	Ziv. Tote (Tsd.)	SeTote (Tsd.)
1	1			1				Unterwerfung der Vishnukundin (zw. 610 und 642)							3,9	3,9							
	1			1				1. Krieg gegen Pallava (620)							3,9	3,9							
				0					Schlacht von Pullalur (620)							3,9	3,9							
	1			1				Eroberung von Veru (624)							3,9	3,9							
				0					Schlacht bei Vengi (624)							3,9	3,9							
				1				Krieg gegen Harsha (630)							3,9								
				0					Schlacht an der Narmada (630)							3,9								
	1			1				2. Krieg gegen Pallava (632)							11,7	11,7							
				0					Schlacht von Manimangalam (632)							3,9								
				0					Schlacht von Pariyalam (632)							3,9								
				0					Belagerung von Vatapi (632)							3,9							0,0	
				0	611	bis	623	*Aufstände im Sui-Reich*							3,9	3,9							
		1		1					Aufstand der Wang Pu (611)							3,9	3,9							
		1		1					Aufstand des Waganag (612)							3,9	3,9							
		1		1					Aufstand des Yang Xuangan (613)							3,2	3,2							
		1		1					Aufstand des Li Yuan (617 bis 618)							11,7	11,7							
				0					Belagerung von Fenzhou (617)							3,9							0,0	
				0					Schlacht bei Huoyi (617)							3,9								
				1					Belagerung von Changan (617)							3,9							0,0	
1	1			1			612	2. Feldzug der Sui-Dynastie gegen Kokuryo/Goguryeo (Nordkorea)		200,0					321,8	321,8							
				0					Belagerung von Pyeongyang (612)		100,0					160,9								
				0					Schlacht an der Salsu (612)		100,0					160,9								
	1			1			613	3. Feldzug der Sui-Dynastie gegen Kokuryo/Goguryeo (Nordkorea)		100,0					160,9	3,9							
	1			1			613	Westgotischer Feldzug gegen die Basken							3,9	3,9							
	1			1			614	4. Feldzug der Sui-Dynastie gegen Kokuryo/Goguryeo (Nordkorea)		100,0					160,9	160,9							
	1			1	614	bis	615	2. Slawische Invasion Griechenlands		2,0					1,6	1,6							
				0					Belagerung von Thessalonike (615)		1,0					1,6							0,0	
1				1	614	bis	615	Plünderungseinfälle von Awaren in Dalmatien		2,0					3,2	3,2							
				0					Belagerung von Salonae (614)		1,0					1,6							0,0	
				0					Belagerung von Epidaurum (615)		1,0					1,6							0,0	
					614	bis	630	*Plünderungseinfälle von Göktürken/Tujue in China*							3,9								
1				1				Plünderungseinfall in Yanmen (615)		2,0					3,2	3,2							
				0					Belagerung von Yanmen (615)							3,2	3,9							
1				1				Plünderungseinfall in Sui (616)							3,9	3,9						0,0	
1				1				Plünderungseinfall in Taiyuan (622)							3,9	3,9						0,0	
1				1				Plünderungseinfall in Taiyuan (625)							3,9	3,9						0,0	
1				1				Pfünderungseinfall in Jingzhou u. Wugong (627)	100						26,0	26,0						0,0	
				0					Schlacht (627)							26,0								
	1			1				Pfünderungseinfall (630)							0,0	0,0							
	1			1				Chinesische Offensive (630)							16,1	16,1						0,0	
				0					Schlacht von Dingxiang (630)		10,0					16,1	31,2							
1	1			1	618	bis	628	Unterwerfung der Gegner der Tang-Dynastie							31,2	3,9							
				0					Schlacht von Fufeng (618)							3,9								

Präd &Rector	Terr Konfl	Hier& Kons	Alloph Konfl	Sc. Konfl	Jahr	bis	Jahr	Konflikt	Ausführungsereignisse (Schlachten, Belagerungen)	Land Tln. (Tsd.)	Land Schl. Tote (Tsd.)	Land Schl. Tote & Verw. (Tsd.)	See Schiffe	See Schiffe gesunk.	Kampf-Tote (Tsd.) Zw. Ablage	Kampf-Tote (Tsd.)	Mil. Nicht-KampfTote (Tsd.) Zw. Ablage	Mil. Nicht-Kampf-Tote (Tsd.)	MilTote (Tsd.) Zw. Ablage	Mil. Tote (Tsd.)	Ziv. Tote (Tsd.) Zw. Ablage	Ziv. Tote (Tsd.)	SeTote (Tsd.)
1				0					Schlacht von Qian Shui Yuan (618)						3,9								
1				0					Schlacht von Anyi (619)						3,9								
1				0					Schlacht von Qian Shui Yuan (618)						3,9							0,0	
1				0					Belagerung von Xiaxien (619)						3,9								
1				0					Schlacht von Beimang (621)						3,9								
1				0					Schlacht von Hulao (621)						3,9								
1				0					Belagerung von Jangling (621)						3,9							0,0	
	1			1	619			2. Gökürkisch-Persischer Krieg	Schlacht von Tus (619)						7,8	7,8							
1				0					Belagerung von Tus (619)						3,9							0,0	
	1			1	621			Westgotischer Feldzug gegen die Basken	Belagerung von Tus (619)						3,9	3,9							
1				1	622			Plünderungseinfall Östlicher Göktürken in Taiyuan							3,9	3,9						0,0	
1				1	622	bis	630	Religionskriege Mohammeds	Schlacht von Badr (624)	2,0					11,9	11,9							
1				0					Schlacht von Uhud (625)	0,1					0,2								
1				0					Belagerung von Medina (627)						0,2								
1				0					Schlacht von Khaibar (629)	3	0,1				0,8							1,0	
1				0					Belagerung von Mekka (630)	10					2,6							0,0	
1				0					Schlacht von Hunain (630)	16					4,2								
1				0					Belagerung von Taif (630)						3,9							0,0	
	1			1	624			Westgotische Eroberung der byzantinischen Enklave in Südspanien	Belagerung von Cartagena (624)						3,9	3,9							
1				0											3,9							0,0	
	1			1	626			Eroberung der Ferghana durch die Westlichen Göktürken							3,9	3,9							
1	1			1	627			Aufstand im Khaganat der Östlichen Göktürken							3,9	3,9							
1				1	627			Plünderungseinfall von O Göktürken in Jingzhou und Wujong							3,9	3,9							
1	1			1	627	bis	629	3. Göktürkisch-Persischer Krieg	Belagerung von Derbent (627)						15,6	15,6							
				0					Schlacht von Kalankaityk (627)						3,9								
				0					Belagerung von Tiflis (627 bis 628)						3,9								
				0					Schlacht in Armenien (630)						3,9							0,0	
1	1			1	628			Unterwerfung der Sumpa durch das Tibetische Reich							0,0	0,0							
1				1	628			Awarischer Plünderungseinfall in Venetien							8,0							0,0	
	1			0	628			Westgotischer Expansionskrieg auf der Iberischen Halbinsel	Belagerung von Forum Iulii (628)	5,0					8,0	8,0						0,0	
1	1			1	628				Schlacht in Südspanien, in (628)	2,0					3,2	3,2							
1	1			1	629	bis	645	Arabische Eroberung Syriens u. Palästinas	Schlacht von Muta (629)	13	25,0				70,1	70,1							
				0					Belagerung von Palmyra (634)		1,0				5,0							0,0	
				0					Belagerung von Wadi Araba (634)		2,0				3,2							0,0	
				0					Schlacht von Dathina (634)	7	1,0				3,4								
				0					Schlacht von Ajnadain (634)		2,0				3,2								
				0					Belagerung von Jerusalem (634 bis 638)	60	5,0				23,6							0,0	
				0					Schlacht von Marjal Saffar (635)		1,0				1,6								
				0							1,0				1,6								

586

	Präd &Retor	Terr Konfl	Hier& Kons	Alloph Konfl	Sc. Konfl	Jahr	bis	Jahr	Konflikt	Ausführungsereignisse (Schlachten, Belagerungen)	Tln. (Tsd.)	Land Schl. Tote (Tsd.)	Schl. Tote & Verw. (Tsd.)	See Schiffe	Schiffe gesunk.	Kampf-Tote (Tsd.) Zw. Ablage	Kampf-Tote (Tsd.)	Mil. Nicht-KampfTote (Tsd.) Zw. Ablage	Mil. Nicht-KampfTote (Tsd.)	MilTote (Tsd.) Zw. Ablage	Mil. Tote (Tsd.)	Ziv. Tote (Tsd.) Zw. Ablage	Ziv. Tote (Tsd.)	SeTote (Tsd.)
1					0					Schlacht von Damaskus (635)		1.0				1.6								
1					0					Belagerung von Emessa (635)		1.0				1.6							0.0	
1		1			0	630				Schlacht an der Yarmuk (636)	35	10.0				25.2								
1		1			1	630			Fränkische Intervention im Westgotenreich			2.0				3.2	3.2							
1	1				1	630			Plünderungsanfall von Östlichen Göktürken in China							3.9	3.9							
1		1			1	630	bis	632	Fränkisch-wendischer Grenzkrieg	Schlacht von Wogatisburg (630)		10.0				8.0	8.0						0.0	
1		1			0	630			Streit zwischen Protobulgaren u. Awaren			5.0				8.0							0.0	
1		1		1	1	632			Pogrom an Protobulgaren in Bayern			3.0				4.8	4.8						0.0	
1		1			1	632	bis	633	Ridda-Kriege							28.9	28.9						17.0	
1		1			0					Schlacht von Dhu Qissa (632)						3.9								
1		1			0					Schlacht von Buzakha (632)						3.9								
1		1			0					Schlacht von Ghamra (632)						3.9								
1		1			0					Schlacht von Naqra (632)						3.9								
1		1			0					Schlacht von Zafar (632)		1.0				1.6								
1		1			0					Belagerung von Nujair (632 bis 633)						3.9								
1		1			0					Schlacht von Daba (632)						3.9								
1		1			0					Schlacht von Aqraba (632)						3.9								
1		1			1	633	bis	637	Arabische Eroberung Mesopotamiens			10.0				16.8	16.8							
1		1			0					BrückenSchlacht (634)		1.0				1.6								
1		1			0					Belagerung von Buwayb (635)		1.0				1.6							0.0	
1		1			0					Schlacht von Kadesia (637)	40					10.4								
1		1			0					Schlacht von Jalula (637)		2.0				3.2								
1	1				1	634			Krieg Chinas gegen die Tuyuhun/Azha (NO-Tibet)							3.9	3.9							
1		1			1	634	bis	635	Aufstand der Qiong							3.9	3.9							
1		1			0					Schlacht von Kushan (635)		1.0				1.6								
1		1			1	635	bis	636	Antifränkischer Aufstand in Aquitanien							1.6	1.6							
1	1				1	638			Tibetischer Plünderungseinfall in Sichuan							0.0	0.0							
1		1			1	639	bis	642	Arabische Eroberung Ägyptens		20	3.0				8.4	8.4						0.0	
1		1			0					Schlacht von Heliopolis (640)	20					5.2								
1		1			0					Belag. von Babylon-Fossaton (640 bis 641)		1.0				1.6							0.0	
1		1			0					Belagerung von Alexandreia (640 bis 642)		1.0				1.6							0.0	
1		1			1	640			Antifränkischer Aufstand in Thüringen			5.0				8.0	8.0							
1		1			0					Schlacht an der Unstrut (640)		5.0				8.0								
1		1			1	640	bis	650	Arabische Eroberung Persiens			5.0				8.0	8.0						0.0	
1		1			0					Schlacht von Ram Hormuz (640)		2.0				3.2								
1		1			0					Schlacht von Nehawand (641)		3.0				4.8								
1	1				1	640	bis	659	Krieg Chinas gegen die Westlichen Göktürken			5.0				21.4	21.4						0.0	
1		1			0					Belagerung von Turfan (640)		2.0				3.2							0.0	
1		1			0					Belagerung von Gaochang (640)						3.9							0.0	
1		1			0					Belagerung von Karashar (640)		2.0				3.2							0.0	
1		1			0					Belagerung von Kucha (647)		2.0				3.2							0.0	
1		1			0					Belagerung von Suyab (648)						3.9							0.0	
1		1			1					Schlacht von Ili (657)						3.9	3.9							
1	1				1	640			Tibetischer Plünderungseinfall in China							3.9	3.9						0.0	
1	1				1	641			Tibetische Unterwerfung Nepals			10.0				16.1	16.1						0.0	
1	1				1	642	bis	705	Arabische Eroberung Nordafrikas			10.0				9.7	9.7						0.0	

ANLAGE 10

Präd &Retor	Terr Konfl	Hier& Kons	Alloph Konfl	Se. Konfl	Jahr	bis	Jahr	Konflikt	Ausführungsereignisse (Schlachten, Belagerungen)	Tln. (Tsd.)	Land Schl Tote (Tsd.)	Schl Tote & Verw. (Tsd.)	See Schiffe	Schiffe gesunk.	Kampf-Tote (Tsd.) Zw. Ablage	Kampf-Tote (Tsd.)	Mil. Nicht-KampfTote (Tsd.) Zw. Ablage	Mil. Nicht-Kampf-Tote (Tsd.)	MilTote (Tsd.) Zw. Ablage	Mil. Tote (Tsd.)	Ziv. Tote (Tsd.) Zw. Ablage	Ziv. Tote (Tsd.)	SeTote (Tsd.)
				0					Schlacht von Sbeitla (647)		1,0				1,6								
				0					Schlacht von Bizerta (670)		1,0				1,6								
				0					Schlacht von Tahuda (683)		1,0				1,6								
				0					Schlacht von Mammes (688)		1,0				1,6								
				0					Schlacht von Tebessa (696)		1,0				1,6								
1				0					Belagerung von Karthago (697 bis 700)		1,0				1,6							0,0	
				1	642			Pfünderungseinfall von Slawen in Apulien	Schlacht von Sipontum (642)						3,2	3,2						0,0	
	1			0	643			Langobardische Eroberung Liguriens	Langobardische Eroberung Liguriens		2,0				1,6	1,6							
				0					Belagerung von Genua (643)		1,0				1,6							0,0	
	1			1	645			Tibetanische Unterwerfung von Zjang Zhung (NW-Tibet)							3,9	3,9							
	1			0	645			Byzantinisch-Langobardischer Grenzkrieg							16,1	16,1							
									Schlacht an der Scultenna (645)		10,0				16,1								
	1			1	645			1. Feldzug der Tang-Dynastie gegen Kokuryo (Nordkorea)			5,0				11,7	11,7							
				0					Belagerung von Liaoyang (645)						3,9							0,0	
				0					Belagerung von Anshi Zheng (645)						3,9							0,0	
				0					Schlacht von Anshi (645)						3,9								
	1			1	648			2. Feldzug der Tang-Dynastie gegen Kokuryo (Nordkorea)							3,9	3,9							
1	1			1	648			Tibetanisch-Nepalesischer Strafffeldzug gegen Arjuna von Kannauj							3,9	3,9							
	1			1	649	bis	655	Arabische Expansion im Mittelmeer						800	26,4	26,4							
				0					Seeschlacht von Attaleia (655)		2,0				23,2								
				0					1. Arab. Belag. Konstantinopels (668 bis 669)		1,0				1,6							1,0	
				0					2. Arab. Belag. Konstantinopels (674 bis 678)		1,0				1,6							1,0	
				0					Seeschlacht von Syllaeum (677)						0,0								
	1			1	650	bis	680	Krieg zwischen Tikal u. Calakmul	Belagerung von Dos Plias (650)		10,0				8,0	8,0							
				0					Belagerung von Tikal (660)		1,0				1,6							0,0	
				0					Belagerung von Calakmul (680)		2,0				3,2							0,0	
1				1	653			Westgotischer Feldzug gegen die Basken			3,0				3,9	3,9						0,0	
1		1		1	656	bis	657	1. Arabischer Bürgerkrieg	Schlacht von Basra (656)		1,0				4,8	4,8							
				0					Schlacht von Siffin (657)		1,0				1,6								
				0					Schlacht von Nahrawan (658)		1,0				1,6								
1				1	660	bis	661	Chin. Feldzug gegen das koreanische Königreich von Paecke			5,0				8,0	8,0						2,0	
1		1		1	660	bis	661	Antichinesischer Aufstand der Göktürken des Tarim-Beckens							11,7	11,7							
				0					Belagerung von Khotan (660)						3,9								
				0					Schlacht an der Jaxartes (660)						3,9								
				0					Belagerung von Kashgar (660)						3,9							0,0	
1	1			1	661			Awarischer Plünderungseinfall in Friaul	Schlacht von Florius (663)		3,0				4,8	4,8						0,0	
				0							3,0				4,8							1,0	
1	1			1	662	bis	663	Antichinesischer Aufstand in Paecke u. japan. Intervention							7,8	7,8							
				0					Belagerung von Sabi (662)						3,9							0,0	
				0					Seeschlacht von Hakusukinoe (663)						3,9								

| | ANLAGE 10 | | | | | | | | | | | | | | | | | | | | | | |

Präd &Rctor	Terr Konfl	Hier& Kons	Alloph Konfl	Se. Konfl	Jahr	bis	Jahr	Konflikt	Ausführungsereignisse (Schlachten, Belagerungen)	Tln (Tsd.)	Land Schl Tote (Tsd.)	Schl Tote & Verw. (Tsd.)	See Schiffe	Schiffe gesunk.	Kampf-Tote (Tsd.) Zw. Ablage	Kampf-Tote (Tsd.)	Mil. Nicht-KampfTote (Tsd.) Zw. Ablage	Mil. Nicht-Kampf-Tote (Tsd.)	MilTote (Tsd.) Zw. Ablage	Mil. Tote (Tsd.)	Ziv. Tote (Tsd.) Zw. Ablage	Ziv. Tote (Tsd.)	SeTote (Tsd.)
1	1			1	663			Fränkischer Feldzug gegen die Langobarden																
1				0					Schlacht von Asti (663)		5,0				8,0	8,0							
1				0							5,0				8,0	8,0							
1	1			1	663			Krieg zwischen Tibet u. Azha							3,9	3,9							
1	1			1	663	bis	665	Byzantinisch-Langobardischer Krieg			12,0				21,7	21,7							
1				0					Belagerung von Luceria (663)		2,0				3,2								5,0	
1				0					Schlacht von Gradus (663)		1,0				1,6									
1				0					Belagerung von Beneventum (663)		1,0				1,6								0,0	
1				0					Schlacht von Pugna (663)		1,0				1,6									
1				0					Schlacht von Fortino (663)	40					10,4									
1				0					Belagerung von Forumpopuli (664)		1,0				1,6								3,0	
1				0					Belagerung von Opitergium (665)		1,0				1,6								5,0	
1	1			1	665			Unterwerfung von Khotan durch Tibet							3,9	3,9							
1	1			1	666	bis	676	Krieg von Silla gegen China							3,9	3,9							
1	1			1	669			Arabischer Plünderungseinfall in Sizilien			1,0				1,6	1,6							
1				0					Belagerung von Syrakus (669)		1,0				1,6								1,0	
1	1			1	669	bis	676	Tibetische Unterwerfung des Tarim-Beckens		5,0				11,7	11,7							
1				0					Belagerung von Kotban (669)						3,9									
1				0					Belagerung von Askis (670)						3,9									
1				0					Schlacht an der Dafei (670)						3,9									
1	1			1	672			Westgotischer Feldzug gegen die Basken						0,0	0,0							
1	1			1	673			Westgotischer Sezessionskrieg						19,5	19,5							
				0					Belagerung von Barcelona (673)						3,9								0,0	
				0					Belagerung von Gerona (673)						3,9								0,0	
1				0					Belagerung von Béziers (673)						3,9								0,0	
				0					Belagerung von Narbonne (673)						3,9								0,0	
				0					Belagerung von Nimes (673)						3,9								0,0	
1	1			1	675	bis	677	Slawischer Aufstand in Makedonien							1,6	1,6							
1				0					Belagerung von Thessalonike (675 bis 677)		1,0				1,6								0,0	
1	1			1	677	bis	681	Chinesisch-Tibetischer Grenzkonflikt							15,6	15,6							
1				0					Schlacht von Lungchih (678)						3,9									
1				0					Schlacht an der Koko-nor (678)						3,9									
1				0					Belagerung von Anjung (680)						3,9								0,0	
1				0					Schlacht bei Liangfei Chuan (681)						3,9									
1	1			1	679			Invasion Mösiens u. Thrakiens durch Proto-Bulgaren u. Slawen		1,0				1,6	1,6							
1	1			0	680			2. Arabischer Bürgerkrieg		3,0				3,2	3,2							
1				1					Schlacht von Kerbela (680)		2,0				3,2									
1	1			1	679			Bayuwarische Landnahme in Tirol (Teil 7. Jh.)		1,0				1,6	1,6							
1	1			1	679	bis	682	Antichinesischer Aufstand Ö Göktürken der Inneren Mongolei						7,8	7,8							
1	1			1	682			Aufstand der Östlichen gegen die Westlichen Göktürken						11,7	11,7							
1				0					Belagerung von Köngül (682)						3,9									
1				0					Schlacht an der Ili (682)						3,9									
1				0					Schlacht bei Issyk Kul (682)						3,9								0,0	
1				0	682	bis	692	*Plünderungseinfälle Östlicher Göktürken in China*															
1	1			1					Plünderungseinfall in NW von Peking (683)						3,9	3,9							0,0	
1	1			1					Plünderungseinfall um Shanxi/Shansi (684)						3,9	3,9							0,0	

589

ANLAGE 10

	Präd &Rctor	Terr Konfl	Hier& Kons	Alloph Konfl	Se. Konfl	Jahr	bis	Jahr	Konflikt	Ausführungsereignisse (Schlachten, Belagerungen)	Tln. (Tsd.)	Land Schl. Tote (Tsd.)	Schl. Tote & Verw. (Tsd.)	See Schiffe	Schiffe gesunk.	Kampf-Tote (Tsd.) Zw. Ablage	Kampf-Tote (Tsd.)	Mil. Nicht-KampfTote (Tsd.) Zw. Ablage	Mil. Nicht-Kampf-Tote (Tsd.)	MilTote (Tsd.) Zw. Ablage	Mil. Tote (Tsd.)	Ziv. Tote (Tsd.) Zw. Ablage	Ziv. Tote (Tsd.)	SeTote (Tsd.)
1	1				1				Plünderungseinfall (685)															0,0	
1	1				1				Plünderungseinfall NW von Peking (687)							3,9	3,9						0,0	
1	1		1		1	683	bis	692	3. Arabischer Bürgerkrieg																
1										Schlacht von al Harra (685)		5,0				8,0	8,0							
1										Schlacht von Marg Rahit (684)		1,0				1,6								
1										Schlacht von Basra (691)		1,0				1,6								
1										Belagerung von Medina (691)		1,0				1,6							0,0	
1										Belagerung von Mekka (692)		1,0				1,6							0,0	
1	1				1	683	bis	686	Eroberung von Bangka u. Malayu durch Sri Vrijayas (Sumatra)														0,0	
1	1					685			Aufstand in Jiangsu		1,0				1,6									
1										Schlacht von Gaoyu (685)		7,0				7,0	7,0							
1	1				1	688			Byzantinischer Feldzug gegen die Slawen Makedoniens		5,0				8,0	8,0						10,0	
1	1				1	689	bis	696	Chinesische Rückeroberung des Tarim-Beckens		35,0				75,6	75,6							
1										Schlacht an der Yin-chih-chia (689)						3,9								
1										Schlacht (692)						3,9								
1										Schlacht bei Leng-chüan (692)		15,0				24,1								
1										Schlacht im Tailing-Tal (692)		15,0				24,1								
1										Belagerung von Suyab (694)						3,9								
1										Belagerung von Bars/Mosi (694)						3,9							0,0	
1										Schlacht an der Tiger-Pass (695)						3,9							0,0	
1										Schlacht (696)						3,9								
1										Belagerung von Suyab (700)						3,9							0,0	
1	1		1		1	692			Langobardischer Bürgerkrieg															
1										Schlacht in der Cornate-Ebene (692)		2,0				3,2	3,2							
1	1		1		1	695	bis	711	Byzantinischer Erbfolgestreit															
1										Belagerung von Konstantinopel (705)		1,0				1,6	1,6						0,0	
1			1		1	695			Feldzug der Sachsen gegen die Brukterer		3,0				4,8	4,8						5,0	
1	1				1	696	bis	700	Aufstand in der Mandschurei gegen China (Tang)						52,0	52,0							
1										Schlacht von Dongxiashi (696)	200					52,0							2,0	
1		1		1		698			Pogrom am Gar/Mgar-Clan in Tibet (696)						0,0	0,0						0,0	
336	24	103	13	2	142	7. Jahrhundert										1,806				8.451	10.256		141,0	10.597
									Default-Werte		0,26	1,61	0,53	0,03	0,30	3,90				4,68	0,50		2,0	0,0
1					0	700	bis	703	Arabische Eroberung Nordafrikas (Ftrs. im 8. Jh.)	Mons Arausius (703)		2,0				3,2	3,2						0,0	
						700	bis	1500	Sarazenische Raubzüge im 8. Jh.															
1					1					Raubüberfall auf Pantelleria (700)						2,6	2,6						0,0	
1					1					Saraz. Raubzug gegen Südsizilien (704)						2,6	2,6						0,0	
1					1					Raubüberfall auf Syrakus (705)						2,6	2,6						0,0	
1					1					Raubüberfall auf Cagliari (710)						2,6	2,6						0,0	
1					1					Sarazenischer Raubzug gegen Sizilien (720)						2,6	2,6						0,0	
1					1					Sarazenischer Raubzug gegen Sizilien (727)						2,6	2,6						0,0	
1					1					Sarazenischer Raubzug gegen Sizilien (728)						2,6	2,6						0,0	
1					1					Sarazenischer Raubzug gegen Sizilien (729)		10,0				16,1	16,1						0,0	
1					1					Sarazenischer Raubzug gegen Sizilien (731)						2,6	2,6						0,0	
1					1					Sarazenischer Raubzug gegen Sizilien (732)						2,6	2,6						0,0	
1					1					Sarazenischer Raubzug gegen Sizilien (732)						2,6	2,6						0,0	

ANLAGE 10

Präd &Retor	Terr Konfl	Hier& Kons	Alloph Konfl	Se. Konfl	Jahr	bis	Jahr	Konflikt	Ausführungsereignisse (Schlachten, Belagerungen)	Th. (Tsd.)	Land Schl. Tote (Tsd.)	Schl. Tote & Verw. (Tsd.)	See Schiffe	Schiffe gesunk.	Kampf-Tote (Tsd.) Zw. Ablage	Kampf-Tote (Tsd.)	Mil. Nicht-KampfT ote (Tsd.) Zw. Ablage	Mil. Nicht-Kampf-Tote (Tsd.)	MilTote (Tsd.) Zw. Ablage	Mil. Tote (Tsd.)	Ziv. Tote (Tsd.) Zw. Ablage	Ziv. Tote (Tsd.)	SeTote (Tsd.)
1				1				Saraz. Raubzug gegen Sardinien (732)							2,6	2,6						0,0	
1				1				Sarazenischer Raubzug gegen Sizilien (733)							2,6	2,6						0,0	
1				1				Sarazenischer Raubzug gegen Sizilien (734)							2,6	2,6						0,0	
1	1			1				1. Saraz. Eroobfeldzug gegen Sizilien (740)							2,6	2,6						0,0	
1				1					Belagerung von Syrakus (740)						2,6	2,6						0,0	
1				1				Saraz. Raubzug gegen Sardinien (735)							2,6	2,6						0,0	
1				1				Saraz. Raubzug gegen Sizilien (737)							2,6	2,6						0,0	
1				1				Saraz. Raubzug gg Sizilien u. Sardinien (753)							2,6	2,6							
					700	bis	799	Hegemoniekriege auf den Britischen Inseln im 8. Jh.															
1	1			1				Northumberland gegen Pikten (711)	Schlacht in der Manaw-Ebene (711)		4,0				6,4	6,4							
1	1			1				Mercia gegen Wessex (715)	Schlacht von Wanborough (715)		2,0				3,2	3,2							
1		1		1				Irischer Bürgerkrieg (723)	Schlacht von Allen (723)		4,0				6,4	6,4							
1				0				Krieg zwischen Pikten u. Goidels (728)	Schlacht von Abernethy (?) (728)		2,0				3,2	3,2							
1		1		1				Piktischer Thronfolgekrieg (729)	Schlacht von Scone (729)		2,0				3,2	3,2							
1	1			0				Mercia gegen Wessex (733)	Belagerung von Somerton (733)		2,0				3,2	3,2						5,0	
1	1			1				Krieg zwischen Piktland und Dal Riata (733 bis 741)							2,6	2,6							
1	1			0				Irischer Thronfolgestreit (734)	Schlacht in Irland (734)		2,0				3,2	3,2							
1	1			1				Northumbria gegen Pikten (mit Mercia) (740)	Schlacht in England (743)		2,0				3,2	3,2							
1	1			1				Krieg zwischen Piktland und Strathclyde/Alt Cult (744 bis 750)	Schlacht von Mocetauc (750)		2,0				3,2	3,2							
1		1		0				Piktischer Bürgerkrieg (752)	Schlacht von Mearns (752)		1,0				1,6	1,6							
1	1			0				Northumbria gegen Pikten (mit Mercia) (752)	Schlacht von Burford (752)						11,3	11,3							
1				0					Schlacht in England (755)		2,0				3,2								
1		1		0				Bürgerkrieg in Northumbria (761)	Schlacht von Edwin's Cliff (761)		5,0				8,0								
1				0					Schlacht von Whalley (798)		2,0				6,4	6,4							
1	1			0				Expansionsfeldzüge von Mercia gegen die Walliser (770 bis 790)			2,0				3,2	3,2						20,0	
1	1			1	700				Schlacht von Whalley (798)		10,0				16,1	16,1							
1		1		1	700			Skandinavischer Bürgerkrieg	Schlacht von Bravellir (700)		2,0				3,2	3,2							
1		1		0	700			Langobardischer Bürgerkrieg	Schlacht von Novara (700)		3,0				4,8	4,8							
1				0					Schlacht von Papia (701)		1,0				1,6	1,6							
1				0					Schlacht in Norditalien (712)		1,0				1,6	1,6							
1	1			1	700			Plünderungseinfall von Tibetanern in NO-China							2,6	2,6						0,0	

Präd &Retor	Terr Konfl	Hier& Kons	Alloph Konfl	Se. Konfl	Jahr	bis	Jahr	Konflikt	Ausführungsereignisse (Schlachten, Belagerungen)	Tln. (Tsd.)	Land Schl. Tote (Tsd.)	Schl. Tote & Verw. (Tsd.)	See Schiffe	Schiffe gesunk.	Kampf-Tote (Tsd.) Zw. Ablage	Kampf-Tote (Tsd.)	Mil. Nicht-KampfTote (Tsd.) Zw. Ablage	Mil. Nicht-Kampf-Tote (Tsd.)	MilTote (Tsd.) Zw. Ablage	Mil. Tote (Tsd.)	Ziv. Tote (Tsd.) Zw. Ablage	Ziv. Tote (Tsd.)	SeTote (Tsd.)
1				1	701			Plünderungseinfall von Tibetern u. Ö Göktürken in NW-China															
1				1	702			Plünderungseinfall Östlicher Göktürken in NO-China (Taichow)			1,0				1,6	1,6						0,0	
1	1			1	703	bis	704	Eroberung von Jang (SO-Tibet) durch die Tibetaner							2,6	2,6							
1	1			1	704	bis	741	Arabische Eroberung Transoxaniens			20,0				24,3	24,3							
1	1			0					Belagerung von Tirmidh (704)							2,6								
1	1			0					Belagerung von Paikand (705)			1,0				1,6							5,0	
1	1			0					Belagerung von Buchara (706 bis 709)			2,0				3,2							0,0	
1	1			0					Schlacht von Arbinjan (712)							2,6								
1	1			0					Belagerung von Samarkand (712)							2,6								
1	1			0					Belagerung von Taschkent (713)							2,6								
1	1			0					Belagerung von Kokand (715)							2,6								
1	1			0					Pass-Schlacht (730)			3,0				4,8								
1	1			0					Schlacht von Kharistan (737)			1,0				1,6								
1	1			1	705	bis	709	Chinesischer Angriff auf die Ferghana							2,6	2,6							
1				1	706			Plünderungseinfall Östlicher Göktürken in N-China (Ning-Xia)							8,0	8,0						0,0	
1				0					Schlacht im Ning-Xia Gebirge (706)			5,0				8,0	8,0							
1	1			1	707			Unterwerfung der Yenisei-Kirgisen durch die Östlichen Göktürken							2,6	2,6							
1	1			1	707			Unterwerfung der Gaut durch die Svea							2,6	2,6							
1	1			1	709			Byzantinischer Straffeldzug gegen Ravenna							1,6	1,6							
1	1			0					Belagerung von Ravenna (709)			1,0				1,6							2,0	
1	1			1	709	bis	740	Arabische Plünderungszüge u. Landnahmen in Kleinasien			3,0				4,8	4,8							
1	1			0					Belagerung von Tyana (709)			1,0				1,6							0,0	
1	1			0					Schlacht von Akronion (740)			2,0				3,2								
1	1			1	710	bis	714	Arabische Eroberung des Indus-Beckens			10,0				12,9	12,9						10,0	
1	1			0					Belagerung von Daibul (710 bis 711)			2,0				3,2							0,0	
1	1			0					Belagerung von Nirun (711)			1,0				1,6							0,0	
1	1			0					Belagerung von Sehwan (711)			1,0				1,6								
1	1			0					Schlacht von Rawar (712)			2,0				3,2								
1	1			0					Belagerung von Multan (712 bis 713)			2,0				2,6							2,0	
1				1	710			Chinesischer Plünderungseinfall in Tibet							2,6	2,6							
1	1			1	710	bis	712	Unterw. der Türgesch (W Göktürken) durch die Ö Göktürken							2,6	2,6							
1	1			1	711			Westgotischer Feldzug gegen die Basken							2,6	2,6							
1	1			1	711	bis	713	Arabische Eroberung der Iberischen Halbinsel	90						52,4	52,4							
1	1			0					Belagerung von Ceuta (711)			2,0				3,2								
1	1			0					Schlacht von Xeres de la Frontera (711)	90						23,4								
1	1			0					Belagerung von Toledo (711)			2,0				3,2							0,0	
1	1			0					Belagerung von Cordoba (711)			2,0				3,2							0,0	
1	1			0					Belagerung von Merida (712 bis 713)			4,0				6,4							0,0	
1	1			0					Belagerung von Zaragoza (713 bis 714)			4,0				6,4							0,0	
1	1			0					Belagerung von Barcelona (714)			4,0				6,4							0,0	

ANLAGE 10

Präd &Retor	Terr Konfl	Hier& Kons	Alloph Konfl	Se. Konfl	Jahr	bis	Jahr	Konflikt	Ausführungsereignisse (Schlachten, Belagerungen)	Tn. (Tsd.)	Land Schl Tote (Tsd.)	Land Schl Tote & Verw. (Tsd.)	See Schiffe	See Schiffe gesunk.	Kampf-Tote (Tsd.) Zw. Ablage	Kampf-Tote (Tsd.)	Mil. Nicht-Kampf Tote (Tsd.) Zw. Ablage	Mil. Nicht-Kampf Tote (Tsd.)	Mil Tote (Tsd.) Zw. Ablage	Mil. Tote (Tsd.)	Ziv. Tote (Tsd.) Zw. Ablage	Ziv. Tote (Tsd.)	Se Tote (Tsd.)
1				1	714			Tibetanischer Plünderungseinfall in China (Wei-yüan)							2,6	2,6							
				0	715	bis	975	*Arabische Raubzüge gegen Südfrankreich u. Ligurien (Teil 8. Jh.)*														0,0	
	1			1				*Arabischer Raubzug (715)*								1,6							
	1			1					Belagerung von Narbonne (715)		1,0				1,6							0,0	
	1			1				*Arabischer Raubzug (721)*								1,6							
	1			1					Schlacht bei Toulouse (721)		1,0				1,6								
	1			0				*Arabischer Raubzug (725)*								3,2							
	1			1					Belagerung von Carcassonne (725)		1,0				1,6							0,0	
	1			0					Belagerung von Autun (725)		1,0				1,6							0,0	
	1			1				*Arabischer Raubzug (732)*								11,3							
	1			1					Schlacht an der Dordogne (732)		1,0				1,6								
	1								Schlacht von Poitiers (732)		6,0				9,7								
	1			1				*Arabischer Beutezug (737)*								8,0							
	1			1					Schlacht von Berri (737)		5,0				8,0							0,0	
	1			1				*Christliche Gegenoffensive (759)*								1,6							
	1			1					Belagerung von Narbonne (759)		1,0				1,6								
	1			1				*Christliche Gegenoffensive (793)*								1,6							
	1			1					Schlacht an der Orbieu (793)		1,0				1,6								
1				1	715			Feldzug Östlichen Göktürken gegen Kaschmir							2,6	2,6							
1				1	716			Straffeldzug der Östlichen Göktürken gegen die Bayirku							2,6	2,6							
1				1	716			Tibetanischer Plünderungseinfall in China							2,6	2,6							
1				0	716	bis	718	3. Arabische Belagerung von Konstantinopel							5,2	5,2							
				0					Belagerung von Konstantinopel (716 bis 718)						2,6							0,0	
				0					Schlacht von Adrianopel (718)						2,6								
1	1			1	716	bis	717	Fränkischer Hegemonialkrieg							6,4	6,4							
				0					Schlacht von Amblieve (716)		4,0				3,2								
				0					Schlacht von Vinchy (717)		2,0				3,2								
1				1	717	bis	719	Plünderungseinfall von Arab., Türgesch u. Tibetern in das Tarim-Becken							10,4	10,4							
				0					Belagerung von Aksu (717)						2,6							0,0	
				0					Belagerung von Turfan (717)						2,6							0,0	
				0					Schl a.d. Schleifen des Gelben Flusses (717)						2,6							0,0	
				0					Belagerung von Suyab (719)						2,6							0,0	
1				1	720			Krieg der Östlichen Göktürken gegen die Basmil-Türken u. China							5,2	5,2							
				0					Schlacht von Kucheng (720)						2,6								
				0					Schlacht von Hexi (720)						2,6								
1	1			1	720	bis	729	Antiislam. Aufstand in Transoxanien und Intervention der Türgesch-Türken							15,4	15,4							
				0					Belagerung von Mugh (722)						2,6							0,0	
				0					Schlacht von Qasr al Bahili (722)						2,6								
				0					Massaker von Kokand (722)						5,0								
				0					Tag des Durstes (724)						2,6								
				0					Belagerung von Kamarga (729)		2,0				2,6							0,0	
1		1		1	721	bis		Arabischer Bürgerkrieg							2,6	2,6							
				0					Schlacht von Akra (721)		2,0				2,6								
1				0	722	bis	799	*RECONQUISTA im 8. Jh.*		10,0				14,5	14,5							

ANLAGE 10

Präd &Retor	Terr Konfl	Hier& Kons	Alloph Konfl	Se Konfl	Jahr	bis	Jahr	Konflikt	Ausführungsereignisse (Schlachten, Belagerungen)	Tln. (Tsd.)	Land Schl Tote (Tsd.)	Land Schl Tote & Verw. (Tsd.)	See Schiffe	See Schiffe gesunk.	Kampf-Tote (Tsd.) Zw. Ablage	Kampf-Tote (Tsd.)	Mil. Nicht-KampfTote (Tsd.) Zw. Ablage	Mil. Nicht-Kampf-Tote (Tsd.)	MilTote (Tsd.) Zw. Ablage	Mil. Tote (Tsd.)	Ziv. Tote (Tsd.) Zw. Ablage	Ziv. Tote (Tsd.)	SeTote (Tsd.)
1	1							Christliche Defensive (722)															
1				1					Schlacht von Covandonga (722)		1,0				1,6	1,6							
1	1							Christliche Offensive (794)							12,9	12,9							
1				0					Schlacht von Lutos (794)		8,0				12,9								
1	1			1				Christliche Offensive (798)							2,6	2,6							
1				1	722			Tibetisch-Chinesischer Krieg um Bolor	Belagerung von Lissabon (798)						2,6	2,6						0,0	
1				0					Schlacht von Bolor (722)						2,6	2,6							
1	1			1	723			Tibetische Plünderungseinfall in China (Ta-Tou-Tal)							2,6	2,6							
1	1			1	725	bis	740	Krieg West-Malwas gegen die Araber von Sindh							2,6	2,6							
1				0	727	bis	730	Krieg zwischen Tibet u. China	Belagerung von Kuachou (727)						13,0	13,0						0,0	
1				0					Belagerung von Ch'ang-lo hsien (727)						2,6							0,0	
1				0					Belagerung von Tumomen (728)						2,6							0,0	
1				0					Belagerung von Shigbao (729)						2,6							0,0	
1	1			1	728	bis	732	Schlacht von Mulecule (729)							2,6								
1				0				1. Langobardisch-Byzantinischer Krieg um das Exarchat	Belagerung von Ravenna (732)		10,0				1,6	1,6							
1	1			1	730	bis	787	Byzantinischer Bildersturm (Bürgerkrieg)			1,0				1,6						0,0	
1				0					Usurpation des Artabasdos (742 bis 743)		15,0				24,1	24,1							
1				0					Schlacht von Sardes (743)		5,0				8,0								
1				0					Schlacht von Modrina (743)		5,0				8,0								
1	1			1	732			Expansionsfeldzug von Bohai	Belagerung von Dengzhou (732)						2,6	2,6							
1	1	1		0	734			Feldzug der Franken gegen die Friesen	Massaker von Dokkum (755)		2,0				3,2	3,2						0,0	
1	1			1	735	bis	736	Krieg zwischen den Türgesch-Türken und China							9,4	9,4						0,0	
1				0					Belagerung von Kashgar (735)		1,0				1,6								
1				0					Belagerung von Gaochar (735)						2,6								
1				0					Belagerung von Aksu (735)						2,6							0,0	
1	1			1	736	bis	755	Belagerung von Peiting (736)							2,6							0,0	
1				0				Krieg zwischen den Kitan/Khitan/Qitai u. China (Tang)	Schlacht an der Hunag-shui (755)		1,0				1,6	1,6						0,0	
1	1			1	737	bis	787	Krieg zwischen China und Tibet							1,6								
1				0					Schlacht von Anjung (739)		1,0				34,0	34,0							
1				0					Belagerung von Anjung (740)						2,6								
1				0					Belagerung von Dahua (741)						2,6							0,0	
1				0					Belagerung von Shibao (741)						2,6							0,0	
1				0					Schlacht beim Kokonor (742)		5,0				8,0							0,0	
1				0					Schlacht von Hungli (743)						2,6							0,0	
1				0					Belagerung von Shibao (745)						2,6							0,0	
1				0					Belagerung von Changan (763)						2,6							0,0	
1				0					Belagerung von Lianzhou (764)						2,6							0,0	
1				0					Belagerung von Schuchang (781)						2,6							0,0	
1				0					Belagerung von Hami (781)						2,6							0,0	

Präd &Retor	Terr Konfl	Hier& Kons	Alloph Konfl	Se. Konfl	Jahr	bis	Jahr	Konflikt	Ausführungsereignisse (Schlachten, Belagerungen)	Tln (Tsd.)	Land Schl Tote (Tsd.)	Schl Tote & Verw. (Tsd.)	See Schiffe	See Schiffe gesunk.	Kampf-Tote (Tsd.) Zw. Ablage	Kampf-Tote (Tsd.)	Mil. Nicht-KampfTote (Tsd.) Zw. Ablage	Mil. Nicht-Kampf-Tote (Tsd.)	MilTote (Tsd.) Zw. Ablage	Mil. Tote (Tsd.)	Ziv. Tote (Tsd.) Zw. Ablage	Ziv. Tote (Tsd.)	SeTote (Tsd.)
1	1			1	737			Feldzug Tibets gegen Bruza/Gilgit							8,0	8,0							
1				0											8,0								
1	1			1	737			Feldzug der Türgesch-Türken gegen die Araber Transoxaniens	Schlacht von Laenyun (747)		5,0				5,2	5,2							
1				0					Belagerung von Guzgan (737)						2,6							0,0	
1				0					Landschlacht von Balkh (737)						2,6								
1	1			1	739			Rückeroberung Galiciens und N-Portugals durch Asturien							2,6	2,6							
1		1		1	739	bis	742	Berberischer Aufstand gegen die Araber im Maghreb			2,0				3,2	3,2						0,0	
1		1		1	740	bis	742	Berberischer Aufstand gegen die Araber in Spanien			4,0				6,4	6,4						0,0	
				0					Schlacht vom Chelif (740)		2,0				3,2								
				0					Schlacht von Guazalete (742)		2,0				3,2	2,6							
	1			1	741			Arabische Rückeroberung der Ferghana			10,0				14,7	14,7							
	1			1	741	bis	752	Byzantinisch-Arabischer Krieg	Belagerung von Theodosiopolis (752)		2,0				3,2								0,0	
				0					Belagerung von Melitene (752)		2,0				5,0								0,0	
				0					Seeschlacht von Caramea (747)				200		3,2									
				0					Belagerung von Germanikeia (746)		2,0				3,2	3,2						0,0	
1	1			1	742	bis	747	Arabischer Bürgerkrieg in Spanien	Schlacht von Aqua Portora (742)		2,0				1,6								
				0					Schlacht von Secundia (747)		1,0				1,6								
1	1			1	742	bis	756	Aufstand der Nanzhao (Hmong alias Miao) in Yünnan							2,6	2,6							
	1			1	743			Fränkischer Thronfolgestreit			2,0				3,2	3,2							
				0					Schlacht von Ummendorf (743)		1,0				1,6								
				0					Schlacht von Epfach am Lech (743)		1,0				1,6								
	1			1	743			2. Langobardisch-Byzantinischer Krieg um das Exarchat			3,0				4,8	4,8							
1	1			1	743	bis	745	Hierarchiekrieg im 2. Khaganat der Östlichen Göktürken							2,6	2,6							
				0					Schlacht von Xincheng (743)						2,6								
1	1			1	744			Plünderungseinfall von Malaien u. Javanern in Champa			5,0				8,0	8,0						0,0	
	1			1	746			Alamannischer Aufstand gegen die Franken							8,0	8,0							
				0					Blutgericht zu Cannstadt (746)		5,0				8,0								
1	1	1		1	747	bis	750	4. Arabischer Bürgerkrieg (Rebellion der Abbasiden)	Schlacht an der Zab (750)		1,0				1,6	1,6							
				0					Schlacht an der Zab (750)		1,0				1,6								
	1			1	747			Chinesischer Feldzug gegen die Araber und Karluken	Schlacht an der Talas-Fluss (751)		5,0				6,4	6,4							
				0					Schlacht an der Talas-Fluss (751)		4,0				6,4								
	1			1	749	bis	751	3. Langobardisch-Byzantinischer Krieg um das Exarchat			2,0				3,2	3,2							
				0					Belagerung von Ravenna (751)		2,0				3,2								
	1			1	751			Chinesische Intervention in Yünnan			2,0				8,0	8,0						0,0	
	1			1	751			Chinesische Offensive gegen die Kitan/Khitan/Qitan			5,0				2,6	2,6						0,0	
	1			1	753			Chinesische Besetzung des Pamir							2,6	2,6							

595

ANLAGE 10

Präd &Retor	Terr Konfl	Hier& Kons	Alloph Konfl	Se. Konfl	Jahr	bis	Jahr	Konflikt	Ausführungsereignisse (Schlachten, Belagerungen)	Tln. (Tsd.)	Land Schl Tote (Tsd.)	Schl Tote & Verw. (Tsd.)	See Schiffe	See Schiffe gesunk.	Kampf-Tote (Tsd.) Zw. Ablage	Kampf-Tote (Tsd.)	Mil. Nicht-KampfTote (Tsd.) Zw. Ablage	Mil. Nicht-Kampf-Tote (Tsd.)	MilTote (Tsd.) Zw. Ablage	Mil. Tote (Tsd.)	Ziv. Tote (Tsd.) Zw. Ablage	Ziv. Tote (Tsd.)	SeTote (Tsd.)
1	1			1	754			1. Langobardenfeldzug Pippins III	Schlacht an der Klause von Susa (754)		6,0				9,7	9,7							
1				0					Belagerung von Papia (754)		4,0				6,4								
1				0							2,0				3,2							1,0	
1				1	755	bis	763	Aufstand des An Lushan gegen die Tang-Dynastie	Belagerung von Changan (756)						2,6	15,6						0,0	
1				0					Belagerung von Yongqiu (756)						2,6							0,0	
1				0					Schlacht an der Tong-Pass (756)						2,6								
1				0					Belagerung von Suiyang (757)						2,6							25,0	
1				0					Schlacht von Changan (757)						2,6								
1				0					Rückeroberung von Changan (757)						2,6								
1	1			1	755			Arabischer Feldzug gegen die Basken			2,0				3,2	3,2						0,0	
1		1		0	756			Hierarchiekrieg in Spanien	Schlacht von Cordoba (756)		1,0				1,6	1,6							
1	1			1	756			2. Langobardenfeldzug Pippins III			1,0				1,6								
1				0					Belagerung von Papia (756)		1,0				1,6	1,6							
1	1			1	756	bis	763	Byzantinisch-Bulgarischer Krieg	Schlacht von Anchialos (763)		15,0				16,1	16,1						5,0	
1	1			0	758			Krieg der Uiguren gegen die Kirgisen	Schlacht in Kirgisien (758)		10,0	50			26,6	26,6							
1	1			0	761	bis	763	Unterwerfung Aquitaniens durch Pippin III	Belagerung von Bourges (762)		2,0				3,2	3,2						0,0	
1				0							2,0				3,2								
1				0	761	bis	799	*Aufstände im nordarab. Faktion in Al-Andalus im 8. Jh.*	Aufstand in Toledo (761)						2,6							0,0	
1				1					Aufstand in Zaragoza (781 bis 782)						2,6	2,6						0,0	
1				1					Aufstand in Toledo (784 bis 786)						2,6	2,6						0,0	
1				1					Aufstand in Zaragoza (788 bis 792)						2,6	2,6						0,0	
1				1					Aufstand in Toledo (797 bis 806)						2,6	2,6						0,0	
1				1					Aufstand in Zaragoza (797 bis 800)						2,6	2,6						0,0	
1				1	762	bis	763	Plünderungseinfall der Uiguren in China							2,6	2,6						0,0	
1				1	767			Plünderungseinfall von Malayen in Annam							2,6	2,6						0,0	
1		1		0	768			Bürgerkrieg in Silla							2,6	2,6						0,0	
1	1			1	768			Krieg zwischen Skoten u. Pikten	Schlacht in Fortrenn (768)		2,0				3,2	3,2							
1				1	769	bis	772	Karantanenaufstand	Schlacht in den Zentralalpen (772)		2,0				3,2	3,2							
1	1			1	772	bis	804	Sachsenkriege Karls des Großen	Belagerung von Eresburg (772)		30,0				40,2	40,2							
1				0					Schlacht bei Höxter (775)		1,0				1,6								
1				0					Schlacht im Süntelgebirge (782)		2,0				3,2								
1				0					Schlacht an der Haase (783)		5,0				8,0								
1				0					Schlacht an der Elbe (792)		5,0				8,0								
1				0					Schlacht von Rüstringer Gau (799)		5,0				8,0								
1	1			0	773	bis	774	1. Langobardenfeldzug Karls des Großen	Schlacht von Claustra Italiae (773)		2,0				3,2	19,3							
1				0					Belagerung von Papia (773 bis 774)		15,0				16,1								
1	1			1	774	bis	811	Achtunddreißiger Krieg der Yamato gegen die Ezo			10,0				2,6	2,6						20,0	

Präd &Rhetor	Terr Konfl	Hier& Kons	Alloph Konfl	Se. Konfl	Jahr	bis	Jahr	Konflikt	Ausführungsereignisse (Schlachten, Belagerungen)	Tln. (Tsd.)	Land Schl. Tote (Tsd.)	Schl. Tote & Verw. (Tsd.)	See Schiffe	Schiffe gesunk.	Kampf-Tote (Tsd.) Zw. Ablage	Kampf-Tote (Tsd.)	Mil. Nicht-KampfTote (Tsd.) Zw. Ablage	Mil. Nicht-Kampf-Tote (Tsd.)	MilTote (Tsd.) Zw. Ablage	Mil. Tote (Tsd.)	Ziv. Tote (Tsd.) Zw. Ablage	Ziv. Tote (Tsd.)	Se Tote (Tsd.)
1	1			1	776	bis	778	Antiarabischer Aufstand in Transoxanien	Belagerung von Narshakh (776)						5,2	5,2							
1				0					Belagerung von Sanam (778)						2,6							0,0	
1			1	0	778	bis	786	Aufstände chinesischer Militärgouverneure							2,6	2,6						0,0	
1	1			1	778	bis	783	Arab.-Byz. Krieg und vierte Belagerung von Konstantinopel			15,0				26,7	26,7							
				0					Schlacht von Germanikopolis (778)		5,0				8,0								
1				0					Schlacht in Kleinasien (782)		10,0				16,1								
1				0					Belagerung von Konstantinopel (782)						2,6							0,0	
1	1			1	778			Fränkische Invasion Spaniens			5,0				8,0	8,0							
1				0					Belagerung von Pamplona (778)		2,0				3,2								
1				0					Belagerung von Zaragoza (778)		1,0				1,6							0,0	
1				0					Schlacht von Roncisvalle (778)		2,0				3,2							0,0	
1	1			1	783			1. Byz. Unterwerfungsfeldzug gegen die Slawen Griechenlands			2,0				3,2	3,2						0,0	
1	1			1	785			Fränkisch-bajuwarischer Grenzkonflikt im Etschtal							1,6	1,6							
				0					Schlacht von Bozen (785)		1,0				1,6								
1			1	1	785			Krieg Pratiharas gegen Pala	Schlacht von Allahabad (785)						2,6	2,6							
1			1	1	786			Krieg Pratiharas gegen Rashtrakuta							2,6	2,6							
1	1			0	786			Langobardischer Angriff auf Amalfi	Belagerung von Amalfi (786)		2,0				3,2	3,2						0,0	
1	1			1	787			Fränkischer Reichskrieg gegen Tassilo III.	Schlacht von Stollen (787)		2,0				14,5	14,5							
				0					Belagerung von Dunhuang (787)						3,2							0,0	
				0					Raubüberfall auf Holy Island (793)		5,0				0,0							0,0	
				0					Schlacht von Wear (794)		2,0				8,0								
				0					Raubüberfall auf Lambey (795)		1,0				3,2							0,0	
				0					Belagerung von Port (795)						1,6							0,0	
				0	787	bis	823	Krieg der Großen Allianz: Chinas gegen Tibet (Teil 8.Jh.)							1,6								
				0					Belagerung von Peiting (789)						22,9	22,9							
				0					Belagerung von Peiting (792)		5,0				0,0								
				0					Belagerung von Gaochang (791)						8,0								
				0					Belagerung von Khotan (792)						2,6								
1				0					Belagerung von Yushu (792)		5,0				2,6								
1			1	1	788			Langobardisch-Byzantinischer Grenzkonflikt	Schlacht bei Benevent (1088)		1,0				8,0								
1			1	1	789	bis	792	Byzantinisch-Bulgarischer Krieg	Schlacht von Markellai (792)		2,0				1,6	1,6						0,0	
1	1			0							2,0				3,2								
1	1			1	790			Krieg Sailendras (Java) gegen Chenla (Kambodscha)							3,2	3,2							
1			1	1	791	bis	793	Antichinesischer Aufstand in Vietnam							2,6	2,6							
1			1	1	791	bis	804	Awarenkriege Karls des Großen			10,0				20,8	20,8						0,0	
				0					Schlacht von Theiß-Ebene (796)	70					18,2								
1				0	795			Norwegischer Raubzug gegen Irland	Lambey (795)						2,6								
1			1	1	797	bis	798	Arabisch-Byzantinischer Krieg	Schlacht von Herakleia (798)		5,0				3,2	3,2						0,0	
1	1			0	797			Aufstand in Nordafrika			2,0				3,2	3,2						5,0	
1	1			1				Christl. Plünderung von Lissabon			2,0				2,6	2,6						0,0	

ANLAGE 10

Prad &Rfor	Terr Konfl	Hierk Kons	Alloph Konfl	Se. Konfl	Jahr	bis	Jahr	Konflikt	Ausführungsereignisse (Schlachten, Belagerungen)	Thn. (Tsd.)	Land Schl. Tote (Tsd.)	Schl. Tote & Verw. (Tsd.)	See Schiffe	Schiffe gesunk.	Kampf-Tote (Tsd.) Zw. Ablage	Kampf-Tote (Tsd.)	Mil. Nicht-KampfT ote (Tsd.) Zw. Ablage	Mil. Nicht-Kampf-Tote (Tsd.)	MilTote (Tsd.) Zw. Ablage	Mil. Tote (Tsd.)	Ziv. Tote (Tsd.) Zw. Ablage	Ziv. Tote (Tsd.)	SeTote (Tsd.)
1	1			1	798	8. Jahrhundert		Fränkisch-Abodritischer Grenzkrieg	Schlacht von Schwentine (798)	0.26	2.0				3.2							100.0	3.771
312	34	85	25	0	144	800	bis	899	*Sarazenische Raubzüge im 9. Jh.*	Default-Werte		1.61	0.53	0.03	0.32	2.60	891		2.780 3.12	3.671 0.50		0.0	
1	1			1				Sarazenischer Raubzug gegen Sizilien (812)	Raubüberfall auf Lampedusa (812)						3.2	0.0						0.0	
1	1			1				Sarazenischer Raubzug im westlichen Mittelmeer (813)							3.2	3.2							
1	1			1					Seeschlacht von Mallorca (813)		2.0				3.2	3.2						0.0	
1	1			1				Sarazenischer Raubzug gegen Sizilien (819)							0.0	0.0						0.0	
1	1			1				Sarazenischer Raubzug gegen Korsika (824)							0.0	0.0						0.0	
1	1			1				Sarazenischer Rachefeldzug gegen den Kirchenstaat (828 bis 830)							1.6	1.6						0.0	
1				0					Belagerung von Centumcellae (828)						0.0							0.0	
1				0					Raubüberfall auf Rom (830)		1.0				1.6							0.0	
1				0					Raubüberfall auf Taormina (834)						0.0							0.0	
1	1			1				Saraz. Raubzug gegen die Äolischen Inseln u. Nordsizilien (835)							1.6	1.6						0.0	
1				1					Raubüberfall auf Pantelleria (835)		1.0				1.6	1.6						0.0	
1	1			1				Sarazenischer Raubzug gegen das Ätna-Gebiet (835 bis 837)							1.6	1.6						0.0	
1				1					Raubüberfall auf Syrakus (835)						0.0							0.0	
1				0					Belagerung von Cefalù (837)		1.0				1.6							0.0	
1	1			1				Sarazenischer Raubzug gegen Ostsizilien (840)			5.0				8.0	8.0						0.0	
1	1			1				Sarazenischer Raubzug gegen Süditalien (840)			5.0				8.0	8.0						0.0	
1				0					Belagerung von Ancona (840)		1.0				1.6							0.0	
1				0					Belagerung von Tarent (840)		2.0				3.2							0.0	
1				0					Seeschlacht im Ionischen Meer (841)						3.2								
1				0					Seeschlacht von Sansego (841)		2.0												
1	1			1				Sarazenische Intervention und Raubzug in Süditalien (842)							6.4	6.4						0.0	
1				0					Raubüberfall auf Bari (842)		1.0				1.6								
1				0					Schlacht von Canosa (842)		2.0				3.2								
1				0					Raubüberfall auf Capua (842)		1.0				1.6							0.0	
1	1			1				Byzantinische Gegenoffensive in Ostsizilien (845)		15					25.7	25.7						0.0	
1				0					Schlacht von Butera (845)		12.0				19.3							0.0	
1				0					Belagerung von Lentini (845)		4.0				6.4							0.0	
1	1			1				Sarazenischer Raubzug gegen Rom (846)							15.3	15.3						0.0	
1				0					Belagerung von Gaeta (846 bis 847)						4.1							0.0	
1				0					Schlacht von Itri (846)		5.0				8.0							0.0	
1				0					Plünderung von Fondi (847)		2.0				3.2								
1	1			1				Sarazenischer Eroberungsfeldzug gegen Bari (847)							0.0	0.0						0.0	
1				0					Belagerung von Bari (847)						0.0								
1	1			1				Sarazenischer Raubzug gegen Rom (849)							4.8	4.8						0.0	
1				0					Raubüberfall auf Luni (849)		1.0				1.6							0.0	
1				0					Seeschlacht von Ostia (849)		2.0				3.2							0.0	

598

Präd & Rctor	Terr Konfl	Hier & Kons	Alloph Konfl	Se. Konfl	Jahr	bis	Konflikt	Ausführungsereignisse (Schlachten, Belagerungen)	Tln. (Tsd.)	Land Schl. Tote (Tsd.)	Schl. Tote & Verw. (Tsd.)	See Schiffe	Schiffe gesunk.	KampfTote (Tsd.) Zw. Ablage	KampfTote (Tsd.)	Mil. Nicht-KampfTote (Tsd.) Zw. Ablage	Mil. Nicht-KampfTote (Tsd.)	MilTote (Tsd.) Zw. Ablage	Mil. Tote (Tsd.)	Ziv. Tote (Tsd.) Zw. Ablage	Ziv. Tote (Tsd.)	SeTote (Tsd.)
1				1			Raubzüge der saraz. Alliierten von Benevento (846 bis 851)							4,0	4,0						0,0	
				0				Plünderung von 50 Dörfern oder Klöstern		0,5				0,8							0,0	
				0				Belagerung von Benevent (851)		2,0				3,2							0,0	
1				1			Sarazenische Raubzüge auf Sizilien unter Al-Abbas (851 bis 861)							6,4	6,4						0,0	
				0				Belagerung von Caltavuturo (851)						0,0							0,0	
				0				Raubüberfall auf Butera (854)		1,0				1,6							0,0	
				0				Raubüberfall auf Cagliano Castelferrato (857)		1,0				1,6							0,0	
				0				Belagerung von Castrogiovanni (859)		1,0				1,6							0,0	
								Schlacht von Cefalu (860)		1,0				1,6								
1				1			Saraz. Raubzug gegen Kalabrien und Kampanien (852 bis 853)			1,0				1,0	1,0						0,0	
1				1			Raubzüge der Sarazenen von Bari in Süditalien (854 bis 866)							1,6	1,6						0,0	
				0				Seeschlacht im Ionischen Meer (858)		1,0				1,6							0,0	
1				1			Sarazenisch-arabischer Raubzug gegen den Balkan (867 bis 868)		10,0				16,1	16,1						0,0	
				0				Belagerung von Ragusa (867)						0,0							0,0	
				0				Seeschlacht von Taranto (867)		4,0				6,4							0,0	
				0				Belagerung von Euripos (871)		1,0				1,6							0,0	
				0				Belagerung von Salerno (871 bis 872)	30					8,1							0,0	
1	1			1			Sarazenische Raubzüge in Süd- u. Mittelitalien (875 bis 877)		2,0				0,0	0,0						0,0	
				0				Raubüberfall auf Comacchio (875)						0,0							0,0	
				0				Raubüberfall auf Vulci (876)						0,0							0,0	
				0				Raubüberfall auf Cosa (876)						0,0							0,0	
				0				Raubüberfall auf Roselle (876)						0,0							0,0	
				0				Seeschlacht von Terracina (877)						0,0							0,0	
1				1			Sarazenische Raubzüge in Süd- u. Mittelitalien (879 bis 916)		1,0				1,6	1,6						0,0	
				0				Belagerung von Tarent (880)		1,0				1,6							0,0	
				0				Massaker von San Vincenzo al Volturno (882)						0,0							4,0	
				0				Plünderung von Montecassino (883)							0,0						0,0	
1				1	800	899	*Raubzüge der Wikinger im 9. Jh.* Besetzung Russl. u. der Ukr. durch schwed. Wikinger (800 bis 970)						3,2	3,2						0,0	
				0				Belagerung von Suroz (800)		2,0				3,2							0,0	
				1			Dänischer Raubzug gegen die Abrodriten (808)						1,6	1,6						0,0	
1								Raubüberfall auf Rerik (808)		1,0				3,2							0,0	
1				1			Dänischer Raubzug gegen Friesland (834)						3,2	3,2						0,0	
				0				Belagerung von Dorestadt (834)		1,0				1,6							0,0	
				0				Belagerung von Utrecht (834)		1,0				1,6							0,0	
1				1			Norwegischer Raubzug gegen Frankreich (835)						0,0	0,0						0,0	
				0				Belagerung von Noirmoutier (835)						0,0							0,0	
1				1			Norwegischer Raubzug gegen Frankreich (838)						0,0	0,0						0,0	
				0				Raubüberfall auf Amboise (838)						0,0							0,0	
1	1			1			Norwegische Besetzung Irlands (839 bis 844)		2,0				3,2	3,2						0,0	

Präd &Retor	Se. Konfl	Konflikt	Ausführungsereignisse (Schlachten, Belagerungen)	Tln. (Tsd.)	Land Schl Tote (Tsd.)	KampfTote (Tsd.) Zw. Ablage	KampfTote (Tsd.)	Ziv. Tote (Tsd.)
1	0		Raubüberfall auf Athelnath (839)		1.0	1.6		0.0
1	0		Belagerung von Armagh (840)		1.0	1.6		0.0
1	1	Norwegischer (1. Wikinkischer) Raubzug im Mittelmeer (844)				6.4	6.4	0.0
1	0		Raubüberfall auf Sevilla (844)		2.0	3.2		0.0
1	0		Schlacht von Quintos-Moafir (844)					0.0
1	0		Seeschlacht von Talayata (844)		2.0	3.2		0.0
1	0		Raubüberfall auf Niebla (844)					0.0
1	1	Dänischer Raubzug (845)						
1	0		Raubüberfall auf Hamburg (845)		1.0	4.8	4.8	0.0
1	0		Belagerung von Paris (845)		2.0	1.6		0.0
1	0		Belagerung von Saintes (845)			3.2		0.0
1	1	Dänischer Raubzug (850)						
1	0		Raubüberfall auf Beauvais (850)		1.0	3.2	3.2	0.0
1	0		Raubüberfall auf Therouanne (850)		1.0	1.6		0.0
1	1	Dänischer Raubzug (852)						
1	0		Schlacht von Brillac (852)			0.0	0.0	0.0
1	1	Dänischer Raubzug (853)						
1	0		Belagerung von Lucon (853)			0.0	0.0	0.0
1	0		Belagerung von Nantes (853)			0.0	0.0	0.0
1	0		Belagerung von Tours (853)			0.0		0.0
1	1	Dänischer Raubzug gegen Friesland (857)						
1	1		Raubüberfall auf Utrecht (857)		1.0	1.6	1.6	0.0
1	1	Dänischer Raubzug gegen England (835)						
1	1		Raubüberfall auf Sheppey (835)		1.0	1.6	1.6	0.0
1	1	Dänischer Raubzug gegen England (836)						
1	0		Schlacht von Carhampton (836)	2		0.5	0.5	0.0
1	1	Dänischer Raubzug gegen England (838)						
1	0		Schlacht von Hengesresdun (838)		1.0	1.6	1.6	0.0
1	1	Dänischer Raubzug gegen England (840)						
1	0		Schlacht von Hamtun (840)	2	2.0	5.4	5.4	0.0
1	0		Schlacht von Portland (840)		1.0	3.8	3.8	0.0
1	1	Norwegischer Raubzug gegen Frankreich (840)				1.6	1.6	0.0
1	0		Raubüberfall auf Quentovic (840)		1.0	1.6	1.6	0.0
1	1	Dänischer Raubzug gegen Frankreich (841)				1.6	1.6	0.0
1	1		Raubüberfall auf Rouen (841)		1.0	1.6	1.6	0.0
1	0	Dänischer Raubzug gegen England (841)	Raubüberfall auf Merscware (841)		1.0	1.6	1.6	0.0
1	0	Dänischer Raubzug gegen England (842)	Raubüberfall auf Canterbury (842)		1.0	1.6	1.6	0.0
1	0	Dänischer Raubzug gegen Frankreich (842)	Raubüberfall auf Quentovic (842)		1.0	4.0	4.0	0.0
1	0		Raubüberfall auf Nantes (842)			1.6		0.0
1	1	Dänischer Raubzug gegen England (843)		3	1.0	2.4		0.0
1	0		Raubüberfall auf Rochester (842)		1.0	3.8	3.8	0.0
1	0		Schlacht von Charmouth (843)	2	1.0	1.6		0.0
1	1	Dänischer Raubzug gegen Frankreich (845)	Raubüberfall auf Angers (845)			2.1		0.0
1	1					0.0	0.0	0.0
1	1	Dänischer Raubzug gegen England 845				3.2	3.2	0.0

ANLAGE 10

Präd &Retor	Terr Konfl	Hier& Kons	Alloph Konfl	Se. Konfl	Jahr	bis	Jahr	Konflikt	Ausführungsereignisse (Schlachten, Belagerungen)	Tln. (Tsd.)	Land Schl. Tote (Tsd.)	Schl. Tote & Verw. (Tsd.)	See Schiffe	Schiffe gesunk.	Kampf- Tote (Tsd.) Zw. Ablage	Kampf- Tote (Tsd.)	Mil. Nicht-KampfTote (Tsd.) Zw. Ablage	Mil. Nicht- KampfTote (Tsd.)	MilTote (Tsd.) Zw. Ablage	Mil. Tote (Tsd.)	Ziv. Tote (Tsd.) Zw. Ablage	Ziv. Tote (Tsd.)	SeTote (Tsd.)
1				0					Schlacht von Pedramanmutha (845)		2,0				3,2								
1				1				Dänischer Raubzug gegen Frankreich (848)	Raubüberfall auf Bordeaux (848)						0,0	0,0						0,0	
1				0				Dänischer Raubzug gegen England (850)			2,0				3,2	3,2						0,0	
1				1					Schlacht von Whincester (850)		2,0				3,2								
1				1				Dänischer Raubzug gegen England (851)	Raubüberfall auf London (851)		1,0				16,1	16,1						0,0	
1				0					Raubüberfall auf Canterbury (851)		1,0				1,6							0,0	
1				0					Schlacht von Ockley (851)		5,0				1,6								
1				0					Schlacht von Wembury (851)		2,0				8,0								
1				0					Raubüberfall auf Contwaraburh (851)		1,0				3,2							0,0	
1				1				Dänischer Raubzug gegen England (853)	Schlacht von Thanet (853)		4,0				6,4	6,4						0,0	
1				1				Dänischer Raubzug gegen England (856)	Schlacht in Nordwales (856)		2,0				3,2	3,2						0,0	
1				0				Dänischer (2. Wikingischer) Raubzug im Mittelmeer 858 bis 862	Raubüberfall auf La Coruña (858)		1,0				14,5	14,5						0,0	
1				0					Raubüberfall auf Porto (858)		1,0				1,6							0,0	
1				0					Raubüberfall auf Lissabon (858)		1,0				1,6							0,0	
1				0					Raubüberfall auf Sevilla (858)		1,0				1,6							0,0	
1				0					Raubüberfall auf Corduba (858)		1,0				1,6							0,0	
1				0					Raubüberfall auf Cadiz (858)		1,0				1,6							0,0	
1				0					Raubüberfall auf Algeciras (858)		1,0				1,6							0,0	
1				0					Raubüberfall auf Malaga (858)		1,0				1,6							0,0	
1				0					Raubüberfall auf Almeria (858)		1,0				1,6							0,0	
1				0					Raubüberfall auf Nador (858)		1,0				1,6							0,0	
1				0					Raubüberfall auf Palma de Mallorca (858)		1,0				1,6							0,0	
1				0					Raubüberfall auf Narbonne (859)		1,0				1,6							0,0	
1				0					Raubüberfall auf Tarragona (859)		1,0				1,6							0,0	
1				0					Raubüberfall auf Barcelona (859)		1,0				1,6							0,0	
1				0					Raubüberfall auf Arles (859)		1,0				1,6							0,0	
1				0					Raubüberfall auf Marseille (859)		1,0				1,6							0,0	
1				0					Raubüberfall auf Luni (860)		1,0				1,6							0,0	
1				0					Raubüberfall auf Pamplona (861)		1,0				1,6							0,0	
1				0					Seeschlacht von Gibraltar (861)						1,6							0,0	
1				1				Wikingerüberfall auf Konstantinopel (860)	Belagerung von Konstantinopel (860)		1,0				1,6	1,6						0,0	
1				1				Dänischer Raubzug gegen England (860)	Raubüberfall auf Winchester (860)		1,0				1,6	1,6						0,0	
1				0				Dänischer Raubzug (860)	Raubüberfall auf Noyon (860)		1,0				8,0	8,0						0,0	
1				1					Raubüberfall auf Therouanne (860)		1,0				1,6							0,0	
1				0					Raubüberfall auf Amiens (860)		1,0				1,6							0,0	
1				0					Belagerung von Jeufosse (860 bis 867)		2,0				3,2	3,2						0,0	
1				1				Dänischer Raubzug gegen Kurland (866)							0,0	0,0						0,0	
1				1				Dänischer Raubzug gegen Frankreich (876)	Raubüberfall auf Brest (876)						0,0	0,0						0,0	
1				1				Dänischer Raubzug gegen Frankreich (880)							9,7	9,7						0,0	
1				0					Belagerung von Gent (880)		1,0				1,6							0,0	

Präd &Rctor	Terr Konfl	Hier& Kons	Alloph Konfl	Se. Konfl	Jahr	bis	Jahr	Konflikt	Ausführungsereignisse (Schlachten, Belagerungen)	Tln. (Tsd.)	Land Schl. Tote (Tsd.)	Schl. Tote & Verw. (Tsd.)	See Schiffe	See Schiffe gesunk	Kampf-Tote (Tsd.) Zw. Ablage	Kampf-Tote (Tsd.)	Mil. Nicht-KampfT ote (Tsd.) Zw. Ablage	Mil. Nicht-Kampf-Tote (Tsd.)	MilTote (Tsd.) Zw. Ablage	Mil. Tote (Tsd.)	Ziv. Tote (Tsd.) Zw. Ablage	Ziv. Tote (Tsd.)	SeTote (Tsd.)
1				0					Rauhüberfall auf Therouanne (880)		1,0				1,6							0,0	
1				0					Rauhüberfall auf Arras (880)		1,0				1,6	1,6						0,0	
1				0					Rauhüberfall auf Amiens (880)		1,0				1,6							0,0	
1				0					Schlacht von Saucourt (881)		2,0				3,2							0,0	
1				1				Dänischer Raubzug gegen Norddeutschland (880)							1,6	1,6						0,0	
1				0					Rauhüberfall auf Hamburg (880)						1,6							0,0	
1				0					Schlacht von Elstorf (880)		1,0				1,6							0,0	
1				0					Rauhüberfall auf Xanten (880)													0,0	
1				1				Dänischer Raubzug gegen Frankreich (885 bis 886)							8,1	8,1						0,0	
1				1			30		Belagerung von Paris (885 bis 886)						8,1							0,0	
1				1				Dänischer Raubzug gegen Frankreich (890)							9,7	9,7						0,0	
1				0					Rauhüberfall auf Amiens (890)		1,0				1,6							0,0	
1				0					Rauhüberfall auf Cambrai (890)		1,0				1,6							0,0	
1				0					Schlacht von St. Lo (890)		2,0				3,2								
1				0					Schlacht an der Dyle (891)		2,0				3,2	3,2						0,0	
1				1				Dänischer Raubzug gegen England (893)							3,2								
1				0					Schlacht von Buttington (893)		1,0				1,6								
1				1					Schlacht von Farnham (893)		1,0				1,6								
1				1				Dänischer Raubzug gegen Kurland (894)		2,0				3,2	3,2						0,0	
1				0	800	bis	899	RECONQUISTA im 9. Jh.															
1	1			1				Christlicher Aufstand in Zaragoza (802)								0,0						0,0	
1				1				Christlicher Aufstand in Cordoba (805)								0,0						0,0	
1				1				Christlicher Aufstand in Merida (807 bis 808)								0,0						0,0	
1	1			1				Fränkischer Feldzug nach Nordspanien (808)						3,2	3,2						0,0	
1				0					Belagerung von Tarragona (808)		2,0				3,2							0,0	
1				1				Christlicher Aufstand in Merida (810 bis 812)								0,0						0,0	
1				1				Christlicher Aufstand in Cordoba (818)								0,0						0,0	
1				1				Christlicher Aufstand in Merida (828)								0,0						0,0	
1				1				Christlicher Aufstand in Zaragoza (843 bis 844)						3,2	0,0						0,0	
1	1			1				Offensive des Königreichs von Asturien gegen Al Andalus (844)						1,6	1,6						0,0	
1				1					Schlacht von Clavijo (844)		1,0				1,6								
1		1		1				Maurischer Aufstand in Toledo mit astur. Unterst. (854)						3,2	3,2						0,0	
1				1					Schlacht von Guadalete (854)		2,0				3,2								
1	1			1				Offensive des Königreichs von Asturien gegen Al Andalus (859)						3,2	3,2						0,0	
1				1					Schlacht von Albelda (859)		2,0				3,2								
1	1			1				Maurische Gegenoffensive (865)						2,7	2,7								
1				1					Schlacht von Morcuera (865)						2,7								
1				1				Christlicher Aufstand in Merida (868)							0,0						0,0	
1	1			1				Christlicher Aufstand in Toledo (872 bis 873)							0,0						0,0	
1				0				Christlicher Rückerob. von Oporto (878)						2,7	2,7						0,0	
1									Belagerung von Oporto (878)		2,7				2,7							0,0	
1		1		1				Aufstand des Konvertiten Umar ibn Hafsun (880 bis 915)		2,7				2,7	2,7						0,0	
1				1				Christlicher Aufstand in Zaragoza (881)		2,7				2,7	2,7						0,0	

Präd &Retor	Terr Konfl	Hierk& Kons	Alloph Konfl	Se. Konfl	Jahr	bis	Jahr	Konflikt	Ausführungsereignisse (Schlachten, Belagerungen)	Tln. (Tsd.)	Land Schl Tote (Tsd.)	Schl Tote & Verw. (Tsd.)	See Schiffe	Schiffe gesunk.	Kampf-Tote (Tsd.) Zw. Ablage	Kampf-Tote (Tsd.)	Mil. Nicht-KampfTote (Tsd.) Zw. Ablage	Mil. Nicht-Kampf-Tote (Tsd.)	MilTote (Tsd.) Zw. Ablage	Mil. Tote (Tsd.)	Ziv. Tote (Tsd.) Zw. Ablage	Ziv. Tote (Tsd.)	SeTote (Tsd.)
1		1		1					Christlicher Aufstand in Toledo (887)						2,7	2,7						0,0	
1		1		1					Aufstand in Sevilla (895)						2,7	2,7						0,0	
1				0	800	bis	899	*Hegemonialkriege auf den Britischen Inseln im 9. Jh.*															
1		1		1				Hierarchiekrieg in Wessex (802)	Schlacht von Kempsford (802)		2,0				3,2	3,2							
1				0											3,2								
1	1			1				Angelsächsischer Verwüstungsfeldzug gegen Cornwall (813)			2,0				3,2	3,2						0,0	
1	1			0				Sächsische Landnahme in Devonshire (825)	Schlacht von Camelford (825)		2,0				3,2	3,2						0,0	
1				1				Hegemonialkrieg von Mercia gegen Wessex (825)							1,6	1,6							
1				0					Schlacht von Ellandun (825)		5,0				2,7	2,7							
1		1		1				Piktisch-skotischer Krieg (834)			1,0				1,6	1,6							
1				0					Schlacht von Carse von Gowrie and Fife (834)		5,0				8,0	8,0							
1		1		1				Dänisch-norwegischer Krieg um Irland (850 bis 854)			2,0				3,2	3,2							
1				0					Seeschlacht von Lough Carlingford (851)		1,0				1,6	1,6							
1				0					Seeschlacht bei Sandwich (851)		1,0				1,6	1,6							
1				0					Seeschlacht von Carlingford (852)		1,0				1,6	1,6							
1				0					Schlacht in Irland (854)						5,4	5,4							
1				0	787	bis	823	*Krieg der Großen Allianz Chinas gegen Tibet (Teil 8.Jh.)*	Schlacht von Lushui (801)						2,7								
1				0					Belagerung von Yanzhou (819)						2,7	4,8						0,0	
1			1	1	803	bis	809	Arabisch-Byzantinischer Krieg	Schlacht von Crasus (805)		2,0				3,2	3,2							
1				0					Belagerung von Herakleia (806)		1,0				1,6	1,6						0,0	
1			1	1	805	bis	807	2. Byzant. Unterwerfungsfeldzug gegen die Slawen Griechenlands	Belagerung von Patras (805 bis 807)		1,0				1,6	1,6						0,0	
1				0	805			Krieg Pratiharas gegen Pala	Schlacht bei Mongjhyr (805)						2,7	2,7							
1			1	0	806			Krieg Rashtrakutas gegen Pratihara							2,7	2,7							
1		1		1	806	bis	809	Aufstände von Militärgouverneuren gegen die Tang-Dynastie							2,7	2,7							
1				1	809	bis	814	Byzantinisch-Bulgarischer Krieg	Belagerung von Serdika (809)		2,0				109,0	109,0						0,0	
1				0					Belagerung von Pliska (811)		2,0				3,2	3,2						12,0	
1				0					Schlacht im Balkangebirge (811)		50,0				80,5								
1				0					Belagerung von Develtos (812)		1,0				1,6	1,6						0,0	
1				0					Belagerung von Mesembria (812)		1,0				1,6	1,6						0,0	
1				0					Schlacht von Versinikia (813)	40					10,8								
1				0					Belagerung von Adrianopel (813)		2,0				3,2	3,2						5,0	
1				0					Schlacht von Mesembria (813)		2,0				3,2	3,2							
1				0					Belagerung von Konstantinopel (814)		1,0				1,6							0,0	
1		1		1	809	bis	813	Abbasidischer Bürgerkrieg	Belagerung von Bagdad (810 bis 811)		2,0				3,2	3,2						0,0	
1			1	0	810	bis	813	Fränkischer Feldzug gegen Venedig			2,0				1,6	1,6						0,0	
1		1		1	815	bis	818	Aufstand in Huaixi			1,0				2,7	2,7						0,0	

#	Präd &Retor	Terr Konfl	Hier& Kons	Alloph Konfl	Se. Konfl	Jahr	bis	Jahr	Konflikt	Ausführungsereignisse (Schlachten, Belagerungen)	Tln. (Tsd.)	Land Schl Tote (Tsd.)	Schl. Tote & Verw. (Tsd.)	See Schiffe	See Schiffe gesunk.	Kampf-Tote (Tsd.) Zw. Ablage	Kampf-Tote (Tsd.)	Mil. Nicht-KampfTote (Tsd.) Zw. Ablage	Mil. Nicht-Kampf-Tote (Tsd.)	MilTote (Tsd.) Zw. Ablage	Mil. Tote (Tsd.)	Ziv. Tote (Tsd.) Zw. Ablage	Ziv. Tote (Tsd.)	SeTote (Tsd.)
1		1			0	815			Fränkischer Feldzug gegen Jütland																
1										Belagerung von Runan (817)		1,0				2,7	2,7							
1	1				1	820			Christlicher Raubzug gegen Tunesien			1,0				1,6	1,6						0,0	
1			1		1	820	bis	823	Byzantinischer Bürgerkrieg							1,6	1,6							
1					0					Belagerung von Konstantinopel (821 bis 823)		1,0				1,6	1,6							
1					0	823			Besetzung Kretas durch andalusische Piraten							1,6	1,6							
1		1			0					Seeschlacht von Kreta (823)		1,0				1,6	1,6							
1		1			0	824			Baskischer Aufstand gegen die Franken							1,6	1,6						0,0	
1					0					Schlacht von Roncisvalle (824)		1,0				1,6	1,6							
1	1	1			1	827			Invasion der Bulgaren im Frankenreich							1,6	1,6						0,0	
1		1			0	827	bis	902	Sarazenische Eroberung Siziliens			1,0				66,0	66,0							
1					0					Schlacht von Belice Sinistro (827)		2,0				3,2								
1					0					Belagerung von Syrakus (827 bis 828)		2,0				3,2								
1					0					Belagerung von Girgenti (828)		1,0				1,6							0,0	
1					0					Belagerung von Enna (828)		2,0				3,2							0,0	
1					0					Belagerung von Palermo (830 bis 831)		2,0				3,2							60,0	
1					0					Schlacht von Mineo (830)		2,0				3,2								
1					0					Belagerung von Enna (834 bis 859)		2,0				3,2							0,0	
1					0					Seeschlacht von Palermo (835)		2,0				3,2								
1					0					Schlacht von Enna (835)		1,0				1,6								
1					0					Schlacht von Enna (837)		1,0				1,6								
1					0					Belagerung von Enna (837 bis 859)		2,0				3,2							0,0	
1					0					Belagerung von Messina (843 bis 844)		1,0				1,6							0,0	
1					0					Belagerung von Enna (859)		2,0				3,2							4,0	
1					0					Belagerung von Noto (864)		1,0				1,6							0,0	
1					0					Belagerung von Syrakus (873)		1,0				1,6							0,0	
1					0					Belagerung von Syrakus (877 bis 878)		2,0				3,2							4,0	
1					0					Seeschlacht an der Lipari Islands (879)		2,0				3,2								
1					0					Seeschlacht von Neapel (879)		1,0				1,6								
1					0					1. Seeschlacht von Milazzo (880)		2,0				3,2								
1					0					Schlacht von Caltavuturo (881)		2,0				3,2								
1					0					Schlacht von Madonie (882)		1,0				1,6								
1					0					2. Seeschlacht von Milazzo (888)		6,0				9,7								
1					0					Belagerung vonTaormina (889)		1,0				1,6							0,0	
1	1				1	828			Christlicher Rachefeldzug gegen Tunesien	Schlacht von Al-Qayrawan (828)		1,0				14,5	14,5						0,0	
1		1			0				Sarazenische Eroberungen In Süditalien	Belagerung von Tarent (836)		1,0				1,6							0,0	
1					0					Belagerung von Brindisi (838)		1,0				1,6							0,0	
1					0					Seeschlacht von Tarent (840)		2,0				3,2								
1					0					Belagerung von Tarent (841)		1,0				1,6							0,0	
1					0					Belagerung von Bari (847)		1,0				1,6							0,0	
1					0					Belagerung von Bari (852)		2,0				3,2							0,0	
1					0					Schlacht von Bari (855)		1,0				1,6								
1		1			0	829			Invasion von Nanzhou in Annam			1,0				2,7	2,7							
1	1	1			1	829			Invasion der Bulgaren im Frankenreich			1,0				1,6	1,6						0,0	
1		1		1	1	829	bis	833	Arabisch-Byzantinischer Krieg			5,0				8,0	8,0						0,0	
1			1		0	830	bis	843	Fränkischer Thronfolgestreit	Schlacht bei Kolmar (833)		1,0				8,0	8,0							
1					0					Schlacht von Fontenoy (841)		4,0				6,4								

Präd & Ret or	Terr Konfl	Hier & Kons	Alloph Konfl	Se. Konfl	Jahr	bis	Jahr	Konflikt	Ausführungsereignisse (Schlachten, Belagerungen)	Tln. (Tsd.)	Land Schl Tote (Tsd.)	Schl Tote & Verw. (Tsd.)	See Schiffe	Schiffe gesunk.	Kampf-Tote (Tsd.) Zw. Ablage	Kampf-Tote (Tsd.)	Mil. Nicht-KampfTote (Tsd.) Zw. Ablage	Mil. Nicht-Kampf-Tote (Tsd.)	MilTote (Tsd.) Zw. Ablage	Mil. Tote (Tsd.)	Ziv. Tote (Tsd.) Zw. Ablage	Ziv. Tote (Tsd.)	SeTote (Tsd.)
1			1	1	828	bis	832	Koptischer Aufstand in Ägypten							1.6	1.6							
1				0					Schlacht von Basharud (832)		1.0				1.6	1.6							
1				1	832			Raubzug der Thai gegen Pyu							1.6	1.6							
1				0					Belagerung von Halingyi (832)		1.0				1.6							0.0	
1				1	835	bis	838	Expansionskriege des langobardischen Herzogtums von Benevent							3.2	3.2							
1				0					Belagerung von Neapel (835)		1.0				1.6							0.0	
1				0	836	bis	886		Belagerung von Amalfi (838)		1.0				1.6							0.0	
1				0				Kriege Pratiharas unter Boja I.															
1				1				Krieg gegen Pala (zw. 836 u. 886)							2.7	2.7							
1				1				Eroberungen bis Magadha (zw. 836 u. 886)							2.7	2.7							
1				1				Eroberungen bis zum Narmada (zw. 836 u. 886)			15.0				19.3	19.3							
1				1	837	bis	842	Byzantinisch- Arabischer Krieg			15.0				19.3	19.3							
1				0					Schlacht von Dazmana (838)		7.0				11.3								
1				0					Belagerung von Ancyra (838)		1.0				1.6								
1				0					Belagerung von Amorion (838)		1.0				1.6							0.0	
1				0					Schlacht von Mauropotamos (844)		2.0				3.2							0.0	
1				0					Byzantinische Rückeroberung Kretas (843)		1.0				1.6								
1				1	840			Unterwerfung u. Vertreibung der Uiguren durch die Kirgisen							2.7	2.7						10.0	
1				0					Belagerung von Ordubaliq (840)						2.7								
1			1	1	840			Chin. Massaker an uigurischen u. sogdianischen Flüchtlingen							0.0	0.0						10.0	
1				1	843	bis	866	Aufstände von Militärgouverneuren gegen die Tang-Dynastie							2.7	2.7							
1		1		1	843			Bürgerkrieg im Herzogtum von Benevent	Schlacht in den Kaudin. Engpässen (843)		1.0				1.6	1.6							
1			1	0	843	bis	845	Religiöse Verfolgungen in China							0.0	0.0						3.0	
1	1			1	843	bis	851	Bretonischer Unabhängigkeitskrieg gegen die Franken							7.0	7.0							
1				0					Schlacht von Ballon (845)		1.0				1.6								
1				0					Belagerung von Nantes (850)						2.7								
1				0					Belagerung von Jengland-Beslé (851)						2.7							0.0	
1	1			1	846			Aufstand der Morawen gegen die Franken			1.0				1.6	1.6							
1	1			1	847	bis	849	3. Byz. Unterwerfungsfeldzug gegen die Slawen Griechenlands							1.6	1.6						2.0	
1		1		0	848			Hierarchiekämpfe in Chola							2.7	2.7							
1				1					Belagerung von Thanjavur (848)						2.7								
1		1		0	849	bis	851	Hierarchiekämpfe in Tibet							2.7	2.7							
1	1			1	849	bis	866	Chinesische Rückeroberungen im Westen							2.7	2.7							
1				0					Schlacht a.d. Brücke d. Gelben Flusses (849)		1.0				1.6							0.0	
1	1			1	850			Dänische Invasion des Kurlands			1.0				1.6	1.6							
1		1		0	850			Thronfolgestreit in Sanjaya (Java)							2.7	2.7							
1				1	851	bis	863	Byzantinisch-Arabischer Krieg							18.5	18.5							
1				0					Raubüberfall auf Damietta (853)		1.0				1.6							0.0	
1				0					Schlacht von Euphtrat (860)		4.0				6.4								
1				0					Schlacht von Marj al-Usquf (863)						4.1								
1				1					Schlacht von Lalakaion (863)	15	4.0				6.4								
1				1	855			Schwedische Invasion des Kurlands		4.0				4.3	4.3							

ANLAGE 10

Präd & Aktor	Terr Konfl	Hier & Kons	Alloph Konfl	Se. Konfl	Jahr	bis	Jahr	Konflikt	Ausführungsereignisse (Schlachten, Belagerungen)	Tln. (Tsd.)	Land Schl. Tote (Tsd.)	Schl. Tote & Verw. (Tsd.)	See Schiffe	Schiffe gesunk.	Kampf-Tote (Tsd.) Zw. Ablage	Kampf-Tote (Tsd.)	Mil. Nicht-KampfTote (Tsd.) Zw. Ablage	Mil. Nicht-KampfTote (Tsd.)	MilTote (Tsd.) Zw. Ablage	Mil. Tote (Tsd.)	Ziv. Tote (Tsd.) Zw. Ablage	Ziv. Tote (Tsd.)	SeTote (Tsd.)
1				0					Belagerung von Grobin (855)		1,0				1,6							0,0	
1				0					Belagerung von Apuole (855)						2,7	2,7						0,0	
1	1			1	858	bis	863	Besetzung von Annam durch Nanzhou							2,7	2,7							
1		1		1	859			Bauernaufstand des Qiu Fu in Zhedong							2,7	2,7							
1				1	860			Byzantinische Gegenoffensive auf Sizilien							33,1	33,1							
1				0					Seeschlacht von Syrakus (860)					100	33,1								
1	1			1	862	bis	879	Verdrängung der Wikinger aus Nordirland							2,7	2,7							
1	1			1	864	bis	866	Chinesische Rückeroberungen Annam							2,7	2,7							
1				1	865	bis	870	Dänische Invasion Ostenglands (angelsächsisches Northumbria)							6,4	6,4							
1				0					Belagerung von York (866)		1,0				1,6							5,0	
1				0					Belagerung von York (867)		2,0				3,2							0,0	
1				1					Belagerung von Nottingham (868)		1,0				1,6							0,0	
1				0					Belagerung von Comacchio (866)		1,0				1,6								
1	1			1	866			Venezianischer Expansionskrieg							1,6	1,6							
1				1	866	bis	871	4. Süditalien-Feldzug Ludwigs II. gegen die Sarazenen							3,2	3,2							
1				0					Belagerung von Capua (866)		1,0				1,6							0,0	
1				0					Belagerung von Bari (868 bis 871)		1,0				1,6							0,0	
1		1		1	868	bis	883	Sklavenaufstand in Mesopotamien							2,7	2,7						5,0	
1		1		1	868	bis	869	Meuterei der Xu-Garrison unter Pang Xun							2,7	2,7							
1				1	869	bis	870	Sarazenische Besetzung Maltas	Belagerung von Malta (869 bis 870)		1,0				1,6	1,6						0,0	
1				0					Seeschlacht von Hafrsfjord (870)		1,0				1,6								
1				1	870			Norwegischer Einigungskrieg							1,6	1,6							
1				1	870	bis	871	Norw. Besetz. der Orkneys, Shetlands, Hebriden u. Islands			0,0				0,0	0,0						0,0	
1	1			1	870	bis	871	1. Dänische Invasion in Wessex	Schlacht von Englefield (870)		15,0				19,3	19,3							
1				0					Belagerung von Dumbarton (870)		1,0				1,6							0,0	
1				0					Schlacht von Hoxne (870)		1,0				1,6								
1				0					Belagerung von Reading (871)		1,0				1,6							0,0	
1				0					Schlacht von Ashdown (871)		5,0				8,0								
1				0					Schlacht von Basing (871)		1,0				1,6								
1				0					Schlacht von Meretun (871)		1,0				1,6								
1				0					Schlacht von Wilton (871)		1,0				1,6								
1	1			1	872			Sezessionistischer Aufstand der Paulizianer	Belagerung von Ephesos (871)		1,0				11,3	11,3							
1				0					Schlacht von Bathys Ryax (878)		5,0				1,6								
1				0					Belagerung von Tephrike (872)		1,0				1,6								
1	1			1	872			5. Feldzug Ludwigs II. nach Süditalien	Schlacht von San Martino (872)	20	1,0				7,0	7,0							
1				0					Seeschlacht von San Salvatore (872)						5,4								
1				1	874	bis	876	Dänische Invasion in Schottland	Schlacht in Schottland (876)		1,0				1,6	1,6							
1	1	1		1	875	bis	884	Aufstand des Huang Chao	Belagerung von Kanton (879)			100			60,6	60,6						100,0	
1				0					Belagerung von Xian (880)						53,1								
1				0					Belagerung von Lo-yang (880)		1,0				2,7							0,0	
1				0					Belagerung von Changan (881)		1,0				1,6							0,0	

ANLAGE 10

Präd &Rhetor	Terr Konfl	Hier& Kons	Alloph Konfl	Se. Konfl	Jahr	bis	Jahr	Konflikt	Ausführungsereignisse (Schlachten, Belagerungen)	Tin. (Tsd.)	Land Schl Tote (Tsd.)	Land Schl Tote & Verw. (Tsd.)	See Schiffe	See Schiffe gesunk.	Kampf-Tote (Tsd.) Zw. Ablage	Kampf-Tote (Tsd.)	Mil. Nicht-KampfTote (Tsd.) Zw. Ablage	Mil. Nicht-Kampf-Tote (Tsd.)	MilTote (Tsd.) Zw. Ablage	Mil. Tote (Tsd.)	Ziv. Tote (Tsd.) Zw. Ablage	Ziv. Tote (Tsd.)	SeTote (Tsd.)
1				0					Belagerung von Changan (884)		1,0				1,6							0,0	
1		1		1	876			Fränkischer Thronfolgekrieg	Schlacht von Andernach (876)		2,0				3,2	3,2							
1	1			0	876	bis	878	2. Dänische Invasion in Wessex	Schlacht von Chippenham (878)						11,3	11,3							
1				1					Schlacht von Edington (878)		4,0				6,4								
1				0					Belagerung von Chippenham (878)		1,0				3,2								
1				0					Belagerung von Chippenham (878)		1,0				1,6							0,0	
1				0	876	bis	933	Wikingische Eroberung der Normandie (Teil 9. Jh.)							2,7							5,0	
1				0					Schlacht von Elsloo (882)		5,0				2,7	2,7							
1	1			0	877			Angriff der Dänen Englands auf die Norweger Irlands							3,2								
1				0					Belagerung von Athelhath (877)		2,0				3,2	3,2							
1	1			1	880	bis	881	Byzantinische Offensive gegen die islamischen Seeräuber						20	13,1	13,1							
1				0					Seeschlacht von Chalkis (880)						6,6								
1				0					Belagerung von Kreta (880)		1,0				1,6							2,0	
1				0					Belagerung von Korinth (880)		1,0				1,6							2,0	
1				0					Seeschlacht von Kephalonia (880)		2,0				3,2								
1	1			1	884			Byzantinische Offensive gegen die Sarazenen in Kalabrien			1,0				4,8	4,8						0,0	
1				0					Belagerung von Santa Severina (884)		1,0				1,6							0,0	
1				0					Belagerung von Amantea (884)		1,0				1,6							0,0	
1				0					Belagerung von Tropea (884)		1,0				2,4								
1				1	884	bis	886	3. Dänische Invasion in Wessex	Seeschlacht von Stourmouth (885)				30		0,8	2,4							
1				0					Belagerung von London (886)		1,0				1,6							0,0	
1	1			0	885	bis	910	Kriege Pratiharas unter Mahendrapala I.	Eroberungen in Bengal (zw. 885 und 910)						2,7	2,7							
1	1			1					Eroberungen in Assam (zw. 885 und 910)						2,7	2,7							
1	1			0	886			Aufstand in Papia gegen die Franken							1,6	1,6							
1				0					Belagerung von Papia (886)		1,0				1,6							0,0	
1				1	887	bis	959	Feldzüge Venedigs gegen die dalmatischen Piraten (Teil 9. Jh.)					50		1,3	1,3							
1				0					Seeschlacht von Makarska (887)		1,0				1,3								
1	1			0	888			Konflikt zwischen Neapel u. Capua	Schlacht von San Crazio (888)						2,7	2,7							
1				1	888	bis	905	Thronfolgestreit um das fränkische Königtum von Italien							4,8	4,8						0,0	
1				0	889				Schlacht an der Trebbia (889)		1,0				1,6								
1				0					Belagerung von Papia (891)		2,0				3,2								
1	1			0	892			1. Italienfeldzug Arnulfs von Kärnten (892)	Belagerung von Bergamo (892)		1,0				3,2	3,2						0,0	
1				0					Belagerung von Papia (892)		1,0				1,6							5,0	
1	1			1				2. Italienfeldzug Arnulfs von Kärnten (895)							0,0	0,0						0,0	
1		1		1	889			Bauernaufstand im Königreich von Silla							0,0								
1		1		0	891			Bürgerkrieg im Emirat von al-Andalus							8,1	8,1							
1		1		0					Schlacht von Polcy (891)	30					8,1								
1	1			1	892	bis	893	Feldzug der Franken gegen das Großmährische Reich			2,0				3,2	3,2							

Präd &Retor	Terr Konfl	Hier& Kons Konfl	Alloph Konfl	Se. Konfl	Jahr	bis	Jahr	Konflikt	Ausführungsereignisse (Schlachten, Belagerungen)	Tln. (Tsd.)	Land Schl Tote (Tsd.)	Schl Tote & Verw. (Tsd.)	See Schiffe	Schiffe gesunk.	Kampf-Tote (Tsd.) Zw. Ablage	Kampf-Tote (Tsd.)	Mil. Nicht-KampfTote (Tsd.) Zw. Ablage	Mil. Nicht-Kampf-Tote (Tsd.)	MilTote (Tsd.) Zw. Ablage	Mil. Tote (Tsd.)	Ziv. Tote (Tsd.) Zw. Ablage	Ziv. Tote (Tsd.)	SeTote (Tsd.)
1	1				893	bis	897	4. Dänische Invasion in Wessex							3.5	3.5							
1									Raubüberfall auf Chichester (895)		1.0				1.6							0.0	
1									Seeschlacht von Milton Road (894)		1.0				1.6								
1									Seeschlacht von Pool Harbour (897)		0.2				0.3								
1	1				894	bis	896	Bulgarisch-Byzantinischer Krieg							3.2	3.2							
1									Schlacht von Bulgarophygon (896)		2.0				3.2							0.0	
1					899			Ungarneinfälle im 9. Jh.							9.7	9.7							
1									Schlacht von Cassano (899)		1.0				9.7	9.7							
									Schlacht an der Brenta (899)	30	1.0				8.1								
447	70	64	33	3	170											938		3.040		3.978		238,0	4.216
									Default-Werte	0,27	1,61	0,53	0,03	0,33	2,70	3,5		3,24		0,50		0,0	0,0
					900	bis	999	*Sarazenische Raubzüge im 10. Jh.*															
1				1				Sarazenischer Raubzug 901	Raubüberfall auf Thessalonike (901)		1.0				3.2	3.2						0.0	
1									Raubüberfall auf Reggio (901)		1.0				1.6							1.0	
1				1				Sarazenischer Raubzug 902	Belagerung von Demetrias (902)		1.0				4.8	4.8						1.0	
1									Belagerung von Cosenza (902)		2.0				3.2							0.0	
1				1				Sarazenischer Raubzug 904	Raubüberfall auf Thessalonike (904)		1.0				1.6	1.6						0.0	
1				1				Sarazenischer Raubzug 906	Raubüberfall auf das Kloster Novalesa (906)		1.0				0.0	0.0						0.0	
1				1				Sarazenischer Raubzug 916	Belagerung am Garigliano (916)		2.0				4.8	4.8						0.0	
1									Raubüberfall auf Paestum (916)		1.0				3.2							1.0	
1				1				Sarazenischer Raubzug 918	Raubüberfall auf Reggio (918)		1.0				1.6	1.6						0.0	
1				1				Sarazenischer Raubzug 920	Belagerung von Reggio (920)		1.0				1.6	1.6						0.0	
1				1				Sarazenischer Raubzug 922	Raubüberfall auf Tarent (922)		1.0				1.6	1.6						0.0	
1				1				Sarazenischer Raubzug 925	Belagerung von Oria (925)		7.0				11,3	11,3						0.0	
1				1				Sarazenischer Raubzug 929	Raubüberfall auf Tiroloi (929)		1.0				1.6	1.6						0.0	
1				1				Sarazenischer Raubzug 935	Raubüberfall auf Genua (935)		1.0				1.0	1.0						0.0	
1				1				Sarazenischer Raubzug 952	Schlacht von Gerace (952)		1.0				1.6	1.6						0.0	
1				1				Sarazenischer Raubzug 975	Belagerung von Fraxinetum (975)		1.0				1.6	1.6						0.0	
1				1				Sarazenischer Raubzug 988	Belagerung von Cosenza (988)		1.0				1.6	1.6						0.0	
1				1				Sarazenischer Raubzug 994	Belagerung von Matera (994)		1.0				1.6	1.6						0.0	
					900	bis	965	*Sarazenische Eroberung Siziliens (Abschluss im 10. Jh.)*								0.0							
1								Sarazenischer Raubzug 900	Schlacht von Trapani (900)						2.8	2.8						0.0	
1				1				Sarazenischer Feldzug 902	Sarazenischer Feldzug 902						3.2	3.2						0.0	

ANLAGE 10

Präd &Rstor	Terr Konfl	Hier& Kons	Alloph Konfl	Se. Konfl	Jahr	bis	Jahr	Konflikt	Ausführungsereignisse (Schlachten, Belagerungen)	Tln (Tsd.)	Land Schl Tote (Tsd.)	Schl Tote & Verw. (Tsd.)	See Schiffe	See Schiffe gesunk.	Kampf-Tote (Tsd.) Zw. Ablage	Kampf-Tote (Tsd.)	Mil. Nicht-KampfTote (Tsd.) Zw. Ablage	Mil. Nicht-Kampf-Tote (Tsd.)	MilTote (Tsd.) Zw. Ablage	Mil. Tote (Tsd.)	Ziv. Tote (Tsd.) Zw. Ablage	Ziv. Tote (Tsd.)	SeTote (Tsd.)
1									Belagerung von Taormina (902)		2,0				3,2							0,0	
1				1				Sarazenischer Feldzug 962 bis 965							15,3	15,3						0,0	
1				0					Schlacht von Messina (962)		1,0				1,6								
1				0					Belagerung von Taormina (962)		1,0				1,6							0,0	
1				0					Belagerung von Rametta (963 bis 965)		2,0				3,2							5,0	
1				0					Schlacht von Rametta (964)	20					5,6								
1				0					Seeschl. in der Meerenge von Messina (965)		2,0				3,2								
1				0	900	bis	955	*Ungarneinfälle im 10. Jh.*								0,0						0,0	
1				0				Ungarischer Raubzug 907	Schlacht von Pressburg (907)		5,0				8,0	8,0							
1				1				Ungarischer Raubzug 909	Schlacht an der Rott (909)		1,0				1,6	1,6						0,0	
1				1				Ungarischer Raubzug 910	Schlacht von Neuching (910)		1,0				3,2	3,2						0,0	
1				0					Schlacht von Augsburg (910)		1,0				1,6								
1				1				Ungarischer Raubzug 913	Schlacht von Passau (913)						2,8	2,8						0,0	
1				1				Ungarischer Raubzug nach Italien (911)			1,0				1,6	1,6						0,0	
1				1				Ungarischer Raubzug nach Mitteldeutschland (953)							2,8	2,8						0,0	
1				1					Schlacht von Riade (933)						2,8								
1				1				Ungarischer Raubzug nach Spanien (942)	Schlacht in Nordspanien (942)						2,8	2,8							
1				1				Ungarischer Raubzug nach Österreich (943)	Schlacht an der Traun (943)						2,8	2,8						0,0	
1				1				Ungarischer Raubzug nach Süddeutschland (955)	Schlacht an der Lechfeld (955)						2,8	2,8							
1				1				Ungarn-Plünderungseinf. in die Ostmark (991)			1,0				1,6	1,6						0,0	
1		1		1	900	bis	929	Aufstand der Karmathen			1,0				5,6	5,6						0,0	
1				0					Belagerung von Mekka (929)						0,0							0,0	
1				0					Belagerung von Basra (923)						2,8							0,0	
1				0	900	bis	999	*Raubzüge der Wikinger im 10. Jh.*	Belagerung von Kufa (925)						2,8								
1				1				Dänischer Raubzug gegen Kent (902)	Schlacht von Holme (902)		2,0				2,8	2,8						0,0	
1				1				Plünderungseinfall schwedischer Rus in Azerbaijan (913 bis 914)							3,2	3,2						0,0	
1				1				Raubzug gegen die Bretagne (919)							1,0	1,0						0,0	
1				1				Norwegischer Raubzug gegen Kurland (925)							2,8	2,8						0,0	
1				1				Normannischer Raubzug 929							2,8	2,8						0,0	
1				1					Belagerung von Limoges (929)						2,8								
1				1				Dänischer Raubzug zur Iberischen Halbinsel (966)	Schlacht von Lissabon (966)						2,8	2,8						0,0	
1				1				Norwegischer Raubzug gegen die galizische Küste (968)	Schlacht von Fornelos (968)						5,6	5,6							
1				0					Schlacht von Fornelos (968)						2,8								
1				0					Belag. von Santiago de Compostela (968)						2,8							0,0	

Präd &Reror	Terr Konfl	Hierit Kons	Alloph Konfl	Se. Konfl	Jahr	bis	Jahr	Konflikt	Ausführungsereignisse (Schlachten, Belagerungen)	Thn. (Tsd.)	Land Schl. Tote (Tsd.)	Schl. Tote & Verw. (Tsd.)	See Schiffe	Schiffe gesunk.	Kampf-Tote (Tsd.) Zw. Ablage	Kampf-Tote (Tsd.)	Mil. Nicht-KampfTote (Tsd.) Zw. Ablage	Mil. Nicht-Kampf-Tote (Tsd.)	MilTote (Tsd.) Zw. Ablage	Mil. Tote (Tsd.)	Ziv. Tote (Tsd.) Zw. Ablage	Ziv. Tote (Tsd.)	SeTote (Tsd.)
1				1				Dänischer Raubzug gegen Al-Andalus (971)							2,8							0,0	
1									Flusschlacht auf dem Guadalquivir (971)						2,8	2,8							
1				1				Dänische Raubzüge gegen SW-England (980 bis 982)							1,6	1,6						0,0	
1									Plünderung von Southampton (980)		1,0				1,6								
1				1				Dänische Raubzüge gegen S-England (991 bis 994)							2,8	2,8						0,0	
1				0					Schlacht von Maldon (991)	6					1,7								
1				0					Belagerung von London (994)	4					1,1								
1				1				Dänische Raubzüge gegen S-England (997 bis 999)		3,0				4,8	4,8						0,0	
1				0	900	bis	999	RECONQUISTA im 10. Jh.							2,8								
1	1			1			901	Maurischer Rückeroberungsversuch von Zaragoza (901)	Schlacht von Zamora (901)						2,8	2,8							
1	1			1				Feldzüge des Abd ar-Rahman III. von Cord. gg Taifas (912 bis 932)							4,4	4,4							
1				0					Belagerung von Ecija (913)						2,8								
1				0					Schlacht von Somontin (913)		1,0				1,6	1,6						0,0	
1	1			1				Christliche Eroberung von Evora (913)	Belagerung von Evora (913)						2,8	2,8						0,0	
1	1			1				Christliche Eroberung von Merida (915)	Belagerung von Merida (915)						2,8	2,8						0,0	
1	1			1				Maurische Gegenoffensive (917 bis 920)	Schlacht von San Esteban de Gormaz (917)		1,0				11,3	11,3							
1				0					Schlacht bei Leon (918)		1,0				1,6								
1				0					Schlacht in Spanien (919)		1,0				1,6								
1				0					Schlacht im Junquera-Tal (920)		4,0				6,4								
1				0					Plünderung von Pamplona (920)		0,0				0,0								
1	1			1			924	Maurischer Krieg gegen Navarra (924)	Schlacht an der Ireti (924)		1,0				9,2	9,2							
1				0					Schlacht von Sarguesa (924)						1,6								
1				0					Zerstörung von Pamplona (924)		3,0				4,8								
1		1		1				Christlicher Aufstand in Toledo (930)							2,8							0,0	
1	1			1				Expansionsoffensive von Leon in Kastilien (953)	Schlacht von Osma (933)		1,0				1,6	1,6							
1	1			0				Maurische Offensive gegen Leon (939)	Schlacht von Simancas (939)		5,0				9,7	9,7							
1				1					Schlacht von Alhandega (939)		1,0				8,0								
1	1			1			957	Straffeldzug von Cordoba gegen Leon (957)	Schlacht in Kastilien (957)		1,0				1,6								
1				0											2,8	2,8							
1				0											2,8	2,8							
1	1			0			963	Maurische Rückeroberung von Festungen (963)							8,4	8,4						0,0	
1				0					Belagerung von Gormaz (963)						2,8								
1				0					Belagerung von Atenza (963)						2,8							0,0	
1				0					Belagerung von Calahorra (963)						2,8							0,0	
1	1			1				Christliche Gegenoffensive (973 bis 975)	Schlacht von Gormaz (975)		1,0				1,6	1,6						0,0	
1				0							1,0				1,6								

Präd &Refor	Terr Konfl	Hier& Kons	Alloph Konfl	Se. Konfl	Jahr	bis	Jahr	Konflikt	Ausführungsereignisse (Schlachten, Belagerungen)	Thn. (Tsd.)	Land Schl. Tote (Tsd.)	Schl. Tote & Verw. (Tsd.)	See Schiffe	Schiffe gesunk.	Kampf-Tote (Tsd.) Zw. Ablage	Kampf-Tote (Tsd.)	Mil. Nicht-KampfTote (Tsd.) Zw. Ablage	Mil. Nicht-Kampf-Tote (Tsd.)	MilTote (Tsd.) Zw. Ablage	Mil. Tote (Tsd.)	Ziv. Tote (Tsd.) Zw. Ablage	Ziv. Tote (Tsd.)	SeTote (Tsd.)
1				1				Plünderungsfeldzüge des Almansor von Cordoba (977 bis 1002)							19,3	19,3							
				0					Belagerung von Ledesma (977)		1,0				1,6							0,0	
				0					Belagerung von Salamanca (977)		1,0				1,6							0,0	
				0					Belagerung von Pamplona (978)		1,0				1,6							0,0	
				0					Belagerung von Sepulveda (979)		1,0				1,6							0,0	
				0					Belagerung von Zamora (981)		1,0				1,6							0,0	
				0					Belagerung von Simancas (981)		1,0				1,6							0,0	
				0					Belagerung von Leon (982)		1,0				1,6							0,0	
				0					Belagerung von Barcelona (985)		1,0				1,6							0,0	
				0					Belagerung von Coimbra (987)		1,0				1,6							0,0	
				0					Belagerung von Leon (988)		1,0				1,6							0,0	
				0					Belagerung von Astorga (995)		1,0				1,6								
				0					Plünderung von Santiago de Compostela (997)		1,0				1,6							0,0	
		1		1				Andalusischer Bürgerkrieg (981)							1,6									
				0					Schlacht von San Vincente (981)		1,0				1,6	1,6							
	1			1	900			Byzantinische Offensive in Mesopotamien							8,0								
				0	900				Schlacht von Adana (900)		5,0				8,0	8,0							
		1		1	900			Sarazenischer Hierarchiekonflikt auf Sizilien							3,2								
				0	900		905		Belagerung von Palermo (900)		2,0				3,2	3,2						0,0	
				0	900	bis	905	Thronfolgestreit um das fränk. Königtum Italien (Forts. Im 10. Jh.)		2,0				3,2	3,2							
				0					Schlacht von Corteolona (905)		1,0				1,6								
				0					Belagerung von Verona (905)		1,0				1,6								
		1		1	902			Irischer Befreiungskrieg gegen die Wikinger							1,6								
				0	902				Belagerung von Dublin (902)		2,0				1,6	1,6						0,0	
		1		0	902			Stammesfehde im Ostfränkischen Reich							3,2								
				0	902				Schlacht bei Bamberg (902)		2,0				3,2	3,2							
	1			1	902			1 Byz. Feldzug gegen die sarazenischen Piraten von Kreta							8,0							1,0	
				0	905	bis	910				5,0				8,0	8,0							
	1			0	905	bis	910	5. Dänische Invasion in Wessex							6,4							0,0	
				0					Schlacht von Tettenhall (910)		4,0				6,4	6,4							
	1			1	905	bis	924	Byzantinischer Krieg gegen die sarazenischen Piraten in der Ägäis							8,0								
				0							5,0				8,0	8,0							
				0					Seeschlacht im Ägäischen Meer (905)		2,0				3,2								
				0					Seeschlacht von Lemnos (924)		3,0				4,8								
				0	907	bis	959	ZEIT DER FÜNF DYNASTIEN UND ZEHN REICHE							24,8								
	1			1	907	bis	912	Sturz der Song-Dynastie durch das Spätere Liang							2,8							1,0	
				0							3,0				2,8	2,8							
	1			1	911	bis	912	2. Byzantinischer Feldzug gegen die saraz. Piraten von Kreta							3,2							0,0	
				0					Seeschlacht von Samos (912)		2,0				3,2	3,2							
	1			1	913	bis	926	Bulgarisch-Byzantinischer Krieg	60					24,8	24,8							
				0					Belagerung von Konstantinopel (913)		1,0				1,6							0,0	
				0					Schlacht von Adrianopel (914)		1,0				1,6								
				0					Schlacht von Anchialos (917)						16,8								
				0					Schlacht von Katasyrtai (917)		2,0				3,2								
				0					Belagerung von Adrianopel (923)		1,0				1,6								
1	1			1	913	bis	918	Dänische Invasion in Bernicia		3,0				4,8	4,8						0,0	

Präd &Retor	Terr Konfl	Hier& Kons	Alloph Konfl	Se. Konfl	Jahr	bis	Jahr	Konflikt	Ausführungsereignisse (Schlachten, Belagerungen)	Tln. (Tsd.)	Land Schl Tote (Tsd.)	Land Schl Tote & Verw. (Tsd.)	See Schiffe	See Schiffe gesunk.	Kampf-Tote (Tsd.) Zw. Ablage	Kampf-Tote (Tsd.)	Mil. Nicht-KampfTote (Tsd.) Zw. Ablage	Mil. Nicht-Kampf-Tote (Tsd.)	MilTote (Tsd.) Zw. Ablage	Mil. Tote (Tsd.)	Ziv. Tote (Tsd.) Zw. Ablage	Ziv. Tote (Tsd.)	SeTote (Tsd.)
1				0					1. Schlacht von Corbridge (915)		1,0				1,6								
1				0					2. Schlacht von Corbridge (918)		2,0				3,2	1,6							
1	1			1	914			Wikingische Rückeroberung Irlands	Belagerung von Dublin (914)		1,0				1,6	1,6						0,0	
1	1			1	914	bis	918	6. Dänische Invasion in Wessex			5,0				8,0	8,0						0,0	
1	1			1	914			1. Fatimidische Invasion Ägyptens			1,0				1,6	1,6						0,0	
1	1			1	915			Kriege der Russen gegen die Petschenegen			10,0				16,1	16,1						2,0	
1	1			0	915	bis	1030	Krieg Rastrakutas gegen Pratihara	Belagerung von Kannauji (916)						2,8	2,8						0,0	
1	1			1	918	bis	919	Angelsächsische Offensive gegen das Daneland			3,0				3,2	3,2						0,0	
1				0					Schlacht von Tempsford (918)		1,0				1,6	1,6							
1				0					Belagerung von York (919)		1,0				1,6								
1	1			1	919			2. Fatimidische Invasion Ägyptens	Seeschlacht von Rosetta (919)		5,0		130		3,3	3,3							
1				0	919			Krieg zwischen Wuyue und Huainan	Seeschlacht von Langshan Jiang (919)						2,8	2,8							
1	1			1	919			Expansionsfeldzug Hochburgunds gegen Schwaben	Schlacht von Winterthur (919)						2,8	2,8							
1				0	920			Krieg zwischen Kiew und Petschenegen							2,8	2,8							
1				0	921	bis	924	Thronfolgestreit um das fränkische Königtum Italien								4,8						0,0	
1				0					Schlacht von Fiorenzuola (922)		2,0				3,2								
1				0					Belagerung von Papia (924)		1,0				1,6								
1			1	0	922			Plünderungseinfall von Kitan/Khitan/Qitan in den Norden Chinas							2,8	2,8						0,0	
1		1		0	923			Thronfolgestreit im Westfränkischen Reich	Schlacht von Soissons (923)		2,0				3,2	3,2							
1	1			1	923	bis	924	Bulgarische Unterwerfung Serbiens			2,0				3,2	3,2						0,0	
1	1			1	925			Bulgarische Invasion Kroatiens			4,0				6,4	6,4							
1					925	bis	1410	*DEUTSCHE OSTEXPANSION*															
1	1			1				Wendenfeldzug Heinrichs I. (926)			1,0				14,5	14,5						0,0	
1	1			1				Wendenfeldzug (929)			5,0				8,0	8,0						0,0	
1				1					1. Schlacht von Lenzen (929)						1,6								
1	1			1				Wendenfeldzug (932)			1,0				1,6	1,6						0,0	
1				1					2. Schlacht von Lenzen (932)						1,6								
1	1			1				Wendenfeldzug (935)			1,0				1,6	1,6						0,0	
1				1					Schlacht am Dosa-Fluss (955)		3,0												
1	1			0	926			Norditalienischer Aufstand gegen Rudolf II. von Burgund			2,0				3,2	3,2						1,0	
1				0					Schlacht von Novara (926)		2,0				3,2								
1	1			0	926			Slawische Invasion Süditaliens	Belagerung von Siponto (926)		1,0				1,6	1,6						0,0	
1	1			1	927	bis	954	Konflikt um Northumbria zwischen Wessex und irischen Norwegern			5,0				9,2	9,2							
1				0					Belagerung von York (927)						4,8								
1				0					Schlacht von Brunanburh (937)		3,0				2,8							0,0	
1				0					Schlacht von Stainmore (954)		1,0				1,6								

Präd & Rstor	Terr Konfl	Hier & Kons	Alloph Konfl	Se. Konfl	Jahr	bis	Jahr	Konflikt	Ausführungsereignisse (Schlachten, Belagerungen)	Tln. (Tsd.)	Land Schl Tote (Tsd.)	Schl Tote & Verw. (Tsd.)	See Schiffe	Schiffe gesunk.	Kampf-Tote (Tsd.) Zw. Ablage	Kampf-Tote (Tsd.)	Mil. Nicht-KampfTote (Tsd.) Zw. Ablage	Mil. Nicht-Kampf-Tote (Tsd.)	Mil Tote (Tsd.) Zw. Ablage	Mil. Tote (Tsd.)	Ziv. Tote (Tsd.) Zw. Ablage	Ziv. Tote (Tsd.)	Se Tote (Tsd.)
1	1			1	927	bis	951	Feldzüge des Abd ar-Rahman III. von Cordoba gegen die Fatimiden							11,2	11,2							
				0					Belagerung von Melilla (927)						2,8							0,0	
				0					Belagerung von Ceuta (951)						2,8							0,0	
				0					Belagerung von Tanger (951)						2,8							0,0	
	1			1	927			Krieg zwischen Späteres Paekche und Silla	Belagerung von Kyongju (927)						2,8								
	1			1	928	bis	944	Byzantinisch-Arabischer Krieg							11,3	11,3							
				0					Belagerung von Melitene (934)		8,0				1,6							0,0	
				0					Schlacht am Oberen Euphrat (938)		1,0				8,0								
				0					Belagerung von Edessa (944)		5,0				1,6							0,0	
	1			1	930			Krieg zwischen Koryo und Späteres Paekche								2,8							
				0					Schlacht von Koch'ang (930)		1,0				2,8								
1				1	934			Straffeldzug Heinrichs I. gegen die Dänen			2,0				3,2	3,2							
	1			1	936			Unterwerfung N-Chinas durch die Kitan (Etablierung des Spät. Chin/Jin)							2,8	2,8							
	1			1	938	bis	939	Unabhängigkeitskrieg von Annam								2,8							
				0					Schlacht an der Bach Dang (938)		5,0				2,8							0,0	
		1		1	939			Deutscher Thronfolgekrieg							4,2	4,2							
				0					Schlacht von Birten (939)			4			2,1								
		1		0					Schlacht von Andernach (939)			4			2,1								
		1		1	940			Japanischer Hierarchiekonflikt							1,6	1,6							
				0					Schlacht von Kojima (940)		1,0				1,6								
1				1	941			Raubzug der Rus am Bosporus			7,0				22,0	22,0							
				0					Seeschlacht im Bosporus (941)	50					14,0								
				0					Belagerung von Berda (943)		5,0				8,0							0,0	
	1			1	943			Feldzug der Kiewer Rus gegen die Chazaren			1,0				1,6	1,6							
	1			1	944	bis	947	Sturz des Späteren Chin/Jin durch die Kitan/Khitan/Qitai			5,0				5,6	5,6							
				0					Schlacht von Dingxien (945)						2,8								
				0					Schlacht von Lo-yang (946)						2,8								
	1			1	946	bis	947	Feldzug der Kiewer Rus gegen die Drevljanen							1,6	1,6							
	1			1	946	bis	969	Byzantinisch-Arabischer Krieg	Belagerung von Iskorosten (946 bis 947)		1,0				14,5	14,5						0,0	
				0					Belagerung von Germanikeia (949)		10,0				1,6							0,0	
				0					Schlacht von Samosata (958)		1,0				3,2							0,0	
				0					Belagerung von Aleppo (962)		2,0				1,6							0,0	
				0					Schlacht von Maghar-Alkoi (963)		1,0				1,6								
				0					Schlacht von Adana (964)		1,0				1,6								
				0					Belagerung von Antiocheia (968 bis 969)		2,0				3,2							0,0	
				0					Belagerung von Aleppo (969)		1,0				1,6							0,0	
1				1	949			3. Byzantinischer Feldzug gegen die sarazenischen Piraten von Kreta			1,0				1,6	1,6							
	1			0	949			Expansionskrieg Cholas							2,8	2,8							
				0					Schlacht bei Thakkolam (949)		1,0				2,8								
	1			0	950			Auflösungskrieg des Pratihara Reichs			2,0				2,8	2,8							
				0					Belagerung von Gwalior (950)		1,0				2,8								
1	1			1	951	bis	952	1. Italienfeldzug Ottos I.							1,6	1,6						0,0	
1	1			1	955			1. Wendischer Aufstand in Brandenburg			2,0				3,2							0,0	
1	1			1	956	bis	959	Krieg des Späteren Shou gegen das Südliche Tang			15,0				21,2	21,2						5,0	

ANLAGE 10

Präd &Retor	Terr Konfl	Hier& Kons	Alloph Konfl	Se. Konfl	Jahr	bis	Jahr	Konflikt	Ausführungsereignisse (Schlachten, Belagerungen)	Th. (Tsd.)	Land Schl Tote (Tsd.)	Schl Tote & Verw. (Tsd.)	See Schiffe versenkt	Schiffe gesunk.	Kampf Tote (Tsd.) Zw. Ablage	Kampf Tote (Tsd.)	Mil. Nicht-KampfTote (Tsd.) Zw. Ablage	Mil. Nicht-Kampf-Tote (Tsd.)	MilTote (Tsd.) Zw. Ablage	Mil. Tote (Tsd.)	Ziv. Tote (Tsd.) Zw. Ablage	Ziv. Tote (Tsd.)	SeTote (Tsd.)
1				0					Schlacht von Wokou (956)	20					5,6								
1				0					Schlacht von Liuhe (956)						10,0								
1				0					Schlacht von Gaabu (957)						2,8								
1		1		0					Schlacht an der Waiqiao-Pass (959)		1,0				2,8								
1				1	958			Marokkanischer Aufstand			1,0				1,6	1,6							5,0
1	1			1	959			Feldzug der Song/Sung-Dynastie gegen Kitan/Khitan/Qitai		5,0				8,0	8,0							
1	1			1	960	b is	961	4. Byzant. Feldzug gegen die sarazenischen Piraten von Kreta		2,0				3,2	3,2							1,0
1	1			1	960	bis	965	Dänisch-Norwegischer Krieg		3,0				4,8	4,8							
1				0	960	bis	979	Unterwerfung des Nördlichen Han durch die Song/Sung-Dynastie						2,8	2,8							
1	1			1				Einfall von Nördlichen Han (960)						2,8	2,8							0,0
1	1			1				Einfall von Nördlichen Han in das Fen-Gebiet (961)						2,8	2,8							0,0
1	1			1				Einfall von Nördlichen Han (962)						5,6								0,0
1				0					Schlacht an der Tongguo (968)						2,8								
1				0					Schlacht von Taiyuan (969)						2,8	2,8							
1				1				Einfall von Nördlichen Han (974)						2,8	2,8							0,0
1	1			1				Einfall von Nördlichen Han (972)						2,8	2,8							0,0
1				0					Schlacht von Taiyuan (976)						2,8								
1	1			0	961	bis	964	2. Italienfeldzug Ottos I.		1,0				2,8								
1				0	961	bis	963		Belagerung von San Leo (963)						2,8								
1	1			1	961	bis	962	4. Byzant. Feldzug gegen die saraz. Piraten von Kreta (961 bis 962)		2,0				3,2	3,2							0,0
1				0	962	bis	961		Schlacht von Khandaqh (961)		5,0				3,2								
1	1			1	962	bis	1000	Türkische Eroberung Afghanistans						2,8	2,8							0,0
1	1			1	965	bis	971	Unterwerfung des Südlichen Han durch die Song/Sung-Dynastie						2,8	2,8							
1	1			1	964	bis	965	Unterwerfung des Späteren Shu durch die Song/Sung-Dynastie						2,8	2,8							
1				0					Schlacht von Mengchang (965)		2,0				2,8								
1		1		0	965	bis		Schwedischer Hierarchiekrieg						3,2	3,2							
1				0	965				Schlacht von Uppsala (965)		2,0				3,2								
1	1			1	965	bis	969	Feldzüge von Kiew gegen das Khaghanat der Chazaren		3,0				3,2	3,2							
1				0	966				Belagerung von Sarkel (965)		1,0				1,6								0,0
1				0	966				Belagerung von Itil (969)		1,0				1,6								0,0
1	1			1				Feldzug Ottos I. gegen das Herzogtum Polen		1,0				1,6	1,6							
1				1	968	bis	969	Russische Invasion Bulgariens	Einnahme von 80 Städten		10,0				16,1	16,1							20,0
1		1		1	969	bis	969	Eroberung Ägyptens durch die Fatimiden			7,0				11,3	11,3							
1				0					Schlacht von Gizeh (969)		5,0				8,0								
1				0					Schlacht von Ramleh (969)		2,0				3,2								
1	1			0	970	bis	972	Byzantinisch – Russischer Krieg	Belagerung von Philippopolis (970)		30,0				121,5	121,5							0,0
1				0					Schlacht von Arkadiopolis (970)		5,0				48,3								
1				0	70				Belagerung von Dorostolon/Silistra (972)						8,0								
1				0	65				Belagerung von Dorostolon/Silistra (972)						19,6								
1				0					Belagerung von Dorostolon/Silistra (972)						18,2								
1				0					Schlacht von Dorostolon/Silistra (972)		15,0				24,1								0,0
1				0					Belagerung von Preslav (971)		2,0				3,2								0,0

ANLAGE 10

Präd &Rhetor Konfl	Terr Konfl	Hier& Kons	Alloph Konfl	Se. Konfl	Jahr	bis	Jahr	Konflikt	Ausführungsereignisse (Schlachten, Belagerungen)	Thn. (Tsd.)	Land Schl. Tote (Tsd.)	Schl. Tote & Verw. (Tsd.)	See Schiffe	Schiffe gesunk.	Kampf-Tote (Tsd.) Zw. Ablage	Kampf-Tote (Tsd.)	Mil. Nicht-KampfTote (Tsd.) Zw. Ablage	Mil. Nicht-KampfTote (Tsd.)	MilTote (Tsd.) Zw. Ablage	Mil. Tote (Tsd.)	Ziv. Tote (Tsd.) Zw. Ablage	Ziv. Tote (Tsd.)	SeTote (Tsd.)
1				1	970	bis	971	1. Plünderungseinfall von Karmathen in Syrien u. Ägypten			5,0												
				0					Schlacht von Kairo (971)						2,8	2,8							
	1			1	971			Unterwerfung des Südlichen Han durch die Song/Sung-Dynastie			2,0												
				0					Schlacht von Nanxiang (970)						3,2	3,2							
				0					Schlacht im Lianhua Gebirge (970)						2,8								
				0					Belagerung von Kanton (971)			1,0			1,6							0,0	
				0					Belagerung von Nanking (975)			1,0			1,6							0,0	
	1			1	972	bis	975	Byzantinisch-Arabischer Krieg			10,0			16,1	16,1						5,0	
	1			1	974			Feldzug von Cordoba gegen die Fatimiden						2,8	2,8							
1				1	974	bis	975	2. Plünderungseinfall von Karmathen in Syrien u. Ägypten			2,0			3,2	3,2						2,0	
				0	974			Skandinavischer Hegemonialkonflikt			2,0			8,8	8,8							
	1			0					Seeschlacht von Hals (974)			1,0			1,6								
				0					Seeschlacht von Hjörungavag (974)			1,0		160	5,6								
	1			1	974	bis		Deutsch-Dänischer Konflikt	Schlacht von Hedeby (974)		1,0			1,6	1,6							
				0	974	bis	979	1. Aufstand des Bardas Skleros	Schlacht in der Pankaleia-Ebene (979)		1,0			1,6	1,6							
	1			1	975	bis		Aufstand des Bayernherzogs Heinrich II. gegen Otto II.			1,0			1,6	1,6							
	1			1	974	bis	975	Unterwerfung des Südlichen Tang durch Song/Sung						5,6	5,6							
				0					Schlacht von Caishui (975)						2,8								
				0					Flussschlacht von Xinlinjiang (975)						2,8								
	1			1	975	bis	979	Krieg des Nördlichen Han gegen Song/Sung u. die Tanguten		10					2,8	2,8							
				0	976	bis	978	Thronfolgekrieg im Großfürstentum Kiew	Belagerung von Taiyuan (976)		1,0			1,6	1,6							
	1			1	976	bis		1. Byzantinischer Rückeroberungsversuch Siziliens			1,0			1,6	1,6							
	1			1	978	bis	991	2. Aufstand des Bardas Skleros mit Bardas Phokas						2,8	2,8							
	1			1	978			Unterwerfung von Wu-Yüeh/Yuyue durch Song/Sung						0,0	0,0							
	1			1	979	bis	1004	Kriege Chiras gegen das Liao-Reich der Kitan (Teil 10. Jh.)			5,0			19,6	19,6						0,0	
				0					Schlacht an der Gaoliang (979)						2,8								
				0					Schlacht von Yingmen (980)						2,8								
				0					Schlacht an der Waqiao-Pass (980)						2,8								
				0					Schlacht von Sanlu (982)						2,8								
				0					Schlacht von Daizhou (986)						2,8								
				0					Schlacht an der Tang (988)						2,8								
				0					Belagerung von Suicheng (987)						2,8								
				0					Schlacht an der Xu (989)						0,0								
	1			1	979			Feldzug Annams gegen die Cham			2,0			1,6	1,6						0,0	
				0					Belagerung von Indrapura (979)			1,0			5,6								
1				1	980			Unterwerfung des Norwegischen Königreichs von Dublin						5,6	5,6							
				0					Schlacht von Tara (980)						2,8								

ANLAGE 10

Präd &Retor	Terr Konfl	Hier& Kons	Alloph Konfl	Se. Konfl	Jahr	bis	Jahr	Konflikt	Ausführungsereignisse (Schlachten, Belagerungen)	Tln. (Tsd.)	Land Schl Tote (Tsd.)	Schl Tote & Verw. (Tsd.)	See Schiffe	See Schiffe gesunk.	Kampf-Tote (Tsd.) Zw. Ablage	Kampf-Tote (Tsd.)	Mil. Nicht-KampfTote (Tsd.) Zw. Ablage	Mil. Nicht-Kampf-Tote (Tsd.)	MilTote (Tsd.) Zw. Ablage	Mil. Tote (Tsd.)	Ziv. Tote (Tsd.) Zw. Ablage	Ziv. Tote (Tsd.)	SeTote (Tsd.)
1	1			0	980	bis	983	Italienfeldzug Ottos II.	Belagerung von Dublin (980)						2.8								
	1			1					Schlacht von Capo Colonne (982)	8	6.0				3.8	3.8						0.0	
				0					Schlacht von Capo Stilo (982)						2.2								
1	1			0	980	bis	985	Unterwerfung von Koryo durch das Liao-Reich der Kitan			1.0				1.6								
															2.8	2.8							
1	1			1	981			Feldzug der Song/Sung-Dynastie gegen Annam							2.8	2.8							
									Seeschlacht von Bach Nang (981)						2.8								
1	1			0	981			Krieg von Song/Sung gegen West-Zhou/Chou							2.8								
1	1			1	981			Krieg von Song/Sung gegen Jiaozhou							2.8	2.8							
				0					Schlacht an der Baiteng (981)						2.8								
1	1			1	981			Feldzug der Kiewer Rus gegen die Chazaren			2.0				3.2								
1	1			1	982	bis	1500	Norwegisch-isländische Besiedelung Grönlands							0.0	0.0							
1	1			1	982			2. Byzantinischer Rückeroberungsversuch Siziliens			2.0				3.2	3.2							
1	1			0	983			2. Wendischer Aufstand			1.0				1.6	1.6							
									Belagerung von Hamburg (983)						1.6							0.0	
1	1			1	983	bis	1003	Unabh. Krieg des Tanguten-Reichs (Westliches Xia/Hsia) (Teil 10. Jh.)	Belagerung von Bianjing (983)						16.8	16.8							
				0					Belagerung von Qizhou (984)						2.8							0.0	
				0					Belagerung von Xiazhou (987)						2.8							0.0	
				0					Belagerung von Xiazhou (990)						2.8							0.0	
				0					Zerstörung von Tongwan (ca. 995)	10					2.8							0.0	
				0					Belagerung von Lingzhou (996)						2.8							0.0	
1	1			1	983	bis	986	Makedonischer Aufstand gegen Byzanz			1.0				1.6	1.6							
1	1			1	985			1. Feldzug der Kiewer Rus gegen die Wolga-Bulgaren			2.0				3.2	3.2							
1	1			1	985			Eroberung von Bali durch Mataram							2.8	2.8							
1	1			0	986	bis		Byzantinisch-Bulgarischer Krieg							12.9	12.9							
				0					Belagerung von Larissa (983 bis 986)		3.0				4.8							5.0	
									Schlacht am Suci-Pass (986)	20	5.0				8.0								
1	1	1		1	988	bis	989	Byzantinischer Bürgerkrieg			10.0				11.2	11.2							
				0					Schlacht von Chrysopolis (988)	20					5.6								
				0					Schlacht von Avydhos (989)						1.6								
1	1			1	989			Plünderungseinfall von Kiewer Rus in die Krim			1.0				1.6	1.6						0.0	
1	1			1	990			Bulgarischer Plünderungseinfall in Dalmatien							1.6	1.6							
				0					Belagerung von Zadar (990)		1.0				2.8							0.0	
1	1			1	990			Angriff von Mataram auf Srivijaya							2.8	2.8							
1	1			1	992			Expansionskrieg Cholas gegen Chalukyan							2.8	2.8							
1	1			1	993	bis	995	Eroberung Sri Lankas durch Chola							2.8	2.8							
				0					Schlacht bei Rattepadi (992)		2.0				2.8								
1	1			1	993	bis	995	Aufstand in Schuch'uan			6.0				3.2	3.2							
1	1			0	994	bis	1000	Byzantinisch-Arabischer Krieg			5.0				9.7	9.7						0.0	
				0					Schlacht an der Orontes (994)						8.0								
1	1			1	996	bis	1018	Byzantinisch-Bulgarischer Krieg	Belagerung von Emessa (999)		1.0				1.6							0.0	
											12.0				19.3	19.3							

616

Präd & Retor	Terr Konfl	Hier & Kons	Alloph Konfl	Se Konfl	Jahr	bis	Jahr	Konflikt	Ausführungsereignisse (Schlachten, Belagerungen)	Tln (Tsd.)	Land Schl Tote (Tsd.)	Schl Tote & Verw. (Tsd.)	See Schiffe	See Schiffe gesunk.	Kampf-Tote (Tsd.) Zw. Ablage	Kampf-Tote (Tsd.)	Mil Nicht-KampfTote (Tsd.) Zw. Ablage	Mil Nicht-Kampf-Tote (Tsd.)	MilTote (Tsd.) Zw. Ablage	Mil Tote (Tsd.)	Ziv Tote (Tsd.) Zw. Ablage	Ziv Tote (Tsd.)	SeTote (Tsd.)
1				0					Schlacht am Sperchios (996)		12,0				19,3								
1	1			1	996			1. Italienfeldzug Ottos III							2,8	2,8							
1	1			1	997			2. Feldzug der Kiewer Rus gegen die Wolga-Bulgaren			2,0				3,2	3,2							
1	1			1	997			2. Italienfeldzug Ottos III							2,8	2,8							
1	1			0	997			Wendischer Rachefeldzug							1,6	1,6						0,0	
1									Schlacht am Tanger-Fluss (997)		1,0				1,6			3.116		4.043		56,0	4.099
376	50	104	14	0	168			Default-Werte		0,28	1,61	0,53	0,03	0,35	2,80	927		3,36	4,043	0,50		0,0	
1				0	1000	bis	1099	Sarazenische Raubzüge im 11. Jh.																
1	1			0				Sarazenischer Raubzug nach Süditalien (1002)	Belagerung von Capua (1002)		1,0				1,6	1,6						0,0	
1				1				Sarazenischer Raubzug nach Mittelitalien (1016)							1,6	1,6						0,0	
1	1			0					Belagerung von Bari (1004)		1,0				1,6								0,0	
1				1				Sarazenischer Raubzug nach Süditalien (1016)	Belagerung von Luni (1016)		1,0				3,2	3,2						0,0	
1				0					Belagerung von Salerno (1016)		1,0				1,6	1,6						0,0	
1				1				Sarazenischer Raubzug nach Mittelitalien (1023)							2,9	2,9						0,0	
1				0					Raubüberfall auf Civitavecchia (1023)						2,9								0,0	
1	1			0				Sarazenischer Raubzug nach Süditalien (1074)	Raubüberfall auf Nicotera (1074)						2,9	2,9						0,0	
1				1				Sarazenischer Raubzug nach Süditalien (1075)	Raubüberfall auf Mazzara (1075)		2,0				3,2	3,2						0,0	
1				1				Sarazenischer Raubzug nach Süditalien (1085)	Raubüberfall auf Nicotera (1085)						5,8	5,8						0,0	
1				0					Raubüberfall auf Reggio (1085)						2,9								0,0	
1				0	1000	bis	1099	Raubzüge der Wikinger im 11. Jh.							2,9	0,0							
1	1			1				Dänischer Raubzug gegen Südengland (1001 bis 1002)	Schlacht von Aethelingadene (1001)		3,0				1,9	1,9						0,0	
1				0					Schlacht von Pin-hoo (1001)		0,2				0,3									
1				0					Schlacht von Pin-hoo (1001)		1,0				1,6									
1	1			1				Dänischer Raubzug gegen Südengland (1003 bis 1005)	Belagerung von Norwich (1004)		4,0				6,4	6,4						0,0	
1				0					Belagerung von Norwich (1004)		1,0				1,6									
1				0					Schlacht von Thetford (1005)		3,0				4,8									
1	1			1				Dänischer Raubzug gegen Südengland (1006 bis 1007)							0,0	0,0						0,0	
1	1			1				Dänischer Raubzug gegen Schottland (1009)			1,0				1,6	1,6						0,0	
1				0					Schlacht von Nairn (1009)		1,0				1,6									
1	1			1				Dänischer Raubzug gegen Südengland (1009 bis 1012)			2,0				3,2	3,2						0,0	
1				0					Schlacht von Mortlack (1010)		1,0				1,6	1,6								
1				0					Schlacht von Ringmer (1010)		1,0				1,6	1,6								
1				1				Wikingischer Raubüberfall auf Piräus (1040)							4,5	4,5								
1				0					Belagerung von Piräus (1040)		1,0				4,5	4,5						0,0	
1				0	1000	bis	1099	RECONQUISTA im 11. Jh.																
								Fortsetzung der Plünderungsfeldzüge des Almansor im 11. Jh.							4,5	4,5								

ANLAGE 10

Präd &Retor	Terr Konfl	Hier& Kons	Alloph Konfl	Se. Konfl	Jahr	bis	Jahr	Konflikt	Ausführungsereignisse (Schlachten, Belagerungen)	Tln. (Tsd.)	Land Schl Tote (Tsd.)	Land Schl Tote & Verw. (Tsd.)	See Schiffe	See Schiffe gesunk.	Kampf-Tote (Tsd.) Zw. Ablage	Kampf-Tote (Tsd.)	Mil. Nicht-KampfTote (Tsd.) Zw. Ablage	Mil. Nicht-Kampf-Tote (Tsd.)	MilTote (Tsd.) Zw. Ablage	Mil. Tote (Tsd.)	Ziv. Tote (Tsd.) Zw. Ablage	Ziv. Tote (Tsd.)	SeTote (Tsd.)
1				0					Schlacht von Peña Cervera (1000)		1,0				1,6								
1									Schlacht von Calatanzor (1002)						2,9	5,8							
1	1			1				Offensive Barcelonas (1003)	Schlacht von Toria (1003)						5,8								
1				0					Schlacht von Albesa (1003)						2,9	1,6							
1	1			1				Maurische Offensive gegen Kastilien (1007)	Schlacht in Kastilien (1007)		1,0				1,6								
1		1		1				Thronfolgekriege ("Fitna") im Sultanat con Cordoba (1009 bis 1016)							9,7	9,7							
1				0					Belagerung von Madinat az-Zahra (1009)		1,0				1,6						0,0		
1				0					Belagerung von Madinat az-Zahra (1009)		1,0				1,6						0,0		
1				0					Schlacht von Aqabat al-Baqar (1010)		1,0				1,6								
1				0					Schlacht an der Guadiaro (1010)		1,0				1,6								
1				0					Belagerung von Cordoba (1010 bis 1013)		1,0				1,6						0,0		
1				0					Belagerung von Cordoba (1016)		1,0				1,6						0,0		
1	1			1				Nordspanischer dynastischer Integrationskrieg (1037)	Schlacht von Tamaron (1037)		1,0				1,6	1,6							
1	1			1				Grenzkonflikt zwischen Navarra und Kastilien (1054)	Schlacht von Atapuerca (1054)		1,0				1,6	1,6							
1	1			1				Expansionskriege des Fernando I. von Leon (1057 bis 1058)	Belagerung von Lamego (1057)		1,0				17,4	17,4							
1				0					Belagerung von Viseu (1058)						2,9								
1				0					Belagerung von Zamora (1061)						2,9								
1				0					Belagerung von Toledo (1062)						2,9								
1				0					Belagerung von Zaragoza (1063)						2,9								
1				1					Belagerung von Coimbra (1064)						2,9								
1	1			0				Feldzug Aragóns zum Ebrotal (1063)	Belagerung von Barbastro (1063)		1,0				3,2	3,2						0,0	
1				1					Schlacht von Graus (1063)		1,0				1,6								
1	1			0				Krieg zwischen Kastilien u. Leon (1068)	Schlacht von Llantada (1068)		1,0				1,6	1,6							
1	1			0				Sezessionsversuch Portucales von Galicien (1070 bis 1071)	Schlacht von Pedroso (1071)						2,9	2,9							
1	1			1				Feldzug von Kastilien und León gegen Galicien (1071)							2,9	2,9							
1	1			1				Krieg zwischen Kastilien u. Leon (1072)	Schlacht von Golpejera (1072)		1,0				3,2	3,2							
1				0					Belagerung von Zamora (1072)		1,0				1,6	1,6							
1	1			1				Feldzug des Kalifats von Cordoba gegen das Taifat Sevilla (1079)	Schlacht von Cabra (1079)		1,0				1,6	1,6						0,0	
1	1			0				Christliche Offensive (1079)	Schlacht von Coria (1079)		1,0				1,6	1,6							
1	1	1		1				Hegemonialkrieg im Taifat von Zaragoza (1082)	Schlacht von Altneriar (1082)		1,0				1,6	1,6							

Präd &Rel or	Terr Konfl	Hier& Kons	Alloph Konfl	Se. Konfl	Jahr	bis	Jahr	Konflikt	Ausführungsereignisse (Schlachten, Belagerungen)	Tln. (Tsd.)	Land Schl. Tote (Tsd.)	Schl. Tote & Verw. (Tsd.)	See Schiffe	See Schiffe gesunk.	Kampf Tote (Tsd.) Zw. Ablage	Kampf Tote (Tsd.)	Mil. Nicht-KampfTote (Tsd.) Zw. Ablage	Mil. Nicht-Kampf Tote (Tsd.)	MilTote (Tsd.) Zw. Ablage	Mil. Tote (Tsd.)	Ziv. Tote (Tsd.) Zw. Ablage	Ziv. Tote (Tsd.)	SeTote (Tsd.)
1		1		1				Katalanischer Bürgerkrieg (1082)							2,9	2,9							
1	1			1				Christliche Offensive (1083)							2,9	2,9							
1				0					Belagerung von Talavera (1083)						2,9							0,0	
1	1			1				Plünderungseinfall der Taifa von Zaragoza (1084)							1,6	1,6							
1				0					Schlacht im unteren Ebro-Tal (1084)		1,0				1,6								
1		1		1				Hegemoniekrieg in der Taifa von Valencia (1085)							1,6	1,6							
1				0					Belagerung von Valencia (1085 bis 1086)		1,0				1,6							0,0	
1	1			1				Feldzug von Leon-Kastilien zur Eroberung Toledos (1084 bis 1085)							4,8	4,8							
1				0					Belagerung von Toledo (1084 bis 1085)		2,0				3,2							0,0	
1				0					Belagerung von Magerid (1085)		1,0				1,6							0,0	
1	1			1				1. Intervention der Almoraviden in Spanien (1086)		2,0				3,2	3,2							
1				0					Schlacht von Zalaca (1086)		2,0				3,2								
1	1			1				2. Interv. der Almoraviden in Spanien (1090 bis 1147) (Teil 11. Jh.)							39,6	39,6							
1				0					Schlacht am Haim vonTevar (1090)		1,0				1,6								
1				0					Belagerung von Sevilla (1091)		2,0				3,2							0,0	
1				0					Schlacht von Almodovar del Rio (1091)		1,0				1,6								
1				0					Belagerung von Valencia (1092)		1,0				1,6							0,0	
1				0					Schlacht von Aledo (1091)		1,0				1,6								
1				0					Chr. Erob. von Santarem (1093)						2,9								
1				0					Chr. Erob. von Lissabon (1093)						2,9								
1				0					Chr. Erob. von Sintra (1093)						2,9								
1				0					Belagerung von Valencia (1093 bis 1094)		2,0				3,2							0,0	
1				0					Schlacht von Cuarte (1094)	30					8,7								
1				0					Belagerung von Lissabon (1095)						2,9								
1				0					Schlacht von Alcoraz (1096)		1,0				1,6								
1				0					Schlacht von Consuegra (1097)		1,0				1,6								
1				0					Schlacht von Bairen (1097)		1,0				1,6								
1				0					Belagerung von Murviedro (1098)		1,0				1,6							0,0	
				0	1000	bis	1018	*Byzantinisch-Bulgarischer Krieg (996 bis 1018) Forts. im 11. Jh.*							20,9	20,9							
1				0					Schlacht von Adrianopel (1003)		1,0				1,6							0,0	
1				0					Belagerung von Vidin (1003 bis 1004)		1,0				1,6								
1				0					Schlacht an der Vardar (1004)		2,0				3,2								
1				0					Schlacht von Belasica (1014)		5,0				8,0								
1				0					Schlacht von Setaina (1017)		2,0				3,2							0,0	
1				0					Belagerung von Ochrid (1018)		1,0				1,6	1,6							
1	1			1	1000	bis	1002	3. Italienfeldzug Ottos III.							4,6	4,6							
1	1			1	1000			Skandinavischer Hegemoniestreit							22,9	22,9							
1				0					Seeschlacht von Svolder (1000)					120	8,7								
1	1			1	1000	bis	1025	Türkisch-Afghanische Eroberung des Punjab	30					22,9								
1				0					Schlacht von Peschawar (1001)		2,0				3,2								
1				0					Belagerung von Bhatinda (1004)		2,0				3,2							10,0	
1				0					Schlacht von Waihand (1009)		1,0				1,6								
1				0					Schlacht von Rama Ganga (1009)		1,0				1,6								
1				0					Belagerung von Mathura (1018)		1,0				1,6							0,0	

Präd &Retor	Terr Konfl	Hier& Kons	Alloph Konfl	Se. Konfl	Jahr	bis	Jahr	Konflikt	Ausführungsereignisse (Schlachten, Belagerungen)	Tln. (Tsd.)	Land Schl Tote (Tsd.)	Schl Tote & Verw. (Tsd.)	See Schiffe	Schiffe gesunk.	Kampf-Tote (Tsd.) Zw. Ablage	Kampf-Tote (Tsd.)	Mil. Nicht-KampfTote (Tsd.) Zw. Ablage	Mil. Nicht-Kampf-Tote (Tsd.)	MilTote (Tsd.) Zw. Ablage	Mil. Tote (Tsd.)	Ziv. Tote (Tsd.) Zw. Ablage	Ziv. Tote (Tsd.)	SeTote (Tsd.)
									Belagerung von Kannauj (1018)		1.0				1.6							2.0	
	1								Belagerung von Somanath (1025)						2.9							50.0	
					1000	bis	1003	Unabhängigkeitskriege des Westlichen Hsia/Xia (Teil 11. Jh.)							8.7	8.7							
									Belagerung von Lingzhou (1002)						2.9							0.0	
									Belagerung von Qizhou (1002)						2.9							0.0	
									Belagerung von Hongde (1003)						2.9								
	1				1002			Italienische Sezession vom Deutschen Reich	Schlacht an der Brenta (1002)		1.0				1.6	1.6							
			1		1002			Pogrom an Dänen in England							0.0	0.0						5.0	
					1002	bis	1044	Kriege Cholas unter Rajendra I.							0.0	0.0							
									Eroberung von Rashtrakuta (1002)						2.9								
									Eroberung in Karnataka (1002)						2.9								
									Eroberung von Sri Lanka (1018)						2.9							10.0	
									Feldzug gegen Pandya u. Kerala (1018)						2.9								
									Feldzug gegen Sakkarakottam (1019)						2.9								
									Feldzug gegen Dhandahutti (1019)						2.9								
									Feldzug gegen Mahipala (1020)						2.9								
									Krieg gegen West Chalukaya (1021)						2.9								
									Schlacht von Maski (1021)						2.9								
								Plünderungsfeldzug der Chola gegen Sri Vijaya (1025)							0.0	0.0							
									Plünderung von Kadaram (1025)						0.0							0.0	
									Plünderung von Sri Vijaya (1025)						0.0							0.0	
									Plünderung von Pannai (1025)						0.0							0.0	
									Plünderung von Malaiyur (1025)						0.0							0.0	
									Plünderung von Langkasuka (1025)						0.0							0.0	
									Plünderung von Mappappalam (1025)						0.0								
								Krieg gegen West Chalukaya (1031)							2.9	2.9							
									Schlacht bei Kalindi (1031)		10.0				2.9								
	1				1003	bis	1018	Polenkriege Heinrichs II							2.9	2.9							
									Belagerung von Nimpisch (1017)						4.8							0.0	
	1				1004			1. Italienfeldzug Heinrichs II.							4.8	4.8							
									Schlacht an der Valsugana-Klause (1004)		1.0				1.6								
									Belagerung der Burg Sperone (1004 bis 1005)		1.0				1.6								
									Belagerung von Papia (1004)		1.0				1.6								
	1				1005	bis	1054	Krieg der Pisaner gegen die Sarazenen							14.0	14.0							
									Belagerung von Reggio (1005)		1.0				1.6							0.0	
									Raubüberfall auf Pisa (1005)		1.0				1.6							0.0	
									Seeschlacht bei Bonifacio (1013)					240	6.0								
									Seeschlacht vor Sardinien (1016)		2.0				3.2								
									Belagerung von Bona (1034)		1.0				1.6								
1					1006			Krieg der Sri Vijaya gegen Mataram (Ostjava)							2.9	2.9							
									Zerstörung der Mataram-Hauptstadt (1006)		1.0				2.9							0.0	
	1				1007			Intervention Heinrichs II. in Flandern							2.9	2.9							
	1				1008	bis	1036	Kriege zwischen Westliches Hsia/Xia (Tanguten) u. Huigu (Türken)															
	1								Xia-Offensive (1008)						2.9	2.9							
									Xia-Offensive (1009)						2.9	2.9							
									Schlacht von Ganzhou (1026)						2.9								

Präd &Retor	Terr Konfl	Hier& Kons	Alloph Konfl	Se. Konfl	Jahr	bis	Jahr	Konflikt	Ausführungsereignisse (Schlachten, Belagerungen)	Tin. (Tsd.)	Land Schl. Tote (Tsd.)	Schl. Tote & Verw. (Tsd.)	See Schiffe	See Schiffe gesunk.	Kampf-Tote (Tsd.) Zw. Ablage	Kampf-Tote (Tsd.)	Mil. Nicht-KampfTote (Tsd.) Zw. Ablage	Mil. Nicht-Kampf-Tote (Tsd.)	MilTote (Tsd.) Zw. Ablage	Mil. Tote (Tsd.)	Ziv. Tote (Tsd.) Zw. Ablage	Ziv. Tote (Tsd.)	SeTote (Tsd.)
1				1				Xia-Offensive (1036)							2,9	2,9							
1	1			1	1008			Expansionskrieg Cholas gegen Chalukyan	Schlacht von Rattepadi (1008)						17,4	17,4							
1				0					Schlacht von Banavasi (1008)						2,9								
1				0					Schlacht von Raichur (1008)						2,9								
1				0					Schlacht von Gulbarga (1008)						2,9								
1				0					Schlacht von Manyakheth (1008)						2,9								
1				0					Schlacht von Toanur (1008)						2,9								
1	1			1	1009	bis	1018	Apulischer Aufstand gegen Byzanz	Belagerung von Bari (1009 bis 1011)		1,0				6,4	6,4							
1				0					Schlacht von Monteprloso (1011)		1,0				1,6								
1				0					Schlacht von Cannae (1018)		2,0				3,2								
1	1			1	1010	bis	1019	Intervention des Liao-Reich der Kitan/Khitan/Qitan in Koryo (Korea)	Belagerung von Kaesong (1010)						82,9	82,9							
1				0											2,9								
1				0					Schlacht von Kuju (1018)						80	2,9							
1	1			0	1010			Gründung des Songhay-Reichs	Einnahme von Gao (1010)						2,9	2,9							
1	1			1	1012			2. Italienfeldzug Heinrichs II							2,9	2,9							
1	1			1	1013	bis	1015	1. Dänischer Annexionsfeldzug gegen England	Belagerung von London (1015)		3,0				3,2	3,2							
1	1			0	1014			Wikingische Intervention in Irland	Belagerung von London (1015)		2,0				3,2						0,0		
1	1			1	1014	bis		3. Italienfeldzug Heinrichs II	Schlacht von Clontarf (1014)		11,0				19,3	19,3							
1		1		0											17,7								
1	1			1	1015		1026	Thronfolgekrieg im Großherzogtum Kiew		6	1,0				1,6	9,8							
1				0					Schlacht von Lyubech (1015)		2,0				9,8								
1				0					Schlacht von Bug (1018)		1,0				5,0								
1				0					Schlacht an der Alta (1019)		1,0				1,6								
1				0					Schlacht von Listven (1023)		1,0				1,6								
1	1			1	1016			2. Dänischer Annexionsfeldzug gegen England	Schlacht von Pen (1016)		2,0				12,9	12,9							
1				0					Schlacht von Sherston (1016)		1,0				3,2								
1				0					Schlacht von Otford (1016)		2,0				1,6								
1				0					Schlacht von Assandun (1016)		3,0				3,2								
1	1	1		1	1016			Hegemonialkampf um die Region Touraine	Schlacht von Pontlevoy (1016)		1,0				4,8	1,6							
1	1			0	1016			Hegemonialkampf in Norwegen	Seeschlacht von Nesjar (1016)						1,6	2,0							
1	1			1	1016			Russisch-Byzantinischer Feldzug gegen die Chazaren			2,0				2,0	3,2						0,0	
1	1			1	1016	bis	1018	Kriege des Liao-Reichs der Kitan/Khitan/Qitan gegen Gaoli (Korea)	Schlacht von Gouzhou (1016)						2,0	2,9							
1				0											3,2								
1				0				Liao-Offensive in Korea (1017)	Schlacht von Xinghuanzhen (1018)						2,9	2,9							
1	1			1	1018			Grenzkonflikt zwischen Schottland und Northumbria	Schlacht von Carbiam (1018)		1,0				4,5	4,5							
1				0											1,6	1,6							

ANLAGE 10

Präd & Retor	Terr Konfl	Hier & Kons	Alloph Konfl	Se. Konfl	Jahr	bis	Jahr	Konflikt	Ausführungsereignisse (Schlachten, Belagerungen)	Th. (Tsd.)	Land Schl Tote (Tsd.)	Schl Tote & Verw. (Tsd.)	See Schiffe	Schiffe gesunk.	Kampf-Tote (Tsd.) Zw. Ablage	Kampf-Tote (Tsd.)	Mil. Nicht-KampfTote (Tsd.) Zw. Ablage	Mil. Nicht-Kampf-Tote (Tsd.)	MilTote (Tsd.) Zw. Ablage	Mil. Tote (Tsd.)	Ziv. Tote (Tsd.) Zw. Ablage	Ziv. Tote (Tsd.)	SeTote (Tsd.)
1	1			1	1018			Byzantinischer Rückeroberungsversuch Siziliens	Belagerung von Messina (1018)						2,9	2,9						0,0	
1	1			0	1018			Expansionskrieg Cholas auf Sri Lanka							2,9	2,9							
1	1			1	1019			Krieg Cholas gegen Pala							2,9	2,9							
1	1			1	1019	bis	1020	Expansionskrieg Cholas gegen Chalukyan							5,8	5,8							
1				0					Schlacht von Balagaon (1019)						2,9								
1				0					Schlacht von Musangi (1020)						2,9	2,9							
1	1			1	1020	bis	1022	Byzantinischer Krieg gegen Georgien			2,0				2,9							0,0	
1				0					Schlacht von Aghpha/Shirimni (1021)			2,0				2,9	2,9							
1	1			0	1021	bis	1022	4. Italienfeldzug Heinrichs II	Belagerung von Troia (1022)			1,0			1,6							0,0	
1	1			1	1021			Krieg Cholas gegen Westliche Chalukaya							2,9								
1	1			1	1022			Feldzug der Russen gegen die Kosogen							2,9	2,9							
1	1			1	1025	bis	1045	Besetzung der Malaysischen Halbinsel durch Rajendra Chola			1,0				1,6	1,6						0,0	
1				1	1025			Raubzug der Chola gegen Sri Vijaya							0,0	0,0							
1				0					Plünderung von Kadaram (1025)														
1				0					Plünderung von Sri Vijaya (1025)														
1				0					Plünderung von Pannai (1025)														
1				0					Plünderung von Malaiyur (1025)														
1				0					Plünderung von Langkasuka (1025)														
1				0					Plünderung von Mappappalam (1025)														
1				1	1026			Schwedisch-Norwegischer Raubzug gegen Scania	Seeschlacht an der Heiligen Fluss (1026)				300		7,5	7,5							
1				0	1026			1. Italienfeldzug Konrads II.							7,5								
1				0					Belagerung von Papia (1026)		1,0				4,5	4,5						0,0	
1				0					Belagerung von Lodi (1027)						1,6								
1	1			0	1028			Dänische Intervention in Norwegen						100	2,9	2,5							
1	1			1	1029	bis	1033	Thronfolgekrieg in Hochburgund und Einverleibung in das HRR			1,0				1,6	1,6							
1	1			1	1029	bis	1030	Aufstand der Bohai gegen die Kitan							2,9	2,9							
1	1			1	1030	bis	1036	Kriege der Russen u. Byzantiner gegen die Petschenegen			10,0				2,9	2,9						0,0	
1	1			0	1030	bis	1032	Byzantinisch-Arabischer Krieg	Schlacht an der Setoml (1034)		1,0				2,9	6,4							
1				0					Belagerung von Azaz (1030)		1,0				6,4	1,6							
1				0					Belagerung von Teluch (1030)		1,0				1,6	1,6							
1				0					Belagerung von Edessa (1032)		1,0				1,6								
1				0					Belagerung von Samosata (1032)		1,0				1,6	2,9						0,0	
1	1			1	1031			Krieg Cholas gegen Vengi							2,9	1,6							
1	1			1	1031			Ungarisch-Deutscher Grenzstreit	Schlacht bei Wien (1031)		1,0				1,6								
1			1	0	1033			Massaker an Juden von Fez			0,0				0,0	0,0							
1	1			1	1034			Feldzug von Westliches Hsia/Xia (Tangputen) gegen Tibet		30					8,7	8,7						6,0	
1	1			0	1036			Krieg zwischen Papia u. Mailand	Schlacht von Campomalo (1036)		2,0				3,2	3,2							
1	1			1	1036			Norwegischer Hierarchiestreit							2,9	2,9							

Präd &Relor	Terr Konfl	Hier& Kons	Alloph Konfl	Se. Konfl	Jahr	bis	Jahr	Konflikt	Ausführungsereignisse (Schlachten, Belagerungen)	Tln. (Tsd.)	Land Schl. Tote (Tsd.)	Land Schl. Tote & Verw. (Tsd.)	See Schiffe	See Schiffe gesunk.	Kampf-Tote (Tsd.) Zw. Ablage	Kampf-Tote (Tsd.)	Mil. Nicht-KampfTote (Tsd.) Zw. Ablage	Mil. Nicht-KampfTote (Tsd.)	MilTote (Tsd.) Zw. Ablage	Mil. Tote (Tsd.)	Ziv. Tote (Tsd.) Zw. Ablage	Ziv. Tote (Tsd.)	SeTote (Tsd.)
1				0					Schlacht von Stiklarstadir (1036)	10					2,9								
1				1	1036			Krieg von Westliches Hsia/Xia (Tanguten) gegen Uiguren von Huia							2,9	2,9							
1	1			1	1037	bis	1038	2. Italienfeldzug Konrads II.							6,4	6,4							
1				0					Schlacht von Landriano (1037)		1,0				1,6								
1				0					Belagerung von Mailand (1037 bis 1039)		2,0				3,2							0,0	
1				0					Belagerung von Parma (1037)		1,0				1,6							0,0	
1		1		1	1037			Hierarchiestreit im Hause Aquitanien							1,6	1,6							
1				0					Schlacht von Saint-Jouin (1037)		1,0				1,6								
1	1			1	1037			Aufstand des Odo von Blois-Champagne							6,4	6,4							
1				0					Schlacht von Bar-le-Duc (1037)		4,0				6,4								
1	1			1	1038	bis	1042	3. Byzantinischer Rückeroberungsversuch Siziliens							38,7	38,7							
1				0					Schlacht von Rametta (1038)		1,0				1,6							0,0	
1				0					Belagerung von Messina (1040)		1,0				1,6							0,0	
1				0					Belagerung von Syrakus (1040)		3,0				4,8								
1				0					Schlacht von Troina (1040)	100					29,0							0,0	
1				0					Belagerung von Messina (1041)		1,0				1,6								
1	1			1	1038	bis	1039	Apulischer Aufstand gegen Byzanz							1,6	1,6						0,0	
1				0					Belagerung von Bari (1038 bis 1039)		1,0				1,6								
1	1			1	1939			Feldzug Schottlands gegen Northumbria							1,6							0,0	
1	1			1	1039			Böhmischer Raubzug nach Polen		1,0				1,6	1,6							
1			1	1	1040			Schottischer Hierarchiekonflikt							0,0	0,0							
1				0					Schlacht von Elgin (1040)						0,0	0,0							
1	1			0	1040	bis	1080	Seldschukische Eroberung des Nahen u. Mittleren Ostens								4,8							
1				1				Seldschukische Eroberung des Irans (1040 bis 1051)							4,8								
1				0					Schlacht von Merv (1040)		2,0				3,2							0,0	
1				0					Belagerung von Isfahan (1051)		1,0				1,6								
1	1			1				Seldschukische Eroberung Armeniens (1048 bis 1065)		1,0				1,6	1,6						0,0	
1				0					Schlacht von Kars (1048)		1,0				1,6								
1	1			1				Seldschukische Eroberung, Mesopotamiens (1055)		1,0				1,6	1,6						0,0	
1	1			1				Seldschukische Eroberung Kleinasiens (1065 bis 1080)		3,0				33,5	33,5							
1				0					Belagerung von Hierapolis (1068)		1,0				1,6							0,0	
1				0					Schlacht von Mantzikert (1071)	110					31,9								
1	1			1				Seldschukische Eroberung Syriens u. Palästinas (1071 bis 1079)		2,0				3,2	3,2						0,0	
1	1			1				Seldschukische Eroberung Georgiens (1080)						2,9	2,9							
1	1			1	1040	bis	1041	Krieg zwischen China (Song/Sung) u. Westliches Hsia							5,8	5,8							
1				0					Schlacht von Yanzhou (1040)						2,9								
1				0					Schlacht von Haoshuichuan (1041)						2,9								
1	1			1	1040	bis	1041	Slawischer Aufstand gegen Byzanz		1,0				1,6	1,6							
1				0					Belagerung von Thessaloniki (1040)		1,0				1,6							0,0	
1	1			1	1040	bis	1041	Böhmenfeldzug Heinrichs III		2,0				3,2	3,2							
1				0					Schlacht im Böhmerwald (1040)		2,0				3,2								

Präd &Retor	Terr Konfl	Hier& Kons	Alloph Konfl	Se. Konfl	Jahr	bis	Jahr	Konflikt	Jahr	bis	Jahr	Ausführungsereignisse (Schlachten, Belagerungen)	Th. (Tsd.)	Land Schl Tote (Tsd.)	Schl Tote & Verw. (Tsd.)	See Schiffe	Schiffe gesunk.	Kampf-Tote (Tsd.) Zw. Ablage	Kampf-Tote (Tsd.)	Mil. Nicht-KampfTote (Tsd.) Zw. Ablage	Mil. Nicht-Kampf-Tote (Tsd.)	MilTote (Tsd.) Zw. Ablage	Mil. Tote (Tsd.)	Ziv. Tote (Tsd.) Zw. Ablage	Ziv. Tote (Tsd.)	SeTote (Tsd.)
1	1			1				Normannische Eroberung Süditaliens	1041	bis	1071	Schlacht von Olivento (1042)	6					20,4	20,4							
1				0								Schlacht von Monte Maggiore (1042)	20					1,7								
1				0								Belagerung von Giovinazzo (1042)						5,8							0,0	
1				0								Belagerung von Trani (1042)		1,0				1,6							0,0	
1				0								Belagerung von Monopoli (1042)		1,0				1,6							0,0	
1				0								Schlacht von Montepeloso (1042)		1,0				1,6								
1				0								Schlacht von Civitate (1053)		1,0				1,6								
1				0								Belagerung von Otranto (1064)		1,0				1,6							0,0	
1				0								Belagerung von Brindisi (1066)		1,0				1,6							0,0	
1				0								Belagerung von Bari (1071)		1,0				1,6							0,0	
1		1		1				Mailänder Bürgerkrieg	1042	bis	1044							2,9	2,9							
1				1				Expansionskrieg Cholas gegen Chalukyan	1042			Schlacht von Gulbarga (1042)						2,9	2,9							
1		1		0				Usurpation des Maniakes	1042	bis	1043							2,9								
1				1								Schlacht von Ostrovo (1042)		2,0				3,2	3,2							
1	1			0				Russischer Angriff auf Byzanz	1043			Seeschlacht im Bosporus (1043)						3,2	3,2							
1	1			0				Wendischer Plünderungseinfall in Jütland	1043			Schlacht in der Lyrskov-Heide (1043)		2,0				11,6	11,6							
1				0								Belagerung von Wollin (1043)						10,0								
1		1		0				Intervention Heinrichs III in Ungarn gegen die heidnische Reaktion	1043	bis	1044			1,0				1,6	1,6						0,0	
1	1			0				Krieg des Liao-Reich der Kitan gegen Westliches Hsia	1043	bis	1044	Schlacht von Menfö an der Raab (1044)		1,0				1,6								
1	1			1				Straffeldzug Annams gegen die Cham	1044									2,9								
1	1			1				Byzantinische Intervention in Armenien	1045			Schlacht von Sasir (1045)		3,0				4,8	4,8							
1				0										1,0				1,6	1,6							
1		1		1				1. Italienfeldzug Heinrichs III.	1046	bis	1047			1,0				1,6	1,6							
1	1			1				Deutsch-Ungarischer Krieg	1046	bis	1058			1,0				1,6	1,6							
1				0				Normannischer Thronfolgestreit	1046	bis	1047	Belagerung von Pressburg (1052)		1,0				1,6							0,0	
1	1			1								Schlacht von Val-des-Dunes (1047)		3,0				4,8	4,8							
1				1				Expansionskrieg Cholas gegen Chalukyan	1046	bis	1048			3,0				4,8								
1				0								Schlacht von Gambhli (1046)						8,7	8,7							
1				0								Schlacht von Poondoor (1048)						2,9								
1				0								Schlacht von Kalvani (1048)						2,9								
1	1			1				Norwegisch-Dänischer Krieg	1047	bis	1064							2,9								
1				0								Zerstörung von Haithabu/Hedeby (1050)		3,0				23,3	23,3						0,0	
1				1								Seeschlacht von Nissa (1062)		1,0			60	1,6								
1		1		0				Usurpation des Tornikes	1047									21,7								
1	1			1				Secessionistischer Aufstand des Abe-Clans	1051	bis	1062			1,0				1,6	1,6							
1				0								Schlacht von Kawasaki (1057)		2,0				3,2	3,2							
1				0								Schlacht von Kuriyagawa (1062)		1,0				1,6	1,6							
1		1		0				Normannischer Thronfolgestreit	1054									4,8	4,8							
1				0								Schlacht von Mortemer (1054)		1,0				1,6								
1				0								Schlacht von Varaville (1057)		1,0				1,6								
1	1			1				Englischer Feldzug gegen Schottland	1054					3,0				4,8	4,8							

ANLAGE 10

Präd &Retor	Terr Konfl	Hier& Kons	Alloph Konfl	Se. Konfl	Jahr	bis	Jahr	Tn. (Tsd.)	Konflikt	Ausführungsereignisse (Schlachten, Belagerungen)	Tln. (Tsd.)	Land Schl Tote (Tsd.)	Schl Tote & Verw. (Tsd.)	See Schiffe	Schiffe gesunk.	Kampf-Tote (Tsd.) Zw. Ablage	Kampf-Tote (Tsd.)	Mil. Nicht-KampfTote (Tsd.) Zw. Ablage	Mil. Nicht-Kampf-Tote (Tsd.)	MilTote (Tsd.) Zw. Ablage	Mil. Tote (Tsd.)	Ziv. Tote (Tsd.) Zw. Ablage	Ziv. Tote (Tsd.)	SeTote (Tsd.)
1		1		1	1054				Schottischer Hierachiekrieg und englische Intervention							3,2	3,2							
				0						Schlacht von Dunsinane Hill (1054)		1,0				1,6								
				0						Schlacht von Lumphanan (1057)		1,0				1,6								
	1			1	1054	bis	1076		Eroberung Ghanas durch die Almoraviden						0,0	0,0							
				0						Einnahme der Ghana-Hauptstadt (1076)		0,0				0,0							0,0	
1				1	1054				Rückeroberungskrieg; Chalukyans gegen Chola						5,8	5,8							
				0						Schlacht von Koppa Thirraham (1054)						2,9								
				0						Schlacht von Kolapur (1054)						2,9								
				0	1055				Englischer Bürgerkrieg						1,6	1,6							
				0						Schlacht von Hereford (1055)		1,0				1,6								
	1			0	1056				Slawisch-Deutscher Grenzstreit						1,6	1,6							
				0						Schlacht bei Pritzlawa (1056)		1,0				1,6								
1				0	1057				Walisischer Raubzug gegen Hereford						1,6	1,6							
				0						Schlacht von Glasbury (1057)		1,0				1,6								
		1		0	1057				Byzantinischer Thronfolgestreit						1,6	1,6							
				0						Schlacht von Petroe (1057)		1,0				1,6								
	1			1	1057				Birmesische Eroberung des Thaton-Reichs						3,2	3,2							
				0						Belagerung von Thaton (1057)		2,0				1,6								
				0						Belagerung von PRom (1057)		1,0				1,6						0,0		
	1			0	1059				Expansionskrieg Cholas gegen Chalukyan						2,9	2,9							
				0						Schlacht von Mudakoor (1059)						2,9								
				1	1061				Krieg zwischen Mailand u. Papia						1,6	1,6							
				0						Schlacht von Campomorto (1061)		1,0				1,6								
	1			1	1061	bis	1091	15	Normannische Eroberung Siziliens						22,1	22,1							
				0						Schlacht von Castrogiovanni (1061)						4,4								
				0						Belagerung von Troina (1062)		1,0				1,6								
				0						Belagerung von Palermo (1071 bis 1072)		1,0				1,6								
				0						Schlacht von Misilmeri (1068)		1,0				1,6								
				0						Schlacht von Cerami (1083)		1,0				1,6								
				0						Seeschlacht von Syrakus (1086)		1,0				1,6								
				0						Belagerung von Syrakus (1086)		1,0				1,6							0,0	
				0						Belagerung von Butera (1089)		1,0				1,6							0,0	
				0						Belagerung von Castrogiovanni (1087)		1,0				1,6							0,0	
				0						Belagerung von Girgenti (1087)		1,0				1,6							0,0	
				0						Belagerung von Enna (1087)		1,0				1,6							0,0	
				0						Belagerung von Noto (1091)		1,0				1,6							0,0	
1				1	1061	bis	1091		Plünderungseinfälle der Kumanen in Südrussland						6,4	6,4							
				0						Schlacht an der Alta (1068)		4,0				4,8								
				0						Schlacht on dem Kerles (1070)		3,0				1,6								
1				1	1063				Englischer Feldzug gegen Wales		1,0				1,6	1,6						1,0	
1				1	1063	bis	1067		Pisanischer Krieg gegen die Sarazenen Palermos		2,0				3,2	3,2							
				0						Seeschlacht von Palermo (1063)		1,0				1,6								
				0						Belagerung von Palermo (1067)		1,0				1,6							0,0	
	1			0	1063	bis	1068		Expansionskrieg Cholas gegen Chalukyan						17,4	17,4							
				0						Schlacht von Gulbarga (1063)						2,9								
				0						Schlacht von Kollur (1064)						2,9								

	Präd &Retor	Terr Konfl	Hier& Kons	Alloph Konfl	Sc. Konfl	Jahr	bis	Jahr	Konflikt	Ausführungsereignisse (Schlachten, Belagerungen)	Tln. (Tsd.)	Land Schl. Tote (Tsd.)	Land Schl. Tote & Verw. (Tsd.)	See Schiffe	See Schiffe gesunk.	Kampf-Tote (Tsd.) Zw. Ablage	Kampf-Tote (Tsd.)	Mil. Nicht-KampfTote (Tsd.) Zw. Ablage	Mil. Nicht-Kampf-Tote (Tsd.)	MilTote (Tsd.) Zw. Ablage	Mil. Tote (Tsd.)	Ziv. Tote (Tsd.) Zw. Ablage	Ziv. Tote (Tsd.)	SeTote (Tsd.)
1					0					Schlacht von Koodal (1064)						2,9								
1					0					Schlacht bei Gulbarga (1066)						2,9								
1					0					Schlacht bei Karandhai (1067)						2,9								
1					0					Schlacht bei Vijayawada (1068)						2,9								
1	1				1			1064	Plünderungseinfall von Uzen in die Balkanhalbinsel			5,0				8,0	8,0						5,0	
1		1			1			1066	Englischer Thronfolgekrieg (Normannische Eroberung Englands)							12,9	12,9							
1					0					Schlacht von Gate Fulford (1066)		3,0				4,8								
1					0					Schlacht von Stamford Bridge (1066)		1,0				1,6								
1					0					Schlacht von Hastings (1066)		2,0				3,2								
1					0					Schlacht an der Mündung des Taff (1069)		2,0				3,2								
1	1				1			1066	Slawischer Feldzug gegen Hedeby														0,0	
1					1					Plünd. der Ruinen von Haithabu/Hedeby (1066)														
1				1	1			1066	Pogrom von Granada														4,0	
1			1		1			1067	Russischer Hierarchiekonflikt								0,0							
1					0					Schlacht von Nemipa (1067)		1,0				1,6								
1	1				1			1068	Rauhzug von Annam (Mittelvietnam) gegen die Cham								1,6							
1					0					Belagerung von Vijaya (1068)		1,0				1,6								
1			1		1			1068	Normannischer Bürgerkrieg in Apulien								1,6							
1					0					Belagerung von Montepeloso (1068)						1,6								
1		1			1			1068	Englischer Aufstand gegen die Normannen								1,6							
1					0					Belagerung von Durham (1068)		1,0				1,6								
1	1				1			1068	Plünderungseinfälle der Chola in Sumatra								1,6							0,0	
1			1		1			1069	Hierarchiekonflikt in Wales								0,0							
1					0					Schlacht von Mechiam (1069)		1,0				1,6								
1		1			1	1069	bis	1071	Dänische Intervention in England								1,6							
1					0					Schlacht von York (1069)		1,0				1,6								
1		1			1			1070	Thronfolgekrieg von Chola u. Intervention Chalukyas								8,7							
1					0					Schlacht bei Kuththi (1070)						8,7								
1					0					Schlacht bei Gambili (1070)						2,9								
1					0					Schlacht bei Raichur (1070)						2,9								
1		1			1			1071	Walisischer Aufstand gegen die Normannen															
1		1			1			1072	Innerwalisischer Grenzkonflikt								1,6							
1					0					Schlacht von Rhynni (1072)		1,0				1,6								
1		1			1			1072	Englische (Normannische) Invasion Schottlands								1,6							
1		1			1	1073	bis	1075	Sachsenaufstand								1,6							
1					0					Schlacht von Homburg an der Unstrut (1075)		1,0				1,6								
1		1			1			1073	Normannische Eroberung von Maine								1,6							
1	1				1			1074	Plünderungseinfall von Cham in Kambodscha								1,6							0,0	
1					0					Sambor Prei Kuk (1074)		1,0				1,6	1,6							
1		1			1			1075	Feldzug Annams gegen die Cham								1,6							0,0	
1		1			1			1075	Invasion der Khmer in Cham			1,0					1,6							
1					0					Schlacht bei Nangili (1075)						1,6	1,6							
1		1			1	1075	bis	1076	Rückeroberungskrieg Chalukyas gegen Chola							14,5	14,5							
1					0					Schlacht bei Manali (1075)						2,9								
1					0					Schlacht bei Halatthi (1075)						2,9								

ANLAGE 10

	Präd &Retor	Terr Konfl	Hier& Kons	Alloph Konfl	Sc. Konfl	Jahr	bis	Jahr	Konflikt	Ausführungsereignisse (Schlachten, Belagerungen)	Tln. (Tsd.)	Schl. Tote (Tsd.)	Schl. Tote & Verw. (Tsd.)	Schiffe	Schiffe gesunk.	Kampf-Tote (Tsd.) Zw. Ablage	Kampf-Tote (Tsd.)	Mil. Nicht-KampfTote (Tsd.) Zw. Ablage	Mil. Nicht-KampfTote (Tsd.)	MilTote (Tsd.) Zw. Ablage	Mil. Tote (Tsd.)	Ziv. Tote (Tsd.) Zw. Ablage	Ziv. Tote (Tsd.)	SeTote (Tsd.)
1					0					Schlacht bei Navila (1076)						2,9								
1					0					Schlacht an der Tungabhadra (1076)						2,9								
1			1		1	1077	bis	1080	Deutscher Bürgerkrieg	Schlacht an der Neckar (1077)		1,0				6,4	6,4							
1					0					Schlacht von Mellrichstadt (1078)		1,0				1,6								
1					0					Schlacht von Flarchheim (1080)		1,0				1,6								
1					0					Schlacht von Hohenmölsen (1080)		1,0				1,6								
1		1			1	1077	bis	1080	Englisch (Normannisch) Schottischer Krieg							1,6								
1		1			1	1077			Feldzug des Nördlichen Song gegen Annam							5,8	5,8							
1					0					Seeschlacht von Vinh-An (1077)						2,9								
1					0					Seeschlacht von Nhu-Nguyet (1077)						2,9								
1			1		1	1078			Byzantinischer Bürgerkrieg	Schlacht von Kalavryai (1078)	18	4,0				6,8	6,8							
1					0					Schlacht an der Vardar (1078)		1,0				5,2								
1			1		0	1078			Thronfolgestreit im Großfürstentum Kiew	Schlacht an der Sozh (1078)		1,0				1,6	3,2							
1					0					Schlacht an der Sozh (1078)		1,0				3,2								
1					0					Schlacht auf den Nezhatin-Wiesen (1078)		1,0				1,6								
1			1		1	1079			Normannischer Thronfolgestreit							5,8	5,8							
1					0					Belagerung von Gerberoy (1079)	2					2,9							0,0	
1					0					Schlacht von Auchy (1079)						2,9								
1	1				1	1079			Schottischer Plünderungseinfall in Nordengland			1,0				1,6	1,6							
1	1				1	1080			Intervention Heinrichs IV. in Italien			2,0				3,2	3,2							
1					0					Schlacht von Volta (1080)		1,0				1,6								
1					0					Belagerung von Rom (1080 bis 1084)		1,0				1,6	1,6						0,0	
1			1		1	1081			Walisischer Hierarchiekrieg							1,6								
1					1	1081	bis	1085	1. Normannischer Invasion Griechenlands	Schlacht von Mynydd Carn (1081)		1,0				24,5	24,5						0,0	
1					0					Belagerung von Dyrrhachion (1081)		1,0				1,6								
1					0					Seeschlacht von Dyrrhachion (1081)		2,0				3,2								
1					0					Schlacht von Dyrrhachion (1081)	40					11,6								
1					0					Belagerung von Arta (1083)		1,0				1,6							0,0	
1					0			+		Belagerung von Corfu (1083 bis 1085)		3,0				4,8							0,0	
1					0					Belagerung von Larissa (1084)		1,0				1,6							0,0	
1	1				1	1081	bis	1084	1. Italienfeldzug Heinrichs IV	Belagerung von Rom (1081 bis 1084)						2,9	2,9						0,0	
1	1				1	1081	bis	1084	Krieg zwischen China (Song) und Westliches Hsia							2,9								
1			1		1	1082			Deutscher Bürgerkrieg								0,0						0,0	
1					0					Schlacht von Mailberg (1082)		1,0				1,6	1,6							
1					1	1083	bis	1085	Aufstand des Kiyohara-Clans			2,0				1,6								
1					1	1085			Plünderungseinfall von Petschenegen							3,2	3,2							
1	1				0					Schlacht von Silistra (1085)		1,0				1,6	1,6							
1			1		1	1085			Krieg Pagans gegen Pegu							1,6								
1			1		1	1086			Deutscher Bürgerkrieg							8,7	8,7							
1					0					Schlacht von Pleichfeld (1086)	30					8,7							0,0	
1	1				1	1087			Kreuzzug gegen die Sarazenen von Al-Mahdia	Belagerung von Al-Mahdia (1087)		1,0				1,6	1,6							
1			1		0	1090			2. Italienfeldzug Heinrichs IV	Schlacht bei Canossa (1090)		1,0				2,9	2,9						0,0	

ANLAGE 10

Präd &Retor	Terr Konfl	Hier& Kons	Alloph Konfl	Se. Konfl	Jahr	bis	Jahr	Konflikt	Ausführungsereignisse (Schlachten, Belagerungen)	Th. (Tsd.)	Land Schl Tote (Tsd.)	Schl Tote & Verw. (Tsd.)	See Schiffe	Schiffe gesunk.	Kampf-Tote (Tsd.) Zw. Ablage	Kampf-Tote (Tsd.)	Mil. Nicht-KampfTote (Tsd.) Zw. Ablage	Mil. Nicht-Kampf-Tote (Tsd.)	MilTote (Tsd.) Zw. Ablage	Mil. Tote (Tsd.)	Ziv. Tote (Tsd.) Zw. Ablage	Ziv. Tote (Tsd.)	SeTote (Tsd.)
1	1			1	1090	bis	1092	Schiitischer Aufstand in Persien gegen die Seldschuken															
1				0					Belagerung von Alamut (1090)		1,0				2,9	2,9						0,0	
1				1	1090	bis	1091	Pfünderungseinfall von Petschenegen in Thrakien															
1				0					Belagerung Konstantinopels (1090 bis 1091)		12,0				19,3	19,3						0,0	
1				0					Schlacht am Levunion Gebirge (1091)		10,0				16,1								
1				0					Schlacht von Adrianopel (1094)		1,0				1,6								
1	1			1			1091	Normannische Besetzung Maltas															
1				0					Belagerung von Malta (1091)		1,0				1,6	1,6							
1	1			1	1091	bis	1223	Besetzung Südrusslands durch die Kumanen															
1				0					Schlacht an der Stugna (1093)		1,0				7,7	7,7							
1				0					Belagerung von Kiew (1094)		1,0				1,6								0,0	
1				0					Belagerung von Perejaslaw (1096)		1,0				1,6								0,0	
1				0					Belagerung von Kiew (1096)						2,9								
1	1	1		1			1094	Usurp. des Konst. Diogenes u. Interv. der Kumanen in Thrakien															
1				0					1. Schlacht von Altwick (1093)		1,0				1,6	1,6							
1	1						1093	Schottisch-Englischer Krieg															
1	1			1	1096	bis	1099	Krieg zwischen China (Song) und Westliches Hsia						2,9	2,9								
1	1			1	1096	bis	1099	1. Kreuzzug						133,5	133,5								
1			1	1				Pogrom gegen Juden anlässlich des 1. Kreuzzugs (1099)						0,0									
1				0					Massaker von Budapest (1096)													1,5	
1				0					Belagerung von Belgrad (1096)						2,9							4,0	
1				0					Schlacht von Nisch (1096)			5			2,7							0,0	
1				0					Belagerung von Xerigordon (1096)	6	8,0				12,9							0,0	
1				0					Schlacht von Kibotos (1096)		20,0				20,0								
1				0					Belagerung von Nikaia (1097)		2,0				3,2							0,0	
1				0					Schlacht von Nikaia (1097)		6,0				9,7								
1				0					Schlacht von Dorylaion (1097)		3,0	4			7,0							0,0	
1				0					Belagerung von Tarsos (1097)		1,0				1,6								
1				0					Schlacht von Mamistra (1097)	3					0,9								
1				0					Belagerung von Antiocheia (1097 bis 1098)		5,0				8,0							10,0	
1				0					Schlacht von Harenc (1097)		2,0				3,2								
1				0					Schlacht von Solino (1097)						0,6								
1				0					Belagerung von Laodikeia (1097)		1,0				1,6							0,0	
1				0					Schlacht von Antiocheia (1098)	6	1,0				3,3								
1				0					Belagerung von Antiocheia (1098)		2,0				3,2							0,0	
1				0					Schlacht von Antiocheia (1098)		2,0				3,2								
1				0					Belagerung von Jerusalem (1098)		1,0				1,6								
1				0					Belagerung von Maarat an-Numan (1098)	10					2,9							10,0	
1				0					Belagerung von Hosn-el-Akrad (1099)						2,9							0,0	
1				0					Belagerung von Arqa (1099 bis 1099)	20					5,8							0,0	
1				0					Belagerung von Jerusalem (1099)	20					5,8							70,0	
1				0					Schlacht von Askalon (1099)		12,0				19,3							0,0	
1				0					Belagerung von Askalon (1099)						2,9							0,0	
1				0					Seeschlacht von Rhodos (1099)					100	2,5								

Präd &Retor	Terr Konfl	Hier& Kons	Alloph Konfl	Se. Konfl	Jahr	bis	Jahr	Konflikt	Ausführungsereignisse (Schlachten, Belagerungen)	Tln. (Tsd.)	Land Schl Tote (Tsd.)	Schl Tote & Verw. (Tsd.)	See Schiffe	Schiffe gesunk gesamk.	Kampf-Tote (Tsd.) Zw. Ablage	Kampf-Tote (Tsd.)	Mil. Nicht-KampfTote (Tsd.) Zw. Ablage	Mil. Nicht-Kampf-Tote (Tsd.)	MilTote (Tsd.) Zw. Ablage	Mil. Tote (Tsd.)	Ziv. Tote (Tsd.) Zw. Ablage	Ziv. Tote (Tsd.)	SeTote (Tsd.)
1	1			1	1098			Normannisch-Norwegischer Krieg um Anglesey															
1				0					Schlacht von Aberlleiniog (1098)		1,0				1,6	1,6							
1	1			1	1098			Expansionskrieg Cholas gegen Chalukyan							2,9	2,9							
1				0					Belagerung von Bellary (1098)						2,9							0,0	
1	1			1	1099	bis	1125	Georgischer Befreiungskrieg						14,5	14,5								
1				0					Schlacht von Ertsukhi (1105)						2,9								
1				0					Schlacht von Thrialeti (1110)						2,9								
1				0					Schlacht von Didgori (1121)						2,9								
1				0					Belagerung von Tblisi (1122)						2,9							0,0	
1				0					Belagerung von Ani (1124)						2,9	1,6						0,0	
1		1		1	1099			Thronfolgekrieg im Großfürstentum Kiew						1,6	1,6								
1				0					Schlacht von Przemysl (1099)		1,0				1,6	1,6						188,5	5.488
531 35	132	31	4	202	1100	bis	1199			0,29	1,61	0,53	0,03	0,36	2,90	1.183		4.116	3,48	5.299	0,50	188,5 / 0,0	5.488
									Default-Werte	0,29		0,53	0,03	0,36	2,90								
1	1			0	11. Jahrhundert		1199	*RECONQUESTA im 11. Jh.*															
								2. Interv. der Almoraviden in Spanien (1090 bis 1147) (Teil 11. Jh.)															
1	1			1				Almoravidische Offensive (1101 bis 1108)							22,5	22,5						7,0	
1				0					Belagerung von Valencia (1101 bis 1102)		12,0				19,3								
1				0					Schlacht von Huesca (1105)		1,0				1,6								
1				0					Schlacht von Ucles (1108)		1,0				1,6								
1	1			1				Grenzkonflikt zwischen Kastilien und Aragón (1110 bis 1126)							0,0	0,0							
1	1			1				Christliche Rückeroberung von Mallorca (1114 bis 1115)							1,6	1,6							
1				0					Belagerung von Mallorca (1115)		1,0				1,6								
1	1			1				Christlicher Kreuzzug im Ebrotal (1118 bis 1121)							4,8	4,8						1,0	
1				0					Belagerung von Zaragoza (1118)		1,0				1,6								
1				0					Belagerung von Cutanda (1120)		1,0				1,6								
1				0					Schlacht von Daroca (1121)		1,0				1,6								
1	1			1				Grenzkonflikt zwischen León und der Grafschaft Portugal (1121)							3,0	3,0							
1	1			1				Belagerung von Lanhoso (1121)							3,0	3,0							
1				1				Hierarchiekampf in der Grafschaft von Porto (1128)							3,0								
1				1				Schlacht von San Mamede (1128)							3,0								
1	1			1				Intervention des Alfonso I. von Aragón in Aquitanien (1130 bis 1131)							3,0	3,0							
1				1				Belagerung von Bayonne (1131)							3,0								
1	1	1		1				Plünderungsfeldzug des Alfonso VII. in das Guadalquivir-Tal (1133)							3,0	3,0							
1	1			1				Offensive des Alfonso I. von Aragón gg die Almoraviden (1134)							3,0	3,0							
1				1				Schlacht von Fraga (1134)							3,0	3,0							
1	1			1				Offensive des Grafen Alfonso von Porto gg die Almoraviden (1139)							1,6	1,6							
1				1				Schlacht von Ourique (1139)		1,0				1,6	1,6							

ANLAGE 10

Präd &Refor	Terr Konfl	Hier& Kons	Alloph Konfl	Se. Konfl	Jahr	bis	Jahr	Konflikt	Ausführungsereignisse (Schlachten, Belagerungen)	Land Th. (Tsd.)	Land Schl. Tote (Tsd.)	Land Schl. Tote & Verw. (Tsd.)	See Schiffe	See Schiffe gesunk.	Kampf-Tote (Tsd.) Zw. Ablage	Kampf-Tote (Tsd.)	Mil. Nicht-KampfTote (Tsd.) Zw. Ablage	Mil. Nicht-Kampf-Tote (Tsd.)	MilTote (Tsd.) Zw. Ablage	Mil. Tote (Tsd.)	Ziv. Tote (Tsd.) Zw. Ablage	Ziv. Tote (Tsd.)	SeTote (Tsd.)
1	1			1				Offensive des Alfonso VII. von León gegen die Almoraviden (1139)	Belagerungvon Colmenar de Oreja (1139)						3,0	3,0							
1	1			1				Entmacht. d. Almorav. in Al-Andalus durch Almohaden (1146 bis 1147)	Belagerung von Sevilla (1147)						3,0	3,0							
1	1			1				Offens. des Alfonso I. von Portugal mit Kreuzritterunterstü. (1146 bis 1147)	Belagerung von Lissabon (1146 bis 1147)		1,0				3,2	3,2							
1	1			0					Belagerung von Santarem (1147)							3,0						5,0	
1	1			1				Feldzug Gemus gg die Sarazenen Ostspaniens (1146 bis 1148)							11,3	11,3							
1				0					Belagerung von Menorca (1146)		1,0					1,6						1,0	
1				0					Belagerung von Almeria (1147 bis 1148)		5,0					8,0						15,0	
1				0					Belagerung von Tortosa (1148)		1,0					1,6							
1	1			1				Offens. des Alfonso VII. von León gg die Almohaden (1147 bis 1150)							6,0	6,0							
1				0					Belagerung von Calatrava (1147)							3,0							
1				0					Belagerung von Cordoba (1150)							3,0							
1	1			1				Thw. Rückerob. von Al-Andalus durch die Almohaden (1155 bis 1203)							44,0	44,0							
1				0					Maur. Rücker. von Granada (1155)							3,0							
1				0					Maur. Rücker. von Almeria (1157)							3,0							
1				0					Maur. Rücker. von Alcantara (1161)							3,0							
1				0					Portug. Erob. von Caceres (1165)							3,0							
1				0					Portug. Erob. von Trujillo (1165)							3,0							
1				0					Kastil. Rücker. von Granada (1166)							3,0							
1				0					Port. Rücker. von Badajoz (1169)							3,0							
1				0					Kast. Einverl. von Badajoz (1169)							3,0							
1				0					Maur. Rücker. von Alcantara (1172)							3,0							
1				0					Maur. Rücker. von Murcia (1172)							3,0							
1				0					Kast. Rücker. von Cuenca (1177)							3,0							
1				0					Belagerung von Magacela (1189)							3,0							
1				0					Schlacht von Alarcos (1195)		5,0					8,0							
1	1				1100	bis	1199	*Sarazenische Raubzüge im 12. Jh*															
1	1			0				Sarazenischer Raubzug nach Kalabrien (1122)							1,6	1,6							
1				1					Belagerung von Nikotera (1122)		1,0					1,6						1,0	
1	1			1				Sarazenischer Raubzug nach Sizilien (1127)						9,0	9,0								
1				0					Belagerung von Patti (1127)		1,0				3,0	3,0						1,0	
1				0					Belagerung von Syrakus (1127)		1,0				3,0	3,0						1,0	
1				0					Belagerung von Catania (1127)						3,0	3,0							
1				0	1100	bis	1147	*Kriege im Nahen Osten zwischen dem 1. und 2. Kreuzzug*															
1	1			1				Gescheiterte Kreuzzüge (1100 bis 1101)						33,8	33,8								
1	1			0					Belagerung von Ankara (1101)		1,0					1,6						1,0	
1				0					Schlacht von Merzifun (1101)		18,0					29,0							
1				0					Schlacht von Herakleia (1101)		1,0					1,6							
1				0					Schlacht von Herakleia (1101)		1,0					1,6							
1	1			1				Kriege d.Kreuzritterstaats Jerusalem mit Genua/Vened. (1100 bis 1153)						49,9	49,9							1,0	

		ANLAGE 10											Land		See		Kampf-Tote (Tsd.) Zw. Ablage	Kampf-Tote (Tsd.)	Mil. Nicht-KampfT ote (Tsd.) Zw. Ablage	Mil. Nicht-Kampf-Tote (Tsd.)	MilTote (Tsd.) Zw. Ablage	Mil. Tote (Tsd.)	Ziv. Tote (Tsd.) Zw. Ablage	Ziv. Tote (Tsd.)	SeTote (Tsd.)
Präd &Rfctor	Terr Konfl	Hier& Kons	Alloph Konfl	Se. Konfl	Jahr	bis	Jahr	Konflikt	Ausführungsereignisse (Schlachten, Belagerungen)	Tln. (Tsd.)	Schl. Tote (Tsd.)	Schl. Tote & Verw. (Tsd.)	Schiffe	Schiffe gesunk.									
1				0					Belagerung von Haifa (1100)		1,0				1,6								1,0	
1				0					Schlacht von Askalon (1100)	3					0,9									
1				0					Belagerung von Sidon (1100)		1,0				1,6								1,0	
1				0					Belagerung von Arsuf (1101)						0,5									
1				0					Belagerung von Caesarea (1101)		1,0				1,6								1,0	
1				0					1. Schlacht von Ramleh (1101)		0,3				0,5									
1				0					Belagerung von Tortosa (1102)						3,0									
1				0					Schlacht von Tripolis (1102)		3,0				4,8									
1				0					2. Schlacht von Ramleh (1102)	20					6,0									
1				0					Schlacht von Jaffa (1102)		1,0				1,6									
1				0					Belagerung von Byblos (1103)						3,0									
1				0					Belagerung von Akko (1104)		1,0				1,6								5,0	
1				0					3. Schlacht von Ramleh (1102)		3,0				3,0									
1				0					Belagerung von Sidon (1111)		1,0				1,6								1,0	
1				0					Belagerung von Askalon (1111)		1,0				1,6								1,0	
1				0					Belagerung von Tyros (1112)		1,0				1,6								1,0	
1				0					Schlacht von Al-Sannabra (1113)				200		0,0									
1				0					Seeschlacht von Askalon (1123)		3,0				9,8									
1				0					Schlacht von Yibneh (1123)		1,0				1,6									
1				0					Belagerung von Tyros (1124)		1,0				1,6								1,0	
1				0					Schlacht von Azaz (1125)		1,0				1,6									
1				0					Schlacht von Marj es-Suffar (1126)		2,0				3,2									
1				0					Schlacht von Buraq (1129)		1,0				1,6									
1	1			1				Kriege des Kreuzritterstaaten von Antiocheia, Edessa, Tortosa							23,2	23,2							
1				0					Schlacht von Harran (1104)	20					6,0									
1				0					Schlacht von Artah (1105)		1,0				1,6									
1				0					Schlacht von Tell Bacher (1108)	4					1,2									
1				0					Belagerung von Archas (1109)						3,0									
1				0					Belagerung von Tripolis (1109)		1,0				1,6								1,0	
1				0					Belagerung von Beirut (1110)		1,0				1,6								3,0	
1				0					Schlacht von Sarmin (1115)		1,0				1,6									
1				0					Schlacht von Ager Sanguinis (1119)						5,0									
1				0					Belagerung von Damaskus (1129)		1,0				1,6								1,0	
1				0					Schlacht an der Burg von Montferrand (1132)						0,0									
1		1		1				Bürgerkrieg in Damaskus (1129)							0,0	0,0							
1	1			1				Byzan. Feldzug zur Unterw. des Kreuzritterstaats Antiocheia (1137)							7,8	7,8							
1				0					Belagerung von Antiocheia (1137)		1,0				3,0								1,0	
1				0					Schlacht von Barin (1137)		1,0				1,6									
1				0					Schlacht von Teqba (1138)		1,0				1,6									
1				0					Belagerung von Edessa (1144)		2,0				1,6								5,0	
1	1			1				Expansionskrieg des seldschukischen Sultanats von Mossul (1138)							4,8	4,8							
1				0					Belagerung von Chayzar (1138)		1,0				0,0								0,0	
1				0					Belagerung von Baalbek (1138)		1,0				1,6								1,0	
1				0					Belagerung von Damaskus (1138)		1,0				1,6								1,0	
1	1			0	1105			Angriff Genua u. Pisas auf Al-Mahdia	Belagerung von Al-Mahdia (1105)		1,0				1,6	1,6							1,0	
1		1		1	1106			Normannischer Hierarchiekrieg							1,6	1,6							

631

ANLAGE 10

Präd & Rector	Terr Konfl	Hier & Kons	Alloph Konfl	Se. Konfl	Jahr	bis	Jahr	Konflikt	Ausführungsereignisse (Schlachten, Belagerungen)	Tln. (Tsd.)	Land Schl Tote (Tsd.)	Land Schl Tote & Verw. (Tsd.)	See Schiffe	See Schiffe gesunk.	Kampf-Tote (Tsd.) Zw. Ablage	Kampf-Tote (Tsd.)	Mil. Nicht-KampfTote (Tsd.) Zw. Ablage	Mil. Nicht-Kampf-Tote (Tsd.)	MilTote (Tsd.) Zw. Ablage	Mil. Tote (Tsd.)	Ziv. Tote (Tsd.) Zw. Ablage	Ziv. Tote (Tsd.)	SeTote (Tsd.)
1				0			1106	Hierarchiekrieg im Deutschen Reich	Schlacht von Tinchebrai (1106)		1,0				1,6								
1		1		1			1106		Schlacht von Vise (1106)		1,0				1,6	1,6							
1	1			0			1107	Krieg zwischen Russen u. Kumanen	Schlacht an der Sula (1107)		2,0				3,2	3,2							
1				1			1107	Krieg von Papia u. Lodi gegen Mailand u. Tortona							3,2								
1				0			1107		Schlacht an der Oglio (1107)		1,0				1,6	1,6							
1	1			0			1107	Normannische Invasion Griechenlands	Schlacht von Dyrrhachion (1107)		3,0				0,0	0,0							
1				1	1113	bis	1109	1. Krieg Heinrichs I. von England gegen Ludwig VI. von Frankreich			2,0				0,0								
1				0			1109		Schlacht von Gisors (1109)		3,0				3,2	3,2							
1	1			1			1109	Deutscher Expansionskrieg (Invasion Schlesiens d. Heinrich V.)			2,0				3,2								
1				0			1109		Schlacht von Hundsfeld (1109)		2,0				3,2	3,2							
1				1			1109	Polnischer Expansionskrieg (Eroberung Pommerns)			1,0				1,6	1,6							
1				0			1110		Schlacht von Naklo (1109)		1,0				1,6	1,6							
1				0			1110	1. Italienfeldzug Heinrichs V.	Schlacht in Norditalien (1111)		1,0				1,6	1,6							
1				1	1117	bis	1111	Byzantinisch-Türkischer Krieg	Schlacht von Philomelion (1116)		3,0				4,8	4,8							
1				0			1112	Russischer Expansionskrieg			3,0				4,8								
1			1	1			1112		Schlacht an der Solnitza (1111)		1,0				1,6	1,6							
1			1	1			1114	Ungarisch-Österreichischer Krieg	Schlacht an der Solnitza (1111)		1,0				1,6	1,6							
1				1			1115	Französischer Bürgerkrieg			1,0				1,6	1,6							
1			1	0	1115	bis	1115	Kambodschanischer Hierarchiekrieg	Schlacht von Tours (1112)		1,0				1,6	1,6							
1				0			1115	(Nieder-) Sächsischer Adligeraufstand	Belag. eines Orts Kambodschas (1114 bis 1115)		2,0				3,2	3,2					1,0		
1				0			1115		Schlacht von Warmsladt (1115)		1,0				1,6								
1				1			1116		Schlacht von Wefelsholz (1115)		1,0				1,6								
1				1	1122	bis	1118	Krieg von Song mit Jin (durchen) gegen das Liao-Reich der Kitan							3,0	3,0							
1				1	1118	bis	1119	2. Krieg Heinrichs I. von England gegen Ludwig VI. von Frankreich	Schlacht von Bremule (1119)		1,0				3,0	3,0							
1				1	1116	bis	1119	Krieg zwischen Mailand u. Como	Belagerung von Como (1127)		1,0				0,3	0,3							
1				0	1127	bis	1118	Deutscher Bürgerkrieg			1,0				0,3								
1	1			0	1122	bis	1119	Krieg zwischen Genua u. Pisa	Seeschlacht von Cagliari (1119)		1,0				1,6	1,6							
1				0	1133	bis	1119		Seeschlacht von Cinque Terre (1120)		2,0				0,0	0,0							
1				0					Seeschlacht von Piombino (1125)		1,0				6,2	6,2							
1		1		1	1122		1122	Plünderungseinfall von Petschenegen in Makedonien u. Thrakien			1,0				1,6								
1				1					Schlacht von Veria (1122)		2,0				3,0								
1	1			0	1124	bis	1122	Krieg der Dschurdschen gegen die Tanguten			2,0				3,2	3,2							
											20,0				32,2	32,2							

Präd &Retor	Terr Konfl	Hier& Kom Kons	Alloph Konfl	Se. Konfl	Jahr	bis	Jahr	Konflikt	Ausführungsereignisse (Schlachten, Belagerungen)	Tln. (Tsd.)	Land Schl Tote (Tsd.)	Schl Tote & Verw. (Tsd.)	See Schiffe	See Schiffe gesunk.	Kampf-Tote (Tsd.) Zw. Ablage	Kampf-Tote (Tsd.)	Mil. Nicht-KampfTote (Tsd.) Zw. Ablage	Mil. Nicht-KampfTote (Tsd.)	MilTote (Tsd.) Zw. Ablage	Mil. Tote (Tsd.)	Ziv. Tote (Tsd.) Zw. Ablage	Ziv. Tote (Tsd.)	SeTote (Tsd.)
1				0	1123	bis	1161	Religionskrieg der Almohaden gegen die Almoraviden	Schlacht im Yegu-Tal (1123)		20,0				32,2								
1		1		1					Belagerung von Marrakesh (1128 bis 1146)		2,0				3,2	3,2							
1				0					Schlacht von Tlemcen (1145)		1,0				1,6								
1				0	1123	bis	1124	Aufstand des Grafen Galeran	Belagerung von Ponti-Audemer (1123)		1,0				1,6								
1		1		0					Schlacht von Bourgtheroulde (1124)		3,0				6,0	6,0							
1	1			1	1126	bis	1142	Kriege zw. dem Chin-Reich (Dschurdschen) und Südl. Song-Reich			3,0				7,8	7,8							
1				0					Belagerung von Kai-feng (1126)		1,0				1,6							1,0	
1				0					Belagerung von Nanking (1127)		2,0				3,2							1,0	
1				0					Schlacht bei Yangzhou (1129)		1,0				3,0								
1	1			1	1127	bis	1134	1. Welfisch-Staufischer Krieg	Belagerung von Nürnberg (1127)						4,6	4,6						1,0	
1				0					Belagerung von Ulm (1134)		1,0				3,0								
1	1			1	1128			Byzantinisch-Ungarischer Krieg			2,0				1,6								
1	1			1	1128			Italienfeldzug Konrads III							3,2								
1	1		1	1	1128			Feldzug der Khmer gegen Annam			1,0				1,6							1,0	
1	1			1	1129			Pogrom an Assassinen in Damaskus							0,0	0,0						1,0	
1	1			0	1130			Invasion der Qü'Chi							0,0	0,0							
1				0					Belagerung von Suzhou (1130)						3,0	3,0							
1	1			1	1130	bis	1130	Normannische Expansionskriege in Süditalien	Belagerung von Amalfi (1130 bis 1131)		2,0				3,2	3,2							
1				0					Belagerung von Montepeloso (1133)		1,0				1,6								
1	1			1	1132			Krieg zwischen Mailand u. Pavia	Schlacht von Marcignano (1132)		1,0				1,6	1,6							
1	1			1	1132	bis		1. Italienfeldzug Lothars von Süpplinburg			1,0				1,6	1,6							
1				0	1132			Yang-Tai-Aufstand							3,0	3,0							
1	1		1	1	1132			Seldschukischer Nachfolgestreit			1,0				1,6	1,6							
1				0					Schlacht von Tikrit (1132)						3,0								
1	1			1	1134	bis	1165	Normannische Besetzung Tunesiens	Antinormannischer Aufstand auf Djerba (1154)		1,0				3,0	3,0						1,0	
1	1			1	1135	bis	1141	Krieg Pisas gegen Amalfi	Belagerung von Amalfi (1135)		2,0				3,2	3,2						1,0	
1				0					Belagerung von Amalfi (1141)		1,0				1,6							1,0	
1	1			1	1135	bis	1154	Englischer Thronfolgekrieg			1,0				19,3	19,3							
1				0					Bannerschlacht (1138)		10,0				16,1								
1				0					Schlacht von Lincoln (1141)		1,0				1,6								
1	1	1		0					Schlacht von Wallingford (1154)		1,0				1,6								
1	1			0	1136	bis	1137	2. Italienfeldzug Lothars von Süpplinburg	Schlacht von Lardirago (1136)		1,0				1,6	1,6							
1	1			1	1136			Englischer (Normannischer) Angriff auf Wales	Schlacht von Cardigan (1136)		4,8				4,8	4,8							
1	1			0	1137			Feldzug des Johannes II. gegen das kleinarmenische Kilikien			3,0				3,0	3,0							
1	1			1	1137			Unabhängigkeitskrieg der Grafschaft von Porto	Schlacht bei Guimaraes (1137)						3,0	3,0							

Präd &Rhetor Konfl	Terr Konfl	Hier& Kons Kons	Alloph Konfl	Sc. Konfl	Jahr	bis	Jahr	Konflikt	Ausführungsereignisse (Schlachten, Belagerungen)	Thn (Tsd.)	Land Schl Tote (Tsd.)	Land Schl Tote & Verw. (Tsd.)	See Schiffe	See Schiffe gesunk	Kampf-Tote (Tsd.) Zw. Ablage	Kampf-Tote (Tsd.)	Mil. Nicht-KampfTote (Tsd.) Zw. Ablage	Mil. Nicht-Kampf Tote (Tsd.)	MilTote (Tsd.) Zw. Ablage	Mil. Tote (Tsd.)	Ziv. Tote (Tsd.) Zw. Ablage	Ziv. Tote (Tsd.)	SeTote (Tsd.)
1		1		1	1138	bis	1142	2. Welfisch-Staufischer Krieg	Schlacht von Weinsberg (1140)						8,0	8,0							
				0											8,0								
1	1			1	1141			Krieg zw. Seldschuken und dem Westlichen Liao der Kara Kitai	Schlacht in der Katvan-Steppe (1141)		5,0				8,0								
1				0	1145			Feldzug der Khmer gegen die Cham	Belagerung von Vijaya (1145)		1,0				1,6	1,6						1,0	
1	1			0	1146			Ungarischer Plünderungseinfall in Österreich	Schlacht an der Fischa (1146)		2,0				3,2	3,2							
1		1		0	1146	bis	1157	Dänischer Thronfolgekrieg	Schlacht von Grataheide (1157)						3,0	3,0							
1	1			1	1146			Ungarischer Thronfolgestreit	Schlacht an der Leitha (1146)		1,0				1,6	1,6							
1		1		0	1147			Hierarchiekonflikt in Champas	Schlacht von Mahisa (1147)		1,0				1,6	1,6							
1			1	1	1147	bis	1450	Kreuzzüge gegen die Wenden							50,0	50,0						300,0	
1				1	1147			Raubzug Rogers II. gegen Griechenland							8,0	8,0							
				0					Belagerung von Kerkyra (1147)		1,0				1,6							1,0	
				0					Belagerung von Korinth (1147)		1,0				1,6							1,0	
				0					Belagerung von Theben (1147)		1,0				1,6							1,0	
				0					Belagerung von Kerkyra (1149)		1,0				1,6							1,0	
				1					Belagerung von Tortosa (1150)		1,0				1,6								
1				1	1147	bis	1149	2. Kreuzzug	Judenpogrom anlässlich des 2. Kreuzzugs (1147)						80,5	80,5						5,0	
				0											40,2								
				0					Schlacht von Laodikeia (1147)		2,0				3,2								
				0					Schlacht von Dorylaion (1147)		20,0				32,2								
				0					Schlacht von Kadmos (1148)		2,0				3,2								
				0					Belagerung von Damaskus (1148)		1,0				1,6								
					1149	bis	1189	*Kriege im Nahen Osten zwischen dem 2. und 3. Kreuzzug*															
1		1		1				Seldschukische Offensive gg den KR-Staat Antiocheia (1149 bis 1150)	Schlacht von Inab (1149)		5,0				16,1	16,1							
				0					Schlacht von Inab (1149)						8,0								
	1			0				Offensive des KR-Staats Jerus. gg. Ägypten	Belagerung von Tortosa (1150)						3,0								
				1					Belagerung von Askalon (1153)		1,0				4,8	4,8						1,0	
				0					Schlacht von al-Muwaylih (1154)		2,0				1,6								
1				1				Invasion Zyperns durch Renaud de Chatillon (1156)			1,0				3,2	1,6						5,0	
	1			0				Seldschukische Offensive gg den KR-Staat Antiocheia (1158)	Belagerung von Antiocheia (1158)		1,0				1,6	1,6						1,0	
1				1				Seldschukische Offensive gg den KR-Staat Antiocheia (1163)	Schlacht von Krak des Chevaliers (1163)		1,0				1,6	1,6							
1				1	1163	bis	1169	Interv. des KR-Staats Jerusalem in Ägypten (1163 bis 1169)			1,0				28,5	28,5							
				0					Schlacht von Harim (1164)		10,0				16,1	16,1							
				0					Schlacht von Minya, El (1167)		2,0				3,2								
				0					Belagerung von Alexandreia (1167)		1,0				1,6								
				0					Belagerung von Bilbeis (1168)						3,0							1,0	

Präd &Rator	Terr Konfl	Hier& Kons	Alloph Konfl	Se. Konfl	Jahr	bis	Jahr (Tsd.)	Konflikt	Ausführungsereignisse (Schlachten, Belagerungen)	Tln. (Tsd.)	Land Schl Tote (Tsd.)	Schl Tote & Verw. (Tsd.)	See Schiffe	Schiffe gesunk.	Kampf-Tote (Tsd.) Zw. Ablage	Kampf-Tote (Tsd.)	Mil. Nicht-KampfTote (Tsd.) Zw. Ablage	Mil. Nicht-KampfTote (Tsd.)	MilTote (Tsd.) Zw. Ablage	Mil. Tote (Tsd.)	Ziv. Tote (Tsd.) Zw. Ablage	Ziv. Tote (Tsd.)	SeTote (Tsd.)
1				0					Belagerung von Tanis (1168)						3,0							3,0	
1				0					Belagerung von Damiette (1169)		1,0				1,6							1,0	
1	1			1				Ägypt. Feldzüge zur Erob. der KR-Staaten (1171 bis 1189)			1,0				37,3	37,3							
1				0					Belagerung von Montreal (1171)		2,0				3,0								
1				0					Belagerung von Askalon (1177)		1,0				3,2							1,0	
1				0					Schlacht von Ramleh (1177)		1,0				1,6								
1				0					Belagerung von Baniyas (1179)		1,0				1,6							1,0	
1				0					Schlacht von Marj Ayun (1179)		1,0				1,6								
1				0					Belagerung von Beirut (1182)		1,0				1,6							1,0	
1				0					Belagerung von Kerak (1183)						3,0							1,0	
1				0					Schlacht an der Quellen von Cresson (1187)		1,0				1,6								
1				0					Schlacht auf den Hörnern von Jittim (1187)		2,0				3,2							1,0	
1				0					Belagerung von Akkon (1187)		1,0				1,6							1,0	
1				0					Belagerung von Jaffa (1187)		1,0				1,6							1,0	
1				0					Belagerung von Jerusalem (1187)		1,0				1,6							1,0	
1				0					Belagerung von Tyros (1187)						3,0								
1				0					Belagerung von Belvoir (1188 bis 1189)						3,0								
1				1				Feldzug gegen Mekka des Renaud de Chatillon (1183)							3,0								
1				1					Schlacht von Medina (1183)		1,0				1,6	1,6							
1				0	1150	bis	1152	3. Welfisch-Staufischer Krieg	Schlacht von Flochberg (1150)		1,0				1,6							2,0	
1		1		1	1150	bis	1196	Serbische Aufstände gegen die Byzantiner			2,0				3,2	3,2							
1				1	1150	bis	1153	Eingungskrieg auf Sri Lanka							21,0	21,0							
1				0					Belagerung von Mallavelana (1150)						3,0							1,0	
1				0					Schlacht von Kala Vewa (1150)						3,0								
1				0					Schlacht von Malaya (1151)						3,0								
1				0					Schlacht bei Polonnaruwa (1153)						3,0								
1				0					Belagerung von Polonnaruwa (1153)						3,0							1,0	
1				0					Schlacht von Malaya (1153)						3,0								
1				0					Schlacht an der Mahaveli (1153)						3,0								
1				1	1151	bis	1206	Afghanische Eroberung des türkischen Reichs von Ghazni			5,0				1,6	1,6						5,0	
1				0					Belagerung von Ghazni (1155)		1,0				1,6								
1				1				Invasion des Gujarat durch Muhammad von Ghur (1176 bis 1178)			2,0				3,2	3,2							
1				0	1154	bis	1155	1. Italienfeldzug Friedrichs I. Barbarossa	Schlacht von Anhilwara (1178)		2,0				5,4	5,4							
1				0					Belagerung von Chieti (1154)		0,5				0,8							0,5	
1				0					Belagerung von Asti (1155)		0,5				0,8							0,5	
1				0					Belagerung von Tortona (1155)	2					0,6							1,0	
1				0					Belagerung von Rom (1155)		1,0				1,6							1,0	
1				1					Schlacht in der Veroneser Klause (1155)		1,0				1,6								
1				0	1155	bis	1165	Aufstand der Mongolen gegen die Dschurdschen u. Tataren							8,0	8,0							
1				0					Schlacht an der Buir See (1165)		5,0				3,0								
1		1		1	1156	bis		Hogen-Konflikt in Japan			1,0				8,0	8,0							
1				1	1155	bis	1158	Byzantinische Invasion Italiens	Schlacht von Brindisi (1156)		1,0				1,6	1,6							

Präd &Retor Konfl	Terr Konfl	Hierz& Kons	Alloph Kons	Se. Konfl	Jahr	bis	Jahr	Konflikt	Jahr	Ausführungsereignisse (Schlachten, Belagerungen)	Tln. (Tsd.)	Land Schl. Tote (Tsd.)	Schl. Tote & Verw. (Tsd.)	See Schiffe	Schiffe gesunk.	Kampf-Tote (Tsd.) Zw. Ablage	Kampf-Tote (Tsd.)	Mil. Nicht-KampfTote (Tsd.) Zw. Ablage	Mil. Nicht-Kampf-Tote (Tsd.)	MilTote (Tsd.) Zw. Ablage	Mil. Tote (Tsd.)	Ziv. Tote (Tsd.) Zw. Ablage	Ziv. Tote (Tsd.)	SeTote (Tsd.)
1	1			1	1157			Deutsche Unterwerfung Polens	1157															
	1			1	1157			Sezessionskrieg in Sri Lanka	1157								1,6	1,6							
										Belagerung von Mahagama (1157)		1,0				1,6							1,0	
				1	1158	bis	1168	Krieg Dänemarks gegen Rügen	1168			1,0				1,6	1,6							
				1	1158	bis	1162	2. Italienfeldzug Friedrichs I. Barbarossa	1162			1,0				8,6	8,6						3,0	
				0						Schlacht von Inzago (1158)	2					0,6								
				0						Belagerung von Mailand (1158)		1,0				1,6							1,0	
				0						Belagerung von Crema (1159 bis 1160)		1,0				1,6							1,0	
				0						Schlacht von Carcano (1160)		1,0				1,6								
				0						Belagerung von Mailand (1161 bis 1162)		1,0				1,6							2,0	
				0						Schlacht von Bariano (1163)		1,0				1,6								
		1		1	1159	bis	1160	Heiji-Konflikt	1160			5,0				8,0	8,0							
	1			1	1161	bis	1164	Krieg von Song/Sung gegen Chin (Dschurdschen)	1164			10,0				3,2	3,2							
				0						Schlacht von Ts'ai-shih (1161)		2,0				3,2								
	1			0	1161	bis	1164	Aufstand der Kitan/Khitan-Qitai	1161			2,0				3,0	3,0							
	1			1	1161	bis	1168	Ungarischer Thronfolgestreit und byzantinische Intervention	1168			2,0				3,2	3,2							
				0						Schlacht von Semlin (1167)		2,0				3,2								
	1			0	1164			Deutscher Feldzug gegen die Wenden	1164							4,8	4,8							
				0						Schlacht von Verchen (1164)		3,0				4,8								
		1		1	1164			3. Italienfeldzug Friedrichs I. Barbarossa								3,0	3,0							
				0	1164			Schwedischer Thronfolgekrieg	1165							1,6	1,6							
				0						Schlacht von Visingsö (1164)		1,0				1,6								
	1			1	1164	bis	1165	Krieg Sri Lankas gegen Bagan (Myanmar/Birma)	1165							6,0	6,0							
				0						Belagerung von Kusumiya (1164)						3,0							1,0	
				0						Belagerung von Arimaddhanapura (1165)						3,0							1,0	
				1	1166	bis	1168	4. Italienfeldzug Friedrichs I. Barbarossa	1168							24,1	24,1							
				0						Schlacht von Bregenz (1166)		1,0				1,6								
				0						Schlacht von Ancona (1167 bis 1171)		1,0				1,6								
				0						Schlacht von Tusculum (1167)		10,0				16,1								
				0						Belagerung von Rom (1167)		1,0				1,6								
				0						Belagerung von Papia (1167 bis 1168)		1,0				1,6							1,0	
	1			1	1167	bis	1171	Belagerung von Ancona (1173 bis 1174)	1171		1,0				1,6							1,0		
	1			1	1167	bis	1183	Anglo-Normannische Eroberung Irlands / Pandya-Krieg	1183							12,0	12,0							
				0						Belagerung von Madhurai (1167)		3,0				3,0								
				0						Belagerung von Rameswaram (1167)		3,0				3,0								
				0						Niederlage Gen. Lankapuras (1171)		3,0				3,0								
				0						Niederlage Virapandus II. (1181)		3,0				3,0								
		1		1	1170	bis	1196	Militärdiktatur und Aufstände in Korea	1196							7,0	7,0							
				0						Schlacht von Miryang (1192)		7,0				7,0								
		1		1	1173	bis	1174	Aufstände gegen Heinrich II.	1174							8,0	8,0							
				0						Schlacht von Fornham (1173)		5,0				8,0								
1				1	1174			Englischer Straffeldzug gegen Schottland	1174							1,6	1,6							
				0						2. Schlacht von Alnwick (1174)		1,0				1,6								
	1			1	1174	bis	1178	5. Italienfeldzug Friedrichs I. Barbarossa	1178							5,2	5,2							
				1						Belagerung von Alessandria (1174 bis 1175)						1,6								
				0						Schlacht von Legnano (1176)	12	1,0				1,6							1,0	
																3,6								

	Präd &Retor	Terr Konfl	Hier& Kons	Alloph Konfl	Se. Konfl	Jahr	bis	Jahr	Konflikt	Ausführungsereignisse (Schlachten, Belagerungen)	Tln. (Tsd.)	Land Schl. Tote (Tsd.)	Schl. Tote & Verw. (Tsd.)	See Schiffe	Schiffe gesunk.	Kampf-Tote (Tsd.) Zw. Ablage	Kampf-Tote (Tsd.)	Mil. Nicht-KampfTote (Tsd.) Zw. Ablage	Mil. Nicht-Kampf Tote (Tsd.)	Mil.Tote (Tsd.) Zw. Ablage	Mil. Tote (Tsd.)	Ziv. Tote (Tsd.) Zw. Ablage	Ziv. Tote (Tsd.)	SeTote (Tsd.)
1		1			1	1175	bis	1176	Byzantinisch-Türkischer Krieg	Schlacht von Myriokephalon (1176)		5,0				8,0	8,0							
1		1			0	1175	bis	1178	Böhmisch-Österreichischer Krieg			3,0				4,8	4,8							
1	1				1	1176			Feldzug Saladins gegen die Assassinen							3,0	3,0							
1					0					Belagerung von Massiaf (1176)						4,6	4,6						1,0	
1		1			0	1177			Invasion Kambodschas durch Cham	Seeschlacht auf dem Tonle-Sap-See (1177)						3,0								
1					0					Belagerung von Angkor (1177)		1,0				1,6								
1		1			1	1177	bis	1181	Befreiungskrieg der Khmer gegen die Cham			5,0				8,0	8,0							
1	1				1	1180			Rachefeldzug Ceylons gegen Pagan			1,0				1,6	1,6							
1		1			0	1180	bis	1186	Afghanische Eroberung des Punjab			2,0				3,2	3,2						2,0	
1			1		1	1180	bis	1181	Reichskrieg gegen Heinrich den Löwen	Belagerung von Lübeck (1181)		1,0				1,6	1,6							
1		1			0	1180	bis	1185	Aufstand der Minamoto gegen die Taira (1180 bis 1189)							60,2	60,2							
1					0					1. Schlacht an der Uji-Brücke (1180)		1,0				3,0								
1					0					Schlacht von Ishibashiyama (1180)		1,0				1,6								
1					0					1. Schlacht an der Fuji (1180)		1,0				1,6								
1					0					Schlacht von Sunomata (1181)		1,0				1,6								
1					0					Schlacht von Yokotogawara (1182)		1,0				1,6								
1					0					Schlacht von Tonamiyama (1183)		1,0				1,6								
1					0					Seeschlacht von Mizushima (1183)						1,6								
1					0					2. Schlacht an der Uji-Brücke (1184)		1,0				3,0								
1					0					Schlacht von Awazu (1184)		1,0				1,6								
1					0					Schlacht von Ichinotani (1184)		1,0				1,6								
1					0					Schlacht von Yashima (1184)		1,0				1,6								
1					0					Schlacht von Fujito (1184)		1,0				1,6								
1					0					Seeschlacht von Dannoura (1185)		1,0		1.350		33,8								
1		1			1	1180	bis	1185	Krieg Philipp II. Augustus gegen Philipp von Elsass			1,0				1,6	1,6							
1				1	1	1182			1. Kreuzzug gegen die Albigenser (1183)							3,0	3,0							
1			1		1	1182			Byzantinischer Bürgerkrieg und Pogrom an Italienern	Belag. u. Pogrom von Konstantinopel (1182)						0,0							2,0	
1	1				0	1183			Feldzug gegen Söldnerbanden in Frankreich	Schlacht von Dun-le-Roi (1183)		12,0				19,3	19,3							
1			1		0	1184	bis	1870	Religozide der katholischen Inquisition							3,0	3,0							
1		1			1	1184	bis	1186	6. Italienfeldzug Friedrichs I. Barbarossa							3,0	3,0							
1		1			1	1184			Dänischer Expansionskrieg gegen Pommern	Seeschlacht im Greifswalder Bodden (1184)		2,0				3,2	3,2							
1			1		0	1184			Norwegischer Thronfolgestreit	Seeschlacht von Firmireite (1184)		1,0				1,6	1,6							
1		1			1	1185	bis	1187	Bulgarischer Unabhängigkeitskrieg gegen Byzanz			5,0				1,6	1,6							
1		1			0	1185	bis	1186	3. Normannische Invasion Griechenlands	Belagerung von Thessalonike (1185)		2,0				8,0	8,0						5,0	
1					0					Schlacht von Mosynopolis (1185)		1,0				8,0	8,0							
1					0					Schlacht von Dimitrica (1185)		1,0				3,2								
1					0					Schlacht am Strymon (1186)		1,0				1,6								

ANLAGE 10

Präd &Rector	Terr Konfl	Hier& Kons Konfl	Alloph Konfl	Sc. Konfl	Jahr	bis	Jahr	Konflikt	Ausführungsereignisse (Schlachten, Belagerungen)	Th. (Tsd.)	Land Schl. Tote (Tsd.)	Land Schl. Tote & Verw. (Tsd.)	See Schiffe	See Schiffe gesunk.	Kampf-Tote (Tsd.) Zw. Ablage	Kampf-Tote (Tsd.)	Mil. Nicht-KampfTote (Tsd.) Zw. Ablage	Mil. Nicht-Kampf-Tote (Tsd.)	MilTote (Tsd.) Zw. Ablage	Mil. Tote (Tsd.)	Ziv. Tote (Tsd.) Zw. Ablage	Ziv. Tote (Tsd.)	SeTote (Tsd.)
1		1		1	1187	bis	1200	Mongolischer Hierarchiekrieg	Schlacht bei Dalan Baldschut / Gureïgtu (1187)	50					15,0	30,0							
1				0					Schlacht an der Argun (1200)	50					15,0								
1	1			1	1188	bis	1209	Walisische Expansionskriege Llywelyns I.	Schlacht von Aber Conway (1194)						3,0	12,0							
1				0					Schlacht von Porthaethwy (1194)						3,0								
1				0					Schlacht von Coadaneu (1194)						3,0								
1				0					Schlacht von Carmarthen)1196)						3,0								
1		1		1	1189			Japanischer Hegemoniekrieg	Schlacht von Koromogawa (1189)		1,0				1,6	1,6							
1		1		1	1189			Normannischer Thronfolgekrieg	Belagerung von Tours (1189)		1,0				3,0	3,0						1,0	
1	1			1	1189	bis	1206	Afghanische Eroberung Hindustans	1. Belagerung von Bhatinda (1189)		20,0				32,2	73,2						1,0	
1				0					Schlacht von Versia (1189)		2,0				3,2								
1				0					1. Schlacht von Tarain (1191)		1,0				1,6								
1				0					2. Belagerung von Bhatinda (1191 bis 1192)		1,0				1,6								
1				0					2. Schlacht von Tarain (1192)	100					30,0							1,0	
1				0					Schlacht von Chandwar (1194)		1,0				1,6								
1				0					Belagerung von Gwalior (1195 bis 1196)						3,0							1,0	
1			1	1	1189	bis	1192	3. Kreuzzug	Belagerung von Akkon (1189 bis 1191)		3,0				4,8	9,2							
1				0					Schlacht von Iconium (1190)		1,0				1,6							1,0	
1				0					Schlacht von Arsuf (1191)		1,0				1,6								
1				0					Schlacht von Jaffa (1192)	4					1,2								
1			1	1			1192	Judenpogrom anlässlich des 3. Kreuzzugs (1189 bis 1192)							0,0	0,0						1,0	
1	1			1	1190	bis	1196	Byzantinischer Balkanfeldzug	Schlacht von Arkadiopel (1194)		3,0				4,8	11,3							
1				0					Schlacht an der Morava (1190)		1,0				1,6								
1				0					Schlacht im Balkangebirge (1190)		3,0				4,8								
1		1		1	1190			Reichskrieg gegen Heinrich den Löwen	Belagerung von Hannover (1190)						3,0	3,0						1,0	
1	1			1	1191			Eroberung Zyperns durch Kreuzritter	Schlacht von Tremithus (1191)		1,0				1,6	4,6							
1				0					Aufstand von Nicosia						3,0								
1	1			1	1191			1. Italienfeldzug Heinrichs VI.	Belagerung von Tusculum (1191)		1,0				1,6	11,3						5,0	
1				0					Belagerung von Neapel (1191)		5,0				8,0								
1				0					Schlacht von San Grato (1193)		1,0				1,6								
1	1			1	1193	bis	1203	Kriege der Tamara von Georgien gegen die Seldschuken	Belagerung von Bardav (1195)						3,0	22,1							
1				0					Schlacht von Shamkhor (1195)						3,0								
1				0					Schlacht von Basian (1203)		10,0				16,1								
1	1			1	1195			2. Italienfeldzug Heinrichs VI.	Schlacht von Freteval (1194)		1,0				1,6	1,6							
1	1			1	1194	bis	1199	Englisch-Französischer Krieg	Schlacht von Gisors (1197)		1,0				9,4	9,4							
1				0					Schlacht von Courcelles (1198)		1,0				1,6								

ANLAGE 10

Präd &Retor	Terr Konfl	Hier& Kons	Alloph Konfl	Se. Konfl	Jahr	bis	Jahr	Konflikt	Ausführungsereignisse (Schlachten, Belagerungen)	Tln. (Tsd.)	Land Schl. Tote (Tsd.)	Schl. Tote & Verw. (Tsd.)	See Schiffe	Schiffe gesunk.	Kampf-Tote (Tsd.) Zw. Ablage	Kampf-Tote (Tsd.)	Mil. Nicht-KampfTote (Tsd.) Zw. Ablage	Mil. Nicht-Kampf-Tote (Tsd.)	MilTote (Tsd.) Zw. Ablage	Mil. Tote (Tsd.)	Ziv. Tote (Tsd.) Zw. Ablage	Ziv. Tote (Tsd.)	SeTote (Tsd.)
1				0					Belagerung von Châlus (1199)		1.0				1.6								
1				0					Belag. von Chateau-Gaillard (1203 bis 1205)						3.0	0.0							
1			1	1	1195			Judenpogrom in Speyer							0.0	1.6							
1		1		1	1195			Polnischer Bürgerkrieg							1.6	1.6							
1				0	1196				Schlacht von Mozgawa (1195)		1.0				1.6								
1	1			1	1196			3. Italienfeldzug Heinrichs VI							3.0	3.0						1.0	
1	1			1	1196			Feldzug der Mongolen gegen die Tataren							3.0	3.0							
1		1		1	1196	bis	1258	Militärdiktatur in Korea							3.0	3.0							
1	1			1	1196	bis	1198	Englisch-Walisischer Grenzkonflikt							9.4	9.4						1.0	
1				0					Schlacht von Radnor (1196)						3.0								
1				0					Schlacht von Painscastle (1198)		4.0				6.4								
1	1			1	1198			Chinesisch-mongolischer Feldzug gegen die Tataren							6.0	6.0							
1				0	1198				Schlacht an der Ulja (1198)	20					6.0								
1	1			1	1199			Mongolischer Feldzug gegen die Naiman							3.0	3.0							
1				0					Schlacht im Ulungur Tal (1199)	10					3.0								
439	105	34	6	157				12. Jahrhundert															
	12							Default-Werte		0.30	1.61	0.53	0.03	0.38	3.00	1.191	3.60	4.288	0.50	5.478	0.0	449.0	5.927
1	1			1	1200	bis	1243	Albigenserkriege im 13. Jh.							30.9	30.9						10.0	
1				0					Belagerung von Beziers (1209)		1.0				1.6							10.0	
1				0					Belagerung von Casseneuil (1209)		0.5				0.8							0.3	
1				0					Belagerung von Tonneins (1209)		0.5				0.8							0.3	
1				0					Belagerung von Carcassone (1209)		0.5				0.8							0.3	
1				0					Belagerung von Brame (1210)		0.2				0.3							0.3	
1				0					Belagerung von Minerve (1210)		0.5				0.8							0.3	
1				0					Belagerung von Termes (1210)		0.5				0.8							0.3	
1				0					Belagerung von Puivert (1210)		0.5				0.8							0.3	
1				0					Belagerung von Lastours (1211)		0.5				0.8							0.3	
1				0					Belagerung von Lavaur (1211)		0.5				0.8							0.3	
1				0					1. Belagerung von Toulouse (1211)		0.5				0.8							0.3	
1				0					Belagerung von Penne-d'Agenais (1212)		0.5				0.8							0.3	
1				0					Belagerung von Marmande (1212)		0.5				0.8							0.3	
1				0					Schlacht von Castelnaudary (1212)		0.5				0.8								
1				0					Schlacht von Muret (1213)		2.0				3.2								
1				0					Belagerung von Marmande (1214)		1.0				1.6							0.3	
1				0					Belagerung von Casseneuil (1214)		1.0				1.6							0.3	
1				0					2. Belagerung von Toulouse (1217 bis 1218)		1.0				1.6							0.3	
1				0					3. Belagerung von Toulouse (1219)		1.0				1.6							0.3	
1				0					Belagerung von Marmande (1218 bis 1219)		1.0				1.6							0.3	
1				0					Belagerung von Avignon (1226)		4.0				6.4							0.3	
1				0					Massaker von Mont Aimé (1239)						0.0							0.3	
1				0					Belagerung von Montsegur (1243 bis 1244)		1.0				1.6							0.3	
1	1			1	1200	bis	1299	RECONQUISTA im 13. Jh. Maur. Rückerob. von Mallorca (2003)															
1	1			1				Christliche Offensive (1212 bis 1214)			30.0				3.0	3.0						5.0	
1				0					Schlacht von Navas de Tolosa (1212)		30.0				48.3	48.3							
1				0					Christl. Rückerob. von Alcantara (1214)						0.0	0.0							
1	1			1				Portugiesische Expansion im Süden (1217)			2.0				3.2	3.2							
1				0					Schlacht von Alcacer do Sal (1217)		2.0				3.2	3.2							

Präd &Retor	Terr Konfl	Hier& Kons	Alloph Konfl	Sc. Konfl	Jahr	bis	Jahr	Konflikt	Ausführungsereignisse (Schlachten, Belagerungen)	Tln. (Tsd.)	Land Schl Tote (Tsd.)	Land Schl Tote & Verw. (Tsd.)	See Schiffe	See Schiffe gesunk.	Kampf-Tote (Tsd.) Zw. Ablage	Kampf-Tote (Tsd.)	Mil. Nicht-KampfTote (Tsd.) Zw. Ablage	Mil. Nicht-Kampf-Tote (Tsd.)	MilTote (Tsd.) Zw. Ablage	Mil. Tote (Tsd.)	Ziv. Tote (Tsd.) Zw. Ablage	Ziv. Tote (Tsd.)	SeTote (Tsd.)
1	1			1				Rückkerob. der Balearen durch Aragón (1225 bis 1235)							3,2	3,2							
									Seeschlacht von Peñiscola (1225)		1,0				1,6	1,6							
1				0					Belagerung von Mallorca (1229)		1,0				1,6	1,6						0,0	
		1		1				Entmachtung der Almohaden durch Ibn Hud (1129)							3,0	3,0							
1	1			1				Eroberung von S-Extremadura durch Alfonso IX von Leon (1230)							9,0	9,0							
				0					Belagerung von Merida (1230)						3,0	3,0						0,0	
				0					Schlacht von Alange (1230)						3,0	3,0							
				0					Belagerung von Badajoz (1230)						3,0	3,0						0,0	
1	1			1				Eroberungen der Ritterordens von Alcantara:	Belagerung von Trujillo (1232)						6,0	6,0						0,0	
				0					Belagerung von Medellin (1234)						3,0	3,0						0,0	
1	1			1				Eroberungen des Fernando III. von Kastilien-Leon	Belagerung von Ubeda (1234)						6,2	6,2						0,0	
				0					Belagerung von Magacela (1235)						1,6	1,6						0,0	
				0					Belagerung von Cordoba (1236)		1,0				3,0	3,0						0,0	
1	1			1				Eroberung von Valencias durch Jaime I von Aragon							1,6	1,6							
				0					Belagerung von Valencia (1238)		1,0				1,6	1,6						0,0	
1	1			1				Feldzug Fernandos III. von Kast. gg Rebellen Murcias (1244 bis 1246)							13,6	13,6							
				0					Belagerung von Mula (1244)						3,0	3,0						0,0	
				0					Belagerung von Lorca (1244)						3,0	3,0						0,0	
				0					Belagerung von Granada (1244)		1,0				1,6	1,6						0,0	
				0					Belagerung von Cartagena (1245)						3,0	3,0						0,0	
				0					Belagerung von Jaen (1246)						3,0	3,0							
1	1			1				Feldzug Fernandos III. von Kast. zur Erober. von Sevilla (1247 bis 1248)							4,6	4,6							
				0					Belagerung von Sevilla (1247 bis 1248)		1,0				1,6	1,6						0,0	
				0					Schlacht von El Sotillo (1248)						3,0	3,0							
1	1			1				Muslim. Aufstände gegen christl. Protektorate (1264 bis 1267)							0,0	0,0						0,0	
				0					Aufstand in Murcia (1264 bis 1266)														
				0					Aufstand in Valencia (1264 bis 1267)														
1	1			1				Dritte Marokkanische Intervention (Nasriden) (1275 bis 1290)							15,4	15,4							
				0					Schlacht von Ecija (1275)						3,0	3,0							
				0					Schlacht von Martos (1275)						3,0	3,0							
				0					Seeschlacht von Algeciras (1279)		2,0				3,2	3,2							
				0					Seeschlacht von Tanger (1290)		2,0				3,2	3,2							
				0					Kast. Erob. von Tarifa (1292)						3,0	3,0							
1	1			0				Krieg Aragóns gg Kastilien um das Emirat von Murcia (1296 bis 1304)							3,0	3,0							
				0	1200	bis	1299	*Kriege der Kreuzritterstaaten im 13. Jh.*															
1	1			1					Christlicher Raubzug (1239)						1,6	1,6							
1				0					Schlacht von Gaza (1239)		1,0				1,6	1,6							
1	1			1					Christlicher Vergeltungsfeldzug (1242)						3,0	3,0							

ANLAGE 10

Präd &Retor	Terr Konfl	Hier& Kons	Alloph Konfl	Se. Konfl	Jahr	bis	Jahr	Konflikt	Ausführungsereignisse (Schlachten, Belagerungen)	Th. (Tsd.)	Land Schl Tote (Tsd.)	Schl Tote & Verw. (Tsd.)	See Schiffe	Schiffe gesunk.	Kampf-Tote (Tsd.) Zw. Ablage	Kampf-Tote (Tsd.)	Mil. Nicht-KampfTote (Tsd.) Zw. Ablage	Mil. Nicht-Kampf-Tote (Tsd.)	MilTote (Tsd.) Zw. Ablage	Mil. Tote (Tsd.)	Ziv. Tote (Tsd.) Zw. Ablage	Ziv. Tote (Tsd.)	SeTote (Tsd.)
1				0					Belagerung von Nablus (1242)						3,0							0,0	
1	1			1				Christlicher Feldzug zur Vertreibung türkischer Neusiedler (1261)							3,0	3,0							
1				0					Schlacht von Jaulan (1261)						3,0								
1	1			1				Krieg der Mameluken gegen die Kreuzritterstaaten (1264 bis 1291)							46,8	46,8							
1				0					Schlacht von Akkon (1264)		2,0				3,2							0,0	
1				0					Belagerung von Arsuf (1264)						3,0							0,0	
1				0					Belagerung von Caesarea (1265)						3,0							0,0	
1				0					Belagerung von Haifa (1265)						3,0							0,0	
1				0					Belagerung von Athlit (1265)						3,0							0,0	
1				0					Belagerung von Safed (1266)	2					3,0							0,0	
1				0					Belagerung von Archas (1266)						3,0							0,0	
1				0					Belagerung von Beaufort (1268)						3,0							20,0	
1				0					Belagerung von Antiocheia (1268)		1,0				3,0							0,0	
1				0					Belagerung von Askalon (1270)						1,6							0,0	
1				0					Belagerung des Krak des Chevaliers (1271)						3,0							0,0	
1				0					Belagerung von Montfort (1271)						3,0							0,0	
1				0					Belagerung von Chastel Blanc (1271)						3,0							0,0	
1				0					Belagerung von Margat (1285)						3,0							0,0	
1				0					Belagerung von Tripolis (1289)						3,0							0,0	
1				0					Belagerung von Akkon (1291)						3,0							0,0	
1	1			1	1201			Krieg Mailands gegen Papia	Schlacht von Nigrino (1201)		1,0				1,6	1,6							
1	1			1	1200	bis	1205	Afghanische Eroberung Hindustans im 13. Jh.	Belagerung von Kalinjar (1202)		1,0				1,6	1,6						1,0	
1	1			1	1202			Unterwerfung der Tataren durch die Mongolen	Schlacht bei Dalan Nemurgtes (1202)	30					9,0	9,0							
1	1			1	1202	bis	1236	Feldzüge des Schwertbrüderordens gegen die Ostbalten	Belagerung von Dopat (1215)						9,0	9,0							
1				0					Belagerung von Osel (1227)						3,0							0,0	
1				0					Schlacht von Siauliai (1236)						3,0								
1	1			1	1202		1203	Krieg zwischen Assisi und Perugia	Schlacht von Collestrada (1202)		1,0				3,0	3,0							
1	1			1	1202	bis	1204	Französisch-Englischer Krieg			1,0				1,6	1,6							
1	1			1	1202	bis	1204	4. Kreuzzug	Belagerung von Zara (1202)		2,0				3,2	3,2						10,0	
1				0					Belag. von Konstantinopel (1203 bis 1204)		1,0				1,6	6,0							
1	1			1	1203	bis	1204	Unterwerfung der Kerait durch die Mongolen	Schlacht (1204)	10					6,0	6,0							
1				0					Schlacht im Bortsovok Gebirge (1203)	10					3,0								
1	1			1	1204			Krieg der Choresmier gegen das Sultanat von Ghur	Schlacht von Andhkhud (1204)		5,0				8,0	8,0							
1	1			1	1204			Eroberung des Byzantinischen Reichs durch die Kreuzritter	Schlacht von Poimanenon (1204)		1,0				4,8	4,8							
1				0					Belagerung von Nauplion (1210)		1,0				1,6	1,6						0,0	

ANLAGE 10

Präd &Retor	Terr Konfl	Hier& Kons	Alloph Konfl	Se. Konfl	Jahr	bis	Jahr	Konflikt	Ausführungsereignisse (Schlachten, Belagerungen)	Tln. (Tsd.)	Land Schl Tote (Tsd.)	Land Schl Tote & Verw. (Tsd.)	See Schiffe	See Schiffe gesunk	Kampf-Tote (Tsd.) Zw. Ablage	Kampf-Tote (Tsd.)	Mil. Nicht-KampfTote (Tsd.) Zw. Ablage	Mil. Nicht-Kampf-Tote (Tsd.)	MilTote (Tsd.) Zw. Ablage	Mil. Tote (Tsd.)	Ziv. Tote (Tsd.) Zw. Ablage	Ziv. Tote (Tsd.)	SeTote (Tsd.)
1				0					Schlacht von Rhyndakos (1211)		1,0				1,6								
	1			1	1204	bis	1207	Thrakischer Aufstand gegen den Kreuzritterstaat	Schlacht von Adrianopel (1205)		2,0				1,6	1,6							
	1			0	1204	bis	1205	Krieg der Mongolen gegen die Naiman			1,0				1,6								
				1					Schlacht am Berg Naku (1204)	90					33,0	33,0							
				0					Schlacht von Irtysch (1205)	20					27,0								
	1			1	1206	bis	1211	Krieg der Mongolen gegen das Minyak-Reich (Tanguten)							6,0	6,0							
				0					Schlacht von Huihebao (1211)	20					6,0								
	1			1	1206			1. Feldzug der Mongolen gegen das Minyak-Reich							7,6	7,6					0,0		
				0					Belagerung von Lou-si (1206)		1,0				6,0						3,0		
				0					Belagerung von Gingfos (1206)						1,6						5,0		
	1			1	1207			2. Feldzug der Mongolen gegen das Minyak-Reich							6,0	6,0					0,0		
				0					Belagerung von Ke-wo-luo-hai (1207)	20	10,0				6,0								
	1			1	1209	bis	1210	3. Feldzug der Mongolen gegen das Minyak-Reich							9,0	9,0							
				0					Schlacht von Wulahai (1209)		10,0				3,0								
				0					Belagerung von Ningxia (1209)		2,0				3,2						0,0		
				0					Belagerung von Lingchow (1209)		2,0				3,2						0,0		
				0					Schlacht am Ke-yi-men-Pass (1209)	50					15,0								
				0					Belag. von Zongxing-fu / Xia (1209 bis 1210)	20	1,0				6,0						0,0		
1		1		1	1206			Thronfolgekrieg zwischen Otto IV. u. Phillip von Schwaben							1,6	1,6							
				0					Schlacht von Wassenberg (1206)						1,6								
	1			1	1206	bis	1208	Krieg des Song/Sung-Reichs gegen Chin (Dschurdschen)							4,0	4,0							
				0					Belagerung von Hsiang-yang (1208)		2,5				4,0								
	1			1	1209		1210	Italienfeldzug Ottos IV.							0,0	0,0							
	1			1	1210		1250	Bildung u. Expansion des Reichs von Darfur							0,0	0,0					0,0		
				1	1210	bis	1211	Entmacht.Krieg Johanns I. von England gegen Llywelyn I. von Wales							9,0	9,0							
				0					Schlacht von Builth Wells (1210)						3,0								
				0					Schlacht von Cilcennin (1210)						3,0								
				0					Belagerung von Bangor (1211)						3,0						0,0		
1				0	1211			Krieg der Seldschuken gegen das Kaiserreich von Nikaia			1,0				1,6	1,6							
				0					Schlacht von Antiocheia (1211)		1,0				1,6								
1	1			1	1211	bis	1217	*Krieg der Mongolen gegen China* 1. Feldzug des Tschinggis Khan gegen China (1211 bis 1212)							253,9	253,9							
				0					Eroberung von Fu Zhou (1211)		10,0				16,1								
				0					Schlacht von Huan-erh-tsui (1211)		10,0				16,1								
				0					Schlacht von Ye Hu Ling (1211)		20,0				32,2								
				0					Schlacht von Xuanping (1211)		10,0				16,1								
				0					Plünderung von Xuande Zhou (1211)		10,0				16,1								
				0					Eroberung des Juyong Passes (1211)						16,1						0,0		
				0					Belagerung von Siching / Datong (1211)		5,0				8,0						0,0		

Präd &Rctor Konfl	Terr Konfl	Hier& Kons	Alloph Konfl	Se. Konfl	Jahr	bis	Jahr	Konflikt	Ausführungsereignisse (Schlachten, Belagerungen)	Th. (Tsd.)	Land Schl. Tote (Tsd.)	Schl. Tote & Verw. (Tsd.)	See Schiffe	Schiffe gesunk.	Kampf-Tote (Tsd.) Zw. Ablage	Kampf-Tote (Tsd.)	Mil. Nicht-KampfTote (Tsd.) Zw. Ablage	Mil. Nicht-Kampf-Tote (Tsd.)	MilTote (Tsd.) Zw. Ablage	Mil. Tote (Tsd.)	Ziv. Tote (Tsd.) Zw. Ablage	Ziv. Tote (Tsd.)	SeTote (Tsd.)
1				0					Belagerung von Dongchang / Liaoyang (1211)		2,0				3,2							0,0	
1				0					Schlacht gegen Dschurdschen (1212)	300					90,0								
1				0					Belagerung von Xijing (1212)		10,0				10,0							0,0	
1				0					Schlacht an der Migukou (1212)	100					30,0								
1	1			1					2. Feldzug des Tschinggis Khan gegen China (1213 bis 1215)						173,4	173,4							
1				0					Schlacht bei Huailai (1213)		10,0				16,1								
1				0					Schlacht an der Yang Ho (1213)		10,0				16,1								
1				0					Schlacht von Beijing (1213)	40					12,0								
1				1					Belagerung von Taiyuan (1214 bis 1215)		20,0				32,2							100,0	
1				0					Belagerung von Chung-tu (1214 bis 1215)		5,0				8,0							50,0	
1				0					Belagerung von Pingchow (1215)						2,0							0,0	
1				0					Belagerung von Damingfu (1215)						2,0							0,0	
1				0					Brandschatzung weiterer 850 Städte						85,0							85,0	
1	1			1	1211	bis	1224	Kämpfe des Deutschritterordens in Ungarn gegen die Kumanen			5,0				8,0	8,0							
1	1			0	1212	bis	1223	Krieg von Hsi-Hsia (Tanguten) gegen China (Dschurdschen)															
1				1					Tanguten Plünderungseinfall (1212)	20					6,0	6,0						0,0	
1				1					Tanguten Plünderungseinfall (1213)	20					6,0	6,0						0,0	
1				1					Dschurdschen-Offensive (1215)	20					6,0	6,0						0,0	
1				1					Dschurdschen-Offensive (1217)	50					15,0	15,0						3,0	
1				1	1212			Deutscher Kinderkreuzzug						0,0	0,0						3,0	
1			1	1	1212			Französischer Kinderkreuzzug						0,0	0,0							
1	1		1	1	1212	bis	1218	Rück.Erob Krieg; Llywelins I. v. Wales gegen Johann 1. v. England						0,0	0,0							
1				0					Schlacht von Llandeilo (1213)						3,2								
1	1			1	1213			Krieg Mailands gegen Cremona						3,2	3,2							
1				0					Schlacht von Castelleone (1213)		2,0				3,2								
1		1		0	1213			Hegemoniestreit in Brabant						1,6	1,6							
1				0					Schlacht von Steppes (1213)		1,0				1,6								
1	1			1	1213	bis	1214	Französisch-Englischer Krieg						17,7	17,7							
1				0					Seeschlacht von Damme (1213)		12,0				17,7								
1				0					Schlacht von La Roche-aux-Moines (1214)		1,0				0,0								
1				0					Schlacht von Bouvines (1214)		10,0				16,1								
1	1			1	1214	bis	1216	Mongolische Besetzung der Mandschurei						38,2	38,2							
1				0					Schlacht von Huadao (1214)		5,0				3,0							0,0	
1				0					Belagerung von Baicting (1214)		5,0				8,0								
1				0					Belagerung von Chinchow (1215 bis 1216)						8,0							0,0	
1				0					Schlacht an der Shenshui (1216)		5,0				3,0								
1				0					Belagerung von Yichow (1216)		5,0				8,0							0,0	
1				0					Belagerung von Gunapning (1216)						8,0							0,0	
1	1			1	1215	bis	1223	Chinesischer Bauernaufstand der Roten Mäntel						0,0	0,0						30,0	
1		1		1	1215	bis	1217	Englischer Bürgerkrieg						14,7	14,7						0,0	
1				0					Schlacht von Lincoln (1217)		3,0				4,8								
1				0					Seeschlacht von Dover (1217)	100					2,5								
1				0					Seeschlacht von Sandwich (1217)	100	2,0				5,7								
1				0					Belagerung von Rochester (1215)		1,0				1,6								
1	1			1	1215			Intervention von Kalinga Magha in Sri Lanka						0,0	0,0						0,0	

ANLAGE 10

Präd &Retor	Terr Konfl	Hier& Kons	Alloph Konfl	Se. Konfl	Jahr	bis	Jahr	Konflikt	Ausführungsereignisse (Schlachten, Belagerungen)	Th. (Tsd.)	Land Schl Tote (Tsd.)	Schl Tote & Verw. (Tsd.)	See Schiffe	Schiffe gesunk.	Kampf-Tote (Tsd.) Zw. Ablage	Kampf-Tote (Tsd.)	Mil. KampfTote (Tsd.) Zw. Ablage	Mil. Nicht-KampfTote (Tsd.)	MilTote (Tsd.) Zw. Ablage	Mil. Tote (Tsd.)	Ziv. Tote (Tsd.) Zw. Ablage	Ziv. Tote (Tsd.)	SeTote (Tsd.)
1	1			1	1215			Konflikt zw. den türkisch-afghanischen Sultanaten von Delhi u. Ghur							3,2	3,2							
1				0	1215				3. Schlacht von Tarain (1215)		2,0				3,2								
1	1			1	1216			Aufstand der Kitan/Khitan/Qidan		1,0				1,6	1,6							
1	1			1	1217			Feldzug der Mongolen gegen die Merkit	10					3,0	3,0							
1	1			1	1217	bis	1229	5. Kreuzzug						4,8	4,8							
1				0					Belagerung von Damiette (1218 bis 1219)		1,0				1,6							0,0	
1				0					Belagerung von Athlit (1220)		1,0				1,6							0,0	
1				0					Schlacht von Kairo (1221)		1,0				1,6								
1	1			1	1217	bis	1219	Mongolischer Feldzug gegen die Kara-Khitay		10,0				0,0	0,0						0,0	
1				0					Belagerung von Balasagun (1218)													0,0	
1				0					Belagerung von Kangdong (1219)														
1	1			1	1219	bis	1222	Krieg Tschinggis Khans gegen das Reich der türk. Choresmier						154,3	154,3							
1				0					Belagerung von Utrar (1219 bis 1220)		10,0				16,1							10,0	
1				0					Belagerung von Sughnak (1219)		5,0				8,0							10,0	
1				0					Schlacht von Jand (1219)		5,0				8,0								
1				0					Belagerung von Benaket (1219)		5,0				8,0							0,0	
1				0					Belagerung von Khogjent (1219)		5,0				8,0							0,0	
1				0					Belagerung von Nur (1219)		0,0				0,0							10,0	
1				0					Belagerung von Buchara (1220)		10,0				16,1							0,0	
1				0					Belagerung von Samarkand (1220)						30,0							0,0	
1				0					Belagerung von Urgents (1220)						10,0							20,0	
1				0					Belagerung von Termez (1220)						2,0							2,0	
1				0					Belagerung von Balkh (1221)		0,0				0,0							5,0	
1				0					Belagerung von Nessa / Nukus (1220)		2,0				3,2							70,0	
1				0					1. Belagerung von Nishapur (1220)		1,0				1,6							0,0	
1				0					Belagerung von Merř (1221)						2,0							100,0	
1				0					2. Belagerung von Nishapur (1221)						2,0							100,0	
1				0					Schlacht von Pirvan (1221)		10,0				16,1								
1				0					Massaker von Balkh (1222)														
1				0					Belagerung von Herat (1222)						0,0							5,0	
1				0					Belagerung von Bamiyan (1222)						1,0							150,0	
1				0					Schlacht an der Indus (1221)		5,0				8,0							5,0	
1				0					Belagerung von Ghazni (1221 bis 1222)						5,0							10,0	
1				0					Belagerung von Kom (1221)						2,0							0,0	
1				0					Belagerung von Zenģian (1221)						2,0							0,0	
1				0					Belagerung von Hamadan (1221)						5,0							0,0	
1	1			1	1219	bis	1223	Krieg von Jin/Chin gegen Südliches Song						3,0	3,0							
1				1					Belagerung von Qizhou (1221)						3,0								
1	1			1	1219			Eroberung Estlands durch Waldemar II. von Dänemark		1,0				1,6	1,6						0,0	
1				0					Belagerung von Tallinn (1219)		1,0				1,6								
1	1			0	1220	bis	1228	Walisisch-Englischer Grenzkonflikt						6,0	6,0							
1				0					Schlacht von Carmarthen Bridge (1220)						3,0								
1				0					Belagerung von Carmarthens (1223)						3,0								
1		1		1	1221			Japanischer Hierarchiekonflikt						1,6	1,6						0,0	
1		1		0					3. Schlacht an der Uji-Brücke (1221)		1,0				1,6								
1	1			1	1221			Unterwerfung Georgiens durch die Mongolen						20,0	20,0							
1				0					Schlacht an der Kura (1221)	30					5,0								

ANLAGE 10

Präd &Retor	Terr Konfl	Hierk& Kons	Alloph Konfl	Se. Konfl	Jahr	bis	Jahr	Konflikt	Ausführungsereignisse (Schlachten, Belagerungen)	Tln. (Tsd.)	Land Schl Tote (Tsd.)	Land Schl Tote & Verw. (Tsd.)	See Schiffe gesunk	See Schiffe gesunk	Kampf-Tote (Tsd.) Zw. Ablage	Kampf-Tote (Tsd.)	Mil. Nicht-KampfTote (Tsd.) Zw. Ablage	Mil. Nicht-KampfTote (Tsd.)	MilTote (Tsd.) Zw. Ablage	Mil. Tote (Tsd.)	Ziv. Tote (Tsd.) Zw. Ablage	Ziv. Tote (Tsd.)	SeTote (Tsd.)
				0					Schlacht bei Tbilisi (1221)	30					5,0								
				0					Schlacht in Georgien (1221)	30					10,0								
	1			1	1221			Krieg Tumapels gegen Kediri	Schlacht von Genter (1221)		5,0				8,0	8,0							
				0	1222	bis	1293	*Mongoleneinfälle im 13. Jh.*															
1				1					*Mongolischer Plünderungseinfall in Osteuropa (1222 bis 1223)*						40,2	40,2							
				0					Schlacht gegen Alanen u. Kerkessen (1222)		10,0				16,1								
				0					Schlacht gegen Kiptsak-Türken (1222)		5,0				8,0								
				0					Schlacht an der Khalka (1223)		10,0				16,1								
				0					Plünderung von Sudak (1223)						0,0							1,0	
	1			1					Mongolisch-tatarischer Feldzug gegen die Wolgabulgaren (1223)		5,0				8,0	8,0							
	1			1					Mongolischer Feldzug gegen die Kangli-Türken (1223)		5,0				8,0	8,0							
	1			1					Feldzug der Gold. Horde gg die Wolgabulgaren (1236 bis 1237)						8,0	8,0							
				0					Belagerung von Riazan (1237)		5,0				8,0							20,0	
1	1			1	1222	bis	1227	Krieg des Südlichen Song/Sung gegen die Mongolen							3,0	3,0							
	1			1	1223	bis	1246	Zerstörung des sarazenischen Reststaats auf Sizilien							3,0	3,0							
				0					Belagerung von Entellia (1243 bis 1246)						3,0							0,0	
1	1			1	1224	bis	1234	Zerstörung des Jin/Chin-Reichs durch Mongolen u. Südlichen Song/Sung.		5,0				8,0	8,0							
				0					Belagerung von K'ai-feng (1232 bis 1233)		2,0				3,2							0,0	
				0					Belagerung von Caizhou (1234)		3,0				4,8							0,0	
1	1			1	1224	bis	1233	Mong. Strafexped. gegen das Westliche Hsia/Xia (Tanguten)	200					119,7	119,7							
				0					Belagerung von Yinzhou (1224)		2,0				10,0							0,0	
				0					Belagerung von Shazhou (1225)		2,0				10,0							0,0	
				0					Belagerung von Shazhou (1226)		2,0				20,0							0,0	
				0					Belagerung von Ganzhou (1226)						10,0								
				0					Schlacht am Gelben Fluss (1226)						60,0								
				0					Belagerung von Lingzhou (1226)		2,0				3,2							0,0	
				0					Belagerung von Deshun (1227)		2,0				3,2							0,0	
				0					Belagerung von Ningxia (1227)		2,0				3,2							50,0	
1	1			1	1224			Verdrängung der Kreuzritter aus Kleinasien durch Nikaia						1,6	1,6							
				0					Schlacht von Poimanenon (1224)		1,0				1,6								
	1			1	1224			Eroberung des Kreuzritterstaats Thessaloniki durch Epiros						1,6	1,6							
				0					Belagerung von Thessalonike (1224)		1,0				1,6							1,0	
	1			1	1224			Krieg von Nikaia gegen die Bulgaren						1,6	1,6							
				0					Schlacht von Adrianopel (1224)		1,0				1,6								
1	1			1	1225	bis	1231	Krieg der türkischen Choresmier gegen Georgien						35,2	35,2							
				0					Schlacht bei Garnisi (1225)		10,0				16,1								
				0					Belagerung von Tiflis (1226)						3,0							100,0	
				0					Schlacht an der Sevan-See (1229)		5,0				8,0								

Präd &Rektor	Terr Konfl	Hier& Kons	Allgvh Konfl	Sec Konfl	Jahr	bis	Jahr	Konflikt	Ausführungsereignisse (Schlachten, Belagerungen)	Tln. (Tsd.)	Land Schl. Tote (Tsd.)	Schl. Tote & Verw. (Tsd.)	See Schiffe	See Schiffe gesunk.	Kampf-Tote (Tsd.) Zw. Ablage	Kampf-Tote (Tsd.)	Mil. Nicht-KampfTote (Tsd.) Zw. Ablage	Mil. Nicht-Kampf-Tote (Tsd.)	MilTote (Tsd.) Zw. Ablage	Mil. Tote (Tsd.)	Ziv. Tote (Tsd.) Zw. Ablage	Ziv. Tote (Tsd.)	SeTote (Tsd.)
1				0					Schlacht von Bolnisi (1229)		5,0				8,0								
1				1	1226	bis	1285	Eroberung Preußens durch den Deutschritterorden			10,0				16,1	16,1						50,0	
1	1			1	1227			Krieg zwischen Dänemark und Lübeck	Schlacht von Bornhöved (1227)		1,0				1,6	1,6							
1				1	1229	bis	1242	Aufstand des Jean de Ibelin gegen Friedrich II.			5,0				4,8	4,8							
1				0					Schlacht von Casal Imbert (1232)		1,0				1,6								
1				0					Schlacht von Agridi (1232)		1,0				1,6								
1				0					Belagerung von Kyrenia (1232 bis 1233)		1,0				1,6	1,6						0,0	
1	1			1	1230			Krieg von Epiros gegen die Bulgaren	Schlacht von Klokonitsa (1230)		1,0				3,0	3,0							
1	1			0	1231	bis	1258	Krieg der Mongolen gegen Korea			5,0				7,6	7,6						150,0	
1	1			1	1231	bis	1283	Kreuzzüge des Deutschritterordens im Baltikum							4,4								
1				0					Schlacht an der der Peipus-See (1242)		2,0				3,2	3,2							
1				0					Schlacht von Nowgorod (1245)		2,0				3,2								
1	1			1	1231			Krieg Venedigs gegen das Reich von Nikaia	Seeschlacht in der Suda-Bucht (1231)					3	3,2	3,2						0,0	
1	1			1	1231	bis	1234	Grenzkonflikt zwischen Wales und England	Belagerung von Montgommery (1231)		2,0				24,0	24,0							
1				0					Schlacht von Hay-on-Wye (1231)						3,0								
1				0					Schlacht von Carmarthen (1233)						3,0								
1				0					Schlacht von Grosmont (1233)						3,0								
1				0					Belagerung von Monmouth (1233)						3,0							0,0	
1				0					Belagerung von Monmouth (1233)						3,0							0,0	
1				0					Schlacht von Shrewsbury (1234)						3,0							0,0	
1				0					Belagerung von Carmarthen (1234)						3,0								
1	1			1	1232			Krieg der Mongolen gegen Chin (Dschurtschen)			1,0				3,0	3,0						0,0	
1				0	1232			Böhmisch-Österreichischer Krieg	Belagerung von Piers-king (1232)		1,0				3,0								
1	1			1	1234			Krieg zwischen den Mongolen u. Südliches Song/Sung							1,6	1,6							
1	1			1	1235	bis	1239	Mongolische Eroberung Georgiens							3,2	3,2							
1	1			1	1235	bis	1236	Krieg von Nikaia u. Bulgaren gg den Kreuzritterstaat Konstantinopel							3,0	3,0							
1				0					Belag. von Konstantinopel (1235 bis 1236)						1,6	1,6							
1				0	1236	bis	1480	*Oberherrschaft der Goldenen Horde über Russland*			1,0				1,6							0,0	
1	1			1	1236			Plünd.-/Unterwerf.-Einfall der Gold. Horde in Russland (1237 bis 1238)							0,0	0,0							
1				0						100					68,6	68,6							
1				0					Belagerung von Bulgar (1237)		2,0				3,2							0,0	
1				0					Schlacht an der Sil (1238)						30,0								
1				0					Belagerung von Moskau (1238)		2,0				3,2							0,0	
1				0					Belagerung von Wladimir (1238)		2,0				3,2							0,0	
1				0					Belagerung von Susdal (1238)		2,0				3,2							0,0	
1				0					Belagerung von Rostow (1238)		2,0				3,2							0,0	
1				0					Belagerung von Jurew-Polskij (1238)		2,0				3,2							0,0	
1				0					Belagerung von Pereslavl-Zalesskiy (1238)		2,0				3,2							0,0	

Präd &Retor	Terr Konfl	Hier& Kons	Alloph Konfl	Se. Konfl	Jahr	bis	Jahr	Konflikt	Ausführungsereignisse (Schlachten, Belagerungen)	Tln. (Tsd.)	Land Schl. Tote (Tsd.)	Schl. Tote & Verw. (Tsd.)	See Schiffe gesunk.	Schiffe gesunk.	Kampf-Tote (Tsd.) Zw. Ablage	Kampf-Tote (Tsd.)	Mil. Nicht-KampfTote (Tsd.) Zw. Ablage	Mil. Nicht-Kampf-Tote (Tsd.)	MilTote (Tsd.) Zw. Ablage	Mil. Tote (Tsd.)	Ziv. Tote (Tsd.) Zw. Ablage	Ziv. Tote (Tsd.)	SeTote (Tsd.)
1				0					Belagerung von Dmitrow (1238)		2,0				3,2							0,0	
1				0					Belagerung von Tver (1238)		2,0				3,2							0,0	
1				0					Belagerung von Uglich (1238)		2,0				3,2							0,0	
1				0					Belagerung von Jaroslaw (1238)		2,0				3,2							0,0	
1				0					Belagerung von Galich (1238)		2,0				3,2							0,0	
1	1			1				Pfünd.-/Unterw.-Einfall der Gold. Horde in Russland (1239 bis 1241)						14,5	14,5							
1				0					Belagerung von Gorodec (1239)		2,0				3,2							0,0	
1				0					Belagerung von Tschernikovsk (1239)		2,0				3,2							0,0	
1				0					Belagerung von Mußrom (1239)		5,0				8,0							0,0	
1	1			1				Pfünd.-/Unterw.-Einf. der Gold. Horde in Polen, Ungarn (1240 bis 1241)						111,0	111,0							
1				0					Belagerung von Kostroma (1240)		2,0				3,2							0,0	
1				0					Belagerung von Kiew (1240)		5,0				8,0							10,0	
1				0					Schlacht von Krakow (1241)		2,0				3,2								
1				0					Schlacht von Liegnitz (1241)		10,0				16,1								
1				0					Schlacht an der Sajo-Fluss (1241)		50,0				80,5								
1				1				Pfünd.-/Unterw.-Einf. der Goldenen Horde gegen Susdal (1252)			2,0				3,2	3,2						0,0	
1				1				Pfünd.-/Unterw.-Einf. der Goldenen Horde gegen Galitisch (1258)			2,0				3,2	3,2						0,0	
1				1				Pfünd.-/Unterw.-Einf. der Goldenen Horde in der Region Nowgorod (1273)			2,0				3,2	3,2						0,0	
1				1				Pfünd.-/Unterw.-Einf. der Goldenen Horde in der Region Smolensk (1274)			2,0				3,2	3,2						0,0	
1				1				Raubzug der Goldenen Horde in der Region Kursk (1275)			2,0				3,2	3,2						0,0	
1				1				Pfünd.-/Unterw.-Einf. der Goldenen Horde in Rjasan (1278)			2,0				3,2	3,2						0,0	
1	1			2				Pfünd.-/Unterw.-Einf. der Goldenen Horde in Russl. (1281)						6,4	6,4							
1				0					Belagerung von Murom (1281)		2,0				3,2							0,0	
1				0					Belagerung von Perejaslaw (1281)		2,0				3,2							0,0	
1				1				Pfünd.-/Unterw.-Einf. der Goldenen Horde in der Region von Kursk (1283)						3,0	3,0							
1	1			2				Pfünd.-u Unterwerf.-Einfall der Gold. Horde in Russland (1293)						32,2	32,2							
1				0					Belagerung von Murom (1293)		2,0				3,2							0,0	
1				0					Belagerung von Moskau (1293)		2,0				3,2							0,0	
1				0					Belagerung von Kolomna (1293)		2,0				3,2							0,0	
1				0					Belagerung von Susdal (1293)		2,0				3,2							0,0	
1				0					Belagerung von Jurjew (1293)		2,0				3,2							0,0	
1				0					Belagerung von Perejaslaw (1293)		2,0				3,2							0,0	
1				0					Belagerung von Moschaisk (1293)		2,0				3,2							0,0	
1				0					Belagerung von Wolok (1293)		2,0				3,2							0,0	
1				0					Belagerung von Dmitrow (1293)		2,0				3,2							0,0	
1				0					Belagerung von Uglitsch (1293)		2,0				3,2							0,0	
1				1				Brandschatzung weiterer 35 Städte durch die Goldene Horde						35,0	35,0							35,0	

ANLAGE 10

Präd &Refor	Terr Konfl	Hier& Kons	Alloph Kons	Se. Konfl	Jahr	bis	Jahr	Konflikt	Ausführungsereignisse (Schlachten, Belagerungen)	Tln. (Tsd.)	Land Schl Tote (Tsd.)	Schl Tote & Verw. (Tsd.)	See Schiffe	See Schiffe gesunk.	Kampf-Tote (Tsd.) Zw. Ablage	Kampf-Tote (Tsd.)	Mil. Nicht-KampfTote (Tsd.) Zw. Ablage	Mil. Nicht-Kampf-Tote (Tsd.)	MilTote (Tsd.) Zw. Ablage	Mil. Tote (Tsd.)	Ziv. Tote (Tsd.) Zw. Ablage	Ziv. Tote (Tsd.)	SeTote (Tsd.)
1				1				Brandschatzung von 1.000 Dörfern durch die Goldenen Horde							10,0	10,0						10,0	
1	1			1	1236			Feldzug der Bulgaren u. des Kreuzritterstaats Konstantinopel gegen Nikaia							1,6	1,6							
1				0					Belagerung von Taurulon (1236)		1,0				1,6							1,0	
1	1			1	1236	bis	1236	1. Lombardenfeldzug Friedrichs II							9,7	9,7							
1				0					Schlacht von Cortemova (1237)		6,0				8,0								
1				0					Belagerung von Brescia (1238)		5,0				1,6								
1	1			0	1237	bis	1240	Eroberung Tibets durch die Mongolen							3,0	3,0							
1				0					Massaker von Reting (1240)		2,0				3,0							1,0	
1	1			1	1237			2. Lombardenfeldzug Friedrichs II							3,2	3,2							
1		1		1	1238	bis		Isländischer Bürgerkrieg							3,0	3,0							
1				0					Schlacht von Örlygstadir (1238)		1,0				3,0								
1	1			0	1240			Bildung des Reichs von Mali							3,0	3,0							
1				0					Einnahme der Ghana-Hauptstadt (1240)						1,6							0,0	
1	1			0	1240			Secession Ferraras vom Kirchenstaat							1,6	1,6							
1				0					Belagerung von Ferrara (1240)		1,0				1,6								
1	1			1	1240	bis	1241	3. Lombardenfeldzug Friedrich II.							1,6	1,6							
1				0					Belagerung von Faenza (1240 bis 1241)		1,0				1,6								
1	1			1	1240	bis		Schwedischer Expansionskrieg gegen Russland							1,6	1,6							
1				0					Schlacht von Newa (1240)		1,0				1,6								
1	1			1	1241	bis	1290	Pfund-/Umterw.~Einfälle der Mongolen im Punjab							9,7	9,7							
1				0					Belagerung von Lahore (1241)		6,0				1,6								
1				0					Schlacht von Lahore (1288)		1,0				8,0							5,0	
1	1	1		1	1241	bis	1249	Konflikte Friedrich II. mit dem Papsttum							17,3	17,3							
1				0					Seeschlacht bei Elba (1241)		5,0				6,4								
1				0					Belagerung von Gorgonzola (1245)		4,0				1,6								
1				0					Belagerung von Parma (1247 bis 1248)		1,0				3,0								
1				0					Schlacht von Vittoria (1248)						3,2								
1				0					Schlacht von Fossalta (1249)		2,0				3,0								
1			1	0	1241			Progrom an Juden in Frankfurt							0,0	0,0						1,0	
1	1			1	1242	bis	1243	Englisch-Französischer Krieg							1,6	1,6							
1				0					Schlacht von Saintes (1242)		1,0				1,6								
1	1			1	1242			Krieg Nikaias gegen den Thessaloniki / Epiros							8,0	8,0							
1	1			1	1243			Pfund-/Umterw.-Einfall der Mongolen in Kleinasien							8,0	8,0							
1				0					Schlacht von Köse Dag (1243)		5,0				3,0							1,0	
1				1	1244	bis	1420	Expansion und Herrschaft der Merîniden in Nordafrika							6,2	6,2							
1	1			1	1244			Plünderungseinfall von Choresmiern in Galiläa							3,0	3,0							
1				0					Belagerung von Damaskus (1244)		3,0				1,6								
1				0					Belagerung von Jerusalem (1244)		1,0				1,6								
1	1			1				Schlacht von La Forbie (1244)		1,0				1,6								
1	1			1	1246			Krieg Nikaias gegen Bulgarien u. Epiros							3,2	3,2						0,0	
1				0					Schlacht von Staatz (1246)		1,0				1,6								
1	1			0	1246			Ungarisch-Österreichischer Grenzkonflikt							1,6							5,0	
1				0					Schlacht an der Leitha (1246)		1,0												

Präd & Rhetor	Terr Konfl	Hier & Kons	Alloph Konfl	Se. Konfl	Jahr	bis	Jahr	Konflikt	Ausführungsereignisse (Schlachten, Belagerungen)	Tln. (Tsd.)	Land Schl. Tote (Tsd.)	Schl. Tote & Verw. (Tsd.)	See Schiffe	Schiffe gesunk.	Kampf-Tote (Tsd.) Zw. Ablage	Kampf-Tote (Tsd.)	Mil. Nicht-KampfTote (Tsd.) Zw. Ablage	Mil. Nicht-Kampf-Tote (Tsd.)	MilTote (Tsd.) Zw. Ablage	Mil. Tote (Tsd.)	Ziv. Tote (Tsd.) Zw. Ablage	Ziv. Tote (Tsd.)	SeTote (Tsd.)
1	1			1	1246	bis	1249	Krieg von Achaia gegen Nikaia	Belag. von Monemvassia (1246 bis 1249)						1,6	1,6							
1				0	1248	bis	1254	6. Kreuzzug			1,0				1,6	4,6							
1	1			1					Belagerung von Damiette (1249)		2,0				4,6								
1				0					Schlacht von Mansura (1250)		0,0				3,0							0,0	
1				0	1252			Krieg zwischen Epiros u. Nikaia			1,0				1,6	1,6							
1	1			1	1252			Dänischer Feldzug gegen Husum	Schlacht von Husembro (1252)		1,0				3,0	3,0							
1				1	1253			Mongolische Eroberung Yünnans u. Nan-chaos			2,0				3,2	3,2						1,0	
1	1			1	1255	bis	1256	Krieg zwischen Bulgarien u. Nikaia	Schlacht von Adrianopel (1255)		1,0				1,6	1,6							
1				0	1255			Savoyische Expansion	Schlacht von Montebruno (1255)		1,0				1,6	1,6							
1	1			1	1256	bis	1289	Erster Krieg Hollands gegen Friesland	Schlacht von Stavoren (1256)		1,0				1,6	1,6							
1		1		0	1256	bis	1325	Krieg der Guelfen gegen die Ghibellinen	Belagerung von Padua (1256)	15					15,7	15,7							
1				0					Schlacht von Cassano (1259)						3,0								
1				0					Schlacht von Montaperti (1260)						4,5								
1				0					Schlacht von Colle di Val d' Elsa (1269)						3,0								
1				0					Schlacht von Desio (1277)	2					3,0								
1				0					Schlacht von Vaprio (1281)		1,0				0,6							0,0	
1	1			1	1257	bis	1270	1. Krieg zwischen Venedig u. Genua			6,0			4	9,5	9,5							
1				0					Seeschlacht von Tyros (1257)						1,6								
1				0					Seeschlacht von Akkon (1258)		2,0				3,2								
1				0					Seeschlacht von Settepozzi (1263)					60	1,5								
1				0					Seeschlacht von Trapani (1266)		2,0				3,2								
1	1			1	1257	bis	1258	Annex. Feldzug der Mongolen gg. Annam u. Champa (Vietnam)	Schlacht an der Da (1257)		1,0				1,6	1,6							
1				0	1257	bis	1260	Mongoleneinfall in Mesopotamien u. Syrien	Belagerung von Alamut (1257)		20,0				23,5	23,5						5,0	
1				0					Belagerung von Bagdad (1258)		2,0				3,2							300,0	
1				0					Belagerung von Aleppo (1260)		5,0				8,0							5,0	
1				0					Belagerung von Damaskus (1260)		1,0				1,6							5,0	
1				0					Schlacht von Ain Dschalut (1260)	30	1,0				9,0								
1	1			1	1257			Krieg zwischen Epiros u. Nikaia			1,0				1,6	1,6							
1	1			1	1258	bis	1259	Krieg von Sizilien, Epiros, Achaia und Serbiens gegen Nikaia	Schlacht von Pelagonia (1259)		1,0				1,6	1,6							
1	1			1	1258	bis	1279	Unterwerfung des Südl. Song/Sung-Reichs durch Mongolen			150,0				23,9	23,9							
1				0					Belagerung von Jinan (1269)						0,0								
1				0					Belagerung von Hsiang-yang (1273)		10,0				16,1							10,0	
1				0					Belagerung von Fangcheng (1273)		3,0				4,8							10,0	
1				0					Belagerung von Fuzhou (1277)						0,0								
1				0					Seeschlacht von Yamen (1279)						3,0								
1	1			1	1259			Mongoleneinfall in Polen							6,4	6,4							
1				0					Belagerung von Lublin (1259)		1,0				1,6							0,0	

Präd &Rettor	Terr Konfl	Hier& Kons	Alloph Konfl	Se. Konfl	Jahr	bis	Jahr	Konflikt	Ausführungsereignisse (Schlachten, Belagerungen)	Th. (Tsd.)	Land Schl. Tote (Tsd.)	Land Schl. Tote & Verw. (Tsd.)	See Schiffe beschäd.	See Schiffe gesunk.	Kampf-Tote (Tsd.) Zw. Ablage	Kampf-Tote (Tsd.)	Mil. Nicht-KampfTote (Tsd.) Zw. Ablage	Mil. Nicht-Kampf-Tote (Tsd.)	MilTote (Tsd.) Zw. Ablage	Mil. Tote (Tsd.)	Ziv. Tote (Tsd.) Zw. Ablage	Ziv. Tote (Tsd.)	SeTote (Tsd.)
1				0					Belagerung von Sandomierz (1259)		1,0				1,6							0,0	
1				0					Belagerung von Krakau (1259)		1,0				1,6							0,0	
1				0					Belagerung von Bytom (1259)		1,0				1,6							0,0	
	1			1	1259	bis	1260	Georgischer Aufstand gegen die Mongolen							3,0	3,0							
		1		1	1260			Steirischer Thronfolgestreit							1,6	1,6							
1				0	1261			Feldzug der Mamelucken gegen Armenien	Schlacht von Kroissenbrunn/Marchfeld (1260)		10,0				16,1	16,1						50,0	
1				1	1261			Eroberung u. Auflösung des Kreuzritterstaats von Konstantinopel			1,0				1,6	1,6						1,0	
1				0	1262			Krieg zwischen dem Byzantinischen Reich und Bulgarien	Belagerung von Konstantinopel (1261)		1,0				3,0	3,0						0,0	
1				1	1262	bis	1264	Krieg zwischen Epiros u. Byzantinischem Reich			1,0				1,6	1,6							
1				0	1262			Strassburger Bürgerkrieg	Schlacht von Haussbergen (1262)		0,1				0,2	0,2							
1				0	1262	bis	1264	Byzantinische Offensive auf dem Peloponnes	Schlacht von Makryplagi (1264)		2,0				3,2	3,2							
1				1	1263			Schottischer Krieg gegen die Norweger	Schlacht von Largs (1263)		2,0				1,6	1,6							
1				0	1264	bis	1265	Englischer Bürgerkrieg	Schlacht von Lewes (1264)	15	1,0				4,5	15,6							
1				0					Schlacht von Newport (1265)		1,0				1,6								
1				0					Schlacht von Kenilworth (1265)		1,0				1,6								
1				0					Schlacht von Evesham (1265)	21	1,0				6,3								
1				0					Schlacht von Chesterfield (1265)		1,0				1,6								
1				1	1264			Tatarisch-bulgarischer Plünderungseinfall in Thrakien			5,0				8,0	8,0						20,0	
	1			1	1266	bis	1268	Krieg der Staufer u. Anjous um Sizilien	Schlacht von Benevent (1266)		4,0				4,9	4,9							
									Schlacht von Tagliacozzo (1268)	11	1,0				3,3								
1				1	1266			Zerstörung des Armen. Reichs von Kilikien durch die Mamelucken			5,0				8,0	8,0						20,0	
1				1	1267			Konflikt zwischen Grafschaft Jülich und Kurerzbistum Köln	Schlacht an der Marienholz (1267)		0,5				0,8	0,8							
1				1	1270	bis	1272	7. Kreuzzug	Schlacht von Tunis (1270)		1,0				1,6	1,6							
1				0	1271			Venezianisch-Byzantinischer Konflikt	Seeschlacht von Demetrias (1271)		2,0				3,2	3,2							
1				1	1271			Tatarischer Plünderungseinfall in Thessalien			2,0				3,2	3,2						5,0	
1				1	1272			Byzantinisch-Bulgarischer Krieg			1,0				1,6	1,6							
1				1	1274	bis	1281	1. Mongolen-Einfall in Japan							3,0	3,0							
1				1	1275			Eingangskrieg von Singhasari (Indonesien)							3,0	3,0							
1				1	1275			Byzantinischer Feldzug gegen Thessalien			1,0				3,2	3,2							
1				0					Schlacht von Roccavione (1275)		1,0				1,6								
1			1	1	1276			Massaker an Katharern von Sirmione	Schlacht von Pharsalos (1278)						1,6								
1			1	1	1276	bis	1278	Reichskrieg gegen Ottokar II. von Böhmen							19,6	19,6							
1				0					Belagerung von Wien (1276)		1,0				1,6							0,0	

ANLAGE 10

Präd &Rétor	Terr Konfl	Hier& Kons	Alloph Konfl	Se. Konfl	Jahr	bis	Jahr	Konflikt	Ausführungsereignisse (Schlachten, Belagerungen)	Tln. (Tsd.)	Land Schl Tote (Tsd.)	Land Schl Tote & Verw. (Tsd.)	See Schiffe	See Schiffe gesunk.	Kampf-Tote (Tsd.) Zw. Ablage	Kampf-Tote (Tsd.)	Mil. Nicht-KampfTote (Tsd.) Zw. Ablage	Mil. Nicht-Kampf Tote (Tsd.)	MilTote (Tsd.) Zw. Ablage	Mil. Tote (Tsd.)	Ziv. Tote (Tsd.) Zw. Ablage	Ziv. Tote (Tsd.)	SeTote (Tsd.)
1	1			0	1277			Byzantinischer Feldzug gegen Thessalien	Schlacht on dem Marchfield (1278)	60					18,0								
1	1			0	1277	bis	1284	Englische Unterwerfung von Wales			1,0				1,6	1,6							
1				0				Englischer Feldzug (1276 bis 1277)							8,0	8,0							
1				0				Walisischer Aufstand (1282 bis 1286)							3,0	3,0							
1				0					Schlacht von Radnor (1282)		1,0				8,0	8,0							
1				0											1,6	1,6							
1	1			1	1277	bis	1283	Mongolische Eroberung Pagans	Schlacht von Builth Wells (1282)		4,0				6,4								
1				0											3,2	3,2							
1				0					Schlacht von Ngasaung-gyan (1277)		1,0				1,6								
1				0					Belagerung von Kaungsin (1283)		1,0				1,6							0,0	
1	1	1		1	1277	bis	1279	Bulgarischer Bürgerkrieg							3,0	3,0							
1	1	1		1	1279			Bürgerkrieg in Magdeburg							3,0	3,0							
1				0				Mongolisch-chinesischer Einfall in Champa							3,0	3,0							
1	1			1	1281			2. Mongolen-Einfall in Japan							3,0	3,0							
1	1			1	1281			Krieg der Mongolen gegen die Mameluken							36,0	36,0							
1				0	1281				Schlacht von Homs (1281)	120					36,0								
1	1			1	1282			Sizilianische Vesper			2,0				3,2	3,2							
1	1			1	1282	bis	1288	2. Krieg zwischen Genua u. Pisa							4,6	4,6							
1				0					Seeschlacht von Meloria (1284)						3,0								
1				0					Seeschlacht von Akkon (1287)		1,0				1,6	1,6							
1	1			1	1282	bis	1287	Krieg zwischen Aragón u. Anjou um Sizilien			10,0				11,9	11,9							
1				0					Seeschlacht von Messina (1282)		1,0				1,6								
1				0					Seeschlacht von Neapel (1284)		1,0				1,6								
1				0					Seeschlacht von Rosas (1285)		1,0			36	2,5								
1				0					Seeschlacht v. Castellamare di Stabia (1285)		2,0				3,2								
1				0					Seeschlacht von Las Hormigas (1285)						3,0								
1	1			1	1281			Mongolischer Feldzug gegen Java			1,0				1,6	1,6						0,0	
1	1			1	1283	bis	1288	Mongolisch-Chinesischer Krieg gegen Annam und Champa			1,0				1,6	1,6						0,0	
1	1			1	1283	bis	1289	Limburger Erbfolgestreit							1,6	1,6							
1				0					Schlacht von Worringen (1288)		1,0				1,6	1,6							
1	1			1	1284			Besetzung Balis durch das Königreich von Singhasari			1,0				1,6							10,0	
1	1			1	1285	bis	1290	Aufstand der Drikung-Kagyu-Sekte in Tibet							3,0	3,0							
1	1			1	1286	bis	1289	Habsburgisch-Schwäbischer Krieg							3,0	3,0							
1	1			1	1287			Mongolen-Einfall in Annam und Birma							11,0	11,0							
1				0					Seeschlacht im Golf von Tonkin (1287)		2,0				2,0								
1				0					Belagerung von Pagan (1287)						3,0								
1				0					Seeschlacht von Van Don (1287)						3,0								
1				0	1288				Seeschlacht von Bach Dang (1288)						3,0							0,0	
1	1			1				Expansionskrieg Birmas gegen Mon			1,0				1,6	1,6							
1				0	1288				Belagerung von Lamphun (1288)						1,6	1,6						0,0	
1	1			1	1289			Krieg zur Wiedereingliederung Burgunds			1,0				1,6	1,6							
1				0					Belagerung von Besançon (1289)						1,6	1,6						0,0	
1				0	1289	bis	1300	*Ethnische Säuberungen des Charles II. von Anjou*							3,0	3,0							
1			1	1					Ausweisung der Juden aus Anjou und Maine (1289)						3,0	3,0							
1			1	1					Progom an den Juden Neapels (1289)						3,0	3,0							

651

Nr.	Präd &Retor	Terr Konfl	Hier& Kons	Alloph Konfl	Se. Konfl	Jahr	bis	Jahr	Konflikt	Ausführungsereignisse (Schlachten, Belagerungen)	Th. (Tsd.)	Land Schl. Tote (Tsd.)	Schl. Tote & Verw. (Tsd.)	See Schiffe gesunk.	Schiffe gesunk.	Kampf-Tote (Tsd.) Zw. Ablage	Kampf-Tote (Tsd.)	Mil. Nicht-KampfTote (Tsd.) Zw. Ablage	Mil. Nicht-Kampf-Tote (Tsd.)	MilTote (Tsd.) Zw. Ablage	Mil. Tote (Tsd.)	Ziv. Tote (Tsd.) Zw. Ablage	Ziv. Tote (Tsd.)	SeTote (Tsd.)
1	1				1				Demozid an der muslimischen Enklave von Lucera (1300)							0,0	0,0						3,0	
1	1		1	1	1	1290			Ausweisung der Juden aus dem Königreich von England							0,0	0,0							
1					1	1292	bis	1293	Mongolisch-Chinesische Strafeldzug gegen Java			1,0				1,6	1,6							
1		1			0	1292	bis	1329	Türk.-Mong. Eroberungsversuche im Sultanat von Delhi			3,0				3,0	3,0							
1		1			1					Schlacht von Jalandhar (1296)		1,0				1,6	1,6							
1					0					Türk.-Mongolischer Einfall 1296						1,6								
1		1			1					Belagerung von Siri (1297)		1,0				1,6	1,6							
1					0					Türk.-Mongolischer Einfall 1297						1,6								
1		1			1					Belagerung von Delhi (1299)		1,0				1,6	1,6							
1					0					Türk.-Mongolischer Einfall 1299						1,6								
1		1			1	1293	bis	1299	2. Krieg zwischen Venedig u. Genua	Seeschlacht von Lajazzo (1294)		2,0				6,2	6,2							
1					0					Seeschlacht von Curzola (1298)						3,2								
1		1			0	1293	bis	1303	Englisch-Französischer Krieg							3,0								
1					0					Seeeschl. von Pointe de Saint Mathieu (1293)				260		8,1	8,1							
1					0					Belagerung von Lille (1297)		1,0				6,5								
1		1			1			1294	Plünderungs- und Expansionsfeldzug des Sultanats von Delhi	Schlacht von Lasura (1294)		1,0				3,0	3,0							
1					0	1328	bis	1295	Schottischer Unabhängigkeitskrieg (Teil im 13 Jh.)		10	7,0				19,8	19,8							
1					0					Schlacht von Dunbar (1295)		1,0				1,6								
1					0					Schlacht von Cambuskenneth Bridge (1297)		2,0				3,2	0,0							
1					0					Schlacht von Falkirk (1298)						15,0	1,6							
1		1			1			1295	Eroberung der Malaiischen Halbinsel durch die Thais		50	1,0				1,6	1,6						0,0	
1		1			1	1299	bis	1296	Zweiter Krieg Hollands gegen Friesland	Schlacht von Vroonen (1296)		1,0				3,0	3,0							
1			1		1	1305	bis	1297	Flämischer Bürgerkrieg (Teil im 13. Jh.)			1,0				1,6	1,6							
1		1			1			1297	Georgischer Aufstand gegen die Mongolen							0,0	0,0							
1					0			1298	Feldzug Berns gegen Burg Donnerbühl	Schlacht von Donnerbühl (1298)		1,0				1,6	1,6							
1			1		0			1298	Deutscher Hierarchiekonflikt	Schlacht von Göllheim (1298)		1,0				1,6	1,6							
1		1			1	1300	bis	1298	Bürgerkrieg in Majapahit							3,0	3,0							
1	1				1	1303	bis	1298	Judenpogrom des Rintfleisch							3,0	3,0						5,0	
1		1			1	1300	bis	1299	Aufstand der Thai-Shan in Birma							3,0	3,0							
1		1			0	1302	bis	1299	Krieg um Sizilien zwischen Anjou u. Aragón	Seeschlacht an der Cape Orlando (1299)		2,0				4,8	4,8							
1					0					Seeschlacht von Ponza (1300)		1,0				3,2								
1		1			0			1299	Krieg Montferratos gegen Mailand	Belagerung von Mortara (1299)		1,0				1,6	1,6						0,0	
573	24	158	19	10	211			13. Jahrhundert									2.279		8.204		10.483		1719,0	12.202
										Default-Werte	0,30	1,61	0,53	0,03	0,39	3,00	3,00		3,60		0,50		0,0	0,0

652

Präd &Retor	Terr Konfl	Hier& Kons	Alloph Konfl	Se. Konfl	Jahr	bis	Jahr	Konflikt	Ausführungsereignisse (Schlachten, Belagerungen)	Tln. (Tsd.)	Land Schl Tote (Tsd.)	Schl Tote & Verw. (Tsd.)	See Schiffe	Schiffe gesunk.	Kampf-Tote (Tsd.) Zw. Ablage	Kampf-Tote (Tsd.)	Mil. Nicht-KampfTote (Tsd.) Zw. Ablage	Mil. Nicht-Kampf-Tote (Tsd.)	MilTote (Tsd.) Zw. Ablage	Mil. Tote (Tsd.)	Ziv. Tote (Tsd.) Zw. Ablage	Ziv. Tote (Tsd.)	SeTote (Tsd.)
					1300	bis	1399	*RECONQUISTA im 14. Jh.*															
1	1							Kastilische Expansion in S-Andalusien							2,9	2,9							
1				1					Belagerung von Gibraltar (1309)						2,9							0,0	
1	1			1				Aragonesische Expansion in O-Andalusien (1309 bis 1310)							1,6	1,6							
1									Belagerung von Almeria (1309 bis 1310)						1,6							0,0	
1	1			1				Kastilische Offensive (1319)							1,6	1,6							
1									Schlacht von Vega (1319)		1,0				1,6								
1	1		1	2				Pogrom gegen Juden in Navarra (1328)							3,2	3,2							
1									Massaker von Estella (1328)						3,2								
1	1			1				Aragonesische Expansion							1,6	1,6							
1									Belagerung von Alicante (1331)		1,0				1,6							3,0	
1	1			1				Kastil. Expans. um Gibraltar u. 4. Marokk. Intervention (1340 bis 1350)						10,9	10,9							
1									Seeschlacht von Algeciras (1340)		1,0				1,6								
1									Schlacht an der Salado (1340)		3,0				4,8								
1									Belagerung von Algeciras (1342 bis 1344)		1,0				1,6							0,0	
1									Belagerung von Gibraltar (1350)						2,9							0,0	
1	1			1				Unterwerf. des Königreichs von Mallorca duch Aragón (1344 bis 1349)						1,6	1,6							
1									Schlacht von Lluchmayor (1349)		1,0				1,6								
1		1						Bürgerkrieg im Königreich von Aragon (1348)						1,6	1,6							
1									Schlacht von Epila (1348)		1,0				1,6								
1		1						Kastilischer Hegemoniekrieg (1352 bis 1371)						15,9	15,9							
1									1. Schlacht von Nájera (1360)			5			2,7								
1									2. Schlacht von Nájera (1367)			15			8,0								
1									Schlacht von Montiel (1369)			10			5,3								
1	1			1				Krieg ("der zwei Pedros") zw. Kastilien gegen Aragón (1356 bis 1369)						7,4	7,4							
1									Seeschlacht von Sanlucar de Barrameda (1356)						2,9								
1									Schlacht von Araviana (1359)						2,9								
1									Belagerung von Barcelona (1360)		1,0				1,6							0,0	
1	1	1		1				Hierarchiekampf in Cordoba und kastilische Intervention (1359 bis 1362)						6,1	6,1							
1									Schlacht bei Linuesa (1361)						2,9								
1									Schlacht von Guadix (1362)		1,0				1,6								
1									Schlacht in Andalusien (1362)		1,0				1,6								
1	1			1				Maurische Besetzung von Algeciras (1369 bis 1379)						2,9	2,9							
1									Belagerung von Algeciras (1369)						2,9							0,0	
1	1							1. Krieg zwischen Kastilien und Portugal (1369 bis 1371)						2,9	2,9							
1									Seeschl. von Sanlucar de Barrameda (1369)						2,9								
1	1							2. Krieg zwischen Kastilien und Portugal (1372)						2,9	2,9							
1	1			1				3. Krieg zwischen Kastilien und Portugal (1381 bis 1383)						2,9	2,9							
1									Seeschlacht von Saltes (1381)						2,9								
1	1			1				4. Krieg zwischen Kastilien und Portugal (1384 bis 1385)						8,7	8,7							

Präd &Retor Konfl	Terr Konfl	Hier& Kons Konfl	Alleph Konfl	Se. Konfl	Jahr	bis	Jahr	Konflikt	Ausführungsereignisse (Schlachten, Belagerungen)	Tln. (Tsd.)	Land Schl. Tote (Tsd.)	Schl. Tote & Verw. (Tsd.)	See Schiffe	Schiffe gesunk.	Kampf-Tote (Tsd.) Zw. Ablage	Kampf-Tote (Tsd.)	Mil. Nicht-KampfTote (Tsd.) Zw. Ablage	Mil. Nicht-KampfTote (Tsd.)	MilTote (Tsd.) Zw. Ablage	Mil. Tote (Tsd.)	Ziv. Tote (Tsd.) Zw. Ablage	Ziv. Tote (Tsd.)	SeTote (Tsd.)
1	1			1				Angriff Kastiliens auf Granada (1394)	Schlacht von Aljubarrota (1385)	30					8,7								
1				1					Schlacht bei Baeca (1394)		1,0				1,6	1,6							
1	1			1	1500	bis	1537	5. Krieg zwischen Kastilien und Portugal (1396 bis 1402)	Belagerung von Badajoz (1396)						2,9	2,9						0,0	
1	1			0				*Osmanischer Expansionskrieg in Kleinasien*	*Osmanische Offensive (1301 bis 1302)*						3,2	3,2							
1				0					Schlacht von Baphaum (1301)		1,0				1,6	1,6							
1				0					Belagerung von Ruad (1302)		1,0				1,6	1,6						0,0	
1	1			1					Osmanische Offensive (1308)		1,0				1,6	1,6							
1				1					Osmanische Offensive (1312)				40		1,0	1,0							
1				1					Osmanische Offensive (1320)				160		4,0	4,0							
1				1					Osmanische Offensive (1326)						1,9	1,9						0,0	
1				1					Belagerung von Bursa (1326)	1				1,9	1,9	1,6							
1				1					Belagerung von Nikaia (1329 bis 1331)		1,0				1,6	1,6							
1				1					Schlacht von Philokrene (1329)		3,0				4,8	4,8							
1				1					Seeschlacht von Smyrna (1334)				60		1,5	1,5							
1				1					Osmanische Offensive (1337)						1,5								
1				1					Belagerung von Nikomedia (1337)		1,0				3,2	3,2						0,0	
1	1			0					Seeschlacht von Smyrna (1344)		1,0				1,6	1,6							
1				0					Belagerung von Naxos (1344)		1,0				1,6	1,6						0,0	
1				1					Seeschlacht von Imbros (1347)		1,0				1,6	1,6							
1		1		1	1500	bis	1325	Kriege zwischen Guelfen u. Ghibellinen im 14. Jh.							3,8	3,8							
1				0					Schlacht von Trecella (1323)	7					2,0								
1				0					Schlacht von Vaprio (1324)	2					0,6								
1				0					Schlacht von Altopascio (1325)	4					1,2								
1	1			1	1501	bis	1512	Serbischer Bürgerkrieg			5,0				8,0	8,0							
1	1			1	1500	bis	1305	Flämischer Bürgerkrieg (1297 bis 1305) Teil 14. Jh.				8			10,1	10,1							
1				0					Schlacht von Courtrai (1302)		1,0				1,6	1,6							
1				0					Seeschlacht an der Zierikzee (1304)						1,0	1,0							
1				0					Schlacht von Mons-en-Pevele (1304)						4,2	4,2							
1	1			1	1501			Expansionskrieg des Sultanats von Delhi							9,7	9,7							
1				0					Belagerung von Chittor (1303)		3,0				4,8						30,0		
1				0					Belagerung von Jalor (1308)		2,0				3,2						5,0		
1				0					Belagerung von Nagarkot (1337)		1,0				1,6						0,0		
1	1			1	1500	bis	1328	Schottischer Unabhängigkeitskrieg (1295 bis 1328), Teil 14. Jh.															
1				0					Belagerung von Stirling (1304)		20,0				66,0	66,0						0,0	
1				0					Schlacht von Methven (1306)		1,0				32,2								
															1,6								

654

Präd &Retor Konfl	Terr Konfl	Hier& Kons	Alloph Konfl	Se. Konfl	Jahr	bis	Jahr	Konflikt	Ausführungsereignisse (Schlachten, Belagerungen)	Tln. (Tsd.)	Land Schl. Tote (Tsd.)	Schl. Tote & Verw. (Tsd.)	See Schiffe	See Schiffe gesunk.	Kampf-Tote (Tsd.) Zw. Ablage	Kampf-Tote (Tsd.)	Mil. Nicht-KampfTote (Tsd.) Zw. Ablage	Mil. Nicht-KampfTote (Tsd.)	MilTote (Tsd.) Zw. Ablage	Mil. Tote (Tsd.)	Ziv. Tote (Tsd.) Zw. Ablage	Ziv. Tote (Tsd.)	SeTote (Tsd.)
1				0					Schlacht von Dalry (1306)		1,0				1,6								
1				0					Schlacht von Loudoun Hill (1307)		1,0				1,6								
1				0					Belagerung von Stirling (1313 bis 1314)		1,0				1,6								
1				0					Schlacht von Bannockburn (1314)		14,0				22,5								
1				0					Schlacht von Myton (1319)		1,0				1,6								
1				0					Schlacht von Boroughbridge (1322)		1,0				1,6								
1				0					Schlacht von Byland (1322)		1,0				1,6								
	1			1	1303	bis	1305	Feldz. d. Türk.-Mong. Khan. Giagatai gg d. Türk.-Afgh. Sult. Delhi							16,1	16,1							
				0					Belagerung von Delhi (1303)		10,0				16,1							0,0	
	1			1				Mongolischer Feldzug gegen Punjab (1305 bis 1306)						2,9	2,9							
1				1	1305	bis	1311	Beutezüge der Katalanischen Kompanie in Griechenland		6,0				9,7	9,7							
				0					Seeschlacht im Marmara-Meer (1305)		1,0				1,6								
				0					Schlacht von Apros (1305)		2,0				3,2								
				0					Schlacht von Veria (1309)		1,0				1,6								
				0					Schlacht von Halmyros (1311)		2,0				3,2								
			1	1	1306			Vertreibung der Juden aus Frankreich						0,0	0,0							
	1			1	1307			Mongolische Eroberung von Gilan						2,9	2,9							
			1	1	1307	bis	1314	Ausrottung des Templerordens		2,0				3,2	3,2							
	1			0	1307			Konflikt der Wettiner mit Böhmen						1,6	1,6							
				0					Schlacht von Lucka (1307)		1,0				1,6								
1				0	1307	bis	1399	*Feldzüge der Goldenen Horde gegen Russland im 14. Jh.*														
1	1			1					Raubzug der Goldenen Horde in Riasan (1307)		2,0				3,2	3,2						0,0	
1	1			1					Raubzug der Goldenen Horde in Twer (1317)		2,0				3,2	3,2						0,0	
1	1			1					Raubzug der Goldenen Horde in Kostroma und Rostow (1318)		2,0				3,2	3,2						0,0	
1	1			1					Belagerung von Jaroslaw (1322)		2,0				3,2	3,2						0,0	
1				0					Straffeldzug der Goldenen Horde gegen Twer (1327)						3,2								
1	1			1					Belagerung von Twer (1327)		2,0				3,2	3,2						0,0	
1	1			1					Raubzug der Goldenen Horde in Riasan (1358)		2,0				3,2	3,2						0,0	
1	1			1					Raubzug der Goldenen Horde in Riasan (1365)		2,0				3,2	3,2						0,0	
1	1			1					Raubzug der Goldenen Horde in Riasan (1373)		2,0				3,2	3,2						0,0	
1	1			1					Raubzug der Goldenen Horde in Nischnij Nowgorod (1375)		2,0				3,2	3,2						0,0	
1	1			1					Raubzug der Goldenen Horde in Wjatka (1391)		2,0				3,2	3,2						0,0	
1	1			1					Raubzug der Goldenen Horde in Elets (1395)		2,0				3,2	3,2						0,0	
1	1			0					Belagerung von Elets (1395)		2,0				3,2	3,2						0,0	
1	1			1					Raubzug der Goldenen Horde in Nischnij Nowgorod (1399)		2,0				3,2	3,2						0,0	
1	1			1	1308	bis	1313	Ferrara-Krieg		9,0				8,7	8,7							
				0					Schlacht von Porta di San Biagio (1309)		1,0				2,9								
				0					Schlacht von Chiaravalle (1309)		5,0				2,9								
				0					Schlacht von Francolino (1309)		3,0				2,9								
1				1	1309	bis	1343	Eroberung Pomerellens durch den Deutschritterorden		2,0				3,2	3,2						0,0	

ANLAGE 10

Präd &Retor Konfl	Terr Konfl	Hier& Kons Konfl	Alloph Konfl	Se. Konfl	Jahr	bis	Jahr	Konflikt	Ausführungsereignisse (Schlachten, Belagerungen)	Tln. (Tsd.)	Land Schl Tote (Tsd.)	Schl Tote & Verw. (Tsd.)	See Schiffe	Schiffe gesunk.	Kampf-Tote (Tsd.) Zw. Ablage	Kampf-Tote (Tsd.)	Mil. KampfTote (Tsd.) Zw. Ablage	Mil. Nicht-KampfTote (Tsd.)	MilTote (Tsd.) Zw. Ablage	Mil. Tote (Tsd.)	Ziv. Tote (Tsd.) Zw. Ablage	Ziv. Tote (Tsd.)	SeTote (Tsd.)
1	1			1	1309	bis	1310	Kreuzzug des Johanniterorders			1.0				1.6	1.6							
1	1			1	1310	bis	1312	Italienfeldzug Heinrichs VII							9.6	9.6							
1				0					Belagerung von Brescia (1311)		0.5				0.8							0.0	
1				0					Schlacht von Montelfi (1311)		0.2				0.3								
1				0					Schlacht von Soncino (1312)		1				1.6								
1				0					Schlacht von Torri di Quartesolo (1312)		0.5				0.8								
1				0					Schlacht von Dosolo (1312)		0.1				0.2								
1				0					Belagerung von Rom (1312)		1	2			1.1							0.0	
1				0					Schlacht von Longiano (1312)		1				1.6								
1				0					Schlacht von Camisano (1312)		1				1.6								
1				0					Schlacht von Cologna Veneta (1312)		1				1.6								
1	1			1	1311			Sundischer Krieg		2.0				2.9	2.9						0.0	
1	1			1	1312	bis	1313	Feldzug Annams gegen die Cham						3.2	3.2							
1	1			1				Mongolischer Feldzug gegen die Mameluken						2.9	2.9							
1	1			1	1313			Krieg um die Vorherrschaft über Niederbayern						1.6	1.6							
1				0					Schlacht von Gammelsdorf (1313)		1.0				1.6								
1		1		0	1314	bis	1322	Deutscher Thronfolgestreit		2.0				3.2	3.2							
1				0					Belagerung von Landsberg (1315)		1.0				1.6							0.0	
1				0					Schlacht von Esslingen (1316)		0.0				0.0								
1				0					Schlacht von Mühldorf am Inn (1322)		1.0				1.6								
1	1			1	1314	bis	1388	Schweizer Unabhängigkeitskämpfe gegen die Habsburger	6					15.6	15.6							
1				0					Schlacht von Morgarten (1314)		1.0				3.3								
1				0					Belagerung von Zürich (1352)						2.9							0.0	
1				0					Belagerung von Zürich (1354)						2.9							0.0	
1				0					Schlacht von Sempach (1386)		2.0				3.2								
1				0					Schlacht von Näfels (1388)		2.0				2.0								
1		1		1	1315			Aufstand in China						2.9	2.9							
1	1			1	1315	bis	1315	Krieg zwischen Florenz und Pisa						2.9	2.9							
1				1					Schlacht von Montecatini (1315)		1.0				2.9								
1		1		1	1316			Aufstand in Magapahit						2.9	2.9							
1		1		1	1318	bis	1323	Genuesischer Bürgerkrieg						1.6	1.6							
1	1			1	1319			Aufstand in Dithmarschen						1.6	1.6							
1				0					Schlacht von Dithmarschen (1319)		1.0				1.0								
1		1		0	1320			Nachfolgestreit im Sultanat von Delhi						1.6	1.6							
1				0					Schlacht von Indraprastha (1320)		1.0				1.6								
1	1			1	1320	bis	1323	Krieg zwischen Florenz und Lucca						1.0	1.0							
1		1		1	1321	bis	1328	Byzantinischer Bürgerkrieg						1.6	1.6							
1	1			1	1323	bis	1326	Krieg Aragons gegen Pisa um Sardinien						4.5	4.5							
1				0					Schlacht von Lutocisterna (1323)		1.0				1.6								
1				0					Belagerung von Cagliari (1324 bis 1326)		0.0				0.0							0.0	
1				0					Seeschlacht von Cagliari (1325)						2.9								
1		1		1	1324	bis	1326	Metz-Krieg						2.9	2.9							
1		1		1	1324	bis	1328	Flämischer Weber- u. Bauernaufstand		5.0				8.0	8.0							
1				0					Schlacht von Cassel (1328)		5.0				8.0								
1	1			1	1325			Unterwerfung des Reichs von Songhay durch das Reich von Mali						2.9	2.9							
1				0					Einnahme von Gao (1325)						2.9							0.0	
1	1			1	1325			Grenzkonflikt zwischen Savoyen und Dauphiné						1.0	1.0							

Präd & Retor	Terr Konfl	Hier & Kons	Alloph Konfl	Se Konfl	Jahr	bis	Jahr	Konflikt	Ausführungsereignisse (Schlachten, Belagerungen)	Tln. (Tsd.)	Land Schl. Tote (Tsd.)	Schl. Tote & Verw. (Tsd.)	See Schiffe	Schiffe gesunk.	Kampf- Tote (Tsd.) Zw. Ablage	Kampf- Tote (Tsd.)	Mil. Nicht-KampfT (Tsd.) Zw. Ablage	Mil. Nicht-Kampf Tote (Tsd.)	MilTote (Tsd.) Zw. Ablage	Mil. Tote (Tsd.)	Ziv. Tote (Tsd.) Zw. Ablage	Ziv. Tote (Tsd.)	Se Tote (Tsd.)
1				1	1327			Mongolischer Feldzug gegen Punjab	Schlacht von Varey (1325)						1,0							0,0	
1	1			1	1327	bis	1330	Italienfeldzug Ludwigs IV			1,0				1,6	1,6							
1	1			1	1327	bis	1421	Aufstände auf Sardinien gegen Aragón (Teil 14. Jh.)			1,0				1,6	1,6							
1				1											10,0	10,0							
1	1			0	1329			Krieg um Chios	Belagerung von Chios (1329)						1,6	1,6						0,0	
1	1			0	1330			Italienfeldzug Johanns von Böhmen			1,0				1,6	1,6							
1	1			1	1330	bis	1355	Serbische Expansionskriege			1,0				6,4	6,4							
1									Schlacht von Velbuzd (1330)		2,0				3,2							0,0	
1									Belagerung von Philippoi (1345)		1,0				1,6								
1									Schlacht von Adrianopel (1355)		1,0				1,6								
1		1		1	1331			Serbischer Bürgerkrieg	Schlacht von Nerodimlje (1331)		1,0				1,6	1,6							
1		1		0	1331	bis	1333	Schottischer Thronfolgekrieg							4,8	4,8							
1				0					Schlacht von Halidon Hill (1333)		3,0				4,8								
1		1		0	1331	bis	1332	Staatsstreich des Go-Daigo							3,2	3,2							
1				0					Belagerung von Akasaka (1331)		1,0				1,6							0,0	
1				0					Belagerung von Kyoto (1332)		1,0				1,6							0,0	
1	1			1	1332			Byzantinisch-Bulgarischer Krieg			1,0				2,9	2,9							
1		1		0	1332			Straßburger Feldzug gegen den Raubritter von Schwanau	Belagerung von Schwanau (1332)						2,9								
1	1			1	1332	bis	1392	Japanischer Bürgerkrieg zwischen der Nord- u. Süd-Dynastie			3,0				6,4	6,4							
1				0					Belagerung von Kamakura (1333)		1,0				1,6								
1				0					Schlacht von Minatogawa (1336)		1,0				1,6								
1				0					Belagerung von Kyoto (1336)		1,0				1,6								
1				0					Belagerung von Fujishima (1338)		1,0				2,9								
1				0	1333			Plünderungseinfall der Mossi in Mali	Plünderung von Timbuktu (1333)						4,8	2,9						0,0	
1	1			0	1334			Byzantinisch-Serbischer Krieg			3,0				2,9								
1	1			1	1334			Konstanzer Hegemoniekonflikt							2,9								
1		1		0	1335			Feldzug Johanns von Böhmen gegen Habsburg	Belagerung von Merseburg (1334)		1,0				1,6	1,6							
1			1	1	1336	bis	1338	Judenpogrom der Armleder							2,9	2,9						5,0	
1	1			1	1336	bis	1339	Krieg von Venedig u. Florenz gegen Verona							2,9	2,9							
1	1			1	1336	bis	1382	Feldzüge des Deutschritterordens gegen das Fürstentum Litauen	Belagerung von Pilenai (1336)		1,0				4,5	4,5						0,0	
1				0					Schlacht bei Rudau (1370)		1,0				2,9	1,6							
1	1			0	1337	bis	1453	HUNDERTJÄHRIGER KRIEG (Teil im 14. Jh.)							1,6	34,8							
1	1			0				Englische Offensive in Nordfrankreich (1337)	Seeschlacht von Cadzand (1337)		1,0				34,8	1,6							
1				0					Seeschlacht von Sluis (1340)		1,0				1,6								
1				0					Belagerung von Tournai (1340)		17,0				27,4								
1				0					Seeschlacht von Quimperlé (1342)		2,9				2,9							0,0	
1	1			1					Französische Offensive in der Guyenne (1346)		1,0				1,6	1,6							

Präd &Retor	Terr Konfl	Hier& Kons	Alloph Konfl	Sc. Konfl	Jahr	bis	Jahr	Konflikt	Ausführungsereignisse (Schlachten, Belagerungen)	Tln. (Tsd.)	Land Schl. Tote (Tsd.)	Land Schl. Tote & Verw. (Tsd.)	See Schiffe	See Schiffe gesunk.	Kampf-Tote (Tsd.) Zw. Ablage	Kampf-Tote (Tsd.)	Mil. Nicht-KampfTote (Tsd.) Zw. Ablage	Mil. Nicht-Kampf-Tote (Tsd.)	MilTote (Tsd.) Zw. Ablage	Mil. Tote (Tsd.)	Ziv. Tote (Tsd.) Zw. Ablage	Ziv. Tote (Tsd.)	SeTote (Tsd.)
1	1			1				Englische Offensive in Nordfrankreich (1346 bis 1347)							35,4	35,4							
				0					Belagerung von Caen (1346)						0,0							0,0	
				0					Schlacht von Blanchetaque (1346)		2,0				3,2								
				0					Schlacht von Crecy (1346)		17,0				27,4								
				0					Belagerung von Calais (1346 bis 1347)		1,0				1,6							0,0	
				0					Seeschlacht von Winchelsea (1350)		2,0				3,2								
1	1			1				Englische Beutezüge in Nordfrankreich u. Aquitanien (1355)							10,5	10,5							
				0					Belagerung von Romorantin (1355)		1,0				1,6							0,0	
				0					Schlacht von Maupertuis (1356)		3,5				5,6								
				0					Belagerung von Reims (1359 bis 1360)		1,0				1,6							0,0	
				1					Schlacht von Cocherel (1364)		1,0				1,6								
1	1			1				Französische Offensive (1369)							4,8	4,8							
				0					Schlacht von Pontvallain (1370)		1,0				1,6								
				0					Seeschlacht von La Rochelle (1372)		1,0				1,6								
				0					Seeschlacht von Cherbourg (1378)		1,0				1,6								
1	1			1	1338			Aufstand der Roten Turbane							2,9	2,9							
1	1			1	1339	bis	1487	Expansion Venedigs auf dem Festland (Teil 14. Jh.)		1,0				1,6	1,6						0,0	
				0					Belagerung von Treviso (1339)		1,0				1,6								
1	1			0	1339			Nachfolgekrieg im Herzogtum Mailand							4,8	4,8							
				1					Schlacht von Parabiago (1339)		3,0				4,8								
1	1			0	1339			Konflikt Berns mit Burgund u. Fribourg							1,6	1,6							
				0					Schlacht von Laupen (1339)		1,0				1,6								
1	1			1	1340	bis	1350	Eroberung von Lang Chang durch Fa Ngum	10						2,9	2,9							
1	1			1	1340			Fehde zw Mortagne u. Grafschaft von Hinault (Hennegau)							2,9	2,9							
				0					Belagerung von Mortagne (1340)						2,9								
1	1	1		1	1341	bis	1350	Byzantinischer Bürgerkrieg		2,0				3,2	3,2						0,0	
1	1	1		1	1341	bis	1345	Bretagnescher Thronfolgestreit		1,0				1,6	1,6							
				0			1364		Schlacht von Auray (1364)		1,0				1,6								
1	1	1		1	1342	bis	1346	Thüringer Grafenfehnkrieg							2,9	2,9							
1	1	1		1	1343	bis	1357	Vietnamesischer Bauernaufstand							2,9	2,9							
1	1			1	1343			Krieg von Majaphit gegen Bali							2,9	2,9							
1	1			1	1343	bis		Krieg der Visconti gegen Pisa							1,0	1,0							
1	1			1	1344	bis		Krieg der Visconti gegen di Correggio um Parma							1,0	1,0						2,0	
1	1			1	1345	bis	1346	Unterwerfungsfeldzug der Anjou Neapels im Piemont							1,0	1,0							
				0					Schlacht von Gamenario (1346)		1,0				1,6								
1	1			0	1345	bis	1346	Aufstand in Zara gegen Venedig							1,6	1,6							
				0					Belagerung von Zara (1345 bis 1346)		1,0				1,6							0,0	
1	1			1	1345	bis		Angriff der Kiptschaken auf Kaffa							1,6	1,6							
									Belagerung von Kaffa (1345 bis 1346)		1,0				1,6							0,0	
1	1			1	1345	bis	1422	Dritter Krieg zwischen Holland u. Friesland							1,6	1,6							
				0					Schlacht von Staroren (1345)		1,0				1,6								
1	1			1	1346			Kampf um Chios							1,6	1,6							
				1					Belagerung von Chios (1346)		1,0				1,6								
1	1			1	1346			Schottische Inkursion in England		1,0				8,7	8,7							

Präd & Retor	Terr Konfl	Hier & Kons	Alloph Konfl	Se. Konfl	Jahr	bis	Jahr	Konflikt	Ausführungsereignisse (Schlachten, Belagerungen)	Tln. (Tsd.)	Land Schl. Tote (Tsd.)	Land Schl. Tote & Verw. (Tsd.)	See Schiffe	See Schiffe gesunk.	Kampf-Tote (Tsd.) Zw. Ablage	Kampf-Tote (Tsd.)	Mil. Nicht-KampfTote (Tsd.) Zw. Ablage	Mil. Nicht-Kampf-Tote (Tsd.)	Mil Tote (Tsd.) Zw. Ablage	Mil. Tote (Tsd.)	Ziv. Tote (Tsd.) Zw. Ablage	Ziv. Tote (Tsd.)	SeTote (Tsd.)
1					1346	bis	1354	Revolte des Phagmodru in Tibet	Schlacht von Neville's Cross (1346)	30					8,7								
1		1		1	1347			Plünderungsüberfall von Gogtha/Piram Bet auf das Sultanat von Delhi							2,9	2,9						0,0	
1				1	1347			Bürgerkrieg in Rom							2,9	2,9							
									Schlacht von Rom (1347)						2,9	2,9							
1	1			1	1347	bis	1349	Krieg zwischen Mailand und Savoyen um Ivrea							2,9	2,9							
1			1	1	1348			Judenpogrom in Europa			2,0				2,9	2,9						150,0	
1	1			1	1349			Krieg zwischen Genua u. Byzanz			2,0				3,2	3,2							
1	1			1	1350	bis	1355	3. Krieg zwischen Venedig u. Genua			9,1				9,1	9,1							
1				0					Seeschlacht von Castro (1350)		1,0				1,6								
1				0					Seeschlacht von Bosporus (1352)				100		2,5								
1				0					Seeschlacht von Loiera / Alghero (1353)		1,0				1,6								
1				0					Belagerung von Alghero (1353 bis 1354)		1,0				1,6								
1				0					Seeschlacht von Sapienza (1354)				70		1,8							0,0	
1				1	1350	bis	1476	Eroberung Perus durch die Inka			10,0				16,1	16,1							
1				1	1350			Eroberung von Pasai u. Aru durch Majapahit			2,0				3,2								
1				1	1350	bis	1351	Eroberung Kambodschas durch Ayutthya			2,0				3,2								
1				0					Belagerung von Angkor (1351 bis 1352)		2,0				3,2							5,0	
1				1	1351	bis	1402	Krieg zwischen Florenz und Mailand (Teil 14. Jh.)			2,0				3,5	3,5							
1				0					Schlacht von Quarrata (1351)	2					2,9								
1				0					Belagerung von Scarperia (1351)						0,6							0,0	
1				1	1351			Unterwerfung von Pajajaran durch Majapahit							2,9								
1				0					Massaker von Bubat (1351)						2,9								
1				0	1351	bis	1368	*Aufstände in China (gegen die mongolische Yüan-Dynastie)*			20,0				32,2	32,2							
1		1		1				Aufstand in Chekiang (1351)							2,9								
1		1		1				Aufstand in Mittelchina							2,9								
1		1		1				Aufstand der Roten Turbane (1352 bis 1368)							40,9	40,9							
1				0					Schlacht in den Han-chuen-Untiefen (1356)		2,0				3,2								
1				0					Belagerung von Nanking (1356)		2,0				3,2							1,0	
1				0					Belagerung von Kaifeng (1357)		2,0				3,2							1,0	
1				0					Belagerung von Yangzhou (1357)						2,9							1,0	
1				0					Belagerung von Daotong (1358)						2,9								
1				0					Schlacht von Lungwan (1360)						2,9								
1				0					Seeschlacht auf dem Poyang-See (1363)		10,0				16,1								
1				0					Belagerung von Suzhou (1366 bis 1367)		2,0				2,9							0,0	
1				0					Belagerung von Ta-Tu / Peking (1368)		2,0				3,2							0,0	
1		1		1	1352	bis	1354	Byzantinischer Bürgerkrieg		20					7,4	7,4							
1				0					Schlacht von Didymoteichos (1352)						5,8							1,0	
1				0					Belagerung von Gallipolis (1354)		1,0				1,6								
1	1			1	1353	bis	1364	Feldzüge zur Restaurierung des Kirchenstaats		1,0					3,2	3,2						0,0	
1				0					Belagerung von Cesena (1357)	1					3,2							0,0	
1				0					Belagerung von Forli (1358 bis 1359)						0,3								
1	1			1	1354	bis	1355	Italienfeldzug Karls IV.							2,9	2,9							
1				0	1354	bis	1526	*Osmanische Eroberung der Balkanhalbinsel (Teil 14. Jh.)*		40,0					64,4	64,4						5,0	

Präd &Retor	Terr Konfl	Hier& Kons	Alloph Konfl	Se. Konfl	Jahr	bis	Jahr	Konflikt	Ausführungsereignisse (Schlachten, Belagerungen)	Tln. (Tsd.)	Land Schl. Tote (Tsd.)	Schl. Tote & Verw. (Tsd.)	See Schiffe	See Schiffe gesunk.	Kampf-Tote (Tsd.) Zw. Ablage	Kampf-Tote (Tsd.)	Mil. Nicht-KampfTote (Tsd.) Zw. Ablage	Mil. Nicht-Kampf-Tote (Tsd.)	MilTote (Tsd.) Zw. Ablage	Mil. Tote (Tsd.)	Ziv. Tote (Tsd.) Zw. Ablage	Ziv. Tote (Tsd.)	SeTote (Tsd.)
1	1			1				Byz.Unterw. Thrak. u. Racheldzug gg Bulg. (1356 bis 1364)							1,6	1,6							
1				0					Belagerung von Anchialos (1364)		1,0				1,6							0,0	
1				1				Kreuzzug gegen die Türken (1365 bis 1366)							3,2	3,2							
1				0					Schlacht von Adrianopel (1365)		1,0				1,6								
1				0					Belagerung von Gallipolis (1366)		1,0				1,6							0,0	
1				1				Osmanische Unterwerfung Bulgariens (1371 bis 1393)							10,6	10,6							
1				0					Schlacht von Cirmen an der Maritza (1371)		3,0				4,8								
1				0					Belagerung von Sofia (1385)						2,9								
1				0					Belagerung von Trnovo (1393)						2,9								
1				1				Osmanische Eroberung von Thessaloniki (1383 bis 1387)							1,6	1,6						2,0	
1				0					Belagerung von Thessaloniki (1383 bis 1387)		1,0				1,6								
1				1				Osmanische Unterwerfung Serbiens (1386 bis 1389)							20,6	20,6							
1				0					Belagerung von Nisch (1386)		1,0				1,6								
1				0					Schlacht von Plocnik (1387)		1,0				1,6							0,0	
1				0					Schlacht on dem Amselfeld (1389)	60					17,4								
1				1				Osmanische Unterwerfung Bosniens u. Kosovos (1388 bis 1389)							1,6	1,6							
1				0					Schlacht von Bileca (1388)		1,0				1,6								
1				1				Osmanische Unterwerfung der Walachei (1395)							1,6	1,6							
1				0					Schlacht von Argesch (1395)		1,0				1,6								
1				1				Kreuzzug gegen die Türken (1396)							11,6	11,6							
1				0					Schlacht von Nikopolis (1396)	40					11,6							0,0	
1	1			1	1356	bis	1364	Norditalienischer Krieg gegen die Visconti							9,7	9,7							
1				0					Belagerung von Papia (1356)		1,0				1,6							0,0	
1				0					Schlacht von Casorate (1356)		1,0				1,6								
1				0					Belagerung von Papia (1359)		1,0				1,6								
1				0					Schlacht an der Brücke von Canturino (1363)		1,0				1,6								
1				0					Schlacht an der Brücke von San Ruffillo (1361)		1,0				1,6								
1				0					Schlacht von Modena (1363)		1,0				1,6								
1	1			1	1356			Laotischer Einigungskrieg		5,0				8,0	8,0							
1	1			1	1357			Krieg zwischen Perugia u. Siena						2,9	2,9							
1				0					Schlacht von Torrita (1357)		2,0				2,9								
1	1			1	1357	bis	1358	Französischer Bauernaufstand		2,0				3,2	3,2						5,0	
1		1		1	1358			Feldzug gegen Söldnerbanden in Italien						1,6	1,6							
1				0					Schlacht von Scalella (1358)		1,0				1,6								
1		1	1	1		bis	1793	Hexenverfolgungen in Europa (Teil 14. Jh.)							2,9	2,9					10,0	
1	1			1	1360	bis	1370	Serbischer Bürgerkrieg		1,0				1,6	1,6							
1	1			1	1360	bis	1365	Transoxanischer Unabhängigkeitskrieg gegen Mogulistan	10						10,6	10,6						
1				0					Schlacht an der Wahks-Steinbrücke (1363)						2,9								
1				0					Schlacht von Tas Arighi (1363)		2,0				3,2								
1				0					Sümpfe-Schlacht (1365)		1,0				1,6								
1				0					Belagerung von Samarkand (1365)						2,9								
1	1			1	1361	bis	1364	Krieg von Florenz gegen Pisa		0,4				11,6	11,6							
1				0	?				Seeschlacht von Porto Pisano (1362)		0,1				2,9							0,0	

Präd &RFctor	Terr Konfl	Hier& Kons	Alloph Konfl	Se. Konfl	Jahr	bis	Jahr	Konflikt	Ausführungsereignisse (Schlachten, Belagerungen)	Tln. (Tsd.)	Land Schl Tote (Tsd.)	Schl Tote & Verw. (Tsd.)	See Schiffe	Schiffe gesunk.	Kampf-Tote (Tsd.) Zw. Ablage	Kampf-Tote (Tsd.)	Mil. Nicht-KampfT ote (Tsd.) Zw. Ablage	Mil. Nicht-Kampf-Tote (Tsd.)	MilTote (Tsd.) Zw. Ablage	Mil. Tote (Tsd.)	Ziv. Tote (Tsd.) Zw. Ablage	Ziv. Tote (Tsd.)	Se Tote (Tsd.)
1				0					Schlacht von San Pietro (1363)	?	0,1				2,9								
1				0					Schlacht von Ancisa (1363)	?	0,1				2,9								
1				0					Schlacht von Cascina (1354)	?	0,1				2,9								
1	1			1	1361	bis	1370	2. Krieg der Hanse und Schwedens gegen Dänemark			3,0				5,7	5,7						1,0	
1				0					Schlacht von Visby (1361)		1,0				1,6								
1				0					Seeschlacht von Helsingborg (1362)					100	2,5								
1				0					Seeschl. u. Belag. von Kopenhagen (1368)		1,0				1,6								
1	1	1		1	1362			Feldzug gegen Söldnerbanden in Frankreich	Schlacht von Brignais (1362)		1,0				1,6	1,6							
1	1	1		1	1363			Feldzug Sienas gegen rebellische Söldner	Schlacht von Sinalunga (1363)						2,9	2,9							
1	1			1	1364			Venezianisch-Osmanischer Konflikt							3,2	3,2							
1				0					Seeschlacht von Megara (Nisea) (1364)		1,0				1,6								
1	1			1	1365			Kreuz- u. Raubzug gegen Ägypten							1,6								
1				0					Belagerung von Alexandreia (1365)		1,0				1,6							0,0	
1	1			0	1368	bis	1396	*Unterwerfungsfeldzüge des Ming-Reichs gegen Nördliches Yuan*															
1	1			1				Ming-Feldzug gegen das Nördliche Yuan 1368							8,7	8,7							
1				0					Schlacht von Henean (1368)						2,9								
1				0					Schacht von Dadu (1368)						2,9								
1				0					Schlacht von Shanxi (1368)						2,9								
1	1			1				Ming-Feldzug gegen das Nördliche Yuan 1369	Schlacht von Shangan (1369)						2,9	2,9							
1	1			1				Ming-Feldzug gegen das Nördliche Yuan 1370							11,6	11,6							
1				0					Schlacht im Shen'er-Tal (1370)						2,9								
1				0					Schlacht von Yingchang (1370)						2,9								
1				0					Schlacht von Xinyuan (1370)						2,9								
1				0					Schlacht von Wuzhou (1370)						2,9								
1	1			1	1372			Ming-Feldzüge von 1372							11,6	11,6							
1				0					Schlacht von Hanbei (1372)						2,9								
1				0					Schlacht von Gansu (1372)						2,9								
1				0					Schlacht bei Karakorum (1372)						2,9								
1				0					Schlacht in der Qutang-Schlucht (1372)						2,9								
1	1			1				Ming-Feldzug gegen das Nördliche Yuan 1374							8,7	8,7							
1				0					Schlacht von Baideng (1374)						2,9								
1				0					Schlacht von Daning (1374)						2,9								
1				0					Schlacht von Fengzhou (1374)						2,9								
1	1			1			1381	Ming-Feldzug gegen das Nördliche Yuan 1380 bis							8,7	8,7							
1				0					Schlacht von Helin (1380)						2,9								
1				0					Schlacht von Gubeikou (1381)						2,9								
1	1			1				Ming-Feldzug gegen das Nördliche Yuan 1387	Schlacht von Yijinailu (1387)						2,9								
1	1			1				Ming-Feldzug gegen das Nördliche Yuan 1388	Schlacht von Buyuerhai (1388)						2,9								
1	1			1			1392	Ming-Feldzug gegen das Nördliche Yuan 1390 bis							8,7	8,7							
1				0					Schlacht von Yidu (1390)						2,9								
1				0					Schlacht von Heiling (1391)						2,9								
1				0					Schlacht von Juanchang (1392)						2,9								
1	1			1				Ming-Feldzug gegen das Nördliche Yuan 1396							2,9	2,9							

ANLAGE 10

Präd & Retor Konfl	Terr Konfl	Hier & Kons	Alleph Konfl	Se. Konfl	Jahr	bis	Jahr	Konflikt	Ausführungsereignisse (Schlachten, Belagerungen)	Tln. (Tsd.)	Land Schl. Tote (Tsd.)	Schl. Tote & Verw. (Tsd.)	See Schiffe versenkt	Schiffe gesunk.	Kampf-Tote (Tsd.) Zw. Ablage	Kampf-Tote (Tsd.)	Mil. Nicht-KampfTote (Tsd.) Zw. Ablage	Mil. Nicht-Kampf-Tote (Tsd.)	MilTote (Tsd.) Zw. Ablage	Mil. Tote (Tsd.)	Ziv. Tote (Tsd.) Zw. Ablage	Ziv. Tote (Tsd.)	SeTote (Tsd.)
1				0					Schlacht von Chachaer (1396)						2,9	2,9							
1				0	1399	bis		*Pfland.Einfälle jap. u. anderer ostas. Piraten in China (Teil 14. Jh.)*															
1				1	1370	bis		Plünderungseinfall in Deng, Lai, Zhe, Min (1370)							2,9	2,9						0,0	
1				1				Plünderungseinfall in Wenzhou u. Futing (1372)							2,9	2,9						0,0	
1				1				Plünderungseinfall in Jiaodong (1374)							2,9	2,9						0,0	
1				1				Plünderungseinfall in Zhedong (1383)							2,9	2,9						0,0	
1				1				Plünderungseinfall in Leizhou (1391)							2,9	2,9						0,0	
1				1				Plünderungseinfall in Zhedong (1394)							2,9	2,9						0,0	
1				1				Plünderungseinfall in Shandong, Zhejiang (1398)							2,9	2,9						0,0	
		1		1	1370			Hierarchiekampf in Transoxanien							1,6	1,6							
		1		0	1370	bis	1388		Belagerung von Balkh (1370)		1,0				1,6							0,0	
		1		0				Lünerburger Erbfolgekrieg							5,8	5,8							
				0					Schlacht bei Heßlingen (1372)						2,9								
				1	1371	bis	1391		Schlacht bei Leveste (1373)						2,9								
	1							Krieg der Italienischen Liga gegen Mailand							7,4	7,4							
				0					Schlacht von Montichiari (1371)		1,0				1,6								
				0					Schlacht an der Chiese (1373)						2,9								
				1	1371				Schlacht von Soncino (1391)						2,9								
1				0				Angriff Champas auf Annam							4,8	4,8							
				0					Belagerung von Hanoi (1371)		3,0				1,6							0,0	
				0					Schlacht von Vijaya (1371)		1,0				1,6							0,0	
				1	1371	bis	1372		Belagerung von Than-hong (1371)		1,0				1,6							0,0	
1				0				1. Feldzug Tamerlans gegen Mogulistan							3,2	3,2							
				1	1372	bis			Schlacht von Tanki (1372)		1,0				1,6								
	1			1	1372			Eroberung Zyperns durch Genua							2,9	2,9							
	1			1	1372	bis	1372	Krieg des Schwäbischen Städtebundes							2,9	2,9							
				1	1372	bis	1273		Schlacht von Altheim (1372)		1,0				2,9								
1				0	1372	bis		2. Feldzug Tamerlans gegen Mogulistan							1,6	1,6							
1				1	1373	bis		1. Feldzug Tamerlans gegen Choresmien							1,6	1,6							
				1					Belagerung von Urgents (1372 bis 1273)		1,0				1,6							0,0	
1				0	1374	bis	1382	2. Feldzug Tamerlans gegen Choresmien			1,0				1,6	1,6							
1				0				*Unabhängigkeitskrieg Dmitri Donskojs gegen die Tataren*			6,0				9,7	9,7						25,0	
				1					Schlacht an der Voza (1378)		1,0				1,6								
1				1				Straffeldzug der Goldenen Horde gg das Großherzogtum Moskau (1374)			1,0				1,6	1,6						0,0	
1				1				Plünderungseinfall in Nischni Nowgorod (1375)			1,0				1,6	1,6						0,0	
1				1				Plünderungseinfall in Nischni Nowgorod und Rjasan (1377)			1,0				1,6	1,6						0,0	
1				1	1375	bis		Plünderungseinfall in Nischni Nowgorod und Rjasan (1378)							8,0	8,0						0,0	
				0					Schlacht on dem Kulikowo Polie (1380)		2,0				3,2								
				0					Belagerung von Moskau (1381 bis 1382)		2,0				3,2							15,0	
	1			1				3. Feldzug Tamerlans gegen Mogulistan		2,0				3,2	3,2							
				0					Schlacht an der Issik Kul (1375)		2,0				3,2								

662

Präd &Retor	Terr Konfl	Hierk& Kons	Alloph Konfl	Se. Konfl	Jahr	bis	Jahr	Konflikt	Ausführungsereignisse (Schlachten, Belagerungen)	Tln. (Tsd.)	Land Schl Tote (Tsd.)	Land Schl Tote & Verw. (Tsd.)	See Schiffe	See Schiffe gesunk.	Kampf Tote (Tsd.) Zw. Ablage	Kampf Tote (Tsd.)	Mil. Nicht-KampfTote (Tsd.) Zw. Ablage	Mil. Nicht-Kampf Tote (Tsd.)	MilTote (Tsd.) Zw. Ablage	Mil. Tote (Tsd.)	Ziv. Tote (Tsd.) Zw. Ablage	Ziv. Tote (Tsd.)	SeTote (Tsd.)
1	1			1	1375			3. Feldzug Tamerlans gegen Choresmien							2,9	2,9							
1	1			1	1375			Zerstör. des Armen. Reichs von Kilikien durch die Mamelucken			1,0				1,6	1,6						2,0	
1	1			1	1376			Annamitische Invasion in Champa			1,0				1,6	1,6							
1	1			1	1376			4. Feldzug Tamerlans gegen Mogulistan			1,0				1,6	1,6							
				0					Belagerung von Andizhan (1376)		1,0				1,6							0,0	
1	1			1	1376	bis	1378	Acht-Heiligen-Krieg			1,0				2,9	2,9						5,0	
1	1			1	1376	bis	1377	Krieg Tamerlans gegen Oros Khan			1,0				2,9	2,9							
				0	1377				Schlacht von Sigrak (1377)						2,9								
1	1			1	1377			Unterwerfung von Palembang durch Majaparit							2,9	2,9							
1	1			1	1377			5. Feldzug Tamerlans gegen Mogulistan			2,0				2,9	2,9							
			1	0	1377	bis	1388	Süddeutscher Städtekrieg	Schlacht an der Issik Kul (1377)						8,7	8,7							
				0	1377				Schlacht von Reutlingen (1377)						2,9								
				0	1377				Schlacht von Ulm (1377)						2,9								
				0	1388				Schlacht von Döffingen (1388)						2,9								
1	1			1	1378	bis	1381	4. Krieg zwischen Venedig u. Genua			1,0				4,8	4,8							
				0	1378				Seeschlacht von Anzio (1378)		1,0				1,6								
				0					Belagerung von Chioggia (1379 bis 1380)		1,0				1,6								
				0	1379				Seeschlacht von Pola (1379)		1,0				0,0	0,0						0,0	
		1		1	1378	bis	1382	Regime der Ciompi in Florenz							2,9	2,9							
			1	0	1378	bis	1417	Abendländisches Schisma							2,9								
1	1			1	1379			4. Feldzug Tamerlans gegen Choresmien	Schlacht von Marino (1379)		1,0				1,6	1,6							
1	1			1	1379	bis	1382	Flämischer Bürgerkrieg	Belagerung von Urgentsi (1379)		1,0				8,7	8,7						10,0	
				0					Schlacht von Beverhoutsfeld (1382)						2,9	2,9							
				0					Belagerung von Ypres (1383)						2,9	2,9							
				0					Schlacht von Roosebeke (1382)						1,6	1,6						0,0	
1	1			1	1380			Bürgerkrieg im Reich der Goldenen Horde	Schlacht an der Khalka (1380)		1,0				4,5	4,5							
1	1			1	1380			1. Feldzug Tamerlans gegen Persien	Belagerung von Herat (1381)		1,0				1,6							0,0	
				0					Belagerung von Isfarahin (1381)		1,0				2,9	2,9						20,0	
		1		1	1381			Englischer Bauernaufstand			1,0				14,5	14,5							
1	1			1	1382	bis	1384	2. Feldzug Tamerlans gegen Persien u. gegen Afghanistan	Belagerung von Kalat (1382)		1,0				1,6							0,0	
				0					Belagerung von Tursitz (1382)		1,0				1,6							0,0	
				0					Belagerung von Herat (1383)		1,0				1,6							0,0	
				0					Belagerung von Isfizar (1383)		1,0				1,6							0,0	
				0					Belagerung von Shar-i Sistan (1383)		1,0				1,6							0,0	
				0					Belagerung von Zarenga (1383)		1,0				1,6							0,0	
				0					Belagerung von Kandahar (1383)		1,0				1,6							0,0	
				0					Belagerung von Astarabad (1384)		1,0				1,6							0,0	
				0					Belagerung von Sultaniya (1384)		1,0				1,6							0,0	
1	1			1	1382	bis	1383	Neapolitanischer Erbfolgekrieg							2,9	2,9							
1	1			1	1383			Mongolische Invasion Birmas							3,2	3,2						0,0	

Präd &Rctor	Terr Konfl	Hier& Kons	Alloph Konfl	Se. Konfl	Jahr	bis	Jahr	Konflikt	Ausführungsereignisse (Schlachten, Belagerungen)	Tln. (Tsd.)	Land Schl Tote (Tsd.)	Schl Tote & Verw. (Tsd.)	See Schiffe gesunk.	Schiffe	Kampf-Tote (Tsd.) Zw. Ablage	Kampf-Tote (Tsd.)	Mil. KampfTote (Tsd.) Zw. Ablage	Mil. Nicht-Kampf-Tote (Tsd.)	MilTote (Tsd.) Zw. Ablage	Mil. Tote (Tsd.)	Ziv. Tote (Tsd.) Zw. Ablage	Ziv. Tote (Tsd.)	SeTote (Tsd.)
1				0					Schlacht von Kaungsin (1383)		2,0				3,2								
1	1			1	1385	bis	1395	1. Krieg zwischen Tokhtamish u. Tamerlan			2,0				3,2	3,2						5,0	
1	1			1	1386			3. Feldzug Tamerlans gegen Persien							3,2	3,2							
1				0					Belagerung von Hamadan (1386)		1,0				1,6							0,0	
1				0					Belagerung von Tabriz (1386)		1,0				1,6							0,0	
1	1			0	1386			1. Feldzug Tamerlans gegen Georgien							3,2	3,2							
1				0					Belagerung von Kars (1386)		1,0				1,6							0,0	
1				0					Belagerung von Tiflis (1386)		1,0				1,6							0,0	
1	1			1	1387	bis	1389	2. Krieg zwischen Tokhtamish u. Tamerlan	Schlacht an der Kurat (1387)		1,0				1,6	1,6							
1	1			0	1387			Krieg zwischen Verona u. Padua	Schlacht von Castagnaro (1387)							2,9	2,9							
1		1		1	1387			Englischer Adligenaufstand	Schlacht von Radcot Bridge (1387)		1,0				1,6	1,6							
1	1			1	1387	bis	1388	4. Feldzug Tamerlans gegen Persien	Belagerung von Hamadan (1387)		1,0				33,8	33,8						0,0	
1				0					Belagerung von Isfahan (1387)		20,0				32,2							50,0	
1	1			1	1387	bis	1388	3. Krieg zwischen Tokhtamish u. Tamerlan	Belagerung von Tus (1388)		2,0				2,9	2,9							
1	1			0	1388			5. Feldzug Tamerlans gegen Choresmien	Belagerung von Radkan (1388)		1,0				6,4	6,4							
1				0					Belagerung von Urgenis (1388)						3,2							8,0	
1				0							1,0				1,6							4,0	
1	1			1	1388			Schottischer Plünderungseinfall in England	Schlacht von Otterburn (1388)		1,0				1,6							0,0	
1				0											4,1	4,1							
1	1			1	1388			Feldzug Genuas gegen die tunesischen Seeräuber		14					4,1								
1				0	1388			Eroberung Athens durch die Acciaiuoli	Belagerung von Djerba (1388)		1,0				1,6	1,6							
1	1			0	1388			Hegemonialkrieg in Thailand	Belagerung von Athens (1388)		1,0				1,6	1,6							
1				0					Schlacht von Sen Samık (1388)		1,0				1,6	1,6							
1	1			1	1388	bis	1389	4. Krieg zwischen Tokhtamish u. Tamerlan	Schlacht von Khogient (1389)		3,0				4,8	4,8							
1	1			0	1388			Einfall von Ava in Yunnan	Schlacht an der Syr-Darya (1389)		1,0				1,6	1,6							
1				0							2,0				3,2								
1	1			1	1389			6. Feldzug Tamerlans gegen Mogulistan			1,0				1,6	1,6							
1	1			1	1389			Koreanischer Feldzug gegen die Piraten von Tsushima							2,9	2,9							
1	1			1	1390	bis	1391	5. Krieg zwischen Tokhtamish u. Tamerlan	Schlacht von Kandurcha (1391)			70			37,2	37,2							
1		1		0	1390			Byzantinischer Thronfolgestreit							5,8	5,8							
1				0					Belagerung von Konstantinopel (1390)						2,9								
1				0					Belagerung von Konstantinopel (1390)						2,9	2,9							
1	1			0	1390			Aufstand des Toki Yasuyuki							2,9	2,9							
1			1		1391			Massaker an Muslimen u. Juden in Spanien							2,9							5,0	
1	1			1	1392	bis	1393	5. Feldzug Tamerlans gegen Persien	Schlacht von Shiraz (1393)		1,0				1,6	1,6							
1	1			1	1393	bis	1394	1. Feldzug Tamerlans gegen Mesopotamien	Belagerung von Bagdad (1393)		1,0				9,3	9,3							
1				0					Belagerung von Takrit (1393)		1,0				1,6							5,0	
1				0					Belagerung von Mardin (1394)		1,0				2,9							20,0	

Präd&Retor	Terr konfl	Hier&Kons	Alloph Konfl	Se. Konfl	Jahr	bis	Jahr	Konflikt	Ausführungsereignisse (Schlachten, Belagerungen)	Thn (Tsd.)	Land Schl Tote (Tsd.)	Schl Tote & Verw. (Tsd.)	See Schiffe	Schiffe gesunk.	Kampf Tote (Tsd.) Zw. Ablage	Kampf Tote (Tsd.)	Mil. Nicht-KampfTote (Tsd.) Zw. Ablage	Mil. Nicht-Kampf Tote (Tsd.)	MilTote (Tsd.) Zw. Ablage	Mil. Tote (Tsd.)	Ziv. Tote (Tsd.) Zw. Ablage	Ziv. Tote (Tsd.)	SeTote (Tsd.)
1				0					Belagerung von Diyarbakir (1394)		1,0				1,6							0,0	
1				0					Belagerung von Van (1394)		1,0				1,6							5,0	
	1			1	1394	bis	1395	2. Feldzug Tamerlans gegen Georgien			2,0				3,2	3,2						10,0	
	1			1	1395	bis	1396	6. Krieg zwischen Tokhtamish u. Tamerlan							19,3	19,3						15,0	
				0					Schlacht an der Terek (1395)		5,0				8,0							2,0	
				0					Belagerung von Astrachan (1395)		1,0				1,6							90,0	
				0					Belagerung von Saray (1395)		5,0				8,0							2,0	
				0					Belagerung von Tana (1395)		1,0				1,6								
	1			1	1396	bis	1399	Krieg der Goldenen Horde gegen Litauen	1. Schlacht an der Worskla (1396)		5,0				8,0	8,0						3,0	
				0					2. Schlacht an der Worskla (1399)		4,0				6,4								
		1		1	1398			Judenpogrom in Prag							0,0	0,0							
	1			1	1398	bis	1399	Feldzug Tamerlans gegen Hindustan							48,9	48,9							
				0					Belagerung von Multan (1398)		1,0				1,6							0,0	
				0					Belagerung von Talamba (1398)		1,0				1,6							5,0	
				0					Belagerung von Dipalpur (1398)		1,0				1,6							2,0	
				0					Belagerung von Bathnir (1398)		1,0				1,6								
				0					Belagerung von Bathmir (1398)		2,0				3,2							8,0	
				0					Massaker von Loni (1398)		1,0				1,6							10,0	
				0					Schlacht von Panipat (1398)	80	1,0				24,8								
				0					Belagerung von Delhi (1398)		5,0				8,0							70,0	
				0					Belagerung von Meerut (1399)		2,0				3,2							10,0	
				0					Schlacht bei Haridwar (1399)		1,0				1,6								
	1			1	1399			Aufstand des Ouchi Yoshihiro	Belagerung von Sakai (1399)		1,0				2,9	2,9						0,0	
				0	1399	bis	1402	Ming-Thronfolgekrieg (Jingnan-Aufstand) (Teil 14. Jh.)							5,8	5,8							
				0					Schlacht von Zhending (1399)						2,9								
				0					Schlacht von Beijing (1399)						2,9								
547	**154**	**46**	**9**	**240**				**Default-Werte**		**0,29**	**1,61**	**0,53**	**0,03**	**0,41**	**2,90**	**1.353**		**4,709**	**6,062**	**0,50**		**633,0**	**7.415**
31																		**3,48**				**0,0**	

14. Jahrhundert

Präd&Retor	Terr konfl	Hier&Kons	Alloph Konfl	Se. Konfl	Jahr	bis	Jahr	Konflikt	Ausführungsereignisse (Schlachten, Belagerungen)	Thn (Tsd.)	Land Schl Tote (Tsd.)	Schl Tote & Verw. (Tsd.)	See Schiffe	Schiffe gesunk.	Kampf Tote (Tsd.) Zw. Ablage	Kampf Tote (Tsd.)	Mil. Nicht-KampfTote (Tsd.) Zw. Ablage	Mil. Nicht-Kampf Tote (Tsd.)	MilTote (Tsd.) Zw. Ablage	Mil. Tote (Tsd.)	Ziv. Tote (Tsd.) Zw. Ablage	Ziv. Tote (Tsd.)	SeTote (Tsd.)
1	1			1	1400	bis	1499	Expansionskriege des Ming-Reichs (Teil 15 Jh.)							10,5	10,5							
				0					Schlacht von Anding (1425)						3,5								
				0					Schlacht von Quixian (1425)						3,5								
				0					Schlacht von Xifengkou (1428)						3,5								
1				0	1400	bis	1402	Ming-Thronfolgekrieg (Jingnan-Aufstand) (Teil 15. Jh.)							14,0	14,0							
				0					Schlacht von Dongchang (1400)						3,5								
				0					Schlacht an der Jia (1401)						3,5								
				0					Schlacht an der Hao-Burg (1401)						3,5								
				0					Schlacht von Nanjing (1402)						3,5								
1				0	1400	bis	1499	*Plünd.Einfälle jap. u. anderer ostas. Piraten in China (Teil 15 Jh.)*															
1	1			1					Plünderungseinfall in Zhedong (1401)						3,5	3,5						0,0	
1	1			1					Plünderungseinfall in Shanrerzhan (1406)						3,5	3,5						0,0	
1	1			1					Plünderungseinfall in Qingzhou (1409)						3,5	3,5						0,0	
1	1			1					Plünderungseinfall in Fuzhou (1410)						3,5	3,5						0,0	
1	1			1					Plünderungseinfall in Changguo (1413)						3,5	3,5						0,0	
1	1			1					Plünderungseinfall in Jinxiang (1417)						3,5	3,5						0,0	

Präd &Retor	Terr Konfl	Hier& Kons	Alloph Konfl	Se. Konfl	Jahr	bis	Jahr	Konflikt	Ausführungsereignisse (Schlachten, Belagerungen)	Thn. (Tsd.)	Land Schl. Tote (Tsd.)	Schl. Tote & Verw. (Tsd.)	See Schiffe gesunk.	See Schiffe	Kampf-Tote (Tsd.) Zw. Ablage	Kampf-Tote (Tsd.)	Mil. Nicht-KampfTote (Tsd.) Zw. Ablage	Mil. Nicht-Kampf-Tote (Tsd.)	MilTote (Tsd.) Zw. Ablage	Mil. Tote (Tsd.)	Ziv. Tote (Tsd.) Zw. Ablage	Ziv. Tote (Tsd.)	SeTote (Tsd.)
1				1				Plünderungseinfall in Songmen (1418)														0,0	
1				1					Schlacht von Haiwo (1419)						3,5	3,5							
1				1				Plünderungseinfall in Xiangshan (1422)							3,5							0,0	
1				1				Plünderungseinfall in Zhedong (1422)						3,5	3,5							0,0	
1				1				Plünderungseinfall in Haining (1443)						3,5	3,5							0,0	
1				1				Plünderungseinfall in Zhexi (1446)						3,5	3,5							0,0	
1			1	1	1400	bis	1499	Religiozide der Inquisition im 15. Jh.						0,0	0,0							20,0	
1			1	1	1400	bis	1499	Hexenverfolgungen im 15. Jh.						0,0	0,0							50,0	
	1			0	1400	bis	1492	*RECONQUISTA im 15. Jh.*															
	1			0				Kastilische Offensive (1410)						8,6	8,6							0,0	
				0					Schlacht von Sierra de la Rabida (1410)						3,5								
				0					Belagerung von Antequera (1410)		1,0				1,6	1,6							
				0					Schlacht von Montefrio (1410)						3,5								
	1			0				Portugiesische Eroberung von Ceuta (1415)		1,0				1,6	1,6							0,0	
				0					Belagerung von Ceuta (1415)						1,6								
1				1				Portug. Versuch der Unterw. der Kanar. Inseln (1425 bis 1431)						0,0	0,0							0,0	
				1					Schlacht in den Muna Bergen (1434)						0,0								
1				1				Krieg zwischen Kastilien und Aragón (1429 bis 1430)						3,5	3,5								
1				1				Kastilisch-Granadischer Grenzkrieg (1431)		1,0				1,6	1,6								
				1					Schlacht von Higuerela (1431)						3,5	3,5								
		1		1				Kastilischer Thronfolgekrieg (1445)						3,5	3,5								
				1					1. Schlacht von Olmedo (1445)						6,4	6,4								
1				1				Granada-Krieg, der Katholischen Könige (1482 bis 1492)						1,6	1,6							0,0	
				0					Belagerung von Alhama de Granada (1482)		1,0				3,2	1,6								
				0					Schlacht von Ash-Shaqiyyah (1483)		2,0				1,6	2,4								
				0					Belagerung von Granada (1491)		1,0												0,0	
	1			0	1400	bis	1499	*Osmanische Expansion auf dem Balkan im 15. Jh.*															
1				1				Osmanischer Angriff auf Konstantinopel (1411)		1,0				1,6	1,6							0,0	
				1					Belagerung von Konstantinopel (1411)														
1				1				Osmanischer Angriff auf den Kosovo (1412)		1,0				1,6	1,6							0,0	
				0					Belagerung von Novo Brdo (1412)														
				0				1. Türkisch – Venezianischer Krieg (1416)		2,0			30	2,4	2,4								
				0					Seeschlacht von Gallipolis (1416)						0,8								
1				1				2. Türkisch – Venezianischer Krieg (1423 bis 1430)		1,0				1,6	1,6							0,0	
				1					Belagerung von Konstantinopel (1422)						1,6	1,6								
	1			0				Türkisch-Ungarischer Krieg (1428)						1,6	1,6								
				1					Belagerung von Gölübac (1428)		1,0				1,6								
1				1				Osmanische Eroberung von Thessaloniki (1429 bis 1430)		1,0				1,6	1,6								
				1					Belagerung von Thessalonike (1429 bis 1430)						1,6								
				0				Osmanische Eroberung des Epeiros (1430)		1,0				1,6	1,6								
1				1					Belagerung von Ioannina (1430)						1,6								
	1			0				Osmanische Eroberung des Peloponnes (1430 bis 1446)						3,5	3,5							0,0	
				1					Belagerung von Hexamilion (1446)		1,0				3,5	3,5								
	1			0				Osmanischer Feldzug gegen die Serben (1437)						3,5	3,5								

Präd &Rhetor	Terr Konfl	Hier& Kons	Alloph Konfl	Se. Konfl	Jahr	bis	Jahr	Konflikt	Ausführungsereignisse (Schlachten, Belagerungen)	Tln. (Tsd.)	Land Schl. Tote (Tsd.)	Schl. Tote & Verw. (Tsd.)	See Schiffe	See Schiffe gesunk.	Kampf-Tote (Tsd.) Zw. Ablage	Kampf-Tote (Tsd.)	Mil. Nicht-KampfTote (Tsd.) Zw. Ablage	Mil. Nicht-Kampf-Tote (Tsd.)	MilTote (Tsd.) Zw. Ablage	Mil. Tote (Tsd.)	Ziv. Tote (Tsd.) Zw. Ablage	Ziv. Tote (Tsd.)	SeTote (Tsd.)
1	1			1				Aufstand der Walachei gegen die Türken (1442)							1,6	1,6							
				0					Schlacht von Napyszeben (1442)		1,0				1,6								
1	1			1				(Letzter) Kreuzzug gegen die Türken (1443 bis 1446)			2,0				32,2	32,2							
				0					Schlacht von Warna (1444)		20,0				52,8	52,8							
1	1			1				Albanisch - Osmanischer Krieg (1443 bis 1506)						1,6									
				0					Schlacht von Domosdova (1444)		1,0				1,6								
				0					Schlacht in der Mokra-Ebene (1445)		1,0				1,6								
				0					Schlacht von Dibra (1446)		1,0				1,6								
				0					Schlacht on dem Amselfeld (1448)	130					35,1								
				0					Belagerung von Kruja (1450 bis 1450)		1,0				1,6							0,0	
				0					Belagerung von Kruja (1466)		1,0				1,6							0,0	
				0					Belagerung von Novo Brdo (1455 bis 1456)		1,0				1,6							0,0	
				0					Belagerung von Prizren (1455)		1,0				1,6							0,0	
				0					Flussschlacht von Belgrad (1456)		1,0				1,6								
				0					Belagerung von Belgrad (1456)		1,0				1,6							0,0	
				0					Schlacht von Kruja (1457)		1,0				1,6								
				0					Belagerung von Kruja (1477 bis 1478)		1,0				1,6							0,0	
1	1			1				Türkische Eroberung Griechenlands (1453 bis 1457)						17,7	17,7							
				0					Belagerung von Korinth (1458)		5,0				8,0							5,0	
				0					Belagerung von Konstantinopel (1453)		5,0				8,0							4,0	
				0					Belagerung von Molybos (1457)		1,0				1,6	1,6							
1				1				Türkische Eroberung Bosniens (1463)														
				0	1400	bis	1453	Hundertjähriger Krieg (15. Jh.)	Seeschlacht von Raz de Saint Mahe (1403)		1,0				1,6	1,6						0,0	
1		1		1				Krieg zw den Valois von Orleans u. Burgunds (1407 bis 1435)							3,5	3,5							
1	1			1				Englische Eroberung der Normandie (1415 bis 1419)							43,4	43,4							
				0					Belagerung von Harfleur (1415 bis 1415)		3,0				4,8							0,0	
				0					Seeschlacht von Harfleur (1415)		2,0				3,2								
				0					Schlacht von Azincourt (1415)		9,0				14,5								
				0					Seeschlacht an der Seinemündung (1416)		1,0				1,6								
				0					Seeschlacht von La Hougue (1417)		1,0				1,6								
				0					Belagerung von Rouen (1418 bis 1419)		1,0				1,6							0,0	
				0					Seeschlacht von La Rochelle (1419)		1,0				1,6								
				0					Schlacht von Bauge (1421)		1,0				1,6								
				0					Belagerung von Meaux (1421 bis 1422)		1,0				1,6							0,0	
				0					Belag. von Mont Saint Michel (1423 bis 1434)		0,0				0,0								
				0					Belagerung von Meulan (1423)		1,0				1,6							0,0	
				0					Schlacht von Cravant (1423)		2,0				3,2								
				0					Schlacht von Verneuil (1424)		3,0				4,8								
				0					Seeschlacht von Mont-Saint-Michel (1425)		1,0				1,6								
1				1				Französische Gegenoffensive (1429 bis 1430)						13,5	13,5							
				0					Belagerung von Orleans (1428 bis 1429)		1,0				1,6							0,5	
				0					Belagerung von Jargeau (1429)		1,0				1,6							0,0	
				0					Schlacht von Patay (1429)		2,0				3,2								
				0					Belagerung von Lagny (1431)		2,0				3,5							0,5	

	Präd &Retor	Terr Konfl	Hier& Kons	Alloph Konfl	Se. Konfl	Jahr	bis	Jahr	Konflikt	Ausführungsereignisse (Schlachten, Belagerungen)	Tln (Tsd.)	Land Schl Tote (Tsd.)	Schl Tote & Verw. (Tsd.)	See Schiffe	Schiffe gesunk.	Kampf-Tote (Tsd.) Zw. Ablage	Kampf-Tote (Tsd.)	Mil. Nicht-KampfTote (Tsd.) Zw. Ablage	Mil. Nicht-Kampf-Tote (Tsd.)	MilTote (Tsd.) Zw. Ablage	Mil. Tote (Tsd.)	Ziv. Tote (Tsd.) Zw. Ablage	Ziv. Tote (Tsd.)	SeTote (Tsd.)
1	1	1			0				Rückerob. der Normandie durch die Franzosen (1449 bis 1450)	Belagerung von Compiègne (1430)						3,5							0,5	
1					1											8,0	8,0							
1					0					Schlacht von Formigny (1450)		4,0				6,4								
1					0					Belagerung von Cherbourg (1450)		1,0				1,6							0,0	
1		1			1				Eroberung der Guienne durch Frankreich (1451 bis 1453)			1,0				4,8	4,8							
1					0					Schlacht von Castillon (1453)		3,0				4,8								
1		1			1	1400			3. Feldzug Tamerlans gegen Georgien			2,0				1,6	1,6							
1					0	1400			Belagerung von Tiflis (1400)		1,0				1,6							0,0	
1		1			1	1400			1. Feldzug Tamerlans gegen die Osmanen			1,0				0,0	0,0						10,0	
1					0					Belagerung von Sivas (1400)						0,0							10,0	
1		1			1	1400			Feldzug Tamerlans gegen Syrien			1,0				14,5	14,5						5,0	
1					0					Belagerung von Malatya (1400)		3,0				1,6								
1					0					Schlacht von Aleppo (1400)		1,0				4,8								
1					0					Belagerung von Aleppo (1400)		1,0				1,6							10,0	
1					0					Schlacht von Damaskus (1400)		1,0				1,6								
1					0					Belagerung von Damaskus (1400 bis 1401)		1,0				1,6							5,0	
1					0					Belagerung von Baalbek (1401)		1,0				1,6							0,0	
1					0					Belagerung von Hama (1401)		1,0				1,6							0,0	
1					0	1400	bis	1421	Aufstände auf Sardinien gegen Aragón (Teil 15. Jh.)							1,6	1,6							
1					1	1401				Schlacht von Sanliurfa (1409)		1,0				3,5	3,5							
1					0	1401			Kampf Hamburgs gegen die Nordseepiraten							3,5								
1					1	1401	bis	1406	Thronfolgekrieg in Majapahit	Seeschlacht bei Helgoland (1401)						3,5	3,5							
1		1			1	1401	bis	1408	Appenzeller (Bauern-) Krieg	Schlacht von Vögelinsegge (1403)		1,0				4,8	4,8							
1					0					Schlacht an der Pass Stoß (1405)		1,0				1,6								
1					0					Schlacht von Bregenz (1408)		1,0				1,6								
1		1			1	1401			Italienfeldzug Ruprechts	Schlacht von Brescia (1401)		1,0				1,6	1,6							
1		1			0	1401			2. Feldzug Tamerlans gegen Mesopotamien	Belagerung von Bagdad (1401)		5,0				8,0	8,0							
1					1							5,0				8,0							85,0	
1		1			1	1401	bis	1409	Walisischer Unabhängigkeitskrieg gegen England	Schlacht von Mynydd Hyddgen (1401)						8,3	8,3							
1					0					Schlacht von Pilleth (1402)		1,0				3,5								
1					0					Belagerung von Radnor (1402)		0,0				1,6								
1					0					Schlacht von Woodbury Hill (1405)		1,0				0,0								
1					0					Schlacht von Pwyll Melyn (1405)		1,0				1,6								
1	1				1	1402			Annamitischer Feldzug gegen Champa			2,0				3,2	3,2						0,0	
1	1				1	1402			2. Feldzug Tamerlans gegen die Osmanen	Belagerung von Kamakh (1402)		3,0				85,3	85,3							
1					0					Schlacht von Ankara (1402)		40,0				64,4								
1					0					Belagerung von Bursa (1402)		1,0				1,6							5,0	
1					0					Belagerung von Nikaia (1402)		1,0				1,6							5,0	
1					0					Belagerung von Konya (1402)		1,0				1,6							5,0	
1					0					Belagerung von Aydin (1402)		1,0				1,6							5,0	
1					0					Belagerung von Antalya (1402)		1,0				1,6							5,0	

ANLAGE 10

Präd &Retor	Terr Konfl	Hier& Kons	Alloph Konfl	Se. Konfl	Jahr	bis	Jahr	Konflikt	Ausführungsereignisse (Schlachten, Belagerungen)	Th. (Tsd.)	Land Schl Tote (Tsd.)	Land Schl Tote & Verw. (Tsd.)	See Schiffe	See Schiffe gesunk.	Kampf-Tote (Tsd.) Zw. Ablage	Kampf-Tote (Tsd.)	Mil. Nicht-KampfTote (Tsd.) Zw. Ablage	Mil. Nicht-Kampf-Tote (Tsd.)	MilTote (Tsd.) Zw. Ablage	Mil. Tote (Tsd.)	Ziv. Tote (Tsd.) Zw. Ablage	Ziv. Tote (Tsd.)	SeTote (Tsd.)
1				0					Belagerung von Ephesos (1402)		1,0				1,6							5,0	
1				0					Belagerung von Phokaia (1402)		1,0				1,6							5,0	
1				0					Belagerung von Pergamon (1402)		1,0				1,6							5,0	
1				0					Belagerung von Smyrna (1402)		1,0				1,6							5,0	
1				0	1402				Belagerung von Egridir (1402)		1,0				1,6							5,0	
1		1		1	1402	bis	1413	Osmanischer Thronfolgestreit			1,0				1,6	1,6							
1				0				*Krieg zwischen Florenz und Mailand (Teil 14. Jh.)*							3,5								
1				0					Schlacht von Casalecchio (1402)						3,5	3,5							
1	1			0				Schottischer Plünderungseinfall in England							5,4								
1				1	1402				Schlacht von Homildon Hill (1402)	20					5,4	5,4							
1		1		0	1402			Chinesischer Thronfolgestreit							1,6								
1				0					Belagerung von Nanking (1402)		1,0				1,6	1,6						0,0	
1				1	1403	bis	1516	Ennethirgische Feldzüge zur Annekt. des Tessins (Teil 15. Jh.)							9,7	9,7							
1				0					Schlacht von Castione (1449)						3,5								
1				0					Schlacht von Arbedo (1422)						3,5								
1				0					Schlacht von Giornico (1478)	10					2,7								
1		1		1	1403	bis	1408	Aufstand der Percy gegen Heinrich IV			3,0				8,4	8,4							
1				0					Schlacht von Shrewsbury (1403)	25					6,8								
1				0					Schlacht von Bramham Moor (1408)		1,0				1,6								
1				1				Genuesischer Raubzug in den Nahen Osten							0,0	0,0							
1				0					Seeschlacht von Modone (1403)						0,0	0,0							
1				0	1403	bis	1499	*Plünderungseinfälle der Ostmongolen (Tataren) in China*							0,0	0,0							
1				1					Tataren-Plünderungseinfall in Liadong (1403)		1,0				1,6	1,6						0,0	
1				1				Ming-Gegenoffensive (1409)							82,1	82,1						0,0	
1				1					Schlacht an der Lujiu (1409)		50,0				80,5								
1				1					Schlacht von Kaiping (1427)		1,0				1,6								
1				1				Ming-Gegenoffensive (1422 bis 1424)							3,5	3,5							
1				1					Tataren-Plünderungseinfall in Kaiping (1429)		1,0				1,6	1,6						0,0	
1				1					Tataren-Plünderungseinfall in Liangzhou (1433)		1,0				1,6	1,6						0,0	
1				1					Tataren-Plünderungseinfall in Liangzhou (1435)		1,0				1,6	1,6						0,0	
1				1					Tataren-Plünderungseinfall in Zhuanglang (1436)		1,0				1,6	1,6						0,0	
1				1				Ming-Gegenoffensive (1438)			1,0				1,6	1,6						0,0	
1				1					Schlacht im Diaoli-Tal (1438)		1,0				1,6								
1				1					Tataren-Plünderungseinfall in Ningxia (1457)		1,0				1,6	1,6						0,0	
1				0					Schlacht an der Berg Muo'er (1457)		1,0				1,6								
1				1					Tataren-Plünderungseinfall im Grenzgebiet (1459)						1,6	1,6						0,0	
1				0					Schlacht von Anbian (1459)		1,0				1,6	1,6							
1				1					Tataren-Plünderungseinfall in Shanxi (1460)		1,0				1,6	1,6						1,0	
1				1					Tataren-Plünderungseinfall in Liangzhou (1461)		1,0				1,6	1,6						0,0	
1				1					Tataren-Plünderungseinfall in Ningxia (1462)		1,0				1,6	1,6						0,0	
1				1					Tataren-Plünderungseinfall in Yulin u. Yansui (1464)		1,0				1,6	1,6						0,0	

Präd &Retor	Terr Konfl	Hier& Kons	Alloph Konfl	Se. Konfl	Jahr	bis	Jahr	Konflikt	Ausführungsereignisse (Schlachten, Belagerungen)	Th. (Tsd.)	Land Schl Tote (Tsd.)	Schl. Tote & Verw. (Tsd.)	See Schiffe versenkt	See Schiffe gesunk.	Kampf-Tote (Tsd.) Zw. Ablage	Kampf-Tote (Tsd.)	Mil. Nicht-KampfTote (Tsd.) Zw. Ablage	Mil. Nicht-Kampf-Tote (Tsd.)	MilTote (Tsd.) Zw. Ablage	Mil. Tote (Tsd.)	Ziv. Tote (Tsd.) Zw. Ablage	Ziv. Tote (Tsd.)	SeTote (Tsd.)
1				1				Tataren-Plünderungseinfall in Datong (1467)			1,0				1,6	1,6						0.0	
1				1				Tataren-Plünderungseinfall in Lianding u. Yansui (1468)			1,0				1,6	1,6						0.0	0.0
1				1				Tataren-Plünderungseinfall in Yansui (1469)			1,0				1,6	1,6						0.0	
1				1				Ming-Gegenoffensive (1470)			1,0				1,6	1,6							
1				0					Schlacht von Hetao (1470)		1,0				1,6	1,6						0.0	
1				1				Ming-Gegenoffensive (1471)			1,0				1,6	1,6						0.0	
1				1				Tataren-Plünderungseinfall in Weizhou (1472)			1,0				1,6	1,6						0.0	
1				0				Ming-Gegenoffensive (1473)			1,0				1,6	1,6						0.0	
1				1					Schlacht an der Salzsee (1473)		1,0				1,6	1,6						0.0	
1				1				Tataren-Plünderungseinfall in Xuanfu (1474)			1,0				1,6	1,6						0.0	
1				0				Tataren-Plünderungseinfall in Datong (1475)			1,0				1,6	1,6						0.0	
1				0				Ming-Gegenoffensive (1480)			1,0				1,6	1,6							
1				0					Schlacht von Weininghaizi (1480)		1,0				1,6	1,6						0.0	
1				0				Tataren-Plünderungseinfall in (1481)			1,0				1,6	1,6						0.0	
1				1					Schlacht an der Schwarzen Klippen (1481)		1,0				1,6	1,6							
1				0				Ming-Gegenoffensive (1482)			1,0				1,6	1,6						0.0	
1				1					Schlacht von Yansui (1482)		1,0				1,6	1,6							
1				1				Tataren-Plünderungseinfall in Datong u. Xuanfu (1483)			1,0				1,6	1,6						0.0	
1				1				Tataren-Plünderungseinfall in Datong (1484)			1,0				1,6	1,6						0.0	
1				1				Tataren-Plünderungseinfall in Lanzhou (1485)			1,0				1,6	1,6						0.0	
1				1				Tataren-Plünderungseinfall in Linyao (1486)			1,0				1,6	1,6						0.0	
1				1				Tataren-Angriff auf die Drei Garnisonen (Duoyan) (1487)			1,0				1,6	1,6						0.0	
1				1				Tataren-Plünderungseinfall in Lanzhou (1488)			1,0				1,6	1,6							
1				1				Tataren-Plünderungseinfall in Ningxia (1493)			1,0				1,6	1,6							
1				1				Tataren-Plünderungseinfall in Gansu (1495)			1,0				1,6	1,6							
1				0					Schlacht von Xuanfu (1495)		1,0				1,6	1,6						0.0	
1				1				Tataren-Plünderungseinfall am Chao-Fluss (1497)			1,0				1,6	1,6						0.0	
1				0				Ming-Gegenoffensive (1498)			1,0				1,6	1,6						0.0	
1				1	1404	bis	1487		Schlacht an der Berg Heian (1498)		1,0				1,6	1,6							
1	1			1				Venez. Expans. auf dem Festland (1339 bis 1487, Teil 15. Jh.)							8,6	8,6							
1				0					Schlacht von Vicenza (1404)		1,0				1,6	1,6							
1				0					Schlacht von Calliano (1487)						3,5	3,5							
1				0	1404	bis	1405		Belagerung von Rovereto (1487)		1,0				3,5	3,5							
1	1			1	1405			Feldzug Tamerlans gegen China							3,5	3,5						0.0	
1	1			0	1405	bis	1433	Tatarischer Plünderungseinfall in Georgien							3,5	3,5							
1		1		1	1405	bis			Schlacht von Nakhidurt (1405)						3,5	3,5							
1	1			1	1406	bis		Unterwerfungsexpeditionen der Ming-Flotte unter Cheng Ho							3,5	3,5							
1				0					Seegefechte von Palembang (1407)						7,0	7,0							
1	1			0	1406	bis	1407	Hierarchiekampf im Herzogtum Mailand			1,0				3,5	3,5							
1				0					Schlacht von Vaprio (1406)						3,5	3,5							
1				1	1407	bis	1408		Schlacht von Birasco (1407)		1,0				1,6	1,6							
1	1			1				Chinesische Besetzung Annams			1,0				7,0	7,0							
1		1		1				Aufstand der Bürger von Lüttich gegen den Bischof														

ANLAGE 10

Präd &Retor	Terr Konfl	Hier& Kons	Alloph Konfl	Se. Konfl	Jahr	bis	Jahr	Konflikt	Ausführungsereignisse (Schlachten, Belagerungen)	Th. (Tsd.)	Land Schl. Tote (Tsd.)	Land Schl. Tote & Verw. (Tsd.)	See Schiffe	See Schiffe gesunk.	Kampf Tote (Tsd.) Zw. Ablage	Kampf Tote (Tsd.)	Mil. Nicht-KampfT ote (Tsd.) Zw. Ablage	Mil. Nicht-Kampf Tote (Tsd.)	MilTote (Tsd.) Zw. Ablage	Mil. Tote (Tsd.)	Ziv. Tote (Tsd.) Zw. Ablage	Ziv. Tote (Tsd.)	SeTote (Tsd.)
1				0					Schlacht von Oltnee (1408)						3,5								
1		1		1	1408	bis	1414	Krieg gegen Ladislaus von Neapel	Belagerung von Maastricht (1407 bis 1408)						3,5							0,0	
1	1			1					Belagerung von Rom (1409 bis 1410)		1,0				14,0	14,0						0,0	
1				0					Seeschlacht von Meloria (1410)						3,5								
1				0					Schlacht von Roccasecca (1411)						3,5								
1				0					Belagerung von Rom (1413)						3,5							0,0	
1				0	1408	bis	1472	*Plünderungsfeldzüge der Goldenen Horde gg Russland im 15. Jh.*	Plünderungsfeldzug der Goldenen Horde gegen Moskau (1408)						1,6	1,6							
1				1					Belagerung von Moskau (1408)		1,0				1,6	1,6						10,0	
1				1					Plünderungsfeldzug des Khanats von Kasan gegen Moskau (1438)		1,0				1,6	1,6						0,0	
1	1			1					Krieg des Khanats von Kasan gegen Moskau (1445)						13,7	13,7						50,0	
1				0					Belagerung von Nischnij Nowgorod (1445)						3,5							48,0	
1				0					Schlacht von Murom (1445)						3,5								
1				0					Schlacht von Gorochowez (1445)						3,5								
1				0					Schlacht von Suzdal (1445)		2,0				3,2								
1				1					Plünderungsfeldzug des Kasan-Khanats gegen Moskau (1449)		2,0				3,2	3,2						0,0	
1				1					Plünderungsfeldzug des Kasan-Khanats gegen Moskau (1451)		2,0				3,2	3,2						0,0	
1				1					Plünderungsfeldzug des Kasan-Khanats gegen Moskau (1455)		2,0				3,2	3,2						0,0	
1				1					Plünderungsfeldzug des Kasan-Khanats gegen Moskau (1459)		2,0				3,2	3,2						0,0	
1				1					Plünderungsfeldzug des Kasan-Khanats gegen Galitsch (1468)		2,0				3,2	3,2						0,0	
1				1					Plünderungsfeldzug des Kasan-Khanats gegen Aleksin (1472)		2,0				3,2	3,2						0,0	
1				0	1472		1472		Belagerung von Aleksin (1472)		2,0				3,2								
1	1			1	1408	bis	1412	Angriffe der turkmenischen Kara Koyunlu auf Azerbaidschan							5,1	5,1						5,0	
1				0					Schlacht von Sardrud (1408)						3,5								
1				0					Schlacht von Chalgan (1412)		1,0				1,6								
1	1			1	1409	bis	1411	1. Krieg Wladyslaw Jagiellos gegen den Deutschritterorden			2,0				8,0	8,0							
1				0					Schlacht von Grünewald / Tannenberg (1410)		5,0				8,0	8,0							
1	1			1	1409			Aufstand in Genua gegen Frankreich		1,0				1,6	1,6							
1	1			1	1410			Feldzug des Ming-Reiches gegen die Mongolen		2,0				3,2	3,2							
1	1			1	1411	bis	1413	1. Krieg Sigismunds von Ungarn gegen Venedig		1,0				1,6	1,6							
1				0					Schlacht von Motta di Livenza (1413)		1,0				1,6								
1	1		1	1	1412			Flieglerkrieg						3,5	3,5							
1	1			0	1414			Feldzug der Ming gegen die Oiraten						3,5	3,5							
1		1		1	1416			Aufstand des Yoshihisugu	Schlacht von Hulahusiwen (1414)						3,5								

671

Präd &Retor	Terr Konfl	Hier& Kons Kons	Alloph Konfl	Se. Konfl	Jahr	bis	Jahr	Konflikt	Ausführungsereignisse (Schlachten, Belagerungen)	Th. (Tsd.)	Land Schl Tote (Tsd.)	Schl. Tote & Verw. (Tsd.)	See Schiffe gesunk	Schiffe gesunk	Kampf-Tote (Tsd.) Zw. Ablage	Kampf-Tote (Tsd.)	Mil. Nicht-KampfTote (Tsd.) Zw. Ablage	Mil. Nicht-Kampf-Tote (Tsd.)	MilTote (Tsd.) Zw. Ablage	Mil. Tote (Tsd.)	Ziv. Tote (Tsd.) Zw. Ablage	Ziv. Tote (Tsd.)	SeTote (Tsd.)
1	1			1				Sezessionskrieg Perugias vom Kirchenstaat															
1				0	1416				Belagerung von Perugia (1416)						1,6	1,6							
1				0	1416				Schlacht von Sant'Egidio (1416)		1,0				0,0							0,0	
1				0					Belagerung von l' Aquila (1423 bis 1424)						1,6								
1				0					Schlacht von l' Aquila (1424)						0,0							0,0	
1	1			1	1418	bis	1820	2. Krieg Sigismunds von Ungarn gegen Venedig			2,0				3,2	3,2							
1				1	1418			Rachefeldzug der Beccaria gegen die Visconti							0,0	0,0							
1				1					Schlacht von Serravalle (1418)						0,0								
1	1			1	1418	bis	1428	Unabhängigkeitskrieg von Arnan			10,0				16,1	16,1						2,0	
1	1			1	1419			Offensive des Kirchenstaats							1,6	1,6							
									Schlacht von Montefiascone (1419)		1,0				1,6								
1	1			1	1419			Konflikt zwischen Oberwallis u. Bern							0,0	0,0							
									Schlacht von Ulrichen (1419)						0,0							0,0	
1				0	1419	bis	1436	*HUSSITENKRIEGE*							65,0								
1		1		1					Kaiserlicher Kreuzzug von 1419						0,5	0,5							
1				0					Schlacht von Nekmer (1419)		0,3				0,5								
1		1		1					Kaiserlicher Kreuzzug von 1420						9,1	9,1							
1				0					Schlacht von Sudomer (1420)		0,5				0,8								
1				0					Schlacht von Ziskaberg (1420)		1,0				1,6								
1				0					Schlacht von Halbern (1421)		1,0				1,6								
1				0					Belagerung von Vysehrad (1421)		1,0				3,5								
1				0					Schlacht von Kutna Hora (1421)		1,0				1,6								
1	1			1					Hussiteneinfall in Sachsen (1421)						36,7	36,7							
1				0					Schlacht von Meissen (1421)		0,5				3,5								
1				0					Schlacht von Nevbovidy (1422)						3,5								
1				0					Schlacht von Habry (1422)		5,0				8,0								
1				0					Schlacht von Deutschbrod (1422)		1,0				1,6								
1				0					Schlacht von Horice (1422)		1,0				1,6								
1				0					Schlacht von Malesov (1424)					1,4	0,7								
1				0					Schlacht von Aussig (1426)		10,0				16,1								
1				0					Schlacht von Zwettl (1427)		1,0				1,6								
1		1		1				Kaiserlicher Kreuzzug von 1427							1,6	1,6							
1				0					Schlacht von Mies (1427)		1,0				1,6	1,6							
1	1			1				Hussiteneinfall in Schlesien (1428)			1,0				1,6	1,6							
1				0					Schlacht von Glatz (1428)		1,0				1,6								
1				1				Hussiteneinfall in Sachsen (1429)							3,5	3,5							
1				1				Hussiteneinfall in Franken (1430)							3,2	3,2							
1				0					Schlacht von Taus (1431)		1,0				1,6								
1				0					Schlacht von Kirchberg an der Wild (1431)		1,0				1,6								
1		1		1				Kaiserlicher Kreuzzug von 1431							8,7	8,7							
1				0					Schlacht von Znaim (1432)		1,0				1,6								
1				0					Schlacht von Lipan (1434)		2,2				3,5								
1				0					Belagerung von Sion (1437)		1,0				3,5								
1	1			1	1420	bis	1554	Expansion und Herrschaft der Wattasiden							3,5	3,5						0,0	
1				1	1420	bis	1421	Krieg Aragóns gegen Genua							3,5	3,5						0,0	
1	1			1	1420	bis	1421	Expansionskriege der Visconti		Belagerung von Bergamo (1420)		1,0				10,5	10,5						0,0	
1				0					Schlacht von Montichiari (1420)						3,5								
1				0					Seeschlacht von Genua (1421)						3,5								

Präd & ReLor	Terr Konfl	Hier & Kons	Alloph Konfl	Se. Konfl	Jahr	bis	Jahr	Konflikt	Ausführungsereignisse (Schlachten, Belagerungen)	Tln. (Tsd.)	Land Schl Tote (Tsd.)	Schl Tote & Verw. (Tsd.)	See Schiffe	See Schiffe gesunk.	Kampf-Tote (Tsd.) Zw. Ablage	Kampf-Tote (Tsd.)	Mil. Nicht-KampfTote (Tsd.) Zw. Ablage	Mil. Nicht-KampfTote (Tsd.)	MilTote (Tsd.) Zw. Ablage	Mil. Tote (Tsd.)	Ziv. Tote (Tsd.) Zw. Ablage	Ziv. Tote (Tsd.)	SeTote (Tsd.)
1	1			1	1422	bis	1423	2. Krieg Władysław Jagiellos gegen den Deutschritterorden							3,5	3,5							
	1			1	1423			Intervention Aragóns in Neapel							0,5	0,5							
				0	1423				Schlacht von Formelle (1423)	2					0,5								
	1			1	1423	bis	1428	Krieg zwischen Florenz mit Venedig und Savoyen gegen Mailand							28,1	28,1							
				0					Schlacht von Zagonara (1424)						3,5								
				0					Schlacht von Imola (1424)						3,5								
				0					Schlacht von Val di Lamone (1425)						3,5								
				0					Schlacht von Rapallo (1425)						3,5								
				0					Schlacht von Anghiari (1425)						3,5								
				0					Schlacht von Faggiuola (1425)						3,5								
				0					Seeschlacht von Venedig (1426)						3,5								
				0					Schlacht von Maclodio (1427)						3,5								
1				1	1423			Plünderungsüberfall von Aragón auf Marseille							3,5							0,0	
				0					Raubüberfall auf Marseille (1423)		1,0				3,5								
	1			1	1424			Krieg zwischen Thai u. Khmer							0,0	0,0						0,0	
				0					Belagerung von Angkor (1424)		1,0				1,6								
		1		1	1425	bis	1453	Moskauer Thronfolgekrieg							3,5	3,5							
1				1	1426			Ägyptischer Straffeldzug gegen Zypern							3,5	3,5							
				0					Schlacht von Chirokitia (1426)		1,0				1,6	1,6							
		1		1	1426			Aufstand des Gauxu gegen Ming							4,8	4,8							
	1			1	1427			Unterwerfung u. Auflösung des Fürstentums von Achaia							4,8								
				0					Schlacht im Westen des Peloponnes (1427)		3,0				4,8								
	1			1	1427	bis	1435	Krieg Dänemarks gegen Schleswig-Holstein		1,0				1,6	1,6							
		1		1	1428	bis	1458	Japanische Volksaufstände							3,5	3,5							
	1			1	1429	bis	1430	Byzantinische Rückeroberung von Patras							3,5	3,5						0,0	
				0					Belagerung von Patras (1429 bis 1430)						3,5							0,0	
	1			1	1430	bis	1433	Krieg von Mailand gegen Florenz und Venedig							13,1	13,1						0,0	
				0					Schlacht von Serchio (1430)		2,0				3,2								
				0					Schlacht von Soncino (1431)		1,0	3			1,6								
				0					FlußSchlacht von Cremona (1431)						1,6								
				0					Seeschlacht von Portofino (1431)		1,0				1,6								
				0					Schlacht von San Romano (1432)		1,0				3,5								
				0					Schlacht von Valtellina (1432)						1,6								
	1			1	1431			Aufstand der Khmer gegen die Thai							1,6	1,6						0,0	
				0					Belagerung von Angkor (1431)		1,0				3,5								
1				1	1431	bis	1434	Vertreibung der O-Mongolen durch die westmongolischen Oiraten							3,5	3,5						10,0	
	1			1	1435			Aufstand in Xunzhou gegen Ming							3,5	3,5							
				0					Schlacht von Rattan Gorge (1435)		1,0				1,6	1,6							
1				0	1435			Marokkanische Eroberung Timbuktus							1,6	1,6						0,0	
				0					Belagerung von Timbuktu (1435)		1,0				1,6	1,6							
	1			1	1435			Intervention Aragóns in Neapel							1,6	1,6							
				0					Seeschlacht von Ponza (1435)		1,0				1,6								
	1			1	1436	bis	1446	Alter Zürichkrieg		5,0				8,0	8,0						0,0	
				0					Schlacht von Sankt Jakob an der Birs (1444)		4,0				6,4								
				0					Schlacht von Ragaz (1446)		1,0				1,6								

Präd & Retor	Terr Konfl	Hierr & Kons	Alloph Konfl	Se. Konfl	Jahr	bis	Jahr	Konflikt	Ausführungsereignisse (Schlachten, Belagerungen)	Th. (Tsd.)	Land Schl. Tote (Tsd.)	Schl. Tote & Verw. (Tsd.)	See Schiffe	Schiffe gesunk.	Kampf Tote (Tsd.) Zw. Ablage	Kampf Tote (Tsd.)	Mil. Nicht-KampfTote (Tsd.) Zw. Ablage	Mil. Nicht-Kampf Tote (Tsd.)	MilTote (Tsd.) Zw. Ablage	Mil. Tote (Tsd.)	Ziv. Tote (Tsd.) Zw. Ablage	Ziv. Tote (Tsd.)	SeTote (Tsd.)
1				1	1437			Portugiesischer Versuch der Eroberung von Tanger							3,5	3,5							
1	1			1	1437	bis	1440	Plünderungseinfälle von Thais in Südchina							3,5	3,5							
1	1			1	1437	bis	1448	Krieg von Mailand gegen Venedig und Florenz							27,0	27,0							
			0						Belagerung von Ravenna (1438)						3,5							0,3	
			0						Belagerung von Brescia (1438 bis 1441)						3,5							0,3	
			0						Schlacht von Riva (1440)						3,5								
			0						Schlacht von Anghiari (1440)		0,2	1			0,9								
			0						Belagerung von Piacenza (1447)						3,5							0,3	
			0						Schlacht von Bosco Marengo (1447)						3,5								
			0						Belagerung von Caravaggio (1448)						1,6								
			0						Flussschlacht bei Casalmaggiore (1448)		1,0				3,5								
			0						Schlacht von Romagnano Sesia (1449)						3,5								
1				1	1438	bis	1439	1. Chinesischer Straffeldzug gegen Thais	Schlacht von Lu Chuan (1438)		6,0				8,0	8,0							
	1			0	1438	bis	1441	Hansisch-niederländischer Krieg			5,0				8,0	8,0							
1	1			1	1439	bis	1454	Unterwerfung der Mongolei durch die Oiraten							3,5	3,5						0,0	
1	1			0	1446			Ming-Straffeldzug gegen die Uriyanghad-Mongolen	Belagerung von Hami (1446)						3,5	3,5						0,0	
		1		1	1441			Kakitsu-Aufstand des Akamatsu Mitsusuke							3,5	3,5							
	1			1	1441	bis	1442	2. Chinesischer Straffeldzug gegen Tais			50,0				80,5	80,5							
	1			1	1443	bis	1444	3. Chinesischer Straffeldzug gegen Tais							0,0	0,0							
		1		1	1444	bis	1449	Soester Fehde			1,0				1,6	1,6							
1				1	1444			Kampf um Rhodos			1,0				1,6	1,6							
	1			0	1445	bis	1446	Chinesischer Straffeldzug gegen Ava	Belagerung von Rhodos (1444)						3,5	3,5						0,0	
		1		1	1445			Antiislamischer Hindu-Aufstand in Melaka							3,5	3,5							
1				1	1445			Tai-Überfall auf Melaka							3,5	3,5						0,0	
		1		0	1445			Kastilischer Erbfolgekrieg							3,5	3,5							
		1		1	1446			Sklavenaufstand gegen die Mameluken	Schlacht von Olmedo (1445)						1,0	1,0							
		1		1	1446	bis	1451	Sächsischer Erbfolgekrieg			1,0				1,6	1,6							
		1		1	1448	bis	144	Kleinbauernaufstand des Deng Maoqi in Fujian							3,5	3,5							
1	1			0	1449			4. Chinesischer Straffeldzug gegen Tais	Schlacht an der Jinsha (1449)						0,0	0,0						0,0	
1				1	1449	bis	1450	1. Markgrafenkrieg (2. Städtekrieg; Süddeutscher Städtekrieg)							3,5	3,5							
				0	1449	bis	1453	*Plünderungseinfälle der Westmongolen (Oiraten) in das Ming-Reich*	Schlacht an den Pillenreuther Weihern (1450)						3,5								
1	1			1					*Oiraten-Pfünderungseinfall in Shanxi (1449)*						10,5	10,5							
				0					Schlacht von Yanghe (1449)						10,5	10,5							
				0					Schlacht von Tumu (1449)						3,5								
				0					Schlacht bei Peking (1449)						3,5								

ANLAGE 10

Präd & Relor	Terr Konfl	Hier & Kons	Alloph Konfl	Se. Konfl	Jahr	bis	Jahr	Konflikt / Ausführungsereignisse (Schlachten, Belagerungen)	Tln. (Tsd.)	Land Schl. Tote (Tsd.)	Land Schl. Tote & Verw. (Tsd.)	Kampf-Tote (Tsd.) Zw. Ablage	Kampf-Tote (Tsd.)	Mil. Tote (Tsd.)	Ziv. Tote (Tsd.)	SeTote (Tsd.)
1				1				Ohraten-Plünderungseinfall in Datong u. Yanmen (1450)				3,5	3,5		0,0	
1				1				Ohraten Plünderungseinfall in Liaodong (1453)				3,5	3,5		0,0	
	1			0	1449	bis	1527	Aufstände der Miao (Hmong) gegen Ming								
	1			1				Miao-Aufstand in Guizhou (1450 bis 1451)				3,5	3,5		0,0	
	1			1				Miao-Aufstand in Bama (1452)				3,5	3,5		0,0	
	1			1				Miao-Aufstand in Wukai (1453)				3,5	3,5		0,0	
	1			1				Miao-Aufstand in Caotang (1454)				3,5	3,5		0,0	
	1			1				Miao-Aufstand in Huguang (1455)				3,5	3,5		0,0	
	1			1				Miao-Aufstand in Tianzhou u. Guangxi (1457)				3,5	3,5		0,0	
	1			1				Miao-Aufstand in Chuxi u. Nandong (1463)				3,5	3,5		0,0	
	1			1				Miao-Aufstand in Sichuan (1480)				3,5	3,5		0,0	
	1			1				Miao-Aufstand in Guangxi (1527)				3,5	3,5		0,0	
	1			1	1449	bis	1450	2. Städtekrieg		1,0		1,6	1,6			
				1	1450	bis	1452	Bauernaufstand auf Mallorca		1,0		1,6	1,6			
		1		1	1450	bis	1457	Münsterische Stiftsfehde				1,0	1,0			
		1		1	1450			Schamser Fehde				1,0	1,0			
				1	1450			Aufstand des Cade gegen Henry IV.				3,5	3,5			
				0				Schlacht von Sevenoaks (1450)				3,5	3,5			
		1		1	1451	bis	1461	Bürgerkrieg in Navarra				3,5	3,5			
		1		1	1451			Hierarchiekonflikt im Sultanat von Delhi	150			40,5	40,5			
								Schlacht von Narela (1451)				40,5	40,5			
	1			1	1454	bis	1466	Dreizehnjähriger Krieg				3,5	3,5			
	1			1	1454	bis	1458	Krieg Aragóns gegen Genua				3,5	3,5			
								Belagerung von Genua (1458)				3,5			0,0	
				0	1455	bis	1487	*ROSENKRIEGE*				76,4				
				1				Offensive der York u. Warwick (1455)				0,3	0,3			
				0				Schlacht von Saint Albans (1455)		0,2		0,3				
		1		0				Offensive der York u. Warwick (1459 bis 1464)				45,4	45,4			
				0				Schlacht von Blore Heath (1459)		2,0		3,2				
				0				Schlacht von Ludford Bridge (1459)				3,5				
				0				Schlacht von Northampton (1460)		1,0		1,6				
				0				Schlacht von Wakefield (1460)			3,4	1,8				
				0				Schlacht von Mortimer's Cross (1461)		1,0	3	3,2				
				0				Schlacht von Saint Albans (1461)		1,0	3	1,6				
				0				Schlacht von Towton (1461)		7,0	18	20,8				
				0				Schlacht von Hedgeley Moor (1464)		3,0		4,8				
				0				Schlacht von Hexham (1464)		3,0		4,8				
		1		1				Offensive der Lancaster u. Warwick (1469 bis 1471)				18,8	18,8			
				0				Schlacht von Edgecote (1469)		5,0		8,0				
				0				Schlacht von Losecoat Field (1470)		0,0		3,5				
				0				Schlacht von Barnet (1471)		1,0	1,5	2,4				
				0				Schlacht von Tewkesbury (1471)		3,0		4,8				
		1		1				Offensive der Tudor / Lancaster (1485)				0,6	0,6			
				0				Schlacht von Bosworth Field (1485)			1,2	0,6				
	1	1		1				Rebellion der York (1487)		7,0		11,3	11,3			
								Schlacht von Stoke (1487)				11,3	11,3			
	1			1	1456	bis	1457	Krieg der Oiraten gegen die Usbeken				3,5	3,5			
1				1	1456			Thai-Überfall auf Melaka				3,5	3,5			

	Präd &Retor	Terr Konfl	Hier& Kons	Alloph Konfl	Se. Konfl	Jahr	bis	Jahr	Konflikt	Ausführungsereignisse (Schlachten, Belagerungen)	Th. (Tsd.)	Land Schl. Tote (Tsd.)	Schl. Tote & Verw. (Tsd.)	See Schiffe	Schiffe gesunk.	Kampf-Tote (Tsd.) Zw. Ablage	Kampf-Tote (Tsd.)	Mil. Nicht-KampfTote (Tsd.) Zw. Ablage	Mil. Nicht-Kampf Tote (Tsd.)	MilTote (Tsd.) Zw. Ablage	Mil. Tote (Tsd.)	Ziv. Tote (Tsd.) Zw. Ablage	Ziv. Tote (Tsd.)	SeTote (Tsd.)
1	1				1	1459	bis	1462	Aufstand der Barone im Königreich von Neapel							3,5	3,5							
1			1		1	1459			Ungarischer Hierarchiekonflikt							1,6	1,6							
1										Schlacht von Körmend (1459)		1,0				1,6								
1		1			1	1459			Eroberung von Kedah u. Pahang (Malaysia) durch Melaka							3,5	3,5							
1		1			1	1462			Badisch-Pfälzischer Krieg			1,0				7,0	7,0							
1					0					Schlacht von Seckenheim (1462)						3,5								
1										Massaker von Mainz (1462)						3,5							0,5	
1		1			1	1462			Türkische Offensive in der Ägäis							1,6	1,6							
1					0					Belagerung von Mytilene (1462)		1,0				1,6							0,0	
1		1			0	1463	bis	1479	3. Türkisch - Venezianischer Krieg		1,0					9,7	9,7							
1										Belagerung von Negroponte (1469 bis 1470)						9,7							0,0	
1	1				0	1464	bis	1471	Bürgerkrieg bzw. Antidänischer Aufstand in Schweden	36						1,6	1,6							
1					0					Schlacht von Brunkeberg (1471)		1,0				1,6								
1	1				1	1465			Hegemoniekrieg zwischen Frankreich u. Burgund							1,3	1,3							
1										Schlacht von Montlhery (1465)			2,5			1,3								
1	1				1	1465	bis	1476	Regime von Banditen und Warlords in Jingxiang							3,5	3,5							
1		1			1	1465	bis	1466	Aufstand der Yao- und Zhuan-Stämme							16,1	16,1							
1					0					Schlacht in der Rattan-Schlacht (1465)		10,0				16,1								
1	1				1	1465	bis	1467	Aufstand von Lüttich u. Dinant gegen Burgund							11,3	11,3							
1					0					Schlacht von Montenaeken (1465)		2,0				3,2								
1					0					Belagerung von Dinant (1466)		1,0				1,6							0,0	
1					0					Schlacht von Brusthem (1467)		4,0				6,4								
1			1		1	1467			Florentinischer Bürgerkrieg							3,5	3,5							
1										Schlacht von Molinella (1467)		1,0				1,6	1,6							
1		1			1	1467	bis	1477	Onin-Krieg							19,6	19,6						2,0	
1		1			1	1467	bis	1469	Qasim-Krieg Iwans III							0,0								
1					0					Wjatka-Feldzug 1467						0,0								
1					0					Wjatka-Feldzug 1468						8,0								
1					0					Schlacht (1469)		5,0				8,0								
1					0					Schlacht (1469)		5,0				8,0								
1					0					Belagerung von Kasan (1469)						3,5	3,5						5,0	
1			1		1	1468	bis	1471	2. Hussitenkrieg							1,6	1,6							
1			1		1	1468	bis	1471	Stietische Adelserhebung		1,0				1,6	1,6							
1		1			1	1470	bis	1474	Hansisch-englischer Krieg		1,0				3,5	3,5							
1				1	1	1471			Feldzug Annams gegen die Cham							60,0	60,0						3,0	
1		1			1	1472			Plünderungseinfälle von Thai-Shan in Ava							3,5	3,5							
1		1			1	1472			Französisch-Burgundischer Krieg							1,6	1,6						0,0	
1										Belagerung von Beauvais (1472)		1,0				1,6								
1		1			1	1473			Osmanisch-Turkmenischer Krieg							1,6	1,6							
1					0					Schlacht in Ostanatolien (1473)		1,0				1,6								
1	1				1	1474	bis	1477	Burgunderkrieg							22,0	22,0						0,0	
1										Belagerung von Neuß (1474 bis 1475)						22,0								
1					0					Schlacht von Héricourt (1474)		2,0				3,2								

Präd &Retor	Terr Konfl	Hier& Kons	Alloph Konfl	Se. Konfl	Jahr	bis	Jahr	Konflikt	Ausführungsereignisse (Schlachten, Belagerungen)	Tln. (Tsd.)	Land Schl. Tote (Tsd.)	Schl. Tote & Verw. (Tsd.)	See Schiffe	Schiffe gesunk.	Kampf-Tote (Tsd.) Zw. Ablage	Kampf-Tote (Tsd.)	Mil. Nicht-KampfTote (Tsd.) Zw. Ablage	Mil. Nicht-Kampf-Tote (Tsd.)	MilTote (Tsd.) Zw. Ablage	Mil. Tote (Tsd.)	Ziv. Tote (Tsd.) Zw. Ablage	Ziv. Tote (Tsd.)	SeTote (Tsd.)
				0					Schlacht von Grandson (1476)		0.3				0.5								
				0					Schlacht von Murten (1476)		6.4				10.3								
				0					Schlacht bei Nancy (1477)		4.0				6.4								
1				1	1474	bis	1479	Kastilischer Erbfolgekrieg mit französischer u. portugiesischer Intervention			2.0				7.5	7.5							
				0					Belagerung von Burgos (1475 bis 1476)	16	1.0				1.6							0.0	
				0					Schlacht von Toro (1476)		1.0				5.9								
	1			0	1475			Osmanische Eroberung Kaffas	Belagerung von Kaffa (1475)						3.5	3.5						0.0	
	1			1	1475			Aufstand der Vaud u. Wallis gegen Savoyen	Schlacht von La Planta (1475)						3.5	3.5							
	1			0	1475			Unterwerfung von Turfan durch China	Schlacht von Hami (1495)						3.5	3.5							
		1		1	1476			Aufstand der Ghibellinen in Genua							0.0	0.0							
				0	1477	bis	1573	*Hegemonialkriege der Sengoku-Zeit (Teil 15. Jh.)*															
1		1		1				Aufstand der Ikko-Sekten gegen die Feudalherrschaft (1488)		20					5.4	5.4							
				1					Schlacht von Tagaojo (1488)						5.4								
1				1				Bildung des Daimyats des Ise Nagauji (ab 1477)							3.5	3.5						0.0	
				1					Belagerung von Odawara (1495)						3.5								
	1			1	1477	bis	1479	1. Krieg Ungarns gegen das Deutsche Reich			1.0				1.6	1.6							
	1			1	1480	bis		Persische Feldzüge gegen Georgien							3.5	3.5							
			1	1				Osmanischer Raubzug zur Oberen Adria							5.4	5.4						0.0	
				1	1478				Schlacht am Isonzo (1478)	20		20			5.4								
		1		1	1478			Mexikanischer Hegemoniekrieg							10.6	10.6							
				1					Schlacht von Zamacuyahuac (1478)			20			10.6								
	1			1	1478			Vietnamesische Invasion von Laos			1.0				1.6	1.6							
	1			1	1478			Bürgerkrieg in Majapahit u. Desintegration							3.5	3.5							
	1			1	1478			Krieg Kasans gegen Moskau			1.0				1.6	1.6						0.0	
	1			1	1479	bis	1493	Burgundischer Erbfolgestreit			1.0				7.0	7.0							
				0					Schlacht von Guinegate (1479)						3.5								
				0					Schlacht von Salins (1493)						3.5								
	1			0	1479			Konflikt zwischen Annam u. Lan Chang	Belagerung von Luang Prabang (1479)		1.0				1.6	1.6							
1			1	0	1480	bis	1485	Osmanische Angriffe auf Rhodos							14.5	14.5							
				1					Belagerung von Rhodos (1480)		8.0				12.9								
				0					Belagerung von Rhodos (1485)		1.0				1.6							0.0	
			1	1	1480	bis		Osmanischer Angriff auf Apulien							5.1	5.1							
				0					Belagerung von Otranto (1480)		1.0				1.6								
				0					Belagerung von Otranto (1480 bis 1481)						3.5							0.0	
1	1			1	1480			Strafeldzug der Goldenen Horde gegen Russland							3.5	3.5							
				0					Belagerung von Staßfurt (1279)						3.5								
				0					Ugra, Gegenüberstehen an der (1480)						0.0							0.0	
	1			1	1482	bis		Krieg zwischen Venedig u. Ferrara							0.0	0.0							
	1			1	1482	bis		2. Krieg Ungarns gegen das Deutsche Reich	Belagerung von Wien (1484 bis 1485)		1.0				1.6	1.6							
	1			1	1485	bis		Krieg zwischen Osmanen u. Mamelucken			1.0				1.6	1.6						0.0	

Präd &Ktor	Terr Konfl	Hier& Kons	Alloph Konfl	Se. Konfl	Jahr	bis	Jahr	Konflikt	Ausführungsereignisse (Schlachten, Belagerungen)	Tln. (Tsd.)	Land Schl Tote (Tsd.)	Schl Tote & Verw. (Tsd.)	See Schiffe Schlacht	See Schiffe gesunk.	Kampf Tote (Tsd.) Zw. Ablage	Kampf (Tsd.)	Mil. Nicht-KampfT ote (Tsd.) Zw. Ablage	Mil. Nicht-Kampf-Tote (Tsd.)	MilTote (Tsd.) Zw. Ablage	Mil. Tote (Tsd.)	Ziv. Tote (Tsd.) Zw. Ablage	Ziv. Tote (Tsd.)	SeTote (Tsd.)
1	1			1	1487			Intervention Moskaus in Kasan	Belagerung von Kasan (1487)		1,0				3,5	3,5							
1				0											3,5	3,5						0,0	
1	1			1	1488	bis	1491	Französische Unterwerfung der Bretagne (Verrückter Krieg)							3,5	3,5							
1				0					Schlacht von Saint Aubin du Cormier (1488)						3,5	3,5							
1			1	1	1491	bis	1614	Verfolg. u. Vertrieb. der islamischen u. jüdischen Bevölkerung aus Spanien							3,5	3,5						30,0	
1		1		1	1492	bis	1517	Bundschuh-Aufstand							3,5	3,5						1,0	
1	1			1	1494	bis	1504	Französisch-Spanischer Krieg um Neapel (Teil 15. Jh.)							9,2	9,2							
1				0					Belagerung von Neapel (1495)	15	1,0				1,6								0,0	
1				0					1. Schlacht von Seminara (1495)						4,1								
1				1					Belagerung von Atella (1496)						3,5								0,0	
1	1			1	1494	bis	1509	Krieg Florenz gegen Pisa	Belagerung von Pisa (1494 bis 1509)		2,0				3,2	3,2							0,0	
1	1			1	1495	bis	1500	Krieg der Heiligen Liga gegen Frankreich							9,0	9,0							
1				0					Schlacht von Fornovo (1495)		0,2	3,7			2,3								
1				0					Belagerung von Vercelli (1495)		1,0				1,6								0,0	
1				0					Belagerung von Novara (1495)		1,0				1,6								0,0	
1				1					Belagerung von Boigheri (1496)						3,5								0,0	
1		1		1	1495	bis	1497	Bürgerkrieg bzw. Antidänischer Aufstand in Schweden							3,5	3,5							
1				0					Schlacht von Retrehro (1497)						3,5								
1	1			1	1497			Eroberung Melillas durch Kastilien	Schlacht von Melillas (1497)		1,0				1,6	1,6							
1		1		1	1497			Aufstand in Cornwall	Schlacht von Deptford Bridge (1497)		1,0			3	1,6	1,6							
1	1			1	1499			Reichskrieg gegen die Eidgenossenschaft (Schweizerkrieg)							16,4	16,4							
1				0					Schlacht von Triesen (1499)						3,5								
1				0					Schlacht von Bregenz-Hard (1499)		3,0				4,8								
1				0					Schlacht am Bruderholz (1499)		1,0				1,6								
1				0					Schlacht von Schwaderloo (1499)		1,0				1,6								
1				0					Schlacht von Frastenz (1499)		1,0				1,6								
1				0					Schlacht von Calven (1499)		1,0				1,6								
1				0					Schlacht von Dornach (1499)			3			1,6								
1	1			1	1499		1502	4. Türkisch - Venezianischer Krieg (Teil 15. Jh.)							6,1	6,1							
1				0					Seeschlacht von Sapienza (1499)		1,0				1,6								
1				0					Seeschlacht von Navarino (1499)		1,0				1,6								
1				0					Seeschlacht von Lepanto (1499)						1,3								
1				1					Schlacht in Venetien (1499)		1,0				1,6								
1	1			1	1499	bis	1502	Italienfeldzug Ludwigs XII.	Belagerung von Novara (1500)		1,0				3,5	3,5							0,0	
1	1			1	1499	bis	1500	Expansionskriege Cesare Borgias	Belagerung von Forlì (1499 bis 1500)						7,0	7,0							0,0	
1				0					Belagerung von Senigallia (1502)						3,5								0,0	

ANLAGE 10

	Präd &Rhetor	Terr Konfl	Hier& Kons	Alloph Konfl	Se. Konfl	Jahr	bis	Jahr	Konflikt	Ausführungsereignisse (Schlachten, Belagerungen)	Tln (Tsd.)	Land Schl. Tote (Tsd.)	Land Schl. Tote & Verw. (Tsd.)	See Schiffe versenkt	See Schiffe gesunk.	Kampf-Tote (Tsd.) Zw. Ablage	Kampf-Tote (Tsd.)	Mil. Nicht-KampfTote (Tsd.) Zw. Ablage	Mil. Nicht-KampfTote (Tsd.)	MilTote (Tsd.) Zw. Ablage	Mil. Tote (Tsd.)	Ziv. Tote (Tsd.) Zw. Ablage	Ziv. Tote (Tsd.)	SeTote (Tsd.)
569	83	124	55	3	265	1500	bis	1599	15. Jahrhundert								1.625		6.845		8.471		423,9	8.895
					0		bis	1599	Default-Faktoren		0,27	1,61	0,53	0,03	0,42	3,51			4,21		0,50		0,0	
					0	1500	bis	1599	*Plünderungsfälle japan. u. anderer ostas. Piraten in China (Teil 16. Jh.)*															
	1				1				Piratenüberfälle in Fujien und Zhejiang (1542)							4,8	4,8						0,0	
	1				1				Piratenüberfall in Jiang (1553)							4,8	4,8						0,0	
	1				1				Pirateneinfall in Suzhou u. Songzhou (1554)							4,8	4,8						0,0	
					1				Ming-Offensive gegen die Piraten (1555)							33,6	33,6							
					0					Schlacht von Wangjiangjin (1555)						4,8								
					0					Schlacht von Lujing Dam (1555)						4,8								
					0					Schlacht an der Xuye-Pass (1555)						4,8								
					0					Schlacht von Daozhai (1555)						4,8								
					0					Schlacht von Taizhou (1555)						4,8								
					0					Schlacht von Huiji (1555)						4,8								
					0					Schlacht von Xinchang (1555)						4,8								
	1				1				Pir. Einf. in Cixi, Chongde, Zhenjiang, Guazhou, Wuweizhou (1566)							4,8	4,8						0,0	
					0					Schlacht von Zhapu (1556)						4,8								
					1				Ming-Offensive gegen die Piraten (1557)							4,8	4,8							
					0					Schlacht von Andong (1557)						9,6								
					1				Ming-Offensive gegen die Piraten (1558)							4,8								
					0					Schlacht von Cengang (1558)						9,6	9,6							
					0					Schlacht von Hu'an (1558)						4,8								
	1				1				Pirateneinfall in Küstenprovinzen (1559)							9,6							0,0	
					0					Schlacht von Huaiyang (1559)						9,6	9,6							
					0					Schlacht von Liujiazhuang (1559)						4,8	4,8							
	1				1				Pirateneinfall in Fujian							9,6	9,6						0,0	
					1				Ming-Off. zur Zerstörung der jap. Piratenbasen (1562 bis 1566)							4,8								
					0					Belagerung von Hengyu (1562)						4,8								
					0					Belagerung von Niutian (1562)						14,4	14,4							
					1				Ming-Offensive gegen die Piraten (1563)							4,8								
					0					Schlacht von Pingbai (1563)						4,8								
					0					Schlacht von Fuqing (1563)						4,8								
					0					Belagerung von Xinghua (1563)						9,6	9,6							
					1				Ming-Offensive gegen die Piraten (1564)							9,6								
					0					Schlacht von Xianyou (1564)						4,8								
					0					Schlacht von Chaoshui (1564)						9,6	9,6							
					1				Ming-Offensive gegen die Piraten (1565)							9,6								
					0					Schlacht von Funing (1565)						4,8								
					0					Schlacht von Yongning (1565)						4,8	4,8							
					0				Ming-Offensive gegen die Piraten (1566)							4,8								
					0					Schlacht von Wuping (1566)						4,8								
	1				1				Pirateneinfall in Guangdong (1572)							0,0	0,0						0,0	
					0					Schlacht von Rudong (1574)						0,0	0,0							
	1		1	1	1	1500	bis	1599	Religizide der Inquisition im 16. Jh.														20,0	
	1		1	1	1	1500	bis	1599	Hexenverfolgungen im 16. Jh.														50,0	

Präd &Retor	Terr Konfl	Hier& Kons	Alloph Konfl	Se. Konfl	Jahr	bis	Jahr	Konflikt	Ausführungsereignisse (Schlachten, Belagerungen)	Th. (Tsd.)	Land Schl Tote (Tsd.)	Schl Tote & Verw. (Tsd.)	See Schiffe	See Schiffe gesunk.	Kampf-Tote (Tsd.) Zw. Ablage	Kampf-Tote (Tsd.)	Mil. Nicht-KampfTote (Tsd.) Zw. Ablage	Mil. Nicht-Kampf-Tote (Tsd.)	MilTote (Tsd.) Zw. Ablage	Mil. Tote (Tsd.)	Ziv. Tote (Tsd.) Zw. Ablage	Ziv. Tote (Tsd.)	SeTote (Tsd.)
1			1	1	1500	bis	1599	Versklav. der Indios durch europ. Siedl. (1500 bis 1758) Teil 16. Jh.															5000,0	
			1	1	1500	bis	1599	Verschleppung afrik. Sklaven nach Amerika (1500 bis 1870)															500,0	
1				0	1500	bis	1599	Europäische Eroberung Amerikas (16. Jh.)																
	1			1				Portugiesische Eroberung Brasiliens (1500 bis 1549)							1,0	1,0							
	1			1				Spanische Eroberung Kubas (1511 bis 1514)							1,0	1,0							
	1			1				Spanische Eroberung Mexikos (1519 bis 1521)							14,2	14,2							
				0					Schlacht von Cholula (1519)		3,0				4,6								
				0					Schlacht von Otumba (1520)						4,8								
				0					Belagerung von Tenochtitlan (1521)						4,8								100,0	
1	1			1				Spanischer Eroberungsfeldzug zur Ostküste Nordamerikas (1527)						1,0	1,0								
	1			0				Spanische Eroberung Perus (1531 bis 1533)						23,2	23,2								
				0					Schlacht von Puna (1531)		5,0				7,7									
				0					Belagerung von Cajamarca (1532)		5,0				7,7								0,0	
				0					Schlacht von Xauxa (1533)		5,0				7,7								0,0	
	1			0				Eroberungsfeldzug Alvarados gegen Quito (1534)		10,0				15,5	15,5								
				0					Belagerung von Cuzco (1536)		10,0				15,5								0,0	
	1			1				Spanische Eroberung Chiles u. Nordargentiniens (1535 bis 1600)						12,3	12,3								
				0					Schlacht von Reinohuelen (1536)	4	1,0				1,5									
				0					Schlacht von Andalién (1550)						1,0									
				0					Schlacht von Tolten (1551)		1,0				1,5									
				0					Schlacht von Mataquito (1557)		1,0				1,5									
				0					Schlacht von Arauco (1557)		2,0				3,1									
				0					Schlacht von Millarapue (1557)	15	1,0				3,6									
1				1				Spanische Eroberung des Mar-del-Plata-Beckens (1536 bis 1617)		1,0				1,8	1,8								
				0					Corpus-Christi-Schlacht (1536)		0,5				0,8									
				0					Belagerung von Buenos Aires (1536)		1,0				1,0									
1		1		1				1. Spanischer Bürgerkrieg in Peru (1537 bis 1538)						1,0	1,0								
				0					Schlacht an der Abancay (1537)	1	0,5				0,2									
				0					Schlacht von Las Salinas (1538)		0,5				0,8									
		1		1				2. Spanischer Bürgerkrieg in Peru (1541 bis 1542)						1,1	1,1								
				0					Schlacht von Piura de Chupas (1542)		1,0				1,1									
		1		1				3. Spanischer Bürgerkrieg in Peru (1544 bis 1546)						0,1	0,1								
				0					Schlacht in der Añaquito-Ebene (1546)		0,7				0,1									
		1		1				4. Spanischer Bürgerkrieg in Peru (1546 bis 1548)			0,25												
				0					Schlacht von Huarina (1547)		0,5				5,6	5,6								
				0					Schlacht von Xaquixaguana (1548)		0,0				0,8									
1	1			1				Aufstand der Indianer Chiles gegen die Spanier (1553 bis 1555)						12,8	12,8								
				0					Schlacht von Tucapel (1553)		0,0				4,8									

Präd &Retor	Terr Konfl	Hier& Kons	Alloph Konfl	Se. Konfl	Jahr	bis	Jahr	Konflikt	Ausführungsereignisse (Schlachten, Belagerungen)	Th. (Tsd.)	Land Schl Tote (Tsd.)	Schl Tote & Verw. (Tsd.)	See Schiffe	Schiffe gesunk.	Kampf-Tote (Tsd.) Zw. Ablage	Kampf-Tote (Tsd.)	Mil. Nicht-KampfTote (Tsd.) Zw. Ablage	Mil. Nicht-Kampf-Tote (Tsd.)	MilTote (Tsd.) Zw. Ablage	Mil. Tote (Tsd.)	Ziv. Tote (Tsd.) Zw. Ablage	Ziv. Tote (Tsd.)	SeTote (Tsd.)
1				0					Schlacht von Mariguerni (1554)		2,1				3,2								
1				0					Schlacht von Talcahuano (1557)						4,8	4,8							
1	1			1				Aufstand der Indianer Chiles gegen die Spanier (1598)															
1	1			0					Schlacht von Curalaba (1598)		1,0				4,8								
1	1			1				Aufstand der Indianer in Mexiko gegen die Spanier (1598)															
1	1			0					Schlacht von Acoma (1598)		1,0				1,5	1,5							
1				0	1500	bis	1589	*Portugiesische Kolonialkriege am Indischen Ozean u. in Ostasien (16. Jh.)*															
1	1			1				Portugiesische Eroberungen Indien (1500 bis 1571)							7,7	7,7							
1				0					Massaker von Kalikut (1500)						1,5							0,5	
1				0					Kochin, Massaker von (1502)						1,5							0,5	
1				0					Besetzung von Kannanor (1502)		1,0				1,5								
1				0					Besetzung von Kotschin (1502)		1,0				1,5								
1				0					Seeschlacht von Malabar (1502)		1,0				1,5								
1				0					Seeschlacht von Kananor (1506)		2,0				3,1							0,0	
1	1			1				Ägypt. Angriffe auf port. Stützpunkte in Indien (1508 bis 1509)							13,4	13,4							
1				0					Seeschlacht von Chaul/Dabul (1508)		1,0				1,5								
1				0					Seeschlacht von Diu (1509)					40	1,0							0,0	
1				0					Angriff auf Kalikut (1510)		1,0				1,5								
1				0					Einnahme von Goa (1510)		1,0				1,5							0,0	
1				0					Eroberung von Diu (1528)		0,5				0,8							0,0	
1				0					Seegefecht von Diu (1538)		0,5				0,8								
1				0					Belagerung von Diu (1538)		1,0				1,5							0,0	
1				0					Belagerung von Daman (1559)		1,0				1,5							0,0	
1				0					Belagerung von Goa (1570 bis 1571)		1,0				1,5							0,0	
1				0					Belagerung von Chaul (1571)		1,0				1,5							0,0	
1	1			1				Portugiesische Eroberungen in Ostafrika (1505 bis 1589)							11,8	11,8							
1				0					Besetzung von Sofala (1505)		1,0				1,5							0,0	
1				0					Brandsch. von Brava (1506)		1,0				1,5							0,0	
1				0					Brandsch. von Kilwa (1512)		1,0				1,5							0,0	
1				0					Brandsch. von Mombasa (1512)		1,0				1,5							0,0	
1				0					Brandsch. von Berbera (1518)		1,0				1,5							0,0	
1				0					Brandsch. von Seila (1518)		1,0				1,5							0,0	
1				0					Eroberung von Pasai (1521)						1,0							0,0	
1				0					Seeschlacht von Mombasa (1589)		1,0				1,5								
1	1			1				Portug. Eroberungen im Arab. u. Persichen Golf (1506 bis 1554)							25,2	25,2							
1				0					Eroberung von Socotra (1506)		0,5				0,8							0,0	
1				0					Belagerung von Hormus (1507)		1,0				1,5								
1				0					Einnahme von Hormus (1507)						4,8								
1				0					Angriff auf Aden (1513)		2,0				3,1								
1				0					Angriff auf Dschidda (1517)		2,0				3,1								
1				0					Seegefecht von Maskat (1546)		0,5				0,8							0,0	
1				0					Osman. Eroberung von Maskat (1551)		1,0				1,5							0,0	
1				0					Blockade von Hormus (1552 bis 1554)		1,0				4,8								

ANLAGE 10

Präd &Retor	Terr Konfl	Hier& Kons	Alloph Konfl	Se. Konfl	Jahr	bis	Jahr	Konflikt	Ausführungsereignisse (Schlachten, Belagerungen)	Th. (Tsd.)	Land Schl. Tote (Tsd.)	Schl. Tote & Verw. (Tsd.)	See Schiffe	See Schiffe gesunk.	Kampf-Tote (Tsd.) Zw. Ablage	Kampf-Tote (Tsd.)	Mil. Nicht-KampfT ote (Tsd.) Zw. Ablage	Mil. Nicht-Kampf-Tote (Tsd.)	MilTote (Tsd.) Zw. Ablage	Mil. Tote (Tsd.)	Ziv. Tote (Tsd.) Zw. Ablage	Ziv. Tote (Tsd.)	SeTote (Tsd.)
1				0					Port. Rückeroberung von Maskat (1554)						4,8								
	1			1				Portug. Erob. in Malakka und Indonesien (1511 bis 1593)							17,2	17,2							
1				0					Einnahme von Malakka (1511)		1,0				1,5								
1				0					Seeschlacht von Malakka (1513)		1,0				1,5							0,0	
1				0					Javanische Rückeroberung Malakkas (1513)		1,0				1,5								
1				0					Seegefechte in Indonesien (1514)		1,0				1,5								
1				0					Seegefechte in Indonesien (1518)		1,0				1,5								
1				0					Seeschlacht von Malakka (1521)		1,0				1,5								
1				0					Belagerung von Bintang (1526)		0,5				0,8								
1				0					Seegefechte in Indonesien (1538)		0,5				0,8								
1				0					Seegefechte in Indonesien (1572)		1,0				1,5								
1				0					Belagerung von Ternate (1570 bis 1575)						4,8							0,0	
	1			1				Offensive von Ternate gegen die Portugiesen (1591 bis 1593)							9,6	9,6							
1				0					Belagerung von Ambon (1591)						4,8							0,0	
1				0					Belagerung von Ambon (1593)						4,8							0,0	
	1			1				Portugiesische Eroberungen in China (1513 bis 1549)		1,0					0,0							
	1			1				Krieg Chinas gegen die Portugiesen (1521 bis 1522)						0,0	0,0							
1				0					Seeschlacht von Kanton (1521)						0,0								
1				0					Seeschlacht in der Bucht von Xicaowan (1522)						0,0								
	1			1				Chin. Krieg zur Vern. portug. Stützpunkte in Fujian (1547 bis 1549)		1,0				1,5	1,5							
				0	1500	bis	1599	Osman., sarazen. u. barbareske Raubzüge im Mittelmeer (16. Jh.)		5,0												
1				1				Spanische Offensive gegen die Barbaresken (1515)	Seegefecht bei Pantelleria (1515)						0,2	0,2							
1				1				Barbaresker Raubzug gegen die Liparische Inseln (1544)	Belagerung von Lipari (1544)						1,5	1,5							
1				0				Barbaresker Raubzug nach Kalabrien u. Korsika(1555)							3,1	3,1							
				0					Belagerung von Reggio (1555)		1,0				1,5							0,0	
				0					Belagerung von Bastia (1555)		1,0				1,5							0,0	
1				1				Barbaresker Raubzug gegen die Ostküste Spaniens (1563)			1,0				1,5	1,5						0,0	
1			1	0	1500	bis	1599	Religizozide im 16. Jh.	Pogr. gg zwangskonv. Juden Lissabons (1506)						0,0	0,0						3,0	
				0	1500	bis	1599	Expansionskriege des Osmanischen Reichs (16. Jh.)			2,0				4,8	4,8							
1				1				4. Türkisch-Venezianischer Krieg (1499 bis 1503)							3,1	3,1							
				0					Belagerung von Cefalonia (1500 bis 1501)		1,0				1,5							0,0	
				0					Belagerung von Methone (1500)		1,0				1,5							0,0	
1				1				Osmanischer Krieg gegen die Goldene Horde (1502)	Belagerung von Saray (1502)		1,0				1,5	1,5							
	1			1				Osmanisch-Safawidischer Krieg (1514)			4,0				4,6	4,6						0,0	

ANLAGE 10

Präd &Rhetor Konfl	Terr Konfl	Hier& Kons Konfl	Alloph Konfl	Sc. Konfl	Jahr	bis	Jahr	Konflikt	Ausführungsereignisse (Schlachten, Belagerungen)	Tln. (Tsd.)	Land Schl Tote (Tsd.)	Schl Tote & Verw. (Tsd.)	See Schiffe	See Schiffe gesunk.	Kampf Tote (Tsd.) Zw. Ablage	Kampf Tote (Tsd.)	Mil. Nicht-KampfTote (Tsd.) Zw. Ablage	Mil. Nicht-KampfTote (Tsd.)	MilTote (Tsd.) Zw. Ablage	Mil. Tote (Tsd.)	Ziv. Tote (Tsd.) Zw. Ablage	Ziv. Tote (Tsd.)	SeTote (Tsd.)
1				0					Schlacht in der Tschaldiran-Ebene (1514)		3,0				4,6								
1	1			1				Osmanisch-Mameluckischer Krieg (1516 bis 1517)	Schlacht von Marj Dabiq (1516)	70	7,0				33,8	33,8							
1				0					Schlacht von Khan Yunis (1516)		1,0				16,8								
1				0					Schlacht von Raydaniyya (1517)		10,0				15,5								
1				1				Osmanische Eroberung von Rhodos (1522)	Belagerung von Rhodos (1522)						50,0	50,0						1,0	
1	1			0				Osmanische Eroberung Serbiens (1521)	Belagerung von Belgrad (1521)		1,0				4,8	4,8						0,0	
1	1			1				Osmanische Eroberung Ungarns (1526)			35,0				51,0	51,0							
1				0					Schlacht von Mohacs (1526)		30,0				46,4								
1				0					Schlacht von Valpo (1537)		1,0				1,5								
1				0					Belagerung von Buda (1541)		1,0				1,5							1,0	
1				0					Belagerung von Pest (1542)		1,0				1,5							0,0	
1	1			1				Osmanischer Feldzug auf dem Peloponnes (1532)							6,3	6,3							
1				0					Belagerung von Patras (1532)		1,0				1,5							1,0	
1				0					Belagerung von Korone (1532)						4,8							1,0	
1	1			1				Osmanischer Angriff auf Malta (1565)	Belagerung von Malta (1565)			39,5			20,1	20,1						0,0	
1	1			1				Osmanischer Feldzug nach Ungarn (1566 bis 1568)	Belagerung von Sziget (1566)		2,0				3,1	3,1						0,0	
1	1			0				Osmanischer Feldzug gegen Russland	Belagerung von Astrachan (1569)		1,0				4,8	4,8						0,0	
1	1			1				Osmanisch-Persischer Krieg (1579 bis 1590)			8,0				1,5	1,5							
1	1			1				Osmanisch-Österreichischer Krieg (1593 bis 1606)							23,1	23,1							
1				0					Schlacht von Sissek (1593)		1,0				20,0								
1				0					Schlacht von Hac Ova (1596)		1,0				1,5								
1				1					Belagerung von Raab (1598)		5,0				1,5							0,0	
1		1		0	1500	bis		Aufstand der Bauern von Dithmarschen							7,7	7,7							
1				0					Belagerung von Meldorf (1500)		1,0				1,5							0,0	
1				0					Schlacht von Hemmingstedt (1500)		4,0				6,2								
1	1			1	1500	bis	1599	Aufstände der Zhuang gegen Ming (Teil. 16. Jh.)							9,6	9,6						0,0	
1				0					Schlacht von Si-errzhou (1501)						4,8								
1				0					Schlacht von Gutian (1571)						4,8								
1	1			1	1500	bis	1599	Plünd.Einfälle der Ostmongolen (Tataren) in China (Teil 16. Jh.)	Tataren-Plünderungseinfall in Datong (1500)						4,8	4,8						0,0	
1				1					Tataren-Plünderungseinfall in Yansui u. Ningxia (1501)						4,8	4,8						0,0	
1				1					Tataren-Plünderungseinfall in Datong (1504)						4,8	4,8						0,0	
1				1					Tataren-Plünderungseinfall in Lingzhou u. Guyuan (1505)						4,8	4,8						0,0	
1				1					Tataren-Plünderungseinfall in Yansui (1509)						4,8	4,8						0,0	
1				1					Tataren-Plünderungseinfall im Grenzgebiet (1511)						4,8	4,8						0,0	

ANLAGE 10								

Präd &Ractor	Terr Konfl	Hier& Kons	Alloph Konfl	Se. Konfl	Jahr bis	Jahr	Konflikt	Ausführungsereignisse (Schlachten, Belagerungen)	Tln. (Tsd.)	Land Schl Tote (Tsd.)	Land Schl Tote & Verw. (Tsd.)	See Schlachten	See Schiffe gesunk.	Kampf-Tote (Tsd.) Zw. Ablage	Kampf-Tote (Tsd.)	Mil. Nicht-KampfTote (Tsd.) Zw. Ablage	Mil. Nicht-Kampf-Tote (Tsd.)	MilTote (Tsd.) Zw. Ablage	Mil. Tote (Tsd.)	Ziv. Tote (Tsd.) Zw. Ablage	Ziv. Tote (Tsd.)	SeTote (Tsd.)
1				1			Tataren-Plünderungseinfall in Datong (1513)							4,8	4,8						0,0	
1				1			Tataren-Plünderungseinfall in Datong (1514)							4,8	4,8						0,0	
1				1			Tataren-Plünderungseinfall in Suzhou (1516)							4,8	4,8						0,0	
1				1			Tataren-Plünderungseinfall im Grenzgebiet (1517)							4,8	4,8						0,0	
1				0				Schlacht von Shunshengshuan (1517)						4,8								
1				1			Tataren-Plünderungseinfall in Liaodong (1523)							4,8	4,8						0,0	
1				1			Tataren-Plünderungseinfall in Gansu (1525)							4,8	4,8						0,0	
1				0			Ming-Gegenoffensive (1527)							4,8	4,8							
1				1				Schlacht von Ningxia (1527)						4,8								
1				1			Tataren-Plünderungseinfall im Grenzgebiet (1528)							4,8	4,8						0,0	
1				1			Tataren-Plünderungseinfall in Ningxia u Lingzhou (1529)							4,8	4,8						0,0	
1				1			Tataren-Plünderungseinfall in Gansu u. Datong (1531)							4,8	4,8						0,0	
1				0			Ming-Gegenoffensive (1533)							4,8	4,8							
1				0				Schlacht von Xibai (1533)						4,8								
1				0			Tataren-Plünderungseinfall in Yansui (1536)							4,8	4,8						0,0	
1				1				Schlacht von Heihedun (1536)						4,8								
1				1			Tataren-Plünderungseinfall in Xuanfu (1537)							4,8	4,8						0,0	
1				1			Tataren-Plünderungseinfall in Datong (1540)							4,8	4,8						0,0	
1				0			Tataren-Plünderungseinfall in Taiyuan (1541)							4,8	4,8						0,0	
1				1			Ming-Gegenoffensive (1543)							4,8	4,8							
1				1				Schlacht von Suide (1543)						4,8								
1				1			Tataren-Plünderungseinfall in Wanquan (1544)							4,8	4,8						0,0	
1				1			Tataren-Plünderungseinfall in Jinyi (1546)							4,8	4,8						0,0	
1				1			Tataren-Plünderungseinfall in Hetao (1547)							4,8	4,8						0,0	
1				0			Tataren-Plünderungseinfall in Xuanfu (1548)							9,6	9,6						0,0	
1				0				Schlacht von Datong (1548)						4,8								
1				1				Schlacht von Xuanfu (1548)						9,6	9,6							
1				0			Ming-Gegenoffensive (1552)							4,8								
1				0				Schlacht von Zhenchuan (1552)														
1				1				Schlacht von Liaodong (1552)														
1				1			Tataren-Plünderungseinfall im Grenzgebiet (1556)							4,8	4,8						0,0	
1				1			Tataren-Plünderungseinfall in Yongchang (1558)							4,8	4,8						0,0	
1				0			Tataren-Plünderungseinfall (1560)							14,4	14,4						0,0	
1				0				Belagerung von Qinghai (1560)						4,8								
1				1				Schlacht von Huihe (1560)						4,8								
1				1				Schlacht von Liaodong (1560)						4,8								
1				0			Tataren-Plünderungseinfall im Grenzgebiet (1561)							4,8	4,8						0,0	
1				0			Ming-Gegenoffensive (1562)							4,8	4,8							
1				1				Schlacht von Banposhan (1562)						4,8	4,8							
1				1			Ming-Gegenoffensive (1565)							14,4	14,4							
1				0				Schlacht von Liaodong (1565)						4,8								

ANLAGE 10

Präd &Rekor	Terr Konfl	Hier& Kons Konfl	Alloph Konfl	Se. Konfl	Jahr	bis	Konflikt	Ausführungsereignisse (Schlachten, Belagerungen)	Th. (Tsd.)	Land Schl Tote (Tsd.)	Land Schl Tote & Verw. (Tsd.)	See Schiffe	See Schiffe gesunk.	Kampf-Tote (Tsd.) Zw. Ablage	Kampf-Tote (Tsd.)	Mil. Nicht-KampfTote (Tsd.) Zw. Ablage	Mil. Nicht-Kampf-Tote (Tsd.)	MilTote (Tsd.) Zw. Ablage	Mil. Tote (Tsd.)	Ziv. Tote (Tsd.) Zw. Ablage	Ziv. Tote (Tsd.)	SeTote (Tsd.)
1				0				Schlacht von Xuanfu (1565)						4,8								
1				0				Schlacht von Yansui (1565)						4,8							0,0	
1				1			Tataren-Plünderungseinfall in Datong u. Suzhou (1567)							4,8	4,8							
1				1			Ming-Gegenoffensive (1569)							4,8	4,8							
1				0				Schlacht an der Jiaheshan-Burg (1569)						4,8								
1				1			Ming-Gegenoffensive (1578)							9,6	9,6							
1				0				Schlacht am Berg Pi (1578)						4,8								
1				0				Schlacht an der Huan Mountain (1578)						4,8								
1				1			Ming-Gegenoffensive (1582)							4,8	4,8							
1				0				Schlacht von Zhaenyi (1582)						4,8								
1				1			Ming-Gegenoffensive (1585)							4,8	4,8							
1				0				Schlacht von Shenyang (1585)						4,8							0,0	
1				1			Tataren-Plünderungseinfall in Gansu (1590)							4,8	4,8							
1				1			Ming-Gegenoffensive (1591)	Schlacht von Bansheng (1591)						4,8								
1				1			Ming-Gegenoffensive (1594)	Schlacht von Guyan (1594)						4,8								
1				1			Tataren-Plünderungseinfall im Grenzgebiet (1596)							4,8	4,8							0,0	
1				1			Ming-Gegenoffensive (1598)							4,8	4,8							
1				0	1500	bis	1573	Schlacht am Song Gebirge (1598)							0,0							
1				1			*Hegemonialkriege der Sengoku-Daimyo (1477 bis 1573) im 16. Jh.* Kämpfe das Daimyats der Ouchi (bis 1551)			1,0				1,5	1,5							
1				0				Schlacht von Uma-ga-Take (1501)						1,5	1,5							
		1		1			Aufstand der Ikko-Sekten in Nordjapan							1,5	1,5							
1				0				Schlacht von Kuzuryugawa (1506)			1,0				1,5								
1				1			Bildung u. Expansion des Daimyats der Uesugi in Echigo (1507 bis 1545)							13,9	13,9							
1				0				Schlacht von Ichiburi (1509)			1,0				1,5								
1				0				Schlacht von Funaokayama (1511)			1,0				1,5								
1				0				Schlacht von Koriyama (1516)			1,0				1,5								
1				0				Schlacht von Iidagawa (1521)			1,0				1,5								
1				0				Schlacht von Takanawabara (1524)			1,0				1,5								
1				0				Schlacht von Amagaseki (1531)			1,0				1,5								
1				0				Schlacht von Sedanno (1536)			1,0				1,5								
1				0				1. Schlacht von Konodai (1538)			1,0				1,5							0,0	
1				0				Belagerung von Kawagoe (1544 bis 1545)			1,0				1,5								
1	1			1			Bildung u. Expansion des Daimyats von Mori (ab 1507 bis 1554)							6,3	6,3							
1				0				Schlacht von Koriyama (1540)						4,8								
1				0				Schlacht von Oshikihata (1554)			1,0				1,5								
1	1			1			Bildung u. Expansion des Daimyats der Takeda in Kai (1542 bis 1563)							17,0	17,0							
1				0				Schlacht von Sezawa (1542)			1,0				1,5								
1				0				Schlacht von Ina-Matsushima (1544)			1,0				1,5								
1				0				Schlacht von Uenohara (1546)			1,0				1,5								
1				0				Schlacht von Uedahara (1548)			1,0				1,5								
1				0				Schlacht von Shiojiritoge (1548)			1,0				1,5								

Präd &Retor	Terr Konfl	Hier& Kons	Alloph Konfl	Se. Konfl	Jahr	bis	Jahr	Konflikt	Ausführungsereignisse (Schlachten, Belagerungen)	Th. (Tsd.)	Land Schl. Tote (Tsd.)	Land Schl. Tote & Verw. (Tsd.)	See Schiffe	See Schiffe gesunk.	Kampf-Tote (Tsd.) Zw. Ablage	Kampf-Tote (Tsd.)	Mil. Nicht-KampfTote (Tsd.) Zw. Ablage	Mil. Nicht-Kampf-Tote (Tsd.)	MilTote (Tsd.) Zw. Ablage	Mil. Tote (Tsd.)	Ziv. Tote (Tsd.) Zw. Ablage	Ziv. Tote (Tsd.)	SeTote (Tsd.)
1				0					1. Schlacht von Kawanakajima (1553)		1,0				1,5								
1				0					2. Schlacht von Kawanakajima (1555)		1,0				1,5								
1				0					3. Schlacht von Kawanakajima (1557)		1,0				1,5								
1				0					4. Schlacht von Kawanakajima (1561)		1,0				1,5								
1				0					5. Schlacht von Kawanakajima (1564)		1,0				1,5								
1				0					Schlacht von Mussashi-Matsuyama (1563)		1,0				1,5	1,5							
1	1			1				Bildung u. Expansion des Daimyats der Oda in Owari (1542 bis 1547)	1. Schlacht von Azukizaka (1542)		1,0				1,5								
1				0					Schlacht von Kamoguchi (1547)		1,0				1,5								
1		1		1				Machtkampf im Hosokawa-Clan (1545)	Schlacht von Kyoto-Uji (1545)		1,0				1,5	1,5							
1		1		1				Machtkampf im Saito-Clan (1556)	Schlacht von Nagaragawa (1556)		1,0				1,5	1,5							
1				1				Sonstige Machtkämpfe (1554 bis 1555)	Schlacht von Otsuki (1554)		1,0				10,8	10,8							
1				0					Schlacht von Daishoji-omote (1555)		1,0				1,5								
1				0					Schlacht von Miyajima (1555)		1,0				1,5								
1				0					2. Schlacht von Konodai (1564)		1,0				1,5								
1				0					Schlacht von Mimasetoge (1569)		1,0				1,5								
1				0					Schlacht von Imayama (1570)		1,0				1,5								
1				0		1558	bis 1590	Schlacht von Hitadori (1585)		1,0				1,5								
								Japanische Einigungskriege															
1	1			1				Unterw. von Suruga, Totomi, Mikawa durch Nobunaga (1558 bis 1560)						9,6	9,6							
1				0					Schlacht an der Terabe-Burg (1558)		1,0				1,5								
1				0					Schlacht an der Iwakura-Burg (1599)		1,0				1,5								
1				0					Schlacht von Okehazama (1560)	27					6,5								
1	1			1				Unterwerfung von Mino durch Nobunaga (1561 bis 1567)						1,5	1,5							
1				0					Schlacht von Moribe (1561)		1,0				1,5	1,5							
1	1			0				Unterwerfung von Etchigo durch Nobunaga (1563)	Schlacht von Mussashi-Matsuyama (1563)						0,0	0,0							
1	1			1				Unterwerfung der Jodo-Shin-Sekte durch Nobunaga (1564 bis 1580)						6,8	6,8							
1				0					Schlacht von Kamiwada (1566)	2					0,5								
1				0					Schlacht von Nagashima (1571)						4,8								
1				0					Belagerung von Ishiyama (1573 bis 1580)		1,0				1,5							0,0	
1									Massaker an Nagashima - Aufständischen (1574)													20,0	
1	1			1				Unterwerfung von Yamato und Kyoto durch Nobunaga (1568 bis 1574)						6,3	6,3							
1				0					Schlacht von Sakai (1568)		1,0				1,5								
1				0					Belagerung von Kyoto (1573)						4,8								
1	1			1				Unterwerfung von Omi durch Nobunaga (1570)	Schlacht von Anegawa (1570)		1,0				1,5	1,5							
1	1			1				Unterwerfung der buddh. Klöster durch Nobunaga (1571 bis 1580)						8,7	8,7							

Präd &Reler	Terr Konfl	Hier& Kons	Alloph Konfl	Sec Konfl	Jahr	bis	Jahr	Konflikt	Ausführungsereignisse (Schlachten, Belagerungen)	Tln. (Tsd.)	Land Schl. Tote (Tsd.)	Schl. Tote & Verw. (Tsd.)	See Schiffe	Schiffe gesunk.	Kampf-Tote (Tsd.) Zw. Ablage	Kampf-Tote (Tsd.)	Mil. Nicht-KampfTote (Tsd.) Zw. Ablage	Mil. Nicht-Kampf-Tote (Tsd.)	MilTote (Tsd.) Zw. Ablage	Mil. Tote (Tsd.)	Ziv. Tote (Tsd.) Zw. Ablage	Ziv. Tote (Tsd.)	SeTote (Tsd.)
1				0					Belagerung von Hieizan (1571)						0,0							20,0	
1				0					Schlacht von Kizakihara (1572)		1,0				1,5								
1				0					Schlacht von Mikatagahara (1573)		1,5				2,3								
1				0					Belagerung von Takatenjin (1574)						4,8							0,0	
1	1							Unterwerfung von Kai durch Nobunaga (1575)							15,5	15,5							
1				0					Belagerung von Iwamura (1575)						0,0							0,0	
1				0					Schlacht von Nagashino (1575)		10,0				15,5								
1	1			1				Unterwerfung von Mori durch Nobunaga (1575 bis 1582)						17,0	17,0							
1				0					1. Seeschlacht von Kizugawaguchi (1576)		1,0				1,5							0,0	
1				0					Belagerung von Kozuki (1577)		3,0				4,6								
1				0					Schlacht von Tedorigawa (1577)		1,0				1,5								
1				0					2. Seeschlacht von Kizugawaguchi (1578)		1,0				1,5								
1				0					Schlacht von Mimigawa Hyuga (1578)		5,0				7,7								
1				0					Belagerung von Miki (1578 bis 1580)						0,0							0,0	
1				0					Belagerung von Tottori (1581)						0,0							0,0	
1	1			1				Unterwerfung von Iga durch Nobunaga (1581)		1,0				3,1	3,1							
1				0					Belagerung von Iga (1581)		2,0				3,1							8,0	
1		1		1				Konflikt um die Nachfolge Nobunagas (1582 bis 1584)		3,0				35,7	35,7							
1				0					Schlacht von Yamazaki (1582)		3,0				4,6								
1				0					Schlacht von Shizugatake (1583)						0,0								
1				0					Schlacht von Komaki (1584)	110					26,4								
1				0					Schlacht von Okitanawate (1584)						0,0								
1				0					Schlacht von Nagakute (1584)		3,0				4,6								
1	1			1				Unterwerfung von Satsuma und Osumi durch Hideyoshi (1585 bis 1587)		2,0				6,2	6,2							
1				0					Schlacht von Hetsugigawa (1586)		1,0				1,5								
1				0					Belagerung von Iwaya (1586)		1,0				1,5								
1				0					Schlacht an der Sendai (1587)		1,0				1,5							0,0	
1				0					Schlacht von Suriage-ga-hara (1589)		1,0				1,5								
1	1			1				Unterwerfung der Späten Hojo durch Hideyoshi (1590)		2,0				15,5	15,5							
1				0					Belagerung von Odawara (1590)		5,0				7,7							0,0	
1				0					Schlacht von Odawara (1590)		5,0				7,7								
1				1	1500	bis	1503	Litauisch-Moskowitischer Krieg		15,0				15,5	15,5							
1				0					Schlacht an der Wedroscha (1500)		10,0				15,5	15,5							
1				1	1500	bis	1503	Livländisch-Moskowitischer Krieg						3,1	3,1							
1				0					Schlacht an der Smolina-See (1502)		2,0				3,1								
1				1	1502		1502	Unterwerfung Ferhana durch Samarkand						1,5	1,5							
1				0					Schlacht von Sar-i-Pul (1502)		1,0				1,5								
1				1	1500	bis	1504	Französisch-Spanischer Krieg um Neapel (Teil 16. Jh.)		10,0				11,3	11,3							
1				0					Belagerung von Barletta (1503)		1,0				1,5							0,0	
1				0					Schlacht von Cerignola (1503)		4,0				6,2								
1				0					2. Schlacht von Seminara (1503)		1,0				1,5								
1				0					Schlacht an der Garigliano (1504)		2,0	4			2,7								
1				1	1503	bis	1504	Bayrisch-Pfälzischer Erbfolgekrieg		2,0				2,7	2,7							

ANLAGE 10

Präd & Retor	Terr Konfl	Hier & Kons	Alloph Konfl	Se. Konfl	Jahr	bis	Jahr	Konflikt	Ausführungsereignisse (Schlachten, Belagerungen)	Tln. (Tsd.)	Land Schl. Tote (Tsd.)	Schl. Tote & Verw. (Tsd.)	See Schiffe	See Schiffe gesunk.	Kampf-Tote (Tsd.) Zw. Ablage	Kampf-Tote (Tsd.)	Mil. Nicht-KampfTote (Tsd.) Zw. Ablage	Mil. Nicht-Kampf-Tote (Tsd.)	MilTote (Tsd.) Zw. Ablage	Mil. Tote (Tsd.)	Ziv. Tote (Tsd.) Zw. Ablage	Ziv. Tote (Tsd.)	SeTote (Tsd.)
1									Schlacht von Schwarzenreuth (1504)		1,0				1,0								
1									Schlacht an der Wenzenberg (1504)		1,5				1,5								
1									Belagerung von Kufstein (1504)		0,1				0,2							0,0	
1				0	1505			Antirussischer Aufstand in Kasan	Belagerung von Nischnij Nowgorod (1505)		10,0				12,5	12,5							
1				0					Schlacht von Artsk (1506)						4,8	4,8						0,0	
1	1	1		0	1505			Pisanischer Bürgerkrieg	Schlacht von San Vicenza (1505)		5,0				7,7	4,8							
1	1			1	1506			Rückeroberung von Bologna durch den Kirchenstaat	Belagerung von Bologna (1506)						4,8	4,8						0,0	
1	1			1	1507	bis	1508	Moskowitsch-Litauischer Krieg							4,8	4,8							
1	1			1	1508			Krieg Venedigs gegen Maximilian von Habsburg	Schlacht von Pieve di Cadore (1508)		2,0				3,1	3,1							
1				0	1508	bis	1510	Krieg der Liga von Cambrai gegen Venedig	Schlacht von Agnadello (1509)		10,0				12,5	12,5							
1				0					Belagerung von Padua (1509)		5,0				7,7							0,0	
1	1			1	1509	bis	1520	Hegemonialkriege von Vijayanagar			2,0				4,8								
1	1			1	1509			Spanische Eroberung Orans	Belagerung von Oran (1509)		1,0				3,1	3,1						0,0	
1				0	1509	bis	1510	Usbekische Invasion Khorasans	Schlacht von Merv (1510)		1,0				1,5	1,5						10,0	
1	1			1	1510	bis	1514	Krieg der Heiligen Liga gegen Frankreich	Belagerung von Prato (1511)		1,0				4,8	4,8						4,0	
1				0					Schlacht von Ravenna (1512)		11,0				65,2	65,2							
1				0					Seeschlacht von Brest (1512)						17,0								
1				0					Belagerung von Pamplona (1512)		1,0				1,5								
1				0					Belagerung von Pavia (1512)		1,0				1,5							0,0	
1				0					Seeschl. von Baie des Blanc Sablons (1513)						4,8								
1				0					Schlacht von Novara (1513)	12					2,9							0,0	
1				0					Belagerung von Therouanne (1513)		1,0				1,5								
1				0					Belagerung von Tournai (1513)		1,0				1,5							0,0	
1				0					Schlacht von Guinegate (1513)						4,8							0,0	
1				0					Schlacht von Flodden (1513)		12,0				18,5								
1				0					Schlacht von La Motta (1513)		1,0				1,5								
1				0					Belagerung von Mastre (1513)		1,0				1,5								
1				0					Belagerung von Vicenza (1513)						4,8							0,0	
1	1			1	1511	bis	1512	Baburs 2. Versuch der Rückeroberung Transoxaniens	Schlacht von Kul-i-Malik (1512)		0,0				0,0	0,0							
1				0	1512	bis	1522	Litauisch-Moskowitischer Krieg	Schlacht bei Orscha (1514)		15,0				25,3	25,3							
1				1					Belagerung von Smolensk (1514)		10,0				15,5							0,0	
1				0					Belagerung von Pskov (1514)						4,8							0,0	
1				0	1513	bis	1538	Ming-Feldzüge zur Rückeroberung von Hami							5,0	4,8							
1	1	1		1	1514			Ungarischer Bauernaufstand			4,8				4,8	10,0						50,0	
1	1	1		1	1515			Württembergischer Bauernaufstand							10,0								
1	1	1		1	1515			Aufstand des Windischen Bauernbundes			1,0				1,5	1,5							
1	1			1	1515	bis	1516	Feldzug Franz I. zur Rückeroberung Mailands			10,0				21,8	21,8						0,0	

ANLAGE 10

Präd &Retor	Terr Konfl	Hier& Kons	Alloph Konfl	Se. Konfl	Jahr	bis	Jahr	Konflikt	Ausführungsereignisse (Schlachten, Belagerungen)	Tln. (Tsd.)	Land Schl Tote (Tsd.)	Schl Tote & Verw. (Tsd.)	See Schiffe	Schiffe gesunk.	Kampf-Tote (Tsd.) Zw. Ablage	Kampf-Tote (Tsd.)	Mil. Nicht-KampfTote (Tsd.) Zw. Ablage	Mil. Nicht-Kampf-Tote (Tsd.)	MilTote (Tsd.) Zw. Ablage	Mil. Tote (Tsd.)	Ziv. Tote (Tsd.) Zw. Ablage	Ziv. Tote (Tsd.)	Se.Tote (Tsd.)
1				0					Schlacht von Marignano (1515)		10,0				15,5								0,0	
1				0					Belagerung von Asola (1516)						4,8									
1				0					Belagerung von Vicenza (1516)		1,0				1,5									
1	1			1	1518			Krieg des Türkisch-Afghanischen Sultanats von Delhi gegen Mewar			6,0				7,7	7,7							
1				0					Schlacht von Bakarol (1518)		2,0				3,1									
1				0					Schlacht von Ghatoli (1518)		3,0				4,6									
1		1		1	1518	bis	1518	Aufstand in Kiangsi			1,0													
1		1		1	1519	bis	1521	Hildesheimer Stiftsfehde (1519 bis 1521)	Schlacht von Soltau (1519)		5,0				7,7	7,7						1,0	
1	1			1	1519	bis	1525	Reiterkrieg							0,0	0,0							
1	1			1	1519	bis	1529	Türkische (Mogulische) Eroberung Hindustans			30,0				62,8	62,8						2,0	
1				0					Schlacht von Lahore (1524)		1,0				1,5									
1				0					1. Schlacht at Panipat (1526)	120	20,0				30,9								1?	
1				0					Schlacht von Khanua (1527)						28,8									
1				0					Schlacht von Ghaghra (1529)		1,0				1,5									
1				1	1519	bis	1522	Weltumsegelung des Magellan							0,2	0,2							
1				0					Schlacht von Mactan (1521)		0,1				0,2									
1			1	1	1520	bis	1521	Aufstand der Comuneros							1,5	1,5							
1				0					Schlacht von Villalar (1521)		1,0				1,5									
1	1			1	1520			Georgischer Secessionskrieg							4,8	4,8							
1				0					Schlacht von Kizuki (1525)		1,0				4,8									
1	1			1	1521	bis	1526	1. Krieg Karls V. gegen François I.							41,7	41,7							
1				0					Belagerung von Pamplona (1521)		1,0				1,5								0,0	
1				0					Schlacht von Noain (1521)		1,0				1,5									
1				0					Schlacht von Vaprio (1521)		1,0				1,5									
1				0					Schlacht von Bicocca (1522)		4,0				6,2								0,0	
1				0					Belagerung von Cremona (1523)		1,0				1,5									
1				0					Schlacht von Sesia (1524)		2,0				3,1								1,0	
1				0					Belagerung von Marseille (1524)		1,0				1,5									
1				0					Belagerung von Pavia (1524 bis 1525)	25					6,0								0,0	
1				0					Schlacht von Basiglio (1524)		1,0				1,5									
1				0					Belagerung von Melzo (1524)		1,0				1,5								0,0	
1				0					Schlacht von Fiorenzuola d' Arda (1524)	20	1,0				4,8									
1				0					Belagerung von Cassano d' Adda (1525)		1,0				1,5									
1				0					Belag. von Sant' Angelo Lodigiano (1525)						1,5									
1				0					Schlacht von Pavia (1525)		5,0				7,7									
1	1			1	1521			Tatarischer Tributeintreibungsfeldzug gegen Russland							1,5	1,5							
1				0					Belagerung von Moskau (1521)		1,0				1,5								0,0	
1		1		1	1522	bis	1523	Pfaffenkrieg (Deutscher Ritteraufstand)			1,0				1,0	1,0							
1				0					Belagerung von Trier (1523)		1,0				1,0								0,0	
1	1			1	1522			Persische Invasion Georgiens							9,6	9,6							
1				0					Schlacht von Teleti (1522)						4,8									
1				0					Belagerung von Tblisi (1522)						4,8								0,0	
1		1		1	1523	bis	1532	Dänischer Hierarchiekrieg							0,0	0,0							
1		1		1	1524	bis	1526	1. Müsserkrieg							1,5	1,5							
1				0					Schlacht von Dubina (1525)						0,5									
1				0					Belagerung von Chiaverna (1525)		1,0				1,0								0,0	
1	1			1	1524			Russischer Feldzug gegen Kasan			5,0				7,7	7,7							

	Präd &Retor	Terr Konfl	Hier& Kons	Alloph Konfl	Se. Konfl	Jahr	bis	Jahr	Konflikt	Ausführungsereignisse (Schlachten, Belagerungen)	Tln. (Tsd.)	Land Schl Tote (Tsd.)	Schl Tote & Verw. (Tsd.)	See Schiffe	See Schiffe gesunk.	Kampf-Tote (Tsd.) Zw. Ablage	Kampf-Tote (Tsd.)	Mil. Nicht-KampfTote (Tsd.) Zw. Ablage	Mil. Nicht-Kampf-Tote (Tsd.)	MilTote (Tsd.) Zw. Ablage	Mil. Tote (Tsd.)	Ziv. Tote (Tsd.) Zw. Ablage	Ziv. Tote (Tsd.)	SeTote (Tsd.)
1			1		1	1524	bis	1526	Deutscher Bauernkrieg	Schlacht von Leipheim (1525)		1,0				51,1	51,1							
1					0					Schlacht von Wurzach (1525)		1,0				1,5								
1					0					Belagerung von Weinsberg (1525)	30					1,5							0,0	
1					0					Schlacht von Wingarten (1525)	20					7,2								
1					0					Schlacht von Zabern (1525)		1,0				4,8								
1					0					Schlacht von Böblingen (1525)		5,0				1,5								
1					0					Schlacht von Frankenhausen (1525)		5,0				5,0								
1					0					Belagerung von Freiburg (1525)	1					7,7							0,0	
1					0					Schlacht von Königshofen (1525)		4,0				0,2								
1					0					Belagerung von Ingolstadt (1525)	1					6,2							0,0	
1					0					Schlacht von Pfeddersheim (1525)		3,0				0,2								
1					0					Belagerung von Luibas (1525)		2,0				4,6							0,0	
1					0					Belagerung von Zabern (1525)		2,0				3,1							0,0	
1					1					Schlacht bei Mühlhausen (1525)		1,0				3,1								
1			1		0	1525	bis	1526	Salzburger Bauernaufstand	Schlacht von Schladming (1525)		5,0				6,2	6,2							
1					0					Schlacht von Zell am See (1526)		3,0				1,5								
1			1		1	1525			Tiroler Bauernaufstand	Schlacht von Trient (1525)		2,0				1,5	1,5							
1		1			1	1526	bis	1530	2. Krieg Karls V. gegen François I.	Schlacht von Borgoforte (1526)		1,0				15,1	15,1							
1					0					Belagerung von Rom (1527)		1,0				1,5							0,0	
1					0					Belagerung von Pavia (1527)		1,0				1,5							0,0	
1					0					Seeschlacht von Amalfi (1528)		1,0				1,5								
1					0					Belagerung von Lodi (1528)		1,0				1,5							0,0	
1					0					Schlacht von Landriano (1528)		1,0				1,5								
1					0					Belagerung von Pavia (1528)		1,0				1,5							0,0	
1					0					Schlacht von Landriano (1529)		1,0				1,5								
1					0					Belagerung von Florenz (1529 bis 1530)		1,0				1,5							44,0	
1					0					Schlacht von Gavinana (1530)	5	1,0				1,2								
1		1			1	1526	bis	1555	Persisch-Türkischer Krieg	Belagerung von Bagdad (1534)		1,0				1,5	1,5						0,0	
1				1	1	1527	bis	1543	Heiliger Krieg Adals gegen Äthiopien	Schlacht von Waim Degra (1543)		1,0				1,5	1,5							
1	1				1	1527	bis	1533	Ungarischer Thronfolgekrieg	Schlacht von Tokai (1527)		1,0				9,3	9,3							
1					0					Schlacht von Sarospatak (1528)		1,0				1,5								
1					0					Belagerung von Buda (1529)		1,0				1,5								
1					0					Belagerung von Wien (1529)		2,0				3,1								
1					0					Belagerung von Güns (1532)		1,0				1,5								
1	1				1	1527	bis	1530	Eroberung u. Islamisierung Javas durch Demak	Eroberung von Kediri (1527)						24,0	24,0						0,0	
1					0					Eroberung von Tuban (1527)						4,8							0,0	
1					0					Eroberung von Su a Kelapa (1527)						4,8							0,0	
1					0					Eroberung von Madiun (1529)						4,8							0,0	
1					0					Eroberung von Balambangan (1529)						4,8							0,0	
1	1				1	1527	bis	1592	Usurpation der Mac-Dynastie in Vietnam							1,0	1,0							
1			1		1	1529	bis	1531	Kappeler Kriege							2,0	2,0							

ANLAGE 10

	Präd &Rector	Terr Konfl	Hier& Kons	Alloph Konfl	Se. Konfl	Jahr	bis	Jahr	Konflikt	Ausführungsereignisse (Schlachten, Belagerungen)	Tln. (Tsd.)	Land Schl Tote (Tsd.)	Schl Tote & Verw. (Tsd.)	See Schiffe	Schiffe gesunk.	Kampf-Tote (Tsd.) Zw. Ablage	Kampf-Tote (Tsd.)	Mil. Nicht-KampfTote (Tsd.) Zw. Ablage	Mil. Nicht-Kampf-Tote (Tsd.)	MilTote (Tsd.) Zw. Ablage	Mil. Tote (Tsd.)	Ziv. Tote (Tsd.) Zw. Ablage	Ziv. Tote (Tsd.)	SeTote (Tsd.)
1					0					Schlacht von Kappel (1531)						1,0								
1					0					Schlacht von Gubel (1531)						1,0								
1			1		1	1530	bis	1532	Inkaischer Thronfolgekrieg	Schlacht von Ambato (1531)		2,0				7,7	7,7							
1					0					Belagerung von Tucalbamba (1531)		1,0				3,1							5,0	
1					0					Schlacht von Quipaypan (1532)		2,0				3,1								
1		1			0	1530			Russischer Feldzug gegen Kasan								4,8							
1					1	1531	bis	1532	2. Müsserkrieg	Schlacht von Morbegno (1531)	7					4,8	4,6						5,0	
1					0					Schlacht von Morbegno (1532)	12					4,6								
1		1			1	1532	bis	1532	Krieg des Mogul-Reichs gegen Sher Khan	Schlacht von Daulria (1532)		1,0				3,1	3,1						0,0	
1					0					1. Belagerung von Churur (1532)		1,0				1,5								
1					1	1533	bis	1536	Dänischer Thronfolgekrieg	Seeschlacht bei Bornholm/Svendborg (1535)						4,8	4,8							
1			1		0	1534			Hierarchiekrieg in Württemberg	Schlacht von Laufen am Neckar (1534)						4,8	4,8							
1			1		1	1534	bis	1535	Aufstand der Täufer von Münster	Belagerung von Münster (1534 bis 1535)		1,0				1,5	1,5						0,0	
1					0	1535	bis	1544	Unterwerfungsfeldzüge des Tabinshwehti in Birma			5,0				7,7	7,7							
1					0					Belagerung von Bassein (1535)		1,0				1,5							0,0	
1					0					Belagerung von Pegu (1539)		1,0				1,5							0,0	
1					0					Belagerung von Martaban (1541)		1,0				1,5							0,0	
1					0					Belagerung von Moulmein (1541)		1,0				1,5							0,0	
1					0					Belagerung von PRom (1542)		2,0				3,1	3,1							
1				1		1535			Feldzug Karls V. gegen Khayr el Din	Belagerung von La Goletta (1535)		1,0				1,5							5,0	
1					0					Belagerung von Tunis (1535)		1,0				1,5								
1				1		1536	bis	1538	3. Krieg Karls V. gegen François I	Belagerung von Toulon (1536)		1,0				6,3	6,3						0,0	
1					0					Belagerung von Montmelian (1536)						1,5							0,0	
1				1		1537	bis	1540	5. Türkisch - Venezianischer Krieg	Belagerung von Kerkyra (1537)		2,0				4,8	7,9						0,0	
1					0					Seeschlacht von Preveza (1538)		2,0				3,1								
1				1		1537	bis	1540	Krieg Bahadur Schahs gegen Humayun	Schlacht von Chausa (1539)		10,0				12,4	41,2							
1					0					Schlacht von Bilgram (1540)	120	8,0				28,8								
1		1			1	1537	bis	1570	Expansionskriege von Aceh	Angriff auf Malakka (1537)						28,8	28,8							
1					0					Angriff auf Batak (1539)						4,8								
1					0					Angriff auf Malakka (1547)						4,8								
1					0					Plünderung von Johore (1565)						4,8								
1					0					Angriff auf Malakka (1568)						4,8							0,0	
1					0					Angriff auf Johore (1570)						4,8								
1		1			1	1540	bis	1541	Spanischer Rachefeldzug gegen Algier	Seeschlacht an der Alboran-Insel (1540)		0,5				7,0	7,0							
1					0					Belagerung von Algier (1541)		4,0				0,8							0,0	
1					0				Portugiesische Intervention in Äthiopien							6,2	4,8							
1				1		1542	bis	1544	4. Krieg Karls V. gegen François I							4,8	31,4							
																31,4	31,4							

ANLAGE 10

Präd &Retor	Terr Konfl	Hier& Kons	Alloph Konfl	Se. Konfl	Jahr	bis	Jahr	Konflikt	Ausführungsereignisse (Schlachten, Belagerungen)	Th. (Tsd.)	Land Schl Tote (Tsd.)	Schl Tote & Verw. (Tsd.)	See Schiffe gesunk.	Schiffe gesunk.	Kampf-Tote (Tsd.) Zw. Ablage	Kampf-Tote (Tsd.)	Mil. Nicht-KampfTote (Tsd.) Zw. Ablage	Mil. Nicht-Kampf-Tote (Tsd.)	MilTote (Tsd.) Zw. Ablage	Mil. Tote (Tsd.)	Ziv. Tote (Tsd.) Zw. Ablage	Ziv. Tote (Tsd.)	SeTote (Tsd.)
1				0					Belagerung von Perpignan (1542)													0,0	
1				0					Belagerung von Nizza (1543)						4,8							0,0	
1				0					Belagerung von Landrecies (1543)						4,8							0,0	
1				0					Seeschlacht von Muros (1543)		3,0				4,6								
1				0					Schlacht von Ceresole (1544)		8,0				12,4								
1	1			1	1542	bis	1550	Englisch-Schottischer Krieg	Schlacht von Solway Moos (1542)		5,0				18,8	18,8							
1				0					Belagerung von Boulogne (1544)						4,8								
1	1			0					Schlacht von Ancrum Moor (1545)		1,0				1,5	1,5						0,0	
1				0					Seeschlacht von Spithead (1545)						4,8								
1				0					Schlacht von Pinkie (1547)			5,5			2,8								
1		1		1	1542	bis	1543	Braunschweiger Krieg							4,8	4,8							
1		1		1	1542	bis	1545	Schwedischer Bauernaufstand							4,8	4,8							
1	1			0	1544	bis	1545	Krieg von Hindustan gegen Kalinar	Belagerung von Kalinjar (1544 bis 1545)		1,0				1,5	1,5						0,0	
1			1	1	1454			Bürgerkrieg in Annam	Eroberung von Malang (1545)						9,6	0,0							
1				0	1545			Expansionskriege von Demak	Invasion von Balambangan (1546)						4,8								
1		1		0	1546	bis	1547	Schmalkaldischer Krieg	Belagerung von Ingolstadt (1546)		1,0				9,6	9,6						0,0	
1				0					Schlacht von Mühlberg (1547)	20					4,8								
1	1			0	1548	bis	1560	Französische Intervention in Schottland	Belagerung von Leith (1560)						4,8	4,8						0,0	
1				0	1549			Katholischer Aufstand auf Cornwales							0,0	0,0							
1					1549	bis	1563	*Plünderungseinfälle mongolischer Tümet in China u. Gegenoffensiven*															
1				1				Tümet-Invasion in Datong (1549)							4,8	4,8						0,0	
1				0				Tümet-Invasion in Datong (1549)	Schlacht von Yongning (1549)						4,8	4,8						0,0	
1				0				Tümet-Invasion in Hebei (1549)	Belagerung von Peking (1550)						4,8								
1				1				Tümet-Invasion in Datong (1552)							4,8							0,0	
1				1				Chinesische Offensive (1553)	Schlacht von Sanjia (1553)						4,8							0,0	
1				0				Tümet-Invasion in Xuanfu u. Suzhou (1555)							4,8								
1				1				Tümet-Invasion in Suzhou (1560)							4,8	4,8							
1				0				Chinesische Offensive (1563)	Schlacht von Yongning (1563)						9,6	9,6							
1				0					Schlacht von Liaoyang (1563)						4,8								
1		1		1	1552	bis	1555	Protestantische Fürstenverschwörung	Schlacht von Reutte (1552)						4,8	4,8							
1	1			0	1552	bis	1556	5. Krieg Karls V gegen Frankreich	Belagerung von Metz (1552)						20,7	20,7						0,0	
1				0					Schlacht von Saint Vincent (1552)						4,8								
1				0					Schlacht von Marciano (1553)						4,8								
1				0					Belagerung von Siena (1553 bis 1554)						4,8							0,0	
1				0					Schlacht von Renty (1554)		1,0				1,5								
1	1			1	1552	bis	1557	Russische Unterwerfung des Khanats von Kasan							47,9	47,9							
1				0					Schlacht von Tula (1552)						0,0								

Präd &Retor	Terr Konfl	Hier& Kons	Alloph Konfl	Se. Konfl	Jahr	bis	Jahr	Konflikt	Ausführungsereignisse (Schlachten, Belagerungen)	Tln. (Tsd.)	Land Schl. Tote (Tsd.)	Schl. Tote & Verw. (Tsd.)	See Schiffe	Schiffe gesunk.	Kampf-Tote (Tsd.) Zw. Ablage	Kampf-Tote (Tsd.)	Mil. Nicht-KampfTote (Tsd.) Zw. Ablage	Mil. Nicht-Kampf-Tote (Tsd.)	MilTote (Tsd.) Zw. Ablage	Mil. Tote (Tsd.)	Ziv. Tote (Tsd.) Zw. Ablage	Ziv. Tote (Tsd.)	Se. Tote (Tsd.)
1				0					Belagerung von Kasan (1552)		30,0				46,4							70,0	
1				0					Belagerung von Astrachan (1556)		1,0				1,5							0,0	
1				1	1552	bis	1555	2. Markgrafenkrieg	Schlacht von Sievershausen (1553)		5,0				15,8	15,8							
1				0					Belagerung von Kulmbach (1553)		4,0				6,2								
1				0					Schlacht bei Schwarzach (1554)						4,8							0,0	
1	1			1	1554	bis	1557	Russisch-Schwedischer Krieg	Schlacht von Scannagallo (1554)						4,8	4,8							
1	1			1	1554			Krieg Florenz gegen Siena mit Frankreich	Schlacht von Farah (1555)		1,0				1,5	1,5							
1	1			2	1555			Aufstand in Lahore	Schlacht von Machhiwara (1555)		2,0				3,1	4,6						1,0	
1				0					Schlacht von Sarhind (1555)		1,0				1,5								
1	1			1	1555			Restaurierung des Mogul-Reichs (1555)	Belagerung von Chiengmai (1556)		1,0				21,6	21,6						0,0	
1				0	1556	bis	1559	Birmesische Eroberung von Chiengmai	Belagerung von Dünkirchen (1557)		1,0				1,5								
1	1			1	1556	bis	1559	Spanisch-Französischer Krieg	Belagerung von Saint Quentin (1557)		1,0				1,5								
1				0					Schlacht von Saint Quentin (1557)		5,0				7,7							5,0	
1				0					Belagerung von Cuneo (1557)						0,0							0,0	
1				0					Schlacht von Gravelingen (1558)		6,0				9,3								
1				0					Belagerung von Calais (1559)		1,0				1,5								
1	1			1	1556	bis	1569	Unterwerfungsfeldzüge des Bayinnaung in Birma	Belagerung von Ayutthya (1569)		1,0				4,0	4,0						0,0	
1				0	1556	bis	1569	1. Georgischer Unabhängigkeitskrieg Simons I. von Kartli	Schlacht von Garisi (1556)		1,0				1,0								
1	1			1					Schlacht von Tsikhedidi (1561)		1,0				1,0								
1				0					Schlacht von Digomi (1567)		1,0				1,0								
1				1					Schlacht von Samadlo (1569)		1,0	14			1,0								
1	1			0	1556			Hierarchiekrieg im Mogul-Reich	2. Schlacht von Panipat (1556)	40					9,6	9,6							
1	1			1	1557	bis	1582	Livländischer Krieg	Schlacht von Wenden (1578)		1,0				1,0	1,0							
1	1	1		1	1559			Unterwerfung der Bauernrepublik Dittmarschen ("Letzte Fehde")							1,0	1,0							
1	1	1		1	1559			Osmanischer Thronfolgekrieg	Schlacht von Konya (1559)		1,0				1,5	1,5							
1	1			1	1560			Portugiesische Eroberung von Fort Coligny (1555)							0,0	0,0							
1	1			1	1560			Feldzug gegen das Piratenzentrum Djerba	Seeschlacht von Djerba (1560)		6,0				9,3	9,3							
1				0					Belagerung von Djerba (1560 bis 1560)		1,0				7,1								
1				0	1562	bis	1598	HUGENOTTENKRIEGE							54,6								
1	1		1	1	1562	bis	1563	1. Französischer Religionskrieg (1562 bis 1563)	Belagerung von Rouen (1562)	35	4,0				9,9	9,9						0,0	
1				0					Schlacht von Dreux (1562)		1,0				8,4								
1	1		1	0	1567	bis	1568	2. Französischer Religionskrieg (1567 bis 1568)	Schlacht von Saint Denis (1567)	20					4,8	4,8							

ANLAGE 10

Präd &Retor	Terr Konfl	Hier& Kons	Alloph Konfl	Se. Konfl	Jahr	bis	Jahr	Konflikt	Ausführungsereignisse (Schlachten, Belagerungen)	Tln (Tsd.)	Land Schl Tote (Tsd.)	Land Schl Tote & Verw. (Tsd.)	See Schiffe	See Schiffe gesunk.	Kampf-Tote (Tsd.) Zw. Ablage	Kampf-Tote (Tsd.)	Mil. Nicht-KampfTote (Tsd.) Zw. Ablage	Mil. Nicht-Kampf-Tote (Tsd.)	MilTote (Tsd.) Zw. Ablage	Mil. Tote (Tsd.)	Ziv. Tote (Tsd.) Zw. Ablage	Ziv. Tote (Tsd.)	SeTote (Tsd.)
1			1	1				3. Französischer Religionskrieg (1568 bis 1570)	Schlacht von Jarnac (1569)	5					3,7	3,7							
1			1	0					Schlacht von Moncontour (1569)						1,0								
1			1	0					Schlacht von Arnay-le-Duc (1569)		1,0				1,2								
1			1	1				Religiozidwelle (1572)	Bartholomäusnacht (1572)						0,0	0,0						33,0	
1			1	1				4. Französischer Religionskrieg (1573)	Belagerung von La Rochelle (1573)		2,0				2,5	2,5							
1			1	0					Seeschlacht von La Rochelle (1573)		1,0				1,0							0,0	
1		1		0				5. Französischer Religionskrieg (1575 bis 1576)	Schlacht von Dormans (1575)		1,0				1,5	3,1							
1			1	1				6. Französischer Religionskrieg (1577)	Belagerung von Chartre-sur-Loire (1577)		1,0				1,5								
1			1	1					Belagerung von Issoire (1577)		1,0				1,5							3,0	
1			1	1				7. Französischer Religionskrieg (1580)	Belagerung von Cabors (1580)	3					0,7	0,7						0,0	
1			1	0				8. Französischer Religionskrieg (1585 bis 1589)	Belagerung von Pont-Audemer (1589)						5,6	5,6							
1			1	0					Schlacht von Amboise (1589)		1,0				1,0								
1			1	0					Schlacht von Coutras (1587)		2,0				3,1								
1	1			1				Französischer Thronfolgekrieg (1589 bis 1598)	Belagerung von Paris (1589)		1,0				22,5	22,5						0,0	
1				0					Schlacht von Arques (1589)	36					1,5								
1				0					Schlacht von Ivry (1590)		4,0				8,6								
1				0					Belagerung von Paris (1590)		1,0				6,2							30,0	
1				0					Belagerung von Chartres (1591)		1,0				1,5							0,0	
1				0					Belagerung von Rouen (1591 bis 1592)		1,0				1,5							0,0	
1				0					Belagerung von Laon (1594)		1,0				1,5							0,0	
1	1			1	1563	bis	1570	Dänisch-Schwedischer (Nordischer 7-Jähriger) Krieg	1. Seeschlacht von Öland (1564)					1	13,1	13,1							
1				0					2. Seeschlacht von Öland (1564)					0	0,4								
1				0					Seeschlacht von Wismar (1565)		0,2				0,0	0,0							
1				0					Seeschlacht von Bornholm / Rügen (1565)		2,0				0,3								
1				0					Seeschlacht bei Öland (1566)		6,0				3,1								
1				1	1564			Spanische Eroberung des Penon de Velez de la Gomera	Seeschl. v. Penon Velez d.l. Gomera (1564)		1,0				9,3								
1	1			0	1565	bis	1566	Aufstand der Yao							1,5	1,5							
1	1			1	1565			Krieg gegen Vijayanagar	Schlacht von Talikota (1565)		1,0				1,5								
1			1	0	1565			Span Feldzug gegen französ. Hugenotten in Florida	Belagerung von Fort Caroline (1565)						1,0	1,0							
1		1		1	1567	bis	1583	Schottischer Bürgerkrieg	Schlacht von Carberry Hill (1567)		1,0				1,0	1,0							
1				0					Schlacht von Langside (1568)		2,0				3,1	3,1							
1	1			0	1567	bis	1568	Krieg des Mogul-Reichs gegen Mewar	Schlacht von Langside (1568)		1,0				1,5								
1	1			1	1567	bis	1573	Krieg zwischen Siam u. Kambodscha	Belagerung von Chitor (1567 bis 1568)		1,0				10,0	10,0						20,0	
1				1					Krieg zwischen Siam u. Kambodscha		1,0				1,5	1,5						0,0	

Präd &Rletor	Terr Konfl	Hier& Kons	Alloph Konfl	Sc. Konfl	Jahr	bis	Jahr	Konflikt	Ausführungsereignisse (Schlachten, Belagerungen)	Tln. (Tsd.)	Land Schl Tote (Tsd.)	Schl Tote & Verw. (Tsd.)	See Schiffe	See Schiffe gesunk.	Kampf-Tote (Tsd.) Zw. Ablage	Kampf-Tote (Tsd.)	Mil. Nicht-KampfT ote (Tsd.) Zw. Ablage	Mil. Nicht-Kampf-Tote (Tsd.)	MilTote (Tsd.) Zw. Ablage	Mil. Tote (Tsd.)	Ziv. Tote (Tsd.) Zw. Ablage	Ziv. Tote (Tsd.)	SeTote (Tsd.)
	1			1	1568	bis	1648	Unabhängigkeitskriege der Niederlande (Teil 16. Jh.)							43,3	43,3							
				0					Schlacht von Oosterweel (1567)		1,0				1,5								
				0					Schlacht von Jemmingen (1568)		6,0				9,3								
				0					Schlacht von Mons (1571)		5,0				7,7								
				0					Belagerung u. Massaker von Naarden (1572)						0,0							0,5	
				0					Belagerung von Haarlem (1572 bis 1573)		1,0				1,5							0,0	
				0					Belagerung von Alkmaar (1573)		1,0				1,5							0,0	
				0					Belagerung von Leyden (1573)		1,0				1,5							0,0	
				0					Seeschlacht von Zuiderzee (1573)		1,0				1,5								
				0					Schlacht von Mockerheide (1574)		1,0				1,5								
				0					Belagerung / Massaker von Antwerpen (1576)		1,0				1,5							7,0	
				0					Belagerung von Amsterdam (1578)		1,0				4,6								
				0					Schlacht von Gembloux (1578)		3,0				1,5								
				0					Belagerung von Maastricht (1578 bis 1579)		1,0				1,5							6,0	
				0					Belagerung von Antwerpen (1584 bis 1585)		1,0				1,5							0,0	
				0					Belagerung von Zutphen (1586)		1,0				1,5							0,0	
				0					Belagerung von Wachtendonk (1588)		1,0				1,5							0,0	
				0					Schlacht von Turnhout (1597)		2,0				3,1								
1				1	1568			Französische Vergeltung gegen San Mateo (ex Fort Caroline)						4,8	4,8							
				0					Belagerung von San Mateo (1568)						4,8								
		1		1	1568	bis	1570	Alpujarra-Aufstand						20,6	20,6							
				0					Schlacht von Alfajarali-Pass (1568)		2,0				3,1								
				0					Schlacht von Ohanes (1569)		2,0				3,1								
				0					Belagerung von Galera (1570)						4,8							5,0	
				0					Belagerung von Seron (1570)						4,8							5,0	
				0					Belagerung von Tipola (1570)						4,8							5,0	
				1	1569			Aufstand in Mani gegen die Türken		1,0				1,5	1,5							
		1		1	1569			Aufstand der Janitscharen		1,0				1,5	1,5							
				1	1569			Aufstand in Jemen gegen die Türken		1,0				1,5	1,5							
	1			1	1570	bis	1583	Schwedisch-Russischer Krieg		1,0				1,5	1,5							
				1	1570	bis	1571	Türkisch-Venezianischer Krieg						74,8	74,8							
				0					Belagerung von Nicosia (1570)		10,0				10,0							20,0	
				0					Belagerung von Famagusta (1570 bis 1571)						60								
				0					Seegefecht vor Famagusta (1571)						4,8								
1				1	1571	bis	1573	Krieg der Heiligen Liga gegen das Osmanische Reich		33,0				38,3	38,3							
				0					Belagerung von Kephalionia (1571)		1,0				1,5							0,0	
				0					Seeschlacht von Lepanto (1571)						32,0								
				1					Seeschlacht von Cape Matapan (1572)						4,8								
	1			1	1571	bis	1572	Tatarische Invasion Russlands						3,1	3,1						0,0	
				0					Belagerung von Moskau (1571)		1,0				1,5								
				1					Schlacht von Molodi (1571)		1,0				1,5								
	1			1	1573			Spanischer Rückeroberungsversuch von Tunis		10,0				15,5	15,5							
				0					Belagerung von La Goletta (1573)		8,0				12,4							0,0	
				1	1574			Seeschlacht von Tunis (1574)		2,0				3,1								
1				1	1574			Piratenangriff auf Manila						4,8	4,8							
1				1	1574	bis	1593	Siamesischer Unabhängigkeitskrieg		1,0				1,5	1,5							

Präd &Retor	Terr Konfl	Hier& Kons	Alloph Konfl	Se. Konfl	Jahr	bis	Jahr	Konflikt	Ausführungsereignisse (Schlachten, Belagerungen)	Tln. (Tsd.)	Land Schl Tote (Tsd.)	Schl. Tote & Verw. (Tsd.)	See Schiffe gesunk.	See Schiffe	Kampf-Tote (Tsd.) Zw. Ablage	Kampf-Tote (Tsd.)	Mil. Nicht-KampfTote (Tsd.) Zw. Ablage	Mil. Nicht-Kampf Tote (Tsd.)	MilTote (Tsd.) Zw. Ablage	Mil. Tote (Tsd.)	Ziv. Tote (Tsd.) Zw. Ablage	Ziv. Tote (Tsd.)	SeTote (Tsd.)
1				0				Luzon, Vernichtung eines Piratenstützpunktes im nördlichen	Schlacht von Nong Sarray (1592)		1,0				1,5								
1				1	1575										4,8	4,8							
1				0	1575	bis	1586	Krieg Chinas gegen Tolmud															
	1			0					Chinesische Offensive (1575)						4,8								
1				0					Schlacht von Shenyang (1575)						4,8	4,8							
	1			0					Chinesische Offensive (1576)						4,8								
1				0					Belagerung von Daqing (1576)						4,8	4,8						0,0	
	1			0					Chinesische Offensive (1579)						4,8								
1				0					Belagerung der Cheng-Festung (1579)						4,8	4,8							
	1			0					Tolmud-Offensive (1579)						4,8								
1				0					Schlacht von Jingzhou (1579)						4,8	4,8							
1				0	1576			Krieg des Mogul-Reichs gegen Mewar							4,8								
	1			0					Schlacht von Haldi Ghati (1576)			2			4,8								
1			1	1	1578	bis	1580	Weltumsegelung des Francis Drake							0,0	0,0							
1				0	1578			Portugiesische Invasion Marokkos			10,0				15,5	15,5							
1				0					Schlacht von Alkasar el Kebir (1578)		10,0				15,5								
1				0	1578	bis	1580	Portugiesischer Erbfolgestreit							4,6	4,6							
1				0					Schlacht von Alcantara (1580)		1,0				1,5								
1				0					Seeschlacht von Sao Miguel (1582)		1,0				1,5								
1				1					Seeschlacht von Terceira (1583)		1,0				1,5								
1				1	1578	bis	1589	Türkischer-Äthiopischer Krieg							4,8	4,8							
1				1	1579	bis	1590	Türkisch-Persischer Krieg							4,8	4,8							
1				1	1579	bis	1588	2. Georg. Unabhängigkeitskrieg, Simons I. von Kartili (1556 bis 1569)							9,6	9,6							
1				0					Schlacht von Gopanto (1588)						4,8								
1				0					Schlacht von Opsikiviti (1588)						4,8								
1				0	1580			Irischer Aufstand			1,0				1,5	1,5							
1				0					Schlacht von Smerwick (1580)						4,8	4,8							
1				0	1582	bis	1585	Kosaksiche Besetzung des Khanats von Sibir							4,8								
1				0					Schlacht an der Irtysch (1582)		1,0				1,0	1,0							
1			1	0	1583	bis	1585	Kölner (Truchsesssicher) Krieg							1,0	1,0							
1			1	1	1583	bis	1593	Bischofskrieg							4,8								
1				1	1585	bis	1618	Marokkanischer Besetzung des Songhay-Reichs							31,0	31,0							
1				1	1585	bis	1604	Spanisch-Englischer Seekrieg							1,0								
1				0				Seezug Drakes nach Westindien (1585 bis 1586)	Plünderung von Vigo (1585)						4,8	4,8						0,0	
1				0					Plünderung von Sao Tiago (1585)		1,0				1,5							0,0	
1				0					Belagerung von Hispaniola (1586)						1,0							1,0	
1				0					Einnahme u. Plünd. von Cartagena (1586)						1,0							0,0	
1				0					Plünderung/Zerstörung v. San Agustin (1585)						1,5								
1				0					Seeschlacht von Cadiz (1587)		1,0				1,5								
1				1					Seeschlacht im Ärmelkanal (1588)		12,0				18,5	4,8							
1				1					Seeschlacht von Cadiz (1596)		1,0				1,5								
1			1	1	1587	bis	1588	Polnischer Thronfolgekrieg	Schlacht von Pitschen (1588)		1,0				1,5	1,5							
1				1	1587			Plünderungseinfall der Zimba in Ostafrika			1,0				1,5	1,5						0,0	
1				0	1587			Portugiesische Strafexpedition gegen Faza	Schlacht von Malindi (1587)		1,0				1,5	1,5						0,0	

ANLAGE 10

	Präd &Refor	Terr Konfl	Hier& Kons	Alloph Konfl	Se. Konfl	Jahr	bis	Jahr	Konflikt	Ausführungsereignisse (Schlachten, Belagerungen)	Tln. (Tsd.)	Land Schl. Tote (Tsd.)	Schl. Tote & Verw. (Tsd.)	See Schiffe gesunk. (Schiffe)	See Schiffe gesunk.	Kampf-Tote (Tsd.) Zw. Ablage	Kampf-Tote (Tsd.)	Mil. Nicht-KampfTote (Tsd.) Zw. Ablage	Mil. Nicht-Kampf-Tote (Tsd.)	MilTote (Tsd.) Zw. Ablage	Mil. Tote (Tsd.)	Ziv. Tote (Tsd.) Zw. Ablage	Ziv. Tote (Tsd.)	SeTote (Tsd.)
1	1				1	1588			Unterwerfung von Demak u. Pajang durch Mataram							4,8	4,8							
1		1			1	1589	bis	1618	Marokkanischer Besetzung des Songhay-Reichs		30,0					9,6	9,6							
0					0					Belagerung von Timbuktu (1591)						4,8							0,0	
0					0					Belagerung von Gao (1591)						4,8							0,0	
1		1			1	1588	bis	1588	Englische Invasion Portugals			7			3,6	3,6							
1		1			0	1590	bis	1593	Russisch-Schwedischer Krieg		1,0				1,5	1,5							
0					0				Schlacht von Narva (1590)		1,0				0,5								
1	1				1	1590	bis	1601	Savoyisch-Französischer Krieg		1,0				0,5	0,5							
0					0				Belagerung von Bricherasio (1594)			1			9,6	9,6						0,0	
1		1			0	1591			Expansionsfeldzüge von Mataram						4,8								
0					0				Einnahme von Madiun (1591)						4,8							0,0	
1	1				1	1592			Aufstand der Garnison von Ningxia							0,0							
1		1			1	1592	bis	1598	2. Japanische Invasion Koreas						174,6	174,6							
0					0				Belagerung von Pusan (1592)		1,0				1,5							0,0	
0					0				Belagerung von Seoul (1592)						4,8							0,0	
0					0				Belagerung von Samju (1592)		1,0				1,5							0,0	
0					0				Schlacht von Changju (1592)		1,0				1,5								
0					0				Belagerung von Gyeongju (1592)		1,0				1,5							0,0	
0					0				Belagerung von Jinju (1592)		1,0				1,5								
0					0				Seeschlacht von Okpo (1592)		1,0				1,5							0,0	
0					0				Seeschlacht von Sacheon (1592)		1,0				1,5							0,0	
0					0				Seeschlacht von Tangpo (1592)		1,0				1,5								
0					0				Seeschlacht von Tanhangpo (1592)		1,0				1,5								
0					0				Seeschlacht von Kyonneryang (1592)		1,0				1,5								
0					0				Belagerung von Pyeongyang (1593)		10,0				15,5							0,0	
0					0				Belagerung von Kaesong (1593)						4,8								
0					0				Schlacht von Ichureong (1593)		1,0				1,5								
0					0				Belagerung von Haengju (1593)		10,0				15,5							0,0	
0					0				Belagerung von Namwon (1597)		9,0				13,9							0,0	
0					0				Belagerung von Hwangsoksan (1597)						0,0							0,0	
0					0				Seeschlacht von Chilchonryang (1597)		20,0				30,9								
0					0				Belagerung von Ulsan (1597 bis 1598)		30,0				46,4							0,0	
0					0				Seeschlacht von Chin Do (1597)					200	5,0								
0					0				Seeschl. in d. Meerenge von Noryang (1598)						13,0								
0					0				Schlacht von Xinzhai/Chinhae (1598)						4,8								
0					0				Belagerung von Sachon (1598)		2,0				3,1							0,0	
0					0				Belagerung von Sunchon (1598)						0,0							0,0	
1		1			1	1594	bis	1603	Irischer Aufstand		1,0				1,5	1,5							
0					0				Schlacht von Yellow Ford (1598)		1,0				1,5							0,0	
1			1		1	1594	bis	1597	Oberösterreichischer Bauernaufstand		1,0				0,0	0,0							
0					0				Schlacht von Neumarkt im Hausruck (1595)						0,0								
1		1			1	1594			Krieg zwischen Siam u. Kambodscha						4,8								
0					0				Belagerung von Lovek (1594)						4,8							0,0	
1	1				1	1595	bis	1598	Französisch-Spanischer Krieg		0,2				5,1	5,1							
0					0				Schlacht von Fontaine-Française (1595)						0,3								
0					0				Belagerung von Amiens (1596 bis 1597)						4,8							0,0	

697

ANLAGE 10

	Präd &Rktor	Terr Konfl	Hier& Kons	Alloph Konfl	Se. Konfl	Jahr	bis	Jahr	Konflikt	Ausführungsereignisse (Schlachten, Belagerungen)	Tln. (Tsd.)	Land Schl Tote (Tsd.)	Schl Tote & Verw. (Tsd.)	See Schlachte	Schiffe gesunk.	Kampf Tote (Tsd.) Zw. Ablage	Kampf Tote (Tsd.)	Mil. Nicht-KampfTote (Tsd.) Zw. Ablage	Mil. Nicht-Kampf Tote (Tsd.)	MilTote (Tsd.) Zw. Ablage	Mil. Tote (Tsd.)	Ziv. Tote (Tsd.) Zw. Ablage	Ziv. Tote (Tsd.)	SeTote (Tsd.)
1	1				1	1595	bis	1599	3. Georgischer Unabhängigkeitskrieg, Simons I. von Kartili															
1					0					Schlacht von Nakhiduri (1600)						0,0	0,0							
1		1	1		2	1598	bis	1602	Aufstand in Siebenbürgen			1,0				4,8	4,8							
1					0					Schlacht von Gorosslo (1601)						4,8	4,8							
1			1		0			1598	Schwedischer Bürgerkrieg			1,0				1,5	1,5							
1					0					Schlacht von Stangebro (1598)			1,0				1,5								
1	1				1			1598	Expansionskrieg von Mataran in Surabaya							4,8	4,8							
1			1		1			1599	Aufstand in Buchara gegen die Shaibanid-Dynastie							4,8	4,8							
1	1		1		1	1599	bis	1616	Mandschurische Stammesfehden			5,0				7,7	7,7							
840	77	153	51	16	297			16. Jahrhundert			0,24	1,55	0,51	0,03	0,44	4,80	2,519	6,24	15,716	0,50	18,234	0,0	6064,5	24,299
										Default-Faktoren														
1				1	1	1600	bis	1699	Religiozide der Inquisition im 17. Jh.							0,0	0,0						20,0	
1				1	1	1600	bis	1699	Hexenverfolgungen im 17. Jh.							0,0	0,0						50,0	
1	1			1	1	1600	bis	1699	Verskl. der Indios durch europ. Siedler (1500 bis 1758) Teil 17. Jh.							0,0							5000,0	
1				1	1	1600	bis	1699	Verschlepp. afrik. Sklaven nach Amer. (1500 bis 1870), Teil 17. Jh.							0,0							500,0	
					0				*Überfälle nordafr. Piraten u. christlicher Retorsionen im 17. Jh.*			2,0				4,9	4,9						10,0	
1				1						Seeschlacht von Tunis (1609)						0,0								
1				1						Kanonade auf Algier (1622)						0,0								
1				1						Seeschlacht bei Syrakus (1625)					2	0,9								
1				1						Berberüberfall auf Island (1627)						1,0								
1				1						Sarazenenüberfall auf Irland (1631)						1,0								
1				1						Seeschlacht von Valona (1638)				45		1,1								
1				1						Seeschlacht von Cherchell (1649)					2	0,9								
1				1						Kanonade auf Ghar el Mehl (1655)						0,0								
1				1						Kanonade auf algerischer Piratennester (1665)						0,0								
1				1						Kanonade auf Bougie (1671)						0,0								
1				1						Kanonade auf Algier (1679)						0,0								
1				1						Kanonade auf Algier (1682)						0,0								
1				1						Kanonade auf Algier (1683)						0,0								
1	1	1			1	1600	bis	1611	1. Schwedisch-Polnischer Krieg (um Litauen)							19,5	19,5							
					0					Schlacht von Dorpat (1620)			1,0				1,5								
					0					Schlacht von Revel (1620)			1,0				1,5								
					0					Schlacht von Weißenstein (1620)			1,0				1,5								
					0					Schlacht von Kircholm (1604)			10,0				15,0	15,0							
1	1	1			1	1600	bis	1648	Unabhängigkeitskrieg der Niederlande (17. Jh.)							120,1	120,1							
					0					Schlacht von Nieuport (1600)				5			2,5								
					0					Belagerung von Ostende (1601 bis 1604)				100			49,5								
					0					Belagerung von Sluis (1604)			5,0				7,5								
					0					Seeschlacht von Gibraltar (1607)			1,0				1,5							2,0	
					0					Malakka (1606)			1,0				1,5								
					0					Malakka (1607)			1,0				1,5							0,0	
					0					Seeschlacht von Playa Honda (1610)			1,0				1,5								
					0					Seeschlacht von Malakka (1615)			1,0				1,5								
					0					Seeschlacht von Malakka (1616)			1,0				1,5								

Präd &Retor	Terr Konfl	Hier& Kons	Alloph Konfl	Se. Konfl	Jahr	bis	Jahr	Konflikt	Ausführungsereignisse (Schlachten, Belagerungen)	Tln. (Tsd.)	Land Schl. Tote (Tsd.)	Schl. Tote & Verw. (Tsd.)	See Schiffe	Schiffe gesunk.	Kampf-Tote (Tsd.) Zw. Ablage	Kampf-Tote (Tsd.)	Mil. Nicht-KampfTote (Tsd.) Zw. Ablage	Mil. Nicht-KampfTote (Tsd.)	MilTote (Tsd.) Zw. Ablage	Mil. Tote (Tsd.)	Ziv. Tote (Tsd.) Zw. Ablage	Ziv. Tote (Tsd.)	SeTote (Tsd.)
1				0					Seeschlacht von Playa Honda (1617)		1,0				1,5								
1				0					Belagerung von Breda (1624 bis 1625)		10,0				15,0								
1				0					Belagerung von Grol (1627)						7,0								
1				0					Seeschlacht von Matanzas (1628)				44		1,1								
1				0					Seeschlacht von Slaak (1631)		1,0				1,5								
1				0					Belagerung von Maastricht (1632)		1,0				1,5								
1				0					Belagerung von Breda (1637)		5,0				7,5								
1				0					Seeschlacht von Dover (1639)						3,5							2?	
1				0					Seeschlacht von Dünkirchen (1639)		2,0				3,0								
1				0					Seeschlacht in den Downs (1639)				140		7,0								
1				0					Belag. von Sas van Ghent (1644 bis 1645)		1,0				1,5								
1				0					Belagerung von Hulst (1645)		1,0				1,5								
1		1		1	1600			Japanischer Hierarchiekrieg			40,0				67,0	67,0							
1				0	1600				Belagerung von Otsu (1600)						7,0								
1				0	1600	bis	1616		Schlacht von Sekigahara (1600)		40,0				60,0								
1				1				*Tatarenfälle in China (Teil 17. Jh.)*															
1				0					Tataren-Plünderungseinfall in Liangzhou (1607)						7,0								
1				1					Schlacht an der Dasheng-Festung (1609)						7,0	7,0							
1				1					Tataren-Plünderungseinfall in Baoning (1606)						7,0	7,0							
1				1					Tataren-Plünderungseinfall in Baoning (1612)						7,0	7,0							
1				1					Tataren-Plünderungseinfall in Liaodong (1613)						7,0	7,0							
1				0					Schlacht von Daboyou (1615)						7,0	7,0							
1				1					Tataren-Plünderungseinfall in Yansui (1615)						7,0								
1				1					Schlacht von Yansui (1616)						7,0	7,0							
1	1			1	1600	bis	1641	Dreifrontenkrieg zwischen Aceh, Johore u. Portugal						7,0	7,0							
1	1			1	1600	bis	1601	Französisch-Savoyischer Krieg						7,0	7,0							
1				0	1601	bis	1602	Spanische Intervention in Irland	Belagerung von Montmélian (1600)						7,0	7,0							
1				0	1601	bis	1628	Wiedervereinigungskriege Birmas	Belagerung von Kinsale (1601 bis 1602)		1,0				7,0	7,0							
1	1			1	1602	bis	1612	Persisch-Türkischer Krieg			22,0				33,0	33,0							
1				0					Belagerung von Tabriz (1602 bis 1603)		1,0				1,5	1,5						0,0	
1				0					Belagerung von Erivan (1603 bis 1604)		1,0				1,5							0,0	
1				0					Schlacht von Urmia (1606)		20,0				30,0								
1	1			1	1602	bis	1602	Aufstand Gerüs gegen Savoyen	Belagerung von Gent (1602)		1,0				7,0	7,0						0,0	
1																							
1	1			1	1604	bis	1606	Aufstand Bocskays in Siebenbürgen u. Ungarn			1,0				1,5	1,5						0,0	
1		1		1	1605			Unterwerf. u. Zwangsislamisierung der Nachbarstaaten durch Gowa							0,0	0,0							
1				0	1604	bis	1618	*Russische Usurpationen und ausländische Interventionen*							63	63,4							
1				1				Usurp. des 1. falschen Dmitri u. 1. Poln. Interv. (1604 bis 1606)							9,4	9,4							
1				0					Schlacht von Novhorod-Seversky (1604)						0,8								
1				0					Schlacht von Dobrynichi (1605)	43	0,5				8,6								

Nr	Präd &Retor	Terr Konfl	Hier& Kons	Alloph Konfl	Se. Konfl	Jahr	bis	Jahr	Konflikt	Ausführungsereignisse (Schlachten, Belagerungen)	Th. (Tsd.)	Land Schl Tote (Tsd.)	Schl Tote & Verw. (Tsd.)	See Schiffe	Schiffe gesunk.	Kampf-Tote (Tsd.) Zw. Ablage	Kampf-Tote (Tsd.)	Mil. Nicht-KampfTote (Tsd.) Zw. Ablage	Mil. Nicht-Kampf-Tote (Tsd.)	MilTote (Tsd.) Zw. Ablage	Mil. Tote (Tsd.)	Ziv. Tote (Tsd.) Zw. Ablage	Ziv. Tote (Tsd.)	SeTote (Tsd.)
1	1		1		1				Usurp. des 2. falschen Dimitri u. schwed. sowie 2. Poln. Interv. (1607 bis 1609)							15,0	15,0							
1					0					Schlacht von Bolkhow (1608)		5,0				7,5								
1					0					Schlacht an der Chadnika (1608)		5,0				7,5								
1			1		1				Kosaken-Aufstand (1609)							0,0	0,0							
1	1				1				3. Polnische Intervention in Russland (1609 bis 1612)							27,5	27,5							
1					0					Belagerung von Smolensk (1609 bis 1611)	10					2,0								
1					0					Schlacht von Kluscino (1610)		15,0				22,5								
1					0					Poln. Besetzung Moskaus (1610 bis 1612)		2,0				3,0							2,0	
1	1				1				Raubzüge des Lissowski in Russland (1615 bis 1616)							10,0	10,0							
1					0					Schlacht von Karatschew (1615)	5					1,0								
1					0					Schlacht von Rzhew (1615)	5					1,0								
1					0					Plünderung von Kursk (1616)	5					7,0								
1					0					Schlacht von Bolkhow (1616)	5					1,0								
1			1		1				4. Polnische Intervention (1617 bis 1618)							2,0	2,0							
1					0					Schlacht von Viazma-Mozhaisk (1617)	5					1,0								
1					0					Belagerung von Smolensk (1617)	5					1,0								
1	1	1			1	1606	bis	1607	Zebrzydowski-Aufstand in Polen		1,0				1,5	1,5						0,0	
1		1			1	1606			Krieg Spaniens zur Vertreibung der Niederländer von den Molukken							14,0	14,0							
1					0					Eroberung von Ternate (1606)						7,0								
1					0					Eroberung von Tidore (1606)						7,0								
1	1				1	1606	bis		Angriff der Niederländer auf Portugiesisch Malakka							7,0	7,0							
1					0					Belagerung von Lelakka (1606)						7,0								
1		1			1	1606			Aufstand in Punjab							7,0	7,0							
1					0					Schlacht von Jalhundur (1606)						7,0								
1		1			1	1606	bis	1612	Aufstand in Bengalien gegen das Mogul-Reich							7,0	7,0							
1		1			1	1607	bis	1637	Expansionskriege von Aceh		20,0				15,0	15,0							
1					0					Seeschlacht von Malakka (1629)		10,0				15,0								
1	1								Plünderungseinfall von Aceh in Johore (1637)							1,5	1,5							
1	1				1	1608	bis		Eroberung u. Zwangsislamisierung von Bone durch Gowa							0,0	0,0							
1	1				1	1607			Überfall des Stefansordens auf Bona							1,5	1,5							
1					0					Belagerung von Bona (1607)		1,0				1,5								
1				1	1	1609	bis	1614	Massenausweisung von Morisken aus Spanien							0,0	0,0						5,0	
1					0	1609			Türkisch-Tatarische Invasion Georgiens							0,0	0,0							
1	1		1		1	1609	bis	1614	Jülich-Klevescher Erbfolgekrieg							0,0	0,0							
1					0					Schlacht von Kvishkheti (1609)						0,0								
1		1			1	1610	bis	1629	Aufstand in Ahmednagar gegen das Mogul-Reich							0,0	0,0							
1	1				1	1610	bis	1625	Krieg von Mataram gegen Surabaya							7,0	7,0							
1					0					Zerstörung von Gresik (1613)						1,0								
1					0					Schlacht von Pasuruan (1617)						1,0								
1					0					Zerstörung von Pajang (1617)						1,0								
1					0					Zerstörung von Tuban (1619)						1,0								
1					0					Zerstörung von Sokadana (1622)						1,0								
1					0					Eroberung von Madura (1624)						1,0								

Präd &Retor	Terr Konfl	Hier& Kons	Alloph Konfl	Se. Konfl	Jahr	bis	Jahr	Konflikt	Ausführungsereignisse (Schlachten, Belagerungen)	Tln. (Tsd.)	Land Schl Tote (Tsd.)	Schl Tote & Verw. (Tsd.)	See Schiffe	Schiffe gesunk.	Kampf-Tote (Tsd.) Zw. Ablage	Kampf-Tote (Tsd.)	Mil. Nicht-KampfTote (Tsd.) Zw. Ablage	Mil. Nicht-Kampf-Tote (Tsd.)	MilTote (Tsd.) Zw. Ablage	Mil. Tote (Tsd.)	Ziv. Tote (Tsd.) Zw. Ablage	Ziv. Tote (Tsd.)	SeTote (Tsd.)
1				0					Belagerung von Surabaya (1625)						1,0	1,0							
1	1			1	1611	bis	1611	Salzkrieg zwischen Bayern u. Salzburg							1,0	1,0							
1	1			1	1611	bis	1613	Kalmar-Krieg			1,0				0,0	0,0							
1				0					Belagerung von Kalmar (1611)						0,0								
1	1			1	1611	bis	1614	Britisch-Portugiesischer Krieg um Surat							0,2	0,2							
1				0					Seeschlacht bei Surat/Swally (1612)				8		0,2								
1		1		1	1612	bis	1612	Militäraufstand in Polen-Litauen							7,0	7,0							
1				0					Schlacht von Rohatyn (1614)						7,0								
1			1	1	1612	bis	1638	Christenverfolgung in Japan			40,0				60,0	60,0						300,0	
			1					Schimabara-Aufstand (1637 bis 1638)							36,0	36,0							
1				0					Schlacht von Amakusa (1637)			3,0			4,5								
1				0					Schlacht von Amakusa (1637)			1,0			1,5								
1				0					Belagerung von Hara (1637 bis 1638)			20,0			30,0							20,0	
1	1			1	1613	bis	1613	Russisch-Schwedischer Krieg			2,0				8,5	8,5							
1				0					Schlacht von Nowgorod (1613)			1,0			1,5								
1				0					Belagerung von Pskow (1614)			1,0			7,0								
1	1			1	1613	bis	1613	Savoyisch-Spanischer Krieg						1,5	1,5						0,0		
1	1			1	1613	bis	1624	*Unterwerfung Ost-Malaysiens durch Atjeh*						2,0	2,0								
1				0					Zerstörung von Johore (1613)			1,0			1,0								
1	1			1					Besetzung von Bintan (1614)			1,0			1,0								
1				0					Unterwerfung von Pahang (1617)						3,0	3,0							
1				0					Eroberung wob Kedah (1620)						1,0								
1				0					Plünderung von Johore (1623)						1,0								
1				0					Eroberung von Nias (1624)						1,0								
1	1			1	1614	bis	1614	Persische Eroberung Georgiens			10,0			15,0	15,0						90,0	
1	1			1	1614	bis	1621	Türkisch-Polnischer Krieg			12,0			41,5	41,5							
1	1			1					Überfall der Kosaken auf Sinope (1614)	25	1,0											0,0	
1				0					Belagerung von Sinope (1614)						5,0								
1				0					Schlacht von Jassy (1620)						6,0								
1				0					Schlacht von Cecora (1620)						29,0								
1				0					Schlacht von Choezim (1621)	145	4,0												
1		1		1	1614	bis	1615	Vernichtung des Toyotomi-Clans durch Ieyasu		10,0				38,0	38,0						0,0	
1				0					Belagerung von Osaka (1614 bis 1615)		1,0				1,5								
1				0					Schlacht in der Gegend von Osaka (1614)		5,0				35,0								
1				0					Schlacht von Ternoji (1615)		1,0				1,5								
1	1			1	1614			Plünderungseinfall von Birmesen in Siam						1,0	1,0							
1	1			1	1615	bis	1617	Gradisca-Krieg		1,0				1,5	1,5							
1	1			1	1616	bis	1619	Einigungskrieg der Mandschu-Stämme						0,0	0,0							
1	1			1	1616	bis	1618	Osmanischer Krieg gegen Persien						1,0	1,0							
1				0					Belagerung von Erivan (1616)		1,0				1,0								
1		1		1	1616			Fettmilch-Aufstand in Frankfurt						1,0	1,0							
1	1			1	1617	bis	1629	2. Schwedisch-Polnischer Krieg		1,0				9,9	9,9							
1				0					Belagerung von Riga (1617)		1,0				1,5								
1				0					Belagerung von Danzig (1626 bis 1628)	25	1,0				1,5								
1				0					Seeschlacht von Oliwa (1627)				16		0,4								
1				0					Schlacht von Dirschau (1627)		5,0				5,0								
1				0					Schlacht von Sätum (1629)		1,0				1,5								
1				1	1617			Spanisch-Venezianischer Konflikt in der Adria						1,5	1,5							
1				0					Seeschlacht von Ragusa (1617)	25	1,0				1,5								

ANLAGE 10

Präd &Retor	Terr Konfl	Hier& Kons	Alloph Konfl	Se. Konfl	Jahr	bis	Jahr	Konflikt	Ausführungsereignisse (Schlachten, Belagerungen)	Thn. (Tsd.)	Land Schl Tote (Tsd.)	Schl Tote & Verw. (Tsd.)	See Schiffe	Schiffe gesunk.	Kampf-Tote (Tsd.) Zw. Ablage	Kampf-Tote (Tsd.)	Mil. Nicht-KampfTote (Tsd.) Zw. Ablage	Mil. Nicht-Kampf-Tote (Tsd.)	MilTote (Tsd.) Zw. Ablage	Mil. Tote (Tsd.)	Ziv. Tote (Tsd.) Zw. Ablage	Ziv. Tote (Tsd.)	SeTote (Tsd.)
1	1			1	1617			Britisch-Portugiesischer Krieg im Persischen Golf								0,4							
1				0					Seegefechte vor Jask (1618)				15		0,4	0,4							
1			1	1	1618	bis	1619	Strafgericht von Thusis							0,0						0,2	
1				1	1618	bis	1629	Kolonialkrieg der Dänischen Ostindiengesellschaft							1,0							
1				0					Einnahme von Tranquebar (1629)						1,0								
1	1			1	1618	bis	1629	Krieg zw Mataram u. der Niederl. Ostindienges. (VOC)							5,0							
1				0					Brandsch. von Jepara (1618)						1,0								
1				0					Brandsch. von Jepara (1619)						1,0								
1				0					Massaker von Banda (1620)						1,0								
1				0					Angriff auf Batavia (1628)						1,0								
1				0					Angriff auf Batavia (1629)						1,0								
1	1			1	1618	bis	1634	Mandschurisch-Chinesischer Krieg						36,0	36,0						0,0	
1				0					Belagerung von Fushun (1618)		1,0				1,5								
1				0					Schlacht an der Sarhu (1619)		5,0				7,5								
1				0					Schlacht a.d. Hügelkette von Katyuan (1619)		1,0				1,5								
1				0					Belagerung von Shen-yang (Mukden) (1621)		1,0				1,5								
1				0					Schlacht von Liaodong (1621)		1,0				1,5							0,0	
1				0					Schlacht von Guangning (1622)		1,0				1,5								
1				0					Schlacht an der Großen Mauer (1623)		1,0				1,5								
1				0					Schlacht von Ningyuan (1626)		10,0				15,0								
1				0					Schlacht von Jinzhou (1627)		1,0				1,5								
1				0					Schlacht von Ningyuan (1627)		1,0				1,5								
1				0					Schlacht an der Daling (1631)		1,0				1,5								
1	1			0	1618	bis	1648	DREISSIGJÄHRIGER KRIEG		264,9				397		2781,6		3179		2.071	2,0	5.250
1				0				Böhmisch-Pfälzischer Krieg (1618 bis 1623)						36,3	36,3							
1				0					Belagerung von Pilsen (1618)		2,0				3,0							2,0	
1				0					Schlacht von Sablat (1619)		1,0				1,5								
1				0					Schlacht an der Weißen Berg (1620)		3,0				4,5								
1				0					Schlacht von Neuhäusel (1621)			5			2,5								
1				0					Schlacht von Mingolsheim (1622)		2,0				3,0								
1				0					Schlacht von Wiesloch (1622)			3			1,5								
1				0					Schlacht von Wimpfen (1622)						5,0								
1				0					Schlacht von Höchst (1622)						1,5								
1				0					Belagerung von Heidelberg (1622)		1,0				1,5							2,0	
1				0					Schlacht von Fleurus (1622)		1,0				1,5								
1				0					Schlacht von Stadtlohn (1623)		7,0				10,5								
1				0					Schlacht von Altenoythe (1623)		0,2				0,3								
1	1			1				Französisch-Spanischer Krieg (1620 bis 1626)						7,0	7,0							
1				0					Belagerung von Jülich (1621 bis 1622)		1,0				7,0								
1	1			1				Konflikt um das Veltlin (1620 bis 1639)														
1	1			1				Spanisch-österreichische Besetzung des Veltlins (1620 bis 1624)						21,0	21,0							
1				0					Schlacht von Morbegno (1620)						7,0							0,6	
1		1		1					Veltliner Mord (1620)						7,0								
1				0					Schlacht von Tirano (1621)		1,0				7,0							0,0	
1	1			1				Prättigauer Aufstand (1622)						1,5	1,5							

Präd &Retor Konfl	Terr Konfl	Hier& Kons	Alloph Konfl	Se. Konfl	Jahr	bis	Jahr	Konflikt	Ausführungsereignisse (Schlachten, Belagerungen)	Tln. (Tsd.)	Land Schl. Tote (Tsd.)	Schl. Tote & Verw. (Tsd.)	See Schiffe	Schiffe gesunk.	Kampf-Tote (Tsd.) Zw. Ablage	Kampf-Tote (Tsd.)	Mil. Nicht-KampfTote (Tsd.) Zw. Ablage	Mil. Nicht-Kampf-Tote (Tsd.)	MilTote (Tsd.) Zw. Ablage	Mil. Tote (Tsd.)	Ziv. Tote (Tsd.) Zw. Ablage	Ziv. Tote (Tsd.)	SeTote (Tsd.)
1	1			1				Eroberung des Veltlin durch Drei Bünde u. Frankreich (1624 bis 1626)							7,0	7,0							
1	1			1				Rückeroberung des Veltlin durch Spanien (1626 bis 1635)							7,0	7,0							
1	1			1				Besetzung des Veltlin durch Frankreich (1635 bis 1637)							21,0	21,0							
				0					Schlacht von Mazzo (1635)							7,0							
				0					Schlacht Fraele-Tal (1635)							7,0							
				0					Schlacht von Morbegno (1635)							7,0							
1	1			1				Dänisch-Niedersächsischer Krieg (1625 bis 1629)							30,9	30,9							
				0					Schlacht an der Dessauer Elbbrücke (1626)		4,0					6,0							
				0					Schlacht von Haibach (1626)		1,0					1,5							
				0					Schlacht von Lutter am Barenberg (1626)		6,0					9,0							
				0					Belagerung von Wolfenbüttel (1626 bis 1627)							7,0							
				0					Belagerung von Stralsu. (1628)			12				5,9						0,0	
				0					Schlacht von Wolgast (1628)		1,0					1,5							
		1		1				Oberösterreichischer Bauernaufstand (1626)							19,5	19,5							
				0					Schlacht von Wels (1626)		1,0					1,5							
				0					Schlacht von Wels (1626)		1,0					1,5							
				0					Schlacht im Emlinger Holz (1626)		3,0					4,5							
				0					Schlacht von Pinsdorf (1626)		2,0					3,0							
				0					Schlacht von Vöcklabruck (1626)		3,0					4,5							
				0					Schlacht von Wolfsegg (1626)		3,0					4,5	4,5						
				1				Mantuanischer Erbfolgekrieg (1628 bis 1630)															
				0					Schlacht von Avigliana (1630)		1,0					1,5							
				0					Belagerung von Casale (1630)		1,0					1,5						0,0	
				0					Belagerung von Mantua (1630)		1,0					1,5						5,0	
1	1			1				Schwedischer Krieg (1630 bis 1635)							97,6	97,6							
				0					Belagerung von Frankfurt a.d.O. (1631)		1,0					1,5						5,0	
				0					Belagerung von Magdeburg (1631)		5,0					7,5						24,0	
				0					1. Schlacht von Breitenfeld (1631)		15,0					22,5							
				0					Schlacht von Rinteln (1632)							7,0							
				0					Schlacht von Rain am Lech (1632)		2,0					3,0							
				0					Schlacht von Hameln (1632)							7,0							
				0					Schlacht von Nürnberg (1632)			3				1,5						0,0	
				0					Schlacht von Lützen (1632)		4,5					6,8							
				0					Schlacht von Oldendorf (1633)			10				5,0							
				0					Schlacht von Wattweiler (1634)			2				1,0							
				0					Schlacht von Liegnitz (1634)			6				3,0							
				0					Schlacht von Nördlingen (1634)		14,0					21,0							
				0					Belagerung von Hanau a. M. (1634 bis 1635)		1,0					1,5						10,0	
				0					Schlacht von Regensburg (1634)			16				7,9						10,0	
				0					Belagerung von Augsburg (1635)		1,0					1,5						0,0	
1	1			1				Norditalienischer Krieg (1636 bis 1648)							16,5	16,5							
				0					Schlacht von Tornavento (1636)		1,0					1,5							
				0					Schlacht von Mombaldone (1637)		1,0					1,5							
				0					Schlacht von Breme (1638)		1,0					1,5							
				0					Belagerung von Turin (1640)		1,0					1,5						0,0	
				0					Schlacht von Casale (1640)	30	1,0					6,0							

ANLAGE 10

#	Präd &Retor	Terr Konfl	Hier& Kons	Alloph Konfl	Se. Konfl	Jahr	bis	Jahr	Konflikt	Ausführungsereignisse (Schlachten, Belagerungen)	Tln. (Tsd.)	Land Schl Tote (Tsd.)	Schl Tote & Verw. (Tsd.)	See Schiffe	Schiffe gesunk.	Kampf-Tote (Tsd.) Zw. Ablage	Kampf-Tote (Tsd.)	Mil. Nicht-KampfTote (Tsd.) Zw. Ablage	Mil. Nicht-Kampf-Tote (Tsd.)	MilTote (Tsd.) Zw. Ablage	Mil. Tote (Tsd.)	Ziv. Tote (Tsd.) Zw. Ablage	Ziv. Tote (Tsd.)	SeTote (Tsd.)
1					0					Belagerung von Vigevano (1645)		1,0				1,5							5,0	
1					0					Schlacht an der Oglio (1647)		1,0				1,5								
1					0					Belagerung von Pavia (1648)		1,0				1,5							0,0	
1		1			1				Schwedisch / Französischer Krieg (1635 bis 1648)							113,6	113,6							
1					0					Belagerung von Corbie (1636)	38	1,0				1,5							0,0	
1					0					Schlacht von Wittstock (1636)						7,6								
1					0					Belagerung von Rheinfelden (1638)		2,0				3,0							2,0	
1					0					Schlacht von Beuggen (1638)		1,0				1,5								
1					0					Schlacht von Wittenweier (1638)		1,0				1,5								
1					0					Belagerung von Breisach (1638)		2,0				3,0							5,0	
1					0					Schlacht von Sennheim (1638)		2,0				3,0								
1					0					Schlacht von Vlotho (1638)		1,0				1,5								
1					0					Schlacht von Route de Quiers (1639)		1,0				1,5								
1					0					Schlacht von Chemnitz (1639)		1,0				1,5								
1					0					Schlacht von Kempen (1642)		1,0				1,5								
1					0					Schlacht von Schweidnitz (1642)		3,0				4,5								
1					0					2. Schlacht von Breitenfeld (1642)		5,0				7,5								
1					0					Belagerung von Freiberg (1642 bis 1643)						7,0								
1					0					Schlacht von Homecourt (1642)		2,0				3,0								
1					0					Schlacht von Tuttlingen (1643)		1,0				1,5								
1					0					Schlacht von Rocroy (1643)		10,0				15,0								
1					0					Schlacht von Aschersleben (1644)		3,0				4,5								
1					0					Schlacht von Freiburg (1644)		5,0				7,5								
1					0					Schlacht von Jüterborg (1644)		1,0				1,5								
1					0					Schlacht von Alerheim (1645)		8,0				12,0								
1					0					Schlacht von Jankau (1645)		3,0				4,5								
1					0					Schlacht von Mergentheim (1645)		1,0				1,5								
1					0					Schlacht von Courtrai (1646)		2,0				3,0								
1					0					Schlacht von Zusmarshausen (1648)		1,0				1,5								
1					0					Schlacht von Lens (1648)		5,0				7,5								
1					0					Belagerung von Prag (1648)		2,0				3,0								
1					0					Wevelinghoven (1648)		1,0				1,5							0,0	
1	1				1				Zerstörung von 20.000 Dörfern (1618 bis 1648)						7,0	7,0						1000,0	
1	1				1				Zerstörung von 1.500 Städten (1618 bis 1648)						7,0	7,0						1000,0	
1			1		1	1620			Französischer Adligenaufstand		1,0				1,5	1,5							
1				1	0	1620	bis	1629	Hugenottenaufstand	Schlacht von les Ponts de Ce (1620)		5,0				22,9	22,9							
1					0					Seeschlacht von Saint Martin de Re (1622)		1,0				1,5								
1					0					Seeschlacht von Pertuis-Breton (1625)				15		0,4								
1					0					Belagerung von La Rochelle (1627 bis 1628)		12,0				18,0								
1					0					Belagerung der Ile de Ré (1627)		1,0				1,5								
1					1					Belagerung von Hormus (1622)		1,0				1,5								
1	1	1			1	1622			Jamestown-Massaker							7,0	7,0						0,0	
1	1	1			1	1622			Britisch-Persische Eroberung von (portugiesisch) Hormus							7,0	7,0						0,0	
1	1	1			0	1622	bis		Krieg Persiens gegen das Mogul-Reich	Belagerung von Kandahar (1622)						7,0	7,0							
1	1	1			1	1622	bis	1644	Powhatan-Krieg							7,0	7,0						0,0	

Präd &Rrctor	Terr Konfl	Hier& Kons	Alloph Konfl	Se. Konfl	Jahr	bis	Jahr	Konflikt	Ausführungsereignisse (Schlachten, Belagerungen)	Tln. (Tsd.)	Land Schl. Tote (Tsd.)	Schl. Tote & Verw. (Tsd.)	See Schiffe	See Schiffe gesunk.	Kampf-Tote (Tsd.) Zw. Ablage	Kampf-Tote (Tsd.)	Mil. Nicht-KampfTote (Tsd.) Zw. Ablage	Mil. Nicht-Kampf-Tote (Tsd.)	MilTote (Tsd.) Zw. Ablage	Mil. Tote (Tsd.)	Ziv. Tote (Tsd.) Zw. Ablage	Ziv. Tote (Tsd.)	SeTote (Tsd.)
1	1			1	1622			Niederländisch-britischer Angriff auf portugiesisches Macao			0,5				0,8	0,8							
1		1		1	1622	bis		Aufstand der Weißen-Lotus-Sekte in Shandong							7,0	7,0							
1	1			1	1622	bis	1624	Niederländische Eroberung von Formosa (Taiwan)							7,0	7,0							
				0					Seeschlacht von Penghu (1622)						7,0								
1	1			1	1622			Krieg von Siam gegen Kambodscha							7,0	7,0						2,0	
1	1			1	1623	bis	1633	Unterwerfung der Inneren Mongolei durch die Mandschuren			5,0				7,5	7,5							
1	1			1	1623	bis	1638	Osmanischer Krieg gegen Persien							35,5	35,5							
				0					Belagerung von Bagdad (1623 bis 1626)						7,0								
				0					Belagerung von Hamadan (1630)						7,0								
				0					Belagerung von Erivan (1635)						7,0								
				0					Belagerung von Erivan (1635 bis 1636)						7,0								
				0					Belagerung von Bagdad (1638)						7,5								
1				1	1623			Aufstand im Mogul-Reich			5,0				7,0	7,0							
		1		0					Schlacht von Balochpur (1623)						7,0								
1		1		1	1624	bis	1637	Thronfolgekrieg in Laos							7,0	7,0							
1				1	1624	bis	1654	Niederländische Invasion in Brasilien							15,9	15,9							
				0					Belagerung von Salvador da Bahia (1624)			1,0			7,0								
				0					Belagerung von Salvador da Bahia (1625)						7,0								
				0					Seeschlacht an der Abrolhos-Archipel (1631)						1,5								
				0					Belagerung von Curacao (1634)			1,0			1,5								
				0					Seeschlacht von Recife (1640)					75	1,9								
				0					1. Schlacht von Guararapes (1648)			1,0			1,5								
				0					2. Schlacht von Guararapes (1648)			1,0			1,5								
1				1	1625	bis	1683	Piraterie des Zheng-Clans							8,5	8,5							
				0					Besetzung von Quemoy (1659)						7,0								
				0					Belagerung von Nanking (1659)			1,0			1,5								
1				1	1625	bis	1630	Englisch-Spanischer Seekrieg			1,0				1,5	1,5							
				0					Belagerung von Cadiz (1625)			50,0			14,0	14,0							
1				0	1625			Georgischer Befreiungskrieg							7,0								
				0					Schlacht von Martqopi (1625)						7,0								
				0					Schlacht von Marabda (1625)						7,0								
1				1	1626	bis	1627	Eroberung Koreas durch die Jurchen/Dschurdschen.			5,0				7,5	7,5						0,0	
1		1		1	1627	bis	1672	Vietnam. Hierarchiekrieg (Trinh-Nguyen-Krieg)							28,0	28,0							
				0					Seeschlacht von Nhat-le (1633)						7,0								
				0					Offensive der Trinh (1642 bis 1643)						7,0								
				0					Schlacht von Truong-duc (1648)						7,0								
				0					Offensive der Nguyen (1658 bis 1660)						7,0								
1	1			1	1628			Aufstand im Sultanat von Mataram							7,0	7,0						0,0	
1				1	1629	bis	1700	Plünderungszüge der Bandeirantes							7,0	7,0						10,0	
				0					Schlacht von Mbororé (1641)						7,0								
1	1			1	1629			Krieg Portugals gegen das Mwene-Matapa-Reich			2,0				7,0	7,0							
1		1		1	1629	bis	1647	Aufstände im Ming-Reich							141,5	141,5							
		1		1					Aufstand des Liu Xiang (1632)						0,0	0,0							

Präd &Retor	Terr Konfl	Hier& Kons	Alleph Konfl	Se. Konfl	Jahr	bis	Jahr	Konflikt	Ausführungsereignisse (Schlachten, Belagerungen)	Th. (Tsd.)	Land Schl Tote (Tsd.)	Kampf-Tote (Tsd.) Zw. Ablage	Kampf-Tote (Tsd.)	Ziv. Tote (Tsd.)
1	1			1				Aufstand in Shaanxi/Shensi (1633 bis 1635)						
1				0					Plünderung von Fengyang (1635)			14,0	14,0	
1				0					Schlacht an der Berg Shanluo (1635)			7,0		
1	1			1				Aufstand des Gao Yingxiang u. Li Zicheng (1633 bis 1644)			78,5	78,5	
1				0					Schlacht von Wenan (1635)			7,0		
1				0					Schlacht von Zhenning (1635)			7,0		
1				0					Schlacht von Chuzhou (1636)			7,0		
1				0					Schlacht im Heishui-Tal (1636)			7,0		
1				0					Schlacht von Chengdu (1636)			7,0		
1				0					Schlacht an der Burg Xiang (1641)			7,0		
1				0					Schlacht an der Burg Xiang (1642)			7,0		
1				0					Schlacht von Zhuxian (1642)			7,0		
1				0					Schlacht von Shiyuan (1642)			7,0		
1				0					Schlacht von Luning (1642)			7,0		
1				0					Schlacht von Luzhou (1643)			7,0		
1				0					Belagerung von Peking (1644)		1,0	1,5	1,5	0,0
1	1			1				Aufstand des Zhang Xianzhong in Sichuan (1635 bis 1647)			56,0	56,0	
1				0					Schlacht an der Zhuyang-Pass (1635)			7,0		
1				0					Schlacht von Xiangyang (1636)			7,0		
1				0					Schlacht von Fengjiadian (1637)			7,0		
1				0					Schlacht an der Berg Luobou (1639)			7,0		
1				0					Schlacht von Xinyang (1641)			7,0		
1				0					Schlacht von Wuchang (1643)			7,0		
1				0					Schlacht von Changsha (1643)			7,0		
1				0					Schlacht von Yuezhou (1643)			7,0		
1	1			1				Aufstand des Gan Mingyang in Hunan (1643)		70			
1	1			1	1630	bis	1634	Krieg der Usbeken von Buchara gegen Persien um Kandahar			7,0	7,0	
1	1			1	1631			Krieg des Mogul-Reiches gegen Dakhin					
1				0					Belagerung von Kandhar (1631)		1,0	1,5	1,5	
1	1			1	1631	bis	1635	Aufstand der Drusen gegen die Osmanen			7,0	7,0	0,0
1				0					Schlacht bei Damaskus (1635)			7,0		
1	1			1	1632	bis	1634	Russisch-Polnischer Krieg um Smolensk			15,5	15,5	
1				0					Belagerung von Smolensk (1632 bis 1633)		4,0	15,5	15,5	
1				0					Schlacht von Smolensk (1633)		1,0	14,0		0,0
1		1		1	1632			Adligenaufstand in Frankreich			1,5	1,5	
1				0					Schlacht von Castelnaudary (1632)		1,0	1,5	1,5	
1	1			1	1632			Mogulischer Feldzug gegen die Portugiesen			1,5	1,5	
1				0					Belagerung von Hugli (1632)		1,0	1,5	1,5	
1	1			1	1633			Krieg der Niederländischen Ostindiengesellschaft gegen Banten			7,0	7,0	
1	1			1	1634	bis	1653	Polnisch-Schwedischer Krieg			1,5	1,5	
1	1			1	1634	bis	1636	Unabhängigkeitskrieg von Patani gegen Siam		1,0	7,0	7,0	
1	1			1	1635	bis	1637	Eroberung von Ostjava (Balambangan) durch Mataram			7,0	7,0	
1	1			1	1635	und	1644	Krieg zwischen Virginia u. Maryland			7,0	7,0	
1	1			1	1635	bis	1659	Französisch-Spanischer Krieg			60,3	60,3	
1				0					Schlacht von Namur (1635)		1,0	1,5		

Präd & Rhetor	Terr Konfl	Hier & Kons	Alloph Konfl	Se. Konfl	Jahr	bis	Jahr	Konflikt	Ausführungsereignisse (Schlachten, Belagerungen)	Tln. (Tsd.)	Land Schl. Tote (Tsd.)	Schl. Tote & Verw. (Tsd.)	See Schiffe (Tsd.)	Schiffe gesunk.	Kampf-Tote (Tsd.) Zw. Ablage	Kampf-Tote (Tsd.)	Mil. Nicht-KampfTote (Tsd.) Zw. Ablage	Mil. Nicht-Kampf-Tote (Tsd.)	MilTote (Tsd.) Zw. Ablage	Mil. Tote (Tsd.)	Ziv. Tote (Tsd.) Zw. Ablage	Ziv. Tote (Tsd.)	SeTote (Tsd.)
1				0					Schlacht von Avennes (1635)	70					14,0								
1				0					Belagerung von Leucate (1637)		1,0				1,5								
1				0					Belagerung von Fuenterrabia (1638)						0,0								
1				0					Seeschlacht von Guetaria (1638)		4,0				6,0								
1				0					Seeschlacht von St. Tropez (1638)				9		4,1								
1				0					Schlacht von Thionville (1639)			3			1,5								
1				0					Belagerung von Salces (1639 bis 1640)		5,0				7,5							2,0	
1				0					Seeschlacht von Cadiz (1640)					1	0,5								
1				0					Schlacht von La Marfee (1641)			20			7,0								
1				0					Seeschlacht von Cartagena (1643)				40		1,0								
1				0					Seeschlacht von Orbetello (1646)				40		1,0								
1				0					Seeschlacht von Pertuis d' Antioche (1652)				65		1,6								
1				0					Schlacht von Arras (1654)			4			2,0								
1				0					Schlacht von Valenciennes (1656)			9			4,5								
1				0					Schlacht von Les Dunes (1658)		3,5				5,3								
1				0					Belagerung von Dunkirchen (1658)		1,0				1,5							0,0	
1	1			1	1636			Rückeroberung von Ahmednagar durch das Mogul-Reich							0,0	0,0							
1				1	1636			Westmigration der westlichen Kalmücken							0,0	0,0							
1				1	1636	bis	1637	Mandschurischer Straffeldzug gegen Korea			5,0				7,5	7,5						2,0	
1	1			1	1636	bis	1638	Pequot-Krieg			3,6				5,4	5,4							
1	1			1	1636	bis	1642	1. Niederländisch-Portugiesischer Kolonialkrieg							9,0	9,0							
1				0					Nied. Blockade von Goa (1636 bis 1643)						1,0								
1				0					Tobago (1637)						1,0								
1				0					Elmina (1637)						1,0								
1				0					Nied. Erob. von Batticola (1638)						1,0								
1				0					Nied. Eroberung von Galle (1640)						1,0								
1				0					Nied. Erob. von Malakka (1640 bis 1641)						1,0							7,0	
1				0					Angola (1641)						1,0								
1				0					Axim (1642)						1,0								
1				0					Keelung (Taiwan) (1642)						1,0								
1				1	1639	bis	1642	Savoyischer Bürgerkrieg		1,0				1,5	1,5							
1		1		1	1639			1. Schottischer Bischofskrieg		1,0				1,5	1,5							
1		1		1	1640	bis	1641	2. Schottischer Bischofskrieg		1,0				1,5	1,5							
1				0					Schlacht von Newburn Ford (1640)		1,0				1,0								
1	1			1	1640	bis	1659	Katalanischer Sezessionsversuch							10,4	10,4						0,0	
1				0					Belagerung von Perpignan (1641 bis 1642)		1,0				1,5								
1				0					Schlacht von Montjuich (1641)		1,0				1,5								
1				0					Seeschlacht von Barcelona (1642)					3	1,4								
1				0					Belagerung von Tarragona (1641)		1,0				1,5							0,0	
1				0					Schlacht von Lerida (1642)		1,0				1,5								
1				0					Belagerung von Tortosa (1650)		1,0				1,5							0,0	
1				0					Belagerung von Barcelona (1650 bis 1652)		1,0				1,5							2,0	
1	1			1	1640	bis	1644	Portugiesischer Unabhängigkeitskrieg		1,0				1,5	7,0							
1				0					Schlacht von Montijo (1644)						7,0								
1				1	1640			Andalusischer Aufstand														
1				1	1641	bis	1645	Irischer Aufstand						11,5	11,5							
1				0					Ulster-Massaker (1641)						7,0							5,0	
1				0					Schlacht von Benburb (1647)		3,0				4,5								

Präd &Retor	Terr Konfl	Hierk Kons	Alloph Konfl	Se. Konfl	Jahr	bis	Jahr	Konflikt	Ausführungsereignisse (Schlachten, Belagerungen)	Tln. (Tsd.)	Land Schl Tote (Tsd.)	Land Schl Tote & Verw. (Tsd.)	See Schiffe gesunk.	Kampf-Tote (Tsd.) Zw. Ablage	Kampf-Tote (Tsd.)	Mil. Nicht-KampfTote (Tsd.) Zw. Ablage	Mil. Nicht-Kampf-Tote (Tsd.)	MilTote (Tsd.) Zw. Ablage	Mil. Tote (Tsd.)	Ziv. Tote (Tsd.) Zw. Ablage	Ziv. Tote (Tsd.)	SeTote (Tsd.)
1	1			1	1641	bis	1652	Russische Unterwerfung der Buryat-Mongolen						7,0	7,0							
1	1			1	1641	bis	1645	Algonquin-Krieg						7,0	7,0							
1		1		1	1642	bis	1646	1. Englischer Bürgerkrieg						82,4	82,4						2,0	
1									Schlacht von Worchester (1642)	25	1,0			1,5								
1									Schlacht von Edgehill (1642)					5,0								
1									Schlacht von Bremford (1642)		1,0			1,5								
1									Schlacht von Braddock Down (1643)		1,0			1,5								
1									Schlacht von Stratton (1643)	5				1,0								
1									Schlacht von Chalgrove Field (1643)	1				0,2								
1									Schlacht von Adwalton Moor (1643)		1,0			1,5								
1									Schlacht von Lansdown (1643)					1,5								
1									Schlacht von Roundway Down (1643)		1,0			1,5								
1									Schlacht von Newbury (1643)			12		5,9								
1									Schlacht von Winceby (1643)	4,5				0,9								
1									Schlacht von Nantwich (1644)	0,3				0,1								
1									Schlacht von Newark (1644)	12,5	1,0			4,0								
1									Schlacht von Selby (1644)					0,0								
1									Schlacht von Cheriton (1644)	17				3,4								
1									Schlacht von Cropredy Bridge (1644)		1,0			1,5								
1									Schlacht von Marston Moor (1644)		5,0			7,5								
1									Schlacht von Lostwithiel (1644)		2,0			3,0								
1									Schlacht von Tippermuir (1644)					7,0								
1									Schlacht von Inverlochy (1645)		2,0			3,0								
1									Schlacht von Auldearn (1645)		3,0			4,5								
1									Schlacht von Kilsyth (1645)	7				1,4								
1									Schlacht von Philiphaugh (1645)	5,5				1,1								
1									Schlacht von Rowton Heath (1645)		1,0			1,5								
1									Schlacht von Newbury (1644)		5,0			7,5								
1									Schlacht von Leicester (1645)					7,0								
1									Schlacht von Naseby (1645)			6		3,0								
1									Schlacht von Alford (1645)	7	1,0			1,5								
1									Schlacht von Langport (1645)	12				2,4								
1									Schlacht von Stow (1646)	5				1,0								
1	1			1	1642	bis	1653	Irokesen-Krieg			1,0			1,5	1,5						0,0	
1	1			1	1643	bis	1645	Schwedisch-Dänischer Krieg			2,0			3,0	3,0							
1									Seeschlacht von Fehmarn (1644)		1,0			1,5								
1				1	1644	bis	1644		Seeschlacht von Laaland (1644)		1,0			1,5	1,0							
1	1			1			1683	Antitürkischer Aufstand in der Slowakei														
1								Mandschurische Unterwerfung Chinas														
1								Mandschu-Offensive 1644														
1									Schlacht an der Großen Mauer (1644)		1,0			3,0	3,0							
1									Belagerung von Peking (1644)		1,0			1,5								
1	1							Mandschu-Offensive 1645						47,5	47,5						0,0	
1									Belagerung von Yang-chou (1645)		5,0			7,5							15,0	
1									Belagerung von Jiangyin (1645)		20,0			30,0							30,0	
1									Belagerung von Nanking (1645)					7,0								
1									Belagerung von Kanton (1647)		1,0			1,5							0,0	
1				1				Mandschu-Offensive in Guandong (1650)	Belagerung von Chao-ch'ing (1648)		1,0			7,0	7,0						0,0	

708

	Präd &Retor	Terr Konfl	Hier& Kons	Alloph Konfl	Se. Konfl	Jahr	bis	Jahr	Konflikt	Ausführungsereignisse (Schlachten, Belagerungen)	Th. (Tsd.)	Land Schl Tote (Tsd.)	Schl Tote & Verw. (Tsd.)	See Schiffe	See Schiffe gesunk.	Kampf-Tote (Tsd.) Zw. Ablage	Kampf-Tote (Tsd.)	Mil. Nicht-KampfTote (Tsd.) Zw. Ablage	Mil. Nicht-Kampf-Tote (Tsd.)	MilTote (Tsd.) Zw. Ablage	Mil. Tote (Tsd.)	Ziv. Tote (Tsd.) Zw. Ablage	Ziv. Tote (Tsd.)	SeTote (Tsd.)
1	1				0					Belagerung von Kanton (1650)						7.0							0.0	
1		1			1				Ming-Offensive in Huguang (1652)							7.0	7.0							
1		1			1				Mandschu-Offensive (1655)							7.0	7.0							
1		1			1				Große Säuberung (1662)							7.0	7.0							
1		1			1				Mandschu-Eroberung von Jiangxi (1679)							7.0	7.0							
1		1			1				Mandschu-Eroberung von Sichuan (1680)							7.0	7.0							
1		1			1				Mandschu-Eroberung von Guizhou (1680)							7.0	7.0							
1		1			1	1645	bis	1668	Aufstand der Hassani in Marokko							7.0	7.0							
1		1			1	1645	bis	1671	Türkisch-Venezianischer Krieg (um Kreta)			50.0				24.5	24.5						10.0	
1	1				0					Belagerung von Chania (1645)		1.0				1.5								
1	1				0					Belagerung von Candia (1645 bis 1669)						7.0								
1	1				0					1. Seeschlacht an der Dardanellen (1649)		1.0				7.0								
1	1				0					Seeschlacht von Paros/Naxos (1651)						7.0								
1	1				0					2. Seeschlacht an der Dardanellen (1656)		3.0				4.5								
1	1				0					3. Seeschlacht an der Dardanellen (1657)		1.0				1.5								
1	1				0					Seeschlacht von Melos (1661)		1.0				1.5								
1		1			1	1646	bis	1680	Unabhängigkeits- u. Expansionskriege der Marathas		10.0				14.0	14.0							
1	1				0					Belagerung von Surat (1664)						7.0								
1	1				0					Schlacht (1665)						7.0								
1		1			1	1647	bis	1655	Unterwerfung von New Sweden durch New Nederland						7.0	7.0							
1	1				0					Belagerung von Fort Cristina (1655)						7.0								
1			1		1	1647	bis	1648	Neapolitanischer Aufstand						1.5	1.5						0.0	
1		1			1	1648	bis	1658	Kosaken-Aufstand						39.0	39.0						0.0	
1	1				0					Schlacht von Pilawze (1649)		1.0				1.5								
1	1				0					Schlacht von Korsun (1648)		5.0				1.5								
1	1				0					Schlacht von Beresteschko (1651)	180	1.0				36.0								
1			1	1	1	1648	bis	1651	Massaker der Kosaken an Juden													0.0	
1		1			1	1648	bis	1651	2. Englischer Bürgerkrieg		3.0				3.0	7.0							
1	1				0					Schlacht von Preston (1648)		2.0				3.0	3.0							
1		1			1	1648	bis	1653	Krieg der Fronde		3.0				4.5	4.5						0.0	
1	1				0					Schlacht von Champ Blanc (1650)		1.0				1.5								
1	1				0					Schlacht von Blenau (1652)		1.0				1.5								
1	1				0					Schlacht von Saint Antoine (1652)		1.0				1.5								
1			1	1	1	1648			Muslimischer Aufstand in Lanzhou														
1	1				0					Schlacht (1648)		1.0				1.5								
1		1			1	1649	bis	1653	Krieg Persiens gegen das Mogul-Reich		1.0				7.0	7.0							
1	1				0					Belagerung von Kandahar (1649)						7.0								
1		1			1	1649	bis	1652	Irischer Bürgerkrieg u. Strafaktion Cromwells		18.0				18.0	18.0							
1	1				0					Schlacht von Rathmines (1649)		5.0				7.5								
1	1				0					Belagerung von Drogheda (1649)		2.0				3.0							0.0	
1	1				0					Belagerung von Wexford (1649)		2.0				3.0							0.0	
1	1				0					Belagerung von Clonmel (1649 bis 1650)		2.0				3.0							0.0	
1	1				0					Schlacht von Galway (1651)		1.0				1.5								
1		1			1	1650	bis	1652	Schottischer Aufstand		10.0				16.5	16.5							
1	1				0					Schlacht von Carbiesdale (1650)		1.0				1.5								
1	1				0					Schlacht von Dunbar (1650)		4.0				6.0								
1	1				0					Schlacht von Worcester (1651)	45					9.0								

Präd &Refor	Terr Konfl	Hier& Kons	Alloph Konfl	Se. Konfl	Jahr	bis	Jahr	Konflikt	Ausführungsereignisse (Schlachten, Belagerungen)	Tln. (Tsd.)	Land Schl Tote (Tsd.)	Land Schl Tote & Verw. (Tsd.)	See Schiffe	See Schiffe gesunk	Kampf-Tote (Tsd.) Zw. Ablage	Kampf Tote (Tsd.)	Mil. Nicht-KampfTote (Tsd.) Zw. Ablage	Mil. Nicht-Kampf-Tote (Tsd.)	MilTote (Tsd.) Zw. Ablage	Mil. Tote (Tsd.)	Ziv. Tote (Tsd.) Zw. Ablage	Ziv. Tote (Tsd.)	SeTote (Tsd.)
				0	1650	bis	1701	Kriege Omans gg Portugal an der ostafrik. Küste (Teil 17 Jh.)							7.0	7.0							
1				1				Osmanischer Feldzug nach Mozambique (1669)	Belagerung von Mombasa (1698)						7.0	7.0							
1		1		0	1650			Japanischer Hegemoniekrieg							1.5	1.5							
									Schlacht von Osaka (1650)		1.0				1.5								
1				1	1650	bis	1669	Niederländische Eroberung von Makassar	Belagerung von Makassar (1669)		1.0				1.5	1.5							
1				0	1651			Vertreibung der Niederländer aus Perak							7.0	7.0							
1	1			1	1652			Strafffeldzug von Siam gegen Tran Ninh							0.0	0.0							
1				1	1652			Osmanischer Raubzug in der Slowakei							0.0								
									Schlacht von Vozokany (1652)		0.9				1.4								
1				1	1652	bis	1654	1. Englisch-Niederländischer Seekrieg							43.6	43.6							
									Seeschlacht von Dover (1652)					2	0.9								
									Seeschlacht von Plymouth (1652)				70		1.8								
									Seeschlacht bei Kentish Knock (1652)						7.0								
									Seeschlacht von Themsemündung (1652)		1.0		130	9	4.8								
									Seeschlacht von Dungeness (1652)						4.1								
									Seeschlacht von Portland (1653)		1.0		150		5.3								
									Dreitageseschlacht im Ärmelkanal (1653)						3.0								
									Seeschlacht von Cape de la Hague (1653)				140		3.5								
									Seeschlacht von Beachy Head (1653)				90		2.3								
									Seeschlacht von Livorno (1653)				23		0.6								
									Seeschlacht von Dünkirchen (1653)		1.0				1.5								
									Seeschlacht von Nieuport (1653)		1.0				1.5								
									Seeschlacht von Outer Gabbard (1653)		2.0				3.0								
									Seeschlacht von Scheveningen (1653)		3.0				4.5								
	1			1				Besetzung der niederländischen Kolonien in Nordamerika (1653)							1.0	1.0							
	1			1	1652			Russische Invasion im Amur-Becken							1.0	1.0							
	1			1	1654			Krieg zwischen Schweden u. Bremen							1.0	1.0							
	1			1	1654	bis	1670	Englisch-Spanischer Seekrieg							7.7	7.7						2.0	
									Britische Landung auf Jamaika (1655)		1.0				1.5								
									Seeschl. von Santa Cruz de Tenerife (1657)		1.0			6	1.5								
									Belagerung von Santiago (1662)						2.7								
									Belagerung von San Francisco de Campeche (1668)						1.0							1?	
									Belagerung von Portobelo (1668)						1.0								
	1			1	1654	bis	1667	Russisch-Polnischer Krieg							113.0	113.0						0.0	
									Belagerung von Smolensk (1654)		1.0				1.5								
									Schlacht von Borisow (1654)	130					26.0								
									Schlacht von Oktiamatow (1655)		1.0				1.5								
									Schlacht von Zalorzce (1655)		2.0				3.0								
									Schlacht von Konotop (1659)		30.0				45.0								
									Schlacht von Lubar (1660)	100					20.0								
									Schlacht von Slobodyszce (1660)	80	10.0				16.0								
1				1	1654	bis	1663	2. Niederländisch-Portugiesischer Kolonialkrieg / Portugiesische-Niederländischer Krieg um Ceylon (1654)							4.0	4.0							
1				1					Seeschlacht bei Colombos (1654)						6.0	6.0							
				0					Seeschlacht südlich von Goa (1654)						1.0								
				0											1.0								

ANLAGE 10

Präd &Retor	Terr Konfl	Hierz& Kons	Alloph Konfl	Se. Konfl	Jahr	bis	Jahr	Konflikt	Ausführungsereignisse (Schlachten, Belagerungen)	Tln. (Tsd.)	Land Schl Tote (Tsd.)	Schl Tote & Verw. (Tsd.)	See Schiffe	Schiffe gesunk.	Kampf Tote (Tsd.) Zw. Ablage	Kampf Tote (Tsd.)	Mil. Nicht-KampfT ote (Tsd.) Zw. Ablage	Mil. Nicht-Kampf Tote (Tsd.)	MilTote (Tsd.) Zw. Ablage	Mil. Tote (Tsd.)	Ziv. Tote (Tsd.) Zw. Ablage	Ziv. Tote (Tsd.)	SeTote (Tsd.)
1				0					Niedl. Erob. von Colombo (1656)						1.0								
1				0					Niedl. Erob. von Jaffnapatnam (1658)						1.0								
1				0					Niedl. Erob. von Negappatinam (1658)						1.0								
1				0					Niedl. Erfob. von Cochin (1663)						1.0								
1	1			1				Krieg um die Malabarküste (1658 bis 1663)	Niedl. Erob. von Quilon (1661)						4.0	4.0							
1				0					Niedl. Erob. von Cranganore (1662)						1.0								
1				0					Niedl. Erob. von Carmanore (1662)						1.0								
1				0					Vertreibung der Port. aus Sao Tome (1662)						1.0								
1	1			1	1655			Aufstand der Indios Südchiles			1.0				1.5	1.5						0.0	
1	1			1	1655	bis	1664	Indianerkriege der Niederländischen Westhandelsgesellschaft							7.0	7.0							
1				0	1655	bis	1660	1. NORDISCHER KRIEG							108.0	108.0							
1				1				Krieg Schwedens u. Preußens gegen Polen (1655 bis 1660)							58.0	58.0					5.0		63
1				0					Belagerung von Warschau (1655)						7.0								
1				0					Belagerung von Krakau (1655)						7.0								
1				0					Belagerung von Berlin (1655)						7.0							1.0	
1				0					Schlacht von Sandomierz (1656)		5.0				7.5							1.0	
1				0					Schlacht von Warschau (1656)		5.0				7.5							1.0	
1				0					Belagerung von Danzig (1656)						7.0							1.0	
1				0					Schlacht von Trentowla (1657)		10.0				15.0	15.0							
1				1				Russisch-Schwedischer Krieg (1656 bis 1658)			15.0				15.0	15.0							
1				0					Schlacht von Riga (1656)		15.0				15.0								
1				1				Dänisch-Schwedischer Krieg (1657 bis 1660)			10.0				35.0	35.0							
1				0					Belagerung von Bremen (1657)		2.0				7.0							1.0	
1				0					Schlacht von Frederiksodde (1657)						7.0								
1				0					Belagerung von Kopenhagen (1658)		5.0				7.0							1.0	
1				0					Seeschlacht vor Su. (1658)						7.0								
1				0					Schlacht von Nyborg (1659)						7.0	7.0							
1		1		1	1656			1. Villmerger Krieg							7.0	7.0							
1				0					Schlacht von Villmergen (1656)		1.0				6.0								
1		1		1	1657	bis	1659	Mogulischer Nachfolgekrieg							6.0	6.0							
1				0					Schlacht von Bahadurpur (1658)		1.0				1.5								
1				0					Schlacht von Dharmat (1658)		1.0				1.5								
1				0					Schlacht von Samugarh (1658)		1.0				1.5								
1				0					Schlacht von Khatwa (1659)		1.0				1.5								
1	1	1		1	1657	bis	1662	Türkische Intervention in Siebenbürgen							21.0	21.0							
1				0					Schlacht von Lippa (1558)		1.0				1.5								
1				0					Schlacht von Fenes (1658)		1.0				1.5								
1				0					Schlacht von Gyalu (1660)		6.0				9.0								
1				0					Schlacht von Schässburg (1662)		5.0				7.5								
1				0					Schlacht von Nyagyszolles (1662)		1.0				1.5								
1	1			1	1658			Portugiesische Invasion in Spanien							3.0	3.0							
1				0					Schlacht von Elvas (1658)	15	3.0				3.0								
1	1			1	1658	bis	1881	Plünderungseinfälle von Birmesen u. Ming-Chinesen in Yunnan							7.0	7.0							
1	1			1	1658	bis	1659	Krieg der Niederl. Ostindienges. (VOC) gg Palembang (Sumatra)							7.0	7.0							
1				0					Zerstörung von Palembang (1659)						7.0								

Präd &Retor	Terr Konfl	Hier& Kons	Alloph Konfl	Se. Konfl	Jahr	bis	Jahr	Konflikt	Ausführungsereignisse (Schlachten, Belagerungen)	Tln. (Tsd.)	Land Schl Tote (Tsd.)	Land Schl Tote & Verw. (Tsd.)	See Schiffe	See Schiffe gesunk.	Kampf-Tote (Tsd.) Zw. Ablage	Kampf-Tote (Tsd.)	Mil. Nicht-KampfTote (Tsd.) Zw. Ablage	Mil. Nicht-Kampf-Tote (Tsd.)	MilTote (Tsd.) Zw. Ablage	Mil. Tote (Tsd.)	Ziv. Tote (Tsd.) Zw. Ablage	Ziv. Tote (Tsd.)	SeTote (Tsd.)
1	1			1	1659			Aufstand gegen Persien							7,0	7,0							
1	1			1	1660	bis	1668	Krieg der Niederl. Ostindiengesellschaft (VOC) gegen Gowa							21,0	21,0							
				0					Seeschlacht von Gowa (1660)						7,0								
				0					Eroberung von Butung durch VOC (1667)						7,0								
				0					Eroberung von Gowa (1668)						7,0	7,0							
1	1			1	1660	bis	1662	Krieg von Siam gegen Birma	Belagerung von Chiengmai (1660)						7,0	7,0							
1	1				1660			Feldzug Chinas (Mandschu) gegen die Russen im Amur-Becken							7,0	7,0							
1	1			1	1661	bis	1662	Vertreibung der Niederländer aus Taiwan durch Ming-Truppen			1,0				7,0	7,0							
				0					Belagerung von Fort Zelandia (1661)						7,0	7,0							
1	1				1661	bis	1663	Mogulischer Eroberung von Assam							7,0	7,0						0,0	31
1	1			1	1661	bis	1665	Spanischer Krieg zur Rückeroberung Portugals			12,0				22,5	22,5							
				0					Schlacht von Evora (1663)			1,0				1,5								
				0					Schlacht von Amexial (1663)				10			5,0								
				0					Schlacht von Castel Rodrigo (1664)						7,0								
				0					Belagerung von Vila Vicosa (1665)			1,0				1,5						0,0		
				0					Schlacht von Montesclaros (1665)			5,0				7,5								
1				1	1662			Straffeldzug Siams gegen Birma							7,0	7,0							
				1	1663	bis	1664	1. Türkenkrieg							79,7	79,7						0,0	
				0					Schlacht von Parkany (1663)			3,0				4,5								
				0					Schlacht an der Gran (1664)				1			0,5								
				0					Schlacht von Lewencz (1664)				1			0,5								
				0					Schlacht von Szent Benedek (1664)			36,0				54,0								
				0					Schlacht von Skt. Gotthard a.d. Raab (1664)			13,5				20,3								
1	1			1	1663	bis	1665	Britisch-Niederländischer Krieg um Westafrika							7,0	7,0							
1	1			1	1664			Russische Inkursion in Persien							7,0	7,0							
1		1		1	1664	bis	1671	Antihabsburgische Magnatenverschwörung in Ungarn							1,0	1,0							
				1	1665	bis	1666	Krieg zwischen Münster u. Niederlande							1,0	1,0							
				1	1665	bis	1667	2. Englisch-Niederländischer Seekrieg							23,3	23,3							
				0				Brit. Bes. der niederländ. Kolonien in Nordamerika (1664 bis 1667)	Seeschlacht von Lowestoft (1665)		5,0				7,5								
				0					Seeschlacht von Vagen (1665)			0,7				0,3								
				0					Seeschlacht der vier Tage (1666)			7,0				10,5								
				0					Seeschlacht von North Foreland (1666)			1,0				1,5								
				0					Tobago (1666)							1,0								
				0					Tobago (1667)							1,0								
				0					Seeschlacht von Medway (1667)			1,0				1,5								
1	1				1665			Portugiesische Intervention in Bakongo	Schlacht von Mbwila (1665)		2,0				7,0	7,0							
				0	1666			Krieg zwischen Schweden u. Bremen							7,0	7,0							
	1			1	1667	bis	1668	Französisch-Spanischer Krieg			1,0				0,0	0,0							
	1			1	1670	bis	1700	Unabhängigkeits- u. Expansionskriege der Ashanti (Ghana)							1,5	1,5							
	1			1	1670	bis	1674	Kolonialkrieg der Compagnie des Indes							2,0	2,0							

ANLAGE 10

Präd & Retor	Terr Konfl	Hier & Kons	Alloph Konfl	Se. Konfl	Jahr	bis	Jahr	Konflikt	Ausführungsereignisse (Schlachten, Belagerungen)	Tln. (Tsd.)	Land Schl. Tote (Tsd.)	Schl. Tote & Verw. (Tsd.)	See Schiffe	See Schiffe gesunk.	Kampf-Tote (Tsd.) Zw. Ablage	Kampf-Tote (Tsd.)	Mil. Nicht-KampfTote (Tsd.) Zw. Ablage	Mil. Nicht-Kampf-Tote (Tsd.)	MilTote (Tsd.) Zw. Ablage	Mil. Tote (Tsd.)	Ziv. Tote (Tsd.) Zw. Ablage	Ziv. Tote (Tsd.)	SeTote (Tsd.)
1				0					Eroberung von Pondichery (1672)						1,0								
1	1			1	1670	bis	1671	Britischer Piratenüberfall auf Panama	Eroberung von Chandernagore (1674)						1,0	1,0							
1				1	1671	bis	1679	Unabhängigkeitskrieg von Madura gegen Mataram u. VOC							28,0	28,0							
1				0					Eroberung von Surabaya (1675)						7,0								
1				0					Schlacht von Gopodong (1676)						7,0								
1				0					Eroberung von Surabaya (1677)						7,0								
1				0					Belagerung von Kediri (1678)						7,0								
1	1			1	1672	bis	1676	Türkisch-Polnischer Krieg	Belagerung von Kamenets Podolski (1672)		1,0				26,5	26,5						0,0	
1				0					Schlacht von Choczim (1673)		10,0				15,0								
1				0					Belagerung von Choczim (1675)		1,0				1,5								
1				0					Schlacht von Lemberg (1675)		1,0				1,5								
1				0					Schlacht von Zorawno (1676)	35					7,0								
1	1			1	1672	bis	1679	Holländischer Krieg	Belagerung von Utrecht (1672)		1,0				121,3	121,3						0,0	
1				0					Belagerung von Naarden (1673)						7,0								
1				0					Belagerung von Maastricht (1673)		1,0				1,5							0,0	
1				0					Belagerung von Bonn (1673)						0,0								
1				0					Belagerung von Besancon (1674)		1,0				1,5							0,0	
1				0					Belagerung von Dole (1674)		1,0				1,5							0,0	
1				0					Schlacht von Sinsheim (1674)						4,5								
1				0					Schlacht von Heidelberg (1674)		3,0				3,0								
1				0					Schlacht von Enzheim (1674)			6,5			1,5								
1				0					Schlacht von Seneffe (1674)		16,0				24,0								
1				0					Schlacht von Mülhausen (1674)		1,0				1,5								
1				0					Schlacht von Türkheim (1675)		1,0				1,5								
1				0					Seeschlacht an der Liparischen Inseln (1675)	39					7,8								
1				0					Schlacht von Sasbach (1675)		1,0				1,5								
1				0					Schlacht von Altenheim (1675)			4			2,0								
1				0					Schlacht an der Konzer Brücke (1675)			2			1,0								
1				0					Belagerung von Gerona (1675)		1,0				1,5								
1				0					Seeschlacht von Stromboli (1676)		1,0				1,5								
1				0					Seeschlacht von Augusta (1676)					55	1,4								
1				0					Seeschlacht von Palermo (1676)		1,0				1,5								
1				0					Belagerung von Philippsburg (1676)			10			5,0								
1				0					Schlacht von Mont Cassel (1677)	60					12,0								
1				0					Schlacht von Kochersberg (1677)		7,0				7,0								
1				0					Schlacht im Rheinfelden (1678)		7,0				7,0								
1				0					Schlacht von Gegenbach (1678)		7,0				7,0								
1				0					Schlacht von Saint Denis (1678)	80					16,0								
1				1	1672	bis	1674	3. Englisch-Niederländischer Seekrieg	Tobago (1672)						18,5	18,5							
1				0					Seeschlacht von Solebay (1672)		1,0				7,0								
1				0					Seeschlacht im Schooneveld Kanal (1673)		1,0				1,5								
1				0					Seeschlacht von Texel (1673)		1,0				1,5								
1				1				Niederl. Rückerob. der Kolonien in N-Amerika (1673)							7,0	7,0							
1	1			1	1672			Mongoleneinfall in Russland			1,0				1,5	1,5							

Präd &Retor	Terr Konfl	Hierä Kons	Alloph Konfl	Se. Konfl	Jahr	bis	Jahr	Konflikt	Ausführungsereignisse (Schlachten, Belagerungen)	Th. (Tsd.)	Land Schl. Tote (Tsd.)	Schl. Tote & Verw. (Tsd.)	See Schiffe	See Schiffe gesunk.	Kampf Tote (Tsd.) Zw. Ablage	Kampf Tote (Tsd.)	Mil. Nicht-KampfTote (Tsd.) Zw. Ablage	Mil. Nicht-Kampf-Tote (Tsd.)	MilTote (Tsd.) Zw. Ablage	Mil. Tote (Tsd.)	Ziv. Tote (Tsd.) Zw. Ablage	Ziv. Tote (Tsd.)	SeTote (Tsd.)
1				1	1672	bis	1682	Kuruc-Aufstand							1,0	1,0							
1				1	1673	bis	1681	Aufstand der drei Feudalfürsten in China							0,0	0,0							
1		1		1	1674	bis	1682	Aufstand im Königreich von Mataram und niederl. Intervention			1,0				1,5	1,5						0,0	
1			1	1	1675	bis	1681	Antimogulischer Aufstand in Rajput							0,0	0,0							
	1			0	1675			Schweden-Einfall in Brandenburg	Schlacht von Rathenow (1675)		2,0				3,0	3,0							
				0					Schlacht von Fehrbellin (1675)		1,0				1,5								
	1			1	1675	bis	1679	Schonenscher Krieg			1,0				1,5								
				0					Seeschlacht von Jasmu (1675)	55					21,0	21,0							
				0					Seeschlacht von Öland (1676)		3,0				11,0								
				0					Schlacht von Lund (1676)		1,0				4,5								
				0					Seeschlacht von Mön (1677)		2,0				1,5								
				0					Seeschlacht in der Köjgebucht (1677)			2			1,0								
	1			1	1675	bis	1678	King-Philip-Krieg			1,0				3,0	3,0							
	1			1	1677	bis	1681	1. Türkisch-Russischer Krieg			1,0				1,5	1,5							
	1			1	1678	bis	1688	Espansion der Dzungaren (östlichen Kalmücken)							7,0	7,0							
		1		1				Eroberung der Ostturkestans (1678)							7,0	7,0							
		1		1				Verdrängung der Kirgisen aus Kashgar, Yarkand u. Khotan							7,0	7,0							
	1			1	1679			Thronfolgekrieg in Kambodscha			2,0				1,7	1,7							
		1	1	0	1679			Schottischer Aufstand	Schlacht von Drumclog (1679)		0,1				0,2								
		1	1	0					Schlacht von Bothwell Bridge (1679)		1,0				1,5								
	1			1	1680			Portugiesisch-Spanischer Konflikt um Colonia							7,0	7,0							
	1			1	1680	bis	1682	Krieg von Banten gegen die Niederl. Ostindiengesellschaft (VOC)	Belagerung von Banten (1682)						7,0	7,0							
1				0	1680			Britischer Piratenüberfall auf La Serena	Belagerung von La Serena (1680)						7,0	7,0							
	1			1	1681	bis	1689	Krieg des Mogul-Reichs gegen die Marathas in Deccan							14,0	14,0							
	1			0					Belagerung von Bijapur (1686)						7,0								
	1			0					Belagerung von Golconda (1687)						7,0								
	1			1	1683	bis	1686	Chinesischer Feldzug gegen das kosackische Fort Albazin	Belagerung von Albazin (1685 bis 1686)		1,0				1,5	1,5							
	1			1	1683			Eroberung u. Annektion Taiwans durch China							7,0	7,0							
	1			1	1683	bis	1684	Französisch-Spanischer Krieg	Belagerung von Luxemburg (1684)						11,5	11,5						0,0	
	1			0					Belagerung von Gerona (1684)		1,0				1,5							0,0	
	1			0					Seeschlacht von Genua (1684)						7,0							0,0	
	1			0					Schlacht von Ter (1684)		1,0				1,5								
	1			1	1683	bis	1699	2. Türkenkrieg	Schlacht von Pressburg (1683)						224,4	224,4							
	1			0					Belagerung von Wien (1683)						7,0							0,0	
	1			0					Schlacht von Bisamberg (1683)		5,0				7,5								
	1			0					Schlacht von Kahlenberg (1683)			3			1,5								
	1			0					Schlacht von Parkany (1683)			17			8,4								
	1			0					Schlacht von Parkany (1683)			2			1,0								

Präd &Retor	Terr Konfl	Hier& Kons	Alloph Konfl	Sc. Konfl	Jahr	bis	Jahr	Konflikt	Ausführungsereignisse (Schlachten, Belagerungen)	Tln. (Tsd.)	Land Schl. Tote (Tsd.)	Schl. Tote & Verw. (Tsd.)	See Schiffe	See Schiffe gesunk.	Kampf-Tote (Tsd.) Zw. Ablage	Kampf-Tote (Tsd.)	Mil. Nicht-KampfTote (Tsd.) Zw. Ablage	Mil. Nicht-Kampf-Tote (Tsd.)	MilTote (Tsd.) Zw. Ablage	Mil. Tote (Tsd.)	Ziv. Tote (Tsd.) Zw. Ablage	Ziv. Tote (Tsd.)	SeTote (Tsd.)
1				0					Schlacht von Waitzen (1684)		1,0				1,5								
1				0					Schlacht von Hamszabeg (1684)			1			0,5								
1				0					Belagerung von Buda (1684)			20			9,9								
1				0					Schlacht von Gran (1685)		1,0				1,5								
1				0					Belagerung von Buda (1686)		30,0				45,0								
1				0					Schlacht von Mohacs (1687)		13,0				19,5								
1				0					Schlacht von Derwent (1688)			1			0,5								
1				0					Schlacht von Kostajnica (1689)						0,5								
1				0					Schlacht von Batotschina (1689)		1,0	1			1,5								
1				0					Belagerung von Belgrad (1688 bis 1689)		1,0				1,5							0,0	
1				0					Schlacht von Nisch (1689)		1,0				1,5								
1				0					Schlacht von Skopje (1689)		3,0				4,5								
1				0					Belagerung von Ofen (1686)	14	1,0				1,5							0,0	
1				0					Schlacht von Kacanik (1690)						2,8								
1				0					Schlacht von Tohany (1690)			1			0,5								
1				0					Belagerung von Nisch (1690)		1,0				1,5							0,0	
1				0					Belagerung von Belgrad (1690)						2,5							0,0	
1				0					Schlacht von Zernyest (1690)						7,0								
1				0					Schlacht von Slankamen (1691)			5			26,0								
1				0					Belagerung von Belgrad (1693)			10			5,0								
1				0					Schlacht von Lippa (1695)						7,0								
1				0					Schlacht von Lugos (1695)						3,0								
1				0					Schlacht von Temesvar (1696)		1,0	6			1,5							0,0	
1				0					Belagerung von Azow (1696)		10,0				15,0								
1				0					Belagerung von Olaschin (1696)			6			3,0								
1				0					Schlacht von Zenta (1697)						25,0								
1				0					Hunderte Kleingefechte						10,0								
1	1			1				Türkisch-Venezianischer Krieg (1684 bis 1699)						8,5	8,5							
1				0					Belagerung von Kalamavka (1685)		1,0				1,5							0,0	
1				0					Belagerung von Korone (1685)		1,0				1,5							2,0	
1				0					Belagerung von Athens (1685)		1,0				1,5							0,0	
1				0					Belagerung von Patras (1687)		1,0				1,5							0,0	
1				0					Belagerung von Athens (1687)		1,0				1,0								
1				0					Besetzung von Chios (1691)		1,0				1,5							0,0	
1	1			1	1683	bis	1713	Aufstand der Indios im Rio Grande do Norte (1688)						0,0	0,0							
1		1		1	1684	bis	1685	Beckman-Aufstand im Maranhao						1,5								
1		1		0	1685			Usurpation des Duke von Monmouth						1,5								
1				0					Schlacht von Sedgemore (1685)		1,0				14,0	14,0							
1	1			1	1686	bis	1699	2. Russisch-Türkischer Krieg						7,0								
1				0					1. Belagerung von Asow (1665)						7,0								
1				0					2. Belagerung von Asow (1696)						7,0								
1			1	1	1686	bis	1688	Kreuzzug gegen die piemontesischen Waldenser						0,0	0,0						8,0	
1	1			1	1686	bis	1696	Plünderungseinfälle der Dsungaren in die Äußere Mongolei		7,0				39,0	39,0						2,0	
1				0					Schlacht von Ulan Butun (1690)						0,0								
1				0					Schlacht von Chao-Modo (1696)	160					32,0								
1				0					Schlacht von Zuunmond an der Tula (1696)						7,0								
1	1			1	1686			Seefeldzug der English East India Comp. gegen das Mogul-Reich						7,0	7,0							

Präd &Retor	Terr Konfl	Hier& Kons	Alloph Konfl	Se. Konfl	Jahr	bis	Jahr	Konflikt	Ausführungsereignisse (Schlachten, Belagerungen)	Tln. (Tsd.)	Land Schl Tote (Tsd.)	Schl Tote & Verw. (Tsd.)	See Schiffe	Schiffe gesunk.	Kampf-Tote (Tsd.) Zw. Ablage	Kampf-Tote (Tsd.)	Mil. Nicht-KampfTote (Tsd.) Zw. Ablage	Mil. Nicht-Kampf-Tote (Tsd.)	MilTote (Tsd.) Zw. Ablage	Mil. Tote (Tsd.)	Ziv. Tote (Tsd.) Zw. Ablage	Ziv. Tote (Tsd.)	SeTote (Tsd.)
1				0	1688	bis	1697		Belagerung von Chittanong (1686						7,0								1.061
1	1			1				PFÄLZISCHER ERBFOLGEKRIEG Landkrieg auf dem westeur. Kontinent (1688 bis 1697)			89,7			132,6	89,7	928,2		1060,8					
				0					Belagerung von Philippsburg (1688)		1,0				1,5								
				0					Schlacht von Walcourt (1689)		5,0				7,5								
				0					Schlacht von Fleurus (1690)		7,0				10,5								
				0					Schlacht von Staffarda (1690)		5,0				7,5								
				0					Belagerung von Mons (1691)		1,0				1,5								
				0					Schlacht von Leuze (1691)		1,0				1,5							0,0	
				0					Belagerung von Montmelian (1691)		1,0				1,5							0,0	
				0					Belagerung von Namur (1692)			8			4,0								
				0					Schlacht von Steenkerken (1692)			6			3,0								
				0					Schlacht von Neerwinden (1693)			25			12,4								
				0					Belagerung von Pinerolo (1693)			10			5,0							0,0	
				0					Schlacht von Marsaglia (1693)			12			5,9								
				0					Schlacht von Camaret (1694)						7,0								
				0					Belagerung von Casale (1695)		1,0				1,5								
				0					Belagerung von Namur (1695)			9			4,5							0,0	
				0					Belagerung von Barcelona (1697)		10,0				15,0							0,0	
1	1			1				Seekrieg, Frankreichs gg England u. Niederlande (1688 bis 1697)						21,3	21,3							
				0					Seeschlacht von Beachy Head (1690)					6	2,7								
				0					Seeschlacht von Cape Barfleur (1692)			6,7			3,3								
				0					Seeschlacht von La Hogue (1692)					15	6,8								
				0					Seeschlacht von Lagos (1693)						1,5								
				0					Seeschlacht von Alicudi (1693)		1,0				7,0								
1				1				Irischer Krieg (1689 bis 1691)						21,6	21,6							
				0					Seeschlacht von Bantry Bay (1689)		1,0				1,5								
				0					Schlacht von Killiecrankie (1689)		1,0				1,5								
				0					Schlacht von Dunkeld (1689)		0,4				0,6								
				0					Schlacht von Comdale (1690)						0,0								
				0					Schlacht an der Boyne (1690)		5,0				7,5								
				0					Schlacht von Aughrim (1691)		7,0				10,5								
				1				"Befriedung des Landesinneren" Glencoe-Massaker (1692)						0,0								
		1		1				Unterwerfung von Khiva durch Persien		7,0				7,0	7,0							
1				1	1688	bis	1697	Krieg Königs Wilhelms		2,0				3,0	3,0						0,0	
1				1	1689	bis	1707	1. Maratha-Krieg		5,0				7,5	7,5						2,0	
1				0	1697			Spanischer Feldzug gegen Tayasal						7,0	7,0						0,0	
1	1			1	1698			Krieg der Dsungaren (Oiraten) gegen die Kasachen	Belagerung von Tayasal (1697)	7,0				7,0	7,0							
838	166	47	15	265											3.755	3.755		26.287	30.043	30.043	0,50	8178,8	0,0	38.221
								Default-Werte		0,20	1,50	0,50	0,03	0,45	7,00	7,00	7,00	7,00		0,50		0,0	
1		1		1	1700	bis	1799	Religiozide der Inquisition im 18. Jh.															20,0	
1		1		1	1700	bis	1799	Hexenverfolgungen im 17. Jh.															50,0	
1			1	1	1700	bis	1799	Versklav. der Indios du. europ. Siedl. (1500 bis 1758), Teil 17. Jh.															5000,0	
1			1	1	1700	bis	1799	Verschlepp. afrik. Sklaven nach Amer. (1500 bis 1870), Teil 17. Jh.															500,0	

17. Jahrhundert

ANLAGE 10

Präd &Retor	Terr Konfl	Hier& Kons	Alloph Konfl	Se. Konfl	Jahr	bis	Jahr	Konflikt	Ausführungsereignisse (Schlachten, Belagerungen)	Tln. (Tsd.)	Land Schl Tote (Tsd.)	Schl Tote & Verw. (Tsd.)	See Schiffe	Schiffe gesunk.	Kampf Tote (Tsd.) Zw. Ablage	Kampf Tote (Tsd.)	Mil. Nicht-KampfTote (Tsd.) Zw. Ablage	Mil. Nicht-Kampf Tote (Tsd.)	MilTote (Tsd.) Zw. Ablage	Mil Tote (Tsd.)	Ziv. Tote (Tsd.) Zw. Ablage	Ziv. Tote (Tsd.)	SeTote (Tsd.)
	1			0	1700	bis	1721	2. (GROSSER) NORDISCHER KRIEG			60.4				96	45.8	200.0		296		2.0		298
1				1				Livländ.-Ingermanl. Front (Polen, Sachsen, Russl. gg Schweden)							45.8	45.8							
1				0					Belagerung von Riga (1700 bis 1701)		1.0				1.6							0.0	
1				0					Belagerung von Narwa (1700)		1.0				1.6							0.0	
1				0					Schlacht von Narva (1700)		12.0				19.1								
1				0					Schlacht von Düna (1701)		1.0				1.6								
1				0					Schlacht von Riga (1701)		1.0				1.6								
1				0					Schlacht von Rappin (1701)		1.0				1.6								
1				0					Schlacht von Rauge (1701)		1.0				1.6								
1				0					Schlacht von Erestfer (1702)		1.0				1.6								
1				0					Schlacht von Hummelshof (1702)		1.0				1.6								
1				0					Schlacht von Klissow (1702)		1.0				1.6								
1				0					Schlacht von Pultusk (1703)	20	1.0				2.8								
1				0					Schlacht von Saladen (1703)		1.0				1.6							0.0	
1				0					Belagerung von Thorn (1703)		1.0				1.6								
1				0					Schlacht von Systerbäck (1703)		1.0				1.6								
1				0					Schlacht von Jakobstadt (1704)		1.0				1.6								
1				0					Belagerung von Narwa (1704)		1.0				1.6						2.0		
1			1	1					Massakr. der Schweden von Narwa (1704)						0.0								
1				1					Schlacht von Gemäuerthof (1705)		1.0				1.6	19.1							
1	1			1				Schwedische Invasion Polens							19.1	19.1							
1				0					Schlacht von Dunamu.e (1701)						0.0								
1				0					Schlacht von Wschowa (1705)		1.0				1.6								
1				0					Schlacht von Fraustadt (1705)		1.0				1.6								
1				0					Schlacht von Fraustadt (1706)		9.0	7			14.3								
1				0					Schlacht von Kalisz (1706)		1.0				1.6								
1				1				Schwedische Invasion Russlands							21.6	21.6							
1				0					Schlacht von Holowczyn (1708)		1.0				1.6								
1				0					Schlacht von Malatitze (1708)		1.0				1.6								
1				0					Schlacht von Rajowka (1708)		1.0				1.6								
1				0					Schlacht von Liesna (1708)			9			3.7								
1				0					Belagerung von Baturin (1708)		1.0				1.6							0.0	
1				0					Schlacht von Kolkampää (1708)		1.0				1.6								
1				0					Belagerung von Veprik (1709)		1.0				1.6								
1				0					Schlacht von Poltawa (1709)		1.3				6.8							0.0	
1				0					Schlacht von Hälsingborg (1709)		1.0				1.6								
1	1			1				Russisch-Türkischer Krieg (1710 bis 1711)							4.8	4.8							
1				0					Seeschlacht von Pälkäne (1713)		1.0				1.6								
1				0					Seeschlacht von Hangö (1714)		1.0				1.6								
1				0					Schlacht von Storkyra (1714)		1.0				1.6								
1	1			1				Pommersche Front							4.9	4.9							
1				0					Schlacht von Gadebusch (1712)			7.5			3.9								
1				0					Seeschlacht von Rügen (1715)			1.2			0.6								
1				0					Schlacht von Stresow (1715)			0.7			0.4								
1	1			1	1700	bis	1701	Krieg Omans gg Portugal an der ostafrik. Küste (Teil 18. Jh.)							1.0	1.0							
1				0					Belagerung von Zanzibar (1701)		1.0				1.0							0.0	
1	1			1	1700	bis	1799	Verdrängung der Bantu durch die Massai in Ostafrika (Teil 18. Jh.)							0.0	0.0						0.0	

Präd &Rietor	Terr Konfl	Hier& Kons	Alleph Konfl	Se. Konfl	Jahr	bis	Jahr	Konflikt	Ausführungsereignisse (Schlachten, Belagerungen)	Tln. (Tsd.)	Land Schl Tote (Tsd.)	Schl. Tote & Verw. (Tsd.)	See Schiffe	Schiffe gesunk.	Kampf-Tote (Tsd.) Zw. Ablage	Kampf-Tote (Tsd.)	Mil. Nicht-KampfTote (Tsd.) Zw. Ablage	Mil. Nicht-Kampf-Tote (Tsd.)	MilTote (Tsd.) Zw. Ablage	Mil. Tote (Tsd.)	Ziv. Tote (Tsd.) Zw. Ablage	Ziv. Tote (Tsd.)	SeTote (Tsd.)
1	1			0	1701	bis	1714	SPANISCHER ERBFOLGEKRIEG							293	78,5	465,0		758		12,0		770
				1				Italienische Front (Frankreich gegen Österreich)							78,5	78,5							
				0					Schlacht von Carpi (1701)			0,3			0,2								
				0					Schlacht von Chiari (1701)		2,0				3,2								
				0					Schlacht von Cremona (1702)			2,4			1,3								
				0					Schlacht von Luzzara (1702)		6,5				10,3								
				0					Belagerung von Mantua (1702)		1,0				1,6							0,0	
				0					Belagerung von Vertrua (1704 bis 1705)			12			6,3							0,0	
				0					Schlacht von Cassano (1705)		11,0				17,5								
				0					Schlacht von Calcinato (1706)		7,0				11,1								
				0					Belagerung von Turin (1706)		13,0				20,7							0,0	
				0					Schlacht von Turin (1706)		3,0				4,8								
				0					Belagerung von Gaeta (1707)		1,0				1,6							0,0	
1				1				Spanische Front (England u. Frankreich gg Spanien u. Savoyen)							70,5	70,5							
				0					Seeschlacht von Cadiz (1702)		1,0				1,6								
				0					Seeschlacht bei Cartagena (1702)		1,0				1,6								
				0					Seeschlacht von Vigo (1702)		1,0				1,6								
				0					Franz. Demozid an piem. Kriegsgef. (1703)						5,0								
				0					Belagerung von Gibraltar (1704)		1,0				1,6								
				0					Seeschlacht von Malaga (1704)		5,0				8,0								
				0					Belagerung von Montmelian (1705)						0,0								
				0					Seeschlacht von Gibraltar (1705)		1,0				1,6								
				0					Schlacht von Vich (1705)		1,0				1,6								
				0					Belagerung von Badajoz (1705)		1,0				1,6							0,0	
				0					Belagerung von Montjuich (1705)		1,0				1,6							0,0	
				0					Belagerung von Barcelona (1705)		1,0				1,6							0,0	
				0					Belagerung von Barcelona (1706)			8			4,2							0,0	
				0					Belagerung von Ciudad Rodrigo (1706)		1,0				1,6								
				0					Schlacht von Almansa (1707)		7,0				11,1							0,0	
1				1				Allierte Invasion Frankreichs (1707)	Belagerung von Toulon (1707)			10			5,3								
				0					Schlacht von Almansa (1710)		1,0				1,6								
				0					Schlacht von Lerida (1710)		1,0				1,6								
				0					Schlacht von Almenara (1710)		1,0				1,6								
				0					Schlacht von Zaragoza (1710)		1,0				1,6								
				0					Schlacht von Brihuega (1710)		1,0				1,6								
				0					Schlacht von Villaviciosa (1710)			5			2,6								
				0					Belagerung von Barcelona (1711 bis 1714)	5	7,0	20			10,5							10,0	
1				1				Süddeut. Front (Bayern u. Frankreich gg Österreich u. England)							65,1	65,1							
				0					Belagerung von Landau (1702)			6			3,2							0,0	
				0					Schlacht von Friedlingen (1702)			4			2,1								
				0					Schlacht von Mu.erkingen (1703)		1,0	11			1,6								
				0					Schlacht von Höchstadt (1703)						5,8								
				0					Schlacht an der Speyerbach (1703)	50					7,0								
				0					Schlacht an der Schellenberg (1704)			10			5,3								
				0					Schlacht von Höchstädt (1704)		10,0				15,9								
				0					Belagerung von Ulm (1704)		1,0				1,6							0,0	
				0					Belagerung von Landau (1704)			6			3,2							0,0	

ANLAGE 10

Präd &Retor Konfl	Terr Konfl	Hier& Kons	Alloph Konfl	Se. Konfl	Jahr	bis	Jahr	Konflikt	Jahr	Ausführungsereignisse (Schlachten, Belagerungen)	Tln. (Tsd.)	Land Schl. Tote (Tsd.)	Land Schl. Tote & Verw. (Tsd.)	See Schiffe	See Schiffe gesunk.	Kampf-Tote (Tsd.) Zw. Ablage	Kampf-Tote (Tsd.)	Mil. Nicht-KampfTote (Tsd.) Zw. Ablage	Mil. Nicht-Kampf-Tote (Tsd.)	MilTote (Tsd.) Zw. Ablage	Mil. Tote (Tsd.)	Ziv. Tote (Tsd.) Zw. Ablage	Ziv. Tote (Tsd.)	SeTote (Tsd.)
1				0						Schlacht von Wissembourg (1705)		1,0				1,6								
1				0						Schlacht an der Sendlinger Berg (1705)		2,0				3,2								
1				0						Schlacht von Aidenbach (1706)		5,0				8,0							0,0	
1				0						Belagerung von Rastatt (1713)		1,0				1,6							0,0	
1				0						Belagerung von Freiburg (1713)			10			5,3								
1	1			1				Tiroler Front (Bayern gegen Österreich u. Tiroler Bevölkerung)							4,8	4,8						0,0	
1				0						Belagerung von Kehl (1703)		1,0				1,6								
1				0						Belagerung von Kufstein (1703)		1,0				1,6								
1				0						Schlacht von Prutztal (1703)		1,0				1,6								
1	1			1				Front in Nordfrankr./Belgien (Frankreich gg Österreich u. England)							74,1	74,1							
1				0						Schlacht von Ramillies (1706)		14,0				22,3								
1				0						Schlacht von Oudenaarde (1708)		6,0	10,5			9,5							2,0	
1				0						Belagerung von Lille (1708)						5,5							0,0	
1				0						Belagerung von Tournai (1709)		1,0				1,6								
1				0						Schlacht von Malplaquet (1709)		11,0				17,5								
1				0						Belagerung von Douai (1710)						4,2							0,0	
1				0						Schlacht von Denain (1712)		8,5	8			13,5								
1	1			1				Britisch-Französischer Krieg in Nordamerika (1702 bis 1713)							0,0	0,0							
1				0						Belagerung von Port Royal (1710)		1,0				0,0								
1				0						Schiffbruch auf dem St. Lawrence (1711)						0,0								
1			1	1	1702	bis	1710	Hugenottenaufstand in den Cevennen			30					4,2	4,2							
1		1		1	1703	bis	1711	Ungarisch-Siebenbürgischer Aufstand				2,0			4,0	4,0						40,0	
1				0	1704	bis	1708	Throntolgekrieg im Sultanat von Mataram			17	1,0			1,6								
1				0												2,4								
1				1				Einnahme von Kediri (1706)							4,2	4,2							
1				0						Schlacht von Madiun (1707)						0,0								
1	1			1	1705			1. Chinesische Intervention in Tibet				1,0			4,2	1,6							
1	1			1	1706			Krieg der Niederlande gegen Surapati (Bali)							4,2	4,2							
1		1		1	1708			Throntolgekrieg im Mogul-Reich							4,2	4,2						2,0	
1				0						Schlacht von Agra (1708)						4,2	1,6							
1				1	1708	bis	1709	Emboabas Krieg				1,0			1,6	1,6							
1				0						Schlacht von Arraial da Ponta do Morro (1709)		6,0				15,9	15,9							
1		1		0	1709	bis	1711	Unabhängigkeitskrieg des Kandahar				10,0			15,9	1,0							
1				0	1710	bis	1714	Krieg der Mascates in Pernambuco		Belagerung von Kandahar (1711)		1,0				1,0	1,0							
1		1		0	1710			Krieg des Mogul Reichs gegen die Sikhs		Belagerung von Recife (1710)		1,0				1,0	1,0							
1	1			1	1711	bis	1712	Tuscara-Krieg								1,0	0,0							
1		1		1	1712	bis	1750	Christenverfolgungen in Vietnam				2,0				0,0	3,5						100,0	
1				1	1712			2. Villmerger Krieg		Schlacht von Villmergen (1712)		2,2				3,5	3,5							
1	1			0	1714	bis	1718	6. Türkisch- Venezianischer Krieg				20,0			11,5	11,5						20,0	
1				0						Eroberung der Morea (1715)		1,0				1,0								
1				0						Belagerung von Nauplion (1715)		2,0				3,2							15,0	
1				0						1. Seeschlacht an der Cape Matapan (1717)		1,0				1,0								
1				0						2. Seeschlacht an der Cape Matapan (1718)		3,6				5,7								

ANLAGE 10

Präd &Retor	Terr Konfl	Hier& Kons	Alloph Konfl	Se. Konfl	Jahr	bis	Jahr	Konflikt	Ausführungsereignisse (Schlachten, Belagerungen)	Tln. (Tsd.)	Land Schl. Tote (Tsd.)	Schl. Tote & Verw. (Tsd.)	See Schiffe gesunk.	Kampf-Tote (Tsd.) Zw. Ablage	Kampf-Tote (Tsd.)	Mil. Nicht-KampfTote (Tsd.) Zw. Ablage	Mil. Nicht-KampfTote (Tsd.)	MilTote (Tsd.) Zw. Ablage	Mil. Tote (Tsd.)	Ziv. Tote (Tsd.) Zw. Ablage	Ziv. Tote (Tsd.)	SeTote (Tsd.)
1	1			1	1714	bis	1716	Vietnamesische Intervention in Kambodscha			1,0			1,6	1,6							
1	1			1	1714	bis	1717	Russischer Feldzug gegen Khiva						1,0	1,0							
1		1		1	1714	bis	1741	Plünderungseinfälle von Manipur in Birma						1,0	1,0							
1	1		1	1	1715	bis	1728	Yamassee-Krieg						1,0	1,0							
1				1	1715	bis	1716	Schottischer Jakobitenaufstand			1,0			1,0	1,0							
1				0					Belagerung von Preston (1715)					0,0								
1				0					Schlacht von Sheriffmuir (1715)					1,0								
1	1			1	1715	bis	1717	Antisächsischer Aufstand in Polen			0,6			1,0	1,0							
1	1			1	1716	bis	1718	6. Österreichisch-Türkischer Krieg						18,5	18,5							
1				0					Schlacht von Peterwardein (1716)			3,0			15,3								
1				0					Belagerung von Belgrad (1717 bis 1717)			2,0	20		3,2								
1	1			1	1717	bis	1720	Krieg der Quadrupelallianz um Sizilien			3,0			0,4	0,4							
1				0					Seeschlacht an der Capo Passero (1718)					3	0,1								
1				0					Schlacht von Glenshiel (1719)	2					0,3								
1	1			1	1717	bis	1720	Intervention der Dsungaren (Oiraten) in Tibet			1,0			4,2	4,2						0,0	
1				1	1717	bis	1717	Siamesische Intervention in Kambodscha						1,6	1,6						0,0	
1				0					Schlacht von Bantea Meas (1717)			5,0			1,6								
1	1			1	1718			Krieg der Dsungaren (Oiraten) gegen die Kasachen			1,0			4,2	4,2							
1				0					Schlacht an der Aigus (Balchassee) (1718)			2,0			4,2								
1	1			1	1719			Französische Invasion Nordspaniens (1719)			2,0			3,2	3,2							
1				1	1719			Afghanischer Aufstand						6,3	6,3							
1				0					Schlacht von Herat (1719)	45		1,0			1,6								
1	1			1	1719	bis	1723	2. Thronfolgekrieg auf Java						1,6	1,6						0,0	
1	1			1	1719	bis	1721	2. Chinesische Intervention in Tibet			2,0			3,2	3,2						0,0	
1	1			1	1719	bis	1724	Krieg Chinas gegen die Dsungaren (Oiraten)						0,0	0,0							
1				0					Schlacht von Örümqi (1720)						0,0	0,0							
1	1			1	1720			Spanisch-Marokkanischer Krieg um Ceuta			1,0			1,6	1,6							
1				0					Schlacht von Ceuta (1720)						1,6								
1	1			1	1720	bis	1722	Afghanische Invasion Persiens			2,0			3,2	3,2						2,0	
1				0					Schlacht von Gulnabad (1722)			1,0			1,6								
1				0					Belagerung von Isfahan (1722)			1,0			1,6							0,0	
1	1			1	1720	bis	1750	Expansionskrieg der Ashanti (Ghana)						1,0	1,0							
1				1	1721			Antichinesischer Aufstand in Taiwan						1,0	1,0							
1	1			1	1721	bis	1735	Aufstand in Paraguay gegen Buenos Aires						1,0	1,0							
1	1	1		0	1722	bis	1723	Russische Invasion Persiens			1,0			1,6	1,6							
1				1	1723			Georgischer Bürgerkrieg						4,2	4,2							
1				0					Belagerung von Tbilisi (1723)			1,0			4,2								
1				1	1723	bis	1726	Indianeraufstand in Chile						0,0	0,0						0,0	
1				1	1724			Aufstand des Lobjang Danjin in Tibet						1,0	1,0							
1	1			1	1724	bis	1727	Expansionskrieg von Abomey (Dahomey)						1,0	1,0							
1	1			1	1726	bis	1727	Türkische Invasion Persiens						4,2	4,2							
1				0					Schlacht von Isfahan (1726)			1,0			4,2								
1			1	1	1725	bis	1736	Antirussische Aufstände im Kaukasus						1,0	1,0						0,0	
1	1			1	1726	bis	1730	1. Krieg zwischen Oyo u. Dahomey			1,0			1,6	1,6							
1	1			1	1726	bis	1727	Englisch-Spanischer Krieg						1,0	1,0							
1				0					Belagerung von Gibraltar (1727)						1,0								
1	1			1	1727	bis	1728	Tibetischer Bürgerkrieg und 3. Chinesische Intervention in Tibet			1,0			1,6	1,6							

Präd &Retor	Terr Konfl	Hierk & Kons	Alloph Konfl	Se. Konfl	Jahr	bis	Jahr	Konflikt	Ausführungsereignisse (Schlachten, Belagerungen)	Tln. (Tsd.)	Land Schl Tote (Tsd.)	Schl Tote & Verw. (Tsd.)	See Schiffe	Schiffe gesunk.	Kampf-Tote (Tsd.) Zw. Ablage	Kampf-Tote (Tsd.)	Mil. Nicht-KampfTote (Tsd.) Zw. Ablage	Mil. Nicht-Kampf-Tote (Tsd.)	MilTote (Tsd.) Zw. Ablage	Mil. Tote (Tsd.)	Ziv. Tote (Tsd.) Zw. Ablage	Ziv. Tote (Tsd.)	SeTote (Tsd.)
1	1			1	1728	bis	1730	Persischer Aufstand gegen die Afghanen			3,0				4,8	4,8							
1				0					Schlacht von Mehmandost (1729)		1,0				1,6								
1				0					Schlacht von Murchakhar (1729)		1,0				1,6								
1				0					Schlacht von Zarigan (1729)		1,0				1,6								
1	1			1	1729	bis	1731	Krieg Chinas gegen die Dsungaren (Oiraten)			5,0				4,2	4,2							
1	1			1	1730	bis	1736	Persisch-Türkischer Krieg							12,2	12,2						0,0	
1				0					1. Schlacht von Hamadan, (1730)		1,0				1,6								
1				0					2. Schlacht von Hamadan (1731)		1,0				1,6								
1				0					Schlacht von Karkuk (1733)		1,0				1,6								
1				0					Schlacht von Leilan (1733)		1,0				1,6								
1				0					Belagerung von Schamanaki (1735)						4,2								
1				0					Schlacht von Barghavand (1735)		1,0				1,6								
1		1		1	1730	bis	1732	Aufstand in Konstantinopel							4,2	4,2						0,0	
1		1		1	1731	bis	1732	Österreichische Intervention auf Korsika			1,0				1,6	1,6							
1	1			1	1731	bis	1732	Antichinesischer Aufstand der Urbevölkerung von Taiwan							4,2	4,2							
1	1			1	1732			Spanische Rückeroberung Orans							4,2	4,2							
1				0					Belagerung von Oran (1732)						4,2								
1				0			1733	bis	1738	POLNISCHER THRONFOLGEKRIEG						35,8		210,5		246				246
1	1			0				Russische Invasion Polens (1733)							5,8	5,8							
1				0					Belagerung von Warschau (1733)						4,2								
1				0					Belagerung von Danzig (1734)		1,0				1,6							0,0	
1				1				Italienische Front (Frankreich u. Spanien gegen Österreich)							19,0	19,0						0,0	
1				0					Belagerung von Mailand (1733)		1,0				1,6								
1				0					Schlacht von Parma (1734)			12			6,3								
1				0					Schlacht von Luzzara (1734)			12			6,3								
1				0					Spanische Rückeroberung Neapels (1734)		1,0				1,6								
1				0					Schlacht von Bitonto (1735)		1,0				1,6								
1				0					Belagerung von Syrakus (1734)		1,0				1,6								
1	1			1				Westdeutsche Front (Frankreich gegen Österreich)							6,8	6,8						0,0	
1				0					Belagerung von Philippsburg (1734)						5,3								
1				0					Schlacht von Klausen an der Mosel (1735)		1,0	10			1,6								
1				1				Span.-Portugies. Krieg um die Banda Oriental (1735 bis 1737)							4,2	4,2							
1	1			1	1735	bis	1736	Aufstand der Miao in Yünnan			1,0				1,6	1,6						5,0	
1	1			1	1736	bis	1739	4. (Österreichisch-Russischer) Türkenkrieg			15,0				20,7	20,7						4,0	
1				0					Belagerung von Nisch (1737)		1,0				1,6								
1				0					Schlacht von Banja Luka (1737)		1,0				1,6							0,0	
1				0					Belagerung von Otschakow (1737)		1,0				1,6								
1				0					Schlacht von Bendery (1738)		5,0				8,0								
1				0					Schlacht von Kroczka (1739)		1,0				1,6								
1				0					Belagerung von Belgrad (1739)		1,0				1,6							0,0	
1				0					Schlacht von Stavuchany (1739)		3,0				4,8								
1				0					Schlacht von Delhi (1737)		1,0				1,6								
1	1			1	1737			Aufstand der Marathas			2,0				3,2	3,2						20,0	
1				0					Schlacht an der Khyberpass (1738)		1,0				1,6								
1	1			0	1738	bis	1739	Persische Invasion Indiens	Schlacht von Karnal (1739)		1,0				1,6								
1				0					Massaker in Delhi (1739)						0,0							20,0	

Präd &Retor	Terr Konfl	Hier& Kons	Alloph Konfl	Se. Konfl	Jahr	bis	Jahr	Konflikt	Ausführungsereignisse (Schlachten, Belagerungen)	Tln. (Tsd.)	Land Schl. Tote (Tsd.)	Schl. Tote & Verw. (Tsd.)	See Schiffe	See Schiffe gesunk.	Kampf-Tote (Tsd.) Zw. Ablage	Kampf-Tote (Tsd.)	Mil. Nicht-KampfTote (Tsd.) Zw. Ablage	Mil. Nicht-Kampf-Tote (Tsd.)	MilTote (Tsd.) Zw. Ablage	Mil. Tote (Tsd.)	Ziv. Tote (Tsd.) Zw. Ablage	Ziv. Tote (Tsd.)	SeTote (Tsd.)
1	1			1	1738	bis	1748	2. Krieg zwischen Oyo u. Dahomey			1,0				1,6	1,6						0,0	
1	1			1	1739	bis	1749	Krieg zwischen Kambodscha u. Vietnam			1,0				1,6	1,6						3,0	
1	1			1	1739	bis	1748	Britisch-Spanischer Krieg			5,0				8,0	8,0							
1				0					Belagerung von Portobelo (1739)		1,0					1,6						0,0	
1				0					Belagerung von Cartagena (1741)		2,0					3,2							
1				0					Schlacht von Bloody Swamp (1742)		0,0					0,0							
1				0					Seeschlacht von Lagos (1747)		1,0					1,6							
1				0					Seeschlacht von Havanna (1748)		1,0					1,6							
1	1			0	1740	bis	1748	OSTERREICHISCHER ERBFOLGEKRIEG			86,3				137	103	330,0	(250)	467,4		0,0		467
1				0				1. Schlesischer Krieg (1740 bis 1742) Schlesische Front	Schlacht von Mollwitz (1741)			9,4			102,9	4,9							
1				0					Schlacht von Chotusitz (1742)			11				5,8							
1				0					Schlacht von Sahay (1742)		2,0					3,2							
1				1				Deutsche Front															
1				0					Schlacht von Braunau (1743)		1,0					1,6							
1				0					Schlacht von Dettingen (1743)		7,0					11,1							
1				0					Schlacht von Weissenberg (1744)		1,0					1,6							
1				1				Italienische Front															
1				0					Schlacht von Campo Santo (1743)		1,0					1,6							
1				0					Schlacht von Pietralunga (1744)		1,0					1,6							
1				0					Schlacht von Velletri (1744)		1,0	3				1,6							
1				0					Belagerung von Cuneo (1744)			10				5,3						0,0	
1				0					Schlacht von Madonna dell' Olmo (1744)			10				5,3							
1				0					Schlacht von Bassignana (1745)			1				0,5							
1				0					Belagerung von Alessandria (1745 bis 1746)		1,0					1,6						0,0	
1				0					Belagerung von Asti (1746)		1,0					1,6						0,0	
1				0					Schlacht von Piacenza (1746)			8				4,2							
1				0					Schlacht von Rottofreno (1746)			6				3,2							
1				0					Belagerung von Genua (1746 bis 1747)		2,0					3,2						0,0	
1				0					Schlacht von Asietta (1747)		5,0					8,0							
1				1				Niederländische Front															
1				0					Schlacht von Rancoux (1746)		1,0	10				5,3						0,0	
1				0					Belagerung von Antibes (1746 bis 1747)		3,0					1,6						0,0	
1				0					Belagerung von Tournai (1745)							4,8							
1				0					Schlacht von Fontenoy (1745)			15				7,9							
1				0					Schlacht von Laffeld (1747)			20				10,5							
1				0					Belagerung von Bergen (1747)			10				5,3						0,0	
1	1			1				Britisch-Französischer Krieg (1744 bis 1748)															
1				0					Seeschlacht von Toulon (1744)		0,5	10				0,7						0,0	
1				0					Belagerung von Louisbourg (1745)							0,0						0,0	
1				0					1. Seeschlacht bei Cabo Finisterre (1747)					31		0,8							
1				0					2. Seeschlacht bei Cabo Finisterre (1747)					22		0,6							
1	1			1				2. Schlesischer Krieg (1744 bis 1745)							25,5	25,5						0,0	
1				0					Schlacht von Amberg (1745)		1,0					1,6							
1				0					Schlacht von Hohenfriedberg (1745)			12,7				6,7							
1				0					Schlacht von Soor (1745)			11,3				5,9							
1				0					Schlacht von Katholisch Hennersdorf (1745)		1,0					1,6							
1				0					Schlacht von Görlitz (1745)		1,0					1,6							
1				0					Schlacht von Kesselsdorf (1745)		1,0	15,4				8,1							
1	1			1				1. Karnatak-Krieg (1744 bis 1748)							9,0	9,0							

ANLAGE 10

Präd &Retor	Terr Konfl	Alloph Konfl	Hier& Kons	Se. Konfl	Jahr	bis	Jahr	Konflikt	Ausführungsereignisse (Schlachten, Belagerungen)	Tln. (Tsd.)	Land Schl. Tote (Tsd.)	Land Schl. Tote & Verw. (Tsd.)	See Schiffe	See Schiffe gesunk.	Kampf-Tote (Tsd.) Zw. Ablage	Kampf Tote (Tsd.)	Mil. Nicht-KampfT (Tsd.) Zw. Ablage	Mil. Nicht-KampfTote (Tsd.)	MilTote (Tsd.) Zw. Ablage	Mil. Tote (Tsd.)	Ziv. Tote (Tsd.) Zw. Ablage	Ziv. Tote (Tsd.)	ScTote (Tsd.)
1				0					Schlacht von Negapatam (1746)		1,0				1,6								
1				0					Schlacht von Madras (1746)		1,0				1,6								
1				0					Schlacht von St. Thomé (1746)						4,2								
1				0					Belag. von Fort Saint George (1746 bis 1748)		1,0				1,6							0,0	
1				0					Belagerung von Pondichery (1748)						0,0							0,0	
1	1			1	1740	bis	1760	Moer-Aufstand		5,0				8,0	8,0						5,0	
1	1			1				Unterwerfungsfeldzüge des Alaungpaya in Birma (1753 bis 1760)						9,5	9,5							
1				0					Belagerung von Ava (1753)		1,0				1,6							0,0	
1				0					Belagerung von PRom (1755)		1,0				1,6							0,0	
1				0					Belagerung von Dagon (1756)		1,0				1,6							0,0	
1				0					Belagerung von Syriam (1755 bis 1756)		1,0				1,6							0,0	
1				0					Belagerung von Pegu (1756 bis 1757)		1,0				1,6							0,0	
1				0					Belagerung von Imphal (1758)		1,0				1,6							0,0	
1	1			1	1740		1740	Persischer Annexionskrieg gegen Uzbekistan														
1				0					Schlacht von Khiva (1740)		1,0				1,6	1,6							
1		1		1	1740	bis	1743	Chinesischer Aufstand auf Java		1,0				8,4	8,4						10,0	
		1		1					Pogrom an den Chinesen in Batavia (1740)						0,0								
				0					Belagerung von Semarang (1741)						4,2								
				0					Besetzung von Kartasura (1742)						4,2								
		1		1					Madura, Pogrom an den Chinesen (1741)						0,0								
1	1			1	1741	bis	1743	Schwedisch-Russischer Krieg		3,0				3,2	3,2							
				0					Schlacht von Wilmanstrand (1741)						4,2								
1	1			1	1743		1743	Russische Invasion Finnlands (1742)			6			4,2								
1	1			1	1743	bis	1747	Persisch-Türkischer Krieg		1,0				1,6	1,6							
				0					Schlacht von Kars (1745)		1,0				1,6							0,0	
1	1			1	1743	bis	1744	Unabhängigkeitskrieg von Madura						4,2								
1	1			1	1745		1745	Unabhängigkeitskrieg von Mataram gegen VOC						4,2	4,2							
1	1			1	1745	bis	1746	Schottischer Jakobitenaufstand		5,0				3,6	3,6							
				0					Schlacht von Clifton Moor (1745)			0,2			0,1								
				0					Schlacht von Culloden (1746)		1,7				2,7								
				0					Schlacht von Prestonpans (1745)		0,3				0,5								
				0					Schlacht von Falkirk (1746)		0,2				0,3								
1	1			1	1747		1747	1. Afghanische Invasion Indiens		1,0				1,6	1,6							
				0					Schlacht von Sirkind (1747)						4,2								
1			1	1	1746	bis	1776	Krieg Chinas gegen die Jin Chuan in Sichuan						4,2	4,2							
1			1	1	1747		1747	Bürgerkrieg in Bugis						4,2								
1			1	1	1747	bis	1750	Persischer Thronfolgekrieg						4,2								
1			1	1	1749		1749	Aufstand in Venezuela						1,6								
1				0	1749	bis	1754	2. Karnatak Krieg		1,0				1,6	1,6							
				0					Schlacht von Ambur (1749)		1,0				1,6	1,6							
1	1			1	1749	bis	1757	3. Thronfolgekrieg in Mataram und Niederländische Intervention		1,0				1,6	1,6							
	1			0	1750	bis	1775	Migration von Tuareg zum Niger-Bogen		1,0				1,6	1,6							
1			1	1	1750	bis	1751	Aufstand in Banten						0,0	0,0							
1			1	1	1751			4. Chinesische Intervention in Tibet						0,0	0,0							

Präd &Retor	Terr Konfl	Hier& Kons	Alloph Konfl	Se. Konfl	Jahr	bis	Jahr	Konflikt	Ausführungsereignisse (Schlachten, Belagerungen)	Th. (Tsd.)	Land Schl Tote (Tsd.)	Schl Tote & Verw. (Tsd.)	See Schiffe	Schiffe gesunk.	KampfTote (Tsd.) Zw. Ablage	Kampf Tote (Tsd.)	Mil NichtKampfTote (Tsd.) Zw. Ablage	Mil. Nicht-Kampf-Tote (Tsd.)	MilTote (Tsd.) Zw. Ablage	Mil. Tote (Tsd.)	Ziv. Tote (Tsd.) Zw. Ablage	Ziv. Tote (Tsd.)	ScTote (Tsd.)
1	1			1	1751	bis	1763	Krieg der British East India Company gg die Compagnie des Indes							0.0	0.0							
1	1			1	1752			Mon-Aufstand in Birma	Belagerung von Ava (1752)		1.0				1.6	1.6						0.0	
1		1		1	1753	bis	1756	Großer Guarani-Krieg	Schlacht von Rio Pardo (1754)	2					2.7	2.7						0.0	
1					1754				Schlacht von Caybate (1756)		1.5				2.4 0.3								
1								*Soziale Aufstände in Japan*															
1		1		1				Bauernaufstand in Echigo (1754)							1.0	1.0							
1		1		1				Bauernaufstände in 16 Regionen (1756)							16.0	16.0							
1		1		1				Aufstände der Bevölkerung vieler Städte Japans (1768 bis 1769)							1.0	1.0							
1		1		1				Bauernaufstand in Asakawa (1783)							1.0	1.0							
1		1		1				Bauernaufstand in Tajima (1784)							1.0	1.0							
1		1		1				Aufstände der Bevölkerung vieler Städte Japans (1787)							2.0	2.0							
1	1			1	1754	bis	1759	Krieg Chinas (Qing) gegen die Dsungaren (Oiraten)							0.0	0.0							
1	1			1	1754	bis	1763	Französisch / Indianischer Krieg gegen Großbritannien							27.3	27.3							
1				0					Belagerung von Fort Necessity (1754)						1.0								
1				0					Schlacht von Monongahela (1755)		1.0				1.6								
1				0					Schlacht von Lake George (1755)						0.4								
1				0					Belagerung von Fort William Henry (1757)			0.7			0.0								
1				0					Belagerung von Louisbourg (1758)						4.2								
1				0					Belagerung von Fort Frontenac (1758)						0.0								
1				0					Belagerung von Fort Ticonderoga (1758)		1.0				1.6								
1				0					Belagerung von Fort Duquesne (Fort Pitt) (1758)						4.2								
1				0					Belagerung von Fort Niagara (1759)						4.2								
1				0					Belagerung von Quebec (1759)						4.2								
1				0					Schlacht von Abraham Plains (1759)			9.3			4.9								
1				0					Schlacht von Quebec (1760)			2			1.1								
1				0					Belagerung von Montreal (1760)						0.0								
1				1	1755	bis	1760	Vietnamesische Besetzung von Kambodscha							0.0	0.0							
1	1			1	1755	bis	1768	Korsischer Unabhängigkeitskampf gegen Genua			1.0				1.6	1.6							
1	1			1	1756	bis	1757	Krieg von Bugis gegen VOC	Belagerung von Melakka (1756 bis 1757)						0.0	0.0						0.0	
1				0	1756	bis	1763	SIEBENJÄHRIGER KRIEG							238	152.6	410.0		648		10.0		658
1				1				3. Schlesischer Krieg (1756 bis 1763)							152.6	152.6							
1				0					Schlacht von Lobositz (1756)	20		5.8			3.0								
1				0					Schlacht von Reichenberg (1757)						2.8								
1				0					Schlacht von Prag (1757)			27			14.2								
1				0					Schlacht von Kolin (1757)			23			12.1								
1				0					Schlacht von Großjägersdorf (1757)			10.5			5.5								
1				0					Schlacht von Moys (1757)			3.3			1.7								
1				0					Schlacht von Roßbach (1757)			10.6			5.6								
1				0					Schlacht von Breslau (1757)			12.3			6.5								
1				0					Schlacht von Leuthen (1757)			16.4			8.6								

ANLAGE 10

Präd &Retor	Terr Konfl	Hier& Kons	Alloph Konfl	Se. Konfl	Jahr	bis	Jahr	Konflikt	Ausführungsereignisse (Schlachten, Belagerungen)	Tln. (Tsd.)	Land Schl Tote (Tsd.)	Land Schl Tote & Verw. (Tsd.)	See Schiffe	See Schiffe gesunk.	Kampf-Tote (Tsd.) Zw. Ablage	Kampf-Tote (Tsd.)	Mil. Nicht-KampfTote (Tsd.) Zw. Ablage	Mil. Nicht-Kampf-Tote (Tsd.)	MilTote (Tsd.) Zw. Ablage	Mil. Tote (Tsd.)	Ziv. Tote (Tsd.) Zw. Ablage	Ziv. Tote (Tsd.)	SeTote (Tsd.)
1				0					Belagerung von Olmütz (1758)						0,5							0,0	
1				0					Schlacht bei Domstadtl (1758)			1			0,5								
1				0					Schlacht von Zorndorf (1758)			33			17,3								
1				0					Schlacht von Hochkirch (1758)			16,7			8,8								
1				0					Schlacht von Kay (1759)			11,6			6,1								
1				0					Schlacht von Kunersdorf (1759)			35,5			18,6								
1				0					Seeschlacht auf dem Oderhaff (1759)		1,0				1,6								
1				0					Schlacht von Maxen (1759)						7,7								
1				0					Schlacht von Landeshut (1760)		2,0	14,6			3,2								
1				0					Schlacht von Liegnitz (1760)						6,0								
1				0					Schlacht von Torgau (1760)			11,4			10,9								
1				0					Schlacht bei Burkersdorf (1761)		3,9	9			4,0								
1				0					Schlacht von Burkersdorf (1762)		1,5	3			2,2								
1				0					Belagerung von Schweidnitz (1762)		1,0	4,1			1,6							0,0	
1				0					Belagerung von Reichenbach (1762)		1,0				1,6								
1				0					Schlacht von Freiberg (1762)			4			2,1								
1	1			1				Seekrieg Frankreichs gegen England								7,3							
1				0					Seeschlacht von Menorca (1756)		1,0		25		0,6								
1				0					Schlacht von Saint-Cast (1758)						1,6								
1				0					Seeschlacht von Cabo Santa Marta (1759)				20		0,5								
1				0					Seeschlacht von Quiberon (1759)						3,0								
1				0					Belagerung von Belle Ile (1761)		1,0				1,6							0,0	
1	1			1				Westdeutsche Front (Frankreich u. Preußen)								29,8							
1				0					Schlacht von Hastenbeck (1757)			3,9			2,0								
1				0					Schlacht von Sondershausen (1758)		1,0				1,6								
1				0					Schlacht von Krefeld (1758)		2,9				4,6								
1				0					Schlacht von Bergen (1759)	18					2,5								
1				0					Schlacht von Minden (1759)		2,8	6,1			7,7								
1				0					Schlacht von Emsdorf (1760)			1,2			0,6								
1				0					Schlacht von Warburg (1760)			8,2			4,3								
1				0					Schlacht von Kloster Kamp (1760)						2,5								
1				0					Schlacht von Villinghausen (1761)		1,5	4,7			2,4								
1				0					Schlacht von Wilhelmsthal (1762)		1,0				1,6								
1	1			1				Britische Besetzung von Französisch-Senegal (1757)							1,0							
1	1			1				Indische Front (Großbritannien gegen Frankreich)							6,2							
1				0					Belagerung von Fort Saint David (1758)						6,2								
1				0					Fort Saint David (1758)						1,0								
1				0					Seeschlacht von Nagapattinam (1758)						1,0								
1	1			1				Großbritannien gegen Spanien							8,4							
1				0					Belagerung von La Habana (1762)		1,0				4,2							0,0	
1				0					Belagerung von Manila (1762)		1,0				4,2							0,0	
1	1			1				3 Karnatak-Krieg (1756 bis 1763)							24,8							
1				0					Belagerung von Calcutta (1756)						4,2							2,0	
1				0					Belagerung von Calcutta (1757)						4,2							2,0	
1				0					Belagerung von Chandernagore (1757)						4,2							2,0	
1				0					Schlacht von Plassey (1757)		2,0				3,2								
1				0					Belagerung von Madras (1758 bis 1759)		1,0				1,6							2,0	

Präd &Rretor	Terr Konfl	Hier& Kons	Alloph Konfl	Se. Konfl	Jahr	bis	Jahr	Konflikt	Ausführungsereignisse (Schlachten, Belagerungen)	Thn. (Tsd.)	Land Schl. Tote (Tsd.)	Schl. Tote & Verw. (Tsd.)	See Schiffe	Schiffe gesunk.	Kampf Tote (Tsd.) Zw. Ablage	Kampf Tote (Tsd.)	Mil. Nicht-KampfTote (Tsd.) Zw. Ablage	Mil. Nicht-Kampf Tote (Tsd.)	MilTote (Tsd.) Zw. Ablage	Mil. Tote (Tsd.)	Ziv. Tote (Tsd.) Zw. Ablage	Ziv. Tote (Tsd.)	SeTote (Tsd.)
1				0					Schlacht von Masulipatam (1759)						4,2								
1				0					Schlacht von Wandiwash (1760)						1,6								
1	1			0	1757				Belagerung von Pondichery (1760 bis 1761)		1,0				1,6							2,0	
1				1				Georgischer Befreiungskrieg	Schlacht von Kitressil (1757)		1,0				4,2	4,2							
1				0											4,2								
1	1			1	1758	bis	1759	Mohammedanischer Aufstand in Kashgarien (Turkestan)			1,0				1,6	1,6						2,0	
1	1			1	1758	bis	1761	Krieg der Afghanen gegen die Maratha	Schlacht von Barari Ghat (1760)		50,0				18,2	18,2							
1				0					3. Schlacht von Panipat (1761)						0,0								
1				0						130					18,2								
1	1			1	1759			Chin. Eroberung von Xinjiang ("Neu-Land") gegen die Dsungaren			5,0				6,4	6,4						5,0	
1				0					Eroberung von Kashgar (1759)		2,0				3,2							2,0	
1				0					Eroberung von Yarkand (1759)		2,0				3,2							2,0	
1	1			1	1760	bis	1776	Krieg Birmas gegen Siam	Birmesische Invasion (1760) Belagerung von Ayuthya (1760)		3,0				17,4	17,4						0,0	
1				0					Birmesische Invasion (1764 bis 1767) Schlacht von Petchaburi (1764)						4,8							0,0	
1				0					Belagerung von Ayutthya (1766 bis 1767)						4,2								
1		1		0					Vertreib. der Birmesen aus Siam (1768 bis 1776) Belagerung von Chiengmai (1775)						4,2								
1	1			1	1764			Birmanische Invasion in Manipur							4,2								
1				1	1761	bis	1762	Spanische Invasion Portugals			1,0				1,6	1,6							
1				1	1762			Spanische Besetzung der Banda Oriental							4,2	4,2							
1				1	1763	bis	1764	Pontiac-Krieg			1,0				3,0	3,0							
1				0					Belagerung von Fort Detroit (1763 bis 1764)						1,0								
1				0					Schlacht von Bloody Run (1763)						1,0								
1				0					Schlacht von Bushy Run (1763)						1,0								
1	1			0	1764			Indischer Koalitionskrieg gegen die Briten	Schlacht von Buxar (1764)						4,2	4,2							
1	1			1	1765				Kanonade auf Larache u. Salé						0,0	0,0							
1	1			1	1765	bis		Chinesische Straffeldzüge nach Birma			1,0				1,6	1,6							
1				1	1766	bis		1. Mysore-Krieg			1,0				1,6	1,6							
1				1	1766			Krieg zwischen den Kwaran und Welo in Äthiopien							4,2	4,2							
1				1	1768	bis	1769	Korsischer Unabhängigkeitskampf gegen Frankreich	Schlacht von Borgo (1768)	20	1,0				7,0	7,0							
1				0					Schlacht von Ponte Nuovo (1769)	30					2,8								
1				0											4,2								
1	1			1	1768	bis	1774	1. Russisch-Türkischer Krieg	Schlacht von Aspindza (1770)		10,0				22,6	22,6							
1				0					Seeschlacht von Chios (1770)						4,2								
1				0					Seeschlacht von Tschesme (1770)		1,0		8		1,6							0,0	
1				0					Schlacht von Karkal (1770)						4,2								
1				0					Seeschlacht von Patras (1772)						4,2								
1				0					Schlacht von Kozludzha (1774)						4,2								
1	1			1	1768	bis	1776	Polnischer Aufstand gegen Russland	Schlacht von Landskrona (1771)		1,0				1,6	1,6							
1	1			1	1768			Ukrainischer Aufstand gegen Polen			1,0				1,6								
1				0					Massaker von Human (1768)						0,0	0,0						20,0	

	Präd &Retor	Terr Konfl	Hier& Kons	Alloph Konfl	Se. Konfl	Jahr	bis	Jahr	Konflikt	Ausführungsereignisse (Schlachten, Belagerungen)	Tln. (Tsd.)	Land Schl. Tote (Tsd.)	Land Schl. Tote & Verw. (Tsd.)	See Schiffe	See Schiffe gesunk.	Kampf-Tote (Tsd.) Zw. Ablage	Kampf-Tote (Tsd.)	Mil. Nicht-KampfT ote (Tsd.) Zw. Ablage	Mil. Nicht-Kampf-Tote (Tsd.)	MilTote (Tsd.) Zw. Ablage	Mil. Tote (Tsd.)	Ziv. Tote (Tsd.) Zw. Ablage	Ziv. Tote (Tsd.)	SeTote (Tsd.)
1	1	1			1	1769	bis	1807	Krieg zwischen Siedlern von Connecticut u. Pennsylvania							1,0	1,0							
1		1			1	1769	bis	1773	Siamesische Rückeroberung Kambodschas							4,2	4,2							
1		1			1	1770	bis	1771	Spanische Besetzung der Falklandinseln/Malvinas							0,0	0,0							
1	1				1	1770			Birmanische Invasion von Manipur							4,2	4,2							
1		1			1	1770	bis	1774	Aufstände in Britisch-Nordamerika							2,0	2,0							
1										Aufruhr von Golden Hill (1770)						0,0								
1										Massaker von Boston (1770)						0,0								
1										Schlacht von Alamance Creek (1771)			0,0			1,0								
1										Schlacht von Point Pleasant (1774)						1,0								
1		1			1	1771	bis	1773	Anti-osmanischer Sezessionskrieg Ägyptens							0,0	0,0							
1										Schlacht von Salithia (1773)						0,0								
1		1			1	1771	bis	1802	Aufstand der Tay-son							54,2	54,2							
1										Belagerung von Gia Dinh (1776)						50,0								
1										Schlacht von Rach Gam (1785)						4,2								
1			1		1	1774	bis	1775	Vietnamesischer Hierarchiekrieg (2. Trinh-Nguyen-Krieg)							4,2	4,2							
1			1		1	1773	bis	1775	Kosaken- u. Bauernaufstand		5,0					8,0	8,0						2,0	
1					1	1774			1. Rohilla-Krieg		1,0					1,6	1,6						0,0	
1					1	1774			Krieg gegen die Shawnee-Indianer		1,0					1,6	1,6							
1					1	1774	bis	1780	Spanisch-marokkanischer Krieg							4,2	4,2							
1			1		1	1774			Weißer Lotus Aufstand des Wan-Lun							4,2	4,2							
1		1			1	1775			Krieg Siams gegen Birma							4,2	4,2							
1			1		1	1775	bis	1782	2. Maratha-Krieg		1,0					4,2	4,2						0,0	
1					0	1775				Belagerung von Gwalior (1780)						4,2								
1					0	1775	bis	1783	Nordamerikanischer Unabhängigkeitskrieg							15,1	15,1						(6,5)	(65)
1					0					Schlacht von Lexington u. Concord (1775)	20	0,2				0,3								
1					0					Belagerung von Boston (1775 bis 1776)		1,0				4,4							0,0	
1					0					Schlacht von Bunker Hill (1775)		0,2				0,3								
1					0					Belagerung von Quebec (1775)						0,1								
1					0					Belagerung von Charleston (1776)			0,1			0,0							0,0	
1					0					Schlacht von Long Island (1776)		0,2	0,4			0,5							0,0	
1					0					Schlacht von Harlem Heights (1776)		0,2				0,3								
1					0					Seeschlacht von Valcour Island (1776)			0,1			0,1								
1					0					Schlacht von White Plains (1776)			0,6			0,3								
1					0					Belagerung von Fort Washington (1776)	5	0,1				0,2							0,0	
1					0					Belagerung von Fort Lee (1776)						0,7							0,5	
1					0					Schlacht von Trenton (1776)		0,1				0,2								
1					0					Schlacht von Princeton (1777)		0,0				0,0								
1					0					Schlacht von Paoli (1777)		0,1				0,2								
1					0					Belagerung von Fort Ticonderoga (1777)		0,1				0,2							0,5	
1					0					Belagerung von Fort Hubbardton (1777)		0,2	0,3			0,5								
1					0					Belagerung von Fort Stanwix (1777)	2					0,3								
1					0					Schlacht von Oriskany (1777)			0,3			0,2								
1					0					Schlacht von Bennington (1777)		0,2				0,3								
1					0					Schlacht von Brandywine Creek (1777)		1,0				1,6								
1					0					1. Schlacht von Saratoga (1777)			1			0,5								
1					0					Belagerung von Germantown (1777)			1,1			0,6							0,5	
1					0					2. Schlacht von Saratoga (1777)			0,8			0,4								

Präd &Retor	Terr Konfl	Hier& Kons	Alloph Konfl	Se. Konfl	Jahr	bis	Jahr	Konflikt	Ausführungsereignisse (Schlachten, Belagerungen)	Tln. (Tsd.)	Land Schl Tote (Tsd.)	Schl Tote & Verw. (Tsd.)	See Schiffe	Schiffe gesunk.	Kampf-Tote (Tsd.) Zw. Ablage	Kampf-Tote (Tsd.)	Mil. KampfTote (Tsd.) Zw. Ablage	Mil. Nicht-Kampf-Tote (Tsd.)	MilTote (Tsd.) Zw. Ablage	Mil. Tote (Tsd.)	Ziv. Tote (Tsd.) Zw. Ablage	Ziv. Tote (Tsd.)	Ziv. Tote (Tsd.)	SeTote (Tsd.)
1				0					Fort Mercer u. Fort Mifflin (1777)						0,0									
1				0					Schlacht von Monmouth (1777)		0,1	0,6			0,5									
1				0					Seeschlacht von Flamborough Head (1779)				3		0,1									
1				0					Schlacht am Berg King (1780)		0,2				0,3									
1				0					Schlacht von Camden (1780)			1,3			0,7									
1				0					Schlacht von Cowpens (1781)		0,1				0,2									
1				0					Schlacht von Guilford Courthouse (1781)		0,2				0,3									
1				0					1. Seeschlacht von Cape Henry (1781)						0,4									
1				0					Seeschlacht von Virginia Capes (1781)			0,5		16	0,3									
1				0					Belagerung von Yorktown (1781)		0,2				0,3									
1				0					Schlacht von Blue Licks (1782)		0,1				0,2								0,0	
1				1	1775			Spanischer Angriff auf den Piratenhafen von Algier						4,2	4,2								
	1			1	1775	bis	1795	Krieg der Buren gegen die Khoisa u. San	Belagerung von Algier (1775)						4,2	4,2								
	1			1	1776	bis	1777	Spanisch-Portugiesischer Krieg um die Banda Oriental							4,2	4,2								
				1	1776			Esquilache-Aufstand						0,0	0,0								
	1	1		1	1776			Antichinesischer Aufstand in Tibet			1,0			1,6	1,6							0,0	
1	1			1	1778	bis	1783	Spanisch-Französischer Seekrieg gegen Großbritannien						20,9	20,9								
				0					Seeschlacht von Ouessant (1778)		1,2				1,9									
				0					Seeschlacht von Grenada (1779)		2,0				3,2									
				0					Belagerung von Gibraltar (1779 bis 1780)						3,2									
				0					Seeschlacht von Cabo Sao Vincente (1780)			6	1		0,5									
				0					Seeschlacht von Martinique (1780)		1,0				1,6									
				0					Belagerung von Menorca (1781 bis 1782)		1,0				1,6									
				0					Seeschlacht von Martinique (1781)						1,0									
				0					2. Seeschlacht von Ushant (1781)		0,6				0,8									
				0					Seeschlacht von Saint Kitts (1782)					32	1,2									
				0					Belagerung von Gibraltar (1782)					48	1,6									
				0					1. Seeschlacht bei Dominica (1782)		1,0		60		1,5									
				0					2. Seeschlacht bei Dominica (1782)			3			1,6									
				0					Seeschlacht bei Sadras (1782)		0,1				0,1									
				0					Seeschlacht von Providien (1782)		0,3				0,5									
				0					Seeschlacht von Negapatam (1782)		0,5				0,8									
	1			1	1778			Französische Rückeroberung von Senegal						4,2	4,2								
	1			1	1778	bis	1779	Bayrischer Erbfolgekrieg			5,0			8,0	8,0								
	1			1	1778			Siamesische Invasion von Laos			2,0			4,2	4,2								
			1	1	1779			Antitürkischer Aufstand der Albaner Moreias						3,2	3,2								
				1					Belagerung von Vientiane (1778)						3,2								0,0	
	1			0	1779			Schlacht von Tripolis (1779)			2,0			3,2	3,2							0,0	
	1			1	1779	bis	1781	1. Kaffern-Krieg			1,0			1,6	1,6								
				1	1779	bis	1794	Persischer Thronfolgekrieg	Schlacht von Shiraz (1789)						12,6	12,6								
				0					Schlacht von Persepolis (1791)						4,2	4,2								
				0					Belagerung von Kerman (1794)						4,2	4,2								
	1			1	1779	bis	1785	Intervention von Siam in Südvietnam	Schlacht von Rach Gam (1785)						50,0	50,0								
	1			0	1780	bis	1784	2. Mysore-Krieg			2,0			18,1	18,1								

Präd & Retor	Terr Konfl	Hier& Kons	Alloph Konfl	Se. Konfl	Jahr	bis	Jahr	Konflikt	Ausführungsereignisse (Schlachten, Belagerungen)	Th. (Tsd.)	Land Schl Tote (Tsd.)	Land Schl Tote & Verw. (Tsd.)	See Schiffe	See Schiffe gesunk.	Kampf-Tote (Tsd.) Zw. Ablage	Kampf-Tote (Tsd.)	Mil. Nicht-KampfTote (Tsd.) Zw. Ablage	Mil. Nicht-Kampf-Tote (Tsd.)	MilTote (Tsd.) Zw. Ablage	Mil. Tote (Tsd.)	Ziv. Tote (Tsd.) Zw. Ablage	Ziv. Tote (Tsd.)	SeTote (Tsd.)
1				0					Schlacht von Pollilur (1780)						4,2								
1				0					Schlacht von Perambhakam (1780)						4,2								
1				0					Schlacht von Porto Novo (1781)						4,2								
1				0					Schlacht von Sholingarh (1781)						4,2								
1				0					Seeschlacht von Trinkomali (1782)		0,6				1,0								
1				0					Seeschlacht von Kadalur (1783)		0,2				0,3								
1	1			1	1780	bis	1781	4. Englisch-Niederländischer Seekrieg			1,0				0,5	0,5							
1				0					Seeschlacht an der Doggerbank (1781)					1	0,5	0,5							
1	1			1	1780	bis	1781	Aufstand des Tupac Amaru						0,0	0,0							
1				0					Schlacht von Sangarará (1780)						0,0	0,0							
1		1		1	1781			Revolution der Comuneros im Vizekönigreich von Nueva Granada						0,0	0,0							
1		1		1	1781	bis	1784	Mohammedanischer Aufstand in Gansu		2,0				3,2	3,2						0,0	
1	1			1	1782	bis	1783	Russische Eroberung der Krim						0,0	0,0							
1		1		1	1782			Aufstand in Shandong						0,0	0,0							
1		1		1	1784	bis	1785	Horea-Aufstand in Siebenbürgen							0,0							
1					1785			Venezianischer Angriff auf den Piratenhafen Tunis						0,0								
1				1					Belagerung von Tunis (1785)						0,0	0,0							
1	1			1	1785	bis	1792	Krieg Birmas gegen Siam						0,0	0,0							
1				1	1786			Wiedervereinigung Vietnams durch die Tai-Son-Aufständischen							0,0						0,0	
1				1	1786	bis	1790	Aufstand der österreichischen Niederlande		1,0				1,6	1,6							
1				1	1786	bis	1788	Antichinesischer Aufstand in Taiwan						0,0	0,0							
1				0					Belagerung von Zhule (1787)						25,9								
1				1	1787	bis	1792	Russisch/Österreichischer Türkenkrieg		18,0				25,9	25,9							
1				0					Seeschlacht an der Dnjepr-Mündung (1788)		2,0	10			3,2								
1				0					Schlacht von Karansebes (1788)						5,3								
1				0					Schlacht von Focsani (1789)		3,0				4,8								
1				0					Schlacht von Rimnik (1789)		3,0				4,8								
1				0					Belagerung von Belgrad (1789)		2,0				3,2								
1				0					Belagerung von Ismail (1790)		1,0				1,6								
1				0					Schlacht von Kalafat (1790)						14,0	14,0							
1				1	1788	bis	1790	Schwedisch-Russischer Seekrieg		10,0				1,6								
1				0					Seeschlacht von Hogland (1788)		1,0				1,6								
1				0					Seeschlacht von Öland (1789)		1,0				0,9								
1				0					1. Seeschlacht im Svensk-Sund (1789)		0,9	1,8			0,2								
1				0					Seeschlacht von Reval (1790)			0,3			1,6								
1				0					Seeschlacht von Fredrikshamn (1790)		1,0				1,6								
1				0					Seeschlacht von Kronstadt (1790)		1,0				5,0							5,0	
1				0					Seeschlacht von Wyborg-Su. (1790)			3			1,6								
1				0					2. Seeschlacht im Svensk-Sund (1790)														
				0	1788	bis	1799	*Europäische Besiedelung Australiens, Teil 18. Jh.*						0,0	0,0							
1	1			1				Britische Landnahme in New South Wales						0,0	0,0						10,0	
1				0					Schlacht von Hawkesbury (1795)						0,0	0,0							
1	1			1	1788			1. Plünderungseinfall von Gurkhas in Tibet						0,0	0,0							
1				1	1788	bis	1789	Chinesische Intervention in Tibet (1. Gurkha-Krieg)						0,0	0,0							

Präd &Rktor	Terr Konfl	Hier& Kons	Alloph Konfl	Se. Konfl	Jahr	bis	Jahr	Konflikt	Ausführungsereignisse (Schlachten, Belagerungen)	Tln. (Tsd.)	Land Schl. Tote (Tsd.)	Schl. Tote & Verw. (Tsd.)	See Schiffe	See Schiffe gesunk.	Kampf-Tote (Tsd.) Zw. Ablage	Kampf-Tote (Tsd.)	Mil. Nicht-KampfTote (Tsd.) Zw. Ablage	Mil. Nicht-Kampf Tote (Tsd.)	MilTote (Tsd.) Zw. Ablage	Mil. Tote (Tsd.)	Ziv. Tote (Tsd.) Zw. Ablage	Ziv. Tote (Tsd.)	SeTote (Tsd.)
1		1		1	1788			Chinesische Intervention in Vietnam			5,0				6,4	6,4							
1				0					Belagerung von Thanglong (1788)						0,0								
1				0	1789				Schlacht (1788)		4,0				6,4								
1		1		0	1789			Verschwörung in Minas Gerais							0,0	0,0							
1	1			1	1789	bis	1792	3. Mysore-Krieg			1,0				0,0	0,0							
1				1	1789				Belagerung von Bangalore (1789)						0,0							0,0	
1		1		0	1789			Georgischer Thronfolgestreit							0,0	0,0							
1				1	1789	bis	1799		Schlacht von Markhodji (1789)						0,0								
1		1		0				Französische Revolution							0,0								
1				0					Belagerung von Bastille (1789)						0,0								
1				0					Schlacht von Tuilerien (1792)						0,0								
1				0					Pariser September-Massaker (1792)												0,0	0,0	
1				0					Großer Terror der Jakobiner (1794)						0,0						35,0	35,0	
1	1			1	1789	bis	1792	Chin. Interv. in Tibet u. Invasion Nepals (2. Gurkha-Krieg)			2,0				0,0	0,0							
1	1			1	1790	bis	1799	Aufstand der Miao							1,0	1,0							
1				0	1790	bis	1795	*Kriege der USA gegen die Indianer im Nordwesten*													0,0	0,0	
1	1			1	1789	bis		Feldzug gegen die Maumee (1790)							2,6	2,6							
1				0					Schlacht von Fort Wayne (1790)		1,0				1,6								
1				0					Schlacht von Fort Recovery (1791)			2			1,1								
1	1			1	1790	bis		Feldzug gegen die Maumee (1794)							3,1	3,1							
1				0					Schlacht von Fallen Timbers (1794)		1,3	3			2,1								
1				0					Belagerung von Fort Recovery (1794)			3			1,0								
1		1		1	1791	bis	1804	Sklavenaufstand in Saint Domingue							5,0	5,0						100,0	
1				0					Schlacht von Vertières (1803)						0,0								
1		1		1	1792	bis	1800	Kriege von Frankreich u. Großbritannien um Senegal							0,0	0,0							
1		1		1	1792	bis	1795	Russisch-Preußische Invasion Polens			10,0				19,7	19,7							
1				0					Schlacht von Zielence (1792)		1,0				1,6								
1				0					Schlacht von Dubienka (1792)		1,0				1,6								
1				0					Schlacht von Raclawice (1794)		1,0	3			3,2								
1				0					Schlacht von Warschau (1794)		1,0	3			1,6								
1				0					Belagerung von Warschau (1794)		1,0				1,6								
1				0					Schlacht von Maciejovice (1794)		1,0				1,6								
1				0					Belagerung von Prag (1794)						7,0							12,0	
1				0	1792	bis			Schlacht von Brzesc (1794)		1,0				1,6								
1		1		0	1792	bis	1802	**FRANZÖSISCHE REVOLUTIONSKRIEGE**			273,2				435		0,0	0	0	0	272,9	272,9	273
1		1		1				Chouans-Krieg (1792 bis 1796)			1,0				1,6	1,6					0,0	0,0	
1		1		1				1. Koalitionskrieg (1792 bis 1797)			230,0				230,0		1352,5	1352,5	1582	1582	0,0	12,9	1.595
1				1				*Ostfranzösische Front (1792 bis 1797)*							117,8	117,8							
1				0					Schlacht von Mons (1792)			0,4			0,2								
1				0					Schlacht von La Grisuelle (1792)						0,0								
1				0					Belagerung von Verdun (1792)		0,0				0,0								
1				0					Schlacht von Valmy (1792)			0,5			0,3								
1				0					Belagerung von Lille (1792 bis 1792)			0,4			0,2							1,0	
1				0					Belagerung von Speyer (1792)		0,0				0,9								
1				0					Schlacht von Jemappes (1792)		1,0				1,6							1,0	
1				0					Belagerung von Namur (1792)						0,0							1,0	
1				0					Belagerung von Frankfurt am Main (1792)			0,4			0,2							1,0	

Präd & Retor	Terr Konfl	Hier & Kons	Alloph Konfl	Se. Konfl	Jahr	bis	Jahr	Konflikt	Ausführungsereignisse (Schlachten, Belagerungen)	Tln. (Tsd.)	Schl. Tote (Tsd.)	Schl. Tote & Verw. (Tsd.)	Schiffe	Schiffe gesunk.	Kampf-Tote (Tsd.) Zw. Ablage	Kampf-Tote (Tsd.)	Mil. Nicht-KampfTote (Tsd.) Zw. Ablage	Mil. Nicht-Kampf-Tote (Tsd.)	MilTote (Tsd.) Zw. Ablage	Mil. Tote (Tsd.)	Ziv. Tote (Tsd.) Zw. Ablage	Ziv. Tote (Tsd.)	SeTote (Tsd.)
1		1		1					Ca. 30 kl. Gefechte 1792, à 200 SchT u. Verw.			6			3,2								
1				0					Belagerung von Madallena (1793)						0,0								
1				0					Schlacht von Aldenhoven (1793)			2			1,1								
1				0					Schlacht von Tirlemont (1793)						0,0								
1				0					Schlacht von Neerwinden (1793)			7			3,7								
1				0					Schlacht von Pellenberg (1793)			3			1,6								
1				0					Belagerung von Mainz (1793)			7			3,7							1,0	
1				0					Schlacht von Raismes (1793)			2,1			1,1								
1				0					Schlacht von Famars (1793)			4			2,1								
1				0					Belagerung von Valenciennes (1793)			2,3			1,2							1,0	
1				0					Schlacht von Rülzheim (1793)						0,0								
1				0					Schlacht von Arlon (1793)			1,6			0,8							1,0	
1				0					Belagerung von Le Quesnoy (1793)			1,2			0,6								
1				0					Schlacht von Hondschoote (1793)			4,2			2,2								
1				0					Schlacht von Menin (1793 bis 1793)			3,5			1,8								
1				0					Schlacht von Wervick (1793)			4,5			2,4								
1				0					Schlacht von Pirmasens (1793)			2,2			1,2								
1				0					Schlacht von Menin (1793)			0,6			0,3								
1				0					Schlacht von Epierre (1793)			1,5			0,8								
1				0					Schlacht an der Weißenburg-Linie (1793)		1,0				1,6								
1				0					Schlacht von Wattignies (1793)			7,5			3,9								
1				0					Schlacht von Lannoy (1793)		2,0				3,2								
1				0					Schlacht von Marchiennes (1793)			2,1			1,1								
1				0					Schlacht von Kaiserslautern (1793)			3,1			1,6								
1				0					Kämpfe a.d. Weißenburg-Linie (1793 bis 1794)			7			3,7								
1				0					Schlacht von Reichshofen (1793)						0,0								
1				0					Schlacht von Geisberg (1793)						0,0								
1				0					Ca. 45 kl. Gefechte 1793 à 200 SchT u. Verw.			9			4,7								
1				0					Schlacht von Carillon (1794)			3			1,6								
1				0					Schlacht von Landrecies (1794)			3			1,6								
1				0					Belagerung von Landrecies (1794)			2			1,1								
1				0					Schlacht von Le Cateau (1794)			9,5			5,0								
1				0					Schlacht von Baisieux (1794)		0,5	4			2,1								
1				0					Schlacht von Courtrai (1794)			2,5			1,3								
1				0					Schlacht von Grandreng (1794)			6,8			3,6								
1				0					Schlacht von Tourcoing (1794)			7			3,7								
1				0					Schlacht von Tournai (1794)			7,2			3,8								
1				0					Schlacht von Kaiserslautern (1794)			1			0,5								
1				0					Schlacht von Schifferstadt (1794)			1,4			0,7								
1				0					Schlacht von Erquelinnes (1794)			3,4			1,8								
1				0					Belagerung von Ypres (1794)		0,5				0,8							1,0	
1				0					Belagerung von Charleroi (1794)			2,4			1,3							1,0	
1				0					Schlacht von Roulers (1794)			1,6			0,8								
1				0					Schlacht von Hooglede (1794)			2,2			1,2								
1				0					Schlacht von Fleurus (1794)			6			3,2								
1				0					Belagerung von Le Quesnoy (1794)		1,0				1,6							1,0	
1				0					Schlacht von Sprimont (1794)			2,5			1,3								
1				0					Belagerung von Maastricht (1794)			0,8			0,4								
1				0					Belagerung von Lille (1794)		1,0				1,1							1,0	
1				0					Belagerung von Luxembourg (1794 bis 1795)			2			1,1								

Präd &Retor	Terr Konfl	Hier& Kons	Alloph Konfl	Se. Konfl	Jahr	bis	Jahr	Konflikt	Ausführungsereignisse (Schlachten, Belagerungen)	Tln. (Tsd.)	Land Schl Tote (Tsd.)	Schl Tote & Verw. (Tsd.)	See Schiffe	Schiffe gesunk.	Kampf-Tote (Tsd.) Zw. Ablage	Kampf-Tote (Tsd.)	Mil. Nicht-KampfTote (Tsd.) Zw. Ablage	Mil. Nicht-KampfTote (Tsd.)	MilTote (Tsd.) Zw. Ablage	Mil. Tote (Tsd.)	Ziv. Tote (Tsd.) Zw. Ablage	Ziv. Tote (Tsd.)	SeTote (Tsd.)
1				0					Schlacht von Aldenhoven (1794)						2,1								
1				0					Schlacht von Mainz (1794)		1,0	4			1,6								
1				0					Ca. 50 kl. Gefechte 1794 à 200 SchT u. Verw.			10			5,3								
1				0					Schlacht von Aachen (1795)		1,0				1,6								
1				0					Schlacht von Quiberon (1795)			2,2			1,2								
1				0					Schlacht von Paris (1795)			0,4			0,2								
1				0					Schlacht von Kreuznach (1795)						0,0								
1				0					Ca. 15 kl. Gefechte 1795 à 200 SchT u. Verw.		3				1,6								
1				0					Schlacht von Altenkirchen (1796)		1,5				0,8								
1				0					Schlacht von Wetzlar (1796)						0,0								
1				0					Schlacht von Kehl (1796)		1,0				1,6								
1				0					Schlacht von Rastatt (Kuppenheim) (1796)			0,5			0,3								
1				0					Schlacht an der Lahn (1796)						0,0								
1				0					Schlacht von Neresheim (1796)			2,3			1,2								
1				0					Schlacht von Teining (1796)		1,0				1,6								
1				0					Schlacht von Amberg (1796)						0,0								
1				0					Schlacht von Würzburg (1796)			3,2			1,7								
1				0					Schlacht von Hanüschuchsheim (1796)						0,0								
1				0					1. Schlacht von Biberach (1796)		1,0				1,6								
1				0					Ca. 10 kl. Gefechte 1796 à 200 SchT u. Verw.			2			1,1								
1				0					Schlacht von Neuwied (Heddesdorf) (1797)			3			1,6								
1				0					Schlacht von Diersheim (1797)			6			3,2								
1	1			1				*Westalpen-Front*	Schlacht von Saorgio (1794)			4,3			5,1	5,1							
1				0					Schlacht von Loano (1795)			5,5			2,3								
1	1			1				*Seekrieg Großbrit. gg Frankreich (1793 bis 1802; Teil 18. Jh.)*	Belagerung von Toulon (1793)			6			16,4	16,4						0,5	
1				0					Seeschlacht im Nordatlantik (1794)						3,2								
1				0					Seeschlacht im Golf Juan (1794)						2,0								
1				0					Seeschlacht bei den Kanalinseln (1794)		1,0	0			1,6								
1				0					Seeschlacht bei Genua (1795)						0,0								
1				0					Seeschlacht am Kap Corse (1795)			1			0,5								
1				0					Seeschlacht von Groix (1795)		1,0				1,6								
1				0					Seeschl. von Santa Cruz de Teneriffe (1797)		1,0	1			0,5								
1				0					Seeschlacht an der Cape St. Vincent (1797)		2,0				1,6								
1				0					Seeschlacht von Kamperduin (1797)						2,0								
1				0					Seeschlacht von Lough Swilly (1798)			0,5			0,3								
1	1			1				*Pyrenäenkrieg (1793 bis 1795)*	Schlacht von Peryrestortes (1793)		1,0				22,7	22,7							
1				0					Schlacht von Truillas (1793)		2,0				1,6								
1				0					Schlacht von Boulou (1793)		1,0				3,2								
1				0					Schlacht von Banyuls (1793)						4,2								
1				0					Schlacht von Collioure (1793)		1,0				1,6								
1				0					Ca. 15 kl. Gefechte 1794 à 200 SchT u. Verw.			3			1,6								
1				0					Schlacht von Boulou (1794)		1,0				1,6								
1				0					Belagerung von Bellegarde (1794 bis 1795)		1,0				1,6								
1				0					Schlacht von San Lorenzo de la Muga (1794)						0,0								
1				0					Schlacht von La Junquera (1794)		1,0				1,6								
1				0					Belagerung von Figueras (1794)		1,0				1,6								

Präd &Rctor	Terr Konfl	Hierz& Kons	Alloph Konfl	Se. Konfl	Jahr bis	Jahr	Konflikt	Ausführungsereignisse (Schlachten, Belagerungen)	Tln. (Tsd.)	Land Schl. Tote (Tsd.)	Schl. Tote & Verw. (Tsd.)	See Schiffe	Schiffe gesunk.	Kampf-Tote (Tsd.) Zw. Ablage	Kampf-Tote (Tsd.)	Mil. Nicht-KampfT Tote (Tsd.) Zw. Ablage	Mil. Nicht-Kampf-Tote (Tsd.)	MilTote (Tsd.) Zw. Ablage	Mil. Tote (Tsd.)	Ziv. Tote (Tsd.) Zw. Ablage	Ziv. Tote (Tsd.)	SeTote (Tsd.)
1				0				Belagerung von Rosas (1794 bis 1795)		1,0				1,6								
1				0				Ca. 10 kl. Gefechte 1794 à 200 SchT u. Verw.			2			1,1								
1	1			1			1. Italienfeldzug Napoleons (1796 bis 1797)	Schlacht von Montenotte (1796)						67,9	67,9							
1				0				Schlacht von Degro (1796 bis 1796)		1,0				1,6								
1				0				Schlacht von Millesimo (1796)	37					5,2								
1				0				Schlacht von Mondovi (1796)	30	1,0				4,2								
1				0				Schlacht von Lodi (1796)		0,4				0,6								
1				0				Schlacht von Binasco (1796)	17					2,4								
1				0				Belagerung von Pavia (1796)		1,0				1,6								
1				0				Schlacht von Borghetto (1796)						4,2								
1				0				Belagerung von Mantua (1796 bis 1797)		6,0				9,5							0,0	
1				1				1. Plünderungseinfall Napoleons in den Kirchenstaat (1796)						0,0								
1				0				1. Schlacht von Castiglione (1796)		7,0				11,1								
1				0				Schlacht von Lonato (1796)		1,0				1,6								
1				0				2. Schlacht von Castiglione (1796)		2,0				3,2								
1				0				Schlacht von Calliano (1796)		1,0				1,6								
1				0				Schlacht von Solagna (1796)		1,0				1,6								
1				0				Schlacht von San Giorgio (1796)			4			2,1								
1				0				Schlacht von Caldiero (1796)			2			1,1								
1				0				Schlacht von Arcole (1796)		1,8				2,9								
1				0				Ca. 15 kl. Gefechte 1796 à 200 SchT u. Verw.			3			1,6								
1				0				Schlacht von Rivoli (1797)			5,6			2,9								
1				0				Schlacht von Mantua (La Favorita) (1797)			2,5			1,3								
1				1				2. Plünderungseinfall Napoleons in den Kirchenstaat (1797)		1,0				1,6								
1				0				Schlacht von Salurn (1797)			0,5			0,3								
1				0				Schlacht von Tarvis (1797)			2,2			1,2								
1				0				Schlacht von Dürnstein (1797)	20					2,8								
1				0				Schlacht von Spinges (1797)	2					0,3								
1				0				Massaker von Verona (1797)						0,0	0,0						0,4	
1	1			1			Französische Invasion der Schweiz (1798)							31,4	31,4							
1	1			1			Französische Invasion Ägyptens (1798 bis 1801)	Schlacht von Chobrakit (1798)		0,5	0,5			0,3								
1				0				Belagerung von Malta (1798)		1,0				1,6								
1				0				Schlacht an der Pyramiden (1798)			2,3			1,2								
1				0				Seeschlacht von Abukir (1798)		2,2				2,5								
1				0				Schlacht von Sediman (1798)			0,5			1,6								
1				0				Belagerung von Gaza (1799)		1,0				4,4								
1				0				Belagerung von Jaffa (1799)		0,1				0,2								
1				0				Schlacht von Quaquoum (1799)		2,0				3,2								
1				0				Belagerung von Akkon (1799)						0,0								
1				0				Schlacht von Bir el Bar (1799)			6,5			3,4								
1				0				Schlacht an der Tabor (1799)			13			8,0								
1				0				Belagerung von Abukir (1799)		1,0	2			1,6								
1	1			1			Vendée-Kriege (1793 bis 1796)	Ca. 10 kl. Gefechte 1796 à 200 SchT u. Verw.		1,0	2			1,1								
														58,6	58,6	344,3	403		260,0			663

733

Präd &Retor	Terr Konfl	Hier& Kons	Alloph Konfl	Se Konfl	Jahr	bis	Jahr	Konflikt	Ausführungsereignisse (Schlachten, Belagerungen)	Tln. (Tsd.)	Land Schl Tote (Tsd.)	Land Schl Tote & Verw. (Tsd.)	See Schiffe	See Schiffe gesunk.	Kampf-Tote (Tsd.) Zw. Ablage	Kampf-Tote (Tsd.)	Mil. Nicht-KampfTote (Tsd.) Zw. Ablage	Mil. Nicht-Kampf-Tote (Tsd.)	MilTote (Tsd.) Zw. Ablage	Mil. Tote (Tsd.)	Ziv. Tote (Tsd.) Zw. Ablage	Ziv. Tote (Tsd.)	SeTote (Tsd.)
1				0					Schlacht von Fontenay (1793)			5			2,6								
1				0					Belagerung von Nantes (1793)			7			3,7								
1				0					Schlacht von Chatillon-sur-Sevre (1793)			7			3,7								
1				0					Schlacht von Vihiers (1793)			3			1,6								
1				0					Belagerung von Lyon (1793)		1,0				1,6							10,0	
1				0					Schlacht von Lucon (1793)			10			5,3								
1				0					Schlacht von Chantonnay (1793)			4,5			2,4								
1				0					Schlacht von Torfou (1793)						4,2								
1				0					Schlacht von Saint-Fulgent (1793)			3,3			1,7								
1				0					Schlacht von Cholet (1793)			12			6,3								
1				0					Schlacht von Entrammes (1793)			6			3,2								
1				0					Schlacht von Granville (1793)			1,7			0,9								
1				0					Schlacht von Saverne (1793)			7,5			3,9								
1				0					Schlacht von Autrain (1793)			10			5,3								
1				0					Schlacht von Le Mans (1793)			17			8,9								
1				0					Schlacht von Savenay (1793)			6,5			3,4								
1				0					Massaker an Zivilbevölkerung													250,0	
1				0											72,4		425,8		498			10,0	508
1	1			1					*2. Koalitionskrieg (1798 bis 1802) Teil im 18. Jh.*														
1				0					*Front in Süddeutschland u. Schweiz (1799)*						29,7	29,7							
1				0					1. Gefecht von Maienfeld (1799)			0,7			0,4								
1				0					Belagerung von Feldkirch (1799)			1			0,5								
1				0					Gefecht von Chur (1799)			0,3			0,2								
1				0					Schlacht von Ostrach (1799)		0,9				1,4								
1				0					Schlacht von Stockach (1799)		0,9				1,4								
1				0					Schlacht von Tauders (1799)			0,9			0,5								
1				0					Schlacht von Nauders (1799)			0,8			0,4								
1				0					Schlacht von Remiis (1799)		0,7				1,0								
1				0					2. Gefecht von Maienfeld (1799)			1			0,5								
1				0					3. Gefecht von Maienfeld (1799)			0,5			0,3								
1				0					Gefecht von Frauenfeld (1799)			1			0,5								
1				0					Schlacht von Winterthur (1799)			2,9			1,5								
1				0					1. Gefecht im Muotatal (1799)			0,3			0,2								
1				0					Schlacht bei Netstal-Näfels (1799)			2,8			1,5								
1				0					1. Schlacht von Zürich (1799)			5,1			2,7								
1				0					Schlacht von Würzburg (1799)		1,0				1,6								
1				0					2. Schlacht von Zürich (1799)		1,0				1,6								
1				0					Schlacht von Amsteg (1799)			2,8			1,5								
1				0					Schlacht von Mammheim (1799)			2,9			1,5								
1				0					3. Schlacht von Zürich (1799)		4,3				6,8								
1				0					4. Schlacht von Zürich (1799)			2			1,1								
1				0					2. Gefecht im Muotatal (1799)			5			2,6								
1	1			1					*Britische Offensive in den Niederlanden (1799)*						7,8	7,8							
1				0					1. Schlacht von Bergen (1799)		2,2				3,5								
1				0					2. Schlacht von Bergen (1799)			4,7			2,5								
1				0					Schlacht von Castricum (1799)			2,3			1,2								
1				0					Schlacht von Wieskoch (1799)			1,2			0,6								
1	1			1					*Italienische Front (1799)*						34,9	34,9							
1				1					Französische Besetzung von Neapel (1799)						1,0							8,0	
1				1					Antifranz. Aufstand in Süditalien (1799)		1,0				1,6								

Präd & Retor	Terr Konfl	Hier & Kons	Allopl Konfl	Se. Konfl	Jahr	bis	Jahr	Konflikt	Ausführungsereignisse (Schlachten, Belagerungen)	Tfn. (Tsd.)	Land Schl Tote (Tsd.)	Schl Tote & Verw. (Tsd.)	See Schiffe gesunk	Schiffe gesunk.	Kampf-Tote (Tsd.) Zw. Ablage	Kampf-Tote (Tsd.)	Mil. Nicht-KampfTote (Tsd.) Zw. Ablage	Mil. Nicht-KampfTote (Tsd.)	MilTote (Tsd.) Zw. Ablage	Mil. Tote (Tsd.)	Ziv. Tote (Tsd.) Zw. Ablage	Ziv. Tote (Tsd.)	SeTote (Tsd.)
				0					Schlacht von Pastrengo (1799)			3			1,6								
				0					Schlacht von Verona (1799)			3			1,6								
				0					Schlacht von Legnano (1799)			2,7			1,4								
				0					Schlacht von Magnano (1799)			7,5			3,9								
				0					Schlacht von Cassano-Vaprio (1799)			4,5			2,4								
				0					Schlacht von Marengo (1799)			0,6			0,3								
				0					Schlacht von Verdeiro (1799)			0,3			0,2								
				0					Belagerung von Alessandria (1799)			0,8			0,4							1,0	
				0					Schlacht an der Trebbia (1799)		3,0	14,6			4,8								
				0					Schlacht von Novi (1799)			6,5			7,7								
				0					Schlacht von Genola (1799)		1,0	6			5,0								
1				0	1793	bis	1795	2. Kaffern-Krieg	Ca. 30 kl. Gefechte 1796 à 200 SchT u. Verw.		1,0				3,2	1,6						0,0	
	1			1	1793	bis	1802	Rückeroberung Vietnams durch die Nguyen-Dynastie							1,6	4,2							
				1	1793			Sklaventäng-Feldzug von Oyo nach Ife							1,0	1,0							
	1			1	1794			2. Rohilla-Krieg			1,0				1,6	1,6						0,0	
	1			1	1795			Annektion von Kilwa durch Muskat							4,2	4,2							
	1			1	1795			Persische Wiederbesetzung Georgiens		5,0				8,0	8,0						0,0	
				0					Schlacht von Krtsanisi (1795)		3,0				4,8								
				0					Belagerung von Tbilisi (1795)		2,0				3,2							0,0	
	1			1	1796	bis	1804	Aufstand des Weißen Lotus u. der Miao							4,2	4,2							
	1			1	1798			Irischer Aufstand		2,0				3,4	3,4						30,0	
				0					Schlacht von Vinegar Hill (1798)		0,5				0,8								
				0					Belagerung von New Ross (1798)						2,6								
	1			1	1798			Persische Invasion Afghanistans		1,0				4,2	4,2						0,0	
	1			1	1799	bis	1801	3. Kaffern-Krieg		1,0				1,6	1,6							
	1			1	1799			4. Mysore-Krieg							4,2	4,2						0,0	
				0					Belagerung von Seringapatam (1799)						4,2							0,0	
867	12	170	44	11	237			Default-Werte		0,14	1,59	0,53	0,03	0,47	4,20	2,008		11.807		13.815		6652,3	20.448
							18. Jahrhundert											5,88		0,50		0,0	
1				1	1800	bis	1899	Europäische Besetzung Australiens (1788 bis 1870, Teil 19. Jh.)		20,0												1000,0	
	1			0					Britische Landnahme von New South Wales (Teil 19. Jh.)						0,0	0,0							
									Schlacht von Bathurst (1824)		1,0				0,0	0,0							
	1							Schwarzer Krieg auf Tasmanien (1804 bis 1830)						0,0	0,0							
									Schlacht von Slaughterhouse Creek (1838)						0,0	0,0							
	1							Britische Landnahme von Queensland (1824 bis 1884)						0,0	0,0							
									Schlacht von Battle Mountain (1884)						0,0	0,0							
	1							Britische Eroberung Tasmaniens (1825 bis 1832)						0,0	0,0							
	1							Britische Landnahme von Western Australia (1829 bis 1895)						0,0	0,0							
				0					Schlacht von Pinjarra (1834)						0,0	0,0							
				0					Schlacht von Windjina Gorge (1895)						0,0	0,0							
	1							Britische Landnahme in Victoria (1836 bis 1854)						0,0	0,0							

ANLAGE 10

Präd &Retor	Terr Konfl	Hier& Kons	Alloph Konfl	Sc. Konfl	Jahr	bis	Jahr	Konflikt	Ausführungsereignisse (Schlachten, Belagerungen)	Thn (Tsd.)	Land Schl Tote (Tsd.)	Schl. Tote & Verw. (Tsd.)	See Schiffe	Schiffe gesunk.	Kampf-Tote (Tsd.) Zw. Ablage	Kampf-Tote (Tsd.)	Mil. Nicht-KampfTote (Tsd.) Zw. Ablage	Mil. Nicht-Kampf-Tote (Tsd.)	MilTote (Tsd.) Zw. Ablage	Mil. Tote (Tsd.)	Ziv. Tote (Tsd.) Zw. Ablage	Ziv. Tote (Tsd.)	SeTote (Tsd.)
1	1			1				Britische Landnahme von South Australien (1840 bis 1856)							0,0	0,0							
1	1			1				Britische Landnahme von Northern Territories (ab 1869)							0,0	0,0							
1	1				1800	bis	1899	Europäische Eroberung Nordamerikas (19. Jh.)		40,0					58,7	58,7						2,0	
1	1			1				Krieg der USA gg die Konföderation des Tecumseh (1811 bis 1813)		1,0					0,3	0,3							
				0					Schlacht von Tippecanoe Creek (1811)		0,1					0,1								
				0					Schlacht von Thames (1813)		0,1					0,1								
1	1			1				Krieg der USA gegen die Creek (1813 bis 1814)		1,0					1,8	1,8						1,0	
				0					Schlacht von Burnt Corn (1813)							0,0								
				0					Belagerung von Fort Mims (1813)		0,4					0,6								
				0					Schlacht von Tallushatchee (1813)							0,0								
				0					Schlacht von Talladega (1813)							0,0								
				0					Schlacht von Horseshoe Bend (1814)		0,8					1,2								
1	1			1				1. Krieg der USA gegen die Seminole-Indianer (1817 bis 1818)							0,0	0,0						1,0	
1	1		1	1				Indianeraufstand unter Black Hawk (1832)		0,4					0,6	0,6						1,0	
				0					Schlacht von Bad Axe (1832)							0,6								
1	1			1				2. Krieg der USA gegen die Seminole-Indianer (1835 bis 1842)							2,9	2,9						1,0	
				0					Schlacht von Okeechobee (1837)		2,0					2,9								
1	1			1				3. Krieg der USA gegen die Seminole-Indianer (1855 bis 1858)							0,0	0,0						1,0	
1	1			1				Krieg der USA gegen die Paiute (1860 bis 1867)		1,0					1,5	1,5						1,0	
1	1			1				Krieg der USA gegen die Navaho (1860 bis 1861)		0,5					0,7	0,7						1,0	
1	1			1				Kriege der USA gegen die Apachen (1861 bis 1886)							0,6	0,6						1,0	
				0					Schlacht von Apache-Pass (1862)		0,1					0,1								
				0					Massaker von Camp Grant (1871)		0,2					0,3								
				0					Belagerung von Skull Cave (1872)		0,1					0,1								
1	1			1				Krieg der USA gegen die Santee-Sioux (1862)		0,5					0,7	0,7							
1	1			1				Feldzug der USA gegen die Shoshoni u. Sioux (1863)		0,3					0,4	0,4						1,0	
1	1			1				Krieg der USA gg die Süd-Cheyenne u. Arapaho (1864 bis 1868)							0,4	0,4						1,0	
				0					Schlacht von Ash Hollow (1855)		0,1					0,1								
				0					Schlacht von Fort Phil Kearny (1866)		0,2					0,3								
1	1			1				Genozid an den Yuki-Indianern Kaliforniens (1851 bis 1852)		1,0					0,0	0,0						3,0	
				0					Schlacht von Sand Creek (1864)							0,0							0,3	
1	1			1				Krieg der USA gg Ind. v. Ore., Idah., Kalif. u. Nev. (1865 bis 1866)							0,0	0,0						1,0	
1	1			1				Krieg der USA gegen die Komantschen u. Sioux (1866 bis 1875)							0,0	0,0						1,0	
1	1			1				Krieg der USA gegen die Modoc (1873)		0,1					0,1	0,1						1,0	
1	1			1				Krieg der USA gg Lakota-Sioux u. Nord-Cheyenne (1876 bis 1879)							0,4	0,4						1,0	
				1					Schlacht von Slim Buttes (1876)							0,0								

ANLAGE 10

Präd &Retor	Terr Konfl	Hier& Kons	Alloph Konfl	Se. Konfl	Jahr	bis	Jahr	Konflikt	Ausführungsereignisse (Schlachten, Belagerungen)	Tln. (Tsd.)	Land Schl. Tote (Tsd.)	Land Schl. Tote & Verw. (Tsd.)	See Schiffe	See Schiffe gesunk.	Kampf-Tote (Tsd.) Zw. Ablage	Kampf-Tote (Tsd.)	Mil. Nicht-KampfTote (Tsd.) Zw. Ablage	Mil. Nicht-KampfTote (Tsd.)	MilTote (Tsd.) Zw. Ablage	Mil. Tote (Tsd.)	Ziv. Tote (Tsd.) Zw. Ablage	Ziv. Tote (Tsd.)	SeTote (Tsd.)
1				0					Schlacht von Rosebud (1876)						0,0								
1				0					Schlacht an der Little Big Horn (1876)		0,3				0,4								
1				0					Schlacht von Crazy Woman Fork (1876)						0,0							1,0	
1	1			1				Krieg der USA gegen die Nez Perces (1877)			1,0				1,5	1,5							
1	1			1				Krieg der USA gegen die Bannock, Piute u. "Schafesser" (1878)						0,0	0,0							
1	1			1				Krieg der USA gegen die Lakota-Sioux (1890 bis 1891)			1,0			0,0	0,0						1,0	
1				0					Schlacht von Wou(n)ded Knee (1890)						0,0							0,2	
1				0					Schlacht von Dark River Creek (1875)						0,0								
1	1			1				Indianeraufstand im Nordwesten Kanadas (1895)						0,0								
1				0					Schlacht von Cut Knife (1885)		0,0				0,0								
1				0					Schlacht im Wolf Gebirge (1877)						0,0								
1	1			0				Indianeraufstand in Minnesota (1898)	Leech Lake (1898)						0,0								
1	1			1	1800	bis	1801	Französische Invasion Ägyptens (1798 bis 1801) Forts. 19. Jh.							5,8	5,8							
1				0					Schlacht von Heliopolis (1800)			10,6			4,7								
1				0					Schlacht von Abukir (1801)			2,5			1,1								
1	1			1	1800	bis	1802	2. Koalitionskrieg (1798 bis 1802) Forts. 19. Jh.							24,9	24,9							
1				0					Belagerung von Genua (1800)						8,0							10,0	
1				0					Schlacht von Stockach (1800)			3,4			1,5								
1				0					Schlacht von Messkirch (1800)			5,4			2,4								
1				0					2. Schlacht von Biberach (1800)			3,3			1,5								
1				0					2. Schlacht von Ulm (1800)			1,5			0,7								
1				0					Schlacht von Zürich (1800)						0,0								
1				0					Schlacht von Höchstädt (1800)		1,0				1,5								
1				0					Schlacht bei Ampfing (1800)			3,2			1,4								
1				0					Schlacht von Hohenlinden (1800)			8,3			3,7								
1				0					Schlacht von Salzburg (1800)			1,5			0,7								
1				0					Seeschlacht von Anegar (1801)		0,7				1,0								
1				0					Seeschlacht von Algeciras (1801)		0,4				0,6								
1				0					Seeschlacht von Gibraltar (1801)						2,0								
1				0					Seeschlacht von Boulogne (1801)			0,2			0,1								
1	1			1				2. Italienfeldzug Napoleons (1800)			6,0			10,0	10,0							
1				0					Gefechte an der Var (1800)		0,5				0,7								
1				0					Belagerung von Bard (1800)			1			0,4								
1				0					Schlacht von Montebello (1800)		1,0				1,5								
1				0					Schlacht von Marengo (1800)		5,0				7,3								
1	1			1	1801	bis	1805	Tripolitanischer Krieg der USA			1,0			0,0	0,0							
1				1	1801	bis	1818	1. Wahabiten-Aufstand in Arabien			1,0			0,0	0,0						1,0	
1				0					Raubüberfall auf Nadschaf (1801)						0,0								
1				0					Raubüberfall auf Kerbala (1801)						0,0								
1		1		1				Sklavenaufstand in Saint Domingue (1791 bis 1804) Teil 19. Jh.						5,0	5,0						5,0	
1	1			1	1801	bis	1807	Temne-Krieg						0,0	0,0							
1	1			1	1802	bis	1820	Expansionskriege des Sikh-Reichs von Punjab		10,0				14,7	14,7							
1				0					Belagerung von Amritsar (1802)		2,0				2,9	2,9						1,0	
1	1			1				Eroberung des Pashtun-Gebiets (1818)		2,0				2,9	2,9						1,0	

ANLAGE 10

Präd &Retor Konfl	Terr Konfl	Hier& Kons	Alloph Konfl	Se Konfl	Jahr	bis	Jahr	Konflikt	Ausführungsereignisse (Schlachten, Belagerungen)	Th. (Tsd.)	Land Tote (Tsd.)	Schl. Tote (Tsd.)	Schl. Tote & Verw. (Tsd.)	See Schiffe	Schiffe gesunk.	Kampf Tote (Tsd.) Zw. Ablage	Kampf-Tote (Tsd.)	Mil. Nicht-KampfTote (Tsd.) Zw. Ablage	Mil. Nicht-Kampf-Tote (Tsd.)	MilTote (Tsd.) Zw. Ablage	Mil. Tote (Tsd.)	Ziv. Tote (Tsd.) Zw. Ablage	Ziv. Tote (Tsd.)	SeTote (Tsd.)
1	1			1					Eroberung Multans (1829)		2,0					2,9	2,9						1,0	
1	1			1					Eroberung von Jammu (1819)		2,0					2,9	2,9						1,0	
1	1	1		1					Eroberung des Kaschmir (1819)		2,0					2,9	2,9						1,0	
1				0	1802			Maratha-Burgerkrieg								1,5	1,5						1,0	
1				0					Schlacht von Poona (1802)		1,0					1,5	1,5							
1	1			0	1803	bis	1805	3. Maratha-Krieg			20,0					14,7	14,7							
1				0					Belagerung von Aligarth (1803)		1,0					1,5	1,5						1,0	
1				0					Schlacht von Delhi (1803)		1,0					1,5	1,5							
1				0					Schlacht von Assaye (1803)		2,0					2,9	2,9							
1				0					Schlacht von Laswari (1803)		1,0					1,5	1,5							
1				0					Schlacht von Argaon (1803)		1,0					1,5	1,5							
1				0					Schlacht von Ferrukhabat (1804)		1,0					1,5	1,5							
1				0					Belagerung von Bhurtpore (1805)		3,0					4,4								
1	1			1	1803	bis	1804	Britische Invasion niederl. Ceylons		0,0					0,0	0,0						1,0	
1				0	1803	bis	1815	*NAPOLEONISCHE KRIEGE*		369,8					542							(390)	(2.800)
1	1			1					Britisch-Französisch/Spanischer Seekrieg (1803 bis 1812)		(10)					11,1	11,1							
				0					Seeschlacht an der Cabo Finisterre (1805)				0,7			0,3								
				0					Seeschlacht von Trafalgar (1805)							6,0								
				0					Seeschlacht von Santo Domingo (1806)				1,8			0,8								
				0					Seeschlacht von Oleron (1809)							0,0								
				0					Britischer Angriff auf Antwerpen (1809)		2,0					4,0								
				0					Seeschlacht von Grand Port (1810)							0,0								
				0					Seeschlacht von Lissa (1811)							0,0								
1	1			1					3. Koalitionskrieg (1805 bis 1807)		(105)					103,8								
									Süddeutsche Front		(25)													
				0					Schlacht von Wertingen (1805)				0,6			0,3								
				0					Schlacht von Günzburg (1805)				2,7			1,2								
				0					Schlacht von Haslach (1805)				2,6			1,1								
				0					Schlacht von Elchingen (1805)				2,8			1,2								
				0					Schlacht von Ulm (1805)				3			1,3								
				0					Schlacht von Neresheim (1805)		0,0					0,0								
				0					Schlacht von Caldiero (1805)				10			4,4								
				0					Schlacht von Amstetten (1805)				0,7			0,3								
				0					Schlacht von Mariazell (1805)				0,7			0,3								
				0					Schlacht von Dürnstein-Loiben (1805)				2,1			0,9								
				0					Schlacht von Hollabrunn (1805)				3,8			1,7								
				0					Schlacht von Austerlitz (1805)				24			10,6								
				0					Gefecht von Wonau (1805)				0,2			0,1								
				0					Schlacht von Maida (1806)							0,7								
				0					Belagerung von Ragusa (1806)		0,5					0,0								
1	1			1					Preußisch / Russisch-Französischer Krieg (1806 bis 1807)															
				0					Belagerung von Boulogne (1806)							0,0								
				0					Schlacht von Schleiz (1806)							0,0								
				0					Schlacht von Saalfeld (1806)				0,6			0,3								
				0					Schlacht von Auerstädt (1806)				32			14,1								
				0					Schlacht von Jena (1806)				33			14,5								
				0					Schlacht von Halle (1806)				5			2,2								
				0					Schlacht von Zehdenick (1806)				0,5			0,2								

Präd &Refor	Terr Konfl	Hierk& Kons	Alloph Konfl	Se. Konfl	Jahr bis	Jahr	Konflikt	Ausführungsereignisse (Schlachten, Belagerungen)	Tln. (Tsd.)	Land Schl. Tote (Tsd.)	Schl. Tote & Verw. (Tsd.)	See Schiffe	Schiffe gesunk.	Kampf-Tote (Tsd.) Zw. Ablage	Kampf-Tote (Tsd.)	Mil. Nicht-KampfTote (Tsd.) Zw. Ablage	Mil. Nicht-Kampf-Tote (Tsd.)	MilTote (Tsd.) Zw. Ablage	Mil. Tote (Tsd.)	Ziv. Tote (Tsd.) Zw. Ablage	Ziv. Tote (Tsd.)	SeTote (Tsd.)
1				0				Belagerung von Prenzlau (1806)			0			0,0								
1				0				Belagerung von Lübeck (1806)			2			0,9								
1				0				Belagerung von Ratkau (1806)			0,3			0,1								
1				0				Schlacht von Biezun (1806)						0,0								
1				0				Schlacht von Pultusk (1806)			6,9			3,0								
1				0				Schlacht von Dirschau (1807)						1,5								
1				0				Schlacht von Eylau (1807)			31			13,6								
1				0				Schlacht von Ostrolenka (1807)						3,6								
1				0				Belagerung von Danzig (1807)			9			4,0							4,0	
1				0				Schlacht von Anclam (1807)		1,0				1,5								
1				0				Belagerung von Kolberg (1807)						0,0								
1				0				Schlacht von Heilsberg (1807)			17			7,5								
1				0				Schlacht von Friedland (1807)			25,5			11,2								
1				0				Seeschlacht von Lemnos (1807)		1,0				1,5							1!	
1	1			1			Französische Invasion Portugals u. Spaniens (1807 bis 1808)			1,0				1,5	1,5							
1	1			1			Krieg auf der Pyrenäenhalbinsel (1808 bis 1814)						112,2	112,2						200,0	
1				0				Aufstand von Madrid (1808)						0,0							(1)	
1				0				Schlacht von Bruch (1808)			0,4			0,2								
1				0				Massaker in Valencia (1808)						0,3							(1)	
1				0				1. Belagerung von Zaragoza (1808)			6,5			2,9								
1				0				Schlacht von Medina de Rio Seco (1808)			3,8			1,7								
1				0				Schlacht von Bailén (1808)			4,3			1,9								
1				0				1. Belagerung Gerona (1808)			0,5			0,2							(1)	
1				0				Schlacht von Rolica (1808)			1			0,4								
1				0				Schlacht von Vimeiro (1808)			2,5			1,1								
1				0				Schlacht von Lerin (1808)			0,5			0,2								
1				0				Schlacht von Durango (1808)			0,6			0,3								
1				0				Belagerung von Rosas (1808)			2,5			1,1							(1)	
1				0				Schlacht von Espinosa (1808)			3			1,3								
1				0				Schlacht von Tudela (1808)			3,5			1,5								
1				0				Schlacht von Somosierra (1808)			0,5			0,2								
1				0				Schlacht von Cardedeu (1808)			1,6			0,7								
1				0				2. Belagerung von Zaragoza (1808 bis 1809)			25			11,0							(34)	
1				0				Schlacht von Molins del Rey (1808)			1,4			0,6								
1				0				Schlacht von Uclés (1809)			6,2			2,7								
1				0				Schlacht von Coruña (1809)			2			0,9								
1				0				Schlacht von Valls (1809)			2,4			1,1								
1				0				Schlacht von Medellin (1809)			3			1,3								
1				0				1. Schlacht Oporto (1809)			3			1,3								
1				0				2. Schlacht von Oporto (1809)			0,5			0,2								
1				0				Schlacht von Alcañiz (1809)			1,1			0,5								
1				0				2. Belagerung von Gerona (1809)						20,0							(10)	
1				0				Schlacht von Maria (1809)			5,3			2,3								
1				0				Schlacht von Belchite (1809)			2			0,9								
1				0				Schlacht von Talavera (1809)			12,5			5,5								
1				0				Schlacht von Ocaña (1809)			6			2,6								
1				0				Schlacht von Gebora (1810)			5,4			2,4								
1				0				Belagerung von Lerida (1810)			2,7			1,2							(1)	

ANLAGE 10

Präd &Retor	Terr Konfl	Hier& Kons	Alloph Konfl	Se. Konfl	Jahr	bis	Jahr	Konflikt	Ausführungsereignisse (Schlachten, Belagerungen)	Tbn. (Tsd.)	Land Schl Tote (Tsd.)	Land Schl Tote & Verw. (Tsd.)	See Schlacht	See Schiffe gesunk.	Kampf-Tote (Tsd.) Zw. Ablage	Kampf-Tote (Tsd.)	Mil. Nicht-KampfTote (Tsd.) Zw. Ablage	Mil. Nicht-Kampf-Tote (Tsd.)	MilTote (Tsd.) Zw. Ablage	Mil. Tote (Tsd.)	Ziv. Tote (Tsd.) Zw. Ablage	Ziv. Tote (Tsd.)	SeTote (Tsd.)
1				0					Belagerung von Ciudad Rodrigo (1810)			2,6			1,1							(1)	
1				0					Belagerung von Almeida (1810)			1,3			0,6							(1)	
1				0					Schlacht von Busaco (1810)			5,8			2,6								
1				0					Schlacht von Sabugal (1811)			0,7			0,3								
1				0					Schlacht von Barrosa (1811)			3,2			1,4								
1				0					Schlacht von Fuentes de Oñoro (1811)			4,6			2,0								
1				0					Belagerung von Tarragona (1811)			10,4			4,6							(4)	
1				0					Schlacht von Albuera (1811)			12,5			5,5								
1				0					Schlacht von Sagunto (1811)						0,0								
1				0					Belagerung von Ciudad Rodrigo (1812)						0,0								
1				0					Belagerung von Valencia (1812)			6			2,6							(1)	
1				0					Belagerung von Badajos (1812)			6,3			2,8							(1)	
1				0					Schlacht von Villagarcia (1812)			0,1			0,0							(1)	
1				0					Schlacht von Salamanca (1812)			14,6			6,4								
1				0					Belagerung von San Sebastian (1813)						0,0								
1				0					Schlacht von Vitoria (1813)			9,6			4,2							(1)	
1				0					Schlacht von Sorauren (1813)			11,5			5,1								
1				0					Schlacht von Molino del Rey (1814)						0,0								
1				0					Hu erte Repressalien													(10)	
1				1					Ca. 50 kl. Gefechte à ca. 200 SchlT&Verw			10			4,4								
1	1							5. Koalitionskrieg (Österreichisch-Französischer Krieg) (1809)							73,2	73,2						5,0	
1				0					Schlacht von Sacile (1809)			5,6			2,5								
1				0					Schlacht von Tarn (1809)			8			3,5								
1				0					Schlacht von Abensberg (1809)			7,5			3,3								
1				0					Schlacht von Landshut (1809)			6,5			2,9								
1				0					Schlacht von Eckmühl (1809)			11			4,8								
1				0					Belagerung von Regensburg (1809)			7			3,1								
1				0					Schlacht von Soave (1809)			1,4			0,6								
1				0					Schlacht von Ebelsberg (1809)			4,8			2,1								
1				0					Schlacht am Piave (1809)			3			1,3								
1				0					Schlacht von Aspern (1809)			40			17,6								
1				0					Schlacht von Raab (1809)			6,5			2,9								
1				0					Schlacht von Wagram (1809)			57			25,1								
1				0					Schlacht von Znaim (1809)			6			2,6								
1				0					Ca. 10 kl. Gefechte 1809 à 200 SchlT&Verw			2			0,9								
1				1				Tiroler Volksaufstand (1809)							4,4	4,4							
1				0					Schlacht von Sterzing (1809)			0			0,0								
1				0					1. Schlacht an der Berg Isel (1809)			1			0,4								
1				0					Schlacht von Wörgl (1809)			3			1,3								
1				0					2. Schlacht an der Berg Isel (1809)			0,5			0,2								
1				0					3. Schlacht an der Berg Isel (1809)			0,5			0,2								
1				0					Schlacht von Oberau (1809)			0,2			0,1								
1				0					Schlacht von Pontlatzer Brücke (1809)			1,5			0,7								
1				0					4. Schlacht an der Berg Isel (1809)			0,8			0,4								
1				0					5. Schlacht an der Berg Isel (1809)			0,5			0,2								
1				0					Schlacht an der Küchelberg bei Meran (1809)						0,0								
1				0					Ca. 10 kl. Gefechte 1809 à 200 SchlT&Verw			2			0,9								
1				1				Russlandfeldzug Napoleons (1812)							109,2	109,2						300,0	(1.000)
1				0					Schlacht von Mogilew (1812)			6,5			2,9								

ANLAGE 10

Präd &Retor	Terr Konfl	Hier& Kons	Alloph Konfl	Se. Konfl	Jahr	bis	Jahr	Konflikt	Ausführungsereignisse (Schlachten, Belagerungen)	Tln. (Tsd.)	Land Schl. Tote (Tsd.)	Schl. Tote & Verw. (Tsd.)	See Schiffe	Schiffe gesunk.	Kampf-Tote (Tsd.) Zw. Ablage	Kampf-Tote (Tsd.)	Mil. Nicht-KampfT ote (Tsd.) Zw. Ablage	Mil. Nicht-Kampf-Tote (Tsd.)	MilTote (Tsd.) Zw. Ablage	Mil. Tote (Tsd.)	Ziv. Tote (Tsd.) Zw. Ablage	Ziv. Tote (Tsd.)	SeTote (Tsd.)
1				0					Schlacht von Drissa (1812)			1				0,4							
1				0					1. Schlacht at Smolensk (1812)			13				5,7							
1				0					1. Schlacht von Polotsk (1812)			4				1,8							
1				0					Schlacht von Valutino (1812)			14				6,2							
1				0					Schlacht von Schewardino (1812)			10				4,4							
1				0					Schlacht von Borodino (1812)			78				34,3							
1				0					Belagerung von Moskau (1812)		1,0	14				1,5						(1)	
1				0					2. Schlacht von Polotsk (1812)							6,2							
1				0					Schlacht von Tarutino (1812)			2,8				1,2							
1				0					Schlacht von Malojaroslavec (1812)			9,5				4,2							
1				0					Schlacht von Wiasma (1812)			8,8				3,9							
1				0					Schlacht von Smoliaz (1812)			5				2,2							
1				0					Schlacht von Woljanowysk (182)			2,8				1,2							
1				0					Schlacht von Krasnoi (1812)			8,7				3,8							
1				0					Schlacht an der Beresina (1812)			40				17,6						(10)	
1				0					Schlacht von Kovno (1812)							0,0							
1				0					Belagerung von Danzig (1813)		2,0					2,9						(5)	
1				0					Belagerung von Zamosc (1813)							0,0						(1)	
1				0					Ca. 50 kl. Gefechte à ca. 400 SchlT&Verw			20				8,8						10,0	
1	1			1				Deutscher Befreiungskrieg (1813 bis 1814)							191,3	191,3							
1				0					Schlacht von Möckern (1813)			1,1				0,5							
1				0					Schlacht von Groß-Görschen (1813)			34				15,0							
1				0					Schlacht von Bautzen (1813 bis 1813)			32				14,1							
1				0					Schlacht von Groß Beeren (1813)			3,3				1,5							
1				0					Schlacht von Gadebusch (1813)			0,1				0,0							
1				0					Schlacht von Dresden (1813 bis 1813)			23				10,1							
1				0					Schlacht am Katzbach (1813)			18				7,9							
1				0					Schlacht an der Hagelberg (1813)			3				1,3							
1				0					Schlacht von Kulm (1813 bis 1813)			22				9,7							
1				0					Schlacht von Dennewitz (1813)			12				5,3							
1				0					Belagerung von Wittenberg (1813 bis 1814)			4				1,8						(1)	
1				0					Schlacht von Wartenburg (1813)			2,8				1,2							
1				0					Schlacht von Leipzig (1813)			100				44,0							
1				0					Belagerung von Torgau (1813)		3,0	13,7				4,4							
1				0					Schlacht von Hanau (1813)			3,4				6,0							
1				0					Schlacht von Nivelle (1813)							1,5							
1				0					Belagerung von Zara (1813)		0,1					0,1							
1				0					Belagerung von Hamburg (1813 bis 1814)			5				2,2						(1)	
1				0					Schlacht vor Bayonne (1813)		1,0	9,3				5,6							
1				0					Belagerung von Belfort (1813 bis 1814)			1				0,4							
1				0					Belagerung von Antwerpen (1814)	20						1,6						(1)	
1				0					Schlacht von Brienne (1814)			6				2,6							
1				0					Schlacht von La Rothiere (1814)			13				5,7							
1				0					Schlacht an der Mincio (1814)			6				2,6							
1				0					Schlacht vor Champaubert (1814)			2,6				1,1							
1				0					Schlacht von Montmirail (1814)			4,5				2,0							
1				0					Schlacht von Chateau-Thierry (1814)			3,4				1,5							
1				0					Schlacht von Vauchamps (1814)			3,4				1,5							
1				0					Schlacht von Nangis (1814)			3,7				1,6							
1				0					Schlacht von Montereau (1814)			7,5				3,3							

ANLAGE 10

Präd &Retor	Terr Konfl	Hier& Kons	Alloph Konfl	Se. Konfl	Jahr	bis	Jahr	Konflikt	Ausführungsereignisse (Schlachten, Belagerungen)	Th. (Tsd.)	Land Schl Tote (Tsd.)	Land Schl Tote & Verw. (Tsd.)	See Schiffe	See Schiffe gesunk.	Kampf-Tote (Tsd.) Zw. Ablage	Kampf-Tote (Tsd.)	Mil. Nicht-KampfT (Tsd.) Zw. Ablage	Mil. Nicht-Kampf-Tote (Tsd.)	MilTote (Tsd.) Zw. Ablage	Mil. Tote (Tsd.)	Ziv. Tote (Tsd.) Zw. Ablage	Ziv. Tote (Tsd.)	SeTote (Tsd.)
1				0					Belagerung von Bayonne (1814)			3,1				1,4							
1				0					Schlacht von Bar-sur-Aube (1814)			4,5				2,0							
1				0					Schlacht von Orthez (1814)		1,0					1,5							
1				0					Schlacht von Craonne (1814)			11,8				5,2							
1				0					Schlacht von Laon (1814)			4,8				2,1							
1				0					Schlacht von Reims (1814)			1,6				0,7							
1				0					Schlacht von Arcis-sur-Aube (1814)		1,0					1,5							
1				0					Schlacht von Saint-Dizier (1814)	3,6						0,3							
1				0					Schlacht von La Fere-Champenoise (1814)			3,5				1,5							
1				0					Schlacht von Paris (1814)			10,7				4,7							
1				0					Schlacht von Toulouse (1814)			7,3				3,2							
1				0					Ca. 125 kl. Gefechte à ca. 200 SchlT&Verw			25				11,0							
1		1		1				Herrschaft Napoleons der Hundert Tage (1815)							39,6	39,6						
1				0					Schlacht von Tolentino (1815)			2,4				1,1							
1				0					Schlacht von Saint-Pierre-d' Albigny (1815)							0,0							
1				0					Schlacht von Quatrebras (1815)			7				3,1							
1				0					Schlacht von Ligny (1815)			27,5				12,1							
1				0					Schlacht von Waterloo (1815)			40				17,6							
1				0					Schlacht von Wavre (1815)		0,5	5				2,9							
1				0					Schlacht von La Suppel (1815)							0,0							
1				0					Belagerung von Straßburg (1815)			3				1,3						1,0	
1				0					Belagerung von Belfort (1815)		1,0					1,5						1,0	
1				0					Belagerung von Hüningue (1815)							0,0						1,0	
	1			1	1804	bis	1813	Russisch-Persischer Krieg							4,4	4,4							
1				0					Schlacht von Echmiadzin (1804)		5,0					4,4							
1				0					Belagerung von Erivan (1804)		1,0					1,5							
1				0					Schlacht von Aslanduz (1812)		1,0					1,5							
1				1	1804	bis	1812	Antitürkischer Aufstand in Serbien			5,0				7,3	7,3							
			1	1	1804	bis	1810	Dschihad der Fulani gg die Hausa-Staaten des N-Nigerias							0,0	0,0							
			1	1	1806	bis	1807	Dschihad der Fulani gegen die Staaten der Goldküste							0,0	0,0							
1	1			1	1806	bis	1812	Russisch-Türkischer Krieg	20,0	20,0					29,3	29,3						10,0	
1				1	1806			Britische Eroberung der Kapkolonie							0,0	0,0							
1				1	1806			1. Britische Invasion von Buenos Aires		0,6	0,6				0,4	0,4						10,0	
1				0	1807				Belagerung von Montevideo (1807)			1				0,4							
1				1	1807			2. Britische Invasion von Buenos Aires			3				1,3	1,3							
1				0	1807			Britisch-Dänischer Krieg							0,3	0,3							
1				1	1807				Seeschlacht von Kopenhagen (1807)			0,6				0,3							
1				1	1807			Aufstand in Kokonor (Tibet)		5,0					0,0	0,0							
1	1			1	1808	bis	1809	Russisch-Schwedischer Krieg							4,9	4,9						1,0	
				0					Belagerung von Sveaborg (1808)			0,3				0,1							
				0					Schlacht von Revolax / Sijkajoki (1808)		0,3					0,4							
				0					Schlacht von Pulkkila (1808)			0,5				0,2							
				0					Schlacht von Lappo (1808)							0,7							
				0					Schlacht von Oravais (1808)	8,8		2,1				0,9							
				0					Seeschlacht von Sandöström (1808)							1,0							
				0					Schlacht von Virta Bro (1808)		0,7	1				0,4							
				0					Schlacht von Sävar (1809)			2,2				1,0							

Präd &Retor Konfl	Terr Konfl	Hier& Kons	Alloph Konfl	Jahr	bis	Jahr	Se. Konfl	Konflikt	Jahr	bis	Jahr	Ausführungsereignisse (Schlachten, Belagerungen)	Tln. (Tsd.) [Land]	Schl. Tote (Tsd.) [Land]	Schl. Tote & Verw. (Tsd.) [Land]	Schiffe [See]	Schiffe gesunk. [See]	Kampf-Tote (Tsd.) Zw. Ablage	Kampf-Tote (Tsd.)	Mil. Nicht-KampfTote (Tsd.) Zw. Ablage	Mil. Nicht-Kampf-Tote (Tsd.)	MilTote (Tsd.) Zw. Ablage	Mil. Tote (Tsd.)	Ziv. Tote (Tsd.) Zw. Ablage	Ziv. Tote (Tsd.)	SeTote (Tsd.)
1	1			1808			1	Aufstand in Santo Domingo			1808	Schlacht von Palo Hincado (1808)		1,0				1,5	1,5							
1	1			1808			0	Aufstand in Griechenland			1808	Schlacht von Metsowo (1808)		1,0				1,5	1,5							
1			1	1810	bis	1811	1	Britische Unterwerfung von Niederländisch Java										0,0	0,0							
1			1	1810	bis	1810	1	Russische Eroberung von Imereti (Westgeorgien)										0,0	0,0							
1	1			1810	bis	1823	1	Venezolanische Unabhängigkeitskriege										16,1	16,1					2,0		
1							0					Schlacht von Cúcuta (1813)	1,6					0,1								
1							0					Schlacht von Maturin Tercera (1813)	3,2					0,3								
1							0					Schlacht von Niquitao (1813)	2					0,2								
1							0					Schlacht von Los Horcones (1813)	1,5					0,1								
1							0					Schlacht von Taguanes (1813)	5					0,0								
1							0					Schlacht von Cumaná (1813)	4					0,3								
1							0					Schlacht von Barbula (1813)	4,5					0,4								
1							0					Schlacht von Las Trinceras (1813)						0,0								
1							0					Schlacht von Mosquitero (1813)	3,8					0,3								
1							0					Schlacht von Barquisimeto (1813)	3,7					0,3								
1							0					Schlacht von Vijirima (1813 bis 1813)	4,3					0,3								
1							0					Schlacht von Araure (1813)			2			0,9								
1							0					1. Schlacht von La Puerta (1814)	7					0,6								
1							0					Schlacht von La Victoria (1814)	7					0,6								
1							0					1. Schlacht von Ocumare (1814)	5,5					0,4								
1							0					2. Schlacht von Ocumare (1814)	5					0,4								
1							0					2. Schlacht von San Mateo (1814)	7,4					0,6								
1							0					Schlacht von Sabana de Arao (1814)	7					0,6								
1							0					Schlacht von Bocachica (1814)						0,0								
1							0					1. Schlacht von San Mateo (1814)	11					0,6								
1							0					2. Schlacht von La Puerta (1814)	6		1,3			0,9								
1							0					Schlacht von Aragua de Barcelona (1814)	9					0,5								
1							0					Schlacht von Urica (1814)	11,2					0,9								
1							0					Schlacht von Maturin Tercera (1814)	7,5					0,6								
1							0					Schlacht von Los Aguacetes (1816)	5					0,4								
1							0					Schlacht von Calabozo (1818)	5					0,4								
1							0					Schlacht von Ortíz (1818)	5					0,4								
1							0					3. Schlacht von La Puerta (1818)	5					0,4								
1							1					Seeschlacht von Los Frailes (1816)		0,3				0,4								
1							0					2. Schlacht von Carabobo (1821)	12,5	1,0				2,5								
1							1					Seeschlacht von Maracaibo (1823)		0,5				0,7								
1							1					Seeschlacht von Puerto Cabello (1823)	5					0,4								
1	1			1810	bis	1821	1	Argentinische Unabhängigkeitskriege										1,9	1,9							
1							0					Schlacht von Tucuman (1812)	5	2,0				0,7								
1							0					Schlacht von San Lorenzo (1813)		0,5				0,0								
1							0					Schlacht von Salta (1813)		0,5				0,7								
1							1					Seeschlacht von Martin Garcia (1814)		0,3				0,4								
1	1			1810	bis	1828	1	Uruguayische Unabhängigkeitskriege					Schlacht von Las Piedras (1811)	5	5,0				2,5	2,5					2,0		
1							0					1. Belag. von Montevideo (1812 bis 1814)		1,0				1,5							1,7		

Präd &Retor	Terr Konfl	Hier& Kons	Alloph Konfl	Se Konfl	Jahr	bis	Jahr	Konflikt	Ausführungsereignisse (Schlachten, Belagerungen)	Th. (Tsd.)	Land Schl Tote (Tsd.)	Land Schl Tote & Verw. (Tsd.)	See Schiffe	See Schiffe gesunk.	Kampf-Tote (Tsd.) Zw. Ablage	Kampf-Tote (Tsd.)	Mil. Nicht-KampfTote (Tsd.) Zw. Ablage	Mil. Nicht-Kampf-Tote (Tsd.)	MilTote (Tsd.) Zw. Ablage	Mil. Tote (Tsd.)	Ziv. Tote (Tsd.) Zw. Ablage	Ziv. Tote (Tsd.)	SeTote (Tsd.)
1				0					Seeschlacht von Buceo (1814)		0,3				0,4								
1				0					Schlacht von La Piedras (1814)						0,0								
1				0					Schlacht von Arerunga (1815)			0,4			0,2								
1				0					Schlacht von Arroyo Grande (1819)						0,0								
1	1			1				Portugiesische Besetzung Uruguays (1816 bis 1825)															
1				0					Schlacht von Santa Ana (1816)	2					2,6	2,6							
1				0					Schlacht von Corumbé (1816)			0,6			0,2								
1				0					Schlacht von Catalan (1817)	2					0,3								
1				0					1. Schlacht von India Muerta (1817)		0,3				0,4								
1				0					Schlacht von Matasiete (1817)		0,5				0,7								
1				0					Schlacht von Barinas (1817)		0,3				0,4								
1				0					Schlacht i.d. Quebrada von Belarmino (1820)		0,3				0,4								
1	1			1				Uruguayischer Aufstand gegen Brasilien (1825)															
1				0					Schlacht von Rincón de las Gallinas (1825)		0,3				0,7	0,7							
1				0					Schlacht von Sarandí (1825)		0,3	0,5			0,4							1,0	
1	1			1	1810	bis	1825	Bolivianische Unabhängigkeitskriege						2,9	2,9							
1				0					Schlacht von Suipacha (1810)	1,2	5,0				0,1								
1				0					Schlacht von Huaqui (1811)	14					1,1								
1				0					Schlacht von Vilcapuyo (1813)	9					0,7								
1				0					Schlacht von Ayohuma (1813)			1			0,4								
1				0					Schlacht von Sipe-Sipe (1815)			1,2			0,5								
1	1			1	1810	bis	1821	Kolumbianische Unabhängigkeitskriege						8,6	8,6						1,0	
1				0					Belagerung von Cartagena (1811)		7,0				0,4								
1				0					Schlacht von Calibio (1814)		0,3				0,4								
1				0					Schlacht von Alto Palacé (1813)	5					0,4								
1				0					Schlacht von Tacines (1814)	5					0,4								
1				0					Schlacht von Ejidos de Pasto (1814)	5					0,4								
1				0					Schlacht von Juanambú (1814)	5					0,4								
1				0					Belagerung von Cartagena (1815)	5					0,4								
1				0					Schlacht von Rio Palo (1815)	5					0,4								
1				0					Schlacht von Cebollas (1814)	5					0,4								
1				0					Schlacht von Juanambú (1814)	5					0,4								
1				0					Schlacht von El Palo (1815)	5					0,4								
1				0					Belagerung von Cartagena (1815)		0,3				0,4							10,0	
1				0					Schlacht von Chire (1815)	5					0,4								
1				0					Schlacht von Juan Griego (1815)	5					0,4								
1				0					Schlacht von Queseral del Medio (1819)	5					0,4								
1				0					Schlacht von Paya (1819)						0,4								
1				0					Schlacht von Pantano de Vargas (1819)		0,7				1,0							1,0	
1				0					Schlacht von Boyacá (1819)	5					0,4								
1				0					Belagerung von Santa Marta (1820)			0,6			0,3								
1				0					Belagerung von Cartagena (1821)		0,3				0,4								
1	1			1	1810	bis	1821	Mexikanische Unabhängigkeitskriege						1,5	1,5							
1									Schlacht an der Brücke von Calderón (1811)		2,0				1,5							1,0	
1	1			1	1810	bis	1817	Unterwerfung Madagaskars durch die Merina-Dynastie		1,0				0,0	0,0							
1	1			1	1810	bis	1818	Tukolor-Krieg						0,0	0,0						10,0	

Präd &Rtctor	Terr Konfl	Hierk Kons	Alloph Konfl	Se. Konfl	Jahr	bis	Jahr	Konflikt	Ausführungsereignisse (Schlachten, Belagerungen)	Tln. (Tsd.)	Land Schl. Tote (Tsd.)	Schl Tote & Verw. (Tsd.)	See Schiffe	See Schiffe gesunk.	Kampf-Tote (Tsd.) Zw. Ablage	Kampf-Tote (Tsd.)	Mil. Nicht-KampfTote (Tsd.) Zw. Ablage	Mil. Nicht-Kampf Tote (Tsd.)	MilTote (Tsd.) Zw. Ablage	Mil. Tote (Tsd.)	Ziv. Tote (Tsd.) Zw. Ablage	Ziv. Tote (Tsd.)	Se Tote (Tsd.)
	1			1	1811			Paraguayischer Unabhängigkeitskrieg gegen Argentinien			1,0				0,9	0,9							
				0					Schlacht von Paraguary (1811)		0,3				0,4								
				0					Schlacht von Tacuari (1811)		0,3				0,4								
	1			1	1811	bis	1813	4. Kaffern-Krieg			1,0				1,5	1,5						2,0	
		1		1	1811			Aufstand der Mameluocken							1,5	1,5							
				0					Schlacht von Kairo (1811)		1,0				0,0								
	1			1	1811			Aufstande in Korea							0,0	0,0						5,0	
	1			1	1811			Britische Besetzung Javas							0,0	0,0							
				0					Eroberung von Batavia (1811)		1,0				0,0								
	1			1	1811			Aufstand in Arakan gegen Birma							0,0	0,0							
	1			1	1812	bis	1813	Aufstand in Kakheti (Georgien)							0,0	0,0						1,0	
	1			1	1812	bis	1814	US-Amerikanisch-Britischer Krieg							6,6	6,6						1,0	
				0					Belagerung von Fort Dearborn (1812)		0,1				0,1								
				0					Schlacht von Queenston (1812)			0,4			0,2								
				0					Schlacht an der Raisin-Fluss (1813)			0,4			0,2								
				0					Schlacht von York (1813)			0,4			0,2								
				0					Belagerung von Fort George (1813)		0,1				0,1								
				0					Schlacht von Stoney Creek (1813)			0,4			0,2								
				0					Schlacht von Sackets Harbour (1813)						0,1								
				0					Schlacht von Chateauguay (1813)			0,4			0,2								
				0					Seeschlacht von Eire-See (1813)		0,1				0,1								
				0					Schlacht von Chrysler's Farm (1813)			0,5			0,2								
				0					Schlacht von Hershoe Rand (1814)		1,0				1,5								
				0					Schlacht von La Colle Mill (1814)		0,1				0,1								
				0					Schlacht von Chippewa (1814)		0,1				0,1								
				0					Schlacht von Landry's Lane (1814)			1			0,4								
				0					Schlacht von Plattsburg (1814)		0,3				0,1								
				0					Schlacht von Bladensburg (1814)		0,1				0,1								
				0					Seeschlacht von Champlain-See (1814)						0,4								
				0					Belagerung von Fort Erie (1814)		0,5				0,7								
				0					Belagerung von Baltimore (1814)						0,2								
				0					Schlacht von New Orleans (1815)		0,5	0,5			0,7								
	1			1	1813	bis	1820	Chilenischer Unabhängigkeitskrieg							3,1	3,1						1,0	
				0					Schlacht von Yerbas Buenas (1813)		0,3				0,0								
				0					Schlacht von Chacabuco (1817)			1,2			0,5								
				0					Belagerung von Talcahuano (1817)			0,5			0,7								
				0					Schlacht von Cancha Rayada (1818)		0,3				0,4								
				0					Schlacht von Rancagua (1818)		0,1				0,1								
				0					Schlacht von Maipo (1818)			2			0,9								
				0					Belagerung von Valdivia (1820)		0,3				0,4								
	1			1	1813			Hierarchiekampf auf den Lemu-Inseln			1,0				1,5	1,5						1?	
				0					Schlacht von Shela (1813)		1,0				1,5								
		1		1	1813			Aufstand der Acht Trigramme							0,0	0,0							
	1			1	1814	bis	1824	Peruanischer Unabhängigkeitskrieg			4,0				2,9	2,9						1,0	
				0					Schlacht von Nazca (1820)		0,3				0,4								
				0					Schlacht von Cangallo (1820)		0,3				0,4								
				0					Schlacht von Pasco (1820)						0,0								
				0					Schlacht von Junin (1824)		0,1	1			0,4								
				0					Schlacht von Ayacucho (1824)			3,5			1,5								

ANLAGE 10

	Präd &Retor	Terr Konfl	Hier& Kom	Alloph Konfl	Sc. Konfl	Jahr	bis	Jahr	Konflikt	Ausführungsereignisse (Schlachten, Belagerungen)	Tln. (Tsd.)	Land Schl Tote (Tsd.)	Schl Tote & Verw. (Tsd.)	See Schiffe	See Schiffe gesunk.	Kampf-Tote (Tsd.) Zw. Ablage	Kampf-Tote (Tsd.)	Mil. Nicht-KampfTote (Tsd.) Zw. Ablage	Mil. Nicht-Kampf-Tote (Tsd.)	MilTote (Tsd.) Zw. Ablage	Mil. Tote (Tsd.)	Ziv. Tote (Tsd.) Zw. Ablage	Ziv. Tote (Tsd.)	SeTote (Tsd.)
1			1		1	1814	bis	1821	Bürgerkriege in den Vereinten Provinzen des Rio de la Plata							1,9	1,9							
1					0					Schlacht von Sauecsito (1818)		0,2				0,3								
1					0					Schlacht von Cepeda (1820)		0,2				0,3								
1					0					Schlacht von Las Tunas (1820)		0,3				0,4								
1					0					Schlacht von Las Guachas (1820)		0,3				0,1								
1					0					Schlacht von San Nicolas (1820)		0,1				0,1								
1					0					Schlacht von Gamonal (1820)		0,1				0,1								
1					0					Schlacht von Carcaraña (1821)		1,0				1,5								
1		1			1	1814	bis	1816	Schwedisch-Norwegischer Krieg							0,0	0,0							
1		1			1	1814			Gurkha-Krieg							0,0	0,0							
1		1			1	1815			Temne-Susu-Krieg							1,5	1,5						1,0	
1		1			1	1815	bis	1819	5. Kaffern-Krieg							0,0	0,0							
1		1			1	1816			Bayrisch-Österreichischer Grenzstreit							1,5	1,5							
1	1				1	1816			British-Niederländischer Angriff auf den Piratenhafen von Algier	Seeschlacht von Algier (1816)		1,0				1,5							1,0	
1		1			1	1816			Persische Invasion Afghanistans	Belagerung von Herat (1816)		1,0				0,0	0,0							
1		1			1	1817			Antiholländischer Aufstand in Ambon							0,0	0,0							
1		1			1	1817	bis	1818	4. Maratha-Krieg	Belagerung des Fort Sitabaldi (1817)		1,0				1,8	1,8						1,0	
1					0					Schlacht von Mahidpur (1817)	20		0,5			0,2								
1		1			1	1817			Aufstand der Kokand in Xinjiang							1,6								
1			1		1	1817			Aufstand in Pernambuco							0,0	0,0							
1		1			1	1818	bis	1819	Krieg der Ndwandwe gegen die Zulus	Schlacht von Gqokli (1818)						0,0	0,0						1,0	
1			1		0											0,0							1,0	
1		1			1	1819			Aufstand in Guria u. Imereti (Georgien)							0,0	0,0							
1			1		1	1820	bis	1823	Aufstand in Spanien u. französische Intervention	Schlacht von Trocadero (1823)		0,5				0,7	0,7							
1			1		0											0,7								
1			1		1	1820	bis	1821	Aufstand im Königreich beider Sizilien	Schlacht von Rieti (1821)		2,0	1			2,6	2,6						1,0	
1					0					Schlacht von Capua (1821)		0,5				0,4								
1					0					Schlacht von Novara (1821)		1,0				0,7								
1			1		1	1820	bis	1821	Aufstand im Königreich von Piemont-Savoyen							1,5								
1			1		1	1820			Antibritischer Aufstand in Portugal							0,0	0,0							
1		1			0	1820	bis	1821	Osmanischer Feldzug gegen Ali Pascha	Belagerung von Joannina (1820 bis 1821)		1,0				0,7	0,7						2,0	
1		1			1	1828	bis		Shaka-Kriege			1,0				1,5	1,5						1,0	
1				1	1	1820	bis	1841	Christenverfolgungen in Vietnam							0,0	0,0						3,0	
1		1			1	1821			Siamesische Eroberung von Kedah							0,0	0,0						1,0	
1		1			0	1821			Persisch - Türkischer Krieg	Schlacht von Erzurum (1821)	80	10,0				6,4	6,4							
1			1		1	1821	bis	1830	Griechischer Unabhängigkeitskrieg							6,4	6,4							
1					0					Massaker in Patras (1821)						53,1	53,1							
1					0					Massaker von Istanbul (1821)						0,0							1,0	
1					0					Belagerung von Tripolis (1821)						0,0							10,0	
1					0					Schlacht von Gravia (1821)		0,5				7,0							9,0	

Präd &Retor	Terr Konfl	Hier& Kons	Alloph Konfl	Se. Konfl	Jahr	bis	Jahr	Konflikt	Ausführungsereignisse (Schlachten, Belagerungen)	Tln. (Tsd.)	Land Schl. Tote (Tsd.)	Schl. Tote & Verw. (Tsd.)	See Schiffe	See Schiffe gesunk.	Kampf-Tote (Tsd.) Zw. Ablage	Kampf-Tote (Tsd.)	Mil. Nicht-KampfTote (Tsd.) Zw. Ablage	Mil. Nicht-Kampf-Tote (Tsd.)	MilTote (Tsd.) Zw. Ablage	Mil. Tote (Tsd.)	Ziv. Tote (Tsd.) Zw. Ablage	Ziv. Tote (Tsd.)	SeTote (Tsd.)
				0					Massaker auf Zypern (1821)						4,0							10,0	
				0					Schlacht von Valtetsi (1821)		1,0				1,5							25,0	
				0					Massaker von Kudonies (1821)						0,0								
				0					Schlacht von Dragasani (1821)		1,0				1,5							10,0	
				0					Massaker von Kassandra (1821)						0,0							3,0	
				0					Massaker von Navarino (1821)						0,0								
				0					Schlacht von Vasilika (1821)		1,0				1,5								
				0					Schlacht von Petas (1822)		1,0				1,5								
				0					Belagerung von Missolungi (1822 bis 1826)		5,0				7,3							10,0	
				0					Seeschlacht von Spetsai (1822)		1,0				1,5								
				0					Schlacht von Dervenaitika (1822)		4,0				5,9							25,0	
				0					Belagerung von Chios (1823)						0,0								
				0					Seeschlacht von Chios (1823)		1,0				1,5								
				0					Schlacht von Karpenizion (1823)		0,5				0,7								
				0					Seeschlacht von Samos (1824)		1,0				1,5								
				0					Seeschlacht von Cape Yerondas (1824)		1,0				1,5								
				0					Schlacht von Chaironea (1825)		1,0				1,5								
				0					Belagerung von Sphakteria (1825)		1,0				1,5								
				0					Belagerung von Akropolis (1825)		1,0				1,5								
				0					Schlacht von Harakleia Limnaia (1825)		1,0				1,5								
				0					Belagerung von Tripolis (1825)		1,0				1,5								
				0					Schlacht von Arachova (1826)		2,0				2,0								
				0					Belagerung von Athens (1823)						2,9								
				0					Seeschlacht von Navarino (1827)		2,0				2,0								
				0					Schlacht Am Berg Petra (1829)		1,0	4,5			1,5								
1							1821	Raubzüge des José Miguel Carrera															
				1					Schlacht von Punta del Mediano (1821)						0,0	0,0							
			1		1838	bis	1821	Padri-Krieg															
				0					Schlacht von Vegas de Saktias (1821)						0,0	0,0							
				0					Schlacht von Dalndalu (1838)		1,0				0,0	0,0						1,0	
			1		1828	bis	1822	Micane-Kriege															
				1	1830	bis	1822	Ecuadorianischer Unabhängigkeitskrieg															
				0					Schlacht von Bombona (1822)		2,0				1,0	1,0						2000,0	
				0					Schlacht von Río Bamba (1822)						0,1							1,0	
				0					Schlacht von Pichincha (1822)		0,6	0,2			0,9								
	1				1847	bis	1822	Besetzung Liberias durch Afroamerikaner															
				0					Schlacht von Fort Hill (1822)		1,0				1,5	1,5							
	1				1826	bis	1824	Krieg Chiles zur Annektierung von Chiloé															
				0					Schlacht von Mocopulli (1824)		1,0				1,5	1,5						1,0	
				0					Schlacht von Bellavista (1825)														
	1				1826	bis	1824	1. Britisch-Birmesischer Krieg															
				0					Schlacht von Danubyu (1825)		15,0				22,0	22,0						10,0	
				0					Schlacht von PRom (1825 bis 1829)														
	1				1831	bis	1824	1. Aschanti-Krieg		1,0				1,5	1,5						1,0	
1							1824	Britische Bombardierung von Algier						0,0	0,0							
			1		1857	bis	1825	*Muslimische Hodscha-Aufstände gegen China*															
				1					Hodscha-Aufstand (1824 bis 1828)						0,0	0,0							
				1					Hodscha-Aufstand (1847 bis 1848)						0,0	0,0							
				1					Hodscha-Aufstand (1857)						0,0	0,0						100,0	
	1				1828	bis	1825	Argentinisch-Brasilianischer Krieg						0,8	0,8							

Präd &Retor	Terr Konfl	Hier& Kons	Alloph Konfl	Se. Konfl	Jahr	bis	Jahr	Konflikt	Ausführungsereignisse (Schlachten, Belagerungen)	Thn. (Tsd.)	Land Schl. Tote (Tsd.)	Schl. Tote & Verw. (Tsd.)	See Schiffe gesunk.	Kampf-Tote (Tsd.) Zw. Ablage	Kampf-Tote (Tsd.)	Ziv. Tote (Tsd.)
1				0					Seeschlacht Poxos (1826)		0,1			0,1		
1				0					Seeschlacht von Punta Lara (1826)		0,1			0,1		
1				0					Seeschlacht von Juncal (1827)					0,1		
1				0					Schlacht von Ituzaingo (1827)			1		0,4		
1				0					Belagerung von Carmen de Patagones (1827)					0,0		
1	1			1	1825			Krieg der Niederländer gegen Bone						0,0	0,0	
1	1			1	1825	bis	1830	Antiholländischer Aufstand in Zentraljava			15,0			0,0	0,0	10,0
1				0	1825	bis	1826		Schlacht von Gowok (1826)					0,0	0,0	
1	1			0	1825	bis	1826	Thronfolgestreit in Bharatpur (Jat-Krieg)					2,9	2,9	1,0
1	1			1	1825	bis	1864	Belagerung von Bharatpur (1825 bis 1826)			2,0		2,9		
1	1			1	1825	bis	1828	Russische Eroberung des Kaukasus	Schlacht von Kirovabad / Ganja (1826)					0,0	0,0	200,0
1				0				Russisch-Persischer Krieg	Belagerung von Erivan (1827)					2,0	2,0	
1		1		1	1826			Türkisches Massaker an den Janitscharen						1,0		
1		1		1	1826	bis	1827	Argent. Bürgerkrieg der Nordprovinzen gegen die Zentralregierung						6,0	6,0	
1				0					Schlacht von Ciudadela (1826)	2	2,0			3,4	3,4	
1				0					Schlacht von El Tala (1826)					0,2		
1				0					Schlacht von Rincon (1827)		0,2			0,3		
1	1		1	1	1826	bis		Mohammedaner-Rebellion in Turkestan			10,0			14,7	14,7	10,0
1			1	1	1826			Demozid der Zulus an den Ndwandwe						0,0	0,0	40,0
1				0	1826			Unterwerfung von Laos durch Siam						0,0	0,0	
1	1			1	1826	bis	1829	Krieg von Laos gegen die Vorherrschaft von Siam			10,0			7,3	7,3	10,0
1				0					Schlacht von Nong-Bona-Lampyon (1827)		5,0			7,3		
1				0					Belagerung von Vientiane (1827)					0,0		
1	1			1	1827			Aufstand der Agraviados in Spanien						0,0	0,0	
1	1			1	1827	bis		Französische Blockade von Tunis	Seeschlacht von Tunis (1827)					0,0	0,0	
1	1			1	1828	bis		Russisch-Türkischer Krieg			20,0			29,3	29,3	10,0
1				0					Belagerung von Silivno (1828 bis 1829)		5,0			7,3		
1				0					Belagerung von Warna (1828)		5,0			7,3		
1				0					Schlacht von Akhalzic (1828)		5,0			7,3		
1				0					Schlacht von Kulevtscha (1829)					7,3		
1	1			1	1828	bis	1852	Argentinischer Bürgerkrieg der Unitarios gegen die Federales			17,0			17,6	17,6	107
1				0					Schlacht von Las Palmitas (1829)		0,5			0,7		
1				0					Schlacht von Las Viscachas (1829)		0,5			0,7		
1				0					Schlacht von Puente de Marques (1829)		0,5			0,7		
1				0					Schlacht von La Tablada (1829)		1,0			1,5		
1				0					Schlacht von Oncativo (1830)		1,0			1,5		
1				0					Schlacht von Fraile Muerto (1831)		0,5			0,7		
1				0					Schlacht von Ciudadela (1831)		0,5			0,7		
1				0					Schlacht von Don Cristobal (1840)			0,7		0,3		
1				0					Schlacht von Sauce Grande (1840)		0,3	0,7		0,7		
1				0					Belagerung von San Luis (1840)					0,0		
1				0					Schlacht von Quebracho Herrado (1840)			2,4		1,1		
1				0					Schlacht von San Cala (1841)		0,5			0,7		
1				0					Schlacht von Angaco (1841)		1,2			1,8		
1				0					Schlacht von Famaillá (1841)		0,5			0,7		

Präd &Retor	Terr Konfl	Hier& Kons	Alloph Konfl	Se. Konfl	Jahr	bis	Jahr	Konflikt	Ausführungsereignisse (Schlachten, Belagerungen)	Tln. (Tsd.)	Land Schl Tote (Tsd.)	Land Schl Tote & Verw. (Tsd.)	See Schiffe	See Schiffe gesunk.	Kampf Tote (Tsd.) Zw. Ablage	Kampf Tote (Tsd.)	Mil. Nicht-KampfTote (Tsd.) Zw. Ablage	Mil. Nicht-Kampf Tote (Tsd.)	MilTote (Tsd.) Zw. Ablage	Mil. Tote (Tsd.)	Ziv. Tote (Tsd.) Zw. Ablage	Ziv. Tote (Tsd.)	SeTote (Tsd.)
									Schlacht von Rodeo del Medio (1841)			0,5			0,2								
									Schlacht von Caaguazú (1841)			2			0,9								
									Seeschlacht von Costa Brava (1842)		0,5				0,7								
									Schlacht von Arroyo Grande (1842)			1,7			0,7								
									Schlacht von Vences (1847)		1,0				1,5								
									Schlacht von Puente de Marques (1852)		0,5				0,7								
									Schlacht von Monte Caseros (1852)						0,9								
		1			1828	bis	1834	Portugiesischer Thronfolgekrieg	Seeschlacht von Vila da Praia (1829)		9,0	2			13,2	13,2						2,0	
									Belagerung von Oporto (1832 bis 1833)		0,3												
									Seeschlacht von Cabo São Vicente														
									Schlacht von Almoster (1834)		1,3												
									Schlacht von Asseiceira / Évora Monte (1834)														
	1				1828	bis	1829	Krieg zwischen Peru u. Großkolumbien			0,0				0,0	0,0							
									Seeschlacht von Malpelo (1828)						0,0								
									Seeschlacht von Cruces (1828)						0,0								
									Schlacht von Tarqui (1829)						0,0								
	1				1829			Spanische Intervention in Mexiko							0,0	0,0							
		1			1829			Chilenischer Konstitutionskrieg							0,0	0,0							
									Schlacht von Ochagavia (1829)						0,0								
	1				1829	bis	1837	Eroberung Zanzibars u. der afrikanischen Ostküste durch Muskat							0,0	0,0						1,0	1
	1				1830	bis	1847	Französische Eroberung Algeriens	Belagerung von Algier (1830)			90			39,6	39,6						5,0	
									Belagerung von Constantine (1837)														
									Schlacht von Smala (1843)														
									Schlacht von Isly (1844)		5,5	5,5			2,4	2,4						0,3	
		1			1830			Julirevolution in Paris			10,0				21,1	21,1						2,0	
	1				1830	bis	1831	Antirussischer Aufstand in Polen	Schlacht von Stoczek (1831)		0,5				0,7								
									Schlacht von Grochow (1831)			17			7,5								
									Schlacht von Bialoleka (1831)			1,8			0,8								
									Schlacht von Warschau (1831)						1,5								
									Schlacht von Iganie (1831)		1,0				2,4								
									Schlacht von Rajgrod (1831)		1,0				1,5								
							bis			Schlacht von Ostrolenka (1831)			12			5,3								
									Schlacht von Wawer (1831)		1,0				1,5								
		1			1830			Belgischer Aufstand							0,0	0,0							
					1830			Konflikt zwischen Sinai-Beduinen um Wasser	Schlacht von Al-Madhbaha (1830)		0,5				0,7	0,7							
		1			1831			Republikanischer Aufstand in Italien							0,0	0,0							
									Schlacht von Fiorenzuola (1831)						0,0								
									Schlacht von Novi (1831)						0,0								
									Schlacht von Rimini (1831)						0,0								
	1				1831	bis	1832	Antiosmanischer Aufstand in Bosnien		30	2,4				2,4	2,4							
									Schlacht von Lipljan (1831)						2,4								
		1			1831			Ostslowakischer Bauernaufstand								0,0							
	1				1831	bis	1832	Niederländische Invasion Belgiens			0,4				0,4	0,4							
									Belagerung von Antwerpen (1832)		0,4	1			0,4								
		1			1831			Sklavenaufstand in Jamaika							0,0	0,0						1,0	

ANLAGE 10

Präd &Retor	Terr Konfl	Hierf& Kons	Alleph Konfl	Se Konfl	Jahr	bis	Jahr	Konflikt	Ausführungsereignisse (Schlachten, Belagerungen)	Th. (Tsd.)	Land Schl Tote (Tsd.)	Land Schl Tote & Verw. (Tsd.)	See Schiffe	See Schiffe gesunk.	Kampf-Tote (Tsd.) Zw. Ablage	Kampf-Tote (Tsd.)	Mil. Nicht-KampfTote (Tsd.) Zw. Ablage	Mil. Nicht-Kampf-Tote (Tsd.)	MilTote (Tsd.) Zw. Ablage	Mil. Tote (Tsd.)	Ziv. Tote (Tsd.) Zw. Ablage	Ziv. Tote (Tsd.)	SeTote (Tsd.)
1				1	1831	bis	1831	Southampton, Sklavenaufstand von							0,0	0,0						0,2	
1	1			1	1831	bis	1832	Indianerkrieg Uruguays	Massaker von Salsipuedes (1831)													0,1	
1	1			1	1831	bis	1832	US-Am. Interv. auf den Falklandinseln u. deren brit. Wiederbesetzung							0,0	0,0							
1	1			1	1831	bis	1832	1. Türkisch - Ägyptischer Krieg			4,0				2,0	2,0						2,0	
1				0					Schlacht von Wadi Ghazza (1831)							1,0								
1				0					Schlacht von Konya (1832)							1,0								
1	1			1	1831	bis	1832	Britisch Nanjing-Krieg							0,0	0,0							
1	1			1	1831	bis	1834	Besetzung Kambodschas durch Siam							1,0	1,0							
1				0					Schlacht von Kompong Chhang (1831)							1,0								
1				0	1832	bis	1835	Aufstand der Cabanos in Pernambuco							0,0								
1	1			1	1833	bis	1836	Besetzung von Gazaland durch Marikusa							0,0							10,0	
1				1	1833	bis	1836	Sklavenaufstand auf Kuba							0,0							1,0	
1	1			1	1833	bis	1840	1. Karlistenkrieg			7,0				10,1	10,1							(200)
				0					Schlacht von Alegria (1834)			1,2				0,5								
				0					Schlacht von Mendaza (1834)			0,5				0,2								
				0					Schlacht von Arquijas (1834)			0,5				0,2								
				0					Schlacht von Ormaiztegi (1835)			1				0,4								
				0					Schlacht von Mendigorria (1835)			2,5				1,1								
				0					1. Belagerung von Bilbao (1835)		0,5	0,3				0,9								
				0					1. Schlacht von Arlaban (1836)			1				0,4								
				0					Schlacht von Terapegui (1836)			0,5				0,2								
				0					2. Schlacht von Arlaban (1836)			1				0,4								
				0					Schlacht von Villarrobledo (1836)			0,5				0,2								
				0					2. Belagerung von Bilbao (1836)		0,0					0,0								
				0					3. Belagerung von Bilbao (1836)		0,5					0,7								
				0					Schlacht von Luchana (1836)			2				0,9							1,0	
				0					Schlacht von Oriamendi (1837)			0,5				0,2								
				0					Schlacht von Huesca (1837)							0,0								
				0					Schlacht von Barbastro (1837)			0,5				0,7								
				0					Schlacht von Chiva (1837)			1,6				0,2								
				0					Schlacht von Villar de los Navarros (1837)			0,5				0,2								
				0					Schlacht von Pena Cerrada (1838)			0,5				0,2								
				0					Schlacht von Ramales y Guardamino (1839)		0,5	1,8				1,5								
				0					Belagerung von Morella (1840)		0,5					0,7								
				0					Opfer nichtmilitärischer Gewalttätigkeit													1?	190,0	
1	1			0	1833	bis	1834	1. Indianerkrieg Argentiniens							0,3	0,3						2,0	
				0					Schlacht von Las Acorralladas (1833)		0,2					0,3								
1	1			0	1834	bis	1840	6. Kaffern-Krieg			2,0				2,9	2,9						10,0	
				0					Schlacht Mtugela (1835)															
				0					Schlacht an der Blood River (1838)															
				0					Schlacht bei Magango (1840)			2												
1				1	1835	bis	1840	Aufstand in Pará			1,0				0,0	0,0							
1		1		1	1835	bis	1846	Österreichisch-Bosnischer Krieg							0,0	0,0						30,0	
				0					Schlacht von Vacup (1835)		1,0					0,0								
1	1			0	1835	bis	1836	Texanischer Secessionskrieg			2,0				2,9	2,9							
				0					Belagerung von Alamo (1836)			2												
				0					Schlacht von Coleto (1836)		0,5													
				0					Schlacht von San Jacinto (1836)		0,7													
1	1			1	1835	bis	1838	Uruguayischer Bürgerkrieg		1,0					1,5	1,5							

Präd &Retor	Terr Konfl	Hier& Kons	Alloph Konfl	Se. Konfl	Jahr	bis	Jahr	Konflikt	Ausführungsereignisse (Schlachten, Belagerungen)	Th. (Tsd.)	Land Schl Tote (Tsd.)	Schl Tote & Verw. (Tsd.)	See Schiffe	Schiffe gesunk.	Kampf-Tote (Tsd.) Zw. Ablage	Kampf-Tote (Tsd.)	Mil. Nicht-KampfTote (Tsd.) Zw. Ablage	Mil. Nicht-Kampf-Tote (Tsd.)	MilTote (Tsd.) Zw. Ablage	Mil. Tote (Tsd.)	Ziv. Tote (Tsd.) Zw. Ablage	Ziv. Tote (Tsd.)	SeTote (Tsd.)
1				0					Schlacht von Carpinteria (1836)		0,5				0,7								
1				0					Schlacht von Palmar (1838)		0,5				0,7								
1	1			1	1835	bis	1845	Secessionskrieg im Rio Grande do Sul														1,0	
1				0					Schlacht von Canape (1836)		3,4				0,0	0,0							
1				0					Schlacht von Fanfá (1836)														
1				0					Schlacht von Rio Pardo (1838)														
1				0					1. Seeschlacht von Laguna (1839)														
1				0					Seeschlacht von Imbituba (1839)														
1				0					2. Seeschlacht von Laguna (1839)			0,2											
1				0					Schlacht von Curtibanos (1840)			1											
1				0					Schlacht von Taquari (1840)														
1				0					Schlacht von Rio Negro (1843)		0,5												
1	1			0	1835	bis	1842	*Expansionskriege des Dogra-Königreichs von Jammu*														
1	1			1					Eroberung des Suru-Tals u. Kargils (1835)		1,0				1,5	1,5							
1	1			1					Eroberung des Ladakh (1836 bis 1840)		1,0				1,5	1,5							
1	1			1					Eroberung Baltistans (1840)		1,0				1,5	1,5							
1	1			1					Invasion Tibets (1841 bis 1842)						4,4	4,4							
1				0					Schlacht von To-yo (1841)		2,0				2,9								
1				0					Schlacht von Chushul (1842)		1,0				1,5	1,5							
1	1			1	1836	bis	1837	Türkisch-Bosnischer Krieg						0,0	0,0							
1		1		1	1836			Aufst. der Yao unter dem Weißen-Lotus-Sektarier Lan Zhengxuan						1,5	1,5						1,0	
1	1			1	1836	bis	1838	Persisch - Afghanischer Krieg														
1				0					Belagerung von Herat (1836 bis 1838)		1,0				1,5								
1	1			1	1836	bis	1839	Krieg, Chiles gegen die Bolivianisch-Peruanische Föderation		1,0				2,7	2,7							
1				0					Schlacht von Portada de Guias (1838)	10					0,8								
1				0					Schlacht an der Puente de Buin (1839)	10					0,8								
1				0					Seeschlacht von Casma (1839)				7		0,2								
1				0					Schlacht von Yungay (1839)	11					0,9								
1	1			1	1837	bis	1838	Krieg Argentiniens gegen die Bolivianisch-Peruanische Föderation						0,0	0,0							
1	1			1	1837	bis	1838	Aufstand in Bahia						0,0	0,0						2,0	
1			1	1	1837			Demozid der Matabele an den Makalaka						0,0	0,0						1,0	
1			1	0	1837	bis	1838	Aufstand in Lower Canada		0,1				0,1	0,1							
1			1	0					Schlacht von Sainte-Eustache (1837)														
1	1			1	1837	bis	1838	Aufstand in Upper Canada						0,0	0,0							
1	1			1	1838	bis	1840	Aufstand in Maranhao						0,0	0,0						1,0	
1		1		1	1838	bis	1839	Aroostook-Krieg						0,0	0,0							
1	1			1	1839			Kolumbianischer Bürgerkrieg						0,1	0,1							
1	1			1	1839	bis	1841	2. Türkisch - Ägyptischer Krieg		2,0				1,5	1,5							
1				0					Schlacht von Nezib (1839)		1,0				0,0								
1				0					Belagerung von Akko (1840)		5,0				1,5								
1	1			1	1839	bis	1842	1. Britisch-Afghanischer Krieg		5,0				5,6	5,6						20,0	
1				0					Schlacht von Ghuznee (1839)		5,0				0,9								
1				0					Belagerung von Jellalabad (1841 bis 1842)		0,6				0,3								
1	1			1					Massaker von Gandamak (1842)		0,2				4,4	4,4						12,0	
1				0					Britischer Kabul-Feldzug (1842)		3,0				0,1	0,1							
1	1			1	1839			Krieg Uruguays u. Corrientes gegen Rosas		2,0				2,9	2,9						8?	

Präd &Retor	Terr Konfl	Hier& Kons	Alloph Konfl	Se. Konfl	Jahr	bis	Jahr	Konflikt	Ausführungsereignisse (Schlachten, Belagerungen)	Tln. (Tsd.)	Land Schl Tote (Tsd.)	Schl. Tote & Verw. (Tsd.)	See Schiffe / Schiffe gesunk.	Kampf-Tote (Tsd.) Zw. Ablage	Kampf-Tote (Tsd.)	Mil. Nicht-KampfTote (Tsd.) Zw. Ablage	Mil. Nicht-Kampf-Tote (Tsd.)	MilTote (Tsd.) Zw. Ablage	Mil. Tote (Tsd.)	Ziv. Tote (Tsd.) Zw. Ablage	Ziv. Tote (Tsd.)	SeTote (Tsd.)
1				0	1839			Aufstand in Dolores u. Chascomús	Schlacht von Pago Largo (1839)		2,0			2,9								
1	1			1	1839	bis	1842	1. Opiumkrieg				0,5		0,2	0,2							
1				1					Seeschlacht von Whampoa (1841)			16		7,0	7,0						4,0	
1				0					Belagerung von Kanton (1841)													
1				0					Besetzung von Xiamen (Amoy) (1841)													
1				0					Belagerung von Ningbo (1841)													
1				0					Belagerung von Zhenjiang (1842)													
1				0					Belagerung von Ching-kiang (1842)													
1				0					Belagerung von Nanjing (1842)												3?	
1				0	1839			Argentinische Intervention in Uruguay						0,9								
1				0					Schlacht von Cagancha (1839)		1,0	2		0,9	0,9							
1	1			1	1839			Russischer Feldzug gegen das Khanat von Chiwa			1,0			1,5	1,5							
1		1	1	1	1840	bis	1860	Libanesischer Bürgerkrieg (Demozid der Drusen an den Maroniten)					2,9	2,9						10,0	
1				0					Massaker von Jezzine (1860)					0,0								
1				0					Belagerung von Zahle (1860)		2,0			2,9							1,5?	
1				0					Massaker von Dier al Qamar (1860)					0,0							2?	
1		1		0	1841			Thronfolgestreit im Sikh-Reich	Belagerung von Lahore (1841)		3,0			4,4	4,4							
1	1			0	1841			Krieg Perus gegen Bolivien	Schlacht von Ingavi (1841)					0,2	0,2							
1	1			1	1841			Temne-Loko-Krieg						1,0	1,0							
1	1			1	1841	bis	1845	Krieg Siams mit Vietnam über Kambodscha						1,0	1,0							
1				0	1841	bis	1843	Separatistischer Aufstand in Yucatán						0,2	0,2							
1	1			1	1842	bis	1854	Sezession der Buren ("Der große Trek")	Seeschlacht von Campeche (1843)		1,0			1,5	1,5						1,0	
1				0					Schlacht von Khangela (1842)					0,2								
1				0					Belagerung von Durban (1842)					0,2								
1				0					Schlacht von Boomplats (1848)					0,2								
1	1			1	1842	bis	1898	Französische Besetzung der Elfenbeinküste			1,0			1,5	1,5						1,0	
1	1			1	1842	bis	1868	Nien-Aufstand						2,0	2,0							
1				0					Belagerung von Chih-lo (1863)					1,0								
1				0					Schlacht bei Peking (1866)					1,0								
1	1		1	1	1843	bis	1851	Uruguayischer Bürgerkrieg						1,9	1,9						2,0	
1				0					2. Belag. von Montevideo (1843 bis 1851)		2,0			0,7								
1				0					Schlacht von India Muerta (1845)		0,5			0,7							2?	
1				0					Seeschlacht von Obligado (1845)					0,0								
1				0					Schlacht von Santo Antonio del Salto (1846)		0,3			0,4								
1	1			0	1843			Britische Annektierung von Sindh	Schlacht von Miani (1843)		2,0			2,9	2,9						1,0	
1				0					Schlacht von Hyderabad (1843)		1,0			1,5	1,5							
1	1			0	1843			Britische Annektierung von Gwalior	Schlacht von Panniar (1843)		1,0			0,4	0,4							
1				0					Schlacht von Maharajpur (1843)		1,0			0,2								
1	1			1	1843	bis	1848	1. Maori-Krieg			1,0			1,5	1,5						1,0	

Präd &Rktor	Terr Konfl	Alloph Konfl	Hierf & Kons	Se. Konfl	Jahr	bis	Jahr	Konflikt	Ausführungsereignisse (Schlachten, Belagerungen)	Tln. (Tsd.)	Land Schl Tote (Tsd.)	Schl Tote & Verw. (Tsd.)	See Schiffe	See Schiffe gesunk.	Kampf-Tote (Tsd.) Zw. Ablage	Kampf-Tote (Tsd.)	Mil. Nicht-KampfTote (Tsd.) Zw. Ablage	Mil. Nicht-Kampf-Tote (Tsd.)	MilTote (Tsd.) Zw. Ablage	Mil. Tote (Tsd.)	Ziv. Tote (Tsd.) Zw. Ablage	Ziv. Tote (Tsd.)	SeTote (Tsd.)
1	1			1	1844	bis	1856	Secessionskrieg in der Republik Haiti	Schlacht von Azua (1844)		1,0				0,7	0,7						1,0	
1				0					Schlacht von Santiago (1844)			0,7			0,2								
1				0					Seeschlacht von Tortuguero (1844)						0,3	0,1							
1			1	1	1844			Weberaufstand							0,2								
1	1			1	1844			Aufruhrversuch in Süditalien							0,1								
1				0					Schlacht von San Giovanni in Fiore (1844)		20,0				17,8	17,8						1,0	
1	1			1	1845	bis	1846	1. Sikh-Krieg	Schlacht von Mudki (1845 bis 1845)		3,0				4,4								
1				0					Schlacht von Ferozeshahr (1846)		1,7				2,5								
1				0					Schlacht von Aliwal (1846)		2,0				2,9								
1				0					Schlacht von Sobraon (1846)		4,0				8,0								
1			1	1	1846			Aufstand in Galizien			1,0				1,5	1,5						1,0	
1	1			0	1846	bis	1848	Krieg der USA gegen Mexiko	Belagerung von Fort Texas (1846)		5,0				8,5	8,5							
1				0					Schlacht von Palo Alto (1846)			0,6			0,1								
1				0					Schlacht von Monterrey (1846)			1			0,3								
1				0					Schlacht von San Pascual (1846)						0,4								
1				0					Schlacht von San Gabriel u. Mesa (1847)						0,5								
1				0					Schlacht von Buena Vista (1847)		0,8	0,5			0,5								
1				0					Schlacht an der Sacramento (1847)						1,2								
1				0					Schlacht von Cerro Gordo (1847)			1,4			0,2								
1				0					Schlacht von Churubusco u. Contreras (1847)			5			0,6								
1				0					Schlacht von Molino del Rey (1847)			3			2,2								
1				0					Schlacht von Chapultepec (1847)		0,8				1,3								
1	1			1	1846	bis	1848	7. Kaffernkrieg							1,2								
1				0					Schlacht von Gwangu (1846)		1,0				1,0	1,0						2,0	
1	1			1	1846	bis	1849	Aufstand auf Java							1,0	1,0						1,0	
1			1	1	1846	bis	1850	2. Karlistenkrieg			1,0				1,5	1,5							
1			1	1	1847			Aufstand der Yao unter Lei Zhaibo							1,0	1,0							
1	1			1	1847	bis	1888	Russische Eroberung Turkestans			6,0				8,8	8,8						5,0	
1				0					Belagerung von Taschkent (1856)		1,0				1,5							1?	
1				0					Belagerung von Turkestan (1855)		1,0				1,5							1?	
1				0					Belagerung von Tschimkent (1855)		1,0				1,5							1?	
1				0					Belagerung von Buchara (1868)		1,0				1,5							1?	
1				0					Belagerung von Zerabulak (1868)		1,0				1,5							1?	
1				0					Belagerung von Kokand (1875)		1,0				1,5								
1	1			1	1847	bis	1901	Aufstand auf Yucatan (Kastenkrieg)							0,0	0,0						50,0	
1	1			0	1848	bis	1849	Niederländische Unterwerfung von Bali	Schlacht bei Jagaraga (1848)			10			0,0	0,0							
1			1	1	1848			Februarrevolution in Paris							0,0								0,5	
1	1			1	1848	bis	1849	Ungarischer Aufstand gegen Österreich	Schlacht von Pakozd (1848)		10,0				4,4	4,4							
1				0					Schlacht von Mor (1848)						14,7	14,7							
1				0					Schlacht von Kapolna (1849)														
1				0					Schlacht von Watzen (1849)														
1				0					Schlacht von Segesvár (1849)		1,0												
1				0					Schlacht von Temesvár (1849)														
1	1			1	1848	bis	1849	1. Italienischer Einigungskrieg	Schlacht von Mailand (1848)		3,0	2			6,6	6,6						1,0	
1				0							0,9				0,9								

ANLAGE 10

Präd &Retor	Terr Konfl	Hier& Kons	Alloph Konfl	Se. Konfl	Jahr	bis	Jahr	Konflikt	Ausführungsereignisse (Schlachten, Belagerungen)	Land Th. (Tsd.)	Land Schl. Tote (Tsd.)	Land Schl. Tote & Verw. (Tsd.)	See Schiffe gesunk.	See Schiffe	Kampf Tote (Tsd.) Zw. Ablage	Kampf Tote (Tsd.)	Mil. Nicht-KampfTote (Tsd.) Zw. Ablage	Mil. Nicht-Kampf-Tote (Tsd.)	MilTote (Tsd.) Zw. Ablage	Mil. Tote (Tsd.)	Ziv. Tote (Tsd.) Zw. Ablage	Ziv. Tote (Tsd.)	SeTote (Tsd.)
1				0					Schlacht von Ponte Goito (1848)			0,2			0,1								
1				0					Schlacht von Monzambrano (1848)						0,0								
1				0					Schlacht von Pastrengo (1848)			2			0,9								
1				0					Schlacht von Santa Lucia (1848)						0,0								
1				0					Schlacht von Curtatone-Montanara (1848)		0,3				0,4								
1				0					Schlacht von Goito (1848)						0,0								
1				0					Belagerung von Peschiera (1848)						0,0								
1				0					Schlacht von Vicenza (1848)			2,8			1,2								
1				0					Schlacht von Custoza (1848)		0,4				0,6								
1				0					Schlacht von Mailand (1848)		0,1				0,1								
1				0					Schlacht von Mortara (1849)						0,0								
1				0					Schlacht von Novara (1849)		1,0				1,5								
1				0					Belagerung von Rom (1849)			2			0,9								
1				0					Belagerung von Venedig (1849)						0,0	0,0						5,0	
1		1		1	1848			Pariser Juniaufstand							11,9	11,9							
1	1			1	1848	bis	1851	Schleswig-Holsteinischer Krieg															
1				0					Schlacht von Bau (1848)		1,0				1,5								
1				0					Seeschlacht von Eckernförde (1849)		0,1				0,1								
1				0					Schlacht von Idstedt (1850)		7,0				10,3								
1	1			1	1848	bis	1849	Slowakischer Aufstand gegen Ungarn															
1				0					Schlacht von Bezova (1848)						1,0	1,0							
1		1		1	1848			Oktoberrevolution in Wien (1848 bis 1848)															
1				0					Schlacht von Schwechat (1848)		1,0				1,5	1,5						1,0	
1				1	1848	bis	1849	2. Sikh-Krieg															
1				0					Belagerung von Multan (1849)		5,0				7,3	7,3						1,0	
1				0					Schlacht von Ramnagar (1848)		1,0				1,5								
1				0					Schlacht von Chiliianwala (1849)		2,0				2,9								
1				0					Schlacht von Gujrat (1849)		1,0				1,5	1,5							
1				1	1848	bis	1850	Aufstand in Pernambuco							0,0	0,0						1,0	
1			1	1	1849	bis	1850	Persischer Religiozid an den Bahai							1,0	1,0						20,0	
1	1			1	1849	bis	1852	Aufstand von Kebbi gegen Sokoto							0,0	0,0						10,0	
1	1			1	1850	bis	1866	8. Kaffern-Krieg							0,0	0,0							
1		1		1	1850	bis		Taiping-Aufstand in China							20,0	20,0						18000,0	
1				0					Belagerung von Yongan (1851)						1,0							5?	
1				0					Belagerung von Guilin (1852)						1,0							5?	
1				0					Belagerung von Yuezhou (1852)						1,0							5?	
1				0					Belagerung von Wuhan (1853)						1,0							5?	
1				0					Belagerung von Nanking (1853)						1,0							5?	
1				0					Schlacht bei Beijing (1853)						1,0							5?	
1				0					Belagerung von Shanghai (1853 bis 1855)						1,0							5?	
1				0					Belagerung von Wuhan (1855)						1,0							5?	
1				0					Schlacht von Nanking (1856)						1,0							5?	
1				0					Taiping-internes Massaker in Nanking (1856)						0,0							10?	
1				1				Sezession des Shi (1856 bis 1863)															
1				0					Belagerung von Tseki / Cixi (1862)						1,0							5?	
1				0					Schlacht südlich von Nanjing (1860)						1,0							11	
1				0					Schlacht von Anhui (1860)						1,0							5?	
1				0					Schlacht von Anqing (1860)						1,0							5?	
1				0					Belagerung von Ningbo (1860)						1,0							5?	
1				0					Belagerung von Nanjing (1860 bis 1863)						1,0							80?	

ANLAGE 10

Präd &Rector	Terr Konfl	Hierk& Kons	Alloph Konfl	Se. Konfl	Jahr	bis	Jahr	Konflikt	Ausführungsereignisse (Schlachten, Belagerungen)	Thn. (Tsd.)	Land Schl Tote (Tsd.)	Schl Tote & Verw. (Tsd.)	See Schiffe	Schiffe gesunk.	Kampf-Tote (Tsd.) Zw. Ablage	Kampf-Tote (Tsd.)	Mil. Nicht-KampfTote (Tsd.) Zw. Ablage	Mil. Nicht-Kampf Tote (Tsd.)	MilTote (Tsd.) Zw. Ablage	Mil. Tote (Tsd.)	Ziv. Tote (Tsd.) Zw. Ablage	Ziv. Tote (Tsd.)	SeTote (Tsd.)
1				0					Belagerung von Shanghai (1860)						1,0							5?	
1				0					Belagerung von Hang-chou (1864)						1,0							5?	
1				0					Belagerung von Souzhou (1863)						1,0							5?	
1				0					Belagerung von Jiajing (1865 bis 1866)						1,0							5?	
1				0					600 Städte erobert u. von Regier. rückerobert						146,7	146,7						180000?	
1	1			1	1850	bis	1872	Aufstand der Miao in Guizhou/Kuei-chou			100,0				146,7	146,7						400,0	
1				1	1851	bis	1868	Nian-Aufstand in Nordchina							0,0	0,0						200,0	
1				0				Offensive Gen. Senggelinquins (1856)							1,0	1,0							
1				0				Offensive gegen die Westarmee (1856)							1,0	1,0							
1				0					Schlacht SW von Peking (1856)						1,0	1,0							
1				0				Offensive gegen die Nian-Ostarmee (1868)							1,0	1,0							
1		1		1	1851			Kolumbianischer Bürgerkrieg							0,0	0,0							
1		1		1	1851	bis	1852	Chilenischer Bürgerkrieg	Schlacht von Petorca (1851)			2,0			2,9	2,9						10,0	
1				0					Schlacht von Linderos (1852)														
1				0											0,0	0,0							
1		1		1	1852	bis	1863	Expansionskriege des Tukuler-Reich	Schlacht bei Ostrag (1852)			4,0			5,9	5,9						10,0	
1	1			1	1852	bis	1853	Montenegrinischer Unabhängigkeitskrieg	Schlacht bei Grahovo (1853)														
1			1	1	1852	bis	1861	Krieg zwischen dem Bundestaat Argentinien u. Buenos Aires				1,0			1,5	1,5							
1				0					Schlacht von Cepeda (1859)														
1				0					Schlacht von Rinconada del Pocito (1861)														
1				0					Schlacht von Paod (1861)														
1				1	1860			Aufstand in Gilgit				2,0			2,9	2,9							
1	1			1	1852	bis	1853	2. Britisch-Birmesischer Krieg				1,0			1,5	1,5							
1	1			1	1853	bis	1856	Krimkrieg				47,5			69,7	69,7						10,0	
1				0					Schlacht von Oltenitza (1853)			2,0			2,9								
1				0					Seeschlacht von Sinope (1853)			3,0	9		4,4								
1				0					Belagerung von Cetate (1853 bis 1854)						2,9								
1				0					Belagerung von Silistra (1854)			3,0			4,4								
1				0					Belagerung von Bomarsu (1854)			2,0			2,9								
1				0					Schlacht an der Alma (1854)				9		4,0								
1				0					Belagerung von Sewastopol (1854 bis 1855)				70		30,8							5?	
1				0					Schlacht von Balaklawa (1854)				1		0,4								
1				0					Schlacht von Inkermann (1854)				15		6,6								
1				0					Schlacht von Jewpatoria (1855)			2,0			2,9								
1				0					Schlacht an der Tschernaja-Fluss (1855)			4,0			5,9								
1				0					Belagerung von Kars (1855)						0,0								
1				0					Schlacht von Uğmuli (1855)			2,0			2,9								
1				0					Belagerung von Karakilissi (1855)			1,0			1,5								
1				1	1854	bis	1857	Regime der Triaden in Shandong							0,0	0,0							
1				1	1854	bis	1868	Hakka-Punti-Krieg							1,0	1,0							
1		1		1	1854			Kolumbianischer Bürgerkrieg							1,0	1,0							
1		1		1	1854			Burische Strafexpedition gegen Makapan							1,0	1,0						1,0	
1		1		1	1854	bis	1855	Peruanischer Bürgerkrieg	Schlacht von La Palma (1855)						1,0	1,0							
1				0	1854			Goldsucheraufstand in Australien							0,0	0,0						1?	
1				0					Schlacht von Eureka Stockade (1854)						0,0	0,0							

ANLAGE 10

	Präd &Retor	Terr Konfl	Hier& Kons Konfl	Alloph Konfl	Se. Konfl	Jahr	bis	Jahr	Konflikt	Ausführungsereignisse (Schlachten, Belagerungen)	Land Th. (Tsd.)	Land Schl. Tote (Tsd.)	Land Schl. Tote & Verw. (Tsd.)	See Schiffe	See Schiffe gesunk.	Kampf-Tote (Tsd.) Zw. Ablage	Kampf-Tote (Tsd.)	Mil. Nicht-KampfTote (Tsd.) Zw. Ablage	Mil. Nicht-Kampf-Tote (Tsd.)	MilTote (Tsd.) Zw. Ablage	Mil. Tote (Tsd.)	Ziv. Tote (Tsd.) Zw. Ablage	Ziv. Tote (Tsd.)	SeTote (Tsd.)
1	1				1	1855	bis	1873	Muslimischer Aufstand in Yünnan														400,0	
1		1		1	1	1855	bis	1858	Indianerfeldzüge Argentiniens							0,0	0,0							
1		1			1	1856	bis	1859	Krieg Frankreichs gegen das Tukolor-Reich			1,0				1,0	1,0							
1		1			1	1856	bis	1857	Britisch-Persischer Krieg			1,0				1,5	1,5							
1					0					Schlacht von Khooshab (1857)		0,2				0,2	0,2							
1			1		1	1856	bis	1868	Aufstand des Nian-Bundes			100,0				146,7	146,7						1000,0	
1	1				1	1856	bis	1857	Eroberungsfeldzug Walkers in Zentralamerika							0,1	0,1							
1					0					Schlacht von San Jacinto (1856)		0,1				0,1								
1			1		1	1856			Zulu-Bürgerkrieg							0,0	0,0						5,0	
1					0					Schlacht an der Tugela-Fluss		10,0				0,0								
1		1			1	1856	bis	1860	2. Opiumkrieg							11,8	11,8						5,0	
1					0					Britische Kanonade auf Kanton (1856)						1,0								
1					0					Belagerung von Kanton (1857)						1,0								
1					0					Belagerung der Dagu-Festung (1860)						1,0								
1					0					Schlacht von Baliqao (1860)			20			8,8								
1			1	1	1	1857	bis	1858	Sepoy-Aufstand			10,0				11,3	11,3						5,0	
1					0					Belagerung von Delhi (1857)						1,0								
1					0					Belagerung von Delhi (1857)		0,5				0,7								
1					0					Belagerung von Lucknow (1857 bis 1858)		5,0				7,3								
1					0					Belagerung von Jhansi (1858)						2,2								
1					0					Schlacht von Gwalior (1858)			5			0,0								
1			1		1	1857			Aufruhrversuch in Süditalien							0,0	0,0						5!	
1					0					Schlacht von Sapri (1857)						0,0								
1	1				1	1857	bis	1862	Christenverfolgungen in Vietnam							0,0	0,0							
1			1		1	1857	bis	1861	Mexikanischer Bürgerkrieg			5,0				4,4	4,4						5,0	
1					0					Schlacht von Silao (1860)		1,0				1,5								
1					0					Schlacht von Calderón (1860)		1,0				1,5								
1					0					Schlacht von San Miguel Calpulapan (1860)		1,0				1,5								
1	1				1	1857			Aufstand in Kaschgarien (Ost-Turkestan)							1,5	1,5						1,0	
1	1				1	1857			Aufstand in Georgien							1,0	1,0							
1		1			1	1858	bis	1859	Montenegrinischer Unabhängigkeitskrieg			1,0				1,5	1,5						1,0	
1		1			1	1858	bis	1862	Französische Besetzung Indochinas			1,0				1,5	1,5						1,0	
1					0					Belagerung von Saigon (1858)						0,0								
1					0					Schlacht von Chi Hoa (1861)		1,0				0,0								
1			1		1	1858	bis	1868	Basuto-Kriege des Burenstaates Oranien			1,0				1,5	1,5						2,0	
1	1				1	1859			Aufstand in Chile			1,0				0,0	0,0							
1					0					Schlacht von Los Loros (1859)						0,0								
1					0					Schlacht von Maipon (1859)						0,0								
1		1			1	1859			2. Italienischer Einigungskrieg			12,4				18,2	18,2							
1					0					Schlacht von Montebello (1859)		0,4				0,6								
1					0					Schlacht von Varese (1859)						0,0								
1					0					Schlacht von San Fermo (1859)		2,0				2,9								
1					0					Schlacht von Palestro (1859)		2,0				2,9								
1					0					Schlacht von Magenta (1859)		2,0				2,9								
1					0					Schlacht von Melegnano (1859)		1,0				1,5								
1					0					Schlacht von Solferino (1859)		5,0				7,3								
1		1			1	1859	bis	1860	Spanisch-Marokkanischer Krieg							10,0	10,0						1,0	
1		1			1	1859	bis	1905	Französische Besetzung Madagaskars			10,0				14,7	14,7						1,0	

Präd &Retor	Terr Konfl	Alloph Konfl	Hier& Kons	Se. Konfl	Jahr	bis	Jahr	Konflikt	Ausführungsereignisse (Schlachten, Belagerungen)	Tln. (Tsd.)	Land Schl. Tote (Tsd.)	Schl. Tote & Verw. (Tsd.)	See Schiffe	Schiffe gesunk.	Kampf-Tote (Tsd.) Zw. Ablage	Kampf-Tote (Tsd.)	Mil. Nicht-KampfTote (Tsd.) Zw. Ablage	Mil. Nicht-Kampf-Tote (Tsd.)	MilTote (Tsd.) Zw. Ablage	Mil. Tote (Tsd.)	Ziv. Tote (Tsd.) Zw. Ablage	Ziv. Tote (Tsd.)	SeTote (Tsd.)
1	1			1	1859	bis	1860	Aufstand in Boni / Celebes (Banjarmasin-Krieg)			1,0				1,5	1,5						1,0	1,0
1	1			1	1859	bis	1863	Niederländische Eroberung von Banjermasin			1,0				1,5	1,5							
1	1			1	1859	bis	1860	Krieg zwischen Peru u. Ecuador							0,1	0,1							
1	1			1	1860	bis	1861	2. Maori-Krieg			1,0				1,5	1,5						1,0	
1			1	1	1860	bis	1865	Nigerianischer Bürgerkrieg							1,0	1,0							
1	1			1	1860	bis	1861	Zug der Tausend			2,0				2,2	2,2							
1				0					Schlacht von Caiazzo (1860)							0,0								
1				0					Schlacht von Calatafimi (1860)			0,3				0,1								
1				0					Belagerung von Milazzo (1860)			1				0,4								
1				0					Schlacht von Castelfidardo (1860)							0,1								
1				0					1. Schlacht an der Volturno (1860)			1,0				1,5								
1				0					Belagerung von Gaeta (1860 bis 1861)							0,1								
1	1			1	1860	bis	1866	Russische Feldzüge gegen das Khanat von Kokand			1,0				1,5	1,5							
1			1	1	1860	bis	1861	Kolumbianischer Bürgerkrieg							0,0	0,0							
1			1	1	1861	bis	1865	Nordamerikanischer Bürgerkrieg			0,0				271,8	271,8						40,0	40
1				0					Schlacht von Fort Sumter (1861)			0,0				0,0								
1				0					Schlacht von Booneville (1861)				0,1			0,0								
1				0					Schlacht von Carthage (1861)				0,1			0,0								
1				0					1. Schlacht von Bull Run (1861)				3,2			1,4								
1				0					Schlacht von Richmond (1861)							0,6								
1				0					Schlacht von Wilson's Creek (1861)			0,4	2			0,9								
1				0					Schlacht am Berg Cheat (1861)							0,1								
1				0					Schlacht von Ball's Bluff (1861)				0,2			0,3								
1				0					Schlacht von Belmont (1861)				0,7			0,3								
1				0					Belagerung von Fort Henry (1862)			0,2				0,4								
1				0					Belagerung von Fort Donelson (1862)			0,3				1,0								
1				0					Schlacht von Pea Ridge (1862)			0,7				2,9								
1				0					Seeschlacht von Hampton Roads (1862)			2,0				0,0								
1				0					Belagerung von Island Number Ten (1862)							0,4								
1				0					Schlacht von Kernstown (1862)			0,3				0,4								
1				0					Schlacht von Glorieta Pass (1862)			0,3				0,4								
1				0					Belagerung von Yorktown (1862)							0,2								
1				0					Schlacht von Shiloh (1862)			3,5	0,5			5,1								
1				0					Seeschlacht von Mississippi-Forts (1862)			0,3				0,4								
1				0					Belagerung von New Orleans (1862)			0,3				0,4								
1				0					Schlacht von Williamsburg (1862)			1,5	3,5			1,5								
1				0					Schlacht von McDowell (1862)			0,4	0,8			0,4								
1				0					1. Schlacht von Winchester (1862)			0,2				0,3								
1				0					Schlacht b. Turner's/Crampton's Gaps (1862)			1,0				1,5								
1				0					Schlacht von Fair Oaks (1862 bis 1862)			2,0				2,9								
1				0					Belagerung von Charleston (1862 bis 1864)			0,3				0,4								
1				0					Sieben-Tage-Schlacht (1862 bis 1862)			5,1				7,5								
1				0					Schlacht von Baton Rouge (1862)				0,9			0,4								
1				0					Schlacht von Cedar Mountain (1862)							0,9								
1				0					Schlacht von Richmond (1862)				2			0,7								
1				0					2. Schlacht von Bull Run (1862)			3,3	1,7			4,8								
1				0					Schlacht von Chantilly (1862)				2			0,9								
1				0					Belagerung von Harpers Ferry (1862)			0,1				0,1								

ANLAGE 10

	Präd &Retor Kons	Terr Konfl	Hier& Kons	Alloph Konfl	Se. Konfl	Jahr	bis	Jahr	Konflikt	Ausführungsereignisse (Schlachten, Belagerungen)	Tln. (Tsd.)	Land Schl Tote (Tsd.)	Schl Tote & Verw. (Tsd.)	See Schiffe	See Schiffe gesunk.	Kampf-Tote (Tsd.) Zw. Ablage	Kampf-Tote (Tsd.)	Mil. Nicht-KampfTote (Tsd.) Zw. Ablage	Mil. Nicht-Kampf-Tote (Tsd.)	MilTote (Tsd.) Zw. Ablage	Mil. Tote (Tsd.) Zw. Ablage	Ziv. Tote (Tsd.) Zw. Ablage	Ziv. Tote (Tsd.)	SeTote (Tsd.)
1					0					Schlacht von Antietam Creek (1862)		3,6				5,3								
1					0					Schlacht von Iuka (1862 bis 1862)		0,4				0,6								
1					0					Schlacht von Corinth (1862)		0,8				1,2								
1					0					Schlacht von Perryville (1862)		1,4	2,2			2,1								
1					0					Schlacht von Prairie Grove (1862)						1,0								
1					0					Schlacht von Fredericksburg (1862)			18,5			8,1								
1					0					Schlacht von Chickasaw Bluffs (1862 bis 1863)			1,4			0,6								
1					0					Schlacht von Stones River (1862 bis 1863)		3,0				4,4								
1					0					Belagerung von Washington (1863)		0,3				0,4								
1					0					Schlacht von Chancellorsville (1863)		3,3				4,8								
1					0					Belagerung von Jackson (1863)						0,5								
1					0					Schlacht von Champion's Hill (1863)		0,9	1,2			1,3								
1					0					Belagerung von Vicksburg (1863)			20			8,8								
1					0					Belagerung von Port Hudson (1862)		1,0				1,5								
1					0					2. Schlacht von Winchester (1863)		0,2				0,3								
1					0					Schlacht von Gettysburg (1863 bis 1863)		6,8				10,0								
1					0					Schlacht von Chickamauga Creek (1863)		4,0				5,9								
1					0					Schlacht von Droop Mountain (1863)						0,2								
1					0					Schlacht von Chattanooga (1863)		1,2	0,4			1,8								
1					0					Schlacht von Olustee (1864)		0,4				0,6								
1					0					Schlacht von Sabine Cross (1864)		0,4				0,6								
1					0					Belagerung von Fort Pillow (1864)		0,4				0,6								
1					0					Schlacht von Jenkin's Ferry (1864)		0,4				0,6								
1					0					Schlacht von Wilderness (1864)			24			10,6								
1					0					Schlacht von Rocky Face Ridge (1864)		0,4				0,6								
1					0					Schlacht von Spotsylvania Courthouse (1864)		4,0				5,9								
1					0					Schlacht von Fort Darling, Drury's Bluff (1864)		1,0				1,5								
1					0					Schlacht von Resaca (1864)			5,6			2,5								
1					0					Schlacht von New Market (1864)			1,2			0,5								
1					0					Schlacht von Bermuda Hu_red (1864)		0,4				0,6								
1					0					Schlacht von North Anna River (1864)		0,4				0,6								
1					0					Schlacht von New Hope Church (1864)			3,6			1,6								
1					0					Schlacht von Cold Harbor (1864)		9,0				13,2								
1					0					Schlacht von Brice's Cross Roads (1864)			1,1			0,5								
1					0					Schlacht von Petersburg (1864)			12			5,3								
1					0					Belagerung von Petersburg (1864 bis 1865)			60			26,4								
1					0					Schlacht von Weldon Railroad (1864)		1,0	12			1,5								
1					0					Schlacht von Kennesaw Mountain (1864)			1			5,3								
1					0					Schlacht von Monocacy (1864)						0,4								
1					0					Schlacht von Washington (1864)		0,5				0,7								
1					0					Schlacht von Tupelo (1864 bis 1864)			1,5			0,7								
1					0					Schlacht von Peachtree Creek (1864)			4			1,8								
1					0					Belagerung von Atlanta (1864 bis 1864)			10			4,4								
1					0					Schlacht von Petersburg Mine (1864)			5,3			2,3								
1					0					Schlacht von Strawberry Plains (1864)		1,0				1,5								
1					0					Schlacht von Six Mile House (1864)		0,4				0,6								
1					0					Feldzug in Northern Georgia (1864)		10,0				14,7								
1					0					Schlacht von Opequan Creek (1864)						4,4								
1					0					Schlacht von New Market Heights (1864)		0,8	10			1,2								
1					0					Schlacht von Fisher's Hill (1864)		0,3				0,4								

Präd & Rector Konfl	Terr Konfl	Hier& Kons	Alloph Konfl	Se. Konfl	Jahr	bis	Jahr	Konflikt	Ausführungsereignisse (Schlachten, Belagerungen)	Tln. (Tsd.)	Land Schl. Tote (Tsd.)	Land Schl. Tote & Verw. (Tsd.)	See Schiffe	See Schiffe gesunk.	Kampf-Tote (Tsd.) Zw. Ablage	Kampf-Tote (Tsd.)	Mil. Nicht-KampfTote (Tsd.) Zw. Ablage	Mil. Nicht-KampfTote (Tsd.)	MilTote (Tsd.) Zw. Ablage	Mil. Tote (Tsd.)	Ziv. Tote (Tsd.) Zw. Ablage	Ziv. Tote (Tsd.)	SeTote (Tsd.)
1				0					Schlacht von Cedar Creek (1864)	1,9		7			3,1								
1				0					Schlacht von Franklin (1864)						0,2								
1				0					Schlacht von Nashville (1864)						2,0								
1				0					Belagerung von Fort Fisher (1865)			4,5			0,6								
1				0					Schlacht von Dabney's Mill (1864)			1,4			1,3								
1				0					Schlacht von Bentonville (1865)			3			1,8								
1				0					Schlacht von Five Forks (1865)			4,2			1,8								
1				0					Schlacht von Selma (1865)		0,7	4			2,3								
1				0					Schlacht von Appomattox (1865)		0,3	3			0,4								
1				0					100 kleinere Gefechte		5,0				50,0								
1		1		1	1861	bis	1867	Europäische Intervention in Mexiko		2,0				3,8	3,8							
1				0					Schlacht von Puebla (1862)		0,2				0,3								
1				0					Belagerung von Puebla (1863)		1,0				1,5								
1				0					Belagerung von Camerone (1863)						1,0								
1				0					Belagerung von Queretaro (1867)						1,0								
1		1		1	1861	bis	1890	Argentinische Bürgerkriege		3,0				4,3	4,3							
1				0					Schlacht von Las Playas (1863)		0,4				0,6								
1				0					Schlacht von Rinconada del Pocito (1867)						0,2								
1				0					Schlacht von Los Loros (1867)		0,1				0,1								
1				0					Schlacht von San Ignacio (1867)		0,2				0,3								
1				0					Schlacht von Wagon Box (1867)						0,2								
1				0					Schlacht von Pozo de Vargas (1867)						0,2								
1				0					Schlacht von Sauce (1870)						0,2								
1				0					Schlacht von Santa Rosa (1870)		0,1				0,1								
1				0					Schlacht von Wasluta (1868)						0,2								
1				0					Schlacht von Naembe (1871)		0,7				1,0								
1				0					Schlacht von Don Gonzalo (1873)						0,4								
1				0					Schlacht von Santa Rosa (1874)		0,3				0,2								
1				0					Schlacht von La Verde (1874)		0,1				0,1								
1				0					Schlacht von Santa Rosa (1874)		0,2				0,3								
1				0					Schlacht von Buenos Aires (1880)						0,0								
1		1		1	1862			Türkisch-Montenegrinischer Krieg		1,0				1,5	1,5						1,0	
1			1	1	1862	bis	1878	Muslimischer Aufstand in Shaanxi/Shensi u. Gansu		50,0				73,3	73,3						10,0	
1				0					Belagerung von Tongzhou (1862)														
1				0					Belagerung von K'ian (1862)														
1				0					Regierungsoffensive in Shaanxi/Shensi (1868 bis 1869)						4,0	4,0							
1				0					Schlacht von Jinjibao (1870)						1,0								
1				0					Belagerung von Jinjibao (1870 bis 1871)						1,0								
1				0					Schlacht (1878)						1,0							1?	
1				0					Belagerung von Suzhou (1873)						1,0								
1		1		1	1862			Umsturzversuch in Süditalien						0,0	0,0							
1				0					Schlacht von Aspromonte (1862)						0,0								
1		1		1	1862	bis	1864	Bürgerkrieg in Transvaal						0,0	0,0							
1	1			1	1863	bis	1864	Antirussischer Aufstand in Polen						1,0	1,0						1,0	
1				1	1863			Britische Seekanonade auf Kagoshima						0,0	0,0							
1		1		1	1863	bis	1869	Japanischer Bürgerkrieg			10			4,4	4,4							
1				0					Schlacht von Toba-Fushimi (1868)														
1				0					Schlacht von Ueno (1868)														

Präd &Retor	Terr Konfl	Hier& Kons	Alloph Konfl	Se. Konfl	Jahr	bis	Jahr	Se. Konfl	Konflikt	Ausführungsereignisse (Schlachten, Belagerungen)	Tln. (Tsd.)	Land Schl Tote (Tsd.)	Schl Tote & Verw. (Tsd.)	See Schiffe gesunk.	See Schiffe gesunk	Kampf-Tote (Tsd.) Zw. Ablage	Kampf-Tote (Tsd.)	Mil. Nicht-KampfTote (Tsd.) Zw. Ablage	Mil. Nicht-Kampf-Tote (Tsd.)	MilTote (Tsd.) Zw. Ablage	Mil. Tote (Tsd.)	Ziv. Tote (Tsd.) Zw. Ablage	Ziv. Tote (Tsd.)	SeTote (Tsd.)
1	1			0	1863			0	Ecuatorianisch-Kolumbianischer Krieg	Seeschlacht von Hakodate (1869)						1,0	1,0							
	1			1	1863	bis	1866	1	3. Maori-Krieg	Schlacht von Rangitiri (1863)		1,0				1,5	1,5							
				0				0		Schlacht von Te Ranga (1864)														
1				0	1863			0	Britische Strafexpedition gegen Malka	Schlacht an der Ambela-Pass (1863)		2,0				2,9	2,9							
	1			0	1863	bis	1865	0	Dominikanischer Restaurationskrieg			1,0				2,9								
	1			1	1864			1	Österreichisch-Preußischer Krieg gegen Dänemark							3,3	3,3							
				0				0		Schlacht von Oversee (1864)			1,4			0,6								
				0				0		Belagerung der Düppeler Schanzen (1864)			2,9			1,3								
				0				0		Seeschlacht von Helgoland (1864)			0,2			0,1								
				0				0		Andere kleinere Gefechte			3			1,3								
	1			1	1864			1	Russische Unterwerfung Tscherkessiens			1,0				1,5	1,5					1,0		
	1			1	1864	bis	1865	0	Brasilianische Intervention in Uruguay							0,0	0,0							
				0				0		Belagerung von Paysandú (1864 bis 1865)						0,0								
	1			1	1864	bis	1870	1	Krieg Paraguays gegen die Tripelallianz	Flussschlacht von Riachuelo (1865)		60,0				68,6	68,6	307,4				50,0		426
				0				0		Schlacht von Yatay (1865)		2,0				1,5								
				0				0		Belagerung von Uruguaiana (1865)						2,9								
				0				0		Schlacht von Corrales (1866)		0,2				1,0								
				0				0		Schlacht von Estero Bellaco (1866)		0,5				0,3								
				0				0		Schlacht von Tuyuty (1866)		9,0				0,7								
				0				0		Schlacht von Yataí Corá (1866)		3,0				13,2								
				0				0		Schlacht von Boqueron (1866)		1,0				4,4								
				0				0		Schlacht von Curupayty (1866)		10,0				1,5								
				0				0		Schlacht von Tuyu-Cue (1867)			3			14,7								
				0				0		Schlacht von Humaita (1868)	12					1,3								
				0				0		Schlacht von Avahy (1868)		4,0				1,0								
				0				0		Schlacht von Itororó (1868)		0,6				5,9								
				0				0		Schlacht von Lomas Valentinas (1868)		10,0				0,9								
				0				0		Schlacht von Peribebuy (1869)						14,7							0,5	
				0				0		Schlacht von Acostaúu (1869)		2,0				1,5								
				0				0		Schlacht von Cerro-Corá (1870)		0,2				2,9								
				0				0								0,3								
1	1			1	1865	bis	1866	1	Krieg Spaniens gegen Peru u. Chile (1. Pazifikkrieg)	Schlacht von Pathebadiame (1865)		1,0				1,5	1,5							
				0				0		Seeschlacht von Abtao (1866)														
				0				0		Seeschlacht von Valparaíso (1866)														
				0				0		Seeschlacht von Callao (1866)														
1				1	1865			1	Britischer Straffeldzug gegen Buthan															
		1		1	1865			1	Aufstand auf Jamaika (1866)							0,1	0,1					1,0		
			1	1	1865			1	Seqiti-Krieg			1,0				0,1	0,1					1,0		
	1	1		1	1866	bis	1877	1	Mohammedanischer Aufstand in Shaanxi/Shensi u. Gansu			10,0				1,5	1,5					20,0		
	1			1	1866			1	Russische Feldzüge gegen das Emirat von Buchara			2,0				14,7	14,7							
	1			1	1866			0	Deutscher Krieg	Schlacht von Langensalza (1866)		15,0				20,9	20,9	10,0		31				
																1,0								

Präd &Retor	Terr Konfl	Hier& Kons	Alloph Konfl	Se. Konfl	Jahr	bis	Jahr	Konflikt	Ausführungsereignisse (Schlachten, Belagerungen)	Th. (Tsd.)	Land Schl (Tsd.)	Schl Tote & Verw. (Tsd.)	See Schiffe	Schiffe gesunk.	Kampf-Tote (Tsd.) Zw. Ablage	Kampf-Tote (Tsd.)	Mil. Nicht-KampfTote (Tsd.) Zw. Ablage	Mil. Nicht-Kampf-Tote (Tsd.)	MilTote (Tsd.) Zw. Ablage	Mil. Tote (Tsd.)	Ziv. Tote (Tsd.) Zw. Ablage	Ziv. Tote (Tsd.)	SeTote (Tsd.)
1				0					Schlacht von Nachod (1866)		1,5				2,2								
1				0					Schlacht bei Münchengrätz (1866)		0,5				0,7								
1				0					Schlacht bei Trautenau (1866)		1,3				1,9								
1				0					Schlacht bei Skalitz (1866)		1,5				2,2								
1				0					Schlacht bei Soor (1866)		0,3				0,4								
1				0					Schlacht von Gitschin (1866)		1,0				1,5								
1				0					Schlacht von Königgrätz (1866)		7,5				11,0								
1	1			1	1866			3. Italienischer Einigungskrieg	Schlacht von Custoza (1866)		4,0				8,8	8,8							
1				0					Schlacht von Lodrone (1866)		2,0				2,9								
1				0					Schlacht von Monte Asello (1866)						1,0								
1				0					Schlacht von Condino (1866)						1,0								
1				0					Schlacht von Ampola (1866)						1,0								
1				0					Seeschlacht von Lissa (1866)		0,6				0,9								
1				0					Schlacht von Bezzecca (1866)						1,0								
1	1			1	1866	bis	1869	Kretischer Aufstand gegen die Turken	Schlacht von Tzermiado (1867)		1,0				1,5	1,5						2,0	
1				0	1867	bis	1873	Bürgerkrieg in Sedangor							0,0	0,0							
1		1		1	1867	bis	1868	Britischer Straffeldzug gegen Äthiopien	Schlacht von Arogee (1868)		3,0				4,4	4,4						1,0	
1				1	1867			Garibaldis Angriff auf den Kirchenstaat	Schlacht von Mentana (1867)						0,0								
1				1	1868	bis	1872	4. Maori-Krieg			1,0				1,0	1,0							
1				0	1868			Spanischer Bürgerkrieg	Schlacht von Alcolea (1868)						1,5	1,5							
1	1			1	1868	bis	1878	1. (Langer) Kubanischer Unabhängigkeitskrieg							1,0	1,0						3,0	
1				1	1869	bis	1872	Äthiopischer Thronfolgekrieg							0,1	0,1							
1	1			1	1870			Annexion des Kirchenstaates durch Italien							0,0	0,0							
1	1			1	1870	bis	1871	DEUTSCH-FRANZÖSISCHER KRIEG							128,6	128,6	41,0	41	170	170			170
1				0					Schlacht von Saarbrücken (1870)		1,0				1,5								
1				0					Schlacht von Weißenburg (1870)		1,0				1,5								
1				0					Schlacht von Wörth / Fröschwiller (1870)		1,0				1,5								
1				0					Schlacht von Spichern (1870)		1,0				1,5								
1				0					Schlacht von Colombey-Nouilly/Borny (1870)		1,6				2,3								
1				0					Schlacht von Vionville-Mars-la-Tour (1870)		13,0				19,1								
1				0					Schlacht von Gravelotte - Saint Privat (1870)		10,0				14,7								
1				0					Belagerung von Metz (1870)		1,0				1,5								
1				0					Schlacht von Beaumont (1870)			11			4,8								
1				0					Schlacht von Bazeilles (1870)			7,7			3,4								
1				0					Schlacht von Floing (1870)						1,8								
1				0					Schlacht von Sedan (1870)		1,2	37			16,3								
1				0					Belagerung von Paris (1870 bis 1871)			37			16,3								
1				0					Schlacht von Pont-Novelle (1870)			1			1,9								
1				0					Belagerung von Belfort (1870 bis 1871)		2,0	5			5,1								
1				0					Schlacht von Coulmiers (1870)			2,6			1,1								
1				0					Schlacht von Amiens (1870)			2,7			1,2							0,3	
1				0					Schlacht von Beaune-la-Rolande (1870)			4,9			2,2								
1				0					Schlacht von Loigny (1870)			9,0			4,0								
1				0					Schlacht von Champigny-Villiers (1870)			13,0			5,7								
1				0					Schlacht von Orleans (1870)			8,3			3,7								

Präd &Retor	Terr Konfl	Hierd Kons	Alloph Konfl	Se Konfl	Jahr	bis	Jahr	Konflikt	Ausführungsereignisse (Schlachten, Belagerungen)	Land Th. (Tsd.)	Land Schl Tote (Tsd.)	Schl Tote & Verw. (Tsd.)	See Schiffe	Schiffe gesunk.	Kampf-Tote (Tsd.) Zw. Ablage	Kampf-Tote (Tsd.)	Mil. Nicht-KampfTote (Tsd.) Zw. Ablage	Mil. Nicht-Kampf-Tote (Tsd.)	MilTote (Tsd.) Zw. Ablage	Mil. Tote (Tsd.)	Ziv. Tote (Tsd.) Zw. Ablage	Ziv. Tote (Tsd.)	SeTote (Tsd.)
1				0					Schlacht von Nuits-Saint-Georges (1870)		1,0				1,5								
1				0					Schlacht von Le Bourget (1870)			2,2			1,0								
1				0					Schlacht von Bapaume (1871)			2,4			1,1								
1				0					Schlacht von Villersexel (1871)			1,1			0,5								
1				0					Schlacht von Le Mans (1871)			10,4			4,6								
1				0					Schlacht von Lisaine (1871)			8,8			3,9								
1				0					Schlacht von Saint Quentin (1871)			5,4			2,4								
1				0					Schlacht von Mont Valérien (1871)			4,6			2,0								
1				0					Belagerung von Salins (1871)						1,0								
1				0	1871			Aufstand der Kommune in Paris							24,2	24,2						30,0	
1				1	1871	bis	1877	Mexikanischer Bürgerkrieg	Belagerung von Paris (1871)		1,0	55			24,2	24,2						1,0	
1				0					Schlacht von Tecovac (1876)		1,0				1,0	1,0							
1	1			1	1871	bis	1872	Antifranzösische Aufstände in Algerien							0,0	0,0							
1	1			1	1871	bis	1874	Aufstände der Landbevölkerung in Japan							1,0	1,0							
1	1			1	1871			Russische Besetzung des Ili-Beckens							1,0	1,0							
1	1			1	1872			Rache- u. Raubzug der Indianer Caliucurás							1,0	1,0						1,0	
1				1					Schlacht von San Carlos (1872)		1,0				1,0								
1	1			1	1873	bis	1874	1. Französische Eroberungsexpedition nach Tonkin							1,0	1,0							
1		1		1	1873	bis	1876	3. Karlistenkrieg							1,7	1,7							
1				0					Schlacht von Montejurra / Jurramendi (1873)						1,0								
1				0					Schlacht von Monte-Muru (1874)			1,5			0,7								
1				1	1872	bis	1895	Batak-Krieg	Schlacht von Lakar (1875)		1,0				1,0	1,0							
1				1	1873	bis	1908	Niederländische Eroberung von Aceh			10,0				14,7	14,7						70,0	
1				1	1873				1. Aceh-Krieg (1873)														
1				1	1873	bis	1880		2. Aceh-Krieg (1873 bis 1880)		3,0												
1				1	1884	bis	1886		3. Aceh-Krieg (1884 bis 1886)		1,0												
1				1	1888	bis	1908		4. Aceh-Krieg (1888 bis 1908)		0,0												
1				1	1873	bis	1874	2. Aschanti-Krieg							4,4	4,4							
1				1	1873	bis	1879	Ägyptische Expansionskriege im Sudan							1,5	1,5						1,0	
1				1	1874	bis	1875	Japanische Annexion der Ryukyo-Inseln							0,0	0,0						1,0	
1				1	1874	bis	1876	Perak-Krieg							1,0	1,0							
1				1	1875	bis	1879	Ägyptisch-Äthiopischer Krieg			5,0				2,0	2,0							
1				0					Schlacht von Gu.et (1875)						1,0							1,0	
1				0					Schlacht von Gura (1876)						1,0							1,0	
1				1	1875	bis	1876	Aufstand u. russische Intervention im Khanat von Kokand			2,0				2,9	2,9						1,0	
1				1	1876	bis	1878	Chinesische Rückeroberung des Tarim-Beckens							1,0	1,0							
1				1	1876	bis	1878	Krieg des Osmanischen Reichs gegen Serbien-Montenegro			21,0				2,9	2,9							
1				0					Schlacht von Alecinatz (1876)		1,0				1,5								
1				0					Schlacht von Djunis (1876)		1,0				1,5								
1		1		1	1876			Kolumbianischer Bürgerkrieg							1,0	1,0							
1		1		1	1876			Antiosmanischer Aufstand in Bulgarien			2,0				2,9	2,9						13,0	
1				0	1877	bis	1878	Russisch-Türkischer Krieg			20,0				26,4	26,4						10,0	
1				0					Schlacht bei Plewna (1877)		5,0				7,3								
1				0					Belagerung von Plewna (1877)		3,0				4,4								

Präd &Retor	Terr Konfl	Hier& Kons	Alloph Konfl	Se. Konfl	Jahr	bis	Jahr	Konflikt	Ausführungsereignisse (Schlachten, Belagerungen)	Tln. (Tsd.)	Land Schl. Tote (Tsd.)	Land Schl. Tote & Verw. (Tsd.)	See Schiffe	See Schiffe gesunk.	Kampf-Tote (Tsd.) Zw. Ablage	Kampf-Tote (Tsd.)	Mil. Nicht-KampfTote (Tsd.) Zw. Ablage	Mil. Nicht-Kampf-Tote (Tsd.)	MilTote (Tsd.) Zw. Ablage	Mil. Tote (Tsd.)	Ziv. Tote (Tsd.) Zw. Ablage	Ziv. Tote (Tsd.)	SeTote (Tsd.)
1				0					Schlacht am Schipka-Pass (1877 bis 1878)		5.0				7.3								
1				0					Schlacht von Aldaja Deg (1877)		5.0				7.3								
1	1			1	1877	bis	1881	Russische Feldzüge gegen die Tekke-Turkmenen			5.0				7.3	7.3						6.0	
1		1		1	1877			Satsuma-Aufstand der Samurai							4.5	4.5							
1				1					Belagerung von Tabaruzaka (1877)			8			3.5								
1				0					Schlacht von Kumamoto (1877)						0.5								
1				0					Schlacht von Shiroyama (1877)			1			0.4								
1			1	1	1877	bis	1878	Massenvertreibung von Muslimen aus Serbien						0.0	0.0						20,0	
1	1			1	1877	bis	1879	9. Kaffern-Krieg						1.0	1.0						1.0	
1	1			1	1878			Österreichische Besetzung von Bosnien-Herzegowina			10			4.4	4.4							
1	1			1	1878	bis	1879	2. (Kleiner) Kubanischer Unabhängigkeitskrieg						0.1	0.1							
1	1			1	1878			Kretischer Aufstand gegen die Türken						0.1							1.0	
1	1			1	1878	bis	1884	2. Indianerkrieg Argentiniens		1.7				2.5	2.5							
1	1			1	1878	bis	1880	2. Britisch-Afghanischer Krieg		5.0				7.6	7.6							
1				0					Schlacht von Ali Masjid (1878)		0.2				0.3								
1				0					Schlacht an der Peiwar-Pass (1878)		0.5				0.7								
1				0					Schlacht von Futtehabad (1879)		0.3				0.4								
1				0					Schlacht von Charasia (1879)		0.2				0.3								
1				0					Schlacht von Sherpur / Kabul (1879)		2.0				2.9								
1				0					Schlacht von Maiwand (1880)		1.0				1.5								
1				0					Schlacht von Kandahar (1880)		1.0				1.5								
1		1		1	1878	bis	1888	Naurussischer Stammeskrieg						0.0	0.0							
1	1			1	1879			Zulu-Krieg		5.0				8.6	8.6						1.0	
1				0					Schlacht von Isandlwana (1879)		1.0				1.5								
1				0					Belagerung von Rorke's Drift (1879)		0.5				0.7								
1				0					Belagerung von Eshowe (1879)		0.5				0.7								
1				0					Schlacht von Gingindlovu (1879)						1.0								
1				0					Schlacht von Hlobane (1879)						1.0								
1				0					Schlacht von Kambula (1879)		1.0				1.5								
1				0					Schlacht von Ulu.i (1879)		1.5				2.2								
1	1			1	1879	bis	1883	Salpeter-Krieg (2. Pazifikkrieg)		5.0				7.5	7.5							
1				0					Seeschlacht von Iquique (1879)						0.0								
1				0					Seeschlacht von Angamos (1879)						0.1								
1				0					Schlacht von Dolores (1879)		0.1				1.5								
1				0					Schlacht von Tapacará (1879)		1.0				1.0								
1				0					Schlacht von Los Angeles (1880)		1.0				1.0								
1				0					Schlacht von Campo de Alianza (1880)		1.0				1.5								
1				0					Schlacht von Morro de Arica (1880)						1.5								
1				0					Schlacht von Huamachuco (1883)						1.0								
1	1			1	1880	bis	1881	1. Burenkrieg		2.0				1.0	1.0							
1				0					Schlacht von Laing's Neck (1881)						0.5								
1				0					Schlacht on dem Majuba Hill (1881)						1.0								
1				0	1880	bis	1881	Basuto-Aufstand						1.0								
1	1			1	1881	bis	1882	Antihabsburg. Aufstand in Herzegowina, Südbosnien u. Süddalmatien		0.1				0.1	0.1						1.0	
1	1			1	1881	bis	1882	Arabi-Pascha-Aufstand in Ägypten gegen Osmanen u. Briten		3.0				3.0	3.0						1.0	

ANLAGE 10

Präd &Retor	Terr Konfl	Hier& Kons	Alloph Kons	Se. Konfl	Jahr	bis	Jahr	Konflikt	Ausführungsereignisse (Schlachten, Belagerungen)	Th. (Tsd.)	Land Schl Tote (Tsd.)	Schl Tote & Verw. (Tsd.)	See Schiffe	Schiffe gesunk	Kampf-Tote (Tsd.) Zw. Ablage	Kampf-Tote (Tsd.)	Mil. Nicht-KampfTote (Tsd.) Zw. Ablage	Mil. Nicht-Kampf-Tote (Tsd.)	MilTote (Tsd.) Zw. Ablage	Mil. Nicht-Kampf-Tote (Tsd.)	Ziv. Tote (Tsd.) Zw. Ablage	Ziv. Tote (Tsd.)	SeTote (Tsd.)
				0					Seekanonade von Alexandreia (1882)						0,1								
1				1					Schlacht von Tell el Kebir (1882)		2,0				2,9								
1	1			1	1881	bis	1898	Mahdi-Aufstand im Sudan	Schlacht von El Obeid (1883)		35,0				49,9	49,9							
1				0					1. Schlacht von El Teb (1884)		8,0				11,7								
1				0					2. Schlacht von El Teb (1884)		3,0				4,4								
1				0					Belagerung von Kartum (1884 bis 1885)		2,0				2,9								
1				0					Schlacht von Tamai (1884)		6,0				8,8								
1				0					Schlacht von Abu Klea (1885)		2,0				2,9								
1				0					Schlacht von Abu Kru (1885)		1,0				1,5								
1				0					Schlacht von Ez Zeidab (1898)		1,0				1,5								
1				0					Schlacht von Omdurman (1898)		10,0				14,7								
1				1	1881	bis		Französische Besetzung Tunesiens			1,0				1,5								
1			1	1	1881	bis	1882	Judenpogrom im Zarenreich							0,0	0,0						1,0	
1	1			1	1882	bis	1885	2. Französisch-Chinesischer Krieg um Tonkin				10			5,4	5,4							
1				0					Seeschlacht von Foochow / Mawei (1884)		1,0				1,5								
1				0					Belagerung v. Tuyen-Quang (1884 bis 1885)			3			1,3								
1				0					Schlacht am Zhennan-Pass (Bang Bo) (1885)			3			1,3								
1				0					Schlacht von Ky Lua (1885)			3			1,3								
1		1		1	1883	bis	1884	Zulu-Bürgerkrieg			1,0				1,0	1,0						1,0	
1		1		1	1883	bis	1884	Omanischer Bürgerkrieg			1,0				1,5	1,5							
1		1		1	1884	bis	1885	Kolumbianischer Bürgerkrieg			1,0				1,5	1,5							
1	1			1	1884	bis	1885	Französische Besetzung des Nordens von Taiwan							1,0	1,0							
1	1			1	1885	bis	1896	Französische Eroberung der Elfenbeinküste							1,0	1,0							
1		1		1	1885	bis	1888	Bürgerkrieg in Buganda							1,0	1,0							
1	1			1	1885	bis	1886	Serbisch-Bulgarischer Krieg			2,0				2,9	2,9							
1				0					Schlacht von Slivnitsa (1885)		1,0				1,5								
1				0					Schlacht von Pirot (1885)		1,0				1,5								
1	1			1	1885	bis	1886	3. Britisch-Birmesischer Krieg			1,0				1,5	1,5							
1	1			1	1885	bis	1908	Inbesitznahme u. Ausbeutung des Kongo durch Leopold II.							0,0	0,0						10,0	
1	1			1	1885	bis	1896	Britische Besetzung von Nyassaland			1,0				1,5	1,5							
1	1			1	1887	bis	1889	1. Italienischer Eroberungskrieg gegen Äthiopien			2,0				2,2	2,2							
1				0					Schlacht von Dogali (1887)		1,5				2,2								
1	1			1	1887	bis	1908	Deutsche Eroberung Ostafrikas			10,0				14,7	14,7						80,0	
1	1			1	1889	bis	1892	Französische Besetzung Dahomeys			2,0				2,9	2,9							
1	1			0	1889			Äthiopischer Straffeldzug gegen Sudan							2,9							2,0	
1				1					Schlacht von Gallabat (1889)		2,0				2,9	2,9							
1		1		1	1891			Chilenischer Bürgerkrieg		1,0				3,0	3,0							
1				0					Schlacht von Pozo Almonte (1891)						1,0								
1				0					Schlacht von Concon (1891)						1,0								
1				0					Schlacht von Placilla (1891)						1,0								
1	1			1	1893	bis	1897	Matabele-Aufstand			2,0				2,9	2,9						100,0	
1		1		1	1893	bis	1895	Bürgerkrieg in Südbrasilien			5,0				7,3	7,3							
1	1			1	1893	bis	1894	3. Aschanti-Krieg			5,0				7,3	7,3						2,0	
1	1			1	1893			Eroberung von Bormu / Kanem durch Rabeh			3,0				1,5	1,5						3,0	
1				0	1893			Sudanesischer Raubzug gegen Äthiopien							1,5								
1				0					Schlacht von Agorat (1893)		1,0				1,5	1,5						1,0	

Präd &Retor	Terr Konfl	Hier& Kons	Alloph Konfl	Se. Konfl	Jahr	bis	Jahr	Konflikt	Jahr	Ausführungsereignisse (Schlachten, Belagerungen)	Th. (Tsd.)	Land Schl. Tote (Tsd.)	Schl. Tote & Verw. (Tsd.)	See Schiffe gesunk.	Schiffe	Kampf-Tote (Tsd.) Zw. Ablage	Kampf-Tote (Tsd.)	Mil. Nicht-KampfTote (Tsd.) Zw. Ablage	Mil. Nicht-Kampf-Tote (Tsd.)	MilTote (Tsd.) Zw. Ablage	Mil. Tote (Tsd.)	Ziv. Tote (Tsd.) Zw. Ablage	Ziv. Tote (Tsd.)	SeTote (Tsd.)
1	1			1	1893			Französisch-Britischer Feldzug gegen die Sofa																
1				0						Schlacht von Waiima (1893)						0,1	0,1							
1	1	1		1	1893	bis	1894	Sizilianischer Bauernaufstand				0,1				0,1	0,1							
1		1		1	1894			Koreanischer Bauernaufstand				1,0				1,0	1,0							
1	1			1	1894	bis	1895	1. Krieg Japans gegen China					50			25,0	25,0							
				0						Seeschlacht von Pungdo (1894)		1,1				1,6								
				0						Schlacht von Seonghwan (1894)		0,5				0,7								
				0						Belagerung von Pyongyan (1894)		2,0				2,9								
				0						Seeschlacht auf dem Yalu (1894)		0,7				1,0								
				0						Schlacht von Yalu/Jiuliangcheng (1894)		2,0				2,9								
				0						Belagerung von Lushunkou (1894)		4,5				6,6								
				0						Schlacht von Weihaiwei (1894)		4,0				5,9								
				0						Schlacht von Dapingshan (1895)						2,0								
				0						Schlacht von Yingkou / Newchwang (1895)						1,3								
1			1	0	1894	bis	1896	1. Türkischer Ethnozid an Armeniern		Pogrom von Bijerik (1895)			3			0,0	0,0						150,0	
	1			1	1894			Niederländische Intervention auf Lombok								0,0	0,0							
	1			1	1895			Antijapanischer Aufstand in Taiwan								1,0	1,0							
1				1	1895			Britische Strafexpedition gegen Chitral								1,5	1,5							
				0						Belagerung von Chitral (1895)		1,0				1,5								
	1			1	1895	bis	1898	Pathan-Aufstand				1,0				1,5	1,5							
	1			0	1895	bis	1898	3. Kubanischer Unabhängigkeitskrieg								1,0	1,0							
				0						Schlacht von Peralejo (1895)						1,0								
	1			1	1895	bis	1896	Dunganen-Aufstand								1,0	1,0							
	1			1	1895	bis	1896	4. Aschanti-Krieg				2,0				2,9	2,9							
1				1	1895	bis	1896	2. Italienischer Eroberungskrieg gegen Äthiopien				5,0				35,2	35,2						300,0	
				0						Schlacht von Amba Alagi (1895)		1,0				1,5								
				0						Belagerung von Macalle (1896)		2,0				2,9								
				0						Schlacht von Adua (1896)		21,0				30,8								
	1			1	1896			Drusischer Aufstand				1,0				1,5	1,5							
				0						Schlacht von Panikayan (1896)		0,5				0,5								
		1		1	1896	bis	1897	Chimurenga-Befreiungskrieg								0,0	0,0							
1				1	1896			Philippinischer Unabhängigkeitskrieg gegen Spanien				5,0				7,3	7,3							
				0						Belagerung von Camudos (1896 bis 1897)						0,0								
				0	1896	bis	1897	Canudos-Aufstand								0,0	0,0						20,0	
	1			1	1896			Aufstand in Rhodesien				1,0				1,5	1,5							
1				1	1896			Britische Intervention in Zanzibar				0,5				0,5	0,5							
	1			0	1897			Türkisch-Griechischer Krieg				1,5				1,5	1,5							
				0						Schlacht von Elea (1897)		0,5				0,7								
				0						Schlacht von Domokos (1897)		0,5				0,7								
	1			1	1897	bis	1903	Britische Besetzung von Nigeria				1,0				1,5	1,5							
	1			1	1897	bis	1901	Aufstand in Uganda				1,0				1,5	1,5							
	1			1	1898			US-Amerikanisch-Spanischer Krieg				3,0				4,0	4,0							
				0						Seeschlacht von Manila/Cavite (1898)		0,2				0,3								
				0						Seegefecht von Cuenfuegos (1898)		0,0				0,0								
				0						Schlacht von San Juan u. El Caney (1898)		2,0				2,9								
				0						Seeschlacht von Santiago de Cuba (1898)		0,5				0,7								
		1		1	1898			Aufstand in Mailand								0,0	0,0						0,5	

ANLAGE 10

Präd &Retor	Terr Konfl	Hierk Kons	Alloph Konfl	Se. Konfl	Jahr	bis	Jahr	Konflikt	Ausführungsereignisse (Schlachten, Belagerungen)	Tln. (Tsd.)	Land Schl Tote (Tsd.)	Land Schl Tote & Verw. (Tsd.)	See Schiffe Tote	See Schiffe gesunk	Kampf-Tote (Tsd.) Zw. Ablage	Kampf-Tote (Tsd.)	Mil. KampfTote (Tsd.) Zw. Ablage	Mil. Nicht-Kampf-Tote (Tsd.)	MilTote (Tsd.) Zw. Ablage	Mil. Tote (Tsd.)	Ziv. Tote (Tsd.) Zw. Ablage	Ziv. Tote (Tsd.)	SeTote (Tsd.)
	1			1	1898			Temne-Aufstand in Sierra Leone			1,0				1,5	1,5						1,0	
	1			1	1898			Revolte des Ischan Madalj							0,0	0,0							
1		1		1	1899	bis	1905	Philippinischer Unabhängigkeitskrieg gegen USA			8,0				11,7	11,7						4,0	
		1		1	1899	bis	1902	Kolumbianischer Bürgerkrieg			2,0				1,5	1,5							
				0					Schlacht von Bucaramanga (1899)							0,0							
				0					Schlacht von Palonegro (1900)		1,0					1,5							
	1			1	1899	bis	1900	Französische Eroberung des Tshads			1,0				0,2	0,2							
				0					Schlacht von Kousseri (1900)	3						0,2							
	1			1	1899	bis	1905	Krieg des Mohammed ben Abdullah			1,0				1,5	1,5							
	1			1	1899	bis	1902	2. Burenkrieg			5,0				4,5	4,5						23,0	
				0					Schlacht von Glencoe (1899)	10	1,0					0,8							
				0					Belagerung von Mafeking (1899 bis 1900)							1,5							
				0					Belagerung von Kimberley (1899 bis 1900)							0,0							
				0					Schlacht von Talana Hill (1899)		0,2					0,3							
				0					Schlacht von Elandslaagte (1899)		0,2					0,3							
				0					Schlacht von Ladysmith (1899)		0,3					0,4							
				0					Belagerung von Ladysmith (1899 bis 1900)							0,0							
				0					Schlacht von Belmont u. Graspan (1899)		0,1					0,1							
				0					Schlacht an der Modder (1899)		0,1					0,1							
				0					Schlacht von Stormberg (1899)		0,1					0,1							
				0					Schlacht von Maggersfontien (1899)		0,3					0,4							
				0					Schlacht von Colenso (1899)		0,2					0,3							
15	292	93	18	418	19. Jahrhundert				Default-Werte	0,08	1,47	0,44	0,03	0,48	3,20	2.768	4,48	12.401	0,50	15.169	0,0	25.593	40.762
	1			1	1900	bis	1901	5. Aschanti-Krieg			1,0				1,2	1,2	3,4	3	1	0,50			
	1			1	1900	bis	1901	Boxeraufstand			17,0				19,6	19,6	3,9	57	23	77		5	
				0					Belagerung von Peking (1900)							0,0							
	1			1	1900	bis	1919	Zentralarabischer Unabhängigkeitskrieg							0,0	0,0	0,0	0	0	0			
				0					2. Burenkrieg (1899 bis 1902) Forts. Im 20. Jh.							1,7	1,7	5,1	5	2	7			
				0					Schlacht von Spionkop (1900)		0,5					0,6							
				0					Schlacht von Val Krantz u. Pieters (1900)		1,0					1,2							
				0					Belagerung von Paardeberg (1900)							0,0							
			1	1	1901	bis	1902	Britische Konzentrationslager für Buren (1901 bis 1902)							0,0	0,0	0,0	0	0	0		23	
1				1	1903			Brasilianische Annexion Acres							0,0	0,0	0,0	0	0	0			
1				1	1903			Sezessionsaufstand in Panama							0,0	0,0	0,0	0	0	0			
	1			1	1903	bis	1906	Mohammedanischer Aufstand in Nigeria			3,0				3,5	3,5	10,1	10	4	14			
			1	1	1903	bis	1906	Judenpogrom im Zarenreich (1903 bis 1906)							0,0	0,0	0,0	0	0	0			
1				1	1904	bis	1905	Russisch-Japanischer Krieg			81				93,3	93,3	40	40	133	133		23	
				0					Schlacht am Yalu (1904)		1,0					1,2							
				0					Seeschlacht an der Cape Shantung (1904)		0,0					0,0							
				0					Belagerung von Port Arthur (1904 bis 1905)		20,0					23,0							
				0					Schlacht von Liaujang (1904)		10,0					11,5							
				0					Schlacht von Heikoutai (1905)		4,0					4,6							
				0					Schlacht von Mukden (1905)		40,0					46,1							
				0					Seeschlacht von Tsushima (1905)		6,0					6,9							
				0					Schlacht von Sha-Ho (1904)							0,0							
			1	1	1904			Herero-Aufstand				70,0			10,0	10,0				10	70,0		70

Präd & Rektor	Terr Konfl	Hier & Kons	Alloph Konfl	Se. Konfl	Jahr	bis	Jahr	Konflikt	Ausführungsereignisse (Schlachten, Belagerungen)	Tln. (Tsd.)	Land Schl. Tote (Tsd.)	Schl. Tote & Verw. (Tsd.)	Kampf-Tote (Tsd.) Zw. Ablage	Kampf-Tote (Tsd.)	Mil. Nicht-KampfTote (Tsd.) Zw. Ablage	Mil. Nicht-Kampf-Tote (Tsd.)	MilTote (Tsd.) Zw. Ablage	Mil. Tote (Tsd.)	Ziv. Tote (Tsd.) Zw. Ablage	Ziv. Tote (Tsd.)	SeTote (Tsd.)
1				0					Schlacht an der Waterberg (1904)				0,0								
1				1					Deut. Ethnozid an Hereros (1904 bis 1906)											70	
	1			1	1904	bis	1911	Jemenitischer Unabhängigkeitskrieg			1,0		1,2	1,2	3,4	3,4	5	5		1	
	1			1	1905	bis	1907	Maji-Maji-Aufstand in Deutsch-Ostafrika					0,0	0,0	0,0	0,0	0	0		150	
1		1		0	1905	bis	1907	Russische Revolution von 1905					0,0	0,0	0,0	0,0	0	0			
1									Blutsonntag von Petersburg (1905)				0,0							56	
	1			1	1905			Aufstand in Französisch-Kongo					0,0	0,0	0,0	0,0	0	0		1	
	1			1	1906			Zulu-Aufstand in Südafrika			2,0		2,3	2,3	6,7	6,7	9	9		3	
			1	1	1906	bis	1911	Pogrom der Schwarzen Hundert					0,0	0,0	0,0	0,0	0	0		10	
	1			1	1906			Antiniederländischer Aufstand auf Bali					0,0	0,0	0,0	0,0	0	0			
1				0					Massaker von Dempasar (1906)											4	
	1			1	1907	bis	1912	Französische Besetzung Südmarokkos			1,0		1,2	1,2	3,4	3,4	5	5		1	
		1		1	1907			Bauernaufstand in Rumänien					0,0	0,0	0,0	0,0	0	0		1	
	1			1	1908			Niederländisch-Venezolanischer Krieg			1,0		1,2	1,2	3,4	3,4	5	5			
	1			0	1909	bis	1910	Spanisch-Marokkanischer Krieg			4,0		4,6	4,6	13,5	13,5	18	18		2	
1				1	1909	bis	1918	Türkisch-kurdische Ethnozide im 20. Jh.													
1				1				2. Türkisch-kurdischer Ethnozid an Armeniern (1909)												25	
								Teilsumme 1915 bis 1918											1.030		
1				1				3. Türkischer Ethnozid an Armeniern (1915 bis 1918)									0	0	890,7	900	
				0					Massaker von Van (1915)											54,0		
				0					Massaker von Diyarbekir (1915)											1,0		
				0					Massaker von Kemakh (1915)											25,0		
				0					Massaker von Erzurum (1915)											3,0		
				0					Massaker von Kharput (1915)											2,8		
				0					Massaker von Yozgat (1915)											68,0		
				0					Massaker von Mardin (1915)											2,7		
				0					Massaker von Dersim (1915)											3,0		
				0					Belagerung von Musa Dagh (1915)											15,0		
				0					Massaker von Sivas (1915)											0,9		
				0					Massaker von Jezire (1916)											4,8		
				0					Massaker von Ras el Ain (1916)											70,0		
				0					Massaker von Mamakhatun (1916)											15,0		
				0					Massaker von Sivas (1916)											7,0		
				0					Massaker von Der-el-Zor (1916 bis 1917)											88,5		
				0					Massaker von Baku (1918)											30,0		
				0					Sonstige Massaker											500,0		
1				1				Türkisch-kurdische Genozide an aram. Christen (1915 bis 1925)												50	
1				1				Türkischer Genozid an Griechen Kleinasiens (1915 bis 1918)												80	
1				1				4. Türkisch-kurdischer Genozid an Armeniern (1920 bis 1923)												175	
				0	1910	bis		Massaker von Marash (1920)												10	
				0					Massaker von Hadjin (1920)												10	
		1		1			1917	Mexikanischer Bürgerkrieg			10,0		11,5	11,5	33,7	34	45	45		50	
		1		0	1910	bis		Schlacht von Celaya (1915)					0,0	0,0						10	
	1			1	1910	bis	1912	Marokkanischer Bürgerkrieg			1,0		1,2	1,2	3,4	3	5	5		80	
	1			1	1911			Russische Besetzung Nordirans													1

ANLAGE 10

Präd &Retor	Terr Konfl	Hierk Kons	Alloph Konfl	Se. Konfl	Jahr	bis	Jahr	Konflikt	Ausführungsereignisse (Schlachten, Belagerungen)	Tln. (Tsd.)	Land Schl Tote (Tsd.)	Land Schl Tote & Verw. (Tsd.)	See Schiffe	See Schiffe gesunk.	Kampf-Tote (Tsd.) Zw. Ablage	Kampf-Tote (Tsd.)	Mil. Nicht-KampfTote (Tsd.) Zw. Ablage	Mil. Nicht-Kampf-Tote (Tsd.)	MilTote (Tsd.) Zw. Ablage	Mil. Tote (Tsd.)	Ziv. Tote (Tsd.) Zw. Ablage	Ziv. Tote (Tsd.)	SeTote (Tsd.)
1		1		1	1911			Republikanischer Aufstand in China			1,0				1,2	1,2	3,4	3	5	5		1	
1	1			1	1911	bis	1913	Tibetanischer Unabhängigkeitskrieg			1,0				1,2	1,2	3,4	3	5	5			
1	1			1	1911	bis	1919	Mongolischer Unabhängigkeitskrieg							0,0	0,0	0,0	0	0	0		1	
1	1			1	1911	bis	1912	Italienisch-Türkischer Krieg			5,0				5,8	5,8	16,9	17	23	23		1	
1				0					Schlacht von Henni (1912)						0,0								
1				0					Seegefecht von Kunfuda (1912)						0,0								
1	1			1	1911			Peruanisch-Kolumbianischer Krieg							0,0	0,0	0,0	0	0	0			
1				0					Seegefecht von La Pedrera (1911)						0,0								
1	1			1	1912	bis	1916	Nordmarokkanischer Unabhängigkeitskrieg							15,0	15,0	43,9	44	59	59			
1				0					Schlacht von Anual (1921)		13,0				15,0								
1		1		1	1912	bis	1913	Marokkanischer Bürgerkrieg							0,0	0,0	0,0	0	0	0			
1	1			1	1912			Antiosmanischer Aufstand in Makedonien							0,0	0,0	0,0	0	0	0			
1				0					Schlacht von Üsküb/Skopje (1912)						0,0								
1	1			1	1912	bis	1913	1. Balkankrieg							45,8	45,8	95,0	95	141	141		10	151
1				0					Schlacht von Sarantaporo (1912)		0,5				0,6								
1				0					Schlacht von Giannitsa (1912)		1,0				1,2								
1				0					Schlacht von Kumanovo (1912)		2,0				2,3								
1				0					Schlacht von Kirk-Kilisse (1912)		1,0	1,5			1,6								
1				0					Schlacht von Elasson (1912)		1,0				1,2								
1				0					Schlacht von Prilep/Monastir (1912)			3,2			0,9								
1				0					Schlacht von Lüle Burgas (1912)			42			12,1								
1				0					Schlacht von Nikopolis (1912)		1,0				1,2								
1				0					Schlacht von Catalca (1912)			17,5			5,0								
1				0					Seegefecht vor Varna (1912)		1,0				1,2								
1				0					Belagerung von Scutari (1912 bis 1913)		1,0				1,2								
1				0					Belagerung von Janina (1912 bis 1913)		1,0				1,2								
1				0					Schlacht von Bulair (1913)			6,1			1,8								
1				0					Schlacht von Sarköy (1913)		1,0				1,2								
1				0					Seeschlacht von Lemnos (1913)		0,1				0,1								
1				0					Schlacht von Bizani (1913)		3,1				3,6								
1				0					Belagerung von Adrianopel (1912 bis 1913)		8,5				9,8								
1	1		1	1	1913			Serbische Massenmorde an muslimischen Albanern (1913)														25	
1	1			1	1913			2. Balkankrieg							39,2	39,2	18,0	18	8	57		2	59
1									Schlacht von Kilkis-Lahanas (1913)			136			4,6								
1									Schlacht am Dorjan-See (1913)			16			0,6								
1									Schlacht von Bregalnica (1913)			2			10,4								
1									Schlacht von Kalimanci (1913)			36			4,3								
1									Schlacht von Kesna Gorge (1913)			15			5,8								
1									Sonstige Gefechte			20			13,0								
1	1		1	1	1913	bis	1914	Chinesischer Bauernaufstand des Bai Lang (1913 bis 1914)							10,0	10,0	2,0	29	12	39		10	
1				0					Schlacht von Jingdechen (1914)						0,0	0,0							
1				0	1914	bis	1918	1. WELTKRIEG		4700,0					5.565								
1									1. WK Im engeren Sinne (mil. Konfl. Mittelmächte vs. Entente)						5.565	14.391	14.391		19.956		5.764		25.720
1			1	1					Osmanische Genozide während des 1. WK												1.030		1.030
1				0					Summe (1. WK Im weiteren Sinne)						5.565	0	14.391	0	19.956	0	6.794	0	26.750
								BALKAN-FRONT			405			116,6	116,6	342	342	140	458			
1	1			1					Österreichische Invasion Serbiens (1914)														
1				0					Schlacht von Jadar (1914)														

ANLAGE 10

Präd &Retor	Terr Konfl	Hier& Kons	Alloph Konfl	Se. Konfl	Jahr	bis	Jahr	Konflikt	Ausführungsereignisse (Schlachten, Belagerungen)	Tln. (Tsd.)	Land Schl Tote (Tsd.)	Schl Tote & Verw. (Tsd.)	See Schiffe	Schiffe gesunk.	Kampf-Tote (Tsd.) Zw. Ablage	Kampf-Tote (Tsd.)	Mil. Nicht-KampfTote (Tsd.) Zw. Ablage	Mil. Nicht-Kampf-Tote (Tsd.)	MilTote (Tsd.) Zw. Ablage	Mil. Tote (Tsd.)	Ziv. Tote (Tsd.) Zw. Ablage	Ziv. Tote (Tsd.)	SeTote (Tsd.)
1				0					Schlacht von Drina (1914)														
1				0					Schlacht von Kolubara (1914)														
1				0				Invasion der Mittelmächte in Serbien (1915)			60,0				69,1	69,1	202	202	83	272			
1				0					Schlacht von Amselfeld (1915)			30			8,6								
1				0					Schlacht von Vardar (1918)			2,5			0,7								
1				0				Serbische Zivilopfer (1914 bis 1918)													650	650	
1				0				Dardanellen-Feldzug der Entente (1915 bis 1916)			112,0				129,0	129,0	110,0	110	239	239			
1				0					Seeschlacht von Canakkale (1915)			15			4,3								
1				0					Schlacht von Kumkale (1915)						0,0								
1				0					Schlacht von Cape Helles (1915)		1,0				1,2								
1				0					Schlacht von Ari Burnu (1915)			10			2,9								
1				0					Schlacht von Krithia (1915)			3			0,9								
1				0					Schlacht von Quinn's (1915)			15			4,3								
1				0					Schlacht an der Suvla-Bucht (1915)			20			5,8								
1				0				Rumänien-Front (1916)			2,0	370			106,6	106,6	250	250	357	357			
1				0					1. Schlacht von Cobadin			5			2,3								
1				0					Schlacht von Sibius/Herrmannstadt (1916)						1,4								
1				0					Schlacht von Kronstadt (1916)						2,3								
1				0					2. Schlacht von Cobadin			30			8,6								
1				0					Schlacht von Turgu-Jiu (1916)						2,3								
1				0					Schlacht von Argesch/Bucharest (1916)			180			51,8								
1				0				Rumänische Zivilopfer													275,0	275	
1				0				Allierte Landung in Griechenland (1916)							38,9	38,9	114	114	8	153			
1				0					Schlacht von Florina (1916)			110			31,7								
1				0					Schlacht an der Vardar (1917)			5			1,4								
1				0					Schlacht von Moniastir/Presba-See (1917)			20			5,8								
1				0				Griechische Zivilopfer													100	100	
1				0	1914	bis	1918	Beteiligung Japans am 1. Weltkrieg							1,2	1,2	3	3	1	5			
1				0					Belagerung von Qindao (1914)		0,5				0,6								
1				0					Jap. Bes. Marian. Karol. Marshall Isl. (1914)		0,5				0,6								
1	1			1				AFRIKA-FRONT															
1	1			1				Westafrika-Front (1914 bis 1918)							2,3	2,3	7	7	3	9			
1				0				Ostafrika-Front (1914 bis 1918)		10,0					11,5	11,5	34	34	14	45	100,0	100	
1				0					Schlacht von Tanga (1914)						0,0								
1	1			1					Schlacht von Mahiwa (1917)						0,0								
1				1				WESTFRONT															
1				0				Grenzschlachten (1914 bis 1918)				600			152,3	152,3	446	446	207	599			
1				0					Belagerung von Lüttich (1914)			7,5			2,2								
1				0					Schlacht von Halen (1914)		0,3				0,3								
1				0					Schlacht im Elsass (1914)			200			57,6								
1				0					Schlacht von Lothringen (1914)			200			57,6								
1				0					Ardennenschlacht / Neufchateau (1914)			6			1,7								
1				0					Schlacht von Sarrebourg / Morhange / Dieuze (1914)						5,0								
1				0					Schlacht an der Sambre / Charleroi (1914)			20			5,8								
1				0					Belagerung von Namur (1914)			9			2,6								
1				0					Schlacht von Mons (1914)			6			1,7								
1				0					Massaker von Dinant (1914)						0,0								
1				0					Schlacht von Mortagne / Haute Meurte (1914)						5,0								

ANLAGE 10

Präd&Rktor	Terr Konfl	Hier& Kons	Alloph Konfl	Se. Konfl	Jahr	bis	Jahr	Konflikt	Ausführungsereignisse (Schlachten, Belagerungen)	Thn. (Tsd.)	Land Schl. Tote (Tsd.)	Schl. Tote & Verw. (Tsd.)	See Schiffe	Schiffe gesunk.	Kampf-Tote (Tsd.) Zw. Ablage	Kampf-Tote (Tsd.)	Mil. Nicht-KampfTote (Tsd.) Zw. Ablage	Mil. Nicht-Kampf-Tote (Tsd.)	MilTote (Tsd.) Zw. Ablage	Mil. Tote (Tsd.)	Ziv. Tote (Tsd.) Zw. Ablage	Ziv. Tote (Tsd.)	SeTote (Tsd.)
1				0					Zerstörung von Löwen (1914)						0,0							0	
1				0					Schlacht von Le Cateau (1914)			8,2			2,4								
1				0					Belagerung von Maubeuge (1914)						5,0								
1				0					1. Schlacht von Guise / St. Quentin (1914)			17			4,9								
1				0					Schlacht von Nancy (1914)			2			0,6								
1				0				1. Schlacht an der Marne (1914)	Schlacht von Ourcq (1914)			530			152,6	152,6	447	447	173	600			
1				0					Schlacht von Vitry-le-Francois (1914)						0,0								
1				0					Schlacht von Revigny (1914)						0,0								
1				0					Schlacht von Deux-Morins (1914)						0,0								
1				0					Schlacht in den Sümpfen von Saint-Gond (1914)						0,0								
1				0				Wettlauf zum Meer (1914)	1. Schlacht an der Aisne (1914)			300			221,7	221,7	650	650	131	871			
1				0					1. Schlacht in der Picardie (1914)		5,0				86,4								
1				0					Schlacht von Verdun u. Saint Mihiel (1914)		5,0				5,8								
1				0					Schlacht von Antwerpen (1914)		5,0				5,8								
1				0					1. Schlacht in der Artois (1914)		5,0				5,8								
1				0					1. Schlacht von Ypern (1914)		70,0		110			112,3								
1				0				Schlachten in Elsass u. Vogesen (1914 bis 1918)	Steinbach (1915)		50,0				57,6	57,6	169	169	69	226			
1				0					Hartmannwillerkopf / "Viel Armand" (1915)						0,0								
1				0					Metzeral (1915)						0,0								
1				0					Ban de Sapt (1915)						0,0								
1				0					Ligne-Massiv (1915)						0,0								
1				0					Kilometer 627 (1915)						0,0								
1				0				Schlachten in der Argonne (1914 bis 1918)	Schlacht von Saint-Hubert (1914)		50,0				57,6	57,6	169	169	69	226			
1				0					Schlacht von Bagatelle (1914)						0,0								
1				0					Schlacht von Fontaine Madame (1914)						0,0								
1				0					Schlacht von Four de Paris (1915)						0,0								
1				0					Schlacht von La Haute Chevauchee (07.1915)						0,0								
1				0					Schlacht von Bois de la Gruerie (1915)						0,0								
1				0					Schlacht an der Hügel von Vauqois (1915)						0,0								
1				0					Schlacht von Woevre (1915)						0,0								
1				0				Entente-Offensive in der Artoise u. Champagne (1914 bis 1915)	1. Schlacht i.d. Champagne (1914 bis 1915)		80,0				92,2	92,2	270	270	111	362			
1				0					Schlacht von Soissons (1915)		50,0				57,6								
1				0					Winterschlacht in der Champagne (1915)		5,0				5,8								
1				0					Schlacht von Neuve-Chapelle (1915)		3,5		10			6,9								
1				0				2. Schlacht von Ypern (1915)	Schlacht von Hill 60 (1915)		30,0				34,6	34,6	101	101	41	136			
1				0					Schlacht von Hooge (1915)						0,0								
1				0				2. Schlacht in der Artois (1915)	Schlacht von Festubert (1915)			175			49,5	49,5	145	145	60	195			
1				0					Schlacht von Aubers (1915)			30			8,6								
1				0					Schlacht auf den Vimy-Höhen (1915)			22			6,3								
1				0				2. Schlacht in der Champagne (1915)	Schlacht auf den Vimy-Höhen (1915)		50,0		120			34,6	57,6	169	169	69	226			

ANLAGE 10

Präd &Rietor	Terr Konfl	Hier& Kons	Alloph Konfl	Se. Konfl	Jahr	bis	Jahr	Konflikt	Ausführungsereignisse (Schlachten, Belagerungen)	Land Tln (Tsd.)	Land Schl. Tote (Tsd.)	Schl. Tote & Verw. (Tsd.)	See Schiffe	See Schiffe gesunk.	Kampf-Tote (Tsd.) Zw. Ablage	Kampf-Tote (Tsd.)	Mil. Nicht-KampfTote (Tsd.) Zw. Ablage	Mil. Nicht-Kampf-Tote (Tsd.)	MilTote (Tsd.) Zw. Ablage	Mil. Tote (Tsd.)	Ziv. Tote (Tsd.) Zw. Ablage	Ziv. Tote (Tsd.)	SeTote (Tsd.)
1				0					3. Schlacht in der Artois (1915)	65,0					74,9	74,9	219	219	90	294			
1				0					Schlacht von Verdun (1916)	550,0					633,6	633,6	1856	1856	760	2489			
1				0					1. Schlacht an der Somme (1916)	450,0		8,2			518,4	518,4	1518	1518	622	2037			
1				0					Schlacht von Fromelles (1916)						2,4	2,4	7	7	9	9			
1				0					2. Schlacht Aisne/ 3. Schlacht Champagne/ Nivelle-Offensive (1917)	115,0					132,5	132,5	388	388	159	521			
1				0				Schlacht von Arras (1917)				250			72,0								
1				0				Britische Flandern-Offensive (1917)							382,2	382,2	1119	1119	227	1502		
1				0					Schlacht von Messines (1917)			43			12,4								
1				0					3. Schlacht von Ypern (1917)			560			161,3	161,3							
1				0					Schlacht von Langemarck (1917)			10			2,9								
1				0					Schlacht von Menin (1917)			44			12,7								
1				0					Schlacht von Polygon-Wald (1917)			15			4,3								
1				0					Schlacht von Broodseinde (1917)			50			14,4								
1				0					Schlacht von Poelkapelle (1917)			65			18,7								
1				0					Schlacht von Passchendaele (1917)			540			155,5								
1				0				3. Schlacht von Cambrai / 1. Ludendorff-Offensive (1917)		25,0					28,8	28,8	84	84	35	113			
1				0				Schlacht von Villers-Bretonneux (1917)														
1				0				2. Schlacht der Picardie (1918)		140,0					161,3	161,3	472	472	194	634			
1				0				Deutsche Lys-Offensive / 2. Ludendorff-Offensive (1918)		80,0					92,2	92,2	270	270	111	362			
1				0					Schlacht von Kemmelberg (1918)						0,0								
1				0					Seeschlacht von Zeebrugge (1918)						0,0								
1				0				3. Schlacht an der Aisne / 3. Ludendorff-Offensive (1918)		70,0					83,4	83,4	244	244	100	328			
1				0					Schlacht von Bois Belleau (1918)		4,0				4,6								
1				0					Schlacht am Matz (1918)		65,0				74,9								
1				0					Schlacht von Le Hamel (1918)		3,0	1,5			3,9								
1				0					2. Schlacht an der Marne (1918)		65,0				74,9	74,9	219	219	90	294			
1				0					3. Schlacht in der Picardie (1918)		40,0				46,1	46,1	135	135	55	181			
1				0					Saint-Mihiel-Offensive (1918)		10,0				10,2	10,2	30	30	14	40			
1				0					Schlacht von Savy Dallon (1918)						2,0								
1				0					Schlacht von Saint-Mihiel (1918)			15			4,3								
1				0					Schlacht von Vauxaillon (1918)						2,0								
1				0					Schlacht von Havrincourt (1918)						1,0								
1				0					Schlacht von Epehy (1918)			3			0,9								
1				0				Champagne-Argonne-Offensive (1918)			290				83,5	83,5	245	245	69	328		
1				0					Schlacht von Saint Quentin (1918)						0,0								
1				0					Schlacht von Mont D'Origny (1918)						0,0								
1				0					Schlacht von Montfaucon (1918)						0,0								
1				0					Schlacht von Sommepy (1918)						0,0								
1				0					Schlacht von Saint-Thierry (1918)						0,0								
1				0				Passcherdaele-Offensive (1918)		10,0					11,5	11,5	34	34	14	45			
1				0				Belagerungsschlachten ("Die letzte Viertelstunde") (1918)		10,0					11,5	11,5	34	34	14	45			
1				0					Schlacht an der Serre (1918)						0,0								
1				0					Schlacht von Mont D'Origny (1918)						0,0								
1				0					Schlacht von Le Chesne (1918)						0,0								
1				0					2. Schlacht von Guise (1918)						0,0								
1				0					Schlacht in der Thierache (1918)						0,0								

ANLAGE 10

Präd &Retor	Terr Konfl	Hier& Kons	Alloph Konfl	Se. Konfl	Jahr bis	Jahr	Konflikt	Ausführungsereignisse (Schlachten, Belagerungen)	Tln. (Tsd.)	Land Schl. Tote (Tsd.)	Schl. Tote & Verw. (Tsd.)	See Schiffe	Schiffe gesunk.	Kampf-Tote (Tsd.) Zw. Ablage	Kampf-Tote (Tsd.)	Mil. Nicht-KampfTote (Tsd.) Zw. Ablage	Mil. Nicht-Kampf-Tote (Tsd.)	MilTote (Tsd.) Zw. Ablage	Mil. Tote (Tsd.)	Ziv. Tote (Tsd.) Zw. Ablage	Ziv. Tote (Tsd.)	SeTote (Tsd.)
1								Belgische Zivilopfer												30,0	30	
1								Französ. Zivilopfer (Zwangsums., Hunger, Seuchen)												40,0	40	
1				1				Deutsche Zivilopfer (Hunger, Seuchen)												760,0	760	
1	1			0			OSTFRONT															
1				0			Russische Offensive in Ostpreußen (1914)			100,0				115,2	115,2	337	337	138	453			
1				0				Schlacht von Stallupönen (1914)		2,0				2,3								
1				0				Schlacht von Gumbinnen (1914)		3,0				3,5								
1				0				Schlacht von Orlau-Frankenau (1914)		1,0				1,2								
1				0				Schlacht von Tannenberg (1914)		12,0				13,8								
1				0				1. Schlacht an der Masurische Seen (1914)		50,0				57,6								
1				0				Schlacht von Njemen (1914)		10,0				11,5								
1				0			Galizisch-Polnische Front (1914)				650			221,2	221,2	648	648	225	869			
1				0				Schlacht von Jaroslawice (1914)						0,0								
1				0				Schlacht von Krasnik (1914)			60			17,3								
1				0				Schlacht von Zlotow (1914)						0,0								
1				0				Schlacht von Komarow (1914)						16,1								
1				0				Schlacht von Lemberg (1914)			56			72,0								
1				0				Schlacht von Rava Ruska (1914)			250			31,7								
1				0				1. Belagerung von Przemysl (1914)			110			17,3								
1				0				2. Belagerung von Przemysl (1914 bis 1915)			60			20,2								
1				0				Schlacht von Lodz (1914)		30,0	70			34,6								
1				0				Schlacht von Lowicz (1914)						0,0								
1				0				Schlacht von Limanowa (1914)			42			12,1								
1				0			Deutsch-Österreichische Winteroffensive 1915/1916 im Osten			100,0				155,5	155,5	456	456	138	611			
1				0				Schlacht von Bolimow (1915)			60			17,3								
1				0				Winterschlacht in den Karpaten (1915)			400			115,2								
1				0				Schlacht von Ssernowitz (1915)						0,0								
1				0				Winterschlacht in den Masuren (1915)		20,0				23,0								
1				0				3. Belagerung von Przemysl (1915)						0,0								
1				0			Deutsch-Österreichische Frühjahrsoffensive 1915 an der Ostfront				330			95,0	95,0	278	278	207	373			
1				0				Schlacht von Gorlice-Tarnow (1915)			140			40,3								
1				0				Schlacht von Lubartow (1915)						0,0								
1				0				Schlacht von Tarnopol (1915)						0,0								
1				0				Neujahresschlacht (1915 bis 1916)			120			34,6								
1				0				Schlacht an der Narotsch-See (1916)						34,6								
1				0			1. Brussilow-Offensive (1916)	Schlacht von Lutzk (1916)			1200			345,6	345,6	1012	1012	415	1358			
1				0			2. Brussilow-Offensive / Kerenski-O. (1917)				500			144,0	144,0	422	422	173	566			
1				0			Deutsche Riga-Offensive (1917)				30			8,6	8,6	25	25	34	34			
1							Hangsburg-Ungarische Zivilopfer													300,0	300	
1							Russische u.baltische Zivilopfer													2000,0	2000	
1	1			1	1914 bis 1918		NAHOST-FRONT															
1				0			Ägyptisch-Palästinensische Front (1914 bis 1918)			30,0				34,6	34,6	101	101	41	136		100	
1				0				Schlacht an der Sueskanal (1915)		0,5				0,6								
1				0				Schlacht von Romani (1916)		6,6				7,6								
1				0				Schlacht von Rafa (1917)		0,5				0,6								

Präd &Reior	Terr Konfl	Hier& Kons	Alloph Konfl	Se. Konfl	Jahr	bis	Jahr	Konflikt	Ausführungsereignisse (Schlachten, Belagerungen)	Thn. (Tsd.)	Land Schl. Tote (Tsd.)	Schl. Tote & Verw. (Tsd.)	See Schiffe	Schiffe gesunk.	Kampf-Tote (Tsd.) Zw. Ablage	Kampf-Tote (Tsd.)	Mil. Nicht-KampfTote (Tsd.) Zw. Ablage	Mil. Nicht-Kampf-Tote (Tsd.)	MilTote (Tsd.) Zw. Ablage	Mil. Tote (Tsd.)	Ziv. Tote (Tsd.) Zw. Ablage	Ziv. Tote (Tsd.)	SeTote (Tsd.)
1				0					1. Schlacht von Gaza (1917)		2.0				2.3								
1				0					2. Schlacht von Gaza (1917)		2.5				2.9								
1				0					Schlacht von Beerscheba (1917)		1.0				1.2								
1				0					Schlacht von Mughar (1917)		3.0				3.5								
1				0					Schlacht von Jaffa (1917)		1.0				1.2								
1				0					Belagerung von Jerusalem (1917)			43			12.4								
1				0					Schlacht von Megiddo (1918)			10			2.9								
1				0					Schlacht von Aleppo (1918)		1.0				1.2								
1				0					Schlacht von Barada-Schlucht (1918)		1.0				1.2								
1				0				Mesopotamien-Front (1914 bis 1918)				190			54.7	54.7	40	40	69	95	300	300	
1				0					Belagerung von Basra (1914)			2			0.6								
1				0					Schlacht von Shaiba (1915)			3.5			1.0								
1				0					Schlacht von An Nasiriyah (1915)		1.0				1.2								
1				0					1. Schlacht von Kut-el-Amara (1915)			33			9.5								
1				0					Schlacht von Ktesiphon (1915)			10.5			3.0								
1				0					Belagerung von Kut-el-Amara (1915 bis 1916)		6.0				6.9		7.0						
1				0					Schlacht von Sheikh Saad (1916)			5			1.4								
1				0					Schlacht am Wadi (1916)		2.0				2.3								
1				0					Schlacht von Dujaila (1916)			4			1.2								
1				0					Schlacht von Hanna (1916)		1.0				1.2								
1				0					2. Schlacht von Kut-el-Amara (1916)						1.0								
1				0					Schlacht von Istabulat (1917)			4			1.2								
1				0					3. Schlacht von Kut-el-Amara (1917)			4			1.2								
1				0					Belagerung von Bagdad (1917)						0.0								
1				0					Samarrah-Offensive (1917)		5.0				5.8								
1				0					Schlacht von Raamadiji (1917)						1.0								
1				0					Belagerung von Tikrit (1917)						1.0								
1				0					Schlacht von Sharqat (1918)			4			1.2								
1	1			1				KAUKASUS-FRONT							82.7	82.7	242	242	94	325			
1				1				Türkische Kaukasus-Offensive (1915)		50.0				57.6								
1				0					Schlacht von Sarikamish (1914 bis 1915)		20.0				23.0								
1				0					Schlacht von Malazgirt (1915)						4.3								
1				0					Schlacht von Kariaklissi (1915)			15			0.0								
1				0				Russische Winteroffensive 1915/1916 im Kaukasus						13.5								
1				0					Schlacht von Köprüköi (1916)			32			9.2								
1				0					Belagerung von Erserum (1916)			15			4.3								
1				0				Türkische Gegenoffensive (1916)	Schlacht von Erzinjan (1916)			40			11.5								
								Kaukassische Zivilopfer															
1	1			1				ITALIENISCHE FRONT (1915 bis 1918)							591.1	591.1	273	273	864	864	100.0	100	
1				1					Front in Öst. Hochalpen (1915 bis 1918)						10.0								
1				0					Schlacht am Presena-Gletscher (1915)			0.1			0.0								
1				0					Schlacht um Höhe 383 (1915)		3.0				3.5								
1				0					1. Schlacht am Isonzo (1915)			25			7.2								
1				0					2. Schlacht am Isonzo (1915)			96			27.6								
1				0					3. Schlacht am Isonzo (1915)			98			28.2								
1				0					Schlacht von Tolmino (1915)		1.0				1.2								
1				0					4. Schlacht an der Isonzo (1915 bis 1916)			95			27.4								
1				0					5. Schlacht an der Isonzo (1916)			10			2.9								
1				0					Luftangriff auf die Piave-Brücken (1916)						0.0								
															591.1	591.1	273	273	864	864	1.000	1000	1.864

ANLAGE 10

Präd &Retor	Terr Konfl	Hier& Kons	Alloph Konfl	Se Konfl	Jahr	bis	Jahr	Konflikt	Ausführungsereignisse (Schlachten, Belagerungen)	Th. (Tsd.)	Land Schl Tote (Tsd.)	Schl Tote & Verw. (Tsd.)	See Schiffe	See Schiffe gesunk.	Kampf-Tote (Tsd.) Zw. Ablage	Kampf-Tote (Tsd.)	Mil. Nicht-KampfTote (Tsd.) Zw. Ablage	Mil. Nicht-Kampf-Tote (Tsd.)	MilTote (Tsd.) Zw. Ablage	Mil. Tote (Tsd.)	Ziv. Tote (Tsd.) Zw. Ablage	Ziv. Tote (Tsd.)	Se Tote (Tsd.)
1				0					Österr.-Ung. Trentino-Offensive (1916)		30,0				34,6								
1				0					Österr.-Ungar. Gasangriff am Isonzo (1916)		3,3				3,8								
1				0					6. Schlacht am Isonzo (1916)			190			54,7								
1				0					7. Schlacht am Isonzo (1916)			83			23,9								
1				0					8. Schlacht am Isonzo (1916)			90			25,9								
1				0					9. Schlacht am Isonzo (1916)			102			29,4								
1				0					10. Schlacht am Isonzo (1917)			209			60,2								
1				0					Schlacht von Ortigara (1917)			33			9,5								
1				0					Luftangriff auf Venedig (1917)						0,0								
1				0					11. Schlacht am Isonzo (1917)			340			97,9								
1				0					12. (u. letzte) Schlacht am Isonzo (1917)			90			25,9								
1				0					Schlacht an der Tagliamento (1917)						3,0								
1				0					1. Piave-Schlacht (1. Monte Grappa) (1917)			33			9,5								
1				0					Luftschlacht von Istrania (1917)						0,0								
1				0					2. Schlacht an der Piave (1918)		20,0				23,0								
1				0					2. Schlacht am Monte Grappa (1918)		51,0				58,7								
1				0					Schlacht von Vittorio Veneto (1918)		20,0				23,0								
1									Zivilopfer (Zwangsums. Hunger, Seuchen, o. Sp Grippe)												1000,0		
1				1				SEEKRIEG IM 1. WK															
				0				Seekrieg im Mittelmeer (1914 bis 1918)															
				0					Versenk. der "Triumph" u. "Majestic" (1915)		1,0				1,5	1,5	0,3	4	2	6	1	1	
				0					Versenkung der "Amiral Charner" (1916)						1,0	1,0					1	1	
				0					Versenkung von Capo Rodoni (1915)						0,5								
				0					Seeschlacht in der Strasse von Otranto (1917)						0,0								
				0					Versenkung der "Szent Istvan" (1918)						0,0								
				0				Seekrieg in Nordsee, Ostsee u. Ozeanen (1914 bis 1918)		15,0				15,2	15,2	3,0	44	18	60			
				0					Seeschl. in der Bucht von Helgoland (1914)		1,0				1,2								
				0					Seeschlacht von Coronel (1914)		1,0				1,2								
				0					Seeschlacht der "Emden" (1914)						0,1								
				0					Seeschlacht an der Falklandinseln (1914)		2,0				2,3								
				0					Seeschlacht an der Doggerbank (1915)						0,0								
				0					Torpedierung der "Sussex" (1916)						0,1						0	0,1	
				0					Seeschlacht im Skagerrak (1916)		9,0				10,4								
1				1				Deut./österr. U-Boot-Krieg gegen zivile Schiffe (1915 bis 1918)						1,8	1,8	0,4	5	2	7	1,7	1,7	
				1					Versenkung der "Lusitania" (1915)						1,2						1	1	
				1					Versenkung der "Ancona" (1915)						0,2						0	1	
				1					Versenkung der "Persia" (1915)						0,4						0	1	
1				1				STÄDTE-BOMBARDIERUNGEN DES 1. WK						0,3	0,3			0	0	5	5	
				0					Luftangriff auf London (1917)						0,0								
				0					Fernbeschuss von Paris (1918)			1			0,3								
1				1	1915	bis	1920	US-Amerikanische Intervention auf Haiti						0,0	0,0	0,0	0	0	0	2,0	2	
	1			1	1916	bis	1917	US-Amerikanisch - Mexikanischer Krieg						0,0	0,0	0,2	3	1	4			
	1			1	1916	bis	1918	Arabischer Unabhängigkeitskrieg						1,0	1,0	0,3	4	2	6	1,0	1	
	1			1	1916	bis	1921	Irischer Unabhängigkeitskrieg		1,5				1,5	1,5							
		1		1	1916			Irischer Osteraufstand (1916)						0,0								
		1		1	1916			Äthiopischer Bürgerkrieg						5,8	5,8	1,2	17	7	23			
		1		0					Schlacht von Sagalle (1916)			20			5,8	5,8							

Präd &Retor	Terr Konfl	Hier& Kons	Alloph Konfl	Se. Konfl	Jahr	bis	Jahr	Konflikt	Ausführungsereignisse (Schlachten, Belagerungen)	Tln. (Tsd.)	Land Schl. Tote (Tsd.)	Schl. Tote & Verw. (Tsd.)	See Schiffe	Schiffe gesunk.	Kampf-Tote (Tsd.) Zw. Ablage	Kampf-Tote (Tsd.)	Mil. Nicht-KampfTote (Tsd.) Zw. Ablage	Mil. Nicht-Kampf-Tote (Tsd.)	MilTote (Tsd.) Zw. Ablage	Mil. Tote (Tsd.)	Ziv. Tote (Tsd.) Zw. Ablage	Ziv. Tote (Tsd.)	SeTote (Tsd.)
1		1		1	1917			Russische Februarrevolution							0,0	0,0	0,0	0	0	0			
1		1		1	1917			Russische Oktoberrevolution							0,0	0,0	0,0	0	0	0			
1	1		1	1	1917	bis	1919	Estnischer Unabhängigkeitskrieg							0,0	0,0	0,0	0	0	0			
1		1	1	1	1917	bis	1922	Russischer Bürgerkrieg und Interventionen							300,0	300,0	450,0	450	750	750	150,0	150	
1				0				Weiße Gegenrevolutionen (1917 bis 1921)							100,0								
				0					Belagerung von Zaryzin (1918)			0,7			0,0								
				0					Schlacht von Bogdat (1919)						0,2								
1				0				Aufst. der Machnowschtschina (Schwarze Armee) (1918 bis 1921)							100,0								
1		1		0				Ukrainischer Pogrom gegen Juden (1919 bis 1922)							0,0						40,0	40	
				0					Schlacht von Peregonowka (1919)														
1				0					Pogrom von Fastiw (1919)						5,0	5,0	5,0			5	2,0	2	
1				0				Aufstand der Tschechoslowakischen Legion (1918 bis 1920)						0,0								
1				0				Intervention der Westmächte in Russland (1918 bis 1919)							0,0	0,0	5,0	5	5	5	0	0	
1				1	1917	bis	1925	Japanische Invasion Sibiriens											1	1			
				0					Massaker von Nikolajewsk (1920)	150,0					172,8	172,8	34,6	506	207	679	6.600	6.600	
1		1		0	1917	bis	1927	Chinesische Bürgerkriege der "Warlords"							0,0	0,0	0,0	0	0	0	200	200	
1		1		1	1917	bis	1931	Nomadenaufstände in Turkmenistan							0,0								
1				1	1918			Bessarabischer Secessionskrieg							0,0	0,0	20,0	20	20	20			
1		1		1	1918	bis		Finnischer Bürgerkrieg		15,0	25			0,0	0,0	0,0	0	0	0			
1		1		1	1918	bis		Deutsche November-Revolution						20,0	20,0	4,0	59	24	79			
1			1	1	1918	bis	1919	Ukrainisch-Polnischer Krieg						0,0	0,0	0,0	0	0	0			
1				1	1918	bis	1930	Fernando-Po-Skandal						0,0	0,0	0,0	0	0	0			
1			1	1	1918	bis		Krieg zwischen Georgien u. Armenien						0,0	0,0	0,0	0	0	0	5,0	5	
1		1		1	1919	bis	1920	Ungarischer Bürgerkrieg						0,0								
1	1			0	1919	bis	1920	Lettischer Unabhängigkeitskrieg	Schlacht von Wenden (1919)	1,0				31,7	31,7	185,0	185	217	217			
1			1	1	1919	bis	1921	Russisch-Polnischer Krieg	Schlacht von Warschau (1920)		25			17,3								
				0					Schlacht an der Njemen (1920)		25			7,2								
				0					Schlacht von Schtschara (1920)						7,2								
1				0	1919	bis	1920	Litauischer Unabhängigkeitskrieg						0,0	0,0	0,0	0	0	0			
1				1	1919			Massaker von Amritsar						0,0	69,7	69,7	13,9	204	84	274	265,0	265
1	1		1	0	1919	bis	1922	Griechisch-Türkischer Krieg	1. Schlacht von Inönü (1921)	10,0				11,5								
									2. Schlacht von Inönü (1921)	10,0				11,5								
									Schlacht an der Sakarya (1921)	8,0				9,2								
									Schlacht von Dumlupinar (1922)					25,9								
									Schlacht von Smyrna (1922)	10,0	90			11,5							50	50
1	1		1	1	1919			3. Britisch-Afghanischer Krieg	3,0				3,5	3,5	0,7	10	4	14			
1	1		1	0	1919	bis	1920	Antibritischer Waziristan-Aufstand	1,0				1,2	1,2	0,2	3	1	5			
1	1		1	0	1919	bis	1925	Arabischer Hegemonialkrieg	Raubüberfall auf Taif (1925)	1,0				0,0	0,0	0,0	0	0	0			
1				1	1919	bis	1920	Fehlgeschlagener Anschluss von Fiume an Italien						0,0	0,0	0,0	0	0	0			
1		1		1	1920	bis		Mexikanischer Bürgerkrieg						0,0	0,0	0,0	0	0	0			
1	1		1	1	1920	bis	1921	Islamistischer Moplah-Aufstand						0,0	0,0	0,0	0	0	0	3	3	

ANLAGE 10

Präd &Retor	Terr Konfl	Hier& Kons	Alloph Konfl	Se. Konfl	Jahr	bis	Jahr	Konflikt	Ausführungsereignisse (Schlachten, Belagerungen)	Tln (Tsd.)	Land Schl. Tote (Tsd.)	Land Schl. Tote & Verw. (Tsd.)	See Schiffe	See Schiffe gesunk.	Kampf-Tote (Tsd.) Zw. Ablage	Kampf-Tote (Tsd.)	Mil. Nicht-KampfTote (Tsd.) Zw. Ablage	Mil. Nicht-Kampf-Tote (Tsd.)	MilTote (Tsd.) Zw. Ablage	Mil. Tote (Tsd.)	Ziv. Tote (Tsd.) Zw. Ablage	Ziv. Tote (Tsd.)	SeTote (Tsd.)
				1			1920	Französische Besetzung Syriens	Schlacht von Maysalun (1920)		0,5				0,6	0,6	0,1	2	1	2			
				0	1920	bis	1921	Irakischer Aufstand							0,6						8	8	
				1	1921	bis	1926	Marokkanischer Unabhängigkeitskrieg			20,0				23,0	23,0	4,6	67	28	91	2	2	
				1	1921		1924	Annektierung der Mongolei durch die Sowjetunion							0,0	0,0	0,0	0	0	0			
				1			1921	Bolschewikische Besetzung Georgiens							0,0	0,0	0,0	0	0	0	1	1	
				1			1922	Rand-Aufstand							0,0	0,0	0,0	0	0	0			
				1	1922	bis	1931	2. Libyen-Krieg Italiens			15,0				17,3	17,3	3,5	51	21	68	10	10	
				1			1922	1. Zhili-Fengtian-Krieg							0,0	0,0	0,0	0	0	0			
				1	1922	bis	1923	Irischer Bürgerkrieg			1,0				1,2	1,2	0,2	3	1	5			
				1	1922	bis	1928	Politizide der sowjetischen "Neuen Ökonomischen Politik"							0,0	0,0					2.200	2.200	
				1			1923	Japanischer Genozid an Koreanern													6	6	
				1			1924	2. Zhili-Fengtian-Krieg							5,0	5,0	1,0	15	6	20			
				1			1924	Antisowjetischer Aufstand in Georgien			2,0				2,3	2,3	0,5	7	3	9	12	12	
				1	1924	bis	1925	Islamfundamentalistischer Khost-Aufstand			1,0				1,2	1,2	0,2	3	1	5	1	1	
				1			1925	Secessionistischer Kurdenaufstand in der Türkei							0,0	0,0	0,0	0	0	0	20	20	
				1			1925	Antifranzösischer Aufstand in Syrien			1,0				1,2	1,2	0,2	3	1	5			
				1			1925	Großer Marsch der kommunistischen Columna Prestes							0,0	0,0	0,0	0	0	0			
				1			1926	Kommunistischer Aufstand auf Java u. Sumatra			1,0				1,2	1,2	0,2	3	1	5			
				1			1926	Diktatur in Portugal							0,0	0,0	0,0	0	0	0			
				0	1927	bis	1949	Chinesischer Bürgerkrieg zwischen KMT und KPCh			2200,0				2.534	2.534	507	7423	3041	9957	2.000	2.000	
				1				Kommunistischer Aufstand in Shanghai (1927)			5,0				5,0								
				1				Kommunistischer Aufstand in Guangzhou (1927)			5,0				5,8								
				1				Kommunistischer Aufstand in Nanchang 1927)			5,0				5,8								
				1				Konflikt innerhalb der KMT (1930)			100,0				115,2						180	180	
								Kommunistischer Terror in Jiangxi (1927 bis 1931)							0,0								
				1				Einkesselung der KPCh in Jiangxi durch die KMT (1930 bis 1934)															
				0					1. Einkesselung von Jiangxi (1930)														
				0					Schlacht von Dungsao (1931)						0,0								
				0					Schlacht von Goaxing (1931)						0,0								
				0					Schlacht von Guangchang (1934)						0,0								
								Langer Marsch der Kommunisten (1934 bis 1955)							10,0								
				0					Gefecht an der Luding-Brücke (1935)		5,0				0,0								
				1				Erob. der Mandschurei durch die KPCh (1945 bis 1948)							0,0								
				0					Schlacht von Yenan (1947)						0,0								
				0					Belagerung von Chnagchun (1948)						0,0								
				0					Schlacht von Mukden (1948)						0,0						300	300	

Präd &Retor	Terr Konfl	Hier& Kons	Alloph Konfl	Se. Konfl	Jahr	bis	Jahr	bis	Konflikt	Ausführungsereignisse (Schlachten, Belagerungen)	Thn. (Tsd.)	Land Schl. Tote (Tsd.)	Schl. Tote & Verw. (Tsd.)	See Schiffe	Schiffe gesunk.	Kampf-Tote (Tsd.) Zw. Ablage	Kampf-Tote (Tsd.)	Mil. Nicht-Kampf Tote (Tsd.) Zw. Ablage	Mil. Nicht-Kampf Tote (Tsd.)	MilTote (Tsd.) Zw. Ablage	Mil Tote (Tsd.)	Ziv. Tote (Tsd.) Zw. Ablage	Ziv. Tote (Tsd.)	SeTote (Tsd.)
1				0						Schlacht von Hwai (1948 bis 1949)						0,0								
1				0						Schlacht von Liaoshen (1948)														
1				0						Schlacht von Jinzhou (1948)						0,0								
1	1			1					Erob. N-Chinas durch die KPCh (1948 bis 1949)							230,4								
1				0						Huaihai-Off./Schl. v. Hsupeng (1948 bis 1949)		200,0				230,4								
1				0						Pingjin-Off./Schl. v. Peking (1948 bis 1949)		200,0				0,0								
1	1			1					Erob. M- u. S-Chinas durch die KPCh (1949)															
1				0						Schlacht von Nanking (1949)						12,7								
1				0						Belagerung von Nanking (1949)						0,0								
1				0						Schlacht von Kanton (1949)						0,0								
1				0						Schlacht von Chungking (1949)						0,0								
1				0						Schlacht von Kunmingtou (1949)		5,0				5,8								
1				0						Schlacht von Dengbu (1949)		6,0				6,9								
1		1		1	1928	bis	1929	bis	Afghanischer Bürgerkrieg (1929)			10,0				11,5	11,5	2,3	34	14	45			
				0			1929	bis	*Sowjetische Demozide unter dem Regime Stalins (1929 bis 1955)*													18.711		
1				1					Enteignungsterror Stalins (1929 bis 1955)													6.500	6.500	
1				1					Sowj. Politizid an der kasachischen Bevölkerung (1931 bis 1933)													1.500	1.500	
1				1					Sowj. Politizid an der ukrainischen Bevölkerung (1932 bis 1933)													5.000	5.000	
1				1					"Großer Terror" Stalins (1934 bis 1939)													4.000	4.000	
1				1					*Teilsumme der kriegsbezogenen sowjetischen Demozide*													1.691		
1				1					Sowjetische Politizide an der polnischen Elite (1940)													22	22	
0				0					Massaker von Katyn (1940)													4,0		
0				0					Massaker von Charkov (1940)													9,0		
0				0					Massaker von Kalinin/Tver (1940)													9,0		
0				0					*Hinweis: Sowj. Demozid an reichsdeutschen Kriegsgef. (1941 bis 1955) ist unter den Toten des 2. WK*										1100	1100			
1				1					Sow. Deportation von Deutschstämmigen nach Z Asien (1941)													400	400	
0				0					Bykownia (1937 bis 1938)													100		
1				0					Kuropaty (1937 bis 1941)													300		
1				1					Sowjetische Deportation der Krim-Italiener (1941)															
1				1					Sowjetische Deportation der Krim-Tataren (1941)													100	100	
1				1					Sowjetische Deportation der Karatschaier (1943)													40	40	
1				1					Sowjetische Deportation der Inguschen (1943)													12	12	
1				1					Sowjetische Deportation der Balkaren (1944)													17	17	
1				1					Sowjetische Deportation der Mescheten (1944)													50	50	
1				1					Sowj. Deport. der Krim- u. Kaukasusgriechen (1944 bis 1949)													50	50	
1				1					Sowjetischer Soziozid an heimgekehrten Kriegsgefangenen (1945)													1.000	1.000	

ANLAGE 10

Präd &Rtetor	Terr Konfl	Hierk Kons	Alloph Konfl	Se. Konfl	Jahr	bis	Jahr	Konflikt	Ausführungsereignisse (Schlachten, Belagerungen)	Land Tln. (Tsd.)	Land Schl. Tote (Tsd.)	Schl. Tote & Verw. (Tsd.)	See Schiffe	Schiffe gesunk.	Kampf-Tote (Tsd.) Zw. Ablage	Kampf-Tote (Tsd.)	Mil. Nicht-KampfT ote (Tsd.) Zw. Ablage	Mil. Nicht-Kampf-Tote (Tsd.)	MilTote (Tsd.) Zw. Ablage	Mil. Tote (Tsd.)	Ziv. Tote (Tsd.) Zw. Ablage	Ziv. Tote (Tsd.)	SeTote (Tsd.)
1				1				Sowjetische Internierungslager in Ostdeutschland (1945 bis 1950)													20	20	
1	1			1	1931	bis	1932	Japanische Besetzung der Mandschurei											6	20		20	
1		1		1	1931	bis	1934	Feldzüge der KMT-Regierung gegen die Sowjetrepublik von Ruijin						5,0	5,0	1,0	15					
1	1			1	1931	bis	1934	Secession von Sinkiang		10,0				11,5	11,5	2,3	34	14	45		10	
1		1		1	1932	bis	1932	Shanghai-Krieg		5,0				5,8	5,8	1,2	17	7	23		20	
1	1			1	1932	bis	1932	Aufstand in Sao Paulo						0,0	0,0							
1	1			1	1932	bis	1935	Chaco-Krieg		88,0				101,4	101,4	20,3	297	122	398			
1	1			1	1933	bis		Japanische Besetzung von Jehor und Chahar						0,0	0,0						20	
1				0	1933	bis	1945	*Reichsd. Demoz. unter dem NS-Regime (o. Demoz. an Kriegsgef.)*						0,0	0,0	0,0	0	0	0	6.769	6.769	6.769
1			1	1				Reichsdeutsche Konzentrationslager (1933 bis 1945)							0,0		0	0	0	1.011	1.011	
1				0					KZ Dachau/Kaufering (1933 bis 1945)												50,0		
1				0					KZ Moringen (1933 bis 1945)												10,0		
1				0					KZ Emslandlager (1933 bis 1945)												2,0		
1				0					KZ Sachsenhausen (1936 bis 1945)												100,0		
1				0					KZ Buchenwald (1937 bis 1945)												50,0		
1				0					KZ Lichtenburg (1936 bis 1945)												10,0		
1				0					KZ Flossenburg (1938 bis 1945)												30,0		
1				0					KZ Mauthausen (1938 bis 1945)												95,0		
1				0					KZ Ravensbrück (1938 bis 1945)												90,0		
1				0					KZ Neuengamme (1938 bis 1945)												55,0		
1				0					KZ Sajmiste (1940 bis 1945)												50,0		
1				0					KZ Theresienstadt (1941 bis 1945)												30,0		
1				0					KZ Bergen-Belsen (1943 bis 1945)												50,0		
1				0					KZ Groß-Rosen (1945 bis 1945)												40,0		
1				0					KZ Natzweiler (1943 bis 1945)												22,0		
1				0					KZ Mittelbau Dora (1943 bis 1945)												20,0		
1				0					500 KZ-Außenlager												300,0		
1				0					KZ Risiera di San Sabbia (1943)												3,0		
1				0					"Mühlviertler Hasenjagd" (1945)												0,5		
1				0					Todesmarsch Eisenstraße (1945)														
1				0					Todeszug Buchenwald-Dachau (1945)												2,0		
1				0					Massaker von Gardelegen (1945)												1,0		
1			1	1				Reichsd. Verfolgung /Ethnozid an Sinti u. Roma (1933 bis 1945)												400,0	400	
1			1	1				Reichsdeutsche Menschenvernichtungsstätten (1941 bis 1944)												3.740	3.740	
1				0					Auschwitz-Birkenau (1941 bis 1944)												1300,0		
1				0					Belzec (1941 bis 1942)												600,0		
1				0					Chelmno/Kulmhof (1941 bis 1944)												320,0		
1				0					Lublin-Majdalinka (1941 bis 1944)												250,0		
1				0					Vernichtungslager Sobibor (1942)												250,0		
1				0					Treblinka (1942 bis 1944)												870,0		
1				0					Maly Trostinez												150,0		
1			1	1				Massenmorde reichsdeutscher Einsatzgruppen (1939 bis 1944)												492,0	492	
1				0					Deutsch/poln. Massaker von Jedwabne (1941)												2,0		

ANLAGE 10

Präd &Retor Konfl	Terr Konfl	Hierk& Kons	Alloph Konfl	Se. Konfl	Jahr	bis	Jahr	Konflikt	Ausführungsereignisse (Schlachten, Belagerungen)	Tln. (Tsd.)	Land Schl. Tote (Tsd.)	Schl. Tote & Verw. (Tsd.)	See Schiffe	Schiffe gesunk.	Kampf-Tote (Tsd.) Zw. Ablage	Kampf-Tote (Tsd.)	Mil. Nicht-KampfTote (Tsd.) Zw. Ablage	Mil. Nicht-KampfTote (Tsd.)	MilTote (Tsd.) Zw. Ablage	Mil. Tote (Tsd.)	Ziv. Tote (Tsd.) Zw. Ablage	Ziv. Tote (Tsd.)	SeTote (Tsd.)
1				0					Vernichtungslager Riga (1941)												40,0		
1				0					Babij Yar (1941 bis 1943)												100,0		
1				0					Wald von Ponar (1941 bis 1943)												100,0		
1				0					Andere Exekutionsorte												250,0		
1			1	1				Reichsdeutscher Politizid an politischer Elite (1939 bis 1940)														63	
1			1	1				Ethnizistische Neuordnung des 3. Deutschen Reichs (1939 bis 1945)															
1			1	1				Reichsdeutsche Euthanasieanstalten (1940 bis 1944)													137,0	135	
1				0					Hartheim (1940 bis 1944)												38,0		
1				0					Grafeneck (1940)												11,0		
1				0					Brandenburg (1940)												10,0		
1				0					Sonnenstein (1940 bis 1942)												14,0		
1				0					Bernburg, a.d. Saale (1940 bis 1943)												14,0		
1				0					Hadamar (1941 bis 1945)												15,0		
1				0					Andere Exekutionsorte												35,0		
1			1	1				Reichsdeutsche Zwangsarbeit (1942 bis 1945)														500	
1			1	1				Reichsdeutsche Ghettos (1940 bis 1944)												428,0	428	
1				0					Lodz/Litzmannstadt (1940 bis 1944)												20,0		
1				0					Warschauer Ghetto (1940 bis 1943)												400,0		
1				0					Krakauer Ghetto (1941 bis 1943)												5,0		
1				0					Lemberger Ghetto (1941 bis 1943)												3,0	3	
1			1	1	1933			Irakischer Pogrom an assyrischen Christen															
1		1		1	1934			Liquidierung der SA															
1	1			1	1934			Krieg Saudi Arabiens gegen Jemen															
1	1			1	1935	bis	1941	2. Italienischer Eroberungskrieg gegen Äthiopien						44,9	44,9	9,0	132	54	177		275	
1				0					Schlacht von Mai Timchet (1935)		2,0				2,3								
1				0					Schlacht an der Ganale Doria (1936)		2,0				2,3								
1				0					1. Schlacht von Tembien (1936)		9,0				10,4								
1				0					Schlacht von Amba Aradam (1936)		6,0				6,9								
1				0					2. Schlacht von Tembien (1936)		3,0				3,5								
1				0					Schlacht von Scire (1936)		5,0				5,8								
1				0					Luftangriff auf Tacazze (1936)		3,0				3,5								
1				0					Schlacht von Mai Ceu (1936)		3,0				3,5								
1				0					Schlacht an der Aschiangi-See (1936)		4,0				4,6								
1				0					Schlacht von Olkaden (1936)		2,0				2,3								
1			1	1				Italienisches Massaker an Äthiopiern (1937)															
1			1	1				Ital. Mass. an äthiopischen Geistlichen (1937)															
1			1	1				Ital. Massaker von Debre Birham (1939)															
1	1			1			1936	Reichsdeutsche Wiederbesetzung des Rheinlands															
1	1			1	1936	bis	1939	Spanischer Bürgerkrieg		130,0				296,0	296,0	155,0	155	451	451		100	
1				0					Belagerung von Toledo (1936)		1,0				1,2								
1				0					Massaker in Granada (1936 bis 1939)		0,0				0,0							5	
1				0					Belagerung von Badajor (1936)		2,0				2,3								
1				0					Belag. von Talavera Reina (1936 bis 1939)		1,0				1,2								
1				0					Belagerung von Maiorca (1936)		1,0				1,2							2	
1				0					Belagerung von Santa Olalla (1936)		1,0				1,2								

Präd &Retor	Terr Konfl	Hier& Kons	Alloph Konfl	Se. Konfl	Jahr	bis	Jahr	Konflikt	Ausführungsereignisse (Schlachten, Belagerungen)	Thn. (Tsd.)	Land Schl. Tote (Tsd.)	Land Schl. Tote & Verw. (Tsd.)	See Schiffe	See Schiffe gesunk.	Kampf-Tote (Tsd.) Zw. Ablage	Kampf-Tote (Tsd.)	Mil. Nicht-KampfTote (Tsd.) Zw. Ablage	Mil. Nicht-Kampf-Tote (Tsd.)	MilTote (Tsd.) Zw. Ablage	Mil. Tote (Tsd.)	Ziv. Tote (Tsd.) Zw. Ablage	Ziv. Tote (Tsd.)	SeTote (Tsd.)
1				0					Belagerung von Madrid (1936 bis 1939)		4,0				4,6								
1				0					Schlacht von Boadilla d. Monte (1936 bis 1939)		10,0				11,5								
1				0					Schlacht von Malaga (1937 bis 1939)		5,0				5,8								
1				0					Schlacht im Jarama-Tal (1937)		15,0				17,3								
1				0					Schlacht von Guadalajara (1937)		6,0				6,9								
1				0					Schlacht von Brihuega (1937)		2,0				2,3								
1				0					Luftangriff auf Guernica (1937)						0,0							1	
1				0					Belagerung von Bilbao (1937)		2,0				2,3								
1				0					Schlacht von Brunete (1937)		10,0				11,5								
1				0					Schlacht von Belchite (1937)		4,0				4,6								
1				0					Schlacht von Santander (1937)		2,0				2,3								
1				0					Schlacht von Teruel (1937 bis 1938)		10,0				11,5							50	
1				0					Schlacht von Ebro (1938)		16,0				18,4								
1				0					Sonstige Kampfplätze						40,0								
1		1		1					Massenexekutionen						150,0		150!	150!				10	
1			1	1	1937			Pogrom an Haitianern in der Dominikanischen Republik							0,0	0,0			0	0		15	
1			1	1	1937	bis		Türkischer Genozid an der Zaza-Bevölkerung der Region Dersim							0,0	0,0						14	
1	1		1	1	1937	bis		2. Krieg Japans gegen China							752		550		1.303		5.000	5.000	6.303
1			1	1				Jap. Demozide an chines. Bevölkerung (1937 bis 1945)															
1			1	1				Jap Demozide an der chin. Kriegsgefangenen (1937 bis 1945)							0,0		400,0	400	400	400			
1				0				Japanische Invasion (1937 bis 1941)							578,3	578,3	115,7	1694	694	2272			
1				0					Schlacht a.d. Marco-Polo-Brücke (1937)						0,0								
1				0					Schlacht von Beijing-Tianjin (1937)						0,0								
1				0					2. Schlacht von Shanghai (1937)		100,0				115,2								
1				0					Schlacht von Taiyuan (1937)		50,0				57,6								
1				0					Schlacht von Pinghsinkuan (1937)		2,0				2,3								
1				0					Schlacht von Xuzhou (1937 bis 1938)		15,0				17,3								
1				0					Belagerung von Nanking (1937)		10,0				11,5						170		
1				0					Schlacht von Taierzhuang (1938)		20,0				23,0								
1				0					Deichsprengung am Gelben Fluss (1938)						0,0						1.000		
1				0					Schlacht von Wuhan / Hankau (1938)		200,0				230,4								
1				0					Belagerung von Canton (1938)						0,0								
1				0					Schlacht von Nanchang (1939)		20,0				23,0								
1				0					Schlacht von Suizhao (1939)		5,0				5,8								
1				0					Schlacht von Changsha (1939)		50,0				57,6								
1				0					Schlacht an der Kulun-Pass (1939 bis 1940)		10,0				11,5								
1				0					Schlacht von Changsha (1941 bis 1942)		20,0				23,0								
1				0				Hundert-Regimente-Offensive (1940)			15,0				80,6	80,6	16,1	236	97	317			
1				0					Schlacht von Shanggao (1941)		10,0				11,5								
1				0					Schlacht von Jinnan (1941)		10,0				11,5								
1				0					Schlacht in West-Hubei (1943)		20,0				23,0								
1				0					Schlacht von Changde (1943)		30,0				34,6								
1				0				Zhejiang-Jiangxi-Offensive (1942)							0,0	0,0					10		
1				0				Henan-Hunan-Guangxi-Offensive (1944)			80,0				81,8	81,8	16,4	240	98	321	250		
1				0					Schlacht von Henan (1944)		10,0				11,5						200		
1				0					Schlacht von Changheng (1944)		10,0				11,5								

Präd &Rkor	Terr Konfl	Alloph Konfl	Hierk Kons	Se. Konfl	Jahr	bis	Jahr	Konflikt	Ausführungsereignisse (Schlachten, Belagerungen)	Tln. (Tsd.)	Land Schl. Tote (Tsd.)	Schl. Tote & Verw. (Tsd.)	See Schiffe gesunk.	See Schiffe	Kampf-Tote (Tsd.) Zw. Ablage	Kampf-Tote (Tsd.)	Mil. Nicht-KampfTote (Tsd.) Zw. Ablage	Mil. Nicht-Kampf-Tote (Tsd.)	MilTote (Tsd.) Zw. Ablage	Mil. Tote (Tsd.)	Ziv. Tote (Tsd.) Zw. Ablage	Ziv. Tote (Tsd.)	SeTote (Tsd.)
1				0					Belagerung von Changsha (1944)		1,0				1,2								
1				0					Belagerung von Hengyang (1944)		10,0				11,5								
1				0					Belagerung von Guilin (1944)		20,0				23,0								
1				0					Belagerung von Liuzhou (1944)		20,0				23,0								
1				0				Rückeroberung von West-Hunan (1945)			10,0				11,5	11,5							
1	1			1	1938	bis	1939	Japanisch-Sowjetischer Grenzkonflikt	Schlacht von Lingbi (1945)		15,0				31,1	31,1	2,3	34	14	45			
1				0					Schlacht von Khalkhin Gol (1939)		27,0				31,1		6,2	91	37	122			
1	1			1	1938	bis	1938	Reichsdeutsche Invasion u. Annexion Österreichs							0,0	0,0							
1	1			1	1938	bis	1945	Reichsdeut. Invas. der Tschechoslowakei u. Annexion Tschechiens							0,0	0,0						0	
1				0					Massaker von Lidice (1942)													0	
1		1		1	1938	bis	1938	Reichskristallnacht (1938 bis 1938)							0,0	0,0							
1	1			1	1939	bis	1939	Italienische Invasion Albaniens							0,0	0,0							
								2. WELTKRIEG	2. WK im engeren Sinne (mil. Konfl. Achse vs. Alliierte)						68.615		30.082		98.697		5.636		104.333
									Militärischer Konflikt Japan vs. China u. jap. Demozide						752		550		1.303		5.000		6.303
									Kriegsbezogenen reichsdeutsche Demozide												6.769		6.769
									Kriegsbezogene sowjetische Demozide												1.691		1.691
									Sonstige Ethnozide zu Kriegsende												323		323
									Summe (2. WK im weiteren Sinne)						69.367		30.633		100.000	111	19.419	0	119.418
1	1			1	1939			Reichsdeutsche Invasion Polens	Schlacht von Wizma (1939)		80,0				92,2	92,2	270	270		362		16	
1				0					Belagerung von Warschau (1939)		0,5				0,6								
1				0					Schlacht an der Bzura (1939)						0,0								
1				0					Schlacht von Radom (1939)						0,0								
1	1			1	1939			Sowjetische Invasion Polens	Schlacht von Kollaa (1939 bis 1940)		16,0				18,4	18,4	54	54	22	72			
1	1			1	1939	bis	1944	Sowjetische Invasion Finnlands (Winterkrieg)	Schlacht von Soumussalmi (1939 bis 1940)		150,0				172,8	172,8	506	506	207	679		5	
1				0					Wyborg-Petrosaodsk (1944)		10,0				11,5	11,5	196	196	80	263		1	
1				0							58,0				66,8	66,8							
1	1			1	1940			Annektierung der Baltenstaaten durch die Sowjetunion							0,0	0,0	0	0	0	0			
1	1			1	1941	bis	1945	REICHSDEUTSCHER INVASION DER SU			4.000				8.346						630,0	630	
1				0				Reichsdeutsche Offensive gegen Moskau (1941)			162,0	150			229,8	229,8	673	673	276	903			
1				0					Schlacht von Bialystok-Nowogrodek (1941)						28,8								
1				0					Schlacht von Smolensk-Orscha-Witebsk (1941)		50,0	100			57,6								
1				0					Sowjetische Evakuierung von Tallin (1940)						6,0								
1				0					Schlacht von Wjasma-Brjansk (1941)		50,0				57,6								
1				0					Kampf um Moskau (1941 bis 1942)			1300			374,4								
1				0				Belagerung von Leningrad (1941 bis 1944)	Belagerung von Leningrad (1941 bis 1944)		400,0				460,8	460,8	1350	1350	553	1810	630,0	630	
1				0					Schlacht von Leningrad (1943)						50,0								
1				0					Schlacht an der Narwa (1944)														
1				0					Einsatz der span. Blauen Division an der Ostfront (1941 bis 1945)		4,0				4,6	4,6			5	5			
1				0					Einsatz italienischer Divisionen an der Ostfront (1941 bis 1944)		25,0				28,8	28,8	50,0	50	79	79			

Präd &Retor	Terr Konfl	Hier& Kons	Alloph Konfl	Se. Konfl	Jahr	bis	Jahr	Konflikt	Ausführungsereignisse (Schlachten, Belagerungen)	Land Th. (Tsd.)	Land Schl. Tote (Tsd.)	Land Schl. Tote & Verw. (Tsd.)	See Schiffe	See Schiffe gesunk.	Kampf-Tote (Tsd.) Zw. Ablage	Kampf-Tote (Tsd.)	Mil. Nicht-KampfTote (Tsd.) Zw. Ablage	Mil. Nicht-Kampf-Tote (Tsd.)	MilTote (Tsd.) Zw. Ablage	Mil. Tote (Tsd.)	Ziv. Tote (Tsd.) Zw. Ablage	Ziv. Tote (Tsd.)	SeTote (Tsd.)
1				0					Schlacht von Kiew (1941)						0,0								
1				0					Schlacht von Petrikowa (1941)						0,0								
1				0					Schlacht von Mogilew (1941)						0,0								
1				0					Weihnachtsschlacht (1941)						0,0								
1				0					Schlacht von Serafimowitsch (1942)						0,0								
1				0					Schlacht von Isbutsernski (1942)						0,0								
1				0					Schlacht von Ostrogozhsk-Rossosh (1942)						0,0								
1				0					2. Schlacht an der Don (1942)						0,0								
1				0				Sowjetische Winteroffensive 1941/1942	Schlacht von Nikolajewka (1943)		200,0				0,0 / 230,4	230,4	675	675	276	905			
1				0					Kesselschl v Demjansk/Kholm (1942 bis 1943)		25,0				28,8								
1				0					Sow. Rückerob. von Kertsch (1941 bis 1942)		30,0				34,6							10	
1				0					Schlacht von Kharkow (1942)						0,0								
1				0				Reichsdeutsche Sommeroffensive 1942	Schlacht von Rostow (1942)		250,0 / 20,0				300,0 / 23,0	300,0	879	879	360	1179			
1				0					Schlacht von Kaletsch (1942)		20,0				23,0								
1				0					Belagerung von Sewastopol (1942)		16,0				18,4								
1				0					Schlacht von Stalingrad (1942 bis 1943)		200,0				230,4								
1				0				Sowjetische Winteroffensive 1942/1943			200,0				230,4	230,4	675	675	276	905			
1				0					2. Rschew-Sytschewka-Offensive (1942)		110,0				126,7								
1				0				Reichsdeutsche Gegenoffensive im Donezbecken (1943)			200,0				230,4	230,4	675	675	276	905			
1				0					Belagerung von Kharkow (1943)						0,0								
1				0					Panzerschlacht von Stalino (1943)						0,0								
1				0				Sowjetische Sommeroffensive 1943	Schlacht von Kursk (1943)		90,0				506,8 / 103,7	506,8	1485	1485	608	1991			
1				0					Schlacht von Belgorod-Charkiw (1943)		100,0				115,2								
1				0					Donetzbecken (1943)		100,0				115,2								
1				0					Smolensk-Offensive (1943)		150,0				172,8								
1				0					Belagerung von Kiew (1943)						0,0								
1				0				Sowjetische Landung auf der Krim (1943)			4,0				4,6	4,6	13	13	6	18			
1				0				Sowjetische Offensive am Dnjepr (1943)			500,0				576,0	576,0	1687	1687	691	2263			
1				0				Sowjetische Winteroffensive 1943/1944			400,0				460,8	460,8	1350	1350	553	1810			
1				0					Schlacht von Odessa (1944)		50,0				126,7 / 57,6								
1				0					Kessel von Tscherkassy-Korsun (1944)						0,0								
1				0					Einkess, der 1. Reichsd. Panzerdiv. (1944)						0,0								
1				0				Kampf um die Krim (1944)			60,0				69,1	69,1	202	202	83	272			
1				0					Belagerung von Sewastopol (1944)						0,0	0,0	0	0	0	0			
1				0				Weißrussische Sabotagenacht (1944)															
1				0				Sowjetische Sommeroffensive 1944			450,0				518,4	518,4	1518	1518	622	2037			
1				0					Schlacht von Lwiw-Sandomierz (1944)		95,0				109,4								
1				0					Belagerung von Warschau (1944)						0,0							150	
1				0				Sowjetische Offensive im Baltikum (1944)			100,0				115,2	115,2	337	337	138	453			
1				0					Sowjetische Offensive in Ostpreußen (1944)		200,0				230,4	230,4	675	675	276	905			
1				0					Sowjetische Offensive in den Westkarpaten (1945)		20,0				23,0	23,0	67	67	28	91			
1				0				Sowjetische Weichsel-Oder-Offensive (1945)			350,0				403,2	403,2	1181	1181	484	1584			
1				0					Belagerung von Breslau (1945)						0,0	0,0							
1				0					Schlacht um Ostpommern (1945)		100,0				115,2	115,2	337	337	138	453			
1				0					Schlacht um Ostpreußen (1945)		500,0				576,0	576,0	1687	1687	691	2263			

ANLAGE 10

Präd &Retor	Terr Konfl	Hier& Kons	Alloph Konfl	Se. Konfl	Jahr	bis	Jahr	Konflikt	Ausführungsereignisse (Schlachten, Belagerungen)	Land Schl. Tote (Tsd.)	Land Schl. Tote & Verw. (Tsd.)	See Schl. Tote & Verw. (Tsd.)	Kampf Tote (Tsd.) Zw. Ablage	Kampf Tote (Tsd.)	Mil. Nicht-KampfTote (Tsd.) Zw. Ablage	Mil. Nicht-Kampf Tote (Tsd.)	MilTote (Tsd.) Zw. Ablage	Mil. Tote (Tsd.)	Ziv. Tote (Tsd.) Zw. Ablage	Ziv. Tote (Tsd.)	SeTote (Tsd.)
1				0					Belagerung von Königsberg (1945)				0,0								
1				0					Belagerung von Danzig (1945)				0,0								
1				0					Reichsdt. Evak. des Baltik. u. Ostpreuß (1945)				0,0							20	
1				0					Belagerung von Kolberg (1945)				0,0								
1				0					Sowjetische Offensive gegen den Berliner Raum (1945)				553,8	553,8	1622	1622	665	2176		100	
1				0					Belagerung von Küstrin (1945)	11,5			13,2								
1				0					Schlacht an der Oderbruch (1945)	50,0			57,6								
1				0					Schlacht von Halbe (1945)				50,0						10,0		
1				0					Schlacht von Bautzen (1945)				11,4						0,5		
1				0					Belagerung von Berlin (1945)	366,0			421,6								
1				0					Sowj. Guerilla gegen die reichsdeutsche Besatzung (1941 bis 1945)					0,0	1.000	1.000	1.000	1.000			
1				0					Reichsd. Gernoz. an sowj. Kriegsgef. (1941 bis 1945)				0,0	0,0	3.000	3.000	3.000	3.000			
1				0					Bergen-Belsen (1941 bis 1944)				0,0		1.500	1.500	1.500	1.500		20	
1				0					Sowj. Dernozid an reichsdeutschen Kriegsgef. (1941 bis 1955)				0,0								
1	1			1					FRONT IM REICHSGEBIET (ohne Bomberangriffe)				147,2	147,2	431	431	177	578			
1				0					Hürtgenwald-Offensive (1944)	36,0			41,5								
1				0					Schlacht von Hatten-Ritterhof (1945)	3,0			3,5								
1				0					All. Inv. des Rheinlands u. der Pfalz (1945)		80		23,0								
1				0					Alliierte Überquerung des Rheins (1945)				0,0								
1				0					Rheinkessel (1945)	10,0			11,5								
1				0					Schlacht von, Luftangriff auf Remagen (1945)				0,0								
1				0					Alliierte Rhein-Offensive (1945)	10,0			11,5								
1				0					Belagerung von Nürnberg (1945)	0,5			0,6								
1				0					Luftkämpfe über Bayern (1945)				0,0								
1				0					Schlacht von Plattensee (1945)		45		13,0								
1				0					Belagerung von Wien (1945)	37,0			42,6								
1	1			1	1940	bia	1945		SKANDINAVISCHE FRONT Reichsdeutsche Invasion Norwegens und Dänemarks (1940)				23,0	23,0	67	67	28	91			
1				0					Schlacht von Narvik (1940)	7,0			11,5								
1				0					Schlacht von Petsamo-Kirkenes (1944)	10,0			11,5								
1				0					Britische Besetzung Islands u. der Färör-Inseln (1940)				0,0								
1	1			1	1940	bis	1945		WESTEUROPÄISCHE FRONT				303,6	0,0	0	0	0	0		100	
1				0					Reichsdeutsche Invasion Westeuropas (1940)				161,3	161,3	472	472	194	634	20,0	20	
1				0					Flandern-Schlacht (1940)	140,0			11,5								
1				0					Reichsdt. Vorstoß durch die Ardennen (1940)	10,0			0,0								
1				0					Belagerung von La Ferte (1940)		1		0,1								
1				0					Frankreich-Schlacht (1940)	100,0			115,2								
1				0					Belag./Bombardierung von Dünkirchen (1940)	20,0			23,0								
1				0					Luftschlacht um England (1940 bis 1941)	3,0			3,5	3,5	29	29	12	39			
1				0					Partisanenkrieg in Frankreich (1940 bis 1945)				10,0	10,0							
1				0					Massaker von Asq (1944)				0,0						0,1		
1				0					Massaker von Oradour-sur-Glane (1944)				0,0						0,6		

Präd &Retor	Terr Konfl	Hier& Kons	Alloph Konfl	Se. Konfl	Jahr	bis Jahr	Konflikt	Ausführungsereignisse (Schlachten, Belagerungen)	Thn. (Tsd.)	Land Schl Tote (Tsd.)	Schl Tote & Verw. (Tsd.)	See Schiffe gewunk.	See Schiffe	Kampf-Tote (Tsd.) Zw. Ablage	Kampf-Tote (Tsd.)	Mil. Nicht-KampfTote (Tsd.) Zw. Ablage	Mil. Nicht-KampfTote (Tsd.)	MilTote (Tsd.) Zw. Ablage	Mil. Tote (Tsd.)	Ziv. Tote (Tsd.) Zw. Ablage	Ziv. Tote (Tsd.)	SeTote (Tsd.)
1				0			Deutsch-Italienische Besetzung Südfrankreichs (1942)							0,0	0,0	0	0	0	0			
1				0				Belagerung von Marseille (1943)						0,0								10
1				0				Vassieux-en-Vercors (1944)						0,0								
1				0			Alliierte Landung in der Normandie (1944)							57,6	57,6	169	169	69	226		10	
1				0				Belagerung von Caen (1944)		50,0				23,0								
1				0				Belagerung von Cherbourg (1944)		20,0				0,0						2		
1				0			Alliierter Durchbruch in Nordfrankreich (1944)			10,0				11,5								
1				0				Schlacht von Avranches / Mortain (1944)						0,0								
1				0				Schlacht von Falaise / Argentan (1944)		12,0				13,8								
1				0				Belagerung von Dünkirchen (1944 bis 1945)	10					0,5								
1				0				Befreiung von Paris (1944)						0,0								
1				0				Schlacht von Metz (1944)		10,0				11,5								
1				0			Alliierte Landung in der Provence (1944)		5,0				5,8	5,8	17	17	7	23			
1				0				Schlacht von Montelimar (1944)		3,0				3,5								
1				0				Schlacht von Toulon (1944)						0,0								
1				0				Schlacht von Marseille (1944)						0,0								
1				0				Schlacht von Dompaire (1944)						0,0								
1				0			Alliierte Luftlandeoperation am Niederrhein (1944)		2,0	8			4,5	4,5	13	13	5	18			
1				0				Schlacht von Arnheim (1944)		2,2				2,5								
1				0			Reichsdeutsche Ardennenoffensive (1944)		53,0				61,1	61,1	179	179	73	240			
1				0				Schlacht von Saint Vit (1944)						0,0								
1				0				Schlacht von Bastogne (1944 bis 1945)						0,0								
1				0				Reichsdeutsche Luftoffensive (1945)						0,0								
1				0				Belagerung von Aachen (1944)														
1	1			1	1941	1945	AFRIKA-FRONT							92,7								
1				0			Italienisch-Britischer Krieg in Ostafrika (1941)		6,0				6,9	6,9	20	20	8	27	5	5	
1				0				Belagerung von Kassala (1941)						0,0								
1				0				Schlacht von Agorat (1941)						0,0								
1				0				Schlacht von Keren (1941)						0,0								
1				0				Schlacht von Amba Alagi (1941)						0,0								
1				0				Belagerung von Gondar (1941)						0,0								
1				0			Italienisch-Britischer Krieg in Nordafrika (1940 bis 1941)		20,0				23,0	23,0	67	67	28	91			
1				0				Schlacht von Sidi el-Barrani (1940)						0,0								
1				0				Belagerung von Bardia (1940 bis 1941)						0,0								
1				0				1. Belagerung von Tobruk (1941)						0,0								
1				0				Schlacht von Beda Fomm (1941)						0,0								
1	1			0			Afrikafeldzug der Achsenmächte (1941 bis 1943)		15,0				17,3	17,3	51	51	21	68			
1				0			1. Deutsch-Italienische Offensive in Nordafrika (1941)						0,0	0,0	0	0	0	0			
1				0				2. Belagerung von Tobruk, (1941 bis 1942)			40			0,0								
1				0			Britische Gegenoffensive in Nordafrika (1941)						11,5	11,5	34	34	14	45			
1				0				Schlacht von Sidi Rezegh (1941)						0,0								
1				0				Schlacht von Bir el-Gobi (1941)						0,0								
1				0			2. Deutsch-Italienische Offensive in Nordafrika (1942)			90			25,9	25,9	76	76	31	102			

Präd &Retor	Terr Konfl	Hier& Kons	Alloph Konfl	Se. Konfl	Jahr	bis	Jahr	Konflikt	Ausführungsereignisse (Schlachten, Belagerungen)	Tln. (Tsd.)	Land Schl. Tote (Tsd.)	Schl. Tote & Verw. (Tsd.)	See Schiffe	See Schiffe gesunk.	Kampf-Tote (Tsd.) Zw. Ablage	Kampf-Tote (Tsd.)	Mil. Nicht-KampfTote (Tsd.) Zw. Ablage	Mil. Nicht-Kampf-Tote (Tsd.)	MilTote (Tsd.) Zw. Ablage	Mil. Tote (Tsd.)	Ziv. Tote (Tsd.) Zw. Ablage	Ziv. Tote (Tsd.)	SeTote (Tsd.)
				0					Schlacht von Gazala - Bir Hacheim (1942)			30			8.6								
				0					Endangriff auf Tobruk (1942)						0.0								
				0					Belagerung von Marsa Matruh (1942 bis 1943)						0.0								
				0					1. Schlacht von El Alamein (1942)	30					1.4								
				0					Schlacht von Alam Halfa (1942)		1.0				1.2								
				0					Britischer Landungsversuch in Tobruk (1942)						0.0								
				0					Schlacht von El Alamein (1942)		6.5				7.5								
1				0				Allierte Invasion Marokkos u. Algeriens (1942)			2.0				2.3	2.3	7	7	3	9			
1				0				Deutsch-Italienische Besetzung Tunesiens (1942)			3.0				3.5	3.5	10	10	4	14			
				0					Schlacht von Kasserine-Pass (1943)						0.0								
				0					Schlacht an der Mareth-Linie (1943)						0.0								
				0					Schlacht von Gabes (1943)						0.0								
1				0				Allierte Endoffensive in Tunesien (1943)			2.0				2.3	2.3							
	1			1	1940	bis	1945	FRONT IN SO-EUROPA							279.9								
1				0				Italienische Invasion Griechenlands (1940 bis 1941)			25.0				28.8	28.8	84	84	35	113			
1				0				Reichsdeutsche Besetzung Griechenlands (1941 bis 1944)			4.0				4.6	4.6	13	13	6	18			
				0					Reichsdeutsche Eroberung Kretas (1941)		10.0				11.5		34	34	14	45			
				0					Schlacht von Makemne (1941)						0.0								
				0					Schlacht, Seeschl. u. Luftschl. von Dieppe (1942)						0.0	0.0	0						
1				0				Partisanenkrieg in Griechenland (1941 bis 1944)							0.0	0.0	0				0.7		
				0					Massaker in Kalavrita (1943)						0.0		0				0.4		
				0					Schlacht von Ano Viannos (1943)						0.0		0				0.2		
				0					Massaker von Distomo (1944)												36.0	70	
									Sonstige Massaker												34.0		
									Zerstörung von 1.700 Dörfern														
1				0				Invasion Jugoslawiens durch die Achsmächte (1941)			15.0				17.3	17.3	51	51	21	68			
1				0				Partisanenkrieg in Jugoslawien (1941 bis 1945)				2			30.1	30.1	100.0	100	130	130		4	
				0					1. Antipartisanenoffensive (1941)						0.6								
				0					Konzentrationslager Sabac (1941 bis 1944)			2										7	
				0					Massaker von Sabac u. Belgrad (1941)													2	
				0					Massaker von Kraljevo (1941)													2	
				0					Massaker von Kragujevac (1941)			2			0.6							2	
				0					2. Antipartisanenoffensive (1942)			4			1.2								
				0					3. Antipartisanenoffensive (1942)						9.0								
				0					4. Antipartisanenoffensive (Kozava) (1942)			30			8.6								
				0					5. Antipartisanenoffensive (Neretva) (1943)			10			2.9								
				0					6. Antipartisanenoffensive (Sujetska) (1943)			20			5.8								
				0					7. Antipartisanenoffensive (Korcula) (1943 bis 1944)		1.3				1.5						2		
				0					8. Antipartisanenoffensive (Drvar) (1944)														
1				0				Reichsdeutscher Abzug u- Kriegsgefangenschaft						100.0		100.0	100	100			2	
				0					Schlacht von Poljana (1945)			2											

ANLAGE 10

Präd &Retor	Terr Konfl	Hier& Kons	Alloph Konfl	Se. Konfl	Jahr	bis	Jahr	Konflikt	Ausführungsereignisse (Schlachten, Belagerungen)	Tln (Tsd.)	Land Schl Tote (Tsd.)	Schl Tote & Verw. (Tsd.)	See Schiffe	Schiffe gesunk.	Kampf-Tote (Tsd.) Zw. Ablage	Kampf-Tote (Tsd.)	Mil. Nicht-KampfTote (Tsd.) Zw. Ablage	Mil. Nicht-Kampf-Tote (Tsd.)	MilTote (Tsd.) Zw. Ablage	Mil. Tote (Tsd.)	Ziv. Tote (Tsd.) Zw. Ablage	Ziv. Tote (Tsd.)	SeTote (Tsd.)
1			1	1				Ethnozide der kroatischen Nationalfaschisten (1941 bis 1945)															
				0					Jasenovac (1941 bis 1945)														650	
				0					Massaker von Banja Luka (1942)														2	
1				1				Vergeltungsmassaker der Tito-Partisanen (1945)								0,0	100	100	100	100			
				0					Massaker von Bleiburg (1945)															
				0					Massaker von Tezno (1945)															
				0					Todesmarsch (1945)															
				0					Massaker von Kljuc Brdovecki (1945)									2	2					
1			1	1				Rumänischer Ethnozid an Juden (1941 bis 1944)														300	
1				0				Sowjetische Besetzung Rumäniens (1944)			120,0				138,2	138,2	405	405	166	543			
				0					Schlacht von Turda (1944)															
1				0				Alliierte Landung in Griechenland und Konflikt mit EAM-ELAS (1944)						0,0	0,0	0	0	0	0		20		
1				0				Reichsdeutsche Invasion Ungarns (1944)						1,0	1,0	3	3	1	4				
1				0				Reichsdeutsche Besetzung der Slowakei (1944 bis 1945)						2,3	2,3	7	7	3	9		5		
				0					Massaker von Ostry Grun (1945)		2,0				0,0								0	
				0					Prager Aufstand (1945)						0,0	0,0							
1				0				Sowjetische Eroberung der Slowakei (1944)		50,0				57,6	57,6	169	169	69	226			
				0					Belagerung von Belgrad (1944)		20,0												
				0					Schlacht von Debrecen (1944)		32,0												
				0					Belagerung von Budapest (1944 bis 1945)															
1				1	1940	bis	1945	*ITALIENISCHE FRONT*							139,7								
	1			0				1. Italienisch-Französischer Alpenkrieg (1940)		2,0				2,3	2,3	7	7	3	9			
1	1			0				Kriegsbeteiligung Brasiliens gegen die Achsmächte (1942 bis 1945)		0,5				0,6	0,6	1	1	2	2			
1				0				Alliierte Invasion Siziliens (1943)		5,5	29			14,7	14,7	43	43	18	58			
1				0				Landung auf Pantelleria (1943)								0	0	0	0			
1				0				Alliierte Invasion Süditaliens (1943)						7,8	7,8	23	23	9	31			
				0					Schlacht von Salerno (1943)			23			6,6								
				0					Schlacht an der Volturno (1943)						1,2								
1	1		1	0				Ital. Frontwechsel (1943)		1,0				10,0	10,0	29	29	12	39		20	
				0					Versenkung der "Roma" (1943)						1,0								
				0					Schlacht u. Massaker von Kephalonia (1943)						6,0								
1				1				Reichsdeut. Zwangsarbeit für ital. Kriegsgefangene (1943 bis 1945)															
1			1	1				Partisanenkrieg in Italien (1943 bis 1945)						0,0	0,0	40	40	40	40	43,6	44	
				0					Massak. der Fallsch.-Panz.Div. Göring (1944)												1,5		
				0					Massak. in den Ardeatinischen Höhlen (1944)												0,3		
				0					Massaker von Sant' Anna di Stazzema (1944)												0,4		
				0					Massaker von Padule di Fucecchio (1944)												0,2		
				0					Massaker von Civitella in Val di Chiana (1944)												0,2		
				0					Massaker von Marzabotto / Monte Sole (1944)												0,9		
				0					Massaker von Turchino (1945)												0,1		
				0					Sonstige Kämpfe/Repressionen												40,0		
1				0				Kämpfe an der Gustav-Linie (1943 bis 1944)		34,0				34,0	34,0	100	100	41	134		1	
				0					Schlacht von Mignano (1943)		0,0				0,0								

ANLAGE 10

Präd &Retor	Terr Konfl	Hier& Kons	Alloph Konfl	Se. Konfl	Jahr	bis	Jahr	Konflikt	Ausführungsereignisse (Schlachten, Belagerungen)	Land Tln. (Tsd.)	Land Schl. Tote (Tsd.)	Land Schl. Tote & Verw. (Tsd.)	See Schiffe	See Schiffe gesunk.	Kampf-Tote (Tsd.) Zw. Ablage	Kampf-Tote (Tsd.)	Mil. Nicht-KampfTote (Tsd.) Zw. Ablage	Mil. Nicht-Kampf-Tote (Tsd.)	MilTote (Tsd.) Zw. Ablage	Mil. Tote (Tsd.)	Ziv. Tote (Tsd.) Zw. Ablage	Ziv. Tote (Tsd.)	SeTote (Tsd.)
1				0					Belagerung von Ortona (1943 bis 1944)		2.0				2.3								
1				0					Schlacht von San Pietro (1943)						0.0								
1				0					Schlacht von Montecassino (1944)			70			20.2							0	
1				0					Alliierte Landung bei Anzio, Nettuno (1944)		10.0	140			11.5	39.8	48	116	48	156			
1				0				Kämpfe an der Gotenlinie (1944 bis 1945)							39.8	39.8	116	116					
1				0					Schlacht von Coriano (1944)		2.0				2.3								
1				0					Schlacht von Gemmano (1944)		3.0				3.5								
1				0					Schlacht von Montegrande (1944)						0.0								
1				0					Sonstige Kampforte entlang der Gotenlinie						34.0								
1				0				2. Italienisch-Französischer Alpenkrieg (1944 bis 1945)							0.0	0.0	0	0	0	0			
1				0				Alliierte Eroberung Norditaliens (1945)			30.0				30.6	30.6	37	90	37	120			
1				0					Schlacht von Baiardo (1945)						0.0								
1				0					Schlacht von Ponti sul Mincio (1945)		0.5				0.6								
1				0					Sonstige Kampforte						30.0								
1		1		1	1944			Aufstand von Wehrmachtsoffizieren gegen Hitler							0.0	8.0	8	8	8	8			
1	1			1	1941			NAHOST-FRONT							17,3								
1				0					Britische Besetzung Iraks (1941)		5.0				5.8	5.8	7	17	7	23			
1				0					Britische Invasion Syriens (1941)		5.0				5.8	5.8	7	17	7	23			
1				0				Britisch-Sowjetische Besetzung des Iran (1941)		5.0				5.8	5.8	7	17	7	23			
1				0	1940	bis	1945	ASIATISCHE FRONT							122,1								
1			1	1				Japanische Demozide an der Zivilbevölk. SO-Asiens (1940 bis 1945)														2.000	
1			1	1				Japan. Demozide an SO-asiatischen Kriegsgefangenen (1940 bis 1945)															
1				0				Japanische Besetzung Französisch Indochinas (1940 bis 1941)		0.0				0.0	0.0	0	0	0	0			
1				0				Japanischer Einfall im Indischen Ozean (1941)		1.0				1.2	1.2	1	3	1	5			
1				0				Japanische Invasion Thailands (1941)		0.0				0.0	0.0	0	0	0	0			
1			1					Gegenseitige Demozide zw. Rohinbya u. Rhakine in Arakan (1942)														25	
1				0				Birmanische Front (1943 bis 1944)		65,0				74,9	74,9	90	219	90	294			
1				0					Belagerung von Imphal (1944)		15,0	70			20,2								
1				0					Belagerung von Kohima (1944)						17,3								
1				0				Sowjetische Besetzung der Mandschurei (1945)		40,0				46,1	46,1	55	135	55	181			50	
1	1			1	1941	bis	1945	PAZIFIKKRIEG	siehe zusätzl Japan.-Chinesischer Krieg						1.373								
1				0					Luftangriff auf Pearl Harbour (1941)		2,5				2,9	2,9	3	8	3	11			
1			1	1				Japanische Demozide an westlichen Kriegsgefangenen (1941 bis 1945)							0,0								
1				0				Japanische Invasion von Britisch Malaysia (1941 bis 1942)		1,0				3,5	3,5	4	10	4	14			
1				0					See- u. Luftschlacht von Kantuan (1941)						1,2								
1				0					Belagerung von Singapur (1942)		2,0				2,3								
1				0				Japanischer Angriff auf Hongkong (1941)	Belagerung von Hongkong (1941)		2,0				2,3	2,3	3	7	3	9			
1				0				Japanische Invasion der Philippinen (1941 bis 1942)							12,7	12,7	15	37	15	50			
1				0					Luftangriff auf Clark Field (1941)		1,0				1,2								

Präd &Retor	Terr Konfl	Hier& Kons	Alloph Konfl	Se. Konfl	Jahr	bis	Jahr	Konflikt	Ausführungsereignisse (Schlachten, Belagerungen)	Land Th. (Tsd.)	Land Schl. Tote (Tsd.)	Schl. Tote & Verw. (Tsd.)	See Schiffe	See Schiffe gesunk.	Kampf-Tote (Tsd.) Zw. Ablage	Kampf-Tote (Tsd.)	Mil. Nicht-KampfTote (Tsd.) Zw. Ablage	Mil. Nicht-Kampf-Tote (Tsd.)	MilTote (Tsd.) Zw. Ablage	Mil. Tote (Tsd.)	Ziv. Tote (Tsd.) Zw. Ablage	Ziv. Tote (Tsd.)	SeTote (Tsd.)
1				0					Belagerung von Corregidor (1942)		5,0				5,8	5,8							
				0					Belagerung von Bataan (1942)		20,0	20			5,8	5,8							
1				0				Japanische Invasion Niederländisch Ostindiens (1942)							23,0	23,0	67	67	28	91			
				0					Seeschl. in der Meerenge von Bandung (1942)		2,0												
				0					Seeschlacht von Java-Meer (1942)		2,0												
				0					Seeschlacht von Sundastraße (1942)		2,0												
				0					Luftangriff auf Darwin (1942)		2,0												
				0					Schlacht von Java (1942)		2,0												
				0					Seeschlacht von Balikpapan (1942)		2,0												
1				0				Japanische Invasion Birmas (1941 bis 1942)			5,0				5,8	5,8	17	17	7	23			
				0					Schlacht von Moulmein (1942)														
				0					Schlacht von Sittang (1942)														
				0					Schlacht von Yenangyaung (1942)														
1				0				Kampf um Papua-Neuguinea (1942 bis 1943)			50,0				57,6	57,6	169	169	69	226			
				0					Schlacht von Milne Bay (1942)		1,6												
				0					Schlacht von Wau (1943)		1,5												
				0					Salamaua-Lae Feldzug (1943)		5,0												
				0					Schlacht auf der Huon-Halbins. (1943 bis 1944)		8,0												
				0					Kampf um Biak (1944)		6,5												
				0					Kampf um Noemfoor (1944)		2,0												
				0					Schlacht an der Driniumor (Aitape) (1944)		10,0												
1				0				See- u. Luftschlacht im Korallenmeer (1942)			2,0				2,3	2,3	7	7	3	9			
1				0				Seeschlacht von u. Luftangriff auf Midway-Inseln (1942)			4,0				4,6	4,6	13	13	6	18			
1				0				Kampf um Guadalcanal (1942 bis 1943)							30,0	30,0	88	88	36	118			
				0					Seeschlacht von Savo (1942)		1,0				1,2								
				0					Seeschlacht von Östliche Salomonen (1942)		1,0				1,2								
				0					Versenkung der "Wasp" (1942)		0,2				0,2								
				0					Seeschlacht an der Cape Esperance (1942)		1,0				1,2								
				0					1. Landschlacht um Guadalcanal (1942)		2,0				2,3								
				0					Seeschlacht an der Santa-Cruz Islands (1942)		1,0				1,2								
				0					Seeschlacht von Guadalcanal (1942)		3,6				4,1								
				0					Seeschlacht von Tassafaronga (1942)		0,6				0,7								
				0					Belagerung von Buna-Gona (1942 bis 1943)		8,3				9,6								
				0					2. Landschlacht von Guadalcanal (1943)		2,0				2,3								
1				0					Luftangr. auf jap. Geleitz. in Bismarcksee (1943)		5,0				5,8	5,8							
1				0					Seeschlacht bei den Komandorski-Inseln (1943)		0,1				0,1	0,1							
				0					See- u. Luftschlacht von Rennell (1943)		0,2				0,2								
1				0				US-Landung auf Attu (1943)			3,0				3,5	3,5	10	10	4	14			
				0					US-Landung auf Rendova (1943)		2,0				2,3	2,3	7	7	3	9			
1				0				US-Landung auf New Georgia (1943)			3,0				3,5	3,5	10	10	4	14			
				0					Seeschlacht im Kula-Golf (1943)						0,0	0,0							
				0					Seeschlacht von Kolombangara (1943)						0,0	0,0							
1				0				US-Landung auf Kiska (1943)				0			0,1	0,1	0	0	0	0			
1				0				US-Landung auf Vella Lavella (1943)		10,0					2,2	2,2	0	6	3	9			
				0					Seeschlacht von Vella-Golf (1943)		1,1				1,3								
				0					Seeschlacht von Vella Lavella (1943)		0,2				0,2								

ANLAGE 10

Präd &Reror Konfl	Terr Konfl	Hier& Kons	Alloph Konfl	Se. Konfl	Jahr	bis	Jahr	Konflikt	Ausführungsereignisse (Schlachten, Belagerungen)	Tln. (Tsd.)	Land Schl. Tote (Tsd.)	Schl. Tote & Verw. (Tsd.)	See Schiffe	Schiffe gesunk.	Kampf-Tote (Tsd.) Zw. Ablage	Kampf-Tote (Tsd.)	Mil. Nicht-KampfTote (Tsd.) Zw. Ablage	Mil. Nicht-Kampf Tote (Tsd.)	MilTote (Tsd.) Zw. Ablage	Mil. Tote (Tsd.)	Ziv. Tote (Tsd.) Zw. Ablage	Ziv. Tote (Tsd.)	SeTote (Tsd.)
1				0					Seeschlacht von Kaiserin-Augusta-Bucht (1943)		0,5				0,6								
				0					Luftangriffe auf Rabaul (1943)		0,1				0,1								
				0				US-Landung auf den Gilbert-Inseln (1943)	Versenkung der "Liscombe Bay" (1943)		7,0				8,1	8,1	24	24	10	32			
				0					Seeschlacht von Cape Saint George (1943)		0,7				0,8								
				0							1,0				1,2								
				0				Birmanische Front (1943 bis 1944)			50,0	17			62,5	62,5	183	183	75	246			
				0					US-Landung auf Kwajalein (1944)		1,0				4,7	4,7	14	14	6	18			
				0					See- u. Luftschlacht von Truk (1944)						1,2								
				0					See- u. Landschlacht von Eniwetok (1944)		3,5				3,5							5	
				0					US-Landung auf den Marianen (1944)		27,0	10			34,0	34,0	2	2	36	36			
				0					US-Landung auf Guam (1944)						11,5	11,5	34	34	14	45			
				0					US-Landung auf Tinian (1944)		5,0				5,8	5,8	17	17	7	23			
				0					See- u. Luftschlacht in der Philippinen-See (1944)		4,0				4,6								
				0					US-Landung auf den Palau-Inseln (1944)		15,0				17,3	17,3	51	51	21	68			
				0					Versenkung der "Hofuku Maru"			1			1,0	1,0	1	1					
				0				US-Amerikanische Rückeroberung der Philippinen (1944 bis 1945)							335,8	335,8	984	984	376	1320			
				0					Luftangriff auf Formosa (1944)						0,0								
				0					US-Landung auf Leyte (1944)		13,0	85			24,5								
				0					See- u. Luftschlacht im Leyte-Golf (1944)						15,0								
				0					Versenkung der "Nachi" (1944)						0,8								
				0					Versenkung der "Kumano" (1944)						0,4								
				0					US-Landung auf Mindoro (1944)			1			0,3								
				0					US-Landung auf Luzon (1945)		215,0				247,7								
				0					Belagerung von Manila (1945)		41,0				47,2							75	
				0				US-Landung auf Iwo Jima (1945)	Jap. Kamikaze-Offens. um Iwo Jima (1945)		27,0				31,1	31,1	91	91	37	122			
				0				US-Landung auf Okinawa (1945)	Jap. Kamikaze-Off. um Okinawa (1945)		240,0				276,5	276,5	810	810	332	1086			
				0					Versenkung der "Yamato" (1945)						3,0								
				0				Rückeroberung von Borneo (1945)	Schlacht von Tarakan (1945)		2,7				3,6	13,4	39	39	16	53			
				0					Schlacht von Labuan (1945)		2,0				13,4								
				0					Landung auf Brunei (1945)		2,0				3,1								
				0					Schlacht von Nordborneo (1945)		2,0				2,3								
				0					Schlacht von Balikpapan (1945)		2,0				2,3								
				0					Versenkung der "Haguro" (1945)		0,9				2,3								
															1,0								
1				1	1939	bis	1945	U-BOOT-KRIEG	US-amer. U-Boot-Krieg im Pazifik (außer Seeschlachten) (1942 bis 1945)		50,0				80,6	50,0			50	50			
				0					Versenkung der "Montevideo Maru" (1942)						1,0								
				0					Versenkung der "Lisbon Maru" (1942)						0,8								
				0					Versenkung der "Buyo Maru" (1942)						0,3								
				0					Versenkung der "Takashihi Maru" (1943)						1,2								
				0					Versenkung der "Shinyu Maru" (1943)						0,5								
				0					Versenkung der "Suez Maru" (1943)						0,5								
				0					Vers. der "Ikoma M.", "Yasukuni M." (1944)						0,5								
				0					Vers. "Yosh.", "Tens-", "Tajima", "Aden" (1944)						10,0								

Präd &Retor	Terr Konfl	Hierar Kons	Alloph Konfl	Se. Konfl	Jahr	bis	Jahr	Konflikt	Ausführungsereignisse (Schlachten, Belagerungen)	Land Th. (Tsd.)	Land Schl Tote (Tsd.)	Land Schl Tote & Verw. (Tsd.)	See Schiffe	See Schiffe gesunk.	Kampf-Tote (Tsd.) Zw. Ablage	Kampf-Tote (Tsd.)	Mil. NichtKampfTote (Tsd.) Zw. Ablage	Mil. NichtKampf-Tote (Tsd.)	MilTote (Tsd.) Zw. Ablage	Mil. Tote (Tsd.)	Ziv. Tote (Tsd.) Zw. Ablage	Ziv. Tote (Tsd.)	SeTote (Tsd.)
1				0					Versenkung der "Aden Maru" (1944)						1,4								
1				0					Versenkung der "Tango Maru" (1944)						3,0								
1				0					Versenkung der "Tamahoko Maru" (1944)						0,6								
1				0					Versenkung der "Ryusei Maru" (1944)						5,0								
1				0					Versenkung der "Toyama Maru" (1944)						5,6								
1				0					Versenkung der "Taihei Maru" (1944)						1,0								
1				0					Versenkung der "Koshu Maru" (1944)						1,5								
1				0					Versenkung der "Tsushima Maru" (1944)						1,5								
1				0					Versenkung der "Shinyo Maru" (1944)						0,7								
1				0					Versenkung der "Rakuyo Maru" (1944)						1,0								
1				0					Versenkung der "Kachidoki Maru" (1944)						0,5								
1				0					Versenkung der "Junyo Maru" (1944)						5,6								
1				0					Versenkung der "Ural Maru" (1944)						2,0								
1				0					Versenkung der "Arisan Maru" (1944)						1,8								
1				0					Versenkung der "Kongo" (1944)						1,3								
1				0					Versenkung der "Shinano" (1944)						1,4								
1				0					Versenkung der "Unryu" (1944)						1,3								
1				0					Versenkung der "Awa Maru" (1945)						1,3								
1				1				Jap. U-Boockrieg im Pazifik (außer Seeschlachten) (1942 bis 1945)							1,2	1,2			1	1		2	
1				0					Versenkung der "USS WASP" (1942)						0,2								
1				1				Reichsdeutscher U-Boot-Krieg (1939 bis 1945)	Versenkung der "Indianapolis", (1945)						20,5	20,5	60	60	25	81		30	
1				0					Versenkung der "HMS Royal Oak" (1939)						0,8								
1				0					Versenkung der "HMS Courageous" (1939)						0,5								
1				0					Versenkung der "Arandora Star" (1940)						0,7							1	
1				0					Versenkung der "City von Benares" (1940)						0,3							0	
1				0					Angriff auf Geleitzug "HX-72" (1940)						0,1							0	
1				0					Angriff auf Geleitzug "SC-7" (1940)						0,1								
1				0					Angriff auf Geleitzug "HX-79" (1940)														
1				0					Versenkung der "Meknes" (1940)						0,4							0	
1				0					Versenkung der "SS Calabria" (1940)						0,4							1	
1				0					Versenkung der "SS Almeda Star" (1941)													0	
1				0					Versenkung der "S.S. Gairsoppa" (19419						0,1								
1				0					Versenkung der "SS Nerissa" (1941)						0,2							0	
1				0					Angriff auf Geleitzug "OG-71" (1941)						0,4								
1				0					Angriff auf die "USS Greer"						0,0								
1				0					Angriff auf Geleitzug "SC-42"						0,2								
1				0					Versenkung der "Armenija" (1941)						7,0								
1				0					Versenkung der "Ark Royal" (1941)						0,0								
1				0					Versenkung der "HMS Dunedin" (1941)						0,4								
1				0					Versenkung der "HMS Barham" (1941)						0,9								
1				0					Versenkung der "HMS Galatea" (1941)						0,5								
1				0					Versenkung der "HMS Eagle" (1942)						0,2								
1				0					Vers. "Baependy", "Benev" + "Araraq" (1942)						0,3								
1				0					Versenkung der "Laconia" (1942)													2	
1				0					Versenkung der "HMS Avenger" (1942)						0,5								
1				0					Versenkung der "SS Nova Scotia" (1942)						0,9								
1				0					Versenkung der "Ceramic" (1942)						0,7								
1				0					Angriff auf ital./reichsd. Geleitzüge (1942)						0,3								

P&R	Terr Konfl	Hier& Kons	Alloph Konfl	Se. Konfl	Jahr	bis	Jahr	Konflikt	Ausführungsereignisse (Schlachten, Belagerungen)	Tln. (Tsd.)	Land Schl. Tote (Tsd.)	Schl. Tote & Verw. (Tsd.)	See Schiffe	Schiffe gesunk.	Kampf-Tote (Tsd.) Zw. Ablage	Kampf-Tote (Tsd.)	Mil. Nicht-KampfTote (Tsd.) Zw. Ablage	Mil. Nicht-Kampf-Tote (Tsd.)	MilTote (Tsd.) Zw. Ablage	Mil. Tote (Tsd.)	Ziv. Tote (Tsd.) Zw. Ablage	Ziv. Tote (Tsd.)	SeTote (Tsd.)
1				1				Brit. U-Boot-Krieg im Atlan., N-See, O.See. Mittelm., Ind.Oz. (1939 bis 1945)	Angriff auf dem Geleitzug "ONS-154" (1942)						0,9								
1				0					Versenkung der "USAT Dorchester" (1943)						0,7								
1				0					Seeschl. mit Konvoi HX-229/SC-122 (1943)						0,4								
1				0					Versenkung der "Sidi-bel-Abbes" (1943)						0,7								
1				0					Versenkung der "SS Yoma" (1943)						0,5								
1				0					Versenkung der "HMS Penelope" (1944)						0,4								
1				0					Versenkung der "Leopoldville" (1944)						0,8								
1				0					Versenkung der "SS Dempo" (1944)						0,5								
1				1					Versenkung der "Conte Rosso" (1941)						6,0	6,0							
1				0					Versenkung der "SS Donau" u. "SS Bahia Laura" (1941)						1,0				6	6			
1				0					Versenkung der "Galilea" (1942)						0,5								
1				0					Versenkung der "Scillin" (1942)						0,8								
1				0					Versenkung der "Petrella" (1942)						2,7	1,5						16	
1				1				Sowjetischer U-Boot-Krieg (1941 bis 1945)	Versenkung der "Struma" (1942)						1,5							1	
1				0					Versenkung der "Wilhelm Gustloff" (1945)						1,5							6	
1				0					Versenkung der "General von Steuben" (1945)						0,0							3	
1				0					Versenkung der "Goya" (1945)						0,0							6	
1				1				Jap. U-Bootkrieg im Ind.Ozean (1941 bis 1945)	Versenkung der "Khedive Ismail" (1944)						1,4	1,4			1	1		15	
1				0											30,8								
1				1	1939	bis	1945	ÜBERWASSERKRIEG (außerh. Pazifik) — Überwasserkrieg im Atl.- Ind-Ozean, N- u. O-See (1939 bis 1945)							11,3	11,3			11	11			
1				0					Seeschlacht an der Rio de la Plata (1939)						0,0								
1				0					Versenkung der "Blücher" (1940)		1,0				0,0								
1				0					Versenkung der "Lancastria" (1940)						2,5								
1				0					Geleitzugschlacht im Atlantik (1940 bis 1941)						0,0								
1				0					Geleitzug "HX-84" (1940)						0,2								
1				0					Seeschlacht von Dakar (1940)						0,0								
1				0					Versenkung der "Empress von Britain" (1940)						0,0								
1				0					Versenkung der "Hood" u. "Bismarck" (1941)						0,0								
1				0					Versenkung der "Glorious", "Ardent" u. "Acasta" (1940)		4,0				0,0								
1				0					Versenkung der "Sidney" (1941)						0,8								
1				0					Seeschlacht mit dem Konvoi PQ13 (1942)						0,0								
1				0					Vers. "HMS Cornwall", "HMS Doretshire" (1942)						0,4						1,5		
1				0					Seeschlacht von Saint-Nazaire (1942)						0,0								
1				0					Seeschlacht mit dem Konvoi PQ17 (1942)						0,0								
1				0					Seeschlacht mit dem Konvoi PQ18 (1942)						0,4								
1				0					Versenkung der "Komet" (1942)						1,0								
1				0					Versenkung der "Palatia" (1942)						0,0								
1				0					Seeschlacht an der Bäreninsel (1942)						2,0								
1				0					Versenkung der "Scharnhorst" (1943)						0,0								
1				0					Seeschlacht in der Biskaya (1943)						0,0								
1				0					Luftangriff auf Bergen-Laksevag (1944)						0,4								
1				0					Versenkung der "Bremerhaven" (1944)														

Präd &Retor	Terr Konfl	Hierk Kons	Alloph Konfl	Se. Konfl	Jahr	bis	Jahr	Konflikt	Ausführungsereignisse (Schlachten, Belagerungen)	Tha. (Tsd.)	Land Schl. Tote (Tsd.)	Schl. Tote & Verw. (Tsd.)	See Schiffe gesunk.	See Schiffe	Kampf-Tote (Tsd.) Zw. Ablage	Kampf-Tote (Tsd.)	Mil. Nicht-KampfTote (Tsd.) Zw. Ablage	Mil. Nicht-Kampf-Tote (Tsd.)	MilTote (Tsd.) Zw. Ablage	Mil. Tote (Tsd.)	Ziv. Tote (Tsd.) Zw. Ablage	Ziv. Tote (Tsd.)	SeTote (Tsd.)
				0					Versenkung der "Tirpitz" (1944)						1,0								
				0					Versenkung der "MS Rigel" (1944)						2,6								
				0					Versenkung der "Cap Arcona" (1945)						0,0						5,0		
				0					Versenkung der "Thielbeck" (1945)						0,0						2,0		
1				1				Oberwasserkrieg im Mittelmeer (1940 bis 1945)			7,0				19,5	19,5	57	57	23	76,8		5	
				0					Luftangriff auf Taranto (1940)						0,1								
				0					Seeschlacht von Mers el Kebir (1940)						1,3								
				0					Seeschlacht von Punta Stilo (1940)						0,2								
				0					Seeschlacht von Capo Teulada (27./28.11.1940)						0,0								
				0					Seeschlacht von Capo Spada (1940)						0,1								
				0					Luftangriffe auf Malta (1940 bis 1942)						0,5								
				0					Versenkung der "MS Southampton"						0,1								
				0					Seeschlacht von Cape Matapan (1941)						3,0								
				0					Geleitzug "Tarigo" (1940)						1,7								
				0					Versenkung der "HMS Gloucester" (1941)						0,7								
				0					Versenkung der "MV Andrea Gritti" (1941)						0,3								
				0					1. Seeschlacht in der Großen Syrte (17.12.1941)						0,0								
				0					Seeschlacht bei Tripolis (1941)						0,0								
				0					Seeschlacht von Alexandreia (1941)						0,0								
				0					Angriff auf Geleitzug "Duisburg" (1941)						0,2								
				0					Vers. "Barbiano" u. "Giussano" (1941)						0,9								
				0					Versenkung der "HMS Neptune" (1941)						0,8								
				0					Versenkung der "Città di Palermo" (1942)						0,6								
				0					2. Seeschlacht in der Großen Syrte (22.3.1942)						0,0								
				0					Versenkung der "Trento" (1942)						0,5								
				0					Seeschl. Konv. "Vigorous", "Harpoon" (1942)						0,1								
				0					Seeschlacht mit dem Konvoi "Pedestal" (1942)						0,3								
				0					Seeschlacht von Toulon (1942)						0,0								
				0					Versenkung der "SS Francesco Crispi" (1943)						0,8								
				0					Seeschlacht von Leros (1943)		0,9				1,0								
				0					Versenkung der "MV Donizetti" (1943)						1,8								
				0					Versenkung der "SS Ardena" (1943)						0,7								
				0					Versenkung der "Sinfra" (1943)						2,1								
				0					Versenkung der "Rohna" (1943)						1,1								
				0					Geleitzug "UGS-38" (1944)						0,6								
								STÄDTEBOMBARDIERUNGEN															
1				1	1939	bis	1945	Reichsdeutsche Städtebombardierungen im 2. Weltkrieg		10,0				11,5	11,5			12	12	1.162		
1				1	1939	bis	1945	Reichsdeutsche Städtebombardierungen britischer Städte						0,0	0,0					166		
				0					Bristol/Avofmouth (4.1.1941)												55,8	0,0	
				0					Bath (25./26.4.1942)												0,4	0,4	
				0					Birmingham (19./20.11.1940)												0,8		
									Birmingham (4.12.1940)												0,3		
				0					Birmingham (16.5.1941)													2,2	
									Birmingham (07.1942)												0,1		
				0					Birmingham (sonstinge Angriffe)												0,1	0,1	
				0					Canterbury (30/31.1942)												0,1	0,1	

Präd &Retor	Terr Konfl	Hier& Kons	Alloph Konfl	Se. Konfl	Jahr	bis	Jahr	Konflikt	Ausführungsereignisse (Schlachten, Belagerungen)	Tln. (Tsd.)	Land Schl. Tote (Tsd.)	Schl. Tote & Verw. (Tsd.)	See Schiffe	Schiffe gesunk.	Kampf-Tote (Tsd.) Zw. Ablage	Kampf-Tote (Tsd.)	Mil. Nicht-KampfTote (Tsd.) Zw. Ablage	Mil. Nicht-Kampf-Tote (Tsd.)	MilTote (Tsd.) Zw. Ablage	Mil. Tote (Tsd.)	Ziv. Tote (Tsd.) Zw. Ablage	Ziv. Tote (Tsd.)	SeTote (Tsd.)
1				0					Canterbury (1942)												0.1	0.1	
1				0					Cardiff (1941)												0.1	0.1	
1				0					Coventry (14.11.1940 u. später)												1.2	1.2	
1				0					Exeter (25./24.4.1942)												0.1	0.1	
1				0					Exeter (3./4.5.1942)												0.2	0.2	
1				0					Liverpool (081940 bis 01.1942)												4.0	4.0	
1				0					London (1940)												0.1		
1				0					London (1940)												0.1		
1				0					London (1940)												0.1	30	
1				0					London (1940)												1.0		
1				0					London (1941)												0.1		
1				0					London (1941)												0.1		
1				0					London (1944)												1.0		
1				0					London (1944)												1.0	1.0	
1				0					Manchester (12.1940 u. später)												1.0	1.0	
1				0					Newport (1942)												0.1	0.1	
1				0					Newport (1942)												0.1	0.1	
1				0					Norwich (27./28.4.1942)												0.1	0.1	
1				0					Norwich (1942)												0.1	0.1	
1				0					Norwich (1942)												0.1	0.1	
1				0					Norwich (1942)												0.1	0.1	
1				0					Swansea (1941)												0.1	0.1	
1				0					York (28.29.4.1942)												0.1	0.1	
1									Sonstige "Baedecker-Ziele (1942)												0.5	0.5	
1				0					Reichsd. V-Raketen-Angriffe (1944 bis 1945)												15.0	15.0	
1				1				Reichsdeutsche Städtebombardierungen sonstiger Städte								0.0	0.0					44.4	66	
1				0					Warschau (25.9.1939)												20.0	20.0	
1				0					Freiburg (1940)												0.0	0	
1				0					Rotterdam (14.5.1940)												0.8	1	
1				0					Le Havre (05 bis 05.1940)												0.3	0	
1				0					Dieppe (1940)												0.1	0	
1				0					Moskau (1941)												0.1	0	
1				0					Belgrad (1941)												3.0	3	
1				0					Stalingrad (1942)												40.0	40	
1				0					Eindhoven (1942)												0.1	0	
1				0					Bari / "USAT Charles Henderson" (1943)						1.0	1.0					1.0	1.0	
1				1					Eindhoven (1944)												0.1	0.1	
1				1				West-Alliierte Bombard. von Städten in Deutschl. (1940 bis 1945)			10.0				11.5	11.5	20.0	20	32	32	397.4		
1				0					Aachen (5./6.10.1942)												0.1		
1				0					Aachen (13./14.7.1943)												0.3		
1				0					Aachen (11./12.4.1944)												0.7	1.5	
1				0					Aachen (28.5.1944)												0.2		
1				0					Augsburg (17.4.1942)												0.0		
1				0					Augsburg (25./26.2.1944)												0.3		
1				0					Berlin (8./9.9.1940)												0.5	1.5	
1				0					Berlin (25./29.8.1940)												0.5		
1				0					Berlin (7./8.9.1941)												0.5		
1				0					Berlin (7./8.11.1941)												0.5		

ANLAGE 10

Präd &Retor	Terr Konfl	Hier& Kons	Alloph Konfl	Se. Konfl	Jahr	bis	Jahr	Konflikt	Ausführungsereignisse (Schlachten, Belagerungen)	Th. (Tsd.)	Schl. Tote (Tsd.)	Schl. Tote & Verw. (Tsd.)	Schiffe gesunk.	Schiffe	Kampf- Tote (Tsd.) Zw. Ablage	Kampf- Tote (Tsd.)	Mil. Nicht-KampfTote (Tsd.) Zw. Ablage	Mil. Nicht-Kampf-Tote (Tsd.)	MilTote (Tsd.) Zw. Ablage	Mil. Tote (Tsd.)	Ziv. Tote (Tsd.) Zw. Ablage	Ziv. Tote (Tsd.)	SeTote (Tsd.)
1				0					Berlin (16./17.1.1943)												0,5		
1				0					Berlin (17./18.1.1943)												0,1		
1				0					Berlin (16./17.2.1943)												0,5		
1				0					Berlin (1./2.3.1943)												0,5		
1				0					Berlin (27./28.3.1943)												0,5		
1				0					Berlin (29./30.3.1943)												0,5		
1				0					Berlin (23./24.8.1943)												0,5		
1				0					Berlin (30.8.1943/1.9.1943)												0,5		
1				0					Berlin (3.4.9.1943)												0,5		
1				0					Berlin (18./19.11.1943)												0,5		
1				0					Berlin (22./26.11.1943)												0,5		
1				0					Berlin (22./26.11.1943)												3,7		
1				0					Berlin (2./3.12.1943)												0,5		
1				0					Berlin (23./24.12.1943)												0,5	35,0	
1				0					Berlin (29./30.12.1943)												0,5		
1				0					Berlin (1./2.1.1944)												0,5		
1				0					Berlin (2./3.1.1944)												0,5		
1				0					Berlin (20./21.1.1944)												0,5		
1				0					Berlin (27./28.1.1944)												0,5		
1				0					Berlin (28./29.1.1944)												0,5		
1				0					Berlin (30./31.1.1944)												0,5		
1				0					Berlin (15./16.2.1944)												0,5		
1				0					Berlin (6.3.1944)												0,5		
1				0					Berlin (8.3.1944)												0,5		
1				0					Berlin (9.3.1944)												0,5		
1				0					Berlin (24./25.3.1944)												0,5		
1				0					Berlin (30.4.1944)												0,5		
1				0					Berlin (3.2.1945)												0,5		
1				0					Berlin (26.2.1945)												0,5		
1				0					Berlin (18.3.1945)												0,5		
1				0					Berlin (10.4.1945)												0,5		
1				0					Berlin (18./19.4.1945)												0,5		
1				0					Berlin (sonstige kleinere Bombardierungen)												15,0		
1				0					Bielefeld (14.3.1945)												0,3	0,3	
1				0					Bocholt (22.3.1945)												0,3	0,3	
1				0					Bochum (12./13.6.1943)												0,3		
1				0					Bochum (13./14.5.1943)												0,1		
1				0					Bochum (29./30.9.1943)												0,3		
1				0					Bochum (4./5.11.1944)												1,3	4,1	
1				0					Bochum (9./10.7.1943)												0,3		
1				0					Bochum (sonstige kleinere Angriffe)												1,8		
1				0					Bomband. deut. Talsperren (16./17.5.1943)												1,5	2,0	
1				0					Bonn (18.10.1944)												0,3	2,0	
1				0					Bottrop (diverse Angriffe)												0,7	0,7	
1				0					Braunschweig (27./28.9.1943)												0,2		
1				0					Braunschweig (14./15.1.1944)												0,3		
1				0					Braunschweig (22./23.4.1944)												0,3		
1				0					Braunschweig (12./13.8.1944)												0,3	3,0	
1				0					Braunschweig (14./14.10.1944)												1,0		
1				0					Braunschweig (sonstige kleinere Angriffe)												0,9		

ANLAGE 10

Präd & Retor	Terr Konfl	Hier & Kons	Alloph Konfl	Se. Konfl	Jahr	bis	Jahr	Konflikt	Ausführungsereignisse (Schlachten, Belagerungen)	Tin. (Tsd.)	Land Schl. Tote (Tsd.)	Schl. Tote & Verw. (Tsd.)	See Schiffe	Schiffe gesunk.	Kampf-Tote (Tsd.) Zw. Ablage	Kampf-Tote (Tsd.)	Mil. Nicht-KampfTote (Tsd.) Zw. Ablage	Mil. Nicht-Kampf-Tote (Tsd.)	MilTote (Tsd.) Zw. Ablage	Mil. Tote (Tsd.)	Ziv. Tote (Tsd.) Zw. Ablage	Ziv. Tote (Tsd.)	SeTote (Tsd.)
1				0					Bremen (31.12.1940/1.1.1941)												0,3		
1				0					Bremen (13.2.1941)												0,3		
1				0					Bremen (11./12.5.1941)												0,3		
1				0					Bremen (25./26.6.1942)												0,3		
1				0					Bremen (29./30.6.1942)												0,3		
1				0					Bremen (2./3.7.1942)												0,3		
1				0					Bremen (4./5.9.1942)												0,5		
1				0					Bremen (21./22.2.1943)												0,3	5,0	
1				0					Bremen (17.4.1943)												0,3		
1				0					Bremen (18.5.1943)												0,3		
1				0					Bremen (16.12.1943)												0,3		
1				0					Bremen (20.12.1943)												0,3		
1				0					Bremen (18./19.8.1944)												0,3		
1				0					Bremen (6./7.10.1944)												0,3		
1				0					Bremen (22.4.1945)												0,3		
1				0					BremerHaven (18./19.9.1944)												0,3	0,3	
1				0					Buchenwald (27.8.1944)												1,7	3,8	
1				0					Chemnitz (14./15.2.1945)												2,1		
1				0					Chemnitz (5./6.3.1945)												0,1	0,6	
1				0					Danzig (11.7.1942)												0,5		
1				0					Danzig (9.10.1943)												2,0		
1				0					Darmstadt (23./24.9.1943)												10,0	14,0	
1				0					Darmstadt (11./12.9.1944)												1,0		
1									Darmstadt (12.12.1944)												1,0		
1									Darmstadt (sonstige Angriffe)												0,7		
1				0					Dessau (7./8.3.1945)												0,4	1,1	
1									Dessau (sonstige Angriffe)												0,7		
1				0					Dortmu. (4./5.5.1943)												0,5		
1				0					Dortmu. (22./23.5.1944)												0,5		
1				0					Dortmu. (23./24.5.1944)												0,5		
1				0					Dortmu. (23./24.6.1943)												1,0		
1				0					Dortmu. (6./7.10.1944)												0,5	6,3	
1				0					Dortmu. (12.11.1944)												0,5		
1				0					Dortmu. (16.11.1944)												0,5		
1				0					Dortmu. (29.11.1944)												0,5		
1				0					Dortmu. (20./21.2.1945)												0,5		
1				0					Dortmu. (12.3.1945)												0,6		
1				0					Dortmu. (sonstige Angriffe)												0,7		
1				0					Dortmu.-Ems-Kanal (23./24.9.1944)												0,5	0,3	
1				0					Dortmu.-Ems-Kanal (4./5.11.1944)												0,5	0,3	
1				0					Dresden (7.10.1944)												1,0		
1									Dresden (1.1.1945)												0,5		
1									Dresden (13./15.2.1945)												25,0	25,0	
1				0					Duisburg (13./26.7.1942)												0,5		
1				0					Duisburg (6./7.9.1942)												0,1		
1				0					Duisburg (21.12.1942)												0,1		
1				0					Duisburg (26./27.4.1943)												0,5		
1				0					Duisburg (12./13.5.1943)												0,5		
1				0					Duisburg (21./22.5.1944)												0,5		
1				0					Duisburg (14./15.10.1944)												0,5	5,7	

Index	Präd &Retor	Terr Konfl	Hier& Kons	Alloph Konfl	Se. Konfl	Jahr	bis Jahr	Konflikt	Ausführungsereignisse (Schlachten, Belagerungen)	Land Thn (Tsd.)	Land Schl Tote (Tsd.)	Land Schl Tote & Verw. (Tsd.)	See Schiffe	See Schiffe gesunk.	Kampf-Tote (Tsd.) Zw. Ablage	Kampf-Tote (Tsd.)	Mil. Nicht-Kampfl ote (Tsd.) Zw. Ablage	Mil. Nicht-Kampf-Tote (Tsd.)	MilTote (Tsd.) Zw. Ablage	Mil. Tote (Tsd.)	Ziv. Tote (Tsd.) Zw. Ablage	Ziv. Tote (Tsd.)	SeTote (Tsd.)
1					0				Duisburg (17./18.12.1944)													0.5		
1					0				Duisburg (30.11./1.12.1944)													0.5		
1					0				Duisburg (21./22.2.1945)													0.5		
1					0				Duisburg (sonstige Angriffe)													1.5		
1					0				Dülmen (22.3.1945)													0.3	0.3	
1					0				Düren (16.11.1944)													3.2	3.2	
1					0				Düsseldorf (31.7./1.8.1942)													0.3		
1					0				Düsseldorf (10./11.9.1942)													0.1		
1					0				Düsseldorf (27./28.1.1943)													0.5		
1					0				Düsseldorf (11./12.6.1943)													0.5		
1					0				Düsseldorf (1./11.1943)													0.5	5.9	
1					0				Düsseldorf (22./23.4.1944)													0.5		
1					0				Düsseldorf (sonstige Angriffe)													3.0		
1					0				Elmshorn (25.7.1943)													0.1	0.1	
1					0				Emden (31.3./1.4.1941)													0.1		
1					0				Emden (19./20.6.1942)													0.1		
1					0				Emden (11.12.1943)													0.1	0.7	
1					0				Emden/Wilhelmshafen (3.2.1944)													0.1		
1					0				Emden (6.9.1944)													0.3		
1									Erfurt (02.1945)													0.3	0.3	
1					0				Essen (8.3./13.4.1942)													0.3		
1					0				Essen (1./17.6.1942)													0.4		
1					0				Essen (16./17.9.1942)													0.1		
1					0				Essen (5./6.3.1943)													0.5		
1					0				Essen (12./13.3.1943)													0.6		
1					0				Essen (26./27.3.1944)													0.4		
1					0				Essen (3./4.4.1943)													0.4		
1					0				Essen (25./26.4.1943)													0.4		
1					0				Essen (30.4./1.5.1943)													0.4		
1					0				Essen (27./28.5.1943)													0.4		
1					0				Essen (26./27.4.1944)													0.4		
1					0				Essen (22.10.1944)													0.4		
1					0				Essen (23./24.10.1944)													0.4		
1					0				Essen (25.10.1944)													0.4		
1					0				Essen (28./29.11.1944)													0.4		
1					0				Essen (12./13.12.1944)													0.4		
1					0				Essen (23.2.1945)													0.4		
1					0				Essen (11.3.1945)													0.4		
1					0				Essen (sonstige kleinere Angriffe)													0.4	7.5	
1					0				Frankfurt a.M. (2./3.9.1942)													0.1		
1					0				Frankfurt a.M./Ludwigshafen (29.1.1943)													0.1		
1					0				Frankfurt a.M. (4./5.10.1943)													0.5		
1									Frankfurt a.M. (9./10.4.1943)													0.1		
1					0				Frankfurt a.M. (25./26.11.1943)													0.1		
1					0				Frankfurt a.M. (20./21.12.1943)													0.2		
1									Frankfurt a.M. (29.1.1944)													0.1		
1									Frankfurt a.M. (8.2.1944)													0.4		
1					0				Frankfurt a.M. (23.1.1944)													0.1		
1									Frankfurt a.M. (18.3.1944)													0.4	5.5	

ANLAGE 10

Präd &Retor	Terr Konfl	Hier& Kons	Alloph Konfl	Se. Konfl	Jahr bis	Jahr	Konflikt	Ausführungsereignisse (Schlachten, Belagerungen)	Tn. (Tsd.)	Schl. Tote (Tsd.)	Schl. Tote & Verw. (Tsd.)	Schiffe	Schiffe gesunk.	Kampf- Tote (Tsd.) Zw. Ablage	Kampf- Tote (Tsd.)	Mil. Nicht- KampfTote (Tsd.) Zw. Ablage	Mil. Nicht- Kampf- Tote (Tsd.)	MilTote (Tsd.) Zw. Ablage	Mil. Tote (Tsd.)	Ziv. Tote (Tsd.) Zw. Ablage	Ziv. Tote (Tsd.)	SeTote (Tsd.)
1				0				Frankfurt a.M. (22.3.1944)												1.0		
1				0				Frankfurt a.M. (12./13.9.1944)												0.2		
1				0				Frankfurt a.M. (sonstige kleinere Angriffe)												2.2	3,0	
1				0				Freiburg (27./28.11.1944)												3.0		
1				0				Friedrichshafen (20./21.6.1943)												0.1	0,2	
1				0				Friedrichshafen (27./28.4.1944)												0.1		
1				0				Gelsenkirchen (25./26.6.1943)												0.5		
1				0				Gelsenkirchen (9./10.7.1943)												0.5	3,1	
1				0				Gelsenkirchen (6.11.1944)												0.5		
1								Gelsenkirchen (sonstige Angriffe)												1.6		
1				0				Gießen (6./7.12.1944)												0.5	0,5	
1								Gladbeck (24.3.1945)												0.4	0,9	
1				0				Gladbeck (sonstige Angriffe)												0.5		
1				0				Hagen (1.10.1943)												0.5		
1				0				Hagen (2./3.12.1944)												0.5	2,2	
1				0				Hagen (15./16.3.1945)												0.7		
1								Hagen (sonstige Angriffe)												0.3		
1				0				Hamburg (15./17.11.1940)												0.3		
1				0				Hamburg (12./13.3.1941)												0.3		
1				0				Hamburg (11./12.5.1941)												0.1		
1				0				Hamburg (3./4.5.1942)												0.3		
1				0				Hamburg (26./27.7.1942)												0.3		
1				0				Hamburg (27./28.7.1942)												0.1		
1				0				Hamburg (30./31.1.1943)												0.3		
1				0				Hamburg (3./4.2.1943)												0.3	49,0	
1				0				Hamburg (3./4.3.1943)												0.7		
1				0				Hamburg (24./30.7.1943)												40.0		
1				0				Hamburg (28./29.7.1944)												0.3		
1				0				Hamburg (8./9.3.1945)												0.3		
1				0				Hamburg (31.3.1945)												0.3		
1				0				Hamburg (8./9.4.1945)												0.3		
1				0				Hamburg (8.4.1945)												5.0		
1				0				Hamburg (sonstige kleinere Bombard.)												0.1	2,6	
1				0				Hanau (6./7.1.1945)												2.5		
1				0				Hanau (18./19.3.1945)												0.3?		
1				0				Hannover (10./11.12.1941)												0.3		
1				0				Hannover (22./23.9.1943)												0.3		
1				0				Hannover (27./28.9.1943)												1.3		
1				0				Hannover (8./9.10.1943)												0.3		
1				0				Hannover (18./19.10.1943)												0.3		
1				0				Hannover (5./6.1.1945)												7.0		
1				0				Heilbronn (4./5.12.1944)												0.3	0,3	
1				0				Helgoland (18./19.4.1945)												0.1	0,1	
1				0				Hildesheim (22.3.1945)												0.3		
1				0				Karlsruhe (3.9.1943)												0.3	1,5	
1				0				Karlsruhe (24./25.4.1944)												0.4		
1								Karlsruhe (4./5.12.1944)												0.7		
1								Karlsruhe (sonstige Angriffe)												0.1		
1				0				Kassel (3./4.10.1943)												7.0		
1				0				Kassel (22./23.10.1943)														

797

ANLAGE 10

Präd &Retor	Se. Konfl	Ausführungsereignisse (Schlachten, Belagerungen)	Ziv. Tote (Tsd.) Zw. Ablage	Ziv. Tote (Tsd.)
1	0	Kassel (8./9.3.1945)	0,1	11,0
1		Kassel (40 weitere Angriffe)	5,0	
1	0	Kiel (7./9.4.1941)	0,1	
1	0	Kiel (26./27.2.1942)	0,1	
1	0	Kiel (12./13.3.1942)	0,1	
1	0	Kiel (13./14.10.1942)	0,1	
1	0	Kiel (4./5.4.1943)	0,1	
1		Kiel (15.4.1943)	0,5	
1		Kiel (13.12.1943)	0,5	3,0
1	0	Kiel (23./24.7.1944)	0,1	
1	0	Kiel (16./17.8.1944)	0,1	
1	0	Kiel (26./27.8.1944)	0,2	
1	0	Kiel (9./10.4.1945)	0,1	
1	0	Kiel (2./3.5.1945)	0,9	
1	0	Kiel (sonstige kleinere Angriffe)	0,6	
1	0	Kleve (7.10.1944)	0,9	1,5
1	0	Kleve (7./8.2.1945)	0,5	
1	0	Köln (13./14.3.1942)	0,5	
1	0	Köln (30./31.5.1942)	0,5	
1	0	Köln (14./15.2.1943)	0,5	
1	0	Köln (2./3.2.1943)	0,5	
1	0	Köln (16./17.6.1943)	4,4	
1	0	Köln (28./29.6.1943)	0,5	
1	0	Köln (3./4.7.1943)	0,5	20,0
1	0	Köln (8./9.7.1943)	0,5	
1	0	Köln (20./21.4.1944)	0,5	
1	0	Köln (14.10.1944)	0,5	
1	0	Köln (28.10.1944)	0,5	
1	0	Köln (30./31.10.1944)	0,5	
1	0	Köln (31.10./1.11.1944)	8,0	
1	0	Köln (2.3.1945)	2,0	2,0
1	0	Köln (sonstige Angriffe)	1,0	1,0
1	0	Königsberg (26./30.8.1944)	0,0	
1	0	Krefeld (21./22.6.1943)	1,2	
1		Leipzig (20./21.10.1943)	1,8	
1		Leipzig (3./4.12.1943)	1,0	6,0
1	0	Leipzig (15./16.2.1944)	2,0	
1	0	Leipzig (20.2.1944)	0,1	
1		Leipzig (sonstige Angriffe)	0,1	
1	0	Leverkusen (22./23.8.1943)	0,1	
1	0	Leverkusen (19./20.1.1944)	0,1	0,3
1		Leverkusen (26.10.1944)	0,3	
1	0	Lübeck (28./29.3.1942)	0,1	0,4
1		Lübeck (25.8.1944)	0,1	
1		Ludwigshafen (9./10.8.1943)	0,1	
1	0	Ludwigshafen (5./6.9.1943)	0,1	
1		Ludwigshafen (17./19.11.1943)	0,1	0,7
1	0	Ludwigshafen (15./16.12.1944)	0,1	
1	0	Ludwigshafen (2./3.1.1945)	0,1	
1		Ludwigshafen (5.1.1945)	0,1	

ANLAGE 10

Präd &Retor	Terr Konfl	Hier& Kons	Alloph Konfl	Se. Konfl	Jahr	bis	Jahr	Konflikt	Ausführungsereignisse (Schlachten, Belagerungen)	Land Tln. (Tsd.)	Land Schl. Tote (Tsd.)	Land Schl. Tote & Verw. (Tsd.)	See Schiffe	See Schiffe gesunk.	Kampf-Tote (Tsd.) Zw. Ablage	Kampf-Tote (Tsd.)	Mil. Nicht-KampfTote (Tsd.) Zw. Ablage	Mil. Nicht-Kampf-Tote (Tsd.)	MilTote (Tsd.) Zw. Ablage	Mil. Tote (Tsd.)	Ziv. Tote (Tsd.) Zw. Ablage	Ziv. Tote (Tsd.)	SeTote (Tsd.)
1									Ludwigshafen (1./2.2.1945)												0.1		
1				0					Luftschlachten um das Ruhrgebiet (1943)												15.0		
1				0					Magdeburg (21./22.1.1944)												0.1		
1				0					Magdeburg (5.8.1944)												0.7		
1				0					Magdeburg (28.9.1944)												0.3		
1				0					Magdeburg (16.1.1945)												0.0	5.0	
1				0					Magdeburg (16.1.1945)												2.5		
1				0					Magdeburg (17.4.1945)												0.2		
1				0					Magdeburg (ca. 30 kleinere Angriffe)												1.2		
1									Mainz (18.12.1944)												0.1		
1				0					Mainz (27.2.1945)												1.2	1.3	
1				0					Mannheim (16./17.12.1940)												0.3		
1				0					Mannheim (17./17.4.1943)												0.3	1.7	
1				0					Mannheim 9./10.8.1943)												0.3		
1				0					Mannheim (23./24.9.1943)												0.3		
1				0					Mannheim (1.3.1945)												0.5		
1				0					Merseburg (27.7.1944)												0.5	0.5	
1				0					Mittelbau Dora (3./4.3.1945)												1.3	1.3	
1				0					Mönchengaldbach, Rheydt (30./31.8.1943)												0.4	0.5	
1				0					Mönchengaldbach, Rheydt (19./20.9.1944)												0.1		
1				0					Mühlheim, Oberhausen (22./23.6.1943)												0.5	1.3	
1									Mühlheim (sonstige Angriffe)												0.8		
1				0					München (19./20.9.1942)												0.1		
1				0					München (21./22.12.1942)												0.3		
1				0					München (9./10.3.1943)												0.3		
1				0					München (6./7.9.1943)												0.3		
1				0					München (2./3.10.1943)												0.3		
1				0					München (24./25.4.1944)												0.3		
1				0					München (11.7.1944)												0.6		
1				0					München (12.7.1944)												0.3		
1				0					München (13.7.1944)												0.3		
1				0					München (16.7.1944)												0.3		
1				0					München (19.7.1944)												0.3		
1				0					München (21.7.1944)												0.3		
1				0					München (31.7.1944)												0.3		
1				0					München (7.10.1944)												0.3		
1				0					München (22.11.1944)												0.3		
1				0					München (26./27.11.1944)												0.3		
1				0					München (17./18.12.1944)												0.6		
1				0					München (7./8.1.1945)												0.5		
1				0					München (sonstige kleinere Bombardierungen)												0.4	6.5	
1				0					Münster (11./12.6.1943)												0.2		
1				0					Münster (23./24.9.1944)												0.5		
1									Münster (sonstige Angriffe)												1.0	1.6	
1				0					Neuß (23./24.9.1944)												0.2		
1				0					Neuß (22.10 1944)												0.2		
1				0					Neuß (6./7.1.1945)												0.2	0.8	
1									Neuß (sonstige Angriffe)												0.2		
1				0					Nürnberg (25./26.2.1943)												0.1		

	Präd &Retor	Terr Konfl	Hierk Kons	Alloph Konfl	Se. Konfl	Jahr	bis	Jahr	Konflikt	Ausführungsereignisse (Schlachten, Belagerungen)	Th. (Tsd.)	Land Schl. Tote (Tsd.)	Schl. Tote & Verw. (Tsd.)	See Schiffe gesunk.	Schiffe	Kampf Tote (Tsd.) Zw. Ablage	Kampf Tote (Tsd.)	Mil. Nicht-KampfTote (Tsd.) Zw. Ablage	Mil. Nicht-Kampf-Tote (Tsd.)	MilTote (Tsd.) Zw. Ablage	Mil. Tote (Tsd.)	Ziv. Tote (Tsd.) Zw. Ablage	Ziv. Tote (Tsd.)	SeTote (Tsd.)
1					0					Nürnberg (25./26.2.1943)												0,2		
1					0					Nürnberg (8./9.3.1943)												0,2		
1					0					Nürnberg (10./11.8.1943)												0,3		
1					0					Nürnberg (27./28.8.1943)												3,0		
1					0					Nürnberg (30./31.1.1944)												0,3		
1					0					Nürnberg (19./20.10.1944)												0,3	7,0	
1					0					Nürnberg (2./3.1.1945)												0,3		
1					0					Nürnberg (20./21.2.1945)												1,0		
1					0					Nürnberg (16./17.3.1945)												0,5		
1					0					Nürnberg (5.4.1945)												0,2		
1					0					Nürnberg (11.4.1945)												0,1		
1					0					Nürnberg (kleiner Bombardierungen)												0,6		
1					0					Oberhausen (14./15.6.1943)												0,5	2,3	
1					0					Oberhausen (sonstige Angriffe)												1,8		
1										Opladen (28.12.1944)												0,3	0,3	
1					0					Osnabrück (5./6.10.1942)												0,1		
1										Osnabrück sonstige Angriffe												1,5	1,5	
1										Paderborn (27.1.1945)												0,3		
1										Paderborn (23.2.1945)												0,1		
1										Paderborn (10.3.1945)												0,1		
1										Paderborn (27.3.1945)												0,4	0,9	
1					0					Peenemünde (17./18.8.1943)												0,8	0,8	
1					0					Pforzheim (23./24.2.1945)												17,0	17,0	
1					0					Pilsen (1943)												0,3	0,3	
1					0					Potsdam (14./15.4.1945)												1,6	1,6	
1										Recklinghausen (diverse Angriffe)												0,4	0,4	
1					0					Regensburg (17.8.1943)												0,4		
1					0					Regensburg (20.10.1944)												0,1		
1					0					Regensburg (5.2.1945)												0,1		
1										Regensburg (13.3.1945)												0,2		
1										Regensburg (sonstige Angriffe)												0,3	1,1	
1					0					Remscheid (30./31.4.1943)												0,5		
1										Remscheid (sonstige Angriffe)												0,7	1,2	
1					0					Rostock 23./27.4.1942							0,6					0,3		
1					0					Rüsselsheim (20.6.1944)												0,1		
1					0					Rüsselsheim (12/13.8.1944)												0,2		
1										Rüsselsheim (25./26.8.1944)												0,1		
1										Rüsselsheim (2 weitere Angriffe)												0,2	0,5	
1					0					Saarbrücken (29./30.7.1942)												0,4		
1					0					Saarbrücken (5./6.10.1944)												0,1		
1										Saarbrücken (3.1.1945)												0,3		
1										Saarbrücken (14./15.3.1945)												0,2		
1										Saarbrücken (sonstige Angriffe)												0,2	1,2	
1					0					Saarlouis (1./2.9.1942)												0,2	0,2	
1					0					Schweinfurt (17.8.1943)												0,2		
1					0					Schweinfurt (16.9.1943)														
1					0					Schweinfurt (14.10.1943)														
1					0					Schweinfurt (23.2.1944)														
1					0					Schweinfurt (24./25.2.1944)													1,1	
1					0					Schweinfurt (26./27.4.1944)														

ANLAGE 10

Präd &Retor	Terr Konfl	Hier& Kons	Alloph Konfl	Se. Konfl	Jahr	bis	Jahr	Konflikt	Ausführungsereignisse (Schlachten, Belagerungen)	Tln. (Tsd.)	Land Schl. Tote (Tsd.)	Land Schl. Tote & Verw. (Tsd.)	See Schiffe gesunk.	See Schiffe gesunk.	Kampf-Tote (Tsd.) Zw. Ablage	Kampf-Tote (Tsd.)	Mil. Nicht-KampfTote (Tsd.) Zw. Ablage	Mil. Nicht-Kampf-Tote (Tsd.)	MilTote (Tsd.) Zw. Ablage	Mil. Tote (Tsd.)	Ziv. Tote (Tsd.) Zw. Ablage	Ziv. Tote (Tsd.)	SeeTote (Tsd.)
1									Schweinfurt (sonstige kleinere Angriffe)														
1				0					Soest (5./6.12.1944)												0,3?		
1				0					Solingen (5.11.1944)												0,5	5,0	
1				0					Solingen (sonstige Angriffe)												4,5		
1				0					Stettin (20./21.4.1943)												0,6		
1				0					Stettin (5./6.1.1944)														
1				0					Stettin (16./17.8.1944)													3,2	
1				0					Stettin (sonstige Angriffe)													0,8	
1				0					Stralsu. (6.10.1944)												0,8		
1				0					Stuttgart (11./12.3.1943)												0,1		
1				0					Stuttgart (14./15.4.1943)												0,6		
1				0					Stuttgart (6.9.1943)														
1				0					Stuttgart (7./8.10.1943)														
1				0					Stuttgart (20./21.2.1944)														
1				0					Stuttgart (1./2.3.1944)													4,6	
1				0					Stuttgart (15./16.3.1944)														
1				0					Stuttgart (24./29.4.1944)														
1				0					Stuttgart (19./20.10.1944)														
1				0					Stuttgart (28./29.1.1945)														
1				0					Stuttgart (weitere 40 Angriffe)												10,0	10,0	
1				0					Swinemünde (12./3.3.1945)												0,4	1,0	
1				0					Trier (23.12.1944)													1,7	
1				0					Ulm (17./18.12.1944)														
1				0					Ulm (sonstige Angriffe)														
1				0					Wangerooge (25.4.1945)												0,3	0,3	
1				0					Wanne-Eickel (9.11.1944)												0,5	1,1	
1				0					Wanne-Eickel (18.19.11.1944)												0,6		
1				0					Wesel (23./24.3.1945)												0,2	0,2	
1				0					Wesseling (18./19.7.1944)												0,5	0,2	
1				0					Wiesbaden (2./3.2.1945)												1,2		
1				0					Wiesbaden (weitere 50 Angriffe)													1,7	
1				0					Wilhelmshaven (21.2.1941)														
1				0					Wilhelmshaven (27.1.1943)														
1				0					Wilhelmshaven (11./12.2.1943)														
1				0					Wilhelmshaven (19./20.2.1943)														
1				0					Wilhelmshaven (24./25.2.1943)														
1				0					Wilhelmshaven (11.6.1943)														
1				0					Wilhelmshaven (15./16.10.1944)														
1				0					Wilhelmshaven (sonstige Angriffe)													0,4	
1				0					Witten (12.12.1944)												0,7	1,0	
1				0					Witten (18./19.3.1945)												0,3		
1				0					Worms (21./22.2.1945)												0,2	0,5	
1				0					Worms (18.3.1945)														
1				0					Wuppertal-Barmen (29./30.5.1943)												3,4	6,0	
1				0					Wuppertal-Elberfeld (24./25.6.1943)												1,8		
1				0					Wuppertal (sonstige Angriffe)												0,8		
1				0					Würzburg (16./17.3.1945)												5,0	5,0	
1				0					Zweibrücken (14./15.3.1945)												0,2	0,2	
1				0					Bombard. anderer Siedlungen (1.000? à 0,05?)												50,0	50,0	

Präd &Retor	Terr Konfl	Hier& Kons	Alloph Konfl	Se. Konfl	Jahr	bis	Jahr	Konflikt	Ausführungsereignisse (Schlachten, Belagerungen)	Tln. (Tsd.)	Land Schl Tote (Tsd.)	Schl Tote & Verw. (Tsd.)	See Schiffe	Schiffe gesunk.	Kampf Tote (Tsd.) Zw. Ablage	Kampf Tote (Tsd.)	Mil. Nicht-KampfTote (Tsd.) Zw. Ablage	Mil. Nicht-Kampf-Tote (Tsd.)	MilTote (Tsd.) Zw. Ablage	Mil. Tote (Tsd.)	Ziv. Tote (Tsd.) Zw. Ablage	Ziv. Tote (Tsd.)	Se Tote (Tsd.)
1				1				West-Alliierte Bombard. reichsd. Städte in Österr. (1943 bis 1945)							0,0	0,0					30,0		
				0					Attnang Puchheim (1945)						0,0						1	1	
				0					Graz (1944 bis 1945)						0,0						2	2	
				0					Innsbruck (1943 bis 1945)						0,0						1	1	
				0					Klagenfurt (1944)						0,0						1	1	
				0					Linz (1944 bis 1945)						0,0						2	2	
				0					Salzburg (1944 bis 1945)						0,0						1	1	
				0					St. Pölten (1944 bis 1945)						0,0						0,6	0,6	
				0					Villach (1944 bis 1945)						0,0						0	0	
				0					Wien (1944 bis 1945)						0,0						9	9	
									Wiener Neustadt (1943 bis 1945)						0,0						15	15	
1				1				West-Alliierte Bombardierung italienischer Städte (1940 bis 1945)		1,0				1,2	1,2			1	1	87		
				0					Alierona (28.1.1944)						0,0						0,3	0,3	
				0					Ancona (1.11.1943)						0,0						0,5	0,5	
				0					Bari (1943)						0,0						0,1	0,1	
									Bologna (ca. 100 Luftangriffe)												2,5	2,5	
				0					Cagliari (02.1943)												0,5	0,5	
				0					Castel Gandolfo (1944)												0,5	0,5	
									Civitavecchia (14.3.1943)												0,5	0,5	
									Foggia (05-09 1943)												20,0	20,0	
				0					Frascati (1943)												1,1	1,1	
									Frosinone (12-9-1943)												0,1	0,1	
				0					Genua; Seekanonade auf (1941)												0,2	0,1	
				0					Genua (22.10 bis 16.11.1942)												0,1	0,1	
				0					Genua (7./8.8.1943)												0,1	0,1	
									Grosseto (26.4.1943 u. weitere Angriffe)												1,6	1,6	
									Isernia (10.9.1943)												4,0	4,0	
				0					La Spezia (13./14.4.1943)												0,0		
				0					La Spezia (18./19.4.1943)												0,1		
									La Spezia (5.6.1943)												0,1		
				0					Livorno (28.5.1943)												0,3	0,3	
				0					Mailand (1942)												0,2	0,2	
				0					Mailand (1943)												0,5		
				0					Mailand (1943)												0,1		
				0					Mailand (1943)												0,1		
				0					Mailand (1943)												0,1		
									Mailand (1944)												0,4		
									Mailand (weitere 50 Angriffe)														
									Messina													1,5	
				0					Neapel (1942)												0,1		
				0					Neapel (1943)												0,4		
				0					Neapel (1943)												0,1		
									Neapel (weitere 200 Angriffe)													22,0	
				0					Padua (1944)												0,1	0,1	
									Palermo 9.5.1943												0,4	0,4	
				0					Pantelleria, Bombardierung u. Landung (1943)												0,1		
									Pescara (31.8.1943)												1,8		
									Pescara (14.9.1943)												1,0	3,0	

Präd &Retor	Terr Konfl	Hier& Kons	Alloph Konfl	Se. Konfl	Jahr	bis	Jahr	Konflikt	Ausführungsereignisse (Schlachten, Belagerungen)	Land Tln (Tsd.)	Land Schl Tote (Tsd.)	Schl Tote & Verw. (Tsd.)	See Schiffe	See Schiffe gesunk.	Kampf-Tote (Tsd.) Zw. Ablage	Kampf-Tote (Tsd.)	Mil. Nicht-KampfTote (Tsd.) Zw. Ablage	Mil. Nicht-KampfTote (Tsd.)	MilTote (Tsd.) Zw. Ablage	Mil. Tote (Tsd.)	Ziv. Tote (Tsd.) Zw. Ablage	Ziv. Tote (Tsd.)	SeTote (Tsd.)
1									Pescara (sonstige Bombardierungen)												0.2		
1				0					Pisa (1943)												0.1	0.1	
1									Porto Santo Stefano												0.2	0.2	
1									Recco (11.1943 bis 08.1944)												0.1	0.1	
1									Reggio Calabria (1943)												4.0	4.0	
1									Rimini (10 Seekanonierungen und 400 Luftangriffe)												0.6	0.6	
1				0					Rom (19.7.1943)												3.0	7.0	
1				0					Rom (1943)												1.5		
1				0					Rom (1943)												0.1		
1				0					Rom (1943)												0.1		
1				0					Terni (ca. 50 Angriffe)												1.0	1.0	
1				0					Treviso (7.4.1944)												1.0	1.5	
1									Treviso (15.5.1944)												0.5	0.5	
1				0					Trieste (10.6.1944)												0.2		
1									Torino (20.11.1942)												0.1		
1									Torino (1.12.1942)												0.2		
1				0					Torino (8.12.1942)												0.8	2.1	
1				0					Torino (13.7.1943)												0.1		
1									Torino (1.12.1943)												0.1		
1									Torino (4.6.1944)												0.1		
1									Torino (24.7.1944)												0.5		
1				0					Torino (sonstige Angriffe)												0.2	0.2	
1				0					Vicenza (8.11.1944)												0.1	0.1	
1									Verona (23.2.1945)												10.0	10.0	
1									Sonstige Angriffe Angriffe														
1				1					West-Alliierte Bombardierung französischer Städte (1940 bis 1945)	1.0					1.2	sAy	0.0	0	1	1	52.4		
1				0					Brest (1941 bis 1942)						0.0						0.1	0.1	
1				0					Le Havre (11./12.3.1941)						0.0						0.0	0.0	
1				0					Le Havre (16.9.1941)						0.0						0.3	0.3	
1				0					Billancourt (3./4.3.1942)						0.0						0.7	0.7	
1				0					Rouen (12.8.1942)						0.0						0.1	0.1	
1				0					Lorient (1943)						0.0						0.1		
1				0					Lorient (1943)						0.0						0.1		
1				0					Lorient (1943)						0.0						0.1	0.1	
1				0					Saint-Nazaire (1943)						0.0						0.1		
1				0					Saint-Nazaire (1943)						0.0						0.1		
1				0					Saint-Nazaire (1943)						0.0						0.1		
1				0					Saint-Nazaire (16.2.1944)						0.0						0.1	2.0	
1				0					Paris (1943)						0.0						0.3	0.3	
1				0					Le Creusot (1943)						0.0						0.1	0.1	
1				0					Sochaux (1943)						0.0						0.1	0.1	
1				0					Eperlecques (1943)						0.0						0.1	0.1	
1				0					Paris (1943)						0.0						0.1	0.1	
1				0					Montlucon (1943)						0.0						0.1	0.1	
1				0					Nantes (16. u. 23.9.1943 1943)						0.0						1.0	1.0	
1				0					Le Mans (1944)						0.0						0.1	0.1	
1				0					Paris (1944)						0.0						0.2	0.2	
1				0					Le Mans (1944)						0.0						0.1	0.1	

	Präd &Rctor	Terr Konfl	Hier& Kons	Alloph Konfl	Se. Konfl	Jahr bis	Jahr	Konflikt	Ausführungsereignisse (Schlachten, Belagerungen)	Th. (Tsd.)	Land Schl Tote (Tsd.)	Schl Tote & Verw. (Tsd.)	See Schiffe gesunk.	Schiffe	Kampf-Tote (Tsd.) Zw. Ablage	Kampf-Tote (Tsd.)	Mil. Nicht-KampfTote (Tsd.) Zw. Ablage	Mil. Nicht-Kampf-Tote (Tsd.)	MilTote (Tsd.) Zw. Ablage	Mil. Tote (Tsd.)	Ziv. Tote (Tsd.) Zw. Ablage	Ziv. Tote (Tsd.)	SeTote (Tsd.)
1					0				Rouen (19./19.4.1944)						0,0						0,9	0,9	
1					0				Toulon (1944)						0,0						0,2	0,2	
1					0				Mailly (1944)						0,0						0,1	0,1	
1					0				Limoges (1944)						0,0						0,1	0,1	
1					0				Mantes La Jolie (1944)						0,0						0,1	0,1	
1					0				Saint Etienne (1944)						0,0						0,9	0,9	
1					0				Lyon (1944)						0,0						0,6	0,6	
1					0				Chambery (1944)						0,0						0,3	0,3	
1					0				Nice (1944)						0,0						0,4	0,4	
1					0				Nîmes (1944)						0,0						0,3	0,3	
1					0				Marseille (1944)						0,0						2,0	2,0	
1					0				Amiens (1944)						0,0						0,4	0,4	
1									Rouen (30.5. bis 5.6.1944)						0,0						1,5	20	
1									Caen (06./07.1944)						0,0						3,0		
1									Lisieux (6./7.6.1944)						0,0						0,7		
1									Vire (06 bis 07.1944)												0,4		
1					0				Rouen (31.6.1944)						0,0						0,1		
1					0				Rouen (25./26.8.1944)						0,0						1,0		
1					0				Le Havre (5. bis 12.9.1944)						0,0						5,0		
1					0				Calais (20 bis 28.9 1944)												0,1		
1									Sonst. Bomb. anlässich Normandie-Landung												9,0		
1					0				Royan (4./5.1.1945)						0,0						0,6	0,6	
1					0				Sonstige Bombardierungen						0,0						20,0	20,0	
1	1				1			West-Alliierte Bombardierung belgischer Städte (1940 bis 1944)															
1					0				Antwerpen (1943)						0,0	0,0					3,0	3,0	
1					0				Sonstige						0,0	0,0					2,0		
1	1				1			West-Alliierte Bombardierung niederl. Städte (1940 bis 1944)															
1					0				Rotterdam (1943)						0,0	0,0					1,0	3,0	
1					0				Amsterdam (1943)						0,0	0,0					0,4		
1					0				Nijmegen (1944)						0,0	0,0					0,2		
1					0				Breskens (1944)						0,0	0,0					0,8		
1					0				Walcheren (1944)						0,0	0,0					0,2		
1					0				Den Haag (1945)						0,0	0,0					0,1		
1									Sonstige							0,0					0,5		
1	1				1			West-Alliierte Bombardierung von BalkanCities															
1					0				Sofia (1941)						0,0	0,0					0,1	3,0	
1					0				Ploesti (1943)						0,0	0,0					0,1		
1					0				Allier. Luftoff. gg Bulgarien (1943 bis 1944)						0,0	0,0					2,0		
1					0				Sofia (1944)						0,0	0,0					0,2		
1					0				Ploesti (1944)						0,0	0,0					0,2		
1					0				Belgrad (1944)						0,0	0,0					0,2		
1					0				Ploesti (1944)						0,0	0,0					0,2		
1					0				Budapest (1944)						0,0	0,0					0,2		
1					0				Budapest (1944)						0,0	0,0					0,2		
1	1				1			West-Alliierte Bombardierung japanischer Städte (1944 bis 1945)						0,0	0,0					0,2	3,4	
1					0				1. US-Bomberangriff auf Japan (1942)						0,0	0,0					408	0	
1															0,0	0,0					0,0	0,0	

804

ANLAGE 10

Präd &Retor	Terr Konfl	Hier& Kons	Alloph Konfl	Se. Konfl	Jahr	bis	Jahr	Konflikt	Ausführungsereignisse (Schlachten, Belagerungen)	Tln. (Tsd.)	Land Schl. Tote (Tsd.)	Schl. Tote & Verw. (Tsd.)	See Schiffe	Schiffe gesunk.	Kampf-Tote (Tsd.) Zw. Ablage	Kampf-Tote (Tsd.)	Mil. Nicht-KampfTote (Tsd.) Zw. Ablage	Mil. Nicht-KampfTote (Tsd.)	MilTote (Tsd.) Zw. Ablage	Mil. Tote (Tsd.)	Ziv. Tote (Tsd.) Zw. Ablage	Ziv. Tote (Tsd.)	SeTote (Tsd.)
1				0					Tokio (24.11.1944)						0,0	0,0					0,0	0,0	
1				0					Tokio (25.2.1945)						0,0	0,0					0,0	0,0	
1				0					Tokio (9./10.3.1945)						0,0	0,0					83,0	150	
1				0					Tokio (26.5.1945)						0,0	0,0							
1				0					Tokio (18.7.1945)						0,0	0,0							
1				0					Nagoya (01.1944 bis 07.1945)												8,0	8,0	
1				0					Osaka (13.3.1945 u. weitere)												10,0	10,0	
1				0					Angr. der US-Marineluftwaffe auf Japan (1945)						0,0	0,0					10,0	10,0	
1				0					Atombombenabwurf auf Hiroshima (1945)						0,0	0,0					140,0	140,0	
1				0					Atombombenabwurf auf Nagasaki (1945)						0,0	0,0					90,0	90,0	
1									Sonstige Zielgebiete												10,0	10,0	
1								Sowjetische Bombardierungen von Städten							0,0	0,0					0,3	0,0	
				1					Bukarest (1941)						0,0	0,0						0,3	
			1	0					Helsinki (1941 bis 1944)						0,0	0,0					2,0	2	
1				1				Japanische Bombardierungen von Städten							0,0	0,0							
				0			1954		Rangun (23.12.1941)						0,0	0,0					323,0	2	
					1941	bis		SONSTIGE DEMOZIDE IM ZUSAMMENHANG MIT 2. WK															
1				1	1941			1. Reichsdeutsch-ukrainisches Pogrom an Juden in Lemberg														4	
			1	1	1941			2. Reichsdeutsch-ukrainisches Pogrom an Juden in Lemberg														2	
			1	1	1941			Rumänisches Pogrom an Juden														2	
			1	1	1943	bis		Ukrainische u. polnische Massaker in Wolhynien														110	
			1	1	1945	bis	1952	Vertreibung der Sudeten-Deutschen														25	
			1	0	1945			Massaker von Aussig (1945)														100	
			1	1	1945	bis	1950	Vertreibung der Rumänien-Deutschen														50	
			1	1	1945			Vertreibung der Reichsdeutschen aus Polen														30	
			1	1	1947	bis	1954	Vertreibung der Italiener Istriens															
			1	1	1941			Grenzkonflikt zwischen Ecuador u. Peru (1941)						1,0	1,0	3	3	0	4			
			1	1	1945	bis	1949	Kurdische Revolte im Irak						80,0	80,0	234	234	0	314			364
1				0	1946			Indonesischer Unabhängigkeitskrieg	Belagerung von Surabaya (1945)					0,0	0,0	0	0	0	0		50	
1		1		1	1946	bis	1949	Iranische Zerschlagung der Republik Mahabad (Rep. Kurdistan)	Griechischer Bürgerkrieg		43,0			49,5	49,5	100,0	100	150	150		50	200
1				1	1947	bis		1. Indo-Pakistanischer Krieg	Bolivianischer Bürgerkrieg		3,0			3,5	3,5	0,7	10	4	14			
					1946	bis			Bürgerkrieg auf Luzon						0,0	0,0	0,0	0	0	0			
1				1	1947	bis	1949		Schlacht an der Zojia-La-Pass (1948)		3,0			3,5	3,5	0,7	10	4	14		500	
	1			0					Belagerung von Punch (1947)						0,0								
				0					Belagerung von Jhanger (1948)						0,0								
				0	1947	bis	1991	KALTER KRIEG	Belagerung von Tithwail (1948)						0,0	0,0	0,0	0	0	0			
		1		1	1947	bis	1948	Madagaskischer Unabhängigkeitskrieg							0,0	0,0						70	
		1		1	1947			Antichinesischer Aufstand auf Taiwan							0,0	0,0	0,0	0	0	0		25	
1				1	1948	bis	1949	Umsturz in Costa Rica							0,0	0,0						10	
1			1	1	1948	bis	1949	1. Israelisch-Arabischer Krieg							12,0	12,0	35	35	14	47		10	
1		1		1	1948			Republikanischer Umsturz in Nordjemen	Plünderung von Sana (1948)						0,0	0,0						5	

805

Nr	Präd &Retor	Terr Konfl	Hier& Kons	Alloph Konfl	Se. Konfl	Jahr	bis	Jahr	Konflikt	Ausführungsereignisse (Schlachten, Belagerungen)	Th. (Tsd.)	Land Schl Tote (Tsd.)	Schl Tote & Verw. (Tsd.)	See Schiffe	Schiffe gesunk.	Kampf-Tote (Tsd.) Zw. Ablage	Kampf-Tote (Tsd.)	Mil. Nicht-KampfTote (Tsd.) Zw. Ablage	Mil. Nicht-Kampf-Tote (Tsd.)	MilTote (Tsd.) Zw. Ablage	Mil. Tote (Tsd.)	Ziv. Tote (Tsd.) Zw. Ablage	Ziv. Tote (Tsd.)	SeTote (Tsd.)
1	1	1	1	1	1	1948	bis	2000+	Verfolgung der Rohinya in Birma		0,05					0,0								
1791	27	94	40	70	231	1948	bis	1. Hälfte des 20. Jh.		Default-Werte	0,05	1,15	0,29	0,00	0,00	2,25	18.883	2,95	57.681	77.564	77.564		57.139	134.703
1		1			1	1945	bis	1954	1. Indochina-Krieg							26,6	26,6	31,6	32	58	58	6,0	10	68
1					0					Luftangriff auf Haiphong (1946)						0,0								
1					0					Schlacht an der Route Coloniale 4 (1950)		3,0				3,2								
1					0					Schlacht von Vinh Yen (1951)		6,0				6,4								
1					0					Schlacht von Mao Khe (1951)		1,0				1,1								
1					0					Schlacht von Hoa Binh (1951 bis 1952)		4,0				4,3								
1					0					Schlacht von Dien Bien Phu (1953 bis 1954)		10,0				10,7								
1					0					Schlacht an der Mang-Yang-Pass (1954)		1,0				1,1								
1			1		1	1948	bis	1960	Malayischer Bürgerkrieg			5,0				5,3	5,3	6,3	6	12	12		5	
1		1			1	1948	bis	1997	Sezessionskrieg der Karen in Myanmar / Birma							0,0	0,0	0,0	0	0	0		10	
1			1		1	1948	bis	1988	Kommunistischer Aufstand in Mynamar / Birma							0,0	0,0	0,0	0	0	0		20	
1			1		1	1948	bis	2000	Kolumbianischer Bürgerkrieg			5,0				5,3	5,3	6,3	6	12	12		290	
1				1	1	1948	bis		Politizide der kommunistischen Diktatur in Nordkorea							0,0	0,0	0,0	0	0	0		1.700	
1				1	1	1949	bis	1987	Politizide der kommunistischen Regierungen Chinas							0,0	0,0	0,0	0	0	0		50.000	
1		1			1	1950	bis	1951	Chinesischer Besetzung Tibets							0,0	0,0	0,0	0	0	0		6	
1					1	1950	bis	1953	KOREA-KRIEG				1.800			479,6	479,6	500,0	500	980	980		2.500	3.480
1	1				1					Massaker Südkoreas an politischen Gegnern						0,0						300,0		
1					0					Flächenbombard. der USAF (1950 bis 1953)						0,0								
1					0					Massaker von No Gun Ri (1950)						0,0						0,5		
1					0					Schlacht von Pusan (1950)			120			32,0						0,4		
1					1					See- u. Landschlacht von Inchon (1950)		2,0				2,1								
1					0					Schlacht an der Chongchon (1950)						13,3								
1					0					Schlacht an der Chosin-Stausee (1950)		30,0	50			32,0								
1					0					Belagerung von Seoul (1951)			20			5,3								
1					0					Schlacht von Kaypong (1951)		1,0				1,1								
1					0					Schlacht an der Imjin (1951)		2,0				2,1								
1					0					Schlacht von Bloody Ridge (1951)			18			4,8								
1					0					Schlacht von Heartbreak Ridge (1951)			29			7,7								
1					0					Schlacht um Hill Eerie (1952)			1			0,3								
1					0					Schlacht um Old Baldy (Hill 266) (1952)			1,4			0,4								
1					0					3. Schlacht von El Hook (1953)		1,0				1,1								
1					0					Outpost Harry (1953)		4,7				5,0								
1					0					Sonstige Gefechte						300,0						0,5		
1	1									Südkorean. Zivilopfer durch Bomben, Hunger, Seuchen												700,0		
1	1									Norkorean. Zivilopfer durch Bomben, Hunger, Seuchen												1500,0		
1		1			1	1952	bis	1960	Kenianischer Unabhängigkeitskrieg							0,0	0,0	0,0	0	0	0		2	
1		1			1	1953	bis	2005	Unabhängigkeitskrieg von Aceh gegen Indonesien (Teil bis 2000)			1,0				1,1	1,1	1,3	1	2	2		10	
1			1		1	1954	bis	1996	Guatemaltekischer Bürgerkrieg			10,0				10,7	10,7	12,6	13	23	23		150	
1				1	1	1954	bis	1955	1. Quemoy-Krise			1,0				1,1	1,1	1,3	1	2	2		2	
1					0					Schlacht von Yijiangshan (1955)		1,0				1,2								

Präd &Retor	Terr Konfl	Hier& Kons	Alloph Konfl	Se. Konfl	Jahr	bis	Jahr	Konflikt	Ausführungsereignisse (Schlachten, Belagerungen)	Tln. (Tsd.)	Land Schl. Tote (Tsd.)	Schl. Tote & Verw. (Tsd.)	See Schiffe gesunk.	Schiffe	Kampf-Tote (Tsd.) Zw. Ablage	Kampf-Tote (Tsd.)	Mil. Nicht-KampfTote (Tsd.) Zw. Ablage	Mil. Nicht-Kampf-Tote (Tsd.)	MilTote (Tsd.) Zw. Ablage	Mil. Tote (Tsd.)	Ziv. Tote (Tsd.) Zw. Ablage	Ziv. Tote (Tsd.)	SeTote (Tsd.)
1	1			1	1954	bis	1962	ALGERIEN-KRIEG							100,0	100,0	150,0	150	250	250		450	700
1				0					Belagerung u. Schlacht von Algier (1956 bis 1957)			3			0,8								
1									Challe-Offensive (1959)			10			2,7								
1									Sonstige Gefechte u. Guerillaaktionen (1954 bis 1962)						95,0								
1									Algerische Zivilopfer												400,0		
1									Kollaborateure der Franzosen								150,0	150					
1	1			1	1954	bis	1959	Tibetanischer Sezessionskrieg							30,0	30,0	35,5	36	66	66	5,0	5	
1		1		1	1955			Umsturzversuch in Costa Rica							0,0	0,0	0,0	0	0	0			
1	1			1	1955	bis	1972	1. Sudanesischer Bürgerkrieg							0,0	0,0	0,0	0	0	0		600	
1	1			1	1955	bis	1963	Unabhängigkeitskrieg von Kamerun		1,0					0,0	0,0	0,0	0	0	0		5	
1		1		1	1955			Militärputsch in Argentinien							1,1	1,1	1,3	1	2	2			
1	1			1	1955	bis	1959	Griechisch-zypriotischer Unabhängigkeitskrieg		1,0					1,1	1,1	1,3	1	2	2			
1	1			1	1956	bis	1965	Südvietnamitischer Bürgerkrieg		5,0					5,3	5,3	6,3	6	12	12			
				0					Schlacht von Ap Bac (1963)		0,1				0,1								
				1					Buddhistische Revolte (1963)													1	
				0					Schlacht von Go Cong (1963)		1,0				1,1								
				0					Schlacht von Chan La (1963)		1,0				1,1								
				0					Schlacht von An Lao (1964)		1,0				1,1								
1	1			1	1956			Ungarischer Aufstand		2,0				0,0	0,0	2,5	3	5	5		30	
1	1			1	1956			2. Israelisch – Arabischer Krieg		5,0				2,1	2,1	5,3	5	12	12		0	
1		1		1	1956	bis	1959	Kubanische Revolution						5,3	5,3	6,3	6	12	12		30	
1		1		1	1957	bis	1986	Terrorregime der Duvaliers in Haiti						0,0	0,0	0,0	0	0	0		1	
1	1			1	1957	bis	1958	Ifni-Krieg		7,5				8,0	8,0	9,5	9	17	17			
1		1		1	1958	bis	1961	Indonesischer Bürgerkrieg						0,0	0,0	1,2	1	2	2		30	
1		1		1	1958			Libanesischer Bürgerkrieg						1,0	1,0	1,0	1	2	2		1	
1	1			1	1958	bis	1959	Irakische Unabhängigkeitsbewegung						0,0	0,0	0,0	0	0	0			
1	1			1	1958			2. Quemoy-Krise						0,0	0,0	0,6	1	1	1			
1	1			1	1959	bis	2000	Terrorismus der baskischen ETA						0,0	0,0	0,0	0	0	0			
1			1	1	1959	bis	1962	1. Ethnozid der Hutu und den Tutsi in Ruanda-Burundi						0,0	0,0	0,0	0	0	0		100	
1		1		1	1959	bis	1973	Laotischer Bürgerkrieg						0,0	0,0	0,0	0	0	0		5	
1		1		1	1960	bis	1964	1. Kongolesischer Bürgerkrieg						0,0	0,0	0,0	0	0	0		15	
1	1			1	1960	bis	1976	Internationaler Terrorismus der Palästinenser						0,0	0,0	0,0	0	0	0		100	
				0					Terroranschlag von München (1972)						0,0								
1	1			1	1961	bis	1975	Unabhängigkeitskrieg Angolas						0,0	0,0	0,0	0	0	0		90	
1	1			1	1961			US-Landung in der Schweinebucht						0,0	0,0	0,0	0	0	0			
1	1			1	1961			Bizerta-Krise						0,0	0,0	0,0	0	0	0		2	
1	1			1	1961	bis	1966	Kurdischer Unabhängigkeitskrieg um Irak						0,0	0,0	0,0	0	0	0		3	
1	1			1	1961	bis	1994	Sezessionskrieg der Kachin in Myanmar / Birma						0,0	0,0	0,0	0	0	0		15	
1	1			1	1962	bis	2000+	Unabhängigkeitskrieg von West-Guinea (Irian)						0,0	0,0	0,0	0	0	0		3	
1		1		1	1962	bis	1988	1. Militärdiktatur in Myanmar/Birma							0,0	0,0	0	0	0			
1	1			1	1962	bis	dato	Sezessionskrieg der Shan in Myanmar / Birma (Teil bis 2000)						0,0	0,0	0,0	0	0	0		10	
1	1			1	1962	bis	1991	Unabhängigkeitskrieg Eritreas						0,0	0,0	0,0	0	0	0		300	
1		1		1	1962	bis	1963	Militärdiktatur in Argentinien						0,0	0,0	0,0	0	0	0			

Präd &Retor	Terr Konfl	Hierk Kons	Alloph Konfl	Se. Konfl	Jahr	bis	Jahr	Konflikt	Ausführungsereignisse (Schlachten, Belagerungen)	Land Thn (Tsd.)	Land Schl Tote (Tsd.)	Land Schl Tote & Verw. (Tsd.)	See Schiffe	See Schiffe gesunk.	Kampf-Tote (Tsd.) Zw. Ablage	Kampf-Tote (Tsd.)	Mil. Nicht-KampfTote (Tsd.) Zw. Ablage	Mil. Nicht-Kampf Tote (Tsd.)	MilTote (Tsd.) Zw. Ablage	Mil. Tote (Tsd.)	Ziv. Tote (Tsd.) Zw. Ablage	Ziv. Tote (Tsd.)	SeTote (Tsd.)
1	1			1	1962	bis	1965	Bürgerkrieg in Nordjemen							0,0	0,0	0,0	0	0	0		40	
1	1	1		1	1962	bis	1962	Chinesisch-Indischer Grenzkrieg			2,0				2,1	2,1	2,5	3	5	5			
1	1			1	1962	bis	1976	Secessionskrieg in Dhofar (Oman)			3,0				3,2	3,2	3,8	4	7	7			
1	1			1	1963	bis	1964	1. Ogaden-Krieg							5,0	5,0	5,9	6	11	11		5	
1	1			1	1963	bis	1966	Indonesisch-Malaysischer Krieg (Konfrontasi)							0,0	0,0	0,0	0	0	0			
1	1			1	1963	bis	1975	Unabhängigkeitskrieg von Mozambique							0,0	0,0	0,0	0	0	0		30	
1				0					Massaker von Mueda (1960)													0,5		
1	1			1	1963	bis	1974	Unabhängigkeitskrieg von Portugiesisch-Guinea							0,0	0,0	0,0	0	0	0		5	
1	1			1	1963	bis	1967	Secessionskrieg der Shifta in Kenia							0,0	0,0	0,0	0	0	0		2	
1			1	1	1963	bis	1964	Zypriotischer Bürgerkrieg							0,0	0,0	0,0	0	0	0		0	
1	1			1	1963	bis	1964	Algerisch-Marokkanischer Grenzkrieg				1			0,3	0,3	0,3	1	1	1		0	
1		1		1	1964			Massaker Nigerias an den Tiv							0,0	0,0	0,0	0	0	0		8	
1				1	1964			US-Intervention in der Dominikanischen Republik							0,0	0,0	0,0	0	0	0		3	
1				1	1964			Massaker auf Zanzibar							0,0	0,0	0,0	0	0	0		5	
1	1			1	1964	bis	1992	Brasilianische Ethnozid an Amazonas-Indianern							0,0	0,0	0,0	0	0	0		20	
1	1			1	1964	bis	1975	VIETNAM-KRIEG							1262,9	1262,9	1495,6	1496	2759	2759	2417,0		5.176
				0					Schlacht von Binh Gia (1964 bis 1965)		0,2				0,2									
1				1					Bombardierungen der USA über Nordvietnam (1965 bis 1975)							0,0	0,0	0,0	0	0	0		100	
				0					Schlacht von Song Be (1965)		0,1				0,1									
				0					Schlacht von Ba Gia (1965)		0,3				0,3									
				0					Schlacht von Dong Xoai (1965)		1,8				1,9									
				0					Operation "Starlite" (1965)		0,6				0,6									
				0					Schlacht im Ia-Drang-Tal (1965)		1,0				1,1									
				0					Operation "Hump" (1965)		0,5				0,5									
				0					Operation "Crimp" (1965)	10					0,2									
				0					Operation "Van Buren" (1966 bis 1967)		2,5				2,7									
				0					Operation "Masher-White Wing" (1966)		1,0				1,1									
				0					Schlacht von A Shau (1966)		1,0				1,0									
				0					Buddh. Revolte im Norden Südvietnams (1966)		0,9				1,0									
				0					Operation "Hastings" (1966)		1,0				1,1									
				0					Schlacht von Long Tan (1966)		1,0				1,0									
				0					Operation "Attleboro" (1966)		1,2				1,3									
				0					Operation "Cedar Falls" (1967)		1,0				1,1									
				0					Schlacht von Tra Binh Dong (1967)		0,5				0,5									
				0					Operation "Junction City" (1967)		2,0				2,1									
				0					Operation "Union" (1967)			3,3			0,9									
				0					Schlacht um Hügel 881 (1967)		1,0				1,1									
				0					Operation "Malheur" (1967)		1,0				1,1									
				0					Operation "Buffalo" (1967)		1,5				1,6									
				0					Operation "Hong Kil Dong" (1967)		0,7				0,7									
				0					Operation "Swift" (1967)		0,7				0,7									
				0					Operation "Wheeler/Wallowa" (1967 bis 1968)		1,0				1,1									
				0					Belagerung von Con Thien (1967)		9,0				9,6								5	
				0					1. Schlacht von Loc Ninh (1967)		1,0				1,1									
				0					Operation "Medina" (1967)		0,1				0,1									
				0					Schlacht von Ong Thanh (1967)		0,2				0,2									

Präd &Retor	Terr Konfl	Hier& Kons	Alloph Konfl	Se. Konfl	Jahr	bis	Jahr	Konflikt	Ausführungsereignisse (Schlachten, Belagerungen)	Tln. (Tsd.)	Land Schl. Tote (Tsd.)	Schl. Tote & Verw. (Tsd.)	See Schiffe	Schiffe gesunk.	Kampf-Tote (Tsd.) Zw. Ablage	Kampf-Tote (Tsd.)	Mil. Nicht-KampfTote (Tsd.) Zw. Ablage	Mil. Nicht-Kampf-Tote (Tsd.)	MilTote (Tsd.) Zw. Ablage	Mil. Tote (Tsd.)	Ziv. Tote (Tsd.) Zw. Ablage	Ziv. Tote (Tsd.)	SeTote (Tsd.)
1				0					Schlacht von Dak To (1967)		2,0				2,1								
1				0					Belagerung von Khe Sanh (1968)		18,0				19,2								
1				0				Tet-Offensive (1968)	1. Schlacht um Saigon (1968 bis 1969)		90,0				32,0							1	
1				0					Belagerung von Hue (1968)		1,0											4	
1				0					Schlacht von Lang Vei (1968)		8,0												
1				0					Schlacht von Lima Site 85 (1968)		1,0												
1				0					Massaker von My Lai (1968)		0,5											1	
1				0				1. Flächenbombard. der USA über Kambodscha (1969 bis 1970)														300	
1				0					Operation "Delaware" (1968)		1,0				1,1								
1				0					Schlacht von Kham Duc (1968)		0,5				0,5								
1				0					Operation "Speedy Express" (1968 bis 1969)		5,0				5,3							5	
1				0					Operation "Dewey Canyon" (1969)		1,7				1,8								
1				0				Tet-1969-Offensive	Schlacht von "Hamburger Hill" (1969)		1,0				1,1								
1				0					Schlacht von Snoul (1971)		1,0				1,1								
1				0					US-am Landinkursion in Kambodscha (1970)		5,0				5,3								
1				0					Schlacht um Artilleriestellung "Ripcord" (1970)		0,5				0,5								
1				0					Operation "Lam Son 719" (1971)		5,0				5,3								
1				0					Schlacht von Ban Dong (1971)		2,0				2,1								
1				0					Schlacht um Hill 723 (1971)		1,0				1,1								
1				0				Ostern-Offensive (1972)							0,0								
1				0					2. Schlacht von Loc Ninh (1972)		12,0	12			3,2								
1				0					Schlacht von An Loc (1972)		12,0				12,8								
1				0					1. Schlacht von Quang Tri (1972)		14,0	26			21,8								
1				0					Operation "Tri Thap" (1972)		1,0				1,1								
1				0					Schlacht von Kontum (1972)		5,0	1,1			0,3								
1				0					2. Schlacht von Quang Tri (1972)		18,0				19,2								
1				0					Operation "Linebacker II" (1972)						0,0								
1				1				2. Flächenbombardierungen der USA über Kambodscha (1973)		15,0				16,0						2	250	
1				0					Schlacht von Iron Triangle (Rach Bap) (1974)		1,0				1,1								
1				0				"Ho Chi Minh" Offensive (1975)	Schlacht von Svay Rieng (1974)		1,3				1,2								
1				0					Schlacht von Phuoc Long (1974 bis 1975)														
1				0				Operation "275" (1975)	Schlacht von Buon Me Thuot (1975)		5,0	4,4			5,3								
1				0					Schlacht von Xuan Loc (1975)			7			1,9								
1								Sonstige Gefechte			1.000				1.066	1.066	1262,0	1262	2328	2328			
1								Sonstige Ziviltote durch Bomben, Hunger, Seuchen in Vietnam														500	
1								Sonstige Ziviltote durch Bomben, Hunger, Seuchen in Kambodscha														250	
1								Sonstige Ziviltote durch Bomben, Hunger, Seuchen in Laos														1.000	
1	1			1	1965			2. Indo-Pakistanischer Krieg			5,0				5,3	5,3	6,3	6	12	12		1	
1		1		1	1965	bis	1980	Bürgerkrieg in Thailand							0,0	0,0	0,0	0	0	0		1	
1			1	1	1965	bis	1966	Indonesisches Pogrom gegen Kommunisten und Chinesen							0,0	0,0	0,0	0	0	0		500	
1			1	1	1965	bis	1996	Bürgerkrieg im Tschad							0,0	0,0	0,0	0	0	0		180	

Präd &Retor	Terr Konfl	Hier& Kons Konfl	Alloph Konfl	Se. Konfl	Jahr	bis	Jahr	Konflikt	Ausführungsereignisse (Schlachten, Belagerungen)	Thn. (Tsd.)	Land Schl. Tote (Tsd.)	Schl. Tote & Verw. (Tsd.)	See Schiffe	Schiffe gesunk.	Kampf.Tote (Tsd.) Zw. Ablage	Kampf. Tote (Tsd.)	Mil. Nicht-KampfTote (Tsd.) Zw. Ablage	Mil. Nicht-Kampf-Tote (Tsd.)	MilTote (Tsd.) Zw. Ablage	Mil. Tote (Tsd.)	Ziv. Tote (Tsd.) Zw. Ablage	Ziv. Tote (Tsd.)	SeTote (Tsd.)
1					1965	bis	1997	Diktatur Mobutus in Zaire															
1		1			1966	bis	1970	Bürgerkrieg in Jemen															5	
1				1	1966	bis	1979	Krieg gegen die Apartheid-Regierung Südrhodesiens							0,0	0,0	0,0	0	0	0		10	
		1			1966	bis	1973	Militärdiktatur in Argentinien							0,0	0,0	0,0	0	0	0			
	1	1			1966	bis	1967	Umsturzversuch Che Guevaras in Bolivien							0,0	0,0	0,0	0	0	0			
			1	1	1966	bis	1988	Unabhängigkeitskrieg von Namibia	Folterzentren der SWAPO (1979 bis 1989)		10,0				10,7	10,7	12,6	13	23	23		10	
1				1	1966	bis	1989	Südafrikanischer Grenzkrieg zu Angola			5,0				5,3	5,3	6,3	6	12	12		2	
1		1		1	1967	bis	1974	Griechische Militärdiktatur							0,0	0,0	0,0	0	0	0		1	
1				1	1967			3. Israelisch-Arabischer Krieg			14,8				15,8	15,8	18,7	19	34	34		5	
1				0					"USS Liberty" (1967)															
1				0					Golanhöhen (1967)															
1		1		0	1967	bis	1970	Secession von Biafra							0,0	0,0	0,0	0	0	0		1.000	
	1	1		1	1968			Prager Frühling							0,0	0,0	0,0	0	0	0			
1			1	1	1968	bis	1975	Kambodschanischer Bürgerkrieg			75,0				79,9	79,9	94,7	95	175	175		75	
1				1	1970			US-Amerikanische Inkursion in Kambodscha (1970)	Pogrom gegen die vietnam. Minderheit (1970)		5,0				5,3							1	
	1			0	1970			Operation "Chenla II" (1971)			8,0				8,5								
				1	1968	bis	1998	Terrorismus der Roten Armee Fraktion							0,0	0,0	0,0	0	0	0			
1				0	1968	bis	1987	Politischer Terrorismus in Italien	Terroranschlag von Piazza Fontana (1969)						0,0	0,0	0,0	0	0	0		1	
			1	0					Terroranschlag von Piazza della Loggia (1969)														
				0					Terroranschlag auf "Italicus" (1969)														
				0					Terroranschlag auf Flug Nr. 870 (1980)														
				0					Terroranschlag von Bologna (1980)														
				0					Terroranschlag auf Flizug 904 (1984)														
1			1		1968	bis	2003	Demozide des irakischen Bath-Regimes unter Saddam Hussein							0,0	0,0	0,0	0	0	0		300	
1					1968	bis	1979	Terrorregime des Francisco Macias Nguema in Äquatorialguinea							0,0	0,0	0,0	0	0	0		50	
			1		1968			Soziale Unruhen in Mexico	Massaker von Tlateloco (1968)						0,0	0,0	0,0	0	0	0	1,0	1	
1					1968	bis	2000	Nordirischer Bürgerkrieg	Chinesisch-Russischer Grenzkonflikt (1969)		2,0				2,1	2,1	2,5	3	5	5	1,0	2	
		1			1969			Fußballkrieg							0,0	0,0	0,0	0	0	0		3	
		1			1970	bis	1971	Jordanischer Massaker an Palästinensern							10,0	10,0	11,8	12	22	22		30	
		1			1970	bis	1996	Secessionskrieg auf Mindanao							0,0	0,0	0,0	0	0	0		110	
1					1971	bis	1979	Terrorregime Idi Amins über Uganda							0,0	0,0	0,0	0	0	0		300	
			1		1971			Ostpakistanischer Secessionskrieg							0,0	0,0	0,0	0	0	0		500	
			1		1971			Ostpakistanischer Ethnozid an den Biharis							0,0	0,0	0,0	0	0	0		50	
			1		1971			Ostpakistanischer Ethnozid an den Jumma							0,0	0,0	0,0	0	0	0		10	
1					1971			Kommunistischer Aufstand in Sri Lanka							0,0	0,0	0,0	0	0	0		8	
			1		1972	bis	1973	Aufstand der Hutu und Ethnozid der Tutsi and den Hutu in Burundi							0,0	0,0	0,0	0	0	0		300	
1				1	1973			4. Israelisch- Arabischer (Yom-Kippur) Krieg			11,0				11,7	11,7	13,9	14	26	26		200	
1			1	1	1973	bis	1989	Politizide der chilenischen Militärdiktatur							0,0	0,0	0,0	0	0	0		3	
1				1	1973	bis	1977	Secessionskrieg in Belutschistan							0,0	0,0	0,0	0	0	0		5	

Präd &Retor	Terr Konfl	Hier& Kons	Alloph Konfl	Se. Konfl	Jahr	bis	Jahr	Konflikt	Ausführungsereignisse (Schlachten, Belagerungen)	Tln. (Tsd.)	Land Schl. Tote (Tsd.)	Schl. Tote & Verw. (Tsd.)	See Schiffe	Schiffe gesunk.	Kampf-Tote (Tsd.) Zw. Ablage	Kampf-Tote (Tsd.)	Mil. Nicht-KampfTote (Tsd.) Zw. Ablage	Mil. Nicht-Kampf-Tote (Tsd.)	MilTote (Tsd.) Zw. Ablage	Mil. Tote (Tsd.)	Ziv. Tote (Tsd.) Zw. Ablage	Ziv. Tote (Tsd.)	SeTote (Tsd.)
1	1			1	1974			Chinesisch-Vietnamesischer Grenzkonflikt um die Paracel-Inseln	Seegefecht von Hoang Sa (1974)														
1		1		1	1974	bis	dato	Terroranschläge ägyptischer Fundamentalisten							0.0	0.0	0.0	0	0	0			
1	1			1	1974	bis	1984	2. Ogaden-Krieg							50.0	50.0	59.2	59	109	109		50	
1			1	1	1974	bis	1991	Massenmorde und Hungertote des komm. Regimes von Äthiopien							0.0	0.0	0.0	0	0	0		1.000	
1				1	1974			Türkische Intervention auf Zypern							0.0	0.0	0.0	0	0	0		3	
1	1			1	1974	bis	1998	Kurdischer Unabhängigkeitskrieg im Irak							0.0	0.0	0.0	0	0	0			
1				0					Gasangriffe auf Al Anfal/Halabja (1988)						0.0							100	
1				0					Irakische Repression von 1991						0.0							10	
1			1	1	1975	bis	1992	Guerillakrieg der Meo							0.0	0.0	0.0	0	0	0		20	
1		1		1	1975	bis	1989	Libanesischer Bürgerkrieg							0.0	0.0	0.0	0	0	0		130	
1			1	1	1975	bis	1979	Genozide der nationalkommunistischen Roten Khmer	Vernichtungslager "S21" (1975 bis 1979)						0.0	0.0	0.0	0	0	0		1.700	
1			1	1	1975	bis	1984	Demozide der nationalkommunistischen Regierung Vietnams								0.0	0.0	0	0	0		350	
1			1	1	1975	bis	2000	Landminenkriege gegen die Zivilbevölkerung							0.0	0.0	0.0	0	0	0		10	
1	1			1	1975	bis	1991	Westsahara-Konflikt							0.0	0.0	0.0	0	0	0		5	
1		1		1	1975	bis	1991	Angolanischer Bürgerkrieg	Schlacht an der Lomba (1987)						0.0	0.0	0.0	0	0	0		200	
1				0					Schlacht von Cuito Cuanavale (1988)														
1		1		1	1975	bis	1992	Südafrik.-Rhodes. Destabi-Krieg gg Mozamb.							0.0	0.0	0.0	0	0	0		490	
1			1	1	1975	bis	1999	Unabhängigkeitskrieg Ost-Timors							0.0	0.0	0.0	0	0	0		150	
1		1		1	1976	bis	1983	Militärdiktatur in Argentinien							0.0	0.0	0.0	0	0	0			
1			1	1	1976	bis	1983	Politizide der argentinischen Militärdiktatur							0.0	0.0	0.0	0	0	0		30	
1		1		1	1976	bis	1994	Krieg gegen die Apartheid-Regierung Südafrikas							0.0	0.0	0.0	0	0	0		4	
1	1			1	1977			Libysch-Ägyptischer Grenzkrieg							0.0	0.0	0.0	0	0	0			
1				1	1977	bis	1978	Shaba-Invasion							0.0	0.0	0.0	0	0	0			
1		1		1	1978	bis	1979	Nicaraguanischer Bürgerkrieg							0.0	0.0	0.0	0	0	0		30	
1		1		1	1978	bis	2000	Iranische Revolution							0.0	0.0	0.0	0	0	0			
1			1	1	1978	bis	2000	Religiozide u. Politizide der iranisch-shiitischen Fundamentalisten							0.0	0.0	0.0	0	0	0		15	
1				1	1978	bis	1989	Vietnamitische Intervention in Kambodscha							0.0	0.0	0.0	0	0	0		100	
1				1	1978	bis	1979	Ugandisch-Tansanischer Krieg							0.0	0.0	0.0	0	0	0			
1				1	1979			Jemenitische Grenzgefechte							0.0	0.0	0.0	0	0	0			
1				1	1979			Chinesisch-Vietnamesischer Krieg							0.0	0.0	0.0	0	0	0		10	
1			1	1	1979	bis	1989	Bürgerkrieg u. sowjetische Intervention in Afghanistan							0.0	0.0	0.0	0	0	0		1.200	
1			1	1	1979	bis	1988	Kurdischer Aufstand im Iran							0.0	0.0	0.0	0	0	0			
1			1	1	1979	bis	dato	Aufstand der Volksmujahedin im Iran (Teil bis 2000)							0.0	0.0	0.0	0	0	0			
1		1		1	1980	bis	2003	Bürgerkrieg in Liberia	Operation "Eagle Claw"						0.0	0.0	0.0	0	0	0			
1	1			1	1980	bis	1987	Grenzkrieg Libyens gegen Tschad							0.0	0.0	0.0	0	0	0		200	
1				1	1980	bis	1988	1. GOLFKRIEG							450	450.0	532,9	533	983	983		50	1.033
				0					Irakische Anfangsoffensive (1980 bis 1981)		20,0				21,3	21,3	25,2	25	47	47			
				0					Irakische Operation Kaman 99 (1980)						0,0								

Präd & Retor	Terr Konfl	Hier & Kons	Alloph Konfl	Se. Konfl	Jahr	bis	Jahr	Konflikt	Ausführungsereignisse (Schlachten, Belagerungen)	Th. (Tsd.)	Land Schl Tote (Tsd.)	Schl Tote & Verw. (Tsd.)	See Schiffe gesunk.	Kampf-Tote (Tsd.) Zw. Ablage	Kampf-Tote (Tsd.)	Mil. Nicht-KampfTote (Tsd.) Zw. Ablage	Mil. Nicht-Kampf-Tote (Tsd.)	MilTote (Tsd.) Zw. Ablage	Mil. Tote (Tsd.)	Ziv. Tote (Tsd.) Zw. Ablage	Ziv. Tote (Tsd.)	SeTote (Tsd.)
1				0					Belagerung von Khoramashar (1980)		14,0			14,9								
1				0					Belagerung von Abadan (1980 bis 1982)		20,0	5		1,3								
1				0				Iranische Frühjahrsoffensive 1981						21,3	21,3	25,2	25	47	47			
1				0					Schlacht von Susangerd (1981)					0,0								
1				0					Schlacht von Schusch-Dezful (1981)					0,0								
1				0					Bombardierung von Osirak (1981)					0,0								
1				0					Iranische Bostan-Offensive 1981		8,5			9,1								
1				0				Iranische Frühjahrsoffensive 1982	Operation Fath ol-Mobin (1982)		20,0			55,9	55,9	66,3	66	122	122			
1				0					Schlacht von Susangerd (1982)		18,0			13,3								
1				0					Belagerung von Khoramashar (1982)		22,0	50		19,2								
1				0										23,4								
1				0					Iranische Basra-Offensive 1982		27,0			28,8	28,8	34,1	34	63	63			
1				0					Iranische Mandali-Offensive 1982		7,5			8,0	8,0	9,5	9	17	17			
1				0					Iranische Frühjahrsoffensive 1983		8,0			8,5	8,5	10,1	10	19	19			
1				0					Iran. Oper. "Morgenröte 1 bis 4" (1983)	105	350,0			373,0	373,0	441,7	442	815	815			
1				0					Iranische Operation Morgenröte 1 (1983)		5	20		2,3								
1				0					Iranische Operation Morgenröte 2 (1983)					10,7								
1				0					Iranische Operation Morgenröte 3 (1983)					0,0								
1				0					Iranische Operation Morgenröte 4 (1983)					0,0								
1				0				Iranische Frühjahrsoffensive 1984	Sumpfschlacht (1984)		24,0	40		151,9	151,9	179,8	180	332	332			
1				0					Iranische Operation Morgenröte 5 (1983)		4,0	75		75,9								
1				0					Iranische Operation Morgenröte 6 (1983)		30,0			20,0								
1				0					Operation Kheibar (1984)		20,0	10		32,0								
														24,0								
1				0				Tankerkrieg (1984 bis 1988)						0,0		0,0	0	0	0			
1				0				Bombenoffensive gegen iranische Städte (1984)													2	
1				0					Irakische Badr-Offensive 1985		42,0			44,8	44,8	53,0	53	98	98			
1				0					Iranische Basra-Offensive 1985					0,0	0,0	0,0	0	0	0			
1				0					Iranische Howeiza-Offensive 1985					0,0	0,0	0,0	0	0	0			
1				0					Iranische Operation Morgenröte 8 / 1. S.v. Faw (1986)		40,0			42,6	42,6	50,5	50	93	93			
1				0					Iranische Operation Morgenröte 9 (1986)					2,1	2,1	2,5	3	5	5			
1				0					Belagerung von Umm Qasr (1986)		2,0			0,0								
1				0					Belagerung von Mehran (1986)					2,1								
1				0					Bombardierung von Tabriz (1986)													
1				0					Iranische Operation Karbala 4 (1986)		42,0			44,8	92,9	48,2	48	105	105			
1				0					Irakische Operation Karbala 5 (Belag. Basra) (1987)		50,0			53,3	53,3	63,1	63	116	116			
1				0					Iranische Operation Karbala 6 (1987)		20,0			21,3	21,3	25,2	25	47	47			
1				0					Iranische Operation Karbala 7 (Kurdistan) (1988)		8,0			8,5	8,5	10,1	10	19	19			
1				0					Iranische Operation Karbala 8 (1988)		8,0			8,5	8,5	10,1	10	19	19			
1				0					Iranische Operation Karbala 9 (1988)					0,0	0,0	0,0	0	0	0			
1				0					Irakische Gegenoffensive 1988		4,0			4,3	4,3	5,0	5	9	9			
1				0					Schlacht von Faw (1988)					4,3								
1				0					Iran Air 655, Abschuss (1988)					0,0	0,0	0,0	0	0	0		0	
1			1	1	1980	bis	1985	Aufstand der Maitatsine in Nigeria						0,0	0,0	0,0	0	0	0		6	
1			1	1	1980	bis	1999	Guerillakrieg des Sendero Luminoso in Peru						0,0	0,0	0,0	0	0	0		30	
1			1	1	1981	bis	1992	Guerillakrieg der FMLN in El Salvador						0,0	0,0	0,0	0	0	0		50	

Präd & Retor	Terr Konfl	Hier & Kons	Alloph Konfl	Se. Konfl	Jahr	bis	Jahr	Konflikt	Ausführungsereignisse (Schlachten, Belagerungen)	Land Tln (Tsd.)	Land Schl. Tote (Tsd.)	Land Schl. Tote & Verw. (Tsd.)	See Schiffe gesamt	See Schiffe gesunk.	Kampf-Tote (Tsd.) Zw. Ablage	Kampf-Tote (Tsd.)	Mil. Nicht-KampfTote (Tsd.) Zw. Ablage	Mil. Nicht-KampfTote (Tsd.)	MilTote (Tsd.) Zw. Ablage	Mil. Tote (Tsd.)	Ziv. Tote (Tsd.) Zw. Ablage	Ziv. Tote (Tsd.)	SeTote (Tsd.)
1	1			1	1981			Grenzkonflikt zwischen Ecuador u. Peru							0,0	0,0	0,0	0	0	0			
1			1	1	1981	bis	1985	Demozide des ugandischen Diktators Obote							0,0	0,0	0,0	0	0	0		500	
1		1		1	1981	bis	1990	Contra-Krieg in Nicaragua								0,0	0,0	0	0	0		60	
1		1		1	1982			Unterdrückung der radikalislamischen Muslimbrüder in Syrien	Massaker von Hamath (1982)		1,0											25	
1	1			1	1982			Falkland-Krieg							1,1	1,1	1,3	1	2	2			
1			1	1	1982	bis	1985	Libanon-Krieg							0,0	0,0	0,0	0	0	0		10	
1	1			1	1982	bis	1987	Sezessionskrieg der Sikh in Punjab							0,0	0,0	0,0	0	0	0		20	
1			1	1	1983	bis	2000-	2. Sudanesischer Bürgerkrieg (Sezession Südsudans)			10,0				10,7	10,7	12,6	13	23	23		50	
1	1			1	1983	bis	1987	Tamilischer Sezessionskrieg in Sri Lanka (1. Eelam-Krieg)			2,0				2,1	2,1	2,5	3	5	5		5	
1									Progrom an Tamilen / Black July (1987)		1,0										1,0		
1									Operation Vadamarachchu (1987)						1,1								
1				1	1983			US-Amerikanische Intervention auf Grenada							0,0	0,0	0,0	0	0	0		0	
1	1			1	1984	bis	2000-	Kurdenaufstand in der Türkei			3,0				3,2	3,2	3,8	4	7	7		2	
1	1			1	1985			Grenzkrieg zwischen Mali u. Burkina Faso			0,1				0,1	0,1	0,1	0	0	0			
1				1	1986			Südjemenitischer Bürgerkrieg							0,0	0,0	0,0	0	0	0		2	
1				1	1986	bis	1990	Bürgerkrieg in Haiti							0,0	0,0	0,0	0	0	0		1	
1				1	1986			Strafaktion der USA gegen Libyen	Luftangriff auf Tripolis (1986)						0,0	0,0	0,0	0	0	0			
1	1			1	1986	bis	2000-	Bürgerkrieg in Sind (Pakistan)			2,0				0,0	0,0	0,0	0	0	0		3	
1				1	1987	bis	1990	Indische Intervention in Sri Lanka							2,1	2,1	2,5	3	5	5		2	
1			1	1	1987	bis	1992	1. Intifada-Krieg							0,0	0,0	0,0	0	0	0		50	
1	1			1	1988	bis	1991	Sezessionskrieg Nordsomaliens (Somaliland)							0,0	0,0	0,0	0	0	0		1	
1	1			1	1988	bis	1994	Sezessionskrieg von Berg-Karabach							0,0	0,0	0,0	0	0	0	0,2	1	
1				0					Massaker von Khojali (1992)												0,2		
1				0					Schlacht von Shushi (1992)			0,5											
1				1	1988	bis	2000-	2. Militärdiktatur in Birma (Myanmar)							0,0	0,0	0,0	0	0	0		3	
1	1			1	1989	bis	1998	Bürgerkrieg auf Bougainville							0,0	0,0	0,0	0	0	0		10	
1				1	1989			Tienanmen-Platz, Massaker auf dem							0,0	0,0	0,0	0	0	0		2	
1		1		1	1989			Rumänischer Bürgerkrieg							0,0	0,0	0,0	0	0	0		1	
1				1	1989	bis	1992	Somalischer Bürgerkrieg u. UN-Intervention	Schlacht von Mogadischu (1993)		1,0				1,1	1,1					0,2	240	
1				0	1989	bis	1990	US-Amerikanische Intervention in Panama							0,0	0,0	0,0	0	0	0		3	
1				0	1990	bis	1999	*Kriege der Auflösung Jugoslawiens*							0,0	0,0	0,0	0	0	0		330	
1			1	1				Serbische Entalbanisierung des Kosovo (1990 bis 1999)														150	
1				1				Sezessionskrieg in Bosnien-Herzegowina (1992 bis 1995)			60,0				63,9	63,9	75,7	76	140	140		40	
1				0					Massaker von Omarska (1992)						0,0						3		
1				0					Belagerung von Sarajewo (1992 bis 1995)						0,0						11		
1				0					Massaker von Srebrenica (1995)						0,0						7		
1				0				Sezessionskrieg Kroatiens (1991 bis 1995)			13,0				13,9	13,9	16,4	16	30	30		10	
1				0					Massaker von Dalji (1991)						2,0								
1				0					Belagerung von Vukovar (1991)						0,2								
1				0					Belagerung von Dubrovnik (1991 bis 1992)												0,1		
1				0					Operation "Sturm" (1995)			0,2											
1				1				Sezessionskrieg Sloweniens (1991)							133,2	133,2	157,8	158	291	291			
												500											

Präd &Retor	Terr Konfl	Hierk Kons	Alloph Konfl	Se Konfl	Jahr	bis	Jahr	Konflikt	Ausführungsereignisse (Schlachten, Belagerungen)	Land Th. (Tsd.)	Land Schl Tote (Tsd.)	Land Schl Tote & Verw. (Tsd.)	See Schiffe	See Schiffe gesunk.	Kampf Tote (Tsd.) Zw. Ablage	Kampf Tote (Tsd.)	Mil. Nicht-KampfTote (Tsd.) Zw. Ablage	Mil. Nicht-Kampf-Tote (Tsd.)	MilTote (Tsd.) Zw. Ablage	Mil. Tote (Tsd.)	Ziv. Tote (Tsd.) Zw. Ablage	Ziv. Tote (Tsd.)	SeTote (Tsd.)
1				1				Kosovo-Krieg der NATO gegen Serbien-Montenegro (1999)							0,0	0,0	0,0	0	0	0		8	
1					1990	bis	1995	Tamilischer Sezessionskrieg in Shri Lanka (2. Eelam-Krieg)			4,0				4,3	4,3	5,0	5	9	9		5	
	1			1	1990	bis	1991	2. GOLFKRIEG			25,0				26,6	26,6	31,6	32	58	58		5	63
1								Irakische Invasion von Kuwait (1990)															
1								UN-Bombardierungen auf Irak (1990 bis 1991)															
1								UN-Invasion Iraks (1991)															
1					1991	bis	1992	Sezessionskrieg in Süd-Ossetien			1,0				1,1	1,1	1,3	1	2	2		4	
		1			1991	bis	2002	Bürgerkrieg in Sierra Leone							4,0	4,0	4,7	5	9	9		3	
		1			1991	bis	1994	Militärdiktatur in Haiti							0,0	0,0	0,0	0	0	0			
	1				1991	bis	2000	Sezessionskrieg in Cabinda							0,0	0,0	0,0	0	0	0		1	
		1			1991	bis	1997	Tadschikischer Bürgerkrieg			3,0				15,0	15,0	17,8	18	33	33		15	
			1		1992	bis	1998	3. Kambodschanischer Bürgerkrieg							0,0	0,0	0,0	0	0	0			
			1		1992			Massaker von Ayodhya														1	
1					1992	bis	2000+	Guerillakrieg der algerischen Fundamentalisten							10,0	10,0	11,8	12	22	22		60	
		1			1992	bis	2002	Angolanischer Bürgerkrieg	Belagerung von Huambo (1993)		20,0				21,3	21,3	25,2	25	47	47	8,0	160	
	1				1992	bis	1994	Abchasischer Sezessionskrieg	Massaker von Suchumi (1993)						9,0	9,0	10,7	11	20	20	7,0	9	
1					1993	bis	2000	Terror der al-Qaida u. anderer fundamen. Org. gg Westmächte							0,0	0,0	0,0	0	0	0		4	
		1			1993			Massaker Nigerias an den Ogoni														1	
		1			1993	bis	1995	Ethnozid der Sudans an den Nuba							0,0	0,0	0,0	0	0	0		300	
			1		1993	bis	1994	Ethnozid der Hutu an den Tutsi Burundis							0,0	0,0	0,0	0	0	0		250	
		1			1993			1. Bürgerkrieg in Kongo-Brazzaville							0,0	0,0	0,0	0	0	0		2	
		1			1994	bis	2000	Indianeraufstände im Süden Mexikos							5,0	5,0	5,9	6	11	11		5	
	1			1	1994			Südjemenitischer Sezessionsversuch							0,0	0,0	0,0	0	0	0			
1					1994			US-Amerikanische Intervention in Haiti							0,0	0,0	0,0	0	0	0			
			1		1994			2. Ethnozid der Hutu an den Tutsi in Ruanda			23,0				24,5	24,5	29,0	29	54	54		800	
	1			1	1994	bis	1997	1. Tschetschenischer Krieg	Belagerung von Grosny (1994 bis 1995)		1,0				0,0						25,0	135	
									Belagerung von Grosny (1996)						1,1						5,0		
1					1995	bis	2001	Tamilischer Sezessionskrieg in Shri Lanka (3. Eelam-Krieg)			15,0				16,0	16,0	18,9	19	35	35		15	
	1				1995	bis	1995	Grenzkonflikt zwischen Ecuador u. Peru							0,0	0,0	0,0	0	0	0			
1					1995			Terroranschlag auf das Oklahoma Federal Building (1995)							0,0	0,0	0,0	0	0	0			
1					1996	bis	1997	2. Kongolesischer Bürgerkrieg u. Intervention Ruandas							0,0	0,0	0,0	0	0	0		100	
		1			1996			3. Quemoy-Krise							0,0		0,0	0	0	0			
1					1997	bis	1999	2. Bürgerkrieg in Kongo-Brazzaville und Intervention Angolas	Belagerung von Brazzaville (1997)		7,0				7,5	7,5	8,8	9	16	16		7	
	1				1998			Georgisch-Abchasischer Konflikt in Gali			1,0				1,1	1,1	1,3	1	2	2			
	1				1998	bis	2000	Grenzkrieg zwischen Äthiopien u. Eritrea	Schlacht von Adi Quila (2000)		100,0				106,6	106,6	126,2	126	233	233		20	
		1			1998	bis	2002	3. Kongolesischer Bürgerkrieg (Teil bis 2000)	Schlacht an der Tshopo-Fluss (2000)		10,0				10,7	10,7	12,6	13	23	23		3.000	
															0,0								

	Präd &Retor	Terr Konfl	Hier& Kons	Alloph Konfl	Se. Konfl	Jahr	bis	Jahr	Konflikt	Ausführungsereignisse (Schlachten, Belagerungen)	Thn. (Tsd.)	Land Schl. Tote (Tsd.)	Land Schl. Tote & Verw. (Tsd.)	See Schiffe	See Schiffe gesunk.	Kampf-Tote (Tsd.) Zw. Ablage	Kampf-Tote (Tsd.)	Mil. Nicht-KampfTote (Tsd.) Zw. Ablage	Mil. Nicht-Kampf-Tote (Tsd.)	MilTote (Tsd.) Zw. Ablage	Mil. Tote (Tsd.)	Ziv. Tote (Tsd.) Zw. Ablage	Ziv. Tote (Tsd.)	SeTote (Tsd.)
1		1			1	1998	bis	1999	Sezessionsaufstand in Caprivi (Namibia)			1,0					0,0		0,0	0	0	0			
1		1			1	1999			4. Pakistanisch-Indischer Grenzkrieg (um Kaschmir/Kargil)			1,0				1,1	1,1	1,3	1,3	1	2	2		50	
1				1	1	1999	bis	2007	Ituri-Konflikt (Teil bis 2000)								0,0	0,0	0,0	1	0	0			
1		1			1	1999			Tschetschenische Invasion Dagestans			1,0				1,1	1,1	1,3	1,3		2	2			
1		1			1	1999	bis	2009	2. Tschetschenischer Krieg (Teil bis 2000)							0,0	0,0	0,0	0,0	0	0	0		6	
	1	1			1	2000	bis	2002	2. Intifada-Krieg (Teil bis 2000)							0,0	0,0	0,0	0,0	0	0	0			
394	18	93	65	30	206		2. Hälfte des 20. Jahrhunderts										5,106		6.099		11.019		74.825		85.844
							Default-Werte				0,02	1,07	0,27	0,00	0,00	1,08		1,18		0,50		0,0		
2.185	45	187	105	100	437		20. Jahrhundert										23.988		63.779		88.583		131.964		220.547
15.543	848	3.559	798	220	5.425		-20. bis 20. Jh.										66.402		289.181		356.399		184.826		541.945

www.ingramcontent.com/pod-product-compliance
Lightning Source LLC
Chambersburg PA
CBHW080127270326
41926CB00021B/4381